Curso de DIREITO Constitucional

www.editorasaraiva.com.br/direito
Visite nossa página

GILMAR FERREIRA MENDES
PAULO GUSTAVO GONET BRANCO

Curso de DIREITO Constitucional

16ª edição
revista e atualizada

2021

saraiva jur

SÉRIE idp
INSTITUTO BRASILEIRO DE ENSINO, DESENVOLVIMENTO E PESQUISA

saraiva EDUCAÇÃO | saraiva jur

Av. Paulista, 901, 3º andar
Bela Vista – São Paulo – SP – CEP: 01311-100

SAC | sac.sets@somoseducacao.com.br

Diretoria executiva Flávia Alves Bravin
Diretoria editorial Renata Pascual Müller
Gerência de projetos e produção editorial Fernando Penteado
Planejamento Josiane de Araujo Rodrigues
Novos projetos Sérgio Lopes de Carvalho, Dalila Costa de Oliveira
Edição Clarissa Boraschi Maria (coord.), Deborah Caetano de Freitas Viadana
Produção editorial Daniele Debora de Souza (coord.), Verônica Pivisan Reis, Estela Janiski Zumbano
Arte e digital Mônica Landi (coord.), Camilla Felix Cianelli Chaves, Claudirene de Moura Santos Silva, Deborah Mattos, Guilherme H. M. Salvador, Tiago Dela Rosa
Projetos e serviços editoriais Daniela Maria Chaves Carvalho, Kelli Priscila Pinto, Laura Paraíso Buldrini Filogônio, Marília Cordeiro, Nicoly Wasconcelos Razuk
Diagramação Fabricando Ideias
Revisão Lígia Alves
Capa IDÉE arte e comunicação
Produção gráfica Marli Rampim, Sergio Luiz Pereira Lopes
Impressão e acabamento Bartira

DADOS INTERNACIONAIS DE CATALOGAÇÃO NA PUBLICAÇÃO (CIP)
ANGÉLICA ILACQUA CRB-8/7057

Mendes, Gilmar Ferreira
Curso de direito constitucional / Gilmar Ferreira Mendes; Paulo Gustavo Gonet Branco. – 16. ed. – São Paulo: Saraiva Educação, 2021. (Série IDP)
1.720 p.

Bibliografia
ISBN 978-65-5559-394-5 (impresso)

1. Direito constitucional - Brasil. I. Título. II. Branco, Paulo Gustavo Gonet. III. Série.

CDD 341.2
20-0741 CDU 342(81)

Índice para catálogo sistemático:
1. Brasil : Direito constitucional

Data de fechamento da edição: 10-12-2020

Dúvidas? Acesse www.editorasaraiva.com.br/direito

CL 606859 CAE 751005

SUMÁRIO

Nota dos Autores à 16ª edição 35
Nota dos Editores 37

CAPÍTULO 1 **NOÇÕES INTRODUTÓRIAS** 39
Paulo Gustavo Gonet Branco

I O VALOR DA CONSTITUIÇÃO – PERSPECTIVA HISTÓRICA 41
1. Na Europa 42
1.1. Supremacia do Parlamento e controle de constitucionalidade 48
2. Nos Estados Unidos 50
3. Neoconstitucionalismo 55

II CONCEITO DE CONSTITUIÇÃO 57
1. Constituição em sentido substancial (ou material) 57
2. Constituição em sentido formal 59

III FONTES DO DIREITO CONSTITUCIONAL 60

IV CLASSIFICAÇÕES 62
1. Normas materialmente constitucionais e normas formalmente constitucionais 62
2. Constituições escritas e não escritas 63
3. Constituições rígidas e flexíveis 64
4. Constituição-garantia e Constituição programática 65
5. Constituição outorgada e Constituição promulgada 65
6. Constituição normativa, Constituição nominal e Constituição semântica 65

V AS NORMAS CONSTITUCIONAIS 67
1. Parte orgânica e parte dogmática da Constituição 67
2. Características das normas constitucionais 67
3. Densidade e aplicabilidade das normas constitucionais 69
4. A característica da sanção imperfeita 73
5. Modalidades de normas constitucionais – regras e princípios 73
6. Regras e princípios em Dworkin e em Alexy 75
7. Normas constitucionais classificadas segundo a sua função 77

VI PREÂMBULO DA CONSTITUIÇÃO E ATO DAS DISPOSIÇÕES CONSTITUCIONAIS TRANSITÓRIAS.............. 78
1. Há norma constitucional no Preâmbulo da Constituição?..................... 78
2. O ADCT.. 79

VII INTERPRETAÇÃO DA CONSTITUIÇÃO – NOÇÕES ELEMENTARES.......................... 82
1. Levando em conta a estrutura das normas constitucionais.................... 83
2. Análise do programa normativo: inquietações técnicas para o intérprete........ 85
3. Ambiguidades.. 86
4. Incoerência normativa.. 88
5. Lacunas.. 89
6. Métodos de interpretação da Constituição.............................. 92
7. Princípios da interpretação constitucional............................. 94

VIII CONSTITUIÇÕES NO BRASIL – DE 1824 A 1988.............................. 100

CAPÍTULO 2 **PODER CONSTITUINTE**.................................. 105
Paulo Gustavo Gonet Branco

I PODER CONSTITUINTE ORIGINÁRIO..................................... 105
1. Momentos de expressão do poder constituinte originário..................... 107
2. Constituição de 1988: resultado de exercício do poder constituinte originário...... 108
3. Formas de manifestação do poder constituinte originário..................... 109
4. Questões práticas relacionadas com o poder constituinte originário............. 110
4.1. Supremacia da Constituição.................................... 110
4.2. Recepção.. 110
4.3. Revogação ou inconstitucionalidade superveniente?........................ 112
4.4. Normas da antiga Constituição compatíveis com a nova Constituição....... 113
4.5. Normas anteriores à Constituição e modificação de competência.......... 113
4.6. Repristinação.. 114
4.7. Possibilidade de se declarar inconstitucional norma anterior à Constituição, com ela materialmente compatível, editada com desobediência à Constituição então vigente.. 114
4.8. Poder constituinte originário e direitos adquiridos......................... 115
4.9. Poder constituinte originário e controle de constitucionalidade dos seus atos. 119

II PODER CONSTITUINTE DE REFORMA.................................... 120
1. Constituições rígidas e Constituições flexíveis............................ 120
2. Denominações do poder de reforma.................................. 121
3. Limites ao poder de reforma – espécies................................ 121
4. As limitações materiais – introdução.................................. 123
4.1. Limites materiais – dificuldades teóricas para a sua aceitação............ 123
4.2. Natureza da cláusula pétrea.................................... 124
4.3. Finalidade da cláusula pétrea – o que ela veda.......................... 125

4.4. Alcance da proteção da cláusula pétrea 126
4.5. Controle de constitucionalidade de emendas em face de cláusula pétrea 127
4.6. As cláusulas pétreas em espécie 129
4.6.1. Forma federativa do Estado 129
4.6.2. A separação de Poderes 130
4.6.3. O voto direto, secreto, universal e periódico 130
4.6.4. Os direitos e garantias individuais 131
4.6.5. Direitos sociais e cláusula pétrea 131
4.6.6. Criação de novos direitos fundamentais 132
4.6.7. Direitos previstos em tratados sobre direitos humanos 133
4.6.8. A cláusula pétrea da garantia do direito adquirido 134
4.7. Cláusulas pétreas implícitas 135

III MUTAÇÃO CONSTITUCIONAL 137

CAPÍTULO 3 **TEORIA GERAL DOS DIREITOS FUNDAMENTAIS** 139

I DIREITOS FUNDAMENTAIS – TÓPICOS DE TEORIA GERAL 139

Paulo Gustavo Gonet Branco

1. Introdução 139
2. Histórico 139
2.1. Gerações de direitos fundamentais 141
3. Concepções filosóficas justificadoras dos direitos fundamentais 142
4. Noção material dos direitos fundamentais (fundamentalidade material) 143
5. Características dos direitos fundamentais 146
5.1. Direitos universais e absolutos 146
5.2. Historicidade 148
5.3. Inalienabilidade/indisponibilidade 149
5.4. Constitucionalização 151
5.5. Vinculação dos Poderes Públicos 152
5.5.1. Vinculação do Poder Legislativo 152
5.5.2. Vinculação do Poder Executivo 153
5.5.3. Vinculação do Poder Judiciário 156
5.6. Aplicabilidade imediata 157
6. Tendências na evolução dos direitos humanos 160
7. Funções dos direitos fundamentais 160
7.1. A teoria dos quatro *status* de Jellinek 161
7.2. Direitos de defesa, a prestação e de participação 161
7.2.1. Direitos de defesa 161
7.2.2. Direitos a prestação 163
7.2.3. Direitos a prestação jurídica 164
7.2.4. Direitos a prestações materiais 165
7.2.5. Direitos fundamentais de participação 170

7.2.6. Índole ambivalente de vários direitos fundamentais . . . 171
8. Dimensões subjetiva e objetiva dos direitos fundamentais . . . 171
9. Direitos e garantias . . . 173
10. Garantias institucionais . . . 174
11. Outros direitos decorrentes do regime constitucional e de tratados . . . 175
12. Titularidade dos direitos fundamentais . . . 176
12.1. Direitos fundamentais e pessoa jurídica . . . 176
12.2. Direitos fundamentais e estrangeiros . . . 177
12.3. Capacidade de fato e capacidade de direito . . . 178
12.4. Sujeitos passivos dos direitos fundamentais . . . 180
13. Colisão de direitos fundamentais – breves considerações . . . 187
14. Direitos fundamentais e relações especiais de sujeição . . . 194

II LIMITAÇÕES DOS DIREITOS FUNDAMENTAIS . . . 196

Gilmar Ferreira Mendes

1. Considerações gerais . . . 196
1.2. Âmbito de proteção: determinação . . . 197
1.3. Conformação e restrição . . . 198
1.3.1. Considerações preliminares . . . 198
1.3.2. Âmbito de proteção estritamente normativo . . . 199
2. Restrições a direitos fundamentais . . . 201
2.1. Considerações preliminares . . . 201
2.2. Tipos de restrições a direitos fundamentais . . . 203
2.2.1. Reserva legal simples . . . 208
2.2.2. Reserva legal qualificada . . . 210
2.3. Direitos fundamentais sem expressa previsão de reserva legal . . . 214
3. Os limites dos limites . . . 216
3.1. Considerações preliminares . . . 216
3.2. O princípio da proteção do núcleo essencial . . . 216
3.2.1. Considerações preliminares . . . 216
3.2.2. Diferentes posições dogmáticas sobre a proteção do núcleo essencial . 217
3.2.3. Núcleo essencial na doutrina constitucional brasileira . . . 220
3.3. O princípio da proporcionalidade . . . 222
3.3.1. Considerações preliminares . . . 222
3.3.2. Fundamentos do princípio da proporcionalidade . . . 223
3.3.3. Elementos do princípio da proporcionalidade . . . 229
3.3.4. Da proibição do excesso à proibição da proteção insuficiente (*Untermassverbot*) 232
3.3.5. A proporcionalidade na jurisprudência do Supremo Tribunal Federal . 233
3.3.6. Duplo controle de proporcionalidade e controle de proporcionalidade *in concreto* . . . 236
3.4. Proibição de restrições casuísticas . . . 238
3.5. A colisão de direitos fundamentais . . . 240
3.5.1. Considerações preliminares . . . 240

3.5.2. Tipos de colisão 241
3.5.3. Solução dos conflitos 242
3.5.3.1. Considerações preliminares 242
3.5.4. Colisão de direitos na jurisprudência do Supremo Tribunal Federal 245
3.6. Concorrência de direitos fundamentais 258

CAPÍTULO 4 **DIREITOS FUNDAMENTAIS EM ESPÉCIE** 263

I DIREITO À VIDA 263
Paulo Gustavo Gonet Branco
1. Titularidade do direito à vida 265
2. Direito à vida: direito de defesa e dever de proteção 267

II LIBERDADES 271
Paulo Gustavo Gonet Branco
1. Liberdades de expressão 271
1.1. Conteúdo da liberdade de expressão 272
1.2. Sujeitos do direito à liberdade de expressão 273
1.2.1. A liberdade de expressão enseja a pretensão do indivíduo de ter acesso aos meios de comunicação? 275
1.3. Modos de expressão 276
1.4. Limitações ao direito de expressão 279
1.4.1. A verdade como limite à liberdade de expressão 284
1.4.2. Expressão, honra e sensibilidade 286
1.4.3. Liberdade de expressão, família e dignidade 287
1.5. Proibição das manifestações em casos concretos 288
2. Direito à intimidade e à vida privada 290
2.1. Em que consiste o direito à privacidade e à intimidade? 290
2.2. Limites ao direito à privacidade 293
2.2.1. Restrição à privacidade com o consentimento do indivíduo 293
2.3. Privacidade e sigilo bancário/fiscal 296
2.4. Privacidade e inviolabilidade do domicílio 299
2.4.1. Objeto da tutela da inviolabilidade do domicílio 300
2.4.2. Os sujeitos do direito 301
2.5. Privacidade e sigilo das comunicações 303
3. Liberdade de reunião e de associação 305
3.1. Direito de reunião 305
3.1.1. Elementos do direito de reunião 306
3.1.2. Limites do direito de reunião 308
3.1.3. Hipótese de concorrência de direitos 310
3.1.4. Direito de abstenção e direito a prestação 311
3.2. Liberdade de associação 312
3.2.1. Breve notícia de história 312

3.2.2. A liberdade de associação na Constituição Federal 313
3.2.3. Conteúdo da liberdade de associação 314
3.2.4. A base constitutiva da associação – pluralidade de pessoas e ato de vontade 314
3.2.5. A finalidade da associação 315
3.2.6. Dimensões subjetiva e objetiva do direito à livre associação – a liberdade de associação em face do Estado e em face dos particulares 316
3.2.7. Entidades associativas e representação de associados 321
4. Liberdade de consciência e de religião 322
4.1. Liberdade de consciência 323
4.1.1. Conteúdo da liberdade de consciência 323
4.2. Liberdade religiosa 327

III O DIREITO DE PROPRIEDADE NA CONSTITUIÇÃO DE 1988 332
Gilmar Ferreira Mendes
1. Considerações preliminares 332
2. Âmbito de proteção 334
2.1. Conceito de propriedade 334
2.2. Propriedade e patrimônio 336
2.3. Direito de propriedade e direitos subjetivos públicos de caráter patrimonial . . 337
2.4. Direito autoral e sua proteção 338
2.5. Propriedade de inventos, patentes e marcas 340
2.6. Propriedade pública 342
2.7. Direito de herança 343
2.8. Alteração de padrão monetário e a garantia da propriedade 344
2.8.1. Considerações preliminares 344
2.8.2. Significado da garantia constitucional da propriedade e alteração do padrão monetário 346
3. Titular do direito de propriedade 349
4. Limitação 351
4.1. Definição e limitação do conteúdo do direito de propriedade 351
4.2. Restrição ao direito de propriedade e o princípio da proporcionalidade 356
4.3. Desapropriação 358
4.3.1. Considerações gerais 358
4.3.2. Desapropriação indireta 361
4.3.3. Desapropriação de imóvel rural para fins de reforma agrária 362
4.3.4. Desapropriação de imóvel urbano não edificado mediante pagamento em títulos públicos 364
4.3.5. Desapropriação judicial privada 364
4.4. Requisição 365
4.5. Impenhorabilidade dos bens de família e garantia do fiador 368
4.6. Impenhorabilidade da pequena propriedade rural 369
4.7. Usucapião de imóvel urbano 370

4.8. Regularização fundiária e os instrumentos da Lei n. 13.465/2017 371
4.9. Expropriação de imóveis urbanos e rurais onde localizadas cultura de plantas psicotrópicas e/ou exploração de trabalho escravo 373
4.10. Servidões administrativas 375
4.11. Ocupação temporária 375
4.12. Limitações administrativas 376
4.13. Tombamento 377
5. Propriedade e demarcação de terras indígenas 378
6. A garantia institucional do direito de propriedade como limite do limite (*Schranken-Schranke*) 382

IV DIREITO ADQUIRIDO, ATO JURÍDICO PERFEITO, COISA JULGADA E SEGURANÇA JURÍDICA 384
Gilmar Ferreira Mendes
1. Considerações preliminares 384
2. Direito adquirido, ato jurídico perfeito e coisa julgada 387
3. Direito adquirido como garantia constitucional ou infraconstitucional? 388
4. Direito adquirido e instituto jurídico ou estatuto jurídico 391
5. Direito adquirido, direito de propriedade e outros direitos reais 398
6. Graus de retroatividade e sua repercussão sobre o estatuto contratual 399
6.1. Considerações gerais 399
6.2. Direito adquirido e leis monetárias 405
7. Direito adquirido e recurso judicial 407
8. A doutrina do direito adquirido na jurisprudência do Supremo Tribunal Federal 409
9. Insuficiência da doutrina do direito adquirido e o princípio da segurança jurídica 418

V DIREITOS FUNDAMENTAIS DE CARÁTER JUDICIAL E GARANTIAS CONSTITUCIONAIS DO PROCESSO 422
Gilmar Ferreira Mendes
1. Introdução 422
2. Proteção judicial efetiva 426
2.1. Considerações gerais 426
2.2. Âmbito de proteção 427
2.2.1. Duplo grau de jurisdição 427
2.2.2. Duração razoável do processo 430
2.2.3. Publicidade do processo 434
2.2.4. Questões políticas 438
2.2.5. Juízo arbitral 441
2.3. Titularidade 443
2.4. Conformação e limitação 444
2.4.1. Proibição de liminares e exigência de caução 447
2.4.2. Necessidade de motivação das decisões judiciais 450
2.4.3. Substituição processual 451
2.4.4. Fórmulas de preclusão e outras exigências formais 454
2.4.5. Justiça Desportiva 455

2.5. *Habeas corpus* ... 455
2.5.1. Considerações gerais ... 455
2.5.1.1. O *habeas corpus* como formador de precedentes no STF: fixação de teses, modulação de efeitos e afetação ao Plenário ... 456
2.5.2. Âmbito de proteção ... 459
2.5.2.1. Considerações gerais ... 459
2.5.2.2. Ilegalidade que não afeta direito de locomoção ... 464
2.5.2.3. Punições disciplinares militares ... 466
2.5.2.4. *Habeas corpus* contra decisão denegatória de liminar em *habeas corpus* e HC substitutivo de recurso ordinário ... 467
2.5.2.5 A questão do empate no julgamento do *habeas corpus* e nas decisões colegiadas de natureza criminal ... 472
2.5.3. Titularidade ... 475
2.5.3.1. O caso do *habeas corpus* coletivo em favor das mulheres grávidas e mães presas ... 478
2.5.4. Conformação e limitação ... 480
2.6. Mandado de segurança ... 481
2.6.1. Considerações gerais ... 481
2.6.2. Âmbito de proteção ... 482
2.6.2.1. Considerações preliminares ... 482
2.6.2.2. Mandado de segurança coletivo ... 483
2.6.2.3. Impetração por órgãos públicos ... 487
2.6.2.4. Mandado de segurança contra tramitação de proposta de emenda constitucional ou projeto de lei ... 488
2.6.2.5. Mandado de segurança contra lei em tese ... 489
2.6.3. Titularidade ... 490
2.6.4. Conformação e limitação ... 490
2.7. Mandado de injunção ... 492
2.8. *Habeas data* ... 493
2.8.1. Considerações preliminares ... 493
2.8.2. Âmbito de proteção ... 493
2.8.3. Conformação e limitação ... 495
2.9. Ação popular, ação civil pública, ADI, ADC, ADI por omissão e ADPF como instrumentos de proteção judicial ... 495
3. Ampla defesa e contraditório ... 498
3.1. Âmbito de proteção ... 499
3.1.1. Processo penal ... 500
3.1.1.1. Considerações preliminares ... 500
3.1.1.2. Direito de defesa e investigação criminal ... 504
3.1.1.3. Denúncia genérica ... 505
3.1.1.4. *Emendatio libelli* e *mutatio libelli* ... 508
3.1.1.5. Falta de apresentação de resposta à acusação e de razões finais pelo acusado ... 510

3.1.1.6. Condenação com base exclusivamente em inquérito policial . 512
3.1.1.7. Excesso de linguagem na pronúncia 513
3.1.1.8. Leitura de peças em plenário 514
3.1.2. Ampla defesa e contraditório nos processos administrativos em geral . 515
3.1.2.1. Ampla defesa e contraditório nos procedimentos administrativos e questões de fato e de direito. 519
3.1.2.2. Ampla defesa e contraditório no exame de aposentadoria ou pensões pelo TCU 519
3.1.2.3. Ampla defesa e contraditório nos processos de julgamento de contas dos Chefes do Poder Executivo 521
3.1.2.4. Ampla defesa e contraditório no processo administrativo disciplinar 521
3.1.2.5. Direito de defesa nos processos disciplinares contra parlamentares 522
3.1.2.6. Direito de defesa e *impeachment* 522
3.2. Conformação e limitação 523
4. Direito de petição 523
4.1. Considerações gerais 523
4.2. Âmbito de proteção 524
4.2.1. Conceito de petição 524
4.2.2. Destinatários da petição 524
4.2.3. Requisitos de admissibilidade 525
4.2.4. Pretensão de ser informado 525
4.3. Titularidade 526
4.4. Conformação e limitação 527
5. Direito ao juiz natural e proibição de Tribunais de Exceção 527
5.1. Considerações gerais 527
5.1.1. Imparcialidade e mecanismos de proteção 528
5.1.2. O juízo de garantias no processo penal 529
5.2. Âmbito de proteção 531
5.2.1. Considerações preliminares 531
5.2.2. Prerrogativa de foro e o princípio do juiz natural 532
5.2.3. Crimes comuns conexos a crimes eleitorais e juiz natural 537
5.3. Titularidade 538
5.4. Conformação e limitação 538
5.5. Instituição do Tribunal do Júri 539
5.5.1. Considerações gerais 539
5.5.2. Âmbito de proteção 540
5.5.3. Conformação e limitação 541
6. Garantias constitucionais quanto à definição do crime, à pena e sua execução 543
6.1. Tipificação penal: parâmetros, limites e controle de constitucionalidade 544
6.2. Considerações sobre os crimes de perigo abstrato 549
6.3. Princípios da legalidade e da anterioridade penal 551

6.3.1. Considerações gerais 551
6.3.2. Âmbito de proteção 551
6.3.2.1. Considerações preliminares 551
6.3.2.2. Determinabilidade do tipo penal e proibição de analogia 552
6.3.2.3. Proibição de retroatividade da lei penal 556
6.3.2.3.1 Acordo de não persecução penal, expansão da justiça criminal negocial e aplicação para processos em curso 564
6.3.2.4. Conformação e limitação 566
6.4. Princípio da responsabilidade pessoal e responsabilidade patrimonial do agente e dos sucessores 567
6.4.1. Considerações gerais 567
6.4.2. Âmbito de proteção 567
6.4.3. Conformação e limitação 568
6.5. Tipos de penas e proibição de penas cruéis ou da pena de morte 568
6.5.1. Considerações gerais 568
6.5.2. Âmbito de proteção 569
6.6. Individualização da pena e progressão do regime penal 572
6.6.1. Considerações gerais 572
6.6.2. Âmbito de proteção 576
6.6.2.1. Considerações preliminares 576
6.6.2.2. Direito à individualização da pena 580
6.6.3. Conformação e limitação 580
7. Da não extradição de brasileiro, da não extradição de estrangeiro por crime político ou de opinião e de outras limitações ao processo extradicional 583
7.1. Considerações gerais 583
7.2. Âmbito de proteção 584
7.2.1. Considerações preliminares: não extraditabilidade do brasileiro nato ou naturalizado 584
7.2.2. Não extraditabilidade do estrangeiro por crime político ou de opinião 587
7.2.3. Da não extradição em razão de extinção da punibilidade 593
7.3. Titularidade 594
7.4. Conformação e limitação 595
7.4.1. Considerações preliminares 595
7.4.2. Não extraditabilidade e ausência de observância dos parâmetros do devido processo legal 596
7.4.3. A prisão preventiva para extradição 600
7.4.4. Extradição e pena de morte ou prisão perpétua 602
8. Presunção de não culpabilidade 603
8.1. Considerações gerais 603
8.2. Âmbito de proteção 605
8.2.1. Considerações gerais 605
8.2.2. Presunção de não culpabilidade e compatibilidade com o recolhimento à prisão para apelar e com a inadmissibilidade de liberdade provisória 606

8.2.3. Presunção de não culpabilidade e pendência de recursos sem efeito suspensivo 611
8.2.4. Presunção de não culpabilidade e maus antecedentes 614
8.2.5 Presunção de não culpabilidade, liberdade de locomoção, direito ao silêncio e condução coercitiva 615
8.2.6 Presunção de não culpabilidade, valoração racional, pronúncia e inadmissibilidade do *in dubio pro societate* 617
8.3. Conformação e limitação 620
9. A garantia do devido processo legal 621
9.1. Considerações preliminares 621
9.2. Da inadmissibilidade da prova ilícita no processo 623
9.2.1. Considerações preliminares 623
9.2.2. Âmbito de proteção 623
9.2.2.1. Considerações preliminares 623
9.2.2.2. Técnicas especiais de investigação 626
9.2.2.2.1. Interceptações telefônicas e telemáticas 629
9.2.2.2.1.1. Interceptações e encontro fortuito de provas 632
9.2.2.2.1.2. Interceptações e juiz competente 634
9.2.2.2.1.3. Interceptações e cadeia de custódia 636
9.2.2.2.2. Privacidade e sigilo de dados 636
9.2.2.2.2.1. Quebra de sigilo de dados 641
9.2.2.2.3. Captações ambientais e monitoramento de espaços privados 648
9.2.2.2.4. Novas tecnologias e a Constituição 652
9.2.2.2.5. Colaboração premiada 654
9.2.2.2.6. Ação controlada 662
9.2.2.2.7. Infiltração de agentes policiais 662
9.2.2.3. Da inviolabilidade de domicílio e da busca e apreensão 664
9.3. Das garantias constitucionais quanto à prisão 669
9.3.1. Considerações gerais 669
9.3.2. Prisão em flagrante, prisão preventiva, prisão temporária, medidas cautelares diversas da prisão e liberdade provisória 669
9.3.2.1. Prisão em flagrante 670
9.3.2.2. Prisão preventiva 676
9.3.2.2.1. Requisitos e prazos para prisão preventiva 681
9.3.2.3. Prisão temporária 682
9.3.2.4. Medidas cautelares diversas da prisão 682
9.3.2.5. Liberdade provisória 684
9.3.3. Do dever de comunicação da prisão e do local, onde se encontre o preso, ao juiz competente e à família ou pessoa por ele indicada, informação dos direitos do preso, inclusive o direito ao silêncio, direito à assistência da família e de advogado, direito à identificação dos responsáveis pela prisão ou pelo interrogatório policial 688

9.3.3.1. Considerações gerais 688
9.3.3.2. Da comunicação imediata ao juiz competente e aos familiares do preso do local onde se encontra 688
9.3.3.2.1. Âmbito de proteção 688
9.3.3.2.2. Direito de assistência da família e do advogado 692
9.3.3.3. Do direito de permanecer em silêncio 692
9.3.3.3.1. Considerações gerais 692
9.3.3.3.2. Âmbito de proteção 693
9.3.3.3.3. Direito ao silêncio nas Comissões Parlamentares de Inquérito e nos processos disciplinares 696
9.3.3.3.3.1. Direito ao silêncio no âmbito do Código de Trânsito Brasileiro 697
9.3.3.3.3.2. Conformação e limitação 698
9.3.4. Direito de identificação dos responsáveis pela prisão ou pelo interrogatório policial 698
9.3.5. Regime da prisão sob estado de defesa e estado de sítio 698
9.4. Proibição da prisão civil por dívida 699
9.4.1. Considerações preliminares 699
9.4.2. Âmbito de proteção 700
9.4.3. Conformação e limitação 700
9.4.3.1. Prisão civil do alimentante 700
9.4.3.2. Prisão civil do depositário infiel 703
9.4.4. Prisão civil do depositário infiel em face dos tratados internacionais de direitos humanos 710
9.5 A proibição de dupla persecução penal e o *ne bis in idem* 726

CAPÍTULO 5 **DIREITOS SOCIAIS** 729
Gilmar Ferreira Mendes

1. Considerações preliminares 729
2. Funções dos direitos fundamentais e consequências no âmbito dos direitos sociais . 732
2.1. Significados para os direitos fundamentais 732
2.2. Direitos fundamentais enquanto direitos de defesa 733
2.3. Direitos fundamentais enquanto normas de proteção de institutos jurídicos .. 734
2.4. Direitos fundamentais enquanto garantias positivas do exercício das liberdades 735
2.4.1. Direitos às prestações positivas 736
2.4.2. Direito à organização e ao procedimento 737
2.5. Direitos fundamentais, dever de proteção e proibição de proteção insuficiente 738
2.6. Reserva do possível e mínimo existencial 740
2.7. Proibição de retrocesso e limites do sacrifício 743
2.7.1. Pandemia mundial pela Covid-19 746
3. Direitos sociais na Constituição de 1988 e jurisprudência do STF 748
3.1. Direitos do trabalhador 748
3.2. O direito à educação 754

3.3. Direito à alimentação 762
3.4. Direito à moradia 764
3.5. Saúde, previdência e assistência social 766
3.5.1. O direito à saúde 767
3.5.1.1. O direito à saúde – âmbito de proteção 767
3.5.1.2. O Sistema Único de Saúde – considerações gerais 769
3.5.1.3. A judicialização do direito à saúde 775
3.5.1.4. Jurisprudência do Supremo Tribunal Federal 778
3.5.2. Previdência social 786
3.5.2.1. Contribuição previdenciária dos inativos 787
3.5.2.2. Benefício da pensão por morte e indicação de fonte de custeio 791
3.5.2.3. Desaposentação 794
3.5.3. Assistência social 795
3.5.3.1. Lei Orgânica da Assistência Social (LOAS) 796
3.5.3.2. A constitucionalidade do art. 20, § 3º, da LOAS: a ADI 1.232 . 796
3.5.3.3. A revisão da decisão da ADI 1.232 na Rcl 4.374 799
3.5.3.4. Processo de inconstitucionalização e adoção de novos critérios 801
3.6. Da proteção da família, da criança, do adolescente, do jovem e do idoso 803
4. Notas conclusivas 806
CAPÍTULO 6 DIREITO DE NACIONALIDADE E REGIME JURÍDICO DO ESTRANGEIRO 809
Gilmar Ferreira Mendes
1. Considerações gerais 809
2. Nacionalidade brasileira 810
2.1. Considerações preliminares 810
2.2. Brasileiros natos 810
2.3. Brasileiros naturalizados 813
2.4. Distinção entre brasileiro nato e naturalizado 813
2.5. Perda da nacionalidade brasileira 814
3. O Estatuto de Igualdade entre brasileiros e portugueses 815
4. Regime jurídico do estrangeiro 816
4.1. Considerações preliminares 816
4.2. Exclusão do estrangeiro do território nacional 817
4.3. Asilo político: territorial e diplomático 820
4.4. A situação de refugiado 821
4.5. Exceção doutrinária e jurisdicional: o caso Cesare Battisti 823
CAPÍTULO 7 OS DIREITOS POLÍTICOS NA CONSTITUIÇÃO 827
Gilmar Ferreira Mendes
1. Introdução 827
2. Âmbito de proteção 827
2.1. Direito ao sufrágio 827
2.2. Voto direto, livre, secreto, periódico e igual 830

2.3. Igualdade de voto e sistemas eleitorais 835
2.3.1. Considerações gerais 835
2.3.2. O sistema proporcional brasileiro 837
2.4. Plebiscito, referendo e iniciativa popular 849
2.5. Condições de elegibilidade 851
2.6. Inelegibilidades 854
2.7. Reeleição 859
3. Restrição ou limitação de direitos políticos: perda e suspensão de direitos políticos . 863
3.1. Perda de direitos políticos 864
3.2. A suspensão dos direitos políticos 864
4. Dos partidos políticos 869
4.1. Considerações preliminares 869
4.2. Autonomia, liberdade partidária, democracia interna e fidelidade partidária .. 872
4.2.1. Noções gerais 872
4.2.2. Fidelidade partidária e extinção do mandato 875
4.3. Igualdade de "chances" entre os partidos políticos 882
4.4. Financiamento dos partidos 893
4.5. Acesso ao rádio e à televisão 898
4.6. O problema das coligações partidárias no sistema proporcional 903
5. O princípio da anualidade da lei eleitoral e o devido processo legal eleitoral 916
6. Mudanças na jurisprudência eleitoral e segurança jurídica 927
7. A pandemia do coronavírus e as eleições municipais de 2020 932

CAPÍTULO 8 **ORGANIZAÇÃO DO ESTADO** 933

I ESTADO FEDERAL 933
Paulo Gustavo Gonet Branco

1. Notícia de história 933
2. Características básicas do Estado Federal 934
2.1. Soberania e autonomia 934
2.2. Existência de uma Constituição Federal 934
2.3. Repartição de competências previstas constitucionalmente 935
2.4. Participação dos Estados-membros na vontade federal 937
2.5. Inexistência de direito de secessão 937
2.6. Conflitos: o papel da Suprema Corte e a intervenção federal 938
3. Conceito abrangente de Estado Federal 938
4. Por que os Estados assumem a forma federal? 938
5. O Estado Federal brasileiro 939
5.1. A União 939
5.1.1. Intervenção federal 939
5.1.1.1. Entes passíveis de intervenção federal 942
5.1.1.2. Procedimento 943
6. Os Estados-membros 945

6.1. Poder constituinte dos Estados-membros ... 947
6.2. Auto-organização do Estado-membro e processo legislativo ... 948
6.3. Separação de Poderes e princípio da simetria ... 950
6.4. Limitação relativa a competência legislativa reservada da União ... 955
6.5. Região metropolitana ... 955
7. Os municípios ... 956
8. O Distrito Federal ... 958
9. Territórios ... 959
10. A repartição de competências na Constituição de 1988 ... 959
10.1. Competência geral da União ... 960
10.2. Competência de legislação privativa da União ... 960
10.3. Competência relativa aos poderes reservados dos Estados ... 962
10.4. Competência comum material da União, dos Estados-membros, do Distrito Federal e dos Municípios (competências concorrentes administrativas) ... 962
10.5. Competência legislativa concorrente ... 964
10.6. Competências dos Municípios ... 965
11. Inexistência de hierarquia entre lei federal e estadual ... 967
12. Competência privativa ou exclusiva? ... 967
13. Conflitos jurídicos no Estado Federal brasileiro ... 968

II ADMINISTRAÇÃO PÚBLICA ... 970
Gilmar Ferreira Mendes
1. Introdução ... 970
2. Princípios da administração pública ... 973
2.1. Princípio da legalidade ... 973
2.2. Princípio da reserva legal ... 980
2.3. Princípio da segurança jurídica ... 982
2.4. Princípio da impessoalidade ... 985
2.5. Princípio da moralidade ... 986
2.6. Princípio da publicidade ... 988
2.7. Princípio da eficiência ... 991
3. Responsabilidade civil do Estado ... 993
4. O Supremo Tribunal Federal e o terceiro setor ... 1003
4.1. Administração pública, organizações sociais e OSCIPs ... 1003
4.1.1. As Organizações Sociais no contexto da Reforma do Estado no Brasil ... 1005
4.1.2. As Organizações Sociais no contexto do Programa Nacional de Publicização – PNP da Reforma do Aparelho do Estado: a transferência ao setor público não estatal da prestação de serviços não exclusivos do Estado ... 1006
4.1.3. A Lei das Organizações Sociais (Lei n. 9.637/98) ... 1007
4.1.4. A implementação do modelo de Organizações Sociais pelos Estados-membros ... 1010
4.1.5. A experiência da Associação das Pioneiras Sociais – APS – A Rede Sarah de Hospitais do Aparelho Locomotor ... 1010

4.1.6. A Lei n. 13.019/2014 – Marco Regulatório do Terceiro Setor 1014
5. Agentes públicos 1016
5.1. O regime jurídico único dos servidores públicos 1016
5.2. Teto remuneratório dos agentes públicos 1017
5.3. Estabilidade do servidor público e gestão de pessoal 1019

CAPÍTULO 9 **ORGANIZAÇÃO DOS PODERES** 1023

I PODER LEGISLATIVO 1023
Paulo Gustavo Gonet Branco
1. Introdução 1023
2. Estrutura e funcionamento 1023
3. Função de fiscalização 1026
3.1. As Comissões Parlamentares de Inquérito 1027
3.1.1. A previsão da CPI na Constituição 1028
3.1.2. Controle judicial dos atos da CPI 1029
3.1.3. Objeto da CPI 1029
3.1.4. Limitação cronológica 1032
3.1.5. CPI como direito das minorias parlamentares 1033
3.1.6. Poderes das Comissões Parlamentares de Inquérito 1033
3.1.7. Testemunhas e indiciados 1034
3.1.8. Testemunhas, CPI e separação de Poderes 1037
3.1.9. Poderes cautelares 1037
3.1.10. Diligências e requisição de documentos 1038
3.1.11. Atuação do advogado do depoente 1041
3.1.12. Considerações finais sobre as CPIs 1042
4. Função legislativa 1042
4.1. Processo legislativo 1043
4.1.1. A iniciativa 1043
4.1.1.1. Iniciativa comum 1043
4.1.1.2. Iniciativa reservada 1043
4.1.1.3. Iniciativa privativa de órgãos do Judiciário 1043
4.1.1.4. Iniciativa privativa do Ministério Público 1044
4.1.1.5. Iniciativa privativa da Câmara dos Deputados, do Senado e do Tribunal de Contas da União 1044
4.1.1.6. Iniciativa privativa do Presidente da República 1044
4.2. Discussão 1046
4.3. Votação 1047
4.4. Sanção ou veto 1047
4.5. Promulgação e publicação 1049
5. Notas sobre as espécies legislativas 1049
5.1. Leis delegadas 1049
5.1.1. Controle da delegação legislativa 1050

5.2. Lei ordinária e lei complementar 1051
5.3. Medidas provisórias 1052
5.3.1. Notícia de história 1052
5.3.2. As medidas provisórias na Constituição Federal de 1988. Natureza jurídica 1053
5.3.3. Efeitos 1053
5.3.4. Conceito de medida provisória 1053
5.3.5. Pressupostos da medida provisória 1053
5.3.6. Apreciação dos pressupostos da urgência e da relevância 1054
5.3.7. Medida provisória. O conteúdo possível. Histórico legislativo 1055
5.3.8. As limitações de conteúdo à medida provisória 1056
5.3.8.1. Direito político 1056
5.3.8.2. Medida provisória e organização do Ministério Público e do Judiciário 1056
5.3.8.3. Medida provisória e leis orçamentárias 1056
5.3.8.4. Medida provisória e matéria de lei complementar 1057
5.3.8.5. Direito processual e direito penal 1058
5.3.8.6. Medida provisória e confisco de poupança 1058
5.3.8.7. Medida provisória e projeto de lei já aprovado pelo Congresso Nacional 1058
5.3.8.8. Medida provisória e instituição ou majoração de impostos 1059
5.3.8.9. Medida provisória e matéria da iniciativa legislativa exclusiva de outro Poder ou da competência exclusiva ou privativa do Congresso ou das suas Casas 1060
5.3.8.10. Reedição de medida provisória e medida provisória sobre matéria objeto de projeto de lei rejeitado 1060
6. Medida provisória – conversão em lei ou rejeição. A medida provisória no Congresso Nacional 1062
6.1. O prazo para apreciação da medida provisória 1063
6.2. Aprovação total da medida provisória 1064
6.3. Aprovação da medida provisória com emendas 1065
6.4. Não conversão da medida provisória em lei 1066
7. Outras questões em torno das medidas provisórias 1067
7.1. Medida provisória que declara a inconstitucionalidade de outra 1067
7.2. Medidas provisórias editadas e em vigor antes da EC n. 32/2001 1068
7.3. Eficácia da medida provisória reeditada no regime anterior à EC n. 32/2001. . 1068
7.4. Possibilidade de os Estados e o Distrito Federal editarem medidas provisórias 1069
8. Estatuto do congressista 1069
8.1. Prerrogativa de foro 1072
8.2. Perda do mandato 1072
8.3. Deputados estaduais e distritais 1073
8.4. Vereadores 1074

II PODER EXECUTIVO 1075

Gilmar Ferreira Mendes

1. Eleição e mandato do Presidente da República 1076
2. Reeleição do Presidente da República 1077
3. Vice-Presidente da República, substituição e vacância 1078
4. Ordem de sucessão e vacância dos cargos de Presidente e Vice-Presidente da República 1080
5. Ministros de Estado 1081
   5.1. Considerações gerais 1081
   5.2. Requisitos especiais para o exercício de determinados cargos e sua compatibilidade com o cargo de Ministro de Estado 1082
   5.3. Exercício de cargo de Ministro de Estado por parlamentar e quebra de decoro 1084
6. Atribuições do Presidente da República 1084
   6.1. Direção da Administração Federal 1084
      6.1.1. Expedição de regulamento 1085
      6.1.2. Regulamento "autorizado" 1087
      6.1.3. Decretos autônomos 1089
   6.2. Relação com o Congresso Nacional e atuação no processo legislativo 1090
      6.2.1. Considerações preliminares 1090
      6.2.2. Edição de medidas provisórias 1091
      6.2.3. Sanção, veto, promulgação e publicação 1093
      6.2.4. Convocação extraordinária do Congresso Nacional 1094
      6.2.5. Atribuições no plano das relações internacionais 1094
   6.3. Atribuições concernentes à segurança interna, preservação da ordem institucional e da harmonia das relações federativas 1095
   6.4. Nomeação de juízes do Supremo Tribunal Federal e dos Tribunais Superiores 1096
7. Responsabilidade do Presidente da República, imunidades e prerrogativas 1096
   7.1. Considerações preliminares 1096
   7.2. Crimes de responsabilidade: conceito e extensão 1097
   7.3. Procedimento 1098
   7.4. Renúncia ao mandato no processo de crime de responsabilidade 1101
   7.5. Processo contra o Presidente da República por crime comum 1102
8. Do Conselho da República 1104
9. Do Conselho de Defesa 1104

III PODER JUDICIÁRIO 1106

Gilmar Ferreira Mendes

1. Introdução 1106
2. Organização do Poder Judiciário 1108
   2.1. Estrutura 1108
   2.2. Quinto constitucional 1110
   2.3. Órgão especial 1113
   2.4. Funcionamento dos órgãos judiciários 1114

2.4.1. Autonomia administrativa e financeira 1114
2.4.1.1. Autonomia administrativa 1114
2.4.1.2. Autonomia financeira 1115
2.4.2. Custas e emolumentos 1116
2.4.3. Precatórios 1116
2.4.4. Celeridade na prestação jurisdicional 1120
2.4.5. Fundamentação das decisões 1121
2.4.6. Publicidade dos atos judiciais 1124
3. Órgãos do Poder Judiciário: composição e competência 1126
3.1. Supremo Tribunal Federal 1126
3.1.1. Considerações gerais 1126
3.1.2. Competência do Supremo Tribunal Federal 1136
3.1.2.1. Considerações gerais 1136
3.1.2.2. Competências implícitas 1141
3.1.3. O Supremo Tribunal Federal e a modernização da prestação jurisdicional 1142
3.1.3.1. Considerações preliminares acerca do recurso extraordinário 1142
3.1.3.2. O processo de objetivação do recurso extraordinário 1144
3.1.4. O Supremo Tribunal Federal e as súmulas vinculantes 1147
3.1.4.1. Considerações gerais 1147
3.1.4.2. Requisitos formais da súmula vinculante, revisão e cancelamento 1148
3.1.4.3. Obrigatoriedade e limites objetivos e subjetivos da súmula vinculante 1150
3.1.4.4. Súmula vinculante e reclamação constitucional 1151
3.1.4.5. O Plenário Virtual 1152
3.2. Superior Tribunal de Justiça 1154
3.2.1. Considerações gerais 1154
3.2.2. Competência 1155
3.2.3. Competência recursal do Superior Tribunal de Justiça 1156
3.3. Tribunal Superior Eleitoral e Justiça Eleitoral 1159
3.3.1. Considerações preliminares 1159
3.3.2. Competência 1160
3.4. Tribunal Superior do Trabalho e Justiça do Trabalho 1165
3.4.1. Considerações preliminares 1165
3.4.2. Tribunais Regionais do Trabalho e juízes do trabalho 1166
3.4.3. Competência da Justiça do Trabalho 1167
3.5. Superior Tribunal Militar e Justiça Militar 1167
3.6. Tribunais Regionais Federais e juízes federais 1172
3.6.1. Competência dos juízes federais 1173
3.6.2. Competência dos Tribunais Regionais Federais 1177
3.7. Tribunais de Justiça estaduais, juízes estaduais e Justiça Militar estadual 1178
3.8. Juizados Especiais e Turmas Recursais 1179
3.9. Conselho Nacional de Justiça 1181
3.9.1. Considerações preliminares 1181

3.9.2. Constitucionalidade do Conselho Nacional de Justiça 1183
3.9.3. Composição 1183
3.9.4. Competência 1185
3.9.5. Conselho Nacional de Justiça e Supremo Tribunal Federal 1187
4. Regime Jurídico da Magistratura 1188
4.1. Ingresso na carreira 1189
4.2. Promoções 1192
4.3. Remuneração 1193
4.4. Aposentadoria 1195
4.5. Residência na comarca 1196
4.6. Remoção, disponibilidade e aposentadoria por interesse público 1196
4.7. Garantias funcionais 1197
4.8. Vedações 1197

IV MINISTÉRIO PÚBLICO, ADVOCACIA E DEFENSORIA PÚBLICA – FUNÇÕES ESSENCIAIS À JUSTIÇA 1200

Paulo Gustavo Gonet Branco

1. Ministério Público 1200
1.1. Notícias de história 1200
1.2. Característica básica do Ministério Público 1202
1.2.1. Princípios institucionais 1202
1.3. Garantias e vedações 1204
1.4. A organização do Ministério Público 1205
1.4.1. O Ministério Público estadual 1206
1.4.2. O Ministério Público da União 1206
1.5. Competências do Ministério Público 1207
2. Outras funções essenciais à Justiça 1209
2.1. Advocacia 1209
2.2. Advocacia Pública 1210
2.3. Defensoria Pública 1212

CAPÍTULO 10 **CONTROLE DE CONSTITUCIONALIDADE** 1217

Gilmar Ferreira Mendes

I CONSTITUCIONALIDADE E INCONSTITUCIONALIDADE, DEFESA DA CONSTITUIÇÃO, TIPOS DE INCONSTITUCIONALIDADE E TÓPICOS ESPECIAIS EM CONTROLE DE CONSTITUCIONALIDADE 1217

1. Considerações preliminares 1217
2. Constitucionalidade e inconstitucionalidade 1219
3. Defesa e proteção da Constituição 1222
3.1. Considerações preliminares 1222
3.2. Notas sobre os modelos jurisdicionais de controle de constitucionalidade 1224
3.2.1. Digressões acerca da abertura ao direito internacional 1227
3.2.1.1. Controle de convencionalidade 1231
3.3. Os diferentes tipos de inconstitucionalidade 1237

3.3.1. Considerações preliminares 1237
3.3.2. Inconstitucionalidade formal e inconstitucionalidade material 1238
3.3.2.1. Inconstitucionalidade formal 1238
3.3.2.2. Inconstitucionalidade material 1239
3.3.3. Inconstitucionalidade originária e superveniente 1241
3.3.3.1. Considerações preliminares 1241
3.3.3.2. Vício formal: inconstitucionalidade originária 1246
3.3.3.3. Configuração da inconstitucionalidade e mudança nas relações fáticas ou jurídicas 1248
3.3.4. Inconstitucionalidade por ação e inconstitucionalidade por omissão .. 1250
3.3.5. Inconstitucionalidade de normas constitucionais 1252
3.3.5.1. O controle de constitucionalidade da reforma constitucional e as "cláusulas pétreas" 1252
3.3.5.2. Limites imanentes ao poder constituinte 1255
4. Tópicos especiais em controle de constitucionalidade 1257
4.1. Apreciação e revisão de fatos e prognoses legislativos 1257
4.1.1. Considerações gerais 1257
4.1.2. Análise dos fatos legislativos em matéria penal 1264
4.1.3. Análise de fatos e prognoses legislativos pelo Supremo Tribunal Federal 1271
4.2. O Poder Executivo e o Poder Legislativo no controle de constitucionalidade das leis 1274
4.2.1. Considerações preliminares 1274
4.2.2. O poder de veto sob o argumento da inconstitucionalidade do projeto de lei 1275
4.2.3. A sustação de atos de delegação e dos atos regulamentares pelo Poder Legislativo 1276
4.2.4. A "correção" de decisões judiciais pelo Poder Legislativo 1278
4.2.5. Controle de constitucionalidade direto e a inexecução da lei pelo Executivo 1281
4.2.6. Sobre a possibilidade de anulação da lei inconstitucional pelo Poder Legislativo 1283
4.3. O controle de constitucionalidade exercido pelo Tribunal de Contas da União (TCU) e pelo Conselho Nacional de Justiça (CNJ) 1283
4.4. Controle de constitucionalidade e direitos digitais 1287

II EVOLUÇÃO DO CONTROLE DE CONSTITUCIONALIDADE NO DIREITO BRASILEIRO 1291
1. Introdução 1291
2. Considerações preliminares: a Constituição Imperial 1291
3. O controle de constitucionalidade na Constituição de 1891 1292
4. A Constituição de 1934 e o controle de constitucionalidade 1296
5. O controle de constitucionalidade na Constituição de 1937 1297
6. A Constituição de 1946 e o sistema de controle de constitucionalidade 1299
6.1. A representação interventiva 1299

6.2. A Emenda n. 16, de 1965, e o controle de constitucionalidade abstrato 1301
7. O controle de constitucionalidade na Constituição de 1967/69 1303
7.1. Considerações sobre o papel do Procurador-Geral da República no controle abstrato de normas sob a Constituição de 1967/69: proposta de releitura 1304
7.2. O caráter dúplice ou ambivalente da representação de inconstitucionalidade . 1305
8. O controle de constitucionalidade na Constituição de 1988 1309
8.1. Considerações preliminares 1309
8.2. Criação e desenvolvimento da ação declaratória de constitucionalidade 1313
8.3. Desenvolvimento da arguição de descumprimento de preceito fundamental . 1314
8.3.1. Considerações preliminares 1314
8.3.2. Incidente de inconstitucionalidade e arguição de descumprimento ... 1316
8.4. O desenvolvimento da ação direta de inconstitucionalidade por omissão e do mandado de injunção 1318
8.5. Representação interventiva: ressurgimento e ressignificação 1319
III CONTROLE INCIDENTAL OU CONCRETO 1321
1. Introdução 1321
2. Pressupostos de admissibilidade do controle incidental 1325
2.1. Requisitos subjetivos 1325
2.2. Requisitos objetivos 1326
2.3. Participação de *amicus curiae*, do Ministério Público e de outros interessados no incidente de inconstitucionalidade perante os tribunais 1332
2.4. Controle de constitucionalidade de lei tendo como parâmetro a Constituição em face da qual foi editada 1334
2.5. Controle de legitimidade do direito pré-constitucional: recepção ou revogação 1334
3. O controle incidental de normas no Supremo Tribunal Federal 1335
3.1. Considerações preliminares 1335
3.2. Os meios de acesso à Jurisdição Constitucional difusa do Supremo Tribunal Federal 1336
3.3. Aspectos relevantes do recurso extraordinário e da repercussão geral 1338
3.3.1. O recurso extraordinário e a causa de pedir aberta 1341
3.4. O papel do Senado Federal em caso de declaração de inconstitucionalidade incidental 1343
3.4.1. A suspensão pelo Senado Federal da execução de lei declarada inconstitucional pelo Supremo Tribunal Federal na Constituição de 1988 ... 1346
3.4.2. A repercussão da declaração de inconstitucionalidade proferida pelo Supremo Tribunal sobre as decisões de outros tribunais 1348
3.4.3. A suspensão de execução da lei pelo Senado e mutação constitucional 1349
4. Peculiaridades do controle incidental na Constituição de 1988 1358
4.1. Considerações preliminares 1358
4.2. A ação civil pública como instrumento de controle de constitucionalidade ... 1359
4.3. O controle incidental e a aplicação do art. 27 da Lei n. 9.868/99 1362
4.4. O controle de constitucionalidade incidental realizado por órgãos não jurisdicionais 1367

IV AÇÃO DIRETA DE INCONSTITUCIONALIDADE 1372
1. Considerações preliminares 1372
2. Pressupostos de admissibilidade da ação direta de inconstitucionalidade 1373
2.1. Legitimação para agir e capacidade postulatória 1373
2.1.1. Legitimação de confederação sindical e entidade de classe de âmbito nacional 1374
2.1.2. Pertinência temática 1378
2.1.3. Governador de Estado / Assembleia Legislativa e relação de pertinência 1379
2.1.4. Direito de propositura dos partidos políticos 1379
2.2. Objeto da ação direta de inconstitucionalidade 1380
2.2.1. Leis e atos normativos federais 1382
2.2.2. Leis e atos normativos estaduais 1385
2.2.3. Leis e atos normativos distritais 1386
2.2.4. Atos legislativos de efeito concreto 1386
2.2.5. Direito pré-constitucional 1389
2.2.6. Projeto de lei e lei aprovada mas ainda não promulgada 1390
2.2.7. Ato normativo revogado 1390
2.2.8. A problemática dos tratados 1391
2.2.9. Lei estadual e concorrência de parâmetros de controle 1393
2.3. Parâmetro de controle 1394
2.4. Procedimento 1396
2.4.1. Requisitos da petição inicial e admissibilidade da ação 1396
2.4.2. Intervenção de terceiros e *amicus curiae* 1397
2.4.3. Informações das autoridades das quais emanou o ato normativo e manifestações do Advogado-Geral da União e do Procurador-Geral da República 1398
2.4.4. Apuração de questões fáticas no controle de constitucionalidade 1399
2.4.5. Medida cautelar 1400
3. Decisão 1403

V AÇÃO DECLARATÓRIA DE CONSTITUCIONALIDADE 1405
1. Criação da ação declaratória de constitucionalidade 1405
2. Legitimidade para propositura da ação declaratória 1406
2.1. Considerações preliminares 1406
2.2. Demonstração da existência de controvérsia judicial na ação declaratória de constitucionalidade 1407
3. Objeto 1409
4. Parâmetro de controle 1409
5. Procedimento 1409
5.1. Considerações preliminares 1409
5.2. Requisitos da petição inicial e admissibilidade da ação 1410
5.3. Intervenção de terceiros e *amicus curiae* 1411
5.4. Apuração de questões fáticas no controle de constitucionalidade 1413

6. Medida cautelar 1413
7. Decisão 1414

VI A AÇÃO DIRETA DE INCONSTITUCIONALIDADE POR OMISSÃO 1415
1. Introdução 1415
2. Pressupostos de admissibilidade da ação direta de Inconstitucionalidade por omissão 1418
2.1. Considerações preliminares 1418
2.2. Legitimação para agir 1419
3. Objeto da ação direta de inconstitucionalidade por omissão 1420
3.1. Considerações preliminares 1420
3.2. Omissão legislativa 1421
3.2.1. Considerações preliminares 1421
3.2.2. A omissão parcial 1424
3.2.3. Casos relevantes de omissão legislativa na jurisprudência do STF 1426
3.3. Omissão de providência de índole administrativa 1429
3.3.1. Exercício de poder regulamentar 1429
3.3.2. Omissão de medidas ou atos administrativos 1429
4. Procedimento 1430
4.1. Considerações gerais 1430
4.2. Cautelar em ação direta de inconstitucionalidade por omissão 1432
4.2.1. Considerações gerais 1432
4.2.2. Procedimento da cautelar na ADO 1434
5. A decisão na ação direta de inconstitucionalidade por omissão 1435
5.1. Procedimento de tomada da decisão 1438
5.2. Suspensão de aplicação da norma eivada de inconstitucionalidade por omissão parcial e/ou aplicação excepcional 1438
5.3. Suspensão dos processos 1441

VII MANDADO DE INJUNÇÃO 1442
1. Considerações gerais 1442
2. Noções preliminares 1442
3. O mandado de injunção na jurisprudência do Supremo Tribunal Federal 1445
4. O direito de greve do servidor e a viragem da jurisprudência 1452

VIII A REPRESENTAÇÃO INTERVENTIVA 1462
1. Introdução 1462
2. Pressupostos de admissibilidade da representação interventiva 1464
2.1. Considerações preliminares 1464
2.2. Legitimação ativa *ad causam* 1465
2.3. Objeto da controvérsia 1466
2.3.1. Considerações preliminares 1466
2.3.2. Representação interventiva e atos concretos 1468
2.3.3. Representação interventiva e recusa à execução de lei federal 1469

2.4. Parâmetro de controle 1470
3. Procedimento 1474
3.1. Considerações preliminares 1474
3.2. Procedimento da representação interventiva 1475
3.3. Cautelar na representação interventiva 1475
4. Decisão 1477

IX ARGUIÇÃO DE DESCUMPRIMENTO DE PRECEITO FUNDAMENTAL 1480
1. Introdução 1480
1.1. Origens da lei sobre a arguição de descumprimento de preceito fundamental. 1480
1.2. A controvérsia sobre a constitucionalidade da Lei n. 9.882/99 1482
1.3. Incidente de inconstitucionalidade e arguição de descumprimento 1483
1.4. Características processuais: caráter principal ou incidental 1485
1.5. A arguição de descumprimento de preceito fundamental na jurisprudência do Supremo Tribunal Federal 1485
2. Legitimidade para arguir o descumprimento de preceito fundamental 1487
2.1. Considerações preliminares 1487
2.1.1. Capacidade postulatória 1489
2.2. Legitimação ativa 1489
2.3. Controvérsia judicial ou jurídica nas ações de caráter incidental 1490
2.4. Inexistência de outro meio eficaz: princípio da subsidiariedade 1491
3. Objeto da arguição de descumprimento de preceito fundamental 1497
3.1. Considerações preliminares 1497
3.2. Direito pré-constitucional 1498
3.3. Lei pré-constitucional e alteração de regra constitucional de competência legislativa 1498
3.4. O controle direto de constitucionalidade do direito municipal em face da Constituição Federal 1499
3.5. Pedido de declaração de constitucionalidade (ação declaratória) do direito estadual e municipal e arguição de descumprimento 1500
3.6. A lesão a preceito decorrente de mera interpretação judicial 1501
3.7. Contrariedade à Constituição decorrente de decisão judicial sem base legal (ou fundada em falsa base legal) 1503
3.8. Omissão legislativa no processo de controle abstrato de normas e na arguição de descumprimento de preceito fundamental 1505
3.9. O controle do ato regulamentar 1506
3.10. Norma revogada 1506
3.11. Veto do chefe do Poder Executivo 1507
3.12. Proposta de emenda à Constituição 1509
3.13. Tratado internacional antes da aprovação pelo Congresso Nacional ou antes de sua integração definitiva à ordem jurídica interna 1510
4. Parâmetro de controle 1512
4.1. Considerações preliminares 1512

4.2. Preceito fundamental e princípio da legalidade: a lesão a preceito fundamental decorrente de ato regulamentar 1514
5. Procedimento 1517
5.1. Requisitos da petição inicial e admissibilidade das ações 1517
5.1.1. Indicação de preceito fundamental e formulação do pedido 1517
5.1.2. Configuração de controvérsia judicial e controvérsia jurídica 1517
5.2. Informações e manifestações do Advogado-Geral da União e do Procurador-Geral da República 1518
5.3. Intervenção de terceiros e *amicus curiae* 1518
5.4. Apuração de questões fáticas e densificação de informações na ação de descumprimento de preceito fundamental 1519
5.5. Celebração de acordo em ADPF 1520
6. Medida cautelar 1520
6.1. Medida cautelar (art. 5º) 1520
6.2. Desenvolvimento histórico da cautelar no controle de normas 1520
6.3. Do cabimento de cautelar em ação direta de inconstitucionalidade e em ação declaratória de constitucionalidade 1522
6.4. A cautelar na ADPF 1524
6.4.1. Cautelar e audiência da autoridade responsável pela edição do ato 1525
6.4.2. Cautelar: suspensão do ato impugnado, suspensão de processos e da eficácia de decisões 1525
6.4.3. Cautelar e prazo 1526
7. As decisões do Supremo Tribunal Federal na arguição de descumprimento 1526
7.1. Procedimento de tomada de decisões 1526
7.2. Técnicas de decisão, efeitos da declaração de inconstitucionalidade, segurança e estabilidade das decisões 1527

X AS DECISÕES NO CONTROLE DE CONSTITUCIONALIDADE DE NORMAS E SEUS EFEITOS 1529
1. Introdução 1529
2. A declaração de nulidade da lei 1529
2.1. Considerações preliminares 1529
2.2. Declaração de nulidade total 1530
2.2.1. Declaração de nulidade total como expressão de unidade técnico-legislativa 1530
2.2.2. Declaração de nulidade total em virtude da dependência ou interdependência entre as partes constitucionais e inconstitucionais da lei 1531
3. Declaração de nulidade parcial 1532
4. Declaração de nulidade parcial sem redução de texto 1532
5. A interpretação conforme a Constituição 1535
5.1. Introdução 1535
5.2. Qualificação da interpretação conforme a Constituição 1535
5.3. Admissibilidade e limites da interpretação conforme a Constituição 1538

6. Decisões manipulativas de efeitos aditivos 1540
7. A declaração de constitucionalidade das leis e a "lei ainda constitucional" 1543
8. A declaração de inconstitucionalidade sem a pronúncia da nulidade e a declaração de inconstitucionalidade de caráter restritivo ou limitativo 1545
8.1. Introdução 1545
8.2. As decisões proferidas no mandado de injunção e na ação direta de inconstitucionalidade por omissão 1546
8.3. Reflexões conceptuais 1548
8.3.1. Considerações preliminares 1548
8.4. Aplicação da lei inconstitucional 1551
8.5. A declaração de inconstitucionalidade de caráter limitativo ou restritivo 1552
8.5.1. Considerações preliminares 1552
8.5.2. A declaração de inconstitucionalidade restritiva, sua repercussão sobre as decisões proferidas nos casos concretos e admissão da limitação de efeitos no sistema difuso 1554

XI SEGURANÇA E ESTABILIDADE DAS DECISÕES EM CONTROLE ABSTRATO DE CONSTITUCIONALIDADE E A RECLAMAÇÃO CONSTITUCIONAL 1557
1. Considerações preliminares 1557
2. Eficácia *erga omnes* e declaração de constitucionalidade 1557
3. Limites objetivos da eficácia *erga omnes*: a declaração de constitucionalidade da norma e a reapreciação da questão pelo STF 1559
4. Eficácia *erga omnes* na declaração de inconstitucionalidade proferida em ação declaratória de constitucionalidade ou em ação direta de inconstitucionalidade 1561
5. A eficácia *erga omnes* da declaração de nulidade e os atos singulares praticados com base no ato normativo declarado inconstitucional 1562
6. A eficácia *erga omnes* da declaração de inconstitucionalidade e a superveniência de lei de teor idêntico 1563
7. Conceito de efeito vinculante 1563
7.1. Limites objetivos do efeito vinculante 1565
7.2. Limites subjetivos 1568
7.3. Efeito vinculante da cautelar em ação declaratória de constitucionalidade 1569
7.4. Efeito vinculante da decisão concessiva de cautelar em ação direta de inconstitucionalidade 1570
7.5. Efeito vinculante de decisão indeferitória de cautelar em ação direta de inconstitucionalidade 1571
7.6. Efeito vinculante de decisão proferida em ação direta de inconstitucionalidade 1572
8. Eficácia *erga omnes*, efeito vinculante da decisão e reclamação 1573
8.1. Considerações preliminares 1573
8.2. Objeto da reclamação 1576
8.2.1. A reclamação para assegurar a autoridade das decisões do Supremo Tribunal – considerações gerais 1576

8.2.2. A reclamação para assegurar o cumprimento de decisão de mérito em ação direta de inconstitucionalidade e em ação declaratória de constitucionalidade 1577
8.2.3. Cabimento da reclamação para preservar a autoridade de decisão do Supremo Tribunal Federal em cautelar concedida em ação direta de inconstitucionalidade e em ação declaratória de constitucionalidade .. 1580
8.2.4. Decisão em mandado de injunção e reclamação constitucional 1581
8.3. Decisão em arguição de descumprimento de preceito fundamental e reclamação 1582
8.4. Decisão em repercussão geral e reclamação 1585
9. Procedimento: linhas gerais 1585

XII O CONTROLE ABSTRATO DE CONSTITUCIONALIDADE DO DIREITO ESTADUAL E DO DIREITO MUNICIPAL 1587
1. Considerações preliminares 1587
2. Controle do direito estadual e municipal na Constituição de 1988 e a coexistência de jurisdições constitucionais estaduais e federal 1588
3. Concorrência de parâmetros de controle 1595
4. Parâmetro de controle estadual e questão constitucional federal 1597
4.1. Considerações preliminares 1597
4.2. Recurso extraordinário e norma de reprodução obrigatória 1598
5. Ação declaratória de constitucionalidade no âmbito estadual 1600
6. A arguição de descumprimento de preceito fundamental e o controle de atos municipais em face da Constituição Federal 1601
6.1. Considerações gerais 1601
7. O controle da omissão legislativa no plano estadual 1602
8. O controle de constitucionalidade no âmbito do Distrito Federal 1605
8.1. Considerações preliminares 1605
8.2. A possibilidade de instituição de ação direta no âmbito do Distrito Federal ... 1607
9. Eficácia *erga omnes* das decisões proferidas em sede de controle abstrato no âmbito estadual 1609
9.1. Considerações preliminares 1609

CAPÍTULO 11 **TRIBUTAÇÃO, FINANÇAS PÚBLICAS E CONTROLE DA ATIVIDADE FINANCEIRA NA CONSTITUIÇÃO FEDERAL DE 1988** 1613
Gilmar Ferreira Mendes
1. A Constituição, as finanças e os tributos 1613
2. O tributo na Constituição de 1988 1615
3. O poder de tributar e seus limites: direitos fundamentais dos contribuintes 1616
3.1. Legalidade 1616
3.2. Capacidade contributiva 1618
3.3. Vedação ao confisco 1619
4. Imunidades 1621
5. Estatuto do Contribuinte 1624
6. Tributação e sigilo bancário 1627

7. Partilha de receitas na Assembleia Constituinte 1630
   7.1. O STF e o Fundo de Participação dos Estados 1632
   7.2. Competência tributária 1633
   7.3. ICMS, Guerra Fiscal e o papel do Supremo Tribunal Federal 1635
8. Contribuições sociais e a inversão do quadro de partilha constitucional 1638
9. Contribuições: controvérsias jurídicas 1641
10. Reforma tributária 1644
11. Finanças públicas e atividade financeira na Constituição Federal de 1988 1645
12. Orçamento Público 1646
   12.1. As ECs n. 86/2015, n. 100/2019, n. 105/2019 e o "Orçamento Impositivo" 1648
   12.2. A EC n. 95/2016 e o "Novo Regime Fiscal" 1649
   12.3. Pandemia e "orçamento de guerra" 1650
13. Leis orçamentárias e controle de constitucionalidade 1651
14. Dívida pública: aspectos constitucionais 1653
15. Publicidade e transparência fiscal 1654
16. Transparência fiscal e o papel do Conselho Nacional de Justiça 1657
17. Controle da atividade financeira e os Tribunais de Contas 1658
   17.1. Funções constitucionais dos Tribunais de Contas 1660
   17.2. Organização e composição 1665
18. Controle das despesas de pessoal 1668

Referências 1675
Índice alfabético remissivo 1709

NOTA DOS AUTORES À 16ª EDIÇÃO

A 16ª edição do *Curso de Direito Constitucional* conjuga a densidade do aprofundamento teórico da teoria constitucional às mais recentes discussões enfrentadas no campo acadêmico, surgidas principalmente pelas rápidas transformações tecnológicas e sociais pelas quais passamos. Não surpreende que novos desafios sejam lançados, a todo momento, aos que lidam com as realidades jurídicas, e que soluções sejam sondadas e testadas, por vezes para se estabilizarem num momento futuro, ou, não raro, para serem, então, descartadas, porque superadas por melhores razões ou porque as sucessivas peripécias dos tempos as fizeram caducar. O nosso *Curso* busca estar atento a essas reverberações na esfera constitucional. Nesta edição, o leitor encontrará atualizações diversas, que se referem a novos rumos da jurisprudência e a novos aportes de reflexão jurídica, tantas vezes propiciados justamente pelas aberturas incitadoras de perspectivas que os acelerados acontecimentos, ricos em imprevisibilidades, sugerem.

Os autores asseguram, porém, que não mudam no reconhecimento aos professores, alunos e colegas de afazeres jurídicos pela acolhida sempre lisonjeira que o nosso trabalho tem encontrado ao longo de cada uma das suas edições. Somos muito gratos aos juristas que nos auxiliaram com o seu talento, tempo e considerações críticas, em especial, nesta edição, a Alfredo Renan Dimas e Oliveira, Ana Paula Zavarize Carvalhal, Beatriz Bastide Horbach, Bruno Tadeu Palmieri Buonicore, Diego Viegas Veras, Eduardo Sousa Dantas, Gabriel Miranda Ribeiro, João Gabriel Santos, José dos Santos Carvalho Filho, Miquerlam Chaves Cavalcante, Tarsila Ribeiro Marques Fernandes, Victor Oliveira Fernandes e Vinícius Gomes de Vasconcellos[1].

Gilmar Ferreira Mendes
Paulo Gustavo Gonet Branco

1 Agradecemos, ademais, a valiosa colaboração, nas edições anteriores desta obra, dos juristas André Rufino do Vale, Celso de Barros Correia Neto, Daniel Marchionatti Barbosa, Danilo Pereira Junior, Emerson Cesar Gomes, Jairo Schäfer, Rodrigo de Bittencourt Mudrovitsch, João Costa Neto, Luciano Felício Fuck, Ana Beatriz Robalinho, Marco Túlio Reis Magalhães, Matheus Pimenta de Freitas Cardoso, Paulo Frederico Rodrigues Paiva, Ricardo Barretto de Andrade, Raphael Marcelino de Almeida Nunes, Sérgio Antônio Ferreira Victor, Kassia Zinato Santos Machado, Valéria Porto, Daniel Augusto, Leandro Dias Porto Batista, Lucas Faber de Almeida Rosa, Christine de Oliveira Peter, Arnaldo Godoy, Liana Dourado, Francisco de Salles Mourão Branco, Ney de Barros Bello Filho, Maria Olivia Fonseca Serejo, Ildegard Hevelyn de Oliveira Alencar, Paulo Paiva, Ana Carolina Figueiró Longo, João Trindade Cavalcante Filho, Victor Marcel Pinheiro e Ranuzia Braz dos Santos (*in memoriam*).

NOTA DOS EDITORES

Quando a Câmara Brasileira do Livro divulgou em 2008, mais precisamente em 23 de setembro, que este *Curso* recebera o Prêmio Jabuti, a mais importante e tradicional premiação do cenário editorial brasileiro, para nós a grata notícia veio consolidar o êxito de uma publicação que, à época de seu lançamento, já vendia mais de 6 mil exemplares em menos de 2 meses.

Ora, precisamos acrescentar que um sucesso como este não poderia ter ocorrido por acaso. Redigida por notáveis, no caso, Gilmar Mendes, Ministro do Supremo Tribunal Federal, e Paulo Branco, Subprocurador-Geral da República, esta obra é resultado da indiscutível experiência profissional e do notório saber jurídico de seus autores. Outro aspecto digno de nota: até as aulas que são ministradas por seus artífices no Instituto Brasileiro de Ensino, Desenvolvimento e Pesquisa (IDP) *serviram* para a concepção deste trabalho – aliás, *têm servido* às sucessivas reedições.

Muito bem. Ansiosos por finalizar esta nota o quanto antes para que estudantes e profissionais possam desfrutar imediatamente da leitura de todo o livro, esperamos que os leitores nos consintam esta última palavra: um dos prêmios mais desejados pelos profissionais do livro foi conferido a uma publicação que, desculpem-nos a falta de modéstia, permanecerá como verdadeiro marco da literatura jurídica, apta a contribuir para a formação e o aperfeiçoamento daqueles que, respectivamente, estão a iniciar seus estudos no Direito ou motivados a aprender cada vez mais, a exemplo dos aprendizes como nós.

CAPÍTULO 1

NOÇÕES INTRODUTÓRIAS

Paulo Gustavo Gonet Branco

O Direito Constitucional é o ramo do estudo jurídico dedicado à estrutura básica do ordenamento normativo. Nele se examinam as regras matrizes de todo o direito positivo. Nessa disciplina, até por isso, encadeiam-se princípios – as causas primeiras – do Direito Administrativo, Tributário, Processual, Penal e Privado.

O objeto imediato do Direito Constitucional é a Constituição, e aqui se desenvolvem esforços por compreender em que consiste, como ela é, quais as suas funções, tudo propiciando as bases para o aprimoramento constante e necessário das normas de proteção e promoção dos valores que resultam da necessidade de respeito à dignidade da pessoa humana e que contribuem para conformá-la no plano deontológico.

O estudo da Constituição é fascinante pelo poder que se acorda às suas normas sobre a vida das relações sociais.

Em prólogo de um livro colombiano, com título, de ressonância austiana, "Como fazer coisas com a Constituição", Ricardo Guibourg, assombrado com as tantas consequências que um tratamento leviano da Lei mais importante de um país pode gerar para o quotidiano dos cidadãos, advertiu, combinando o bom humor com a seriedade, que "com a Constituição se podem mesmo fazer muitas coisas; nem todas aceitáveis, nem todas honoráveis"[1].

A Constituição assume a missão de organizar racionalmente a sociedade, especialmente na sua feição política. É o estatuto do poder e o instrumento jurídico com que a sociedade se premune contra a tendência imemorial de abuso dos governantes. É também o lugar em que se expressam as reivindicações últimas da vida em coletividade e se retratam os princípios que devem servir de guia normativo para a descoberta e a construção do bem comum.

Para que se compreenda, com responsabilidade, o significado da Constituição hoje e para que se obviem as manipulações inaceitáveis e desonrosas das suas vastas virtualidades, é de todo útil que se estude como a Constituição chegou ao nível de prestígio e ao superior *status* de que desfruta atualmente.

---

1 Apresentação ao livro de Daniel Mendonca, *Analisis constitucional*: una introducción – cómo hacer cosas con la Constitución, Bogotá: Editorial Universidad del Rosario, 2009, p. 12.

Uma visão da história do constitucionalismo socorrerá o intento de fixar em que consiste, afinal, a Constituição e qual o seu sentido – exercício envolto, por vezes, em árduas disceptações. Ajuda também, na tarefa, situar algumas noções básicas sobre a Constituição, que permitem classificações desses documentos e de suas normas. Desse modo, será mais produtivo o olhar sobre o que se vem considerando como próprio da interpretação constitucional. Todos esses temas compõem esta parte introdutória do *Curso*. Esses elementos do Direito Constitucional preparam o agente jurídico para captar as potencialidades da Constituição e as vicissitudes da sua aplicação, bem como para discernir os limites dessas atividades.

I O VALOR DA CONSTITUIÇÃO – PERSPECTIVA HISTÓRICA

Se a noção de que certas leis se distinguem das demais pelo seu objeto especial – a organização do próprio poder – pode retroagir a pensadores e práticas da Antiguidade[1], a ideia de Constituição, como a vemos hoje, tem origem mais próxima no tempo e é tributária de postulados liberais que inspiraram as Revoluções Francesa e Americana do século XVIII[2].

É daí que surgem os atributos da Constituição como instrumento orientado para conter o poder, em favor das liberdades, num contexto de sentida necessidade de preservação da dignidade da pessoa humana. Entende-se, então, que a Declaração dos Direitos do Homem e do Cidadão, de 1789, proclamasse, no seu art. 16, que não teria constituição a sociedade em que os direitos não estivessem assegurados, nem a organização estatal em que não se definisse a separação de poderes. A compreensão da Constituição como técnica de proteção das liberdades é atributo do constitucionalismo moderno, que importa conhecer para que se possa discernir o próprio momento atual, a que muitos denominam *neoconstitucionalismo*.

1 Cf., a título ilustrativo, Manoel Gonçalves Ferreira Filho, *Curso de direito constitucional*, São Paulo: Saraiva, 2009, p. 3; André Ramos Tavares, *Curso de direito constitucional*, São Paulo: Saraiva, 2010, p. 25 e s.; Uadi Lammêgo Bulos, *Curso de direito constitucional*, São Paulo: Saraiva, 2009, p. 43. Karl Loewenstein liga o constitucionalismo à necessidade, sentido pelo "gênio dos introspectivos gregos" de justificar a submissão ao poder pela razão, mais do que simplesmente pela tradição ou conveniência. Loewenstein prossegue, dizendo que "pelo amor da racionalização e, com isso, da limitação do poder, idearam certas instituições e técnicas políticas pelas quais o cidadão podia participar na formação da vontade comum e proteger sua esfera de autodeterminação contra o capricho e a arbitrariedade dos governantes (...). O governo constitucional e, ao mesmo tempo, a democracia constitucional haviam sido descobertos" ("Constituciones y derecho constitucional en oriente y occidente"). Do conceito de *politeia* de Aristóteles, Loewenstein deduz, ainda, que "a essência de uma comunidade (...) Com carinho, como limitação do poder social exercida por governados sempre esteve presente em seu espírito [de Aristóteles]" (Ibidem). Isso não obstante reconhece que "o constitucionalismo moderno começa com a revolução puritana na Inglaterra" (idem, p. 7).

Vale ter presente, contudo, aqui, o reparo de Jorge Miranda, que distingue o que se entendia por Constituição antes do constitucionalismo moderno do conceito da mesma realidade hoje. Lembra que, inevitavelmente, "todo o Estado carece de uma Constituição como enquadramento da sua existência". Continua, mais adiante, dizendo que uma "Constituição assim considerada se antolha de alcance universal, independentemente do conteúdo com que seja preenchida", mas acrescenta que "os políticos e juristas da Antiguidade não a contemplaram em termos comparáveis aos do Estado moderno (...). Na Grécia, por exemplo, se Aristóteles procede ao estudo de diferentes Constituições de Cidades-Estados, não avulta o sentido normativo de ordem de liberdade" (Jorge Miranda, *Teoria do Estado e da Constituição*, Rio de Janeiro: Forense, 2002, p. 323).

2 É comum assinalar, na Idade Média, antecedente da moderna Constituição nas chamadas *Leis Fundamentais*. A essas leis fundamentais competia indicar o soberano e dispor sobre a sucessão do trono, além de assentar a religião do reino, regular temas relativos a moeda e à alienação de bens da Coroa. Eram leis que o rei não poderia alterar nem revogar, daí, na França, no século VI, distinguirem-se as leis do reino (as leis fundamentais) das leis do rei. Eram também leis fundamentais, estranhas ao domínio da vontade do soberano, as leis de natureza contratual, firmadas entre o rei e os estamentos, envolvendo limites ao exercício do poder (como a Magna Carta de 1215, que os barões ingleses impuseram ao rei João Sem Terra). Tinham, pois, aspecto assemelhado aos da Constituição moderna, já que se diziam com as estruturas do poder e eram reconhecidas como a ostentar uma força superior. Essas leis, porém, ao contrário do que preconizou o constitucionalismo compreendido nos quadros revolucionários do século XVIII, nem sempre eram escritas e não buscavam uma regulação extensiva e minuciosa do poder. Tampouco, e até por isso, disciplinavam com pormenores as relações do governante com os governados. A propósito das leis fundamentais, devem ser buscadas as preciosas lições de Jorge Miranda, *Teoria do Estado*, cit., p. 323-327) e J. J. Gomes Canotilho, *Direito Constitucional*, Coimbra: Almedina, 1993, p. 59-65.

A assertiva de que a Constituição tem valor de norma – e de norma suprema do ordenamento jurídico –, se hoje passa por um truísmo, é, na realidade, um produto do pensamento constitucionalista, que culmina uma sucessão de registros de inteligência sobre o tema, muitas vezes desencontrados. O prestígio jurídico da Constituição, no momento presente, é resultante da urdidura de fatos e ideias, em permanente e intensa interação recíproca, durante o suceder das etapas da História. Importa lançar olhos sobre essa evolução, até para melhor compreender os fundamentos do direito constitucional da atualidade.

Duas tendências básicas – a da Europa continental e a dos Estados Unidos – merecem ser observadas, por importantes para a concepção dos fundamentos do sistema jurídico em que o Brasil se insere.

1. NA EUROPA

O reconhecimento do valor jurídico das constituições na Europa continental tardou mais do que na América. Na Europa, os movimentos liberais, a partir do século XVIII, enfatizaram o princípio da supremacia da lei e do parlamento, o que terminou por deixar ensombrecido o prestígio da Constituição como norma vinculante.

O fenômeno será mais bem compreendido se levarmos em conta aspectos do desenvolvimento das ideias políticas e jurídicas que inspiraram os conceitos nucleares do constitucionalismo.

Um nome importante para nos situarmos nesse quadro é o de Jean Bodin (1529-1596). Em 1576, Bodin publica, em Paris, os *Seis Livros da República* e teoriza sobre o poder absoluto do soberano – o rei. Para o autor, esse poder é perpétuo e absoluto. É perpétuo, porque não pode ser revogado. E não o pode ser porque não deriva de um outro poder, não é fruto de uma delegação, mas é originário[3]. O poder é absoluto no sentido de não estar submetido nem a controle nem a contrapeso por parte de outros poderes.

O poder absoluto não é tido como poder ilimitado[4]; Bodin defende a existência de pelo menos dois limites. O primeiro, ligado à distinção entre o rei e a Coroa, que impede o rei de alterar as leis de sucessão e de alienar os bens que formam parte da fazenda pública. O segundo, relacionado com a impossibilidade de o monarca dispor dos bens que pertencem aos súditos, para não se confundir com um tirano.

Para Bodin, o poder é absoluto, porque cabe ao rei dispor de assuntos da soberania, como legislar, declarar a guerra e firmar a paz, decidir em última instância as controvérsias entre os súditos, nomear magistrados e tributar[5]. O monarca governa com o auxílio de assembleias e de magistrados, mas a Constituição não é mista, já que o poder último está nas mãos apenas do monarca, não resulta de uma composição de segmentos específicos da sociedade. O núcleo duro da soberania não está disponível para os súditos, acha-se subtraído das forças políticas ordinárias. E aqui já se encontra a "primeira grande ideia que está na origem da constituição dos modernos"[6].

3 Cf., a propósito, Maurizio Fioravanti, *Constitución*: de la antigüedad a nuestros dias, Madrid: Trotta, 2001, p. 73 e s.

4 Fioravanti, *Constitución*, cit., p. 74-75.

5 Fioravanti, *Constitución*, cit., p. 75.

6 Fioravanti, *Constitución*, cit., p. 77.

Mais adiante, Hobbes (1588-1679) escreve, em 1651, o "Leviatã", logo depois dos acontecimentos ingleses de 1649 (condenação à morte do rei, extinção da Câmara dos Lordes, surgimento da república).

Hobbes deplora a situação, que decorre da luta de facções na disputa pelo poder. Entende que o soberano deve ser individualizado de modo claro, para se prevenir a dissolução do Estado. O soberano disporia dos poderes básicos, que coincidem com os indicados por Bodin. A associação política necessitaria de uma lei fundamental, em que o soberano fosse individualizado, com a especificação dos seus poderes irrevogáveis. Sem essa lei fundamental, o Estado não subsistiria.

Para Hobbes, o poder tem uma origem. Os indivíduos, para fugir dos riscos e das angústias do estado de natureza, decidiram superá-lo. A sua doutrina se afasta do pensamento de Bodin neste passo e assume feitio contratualista. Os indivíduos, para salvar as suas vidas e preservar os seus bens, teriam instituído um poder soberano comum, que lhes deveria proteger a existência e o desfrute da propriedade e a quem entregariam os seus amplos direitos, de que dispunham no estado de natureza[7].

Na Inglaterra, um outro movimento, alguns anos depois, deixa a sua marca na História.

Em 1660, restaura-se a monarquia e, em 1689, os poderes do monarca se veem limitados pela Revolução Gloriosa, de que deriva a adoção do *Bill of Rights*, no mesmo ano. O Parlamento marca o caminho para a posição de supremacia, em contrapeso à Coroa. Reafirma-se a titularidade do rei no Executivo, mas o *Bill of Rights* restringe os poderes reais, na medida em que recusa ao monarca legislar autonomamente e lhe recusa o poder de impor tributos ou convocar e manter o exército sem autorização parlamentar. O princípio da soberania do parlamento assinala ao Legislativo "o direito de fazer ou desfazer qualquer lei que seja; e, mais, [significa] que nenhuma pessoa ou entidade goza de reconhecimento legal para superar ou deixar de lado a legislação do parlamento"[8].

Trata-se de uma forma de governo moderado, que teve em Locke (1632-1704) um atento observador, nas análises que publicou em 1690, sob o título de "Segundo Tratado do Governo Civil".

Para Locke, no estado de natureza, os indivíduos já eram capazes de instituir a propriedade, segundo os ditames da lei natural, mas, para preservá-la, não poderiam prescindir de estabelecer uma sociedade política. Esta tem em mira "o desfrute da propriedade em paz e segurança"[9]. O poder, então, haveria de ser exercido para o bem geral da comunidade, buscando garantir condições propícias à paz e ao gozo da propriedade[10].

---

7 Fioravanti, *Constitución*, cit., p. 81.

8 A fórmula é de Dicey, no original, recolhida por Jutta Limbach (The concept of the supremacy of the Constitution, *The Modern Law Review*, London, v. 64, n. 1, p. 1, jan. 2001): "[The Parliament] has, under the English constitution, the right to make or unmake any law whatever; and further, that no person or body is recognised by the law of England as having a right to override or set aside the legislation of Parliament".

9 Locke, *Segundo tratado sobre o governo*, São Paulo: Martin Claret, 2002, p. 98 (Cap. XI, n. 134). Em outra passagem (Cap. IX, n. 124, p. 92), lê-se que "o maior e principal objetivo de os homens se reunirem em comunidades, aceitando um governo comum, é a preservação da propriedade".

10 Cf. Locke, *Segundo tratado*, cit., p. 101 (Cap. XI, n. 136): "Para evitar percalços que perturbam os homens no estado de natureza, estes se unem em sociedade para que a somatória de suas forças reunidas lhes garanta e asse-

Na sociedade política, tornam-se viáveis instituições incogitáveis no estado de natureza, tal como o legislador razoável, o juiz imparcial e o poder executivo, garantidor, na prática, das decisões tomadas[11].

Segundo Locke, o legislador não cria direitos, mas aperfeiçoa a sua tutela, no suposto de que esses direitos preexistem ao Estado; daí o Poder Público não poder afetar arbitrariamente a vida e a propriedade dos indivíduos.

Locke se volta contra o perigo da assimilação pela assembleia legislativa dos poderes executivos, bem como contra os riscos da incorporação dos poderes de legislar pelo Executivo; por isso, opõe-se à monarquia absoluta.

"A verdadeira relevância de Locke" – sustenta Maurizio Fioravanti – "está em ter sido ele o pioneiro em formular, de modo claro e firme, no âmbito da constituição dos modernos, a fundamental distinção entre poder absoluto e poder moderado. O primeiro é aquele em que um único sujeito, seja o rei, seja a assembleia, tem os poderes legislativo e executivo; já no segundo, os dois poderes são distintos e pertencem a dois sujeitos distintos"[12]. O próprio da Constituição é estabelecer a relação adequada entre Legislativo e Executivo, prevenindo a formação de um poder absoluto, capaz de pôr em risco os direitos dos indivíduos.

Como também repara Fioravanti, "muito dificilmente se pode deduzir de tudo isso a existência de uma opinião de Locke a favor da soberania do povo"[13]. Com efeito, para Locke, cabe ao povo "o poder supremo para afastar ou modificar o legislativo, se apurar que age contra a intenção do encargo que lhe confiaram. (...) Podemos, pois, afirmar que a comunidade, nesse aspecto, é ela mesma o poder supremo, mas não considerada sob qualquer forma de governo, uma vez que este poder do povo só se manifesta quando se dissolve o governo"[14].

Na era moderna, deve-se a Locke a concepção da fórmula de divisão dos poderes como meio de proteção dos valores que a sociedade política está vocacionada a firmar. Locke não fala de um Poder Judiciário, mas do Poder Legislativo, do Poder Executivo e do Poder Federativo. Ao Executivo caberia "a execução das leis da sociedade dentro dos seus limites com relação a todos que a ela pertencem", e ao federativo, "a gestão da segurança e do interesse da comunidade fora dela", no plano do concerto das nações. Locke não vê empecilho em reunir nas mesmas mãos estes dois poderes[15]. Como se vê, o Executivo, aqui, engloba também o poder de julgar.

A separação funcional ocorre no plano da titularidade do exercício dos Poderes Legislativo e Executivo, uma vez que "poderia ser tentação excessiva para a fraqueza

gure a propriedade, e para que desfrutem de leis fixas que a limitem, que esclareçam a todos o que lhes pertence. É essa a finalidade de os homens transferirem todo poder que possuem naturalmente à sociedade à qual se filiam (...); caso contrário, a paz, a propriedade e a tranquilidade continuariam na mesma incerteza em que se encontravam no estado de natureza."

11 A propósito, o Cap. IX do *Segundo tratado*, cit., p. 92-93.

12 Fioravanti, *Constitución*, cit., p. 93.

13 Fioravanti, *Constitución*, cit., p. 94.

14 Locke, *Segundo tratado*, cit., p. 109 (Cap. XIII, item 149).

15 Locke, *Segundo tratado*, cit., p. 107 (Cap. XII).

humana a possibilidade de tomar conta do poder, de modo que os mesmos que têm a missão de elaborar as leis também tenham nas mãos o poder de executá-las, isentando--se de obediência às leis que fazem, e com a possibilidade de amoldar a lei, não só na sua elaboração como na sua execução, a favor de si mesmos"[16].

Apesar dessa distinção, a teoria de Locke não preconiza uma igualdade hierárquica entre os Poderes. Embora conceda que a supremacia última pertence ao povo, argui que, quando este se reúne sob um governo, é ao Legislativo que cabe o poder máximo, porque "o que deve fazer leis para os demais, deve necessariamente ser-lhe superior"[17].

Durante o século XVIII, difunde-se a ideia de que a Constituição inglesa representa o ideal de configuração política da sociedade, com o seu sistema de convivência entre os Poderes Legislativo e Executivo, característico da fórmula do *"king in Parliament"*. O Parlamento legisla, mas tem presente a possibilidade de o rei vetar o diploma. No entanto, o rei atua, executa, mas sabendo que pouco pode sem a prévia autorização de gastos, dada pelo Parlamento.

Essa arquitetura ganha divulgação, e se refina, com a obra de Montesquieu (1689-1755), aparecida em 1748, "O Espírito das Leis". O regime político moderado ganha a predileção de Montesquieu, que o define como aquele cuja Constituição é capaz de manter poderes diferenciados e, ao mesmo tempo, equilibrados. Somente sob um regime moderado haveria a liberdade política[18].

Montesquieu apura o conceito de liberdade política, estremando-o da acepção de mera faculdade de se fazer o que se quer. Montesquieu define a liberdade como o poder de fazer tudo o que se deve querer, tudo o que as leis permitem e em não ser constrangido a fazer o que não se deve desejar fazer[19].

Essa liberdade necessita ser assegurada por uma Constituição que previna o abuso do poder, já que "todo homem que tem poder é tentado a abusar dele; vai até onde encontra limites"[20]. E o meio apto para a sociedade se precatar contra o desmando seria a correta "disposição das coisas", propícia a que "o poder freie o poder"[21]. Daí a separação entre os Poderes, para que um contenha o outro. Esses Poderes são identificados como Legislativo, Executivo das coisas que dependem do direito das gentes e Executivo das que dependem do direito civil. Sobre os dois "Executivos", Montesquieu diz: "chamaremos este último o poder de julgar e, o outro, simplesmente o poder executivo do Estado"[22].

A separação dos Poderes tem por objetivo político reparti-los entre pessoas distintas, para, por esse meio, impedir a concentração, adversária potencial da liberdade. A teoria se compreende "segundo a moldura do conflito clássico entre liberdade e

16 Locke, *Segundo tratado*, cit., p. 106 (Cap. XII).

17 Locke, *Segundo tratado*, cit., p. 110 (Cap. XIII, n. 150).

18 *O espírito das leis*, Brasília: Ed. da UnB, 1982, p. 186 (Livro XI, Cap. 4).

19 *O espírito das leis*, cit., p. 186 (Livro XI, Cap. 3).

20 *O espírito das leis*, cit., Livro XI, Cap. 4.

21 *O espírito das leis*, cit.

22 *O espírito das leis*, cit., Livro XI, Cap. VI.

autoridade (...) método lucubrado para a consecução de um fim maior: limitar o poder político"[23].

Dessa fonte espiritual decorre a aplicação posterior do princípio da divisão de tarefas no Estado, entregue a pessoas e órgãos diferentes, como medida de proteção da liberdade[24].

O constitucionalismo, até aqui, constrangia os poderes públicos constituídos e também inibia o povo, o que será combatido pelo pensamento de Rousseau.

Rousseau (1712-1778) extrai desdobramentos revolucionários da ideia de que a soberania nasce da decisão dos indivíduos. Os seus escritos chegaram a ser queimados em público, tal a reação que motivaram. No "Contrato Social", que publicou em 1762, Rousseau sustenta que o poder soberano pertence diretamente ao povo. Pelo pacto social, os indivíduos se transformam em corpo político, renunciando à liberdade natural, mas forjando a liberdade civil, que consistiria "na garantia de estarem [os indivíduos] governados por uma lei genérica, fruto da totalidade do corpo soberano"[25].

Rousseau desconfia dos governos e propõe que sejam limitados, para prevenir que se desvirtuem pela busca de fins particulares, apartando-se dos objetivos gerais que lhes seriam típicos. Propugna por que o povo mantenha sempre a possibilidade de retomar o que havia delegado aos governantes. Para Rousseau, "não existe nem pode existir nenhum tipo de lei fundamental obrigatória para o corpo do povo, nem sequer o contrato social"[26]. A Constituição não tem função de limite ou de garantia, apenas cuida dos poderes instituídos, não podendo restringir a expressão da vontade do povo soberano.

Esse é o quadro teórico que as revoluções do último quartel do século XVIII vão surpreender. Opunham-se uma linha constitucionalista e uma visão radical da soberania popular.

Na Europa, a Revolução Francesa havia assumido a tarefa de superar todo o regime político e social do Antigo Regime. O povo não poderia ser apenas o autor da Constituição, mas tinha de ser o soberano, sem se deixar travar pela Constituição. A visão radical da soberania popular ganha espaço.

De toda forma, punha-se o problema de como o povo se faria ouvir, de como a sua existência política se expressaria na sociedade.

O exercício da vontade suprema do povo é, então, reconhecido aos seus representantes no Legislativo. Sendo a expressão do povo soberano, o parlamento não poderia ser limitado por nenhuma regra, nem mesmo pela Constituição.

O Parlamento passa a ser a sede de defesa dos interesses do povo, e esses interesses tinham por vértice os valores da liberdade individual e da propriedade, que não encontravam amparo adequado sob o regime monárquico absolutista.

Proclamava-se que os valores da liberdade somente seriam eficazmente garantidos se houvesse a consagração da separação de Poderes, de tal sorte que uma esfera do

---

23 No comentário do Ministro Cezar Peluso em voto proferido na ADI 3.367 (*DJ* de 17-3-2006).

24 Nesse sentido, Karl Loewenstein, *Teoría de la Constitución*, Barcelona: Ariel, 1979, p. 55. Na mesma página, o autor resume a ideia na frase: "a liberdade é o desígnio ideológico da teoria da separação dos poderes".

25 Fioravanti, *Constitución*, cit., p. 83.

26 *Contrato social*, cit., Livro I, Cap. 7.

poder poderia frear os excessos de outra, obviando situação em que um mesmo órgão pudesse elaborar normas gerais e implementá-las na prática.

A Constituição de 1791, contudo, embora abrigasse norma decretando que não haveria Constituição sem separação de Poderes, construiu um sistema fundado na preponderância do Legislativo. O rei ainda dispunha do poder de veto, que era, entretanto, apenas suspensivo e aposto como resultado da sua condição, não de representante do povo, mas de representante da unidade nacional[27]. O governo era desempenhado pelo Legislativo, restando ao Executivo a função de dispor dos meios aptos para dar aplicação à lei[28]. A primazia do Legislativo é também a nota da Constituição de 1795.

Não deve causar espanto que fosse assim. A Revolução Francesa não vinha apenas restringir excessos de um regime anterior; propunha-se a suplantá-lo, defrontando-se, porém, com resistência pertinaz. Depois da Revolução Francesa, as monarquias absolutas, forçadas, transformaram-se em monarquias constitucionais, e o monarca passou a compartir o poder com as novas forças sociais, cujas desconfianças se dirigiam, sobretudo, ao rei. O monarca era visto como o perigo mais próximo à nova ordem.

Os revolucionários, afirmando-se representantes do povo, instalaram-se nos Parlamentos e sabiam que o Parlamento deveria ser fortalecido em face do rei. A vontade do Parlamento tinha de prevalecer e ser preservada. Daí o enorme prestígio do órgão, com a sua efetiva supremacia sobre os demais poderes.

O prestígio do Parlamento explica as características quase místicas reconhecidas ao instrumento característico de expressão da sua vontade, a lei.

Consagrou-se a fórmula revolucionária de que a voz do Legislativo é a expressão da vontade geral, na linha da doutrina de Rousseau, que punha em par a lei com a própria liberdade.

O Direito Público passa a conhecer uma noção radicalmente nova e que vinha bem ao feitio da necessidade de se valorizar o Parlamento. Assentou-se, em harmonia com a ideia de lei como expressão da vontade geral, a compreensão de que essa vontade se dá a conhecer por meio do corpo legislativo do Estado, lugar de representação da totalidade da cidadania[29].

A lei, assim, se define e ganha a sua força tendo em vista a sua proveniência orgânica, mais do que por seu conteúdo. A lei é comando obrigatório válido, por ter sido adotada, de acordo com o procedimento próprio, pelo órgão constitucionalmente competente para representar a vontade dos cidadãos.

Não surpreendem as consequências daí advindas. O princípio da soberania da nação acaba por se confundir com o princípio da soberania do Parlamento.

Observou-se[30] que o Parlamento passara a ser duplamente soberano. Era soberano perante todas as autoridades do Estado, porque era a representação do povo. Tornava-se, também, soberano perante o próprio corpo de cidadãos, uma vez que este

27 Fioravanti, *Constitución*, cit., p. 115.

28 Fioravanti, *Constitución*, cit.

29 Roberto Blanco Valdés, *El valor de la Constitución*, Madrid, 1998, p. 252.

30 Valdés, *El valor*, cit., p. 257.

somente podia expressar a sua vontade por meio da assembleia dos seus deputados – particularidade em que a prática revolucionária se distancia de Rousseau.

1.1. Supremacia do Parlamento e controle de constitucionalidade

A supremacia do Parlamento não se concilia com a ideia de supremacia da Constituição, o que decerto concorre para explicar o desinteresse dos revolucionários na Europa por instrumentos destinados a resguardar a incolumidade da ordem constitucional.

Não havia meio institucional de defesa da Constituição apto para controlar o respeito efetivo dos princípios dispostos na Carta. A defesa da Constituição terminava por ser entregue, com algumas palavras de grandiloquência retórica, ao próprio povo[31].

A falta de operatividade jurídica da Constituição se devia à sobrevalorização da supremacia da lei e do Parlamento.

Essa concepção de supremacia incontrastável do Parlamento debilita o valor efetivo da Constituição, que não se encontra, nesse contexto, protegida contra o Legislativo[32].

A supremacia do Parlamento tornava impensável um controle judiciário das leis. Além disso, os revolucionários franceses devotavam especial desconfiança aos juízes, vistos como adversários potenciais da Revolução. O Judiciário era tido como órgão destinado a realizar a aplicação mecânica da lei, por meio de um silogismo, no qual a premissa maior era a lei, e a menor, os fatos, daí redundando uma conclusão única e inexorável – a decisão judicial.

A prática revolucionária concordava com Montesquieu, que reduzia o poder de julgar à condição de "instrumento que pronuncia as palavras da lei"[33]. Dominava a concepção de que "nenhum juiz tem o direito de interpretar a lei segundo a sua própria vontade"[34].

O princípio da separação dos Poderes atuava para constranger o poder de julgar a uma posição de menor influência. Era impensável que se postulasse perante uma corte de justiça a efetividade de um cânone constitucional; ao juiz não cabia censurar um ato do parlamento.

A subordinação do Judiciário ao Parlamento, do ponto de vista funcional, é notável. Uma manifestação expressiva disso é a criação, na França, do instrumento do *référé législatif*, por uma lei de 1790, somente abolida em 1837[35].

Por meio do *référé législatif*, remetia-se ao Legislativo a interpretação de um texto obscuro de alguma lei. A Constituição de 1791, acolhendo o instituto, dispunha que, se

---

31 A propósito, Valdés, *El valor*, cit., p. 261. Veja-se o que dispunha a Constituição francesa de 1791, no seu Título VII, art. 8º, § 4º: "A Assembleia Nacional constituinte confia o depósito [da Constituição] à fidelidade do Corpo legislativo, do Rei e dos juízes, à vigilância dos pais de família, às esposas e às mães, ao apreço dos jovens cidadãos, à coragem de todos os franceses".

32 Valdés, *El valor*, cit., p. 262.

33 *O espírito das leis*, cit., Livro XI, Cap. VI.

34 Cf. Valdés, citando deputado da época (*El valor*, cit., p. 266).

35 A propósito, Valdés, *El valor*, cit., p. 262 e s.

uma interpretação da lei fosse atacada por três vezes em um tribunal de cassação, este deveria submetê-la ao corpo legislativo, que emitiria um decreto declaratório da lei, vinculante para o tribunal de cassação. Havia, portanto, uma interferência direta do Parlamento até no mais alto tribunal, sob o pretexto de preservar a vontade do povo, como expressa por seus legítimos representantes, os seus deputados. A tarefa de interpretar a lei é, assim, vista como consubstancial à função legislativa.

O controle judicial de constitucionalidade das leis seria, nessa conjuntura, tão teratológico que nem sequer se estimou necessária a sua proibição específica, bastando a vedação genérica, imposta em outros preceitos normativos e de constituições da época, a que o juiz deixasse, por qualquer motivo, de conferir aplicação às leis[36].

A supremacia do Parlamento não era, portanto, passível de contraste. O que o Legislativo decidia externava a vontade do povo e não tinha como ser censurado.

Supremacia do Parlamento e supremacia da lei eram aspectos de um mesmo fenômeno, hostil, por si mesmo, à ideia de um instrumento normativo superior ao Parlamento e à lei. Comprometia-se, assim, a noção de Constituição como instrumento com valor normativo efetivo, capaz de estabelecer parâmetros para aferição da validade jurídica dos atos dos poderes públicos. Tudo isso conduzia, também, a que tampouco se emprestasse maior relevância ao problema da modificação da Constituição por via institucional.

A ideia de uma Constituição sem proteção efetiva e, portanto, com valor jurídico de menor tomo perdurou por bom tempo na Europa continental. Ali, o problema da proteção da Constituição, isto é, do seu valor jurídico, ficou em estado de latência até as crises do Estado liberal do final do século XIX e no primeiro quartel do século XX[37].

A queda, em sucessão, dos regimes monárquicos na Europa, coincidindo com a progressiva adoção do parlamentarismo – em que é inerente a proximidade do Executivo ao Legislativo –, enfraqueceu a ideia de que a proclamação da separação dos Poderes seria meio suficiente para a defesa das liberdades. Sentiu-se a necessidade de uma nova fórmula de proteção dos indivíduos. Impunha-se a descoberta de novas fórmulas de controle do poder do Estado.

Instaurou-se no período de entreguerras rico debate, dominado por Carl Schmitt e Hans Kelsen, em torno dos instrumentos de proteção da Constituição. A discussão foi interrompida, dramaticamente, com a Segunda Guerra Mundial.

Terminado o conflito, a revelação dos horrores do totalitarismo reacendeu o ímpeto pela busca de soluções de preservação da dignidade humana, contra os abusos dos poderes estatais. Os países que saíam do trauma dos regimes ditatoriais buscaram proteger as declarações liberais das suas constituições de modo eficaz. O Parlamento, que se revelara débil diante da escalada de abusos contra os direitos humanos, perdeu a primazia que o marcou até então. A Justiça Constitucional, em que se viam escassos motivos de perigo para a democracia, passou a ser o instrumento de proteção da Constitui-

36 Assim, uma lei de 16-24 de agosto de 1790 dispunha que "os tribunais não poderão tomar direta ou indiretamente parte alguma no exercício do poder legislativo, nem impedir ou suspender a execução dos decretos do corpo legislativo, sancionado pelo Rei, sob pena de prevaricação" (cf. Valdés, *El valor*, cit., p. 276).

37 Cf. Valdés, *El valor*, cit., p. 356.

ção – que, agora, logra desfrutar de efetiva força de norma superior do ordenamento jurídico, resguardada por mecanismo jurídico de censura dos atos que a desrespeitem.

A Justiça constitucional se alastrou pela Europa, na medida em que os seus países se democratizaram. Foi acolhida em Portugal e na Espanha, nos anos 1970. Com a queda do comunismo, foi igualmente recebida nas antigas ditaduras do Leste europeu[38].

Não se tolera a produção de norma contrária à Constituição, porque isso seria usurpar a competência do poder constituinte. Este, sim, passa a ser a voz primeira do povo, condicionante das ações dos poderes por ele constituídos. A Constituição assume o seu valor mais alto por sua origem – por ser o fruto do poder constituinte originário.

2. NOS ESTADOS UNIDOS

Do lado de cá do Atlântico, diferentemente, desde o início do século XIX, é reconhecido o valor normativo da Constituição como documento máximo da ordem jurídica. Peculiaridades históricas concorreram para esse fato.

Nos Estados Unidos, ao contrário do que acontecia na Europa na mesma época, não havia preocupação maior com o poder do Executivo. O Presidente da República era eleito pelo voto popular. Não era o adversário temido, como foram os monarcas do final do absolutismo. O perigo que assustava era justamente o da extensão desmesurada do Poder Legislativo[39]. O caminho que os norte-americanos arquitetaram para si foi o do equilíbrio dos poderes, precavendo-se contra as ambições hegemônicas do Congresso[40].

A desconfiança para com o parlamento pode ser retraçada aos fatores desencadeadores da independência norte-americana. Leis britânicas das vésperas da independência, em especial no que tange à taxação, provocaram a indignação dos colonos, que as viram como resultado de um parlamento corrompido, que se arrogara poder ilimitado. O Parlamento britânico se assomou aos colonos como força hostil à liberdade. A nova nação deveria precatar-se contra a legislatura propensa às medidas tirânicas[41]. Haveria de se construir um governo limitado.

Percebeu-se, enfim, que "a manutenção da liberdade não somente exige o estabelecimento de garantias para a sociedade em face do Estado, como também a proteção das minorias em face de um eventual abuso democrático"[42].

---

38 Para um aprofundamento de análise histórica e doutrinária do constitucionalismo europeu até o seu momento atual, veja-se Paulo G. Gonet Branco, *Juízo de ponderação na jurisdição constitucional*, São Paulo: Saraiva, 2009, p. 11-45.

39 Valdés, *El valor*, cit., p. 108.

40 A propósito, as palavras de Jefferson, recolhidas por Madison no *Federalista* (n. 48): "173 déspotas serão tão opressivos como um só. Não lutamos por um despotismo eletivo, mas por um governo baseado sobre princípios livres".

41 A propósito, Horst Dippel (*Soberania popular e separação de poderes no constitucionalismo revolucionário da França e dos Estados Unidos da América*, tradução de Paulo Sávio Peixoto Maia, Brasília: Faculdade de Direito (mimeo), p. 5): "'Se não há nenhum limite para a Legislatura', escreveu o *Providence Gazette* de 5 de agosto de 1786, 'nós não somos mais um país livre, mas um país governado por uma oligarquia tirânica. (...) Um governo puramente legislativo como o da Inglaterra, onde os representantes são legisladores absolutos, sem qualquer sistema institucionalizado de controle, era considerado como um mero parlamentarismo despótico'".

42 Valdés, *El valor*, cit., p. 116-117.

Na República norte-americana, em que os dois poderes fundamentais do Estado procediam da mesma fonte de legitimidade, o voto popular, abriu-se margem à discussão de outro problema, que somente ocupará os europeus em um posterior momento histórico – a questão da proteção das minorias. Reparou-se que esse objetivo exigia que os limites dos poderes estivessem bem delineados em um documento vinculante, insuscetível de ser alterado pelas mesmas maiorias contra as quais as limitações eram dispostas.

Tudo isso colaborou para que se encontrasse um valor jurídico único na Constituição, como instrumento de submissão dos poderes a limites. Tornou-se viável a ideia da supremacia da Constituição sobre as leis.

A necessidade, ainda, de seguir um procedimento mais dificultoso e solene de mudança da Constituição servia para acentuar-lhe a origem superior no poder constituinte originário – ele próprio sendo o único capaz de fixar como o texto poderia ser alterado. A supremacia da Constituição também ganhava com a rigidez da Carta.

A supremacia da Constituição, afinal, exprimia a consequência inelutável da sua superioridade formal, resultado da primazia do Poder Constituinte Originário sobre os Poderes por ele constituídos[43].

A concepção da Constituição como norma jurídica suprema criou as condições necessárias para que se admitisse aos juízes a função de controlar a legitimidade constitucional das leis. Somente há supremacia da Constituição quando se extraem consequências concretas para as normas com pretensão de validez opostas à Carta – isto é, quando se pode expulsar do ordenamento jurídico a norma editada em contradição com a Lei Maior. O controle jurisdicional de constitucionalidade foi o instrumento adotado para sancionar uma plena e efetiva supremacia da Constituição[44].

O reconhecimento de que a Constituição é norma jurídica aplicável à solução de pendências foi decisivo para que se formasse a doutrina do *judicial review*, pela qual o Judiciário se habilita a declarar não aplicáveis normas contraditórias com a Constituição. O constitucionalismo moderno ganhava assim um de seus elementos mais característicos, com antecipação ao que veio a ocorrer, bem mais tarde, na Europa[45].

A doutrina do *judicial review*, contudo, não fez o seu ingresso na História de modo assepticamente cerebrino. Conquanto os "pais fundadores" já considerassem correta a recusa pelos juízes em aplicar leis contrárias à Constituição[46], o *judicial review* não chegou a ser instituído expressamente na Constituição norte-americana. O

43 Valdés, *El valor*, cit., p. 162-163.

44 Valdés, *El valor*, cit., p. 134.

45 Consideram-se como princípios fundamentais do constitucionalismo moderno, além da supremacia da Constituição, a soberania popular, os direitos fundamentais e o postulado do governo limitado, a que se ligam os princípios da separação de poderes, a independência do Judiciário e a responsabilidade política dos governantes, princípios acolhidos pioneiramente pela Declaração de Direitos da Virgínia de 1776 (cf. Horst Dippel, Modern constitucionalism, an introduction to a history in need of writing, *The Legal History Review*, Leiden: Martinus Nijhoff Publishers, v. 73, p. 154-155, 2005).

46 Lê-se em *O Federalista*: "Uma constituição é, de fato, a lei básica e como tal deve ser considerada pelos juízes. Em consequência, cabe-lhes interpretar seus dispositivos (...). Sempre que a vontade do Legislativo, traduzida em suas leis, se opuser à vontade do povo, declarada na Constituição, os juízes devem obedecer a esta, não àquela, pautando suas decisões pela lei básica, não pelas leis ordinárias" (Brasília: Ed. da UnB, 1984, p. 578, Cap. 78).

controle jurisdicional da constitucionalidade das leis nos EUA resulta de uma construção pretoriana, armada num tempo de extrema tensão política, no contexto de disputa de poder, logo no início da vida republicana, entre os partidos Federalista, que dominava o Congresso Nacional e o Executivo até as eleições de 1800, e o Republicano (ou Antifederalista) – aquele, não se abstendo de se valer de meios radicais para manter a posição hegemônica[47].

Em 1800, os federalistas, desgastados e acossados por problemas conjunturais, perderam as eleições para o Congresso e para a Presidência da República. Foi eleito para o Executivo o republicano Thomas Jefferson.

Não obstante federalista, o Presidente Adams deveria continuar no cargo até março de 1801. Nesse intervalo, os federalistas entenderam de continuar a protagonizar a vida pública, instalando-se no Poder Judiciário. Aprovaram, então, uma Lei do Judiciário, que criava dezesseis tribunais federais em vários pontos do território americano. Cuidaram de preencher as vagas com partidários federalistas. Esses tribunais viriam a liberar os juízes da Suprema Corte americana das cansativas viagens por todo o país, que lhes ocupava a maior parte do ano. Essas viagens eram necessárias, porque eram os juízes da Suprema Corte que, na companhia de juízes estaduais, julgavam apelações em casos federais nos Estados-membros. Os cargos que se abriram nos novos tribunais federais eram vitalícios e poderiam, assim, abrigar próceres entre os federalistas de modo irreversível pelo novo governo[48].

Os federalistas, entre as eleições e a posse de Jefferson, criaram também numerosos outros cargos de menor importância, ligados ao Judiciário, contando-se entre eles mais de quarenta cargos de juiz de paz no Distrito de Colúmbia, em que se situa a Capital dos EUA. O cargo de juiz de paz não era vitalício, sendo provido para mandato de cinco anos.

Nos três meses que antecederam a posse de Jefferson, em 1801, vagou o cargo de Presidente da Suprema Corte. Adams não viu ninguém melhor para ocupá-lo do que o seu próprio Secretário de Estado, John Marshall[49]. A pedido de Adams, porém, Marshall desempenhou as funções de Secretário de Estado até a antevéspera da posse de Thomas Jefferson. Cabia a Marshall apor selo nos diplomas de nomeação e encaminhá-los aos nomeados para os novos cargos do Judiciário, procedimentos necessários para as posses respectivas.

A nomeação tanto dos juízes dos tribunais federais como dos juízes de paz teve de ser feita às pressas, já que o termo final do mandato de Adams se aproximava. Alguns

47 Por exemplo, durante o governo federalista, foi aprovada a Lei de Sedição, que ensejou que os juízes, nomeados pelos federalistas, punissem criminalmente os adversários políticos que criticassem o Presidente Adams ou o Congresso Federalista (cf. Nowark e Rotunda, *Constitutional law*, St. Paul: West Publishing Co., 1995, p. 1).

48 Cf. Bruce Ackerman, *The failure or the founding fathers*, Cambridge, Mass.: Harvard University Press, 2005, *passim*, especialmente, p. 124-125 e 128-130.

49 Na realidade, Marshall não foi a primeira escolha de Adams. Foi indicado depois que John Jay (um dos autores do Federalista) recusou o posto, desanimado, aos 55 anos, com as viagens pelo país a que eram obrigados os juízes da Suprema Corte. A recusa se deu sem que Jay soubesse que, dias depois, essas viagens seriam suprimidas pela Lei federalista do Judiciário (cf. Ackerman, *The failure*, cit., p. 124-125).

desses juízes foram nomeados na noite anterior à posse dos republicanos, daí a alcunha de "juízes da meia-noite" com que, às vezes, são referidos.

Um dos que deveriam ser empossados chamava-se William Marbury. Ele fora indicado Juiz de Paz pelo Presidente da República, confirmado pelo Congresso, no seu último dia ainda federalista. O selo foi aposto pelo Secretário John Marshall, mas o diploma deveria, depois disso, ser enviado ao nomeado, o que terminou por ser esquecido, no tumulto do último dia do governo Adams.

Os republicanos chegaram ao poder particularmente irritados com as manobras federalistas no Judiciário, o que torna fácil compreender por que, quando Marbury cobrou o envio do ato já assinado e aprovado pelo Congresso Nacional, o novo Secretário de Estado, James Madison, instruído por Jefferson, o recusasse peremptoriamente.

Marbury, então, resolveu processar o novo Secretário de Estado, valendo-se de uma ação criada por uma lei de 1789, que adicionara um *writ of mandamus* à lista das ações cometidas à competência originária da Suprema Corte. Com isso, pretendia obter uma ordem para que Madison lhe enviasse o diploma indispensável para a sua posse.

O caso Marbury v. Madison agitou perigosamente o novo cenário político norte-americano.

O Presidente Jefferson entendeu que a Suprema Corte não poderia obrigar o Executivo à prática do ato desejado por Marbury. O Secretário Madison esnobou o tribunal, não apresentando nenhuma defesa. A Corte, então, marcou o início do julgamento do *writ* para 1802. Em resposta, o Congresso, agora dominado pelos republicanos, alterou o calendário de funcionamento da Suprema Corte, suprimindo dele o período que havia sido designado para o julgamento do caso[50].

O Congresso Nacional não se bastou com essa medida. Jefferson tomou como prioridade do início da sua gestão a derrubada da Lei do Judiciário, aprovada há pouco pelo Congresso federalista. Em julho de 1802, é editada nova lei, repudiando a Lei do Judiciário, o que deixou os federalistas em estado de choque.

Com a nova legislação, todos os nomeados pelo governo Adams para os importantes cargos nos tribunais federais perderam o emprego, e os juízes da Suprema Corte deveriam voltar a viajar pelo país, julgando apelações em casos de interesse federal. Um juiz da Suprema Corte, Samuel Chase, chegou a conclamar que os seus colegas se recusassem a participar desses julgamentos. Os magistrados, porém, não o seguiram. Chase chegou a sofrer um processo de *impeachment*, de que se livrou apenas porque o processo demorou a ser concluído no Congresso Nacional e novas conjunturas políticas o favoreceram[51].

O clima de beligerância era inequívoco. E é nesse quadro – em que as instituições democráticas corriam sensíveis riscos e em que pressões crescentes ameaçavam aluir a força e a independência do Judiciário – que a Suprema Corte, em 1803, afirma o seu poder de declarar a inconstitucionalidade de leis do Congresso Nacional e a superioridade da sua interpretação da Constituição, deitando as bases do *judicial review*. Essa

50 Nowark e Rotunda, *Constitutional law*, cit., p. 2.

51 Cf. Ackerman, *The failure*, cit., p. 150, 157, 167, 172, 188 e 220-221.

proclamação de força do Judiciário somente não provocou reações incendiárias por conta da habilidade com que foi concatenada.

Ao redigir a decisão da Suprema Corte para o caso Marbury v. Madison, Marshall afirmou que a retenção do título necessário para a posse de Marbury era imprópria, mas negou a este a ordem impetrada. Isso porque o *writ* de que Marbury se valera havia sido incluído na lista dos temas da competência originária da Suprema Corte por lei ordinária. Segundo Marshall, a competência originária da Suprema Corte estava fixada pela Constituição, não podendo ser alargada por diploma infraconstitucional. A lei que o pretendesse fazer entraria em atrito com o Texto Magno. Aqui, então, desenvolveu a tese de que a lei inconstitucional é inválida e de que cabe ao Judiciário assim declará-la.

O caso era perfeito para que Marshall sustentasse essas teses, incluindo nos livros jurídicos precedente decisivo para o fortalecimento do Judiciário e para o constitucionalismo futuro. Com a solução encontrada, o Executivo republicano não foi compelido a entregar o diploma a Marbury e não teve por que se rebelar. Afirmou-se, não obstante, e sem provocar retaliação, a autoridade do Poder Judiciário, superior à do Legislativo e à do Executivo, em tema de interpretação e aplicação da Constituição.

Marshall teria ficado tão empolgado com a possibilidade de afirmar o poder da Suprema Corte que teria desprezado algumas circunstâncias relevantes, que poderiam ter conduzido a desfecho diferente o caso. Mais ainda, causa espécie que Marshall, mesmo havendo participado ativamente da nomeação de Marbury, não tenha se afastado do processo.

O fato é que o caso ostenta enorme relevo para a história da afirmação da supremacia da Constituição, para a fixação do máximo valor jurídico dos textos constitucionais e para a compreensão do controle jurisdicional de constitucionalidade como mecanismo inerente a essas características da Constituição.

O caso Marbury v. Madison reclama superioridade para o Judiciário, argumentando, essencialmente, com a ideia de que a Constituição é uma lei, e que a essência da Constituição é ser um documento fundamental e vinculante. Desenvolve a tese de que interpretar as leis insere-se no âmbito das tarefas próprias do Judiciário. Em caso de conflito entre dois diplomas, o juiz deve escolher, segundo a técnica aplicável, aquele que haverá de reger a situação levada a julgamento. Cabe, por isso, ao Judiciário, diante da hipótese de conflito entre uma lei infraconstitucional e a Constituição, aplicar essa última e desprezar a primeira. Afinal, como todos os Poderes Públicos devem se sujeitar à Constituição, e uma vez que incumbe ao Judiciário a tarefa de interpretar em derradeira instância a Constituição, os atos dos demais Poderes podem ser anulados por decisão do Judiciário, na qualidade de intérprete máximo da Constituição.

A doutrina do controle judicial articula, portanto, três assertivas básicas:

a) a Constituição é concebida para ser a lei principal do país;

b) cabe ao Judiciário a função de interpretar e aplicar a Constituição nos casos trazidos à sua apreciação, podendo recusar valia ao ato que infringe a Constituição;

c) a interpretação judicial é final e prepondera sobre a avaliação dos demais Poderes[52].

---

52 Nowark e Rotunda, *Constitutional law*, cit., p. 10.

É interessante notar que o tema do controle de constitucionalidade continuou a inspirar cuidados por muito tempo. Por isso mesmo, somente cinco décadas mais tarde, em 1857, no caso Dred Scott, a Suprema Corte voltou a julgar uma lei do Congresso Nacional incompatível com a Constituição. O precedente se encontra no rol das decisões mal-afamadas da história judiciária americana. A Suprema Corte disse inconstitucional lei que garantia a liberdade de negros que passassem por Estados não escravagistas. A decisão é tida como um dos estopins da guerra de secessão.

3. NEOCONSTITUCIONALISMO

O valor normativo supremo da Constituição não surge, bem se vê, de pronto, como uma verdade autoevidente, mas é resultado de reflexões propiciadas pelo desenvolvimento da História e pelo empenho em aperfeiçoar os meios de controle do poder, em prol do aprimoramento dos suportes da convivência social e política. Hoje, é possível falar em um momento de constitucionalismo que se caracteriza pela superação da supremacia do Parlamento[53]. O instante atual é marcado pela superioridade da Constituição, a que se subordinam todos os poderes por ela constituídos, garantida por mecanismos jurisdicionais de controle de constitucionalidade. A Constituição, além disso, se caracteriza pela absorção de valores morais e políticos (fenômeno por vezes designado como materialização da Constituição)[54], sobretudo em um sistema de direitos fundamentais autoaplicáveis. Tudo isso sem prejuízo de se continuar a afirmar a ideia de que o poder deriva do povo, que se manifesta ordinariamente por seus representantes[55]. A esse conjunto de fatores vários autores, sobretudo na Espanha e na América Latina, dão o nome de neoconstitucionalismo.

O atual estádio do constitucionalismo se peculiariza também pela mais aguda tensão entre constitucionalismo e democracia. É intuitivo que o giro de materialização da Constituição limita o âmbito de deliberação política aberto às maiorias democráticas. Como cabe à jurisdição constitucional a última palavra na interpretação da Constituição, que se apresenta agora repleta de valores impositivos para todos os órgãos estatais, não surpreende que o juiz constitucional assuma parcela de mais considerável poder sobre as deliberações políticas de órgãos de cunho representativo. Com a materialização da Constituição, postulados ético-morais ganham vinculatividade jurídica e passam a ser objeto de definição pelos juízes constitucionais, que nem sempre dispõem, para

53 No atual milênio, no resumo bem-humorado de Alec Sweet, "com uma educada reverência para Westminster, a soberania parlamentar pode ser declarada morta". Alec Stone Sweet, Why Europe Rejected American Judicial Review, *Michigan Law Review*, n. 101, 2002-2003, p. 2745.

54 "A Constituição" – assinala Böckenförde – "já não se limita a fixar os limites do poder do Estado, por meio da liberdade civil, e a organizar a articulação e os limites da formação política da vontade e do exercício do domínio, senão que se converte em positivação jurídica dos 'valores fundamentais' da ordem da vida em comum." Ernst-Wolfgang Böckenförde, *Escritos sobre derechos fundamentales*, Baden-Baden: Nomos Verlagsgesellschaft, 1993, p. 40.

55 Alec Stone Sweet, *Governing with judges*, Oxford: Oxford University Press, 2000, p. 36. Para o autor, esse é o modelo político e de teoria de estado que se impôs hoje, não encontrando rival sério.

essa tarefa, de critérios de fundamentação objetivos, preestabelecidos no próprio sistema jurídico.

Busca-se neutralizar a objeção democrática ao Estado constitucional com a observação de que a "rematerialização constitucional empresta dimensão substancial para a democracia"[56]. De toda forma, caberia ao legislador ampla margem de apreciação e prioridade sobre o juiz constitucional, quando se trata de concretizar essas normas incorporadoras de valores morais e políticos. Ao juiz constitucional incumbiria atalhar abusos, cometidos por ação ou omissão do legislador.

56 Prieto Sanchís, *Justicia constitucional y derechos fundamentales*, Madrid: Trotta, 2003, p. 105. Prieto Sanchís ainda argui que a crítica perde relevo, quando se reduz realidade e ficção a um mesmo nível de exame do problema. O ideal democrático que empolga a crítica se centra na ficção de que efetivamente a obra do legislador é a expressão da vontade geral, obscurecendo a realidade de que a lei é a obra de um órgão do Estado, o Legislador, que pode ser comparada com um diploma juridicamente superior, a Constituição, por outro órgão do Estado, a quem a Constituição atribui tal tarefa. Prieto Sanchís argui, a esse respeito, que tanto o princípio democrático como o do constitucionalismo são devedores de ficções, que não precisam ser desprezadas, mas ser compreendidas sob o enfoque de elemento justificador que serve a ambos os princípios. Indica que ambos os princípios têm fonte na ideia do contrato social, "que evoca, por igual, o fundamento democrático do poder político e a sua limitação pelos direitos naturais" (ob. cit., p. 147).

II CONCEITO DE CONSTITUIÇÃO

As contribuições que se recolhem do constitucionalismo permitem que se extraia uma compreensão útil do objeto de estudo do Direito Constitucional, embora caiba apontar que, até mesmo no que tange ao conceito de Constituição, o Direito Constitucional esbarra na polêmica e nas dificuldades das noções plurívocas.

O conceito de Constituição que nos interessa aqui não é aquele que, de tão amplo, relega as peculiaridades que justificam a configuração de uma doutrina jurídica específica para a realidade constitucional. Liga-se, muitas vezes, a noção de Constituição a tudo que se refira à organização de alguma coisa. Levar, porém, o delineamento da Constituição a tais extremadas latitudes equivale a destituir o conceito de utilidade para o jurista[1].

Tampouco são bastantes as visões unilaterais, como a clássica perspectiva de Ferdinand Lassalle, que se atém a um enfoque sociológico da Constituição, dizendo-a a soma dos fatores reais de poder que coexistem numa sociedade, incluindo os interesses e grupos que estão em condições fáticas de impor a sua vontade. Para Lassalle, o documento escrito com o nome de Constituição, se não espelhar fielmente esse paralelogramo de forças opostas e eficazes, não será de serventia alguma, não passando de um pedaço de papel. Bem se vê que essa concepção carece de toda perspectiva normativa, não convindo às especulações do Direito Constitucional.

O conceito de Constituição que nos será útil não se desgarra do papel que se entende que esse instrumento deve desempenhar; por isso, o conceito de Constituição não tem como deixar de se ver carregado da ideologia do constitucionalismo. Desse movimento, como visto, a Constituição emerge como um sistema assegurador das liberdades, daí a expectativa que proclame direitos fundamentais. As liberdades, igualmente, são preservadas mediante a solução institucional da separação de poderes[2]. Tudo isso, afinal, há de estar contido em um documento escrito. Quando esses traços são levados em conta, está sendo estabelecido um sentido substancial de Constituição.

1. CONSTITUIÇÃO EM SENTIDO SUBSTANCIAL (OU MATERIAL)

Fala-se em Constituição no sentido substancial quando o critério definidor se atém ao conteúdo das normas examinadas. A Constituição será, assim, o conjunto de normas que instituem e fixam as competências dos principais órgãos do Estado, estabelecendo como serão dirigidos e por quem, além de disciplinar as interações e controles recíprocos entre tais órgãos. Compõem a Constituição também, sob esse ponto de vista, as

1 Manoel Gonçalves Ferreira Filho afirma, com irrecusável razão, que, nessa acepção, "é evidente que o termo se aplica a todo grupo, a toda sociedade, a todo Estado. Designa a natureza peculiar de cada Estado, aquilo que faz este ser o que é. Evidentemente, nesse sentido geral, jamais houve e nunca haverá Estado sem Constituição" (*Curso*, cit., p. 11).

2 É significativa a frase de Loewenstein: "dividir o Leviatã é da essência do governo constitucional" (Loewenstein, *Constituciones*, cit., p. 7).

normas que limitam a ação dos órgãos estatais, em benefício da preservação da esfera de autodeterminação dos indivíduos e grupos que se encontram sob a regência desse Estatuto Político. Essas normas garantem às pessoas uma posição fundamental ante o poder público (direitos fundamentais).

Esse é o conceito material de Constituição que o constitucionalismo moderno sugere. É de se notar, contudo, que, ultrapassado o momento histórico caracterizado pela preocupação predominante de conter o poder, o Estado foi levado a assumir novas funções e tarefas, que os desafios da História foram-lhe propondo como essenciais para a própria existência da comunidade política. Ante o risco de dilaceração interna, em virtude das angustiantes e crescentes desigualdades de fato verificadas na sua população, agravadas pelas pressões do crescimento demográfico e acentuadas pela concentração de rendas que o sistema econômico ensejava, o Estado passou a assumir um papel ativo de redefinição social, com vistas a prosseguir o ideal de integração nacional que também lhe compete. O Estado de direito descobriu que lhe é essencial a busca da justiça social. Deu-se conta, ainda, de que a sociedade se tornou acentuadamente plúrima, em termos de concepção de vida e de interesses essenciais, e de que a todos os membros da comunidade é devida a consideração e o respeito em termos de proteção normativa básica.

Decerto que essa realidade que nos chega até hoje provoca uma redefinição no conceito material da Constituição. Se os elementos do Estado liberal de direito continuam relevantes para a definição substancial da Constituição, agora também normas de novo tipo serão tidas como cruciais para a ordenação fundamental da comunidade.

A integração política a que visa a Constituição não pode prescindir da verificação de que a sociedade em que atua é plural e que o atendimento das necessidades vitais de todos os seus membros configura objetivo indeclinável para a subsistência da comunidade política.

Dessa forma, a Constituição tem por meta não apenas erigir a arquitetura normativa básica do Estado, ordenando-lhe o essencial das suas atribuições e escudando os indivíduos contra eventuais abusos, como, e numa mesma medida de importância, tem por alvo criar bases para a convivência livre e digna de todas as pessoas, em um ambiente de respeito e consideração recíprocos. Isso reconfigura o Estado, somando-lhe às funções tradicionais as de agente intervencionista e de prestador de serviços.

Observa Konrad Hesse que, no processo político da moderna sociedade pluralista, "a compensação entre diferentes opiniões, interesses e aspirações, como a resolução e regulação de conflitos, converteram-se em tarefa arquetípica e condição de existência do Estado"[3]. O ordenamento jurídico dessa tarefa, indispensável para a formação de uma unidade política, está entregue, prossegue Hesse, à "Constituição, mediante os seus direitos fundamentais". É a Constituição que – além de instituir órgãos supremos e regular-lhes as competências, a par de traçar "o procedimento com que se hão de superar os conflitos que surjam dentro da comunidade" – deverá estabelecer "os princípios fundamentais do ordenamento jurídico, e não só da vida estatal em sentido estrito.

---

3 Konrad Hesse, *Temas fundamentais do direito constitucional*. Tradução de Carlos dos Santos Almeida et al., São Paulo: Saraiva, 2009, p. 4.

Positiva princípios e critérios para estabelecer e aplicar as normas do ordenamento. Ordena todas as esferas de vida essenciais à convivência"[4].

Por outras palavras, a Constituição passa a ser o local para delinear normativamente também aspectos essenciais do contato das pessoas e grupos sociais entre si, e não apenas as suas conexões com os poderes públicos. É o que Hesse explica, ao escrever que "também são ordenados na Constituição os fundamentos de esferas vitais que nada têm a ver, de forma direta, com a formação da unidade política e ação estatal, como é o caso do ordenamento jurídico civil: matrimônio, família, propriedade, herança, fundamentos do Direito Penal, princípios do ensino, liberdade religiosa ou das relações laborais ou sociais. Em tudo isso, a Constituição é o plano estrutural básico, orientado por determinados princípios que dão sentido à forma jurídica de uma comunidade"[5].

O conceito material de Constituição, portanto, segue a inteligência sobre o papel essencial do Direito e do Estado na vida das relações em uma comunidade. A Constituição, como ordem jurídica fundamental da comunidade, abrange, hoje, na sua acepção substancial, as normas que organizam aspectos básicos da estrutura dos poderes públicos e do exercício do poder, normas que protegem as liberdades em face do poder público e normas que tracejam fórmulas de compromisso e de arranjos institucionais para a orientação das missões sociais do Estado, bem como para a coordenação de interesses multifários, característicos da sociedade plural.

2. CONSTITUIÇÃO EM SENTIDO FORMAL

Outro modo de se conceituar a Constituição centra-se em um critério de forma, que também é devedor das postulações do constitucionalismo, no ponto em que enaltece os méritos da Constituição documentada, escrita como forma, não somente de melhor acesso aos seus comandos, como de estabilidade e racionalização do poder.

A Constituição, em sentido formal, é o documento escrito e solene que positiva as normas jurídicas superiores da comunidade do Estado, elaboradas por um processo constituinte específico. São constitucionais, assim, as normas que aparecem no Texto Magno, que resultam das fontes do direito constitucional, independentemente do seu conteúdo[6]. Em suma, participam do conceito da Constituição formal todas as normas que forem tidas pelo poder constituinte originário ou de reforma como normas constitucionais, situadas no ápice da hierarquia das normas jurídicas.

Como se nota, a noção de Constituição formal adere a uma concepção igualmente importante – a de fonte do direito constitucional. Da mesma forma, a distinção entre Constituição material e Constituição formal enseja uma classificação de normas constitucionais. São dois temas que merecem ser examinados.

---

4 Hesse, *Temas*, cit., p. 8. Mais adiante, Hesse acentua a necessidade de a Constituição também proteger a liberdade ante o exercício do poder social e econômico, daí concluir que "uma ordem justa e eficiente em liberdade já não surge sem mais – como pretendia a doutrina clássica – da divisão dos poderes, e sim de que atue positivamente num mundo cada vez mais complexo" (p. 17).

5 Hesse, *Temas*, cit., p. 8.

6 A propósito, Gomes Canotilho, ob. cit., p. 67.

III FONTES DO DIREITO CONSTITUCIONAL

Fontes do direito são os modos de criação ou de revelação das normas jurídicas[1]. A Constituição brasileira, como de resto a da mais vasta maioria dos sistemas, tem fontes primárias escritas. Ela resulta da aprovação e inclusão em um documento escrito e solene, aprovado pela Assembleia Nacional Constituinte, de um conjunto de disposições normativas. As dezenas de emendas à Constituição, advindas do poder constituinte de reforma, como as seis emendas de revisão, todas são fontes formais do Direito Constitucional brasileiro. Diante do que se contém no § 3º do art. 5º da Constituição, também tratados e convenções internacionais "aprovados em cada Casa do Congresso Nacional, em dois turnos, por três quintos dos votos dos respectivos membros" consubstanciam normas constitucionais, sendo, assim, igualmente, fontes do nosso Direito Constitucional.

A jurisprudência, em especial a do Supremo Tribunal Federal, também é fonte, embora complementar, do Direito Constitucional, na medida em que a atividade jurisdicional da Corte manifesta os sentidos das normas e princípios inseridos na Lei Fundamental.

Ponto de inquietação, e justamente porque a Constituição de que tratamos é Constituição escrita, diz respeito a saber se é aceitável falar em fontes-fato do nosso Direito Constitucional. Indaga-se, com isso, se o costume pode ser tido como fonte constitucional.

A dificuldade advém da aparente incompatibilidade entre uma Constituição que se define como escrita, pretendendo documentar o estatuto máximo do Estado, com a característica básica do costume de coincidir a criação com a execução do Direito[2]. O costume surge da convicção de que uma prática reiterada corresponde a um comportamento juridicamente devido, que, entretanto, não foi imposto em alguma disposição normativa prévia, específica e escrita. Haverá, diante disso, como considerar o costume como fonte de um sistema que se marca por adotar justamente uma Constituição escrita?

O problema tem suscitado a atenção de doutrinadores[3]. Por um lado, não parece compatível com a Constituição escrita o costume *contra legem*, que se opõe ao que está prescrito no texto. Por outro lado, o costume *secundum legem* (conformando um entendimento possível do texto, podendo ensejar até mesmo uma mutação constitucional) e o *praeter legem* (que supre uma lacuna) não se atritam forçosamente com a natureza escrita da Constituição.

---

1 A propósito, Jorge Miranda, *Teoria*, cit., p. 378.

2 Essa a característica dos costumes assinalada por Jorge Miranda (*Teoria*, cit., p. 378), ao dizer: "No costume, a criação e a execução do Direito como que coincidem. Os comportamentos dos destinatários – os usos – em vez de serem vistos em si, isolados, sem valoração jurídica ou jurígena, tomam-se, por referência a uma norma não decretada antes, como comportamentos devidos, de cumprimento dessa norma – e nisso consiste a *opinio juris vel necessitatis*".

3 A propósito, Canotilho, *Direito*, cit., p. 68-69, bem como Jorge Miranda, *Teoria*, cit., p. 378-388, em que cita e analisa diversas abordagens que o tema tem suscitado. Francisco Rezek, no *Direito Internacional Público* – curso elementar (São Paulo: Saraiva, 2000, p. 61-62), também se refere ao assunto. Registre-se, também, o estudo de Adriana Zandonade, Mutação constitucional. *Revista de Direito Constitucional e Internacional*, n. 35, p. 221-223.

Esse modo de ver se conforta, ainda, na percepção de que a Constituição não exaure toda a normação fundamental da sociedade, sendo propositadamente aberta a desenvolvimentos, a partir de certos parâmetros. "A Constituição – concordemos com Hesse – não é um sistema fechado e onicompreensivo; não contém codificação, apenas um conjunto de princípios concretos e elementos básicos do ordenamento jurídico da comunidade, para o que oferece uma norma marco. Nesse sentido é um ordenamento aberto"[4]. Há, portanto, espaço para que surjam costumes integrativos de preceitos escritos, que os esclareçam ou mesmo que os ajustem às evoluções do tempo.

O costume, assim, é fonte complementar, mas não primária, do Direito Constitucional. O costume *contra legem*, no caso da Constituição escrita, é de ser, por seu turno, repelido por princípio, configurando mero caso de ação inconstitucional.

Os costumes, na lição clássica, têm força de lei "quando uniformes, constantes, diuturnos"[5]. Devem ser "públicos, multiplicados por longo espaço de tempo e constantemente tolerados pelo legislador"[6]. No Direito Constitucional, porém, a exigência de prática repetida ao longo de alastrado lapso cronológico não deve ser sobrevalorizada, tendo razão Jorge Miranda ao sustentar que "a gravidade e a publicidade dos atos dos órgãos do poder político, quando tornados efetivos, tendem a refletir-se quase imediatamente no sentido das normas constitucionais"[7]. Observa-se que os costumes tendem a se formar, sobretudo, em tema de organização do poder[8].

---

4 Hesse, *Temas*, cit., p. 9.

5 Carlos Maximiliano, *Hermenêutica e aplicação do direito*, 11. ed., Rio de Janeiro: Forense, 1991, p. 189.

6 Maximiliano, *Hermenêutica e aplicação do direito*, cit., p. 193.

7 Jorge Miranda, *Teoria*, cit., p. 387.

8 A existência – e a admissibilidade – do costume constitucional já foi abonada pelo Supremo Tribunal Federal. Entendeu a Corte que o padrão federal da substituição do Presidente da República pelo Vice-Presidente, em todo o caso de impedimento por ausência do titular, mesmo que por breves períodos, traduz "uma prática constitucional invariável". Daí se haver suspendido norma estadual que limitava a convocação do Vice-Governador apenas aos casos de ausência do Governador por mais de 15 dias. Afirmou o STF que o "vetusto costume constitucional parece ser a fonte provisória de solução do problema" (ADI 644, rel. Ministro Sepúlveda Pertence, *DJ* de 21-2-1992). Pende no STF solução para questão relativa a saber se é dado ao Presidente da República, sem autorização do Congresso Nacional, denunciar um tratado. Sobre o assunto, José Francisco Rezek ensina que "a gênese de normas constitucionais costumeiras numa ordem jurídica encabeçada por Constituição escrita – e não exatamente sumária ou concisa – pressupõe o silêncio, ou, no mínimo, a ambiguidade do diploma fundamental. Assim, a Carta se omite ao abordar o desfazimento, por denúncia, de compromissos internacionais, e de partilhar, a propósito, a competência dos poderes políticos. Permite assim que um costume constitucional preencha – com muita nitidez, desde 1926 – o espaço normativo vazio" (*Curso de direito internacional público*, São Paulo: Saraiva, 2000, p. 60-61). É de se recusar, porém, ante os termos expressos da Constituição em vigor (art. 49, I), que se possa falar de um costume autorizador de criação de compromissos internacionais gravosos ao patrimônio nacional.

IV CLASSIFICAÇÕES

1. NORMAS MATERIALMENTE CONSTITUCIONAIS E NORMAS FORMALMENTE CONSTITUCIONAIS

A distinção entre Constituição material e Constituição formal dá abertura para uma classificação das normas constitucionais bastante difundida, que distingue as normas apenas materialmente constitucionais, as normas apenas formalmente constitucionais e as normas formal e materialmente constitucionais.

O critério para essa classificação se centra na ideia de que há certos temas que são típicos de uma Constituição. A regulação desses assuntos compõe o que se classifica como Constituição material e se faz por meio de normas que são materialmente constitucionais. Esse critério de classificação tem sido muito criticado, por ser substancialmente influenciado por fatores ideológicos. Queda na dependência da inteligência predominante a cada momento da história do constitucionalismo. Assim, uma norma que determine ao Estado que prossiga uma política social, se dificilmente haveria de ser considerada norma materialmente constitucional nos momentos iniciais do constitucionalismo, é hoje vista como de atenção esperada por parte do constituinte.

Ocorre que nem todas as normas do ordenamento jurídico que tratam de tema que se possa considerar como tipicamente constitucional se acham contidas no texto da Constituição. Servem disso exemplo as tantas normas de direito eleitoral, que cuidam de tema central para a organização do Estado, definindo como se alcança a titularidade de cargos políticos. Repare-se que a Constituição não contém todas as regras sobre direito eleitoral, muitas delas estão dispostas no Código Eleitoral e em outras leis (ordinárias ou complementares). Essas normas dispõem sobre matéria que se reputa de natureza constitucional, mas estão vertidas em diplomas diferentes da Constituição. Elas não ostentam o mesmo *status* jurídico das normas que estão dispostas no Texto Magno. Se estão contidas em uma lei ordinária, podem ser revogadas ou modificadas por outro diploma dessa mesma natureza, sem as solenidades inerentes à elaboração de uma Emenda à Carta.

Em suma, é cabível, em face de combinação de circunstâncias normativas, que tenhamos uma norma com assunto tipicamente constitucional, que esteja fora da Constituição. Essa norma será apenas materialmente constitucional. Da mesma forma, pode-se encontrar uma norma que dispõe sobre assunto tipicamente constitucional e que está acolhida no Texto constitucional. Essas são as normas que têm conteúdo de norma constitucional e que apresentam, igualmente, a forma própria das normas constitucionais – são as normas formal e materialmente constitucionais.

Acontece, por fim, de o Texto Constitucional estampar uma regra extravagante do que se assentou como sendo caracteristicamente constitucional. Ilustra-o quanto se lê no art. 54 do Ato das Disposições Constitucionais Transitórias, que integra a Constituição em sentido formal. Dispõe esse preceito que "os seringueiros recrutados nos termos do Decreto-Lei n. 5.813, de 14 de setembro de 1943, e amparados pelo Decreto-Lei n. 9.882, de 16 de setembro de 1946, receberão, quando carentes, pensão mensal vitalícia no valor de dois salários mínimos". O assunto não se conecta àqueles que tipicamente se espera encontrar no Texto Constitucional – veja-se, a propósito, a referência mesma a normas ordinárias que o dispositivo efetua. A Constituição de 1988 possui outras tantas normas desse feitio. Elas ostentam a mesma hierarquia de todas as demais normas contidas na Carta. Muitas vezes, essas normas foram dispostas no Texto Magno justamente para se beneficiarem da maior estabilidade que o *status* constitucional, em um sistema de Constituição rígida, lhes confere. Regras como essas são classificadas como normas apenas formalmente constitucionais.

Como aplicação prática dessa classificação, já se sugeriu que as normas da Constituição antiga, de índole apenas formalmente constitucional, permaneceriam em vigor ante o advento de uma nova Constituição. A nova Constituição apenas afetaria de modo necessário a vigência das normas materialmente constitucionais do diploma anterior. Essa tese, contudo, que não empolgou a doutrina, não possui tampouco a adesão da jurisprudência[1].

2. CONSTITUIÇÕES ESCRITAS E NÃO ESCRITAS

Examinadas as constituições em confronto umas com as outras, é possível estremá-las segundo outros critérios, gerando novas classificações.

Distinguem-se, no direito comparado, segundo a forma com que se apresentam, as constituições escritas das não escritas. As constituições escritas se dão a conhecimento em um documento único, que sistematiza o direito constitucional da comunidade política. Provêm do poder constituinte originário e são integradas por deliberações posteriores do poder constituinte de reforma. Configuram, pois, ato intencional proveniente de um ente encarregado da tarefa de elaborá-las.

As constituições não escritas, por oposição, não se encontram em um documento único e solene; são compostas por costumes, pela jurisprudência e também por instrumentos escritos, mas dispersos, inclusive no tempo. Não são o resultado de uma deliberação sistemática intencional de organizar o poder e limitá-lo em todos os seus variados ramos. Compreende-se que a exemplificação desse tipo de Constituição seja difícil, no constitucionalismo atual, que se empenha justamente em definir, em um documento racionalizador das relações básicas da comunidade, os contornos indispensáveis à sua identidade jurídica. O exemplo característico que se dá de Constituição não escrita é o da Constituição inglesa[2].

A Constituição não escrita tende a se amoldar à classe das constituições históricas (consuetudinárias), erigidas sobre a cumulação no tempo de costumes políticos, que regulam a vida do Estado e os direitos básicos dos que nele se encontram. As constituições escritas são, tomando-se o critério do modo de elaboração, dogmáticas (também chamadas de sistemáticas), no sentido de que a sua elaboração se faz em um instante preciso, para expressar um sistema de dogmas políticos e jurídicos. O Brasil somente conheceu constituições escritas e dogmáticas, segundo esse fator de diferenciação.

---

1 A propósito, do STF: os Edcl no AgRg nos Emb. Div. nos Edcl no AgRg no Ag 386.820-1/RS (*DJ* de 4-2-2005). O assunto será retomado no capítulo dedicado ao poder constituinte originário, mais adiante.

2 A propósito, José Afonso da Silva, *Curso de direito constitucional positivo*, São Paulo: Malheiros, 2009, p. 41.

3. CONSTITUIÇÕES RÍGIDAS E FLEXÍVEIS

Distinção relevante é a que se faz entre constituições rígidas e flexíveis (agregando-se ao binômio as constituições semirrígidas, para designar constituições, como a do Brasil-Império, em que parte da Carta era rígida, e parte, flexível). A rigidez ou flexibilidade da Constituição é apurada segundo o critério do grau de formalidade do procedimento requerido para a mudança da Lei Maior. A estabilidade das normas constitucionais, em uma Constituição rígida, é garantida pela exigência de procedimento especial, solene, dificultoso, exigente de maiorias parlamentares elevadas, para que se vejam alteradas pelo poder constituinte de reforma. Em oposição, as constituições flexíveis permitem a sua reconfiguração por meio de um procedimento indiferenciado do processo legislativo comum. Não se cobra, na Constituição flexível, uma supermaioria para que o Texto seja modificado.

A rigidez é atributo que se liga muito proximamente ao princípio da supremacia da Constituição. A supremacia fixa o *status* hierárquico máximo da Constituição no conjunto das normas do ordenamento jurídico. Essa superioridade se expressa na impossibilidade de o legislador ordinário modificar a Constituição, dispondo em sentido divergente do que o constituinte estatuiu. Se a Constituição pode sofrer transformações pela mesma maneira como se elaboram as demais leis, não se assegura a supremacia da Carta sobre o legislador ordinário. A rigidez distingue o poder constituinte dos poderes constituídos e positiva uma hierarquia entre as normas jurídicas, em que a Constituição aparece como o conjunto de normas matrizes do ordenamento jurídico, em posição de prevalência sobre todos os atos normativos que hão de nela encontrar fundamento último. A rigidez, expressando a supremacia da Constituição, demanda, também, a instituição de um sistema de controle de validade dos atos praticados pelos poderes constituídos, em face das normas do Texto constitucional. A rigidez, para ser efetiva, requer um sistema de controle de constitucionalidade das leis e atos normativos, como garantia eficaz da supralegalidade das normas constitucionais.

A Constituição brasileira de 1988 é do tipo rígido, e a sua rigidez se eleva à condição de princípio constitucional, parâmetro para a solução de problemas práticos. O princípio da rigidez inspirou a recusa pelo STF em equiparar hierarquicamente com a Constituição o tratado de direitos humanos, aprovado pelo processo ordinário de votação no Congresso Nacional[3].

Meirelles Teixeira[4] enxerga na rigidez da Constituição, ainda, a razão última para que se tenha por vedada a transferência ou delegação de competências entre os poderes. De fato, admitir que um Poder possa ceder a um outro, por ato de vontade sua, ainda que transitoriamente, uma competência que lhe foi entregue, explícita ou implicitamente, pela Constituição significa modificar a Constituição, no ponto em que dispôs sobre a mesma competência – e isso sem seguir o procedimento adequado para a reforma do Texto Constitucional.

---

3 STF: RHC 79.785, rel. Min. Sepúlveda Pertence, *DJ* de 22-11-2002.

4 Meirelles Teixeira, *Curso de direito constitucional*, Rio de Janeiro: Forense Universitária, 1991, p. 129.

4. CONSTITUIÇÃO-GARANTIA E CONSTITUIÇÃO PROGRAMÁTICA

Outra classificação opõe as constituições-garantia (estatutárias) às constituições programáticas (ou dirigentes), conforme a margem de opções políticas que deixam ao alvedrio dos Poderes Públicos que instituem. As primeiras, as constituições-garantia, tendem a concentrar a sua atenção normativa nos aspectos de estrutura do poder, cercando as atividades políticas das condições necessárias para o seu correto desempenho. Aparentemente, não fazem opções de política social ou econômica. As segundas, as constituições dirigentes, não se bastam com dispor sobre o estatuto do poder. Elas também traçam metas, programas de ação e objetivos para as atividades do Estado nos domínios social, cultural e econômico.

Essa disjunção de modelos de Constituição para efeitos taxinômicos não deve levar o observador a perder de vista que todas as constituições fazem opções ideológicas sobre o papel do Estado nos planos social e econômico. Até quando não o expressam, assumem, nesse silêncio mesmo, uma opção política, vinculada a uma dada ideia sobre o que deve incumbir aos poderes públicos. De toda sorte, associa-se a constituição-garantia a uma concepção liberal da política, enquanto a constituição programática remete-se ao ideário do Estado social de direito. A Constituição brasileira de 1988 tem induvidosa propensão dirigente.

5. CONSTITUIÇÃO OUTORGADA E CONSTITUIÇÃO PROMULGADA

Conforme a sua origem, distinguem-se as constituições em outorgadas e promulgadas, conforme tenha havido, ou não, participação do povo no seu processo de elaboração – mais frequentemente por meio de representantes populares eleitos para a tarefa. Chama-se Constituição promulgada aquela em que ocorre essa participação, que, por isso, também é chamada de Constituição democrática[5].

6. CONSTITUIÇÃO NORMATIVA, CONSTITUIÇÃO NOMINAL E CONSTITUIÇÃO SEMÂNTICA

Por fim, merece ser conhecida uma classificação aventada há várias décadas, que, entretanto, mantém-se fértil[6]. Loewenstein propõe uma separação em categorias que adjetiva como ontológica. Segundo o critério da "observância realista das normas constitucionais por governantes e governados", aparta as constituições nor-

5 Para mais informações sobre a classificação das constituições em rígidas, flexíveis e semirrígidas, atendendo ao critério da dificuldade de alteração do texto produzido pelo constituinte originário, bem como para a classificação entre constituições outorgadas e constituições promulgadas, atendendo ao critério da origem do texto constitucional, veja-se o capítulo sobre Poder Constituinte, mais adiante.

6 Veja-se, a propósito, Marcelo Neves, *Constitucionalização simbólica*, São Paulo: Acadêmica, 1994, passim. Ver também p. 95 e s.

mativas das nominais e das semânticas. As constituições normativas são as que logram ser lealmente cumpridas por todos os interessados, limitando, efetivamente, o poder. As constituições nominais são formalmente válidas, mas ainda não tiveram alguns dos seus preceitos "ativados na prática real". Na visão de Loewenstein, nesses casos, "a situação real não permite a transformação das normas constitucionais em realidade política", mas ainda "se pode esperar que, com o tempo, normas que até agora somente possuíam validez nominal tornar-se-ão, também, normativas"[7]. Por fim, a Constituição semântica seria a formalização do poder de quem o detém no momento. Não tenciona limitá-lo, mas mantê-lo, mesmo que professe "uma adesão de boca aos princípios do constitucionalismo"[8].

7 Loewenstein, *Constituciones y derecho constitucional*, cit., p. 16.

8 Loewenstein, *Constituciones y derecho constitucional*, cit., p. 16.

V AS NORMAS CONSTITUCIONAIS

1. PARTE ORGÂNICA E PARTE DOGMÁTICA DA CONSTITUIÇÃO

Conforme o assunto versado nas normas constitucionais, elas dão ensejo a que se cogite de pelo menos duas grandes partes da Constituição – a parte orgânica e a parte dogmática.

Na parte orgânica, o constituinte se dedica a normatizar aspectos de estrutura do Estado. Aqui estão as regras que definem a organização do Estado, determinando as competências dos órgãos essenciais para a sua existência. Aqui também se encontram as normas que disciplinam as formas de aquisição do poder e os processos do seu exercício. Esses preceitos racionalizam o exercício das funções do Estado e estabelecem limites recíprocos aos seus órgãos principais.

Na parte dogmática, o constituinte proclama direitos fundamentais, declarando e instituindo direitos e garantias individuais, como também direitos econômicos, sociais e culturais. O constituinte marca, então, o tom que deve nortear a ação do Estado e expressa os valores que tem como indispensáveis para uma reta ordem da comunidade.

Há, ainda, no Texto Constitucional, outras normas, que não se enquadram nesses dois grandes grupos temáticos típicos. É importante ter presente, porém, que todas as normas que estão postas no Texto Constitucional partilham o mesmo *status* hierárquico, não havendo diferença, nesse aspecto, entre elas[1].

2. CARACTERÍSTICAS DAS NORMAS CONSTITUCIONAIS

Já foi visto que as normas integradas na Constituição formal distinguem-se das demais expressões do direito por sua posição hierárquica superior. O predicado da primazia de que se revestem "é pressuposto da função como ordem jurídica fundamental da comunidade"[2]. Elas não têm a sua validade aferida pela sua compatibilidade com uma outra norma jurídica que lhe esteja acima em uma escala hierárquica, como acontece com o restante das normas dos demais ramos do Direito[3].

A superioridade das normas constitucionais também se expressa na imposição de que todos os atos do poder político estejam em conformidade com elas, de tal sorte

1 Veja-se, nessa diretriz do STF, a ADI AgR 4.097, *DJ* de 7-11-2008, em que se fala, para resumir essa assertiva, no princípio da unidade hierárquico-normativa. O precedente pioneiro sobre o assunto é a ADI 815, *DJ* de 10-5-1996, rel. Min. Moreira Alves, em que se afirmou que "a tese de que há hierarquia entre normas constitucionais originárias, dando azo à declaração de inconstitucionalidade de umas em face de outras, é incompossível com o sistema de Constituição rígida". Afirmou-se, também, que as normas que constituem cláusulas pétreas não são hierarquicamente superiores às que não o são. As cláusulas pétreas são apenas limitações materiais ao poder de reforma da Carta.

2 Konrad Hesse, *Temas fundamentais*, cit., p. 8-9.

3 Canotilho designa esta característica com o nome de *autoprimazia normativa*. Canotilho, *Direito constitucional*, cit., p. 137.

que, se uma lei ou outro ato do poder público contrariá-las, será inconstitucional, atributo negativo que corresponde a uma recusa de validade jurídica. Porque as normas constitucionais são superiores às demais; elas somente podem ser alteradas pelo procedimento previsto no próprio texto constitucional.

A superioridade das normas constitucionais se manifesta, afinal, no efeito de condicionar do conteúdo de normas inferiores. São, nesse sentido, normas de normas[4]. As normas constitucionais, situadas no topo da pirâmide jurídica, constituem o fundamento de validade de todas as outras normas inferiores e, até certo ponto, determinam ou orientam o conteúdo material destas.

Esse traço das normas constitucionais, porém, deve ser compreendido nos termos devidos. Não é correto supor que as normas constitucionais determinam integralmente todo o conteúdo possível das normas infraconstitucionais. Elas regulam apenas em parte a deliberação legislativa que lhes confere desenvolvimento. O legislador, no entanto, na tarefa de concretizar o que está disposto na norma constitucional, não perde a liberdade de conformação, a autonomia de determinação. Mas essa liberdade não é plena, não pode prescindir dos limites decorrentes das normas constitucionais. Daí o oportuno ensinamento de Canotilho, quando alerta que "é preciso não confundir a ideia do direito constitucional como direito paramétrico, positivo e negativo, dos outros ramos do direito, com a ideia do direito legal como simples derivação e execução das normas constitucionais"[5].

A compreensão de que as normas infraconstitucionais são condicionadas, mas não são integralmente determinadas, pelas normas constitucionais, apresenta importância prática.

Repare-se, a título de ilustração, que a Constituição atribui ao Congresso Nacional competência para legislar sobre processo penal. As normas que regulam o processo necessário para a imposição de uma sanção penal não estão todas contidas na Constituição, à espera apenas de que o legislador as descubra e as revele à população. O legislador é livre para dispor sobre vários aspectos relacionados com esse ramo do Direito. Pode criar procedimentos diferenciados, conforme a importância social que atribua a categorias diferentes de crimes, pode cogitar de prazos variados para a prática de atos processuais, bem como pode dispor, com liberdade de apreciação, sobre momento da produção de provas. Ao legislador é reconhecido, da mesma forma, revogar as normas que estavam vigentes e introduzir outras diferentes no ordenamento processual – o que seria impossível se não tivesse espaço de liberdade para dispor sobre o tema[6].

---

4 A propósito, Canotilho, *Direito constitucional*, cit., p. 138-139.

5 Canotilho, *Direito constitucional*, cit., p. 139.

6 Vale também recordar a discussão que redundou na Súmula 632/STF. Porque o constituinte previu o mandado de segurança já fixando alguns dos seus contornos normativos, foi defendido que o legislador não poderia estabelecer prazo para a impetração. A súmula do STF desfez a dúvida, garantindo ser "constitucional lei que fixa o prazo de decadência para a impetração de mandado de segurança". Num dos precedentes que inspiraram a súmula, o RMS 21.362 (rel. Min. Celso de Mello, *DJ* de 26-6-1992), assentou-se que "a circunstância de ser omissa a Constituição da República quanto à fixação de prazos para o ajuizamento da ação do mandado de segurança não protrai, indefinidamente no tempo, a possibilidade de o interessado valer-se, em qualquer momento, do 'writ' mandamental (...). O prazo decadencial referido na norma legal em questão não tem o caráter de penalidade, pois não afeta o direito material eventualmente titularizado pelo impetrante nem impede que este postule o reconhecimento de seu direito público subjetivo mediante adequada utilização de outros meios processuais".

Essa liberdade de conformação, reitere-se, não é plena, já que se acha submetida a limitações impostas por normas constitucionais. Assim, se o legislador pode dispor sobre provas no processo, não poderá admitir elemento de convicção derivado de tortura, por exemplo, já que a Constituição proíbe essa prática e bane de todo processo as provas ilícitas. Essa é uma determinante negativa a que o legislador está sujeito por força de normas constitucionais. Contudo, o sistema processual a ser concebido pelo legislador terá que conter procedimentos que assegurem largas formas de o acusado desacreditar a acusação que pesa sobre ele; essa determinante positiva resulta da norma constitucional que garante a ampla defesa no processo penal.

Assim, as determinantes negativas expressas nas normas constitucionais, com os vetos que encerram, desempenham uma função de limite para o legislador ordinário. As determinantes positivas, de seu turno, regulam parcialmente o conteúdo das normas infraconstitucionais, predefinindo o que o legislador deverá adotar como disciplina normativa, dirigindo a ação dos poderes públicos, ainda que não o fazendo de modo exaustivo.

Uma vez que o direito constitucional convive com boa margem de autonomia dos demais ramos do Direito, não há como deduzir uma solução legislativa necessária para cada assunto que o constituinte deixa ao descortino da lei. Deve-se reconhecer que o legislador é o intérprete e concretizador primeiro da Constituição, e as suas deliberações, sempre que condizentes com o sistema constitucional e com os postulados da proporcionalidade, devem ser acolhidas e prestigiadas, não podendo ser substituídas por outras que acaso agentes públicos – do Executivo ou do Judiciário – estimem preferíveis.

A importância prática dessa assertiva pode ser exemplificada. A Constituição, no art. 226, declara que a família tem a "especial proteção do Estado". Daí não se segue que o legislador esteja obrigado a, em qualquer circunstância, privilegiar os interesses da família sobre qualquer outro de cunho constitucional. Tampouco significa que, uma vez tendo o legislador definido em que circunstâncias os interesses familiares hão de predominar sobre outros (como o da eficiência do serviço público), possa o aplicador estender igual medida para situações que não receberam o mesmo peso por parte da lei. Assim, do art. 226 da Constituição não é possível deduzir como necessária, em todos os seus aspectos, a norma da Lei n. 8.112/90 (art. 36, III, *a*), que garante a remoção do servidor público para acompanhar o cônjuge, também servidor federal, que haja sido deslocado para outro ponto do Território Nacional, no interesse da Administração. O legislador ordinário dispunha de liberdade para proteger os interesses da família dessa forma ou de outra que também lhe parecesse adequada; poderia, imaginemos, ter vedado a remoção de servidor cujo cônjuge exerce profissão na mesma cidade. Admitida a razoabilidade da opção legislativa, porém, não é dado ao aplicador se substituir ao legislador e considerar – exemplifique-se novamente – que, em qualquer caso de deslocamento do cônjuge, o servidor faz jus à remoção, ao só argumento de que a família deve ser protegida pelos Poderes Públicos.

3. DENSIDADE E APLICABILIDADE DAS NORMAS CONSTITUCIONAIS

A liberdade do legislador na escolha do conteúdo concretizador das normas constitucionais será tanto maior quanto menor for a densidade dos preceitos constitucionais envolvidos. Isso nos conduz a outro ponto importante para a compreensão das características das normas constitucionais: a questão da abertura dessas normas à complementação e concretização legislativa.

É traço que se repete nas normas constitucionais modernas serem elas abertas à mediação do legislador, apresentando uma regulamentação deliberadamente lacunosa, a fim de ensejar liberdade para a composição de forças políticas no momento da sua concretização[7]. Com isso, também, viabiliza-se a adequação das normas às novas necessidades de cada tempo. De fato, a Constituição não é um código, nem pretende tudo resolver nas suas disposições, como se fosse um sistema cerrado e bastante em si. Percebe-se no Texto Constitucional, entretanto, que essa abertura à ação complementar e integradora do legislador não ocorre de modo sempre idêntico. Há, no conjunto das normas constitucionais, variações de grau de abertura às mediações do legislador. Há normas densas, em que a disciplina disposta pelo constituinte é extensa e abrangente, dispensando ou pouco deixando para a interferência do legislador no processo de concretização da norma. A liberdade de conformação é ampla, porém, nas normas que se valem de conceitos de significação aberta, vazadas, por vezes, com termos de múltiplas denotações, ou naquelas formuladas de modo genérico.

A maior abertura da norma tende a ser uma opção do constituinte para atender a um juízo sobre a conveniência de se confiar a concretização da norma à composição posterior de forças políticas relevantes.

Há, contudo, escolhas fundamentais que devem sobrepairar ao debate dos poderes constituídos e se impor a interesses circunstanciais. A necessidade de uma clara e imediata definição de aspectos institucionais do Estado leva a que algumas normas sejam concebidas com maior minúcia e menor abertura; vale dizer, com maior densidade. Normas como a do art. 5º, XLVII, que proscreve a pena de morte em tempos de paz, denotam o propósito do constituinte de, inequivocamente e de pronto, vedar esse tipo de sanção. Da mesma sorte, preceitos como o do art. 73, *caput*, dispondo que o Tribunal de Contas da União é integrado por nove Ministros e tem sede no Distrito Federal, pouco espaço outorgam para interpretações criativas, contextualizações políticas e acomodações de compromissos entre interesses conflitantes. A norma é densa.

Comparem-se, porém, esses dispositivos com o que estatui ser objetivo fundamental da República Federativa do Brasil promover o bem de todos (art. 3º, IV). Repare-se na ampla margem de apreciação que essa norma enseja aos seus concretizadores, para definir em que consiste o bem de todos em cada momento da História. Veja-se também a menor definição de norma como a do art. 5º, LIV, que submete a interferência do Estado sobre a liberdade das pessoas ao "devido processo legal". O dispositivo se vale de expressão de conteúdo instável e polissêmico, abrindo generosa latitude à liberdade para a sua conformação. Mesmo normas que definem competências dos órgãos máximos dos Poderes podem ser abertas. Serve para o ilustrar o § 1º do art. 102 da CF, que

7 A propósito, analisa Böckenförde que a Constituição é, "em sua conformação normativo-material, fragmentária e fracionada. Seus preceitos contêm, no essencial – ao lado das regulações comparativamente detalhadas quando cuida de competências e algumas questões de organização –, princípios que requerem ser previamente complementados e concretizados, para serem realizáveis, no sentido de aplicáveis juridicamente. (...) Fixam a meta (...) mas deixam aberta a forma, o meio e a intensidade da realização". Explica que assumem a forma de "fórmulas de compromisso que são precisamente a expressão da falta de acordo e que postergam a decisão" (Ernst-Wolfgang Böckenförde, *Escritos sobre derechos fundamentales*, Baden-Baden: Nomos Verlagsgesellschaft, 1993, p. 17).

prevê que o Supremo Tribunal Federal apreciará a arguição de descumprimento de preceito fundamental, na forma da lei. Esse instituto, inovação do constituinte de 1988, somente ganhou vida prática quando foi editada a lei que o regulou. Têm-se, em todos esses casos, normas abertas, de baixa densidade.

Essa diferença de abertura e densidade das normas constitucionais afeta o grau da sua exequibilidade por si mesmas e dá ensejo a uma classificação que toma como critério o grau de autoaplicabilidade das normas.

Nota-se que as normas de alta densidade são completas, estão prontas para a aplicação plena, não necessitam de complementação legislativa para produzir todos os efeitos a que estão vocacionadas.

Desde Rui Barbosa que se conhece, entre nós, a distinção entre normas que são e as que não são autoexecutáveis. Rui difundiu a doutrina norte-americana que cogita dos *self-executing provisions* e dos *not self-executing provisions*. As *self-executing* são as normas imediatamente aplicáveis, por regularem diretamente as matérias, situações ou comportamentos de que cogitam. As *not self-executing* dependem de elaboração de lei ordinária para que possam operar mais intensamente no plano das relações sociais[8].

Para o constitucionalismo atual, todas as normas constitucionais são executáveis por si mesmas, até onde possam sê-lo.

Advirta-se que todas as normas, em certo sentido, são incompletas, até por serem, por definição, gerais e abstratas, necessitando, por isso mesmo, do trabalho do intérprete para serem aplicadas aos casos da vida social. As normas autoaplicáveis, de seu lado, não excluem necessariamente novos desenvolvimentos por meio de legislação ordinária.

Outra classificação, que também enfoca o critério da aplicabilidade das normas constitucionais e que se difundiu bastante na doutrina e na jurisprudência brasileiras, aponta três espécies básicas de normas constitucionais – as normas constitucionais de eficácia plena, as normas constitucionais de eficácia contida e as normas constitucionais de eficácia limitada (ou reduzida).

As normas de eficácia plena são as idôneas para produzir todos os efeitos previstos, isto é, podem disciplinar de pronto as relações jurídicas, uma vez que contêm todos os elementos necessários. Correspondem aos casos de norma autoexecutável. A essa categoria são muitas vezes assimilados os preceitos que contêm proibições, que conferem isenções e os que estipulam prerrogativas[9]. É de eficácia plena o art. 12, I, que qualifica como brasileiros "os nascidos na República Federativa do Brasil, ainda que de pais estrangeiros, desde que estes não estejam a serviço de seu país". Da mesma forma, o art. 14, § 1º, I, que torna obrigatório o voto para os maiores de 18 anos.

---

8 *Comentários à Constituição Federal brasileira*, v. 2, p. 475 e s., *apud* José Afonso da Silva, *Aplicabilidade das normas constitucionais*, São Paulo: RT, 1982, p. 63 e segs. Para Rui, são autoexecutáveis "as determinações, para executar as quais, não se haja mister de constituir ou designar uma autoridade, nem criar ou indicar um processo especial, e aquelas onde o direito instituído se ache armado por si mesmo, pela sua própria natureza, dos seus meios de execução e preservação". As normas não autoexecutáveis são as que "não revestem dos *meios de ação essenciais ao seu exercício os direitos, que outorgam, ou os encargos, que impõem: estabelecem competências, atribuições, poderes, cujo uso tem de aguardar que a Legislatura, segundo o seu critério, os habilite a exercerem*".

9 Maria Helena Diniz, *Norma constitucional e seus efeitos*, São Paulo: Saraiva, 1992, p. 100.

As normas de eficácia contida são também autoexecutáveis e estão aptas para produzir plenos efeitos no mundo das relações. São destacadas da classe das normas de eficácia plena pela só circunstância de poderem ser restringidas, na sua abrangência, por deliberação do legislador infraconstitucional. A norma do art. 5º, LVIII ("o civilmente identificado não será submetido a identificação criminal, salvo nas hipóteses previstas em lei"), se amolda a essa classificação. Estabelece um direito de aplicação imediata e plena eficácia, ao proibir que a pessoa que tenha sido identificada civilmente seja submetida à identificação criminal, mas abre ensejo a que o legislador ressalve casos em que a identificação criminal poderá ocorrer, mesmo em se tratando de pessoa com registro civil. À mesma classe pertence o parágrafo único do art. 170 da Constituição, que assegura "a todos o livre exercício de qualquer atividade econômica, independentemente de autorização de órgãos públicos, salvo nos casos previstos em lei".

O terceiro grupo de normas constitucionais compõe a classe das normas constitucionais de eficácia limitada (ou reduzida). Estas somente produzem os seus efeitos essenciais após um desenvolvimento normativo, a cargo dos poderes constituídos. A sua vocação de ordenação depende, para ser satisfeita nos seus efeitos básicos, da interpolação do legislador infraconstitucional. São normas, pois, incompletas, apresentando baixa densidade normativa.

Nessa categoria de normas se listam as de princípio institutivo, referentes às que contêm um apanhado geral, um início de estruturação de institutos e instituições, entidades e órgãos. Serve de exemplo o art. 37, IX, da CF ("a lei estabelecerá os casos de contratação por tempo determinado para atender a necessidade temporária de excepcional interesse público"). Cogita-se do instituto da contratação excepcional de servidor, ressalvando a regra geral da obrigatoriedade do concurso público, mas o instituto não tem aplicação enquanto a lei não definir os casos em que se justifica a providência.

As normas programáticas, igualmente, são subespécie das normas constitucionais de eficácia limitada. Essas normas impõem uma tarefa para os poderes públicos, dirigem-lhes uma dada atividade, prescrevem uma ação futura. Jorge Miranda ressalta-lhes a característica da "aplicação diferida", realçando que "não consentem que os cidadãos ou quaisquer cidadãos as invoquem já (ou imediatamente após a entrada em vigor da Constituição), pedindo aos tribunais o seu cumprimento só por si (...). Aparecem, muitas vezes, acompanhadas de conceitos indeterminados ou parcialmente indeterminados"[10]. A norma do art. 3º, I, da CF, que impõe como objetivo fundamental da República "construir uma sociedade livre, justa e solidária", figura ilustração desse tipo de norma constitucional.

O caráter programático de uma norma constitucional não significa que o preceito esteja destituído de força jurídica. As normas programáticas, como informa Canotilho, não são "simples programas, exortações morais, programas futuros, juridicamente desprovidos de qualquer vinculatividade. Às normas programáticas é reconhecido hoje um valor jurídico constitucionalmente idêntico ao dos restantes preceitos da constituição"[11].

As normas programáticas impõem um dever político ao órgão com competência para satisfazer o seu comando, condicionam a atividade discricionária dos aplicadores do direito, servindo de norte teleológico para a atividade de interpretação e aplicação

10 Jorge Miranda, *Teoria do Estado*, cit., p. 442.

11 Canotilho, *Direito constitucional*, cit., p. 184.

do direito. Impedem comportamentos contrários a elas mesmas, podendo gerar pretensões a abstenção. Revogam normas anteriores incompatíveis com o programa que promovem e, se atritam com normas infraconstitucionais posteriores, levam à caracterização de inconstitucionalidade. O dever de agir decorrente dessas normas marca-se, caracteristicamente, pela margem de discricionariedade dilatada, reconhecida aos poderes públicos para satisfazê-las em concreto, estando a sua eficácia dependente não apenas de fatores jurídicos mas também de fatores econômicos e sociais[12].

Algumas normas programáticas obrigam ou se desenvolvem por meio de edição de leis. Outras exigem uma atividade material dos poderes públicos[13]. Muitas vezes serão necessários esforços materiais e produção legislativa[14].

4. A CARACTERÍSTICA DA SANÇÃO IMPERFEITA

As normas constitucionais caracterizam-se, também, pela especificidade dos meios de tutela e das sanções jurídicas que as cercam. São, nesse sentido, chamadas de normas imperfeitas, porque a sua violação não se acompanha de sanção jurídica suficiente para repor a sua força normativa, até porque não há nenhuma outra instância superior que lhe assegure a observância pelos órgãos da soberania. As normas constitucionais dependem da vontade dos órgãos de soberania de respeitá-las e cumpri-las. Aponta Konrad Hesse que a força normativa da Constituição depende das possibilidades de sua realização, abertas pela situação histórica, bem como da vontade constante dos implicados no processo constitucional de realizar os conteúdos da Constituição[15].

5. MODALIDADES DE NORMAS CONSTITUCIONAIS – REGRAS E PRINCÍPIOS

Atenta às particularidades das normas constitucionais, a doutrina lhes flagrou uma classificação, que é de considerável valia para o processo da interpretação constitucional. Consideradas em conjunto, as normas constitucionais são vistas como a pertencer a um sistema normativo, que lhes imprime uma certa ordem de propósitos e que configura um todo tendencialmente coeso e que se pretende harmônico. Observou-se, porém, que, estruturalmente, essas normas podiam ser enquadradas em dois tipos normativos, que atraem perspectivas também distintas de solução de problemas de aplicação das normas.

---

12 Ver Jorge Miranda, *Teoria do Estado*, cit., p. 442; Maria Helena Diniz, *Norma constitucional e seus efeitos*, cit., p. 105. Canotilho, *Direito constitucional*, cit., p. 184.

13 Art. 208. O dever do Estado com a educação será efetivado mediante a garantia de: VI – oferta de ensino noturno regular, adequado às condições do educando.

14 Art. 180. A União, os Estados, o Distrito Federal e os Municípios promoverão e incentivarão o turismo como fator de desenvolvimento social e econômico.

15 Konrad Hesse, *Escritos de derecho constitucional* – Selección, Madri: Centro de Estudios Constitucionales, 1983, p. 27-28. Veja-se que, se o Legislativo e o Executivo não quiserem seguir um julgamento de inconstitucionalidade de lei efetuado pelo Supremo Tribunal Federal, nada poderá, do ponto de vista jurídico, ser feito para que prevaleça a declaração do Judiciário.

Ganhou a doutrina mais moderna uma classificação das normas, que as separa em regras e princípios.

Em geral, tanto a regra como o princípio são vistos como espécies de normas, uma vez que ambos descrevem algo que deve ser. Ambos se valem de categorias deontológicas comuns às normas – o mandado (determina-se algo), a permissão (faculta-se algo) e a proibição (veda-se algo).

Quando se trata de estremar regras e princípios, porém, é bastante frequente o emprego do critério da generalidade ou da abstração. Os princípios seriam aquelas normas com teor mais aberto do que as regras. Próximo a esse critério, por vezes se fala também que a distinção se assentaria no grau de determinabilidade dos casos de aplicação da norma. Os princípios corresponderiam às normas que carecem de mediações concretizadoras por parte do legislador, do juiz ou da Administração. Já as regras seriam as normas suscetíveis de aplicação imediata.

Valendo-se de outro ângulo, a separação entre regras e princípios é sugerida como sendo devedora do critério da importância da norma para o conjunto do ordenamento jurídico, especialmente sob o aspecto de ser a norma o fundamento de outras normas, quando então integraria a modalidade do princípio.

Até a proximidade da ideia de direito é usada para a diferenciação. Os princípios seriam padrões que expressam exigências de justiça.

Os princípios teriam, ainda, virtudes multifuncionais[16], diferentemente das regras. Os princípios, nessa linha, desempenhariam uma função argumentativa. Por serem mais abrangentes que as regras e por assinalarem os *standards* de justiça relacionados com certo instituto jurídico, seriam instrumentos úteis para se descobrir a razão de ser de uma regra ou mesmo de outro princípio menos amplo. Assim, o princípio da igualdade informaria o princípio da acessibilidade de todos aos cargos públicos, que, de seu turno, confere a compreensão adequada da norma, que exige o concurso público para o preenchimento desses cargos.

Já que os princípios estruturam um instituto, dão ensejo, ainda, até mesmo à descoberta de regras que não estão expressas em um enunciado legislativo, propiciando o desenvolvimento e a integração do ordenamento jurídico. Aqui, cabe pensar no princípio da moralidade e no princípio da publicidade como determinantes da proibição de que um concurso público possa ter prazo sumamente exíguo de inscrição de interessados, em horários e localidades inadequados.

Da mesma forma, cogite-se do princípio da proteção da confiança, que deriva do princípio do Estado de Direito, a inspirar a impossibilidade, que não está escrita, de a Administração romper, súbita e caprichosamente, com uma situação há muito consolidada, que se estabelecera a partir de estímulos do Estado, inspirando investimentos e comprometimento de recursos do particular.

De toda sorte, as tentativas efetuadas de distinguir regras e princípios chocam-se, às vezes, com o ceticismo dos que veem na pluralidade de normas um obstáculo para que se possa, com segurança, situar uma norma em uma ou outra classe. Isso leva a que alguns sustentem que a diferença entre regra e princípio seria apenas de grau.

---

16 Cf. Canotilho, *Direito constitucional*, cit., p. 167.

A doutrina em torno da distinção entre regras e princípios recebeu contribuição de relevo, tanto teórico como prático, com os estudos de Ronald Dworkin e Robert Alexy. Os dois autores buscaram esclarecer que a diferença entre regras e princípios não é meramente de grau, sendo, antes, qualitativa. O critério que desenvolveram auxilia na compreensão das peculiaridades próprias das regras e aquelas próprias dos princípios, a partir de uma maior precisão metodológica.

6. REGRAS E PRINCÍPIOS EM DWORKIN E EM ALEXY[17]

No curso dos seus estudos, Ronald Dworkin concordou que um princípio normativo e uma regra se assemelham, na medida em que ambos estabelecem obrigações jurídicas. O que os estremaria seria não o maior ou menor grau de vagueza da disposição, mas, sim, o tipo de diretiva que apresentam[18].

A norma da espécie *regra* tem um modo de aplicação próprio que a diferencia, qualitativamente, da norma da espécie *princípio*. Aplica-se a regra segundo o modo do tudo ou nada; de maneira, portanto, disjuntiva. Dworkin explica: "se os fatos que uma regra estipula ocorrem, então ou a regra é válida, e a solução que dela resulta deve ser aceita, ou não é válida, e não contribuirá em nada para a decisão"[19]. Em havendo um conflito entre regras, a solução haverá de se pautar pelos critérios clássicos de solução de antinomias (hierárquico, da especialidade e cronológico).

Ensina Dworkin que os princípios, de seu lado, não desencadeiam automaticamente as consequências jurídicas previstas no texto normativo pela só ocorrência da situação de fato que o texto descreve[20]. Os princípios têm uma dimensão que as regras não possuem: a dimensão do peso. Os princípios podem interferir uns nos outros e, nesse caso, "deve-se resolver o conflito levando-se em consideração o peso de cada um"[21]. Isso, admitidamente, não se faz por meio de critérios de mensuração exatos, mas segundo a indagação sobre quão importante é um princípio – ou qual o seu peso – numa dada situação[22]. Não se resolvem os conflitos entre princípios tomando um como exceção ao outro. O que ocorre é um confronto de pesos entre as normas que se cotejam[23]. Os princípios, como delinea-

---

17 Para uma discussão mais entrada em pormenores, remeto o leitor ao livro do autor deste capítulo, *Juízo de ponderação na jurisdição constitucional*, cit.

18 Ronald Dworkin, *Taking rights seriously*. Cambridge, Mass.: Harvard University Press, 1978, p. 24.

19 Dworkin, *Taking*, cit., p. 24.

20 Dworkin, *Taking*, cit., p. 25.

21 Dworkin, *Taking*, cit., p. 26.

22 Dworkin, *Taking*, cit., p. 27.

23 Dworkin também diferencia *princípios* de *políticas*. Aqueles possuem uma dimensão moral, uma exigência de justiça, de equidade e de respeito à dignidade humana. A *política*, de seu turno, busca obter um determinado objetivo, para se atingir uma situação política, social, econômica, desejável. "Princípios são argumentos que descrevem direitos; políticas são proposições que descrevem metas." Dworkin, *Taking rights*, cit., p. 90. O autor exemplifica, na mesma página: "(...) a liberdade de expressão é um direito, e não uma meta, porque os cidadãos têm o direito a tal liberdade como resultado de uma moralidade política, e um incremento na produção de munições é uma meta, não um direito, porque esse incremento contribui para uma guerra, mas nenhum fabricante tem direito a um contrato com o governo [para produzir mais munição]". Considerações de política não podem sobrepujar princípios jurídicos (idem, p. 85).

dos por Dworkin, captam os valores morais da comunidade e os tornam elementos próprios do discurso jurídico.

Alexy também fala nos princípios convivendo no mundo normológico com as regras. Para ele, princípios e normas configuram as pontas extremas do conjunto das normas, mas são diferentes – e a distinção é tão importante que Alexy a designa como "a chave para a solução de problemas centrais da dogmática dos direitos fundamentais"[24].

Toda norma, diz ele, é um princípio ou uma regra, e ambas as categorias se diferenciam qualitativamente – não havendo entre elas apenas uma variação de grau[25]. Os princípios, na sua visão – e que começa, aqui, a se distanciar de Dworkin –, "são normas que ordenam que algo seja realizado na maior medida, dentro das possibilidades jurídicas e reais existentes"[26]. Os princípios são, por isso mesmo, comandos de otimização[27]. O grau de cumprimento do que o princípio prevê é determinado pelo seu cotejo com outros princípios e regras opostas (possibilidade jurídica) e pela consideração da realidade fática sobre a qual operará (possibilidade real).

Enquanto os princípios concitam a que sejam aplicados e satisfeitos no mais intenso grau possível, as regras determinam algo[28]. "Se uma regra é válida, então há de se fazer exatamente o que ela exige, sem mais nem menos"[29]. Desse modo, enquanto um princípio pode ser cumprido em maior ou menor escala, as regras somente serão cumpridas ou descumpridas.

A distinção se torna crucial para se compreender que um caso de colisão de regras é diferente, na sua estrutura, de uma hipótese de colisão de princípios.

A colisão de princípios, da mesma forma que o conflito entre regras, refere-se a situação em que a aplicação de duas ou mais normas ao caso concreto engendra consequências contraditórias entre si. A solução para o conflito entre regras, porém, não é a mesma para o caso de colisão entre princípios. Um conflito entre regras é solucionado tomando-se uma das regras como cláusula de exceção da outra[30] ou declarando-se que uma delas não é válida.

Já quando os princípios se contrapõem em um caso concreto, há que se apurar o peso (nisso consistindo a ponderação) que apresentam nesse mesmo caso, tendo presente que, se apreciados em abstrato, nenhum desses princípios em choque ostenta primazia definitiva sobre o outro. Nada impede, assim, que, em caso diverso, com outras características, o princípio antes preterido venha a prevalecer.

---

24 Robert Alexy, *Teoría de los derechos fundamentales*, Madrid: Centro de Estudios Constitucionales, 1993, p. 81.

25 Alexy, *Teoría de los derechos*, cit., p. 87.

26 Alexy, *Teoría de los derechos*, cit., p. 86.

27 Alexy, *Teoría de los derechos*, cit., p. 86.

28 Alexy, *Teoría de los derechos*, cit., p. 87.

29 Alexy, *Teoría de los derechos*, cit., p. 87.

30 No exemplo de Alexy (*Teoría de los derechos*, cit., p. 88), é assim que se trataria a norma que diz que os alunos devem sair da sala de aula, uma vez ouvido o sinal de incêndio, diante da outra norma que diz que os alunos somente devem sair da sala de aula em determinado horário. Pode-se dizer que, na realidade, os conflitos entre regras se solucionam pelos clássicos critérios de resolução de antinomia, o critério da hierarquia (que leva à invalidade da norma inferior), o critério cronológico e o critério da especialidade (justamente o que Alexy chama de *cláusula de exceção*).

A ilustração dessa teoria pode facilitar a sua compreensão. Figure-se o exemplo de um conflito entre o direito fundamental da liberdade de expressão com o direito fundamental à privacidade que ocorrerá se um jornalista desejar expor dados pessoais de alguém numa reportagem. Os dois direitos têm a índole de princípios, eles não se diferenciam hierarquicamente, nem constituem um a exceção do outro. Muito menos se há de cogitar resolver o atrito segundo um critério cronológico. O conflito, portanto, não se resolve com os critérios usuais de solução das antinomias. Ao contrário, terá que ser apurado, conforme o caso, qual dos dois direitos apresenta maior peso. Não seria impróprio, assim, considerar que, se o indivíduo retratado não vive uma situação pública relevante, a privacidade terá maior peso do que se ele é ator de algum fato de interesse público significativo, quando o interesse geral na matéria poderá ser arguido para emprestar maior peso à liberdade de expressão.

Admitida essa teoria dos princípios, não será exato afirmar que a generalidade seja a nota definitiva para se identificar um princípio. Afinal, há normas com alto grau de generalidade que não se enquadram como princípios. Assim, o preceito que diz não haver crime sem prévia lei que o defina, tido como princípio pela sua generalidade, é, de fato, uma regra, segundo a teoria em estudo, pois exige algo que inevitavelmente somente pode ser ou não ser cumprido.

As constituições, hoje, são compostas de regras e de princípios. Um modelo feito apenas de regras prestigiaria o valor da segurança jurídica, mas seria de limitada praticidade, por exigir uma disciplina minuciosa e plena de todas as situações relevantes, sem deixar espaço para o desenvolvimento da ordem social. O sistema constitucional não seria aberto. Entretanto, um sistema que congregasse apenas princípios seria inaceitavelmente ameaçador à segurança das relações.

7. NORMAS CONSTITUCIONAIS CLASSIFICADAS SEGUNDO A SUA FUNÇÃO

Uma tipologia das normas constitucionais pode também atentar para o critério da função que elas exercem.

Há normas que estabelecem um dever para os poderes públicos, prescrevem uma tarefa para o Estado. São as normas constitucionais impositivas. Assim, por exemplo, a que dispõe ser objetivo do Estado a erradicação da pobreza e o fim das desigualdades sociais e regionais (art. 3º, III).

Há normas que instituem garantias para os cidadãos, como a que repele a imposição de sanção penal sem lei que defina previamente a conduta como crime.

Há normas que reconhecem e conformam direitos fundamentais.

Outras normas entronizam garantias institucionais. Elas criam ou reforçam instituições necessárias para a proteção dos direitos dos indivíduos. Assim, a norma que garante a proteção do Estado à família (art. 226), a que assegura a autonomia universitária (art. 227) e a que proclama a autonomia funcional e administrativa do Ministério Público (art. 127, § 2º).

Há as normas chamadas orgânicas, que criam órgãos. Por vezes são normas orgânicas e de competência, porque também fixam as atribuições dos órgãos.

Há, ainda, normas ditas de procedimento, que estabelecem um modo de agir para os seus destinatários, por exemplo, as que fixam o procedimento básico para a reforma da Constituição.

VI PREÂMBULO DA CONSTITUIÇÃO E ATO DAS DISPOSIÇÕES CONSTITUCIONAIS TRANSITÓRIAS

Ao se examinar o Texto da Constituição, nota-se que ali se encontram diversas normas, enumeradas em artigos, incisos, parágrafos e alíneas, agrupados em capítulos e títulos. Nota-se, também, na Constituição de 1988, que, antes do primeiro Título da Carta e do seu primeiro artigo, consta um preâmbulo. Percebe-se, por igual, que, após a parte principal do Texto, tem início um Ato das Disposições Constitucionais Transitórias (ADCT), com numeração própria de artigos. Cabe indagar qual o valor normativo tanto do preâmbulo como do ADCT.

1. HÁ NORMA CONSTITUCIONAL NO PREÂMBULO DA CONSTITUIÇÃO?

No preâmbulo da Constituição são inseridas informações relevantes sobre a origem da Constituição e os valores que guiaram a feitura do Texto[1]. É da tradição brasileira que os diplomas constitucionais sejam antecedidos de um preâmbulo, em linha com o que acontece também em vários outros países.

A questão que se pode colocar é a de saber se esse preâmbulo possui valor jurídico. O disposto no Preâmbulo pode consistir no único argumento para estabelecer a inconstitucionalidade de uma lei? É possível extrair direitos, exigíveis em juízo, do Preâmbulo? O disposto no Preâmbulo obriga e vincula os Estados-membros, quando elaboram o seu próprio Texto constitucional?

Esta última indagação foi respondida pelo Supremo Tribunal Federal, em acórdão que revela qual o *status* jurídico a ser atribuído ao Preâmbulo entre nós. Afirmou o STF[2] que o Preâmbulo "não constitui norma central da Constituição, de reprodução obrigatória na Constituição do Estado-membro. O que acontece é que o Preâmbulo contém, de regra, proclamação ou exortação no sentido dos princípios inscritos na Carta. (...) Esses princípios, sim, inscritos na Constituição, constituem normas de reprodução obrigatória".

No corpo do acórdão, realiza-se um apanhado da doutrina, para apontar a tendência predominante de considerar que o Preâmbulo não tem força obrigatória, não cria direitos nem obrigações[3]. A opinião corrente, efetivamente, "dá ao preâmbulo caráter enunciativo e não dispositivo"[4]. Não há inconstitucionalidade por violação ao preâmbu-

1 Veja-se, a esse propósito, o Preâmbulo da Constituição brasileira em vigor: "Nós, representantes do povo brasileiro, reunidos em Assembleia Nacional Constituinte para instituir um Estado Democrático, destinado a assegurar o exercício dos direitos sociais e individuais, a liberdade, a segurança, o bem-estar, o desenvolvimento, a igualdade e a justiça como valores supremos de uma sociedade fraterna, pluralista e sem preconceitos, fundada na harmonia social e comprometida, na ordem interna e internacional, com a solução pacífica das controvérsias, promulgamos, sob a proteção de Deus, a seguinte Constituição da República Federativa do Brasil".

2 ADI 2.076, *DJ* de 8-8-2003, rel. Min. Carlos Velloso.

3 São citados, nesse sentido, Jorge Miranda (ainda que este autor entenda que "o preâmbulo é parte integrante da Constituição", embora reconheça que dela se distingue pela sua eficácia e pelo papel que desempenha, *Teoria do Estado*, cit., p. 437), Paulino Jacques, Manoel Gonçalves Ferreira Filho e José Wilson Ferreira Sobrinho. Pode-se somar a esse grupo Alexandre de Moraes (*Direito constitucional*, São Paulo: Atlas, 2003, p. 49) e os autores que arrola: Gomes Canotilho e Vital Moreira, José Celso de Mello Filho, Celso Bastos e Ives Gandra da Silva Martins, Ivo Dantas e Pinto Ferreira.

4 Expressão concisa de Orlando Bittar, *Obras Completas de Orlando Bitar*, Conselho Federal de Cultura, 1978, p. 44.

lo por si mesmo – o que há é inconstitucionalidade por desconcerto com princípio mencionado pelo Preâmbulo e positivado no corpo da Constituição.

Não se pode recusar ao Preâmbulo um relevante papel, todavia, no âmbito da interpretação e aplicação do direito constitucional. Ao desvendar as linhas estruturantes da Constituição, os objetivos que movem a sua concepção, o Preâmbulo se torna de préstimo singular para a descoberta do conteúdo dos direitos inscritos na Carta e para que se descortinem as finalidade dos institutos e instituições a que ela se refere; orienta, enfim, os afazeres hermenêuticos do constitucionalista.

Não é incomum que os valores e objetivos expressos no Preâmbulo da Carta sejam invocados como reforço argumentativo em decisões de adjudicação de direitos. Assim, por exemplo, o Preâmbulo já foi suscitado como confirmação do acerto de deliberação legislativa, que considerara a visão monocular como hipótese compreendida na reserva de vaga em concurso público para portador de deficiência física. Lê-se na decisão que "a reparação ou compensação dos fatores de desigualdade factual com medidas de superioridade jurídica constitui política de ação afirmativa que se inscreve nos quadros da sociedade fraterna que se lê desde o preâmbulo da Constituição de 1988"[5].

2. O ADCT

Quando o Poder Constituinte Originário dá início a uma nova conformação jurídica da comunidade, por vezes se defronta com situações que se alongaram no tempo e que motivaram expectativas de permanência estimadas justas. Para não frustrá-las, o constituinte originário muitas vezes opta por mantê-las, em certos limites, dispondo um regime jurídico singular para casos específicos. Na Constituição de 1988, criou-se, para isso, um corpo de normas sob a denominação de Ato das Disposições Constitucionais Transitórias – ADCT.

Às vezes, no ADCT são inseridos preceitos, com o intuito de excepcionar alguma regra geral da parte principal da Constituição. O constituinte pode desejar que todo um microssistema de ordem tributária da ordem constitucional anterior se mantenha por um período prolongado, permitindo que um conjunto de incentivos fiscais incompatí-

5 STF: RMS 26.071, *DJ* de 13-11-2007, rel. Min. Carlos Britto. O Preâmbulo também foi referido para robustecer a decisão, no sentido de que "ofende o princípio da legalidade a decisão que fixa a data da fuga do paciente como nova data-base para o cálculo do requisito temporal do livramento condicional" (HC 94.163, rel. Min. Carlos Britto, *DJe* de 23-10-2009). Argumentou-se que mecanismos que favorecem a reinclusão social do sentenciado criminalmente ajustam-se à "perspectiva da construção do tipo ideal de sociedade que o preâmbulo de nossa Constituição caracteriza como *fraterna*". O Preâmbulo foi ainda invocado como apoio para a interpretação mais ampla do pressuposto legal para a revisão criminal relativo à frase "contra a evidência dos autos" do art. 621, I, do Código de Processo Penal. No HC 92.435 (rel. Min. Carlos Britto, *DJe* de 17-10-2008), assinalou-se que "o preâmbulo da Constituição brasileira faz da justiça – e justiça em sentido formal – um dos valores supremos daquilo por ele mesmo chamado de 'sociedade fraterna, pluralista e sem preconceitos'". Acrescentou-se que "uma das mais eminentes formas de densificação desse encarecido valor do justo real é, em matéria penal, o direito à presunção de não culpabilidade". Essa presunção, diante dessa premissa, somente pode ser afastada se demonstrada "a culpabilidade do acusado por modo substancial no curso de um processo penal. Com esse raciocínio, a Primeira Turma do STF desautorizou a interpretação literal do art. 621, I, do CPP, para afirmar que a insuficiência de prova para condenação também é argumento que dá entrada à revisão criminal.

veis com a nova ordem prossiga em vigor. Exemplo disso se vê na proteção da Zona Franca de Manaus, por força do art. 40 do ADCT[6]. Outras tantas vezes, o assunto em si mesmo parece de menor estatura ao legislador constitucional, que, não obstante, quer recobri-lo com a proteção de que gozam as normas constitucionais.

Da mesma forma, o ADCT pode acolher deliberações sobre temas concretos, por prazo definido, que são postas fora do Texto principal apenas por motivos metodológicos, ostentando o mesmo valor jurídico das normas ali contidas. O STF já enxergou no ADCT até mesmo norma de direito fundamental[7]. Enfim, as normas do ADCT são normas constitucionais e têm o mesmo *status* jurídico das demais normas do Texto principal.

Os artigos do ADCT seguem uma numeração própria, o que não significa que perfaçam um documento retirado da Constituição. Explicou o Supremo Tribunal Federal, pela voz do Ministro Moreira Alves[8], que essa "autonomia da numeração se justifica por motivo de ordem prática: o de evitar, no texto permanente da Constituição, dispositivos que, exaurida totalmente sua eficácia provisória, perdem exemplo", lembrando que boa parte desses dispositivos transitórios é de direito intertemporal.

O constituinte originário criou o ADCT, mas nada impede – e isso tem ocorrido repetidas vezes – que, por meio de emendas à Constituição, outras normas sejam somadas ao Ato. Evidentemente também que as normas acrescidas ao ADCT pelo poder constituinte de reforma são suscetíveis de controle de constitucionalidade, nas hipóteses em que as emendas à Constituição o podem ser.

O Poder de reforma pode criar novos dispositivos no rol do ADCT como também pode alterar normas já ali inseridas. Neste último caso, há de se ter um cuidado especial. Se a norma do ADCT era originária, a sua modificação deve levar em conta o objetivo almejado pelo constituinte originário.

Assim, na ADI 830[9], o Tribunal deliberou que não havia inconstitucionalidade na antecipação, operada por via de reforma do art. 2º do ADCT, para abril de 1993 do plebiscito marcado originalmente para setembro do mesmo ano, em que se definiriam a

---

6 Na ADI 310, *DJe* de 9-9-2014, foi explicado que "o quadro normativo pré-constitucional de incentivo fiscal à Zona Franca de Manaus constitucionalizou-se pelo art. 40 do Ato das Disposições Constitucionais Transitórias, adquirindo, por força dessa regra transitória, natureza de imunidade tributária (...) A determinação expressa de manutenção do conjunto de incentivos fiscais referentes à Zona Franca de Manaus, extraídos, obviamente, da legislação pré-constitucional, exige a não incidência do ICMS sobre as operações de saída de mercadorias para aquela área de livre comércio, sob pena de se proceder a uma redução do quadro fiscal expressamente mantido por dispositivo constitucional específico e transitório". Foi dito também que "A desoneração dessas operações também foi estendida às hipóteses de incidência do imposto acrescentadas pela ordem constitucional vigente, pois o ICMS atual é o antigo ICM".

7 Lê-se na ementa da ADI 3.239 (*DJe* de 1º-2-2019): "O art. 68 do ADCT assegura o direito dos remanescentes das comunidades dos quilombos de ver reconhecida pelo Estado a propriedade sobre as terras que histórica e tradicionalmente ocupam – direito fundamental de grupo étnico-racial minoritário dotado de eficácia plena e aplicação imediata. Nele definidos o titular (remanescentes das comunidades dos quilombos), o objeto (terras por eles ocupadas), o conteúdo (direito de propriedade), a condição (ocupação tradicional), o sujeito passivo (Estado) e a obrigação específica (emissão de títulos), mostra-se apto o art. 68 do ADCT a produzir todos os seus efeitos, independentemente de integração legislativa. (...)".

8 ADI 830, rel. Min. Moreira Alves, *DJ* de 16-9-1994.

9 Ver nota anterior.

forma (república ou monarquia constitucional) e o sistema de governo (parlamentarismo ou presidencialismo) do País. A mudança não atentava contra o claro intento de se fixar um período razoável de teste das opções provisórias feitas pela Assembleia Constituinte antes de o titular da soberania se manifestar definitivamente a propósito.

Por outro lado, há que contemplar as hipóteses em que o dispositivo do ADCT é estatuído pelo constituinte originário para excepcionar hipóteses concretas da incidência de uma norma geral, integrante do corpo principal da Constituição. Da mesma sorte, não se pode perder de vista que, no ADCT, o constituinte originário pode ter decidido especificamente atribuir um regime proveitoso a um grupo concreto de destinatários. Nesses casos, o constituinte originário quis investir beneficiários certos em direitos determinados, de tal sorte que, se o constituinte de reforma lhes subtraísse ou diminuísse a vantagem, estaria perpetrando, senão um ataque à cláusula pétrea da segurança jurídica ou do direito adquirido, certamente que uma fraude ao constituinte originário. Assim, a título de ilustração, não seria válida uma emenda que restringisse os contemplados pela anistia concedida pelo constituinte originário no art. 8º do ADCT[10]. Tampouco seria válida a emenda que tivesse por efeito anular a estabilidade no serviço público concedida pelo constituinte originário, no art. 19 do ADCT, aos servidores que, quando da promulgação da Carta, estavam havia pelo menos cinco anos no serviço público, embora não houvessem ingressado nos quadros da Administração por meio de concurso público[11].

10 Esse artigo estabelece: "Art. 8º É concedida anistia aos que, no período de 18 de setembro de 1946 até a data da promulgação da Constituição, foram atingidos, em decorrência de motivação exclusivamente política, por atos de exceção, institucionais ou complementares, aos que foram abrangidos pelo Decreto Legislativo n. 18, de 15 de dezembro de 1961, e aos atingidos pelo Decreto-lei n. 864, de 12 de setembro de 1969, asseguradas as promoções, na inatividade, ao cargo, emprego, posto ou graduação a que teriam direito se estivessem em serviço ativo, obedecidos os prazos de permanência em atividade previstos nas leis e regulamentos vigentes, respeitadas as características e peculiaridades das carreiras dos servidores públicos civis e militares e observados os respectivos regimes jurídicos".

11 Art. 19. Os servidores públicos civis da União, dos Estados, do Distrito Federal e dos Municípios, da administração direta, autárquica e das fundações públicas, em exercício na data da promulgação da Constituição, há pelo menos cinco anos continuados, e que não tenham sido admitidos na forma regulada no art. 37, da Constituição, são considerados estáveis no serviço público.

VII INTERPRETAÇÃO DA CONSTITUIÇÃO – NOÇÕES ELEMENTARES

A atribuição de sentido a um preceito constitucional é atividade marcada por considerável potencial de efeitos vários sobre a ordem jurídica e sobre o quotidiano dos indivíduos. A atividade destinada a descobrir o sentido de uma Constituição, que proclama valores a serem protegidos, seguidos e estimulados pelos poderes constituídos e pela própria sociedade, assume inescondível relevo para a vida social e para a definição do Direito. Na realidade, não se busca um sentido para uma norma senão com o objetivo de conformar a vida social; a interpretação da Constituição "só faz pleno sentido posta ao serviço da aplicação"[1] e não se cogita de aplicação sem interpretação. O trabalho de interpretar a Constituição, portanto, integra o esforço de aplicar uma norma constitucional, o que leva Konrad Hesse a concluir que "a interpretação constitucional é concretização"[2].

Interpretar a Constituição é buscar conhecer um ato normativo, uma lei; mas, quando comparada com a interpretação típica dos outros ramos do Direito, a interpretação constitucional se cerca de características distintas, que lhe desenham um campo único.

A interpretação constitucional tende a acarretar impacto sobre todo o direito positivo do Estado, já que é a Constituição a norma suprema em uma comunidade e a fonte de legitimidade formal de toda a sua ordem jurídica. Dispondo a Constituição sobre as relações entre os poderes e destes com as pessoas, a interpretação constitucional não se desprende, tampouco, de uma ineliminável pressão ideológica e política. Os interesses apanhados pela fixação do entendimento de um preceito da Lei Fundamental tendem a ser mais amplos e de projeção estrutural mais avultada, se comparados com os interesses que, ordinariamente, estão em jogo, quando se cuida de definir normas de setores outros do mundo jurídico.

Acresce que a Constituição está repleta de termos vagos e plurívocos. Nela se aninham perspectivas divergentes e se adotam fórmulas de compromisso, por meio das quais se postergam para o quotidiano da política ordinária as decisões valorativas apenas pautadas pelo constituinte.

É característico também da fase histórica que vivemos a inserção em normas constitucionais de metas impostas à ação do Estado, muitas delas de feitio social, que impõem um fazer, sem, contudo, indicar o como fazer.

Igualmente é típico das constituições atuais a incorporação de valores morais ao domínio jurídico, não se limitando as Cartas a simplesmente discriminar competências e limitar a ação do Estado – indo-se além, para injetar índole jurídica a aspirações filosóficas e princípios ético-doutrinários. As constituições contemporâneas absorvem noções de conteúdo axiológico e, com isso, trazem para a realidade do aplicador do direito debates políticos e morais. As pré-compreensões dos intérpretes sobre esses temas, tantas vezes melindrosos, não têm como ser descartadas, mas devem ser reconhecidas como tais pelos próprios aplicadores, a fim de serem medidas com o juízo mais amplo,

1 Jorge Miranda, *Teoria do Estado*, cit., p. 448.

2 Konrad Hesse, *Escritos de derecho constitucional* (tradução de Pedro Cruz Villalon), Madrid: Centro de Estudios Constitucionales, 1992, p. 40.

surgido da detida apreciação dos vários ângulos do problema proposto, descobertos a partir da abertura da interpretação da Constituição a toda a comunidade por ela afetada. Decerto, porém, que esse exercício não pode conduzir à dissolução da Constituição no voluntarismo do juiz ou das opiniões das maiorias de cada instante. A força da Constituição acha-se também na segurança que ela gera – segurança inclusive quanto ao seu significado e ao seu poder de conformação de comportamentos futuros. A interpretação casuística da Constituição é esterilizante, como é também insensata a interpretação que queira compelir o novo, submetendo a sociedade a algo que ela própria, por seus processos democráticos, não decidiu.

Tudo isso confere singularidade, no domínio da hermenêutica jurídica, à atividade de interpretação da Constituição, máxime em um Estado de direito democrático, em que a Constituição não é meramente semântica[3], mas aspira à plena força normativa. A interpretação da Constituição se torna, assim, propensa a controvérsias, que se estendem desde as técnicas que lhe são adequadas até os limites a que se deve ater.

Entende-se, portanto, que desde o advento da Constituição de 1988, com a redemocratização, a atividade de interpretação constitucional haja ganhado impulso e motivado crescente interesse. Sobretudo quando o jurista se deu conta da magnitude do papel do Supremo Tribunal Federal nesse processo, as atenções para com as minúcias da interpretação constitucional e para com as suas consequências receberam a energia de estudos cada vez mais refinados[4].

1. LEVANDO EM CONTA A ESTRUTURA DAS NORMAS CONSTITUCIONAIS

Interpreta-se um preceito para dele se extrair uma norma (uma proibição, uma faculdade ou um dever) e com vistas à solução de um problema prático. Daí que tanto o texto como os fatos a que ele se refere são importantes para a inteligência a se formar. É sempre oportuno o aviso de Eros Roberto Grau, quando concita a que não nos esqueçamos de que "os textos normativos carecem de interpretação não apenas por não serem unívocos ou evidentes – isto é, por serem destituídos de clareza –, mas sim porque devem ser aplicados a casos concretos, reais ou fictícios"[5]. Por isso mesmo é que "o intérprete discerne o sentido do texto a partir e em virtude de um determinado caso

3 Ver a classificação de Loewenstein acima.

4 Com exatidão, Daniel Sarmento assinala: "Muita coisa mudou no Brasil nos últimos 20 anos no campo da interpretação constitucional. Se, no cenário pretérito, em que a Constituição era pouco mais do que a 'folha de papel' de Lassalle, o tema não tinha maior relevância prática, ele assume uma importância central no atual ambiente institucional brasileiro, que é marcado por diversos fenômenos relevantes e inter-relacionados, como a constitucionalização do Direito, a judicialização da política e a progressiva incorporação à prática judicial de métodos e 'estilos' hermenêuticos mais dinâmicos e flexíveis" (*Por um constitucionalismo inclusivo*, Rio de Janeiro: Lumen Juris, 2010, p. 217). Para uma visão atual e substanciosa do tema da hermenêutica jurídica em geral, que escapa aos limites de utilidade prática de um Curso de Direito Constitucional, veja-se, por imprescindível, Eros Roberto Grau, *Ensaio e discurso sobre a interpretação/aplicação do direito*, São Paulo: Malheiros, 2003. Do mesmo autor, *O direito posto e o direito pressuposto*, São Paulo: Malheiros, 2005. Indispensáveis, neste campo, os requintados e abrangentes estudos de Lênio Streck, em especial, *Verdade e Consenso*. São Paulo, Saraiva, 2011.

5 Eros Roberto Grau, *Ensaio*, cit., p. 25.

dado (...). A norma é produzida, pelo intérprete, não apenas a partir de elementos colhidos no texto normativo (mundo do dever ser), mas também a partir de elementos do caso ao qual ela será aplicada, isto é, a partir de dados da realidade (mundo do ser)"[6].

A norma, portanto, não se confunde com o texto, isto é, com o seu enunciado, com o conjunto de símbolos linguísticos que forma o preceito. Para encontrarmos a norma, para que possamos afirmar o que o direito permite, impõe ou proíbe[7], é preciso descobrir o significado dos termos que compõem o texto e decifrar, assim, o seu sentido linguístico. "A disposição, preceito ou enunciado linguístico – esclarecem Canotilho e Vital Moreira[8] – é o objeto de interpretação; a norma é o produto da interpretação." Mas a tarefa do intérprete / aplicador não se esgota aí; o significado da norma também haverá de levar em conta a realidade fática que criou o problema que suscitou a necessidade de interpretação. Daí se extrair que a norma constitucional é formada por "uma medida de ordenação expressa através de enunciados linguísticos (programa normativo) e por uma constelação de dados reais (setor ou domínio normativo)"[9].

A interpretação orientada à aplicação não se torna completa se o intérprete se bastar com a análise sintática do texto. Como as normas têm por vocação própria ordenar a vida social, os fatos que compõem a realidade e lhe desenham feição específica não podem ser relegados no trabalho do jurista. Para se definir o âmbito normativo do preceito constitucional, para se delinearem a extensão e intensidade dos bens, circunstâncias e interesses atingidos pela norma, não se prescinde da consideração de elementos da realidade mesma a ser regida.

A norma constitucional, desse modo, para que possa atuar na solução de problemas concretos, para que possa ser aplicada, deve ter o seu conteúdo semântico averiguado, em coordenação com o exame das singularidades da situação real que a norma pretende reger. Servem de exemplo disso as inovações tecnológicas trazidas pela informática, que não podem deixar de ser levadas em conta para a compreensão atual de certas normas constitucionais. As peculiaridades da *internet*, por exemplo, interferem sobre o tema da liberdade de expressão como conhecida antes do advento do ambiente virtual. Normas constitucionais sobre monopólio postal também sofrem o impacto de inovações tecnológicas, como a dos correios eletrônicos. As novas possibilidades de trocas de dados por vias telemáticas geram impacto sobre a compreensão do art. 5º, XII, que prevê a quebra do sigilo das comunicações telefônicas por ordem judicial. Repare-se, a esse propósito, que, em 1988, ainda não se difundira o meio eletrônico de troca de dados, realidade já corrente em 1996, quando o legislador interpretou que a ressalva constitucional pertinente à invio-

6 Eros Roberto Grau, *Ensaio*, cit., p. 25.

7 Vale a observação de que os elementos deônticos do dever de ação, de omissão ou de permissão de fazer ou omitir, embora sejam os mais perceptíveis nas normas constitucionais, não são os únicos, lembrando Canotilho e Vital Moreira das normas de qualificação ou de caracterização, como a que define o estado como democrático de direito. Dessas normas, de toda forma, é possível extrair consequências no plano do dever, da faculdade ou da proibição. A propósito, Gomes Canotilho e Vital Moreira, *Fundamentos da Constituição*, Coimbra: Coimbra Editora, 1991, p. 48.

8 Gomes Canotilho e Vital Moreira, *Fundamentos da Constituição*, p. 47.

9 Canotilho, *Direito constitucional*, cit., p. 203.

labilidade de comunicações telefônicas também se aplicava à interceptação do fluxo de comunicações em sistemas de informática e telemática[10].

Como outra ilustração, cabe ressaltar que não é, tampouco, possível compreender o conteúdo normativo do enunciado do art. 5º, X, da Constituição Federal (direito à privacidade e à intimidade) sem levar em conta o estádio de desenvolvimento tecnológico. Pense-se, por exemplo, que o programa normativo do preceito parece dizer que aquilo que não é visível ao público deve ser considerado do domínio privado, não podendo, em princípio, ser objeto de livre exposição por terceiros, sem ferir a privacidade de alguém. O avanço tecnológico, porém, tornou possível trazer ao olhar do público, por meio de lentes teleobjetivas, pessoas em situações que, antes, eram estritamente privadas. O desenvolvimento da técnica mudou a concepção do que é visível ao público. Essa evolução tecnológica, esse dado de fato, deve ser levado em conta para a compreensão do conteúdo normativo da proteção constitucional do direito à privacidade.

Tudo isso dá razão à ideia de que "a concretização do conteúdo de uma norma constitucional e a sua realização somente são possíveis quando se incorporam as circunstâncias da realidade que a norma é chamada a regular"[11].

2. ANÁLISE DO PROGRAMA NORMATIVO: INQUIETAÇÕES TÉCNICAS PARA O INTÉRPRETE

Para que a norma possa incidir sobre um caso concreto é preciso definir o significado dos seus dizeres. No Direito Constitucional, essa tarefa também é levada a cabo com os recursos das regras tradicionais de interpretação.

Para a compreensão do texto normativo, faz-se uso da interpretação gramatical, buscando-se o sentido das palavras; da interpretação sistemática, visando à sua compreensão no contexto amplo do ordenamento constitucional; e da interpretação teleológica, com que se intenta desvendar o sentido do preceito, tomando em conta a sua finalidade determinante e os seus princípios de valor[12].

Cogita-se, ainda, analisar o processo da criação da norma, quando se investigam os antecedentes históricos, os trabalhos legislativos preparatórios que redundaram no dispositivo (interpretação histórica e/ou genética). Esse método tende, na generalidade dos casos, a oferecer relevância mais restrita, recomendando-se, em caso de divergência, a preferência pelo sentido que se possa extrair como objetivado no preceito. À parte essa ressalva não é dado hierarquizar os vários métodos[13]. Nenhum deles propicia um critério seguro para a

---

10 Veja-se, a respeito, o art. 1º, parágrafo único, da Lei n. 9.296/96. Veja-se, do STF, o RHC 132.115, rel. o Ministro Dias Toffoli, *DJe* de 19-10-2018, em que se acentuou: "a exceção constitucional ao sigilo alcança as comunicações de dados telemáticos, não havendo que se cogitar de incompatibilidade do parágrafo único do art. 1º da Lei n. 9.296/96 com o art. 5º, inciso XII, da Constituição Federal". O acórdão é particularmente rico em termos de apoio doutrinário e jurisprudencial e desenvolve a premissa, acaso passível de controvérsia, no sentido de que "inexistem garantias individuais de ordem absoluta, mormente como escopo de salvaguardar práticas ilícitas".

11 Hesse, *Escritos de derecho constitucional*, Madrid: Centro de Estudios Constitucionales, 1992, p. 28.

12 Klaus Stern, *Derecho del Estado de la República Federal alemana*, Madrid: Centro de Estudios Constitucionales, 1987, p. 283.

13 Conforme Stern, "os métodos de interpretação hão de ser combinados. Nenhum método deve ser absolutizado. É correto o resultado que, pela utilização sucessiva de todos os métodos de interpretação, transmite o sentido da lei". *Derecho*, cit., p. 284.

fixação de algum exato sentido da norma constitucional. Nenhum deles isenta o intérprete de perplexidades. Na realidade, são frequentes os casos em que "a utilização sucessiva de todos os métodos" não redunda em um sentido unívoco[14]. Os problemas envolvidos nesses métodos são expostos claramente por Hesse:

> "É frequente que o texto não seja inequívoco sobre o significado da palavra, com o que se põe o problema de como determinar este significado: se com o auxílio da linguagem usual, ou com o da linguagem jurídica, ou ainda segundo a função que o preceito assuma em cada caso. A 'interpretação sistemática' pode ser manipulada de diferentes modos, segundo se tenha em conta o lugar da lei em que se insere o preceito, ou se considere a sua conexão material. A "interpretação teleológica" é praticamente uma carta branca, já que, ao se dizer necessário desvendar o sentido de um preceito, não se responde a pergunta fundamental sobre como descobrir este sentido. Finalmente, tampouco é clara a relação dos distintos métodos entre si. Não se resolve qual daqueles se há de seguir em cada caso, ou a qual deve ser acordada preferência, sobretudo quando conduzem a resultados incoincidentes"[15].

As inquietações surgidas no domínio da interpretação constitucional ligam-se a dúvidas sobre a identificação da norma com o seu enunciado. Muitas vezes, essas perplexidades surgem porque o constituinte utiliza termos com mais de um significado, gerando o problema da ambiguidade. Um enunciado ambíguo enseja a que dele se extraia mais de uma norma, sem que se indique ao intérprete um parâmetro de escolha. A ambiguidade pode resultar da multiplicidade de sentidos da própria palavra (ambiguidade semântica) ou da incerteza de sentido resultante do contexto em que empregada (ambiguidade sintática)[16].

3. AMBIGUIDADES

A ambiguidade reside, muitas vezes, na vagueza do termo ou da expressão. A Constituição se vale de palavras e expressões que comportam inteligências variadas,

14 Pense-se, por exemplo, na jurisprudência da Suprema Corte, que reclama das entidades de classe legitimadas para propor a ação direta de inconstitucionalidade que revelem o seu interesse na exclusão da norma impugnada do ordenamento jurídico – isso, não obstante o art. 103 não dispor sobre essa condição da ação e da finalidade do controle abstrato parecer excluir a necessidade de interesse concreto na impugnação.

15 K. Hesse, *Escritos de derecho constitucional*, Madrid: Centro de Estudios Constitucionales, 1992, p. 37-38.

16 Tome-se como exemplo a palavra "legitimidade", empregada no *caput* do art. 70 da Constituição, designando um dos elementos do controle externo a ser desempenhado pelo Congresso Nacional. A palavra tem múltiplos significados, podendo designar a conformidade com a lei, com algum parâmetro político ou mesmo com algum critério técnico. Tem-se, aí, um caso de ambiguidade semântica. Exemplo de ambiguidade sintática encontra-se no art. 5º, XIII. Ali se proclama "livre o exercício de qualquer trabalho, ofício ou profissão, atendidas as qualificações profissionais que a lei estabelecer". A ambiguidade está em que a frase pode ser compreendida tanto a designar que toda a profissão é, de imediato, livre de qualquer limitação pelo Estado, podendo, no entanto, o legislador vir a restringir essa liberdade impondo requisitos de qualificação profissional. Pode também ser lida como a dizer que, desde que atendidas as exigências mínimas de qualificação profissional, o exercício da atividade especializada é admitido e não pode ser impedido pelo Estado. O primeiro sentido, vale observar, é o aceito.

mais ou menos amplas, que, por vezes, aludem a propriedades que se revelam em graus diferenciados. Assim, por exemplo, a Constituição veda as penas cruéis (art. 5º, XLVII), deixando ao intérprete o trabalho de compreender quando se pode caracterizar como cruel um castigo aplicado. O constituinte fala em devido processo legal, no art. 5º, LIV, expressão que dá ensejo a várias pretensões de sentido, inclusive permitindo que se fale em devido processo legal material, como sinônimo de exigência de razoabilidade/proporcionalidade nas ações dos poderes públicos. Atente-se, por igual, para o art. 12, § 4º, I, da CF, que enumera como causa de perda da nacionalidade brasileira a condenação por *atividade nociva ao interesse nacional*. É ocioso enfatizar a amplitude de significados que a expressão realçada pode abrigar.

A ambiguidade pode resultar da existência de dois significados para uma mesma expressão ou termo, um deles, técnico, e o outro, natural. Algumas palavras comuns, quando ingressam no ordenamento jurídico e, em especial, no constitucional, mantêm seu significado ordinário. Não raro, porém, assumem uma designação diferente da leiga ou do significado próprio de outro setor jurídico. Por vezes, o constituinte, ainda, está criando uma realidade nova com a expressão de que se utiliza; em outros casos, recolhe e constitucionaliza uma noção já assentada na comunidade.

Veja-se, por exemplo, o que acontece com a palavra "domicílio" e com a palavra "casa". No art. 109, § 1º, a Constituição dispõe que as causas em que a União for parte serão aforadas na seção judiciária onde tiver domicílio a outra parte. O art. 139, V, cogita da busca e apreensão em domicílio. No art. 5º, XI, o constituinte proclama o que a doutrina chama de princípio da inviolabilidade do domicílio, ao dispor que "a casa é o asilo inviolável do indivíduo, ninguém nela podendo penetrar sem consentimento do morador, salvo em caso de flagrante delito ou desastre, ou para prestar socorro, ou, durante o dia, por determinação judicial".

Sabe-se que, no Direito Civil, domicílio e casa não são noções coincidentes, mas o constituinte as identifica, por exemplo, no art. 139, V, ali aludindo a domicílio no sentido de prédio em que a pessoa possui residência. Em outro ponto, já utiliza o termo domicílio no seu sentido técnico jurídico, quando cuida de dispor sobre competência da Justiça Federal (art. 109, § 1º). Repare-se, também, que o constituinte usa a expressão casa não apenas para se referir ao lugar de residência da pessoa (art. 5º, XI) como também emprega o termo para designar os principais órgãos do Poder Legislativo, a Câmara dos Deputados e o Senado Federal. E mesmo a palavra *casa*, que, na linguagem leiga, designa o espaço físico em que alguém reside, é compreendida, tecnicamente, pelo Supremo Tribunal Federal, como a corresponder também ao escritório profissional, o lugar de trabalho, mesmo que nada tenha a ver com a residência da pessoa, em se tratando de aplicação do art. 5º, XI, da CF[17].

17 A propósito, veja-se o HC 93.050, rel. Min. Celso de Mello, *DJe* de 1º-8-2008: "Para os fins da proteção jurídica a que se refere o art. 5º, XI, da Constituição da República, o conceito normativo de 'casa' revela-se abrangente e, por estender-se a qualquer compartimento privado não aberto ao público, onde alguém exerce profissão ou atividade (CP, art. 150, § 4º, III), compreende, observada essa específica limitação espacial (área interna não acessível ao público), os escritórios profissionais, inclusive os de contabilidade, 'embora sem conexão com a casa de moradia propriamente dita' (Nelson Hungria)".

Não há um critério absoluto e único para que se possa afirmar com certeza que um dado termo empregado pelo constituinte o foi em sentido leigo, técnico habitual ou se trata de uma inovação. "Perante cada utilização de um conceito polissêmico haverá que analisar cuidadosamente qual o sentido que lhe cabe nessa circunstância", conforme se admoesta, com boa razão, na doutrina[18]. De toda sorte, é sustentável dizer que, se o constituinte se dedica a disciplinar um assunto de cunho técnico, os termos de que se vale, em princípio, devem ser compreendidos como o são na área do saber especializado. Assim, quando o constituinte se vale de termos jurídicos de conteúdo assentado na ciência jurídica, há razão para que se considere que está incorporando tal perspectiva na norma que dispõe. Quando a Constituição garante a propriedade, mesmo sem a definir, entende-se que acolhe o conceito firmado desse instituto, que possui um núcleo de significado a que se ligam as faculdades de usar, gozar e dispor. Se o poder constituinte originário inaugura uma nova ordem jurídica, isso não significa que não possa acolher e vitalizar conceitos da ordem pretérita.

4. INCOERÊNCIA NORMATIVA

Outro problema com que o intérprete pode-se defrontar relaciona-se com os casos de incoerência normativa por parte do constituinte. O postulado do legislador racional, que não usa palavras excessivas e que não é incoerente nos seus comandos[19], encontra nas realidades constitucionais desmentidos práticos que desafiam a criatividade do intérprete. Por vezes, não há como resolver, segundo os critérios técnicos tradicionais da hierarquia, especialidade ou cronológico, certas antinomias internas, verificadas na redação do Texto Constitucional. O problema, nesses casos, radica na circunstância de duas regras diversas, a propósito de um mesmo pressuposto de fato, comandarem soluções díspares.

Veja-se, a título de exemplo, o que acontece na Constituição em vigor no seu art. 61, § 1º, *d*, e no art. 128, § 5º. De acordo com o primeiro dispositivo, são da iniciativa privativa do Chefe do Executivo as leis que disponham sobre a organização dos Ministérios Públicos da União e dos Estados. Já o segundo preceito estabelece que os Procuradores-Gerais desses Ministérios Públicos da União e dos Estados têm iniciativa de lei complementar sobre organização e estatuto dos respectivos ramos do *parquet*. A perplexidade gerada pela afirmação de que o Presidente da República é a única autori-

18 Gomes Canotilho e Vital Moreira, *Fundamentos*, cit., p. 56.

19 Esse postulado conhece até versão em brocardo (*verba cum effectu sunt accipienda* – "não se presume, na lei, palavras inúteis" ou "devem-se compreender as palavras como tendo algum significado"). Não deve ser levado a extremo, como, arrojadamente, adverte Richard Posner, ao explicar que "leis e constituições são escritas apressadamente por pessoas ocupadas, às vezes inábeis linguisticamente ou descuidadas (...). Os textos legislativos não são produtos de uma só mente, mas de uma Assembleia, cujos numerosos membros podem ter objetivos divergentes – e, por isso, podem conter repetições despropositadas e inconsistências. Supor que cada palavra num estatuto jurídico deve ter um significado – que toda lei é um todo perfeitamente coerente – é se equivocar sobre a natureza do processo legislativo e é capaz de levar a interpretações lúdicas" (*Law and literature*, Cambridge, Mass., 2009, p. 311).

dade que pode provocar o Legislativo para dispor sobre a organização do Ministério Público, convivendo com a assertiva de que também o Procurador-Geral do Ministério Público tem essa prerrogativa, resulta de uma inesperada incoerência técnica, que convoca o intérprete a exercer incomuns poderes corretivos[20].

5. LACUNAS

A dificuldade para o intérprete da Constituição pode estar na circunstância de deparar com uma situação não regulada pela Carta, mas que seria de se esperar que o constituinte sobre ela dispusesse. Mais inquietante, pode acontecer de um fato real se encaixar perfeitamente no que impõe uma norma, cuja incidência, contudo, produz resultados inaceitáveis. Nesses casos, fala-se em lacuna da Constituição. A lacuna pode ser definida, na fórmula precisa e concisa de Jorge Miranda, como "situação constitucionalmente relevante não prevista"[21].

Quando ocorre a primeira das situações acima descritas, será necessário discernir se o constituinte não deixou de disciplinar a matéria, justamente para permitir que o legislador o fizesse, conforme as peculiaridades do momento, sem a rigidez que marcam as decisões fixadas no Texto Magno. Teríamos, então, apenas uma matéria que a Carta da República não regulou, por haver preferido situá-la no domínio da liberdade de conformação do legislador comum. O assunto é extraconstitucional[22].

Outros casos há, porém, em que o problema sob a análise do intérprete não encontra subsunção em um dispositivo específico do Texto Constitucional, mas não se flagra um propósito do constituinte de relegar o tema ao jogo político ordinário da legislação infraconstitucional, porque a matéria, à parte o tópico em que ocorre a omissão, é objeto de um tratamento direto e minucioso do constituinte. Nessas hipóteses, o intérprete pode ver-se convencido de que a hipótese concreta examinada pelo aplicador não foi inserida pelo constituinte no âmbito de certa regulação, porque o constituinte não quis atribuir ao caso a mesma consequência que ligou às hipóteses similares de que tratou explicitamente. A omissão da regulação, nesse

---

20 No caso específico do exemplo dado (ADI MC 400, rel. para o acórdão Min. Marco Aurélio, *DJ* de 8-2-1991), o STF não hesitou em apontar que havia no texto constitucional uma "impropriedade terminológica", acrescentando que a *privatividade* da iniciativa do Presidente da República na primeira norma "só pode ter um sentido, que é o de eliminar a iniciativa parlamentar" (voto do Ministro Sepúlveda Pertence). Daniel Mendonca (*Analisis constitucional*: una introducción – cómo hacer cosas con la Constitución, Bogotá: Editorial Universidad del Rosario, 2009, p. 74) fornece um outro exemplo, que retira da Constituição paraguaia, em que a competência para autorizar o ingresso de forças armadas estrangeiras no território paraguaio é, em sucessivos dispositivos, entregue, com exclusividade, a órgãos distintos.

21 Jorge Miranda, *Teoria*, cit., p. 457.

22 A propósito, Gomes Canotilho e Vital Moreira, *Fundamentos da Constituição*, Coimbra: Almedina, 1991, p. 58; Jorge Miranda, *Teoria*, cit., p. 456-457. Como exemplo, no caso brasileiro, tome-se o texto constitucional em vigor, depois de revogada a norma do § 3º do art. 191, que fixava em 12% ao ano o limite máximo dos juros reais, tendo como usurários os juros que superassem essa marca. O assunto, com a revogação ocorrida em 2003, deixou de ter *status* constitucional. Preferiu o constituinte de reforma que o tema fosse confiado ao legislador comum. A revogação não significou que não deve haver limite aos juros ou que não mais se deve punir a usura, apenas o tema deixou de ser objeto da atenção direta da Constituição.

âmbito, terá sido o resultado do objetivo consciente de excluir o tema da disciplina estatuída. Fala-se, em situações tais, que houve um "silêncio eloquente" do constituinte, que obsta a extensão da norma existente para a situação não regulada explicitamente.

Ilustração de silêncio eloquente, assim reconhecido pelo STF, é o da regulação dos atos normativos que podem ser objeto de ação direta de inconstitucionalidade perante a Suprema Corte. O art. 102, I, *a*, alude a leis e a atos normativos estaduais ou federais. O silêncio com relação a leis e atos normativos municipais é proposital e excludente dessas modalidades de normas da fiscalização abstrata por meio de ação direta no STF[23].

No entanto, o exame apurado das circunstâncias normativas, a partir de uma compreensão sistemática, pode revelar que houve, na omissão, apenas um lapso do constituinte, que não pretendera excluir da incidência da norma a categoria de fatos em apreciação. Aqui, haverá uma "lacuna de formulação". Como exemplo, veja-se que, até a Emenda Constitucional n. 45/2004, na lista dos entes e pessoas que estavam legitimados a propor a ação direta de inconstitucionalidade perante o Supremo Tribunal Federal (art. 103 da CF), aparecia o Governador do Estado, mas não se mencionava o Governador do Distrito Federal. Não obstante o caráter taxativo da enumeração, o STF entendeu que a omissão não pretendia impedir o Governador do Distrito Federal de propor ação direta perante a Suprema Corte, já que competências do Estado-membro são estendidas ao Distrito Federal (art. 32, § 1º) e não haveria motivo para o tratamento diferenciado, no particular[24]. A hipótese configuraria mera lacuna de formulação, um lapso material, que não impediria a ação direta proposta pelo Governador do Distrito Federal. O dispositivo veio a ser, afinal, retificado com a EC n. 45/2004[25]. Repare-se que o argumento da analogia é propício para remediar esse tipo de lacuna.

A lacuna às vezes ocorre porque o constituinte não chegou a atinar com a necessidade de dispor sobre o período de adaptação necessário, no plano da realidade, para que a norma que estatuiu possa produzir efeito. Assim, por exemplo, com o aumento do número de tribunais regionais do trabalho, no regime da Constituição de 1988, verificou-se a impossibilidade, em alguns casos, de se formar lista de integrantes do

23 A propósito, STF: ADI 1.268, AgRg, rel. Min. Carlos Velloso, *DJ* de 20-10-1995; ADI 2.610, *DJ* de 24-11-2006, rel. Min. Sepúlveda Pertence, entre tantos outros que esses mesmos precedentes citam e seguem.

24 STF: ADI MC 645, rel. Min. Ilmar Galvão, *DJ* de 21-2-1992.

25 Em outro julgado, o STF apreciou questão igualmente interessante. Deu-se conta de que para que o jurista integrasse lista para nomeação de juiz nos tribunais regionais federais, nos tribunais de justiça e nos tribunais regionais do trabalho, ou mesmo para que fosse nomeado ministro do Superior Tribunal de Justiça ou do Superior Tribunal Militar, pelo quinto dos advogados, tinha que preencher o requisito de somar mais de 10 anos de atividade profissional, por expressa determinação do Texto Constitucional; no entanto, semelhante exigência não está explicitada para a nomeação de juiz do Tribunal Regional Eleitoral vindo da categoria dos advogados. A ausência de norma exigindo a experiência decenal do advogado apenas no que se refere à nomeação para o TRE não responde a nenhuma causa específica que a torne razoável. Como disse o relator do RMS 24.334 (*DJ* de 26-8-2005) no STF, Ministro Gilmar Mendes, "não há no âmbito dessa justiça [eleitoral] o que possa justificar uma disciplina diferente na espécie. A despeito de todo o esforço argumentativo que se possa desenvolver, não se vislumbra razão para converter essa 'omissão de regulação' em 'silêncio eloquente'". Daí a ementa do julgado atestar que há, nesse caso, "omissão constitucional" que não se converte em "silêncio eloquente".

Ministério Público do Trabalho com mais de dez anos de carreira para compor o quinto constitucional dos membros da corte, o que poderia inviabilizar a própria composição plural da corte desejada pelo constituinte. O STF enxergou, aqui, "uma lacuna: a não regulação das situações excepcionais existentes na fase inicial de implementação do novo modelo constitucional. Não tendo a matéria sido regulada em disposição transitória, parece adequado – disse o Ministro Gilmar Mendes – que o próprio intérprete possa fazê-lo em consonância com o sistema constitucional". Assegurou-se, então, que as listas de candidatos a juiz de TRT pela vaga do Ministério Público pudessem ser completadas, quando necessário, por quem não possuía ainda dez anos de carreira[26].

Esse último caso aproxima-se de um outro modelo de lacuna, trabalhado na aplicação da Constituição, que ganha o nome de *lacuna axiológica*. Aqui, como é típico das lacunas constitucionais, uma circunstância constitucionalmente relevante não foi prevista. O intérprete sustenta, a partir de uma pauta valorativa por ele pressuposta, que faltou ao constituinte esclarecer que a situação semanticamente englobada na hipótese de fato de uma norma deve ser considerada como por ela não disciplinada, para, desse modo, não se dar efeito a uma solução injusta ou inadequada ao sistema. Na lacuna axiológica, há uma solução normativa formal para o problema, mas o intérprete a tem como insatisfatória, porque percebe que a norma não tomou em conta uma característica do caso que tem perante si, a qual, se levada em consideração, conduziria a outro desfecho[27]. O intérprete entende conveniente que se inclua, suprima ou modifique algum dos elementos da hipótese de fato da norma[28].

Na maioria das vezes, explica Chaïm Perelman, essas "lacunas são criadas pelos intérpretes que, por uma ou outra razão, pretendem que certa área deveria ser regida por uma disposição normativa, quando não o é expressamente"[29]. O aplicador restringe, muitas vezes, o alcance da norma, em nome da finalidade que lhe seria própria ou que seria aquela do sistema em que inserida.

Exemplo de descoberta desse tipo de lacuna tem-se na jurisprudência do STF em torno do art. 102, I, *f*, da CF. Embora a norma, na sua formulação literal, estabeleça a competência originária do Supremo Tribunal Federal para "as causas e os conflitos entre a União e os Estados, a União e o Distrito Federal, ou entre uns e outros, inclusive as respectivas entidades da administração indireta", o STF, no que o Ministro Sepúlveda Pertence chamou de "audaciosa redução teleológica na interpretação [do preceito]", adstringiu "a sua competência originária para causas cíveis

---

26 ADI EI 1.289, *DJ* de 27-2-2004, rel. Min. Gilmar Mendes.

27 Nesse sentido, Daniel Mendonca, *Analisis constitucional*: una introducción, cit., p. 150, apoiando-se em Eugenio Bulygin. Bulygin também inspira essa descrição conceitual de Jorge Luiz Rodrigues: "[a lacuna axiológica se produz] quando, apesar de existir no sistema jurídico de referência uma solução para certo caso, tal solução é considerada axiologicamente inadequada, devido à autoridade normativa não haver tomado como relevante certa distinção que deveria ter sido tomada em conta." (*Lagunas axiológicas y relevancia normativa*, Doxa, n. 22, 1999, p. 349.)

28 Idem, p. 152.

29 Chaïm Perelman, *Lógica jurídica*, São Paulo: Martins Fontes, 1998, p. 67.

em que entidades da Administração indireta federal, estadual ou distrital contendam entre si ou com entidade política da Federação diversa (...), nas quais, pelo objeto da ação ou a natureza da questão envolvida, se reconheça 'conflito federativo'"[30]. Para o STF, como o art. 102, I, *f*, da CF tem o sentido de investir a Corte no papel de pacificadora de atritos entre unidades da Federação, os conflitos jurídicos que não sejam potencialmente desestabilizadores do equilíbrio federativo não estariam abrangidos pelo disposto no preceito definidor da competência originária do STF. Excluíram-se, portanto, do seu âmbito normativo várias situações que, semanticamente, se incluiriam no texto da norma. O constituinte não teria considerado que certas fricções entre as pessoas citadas no dispositivo não perturbam a ordem federativa. Ao não excepcionar da regra geral da competência originária essas situações, teria deixado de regular situação constitucionalmente relevante, daí se extraindo a presença de caso de lacuna axiológica[31]. Por vezes, o mundo dos fatos apresenta inovações que não existiam ao tempo da elaboração da regra, mas que possuem características que as assimilam à razão de ser de normação havida. A interpretação extensiva abarcará esses casos. Disso fazem exemplos decisões do STF, entendendo que também os livros eletrônicos, não cogitados em 1988, fruem da imunidade tributária dos livros, em prol da liberdade de expressão e de informação[32].

6. MÉTODOS DE INTERPRETAÇÃO DA CONSTITUIÇÃO

A relevância dos problemas envolvidos na interpretação da Constituição tem motivado a proposta de métodos a serem seguidos nesta tarefa. Todos eles tomam a Constituição como um conjunto de normas jurídicas, como uma lei, que se destina a decidir casos concretos. Ocorre que nem todo o problema concreto acha um desate direto e imediato num claro dispositivo da Constituição, exigindo que se descubra ou se crie uma solução, segundo um método que norteie a tarefa. É muito utilizada a descrição crítica dos métodos propostos para esse fim, elaborada por Ernst-Wolfgang Böckenförde. O autor distingue os métodos hermenêutico-clássico, tópico e hermenêutico-concretizador[33].

O *método clássico* preconiza que a Constituição seja interpretada com os mesmos recursos interpretativos das demais leis, segundo as fórmulas desenvolvidas por Savigny: a interpretação sistemática, histórica, lógica e gramatical. A interpretação constitucional não fugiria a esses padrões hermenêuticos, não obstante a importância singular que lhe é reconhecida para a ordem jurídica. A fraqueza dessa metodologia estrita está em que, enquanto as normas dos demais ramos do direito ostentam, habitualmente, alto grau de densidade normativa – vale dizer, mais precisa determinação do seu con-

30 STF: ACO 555QO, rel. Min. Sepúlveda Pertence, *DJ* de 16-9-2005.

31 Outro caso de reconhecimento de lacuna axiológica será explorado logo a seguir, ao examinarmos o RE 344.882, *DJ* de 6-8-2004.

32 RREE 330.817 e 595.676, Plenário, julgamento de 8-3-2017.

33 Ernst-Wolfgang Böckenförde, *Escritos sobre derechos fundamentales*, Baden-Baden: Nomos Verlagsgesellschaft, 1993, p. 13-43.

teúdo –, a Constituição possui disposições de "conformação normativo-material fragmentária e fracionada. Seus preceitos contêm no essencial princípios que requerem ser previamente preenchidos e concretizados, para serem realizados no sentido de uma aplicação jurídica"[34].

De fato, a Constituição, além de abrigar normas de índole análoga à dos ramos infraconstitucionais do Direito, marca-se pela presença de preceitos que apenas iniciam e orientam a regulação de certos institutos, deixando em aberto, tantas vezes, o modo e a intensidade de como se dará a sua concretização por parte dos órgãos políticos. Não há coincidência, nesse aspecto, com a estrutura normativa típica das leis. A Constituição, em tantos dos seus dispositivos, assume o feitio de um ordenamento-marco, estipulando parâmetros e procedimentos para a ação política. Percebe-se que o método clássico não foi concebido para esses casos e se sente a necessidade de alternativas para lidar com preceitos desse cariz.

O *método da tópica* toma a Constituição como um conjunto aberto de regras e princípios, dos quais o aplicador deve escolher aquele que seja mais adequado para a promoção de uma solução justa ao caso concreto que analisa. O foco, para o método, é o problema, servindo as normas constitucionais de catálogo de múltiplos e variados princípios, onde se busca argumento para o desate adequado de uma questão prática. Böckenförde assinala a consequência da degradação do caráter normativo, de comando, da norma constitucional, que passa à condição de mero ponto de vista de interpretação[35]. O método supõe um consenso sobre o conteúdo da Constituição e sobre os valores que nela se inserem, o que dificulta a sua operacionalidade em sociedades distinguidas pela polarização ou pela multiplicidade de visões em torno de valores políticos e morais.

Outro método sugerido é conhecido como *científico-espiritual*. Tem o seu corifeu no jurista alemão Smend. Enxerga-se a Constituição como um sistema cultural e de valores de um povo, cabendo à interpretação aproximar-se desses valores subjacentes à Constituição. Esses valores, contudo, estão sujeitos a flutuações, tornando a interpretação da Constituição fundamentalmente elástica e flexível, submetendo a força de decisões fundamentais às vicissitudes da realidade cambiante.

O caso concreto, o problema a ser deslindado, também é importante para o *método hermenêutico-concretizador*, mas, diferentemente do método da tópica, o primado não é do problema, mas do texto constitucional. A tarefa hermenêutica é suscitada por um problema, mas, para equacioná-lo, o aplicador está vinculado ao texto constitucional. Para obter o sentido da norma, o intérprete arranca da sua pré-compreensão do significado do enunciado, atuando sob a influência das suas circunstâncias históricas concretas, mas sem perder de vista o problema prático que demanda a sua atenção. O intérprete estabelece uma mediação entre o texto e a situação em

---

34 Böckenförde, *Escritos*, cit., p. 17.

35 Argumenta Böckenförde que "o primado do problema / caso sobre a norma e o sistema conduz ao questionamento da vigência normativa das leis, que são degradadas à condição de pontos de vista relevantes para a solução de problemas. (...) Em suas decisões fundamentais e normações singulares, a Constituição se converte numa combinação de pontos de vista relevantes para a solução de problemas, junto a outros, cuja relevância no caso concreto não vem determinada neles mesmos, senão por corresponderem a uma pré-compreensão consensual" (ob. cit., p. 23).

que ele se aplica. Como salienta Canotilho, essa "relação entre o texto e o contexto com a mediação criadora do intérprete [transforma] a interpretação em movimento de *ir e vir* (círculo hermenêutico)"[36]. É para o desempenho dessa tarefa que Hesse invoca o auxílio dos princípios da interpretação constitucional (unidade da Constituição, concordância prática, correção funcional, eficácia integradora e força normativa da Constituição)[37].

Esse método ganhou desenvolvimento em Müller, no que se denominou *método jurídico-estruturante*. Enfatiza-se que a norma não se confunde com o seu texto (programa normativo), mas tem a sua estrutura composta também pelo trecho da realidade social em que incide (o domínio normativo), sendo esse elemento indispensável para a extração do significado da norma. O intérprete não pode prescindir da realidade social para realizar a sua tarefa hermenêutica[38].

Os métodos propostos não são isentos de dificuldades. Expressam, antes de mais nada, a preocupação constante do jurista com a questão de como interpretar racionalmente – e, com isso, de modo aceitável – um preceito de significado não unívoco. O desafio por descobrir o melhor método não há de paralisar a atividade de aplicar a Constituição; há, sim, de lhe conferir padrões de renovados graus de exigência, proporcionais à importância que se reconhece ao Texto Constitucional como instrumento precípuo da regulação dos aspectos básicos da convivência social e política e da garantia da dignidade da pessoa no espaço público.

7. PRINCÍPIOS DA INTERPRETAÇÃO CONSTITUCIONAL

O método hermenêutico-concretizador propõe, para o auxílio do intérprete/aplicador da Carta, balizas a serem observadas na interpretação das normas constitucionais, com o objetivo de conferir maior teor de racionalidade à tarefa, reduzindo o espaço para pragmatismos exacerbados, tema de críticas acerbas em algumas instâncias[39].

Essas guias do processo interpretativo, direcionadas à maior consistência dos seus resultados, foram expostas por Konrad Hesse[40], sob a fórmula de princípios da interpretação constitucional, e convém que sejam conhecidas.

---

36 Canotilho, *Direito*, cit., p. 214.

37 Böckenförde aponta uma dificuldade essencial enfrentada pelo método concretizador. O método pretende que o texto seja o limite da atividade de interpretação/concretização da Constituição, mas não fornece um critério vinculante para a extração do sentido das normas. Argui: "(...) o problema da interpretação constitucional deriva, por inteiro, da multiplicidade e da indeterminação, da concisão lapidar e da fragmentação da literalidade das normas constitucionais. Obter daí um texto de norma claro e com conteúdo certo é função mesma – função preferencial – da interpretação. Mas, como pode a interpretação estar vinculada ao que ela mesma deve produzir antes de mais nada? Na medida em que a norma é indeterminada, e somente com a interpretação se obtém um conteúdo (...), não ela pode ser ao mesmo tempo elemento de vinculação da interpretação" (*Escritos*, cit., p. 32).

38 Novamente, aqui, Böckenförde critica o método, por não oferecer critério preciso para orientar essa correlação a ser estabelecida entre o programa normativo e o domínio da norma, ainda deixando a atividade hermenêutica sem calço seguro e sem produzir um parâmetro de controle racional da atividade (*Escritos*, cit., p. 34).

39 Müller, a propósito do Tribunal Constitucional alemão, fala em um pragmatismo sem direção, acrítico e desfundamentado – apud Stern, ob. cit., p. 290-291.

40 Hesse, *Escritos*, cit., p. 45 e s.

Esses princípios foram também recebidos, em língua portuguesa, por Gomes Canotilho[41], vindo a ser, adiante, repetidos por alguns autores brasileiros. Podem ser úteis, como fatores retóricos, mas não devem ser ingenuamente superestimados. Não há uma hierarquia entre eles e, num caso concreto, podem entrar em contradição entre si. Apresentam utilidade, mas com a relativização própria de um "catálogo-tópico dos princípios da interpretação constitucional", como a eles alude Canotilho.

Hesse, seguido por Canotilho, identifica-os como princípio da unidade da Constituição, da concordância prática, da correção funcional, da eficácia integradora e da força normativa da Constituição.

O primeiro desses princípios, o da unidade da Constituição, postula que não se considere uma norma da Constituição fora do sistema em que se integra; dessa forma, evitam-se contradições entre as normas constitucionais. As soluções dos problemas constitucionais devem estar em consonância com as deliberações elementares do constituinte. Vale, aqui, o magistério de Eros Grau, que insiste em que "não se interpreta o direito em tiras, aos pedaços", acrescentando que "a interpretação do direito se realiza não como mero exercício de leitura de textos normativos, para o que bastaria ao intérprete ser alfabetizado"[42]. Esse princípio concita o intérprete a encontrar soluções que harmonizem tensões existentes entre as várias normas constitucionais, considerando a Constituição como um todo unitário.

Convém ao intérprete, a esse propósito, pressupor a racionalidade do constituinte, ao menos como ponto de partida metodológico da tarefa hermenêutica. Essa racionalidade – tomada como uma diretiva, mais do que como uma hipótese empírica[43] – leva o aplicador a supor um ordenamento constitucional ótimo, ideal, que não entra em contradição consigo mesmo. Para que o princípio da unidade, expressão da racionalidade do legislador constituinte, seja confirmado na atividade interpretativa, o intérprete estará legitimado a lançar mão de variados recursos argumentativos, como o da descoberta de lacunas axiológicas, tendo em vista a necessidade de confirmar o esforço coerente do constituinte de promover um ordenamento uniformemente justo.

O princípio da unidade da Constituição tem produzido julgados dignos de nota. Desse princípio, por exemplo, o Supremo Tribunal Federal extraiu a inexistência de hierarquia entre as normas que compõem o texto constitucional[44]. Em outro caso, a relevância prática do princípio, atuando a partir da descoberta de uma lacuna axiológica, mostrou a sua utilidade hermenêutica. Defrontou-se o STF com processo em que se discutia a elegibilidade de quem pretendia suceder o seu cônjuge na chefia do Executivo

41 Canotilho, *Direito constitucional*, cit., p. 226 e s.

42 Eros Grau, *Ensaio e discurso sobre a interpretação/aplicação do direito*, São Paulo: Malheiros, 2003, p. 88.

43 Conforme preconiza Carlos Santiago Nino (*Consideraciones sobre la dogmática jurídica*, México: UNAM, 1989, p. 90). O mesmo autor, uma página adiante, diz: "o dogmático se refere a um ordenamento jurídico ótimo com afirmações que se referem a um legislador ideal. Como se pressupõe que tal legislador é real, o jurista, sub-repticiamente, dá regra para a 'otimização' do direito positivo, para colocá-lo à altura do legislador que o sancionou. Essa otimização, na ideologia do jurista, ainda que não nos fatos, não consiste em reformular o direito positivo, senão que em descobrir toda a sua perfeição, oculta a olhos pouco agudos". Veja-se também nota ao tema "ambiguidade" acima.

44 ADI 815, rel. Min. Moreira Alves, *DJ* de 10-5-1996.

municipal. A Emenda Constitucional n. 16/97 permitira uma reeleição do titular do mesmo cargo, alterando o § 5º do art. 14 da Constituição. Ocorre que a Emenda não modificou o § 7º do mesmo artigo, que torna inelegível o cônjuge do titular do cargo no pleito seguinte ao da conclusão do mandato. Percebeu o STF, em precedente relatado pelo Ministro Sepúlveda Pertence[45], que a aversão ao "continuísmo familiar" não mais justificava a norma, uma vez que o próprio titular do cargo eletivo podia se reeleger. Afirmou o Tribunal, então, que o § 7º, "interpretado no absolutismo da sua literalidade, conduz a disparidade ilógica de tratamento e gera perplexidades invencíveis". Por isso, a Corte definiu que a norma deveria ser compreendida como a tornar inelegível apenas o cônjuge ou parente do titular que estivesse no segundo mandato consecutivo. Invocou-se, para esse desate, o princípio da unidade da Constituição, lembrando-se que "é lugar comum que o ordenamento jurídico e a Constituição, sobretudo, não são aglomerados caóticos de normas; presumem-se um conjunto harmônico de regras e de princípios: por isso, é impossível negar o impacto da Emenda Constitucional n. 16 sobre o § 7º do art. 14 da Constituição sob pena de consagrar-se o paradoxo de impor-se ao cônjuge ou parente do causante da inelegibilidade o que a este não se negou: permanecer todo o tempo do mandato, se candidato à reeleição, ou afastar-se seis meses antes, para concorrer a qualquer outro mandato eletivo"[46].

Como é função da Constituição promover a integração política e social, mantido o respeito às diversidades básicas existentes, aponta-se que serve de índice positivo do acerto de uma interpretação o efeito produzido de reforço da unidade política e o favorecimento à integração política e social[47].

---

45 RE 344.882/BA, *DJ* de 6-8-2004.

46 Veja-se, ainda, outro precedente, em que se desautorizou a interpretação apegada à literalidade do texto e ao pressuposto de que o constituinte tem sempre um propósito normativo quando emprega termos distintos para tratar de questões semelhantes. Afirmou o STF que se deve estar atento para as consequências da interpretação das normas sobre o pressuposto da unidade da Constituição. Lê-se na ADI 2.650, *DJe* de 17-11-2011, rel. o Ministro Dias Toffoli: "A utilização de termos distintos para as hipóteses de desmembramento de estados-membros e de municípios não pode resultar na conclusão de que cada um teria um significado diverso, sob pena de se admitir maior facilidade para o desmembramento de um estado do que para o desmembramento de um município. Esse problema hermenêutico deve ser evitado por intermédio de interpretação que dê a mesma solução pra ambos os casos, sob pena de, caso contrário, se ferir, inclusive, a isonomia entre os entes da federação. O presente caso exige, para além de uma interpretação gramatical, uma interpretação sistemática da Constituição, (...) sempre em busca da máxima da unidade constitucional".

47 Cf. Canotilho, ob. cit., p. 227, e Hesse, *Escritos*, cit., p. 47. Pode-se entender que esse princípio, embora não mencionado explicitamente, desempenhou papel importante no chamado caso Raposa Serra do Sol (STF: Pet 3.388/RR, *DJe* de 25-9-2009, rel. Min. Carlos Ayres Britto). O STF foi chamado, no precedente, a decidir se eram constitucionais a qualificação como indígena e a subsequente delimitação de vasta área da Região Norte do país. Entre vários tópicos relevantes, o STF esclareceu que se deve distinguir *terras indígenas de território indígena*, excluindo da leitura possível do Texto Constitucional a interpretação de que o constituinte pudesse haver atribuído a essas terras um *status* político ou uma *dimensão de uma instância transnacional*. O STF desautorizou a interpretação constitucional que pudesse levar a que qualquer das comunidades indígenas brasileiras viesse a "comparecer perante a Ordem Jurídica Internacional como Nação, País, Pátria território nacional ou povo independente". Fixou, também, que o *status* de terras indígenas não pode significar a exclusão da presença e da ação do poder público na área. É ocioso salientar o efeito integrador político e favorecedor da unidade nacional que essa interpretação apresenta – sobretudo quando comparada com a leitura concorrente e oposta que foi rejeitada no julgamento.

Canotilho ajunta ao catálogo de pautas de interpretação o que chama de princípio da máxima efetividade. Atribui-lhe a seguinte formulação: "a uma norma constitucional deve ser atribuído o sentido que maior eficácia lhe dê"[48]. Adverte que, embora se trate de um princípio aplicável a toda norma constitucional, tem espaço de maior realce no campo das normas constitucionais programáticas e no domínio dos direitos fundamentais. A eficácia da norma deve ser compreendida como a sua aptidão para produzir os efeitos que lhes são próprios. Esse princípio, na realidade, vem sancionado, entre nós, no § 1º do art. 5º da Constituição, que proclama a aplicação imediata das normas definidoras de direitos e garantias fundamentais. O reconhecimento de que também as normas programáticas podem levar à inconstitucionalidade de leis que lhes sejam opostas é, igualmente, expressão desse princípio.

De alguma forma contido no princípio da máxima efetividade, fala-se no princípio da força normativa da Constituição. Com este, propõe-se seja conferida prevalência aos pontos de vista que tornem a norma constitucional mais afeita aos condicionamentos históricos do momento, garantindo-lhe interesse atual, e, com isso, obtendo-se "máxima eficácia, sob as circunstâncias de cada caso"[49]. Esse esforço poderá ser de mais pertinência nos casos de normas que se valem de conceitos indeterminados, de textura literal mais flexível. Vale a advertência de Jorge Miranda, contudo, no sentido de que não é dado nem ao legislador nem ao intérprete "transfigurar o conceito, de modo a que cubra dimensões essenciais e qualitativamente distintas daquelas que caracterizam a sua intenção jurídico-normativa"[50].

O princípio da correção funcional, como mais um critério orientador da atividade interpretativa, conduz a que não se deturpe, por meio da interpretação de algum preceito, o sistema de repartição de funções entre os órgãos e pessoas designados pela Constituição. Esse princípio corrige leituras desviantes da distribuição de competências entre as esferas da Federação ou entre os Poderes constituídos[51].

O princípio da concordância prática tem apelo, nos casos de conflito entre normas constitucionais, quando os seus programas normativos se entrechocam. O critério recomenda que o alcance das normas seja comprimido até que se encontre o ponto de ajuste de cada qual segundo a importância que elas possuem no caso concreto[52]. Se é

48 Canotilho, *Direito*, cit., p. 227.

49 Hesse, *Escritos*, cit., p. 48.

50 Miranda, *Teoria*, cit., p. 452.

51 Pode-se imaginar que o princípio auxiliaria a revelar a inconstitucionalidade, por exemplo, de uma lei estadual que, a pretexto de exercer a sua competência material para proteger o meio ambiente, passasse a legislar sobre desapropriação, tema reservado à União. No plano do relacionamento entre os poderes, esse princípio da conformidade funcional inspirou célebre decisão do STF, no MI QO 107 (rel. Min. Moreira Alves, *DJ* de 21-9-1990), quando se recusou variante interpretativa do mandado de injunção que nele via uma ação de cognição constitutiva, apta para suprir a inércia da regulação. Essa vertente foi tida como imprópria ao princípio da separação dos poderes e ao princípio democrático, em que "as decisões políticas de que afinal resultam os textos legais se subordinam a um sistema de freios e contrafreios de que participam exclusivamente os Poderes Legislativo e Executivo, eleitos diretamente pelo povo". O argumento exprime adesão ao princípio da conformidade funcional. Vale ressaltar que a posição referida passa atualmente por evolução, como o leitor poderá perceber no capítulo sobre mandado de injunção.

52 Canotilho e Vital Moreira, *Fundamentos*, cit., p. 57. Os autores fazem o oportuno alerta de que não será cabível falar em problema de concordância prática, quando é a própria norma constitucional que limita explicitamente uma outra.

esperado do intérprete que extraia o máximo efeito de uma norma constitucional, esse exercício pode vir a provocar choque com idêntica pretensão de outras normas constitucionais. Devem, então, ser conciliadas as pretensões de efetividade dessas normas, mediante o estabelecimento de limites ajustados aos casos concretos em que são chamadas a incidir. Os problemas de concordância prática surgem, sobretudo, em casos de colisão de princípios, especialmente de direitos fundamentais, em que o intérprete se vê desafiado a encontrar um desfecho de harmonização máxima entre os direitos em atrito, buscando sempre que a medida de sacrifício de um deles, para uma solução justa e proporcional do caso concreto, não exceda o estritamente necessário. Como se vê, a exigência da conciliação prática é decorrência do postulado de coerência e racionalidade do sistema constitucional, ínsito ao princípio da unidade da Constituição. O princípio da harmonização terá serventia mais frequente em conflitos, por exemplo, entre liberdade de expressão e direito à privacidade[53]. A concordância prática há de ser encontrada em cada caso concreto, segundo os parâmetros oferecidos pelo princípio da proporcionalidade[54].

Repare-se que a invocação desses princípios pode levar a resultados não unívocos. O postulado da máxima eficácia da norma de direito fundamental pode resultar em uma solução desaconselhada pelo princípio da conformidade funcional, por exemplo. Esses princípios não devem ser vistos como elementos de uma fórmula capaz de produzir soluções necessárias e absolutamente persuasivas. Tampouco se há de falar em hierarquia entre eles. Esses princípios da interpretação constitucional apenas auxiliam a que argumentos jurídicos se desenvolvam em um contexto de maior racionalidade, favorecendo algum controle sobre o processo de concretização das normas constitucionais, com proveito, igualmente, para o valor da segurança jurídica[55].

No âmbito sobretudo da interpretação das leis – posto que também seja pertinente para a compreensão de normas editadas pelo poder constituinte de revisão em face de limitações estabelecidas pelo poder constituinte originário –, há ainda a considerar o princípio da interpretação conforme a Constituição.

Não se deve pressupor que o legislador haja querido dispor em sentido contrário à Constituição; ao contrário, as normas infraconstitucionais surgem com a presunção

---

53 São vários os casos em que o princípio da harmonização (ou da concordância prática) se torna de invocação pertinente. Apenas para citar um julgado mais antigo, vale a menção à Rp 1.507 (rel. Min. Carlos Madeira, *DJ* de 9-12-1988), em que se deu por constitucional uma lei que obrigava as drogarias a terem a assistência de um técnico responsável. Entendeu a Corte que a norma era válida, já que estabelecia uma correta "concordância prática entre a liberdade do exercício do comércio de medicamentos e o seu controle, em benefício dos que visam tais medicamentos".

54 Sobre o princípio da proporcionalidade, veja o leitor o que se insere no capítulo da teoria dos direitos fundamentais. Adiante-se que vale, aqui, em linhas gerais, a noção, exposta por Hesse (*Escritos*, cit., p. 46), sobre proporcionalidade. Será proporcional a solução que melhor atender a tarefa de otimização das normas em conflito, considerando-se que cada qual apresenta pesos variáveis de importância, conforme o caso concreto que esteja em exame.

55 Veja-se, a esse respeito, Hesse: "A correção dos resultados obtidos por meio do processo exposto de concretização das normas constitucionais [refere-se aos princípios da interpretação constitucional] não tem o caráter da demonstração exata, como acontece nas ciências da natureza". Hesse advoga, assim, o mérito possível da pretensão a uma correção relativa das soluções obtidas a partir do método que preconiza. Embora reconhecendo o caráter limitado da pretensão de correção relativa, aponta que dessa forma se colhe um resultado "explicável, convincente e até certo ponto previsível" (Ibidem).

de constitucionalidade. Daí que, se uma norma infraconstitucional, pelas peculiaridades da sua textura semântica, admite mais de um significado, sendo um deles coerente com a Constituição e os demais com ela incompatíveis, deve-se entender que aquele é o sentido próprio da regra em exame – leitura também ordenada pelo princípio da economia legislativa (ou da conservação das normas). A interpretação conforme a Constituição possui, evidentemente, limites. Não pode forçar o significado aceitável das palavras dispostas no texto nem pode desnaturar o sentido objetivo que inequivocamente o legislador quis adotar[56].

Não se confunda, afinal, interpretação da lei conforme a Constituição, procedimento, como visto, sancionado pela jurisprudência e doutrina, com a interpretação da Constituição conforme a lei, prática que encontra reservas nessas mesmas instâncias. A admissibilidade sem a devida prudência de um tal exercício poderia levar à coonestação de inconstitucionalidades, deturpando-se o legítimo sentido da norma constitucional. Mas não é tampouco admissível desprezar a interpretação que o legislador efetua da norma da Carta ao editar a lei. Toda a cautela deve estar em não tomar como de necessário acolhimento a interpretação feita pelo legislador, evitando-se o equívoco de tratar o legislador como o intérprete definitivo da Constituição ou como o seu intérprete autêntico[57]. À parte esse extremismo, não há por que não recolher da legislação sugestões de sentido das normas constitucionais. A propósito, não são poucas as ocasiões em que o constituinte eleva ao *status* constitucional conceitos e disposições pré-constitucionais, que foram desenvolvidos anteriormente pelo legislador infraconstitucional. Quando isso ocorre, cabe compreender esses conceitos como foram recebidos pelo constituinte e considerar que não mais estarão expostos à livre conformação do legislador. Assim, não se pode desprezar o conceito legal pré-constitucional do júri, para se deslindar o sentido da garantia do art. 5º, XXXVIII, da CF. Tampouco se há de prescindir do que o direito processual define como coisa julgada, para se delinear o significado do que assegura o art. 5º, XXXVI, da Carta. Não se perca de vista, porém, que as normas infraconstitucionais não hão de ter aplicação automática, devendo ter sempre o seu significado aferido pelo novo sistema constitucional, que pode ter-lhe modificado o sentido atribuído anteriormente.

56 A propósito, o STF, na ADPF 130 (*DJe* de 6-11-2009, rel. Min. Carlos Britto), defrontando-se com os limites desse meio de interpretação, assentou que "a técnica da interpretação conforme não pode artificializar ou forçar a descontaminação da parte restante do diploma legal interpretado, pena de descabido incursionamento do intérprete em legiferação por conta própria". Canotilho, acentuando a necessidade de existir um espaço de interpretação aberto para a leitura que torna válido o preceito, salienta que "a interpretação das leis em conformidade com a constituição deve afastar-se quando, em lugar do resultado querido pelo legislador, se obtém uma regulação nova e distinta, em contradição com o sentido literal ou sentido objetivo claramente recognoscível da lei ou em manifesta dissintonia com os objetivos pretendidos pelo legislador" (Canotilho, *Direito*, cit., p. 230). O leitor encontrará exploração mais detida desse tema no capítulo do controle de constitucionalidade.

57 Veja-se, a propósito, Jorge Miranda, *Teoria*, cit., p. 453.

À parte o curtíssimo período de vigência da Constituição de Cádiz entre nós[1], a história das nossas constituições tem início com a Independência. A Constituição de 1824 foi outorgada por D. Pedro I, depois de dissolvida a assembleia constituinte convocada no ano anterior. Foi a mais longeva das constituições brasileiras, durando 65 anos, somente tendo sido emendada uma vez, em 1834. Instituiu a monarquia constitucional e o Estado unitário, concentrando rigorosamente toda a autoridade política na Capital.

O art. 98 da Carta estatuía que o Poder Moderador, novidade mais frequentemente mencionada quando se fala na Constituição de 1824, "é a chave de toda a organização Política, e é delegada privativamente ao Imperador, como Chefe Supremo da Nação". O art. 99 estabelecia, ainda, que "a pessoa do Imperador é inviolável, e sagrada: ele não está sujeito a responsabilidade alguma". A ele incumbia nomear os senadores, dissolver a Câmara dos Deputados, nomear e demitir ministros de Estado e, mais, suspender juízes, por queixas contra eles feitas. Os juízes não dispunham das garantias da inamovibilidade e da irredutibilidade de vencimentos. O voto, nesse regime, era censitário e era reconhecido a pouco mais de 1% da população.

No dia 15 de novembro de 1889, o Decreto n. 1 proclamou a República Federativa, passando o país a ser dirigido por um governo provisório, encabeçado por Deodoro da Fonseca. A partir de 15 de novembro de 1890, um congresso constituinte funcionou no que fora o Palácio Imperial (hoje, a Quinta da Boa Vista, no Rio de Janeiro), até 24 de fevereiro de 1891, quando a primeira Constituição republicana foi promulgada, erigida sobre o propósito de consolidar o regime republicano e o modo de ser federal do Estado. A inspiração do presidencialismo norte-americano era evidente. A Constituição de 1891 foi a mais concisa das nossas cartas, com 91 artigos e outros 8 artigos inseridos nas Disposições Transitórias. Apesar dessa brevidade, ainda houve espaço para normas como a que determinava a compra pelo Governo Federal da casa em que faleceu Benjamin Constant, determinando que nela fosse aposta "uma lápide em homenagem à memória do grande patriota".

A Constituição de 1891 criou a Justiça Federal, ao lado da Estadual, situando o Supremo Tribunal Federal no ápice do Poder Judiciário. Ao STF cabia, além de competências originárias, julgar recursos de decisões de juízes e tribunais federais e recursos contra decisões da Justiça estadual que questionassem a validade ou a aplicação de lei federal. Também lhe foi atribuída competência recursal para os processos em que atos estaduais fossem confrontados com a Constituição Federal. Os juízes não mais poderiam ser suspensos por ato do Executivo, tendo-lhes sido asseguradas a vitaliciedade e a irredutibilidade de vencimentos. A Constituição de 1891 reservou uma zona de 14.400 km², no Planalto Central, para a fixação da futura Capital. As antigas Províncias passaram a ser chamadas de Estados-membros, e a elas se reconheceu competência para se regerem

1 Na esteira da revolução liberal portuguesa, D. João VI, por meio do Decreto de 21-4-1821, mandou que fosse observada no Brasil, e até que entrasse em vigor a Constituição que se achava em elaboração, a Constituição espanhola, liberal, de 1812, a chamada Constituição de Cádiz. No dia seguinte, novo Decreto de D. João revogava a ordem, e a Constituição espanhola perdia vigência.

por constituições próprias, respeitados, sob pena de intervenção federal, os princípios constitucionais da União. Os Estados eram livres para adotar regime legislativo bicameral, e muitos tinham deputados e senadores estaduais.

Essa Constituição, que, como a anterior, possuía uma declaração de direitos, foi emendada numa única vez, em 1926.

Culminando as frequentes crises da República Velha, sobreveio a Revolução de 1930. As forças exitosas ficaram devendo, no entanto, uma nova Constituição para o país, reclamada com derramamento de sangue, em São Paulo, em 1932. Em 1933, reuniu-se, afinal, uma assembleia constituinte, que redundou no documento constitucional do ano seguinte. Nota-se nele a influência da Constituição de Weimar, de 1919, dando forma a preocupações com um Estado mais atuante no campo econômico e social.

A Constituição de 1934 buscou resolver o problema da falta de efeitos *erga omnes* das decisões declaratórias de inconstitucionalidade do STF, instituindo o mecanismo da suspensão, pelo Senado, das leis invalidadas na mais alta Corte. No campo do controle de constitucionalidade, ainda, a intervenção federal em Estados-membros por descumprimento de princípio constitucional sensível foi subordinada ao juízo de procedência, pelo STF, de representação do Procurador-Geral da República. A Constituição previu expressamente o mandado de segurança.

O diploma teve curta duração. Em 1937, o país já estava sob a regência de uma Constituição outorgada pelo Presidente Getúlio Vargas, acompanhando o golpe de Estado do mesmo ano. A Constituição foi apodada de *polaca*, devido à influência que nela se encontrou da Constituição polonesa, de linha ditatorial, de 1935. A tônica da Carta do Estado Novo foi o fortalecimento do Executivo. O Presidente da República era, por disposição expressa do art. 37, a "autoridade suprema do Estado". Podia adiar as sessões do parlamento, além de lhe ser dado dissolver o Legislativo. Habilitou-se o Presidente da República a legislar por decreto-lei. A Constituição eliminou a justiça federal de primeira instância, reduziu os direitos fundamentais proclamados no diploma anterior e desconstitucionalizou o mandado de segurança e a ação popular. No plano do controle de constitucionalidade, o art. 96, parágrafo único, estabelecia que o Presidente da República poderia submeter uma decisão do Supremo Tribunal Federal declaratória da inconstitucionalidade de lei à revisão pelo Parlamento, que poderia afirmar a constitucionalidade do diploma e tornar sem efeito a decisão judicial. A Carta também previa que, em sendo declarado o estado de emergência ou o de guerra, os atos praticados sob esse pressuposto seriam insindicáveis em juízo. Os direitos fundamentais ganharam referência, mas apenas simbólica. A pena de morte voltou a ser adotada, agora para crimes políticos e em certos homicídios. Institucionalizaram-se a censura prévia da imprensa e a obrigatoriedade da divulgação de comunicados do Governo.

As casas legislativas foram dissolvidas e o parlamento não funcionou no regime ditatorial, desempenhando o Presidente da República, por si só, todas as atribuições do Legislativo, inclusive a de desautorizar a declaração de inconstitucionalidade de lei pelo STF. Com isso, tornaram-se irrisórios os juízos de inconstitucionalidade que o Tribunal se animasse a formular sobre atos normativos do Presidente da República.

O término da Segunda Guerra Mundial e a derrocada dos regimes autoritários influíram sobre os acontecimentos políticos brasileiros, erodindo as bases ditatoriais do

Estado Novo. Vargas foi deposto em outubro de 1945, e, em fevereiro de 1946, instalou-se a assembleia constituinte. A nova Constituição foi promulgada em setembro do mesmo ano.

A Constituição de 1946 exprimiu o esforço por superar o Estado autoritário e reinstalar a democracia representativa, com o poder sendo exercido por mandatários escolhidos pelo povo, em seu nome, e por prazo certo e razoável. Reavivou-se a importância dos direitos individuais e da liberdade política. Voltou-se a levar a sério a fórmula federal do Estado, assegurando-se autonomia real aos Estados-membros. A Constituição era presidencialista, exceto pelo período compreendido entre setembro de 1961 e janeiro de 1963, em que durou o parlamentarismo, implantado pela Emenda n. 4, como providência destinada a amenizar crise política que se seguiu à renúncia de Jânio Quadros à Presidência da República. O Legislativo reassumiu o seu prestígio, reservando-se somente a ele a função de legislar, ressalvado o caso da lei delegada. Na vigência dessa Constituição, foi instituída a representação por inconstitucionalidade de lei, reforçando o papel do Judiciário no concerto dos três Poderes. Da mesma forma, proclamou-se que nenhuma lesão de direito poderia ser subtraída do escrutínio desse Poder. Ficaram excluídas as penas de morte, de banimento e do confisco. A Constituição ocupava-se da organização da vida econômica, vinculando a propriedade ao bem-estar social e fazendo dos princípios da justiça social, da liberdade de iniciativa e da valorização do trabalho as vigas principais da ordem econômica. O direito de greve apareceu expresso no Texto.

Em março de 1964, depois de período de conturbação política, as Forças Armadas intervieram na condução do país por meio de atos institucionais e por uma sucessão de emendas à Constituição de 1946. De toda sorte, o Diploma não mais correspondia ao novo momento político. Em 1967, o Congresso Nacional, que se reuniu de dezembro de 1966 a janeiro de 1967, aprovou uma nova Constituição, gestada sem mais vasta liberdade de deliberação. A Constituição era marcada pela tônica da preocupação com a segurança nacional – conceito de reconhecida vagueza, mas que tinha por eixo básico a manutenção da ordem, sobretudo onde fosse vista a atuação de grupos de tendência de esquerda, especialmente comunista. A Constituição de 1967 tinha cariz centralizador e entregava ao Presidente da República copiosos poderes. Possuía um catálogo de direitos individuais, permitindo, porém, que fossem suspensos, ante certos pressupostos. O Presidente da República voltou a poder legislar, por meio de decretos-leis.

A crise política se agravou nos anos subsequentes e chegou às ruas. Em 13 de dezembro de 1968, o Governo editou o Ato Institucional n. 5, que ampliava ao extremo os poderes do Presidente da República, ao tempo em que tolhia mandatos políticos e restringia direitos e liberdades básicos. Pelo AI 5, o Presidente da República podia fechar as casas legislativas das três esferas da Federação, exercendo as suas funções enquanto não houvesse a normalização das circunstâncias. Os atos praticados com fundamento nesse Ato ficavam imunes ao controle pelo Judiciário.

Em 1969, a Junta composta pelos Ministros que chefiavam cada uma das três Armas, e que assumiu o governo, depois de declarada a incapacidade, por motivo de saúde, do Presidente da República, promoveu uma alargada reforma da Constituição de 1967, por meio de ato que ganhou o nome de Emenda Constitucional n. 1/69. O Congresso Nacional havia sido posto em recesso. O novo texto tornou mais acentuadas as cores de centralização do poder e de preterimento das liberdades em função de inquietações com a segurança, que davam a feição característica do texto de 1967. Não poucos autores veem na Emenda n. 1/69 uma nova Constituição, outorgada pela Junta Militar.

Em 27 de novembro de 1985, foi promulgada a Emenda à Constituição n. 26, que deu forma jurídico-constitucional à exaustão do regime. A Emenda convocou uma Assembleia Nacional Constituinte "livre e soberana". Os anseios de liberdade, participação política de toda a cidadania, pacificação e integração social ganharam preponderância sobre as inquietações ligadas a conflitos sociopolíticos, que marcaram o período histórico que se encerrava.

Com antecedência de pouco mais de um ano da imprevisível queda do muro de Berlim, valores de integração social, econômica e política, sob novo clima de liberdade, se impuseram ao quadro de suspeitas dissolventes e de controle estatal rígido e centralizador da vida em coletividade, que a Guerra Fria inspirara na década de 1960. A Constituição promulgada em 5 de outubro de 1988 restaurou a preeminência do respeito aos direitos individuais, proclamados juntamente com significativa série de direitos sociais. O Estado se comprometia a não interferir no que fosse próprio da autonomia das pessoas e a intervir na sociedade civil, no que fosse relevante para a construção de meios materiais à afirmação da dignidade de todos. As reivindicações populares de ampla participação política foram positivadas em várias normas, como na que assegura as eleições diretas para a chefia do Executivo em todos os níveis da Federação. Dava-se a vitória final da campanha que se espalhara pelo país, a partir de 1983, reclamando eleições "diretas já" para Presidente da República; superava-se a abrumadora frustração decorrente da rejeição, em abril de 1984, da Proposta de Emenda apresentada com esse intuito. A Constituição, que, significativamente, pela primeira vez na História do nosso constitucionalismo, apresentava o princípio do respeito à dignidade da pessoa humana e o Título dos direitos fundamentais logo no início das suas disposições, antes das normas de organização do Estado, estava mesmo disposta a acolher o adjetivo *cidadã*, que lhe fora predicado pelo Presidente da Assembleia Constituinte no discurso da promulgação.

É esta a Constituição que se buscará melhor apreender nos próximos capítulos deste *Curso*.

CAPÍTULO 2

PODER CONSTITUINTE

Paulo Gustavo Gonet Branco

I PODER CONSTITUINTE ORIGINÁRIO

A autoridade máxima da Constituição, reconhecida pelo constitucionalismo, vem de uma força política capaz de estabelecer e manter o vigor normativo do Texto. Essa magnitude que fundamenta a validez da Constituição, desde a Revolução Francesa, é conhecida com o nome de poder constituinte originário.

Ao contrário do que ocorre com as normas infraconstitucionais, a Constituição não retira o seu fundamento de validade de um diploma jurídico que lhe seja superior, mas se firma pela vontade das forças determinantes da sociedade, que a precede[1].

Poder constituinte originário, portanto, é a força política consciente de si que resolve disciplinar os fundamentos do modo de convivência na comunidade política.

O conceito de poder constituinte originário é devedor dos estudos do abade Sieyès, autor do opúsculo *Que é o Terceiro Estado?*, verdadeiro manifesto da Revolução Francesa[2]. No livro, Sieyès assinala, nas vésperas da Revolução, que o chamado Terceiro Estado – que englobava quem não pertencesse à nobreza ou ao alto clero, e que, portanto, incluía a burguesia –, embora fosse quem produzisse a riqueza do país, não dispunha de privilégios e não tinha voz ativa na condução política do Estado. No livro, o Terceiro Estado reivindica a reorganização política da França. Nesse contexto, Sieyès teoriza sobre o poder constituinte originário.

Sieyès enfatiza que a Constituição é produto do poder constituinte originário, que gera e organiza os poderes do Estado (os poderes constituídos), sendo, até por isso, superior a eles. Sieyès se propunha a superar o modo de legitimação do poder que vigia, baseado na tradição, pelo poder político de uma decisão originária, não vinculada ao direito preexistente, mas à nação, como força que cria a ordem primeira

1 Veja-se, a propósito, Ernst Böckenförde, *Estudios sobre el Estado de Derecho y la democracia*, Madrid: Trotta, 2000, p. 159-180.

2 A propósito, Manoel Gonçalves Ferreira Filho, *O poder constituinte*, São Paulo: Saraiva, 1985, em especial, quanto ao pensamento de Sieyès, p. 10-16.

da sociedade[3]. Distancia-se, assim, da legitimação dinástica do poder, assentada na vinculação de uma família ao Estado, pela noção de Estado como "a unidade política do povo"[4]. Para isso, cercou o conceito do *poder constituinte originário* de predicados colhidos da teologia, ressaltando a sua desvinculação a normas anteriores e realçando a sua onipotência, capaz de criar do nada e dispor de tudo ao seu talante. Entendia que o povo é soberano para ordenar o seu próprio destino e o da sua sociedade, expressando-se por meio da Constituição.

O povo, titular do poder constituinte originário, apresenta-se não apenas como o conjunto de pessoas vinculadas por sua origem étnica ou pela cultura comum, mas, além disso, como "um grupo de homens que se delimita e se reúne politicamente, que é consciente de si mesmo como magnitude política e que entra na história atuando como tal"[5].

É possível, em todo caso, que um segmento do povo aja como representante do povo, dele obtenha o reconhecimento e atue como poder constituinte originário – o que correspondia à pretensão da burguesia na Revolução Francesa.

Essas noções sobre o poder constituinte originário chegam até nós e inspiram os atributos que se colam a esse ente. Dizem os autores que se trata de um poder que tem na insubordinação a qualquer outro a sua própria natureza; dele se diz ser absolutamente livre, capaz de se expressar pela forma que melhor lhe convier, um poder que se funda sobre si mesmo, onímodo e incontrolável, justamente por ser anterior a toda normação e que abarca todos os demais poderes; um poder permanente e inalienável; um poder que depende apenas da sua eficácia[6].

Em suma, podemos apontar três características básicas que se reconhecem ao poder constituinte originário. Ele é **inicial**, **ilimitado** (ou autônomo) e **incondicionado**.

É inicial, porque está na origem do ordenamento jurídico. É o ponto de começo do Direito. Por isso mesmo, o poder constituinte não *pertence* à ordem jurídica, não está regido por ela. Decorre daí a outra característica do poder constituinte originário – é ilimitado. Se ele não se inclui em nenhuma ordem jurídica, não será objeto de nenhuma ordem jurídica. O Direito anterior não o alcança nem limita a sua atividade[7]. Pode decidir o que quiser. De igual sorte, não pode ser regido nas suas formas de expressão pelo Direito preexistente, daí se dizer incondicionado.

O caráter ilimitado, porém, deve ser entendido em termos. Diz respeito à liberdade do poder constituinte originário com relação a imposições da ordem jurídica que existia anteriormente. Mas haverá limitações políticas inerentes ao exercício do poder constituinte.

---

3 V. Böckenförde, *Estudios*, cit., p. 163.

4 Carl Schmitt, *Teoría de la Constitución*, Madrid: Alianza, 2001, p. 106.

5 Böckenförde, *Estudios*, cit., p. 165.

6 Ver Genaro Carrió, que, embora em tom crítico, faz um apanhado desses atributos que a doutrina tem ligado ao poder constituinte originário, nas suas *Notas sobre derecho y lenguaje*, Buenos Aires: Abeledo-Perrot, 1994, p. 244-248.

7 Vale assinalar, porém, que os adeptos do direito natural tendem a afirmar que o poder constituinte originário está limitado por ele, conforme se vê em Sieyès, no quinto capítulo de *Que é o Terceiro Estado?*, em que diz que a nação e, pois, o poder constituinte originário "existe antes de tudo, ela é a origem de tudo. Sua vontade é sempre legal, é a própria lei. Antes dela e acima dela só existe o direito natural" (*A Constituição burguesa: qu'est-ce que le Tiers État*, Rio de Janeiro: Liber Juris, 1986, p. 117).

Se o poder constituinte é a expressão da vontade política da nação, não pode ser entendido sem a referência aos valores éticos, religiosos, culturais que informam essa mesma nação e que motivam as suas ações. Por isso, um grupo que se arrogue a condição de representante do poder constituinte originário, se se dispuser a redigir uma Constituição que hostilize esses valores dominantes, não haverá de obter o acolhimento de suas regras pela população, não terá êxito no seu empreendimento revolucionário e não será reconhecido como poder constituinte originário. Afinal, só é dado falar em atuação do poder constituinte originário se o grupo que diz representá-lo colher a anuência do povo, ou seja, se vir ratificada a sua invocada representação popular. Do contrário, estará havendo apenas uma insurreição, a ser sancionada como delito penal. Quem tenta romper a ordem constitucional para instaurar outra e não obtém a adesão dos cidadãos não exerce poder constituinte originário, mas age como rebelde criminoso[8].

Por isso, sustenta-se que a Constituição é o normado pela vontade constituinte, e, além disso, o que é reconhecido como vinculante pelos submetidos à norma[9]. Sem a força legitimadora do êxito do empreendimento constituinte não há falar em poder constituinte originário, daí não se prescindir de uma concordância da Constituição com as ideias de justiça do povo[10].

É por isso, também, que os estudos sobre o poder constituinte originário costumam se referir à *eficácia atual*, como traço distintivo desse ente. Quem atua como poder constituinte originário "deve-se consistir numa força histórica efetiva, apta para realizar os fins a que se propõe". Não é quem quer ou pensa estar legitimado para tanto que será poder constituinte originário, mas "quem está em condições de produzir uma decisão eficaz sobre a natureza da ordem"[11].

Pode-se falar em limitação intrínseca do poder constituinte originário, ainda, sob outro ângulo. Não há espaço para decisões caprichosas ou totalitárias do poder constituinte originário, já que ele existe para ordenar juridicamente o poder do Estado; portanto, vai instituir um Estado com poderes limitados. "Um poder absoluto que queira continuar a ser absoluto não cabe numa Constituição, (...) que representa uma delimitação frente ao exercício arbitrário do poder ou frente ao domínio puro e duro da arbitrariedade"[12].

1. MOMENTOS DE EXPRESSÃO DO PODER CONSTITUINTE ORIGINÁRIO

O poder constituinte originário não se esgota quando edita uma Constituição. Ele subsiste fora da Constituição[13] e está apto para se manifestar a qualquer momento.

---

8 A propósito, o art. 5º, XLIV, da Constituição Federal de 1988: "Constitui crime inafiançável e imprescritível a ação de grupos armados, civis ou militares, contra a ordem constitucional e o Estado Democrático".

9 V. Klaus Stern, *Derecho de la República Federal alemana*, Madrid: CCE, 1987, p. 316.

10 A propósito, Stern, *Derecho*, cit., p. 318.

11 As frases são de Sánchez Agesta, coligidas por Carrió, *Notas*, cit., p. 249.

12 Böckenförde, *Estudios*, cit., p. 176. O autor lembra, no mesmo lugar, que "significativamente na Alemanha que se seguiu a 1933, não se intentou, nem era possível, incorporar o poder do Führer que Hitler assumiu numa Constituição, nem se intentou elaborar uma Constituição para esse *Führerstaat*".

13 Cf. Manoel G. Ferreira Filho, *O poder constituinte*, cit., p. 54.

Trata-se, por isso mesmo, de um poder permanente, e, como também é incondicionado, não se sujeita a formas prefixadas para operar. O poder constituinte originário, entretanto, não costuma fazer-se ouvir a todo momento, até porque não haveria segurança das relações se assim fosse.

Como o poder constituinte originário traça um novo sentido e um novo destino para a ação do poder político, ele será mais nitidamente percebido em momentos de viragem histórica, exemplificados nas ocasiões em que se forma *ex novo* um Estado, ou a estrutura deste sofre transformação, ou, ainda, quando da mudança de regime político. Nesses casos, percebem-se facilmente as características básicas do poder constituinte originário – a inicialidade, o incondicionamento a formas e a ilimitação pela ordem jurídica prévia.

Em outras situações, porém, a mudança se dá na continuidade, sob a vestimenta de reforma política. Aqui, ao contrário do que ocorre nas quebras abruptas da ordem anterior, não há um momento de claro rompimento formal com a ordem prévia; não obstante, em determinado ponto, deixa-se de respeitar a identidade da Constituição que estava em vigor[14].

2. CONSTITUIÇÃO DE 1988: RESULTADO DE EXERCÍCIO DO PODER CONSTITUINTE ORIGINÁRIO

Estamos já em condições de analisar se a Constituição de 1988 foi resultado de ação do poder constituinte originário. O tema tem a sua relevância, em termos de consequências práticas, porquanto somente o poder constituinte originário pode estabelecer limites, com valor jurídico, para a emenda do Texto Magno.

A dúvida pode surgir do fato de a Constituição de 1988 ter sido resultado de uma convocação de Assembleia Constituinte efetuada por meio de emenda à Carta passada (a Emenda Constitucional n. 26/85). Seria, assim, fruto da iniciativa do poder de reforma.

Note-se, contudo, que, apesar de a Assembleia Constituinte ter sido, realmente, convocada por emenda à Constituição de 1967/1969, isso não reponta como obstáculo a que se veja atuante o poder constituinte originário. Afinal, esse poder não se expressa apenas em seguida a graves tumultos sociais, mas se exprime sempre que entende de mudar a estrutura constitucional do Estado nos seus aspectos mais elementares. E foi o que aconteceu com a Constituição de 1988, que se inspirou em ideais e objetivos evidentemente distintos daqueles que levaram à elaboração da Constituição de 1967 e da sua Emenda n. 1/69. Além disso, sendo um poder incondicionado, nada obsta a que o poder constituinte originário se valha da autodissolução da ordem anterior para realizar os seus intentos. Nada impede que a ordem constitucional se dê por exaurida e convoque o poder constituinte originário para substituí-la. Foi o que aconteceu por meio da Emenda Constitucional n. 26/85, ao determinar, no seu art. 1º, que "os Membros da

---

14 A passagem da IV para a V República na França, em 1958, por meio de uma lei constitucional, votada pelo parlamento, autorizando o Gen. de Gaulle a elaborar, diante de certo quadro de princípios, uma Constituição e submetê-la a referendo, ilustra caso de exercício de poder constituinte originário a pretexto de reforma política. Sobre o episódio: Burdeau, Hamon e Troper, *Droit constitutionnel*, Paris: LGDJ, 1997, p. 419-424.

Câmara dos Deputados e do Senado Federal reunir-se-ão, unicameralmente, em Assembleia Nacional Constituinte, livre e soberana, no dia 1º de fevereiro de 1987".

Repare-se que a Emenda fala em Assembleia *livre e soberana*. O conceito jurídico de soberania aponta para situação de pleno desembaraço de limitações jurídicas, o que remete à noção de "ação ilimitada", típica do poder constituinte originário. A Assembleia *livre* é a que está desatrelada de toda ordem precedente.

Não bastasse isso, houve eleições antes da instauração da Assembleia Nacional, e o povo sabia que estava elegendo representantes que também tinham por missão erigir uma nova ordem constitucional para o País.

Houve, portanto, na elaboração da Constituição de 1988, a intervenção do poder constituinte originário. Instaurou-se um novo regime político, superando o anterior. Adotou-se uma nova ideia de Direito e um novo fundamento de validade da ordem jurídica.

3. FORMAS DE MANIFESTAÇÃO DO PODER CONSTITUINTE ORIGINÁRIO

Da característica da incondicionalidade do poder constituinte deduz-se que não se exige, para a legitimidade formal da nova Constituição, que o poder constituinte siga um procedimento padrão predeterminado. Isso não impede, todavia, que o poder constituinte fixe algumas regras para si mesmo, para ordenar os seus trabalhos. Essas disposições não têm sanção, podem ser superadas ou desrespeitadas pelo constituinte, sem que se invalide o seu trabalho final.

Observa-se, na realidade histórica, que o ato constituinte, o ato intencional de aprovação de uma Constituição, costuma seguir certo processo. A História registra modalidades de processos de elaboração de uma Constituição que costumam se repetir mais amiudadamente, permitindo que, a partir desse dado, se cogite de uma classificação das constituições.

Assim, se o ato constituinte compete a uma única pessoa, ou a um grupo restrito, em que não intervém um órgão de representação popular, fala-se em ato constituinte unilateral, e a Constituição é dita **outorgada**[15]. No Brasil, a Constituição de 1824 e a de 1937 foram outorgadas por ato do Chefe do Executivo[16].

Em outros casos, a Constituição é **promulgada** por uma Assembleia de representantes do povo. Este é o sistema clássico de elaboração de constituições democráticas. O método dá origem à chamada **Constituição votada**. Desta classe fazem exemplos as nossas Constituições de 1891, 1934, 1946, 1967[17] e a de 1988.

---

15 Na pureza da técnica, a este tipo de Constituição é que cabe chamar de Carta constitucional, historicamente expressão do poder constituinte monárquico da época da Restauração.

16 Os que entendem ter sido a EC n. 1/69 uma autêntica nova Constituição, tem-na como outorgada pela Junta Militar que governava o País à época.

17 Na doutrina, José Afonso da Silva (*Curso de direito constitucional positivo*, São Paulo: Malheiros, 2008, p. 41-42), como também Alexandre de Moraes (*Direito constitucional*, São Paulo: Atlas, 2008, p. 9) e Pedro Lenza (*Direito constitucional esquematizado*, São Paulo: Saraiva, 2008, p. 22), sustentam que a Constituição de 1967 foi outorgada. Apontam que, não obstante a aprovação do texto constitucional em assembleia integrada por representantes políticos, não houve liberdade efetiva para alterações de substância do texto apresentado pelo governo militar para discussão. A classificação a que essa nota se refere mantém-se, porém, entendido que se firma no critério formal de o texto resultar de deliberação de assembleia formada por representantes populares.

Fala-se, também, em se tratando de Constituição votada, em **procedimento constituinte direto**, quando o projeto elaborado pela Assembleia obtém validade jurídica por meio da aprovação direta do povo, que se manifesta por meio de plebiscito ou referendo[18].

Conhece-se hipótese em que o Governo elabora o projeto da Constituição, que deverá receber a aprovação final da população nas urnas[19].

Ao lado do procedimento constituinte direto, há a técnica do **procedimento constituinte indireto ou representativo**. Aqui, a participação do povo esgota-se na eleição de representantes para uma assembleia, que deverá elaborar e promulgar o texto magno.

Registre-se que, em Estados federais, pode ocorrer de o texto constitucional federal ter de ser ratificado pelos Estados-membros – situação ilustrada pelos Estados Unidos, em 1787.

4. QUESTÕES PRÁTICAS RELACIONADAS COM O PODER CONSTITUINTE ORIGINÁRIO

A compreensão das características essenciais do poder constituinte originário não é mero exercício acadêmico. Entender as consequências de ser a Constituição obra desse poder supremo e pioneiro da ordem jurídica lança luz sobre alguns problemas práticos.

4.1. Supremacia da Constituição

O conflito de leis com a Constituição encontrará solução na prevalência desta, justamente por ser a Carta Magna produto do poder constituinte originário, ela própria elevando-se à condição de obra suprema, que inicia o ordenamento jurídico, impondo-se, por isso, ao diploma inferior com ela inconciliável. De acordo com a doutrina clássica, por isso mesmo, o ato contrário à Constituição sofre de nulidade absoluta.

4.2. Recepção

É certo que o poder constituinte originário dá início à ordem jurídica. Isso, porém, significa que todos os diplomas infraconstitucionais perdem vigor com o advento de uma nova Constituição?

18 Por vezes, faz-se um plebiscito sobre uma ou várias opções constitucionais fundamentais a serem definidas e, em seguida, elabora-se a Constituição a partir da escolha popular. Isso ocorreu na Itália, em 1946, e na Grécia, em 1974, quanto à escolha entre monarquia ou república. No Brasil, o plebiscito sobre essa mesma opção fundamental foi levado a cabo depois da entrada em vigor da Constituição, quando se confirmou a opção feita, transitoriamente, pela Assembleia.

19 Foi o caso francês, em 1958. Ali, uma Assembleia de representantes do povo elaborou as linhas mestras do diploma a ser editado; coube ao Governo, a partir daí, redigir o projeto, que foi submetido à aprovação final por referendo.

Uma resposta positiva inviabilizaria a ordem jurídica. Por isso se entende que aquelas normas anteriores à Constituição, que são com ela compatíveis no seu conteúdo, continuam em vigor.

Diz-se que, nesse caso, opera o fenômeno da **recepção**, que corresponde a uma revalidação das normas que não desafiam, materialmente, a nova Constituição.

Às vezes, a recepção é expressa, como se determinou na Constituição de 1937[20].

O mais frequente, porém, é a recepção implícita, como acontece no sistema brasileiro atual.

Deve-se a Kelsen a teorização do fenômeno da recepção, pelo qual se busca conciliar a ação do poder constituinte originário com a necessidade de se obviarem vácuos legislativos.

Kelsen sustenta que as leis anteriores, no seu conteúdo afinadas com a nova Carta, persistem vigentes, só que por fundamento novo. A força atual desses diplomas não advém da Constituição passada, mas da coerência que os seus dispositivos guardam com o novo diploma constitucional. Daí Kelsen dizer que "apenas o conteúdo dessas normas permanece o mesmo, não o fundamento de sua validade"[21].

O importante, então, é que a lei antiga, no seu conteúdo, não destoe da nova Constituição. Pouco importa que a forma de que o diploma se revista não mais seja prevista no novo Texto Magno. Não há conferir importância a eventual incompatibilidade de forma com a nova Constituição. A forma é regida pela lei da época do ato (*tempus regit actum*), sendo, pois, irrelevante para a recepção.

Assim, mesmo que o ato normativo se exprima por instrumento diferente daquele que a nova Carta exige para a regulação de determinada matéria, permanecerá em vigor e válido se houver a concordância material, i. é, de conteúdo, com as novas normas constitucionais.

Por isso o Código Penal, editado como decreto-lei na vigência da Constituição de 1937, continua em vigor, mesmo não prevendo a Carta atual a figura do decreto-lei. Daí

---

20 O seu art. 183 dispunha: "Continuam em vigor, enquanto não revogadas, as leis que, explícita ou implicitamente, não contrariem as disposições desta Constituição".

21 Kelsen, *Teoria geral do direito e do Estado*, São Paulo: Martins Fontes, 2005, p. 171. Na página seguinte isso é explicado da seguinte maneira: "Se as leis emanadas sob a velha Constituição 'continuam válidas' sob a nova, isso é possível somente porque lhes foi conferida validade expressa ou tacitamente pela nova Constituição. O fenômeno é um caso de recepção, similar à recepção do direito romano. A nova ordem recebe, i. e., adota normas da velha ordem. Isto significa que a nova ordem dá validade a normas que possuem o mesmo conteúdo das normas da velha ordem. A recepção é um procedimento abreviado de criação do direito. As leis que segundo a linguagem corrente, inexata, continuam a ser válidas, são, a partir de uma perspectiva jurídica, leis novas, cujo significado coincide com o das velhas. Elas não são idênticas às velhas leis antigas, porque seu fundamento de validade é diverso. O fundamento de sua validade é a nova Constituição, não a velha, e a continuidade entre as duas não é válida nem do ponto de vista de uma, nem do da outra".

Norberto Bobbio explica o mesmo fenômeno coincidindo com a lição de Kelsen, valendo-se destas palavras: "As normas comuns ao velho e ao novo ordenamento pertencem apenas materialmente ao primeiro; formalmente, são todas normas do novo, no sentido de que são válidas não mais com base na norma fundamental do velho ordenamento, mas com base na norma fundamental do novo" (*Teoria do ordenamento jurídico*, Brasília: Ed. da UnB, 1999, p. 177).

também por que o Código Tributário Nacional, editado em 1966, como lei ordinária, sobreviveu à Constituição de 1967/69 e à atual, embora todas elas exijam lei complementar para a edição de normas gerais de direito tributário[22].

As normas antigas, ainda, devem ser interpretadas à luz das novas normas constitucionais.

4.3. Revogação ou inconstitucionalidade superveniente?

Se a norma anterior à Constituição não guarda compatibilidade de conteúdo com esta, não continuará a vigorar, havendo, aqui, quem considere ocorrer caso de revogação e quem veja na hipótese uma inconstitucionalidade superveniente.

Situar o problema numa ou noutra dessas vertentes rende consequências práticas diversas, a mais notável delas sendo a de que apenas se entendido que o caso é de inconstitucionalidade superveniente haveria a possibilidade de o Supremo Tribunal Federal apreciar a validez da norma em ação direta de inconstitucionalidade. Se a hipótese for vista como de revogação, por outro lado, os tribunais não precisariam de *quorum* especial para afastar a incidência da regra no caso concreto[23]. Se o que há é revogação, o problema se resumirá a um juízo sobre a persistência da norma no tempo.

A matéria provocou aceso debate no Supremo Tribunal Federal, terminando vitoriosa a tese da revogação, tradicional no Direito brasileiro.

O relator do *leading case* após 1988 (ADI 02-DF, *DJ* de 21-11-1997), Ministro Paulo Brossard, invocou a doutrina tradicional, segundo a qual se a inconstitucionalidade da lei importa a sua nulidade absoluta, importa a sua invalidez desde sempre. Mas, raciocinou, se a lei foi corretamente editada quando da Constituição anterior, ela não pode ser considerada nula, desde sempre, tão só porque a nova Constituição é com ela incompatível. A lei apenas deixa de operar com o advento da nova Carta. O fenômeno só poderia ser tido, por isso, como hipótese de revogação.

No polo vencido, merece destaque a posição do Ministro Sepúlveda Pertence, de que haveria aí inconstitucionalidade superveniente, já que o critério cronológico de solução de conflito de normas no tempo somente faz sentido para resolver problemas em que se defrontam normas postas num mesmo plano hierárquico. Se há disparidade de grau hierárquico, o problema seria de invalidade, embora a partir de momento posterior à edição da norma, quando a nova Constituição veio a lume. A hipótese, assim, seria de inconstitucionalidade superveniente, como, segundo lembrou, a vê o Direito italiano e o português.

Prevaleceu, porém, e é prestigiada até hoje, a posição do relator.

22 Aplicando esse entendimento, decidiu o STF no HC 74.675, *DJ* de 4-4-1997, rel. Min. Sydney Sanches: "Embora a Constituição de 1988 não inclua o 'Decreto-Lei' como forma de processo legislativo, nem por isso revogou o Decreto-Lei n. 201, de 27.2.1967, que regula a responsabilidade penal dos Prefeitos e Vereadores".

23 CF, art. 97: "Somente pelo voto da maioria absoluta de seus membros ou dos membros do respectivo órgão especial poderão os tribunais declarar a inconstitucionalidade de lei ou ato normativo do Poder Público".

4.4. Normas da antiga Constituição compatíveis com a nova Constituição

Assentada a possibilidade da recepção, é o caso de indagar sobre se o fenômeno também alcança normas da antiga Constituição que permanecem compatíveis com a nova ordem constitucional.

Pontes de Miranda sustentou que "as leis que continuam em vigor são todas as que existiam e não são incompatíveis com a Constituição nova. Inclusive as regras contidas na Constituição anterior, posto que como simples leis"[24]. Mais restritivamente, foi adiantada a solução de que apenas as normas materialmente constitucionais[25] não poderiam ser recebidas. As normas, porém, que fossem apenas formalmente constitucionais[26] seriam passíveis da recepção tácita, sendo simplesmente "desconstitucionalizadas", valendo, então, como normas ordinárias[27].

Essas opiniões, contudo, não chegaram a empolgar a maioria da doutrina, nem a jurisprudência do STF. Prevalece a tese de que a antiga Constituição fica globalmente revogada, evitando-se que convivam, num mesmo momento, a atual e a anterior expressão do poder constituinte originário empregada para elaborar toda a Constituição. Além disso, conforme a regra, de inspiração lógica, de solução de antinomias, ocorre a revogação da norma anterior quando norma superveniente vem a regular inteiramente uma mesma matéria.

Nada impede que a nova Constituição ressalve a vigência de dispositivos isolados da Constituição anterior, até mesmo por algum lapso de tempo – já que o poder constituinte pode o que quiser –, como ocorreu com o *caput* do art. 34 do ADCT de 1988[28].

Como regra geral, se a nova Constituição não prevê expressamente a desconstitucionalização, a Lei Maior anterior inteira fica superada[29].

4.5. Normas anteriores à Constituição e modificação de competência

Que acontece com a lei produzida por um dos entes da Federação quando a nova Constituição entrega a competência para legislar sobre o mesmo tema, agora, para outro ente?

---

24 *Comentários à Constituição da República Federativa dos Estados Unidos do Brasil de 1934*, t. 2, p. 560-561.

25 I. é, aquelas que cuidam de assunto historicamente próprio da Constituição, como a definição de direitos fundamentais, dos órgãos da soberania, do modo de aquisição e exercício do poder.

26 I. é, aquelas que, embora não cuidem de assunto típico das constituições, estão protegidas pela supermaioria necessária para a sua revogação, por estarem inseridas no texto constitucional.

27 Manoel Gonçalves Ferreira Filho, *O poder constituinte*, cit., p. 85.

28 "Art. 34. O sistema tributário nacional entrará em vigor a partir do primeiro dia do quinto mês seguinte ao da promulgação da Constituição, mantido, até então, o da Constituição de 1967, com a redação dada pela Emenda n. 1, de 1969, e pelas posteriores."

29 Nesse sentido, o STF nos Emb. Decl. no AgRg nos Emb. Div. nos Emb. Decl. no AgRg no Agravo de Instrumento n. 386.820-1/RS, rel. Min. Celso de Mello (*DJ* de 4-2-2005): "A vigência e a eficácia de uma nova Constituição implicam a supressão da existência, a perda de validade e a cessação de eficácia da anterior Constituição por ela revogada, operando-se, em tal situação, uma hipótese de revogação global ou sistêmica do ordenamento constitucional precedente, não cabendo, por isso mesmo, indagar-se, por impróprio, da compatibilidade, ou não, para efeito de recepção, de quaisquer preceitos constantes da Carta Política anterior, ainda que materialmente não conflitantes com a ordem constitucional originária superveniente".

O problema é de incompatibilidade formal, mas apresenta delicadezas que não podem ser deixadas de lado. Gilmar Ferreira Mendes[30] é dos poucos autores a enfrentar o assunto. Ensina que "não há cogitar de uma federalização de normas estaduais ou municipais, por força de alteração na regra de competência". Por isso sustenta que se o tema era antes da competência, por exemplo, dos Municípios e se torna assunto de competência federal com a nova Carta, não haveria como aceitar que permanecessem em vigor como se leis federais fossem – até por uma impossibilidade prática de se federalizar simultaneamente tantas leis acaso não coincidentes.

Gilmar Mendes, porém, sugere que se tenha por prorrogada a vigência da lei federal quando a competência se torna municipal ou estadual. Aqui não haveria empeço definitivo ao princípio da continuidade do ordenamento jurídico.

4.6. Repristinação

Que acontece com a lei que perdeu vigência com o advento de uma nova ordem constitucional, quando esta é revogada por uma terceira Constituição, que não é incompatível com aquela norma infraconstitucional?

A restauração da eficácia é considerada inviável. Não se admite a repristinação, em nome do princípio da segurança das relações[31], o que não impede, no entanto, que a nova Constituição **expressamente** revigore aquela legislação. À mesma solução se chega considerando que só é recebido o que existe validamente no momento que a nova Constituição é editada. A lei revogada, já não mais existindo então, não tem como ser recebida.

4.7. Possibilidade de se declarar inconstitucional norma anterior à Constituição, com ela materialmente compatível, editada com desobediência à Constituição então vigente

No sistema brasileiro, em que o controle de constitucionalidade é visto como atividade jurisdicional comum (na hipótese do controle *in casu*, que é difuso), nada obsta a que o juiz da causa declare inválida norma editada antes da Constituição em vigor que não respeitou formalmente a Constituição que vigorava quando foi editada, ainda que a lei não se aparte, no seu conteúdo, da nova Carta. O mesmo pode ser afirmado pelo Supremo Tribunal Federal, por meio de arguição de descumprimento de preceito fundamental.

---

30 Gilmar Ferreira Mendes, *Controle de constitucionalidade*: aspectos jurídicos e políticos, São Paulo: Saraiva, 1990, p. 88.

31 A propósito do STF o AgRg 235.800, rel. Min. Moreira Alves (*DJ* de 25-6-1999): "A recepção de lei ordinária como lei complementar pela Constituição posterior a ela só ocorre com relação aos seus dispositivos em vigor quando da promulgação desta, não havendo que pretender-se a ocorrência de efeito repristinatório, porque o nosso sistema jurídico, salvo disposição em contrário, não admite a repristinação (artigo 2º, § 3º, da Lei de Introdução ao Código Civil)".

Uma vez que vigora o princípio de que, em tese, a inconstitucionalidade gera a nulidade – absoluta – da lei, uma norma na situação em tela já era nula desde quando editada, pouco importando a compatibilidade material com a nova Constituição, que não revigora diplomas nulos.

Confirmando essa visão entre nós, o Supremo Tribunal Federal registra precedentes, posteriores à Constituição de 1988, em que se resolveu problema de inconstitucionalidade formal de diplomas em face da Constituição vigente quando editados. Está claro que esses precedentes não se deram no contexto de controle de constitucionalidade em tese, mas *in casu*. Os precedentes, apreciados depois de entrar em vigor a Constituição de 1988, relacionavam-se com a possibilidade de decreto-lei, na vigência da Constituição Federal de 1967/69, dispor sobre o regime jurídico do PIS. O STF decidiu que, segundo a Constituição de 1969, o decreto-lei poderia ser editado para tratar de normas tributárias; entretanto, como o PIS, então, não tinha natureza de tributo, mas de contribuição, era formalmente inconstitucional o decreto-lei que dele se ocupasse[32].

Nesse sentido também o magistério de Ives Gandra da Silva Martins, para quem o "texto inconstitucional não pode ser recepcionado pela nova ordem, mesmo que esta não considere inconstitucional o que a ordem pretérita assim considerava"[33].

4.8. Poder constituinte originário e direitos adquiridos

Suponha que alguém haja preenchido todos os requisitos da lei para obter certa vantagem e que, logo depois, se defronte com uma nova Constituição, que proíbe exatamente a satisfação daquela vantagem. Pode a pessoa invocar direito adquirido para manter a situação que lhe é benéfica? A questão se resume a saber se é possível invocar direito adquirido contra a Constituição[34].

Ao beneficiário do ato proibido pela nova Constituição talvez ocorra que a própria Carta de 1988 proclama o respeito ao direito adquirido, fiel ao ideal liberal democrático que assumiu.

Deve ser observado, contudo, que a Constituição, expressão do poder constituinte originário, não precisa, para ser válida, corresponder pontualmente a uma dada teoria política. O constituinte é livre para dispor sobre a vida jurídica do Estado como lhe parecer mais conveniente. Pode combinar princípios políticos no texto que elabora. Se uma norma da Constituição proíbe determinada faculdade ou direito, que antes era reconhecido ao cidadão, a norma constitucional nova há de ter plena aplicação, não precisando respeitar situações anteriormente constituídas.

---

32 RE 148.754-2, rel. Min. Carlos Velloso e julgado pelo Tribunal Pleno em 24-6-1993. Da mesma forma o RE 147.247-2/BA, rel. Min. Ilmar Galvão (*DJ* de 29-4-1994) e o RE 157.987, rel. Min. Marco Aurélio (*DJ* de 18-2-1994), entre outros.

33 Salário-Educação, *Revista Consulex*, ano II, n. 20, p. 50, ago. 1998.

34 Vamos analisar, neste momento, apenas o problema referente à existência de direito adquirido em confronto com a nova Constituição, obra do poder constituinte originário. O problema da existência de direito adquirido contra emenda à Constituição – obra do poder constituinte de reforma, derivado ou instituído –, na vigência da Carta atual, que erige garantias como a do direito adquirido em cláusula pétrea, é mais complexo e será estudado adiante.

Não se pode esquecer que a Constituição é o diploma *inicial* do ordenamento jurídico e que as suas regras têm incidência imediata. Somente é direito o que com ela é compatível, o que nela retira o seu fundamento de validade. Quando a Constituição consagra a garantia do direito adquirido, está prestigiando situações e pretensões que não conflitam com a expressão da vontade do poder constituinte originário. O poder constituinte originário dá início ao ordenamento jurídico, define o que pode ser aceito a partir de então. O que é repudiado pelo novo sistema constitucional não há de receber *status* próprio de um *direito*, mesmo que na vigência da Constituição anterior o detivesse. Somente seria viável falar em direito adquirido como exceção à incidência de certo dispositivo da Constituição se ela mesma, em alguma de suas normas, o admitisse claramente. Mas, aí, já não seria mais caso de direito adquirido contra a Constituição, apenas de ressalva expressa de certa situação.

Não havendo essa ressalva expressa, incide a norma constitucional contrária à situação antes constituída. Pontes de Miranda o ilustra dizendo que "quando uma Constituição deixa de considerar nacional nato, ou nacional naturalizado, quem o era sob a Constituição anterior, corta o que ela encontraria, porque a sua incidência é imediata. Poderia ressalvar. Se não ressalvou, cortou"[35]. Mais adiante, enfatiza que "as Constituições têm incidência imediata, ou desde o momento em que ela mesma fixou como aquele em que começaria a incidir. Para as Constituições, o passado só importa naquilo que ela aponta ou menciona. Fora daí, não"[36].

Desde tempos antigos, a jurisprudência do STF firmou-se no sentido de não admitir a invocação de direitos adquiridos contra a Constituição[37]. Mesmo mais recentemente, o STF registra acórdão em que se tornou a afirmar a impossibilidade de se invocar garantias como a do direito adquirido ou a da coisa julgada contra determinação do poder constituinte originário[38].

O constituinte – e apenas ele – pode excepcionar a incidência imediata de alguma de suas normas, por meio de cláusulas de transição, se entender que isso melhor consulta ao interesse da ordem constitucional. No Ato das Disposições Constitucionais Transitórias são encontradas algumas normas com esse objetivo[39].

---

35 Pontes de Miranda, *Comentários à Constituição de 1967*, São Paulo: Revista dos Tribunais, 1968, t. 6, p. 369.

36 Pontes de Miranda, *Comentários*, cit., p. 376.

37 *V. g.*, RE 14.360, *RDA*, 24/58. Nesse sentido, também, a curiosa assertiva do Ministro Aliomar Baleeiro: "Uma Constituição pode fazer do quadrado redondo, do branco preto, segundo a velha fórmula dos juristas antigos" (voto do Min. Aliomar Baleeiro no RE 74.284, *RTJ*, 66/220).

38 A propósito, o RE 140.894 (*DJ* de 9-8-1996), rel. Min. Ilmar Galvão, em que se lê: "O constituinte, ao estabelecer a inviolabilidade do direito adquirido, do ato jurídico perfeito e da coisa julgada, diante da lei (art. 5º, XXXVI), obviamente, excluiu-se dessa limitação, razão pela qual nada o impedia de excluir, dessa garantia, a situação jurídica em foco. Assim é que, além de vedar, no art. 37, XIV, a concessão de vantagens funcionais 'em cascata', determinou a imediata supressão de excessos da espécie, sem consideração a 'direito adquirido', expressão que há de ser entendida como compreendendo, não apenas o direito adquirido propriamente dito, mas também o decorrente do ato jurídico perfeito e da coisa julgada. Mandamento autoexequível, para a Administração, dispensando, na hipótese de coisa julgada, o exercício de ação rescisória que, de resto, importaria esfumarem-se, *ex tunc*, os efeitos da sentença, de legitimidade inconteste até o advento da nova Carta".

39 A mero título exemplificativo, veja-se o disposto no art. 41 do ADCT, em que se estabelecem regras que suavizam os efeitos da proibição que a Constituição passou a estatuir a que a União conceda isenção de tributos da competência dos Estados, do Distrito Federal e dos Municípios (art. 151, III, da CF).

Ocorre, com alguma frequência, de o poder constituinte originário estabelecer normas de transição do regime constitucional anterior para o que instaura. Isso acontece na Constituição de 1988, por exemplo, no que tange à proibição de a União conceder isenção de tributos de outras entidades federadas (art. 151, III[40]), que tem os seus efeitos minorados quanto às situações constituídas na vigência da Constituição de 1969, que admitia tal procedimento, pelo que dispõe o art. 41 do ADCT[41].

Se não é possível arguir direito adquirido contra a Constituição, já se argumentou, entretanto, e com o abono, num primeiro momento, do STF, que a norma constitucional, em certas hipóteses, deve ser interpretada como a pretender disciplinar certo tema a partir da sua própria edição, sem afetar a causa de um direito, ocorrida antes de promulgada a Carta.

Registram-se, na jurisprudência mais antiga do STF, manifestações no sentido de que, não havendo, em princípio, leis retroativas, a retroação da norma constitucional exigiria determinação expressa do constituinte nesse sentido[42]. Para o Tribunal, nesse primeiro momento da sua jurisprudência, o propósito de retroação deve estar nítido na norma constitucional superveniente, para que a nova Carta alcance os efeitos de um ato originado antes do advento da nova ordem.

O entendimento está, hoje, superado. Firmou-se, logo mais, que a proibição inserta numa norma constitucional apanha situações constituídas no passado, destinadas a produzir efeitos ao longo do tempo, acentuando-se que as garantias do direito adquirido, do ato jurídico perfeito e da coisa julgada não se dirigem ao constituinte; por isso a nova Constituição pode afetar ato praticado no passado, no que respeita aos efeitos que deveriam ocorrer na vigência da nova Carta. Disse o Ministro Moreira Alves, no precedente pioneiro do novo e atual entendimento da Corte, que "os efeitos futuros de fatos passados são atingidos pelo novo preceito constitucional, respeitados apenas – exceto se a Constituição expressamente declarar o contrário – os efeitos que ocorreram antes da

---

40 É vedado à União "instituir isenções de tributos da competência dos Estados, do Distrito Federal ou dos Municípios".

41 "Art. 41. Os Poderes Executivos da União, dos Estados, do Distrito Federal e dos Municípios reavaliarão todos os incentivos fiscais de natureza setorial ora em vigor, propondo aos Poderes Legislativos respectivos as medidas cabíveis.

§ 1º Considerar-se-ão revogados após dois anos, a partir da data da promulgação da Constituição, os incentivos que não forem confirmados por lei.

§ 2º A revogação não prejudicará os direitos que já tiverem sido adquiridos, àquela data, em relação a incentivos concedidos sob condição e com prazo certo.

§ 3º Os incentivos concedidos por convênio entre Estados, celebrados nos termos do art. 23, 6º, da Constituição de 1967, com a redação da Emenda n. 1, de 17 de outubro de 1969, também deverão ser reavaliados e reconfirmados nos prazos deste artigo."

42 RE 74.284, *RTJ*, 66/214, e RE 75.102, *RTJ*, 65/830. No RE 85.708 (*RTJ*, 87/257), rel. Min. Leitão de Abreu, o STF reafirmou que vantagem devida sob regime constitucional anterior (vencimentos integrais em caso de disponibilidade contra a regra nova de vencimentos proporcionais) somente deixa de ser paga se essa for a intenção explícita, ou pelo menos implícita, da nova regra. O precedente é interessante, porque nele se dá entrada à tese de que apenas nos casos em que o processo interpretativo revelar que o constituinte não quis respeitar situações constituídas anteriormente podem elas ser tidas como superadas. Disse o relator: "Não se desconhece que não há direito adquirido contra a Constituição, que pode, sem peias, desrespeitá-lo. Mas, para isso, é mister que essa tenha sido a vontade do legislador constituinte. Nem expressa nem implicitamente provê, no entanto, a esse respeito a ordem constitucional posterior, cujos preceitos quer o recurso se apliquem ao caso. Penso, pois, que, no tocante a vencimentos, o regime da disponibilidade, em que se acha o recorrido, é o da Constituição de 1946".

vigência do novo texto constitucional. Assim, se o dispositivo constitucional novo proíbe a participação – até então admitida – de funcionários na arrecadação tributária, não estão estes obrigados a devolver percentagens recebidas antes de o novo texto constitucional entrar em vigor, mas não podem recebê-las depois da vigência do preceito constitucional proibitivo, ainda que alegando a existência de direito adquirido. Em outras palavras, a Constituição, ao aplicar-se de imediato, não desfaz os efeitos passados de fatos passados (salvo se expressamente estabelecer o contrário), mas alcança os efeitos futuros de fatos a ela anteriores (exceto se os ressalvar de modo inequívoco)"[43].

O STF passou a entender que somente quando a nova norma constitucional claramente ressalva uma situação, que seria agora inválida, mas criada licitamente antes dela, somente nesses casos a situação merece continuar a ser protegida. De toda sorte, os efeitos do ato praticado anteriormente que se exauriram antes da nova norma constitucional não sofrem a influência da nova norma constitucional, a não ser que esta seja expressa nesse sentido.

Em suma, a norma superveniente do poder constituinte originário, a não ser quando diz o contrário, tem aplicação sobre situações constituídas antes da sua vigência, exatamente sobre os efeitos que o ato praticado no passado tenderia a produzir sob a vigência da nova norma constitucional.

Reconhece-se, assim, como típico das normas do poder constituinte originário serem elas dotadas de eficácia retroativa mínima, já que se entende como próprio dessas normas atingir efeitos futuros de fatos passados. As normas do poder constituinte originário podem, excepcionalmente, ter eficácia retroativa média (alcançar prestações vencidas anteriormente a essas normas e não pagas) ou máxima (alcançar fatos consumados no passado), mas para que opere com a retroatividade média ou máxima, o propósito do constituinte deve ser expresso. É nesse sentido que se diz, hoje, que não há direito adquirido contra a Constituição[44].

Assim, já decidiu o STF que a norma sobre prescrição quanto aos créditos resultantes das relações de trabalho, constante do art. 7º, XXIX, da CF, não aproveita a quem já vira a prescrição consumada antes, segundo a lei anterior, justamente porque, a não ser que o constituinte seja expresso em o desejar – e não é o caso –, a norma que edita não atinge situações já consumadas no passado[45].

Vale assinalar que a eficácia retroativa mínima é apanágio da norma proveniente do constituinte originário. O legislador comum não pode afetar ato jurídico perfeito ou direito adquirido, nem mesmo nos efeitos futuros [com relação à nova lei] dos atos praticados antes da mesma lei. A garantia do art. 5º, XXXVI, o veda[46].

---

43 RE 94.414/SP, *RTJ*, 114/237, rel. Min. Moreira Alves.

44 A propósito, o RE 140.499/GO, *DJ* de 9-9-1994, rel. Min. Moreira Alves.

45 AgRg 139.004, *DJ* de 2-2-1996, rel. Min. Moreira Alves, em que se lê: Se a prescrição se consumou anteriormente à entrada em vigor da nova Constituição, é ela regida pela lei do tempo em que ocorreu, pois, como salientado no despacho agravado, "não há que se confundir eficácia imediata da Constituição a efeitos futuros de fatos passados com a aplicação dela a fato passado". A Constituição só alcança os fatos consumados no passado quando expressamente o declara, o que não ocorre com referência à prescrição.

46 A propósito, entre outros, o RE 205.999, *DJ* de 3-3-2000, rel. Min. Moreira Alves, em que se lê: "Sendo constitucional o princípio de que a lei não pode prejudicar o ato jurídico perfeito, ele se aplica também às leis de ordem

4.9. Poder constituinte originário e controle de constitucionalidade dos seus atos

Sendo o poder constituinte originário ilimitado e sendo o controle de constitucionalidade exercício atribuído pelo constituinte originário a poder por ele criado e que a ele deve reverência, não há se cogitar de fiscalização de legitimidade por parte do Judiciário de preceito por aquele estatuído[47].

pública. De outra parte, se a cláusula relativa a rescisão com a perda de todas as quantias já pagas constava do contrato celebrado anteriormente ao Código de Defesa do Consumidor, ainda quando a rescisão tenha ocorrido após a entrada em vigor deste, a aplicação dele para se declarar nula a rescisão feita de acordo com aquela cláusula fere, sem dúvida alguma, o ato jurídico perfeito, porquanto a modificação dos efeitos futuros de ato jurídico perfeito caracteriza a hipótese de retroatividade mínima que também é alcançada pelo disposto no artigo 5º, XXXVI, da Carta Magna". Da mesma forma, o RE 395.384 ED, *DJe* de 22-6-2007, e o ARE 829.550 AgR, *DJe* de 24-9-2015.

47 Na ADI 4.097-AgR, *DJ* de 21-11-2008, rel. Min. Cezar Peluso, foi indeferida a petição inicial, por impossibilidade jurídica do pedido, que se dirigia à declaração de inconstitucionalidade da norma que afirma serem inelegíveis os analfabetos. Foi abonado o magistério de Gilmar Ferreira Mendes, Clèmerson Clève, Marcelo Neves e de Jorge Miranda no sentido de ser incogitável o controle de constitucionalidade de deliberação do constituinte originário. Do autor português adotou-se o ensinamento de que, "no interior da mesma Constituição originária (...), não divisamos como possam surgir normas inconstitucionais. Nem vemos como órgãos de fiscalização instituídos por esse poder seriam competentes para apreciar e não aplicar, com base na Constituição, qualquer de suas normas. É o princípio da identidade ou de não contradição que o impede". No julgado, aderiu-se à inteligência firmada em precedente pioneiro sobre o assunto. Na ADI 815, *DJ* de 10-5-1996, rel. Min. Moreira Alves, afirmou-se que "a tese de que há hierarquia entre normas constitucionais originárias dando azo à declaração de inconstitucionalidade de umas em face de outras é incompossível com o sistema de Constituição rígida".

II PODER CONSTITUINTE DE REFORMA

Embora as constituições sejam concebidas para durar no tempo, a evolução dos fatos sociais pode reclamar ajustes na vontade expressa no documento do poder constituinte originário. Para prevenir os efeitos nefastos de um engessamento de todo o texto constitucional, o próprio poder constituinte originário prevê a possibilidade de um poder, por ele instituído, vir a alterar a Lei Maior.

Evita-se, desse modo, que o poder constituinte originário tenha de se manifestar, às vezes, para mudanças meramente pontuais. Reduzem-se os efeitos nefastos das contínuas rupturas da ordem constitucional.

Aceita-se, então, que a Constituição seja alterada, justamente com a finalidade de regenerá-la, conservá-la na sua essência, eliminando as normas que não mais se justificam política, social e juridicamente, aditando outras que revitalizem o texto, para que possa cumprir mais adequadamente a função de conformação da sociedade.

As mudanças são previstas e reguladas na própria Constituição que será alterada.

O poder de reforma – expressão que inclui tanto o poder de emenda como o poder de revisão do texto (art. 3º do ADCT) – é, portanto, criado pelo poder constituinte originário, que lhe estabelece o procedimento a ser seguido e limitações a serem observadas. O poder constituinte de reforma, assim, não é inicial, nem incondicionado nem ilimitado. É um poder que não se confunde com o poder originário, estando subordinado a ele. Justamente a distinção entre os poderes constituinte originário e derivado justifica, conforme o magistério de Gilmar Ferreira Mendes, o estabelecimento de restrições a este[1].

1. CONSTITUIÇÕES RÍGIDAS E CONSTITUIÇÕES FLEXÍVEIS

Convém ressaltar que o tema do poder constituinte de reforma, a envolver a compreensão das suas características peculiares e limitações, somente ganha proeminência quando se está tratando de constituição rígida.

Rígidas são as constituições que somente são alteráveis por meio de procedimentos especiais, mais complexos e difíceis do que aqueles próprios à atividade comum do Poder Legislativo[2]. A Constituição flexível, de seu lado, equipara-se, no que tange ao rito de sua reforma, às leis comuns.

Dois conjuntos de fatores influenciam a adoção desse tipo de Lei Maior. De um lado, a convicção de que as constituições não devem pretender ser imodificáveis – já que isso seria um convite ao recurso fatal das revoluções –; de outro, a impressão de que a vontade do constituinte originário não deve ficar ao alvedrio de caprichos momentâneos ou de maiorias ocasionais no poder. A técnica da Constituição rígida explica-se

1 Cf. Gilmar Mendes, Os limites da revisão constitucional, *Cadernos de Direito Constitucional e Ciência Política*, v. 5, n. 21, out./dez. 1997.

2 Nesse sentido, cite-se por todos J. H. Meirelles Teixeira, *Curso de direito constitucional*, Rio de Janeiro: Forense Universitária, 1991, p. 108.

como uma solução intermediária entre duas opções tidas como inaceitáveis – a inalterabilidade da Constituição e a sua banalização, pela facilidade de sua reforma.

A Constituição da Inglaterra é o exemplo clássico de Constituição flexível, não havendo falar, ali, em poder de reforma da Constituição diverso do poder legislativo ordinário[3].

As constituições mistas (ou semirrígidas) são um combinado dos dois tipos anteriores. Apenas alguns preceitos do texto são modificáveis por processo especial, enquanto outros podem ser alterados pelo processo legislativo comum. O exemplo é a nossa Constituição do Império, que, no art. 178, dizia que as matérias não tipicamente constitucionais do texto poderiam ser alteradas pelo legislador segundo o procedimento ordinário. Só considerava tipicamente constitucional o que tinha a ver com limites e atribuições dos poderes públicos e com direitos políticos e individuais dos cidadãos[4].

Os admiradores da modalidade flexível da Constituição apontam a maleabilidade como mérito. Os diplomas estariam sempre predispostos a adaptarem-se às necessidades mutantes impostas pelos fatos sociais.

Num país sem espírito conservador e sem tradições firmes, uma Constituição flexível pode acarretar consequências indesejadas. Uma Constituição rígida garante maior estabilidade às instituições fundamentais e contribui para que o texto seja mais facilmente conhecido pela população, pela dificuldade que cria a que maiorias ocasionais logrem impor mudanças repentinas e caprichosas do texto.

As constituições rígidas, como a nossa, marcam a distinção entre o poder constituinte originário e os constituídos, inclusive o de reforma; reforçam a supremacia da Constituição, na medida em que repelem que o legislador ordinário disponha em sentido contrário do texto constitucional; e levam, afinal, à instituição de mecanismo de controle de constitucionalidade de leis, como garantia real da superlegalidade das normas constitucionais.

2. DENOMINAÇÕES DO PODER DE REFORMA

O poder de reformar a Constituição recebe denominações diversas, conforme o doutrinador que dele cuida, já havendo sido chamado de poder constituinte constituído, poder constituinte derivado, poder constituinte instituído ou poder constituinte de segundo grau.

3. LIMITES AO PODER DE REFORMA – ESPÉCIES

Sendo um poder instituído, o poder de reforma está sujeito a limitações de forma e de conteúdo.

3 Nova Zelândia e Israel também são lembrados como exemplos de países em que não se exigem maiorias superqualificadas para modificações de regras de índole constitucional.

4 As desvantagens desse sistema foram salientadas na Assembleia Constituinte da primeira Constituição republicana, quando Serzedello Correa deu testemunho de que aquele dispositivo punha o parlamento eternamente ocupado com a questão de saber que dispositivos da carta poderiam ser reformados por lei ordinária.

Entre nós, a liberdade do órgão reformador sofre restrições de ordem procedimental.

Assim, exige-se quórum especialmente qualificado para a aprovação de emenda à Constituição. É preciso que a proposta de emenda reúna o voto favorável de 3/5 dos membros de cada Casa do Congresso Nacional e em dois turnos de votação[5] em cada uma. Ambas as Casas devem anuir ao texto da emenda, para que ela prospere; não basta, por isso, para que a proposta de emenda seja aprovada, que a Casa em que se iniciou o processo rejeite as alterações à sua proposta produzidas na outra Casa[6].

A Constituição também aponta quem pode apresentar proposta de Emenda à Constituição (1/3, no mínimo, dos membros da Câmara dos Deputados ou do Senado Federal; o Presidente da República; mais da metade das Assembleias Legislativas das unidades da Federação, manifestando-se, cada uma delas, pela maioria relativa de seus membros). Não se prevê a iniciativa popular de proposta de Emenda. Não há se cogitar de iniciativa reservada para a apresentação de proposta de mudança da Constituição da República[7].

Proíbe-se, por igual, a reapresentação, na mesma sessão legislativa, de proposta de emenda nela rejeitada ou tida por prejudicada (CF, art. 60, § 5º)[8].

O poder de emenda também se submete a restrições circunstanciais. Proíbe-se a mudança em certos contextos históricos adversos à livre deliberação dos órgãos constituintes, como a intervenção federal, estado de sítio ou estado de defesa (CF, art. 60, § 1º).

Algumas constituições – não a brasileira em vigor – estabelecem também restrição temporal, vedando emendas durante certo período de tempo[9].

---

5 Na ADI 4.425 (rel. para o acórdão o Ministro Luiz Fux, *DJe* de 19-12-2013), o STF decidiu que não haveria padrão constitucional para aferir um intervalo de tempo mínimo a ser observado entre cada um dos dois turnos de votação, recusando-se, assim, a criticar opções a esse respeito seguidas pelo Congresso Nacional. Lê-se do acórdão: "A Constituição Federal de 1988 não fixou um intervalo temporal mínimo entre os dois turnos de votação para fins de aprovação de emendas à Constituição (CF, art. 62, § 2º), de sorte que não existe parâmetro objetivo que oriente o exame judicial do grau de solidez da vontade política de reformar a Lei Maior". Isso não obstante, em plano doutrinário, pode-se arguir que o propósito de propiciar mais agudo e extenso debate em torno da atividade de maior importância no campo da produção legislativa – a elaboração de normas constitucionais – parece ser incompatível com a adoção de interregnos ínfimos, por vezes de minutos, entre uma votação e outra.

6 A esse propósito, convém apontar que o STF entendeu, interpretando o art. 60, § 2º, da CF, que "não precisa ser reapreciada pela Câmara dos Deputados expressão suprimida pelo Senado Federal em texto de projeto que, na redação remanescente, aprovada por ambas as Casas do Congresso, não perdeu sentido normativo" (ADI 3.367, *DJ* de 13-4-2005, rel. Min. Cezar Peluso).

7 ADI MC 5.296, Plenário, julgada em 22-10-2015. Não se aplicam aqui, portanto, as regras constitucionais sobre reserva de iniciativa para apresentação de projeto de lei. Nada impede que o Presidente da República proponha, por exemplo, proposta de emenda à Constituição disciplinando tema que, no plano das leis ordinárias, deveria ser objeto de provocação do Congresso Nacional por órgão do Judiciário.

8 Decidiu-se no MS 22.503, *DJ* de 6-6-1997, Rel. para o acórdão Min. Maurício Corrêa, que: "tendo a Câmara dos Deputados apenas rejeitado o substitutivo, e não o projeto que veio por mensagem do Poder Executivo, não se cuida de aplicar a norma do art. 60, § 5º, da Constituição. Por isso mesmo, afastada a rejeição do substitutivo, nada impede que se prossiga na votação do projeto originário. O que não pode ser votado na mesma sessão legislativa é a emenda rejeitada ou havida por prejudicada, e não o substitutivo, que é uma subespécie do projeto originariamente proposto".

9 A Constituição de 1824 proibia emendas antes de quatro anos de outorgado o texto.

Há, afinal, as limitações materiais ao poder de reforma. O poder constituinte originário pode estabelecer que certas opções que tomou são intangíveis. Terá consagrado o que se denomina *cláusula pétrea*.

4. AS LIMITAÇÕES MATERIAIS – INTRODUÇÃO

De todas as restrições impostas ao poder de reforma, a que mais provoca polêmica é a que constrange a atividade de reforma no seu conteúdo.

Se a reforma da Constituição tem por objetivo revitalizar a própria Constituição como um todo, é de entender que a identidade básica do texto deve ser preservada, o que, por si, já significa um limite à atividade da reforma. O próprio constituinte originário pode indicar os princípios que não admite sejam modificados, como forma de manter a unidade no tempo do seu trabalho.

Esses limites, é claro, não têm força para impedir alterações do texto por meios revolucionários, mas, se, com desrespeito a essas cláusulas pétreas, impõe-se a mudança da Constituição, ao menos se retira do procedimento "a máscara da legalidade"[10].

Em todo o caso, como adverte Nélson Sampaio, "cumpre evitar uma rigidez tão acentuada que seja um convite às revoluções, ou uma elasticidade tão exagerada que desvaneça a ideia de segurança do regime sob que se vive"[11]. Os limites, enfim, não devem ser interpretados de modo a ocasionar uma virtual impossibilidade de mudança da Constituição.

4.1. Limites materiais – dificuldades teóricas para a sua aceitação

A ideia mesma de que haja limites ao exercício do poder de rever a Constituição é motivo de controvérsia. A perplexidade surge de uma verificação: se ambos os poderes – originário e de reforma – são exercidos por representantes do mesmo povo, por que um desses poderes deve estar subordinado ao outro?

Afinal, o que justifica que uma decisão tomada no passado não possa ser revista no futuro, em virtude de um novo consenso criado em torno do assunto petrificado?

Em teoria constitucional, já se buscou desfazer a ideia de que se estaria impondo a vontade de uma geração a outra. Parte-se do pressuposto de que o poder constituinte originário é a expressão da vontade do povo e que as limitações que este impõe destinam-se a restringir a vontade dos representantes do povo, no exercício dos poderes constituídos[12]. O próprio procedimento de elaboração da Constituição, com uma su-

10 A imagem expressiva está em Ingo Sarlet, *A eficácia dos direitos fundamentais*, Porto Alegre: Livr. do Advogado Ed., 1998, p. 350.

11 *O poder de reforma constitucional*, Bahia: Livr. Progresso, 1954, p. 66.

12 Klaus Stern (*Derecho*, cit., p. 322) não hesita em afirmar que o tema é inexplicável do ponto de vista teórico-constitucional. Mas entende possível distinguir na elaboração da Constituição e na sua reforma circunstâncias diferentes da intervenção do povo. Num caso, o povo é o criador da Constituição, no outro, o seu destinatário.

posta perspectiva universalista e atemporal a dominar os seus trabalhos, justificaria limitações aos poderes constituídos, mais voltados para as contingências imediatas da política comum.

Como quer que seja, o que explica a consagração dessas cláusulas de perpetuidade é o argumento de que elas perfazem um *núcleo essencial do projeto* do poder constituinte originário, que ele intenta preservar de quaisquer *mudanças institucionalizadas*. E o poder constituinte pode estabelecer essas restrições justamente por ser superior juridicamente ao poder de reforma.

Na realidade, a se aceitar o argumento, a geração seguinte não se vê inexoravelmente presa às decisões da geração anterior. Ela as segue enquanto entender que o deve. Nada impede que o povo, fazendo-se ouvir por meio de manifestação do poder constituinte originário, rompa com as limitações impostas pela Constituição em vigor e se dê um outro diploma magno. Enquanto isso não ocorre, o que se pode dizer é que a geração subsequente à que editou a Constituição com as suas limitações materiais concorda com elas. Anuência que adviria do fato de não exercer o poder constituinte originário.

Toda essa discussão teórica acabou por influir no domínio da interpretação constitucional, de modo particular quando se tratou de definir a natureza das cláusulas pétreas.

4.2. Natureza da cláusula pétrea

Em torno das cláusulas pétreas aglutinam-se três correntes doutrinárias, em boa medida tributárias das discussões filosófico-políticas que o tema da limitação ao poder de reforma suscita. Há os que disputam a sua legitimidade e eficácia jurídica. Há os que admitem a restrição, mas a tem como relativa, sustentando que ela pode ser removida pelo mecanismo da dupla revisão. Há os que aceitam a limitação material e a tem como imprescindível e incontornável.

O argumento dos que sustentam ser juridicamente inaceitáveis as cláusulas pétreas (Loewenstein e Joseph Barthélemy) apega-se à ideia de que não haveria uma diferença de substância entre o poder constituinte de revisão e o originário, sendo ambos formas de expressão da soberania do Estado. Ambos são exercidos, num regime democrático, por representantes do povo, por ele eleitos. Não haveria por que considerar o poder constituinte exercido num certo momento como superior à vontade do poder de revisão expressa posteriormente. Diz-se desarrazoado supor a existência de uma autolimitação da vontade nacional operada pelo constituinte originário. A declaração de intangibilidade, por isso, teria uma função política, mas não força jurídica.

Outros entendem que as normas que impedem a revisão de certos preceitos básicos são juridicamente vinculantes, mas não seriam elas próprias imunes a alterações e à revogação. Se forem suprimidas, num primeiro momento, abre-se o caminho para, em

---

Aproximadamente assim também Oscar Vilhena Vieira, *A Constituição e sua reserva de justiça*, São Paulo: Malheiros, 1999, p. 43.

seguida, serem removidos os princípios petrificados. Esse procedimento ganha o nome de *dupla revisão*.

Assim, aceita-se que o poder constituinte originário estabeleça que certas cláusulas estejam ao abrigo de mudanças, mas se propõe que essa determinação somente deverá ser observada enquanto ela própria estiver em vigor, podendo ser revogada pelo poder de revisão.

O sentido básico do estabelecimento de limites materiais seria, assim, o de aumentar a estabilidade de certas opções do constituinte originário, assegurar-lhe maior sobrevida, por meio do agravamento do processo da sua substituição.

O argumento dos que têm a limitação como absolutamente vinculante e imprescindível ao sistema parte do pressuposto de que o poder de revisão, criado pela Constituição, deve conter-se dentro do parâmetro das opções essenciais feitas pelo constituinte originário.

Aponta-se que se o poder revisional enfrenta a lógica da Constituição que o previu, e se desgarra do núcleo essencial dos princípios que a inspiraram e que lhe dão unidade, ocorreria um *desvio de poder*.

Lembra-se que o propósito do poder de revisão não é criar uma nova Constituição, mas ajustá-la – mantendo a sua identidade – às novas conjunturas.

Se o poder de revisão se liberta totalmente da Constituição teremos uma Constituição nova, o poder de revisão ter-se-á arrogado, então, a condição de poder constituinte originário. Na faculdade de reformar a Constituição não se inclui a de dar uma nova Constituição ao Estado. Em nenhum caso, já registrava Carl Schmitt, a reforma pode afetar a continuidade e a identidade da Constituição[13].

Raciocina-se, ainda, contra a tese da dupla revisão, que só faz sentido declarar imutáveis certas normas se a própria declaração de imutabilidade também o for. Do contrário, frustrar-se-ia a intenção do constituinte originário.

As cláusulas pétreas, portanto, além de assegurarem a imutabilidade de certos valores, além de preservarem a identidade do projeto do constituinte originário, participam, elas próprias, como tais, também da essência inalterável desse projeto. Eliminar a cláusula pétrea já é enfraquecer os princípios básicos do projeto do constituinte originário garantidos por ela.

Predomina, no Brasil, o entendimento propugnado pela última das correntes acima vista.

4.3. Finalidade da cláusula pétrea – o que ela veda

O significado último das cláusulas de imutabilidade está em prevenir um processo de erosão da Constituição.

13 Para Schmitt, "Uma faculdade de 'reformar a Constituição', atribuída por uma normação legal-constitucional, significa que uma ou várias regulações legais-constitucionais podem ser substituídas, mas apenas no pressuposto de que permaneçam garantidas a identidade e a continuidade da Constituição, considerada como um todo" (*Teoría de la Constitución*, Madrid: Alianza, 2001, p. 119).

A cláusula pétrea não existe tão só para remediar situação de destruição da Carta, mas tem a missão de inibir a mera tentativa de abolir o seu projeto básico. Pretende-se evitar que a sedução de apelos próprios de certo momento político destrua um projeto duradouro[14].

4.4. Alcance da proteção da cláusula pétrea

A cláusula pétrea não tem por meta preservar a redação de uma norma constitucional – ostenta, antes, o significado mais profundo de obviar a ruptura com princípios e estruturas essenciais da Constituição. Esses princípios, essas estruturas é que se acham ao abrigo de esvaziamento por ação do poder reformador[15]. Nesse sentido, Jorge Miranda lembra que a cláusula pétrea não tem por escopo proteger dispositivos constitucionais, mas os princípios neles modelados[16].

Por isso também se leciona que a *mera alteração redacional* de uma norma componente do rol das cláusulas pétreas não importa, por isso somente, inconstitucionalidade, desde que não afetada a essência do princípio protegido e o sentido da norma.

Há quem aceite que mesmo as cláusulas pétreas não estabelecem a absoluta intangibilidade do bem constitucional por ela alcançado[17]. Diz-se que, conquanto fique preservado o *núcleo essencial* dos bens constitucionais protegidos, isto é, desde que a essência do princípio permaneça intocada, elementos circunstanciais ligados ao bem tornado cláusula pétrea poderiam ser modificados ou suprimidos.

Flávio Novelli, a esse respeito, enfatiza que "a mais categorizada doutrina rejeita hoje, incisivamente, uma apriorística identificação entre *inviolável* e *inemendável ou irrevisível*"[18]. No sentir do autor, a violação existiria apenas quando transgredidos os limites do poder de emenda. Esses limites não seriam transgredidos tão só por se dar às matérias postas sob a proteção de cláusula pétrea uma nova disciplina, mas o seriam quando a modificação tocasse – suprimindo ou aniquilando – um princípio estrutural da Constituição. Aí, sim, a obra do poder constituinte originário ficaria desfigurada, por se haver ferido o *conteúdo essencial* dos interesses, valores e princípios que as cláusulas pétreas querem proteger. Para Novelli, a Lei Maior "repele, não toda emenda capaz de afetá-los, mas tão somente a que intente suprimi-los ou (o que dá no mesmo) alterá-los substancialmente, afetá-los no seu conteúdo essencial"[19]. Esse conteúdo essencial seria "aquilo que neles [nos princípios estruturais] constitui a própria substância, os fundamentos, os elementos ou componentes deles inseparáveis, a eles verdadeiramente inerentes"[20].

---

14 Já se estabeleceu paralelo entre a limitação à reforma da Constituição e a narrativa de Ulisses, personagem da Odisseia de Homero, amarrado ao mastro do seu navio, para atravessar incólume o mar das sedutoras, mas fatais, sereias. A propósito, Jon Elster, *Ulisses unbound*, Cambridge: Cambridge University Press, 2000.

15 A propósito, Gilmar Mendes, Limites da revisão: cláusulas pétreas ou garantias de eternidade, *Ajuris*, 60 (1994), p. 251. Ingo Sarlet, *A eficácia*, cit., p. 357.

16 Jorge Miranda, *Manual de direito constitucional*, Coimbra: Coimbra Ed., 1988, t. 2, p. 155.

17 Ingo Sarlet, *A eficácia*, cit., p. 357, citando, em apoio à tese, N. Souza Sampaio, *O poder de reforma, cit.*, p. 89. Ver também F. B. Novelli, Norma constitucional inconstitucional?, *RF*, 330 (1995), p. 80-83.

18 Novelli, Norma constitucional, *RF*, cit., p. 80.

19 Novelli, Norma constitucional, *RF*, cit., p. 81.

20 Novelli, Norma constitucional, *RF*, cit., p. 82.

De toda sorte, saber quando uma modificação de tema ligado a cláusula pétrea afeta-a, ou não, exige avaliação caso a caso.

Em favor desse entendimento, pode-se mencionar caso julgado pelo STF, em que não parece forçar o argumento enxergar a aplicação de inteligência aparentada com essa doutrina, ainda que sem o afirmar.

No MS 20.257-DF (*RTJ*, 99/1031), um precedente julgado em outubro de 1980, o Supremo Tribunal discutiu se uma emenda à Constituição, que prorrogava o mandato de prefeitos de dois para quatro anos, afetava a cláusula pétrea do princípio republicano, consagrado na Constituição da época.

O voto do redator para o acórdão, Ministro Moreira Alves, esclareceu que a temporariedade do mandato político constituía uma dimensão do princípio republicano, cláusula pétrea explícita à época. No entanto, o Ministro entendeu também que a só prorrogação por dois anos de certos mandatos não equivalia a ofensa à temporariedade deles. Vê-se que nem toda modificação do tema da duração do mandato está vedada, desde que não se afete o núcleo essencial da temporariedade, que tem que ver com a possibilidade de, em intervalos razoáveis, o povo eleger os seus representantes em cargos políticos. A avaliação das hipóteses de eventual ofensa ao núcleo essencial da temporariedade dos mandatos há de ser feita caso a caso e não dispensa esforço hermenêutico.

No MS 23.047-MC[21], o relator, Ministro Sepúlveda Pertence, expressamente adere à tese de que "as limitações materiais ao poder constituinte de reforma, que o art. 60, § 4º, da Lei Fundamental enumera, não significam a intangibilidade literal da respectiva disciplina na Constituição originária, mas apenas a proteção do núcleo essencial dos princípios e institutos cuja preservação nelas se protege"[22].

A garantia de permanência em que consiste a cláusula pétrea, em suma, imuniza o sentido dessas categorias constitucionais protegidas contra alterações que aligeirem o seu núcleo básico ou debilitem a proteção que fornecem. Nesse sentido se deve compreender o art. 60, § 4º, da CF, como proibição à deliberação de proposta *tendente a abolir*, isto é, a mitigar, a reduzir, o significado e a eficácia da forma federativa do Estado, do voto direto, secreto, universal e periódico, a separação dos Poderes e os direitos e garantias individuais.

4.5. Controle de constitucionalidade de emendas em face de cláusula pétrea

As limitações ao poder de reforma teriam reduzido efeito prático se não se admitisse o controle jurisdicional da observância das restrições que o constituinte originário impôs ao poder constituído.

21 *DJ* de 14-11-2003.

22 O relator acrescentou que "uma interpretação radical e expansiva das normas de intangibilidade da Constituição, antes de assegurar a estabilidade institucional, é a que arrisca legitimar rupturas revolucionárias ou dar pretexto fácil à tentação dos golpes de Estado". Tratava-se de controle de proposta de emenda que cuidava de regime de previdência de servidores dos Estados e Municípios. O entendimento foi reiterado ao se julgar a ADI 2.024, do mesmo relator, *DJ* de 1º-12-2000. Da mesma forma, na ADI 5.935 (*DJe* de 3-6-2020), fixou-se que, não obstante o princípio do concurso público seja a expressão republicana do princípio da igualdade, a EC 98 não fere cláusula pétrea ao integrar ao quadro de servidores efetivos funcionários não submetidos a esse tipo de certame, dada a presença de circunstâncias justificadas constitucionalmente.

Entre nós, há muito que o STF entende possível esse exame. Ainda na Primeira República, admitiu a discussão sobre a validade da Reforma Constitucional de 1925/1926 em face de decretação de estado de sítio e por não ter sido aprovada pela totalidade dos membros de cada Casa Legislativa[23]. O STF proclamou válida a revisão, entendendo-se, portanto, competente para avaliar a legitimidade de emendas à Constituição – inteligência que se manteve firme desde então[24].

Mais proximamente, no MS 20.257 (*RTJ*, 99/1031), o Supremo Tribunal decidiu ser cabível o mandado de segurança em que se ataque proposta de emenda constitucional desrespeitosa de cláusula pétrea, apontando-se que a inconstitucionalidade já existe antes de a proposta se transformar em emenda, uma vez que o seu "próprio processamento já desrespeita, frontalmente, a Constituição".

A legitimidade para o ajuizamento do mandado de segurança é reconhecida apenas ao parlamentar federal, pois é ele quem tem o direito subjetivo – de não ser convocado para participar de votação inconstitucional – ofendido[25].

Na ADI 829-3-DF (j. 14-4-1993, *DJ* de 16-9-1994), o relator, Ministro Moreira Alves, disse na ementa:

> Ação direta de inconstitucionalidade. Antecipação do plebiscito a que alude o art. 2º do ADCT da Constituição de 1988.
>
> Não há dúvida de que, em face do novo sistema constitucional é o STF competente para, em controle difuso ou concentrado, examinar a constitucionalidade ou não de emenda constitucional – no caso a nº 2, de 25 de agosto de 1992 – impugnada por violadora de cláusulas pétreas explícitas ou implícitas.

Assim, é seguro que o Judiciário pode afirmar a inconstitucionalidade de emenda à Constituição. Isso pode ser feito depois de a emenda haver sido promulgada, em casos concretos, por qualquer juiz, podendo também se efetuar o controle abstrato, pelo STF, por meio de ação direta de inconstitucionalidade. O controle pode ocorrer antes mesmo de a emenda ser votada, por meio de mandado de segurança, reconhecendo-se legitimação para agir exclusivamente ao congressista.

Ao julgar o MS 32.033 (*DJe* de 18-2-2014), o STF afirmou que, se é cabível o controle preventivo, por meio de mandado de segurança impetrado por parlamentar fede-

23 HC 18.178, *Arquivo Judiciário*, v. XVII, n. 5, p. 341.

24 Em outros países, nem sempre se admite o controle de constitucionalidade de emendas à Constituição. Na França, por exemplo, o Conselho Constitucional entende não dispor de competência para avaliar a constitucionalidade de leis constitucionais (cf. Susan Wright, The self-restraint of the French Conseil Constitutionnel in 2003 and 2004, *European Public Law*, v. 11, n. 4, p. 496, 2005).

25 Nesse sentido: o MS AgRg 24.667, *DJ* de 23-4-2004, rel. Min. Carlos Velloso. Lê-se na ementa: "I. O Supremo Tribunal Federal admite a legitimidade do parlamentar – e somente do parlamentar – para impetrar mandado de segurança com a finalidade de coibir atos praticados no processo de aprovação de lei ou emenda constitucional incompatíveis com disposições constitucionais que disciplinam o processo legislativo. II. Precedentes do STF: MS 20.257/DF, Ministro Moreira Alves (*leading case*) (*RTJ* 99/1031); MS 20.452/DF, Ministro Aldir Passarinho (*RTJ* 116/47); MS 21.642/DF, Ministro Celso de Mello (RDA 191/200); MS 24.645/DF, Ministro Celso de Mello, 'D.J.' de 15-9-2003; MS 24.593/DF, Ministro Maurício Corrêa, 'D.J.' de 8-8-2003; MS 24.576/DF, Ministra Ellen Gracie, 'D.J.' de 12-9-2003; MS 24.356/DF, Ministro Carlos Velloso, 'D.J.' de 12-9-2003".

ral, da constitucionalidade material de proposta de emenda à Constituição, não seria viável o mesmo tipo de controle, tomando como paradigma uma cláusula pétrea, quando se pretende atacar um projeto de lei. O ponto de inflexão que distanciaria ambas as situações estaria em que a proibição explícita para o debate daquela não existe para a deliberação deste[26].

4.6. As cláusulas pétreas em espécie

4.6.1. Forma federativa do Estado

Não é passível de deliberação a proposta de emenda que desvirtue o modo de ser federal do Estado criado pela Constituição, em que se divisa uma organização descentralizada, tanto administrativa quanto politicamente, erigida sobre uma repartição de competência entre o governo central e os locais, consagrada na Lei Maior, onde os Estados federados participam das deliberações da União, sem dispor do direito de secessão.

A repartição de competências é crucial para a caracterização do Estado Federal, mas não deve ser considerada insuscetível de alterações. Não há obstáculo à transferência de competências de uma esfera da Federação para outra, desde que resguardado certo grau de autonomia de cada qual[27]. Decidiu-se, igualmente, que a exigência de que seja obedecido calendário a ser fixado por lei complementar federal, acrescida aos requisitos para que a lei estadual crie, incorpore, desmembre ou realize a fusão de Municípios não hostiliza a cláusula pétrea do art. 60, § 4º, I, da CF[28].

O STF decidiu que a emenda à Constituição que fere o princípio da imunidade tributária recíproca entre os entes da Federação agride a cláusula pétrea da forma federal do Estado[29].

---

26 No voto do relator para o acórdão, Ministro Teori Zavascki, foi dito que "quanto mais evidente e grotesca possa ser a inconstitucionalidade material de projetos de lei, menos ainda se deverá duvidar do exercício responsável do papel do Legislativo, de negar-lhe aprovação, e do Executivo, de apor-lhe veto, se for o caso; (...) e se, eventualmente, um projeto assim se transformar em lei, sempre haverá a possibilidade de provocar o controle repressivo pelo Judiciário".

27 Na lição de Nélson Sampaio, "De certo [o poder reformador] poderá, gradativamente ou de um só golpe, privar os Estados-membros de muitas de suas competências. Mas será obrigado a parar se tentar retirar-lhes a faculdade de fazerem suas constituições (poder de auto-organização), a de possuírem poderes executivo e legislativo próprios (autogoverno) ou a de organizarem e gerirem, com recursos próprios, seus serviços públicos (autoadministração). Até quando se respeitem essas prerrogativas aos Estados-membros, poderemos falar de federação brasileira".

28 ADI 2.395, *DJ* de 23-5-2008, rel. Min. Gilmar Mendes. No mesmo sentido, a ADI 2.381-MC, *DJ* de 14-12-2001, rel. Min. Sepúlveda Pertence. Neste último precedente, proclamou-se a implausibilidade da alegação de que seja tendente a abolir a Federação a EC n. 15/96, no que volta a reclamar a interferência normativa da União na disciplina do processo de criação de municípios. Nesse contexto, o recuo da EC n. 15/96 – ao restabelecer, em tópicos específicos, a interferência refreadora da legislação complementar federal – não parece ter atingido, em seu núcleo essencial, a autonomia dos Estados-membros, aos quais – satisfeitas as exigências mínimas de consulta a toda a população do Município ou municípios envolvidos, precedida de estudo prévio de viabilidade da entidade local que se pretende erigir em município – permaneceu reservada a decisão política concreta.

29 ADI 939, *DJ* de 18-3-1994, rel. Min. Sydney Sanches – caso do IPMF.

4.6.2. **A separação de Poderes**

O desenho da separação de Poderes como concebido pelo constituinte originário é importante. A emenda que suprima a independência de um dos Poderes ou que lhe estorve a autonomia é imprópria. Não se impede, decerto, o aprimoramento das instituições, aproximando-as da sua vocação elementar[30].

4.6.3. **O voto direto, secreto, universal e periódico**

A escolha dos agentes políticos pelo voto direto da população está assegurada, impedindo-se as eleições indiretas. A eleição do Chefe do Executivo, por exemplo, não pode ser entregue, por meio de emenda à Constituição, a um colégio eleitoral, mesmo que composto por agentes políticos apontados pelo voto popular.

A garantia do voto secreto, entendida como elemento fundamental do sistema democrático, tampouco pode ser suprimida por meio de emenda.

Ao tornar o voto universal cláusula pétrea, o constituinte cristalizou também o universo dos indivíduos que entendeu aptos para participar do processo eleitoral. Impede-se, assim, que uma emenda venha a excluir o voto do analfabeto ou do menor entre 16 e 18 anos, que o constituinte originário facultou (art. 14, II).

A periodicidade dos mandatos é consequência do voto periódico estabelecido como cláusula pétrea. Uma emenda não está legitimada para transformar cargos políticos que o constituinte originário previu como suscetíveis de eleição em cargos vitalícios ou hereditários. Isso, aliado também à decisão do poder constituinte originário colhida das urnas do plebiscito de 1993 sobre a forma de governo, gera obstáculo a uma emenda monarquista.

---

30 Em caso que motivou polêmica, o STF decidiu que a criação do Conselho Nacional de Justiça pela Emenda Constitucional n. 45/2004 não ofendeu a cláusula pétrea da separação dos Poderes, porque não afetado "o núcleo político do princípio, mediante a preservação da função jurisdicional, típica do Judiciário, e das condições materiais do seu exercício imparcial e independente" (ADI 3.367, *DJ* de 13-4-2005, rel. Min. Cezar Peluso). Na ADI MC 5.296 (rel. a Ministra Rosa Weber, *DJe* de 10-11-2016), afastou-se a inconstitucionalidade de Emenda à Constituição que assegura à Defensoria Pública autonomia funcional e administrativa. Para o acórdão, a Emenda "ampara-se em sua própria teleologia, enquanto tendente ao aperfeiçoamento do sistema democrático e à concretização dos direitos fundamentais do amplo acesso à Justiça e da prestação de assistência jurídica aos hipossuficientes".

Já na ADI MC 5.316 (rel. o Ministro Luiz Fux, *DJe* de 5-8-2015), o STF entendeu aviltante da independência do Judiciário regra de Emenda à Constituição que subordinava a continuidade no cargo dos membros de Tribunais superiores e do TCU, depois dos 70 anos de idade, à aprovação do Senado, após sabatina. Disse a Corte que "o princípio constitucional da separação dos Poderes (CRFB, art. 2º), cláusula pétrea inscrita no art. 60, § 4º, III, da Constituição República, revela-se incompatível com arranjos institucionais que comprometam a independência e a imparcialidade do Poder Judiciário, predicados necessários à garantia da justiça e do Estado de Democrático de Direito", e que "a expressão 'nas condições do art. 52 da Constituição Federal' contida no art. 100 do ADCT, introduzido pela EC n. 88/2015, ao sujeitar à confiança política do Poder Legislativo a permanência no cargo de magistrados do Supremo Tribunal Federal, dos Tribunais Superiores e de membros do Tribunal de Contas da União, vulnera as condições materiais necessárias ao exercício imparcial e independente da função jurisdicional".

Essa cláusula pétrea pode suscitar dúvida, afinal, com relação à proposta de emenda à Constituição que pretenda instaurar o parlamentarismo, dada a decisão direta, em contrário, do poder constituinte originário, tomada no plebiscito ocorrido por força do disposto no art. 2º do ADCT e o desenho de inter-relacionamento entre Poderes diferentes em um e em outro sistema de governo.

4.6.4. **Os direitos e garantias individuais**

No tocante aos direitos e garantias individuais, mudanças que minimizem a sua proteção, ainda que topicamente, não são admissíveis. Não poderia o constituinte derivado, por exemplo, contra garantia expressa no rol das liberdades públicas, permitir que, para determinada conduta (e. g., assédio sexual), fosse possível retroagir a norma incriminante.

Esses direitos e garantias individuais protegidos são os enumerados no art. 5º da Constituição e em outros dispositivos da Carta[31].

4.6.5. **Direitos sociais e cláusula pétrea**

Há polêmica quanto a saber se além dos direitos individuais, expressamente referidos no art. 60, § 4º, da CF, também os direitos sociais estariam protegidos como cláusula pétrea. De um lado, nega-se que os direitos sociais participem do rol dos limites materiais ao poder de reforma, argumentando-se que aquele dispositivo da Lei Maior fala em "direitos e garantias individuais" e não em direitos fundamentais, gênero de que tanto os direitos individuais como os sociais seriam espécies. Se o inciso IV do § 4º do art. 60 não aludiu a direitos sociais, não os terá tomado como especialmente protegidos. Diz-se, ainda, que essa teria sido uma opção do constituinte, atenta à diferenciada estrutura entre direitos individuais e direitos sociais. Como estes últimos, por serem direitos a prestação[32], estão na dependência de condições variadas no tempo dos recursos disponíveis, não poderiam ser afirmados como imodificáveis[33].

De outro lado, argui-se que os direitos sociais não podem deixar de ser considerados cláusulas pétreas. No Título I da Constituição (*Dos Princípios Fundamentais*), pro-

31 Na ADI 939, *DJ* de 18-3-1994, o STF proclamou que, no âmbito tributário, o princípio da anterioridade (CF, art. 150, III, *b)* é garantia individual do contribuinte, constituindo cláusula pétrea. No RE 587.008, Rel. o Ministro Dias Toffoli, *DJ* de 6-5-2011, assentou-se que também o princípio da anterioridade nonagenal, do art. 195, § 6º, da Carta da República, garantia fundamental do contribuinte, figura cláusula pétrea, não podendo ser excepcionado por emenda à Constituição. Na ADI 3.685/DF, rel. Min. Ellen Gracie, julgada em 22-3-2006 (*InfoSTF*, 420, 20 a 24-3-2006), considerou-se que o princípio da anterioridade eleitoral do art. 16 da Constituição constitui garantia individual do cidadão-eleitor e cláusula pétrea. Essa inteligência foi repetida no RE 633.703, rel. o Ministro Gilmar Mendes, Plenário, *DJe* de 18-11-2011). Disse o relator: "o pleno exercício de direitos políticos por seus titulares (eleitores, candidatos e partidos) é assegurado pela Constituição por meio de um sistema de normas que conformam o que se poderia denominar de devido processo legal eleitoral. Na medida em que estabelecem as garantias fundamentais para a efetividade dos direitos políticos, essas regras também compõem o rol das denominadas cláusulas pétreas e, por isso, estão imunes a qualquer reforma que vise a aboli-las. O art. 16 da Constituição, ao submeter a alteração legal do processo eleitoral à regra da anualidade, constitui uma garantia fundamental para o pleno exercício de direitos políticos".

32 Ver capítulo sobre direitos fundamentais.

33 Quanto aos direitos de índole trabalhista, Ives Gandra da Silva Martins Filho, depois de assinalar que a Constituição "admitiu a possibilidade da 'flexibilização' de direitos como instrumento de adequação da norma à realidade fática em que se vive", recusa que possam configurar cláusulas pétreas, afirmando que, "na realidade, o que se assegura ao trabalhador é o direito a um salário justo e uma jornada de trabalho limitada, mas a 'quantificação' desse direito é suscetível de adequação às circunstâncias de cada momento" (Direitos Fundamentais – intervenção no 1º Congresso de Direito Constitucional do IDP, outubro de 1998, texto não revisto pelo autor).

clama-se a dignidade da pessoa humana como fundamento da República e essa dignidade deve ser compreendida no contexto também das outras normas do mesmo Título, em que se fala no valor social do trabalho, em sociedade justa e solidária, em erradicação da pobreza e marginalização e em redução de desigualdades sociais. Tudo isso indica que os direitos fundamentais sociais participam da essência da concepção de Estado acolhida pela Lei Maior. Como as cláusulas pétreas servem para preservar os princípios fundamentais que animaram o trabalho do constituinte originário e como este, expressamente, em título específico da Constituição, declinou tais princípios fundamentais, situando os direitos sociais como centrais para a sua ideia de Estado democrático, os direitos sociais não podem deixar de ser considerados cláusulas pétreas. No inciso IV do § 4º do art. 60, o constituinte terá dito menos do que queria, terá havido uma "lacuna de formulação", devendo-se ali ler os direitos sociais, ao lado dos direitos e garantias individuais. A objeção de que os direitos sociais estão submetidos a contingências financeiras não impede que se considere que a cláusula pétrea alcança a eficácia mínima desses direitos[34].

Os adeptos desta última corrente veem cláusulas pétreas em diversos dispositivos constitucionais além daqueles enumerados nos arts. 6º a 11 da CF. No que tange ao direito ao ensino, entendem petrificada a norma que prevê o ensino fundamental obrigatório e gratuito (art. 208, I, da CF)[35 e 36].

4.6.6. Criação de novos direitos fundamentais

Se a proteção fornecida pela cláusula pétrea impede que os direitos fundamentais sejam abolidos ou tenham o seu núcleo essencial amesquinhado, não tolhe, evidentemente, o legislador reformista de ampliar o catálogo já existente. A questão que pode ser posta, no entanto, é a de saber se os novos direitos criados serão também eles cláusulas pétreas. Para enfrentá-la é útil ter presente o que se disse sobre a índole geral das cláusulas pétreas. Lembre-se que elas se fundamentam na superioridade do poder constituinte originário sobre o de reforma. Por isso, aquele pode limitar o conteúdo das deliberações deste. Não faz sentido, porém, que o poder constituinte de reforma limite-se a si próprio. Como ele é o mesmo agora ou no futuro, nada impedirá que o que hoje proibiu, amanhã permita. Enfim, não é cabível que o poder de reforma crie cláusulas pétreas. Apenas o poder constituinte originário pode fazê-lo[37].

Se o poder constituinte de reforma não pode criar cláusulas pétreas, o novo direito fundamental que venha a estabelecer – diverso daqueles que o constituinte originário quis eternizar – não poderá ser tido como um direito perpétuo, livre de abolição por uma emenda subsequente.

---

34 Sobre "eficácia mínima dos direitos fundamentais" veja-se o capítulo sobre direitos fundamentais.

35 Sarlet, *A eficácia*, cit., p. 368: referindo-se ao ensino fundamental obrigatório e gratuito diz que este, "situando-se já num patamar mínimo em termos de exigências sociais, certamente não poderá ser suprimido ou restringido nem por meio de emenda à Constituição (...)".

36 Não há precedente específico do STF situando-o na polêmica.

37 A ideia apresentada ainda não foi objeto de manifestação explícita do STF.

Cabe, porém, aqui, um cuidado. É possível que uma emenda à Constituição acrescente dispositivos ao catálogo dos direitos fundamentais sem que, na realidade, esteja criando direitos novos. A emenda pode estar apenas especificando direitos já concebidos pelo constituinte originário. O direito já existia, passando apenas a ser mais bem explicitado. Nesse caso, a cláusula pétrea já o abrangia, ainda que implicitamente. É o que se deu, por exemplo, com o direito à prestação jurisdicional célere somado, como inciso LXXVIII, ao rol do art. 5º da Constituição, pela Emenda Constitucional n. 45, de 2004. Esse direito já existia, como elemento necessário do direito de acesso à Justiça – que há de ser ágil para ser efetiva – e do princípio do devido processo legal, ambos assentados pelo constituinte originário.

4.6.7. Direitos previstos em tratados sobre direitos humanos

Uma importante corrente doutrinária sustentou que os direitos humanos previstos em tratados internacionais configurariam não apenas normas de valor constitucional, como também cláusulas pétreas[38]. A tese não obteve a adesão do Supremo Tribunal Federal, que, antes do advento da Emenda Constitucional n. 45/2004, diversas vezes recusou *status* constitucional aos direitos individuais previstos em tratados como o Pacto de San José[39].

A partir da Emenda Constitucional n. 45/2004, passou-se, entretanto, a admitir que os tratados "que forem aprovados, em cada Casa do Congresso Nacional, em dois turnos, por três quintos dos votos dos respectivos membros, serão equivalentes às emendas constitucionais". Nesses casos, e apenas nesses, essas normas gozarão de *status* constitucional. A emenda não impede que se opte pela aprovação de tratado sobre direitos humanos pelo procedimento comum, meio que facilita o seu ingresso no ordenamento brasileiro. As normas do tratado valerão, nessa hipótese, com *status* infraconstitucional. Os tratados aprovados antes da Emenda continuam a valer como normas infraconstitucionais, já que persiste operante a fórmula da aprovação do tratado com dispensa das formalidades ligadas à produção de emendas à Constituição da República. Nada impede, obviamente, que esses tratados anteriores à EC 45 venham a assumir, por novo processo legislativo adequado, *status* de Emenda Constitucional. Vale o registro de precedentes do Supremo Tribunal Federal, posteriores à EC 45/2004, atribuindo *status* normativo supralegal, mas infraconstitucional, aos tratados de direitos humanos[40].

---

38 Veja-se, a propósito, Flávia Piovesan, *Direitos humanos e o direito constitucional internacional*, São Paulo: Max Limonad, 1996, p. 98. A redação do § 2º do art. 5º, antes da EC n. 45/2004, inspirava este raciocínio: "ao prescrever que 'os direitos e garantias expressos na Constituição não excluem outros direitos decorrentes dos tratados internacionais', *a contrario sensu*, a Carta de 1988 está a incluir, no catálogo de direitos constitucionalmente protegidos, os direitos enunciados nos tratados internacionais em que o Brasil seja parte. Este processo de inclusão implica a incorporação pelo texto constitucional destes direitos" (idem, p. 82).

39 Nesse sentido, HC 72.131, *DJ* de 1º-8-2003, Rel. para o acórdão Min. Moreira Alves; ADI-MC 1.480, *DJ* de 18-5-2001, rel. Min. Celso de Mello; HC 75.925-1, *DJ* de 12-12-1997, rel. Min. Maurício Corrêa; RE 254.544, *DJ* de 26-5-2000, rel. Min. Celso de Mello; HC 79.785, *DJ* de 22-11-2002, rel. Min. Sepúlveda Pertence.

40 No HC 88.240, rel. Min. Ellen Gracie, *DJ* de 24-10-2008, assentou-se: "A esses diplomas internacionais sobre direitos humanos é reservado o lugar específico no ordenamento jurídico, estando abaixo da Constituição, porém

4.6.8. A cláusula pétrea da garantia do direito adquirido

Se em relação ao poder constituinte originário está bem assentada a inoponibilidade a ele de direito adquirido, verifica-se controvérsia quando se cuida de saber se uma emenda à Constituição está legitimada para desprezar direitos adquiridos antes dela.

Encontram-se vozes tanto no sentido de que o poder de revisão não pode desnaturar, nos casos concretos, os direitos já incorporados ao patrimônio jurídico dos seus titulares, como no sentido de que isso não é impossível.

Sustentando a segunda posição, invoca-se a história da garantia do direito adquirido, para mostrar que o destinatário da sua vedação é o legislador ordinário. A garantia do direito adquirido estaria ordenada apenas para restringir a atividade do legislador infraconstitucional, não obstando à ação do constituinte derivado. Reforça-se o argumento com a invocação do texto do art. 5º, XXXVI, da CF, que impede *a lei* de prejudicar o direito adquirido, o ato jurídico perfeito e a coisa julgada. Assim, uma emenda à Constituição não poderia permitir que lei ordinária retroagisse em detrimento de direitos adquiridos, mas nada obstaria a que a emenda, ela própria, o fizesse. A não ser assim, o ordenamento quedaria excessivamente imobilizado para promover mudanças que a nova hora estimasse justas, consistindo isso um indesejável estímulo ao rompimento da ordem constitucional.

A primeira posição anotada parte do suposto de que a garantia do direito adquirido foi concebida também em face do legislador constitucional. O revisor da Constituição não poderia suprimir essa garantia do texto constitucional, nem poderia menosprezar direitos adquiridos anteriormente. Afirma-se que, quando o art. 5º, XXXVI, da Constituição determina que a lei não prejudique o direito adquirido, o ato jurídico perfeito e a coisa julgada, o termo *lei* não é referido na sua acepção estrita, mas abrange todos os instrumentos normativos, inclusive as emendas à Constituição. Argumenta-se que, "se assim não fosse, estaríamos admitindo que só a lei (tomada apenas no sentido formal e restrito) não poderia prejudicar o direito adquirido (...) Em consequência, os decretos legislativos e as resoluções, por serem destituídos daquele sentido, não estariam incluídos na limitação prevista e determinada pelo inciso XXXVI?"[41]. Em outra linha, argumenta-se que a proteção ao direito adquirido busca conferir eficácia a outro princípio, referido no *caput* do art. 5º da Constituição – o postulado da segurança jurídica –, reforçando-se a ideia de que uma emenda não está apta para atuar em descaso para com situações consolidadas antes dela[42].

---

acima da legislação interna. O *status* normativo supralegal dos tratados internacionais de direitos humanos subscritos pelo Brasil torna inaplicável a legislação infraconstitucional com ele conflitante, seja ela anterior ou posterior ao ato de ratificação". No mesmo sentido, o HC 94.702, da mesma relatora e publicado na mesma data. Esses precedentes citam e seguem o HC 90.171, rel. Min. Gilmar Mendes, *DJ* de 17-8-2007.

41 Ivo Dantas, *Direito adquirido, emendas constitucionais e controle da constitucionalidade*, Rio de Janeiro: Lumen Juris, 1997, p. 61. Nesse sentido, também Carlos Velloso, *Temas de direito público*, Belo Horizonte: Del Rey, 1994, p. 446.

42 Carlos Ayres Britto e Valmir Pontes Filho, Direito adquirido contra as emendas constitucionais, in *Estudos em homenagem a Geraldo Ataliba 2*, São Paulo: Malheiros, 1997, p. 156-157: "Quer se trate de direito que se adquire em

Por ferirem direito adquirido e a garantia da coisa julgada, além de destoarem do direito fundamental à igualdade, o STF suspendeu, por inconstitucionais, dispositivos da Emenda n. 30/2000 à Constituição, confirmando a possibilidade de se arguirem esses direitos e garantias individuais contra deliberações do poder constituinte de reforma[43].

4.7. Cláusulas pétreas implícitas

As limitações materiais ao poder de reforma não estão exaustivamente enumeradas no art. 60, § 4º, da Carta da República. O que se puder afirmar como ínsito à identidade básica da Constituição ideada pelo poder constituinte originário deve ser tido como limitação ao poder de emenda, mesmo que não haja sido explicitado no dispositivo. Recorde-se sempre que o poder de reformar a Constituição não equivale ao poder de dar ao País uma Constituição diferente, na sua essência, daquela que se deveria revigorar por meio da reforma.

---

sede legal, quer se trate daquele que se obtém por virtude de norma constitucional, tudo é matéria tabu para as leis e as emendas à Constituição, indistintamente. Um e outro direito subjetivo são alcançados pelo princípio constitucional da segurança jurídica e, nessa medida, garantidos pela petrealidade de que trata o inciso IV do § 4º do art. 60 da Carta de Outubro". E, na p. 159, depois de assinalarem que a cláusula pétrea impede a emenda que *tenda* a abolir direitos e garantias individuais: "É induvidoso que a desconsideração ao direito adquirido implica fragilizar o teor protetivo do princípio da segurança jurídica que, como sabido, confere às relações jurídicas um estado de firmeza ou estabilidade perante o Direito futuro".

43 ADI MC 2.356, rel. o Ministro Ayres Britto, *DJe* de 19-5-2011. A ação mirou alterações produzidas por Emenda à Constituição sobre a sistemática dos precatórios. A Emenda Constitucional n. 30, de 2000, alterou o mecanismo de pagamento de débitos judiciais pelas entidades estatais e estabeleceu um parcelamento de dez anos para a satisfação dos valores de precatórios pendentes na data da promulgação da mesma Emenda. O mesmo prazo foi aberto para o pagamento de precatórios que decorressem de ações ajuizadas até 31 de dezembro de 1999. Entendeu-se que a emenda não poderia atingir os precatórios já extraídos antes dela, em face das garantias do direito adquirido e da coisa julgada. Viu-se, ainda, hostilidade ao direito fundamental a tratamento isonômico, já que "não há pertinência lógica entre a grave discriminação estabelecida entre o pagamento dos precatórios resultantes de ações iniciais ajuizadas até 31-12-1999 e as aforadas imediatamente após, todas anteriores à Emenda 30, de setembro de 2000, em ordem a que tenham, ao longo do decênio, tratamento tão díspare".

Em 2006, o STF, por apertada maioria de um voto, havia entendido que membros aposentados da Corte, que recebiam quantia superior ao teto salarial extraído da Emenda Constitucional n. 41/2003, faziam jus – tendo adquirido direito a tanto, insuscetível de ser atingido pela Emenda – a continuar a perceber montante que superava o teto, até que a quantia excedente viesse a ser absorvida por subsídio posterior de maior valor. No julgamento do RE 609.381, em 2-10-2014, o Plenário da Corte, valendo-se do instrumento da repercussão geral, estremou as circunstâncias desse julgamento dos demais casos envolvendo pretensão de servidor desejoso de manter montante de remuneração que vinha percebendo antes de especificado o teto remuneratório. Prevalece, agora, a inteligência de que a norma relativa a teto é apta para obstar vencimentos que o ultrapassem, uma vez que estabelecida pelo poder constituinte originário; assim, não caberia falar em direito adquirido na hipótese. Vale ressaltar que não foi desautorizada a doutrina de que a garantia do direito adquirido pode ser oposta a uma emenda à Constituição; apenas se afirmou que não haveria de se cogitar de direito adquirido na situação. A tese que prevaleceu no acórdão mais recente foi a de que "o teto de remuneração estabelecido pela Emenda à Constituição n. 41/2003 é de eficácia imediata, submetendo às referências de valor máximo nela fixadas todas as verbas remuneratórias percebidas pelos servidores da União, estados e municípios, ainda que adquiridas sob o regime legal anterior".

Como se viu, a própria cláusula de imutabilidade (art. 60, § 4º) não pode ser tida como objeto de ab-rogação, não obstante não haja proibição expressa nesse sentido. Os princípios que o próprio constituinte originário denominou **fundamentais**, que se leem no Título inaugural da Lei Maior, devem ser considerados intangíveis.

A natureza do poder constituinte de reforma impõe-lhe restrições de conteúdo. É usual, nesse aspecto, a referência aos exemplos concebidos por Nélson de Souza Sampaio, que arrola como intangíveis à ação do revisor constitucional: a) as normas concernentes ao titular do poder constituinte, porque este se acha em posição transcendente à Constituição, além de a soberania popular ser inalienável; b) as normas referentes ao titular do poder reformador, porque não pode ele mesmo fazer a delegação dos poderes que recebeu, sem cláusula expressa que o autorize; e c) as normas que disciplinam o próprio procedimento de emenda, já que o poder delegado não pode alterar as condições da delegação que recebeu.

III MUTAÇÃO CONSTITUCIONAL

O estudo do poder constituinte de reforma instrui sobre o modo como o Texto Constitucional pode ser formalmente alterado. Ocorre que, por vezes, em virtude de uma evolução na situação de fato sobre a qual incide a norma, ou ainda por força de uma nova visão jurídica que passa a predominar na sociedade, a Constituição muda, sem que as suas palavras hajam sofrido modificação alguma. O texto é o mesmo, mas o sentido que lhe é atribuído é outro. Como a norma não se confunde com o texto, repara-se, aí, uma mudança da norma, mantido o texto. Quando isso ocorre no âmbito constitucional, fala-se em mutação constitucional.

A nova interpretação há, porém, de encontrar apoio no teor das palavras empregadas pelo constituinte e não deve violentar os princípios estruturantes da Lei Maior; do contrário, haverá apenas uma interpretação inconstitucional[1].

1 O fenômeno da inflação pode levar a uma visão diferente do princípio constitucional da legalidade, fornecendo exemplo de mutação constitucional. Veja-se que, num primeiro momento, quando a corrosão da moeda não era extrema, a jurisprudência afirmava que "a correção monetária somente pode ocorrer em face de autorização legal" (STF, RE 74.655, *DJ* de 1º-6-1973). Mais adiante, quando o problema monetário se agravou, passou-se a entender que o princípio da legalidade conviveria com a correção monetária sem lei expressa nos casos de dívida de valor (STF, RE 104.930, *DJ* de 10-5-1985). Atingidos os patamares do descontrole inflacionário a correção monetária vem a ser aplicada em qualquer dívida, independentemente de previsão legal (STJ, REsp 2.122, *RSTJ*, 11/384, em que se lê: "construção pretoriana e doutrinária, antecipando-se ao legislador, adotando a correção como imperativo econômico, jurídico e ético, indispensável à justa composição dos danos e ao fiel adimplemento das obrigações, dispensou a prévia autorização legal para a sua aplicação"). Outro exemplo de mutação constitucional é colhido do HC 82.959, rel. Min. Marco Aurélio, *DJ* de 1º-9-2006. Ali, decidiu-se, revertendo jurisprudência anterior, que a proibição em abstrato da progressão no regime de cumprimento de pena fere a Constituição. A questão foi analisada como hipótese de mutação constitucional, conforme se observa do minucioso e pormenorizado voto vogal do Ministro Gilmar Mendes.

CAPÍTULO 3

TEORIA GERAL DOS DIREITOS FUNDAMENTAIS

I DIREITOS FUNDAMENTAIS – TÓPICOS DE TEORIA GERAL

Paulo Gustavo Gonet Branco

1. INTRODUÇÃO

O avanço que o direito constitucional apresenta hoje é resultado, em boa medida, da afirmação dos direitos fundamentais como núcleo da proteção da dignidade da pessoa e da visão de que a Constituição é o local adequado para positivar as normas asseguradoras dessas pretensões. Correm paralelos no tempo o reconhecimento da Constituição como norma suprema do ordenamento jurídico e a percepção de que os valores mais caros da existência humana merecem estar resguardados em documento jurídico com força vinculativa máxima, indene às maiorias ocasionais formadas na efervescência de momentos adversos ao respeito devido ao homem.

A relevância da proclamação dos direitos fundamentais entre nós pode ser sentida pela leitura do Preâmbulo da atual Constituição. Ali se proclama que a Assembleia Constituinte teve como inspiração básica dos seus trabalhos o propósito de "instituir um Estado Democrático, destinado a assegurar o exercício dos direitos sociais e individuais, a liberdade, a segurança". Esse objetivo há de erigir-se como o pilar ético-jurídico-político da própria compreensão da Constituição. O domínio das considerações técnicas que os direitos fundamentais suscitam, por isso, é indispensável para a interpretação constitucional. Nas próximas páginas, vamos tratar de alguns tópicos relevantes para que se possa extrair dos direitos fundamentais o que eles são vocacionados a oferecer.

2. HISTÓRICO

A sedimentação dos direitos fundamentais como normas obrigatórias é resultado de maturação histórica, o que também permite compreender que os direitos fundamentais não sejam sempre os mesmos em todas as épocas, não correspondendo, além disso, invariavelmente, na sua formulação, a imperativos de coerência lógica.

O cristianismo marca impulso relevante para o acolhimento da ideia de uma dignidade única do homem, a ensejar uma proteção especial. O ensinamento de que o homem é criado à imagem e semelhança de Deus e a ideia de que Deus assumiu a condição humana para redimi-la imprimem à natureza humana alto valor intrínseco, que deve nortear a elaboração do próprio direito positivo[1].

Nos séculos XVII e XVIII, as teorias contratualistas vêm enfatizar a submissão da autoridade política à primazia que se atribui ao indivíduo sobre o Estado. A defesa de que certo número de direitos preexistem ao próprio Estado, por resultarem da natureza humana, desvenda característica crucial do Estado, que lhe empresta legitimação – o Estado serve aos cidadãos, é instituição concatenada para lhes garantir os direitos básicos.

Essas ideias tiveram decisiva influência sobre a Declaração de Direitos de Virgínia, de 1776[2], e sobre a Declaração francesa, de 1789. Talvez, por isso, com maior frequência, situa-se o ponto fulcral do desenvolvimento dos direitos fundamentais na segunda metade do século XVIII, sobretudo com o *Bill of Rights* de Virgínia (1776), quando se dá a positivação dos direitos tidos como inerentes ao homem, até ali mais afeiçoados a reivindicações políticas e filosóficas do que a normas jurídicas obrigatórias, exigíveis judicialmente.

Norberto Bobbio, que não se distancia dessa visão, ensina que os direitos do homem ganham relevo quando se desloca do Estado para os indivíduos a primazia na relação que os põe em contato. Diz o autor que "a afirmação dos direitos do homem deriva de uma radical inversão de perspectiva, característica da formação do Estado moderno, na representação da relação política, ou seja, na relação Estado/cidadão ou soberano/súditos: relação que é encarada, cada vez mais, do ponto de vista dos direitos dos cidadãos não mais súditos, e não do ponto de vista dos direitos do soberano, em correspondência com a visão individualista da sociedade (...) no início da idade moderna"[3].

Os direitos fundamentais assumem posição de definitivo realce na sociedade quando se inverte a tradicional relação entre Estado e indivíduo e se reconhece que o indivíduo tem, primeiro, direitos, e, depois, deveres perante o Estado, e que os direitos que o Estado tem em relação ao indivíduo se ordenam ao objetivo de melhor cuidar das necessidades dos cidadãos.

---

1 Jacques Maritain ressalta que "a consciência dos direitos humanos tem, na realidade, sua origem na concepção do homem e do direito natural estabelecida por séculos de filosofia cristã" (*Los derechos del hombre*, Madrid: Biblioteca Palabra, 2001, p. 69). Robert Alexy lembra também, a propósito, a declaração de igualdade em São Paulo (*Gálatas*, 3,28): "Não há judeu nem grego, não há varão nem mulher, pois todos vós sois um em Cristo Jesus"(Derechos fundamentales y Estado constitucional democrático, in *Neoconstitucionalismo(s)*, Madrid: Trotta, 2005, p. 32).

2 O art. 1º da Declaração de Direitos de Virgínia proclama que todos os homens são por natureza livres e têm direitos inatos, de que não se despojam ao passar a viver em sociedade. O art. 2º da Declaração dos Direitos do Homem e do Cidadão diz que o fim de toda associação política é a conservação dos direitos naturais e imprescritíveis do homem. E o art. 4º da mesma Declaração afirma que o exercício dos direitos naturais de cada homem não tem por limite senão as restrições necessárias para assegurar aos outros membros da sociedade o gozo dos mesmos direitos.

3 Norberto Bobbio, *A era dos direitos*, Rio de Janeiro: Campos, 1992, p. 4.

2.1. Gerações de direitos fundamentais

Outra perspectiva histórica situa a evolução dos direitos fundamentais em três gerações. A primeira delas abrange os direitos referidos nas Revoluções americana e francesa. São os primeiros a ser positivados, daí serem ditos de *primeira geração*. Pretendia-se, sobretudo, fixar uma esfera de autonomia pessoal refratária às expansões do Poder. Daí esses direitos traduzirem-se em postulados de abstenção dos governantes, criando obrigações de não fazer, de não intervir sobre aspectos da vida pessoal de cada indivíduo. São considerados indispensáveis a todos os homens, ostentando, pois, pretensão universalista[4]. Referem-se a liberdades individuais, como a de consciência, de reunião, e à inviolabilidade de domicílio. São direitos em que não desponta a preocupação com desigualdades sociais. O paradigma de titular desses direitos é o homem individualmente considerado. Por isso, a liberdade sindical e o direito de greve – considerados, então, fatores desarticuladores do livre encontro de indivíduos autônomos – não eram tolerados no Estado de Direito liberal. A preocupação em manter a propriedade servia de parâmetro e de limite para a identificação dos direitos fundamentais, notando-se pouca tolerância para as pretensões que lhe fossem colidentes.

O descaso para com os problemas sociais, que veio a caracterizar o *État Gendarme*, associado às pressões decorrentes da industrialização em marcha, o impacto do crescimento demográfico e o agravamento das disparidades no interior da sociedade, tudo isso gerou novas reivindicações, impondo ao Estado um papel ativo na realização da justiça social. O ideal absenteísta do Estado liberal não respondia, satisfatoriamente, às exigências do momento. Uma nova compreensão do relacionamento Estado / sociedade levou os Poderes Públicos a assumir o dever de operar para que a sociedade lograsse superar as suas angústias estruturais. Daí o progressivo estabelecimento pelos Estados de seguros sociais variados, importando intervenção intensa na vida econômica e a orientação das ações estatais por objetivos de justiça social. Como consequência, uma diferente pletora de direitos ganhou espaço no catálogo dos direitos fundamentais – direitos que não mais correspondem a uma pretensão de abstenção do Estado, mas que o obrigam a prestações positivas. São os direitos de segunda geração, por meio dos quais se intenta estabelecer uma liberdade real e igual para todos, mediante a ação corretiva dos Poderes Públicos. Dizem respeito a assistência social, saúde, educação, trabalho, lazer etc.

O princípio da igualdade de fato ganha realce nessa segunda geração dos direitos fundamentais, a ser atendido por direitos a prestação e pelo reconhecimento de liberdades sociais – como a de sindicalização e o direito de greve. Os direitos de segunda geração são chamados de *direitos sociais*, não porque sejam direitos de coletividades, mas por se ligarem a reivindicações de justiça social – na maior parte dos casos, esses direitos têm por titulares indivíduos singularizados.

Já os direitos chamados de terceira geração peculiarizam-se pela titularidade difusa ou coletiva, uma vez que são concebidos para a proteção não do homem isoladamente,

4 Esse universalismo, porém, dá-se no plano abstrato. Alguns direitos, como o do sufrágio, dependiam de requisitos de riqueza para serem desfrutados.

mas de coletividades, de grupos. Tem-se, aqui, o direito à paz, ao desenvolvimento, à qualidade do meio ambiente, à conservação do patrimônio histórico e cultural[5].

Essa distinção entre gerações dos direitos fundamentais é estabelecida apenas com o propósito de situar os diferentes momentos em que esses grupos de direitos surgem como reivindicações acolhidas pela ordem jurídica. Deve-se ter presente, entretanto, que falar em sucessão de gerações não significa dizer que os direitos previstos num momento tenham sido suplantados por aqueles surgidos em instante seguinte. Os direitos de cada geração persistem válidos juntamente com os direitos da nova geração, ainda que o significado de cada um sofra o influxo das concepções jurídicas e sociais prevalentes nos novos momentos. Assim, um antigo direito pode ter o seu sentido adaptado às novidades constitucionais. Entende-se, pois, que tantos direitos a liberdade não guardem, hoje, o mesmo conteúdo que apresentavam antes de surgirem os direitos de segunda geração, com as suas reivindicações de justiça social, e antes que fossem acolhidos os direitos de terceira geração, como o da proteção ao meio ambiente. Basta que se pense em como evoluiu a compreensão do direito à propriedade, desde a Revolução Francesa até a incorporação às preocupações constitucionais de temas sociais e de proteção do meio ambiente. Os novos direitos não podem ser desprezados quando se trata de definir aqueles direitos tradicionais.

Pode ocorrer, ainda, que alguns chamados novos direitos sejam apenas os antigos adaptados às novas exigências do momento. Assim, por exemplo, a garantia contra certas manipulações genéticas muitas vezes traz à baila o clássico direito à vida, confrontado, porém, com os avanços da ciência e da técnica.

A visão dos direitos fundamentais em termos de gerações indica o caráter cumulativo da evolução desses direitos no tempo. Não se deve deixar de situar todos os direitos num contexto de unidade e indivisibilidade. Cada direito de cada geração interage com os das outras e, nesse processo, dá-se à compreensão.

3. CONCEPÇÕES FILOSÓFICAS JUSTIFICADORAS DOS DIREITOS FUNDAMENTAIS

Busca-se encontrar em sistemas de pensamento uma justificação para os direitos fundamentais. Intenta-se estabelecer uma justificação filosófica que os torne necessários e os reforce. Verifica-se, contudo, uma disputa de variadas vertentes filosófico-jurídicas quando se trata de expor a razão de ser definitiva dos direitos humanos. Jorge Miranda anota múltiplas concepções filosóficas nesse campo de debate, muitas vezes excludentes entre si[6]. Assim, para os jusnaturalistas, os direitos do homem são imperativos do direito natural, anteriores e superiores à vontade do Estado. Já para os positivistas, os direitos do homem são faculdades outorgadas pela lei e reguladas por ela. Para os idealistas, os direitos humanos são ideias, princípios abstratos que a realidade vai acolhendo ao longo do tempo, ao passo que, para os realistas, seriam o resultado direto de lutas sociais e políticas.

---

5 A denominação *direitos de terceira geração* já foi adotada no STF, assim se classificando o direito ao meio ambiente ecologicamente equilibrado. RE 134.297, rel. Min. Celso de Mello, *DJ* de 22-9-1995, e MS 22.164-0/SP, rel. Min. Celso de Mello, *DJ* de 17-11-1995.

6 *Manual de direito constitucional*, Coimbra: Coimbra Ed., 1993, t. 4, p. 40.

A consciência da dificuldade de harmonizar as muitas concepções leva alguns a recusar utilidade ao estudo do embasamento filosófico dos direitos fundamentais, entendendo que o problema mais premente está na necessidade de encontrar fórmulas para os proteger. Bobbio[7], a propósito, afirma ilusório buscar um substrato absoluto para os direitos fundamentais. A variedade de direitos tidos como tais e a possibilidade de que entrem em linha colidente evidenciariam que não se pode falar em fundamentos imperiosos e incontrastáveis para esses direitos. Os direitos humanos seriam fruto de momentos históricos diferentes e a sua própria diversidade já apontaria para a conveniência de não se concentrarem esforços na busca de uma base absoluta, válida para todos os direitos em todos os tempos. Ao invés, seria mais producente buscar, em cada caso concreto, as várias razões elementares possíveis para a elevação de um direito à categoria de *fundamental*, sempre tendo presentes as condições, os meios e as situações nas quais este ou aquele direito haverá de atuar[8]. Não basta, assim, que um direito encontre bons motivos filosóficos, aceitos no momento, para ser positivado; é indispensável, ainda, o concurso de condições sociais e históricas favoráveis para que se incorpore aos estatutos vinculantes.

4. NOÇÃO MATERIAL DOS DIREITOS FUNDAMENTAIS (FUNDAMENTALIDADE MATERIAL)

As razões mesmas da dificuldade de encontrar um fundamento último para os direitos humanos se somam para que também se torne difícil uma conceituação dos direitos humanos, que se revele abrangente e com conteúdo significativo proveitoso.

Bobbio[9] lembra, nesse aspecto, que a expressão *direitos do homem* é muito vaga e acaba conduzindo a definições tautológicas, inúteis, como a de que "os direitos humanos são os que cabem ao homem enquanto homem". Ou, ainda, leva a conceitos que, de tão abertos, pouco dizem por si mesmos, como a definição de direitos do homem como sendo aqueles "cujo reconhecimento é condição necessária para o aperfeiçoamento da pessoa humana" – o que não rende muito auxílio prático, já que não há univocidade quanto ao que se entende por aperfeiçoamento da pessoa humana; ao contrário, o tema é extremamente polêmico e tributário de ideologias hostis entre si.

O catálogo dos direitos fundamentais vem-se avolumando, conforme as exigências específicas de cada momento histórico. A classe dos direitos que são considerados fundamentais não tende à homogeneidade, o que dificulta uma conceituação material ampla e vantajosa que alcance todos eles. Tampouco a própria estrutura normativa dos diversos direitos fundamentais não é coincidente em todos os casos.

Descobrir características básicas dos direitos fundamentais, contudo, não constitui tarefa meramente acadêmica e pode revelar-se importante para resolver problemas concretos. O esforço é necessário para identificar direitos fundamentais implícitos ou fora do catálogo expresso da Constituição.

7 *A era dos direitos*, cit., p. 17.

8 *A era dos direitos*, cit., p. 24.

9 *A era dos direitos*, cit., p. 17.

Vieira de Andrade, detendo-se no tema, pretende que, em última análise, o ponto característico que serviria para definir um direito fundamental seria a intenção de explicitar o princípio da dignidade da pessoa humana[10]. Nisso estaria a fundamentalidade material dos direitos humanos.

Se fosse necessária prova para demonstrar a polêmica que o assunto envolve, bastaria citar a crítica que Canotilho faz a essa tentativa de entrelaçar o princípio da dignidade humana na natureza dos direitos fundamentais. Essa concepção, segundo o professor de Coimbra, "expulsa do catálogo material dos direitos todos aqueles que não tenham um radical subjetivo, isto é, não pressuponham a ideia-princípio da dignidade da pessoa humana. O resultado a que chega é um exemplo típico de uma teoria de direitos fundamentais não constitucionalmente adequada"[11]. A inadequação estaria em que a Constituição portuguesa – como a brasileira – também consagra direitos fundamentais de pessoas coletivas, a denotar que a proximidade com a ideia de dignidade humana não seria sempre um vetor suficiente para definir os direitos fundamentais[12].

Não obstante a inevitável subjetividade envolvida nas tentativas de discernir a nota de fundamentalidade em um direito, e embora haja direitos formalmente incluídos na classe dos direitos fundamentais que não apresentam ligação direta e imediata com o princípio da dignidade humana, é esse princípio que inspira os típicos direitos fundamentais, atendendo à exigência do respeito à vida, à liberdade, à integridade física e íntima de cada ser humano, ao postulado da igualdade em dignidade de todos os homens e à segurança. É o princípio da dignidade humana que demanda fórmulas de limitação do poder, prevenindo o arbítrio e a injustiça. Nessa medida, há de se convir em que "os direitos fundamentais, ao menos de forma geral, podem ser considerados concretizações das exigências do princípio da dignidade da pessoa humana"[13].

Os direitos e garantias fundamentais, em sentido material, são, pois, pretensões que, em cada momento histórico, se descobrem a partir da perspectiva do valor da dignidade humana.

O problema persiste, porém, quanto a discernir que pretensões podem ser capituladas como exigências desse valor. E aqui, em certos casos, a subjetividade do intérprete interfere decisivamente, mesmo que condicionada à opinião predominante, informada pelas circunstâncias sociais e culturais do momento considerado.

Prieto Sanchis sugere que se procure tornar mais objetiva a pesquisa, privilegiando-se a compreensão histórica dos direitos. "Historicamente – advoga –, os direitos humanos têm a ver com a vida, a dignidade, a liberdade, a igualdade e a participação política e, por conseguinte, somente estaremos em presença de um direito fundamental quando se possa razoavelmente sustentar que o direito ou instituição serve a algum desses valores"[14].

---

10 Vieira de Andrade, *Os direitos fundamentais na Constituição portuguesa de 1976*, Coimbra: Almedina, 1987, p. 85.

11 Gomes Canotilho, *Direito constitucional e teoria da Constituição*, Coimbra: Almedina, 1998, p. 373.

12 Nessa linha, se observarmos o rol do art. 5º da nossa Constituição será difícil ver nos incisos XXI, XXV, XXVIII e XXIX direitos que tenham como fundamento precípuo e imediato o princípio da dignidade humana.

13 Ingo Sarlet, *A eficácia dos direitos fundamentais*, Porto Alegre: Livr. do Advogado Ed., 1998, p. 109.

14 Prieto de Sanchis, *Estudios sobre derechos fundamentales*, Madrid: Debate, 1994, p. 88.

A concepção não se arreda daquela que postula que os direitos fundamentais têm que ver com valores próprios da dignidade humana; apenas parece indicar que a História liga a esse princípio os bens referidos pelo autor espanhol (vida, liberdade, igualdade, participação política).

Igualmente nessa linha, a conceituação que se recolhe em José Afonso da Silva, para quem os direitos fundamentais designam, "no nível do direito positivo, aquelas prerrogativas e instituições que o [ordenamento jurídico] concretiza em garantia de uma convivência digna, livre e igual de todas as pessoas. No qualificativo *fundamentais* acha-se a indicação de que se trata de situações jurídicas sem as quais a pessoa humana não se realiza, não convive e, às vezes, nem mesmo sobrevive"[15].

Do acervo de jurisprudência do Supremo Tribunal Federal colhem-se precedentes em que a conceituação material de direito fundamental mostrava-se relevante para a solução de ação direta de inconstitucionalidade. Na ADI-MC 939[16], o Supremo entendeu que o princípio da anterioridade, ligado ao poder de tributar, embora constando em lugar outro que o catálogo do art. 5º da Constituição, consubstancia um direito fundamental (uma garantia individual), sendo, por isso, cláusula pétrea – conclusão decisiva para a declaração de inconstitucionalidade de emenda à Constituição que excepcionava esse princípio no caso do Imposto Provisório sobre Movimentação Financeira.

No precedente, o STF não chegou a se ocupar de definir um conceito material de direito fundamental, mas se referiu ao critério histórico – louvando-se na tradição de se considerar o princípio da anterioridade como direito fundamental[17] – e aludiu à circunstância de o princípio vincular-se a outro, de induvidosa fundamentalidade, relativo à segurança jurídica[18]. A proximidade com a ideia de segurança jurídica também exerceu papel decisivo para que o STF visse na norma que disciplina a aplicação de leis eleitorais no tempo uma cláusula pétrea, motivando uma interpretação conforme a Constituição da Emenda Constitucional n. 52/2006[19].

---

15 José Afonso da Silva, *Curso de direito constitucional positivo*, São Paulo: Malheiros, 1992, p. 163-164.

16 *DJ* de 17-12-1993.

17 A propósito, os votos dos Ministros Néri da Silveira e Celso de Mello.

18 Cf. se infere dos votos dos Ministros Ilmar Galvão e Celso de Mello.

19 ADI 3.685, rel. Min. Ellen Gracie, *DJ* de 10-8-2006: "(...) a utilização da nova regra às eleições gerais que se realizarão a menos de sete meses colide com o princípio da anterioridade eleitoral, disposto no art. 16 da CF, que busca evitar a utilização abusiva ou casuística do processo legislativo como instrumento de manipulação e de deformação do processo eleitoral (ADI 354, rel. Min. Octavio Gallotti, *DJ* de 12-2-1993). 4. Enquanto o art. 150, III, *b*, da CF encerra garantia individual do contribuinte (ADI 939, rel. Min. Sydney Sanches, *DJ* de 18-3-94), o art. 16 representa garantia individual do cidadão-eleitor, detentor originário do poder exercido pelos representantes eleitos e 'a quem assiste o direito de receber, do Estado, o necessário grau de segurança e de certeza jurídicas contra alterações abruptas das regras inerentes à disputa eleitoral' (ADI 3.345, rel. Min. Celso de Mello). 5. Além de o referido princípio conter, em si mesmo, elementos que o caracterizam como uma garantia fundamental oponível até mesmo à atividade do legislador constituinte derivado, nos termos dos arts. 5º, § 2º, e 60, § 4º, IV, a burla ao que contido no art. 16 ainda afronta os direitos individuais da segurança jurídica (CF, art. 5º, *caput*) e do devido processo legal (CF, art. 5º, LIV). 6. A modificação no texto do art. 16 pela EC 4/93 em nada alterou seu conteúdo principiológico fundamental. Tratou-se de mero aperfeiçoamento técnico levado a efeito para facilitar a regulamentação do processo eleitoral. 7. Pedido que se julga procedente para dar interpretação conforme no sentido de que a inovação trazida no art. 1º da EC 52/06 somente seja aplicada após decorrido um ano da data de sua vigência".

Os julgados deixam ver que o STF é sensível à identificação de normas de direito fundamental fora do catálogo específico, a partir do exame da existência de um especial vínculo – que pode ser evidenciado por considerações de ordem histórica – do bem jurídico protegido com alguns dos valores essenciais ao resguardo da dignidade humana enumerados no *caput* do art. 5º da Carta (vida, liberdade, igualdade, segurança e propriedade)[20].

5. CARACTERÍSTICAS DOS DIREITOS FUNDAMENTAIS

Se a tarefa de conceituar os direitos fundamentais enfrenta algumas dificuldades, fixar-lhes características que sejam sempre válidas em todo lugar também é mister complexo, se é que possível.

No interior dos Estados democráticos, o modo como são tratados os direitos fundamentais varia. Konrad Hesse lembra que "as soluções oscilam desde a regulação por um catálogo minucioso de direitos fundamentais na Constituição (como acontece na Alemanha), ou remeter-se a uma declaração histórica de direitos humanos (como na França) (...). Da mesma maneira é diferente o desenvolvimento concreto dos direitos fundamentais, na medida em que vinculam o legislador ou a fiscalização judicial para garantir a sua observância". Daí a conclusão de que "a validez universal dos direitos fundamentais não supõe uniformidade. A razão é bem conhecida: o conteúdo concreto e a significação dos direitos fundamentais para um Estado dependem de numerosos fatores extrajurídicos, especialmente das peculiaridades, da cultura e da história dos povos"[21].

Isso tudo não obstante, é dado indicar características que lhes são associadas com mais frequência.

5.1. Direitos universais e absolutos

Não é raro ouvir que os direitos fundamentais são universais e absolutos.

O traço da universalidade deve ser compreendido em termos.

---

20 Robert Alexy, em "Direitos fundamentais no Estado constitucional democrático" (*Revista da Faculdade de Direito da UFRGS*, v. 16, p. 209, 1999, tradução de Luís Afonso Heck) sugere que se trilhem dois testes para se apurar a "fundamentalidade" de um direito posto na Constituição. Embora não seja tão simples conciliar o segundo teste com o que decidiu o STF no precedente acima aludido (ADI 939), vale conhecer a proposta:

"Nos objetos dos direitos do homem – diz o texto – deve tratar-se de interesses e carências para os quais valem coisas distintas. Deve tratar-se, em primeiro lugar, de interesses e carências que, em geral, podem e devem ser protegidos e fomentados pelo direito. Assim, muitos homens têm uma carência fundamental de amor. (...) Contudo, não existe um direito do homem ao amor, porque o amor não se deixa forçar pelo direito. A segunda condição é que o interesse ou a carência seja tão fundamental que a necessidade do seu respeito, sua proteção ou seu fomento se deixe fundamentar pelo direito. (...) Um interesse ou uma carência é, nesse sentido, fundamental quando sua violação ou não satisfação significa a morte ou sofrimento grave ou toca no núcleo essencial da autonomia".

21 Konrad Hesse, Significado de los derechos fundamentales, in Benda e outros, *Manual de derecho constitucional*, Madrid: Marcial Pons, 1996, p. 84-85.

Não é impróprio afirmar que todas as pessoas são titulares de direitos fundamentais e que a qualidade de ser humano constitui condição suficiente para a titularidade de tantos desses direitos. Alguns direitos fundamentais específicos, porém, não se ligam a toda e qualquer pessoa. Na lista brasileira dos direitos fundamentais, há direitos de todos os homens – como o direito à vida –, mas há também posições que não interessam a todos os indivíduos, referindo-se apenas a alguns – aos trabalhadores, por exemplo.

Isso significa que o constituinte "também quis privilegiar certos bens que vêm satisfazer necessidades do homem histórico, isto é, de alguns homens na sua específica posição social. A fundamentalização desses direitos implica reconhecer que determinados objetivos vitais de algumas pessoas têm tanta importância como os objetivos básicos do conjunto dos indivíduos"[22].

De outro lado, não é exato falar sempre em universalidade, quanto ao polo passivo das relações jurídicas que se desenrolam em torno de um direito fundamental. Há casos em que se discute o delicado problema de saber se os direitos fundamentais têm por obrigados não só os Poderes Públicos como também os particulares; em outros casos, há direitos que, por sua natureza, apenas podem ter por obrigado o Estado (*v. g.*, o direito de petição aos órgãos públicos).

Pode-se ouvir, ainda, que os direitos fundamentais são absolutos, no sentido de se situarem no patamar máximo de hierarquia jurídica e de não tolerarem restrição. Tal ideia tem premissa no pressuposto jusnaturalista de que o Estado existe para proteger direitos naturais, como a vida, a liberdade e a propriedade, que, de outro modo, estariam ameaçados. Se é assim, todo poder aparece limitado por esses direitos e nenhum objetivo estatal ou social teria como prevalecer sobre eles. Os direitos fundamentais gozariam de prioridade absoluta sobre qualquer interesse coletivo.

Essa assertiva esbarra em dificuldades para ser aceita. Tornou-se voz corrente na nossa família do Direito admitir que os direitos fundamentais podem ser objeto de limitações, não sendo, pois, absolutos. Tornou-se pacífico que os direitos fundamentais podem sofrer limitações, quando enfrentam outros valores de ordem constitucional, inclusive outros direitos fundamentais. Prieto Sanchis noticia que a afirmação de que "não existem direitos ilimitados se converteu quase em cláusula de estilo na jurisprudência de todos os tribunais competentes em matéria de direitos humanos"[23].

Igualmente no âmbito internacional, as declarações de direitos humanos admitem expressamente limitações "que sejam necessárias para proteger a segurança, a ordem, a saúde ou a moral pública ou os direitos e liberdades fundamentais de outros"[24].

A leitura da Constituição brasileira mostra que essas limitações são, às vezes, expressamente previstas no Texto. Até o elementar direito à vida tem limitação explícita no inciso XLVII, *a*, do art. 5º, em que se contempla a pena de morte em caso de guerra formalmente declarada[25].

22 Sanchis, *Estudios*, cit., p. 82.

23 Sanchis, *Estudios*, cit., p. 86.

24 Art. 18 da Convenção de Direitos Civis e Políticos de 1966, da ONU.

25 O direito de propriedade, de seu turno, encontra limitações tanto para a proteção de direitos ambientais como para atender a funções sociais, inclusive admitindo-se a desapropriação.

Não há, portanto, em princípio, que falar, entre nós, em direitos absolutos. Tanto outros direitos fundamentais como outros valores com sede constitucional podem limitá-los[26].

5.2. Historicidade

Se os direitos fundamentais não são, em princípio, absolutos, não podem pretender valia unívoca de conteúdo a todo tempo e em todo lugar. Por isso, afirma-se que os direitos fundamentais são um conjunto de faculdades e instituições que somente faz sentido num determinado contexto histórico[27]. O recurso à História mostra-se indispensável para que, à vista da gênese e do desenvolvimento dos direitos fundamentais, cada um deles se torne mais bem compreendido[28].

O caráter da historicidade, ainda, explica que os direitos possam ser proclamados em certa época, desaparecendo em outras, ou que se modifiquem no tempo. Revela-se, desse modo, a índole evolutiva dos direitos fundamentais[29]. Essa evolução é impulsionada pelas lutas em defesa de novas liberdades em face de poderes antigos – já que os direitos fundamentais costumam ir-se afirmando gradualmente – e em face das novas feições assumidas pelo poder[30]. O fenômeno leva Bobbio a concluir que os direitos não nascem todos de uma só vez, "nascem quando devem ou podem nascer. Nascem quando o aumento do poder do homem sobre o homem cria novas ameaças à liberdade do indivíduo ou permite novos remédios para as suas indigências: ameaças que são enfrentadas através de demandas de limitação de poder; remédios que são providenciados através da exigência de que o mesmo poder intervenha de modo protetor"[31].

Ilustração de interesse prático acerca do aspecto da historicidade dos direitos fundamentais é dada pela evolução que se observa no direito a não receber pena de caráter perpétuo. Tanto a Constituição atual como a anterior estabeleceram vedação à pena de caráter perpétuo. Esse direito, que antes de 1988 se circunscrevia à esfera das reprimendas

---

26 Bobbio, não obstante, menciona um direito, proclamado em instrumentos internacionais, que seria absoluto: o direito a não ser escravizado (*A era dos direitos*, cit., p. 42). O direito a não ser submetido a penas cruéis (art. 5º, XLVII, *e*, da CF) não parece tampouco suscetível de limitação. Isso talvez se explique tendo em conta que tal direito, na realidade, expressa perspectiva do núcleo essencial do direito à incolumidade física.

27 Javier de Lucas, Algunos equívocos sobre el concepto y fundamentación de los derechos humanos, in Jesús Ballesteros (editor), *Derechos humanos*, Madrid: Tecnos, 1992, p. 15.

28 Veja-se, por exemplo, que, com base na história do princípio da legalidade em matéria penal, sustentou-se não caber à medida provisória dispor sobre configuração de tipo penal mesmo antes da Emenda Constitucional n. 32/2001.

29 Nesse sentido José Afonso da Silva, *Curso de direito constitucional positivo*, cit., p. 166.

30 Bobbio busca confirmar a tese apontando que "a liberdade religiosa é efeito das guerras de religião; as liberdades civis, da luta dos parlamentos contra os soberanos absolutos; a liberdade política e as liberdades sociais, do nascimento, crescimento e amadurecimento do movimento dos trabalhadores assalariados, dos camponeses com pouca ou nenhuma terra, dos pobres que exigem dos poderes públicos não só o reconhecimento da liberdade pessoal e das liberdades negativas, mas também a proteção do trabalho contra o desemprego, os primeiros rudimentos de instrução contra o analfabetismo, depois a assistência para a invalidez e a velhice" (*A era dos direitos*, cit., p. 5).

31 *A era dos direitos*, cit., p. 6.

penais, passou a ser também aplicável a outras espécies de sanções. Em fins de 1998, o STF[32], confirmando acórdão do STJ[33], estendeu a garantia ao âmbito das sanções administrativas[34].

A confirmar o caráter histórico-evolutivo – e, portanto, não necessariamente uniforme – da proteção aos direitos fundamentais, nota-se, às vezes, descompasso na compreensão de um mesmo direito diante de casos concretos diversos. Assim, não obstante o entendimento do STF acima mencionado, a Corte durante bom tempo continuou a admitir a extradição para o cumprimento de penas de caráter perpétuo, jurisprudência somente revista em 2004[35].

5.3. Inalienabilidade/indisponibilidade

Inalienável é um direito ou uma coisa em relação a que estão excluídos quaisquer atos de disposição, quer jurídica – renúncia, compra e venda, doação –, quer material – destruição material do bem. Isso significa que um direito inalienável não admite que o seu titular o torne impossível de ser exercitado para si mesmo, física ou juridicamente[36]. Nesse sentido, o direito à integridade física é inalienável, o indivíduo não pode vender uma parte do seu corpo ou uma função vital, nem tampouco se mutilar voluntariamente[37].

A inalienabilidade traz uma consequência prática importante – a de deixar claro que a preterição de um direito fundamental não estará sempre justificada pelo mero fato de o titular do direito nela consentir.

Os autores que sustentam a tese da inalienabilidade afirmam que ela resulta da fundamentação do direito no valor da dignidade humana – dignidade que costumam traduzir como consequência da potencialidade do homem de ser autoconsciente e livre[38]. Da mesma forma que o homem não pode deixar de ser homem, não pode ser livre para ter ou não dignidade, o que acarreta que o Direito não pode permitir que o homem se prive da sua dignidade[39].

---

32 RE 154.134-SP, rel. Min. Sydney Sanches, *DJ* de 29-10-1999.

33 MS 1.119, *RSTJ*, 28/279.

34 Os tribunais concordaram com a tese de que o direito fundamental contra penas de caráter perpétuo proíbe a imposição de sanção de inabilitação permanente para o exercício de cargos de administração ou gerência de instituições financeiras, imposta pelo Presidente do Conselho Monetário Nacional.

35 Admitindo a extradição para cumprimento de pena perpétua: Extr. 598-Itália (*RTJ*, 152/430), Extr. 669-0/EUA (*DJ* de 29-3-1996) e Extr. 711-Itália, julgamento em 18-2-1998. A jurisprudência muda com a Extr. 855, julgada em 26-8-2004, *DJ* de 1º-7-2005, rel. Min. Celso de Mello.

36 Cf. Martínez-Pujalte, Los derechos humanos como derechos inalienables, in Ballesteros, *Derechos humanos*, Madrid: Tecnos, 1992, p. 87.

37 Martínez-Pujalte, Los derechos, in *Derechos humanos*, cit., p. 87-88.

38 Martínez-Pujalte, Los derechos, in *Derechos humanos*, cit., p. 93.

39 Martínez-Pujalte busca ainda justificar essa assertiva, do ponto de vista prático, salientando que o homem é, por definição, um ser social, em interação com outros homens. Assim, "se uma pessoa atenta contra sua dignidade, isto significa atentar contra deveres que o podem ligar a outras pessoas (um pai pode ter deveres frente a seus filhos, um devedor frente a seus credores, uma pessoa casada frente a seu cônjuge…), deveres cujo cumprimento

Uma vez que a indisponibilidade se funda na dignidade humana e esta se vincula à potencialidade do homem de se autodeterminar e de ser livre, nem todos os direitos fundamentais possuiriam tal característica. Apenas os que visam resguardar diretamente a potencialidade do homem de se autodeterminar deveriam ser considerados indisponíveis. Indisponíveis, portanto, seriam os direitos que visam resguardar a vida biológica – sem a qual não há substrato físico para o conceito de dignidade – ou que intentem preservar as condições normais de saúde física e mental bem como a liberdade de tomar decisões sem coerção externa.

Nessa perspectiva, seria inalienável o direito à vida – característica que tornaria inadmissíveis atos de disponibilidade patrimonial do indivíduo que o reduzissem à miséria absoluta. Também o seriam os direitos à saúde, à integridade física e às liberdades pessoais (liberdade ideológica e religiosa, liberdade de expressão, direito de reunião)[40].

Do ponto de vista prático, o caráter inalienável entrevisto em alguns direitos fundamentais conduziria à nulidade absoluta, por ilicitude de objeto, de contratos em que se realize a alienação desses direitos[41]. Na doutrina nacional, José Afonso da Silva acolhe essa característica[42].

É preciso, porém, cautela no trato desse predicado clássico dos direitos fundamentais. Nem sempre o observador consegue apurar com segurança que direitos seriam inalienáveis. As consequências práticas advindas da adjetivação de certos direitos fundamentais como inalienáveis podem, de toda sorte, ser obtidas por outra ordem de argumentos.

A respeito da indisponibilidade dos direitos fundamentais, é de assinalar que, se é inviável que se abra mão irrevogavelmente dos direitos fundamentais, nada impede que o exercício de certos direitos fundamentais seja restringido, em prol de uma finalidade acolhida ou tolerada pela ordem constitucional[43]. São frequentes – e aceitos – atos jurídicos em que alguns direitos fundamentais são deixados à parte, para que se cumpra um fim contratual legítimo. A liberdade de expressão, *v. g.*, cede às imposições de não divulgação de segredos obtidos no exercício de um trabalho ou profissão. A liberdade de professar qualquer fé, por seu turno, pode não encontrar lugar propício no recinto de uma ordem religiosa específica. Da mesma forma, o indivíduo pode ver-se incluído numa situação especial de sujeição[44].

É interessante notar que o STF ressaltou que a proteção à maternidade, expressa no art. 6º da Constituição da República como direito fundamental, é irrenunciável. Essa

---

ver-se-ia dificultado ou impossibilitado se a pessoa perdesse os atributos que configuram a sua dignidade" (Los derechos, in *Derechos humanos*, cit., p. 94).

40 Los derechos, in *Derechos humanos*, cit., p. 95.

41 Seria nulo, por exemplo, o contrato que previsse a esterilização voluntária irreversível (Martínez-Pujalte, Los derechos, in *Derechos humanos*, cit., p. 98).

42 José Afonso da Silva, *Curso de direito constitucional positivo*, cit., p. 166.

43 Canotilho, a propósito, lembra que, embora se admitam limitações voluntárias quanto ao exercício de direitos específicos em certas condições, não é possível a renúncia a todos os direitos fundamentais. Essa autolimitação voluntária, que deve estar sujeita a revogação a todo tempo, há de guardar relação razoável com a finalidade que se tem em vista com a renúncia (*Direito constitucional*, cit., p. 422-423).

44 Ver, *infra*, tópico sobre relações especiais de sujeição.

premissa embasou a declaração de inconstitucionalidade de dispositivos de lei trabalhista que sujeitavam o afastamento da mulher grávida ou lactante de atividades insalubres à apresentação, por ela, de atestado de saúde. Proclamou-se que "a proteção à maternidade e a integral proteção à criança são direitos irrenunciáveis e não podem ser afastados pelo desconhecimento, impossibilidade ou a própria negligência da gestante ou lactante em apresentar um atestado médico, sob pena de prejudicá-la e prejudicar o recém-nascido" (ADI 5.938, *DJe* de 23-9-2019).

5.4. Constitucionalização

Outra característica associada aos direitos fundamentais diz com o fato de estarem consagrados em preceitos da ordem jurídica. Essa característica serve de traço divisor entre as expressões *direitos fundamentais* e *direitos humanos*.

A expressão *direitos humanos*, ou *direitos do homem*, é reservada para aquelas reivindicações de perene respeito a certas posições essenciais ao homem. São direitos postulados em bases jusnaturalistas, contam índole filosófica e não possuem como característica básica a positivação numa ordem jurídica particular.

A expressão *direitos humanos*, ainda, e até por conta da sua vocação universalista, supranacional, é empregada para designar pretensões de respeito à pessoa humana, inseridas em documentos de direito internacional.

Já a locução *direitos fundamentais* é reservada aos direitos relacionados com posições básicas das pessoas, inscritos em diplomas normativos de cada Estado. São direitos que vigem numa ordem jurídica concreta, sendo, por isso, garantidos e limitados no espaço e no tempo, pois são assegurados na medida em que cada Estado os consagra[45].

Essa distinção conceitual não significa que os direitos humanos e os direitos fundamentais estejam em esferas estanques, incomunicáveis entre si. Há uma interação recíproca entre eles. Os direitos humanos internacionais encontram, muitas vezes, matriz nos direitos fundamentais consagrados pelos Estados e estes, de seu turno, não raro acolhem no seu catálogo de direitos fundamentais os direitos humanos proclamados em diplomas e em declarações internacionais. É de ressaltar a importância da Declaração Universal de 1948 na inspiração de tantas constituições do pós-guerra.

Esses direitos, porém, não são coincidentes no modo de proteção ou no grau de efetividade. As ordens internas possuem mecanismos de implementação mais céleres e eficazes do que a ordem internacional.

Se é verdade que um direito fundamental peculiariza-se por estar recepcionado por algum preceito de direito positivo, é também fato que, no direito comparado, essa técnica de recepção pode variar. No Direito brasileiro, como nos sistemas que lhe são próximos, os direitos fundamentais se definem como direitos constitucionais.

Essa característica da constitucionalização dos direitos fundamentais traz consequências de evidente relevo. As normas que os abrigam impõem-se a todos os poderes constituídos, até ao poder de reforma da Constituição.

45 A propósito, Canotilho, *Direito constitucional*, cit., p. 359. Também Sarlet, *A eficácia*, cit., p. 31-33.

5.5. Vinculação dos Poderes Públicos

O fato de os direitos fundamentais estarem previstos na Constituição torna-os parâmetros de organização e de limitação dos poderes constituídos. A constitucionalização dos direitos fundamentais impede que sejam considerados meras autolimitações dos poderes constituídos – dos Poderes Executivo, Legislativo e Judiciário –, passíveis de serem alteradas ou suprimidas ao talante destes. Nenhum desses Poderes se confunde com o poder que consagra o direito fundamental, que lhes é superior. Os atos dos poderes constituídos devem conformidade aos direitos fundamentais e se expõem à invalidade se os desprezarem.

5.5.1. Vinculação do Poder Legislativo

No âmbito do Poder Legislativo, não somente a atividade legiferante deve guardar coerência com o sistema de direitos fundamentais, como a vinculação aos direitos fundamentais pode assumir conteúdo positivo, tornando imperiosa a edição de normas que deem regulamentação aos direitos fundamentais dependentes de concretização normativa.

Um direito fundamental pode necessitar de normas infraconstitucionais que disciplinem o processo para a sua efetivação ou que definam a própria organização de que depende a sua efetividade (pense-se, *v. g.*, no direito à ampla defesa). A inércia do legislador em satisfazer uma imposição de concretização do direito fundamental pode ensejar a ação direta de inconstitucionalidade por omissão ou o mandado de injunção.

A vinculação do legislador aos direitos fundamentais significa, também, que, mesmo quando a Constituição entrega ao legislador a tarefa de restringir certos direitos (p. ex., o de livre exercício de profissão), há de se respeitar o núcleo essencial do direito, não se legitimando a criação de condições desarrazoadas ou que tornem impraticável o direito previsto pelo constituinte. Nesse sentido, o STF já declarou a inconstitucionalidade de limitação, por desarrazoada, de um período de quarentena de dois anos, a que certa lei submetia os juízes aposentados, antes de passarem a exercer a advocacia[46].

Aspecto polêmico referido à vinculação do legislador aos direitos fundamentais diz com a chamada *proibição de retrocesso*. Quem admite tal vedação sustenta que, no que tange a direitos fundamentais que dependem de desenvolvimento legislativo para se concretizar, uma vez obtido certo grau de sua realização, legislação posterior não pode reverter as conquistas obtidas. A realização do direito pelo legislador constituiria, ela própria, uma barreira para que a proteção atingida seja desfeita sem compensações.

Para Canotilho, o princípio da proibição de retrocesso social formula-se assim: "o núcleo essencial dos direitos sociais já realizado e efetivado através de medidas legislativas deve considerar-se constitucionalmente garantido, sendo inconstitucionais quaisquer medidas estaduais que, sem a criação de outros esquemas alternativos ou compensatórios, se traduzam na prática numa 'anulação', 'revogação' ou 'aniquilação' pura e simples desse núcleo essencial"[47]. O autor cita, como exemplo de inconstitucionalidade resultante da

46 Representação n. 1.054, *RTJ*, 110/937.

47 Canotilho, *Direito constitucional*, cit., p. 321.

violação do princípio da proibição do retrocesso social, uma lei que alargue desproporcionalmente o tempo de serviço necessário para a aquisição do direito à aposentadoria.

Esse princípio não tem aceitação universal na doutrina. Vieira de Andrade e Afonso Vaz recusam que possa ser genericamente acolhido, sustentando que o legislador goza de liberdade conformativa desses direitos, podendo revê-los. A interpretação da Constituição não poderia levar à destruição da autonomia do legislador[48].

Acentue-se que mesmo os que acolhem a tese da proibição do retrocesso entendem que o princípio da proporcionalidade pode inspirar uma nova regulação do direito fundamental, que não destrua totalmente, sem alternativas, o direito antes positivado[49].

Além de o legislador comum sujeitar-se aos direitos fundamentais, também o poder de reforma da Constituição acha-se vinculado aos direitos fundamentais, ao menos na medida em que o art. 60, § 4º, da Carta veda emendas tendentes a abolir direitos e garantias individuais.

Não há dúvida, portanto, de que os atos normativos do Poder Legislativo sujeitam-se aos direitos fundamentais, mas também outros atos desse Poder, com eficácia externa – atos de comissões parlamentares de inquérito, por exemplo –, não escapam à sujeição aos direitos fundamentais. Registre-se, a propósito, a jurisprudência com que o Supremo Tribunal Federal, em sede de *habeas corpus* ou de mandado de segurança, vem delimitando as deliberações de CPIs, em favor de postulados dos direitos fundamentais[50].

5.5.2. Vinculação do Poder Executivo

A Administração, evidentemente, também se vincula aos direitos fundamentais. A expressão *Administração* compreende não somente pessoas jurídicas de direito público, mas, igualmente, pessoas de direito privado que disponham de poderes públicos, de faculdades do *jus imperium*, ao tratar com o particular. A não ser assim, estaria aberta a via oblíqua da ação administrativa por meio de sujeitos de direito privado como modo de ladear a vinculação do Executivo ao regime dos direitos fundamentais[51].

A vinculação da Administração às normas de direitos fundamentais torna nulos os atos praticados com ofensa ao sistema desses direitos. De outra parte, a Administração

48 Vieira de Andrade, *Os direitos fundamentais*, cit., p. 308-310; M. Afonso Vaz, *Lei e reserva de lei*, Coimbra, 1992, p. 385.

49 Canotilho e Vital Moreira, *Fundamentos da Constituição*, Coimbra: Almedina, 1991, p. 131. No STF, o princípio da proibição do retrocesso foi invocado no RE 351.750, *DJe* de 25-9-2009, rel. para o acórdão o Min. Carlos Britto. Justificando a prevalência do Código de Defesa do Consumidor (que daria concretização ao princípio da defesa do consumidor), sobre normas especiais do Código Brasileiro do Ar e da Convenção de Varsóvia, o Min. Carlos Britto argumentou: "(...) o consumidor não pode ser atingido por normas que lhe restrinjam conquistas asseguradas. É dizer: tendo o direito do consumidor *status* de princípio constitucional, não é dado a outras disposições legais restringir indenizações por mau uso do serviço".

50 Citem-se, a mero título ilustrativo, da jurisprudência do STF, o HC 1.039 (*DJ* de 6-12-1996) e o HC 71.421 (*DJ* de 3-5-1994), além do MS 23.480 (lim.), *DJ* de 30-6-1999; MS 23.452 (lim.), *DJ* de 24-6-1999; e MS 23.446 (lim.), *DJ* de 23-6-1999. Veja-se, ainda, o capítulo desta obra sobre CPI.

51 Miranda, *Manual*, cit., p. 281; Canotilho, *Direito constitucional*, cit., p. 404-405; Sarlet, *A eficácia*, cit., p. 327; Vieira de Andrade, *Os direitos fundamentais*, cit., p. 268.

deve interpretar e aplicar as leis segundo os direitos fundamentais. A atividade discricionária da Administração não pode deixar de respeitar os limites que lhe acenam os direitos fundamentais. Em especial, os direitos fundamentais devem ser considerados na interpretação e aplicação, pelo administrador público, de cláusulas gerais e de conceitos jurídicos indeterminados[52].

Problema que desafia os juristas está em saber se, diante da vinculação da Administração aos direitos fundamentais, pode o administrador realizar, ele próprio, juízo de inconstitucionalidade de uma lei e se recusar a lhe dar aplicação, por entendê-la discordante de um direito fundamental.

É certo que, antes da Constituição de 1988, a Suprema Corte, mesmo enfrentando argumentos criteriosos, orientou-se no sentido de admitir a possibilidade de o governador expedir ato determinando aos seus servidores o descumprimento de lei por ele estimada inválida, por desrespeitosa à Constituição Federal. Afirmava o STF que, evidentemente, a estimativa do governador não era definitiva e não obstava a que, em juízo, se alcançasse solução diversa, assumindo a autoridade do Executivo as consequências pela recusa em cumprir a lei. A posição do Supremo Tribunal enfatizava que também os titulares dos cargos máximos do Executivo, ao serem neles empossados, assumem o compromisso de cumprir e defender a Constituição Federal e a recusa em dar execução a ato contrário à Constituição não deixava de ser uma forma de defendê-la[53].

Essa jurisprudência manteve-se à época em que o controle de constitucionalidade tinha por titular único o Procurador-Geral da República, que era livre para encaminhar, ou não, ao STF pedidos de declaração de inconstitucionalidade de leis, com requerimento de liminar. Na vigência da Constituição de 1988, mesmo no âmbito do STF, suscita-se a dúvida sobre a atualidade dessa jurisprudência, em face da possibilidade de o próprio governador vir a provocar um juízo abstrato de constitucionalidade de uma lei que entenda inválida, com chances de obter, prontamente, medida cautelar.

Nesse contexto, é útil recordar que, depois da Emenda Constitucional n. 16/65, que instituiu o controle abstrato de normas entre nós, tendo o Procurador-Geral da República como agente deflagrador do processo, o STF não admitiu que o Presidente da República viesse a descumprir deliberadamente lei federal, por entendê-la inconstitucional. Tendo presente que o cargo de Procurador-Geral da República era, então, da confiança do titular do Poder Executivo, o STF[54], seguindo o raciocínio do Ministro Victor Nunes, assentou:

> "Se é conclusiva a decisão do Supremo Tribunal, o lógico é que essa decisão seja provocada antes de se descumprir a lei. Anteriormente à EC n. 16-65, não podíamos chegar a essa conclusão por via interpretativa, porque não havia um meio processual singelo e rápido que ensejasse o julgamento prévio do Supremo Tribunal. Mas esse obstáculo está arredado, porque o meio processual foi agora instituído no próprio texto da Constituição"[55].

52 Canotilho, *Direito constitucional*, cit., p. 405 e, sobretudo, p. 407.

53 A propósito, do STF, o RMS 14.557, *RTJ*, 33/336 e o que se lê, sobretudo, no voto do Ministro Victor Nunes, no MS 15.886 (*RTJ*, 41/669). Veja-se, igualmente, o imprescindível estudo de Gilmar Ferreira Mendes, *Direitos fundamentais e controle de constitucionalidade*, São Paulo: Celso Bastos, Editor, 1998, em especial p. 311, em que cita, ainda, a Repr 980, *RTJ*, 96/496.

54 MS 15.886 (*RTJ*, 41/669).

55 *RTJ*, 41/677.

O relator do precedente abonou o argumento de que, "tendo sido aberta essa via direta para uma pronta decisão do Supremo Tribunal sobre uma lei que o Executivo tenha por inconstitucional, já não se lhe pode reconhecer a prerrogativa de negar cumprimento a essa lei, por autoridade própria, carregando ao prejudicado o incômodo e o dispêndio de suscitar a manifestação do Poder Judiciário"[56].

Se, com o advento da representação por inconstitucionalidade, a que o Presidente da República tinha fácil acesso, deixou-se de reconhecer legitimidade ao repúdio extrajudicial de leis por inconstitucionalidade, idênticos motivos devem conduzir a que se recuse ao governador, hoje, a prerrogativa de repelir a execução de lei que lhe pareça contrária a um direito fundamental, já que o chefe do Executivo estadual passou a gozar da titularidade da ação direta de inconstitucionalidade. Aparentemente, entretanto, a ordem constitucional em vigor não influiu sobre a possibilidade de o prefeito vir a recusar a aplicação de lei por ele tida como inválida em face da Constituição Federal – o chefe do Executivo municipal continua a não dispor de legitimidade ativa para propor a ação direta de inconstitucionalidade perante o STF.

Em sede doutrinária, a polêmica situa em polos confrontantes o princípio da legalidade, a que está vinculada a Administração, e o princípio da vinculação aos direitos fundamentais.

Canotilho propõe, como princípio básico, que se recuse à Administração em geral e aos agentes administrativos o poder de controle de constitucionalidade das leis, abrindo a estes, porém, a perspectiva da representação à autoridade incumbida de provocar uma decisão judicial sobre a validade do diploma. Admite exceção para os casos em que o agente recebe ordem de cumprir lei violadora de direitos fundamentais, quando a ordem implicar o cometimento de crime[57].

Concordando que o agente administrativo deve provocar a autoridade com competência para levar o caso ao descortino do Judiciário, Vieira de Andrade sugere, ainda, que a decisão administrativa de aplicação da lei fique suspensa até a decisão da controvérsia sobre a legitimidade constitucional do diploma a ser aplicado. Lembra, no entanto, a lição de Bachof, para quem isso só é possível se a medida não prejudicar direitos individuais, nem vier a afrontar o interesse público[58].

Verifica-se, é certo, algum consenso doutrinário, no sentido de que, em princípio, os agentes administrativos não dispõem de competência para apreciar a lei segundo critérios constitucionais, devendo, no caso em que entenda haver inconstitucionalidade, provocar a autoridade hierarquicamente superior a respeito[59].

Há também consenso no sentido de que, em determinados casos limites, o agente pode deixar de cumprir a lei, por entendê-la inconstitucional – em especial quando o direito fundamental agredido o for francamente e puser em imediato risco a vida ou a integridade pessoal de alguém, resultando da aplicação da lei inválida o cometimento de fato definido como crime.

---

56 *RTJ*, 41/676.

57 Canotilho, *Direito constitucional*, cit., p. 406.

58 Vieira de Andrade, *Os direitos fundamentais*, cit., p. 261.

59 Cf. Sarlet, *A eficácia*, cit., p. 328.

Outros casos são mais controvertidos. Vieira de Andrade, apoiado em Bachof, sugere que, mesmo fora dessas hipóteses consensuais, não se deve desconsiderar a possibilidade de recusa de aplicação da lei pelo administrador, sempre que um sereno sopesamento entre os princípios da constitucionalidade e da legalidade o autorize. Por esse critério, a lei não deve ser aplicada se a inconstitucionalidade se mostrar evidente ou se o agente, possuindo conhecimentos jurídicos para isso, estiver convencido (não bastando a dúvida) da inconstitucionalidade. Ainda, haveria de se assegurar que os efeitos negativos da não aplicação da lei não superam os prejuízos decorrentes da sua aplicação.

Estaria delineado, assim, um quadro de conflito entre princípios constitucionais, em que interfere também o tema da divisão constitucional de competências. Levar-se-ia em conta que a Administração não é órgão de fiscalização da lei e que a concessão de poderes amplos nesse setor poderia comprometer a relação Administração/lei, com reflexos negativos sobre o princípio da separação dos Poderes. De outro lado, admite-se que não seria de bom alvitre estabelecer a obediência cega pela Administração de todas as leis, como que criando para ela uma presunção absoluta de constitucionalidade, esquecendo que também a Administração está vinculada aos direitos fundamentais[60].

Canotilho, no entanto, rejeita a abordagem embasada no princípio da proporcionalidade a ser aferido por funcionários da Administração, por serem "insuficientes e inseguros os critérios que a doutrina tem até agora desenvolvido" para tanto[61].

É interessante notar que, entre nós, uma jurisprudência antiga abre ensejo a que o Tribunal de Contas deixe de aplicar uma lei a um caso sob o seu exame por estimá-la inconstitucional[62]. Decerto que se trata de entendimento que está por ser reavaliado à luz da mais recente compreensão do papel do Judiciário no âmbito do controle de constitucionalidade.

5.5.3. Vinculação do Poder Judiciário

A vinculação do Judiciário aos direitos fundamentais também apresenta aspectos dignos de nota.

---

60 Vieira de Andrade, *Os direitos fundamentais*, cit., p. 261-263.

61 Canotilho, *Direito constitucional*, cit., p. 406.

62 Súmula 347: "Tribunal de Contas, no exercício de suas atribuições, pode apreciar a constitucionalidade das leis e dos atos do poder público". A aplicabilidade dessa súmula foi disputada pelo Ministro Gilmar Mendes, em decisão monocrática concessiva de liminar em mandado de segurança (MS 25.888-MC, *DJ* de 29-3-2006). O relator lembrou que a súmula foi aprovada em 1963, quando não havia sistema de controle abstrato de constitucionalidade e admitia-se como "legítima a recusa, por parte de órgãos não jurisdicionais, à aplicação da lei considerada inconstitucional". Esse quadro não mais subsiste hoje, após o advento da Constituição de 1988, que ampliou sobremaneira o âmbito do controle abstrato. O controle por órgão alheio ao Judiciário seria de mais difícil justificativa sob o atual sistema. Essa decisão embasou outras tantas, em igual direção, como a cautelar no MS 27.743 (decisão monocrática da rel. Min. Cármen Lúcia, *DJ* de 15-12-2008), em que anota estar seguindo o precedente pioneiro do Ministro Gilmar Mendes e outros que nele se espelharam, como as liminares concedidas pelos relatores dos Mandados de Segurança ns. 25.986, rel. Min. Celso de Mello; 26.783, rel. Min. Marco Aurélio; 26.808, rel. Min. Ellen Gracie; 27.232, rel. Min. Eros Grau; 27.337, rel. Min. Eros Grau; e 27.344, rel. Min. Eros Grau.

Cabe ao Judiciário a tarefa clássica de defender os direitos violados ou ameaçados de violência (art. 5º, XXXV, da CF). A defesa dos direitos fundamentais é da essência da sua função. Os tribunais detêm a prerrogativa de controlar os atos dos demais Poderes, com o que definem o conteúdo dos direitos fundamentais proclamados pelo constituinte. A vinculação das cortes aos direitos fundamentais leva a doutrina a entender que estão elas no dever de conferir a tais direitos máxima eficácia possível. Sob um ângulo negativo, a vinculação do Judiciário gera o poder-dever de recusar aplicação a preceitos que não respeitem os direitos fundamentais[63].

A vinculação dos tribunais revela-se, também, no dever que se impõe aos juízes de respeitar os preceitos de direitos fundamentais, no curso do processo e no conteúdo das decisões – digam elas respeito a matéria de direito público, de direito privado ou de direito estrangeiro. Com propriedade, leciona Vieira de Andrade que, "quando aplicam direito público, direito privado ou direito estrangeiro, o papel dos preceitos constitucionais varia, mas a vinculação dos juízes é sempre a mesma (...)"[64].

5.6. Aplicabilidade imediata

Verifica-se marcado zelo nos sistemas jurídicos democráticos em evitar que as posições afirmadas como essenciais da pessoa quedem como letra morta ou que só ganhem eficácia a partir da atuação do legislador. Essa preocupação liga-se à necessidade de superar, em definitivo, a concepção do Estado de Direito formal, em que os direitos fundamentais somente ganham expressão quando regulados por lei, com o que se expõem ao esvaziamento de conteúdo pela atuação ou inação do legislador.

Os efeitos corrosivos da neutralização ou da destruição dos direitos postos na Constituição foram experimentados de modo especialmente notável na Alemanha, quando da implantação do nazismo. A noção de que os direitos previstos na Constituição não se aplicavam imediatamente, por serem vistos como dependentes da livre atuação do legislador, e a falta de proteção judicial direta desses direitos propiciaram a erosão do substrato democrático da Constituição de Weimar, cedendo espaço a que se assentasse o regime totalitário a partir de 1933. A Lei Fundamental de 1949 reagiu contra essas falhas, buscando firmar-se em princípios como o da proteção judicial dos direitos fundamentais, o da vinculação dos Poderes Públicos aos direitos fundamentais e o da aplicação direta e imediata destes, independentemente de tradução jurídica pelo legislador[65].

Agregou-se à lição da História o prestígio do axioma de que a Constituição – incluindo os seus preceitos sobre direitos fundamentais – é obra do poder constituinte originário, expressão da soberania de um povo, achando-se acima dos poderes consti-

---

63 Jorge Miranda, *Manual*, cit., p. 284; Sarlet, *A eficácia*, cit., p. 331.

64 Vieira de Andrade, *Os direitos fundamentais*, cit., p. 269. Nesse sentido, também, pode-se dizer, por exemplo, que uma decisão arbitral estrangeira não pode ser homologada no Brasil se destoar dos direitos fundamentais consagrados no País. A homologação atentaria contra a ordem pública.

65 Cf. Gavara de Cara, *Derechos fundamentales y desarrollo legislativo*, Madrid: Centro de Estudios Constitucionales, 1994, p. 10-11.

tuídos, não podendo, portanto, ficar sob a dependência absoluta de uma intermediação legislativa para produzir efeitos.

Além da Lei Fundamental alemã (art. 1º, n. 3), outras constituições, que também se seguiram a períodos históricos de menoscabo dos direitos fundamentais, adotaram, expressamente, o princípio da aplicabilidade imediata dos direitos fundamentais. Assim, na Espanha (art. 33) e em Portugal (art. 18).

A Constituição brasileira de 1988 filiou-se a essa tendência, conforme se lê no § 1º do art. 5º do Texto, em que se diz que "as normas definidoras dos direitos e garantias fundamentais têm aplicação imediata". O texto se refere aos direitos fundamentais em geral, não se restringindo apenas aos direitos individuais.

O significado essencial dessa cláusula é ressaltar que as normas que definem direitos fundamentais são normas de caráter preceptivo, e não meramente programático. Explicita-se, além disso, que os direitos fundamentais se fundam na Constituição, e não na lei – com o que se deixa claro que é a lei que deve mover-se no âmbito dos direitos fundamentais, não o contrário. Os direitos fundamentais não são meramente normas matrizes de outras normas, mas são também, e sobretudo, normas diretamente reguladoras de relações jurídicas[66].

Os juízes podem e devem aplicar diretamente as normas constitucionais para resolver os casos sob a sua apreciação. Não é necessário que o legislador venha, antes, repetir ou esclarecer os termos da norma constitucional para que ela seja aplicada. O art. 5º, § 1º, da CF autoriza que os operadores do direito, mesmo à falta de comando legislativo, venham a concretizar os direitos fundamentais pela via interpretativa. Os juízes, mais do que isso, podem dar aplicação aos direitos fundamentais mesmo contra a lei, se ela não se conformar ao sentido constitucional daqueles.

Assim, o art. 5º, XIII, da Constituição afirma ser "livre o exercício de qualquer trabalho, ofício ou profissão, atendidas as qualificações profissionais que a lei estabelecer". Essa norma não deve, à vista do princípio em estudo, ser entendida como a determinar que somente após a regulação de uma atividade ou de uma profissão esta pode vir a ser exercida. Para que se prestigie o princípio da aplicabilidade imediata, cumpre que se veja no aludido inciso a expressão de uma norma de eficácia contida – aquela em que, na classificação de José Afonso da Silva, o "legislador constituinte regulou suficientemente os interesses relativos a determinada matéria, mas deixou margem à atuação restritiva por parte da competência discricionária do poder público, nos termos que a lei estabelecer"[67]. A norma proclama a liberdade de exercício de profissão e ofício, liberdade essa que não precisa, para ser diretamente fruída, da interposição do legislador, mas que pode vir a ser restringida por ele.

Essa característica indicada pela própria Constituição, entretanto, não significa que, sempre, de forma automática, os direitos fundamentais geram direitos subjetivos, concretos e definitivos[68].

---

66 Miranda, *Manual*, cit., p. 276; Canotilho, *Direito constitucional*, cit., p. 400.

67 José Afonso da Silva, *Aplicabilidade das normas constitucionais*, São Paulo: Revista dos Tribunais, 1982, p. 79.

68 Canotilho, *Direito constitucional*, cit., p. 400.

Há normas constitucionais, relativas a direitos fundamentais, que, evidentemente, não são autoaplicáveis. Carecem da interposição do legislador para que produzam todos os seus efeitos. As normas que dispõem sobre direitos fundamentais de índole social, usualmente, têm a sua plena eficácia condicionada a uma complementação pelo legislador. É o que acontece, por exemplo, com o direito à educação, como disposto no art. 205 da Lei Maior, ou com o direito ao lazer, de que cuida o art. 6º do Diploma.

Mesmo algumas normas constantes do art. 5º da Constituição Federal não dispensam a concretização, por via legislativa, para que possam produzir efeitos plenos e mesmo adquirir sentido[69]. A garantia do acesso ao Judiciário (art. 5º, XXXV) não prescinde de que a lei venha a dispor sobre o direito processual que viabilize a atuação do Estado na solução de conflitos. Da mesma forma, a garantia do Júri (art. 5º, XXXVIII) reclama legislação processual adequada. A plenitude de efeitos dessas normas depende da ação normativa do legislador, porque essas normas constitucionais caracterizam-se por uma densidade normativa baixa. Quanto a elas, não obstante o que diz o § 1º do art. 5º da Constituição, a maior medida da sua eficácia queda na dependência do legislador infraconstitucional, cuja inércia pode embargar o propósito do constituinte e atrair a censura da inconstitucionalidade por omissão.

A inteligência do art. 5º, § 1º, da Constituição não pode fazer-se sem atenção à natureza das coisas, consoante lição de Manoel Gonçalves Ferreira Filho, que adverte: "pretender que uma norma incompleta seja aplicada é desejar uma impossibilidade, ou forçar a natureza que, rejeitada, volta a galope"[70].

Por isso, sustenta Celso Bastos[71] que, quando a norma de direito fundamental não contiver os elementos mínimos indispensáveis que lhe assegurem aplicabilidade, nos casos em que a aplicação do direito pelo juiz importar infringência à competência reservada ao legislador, ou ainda quando a Constituição expressamente remeter a concretização do direito ao legislador, estabelecendo que o direito apenas será exercido na forma prevista em lei[72] –, nessas hipóteses, o princípio do § 1º do art. 5º da CF haverá de ceder.

Essas circunstâncias levam a doutrina a entrever no art. 5º, § 1º, da Constituição Federal uma norma-princípio, estabelecendo uma ordem de otimização, uma determinação para que se confira a maior eficácia possível aos direitos fundamentais[73]. O princípio em tela valeria como indicador de aplicabilidade imediata da norma constitucional, devendo-se presumir a sua perfeição, quando possível[74].

---

69 As normas do art. 5º tendem a apresentar alta densidade normativa, inserindo-se no grupo das normas de eficácia plena ou contida.

70 M. G. Ferreira Filho, *Direitos humanos fundamentais*, São Paulo: Saraiva, 1995, p. 99. O autor cita, como exemplo disso, a frustração advinda da compreensão do STF acerca do uso do mandado de injunção, antes da disciplinação legal do instituto.

71 *Comentários à Constituição do Brasil*, São Paulo: Saraiva, 1989, 3º v., p. 393.

72 Assim, por exemplo, o art. 5º, XXVIII, em que se assegura, "nos termos da lei, a proteção às participações individuais em obras coletivas e à reprodução da imagem e da voz humanas, inclusive nas atividades desportivas".

73 Cf. Sarlet, *A eficácia*, cit., p. 245. Em sentido próximo, Flávia Piovesan, *Proteção judicial contra omissões legislativas*, São Paulo: Revista dos Tribunais, 1995, p. 92, sustentando que "o princípio da aplicabilidade imediata dos direitos e garantias fundamentais investe os Poderes Públicos na atribuição constitucional de promover as condições para que os direitos e garantias fundamentais sejam reais e efetivos".

74 Vieira de Andrade, *Os direitos fundamentais*, cit., p. 256.

6. TENDÊNCIAS NA EVOLUÇÃO DOS DIREITOS HUMANOS

Desde que os direitos humanos deixaram de ser apenas teorias filosóficas e passaram a ser positivados por legisladores, ficou superada a fase em que coincidiam com meras reivindicações políticas ou éticas. Os direitos ganharam em concretude, ao se enriquecerem com a prerrogativa da exigibilidade jurídica, mas perderam em abrangência. Puderam ser protegidos pela ordem jurídica, mas somente dentro do Estado que os proclama.

Com a Declaração Universal de 1948, ganha impulso a tendência de universalização da proteção dos direitos dos homens. À declaração das Nações Unidas seguiram-se várias convenções internacionais, de escopo mundial ou regional, acentuando a vocação dos direitos fundamentais de expandir fronteiras.

Outra propensão digna de nota[75], que acompanha a da universalização e se verifica tanto no plano internacional quanto nas ordens jurídicas domésticas, é a da especificação.

Os direitos fundamentais que, antes, buscavam proteger reivindicações comuns a todos os homens passaram a, igualmente, proteger seres humanos que se singularizam pela influência de certas situações específicas em que apanhados. Alguns indivíduos, por conta de certas peculiaridades, tornam-se merecedores de atenção especial, exigida pelo princípio do respeito à dignidade humana. Daí a consagração de direitos especiais aos enfermos, aos deficientes, às crianças, aos idosos... O homem não é mais visto em abstrato, mas na concretude das suas diversas maneiras de ser e de estar na sociedade.

Essa tendência à especificação acarreta a multiplicação dos direitos. A especificação leva à necessidade de serem explicitados novos direitos, adequados às particularidades dos seres humanos na vida social. Incrementa-se o quantitativo dos bens tidos como merecedores de proteção.

A tendência à multiplicação se dá, por igual, no interior dos próprios direitos tradicionais, na medida em que a abrangência destes experimenta movimento de dilatação. Assim, por exemplo, a liberdade religiosa que, em um primeiro momento, alcançava apenas certas confissões, passa a alcançar concepções religiosas mais variadas.

7. FUNÇÕES DOS DIREITOS FUNDAMENTAIS

Os direitos fundamentais desempenham funções múltiplas na sociedade e na ordem jurídica. Essa diversidade de funções leva a que a própria estrutura dos direitos fundamentais não seja unívoca e propicia algumas classificações, úteis para a melhor compreensão do conteúdo e da eficácia dos vários direitos.

Tem relevância conhecer algumas tentativas mais notáveis de classificação conforme o papel desempenhado pelos direitos fundamentais.

Um esforço de sistematização que se tornou clássico e ainda mantém atualidade, servindo de ponto de partida para outros desenvolvimentos doutrinários, é a teoria dos

75 Cf. Bobbio, *A era dos direitos*, cit., p. 68 e s.

quatro *status* de Jellinek. Outra distinção importante, ainda, alude aos direitos de defesa e aos direitos a prestação. O estudo das funções dos direitos fundamentais, afinal, não pode deixar de contemplar as duas dimensões que nele se discernem – uma dimensão subjetiva e outra objetiva.

7.1. A teoria dos quatro *status* de Jellinek

No final do século XIX, Jellinek desenvolveu a doutrina dos quatro *status* em que o indivíduo pode encontrar-se em face do Estado. Dessas situações, extraem-se deveres ou direitos diferenciados por particularidades de natureza.

O indivíduo pode achar-se em posição de subordinação aos Poderes Públicos, caracterizando-se como detentor de deveres para com o Estado. Este tem a competência para vincular o indivíduo, por meio de mandamentos e proibições. Fala-se, aqui, em *status subjectionis*, ou em *status* passivo.

A circunstância de o homem ter personalidade exige que desfrute de um espaço de liberdade com relação a ingerências dos Poderes Públicos. Impõe-se que os homens gozem de algum âmbito de ação desvencilhado do império do Estado; afinal, como o próprio Jellinek assinala, a autoridade do Estado "é exercida sobre homens livres"[76]. Nesse caso, cogita-se do *status* negativo.

Em algumas situações, o indivíduo tem o direito de exigir do Estado que atue positivamente, que realize uma prestação. O indivíduo se vê com a capacidade de pretender que o Estado aja em seu favor. O seu *status* é, assim, positivo (*status civitatis*).

Jellinek cogita, ainda, de um quarto *status*, que denomina *ativo*, em que o indivíduo desfruta de competência para influir sobre a formação da vontade do Estado, como, por exemplo, pelo direito do voto. O indivíduo exerce os direitos políticos.

A partir dessa teoria, que foi recebendo depurações ao longo do tempo, podem-se decalcar as espécies de direitos fundamentais mais frequentemente assinaladas – direitos de defesa (ou direitos de liberdade) e direitos a prestações (ou direitos cívicos). A essas duas espécies alguns acrescentam a dos direitos de participação[77].

7.2. Direitos de defesa, a prestação e de participação

7.2.1. Direitos de defesa

Os direitos de defesa caracterizam-se por impor ao Estado um dever de abstenção, um dever de não interferência, de não intromissão no espaço de autodeterminação do indivíduo[78]. Esses direitos objetivam a limitação da ação do Estado. Destinam-se a evitar

---

76 Apud Jorge Miranda, *Manual*, cit., p. 84.

77 A propósito, Miranda, *Manual*, cit., p. 85; Edilson Pereira de Farias, *Colisão de direitos*, Porto Alegre: Sérgio A. Fabris, Editor, 1996, p. 83; Sarlet, *A eficácia*, cit., p. 155-157; Vieira de Andrade, *Os direitos fundamentais*, cit., p. 193.

78 Vieira de Andrade, *Os direitos fundamentais*, cit., p. 192.

ingerência do Estado sobre os bens protegidos (liberdade, propriedade ...) e fundamentam pretensão de reparo pelas agressões eventualmente consumadas.

Na nossa ordem jurídica, esses direitos de defesa estão contidos, em grande medida, no art. 5º da Constituição Federal. A título de exemplo, enquadram-se nessa categoria de direitos fundamentais o de não ser obrigado a agir ou deixar de agir pelos Poderes Públicos senão em virtude de lei (inc. II), não ser submetido a tortura, nem a tratamento desumano ou degradante (inc. III), a liberdade de manifestação de pensamento (inc. IV), a liberdade de crença e de exercício de culto (inc. VI), a liberdade de expressão artística, científica e intelectual (inc. IX), a inviolabilidade da vida privada e da intimidade (inc. X), o sigilo de comunicações (inc. XII), a liberdade de exercício de trabalho, ofício ou profissão (inc. XIII), a liberdade de locomoção (inc. XV), a liberdade de associação para fins lícitos (inc. XVII), a proibição de penas de caráter perpétuo (inc. XLVII, *b*), entre outros.

Há quem situe, ainda, o direito à igualdade – que garante ao indivíduo não ser exposto a discriminações impróprias – entre os direitos de defesa[79].

Apontam-se, em doutrina, alguns desdobramentos relevantes dessa função de defesa dos direitos fundamentais[80]. Os direitos de defesa vedam interferências estatais no âmbito de liberdade dos indivíduos e, sob esse aspecto, constituem normas de competência negativa para os Poderes Públicos. O Estado está jungido a não estorvar o exercício da liberdade do indivíduo, quer material, quer juridicamente. Desse modo, ao Estado veda-se criar censura prévia para manifestações artísticas, ou impedir a instituição de religiões, ou instituir pressupostos desmesurados para o exercício de uma profissão.

Os direitos de defesa também protegem bens jurídicos contra ações do Estado que os afetem. Assim, em face do direito à vida, o Estado não pode assumir comportamentos que afetem a existência do ser humano. Em face do direito de privacidade, o Estado não pode divulgar certos dados pessoais dos seus cidadãos. O direito de defesa, neste passo, ganha forma de direito à não afetação dos bens protegidos.

O aspecto de defesa dos direitos fundamentais pode ainda se expressar pela pretensão de que não se eliminem certas posições jurídicas. O direito fundamental assume o conteúdo de garantia orientada a que "o Estado não derrogue determinadas normas"[81]. O direito fundamental produz como efeito a proibição a que o Estado elimine posições jurídicas concretas – atua, por exemplo, como proibição a que se extinga o direito de propriedade de quem adquiriu certo bem segundo as normas então vigentes. Opera, igualmente, como proibição a que o Estado remova posições jurídicas em abstrato, como a possibilidade de transmitir a propriedade de determinados bens[82].

79 Sanchis, *Estudios*, cit., p. 133; Sarlet, *A eficácia*, cit., p. 169.

80 Cf. Alexy, *Teoría de los derechos fundamentales*, Madrid, 1993, p. 189-194; Canotilho, *Direito constitucional*, cit., p. 373.

81 Alexy, *Neoconstitucionalismo(s)*, cit., p. 194.

82 Essa função de impedir a eliminação de posições jurídicas, entre nós, a rigor, muitas vezes, tende a configurar um direito fundamental específico (garantia do direito adquirido, do ato jurídico perfeito, segurança jurídica) ou acaba por se confundir com o direito ao não impedimento de ações.

Convém ressaltar que, nas liberdades consagradas, inclui-se também a faculdade de não fruir da posição prevista na norma[83]. O direito de reunião implica igualmente o direito de não se reunir. A Constituição Federal deixa isso explícito, no que tange ao direito de associação, ao aclarar, no inciso XX do art. 5º, que ninguém pode ser compelido a se associar ou a permanecer associado.

Canotilho, a propósito, cogita de uma nota específica das liberdades, no contexto do conjunto dos direitos de defesa. Para o autor, as liberdades teriam como traço típico a alternativa de comportamento, a possibilidade de escolher uma conduta. Exemplifica mencionando que o direito à vida tem natureza defensiva contra o Estado, mas não é uma liberdade, já que o seu titular não pode escolher entre viver ou morrer. Já a liberdade de escolha de profissão envolve a possibilidade de escolher esta ou aquela profissão[84].

A afronta a um direito de defesa deve encontrar remédio na ordem jurídica, com vistas a compelir o Estado a se abster de praticar o ato incompatível com os direitos fundamentais ou a anular o que já praticou. O princípio da responsabilidade civil do Estado enseja que a ofensa ao direito fundamental suscite, igualmente, compensação pecuniária.

Quanto à sua estrutura, as normas que preveem os direitos de defesa são, de ordinário, autoexecutáveis. Mesmo que nelas se vejam incluídas expressões vagas e abertas, isso não haverá de constituir embaraço para a sua aplicação, uma vez que o conteúdo, na maioria dos casos, pode ser determinado por via hermenêutica – e a tarefa da interpretação incumbe precipuamente ao Judiciário.

7.2.2. Direitos a prestação

Enquanto os direitos de abstenção visam assegurar o *status quo* do indivíduo, os direitos a prestação exigem que o Estado aja para atenuar desigualdades, com isso estabelecendo moldes para o futuro da sociedade.

Os direitos de defesa, conforme a própria denominação os designa, oferecem proteção ao indivíduo contra uma ação, apreciada como imprópria, do Estado. Já os direitos a prestação partem do suposto de que o Estado deve agir para libertar os indivíduos das necessidades. Figuram direitos de promoção. Surgem da vontade de estabelecer uma "igualdade efetiva e solidária entre todos os membros da comunidade política"[85]. São direitos que se realizam por intermédio do Estado.

Se os direitos de defesa asseguram as liberdades, os direitos prestacionais buscam favorecer as condições materiais indispensáveis ao desfrute efetivo dessas liberdades. Os direitos a prestação supõem que, para a conquista e manutenção da liberdade, os Poderes Públicos devem assumir comportamento ativo na sociedade civil.

---

83 Sarlet, *A eficácia*, cit., p. 254.

84 Canotilho, *Direito constitucional*, cit., p. 1128.

85 Miranda, *Manual*, cit., p. 98.

O traço característico dos direitos a prestação está em que se referem a uma exigência de prestação positiva, e não de uma omissão. Na relação jurídica, ao direito prestacional corresponde uma obrigação de fazer ou de dar.

A circunstância de os direitos a prestação traduzirem-se numa ação positiva do Estado confere-lhes peculiaridades estruturais, em termos de níveis de densidade normativa, que os distinguem dos direitos de defesa, não somente quanto à finalidade, mas, igualmente, quanto ao seu modo de exercício e à eficácia[86].

Para compreender melhor essa realidade, tome-se, como ponto de partida, que a ação do Estado, imposta pelo direito a prestação, pode-se referir quer a uma *prestação material*, quer a uma *prestação jurídica*.

7.2.3. Direitos a prestação jurídica

Há direitos fundamentais cujo objeto se esgota na satisfação pelo Estado de uma prestação de natureza jurídica. O objeto do direito será a normação pelo Estado do bem jurídico protegido como direito fundamental. Essa prestação jurídica pode consistir na emissão de normas jurídicas penais ou de normas de organização e de procedimento.

Assim, a Constituição, por vezes, estabelece, diretamente, a obrigação de o Estado editar normas penais para coibir práticas atentatórias aos direitos e liberdades fundamentais (art. 5º, XLI), bem assim práticas de racismo (art. 5º, XLII), de tortura e de terrorismo (art. 5º, XLIII).

Além disso, há direitos fundamentais que dependem essencialmente de normas infraconstitucionais para ganhar pleno sentido. Há direitos que se condicionam a normas outras que definam o modo do seu exercício e até o seu significado.

Há direitos fundamentais que não prescindem da criação, por lei, de estruturas organizacionais, para que se tornem efetivos. Além disso, esses direitos podem requerer a adoção de medidas normativas que permitam aos indivíduos a participação efetiva na organização e nos procedimentos estabelecidos.

O direito à organização e ao procedimento envolve não só a exigência de edição de normas que deem vida aos direitos fundamentais, como também a previsão de que elas sejam interpretadas de acordo com os direitos fundamentais que as justificam[87].

Assim, o direito de acesso à Justiça não dispensa legislação que fixe a estrutura dos órgãos prestadores desse serviço e estabeleça normas processuais que viabilizem o pedido de solução de conflitos pelo Estado[88].

De outra parte, não se poderá interpretar o direito processual de modo excessivamente rigoroso, a ponto de inviabilizar, por motivos menores, a intervenção efetiva do

---

86 Veja-se, a propósito, o estudo sobre direitos sociais neste mesmo manual.

87 Alexy, *Neoconstitucionalismo(s)*, cit., p. 458. Lição entre nós acolhida por Sarlet, *A eficácia*, cit., p. 195.

88 Lembra Gilmar Ferreira Mendes, nessa linha, que "a liberdade de associação (CF, art. 5º, XVII) depende, pelo menos parcialmente, da existência de normas disciplinadoras do direito de sociedade (constituição e organização de pessoa jurídica etc.). A liberdade de exercício profissional exige a possibilidade de estabelecimento de vínculo contratual e pressupõe, pois, uma disciplina da matéria no ordenamento jurídico. O direito de propriedade não é sequer imaginável sem disciplina normativa" (*Direitos fundamentais e controle de constitucionalidade*, cit., p. 45).

Judiciário na solução de um litígio. As regras processuais devem ser entendidas como orientadas para proporcionar uma solução segura e justa dos conflitos, não podendo ser compreendidas de modo caprichoso, com o fito de dificultar desnecessariamente a prestação jurisdicional.

Reconhece-se ao Estado considerável margem de discricionariedade na conformação desses direitos de índole normativa. O conteúdo das normas a serem editadas é, respeitadas as exigências da razoabilidade, entregue ao discricionarismo político do Poder Legislativo.

7.2.4. Direitos a prestações materiais

Os chamados direitos a prestações materiais recebem o rótulo de direitos a prestação em sentido estrito. Resultam da concepção social do Estado. São tidos como os direitos sociais por excelência[89]. Estão concebidos com o propósito de atenuar desigualdades de fato na sociedade, visando ensejar que a libertação das necessidades aproveite ao gozo da liberdade efetiva por um maior número de indivíduos[90]. O seu objeto consiste numa utilidade concreta (bem ou serviço).

Podem ser extraídos exemplos de direitos a prestação material dos direitos sociais enumerados no art. 6º da Constituição – o direito à educação, à saúde, ao trabalho, à moradia, ao transporte, ao lazer, à segurança, à previdência social, à proteção à maternidade, à infância e o direito dos desamparados à assistência.

São direitos devidos pelo Estado, embora, nessa esfera dos direitos fundamentais, os particulares também estejam vinculados, em especial quanto aos direitos dos trabalhadores enumerados no art. 7º da Constituição e quanto a aspectos do direito à assistência, já que o art. 229 da Constituição comanda que "os pais têm o dever de assistir, criar e educar os filhos menores, e os filhos maiores têm o dever de ajudar e amparar os pais na velhice, carência ou enfermidade"[91].

Quanto à estrutura das normas que os consagram, descobrem-se algumas particularidades relevantes.

Algumas normas constitucionais que veiculam direitos a prestação material possuem alta densidade normativa, no sentido de que estão enunciadas de modo a dar a perceber o seu conteúdo com a nitidez necessária para que produzam os seus principais efeitos. Não necessitam da interposição do legislador para lograr aplicação sobre as relações jurídicas. Tais normas, que permitem imediata exigência pelo indivíduo da satisfação do que comandam, veiculam os chamados direitos originários a prestação[92].

A maioria dos direitos a prestação, entretanto, quer pelo modo como enunciados na Constituição, quer pelas peculiaridades do seu objeto, depende da interposição do legislador para produzir efeitos plenos.

---

89 Vieira de Andrade, *Os direitos fundamentais*, cit., p. 200.

90 Vieira de Andrade, *Os direitos fundamentais*, cit., p. 192.

91 Cf. também Sarlet, *A eficácia*, cit., p. 199. O fenômeno não é estranho no direito comparado, cf. Canotilho e Vital Moreira (*Fundamentos da Constituição*, cit., p. 113).

92 Cf., por todos, Canotilho, *Direito constitucional*, cit., p. 435.

Os direitos a prestação material, como visto, conectam-se ao propósito de atenuar desigualdades fáticas de oportunidades. Têm que ver, assim, com a distribuição da riqueza na sociedade. São direitos dependentes da existência de uma dada situação econômica favorável à sua efetivação. Os direitos, aqui, submetem-se ao natural condicionante de que não se pode conceder o que não se possui.

Os direitos a prestação material têm a sua efetivação sujeita às condições, em cada momento, da riqueza nacional. Por isso mesmo, não seria factível que o constituinte dispusesse em minúcias, de uma só vez, sobre todos os seus aspectos. Por imposição da natureza do objeto dos direitos a prestação social, o assunto é entregue à conformação do legislador ordinário, confiando-se na sua sensibilidade às possibilidades de realização desses direitos em cada momento histórico.

Os direitos a prestação notabilizam-se por uma decisiva dimensão econômica. São satisfeitos segundo as conjunturas econômicas, de acordo com as disponibilidades do momento, na forma prevista pelo legislador infraconstitucional. Diz-se que esses direitos estão submetidos à *reserva do possível*. São traduzidos em medidas práticas tanto quanto permitam as disponibilidades materiais do Estado.

A escassez de recursos econômicos implica a necessidade de o Estado realizar opções de alocação de verbas, sopesadas todas as coordenadas do sistema econômico do país. Os direitos em comento têm que ver com a redistribuição de riquezas – matéria suscetível às influências do quadro político de cada instante. A exigência de satisfação desses direitos é mediada pela ponderação, a cargo do legislador, dos interesses envolvidos, observado o estádio de desenvolvimento da sociedade[93].

Na medida em que a Constituição não oferece comando indeclinável para as opções de alocação de recursos, essas decisões devem ficar a cargo de órgão político, legitimado pela representação popular, competente para fixar as linhas mestras da política financeira e social. Essa legitimação popular é tanto mais importante, uma vez que a realização dos direitos sociais implica, necessariamente, privilegiar um bem jurídico sobre outro, buscando-se concretizá-lo com prioridade sobre outros. A efetivação desses direitos implica favorecer segmentos da população, por meio de decisões que cobram procedimento democrático para serem legitimamente formadas – tudo a apontar o Parlamento como a sede precípua dessas deliberações e, em segundo lugar, a Administração[94].

A satisfação desses direitos é, pois, deixada, no regime democrático, primacialmente, ao descortino do legislador. Não cabe, em princípio, ao Judiciário extrair direitos subjetivos das normas constitucionais que cogitam de direitos não originários a prestação. O direito subjetivo pressupõe que as prestações materiais já hajam sido precisadas e delimitadas – tarefa própria de órgão político, e não judicial. Compreende-se, assim, que, por exemplo, do direito ao trabalho (art. 6º da Constituição) não se deduza um direito subjetivo do desempregado, exigível em juízo, a que o Estado lhe proporcione uma posição profissional.

Daí os autores anuírem, às vezes sem esconder uma nota de desalento, em que "os direitos sociais [identificados com os de prestação material] só existem quando as leis e

93 Veja-se, a propósito do tema, Hesse, Significado..., in *Manual*, cit., p. 97, e Sarlet, *A eficácia*, cit., p. 261.

94 Böckenförde, *Escritos sobre derechos fundamentales*, Baden-Baden: Nomos Verlagsgesellschaft, 1993, p. 77.

as políticas sociais os garantirem"[95], ou em que "os direitos sociais ficam dependentes, na sua exata configuração e dimensão, de uma intervenção legislativa, concretizadora e conformadora, só então adquirindo plena eficácia e exequibilidade"[96], ou em que esses direitos "requerem, de antemão, e em qualquer caso mais do que nos direitos fundamentais tradicionais, ações do Estado tendentes a realizar o programa neles contido (...). Por isso os direitos sociais fundamentais não chegam a justificar pretensões dos cidadãos invocáveis judicialmente de forma direta (...) Em princípio, não podem ensejar direitos subjetivos individuais"[97]. Já se denominaram esses direitos "direitos na medida da lei"[98].

Esses direitos, repita-se, não podem ser determinados pelos juízes quanto aos seus pressupostos e à extensão do seu conteúdo. "Para que se determinem como direitos, é necessária uma atuação legislativa, que defina o seu conteúdo concreto, fazendo uma opção num quadro de prioridades a que obrigam a escassez dos recursos, o caráter limitado da intervenção do Estado na vida social e, em geral, o próprio princípio democrático. Os preceitos constitucionais respectivos não são, por isso, nesse sentido, aplicáveis imediatamente, muito menos constituem preceitos exequíveis por si mesmos"[99].

Nessa justa medida, os direitos a prestação material terminam por se aparentar aos direitos a prestação normativa. Por isso, ensina Vieira de Andrade que, em se tratando de direitos a prestação, o dever imediato que toca ao Estado "é, precisamente, em primeira linha, o dever de legislar, já que a feitura de leis é a tarefa devida (no caso dos direitos a prestações jurídicas) ou a condição organizatória necessária (no caso dos direitos a prestações materiais)"[100].

A título de ilustração, considere-se que a Constituição brasileira dispõe que o Estado garantirá a todos o pleno exercício dos direitos culturais e apoiará e incentivará a valorização e a difusão das manifestações culturais (art. 215). Está claro que não é possível, materialmente, apoiar todas as manifestações culturais no País. Impõe-se uma escolha de prioridades e, em princípio, nenhum setor cultural pode exigir para si a totalidade das verbas existentes para a cultura, justamente porque cabe aos órgãos políticos, com legitimação democrática e responsabilidade política, fixar as metas tidas como prioritárias.

No caso dos direitos a prestações materiais, da mesma maneira que acontece com o direito a prestação jurídica, o legislador frui de distendida margem de apreciação. A definição do modo e da extensão como se protegerá o direito de acesso à cultura ou o estímulo ao lazer, ou, ainda, como se dará a regulação do direito dos trabalhadores de participação nos lucros das empresas (direito a prestação jurídica), tudo isso recai na esfera da liberdade de conformação do legislador.

---

95 Canotilho, *Direito constitucional*, cit., p. 438.

96 J. M. Cardoso da Costa, *A hierarquia das normas constitucionais e a sua função de proteção dos direitos fundamentais*, citado por Canotilho, *Direito constitucional*, cit., p. 439.

97 K. Hesse, Significado..., in *Manual*, cit., p. 98.

98 Böckenförde, citado por Sarlet, *A eficácia*, cit., p. 263.

99 Vieira de Andrade, *Os direitos fundamentais*, cit., p. 207.

100 Vieira de Andrade, *Os direitos fundamentais*, cit., p. 249.

A regulação desses direitos, na maior parte das vezes, não se acha determinada pelo constituinte de forma tal que possa ser considerada como ação essencialmente vinculada[101]. O legislador há de dispor de uma "ampla liberdade de conformação quer quanto às soluções normativas concretas quer quanto ao modo organizatório e ritmo de concretização"[102]. Salienta Vieira de Andrade que "o legislador (...) estabelece autonomamente a forma e a medida em que concretiza as imposições constitucionais respectivas"[103].

Não significa isso que essas normas sejam desprovidas de toda eficácia. Elas servem de parâmetro de controle da constitucionalidade de medidas restritivas desses direitos e revogam normas anteriores incompatíveis com os programas de ação que entronizam. Servem, ainda, como modelo interpretativo das demais normas do ordenamento jurídico, que com elas hão de encontrar conciliação sistemática.

As normas em tela apresentam um lado de norma de defesa, na medida em que propiciam que se exija do Estado que não adote políticas contrárias ao que proclamam esses direitos. Daí já se ter sustentado que normas enfeixadas em políticas de recessão, contrárias à política de pleno emprego, por exemplo, poderiam ser consideradas ilegítimas[104]. Aqui, no entanto, move-se em terreno incerto. A caracterização de certa política como definitivamente contrária ao direito ao emprego oferece dificuldades argumentativas.

O caráter de defesa entrevisto nos direitos a prestação material é enfatizado, também, pelos que advogam a existência de uma cláusula de proibição do retrocesso[105].

É, em tese, possível o controle jurisdicional das opções legislativas de concretização desses direitos, tomando as próprias normas constitucionais que os preveem como parâmetro. Esse controle, entretanto, tende a ser restrito, sendo mais frequente na esfera da inconstitucionalidade por omissão. As opções do legislador quanto ao conteúdo dos direitos a prestação dificilmente são suscetíveis de apreciação na prática, a não ser em havendo manifesta arbitrariedade do legislador, situação que, imaginada por Vieira de Andrade, é por ele mesmo tida como de improvável demonstração[106].

Esse quadro de características dos direitos a prestação material pode desolar o observador animado pela leitura singela das promessas constitucionais e esperançoso de resolver juridicamente carências de ordem econômica. Não por outro motivo, Hesse adverte para o perigo que corre a própria força normativa da Constituição, quando é tensionada com promessas excessivas, que resultam em inescapáveis frustrações de expectativas[107].

---

101 Vieira de Andrade, *Os direitos fundamentais*, cit., p. 202.

102 Canotilho, *Direito constitucional*, cit., p. 440.

103 Vieira de Andrade, *Os direitos fundamentais*, cit., p. 249.

104 Sarlet, *A eficácia*, cit., p. 271.

105 Sobre a proibição de retrocesso, ver, *supra*, tópico relativo à vinculação do Poder Legislativo aos direitos fundamentais.

106 Vieira de Andrade, *Os direitos fundamentais*, cit., p. 207.

107 Hesse, Significado..., in *Manual*, cit., p. 100.

A doutrina, porém, busca atenuar essas contingências decepcionantes com a teoria do *grau mínimo de efetividade* dos direitos a prestação material. Tenta-se extrair uma garantia a um mínimo social dos direitos a prestação[108]. Para Vieira de Andrade, essa seria a única restrição imposta à liberdade de conformação do legislador e o seu desprezo configuraria caso de censurável omissão legislativa[109].

A Constituição brasileira acolheu essa garantia do mínimo social. O art. 201, § 2º, da Constituição, estabelece o salário mínimo como piso dos benefícios previdenciários, e o Supremo Tribunal Federal tem jurisprudência sedimentada no sentido de que essa norma é autoaplicável. Pode-se vislumbrar, então, aí, um exemplo de direito a prestação material que gera imediatamente direito subjetivo para os seus titulares – um "direito fundamental originário e subjetivo a prestação"[110], que tem em mira assegurar um patamar mínimo de efetividade do direito à previdência pelo Estado.

A jurisprudência do STF também registra precedentes em que, para se obviar que normas de cunho social, ainda que de feitio programático, convertam-se "em promessa constitucional inconsequente", são reconhecidas obrigações mínimas que, com base nelas, o Estado deve satisfazer – como nos vários casos em que se proclamou o direito de pacientes de AIDS a receber medicamentos gratuitos dos Poderes Públicos[111].

Da mesma forma, o Supremo Tribunal[112] não deixou dúvida de que o direito à educação infantil, por meio do acesso de crianças a creches e unidades de pré-escola (CF, art. 208, IV), constitui direito fundamental, que não pode ser postergado, uma vez que representa o grau mínimo do direito à educação[113]. O desrespeito a um direito fundamental pela falta de sua concretização por órgãos estranhos ao Judiciário autoriza, em casos de mais aguda gravidade, que o juiz imponha as providências concretas, estimadas necessárias para que a omissão não agrave o dano que gera. Determinação dessa sorte não há de ser censurada como hostil à separação de Poderes, nem é obstada pela defesa da reserva do possível. O STF já abonou decisão judicial que impunha ao Executivo providências urgentes e indeclináveis para reverter quadro que adjetivou como *dan-*

---

108 Canotilho, *Direito constitucional*, cit., p. 439.

109 Vieira de Andrade, *Os direitos fundamentais*, cit., p. 250-251.

110 Sarlet, *A eficácia*, cit., p. 291.

111 Cf., a título exemplificativo, o RE-AgRg 271286/RS, *DJ* de 24-11-2000, rel. Min. Celso de Mello.

112 RE 410.715, rel. Min. Celso de Mello, julgado em 22-11-2005.

113 Reconheceu-se que o direito fundamental de índole social e cultural caracteriza-se "pela gradualidade de seu processo de concretização – depende, em grande medida, de um inescapável vínculo financeiro subordinado às possibilidades orçamentárias do Estado". Apesar disso, o voto do relator não admite que o poder público possa desvencilhar-se da obrigação que sobre ele recai de satisfazer as pretensões surgidas de normas jusfundamentais dessa espécie pela mera invocação da cláusula do financeiramente possível. Daí argumentar que, "comprovada, objetivamente, a alegação de incapacidade econômico-financeira da pessoa estatal, desta não se poderá razoavelmente exigir, então, considerada a limitação material referida, a imediata efetivação do comando fundado no texto da Carta Política". O acórdão aparenta filiar-se à ideia de que os direitos fundamentais não podem deixar de ser atendidos no seu grau mínimo, não se viabilizando a exceção da cláusula do possível, a não ser que provada a absoluta impossibilidade de se satisfazer a demanda. Daí as palavras enfáticas do Ministro Celso de Mello no sentido de que "a cláusula da 'reserva do possível' – ressalvada a ocorrência de justo motivo objetivamente aferível – não pode ser invocada pelo Estado com a finalidade de exonerar-se, dolosamente, do cumprimento de suas obrigações constitucionais, notadamente quando, dessa conduta governamental negativa, puder resultar nulificação ou, até mesmo, aniquilação de direitos constitucionais impregnados de um sentido de essencial fundamentalidade".

tesco de certo presídio, em que a situação vivida pelos internos era "atentatória à integridade física e moral [destes]". No RE 592.581[114], em sede de repercussão geral, a Corte estabeleceu ser "lícito ao Judiciário impor à Administração Pública obrigação de fazer, consistente na promoção de medidas ou na execução de obras emergenciais em estabelecimentos prisionais. Supremacia da dignidade da pessoa humana que legitima a intervenção judicial. Impossibilidade de opor-se o argumento da reserva do possível ou princípio da separação dos poderes".

Alguns dias depois do julgamento desse recurso extraordinário, o Plenário do STF voltou a se defrontar com o retrato confrangedor dos estabelecimentos prisionais no país. Identificou uma falha estrutural comum aos três Poderes no enfrentamento do problema carcerário. Reconheceu a presença do que a Corte Constitucional colombiana denominou de "estado de coisas inconstitucional", já que se flagrava, no campo carcerário, "situação de violação generalizada de direitos fundamentais; inércia ou incapacidade reiterada e persistente das autoridades públicas em modificar a situação; a superação das transgressões exigir a atuação não apenas de um órgão, e sim de uma pluralidade de autoridades". Determinou providências concretas, assumindo "cumprir ao Tribunal o papel de retirar os demais Poderes da inércia, catalisar os debates e novas políticas públicas, coordenar ações e monitorar os resultados". Acrescentou que, em relação ao STF, "não se pode exigir que se abstenha de intervir, em nome do princípio democrático, quando os canais políticos se apresentam obstruídos, sob pena de chegar-se a um somatório de inércias injustificadas"[115].

Quando o direito a prestação material, descrito na Constituição, vem a ser concretizado pelo legislador, fala-se no surgimento de direito derivado a prestação. Vieira de Andrade, porém, argutamente observa que, depois de emitida a legislação necessária para a efetividade dos direitos a prestação material, poderá surgir direito subjetivo; no entanto, aí, eles valerão não como direitos fundamentais, mas como direitos concedidos por lei[116]. De toda sorte, a doutrina extrai dos direitos fundamentais concretizados pretensões de igual acesso às instituições criadas (de ensino, de serviços de saúde) e de igual participação nos benefícios fornecidos por esses serviços. Por isso, já se conceituaram esses direitos derivados a prestação como direitos "a igual (não arbitrariamente discriminatória) distribuição das prestações disponíveis"[117].

7.2.5. Direitos fundamentais de participação

Há quem situe essa categoria de direitos fundamentais ao lado das referentes aos direitos de defesa e aos direitos a prestação. Seria constituída pelos direitos orientados a garantir a participação dos cidadãos na formação da vontade do País, correspondendo ao capítulo da Constituição Federal relativo aos direitos políticos.

---

114 *DJe* de 1º-2-2016.

115 ADPF 347 MC, julgada em 9-9-2015. A medida cautelar foi deferida para impor aos juízes que realizassem audiências de custódia no prazo de 24h, contado da detenção, e que fossem liberados os recursos do Fundo Penitenciário Nacional, mantidos pela União, para que fossem empregados em medidas urgentes de renovação dos presídios.

116 Vieira de Andrade, *Os direitos fundamentais*, cit., p. 209.

117 Lição de Murswiek, reproduzida por Sarlet, *A eficácia*, cit., p. 278.

É preciso registrar a existência de disceptação doutrinária. Tanto Canotilho como Alexy situam os diversos direitos políticos, conforme as suas características, entre os direitos a prestação ou entre os de defesa. Com isso, não cogitam dos direitos de participação como um terceiro grupo de direitos fundamentais[118]. Mesmo quem adota essa terceira categoria não nega que esses direitos de participação possuem "características mistas de direitos de defesa e direitos a prestação"[119].

7.2.6. Índole ambivalente de vários direitos fundamentais

Uma observação deve ser feita. A distinção entre direitos de defesa e direitos a prestação não se faz sem alguns matizes. É possível extrair direitos a prestação de direitos de defesa e direitos de defesa dos direitos a prestação. O último caso já foi exemplificado com a proibição de medidas legislativas contrárias a direitos a prestação proclamados pelo constituinte. Vale referir, também, que direitos essencialmente de defesa apresentam aspectos, ainda que subsidiários, de direito a prestação. O direito à vida traz como consectário o direito a que o Estado proteja a vida contra ofensas de terceiros, não se exaurindo na pretensão a que o Estado não suprima esse bem dos seus súditos. O tema encontra boa sede de estudo na consideração dos direitos fundamentais sob a dimensão objetiva.

8. DIMENSÕES SUBJETIVA E OBJETIVA DOS DIREITOS FUNDAMENTAIS

Enfatizou-se, até aqui, a dimensão subjetiva dos direitos fundamentais, que é a mais afeiçoada às suas origens históricas e às suas finalidades mais elementares.

A dimensão subjetiva dos direitos fundamentais corresponde à característica desses direitos de, em maior ou em menor escala, ensejarem uma pretensão a que se adote um dado comportamento ou se expressa no poder da vontade de produzir efeitos sobre certas relações jurídicas.

Nessa perspectiva, os direitos fundamentais correspondem à exigência de uma ação negativa (em especial, de respeito ao espaço de liberdade do indivíduo[120]) ou positiva de outrem, e, ainda, correspondem a competências – em que não se cogita de exigir comportamento ativo ou omissivo de outrem, mas do poder de modificar-lhe as posições jurídicas[121].

118 É também a proposta de Sarlet, *A eficácia*, cit., p. 166-167.

119 Edilson Farias, *Colisão*, cit., p. 92.

120 Observe-se que a liberdade pode ter índole de liberdade não protegida – em que a esfera de decisão do sujeito pode ser restringida pelo legislador – ou a índole de liberdade protegida por norma constitucional, quando haverá uma liberdade fundamental, em que o legislador não poderá impor ou proibir a atividade. A propósito, o excelente estudo de Suzana de Toledo Barros, *O princípio da proporcionalidade e o controle de constitucionalidade das leis restritivas de direitos fundamentais*, Brasília: Brasília Jurídica, 1996, p. 138-139.

121 Suzana Barros *(O princípio*, cit., p. 139) dá como exemplo, neste passo, a situação do indivíduo que redige um testamento, valendo-se de uma competência que lhe foi atribuída para proteger juridicamente um ato destinado a produzir efeitos depois da sua morte.

Conquanto essa seja a perspectiva de maior realce dos direitos fundamentais, ela convive com uma dimensão objetiva – ambas mantendo uma relação de remissão e de complemento recíproco[122].

A dimensão objetiva resulta do significado dos direitos fundamentais como princípios básicos da ordem constitucional. Os direitos fundamentais participam da essência do Estado de Direito democrático, operando como limite do poder e como diretriz para a sua ação. As constituições democráticas assumem um sistema de valores que os direitos fundamentais revelam e positivam. Esse fenômeno faz com que os direitos fundamentais influam sobre todo o ordenamento jurídico, servindo de norte para a ação de todos os poderes constituídos.

Os direitos fundamentais, assim, transcendem a perspectiva da garantia de posições individuais, para alcançar a estatura de normas que filtram os valores básicos da sociedade política, expandindo-os para todo o direito positivo. Formam, pois, a base do ordenamento jurídico de um Estado democrático[123].

Essa dimensão objetiva produz consequências apreciáveis.

Ela faz com que o direito fundamental não seja considerado exclusivamente sob perspectiva individualista, mas, igualmente, que o bem por ele tutelado seja visto como um valor em si, a ser preservado e fomentado.

A perspectiva objetiva, nesse sentido, legitima até restrições aos direitos subjetivos individuais, limitando o conteúdo e o alcance dos direitos fundamentais em favor dos seus próprios titulares ou de outros bens constitucionalmente valiosos[124].

Importante consequência da dimensão objetiva dos direitos fundamentais está em ensejar um dever de proteção pelo Estado dos direitos fundamentais contra agressões dos próprios Poderes Públicos, provindas de particulares ou de outros Estados[125].

Esse dever de proteção mostra-se associado sobretudo, mas não exclusivamente, aos direitos à vida, à liberdade e à integridade física (incluindo o direito à saúde). O Estado deve adotar medidas – até mesmo de ordem penal – que protejam efetivamente os direitos fundamentais.

Sob esse enfoque, os direitos de defesa apresentam um aspecto de direito a prestação positiva, na medida em que a dimensão objetiva dos direitos fundamentais cobra a adoção de providências, quer materiais, quer jurídicas, de resguardo dos bens protegidos. Isso corrobora a assertiva de que a dimensão objetiva interfere na dimensão subjetiva dos direitos fundamentais, neste caso atribuindo-lhe reforço de efetividade.

Observe-se que esse mesmo propósito de reforço de posições jurídicas fundamentais pode exigir a elaboração de regulamentações restritivas de liberdades. É conhecida a decisão do Tribunal Constitucional alemão que, a respeito do direito à vida, afirmou

122 Hesse, Significado..., in *Manual*, cit., p. 91.

123 Gilmar Ferreira Mendes, *Direitos fundamentais*, cit., p. 32.

124 Suzana de Toledo Barros menciona como exemplo de efeito limitador das liberdades, resultante do caráter objetivo dos direitos fundamentais, o comando do uso de cintos de segurança em automóveis: "É assim que se explica, por exemplo, a imposição do uso do cinto de segurança: o livre arbítrio do condutor do veículo perde alcance diante do valor constitucional vida ou integridade física dos indivíduos, cuja proteção é requerida do Estado em cumprimento às suas finalidades. Da mesma forma, pode-se argumentar em favor da proibição geral do uso de drogas" (*O princípio*, cit., p. 130).

125 Cf. Sarlet, forte em lições de Hesse e Sachs (*A eficácia*, cit., p. 146).

que ao Estado é vedado não somente intervir sobre a vida em formação, como se lhe impõe a obrigação de proteger essa vida, inclusive valendo-se de normas de direito penal, não existindo outro meio eficiente para preservar o bem tutelado[126].

Respeita-se, contudo, em princípio, a liberdade de conformação do legislador, a quem se reconhece discricionariedade na opção normativa tida como mais oportuna para a proteção dos direitos fundamentais. Cabe aos órgãos políticos, e não ao Judiciário, indicar qual a medida a ser adotada para proteger os bens jurídicos abrigados pelas normas definidoras de direitos fundamentais. A dimensão objetiva cria um direito a prestação associado a direito de defesa, e esse direito a prestação há de se sujeitar à liberdade de conformação dos órgãos políticos e ao condicionamento da reserva do possível.

Não há cogitar, portanto, ordinariamente, de um dever específico de agir por parte do Estado, uma vez que os Poderes Públicos gozam de discricionariedade para escolher uma das diferentes opções de ação que se lhes abrem, levando em conta os meios que estejam disponíveis, as colisões de direitos e interesses envolvidos e a sua escala de prioridades políticas[127].

Ingo Sarlet anota que a doutrina, nesse passo, alude à necessidade de o Estado agir em defesa dos direitos fundamentais com um mínimo de eficácia, não sendo, porém, "exigível uma exclusão absoluta da ameaça que se objetiva prevenir". Se é possível enxergar um dever de agir do Estado, não é apropriado impor-lhe o *como* agir. "Uma pretensão individual somente poderá ser acolhida nas hipóteses em que o espaço de discricionariedade estiver reduzido a zero"[128].

O aspecto objetivo dos direitos fundamentais comunica-lhes, também, uma eficácia irradiante, o que os converte em diretriz para a interpretação e aplicação das normas dos demais ramos do Direito. A dimensão objetiva enseja, ainda, a discussão sobre a eficácia horizontal dos direitos fundamentais – a eficácia desses direitos na esfera privada, no âmbito das relações entre particulares[129].

9. DIREITOS E GARANTIAS

No âmbito das classificações dos direitos fundamentais, intenta-se, por vezes, distanciar os direitos das garantias. Há, no Estatuto Político, direitos que têm como objeto imediato um bem específico da pessoa (vida, honra, liberdade física)[130]. Há também outras normas que protegem esses direitos indiretamente, ao limitar, por vezes proce-

126 Gavara de Cara, *Derechos fundamentales*, cit., p. 88. Ver também Donald Kommers, *The constitutional jurisprudence of the Federal Republic of Germany*, Durham: Duke University Press, 1997, p. 336 e s.

127 Cf. Sarlet, apoiado em Pieroth-Schlink, Manssen e Hesse (*A eficácia*, cit., p. 193).

128 Sarlet, *A eficácia*, cit., p. 193.

129 A dimensão objetiva dos direitos fundamentais não deve ser acentuada desmesuradamente, a ponto de se perturbar a sua função asseguradora das liberdades individuais, em face de interesses por vezes contrastantes da coletividade. O enfoque da dimensão objetiva dos direitos fundamentais tende a favorecer uma preponderância do Judiciário no contexto dos poderes do Estado, ensejando um incremento nas decisões tomadas a partir de "ponderação de bens". A propósito, veja-se Cristina M. M. Queiroz, *Direitos fundamentais (teoria geral)*, Coimbra: Coimbra Ed., 2002, em especial p. 96-106.

130 Vieira de Andrade, *Os direitos fundamentais*, cit., p. 172.

dimentalmente, o exercício do poder. São essas normas que dão origem aos direitos-garantia, às chamadas garantias fundamentais.

As garantias fundamentais asseguram ao indivíduo a possibilidade de exigir dos Poderes Públicos o respeito ao direito que instrumentalizam. Vários direitos previstos nos incisos do art. 5º da Constituição se ajustam a esse conceito. Vejam-se, por exemplo, as normas ali consignadas de direito processual penal.

Nem sempre, contudo, a fronteira entre uma e outra categoria se mostra límpida – o que, na realidade, não apresenta maior importância prática, uma vez que a nossa ordem constitucional confere tratamento unívoco aos direitos e garantias fundamentais.

10. GARANTIAS INSTITUCIONAIS

O conceito de garantias fundamentais se aparta da noção de garantias institucionais. As garantias institucionais desempenham função de proteção de bens jurídicos indispensáveis à preservação de certos valores tidos como essenciais. Esclarece Paulo Bonavides que a denominação "garantia institucional" deve-se a Carl Schmitt, que também "a separou dos direitos fundamentais, deixando bem claro que o sentido dela era o de ministrar uma proteção especial a determinadas instituições"[131]. Prossegue o constitucionalista, ensinando que "a garantia institucional visa, em primeiro lugar, assegurar a permanência da instituição (...), preservando invariavelmente o mínimo de substantividade ou essencialidade, a saber, aquele cerne que não deve ser atingido nem violado, porquanto, se tal ocorresse, implicaria já o perecimento do ente protegido"[132]. Se essas garantias se ordenam a resguardar certos institutos jurídicos, não chegam a esmiuçar todos os elementos deles – tarefa a cargo do legislador, a quem se haverá de reconhecer liberdade de conformação.

As garantias institucionais resultam da percepção de que determinadas instituições (direito público) ou institutos (direito privado) desempenham papel de tão elevada importância na ordem jurídica que devem ter o seu núcleo essencial (as suas características elementares) preservado da ação erosiva do legislador. O seu objeto é constituído de um complexo de normas jurídicas, de ordem pública e privada. A garantia da família (art. 226) e a da autonomia da universidade (art. 207) exemplificam essa categoria de normas entre nós.

Vem a propósito, aqui, a achega de Ingo Sarlet, que, no tocante à garantia da família, lembra não ser "qualquer família que vem a gozar da proteção constitucional, mas, sim, determinada concepção de família, tal como formatada mediante um complexo de normas jurídicas de ordem pública e privada, de tal sorte que a permanência da instituição da família é preservada, na verdade, por intermédio da proteção das normas essenciais que lhe dão configuração jurídica"[133]. O autor, no mesmo lugar, cita Manssen, para quem a essência da instituição da família é resultante de um feixe de normas infracons-

131 Paulo Bonavides, *Curso de direito constitucional*, São Paulo: Malheiros, 1998, p. 495.

132 Bonavides, *Curso*, cit., p. 497.

133 Sarlet, *A eficácia*, cit., p. 182.

titucionais (direito civil) que, em seu conjunto, devem ser preservadas, podendo ser desenvolvidas e adaptadas, mas jamais esvaziadas.

Em geral, por si, as garantias institucionais não outorgam direito subjetivo aos indivíduos, diferenciando-se, nisso, das garantias fundamentais. Por vezes, entretanto, um mesmo preceito apresenta aspectos de garantia institucional e de direito subjetivo[134].

Essas garantias existem, afinal, para que se possam preservar direitos subjetivos que lhes dão sentido. Têm por escopo preponderante reforçar o aspecto de defesa dos direitos fundamentais.

11. OUTROS DIREITOS DECORRENTES DO REGIME CONSTITUCIONAL E DE TRATADOS

O art. 5º, § 2º, da Lei Maior estabelece que "os direitos e garantias expressos nesta Constituição não excluem outros decorrentes do regime e dos princípios por ela adotados, ou dos tratados internacionais em que a República Federativa do Brasil seja parte".

O parágrafo em questão dá ensejo a que se afirme que se adotou um sistema aberto de direitos fundamentais no Brasil, não se podendo considerar taxativa a enumeração dos direitos fundamentais no Título II da Constituição. Essa interpretação é sancionada pela jurisprudência do Supremo Tribunal Federal, que, ao apreciar a ação direta de inconstitucionalidade envolvendo a criação do IPMF[135], afirmou que o princípio da anterioridade (art. 150, III, *b*, da CF) constitui um direito ou garantia individual fundamental.

É legítimo, portanto, cogitar de direitos fundamentais previstos expressamente no catálogo da Carta e de direitos materialmente fundamentais que estão fora da lista. Direitos não rotulados expressamente como fundamentais no título próprio da Constituição podem ser assim tidos, a depender da análise do seu objeto e dos princípios adotados pela Constituição. A sua fundamentalidade decorre da sua referência a posições jurídicas ligadas ao valor da dignidade humana; em vista da sua importância, não podem ser deixados à disponibilidade do legislador ordinário[136].

O entendimento de que é possível, a partir das normas do próprio catálogo dos direitos fundamentais e dos princípios constitucionais elementares da Lei Maior, deduzir a existência de outros direitos fundamentais não constitui novidade na tradição constitucional brasileira. A Carta de 1969 também proclamava, no § 36 do art. 153, que "a especificação dos direitos e garantias expressos nesta Constituição não exclui outros direitos e garantias

---

134 Segundo Pieroth, citado por Sarlet (*A eficácia*, cit., p. 183), é o caso do direito de propriedade, que, além de fixar esse regime de vínculo de bens a sujeitos, também alcança as pretensões de adquirir, fruir e transmitir o domínio sobre a coisa.

135 ADI 939, *DJ* de 18-3-1994.

136 Por influência da doutrina alemã, há quem mencione o direito de igual acesso aos cargos públicos (art. 37, I) como direito fundamental (nesse sentido, em relação à Constituição passada, Pontes de Miranda, *Comentários à Constituição de 1967*, São Paulo: Revista dos Tribunais, 1967, t. 4, p. 624), bem assim a legitimação ativa para a iniciativa popular (art. 61, § 2º) – vista como autêntico direito de participação política –, a proclamação de igualdade de direitos e obrigações entre os cônjuges (art. 226, § 5º) e o direito dos filhos a tratamento igualitário (art. 227, § 6º). No âmbito dos direitos sociais, seriam direitos fundamentais fora do catálogo os direitos à previdência social e à assistência social e o direito à proteção do meio ambiente (art. 225) (Sarlet, *A eficácia*, cit., p. 122-123), este último já mencionado no STF como direito fundamental de terceira geração (RE 134.297-8/SP, *DJ* de 22-9-1995).

decorrentes do regime e dos princípios que ela adota". Pontes de Miranda ensinava, então, que o propósito da norma, de extração norte-americana (IX Emenda), era explicitar que "a enumeração de alguns direitos na Constituição não pode ser interpretada no sentido de excluir ou enfraquecer outros direitos que tem o povo", acrescentando: "os textos constitucionais, quando se preocupam com os direitos dos indivíduos e dos nacionais, mais cogitam daqueles que facilmente se põem em perigo. Com isso, não negam os outros (...). Uma das consequências da regra jurídica do art. 153, § 36, é refugar-se, a respeito de direitos e garantias, o princípio de interpretação das leis *inclusio unius alterius est exclusio*"[137].

O propósito da norma é afirmar que a enumeração dos direitos não significa que outras posições jurídicas de defesa da dignidade da pessoa estejam excluídas da proteção do direito nacional[138].

12. TITULARIDADE DOS DIREITOS FUNDAMENTAIS

Não resta dúvida de que todos os seres humanos são titulares de direitos fundamentais. Pode-se indagar, porém, se apenas as pessoas físicas protagonizam tais direitos.

12.1. Direitos fundamentais e pessoa jurídica

Não há, em princípio, impedimento insuperável a que pessoas jurídicas venham, também, a ser consideradas titulares de direitos fundamentais, não obstante estes, originalmente, terem por referência a pessoa física. Acha-se superada a doutrina de que os direitos fundamentais se dirigem apenas às pessoas humanas[139]. Os direitos fundamentais suscetíveis, por sua natureza, de serem exercidos por pessoas jurídicas podem tê-las por titular. Assim, não haveria por que recusar às pessoas jurídicas as consequências do princípio da igualdade, nem o direito de resposta, o direito de propriedade, o sigilo de correspondência, a inviolabilidade de domicílio, as garantias do direito adquirido, do ato jurídico perfeito e da coisa julgada[140]. Os direitos fundamentais à honra e à imagem, ensejando pretensão de reparação pecuniária, também podem ser titularizados pela pessoa jurídica. O tema é objeto de Súmula do STJ, que assenta a inteligência de que também a pessoa jurídica pode ser vítima de ato hostil a sua honra objetiva. A Súmula 227/STJ consolida o entendimento de que "a pessoa jurídica pode sofrer dano moral". Há casos ainda de direitos conferidos diretamente à própria pessoa jurídica, tal o de não interferência estatal no funcionamento de associações (art. 5º, XVIII) e o de não serem elas compulsoriamente dissolvidas (art. 5º, XIX).

Garantias, porém, que dizem respeito à prisão (e. g., art. 5º, LXI) têm as pessoas físicas como destinatárias exclusivas. Da mesma forma, não há estender, por óbvio, di-

---

137 Pontes de Miranda, *Comentários à Constituição de 1967, com a Emenda n. 1/1969*, São Paulo: Revista dos Tribunais, 1974, t. 5, p. 659.

138 Veja-se, a propósito, com maior detimento, o capítulo desta obra sobre poder constituinte.

139 Por todos, José Afonso da Silva, *Curso de direito constitucional positivo*, cit., p. 175-176.

140 Exemplos em José Afonso da Silva, *Curso de direito constitucional positivo*, cit., p. 176.

reitos políticos, como o de votar e o de ser eleito para cargo político, ou direitos sociais, como o de assistência social, a pessoas jurídicas. O STF já decidiu que, conquanto se possa cogitar da responsabilidade penal de pessoas jurídicas (em crimes ambientais), não lhe aproveita a garantia constitucional do *habeas corpus*, restrita à proteção da liberdade de locomoção, própria apenas das pessoas naturais[141].

Questão mais melindrosa diz com a possibilidade de pessoa jurídica de direito público vir a titularizar direitos fundamentais. Afinal, os direitos fundamentais nascem da intenção de garantir uma esfera de liberdade justamente em face dos Poderes Públicos.

Novamente, aqui, uma resposta negativa absoluta não conviria, até por força de alguns desdobramentos dos direitos fundamentais do ponto de vista da sua dimensão objetiva.

Tem-se admitido que as entidades estatais gozam de direitos do tipo procedimental. Essa a lição de Hesse, que a ilustra citando o direito de ser ouvido em juízo e o direito ao juiz predeterminado por lei[142]. A esses exemplos poder-se-ia agregar o direito à igualdade de armas – que o STF afirmou ser prerrogativa, também, da acusação pública, no processo penal[143] – e o direito à ampla defesa[144].

12.2. Direitos fundamentais e estrangeiros

O *caput* do art. 5º reconhece os direitos fundamentais "aos brasileiros e aos estrangeiros residentes no País". A norma suscita a questão de saber se os estrangeiros não residentes estariam alijados da titularidade de todos os direitos fundamentais.

A resposta deve ser negativa. A declaração de direitos fundamentais da Constituição abrange diversos direitos que radicam diretamente no princípio da dignidade do homem – princípio que o art. 1º, III, da Constituição Federal toma como estruturante do Estado democrático brasileiro. O respeito devido à dignidade de todos os homens não se excepciona pelo fator meramente circunstancial da nacionalidade[145].

---

141 HC 92.921, *DJ* de 19-8-2008. O leitor não deve se impressionar com a ementa do julgado que parece indicar a viabilidade do *habeas corpus* em favor da empresa. O voto que o defendia ficou vencido na Turma do Tribunal.

142 Hesse, Significado..., in *Manual*, cit., p. 106.

143 Cf. HC 70.514, *DJ* de 27-6-1997, em que se afirmou que, em princípio, fere a igualdade de armas que a defesa goze de prazos dobrados em relação aos da acusação.

144 Canotilho admite, restritivamente, que essas pessoas invoquem os direitos fundamentais quando não estiverem em posição de poder ou de proeminência – em especial quando elas próprias estiverem em típicas situações de sujeição, propiciadas pelo fenômeno da pulverização da organização administrativa, a ensejar que entes públicos se vejam em conflito entre si e em face da Administração central (*Direito constitucional*, cit., p. 386). Vieira de Andrade (*Os direitos fundamentais*, cit., p. 182) também admite, com consideráveis restrições, a titularidade, desde que a pessoa jurídica pública esteja "prosseguindo interesses humanos individuais".

145 Nesse sentido, Pontes de Miranda, comentando norma da Constituição passada análoga à do *caput* do art. 5º, entende que a circunstância de não se mencionarem os estrangeiros não residentes apenas exclui deles direitos que não sejam, por índole própria, de todos os homens. A seu ver, "o fato de uma Constituição haver falado de 'nacionais e estrangeiros residentes no território' não exclui a asseguração e a garantia de certos direitos fundamentais que, segundo a convicção geral ou de escol dos povos, a que ela aderiu, são de todos os seres humanos" (*Comentários à Constituição de 1967*, cit., t. 4, p. 655). O STF, em acórdão de 1957, apreciou esse mesmo problema, suscitado pela redação de dispositivo constitucional semelhante ao do *caput* do art. 5º da atual Lei Maior. No RE 33.919 (*RTJ*, 3/566, rel. Min. Cândido Mota Filho), o STF julgou mandado de segurança impetrado por firma estrangeira, sediada em

Há direitos que se asseguram a todos, independentemente da nacionalidade do indivíduo, porquanto são considerados emanações necessárias do princípio da dignidade da pessoa humana. Alguns direitos, porém, são dirigidos ao indivíduo enquanto cidadão, tendo em conta a situação peculiar que o liga ao País. Assim, os direitos políticos pressupõem exatamente a nacionalidade brasileira. Direitos sociais, como o direito ao trabalho, tendem a ser também compreendidos como não inclusivos dos estrangeiros sem residência no País.

É no âmbito dos direitos chamados individuais que os direitos do estrangeiro não residente ganham maior significado[146].

12.3. Capacidade de fato e capacidade de direito

Dada a tendência à especificação dos direitos fundamentais, alguns deles podem ser referidos exclusivamente a algumas categorias de pessoas. Outros podem ter por titulares apenas pessoas em determinada fase da vida humana. O direito à proteção à infância (art. 6º), evidentemente, tem por destinatário quem se encontra nessa fase da vida humana. A objeção de consciência quanto ao serviço militar (art. 5º, VIII) diz respeito a situação tipicamente ligada a determinada idade.

Outros direitos, mais, ensejam perplexidade quanto a uma eventual referência à condição etária do seu presumido titular. Podem, então, suscitar a questão de saber quando começa a titularidade deles.

O problema, por vezes, tende a resolver-se com a distinção conhecida do direito privado entre capacidade de direito – a aptidão para ser titular de direitos e obrigações – e capacidade de fato – a aptidão concreta para o seu exercício. Assim, uma criança

---

Lisboa, que se via às voltas com determinação do fisco de leiloar caixas de conhaque da sua propriedade. Cuidava-se de saber se o direito de propriedade e o direito ao uso do mandado de segurança, previstos como direitos fundamentais, poderiam ser invocados pela firma, pessoa não residente. O STF entendeu que seria uma violência não reconhecer o direito de propriedade do estrangeiro no Brasil, independentemente da sua residência, e que não faria sentido recusar-lhe legitimidade ao mandado de segurança, interpretando a cláusula do *caput* do rol dos direitos fundamentais como a denotar que os direitos individuais são garantidos em concreto dentro dos limites da soberania territorial do País. A Corte arrematou: "Quando se trata de ato de autoridade brasileira e se destine o remédio processual a produzir resultado dentro do país, pouco importa que o estrangeiro resida aqui ou não". Viu-se, portanto, na cláusula em exame uma simples indicação do âmbito espacial de validade dos direitos fundamentais proclamados no Estatuto Político brasileiro. Em ocasião mais recente, o Superior Tribunal de Justiça reiterou, explicitamente, o direito do estrangeiro não residente de impetrar mandado de segurança (RMS 1.298-0, *DJ* de 29-8-1994). No HC 94.016, *DJe* de 27-2-2009, rel. Min. Celso de Mello, o Supremo Tribunal professou "o direito do réu à observância, pelo Estado, da garantia pertinente ao *due process of law*, [que,] além de traduzir expressão concreta do direito de defesa, também encontra suporte legitimador em convenções internacionais que proclamam a essencialidade dessa franquia processual, que compõe o próprio estatuto constitucional do direito de defesa, enquanto complexo de princípios e de normas que amparam qualquer acusado em sede de persecução criminal, mesmo que se trate de réu estrangeiro, sem domicílio em território brasileiro, aqui processado por suposta prática de delitos a ele atribuídos". Essa lição é a mesma que o Ministro Celso de Mello desenvolveu no HC 94.404, *DJ* de 26-8-2008.

146 No HC 94.477, julgado em 6-9-2011, o relator Min. Gilmar Mendes resumiu a questão, dizendo que estrangeiros fazem jus à titularidade de alguns direitos fundamentais, aqueles considerados emanações necessárias do princípio da dignidade da pessoa humana. Alguns se ligam ao vínculo do sujeito com o Estado, direitos do cidadão, que pressupõem a nacionalidade brasileira (direitos políticos). Direitos sociais – como o do trabalho – também tendem a não ser estendidos aos estrangeiros. Direitos de ordem individual de cunho penal se estendem.

pode ser titular do direito de propriedade, mas pode não ter capacidade para exercer as faculdades inerentes a esse direito – a de alienação, por exemplo.

Lembra Canotilho que, no âmbito dos direitos fundamentais, nem sempre será possível o recurso a tais critérios civilísticos, sob pena de, a pretexto de se aplicar a regra de capacidade de fato, terminar-se por restringir indevidamente direitos fundamentais. Em certos casos, não haveria sentido em reconhecer direitos fundamentais a pessoas que não os podem exercer, como reconhecer o direito de reunião ao recém-nascido[147]. O autor propõe, então, algumas linhas genéricas para estabelecer em que casos será correto cogitar da limitação da capacidade de fato. Quanto aos direitos fundamentais que não implicam exigência de conhecimento ou tomada de decisão, não seria possível cogitar da distinção entre capacidade de fato e capacidade de direito, pois o direito fundamental não poderia ser visto como dependente de limitação de idade, já que a sua fruição não dependeria da capacidade intelectiva do titular. Seria o caso do direito à vida ou à integridade pessoal. Outros direitos, que não prescindem de um grau de maturidade para serem exercidos, teriam a sua titularidade vinculada às exigências de idade mínima, fixadas na lei civil.

Canotilho reconhece que essas linhas gerais não resolvem à perfeição todos os problemas suscitáveis, mas argumenta que, "para além desses tópicos gerais, deve reconhecer-se não estar o direito constitucional em condições de fornecer uma fundamentação global da capacidade de exercício de direitos relativamente ao problema da idade mínima"[148].

Jorge Miranda, de seu turno, é contrário à distinção entre capacidade de fato e capacidade de direito quanto aos direitos fundamentais. Para o autor, "a atribuição de direitos fundamentais envolve a correspondente atribuição de capacidade para o seu exercício. Não faria sentido em Direito constitucional a separação civilística entre capacidade de gozo e capacidade de exercício ou de agir, porque os direitos fundamentais são estabelecidos em face de certas qualidades prefixadas pelas normas constitucionais e, portanto, atribuídos a todos que as possuam"[149].

O tema sugere questões de relevantes repercussões práticas. Pense-se, por exemplo, no direito de liberdade de crença e de religião. Pode um adolescente invocar esse direito para eximir-se de obrigações religiosas impostas pelos seus pais? Em que medida o direito de abraçar uma nova religião, por um menor, pode ser restringido pelos pais, a quem, ademais, incumbe o dever de educar os filhos? Deve-se adotar o critério de que, por envolver decisão do menor e, em princípio, exigir maturidade, não haverá liberdade religiosa antes da maioridade civil? A questão não parece encontrar resposta apriorística nas normas gerais de capacidade do Código Civil. À falta de previsão legal tópica, é de sustentar a necessidade de tratamento *ad hoc* das questões surgidas, mediante o sopesamento dos valores constitucionais envolvidos em cada caso, advertindo-se o intérprete, sempre, de que toda limitação de ordem etária a um direito fundamental deve ser compreendida como medida direcionada à proteção do menor, visando à melhor fruição pelo próprio menor do bem juridicamente tutelado.

147 Canotilho, *Direito constitucional*, cit., p. 387.

148 Canotilho, *Direito constitucional*, cit., p. 388.

149 Miranda, *Manual*, cit., p. 195.

12.4. Sujeitos passivos dos direitos fundamentais

A História aponta o Poder Público como o destinatário precípuo das obrigações decorrentes dos direitos fundamentais. A finalidade para a qual os direitos fundamentais foram inicialmente concebidos consistia, exatamente, em estabelecer um espaço de imunidade do indivíduo em face dos poderes estatais.

Os desdobramentos originados pelas crises sociais e econômicas do século XX, contudo, tornaram evidente que não se poderia mais relegar o Estado ao simples papel de vilão dos direitos individuais. Percebeu-se que aos Poderes Públicos se destinava a tarefa de preservar a sociedade civil dos perigos de deterioração que ela própria fermentava. Deu-se conta de que o Estado deveria atuar no seio da sociedade civil para nela predispor as condições de efetiva liberdade para todos.

Afinal, tornou-se claro também que outras forças sociais, como grupos econômicos ou políticos de peso, poderiam, da mesma forma, trazer para o indivíduo vários dos constrangimentos que se buscavam prevenir contra o Estado. As razões que conduziram, no passado, à proclamação dos direitos fundamentais podem, agora, justificar que eles sejam também invocados contra particulares. Esse argumento é enfatizado por Jean Rivero, que repele a coexistência, que tacha de *esquizofrênica*, de duas éticas diferentes, conforme o Estado apareça, ou não, como ator na relação jurídica. "Escapar da arbitrariedade do Estado para cair sob a dominação dos poderes privados – diz o autor francês – seria apenas mudar de servidão"[150].

A percepção clara da força vinculante e da eficácia imediata dos direitos fundamentais e da sua posição no topo da hierarquia das normas jurídicas reforçou a ideia de que os princípios que informam os direitos fundamentais não poderiam deixar de ter aplicação também no setor do direito privado.

Ganhou alento a percepção de que os direitos fundamentais possuem uma feição objetiva, que não somente obriga o Estado a respeitar os direitos fundamentais, mas que também o força a fazê-los respeitados pelos próprios indivíduos, nas suas relações entre si. Ao se desvendar o aspecto objetivo dos direitos fundamentais, abriu-se à inteligência predominante a noção de que esses direitos, na verdade, exprimem os valores básicos da ordem jurídica e social, que devem ser prestigiados em todos os setores da vida civil, que devem ser preservados e promovidos pelo Estado como princípios estruturantes da sociedade. O discurso majoritário adere, então, ao postulado de que "as normas sobre direitos fundamentais apresentam, ínsitas a elas mesmas, um comando de proteção, que obriga o Estado a impedir que tais direitos sejam vulnerados também nas relações privadas"[151].

Tudo isso contribuiu para que se assentasse a doutrina de que também as pessoas privadas podem estar submetidas aos direitos fundamentais. A incidência das normas de direitos fundamentais no âmbito das relações privadas passou a ser conhecida, sobretudo a partir dos anos cinquenta, como o efeito externo, ou a eficácia horizontal, dos direitos fundamentais (a *drittwirkung* do Direito alemão)[152]. Desse efeito vêm-se ex-

150 *Tribunales constitucionales europeos y derechos fundamentales*, Madrid: CEC, 1984, p. 673.

151 Ferreri Riba e Salvador Coderch, *Asociaciones, derechos fundamentales y autonomía privada*, Madrid: Civitas, 1997, p. 94.

152 O primeiro caso apreciado pela Corte Constitucional alemã sobre a eficácia dos direitos fundamentais nas relações entre particulares é conhecido como o *caso Luth*, de 1958. Luth convocara o público alemão a boicotar

traindo desdobramentos práticos não negligenciáveis, que traçam novas perspectivas para o enfrentamento de questões quotidianas.

O tema da eficácia horizontal dos direitos fundamentais veio a empolgar estudos e decisões judiciais em todos os países em que o nosso modelo constitucional se abebera, valendo notar que a Constituição portuguesa, por exemplo, chega a proclamar que os direitos fundamentais vinculam também as entidades privadas. Se se admite, em tantos lugares, a incidência dos direitos fundamentais nas relações entre particulares, os termos como isso se dá e os limites para essa ocorrência ainda desafiam os que se detêm nesse tópico da teoria dos direitos fundamentais.

É claro que não se discute a incidência dos direitos fundamentais quando estes estão evidentemente concebidos para ser exercidos em face de particulares. Diversos direitos sociais, em especial os relacionados ao direito do trabalho, têm eficácia direta contra empregadores privados – veja-se, a propósito, o inciso XVII do art. 7º, que assegura o gozo de férias anuais remuneradas, com pelo menos 1/3 a mais do que o salário normal, e o inciso XXX, do mesmo dispositivo, que proíbe aos empregadores estabelecer diferenças de salários e de critérios de admissão, por motivo de sexo, idade, cor ou estado civil. Mesmo no art. 5º, veja-se o inciso V, que assegura o direito de resposta, proporcional ao agravo. Esse direito haverá de ter por sujeito passivo o órgão de imprensa, particular, em que a ofensa foi cometida.

Em outros casos, a leitura do preceito constitucional não deixa dúvida de que o sujeito passivo do direito somente pode ser o Estado. É o que ocorre com os direitos derivados do que se dispõe no inciso LXXIV do art. 5º – "o Estado prestará assistência jurídica integral e gratuita aos que comprovarem insuficiência de recursos" –, ou como o que é previsto no inciso LXXV do mesmo artigo – "o Estado indenizará o condenado por erro judiciário, assim como o que ficar preso além do tempo fixado na sentença".

Fora dessas hipóteses, há direitos – em especial direitos de defesa – em que se põe a questão de saber se, e em que medida, alcançam as relações privadas.

A resistência a que esses direitos se sobreponham à manifestação de vontade nas relações entre os cidadãos preza o fato de que, historicamente, tais direitos foram concebidos como proteção contra o Estado, e que este seria fortalecido no seu poder sobre os indivíduos se as relações entre os particulares fossem passíveis de conformação necessária pelos direitos fundamentais. Haveria, então, detrimento de outro princípio básico das sociedades democráticas – o da autonomia individual, em especial no que tange à liberdade de contratar.

A discussão sobe de ponto quando consideramos que o princípio da autonomia da vontade, mesmo que não conste literalmente na Constituição, acha no Texto Magno

---

os filmes, mesmo produzidos depois de 1945, por Veit Harlan, que fora um proeminente diretor de cinema nazista. O tribunal de Hamburgo afirmou que incitar o boicote correspondia a infringir a legislação civil alemã sobre a *ordem pública*, já que obstava o soerguimento social do diretor, depois de ter passado por processo de *desnazificação*. O Tribunal constitucional, porém, entendeu que a proposta de Luth se ajustava ao âmbito normativo da liberdade de expressão e que esse direito haveria de ser ponderado com outras considerações constitucionais pertinentes, devendo a legislação civil ser interpretada, no caso, de acordo com essa ponderação. A Corte estimou que, no caso, a liberdade de expressão teria prioridade, atendendo, assim, à queixa deduzida por Luth. O precedente ilustra a doutrina de que os direitos fundamentais também podem ser invocados em relações entre particulares, alargando-se, portanto, por todas as áreas do Direito, e enfatiza que, em havendo colisão, não há se escapar de um juízo de ponderação. A propósito do caso, veja-se Robert Alexy, Constitutional rights, balancing, and rationality, *Ratio Juris*, v. 16, n. 2, p. 132-133, jun. 2003.

proteção para os seus aspectos essenciais. A Carta de 1988 assegura uma liberdade geral no *caput* do seu art. 5º e reconhece o valor da dignidade humana como fundamento do Estado brasileiro (art. 1º, III, da CF) – dignidade que não se concebe sem referência ao poder de autodeterminação. Confirma-se o *status* constitucional do princípio da autonomia do indivíduo.

O debate passa a se desenrolar, então, em torno do cotejo dos reclamos dos diferentes direitos fundamentais com as exigências do princípio da autonomia privada. Nisso, em última análise, centra-se o problema de resolver quando e como os direitos fundamentais obrigam os particulares nas suas relações mútuas.

No âmbito das relações entre particulares que se achem em relativa igualdade de condições, o problema se torna mais complexo. Haverá de se proceder a uma ponderação entre os valores envolvidos, com vistas a alcançar uma harmonização entre eles no caso concreto (concordância prática). Há de se buscar não sacrificar completamente um direito fundamental nem o cerne da autonomia da vontade[153].

Para atingir uma tal concordância, não se pode desprezar o fato de que a liberdade também corresponde à possibilidade de se vincular, o que importa aceitar limitação do âmbito protetor dos direitos fundamentais. Por outro lado, a possibilidade dessa limitação pressupõe efetiva liberdade contratual. Na medida em que as partes se revelem desiguais de fato, o exame da legitimidade da restrição consensual dos direitos fundamentais haverá de ser objeto de análise mais rigorosa.

O que não se pode perder de vista é que a autonomia privada e, em especial, a liberdade contratual, na lição de Hesse, "encontram o seu fundamento e os seus limites na ideia da configuração responsável da própria vida e da própria personalidade"[154]. A autonomia privada, com os seus aspectos de autodeterminação e de responsabilidade individual, "compreende também a possibilidade de contrair, por livre deliberação, obrigações que os poderes públicos não poderiam impor ao cidadão"[155].

Hesse adverte que o princípio da autonomia privada correria perigo "se as pessoas, nas suas relações recíprocas, não pudessem renunciar às normas de direitos fundamentais que são indisponíveis para a ação estatal"[156]. No entanto, advoga que o pressuposto da liberdade contratual é a situação jurídica e fática aproximadamente igual das partes. Desaparecendo essa situação igualitária, estaria ultrapassada a razão de ser das limitações que a liberdade de contratar exerce sobre a eficácia dos direitos fundamentais nas relações entre particulares[157].

Há, então, de se realizar uma ponderação entre o princípio da autonomia e os valores protegidos como direitos fundamentais, tendo como parâmetro que a ideia do homem, assumida pela Constituição democrática, pressupõe liberdade e responsabilidade – o que, necessariamente, envolve a faculdade de limitação voluntária dos direitos fundamentais no comércio das relações sociais, mas que também pressupõe liberdade de fato e de direito nas decisões sobre tais limitações.

---

153 Abrantes, *A vinculação das entidades privadas aos direitos fundamentais*, Lisboa: AAFDL, 1990, p. 106; Sarlet, *A eficácia*, cit., p. 339.

154 Hesse, *Derecho constitucional y derecho privado*, Madrid: Civitas, 1995, p. 78.

155 Hesse, *Derecho constitucional*, cit., p. 64.

156 Hesse, *Derecho constitucional*, cit., p. 61.

157 Hesse, *Derecho constitucional*, cit., p. 78.

Fica claro que os direitos fundamentais não compelem os indivíduos da mesma forma e na mesma intensidade com que se impõem como normas diretoras das ações dos Poderes Públicos. Se o administrador público, por exemplo, não pode escolher um candidato para prover um cargo público efetivo segundo uma intraduzível intuição sobre o seu talento, já que isso ofenderia a igualdade de trato imposta pelo princípio do concurso público, nada me impede, enquanto mero cidadão, de escolher um motorista particular segundo a impressão pessoal que dele colhi num primeiro contato, não havendo ensejo, só por isso, para que os preteridos por mim possam arguir quebra de isonomia.

Definir quando um direito fundamental incide numa relação entre particulares demanda exercício de ponderação entre o peso do mesmo direito fundamental e o princípio da autonomia da vontade. Há de se efetuar essa ponderação à vista de casos concretos, reais ou ideados. Cabe ao legislador, em primeiro lugar, estabelecer em que hipóteses a autonomia da vontade haverá de ceder. Assim, o próprio legislador já pune, e com pena criminal, as decisões tomadas por particulares que importem discriminação racial, não valendo, em casos assim, dizer que, por alguém ser o proprietário de um prédio, possa vir a restringir, odiosamente, a entrada nele a pessoas de certa etnia. Ao Judiciário incumbirá o exame da conformidade da deliberação legislativa com as exigências da proporcionalidade e estabelecer outras ponderações, nos casos não antevistos pela lei.

É indubitável que se está, aqui, em área dominada pela subjetividade. Diferenças culturais podem ensejar soluções diferentes para problemas análogos, conforme o país ou o momento histórico considerado.

Na doutrina, duas teorias disputam o equacionamento das questões relacionadas com a incidência dos direitos fundamentais nas relações entre particulares. Conforme o grau de interferência que reconhecem a esses direitos nessas relações, dividem-se os que postulam uma *eficácia imediata e direta* dos direitos fundamentais sobre as relações privadas e os que advogam que os direitos fundamentais, aí, devem atuar indiretamente (*teoria da eficácia mediata ou indireta*).

A teoria da eficácia direta ou imediata sustenta que os direitos fundamentais devem ter pronta aplicação sobre as decisões das entidades privadas que desfrutem de considerável poder social, ou em face de indivíduos que estejam, em relação a outros, numa situação de supremacia de fato ou de direito. Para um autor que se notabilizou por capitanear essa corrente, Nipperdey, princípios como o de que não deve haver punição sem prévia norma que defina o comportamento como censurável e o princípio do contraditório haveriam de ser aplicáveis nas relações disciplinares de um agrupamento privado[158].

Os direitos fundamentais – pelo menos alguns – deveriam, para os seguidores dessa teoria, ser diretamente aplicáveis nas relações entre os particulares, gerando, pois, direitos subjetivos oponíveis a entes privados. Lembra-se, em apoio à tese, que diversas ordens constitucionais (no Brasil, CF, art. 5º, § 1º) proclamam a aplicação imediata das normas definidoras de direitos fundamentais[159].

158 Sobre as teorias mencionadas, ver José João Nunes Abrantes, *A vinculação*, cit., p. 33 e s.

159 Juan María Bilbao Ubillos, *La eficacia de los derechos fundamentales frente a particulares*, Madrid: CEPC, 1997, p. 295.

Vieira de Andrade ilustra as consequências da adoção dessa ideia dizendo que, dessa forma, os direitos fundamentais tornariam inválidas "quaisquer cláusulas negociais que implicassem o dever de agir ou de não agir em situações que têm de ser de decisão totalmente livre. Por exemplo, a obrigação de casar ou não casar, de abraçar ou deixar certa religião, segundo a vontade de outrem, a obrigação assumida pelo marido de nunca viajar sozinho etc. ..."[160]. A preocupação maior, contudo, informa Vieira de Andrade, é com as situações em que os indivíduos se encontram numa relação jurídica em posição de subordinação fática ou jurídica[161].

A teoria da eficácia imediata não é alheia às dificuldades oferecidas pelo princípio da igualdade no âmbito das relações privadas. O princípio da igualdade traduz-se, em boa medida, como um comando proibitivo de decisões arbitrárias, um imperativo de racionalidade de conduta. Exigir que, na vida das relações, o indivíduo aja sempre em função de critérios racionais é desconhecer a natureza humana. O homem também age movido por emoção e sentimentos, que conduzem a ações não necessariamente pautadas por instâncias racionais. A teoria sustenta, então, que o princípio da autonomia haveria de predominar em se tratando de atos que expressam liberalidades puras. Assim, não haveria, em princípio, impedimento a que o pai deixasse em herança os bens da quota disponível apenas para um dos seus filhos. De toda forma, onde o direito fundamental tivesse maior peso, haveria de ter pronta incidência independentemente de ter sido *mediado* por normas e conceitos de direito privado.

A teoria da eficácia indireta ou mediata, pretendendo maior resguardo do princípio da autonomia e do livre desenvolvimento da personalidade, recusa a incidência direta dos direitos fundamentais na esfera privada, alertando que uma tal latitude dos direitos fundamentais redundaria num incremento do poder do Estado, que ganharia espaço para uma crescente ingerência na vida privada do indivíduo, a pretexto de fiscalizar o cumprimento dos deveres resultantes da incidência dos direitos fundamentais sobre as relações particulares[162]. A incidência dos direitos fundamentais nas relações entre particulares haveria de aflorar por meio de *pontos de irrupção* no ordenamento civil, propiciados pelas cláusulas gerais (ordem pública, bons costumes, boa-fé etc.) insertas nas normas do direito privado, ou pela interpretação das demais regras desse ramo do ordenamento jurídico. Reconhece-se que o Estado está obrigado a proteger os direitos fundamentais em todas as relações mantidas no âmbito do ordenamento jurídico, o que inclui o dever de protegê-los, também, contra entidades privadas; atenua-se, porém, a intensidade da aplicação desses direitos.

Ambas as teorias – a primeira com o seu cuidado com a máxima efetividade dos direitos fundamentais e a outra com o seu desvelo pela autonomia individual e a segurança jurídica – baseiam-se em valores encarecidos pela ordem constitucional. As preocupações que as excitam apontam para a necessidade de se coordenarem os valores que estão na base de cada qual, para que se alcancem resultados justos nos casos concretos. De toda forma, "quem é mais pelos direitos fundamentais – registra Jorge Reis Novais

160 Vieira de Andrade, *Os direitos fundamentais*, cit., p. 278.

161 Vieira de Andrade, *Os direitos fundamentais*, cit.

162 Veja-se, por todos, García Torres e Jiménez-Blanco, *Derechos fundamentales y relaciones entre particulares*, Madrid: Civitas, 1986, p. 15.

– favorece a tese da aplicabilidade direta, quem é mais pela autonomia privada sustentará outras teses. Quem é pela intervenção estatal de correção das assimetrias sociais e de limitação dos poderes privados, quem tem preocupações igualitárias, sustentará a aplicabilidade direta dos direitos fundamentais"[163].

Konrad Hesse noticia que a jurisprudência alemã vem-se orientando no sentido de considerar que os direitos fundamentais ingressam no domínio das relações entre indivíduos por meio indireto, por intermédio dos conceitos indeterminados e das cláusulas gerais do direito privado[164]. O precedente da Corte Constitucional da Alemanha tido como pioneiro no reconhecimento da eficácia horizontal dos direitos fundamentais, julgado em janeiro de 1958, inclina-se para a doutrina da eficácia mediata[165].

Em Portugal, Canotilho anota, em tom de abono, a tendência a se superar a dicotomia da eficácia mediata/imediata, em favor de soluções diferenciadas, que não importem a capitulação dos princípios do direito civil, mas que tampouco desprezem "o valor dos direitos, liberdades e garantias como elementos de eficácia conformadora imediata do direito privado"[166].

No Direito americano, predomina a tese de que os direitos fundamentais são oponíveis apenas ao Estado. A Suprema Corte não proclama a vinculação direta dos parti-

---

163 Jorge Reis Novais, *Direitos fundamentais*, trunfos contra a maioria, Coimbra: Coimbra Ed., 2006, p. 78. O autor prossegue, dizendo: "não admira que as Constituições inspiradas em preocupações de emancipação social, como a Constituição portuguesa de 1976, tendam claramente para essa posição, tal como permite compreender as razões por que a atual multiplicação de propostas a favor da eficácia direta se tem manifestado sobretudo em Espanha, Portugal, Brasil e América Latina, enquanto que a defesa das restantes teses continua a dominar a doutrina de países como a Alemanha, Suíça, Áustria ou Estados Unidos da América" (id. ibidem.). J. Novais, porém, é ele próprio um crítico da doutrina da eficácia direta. Confirma a "multidimensionalidade das ameaças que impendem sobre a liberdade e autonomia individuais" (ob. cit., p. 80). A seu ver, porém, a resposta para esses desafios não será encontrada na teoria da aplicação direta dos direitos fundamentais, sobretudo porque estes "são garantias com configuração precisa (...) não são a mesma coisa que direitos subjetivos (...). Os direitos fundamentais são um tipo particular de garantias jurídicas destinadas a salvaguardar a liberdade e a autonomia individuais" (ob. cit., p. 81). Os direitos fundamentais, assim, teriam por destinatários precípuos os poderes públicos, influindo nas relações entre os particulares na medida em que esses direitos apresentam uma dimensão objetiva, que impõe ao Estado tutelá-los, mesmo contra terceiros. Acrescenta que, no mais das vezes, os problemas de incidência dos direitos fundamentais nas relações entre particulares pertinem a questões de incidência da regra da isonomia – que Novais toma como regra, e não como princípio, que possa ser graduado na sua aplicação. "A proibição de violação [da igualdade] essa é indiscutível, estrita e absoluta em Estado de Direito" (p. 97). Não haveria o problema da incidência da igualdade entre os particulares, porque "enquanto princípio constitucional, ele tem como destinatário o Estado e não os particulares" (p. 98). Completa o raciocínio, alertando para que seria errôneo supor que a igualdade seja alheia ao âmbito das relações entre particulares, mas sustenta que cabe ao Estado, "designadamente no plano da legislação, a configuração jurídica das relações particulares em conformidade àqueles [igualdade entre outros] valores, prevenindo, impondo e reprimindo correspondentemente comportamentos dos particulares. Mas, se ou enquanto o Estado não o fizer, os particulares são livres, o princípio constitucional da igualdade, para lá de um dever geral de respeito, não os limita direta e juridicamente" (p. 98). Percebe-se a afinidade com a tese da eficácia mediata.

164 K. Hesse (*Derecho constitucional*, cit., p. 93-94): "O Tribunal Constitucional circunscreveu essa influência [dos direitos fundamentais] sobre o Direito Privado, no sentido de que o conteúdo jurídico dos direitos fundamentais como normas objetivas se desenvolve indiretamente por meio dos preceitos que regem imediatamente tais matérias". Sarlet dá a mesma informação (*A eficácia*, cit., p. 339).

165 Caso Luth, referido em nota acima (nota 150). Sobre minúcias do caso Luth, ver também Bilbao Ubillos, *La eficacia*, cit., e Torres e Blanco, *Derechos fundamentales*, cit., p. 26-31.

166 Canotilho, *Direito constitucional*, cit., p. 1154 e 1157-1159. A citação é desta última página.

culares a eles. Admite, todavia, que os bens protegidos pelos direitos fundamentais sejam impostos nas relações entre particulares por meio de legislação ordinária própria. Isso não obstante, sobretudo a partir da segunda metade do século XX, foram concebidas técnicas que resultaram na repercussão dos direitos fundamentais no domínio particular. A Suprema Corte, mantendo-se fiel, nominalmente, à tese de que os direitos fundamentais obrigam apenas os Poderes Públicos, a eles equiparou os particulares, quando exercessem atividade de interesse público ou recebessem subvenção governamental. A ligação, ainda que indireta, com a atividade estatal, nesses casos, tornaria a pessoa sujeita às obrigações próprias do Estado, em termos de respeito aos direitos fundamentais. É a doutrina do *state action*, que, entretanto, não possui delimitação nítida quer em sede acadêmica quer na jurisprudência[167].

No Brasil, os direitos fundamentais são protegidos nas relações entre particulares por meios variados. Eles o são por via de intervenções legislativas – basta notar a pletora de atos legislativos assegurando a formação livre da vontade dos economicamente mais fracos e prevenindo a discriminação, no âmbito das relações civis, em especial nas de consumo e nas de trabalho[168].

Há casos, igualmente, em que a proteção de direitos fundamentais se efetua por meio de interpretação e aplicação de cláusulas gerais de direito privado. Dê-se, como exemplo disso, certa jurisprudência formada em torno de contratos de adesão. Entende-se que a eleição de foro inserida nesses contratos pode ser considerada abusiva (eis a cláusula geral), e por isso ilegal[169], se dela resultar a inviabilidade ou uma especial dificuldade de acesso ao Judiciário (eis o direito fundamental protegido). Preserva-se o direito fundamental de acesso ao Judiciário, nas relações entre particulares, de modo indireto, com o auxílio de conceitos amplos, consagrados na ordem privada[170].

Quanto à possibilidade de o direito fundamental ser suscitado diretamente como razão para resolver pendência entre particulares, há precedentes do Supremo Tribunal Federal admitindo o expediente[171]. O acórdão do STF em que mais profunda e erudita-

---

167 A propósito, Juan María Bilbao Ubillos, *Los derechos fundamentales en la frontera entre lo público y lo privado*, Madrid: McGraw-Hill, 1997. Ver também, entre tantos outros, G. Cuchanam, A conceptual history of the state action doctrine, *Houston Law Review*, n. 34, p. 665 e s., 1997-1998; Glenn Albernathy, Expansion of the state action concept under the fourteenth amendment, *Cornell Law Quarterly*, 43/375; Mark Tushnet, The issue of state action/horizontal effect in comparative constitutional law. *Con.*, v. 1, n. 1, p. 79-98, 2003.

168 A esse propósito, por exemplo, a Lei n. 9.029, de 13-4-1995, que proíbe a adoção, por particulares, de "qualquer prática discriminatória e limitativa para efeito de acesso a relação de emprego, ou sua manutenção, por motivo de sexo, origem, raça, cor, estado civil, situação familiar ou idade" (art. 1º). A mesma lei resolve outro assunto, que é objeto de discussões doutrinárias em outros países, a respeito da exigência de testes e exames de gravidez ou de procedimentos de esterilização por parte do empregador. O diploma de 1995 define a conduta como crime. Confira-se, igualmente, a Lei n. 7.716/89, com a redação da Lei n. 9.459/97, punindo como crime diversas condutas desenvolvidas entre particulares, nitidamente prestigiando nesse setor o direito fundamental da igualdade e o princípio da dignidade humana.

169 Art. 51, IV, do Código de Defesa do Consumidor.

170 A propósito, do repertório da jurisprudência do STJ, o REsp 47.081, *RSTJ*, 62/446.

171 No RE 161.243 (*DJ* de 19-12-1997, rel. Min. Carlos Velloso) o STF não aceitou que a invocação do princípio da autonomia legitimasse discriminação, por conta da nacionalidade do trabalhador, no tocante à distribuição de benefícios criados no estatuto de pessoal de certa empresa. Em outro caso paradigmático, no RE 158.215-4/RS (*DJ* de 7-6-1996), relatado pelo Ministro Marco Aurélio, a Suprema Corte também admitiu a incidência direta dos

mente o tema foi explorado concluiu que normas jusfundamentais de índole procedimental, como a garantia da ampla defesa, podem ter incidência direta sobre relações entre particulares, em se tratando de punição de integrantes de entidade privada – máxime tendo a associação papel relevante para a vida profissional ou comercial dos associados[172].

13. COLISÃO DE DIREITOS FUNDAMENTAIS – BREVES CONSIDERAÇÕES

As colisões de direitos fundamentais, bem assim os conflitos desses direitos com outros valores constitucionais, vêm despertando a atenção da mais moderna doutrina. O assunto se entrelaça com a busca da compreensão do conteúdo e dos lindes dos diferentes direitos fundamentais.

Que acontece quando duas posições protegidas como direitos fundamentais diferentes contendem por prevalecer numa mesma situação?

Ultimamente, a doutrina tem sido convidada a classificar as normas jurídicas em dois grandes grupos (o dos princípios e o das regras)[173].

As regras correspondem às normas que, diante da ocorrência do seu suposto de fato, exigem, proíbem ou permitem algo em termos categóricos[174]. Não é viável estabelecer um modo gradual de cumprimento do que a regra estabelece. Havendo conflito de uma regra com outra, que disponha em contrário, o problema se resolverá em termos de validade. As duas normas não podem conviver simultaneamente no ordenamento jurídico.

No âmbito dos direitos fundamentais, porém, normas que configuram princípios são mais frequentes.

Os princípios "são normas que exigem a realização de algo, da melhor forma possível, de acordo com as possibilidades fáticas e jurídicas"[175]. Os princípios são determinações para que certo bem jurídico seja satisfeito e protegido na maior medida que as circunstâncias permitirem. Daí se dizer que são mandados de otimização, já que impõem que sejam realizados na máxima extensão possível. Por isso, é factível que um princípio seja aplicado em graus diferenciados, conforme o caso que o atrai.

Dessa característica resulta que, num eventual confronto de princípios incidentes sobre uma situação concreta, a solução não haverá de ser aquela que acode aos casos de conflito entre regras. No conflito entre princípios, deve-se buscar a conciliação entre eles, uma aplicação de cada qual em extensões variadas, segundo a respectiva relevância

---

direitos fundamentais sobre relações entre particulares. Um indivíduo expulso de uma cooperativa obteve da Suprema Corte a anulação desse ato, por não lhe ter sido assegurada a garantia da ampla defesa e do contraditório. Mencionando a intangibilidade do preceito constitucional que consagra o devido processo legal, o relator, Ministro Marco Aurélio, afirmou: "Na hipótese de exclusão de associado decorrente de conduta contrária aos estatutos, impõe-se a observância ao devido processo legal, viabilizado o exercício amplo da defesa (...)".

172 RE 201.819, julgado em 11-10-2005, Rel. para o acórdão Min. Gilmar Mendes (*DJ* de 27-10-2006).

173 Cf. especialmente os estudos de Alexy já citados e Dworkin, *Taking rights seriously*, Cambridge, Mass: Harvard University Press, 1978, em especial p. 22-28.

174 Canotilho, *Direito constitucional*, cit., p. 1123.

175 Canotilho, *Direito constitucional*, cit.

no caso concreto, sem que se tenha um dos princípios como excluído do ordenamento jurídico por irremediável contradição com o outro.

Uma matéria jornalística, por exemplo, sobre a vida de alguém pode pôr em linha de atrito o direito de liberdade de expressão e a pretensão à privacidade do retratado. Considerados em abstrato, ambos os direitos são acolhidos pelo constituinte como direitos fundamentais. A incidência de ambos no caso cogitado, porém, leva a conclusões contraditórias entre si. Para solucionar o conflito, hão de se considerar as *circunstâncias do caso concreto*, pesando-se os interesses em conflitos, no intuito de estabelecer que princípio há de prevalecer, naquelas condições específicas, segundo um critério de justiça prática.

Assim, se um indivíduo tem uma vida pública ativa, será mais provável que uma reportagem envolvendo aspectos da sua vida particular venha a ser prestigiada, conferindo preponderância à liberdade de imprensa sobre o direito à privacidade. Isso não se deverá a uma recusa do direito à privacidade à personalidade pública, mas atenderá à ponderação de que, se o retratado vive do crédito público, da imagem que ostenta, a sociedade tem o direito de saber se a sua vida pessoal corresponde ao que pretende fazer crer. Já a revelação de dados íntimos de pessoa que não depende profissionalmente da imagem pública e que não está no centro de um acontecimento socialmente relevante, tende a não justificar a interferência da imprensa sobre a sua privacidade.

Essa característica dos princípios de funcionarem como mandados de otimização revela-lhes um elemento essencial. Eles possuem um caráter *prima facie*. Isso significa que o conhecimento da total abrangência de um princípio, de todo o seu significado jurídico, não resulta imediatamente da leitura da norma que o consagra, mas deve ser complementado pela consideração de outros fatores. A normatividade dos princípios é, nesse sentido, provisória, "potencial, com virtualidades de se adaptar à situação fática, na busca de uma solução ótima"[176].

Assim, o direito à privacidade, *prima facie*, impede que se divulguem dados não autorizados acerca de uma pessoa a terceiros. Esse direito, porém, pode ceder, em certas ocasiões, a um valor, como a liberdade de expressão, que, no caso concreto, se revele preponderante, segundo um juízo de prudência.

O juízo de ponderação a ser exercido liga-se ao princípio da proporcionalidade, que exige que o sacrifício de um direito seja útil para a solução do problema, que não haja outro meio menos danoso para atingir o resultado desejado e que seja proporcional em sentido estrito, isto é, que o ônus imposto ao sacrificado não sobreleve o benefício que se pretende obter com a solução. Devem-se comprimir no menor grau possível os direitos em causa, preservando-se a sua essência, o seu núcleo essencial (modos primários típicos de exercício do direito[177]). Põe-se em ação o princípio da concordância prática, que se liga ao postulado da unidade da Constituição, incompatível com situações de colisão irredutível de dois direitos por ela consagrados.

176 Varela de Matos, *Conflito de direitos fundamentais em direito constitucional e conflitos de direitos em direito civil*, Porto: Almeida e Leitão, 1998, p. 18.

177 Cf. Vieira de Andrade, *Os direitos fundamentais*, cit., p. 223.

O juízo de ponderação diz respeito ao último teste do princípio da proporcionalidade (proporcionalidade em sentido estrito)[178].

O exercício da ponderação é sensível à ideia de que, no sistema constitucional, embora todas as normas tenham o mesmo *status* hierárquico, os princípios constitucionais podem ter "pesos abstratos" diversos[179]. Mas esse peso abstrato é apenas um dos fatores a ser *ponderado*. Há de se levar em conta, igualmente, o *grau de interferência* sobre o direito preterido que a escolha do outro pode ocasionar[180]. Por fim, a ponderação deve ter presente a própria confiabilidade das premissas empíricas em que se escoram os argumentos sobre o significado da solução proposta para os direitos em colisão[181].

É importante perceber que a prevalência de um direito sobre outro se determina em função das peculiaridades do caso concreto. Não existe um critério de solução de conflitos válido em termos abstratos. Pode-se, todavia, colher de um precedente um viés para solução de conflitos vindouros. Assim, diante de um precedente específico, será admissível afirmar que, repetidas as mesmas condições de fato, num caso futuro, um dos direitos tenderá a prevalecer sobre o outro.

Esse juízo de ponderação entre os bens em confronto pode ser feito tanto pelo juiz, para resolver uma lide, quanto pelo legislador, ao determinar que, em dadas condições de fato, um direito há de prevalecer sobre o outro. Na última hipótese, por exemplo, o legislador define quais as atividades que devem ser consideradas essenciais e, por isso, insuscetíveis de greve, realizando uma ponderação entre o próprio direito de greve e valores outros, como a saúde ou a segurança pública.

As situações de embates entre princípios podem assumir tanto a forma de colisão de direitos fundamentais, como a de conflito entre um direito fundamental e um outro valor consagrado na Constituição. Veja-se, por exemplo, que o valor da saúde pública pode ensejar medidas restritivas da liberdade de ir e vir (confinamentos), e pode suscitar questões envolvendo a incolumidade física (vacinação obrigatória).

178 Cf. Robert Alexy, Balancing, constitutional review and representation, *International Journal of Constitutional Law*, v. 3, n. 4, p. 573, 2005.

179 Basta que se considere que, intuitivamente, portanto, *prima facie*, o princípio do direito à integridade física apresenta maior peso do que o direito de propriedade. Mas poderá haver circunstâncias concretas em que este poderá justificar uma interferência sobre aquele – o instituto da legítima defesa poderá suscitar exemplos a esse respeito.

180 Alexy fala, aqui, na primeira *lei da ponderação*, segundo a qual quanto maior o grau de não satisfação de um direito ou princípio, maior deve ser a importância de satisfazer o princípio conflitante. Essa avaliação desenvolve-se em três estádios. No primeiro, busca-se estabelecer o grau de não satisfação ou de detrimento ao princípio que tende a ser relegado no caso concreto. No momento seguinte, afere-se a importância de satisfazer o princípio que tende a prevalecer. No terceiro instante, apura-se se a importância de satisfazer um dos princípios justifica o prejuízo a ser carreado ao outro princípio colidente (Robert Alexy, On balancing and subsumption. A structural comparison, *Ratio Juris*, v. 16, n. 4, p. 436-437, dez. 2003).

181 Alexy se refere a uma *segunda lei de ponderação* ou à *lei epistemológica da ponderação*. Por ela, quanto mais intensa a interferência sobre um direito constitucional, maior deve ser o grau de certeza das premissas que o justificam (On balancing..., *Ratio Juris*, cit., p. 446-447). Assim, a afirmação de que o fumo causa doenças graves, por exemplo, apresenta-se, em virtude do consenso científico a respeito, com maior grau de confiabilidade do que a assertiva de que telefones celulares podem causar danos cerebrais, assertiva que não reúne provas conclusivas de relevância científica análoga. Essas diferenças de credibilidade das premissas empíricas acaso relevantes no caso concreto também devem participar do exercício da ponderação.

É possível recolher do acervo de jurisprudência do Supremo Tribunal Federal julgados em que a Corte teve de estabelecer um juízo de preferência entre direitos fundamentais ou entre um direito fundamental e um valor constitucional diverso. O problema de que cuidam tais precedentes é inegavelmente o de conflito entre direitos, mesmo que isso não seja dito expressamente. Esses acórdãos terminam por apresentar uma discussão sobre o peso de bens constitucionais em uma dada situação concreta.

Exemplo bastante evidente disso é a decisão do STF[182] em que se concedeu *habeas corpus* a um indivíduo que, tendo-se recusado a retirar uma amostra de sangue para exame de DNA, numa ação de investigação de paternidade, recebeu ordem judicial para fazê-lo, sob pena de condução coativa. Por uma maioria de seis votos contra quatro, o Plenário do STF concedeu o *habeas corpus*, depois de acirrados debates.

A corrente minoritária, iniciada com o relator originário, Ministro Francisco Rezek, sustentou a legitimidade do exame de sangue forçado, lembrando que o direito à incolumidade física não é absoluto e que, no caso, encontrava-se em fricção com o direito à própria identidade da criança, o direito de conhecer o vínculo de filiação real[183]. Nesse ponto, portanto, o relator originário admitiu que o direito fundamental da incolumidade corporal é, na linguagem da doutrina da colisão de direitos, um direito *prima facie*, sendo suscetível de, no confronto com outro direito, ensejar ponderação, com vistas a estabelecer uma preferência.

O relator originário afirmou, a seguir, a predominância do direito ao conhecimento da identidade real do indivíduo, invocando circunstâncias do caso concreto que demonstrariam a razoabilidade dessa opção. Enfatizou que a recusa ao exame hematológico importaria restrição ao conhecimento da verdade real e que a intervenção sobre o bem *incolumidade corporal* era mínima, diante das consequências desse exame para a satisfação do direito do autor da ação de investigação de paternidade. O relator, em curtas palavras, estabeleceu um juízo de proporcionalidade em sentido estrito da vantagem a ser obtida pela medida atacada no *habeas corpus* com o valor da incolumidade física. Encontrou esta conclusão: "o sacrifício imposto à integridade física do paciente é risível quando confrontado com o interesse do investigante".

A corrente vitoriosa, liderada pelo voto do Ministro Marco Aurélio, entendeu, porém, que o direito à intangibilidade do corpo humano não deveria ceder, na espécie, para possibilitar a feitura de prova em juízo. Em última análise, e considerando a circunstância jurídica do caso concreto (de que a recusa, em si, de submissão ao exame do DNA poderia ensejar uma presunção favorável ao autor da demanda), a corrente vitoriosa não viu peso bastante na pretensão do investigante de exigir o exame de sangue, quando comparada com a interferência que a medida provocaria sobre o direito à intan-

182 HC 71.373/RS, *DJ* de 22-11-1996, rel. Min. Marco Aurélio.

183 No voto, o relator originário lembrou que: "O direito ao próprio corpo não é absoluto ou ilimitado. Por vezes, a incolumidade corporal deve ceder espaço a um interesse preponderante, como no caso da vacinação, em nome da saúde pública. (...) Estou em que o princípio da intangibilidade do corpo humano (...) deve dar lugar ao direito à identidade (...)".

gibilidade corporal[184]. O precedente ilustra os debates que os juízos de proporcionalidade tendem a suscitar em casos concretos. No julgado, percebe-se que a divergência ocorrida situou-se no âmbito dos testes da necessidade e da proporcionalidade em sentido estrito.

Em outro caso[185], foi concedido *habeas corpus* ao presumido pai de criança nascida na constância do casamento, que fora convocado a ceder sangue, para exame de DNA, numa ação movida por outro homem, que invocava a qualidade de pai biológico do menor. Dadas as circunstâncias do processo, considerando que o feito principal já estava instruído até com laudo de exame de DNA do autor da demanda e do filho que pretendia ser seu, o relator estimou que a medida determinada constituía uma invasão desnecessária no direito à dignidade do paciente. Trata-se de mais um exemplo da relevância do princípio da proporcionalidade na solução de eventuais conflitos entre direitos de estatura constitucional[186].

Uma forma de contornar o que aparenta ser um conflito entre direitos fundamentais consiste em negar a sua ocorrência real, à vista da não abrangência, pela norma jusfundamental, da situação analisada. A exclusão de um trecho da realidade do domínio normativo do direito proclamado se segue a uma depuração da compreensão teórica da norma invocada. Pode-se chegar à conclusão de que a pretensão do indivíduo envolvido no conflito aparente não se inclui no *âmbito de proteção* do direito que evoca; afinal, "o conteúdo constitucionalmente declarado do direito nem sempre se mostra evidente e indiscutível"[187].

O *âmbito de proteção* de um direito "é a parcela da realidade que o constituinte houve por bem definir como objeto da proteção (...) da garantia fundamental"[188].

A elucidação do suposto de fato do direito fundamental, do bem jurídico protegido pela norma (inclusive da intensidade com que é protegido) e dos limites que tenham esses direitos fundamentais (limites estabelecidos pelo próprio constituinte ou pelo legislador) – tudo isso há de contribuir para se firmarem os contornos do âmbito de proteção do direito.

---

184 Esta a ementa do precedente: "Investigação de paternidade – Exame DNA – Condução do réu 'debaixo de vara'. Discrepa, a mais não poder, de garantias constitucionais implícitas e explícitas – preservação da dignidade humana, de intimidade, da intangibilidade do corpo humano, do império da lei e da inexecução específica e direta de obrigação de fazer – provimento judicial que, em ação civil de investigação de paternidade, implique determinação no sentido de o réu ser conduzido ao laboratório, 'debaixo de vara', para coleta do material indispensável à feitura do exame DNA. A recusa resolve-se no plano jurídico-instrumental, consideradas a dogmática, a doutrina e a jurisprudência, no que voltadas ao deslinde das questões ligadas à prova dos fatos".

185 HC 76.060/SC, *DJ* de 15-5-1998, rel. Min. Sepúlveda Pertence.

186 Disse o relator: "O que, entretanto, não parece resistir, que mais não seja, ao confronto do princípio da razoabilidade ou da proporcionalidade – de fundamental importância para o deslinde constitucional da colisão de direitos fundamentais – é que se pretenda constranger fisicamente o pai presumido ao fornecimento de uma prova de reforço contra a presunção de que é titular. (...) Segue-se daí a prescindibilidade, em regra, da ordenada coação do paciente ao exame hematológico, à busca de exclusão da sua paternidade presumida, quando a evidência positiva da alegada paternidade genética do autor da demanda pode ser investigada sem a participação do réu (é expressivo, aliás, que os autos já contenham laudo particular de análise do DNA do autor, do menor e de sua mãe)".

187 Sanchis, *Estudios*, cit., p. 155.

188 Gilmar Mendes, *Direitos fundamentais e controle de constitucionalidade*, cit., p. 150-151.

Cabe, então, estar advertido para a circunstância de que nem todas as situações pensáveis a partir do referencial linguístico de um preceito jusfundamental se incluem no âmbito de proteção da norma.

A especificidade do bem que o direito fundamental visa proteger conduz à revelação de limites máximos de conteúdo[189]. É necessário proceder ao preciso enquadramento de uma dada conduta no sistema dos direitos fundamentais, para concluir pela sua proteção constitucional.

Há situações que, embora semanticamente incluídas na norma de direito fundamental, não acham nela proteção. O direito, então, simplesmente não existe. Daí a oportunidade do estudo dos comportamentos e das realidades da vida que estão abrangidas no direito fundamental, tarefa que nem sempre se mostra simples, já que as normas de direitos fundamentais podem apresentar indeterminações semânticas e não ter o seu próprio suposto de fato bem delineado. Os problemas daí advindos podem ser ilustrados com questões cotidianas, como a de saber se o curandeirismo se inclui no âmbito da liberdade de culto ou se o discurso de ódio racial é protegido pela liberdade de expressão[190].

Os critérios para resolver essas indeterminações são vários, nada obstando a que sejam combinados entre si. Para compreender que bens jurídicos são protegidos e que ações estão alcançadas pelo Direito, pode-se recorrer à teoria liberal dos direitos fundamentais, que assinala nesses direitos a feição essencialmente de defesa do indivíduo contra os Poderes Públicos. Pode-se recorrer à teoria dos valores, que postula que os direitos fundamentais possuem caráter objetivo, orientando-se para a realização dos valores protegidos pela norma constitucional. Em outros casos, ainda, a limitação intrínseca da norma de direito fundamental encontrará embasamento na consideração da função social que o direito proclamado exerce, em especial tendo em vista o seu significado para o regime político.

Para descobrir as condutas que estão enfeixadas no suposto de fato da norma advoga-se, outras vezes, que se verifique se a conduta não está definida como crime. Embora haja o perigo de se definir o direito fundamental a partir do legislador, esse critério, desde que cercado de cuidados no exame da razoabilidade da apreciação do legislador, tem sido aceito na doutrina e na jurisprudência. Canotilho cogita, neste passo, de que a liberdade de profissão não teria, entre os seus bens protegidos, senão atividades lícitas, sendo excluídas do âmbito de proteção atividades como a prostituição, o tráfico de entorpecentes ou o contrabando. Vieira de Andrade assinala que "é provável que um comportamento que integre as circunstâncias de fato típicas de um tipo legal de crime não esteja incluído na hipótese normativa do direito fundamental"[191]. Diz, ainda, que, "se se atingem intoleravelmente a moral social ou valores e princípios fundamentais da ordem constitucional, deverá resultar para o intérprete a convicção de que a proteção constitucional do direito não quer ir tão longe"[192].

189 Vieira de Andrade, *Os direitos fundamentais*, cit., p. 215.

190 O STF decidiu que o discurso de ódio não se inclui no âmbito de proteção da liberdade de expressão. No HC 82.424, Rel. para o acórdão Min. Maurício Corrêa, *DJ* de 19-3-2004, foi dito: "O direito à livre expressão não pode abrigar, em sua abrangência, manifestações de conteúdo imoral que implicam ilicitude penal".

191 Vieira de Andrade, *Os direitos fundamentais*, cit., p. 219.

192 Vieira de Andrade, *Os direitos fundamentais*, cit.

Nessa diretriz, há precedentes do STF excluindo o *trottoir* da liberdade de ir e vir, ao argumento de que "não há direito constitucionalmente assegurado à prática do *trottoir*, a qual é contrária aos bons costumes, ofensiva da moralidade pública e fonte de constrangimento para transeuntes e residentes"[193]. Da mesma forma, práticas de curandeirismo não estariam albergadas na liberdade de religião[194].

Gavara de Cara[195] noticia outra abordagem, mais estrita, da questão dos limites implícitos de conteúdo dos direitos fundamentais. Relata que, para Friederich Muller, o âmbito normativo do direito fundamental se define pelo que é específico do direito considerado. As modalidades inespecíficas de exercício de um direito fundamental não pertenceriam ao seu âmbito normativo. No intento de apurar se uma modalidade de exercício é específica, parte da distinção entre o que é exercício de um direito fundamental e o que é circunstância acidental do exercício de um direito fundamental. Assim, qualifica uma ação como inespecífica e irrelevante para o direito fundamental se há a possibilidade de se exercer o direito fundamental em outro lugar, em outro tempo ou mediante outra classe de ação. Dessa maneira, não haveria direito de liberdade artística que protegesse o pintor que resolvesse desenvolver a sua arte num movimentado cruzamento de ruas. Essa conduta não seria modalidade específica protegida pelo direito fundamental. A crítica a essa posição lembra que, a ser seguida pontualmente, pode vir a acontecer que nada sobeje de específico de um direito fundamental[196].

Fala-se, ainda, em doutrina, que, para o esclarecimento do conteúdo do direito fundamental, há de se considerar que esses direitos pressupõem uma *reserva de amizade e de não prejudicialidade*. Essas cláusulas operariam a partir de uma ponderação de princípios constitucionais, para excluir certas situações do âmbito de proteção da norma constitucional[197]. Recorre-se, aqui, abertamente, ao modelo de ponderação entre bens concorrentes. Por esse método, também se chegaria à conclusão da irrelevância do direito de liberdade de expressão para a pretensão do pintor de executar uma obra no meio de um cruzamento viário, embora com outro raciocínio. Aqui, é a ponderação do direito *prima facie* de liberdade artística com outros bens, como a própria integridade física do artista e o exercício da atividade profissional de outros cidadãos, que excluiria, num segundo momento, essa conduta da proteção constitucional[198].

Tem-se, pois, que nem sempre é simples precisar os contornos de um direito fundamental – assunto que, muitas vezes, congrega correntes doutrinárias rivais. Retesa-se, pois, a sensibilidade do operador jurídico, dele se exigindo, ao cabo, que se mantenha fiel aos valores predominantes na sua sociedade, na busca de soluções justas, técnicas e com respaldo social.

---

193 RHC 59.104, rel. Min. Moreira Alves, *DJ* de 3-11-1981.

194 STF: RHC 62.240/SP, *RTJ*, 114/1038, rel. Min. Francisco Rezek, que tem esta ementa: "*Habeas corpus*. Curandeirismo. Condenação criminal fundada em fatos inconfundíveis com o mero exercício da liberdade religiosa. Processo penal que não se pode invalidar em *habeas corpus*. Recurso desprovido".

195 Gavara de Cara, *Derechos fundamentales*, cit., p. 170.

196 Cf. Gavara de Cara, *Derechos fundamentales*, cit., p. 170-171.

197 Canotilho, *Direito constitucional*, cit., p. 1147-1148.

198 Canotilho, *Direito constitucional*, cit., p. 1148.

14. DIREITOS FUNDAMENTAIS E RELAÇÕES ESPECIAIS DE SUJEIÇÃO

Em algumas situações, é possível cogitar de restrição de direitos fundamentais, tendo em vista acharem-se os seus titulares numa posição singular diante dos Poderes Públicos. Há pessoas que se vinculam aos poderes estatais de forma marcada pela sujeição, submetendo-se a uma mais intensa medida de interferência sobre os seus direitos fundamentais. Nota-se nesses casos uma duradora inserção do indivíduo na esfera organizativa da Administração. "A existência de uma relação desse tipo atua como título legitimador para limitar os direitos fundamentais, isto é, justifica por si só possíveis limitações dos direitos dos que fazem parte dela"[199].

Notam-se exemplos de relações especiais de sujeição no regime jurídico peculiar que o Estado mantém com os militares, com os funcionários públicos civis, com os internados em estabelecimentos públicos ou com os estudantes em escola pública. O conjunto de circunstâncias singulares em que se encontram essas pessoas induz um tratamento diferenciado com respeito ao gozo dos direitos fundamentais. A "específica condição subjetiva [desses sujeitos] é fonte de limitações"[200].

Houve momento na História em que se excluíam, por completo, as pessoas nessas condições do âmbito da aplicação dos direitos fundamentais. Essas pessoas simplesmente não poderiam invocar direitos e garantias em face do Estado, já que estariam inseridas num sistema em que o dever de obediência seria com isso incompatível. Desse modo, recusava-se a liberdade de expressão aos servidores civis e militares, bem assim o direito de greve, que comprometeria a disciplina e o bom andamento da Administração.

O tempo testemunhou uma evolução nesse quadro, distinguindo-se, agora, as situações em que a limitação à fruição dos direitos fundamentais é indispensável para a razão de ser da relação especial de poder, daquelas em que não o é. Nestas últimas, não seria o caso de se comprimirem as liberdades fundamentais, prevalecendo a ideia de que "a necessidade de obediência não é absoluta nem postula um estatuto de servidão para os sujeitos dessas relações"[201].

O estatuto dessas relações especiais de poder deve ter fundamento na Constituição[202], admitindo-se a ordenação específica de alguns direitos, quando necessária para o atingimento dos fins constitucionais que justificam essas relações. A legitimidade da compressão dos direitos fundamentais há de ser apurada mediante um esforço de concordância prática e de ponderação dos valores contrapostos em cada caso. Não se pode partir do pressuposto de que, nos casos de inclusão voluntária nesses estatutos, o indivíduo tenha renunciado aos direitos fundamentais (que são irrenunciáveis em bloco). A limitação aos direitos se torna admissível quando se constituir em meio necessário para a obtenção dos fins, com respaldo constitucional, ínsitos às relações especiais de poder.

---

199 Ana Aba Catoira, *La limitación de los derechos fundamentales por razón del sujeto*, Madrid: Tecnos, 2001, p. 159.

200 Ana Catoira, *La limitación*, cit., p. 162.

201 Vieira de Andrade, *Os direitos fundamentais*, cit., p. 244.

202 Vieira de Andrade, *Os direitos fundamentais*, cit., p. 244-245; Canotilho, *Direito constitucional*, cit., p. 425.

Por isso, essas limitações hão de ser proporcionais, não tocando todos os aspectos da vida do sujeito.

Desse modo, a liberdade de expressão dos militares pode vir a ser contida, mas na medida em que isso for necessário à disciplina[203]. A liberdade de expressão artística dos militares, entretanto, não é de ser necessariamente afetada. Os presos não vão poder cobrar o direito de livre circulação e a plenitude dos direitos políticos, mas não se justifica que se lhes recuse o direito à incolumidade física, a liberdade de crença religiosa ou mesmo o direito de petição[204].

As restrições dos direitos fundamentais hão de vir estipuladas em lei que defina cada estatuto especial. Faltando a lei, há de se recorrer aos princípios de concordância e de ponderação entre os direitos afetados e os valores constitucionais que inspiram a relação especial[205]. Alguns regulamentos internos buscam suprir essas lacunas – a legitimidade deles depende do que resultar de um juízo de ponderação entre os princípios constitucionais envolvidos.

Dado que a restrição ao direito fundamental deve guardar relação com os fins da instituição, não é correto aplicar o estatuto especial a quem não se insere exatamente na relação especial. Lembra Canotilho que não seria legítimo estender todo o estatuto militar aos servidores civis que estejam lotados em estabelecimentos militares[206].

Sustenta-se, de outra parte, que a restrição imposta pelo estatuto especial "não pode ser ilimitada no tempo e (ou pelo menos) deve prever sempre a possibilidade de o indivíduo optar pelo direito fundamental, dissolvendo-se a relação de poder (se esta for voluntária)"[207].

Nessa matéria, em que pese a condição peculiar em que se encontra o indivíduo, abrem-se a doutrina e a jurisprudência às conquistas alcançadas no campo dos direitos fundamentais.

203 Mesmo os servidores públicos civis podem ver restringida a sua liberdade de expressão, em favor de valores constitucionalmente impostos à ação da Administração Pública. Na Espanha, por exemplo, o Tribunal Constitucional decidiu que o funcionário pode ver-se compelido a não comunicar publicamente as suas legítimas opções políticas, se isso for necessário para que se preservem de questionamentos a imparcialidade e a objetividade que devem marcar as atividades administrativas. A propósito, Ana Aba Catoira, *La limitación*, cit., p. 175-176. Da mesma forma, o servidor pode vir a ter limitada a sua liberdade de expressão, por força do dever de guardar segredo, que pode resultar da natureza dos fatos envolvidos, de uma norma específica ou de uma ordem legítima que impede a divulgação de certos fatos.

204 Ver, quanto a este último aspecto, da Corte Europeia de Direitos Humanos, o caso Golder, A18, n. 4451/70.

205 Cf. Vieira de Andrade, *Os direitos fundamentais*, cit., p. 247.

206 Canotilho, *Direito constitucional*, cit., p. 426.

207 Vieira de Andrade, *Os direitos fundamentais*, cit., p. 192 e 245.

II LIMITAÇÕES DOS DIREITOS FUNDAMENTAIS

Gilmar Ferreira Mendes

1. CONSIDERAÇÕES GERAIS

O exercício dos direitos pode dar ensejo, muitas vezes, a uma série de conflitos com outros direitos constitucionalmente protegidos. Daí fazer-se mister a definição do *âmbito ou núcleo de proteção*, e, se for o caso, a fixação precisa das restrições ou das limitações a esses direitos (*limitações ou restrições = Schranke oder Eingriff*)[1]. A limitação dos direitos fundamentais é um tema central da dogmática dos direitos fundamentais e, muito provavelmente, do direito constitucional[2].

O *âmbito de proteção* de um direito fundamental abrange os diferentes pressupostos fáticos e jurídicos contemplados na norma jurídica (*v. g.*, reunir-se sob determinadas condições) e a consequência comum, a proteção fundamental. Descrevem-se os bens ou objetos protegidos ou garantidos pelos direitos fundamentais[3]. Nos direitos fundamentais de defesa, cuida-se de normas sobre elementos básicos de determinadas ações ou condutas explicitadas de forma lapidar: propriedade, liberdade de imprensa, inviolabilidade do domicílio, dentre outros[4].

Alguns chegam a afirmar que o âmbito de proteção é aquela parcela da realidade que o constituinte houve por bem definir como objeto de proteção especial ou, se se quiser, *aquela fração da vida protegida por uma garantia fundamental*[5].

Certos direitos fundamentais, como o direito de propriedade e o direito à proteção judiciária, são dotados de *âmbito de proteção* estritamente normativo (*rechts- oder norm- geprägter Schutzbereich*)[6].

---

1 Bodo Pieroth e Bernhard Schlink, *Grundrechte – Staatsrecht II*, 21. ed., Heidelberg: C. F. Muller, 2005, p. 51 e Bodo Pieroth e Bernhard Schlink, *Direitos fundamentais*. São Paulo: IDP / Saraiva, cit., p. 115; José Joaquim Gomes Canotilho, *Direito constitucional*, 6. ed., Coimbra: Almedina, 1993, p. 602-603 e s.

2 Cf. Joaquín Brage Camazano, *Los límites a los derechos fundamentales en los inicios del constitucionalismo mundial y en el constitucionalismo histórico español*, México: Instituto de Investigaciones Jurídicas, Universidad Nacional Autónoma de México, 2005, p. 1; *Los límites a los derechos fundamentales*, Madrid, 2004, p. 23 e s.; Klaus Stern, Die Grundrechte und ihre Schranke, in Peter Badura, Horst Dreier, *Festschrift 50 Jahre Bundesverfassungsgericht*, Tübingen: Mohr Siebeck, 2001, v. 2; Luiz Fernando Calil de Freitas, *Direitos fundamentais, limites e restrições*, Porto Alegre: Livr. do Advogado Ed., 2006; Jane Reis Gonçalves Pereira, *Interpretação constitucional e direitos fundamentais*, Rio de Janeiro: Renovar, 2006, p. 385 e s.; Dimitri Dimoulis e Leonardo Martins, *Teoria geral dos direitos fundamentais*, São Paulo: Revista dos Tribunais, 2006; Peter Häberle e Markus Kotzur, *De la soberanía al derecho constitucional común*: palabras clave para un diálogo europeo-latinoamericano, México: Instituto de Investigaciones Jurídicas, 2003, n. 12; Jairo Schäfer e Karine da Silva Cordeiro, Restrições a direitos fundamentais: considerações teóricas acerca de uma decisão do STF (ADPF 130). In: *As novas faces do ativismo judicial*, Salvador: JusPodivm, 2011, p. 625-642.

3 Klaus Stern, Die Grundrechte und ihre Schranke, cit., p. 1-5.

4 Klaus Stern, Die Grundrechte und ihre Schranke, cit., p. 1-5.

5 Bodo Pieroth e Bernhard Schlink, *Grundrechte – Staatsrecht II*, cit., p. 54 e Bodo Pieroth e Bernhard Schlink, *Direitos fundamentais,* cit., p. 116; Konrad Hesse, *Grundzuge des Verfassungsrechts der Bundesrepublik Deutschland*, 20. ed., Heidelberg, 1995, p. 18, n. 46.

6 Bodo Pieroth e Bernhard Schlink, *Grundrechte – Staatsrecht II*, cit., p. 53 e Bodo Pieroth e Bernhard Schlink, *Direitos fundamentais,* cit., p. 120.

Nesses casos, não se limita o legislador ordinário a estabelecer restrições a eventual direito, cabendo-lhe definir, em determinada medida, a amplitude e a conformação desses direitos individuais[7]. Acentue-se que o poder de conformar não se confunde com uma faculdade ilimitada de disposição. Segundo Pieroth e Schlink, uma regra que rompe com a tradição não se deixa mais enquadrar como conformação[8].

Outra é a dimensão do âmbito de proteção dos direitos de igualdade, que disciplinam a relação de diferentes pessoas ou posições em face do Poder Público. Daí falar-se em tratamento isonômico ou anti-isonômico, se se confere tratamento idêntico ou diverso a situações idênticas ou diversas[9].

Em relação ao âmbito de proteção de determinado direito individual, faz-se mister que se identifique não só o objeto da proteção (*o que é efetivamente protegido?*), mas também contra que tipo de agressão ou restrição se outorga essa proteção[10]. Não integraria o âmbito de proteção qualquer assertiva relacionada com a possibilidade de limitação ou restrição a determinado direito.

Isso significa que o *âmbito de proteção* não se confunde com *proteção efetiva e definitiva*, garantindo-se a possibilidade de que determinada situação tenha a sua legitimidade aferida em face de dado parâmetro constitucional[11].

Na dimensão dos direitos negativos, *âmbito de proteção* dos direitos e *restrições* a esses direitos são conceitos correlatos.

Quanto mais amplo for o *âmbito de proteção* de um direito fundamental, tanto mais se afigura possível qualificar qualquer ato do Estado como *restrição*. Ao revés, quanto mais restrito for o *âmbito de proteção*, menor possibilidade existe para a configuração de um conflito entre o Estado e o indivíduo[12].

1.2. Âmbito de proteção: determinação

Como observado, o exame das restrições aos direitos fundamentais pressupõe a identificação do *âmbito de proteção* do direito. Esse processo não pode ser fixado em regras gerais, exigindo, para cada direito específico, determinado procedimento.

Não raro, a definição do âmbito de proteção de certo direito depende de uma interpretação sistemática, abrangente de outros direitos e disposições constitucionais[13]. Muitas vezes, a definição do *âmbito de proteção* somente há de ser obtida em confronto com eventual *restrição* a esse direito.

---

7 Bodo Pieroth e Bernhard Schlink, *Grundrechte – Staatsrecht II*, cit., p. 52 e Bodo Pieroth e Bernhard Schlink, *Direitos fundamentais*, cit., p. 119.

8 Bodo Pieroth e Bernhard Schlink, *Grundrechte – Staatsrecht II*, cit., p. 53 e Bodo Pieroth e Bernhard Schlink, *Direitos fundamentais*, cit., p. 121.

9 Klaus Stern, Die Grundrechte und ihre Schranke, cit., p. 6.

10 Jürgen Schwabe, *Probleme der Grundrechtsdogmatik*, Darmstadt, 1977, p. 152.

11 Jürgen Schwabe, *Probleme der Grundrechtsdogmatik*, cit., p. 152.

12 Bodo Pieroth e Bernhard Schlink, *Grundrechte – Staatsrecht II*, cit., p. 57 e Bodo Pieroth e Bernhard Schlink, *Direitos fundamentais*, cit., p. 124.

13 Bodo Pieroth e Bernhard Schlink, *Grundrechte – Staatsrecht II*, cit., p. 57 e Bodo Pieroth e Bernhard Schlink, *Direitos fundamentais*, cit., p. 124.

Não obstante, com o propósito de lograr uma sistematização, pode-se afirmar que a definição do *âmbito de proteção* exige a análise da norma constitucional garantidora de direitos, tendo em vista:

a) a identificação dos bens jurídicos protegidos e a amplitude dessa proteção (*âmbito de proteção da norma*);

b) a verificação das possíveis restrições contempladas, expressamente, na Constituição (*expressa restrição constitucional*) e identificação das *reservas legais de índole restritiva*[14].

Nem sempre se pode afirmar, com segurança, que determinado bem, objeto ou conduta estão protegidos ou não por um dado enunciado normativo. Assim, indaga-se, em alguns sistemas jurídicos, se valores patrimoniais estariam contemplados pelo âmbito de proteção do direito de propriedade (cf. *infra* o tópico sobre Direito de propriedade). Da mesma forma, questiona-se, entre nós, sobre a amplitude da proteção à inviolabilidade das comunicações telefônicas e, especialmente, se ela abrangeria outras formas de comunicação (comunicação mediante utilização de rádio; *pager*; *smartphones*[15] etc.).

Tudo isso demonstra que a identificação precisa do âmbito de proteção de determinado direito fundamental exige um renovado e constante esforço hermenêutico.

1.3. Conformação e restrição

1.3.1. Considerações preliminares

A ideia de restrição é quase trivial no âmbito dos direitos fundamentais[16].

Além do princípio geral de reserva legal, enunciado no art. 5º, II, a Constituição refere-se expressamente à possibilidade de se estabelecerem restrições legais a direitos nos incisos XII (inviolabilidade do sigilo postal, telegráfico, telefônico e de dados), XIII (liberdade de exercício profissional) e XV (liberdade de locomoção).

Para indicar as restrições, o constituinte utiliza-se de expressões diversas, *v. g.*, "nos termos da lei" (art. 5º, VI e XV), "nas hipóteses e na forma que a lei estabelecer" (art. 5º, XII), "atendidas as qualificações profissionais que a lei estabelecer" (art. 5º, XIII), "salvo nas hipóteses previstas em lei" (art. 5º, LVIII). Outras vezes, a norma fundamental faz referência a um conceito jurídico indeterminado, que deve balizar a conformação de um dado direito. É o que se verifica, *v. g.*, com a cláusula da "função social" (art. 5º, XXIII).

Tais normas permitem limitar ou restringir posições abrangidas pelo âmbito de proteção de determinado direito fundamental[17].

Assinale-se, pois, que a norma constitucional que submete determinados direitos à reserva de lei restritiva contém, a um só tempo, (a) uma norma de garantia, que reco-

---

14 José Joaquim Gomes Canotilho, *Direito constitucional e teoria da Constituição*, 4. ed., p. 1222-1223.

15 Cf., ARE 1042075 RG, rel. Min. Dias Toffoli, Tribunal Pleno, *DJ* de 12-12-2017.

16 Cf., a propósito, Joaquín Brage Camazano, *Los límites a los derechos fundamentales en los inicios del constitucionalismo mundial y en el constitucionalismo histórico español*, cit., p. 1 s.; Klaus Stern, Die Grundrechte und ihre Schranke, cit., p. 8 e s.; Lothar Michael e Martin Morlok, *Grundrechte*, 1. ed., Baden-Baden: Nomos Lehrbuch, p. 275 e s.

17 No seu clássico *Aplicabilidade das normas constitucionais* (São Paulo: Revista dos Tribunais, 1982, p. 91 e s.), José Afonso da Silva classifica essas normas como de "eficácia contida", isto é, normas que solicitam a intervenção do legislador ordinário para restringir-lhes a plenitude da eficácia (op. cit., p. 92).

nhece e garante determinado âmbito de proteção, e (b) uma norma de autorização de restrições, que permite ao legislador estabelecer limites ao âmbito de proteção constitucionalmente assegurado[18].

Observe-se, porém, que nem todas as normas referentes a direitos fundamentais têm o propósito de restringir ou limitar poderes ou faculdades.

Não raras vezes, destinam-se as normas legais a *completar*, *densificar* e *concretizar* o direito[19]. É o que se verifica, *v. g.*, em regra, na disciplina ordinária do direito de propriedade material e intelectual, do direito de sucessões (CF, art. 5º, XXII-XXXI), no âmbito da proteção ao consumidor (CF, art. 5º, XXXII), e do direito à proteção judiciária (CF, art. 5º, XXXV, LXVII-LXXII).

Sem pressupor a existência das normas de direito privado relativas ao direito de propriedade, ao direito de propriedade intelectual e ao direito de sucessões, não haveria de se cogitar de uma efetiva garantia constitucional desses direitos. Da mesma forma, a falta de regras processuais adequadas poderia transformar o direito de proteção judiciária em simples esforço retórico. Nessa hipótese, o texto constitucional é explícito ao estabelecer que "a lei não excluirá da apreciação do Poder Judiciário lesão ou ameaça a direito" (art. 5º, XXXV). Fica evidente, pois, que a intervenção legislativa não apenas se afigura inevitável, como também necessária. Veda-se, porém, aquela intervenção legislativa que possa afetar a proteção judicial efetiva.

Assim, a simples supressão de normas integrantes da legislação ordinária sobre esses institutos pode lesar não apenas a garantia institucional objetiva, mas também direito subjetivo constitucionalmente tutelado[20].

A conformação dos direitos fundamentais assume relevância sobretudo no tocante aos chamados direitos com *âmbito de proteção estrita ou marcadamente normativo* (*rechtsnormgeprägter Schutzbereich*), uma vez que é a normação ordinária que acaba por conferir conteúdo e efetividade à garantia constitucional[21].

1.3.2. Âmbito de proteção estritamente normativo

Como assinalado, peculiar reflexão requerem aqueles direitos individuais que têm o *âmbito de proteção* instituído direta e expressamente pelo próprio ordenamento jurídico (*âmbito de proteção estritamente normativo = rechts- oder norm- geprägter Schutzbereich*)[22].

A vida, a possibilidade de ir e vir, a manifestação de opinião e a possibilidade de reunião preexistem a qualquer disciplina jurídica[23].

---

18 José Joaquim Gomes Canotilho, *Direito constitucional*, cit., p. 1223-1224 e 1233.

19 Cf., sobre o assunto, Robert Alexy, *Theorie der Grundrechte*, Frankfurt am Main, 1986, p. 300; Bodo Pieroth e Bernhard Schlink, *Grundrechte – Staatsrecht II*, cit., p. 53-54 e Bodo Pieroth e Bernhard Schlink, *Direitos fundamentais*, cit., p. 119-120; José Joaquim Gomes Canotilho, *Direito constitucional*, cit., p. 633.

20 Robert Alexy, *Theorie der Grundrechte*, cit., p. 303.

21 Cf., sobre o assunto, José Joaquim Gomes Canotilho, *Direito constitucional*, cit., p. 1224-1225.

22 Bodo Pieroth e Bernhard Schlink, *Grundrechte – Staatsrecht II*, cit., p. 54 e Bodo Pieroth e Bernhard Schlink, *Direitos fundamentais*, cit., p. 121.

23 Bodo Pieroth e Bernhard Schlink, *Grundrechte – Staatsrecht II*, cit., p. 54 e Bodo Pieroth e Bernhard Schlink, *Direitos fundamentais*, cit., p. 121.

Ao contrário, é a ordem jurídica que converte o simples *ter* em *propriedade*, institui o *direito de herança* e transforma a coabitação entre homem e mulher em casamento[24]. Tal como referido, a proteção constitucional do direito de propriedade e do direito de herança não teria, assim, qualquer sentido sem as normas legais relativas ao direito de propriedade e ao direito de sucessão[25].

Como essa categoria de direito fundamental confia ao legislador, primordialmente, o mister de definir, em essência, o próprio conteúdo do *direito regulado*, fala-se, nesses casos, de *regulação* ou de *conformação* (*Regelung oder Ausgestaltung*) em lugar de *restrição* (*Beschränkung*).

É que as normas legais relativas a esses institutos não se destinam, precipuamente, a estabelecer restrições. Elas cumprem antes relevante e indispensável função como *normas de concretização ou de conformação* desses direitos.

Não raro, o constituinte confere ao legislador ordinário um amplo *poder de conformação*, permitindo que a lei concretize ou densifique determinada faculdade fundamental. É o que se pode constatar, de forma expressa, em algumas disposições constitucionais:

1) "a pequena propriedade rural, assim definida em lei, desde que trabalhada pela família, não será objeto de penhora para pagamento de débitos decorrentes de sua atividade produtiva, dispondo a lei sobre os meios de financiar o seu desenvolvimento" (art. 5º, XXVI);

2) "aos autores pertence o direito exclusivo de utilização, publicação ou reprodução de suas obras, transmissível aos herdeiros pelo tempo que a lei fixar" (art. 5º, XXVII);

3) "são assegurados, nos termos da lei: a) a proteção às participações individuais em obras coletivas e à reprodução de imagem e voz humanas, inclusive nas atividades desportivas; b) o direito de fiscalização do aproveitamento econômico das obras que criarem ou de que participarem aos criadores, aos intérpretes e às respectivas representações sindicais e associativas" (art. 5º, XXVIII);

4) "são gratuitos para os reconhecidamente pobres, na forma lei: a) o registro civil de nascimento; b) a certidão de óbito" (art. 5º, LXXVI);

5) "são gratuitas as ações de *habeas corpus* e *habeas data*, e, na forma da lei, os atos necessários ao exercício da cidadania" (art. 5º, LXXVII).

Por isso, assinala-se na doutrina a peculiar problemática que caracteriza os direitos com âmbito de proteção marcadamente normativo: ao mesmo tempo que dependem de *concretização* e *conformação* por parte do legislador, eles devem vincular e obrigar o Estado. Em outros termos, o poder de conformação do legislador, na espécie, não significa que ele tenha livre disposição sobre a matéria[26]. A propósito, observam Pieroth e Schlink que uma disciplina que rompa com a tradição já não configura simples conformação, como salientado acima.

---

24 Bodo Pieroth e Bernhard Schlink, *Grundrechte – Staatsrecht II*, cit., p. 53, e Bodo Pieroth e Bernhard Schlink, *Direitos fundamentais*, cit., p. 120. Convém mencionar que, de forma semelhante, a ordem jurídica conferiu proteção constitucional às uniões homoafetivas. Isso se deu pela via jurisdicional (ADPF 132, rel. Min. Ayres Britto, Tribunal Pleno, *DJ* de 14-10-2011). Voltaremos ao tema no Capítulo 5, ao tratarmos da proteção à família.

25 Robert Alexy, *Theorie der Grundrechte*, cit., p. 303.

26 Bodo Pieroth e Bernhard Schlink, *Grundrechte – Staatsrecht II*, cit., p. 53 e Bodo Pieroth e Bernhard Schlink, *Direitos fundamentais*, cit., p. 121. Ver, também, José Joaquim Gomes Canotilho, *Direito constitucional*, cit., p. 1224-1225.

Eventual supressão pode lesar tais garantias, afrontando o instituto enquanto direito constitucional objetivo e as posições juridicamente tuteladas, se suprimir as normas concretizadoras de determinado instituto[27]. Existiria, assim, para o legislador um dever de preservar tais garantias.

Correlato a esse *dever de preservar* imposto ao legislador pode-se identificar, também, um *dever de legislar*, isto é, o dever de conferir conteúdo e efetividade aos direitos constitucionais com âmbito de proteção estritamente normativo[28].

2. RESTRIÇÕES A DIREITOS FUNDAMENTAIS

2.1. Considerações preliminares

A Constituição de 1988, tal como outras Constituições brasileiras anteriores, consagra a técnica de estabelecimento de restrições diretas e restrições indiretas a diferentes direitos fundamentais.

Assim, o sigilo das comunicações telefônicas somente pode ser suspenso, mediante ordem judicial, "nas hipóteses e na forma que a lei estabelecer, para fins de investigação criminal ou instrução processual penal" (art. 5º, XII).

Do mesmo modo, reconhece-se o "livre exercício de qualquer trabalho, ofício ou profissão, *atendidas as qualificações profissionais que a lei estabelecer*" (art. 5º, XIII). Assegura-se, também, a livre locomoção em todo o "território nacional em *tempo de paz*, podendo qualquer pessoa, *nos termos da lei*, nele entrar, permanecer ou dele sair com seus bens" (art. 5º, XV). Garante-se, igualmente, "a liberdade de associação para *fins lícitos*" (art. 5º, XVII).

Outras vezes, o próprio texto constitucional impõe diretamente, na definição da garantia, ou em disposição autônoma, um limite expresso ao exercício do direito individual assegurado.

Assim, não se assegura a inviolabilidade do domicílio "em caso de flagrante delito ou desastre, ou para prestar socorro, ou, durante o dia, por determinação judicial" (art. 5º, XI). Também o direito de reunião, em locais públicos, é assegurado, desde que realizada *pacificamente e sem armas* (art. 5º, XVI).

A ideia de restrições a direitos suscita o problema relativo à possibilidade lógica de estabelecimento de tais restrições. Friedrich Klein chega a afirmar que, segundo as leis da lógica, não pode existir restrição a direito fundamental, mas, tão somente, um conceito dela[29].

Não há dúvida de que a ideia de restrição leva, aparentemente, à identificação de duas situações distintas: o *direito* e a *restrição*.

---

27 Cf., a propósito, Robert Alexy, *Theorie der Grundrechte*, cit., p. 303.

28 Cf., sobre o assunto, Konrad Hesse, *Grundzuge des Verfassungsrechts der Bundesrepublik Deutschland*, cit., p. 137 e s. Cf., *infra*, quanto ao caráter normativo do direito de propriedade e suas consequências, o capítulo específico sobre o direito de propriedade.

29 Friedrich Klein, in: Von Mangoldt/Klein, *Das Bonner Grundgesetz*, v. I. Vorbemerkung B, XV 1 b, p. 122; ver, também, Robert Alexy, *Theorie der Grundrechte*, cit., p. 249-250.

Se *direito fundamental* e *restrição* são duas categorias que se deixam distinguir lógica e juridicamente, então existe, a princípio, um direito não limitado, que, com a imposição de restrições, converte-se num *direito limitado* (*eingeschränktes Recht*).

Essa teoria, chamada de *teoria externa* (*Aussentheorie*), admite que entre a ideia de direito e a ideia de restrição inexiste uma relação necessária. Essa relação seria estabelecida pela necessidade de compatibilização concreta entre os diversos tipos de direitos fundamentais[30].

A essa concepção contrapõe-se a chamada *teoria interna* (*Innentheorie*), para a qual não existem os conceitos de direito e de restrição como categorias autônomas, mas sim a ideia de direito fundamental com determinado conteúdo. A ideia de *restrição* (*Schranke*) é substituída pela de *limite* (*Grenze*)[31]. Tal como ressaltado por Alexy, eventual dúvida sobre o limite do direito não se confunde com a dúvida sobre a amplitude das restrições que lhe devem ser impostas, mas diz respeito ao próprio conteúdo do direito[32].

Alexy ressalta que entre a *teoria interna* e a *teoria externa* existe mais do que controvérsia terminológica ou conceitual. Corrente que advogue uma concepção individualista da sociedade (e do Estado) tenderá antes para a *teoria externa*. Ao contrário, aquele que vislumbrar uma necessária integração do indivíduo na comunidade perfilhará a adoção da *teoria interna*[33].

A resposta sobre a prevalência de uma ou de outra teoria dependerá, essencialmente, da compreensão sobre os direitos fundamentais.

Se se considerar que os direitos individuais consagram *posições definitivas* (*Regras: Regel*), então é inevitável a aplicação da *teoria interna*. Ao contrário, se se entender que eles definem apenas *posições "prima facie"* (*prima facie Positionen: princípios*), então há de se considerar correta a teoria externa[34].

---

30 Robert Alexy, *Theorie der Grundrechte*, cit., p. 250.

31 Robert Alexy, *Theorie der Grundrechte*, cit., p. 250.

32 Cf. Robert Alexy, *Theorie der Grundrechte*, cit., p. 250.

33 Robert Alexy, *Theorie der Grundrechte*, cit., p. 251.

34 Robert Alexy, *Theorie der Grundrechte*, cit., p. 251. Em conferência proferida no Rio de Janeiro, Alexy assim explicitava a diferença entre princípios e regras: "Segundo a definição básica da teoria dos princípios, princípios são normas que permitem que algo seja realizado, da maneira mais completa possível, tanto no que diz respeito à possibilidade jurídica quanto à possibilidade fática. Princípios são, nesses termos, mandatos de otimização (*Optimierungsgebote*). Assim, eles podem ser satisfeitos em diferentes graus. A medida adequada de satisfação depende não apenas de possibilidades fáticas, mas também de possibilidades jurídicas. Essas possibilidades são determinadas por regras e sobretudo por princípios. As colisões dos direitos fundamentais devem ser consideradas segundo a teoria dos princípios, como uma colisão de princípios. O processo para a solução de colisões de princípios é a ponderação. Princípios e ponderações são dois lados do mesmo fenômeno. O primeiro refere-se ao aspecto normativo; o outro, ao aspecto metodológico. Quem empreende ponderação no âmbito jurídico pressupõe que as normas entre as quais se faz uma ponderação são dotadas da estrutura de princípios e quem classifica as normas como princípios acaba chegando ao processo de ponderação. A controvérsia em torno da teoria dos princípios apresenta-se, fundamentalmente, como uma controvérsia em torno da ponderação.

Outra é a dimensão do problema no plano das regras. Regras são normas que são aplicáveis ou não aplicáveis. Se uma regra está em vigor, é determinante que se faça exatamente o que ela exige: nem mais e nem menos. Regras contêm, portanto, determinações no contexto fático e juridicamente possível. São postulados definitivos (*definitive Gebote*). A forma de aplicação das regras não é a ponderação, mas a subsunção.

A teoria dos princípios não diz que o catálogo dos direitos fundamentais não contém regras; isto é, que ele não contém definições precisas. Ela afirma não apenas que os direitos fundamentais, enquanto balizadores de

Para os termos deste trabalho, entendemos que os direitos fundamentais hão de ser concebidos, primordialmente, como princípios[35].

2.2. Tipos de restrições a direitos fundamentais

A complexidade da questão relativa às restrições dos direitos fundamentais dificulta, também, a sistematização uniforme das hipóteses incidentes.

Em verdade, tal sistematização depende, essencialmente, da própria concepção teórica sobre as restrições e dos objetivos que se lhes atribuem[36].

---

definições precisas e definitivas, têm estrutura de regras, como também acentua que o nível de regras precede *prima facie* ao nível dos princípios. O seu ponto decisivo é o de que atrás e ao lado das regras existem princípios. O contraponto para a teoria dos princípios não é, portanto, uma teoria que supõe que o catálogo dos direitos fundamentais também contém regras, senão uma teoria que afirma que os direitos fundamentais contêm somente regras. Somente essas teorias devem ser consideradas como teorias de regras (*Regeltheorien*)" (*Kollision und Abwägung als Grundproblem der Grundrechtsdogmatik,* Rio de Janeiro, Fundação Casa de Rui Barbosa, em 10-12-1998, tradução livre do autor deste estudo).

35 A propósito, registre-se a seguinte consideração de Alexy sobre a matéria:

"A grande vantagem da teoria dos princípios reside no fato de que ela pode impedir o esvaziamento dos direitos fundamentais sem introduzir uma rigidez excessiva. Nos seus termos, a pergunta sobre a legitimação de uma restrição há de ser respondida mediante ponderação. O postulado da ponderação corresponde ao terceiro subprincípio do postulado da proporcionalidade no direito constitucional alemão. O primeiro é o postulado da adequação do meio utilizado para a persecução do fim desejado. O segundo é o postulado da necessidade desse meio. O meio não é necessário se se dispõe de um mais suave ou menos restritivo. Constitui um fortíssimo argumento, tanto para a força teórica quanto prática da teoria do princípio, que os três subprincípios do postulado da proporcionalidade decorram logicamente da estrutura principiológica das normas de direitos fundamentais e estas da própria ideia de proporcionalidade (...).

O postulado da proporcionalidade em sentido estrito pode ser formulado como uma lei de ponderação, cuja fórmula mais simples voltada para os direitos fundamentais diz: 'quanto mais intensa se revelar a intervenção em um dado direito fundamental, maiores hão de se revelar os fundamentos justificadores dessa intervenção'.

Segundo a lei de ponderação, esta há de se fazer em três planos. No primeiro plano, há de se definir a intensidade da intervenção. No segundo, trata-se de saber a importância dos fundamentos justificadores da intervenção. No terceiro plano, então, se realiza a ponderação em sentido específico e estrito.

(...)

A teoria dos princípios logra não apenas a solução de colisões de direitos, mas a estruturação de solução das colisões de direito. Essa teoria tem uma outra qualidade que é extremamente relevante para o problema teórico do Direito Constitucional. Ela permite uma via intermediária entre vinculação e flexibilidade. A teoria da regra somente conhece a alternativa validade ou invalidade. Para uma Constituição como a brasileira, que formulou tantos princípios sociais generosos, surge, com base nesse fundamento, uma pressão forte para, desde logo, se dizer que as normas que não possam ser aplicáveis sejam declaradas como não vinculantes, isto é, como simples normas programáticas. A teoria dos princípios pode, em contrapartida, levar a sério a Constituição sem exigir o impossível. Ela pode declarar que normas não executáveis são princípios que, em face de outros princípios, hão de passar por um processo de ponderação. E, assim, 'sob a reserva do possível, examinar aquilo que razoavelmente se pode reclamar e pretender da sociedade'. Assim, a teoria dos princípios apresenta não apenas uma solução para o problema da colisão, como também para o problema da vinculação dos direitos fundamentais" (*Kollision und Abwägung als Grundproblem der Grundrechtsdogmatik*, cit.). A propósito, Luigi Ferrajoli elabora uma crítica à excessiva ampliação do papel da ponderação na interpretação jurisdicional das normas constitucionais, principalmente aquelas de caráter principiológico: FERRAJOLI, Luigi; STRECK, Lenio Luiz; TRINDADE, André Karam. *Garantismo, hermenêutica e (neo)constitucionalismo. Um debate com Luigi Ferrajoli.* Porto Alegre: Livraria do advogado, 2012, p. 47 e s.

36 Robert Alexy, *Theorie der Grundrechte*, cit., p. 258.

Assim, Friedrich Klein procura distinguir entre *restrições de garantia* (*Gewährleistungsschranken*) e *restrições a garantia* (*Vorbehaltsschranken*)[37]. Lerche esforça-se, por outro lado, para discriminar as normas puramente *restritivas* (*eingreifend*) de outras destinadas a explicitar (*verdeutlichen*), conformar (*grundrechtsprägen*), evitar abusos (*missbrauchwehren*) e normas destinadas a solver possíveis concorrências e conflitos entre direitos individuais (*konkurrenzlösen*)[38].

Os direitos fundamentais enquanto direitos de hierarquia constitucional somente podem ser limitados por expressa disposição constitucional (*restrição imediata*) ou mediante lei ordinária promulgada com fundamento imediato na própria Constituição (*restrição mediata*)[39].

Assim, é o próprio texto constitucional que consagra o direito de "reunir-se pacificamente, sem armas" (art. 5º, XVI) e a liberdade de "locomoção no território nacional em tempo de paz" (art. 5º, XV), por exemplo.

Controverte-se na doutrina sobre se, *v. g.*, a cláusula referente ao direito de "reunir-se pacificamente, sem armas" poderia ser considerada uma restrição imediata ou se, antes, haveria de ser considerada simples elemento do *tipo* (*Tatbestand*)[40].

Tal como enunciado acima, o problema traz à baila, uma vez mais, a controvérsia estabelecida entre as *teorias interna* e *externa* (*Innentheorie und Aussentheorie*), isto é, entre uma concepção que recusa a existência de restrições estabelecidas diretamente pela própria Constituição, porquanto eventuais limitações explicitadas pelo constituinte nada mais representam que a própria definição do direito assegurado, e aqueloutra, que distingue precisamente entre o direito assegurado e sua eventual restrição[41].

Se se considerar como restritiva a cláusula que obsta à concretização de um princípio de direito fundamental, então tem-se de admitir que, do prisma ontológico, tanto as restrições estabelecidas pelo legislador com respaldo expresso na Constituição quanto as limitações decorrentes diretamente do texto constitucional devem ser consideradas cláusulas de restrição de direitos[42].

Algumas restrições dimanadas diretamente do texto constitucional advêm do regime excepcional de *estado de necessidade* (estado de defesa e estado de sítio).

Assim, a Constituição prevê que, na vigência do estado de defesa, poderão ser estabelecidas restrições especiais aos direitos de reunião, de sigilo de correspondência e de comunicação telegráfica e telefônica (art. 136, § 1º, I, *a-c*). Mais amplas ainda são as restrições previstas durante o estado de sítio, que envolvem a liberdade de locomoção, o sigilo das comunicações, a liberdade de comunicação em geral (prestação de informação, imprensa, radiodifusão e televisão), o direito de reunião, a inviolabilidade do domicílio e o direito de propriedade (CF, art. 139).

---

37 Alexy, *Theorie der Grundrechte*, cit., p. 258.

38 Peter Lerche, *Ubermass und Verfassungsrecht*, Berlin, 1961, p. 106 e s.

39 Cf., sobre o assunto, Alexy, *Theorie der Grundrechte*, cit., p. 258 e s. Ver, também, Canotilho, *Direito constitucional*, cit., p. 1223 e 1235 e s.; José Carlos Vieira de Andrade, *Os direitos individuais na Constituição portuguesa de 1976*, Coimbra: Almedina, 1987, p. 215.

40 Alexy, *Theorie der Grundrechte*, cit., p. 259.

41 Alexy, *Theorie der Grundrechte*, cit., p. 259.

42 Alexy, *Theorie der Grundrechte*, cit., p. 260.

Em 2020, foram admitidas restrições decorrentes da emergência de saúde pública de importância internacional relacionada ao coronavírus (Covid-19), conforme reconhecida no Decreto Legislativo n. 6, de 20 de março de 2020. As restrições, veiculadas na Lei n. 13.979, de 6 de fevereiro de 2020, e alterações posteriores, atingiram sobretudo os direitos de reunião[43], a liberdade de locomoção, bem como outras liberdades relacionadas à integridade física (v. g., compulsoriedade de exames, de testes, de coletas laboratoriais, de vacinação etc.). O Supremo Tribunal Federal proferiu algumas decisões em que a proteção aos direitos fundamentais foi analisada no contexto de enfrentamento da pandemia[44].

Consideram-se restrições legais aquelas limitações que o legislador impõe a determinados direitos respaldado em expressa autorização constitucional. Os diversos sistemas constitucionais preveem diferentes modalidades de limitação ou restrição dos direitos fundamentais, levando em conta a experiência histórica e tendo em vista considerações de índole sociológica ou cultural.

A Declaração dos Direitos do Homem e do Cidadão, de 26-8-1789, é prenhe de referências a restrições legais expressas. Já o art. 4º definia não só a ideia de limites dos direitos naturais, mas também a necessidade de intervenção legislativa para a sua fixação:

> "A liberdade consiste em poder fazer tudo aquilo que não prejudique outrem: assim, o exercício dos direitos naturais de cada homem não tem por limites senão os que asseguram aos outros membros da sociedade o gozo dos mesmos direitos. Estes limites apenas podem ser determinados pela lei".

Vê-se, pois, que essa disposição já contemplava não só o problema relativo à colisão de direitos mas também o princípio da supremacia da lei e da reserva legal.

Nos termos do art. 10 do referido documento, assegura-se a liberdade de pensamento e opinião, "contanto que a manifestação delas não perturbe a ordem pública estabelecida em lei". Também aqui restava evidente a ideia de que o âmbito de proteção relativo à liberdade de expressão poderia sofrer restrição legal com fundamento no interesse de preservação da ordem pública.

É fácil ver, por outro lado, que o conteúdo da autorização para intervenção legislativa e a sua formulação podem assumir significado transcendental para a maior ou menor efetividade das garantias fundamentais. A utilização de fórmulas vagas e de conceitos indeterminados pode configurar autêntica ameaça aos direitos constitucionalmente previstos.

Nesse sentido, mencionem-se alguns exemplos contidos na Constituição brasileira de 1937:

---

43 Relacionando a restrição dos direitos de reunião à liberdade religiosa, *vide*: I. W. Sarlet; J. Weingartner Neto, Direitos fundamentais em tempos de pandemia III: o fechamento de igrejas. Disponível em: <https://www.conjur.com.br/2020-abr-20/direitos-fundamentais-tempos-pandemia-iii>. Acesso em: 19 set. 2020.

44 *Vide*: ADI 6.351 MC-Ref, rel. Min. Alexandre de Moraes, Tribunal Pleno, *DJ* de 14-8-2020; ADO 56/DF, rel. Min. Marco Aurélio, red. p/ o ac. Min. Roberto Barroso, j. 30-4-2020; ADI 6.343 MC-Ref/DF, rel. Min. Marco Aurélio, j. 30-4-2020; ADI 6.342 Ref-MC/DF, rel. Min. Marco Aurélio, red. p/ o ac. Min. Alexandre de Moraes, j. 29-.4-2020; ADPF 714 MC, rel. Min. Gilmar Mendes, *DJ* de 5-8-2020, dentre outras.

> "Art. 122. A Constituição assegura aos brasileiros e estrangeiros residentes no país o direito à liberdade, à segurança individual e à propriedade, nos termos seguintes:
>
> (...)
>
> 4º Todos os indivíduos e confissões religiosas podem exercer pública e livremente o seu culto, associando-se para esse fim e adquirindo bens, observadas as disposições do direito comum, as exigências da ordem pública e dos bons costumes.
>
> (...)
>
> 6º A inviolabilidade do domicílio e de correspondência, salvo as exceções expressas em lei.
>
> (...)
>
> 8º A liberdade de escolha de profissão ou de gênero de trabalho, indústria ou comércio, observadas as condições de capacidade e as restrições impostas pelo bem público, nos termos da lei.
>
> 9º A liberdade de associação, desde que os seus fins não sejam contrários à lei penal e aos bons costumes.
>
> (...)
>
> 14. O direito de propriedade, salvo a desapropriação por necessidade ou utilidade pública, mediante indenização prévia. O seu conteúdo e os seus limites serão definidos nas leis que lhe regularem o exercício.
>
> (...)".

Essas fórmulas, integrantes de um modelo constitucional peculiar, historicamente situado e datado, contribuem, por certo, para realçar que o problema central das reservas ou restrições legais é o problema de sua limitação[45].

A formulação assaz imprecisa de garantia individual ou a outorga ao legislador de responsabilidade pela sua concretização podem esvaziar por completo o significado dos direitos individuais em determinada ordem constitucional.

Tome-se como exemplo, ainda, a conformação emprestada à liberdade de pensamento e de informação na Constituição de 1937:

> "Art. 122. A Constituição assegura aos brasileiros e estrangeiros residentes no país o direito à liberdade, à segurança individual e à propriedade, nos termos seguintes:
>
> (...)
>
> 15. Todo cidadão tem o direito de manifestar o seu pensamento, oralmente, ou por escrito, impresso ou por imagens, mediante as condições e nos limites prescritos em lei".

Tal concepção, que era explicitada ainda em diferentes disposições do texto constitucional, levou Pontes de Miranda a observar que "a Constituição de 1937, regressivamente, concebeu a liberdade de pensamento como *dentro do branco* que as leis deixassem"[46]. Esse juízo poder-se-ia aplicar, igualmente, às outras garantias fundamentais constantes do texto de 1937.

Se a falta de previsão quanto à reserva legal não assegura maior efetividade à garantia fundamental, uma vez que, em muitos casos, o esforço hermenêutico de compa-

45 Alexy, *Theorie der Grundrechte*, cit., p. 264.

46 Pontes de Miranda, *Comentários à Constituição de 1967/69*, t. 5, p. 148.

tibilização pode levar à redução do âmbito de proteção, ou mesmo legitimar a imposição de restrições, a utilização abusiva dessas reservas pode reduzir ou nulificar a garantia outorgada pela Constituição.

Sem dúvida, o estabelecimento de reservas legais impede a multiplicação de conflitos entre direitos de titularidades diversas. Não se deve olvidar, por outro lado, que a técnica que exige expressa autorização constitucional para intervenção legislativa no âmbito de proteção dos direitos fundamentais traduz, também, uma preocupação de segurança jurídica, que impede o estabelecimento de restrições arbitrárias ou aleatórias.

A questão da reserva legal envolve aspectos formais, relacionados com a competência para o estabelecimento de restrição, o processo e a forma de realização, e com aspectos materiais, referentes ao exercício dessa competência, principalmente no que concerne às condições das reservas qualificadas, aos limites estabelecidos pelo princípio da proteção do núcleo essencial, à aplicação do princípio da proporcionalidade e, com ele, do princípio de ponderação[47].

Essa concepção suscita também problemas. É que a inflexível vinculação do legislador aos direitos fundamentais pode reduzir a sua tarefa a uma simples confirmação do juízo de ponderação sobre os princípios relevantes. Isso levaria praticamente a uma confusão entre as restrições constitucionais imediatas (*verfassungsunmittelbare Schranken*) e as reservas legais, atribuindo-se a estas últimas caráter meramente declaratório[48].

Todas as restrições aos direitos fundamentais seriam limitações imanentes, e, por isso, o legislador não deteria propriamente competência para fixação de restrições, mas competência para interpretação dos limites[49].

A dificuldade para essa chamada *teoria da interpretação* reside no fato de que, efetivamente, o legislador decide, em muitos casos, sobre o estabelecimento ou não de restrições, de modo que a competência para restringir direitos pode assumir caráter nitidamente constitutivo[50].

Por isso, importantes vozes na doutrina sustentam que a restrição a direito não se limita à constatação, pelo legislador, do que efetivamente vige; também o autoriza, nesses casos, a estabelecer *autênticas limitações* aos direitos de liberdade[51].

Quanto à sistematização, essas restrições, também chamadas *restrições constitucionais indiretas*[52], classificam-se, fundamentalmente, como *restrição legal simples* ou como *restrição legal qualificada*.

No primeiro caso, limita-se o constituinte a autorizar a intervenção legislativa sem fazer qualquer exigência quanto ao conteúdo ou à finalidade da lei; na segunda hipótese, eventual restrição deve-se fazer tendo em vista a persecução de determinado objetivo ou o atendimento de determinado requisito expressamente definido na Constituição.

---

47 Cf., sobre o assunto, Alexy, *Theorie der Grundrechte*, cit., p. 263.

48 Alexy, *Theorie der Grundrechte*, cit., p. 264-265.

49 Peter Häberle, *Die Wesensgehaltsgarantie*, Heidelberg: C. F. Muller, 1983, p. 126; Krebs, *Vorbehalt des Gesetzes und Grundrechte*, p. 115. Ver, também, Alexy, *Theorie der Grundrechte*, cit., p. 265.

50 Alexy, *Theorie der Grundrechte*, cit., p. 266.

51 Otto Bachof, Freiheit des Berufs, in *Die Grundrechte*, Berlin, 1958, v. 3, p. 208.

52 Alexy, *Theorie der Grundrechte*, cit., p. 263.

Sob outra perspectiva, a dos direitos, e não a das restrições, encontramos, além dos direitos não submetidos expressamente a restrição legal (*v. g.*, CF, art. 5º, X – inviolabilidade da imagem), os direitos submetidos a *reserva legal simples* e os direitos submetidos a *reserva legal qualificada*. Vejamos cada um deles.

2.2.1. Reserva legal simples

A Constituição autoriza, em diversas disposições, a intervenção do legislador no âmbito de proteção de diferentes direitos fundamentais.

Assim, a prestação de assistência religiosa nas entidades civis e militares de internação coletiva é assegurada, *nos termos da lei* (CF, art. 5º, VII).

Tem-se, nesse exemplo, caso típico de *simples reserva legal* ou de *simples restrição legal*, exigindo-se apenas que eventual restrição seja prevista em lei.

Tal como referido, a leitura de alguns incisos do art. 5º do texto constitucional explicita outros exemplos de reserva legal simples:

> "VI – é inviolável a liberdade de consciência e de crença, sendo assegurado o livre exercício dos cultos religiosos e garantida, na forma da lei, a proteção aos locais de culto e a suas liturgias".
>
> "VII – é assegurada, nos termos da lei, a prestação de assistência religiosa nas entidades civis e militares de internação coletiva."
>
> "XV – é livre a locomoção no território nacional em tempo de paz, podendo qualquer pessoa, nos termos da lei, nele entrar, permanecer ou dele sair com seus bens."
>
> "XXIV – a lei estabelecerá o procedimento para desapropriação por necessidade ou utilidade pública, ou por interesse social, mediante justa e prévia indenização em dinheiro, ressalvados os casos previstos nesta Constituição."
>
> "XXVI – a pequena propriedade rural, assim definida em lei, desde que trabalhada pela família, não será objeto de penhora para pagamento de débitos decorrentes de sua atividade produtiva, dispondo a lei sobre os meios de financiar o seu desenvolvimento."
>
> "XXVII – aos autores pertence o direito exclusivo de utilização, publicação ou reprodução de suas obras, transmissível aos herdeiros pelo tempo que a lei fixar."
>
> "XXVIII – são assegurados, nos termos da lei:
>
> *a)* a proteção às participações individuais em obras coletivas e à reprodução da imagem e voz humanas, inclusive nas atividades desportivas;
>
> *b)* o direito de fiscalização do aproveitamento econômico das obras que criarem ou de que participarem aos criadores, aos intérpretes e às respectivas representações sindicais e associativas."
>
> "XXIX – a lei assegurará aos autores de inventos industriais privilégio temporário para sua utilização, bem como proteção às criações industriais, à propriedade das marcas, aos nomes de empresas e a outros signos distintivos, tendo em vista o interesse social e o desenvolvimento tecnológico e econômico do País."
>
> "XXXIII – todos têm direito a receber dos órgãos públicos informações de seu interesse particular, ou de interesse coletivo ou geral, que serão prestadas no prazo da lei, sob pena

de responsabilidade, ressalvadas aquelas cujo sigilo seja imprescindível à segurança da sociedade e do Estado."

"XLV – nenhuma pena passará da pessoa do condenado, podendo a obrigação de reparar o dano e a decretação do perdimento de bens ser, nos termos da lei, estendidas aos sucessores e contra eles executadas, até o limite do valor do patrimônio transferido."

"XLVI – a lei regulará a individualização da pena e adotará, entre outras, as seguintes:

a) privação ou restrição da liberdade;

b) perda de bens;

c) multa;

d) prestação social alternativa;

e) suspensão ou interdição de direitos."

"LVIII – o civilmente identificado não será submetido a identificação criminal, salvo nas hipóteses previstas em lei."

Os casos relacionados acima demonstram que o constituinte se vale de fórmulas diversas para explicitar a chamada reserva legal simples (*na forma da lei; nos termos da lei; salvo nas hipóteses previstas em lei; assim definida em lei; no prazo da lei*).

Diante de normas densas de significado fundamental, o constituinte defere ao legislador atribuições de significado instrumental, procedimental ou conformador/criador do direito.

Exemplo do primeiro caso é a referência, na desapropriação, ao procedimento que a lei fixar (art. 5º, XXIV). Ou, ainda, o direito a receber informações de órgãos públicos, *que serão prestadas no prazo que a lei fixar* (CF, art. 5º, XXXIII).

Em outras situações, a atividade legislativa assume um caráter *substancializador* ou *definidor* do próprio direito fundamental.

Assim, consagra-se no art. 5º, XXVI, a impenhorabilidade da pequena propriedade, *assim definida em lei*. Assegura-se também no art. 5º, XXVII, que os direitos autorais serão transmitidos aos herdeiros *pelo tempo que a lei fixar*. A proteção às participações individuais em obras coletivas e à reprodução da imagem e voz humanas, bem como o direito de fiscalização do aproveitamento econômico das obras (...) são assegurados *nos termos da lei* (CF, art. 5º, XXVIII). Também cabe à *lei assegurar* aos autores de inventos industriais privilégio temporário para sua utilização, bem como proteção às criações industriais, à propriedade das marcas e aos nomes das empresas (CF, art. 5º, XXIX).

Outras vezes o constituinte utiliza-se de formas menos precisas, submetendo o direito fundamental à aplicação de conceito ou instituto jurídico que reclama densificação. É o que se verifica nas seguintes hipóteses do art. 5º:

"XLIII – a lei considerará crimes inafiançáveis e insuscetíveis de graça ou anistia a prática da tortura, o tráfico ilícito de entorpecentes e drogas afins, o terrorismo e os definidos como crimes hediondos, por eles respondendo os mandantes, os executores e os que, podendo evitá-los, se omitirem".

"LXVI – ninguém será levado à prisão ou nela mantido, quando a lei admitir a liberdade provisória, com ou sem fiança."

"LXVII – não haverá prisão civil por dívida, salvo a do responsável pelo inadimplemento voluntário e inescusável de obrigação alimentícia e a do depositário infiel."

No primeiro caso, relativo aos crimes hediondos, o constituinte adotou um conceito jurídico indeterminado que conferiu ao legislador ampla liberdade, o que permite quase a conversão da reserva legal em um caso de interpretação da Constituição segundo a lei. Os crimes hediondos passam a ter tratamento penal agravado por simples decisão legislativa. Essa questão tornou-se ainda mais polêmica porque o legislador ordinário, de posse do mandato que lhe foi conferido constitucionalmente, entendeu por bem impor que a execução da pena se fizesse exclusivamente em regime fechado (Lei n. 8.072/90, art. 33, § 2º), em contradição com o disposto no art. 5º, XLVI, da Constituição, o que restou declarado pelo Supremo Tribunal Federal[53].

No que se refere à liberdade provisória, também optou o constituinte, aparentemente, por conferir amplo poder discricionário ao legislador, autorizando que este defina os casos em que seria aplicável o instituto. É quase certo que a expressão literal aqui é má conselheira e que todo o modelo de proteção à liberdade instituído pela Constituição recomende uma leitura invertida, segundo a qual haverá de ser admitida a liberdade provisória, com ou sem fiança, salvo em casos excepcionais, especialmente definidos pelo legislador, não sendo possível à legislação infraconstitucional vedar abstratamente o benefício, conforme jurisprudência do Supremo Tribunal Federal (ADI 3.112, rel. Min. Ricardo Lewandowski, *DJ* de 26-10-2007).

Por derradeiro, a autorização para que se decrete a prisão civil do depositário infiel enseja discussão, exatamente pela possibilidade que oferece ao legislador de ampliar legalmente o conceito de depósito. É a controvérsia que se desenvolve entre nós sobre a prisão do fiduciante na alienação fiduciária em garantia[54].

Anote-se que também a cláusula de proteção judicial efetiva – "*a lei não excluirá* da apreciação do Poder Judiciário lesão ou ameaça a direito" (CF, art. 5º, XXXV) – parece conter clara reserva legal, que, atenta ao caráter institucional do direito, não exclui a intervenção legislativa, mas tão somente aquela restrição legal apta a excluir a apreciação pelo Judiciário de lesão ou ameaça a direito.

2.2.2. Reserva legal qualificada

Tem-se uma *reserva legal* ou *restrição legal qualificada* quando a Constituição não se limita a exigir que eventual restrição ao âmbito de proteção de determinado direito seja prevista em lei, estabelecendo, também, as condições especiais, os fins a serem perseguidos ou os meios a serem utilizados.

Dessarte, prevê-se, no art. 5º, XIII, da Constituição, ser "livre o exercício de qualquer trabalho, ofício ou profissão, atendidas as qualificações profissionais que a lei estabelecer".

Na Representação n. 930, assentou o Tribunal que, "no tocante a essas condições de capacidade, não as pode estabelecer o legislador ordinário, em seu poder de polícia das profissões, sem atender ao critério da razoabilidade, cabendo ao Poder Judiciário

53 HC 82.959-7, Tribunal Pleno, rel. Min. Marco Aurélio, julgado em 23-2-2006.

54 Veja-se, a respeito, o julgamento proferido pelo Supremo Tribunal Federal no RE 466.343-SP, rel. Min. Cezar Peluso.

apreciar se as restrições são adequadas e justificadas pelo interesse público, para julgá-las legítimas ou não"[55].

Embora o acórdão invoque o fundamento da razoabilidade para reconhecer a inconstitucionalidade da lei restritiva, é fácil ver que, nesse caso, a ilegitimidade da intervenção assentava-se na própria disciplina legislativa, que extravasara notoriamente o mandato constitucional (atendimento das qualificações profissionais que a lei estabelecer)[56].

Portanto, restrições legais à liberdade de exercício profissional somente podem ser levadas a efeito no tocante às qualificações profissionais[57].

Da mesma forma, consagra-se, no art. 5º, XII, ser "inviolável o sigilo da correspondência e das comunicações telegráficas, de dados e das comunicações telefônicas, salvo, no último caso, por ordem judicial, nas hipóteses e na forma que a lei estabelecer para fins de investigação criminal ou instrução processual penal".

Vê-se aqui que a restrição à inviolabilidade do sigilo das comunicações telefônicas somente poderá concretizar-se mediante *ordem judicial, para fins de investigação criminal ou instrução processual penal*, nas hipóteses e na forma que a lei estabelecer.

Na espécie, convém recordar que o Supremo Tribunal Federal entendeu que a norma constante do art. 57, II, da Lei n. 4.117, de 1962, ao pretender afastar a configuração de *violação de telecomunicação* por aquele que dá a conhecer comunicação dirigida a terceiro a outras pessoas ou a autoridades (e. g., a comandante ou a chefe, a fiscais do governo etc.), não teria sido recepcionada pelo texto constitucional de 1988. É que, por força da reserva legal qualificada, "a Constituição, no inciso XII do art. 5º, subordina a ressalva a uma ordem judicial, nas hipóteses e na forma estabelecida em lei"[58].

Nesse sentido, é interessante registrar a argumentação desenvolvida no voto proferido pelo Ministro Celso de Mello:

> "O art. 5º, XII, da Lei Fundamental da República, permite, agora, a interceptação das conversações telefônicas. Essa providência excepcional sujeita-se, no entanto, para efeito de sua válida efetivação, a determinados requisitos que, fixados pelo próprio ordenamento constitucional, condicionam a eficácia jurídica desse meio de prova.
>
> A derrogação desse princípio tutelar do sigilo telefônico somente legitimar-se-á, desde que a interceptação, sempre precedida de ordem judicial, venha a realizar-se no campo exclusivo da persecução penal e nas hipóteses a serem definidas em *numerus clausus* pelo legislador, a quem incumbe prescrever, de outro lado, o modo e a forma de sua execução.
>
> O preceito constitucional em causa não se reveste, quanto à interceptação das conversações telefônicas, de densidade normativa suficiente. Ele impõe e reclama, para que possa válida e eficazmente atuar, a instauração de um processo de integração normativa de que derive a lei exigida pela Carta da República"[59].

---

55 Cf. transcrição na Rp. 1.054, rel. Min. Moreira Alves, *RTJ*, 110/937 (967).

56 Cf., a propósito, a crítica de Suzana Toledo, *O princípio da proporcionalidade e o controle de constitucionalidade das leis restritivas de direitos fundamentais*, Brasília: Brasília Jurídica, 1996.

57 Cf. Rp. 930, rel. Min. Rodrigues Alckmin, *DJ* de 2-9-1977.

58 HC 69.912, rel. Min. Celso de Mello, *DJ* de 26-11-1993.

59 HC 69.912, voto do Ministro Celso de Mello, *DJ* de 26-11-1993.

É fácil ver, ademais, que, com fundamento nessa reserva legal qualificada, não pode o legislador autorizar a interceptação telefônica para investigações de caráter administrativo-disciplinar ou, no caso, de investigações relacionadas com eventual propositura de ações de improbidade.

Ao assegurar a instituição do júri, consagrou o constituinte que "é reconhecida a instituição do júri, com a organização que lhe der a lei, assegurados: a) a plenitude de defesa; b) o sigilo das votações; c) a soberania dos veredictos; d) a competência para o julgamento dos crimes dolosos contra a vida" (CF, art. 5º, XXXVIII). Tem-se aqui inequívoco caso de reserva legal qualificada, uma vez que a atuação conformadora/limitadora do legislador deverá ficar restrita aos conteúdos e aos fins enunciados pela Constituição.

Embora haja na doutrina quem sustente que a lei poderia ampliar a competência do Tribunal do Júri, não parece ser essa a melhor orientação.

Em verdade, a fórmula utilizada pelo constituinte de 1988 não consagrou o modelo minimalista da Constituição de 1946 (art. 141, § 28) – *É mantida a instituição do júri, com a organização que lhe der a lei, contanto que seja sempre ímpar o número dos seus membros e garantido o sigilo das votações, a plenitude da defesa do réu, e a soberania dos veredictos. Será obrigatoriamente da sua competência o julgamento dos crimes dolosos contra vida* –, mas fixou dentre os parâmetros que deveriam balizar a ação legislativa o julgamento pelo júri dos crimes dolosos contra a vida. Eventual expansão legislativa dessa competência pelo legislador, para abranger crimes outros que não os dolosos contra a vida, revela-se incompatível com a norma constitucional em apreço (cf., *infra,* considerações sobre o Tribunal do Júri).

Outra hipótese de reserva legal qualificada, a nosso ver, parece contida no art. 5º, LX, segundo o qual *a lei só poderá restringir a publicidade dos atos processuais quando a defesa da intimidade ou o interesse social o exigirem*. Também aqui a restrição à publicidade dos atos submetidos a uma reserva qualificada atinente à defesa da intimidade ou à preservação do interesse social (cf. sobre o assunto, *infra,* Cap. 4, n. V, 2 – *Proteção judicial efetiva*).

Questão que tem provocado acirrada polêmica diz respeito à legitimidade de eventual intervenção legislativa com o propósito de disciplinar ou de regular a liberdade de informação, tendo em vista sobretudo a proteção do direito à imagem, à honra e à intimidade. Ao contrário do disposto em alguns dos mais modernos textos constitucionais (Constituição portuguesa de 1976, art. 18º, n. 3, e Constituição espanhola de 1978, art. 53, n. 1)[60] e do estabelecido nos textos constitucionais que a antecederam (Constituição brasileira de 1934, art. 113, 9; Constituição brasileira de 1946, art. 141, § 5º; Constituição brasileira de 1967-69, art. 153, § 8º), a Constituição de 1988 não contemplou, diretamente, na disposição que garante a liberdade de expressão, a possibilidade de intervenção do legislador com o objetivo de fixar alguns parâmetros para o exercício da liberdade de informação.

---

60 O art. 18º, n. 3, da Constituição portuguesa de 1976 assim estabelece: "As leis restritivas de direitos, liberdades e garantias têm de revestir caráter geral e abstracto e não podem ter efeito retroactivo nem diminuir a extensão e o alcance do conteúdo essencial dos preceitos constitucionais". Já o art. 53, n. 1, da Constituição espanhola de 1978 assim dispõe: "Los derechos y libertades reconocidos en el Capítulo segundo del presente Título vinculan a todos los poderes públicos. Sólo por ley, que en todo caso deberá respetar su contenido esencial, podrá regularse el ejercicio de tales derechos y libertades, que se tutelarán de acuerdo con lo previsto en el artículo 161, 1, 'a'".

Não parece correta, todavia, essa leitura rasa do texto constitucional, pelo menos se se considera que a liberdade de informação mereceu disciplina destacada no capítulo dedicado à comunicação social (arts. 220-224 da CF/88).

Particularmente elucidativas revelam-se as disposições constantes do art. 220 da Constituição:

> "Art. 220. A manifestação do pensamento, a criação, a expressão e a informação, sob qualquer forma, processo ou veículo não sofrerão qualquer restrição, observado o disposto nesta Constituição.
>
> § 1º Nenhuma lei conterá dispositivo que possa constituir embaraço à plena liberdade de informação jornalística em qualquer veículo de comunicação social, observado o disposto no art. 5º, IV, V, X, XIII e XIV.
>
> § 2º É vedada toda e qualquer censura de natureza política, ideológica e artística.
>
> § 3º Compete à lei federal:
>
> I – regular as diversões e espetáculos públicos, cabendo ao Poder Público informar sobre a natureza deles, as faixas etárias a que não se recomendem, locais e horários em que sua apresentação se mostre inadequada;
>
> II – estabelecer os meios legais que garantam à pessoa e à família a possibilidade de se defenderem de programas ou programações de rádio e televisão que contrariem o disposto no art. 221, bem como da propaganda de produtos, práticas e serviços que possam ser nocivos à saúde e ao meio ambiente".

Pode-se afirmar, pois, que ao constituinte não passou despercebido que a liberdade de informação haveria de se exercer de modo compatível com o direito à imagem, à honra e à vida privada (CF, art. 5º, X), deixando entrever mesmo a legitimidade de intervenção legislativa com o propósito de compatibilizar os valores constitucionais eventualmente em conflito. A própria formulação do texto constitucional – *Nenhuma lei conterá dispositivo (...), observado o disposto no art. 5º, IV, V, X, XIII e XIV* – parece explicitar que o constituinte não pretendeu instituir aqui um domínio inexpugnável à intervenção legislativa. Ao revés, essa formulação indica ser inadmissível, tão somente, a disciplina legal que crie embaraços à liberdade de informação. A própria disciplina do direito de resposta, prevista expressamente no texto constitucional, exige inequívoca regulação legislativa[61].

O tema ganha novos contornos com a premência de se endereçar a problemática das *fake news* nos dias atuais. Enquanto uma desejável disciplina normativa sobre o assunto[62] não ganha forma jurídica, convém mencionar que o tema já frequentou a pauta

---

61 Esta questão restou amplamente debatida pelo STF, quando do julgamento da ADPF 130, na qual se discutiu a recepção da Lei de Imprensa pela Constituição Federal de 1988 (inteiro teor do acórdão disponível em: <www.stf.jus.br>.

62 *Vide*, a propósito: Gilmar Mendes sugere agência no Legislativo para supervisionar *fake news*. Disponível em: <https://www.jota.info/stf/do-supremo/gilmar-mendes-sugere-agencia-no-legislativo-para-supervisionar-fake-news-15062020>. Acesso em: 19 set. 2020. Mencione-se, ainda, a tramitação do Projeto de Lei n. 2.630, de 2020, que busca combater a desinformação e promover o aumento da transparência na internet.

do Supremo Tribunal Federal. Refiro-me à Arguição de Descumprimento de Preceito Fundamental n. 572, julgada improcedente pelo Pleno da Corte, tendo sido, portanto, declaradas a legalidade e a constitucionalidade do Inquérito (INQ) n. 4.781, instaurado com o objetivo de investigar a existência de notícias fraudulentas (*fake news*), bem como denunciações caluniosas e ameaças contra a Corte, seus ministros e familiares[63].

Outro não deve ser o juízo em relação ao direito à imagem, à honra e à privacidade, cuja proteção pareceu indispensável ao constituinte também em face da liberdade de informação. Não fosse assim, não teria a norma especial ressalvado que a liberdade de informação haveria de se exercer com observância do disposto no art. 5º, X, da Constituição. Se correta essa leitura, tem-se de admitir, igualmente, que o texto constitucional não só legitima, mas também reclama eventual intervenção legislativa com o propósito de concretizar a proteção dos valores relativos à imagem, à honra e à privacidade.

Que a matéria não é estranha a uma disciplina legislativa é o próprio texto que o afirma explicitamente, ao conferir à lei federal a regulação das diversões e espetáculos públicos (natureza, faixas etárias a que se não recomendem, locais e horários em que sua apresentação se mostre inadequada), o estabelecimento de mecanismos de defesa contra programas e programações de rádio e de televisão que, *v. g.*, sejam contrários a valores éticos e sociais da pessoa e da família (CF, arts. 220, § 2º, e 221, IV).

Assim, parece inequívoco que o art. 220, § 1º, contém expressa autorização de intervenção legislativa com o fito de proteger os valores garantidos no art. 5º, X.

2.3. Direitos fundamentais sem expressa previsão de reserva legal

No caso de direitos fundamentais sem reserva legal expressa, não prevê a Constituição, explicitamente, a possibilidade de intervenção legislativa. Também nesses direitos vislumbra-se o perigo de conflitos em razão de abusos perpetrados ou de desenvolvimento de situações singulares. Todavia, no caso dos direitos fundamentais sem reserva legal expressa não pode o legislador, em princípio, ir além dos limites definidos no próprio âmbito de proteção[64].

A doutrina do direito comparado parece unânime no entendimento de que nem tudo o que se encontra amparado, em tese, pelo âmbito de proteção dos direitos fundamentais sem reserva legal expressa[65] – entre nós, a liberdade religiosa, a inviolabilidade de domicílio, a inviolabilidade da correspondência escrita – colhe efetiva proteção dos direitos fundamentais[66].

A Corte Constitucional alemã, chamada a se pronunciar sobre o tema no caso relacionado com as recusas à prestação de serviço militar, assim se manifestou:

63 ADPF 572, rel. Min. Edson Fachin, Tribunal Pleno, j. 18-6-2020.

64 Cf., no direito alemão, Pieroth / Schlink, *Grundrechte – Staatsrecht II*, cit., p. 61 e Bodo Pieroth e Bernhard Schlink, *Direitos fundamentais*, cit., p. 131-132.

65 Cf., dentre outros, Jorge Reis Novais, *As restrições aos direitos fundamentais não expressamente autorizadas pela Constituição*, Coimbra: Coimbra Ed., 2003.

66 Alexy, *Theorie der Grundrechte*, cit., p. 107.

> "Apenas a colisão entre direitos de terceiros e outros valores jurídicos com hierarquia constitucional pode excepcionalmente, em consideração à unidade da Constituição e à sua ordem de valores, legitimar o estabelecimento de restrições a direitos não submetidos a uma expressa reserva legal"[67].

A configuração de uma colisão poderia legitimar, assim, o estabelecimento de restrição a um direito não submetido à reserva legal expressa, a partir da concepção de existência de restrições não expressamente autorizadas pela Constituição, como decorrência lógica da própria necessidade de convivência prática das diversas posições constitucionais, pois, conforme Reis Novais, os direitos fundamentais são, por natureza, dotados de uma reserva geral de ponderação[68]. A Corte Constitucional rejeita expressamente a concepção das limitações ou reservas imanentes[69].

Isso não passou despercebido na ADPF 130. Conforme referido no item sobre a teoria externa, a maioria dos Ministros se preocupou em enfatizar a inexistência de direitos absolutos no sistema constitucional pátrio, a necessária coexistência harmoniosa das liberdades, a ausência de primazia absoluta e *a priori* de um direito sobre o outro e a ponderação como técnica adequada para superar os antagonismos e definir, sempre no caso concreto, qual dos direitos deve prevalecer.

A propósito, anota Gavara de Cara que, nesses casos, o legislador pode justificar sua intervenção com fundamento nos direitos de terceiros ou em outros princípios de hierarquia constitucional[70].

Entre nós, a atividade legislativa, nessas hipóteses, estaria aparentemente facilitada pela cláusula de reserva legal subsidiária contida no art. 5º, II, da Constituição. É bem verdade que a ação limitadora – de índole legislativa, judicial ou administrativa – há de ser imantada por todo tipo de cautela, tendo em vista a possibilidade de abusos no estabelecimento de restrições a direitos fundamentais não submetidos a reserva legal expressa. Daí a necessidade de que eventual limitação de direitos fundamentais, sem reserva legal expressa, assente-se também em norma constitucional.

Situação sempre referida, entre nós, diz respeito à fiscalização de correspondência de presos pela administração penitenciária. Nos termos da Lei de Execução Penal (Lei n. 7.210/84, art. 41, XV), constitui direito do preso o "contato com o mundo exterior por meio de correspondência escrita, da leitura e de outros meios de informação que não comprometam a moral e os bons costumes". A Constituição consagra no art. 5º, XII, primeira parte, a inviolabilidade das correspondências. Não obstante, no Supremo Tribunal Federal há precedente segundo o qual "a administração penitenciária, com fundamento em razões de segurança pública, de disciplina prisional ou de preservação da ordem

---

67 *BVerfGE*, 28, 243 (26). Cf., também, Alexy, *Theorie der Grundrechte*, cit., p. 108.

68 NOVAIS, Jorge Reis. *Direitos fundamentais: trunfos contra a maioria*. Coimbra: Editora Coimbra, 2006. Esta questão foi enfrentada expressamente pelo STF quando do julgamento da ADPF 130; a necessária coexistência harmoniosa das liberdades, a ausência de primazia absoluta e *a priori* de um direito sobre o outro e a ponderação como técnica adequada para superar os antagonismos e definir, sempre no caso concreto, qual dos direitos deve prevalecer.

69 Cf. *BverfGE*, 30, 173 (193); *BverfGE*, 32, 98 (108); Cf., também, Stern, Die Grundrechte..., cit., p. 14.

70 Juan Carlos Gavara de Cara, *Derechos fundamentales y desarrollo legislativo*, Madrid: Centro de Estudios Políticos y Constitucionales, 1994, p. 150.

jurídica, pode, sempre excepcionalmente, e desde que respeitada a norma inscrita no art. 41, parágrafo único, da Lei n. 7.210/84, proceder a interceptação da correspondência remetida pelos sentenciados, eis que a cláusula tutelar da inviolabilidade do sigilo epistolar não pode constituir instrumento de salvaguarda de práticas ilícitas"[71].

3. OS LIMITES DOS LIMITES

3.1. Considerações preliminares

Da análise dos direitos fundamentais pode-se extrair a conclusão direta de que direitos, liberdades, poderes e garantias são passíveis de limitação ou restrição.

É preciso não perder de vista, porém, que *tais restrições são limitadas*.

Cogita-se aqui dos chamados "limites dos limites" (*Schranken-Schranken*)[72], que balizam a ação do legislador quando restringe direitos individuais[73]. Esses *limites*, que decorrem da própria Constituição, referem-se tanto à necessidade de proteção de um núcleo essencial do direito fundamental quanto à clareza, determinação, generalidade e proporcionalidade das restrições impostas[74].

3.2. O princípio da proteção do núcleo essencial

3.2.1. Considerações preliminares

Alguns ordenamentos constitucionais consagram a expressa proteção do núcleo essencial, como se lê no art. 19, II, da Lei Fundamental alemã de 1949, que estabelece que "em nenhum caso poderá ser um direito fundamental violado em sua essência".

A cláusula constante do art. 19, II, da Lei Fundamental configura uma tentativa de fornecer resposta ao poder quase ilimitado do legislador no âmbito dos direitos fundamentais, tal como amplamente reconhecido pela doutrina até o início do século passado. A proteção dos direitos realizava-se mediante a aplicação do princípio da legalidade da Administração e dos postulados da reserva legal e da supremacia da lei[75]. Isso significava que os direitos fundamentais submetidos a uma reserva legal poderiam ter a sua eficácia completamente esvaziada pela ação legislativa[76].

---

71 HC 70.814, rel. Min. Celso de Mello, j. 1º-3-1994, *DJ* de 24-6-1994.

72 A expressão *limites dos limites (Schranken-Schranken)* foi utilizada pela primeira vez por K. H. Wernicke nos comentários ao art. 19 da Lei Fundamental alemã (*Bonner Kommentar zum Grundgesetz*, Anm. II 2 b). Cf., a propósito, Stern, Die Grundrechte..., cit., p. 26.

73 Alexy, *Theorie der Grundrechte*, cit., p. 267; Pieroth/Schlink, *Grundrechte – Staatsrecht II*, cit., p. 65 e Bodo Pieroth e Bernhard Schlink, *Direitos fundamentais*, cit., p. 137.

74 Bodo Pieroth; Bernhard Schlink, *Grundrechte – Staatsrecht II*, cit., p. 65 e Bodo Pieroth e Bernhard Schlink, *Direitos fundamentais*, cit., p. 137-138.

75 Cf., a propósito, Georg Herbert, Der Wesensgehalt der Grundrechte, in *EuGRZ*, 1985, p. 321.

76 Richard Thomas, Grundrechte und Polizeigewalt, in Heinrich Triepel (Org.), *Festgabe zur Feier des funfzigsjährigen Bestehens des Preussischen Oberverwaltungsgerichts*, 1925, p. 183-223 (191 e s.); Gerhard Anschutz, *Die Verfassung des Deutschen Reichs vom 11 August 1919*, 14. ed., Berlin, 1933, p. 517 e s.

Tentou-se contornar o perigo do esvaziamento dos direitos de liberdade pela ação do legislador democrático com a doutrina das *garantias institucionais* (*Institutgarantien*), segundo a qual determinados direitos concebidos como instituições jurídicas deveriam ter o mínimo de sua essência garantido constitucionalmente[77]. A falta de mecanismos efetivos de controle de constitucionalidade das leis – somente em 1925 reconheceu o *Reichsgericht* a possibilidade de se proceder ao controle de constitucionalidade do direito ordinário[78] – e a ausência de instrumentos asseguradores de efetividade dos direitos fundamentais em face dos atos administrativos contribuíam ainda mais para a onipotência do legislador.

A Lei Fundamental de Bonn declarou expressamente a vinculação do legislador aos direitos fundamentais (LF, art. 1, III), estabelecendo diversos graus de intervenção legislativa no âmbito de proteção desses direitos. No art. 19, II, consagrou-se, por seu turno, a proteção do núcleo essencial (*In keinem Falle darf ein Grundrecht in seinem Wesengehalt angestatet werden*). Essa disposição, que pode ser considerada uma reação contra os abusos cometidos pelo nacional-socialismo[79], atendia também aos reclamos da doutrina constitucional da época de Weimar, que, como visto, ansiava por impor limites à ação legislativa no âmbito dos direitos fundamentais[80].

Na mesma linha e por razões assemelhadas, a Constituição portuguesa e a Constituição espanhola contêm dispositivos que limitam a atuação do legislador na restrição ou conformação dos direitos fundamentais (cf. Constituição portuguesa de 1976, art. 18º, n. 3, e Constituição espanhola de 1978, art. 53, n. 1).

De ressaltar, porém, que, enquanto princípio expressamente consagrado na Constituição ou enquanto postulado constitucional imanente, o princípio da proteção do núcleo essencial destina-se a evitar o esvaziamento do conteúdo do direito fundamental decorrente de restrições descabidas, desmesuradas ou desproporcionais[81].

3.2.2. Diferentes posições dogmáticas sobre a proteção do núcleo essencial

O significado de semelhante cláusula e da própria ideia de proteção do núcleo essencial não é unívoco na doutrina e na jurisprudência.

No âmbito da controvérsia sobre o núcleo essencial suscitam-se indagações expressas em dois modelos básicos:

---

77 Martin Wolff, Reichsverfassung und Eigentum, in *Festgabe der Berliner Juristischen Fakultät für Wilhelm Kahl zum Doktorjubiläum am 19 April 1923*, p. IV 1-30; Carl Schmitt, *Verfassungslehre*, Berlin: Duncker & Humblot, 1954, p. 170 e s.; idem, Freiheitsrechte und institutionelle Garantien der Reichsverfassung (1931), in *Verfassungsrechtliche Aufsätze aus den Jahren 1924/1954*: Materialien zu einer Verfassungslehre, 1958, p. 140-173. Cf., também, Herbert, Der Wesensgehalt der Grundrechte, cit., p. 321 (322).

78 *RGZ*, 111, p. 320 e s.

79 Hermann Von Mangoldt, *Das Bonner Grundgesetz*: considerações sobre os direitos fundamentais, 1953, p. 37, art. 19, nota 1.

80 Wolff, Reichsverfassung und Eigentum, cit., p. IV 1-30; Carl Schmitt, *Verfassungslehre*, cit., p. 170 e s.; idem, Freiheitsrechte und institutionelle Garantien der Reichsverfassung (1931), cit., p. 140-173. Cf., também, Herbert, Der Wesensgehalt der Grundrechte, cit., p. 321 (322); Krebs, in Von Munch/Kunig, *Grundgesetz-Kommentar*, v. I, art. 19, II, n. 23, p. 999.

81 Hesse, Grunzuge des Verfassungsrechts, cit., p. 134.

1) Os adeptos da chamada *teoria absoluta* (*absolute Theorie*) entendem o núcleo essencial dos direitos fundamentais (*Wesensgehalt*) como unidade substancial autônoma (*substantieller Wesenskern*) que, independentemente de qualquer situação concreta, estaria a salvo de eventual decisão legislativa[82]. Essa concepção adota uma interpretação material segundo a qual existe um espaço interior livre de qualquer intervenção estatal[83]. Em outras palavras, haveria um espaço que seria suscetível de limitação por parte do legislador e outro seria insuscetível de limitação. Neste caso, além da exigência de justificação, imprescindível em qualquer hipótese, ter-se-ia um "limite do limite" para a própria ação legislativa, consistente na identificação de um espaço insuscetível de regulação.

2) Os defensores da chamada *teoria relativa* (*relative Theorie*) entendem que o núcleo essencial há de ser definido para cada caso, tendo em vista o objetivo perseguido pela norma de caráter restritivo. O núcleo essencial seria aferido mediante a utilização de um processo de ponderação entre meios e fins (*Zweck-Mittel-Prufung*), com base no princípio da proporcionalidade[84]. O núcleo essencial seria aquele mínimo insuscetível de restrição ou redução com base nesse processo de ponderação[85]. Segundo essa concepção, a proteção do núcleo essencial teria significado marcadamente declaratório.

Gavara de Cara observa, a propósito, que, para a teoria relativa, "o conteúdo essencial não é uma medida preestabelecida e fixa, uma vez que não se trata de um elemento autônomo ou parte dos direitos fundamentais"[86]. Por isso, segundo Alexy, a garantia do art. 19, II, da Lei Fundamental alemã não apresenta, em face do princípio da proporcionalidade, qualquer limite adicional à restrição dos direitos fundamentais[87].

Tanto a teoria absoluta quanto a teoria relativa pretendem assegurar maior proteção dos direitos fundamentais, na medida em que buscam preservá-los contra uma ação legislativa desarrazoada[88].

Todavia, todas elas apresentam fragilidades.

É verdade que a teoria absoluta, ao acolher uma noção material do núcleo essencial[89], insuscetível de redução por parte do legislador, pode converter-se, em muitos casos, numa fórmula vazia, dada a dificuldade ou até mesmo a impossibilidade de se demonstrar ou caracterizar *in abstracto* a existência desse mínimo essencial. É certo, outrossim, que a ideia de uma proteção ao núcleo essencial do direito fundamental, de

---

82 Von Mangoldt/Franz Klein, *Das Bonner Grundgesetz*, cit., 2. ed., 1957, art. 19, nota V 4; Ludwig Schneider, *Der Schutz des Wesensgehalts von Grundrechten nach*, art. 19, II, GG, Berlin: Duncker & Humblot, 1983, p. 189 e s. Cf., sobre o assunto, também, Pieroth/Schlink, *Grundrechte – Staatsrecht II*, cit., p. 69 e Bodo Pieroth e Bernhard Schlink, *Direitos fundamentais*, cit., p. 146; Herbert, Der Wesensgehalt der Grundrechte, cit., p. 321 (323).

83 Antonio-Luis Martínez-Pujalte, *La garantía del contenido esencial de los derechos fundamentales*, Madrid: Centro de Estudios Constitucionales, 1997, p. 22-23.

84 Theodor Maunz, in Maunz-Dürig-Herzog-Scholz, *Grundgesetz-Kommentar*, art. 19, II, n. 16 e s.

85 Cf. Walter Schmidt, Der Verfassungsvorbehalt der Grundrechte, *AöR*, 106, 1981, p. 497-525 (515). Ver, também, Herbert, Der Wesensgehalt der Grundrechte, cit., p. 321 (323).

86 Gavara de Cara, *Derechos fundamentales*, cit., p. 331.

87 Alexy, *Theorie der Grundrechte*, cit., p. 272.

88 Cf. Herbert, Der Wesensgehalt der Grundrechte, cit., p. 321 (323).

89 Martínez-Pujalte, *La garantía del contenido esencial de los derechos fundamentales*, cit., p. 22.

difícil identificação, pode ensejar o sacrifício do objeto que se pretende proteger[90]. Não é preciso dizer também que a ideia de núcleo essencial sugere a existência clara de elementos centrais ou essenciais e elementos acidentais, o que não deixa de preparar significativos embaraços teóricos e práticos[91].

Por seu turno, a opção pela teoria relativa pode conferir uma flexibilidade exagerada ao estatuto dos direitos fundamentais, o que acaba por descaracterizá-los como princípios centrais do sistema constitucional[92].

Por essa razão, propõe Hesse uma fórmula conciliadora, que reconhece no princípio da proporcionalidade uma proteção contra as limitações arbitrárias ou desarrazoadas (teoria relativa), mas também contra a lesão ao núcleo essencial dos direitos fundamentais[93]. É que, observa Hesse, a proporcionalidade não há de ser interpretada em sentido meramente econômico, de adequação da medida limitadora ao fim perseguido, devendo também cuidar da harmonização dessa finalidade com o direito afetado pela medida[94].

Controverte-se na doutrina, ainda, sobre o exato significado do princípio de proteção do núcleo essencial, indagando-se se ele há de ser interpretado em sentido subjetivo ou objetivo, isto é, se o que se proíbe é a supressão de um direito subjetivo determinado (*teoria subjetiva*)[95], ou se se pretende assegurar a intangibilidade objetiva de uma garantia dada pela Constituição (*teoria objetiva*)[96].

Os adeptos da teoria objetiva tentam vislumbrar uma abordagem objetiva como saída para o impasse, afirmando que o art. 19, II, da Lei Fundamental protege os direitos fundamentais enquanto instituição objetiva e não enquanto proteção singular de cada indivíduo em especial. Afirma-se que, não raras vezes, as posições individuais são drástica e radicalmente afetadas. A proteção do núcleo essencial subsiste, porém, se se considera que o instituto restou protegido.

É preciso notar, ademais, que as diferentes funções cometidas aos direitos fundamentais na ordem constitucional podem ter influência decisiva sobre o próprio significado do art. 19, II, da Lei Fundamental. Se se afirma o caráter pluridimensional dos direitos fundamentais e se reconhece que o direito fundamental tanto pode ser visto sob aspecto objetivo como subjetivo, então tem-se de admitir que as variantes de interpretação do referido princípio não se haverão de fazer, necessariamente, num esquema de exclusão (*ou – ou; entweder – oder*), mas num raciocínio de ampliação (*tanto – quanto*; *sowohl – als auch*)[97].

---

90 Martínez-Pujalte, *La garantía del contenido esencial de los derechos fundamentales*, cit., p. 29.

91 Martínez-Pujalte, *La garantía del contenido esencial de los derechos fundamentales*, cit., p. 31.

92 Martínez-Pujalte, *La garantía del contenido esencial de los derechos fundamentales*, cit., p. 28.

93 Hesse, *Grundzuge des Verfassungsrechts*, cit., p. 149.

94 Hesse, *Grundzuge des Verfassungsrechts*, cit., p. 149.

95 Cf. Alexy, *Theorie der Grundrechte*, cit., p. 269; Pieroth/Schlink, *Grundrechte – Staatsrecht II*, cit., p. 70 e Bodo Pieroth e Bernhard Schlink, *Direitos fundamentais*, cit., p. 146.

96 *BVerfGE*, 2, 266 (285).

97 Cf. Krebs, in Von Munch/Kunig, *Grundgesetz-Kommentar*, cit., art. 19, nota 22, p. 999. Hesse critica essa fórmula. Reconhece, porém, que, em alguns casos, quase nada resta do direito fundamental na dimensão subjetiva (*Grundzuge des Verfassungsrechts*, cit., p. 150).

Daí assinalar Klaus Stern que, embora não se haja formado uma doutrina dominante em torno do tema, tem-se unanimidade em relação à ideia de que a proteção do núcleo essencial refere-se ao elemento essencial (*Essentiale*) dos direitos fundamentais, não se podendo afirmar que tal garantia seja supérflua[98].

3.2.3. Núcleo essencial na doutrina constitucional brasileira

A ordem constitucional brasileira não contemplou qualquer disciplina direta e expressa sobre a proteção do núcleo essencial de direitos fundamentais. Sabe-se, contudo, que o texto constitucional veda expressamente qualquer proposta de emenda tendente a abolir os direitos e garantias individuais (CF, art. 60, § 4º, IV).

Tal cláusula reforça a ideia de um limite do limite também para o legislador ordinário.

Embora omissa no texto constitucional brasileiro, a ideia de um núcleo essencial decorre do próprio modelo garantístico utilizado pelo constituinte.

A não admissão de um limite ao afazer legislativo tornaria inócua qualquer proteção fundamental.

O tema já se colocara sob a Constituição de 1967/69.

Registre-se passagem do voto do Ministro Rodrigues Alckmin na multicitada Representação n. 930 sobre a liberdade de conformação do legislador:

> "Essa liberdade, dentro de regime constitucional vigente, não é absoluta, excludente de qualquer limitação por via de lei ordinária.
>
> Tanto assim é que a cláusula final ('observadas as condições de capacidade que a lei estabelecer') já revela, de maneira insofismável, a possibilidade de restrições ao exercício de certas atividades.
>
> Mas também não ficou ao livre critério do legislador ordinário estabelecer as restrições que entenda ao exercício de qualquer gênero de atividade lícita. Se assim fosse, a garantia constitucional seria ilusória e despida de qualquer sentido.
>
> Que adiantaria afirmar 'livre' o exercício de qualquer profissão, se a lei ordinária tivesse o poder de restringir tal exercício, a seu critério e alvitre, por meio de requisitos e condições que estipulasse, aos casos e pessoas que entendesse?
>
> É preciso, portanto, um exame aprofundado da espécie, para fixar quais os limites a que a lei ordinária tem de ater-se, ao indicar as 'condições de capacidade'. E quais os excessos que, decorrentes direta ou indiretamente das leis ordinárias, desatendem à garantia constitucional"[99].

Vê-se, pois, que a argumentação desenvolvida no aludido precedente parece revelar a apreensão dessa ideia de *limite do limite* também entre nós.

Também no *Habeas Corpus* n. 82.959, relator Ministro Marco Aurélio, *DJ* de 1º-9-2006, o Tribunal parece ter entendido que a imposição de regime integralmente fechado para cumprimento de condenação nos crimes hediondos configuraria lesão ao princípio do núcleo essencial.

98 Klaus Stern, Die Grundrechte und ihre Schranken (...), cit., p. 1 (30).

99 Rp. 930, rel. Min. Rodrigues Alckmin, *DJ* de 2-9-1977.

Assim, o Ministro Peluso asseverou no referido precedente:

"Logo, tendo predicamento constitucional o princípio da *individualização da pena* (em abstrato, em concreto e em sua execução), exceção somente poderia ser aberta por norma de igual hierarquia nomológica.

'A imposição de um regime único e inflexível para o cumprimento da pena privativa de liberdade', nota *Maria Lúcia Karam*, 'com a vedação da progressividade em sua execução, atinge o próprio núcleo do princípio individualizador, assim, indevidamente retirando-lhe eficácia, assim indevidamente diminuindo a razão de ser da norma constitucional que, assentada no inciso XLVI do art. 5º da Carta de 1988, o preconiza e garante'.

Já sob este aspecto, falta, pois, legitimidade à norma inserta no § 1º do art. 2º da Lei n. 8.072/90".

Outros votos manifestados no referido precedente assumiram a mesma orientação.

Reconheceu-se, como referido, que a fórmula utilizada pelo constituinte assegura um direito fundamental à individualização da pena.

A referência à lei – princípio da reserva legal – explicita, tão somente, que esse direito está submetido a uma restrição legal expressa e que o legislador poderá fazer as distinções e qualificações, tendo em vista as múltiplas peculiaridades que dimanam da situação a reclamar regulação.

Seria de indagar se o legislador poderia, tendo em vista a natureza do delito, prescrever, como o fez na espécie, que a pena privativa de liberdade seria cumprida integralmente em regime fechado, isto é, se na autorização para intervenção no âmbito de proteção desse direito está implícita a possibilidade de eliminar qualquer progressividade na execução da pena.

Independentemente da filiação a uma das teorias sobre a identificação desse conteúdo essencial, é certo que o modelo adotado na Lei n. 8.072/90 faz *tabula rasa* do direito à individualização no que concerne aos chamados crimes hediondos.

O núcleo essencial desse direito, em relação aos crimes hediondos, resta completamente afetado.

Não é difícil perceber que a fixação *in abstracto* de semelhante modelo, sem permitir que se levem em conta as particularidades de cada indivíduo, a sua capacidade de reintegração social e os esforços envidados com vistas à ressocialização, retira qualquer caráter substancial da garantia da individualização da pena. Ela passa a ser uma delegação em branco oferecida ao legislador, que tudo poderá fazer. Se assim se entender, tem-se a completa descaracterização de uma garantia fundamental. O regime integralmente fechado para todos é incompatível, até mesmo do ponto de vista semântico, com a ideia de individualização.

Portanto, nessa hipótese, independentemente da doutrina que pretenda adotar sobre a proteção do núcleo essencial – relativa ou absoluta –, afigura-se inequívoca a afronta a esse elemento integrante do direito fundamental.

É que o próprio direito fundamental – isto é, o seu núcleo essencial – restaria violado[100].

---

100 Cf., *infra*, Cap. 4, n. v, 6.5 – *Individualização da pena e progressão de regime penal.* No mesmo sentido: ADI-MC 2024/DF, rel. Min. Sepúlveda Pertence; ADPF-45, rel. Min. Celso de Mello.

3.3. O princípio da proporcionalidade

3.3.1. Considerações preliminares

É possível que o vício de inconstitucionalidade substancial decorrente do excesso de poder legislativo constitua um dos mais tormentosos temas do controle de constitucionalidade hodierno. Cuida-se de aferir a compatibilidade da lei com os fins constitucionalmente previstos ou de constatar a observância do princípio da proporcionalidade (*Verhältnismässigkeitsprinzip*), isto é, de se proceder à censura sobre a adequação (*Geeignetheit*) e a necessidade (*Erforderlichkeit*) do ato legislativo[101].

O excesso de poder como manifestação de inconstitucionalidade configura afirmação da censura judicial no âmbito da discricionariedade legislativa ou, como assente na doutrina alemã, na esfera de liberdade de conformação do legislador (*gesetzgeberische Gestaltungsfreiheit*)[102].

Como se vê, a inconstitucionalidade por excesso de poder legislativo introduz delicada questão relativa aos limites funcionais da jurisdição constitucional. Não se trata, propriamente, de sindicar os *motivi interiori della volizione legislativa*[103]. Também não se cuida de investigar, exclusivamente, a finalidade da lei, invadindo seara reservada ao Poder Legislativo. Isso envolveria o próprio mérito do ato legislativo[104].

Na Alemanha, a Corte Constitucional assentou, em uma de suas primeiras decisões (23-10-1951), que a sua competência se cingia à apreciação da legitimidade de uma norma, sendo-lhe defeso cogitar de sua conveniência (*Zweckmässigkeit*). Todavia, "a questão sobre a liberdade discricionária outorgada ao legislador, bem como sobre os limites dessa liberdade, é uma questão jurídica suscetível de aferição judicial"[105].

O conceito de discricionariedade no âmbito da legislação traduz, a um só tempo, ideia de liberdade e de limitação. Reconhece-se ao legislador o *poder de conformação* dentro de limites estabelecidos pela Constituição. E, dentro desses limites, diferentes condutas podem ser consideradas legítimas.

Por outro lado, o poder de legislar contempla, igualmente, o dever de legislar, no sentido de assegurar uma proteção suficiente dos direitos fundamentais (*Untermassverbot*)[106].

---

101 Canotilho, *Direito constitucional*, cit., p. 617-618; Schneider, Zur Verhältnismässigkeitskontrolle, in Starck, *Bundesverfassungsgericht*, v. 2, p. 392; Lothar Michael e Martin Morlok, *Grundrechte*, cit., p. 295.

102 Canotilho, *Direito constitucional*, cit., p. 617.

103 Cf., sobre o assunto, Carlos Alberto Lúcio Bittencourt (*O controle jurisdicional da constitucionalidade das leis*, 2. ed., Rio de Janeiro: Forense, 1968, p. 121-123), que afirma a incensurabilidade dos motivos do legislador, invocando os precedentes da Suprema Corte americana e do Supremo Tribunal Federal; Carlos Maximiliano, *Comentários à Constituição brasileira*, 5. ed., Rio de Janeiro: Freitas Bastos, 1954, v. 1, p. 157. V., também, Franco Pierandrei, Corte costituzionale, in *Enciclopedia del Diritto*, Milano: Giuffrè, 1962, p. 906-907.

104 Pierandrei, Corte costituzionale, in *Enciclopedia del Diritto*, cit., p. 906; cf., também, o art. 28 da Lei n. 87, de 1953, que organiza a Corte Constitucional italiana, *verbis*: "il controllo di legittimità della Corte Costituzionale su una legge esclude ogni valutazione di natura politica ed ogni sindacato sull'uso del potere discrezionale".

105 *BVerfGE*, 1:15.

106 Bernhard Schlink, *Der Grundsatz der Verhältnismässigkeit*, cit., p. 448 e s.

3.3.2. Fundamentos do princípio da proporcionalidade

O fundamento do princípio da proporcionalidade é apreendido de forma diversa pela doutrina. Vozes eminentes sustentam que a base do princípio da proporcionalidade residiria nos direitos fundamentais[107]. Outros afirmam que tal postulado configuraria expressão do Estado de Direito, tendo em vista também o seu desenvolvimento histórico a partir do Poder de Polícia do Estado[108]. Ou, ainda, sustentam outros, cuidar-se-ia de um postulado jurídico com raiz no direito suprapositivo[109]. Anota Schlink que tal definição não é neutra ou indiferente do ponto de vista dos resultados. Se se cuida de enfatizar o fundamento nos direitos fundamentais, terá esse princípio aplicação na relação entre cidadão e Estado, aqui contemplados os conflitos entre os entes privados que ao Estado incumbe solver[110]. Se, ao revés, o princípio em apreço assenta-se na ideia do Estado de Direito, tem-se a sua projeção não só para a relação entre o cidadão e o Estado, mas também para as relações entre os poderes. Observa Schlink, porém, que dificilmente se pode extrair do princípio do Estado de Direito justificativa para a aplicação do princípio da proporcionalidade às relações entre União e Estados-membros ou entre estes e os municípios. Referida questão insere-se no âmbito do princípio federativo. Aqui, ter-se-ia a aplicação do princípio da proporcionalidade não com fundamento nos direitos fundamentais ou no Estado de Direito, mas como postulado geral de Direito[111].

A jurisprudência da Corte Constitucional alemã parece aceitar que o fundamento do princípio da proporcionalidade reside tanto no âmbito dos direitos fundamentais quanto no contexto do Estado de Direito. Todavia, afigura-se inegável que, não raras vezes, a aplicação do princípio da proporcionalidade decorre de uma compreensão ampla e geral da ordem jurídica como um todo[112].

O princípio da proporcionalidade é invocado, igualmente, quando Poderes, órgãos, instituições ou qualquer outro partícipe da vida constitucional ou dos processos constitucionais colocam-se em situações de conflito[113]. Daí a aplicação do referido princípio nas situações de conflito de competência entre União e Estado ou entre maioria e minoria parlamentar ou, ainda, entre o parlamento e um dado parlamentar[114].

Assenta Schlink que o significado central do princípio da proporcionalidade foi demonstrado no âmbito do discurso jurídico, que ultrapassaria as fronteiras entre as

---

107 Cf. Alexy, *Theorie der Grundrechte*, cit., p. 101.

108 Cf. Maunz/Dürig, *Grundgesetz-Kommentar*, art. 20, III, n. 72; Bernhard Schlink, Der Grundsatz der Verhältnismässignkeit, in Peter Badura/Horst Dreier, *Festschrift 50 Jahre Bundesverfassungsgericht*, v. 2, p. 445 (447-448).

109 Cf. M. Hochhuth, *Relativitätstheorie des Öffentlichen Rechts*, 2000, p. 88 e s.

110 Cf. Bernhard Schlink, Der Grundsatz der Verhältnismässigkeit, cit., p. 447.

111 Cf. Schlink, Der Grundsatz der Verhältnismässigkeit, cit., p. 447-448.

112 Schlink, Der Grundsatz der Verhältnismässigkeit, cit., p. 448-449.

113 Em instigante artigo – *Lochner Abroad* –, David P. Currier faz uma interessante resenha da aplicação do princípio da proporcionalidade ou do *substantive due process of law* nos Estados Unidos desde a decisão da Suprema Corte americana em *Lochner versus New York* (1905), apontando o seu declínio a partir de meados dos anos trinta e seu retorno, parcial e tópico, durante o período da Corte Warren. Cf. David P. Currier, Lochner Abroad, *Supreme Court Review*, 1989, p. 333 e s.

114 Cf. Schlink, Der Grundsatz der Verhältnismässigkeit, cit., p. 449.

diversas ordens jurídicas. Como exemplo, menciona o professor alemão que a *Cardozo Law School* realizou, em 1996, um seminário com a presença de sete juízes de Cortes Superiores e Cortes Constitucionais de sete diferentes países, no qual se examinou um caso fictício em um país igualmente fictício. Schlink destaca que os sete juízes integrantes desse tribunal fictício encontraram rapidamente uma "língua" comum – a língua do princípio da proporcionalidade com a indagação sobre a legitimidade dos objetivos do legislador e sobre a necessidade das restrições impostas à liberdade dos cidadãos para a consecução daqueles objetivos[115].

No Brasil, identificam-se também impulsos diversos de fundamentação do princípio.

É interessante notar que a primeira referência de algum significado ao princípio da proporcionalidade na jurisprudência do Supremo Tribunal Federal – tanto quanto é possível identificar – está intimamente relacionada com a proteção ao direito de propriedade. No Recurso Extraordinário n. 18.331, da relatoria do Ministro Orozimbo Nonato, deixou-se assente:

> "O poder de taxar não pode chegar à desmedida do poder de destruir, uma vez que aquele somente pode ser exercido dentro dos limites que o tornem compatível com a liberdade de trabalho, de comércio e da indústria e com o direito de propriedade. É um poder, cujo exercício não deve ir até o abuso, o excesso, o desvio, sendo aplicável, ainda aqui, a doutrina fecunda do 'détournement de pouvoir'. Não há que estranhar a invocação dessa doutrina ao propósito da inconstitucionalidade, quando os julgados têm proclamado que o conflito entre a norma comum e o preceito da Lei Maior pode se acender não somente considerando a letra do texto, como também, e principalmente, o espírito do dispositivo invocado"[116].

Vê-se que, em 1953, apontou-se o caráter fecundo da doutrina do "excesso de poder" para o controle de atividade legiferante.

Em 21 de fevereiro de 1968, teve o Tribunal oportunidade de declarar a inconstitucionalidade de norma constante da Lei de Segurança Nacional, que obstava que o acusado de prática de crime contra a segurança nacional desempenhasse qualquer atividade profissional ou privada, tal como previsto art. 48 do Decreto-Lei n. 314, de 1967:

> "Art. 48. A prisão em flagrante delito ou o recebimento da denúncia, em qualquer dos casos previstos neste Decreto-Lei, importará, simultaneamente:
>
> 1º na suspensão do exercício da profissão;
>
> 2º na suspensão do emprego em atividade privada;
>
> 3º na suspensão de cargo ou função na Administração Pública, autarquia, em empresa pública ou sociedade de economia mista, até a sentença absolutória".

O Supremo Tribunal reconheceu que a restrição se revelava desproporcional (*exorbitância dos efeitos da condenação*) e era, portanto, inconstitucional, por manifesta afronta

---

115 Schlink, Der Grundsatz der Verhältnismässigkeit, cit., p. 449.

116 RE 18.331, rel. Min. Orozimbo Nonato, RF, 145/164 e s., 1953.

ao próprio direito à vida em combinação com a cláusula de remissão referida, como se pode ler na seguinte passagem do voto então proferido pelo Ministro Themístocles Cavalcanti:

> "Infelizmente não temos em nossa Constituição o que dispõe a Emenda n. 8 da Constituição Americana, onde se proíbem a exigência de fianças excessivas, as penas de multa demasiadamente elevadas e a imposição de penas cruéis e fora do comum ou de medida (*cruel and unusual punishment*).
>
> Os intérpretes consideram como tal, por exemplo, a morte lenta, mas entendem também que o conceito deve evoluir porque 'cruel' não é uma expressão técnica, com significação definida em direito e que deve evoluir com o aperfeiçoamento do homem, as exigências da opinião pública e a proporção entre o crime e a pena.
>
> É possível que em determinado momento se chegue a condenar a pena de morte, como cruel (Pritchett, The American Constitution, p. 527).
>
> No caso Trop *versus* Dulles (1958) Justice Warren entendeu, a meu ver com razão, que a ideia fundamental da Emenda n. 8 é a preservação da dignidade humana.
>
> Não temos preceito idêntico; porém, mais genérico e suscetível de uma aplicação mais ampla, temos o § 35 do art. 150, reprodução de Constituições anteriores, que dispõe: 'A especificação dos direitos e garantias expressas nesta Constituição não exclui outros direitos e garantias decorrentes do regime e dos princípios que ela adota'.
>
> Ora, a Constituição vigente, como as anteriores no quadro das garantias individuais e sociais, procurou seguir as exigências de aperfeiçoamento do homem e o respeito à sua integridade física e moral. A preservação de sua personalidade e a proteção contra as penas infamantes, a condenação sem processo contraditório, a supressão de algumas penas que se incluíam na nossa velha legislação penal, a afirmação de que somente o delinquente pode sofrer a pena, sem atingir os que dele dependem, definem uma orientação que qualifica perfeitamente o regime e os princípios fundamentais da Constituição.
>
> O preceito vem da Constituição Americana, Emenda IX – nela foi inspirado e foi introduzido na nossa primeira Constituição Republicana, com o receio de que a enumeração pudesse levar o intérprete a entender que por serem discriminadas essas garantias quaisquer outras estariam excluídas.
>
> Mas o preceito é de maior alcance, porque ele atinge numerosos direitos não enumerados e que representam conquistas do progresso humano no domínio das liberdades. A lista desses direitos vem crescendo há séculos.
>
> O objetivo da lei foi inverso a essa tendência, porque procurou aumentar o rigor da repressão desses crimes, intimidando com medidas que atingem o indivíduo na sua própria carne, pela simples suspeita ou pelo início de um procedimento criminal fundado em elementos nem sempre seguros ou de suspeitas que viriam a se apurar no processo.
>
> Nesse particular, a expressão e medida cruel, encontrada no texto americano, bem caracteriza a norma em questão, porque, com ela, se tiram ao indivíduo as possibilidades de uma atividade profissional que lhe permite manter-se e a sua família.
>
> Cruel quanto à desproporção entre a situação do acusado e as consequências da medida.
>
> Mas não só o art. 150, § 35, pode ser invocado. Também o *caput* do art. 150 interessa, porque ali se assegura a todos os que aqui residem o direito à vida, à liberdade individual e à propriedade.

> Ora, tornar impossível o exercício de uma atividade indispensável que permita ao indivíduo obter os meios de subsistência, é tirar-lhe um pouco de sua vida, porque esta não prescinde dos meios materiais para a sua proteção"[117].

Um exame mais acurado da referida decisão, com a utilização dos recursos da moderna doutrina constitucional, parece indicar que, em verdade, a Corte se valeu da cláusula genérica de remissão contida no art. 150, § 35, da Constituição de 1967, para poder aplicar, sem risco de contestação, a ideia de *proporcionalidade* da restrição como princípio constitucional.

Embora a questão em apreço se restringisse à liberdade de exercício profissional, parece certo que o juízo desenvolvido se mostra aplicável em relação a qualquer providência legislativa destinada a restringir direitos.

O princípio da proporcionalidade era assim considerado elemento integrante ou cláusula implícita dos direitos fundamentais.

O tema voltou a merecer a atenção da nossa jurisprudência, na Representação n. 930, quando se discutiu a extensão da liberdade profissional e o sentido da expressão *condições de capacidade*, tal como estabelecido no art. 153, § 23, da Constituição de 1967/69. O voto então proferido pelo Ministro Rodrigues Alckmin enfatizava a necessidade de preservar o núcleo essencial do direito fundamental, ressaltando, igualmente, que, ao fixar as condições de capacidade, haveria o legislador de "atender ao critério da razoabilidade".

Valeu-se o relator, Ministro Rodrigues Alckmin, das lições de Fiorini transcritas por Alcino Pinto Falcão:

> "No hay duda que las leyes reglamentarias no pueden destruir las liberdades consa-gradas como inviolables y fundamentales. Cuál debe ser la forma como debe actuar el legislador cuando sanciona normas limitativas sobre ¿No hay duda que las leyes reglamentarias no pueden destruir las libertades consagradas como inviolables y fundos derechos individuales? La misma pregunta puede referir-se al administrador cuando concreta actos particulares. Si el Estado democrático exhibe el valor inapeciable con caráter absoluto como es la persona humana, aqui se halla la primera regla que rige cualquier clase de limitaciones. La persona humana ante todo. Teniendo en mira este supuesto fundante, es como debe actuar con carácter razonable la reglamentación policial. La jurisprudencia y lógica jurídica han instituido cuatro principios que rigen este hacer: 1º) la limitación debe ser <u>justificada</u>; 2º) el medio utilizado, es decir, la cantidad y el modo de la medida, debe ser <u>adecuado</u> al fin deseado; 3º) el medio y el fin utilizados deben manifestarse <u>proporcionalmente</u>; 4º) todas las medidas deben ser <u>limitadas</u>. La razonabilidad se expresa con la justificación, adecuación, proporcionalidad y restrición de las normas que se sancionen (...)"[118] (sublinhado no original).

Com base nesses subsídios do direito constitucional comparado, concluiu o relator que, "ainda no tocante a essas *condições de capacidade*, não as pode estabelecer o le-

---

117 HC 45.232, rel. Min. Themístocles Cavalcanti, *RTJ*, 44/322 (327-328).

118 Rp. 930, rel. Min. Rodrigues Alckmin, *DJ* de 2-9-1977.

gislador ordinário, em seu poder de polícia das profissões, sem atender ao critério da razoabilidade, cabendo ao Poder Judiciário apreciar se as restrições são adequadas e justificadas pelo interesse público, para julgá-las legítimas ou não"[119].

Tem-se enfatizado, portanto, entre nós, que o fundamento do princípio da proporcionalidade situa-se no âmbito dos direitos fundamentais.

Sob a Constituição de 1988 deu-se uma alteração no fundamento do princípio da proporcionalidade. Ao apreciar a arguição de inconstitucionalidade do art. 5º e seus parágrafos e incisos da Lei n. 8.713, de 30-9-1993, que disciplinava a participação de partidos políticos nas eleições[120], o Tribunal enfatizou a desproporcionalidade da lei tendo em vista o princípio do devido processo legal na sua acepção substantiva (CF, art. 5º, LIX).

O Tribunal acabou por declarar a inconstitucionalidade de todos os parágrafos e incisos do art. 5º da referida Lei.

É interessante notar que, menos do que na ideia de uma liberdade de organização partidária ilimitada e ilimitável, o fundamento central da tese da inconstitucionalidade parece residir exatamente na falta de razoabilidade do critério fixado pelo legislador para restringir a atividade dos pequenos partidos.

Nesse sentido, afigura-se digno de registro o voto proferido pelo Ministro Moreira Alves na decisão sobre o deferimento da medida cautelar:

> "(...) Depois de todos os votos que foram proferidos, o que se verifica é que as posições divergem em virtude de a Constituição, que foi tão pormenorizada muitas vezes em assuntos de

---

119 Cf. transcrição na Rp. 1.054, rel. Min. Moreira Alves, *RTJ*, 110/937 (967).

120 Lei n. 8.713, de 1993, art. 5º:

"Art. 5º Poderá participar das eleições previstas nesta Lei o partido que, até 3 de outubro de 1993, tenha obtido junto ao Tribunal Superior eleitoral, registro definitivo ou provisório, desde que, neste último caso, conte com, pelo menos, um representante titular na Câmara dos Deputados, na data da publicação desta Lei.

§ 1º Só poderá registrar candidato próprio à eleição para Presidente e Vice-Presidente da República:

I – o partido que tenha obtido, pelo menos, cinco por cento dos votos apurados na eleição de 1990 para a Câmara dos Deputados, não computados os brancos e os nulos, distribuídos em pelo menos um terço dos Estados; ou

II – o partido que conte, na data da publicação desta Lei, com representantes titulares na Câmara dos Deputados em número equivalente a, no mínimo, três por cento da composição da Casa, desprezada a fração resultante desse percentual; ou

III – coligação integrada por, pelo menos, um partido que preencha condição prevista em um dos incisos anteriores, ou por partidos que, somados, atendam às mesmas condições.

§ 2º Só poderá registrar candidatos a Senador, Governador e Vice-Governador:

I – o partido que tenha atendido a uma das condições indicadas nos incisos I e II do parágrafo anterior; ou

II – o partido que, organizado na circunscrição, tenha obtido na eleição de 1990 para a respectiva Assembleia ou Câmara Legislativa três por cento dos votos apurados, excluídos os brancos e nulos; ou

III – coligação integrada por, pelo menos, um partido que preencha uma das condições previstas nos incisos I e II deste parágrafo, ou por partidos que, somados, atendam às mesmas condições.

§ 3º Até cinco dias a contar da data da publicação desta Lei, a Presidência da Câmara dos Deputados informará ao Tribunal Superior Eleitoral o número de Deputados Federais integrantes de cada bancada partidária naquela data.

§ 4º Até 31 de dezembro de 1993, o Tribunal Superior Eleitoral divulgará a relação dos partidos aptos a registrar candidatos próprios às eleições para Presidente e Vice-Presidente da República, e, ainda, daqueles que, em cada Estado e no Distrito Federal, poderão registrar candidatos para Senador, Governador e Vice-Governador".

menor relevância, em se tratando de partidos políticos foi estritamente genérica, adotando princípios gerais. O problema que surge, em face desses princípios gerais, principalmente em face do princípio de que a criação de partidos políticos é livre, é saber se pode haver ou não limitação à atuação dos partidos no tocante à apresentação de candidatos para cargos eletivos. É certo que essa lei não restringe totalmente, porque admite que partidos que não se enquadrem nos requisitos por ela previstos possam concorrer com candidatos aos mandatos de deputado e vereador. O problema, portanto, (...) cinge-se a isto: saber se há a possibilidade de a lei razoavelmente limitar a atuação dos partidos, ou se essa limitação é impossível, tendo em vista a circunstância de que a lei não poderia, em face dos princípios gerais da Constituição, sobre eles fazer qualquer limitação quanto à sua atuação"[121].

Na decisão de mérito, o Ministro Moreira Alves veio a concretizar a fundamentação esboçada no julgamento da liminar. Vale registrar o seu pronunciamento a propósito:

"A meu ver, o problema capital que se propõe, em face dessa lei, é que ela fere, com relação a esses dispositivos que estão sendo impugnados, o princípio constitucional do devido processo legal.

A Constituição no seu art. 5º, inciso LIV – e aqui trata-se de direitos não apenas individuais, mas também coletivos e aplica-se, inclusive, às pessoas jurídicas – estabelece que 'ninguém será privado da liberdade ou de seus bens sem o devido processo legal'.

Processo legal, aqui, evidentemente, não é o processo da lei, senão a Constituição não precisaria dizer aquilo que é óbvio, tendo em vista inclusive o inciso II do art. 5º que diz: 'ninguém será obrigado a fazer ou deixar de fazer alguma coisa senão em virtude de lei'.

Esse princípio constitucional que tem a sua origem histórica nos Estados Unidos, lá é interpretado no sentido de abarcar os casos em que há falta de razoabilidade de uma norma. Por isso mesmo já houve quem dissesse que é um modo de a Suprema Corte americana ter a possibilidade de certa largueza de medidas para declarar a inconstitucionalidade de leis que atentem contra a razoabilidade.

Ora, esta lei, estes dispositivos que estão em causa são evidentemente dispositivos de exceção no sentido de dispositivos 'ad hoc', tendo em vista a circunstância de que partem de fatos passados, já conhecidos pelo legislador quando da elaboração da lei, para criar impedimentos futuros e, portanto, para cercear a liberdade desses partidos políticos.

Ora, Senhor Presidente, em face disso e não preciso estender-me mais a esse respeito, porque me basta esse aspecto, deixo de lado aquele outro problema mais delicado que é o de saber se realmente a Constituição permite ou não que a lei estabeleça, para o futuro, restrições a esse nosso pluripartidarismo (...). Fico apenas nesse outro que é o da falta de razoabilidade desse princípio.

Para ser rigorosamente lógico, eu deveria declarar a inconstitucionalidade, também, do 'caput'. Mas o 'caput', a meu ver, apresenta um aspecto ponderável no tocante ao problema da razoabilidade, que é justamente o dos partidos sem registro definitivo, pois para eles apresentarem aquilo que a Constituição considera que é um elemento de âmbito nacional, embora na realidade não seja, mas que pelo menos é o elemento de que se vale a

121 Cf. ADI 855, *RTJ*, 152/455 e s.

Constituição com relação a mandado de segurança coletivo e com relação à ação direta de inconstitucionalidade, estabeleceu-se o mesmo critério: é preciso que haja representação no Congresso Nacional, qualquer que ela seja, porque aqui a representação é mínima.

De modo que acompanho, nesse particular, o Ministro Sydney Sanches e, agora, também, o Ministro Néri da Silveira, declarando inconstitucionais os parágrafos e incisos deste art. 5º"[122].

Portanto, o Supremo Tribunal Federal considerou que, ainda que fosse legítimo o estabelecimento de restrição ao direito dos partidos políticos de participar do processo eleitoral, a adoção de critério relacionado com fatos passados para limitar a atuação futura desses partidos parecia manifestamente *inadequada* e *desnecessária* e, por conseguinte, lesiva ao princípio da proporcionalidade.

Essa decisão parece consolidar o desenvolvimento do princípio da proporcionalidade como postulado constitucional autônomo que teria a sua sede material na disposição constitucional sobre o devido processo legal (art. 5º, LIV).

Embora aparentemente redutora da fundamentação do princípio da proporcionalidade, essa posição aponta uma compreensão do princípio da proporcionalidade como princípio geral de direito. São muitas as manifestações que se colhem na jurisprudência sobre a aplicação do princípio da proporcionalidade como princípio geral de direito.

Assinale-se que também entre nós tem-se utilizado o princípio da proporcionalidade na solução de conflitos federativos ou na superação de conflitos de atribuições entre órgãos constitucionais diversos. Nesse sentido, mencione-se a Intervenção Federal n. 2.915, na qual se assentou que "a intervenção federal, como medida extrema, deve atender à máxima da proporcionalidade"[123].

3.3.3. Elementos do princípio da proporcionalidade

A doutrina identifica como típica manifestação do excesso de poder legislativo a violação do princípio da proporcionalidade ou da proibição de excesso (*Verhältnismässigkeitsprinzip; Übermassverbot*), que se revela mediante contraditoriedade, incongruência e irrazoabilidade ou inadequação entre meios e fins[124]. No direito constitucional alemão, outorga-se ao princípio da proporcionalidade ou ao princípio da proibição de excesso qualidade de norma constitucional não escrita[125].

A utilização do princípio da proporcionalidade ou da proibição de excesso no direito constitucional envolve, como observado, a apreciação da necessidade (*Erforderlichkeit*) e adequação (*Geeignetheit*) da providência legislativa[126].

---

122 Cf. ADI 855, *RTJ*, 152/455 e s.

123 IF 2.915, Rel. para o acórdão Min. Gilmar Mendes, *DJ* de 28-11-2003.

124 Schneider, Zur Verhältnismässigkeitskontrolle..., in Starck, *Bundesverfassungsgericht*, cit., v. 2, p. 390 e s.; Canotilho, *Direito constitucional*, cit., p. 487; Lothar Michael e Martin Morlok, *Grundrechte*, cit., p. 297.

125 Schneider, Zur Verhältnismässigkeitskontrolle..., in Starck, *Bundesverfassungsgericht*, cit., p. 391; Hesse, *Grundzuge des Verfassungsrecht*, cit., p. 28, 142 e s.

126 Lothar Michael e Martin Morlok, *Grundrechte*, cit., p. 300.

Assim, em decisão proferida em março de 1971, o *Bundesverfassungsgericht* assentou que o princípio do Estado de Direito proíbe leis restritivas inadequadas à consecução de seus fins[127], acrescentando que "uma providência legislativa não deve ser já considerada inconstitucional por basear-se em um erro de prognóstico" – *BVerfGE*, 25:1(12).

O Tribunal Constitucional explicitou, posteriormente, que "os meios utilizados pelo legislador devem ser adequados e necessários à consecução dos fins visados. O meio é adequado se, com a sua utilização, o evento pretendido pode ser alcançado; é necessário se o legislador não dispõe de outro meio eficaz, menos restritivo aos direitos fundamentais"[128].

A aferição da constitucionalidade da lei em face do princípio da proporcionalidade ou da proibição de excesso contempla os próprios limites do poder de conformação outorgado ao legislador. É o que se constata em decisão do *Bundesverfassungsgericht* na qual, após discutir aspectos relativos à eficácia e adequação de medidas econômicas consagradas em ato legislativo, concluiu-se que o legislador não havia ultrapassado os limites da discricionariedade que lhe fora outorgada[129].

O Tribunal reconhece que o estabelecimento de objetivos e a definição dos meios adequados pressupõem uma decisão de índole política, econômica, social, ou político-jurídica[130]. Esse juízo inerente à atividade política parece ter determinado uma postura cautelosa do Tribunal no exame relativo à adequação das medidas legislativas[131]. A inconstitucionalidade de uma providência legal por objetiva desconformidade ou inadequação aos fins somente pode ser constatada em casos raros e especiais[132].

Embora reflita a delicadeza da aplicação desse princípio no juízo de constitucionalidade, tal orientação não parece traduzir uma atitude demissionária quanto ao controle da adequação das medidas legislativas aos fins constitucionalmente perseguidos.

Uma lei será inconstitucional, por infringente ao princípio da proporcionalidade ou da proibição de excesso, diz a Corte Constitucional alemã, "se se puder constatar, inequivocamente, a existência de outras medidas menos lesivas"[133].

No Direito português, o princípio da proporcionalidade em sentido amplo foi erigido à dignidade de princípio constitucional[134], consagrando-se, no art. 18º, 2, do Texto Magno, que "a lei só pode restringir os direitos, liberdades e garantias nos casos expressamente previstos na Constituição, devendo as restrições limitar-se ao necessário para salvaguardar outros direitos ou interesses constitucionalmente protegidos".

---

127 *BVerfGE*, 30:250.

128 *BVerfGE*, 30:292 (316), 39:210 (230-1).

129 *BVerfGE*, 30:250 (265); Schneider, Zur Verhältnismässigkeitskontrolle..., in Starck, *Bundesverfassungsgericht*, cit., p. 398.

130 Schneider, Zur Verhältnismässigkeitskontrolle..., in Starck, *Bundesverfassungsgericht*, cit., p. 398.

131 Schneider, Zur Verhältnismässigkeitskontrolle..., in Starck, *Bundesverfassungsgericht*, cit., p. 398.

132 *BVerfGE*, 39:210 (230-1).

133 *BVerfGE*, 39:210 (230-1); Schneider, Zur Verhältnismässigkeitskontrolle..., in Starck, *Bundesverfassungsgericht*, cit., p. 399-400.

134 Canotilho, *Direito constitucional*, cit., p. 447.

O princípio da proibição de excesso, tal como concebido pelo legislador português, afirma Canotilho, "constitui um limite constitucional à liberdade de conformação do legislador"[135].

Portanto, a doutrina constitucional mais moderna enfatiza que, em se tratando de imposição de restrições a determinados direitos, deve-se indagar não apenas sobre a admissibilidade constitucional da restrição eventualmente fixada, mas também sobre a compatibilidade das restrições estabelecidas com o *princípio da proporcionalidade*.

Essa orientação, que permitiu converter o princípio da reserva legal (*Gesetzesvorbehalt*) no *princípio da reserva legal proporcional* (*Vorbehalt des verhältnismässigen Gesetzes*)[136], pressupõe não só a legitimidade dos meios utilizados e dos fins perseguidos pelo legislador, mas também a *adequação* desses meios para consecução dos objetivos pretendidos (*Geeignetheit*) e a *necessidade* de sua utilização (*Notwendigkeit oder Erforderlichkeit*)[137].

O subprincípio da *adequação* (*Geeignetheit*) exige que as medidas interventivas adotadas se mostrem aptas a atingir os objetivos pretendidos. A Corte Constitucional examina se o meio é "simplesmente inadequado" (*schlechthin ungeeignet*), "objetivamente inadequado" (*objetktiv ungeeignet*), "manifestamente inadequado ou desnecessário" (*offenbar ungeeignet oder unnötig*), "fundamentalmente inadequado" (*grundsätzlich ungeeignet*), ou "se com sua utilização o resultado pretendido pode ser estimulado" (*ob mit seiner Hilfe der gewunschte Erfolg gefördet werden kann*)[138].

O subprincípio da *necessidade* (*Notwendigkeit oder Erforderlichkeit*) significa que nenhum meio menos gravoso para o indivíduo revelar-se-ia igualmente eficaz na consecução dos objetivos pretendidos[139].

Em outros termos, o meio não será necessário se o objetivo almejado puder ser alcançado com a adoção de medida que se revele a um só tempo adequada e menos onerosa[140]. Ressalte-se que, na prática, adequação e necessidade não têm o mesmo *peso* ou relevância no juízo de ponderação. Assim, apenas o que é *adequado* pode ser *necessário*, mas o que é *necessário* não pode ser *inadequado*[141].

Pieroth e Schlink ressaltam que a prova da *necessidade* tem maior relevância do que o teste da adequação. Positivo o teste da necessidade, não há de ser negativo o teste da adequação. Por outro lado, se o teste quanto à necessidade revelar-se negativo, o resul-

135 Canotilho, *Direito constitucional*, cit., p. 447.

136 Bodo Pieroth e Bernhard Schlink, *Grundrechte – Staatsrecht II*, cit., p. 63 e Bodo Pieroth e Bernhard Schlink, *Direitos fundamentais*, cit., p. 138.

137 Bodo Pieroth e Bernhard Schlink, *Grundrechte – Staatsrecht II*, cit., p. 66 e Bodo Pieroth e Bernhard Schlink, *Direitos fundamentais*, cit., p. 139-141.

138 Cf. *BVerfGE*, 92, 277 (326 e s.); Klaus Stern, Die Grundrechte und ihre Schranken, in Peter Badura e Horst Dreier, *Festschrift 50 Jahre Bundesverfassungsgericht*, v. 2, p. 1 (32). Sobre o assunto, cf. Lothar Michael e Martin Morlok, *Grundrechte*, cit., p. 300 e 309.

139 Bodo Pieroth e Bernhard Schlink, *Grundrechte – Staatsrecht II*, cit., p. 67 e Bodo Pieroth e Bernhard Schlink, *Direitos fundamentais*, cit., p. 140. Sobre o assunto, cf. Lothar Michael e Martin Morlok, *Grundrechte*, cit., p. 300 e 309.

140 Bodo Pieroth e Bernhard Schlink, *Grundrechte – Staatsrecht II*, cit., p. 66 e Bodo Pieroth e Bernhard Schlink, *Direitos fundamentais*, cit., p. 140.

141 Bodo Pieroth e Bernhard Schlink, *Grundrechte – Staatsrecht II*, cit., p. 67 e Bodo Pieroth e Bernhard Schlink, *Direitos fundamentais*, cit., p. 140.

tado positivo do teste de adequação não mais poderá afetar o resultado definitivo ou final. De qualquer forma, um juízo definitivo sobre a proporcionalidade da medida há de resultar da rigorosa ponderação e do possível equilíbrio entre o significado da intervenção para o atingido e os objetivos perseguidos pelo legislador (*proporcionalidade em sentido estrito*)[142]. É possível que a própria ordem constitucional forneça um indicador sobre os critérios de avaliação ou de ponderação que devem ser adotados. Pieroth e Schlink advertem, porém, que nem sempre a doutrina e a jurisprudência se contentam com essas indicações fornecidas pela Lei Fundamental, incorrendo no risco ou na tentação de substituir a decisão legislativa pela avaliação subjetiva do juiz[143].

Tendo em vista esses riscos, procura-se solver a questão com base nos outros elementos do princípio da proporcionalidade, enfatizando-se, especialmente, o significado do subprincípio da necessidade. A proporcionalidade em sentido estrito assumiria, assim, o papel de um *controle de sintonia fina* (*Stimmigkeitskontrolle*), indicando a justeza da solução encontrada ou a necessidade de sua revisão[144].

3.3.4. Da proibição do excesso à proibição da proteção insuficiente (*Untermassverbot*)

Ao lado da ideia da proibição do excesso tem a Corte Constitucional alemã apontado a lesão ao princípio da proibição da proteção insuficiente[145].

Schlink observa, porém, que, se o Estado nada faz para atingir um dado objetivo para o qual deva envidar esforços, não parece que esteja a ferir o princípio da proibição da insuficiência, mas sim um dever de atuação decorrente de dever de legislar ou de qualquer outro dever de proteção. Se se comparam, contudo, situações do âmbito das medidas protetivas, tendo em vista a análise de sua eventual insuficiência, tem-se uma operação diversa da verificada no âmbito da proibição do excesso, na qual se examinam as medidas igualmente eficazes e menos invasivas. Daí concluiu que "a conceituação de uma conduta estatal como insuficiente (*untermässig*), porque 'ela não se revela suficiente para uma proteção adequada e eficaz', nada mais é, do ponto de vista metodológico, do que considerar referida conduta como desproporcional em sentido estrito (*unverhältnismässig im engeren Sinn*)"[146].

Em julgamento de interesse doutrinário evidente – RE 418.376[147] –, o Supremo Tribunal Federal deparou com hipótese em que, na decisão recorrida, não fora reconhe-

142 Bodo Pieroth e Bernhard Schlink, *Grundrechte – Staatsrecht II*, cit., p. 67 e Bodo Pieroth e Bernhard Schlink, *Direitos fundamentais*, cit., p. 141; Lothar Michael e Martin Morlok, *Grundrechte*, cit., p. 302.

143 Bodo Pieroth e Bernhard Schlink, *Grundrechte – Staatsrecht II*, cit., p. 67-68 e Bodo Pieroth e Bernhard Schlink, *Direitos fundamentais*, cit., p. 141.

144 Bodo Pieroth e Bernhard Schlink, *Grundrechte – Staatsrecht II*, cit., p. 68 e Bodo Pieroth e Bernhard Schlink, *Direitos fundamentais*, cit., p. 142.

145 Cf. Lothar Michael e Martin Morlok, *Grundrechte*, cit., p. 308.

146 Cf. Schlink, *Der Grundsatz der Verhältnismässigkeit*, cit., p. 462-463.

147 O Plenário do STF, por maioria, conheceu do recurso extraordinário e negou-lhe provimento, vencidos os Ministros Marco Aurélio, Celso de Mello e Sepúlveda Pertence. Foi designado redator para o acórdão o Min. Joaquim Barbosa (*DJ* de 23-3-2007).

cida a união estável entre homem e mulher como uma entidade familiar, para efeitos da aplicação da cláusula de extinção da punibilidade prevista no art. 107, inciso VII, do Código Penal.

Tratava-se de situação em que certa criança fora confiada a tutor, que com ela manteve relações sexuais desde que a menina tinha 9 anos de idade. Ou seja, postulava-se o reconhecimento de união estável entre garota de 12 anos que engravidou, após manter relações sexuais com o marido da tia, seu tutor legal, e que, depois de ter o filho, veio a juízo afirmar que vivia maritalmente com o próprio opressor.

Naquela ocasião, o Min. Gilmar Mendes registrou que, para além da costumeira compreensão do princípio da proporcionalidade como proibição de excesso (já fartamente explorada pela doutrina e jurisprudência pátrias), há outra faceta desse princípio, a abranger conjunturas diversas, entre as quais a daqueles autos.

É que, por óbvio, conferir à situação o *status* de união estável, equiparável a casamento, para fins de extinção da punibilidade (nos termos do art. 107, inciso VII, do Código Penal) não seria consentâneo com o princípio da proporcionalidade no que toca à proibição de proteção insuficiente.

3.3.5. A proporcionalidade na jurisprudência do Supremo Tribunal Federal

A decisão proferida na Representação n. 1.077, de 28-3-1984, contém um dos mais inequívocos exemplos de utilização do *princípio da proporcionalidade* entre nós, uma vez que do texto constitucional de 1967/69 não resultava nenhuma limitação expressa para o legislador.

Cuidava-se da aferição da constitucionalidade de dispositivos constantes da Lei n. 383, de 4-12-1980, do Estado do Rio de Janeiro, que elevava, significativamente, os valores da taxa judiciária naquela unidade federada. Após precisar a natureza e as características da taxa judiciária, enfatizou o relator, Ministro Moreira Alves:

> "Sendo – como já se acentuou – a taxa judiciária, em face do atual sistema constitucional, taxa que serve de contraprestação à atuação de órgãos da justiça cujas despesas não sejam cobertas por custas e emolumentos, tem ela – como toda taxa com caráter de contraprestação – um limite, que é o custo da atividade do Estado, dirigido àquele contribuinte. Esse limite, evidentemente, é relativo, dada a dificuldade de se saber, exatamente, o custo dos serviços a que corresponde tal contraprestação. O que é certo, porém, é que não pode taxa dessa natureza ultrapassar uma equivalência razoável entre o custo real dos serviços e o montante a que pode ser compelido o contribuinte a pagar, tendo em vista a base de cálculo estabelecida pela lei e o *quantum* da alíquota por esta fixado"[148].

Fixada essa ideia de *equivalência razoável* entre o custo do serviço e a contraprestação cobrada, concluiu o Magistrado pela inconstitucionalidade do art. 118 da Lei estadual, que, de forma genérica, fixava em 2% sobre o valor do pedido o *quantum* devido pelo contribuinte, *verbis*:

148 Rp. 1.077, rel. Min. Moreira Alves, *RTJ*, 112/34 (58-59).

"(...) Por isso, taxas cujo montante se apura com base em valor do proveito do contribuinte (como é o caso do valor real do pedido), sobre a qual incide alíquota invariável, tem necessariamente de ter um limite, sob pena de se tornar, com relação às causas acima de determinado valor, indiscutivelmente exorbitante em face do custo real da atuação do Estado em favor do contribuinte. Isso se agrava em se tratando de taxa judiciária, tendo em vista que boa parte das despesas do Estado já são cobertas pelas custas e emolumentos. Não estabelecendo a lei esse limite, e não podendo o Poder Judiciário estabelecê-lo, é de ser declarada a inconstitucionalidade do próprio mecanismo de aferição do valor, no caso concreto, da taxa judiciária, certo como é que conduzirá, sem dúvida alguma, a valores reais muito superiores aos custos a que servem de contraprestação. A falta desse limite torna incompatível o próprio modo de calcular o valor concreto da taxa com a natureza remuneratória desta, transformando-a, na realidade, num verdadeiro imposto"[149].

Posteriormente, viu-se o Supremo Tribunal Federal confrontado com a indagação sobre a proporcionalidade de disposições constantes do direito estadual do Paraná (Lei n. 10.248, de 14-1-1993) que fixavam as seguintes exigências:

"Art. 1º É obrigatória a pesagem, pelos estabelecimentos que comercializarem GLP – Gás Liquefeito de Petróleo, à vista do consumidor, por ocasião da venda de cada botijão ou cilindro entregue e também do recolhido, quando procedida à substituição.

Parágrafo único. Para efeito do disposto no *caput* deste artigo, os Postos revendedores de GLP, bem como os veículos que procedam à distribuição a domicílio, deverão portar balança apropriada para essa finalidade.

Art. 2º Verificada a diferença a menor entre o conteúdo e a quantidade líquida especificada no botijão ou cilindro, o consumidor terá direito a receber, no ato do pagamento, abatimento proporcional ao preço do produto.

Art. 3º Caso se constate, na pesagem do botijão ou cilindro que esteja sendo substituído, sobra de gás, o consumidor será ressarcido da importância correspondente, através de compensação no ato do pagamento do produto adquirido".

Reconheceu-se, na ação direta de inconstitucionalidade, a possibilidade de lesão ao princípio da proporcionalidade, como se pode depreender da seguinte passagem:

"Eis aí, pois, um outro fundamento igualmente suficiente para conduzir à invalidade da lei por ofensa ao princípio da razoabilidade, seja porque o órgão técnico já demonstrou a própria impraticabilidade da pesagem obrigatória nos caminhões de distribuição de GLP, seja porque as questionadas sobras de gás não locupletam as empresas distribuidoras de GLP, como se insinua, mas pelo método de amostragem, são levadas em conta na fixação dos preços pelo órgão competente, beneficiando, assim, toda a coletividade dos consumidores finais, os quais acabariam sendo onerados pelos aumentos de custos, caso viessem a ser adotadas as impraticáveis balanças exigidas pela lei paranaense"[150].

---

149 Rp. 1.077, rel. Min. Moreira Alves, *RTJ*, 112/34 (59).

150 ADI-MC 855, rel. Min. Sepúlveda Pertence, *DJ* de 1º-10-1993. O julgamento de mérito, confirmando a medida cautelar, foi realizado pelo Supremo Tribunal Federal em 6-3-2008.

O Supremo Tribunal Federal acolheu essa fundamentação, para efeito de concessão da cautelar requerida. É o que se vê da leitura do voto condutor proferido pelo Ministro Sepúlveda Pertence:

> "De sua vez, os esclarecimentos de fato – particularmente a manifestação do Instituto Nacional de Metrologia, Normatização e Qualidade Industrial – INMETRO, do Ministério da Justiça, são de múltipla relevância para este julgamento liminar.
>
> Eles servem, de um lado – como proficientemente explorados na petição –, não só para lastrear o questionamento da proporcionalidade ou da razoabilidade da disciplina legal impugnada, mas também para indicar a conveniência de sustar – ao menos, provisoriamente – as inovações por ela impostas, as quais – onerosas e de duvidosos efeitos úteis – acarretariam danos de incerta reparação para a economia do setor, na hipótese – que não é de afastar – de que se venha ao final a declarar a inconstitucionalidade da lei" (fls. 88).

Essa colocação serve para demonstrar que um juízo sobre a adequação ("de duvidosos efeitos úteis") e sobre a necessidade da medida afigurava-se suficiente para legitimar a suspensão da norma de conteúdo restritivo.

Ressalte-se que o princípio da proporcionalidade vem sendo utilizado na jurisprudência do Supremo Tribunal Federal como instrumento para solução de colisão entre direitos fundamentais. Em uma das decisões sobre a obrigatoriedade de submissão ao exame de DNA, em ação de paternidade, anotou o Ministro Sepúlveda Pertence:

> "Cuida-se aqui, como visto, de hipótese atípica, em que o processo tem por objeto a pretensão de um terceiro de ver-se declarado pai da criança gerada na constância do casamento do paciente, que assim tem por si a presunção legal da paternidade e contra quem, por isso, se dirige a ação.
>
> Não discuto aqui a questão civil da admissibilidade da demanda.
>
> O que, entretanto, não parece resistir, que mais não seja, ao confronto do princípio da razoabilidade ou da proporcionalidade – de fundamental importância para o deslinde constitucional da colisão de direitos fundamentais – é que se pretenda constranger fisicamente o pai presumido ao fornecimento de uma prova de reforço contra a presunção de que é titular.
>
> É de sublinhar que efetivamente se cuidaria de simples prova de reforço de um fato que, de outro modo, se pode comprovar.
>
> Com efeito. A revolução, na área da investigação da paternidade, da descoberta do código genético individual, em relação ao velho cotejo dos tipos sanguíneos dos envolvidos, está em que o resultado deste se prestava apenas e eventualmente à exclusão da filiação questionada, ao passo que o DNA leva sabidamente a resultados positivos de índices probabilísticos tendentes à certeza.
>
> Segue-se daí a prescindibilidade, em regra, de ordenada coação do paciente ao exame hematológico, à busca de exclusão da sua paternidade presumida, quando a evidência positiva da alegada paternidade genética do autor da demanda pode ser investigada sem a participação do réu (é expressivo, aliás, que os autos já contenham laudo particular de análise do DNA do autor, do menor e de sua mãe – v. 4/f. 853)"[151].

---

151 HC 76.060, rel. Min. Sepúlveda Pertence, *Lex-STF*, 237/304 (309).

Tem-se aqui, notoriamente, a utilização da proporcionalidade como "regra de ponderação" entre os direitos em conflito, acentuando-se a existência de outros meios de prova igualmente idôneos e menos invasivos ou constrangedores[152].

É cada vez mais frequente a utilização do aludido princípio na jurisprudência do STF, como se pode verificar os inúmeros precedentes[153].

3.3.6. Duplo controle de proporcionalidade e controle de proporcionalidade *in concreto*

A Corte Constitucional alemã entende que as decisões tomadas pela Administração ou pela Justiça com base na lei aprovada pelo parlamento submetem-se ao controle de proporcionalidade. Significa dizer que qualquer medida concreta que afete os direitos fundamentais há de mostrar-se compatível com o princípio da proporcionalidade[154].

Essa solução parece irrepreensível na maioria dos casos, sobretudo naqueles que envolvem normas de conformação extremamente abertas (cláusulas gerais; fórmulas marcadamente abstratas)[155]. É que a solução ou fórmula legislativa não contém uma valoração definitiva de todos os aspectos e circunstâncias que compõem cada caso ou hipótese de aplicação.

Richter e Schuppert analisam essa questão com base no chamado "caso Lebach", no qual se discutiu a legitimidade de repetição de notícias sobre fato delituoso ocorrido já há algum tempo e que, por isso, ameaçava afetar o processo de ressocialização de um dos envolvidos no crime. Abstratamente consideradas, as regras de proteção da liberdade de informação e do direito de personalidade não conteriam qualquer lesão ao princípio da proporcionalidade. Eventual dúvida ou controvérsia somente poderia surgir na aplicação *in concreto* das diversas normas[156].

No caso, após analisar a situação conflitiva, concluiu a Corte que "a repetição de informações, não mais coberta pelo interesse de atualidade, sobre delitos graves ocorridos no passado, pode revelar-se inadmissível se ela coloca em risco o processo de ressocialização do autor do delito"[157].

Essa distinção não passou despercebida ao nosso Supremo Tribunal Federal, quando apreciou pedido liminar contra a Medida Provisória n. 173, de 18-3-1990, que vedava a concessão de provimentos liminares ou cautelares contra as medidas provisórias constantes do "Plano Collor" (MPs n. 151, 154, 158, 160, 161, 162, 164, 165, 167 e 168).

---

152 Sobre proporcionalidade e direito de propriedade, cf., *infra*, *Direito de propriedade*.

153 IF 2.915/SP, rel. Min. Gilmar Mendes, julgada em 3-2-2003, *DJ* de 28-11-2003; ADI 3.105/DF, rel. Min. Cezar Peluso, julgada em 18-8-2004, *DJ* de 18-2-2005; ADI 3.324/DF, rel. Min. Marco Aurélio, julgada em 16-12-2004, *DJ* de 5-8-2005; ADI 1.127/DF, rel. Min. Cezar Peluso, julgada em 17-5-2006; HC 87.776/SP, rel. Min. Ricardo Lewandowski, julgado em 26-6-2006; ADI 3.453/DF, rel. Min. Cármen Lúcia, julgada em 30-11-2006.

154 Schneider, Zur Verhältnismässigkeitskontrolle..., in Starck, *Bundesverfassungsgericht*, cit., p. 403.

155 Michael Jakobs, *Der Grundsatz der Verhältnismässigkeit*, Köln: Carl Heymanns, 1985, p. 150.

156 Richter/Schuppert, *Casebook Verfassungsrecht*, cit., p. 29.

157 *BVerfGE*, 35, 202 (237).

O voto proferido pelo Ministro Sepúlveda Pertence revela a necessidade de um duplo juízo de proporcionalidade, em especial em face de normas restritivas abertas ou extremamente genéricas. Após enfatizar que o que o chocava na Medida Provisória n. 173 eram a generalidade e a abstração, entendeu Pertence que essas características dificultavam um juízo seguro em sede de cautelar na ação direta de inconstitucionalidade[158].

Registrem-se as seguintes passagens do referido voto:

> "(...) essa generalidade e essa imprecisão, que, a meu ver, podem vir a condenar, no mérito, a validez desta medida provisória, dificultam, sobremaneira, agora, esse juízo sobre a suspensão liminar dos seus efeitos, nesta ação direta.
>
> Para quem, como eu, acentuou que não aceita veto peremptório, veto *a priori,* a toda e qualquer restrição que se faça à concessão de liminar, é impossível, no cipoal de medidas provisórias que se subtraíram ao deferimento de tais cautelares, *initio litis*, distinguir, em tese, – e só assim poderemos decidir neste processo – até onde as restrições são razoáveis, até onde são elas contenções, não ao uso regular, mas ao abuso de poder cautelar, e onde se inicia, inversamente, o abuso das limitações e a consequente afronta à jurisdição legítima do Poder Judiciário.
>
> (...)
>
> Por isso, (...) depois de longa reflexão, a conclusão a que cheguei, *data venia* dos dois magníficos votos precedentes, é que a solução adequada às graves preocupações que manifestei – solidarizando-me nesse ponto com as ideias manifestadas pelos dois eminentes Pares – não está na suspensão cautelar da eficácia, em tese, da medida provisória.
>
> O caso, a meu ver, faz eloquente a extrema fertilidade desta inédita simbiose institucional que a evolução constitucional brasileira produziu, gradativamente, sem um plano preconcebido, que acaba, a partir da Emenda Constitucional 16, a acoplar o velho sistema difuso americano de controle de constitucionalidade ao novo sistema europeu de controle direto e concentrado.
>
> (...)
>
> O que vejo, aqui, embora entendendo não ser de bom aviso, naquela medida de discricionariedade que há na grave decisão a tomar, da suspensão cautelar, em tese, é que a simbiose constitucional a que me referi, dos dois sistemas de controle de constitucionalidade da lei, permite não deixar ao desamparo ninguém que precise de medida liminar em caso onde – segundo as premissas que tentei desenvolver e melhor do que eu desenvolveram os Ministros Paulo Brossard e Celso de Mello – a vedação da liminar, porque desarrazoada, porque incompatível com o art. 5º, XXXV, porque ofensiva do âmbito de jurisdição do Poder Judiciário, se mostre inconstitucional.

Assim, creio que a solução estará no manejo do sistema difuso, porque nele, em cada caso concreto, nenhuma medida provisória pode subtrair ao juiz da causa um exame da constitucionalidade, inclusive sob o prisma da razoabilidade, das restrições impostas ao seu poder cautelar, para, se entender abusiva essa restrição, se a entender inconstitucional, conceder a liminar, deixando de dar aplicação, no caso concreto, à

158 ADI 223, Rel. para o acórdão Min. Sepúlveda Pertence, *RTJ*, 132/571 e s.

medida provisória, na medida em que, em relação àquele caso, a julgue inconstitucional, porque abusiva"[159].

Tendo em vista a jurisprudência brasileira, ressalte-se que, nos casos referentes ao exame de DNA, para confirmação da paternidade, as disposições do direito ordinário aplicáveis à espécie (CPC, arts. 332 e 130[160]), consideradas de forma abstrata, parecem revelar-se absolutamente compatíveis com o princípio da proporcionalidade.

É interessante notar que, no *Habeas Corpus* n. 76.060, mencionado linhas acima, no qual se discutia a legitimidade de decisão que obrigava o pai presumido a submeter-se ao exame de DNA, em ação de paternidade movida por terceiro, que pretendia ver reconhecido o seu *status* de pai de um menor, o Ministro Sepúlveda Pertence, que, na primeira decisão, manifestara-se em favor da obrigatoriedade do exame, tendo em vista o direito fundamental à própria e real identidade genética, conduziu o entendimento do Tribunal em favor da concessão da ordem.

Esse julgado deixa claro que a conformação do caso concreto pode revelar-se decisiva para o desfecho do processo de ponderação.

Também os casos que envolvem o reconhecimento dos "crimes de bagatela" parecem reveladores da aplicação da proporcionalidade *in concreto*. São casos em que a insignificância do delito acaba por repercutir sobre a própria tipicidade da conduta[161].

3.4. Proibição de restrições casuísticas

Outra limitação implícita que há de ser observada diz respeito à proibição de leis restritivas, de conteúdo casuístico ou discriminatório. Em outros termos, as restrições aos direitos individuais devem ser estabelecidas por leis que atendam aos requisitos da generalidade e da abstração, evitando, assim, tanto a violação do princípio da igualdade material quanto a possibilidade de que, por meio de leis individuais e concretas, o legislador acabe por editar autênticos atos administrativos[162].

Sobre o significado de princípio, vale registrar o magistério de Canotilho:

> "As razões materiais desta proibição sintetizam-se da seguinte forma: (a) as leis particulares (individuais e concretas), de natureza restritiva, violam o princípio material da igualdade, discriminando, de forma arbitrária, quanto à imposição de encargos para uns cidadãos em relação aos outros; (b) as leis individuais e concretas restritivas de direitos, liberdades e garantias representam a manipulação da forma da lei pelos órgãos legislativos ao praticarem um ato administrativo individual e concreto sob as vestes legais (os

159 ADI 223, Rel. para o acórdão Min. Sepúlveda Pertence, *RTJ*, 132/571 (589-590).

160 Novo CPC (Lei n. 13.105/2015), arts. 369 e 370.

161 AI-QO 559.904, rel. Min. Sepúlveda Pertence, *DJ* de 19-11-2004; HC 84.412, rel. Min. Celso de Mello, *DJ* de 19-11-2004; HC 77.003, rel. Min. Marco Aurélio, *DJ* de 11-9-1998; HC 84.424, rel. Min. Carlos Britto, *DJ* de 7-10-2005; HC 83.526, rel. Min. Joaquim Barbosa, *DJ* de 7-5-2004; HC 88.077, rel. Min. Cezar Peluso, julgado em 31-10-2006.

162 Bodo Pieroth e Bernhard Schlink, *Grundrechte – Staatsrecht II*, cit., p. 70 e Bodo Pieroth e Bernhard Schlink, *Direitos fundamentais*, cit., p. 148.

autores discutem a existência, neste caso, de abuso de poder legislativo e violação do princípio da separação dos poderes; (c) as leis individuais e concretas não contêm uma normatização dos pressupostos da limitação, expressa de forma previsível e calculável e, por isso, não garantem aos cidadãos nem a proteção da confiança nem alternativas de ação e racionalidade de atuação"[163].

Diferentemente das ordens constitucionais alemã e portuguesa, a Constituição brasileira não contempla expressamente a proibição de lei casuística no seu texto.

Isso não significa, todavia, que o princípio da proibição da lei restritiva de caráter casuístico não tenha aplicação entre nós. Como amplamente admitido na doutrina, tal princípio deriva do postulado material da igualdade, que veda o tratamento discriminatório ou arbitrário, seja para prejudicar, seja para favorecer[164].

Resta evidente, assim, que a elaboração de normas de caráter casuístico afronta, de plano, o princípio da isonomia.

É de observar, outrossim, que tal proibição traduz uma exigência do Estado de Direito democrático, que se não compatibiliza com a prática de atos discriminatórios ou arbitrários. Nesse sentido, é preciso o magistério de Pontes de Miranda nos seus comentários ao art. 153, § 2º, da Constituição de 1967/69:

> "Nos Estados contemporâneos não democratizados, a segurança de que as regras jurídicas emanam de certa fonte, com a observância de pressupostos formais, muito serve à liberdade, sem, contudo, bastar-lhe. Não é aqui o lugar para mostrarmos como se obtém tal asseguração completa da liberdade, pela convergência de três caminhos humanos (democracia, liberdade, igualdade). (...) O art. 153, § 2º, contém em si um dos exemplos: se o Estado é democrático, a proposição, que se acha no art. 153, § 2º, é como se dissera 'Ninguém pode ser obrigado a fazer ou deixar de fazer alguma coisa, senão em virtude de regra jurídica emanada dos representantes do povo (democracia, arts. 27-59), formalmente igual para todos (igualdade, art. 153, § 1º)"[165].

Se não há dúvida de que, também entre nós, revela-se inadmissível a adoção de leis singulares, individuais ou pessoais com objetivo de restringir direitos, cumpre explicitar as características dessas leis. Segundo Canotilho[166], lei individual restritiva inconstitucional é toda lei que:

– imponha restrições aos direitos, liberdades e garantias de uma pessoa ou de várias pessoas determinadas;

– imponha restrições a uma pessoa ou a um círculo de pessoas que, embora não determinadas, podem ser determináveis por intermédio da conformação intrínseca da lei e tendo em conta o momento de sua entrada em vigor.

---

163 Canotilho, *Direito constitucional*, cit., p. 614.

164 Cf., sobre o assunto, Canotilho, *Direito constitucional*, cit., p. 614-615; Herzog, in Maunz-Dürig, dentre outros, *Grundgestz*, cit., Kommentar zu art. 19, I, n. 9.

165 Pontes de Miranda, *Comentários à Constituição de 1967/69*, cit., t. 5, p. 2-3.

166 Canotilho, *Direito constitucional*, cit., p. 614.

O notável publicista português acentua que o critério fundamental para a identificação de uma lei individual restritiva não é a sua formulação ou o seu enunciado linguístico, mas o seu conteúdo e respectivos efeitos. Daí reconhecer a possibilidade de leis individuais camufladas, isto é, leis que, formalmente, contêm uma normação geral e abstrata, mas que, materialmente, segundo o conteúdo e efeitos, dirigem-se a um círculo determinado ou determinável de pessoas[167].

Não parece ser outra a orientação da doutrina tedesca. A técnica de formulação da lei não é decisiva para a identificação da lei restritiva individual ou casuística. Decisiva é a consequência fática (*tatsächliche Wirkung*) da lei no momento de sua entrada em vigor[168].

A decisão do Supremo Tribunal Federal sobre a inconstitucionalidade da Lei dos Partidos Políticos parece compreender-se também no contexto dessa proibição, na medida em que se afirma ali que se cuida, propriamente, de repudiar uma decisão que limita a participação dos partidos no pleito eleitoral, mas de se ter como inaceitável a adoção de critérios assentados no passado – em fatos já verificados e consumados – para definir essa participação futura[169].

3.5. A colisão de direitos fundamentais

3.5.1. Considerações preliminares

Fala-se em colisão entre direitos fundamentais quando se identifica conflito decorrente do exercício de direitos fundamentais por diferentes titulares. A colisão pode decorrer de conflito entre (a) direitos individuais, (b) direitos individuais e bens jurídicos da comunidade[170], e (c) entre bens jurídicos coletivos. Assinale-se que a ideia de conflito ou de colisão de direitos comporta temperamentos. É que nem tudo que se pratica no suposto exercício de determinado direito encontra abrigo no seu âmbito de proteção.

Assim, muitas questões tratadas como relações conflituosas de direitos configuram *conflitos aparentes*, uma vez que as práticas controvertidas desbordam da proteção oferecida pelo direito fundamental em que se pretende buscar abrigo[171]. A precisa identificação do âmbito de proteção do direito indica se determinada conduta se acha protegida ou não. A Corte Constitucional alemã já afirmou que o direito de manifestação de pensamento não autoriza o inquilino a colocar propaganda eleitoral na casa do senhorio[172]. Da mesma forma, parece inadmissível que a poligamia seja considerada com fundamento na liberdade de religião ou que a liberdade científica se exerça em detri-

167 Canotilho, *Direito constitucional*, cit., p. 614.

168 Herzog, in Maunz-Dürig, dentre outros, *Grundgesetz*, cit., Kommentar zu art. 19, I, n. 36.

169 ADI 958, rel. Min. Marco Aurélio, *DJ* de 25-8-1995, p. 26021.

170 Canotilho, *Direito constitucional*, cit., p. 1229 e s.; Bodo Pieroth e Bernhard Schlink, *Grundrechte – Staatsrecht II*, cit., p. 72 e s. e Bodo Pieroth e Bernhard Schlink, *Direitos fundamentais*, cit., p. 151 e s.

171 Wolfgang Rufner, Grundrechteskonflikte, in *Bundesverfassungsgericht und Grundgesetz*, 1976, v. 2, p. 452 (455-456).

172 *BVerfGE*, 7, 230 (234 e s.).

mento do patrimônio alheio ou, ainda, que se pratique um assassinato no palco em nome da liberdade artística[173].

Embora se cogite, não raras vezes, de uma suposta colisão de direitos, é certo que a conduta questionada já se encontra, nesses casos, fora do âmbito de proteção do direito fundamental[174].

Tem-se, pois, autêntica colisão apenas quando um direito fundamental afeta diretamente o âmbito de proteção de outro direito fundamental[175]. Em se tratando de direitos submetidos a reserva legal expressa, compete ao legislador traçar os limites adequados, de modo a assegurar o exercício pacífico de faculdades eventualmente conflitantes.

Um típico exemplo de colisão de direitos fundamentais é assinalado por Edilson Farias: a liberdade artística, intelectual, científica ou de comunicação (CF, art. 5º, IX) pode entrar em colisão com a intimidade, a vida privada, a honra ou a imagem das pessoas (CF, art. 5º, X); ou a liberdade interna de imprensa (art. 38º, 2º, da Constituição portuguesa), que implica a liberdade de expressão e criação dos jornalistas, bem como a sua intervenção na orientação ideológica dos órgãos de informação, pode entrar em colisão com o direito de propriedade das empresas jornalísticas[176].

3.5.2. Tipos de colisão

A doutrina cogita de colisão de direitos em sentido estrito ou em sentido amplo. As colisões em sentido estrito referem-se apenas àqueles conflitos entre direitos fundamentais. As colisões em sentido amplo envolvem os direitos fundamentais e outros princípios ou valores que tenham por escopo a proteção de interesses da comunidade[177].

As colisões de direitos fundamentais em sentido estrito podem referir-se a (a) direitos fundamentais idênticos ou a (b) direitos fundamentais diversos.

Em relação à colisão de direitos fundamentais idênticos, podem ser identificados quatro tipos básicos:

a) Colisão de direito fundamental enquanto direito liberal de defesa: *v. g.*, a decisão de dois grupos adversos de realizar uma demonstração na mesma praça pública.

b) Colisão de direito de defesa de caráter liberal e o direito de proteção: como exemplo, mencione-se a decisão de atirar no sequestrador para proteger a vida do refém ou da vítima.

Ressalte-se que, nessa hipótese, a colisão entre a vida do sequestrador e a da vítima revela apenas parte de um problema mais complexo (colisão complexa). A colisão poderia ser resolvida com a aceitação das condições impostas pelo sequestrador.

---

173 Rufner, Grundrechtskonflikte, cit., p. 460.

174 Rufner, Grundrechtskonflikte, cit., p. 461.

175 Rufner, Grundrechtskonflikte, cit., p. 461.

176 Cf., sobre o assunto, Edilson Pereira de Farias, *Colisão de direitos*: a honra, a intimidade, a vida privada e a imagem *versus* a liberdade de expressão e informação, Porto Alegre: Sérgio A. Fabris, Editor, 1996, p. 94 e s.

177 Robert Alexy, "Kollision und Abwägung als Grundproblem der Grundrechtsdogmatik", palestra proferida na Fundação Casa de Rui Barbosa, Rio de Janeiro, 10-12-1998.

Não se pode, porém, desconsiderar um terceiro elemento da colisão, que é o dever de proteção em face da comunidade. Daí decorre o dever de atuar para evitar novos atos de violência[178].

c) Colisão do caráter negativo de um direito com o caráter positivo desse mesmo direito: é o que se verifica com a liberdade religiosa, que tanto pressupõe a prática de uma religião como o direito de não desenvolver ou participar de qualquer prática religiosa. Aqui cabe perguntar, por exemplo, se o Estado pode impor que se coloquem crucifixos nas salas de aula[179].

d) Colisão entre o aspecto jurídico de um direito fundamental e o seu aspecto fático: tem-se aqui um debate que é comum ao direito de igualdade. Se o legislador prevê a concessão de auxílio aos hipossuficientes, indaga-se sobre a dimensão fática ou jurídica do princípio da igualdade[180].

Nas colisões entre direitos fundamentais diversos assume peculiar relevo a colisão entre a liberdade de opinião, de imprensa ou liberdade artística, de um lado, e o direito à honra, à privacidade e à intimidade, de outro[181].

Finalmente, mencionem-se as colisões em sentido amplo, que envolvem direitos fundamentais individuais e direitos fundamentais coletivos e difusos. Assim, é comum a colisão entre o direito de propriedade e interesses coletivos associados, *v. g.*, à utilização da água ou à defesa de um meio ambiente equilibrado. Da mesma forma, não raro surgem conflitos entre as liberdades individuais e a segurança interna como valor constitucional[182].

3.5.3. Solução dos conflitos

3.5.3.1. *Considerações preliminares*

Questão embaraçosa refere-se ao direito ou bem que há de prevalecer no caso de colisão autêntica. Formulada de maneira explícita: quais seriam as possibilidades de solução em caso de conflito entre a liberdade de opinião e de comunicação ou a liberdade de expressão artística (CF, art. 5º, IX) e o direito à inviolabilidade da intimidade, da vida privada, da honra e da imagem (CF, art. 5º, X)? Ou, seria legítima a recusa de um pai em autorizar que se faça transfusão de sangue em um filho com base em convicção religiosa?

É possível que uma das fórmulas alvitradas para a solução de eventual conflito passe pela tentativa de estabelecimento de uma *hierarquia* entre direitos fundamentais[183].

Embora não se possa negar que a unidade da Constituição não repugna a identificação de normas de diferentes *pesos* numa determinada ordem constitucional, é certo que a fixação de rigorosa hierarquia entre diferentes direitos acabaria por desnaturá-los

---

178 Alexy, "Kollision und Abwägung", cit., p. 105.

179 Alexy, "Kollision und Abwägung", cit., p. 105 e s.

180 Cf. Alexy, "Kollision und Abwägung", cit., p. 105 e s.

181 Alexy, "Kollision und Abwägung", cit., p. 105; cf., também, Farias, *Colisão de direitos*, cit., p. 94 e s.

182 Alexy, "Kollision und Abwägung", cit., p. 105; cf., também, Farias, *Colisão de direitos*, cit., p. 94 e s.

183 Cf., a propósito, Ingo Von Munch, *Grundgesetz-Kommentar*, cit., p. 49.

por completo, desfigurando, também, a Constituição como complexo normativo unitário e harmônico[184]. Uma valoração hierárquica diferenciada de direitos fundamentais somente é admissível em casos especialíssimos.

Assim, afirma-se, no Direito alemão, que o postulado da dignidade humana (*Grundsatz der Menschenwurde*) integra os princípios fundamentais da ordem constitucional (*tragende Konstitutionsprinzipien*) que balizam todas as demais disposições constitucionais (LF, arts. 1º, I, e 79, III). A *garantia de eternidade* contida no art. 79, III, confere-lhe posição especial em face de outros preceitos constitucionais[185]. Da mesma forma, tem-se como inquestionável que o direito à vida tem precedência sobre os demais direitos individuais, uma vez que é pressuposto para o exercício de outros direitos[186].

Na tentativa de fixar uma regra geral, consagra Dürig a seguinte fórmula: *valores relativos às pessoas têm precedência sobre valores de índole material* (*Persongutwert geht vor Sachgutwert*)[187].

Tal como apontado por Rufner, a tentativa de atribuir maior significado aos direitos individuais não submetidos à restrição legal expressa em relação àqueloutros, vinculados ao regime de reserva legal simples ou qualificada, revela-se absolutamente inadequada, por não apreender a natureza especial dos direitos individuais. A previsão de expressa restrição legal não contém um juízo de desvalor de determinado direito, traduzindo tão somente a ideia de que a sua limitação é necessária e evidente para a compatibilização com outros direitos ou valores constitucionalmente relevantes[188].

Tomando um exemplo do Direito alemão, esclarece Rufner que o direito de reunião a céu aberto é mais importante para o processo de formação de opinião pública do que o direito de reunião em salas fechadas. Não obstante, houve por bem o constituinte submeter aquele direito e não este ao regime de restrição legal, contemplando não o maior significado de um ou de outro, mas sim o potencial de conflituosidade inerente ao primeiro[189].

Uma das propostas de solução doutrinária recomenda a transferência de limitações impostas a determinado direito àquele insuscetível de restrição. Além de não se mostrar apta para a solução global do problema, uma vez que não cuida de eventual conflito entre direitos formalmente insuscetíveis de restrição, essa abordagem acaba por reduzir de forma substancial o significado das garantias jurídicas especialmente desenvolvidas para certos direitos considerados fundamentais[190].

Também não há de ser aceita a tentativa de limitar *a priori* o âmbito de proteção dos direitos fundamentais não submetidos a restrições legais. É que, além de retirar o significado dogmático da distinção entre direitos suscetíveis e insuscetíveis de restrição, essa concepção torna impreciso e indeterminado o âmbito de proteção desses direitos[191].

---

184 Rufner, Grundrechtskonflikte, cit., p. 462.

185 Rufner, Grundrechtskonflikte, cit., p. 462.

186 Rufner, Grundrechtskonflikte, cit., p. 462.

187 Dürig, in *Summum ius, Summa iniuria*, p. 84, apud Rufner, Grundrechtskonflikte, cit., p. 462.

188 Rufner, Grundrechtskonflikte, cit., p. 462.

189 Rufner, Grundrechtskonflikte, cit., p. 462.

190 Bodo Pieroth e Bernhard Schlink, *Grundrechte – Staatsrecht II*, cit., p. 72 e Bodo Pieroth e Bernhard Schlink, *Direitos fundamentais*, cit., p. 151.

191 Bodo Pieroth e Bernhard Schlink, *Grundrechte – Staatsrecht II*, cit., p. 73 e Bodo Pieroth e Bernhard Schlink, *Direitos fundamentais*, cit., p. 152.

Outros afirmam que a colisão entre direitos individuais ou entre direitos individuais e bens tutelados constitucionalmente atua como uma *restrição imanente* que legitima a intervenção na esfera do direito não submetido expressamente a uma limitação, eliminando-se a possibilidade de conflito com recurso à *concordância prática* (*colisão constitucional como justificativa de uma intervenção*)[192]. Essa orientação tem a vantagem de não impor limitação *a priori* ao âmbito de proteção de determinado direito, cingindo-se a legitimar, constitucionalmente, eventual restrição[193]. A interpretação sistemática atuaria, assim, de forma corretiva, permitindo tanto a justificação de novas restrições quanto a delimitação do âmbito de proteção de determinado direito[194].

Essa abordagem também revela aspectos ambíguos, na medida em que não explicita a função do princípio da reserva legal no caso de colisão de direitos individuais, deixando em aberto se as restrições decorrentes do conflito entre direitos individuais:

– mostram-se admissíveis apenas nos direitos não submetidos a restrições expressas ou também aos demais direitos individuais suscetíveis de restrição legal;

– podem ser identificadas apenas pelo legislador ou se também pela Administração e pelo Judiciário[195].

É certo que se, tecnicamente, o constituinte distinguiu os direitos submetidos a reserva legal expressa daqueloutros, não submetidos a esse regime. Esse fato decorreu de ter vislumbrado perigo de colisão nos primeiros e admitido que tal não se verificaria nos últimos. Isso não significa que, constatado o conflito, deva a questão permanecer irresolvida. Todavia, não se há de utilizar o pretexto de pretensa colisão para limitar direitos insuscetíveis, em princípio, de restrição[196]. Por isso, a limitação decorrente de eventual colisão entre direitos constitucionais deve ser excepcional. A própria cláusula de imutabilidade de determinados princípios há de servir de baliza para evitar que, mediante esforço hermenêutico, reduza-se, de forma drástica, o âmbito de proteção de determinados direitos[197].

A Corte Constitucional alemã reconheceu, expressamente, que, "tendo em vista a unidade da Constituição e a defesa da ordem global de valores por ela pretendida, a colisão entre direitos individuais de terceiros e outros valores jurídicos de hierarquia constitucional pode legitimar, em casos excepcionais, a imposição de limitações a direitos individuais não submetidos explicitamente a restrição legal expressa"[198].

---

192 Bodo Pieroth e Bernhard Schlink, *Grundrechte – Staatsrecht II*, cit., p. 74 e Bodo Pieroth e Bernhard Schlink, *Direitos fundamentais*, cit., p. 152; Lothar Michael e Martin Morlok, *Grundrechte*, cit., p. 338.

193 Bodo Pieroth e Bernhard Schlink, *Grundrechte – Staatsrecht II*, cit., p. 74 e Bodo Pieroth e Bernhard Schlink, *Direitos fundamentais*, cit., p. 153.

194 Bodo Pieroth e Bernhard Schlink, *Grundrechte – Staatsrecht II*, cit., p. 74 e Bodo Pieroth e Bernhard Schlink, *Direitos fundamentais*, cit., p. 153.

195 Bodo Pieroth e Bernhard Schlink, *Grundrechte – Staatsrecht II*, cit., p. 74 e Bodo Pieroth e Bernhard Schlink, *Direitos fundamentais*, cit., p. 153.

196 Bodo Pieroth e Bernhard Schlink, *Grundrechte – Staatsrecht II*, cit., p. 75 e Bodo Pieroth e Bernhard Schlink, *Direitos fundamentais*, cit., p. 154.

197 Bodo Pieroth e Bernhard Schlink, *Grundrechte – Staatsrecht II*, cit., p. 75 e Bodo Pieroth e Bernhard Schlink, *Direitos fundamentais*, cit., p. 154.

198 *BVerfGE*, 28, 243 (261).

Ressalte-se, porém, que o Tribunal não se limita a proceder a uma simplificada ponderação entre princípios conflitantes, atribuindo precedência ao de maior hierarquia ou significado. Até porque, como observado, dificilmente se logra estabelecer uma hierarquia precisa entre os diversos direitos fundamentais constitucionalmente contemplados[199]. Ao revés, no juízo de ponderação indispensável entre os valores em conflito, contempla a Corte as circunstâncias peculiares de cada caso. Daí afirmar-se, correntemente, que a solução desses conflitos há de se fazer mediante a utilização do recurso à *concordância prática* (*praktische Konkordanz*), de modo que cada um dos valores jurídicos em conflito ganhe realidade[200].

Uma tentativa de sistematização da jurisprudência mostra que ela se orienta pelo estabelecimento de uma "ponderação de bens tendo em vista o caso concreto" (*Guterabwägung im konkreten Fall*), isto é, de uma ponderação que leve em conta todas as circunstâncias do caso em apreço (*Abwägung aller Umstände des Einzelfalles*)[201], estabelecendo-se uma prevalência condicionada[202].

Para Alexy, a ponderação realiza-se em três planos. No primeiro, há de se definir a intensidade da intervenção. No segundo, trata-se de saber a importância dos fundamentos justificadores da intervenção. No terceiro plano, então se realiza a ponderação em sentido específico e estrito[203]. Alexy enfatiza que o postulado da proporcionalidade em sentido estrito pode ser formulado como uma "lei de ponderação" segundo a qual, "quanto mais intensa se revelar a intervenção em um dado direito fundamental, mais significativos ou relevantes hão de ser os fundamentos justificadores dessa intervenção"[204].

3.5.4. Colisão de direitos na jurisprudência do Supremo Tribunal Federal

Embora o texto constitucional brasileiro não tenha privilegiado especificamente determinado direito, na fixação das cláusulas pétreas (CF, art. 60, § 4º), não há dúvida de que, também entre nós, os valores vinculados ao princípio da dignidade da pessoa humana assumem peculiar relevo (CF, art. 1º, III).

Assim, devem ser levados em conta, em eventual juízo de ponderação, os valores que constituem inequívoca expressão desse princípio (*inviolabilidade de pessoa humana, respeito à sua integridade física e moral, inviolabilidade do direito de imagem e da intimidade*).

---

199 Cf., sobre o assunto, Rufner, Grundrechtskonflikte, cit., p. 465.

200 Cf., sobre o assunto, Hesse, *Grundzuge des Verfassungsrechts*, cit., p. 27; Lothar Michael e Martin Morlok, *Grundrechte*, cit., p. 346-347.

201 Cf. *BVerfGE*, 30, 173 (195); *BVerfGE*, 67, 213 (228).

202 Na IF n. 3.601, o STF analisou a aplicação do princípio da proporcionalidade vinculando-o ao controle da atividade restritiva do poder público aos direitos fundamentais e como método geral para a resolução de conflitos entre princípios constitucionais, com ênfase à chamada relação de precedência condicionada entre princípios constitucionais concorrentes (Tribunal Pleno, Rel. para o acórdão Min. Gilmar Mendes, julgado em 8-5-2003, *DJ* de 22-8-2003).

203 Robert Alexy, "Kollision und Abwägung", cit., tradução livre do autor deste estudo.

204 Robert Alexy, "Kollision und Abwägung", cit., tradução livre do autor deste estudo.

Também entre nós coloca-se, não raras vezes, a discussão sobre determinados direitos em contraposição a certos valores constitucionalmente protegidos[205].

Na discussão sobre a legitimidade das disposições reguladoras do preço de mensalidades escolares, reconheceu o Supremo Tribunal Federal que, com o objetivo de conciliar os princípios da livre-iniciativa e da livre concorrência e os da defesa do consumidor e da redução das desigualdades sociais, em conformidade com os ditames da justiça social, "pode o Estado, por via legislativa, regular a política de preços de bens e serviços, abusivo que é o poder econômico que visa ao aumento arbitrário dos lucros"[206].

Um dos casos interessantes da nossa jurisprudência refere-se à chamada "proibição da farra do boi", postulada por associação de defesa dos animais em face do Estado de Santa Catarina.

O voto proferido pelo Ministro Marco Aurélio parece espelhar claramente o conflito identificado entre a proteção e o incentivo de práticas culturais (art. 215, § 1º) e a defesa dos animais contra práticas cruéis:

> "Se, de um lado, como ressaltou o eminente Ministro Maurício Corrêa, a Constituição Federal revela competir ao Estado garantir a todos o pleno exercício de direitos culturais e acesso às fontes da cultura nacional, apoiando, incentivando a valorização e a difusão das manifestações culturais – e a Constituição Federal é um grande todo –, de outro lado, no Capítulo VI, sob o título 'Do Meio Ambiente', inciso VII do artigo 225, temos uma proibição, um dever atribuído ao Estado:
>
> 'Art. 225. (...)
>
> VII – proteger a fauna e a flora, vedadas, na forma da lei, as práticas que coloquem em risco sua função ecológica, provoquem a extinção de espécies ou submetam os animais a crueldade'.
>
> Senhor Presidente, é justamente a crueldade o que constatamos ano a ano, ao acontecer o que se aponta como folguedo sazonal. A manifestação cultural deve ser estimulada, mas não a prática cruel. Admitida a chamada 'farra do boi', em que uma turba ensandecida vai atrás do animal para procedimentos que estarrecem, como vimos, não há poder de polícia que consiga coibir esse procedimento. Não vejo como chegar-se à posição intermediária. A distorção alcançou tal ponto que somente uma medida que obstaculize terminantemente a prática pode evitar o que verificamos neste ano de 1997. O Jornal da Globo mostrou um animal ensanguentado e cortado invadindo uma residência e provocando ferimento em quem se encontrava no interior.
>
> Entendo que a prática chegou a um ponto a atrair, realmente, a incidência do disposto no inciso VII do artigo 225 da Constituição Federal. Não se trata, no caso, de uma manifestação cultural que mereça o agasalho da Carta da República. Como disse no início de meu voto, cuida-se de uma prática cuja crueldade é ímpar e decorre das circunstâncias de pessoas envolvidas por paixões condenáveis buscarem, a todo custo, o próprio sacrifício do animal"[207].

---

205 Cf., dentre outros, Wilson Antônio Steinmetz, *Colisão de direitos e princípio da proporcionalidade*, Porto Alegre: Livr. do Advogado Ed., 2001, p. 17 e s.

206 ADI-QO 319/DF, rel. Min. Moreira Alves, *DJ* de 30-4-1993, *RTJ*, 149 (3)/666-693.

207 RE 153.531, rel. Min. Marco Aurélio, *Lex-STF*, 239/192 (208).

Na espécie, com base no exame das provas constantes dos autos, concluiu o Supremo Tribunal Federal que a prática desenvolvida em Santa Catarina desbordava, por completo, dos limites de uma típica manifestação cultural[208].

Nesse particular, merece destaque a ADI 4.983/CE, que, ao discutir a constitucionalidade da vaquejada como prática desportivo-cultural, também levou a referida colisão de direitos ao exame da Suprema Corte. Em sessão plenária do dia 6-10-2016, acordaram os Ministros do Supremo Tribunal Federal, por maioria, em julgar procedente o pedido formulado para declarar a inconstitucionalidade da Lei n. 15.299, de 8 de janeiro de 2013, do Estado do Ceará, diploma normativo que regulamentava a vaquejada.

O cerne do debate vislumbrava analisar, conforme constatou o relator, Ministro Marco Aurélio:

> "(...) o conflito entre normas constitucionais – aquela que assegura o direito ao meio ambiente, artigo 225, e a que garante o direito às manifestações culturais enquanto expressão da pluralidade, artigo 215. Afirma ser necessário dar maior peso, na espécie, à preservação do meio ambiente. Consoante articula, a lei impugnada não encontra respaldo no Texto Maior, violando o disposto no artigo 225, § 1º, inciso VII, da Carta.
>
> Discorre sobre a vaquejada, apontando ser prática considerada esportiva e cultural no Nordeste do Brasil, em que uma dupla de vaqueiros, montados em cavalos distintos, busca derrubar o touro, puxando-o pelo rabo dentro de área demarcada. Destaca o caráter histórico da atividade, ligada à antiga necessidade de os fazendeiros reunirem o gado, e a transformação, com o tempo, em espetáculo esportivo altamente lucrativo, movimentando 'cerca de R$ 14 milhões por ano'.
>
> Ressalta que, diferentemente do que acontecia no passado, os bovinos são hoje enclausurados, açoitados e instigados. Segundo aduz, isso faz com que o boi corra 'quando aberto o portão', sendo, então, conduzido pela dupla de vaqueiros competidores, até uma área assinalada com cal, agarrado pelo rabo, que é torcido até ele cair com as quatro patas para cima e, assim, ser finalmente dominado. Indica laudo técnico, conclusivo, subscrito pela Doutora Irvênia Luíza de Santis Prada, a demonstrar a presença de lesões traumáticas nos animais em fuga, inclusive a possibilidade de a cauda ser arrancada, com consequente comprometimento dos nervos e da medula espinhais, ocasionando dores físicas e sofrimento mental.
>
> Reporta-se a estudo da Universidade Federal de Campina Grande, Paraíba, revelador de lesões e danos irreparáveis sofridos também pelos cavalos utilizados na atividade, considerado percentual relevante de ocorrência de tendinite, tenossinovite, exostose, miopatias focal e por esforço, fraturas e osteoartrite társica. Afirma, ante os dados empíricos, implicar a vaquejada tratamento cruel e desumano às espécies animais envolvidas.
>
> Diz que o Supremo usa a técnica da ponderação para resolver conflitos específicos entre manifestações culturais e proteção ao meio ambiente, predominando entendimento a favor de afastar práticas de tratamento inadequado a animais, mesmo dentro de contextos culturais e esportivos. (...)
>
> Frisa que a solução adotada nesses precedentes, no sentido de prevalência da norma constitucional de preservação do meio ambiente e correspondente imposição de limites

208 No mesmo sentido, os votos dos Ministros Rezek e Néri da Silveira (*Lex-STF*, 239/192 (196-200) e 208-211.

jurídicos às manifestações culturais, deve ser observada na espécie, presente a crueldade dispensada aos animais.

Sob o ângulo do risco, assevera a possibilidade de ocorrência de danos irreversíveis haja vista estarem submetidos a tratamento cruel. Postulou a concessão de liminar para suspender a eficácia da Lei n. 15.299/2013, do Estado do Ceará. No mérito, requer a declaração de inconstitucionalidade desse diploma legal.

Acionei o disposto no artigo 12 da Lei n. 9.868, de 1999, determinando fossem solicitadas informações ao órgão responsável pelo ato questionado bem como colhidos a manifestação do Advogado-Geral da União e o parecer do Procurador-Geral da República. O Governo do Estado do Ceará pronunciou-se em duas oportunidades. Na primeira, discorreu sobre a importância histórica da vaquejada. Defendeu a constitucionalidade da norma atacada, porquanto, ao regulamentar o esporte, teria protegido os bens constitucionais ditos violados, impondo a prática adequada do evento e estabelecendo sanções às condutas de maus-tratos aos bovinos. Afirmou obrigar a lei a adoção de medidas protetivas da integridade física e da saúde dos animais. Sustentou haver sido a vaquejada reconhecida como 'prova de rodeio' pela Lei federal n. 10.220, de 11 de abril de 2001, e os praticantes do esporte, atletas profissionais. Aduziu cuidar-se de direito cultural amparado pelo artigo 215 da Carta da República, além de servir de incentivo ao turismo e fonte de empregos sazonais, de alta relevância para a economia local. (...)

Quanto ao mérito, salientou que a vaquejada faz parte da cultura da região, revelando patrimônio histórico do povo nordestino, direito fundamental coletivo previsto no artigo 216 da Carta de 1988. Ressaltou a impropriedade da defesa apriorística do meio ambiente natural em detrimento do cultural, devendo tal análise ser realizada diante do caso concreto. Destacou que a legislação questionada atende à exigência de desenvolvimento econômico sustentável. Enfatizou não se confundir a vaquejada com os casos de 'brigas de galo' e 'farra do boi', pois inexiste crueldade com os animais, como ocorria nos mencionados eventos declarados inconstitucionais pelo Supremo. (...)

A Advocacia-Geral da União diz da procedência do pedido. Explicita que a prática da vaquejada, embora deva ter o reconhecimento como valor cultural, expõe os animais a maus-tratos e crueldade. Aduz estar presente conflito entre os artigos 225, § 1º, inciso VII, e 215 do Diploma Maior, tendo o Supremo julgado a favor da proteção ao meio ambiente, quando reveladas situações de tratamento cruel a animais, ainda que dentro do contexto de manifestações culturais. Articula caber a observância dessa jurisprudência no caso concreto" (ADI 4.983, rel. Min. Marco Aurélio, Tribunal Pleno, julgado em 6-10-2016, *DJe* de 27-4-2017).

Em face do conflito entre o direito ao meio ambiente e o direito às manifestações culturais, prevaleceu a tutela da vida e integridade dos animais. No entanto, faz-se mister ressaltar que, como destacou o Ministro Luiz Edson Fachin, o caso em tela guardava lindada diferença em relação às manifestações culturais da farra do boi e da rinha de galo, na medida em que, enquanto nestas últimas existe a expressa finalidade de dar cabo da vida dos animais envolvidos, não é esse o objetivo intentado na prática da vaquejada. Ponderou-se, no julgamento, que os maus-tratos não decorreriam, em sua essencialidade, dessa manifestação cultural, que teria o propósito de alcance desportivo em sentido amplo. A partir dessas razões, entenderam os Ministros Edson Fachin, Teori

Zavascki, Luiz Fux, Dias Toffoli e Gilmar Mendes que a lei impugnada, da forma como estava colocada, não se coadunava com qualquer tipo de crueldade contra animais.

Todavia, a maioria dos Ministros entendeu que a lei questionada não garantia que a crueldade contra os animais não viesse a ocorrer nessas manifestações culturais das comunidades sertanejas. Dessarte, preponderou o entendimento pela declaração de inconstitucionalidade da lei, à luz da convicção de que havia, *in casu*, manifesta colisão entre o direito à manifestação cultural e o direito ao meio ambiente e à proteção dos animais, ambos previstos na Constituição Federal.

No entanto, em junho de 2017, cerca de um ano após o julgamento da ADI 4.983/CE, a Mesa do Congresso Nacional promulgou a Emenda Constitucional n. 96, que incorporou o § 7º ao art. 225 da Constituição Federal, com o seguinte teor:

> "Art. 225. Todos têm direito ao meio ambiente ecologicamente equilibrado, bem de uso comum do povo e essencial à sadia qualidade de vida, impondo-se ao Poder Público e à coletividade o dever de defendê-lo e preservá-lo para as presentes e futuras gerações. (...)
>
> § 7º Para fins do disposto na parte final do inciso VII do § 1º deste artigo, não se consideram cruéis as práticas desportivas que utilizem animais, desde que sejam manifestações culturais, conforme o § 1º do art. 215 desta Constituição Federal, registradas como bem de natureza imaterial integrante do patrimônio cultural brasileiro, devendo ser regulamentadas por lei específica que assegure o bem-estar dos animais envolvidos" (Incluído pela Emenda Constitucional n. 96, de 2017).

Assim, a nova disposição constitucional passou a permitir as práticas desportivas que utilizem animais, desde que configurem manifestação cultural registrada como bem integrante do patrimônio cultural brasileiro.

Com efeito, uma das consequências práticas da Emenda Constitucional n. 96 foi novamente possibilitar a prática da vaquejada. Isso porque, em novembro de 2016, fora decretada e sancionada a Lei n. 13.364, que elevou o rodeio e a vaquejada à condição de manifestações da cultura nacional e de patrimônio cultural imaterial, preenchendo-se, assim, a condição imposta pela EC n. 96/2017 para a permissão das práticas desportivas com animais.

Ademais, em observância à determinação, imposta pela emenda, de que se promulgue lei específica para assegurar o bem-estar dos seres envolvidos nas práticas desportivas, foi apresentado o Projeto de Lei do Senado n. 378/2016, ainda sob tramitação nas Casas Legislativas, que possui o escopo de regulamentar o tratamento conferido aos animais.

Outro caso de relevo na jurisprudência do Supremo Tribunal refere-se à submissão de réu em ação de investigação de paternidade ao exame de DNA. Diante da recusa manifestada, determinou o juiz que se conduzisse o réu, sob força, se necessário, com base no art. 130 do Código de Processo Civil.

O relator designado para o acórdão, Ministro Rezek, entendeu inexistir, na espécie, qualquer violência contra os direitos fundamentais do réu. É o que se lê na seguinte passagem do seu voto:

> "O impetrante alega que a ordem de condução expedida contra si afronta o artigo 332 do Código de Processo Civil. Da sua ótica, o exame é ilegítimo, já que ninguém pode ser

constrangido a submeter-se a prova pericial contra sua vontade. Ocorre que a lei, conquanto não autorize diretamente o exame hematológico, como qualquer outro exame, é geral. Tem o magistrado a faculdade de determinar as provas que julgar necessárias à perfeita instrução do processo, podendo a parte, por igual, propor a realização de todas aquelas em direito permitidas, tal como fez o paciente em sua contestação (fls. 37). É o que diz o artigo 130 do CPC, complementado pelo artigo 332, que inclui 'todos os meios moralmente legítimos, ainda que não especificados neste código'. E é contundente a relação de pertinência entre a prova pretendida e o objeto da ação, onde se discute o tema da paternidade.

Lembra o impetrante que não existe lei que o obrigue a realizar o exame. Haveria, assim, afronta ao artigo 5º II da CF. Chega a afirmar que sua recusa pode ser interpretada, conforme dispõe o artigo 343-§ 2º do CPC, como uma confissão (fls. 6). Mas não me parece, ante a ordem jurídica da República neste final de século, que isso frustre a legítima vontade do juízo de apurar a verdade real. A Lei n. 8.069/90 veda qualquer restrição ao reconhecimento do estado de filiação, e é certo que a recusa significará uma restrição a tal reconhecimento. O sacrifício imposto à integridade física do paciente é risível quando confrontado com o interesse do investigante, bem assim com a certeza que a prova pericial pode proporcionar à decisão do magistrado.

Um último dispositivo constitucional pertinente, que o investigado diz ter sido objeto de afronta, é o que tutela a intimidade, no inciso X do art. 5º. A propósito, observou o parecer do Ministério Público: 'a afirmação, ou não, do vínculo familiar não se pode opor ao direito ao próprio recato. Assim, a dita intimidade de um não pode escudá-lo à pretensão do outro de tê-lo como gerado pelo primeiro', e mais, a Constituição impõe como dever da família, da sociedade e do Estado assegurar à criança o direito à dignidade, ao respeito, além de colocá-la a salvo de toda forma de negligência. Como bem ponderou o *parquet* federal, no desfecho de sua manifestação, 'não há forma mais grave de negligência para com uma pessoa do que deixar de assumir a responsabilidade de tê-la fecundado no ventre materno...' (fls. 206)"[209].

Todavia, houve por bem a Corte acolher orientação contrária, preconizada no voto do Ministro Marco Aurélio:

"Ninguém está compelido, pela ordem jurídica, a adentrar a Justiça para questionar a respectiva paternidade, da mesma forma que há consequências para o fato de vir aquele que é apontado como pai a recusar-se ao exame que objetive o esclarecimento da situação. É certo que compete aos cidadãos em geral colaborar com o Judiciário, ao menos na busca da prevalência dos respectivos interesses, e que o sacrifício – na espécie, uma simples espetadela – não é tão grande assim. Todavia, princípios constitucionais obstaculizam a solução dada à recusa. Refiro-me, em primeiro lugar, ao da legalidade, no que ninguém é obrigado a fazer ou deixar de fazer alguma coisa senão em virtude de lei. Inexiste lei reveladora de amparo à ordem judicial atacada neste *habeas-corpus* – no sentido de o Paciente, Réu na ação de investigação de paternidade, ser conduzido ao laboratório para a colheita do material indispensável ao exame. Ainda que houvesse, estaria maculada, considerados os interesses em

209 HC 71.373, Rel. para o acórdão Min. Marco Aurélio, *DJ* de 22-11-1996.

questão – eminentemente pessoais e a inegável carga patrimonial – pela inconstitucionalidade. Digo isto porquanto a Carta Política da República – que o Dr. Ulisses Guimarães, em perfeita síntese, apontou como a 'Carta Cidadã' – consigna que são invioláveis a intimidade, a vida privada, a honra e a imagem das pessoas – inciso X do rol das garantias constitucionais (artigo 5º). Onde ficam a intangibilidade do corpo humano, a dignidade da pessoa, uma vez agasalhada a esdrúxula forma de proporcionar a uma das partes, em demanda cível, a feitura de uma certa prova? O quadro é extravagante e em boa hora deu-se a impetração deste *habeas-corpus*. É irrecusável o direito do Paciente de não ser conduzido, mediante coerção física, ao laboratório. É irrecusável o direito do Paciente de não permitir que se lhe retire, das próprias veias, porção de sangue, por menor que seja, para a realização do exame. A recusa do Paciente há de ser resolvida não no campo da violência física, da ofensa à dignidade humana, mas no plano instrumental, reservado ao Juízo competente – ou seja, o da investigação de paternidade – a análise cabível e a definição, sopesadas a prova coligida e a recusa do réu. Assim o é porque a hipótese não é daquelas em que o interesse público sobrepõe-se ao individual, como a das vacinações obrigatórias em época de epidemias, ou mesmo o da busca da preservação da vida humana, naqueles conhecidos casos em que convicções religiosas arraigadas acabam por conduzir à perda da racionalidade"[210].

Embora a doutrina não se tenha manifestado diretamente sobre o tema, é difícil saber se a ponderação levada a efeito no presente caso apreendeu todos os aspectos envolvidos na complexa colisão. O argumento formal relacionado com a presunção de paternidade – confissão ficta – parece desconsiderar o significado do conhecimento real da paternidade para o direito de personalidade da requerente. Não se pode, com absoluta tranquilidade, afirmar, como o fez o Ministro Marco Aurélio, que "a hipótese não é daquelas em que o interesse público sobrepõe-se ao individual, como a das vacinações obrigatórias em época de epidemias, ou mesmo o da busca da preservação da vida humana, naqueles conhecidos casos em que convicções religiosas arraigadas acabam por conduzir à perda da racionalidade".

A questão voltou a ser agitada em outro *habeas corpus*, já mencionado anteriormente. Como mencionado, a impetração questionava a obrigatoriedade de que o pai presumido se submetesse ao exame em ação de paternidade movida por terceiro, que buscava o reconhecimento da sua condição de pai do menor.

Nesse passo, é interessante o registro da manifestação do Ministro Sepúlveda Pertence, alicerçada em fortes subsídios do direito comparado:

"O caso propiciou-me a ocasião de colher informações, posto que apressado, sobre o estado da questão no direito comparado.

Abstraídas as conotações específicas do problema no processo penal (*v. g.*, Ángel Gil Hernandez, Intervenciones Corporales y Derechos Fundamentales, Madrid, ed. Colex, 1995, Michel Taruffo, Le prove scientifiche nella recente esperienza statunitense, Riv. It. Dir. Proc. Civile, 1996, n. 1/219); Daniela Vigoni, Corte Costituzionale, prelievo ematico e test del DNA, Riv. It. Dir. Proc. Penale, 1996, 4/1.022), é de reconhecer que, no campo

210 HC 71.373, Rel. para o acórdão Min. Marco Aurélio, *DJ* de 22-11-1996.

da investigação da paternidade, nos ordenamentos europeus de maior trânsito entre nós – com a exceção da Alemanha – prevalece a tese que, no Tribunal, reuniu a maioria.

'A França, a Itália e a Espanha' – sintetiza Ranier Frank (L'Examen Biologique sous Contrainte dans le Cadre de l'Établissement en Droit Allemand, na Révue internat. dr. comparé, 1995, n. 4/905, 908) – 'se identificam em que a recusa de submeter-se ao exame biológico não tem consequências senão na apreciação das provas pelo juiz, ao passo que o direito inglês considera que a recusa a sujeitar-se à ordem judicial que ordena o exame corporal vale por obstruir a busca da prova e deve conduzir necessariamente à perda do processo'.

'Esta diferença de valoração de comportamentos semelhantes entre os sistemas jurídicos de influência romanista, de uma parte, e o sistema jurídico inglês, de outra parte' – prossegue aquele professor de Friburg – 'encontra sua verdadeira explicação no fato de que a França, a Itália e a Espanha obedecem aos princípios concernentes ao estado da pessoa: um julgamento sobre a filiação produz efeitos *erga omnes* e deve, por essa razão, ter em conta a verdade biológica, ao passo que na Inglaterra as questões atinentes ao direito da filiação são sempre examinadas enquanto questões prejudiciais autônomas, incidentes, no âmbito de processos de alimentos ou relativos à sucessão'.

Dá conta o autor (ib., p. 909) de que no mesmo grupo se situam, *mutatis mutandis*, o direito suíço e o austríaco.

A exceção mais notável na Europa ocidental é assim a Alemanha, onde vige, desde a reforma de 1938, a regra da submissão coativa das partes e das testemunhas à colheita do sangue, 'desde que essa medida seja necessária ao exame da filiação de uma criança'.

A inovação data do auge do nacional socialismo quando, por força da política racial do regime totalitário – nota Frank (ib., p. 910) 'as pesquisas sobre as origens raciais e genéticas conheceram importância crescente', excedente do domínio do direito da infância (tanto assim, informa, que a regra da lei processual civil foi estendida, em 1943, aos procedimentos administrativos de apuração somente de pertinência a uma raça ou a um clã).

O interessante, no entanto, segundo atesta o jurista germânico, é que a regra da compulsoriedade do exame não foi estigmatizada, no após-guerra, como vinculada ao pensamento nazista; ao contrário, subsistiu à democratização e até à reforma processual de 1950, justificada como decorrência do princípio inquisitório que domina, no direito alemão, os procedimentos relativos à filiação; finalmente, a legitimidade do sistema veio a reforçar-se com a afirmação pelo Tribunal Constitucional Federal, entre os direitos gerais da personalidade, do 'direito ao conhecimento da origem genética' (BverG 79.256; NSW 1989, 881), do qual extraiu o imperativo constitucional da criação de uma ação autônoma declaratória da filiação genética, não sujeita a limitações da contestação da legitimidade presumida; contra o que – informa o autor – não se pôde antepor o direito à integridade corporal, em relação ao qual, já na década de 50 (BverG 5,13), a Corte assentara que manifestamente não a agride a colheita de uma pequena quantidade de sangue (Frank, ib., p. 911).

Similar, no ponto, ao alemão é o direito norte-americano e o dos países nórdicos (Frank, ob. loc. cits., p. 920; Marcelo Stalteri, Genetica e processo: la prova del 'dna fingerprint' Riv. Trimestr. Dir. e Proc. Civile, Ano XLVII, n. 1 (3.93), p. 189); nos Estados Unidos, informa Stalteri (ib., p. 220), os ordenamentos estaduais têm adotado a regra do Uniform Parentage Act, de 1973, s. II, a, a teor da qual 'the Court may, and upon the request of a party shall require the child, mother or alleged father to submit to blood tests', sob pena de contempt of Court e, pois, de sujeição compulsória ao exame.

De minha parte, não obstante o respeito à maioria formada no HC 71.313 e o domínio do seu entendimento no direito comparado, ainda não me animo a abandonar a corrente minoritária no sentido – explícito no meu voto vencido – de que não se pode opor o mínimo ou – para usar da expressão do eminente Ministro Relator – o risível sacrifício à inviolabilidade corporal (decorrente da 'simples espetadela', a que alude o voto condutor do em. Ministro Marco Aurélio) – 'à eminência dos interesses constitucionalmente tutelados à investigação da própria paternidade'.

A digressão, entretanto – e com as minhas escusas –, vale apenas a título de reserva do eventual e oportuno reexame da tese do precedente lembrado"[211].

Embora o relator manifestasse dúvida sobre o resultado da ponderação levada a efeito na primeira decisão, optou também ele por considerar que, na espécie, não se justificava a imposição. É que o caso estava revestido de peculiaridade que tornava desproporcional a imposição do exame pretendido, tal como bem anotado no voto condutor:

"Na espécie, por certo, não estão presentes as circunstâncias – que, atinentes ao direito fundamental à própria e real identidade genética –, me induzem a insistir na ressalva prudente.

Cuida-se aqui, como visto, de hipótese atípica, em que o processo tem por objeto a pretensão de um terceiro de ver-se declarado pai da criança gerada na constância do casamento do paciente, que assim tem por si a presunção legal da paternidade e contra quem, por isso, se dirige a ação.

Não discuto aqui a questão civil da admissibilidade da demanda.

O que, entretanto, não parece resistir, que mais não seja, ao confronto do princípio da razoabilidade ou da proporcionalidade – de fundamental importância para o deslinde constitucional da colisão de direitos fundamentais – é que se pretenda constranger fisicamente o pai presumido ao fornecimento de uma prova de reforço contra a presunção de que é titular.

É de sublinhar que efetivamente se cuidaria de simples prova de reforço de um fato que, de outro modo, se pode comprovar.

Com efeito. A revolução, na área da investigação da paternidade, da descoberta do código genético individual, em relação ao velho cotejo dos tipos sanguíneos dos envolvidos, está em que o resultado deste, se prestava apenas e eventualmente à exclusão da filiação questionada, ao passo que o DNA leva sabidamente a resultados positivos de índices probabilísticos tendentes à certeza.

Segue-se daí a prescindibilidade, em regra, de ordenada coação do paciente ao exame hematológico, à busca de exclusão da sua paternidade presumida, quando a evidência positiva da alegada paternidade genética do autor da demanda pode ser investigada sem a participação do réu (é expressivo, aliás, que os autos já contenham laudo particular de análise do DNA do autor, do menor e de sua mãe – v. 4/f. 853).

Esse o quadro, o primeiro e mais alto obstáculo constitucional à subjugação do paciente a tornar-se objeto da prova do DNA não é certamente a ofensa da colheita de material,

211 HC 76.060, rel. Min. Sepúlveda Pertence, *Lex-STF*, 237/304 (306-308).

minimamente invasiva, à sua integridade física, mas sim a afronta à sua dignidade pessoal, que, nas circunstâncias, a participação na perícia substantivaria"[212].

A questão voltou ao Plenário, com contornos peculiares, na Rcl 2.040, rel. Min. Néri da Silveira, julgada em 21-2-2002. Tratava-se de episódio em que extraditanda, recolhida à carceragem da Polícia Federal, havia engravidado em condições que lançavam suspeitas sobre agentes da corporação (caso Gloria Trevi). Estava em jogo, na hipótese, o conflito entre o direito ao resguardo da intimidade e da vida privada, garantidos à extraditanda, e os valores da moralidade administrativa e da honra dos agentes, suspeitos de haverem cometido estupro carcerário, situação noticiada amplamente pelos meios de comunicação. A ponderação de valores se impunha. A decisão está assim ementada:

"Reclamação. Reclamante submetida ao processo de Extradição n. 783, à disposição do STF. 2. Coleta de material biológico da placenta, com propósito de se fazer exame de DNA, para averiguação de paternidade do nascituro, embora a oposição da extraditanda. 3. Invocação dos incisos X e XLIX do art. 5º, da CF/88. 4. Ofício do Secretário de Saúde do DF sobre comunicação do Juiz Federal da 10ª Vara da Seção Judiciária do DF ao Diretor do Hospital Regional da Asa Norte – HRAN, autorizando a coleta e entrega de placenta para fins de exame de DNA e fornecimento de cópia do prontuário médico da parturiente. 5. Extraditanda à disposição desta Corte, nos termos da Lei n. 6.815/80. Competência do STF, para processar e julgar eventual pedido de autorização de coleta e exame de material genético, para os fins pretendidos pela Polícia Federal. 6. Decisão do Juiz Federal da 10ª Vara do Distrito Federal, no ponto em que autoriza a entrega da placenta, para fins de realização de exame de DNA, suspensa, em parte, na liminar concedida na Reclamação. Mantida a determinação ao Diretor do Hospital Regional da Asa Norte, quanto à realização da coleta da placenta do filho da extraditanda. Suspenso também o despacho do Juiz Federal da 10ª Vara, na parte relativa ao fornecimento de cópia integral do prontuário médico da parturiente. 7. Bens jurídicos constitucionais como 'moralidade administrativa', 'persecução penal pública' e 'segurança pública' que se acrescem – como bens da comunidade, na expressão de Canotilho – ao direito fundamental à honra (CF, art. 5º, X), bem assim direito à honra e à imagem de policiais federais acusados de estupro da extraditanda, nas dependências da Polícia Federal, e direito à imagem da própria instituição, em confronto com o alegado direito da reclamante à intimidade e a preservar a identidade do pai de seu filho. 8. Pedido conhecido como reclamação e julgado procedente para avocar o julgamento do pleito do Ministério Público Federal, feito perante o Juízo Federal da 10ª Vara do Distrito Federal. 9. Mérito do pedido do Ministério Público Federal julgado, desde logo, e deferido, em parte, para autorizar a realização do exame de DNA do filho da reclamante, com a utilização da placenta recolhida, sendo, entretanto, indeferida a súplica de entrega à Polícia Federal do 'prontuário médico' da reclamante".

212 HC 76.060, rel. Min. Sepúlveda Pertence, *Lex-STF*, 237/304 (309).

Fica evidente aqui que, também no Direito brasileiro, o princípio da dignidade humana assume relevo ímpar na decisão do processo de ponderação entre as posições em conflito. É certo, outrossim, que o Supremo Tribunal Federal está a se utilizar, conscientemente, do princípio da proporcionalidade como "lei de ponderação", rejeitando a intervenção que impõe ao atingido um ônus intolerável e desproporcional.

Em casos, por exemplo, envolvendo a colisão entre o direito ao meio ambiente equilibrado e a livre iniciativa econômica, que se têm tornado frequentes na jurisprudência do Tribunal, a utilização do princípio da proporcionalidade é manifesta. Emblemático, nesse sentido, o julgamento da ADPF 101, rel. Min. Cármen Lúcia, em que se discutia se decisões judiciais que autorizavam a importação de pneus usados – enquanto manifestação da liberdade de iniciativa e comércio – ofendiam a garantia constitucional ao meio ambiente equilibrado (CF, art. 225). Submetendo o problema ao juízo de ponderação entre valores, o Supremo Tribunal Federal assentou, nos termos do voto da Relatora, que "haveria de se ter em conta que o preço industrial a menor não poderia se converter em preço social a maior, a ser pago com a saúde das pessoas e com a contaminação do meio ambiente"[213].

Outra decisão relevante, nesse contexto, foi tomada pelo Supremo Tribunal em sede cautelar. Trata-se do pedido de liminar formulado pelo Ministério Público de São Paulo contra as tratativas desenvolvidas pelo Governo Federal com objetivo de atribuir vigência antecipada aos tratados internacionais de transferência de presos. Alguns deles encontravam-se em greve de fome, por isso, corriam risco de vida.

Revela-se elucidativa a decisão tomada pelo Ministro Sepúlveda Pertence, no despacho indeferitório da liminar:

> "Entendo, não obstante, que o deferimento da liminar nos termos em que requerida, em nome do respeitável interesse na integridade da execução penal, tenderia a frustrar definitivamente as gestões diplomáticas em curso, à custa, eventualmente, do trágico sacrifício de vidas humanas, que elas pretendem obviar.
>
> O risco é pelo menos recíproco. E evidente a desproporção dos valores a ponderar.
>
> Certo, seria imperativo arrostar as graves consequências da liminar, se se afigurasse inquestionável a tese constitucional do impetrante.
>
> Não é, entretanto, o que ocorre.
>
> O tema não estava em causa na ADIn 1480, não podendo o trecho da ementa do em. Ministro Celso de Mello – no qual busca apoio a petição inicial – que, de resto, não é inequívoco a propósito, ser tomado como decisão do Tribunal sobre a admissibilidade ou não da vigência provisória de tratados.
>
> E a tese da sua legitimidade constitucional – como o demonstra o d. J. F. Rezek (Direito dos Tratados, Forense, 1984, p. 368 ss.) – além de corresponder à nossa prática diplomática, ainda não faz muito reiterada, no Acordo brasileiro-argentino de cooperação judiciária (f. 218), – tem por si lastro dogmático que, em princípio, reputo convincente.

213 *Informativo STF* n. 538, 9 a 13-3-2009 (ADPF 101/DF, rel. Min. Cármen Lúcia). Cf., também sobre conflito entre desenvolvimento econômico e direito ao meio ambiente, a ADI 3.540-MC, rel. Min. Celso de Mello, *DJ* de 3-2-2006.

'A linguagem tradicional da Constituição brasileira, a respeito' – conclui Rezek (ob. cit., p. 372) – 'não é apenas compatível com a determinação da vigência provisória dos tratados, senão que a ela induz preferencialmente quando dá ao chefe de Estado o poder de pactuar, '*ad referendum* do Congresso', a este incumbindo de 'resolver definitivamente' sobre o avençado'.

Teme o impetrante que, no caso, da execução provisória redundassem consequências irreversíveis, que são efetivamente de evitar, como assinalou o autor citado, em acordos que a estipulem.

Mas é o requerente mesmo que – como evidência da base real dos seus temores – junta ao pedido um papel que atribui à Subchefia para Assuntos Jurídicos da Casa Civil da Presidência da República, a teor do qual – depois de admitir a viabilidade constitucional de um acordo aditivo de vigência temporária dos tratados – sugere afinal, 'como medida de cautela, estabelecer condição, na transferência dos referidos presos, no sentido de que, no caso de não aprovação dos tratados por qualquer dos congressos dos países signatários, deverão ser recambiados os presos, para seguimento do cumprimento das sentenças ditadas pela Justiça brasileira'.

Assim, até pelo menos que se conheçam os termos do aditivo, é prematuro assentar a irreversibilidade dos seus efeitos.

Finalmente, nas circunstâncias do caso, soa, *data venia,* um tanto artificial que, à possibilidade de o Presidente da República precipitar o repatriamento dos condenados estrangeiros, sem prejuízo do cumprimento da pena em seus países – o que corresponde a uma tendência internacional crescente – se venha a opor a intangibilidade da decisão judicial condenatória e de sua execução, quando o Chefe do Estado continua titular de poderes radicais e soberanos para, sem mais aquela, extinguir integralmente os efeitos da sentença, seja pela graça (Const., art. 84, XII), seja pela expulsão incondicionada (L. 6.815/80, art. 67)".

Na espécie, resta evidente que, entre os valores em jogo (execução da pena em território nacional, como decorrência de decisão judicial transitada em julgado, e a vida dos presos), a ponderação a ser realizada não oferecia grandes dificuldades, até porque, tal como o próprio requerente advertira, as negociações admitiam o retorno dos transferidos, caso não verificada a aprovação definitiva dos tratados.

Por outro lado, a vigência provisória de tratados tinha precedentes na nossa prática diplomática e, ao contrário do sustentado pelo requerente, não fora rejeitada expressamente pelo Supremo Tribunal Federal.

Ademais, como ressaltado, a tese da intangibilidade da sentença judicial revelava-se quase ingênua diante da possibilidade admitida pelo ordenamento jurídico brasileiro de que o Presidente da República elimine os efeitos da decisão pela graça (CF, art. 84, XII) ou pela expulsão incondicionada (Lei n. 6.815/80, art. 67).

Nesse caso, o conflito de direito reduz-se quase a uma colisão aparente, já que alguns elementos centrais da situação conflitiva se revelaram insubsistentes. É interessante notar, porém, que o despacho deixa entrever a organização de uma colisão que teria de ser decidida, se não se revelassem inconsistentes os fundamentos da impetração.

No que se refere à tensão entre a liberdade de expressão e de crítica e o direito à honra e à intimidade, existe, no Supremo Tribunal Federal, precedente que reconhece a possibilidade de *diferenciações*, consideradas as diferentes situações desempenhadas pelos eventuais envolvidos. Assim, admite-se, tal como na jurisprudência de outros países, que se estabeleçam critérios diversos para a aferição de possível lesão à honra, tendo em vista a maior ou a menor exposição pública das pessoas.

É o que se pode depreender da ementa de acórdão proferido no *Habeas Corpus* n. 78.426:

> "Crime contra a honra e a vida política. É certo que, ao decidir-se pela militância política, o homem público aceita a inevitável ampliação do que a doutrina italiana costuma chamar a *zona di iluminabilità*, resignando-se a uma maior exposição de sua vida e de sua personalidade aos comentários e à valoração do público, em particular, dos seus adversários; mas a tolerância com a liberdade da crítica ao homem público há de ser menor, quando, ainda que situado no campo da vida pública do militante político, o libelo do adversário ultrapasse a linha dos juízos desprimorosos para a imputação de fatos mais ou menos concretos, sobretudo se invadem ou tangenciam a esfera da criminalidade: por isso, em tese, pode caracterizar delito contra a honra a assertiva de haver o ofendido, ex-Prefeito, deixado o Município 'com dívidas causadas por suas falcatruas'"[214].

Vê-se aqui que também o Supremo Tribunal Federal define conceitos que hão de balizar o complexo de ponderação, fixando-se que os homens públicos estão submetidos a exposição de sua vida e de sua personalidade e, por conseguinte, estão obrigados a tolerar críticas que, para o homem comum, poderiam significar uma séria lesão à honra. Todavia, essa orientação, segundo o Supremo Tribunal Federal, não outorga ao crítico um *bill* de indenidade, especialmente quando imputa a alguém a prática de atos concretos que resvalam para o âmbito da criminalidade.

Em outro caso, relativo a uma queixa-crime movida por deputado federal contra um ministro de Estado, por calúnia, injúria e difamação, entendeu o Supremo Tribunal que a resposta oferecida contra ataques perpetrados da tribuna parlamentar – e, portanto, cobertos pela imunidade – pode ser admitida como simples e legítima retorsão. É o que se lê na ementa do acórdão proferido no Inquérito n. 1.247, da relatoria do Ministro Marco Aurélio:

> "Crime contra a honra – Elemento subjetivo – Dolo – Inviolabilidade parlamentar – Retorsão – Alcance. Tratando-se de hipótese a revelar prática inicial coberta pela inviolabilidade parlamentar, sentindo-se o titular do mandato ofendido com resposta formalizada por homem público na defesa da própria honra, único meio ao alcance para rechaçar aleivosias, cumpre ao órgão julgador adotar visão flexível, compatibilizando valores de igual envergadura. A óptica ortodoxa própria aos crimes contra os costumes, segundo a qual a retorsão é peculiar ao crime de injúria, cede a enfoque calcado no princípio da proporcionalidade, da razoabilidade, da razão de ser das coisas, potencializando-se a intenção do

214 HC 78.426, rel. Min. Sepúlveda Pertence, julgado em 6-3-1999, 1ª Turma, *DJ* de 7-5-1999.

agente, o elemento subjetivo próprio do tipo – o dolo – e, mais do que isso, o socialmente aceitável. Considerações e precedente singular ao caso concreto"[215].

Também aqui resta evidente o esforço desenvolvido pelo Tribunal com o propósito de objetivar critérios para o processo de ponderação que envolva a liberdade de expressão – no caso específico de pronunciamento parlamentar – e o direito à honra. Tendo em vista a prerrogativa de que goza o parlamentar, houve por bem o Tribunal entender como legítima defesa a resposta oferecida por autoridade pública contra os ataques sofridos, legitimando, na espécie, um direito de retorsão não previsto no ordenamento positivo.

Registre-se, por fim, a decisão que deu pela procedência da ADI 1.969. A ação tinha por objeto um Decreto do Governador do Distrito Federal que, em nome dos "postulados básicos da democracia", dispunha ficar "vedada, com a utilização de carros de som ou assemelhados, a realização de manifestações públicas, nos locais abaixo descriminados: I – Praça dos Três Poderes; II – Esplanada dos Ministérios; III – Praça do Buriti"[216]. A espécie normativa, perpassada de flagrante inconstitucionalidade, deu ensejo a ponderação importante, constante do voto do Relator, Ministro Ricardo Lewandowski:

> "Ora, certo que uma manifestação sonora nas imediações de um hospital afetaria a tranquilidade necessária a esse tipo de ambiente, podendo, até mesmo, causar prejuízos irreparáveis aos pacientes. Ter-se-ia, nesse caso, uma hipótese de colisão entre direitos fundamentais, na qual o direito dos pacientes à recuperação da saúde certamente prevaleceria sobre o direito de reunião com tais características. Numa situação como essa, a restrição ao uso de carros, aparelhos e objetos sonoros mostrar-se-ia perfeitamente razoável"[217].

De ver-se, portanto, que a solução para a colisão entre direitos fundamentais dar-se-á à luz da situação concreta trazida ao Tribunal.

3.6. Concorrência de direitos fundamentais

Configura-se a concorrência de direitos quando determinada situação ou conduta pode ser subsumida no âmbito de proteção de diversos direitos fundamentais. Nesse caso, coloca-se o problema de saber qual das normas fundamentais seria aplicável e, por conseguinte, a que tipo de restrição estaria o cidadão submetido (coincidência ou divergência de limitações ou restrições).

Em se tratando de comportamento abrangido tanto por direito fundamental especial quanto por direito fundamental geral, como o direito amplo de liberdade, tem-se como regra assente que a proteção há de ser conferida pelo direito fundamental espe-

215 Inq. 1.247, rel. Min. Marco Aurélio, julgado em 15-4-1998, *DJ* de 18-10-2002.

216 Decreto n. 20.007, de 14 de janeiro de 1999, *DODF* de 21-1-1999.

217 ADI 1.969, rel. Min. Ricardo Lewandowski, *DJ* de 31-8-2007.

cial[218]. Assim, as medidas restritivas em relação à liberdade de reunião ou à inviolabilidade do domicílio aplicam-se por força do disposto no art. 5º, incisos XVI e XI, respectivamente, e não por força do princípio geral de liberdade (CF, art. 5º, II).

Pode ocorrer que determinada conduta esteja abrangida pelo âmbito de proteção de dois direitos fundamentais especiais.

Nessa hipótese, pode-se optar pela aplicação daquele que abarque características adicionais da conduta, revelando uma especialidade intrínseca entre eles. É o que pode ocorrer, *v. g.*, entre a liberdade de comunicação (CF, art. 5º, IX) e a liberdade de exercício profissional de um redator de jornal. Assim, se se pretende regular o direito profissional do jornalista, no âmbito de uma lei de imprensa, deve o legislador ater-se não apenas ao dispositivo que protege a liberdade profissional, mas também, e sobretudo, àquele que trata especificamente da liberdade de imprensa. O mesmo juízo há de se aplicar aos artistas ou aos cientistas[219].

Portanto, nesses casos de autêntica concorrência entre direitos fundamentais, tem-se uma dupla vinculação do legislador, que deve observar as disposições da norma fundamental "mais forte" (suscetível de restrição menos incisiva)[220].

Finalmente, se se verifica que determinada conduta se coloca ao abrigo do âmbito de proteção de direitos diversos, sem que haja relação de especialidade entre eles (concorrência ideal), então há de se fazer a proteção com base nas duas garantias. Se se trata de direitos fundamentais de limites diversos, eventual restrição somente poderá ser considerada legítima se compatível com o direito que outorga proteção mais abrangente[221]. Assim, uma procissão a céu aberto está protegida tanto pela liberdade de crença e culto (CF, art. 5º, VI) quanto pela liberdade de reunião (CF, art. 5º, XVI) e até mesmo pela liberdade de locomoção (CF, art. 5º, XV).

Da mesma forma, a referência a uma disciplina geral do trabalho não justifica intervenção em outros direitos fundamentais concorrentes. Assim, a proibição do trabalho aos domingos há de excluir, por exemplo, os empregados das igrejas, com base no princípio assegurador da liberdade religiosa[222].

Anote-se que, no âmbito dos direitos fundamentais de caráter processual, verifica-se, não raras vezes, a invocação (e aplicação) da garantia do devido processo legal, como garantia geral, em lugar das garantias especiais do direito ao contraditório e da ampla defesa, do juiz natural ou da proibição do uso de prova ilícita. Ou, ainda, a aplicação da garantia geral do devido processo legal e de uma garantia especial. Não se tem aqui propriamente uma relação de concorrência efetiva ou real, a resolver com base no princípio da especialidade, mas, talvez, a compreensão de que o âmbito de proteção dessas garantias especiais ainda não se teria autonomizado completamente da garantia geral referida.

---

218 Bodo Pieroth e Bernhard Schlink, *Grundrechte – Staatsrecht II*, cit., p. 76 e Bodo Pieroth e Bernhard Schlink, *Direitos fundamentais*, cit., p. 157; Canotilho, *Direito constitucional*, cit., p. 1227-1228.

219 Rufner, Grundrechtskonflikte, cit., p. 477.

220 Rufner, Grundrechtskonflikte, cit., p. 477.

221 Bodo Pieroth e Bernhard Schlink, *Grundrechte – Staatsrecht II*, cit., p. 76 e s. e Bodo Pieroth e Bernhard Schlink, *Direitos fundamentais*. São Paulo: IDP / Saraiva, 2012, p. 158.

222 Rufner, Grundrechtskonflikte, cit., p. 477.

Apêndice I
Exame da constitucionalidade da lei restritiva de direito

Quadro adaptado do modelo desenvolvido por Pieroth / Schlink, a partir do texto original, em alemão[223].

I – A conduta regulada pela lei está contemplada no âmbito de proteção de determinado direito fundamental?

II – A disciplina contida na lei configura uma intervenção no âmbito de proteção do direito fundamental?

III – Essa intervenção justifica-se do prisma constitucional?

1. Observaram-se, na elaboração da lei, as normas básicas sobre a competência legislativa e sobre o processo legislativo?
2.
   a) nos direitos individuais submetidos a restrição legal qualificada: a lei satisfaz os requisitos especiais previstos na Constituição?
   b) nos direitos submetidos a restrição legal simples: a lei afeta outros direitos individuais ou valores constitucionais?
   c) nos direitos individuais não submetidos a restrição legal expressa: identifica-se conflito ou colisão de direitos fundamentais ou entre um direito fundamental e outro valor constitucional que possa legitimar o estabelecimento de restrição?
3. A restrição atende ao princípio da "reserva do parlamento"?
4. A restrição atende ao princípio da proporcionalidade?
   4.1. A restrição é adequada?
   4.2. A restrição é necessária? Existiriam meios menos gravosos?
   4.3. A restrição é proporcional em sentido estrito?
5. O núcleo essencial do direito fundamental foi preservado?
6. A lei é suficientemente genérica ou afigura-se aplicável apenas a determinado caso (lei casuística)?
7. A lei restritiva é suficientemente clara e determinada, permitindo que o eventual atingido identifique a situação jurídica e as consequências que dela decorrem?
8. A lei satisfaz outras normas de direito constitucional, inclusive aquelas relativas aos direitos fundamentais de terceiros?

Apêndice II
Teste de constitucionalidade de uma medida concreta do Poder Executivo ou do Poder Judiciário

Quadro adaptado com base no modelo desenvolvido por Pieroth / Schlink – (*Grundrechte – Staatsrecht II*, cit., p. 80).

I – A conduta afetada pela medida enquadra-se no âmbito de proteção de algum direito fundamental?

---

223 Bodo Pieroth e Bernhard Schlink, *Grundrechte – Staatsrecht II*, cit., p. 79-80 e Bodo Pieroth e Bernhard Schlink, *Direitos fundamentais*, cit., p. 158-159.

II – A medida configura uma intervenção no âmbito de proteção do direito fundamental?

III – A medida pode ser justificada com base na Constituição?

1. Existe um fundamento legal para a medida compatível com a Constituição?
2. A medida, ela própria, é constitucional?
   a) Ela aplica a lei em conformidade com a Constituição?
   b) Ela é proporcional?
   c) Ela se revela clara e determinada para o atingido?

CAPÍTULO 4

DIREITOS FUNDAMENTAIS EM ESPÉCIE

I DIREITO À VIDA

Paulo Gustavo Gonet Branco

A existência humana é o pressuposto elementar de todos os demais direitos e liberdades dispostos na Constituição. Esses direitos têm nos marcos da vida de cada indivíduo os limites máximos de sua extensão concreta. O direito à vida é a premissa dos direitos proclamados pelo constituinte; não faria sentido declarar qualquer outro se, antes, não fosse assegurado o próprio direito de estar vivo para usufruí-lo. O seu peso abstrato, inerente à sua capital relevância, é superior a todo outro interesse[1].

O constituinte brasileiro, coerentemente, proclama o direito à vida, mencionando-o como o primeiro dos cinco valores básicos que inspiram a lista dos direitos fundamentais enumerados no art. 5º do texto constitucional, seguido da liberdade, igualdade, segurança e propriedade. Os atentados dolosos contra a vida devem ser perseguidos criminalmente, conforme o constituinte deixa sentir, instituindo para tais casos o processo penal por meio do júri (art. 5º, XXXVIII). No art. 225, § 1º, a Constituição, impondo que o meio ambiente seja ecologicamente equilibrado, dispõe que incumbe ao Poder Público "controlar a produção, a comercialização e o emprego de técnicas, métodos e substâncias que comportem risco para a vida, a qualidade de vida e o meio ambiente". O preceito enfatiza a importância do direito à vida e o dever do Estado de agir para preservá-la em si mesma e com determinado grau de qualidade. Dada a capital importância desse direito e em reconhecimento de que deve ser protegido sobretudo nos casos em que o seu titular se acha mais vulnerável, a Constituição, no art. 227, dispõe ser "dever da família, da sociedade e do Estado assegurar à criança e ao adolescente, com absoluta prioridade, o direito à vida".

A centralidade para qualquer ordem jurídica do direito à vida é também ressaltada em tratados internacionais de que o Brasil é parte. A Convenção Americana de Direitos

1 Francisco Fernandez Segado fala do direito à vida com cálidas e exatas palavras, dizendo que é "o primeiro direito, o mais fundamental de todos, o *prius* de todos os demais" (*El sistema constitucional español*. Madrid: Dykinson, 1997, p. 210).

Humanos – o Pacto de San José –, de 1969[2], declara, no seu art. 4º, que "toda pessoa tem o direito de que se respeite sua vida", acrescentando que "esse direito deve ser protegido pela lei e, em geral, desde o momento da concepção" e que "ninguém pode ser privado da vida arbitrariamente". Da mesma forma, o Pacto Internacional de Direitos Civis e Políticos das Nações Unidas, de 1968[3], explicita que "o direito à vida é inerente à pessoa humana" e que "este direito deverá ser protegido pela lei", além de dispor que "ninguém poderá ser arbitrariamente privado de sua vida". Nessa diretriz, a Convenção sobre os Direitos das Crianças, de 1989[4], entende "por criança todo ser humano menor de 18 anos de idade" (art. 1º), assevera que "os Estados-partes reconhecem que toda criança tem o direito inerente à vida" (art. 6º-1) e estabelece que "os Estados-partes assegurarão ao máximo a sobrevivência e o desenvolvimento da criança" (art. 6º-2).

Proclamar o direito à vida responde a uma exigência que é prévia ao ordenamento jurídico, inspirando-o e justificando-o. Trata-se de um valor supremo na ordem constitucional, que orienta, informa e dá sentido último a todos os demais direitos fundamentais.

Essa compreensão da relevância sem par do direito à vida é importante para o esquadrinhamento de alguns temas de atualidade que giram em torno desse postulado.

A expressão "direito à vida" está particularmente ligada, hoje, à discussão sobre a legitimidade da interrupção do processo de gestação e ao debate sobre a liceidade da interrupção voluntária da existência em certas circunstâncias dramáticas e peculiares. O direito à vida, porém, não tem a sua abrangência restrita a essas questões. Estudos já o contemplavam desde tempos mais remotos, tanto em discursos seculares como em produções de cunho religioso. Recorda-se, a esse propósito, que no século XIII, o filósofo escolástico Henry de Ghent sustentava que todas as pessoas "têm o direito, segundo a lei natural, de se lançar a atos de autopreservação"[5]. Em outros contextos, o direito à vida aparece vinculado aos direitos a integridade física, a alimentação adequada, a se vestir com dignidade, a moradia, a serviços médicos, ao descanso e aos serviços sociais indispensáveis. No século XX, porém, sobretudo a partir da sua segunda metade, intensifica-se o exame do direito à vida em seus desdobramentos ligados à reprodução humana[6]. Nesse âmbito, dois problemas básicos se

2 Ratificado pelo Brasil em 25 de setembro de 2002.

3 Ratificado pelo Brasil em 24 de janeiro de 2002.

4 Ratificada pelo Brasil em 24 de setembro de 1990.

5 Charles J. Reid Jr. "Children and the right to life in the canon law and the magisterium of the catholic church: 1878 to the present". The Social Science Research Network electronic library (http://papers.ssrn.com/abstract=1015402), p. 20.

6 A partir da década de 1970 são tomadas várias decisões de Supremas Cortes e de Cortes Constitucionais sobre problemas jurídicos surgidos com práticas de interrupção voluntária do processo de gestação. Entre nós, no ano de 2008, foi decidido, por maioria, no STF, ser constitucional a lei que permite pesquisas com células embrionárias humanas, mesmo que isso conduza à destruição do embrião ou ao comprometimento do seu potencial de desenvolvimento (ADI 3.510, rel. Min. Carlos Britto, julgamento iniciado em 5-3-2008 e encerrado em 29-5-2008). Foi argumentado que o direito à vida estaria ligado à pessoa natural, que, por seu turno, se identificaria juridicamente com os indivíduos que sobrevivem ao parto. Afirmou-se que "vida humana já revestida do atributo da personalidade civil é o fenômeno que transcorre entre o nascimento com vida e a morte". Foi dito, também, que "não

põem – o do início do direito à vida e o da sua harmonização com outros direitos que lhe disputem incidência num caso concreto.

1. TITULARIDADE DO DIREITO À VIDA

A vida preservada e encarecida pelo constituinte há de ser toda a vida humana. Não é ocioso ressaltar que somente há vida humana em seres humanos; onde não há vida não há mais ser humano – assertiva que se completa com a noção igualmente necessária de que onde há ser humano, há vida. O direito à vida cola-se ao ser humano, desde que este surge e até o momento da sua morte. Trata-se de um direito que resulta da compreensão generalizada, que inspira os ordenamentos jurídicos atuais, de que todo ser humano deve ser tratado com igual respeito à sua dignidade, que se expressa, em primeiro lugar, pelo respeito à sua existência mesma.

O direito à vida, assim, não pode ser compreendido de forma discriminatória com relação aos seus titulares. Se todo o ser humano singulariza-se por uma dignidade intrínseca e indisponível[7], a todo ser humano deve ser reconhecida a titularidade do direito mais elementar de expressão dessa dignidade única – o direito a existir. A ideia de igual dignidade de todos os seres humanos ficaria ferida se fosse possível graduar o direito à vida segundo aspectos acidentais que marcam a existência de cada pessoa. Não se concilia com a proposição de que todos os seres humanos ostentam igual dignidade classificá-los, segundo qualquer ordem imaginável, para privar alguns desse direito elementar. Nem a origem étnica, nem a origem geográfica, nem as opções de comportamento sexual, nem a idade – nada justifica que se aliene de um ser humano o direito à vida[8]. Onde, pois, houver um ser humano, há aí um indivíduo com o direito de viver, mesmo que o ordenamento jurídico não se dê ao trabalho de o proclamar explicitamente. Se o ordenamento jurídico reconhece como seu valor básico o princípio da dignidade

---

se nega que o início da vida humana só pode coincidir com o preciso instante da fecundação de um óvulo feminino por um espermatozoide masculino", mas se disse que "a inviolabilidade de que trata o artigo 5º é exclusivamente reportante a um já personalizado indivíduo". Esse modo de ver, como se anotou, não foi unânime no STF. O leitor atento perceberá que o autor deste tópico do *Curso* não participa dessas convicções, animado que se acha por outras premissas, que serão, a seguir, expostas, na crença da plena utilidade do diálogo franco e aberto da doutrina e da jurisprudência, com vistas à contínua construção e reconstrução do direito que busca o justo e o bom.

7 Roberto Andorno aponta que a dignidade da pessoa humana "é um dos poucos valores comuns no nosso mundo de pluralismo filosófico", sendo esse princípio a base dos direitos humanos e da democracia. Acrescenta que "a maioria das pessoas assume, como fato empírico, que os seres humanos possuem uma dignidade intrínseca. Essa intuição compartilhada pode ser chamada de *atitude padrão* (...) Todo sistema jurídico está baseado na suposição de que a dignidade humana realmente existe". Mais ainda, diz o autor, "todos os seres humanos possuem um único e incondicional valor; eles fazem jus a direitos básicos apenas por serem parte da humanidade. Nenhuma outra qualificação de idade, sexo, etnia ou origem religiosa é necessária" ("The paradoxical notion of human dignity". http://www.revistapersona.com.ar/Persona09/9Andorno.htm. Acesso em 26 de outubro de 2008).

8 No caso brasileiro, o constituinte prevê apenas um caso em que o comportamento de um ser humano pode conduzir a supressão da vida pelo Estado. É a hipótese que se lê no art. 5º, XLVII, *a*, da CF, ponto em que o constituinte admite a pena de morte havendo guerra devidamente declarada. A excepcionalidade da hipótese obrigou o constituinte a declina-la expressamente, de onde se segue que, afora essa situação, nenhuma outra dá entrada a ação do Estado contra a vida. Fica, assim, vedada a pena de morte em qualquer outra circunstância.

da pessoa humana e se afirma a igualdade como consequência precisamente dessa dignidade, o direito à vida está necessariamente aí pressuposto.

É indiferente, portanto, que o ordenamento infraconstitucional resolva restringir a plenitude do gozo e do exercício de direitos vários, conforme fatores diversos, como a maturidade física ou psicológica dos homens. Essas restrições são ordinariamente dispostas em prol do mesmo indivíduo que as sofre e acaso serão válidas, se proporcionadas a razoáveis objetivos almejados pelo legislador. O direito que é a base de todos os demais, todavia, não pode ser suprimido em função de fatores acidentais da própria vida e do seu desenvolvimento[9].

Não se há de condicionar o direito à vida a que se atinja determinada fase de desenvolvimento orgânico do ser humano. Tampouco cabe subordinar esse direito fundamental a opções do legislador infraconstitucional sobre atribuição de personalidade jurídica para atos da vida civil. O direito à vida não pode ter o seu núcleo essencial apequenado pelo legislador infraconstitucional – e é essa consequência constitucionalmente inadequada que se produziria se se partisse para interpretar a Constituição segundo a legislação ordinária, máxime quando esta não se mostrar tão ampla como exige o integral respeito do direito à vida. Havendo vida humana, não importa em que etapa de desenvolvimento e não importa o que o legislador infraconstitucional dispõe sobre personalidade jurídica, há o direito à vida[10].

Nesse quadro deve ser avaliada a questão do direito à vida dos nascituros.

O elemento decisivo para se reconhecer e se proteger o direito à vida é a verificação de que existe vida humana desde a concepção, quer ela ocorra naturalmente, quer *in vitro.* O nascituro é um ser humano. Trata-se, indisputavelmente, de um ser vivo, distinto da mãe que o gerou, pertencente à espécie biológica do *homo sapiens*[11]. Isso é

---

9 É de interesse o que ensina Rodolfo Carlos Barra a esse respeito. Lembra o jurista argentino que "o homem-pessoa não é um bem jurídico – na realidade (...) para ele é o bem comum, é um ente dotado de valor em si mesmo" (*La protección constitucional del derecho a la vida*, Buenos Aires: Abeledo-Perrot, 1996, p. 51).

10 Em Portugal, leciona-se, em magistério perfeitamente ajustado ao direito pátrio, que, em virtude da proclamação do direito à vida, "o momento da origem da vida torna-se o ponto nuclear de referência constitucional de tutela da pessoa humana, substituindo a centralidade da personalidade jurídica como critério jurídico de reconhecimento de direitos. (...) Ou seja: o momento jurídico-constitucional da concepção ganhou prevalência sobre o momento jurídico-civilista do nascimento" (Paulo Otero, *Direito da vida*, Coimbra: Almedina, 2004, p. 82).

11 A ciência permite que se afirme, hoje, que o conjunto de informações genéticas, que filia um ser vivo a uma espécie, está fixado desde a fusão dos núcleos do espermatozoide e do óvulo.

Ives Gandra Filho recorda os testemunhos do conhecido e prestigiado cientista Jêrome Lejeune, resumindo-os na conclusão de que "no momento da concepção, pela fecundação do óvulo pelo espermatozoide, o embrião que surge passa a ter um código genético distinto da mãe, o que mostra tratar-se de ser diferente da mãe e não mero apêndice do organismo feminino. (...) Não é possível se pretender dizer que não se está diante de uma vida humana" (Ives Gandra da Silva Martins Filho, "O direito à vida e o aborto do anencéfalo", in *Direito fundamental à vida*, São Paulo: Quartier Latin, 2005, p. 177).

"Como cada embrião humano – segue nesta linha Roberto Andorno – contém um genoma humano que é idêntico ao do adulto em que está chamado a se convolar, está claro que pertence, tanto como o adulto, à espécie humana. Nenhum ser vivo e, em particular, nenhum embrião poderia se transformar especificamente em *humano* no curso do seu desenvolvimento biológico, se já não o era antes" (Roberto Andorno, *Bioética y dignidade de la persona*, Madrid: Tecnos, 1998, p. 94).

É claro que o estudo científico distingue *individualidade biológica* da *unicidade da informação genética*. As duas noções são estremadas por Roberto Andorno, com este exemplo:

bastante para que seja titular do direito à vida – apanágio de todo ser que surge do fenômeno da fecundação humana.

O direito à vida não pressupõe mais do que pertencer à espécie *homo sapiens*. Acreditar que somente haveria pessoa no ser dotado de autoconsciência é reduzir o ser humano a uma propriedade do indivíduo da espécie humana, que inclusive pode ser perdida ao longo da sua existência. O indivíduo que se consubstancia da fusão de gametas humanos não é apenas potencialmente humano ou uma pessoa em potencial; é um ser humano, por pertencer à espécie humana. Por conta dessa sua essência humana, o ainda não nascido tem direito à vida como os já nascidos, até por imposição do princípio da igual dignidade humana[12].

O direito à vida tem na fecundação o seu termo inicial e na morte o seu termo final.

2. DIREITO À VIDA: DIREITO DE DEFESA E DEVER DE PROTEÇÃO

O direito à vida apresenta evidente cunho de direito de defesa, a impedir que os poderes públicos pratiquem atos que atentem contra a existência de qualquer ser hu-

---

Uma célula da pele de um homem adulto, que pode ser separada e cultivada, pertence também à espécie humana; em seus 46 cromossomos, possui toda a informação genética do indivíduo, da mesma forma que um embrião. No entanto, essa célula não é um "indivíduo humano" no mesmo sentido que o é um embrião, porque somente este último está orientado a se transformar numa criança e, logo mais, num adulto. Ao contrário, uma célula da pele não será nunca um homem completo: as células que compõem o embrião são *totipotentes*, quer dizer, elas contêm todo o ser humano; uma célula da pele, como a célula de qualquer tecido do corpo humano, é *diferenciada*, ela não está orientada a se transformar num ser humano completo (id., p. 95).

O que se afirma, portanto, é que o embrião é um ser vivo, da espécie *homo sapiens* e não se confunde com uma mera célula entre as várias que compõem um indivíduo. Trata-se, portanto, de um indivíduo, de um ser humano – realidade que se demonstra com fatos de ordem científica.

12 Compreende-se, pois, que o Pacto de San José, como visto, proteja a vida humana desde a concepção.

Em 12 de abril de 2012, porém, o STF, por maioria de votos, parece haver encontrado uma exceção a esses postulados. Ao julgar a ADPF 54 (rel. o Ministro Marco Aurélio), entendeu que não haveria a proteção penal para o feto anencéfalo. Cogitou-se de que, "por ser o anencéfalo absolutamente inviável, não seria titular do direito à vida". Mesmo que biologicamente vivo, seria "juridicamente morto", não seria pessoa humana, mesmo que um ser humano. Mesmo na corrente vitoriosa, porém, houve divergência de fundamentação, com voto que não chegava a essas assertivas, preferindo enxergar no caso uma hipótese não prevista explicitamente pelo legislador de 1940 de isenção de punibilidade. Voto vencido do Ministro Cezar Peluso anotou que, nas audiências públicas havidas na Corte, colheram-se conclusões contraditórias para a questão da existência de atividades e ondas cerebrais no anencéfalo. Além disso, distinguiu morte encefálica de anencefalia. Argumentou que o crime contra a vida acontece com a eliminação da vida, descartada qualquer especulação sobre a sua viabilidade futura. Enfatizou que o simples fato de o anencéfalo ter vida e pertencer à espécie humana, deve ter assegurada a proteção do direito, independentemente de gozar de personalidade civil, devendo ser tratado como sujeito de direito, dotado da "dignidade advinda de sua incontestável ascendência e natureza humanas". A seu ver, ademais, todas as hipóteses de risco de vida para a genitora já estão incluídas no caso legal do aborto terapêutico.

O autor deste capítulo deste *Curso* concorda com a corrente vencida. Há vida – e vida humana – no feto anencefálico. Há, portanto, direito à vida, não parecendo ser a melhor interpretação aquela que restringe o âmbito natural desse direito à conta de opção do legislador infraconstitucional sobre o início da personalidade jurídica das pessoas, o que é uma circunstância acidental, e não um elemento definidor da vida humana. Não se mostra tampouco ideal determinar a existência de vida humana, ainda em processo de desenvolvimento, pelo critério que define a morte de um ser humano que já completou esse mesmo processo – a presença, ou não, de atividade cerebral. A vida humana merece ser protegida, sendo os aspectos acidentais do estádio do seu desenvolvimento e da sua eventual curta duração irrelevantes para o respeito devido a esse direito.

mano. Impõe-se também a outros indivíduos, que se submetem ao dever de não agredir esse bem elementar.

Coexiste com essa dimensão negativa, outra, positiva, que se traduz numa "pretensão jurídica à protecção, através do Estado, do direito à vida (dever de protecção jurídica) que obrigará este, por ex., à criação de serviços de polícia, de um sistema prisional e de uma organização judiciária"[13].

Sendo um direito, e não se confundindo com uma liberdade, não se inclui no direito à vida a opção por não viver. Na medida em que os poderes públicos devem proteger esse bem, a vida há de ser preservada, apesar da vontade em contrário do seu titular. Daí que os poderes públicos devem atuar para salvar a vida do indivíduo, mesmo daquele que praticou atos orientados ao suicídio.

O ângulo positivo do direito à vida obriga o legislador a adotar medidas eficientes para proteger a vida em face de outros sujeitos privados. Essas medidas devem estar apoiadas por uma estrutura eficaz de implementação real das normas.

As providências apropriadas para a proteção do direito à vida a que o Estado está obrigado podem variar de âmbito e de conteúdo, conforme a maior ou menor ameaça com que os diferentes elementos da vida social desafiam tal direito.

O Estado assume uma obrigação mais acentuada de proteção dos indivíduos que se encontram sob a sua direta tutela ou custódia. O dever de proteger a vida de prisioneiros leva a exigências mais acentuadas no que tange a providências necessárias para a preservação da existência dos indivíduos. Daí a jurisprudência que atribui responsabilidade civil ao Estado pela morte de detidos em presídios, mesmo que o homicídio não seja imputado a um agente público[14] – jurisprudência que não se estende para outros casos em que a morte é causada por outro particular, não estando o indivíduo sob a direta vigilância do Estado.

Pode-se afirmar que, se a autoridade pública sabe da existência concreta de um risco iminente para a vida humana em determinada circunstância e se omite na adoção de providências preventivas de proteção das pessoas ameaçadas, o Estado falha no dever decorrente da proclamação do direito à vida.

Inclui-se no dever de proteger a vida, ainda, a obrigação de os poderes públicos investigarem, com toda a diligência, os casos de violação desse direito. Toda morte não natural ou suspeita deve ser averiguada. A falta de investigação séria e consequente diminui, na prática, a proteção que o direito à vida proporciona, sendo certo que a impressão de impunidade debilita o efeito dissuasório da legislação criminal de proteção à vida. A investigação deve ser ampla, imediata e imparcial.

O dever de proteção abrange também a proibição de se extraditar – e, com maioria de razão expulsar ou deportar – indivíduo sujeito a pena de morte[15].

---

13 J. J. Gomes Canotilho, *Direito constitucional*, Coimbra: Almedina, 1993, p. 526.

14 A propósito, do STF: RE 372.472, rel. Min. Carlos Velloso, *DJ* de 28-11-2003; RE 272.839, rel. Min. Gilmar Mendes, *DJ* de 8-4-2005; Ag 512.698 AgR, rel. Min. Carlos Velloso, *DJ* de 24-2-2006. Neste último precedente também são citados o RE 217.592, rel. Min. Joaquim Barbosa, *DJ* de 18-10-2005, e o RE 231.738, rel. Min. Ellen Gracie, *DJ* de 27-9-2004.

15 A jurisprudência do Supremo Tribunal Federal, a propósito, tem o compromisso formal de comutação da pena de morte, que eventualmente recaia sobre o extraditando, como condição para a sua entrega ao Estado que o

Não sendo dado extrair do direito à vida um direito a não mais viver, os poderes públicos não podem consentir em práticas de eutanásia. A eutanásia está ligada a uma deliberada ação, que tem em mira o encerramento da vida de uma pessoa que sofre de um mal terminal, padecendo de dores substanciais. A eutanásia ocorre, às vezes, por meio de uma ação direta, que busca e ocasiona a morte. Ministrar drogas letais a um paciente, com o objetivo de causar-lhe a perda das funções vitais, configura hipótese de eutanásia. Não será esse o caso, contudo, se o objetivo da droga empregada for o de conter dores atrozes de paciente terminal, tornando-as realmente mais suportáveis, embora com a consequência, não diretamente querida, mas previsível, de se abreviar a vida. Da mesma forma, ante a irreversibilidade de um estado terminal não configurará eutanásia a suspensão de tratamentos extraordinários aplicados ao paciente. Não se justifica, contudo, e conduz à figura da eutanásia, a suspensão dos tratamentos ordinários. Não se justifica a interrupção, por exemplo, da alimentação do paciente, mesmo que por via intravenosa, provocando a morte por inanição, nem a suspensão do auxílio externo para a respiração.

A eutanásia é incompatível com o direito à vida, mesmo que haja o consentimento do paciente. Incumbe ao Estado o dever de não apenas não praticar tais atos como também o de aparelhar o ordenamento jurídico para a sua repressão.

O direito à vida pode também engendrar o dever positivo de os poderes públicos fornecerem medicamentos indispensáveis à sobrevivência do doente, como já se firmou na jurisprudência do STF[16].

O direito à vida é por vezes referido sob um modo qualificado, num sentido amplo, a abranger não apenas a preservação da existência física, mas designando, além disso, um direito a uma *vida digna*. Essa expressão abarcaria o direito a alimentação, a habitação, a vestuário, a educação elementar, entre outras pretensões. Em certas hipóteses, o direito à vida haverá de conduzir a esses desdobramentos. Muitos desses direitos, porém, são tratados pelo constituinte autonomamente, podendo, para melhor equacionamento técnico dos problemas surgidos, ser invocados, eles mesmos, com preferência ao recurso exclusivo, direto e imediato do direito à vida, que no seu núcleo básico protege mesmo a existência física.

Os direitos fundamentais em geral excitam o dever de proteção a cargo do Estado. É intuitivo, porém, que essa obrigação suba de ponto quanto mais elevado for o peso do direito no ordenamento constitucional. O Estado deverá valer-se de meios tanto mais vigorosos quanto mais relevante for o direito fundamental e quanto mais potencialmente hostil ao direito e danoso ao bem juridicamente tutelado for o comportamento que se deseja prevenir.

A vida humana – como valor central do ordenamento jurídico e pressuposto existencial dos demais direitos fundamentais, além de base material do próprio conceito de dignidade humana – impõe medidas radicais para a sua proteção. Não havendo outro meio eficiente para protegê-la, a providência de *ultima ratio* da tipificação penal se torna

---

requer (cf. Ext 984, rel. Min. Carlos Britto, *DJ* de 17-11-2006, e Ext 744, rel. Min. Celso de Mello, *DJ* de 18-2-2000, entre outros).

16 Entre outros, veja-se o RE-AgR 271.286, rel. Min. Celso de Mello, *DJ* de 24-11-2000.

inescapável. Não havendo outra forma de se atender com eficácia a exigência de proteção ao direito à vida, ordenada aos poderes públicos, deverá o legislador lançar mão dos instrumentos do direito penal. Assim, nos casos em que a vida se vê mais suscetível de ser agredida, não será de surpreender que, para defendê-la, o Estado se valha de medidas que atingem a liberdade de outros sujeitos de direitos fundamentais. Justifica-se, então, que se incrimine o homicídio, mesmo que o próprio legislador contemple circunstâncias que devem ser consideradas com vistas a modular a aplicação da lei penal. Justifica-se, da mesma forma, que se incrimine o aborto, como medida indispensável para a proteção da vida humana intrauterina. A incriminação da conduta não apenas se presta para reprimir o comportamento contrário ao valor central da vida para o ordenamento jurídico, como, igualmente, contribui para que se torne nítida a antijuridicidade do comportamento vedado. A inequívoca e grave rejeição do aborto pela legislação penal deixa claro que terceiros não têm o poder de disposição sobre o ainda não nascido.

Ante a superioridade do valor da vida humana, a proibição do aborto, com a tutela penal, deve subsistir, mesmo que confrontada com outros interesses, acaso acolhidos por outros direitos fundamentais.

Embora a gravidez também diga respeito à esfera íntima da mulher, o embrião humano forma um ser humano distinto da mãe, com direito à vida, carente de proteção eficaz pelos poderes públicos – não importando nem mesmo o grau de saúde ou o tempo de sobrevivência que se possa prognosticar para a criança por nascer. Daí a justificação da tutela penal, impeditiva de que o problema do aborto seja reconduzido a uma singela questão de autodeterminação da mãe – qualquer que seja o estádio de desenvolvimento da gravidez.

A gravidez, certamente, pode levar a condições mais acentuadas de dor e de tensão para a mulher e para a sua família. O nascimento de um filho acarreta impactos inevitáveis sobre as forças financeiras e à estrutura emocional dos pais. Bens juridicamente relevantes podem contrapor-se à continuidade da gravidez. A solução cabível haverá de ser, contudo, a inexorável preservação da vida humana, ante a sua posição no ápice dos valores protegidos pela ordem constitucional. Veja-se que a ponderação do direito à vida com valores outros não pode jamais alcançar um equilíbrio entre eles, mediante compensações proporcionais. Isso porque, na equação dos valores contrapostos, se o fiel da balança apontar para o interesse que pretende superar a vida intrauterina o resultado é a morte do ser contra quem se efetua a ponderação. Perde-se tudo de um dos lados da equação. Um equilíbrio entre interesses é impossível de ser obtido.

A verificação de que apenas a tutela penal da vida intrauterina tem-se mostrado insuficiente para obstar casos de interrupção voluntária da gravidez não deve, de seu lado, conduzir ao singelo abandono do repúdio penal do aborto. Isso enfraqueceria ainda mais a posição de defesa da vida. Deve, antes, sugerir a adoção concomitante de outras providências úteis. Medidas legislativas e administrativas de apoio financeiro à gestante, de facilitação à reinserção futura da mulher no mercado de trabalho, de compensação profissional pelo tempo necessário de dedicação inicial ao filho, além do apoio psicológico e social à gestante e à família, todas essas são providências que se justificam no âmbito do dever de proteção da vida, também na fase intrauterina.

Vistos alguns dos aspectos importantes relativos ao direito à vida, é tempo de analisar algumas das liberdades essenciais do ser humano.

II LIBERDADES

Paulo Gustavo Gonet Branco

O catálogo dos direitos fundamentais na Constituição consagra liberdades variadas e procura garanti-las por meio de diversas normas. Liberdade e igualdade formam dois elementos essenciais do conceito de *dignidade da pessoa humana*, que o constituinte erigiu à condição de fundamento do Estado Democrático de Direito e vértice do sistema dos direitos fundamentais.

As liberdades são proclamadas partindo-se da perspectiva da pessoa humana como ser em busca da autorrealização, responsável pela escolha dos meios aptos para realizar as suas potencialidades. O Estado democrático se justifica como meio para que essas liberdades sejam guarnecidas e estimuladas – inclusive por meio de medidas que assegurem maior igualdade entre todos, prevenindo que as liberdades se tornem meramente formais. O Estado democrático se justifica, também, como instância de solução de conflitos entre pretensões colidentes resultantes dessas liberdades.

A efetividade dessas liberdades, de seu turno, presta serviço ao regime democrático, na medida em que viabiliza a participação mais intensa de todos os interessados nas decisões políticas fundamentais.

Vejamos algumas dessas liberdades.

1. LIBERDADES DE EXPRESSÃO

A liberdade de expressão é um dos mais relevantes e preciosos direitos fundamentais, correspondendo a uma das mais antigas reivindicações dos homens de todos os tempos.

A Constituição cogita da liberdade de expressão de modo direto no art. 5º, IV, ao dizer "livre a manifestação do pensamento, sendo vedado o anonimato", bem como no inciso XIV do mesmo artigo, em que "é assegurado a todos o acesso à informação e resguardado o sigilo da fonte, quando necessário ao exercício profissional", e também no art. 220, quando dispõe que "a manifestação do pensamento, a criação, a expressão e a informação, sob qualquer forma, processo ou veículo não sofrerão qualquer restrição, observado o disposto nesta Constituição". Acrescenta, nos §§ 1º e 2º do mesmo artigo, que "nenhuma lei conterá dispositivo que possa constituir embaraço à plena liberdade de informação jornalística em qualquer veículo de comunicação social, observado o disposto no art. 5º, IV, V, X, XIII e XIV", e que "é vedada toda e qualquer censura de natureza política, ideológica e artística".

Incluem-se na liberdade de expressão faculdades diversas, como a de comunicação de pensamentos, de ideias, de informações, de críticas, que podem assumir modalidade não verbal (comportamental, musical, por imagem etc.). O grau de proteção que cada uma dessas formas de se exprimir recebe costuma variar, não obstante todas terem amparo na Lei Maior.

Compreender os fundamentos que se designam como justificativa para a proteção da liberdade de expressão é útil, quando se enfrentam problemas relacionados com o âmbito normativo desse direito básico.

É frequente que se diga que "a busca da verdade ganha maior fecundidade se levada a cabo por meio de um debate livre e desinibido". A plenitude da formação da personalidade depende de que se disponha de meios para conhecer a realidade e as suas interpretações, e isso como pressuposto mesmo para que se possa participar de debates e para que se tomem decisões relevantes. O argumento humanista, assim, acentua a liberdade de expressão como corolário da dignidade humana. O argumento democrático acentua que "o autogoverno postula um discurso político protegido das interferências do poder". A liberdade de expressão é, então, enaltecida como instrumento para o funcionamento e preservação do sistema democrático (o pluralismo de opiniões é vital para a formação de vontade livre). Um outro argumento, que já foi rotulado como cético, formula-se dizendo que "a liberdade de criticar os governantes é um meio indispensável de controle de uma atividade [a política] que é tão interesseira e egoísta como a de qualquer outro agente social"[1].

O ser humano se forma no contato com o seu semelhante, mostrando-se a liberdade de se comunicar como condição relevante para a própria higidez psicossocial da pessoa. O direito de se comunicar livremente conecta-se com a característica da sociabilidade, essencial ao ser humano.

1.1. Conteúdo da liberdade de expressão

A garantia da liberdade de expressão tutela, ao menos enquanto não houver colisão com outros direitos fundamentais e com outros valores constitucionalmente estabelecidos, toda opinião, convicção, comentário, avaliação ou julgamento sobre qualquer assunto ou sobre qualquer pessoa, envolvendo tema de interesse público, ou não, de importância e de valor, ou não – até porque "diferenciar entre opiniões valiosas ou sem valor é uma contradição num Estado baseado na concepção de uma democracia livre e pluralista"[2].

No direito de expressão cabe, segundo a visão generalizada, toda mensagem, tudo o que se pode comunicar – juízos, propaganda de ideias e notícias sobre fatos.

A liberdade de expressão, contudo, não abrange a violência. Toda manifestação de opinião tende a exercer algum impacto sobre a audiência – esse impacto, porém, há de ser espiritual, não abrangendo a coação física. No dizer de Ulrich Karpen, "as opiniões devem ser endereçadas apenas ao cérebro, por meio de argumentação racional ou emocional ou por meras assertivas"[3] – outra compreensão entraria em choque com o propósito da liberdade em tela.

A liberdade de expressão, enquanto direito fundamental, tem, sobretudo, um caráter de pretensão a que o Estado não exerça censura.

---

1 Resumo dos argumentos e citações em Pablo Salvador Coderch, *El derecho de la libertad*, Madrid: Centro de Estudios Constitucionales, 1993, p. 40.

2 Ulrich Karpen, Freedom of expression, in U. Karpen (ed.), *The Constitution of the Federal Republic of Germany*, Baden-Baden: Nomos Verlagsgesellschaft, 1988, p. 93, onde o autor sustenta a amplitude do conteúdo da liberdade de expressão acima mencionado.

3 Karpen, Freedom of expression, cit., p. 93.

Não é o Estado que deve estabelecer quais as opiniões que merecem ser tidas como válidas e aceitáveis; essa tarefa cabe, antes, ao público a que essas manifestações se dirigem. Daí a garantia do art. 220 da Constituição brasileira. Estamos, portanto, diante de um direito de índole marcadamente defensiva – direito a uma abstenção pelo Estado de uma conduta que interfira sobre a esfera de liberdade do indivíduo.

Convém compreender que censura, no texto constitucional, significa ação inibitória realizada pelos Poderes Públicos, centrada sobre o conteúdo de uma mensagem. Proibir a censura significa impedir que as ideias e fatos que o indivíduo pretende divulgar tenham de passar, antes, pela aprovação de um agente estatal[4]. O STF decidiu[5] que tampouco o indivíduo pode cercear a liberdade de expressão de outrem, por meio de exigência da sua concordância prévia para que terceiro exerça a liberdade de informar e de ser informado. Daí, analisando dispositivos de Código Civil, haver declarado a inconstitucionalidade sem redução do texto da necessidade de autorização prévia do retratado em biografias para a publicação do texto. Para a Corte, "a autorização prévia para biografia constitui censura prévia particular", tida como inaceitável. Acrescentou que "o recolhimento de obras é censura judicial, a substituir a administrativa", sendo não menos inadmissível. A proibição de censura não obsta, porém, a que o indivíduo assuma as consequências, não só cíveis, como igualmente penais, do que expressou.

A liberdade em estudo congloba não apenas o direito de se exprimir, de informar e de ser informado, como também o de não se expressar, de se calar e de não se informar. Desse direito fundamental, não obstante a sua importância para o funcionamento do sistema democrático, não se extrai uma obrigação para o seu titular de buscar e de expressar opiniões[6].

1.2. Sujeitos do direito à liberdade de expressão

Tratando-se de um típico direito de abstenção do Estado, essa liberdade será exercida, de regra, contra o Poder Público. Ela não enseja, ordinariamente, uma pretensão a ser exercida em face de terceiros. A liberdade constitucional não pode ser invocada para exigir a publicação, por exemplo, de uma dada opinião, num jornal privado, em situação não abrangida pelo direito de réplica. Em certas circunstâncias especiais, no entanto, já se viu ensejo para que a liberdade de expressão seja invocada em contextos privados[7].

---

4 Essa a compreensão que se colhe também no direito comparado, como se vê de Karpen, Freedom of expression, cit., p. 96.

5 ADI 4.815, julgada em 10-6-2015.

6 Karpen, Freedom of expression, cit., p. 94.

7 A propósito, nos Estados Unidos, a Suprema Corte viu-se às voltas, no final dos anos sessenta e nos anos setenta, com a interessante questão de saber se panfletistas poderiam invocar a liberdade de expressão para divulgar informações e ideias em lugares abertos ao público de *shopping centers* de propriedade privada. Em seguida a decisão favorável à incidência da liberdade nesses espaços (Amalgamated Food Employees Union *v.* Logan Valley Plaza), a Suprema Corte terminou por fixar que a liberdade de expressão não poderia ser arguida nesses contextos (John Nowak e Ronald Rotunda, *Constitutional law*, St. Paul: West Publishing Co., 1995, p. 480-481). No STF, por outro lado, há precedentes aceitando a obrigatoriedade de empresas não somente admitirem a fixação de comunicados de sindicatos de trabalhadores como ainda de criarem quadros para a afixação desses avisos (RE 197.911,

A questão do sujeito passivo da liberdade de expressão pode ser suscitada, igualmente, no que tange às relações internas da empresa de comunicação. Indaga-se, por exemplo, se haveria um direito a que os jornalistas de uma dada empresa oponham a liberdade de expressão aos seus patrões, com vistas a se livrarem das imposições de pautas de assuntos e de ângulos de abordagem por eles ditadas. Haveria uma liberdade de imprensa *interna corporis*?

Embora a pluralidade seja um objetivo buscado pela liberdade de imprensa, não parece que haja razão bastante para impor esse valor nas relações particulares formadas no interior das redações dos órgãos de imprensa.

Sabe-se que a incidência dos direitos fundamentais nas relações entre particulares não se faz automaticamente, mas deve ser ponderada em cada situação, mediante um balanço dos interesses envolvidos. No caso em apreço, a se admitir uma tal liberdade *interna corporis*, seria impossível organizar um trabalho editorial, ou preservar uma tendência do periódico, o que é desejável para a livre escolha dos leitores. Ademais, se se admite a liberdade de expressão dos jornalistas em face do próprio veículo de comunicação, podem-se antever transtornos à viabilidade financeira da empresa de notícias, uma vez que, nos termos da Súmula 221 do Superior Tribunal de Justiça, "são civilmente responsáveis pelo ressarcimento de dano, decorrente de publicação pela imprensa, tanto o autor do escrito quanto o proprietário do veículo de divulgação". A empresa teria de suportar as indenizações que o exercício equívoco da liberdade de expressão por um dos seus funcionários ensejasse.

O jornalista, não obstante, deve dispor da faculdade de romper com o contrato que o vincula a certo meio de comunicação, no caso de discordar da linha editorial assumida, sem arcar com ônus em razão disso. Decerto que os proprietários dos meios de comunicação não podem exigir o cumprimento de imposições profissionais que agridam as convicções pessoais do jornalista, sobretudo quando ocorrem súbitas mudanças de orientação editorial. Essa dimensão da liberdade intelectual do profissional de comunicações equivale ao que o Direito francês conhece como *clause de conscience*[8].

O jornalista, para exercer a liberdade de expressão profissionalmente, não necessita ser diplomado em curso de nível superior. O STF decidiu não haver sido recebido pela atual ordem constitucional o Decreto-Lei n. 972/69, que regulamentava o exercício da profissão de jornalista, inclusive exigindo diploma de curso superior para o seu desempenho[9]. Recordou-se que "há séculos, o jornalismo sempre pôde ser bem exerci-

---

rel. Min. Octavio Gallotti, julgado em 24-9-1996). É clara a implicação dessa obrigatoriedade para a definição da amplitude do direito de expressão, alcançando até mesmo lugares privados.

8 A propósito, o percuciente estudo de Edilson Farias, *Liberdade de expressão e comunicação*, São Paulo: Revista dos Tribunais, 2004, p. 145-146. Relata o autor que "a cláusula de consciência tem sua origem na lei francesa, de 29.3.1935, que conferia ao jornalista a faculdade de rescindir seu contrato e obter uma indenização correspondente ao valor pago, nas hipóteses de demissão arbitrária ou sem justa causa, caso o órgão ao qual prestava seus serviços profissionais modificasse a sua orientação editorial de tal monta que pudesse afetar a honra, a consciência ou outros valores morais do jornalista".

9 RE 511.961, julgado em 17-6-2009, rel. Min. Gilmar Mendes. Essa decisão não significa que toda e qualquer exigência de qualificação acadêmica para o desempenho de atividades profissionais seja constitucionalmente imprópria, embora a regra seja a liberdade. No RE 603.583 (rel. o Ministro Marco Aurélio, *DJe* de 25-5-2012), não se pôs em dúvida a necessidade de o advogado ser formado em curso superior de Direito, como, também, foi proclamada a legitimidade da exigência de aprovação em Exame de Ordem, para filiação à OAB, como requisito para a atuação profissional, conforme previsto em lei. A providência se justifica, dada a necessidade de se resguar-

do, independentemente de diploma" e se assegurou que uma tal exigência não se justifica pela natureza do trabalho, não representando garantia necessária contra danos e riscos à coletividade.

Outra preocupação tem surgido entre os estudiosos da liberdade de expressão em todo o mundo. Nota-se, em várias partes, inquietude com a concentração da propriedade de meios de comunicação, por ser hostil ao pluralismo, exercendo, ademais, força inibitória ao aparecimento de outros empreendimentos no setor, com condições de se sustentar no tempo. Coibir a formação de grupos que, por suas características, revelem-se danosos à livre difusão de ideias é coerente com o reconhecimento da liberdade de expressão como um valor objetivo[10]. A Constituição Federal, sensível ao tema, no art. 220, § 5º, proíbe que os meios de comunicação social sejam controlados, direta ou indiretamente, por monopólio ou por oligopólio[11].

1.2.1. A liberdade de expressão enseja a pretensão do indivíduo de ter acesso aos meios de comunicação?

A Lei Maior assegura a todos o direito de resposta, que corresponde à faculdade de retrucar uma ofensa veiculada por um meio de comunicação. O direito de resposta, basicamente, é uma reação ao uso indevido da mídia, ostentando nítida natureza de desagravo – tanto assim que a Constituição assegura o direito de resposta "proporcional ao agravo" sofrido (art. 5º, V). O direito de resposta é meio de proteção da imagem e da honra do indivíduo que se soma à pretensão de reparação de danos morais e patrimoniais decorrentes do exercício impróprio da liberdade de expressão. O direito de resposta, portanto, não pode ser visto como medida alternativa ao pedido de indenização por danos morais e materiais.

Além do direito de acesso à mídia por quem foi nela afrontado, haveria outro direito de expor ideias e notícias em órgãos de comunicação, a pretexto de exercício da liberdade de expressão?

---

darem os interesses de clientes, o direito de acesso à Justiça e a eficiência do próprio sistema judiciário. Preocupações dessa espécie não estão presentes quando se consideram outras profissões. No RE 414.426 (rel. a Ministra Ellen Gracie, *DJe* de 10-10-2011), julgou-se inconstitucional subordinar o exercício da profissão de músico ao registro na Ordem dos Músicos do Brasil. Afirmou-se não haver "potencial lesivo na atividade". Acrescentou-se que "a atividade de músico prescinde de controle. Constitui, ademais, manifestação artística protegida pela garantia da liberdade de expressão".

10 Baseando-se precisamente na dimensão objetiva da liberdade de expressão e de informação, o STF, na ADI 4.923 (rel. Min. Fux, *DJe* de 5-4-2018), deduziu "o papel promocional do Estado no combate à concentração do poder comunicativo" e admitiu a constitucionalidade de vários dispositivos da Lei n. 12.485/2011, que estabeleceu marco regulatório da televisão por assinatura, inclusive no ponto em que estabelece quotas para veiculação de conteúdo nacional. Essas cotas, disse o STF, "promovem a cultura brasileira e estimulam a produção independente, dando concretude ao art. 221 da Constituição".

11 No direito estrangeiro, a situação já inspirou que se preconizassem soluções até com base na legislação antitruste. A Corte Constitucional alemã decidiu que a concorrência, tanto em conteúdo, como em bases econômicas, é essencial para uma imprensa livre. Sugere, por isso, que o Estado assuma posição ativa para garantir o pluralismo de tendências políticas, por meio de concessão de subsídios para pequenas empresas de comunicações e, até, pelo uso da lei antitruste, para reduzir a unificação de enfoques jornalísticos, propondo o estabelecimento de *staffs* editoriais independentes ou a venda de parte das empresas (cf. Karpen, Freedom of expression, cit., p. 100).

A indagação tem encontrado resposta negativa. Vem prevalecendo uma interpretação mais restrita da garantia constitucional da liberdade de expressão. Não se vê suporte nesse direito fundamental para exigir que terceiros veiculem as ideias de uma dada pessoa. A liberdade se dirige, antes, a vedar que o Estado interfira no conteúdo da expressão. O direito não teria por sujeito passivo outros particulares, nem geraria uma obrigação de fazer para o Estado. O princípio constitucional da livre iniciativa e mesmo o direito de propriedade desaconselhariam que se atribuísse tamanha latitude a essa liberdade[12].

Embora essa seja a opinião dominante, não é unívoca. Cass Sunstein, com o abono de Pablo Salvador Coderch, mostra pouco conformismo com a proposição de que as bases legais do direito de propriedade possam justificar o controle dos proprietários dos meios de comunicação sobre a mensagem que outros queiram divulgar. Isso, no seu sentir, seria "tão pouco natural como qualquer outra regulação dirigida a modular a liberdade de expressão", com o que se estaria frustrando a finalidade democrática do uso da liberdade em causa[13].

Alguns autores, ainda, pretendem dilargar o conceito de direito de resposta, com o propósito de promover uma mais pronunciada pluralidade nos meios de comunicação. Castanho de Carvalho, por exemplo, entendendo haver um direito difuso à informação verdadeira e atual, fala num direito de resposta para atualizar notícias de interesse público. A seu ver, "a retificação da notícia deveria [ser possível] sem necessidade de demonstrar violação de direitos. Dever-se-ia caminhar para compreender a retificação como um mero direito de crítica ou de oposição ao que foi noticiado, em havendo, é claro, interesse público no debate"[14].

1.3. Modos de expressão

É intuitivo associar uma controvérsia suscitada pelo uso da palavra num discurso ao tema da liberdade de expressão. Não é grande tampouco a dificuldade de enxergar nesse domínio uma representação figurativa da realidade ou a projeção material de um estado anímico, quando, por exemplo, um artista pinta um quadro, compõe uma música ou fotografa um tema que lhe pareceu importante fixar. Não são essas, porém, as únicas formas de expressão de ideias e de sentimentos de que o homem dispõe na socie-

12 Karpen, nessa linha, sustenta que "a liberdade de expressão é, primeiramente, um direito defensivo (...) Tem um componente democrático, mas este não chega a gerar um direito a uma ação estatal. (...) A liberdade de expressão não dá ao indivíduo um direito de exigir que lhe sejam concedidas oportunidades para expressar e disseminar uma opinião, i. é, de lhe serem oferecidas audiência, plataformas, acesso à imprensa e à mídia" (Karpen, Freedom of expression, cit., p. 94).

13 Pablo Salvador Coderch, *El derecho de la libertad*, cit., p. 134-135.

14 O autor não menciona precedente no Brasil que tenha encampado a tese, mas cita decisão da Justiça argentina, em caso protoganizado por Ekmekdjian, um jurista dedicado ao estudo do direito à informação. O Professor Ekmekdjian postulou que fosse lida no ar uma carta sua, como direito de réplica a um programa de televisão em que um escritor se valera de termos injuriosos para com pessoas sagradas. Na Suprema Corte de Justiça, o Professor conseguiu impor a leitura da sua carta, à guisa de direito de resposta. Lê-se do acórdão que "a informação difundida pode afetar a dignidade, a honra ou a reputação de uma pessoa e suas mais profundas convicções e a Justiça tem o dever de permitir a ele que se defenda com imediatidão e eficiência" (Luis G. G. Castanho de Carvalho, *Direito de informação e liberdade de expressão*, Rio de Janeiro: Renovar, 1999, p. 174-175).

dade. Por vezes, um comportamento, por si mesmo, constitui meio de comunicação, dando margem a que se indague sobre a abrangência da garantia constitucional sobre essas hipóteses. O Supremo Tribunal Federal, por exemplo, entendeu que a realização de marchas e manifestações públicas, propugnando a descriminalização do uso de certa droga ilícita (maconha), configura forma de manifestação da liberdade de expressão por meio do direito de reunião, não podendo ser proibida, nem confundida com o crime de apologia do uso indevido de drogas[15]. O uso de tatuagens no corpo é também uma forma de exercício da liberdade de expressão garantida constitucionalmente[16].

Os termos amplos como a liberdade de expressão é tutelada no Direito brasileiro – que reconhece a liberdade de "expressão da atividade intelectual, artística, científica e de comunicação, independentemente de censura ou licença" (art. 5º, IX, da CF) – permitem afirmar que, em princípio, manifestações não verbais também se inserem no âmbito da liberdade constitucionalmente protegida.

A expressão corporal, por exemplo, com o intuito de arte engajada, abarca vasta gama de situações. É possível, porém, que comportamentos expressivos (as também chamadas *expressões simbólicas*) recebam uma ponderação menor quando confrontados com outros valores constitucionais, propendendo por ceder a estes com maior frequência do que a verificada nos casos de expressão direta de pensamento. Percebe-se, é bem que se diga, que o grau de tolerância para com as expressões simbólicas

15 Os casos em que se discutiu a constitucionalidade das chamadas "marchas da maconha" foram julgados em 15-6-2011 e em 23-11-2011, quando foram apreciadas, respectivamente, a ADPF 187, rel. Min. Celso de Mello, e a ADI 4.274, rel. Min. Ayres Britto. Alguns julgadores observaram que a decisão não significava que qualquer manifestação pública de ideias e reivindicações estaria, automaticamente, liberada. De fato, uma consequência dessa ordem entraria em contradição com a própria jurisprudência da Corte, que já considerou ilegítimo, por exemplo, o "discurso de ódio" (HC 82.424, *DJ* de 19-3-2004, Rel. para o acórdão Min. Maurício Corrêa). Nos precedentes, também foi assinalado que a liberdade de expressão não justificaria o uso da droga durante as manifestações.

16 No RE 898.450 (rel. o Ministro Luiz Fux, *DJe* de 30-5-2017), sob o regime da repercussão geral, o Supremo Tribunal Federal julgou inválido edital de concurso público para preenchimento de cargos de policial militar que barrava candidatos que possuíssem tatuagens no corpo, visíveis quando o portador estivesse de calção e camiseta. O Tribunal considerou que a tatuagem é uma forma de exercício da liberdade de expressão garantida constitucionalmente. A Corte ressalvou, contudo, que algumas tatuagens podem ser causa de recusa do candidato, como as que incitem condutas contrárias aos postulados decorrentes do princípio da dignidade da pessoa, que estampem valores contrários ao desempenho da função pública pretendida ou que sejam obscenas. Lê-se no acórdão:

"As restrições estatais para o exercício de funções públicas originadas do uso de tatuagens devem ser excepcionais, na medida em que implicam uma interferência incisiva do Poder Público em direitos fundamentais diretamente relacionados ao modo como o ser humano desenvolve a sua personalidade.

A cláusula editalícia que cria condição ou requisito capaz de restringir o acesso a cargo, emprego ou função pública por candidatos possuidores de tatuagens, pinturas ou marcas, quaisquer que sejam suas extensões e localizações, visíveis ou não, desde que não representem símbolos ou inscrições alusivas a ideologias que exteriorizem valores excessivamente ofensivos à dignidade dos seres humanos, ao desempenho da função pública pretendida, incitação à violência iminente, ameaças reais ou representem obscenidades, é inconstitucional.

A tatuagem considerada obscena deve submeter-se ao *Miller-Test*, que, por seu turno, reclama três requisitos que repugnam essa forma de pigmentação, a saber: (i) o homem médio, seguindo padrões contemporâneos da comunidade, considere que a obra, tida como um todo, atrai o interesse lascivo; (ii) quando a obra retrata ou descreve, de modo ofensivo, conduta sexual, nos termos do que definido na legislação estadual aplicável, (iii) quando a obra, como um todo, não possua um sério valor literário, artístico, político ou científico.

A tatuagem que incite a prática de uma violência iminente pode impedir o desempenho de uma função pública quando ostentar a aptidão de provocar uma reação violenta imediata naquele que a visualiza, nos termos do que predica a doutrina norte-americana das *fighting words*, como, *v. g.*, 'morte aos delinquentes'".

varia de cultura para cultura, de país para país, como também de tempos em tempos numa mesma localidade.

No direito brasileiro, a propósito, o STF registra precedente em que se afastou a punição criminal, como atentatória ao pudor, de conduta de certo diretor de teatro, que reagiu a vaias, expondo as nádegas desnudas ao público. Considerou-se o tipo de espetáculo em que o acontecimento se verificou e o público que a ele acorreu, para se ter, no episódio, o intuito de expressão simbólica como preponderante sobre os valores que a lei penal visa tutelar[17].

No direito comparado, tem merecido debate saber se a queima da bandeira nacional está protegida pela liberdade de expressão. Quem queima a bandeira do seu país não está pronunciando um discurso, não desenvolve uma atividade linguística, nem está realizando uma apresentação artística. Está, contudo, nitidamente, assumindo um comportamento que pretende veicular uma mensagem de protesto. Tem-se, iniludivelmente, um comportamento expressivo, uma expressão simbólica. A Suprema Corte americana entendeu, em 1989, que era inconstitucional lei estadual que criminalizava a conduta de queimar a bandeira, sustentando, exatamente, que, aí, por meio da conduta se estava exercendo o direito à livre expressão, que poderia assumir feitio meramente comportamental[18].

Na Alemanha, de modo análogo, um editor de livros antimilitarista foi absolvido pela Corte Constitucional, depois de responder a processo criminal, acusado de haver profanado a bandeira do país. O símbolo nacional fora retratado na capa de um livro, por meio de uma fotomontagem, sob a urina de um soldado, integrante de certa cerimônia militar. A Corte entendeu que o núcleo expressivo da fotomontagem (protesto antimilitarista) predominava sobre a forma ofensiva utilizada[19].

Na Espanha, uma lei que incrimina a profanação da bandeira não foi tida como inconstitucional, embora a magistratura evite a sua aplicação, detendo-se em aspectos processuais e de provas[20].

---

17 HC 83.996, *RTJ*, 194/927, Rel. para o acórdão Min. Gilmar Mendes, que disse: "A rigor, um exame objetivo da querela há de indicar que a discussão está integralmente inserida no contexto da liberdade de expressão, ainda que inadequada ou deseducada".

18 Caso Texas *v.* Johnson, 491 US 397:414. No caso, um militante político havia queimado a bandeira americana, em protesto contra a política do Presidente Reagan, justamente quando de uma convenção republicana. Condenado nas instâncias ordinárias foi absolvido pela Suprema Corte. Enfatizou-se que a profanação da bandeira era uma "conduta expressiva", porque constituía tentativa de "transmitir uma mensagem particular". Lembrou-se que o conteúdo de uma mensagem somente pode ser proibido se capaz de incitar outros a condutas iminentes ilegais ou violentas – o que não era o caso –, ressaltando-se que "o Governo não pode proibir a expressão de uma ideia simplesmente porque a sociedade a acha ofensiva ou desagradável". O caso gerou enorme polêmica. Mereceu avaliações positivas (cf. John Ely, *On constitutional ground*, Princeton, 1996, p. 187). Moveu o Congresso Nacional, também, a buscar reverter a decisão, aprovando uma lei – agora federal –, proibindo e incriminando a profanação da bandeira nacional, no mesmo ano de 1989. A lei foi declarada inconstitucional no ano seguinte, quando a Suprema Corte apreciou o caso United States *v.* Eichman, 496 US 310 (1990). Por outro lado, num outro precedente, R.A.V *v.* City of St. Paul, enfatizou-se que "queimar a bandeira em desobediência a uma lei contra atear fogo em lugar público pode ser punível, enquanto que queimar a bandeira com violação a uma lei contra desonrar a bandeira não o é" – 505 U.S. 377 (1992). No Brasil, a profanação da bandeira está prevista como crime pela Lei n. 5.443/68.

19 *Decisions of the Bundesverfassungsgericht*, Baden-Baden: Nomos Verlagsrgesellschaft, 1998, v. 2/II, p. 445.

20 É o que noticia Pablo Salvador Coderch, *El derecho de la libertad*, cit., p. 14-19.

1.4. Limitações ao direito de expressão

A liberdade de expressão encontra limites previstos diretamente pelo constituinte, como também descobertos pela colisão desse direito com outros de mesmo *status*.

O constituinte brasileiro, no art. 220 da Lei Maior, ao tempo em que proclama que não haverá restrição ao direito de manifestação de pensamento, criação, expressão e informação, dizendo, também, no § 1º, que "nenhuma lei conterá dispositivo que possa constituir embaraço à plena liberdade de informação jornalística em qualquer veículo de comunicação social", ressalva que assim o será, "observado o disposto no art. 5º, IV, V, X, XIII e XIV". Dessa forma, admite a interferência legislativa para proibir o anonimato[21], para impor o direito de resposta e a indenização por danos morais e patrimoniais e à imagem, para preservar a intimidade, a vida privada, a honra e a imagem das pessoas, e para que se assegure a todos o direito de acesso à informação. Prevê, também, a restrição legal à publicidade de bebidas alcoólicas, tabaco, medicamentos e terapias (art. 220, § 4º). Impõe, ainda, para a produção e a programação das emissoras de rádio e de televisão, o "respeito aos valores éticos e sociais da pessoa e da família", confiando à lei federal a tarefa de estabelecer meios para a defesa desses valores (art. 220, § 3º, II)[22].

A Constituição admitiu que o Poder Público informe a natureza das diversões e dos espetáculos públicos, indicando as faixas horárias em que não se recomendem, além dos locais e horários em que a sua apresentação se mostre inadequada (art. 220, § 3º, I). É interessante observar que não abre margem para que a Administração possa proibir um espetáculo, nem muito menos lhe permite cobrar cortes na programação. Apenas confere às autoridades administrativas competência para indicar a faixa etária adequada e sugerir horários e locais para a sua apresentação[23].

---

21 Tem relativo bom trânsito a tese de que a proibição do anonimato repercute no âmbito das investigações criminais. Assim, sustenta-se a impossibilidade de abertura de inquérito policial, por exemplo, com base em denúncia anônima. Argui-se que, de outro modo, campearia o *denuncismo* irresponsável, cujas vítimas não poderiam identificar a quem atribuir a denunciação caluniosa. No HC 95.244 (STF – 1ª Turma, *DJe* de 30-4-2010, rel. Min. Dias Toffoli), assentou-se que "a denúncia anônima, por si só, não serve para fundamentar a instauração de inquérito policial, mas, a partir dela, poderá a polícia realizar diligências preliminares para apurar a veracidade das informações obtidas anonimamente e, então, instaurar o procedimento investigatório propriamente dito".

22 Em 27 de fevereiro de 2008, o Plenário do STF suspendeu parcela significativa de preceitos normativos da Lei n. 5.250/67 (Lei de Imprensa), por entender que o diploma, nessas partes, não se concilia com o padrão liberdade de imprensa democrática, estampado na Constituição de 1988. Entre outras normas, foi suspensa a que estatuía a sujeição à censura de espetáculos de diversões públicas (ADPF MC 130, julgada em 27-2-2008, rel. Min. Carlos Britto). Em 30-4-2009, concluiu-se o julgamento do mérito da ADPF 130. O STF, por maioria, julgou procedente a ação, para declarar que a Lei n. 5.250/67 (Lei de Imprensa), na sua totalidade, não foi recebida pela Constituição de 1988. Prevaleceu o entendimento do relator, Ministro Carlos Britto, de que o caráter estatutário de inspiração não democrática do diploma era incompatível com a relevância que a liberdade de imprensa assume numa sociedade aberta como a que a Constituição em vigor quis instaurar.

23 Ante as coordenadas constitucionais da liberdade de expressão, pôs-se ao STF, na ADI 2.404 (rel. o Ministro Dias Toffoli, *DJe* de 31-7-2017), a indagação sobre a validade de dispositivo do Estatuto da Criança e do Adolescente (art. 254) que cominava sanção a emissora de TV que transmitisse espetáculo fora do horário autorizado pelo Ministério da Justiça. As punições partiam de multas e chegavam à suspensão dos serviços da emissora por dois dias.

O STF julgou inconstitucional a obrigação imposta de obedecer à classificação. Entendeu que, no confronto da liberdade de expressão com a necessidade de proteger os menores, o constituinte optou pelo sistema de classificação dos programas em caráter meramente indicativo. Com isso, os telespectadores recebem do Estado infor-

A Carta brasileira não adotou a fórmula alemã de prever, explicitamente, que a liberdade de expressão possa ser limitada por leis destinadas a proteger a juventude[24]. Isso não impede que, no Brasil, sejam editadas leis, com o fito de preservar valores relevantes da juventude, restringindo a liberdade de expressão. Isso porque não são apenas aqueles bens jurídicos mencionados expressamente pelo constituinte (como a vida privada, a intimidade, a honra e a imagem) que operam como limites à liberdade de expressão. Qualquer outro valor abrigado pela Constituição pode entrar em conflito com essa liberdade, reclamando sopesamento, para que, atendendo ao critério da proporcionalidade, descubra-se, em cada grupo de casos, qual princípio deve sobrelevar.

Com relação à criança e ao adolescente, ademais, a Constituição determina que se conceda "absoluta prioridade" ao dever do Estado, da sociedade e da família, de assegurar a esses jovens o direito à vida, à educação, à dignidade e à liberdade, fixando-se o propósito de colocá-los a salvo "de toda forma de discriminação, violência, exploração, crueldade e opressão"[25].

Resulta dessa fórmula constitucional que o balanço dos interesses da liberdade de informação com o valor da dignidade do jovem e com o dever de protegê-lo parte de uma necessária inclinação por estes últimos. Afinal, o próprio constituinte atribui-lhes "absoluta prioridade". A liberdade de expressão, portanto, poderá sofrer recuo quando o seu conteúdo puser em risco uma educação democrática, livre de ódios preconceituosos e fundada no superior valor intrínseco de todo ser humano. A liberdade de expressão, num contexto que estimule a violência e exponha a juventude à exploração de toda sorte, inclusive a comercial, tende a ceder ao valor *prima facie* prioritário da proteção da infância e da adolescência.

Não é apenas a necessidade de proteger a infância e a adolescência que figura causa, não explicitamente prevista, de limitação da liberdade de se expressar.

Leis de índole geral, que não tenham como objetivo a restrição às mensagens e às ideias transmitidas pelo indivíduo, podem também interferir, indiretamente, sobre a liberdade de exprimi-las. Assim, leis sobre segurança das vias de tráfego ou de proteção ao patrimônio ambiental ou turístico podem ter impacto restritivo sobre a liberdade de expressão, embora perseguindo objetivos outros, perfeitamente legítimos. A lei que proíbe o uso de buzina em frente a hospitais não tem por meta restringir a liberdade de opinião política, mas terá repercussão sobre a decisão de se promover, nas imediações de estabelecimentos médicos, um *buzinaço* de protesto. Lei que proíbe o uso de *outdoors* em certas regiões, para preservar a visibilidade de áreas pri-

---

mação para que eles próprios decidam se permitirão que as crianças sob a sua guarda assistam ao espetáculo. A classificação, desse modo, é um aviso aos usuários, mas não se trata de uma autorização para que o programa seja veiculado, daí a inconstitucionalidade do dispositivo de lei que parte do suposto, contrário, de que o Ministério da Justiça autoriza a exibição em determinados momentos do dia. O Poder Público pode recomendar que o programa seja exibido a partir de determinado horário, mas não lhe cabe determiná-lo.

24 No Direito germânico, o art. 5 (2) da Lei Fundamental enseja que se proíbam certas manifestações, capazes de afetar adversamente a formação da juventude, em especial se "glorificarem a guerra, crimes, a brutalidade, provocarem ódio racial e retratarem a sexualidade de forma particularmente desabrida" (cf. Karpen, Freedom of expression, cit., p. 97-98).

25 Art. 227 da CF.

vilegiadas por motivos de segurança de tráfego ou paisagísticos, tampouco atrairá uma imediata censura de inconstitucionalidade. Procede-se, nesses casos, a uma concordância prática entre valores em conflito, para assegurar a legitimidade da lei que tem por efeito colateral a interferência sobre o exercício da liberdade de expressão. O teste de validade da lei não exige critérios particularmente estritos, bastando que a deliberação legislativa se revele razoável[26].

O teste da razoabilidade deve atender aos critérios informadores do princípio da proporcionalidade (adequação, necessidade e proporcionalidade em sentido estrito). Merecerá crítica a lei que não responder ao requisito da necessidade – vale dizer, se for imaginável outra medida que renda o resultado esperado, mas com menor custo para o indivíduo[27].

A lei que, pretextando um objetivo neutro do ponto de vista ideológico, oculte o propósito dissimulado e primordial de impedir a veiculação de ideias, não estará, obviamente, imune à declaração de inconstitucionalidade. O acervo de jurisprudência do Supremo Tribunal Federal ilustra exemplo dessa situação[28].

---

26 Além dos imaginados exemplos, pode-se citar outro, este colhido da jurisprudência da Suprema Corte americana, que afirmou válida a aplicação de lei que proibia o trabalho infantil para impedir que crianças distribuíssem literatura das Testemunhas de Jeová – 321 US 158 (1944). "Obviamente – comentou John Hart Ely – o Estado estava, por esse meio, regulando uma atividade de cunho expressivo, mas o mal que procurava evitar estaria igualmente implicado em qualquer outro trabalho do menor, mesmo que não tivesse nenhuma implicação comunicativa" (Ely, *On constitutional ground*, cit., p. 182).

27 Exemplo da jurisprudência americana ilustra essa afirmação. No caso Schneider *v.* State – 308 US 147 (1939) –, a Suprema Corte fulminou de inconstitucionalidade lei que proibia a distribuição de panfletos em certa cidade, a pretexto de evitar acúmulo de lixo nas ruas. A medida era adequada para esse propósito, mas havia outros meios para prevenir a sujeira na cidade, como a instalação de maior número de caixas de coleta de detritos ou a edição de leis mais rígidas contra lançar papéis nas ruas. Em outro caso, porém, aprovou lei que proibia piquetes e manifestações diante da casa de qualquer pessoa. A lei fora aprovada no Wisconsin para proteger certo médico assediado por manifestações em frente à sua casa. A Suprema Corte afirmou que "não há o direito de forçar um discurso na casa de quem não o quer ouvir" e afirmou que o propósito de divulgar o protesto do grupo contra as atividades do médico poderia ser atendido por outros meios menos danosos, citando o proselitismo porta a porta ou pelos correios, ou, ainda, a marcha pela vizinhança, desde que não se tomasse por alvo apenas a casa do médico especificamente (Frisby *v.* Schultz, citado por Ellen Alderman e Caroline Kennedy, *The right to privacy*, New York: Alfred Knopf, 1995, p. 68-69).

28 ADI-MC 1.969-4/DF, *DJ* de 5-3-2004, rel. Min. Marco Aurélio. Cuidava-se de aferir a legitimidade de decreto do Governador do Distrito Federal que proibia a utilização de carros, aparelhos e objetos sonoros nas manifestações públicas realizadas na Praça dos Três Poderes, na Esplanada dos Ministérios e na Praça do Buriti. Nos considerandos do decreto, a medida buscava legitimar-se na necessidade "do bom funcionamento dos órgãos públicos" e na circunstância de que "a questão da livre reunião merece um disciplinamento, de molde a que esteja sempre presente o respeito mútuo, sem que sejam agredidos os postulados básicos da democracia". A decisão, tomada à unanimidade, recusou que um decreto do Executivo pudesse regular o direito de reunião, que é autoaplicável. Percebe-se do voto do relator, Ministro Marco Aurélio, a preocupação em preservar a liberdade de expressão de constrangimentos acidentais. Daí indagar o relator "como, em nome da preservação da democracia, pode-se agredir os princípios e valores que verdadeiramente a sustentam?". Acrescentou: "Doravante, conforme dispõe o decreto em comento, só serão permitidas multidões silenciosas – peadas da alegria da música em carros de som ou da contundência das palavras de ordem a repercutir em alto-falantes – tal qual cordão fantasmagórico e surrealista a se arrastar pelos imensos espaços descampados da Esplanada dos Ministérios. (...) E é de ressaltar que, ao que se depreende do malfadado texto, somente as manifestações políticas merecem o cerceio que se almeja impor pela força de um mero decreto. (...) A reunião prevista no preceito constitucional não está limitada àquelas que se mostrem silenciosas. Ao contrário, a razão de ser do

Em 2018, o STF apreciou interessante caso em que se assentou o caráter não absoluto da liberdade de expressão e se verificou a possibilidade de ser proibida a utilização de certo meio de comunicação, tendo em vista a necessidade de se protegerem outros valores igualmente constitucionais e a possibilidade de a ideia ser comunicada por outros meios. Apurou-se que a vedação era neutra do ponto de vista conteudista. Tratava-se de ação direta de inconstitucionalidade em que se julgou constitucional resolução do TSE que, segundo a Suprema Corte, havia disciplinado, "de forma minuciosa e fidedigna, o conteúdo básico do artigo 243 do Código Eleitoral". Entendeu-se válida a proibição total de propaganda eleitoral via *telemarketing* em qualquer horário[29].

Outro limite imanente à liberdade de expressão, também descoberto pela jurisprudência americana e espalhado mundo afora, refere-se a mensagens que provocam reações de violenta quebra da ordem. Tais situações não compõem o âmbito de proteção da liberdade de expressão, estando excluídas dos limites internos desse direito. A palavra que provoque um perigo claro e imediato de quebra da ordem – como no exemplo clássico do grito de FOGO!, produzindo falso alarme sobre incêndio num teatro lotado – não constitui exercício da liberdade de expressão.

Dessa doutrina também resulta que palavras belicosas – *fighting words* – tampouco estariam abrangidas pela liberdade. Palavras que configuram estopins de ação, em vez de

---

preceito está na veiculação de ideias, pouco importando digam respeito a aspectos religiosos, culturais ou políticos". No mérito, a ação direta de inconstitucionalidade foi julgada procedente (rel. Min. Ricardo Lewandowski, *DJ* de 31-8-2007). Vejam-se, ainda, os casos da "Marcha da Maconha", referidos no item 1.3 acima. O STF também já considerou incompatível com a Constituição a exigência legal de que músicos somente pudessem desempenhar a sua profissão se regularmente registrados no Conselho Regional de Músicos. Além de se apontar que a regulação era imprópria pela falta de risco social envolvido, foi dito que o diploma impunha "exigência burocrática em tudo incompatível com a liberdade fundamental assegurada pelo art. 5º, inciso IX, da Constituição, que proclama ser livre a expressão da atividade artística" (voto do Min. Celso de Mello, no RE 414.426, rel. Min. Ellen Gracie, *DJe* de 10-10-2011).

29 ADI 5.122, rel. Min. Edson Fachin, julgada em 3-5-2018. O acórdão aborda vários temas estudados neste capítulo do livro, conforme o resumo que se lê no *Informativo STF* n. 900. Ali se narra ter sido ensinado que "a vedação imposta pela Resolução não configura censura de natureza política, diante da ausência de controle prévio do conteúdo ou da matéria a ser veiculada. A vedação à censura, constante no art. 220, § 2º, da CF proíbe o controle prévio, exercido por autoridade administrativa, da veiculação de determinado conteúdo, permitindo-se, no entanto, que a lei lhe estabeleça, excepcionalmente, e nos parâmetros do Estado Democrático de Direito, limites e restrições, que tenham por fundamento a proteção e a promoção de direitos e bem jurídicos constitucionalmente assegurados, desde que observados os critérios da proporcionalidade e da preservação do núcleo essencial dos direitos.

Na ponderação de princípios, o Tribunal entendeu que o direito à intimidade deve prevalecer frente à liberdade de expressão.

A liberdade de expressão não é absoluta e pode sofrer limitações, desde que razoáveis e proporcionais, com o objetivo de prestigiar outros direitos e garantias de mesmo *status*, como a vida privada e a intimidade. (...)

Nesse âmbito, a medida restritiva contida no dispositivo questionado é apta a salvaguardar o direito à intimidade. Protege os indivíduos contra transtornos em seu local de descanso, que, certamente, seriam invadidos por chamadas telefônicas indesejáveis, provenientes de centenas de candidatos, no curto espaço de tempo das campanhas eleitorais.

Apesar da proibição do 'telemarketing', a propaganda eleitoral pode ser feita por outros meios de publicidade menos invasivos e igualmente eficazes, de modo que os candidatos permanecem com diversas opções publicitárias igualmente hábeis à propaganda e à liberdade política.

Assim, as medidas adotas pelo TSE são razoáveis, visto que o custo da limitação à liberdade de expressão é insignificante se comparado com os benefícios da proteção à intimidade".

pautas de persuasão, não se incluem na garantia constitucional[30]. Isso não pode significar, contudo, que palavras duras ou desagradáveis estejam excluídas do âmbito de proteção da liberdade de expressão. A diferença entre uma discussão robusta e uma diatribe repelida pela Constituição está em que, no primeiro caso, há chance e oportunidade de se corrigirem os erros do discurso, expondo a sua falsidade e as suas falácias, evitando o mal por meio de um processo educativo. Nesses casos, o remédio seria mais liberdade de expressão, mais discurso. No caso desviado da Constituição, essa perspectiva não existe.

Quando se busca situar uma hipótese no domínio normativo da garantia constitucional da liberdade de expressão, há de se atentar, igualmente, para o contexto em que o discurso é proferido. Isso é crucial para que se concilie a legislação repressiva de abusos da imprensa com a própria liberdade de imprensa, tendo em vista os limites a que a liberdade de expressão se submete numa sociedade democrática. O Supremo Tribunal Federal tem assinalado, por exemplo, que declarações inadmissíveis em outras situações tendem a ser toleradas "no contexto político em que a linguagem contundente se insere no próprio fervor da refrega eleitoral"[31].

Por outro lado, o discurso de ódio, entre nós, não é tolerado. O STF assentou que incitar a discriminação racial, por meio de ideias antissemitas, "que buscam resgatar e dar credibilidade à concepção racial definida pelo regime nazista, negadoras e subversoras de fatos históricos incontroversos como o holocausto, consubstanciadas na pretensa inferioridade e desqualificação do povo judeu", constitui crime, e não conduta amparada pela liberdade de expressão, já que nesta não se inclui a promoção do racismo. Devem prevalecer, ensinou o STF, os princípios da dignidade da pessoa humana e da igualdade jurídica[32]. A incitação ao ódio público não está protegida pela garantia da liberdade de expressão[33].

Contra o discurso de ódio – e também contra a ideia de que a pornografia possa estar incluída no âmbito normativo da liberdade de expressão –, há de se considerar, ainda mais, o efeito inibidor dessas práticas à plena participação dos grupos discriminados em diversas atividades da sociedade civil. A contumaz desqualificação que o discurso de ódio provoca tende a reduzir a autoridade dessas vítimas nas discussões de que participam, ferindo a finalidade democrática que inspira a liberdade de expressão[34].

30 Chamar policiais de fascistas, ou o uso de palavras obscenas com a intenção de ofender a quem se dirige, provocando perigo de pronta e violenta retaliação, está ao desabrigo da proteção do direito fundamental, no entender da Suprema Corte americana, quando apreciou o caso Chaplinsky *v.* New Hampshire – 315 US 568 (1942). Chaplinsky, enquanto distribuía folhetos de testemunhas de Jeová, atraiu uma multidão hostil. Quando o delegado da cidade interveio, Chaplinsky o chamou de fascista, vindo a ser condenado por lei que incriminava o uso de palavras ofensivas em público.

31 STF, HC 81.885, *DJ* de 29-8-2003, rel. Min. Maurício Corrêa. No AgR 690.841 (rel. o Ministro Celso de Mello, *DJe* de 5-8-2011), o STF explicitou também que a crítica jornalística a pessoa lançada num quadro de notoriedade deve ganhar maior latitude de tolerância. Daí a assertiva de que "não induz responsabilidade civil a publicação de matéria jornalística cujo conteúdo divulgue observações em caráter mordaz ou irônico ou, então, veicule opiniões em tom de crítica severa, dura ou, até, impiedosa, ainda mais se a pessoa, a quem tais observações forem dirigidas, ostentar a condição de figura notória ou pública, investida, ou não, de autoridade governamental, pois, em tal contexto, a liberdade de crítica qualifica-se como verdadeira excludente anímica, apta a afastar o intuito doloso de ofender".

32 HC 82.424, *DJ* de 19-3-2004, Rel. para o acórdão Min. Maurício Corrêa.

33 RHC 146.303, *DJe* de 7-8-2018.

34 Cf. Gilmar Ferreira Mendes et al., *Hermenêutica constitucional e direitos fundamentais*, Brasília: Brasília Jurídica, 2002, p. 188-189.

O abuso da liberdade de expressão, pois, situa a conduta fora da esfera de proteção da garantia constitucional, podendo atrair repressão penal. Essa repressão do excesso é compatível com o Estado Democrático de Direito, motivo que conduziu o STF a afirmar que subsiste entre nós o crime de desacato[35].

1.4.1. A verdade como limite à liberdade de expressão

A busca de outros limites intrínsecos à liberdade de expressão, especialmente no caso da liberdade de imprensa, conduz à indagação sobre se apenas a informação verdadeira acha-se protegida. Põe-se a indagação sobre se também a informação falsa está protegida pela liberdade de imprensa.

Não resta dúvida de que a comunicação social com conteúdo comercial está obrigada a não distorcer a verdade. O Código de Defesa do Consumidor, nessa linha, proíbe a propaganda enganosa e obriga o comerciante aos termos do seu anúncio (CDC, art. 30).

A informação falsa não seria protegida pela Constituição, porque conduziria a uma pseudo-operação da formação da opinião[36]. Assinala-se a função social da liberdade de informação de "colocar a pessoa sintonizada com o mundo que a rodeia (...), para que possa desenvolver toda a potencialidade da sua personalidade e, assim, possa tomar as decisões que a comunidade exige de cada integrante"[37]. Argumenta-se que, "para se exercitar o direito de crônica, que está intimamente conexo com o de receber informações, será mister que se atenda ao interesse da coletividade de ser informada, porque através dessas informações é que se forma a opinião pública, e será necessário que a narrativa retrate a verdade"[38].

Cabe recordar que o direito a ser informado – e não o é quem recebe notícias irreais – tem também raiz constitucional, como se vê do art. 5º, XIV, da CF.

A publicação, pelos meios de comunicação, de fato prejudicial a outrem pode gerar direito de indenização por danos sofridos, mas a prova da verdade pode constituir

35 Cf. HC 141.949, rel. o Ministro Gilmar Mendes, *DJe* de 23-4-2018, 2ª Turma. Ali foi dito pelo relator em passagens diversas: "O exercício abusivo das liberdades públicas não se coaduna com o Estado democrático. A ninguém é lícito usar de sua liberdade de expressão para ofender, espezinhar, vituperar a honra alheia. (...) O desacato constitui importante instrumento de preservação da lisura da função pública e, indiretamente, da própria dignidade de quem a exerce. (...) O agente público, em razão dos rigorosos deveres a que está sujeito, está submetido a um regime de responsabilidade bastante gravoso, superior àquele imposto ao particular. (...) Não se pode despojar a pessoa de um dos mais delicados valores constitucionais, a dignidade da pessoa humana, em razão do *status* de funcionário público (civil ou militar). A investidura em cargo ou função pública não constitui renúncia à honra e à dignidade. (...) Não se está, pois, diante de privilégio a colocação do agente público sob especial proteção legal. (...) Portanto, o desacato não é incompatível com a democracia desde que, em contrapartida, haja lei que puna os abusos de autoridade. O Estado de Direito democrático deve possuir mecanismos de salvaguarda do cidadão contra abusos do poder, ao mesmo tempo em que deve colocar o agente público também a salvo do exercício abusivo de direitos conferidos aos demais membros da sociedade".

36 Konrad Hesse, *Elementos de direito constitucional da República Federal da Alemanha*, Porto Alegre: Sérgio A. Fabris, Editor, 1998, p. 304.

37 Castanho de Carvalho, *Direito de informação*, cit., p. 88.

38 Paulo José da Costa Júnior, *O direito de estar só*, São Paulo: Revista dos Tribunais, 1995, p. 67.

fator excludente de responsabilidade, a ser ponderada com pretensões de privacidade e intimidade[39]. A publicação da verdade é a conduta que a liberdade proclamada constitucionalmente protege, mas daí não se deduz que a só verdade da notícia seja suficiente para legitimá-la em qualquer circunstância.

Isso não impede que a liberdade seja reconhecida quando a informação é desmentida, mas houve objetivo propósito de narrar a verdade – o que se dá quando o órgão informativo comete erro não intencional. O requisito da verdade deve ser compreendido como exigência de que a narrativa do que se apresenta como verdade fatual seja a conclusão de um atento processo de busca de reconstrução da realidade. Traduz-se, pois, num dever de cautela imposto ao comunicador[40]. O jornalista não merecerá censura se buscou noticiar, diligentemente, os fatos por ele diretamente percebidos ou a ele narrados, com a aparência de verdadeiro, dadas as circunstâncias[41]. É claro que não se admite a ingenuidade do jornalista, em face da grave tarefa que lhe incumbe desempenhar.

O próprio tom com que a notícia é veiculada ajuda, por outro lado, a estremar o propósito narrativo da mera ofensa moral[42].

Se se cobra responsabilidade do jornalista, traduzida em diligência na apuração da verdade, tal requerimento não pode, decerto, ser levado a extremos, sob pena de se inviabilizar o trabalho noticioso. De toda sorte, a latitude de tolerância para com o erro factual varia conforme a cultura e a história de cada país[43].

---

39 Nos casos de invasão imprópria da privacidade, a verdade contida na notícia pode não operar como escusa válida.

40 Essa a posição, adotada neste capítulo, de Edilson Farias, *Liberdade de expressão*, cit., p. 91. O autor sustenta, no mesmo lugar, que, "no Estado democrático de direito o que se espera do sujeito emissor de uma notícia, como postura que denota apreço pela verdade, é o diligente contato com as fontes das informações, examinando-as e confrontando-as, bem como o uso de todos os meios disponíveis ao seu alcance, como medidas profiláticas, para certificar-se da idoneidade do fato antes de sua veiculação". Confira-se, a propósito, da 1ª Turma do STF, a Rcl 28.747, *DJe* de 12-11-2018.

41 É a lição de Antonino Scalise, abonada por Castanho de Carvalho, *Direito de informação*, cit., p. 97.

42 Neste sentido, Antonino Scalise, em magistério reproduzido e seguido por Castanho de Carvalho. Concordando com o doutrinador italiano, este último aponta que, "no que tange ao linguajar empregado, a notícia é ilegítima se não se usa a leal clareza, ou seja, se se procede com insinuações, subentendidos, sugestionamentos, tom despropositadamente escandalizado ou artificioso e sistemática dramatização de notícias que devem ser neutras" (Castanho de Carvalho, *Direito de informação*, cit., p. 230 e s.).

43 Num ponto extremo, nos Estados Unidos, desenvolveram-se critérios diferenciados conforme o afetado pela notícia equívoca seja pessoa pública ou um indivíduo comum. As pessoas públicas – funcionários públicos ou pessoas inseridas em acontecimento público – teriam o ônus de provar não somente a falsidade da notícia, como, por igual, o conhecimento da falsidade pelo jornalista ou a sua negligência em apurar uma notícia que aparentava alta probabilidade de ser falsa, conceito encapsulado na noção de *actual malice*. Tal doutrina foi proclamada no caso New York Times Co. *v.* Sullivan – 371 US 254 (1964). A prova da *actual malice* requer evidência de uma combinação de fatores, incluindo a dependência da notícia de fontes não confiáveis e a não verificação da veracidade de fatos narrados, apesar de haver substancial razão para duvidar da sua exatidão. Também apontam para o vício a elaboração da notícia sob pressão de prazo exíguo, inconsistências internas da própria narrativa, não confirmação com fontes importantes e a motivação política. Essas exigências tornam raras as vitórias de ações contra a imprensa (cf. Bill Chamberlin, verbete *actual malice*, in *Supreme Court of the United States*, Kermit Hall (ed.), Oxford Press, 1992). Por outro lado, se a personagem ofendida for pessoa comum, bastará a prova de que o órgão de imprensa foi negligente na cobertura do fato. A diferença se prende ao propósito de assegurar o mais amplo e robusto debate sobre a coisa pública e a sua administração.

No Brasil, Paulo José da Costa Júnior também não se basta com a mera verossimilhança como fator de correção de conduta sob o pálio da liberdade de imprensa. A seu ver, "degradar-se a verdade à verossimilhança significa conferir à imprensa uma imunidade sem limites e admitir graciosamente uma causa de justificação". O erro pode ser tolerado, mas desde que "o jornalista se tenha valido de uma fonte de informação válida e reconhecida, caso não tenha tido conhecimento direto do fato"[44].

Vale acentuar que não é qualquer assunto de interesse do público que justifica a divulgação jornalística de um fato. A liberdade de imprensa estará configurada nos casos em que houver alguma relevância social nos acontecimentos noticiados[45].

1.4.2. Expressão, honra e sensibilidade

O respeito à honra de terceiros é outro limite à liberdade de imprensa. Aqui, a restrição está prevista expressamente na Constituição[46].

Em outros quadrantes do mundo democrático não há tão apertadas exigências para se responsabilizar o jornalista por divulgação de fato falso ofensivo à honra do retratado. Na Espanha, por exemplo, o Tribunal Constitucional assentou que faz parte da exigência de informação verdadeira o respeito à presunção de inocência. Ao ver do Tribunal, "o único ato que pode quebrar a presunção de inocência do acusado é a sentença que declara a autoria do delito".

Por isso, conferiu indenização a indivíduo mencionado em matéria jornalística como sendo autor de um delito de estelionato.

Prepondera, fora dos Estados Unidos, o propósito de não sobrecarregar a pessoa pública com as consequências mais danosas de uma reportagem injusta. As pessoas difamadas terminariam por pagar, individualmente, e somente elas, um preço alto por um benefício que seria fruído por toda a sociedade. Sustenta Pablo Salvador Coderch que, sendo o direito de informação e a liberdade de expressão também garantias institucionais de uma opinião pública livre, esta em nada perderia por se obrigar os jornais a retificar e corrigir notícias incorretas, mesmo que divulgadas sem culpa, "não parecendo razoável proteger a opinião pública da divulgação da verdade" (*El derecho de libertad*, cit., p. 65).

Num ponto parece haver concordância com o sistema americano. Nos EUA, adota-se a doutrina da reportagem neutra (*Neutral Reportage Doctrine*), pela qual se põe acento não no conteúdo da notícia, mas no que disse alguém em especial. Admite-se que quando alguém de prestígio formula acusações sérias a outrem é possível noticiar essa mesma acusação, ainda que venha a revelar-se, mais tarde, improcedente. Exige-se, porém, que as imputações sejam proferidas em contexto noticiável por si mesmo, que provenha de uma pessoa com crédito público ou por uma organização responsável, que as acusações recaiam sobre uma pessoa que vive também do prestígio público e que a reportagem seja fiel às palavras ouvidas e adote forma comedida. Deriva daí que os meios de comunicação não respondem pela republicação de notícias provindas de agências consolidadas, desde que não saibam da falsidade da notícia e que esta aparente ser veraz (id., p. 103).

44 Costa Júnior, *O direito de estar só*, cit., p. 68.

45 Nessa linha, Costa Júnior, *O direito de estar só*, cit., p. 67, e Castanho de Carvalho, apoiado em Antonino Scalisi, *Direito de informação*, cit., p. 87.

46 Assentou-se, na jurisprudência, que a liberdade de imprensa não cria imunidade para o jornalista. Caso interessante foi julgado pelo STJ, sob a relatoria do Ministro Ruy Rosado de Aguiar (REsp 164.421/RJ, *RSTJ*, 128/372). No precedente, confirmou-se decisão do Tribunal de Justiça do Rio de Janeiro que condenara certo jornalista a pagar indenização por uma nota tida como ofensiva à honra da Federação Equatoriana de Futebol; reiterou-se que pessoa jurídica tem honra objetiva a defender (entendimento também constante do REsp 129.428, *RSTJ*, 131/19, e REsp 60.033, *DJ* de 27-11-1995).

Além disso, a decisão consagra a ideia de que "a liberdade de imprensa, cujo corolário é o dever de informar, e cuja garantia é o sigilo das fontes, não concede ao jornalista um passaporte de imunidade, para investir contra a honra das pessoas".

Não quer isso dizer que apenas notícias agradáveis sejam lícitas. A informação sobre o personagem de um evento pode-lhe ser ofensiva e não haverá ilicitude, desde que os termos empregados sejam condizentes com o intuito de informar assunto de interesse público[47].

A charge política suscita, por vezes, questões interessantes, em que se há de ponderar a liberdade de expressão com a proteção da honra. Essa modalidade de jornalismo, em geral, não costuma agradar ao retratado. Tem sido, entretanto, admitida, em princípio, como lícita manifestação da liberdade de expressão. Ao intuito de crítica pelo riso, é ínsita a forma jocosa. A latitude de tolerância, aqui, depende, novamente, do sentimento geral da sociedade com relação à crítica, às vezes mordaz, que peculiariza a charge[48].

1.4.3. Liberdade de expressão, família e dignidade

O respeito à dignidade pessoal e também o respeito aos valores da família são erigidos à condição de limite da liberdade de programação de rádios e da televisão, como

---

O jornal em que a matéria foi veiculada pretendeu eximir-se da responsabilidade alegando que não deduzira nenhuma acusação concreta; teria, antes, usado o verbo no tempo condicional. Ao argumento, o acórdão respondeu que "há certos condicionais que causam mais danos que muitos tempos presentes", acrescentando, a seguir, que "a ofensa não vale pelo que diz, e sim pelo que insinua". Tomou como parâmetro, ainda, o que sentiria o leitor médio diante do texto, concluindo: "o leitor médio sai, se não convencido, com quase certeza, da veracidade da notícia". Arrematou, asseverando que "a imprensa não pode destruir impunemente as reputações alheias, sem um mínimo de cuidado de aferir a veracidade da notícia".

No precedente, foram prestigiados outros tantos, em que se entendeu revogada a norma que tarifava o valor da indenização por responsabilidade civil decorrente de dano moral pela imprensa. Essa inteligência está, hoje, cristalizada na Súmula 281/STJ. O STF coincide com o STJ nesse tema, como se vê do RE 396.386, rel. Min. Carlos Velloso, *RTJ*, 191/329.

Há precedentes, também do STJ, afirmando a desnecessidade de prova específica do dano moral, dando-o por caracterizado com a só apresentação do noticiário impróprio (REsp 63.520, *DJ* de 19-10-1998).

Observe-se, afinal, que são cumuláveis as indenizações por dano moral e por dano material, nos termos pacificados pela Súmula 37/STJ.

47 É o que já afirmou a Corte Europeia de Direitos Humanos nos casos Lingens, Castells e Open Door.

48 Nos Estados Unidos, há conhecido precedente aceitando como incluída na liberdade de expressão até charge grosseira, envolvendo aberração sexual (caso Falwell *v.* Hustler Magazine – 485 US 46, 1988). Na Alemanha, por outro lado, manteve-se, no Tribunal Constitucional, condenação de caricaturista que desenhara certo agente político em atitudes bestiais. A Corte afirmou que "a interferência com o núcleo da sua dignidade humana (...) não é coberta pela liberdade artística" (75, *BVerfGE*, 369). No Supremo Tribunal Federal, foram suspensas normas que impediam programas de rádio e TV de realizarem trucagens, com vistas a produzir humor, com candidatos a cargos políticos em período eleitoral. Na ADI 4.451 MC (rel. Min. Ayres Britto, *DJe* de 1º-7-2011), assentou-se que "a locução *humor jornalístico* enlaça pensamento crítico, informação e criação artística". Acrescentou-se: "Se podem as emissoras de rádio e televisão, fora do período eleitoral, produzir e veicular charges, sátiras e programas humorísticos que envolvam partidos políticos, pré-candidatos e autoridades em geral, também podem fazê-lo no período eleitoral". Foi reconhecida a diferença entre imprensa escrita e a mídia dependente de concessão do serviço público para funcionar. Resulta daí o dever de equidistância e imparcialidade das rádios e televisões, o que não equivale a impossibilidade de posição crítica. Afirmou o STF: "Imparcialidade, porém, que não significa ausência de opinião ou de crítica jornalística. Equidistância que apenas veda às emissoras de rádio e televisão encamparem, ou então repudiarem, essa ou aquela candidatura a cargo político-eletivo". Observou-se que "apenas se estará diante de uma conduta vedada quando a crítica ou matéria jornalísticas venham a descambar para a propaganda política, passando nitidamente a favorecer uma das partes na disputa eleitoral".

se vê no art. 221 da Constituição. Não significa, certamente, que apenas as emissoras de rádio e televisão estejam obrigadas a respeitar a dignidade da pessoa humana. A reverência para com este valor é a base do Estado democrático (art. 1º, III, da CF) e vetor hermenêutico indispensável para a compreensão adequada de qualquer direito.

Respeita-se a dignidade da pessoa quando o indivíduo é tratado como sujeito com valor intrínseco, posto acima de todas as coisas criadas e em patamar de igualdade de direitos com os seus semelhantes. Há o desrespeito ao princípio, quando a pessoa é reduzida à singela condição de objeto, apenas como meio para a satisfação de algum interesse imediato.

O ser humano não pode ser exposto – máxime contra a sua vontade – como simples coisa motivadora da curiosidade de terceiros, como algo limitado à única função de satisfazer instintos primários de outrem, nem pode ser reificado como mero instrumento de divertimento, com vistas a preencher o tempo de ócio de certo público. Em casos assim, não haverá exercício legítimo da liberdade de expressão, mas afronta à dignidade da pessoa humana[49].

1.5. Proibição das manifestações em casos concretos

Resta saber, para encerrar o capítulo, se, em algum caso, é possível proibir a expressão de ideias e opiniões.

Já se viu que a Constituição repudia a censura, proclamando ilegítimo que se proíba a divulgação de certos conteúdos opinativos ou informativos sem prévia autorização do Estado. O veto à censura não significa, todavia, impedimento de sanções, "uma vez que, depois de haver disseminado uma opinião, pode-se ser chamado para defender a sua liceidade perante os tribunais"[50].

Assim, o comportamento não protegido pela liberdade de expressão, que viola direito fundamental de outrem, pode vir a motivar uma pretensão de reparação civil ou mesmo ensejar uma reprimenda criminal.

Tem-se controvertido, entretanto, sobre a possibilidade de se obstar, preventivamente, a expressão, quando hostil a valor básico da ordem constitucional.

Num ponto há acordo: não é viável a censura por parte de órgão da Administração Pública. A discussão está, antes, em saber se é dado ao juiz proibir uma matéria jornalística, num caso concreto de conflito entre direitos fundamentais – o de informar em atrito com o da imagem, por exemplo.

---

49 Dificilmente se poderá incluir no âmbito protegido pela liberdade de expressão um programa televisivo, por exemplo, que caracterize quem goza da presunção constitucional da inocência como feroz criminoso, de índole animalesca. "Pegadinhas" que abalem moralmente a vítima da suposta brincadeira tampouco se inserem no âmbito de proteção do direito.

50 Karpen, Freedom of expression, cit., p. 96. Nessa mesma diretriz, Konrad Hesse, para quem o banimento da censura "não proíbe a censura chamada posterior, isto é, a intervenção contra uma manifestação de opinião não protegida jurídico-constitucionalmente, porque, por exemplo, excedente dos limites do art. 5º, alínea 2, da Lei Fundamental [que cogita da invulnerabilidade da honra e da proteção da juventude, como limites ao direito de expressão], após a sua publicação" (Hesse, *Elementos*, cit., p. 308-309).

De um lado, sustenta-se que a proscrição à censura prévia seria obstáculo intransponível para que até mesmo o Judiciário restringisse, em qualquer hipótese, a liberdade dos meios de comunicação. A Constituição teria optado por apenas cogitar de sanção posterior e, isso, na hipótese de se evidenciar danoso extravasamento dos limites do direito de expressão. Diz-se, nessa linha, por exemplo, que, "na maioria das vezes, o direito invocado pode ser perfeitamente composto com a indenização por dano moral, o que é melhor solução do que impedir a livre expressão"[51].

Em outro polo, argumenta-se que a interpretação adequada da Constituição reclama a proteção preventiva do direito fundamental em vias de ser agredido. Gilmar Ferreira Mendes, nessa orientação, não hesita em afirmar "evidente que o constituinte não pretendeu assegurar apenas eventual direito de reparação ao eventual atingido", observando que a garantia constitucional da efetiva proteção judicial estaria esvaziada "se a intervenção [judiciária] somente pudesse se dar após a configuração da lesão"[52]. Adverte para a circunstância de que o constituinte se valeu de termos peremptórios para assegurar a *inviolabilidade* da vida privada e da honra dos indivíduos, concluindo que a hipótese de indenização somente faz sentido "nos casos em que não foi possível obstar a divulgação ou a publicação da matéria lesiva aos direitos da personalidade"[53].

Este último modo de ver tem por si o argumento de que nem a garantia da privacidade nem a da liberdade de comunicação podem ser tomadas como direitos absolutos; sujeitam-se à ponderação no caso concreto, efetuada pelo juiz, para resolver uma causa submetida ao seu descortino. Dada a relevância e a preeminência dos valores em entrechoque, é claro que se exige máxima cautela na apreciação das circunstâncias relevantes para solver o conflito. Mas, se é possível, de antemão – sempre na via judiciária, de acordo com o devido processo legal –, distinguir uma situação de violência a direito de outrem, não atende à finalidade do Direito deixar o cidadão desamparado, apenas para propiciar "um sentimento de responsabilidade entre os agentes criativos em geral"[54].

Se um indivíduo se defronta com iminente publicação de notícia que viola indevidamente a sua privacidade ou a honra, há de se lhe reconhecer o direito de exigir, pela via judiciária, que a matéria não seja divulgada. Não há por que cobrar que aguarde a consumação do prejuízo ao seu direito fundamental, para, somente então, vir a buscar uma compensação econômica. Veja-se que, quando se tem por assentado o bom fundamento do pedido de indenização, isso significa que a matéria não tinha o abono do Di-

---

51 Castanho de Carvalho, *Direito de informação*, cit., p. 51.

52 Gilmar Ferreira Mendes, *Direitos fundamentais e controle de constitucionalidade*, São Paulo: Celso Bastos, Editor, 1998, p. 86.

53 Id. ibidem. Nessa linha, Edilson Farias, *Liberdade de expressão*, cit., p. 204-205. Diz o autor que "não constituem censura as medidas judiciais utilizadas para apurar a responsabilidade dos meios de comunicação social no exercício de sua atividade informativa (...) O controle jurisdicional do exercício da liberdade de comunicação social pode ser tanto preventivo como posterior à divulgação de notícias e opiniões (...) após ponderação dos interesses e valores contrapostos no caso *sub judice*". Referindo-se ao art. 5º, XXXV, da Constituição, sustenta que "compete aos órgãos jurisdicionais não só a tarefa de reparar lesões a direitos como igualmente a incumbência de evitá-las, protegendo os direitos ameaçados, valendo-se dos meios que estejam ao seu alcance".

54 Karpen, Freedom of expression, cit., p. 101.

reito para ser publicada, antes mesmo de consumado o dano[55]. Dada a relevância da liberdade de expressão para o sistema de valores da ordem constitucional, porém, tais hipóteses hão de atrair escrutínio rigoroso.

2. DIREITO À INTIMIDADE E À VIDA PRIVADA

Uma das limitações à liberdade de comunicação social é o respeito devido ao direito à privacidade, à imagem e à intimidade dos indivíduos – valores que passaram a frequentar normas constitucionais com a Carta de 1988. Está expresso, no inciso X do catálogo dos direitos individuais, que "são invioláveis a intimidade, a vida privada, a honra e a imagem das pessoas, assegurado o direito a indenização pelo dano material ou moral decorrente de sua violação". O direito é mencionado expressamente, no art. 220 da Lei Maior, como limite à liberdade dos meios de comunicação.

2.1. Em que consiste o direito à privacidade e à intimidade?

Embora a jurisprudência e vários autores não distingam, ordinariamente, entre ambas as postulações – de privacidade e de intimidade –, há os que dizem que o direito à intimidade faria parte do direito à privacidade, que seria mais amplo. O direito à privacidade teria por objeto os comportamentos e acontecimentos atinentes aos relacionamentos pessoais em geral, às relações comerciais e profissionais que o indivíduo não deseja que se espalhem ao conhecimento público. O objeto do direito à intimidade seriam as conversações e os episódios ainda mais íntimos, envolvendo relações familiares e amizades mais próximas.

O direito à privacidade é proclamado como resultado da sentida exigência de o indivíduo "encontrar na solidão aquela paz e aquele equilíbrio, continuamente comprometido pelo ritmo da vida moderna"[56].

A reclusão periódica à vida privada é uma necessidade de todo homem, para a sua própria saúde mental. Além disso, sem privacidade, não há condições propícias para o desenvolvimento livre da personalidade. Estar submetido ao constante crivo da observação alheia dificulta o enfrentamento de novos desafios. A exposição diuturna dos nossos erros, dificuldades e fracassos à crítica e à curiosidade permanentes de terceiros, e ao ridículo público mesmo inibiria toda tentativa de autossuperação. Sem a tranquilidade emocional que se pode auferir da privacidade, não há muito menos como o indivíduo se autoavaliar, medir perspectivas e traçar metas.

A privacidade é componente ainda de maior relevo de certas relações humanas, como o casamento, por exemplo. A divulgação de dificuldades de relacionamento de um casal pode contribuir para a destruição da parceria amorosa. E mesmo um núcleo de privacidade de cada cônjuge em relação ao outro se mostra útil à higidez da vida em comum.

---

55 Na Pet. 2.702, *DJ* de 19-9-2003, rel. Min. Sepúlveda Pertence, o STF, por maioria, manteve liminar concedida na Justiça estadual, impedindo a veiculação de fitas com conversas telefônicas, gravadas ilegalmente, e que seriam comprometedoras para certo político. O precedente alude às posições que o tema opõe.

56 Paulo José da Costa Júnior, *O direito de estar só*, cit., p. 14.

Não obstante a relevância do tema, verificam-se hesitações quando se trata de definir o que seja exatamente o direito à privacidade. Mesmo os diplomas legais ou as convenções internacionais não cuidam de precisar o conceito, que tampouco parece encontrar univocidade no acervo de jurisprudência do direito comparado.

Tércio Sampaio Ferraz entende que esse direito é "um direito subjetivo fundamental, cujo titular é toda pessoa, física ou jurídica, brasileira ou estrangeira, residente ou em trânsito no país; cujo conteúdo é a faculdade de constranger os outros ao respeito e de resistir à violação do que lhe é próprio, isto é, das situações vitais que, por só a ele lhe dizerem respeito, deseja manter para si, ao abrigo de sua única e discricionária decisão; e cujo objeto é a integridade moral do titular"[57].

O conceito é abrangente e, de fato, aponta ângulo útil para a identificação de casos compreendidos no âmbito de proteção do direito à vida privada. Subsistem, de toda sorte, alguns pontos de polêmica quando nos confrontamos com situações concretas, que se candidatam a incluir-se no âmbito normativo desse direito.

No sistema de proteção de direitos humanos europeu, por exemplo, já se discutiu se a obrigação de uso de cinto de segurança em automóveis tem conexão com o direito à privacidade, chegando-se a conclusão negativa[58]. Ali, também, houve ensejo para se afirmar que o termo "vida privada" se estende para além do mero "direito de viver como se quer, livre de publicidade, para incluir também o direito de estabelecer e desenvolver relações com outros seres humanos, especialmente no campo emocional, para o desenvolvimento da própria personalidade". Esse modo de ver terá inspirado decisões de Estrasburgo, considerando injustificada a criminalização, na Irlanda do Norte, de atos homossexuais livremente mantidos entre adultos com mais de 21 anos[59], ou afirmando imprópria a lei belga que impossibilitava a retificação da certidão de nascimento de indivíduo nascido mulher e que, depois de treze operações, assumiu características do sexo masculino[60].

O fato é que a expressão "vida privada" cobre um vasto campo, cuja delimitação material está sujeita a interferências emocionais. Alguns dos seus traços básicos, entretanto, devem ser retidos, para prevenir que o conceito se torne excessivamente retórico, em prejuízo à sua valia técnica.

A propósito, um antigo presidente da Corte Europeia de Direitos Humanos apontou que, na expressão, estaria abarcada a proteção contra "ataques à integridade física, moral e sobre a liberdade intelectual e moral [do indivíduo] e contra o uso impróprio do nome e da imagem de alguém, contra atividades de espionagem ou de controle ou de perturbação da tranquilidade da pessoa e contra a divulgação de informações cobertas pelo segredo profissional"[61].

De modo geral, há consenso em que o direito à privacidade tem por característica básica a pretensão de estar separado de grupos, mantendo-se o indivíduo livre da obser-

57 Tércio Sampaio Ferraz, Sigilo de dados: o direito à privacidade e os limites à função fiscalizadora do Estado, *Cadernos de Direito Constitucional e Ciência Política*, n. 1, p. 77.

58 Ap. 8707/79 (Bélgica) 18 DR 255.

59 Caso Dudgeon – Ap. 7225/76 (Reino Unido) 11 DR 117.

60 Ap. 7654/76 (Bélgica) 11 DR 194.

61 Henri Rolin, Conclusions, in *Privacy and human rights*, Manchester, 1973.

vação de outras pessoas[62]. Confunde-se com o direito de fruir o anonimato – que será respeitado quando o indivíduo estiver livre de identificação e de fiscalização.

No âmago do direito à privacidade está o controle de informações sobre si mesmo.

Em estudo clássico, William Prosser[63], nos Estados Unidos, sustentou que haveria quatro meios básicos de afrontar a privacidade: 1) intromissão na reclusão ou na solidão do indivíduo, 2) exposição pública de fatos privados, 3) exposição do indivíduo a uma falsa percepção do público (*false light*), que ocorre quando a pessoa é retratada de modo inexato ou censurável, 4) apropriação do nome e da imagem da pessoa, sobretudo para fins comerciais.

A questão, porém, dos traços básicos definidores do direito à privacidade, como já assinalado, motiva orientações incoincidentes. Nos Estados Unidos, o direito à privacidade, que, ali, resulta de construção jurisprudencial, inicialmente não possuía *status* constitucional. Um artigo influente, publicado em 1890, de dois advogados amigos, que se revoltaram contra a imprensa que teimava em relatar festas da alta sociedade americana, deu entrada à tese de que os indivíduos tinham o direito a escapar da vista do público em geral nos seus assuntos privados[64]. Durante largo período, o direito à privacidade foi entendido com este objetivo: ensejar a pretensão de manter assuntos íntimos fora do domínio público. Em 1965, porém, a Suprema Corte atribuiu um significado mais dilatado a esse direito, que passou a ser visto como a ensejar ao indivíduo um espaço de autonomia, escoimado de qualquer restrição por parte dos Poderes Públicos[65].

No Brasil, não parece necessária essa mesma extrapolação do sentido clássico do direito à privacidade, já que a proteção do indivíduo contra interferências que se estimem indevidas por parte do Estado podem ser atalhadas com a invocação do princípio da proporcionalidade, do princípio da liberdade em geral (que não tolera restrições à autonomia da vontade que não sejam necessárias para alguma finalidade de raiz constitucional) e mesmo pelo apelo ao princípio da proteção da dignidade da pessoa humana, que pressupõe o reconhecimento de uma margem de autonomia do indivíduo, tão larga quanto possível no quadro dos diversos valores constitucionais.

O direito à privacidade, em sentido mais estrito, conduz à pretensão do indivíduo de não ser foco da observação por terceiros, de não ter os seus assuntos, informações pessoais e características particulares expostas a terceiros ou ao público em geral[66].

---

62 Alan West, *Privacy and freedom*, New York: Atheneum, 1967, p. 31.

63 Privacy – a legal analysis, in *Philosophical dimentions of privacy*, Cambridge: Schoeman (ed.), 1984, p. 107.

64 Louis Brandeis e Samuel Warren, The right to privacy, *Harvard Law Review*, v. 4, p. 193 e s., 1890.

65 No caso Griswold *v.* Connecticut, 381 U.S. 479 (1965), a Suprema Corte julgou inconstitucional lei que proibia o uso de contraceptivos. Entendeu-se que a implementação da lei demandaria insuportável invasão da intimidade do casal. Mais adiante, o conceito de privacidade ganhou contornos mais acentuados de instrumento de proteção de decisões individuais, com o caso Roe *v.* Wade, 410 U.S. 113 (1973), o precedente em que se permitiu o aborto voluntário. Para uma notícia crítica da evolução do conceito de privacidade, veja-se Michael J. Sandel, Moral argument and liberal toleration: abortion and homosexuality, *California Law Review*, v. 77, p. 521 e s., 1989.

66 Ilustrando essas características, o Tribunal de Justiça do Rio de Janeiro, em acórdão relatado pelo mais tarde Ministro do STF, Menezes Direito (Ap. 3.059/91, *RT*, 693/198), reconheceu direito a indenização, por ofensa à intimidade e à vida privada, postulado por artista, que viu publicada fotografia sua em revista de ampla circulação, sob legenda que dizia – "como os artistas se protegem da AIDS". Em outra manchete da mesma revista o nome do artista era mencionado juntamente com outros artistas em título de reportagem que começava com os termos

Como acontece com relação a qualquer direito fundamental, o direito à privacidade também encontra limitações, que resultam do próprio fato de se viver em comunidade e de outros valores de ordem constitucional.

2.2. Limites ao direito à privacidade

A vida em comunidade, com as suas inerentes interações entre pessoas, impede que se atribua valor radical à privacidade. É possível descobrir interesses públicos, acolhidos por normas constitucionais, que sobrelevem ao interesse do recolhimento do indivíduo. O interesse público despertado por certo acontecimento ou por determinada pessoa que vive de uma imagem cultivada perante a sociedade pode sobrepujar a pretensão de "ser deixado só".

A depender de um conjunto de circunstâncias do caso concreto, a divulgação de fatos relacionados com uma dada pessoa poderá ser tida como admissível ou como abusiva[67].

Da mesma forma, há de se levar em consideração o modo como ocorreu o desvendamento do fato relatado ao público. Diferem entre si os casos em que um aspecto da intimidade de alguém é livremente exposto pelo titular do direito daqueles outros em que a notícia foi obtida e propalada contra a vontade do seu protagonista.

A extensão e a intensidade da proteção à vida privada dependem, em parte, do modo de viver do indivíduo – reduzindo-se, mas não se anulando, quando se trata de celebridade. Dependem, ainda, da finalidade a ser alcançada com a exposição e do modo como a notícia foi coletada.

2.2.1. Restrição à privacidade com o consentimento do indivíduo

Os direitos fundamentais não são suscetíveis de renúncia plena, mas podem ser objeto de autolimitações, que não esbarrem no núcleo essencial da dignidade da pessoa[68].

"A AIDS de ...". O caso se torna tanto mais expressivo porquanto, sob as manchetes apelativas, seguia-se um texto em que se dizia da irritação de artistas com insinuações falsas de que sofriam da doença. O precedente, ainda que não explicitamente, aderiu ao repúdio às manchetes enganosas. O voto registrou que "nenhum homem médio poderia espancar os seus mais íntimos sentimentos de medo e frustração, de indignação e revolta, de dor e mágoa, diante da divulgação do seu nome associado a uma doença incurável, (...) que tanto desespero tem causado à humanidade. E, mais, nenhum homem médio poderia conter tais sentimentos se, oferecido o desmentido, munido de atestado médico próprio, visse novamente, com divulgação ampliada pelo poder da televisão, o seu nome manipulado para a mesma associação". Acrescentou: "Não é lícito aos meios de comunicação de massa tornar pública a doença de quem quer que seja, pois tal informação está na esfera ética da pessoa humana, é assunto que diz respeito à sua intimidade, à sua vida privada, lesando, ademais, o sentimento pessoal da honra e do decoro".

Envolvendo também invocação ao direito à privacidade, veja-se, do STF, a AP 307 (Caso Collor), *DJ* de 13-10-1995.

67 Não se trata da mesma forma a divulgação de imagens de um jogador de futebol contundido, em campo, por uma jogada desleal de adversário e a divulgação televisionada das dores de uma pacata dona de casa num hospital, acidentada ao escorregar no interior da sua residência.

68 Na França, anulou-se um contrato, por imoral, em que uma pessoa concordava em expor para uma revista uma extraordinária anomalia sexual (Pierre Kayser, *La protection de la vie privée*, Paris: Econômica, 1984, p. 147).

Nada impede que uma pessoa consinta em que se exponham as suas agruras durante um sequestro, ou por ocasião da morte de algum ente querido, dando entrevista a respeito, por exemplo[69].

O problema, contudo, costuma tornar-se de difícil solução quando é necessário definir se houve consentimento tácito na divulgação da matéria ou da imagem que envolve aspecto da intimidade de alguém.

Em princípio, se alguém se encontra num lugar público está sujeito a ser visto e a aparecer em alguma foto ou filmagem do mesmo lugar. Haveria, aí, um consentimento tácito na exposição. A pessoa não poderá objetar a aparecer, sem proeminência, numa reportagem, se se encontra em lugar aberto ao público e é retratada como parte da cena como um todo.

Há opiniões contrastantes, entretanto, quando se discute se é possível destacar alguém no âmbito da paisagem. Seria legítimo, por exemplo, fotografar uma banhista sem parte do biquíni numa praia? As soluções variam. Há precedentes na França condenando a publicação de foto de banhista fazendo *topless*, numa reportagem sobre as praias francesas[70]. A mesma situação, entretanto, já ensejou que o Superior Tribunal de Justiça rejeitasse pedido de indenização por danos morais, no pressuposto de que a retratada teria, em casos assim, consentido tacitamente na exposição de sua imagem[71]. Pode-se ter como certo, todavia, que essas fotografias não poderiam ser utilizadas para fins comerciais.

Verifica-se a tendência de tomar como justificável a intrusão sobre a vida privada de alguém quando houver relevância pública na notícia que expõe o indivíduo. Assim, revelar algum hábito sexualmente heterodoxo de um líder político, que se apoia num eleitorado conservador, certamente que não possui o mesmo coeficiente de interesse relevante que teria o noticiário de igual comportamento praticado por um cidadão comum.

Decerto que *interesse público* não é conceito coincidente com o de *interesse do público*[72]. O conceito de notícias de relevância pública enfeixa as notícias relevantes para decisões importantes do indivíduo na sociedade. Em princípio, notícias necessá-

69 O Tribunal de Justiça do Rio de Janeiro também já assentou que o consentimento expresso pode ser limitado pela pessoa que se exporá, devendo ser respeitada a sua decisão. Por isso, manteve condenação da revista, que, tendo sido solicitada por artista por ela entrevistado a que não mencionasse o fato de que tivera ambas as pernas amputadas, e tendo autorizado fotografias apenas da cintura para cima, viu estampada na capa do semanário tanto a fotografia que revelava a sua deficiência física como uma manchete que realçava essa circunstância. Não adiantou à empresa alegar que a reportagem fora elogiosa da coragem moral do retratado diante do seu drama (TJRJ, Ap. 5.246/91, *RT* 700/144).

70 Kayser, *La protection*, cit., p. 165.

71 No REsp 595.600 (*DJ* de 13-9-2004, rel. Min. Cesar Asfor Rocha) lê-se: "A proteção à intimidade não pode ser exaltada a ponto de conferir imunidade contra toda e qualquer veiculação de imagem de uma pessoa, constituindo uma redoma protetora só superada pelo expresso consentimento, mas encontra limites de acordo com as circunstâncias e peculiaridades em que ocorrida a captação". No voto do relator, ainda foi salientado que "a própria recorrente optou por revelar sua intimidade, ao expor o peito desnudo em local público de grande movimento, inexistindo qualquer conteúdo pernicioso na veiculação, que se limitou a registrar sobriamente o evento sem sequer citar o nome da autora". Na mesma diretriz e do mesmo relator, o REsp 58.101, *DJ* de 9-3-1998. Mais recentemente, porém, precedentes do STJ valem-se de enfoque diferente. No REsp 1.082.878 (*DJe* de 18-11-2008, rel. Min. Nancy Andrighi), admitiu-se a responsabilidade civil pela publicação de fotografia de ator de novela, em local aberto, beijando mulher que não era o seu cônjuge. No REsp 1.243.699 (*DJe* de 22-8-2016, rel. Min. Raul Araújo), assentou-se: "Não se pode deduzir que a mulher formosa, que se apresente espontaneamente de biquíni na praia, ambiente adequado, esteja a concordar tacitamente com a divulgação de sua imagem em revista masculina de conteúdo erótico".

72 Raymond Wacks, *The protection of privacy*, London: Sweet & Maxwell, 1980, p. 99.

rias para proteger a saúde ou a segurança pública, ou para prevenir que o público seja iludido por mensagens ou ações de indivíduos que postulam a confiança da sociedade têm, *prima facie*, peso apto para superar a garantia da privacidade. Situações de difícil deslinde, porém, não são incomuns[73].

Nesse contexto de ponderação entre o interesse público na notícia e a privacidade do indivíduo, compreende-se que pessoas públicas ou envolvidas em assuntos públicos detenham menor pretensão de retraimento da mídia.

Por vezes, diz-se que o homem público, i. é, aquele que se pôs sob a luz da observação do público, abre mão da sua privacidade pelo só fato do seu modo de viver. Essa impressão é incorreta[74]. O que ocorre é que, vivendo ele do crédito público, estando constantemente envolvido em negócios que afetam a coletividade, é natural que em torno dele se avolume um verdadeiro interesse público, que não existiria com relação ao pacato cidadão comum.

É importante frisar que não basta a veracidade da notícia sobre um indivíduo para que se legitime a divulgação. Cobra-se, além disso, que a divulgação não se destine meramente a atender à curiosidade ociosa do público, mas que vise a se constituir em elemento útil a que o indivíduo que vai receber o informe se oriente melhor na sociedade em que vive. Haverá sempre, ainda, que aquilatar o interesse público com o desgaste material e emocional para o retratado, num juízo de proporcionalidade estrita, para se definir a validez da exposição.

Essas guias no assunto servem não apenas para o político, como também para o artista de renome ou para o desportista exitoso. Em relação a eles também pode haver interesse em conhecer aspectos das suas vidas determinantes para a conquista do estrelato, que podem inspirar a tomada de decisões vitais por quem recebe as notícias. Entende-se que é possível a divulgação de aspectos da vida privada da pessoa pública que influíram na sua formação, como a sua origem, os estudos, trabalhos, desafios vividos e predileções que demonstrem pendores especiais[75].

Certamente, porém, que notícias sobre hábitos sexuais ou alimentares exóticos de um artista não se incluem nesse rol de matérias de interesse público, remanescendo aí o direito preponderante ao resguardo da intimidade. Fatos desvinculados do papel so-

73 Assim, por exemplo, a discussão que houve, na Inglaterra, quando, no fim dos anos oitenta, proibiu-se publicar os nomes de médicos que haviam contraído AIDS e que continuavam a exercer a clínica médica. Uma corte decidiu que a discussão sobre os perigos eventuais para os pacientes em situações assim poderiam ser debatidos na mídia, sem que, porém, fossem divulgados os nomes e os endereços profissionais dos médicos (Tom G. Crone, *Law and the media*, Oxford: Heinemann Professional Publishing, 1989, p. 87).

74 Veja-se, do STF, a AO 1.390 (rel. Min. Dias Toffoli, *DJe* de 30-8-2011): "Embora seja livre a manifestação do pensamento, tal direito não é absoluto. Ao contrário, encontra limites em outros direitos também essenciais para a concretização da dignidade da pessoa humana: a honra, a intimidade, a privacidade e o direito à imagem. As pessoas públicas estão sujeitas a críticas no desempenho de suas funções. Todavia, essas não podem ser infundadas e devem observar determinados limites". As pessoas públicas devem ter maior tolerância com críticas que atraia. Anote-se, como ilustração da aceitação dessa assertiva pelo STF, o AI 690.841 AgR (rel. Min. Celso de Mello, *DJe* de 4-8-2011): "A crítica jornalística traduz direito impregnado de qualificação constitucional, plenamente oponível aos que exercem qualquer atividade de interesse da coletividade em geral, pois o interesse social, que legitima o direito de criticar, sobrepõe-se a eventuais suscetibilidades que possam revelar as pessoas públicas ou as figuras notórias, exercentes, ou não, de cargos oficiais".

75 A propósito, veja-se também Paulo Costa Júnior, *O direito de estar só*, cit., p. 39, que cita e aparenta seguir De Cupis.

cial da figura pública não podem ser considerados de interesse público, não ensejando que a imprensa invada a privacidade do indivíduo.

Uma vez, ainda, que o indivíduo haja divulgado, ele próprio, fatos da sua intimidade, que, desse modo, se tornaram públicos, não haverá como reter, em seguida, as mesmas informações[76].

A celebridade do passado nem sempre será objeto legítimo de incursões da imprensa. Algumas pessoas de renome voltam, adiante, espontaneamente, ao recolhimento da vida de cidadão comum – opção que deve ser, em princípio, respeitada pelos órgãos de informação. Se a pessoa deixou de atrair notoriedade, desaparecendo o interesse público em torno dela, merece ser deixada de lado, como desejar. Isso é tanto mais verdade com relação, por exemplo, a quem já cumpriu pena criminal e que precisa reajustar-se à sociedade. Ele há de ter o direito a não ver repassados ao público os fatos que o levaram à penitenciária[77].

Em se tratando de conflito de pretensões à privacidade e à liberdade de informação concorda-se que se analise a qualidade da notícia a ser divulgada, a fim de estabelecer se a notícia constitui assunto do legítimo interesse do público. Deve ser aferido, ainda, em cada caso, se o interesse público sobreleva a dor íntima que o informe provocará.

Vale observar que o agente público também sofre um decréscimo na sua pretensão à privacidade, na medida em que se devota ao serviço da sociedade em geral, à gestão da coisa coletiva, e é remunerado com recursos públicos. Ele, certamente, não perde a sua privacidade por isso, mas se sujeita a um acompanhamento mais intenso do seu modo de proceder. O STF entende, ademais, que "é legítima a publicação, inclusive em sítio eletrônico, mantido pela Administração Pública, dos nomes dos seus servidores e do valor dos correspondentes vencimentos e vantagens pecuniárias"[78].

2.3. Privacidade e sigilo bancário/fiscal

O sigilo bancário tem sido tratado pelo STF e pelo STJ como assunto sujeito à proteção da vida privada dos indivíduos[79].

---

76 É o que decidiu o Tribunal de Justiça do Rio de Janeiro, em acórdão da lavra do Des. Barbosa Moreira (notícia do acórdão na Apelação Cível n. 3.920/88 em Castanho de Carvalho, *Direito de informação*, cit., p. 47-48). O caso se refere a uma tentativa de Luiz Carlos Prestes de impedir um espetáculo teatral que reviveria o episódio do seu romance com Olga Benário Prestes e a deportação dela para a Alemanha, durante a Segunda Guerra Mundial. Os fatos já haviam chegado ao conhecimento do público e, como salientou o relator, teriam sido narrados pelo próprio Prestes ao autor do livro *Olga*, Fernando Morais. Daí concluir o aresto que, "se o agente se cinge a incluir na obra fato ou traço já objeto da ciência alheia ou acessível (em condições normais) a ela, não ofende o direito à privacidade, conquanto deixe de obter a autorização do titular".

Nessa linha de não se poder invocar a privacidade quando o próprio titular assumiu comportamento que torna público o fato que não quer ver divulgado, nos EUA, decidiu-se que o indivíduo que ganhara notoriedade por ter desviado uma arma que, em 1975, fora disparada contra o Presidente Gerald Ford, não tinha por que se opor à notícia de que era *gay*. Não haveria questão de privacidade envolvida, porque O. W. Sipple assumira uma vida abertamente homossexual, tendo até aparecido em publicações especializadas. A sua orientação sexual, portanto, deixara de ser assunto particular (cf. Ellen Alderman e Caroline Kennedy, ob. cit., p. 167 – episódio também reproduzido por Castanho de Carvalho, *Direito de informação*, cit., p. 273).

77 O caso Lebach, na Corte Constitucional da Alemanha, é exemplo de entendimento nesse sentido.

78 Tese formulada no ARE 652.777, julgado na sistemática da repercussão geral, rel. Min. Teori Zavascki, *DJe* de 1º-7-2015.

79 Isso não obstante, em alguns precedentes e em alguns ensaios doutrinários, já se sustentou que a sede de proteção desse sigilo estaria mais bem localizada no inciso XII do art. 5º da Constituição. A propósito, Luciane

Consiste na obrigação imposta aos bancos e a seus funcionários de discrição, a respeito de negócios, presentes e passados, de pessoas com que lidaram, abrangendo dados sobre a abertura e o fechamento de contas e a sua movimentação.

O direito ao sigilo bancário, entretanto, não é absoluto, nem ilimitado. Havendo tensão entre o interesse do indivíduo e o interesse da coletividade, em torno do conhecimento de informações relevantes para determinado contexto social, o controle sobre os dados pertinentes não há de ficar submetido ao exclusivo arbítrio do indivíduo[80].

A jurisprudência do STF admite a quebra do sigilo pelo Judiciário, mas resiste a que o Ministério Público possa determiná-la diretamente, por falta de autorização legal específica[81]. Há precedente do STF, contudo, tendo a requisição do Ministério Público ao Banco do Brasil de dados relativos a concessão de empréstimos, subsidiados pelo Tesouro Nacional, com base em plano de governo, a empresas do setor sucroalcooleiro como de atendimento devido. Assentou-se, invocando o princípio da publicidade disposto no art. 37 da Lei Maior, que "não cabe ao Banco do Brasil negar, ao Ministério Público, informações sobre nomes de beneficiários de empréstimos concedidos pela instituição, com recursos subsidiados pelo erário federal, sob invocação do sigilo bancário, em se tratando de requisição de informações e documentos para instruir procedimento administrativo instaurado em defesa do patrimônio público"[82].

O STF admite que as Comissões Parlamentares de Inquérito possam deliberar a quebra do sigilo bancário[83]. Cobra, todavia, que tais decisões sejam fundamentadas, apontando razões que tornem a providência necessária e proporcionada ao fim buscado, justamente em face da tensão que geram para o direito à privacidade[84]. O Tribunal

Amaral Corrêa, O princípio da proporcionalidade e a quebra do sigilo bancário e do sigilo fiscal nos processos de execução, in Ingo Sarlet (org.), *A Constituição concretizada*, Porto Alegre: Livr. do Advogado Ed., 2000, p. 165-210. Prefiro ver a proteção aos dados bancários no direito à privacidade, já que o inciso XII do art. 5º da Carta cobre hipóteses de sigilo de *comunicação* de dados – situação menos abrangente do que a que se está debatendo.

80 Nesse sentido a jurisprudência do STF, de que é ilustração a Pet. 577 (*RTJ*, 148/367).

81 "A norma inscrita no inc. VIII, do art. 129, da C.F., não autoriza o Ministério Público, sem a interferência da autoridade judiciária, quebrar o sigilo bancário de alguém. Se se tem presente que o sigilo bancário é espécie de direito à privacidade (...), somente autorização expressa da Constituição legitimaria o Ministério Público a promover, diretamente e sem a intervenção da autoridade judiciária, a quebra do sigilo bancário de qualquer pessoa" (RE 215.301-0-CE, *DJ* de 28-6-1999, rel. Min. Carlos Velloso).

82 MS 21.729, *DJ* de 19-10-2001, rel. para o acórdão Min. Néri da Silveira. Como corolário dessa decisão, no RHC 133118, rel. o Ministro Dias Toffoli (*DJe* de 9-3-2018), a 2ª Turma do STF declarou que o "poder do Ministério Público de requisitar informações bancárias de conta corrente de titularidade da prefeitura municipal compreende, por extensão, o acesso aos registros das operações bancárias realizadas por particulares, a partir das verbas públicas creditadas naquela conta".

83 Nesse sentido, MS 23.452, *DJ* de 12-5-2000, rel. Min. Celso de Mello. No MS 22.801, rel. Min. Menezes Direito, *DJe* de 14-3-2008, o Plenário do STF decidiu que a garantia do sigilo bancário, inserida no "princípio constitucional que protege a intimidade e a vida privada", não dá margem a que o Tribunal de Contas da União determine a quebra de sigilo bancário de pessoa sujeita a prestação de contas.

84 Lembra o Ministro Celso de Mello (CR 7.323, *DJ* de 11-6-1999) que "o caráter fundamental de que se revestem as diretrizes que condicionam a atuação do Poder Público, em tema de restrição ao regime das liberdades públicas, impõe, para efeito de 'disclosure' dos elementos de informação protegidos pela cláusula do sigilo, que o Estado previamente demonstre, ao Poder Judiciário, a ocorrência de causa provável ou a existência de fundadas razões

não admitia o acesso direto, sem a intermediação tutelar do Judiciário, da Receita Federal às movimentações bancárias dos contribuintes[85]. Nova orientação, contudo, foi vitoriosa no julgamento de ações diretas de inconstitucionalidade ajuizadas contra dispositivos da Lei Complementar n. 105/2001 que admitem e regulam a transferência de dados sobre movimentação financeira de contribuintes ao Fisco. Foi posto em relevo que a lei estipula mecanismos asseguradores de que as informações não serão expostas ao público. Enfatizou-se que a providência traduz "mecanismo efetivo de combate à sonegação fiscal" e que pagar tributos é um "dever fundamental (...) já que são eles que, majoritariamente, financiam as ações estatais voltadas à concretização dos direitos do cidadão". Acrescentou-se que "não deve Estado brasileiro prescindir do acesso automático aos dados bancários dos contribuintes por sua administração tributária"[86].

O sigilo como componente da privacidade tende a ceder ante o imperativo da transparência, que deve orientar as medidas de disposição de recursos públicos numa república democrática. Isso é tanto mais assim quando do conhecimento de dados envolvendo recursos públicos depender o exercício de competência constitucional de órgão controlador da gestão da coisa pública. O Tribunal de Contas da União, ordinariamente, não pode decretar a quebra do sigilo bancário ou empresarial de terceiros, mas, no desempenho do controle financeiro da Administração Pública, pode exigir de entidades da Administração indireta, como o BNDES, que lhe franqueie o acesso a operações financeiras por elas realizadas, envolvendo recursos públicos. Essas operações não estão abrangidas pela proteção do sigilo bancário[87].

A determinação judicial de quebra de sigilo bancário subordina-se à real necessidade de se preservar um outro valor com *status* constitucional, que se sobreponha ao interesse na manutenção do sigilo. Além disso, deve estar caracterizada a adequação da medida ao fim pretendido, bem assim a sua efetiva necessidade – i. é, não se antever outro meio menos constritivo para alcançar o mesmo fim. O pedido de quebra do sigilo bancário ou fiscal deve estar acompanhado de prova da sua utilidade. Cumpre, portanto, que se demonstre que "a providência requerida é indispensável, que ela conduz a alguma coisa"[88]; vale dizer, que a incursão na privacidade do investigado vence os testes da proporcionalidade por ser adequada e necessária.

que justifiquem a adoção de medida tão excepcional, sob pena de injusto comprometimento do direito constitucional à privacidade. Nesse sentido, orientam-se diversas decisões proferidas pelo Supremo Tribunal Federal (INQ 830-MS, rel. Min. CELSO DE MELLO, *DJU* de 01/2/95 – INQ 899-DF, rel. Min. CELSO DE MELLO, *DJU* de 23/9/94 – INQ 901-DF, rel. Min. SEPÚLVEDA PERTENCE, *DJU* de 23/2/95)".

85 Cf. RE 389.808, rel. Min. Marco Aurélio, *DJe* de 10-5-2011.

86 ADI 2.859, ADI 2.390, ADI 2.397, ADI 2.386, todas da relatoria do Min. Dias Toffoli, julgadas em 24-2-2016.

87 STF: MS 33.340, rel. Min. Luiz Fux, 1ª Turma, *DJe* de 3-8-2015.

88 STF: Pet. 577, *RTJ*, 148/374. STF: Pet. 577, *RTJ*, 148/374. Registram-se também precedentes do STJ em torno de pedido de quebra de sigilo bancário ou fiscal para fins de localização de devedores e dos seus bens, em que se aponta que o interesse da Justiça em compor o prejuízo do autor somente supera o direito à privacidade, se estiverem esgotados os meios ordinários para encontrar o réu e os seus bens (REsp 8.806 – *RSTJ*, 36/313, [STJ, AgRg 150.244, *DJ* de 30-8-1999]). A propósito, este voto do Ministro Eduardo Ribeiro no REsp 83.824 (*DJ* de 17-5-1999, citado por

No âmbito judicial, a quebra do sigilo bancário não exige prévia oitiva do investigado e tanto a Justiça Federal como a do Estado podem determiná-la. O indivíduo que não se conforme com a quebra do seu sigilo pode contestá-la em juízo, até mesmo pela via do *habeas corpus*[89].

Uma vez quebrado o sigilo, os autos que recebem essas informações devem correr em segredo de justiça. Há responsabilidade civil do Estado no descaso para com esse dever.

Nos casos de quebra de sigilo bancário ou fiscal, deve o juiz especificar que dados deseja obter. Assim, se somente se pretende descobrir o endereço de alguém, não é o caso de se obter também a sua declaração de bens.

A evidência obtida a partir de quebra irregular do sigilo é considerada prova ilícita, sendo, pois, "desprovida de qualquer eficácia, eivada de nulidade absoluta e insuscetível de ser sanada por força da preclusão"[90]. Se, porém, o indivíduo faz uso de tais provas como meio de defesa no processo, a situação se modifica[91].

A proteção do sigilo fiscal impede, também, que se publique "lista de devedores da Fazenda Pública"[92].

2.4. Privacidade e inviolabilidade do domicílio

O domicílio delimita um espaço físico em que o indivíduo desfruta da privacidade, em suas variadas expressões. Ali, não deve sofrer intromissão por terceiros, e deverá gozar da tranquilidade da vida íntima.

A Constituição protege o domicílio, dispondo, no art. 5º, XI, que "a casa é asilo inviolável do indivíduo, ninguém nela podendo penetrar sem consentimento do morador, salvo em caso de flagrante delito ou desastre, ou para prestar socorro, ou, durante o dia, por determinação judicial".

Luciane Amaral Corrêa, *O princípio*, cit., p. 193]: "Claro que algum interesse na administração da Justiça sempre haverá na localização de bens a penhorar. Não se me afigura, entretanto, deva preponderar sobre o interesse público de não desvendar as informações prestadas ao fisco pelo contribuinte. Esse deve ser estimulado a fazê-las com a maior amplitude, confiante em que apenas em casos excepcionais os dados serão revelados, como, por exemplo, quando interesse à repressão de crime. Localização de bens para que sofram a constrição judicial parece-me algo bastante rotineiro na prática forense". Veja-se, na doutrina, igualmente, Alexandre de Moraes, *Direitos humanos fundamentais*, São Paulo: Atlas, 1998, p. 139.

89 STF, HC 79.191, *DJ* de 8-10-1999, rel. Min. Sepúlveda Pertence.

90 STJ, HC 9.838/SP, *DJ* de 24-4-2000. Veja-se, igualmente, do STF, o HC 90.298, rel. Min. Cezar Peluso, *DJe* de 16-10-2009, em cuja ementa se lê: "(...). Quebra de sigilo bancário sem autorização judicial. Confissão obtida com base na prova ilegal. Contaminação. HC concedido para absolver a ré. Ofensa ao art. 5º, inc. LVI, da CF. Considera-se ilícita a prova criminal consistente em obtenção, sem mandado, de dados bancários da ré, e, como tal, contamina as demais provas produzidas com base nessa diligência ilegal".

91 Conforme assentou o STF no HC 74.197/RS (*DJ* de 25-4-1997), rel. Min. Francisco Rezek: "(...) PROVA ILÍCITA. QUEBRA DO SIGILO BANCÁRIO. FALTA DE AUTORIZAÇÃO JUDICIAL. ORDEM DENEGADA. (...) A quebra do sigilo bancário não observado o disposto no artigo 38-§ 1º da Lei 4.595/64 não se traduz em prova ilícita se o réu, corroborando as informações prestadas pela instituição bancária, utiliza-as para sustentar sua defesa".

92 STJ, *Lex-STJ* 30/42.

"A inviolabilidade do domicílio – esclarece Dinorá Musetti Grotti – significa a proibição de intrusão material em uma habitação privada"[93]. Busca-se preservar não somente a privacidade do indivíduo, como, por igual, o seu direito de propriedade, a sua liberdade, a sua segurança individual, a sua personalidade[94].

2.4.1. Objeto da tutela da inviolabilidade do domicílio

Importa definir em que consiste o termo *casa* – ou domicílio. Para essa tarefa, é de proveito contemplar o propósito do constituinte ao proclamar a inviolabilidade. Enfatiza-se o vínculo dessa liberdade com a proteção à intimidade do indivíduo e à privacidade das suas atividades profissionais. Por isso, o STF vê como objeto da garantia constitucional do inciso XI do art. 5º da CF "(a) qualquer compartimento habitado, (b) qualquer aposento ocupado de habitação coletiva e (c) qualquer compartimento privado onde alguém exerce profissão ou atividade"[95].

Assim o conceito de domicílio abrange "todo lugar privativo, ocupado por alguém, com direito próprio e de maneira exclusiva, mesmo sem caráter definitivo ou habitual"[96]. O conceito constitucional de domicílio é, assim, mais amplo do que aquele do direito civil.

Afirma-se, em doutrina, que a abrangência do termo *casa* no direito constitucional deve ser ampla, entendida como "projeção espacial da pessoa", alcançando não somente o escritório de trabalho como também o estabelecimento industrial e o clube recreativo. O domicílio, afinal, coincide com "o espaço isolado do ambiente externo utilizado para o desenvolvimento das atividades da vida e do qual a pessoa ou pessoas titulares pretendem normalmente excluir a presença de terceiros"[97].

O lugar fechado em que o indivíduo exerce atividades pessoais está abrangido pelo conceito de domicílio[98]. Esse lugar pode ser o da residência da pessoa, independen-

93 Dinorá Musetti Grotti, *Inviolabilidade do domicílio na Constituição*, São Paulo: Malheiros, 1993, p. 87.

94 Veja-se, a propósito, Celso Bastos, que diz que a casa "é um dos poucos recintos em que ainda é possível assegurar a intimidade. É por isso que a inviolabilidade do domicílio mantém íntimas conexões com outros direitos que protegem a individualidade" (*Comentários à Constituição do Brasil*, São Paulo: Saraiva, 1989, v. 2, p. 67).

95 Veja-se decisão no MS-MC 23.595, *DJ* de 1º-2-2000, rel. Min. Celso de Mello. O relator acentuou que, também na doutrina, a noção constitucional de domicílio não se restringe à habitação do indivíduo, alcançando todo espaço privado em que exerce a sua atividade profissional. Citou nesse sentido Pontes de Miranda, *Comentários à Constituição de 1967 com a Emenda n. 1 de 1969* (t. 5, p. 187, 2. ed./2. tir., 1974, Revista dos Tribunais); José Cretella Júnior (*Comentários à Constituição de 1988*, v. 1, p. 261, item n. 150, 1989, Forense Universitária); Pinto Ferreira (*Comentários à Constituição brasileira*, v. 1, p. 82, 1989, Saraiva); Manoel Gonçalves Ferreira Filho (*Comentários à Constituição brasileira de 1988*, v. 1, p. 36-37, 1990, Saraiva); Carlos Maximiliano (*Comentários à Constituição brasileira*, v. 3, p. 91, 1948, Freitas Bastos); Dinorá Adelaide Musetti Grotti (*Inviolabilidade do domicílio na Constituição*, p. 70-78, 1993, Malheiros).

Na AP 307-3/DF (caso Collor), rel. Min. Ilmar Galvão, *DJ* de 13-10-1995, o STF também se valeu do entendimento de que escritório particular está sob a tutela da inviolabilidade de domicílio. Estimou ilícita a prova obtida por apreensão de computadores em escritório particular, sem ordem judicial.

96 MS-MC 23.595, citado.

97 Conceito de Paolo Barile, citado por Dinorá Grotti, *Inviolabilidade*, cit., p. 73.

98 STF: RHC 82.788, *DJ* de 2-6-2006, rel. Min. Celso de Mello.

temente de ser própria, alugada ou ocupada em comodato, em visita etc. É irrelevante que a moradia seja fixa na terra ou não (um *trailer* ou um barco, e.g., podem qualificar-se como protegidos pela inviolabilidade de domicílio). Da mesma sorte, o dispositivo constitucional apanha um aposento de habitação coletiva (quarto de hotel, pensão ou de motel...)[99]. Não será *domicílio* a parte aberta às pessoas em geral de um bar ou de um restaurante[100].

A provisoriedade da permanência no recinto não lhe subtrai a característica de casa[101].

No conceito de casa incluem-se, ainda, o jardim, a garagem, as partes externas, muradas ou não, que se contêm nas divisas espaciais da propriedade[102].

2.4.2. Os sujeitos do direito

O direito à inviolabilidade de domicílio tem nítida eficácia horizontal. Repele não apenas a ação estatal, mas, por igual, a de outros particulares[103].

São titulares do direito à liberdade de domicílio tanto as pessoas físicas como as jurídicas.

Embora a proteção constitucional não se refira apenas ao proprietário do imóvel, o tema se torna problemático quando se trata de saber se o residente sem qualquer título legitimador está protegido[104]. Há quem sustente que "a legitimação ao gozo da liberdade domiciliar pressupõe um título ou uma situação de fato idônea para legitimar a relação intercorrente entre a pessoa e a esfera espacial destinada ao domicílio"[105].

Pode ocorrer hipótese de titularidade múltipla, engendrando conflitos no que diz respeito à permissão para ingressar na casa. Essas situações devem ser observadas em concreto, levando em conta que o residente pode sempre, de dia ou de noite, consentir que a sua casa seja penetrada. Há, a propósito, precedente do STF tendo como legítima prova, obtida em estabelecimento comercial, por agentes do Fisco, que ali entraram com o assentimento do dono da loja[106].

---

99 STF: HC 90.376, *DJ* de 18-6-2007, rel. Min. Celso de Mello. Explicitou-se que "esse amplo sentido conceitual da noção jurídica *casa* revela-se plenamente consentâneo com exigência constitucional de proteção à esfera de liberdade individual e de privacidade pessoal".

100 Nesse sentido, Rosângelo de Miranda, *A proteção constitucional da vida privada*, São Paulo: Ed. de Direito, 1996, p. 125-126.

101 Cf. Paranhos Sampaio, citado por Dinorá Grotti, *Inviolabilidade*, cit., p. 75-76, que com ele expressamente concorda, ao afirmar: "se o aspecto principal da sua caracterização é o da exclusividade da ocupação, todo lugar privativo, ocupado por alguém, com direito próprio e de maneira exclusiva, mesmo sem caráter definitivo ou habitual, também é protegido pelo princípio".

102 Dinorá Grotti, *Inviolabilidade*, cit., p. 76.

103 A propósito, Dinorá Grotti, *Inviolabilidade*, cit., p. 84-86, que cita, nesse sentido, João Barbalho, Manoel Gonçalves Ferreira Filho, Jean Rivero, Edoardo Giannotti, Celso Ribeiro Bastos e José Afonso da Silva, além de Gomes Canotilho e Vital Moreira.

104 É o que reconhecem Canotilho e Vital Moreira, citados por Dinorá Grotti, *Inviolabilidade*, cit., p. 104.

105 A citação é de Faso, feita por Dinorá Grotti, *Inviolabilidade*, cit., p. 104.

106 HC 79.512/RJ, *DJ* de 16-5-2003, rel. Min. Sepúlveda Pertence.

Havendo mais de um titular de direito à inviolabilidade de domicílio, em caso de conflito, cabe ao chefe da casa (marido e mulher têm iguais direitos e prerrogativas, por força do art. 226, § 5º, da CF) ou da comunidade (diretor de internatos, superior de conventos etc.) a palavra definitiva.

Se os titulares da liberdade estiverem em igualdade de condições, como no caso do marido e mulher ou da república de estudantes, a divergência deve ser resolvida em favor da proibição de ingresso ou de permanência na casa[107].

Os dependentes e subordinados exercem as faculdades do direito à inviolabilidade de domicílio com respeito às dependências que lhe são destinadas (p. ex., quarto de filho, quarto de empregada...). Não queda porém eliminado o direito do chefe da casa de ingressar em todos os recintos da residência, mesmo contra a vontade de quem ali se encontra e de proibir o ingresso de estranhos, identificados previamente ou não[108].

Quanto ao modo, o consentimento para o ingresso pode ser tácito ou expresso. O locatário tem o dever de admitir visitas do locador para inspeções ou para demonstração a comprador, se tanto estiver previsto no contrato de aluguel.

A Constituição estabelece exceções à inviolabilidade de domicílio, que não é um direito absoluto. A qualquer momento é lícito o ingresso no domicílio alheio em caso de flagrante delito, conceito que cabe ao legislador definir[109]. A polícia, dando perseguição ao agente que acabou de cometer um crime, e que se homiziou na sua casa, pode adentrá-la. Quebrado o flagrante, contudo, a invasão é proibida.

É válido também, em qualquer instante, o ingresso, independentemente de consentimento, em caso de desastre ou para prestar socorro. Desastre tem o sentido de acontecimento calamitoso, de que fazem exemplos a inundação, o deslizamento de terras e o incêndio. Trata-se do episódio que ameaça e põe em risco a saúde ou a vida de quem se encontra no recinto protegido constitucionalmente. Nesses casos, o domicílio pode ser invadido para salvar quem sofre o perigo. Permite-se, também, o ingresso na casa alheia para que quem está de fora possa salvar-se de um desastre, como no evento em que o indivíduo rompe a parede de prédio contíguo para escapar de incêndio no seu próprio edifício.

Outra hipótese prevista constitucionalmente é a do ingresso, sem prévia autorização, para prestar socorro. Esse socorro pode não estar ligado a acontecimento calamitoso. Tampouco será qualquer pretexto de auxílio que legitimará a entrada de pessoa

---

107 É a opinião de Dinorá Grotti, *Inviolabilidade*, cit., p. 108, citando em seu abono Damásio de Jesus, Júlio Mirabete, Nélson Hungria, Heleno Fragoso e Paulo José da Costa Júnior. Para a autora, "em igualdade de condições, prevalecerá a proibição: *melior est conditio prohibentis*".

108 Cf. Dinorá Grotti, *Inviolabilidade*, cit., p. 107-108, em que cita Damásio de Jesus, para quem "a empregada que deixa o amante penetrar em seu quarto, comete o crime [de violação de domicílio] em concurso com ele, uma vez que na espécie presume-se o dissentimento do *dominus* (dono da casa)".

109 No RE 603.616, julgado sob a sistemática da repercussão geral (*DJe* de 10-5-2016, rel. Min. Gilmar Mendes), reafirmou-se que, em casos de crimes permanentes, a situação de flagrância se torna contínua. Ficou esclarecido, ainda, que a medida está sujeita a controle judicial posterior, devendo os agentes públicos justificá-la, demonstrando que havia elementos de convicção, antes da invasão, de que um crime estava em curso. Lê-se no precedente: "A entrada forçada em domicílio, sem uma justificativa prévia conforme o direito, é arbitrária. Não será a constatação de situação de flagrância, posterior ao ingresso, que justificará a medida. Os agentes estatais devem demonstrar que havia elementos mínimos a caracterizar fundadas razões (justa causa) para a medida".

não autorizada em domicílio alheio. É preciso, para que se penetre, sob esse fundamento, em casa alheia, que, ali, alguém esteja correndo sério risco e não se tenha como obter a permissão de entrada.

Além dos casos acima, a transposição dos limites da casa de outrem sem o consentimento do morador somente pode ocorrer nas hipóteses autorizadas pelo Judiciário. E, ainda, sempre durante o dia. Corresponde ao conceito de *dia* todas as horas compreendidas entre o nascer e o pôr do sol.

Os outros casos em que a legislação permitia, antes de 1988, o ingresso na residência alheia, mesmo contra a vontade do morador, independentemente de autorização judicial, não mais subsistem. Por isso, diligências administrativas que suponham o ingresso na residência de alguém somente são legítimas se o morador consentir na conduta do agente administrativo ou se este estiver munido de autorização judicial[110]. Tampouco podem agentes sanitários ingressar desautorizados na casa alheia. Nem mesmo para ler registros de água, luz etc. cabe forçar a entrada sem mandado judicial[111].

O mandado não depende de maior formalidade processual, mas a ordem "não pode ser geral (ordem para revistar todas as casas de um logradouro, vila ou o que seja). A cada casa deve corresponder uma ordem singular"[112].

Provas obtidas com infringência da exigência do mandado são fulminadas de ilicitude.

Uma prova colhida em desafio à inviolabilidade de domicílio fica contaminada e se torna imprestável, mesmo que o Poder Público não tenha participado da invasão[113].

2.5. Privacidade e sigilo das comunicações

O sigilo das comunicações é não só um corolário da garantia da livre expressão de pensamento; exprime também aspecto tradicional do direito à privacidade e à intimidade.

A quebra da confidencialidade da comunicação significa frustrar o direito do emissor de escolher o destinatário do conteúdo da sua comunicação.

A Constituição protege esse direito fundamental, no art. 5º, XII, afirmando "inviolável o sigilo da correspondência e das comunicações telegráficas, de dados e das comunicações telefônicas, salvo, no último caso, por ordem judicial, nas hipóteses e na forma

---

110 Nesse sentido, Dinorá Grotti, *Inviolabilidade*, cit., p. 115. Assim, não mais está em vigor a permissão, extraída do art. 241 do CPP, para que a autoridade policial realize, por si mesma, a busca domiciliar. Toda busca deve ser feita ou com o consentimento do morador, ou por força de mandado judicial escrito.

111 Nesse sentido, Celso Ribeiro Bastos, José Cretella Júnior e Luiz Augusto Paranhos Sampaio, citados por Dinorá Grotti, *Inviolabilidade*, cit., p. 125-126.

112 Alcino Pinto Falcão, apud Dinorá Grotti, *Inviolabilidade*, cit., p. 122.

113 No RE 251.445/GO (*DJ* de 3-8-2000), o STF, pela voz do Ministro Celso de Mello, afirmou a ilicitude de prova obtida em consultório profissional – um consultório odontológico – sem o assentimento do profissional que ali trabalha e sem mandado judicial. Tratava-se de caso em que terceiro, um menor, havia furtado fotografias de crianças e de adolescentes em poses pornográficas e as entregara à polícia, que deu início à perseguição criminal. Disse o relator que "também aqui – mesmo não sendo imputável ao Poder Público o gesto de desrespeito ao ordenamento jurídico, posto que concretizado por um menor infrator – remanescerá caracterizada a situação configuradora de ilicitude da prova".

que a lei estabelecer para fins de investigação criminal ou instrução processual penal". O constituinte prevê restrições a essas garantias, porém, em hipóteses de estado de defesa ou de estado de sítio[114].

A leitura do preceito pode levar à conclusão de que apenas nos casos de comunicações telefônicas seria possível que o Poder Público quebrasse o sigilo e que seria impossível abrir ao seu conhecimento os dados constantes de correspondência postal, telegráfica ou de comunicações telemáticas.

Sabe-se, porém, que a restrição de direitos fundamentais pode ocorrer mesmo sem autorização expressa do constituinte, sempre que se fizer necessária a concretização do princípio da concordância prática entre ditames constitucionais. Não havendo direitos absolutos, também o sigilo de correspondência e o de comunicações telegráficas são passíveis de ser restringidos em casos recomendados pelo princípio da proporcionalidade[115]. Para o STF, ademais, o sigilo garantido pelo art. 5º, XII, da CF refere-se apenas à comunicação de dados, e não aos dados em si mesmos. A apreensão de um computador, para dele se extraírem informações gravadas no *hard disk*, por exemplo, não constitui hipótese abrangida pelo âmbito normativo daquela garantia constitucional[116].

Com relação às gravações de conversas telefônicas, a jurisprudência do STF assentou-se no sentido de que a prova obtida por interceptação não autorizada pelo Judiciário, nos termos da Lei n. 9.296/95, é imprestável e que as evidências que dela decorreram padecem da mesma falta de serventia processual. Acolheu-se a doutrina do *fruits of the poisonous tree*. Antes da lei de 1995, nenhuma escuta era admissível[117].

A jurisprudência do STF passou a esclarecer, entretanto, que a só existência de prova ilícita no processo não era bastante para anulá-lo. Havendo outras provas autônomas, independentes da ilícita, o processo não se inutiliza necessariamente[118]. Mais ain-

---

114 *Vide* arts. 136, § 1º, I, e 139, III, da CF.

115 No Supremo Tribunal Federal, há acórdão afirmando que "a administração penitenciária, com fundamento em razões de segurança pública, de disciplina prisional ou de preservação da ordem jurídica, pode, sempre excepcionalmente, e desde que respeitada a norma inscrita no art. 41, parágrafo único, da Lei n. 7.210/84, proceder à interceptação da correspondência remetida pelos sentenciados, eis que a cláusula tutelar da inviolabilidade do sigilo epistolar não pode constituir instrumento de salvaguarda de práticas ilícitas" (HC 70.814-5/SP, *DJ* de 24-6-1994, rel. Min. Celso de Mello). Ao ver do relator, a inviolabilidade de correspondência deve ser compreendida, "com vista à finalidade ética ou social do exercício do direito que resulta da garantia, tutela desta natureza não pode ser colocada para a proteção de atividades criminosas ou ilícitas". Por isso, as correspondências poderiam ser abertas "em todas as hipóteses que aviltem o interesse social ou se trate de proteger ou resguardar direitos ou liberdades de outrem ou do Estado, também constitucionalmente assegurados".

116 RE 418.416, rel. Min. Sepúlveda Pertence, Plenário, 10-5-2006. No mesmo sentido, o HC 91.867, rel. o Min. Gilmar Mendes, *DJe* de 20-9-2012, em que se disse: "não se confundem comunicação telefônica e registros telefônicos, que recebem, inclusive, proteção jurídica distinta. Não se pode interpretar a cláusula do artigo 5º, XII, da CF, no sentido de proteção aos dados enquanto registro, depósito registral. A proteção constitucional é da comunicação de dados e não dos dados".

117 A propósito, o HC 69.912/RS, *DJ* de 25-3-1994; HC 73.351, *DJ* de 19-5-1999; HC 74.299, *DJ* de 15-8-1997, entre outros.

118 Nesse sentido, RHC 72.463, *DJ* de 29-9-1995, HC 76.231, julgada em 16-6-1998. Se, por exemplo, as investigações têm início com denúncia anônima, e não com a escuta, o processo não fica prejudicado (HC 74.531, *DJ* de 9-10-1998), mesmo que ela venha a ter "corroborado as outras [provas] licitamente obtidas pela equipe de investigação policial" (HC 74.478/SP, *DJ* de 21-3-1997). Em outro caso, disse o STF: "A prova ilícita, caracterizada pela escuta telefônica, não sendo a única ou a primeira produzida no procedimento investigatório, não enseja

da, quando a gravação, em princípio imprópria, é feita como meio de legítima defesa de quem grava, não se positiva a ilicitude[119].

A atual redação do art. 157 do Código de Processo Penal afirma ilícitas as provas obtidas em violação a normas constitucionais ou legais, determinando o seu desentranhamento do processo. O § 1º do artigo também proclama inadmissíveis as provas derivadas das ilícitas, "salvo quando não evidenciado o nexo de causalidade entre uma e outras, ou quando as derivadas puderem ser obtidas por uma fonte independente das primeiras". O parágrafo seguinte do art. 157 conceitua fonte independente como "aquela que por si só, seguindo os trâmites típicos e de praxe, próprios da investigação ou instrução criminal, seria capaz de conduzir ao fato objeto da prova". A legislação, assim, consolida a jurisprudência do STF.

O STF entende que elementos de informação obtidos por meio de interceptação telefônica válida podem ser levados a processo administrativo disciplinar, para subsidiá-lo[120].

Há precedente do STF admitindo a legitimidade da prova encontrada fortuitamente, no curso de lícita escuta telefônica, que tinha por objeto outro investigado ou outro fato[121].

A escuta telefônica, objeto de cláusula constitucional específica, não se confunde com a escuta ambiental, mesmo que o outro interlocutor não tenha ciência da gravação[122].

3. LIBERDADE DE REUNIÃO E DE ASSOCIAÇÃO

3.1. Direito de reunião

O direito de associação e o direito de reunião ligam-se intimamente à liberdade de expressão e ao sistema democrático de governo. A livre opinião pública é fundamental para o controle do exercício do poder e é tributária da garantia da liberdade de expres-

---

desprezarem-se as demais que, por ela não contaminadas e dela não decorrentes, formam o conjunto probatório da autoria e materialidade do delito" (HC 74.081, *DJ* de 13-6-1997).

119 Assim o disse o STF em caso em que a gravação havia sido autorizada por vítima de corrupção passiva ou concussão: "(...) Utilização de gravação de conversa telefônica feita por terceiro com a autorização de um dos interlocutores sem o conhecimento do outro quando há, para essa utilização, excludente da antijuridicidade. Afastada a ilicitude de tal conduta – a de, por legítima defesa, fazer gravar e divulgar conversa telefônica ainda que não haja o conhecimento do terceiro que está praticando crime –, é ela, por via de consequência, lícita e, também consequentemente, essa gravação não pode ser tida como prova ilícita, para invocar-se o artigo 5º, LVI, da Constituição com fundamento em que houve violação da intimidade (art. 5º, X, da Carta Magna)" (HC 74.678, *DJ* de 15-8-1997, rel. Min. Moreira Alves).

120 Cf. STF, Inq. 2.725, *DJ* de 26-9-2008, rel. Min. Carlos Britto. O precedente cita e segue o pioneiro Inq. 2ª QO 2424, rel. Min. Cezar Peluso, *DJ* de 24-8-2007.

121 No HC 83.515, *DJ* de 4-3-2005, rel. Min. Nelson Jobim, decidiu-se que a escuta autorizada para a prova de crime punido com reclusão pode servir para a prova de crime, punido com detenção, descoberto a partir da mesma escuta: "Uma vez realizada a interceptação telefônica de forma fundamentada, legal e legítima, as informações e provas coletadas dessa diligência podem subsidiar denúncia com base em crimes puníveis com pena de detenção, desde que conexos aos primeiros tipos penais que justificaram a interceptação".

122 STF: AI 560.223, j. 12-4-2011, rel. Min. Joaquim Barbosa.

são e também do direito de reunião, pelo qual se assegura às pessoas a possibilidade de ingressarem na vida pública e interferirem ativamente nas deliberações políticas, pressionando por uma variante de ação estatal.

A liberdade de reunião pode ser vista como "instrumento da livre manifestação de pensamento, aí incluído o direito de protestar"[123]. Trata-se, decerto, "um direito [individual] à liberdade de expressão exercido de forma coletiva"[124]. Na realidade, a liberdade de expressão, aí, singulariza-se pela presença física do sujeito que quer expressar algo (uma reivindicação, uma causa, uma posição ideológica, religiosa ou política), que compartilha com os demais participantes do evento. Junto com a liberdade de expressão e o direito de voto, forma o conjunto das bases estruturantes da democracia.

O direito de reunião está assim expresso no art. 5º, XVI, da Constituição: "Todos podem reunir-se pacificamente, sem armas, em locais abertos ao público, independentemente de autorização, desde que não frustrem outra reunião anteriormente convocada para o mesmo local, sendo apenas exigido prévio aviso à autoridade competente".

Vejamos os seus traços essenciais.

3.1.1. Elementos do direito de reunião

O direito de reunião pressupõe um agrupamento de pessoas (**elemento subjetivo**).

Não será, porém, todo agrupamento de pessoas que dará lugar a uma *reunião*, protegida constitucionalmente. O ajuntamento espontâneo em torno de um acontecimento inesperado na rua não espelha a figura protegida constitucionalmente. A reunião deve ostentar um mínimo de coordenação (**elemento formal**). A aglomeração deve ser o resultado de uma convocação prévia à coincidência de pessoas num mesmo lugar[125]. Quem participa da reunião deve integrá-la conscientemente. O indivíduo que porta um cartaz com palavra de ordem à frente de uma multidão que sai de uma estação do metrô não está participando de uma reunião e pode até ser chamado a, por exemplo, desobstruir uma passagem, sem poder invocar o exercício do direito constitucional em estudo. Tampouco é exercício do direito de reunião o encontro casual de automóveis em ruas e pistas, em que habitualmente os carros afluem para, com buzinas, comemorar algum resultado esportivo. Não se exige, de toda sorte, para caracterizar uma reunião, que se perceba no grupo uma estrutura organizada em pormenores, como é o caso quando se cogita da existência de uma associação.

Não basta, por outro lado, que haja convocação sob certa liderança de um agrupamento de pessoas, para que se aperfeiçoe a figura jurídica da *reunião*. As pessoas devem estar unidas com vistas à consecução de determinado objetivo. A reunião possui um **elemento teleológico**. As pessoas que dela participam comungam de um fim comum – que pode ter cunho político, religioso, artístico ou filosófico. Expõem as suas convic-

---

123 José Celso de Mello Filho, O direito constitucional de reunião. *Justitia*, São Paulo, v. 98, p. 163, 1997. A propósito, na jurisprudência do STF, a ADPF 187, rel. Min. Celso de Mello, j. 15-6-2011.

124 Juan Gavara de Cara, *El sistema de organización del derecho de reunión y manifestación*, Madrid: McGraw-Hill, 1997, p. 4.

125 Gavara de Cara, *El sistema*, cit., p. 11.

ções ou apenas ouvem exposições alheias ou ainda, com a sua presença, marcam uma posição sobre o assunto que animou a formação do grupo.

Por isso também, não há reunião constitucionalmente protegida numa fila de banco.

O agrupamento de pessoas, no direito à reunião, é necessariamente transitório, passageiro (**elemento temporal**). Daí lembrar Manoel Gonçalves Ferreira Filho[126] que, "se o agrupamento adota laços duradouros, passa da reunião para o campo da associação".

A reunião deverá, assim, apresentar "uma pluralidade de pessoas que se põe de acordo e permanece unida durante certo tempo para expressar uma opinião coletivamente, para exteriorizar seus problemas à generalidade das pessoas ou para defender seus interesses"[127].

A reunião, igualmente, deve ser pacífica e sem armas (**elemento objetivo**).

Reunião pacífica é aquela que não se devota à conflagração física. A reunião não pacífica é "aquela na qual todos os participantes ou a grande maioria deles põem, com os seus atos, em perigo pessoas e bens alheios"[128]. Isso pressupõe condutas dolosas, voltadas a romper a paz social. Não é violenta a reunião que atraia reação violenta de outrem. O direito de reunião não se descaracteriza se a violência que vem a ocorrer lhe é externa, sendo deflagrada por pessoas estranhas ao agrupamento.

No direito comparado, encontram-se exemplos desse difundido requisito do direito de reunião. O Tribunal Constitucional da Espanha já decidiu que desmerecem proteção constitucional "todas as manifestações em que possam ocorrer tanto violências físicas como morais com alcance intimidatório para terceiros"[129].

Nos Estados Unidos, o critério é algo diferente. Reuniões em que se advogam atividades ilícitas são toleradas, contanto que a proposição não incite, não produza nem seja apta para gerar iminente ação ilegal, como decidiu a Suprema Corte[130].

Subtrai à reunião o seu caráter pacífico o fato de os seus integrantes portarem armas. O termo *armas*, aqui, tem significado amplo. Não apenas se refere àquelas de fogo, como também alude às armas brancas e aos instrumentos que, desvirtuados da sua finalidade, estejam sendo usados como meios de agressão (bastões de *baseball*, produtos químicos etc.)[131].

---

126 Manoel Gonçalves Ferreira Filho, *Curso de direito constitucional*, São Paulo: Saraiva, 1982, p. 282.

127 Juan Gavara de Cara, *El sistema*, cit., p. 1.

128 Gavara de Cara, *El sistema*, cit., p. 25.

129 Cf. Francisco Rubio Llorente, *Derechos fundamentales y principios constitucionales*, Barcelona: Ariel, 1995, p. 220.

130 Caso Brandenburg *v.* Ohio 395 U.S. 444 (1969), em que um comício da Ku Klux Klan advogou a luta entre raças. Firmou-se que propugnar por uma ação ilegal somente está fora da proteção da Primeira Emenda se "o discurso é dirigido a incitar ou a produzir iminente ação ilegal" (p. 447).

131 A propósito, Ernesto Lipmann, *Os direitos fundamentais na Constituição de 1988*, São Paulo: LTr, 1999, p. 86-87. José Afonso da Silva refere-se a armas como os instrumentos "que denotem, a um simples relance de olhos, atitudes belicosas ou sediciosas" (*Curso de direito constitucional positivo*, São Paulo: Malheiros, 1999, p. 240). Oportunamente, o autor esclarece que essa exigência do desarmamento não dá entrada a que agentes públicos submetam os participantes da reunião ao constrangimento de revistas para aferir a satisfação da exigência constitucional. Está claro, no entanto, que se houver indícios de presença de pessoa armada, será possível não apenas revistá-la, mas também retirá-la da reunião. A esse respeito, é de salientar que a presença avulsa de pessoas armadas que concorrem à reunião não deve ser causa necessária de dissolução do encontro, mas, de acordo com o princípio da proporcionalidade, deve ensejar, antes, medidas de desarmamento ou a exclusão do grupo, se forem suficientes para assegurar a ordem pacífica da reunião. Do contrário, como anota Pontes de Miranda, os que estão desarmados perderiam o direito de se reunir por conta do comportamento ilícito de outros, que, estes sim, devem sofrer a interferência do Poder Público. Esse é também o parecer de J. Celso de Mello (*O direito*, cit., p. 161), que

A licitude da reunião[132] é outro requisito que, conquanto não mencionado expressamente na Constituição, é encarecido pela doutrina e pela jurisprudência[133]. De outro modo, chegar-se-ia à conclusão inaceitável de que aquilo que é proibido ao indivíduo singularmente, é-lhe permitido em grupo, ou que "o direito de reunião suprime os poderes da Administração de intervir em atividades privadas desde que um número suficiente de pessoas decidam realizá-las"[134].

A noção de *reunião* é suficientemente ampla para acomodar tanto manifestações estáticas, circunscritas a um único espaço territorial, como para acolher situações mais dinâmicas, em que há o deslocamento dos manifestantes por vias públicas. Haverá sempre, porém, um local delimitado, uma área especificada para a reunião (**elemento espacial**).

O fato, afinal, de a Constituição aludir a encontros em lugares abertos não deve ser visto como restrição aos encontros em ambientes privados. Estes últimos são livres dos condicionantes previstos na norma constitucional sobre direito de reunião e estão protegidos por outras cláusulas, como a da liberdade geral (art. 5º, II, da CF), a da inviolabilidade do domicílio, a da privacidade e a da liberdade de associação[135].

3.1.2. Limites do direito de reunião

A Constituição submete a liberdade de reunião a dois condicionantes expressos. Exige que o encontro não frustre outro, anteriormente convocado para o mesmo local, e impõe que seja dado prévio aviso à autoridade competente.

Essas duas exigências podem ser entendidas, pelo menos em parte, de modo conjugado. Quis o constituinte que não se impossibilitasse materialmente o direito de reunião pelo fato de duas manifestações estarem marcadas simultaneamente para o mesmo lugar. Em casos de coincidência dessa ordem, valerá o critério da precedência na convocação, que haverá de ser apurado a partir do aviso dado à autoridade competente.

O prévio aviso, evidentemente, só tem cabimento em se tratando de reunião marcada para ocorrer em espaço aberto e público – não tem razão de ser no caso de encontro marcado para acontecer em lugares privados –, por exemplo, nas dependências de um sindicato.

---

diz: "Contudo, se apenas um ou alguns estiverem armados, tal circunstância não terá o condão de obstar a reunião, devendo a Polícia intervir para desarmá-los, ou, então, afastá-los da assembleia, que se realizará e prosseguirá normalmente com os que se acharem desarmados".

132 Na ADI 4.274 (rel. o Min. Ayres Britto, *DJe* de 2-5-2012) ficou decidido que não era ilícita, não perfazendo o crime de instigação ao uso indevido de droga, a passeata destinada a protestar pela descriminalização do uso recreativo de entorpecentes (as chamadas *marchas da maconha*). O relator assinalou que "nenhuma lei pode blindar-se contra a discussão pública do seu próprio conteúdo". A repressão contra essas *marchas* foi tida como ofensiva ao direito de reunião, além de ser criticada como incompatível com a liberdade de expressão e ao direito de acesso à informação.

133 A propósito, Alexandre de Moraes, *Direitos humanos*, cit., p. 168; J. Celso de Mello Filho, *O direito*, cit., p. 161; Gavara de Cara, *El sistema*, cit., p. 12.

134 Cf. Gavara de Cara, *El sistema*, cit., p. 13, citando jurisprudência do Tribunal Constitucional espanhol.

135 Nesse sentido, José Afonso da Silva, *Curso*, cit., p. 240.

Merece ser reparado que a Constituição não exige *autorização prévia*, mas, tão somente, *prévio aviso* à autoridade competente. O exercício do direito de reunião não está submetido a assentimento antecipado do Poder Público. O prévio aviso é apenas o anúncio do exercício de um direito. Trata-se de uma comunicação, e não de um pedido de permissão. O prévio aviso figura ato que confere publicidade ao exercício programado de um direito constitucional.

Na Constituição de 1967/1969, o § 27 do art. 153 abria margem a que o legislador atribuísse ao Executivo a faculdade de designar os lugares em que o direito de reunião seria admitido. A Constituição de 1988 não repete tal possibilidade de restrição. A ideia democrática de que todo logradouro público é, em princípio, um lugar não somente de trânsito, mas também de participação, de protesto e de manifestação, foi adotada pelo constituinte de 1988.

A par de prevenir coincidências de manifestações, o aviso prévio abre oportunidade para que a autoridade venha a opor-se à reunião, se da notícia dada surgir claro o conflito irredutível com outros valores constitucionais. Se a Administração não encontrar motivo que impeça a reunião, não lhe cabe ditar nenhum tipo de ato de assentimento ou de concordância – pois o direito, repita-se, não depende do consentimento do Poder Público.

Está revogado, assim, o art. 3º da Lei n. 1.207/50, que atribuía à autoridade de maior categoria do Distrito Federal e das cidades, "ao começo de cada ano, fixar as praças destinadas a comícios".

O aviso prévio, afinal, enseja que a Administração adote as medidas necessárias para a realização da manifestação, viabilizando, na prática, o direito. Cabe aos Poderes Públicos aparelhar-se para que outros bens jurídicos, igualmente merecedores de tutela, venham a ser protegidos e conciliados com a anunciada pretensão de o grupo se reunir. Assim, por exemplo, a Administração deverá, sendo o caso, dispor sobre medidas necessárias para assegurar o tráfego de pessoa e de veículos no espaço marcado para a reunião, bem assim cuidar dos aspectos de segurança pública. Em casos extremos, admite a doutrina que o perigo para o direito de propriedade possa conduzir a Administração a se opor à reunião[136] – mas isso apenas em circunstâncias excepcionais, em que o Poder Público não tenha como, materialmente, proteger a contento outros bens constitucionalmente valiosos – hipótese de difícil ocorrência e que não cabe nunca ser presumida, devendo ser comprovadamente demonstrada.

Mesmo não havendo lei que regule o prévio aviso, a norma da Constituição que o impõe é autoexecutável.

É possível, pelo exame das funções que exerce o aviso, descobrir-lhe o conteúdo que deve apresentar. Além do lugar, do itinerário, da data e do horário de início e da duração prevista para o evento, é indispensável que o aviso indique o objetivo da reunião. Como o direito de reunião é exercido a partir da convocação de líderes ou associações (e essa convocação já é exercício do direito), cumpre também que se apontem quem são os organizadores do ato, e se informem os respectivos domicílios – não somente para que as autoridades públicas saibam com quem tratar, em caso de ajustes

136 Gavara de Cara, *El sistema*, cit., p. 39, citando decisões do Tribunal Constitucional espanhol.

necessários para a realização do ato, como também para que se fixem os responsáveis civis por danos causados a terceiros, decorrentes de omissões dos organizadores da manifestação[137]. Por isso, também, sempre que cabível, o instrumento do prévio aviso deverá especificar as medidas de segurança que a organização do evento pretende adotar e quais as que sugere sejam assumidas pelos órgãos de segurança pública.

A falta do aviso prévio pode comprometer a proteção ideal dos direitos de outrem e da ordem pública; por isso, a omissão pode conduzir a que o legislador comine sanções administrativas e mesmo penais. Não parece, porém, que o descuido na satisfação desse dever seja pressuposto suficiente para que as autoridades dissolvam a reunião. A dissolução da reunião é medida apropriada aos casos extremos, em que a violência se torna iminente ou já instalada, assumindo proporções incontroláveis. Trata-se de medida derradeira, para a defesa de outros valores constitucionais e a que não se deve recorrer pela só falta do cumprimento da formalidade do anúncio com antecedência razoável do exercício do direito de reunião.

3.1.3. Hipótese de concorrência de direitos

Já se viu que o direito de reunião está intimamente relacionado com o direito de liberdade de expressão. Uma eventual concorrência – hipótese relevante, em face da possibilidade diferenciada de interferência estatal em cada um dos direitos fundamentais – pode ser resolvida a partir dos supostos de fato de cada qual.

A especificidade do direito de reunião está em que, nele, a manifestação de pensamento é coletiva e se vale de comportamentos materiais dos participantes – como marchar, assumir posturas corporais estáticas etc. Isso significa que, ao seu intrínseco caráter comunicativo, agregam-se elementos de caráter não puramente comunicativos. Daí que nem toda interferência sobre a liberdade de reunião pode ser assimilada necessariamente a uma interferência sobre a liberdade de expressão. A proteção, por isso mesmo, da liberdade de expressão será mais ampla do que a oferecida pela liberdade de reunião, já que, ao puro elemento intelectual daquela, soma-se, nesta, um elemento de conduta, que propicia maior possibilidade de colisão com outros bens jurídicos protegidos.

Nos Estados Unidos, essa realidade levou a Suprema Corte a distinguir restrições inadmissíveis – as que recaem sobre o conteúdo da mensagem que se pretende divulgar e, portanto, sobre a liberdade de expressão – de restrições que podem ser admitidas – incidentes sobre o modo de expressão, ao tempo e ao lugar[138].

Auxilia a resolver problemas de concorrência enfatizar o caráter coletivo do exercício do direito de reunião. Acentua Gavara de Cara que, "para efeito de segurança pública, não é indiferente o número de participantes, de tal modo que nem sempre e nem em qualquer lugar se tem o direito a realizar reunido com outros aquilo que se pode realizar de forma solitária"[139].

137 Nesse sentido, Gavara de Cara, *El sistema*, cit., p. 44.

138 Cf. Gavara de Cara, *El sistema*, cit., p. 5.

139 Gavara de Cara, *El sistema*, cit., p. 6.

3.1.4. **Direito de abstenção e direito a prestação**

O direito de reunião engendra pretensão de respeito, não somente ao direito de estar com outros numa mesma coletividade organizada, mas também de convocar a manifestação, de prepará-la e de organizá-la. O direito de reunião exige respeito a todo processo prévio ao evento e de execução da manifestação. O Estado não há de interferir nesse exercício – tem-se, aqui, o ângulo de direito a uma abstenção dos Poderes Públicos (direito negativo).

O direito de reunião possui, de outra parte, um aspecto de direito a prestação do Estado. O Estado deve proteger os manifestantes, assegurando os meios necessários para que o direito à reunião seja fruído regularmente. Essa proteção deve ser exercida também em face de grupos opositores ao que se reúne, para prevenir que perturbem a manifestação[140].

A liberdade de reunião, por vezes, demanda medidas a serem tomadas na esfera do relacionamento dos indivíduos entre si. Há um certo grau de eficácia horizontal do direito de reunião. Veja-se que o direito de reunião em espaço aberto pode ser exercido mesmo em oposição a outras pessoas. O grupo que se reúne tem o direito de impedir que pessoas que não comungam do ideário que anima a reunião dela participem[141].

Assim, mesmo sendo a reunião aberta ao público, nela não se há de exigir que sejam ouvidas ideias contrárias ao objetivo da manifestação. Não haveria, assim, o direito de, por exemplo, seguidores de Hari Krishna tomarem parte numa procissão tradicional católica. Na verdade, os organizadores teriam o direito de impedir que tal grupo viesse a realizar proselitismo na procissão e, mais, demandar que dela se afastasse.

A defesa do direito de reunião, quando se defronta com uma ação estatal, terá no mandado de segurança o instrumento hábil para se desenvolver. A liberdade de locomoção, aqui, é apenas instrumento do exercício do direito a ser protegido. É, portanto, descabido o uso do *habeas corpus*, a menos que a ação das autoridades públicas importe ameaças de prisão.

---

140 Na Corte Europeia de Direitos Humanos já se afirmou, com ênfase, esse caráter de direito a ação do Estado ínsito à liberdade de reunião. No caso Ärzte fur das Leben *v.* Austria (ECHR Series A, vol 139 – transcrito também em R. A. Lawson e H. G. Schermers, *Leading cases of the European Court of Human Rights*, Mijmegen: Ars Aequi Libri, 1997, p. 264-267), a Corte lembrou que "uma demonstração pode desagradar ou ser ofensiva a pessoas que se opõem às ideias ou reivindicações que a demonstração pretende promover. Os participantes devem, no entanto, ser capazes de manter a demonstração sem medo de que possam ser submetidos a violência física por seus oponentes". Acrescentou que, de outro modo, "esse medo seria fator que deteria associações ou outros grupos que partilham das mesmas ideias de expressar abertamente suas opiniões sobre assuntos altamente controvertidos que afetam a comunidade". Concluiu, em lição perfeitamente ajustada ao nosso Direito: "Numa democracia o direito de contramanifestar não pode ter tal extensão a ponto de inibir o exercício do direito de manifestação".

141 Nos Estados Unidos, em Boston, no mês de março, tradicionalmente, pessoas ligadas à Igreja Católica promovem uma concorrida parada, no dia de São Patrício. Comemora-se, também, o *Evacuation Day*, quando os ingleses e seus partidários saíram da cidade em 1776, no contexto do movimento de independência americana. Em 1993, um grupo de americanos de origem irlandesa, composto de gays, lésbicas e bissexuais, inscreveu-se para participar da parada. Ante a resistência dos organizadores, o conflito foi entregue ao descortino do Judiciário. A Suprema Corte decidiu que os organizadores tinham o direito de escolher o conteúdo da mensagem que pretendiam divulgar, o que significava o direito de recusar mensagens que não compartilhassem os "valores religiosos e sociais tradicionais" dos seus organizadores. Exigir que grupo abertamente em oposição a esses valores fossem admitidos à manifestação seria violar o direito de expressão, que engloba o direito de "escolher os conteúdos da própria mensagem" – 515 U.S. 557 (1995) caso Hurley *v.* Irish American Gay, Lesbian e Bissexual Group of Boston.

3.2. Liberdade de associação

Quando pessoas coligam-se, em caráter estável, sob uma direção comum, para fins lícitos, dão origem às associações em sentido amplo.

A liberdade de associação presta-se a satisfazer necessidades várias dos indivíduos, aparecendo, ao constitucionalismo atual, como básica para o Estado Democrático de Direito. Quando não podem obter os bens da vida que desejam, por si mesmo, os homens somam esforços, e a associação é a fórmula para tanto. Associando-se com outros, promove-se maior compreensão recíproca, amizade e cooperação, além de se expandirem as potencialidades de autoexpressão. A liberdade de associação propicia autoconhecimento, desenvolvimento da personalidade, constituindo-se em meio orientado para a busca da autorrealização. Indivíduos podem-se associar para alcançar metas econômicas, ou para se defenderem, para mútuo apoio, para fins religiosos, para promover interesses gerais ou da coletividade, para fins altruísticos, ou para se fazerem ouvir, conferindo maior ímpeto à democracia participativa. Por isso mesmo, o direito de associação está vinculado ao preceito de proteção da dignidade da pessoa, aos princípios de livre iniciativa, da autonomia da vontade e da garantia da liberdade de expressão.

Não obstante o vínculo do direito de associação com tantos outros valores constitucionais, não se pode incorrer no equívoco de considerar essa liberdade como meramente complementar de outras tantas. Compreender as associações apenas pelos fins a que tendem seria despojar essa liberdade de um âmbito mais estendido a que está vocacionada para proteger. A liberdade de associação é um direito dotado de autonomia com relação aos objetivos que pode vir a buscar satisfazer. Com a proclamação do direito de se associar, protege-se a liberdade de criação de grupos em si mesma, desde que lícitos – e não a liberdade de formação de grupos para fins necessariamente democráticos, por exemplo. Essa consideração será útil para o enfrentamento de diversas questões práticas. Esse ponto de vista auxilia a extremar, ainda, a garantia constitucional da liberdade de associação do *status* jurídico dos objetivos a que a associação se dedica e dos meios para alcançá-los de que se vale.

3.2.1. Breve notícia de história

Conquanto o direito de associação se inclua iniludivelmente na lista dos direitos de liberdade, este não foi um direito fundamental de primeira geração. Na realidade, não frequentou as primeiras declarações de direitos. Quando foi acolhido pelas constituições do século XIX, cercou-se de um conjunto de normas que o submetia a um regime de controle prévio e de autorização. Somente no século XX essa liberdade ganhou plenitude[142].

O primeiro constitucionalismo, de caráter liberal individualista, desconfiava dos valores coletivos, que remetessem à formação de grupos fechados na sociedade. Lembre-se que as corporações, como instâncias intermediárias de poder, marcaram o Antigo Regime, o que auxilia a compreender a indisposição da nova ordem para com o fe-

142 A propósito, Ángel J. Gómez Montoso, *Asociación, constitución, ley*, Madrid: Centro de Estudios Políticos y Constitucionales, 2004, p. 43 e s.

nômeno associativo[143]. A Restauração Monárquica, no século XIX, continuou a devotar reserva para com as associações, especialmente as de caráter político, vistas como perigosas à soberania do rei ou à soberania do monarca compartilhada com o parlamento. A preocupação maior era com as associações de cunho ideológico, sem fins econômicos, já que as sociedades voltadas para o lucro eram de criação real ou dependiam da ordem estabelecida para prosperar. Delas cuidava o direito privado.

O direito de livre associação ganha valor constitucional, na Europa, depois da Segunda Guerra Mundial. A Constituição italiana de 1947, no seu art. 18, garante aos cidadãos o direito de se associarem livremente para fins não repelidos pela legislação penal, sendo dispensada a autorização dos Poderes Públicos. Vedam-se as associações secretas e as organizações paramilitares. A Lei Fundamental de Bonn, de 1949, reconhece o direito de os alemães fundarem associações ou sociedades, proscrevendo, contudo, as que busquem finalidade rechaçada pelo direito penal ou pela ordem constitucional (art. 9). A Constituição portuguesa de 1976 proclama a liberdade de associação no seu art. 46º, livre de autorizações, desde que não se destinem a finalidades contrárias à lei penal, nem ao fomento de ideias fascistas e desde que não apresentem cunho militar. Assegura-se o direito à existência das associações e à autodeterminação. A Constituição espanhola, de 1978, no art. 22, afirma o direito de associação, condenando aquelas que busquem fins delituosos ou se valham de meios assim qualificados. Proíbem-se as associações de cunho secreto ou paramilitar e se assegura o direito de existência, não se exigindo autorização para sua formação.

Na América, a ampla liberdade de associação impressionou Alexis de Tocqueville, que, em 1835, escreveu que, nos EUA, "o direito de associação é uma importação inglesa e existiu desde sempre. O uso deste direito passo hoje para os hábitos e costumes", tendo-se tornado "uma garantia necessária contra a tirania da maioria". Tratava-se de algo inusitado para o europeu continental, que vivia num ambiente em que não se tinha na liberdade de associação "senão o direito de fazer guerra aos governos"[144]. Apesar disso, a Constituição americana fala no direito de reunião ("the right of the people peaceably to assemble"), mas não no direito de associação ("freedom of association"), embora se compreenda que "direitos específicos a se associar livremente estejam implicados na primeira e na décima quarta emenda" à Constituição americana[145].

O direito de associação repete-se nos tratados de direitos humanos do século XX[146].

3.2.2. A liberdade de associação na Constituição Federal

A Constituição de 1988 tratou dessa liberdade em preceitos esparsos, relacionados com os partidos políticos e a organização sindical. No art. 5º, o Texto Magno cuidou da liberdade de associação nestes incisos:

---

143 A Constituição francesa de 1791 proclama, orgulhosamente, no preâmbulo que "já não há confrarias nem corporações de profissões, artes e ofícios".

144 Alexis de Tocqueville, *Da democracia na América*, Porto: Rés, s.d., p. 40, 41 e 43.

145 A propósito, Amy Gutmann, *Freedom of association*, New Jersey: Princeton University Press, 1998, p. 17.

146 Art. 16 do Pacto de San José (Tratado de Direitos Humanos das Américas); art. 11 do Tratado Europeu de Direitos Humanos e art. 22.1 do Pacto Internacional de Direitos Civis e Políticos da ONU.

"XVII – É plena a liberdade de associação para fins lícitos, vedada a de caráter paramilitar;

XVIII – a criação de associações e, na forma da lei, a de cooperativas independem de autorização, sendo vedada a interferência estatal em seu funcionamento;

XIX – as associações só poderão ser compulsoriamente dissolvidas ou ter suas atividades suspensas por decisão judicial, exigindo-se, no primeiro caso, o trânsito em julgado;

XX – ninguém poderá ser compelido a associar-se ou a permanecer associado;

XXI – as entidades associativas, quando expressamente autorizadas, têm legitimidade para representar seus filiados judicial ou extrajudicialmente".

3.2.3. Conteúdo da liberdade de associação

Os dispositivos da Lei Maior brasileira a respeito da liberdade de associação revelam que, sob a expressão, estão abarcadas distintas faculdades, tais como (a) a de constituir associações, (b) a de ingressar nelas, (c) a de abandoná-las e de não se associar, e, finalmente, (d) a de os sócios se auto-organizarem e desenvolverem as suas atividades associativas[147].

A liberdade de associação compreende, portanto, um amálgama de direitos, de diferentes titulares. Alguns direitos são de indivíduos, outros da própria associação ou de indivíduos coletivamente considerados. Tanto importa faculdade de índole negativa (não se pode obrigar a pessoa a se associar), como de natureza positiva (de criar uma associação com outrem).

3.2.4. A base constitutiva da associação – pluralidade de pessoas e ato de vontade

A associação consiste numa união de pessoas, não havendo número mínimo para que se configure. A sociedade unipessoal é ficção legislativa que não se ampara no direito em tela. Tampouco as fundações – enquanto patrimônio dotado de personalidade jurídica – podem ser tidas como alcançadas pelo dispositivo constitucional. Por outro lado, pessoas jurídicas também podem associar-se (vejam-se, a propósito, as confederações sindicais).

A associação pressupõe ato de vontade. Um grupamento formado por indivíduos que dela participam forçosamente, por obrigação legal, não constitui uma associação no sentido do texto protetivo das liberdades fundamentais e a ela não se aplicam as normas ora em estudo[148]. Com relação a esses entes, não se pode invocar o direito de não se associar. O controle de constitucionalidade da obrigação de pertencer a essas entidades há de tomar por parâmetros outros princípios constitucionais, como o da liberdade geral e o da liberdade de profissão.

147 Nesse sentido, em lição perfeitamente adequada ao direito pátrio, Salvador Coderch, Munch e Ferrer i Riba, *Asociaciones, derechos fundamentales y autonomía privada*, Madrid: Civitas, 1997, p. 100-101. Em sentido semelhante, veja-se José Afonso da Silva, *Curso*, cit., p. 241.

148 É o caso da obrigação de se filiar, por exemplo, a um conselho fiscalizador de profissão, ou a uma organização de direito privado que exerce um serviço público por delegação.

3.2.5. A finalidade da associação

Observe-se, ainda, que todo objeto social, desde que lícito, pode inspirar a constituição de uma associação. Os fins podem ser comerciais ou não.

Os meios de que a associação se vale para a consecução dos seus fins devem denotar a estabilidade no encontro de vontades e de ações dos integrantes. Assim, por exemplo, não haverá associação, no sentido constitucional, na reunião esporádica de pessoas que, por acaso, possuem interesses comuns. Não forma uma associação o conjunto de espectadores de uma partida de futebol, que não componha uma *torcida organizada*.

Aqui se nota o traço de distinção das liberdades de associação e de reunião. Nesta, a união de pessoas é transitória e o encontro físico de indivíduos num mesmo local é indispensável à sua caracterização. Na associação, as pessoas se unem de modo estável[149] e o elemento espacial, decisivo para se falar em "reunião", é, aqui, irrelevante. Pontes de Miranda lembra que "sociedades de sábios ou de negócios podem existir sem que a reunião física se dê. Vota-se por meio de cartas, discute-se por escrito, pelo telégrafo, pelo telefone"[150].

Os fins para os quais a associação se volta são de toda espécie que não seja ilícita. A associação não precisa ostentar um objetivo de natureza política, nem se dedicar necessariamente a um objeto de interesse público. Na realidade, as associações podem ter por meta desígnios de feitio puramente espiritual ou ideológico, ou então se dedicar a propósito de cunho profissional. Não se há de conferir preferência a um ou outro tipo, conquanto o objetivo buscado pela associação possa repercutir na extensão da autonomia das entidades[151].

A garantia constitucional, de outra parte, não se limita aos grupamentos dotados de personalidade jurídica; vale dizer, àqueles que cumpriram requisitos legais para serem reconhecidos como titulares de direitos e obrigações civis. A personalidade jurídica não é elemento indispensável para que se reconheça num grupamento de pessoas uma associação protegida constitucionalmente[152]. O termo *associação* no texto constitucional tem sentido amplo, nele se incluindo as modalidades diversas de pessoas jurídicas conhecidas do direito civil, bem como outros grupamentos desvestidos de personalidade jurídica. Pontes de Miranda adverte que não está em causa a personalidade do ente, para que seja definido como associação. "No sentido do texto brasileiro – diz o jurista –, associação é toda coligação voluntária de algumas ou de muitas pessoas físicas, por tempo longo, com o intuito de alcançar algum fim (lícito), sob direção unificante"[153].

Se a associação, para se inserir no domínio da tutela constitucional, não precisa assumir um feitio predefinido na legislação ordinária, o legislador está legitimado para, nos limites impostos pela razoabilidade, dispor sobre direitos e atividades que somente

149 Ángel Gómez Montoro vê a ideia e estabilidade "estreitamente vinculada com a organização", a denotar uma estrutura com mecanismos assentados para a formação da vontade conjunta; nas suas palavras, "uma organização dirigida à formação conjunta da vontade associativa" (*Asociación*, cit., p. 100).

150 Pontes de Miranda, *Comentários à Constituição de 1967*, São Paulo: Revista dos Tribunais, 1968, t. 5, p. 567.

151 Ver, mais abaixo, o estudo do problema da expulsão de sócios e da limitação ao direito de escolha deles.

152 Nesse sentido, Ángel Gómez Montoro, *Asociación*, cit., p. 179.

153 Pontes de Miranda, *Comentários à Constituição de 1967*, cit., p. 569.

podem ser titularizados ou desempenhados por entidades devidamente registradas e que assumam determinada forma jurídica. Há considerações de ordem pública e de defesa de terceiros aptas a justificar normas com tal conteúdo.

Estão proibidas as associações cujos fins sejam ilícitos. Os fins ilícitos não são apenas aqueles mais óbvios, tipificados em leis penais. Não há dúvida de que uma "associação para fins de tráfico" não constitui entidade sob a proteção da Carta da República. Mas também são fins ilícitos aqueles que contrariam os bons costumes[154], aqueles que, de qualquer modo, são contrários ao direito[155].

Para prevenir a burla da proibição constitucional, os fins da associação devem ser apurados não somente a partir do que consta dos seus atos constitutivos, do seu programa e estatutos, mas também à conta do conjunto das atividades efetivamente desenvolvidas pela entidade[156].

O caráter paramilitar que torna imprópria a associação, afinal, não tem que ver necessariamente com a finalidade do ente, mas com o modo como desenvolve as suas atividades, em desafio ao monopólio da força bruta pelo Estado. O caráter paramilitar liga-se ao desempenho de atividades bélicas pela associação, tenham os seus membros armas ou não. É típico da associação paramilitar a adoção de estrutura interna similar às das forças militares regulares – apresentando hierarquia bem definida e adotando o princípio da obediência[157].

3.2.6. Dimensões subjetiva e objetiva do direito à livre associação – a liberdade de associação em face do Estado e em face dos particulares

A liberdade de associação gera, ao lado da sua feição de direito de defesa – impondo barreira à interferência estatal –, uma obrigação positiva para o Estado. Não obstante o reconhecimento da personalidade jurídica não seja essencial para que a associação se veja protegida constitucionalmente, imperativos de segurança jurídica cobram que o legislador preveja formas de associação que viabilizem aos grupamentos atingir plenamente seus objetivos. Para isso, não raro, a associação terá de assumir forma disciplinada pelo legislador. Cogita-se, então, aqui, de uma pretensão a que o legislador disponha sobre tipos associativos, do que resulta um aspecto de direito a prestação normativa da liberdade de associação. Nesse sentido, Gilmar Ferreira Mendes recorda que "a Constituição outorga, não raras vezes, garantia a determinados institutos, isto é, a um complexo coordenado de normas, tais como a propriedade, a herança, o casamento etc. Outras vezes, clássicos direitos de liberdade dependem, para sua realização, de intervenção do legislador. Assim, a liberdade de associação (CF, art. 5º, XVII) depende, pelo menos parcialmente, da existência de normas disciplinadoras do direito de sociedade (constituição e organização de pessoa jurídica,

154 Pontes de Miranda, *Comentários à Constituição de 1967*, cit., p. 570.

155 José Afonso da Silva, *Curso*, cit., p. 241.

156 Nesse sentido, Pontes de Miranda, *Comentários à Constituição de 1967*, cit., p. 570-571.

157 É o que ressalta Alexandre de Moraes, *Direitos humanos*, cit., p. 170.

etc.)"[158]. Reconhece-se, de toda sorte, ao legislador uma liberdade ampla de conformação nesse particular, respeitados certos limites, como o de não se impor a permanência eterna do associado na pessoa jurídica de direito privado e o de não se reduzir, para além do necessário, a margem de auto-organização da própria entidade.

Outras pretensões positivas, que demandem comportamento ativo do Estado, não resultam da liberdade associativa. Dela não ressai, por si só, um dever de os Poderes Públicos subvencionarem as entidades. Não é pelo fato de a associação poder existir que o Estado se vê obrigado a assumir posições específicas para que os fins por ela almejados sejam de fato atingidos[159].

É de distinguir a liberdade para se associar da situação jurídica dos atos (não ilícitos) que a associação pretende praticar. A proteção constitucional da liberdade de associação não imanta de índole constitucional nem os objetivos que a associação livremente criada busca realizar, nem os meios que elege para tanto. Daí que um obstáculo que se venha impor a uma atividade a que se dedica a associação não poderá ser tido, por si só, como hostil ao direito fundamental de associação.

Como direito negativo, a liberdade de associação impede que o Estado limite a sua existência ou interfira sobre a sua vida interna.

Cabe, aqui, a pergunta sobre se é dado ao Executivo, estimando ilícita a finalidade da associação, decretar-lhe a ilegitimidade. A resposta exige que se leve em conta o disposto no inciso XIX do art. 5º da Constituição. Daí resulta que toda dissolução não voluntária de associação depende de decisão judicial transitada em julgado, para o caso de dissolução definitiva. A sentença ainda suscetível de recurso pode suspender as atividades do ente[160]. As causas para a dissolução estão enumeradas no inciso XVII – a ilicitude dos fins ou o caráter paramilitar.

Na liberdade de se associar se inclui a liberdade negativa de não se associar. Esse já era o entendimento que prevalecia sob as constituições brasileiras anteriores. O Texto de 1988 entendeu por bem explicitá-lo em inciso autônomo (XX) do art. 5º, deixando expresso que "ninguém poderá ser compelido a associar-se ou a permanecer associado". Isso não obstante, a lei pode vir a conferir certas prerrogativas apenas a algumas organizações, como decidiu o STF, ao entender legítimo o sistema de gestão coletiva de arrecadação e distribuição de direitos autorais por meio de um escritório único de arrecadação, o ECAD[161].

---

158 Gilmar Ferreira Mendes em Gilmar Ferreira Mendes, Inocêncio Mártires Coelho e Paulo Gonet Branco, *Hermenêutica constitucional e direitos fundamentais*, cit., p. 201.

159 Nesse sentido, já se afirmou na Comissão de Direitos Humanos de Estrasburgo, em decisão de 14-7-1981, que a liberdade de associação não requer do Estado que se lance a "ação positiva a fim de prover as associações de meios especiais que lhes facultem a persecução dos seus objetivos" (caso Associação X *v.* República Federal da Alemanha, citada por Gómez Montoro, *Asociación*, cit., p. 87).

160 Essa já era a lição de Pontes de Miranda, *Comentários à Constituição de 1967*, cit., p. 572.

161 ADI 2.054, *DJ* de 17-10-2003, Rel. para o acórdão Min. Sepúlveda Pertence. Lê-se do voto do relator designado para o acórdão: "À luz do art. 5º, XXVIII, alínea 'b', ficou a lei ordinária livre para outorgar ou não às associações constituídas pelos autores e titulares de direitos conexos o poder de substituição processual dos associados na cobrança de seus direitos patrimoniais, assim como o poder de arrecadá-los dos usuários. Se livre para conceder ou não tais poderes e disciplinar a forma como poderiam ser exercidos, é óbvio que a lei, ao concedê-los, poderia

Em outros precedentes, porém, o Supremo Tribunal julgou inconstitucionais leis que tornavam a associação a uma entidade privada um requisito, desarrazoado, para o exercício de uma atividade ou para o percebimento de um benefício de cunho assistencial[162].

Como consequência do direito de não se associar e como resultado do veto à interferência estatal no funcionamento das associações, há de se reconhecer a liberdade de escolha de associados. Em linha de princípio, o Estado não pode impor o ingresso de alguém numa associação; do contrário, estaria obrigando os anteriores sócios a se associarem com quem não desejam. Há casos, porém, em que não será legítimo barrar o ingresso de novo sócio em certos tipos de associações.

Tem-se traçado uma classificação das associações com vistas a mensurar o grau de interferência do Estado em certos aspectos da sua economia interna. Às sociedades *expressivas* (de cunho espiritual, ideológico) contrapõem-se as *não expressivas* (de finalidades profissionais ou comerciais). Neste último grupo incluem-se as associações que se dedicam a viabilizar certas atividades essenciais aos associados, de forma monopolizadora[163]. São também *não expressivas* as associações que exercem, com marcado predomínio na sociedade, uma função social ou econômica relevante. Estas associações, ao contrário das *expressivas*, estão sujeitas a imposições estatais relacionadas com o seu modo de existir, em virtude da pertinência a elas de outros valores constitucionais concorrentes. Já se disse, a esse respeito, que "quanto menos *privada* é uma associação, mais penetrante é a intervenção judicial" que enseja[164]. A tais tipos de associações não se abriria margem para a recusa, por mero capricho ou malícia, de um pretendente a associado[165]. Deve-se ter presente que os direitos fundamentais não são ilimitados. Admi-

---

condicioná-los. A substituição foi outorgada às associações sem outra condição que a da filiação do titular, conforme os arts. 98 e 99, § 2º [da Lei de Direitos Autorais]. Já o poder de arrecadação e distribuição extrajudicial, negou-se-lhes o poder de fazê-lo, a cada uma delas isoladamente, impondo-lhes, desse modo, a 'gestão coletiva', a não ser que o próprio titular o faça, por si mesmo, ou por mandato à sua associação. Pode, assim, haver associação que se recuse a filiar-se ao ECAD. A consequência grave – não há dúvida, do sistema, e a força que se deu ao ECAD – é apenas a de não participar da gestão coletiva da arrecadação e distribuição e, por conseguinte, não poder fazê-las isoladamente. São condições do exercício de poderes que não derivam da Constituição, mas da lei, a qual, assim, poderia subordiná-los e limitá-los, no tópico, à participação na entidade de gestão coletiva".

162 Na ADI 3.587-DF (*DJ* de 22-2-2008, rel. Min. Gilmar Mendes), lei de unidade federada que estabelecia que os profissionais dedicados à atividade de transporte de bagagens nos terminais rodoviários locais seriam autorizados ao serviço depois de filiados ao sindicato da categoria foi tida como incompatível com a liberdade constitucionalmente assegurada de associação, além de sofrer de vício formal, por dizer com direito do trabalho, tema da competência legislativa privativa da União.

Na ADI 3464/DF, julgada em 29-10-2008, rel. Min. Menezes Direito, também se considerou atritante com a liberdade de associação norma de lei federal que condicionava o recebimento de auxílio de índole assistencial à integração do interessado a uma colônia de pescadores. A lei estabelecia como requisito de habilitação para receber o seguro-desemprego a apresentação de atestado da colônia de pescadores a que o pescador estivesse filiado. O Supremo Tribunal enxergou aí a violação dos princípios constitucionais da liberdade de associação (art. 5º, XX) e da liberdade sindical (art. 8º, V), ambos em sua dimensão negativa.

163 Exemplo desse tipo de sociedade pode ser encontrado no próprio ECAD, aludido no precedente acima.

164 Juan Maria Bilbao Ubillos, *Libertad de asociación y derechos de los socios*, Valladolid: Secretariado de Publicaciones e Intercambio Científico, Universidad de Valladolid, 1997, p. 27.

165 Decidiu-se, na Alemanha, que não é facultado ao único clube desportivo com equipamentos e instalações idôneos de uma população recusar-se a admitir uma pessoa desejosa de praticar ginástica. A razão é que, de outro

tem restrições, algumas das quais resultantes da necessidade de se harmonizarem direitos fundamentais do indivíduo com direitos característicos da coletividade organizada. Esses conflitos podem ocorrer, de modo especial, mas não único, no que tange ao ingresso nas associações (quando se recusa o ingresso de um interessado), como também no que tange à expulsão de sócios[166].

Assim, associações com meta de representação de interesses não poderiam recusar o ingresso nelas de todos os abrangidos pela atividade ou pelo grupo que dizem representar. Isso pode ser justificado aludindo-se à doutrina dos atos próprios – "quem pretende assumir a condição de porta-voz ante as instâncias públicas e nas relações sociais dos interesses de uma certa coletividade de pessoas deve permitir que confluam à formação da vontade do grupo todas as correntes de opinião que se formam no conjunto das pessoas que dizem representar"[167]. Para exemplificar, uma associação de procuradores de uma pessoa jurídica de direito público, formada para defender os interesses da classe, não poderia recusar-se a admitir um integrante da carreira no seu quadro de associados.

Essas associações formadas para representar uma classe de pessoas sofrem ainda modulação na sua liberdade de se autogerir, no que tange ao mecanismo de formação da sua vontade. Elas devem adotar um sistema democrático de organização interna, com vistas, justamente, a assegurar a máxima legitimidade da representação. Cobra-se de associações desse tipo ampla liberdade interna de dissenso, isento de retaliações.

Em associações de outros tipos, não tem cabimento exigir estatuto interno caracteristicamente democrático, sob pena de ofensa ao inciso XVIII do art. 5º da CF, como se tornou pacífico em outros sistemas materialmente vizinhos ao nosso[168]. Assim, em outras associações, sem fins de representação de interesses de uma classe, a dissensão com a linha de orientação predominante da associação pode ser tipificada internamente como causa de afastamento do associado. Um bispo que passe a professar ideias cismá-

---

modo, haveria "um menoscabo injusto para o desenvolvimento da personalidade do indivíduo" (Salvador, Munch e Ferre i Rocha, *Asociaciones*, cit., p. 107-108).

166 Nos Estados Unidos, no caso Roberts *v.* United States Jaycees – 468 U.S. 690 (1984) – a Suprema Corte decidiu que o Estado podia intervir na organização interna de um clube social, afirmando ilegítima a regra da associação que negava às mulheres o direito pleno de membros, inclusive o direito de voto. Determinou-se que o clube admitisse a plena associação de mulheres. A decisão se afastou de outra, tomada em 1972, em que se teve como imune à interferência estatal a regra de outro clube social privado de não servir bebidas a negros – Moose Lodge n. 107 *v.* Irvis, 407 U.S. 163. No caso Roberts, a Corte assinalou que a liberdade de associação tem sido garantida em dois casos básicos – quando se refere a relações humanas íntimas ou quando a associação se forma como instrumento indispensável de proteção de atividades compreendidas na primeira emenda à Constituição americana – liberdade de expressão, de reunião, de exercício de religião. Como a associação Jaycee, que pretendia fomentar oportunidades de desenvolvimento pessoal para os seus membros, não se ajustava a essas características, a Corte entendeu que o tratamento diferenciado que sofriam as mulheres podia ser objeto de censura pelo Estado.

Essa decisão tem recebido críticas nos EUA (ver a propósito Amy Gutmann, *Freedom of association*, cit.). O decisório se rende a uma diferenciação entre associações, conforme a sua finalidade, reduzindo a proteção àquelas que não tenham caráter eminentemente ideológico nem digam respeito a relações íntimas.

167 Salvador, Munch e Ferre i Rocha, *Asociaciones*, cit., p. 108.

168 Salvador, Munch e Ferre i Rocha, *Asociaciones*, cit., p. 111, dando conta de que a jurisprudência alemã é tranquila a esse respeito.

ticas não tem direito constitucional a se opor a uma medida de suspensão de ordem ou de excomunhão (exclusão de uma associação religiosa). Nas associações religiosas as questões de ideologia estão isentas de controle judicial. As deliberações internas a esse respeito integram o núcleo essencial do direito de associação. Questões como o ingresso nelas ou a exclusão de associados não podem ser revistas pelo Estado.

Já nas entidades de fins associativos predominantemente econômicos, a expulsão é revisável, em consideração ao dano patrimonial que pode causar ao excluído[169].

É importante notar – assim o advertem a doutrina e a jurisprudência espanholas[170] – que nem toda pretensão decorrente de relação estatutária, surgida no interior de uma entidade privada, pode ser alçada à hierarquia de questão constitucional. Nem toda disputa em torno do estatuto associativo pode ser vista, primariamente, como controvérsia própria do direito fundamental de associação, o que produz óbvia repercussão sobre a competência da justiça constitucional. Casos, no entanto, de desprezo à garantia de defesa do expulso – defesa que há de abranger a notificação das imputações feitas e o direito a ser ouvido – tendem a ser inseridos na lista dos temas de índole constitucional, em que se admite, ademais, a eficácia dos direitos fundamentais no âmbito das associações particulares[171].

O direito de defesa ampla assoma-se como meio indispensável para se prevenirem situações de arbítrio, que subverteriam a própria liberdade de se associar. A tipificação de fatos como passíveis de expulsão também é tida como relevante. A partir daí, é de reconhecer às associações margem de discricionariedade (variável conforme o tipo finalístico da associação) na subsunção de fatos provados às suas normas internas.

Nesse sentido, vale recordar precedente do STF[172] em que se anulou decisão de cooperativa que expulsara associado sem lhe reconhecer o direito de defesa das acusações que motivaram a sanção.

Em julgado de notável relevância doutrinária, o STF alinhou-se, com minuciosa argumentação, a esse e a outros precedentes, em que se admitiu a incidência de direitos fundamentais nas relações entre particulares. No RE 201.819, o redator para o acórdão, Ministro Gilmar Mendes[173], conduziu a maioria da 2ª Turma ao entendimento de que, diante de uma associação com finalidades de defesa de interesses econômicos – ainda que ela própria não tivesse fins de lucro –, a expulsão de associado não pode prescindir da observância de garantias constitucionais, já que "a exclusão de sócio do quadro social da UBC, sem qualquer garantia de ampla defesa, do contraditório, ou do devido processo constitucional, onera consideravelmente o recorrido, o qual fica impossibilitado de perceber os direitos autorais relativos à execução de suas obras".

---

169 Salvador, Munch e Ferre i Rocha, *Asociaciones*, cit., p. 128.

170 Salvador, Munch e Ferre i Rocha, *Asociaciones*, cit., p. 148-149.

171 Salvador, Munch e Ferre i Rocha, *Asociaciones*, cit., p. 62 e 118 e s.

172 RE 158.215 (*RTJ*, 164/757, rel. Min. Marco Aurélio).

173 O voto do redator para o acórdão se acha reproduzido no Informativo STF n. 405. O caso foi julgado em 11-10-2005.

Como se vê, o direito de associação apresenta aspecto horizontal, de eficácia em face de particulares, que não pode ser desprezado[174].

3.2.7. Entidades associativas e representação de associados

O constituinte de 1988 deliberou deixar expresso, no art. 5º, XXI, do Texto Magno, que "as entidades associativas, quando expressamente autorizadas, têm legitimidade para representar seus filiados judicial e extrajudicialmente".

O dispositivo suscitou algumas dúvidas. Discutiu-se se a autorização para representar os associados poderia ser conferida genericamente nos estatutos da entidade, ou se haveria a necessidade de uma autorização específica para agir, conferida por assembleia geral ou individualmente. A questão tem a sua relevância acentuada pelo fato de que, conforme a resposta, o sócio poderia ver-se como litigante em um processo sem a tanto consentir. Debateu-se, ainda, a natureza dessa representação, para compreender se aqui se estaria versando a mesma hipótese do mandado de segurança coletivo.

Quanto ao mandado de segurança coletivo (art. 5º, LXX, da CF), firmou-se, logo, no STF, a inteligência de que ocorre aí o fenômeno da substituição processual, o que dispensa a autorização específica dos associados para a demanda[175]. A execução pode ser coletiva ou individual[176].

Quanto às demais ações, o tribunal se encaminhou para o entendimento de que nelas se dá a representação, literalmente, a exigir autorização expressa dos representados. O STF, porém, advertiu para o fato de que, acaso exigida a autorização individual de cada associado, ficaria frustrado o propósito do constituinte de favorecer a demanda coletiva. Admitiu, então, a possibilidade de autorização por assembleia geral. Nesse caso, porém, cobra-se que os estatutos da associação prevejam, como uma das finalidades da entidade, a representa-

---

174 Entre nós, outro precedente, este do STJ, censurou deliberação de um clube recreativo e esportivo de não admitir como sócio dependente menor sob a guarda judicial do seu avô, sócio do clube – um interessante caso de eficácia mediata do direito ao tratamento não discriminatório. A recusa pelo clube se dera porque os estatutos da associação previam apenas o filho como passível de inscrição como sócio-dependente. A liberdade estatutária do clube foi tida, no precedente, como restringida, no caso, em face do art. 33, § 3º, da Lei n. 8.069/90 (Estatuto da Criança e do Adolescente), que concede, para todos os efeitos, ao menor sob guarda, a condição de dependente daquele a quem se vincula. Lê-se no voto do Ministro Eduardo Ribeiro, relator, depois de reconhecer que, em princípio, os estatutos podem definir como quiserem o tema do ingresso de sócios-dependentes: "Nada impediria, por exemplo, que determinassem que só poderiam ser sócios, na qualidade de dependentes, os menores de quinze anos ou, mesmo, que não haveria tal categoria de sócios. O que não podem, entretanto, é estabelecer discriminação que a lei não admite. Feita legalmente a equiparação, não é possível desconhecê-la" (REsp 93.634/MG, *DJ* de 18-10-1999).

175 Nesse sentido, a Súmula 629 do STF: "A impetração de mandado de segurança coletivo por entidade de classe em favor dos associados independe da autorização destes". Tampouco é necessária a relação nominal deles (RE 501.953 AgR, *DJe* de 26-4-2012). Prestigiando a inteligência sumulada, o MS 31.336, *DJe* de 10-5-2017. Em casos assim, ademais, "o objeto do mandado de segurança coletivo será um direito dos associados, independentemente de guardar vínculo com os fins próprios da entidade impetrante do *writ*, exigindo-se, entretanto, que o direito esteja compreendido na titularidade dos associados e que exista ele em razão das atividades exercidas pelos associados, mas não se exigindo que o direito seja peculiar, próprio, da classe" (RE 193.382, *DJ* de 20-9-1996, rel. Min. Carlos Velloso).

176 RE 861.054 AgR, *DJe* de 18-9-2015.

ção em juízo dos associados. Disse o STF que "a legitimação da entidade por força de deliberação da assembleia geral resulta, de um lado, de compreender-se o seu objeto nas finalidades estatutárias da associação, somado, em relação a cada um deles, ao ato voluntário de filiação do associado, que envolve a adesão aos respectivos estatutos"[177]. Em se tratando de ação proposta por associação, em virtude de autorização de assembleia, a lista dos beneficiados pela demanda deve acompanhar a inicial. Entende, ainda, o STF que, se a inicial da associação, que age como representante processual, está baseada em autorizações individuais, somente os que anuíram dessa forma expressa à ação coletiva estão legitimados para a respectiva execução[178].

A lei, de toda sorte, pode conferir a determinado tipo de associação legitimidade para atuar na qualidade de substituto processual[179].

A legitimidade para representar em juízo os interesses dos associados restringe-se ao âmbito cível. Para o STF, a associação não dispõe de legitimidade para promover interpelação judicial em defesa da honra de seus filiados, já que o bem juridicamente tutelado, na hipótese, é personalissimo[180].

4. LIBERDADE DE CONSCIÊNCIA E DE RELIGIÃO

As liberdades de consciência e de religião estão reconhecidas pelo constituinte. Conquanto uma e outra se aproximem em vários aspectos, não se confundem entre si.

177 Voto do Ministro Sepúlveda Pertence na AO 152, *DJ* de 3-3-2000, em que faz uma completa análise do problema, à vista de precedentes do próprio STF e da doutrina. Veja-se, também, a Rcl 5215 AgR, rel. Min. Carlos Britto, *DJe* de 21-5-2009: "a associação atua em Juízo, na defesa de direito de seus filiados, como representante processual. Para fazê-lo, necessita de autorização expressa (inciso XXI do art. 5º da CF). Na AO 152, o Supremo Tribunal Federal definiu que essa autorização bem pode ser conferida pela assembleia geral da entidade, não se exigindo procuração de cada um dos filiados. O caso dos autos retrata associação que pretende atuar em Juízo, na defesa de alegado direito de seus filiados. Atuação fundada tão somente em autorização constante de estatuto. Essa pretendida atuação é inviável, pois o STF, nesses casos, exige, além de autorização genérica do estatuto da entidade, uma autorização específica, dada pela Assembleia Geral dos filiados".

178 RE 573.232 RG, Plenário, *DJe* de 19-9-2014. O entendimento foi reiterado no RE 612.043 (*DJe* de 5-10-2017), em que se disse que "beneficiários do título executivo, no caso de ação proposta por associação, são aqueles que, residentes na área compreendida na jurisdição do órgão julgador, detinham, antes do ajuizamento, a condição de filiados e constaram da lista apresentada com a peça inicial". É importante ter presente que essa decisão vale para casos em que a associação é autora, na qualidade de representante processual. Os sindicatos, que atuam como substitutos processuais, não se enquadram na hipótese julgada. Como dito no ARE 789.300 ED (*DJe* de 31-3-2015), a jurisprudência da Corte é "no sentido de que a legitimidade do sindicato para a defesa em Juízo dos direitos e interesses individuais ou coletivos de seus filiados prescinde de autorização dos sindicalizados e aplica-se à fase de liquidação e execução da sentença". Essa jurisprudência foi reiterada sob o regime de repercussão geral no RE 883.642 (*DJe* de 26-6-2015). Reafirmou-se a "ampla legitimidade extraordinária dos sindicatos para defender em juízo os direitos e interesses coletivos ou individuais dos integrantes da categoria que representam, inclusive nas liquidações e execuções de sentença, independentemente de autorização dos substituídos".

179 A propósito, do STF, o RE-AgRg 436.047, *DJ* de 13-5-2005, rel. Min. Sepúlveda Pertence. No STJ se assentou que, "nos termos do art. 82, IV, do Código de Defesa do Consumidor, as associações devidamente constituídas possuem legitimidade ativa para defender os interesses de seus associados, estando ínsita a autorização para tanto". Essa máxima está repetida em alguns precedentes do STJ, como no REsp 132.906, *DJ* de 25-8-2003, e no AgRg no Ag. 541.334, *DJ* de 3-5-2004, ambos relatados pelo Ministro Carlos Alberto Direito.

180 Pet.-AgRg 1.249, *DJ* de 9-4-1999, rel. Min. Celso de Mello.

4.1. Liberdade de consciência

A liberdade de consciência está prevista no art. 5º, VI, da Constituição[181]. Não se esgota no aspecto religioso, mas nele encontra expressão concreta de marcado relevo. Está referida também no inciso VIII do art. 5º da CF[182].

Em homenagem a essa liberdade, o constituinte previu caso expresso de objeção de consciência no art. 143, § 1º, do Texto Magno[183].

4.1.1. Conteúdo da liberdade de consciência

A liberdade de consciência ou de pensamento tem que ver com a faculdade de o indivíduo formular juízos e ideias sobre si mesmo e sobre o meio externo que o circunda. O Estado não pode interferir nessa esfera íntima do indivíduo, não lhe cabendo impor concepções filosóficas aos cidadãos[184]. Deve, por outro lado – eis um aspecto positivo dessa liberdade –, propiciar meios efetivos de formação autônoma da consciência das pessoas.

Se o Estado reconhece a inviolabilidade da liberdade de consciência deve admitir, igualmente, que o indivíduo aja de acordo com as suas convicções. Haverá casos, porém, em que o Estado impõe conduta ao indivíduo que desafia o sistema de vida que as suas convicções construíram. Cogita-se, então, da possibilidade de reconhecer efeitos a uma objeção de consciência[185].

Tradicionalmente, a objeção de consciência liga-se a assuntos de guerra, em especial à prestação de serviço militar. E é dessa modalidade que cuidam as normas constitucionais de diversos países, inclusive o art. 143 da nossa CF.

Não é, entretanto, esta a única hipótese de objeção de consciência pensável, já que não apenas quanto ao serviço militar pode surgir a oposição a um ato determinado pelos Poderes Públicos que, embora com apoio em lei, choca-se inexoravelmente com convicção livremente formada pelo indivíduo, que lhe define a identidade moral. Reconhecendo que há outras obrigações além da militar que podem suscitar o problema, o

181 "É inviolável a liberdade de consciência e de crença, sendo assegurado o livre exercício dos cultos religiosos e garantida, na forma da lei, a proteção aos locais de culto e a suas liturgias."

182 "Ninguém será privado de direitos por motivo de crença religiosa ou de convicção filosófica ou política, salvo se as invocar para eximir-se de obrigação legal a todos imposta e recusar-se a cumprir prestação alternativa, fixada em lei."

183 "Art. 143. O serviço militar é obrigatório nos termos da lei. § 1º Às Forças Armadas compete, na forma da lei, atribuir serviço alternativo aos que, em tempo de paz, após alistados, alegarem imperativo de consciência, entendendo-se como tal o decorrente de crença religiosa e de convicção filosófica ou política, para se eximirem de atividades de caráter essencialmente militar."

184 É o que sustenta Miguel García Herrera, *La objeción de conciencia en materia de aborto*, Vitória Gasteiz, Servicio de Publicaciones del Gobierno Vasco, 1991, p. 38.

185 Já se pretendeu que a primeira representação artística da objeção de consciência e dos desafios que a supõem remonta ao antigo teatro grego, com a peça *Antígona*. Assim sustenta García Herrera, *La objeción*, cit., p. 26. Na trama, a personagem que lhe dá nome desrespeita ordem de Creonte de não sepultar o irmão. Antígona, embora submissa ao sistema legal em que vivia, sentiu que uma lei moral superior – obra dos deuses – tornava aquela ordem injusta e de impossível atendimento em face das suas crenças.

inciso VIII do art. 5º da Constituição fala na possibilidade de perda de direitos, por conta de descumprimento de obrigação legal a todos imposta, por motivos de foro íntimo, desde que o indivíduo se recuse a realizar prestação substitutiva, estabelecida por lei. A redação da norma dá ensejo a que se admita que outras causas, além da oposição à guerra, possam ser levantadas para objetar ao cumprimento de uma obrigação – o que poderá conduzir a sanções, se houver prestação alternativa prevista em lei e ela também for recusada pelo objetor[186].

A falta de lei prevendo a prestação alternativa não deve levar necessariamente à inviabilidade da escusa de consciência; afinal, os direitos fundamentais devem ser presumidos como de aplicabilidade imediata (art. 5º, § 1º, da CF). Cabe, antes, se uma ponderação de valores constitucionais o permitir, ter-se o objetor como desonerado da obrigação, sem que se veja apenado por isso.

A objeção de consciência consiste, portanto, na recusa em realizar um comportamento prescrito, por força de convicções seriamente arraigadas no indivíduo, de tal sorte que, se o indivíduo atendesse ao comando normativo, sofreria grave tormento moral.

Observe-se que a atitude de insubmissão não decorre de um capricho, nem de um interesse mesquinho. Ao contrário, é invocável quando a submissão à norma é apta para gerar insuportável violência psicológica. A conduta determinada contradiz algo irrenunciável para o indivíduo. É importante, como salientou a Corte Europeia de Direitos Humanos, que a objeção nasça de um sistema de pensamento suficientemente estruturado, coerente e sincero[187].

A objeção de consciência é, assim, a pretensão de isenção de cumprimento de um dever geral. O seu reconhecimento não abre ao sujeito a alternativa igualmente válida de agir ou não agir. A objeção de consciência opera como uma exceção à regra, e, como tal, reforça a regra. Se a objeção fosse um direito de igual natureza ao da obrigação a que ela se opõe, estaria a estatuir uma faculdade de agir, um novo espaço de liberdade – o que não acontece[188].

A objeção pode ser direta, quando se dirige à conduta em si que é imposta ao objetor, ou indireta, quando a conduta é recusada por ligar-se instrumentalmente a outra conduta ou fato repelidos pelo indivíduo.

Nada obsta a que a lei estabeleça um procedimento para que se comprove a sinceridade e a admissibilidade das razões que levam à objeção de consciência. Essas razões, de seu turno, podem ter índole religiosa ou apenas moral ou ideológica.

A objeção de consciência admitida pelo Estado traduz forma máxima de respeito à intimidade e à consciência do indivíduo. O Estado abre mão do princípio de que a maioria democrática impõe as normas para todos, em troca de não sacrificar a integridade íntima do indivíduo.

186 Esse também é, entre nós, o entendimento de Alexandre de Moraes, *Direitos humanos*, cit., p. 124, o qual, apoiado em Canotilho e em Jorge Miranda, sustenta que "a escusa de consciência se aplica às obrigações de forma genérica".

187 Caso Campbell e Cosans, de 25-2-1982.

188 A propósito, García Herrera, *La obligación*, cit., p. 32 e s.

Há de se estabelecer, entretanto, uma fina sintonia entre o direito do Estado de impor as suas normas e o direito do indivíduo de viver de acordo com a pauta de valores por ele acolhida, em face da liberdade de consciência. Nesse passo, um juízo de ponderação se mostra inevitável.

É certo que uma extensão desmedida da admissibilidade da objeção de consciência poria a ordem de convivência em rumo de dissolução, minaria o sistema jurídico. Daí que, no instante em que se apura se deve ser acolhida a objeção de consciência, há de se sopesar essa prerrogativa com outros valores que lhe podem ser contrapostos, sempre tendo presente a missão de um Estado democrático de instaurar um sistema justo de liberdade.

A objeção de consciência deve-se referir a uma prestação individual, que se terá como relegável, no caso, em seguida a um cotejo do interesse que a prestação imposta visa satisfazer com o interesse em preservar a integridade moral do indivíduo[189]. Há de se evitar tanto a prepotência do poder como a sua impotência – ambos resultados funestos para um Estado de Direito[190].

Decerto, a lei que visa fomentar o interesse do próprio objetor apresentará maior probabilidade de vir a ter o seu comando ladeado pela objeção de consciência. A objeção encontra mais séria resistência, quando se contrapõe a normas que tutelam interesses de pessoas outras, identificáveis ou identificadas.

Da mesma forma, a objeção de consciência que leva a uma atitude meramente omissiva tende a ser mais bem tolerada do que o comportamento ativo que desafia a norma. Estes últimos são mais propensos a provocar maior impacto sobre a sociedade, influenciando negativamente sobre a sua admissibilidade, no momento do sopesamento dos valores em conflito. Nesse sentido, a Suprema Corte americana não reconheceu o direito de índios usarem drogas proibidas (o *peyote*) em seus rituais religiosos[191]. Tampouco, em outra ocasião, admitiu a poligamia pretendida por seguidores de certa denominação religiosa[192].

É importante, também, considerar o tipo de obrigação que o Estado pretende impor[193]. Aqui, distinguem-se obrigações que causam uma violação absoluta da liberdade de consciência daquelas que ocasionam uma violação relativa. A primeira obriga a pessoa a assumir conduta sob pena pessoal, por exemplo, o serviço militar, sancionado com pena de perda de liberdade. No segundo caso, o comportamento objetado é condição para obter um benefício ou para evitar um prejuízo. Neste último, considerações menos estritas de interesse social estarão aptas para sobrepujar o respeito à consciência individual[194].

---

189 Cf. García Herrera, *La objeción*, cit., p. 45-46.

190 A propósito, Navarro-Valls e Martínez-Torrón, *Las objeciones de conciencia en el derecho español y comparado*, Madrid: McGraw-Hill, 1997, p. 7.

191 Caso Employment Division, Department of Human Resources of Oregon *v.* Smith, 110 U.S. 1595 (1990).

192 Reynolds *v.* United States, 98 U.S. 145 (1879).

193 Sobre o tema, Navarro-Valls e Martínez-Torrón, *Las objeciones*, cit., p. 32-33.

194 Parece ilustrar esta última hipótese decisão do Tribunal de Justiça das Comunidades Europeias (cf. Navarro--Valls, *Las objeciones*, cit., p. 155-156). Certo concurso público teve sua prova marcada em dia em que uma candi-

A objeção de consciência não se confunde com a desobediência civil[195]. Nesta, recusa-se não uma norma, mas todo um sistema jurídico, na sua globalidade. O comportamento contrário à lei tem um caráter de contestação à política do governo. A objeção se situa no marco da legalidade vigente, pretendendo apenas o reconhecimento da normalidade de certa conduta, evitando uma reação sancionatória do poder. Na desobediência civil, a reação violenta do poder não é indesejada, e é aproveitada para o propósito de mudança política.

Além da hipótese mais conhecida e já regulada entre nós da objeção de consciência ao serviço militar, outras condutas impostas por lei também têm sido objeto de resistência, em outras latitudes, por motivos de consciência. Chega-se a temer uma "explosão eufórica do instituto"[196].

A jurisprudência espanhola, por exemplo, reconhece a objeção de consciência ao aborto, não somente por parte dos médicos, mas, igualmente, por parte do pessoal de apoio à operação (enfermeiras e auxiliares de enfermagem, p. ex.). As legislações dos países europeus que admitem o aborto, em geral, cogitam dessa escusa[197].

Já se suscitou, também, uma *objeção de consciência fiscal*, dirigida a impostos, cuja arrecadação pode vir a financiar atividades contrárias à consciência do contribuinte. A mais comum refere-se à objeção de impostos, cuja receita se destina, ao menos em parte, a gastos militares. A jurisprudência, no direito comparado, normalmente refuta essa ordem de objeção, até porque a regra geral de não vinculação de impostos a fins específicos torna impossível precisar se a contribuição do indivíduo será empregada na finalidade que ele repudia.

Costumam ter vasta divulgação as objeções de consciência a certos tratamentos médicos. O problema surge com frequência com relação às transfusões de sangue em testemunhas de Jeová. A objeção entra em colisão com o dever do Estado de preservar a saúde e a vida de todos e o direito do médico de procurar preservar a saúde dos que consultam e da própria coletividade (quando há recusa a vacinações coletivas)[198]. Nestes últimos casos, a tendência é não aceitar a escusa, pois "o direito de praticar livre-

---

data, por força de sua confissão religiosa, não poderia realizar qualquer trabalho. Foi indeferida a sua pretensão de fazer a prova em outra data, ao argumento de que todos os candidatos teriam de as prestar simultaneamente. O Tribunal de Justiça anotou que o órgão das comunidades, promotor do certame, não tinha de ter em conta razões religiosas, de que não havia sido informado previamente.

195 Cf. García Herrera, *La objeción*, cit., p. 40-41.

196 Navarro-Valls e Martínez-Torrón, *Las objeciones*, cit., p. 24.

197 Cf. García Herrera, *La objeción*, cit., p. 82-94.

198 No direito comparado, vale a opinião de que é cabível a realização de intervenções médicas necessárias para a saúde de um menor. Não há uniformidade, porém, quando o tratamento médico ao menor a que os pais objetam não é de caráter essencial para a saúde ou a vida do paciente. A propósito, Navarro-Valls e Martínez-Torrón, *Las objeciones*, cit., p. 122 e s. No Brasil, já se deliberou que, em casos de iminente perigo de vida, "é direito e dever do médico empregar todos os tratamentos, inclusive cirúrgicos, para salvar o paciente, mesmo contra a vontade deste, de seus familiares e de quem quer que seja, ainda que a oposição seja ditada por motivos religiosos. Importa ao médico e ao hospital é demonstrar que utilizaram a ciência e a técnica apoiadas em séria literatura médica, mesmo que haja divergências quanto ao melhor tratamento" (TJRS, *RJTJRS*, 171/384, recolhida por Lipmann, *Os direitos*, cit., p. 65-66).

mente uma religião não inclui a liberdade para expor a comunidade a uma enfermidade infecciosa"[199].

4.2. Liberdade religiosa

Na liberdade religiosa incluem-se a liberdade de crença, de aderir a alguma religião, e a liberdade do exercício do culto respectivo. As liturgias e os locais de culto são protegidos nos termos da lei. A lei deve proteger os templos e não deve interferir nas liturgias, a não ser que assim o imponha algum valor constitucional concorrente de maior peso na hipótese considerada. Os logradouros públicos não são, por natureza, locais de culto, mas a manifestação religiosa pode ocorrer ali, protegida pelo direito de reunião, com as limitações respectivas.

Na liberdade de religião inclui-se a liberdade de organização religiosa. O Estado não pode interferir sobre a economia interna das associações religiosas. Não pode, por exemplo, impor a igualdade de sexos na entidade ligada a uma religião que não a acolha.

Para evitar que o Estado crie embaraços à liberdade de religião, o constituinte estabelece a imunidade de impostos sobre templos de qualquer culto, no art. 150, VI, *b*, do Texto Magno. A imunidade se refere a impostos, e não a contribuições sindicais[200]. Mas a imunidade alcança toda espécie de impostos, inclusive "IPTU sobre imóveis de propriedade [de entidade religiosa] que se encontram alugados", já que a "imunidade prevista no art. 150, VI, *b*, da CF, deve abranger não somente os prédios destinados ao culto, mas, também, o patrimônio, a renda e os serviços 'relacionados com as finalidades essenciais das entidades nelas mencionadas'"[201]. Além disso, como o dispositivo se vincula à liberdade de religião, a imunidade deve dizer respeito a culto religioso. Seitas que não tenham natureza religiosa devem ser consideradas alheias à hipótese de imunidade. O conceito de religião, ademais, liga-se à pré-compreensão que o termo propicia, a referi-lo a um sistema de crenças em um ser divino, em que se professa uma vida além da morte, que possui um texto sagrado, que envolve uma organização e que apresenta rituais de oração e de adoração[202]. Não será um culto religioso uma atividade comercial ou de ensino qualquer, apenas porque se inicia com uma oração. Há de se considerar, ademais, "quão próxima [a situação em exame] está de uma combinação de características de uma religião paradigmática, julgando-se isso à luz da razão particular que motivou a questão"[203].

---

199 EUA: caso Prince *v.* Massachusetts, 321 U.S. 158 (1943).

200 STF, RE 129.930 (*RTJ*, 136/846).

201 STF, Pleno, RE 325.822, *DJ* de 14-5-2004, rel. para o acórdão Min. Gilmar Mendes. No RE 578.562, rel. Min. Eros Grau, julgado em 21-5-2008, o Plenário do STF decidiu que os cemitérios que se consubstanciam em extensões de entidades de cariz religioso estão também abrangidos pela imunidade tributária. Tenha-se presente, ainda, a Súmula 724/STF, que diz: "Ainda quando alugado a terceiros, permanece imune ao IPTU o imóvel pertencente a qualquer das entidades referidas pelo art. 150, VI, *c*, da Constituição, desde que o valor dos aluguéis seja aplicado nas atividades essenciais de tais entidades".

202 John H. Garvey e Frederick Schauer, *The first amendment*: a reader. St. Paul: West Publishing Co., 1996, p. 595.

203 Garvey e Schauer, *The first amendment*, cit., p. 603.

O Estado brasileiro não é confessional, mas tampouco é ateu, como se deduz do preâmbulo da Constituição, que invoca a proteção de Deus. Por isso, admite, ainda que sob a forma de disciplina de matrícula facultativa, o ensino religioso em escolas públicas de ensino fundamental (CF, art. 210, § 1º), permitindo, assim, o ensino da doutrina de uma dada religião para os alunos interessados[204]. Admite, igualmente, que o casamento religioso produza efeitos civis, na forma do disposto em lei (CF, art. 226, §§ 1º e 2º).

A liberdade religiosa apresenta aspecto de direito a prestação, como se vê da regra que impõe ao Estado que forneça ensino religioso aos que o queiram. O art. 5º, VII, da CF assegura, ainda, "nos termos da lei, a prestação de assistência religiosa nas entidades civis e militares de internação coletiva". O Estado não pode impor, nessas entidades, aos seus internos, o atendimento a serviços religiosos, mas deve pôr à disposição o conforto religioso aos que o desejam.

A inteligência do STF, a propósito das obrigações positivas que recaem sobre o Estado por força dessa liberdade básica, tem como ponto de partida a exata noção de que "o dever de neutralidade do Estado não se confunde com a ideia de indiferença estatal". Por isso mesmo, deve "o Estado, em alguns casos, adotar comportamentos positivos, com a finalidade de afastar barreiras e sobrecargas que possam impedir ou dificultar determinadas opções em matéria de fé"[205].

O respeito à liberdade religiosa, em especial no que tange à organização da religião, impede que certas questões sejam dirimidas pelo Judiciário[206]. As opções religiosas

---

204 Não faz sentido entender o *ensino religioso* como atividade acadêmica destituída do propósito de exposição e demonstração dos fundamentos de alguma crença existente. Não fosse assim, não haveria por que o constituinte se dar ao cuidado de estabelecer que o ensino religioso é "de matrícula facultativa". Ensino religioso não se confunde com sociologia das religiões. Nesse sentido, o STF decidiu que é confessional o ensino religioso previsto no art. 210, § 1º, da CF, ao julgar a ADI 4.439, em 31-8-2017.

O tema da relação entre instituições religiosas e os Poderes Públicos foi ali amplamente discutido. A corrente que capitaneou o resultado da impugnação ao ensino religioso confessional em escolas públicas assentou, segundo se colhe do *Informativo STF* n. 878, que o princípio da laicidade não se confunde com laicismo, e que a neutralidade estatal não pode vir a ser confundida com indiferença, não sendo absoluta a separação entre o Estado brasileiro e a Igreja. Por isso mesmo que da liberdade de expressão religiosa resultam também exigências de condutas positivas por parte do poder público que se orientem a assegurá-la. Ficou claro que não se pode negligenciar a dimensão pública da religião e que "a separação entre Igreja e Estado não pode, portanto, implicar o isolamento daqueles que guardam uma religião à sua esfera privada" (Ministro Edson Fachin), tampouco cabe ao Estado escolher que partes da religião serão ministradas, não podendo agir como censor de doutrinas religiosas. Enfim, o Estado não pode negar o ensino religioso a quem o desejar.

205 STA 389 AgR, rel. Min. Gilmar Mendes, *DJe* de 14-5-2010. O relator expôs que não se aplica à realidade constitucional brasileira a posição jurisprudencial norte-americana contrária a que se aprovem leis que favoreçam uma ou mesmo todas as religiões. Não se ajusta ao modelo da Constituição de 1988 a imagem da "construção de um muro entre Igreja e Estado".

206 O STF já apreciou caso em que uma diocese da Igreja Ortodoxa reclamava a entrega a ela do prédio da igreja e da casa paroquial, ocupadas pelo pároco respectivo, que adotou atitude cismática. A questão do cisma interno foi tida como de relevância nula para o direito a ser aplicado, resolvendo-se a controvérsia a partir da consideração de que os prédios estavam registrados em nome da paróquia, que era pessoa jurídica devidamente constituída, concluindo-se que esta podia opor-se a que a Igreja Ortodoxa dela se apoderasse, já que entre a paróquia e a Igreja Ortodoxa havia apenas laço espiritual, insuscetível de gerar direitos arguidos em juízo (RE 80.340, *RTJ*, 81/471, rel. Bilac Pinto).

tampouco podem ser confundidas com decisões empresariais, nem o ministério religioso ser baralhado com atividade trabalhista[207].

A liberdade religiosa é inconciliável com condição de *sursis* que impeça alguém de frequentar cultos que não aconteçam em lugar especialmente destinado a tanto, proibindo, assim, a frequência a cultos ocorridos em residências[208].

A invocação da liberdade religiosa, de seu turno, não pode servir de pretexto para a prática de atos que se caracterizam como ilícitos penais. Nessa linha, o STF decidiu que o curandeirismo não se inclui no âmbito da liberdade religiosa[209].

A laicidade do Estado não significa, por certo, inimizade com a fé. Não impede a colaboração com confissões religiosas, em benefício do interesse público (CF, art. 19, I). A sistemática constitucional acolhe, expressamente, medidas de ação conjunta dos Poderes Públicos com denominações religiosas. É evidente que, nesses casos de colaboração, a instituição religiosa não perde a sua essência. Seria grotesco contrassenso exigir que as entidades abandonassem a sua índole confessional e as suas práticas religiosas correspondentes, quando atuam, em algum setor, em colaboração com o Poder Público. Se assim fosse, não haveria *colaboração*, mas *absorção*, frustrante do escopo da norma e imprópria à neutralidade (que igualmente significa não impedimento), instrumentalizada no art. 19. A Constituição, nessa linha, reconhece também como oficiais certos atos praticados no âmbito de cultos religiosos, como ocorre ao estender efeitos civis ao casamento religioso (art. 226, § 2º).

Nesse sentido, não há embaraço – ao contrário, parecem bem-vindas, como ocorre em tantos outros países – a iniciativa como a celebração de concordata com a Santa Sé, para a fixação de termos de relacionamento entre tal pessoa de direito internacional e o país, tendo em vista a missão religiosa da Igreja de propiciar o bem integral do indivíduo, coincidente com o objetivo da República de "promover o bem de todos" (art. 3º, IV, da CF). Seria incidir em equívoco confundir acordos dessa ordem, em que se garantem meios eficazes para o desempenho da missão religiosa da Igreja, com a aliança vedada pelo art. 19, I, da Constituição. A *aliança* que o constituinte repudia é aquela que

207 Neste sentido decidiu o Tribunal Superior do Trabalho, em acórdão lavrado pelo Ministro Ives Gandra Martins: "AGRAVO DE INSTRUMENTO. PASTOR EVANGÉLICO. RELAÇÃO DE EMPREGO. NÃO CONFIGURAÇÃO. REEXAME DE PROVA VEDADO PELA SÚMULA N. 126 DO TST.

O vínculo que une o pastor à sua igreja é de natureza religiosa e vocacional, relacionado à resposta a uma chamada interior e não ao intuito de percepção de remuneração terrena. A subordinação existente é de índole eclesiástica, e não empregatícia, e a retribuição percebida diz respeito exclusivamente ao necessário para a manutenção do religioso. Apenas no caso de desvirtuamento da própria instituição religiosa, buscando lucrar com a palavra de Deus, é que se poderia enquadrar a igreja evangélica como empresa e o pastor como empregado. No entanto, somente mediante o reexame da prova poder-se-ia concluir nesse sentido, o que não se admite em recurso de revista, a teor da Súmula n. 126 do TST, pois as premissas fáticas assentadas pelo TRT foram de que o Reclamante ingressou na Reclamada apenas visando a ganhar almas para Deus e não se discutiu a natureza espiritual ou mercantil da Reclamada. Agravo desprovido" (AIRR 3652/2002-900-05-00.2, *DJ* de 9-5-2003).

208 STF, RE 92.916, *RTJ*, 100/329, rel. Min. Antonio Neder. Assinalou-se que "a Justiça deve estimular no criminoso, notadamente o primário e recuperável, a prática da religião, por causa do seu conteúdo pedagógico, nada importando o local".

209 RHC 62240, *RTJ*, 114/1038, rel. Min. Francisco Rezek.

inviabiliza a própria liberdade de crença, assegurada no art. 5º, VI, da Carta, por impedir que outras confissões religiosas atuem livremente no País.

O reconhecimento explícito da liberdade religiosa pela Constituição, bem como as suas demais disposições em apoio e em proteção a práticas dessa ordem, revela haver o sistema jurídico tomado a religiosidade como um bem em si mesmo, como um valor a ser preservado e fomentado[210]. Decerto que a liberdade importa também o direito de quem quer que seja de não aderir a alguma fé transcendental; mas, como concebido, o sistema constitucional não toma essa possibilidade como razão obstativa para que a ordem jurídica acolha positivamente a pluralidade de expressões religiosas dos demais.

A Constituição protege a liberdade de religião para facilitar que as pessoas possam viver a sua fé[211]. É interessante observar que, em função da liberdade religiosa e da proteção de segmentos religiosos minoritários, o Supremo Tribunal Federal admitiu a legitimidade de norma que exclui o sacrifício de animais em cultos religiosos do rol de atividades proibidas no interesse da defesa do meio ambiente e da fauna[212].

O reconhecimento da liberdade religiosa decerto que contribui para prevenir tensões sociais, na medida em que, por ela, o pluralismo se instala e se neutralizam rancores e desavenças decorrentes do veto oficial a crenças quaisquer. O reconhecimento da liberdade religiosa também tem por si o argumento de que tantas vezes a formação moral contribui para moldar o bom cidadão. Essas razões, contudo, não são suficientes em si para explicar a razão de ser da liberdade de crença. A Constituição assegura a liberdade dos crentes, porque toma a religião como um bem valioso por si mesmo, e quer resguardar os que buscam a Deus de obstáculos para que pratiquem os seus deveres religiosos.

Entende-se, assim, a preocupação do constituinte em garantir o culto e as liturgias das religiões (art. 5º, VI, da CF), bem como, e em decorrência, a imunidade tributária que institui no art. 150, VI, *b*, do Texto Magno.

Não se esgotam aí, porém, as medidas que os Poderes Públicos podem – e eventualmente devem – adotar, para amparar, na vida prática, o valor religioso. A adoção de feriados religiosos justifica-se sob esse prisma, em especial, mas não necessariamente, quando facilita a prática de atos da fé professada pela maioria da população ou por uma porção significativa dela.

Essas medidas auxiliam também a solidificação dos consensos de que o Estado constitucional democrático não prescinde. Sobre esse preciso ponto, adverte Peter Häberle que não se pode subestimar essas fontes de consenso emocionais, acrescentando que somente "o enfoque culturalista pode iluminar as possibilidades e limites dos dias festi-

210 Trata-se da dimensão objetiva dos direitos fundamentais, estudada no capítulo sobre aspectos de teoria dos direitos fundamentais, *infra*.

211 A propósito, John H. Garvey, *What are Freedoms for?*, Cambridge-Mass: Harvard University Press, 1996, p. 45 e s.

212 RE 494.601 (Plenário, *DJe* de 19-11-2019), em que se formulou a seguinte tese: "é constitucional a lei de proteção animal que, a fim de resguardar a liberdade religiosa, permite o sacrifício ritual de animais em cultos de religiões de matriz africana".

vos no Estado constitucional, já que o positivismo jurídico não sabe muito bem que fazer com eles. Num sentido mais amplo e profundo os dias festivos são todos *dias da Constituição*, porque pretendem trazer à consciência elementos diversos do Estado constitucional em conjunto"[213]. Justificam-se as festividades religiosas sob o amparo do Estado constitucional sempre que se refiram a símbolos que reacendam na memória coletiva as suas raízes culturais históricas que lhe conferem identidade. Não há negar – vale o exemplo –, a esse respeito, a marcante contribuição do catolicismo para a formação espiritual, moral e cultural do povo brasileiro. Símbolos dessa ordem, prossegue Peter Häberle, "dizem frequentemente mais sobre o *espírito* de um povo do que algumas normas jurídicas. Desse modo, declaram-se dias festivos, constroem-se monumentos, nomeiam-se ruas, são criadas e são saudadas as bandeiras e se cantam hinos. Desse modo se elabora a história e se traça o futuro"[214].

A liberdade religiosa consiste na liberdade para professar fé em Deus. Por isso, não cabe arguir a liberdade religiosa para impedir a demonstração da fé de outrem ou em certos lugares, ainda que públicos. O Estado, que não professa o ateísmo, pode conviver com símbolos que não somente correspondem a valores que informam a sua história cultural do povo, como remetem a bens encarecidos por parcela expressiva da sua população – por isso, também, não é dado proibir a exibição de crucifixos ou de imagens sagradas em lugares públicos[215].

Na liberdade de religião inclui-se, ainda, o direito ao proselitismo, ao discurso persuasivo dirigido aos que não partilham da mesma fé, com o propósito de convencê-los dos ensinamentos da confissão religiosa do orador, observados os limites comuns à liberdade de expressão, especialmente no que tange ao discurso de ódio e ao direito à intimidade[216].

---

213 Peter Häberle, *El Estado constitucional*, México: UNAM, 2001, p. 281.

214 Peter Häberle, *El Estado constitucional*, cit., p. 284.

215 O Conselho Nacional de Justiça, no PP 1.345, publicado em 25-6-2007, não viu impropriedade na ostentação de crucifixo em sala de sessão de Tribunal de Justiça, lembrando ser esta uma tradição brasileira. O relator, Conselheiro Oscar Argollo, observou que "não podemos ignorar a manifestação cultural da religião nas tradições brasileiras, que hoje não representa qualquer submissão ao Poder clerical". Ressaltou que "o crucifixo é um símbolo que homenageia princípios éticos e representa, especialmente, a paz". Apontou que as disposições do art. 19, I, da Constituição não implicam "vedação para a exposição de símbolo religioso em ambiente de órgão público, ou que a exposição faz o Estado se tornar clerical". Concluiu, seguido pela maioria do CNJ, que "a presença de um símbolo religioso, *in casu* o crucifixo, numa dependência de qualquer órgão do Poder Judiciário, não viola, agride, discrimina ou, sequer, '*perturba ou tolhe os direitos e acção de outrem ou dos outros*'".

216 Isso foi assentado na ADI 2.566, *DJe* de 23-10-2018, em que se declarou inconstitucional lei federal que proibia o proselitismo religioso em rádios comunitárias. Disse o STF que "a liberdade religiosa não é exercível apenas em privado, mas também no espaço público, e inclui o direito de tentar convencer os outros, por meio do ensinamento, a mudar de religião. O discurso proselitista é, pois, inerente à liberdade de expressão religiosa".

III O DIREITO DE PROPRIEDADE NA CONSTITUIÇÃO DE 1988

Gilmar Ferreira Mendes

1. CONSIDERAÇÕES PRELIMINARES

A previsão do direito de propriedade no texto constitucional deve ser compreendida no contexto de um processo de constitucionalização do Direito Civil. Essa perspectiva é evidenciada, fundamentalmente, por uma transição da centralidade normativa do Direito Civil, de um código específico, para a Constituição, que passa a se estabelecer como o ponto normativo central do qual se irradia a regulação infraconstitucional em seus diversos aspectos específicos.

É de se notar que a ideia da concepção de um código decorre do projeto do liberalismo clássico de constituir um documento único, racionalmente sistematizado, que fosse capaz de conter e exaurir o conteúdo normativo da disciplina da matéria.

O projeto de codificação das normas de Direito Civil também era caracterizado pela ideia de separação estanque entre o *ius publicum* e o *ius privatum*. Ou seja, objetivava-se que o Código Civil se posicionasse como o *locus* normativo dos direitos dos indivíduos, enquanto as primeiras cartas políticas se restringiriam ao seu propósito de normatizar, essencialmente, as matérias de natureza política, de garantias das liberdades individuais e as relativas ao Estado.

Como se sabe, a ideia de se estabelecer um Código Civil hermético e autossuficiente sucumbiu à realidade dos fatos que se impuseram.

De fato, a dinamicidade e a evolução das relações sociais exigiram do Estado uma produção legislativa que correspondesse aos anseios relativos à necessidade de regulação e estabilização das novas modalidades de vínculos jurídicos que surgem em descompasso com as características de imutabilidade e perpetuidade das codificações. O Código Civil, dessa forma, deixa de ser a fonte normativa exclusiva das relações privadas, perdendo, assim, a sua eficácia exauriente para solucionar os problemas emergentes.

Em paralelo, com a superação do paradigma do Estado Liberal, evidencia-se um profundo processo de evolução das características dos textos constitucionais. Verifica-se uma tendência de ampliação de seu âmbito normativo, de modo a ultrapassar suas funções básicas, notadamente relativas às garantias das liberdades individuais, atuação do Estado e sistematização das questões políticas. O texto constitucional, assim, torna-se permeável a diversas outras pretensões, como, *v.g.*, de natureza social, cultural, ambiental e econômica.

Em decorrência desse processo, questões sensíveis, antes tidas como próprias do *ius privatum*, especialmente do Direito Civil, passam a ter destacado lugar no conteúdo da Constituição.

Tais fatores, em conjunto, contribuíram para a consolidação do texto constitucional em sua posição de centralidade do sistema, o que, consequentemente, reduziu a relevância do papel do Código Civil para manter a sistematização e coesão das normas de Direito Civil.

Nesse contexto, a Constituição de 1988 dedicou inúmeras disposições à disciplina e à conformação do direito de propriedade no âmbito do art. 5º e em outros capítulos.

Somente no âmbito do art. 5º, mencione-se que os incisos XXII a XXXI tratam do tema do direito de propriedade em sentido amplo, aqui contemplados o direito de sucessão, o direito autoral e o direito de propriedade imaterial, dentre outros.

Assim, a par de consagrar a garantia institucional do direito de propriedade no art. 5º, XXII – *é garantido o direito de propriedade* –, o texto estabelece, logo no inciso seguinte, que a propriedade atenderá a sua função social.

A função social da propriedade – e, portanto, sua vinculação a um determinado fim social – assume relevo no estabelecimento da conformação ou limitação do direito.

Assegura-se, ainda, o direito de herança (art. 5º, XXX) e consagra-se que o direito de sucessão de bens de estrangeiros situados no Brasil será regulado pela lei brasileira em benefício do cônjuge ou dos filhos brasileiros, sempre que não lhes seja mais favorável a lei pessoal do *de cujus* (art. 5º, XXXI).

A Constituição prevê a desapropriação em casos de necessidade ou de utilidade pública ou por interesse social, que exigem prévia e justa indenização em dinheiro (art. 5º, XXIV). Prevê, ainda, outros casos que exigem prévia e justa indenização em títulos da dívida agrária (desapropriação de imóvel rural por interesse social, para fins de reforma agrária – art. 184, *caput*) ou em títulos da dívida pública (desapropriação de imóvel urbano não edificado, subutilizado ou não utilizado (art. 182, § 4º, III).

Não são poucas as dificuldades que enfrenta o intérprete na aplicação do art. 5º, XXII, da Constituição, tendo em vista que essa garantia institucional deve traçar limites à ação legislativa, ao mesmo tempo em que é por ela (ação legislativa) conformada. Deve-se perquirir um conceito de propriedade adequado que permita assegurar a proteção do instituto.

A dimensão do direito de propriedade como direito subjetivo exige que se identifique uma densidade normativa mínima apta a proteger as posições jurídicas contra intervenções ilegítimas.

Tal como anotam Pieroth e Schlink, a possibilidade de desapropriação mediante pagamento de indenização justa converte a garantia da propriedade em **garantia do valor da propriedade** (*Eigentumswertgarantie*).

A vida, a possibilidade de ir e vir, a manifestação de opinião e a possibilidade de reunião pertencem à natureza do ser humano. Ao contrário, é a ordem jurídica que converte o simples *ter* em *propriedade*[1]. A proteção constitucional do direito de propriedade não teria, assim, qualquer sentido sem as normas legais relativas ao direito de propriedade e ao direito de sucessão[2].

A propósito da Constituição de 1967/69, observava Pontes de Miranda, quanto à natureza da tutela constitucional da propriedade, que "a propriedade privada é instituto jurídico e garantia do art. 153, § 22, institucional"[3].

---

1 Pieroth e Schlink, *Grundrechte – Staatsrecht II*, cit., p. 54.

2 Robert Alexy, *Theorie der Grundrechte*, Frankfurt am Main: Suhrkamp, 1986, p. 303. Conferir item 1.3 do Cap. 3, item "Limitações dos Direitos Fundamentais".

3 Pontes de Miranda, *Comentários à Constituição de 1967 com a Emenda n. 1, de 1969*, 3. ed., Rio de Janeiro: Forense, 1987, t. 5, p. 395.

Ao proceder à distinção entre o direito de liberdade e o direito de propriedade, enfatizava o eminente jurisconsulto:

> "A liberdade pessoal não é instituição estatal, que se garanta; é direito fundamental, supraestatal, que os Estados têm de respeitar. A propriedade privada é instituição, a que as Constituições dão o broquel de garantia institucional. O art. 153, § 22, foi expressivo. Não há na Constituição de 1967 conceito imutável, fixo, de propriedade; nem seria possível enumerar todos os direitos particulares em que se pode decompor, ou de que transcendentemente se compõe, porque da instituição apenas fica, quando reduzida, a simples e pura patrimonialidade.
>
> O art. 153, § 22, não protege o direito de propriedade contra as emendas à Constituição (Friedrich Giese, Die Verfassung des Deutschen Reichs, 315). *A fortiori*, contra emendas às leis vigentes, para lhes extinguir pressupostos, diminuir prazos de aquisição usucapional de propriedade e prescrição de pretensões ou preclusão de direitos.
>
> Ao legislador só se impede acabar, como tal e em geral, com o ***instituto jurídico***, com o direito de propriedade (Walter Jellinek, Verwaltungsrecht, p. 398; Gerhard Anschutz, Die Verfassung des Deutschen Reichs, 608)"[4].

Embora possam ser opostos reparos a essa concepção excessivamente relativista, é certo que o legislador exerce um papel extremamente importante na própria definição do âmbito de proteção do direito de propriedade, seja no que concerne à sua compreensão inicial (e, por isso, na pré-compreensão do direito de propriedade), seja no que diz respeito ao seu desenvolvimento.

2. ÂMBITO DE PROTEÇÃO

2.1. Conceito de propriedade

O conceito de propriedade sofreu profunda alteração no século passado. A propriedade privada tradicional perdeu muito do seu significado como elemento fundamental destinado a assegurar a subsistência individual e o poder de autodeterminação como fator básico da ordem social. Como observado por Hesse, a base da subsistência e do poder de autodeterminação do homem moderno não é mais a propriedade privada em sentido tradicional, mas o próprio trabalho e o sistema previdenciário e assistencial instituído e gerido pelo Estado[5].

Essa evolução fez com que o conceito constitucional de direito de propriedade se desvinculasse, pouco a pouco, do conteúdo eminentemente civilístico de que era dotado.

Já sob o império da Constituição de Weimar passou-se a admitir que a garantia do direito de propriedade deveria abranger não só a propriedade sobre bens móveis ou imóveis, mas também os demais valores patrimoniais, incluídas aqui as diversas situa-

4 Pontes de Miranda, *Comentários à Constituição de 1967*, cit., p. 396.

5 Konrad Hesse, *Grundzüge des Verfassungsrechts der Bundesrepublik Deutschland*, 16. ed., Heidelberg, 1988, p. 172.

ções de índole patrimonial, decorrentes de relações de direito privado ou não[6]. O art. 153 da referida Constituição alemã, ao mesmo tempo em que consigna que *a Constituição garante a propriedade*, estabelece, ao final do dispositivo, que *a propriedade obriga e seu uso constituirá, também, um serviço para o bem comum (Eigentum verpflichtet. Sein Gebrauch soll zugleich Dienst sein für das Gemeine Beste)*.

Essa mudança da função da propriedade foi fundamental para abandonar a ideia da necessária identificação entre o conceito civilístico e o conceito constitucional de propriedade.

Ao revés, essencial para a definição e qualificação passa a ser a "utilidade privada" (*Privatnutzigkeit*) do direito patrimonial para o indivíduo, isto é, a relação desse direito patrimonial com o titular. Vê-se, assim, que o conceito constitucional de proteção ao direito de propriedade transcende à concepção privatística estrita, abarcando outros valores de índole patrimonial, como as pretensões salariais e as participações societárias[7]. **Em rigor, trata-se de *especificações* do direito de propriedade no sentido em que Bobbio fala sobre *especificações* (novas) dos direitos fundamentais.**

Essa orientação permite que se confira proteção constitucional não só à propriedade privada em sentido estrito, mas, fundamentalmente, às demais relações de índole patrimonial[8]. Vê-se que esse conceito constitucional de propriedade contempla as hipotecas, penhores, depósitos bancários, pretensões salariais, ações, participações societárias, direitos de patente e de marcas etc.[9].

Teria esse entendimento validade no ordenamento constitucional brasileiro?

A resposta há de ser afirmativa.

Nos seus comentários à Constituição de 1967/69, já assinalava Pontes de Miranda:

> "'Propriedade', no sentido do texto, exige a realidade do direito; ou 'propriedade', no sentido da Constituição brasileira de 1967, abrange todos os bens patrimoniais? A questão é mais grave do que se pensa. Se a segunda opinião é que é a verdadeira e é a dominante (Martin Wolff, Reichsverfassung und Eigentum, 3), o legislador não é obrigado a manter o conceito de propriedade real, e todos os direitos patrimoniais poderiam passar a ser reais. Mais ainda: não se poderiam 'desapropriar' créditos pessoais ou direitos formativos geradores, modificativos ou extintivos, sem observância do art. 153, § 22. Se a primeira opinião é que é a verdadeira, e foi a de W. Schelcher (Eigentum und Enteignung, Fischers Zeitschrift, 60, 139 s.), então, sim, o legislador não só seria obrigado a manter a referência à patrimonialidade, o acesso aos bens em sentido geral, mas também a realidade dos direitos tidos hoje como propriedade (direitos reais), como sendo mínimo. A verdadeira interpretação é a que vê em 'propriedade', no art. 153, § 22, propriedade individual, no mais largo sentido; e de modo nenhum se exclui a desapropriação dos bens que não consistam em direitos reais"[10].

---

6 Cf. Martin Wolff, *Festgabe fur Kahl*, 1923, p. 3, apud Pontes de Miranda, *Comentários à Constituição de 1967*, cit., p. 392.

7 Konrad Hesse, *Grundzüge des Verfassungsrechts der Bundesrepublik Deutschland*, cit., p. 173.

8 *BVerfGE*, 20, 352 (356); 24, 367 (396); 37, 132 (141).

9 Pieroth e Schlink, *Grundrechte – Staatsrecht II*, cit., p. 232.

10 Pontes de Miranda, *Comentários à Constituição de 1967*, cit., p. 392.

Não existem razões que recomendem a necessidade de mudança de orientação na ordem constitucional de 1988.

De resto, essa orientação corresponde ao entendimento assente na moderna doutrina constitucional.

É o que afirma, igualmente, Celso Bastos em suas anotações sobre o Texto de 1988:

> "O conceito constitucional de propriedade é mais lato do que aquele de que se serve o direito privado. É que do ponto de vista da Lei Maior tornou-se necessário estender a mesma proteção, que, no início, só se conferia à relação do homem com as coisas, à titularidade da exploração de inventos e criações artísticas de obras literárias e até mesmo a direitos em geral que hoje não o são à medida que haja uma devida indenização de sua expressão econômica"[11].

É evidente que a propriedade, nos termos do art. 5º, XXII, da Constituição, há de compreender aquilo que a ordem jurídica ordinária designa como tal.

Tal orientação não impede que outras situações jurídicas possam vir a ser abrangidas por esse conceito, obtendo assim a proteção constitucional devida. Daí observarem Pieroth e Schlink que "as alterações do direito ordinário pertinentes à propriedade revelam-se, a um só tempo, como conteúdo e limite do direito"[12].

Assim, embora integre o conceito de propriedade a definição constante da legislação civil, é certo que a garantia constitucional da propriedade abrange não só os bens móveis ou imóveis, mas também outros valores patrimoniais.

No direito alemão, entende-se que o conceito de propriedade compreende direito de construção, títulos com juros prefixados, ações, licença de exploração mineral, direitos autorais, direitos de marcas e patentes, domínio na internet, créditos privados e o direito de posse do locatário[13]. O direito de propriedade acaba por ter relação com outros direitos, tais como a dignidade da pessoa humana, a liberdade de profissão, o direito adquirido e a liberdade de construir.

2.2. Propriedade e patrimônio

A ampliação do conceito de propriedade para os fins de proteção constitucional poderia ensejar indagação para se saber se esse conceito ampliado não se confundiria com o próprio conceito de patrimônio – entendido como soma dos valores patrimoniais ou dinheiro reunido por uma pessoa.

A Corte Constitucional alemã, por exemplo, rejeitou expressamente essa assimilação, afirmando que o patrimônio enquanto tal não está sob a proteção do art. 14 da Lei Fundamental (E 4, 7/17; 91, 375/397).

11 Celso Ribeiro Bastos e Ives Gandra Martins, *Comentários à Constituição do Brasil*, São Paulo: Saraiva, 1989, v. 2, p. 118-119.

12 Pieroth e Schlink, *Grundrechte – Staatsrecht II*, cit., p. 231.

13 Pieroth e Schlink, *Grundrechte – Staatsrecht II*, cit., p. 232.

A questão aqui discutida assume relevância ímpar no contexto da tributação.

Embora se afirme que o patrimônio enquanto tal não está submetido à proteção do direito de propriedade, reconhecem doutrina e jurisprudência que as leis tributárias não podem ser dotadas de efeito confiscatório, atribuindo-se à proteção do direito de propriedade a qualidade de parâmetro de controle em relação às exações tributárias[14].

No Brasil, tem-se discutido, não raras vezes, a legitimidade de determinadas exações em face de seu caráter confiscatório (de valores patrimoniais ou da própria propriedade)[15].

De todo modo, destaca-se que a Constituição brasileira se vale dos conceitos de propriedade, de patrimônio e de bens em diversos dispositivos, com conotações, adjetivações e efeitos jurídicos distintos.

Ilustrativamente, é interessante mencionar o seguinte quanto:

– à propriedade (art. 5º, *caput*, XXII, XXIII, XXV, XXVI, XXIX; art. 182, § 2º; art. 185, I);

– ao patrimônio (art. 5º, LXXIII; art. 23, I; art. 24, II; art. 30, IX; art. 49, I; art. 129, III; art. 144, *caput*; art. 145, § 1º; art. 150, VI, *a* e *c*; art. 216, *caput;* art. 225, § 1º, II, e § 4º);

– aos bens (art. 5º, XV, XXXI, XLV, XLVI, *b*, LIV; art. 20, *caput*; art. 23, III e IV; art. 24, VIII; art. 26, *caput*; art. 37, § 4º; art. 48, V; art. 70, parágrafo único; art. 109, IV; art. 136, § 1º, II; art. 150, V; art. 152, *caput*; art. 170, § 1º; art. 215, § 3º, II; art. 225, *caput*; art. 227, § 1º, II).

2.3. Direito de propriedade e direitos subjetivos públicos de caráter patrimonial

Suscita-se importante discussão na doutrina para se saber se o direito de propriedade abrangeria os direitos subjetivos públicos de caráter patrimonial, como as pensões previdenciárias ou os salários de servidores públicos ou o direito à restituição de tributos indevidos.

A doutrina alemã consolidou-se no sentido de reconhecer que no conceito de propriedade hão de se compreender também esses direitos patrimoniais "se se cuida de posições jurídicas de caráter patrimonial reconhecidas como de utilidade privada em caráter exclusivo ao titular, que decorrem em larga medida da própria contribuição do segurado e destinam-se a garantir a sua subsistência"[16].

Assim, estariam excluídas dessa proteção as contribuições de caráter puramente assistencial ou as prestações decorrentes de incentivos ou subsídios[17].

---

14 Pieroth e Schlink, *Grundrechte – Staatsrecht II*, cit., p. 233.

15 ADI-MC-QO 2.551/MG, rel. Min. Celso de Mello, *DJ* de 20-4-2006; ADI-MC 2.087/AM, rel. Min. Sepúlveda Pertence, *DJ* de 19-9-2003; ADC-MC 8/DF, rel. Min. Celso de Mello, *DJ* de 4-4-2003; ADI-MC 2.010/DF, rel. Min. Celso de Mello, *DJ* de 12-4-2002.

16 *BVerfGE*, 97, 271/284.

17 Pieroth e Schlink, *Grundrechte – Staatsrecht II*, cit., p. 233.

No Brasil, de forma geral, o tema vinculado à preservação do valor de salários, de pensões ou de outros benefícios previdenciários e do auxílio-desemprego não tem sido discutido com base no direito de propriedade, mas com fundamento na irredutibilidade de vencimentos ou de benefícios, ou, eventualmente, com respaldo na proteção da confiança e no resguardo ao direito adquirido[18].

2.4. Direito autoral e sua proteção

A Constituição estabelece no art. 5º, XXVII, que aos autores pertence o direito exclusivo de utilização, publicação ou reprodução de suas obras[19], transmissível aos herdeiros pelo tempo que a lei fixar.

Cuida-se de direito fundamental de âmbito de proteção estritamente normativo, cuja conformação depende, por isso, em grande medida, das normas de proteção fixadas pelo legislador.

A doutrina considera que o art. 5º, XXVII, da Constituição busca assegurar a proteção do direito intelectual do autor – em relação às obras literárias, artísticas, científicas ou de comunicação – pelo tempo em que viver, que envolva não só os direitos morais concernentes à reivindicação e ao reconhecimento da autoria, à decisão sobre a circulação ou não da obra (inclusive sobre a sua conservação como obra inédita), à possibilidade de se lhe introduzirem modificações antes ou depois de utilizada, à adoção de medidas necessárias à proteção de sua integridade, mas também os direitos patrimoniais relativos à forma de uso, fruição e disposição[20].

Tal como se percebe, enquanto os direitos morais assumem caráter de inalienabilidade, os direitos de caráter patrimonial são por definição alienáveis pelo autor ou eventualmente por seus herdeiros, dentro do prazo fixado em lei.

A reserva legal prevista na parte final no inciso XXVII do art. 5º está concretizada na Lei n. 9.610/98, que estabeleceu o prazo de setenta anos a contar de 1º de janeiro do ano subsequente ao do falecimento do autor, obedecida a ordem sucessória da lei civil (art. 41) para a proteção dos direitos autorais.

Assim, se o autor falecer *ab intestato* e não deixar herdeiros, a obra cai imediatamente em domínio público, salvo se ele tiver alienado os direitos de exploração da obra, que, todavia, não poderão ultrapassar o prazo legalmente fixado. Do contrário, o uso e fruição da obra pelos herdeiros deverão observar o prazo fixado na lei.

---

18 Nesse sentido, RE 226.855, rel. Min. Moreira Alves, *RTJ*, 174 (3)/916 e ADI 3.105, rel. para o acórdão Min. Cezar Peluso, *DJ* de 18-2-2005.

19 Nesse sentido, inclusive, o STF declarou a inconstitucionalidade da Lei 92/2010 do Estado do Amazonas, que estabeleceu a gratuidade para a execução pública de obras musicais e literomusicais e de fonogramas por associações, fundações ou instituições filantrópicas e aquelas oficialmente declaradas de utilidade pública estadual, sem fins lucrativos, usurpando competência da União e alijando os autores das obras musicais de seu direito exclusivo de utilização, publicação ou reprodução de suas criações (ADI 5800, rel. min. Luiz Fux, *DJe* 22-5-2019).

20 Cf. José Afonso da Silva, *Curso de direito constitucional positivo*, 27. ed., São Paulo: Malheiros, 2006, p. 276.

O constituinte assegurou ainda, na alínea *a* do art. 5º, XXVIII, a proteção, nos termos da lei, às participações individuais em obras coletivas e à reprodução da imagem e voz humanas, inclusive em atividades desportivas.

Ampliou-se, assim, o âmbito de proteção dos direitos para assegurar o direito de participação individual em obras coletivas e a proteção quanto à reprodução da imagem e voz humanas. José Afonso da Silva ressalta que a norma em apreço busca proteger os participantes de obras coletivas, como as novelas e outros programas televisivos, contra a reprodução sem controle e não remunerada[21].

A norma referida impõe ao legislador, portanto, a criação de sistema que assegure a proteção das situações nela descritas.

Tendo em vista as singularidades que marcam os direitos autorais em sentido amplo, especialmente no que concerne à utilização ou exploração econômica da obra, o art. 5º, XXVIII, *b*, explicita o direito de fiscalização do aproveitamento econômico por parte dos autores e intérpretes das obras que criarem ou de que participarem, bem como parte das respectivas representações sindicais ou associações.

Em verdade, cuida-se de garantia processual em sentido lato ou de norma que assegura direito à organização e ao procedimento, tendo em vista a proteção dos direitos referenciados. Observe-se, ainda, que a novidade, em termos constitucionais, da norma em apreço diz respeito à fiscalização por parte das entidades sindicais ou associativas.

Na ADI 2.054, discutiu-se a constitucionalidade das normas contidas no art. 99 e § 1º da Lei n. 9.610/98, que institui o Escritório Central de Arrecadação e Distribuição – ECAD[22].

O Ministro Ilmar Galvão entendeu que a lei prevista no art. 5º, XXVIII, *b*, não poderia impor "a associação compulsória dos autores, com ofensa ao sistema de liberdade, positiva e negativa, estabelecido pela Constituição, havendo de limitar-se a garantir-lhes meios eficazes ao exercício desses direitos patrimoniais, seja diretamente, seja por via das associações que eventualmente, na medida de sua conveniência, os representem"[23].

O Ministro Sepúlveda Pertence divergiu dessa orientação, ao sustentar que "à luz do art. 5º, XXVIII, alínea *b*, ficou a lei ordinária livre de outorgar ou não às associações constituídas pelos autores e titulares de direitos conexos o poder de substituição processual dos associados na cobrança de seus direitos patrimoniais, assim como o poder de arrecadá-los dos usuários". Assim, a fórmula eleita pelo legislador de reconhecer às associações de defesa dos direitos autorais o direito de substituição dos seus filiados e de conferir exclusivamente ao ECAD a gestão coletiva da arrecadação e da distribuição extrajudicial não violaria a Constituição.

---

21 José Afonso da Silva, *Curso*, cit., p. 277.

22 "Art. 99. As associações manterão um único escritório central para a arrecadação e distribuição, em comum, dos direitos relativos à execução pública das obras musicais e literomusicais e de fonogramas, inclusive por meio de radiodifusão e transmissão por qualquer modalidade, e da exibição de obras audiovisuais.

§ 1º O escritório central organizado na forma prevista neste artigo não terá finalidade de lucro e será dirigido e administrado pelas associações que o integrem". Redação original da Lei n. 9.610/98, que foi alterada pela Lei n. 12.853, de 14 de agosto de 2013.

23 ADI 2.054/DF, rel. Min. Sepúlveda Pertence, *DJ* de 17-10-2003.

Essa orientação acabou por ser referendada pelo Tribunal[24].

Vale ressaltar, contudo, que foi editada a Lei n. 12.853, de 14 de agosto de 2013, que, ao alterar a Lei n. 9.610/98, deu nova redação ao mencionado art. 99[25] e a outros artigos (arts. 5º, 68, 97, 98 e 100), bem como acrescentou novos dispositivos. De acordo com a referida lei, buscou-se dar maior dinamismo à atuação das associações de gestão coletiva, que poderão ser criadas para promover a arrecadação e distribuição de direitos relativos à execução pública de obras musicais e literomusicais e de fonogramas, devendo unificar a cobrança em um único escritório central para arrecadação e distribuição, que funcionará como ente arrecadador – dotado de personalidade jurídica própria e definido de acordo com as disposições legais.

A nova lei também dispôs que o exercício da atividade de cobrança de direitos autorais dependerá de habilitação prévia em órgão da Administração Pública Federal (arts. 98, § 1º, e 98-A), cumpridos uma série de requisitos. A atuação das associações e do ente arrecadador também deverá se pautar por uma série de princípios de boa gestão administrativa, permitindo acesso às informações e documentos que estiverem em seu poder (arts. 98 e 98-B). Também houve mudança nos percentuais de distribuição da arrecadação por direitos autorais, com aumento da parcela destinada à distribuição aos autores e demais titulares de direito (art. 99, § 4º)[26].

Nas ADIs 5.062 e 5.065, de relatoria do Ministro Luiz Fux, as alterações promovidas pela Lei nº 12.853/2013 foram analisadas pelo STF e declaradas constitucionais[27].

2.5. Propriedade de inventos, patentes e marcas

O art. 5º, XXIX, da Constituição consagra o assim chamado direito de propriedade de inventos, patentes e marcas, ou o chamado direito de propriedade industrial e de marcas, ao estabelecer que "a lei assegurará aos autores de inventos industriais privilé-

24 ADI 2.054/DF: Ementa: I. Liberdade de associação. 1. Liberdade negativa de associação: sua existência, nos textos constitucionais anteriores, como corolário da liberdade positiva de associação e seu alcance e inteligência, na Constituição, quando se cuide de entidade destinada a viabilizar a gestão coletiva de arrecadação e distribuição de direitos autorais e conexos, cuja forma e organização se remeteram à lei. 2. Direitos autorais e conexos: sistema de gestão coletiva de arrecadação e distribuição por meio do ECAD (L 9.610/98, art. 99), sem ofensa do art. 5º, XVII e XX, da Constituição, cuja aplicação, na esfera dos direitos autorais e conexos, há de conciliar-se com o disposto no art. 5º, XXVIII, *b*, da própria Lei Fundamental...".

25 Eis a nova redação dada ao *caput* do art. 99 da Lei n. 9.610/98, por força do advento da Lei n. 12.853/2013: "A arrecadação e distribuição dos direitos relativos à execução pública de obras musicais e literomusicais e de fonogramas será feita por meio das associações de gestão coletiva criadas para este fim por seus titulares, as quais deverão unificar a cobrança em um único escritório central para arrecadação e distribuição, que funcionará como ente arrecadador com personalidade jurídica própria e observará os §§ 1º a 12 do art. 98 e os arts. 98-A, 98-B, 98-C, 99-B, 100, 100-A e 100-B".

26 Art. 99, § 4º: "A parcela destinada à distribuição aos autores e demais titulares de direitos não poderá, em um ano da data de publicação desta Lei, ser inferior a 77,5% (setenta e sete inteiros e cinco décimos por cento) dos valores arrecadados, aumentando-se tal parcela à razão de 2,5% a.a. (dois inteiros e cinco décimos por cento ao ano), até que, em 4 (quatro) anos da data de publicação desta Lei, ela não seja inferior a 85% (oitenta e cinco por cento) dos valores arrecadados".

27 ADI 5062 e ADI 5065, rel. min. Luiz Fux, *DJe* 21-6-2017: ações julgadas improcedentes.

gio temporário para sua utilização, bem como proteção às criações industriais, à propriedade das marcas, aos nomes de empresas e a outros signos distintivos, tendo em vista o interesse social e o desenvolvimento tecnológico e econômico do País".

Tem-se aqui, pois, garantia institucional quanto ao direito de propriedade industrial, que obriga o Poder Público a instituir o sistema de proteção e a preservá-lo, tendo em vista os contornos estabelecidos pela Constituição. Assim, assegura-se a proteção, por tempo determinado, aos autores de inventos industriais.

Identifica-se, também, a propriedade industrial na qualidade de direito subjetivo assegurado contra eventuais ofensas às posições jurídicas garantidas pela ordem constitucional.

De novo, a questão do âmbito de proteção de caráter normativo outorga ao legislador a possibilidade de conformação ampla, que, todavia, não pode converter-se numa supressão da garantia estabelecida ou numa transformação radical do instituto com repercussões diretas e imediatas para as posições protegidas.

Não é por acaso que questões de mudanças no estatuto da propriedade industrial aparecem envoltas no tema do direito adquirido.

Questão interessante foi posta no RE 94.020, de 4-11-1981, no qual se discutia a legitimidade da alteração introduzida no Código de Propriedade Industrial com o objetivo de exigir que pessoa domiciliada no estrangeiro devesse constituir e manter procurador devidamente qualificado e domiciliado no Brasil, com poderes para representá-lo e receber citações judiciais, relativas aos assuntos atinentes à propriedade industrial desde a data do depósito e durante a vigência do privilégio ou registro (Lei n. 5.772/ 71, art. 116). O art. 125 da referida lei assegurou ao titular de privilégio ou registro concedido até a sua entrada em vigor o prazo de cento e oitenta dias, contado da mesma data, para o cumprimento da exigência prevista no art. 116 (designação de procurador). O art. 96 da referida lei previa a caducidade do registro no caso de não observância da exigência fixada.

Contra a decisão que mantinha a decadência do registro, empresa sediada no exterior interpôs recurso extraordinário com fundamento na ofensa do direito adquirido.

O Supremo Tribunal, pela voz de Moreira Alves, deixou assente que "(...) em matéria de direito adquirido vigora o princípio – que este Tribunal tem assentado inúmeras vezes – de que não há direito adquirido a regime jurídico de um instituto de direito. Quer isso dizer que, se a lei nova modificar o regime jurídico de determinado instituto de direito (como é o direito de propriedade, seja ela de coisa móvel ou imóvel, ou de marca), essa modificação se aplica de imediato"[28].

Como se vê, as alterações legislativas supervenientes podem afetar o exercício de direitos fundamentais de âmbito de proteção marcadamente normativo. E a tentativa de superar a questão com fundamento no direito adquirido resulta, em geral, frustrada, em razão de se considerar que os institutos jurídicos e as garantias são suscetíveis de atualização sem que contra esta se possa invocar a garantia do direito adquirido.

Daí por que, já observamos, a ordem constitucional tem-se valido de uma ideia menos precisa, e por isso mesmo mais abrangente, que é o princípio da segurança jurídica como postulado do Estado de Direito[29]. A ideia de segurança jurídica tornaria im-

---

28 RE 94.020, rel. Min. Moreira Alves, *RTJ*, 104 (1)/269 (272).

29 Cf. Christoph Degenhart, *Staatsrecht I*, 14. ed., Heidelberg, 1998, p. 128 e s.

perativa a adoção de cláusulas de transição nos casos de mudança radical de um dado instituto ou estatuto jurídico. Essa é a razão pela qual se considera, em muitos sistemas jurídicos, que, em casos de mudança de regime jurídico, a ausência de cláusulas de transição configura uma omissão inconstitucional.

De qualquer sorte, diante da inevitável pergunta sobre a forma adequada de proteção dessas pretensões, tem-se como resposta indicativa que a proteção a ser oferecida há de vir do próprio direito destinado a proteger a posição afetada.

Em suma, tendo em vista o caso concreto, caberia ao intérprete aferir a legitimidade da alteração para as situações consolidadas antes do advento da lei. Ainda que não possa alegar a existência de direito adquirido, deve-se indagar se a alteração legislativa superveniente não fere o próprio núcleo essencial do direito de propriedade de marcas e patentes (materializado na Constituição) ou o próprio direito de propriedade na condição de garantia institucional[30].

2.6. Propriedade pública

Os entes públicos são também titulares de propriedade.

A doutrina normalmente trata esse tema a partir da ideia de bens públicos, apontando dois critérios principais de sua definição: o critério da titularidade (bens públicos em sentido próprio) e o critério da funcionalidade (bens públicos em sentido impróprio). Sob o aspecto da titularidade, um bem será público se uma pessoa jurídica de direito público interno detém a sua titularidade[31].

Assim, alguns bens são públicos por natureza ou definição constitucional, como as vias de circulação, praças, logradouros (bens de uso comum), o mar territorial, os terrenos de marinha, as águas de forma geral, as terras tradicionalmente ocupadas pelos índios.

São, por definição constitucional, bens da União aqueles elencados no art. 20, pertencendo aos Estados os bens referidos no art. 26 da Constituição.

A Constituição admite expressamente o exercício de atividade econômica por parte do Estado, desde que destinado a atender imperativos de segurança nacional ou a relevante interesse coletivo, na forma da lei (art. 173), o que envolve necessariamente a titularidade de bens por parte do Poder Público.

Consagra-se, igualmente, que as jazidas, em lavra ou não, e demais recursos minerais e potenciais de energia hidráulica constituem propriedade distinta da do solo, para efeito de exploração ou aproveitamento, e pertencem à União, garantindo-se ao concessionário o produto da lavra (CF, art. 176). Ao proprietário do solo, assegura-se a participação nos resultados na lavra, na forma e no valor que dispuser a lei (CF, art. 176, § 2º).

Ademais, ressalte-se a importância de considerar o Código Civil brasileiro (arts. 98 a 103) neste tema, pois ele também conceitua e caracteriza os bens públicos e o seu regime de utilização, à luz do critério da titularidade. Nesse sentido, ele estabelece três grandes categorias de bens públicos (bens de uso comum do povo, bens de uso especial

---

30 Cf., *infra*, n. 4 – *A garantia institucional do direito de propriedade como limite do limite (Schranken-Schranke)*.

31 Floriano de Azevedo Marques Neto, *Bens públicos: função social e exploração econômica: o regime das utilidades públicas*, Belo Horizonte: Fórum, 2009, p. 232-233.

e bens dominicais), dispõe que o seu uso pode se dar a título gratuito ou oneroso, define a impossibilidade de serem usucapidos, bem como assenta serem alienáveis, como regra, apenas os bens dominicais – sendo os demais apenas se perderem a qualificação ou afetação a que estiverem destinados.

A crítica que normalmente se levanta ao critério da titularidade (ou critério subjetivo) se vincula mais à sua insuficiência do que à sua própria inadequação. Daí por que a doutrina do direito público aponta a necessidade de conjugá-lo com um critério de funcionalidade (ou critério objetivo). É que a sua inadequação não decorreria da relação de propriedade entre o Estado e o bem, mas do tratamento lacunoso e limitado que o regime civilista confere a eles, em contraposição à necessidade de atendimento de uma série de peculiaridades próprias do regime jurídico público-administrativo[32].

Assim, à luz do critério funcional, um bem será público se estiver empregado de alguma forma à utilidade de interesse geral, preponderando aqui mais a finalidade a que se presta o bem (considerada sua essencialidade e infungibilidade) do que o conhecimento de quem detém o seu domínio. Nesse contexto, a noção de afetação se torna uma diretriz central para esse critério, pois permitiria condicionar o uso de bens públicos e privados. Contudo, em razão da insegurança jurídica que a tomada isolada dessa concepção possa gerar (a tornar plenamente justificável, no extremo de análise, a figura da desapropriação direta), é preciso estabelecer requisitos mínimos, tais como "(i) a utilidade do bem deve corresponder a uma atividade expressamente cometida pelo poder público (pela lei, pela Constituição ou pelas características que tornam imperativo que a atividade seja realizada pelo Estado); (ii) o bem deve ser essencial para aquela atividade prevista; e o bem deve ser insubstituível"[33].

Essas dificuldades conceituais se irradiam para a prática administrativa, seja para acomodar os conflitos que surgem da interferência entre regimes jurídicos dos bens de titularidade de diferentes entes federativos, seja para acomodar os desafios que decorrem de conciliar o uso de bens públicos ou privados com a prestação de serviços públicos federais (energia, telecomunicações) e estaduais (gás canalizado), por exemplo – que demandam instalação de infraestruturas em bens de outros entes federativos.

2.7. Direito de herança

O texto constitucional brasileiro confere proteção expressa ao direito de herança (art. 5º, XXX) como garantia institucional – é garantido o direito de herança – e também como direito subjetivo[34].

O caráter normativo do seu âmbito de proteção confere ao legislador, como de resto no contexto do direito de propriedade em geral, ampla liberdade na disciplina do direito de herança.

32 Floriano de Azevedo Marques Neto, *Bens públicos*: (...) cit., p. 233-234.

33 Floriano de Azevedo Marques Neto, *Bens públicos*: (...) cit., p. 234-235.

34 De forma complementar ao estudo deste tema, *vide*, ainda, o tópico *Direito adquirido e instituto jurídico ou estatuto jurídico* (Cap. IV).

Algumas limitações decorrem, direta ou indiretamente, do próprio texto constitucional.

A Constituição estabelece o caráter pessoal da pena, mas especifica que a obrigação de reparar o dano e a decretação do perdimento de bens, nos termos da lei, podem ser estendidas aos sucessores e contra eles executada, até o limite do valor do patrimônio transferido (art. 5º, XLV).

Estabelece, ainda, que compete ao Estado-membro e ao Distrito Federal a instituição e cobrança do imposto de transmissão *causa mortis* e de doação, de quaisquer bens ou direitos (art. 155, I).

Assinale-se, ademais, que a Constituição consagra regra de repercussão no âmbito do direito internacional privado, ao estabelecer que a sucessão de bens de estrangeiros situados no País será regulada pela lei brasileira em benefício do cônjuge ou dos filhos brasileiros, sempre que não lhes for mais favorável a lei pessoal do *de cujus* (art. 5º, XXXI).

Tendo em vista o caráter institucional do direito de herança, constituído pelo plexo normativo que lhe dá sustentação, surgem, não raras vezes, controvérsias sobre a lei que deve regular a sucessão.

Tem-se aqui também afirmado que não há direito adquirido a um estatuto jurídico e que a lei que regulará a sucessão há de ser a vigente no momento de sua abertura.

Evidentemente, as questões formais sobre a formulação ou elaboração de testamento deverão ser reguladas pela legislação vigente ao tempo em que foi elaborado ou formulado, ainda que sobrevenha alteração posterior.

É pacífico, porém, que definições sobre vocação hereditária ou capacidade sucessória e outras a elas associadas serão obtidas com base na lei vigente no momento da abertura da sucessão.

Daí ter o Supremo Tribunal Federal rejeitado postulação no sentido da anulação de partilha formulada por filho adotivo que reclamava a aplicação do art. 227, parágrafo único, da Constituição, enfatizando que tal disposição seria dotada de eficácia imediata (aplicação às sucessões vindouras) e não retroativa (aplicação à sucessão aberta)[35].

2.8. Alteração de padrão monetário e a garantia da propriedade

2.8.1. Considerações preliminares

Constitui autêntico truísmo ressaltar que, hodiernamente, coexistem, lado a lado, o valor nominal da moeda, conferido pelo Estado, e o seu valor de troca interno e externo. Enquanto o valor nominal da moeda se mostra inalterável, salvo decisão em contrário do próprio Estado, o seu valor de troca sofre alterações intrínsecas em virtude do processo inflacionário ou de outros fatores que influem na sua relação com outros padrões monetários[36].

A nossa experiência histórica e a de outros países demonstram não ser incomum a mudança extrínseca do valor da moeda. Tem-se, não raras vezes, o completo desaparecimento de um sistema monetário como consequência de eventos revolucionários ou de autêntico estado de necessidade decorrente de agudo processo inflacionário, como

35 RE 162.350, rel. Min. Octavio Gallotti, *DJ* de 22-9-1995.

36 Lilian N. Gurfinkel de Wendy, *Depreciación monetaria*, 2. ed., Buenos Aires: Depalma, 1977, p. 19-20.

ocorreu na Alemanha do primeiro Pós-Guerra[37], e, sem a mesma intensidade, na França, em Israel, na Áustria, no Chile e, reiteradas vezes, no Brasil.

Não são novas as discussões sobre as consequências jurídicas da mudança de padrão monetário, como demonstram as reflexões desenvolvidas sobre o tema nas obras clássicas de Savigny, Gabba e Roubier. Todavia, esses notáveis jurisconsultos contemplam a questão, fundamentalmente, como problema de direito intertemporal.

Não obstante, a extensão da proteção constitucional do direito de propriedade aos valores patrimoniais e a percepção do *conteúdo institucional* da garantia do direito de propriedade – avanço que o direito moderno deve, sobretudo, a Carl Schmitt[38] – impõem que se desenvolvam novas reflexões sobre o tema.

A amplitude conferida modernamente ao conceito constitucional de propriedade e a ideia de que os valores de índole patrimonial, inclusive depósitos bancários e outros direitos análogos, são abrangidos por essa garantia estão a exigir, efetivamente, que eventual alteração do padrão monetário seja contemplada, igualmente, como problema concernente à garantia constitucional da propriedade[39].

Hirschberg indaga, a propósito: "Cuales son las salvaguardas contra el abuso del enorme poder económico que detenta el Estado en el campo de la política monetaria?"[40].

É o próprio Hirschberg que acrescenta a seguinte observação:

> "Hasta el momento esta materia no ha sido extensamente desarrollada por los juristas y especialistas en ciencia política, debido a que los principales abusos han tenido lugar en los últimos treinta anos. Los excesos de este tipo eran comparativamente escasos bajo el patrón metálico, porque el mismo patrón actuaba como un freno protector de los abusos de la discrecionalidad estatal en materia monetaria.
>
> La violación de los derechos privados es otro aspecto de la materia. Tiene un particular, cuyos derechos han sido afectados por la política monetaria del Estado, alguna acción contra éste o bien contra otros particulares?
>
> Cuando en Israel, el Estado causa un dano a un particular, éste tiene derecho de recurrir a la Alta Corte de Justicia, ya que las autoridades no tienen esta facultad, salvo que estuvieren autorizadas por ley. En lo referente a la política monetaria, la situación es distinta. Aquí, el particular depende de la buena voluntad de las autoridades responsables de la emisión de los medios de pago y del control del sistema bancario. No tiene acción contra ellas en lo que respecta a medidas monetarias, aunque éstas interfieran con sus derechos patrimoniales reconocidos[41].

Numa tentativa de resposta ao problema colocado, finaliza Hirschberg:

---

37 Na Alemanha, v. g., procedeu-se à substituição do velho *Reichsmark pelo novo Deutschmark,* observando uma relação de um (1) bilhão de marcos antigos para um (1) marco (novo) (cf., sobre o assunto, Eliyahu Hirschberg, *El principio nominalista*, Buenos Aires: Depalma, 1976, p. 48; Lilian N. Gurfinkel de Wendy, *Depreciación monetaria,* cit., p. 19. Também na França outorgou-se ao *nouveaux franc* valor cem vezes superior ao antigo (Lilian N. Gurfinkel de Wendy, *Depreciación monetaria*, cit., p. 19).

38 Cf. Carl Schmitt, *Dottrina della costituzione*, Milano: Giuffrè, 1984, p. 228-230 e s.

39 Cf., sobre o assunto, Hans-Jürgen Papier, Eigentumsgarantie und Geldentwertung, in *Archiv des öffentlichen Rechts*, 98 (1973), p. 528 (529 e s.).

40 Eliyahu Hirschberg, *El principio nominalista*, cit., p. 21.

41 Eliyahu Hirschberg, *El principio nominalista*, cit., p. 21.

"Es nuestra conclusión que la amplia discrecionalidad que detenta el Estado en las cuestiones monetarias debe ser limitada aún más que en cualquier otra esfera. El reconocimiento del derecho de propiedad sobre el valor del dinero puede ser un importante paso en esta dirección"[42].

A extensão da garantia constitucional da propriedade a esses valores patrimoniais não há de ser vista, porém, como panaceia.

Essa garantia não torna o padrão monetário imune às vicissitudes da vida econômica. Evidentemente, é a própria natureza institucional da garantia outorgada que permite e legitima a intervenção do legislador na ordem monetária, com vista ao retorno a uma situação de equilíbrio econômico-financeiro. Portanto, a simples extensão da garantia constitucional da propriedade aos valores patrimoniais expressos em dinheiro não lhes assegura um *bill of indemnity* contra eventuais alterações legais do sistema monetário. Tem razão, todavia, *Hirschberg* quando percebe que a extensão da garantia constitucional da propriedade aos valores patrimoniais expressos em dinheiro ou nos créditos em dinheiro impõe limites e fixa parâmetros à ação legislativa, retirando a matéria da esfera de discricionariedade absoluta do legislador. Nesse sentido, são elucidativas as decisões do Superior Tribunal de Justiça alemão (*Reichsgericht*) proferidas em 1924[43].

2.8.2. Significado da garantia constitucional da propriedade e alteração do padrão monetário

A função do dinheiro como reserva de valor não pode ser desconsiderada pela ordem constitucional, que deve levar em conta, ainda, as diferenças existentes entre esses valores patrimoniais e outros bens móveis ou imóveis. Ao contrário desses bens, o dinheiro não contém um valor autônomo decorrente do valor da *posse* ou do valor da *utilidade* que dele se possa auferir (*Besitz-oder Nutzungswert*)[44].

Como o significado patrimonial do dinheiro decorre, fundamentalmente, de seu *poder de compra*, torna-se inevitável reconhecer que a garantia constitucional que se pretende assegurar a essas posições patrimoniais há de alcançar, necessária e inevitavelmente, esse *valor de troca*[45].

A admissão do dinheiro e dos créditos em dinheiro no âmbito de proteção da garantia constitucional da propriedade exige que se contemple especificamente a sua natureza peculiar. Não se pode cogitar, aqui, de uma distinção entre substância e utilidade. A garantia do valor de troca outorgada ao dinheiro ou aos créditos em dinheiro corresponde a uma garantia da própria substância[46].

Hans-Jürgen Papier rejeita a ideia veiculada na doutrina segundo a qual as disposições constantes do art. 14 da Lei Fundamental alemã se afiguram compatíveis com uma

---

42 Eliyahu Hirschberg, *El principio nominalista*, cit., p. 26.

43 *RGZ*, 107, p. 370 e 1925; *RGZ*, 111, p. 320.

44 Hans-Jürgen Papier, in Maunz-Dürig, *Kommentar zum Grundgesetz*, München: C. H. Beck, 1990, v. 2, art. 14, n. 176; Idem, Eigentumsgarantie und Geldentwertung, in *Archiv des öffentlichen Rechts*, cit., p. 528 (537).

45 Hans-Jürgen Papier, in Maunz-Dürig, *Kommentar zum Grundgesetz*, cit.; idem, Eigentumsgarantie und Geldentwertung, in *Archiv des öffentlichen Rechts*, cit., p. 528 (536).

46 Hans-Jürgen Papier, Eigentumsgarantie und Geldentwertung, in *Archiv des öffentlichen Rechts*, cit., p. 528 (538).

desvalorização monetária que não ultrapasse os limites estabelecidos pelas taxas de juros convencionais pagas às poupanças[47]. É que, nesse caso – afirma Papier –, "afeta-se a própria substância do direito de propriedade".

Admite ele, todavia, a incidência de impostos sobre as rendas dos cidadãos como legítima expressão da função social da propriedade e, portanto, com inequívoco fundamento no art. 14, II, da Lei Fundamental[48].

No contexto brasileiro, a esse propósito, cite-se a tese advinda do julgamento do RE 870.947 – Tema 810 da sistemática da repercussão geral –, em que o Supremo Tribunal Federal afastou a remuneração da poupança como parâmetro de correção das condenações impostas à Fazenda Pública, consignando que o critério se revela "inconstitucional ao impor restrição desproporcional ao direito de propriedade (CRFB, art. 5º, XXII), uma vez que não se qualifica como medida adequada a capturar a variação de preços da economia, sendo inidônea a promover os fins a que se destina"[49]. O tema guarda profunda relação, também, com a aplicação da proporcionalidade ao contexto das restrições impostas ao direito de propriedade, referida mais adiante.

É manifesta, por outro lado, a dificuldade de cogitar-se de uma legítima expropriação de dinheiro ou dos créditos em dinheiro. Como amplamente reconhecido, a expropriação converte uma *garantia de substância* em *garantia de valor*. Evidentemente, a desapropriação de dinheiro pressuporia, igualmente, uma indenização em dinheiro, o que está a demonstrar a total falta de sentido de alguma providência dessa índole[50]. Na verdade, isso não ocorre porque seria confisco.

Assinale-se que, tal como amplamente enfatizado na doutrina germânica, o art. 14 da Lei Fundamental assegura um direito de proteção contra intervenção estatal que possa afetar o valor da moeda. O Estado deve abster-se de práticas que afetem a estabilidade monetária, reconhecendo-se ao indivíduo um *direito subjetivo de proteção* (*subjektives Abwehrrecht*) contra atos do Poder Público que desenvolvam ou contribuam para o agravamento da situação inflacionária[51]. Todavia, um dever do Estado de proteger o indivíduo contra a desvalorização da moeda, causada pela ação de terceiros (*gesellschaftliches Verhalten*), não pode ser derivado da proteção constitucional ao direito de propriedade (***inexistência de direito à prestação positiva ou direito de proteção contra terceiros = Leistungsrecht oder Leistungsverpflichtung***)[52].

Segundo Papier, o caráter institucional da garantia da propriedade autoriza o legislador, em casos extremos, a abandonar o modelo nominalista dominante e implementar princípios de *índole valorística*. Tem-se esse quadro – afirma Papier – quando se configura uma situação na qual o restabelecimento da estabilidade monetária se mostra de difícil realização em curto espaço de tempo[53]. É interessante notar, portanto, que,

---

47 Hans-Jürgen Papier, Eigentumsgarantie und Geldentwertung, in *Archiv des öffentlichen Rechts*, cit., p. 528 (539).

48 Hans-Jürgen Papier, Eigentumsgarantie und Geldentwertung, in *Archiv des öffentlichen Rechts*, cit., p. 528 (539).

49 RE 870.947, rel. Min. Luiz Fux, *DJe* de 20-11-2017.

50 Hans-Jürgen Papier, Eigentumsgarantie und Geldentwertung, in *Archiv des öffentlichen Rechts*, cit., p. 528 (540).

51 Hans-Jürgen Papier, Eigentumsgarantie und Geldentwertung, in *Archiv des öffentlichen Rechts*, cit., p. 528 (548).

52 Hans-Jürgen Papier, Eigentumsgarantie und Geldentwertung, in *Archiv des öffentlichen Rechts*, cit., p. 528 (541).

53 Hans-Jürgen Papier, Eigentumsgarantie und Geldentwertung, in *Archiv des öffentlichen Rechts*, cit., p. 528 (542).

nesses casos, a intervenção do legislador tem por escopo, fundamentalmente, preservar o *valor de troca* (*Tauschwert*) da moeda, seriamente ameaçado pela desorganização do sistema monetário.

A doutrina constitucional alemã vislumbra outro fundamento jurídico para *relativizar* a garantia outorgada aos valores patrimoniais expressos em dinheiro: a cláusula contida no art. 109, II, da Lei Fundamental, que determina que a União e os Estados empreendam esforços com vistas a alcançar "completo equilíbrio econômico"[54].

Esse princípio, que realça a responsabilidade do Estado no âmbito da política econômica, é considerado como limitador ou modificador da garantia do direito de propriedade contida no art. 14 da Lei Fundamental[55].

Convém sejam registradas, a propósito, as considerações de Papier sobre a questão nos clássicos *Comentários* organizados por Maunz e Dürig:

> "O art. 109, II, da Lei Fundamental, pode, parcial e temporariamente, dispensar o Estado do dever de preservar a estabilidade monetária, se não se puder afastar de outra forma o perigo para o equilíbrio econômico completo em virtude da impossibilidade de consecução de outros objetivos igualmente relevantes (alto nível de emprego, crescimento econômico contínuo e adequado, equilíbrio econômico externo). (...) Essa relatividade do dever de assegurar a estabilidade monetária no âmbito do princípio do completo equilíbrio econômico repercute também sobre o art. 14, uma vez que a Constituição há de ser entendida como unidade, o que recomenda sejam superadas eventuais contradições pela via da interpretação"[56].

Essas colocações estão a ressaltar que a extensão da garantia constitucional da propriedade aos valores patrimoniais expressos em dinheiro e nos créditos em dinheiro não lhes outorga uma imunidade contra eventuais alterações da política econômica.

A configuração de um quadro de desordem econômica não só legitima, como também impõe a tomada de medidas destinadas a restabelecer o completo equilíbrio econômico. A ameaça a esse equilíbrio econômico autoriza o Poder Público a afastar, parcial e temporariamente, a incidência do princípio de estabilidade monetária, com todos os seus consectários.

De resto, eventuais providências de *conteúdo conformativo-restritivo* por parte do legislador poderão afetar negativamente algumas posições patrimoniais sem que o atingido possa invocar qualquer pretensão indenizatória. É a própria natureza da garantia conferida pelo direito constitucional que possibilita e autoriza a redefinição do conteúdo do direito ou a imposição de limitações a seu exercício[57].

---

54 Hans-Jürgen Papier, Eigentumsgarantie und Geldentwertung, in *Archiv des öffentlichen Rechts*, cit., p. 528 (548); idem, in Maunz-Dürig, *Kommentar zum Grundgesetz*, cit.

55 Hans-Jürgen Papier, Eigentumsgarantie und Geldentwertung, in *Archiv des öffentlichen Rechts*, cit., p. 528 (548).

56 Hans-Jürgen Papier, in Maunz-Dürig, *Kommentar zum Grundgesetz*, cit.

57 Hans-Jürgen Papier, Eigentumsgarantie und Geldentwertung, in *Archiv des öffentlichen Rechts*, cit., p. 528 (533).

3. TITULAR DO DIREITO DE PROPRIEDADE

O direito de propriedade, a rigor, pressupõe o estabelecimento de um conjunto de normas, mecanismos e instrumentos que viabilizam o controle, por parte de um titular do direito, sobre determinados recursos escassos, que lhe permite definir de que modo se desenvolverão as prerrogativas inerentes ao domínio, notadamente seu uso, fruição e disposição.

Ocorre que, como visto acima, o direito de propriedade encontra-se vinculado a interesses distintos daqueles do seu titular, o que resulta em significativa limitação à autonomia privada quanto ao exercício das suas prerrogativas. Destacou-se, acima, particularmente, o princípio da função social da propriedade, que estabelece a necessidade de observância de pretensões coletivas, inclusive em detrimento dos interesses individuais do proprietário.

Na medida em que se reconhece, portanto, a possibilidade de se contemplarem interesses outros, em conjunto com aqueles do titular do domínio, em nível compatível de legitimidade, a discussão a respeito da titularidade do direito de propriedade passa a apresentar contornos de sensível complexidade.

Assim, é de se reconhecer que a questão acerca da titularidade do direito de propriedade não deve ser dissociada da compreensão de que a instituição do direito de propriedade também envolve a especificação de normas e procedimentos que, igualmente, resultarão da contemplação de interesses e pretensões de não proprietários[58].

É de se destacar que o texto constitucional dispõe que o titular do direito de propriedade poderá ser brasileiro ou estrangeiro e pessoa jurídica brasileira ou estrangeira. Entretanto, a Constituição de 1988 submete expressamente à reserva legal a possibilidade de aquisição ou de arrendamento de propriedade rural, no Brasil, por parte de pessoa física ou jurídica estrangeira (art. 190).

Além disso, a alienação ou a concessão, a qualquer título, de terras públicas com área superior a 2.500 hectares à pessoa física ou jurídica, ainda que por interposta pessoa, depende de prévia aprovação do Congresso Nacional (art. 188, § 1º). Excepciona-se a essa regra, contudo, as alienações e concessões para fins de reforma agrária (art. 188, § 2º).

Reserva assemelhada faz-se em relação à participação direta ou indireta de empresas ou capitais estrangeiros na assistência à saúde no Brasil, em que a vedação é a regra, salvo os casos previstos em lei (art. 199, § 3º). Nesse sentido, por exemplo, a Lei n. 9.656/98 (legislação de saúde suplementar), que dispõe sobre os planos e seguros privados de assistência à saúde, estabelece que "as pessoas físicas ou jurídicas residentes ou

58 A propósito do tema, assevera Joseph William Singer: "Rather than asking whether owners are legitimately subject to regulation in the public interest, it is often more appropriate to ask which set of rules will produce results that best satisfy human needs and desires and that best promote a free society that treats its members with fairness, respect, justice, and common decency". E, nessa linha, continua: "This new model of property does not make ownership irrelevant, but it puts the concept in its proper place. Property law is about entitlements and obligations, which shape the contours of social relations" (J. W. Singer, *Entitlement*: the paradoxes of property, New Haven: Yale University Press, 2000. p. 61).

domiciliadas no exterior podem constituir ou participar do capital, ou do aumento do capital, de pessoas jurídicas de direito privado constituídas sob as leis brasileiras para operar planos privados de assistência à saúde" (art. 1º, § 3º)[59].

Também a propriedade de empresa jornalística e de radiodifusão de sons e imagens é privativa de brasileiros natos ou naturalizados há mais de dez anos e de empresa constituída sob as leis brasileiras e com sede no Brasil. Nesse caso, pelo menos 70% do capital total e do capital votante das empresas deverá pertencer, direta ou indiretamente, a brasileiros natos ou naturalizados há mais de 10 anos – os quais deverão exercer, obrigatoriamente, a gestão das atividades e estabelecerão o conteúdo da programação.

Ademais, em razão do disposto no art. 190 da CF, ainda hoje, grassa controvérsia sobre a legitimidade do disposto no art. 1º, § 1º, da Lei n. 5.709/71. Este dispositivo submete ao regime da referida lei (que regula a aquisição de terra por estrangeiro residente no país ou por pessoa jurídica estrangeira autorizada a funcionar no país) a pessoa jurídica brasileira da qual participem, a qualquer título, pessoas estrangeiras físicas ou jurídicas, que tenham a maioria de seu capital social e residam ou tenham sede no exterior.

A matéria foi objeto de três manifestações da Advocacia-Geral da União. A primeira, em 1994, aferiu a revogação do art. 1º, § 1º, da Lei em face do disposto no art. 171, I, da CF (Parecer GQ 22/94). Pela revogação do art. 171 pela EC n. 5/95, reiterou-se o entendimento quanto à revogação da referida cláusula, diante até mesmo de impossibilidade de repristinação, assentando-se, porém, que o legislador pátrio poderá estabelecer restrição à participação estrangeira com investimentos no país com base no art. 172 da Constituição (Parecer GQ 181/99).

Em 2010, o tema foi revisitado pela AGU, que, agora, afirmou a plena recepção da cláusula constante do art. 1º, § 1º, da Lei n. 5.709/71, com base também nos arts. 172 e 190 da Constituição (Parecer LA-01/2010). Um dos principais vetores dessa nova abordagem foi a *crise de alimentos no mundo e a possibilidade de adoção, em larga escala, do biocombustível como importante fonte alternativa de energia, apta a diversificar, com grande vantagem, a matriz energética nacional*, o que gerou um novo contexto econômico mundial. De acordo com o Parecer LA-01/2010, passa-se então a *equiparar à empresa estrangeira, em termos de regime jurídico de constituição e funcionamento, a empresa brasileira cuja maioria do capital social esteja nas mãos de estrangeiros não residentes ou de pessoas jurídicas estrangeiras não autorizadas a funcionar no Brasil.*

---

59 Ilustrativamente, destaca-se que a Agência Nacional de Saúde Suplementar (ANS), em 2012, informou ter aprovado a transferência do controle societário das operações de planos de saúde controladas pela Amil Participações S/A para a operadora norte-americana UnitedHealthcare. Segundo notícia contida no sítio da referida autarquia federal, "tal decisão foi amparada no § 3º do artigo 1º da Lei n. 9.656 de 1998; na Resolução Normativa 270 e na Instrução Normativa 49, da ANS; em manifestação da Procuradoria Federal junto à ANS do ano de 2008 – disponível no *site* da Advocacia Geral da União; e no § 3º do artigo 199 da Constituição Federal". Consignou-se, ainda, que tal prática ocorreria desde 1997, teria amparo na legislação vigente e seria avaliada pela ANS como positiva para o beneficiário de planos de saúde no Brasil, na medida em que aumentaria o nível da concorrência no setor. Notícias ANS (22-10-2012): **ANS aprova aquisição da Amil pela UnitedHealthcare**. Disponível em: <http://www.ans.gov.br/a-ans/sala-de-noticias-ans/operadoras-e-servicos-de-saude/1790-ans-aprova-aquisicao-da-amil-pela-unitedhealthcare>. Acesso em: 2-10-2013.

4. LIMITAÇÃO

4.1. Definição e limitação do conteúdo do direito de propriedade

Embora, teoricamente, não se possa caracterizar toda e qualquer disciplina normativa desses institutos como *restrição*, não há como deixar de reconhecer que o legislador pode, no uso de seu poder de conformação, *redesenhar* determinado instituto, com sérias e, não raras vezes, gravosas consequências para o titular do direito.

Caberia indagar se, nesses casos, poder-se-ia falar, propriamente, de *conformação* ou *concretização* ou se há, efetivamente, uma *restrição*[60], que poderá revelar-se legítima, caso seja adequada para garantir a função social da propriedade, ou ilegítima, se desproporcional, desarrazoada, ou incompatível com o *núcleo essencial* desse direito[61].

A garantia constitucional da propriedade assegura uma proteção das posições privadas já configuradas, bem como dos direitos a serem eventualmente constituídos. Garante-se, outrossim, a propriedade como instituto jurídico, obrigando o legislador a promulgar complexo normativo que assegure a existência, a funcionalidade e a utilidade privada desse direito[62].

Não existe, todavia, um conceito constitucional fixo, estático, de propriedade, afigurando-se, fundamentalmente, legítimas não só as novas definições de conteúdo, mas também a fixação de limites destinados a garantir a sua função social[63]. É que embora não *aberto*, o conceito constitucional de propriedade há de ser necessariamente dinâmico[64].

Ressalte-se que a função social da propriedade foi mencionada expressamente e pela primeira vez entre nós na Constituição de 1967, que a elencava como princípio básico à ordem econômica[65]. O texto constitucional anterior, de 1946, já continha expressão semelhante – *interesse social*, associado à desapropriação[66]. A Constituição de 1934 estabelecia que o direito de propriedade era garantido, mas não poderia ser "exercido contra o interesse social ou coletivo" (art. 113, 17).

---

60 Robert Alexy, *Theorie der Grundrecht*, cit., p. 304.

61 Robert Alexy, *Theorie der Grundrecht*, cit., p. 305; Hans-Jürgen Papier, in Maunz-Dürig, *Kommentar zum Grundgesetz*, cit., art. 14, n. 253.

62 Hans-Jürgen Papier, in Maunz-Dürig, *Kommentar zum Grundgesetz*, cit., art. 14, n. 11.

63 Cf., a propósito, Hans-Jürgen Papier, in Maunz-Dürig, *Kommentar zum Grundgesetz*, cit., art. 14, n. 253-254; Erwin Stein, Zur Wandlung des Eigentumsbegriffes, in *Festschrift fur Gebhard Muller*, Tübingen, 1970, p. 503.

64 Hans-Jürgen Papier, in Maunz-Dürig, *Kommentar zum Grundgesetz*, cit., art. 14, n. 253-254.

65 Art. 157. A ordem econômica tem por fim realizar a justiça social, com base nos seguintes princípios: ...III – função social da propriedade.

66 Art. 141: § 16. É garantido o direito de propriedade, salvo o caso de desapropriação por necessidade ou utilidade pública, ou por interesse social, mediante prévia e justa indenização em dinheiro, com a exceção prevista no § 1º do art. 147. Em caso de perigo iminente, como guerra ou comoção intestina, as autoridades competentes poderão usar da propriedade particular, se assim o exigir o bem público, ficando, todavia, assegurado o direito a indenização ulterior. (Redação dada pela Emenda Constitucional n. 10, de 1964). Também o art. 147, *caput*, estabelecia que "o uso da propriedade será condicionado ao bem-estar social. (...)".

Na Constituição de 1988, a função social está disposta no art. 5º, XXIII, que define que *a propriedade atenderá a sua função social*; e, no art. 170, III, como princípio geral da ordem econômica nacional. Também é mencionada em dispositivo relativo à política urbana, que estabelece que *a propriedade urbana cumpre sua função social quando atende às exigências fundamentais de ordenação da cidade expressas no plano diretor* (art. 182, § 2º). A Constituição prevê, ainda, que o descumprimento da função social da propriedade rural enseja a desapropriação por interesse social (art. 184); que *a lei garantirá tratamento especial à propriedade produtiva e fixará normas para o cumprimento dos requisitos relativos a sua função social* (art. 185, parágrafo único); e que a função social da propriedade rural é cumprida quando atende, simultaneamente e segundo critérios e graus de exigência estabelecidos em lei, aos seguintes requisitos: *a) aproveitamento racional e adequado; b) utilização adequada dos recursos naturais disponíveis e preservação do meio ambiente; c) observância das disposições que regulam as relações de trabalho; d) exploração que favoreça o bem-estar dos proprietários e dos trabalhadores* (art. 186).

Deve-se reconhecer que a garantia constitucional da propriedade está submetida a um intenso processo de *relativização*, sendo interpretada, fundamentalmente, de acordo com parâmetros fixados pela legislação ordinária[67]. As disposições legais relativas ao conteúdo têm, portanto, inconfundível *caráter constitutivo*. Isso não significa, porém, que o legislador possa afastar os limites constitucionalmente estabelecidos. A definição desse conteúdo pelo legislador há de preservar o direito de propriedade na qualidade de garantia institucional. Ademais, as *limitações* impostas ou as novas *conformações* emprestadas ao direito de propriedade hão de observar especialmente o princípio da proporcionalidade, que exige que as restrições legais sejam adequadas, necessárias e proporcionais[68].

Como acentuado pela Corte Constitucional alemã, a faculdade confiada ao legislador de regular o direito de propriedade obriga-o a "compatibilizar o espaço de liberdade do indivíduo no âmbito da ordem de propriedade com o interesse da comunidade"[69].

Essa necessidade de *ponderação* entre o interesse individual e o interesse da comunidade é, todavia, comum a todos os direitos fundamentais, não sendo uma especificidade do direito de propriedade[70].

A afirmação sobre a legitimidade ou a ilegitimidade de determinada alteração no regime de propriedade há de decorrer, pois, de uma cuidadosa *ponderação* sobre os bens e valores em questão. Nesse sentido, afigura-se digna de registro manifestação da Corte Constitucional alemã:

> "A propriedade privada caracteriza-se, na sua dimensão jurídica, pela utilidade privada e, fundamentalmente, pela possibilidade de disposição[71]; seu uso deve servir, igualmente, ao interesse social. Pressupõe-se aqui que o objeto da propriedade tenha uma função social.

---

67 Hans-Jürgen Papier, in Maunz-Dürig, *Kommentar zum Grundgesetz*, cit., art. 14, n. 35.

68 Hans-Jürgen Papier, in Maunz-Dürig, *Kommentar zum Grundgesetz*, cit., art. 14, n. 38.

69 *BVerfGE*, 25, 112 (117).

70 Hans-Jürgen Papier, in Maunz-Dürig, *Kommentar zum Grundgesetz*, cit., art. 14, n. 38.

71 *BVerfGE*, 31, 229 (240).

(...) Compete ao legislador concretizar esse postulado também no âmbito do Direito Privado. Ele deve, portanto, considerar a liberdade individual constitucionalmente garantida e o princípio de uma ordem de propriedade socialmente justa – elementos que se encontram em relação dialética na Lei Fundamental – para o fim de, mediante adequada ponderação, consolidar relações equilibradas e justas"[72].

É notória a dificuldade para compatibilizar esses valores e interesses diferenciados. Daí enfatizar-se que o poder de conformação do legislador é tanto menor quanto maior for o significado da propriedade como elemento de preservação da liberdade individual[73]. Ao contrário, "a faculdade do legislador para definir o conteúdo e impor restrições ao direito de propriedade há de ser tanto mais ampla, quanto mais intensa for a inserção do objeto do direito de propriedade no contexto social"[74].

Vê-se, pois, que o legislador dispõe de uma relativa liberdade na definição do conteúdo da propriedade e na imposição de restrições[75]. Ele deve preservar, porém, o *núcleo essencial* do direito de propriedade, constituído pela *utilidade privada* e, fundamentalmente, pelo poder de disposição[76]. A vinculação social da propriedade, que legitima a imposição de restrições, não pode ir ao ponto de colocá-la, única e exclusivamente, a serviço do Estado ou da comunidade[77].

Por outro lado, as considerações expendidas sobre a natureza eminentemente jurídica do âmbito de proteção do direito de propriedade estão a realçar a dificuldade de distinguir, precisamente, a *concretização* ou *conformação* do direito de propriedade da imposição de *restrições* ou de *limitações* a esse direito.

Nesse sentido, a observação de Papier:

"Da reserva legal constante do art. 14, II, da Lei Fundamental resulta que 'apenas a propriedade definida em lei' constitui objeto da garantia da propriedade, gozando, portanto, da proteção constitucionalmente assegurada. (...) Podem-se distinguir conceitualmente as disposições de caráter conformativo do direito de propriedade (*Inhaltsbestimmungen*) daquelas de índole estritamente restritiva (*Schrankenbestimmungen*). Essa diferenciação não tem, todavia, qualquer relevância do prisma estritamente dogmático ou objetivo. A decisão do legislador de emprestar, originariamente, um conteúdo restritivo a determinadas faculdades inerentes ao direito de propriedade ou de estabelecer restrições ao conteúdo de direito concebido,

72 *BVerfGE*, 37, 132 (140).

73 *BVerfGE*, 50, 290 (340).

74 *BVerfGE*, 50, 290 (340).

75 Na ADI 2998, rel. p/o ac. Min. Ricardo Lewandowski, o Plenário do STF, por maioria, julgou improcedente o pedido formulado para declarar a inconstitucionalidade dos arts. 124, VIII, 128 e 131, § 2º, do Código de Trânsito Brasileiro, que condicionam a utilização do veículo automotivo ao pagamento de débitos relativos a tributos, encargos e multas. Por maioria, entenderam que as exigências legais "não limitam o direito de propriedade, tampouco constituem-se coação política para arrecadar o que é devido, mas de dados inerentes às sucessivas renovações dos certificados de registro do automóvel junto ao órgão competente para a liberação do trânsito do veículo".

76 *BVerfGE*, 42, 263 (294); 31, 229 (240); 37, 132 (140); 50, 290 (339); *v.*, também, Hans-Jürgen Papier, in Maunz-Dürig, *Kommentar zum Grundgesetz*, cit., art. 14, n. 273.

77 Hans-Jürgen Papier, in Maunz-Dürig, *Kommentar zum Grundgesetz*, cit., art. 14, n. 308.

inicialmente, de forma ampla é quase obra do acaso. O legislador está obrigado a constituir a ordem jurídica da propriedade, considerando, para isso, tanto os interesses privados como as exigências de cunho social. Normalmente, o interesse individual é assegurado pelas normas de Direito Privado; a função social é garantida por disposições de Direito Público. Esses dois complexos normativos contribuem, igualmente, para a constituição do direito de propriedade, inexistindo qualquer relação de hierarquia ou de precedência entre eles"[78].

Tem-se, pois, que a distinção entre disposições de *caráter conformativo e disposições de cunho restritivo* cede lugar, no âmbito do direito de propriedade, para uma outra diferenciação, indubitavelmente mais relevante.

Trata-se da distinção entre as *medidas de índole conformativa* ou *restritiva*, de um lado, e aquelas providências de inequívoca *natureza expropriatória*, de outro. Enquanto as primeiras são dotadas de *abstração*, *generalidade* e impõem apenas restrições às posições jurídicas individuais, considera-se que as providências expropriatórias têm conteúdo concreto, individual, e importam na retirada total ou parcial do objeto da esfera de domínio privado[79].

Assinale-se, porém, que, não raras vezes, a *redefinição* de conteúdo ou a imposição de limitação importa quase na supressão de determinada faculdade inerente ao direito de propriedade. Não obstante, a jurisprudência considera tais medidas como disposições de conteúdo *meramente conformativo-restritivo*. Assim, a jurisprudência da Corte Constitucional estabelece que a supressão do direito de rescisão do contrato de arrendamento das pequenas propriedades há de ser entendida como providência de caráter *conformativo-restritivo*[80]. Da mesma forma, a proibição de elevação dos aluguéis acima de determinado limite (30%) configuraria medida de *caráter conformativo-restritivo*[81].

Como se vê, essas disposições de *caráter conformativo-restritivo* (*Inhalts-und Schrankenbestimmungen*) podem reduzir de forma significativa alguns poderes ou faculdades reconhecidos originariamente ao proprietário, conferindo mesmo nova conformação a determinado instituto e, por conseguinte, a determinado direito. Essa nova *definição* apresenta-se, inevitavelmente, em relação ao passado como uma *restrição* ou *limitação*[82].

Ressalte-se, entretanto, que essa possibilidade de mudança é inerente ao *caráter institucional* e ao próprio *conteúdo marcadamente normativo* do âmbito de proteção do direito de propriedade. Por seu turno, a própria função social da propriedade impõe ao legislador um dever de atualização das disposições disciplinadoras do direito de propriedade, tornando, muitas vezes, inevitável uma *mudança do próprio conteúdo*[83]. Ao contrário das providências de índole expropriatória, essas medidas de *conteúdo restritivo e conformativo* não legitimam, em princípio, qualquer pretensão indenizatória[84].

---

78 Hans-Jürgen Papier, in Maunz-Dürig, *Kommentar zum Grundgesetz*, cit., art. 14, n. 251.

79 *BVerfGE*, 52, 1(27); 66, 76; 58, 300 (330); cf., também, Pieroth/Schlink, *Grundrechte – Staatsrecht II*, cit., p. 235.

80 *BVerfGE*, 52, 1(26).

81 *BVerfGE*, 71, 230(247).

82 Pieroth/Schlink, *Grundrechte – Staatsrecht II*, cit., p. 231 e 235.

83 Hans-Jürgen Papier, in Maunz-Dürig, *Kommentar zum Grundgesetz*, cit., art. 14, n. 253.

84 Hans-Jürgen Papier, in Maunz-Dürig, *Kommentar zum Grundgesetz*, cit., art. 14, n. 284.

A esse respeito, é possível que a decisão do Supremo Tribunal Federal sobre a constitucionalidade do Decreto-Lei n. 25, de 30-11-1937, que dispõe sobre a proteção do patrimônio histórico e artístico nacional, constitua, entre nós, um dos precedentes mais significativos sobre o conteúdo e os limites da garantia constitucional da propriedade. Referido diploma legal regulou o tombamento de bens de valor histórico e artístico, restringindo inclusive o poder de disposição sobre esses bens[85].

O Supremo Tribunal Federal rejeitou a arguição de inconstitucionalidade, considerando legítima a redefinição do conteúdo do direito da propriedade, na espécie.

Convém registrar, a propósito, passagem memorável do voto proferido pelo eminente Ministro Orozimbo Nonato:

> "É impossível reconhecer na propriedade moderna aqueles traços, por exemplo, que aparecem na definição do Código do Consulado e em que Josserand encontra puro valor legendário ou simbólico. Aliás, nunca foi a propriedade, no próprio direito romano, um poder sem contraste; um direito absoluto, o que seria incompatível com as condições de existência do consórcio civil. Não foi dos menores méritos de Jhering mostrá-lo e evidenciá-lo.
>
> (...)
>
> A proteção a que se refere o art. 134 e em que se pode fazer sentir até a influência do poder local não pode ir ao ponto de atingir a propriedade através de seus elementos: *ius utendi, ius fruendi, ius disponendi*.
>
> O que, a meu ver, retira ao decreto a balda de inconstitucional é a própria concepção da propriedade na Constituição, que proclama a possibilidade de se dar ao conteúdo desse direito definição, e, pois, limitação, em lei ordinária"[86].

Como se vê, percebeu-se com especial agudeza a peculiaridade que marca essa garantia constitucional. A possibilidade de se dar nova definição a seu conteúdo ou de se impor limitação ao exercício desse direito mediante ação legislativa ordinária foi expressa e enfaticamente reconhecida. Ao afirmar que o constituinte deferiu ao legislador ordinário o poder não só de restringir o exercício do direito de propriedade, mas também de definir o próprio conteúdo desse direito, identificou-se tanto o *caráter institucional* da garantia constitucional da propriedade como o *conteúdo marcadamente normativo* de seu *âmbito de proteção*.

Diante de algumas objeções suscitadas, houve por bem o Ministro Orozimbo Nonato ressaltar que a redefinição do conteúdo ou a limitação do exercício do direito de propriedade haveria de decorrer da justa ponderação entre o significado da propriedade na ordem constitucional e a necessidade de observância de sua função social.

Vale registrar esta passagem de seu pronunciamento:

> "O que, a meu ver, entretanto, repito, dá ao decreto-lei assento constitucional é o permitir a lei máxima que o conteúdo da propriedade seja dado em lei ordinária.

85 Cf. Decreto-Lei n. 25, de 1937, arts. 12-14.

86 Ap. 7.377, de 17-6-1942, rel. Min. Castro Nunes, *RDA*, n. 2, p. 100 (113).

E a lei de que se trata é lei desse caráter, que tem em vista a natureza especial dos monumentos, cujos proprietários, mais do que os outros, sofrem o peso do 'dever social' que, ao lado da *facultas agendi*, se encontra nos direitos subjetivos (...). (...) Não se trata de expropriação, nem esta constitui a única limitação da propriedade. Há outras múltiplas, no direito florestal, na construção de edifícios, etc., constantes das leis ordinárias e às quais não se refere a Constituição, especificamente.

A Constituição só se refere à expropriação. Só esta retira ao ***'dominus' 'todo'*** o seu direito. Desde que não se trate de eliminação, mas de pura limitação ao domínio, defere o assunto a leis ordinárias.

E só estamos considerando o aspecto constitucional do decreto-lei discutido. E este, quaisquer que sejam as críticas a que ofereça flanco, não pode, a meu ver, ser tido como inconstitucional. Ele não autoriza expropriação sem pagamento. Limita – isso sim – e, notavelmente, os direitos que subsistem, do proprietário, tendo em vista a natureza especial da propriedade dos monumentos, o que é possível, pois a lei ordinária pode definir o 'conteúdo' da propriedade"[87].

Fica evidenciado, portanto, que há muito o Supremo Tribunal Federal logrou identificar, de forma precisa e escorreita, a natureza peculiar do direito de propriedade, ressaltando o seu caráter institucional e procedendo à adequada distinção entre as providências de *índole conformativa-restritiva* e aquelas medidas de nítido *conteúdo expropriatório*.

4.2. Restrição ao direito de propriedade e o princípio da proporcionalidade

Reconhecida a legitimidade da conformação/restrição do direito de propriedade, com suas inevitáveis repercussões sobre as posições jurídicas individuais, cumpriria então indagar se as condições impostas pelo legislador não se revelariam incompatíveis com o princípio da proporcionalidade (adequação, necessidade e proporcionalidade em sentido estrito).

Embora a doutrina constitucional brasileira não tenha logrado emprestar um tratamento mais sistemático à matéria, a questão da proporcionalidade das leis restritivas tem assumido relevância na aferição da constitucionalidade de algumas leis[88].

A doutrina constitucional mais moderna enfatiza que, em se tratando de imposição de restrições a determinados direitos, deve-se indagar não apenas sobre a admissibilidade constitucional da restrição eventualmente fixada (reserva legal), mas também sobre a compatibilidade das restrições estabelecidas com o *princípio da proporcionalidade*. Essa nova orientação, que permitiu converter o *princípio da reserva legal* (*Gesetzesvorbehalt*) no *princípio da reserva legal proporcional* (*Vorbehalt des verhältnismässigen Gesetzes*)[89], pressupõe não só a legitimidade dos meios utilizados e dos fins perseguidos pelo legis-

87 Ap. 7.377, de 17-6-1942, rel. Min. Castro Nunes, *RDA*, n. 2, p. 100 (114).

88 Cf., sobre o assunto, Gilmar Ferreira Mendes, *Controle de constitucionalidade*: aspectos jurídicos e políticos, São Paulo: Saraiva, 1990, p. 47 e s.; *v.*, sobre o assunto, Carlos Roberto Siqueira Castro, *O devido processo legal e a razoabilidade das leis na nova Constituição do Brasil*, 2. ed., Rio de Janeiro: Forense, 1989, p. 368 e s.

89 Pieroth/Schlink, *Grundrechte – Staatsrecht II*, cit., p. 64.

lador, mas também a *adequação* desses meios para consecução dos objetivos pretendidos (*Geeignetheit*) e a *necessidade* de sua utilização (*Notwendigkeit oder Erforderlichkeit*)[90]. Um juízo definitivo sobre a proporcionalidade ou razoabilidade da medida há de resultar da rigorosa ponderação entre o significado da intervenção para o atingido e os objetivos perseguidos pelo legislador (*proporcionalidade ou razoabilidade em sentido estrito*)[91].

Consoante a firme jurisprudência da Corte Constitucional alemã, a definição do conteúdo e a imposição de limitações ao direito de propriedade hão de observar o princípio da proporcionalidade. Segundo esse entendimento, o legislador está obrigado a concretizar um modelo social fundado, de um lado, no reconhecimento da propriedade privada e, de outro, no princípio da função social[92]. É ilustrativa, a propósito, a decisão na qual a Corte Constitucional deixou assente que, "no âmbito da regulação da ordem privada, nos termos do art. 14, II, da Lei Fundamental, deve o legislador contemplar, igualmente, os dois elementos que estão numa relação dialética – a liberdade constitucionalmente assegurada e o princípio da função social da propriedade –, cumprindo-lhe a tarefa de assegurar uma relação equilibrada entre esses dois elementos dentro da ordem jurídica"[93].

Portanto, a Corte Constitucional entende que a Constituição autoriza o legislador a concretizar o princípio da função social. Ele não deve restringir a liberdade além do que for estritamente necessário; não deve todavia descurar-se também da concretização da função social da propriedade[94]. Como as novas *disposições de índole conformativa-restritiva* incidem normalmente sobre situações já constituídas e reguladas, faz-se mister que o legislador leve em conta as estruturas jurídicas preexistentes[95].

A Corte Constitucional alemã considera que o legislador dispõe de poder de conformação relativamente amplo na matéria[96]. Não obstante o Tribunal procura sistematizar a aplicação do princípio da proporcionalidade, enunciando as seguintes condições que hão de ser observadas:

a) o legislador deve considerar as peculiaridades do bem ou valor patrimonial objeto da proteção constitucional;

b) o legislador deve considerar o significado do bem para o proprietário;

c) o legislador deve assegurar uma compensação financeira ao proprietário em caso de grave restrição à própria *substância* do direito de propriedade; embora não se tenha uma expropriação propriamente dita, a observância do princípio da proporcionalidade recomenda que se assegure ao proprietário que sofreu graves prejuízos com a implementação de providência legislativa uma compensação financeira;

90 Pieroth/Schlink, *Grundrechte – Staatsrecht II*, cit., p. 67.

91 Pieroth/Schlink, *Grundrechte – Staatsrecht II*, cit., p. 68.

92 *BVerfGE*, 52, 1 (29).

93 *BVerfGE*, 37, 132 (140).

94 Pieroth/Schlink, *Grundrechte – Staatsrecht II*, cit., p. 238.

95 Pieroth/Schlink, *Grundrechte – Staatsrecht II*, cit., p. 239-240.

96 *BVerfGE*, 8, 71 (80); 21, 73 (83).

d) se possível, deve o legislador atenuar o impacto decorrente da mudança de sistemas mediante a utilização de disposições transitórias, evitando o surgimento de situações de difícil superação (*Härtenfällen*)[97].

Entre nós, tem-se afirmado também a aplicação do princípio da proporcionalidade em relação às restrições estabelecidas ao direito de propriedade.

Mencione-se, a propósito, decisão proferida em sede de cautelar pelo Supremo Tribunal quanto à lei do Estado do Espírito Santo que vedava o plantio de eucalipto destinado à produção de celulose, na qual se afirmou:

> "1. Vedação de plantio de eucalipto no Estado do Espírito Santo, exclusivamente quando destinado à produção de celulose. Ausência de intenção de controle ambiental. Discriminação entre os produtores rurais apenas em face da destinação final do produto da cultura, sem qualquer razão de ordem lógica para tanto. Afronta ao princípio da isonomia. 2. Direito de propriedade. Garantia constitucional. Restrição sem justo motivo. Desvirtuamento dos reais objetivos da função legislativa. Caracterizada a violação ao postulado da proporcionalidade. 3. Norma que regula direito de propriedade. Direito civil. Competência privativa da União para legislar sobre o tema (CF, artigo 22, I). Precedentes. Presença dos requisitos do *fumus boni iuris* e do *periculum in mora*. Pedido cautelar deferido"[98].

Não há negar, pois, a relevância que assume o princípio da proporcionalidade no âmbito da conformação ou restrição do direito de propriedade.

4.3. Desapropriação

4.3.1. Considerações gerais

A Constituição consagra que a lei deverá estabelecer o procedimento para desapropriação por necessidade ou utilidade pública, ou por interesse social, mediante justa e prévia indenização em dinheiro (art. 5º, XXIV) com a ressalva da desapropriação, para fins de reforma agrária, do imóvel rural que não esteja cumprindo sua função social (art. 184, *caput*) e do imóvel urbano não edificado, cujas indenizações serão pagas mediante títulos da dívida pública (art. 182, § 4º).

Tem-se, pois, a transferência compulsória do bem particular para o patrimônio público mediante o pagamento de justa e prévia indenização (art. 5º, XXIV), ou em títulos especiais da dívida pública (no caso de inobservância de lei específica que exija adequado aproveitamento de área definida no Plano Diretor do Município – art. 182, § 4º, III) ou da dívida agrária (no caso de desapropriação para fins de reforma agrária).

Os conceitos de necessidade e utilidade pública e de interesse social são por definição conceitos jurídicos indeterminados e podem dar ensejo a alguma controvérsia.

Numa tentativa de conceituação, afirma Hely Lopes Meirelles:

---

97 Pieroth Schlink, *Grundrechte – Staatsrecht II*, cit., p. 238.

98 ADI-MC 2.623, rel. Min. Maurício Corrêa, j. 6-6-2002, *DJ* de 14-11-2003.

"*Necessidade pública* surge quando a Administração defronta situações de emergência que, para serem resolvidas satisfatoriamente, exigem a transferência urgente de bens de terceiro para o seu domínio.

Utilidade pública apresenta-se quando a transferência de bens de terceiros para a Administração é conveniente, embora não seja imprescindível.

Interesse social ocorre quando as circunstâncias impõem a distribuição ou o condicionamento da propriedade para melhor aproveitamento, utilização ou produtividade em benefício da coletividade ou de categorias sociais merecedoras de amparo específico do Poder Público"[99].

É o insigne publicista que assinala que a Lei Geral de Desapropriação (Dec.-Lei n. 3.365, de 1941) acabou por encerrar os conceitos de necessidade e utilidade pública no conceito de utilidade pública[100].

Tem-se como pacífico na doutrina e na jurisprudência que enquanto a desapropriação efetivada com base em necessidade ou utilidade pública busca incorporar o bem particular ao patrimônio público, a desapropriação por interesse social justifica-se, ainda quando realizada com base no art. 5º, XXIV, em face de "interesse social quando 'as circunstâncias impõem a distribuição ou o condicionamento da propriedade para seu melhor aproveitamento, utilização, ou produtividade em benefício da coletividade ou de categorias sociais merecedoras de amparo específico do Poder Público'", uma vez que "nesse caso, os bens desapropriados não se destinam à Administração ou a seus delegados, mas sim à coletividade ou a certos beneficiários que a lei credencia para recebê-los ou utilizá-los convenientemente"[101].

Tendo em vista essa singularidade de que é dotada a desapropriação por interesse social, que permite a transferência de bens expropriados a terceiros, discutiu-se no passado sobre a possibilidade de o Estado-membro realizar a desapropriação por interesse social, de imóvel rural.

A questão assume relevo em razão de ser da competência da União a desapropriação de imóvel rural para fins de reforma agrária (CF, art. 184).

Parece haver consenso doutrinário e jurisprudencial no sentido da possibilidade de efetivação da desapropriação, por interesse social, de imóvel rural para execução de política pública específica, desde que se cuide de desapropriação com pagamento de prévia e justa indenização em dinheiro[102].

Assinale-se que, tal como enfatizado pelo Tribunal, "subsiste, no regime da Constituição Federal de 1988 (art. 5º, XXIV), a jurisprudência firmada pelo Supremo Tribunal Federal sob a égide das Cartas anteriores, ao assentar que só a perda da propriedade, no final da ação de desapropriação – e não a imissão provisória na posse do imóvel – está compreendida na garantia da justa e prévia indenização"[103].

---

99 Hely Lopes Meirelles, *Direito administrativo brasileiro*, 32. ed., São Paulo: Malheiros, 2006, p. 607-608.

100 Hely Lopes Meirelles, *Direito administrativo brasileiro*, cit., p. 607.

101 SS 2.217, rel. Min. Maurício Corrêa, *DJ* de 9-9-2003.

102 SS 2.217, rel. Min. Maurício Corrêa, *DJ* de 9-9-2003; MS 22.193/SP, rel. Min. Maurício Corrêa, *DJ* de 21-3-1996; MS 22.164/SP, rel. Min. Celso de Mello, *DJ* de 17-11-1995; MS 21.348/MS, rel. Min. Celso de Mello, *DJ* de 8-10-1993.

103 RE 195.586, rel. Min. Octavio Gallotti, *DJ* de 26-4-1996. No mesmo sentido: RE 141.795, rel. Min. Ilmar Galvão, *DJ* de 29-9-1995.

Assim, a imissão prévia na posse por parte do Poder Público não obriga ao depósito integral do valor estabelecido em laudo do perito avaliador, uma vez que tal depósito não se confunde com o pagamento definitivo e justo. Daí ter o Supremo Tribunal considerado legítima a solução adotada pelo legislador, que autoriza a imissão prévia na posse mediante o pagamento da metade do valor arbitrado (Dec.-Lei n. 3.365/41, art. 15; Dec.-Lei n. 1.075/70, art. 3º)[104]. Essa orientação consta da Súmula 652 do Supremo Tribunal Federal, segundo a qual não contraria a Constituição o art. 15, § 1º, do Decreto-Lei n. 3.365/41 (Lei da Desapropriação por Utilidade Pública).

Tendo em vista o tempo que, em geral, decorre desde a imissão prévia na posse até o pagamento efetivo, pode-se, legitimamente, suscitar dúvida sobre a plena compatibilidade dessa orientação com o princípio da proporcionalidade.

Considera-se que a indenização justa e prévia há de traduzir a mais completa reposição do valor retirado do patrimônio do expropriado.

Nesse sentido é de se compreender a jurisprudência do Supremo Tribunal Federal que reconhece legitimidade do pagamento de indenização pelas matas existentes, até mesmo aquelas integrantes da cobertura vegetal sujeita à preservação permanente[105].

Por isso, a jurisprudência encaminhou-se também no sentido de reconhecer que, além do pagamento de juros moratórios, correspondente a 6% ao ano a partir da data da sentença transitada em julgado[106], deve o expropriante pagar juros compensatórios de 12% ao ano a contar da ocupação efetiva do imóvel[107].

A Medida Provisória n. 2.027-38, de 4-5-2000, estabeleceu que, no caso de imissão prévia na posse, havendo divergência entre o preço ofertado em juízo e o valor do bem fixado na sentença, os juros compensatórios da desapropriação deveriam ser fixados em até 6% ao ano sobre o valor da diferença eventualmente apurada (art. 15-A). Os §§ 1º e 2º do art. 15-A dispunham, respectivamente, que "os juros compensatórios destinam-se, apenas, a compensar a perda de renda comprovadamente sofrida pelo proprietário" e que "não seriam devidos juros compensatórios quando o imóvel possuir grau de utilização da terra e de eficiência na exploração iguais a zero".

O Supremo Tribunal Federal, quando do julgamento da medida cautelar na ADI 2.332, relator o Ministro Moreira Alves, considerou incompatível com a Constituição o disposto nos §§ 1º e 2º acima referidos, tendo em vista a exigência constitucional de justa indenização, e deferiu a liminar, parcialmente, para suspender a referência a juros de 6% ao ano, estabelecendo, ainda, mediante interpretação conforme, que a base de cálculo dos juros compensatórios seria a diferença eventualmente apurada entre 80% do preço ofertado em juízo e o valor do bem fixado na sentença. É que, ainda que o Poder Público faça o depósito de 100% do valor ofertado, no caso de imissão na posse, o expropriando somente poderá, nos termos da lei, levantar 80% desse valor.

104 RE 184.069, rel. Min. Néri da Silveira, *DJ* de 8-3-2002. No mesmo sentido: RE 176.108, rel. Min. Moreira Alves, *DJ* de 26-2-1999.

105 RE 267.817, rel. Min. Maurício Corrêa, *DJ* de 29-11-2002; AI-AgRg 187.726, voto do Min. Moreira Alves, *DJ* de 20-6-1997.

106 RE 110.892/SP, rel. Min. Néri da Silveira, *DJ* de 6-11-1987.

107 Súmula 618 do STF; cf. também RE 110.892/SP, rel. Néri da Silveira, *DJ* de 6-11-1987.

Considerou-se também que não seria compatível com a ordem constitucional, especialmente com a garantia da justa indenização, regra que estabelecia teto de R$ 151.000,00 para o pagamento de honorários em desapropriação para reforma agrária, uma vez que tal limitação acabaria por onerar patrimonialmente o próprio expropriado[108]

Assinale-se que o Tribunal entendeu, por maioria, que a redução dos juros compensatórios de 12% para 6% pareceria afrontar a garantia de justa indenização, caso se pudesse compreender que aquela taxa, criada pela jurisprudência do Supremo Tribunal Federal, integrava o conceito constitucional de justa indenização[109].

Cuidava-se de decisão fortemente patrimonialista. Tendo em vista o próprio conceito dinâmico do direito de propriedade.

Em 17-5-2018, o Supremo Tribunal Federal voltou a examinar a matéria ao julgar o mérito da ADI 2.332, agora sob a relatoria do Ministro Roberto Barroso. Por maioria, o Tribunal alterou, em parte, o posicionamento anterior, tendo declarado "constitucional o percentual de juros compensatórios de 6% ao ano para a remuneração do proprietário pela imissão provisória do ente público na posse do seu bem, na medida em que consiste em ponderação legislativa proporcional entre o direito constitucional do proprietário à justa indenização (art. 5º, XXIV, CF/88) e os princípios constitucionais da eficiência e da economicidade (art. 37, *caput*, CF/88)". A ação foi julgada parcialmente procedente, tendo sido fixado, além da constitucionalidade dos juros de 6% ao ano, que a base de cálculo dos juros compensatórios em desapropriações corresponde à diferença entre 80% do preço ofertado pelo ente público e o valor fixado na sentença; que são constitucionais as normas que condicionam a incidência de juros compensatórios à produtividade da propriedade; e que é constitucional a estipulação de parâmetros mínimo e máximo para a concessão de honorários advocatícios em desapropriações, sendo, contudo, vedada a fixação de um valor nominal máximo de honorários[110].

A Constituição prevê, ainda, outra figura expropriatória, comumente denominada pela doutrina desapropriação confiscatória (desapropriação-confisco), incidente sobre glebas em que forem localizadas culturas ilegais de plantas psicotrópicas. Aqui, porém, não haverá qualquer indenização ao proprietário e o procedimento expropriatório se dará sem prejuízo de outras sanções legais, devendo a área ser destinada especificamente ao assentamento de colonos (art. 243).

4.3.2. Desapropriação indireta

Jurisprudência e doutrina tratam a apropriação de bens de particulares por parte do Poder Público sem o devido processo legal expropriatório sob a epígrafe de desapropriação indireta, reconhecendo-se ao proprietário o direito à plena e cabal indenização.

---

108 Cf. ADI MC 2.332, rel. Min. Moreira Alves, *DJ* de 2-4-2004.

109 Cf. ADI-MC 2.332, rel. Min. Moreira Alves, *DJ* de 2-4-2004; "(...) A jurisprudência do Supremo é firme no sentido de que, 'na desapropriação, direta ou indireta, a taxa dos juros compensatórios é de 12% [doze por cento] ao ano' (...)" RE-AgR 562.846/SP, 2ª Turma do STF, rel. Min. Eros Grau, j. 17-6-2008, *DJ* de 31-7-2008.

110 ADI 2.332, rel. Min. Roberto Barroso, *DJ* de 16-4-2019.

Discutiu-se já sob a ordem constitucional anterior sobre a natureza da ação movida pelo proprietário, tendo em vista o significado dessa definição para fixação do prazo de propositura. É que as ações de caráter pessoal contra o Estado prescrevem em cinco anos[111], enquanto as ações reais prescrevem em dez anos[112].

A jurisprudência uníssona do Supremo Tribunal Federal considera, como fica evidente no precedente firmado na ADI-MC 2.260, que "a ação de desapropriação indireta tem caráter real e não pessoal, traduzindo-se numa verdadeira expropriação às avessas, tendo o direito à indenização que daí nasce o mesmo fundamento da garantia constitucional da justa indenização nos casos de desapropriação regular"[113].

O precedente refere-se ao art. 1º da Medida Provisória n. 2.027-40, na parte em que acrescenta parágrafo único ao art. 10 do Decreto-Lei n. 3.365/41, o qual fixou em cinco anos o prazo para propositura de ação em razão de desapropriação indireta.

Daí ter sido observado que, "não tendo o dispositivo ora impugnado sequer criado uma modalidade de usucapião por ato ilícito com o prazo de cinco anos para, através dele, transcorrido esse prazo, atribuir o direito de propriedade ao Poder Público sobre a coisa de que ele se apossou administrativamente, é relevante o fundamento jurídico da presente arguição de inconstitucionalidade no sentido de que a prescrição extintiva, ora criada, da ação de indenização por desapropriação indireta fere a garantia constitucional da justa e prévia indenização, a qual se aplica tanto à desapropriação direta como à indireta"[114].

Em alguns casos, tem-se considerado que o estabelecimento de limites ao uso da propriedade em razão da criação de reservas florestais sem a correspondente contraprestação configuraria afronta ao direito de propriedade.

Enfatizou-se, no RE 134.297, que "a circunstância de o Estado dispor de competência para criar reservas florestais não lhe confere, só por si – considerando-se os princípios que tutelam, em nosso sistema normativo, o direito de propriedade –, a prerrogativa de subtrair-se ao pagamento de indenização compensatória ao particular, quando a atividade pública, decorrente do exercício de atribuições em tema de direito florestal, impedir ou afetar a válida exploração econômica do imóvel por seu proprietário"[115].

4.3.3. Desapropriação de imóvel rural para fins de reforma agrária

Nos termos da Constituição, a desapropriação, para fins de reforma agrária, de imóvel rural que não esteja cumprindo sua função social, há de ser efetivada pela União,

111 Decreto-Lei n. 3.365/41, art. 10, parágrafo único: "Extingue-se em cinco anos o direito de propor ação que vise a indenização por restrições decorrentes de atos do Poder Público" (redação da MP n. 2.183-56/2001).

112 A Súmula 119/STJ dispõe que "A ação de desapropriação indireta prescreve em vinte anos". Ocorre que a súmula em questão foi editada sob a égide do Código Civil de 1916. À luz do novo Código Civil, todavia, o prazo prescricional para o reconhecimento da desapropriação é de dez anos. A propósito: REsp 130.044-2/SC, rel. Min. Herman Benjamin, Segunda Turma, julgado em 18-6-2013, *DJe* de 26-6-2013.

113 ADI-MC 2.260, rel. Min. Moreira Alves, julgada em 14-2-2001, Pleno, *DJ* de 2-8-2002.

114 ADI-MC 2.260, rel. Min. Moreira Alves, *DJ* de 2-8-2002.

115 RE 134.297, rel. Min. Celso de Mello, *DJ* de 22-9-1995.

mediante prévia e justa indenização em títulos da dívida agrária, com cláusula de preservação de valor real, resgatáveis no prazo de até vinte anos, a partir do segundo ano de sua emissão (art. 184, *caput*).

Hão de ser indenizadas, porém, em dinheiro, as benfeitorias úteis e necessárias, aqui entendidas, nos termos da legislação civil, aquelas que aumentam ou facilitam o uso do bem e as que têm por fim conservar o bem ou evitar que se deteriore (CC, art. 96). As benfeitorias voluptuárias serão indenizadas mediante pagamento em títulos da dívida agrária.

Convém observar que a afirmação de que o pagamento dar-se-á mediante expedição de títulos da dívida agrária resgatáveis em até vinte anos parece em contradição com a assertiva de que haverá uma indenização prévia.

Em verdade, tem-se compreendido essa disciplina como assecuratória do direito de propriedade enquanto não houver o trânsito em julgado da sentença na ação de desapropriação e o pagamento da indenização fixada em títulos da dívida agrária.

Em razão da controvérsia política em torno da reforma agrária, houve por bem o constituinte consagrar que compete à lei complementar estabelecer procedimento contraditório especial de rito sumário, para o processo judicial de desapropriação (CF, art. 184, § 3º)[116].

Tendo em vista o interesse social que embasa a desapropriação para fins de reforma agrária, reconheceu o constituinte que não serão expropriáveis a pequena e a média propriedades – assim definidas em lei, desde que, também, o seu proprietário não possua outra – e a propriedade produtiva (CF, art. 185, *caput*). Cabe à lei fixar as normas para o cumprimento dos requisitos relativos à função social (CF, art. 185, parágrafo único). Tal como observado, a propriedade rural cumpre sua função social se atendidos, simultaneamente e segundo critérios e graus de exigência estabelecidos em lei, os seguintes requisitos: (a) aproveitamento racional e adequado; (b) utilização adequada dos recursos naturais disponíveis e preservação do meio ambiente; (c) observância das disposições que regulam as relações de trabalho e (d) exploração que favoreça o bem-estar.

O Supremo Tribunal teve oportunidade de asseverar que a propriedade qualificada como produtiva no cadastro rural não poderia ter sua classificação revista, mediante vistoria *in loco*, após invasão por trabalhadores rurais, uma vez que o coeficiente de produtividade fundiária terá sido descaracterizado pela prática do esbulho possessório. Restaria inválido o decreto expropriatório que se baseou em vistoria do imóvel (para os fins de desclassificação de produtivo para improdutivo) que não preencheria os requisitos básicos para sua idoneidade[117].

A Corte decidiu, ainda, que não pode haver desapropriação para reforma agrária de terra invadida, sendo irrelevante o fato de a invasão dar-se sobre parte ou sobre a totalidade do imóvel[118]. De acordo com a jurisprudência anterior[119], a invasão parcial do imóvel não impedia a desapropriação.

---

116 O Supremo Tribunal Federal, no MS 21.348, rel. Min. Celso de Mello, julgado em 2-9-1993, Pleno, *DJ* de 8-10--1993, afirmou que a desapropriação para reforma agrária somente poderia efetivar-se após a edição da lei complementar referida.

117 Cf. MS 23.759, rel. Min. Celso de Mello, julgado em 17-4-2002, Pleno, *DJ* de 22-8-2003.

118 MS 24.764, rel. Min. Sepúlveda Pertence, *DJ* de 24-3-2006.

119 MS 23.054/PB, rel. Min. Sepúlveda Pertence (*DJ* de 4-5-2001) e MS 23.857/MS, rel. Min. Ellen Gracie (*DJ* de 13-6-2003).

O Supremo Tribunal Federal também já se pronunciou sobre a indispensabilidade de notificação prévia para fins de reforma agrária, nos termos do art. 2º, § 2º, da Lei n. 8.629/93. Essa notificação deve ser feita "com antecedência, de modo a permitir a efetiva participação do proprietário, ou do preposto por ele designado, nos trabalhos de levantamento de dados, fazendo-se assessorar por técnicos de sua confiança, para apresentar documentos, demonstrar a existência de criações e culturas e fornecer os esclarecimentos necessários à eventual caracterização da propriedade como produtiva e, portanto, isenta da desapropriação-sanção"[120]. No que se refere à necessidade de intimação pessoal de ambos os cônjuges para vistoria realizada no imóvel pelos técnicos do INCRA com o fim de desapropriação para reforma agrária, o Pleno da Suprema Corte entendeu ser prescindível referido procedimento[121].

4.3.4. Desapropriação de imóvel urbano não edificado mediante pagamento em títulos públicos

A Constituição prevê que o Poder Público municipal deve executar a política de desenvolvimento urbano conforme diretrizes gerais fixadas no plano diretor (art. 182, *caput*, e § 1º). A desapropriação de imóveis urbanos deve ser feita com prévia e justa indenização em dinheiro (art. 182, § 3º).

O texto constitucional estabelece, porém, medidas especiais destinadas a promover o adequado aproveitamento de imóveis urbanos não edificados, subutilizados ou não utilizados, que podem culminar na desapropriação mediante pagamento em títulos da dívida pública municipal. O art. 182, § 4º, da Constituição estabelece ser facultado ao Poder Público municipal, mediante lei específica para área incluída no plano diretor, exigir, nos termos da lei federal[122], do proprietário do solo urbano não edificado, subutilizado ou não utilizado, que promova seu adequado aproveitamento, sob pena, sucessivamente, de:

a) parcelamento ou edificação compulsórios;

b) imposto sobre propriedade predial rural e territorial urbana progressivo no tempo;

c) desapropriação com pagamento mediante títulos da dívida pública de emissão previamente aprovada pelo Senado Federal, com prazo de resgate de até dez anos, em parcelas anuais, iguais e sucessivas, assegurados o valor real da indenização e os juros legais.

Tem-se, pois, aqui, a possibilidade de desapropriação de imóvel urbano não edificado mediante pagamento em título da dívida pública municipal.

4.3.5. Desapropriação judicial privada

O Código Civil de 2002 trouxe inovação relevante no ordenamento quanto ao tema ora em discussão. Trata-se do § 4º do art. 1.228 do Código Civil, que prevê que

---

120 MS 24.574/DF, rel. Min. Ellen Gracie, j. em 14-8-2003.

121 "(...) 1. Vistoria realizada pelos técnicos do Instituto Nacional de Colonização e Reforma Agrária – INCRA prescinde da intimação feita pessoalmente a ambos os cônjuges. 2. Desnecessária a intimação da entidade de classe quando não foi ela quem indicou ao órgão fundiário federal a área passível de desapropriação para fins de reforma agrária (...)" MS 26.121/DF, Pleno do STF, rel. Min. Cármen Lúcia, j. 6-3-2008, *DJ* de 3-4-2008.

122 Lei n. 10.257/2001 (Estatuto da Cidade).

o proprietário "pode ser privado da coisa se o imóvel reivindicado consistir em extensa área, na posse ininterrupta e de boa-fé, por mais de cinco anos, de considerável número de pessoas, e estas nela houverem realizado em conjunto ou separadamente, obras e serviços considerados pelo juiz de interesse social e econômico relevante".

O § 5º do dispositivo conclui o regulamento da matéria, prevendo a fixação judicial de "justa indenização" a ser paga ao proprietário, por sentença que valerá como título para o registro do imóvel em nome dos possuidores.

É de se notar, inicialmente, que o dispositivo mencionado prevê causa inédita de verdadeira desapropriação judicial privada, sem correspondência em ordenamentos de outros países.

Interessante destacar que o dispositivo em referência tem por objetivo impor relevante restrição ao direito de propriedade, uma vez atendidos os requisitos legais. A limitação teve por inspiração o "sentido social do direito de propriedade", nos termos consignados na Exposição de Motivos do Anteprojeto do Código Civil de 2002[123].

A norma traz, entre seus requisitos para garantir a desapropriação judicial, uma novidade quanto à exigência de inédita modalidade possessória denominada "posse-trabalho", caracterizada, nas palavras de Miguel Reale, como "trabalho criador, quer este se corporifique na construção de uma residência, quer se concretize em investimentos de caráter produtivo ou cultural" (p. 50). Trata-se, pois, de uma posse qualificada em relação às modalidades de posse *ad interdicta* – suficiente para fins de tutela possessória – e *ad usucapionem* – para eventual pretensão relativa a usucapião.

Há discussões doutrinárias a propósito da constitucionalidade dessa hipótese de desapropriação, notadamente quanto à legitimidade da supressão do direito de propriedade em face dos requisitos previstos no dispositivo acima mencionado. Não por outra razão, a I Jornada de Direito Civil houve por bem, em seu Enunciado de número 82, manifestar o entendimento de que "é constitucional a modalidade aquisitiva de propriedade imóvel prevista nos §§ 4º e 5º do art. 1.228 do novo Código Civil".

O tema, todavia, deverá ser, ainda, devidamente analisado pelo Judiciário, inclusive quanto ao aspecto da discutida constitucionalidade.

4.4. Requisição

Nos termos da Constituição, no caso de iminente perigo público, a autoridade competente poderá usar de propriedade particular, assegurada ao proprietário indenização ulterior, se houver dano (art. 5º, XXV).

É da União a competência para legislar sobre requisições civis e militares em caso de iminente perigo e em tempo de guerra (CF, art. 22, III).

Tendo em vista a sua natureza e destinação, a requisição não pressupõe a atuação inicial do Poder Judiciário, configurando ato autoexecutável da autoridade administrativa competente, na forma da lei.

---

123 BRASIL, Novo Código Civil. Exposição de Motivos e texto sancionado. Senado Federal. Secretaria Especial de Editoração e Publicações. 2. ed. Brasília, 2005. p. 50. Disponível em: <http://www2.senado.leg.br/bdsf/bitstream/handle/id/70319/743415.pdf?sequence=2>. Acesso em: 25 set. 2017.

A requisição de bens móveis fungíveis assume, é verdade, características assemelhadas à desapropriação, uma vez que os bens serão utilizados pelo Poder Público e em finalidades sociais.

Diferentemente, pois, da desapropriação, a requisição de bens supõe o pagamento ulterior de indenização, em caso de prejuízo, e independe de intervenção judicial para imissão na posse.

A requisição está regulada em diferentes diplomas legais.

As requisições civis e militares em tempo de guerra estão disciplinadas no Decreto-Lei n. 4.812, de 1942. A requisição de bens e serviços essenciais ao abastecimento da população está prevista no Decreto-Lei n. 2, de 1966. A Lei n. 6.439, de 1977, autoriza requisições em caso de calamidade pública, perigo público iminente ou ameaça de paralisação das atividades de interesse da população, a cargo de entidades de previdência e assistência social (art. 25).

Por ocasião da greve de caminhoneiros de 2018, o instituto da requisição veio a lume com a edição, pelo Presidente da República, do Decreto n. 9.385, de 26 de maio de 2018, por meio do qual autorizou-se a requisição de veículos particulares necessários ao transporte rodoviário de cargas consideradas essenciais pelas autoridades envolvidas nas ações de desobstrução de vias públicas. Consignou-se também que o Ministro de Estado da Defesa poderia requisitar, para a condução dos veículos, tanto servidores de qualquer órgão ou entidade da administração pública quanto militares das Forças Armadas. Note-se, portanto, que se tratou de uma requisição tanto de bens quanto de pessoas.

A requisição assume contornos interessantes em Portugal, onde se coloca como contraponto ao exercício do direito de greve(regulamentado pela Lei n. 7/2009[124]). O instituto é regulamentado pelo Decreto-Lei n. 637/74, de 20 de novembro, que prevê que em circunstâncias particularmente graves, para assegurar o regular funcionamento de serviços essenciais de interesse público ou de setores vitais para a economia nacional, sejam determinadas medidas de requisição civil pelo Governo, que poderão consistir em "*a prestação de serviços, individual ou coletiva, a cedência de bens móveis ou semoventes, a utilização temporária de quaisquer bens, os serviços públicos e as empresas públicas de economia mista ou privadas*". A requisição civil efetiva-se por Portaria dos Ministros interessados, que deverá indicar seu objeto e sua duração, a autoridade responsável pela sua execução, as modalidades de intervenção, o regime de prestação de trabalho dos requisitados e o comando militar a que ficam afetados, quando for o caso.

A requisição civil foi utilizada, por exemplo, em 2014, quando foi deflagrada greve na companhia aérea TAP durante o período de Natal e de Ano-Novo. Na ocasião, o Conselho de Ministros editou resolução (Resolução 76-A/2014) lançando mão da requisição civil, determinando que 70% dos trabalhadores da empresa se apresentassem ao serviço nos quatro dias que comporiam a paralisação (Portaria 267-A/2014). O instituto já havia sido utilizado em 1997, quando por meio da Resolução 131-A/97, o Conselho

124 Em Portugal, a Lei n. 7, de 2 de dezembro de 2009, regulamenta o exercício do direito de greve, definindo o direito em si (art. 530), a competência para a declaração da greve (art. 531), a representação dos trabalhadores em greve (art. 532), o piquete de greve (art. 533), o aviso prévio de greve (art. 534), a proibição de substituição dos grevistas (art. 535), os efeitos da greve (art. 536), a obrigação da prestação de serviços durante a greve (art. 537), e a definição de serviços a assegurar durante a greve (art. 538).

de Ministros entendeu necessário adotar medidas excepcionais para assegurar o regular funcionamento do serviço essencial de que dependem setores vitais da economia nacional. A Portaria 643-A/97 requisitou, por um mês, "os trabalhadores da TAP-Transportes Aéreos Portugueses, S.A., associados no Sindicato dos Pilotos da Aviação Civil, e outros que venham a aderir às greves por aquele decretadas".

No caso de requisição civil de aeronaves nacionais, inclusive, o art. 2º, 2, do Decreto-Lei 673 estabelece que pode ser executada fora do território nacional, efetivando-se por notificação da requisição na sede da empresa proprietária ou exploradora.

Em 2019, a Resolução do Conselho de Ministros n. 134-B autorizou o reconhecimento da necessidade de requisição civil em razão da necessidade de manutenção dos serviços mínimos no âmbito da greve de motoristas. A Resolução informa que o Sindicato Nacional de Motoristas de Matérias Perigosas e o Sindicato Independente dos Motoristas de Mercadorias comunicaram, mediante aviso prévio de greve, que os trabalhadores das empresas associadas da Associação Nacional de Transportes Públicos Rodoviários de Mercadorias, da Associação Nacional de Revendedores de Combustíveis e da Associação Portuguesa de Empresas Petrolíferas iriam iniciar greve a partir do dia 12 de agosto de 2019 e por tempo indeterminado. Entre as circunstâncias excepcionalmente graves, descrever as dificuldades vivenciadas pela greve anterior, ocorrida em 15 de abril de 2019, e que a nova greve ocorreria em período férias de verão, numa época em que muitos cidadãos se encontraram deslocados de suas casas, com necessidades acrescidas de combustível para se deslocar, e o elevado risco de incêndios no período, além de potencial consequências gravosas para o turismo. Constatando que os serviços mínimos essenciais fixados como de cumprimento obrigado pelos grevistas não estavam sendo prestados e que "o Governo tem o dever constitucional e legal de recorrer à requisição civil para salvaguardar valores constitucionalmente protegidos".

A Portaria n. 255-B/2019 estabeleceu os termos em que se efetivaria a intervenção das Forças Armadas na requisição civil, cuja necessidade fora reconhecida pela Resolução do Conselho de Ministros nº 134-B/2019. Em seu art. 2º, estabeleceu os poderes de intervenção das Forças Armadas na requisição civil de modo a permitir os militares "podem substituir, parcial ou totalmente, os trabalhadores motoristas, em situação de greve e em incumprimento dos serviços mínimos decretados para a greve", podendo ainda "ser utilizados os meios próprios das Forças Armadas para a realização dos serviços mínimos definidos".

A pandemia da Covid-19 colocou o tema da requisição novamente em evidência.

Na ACO 3.393[125], o STF suspendeu ato de requisição administrativa da União com relação a bens demandados pelo Estado do Mato Grosso:

> "Direito Administrativo. Ação cível originária. Requisição administrativa. Ventiladores pulmonares. Covid-19. 1. Ação cível originária em que Estado-membro pretende: (i) a invalidação de ato por meio do qual a União requisitou cinquenta ventiladores pulmonares adquiridos junto a empresa privada; e (ii) que esses equipamentos lhe sejam entregues. 2.

125 ACO 3.393 MC-Ref, rel. Min. Roberto Barroso, Tribunal Pleno, *DJe* de 8-7-2020. No mesmo sentido, decidiu o Ministro Celso de Mello na ACO 3.385, em favor do Estado do Maranhão.

Plausibilidade jurídica da tese. A interpretação dos atos administrativos editados pela União revela que foram excluídos da requisição inicial os ventiladores pulmonares destinados aos Estados-membros, ao Distrito Federal e aos Municípios. 3. Perigo na demora. O alto potencial de contágio do vírus causador da Covid-19 tem levado ao rápido crescimento do número de pessoas que necessitam de internação em UTI e suporte de ventilação mecânica. 4. Tutela de urgência deferida, para suspender a eficácia do ato de requisição com relação aos bens demandados pelo Estado do Mato Grosso".

Ao julgar a ADI 6.362[126], o Supremo Tribunal Federal decidiu que "todas as requisições administrativas de bens e serviços realizadas por estados, municípios e Distrito Federal para o combate ao coronavírus não dependem de prévia análise nem de autorização do Ministério da Saúde", considerando constitucional dispositivos da Lei 13.979/2020 que permitem aos gestores locais de saúde adotarem a requisição sem o controle da União.

4.5. Impenhorabilidade dos bens de família e garantia do fiador

A Lei n. 8.009, de 1990, estabeleceu a impenhorabilidade do bem de família assim entendido o imóvel residencial próprio do casal, ou da entidade familiar, sobre o qual se assentam a construção, as plantações, as benfeitorias de qualquer natureza e todos os equipamentos, inclusive os de uso profissional, ou móveis que guarnecem a casa, desde que quitados, excluídos os veículos de transporte, obras de arte e adornos suntuosos[127].

Consagraram-se, porém, exceções a essa decisão legislativa, dentre elas aquela que excepcionava da prerrogativa da impenhorabilidade bem do fiador em contrato de locação de imóvel (alteração introduzida pela Lei n. 8.245/91). Com o advento da Emenda Constitucional n. 26, de 2000, que assegurou a inclusão, entre os direitos sociais, do direito à moradia, suscitou-se controvérsia sobre a incompatibilidade daquela exceção prevista na legislação ordinária com a norma constitucional.

O Ministro Velloso, em algumas decisões monocráticas, sustentou a incompatibilidade com a Constituição da norma que mitigava a impenhorabilidade do bem de família no caso de fiança em contrato de locação[128].

Submetida a questão ao Plenário, o Tribunal entendeu que a garantia da impenhorabilidade do bem de família não assumia caráter absoluto, assentando que "não repugna à ordem constitucional que o direito social de moradia – o qual, é bom observar, não se confunde, necessariamente, com direito à propriedade imobiliária ou direito de ser proprietário de imóvel – pode, sem prejuízo doutras alternativas conformadoras, reputar-se, em certo sentido, implementado por norma jurídica que estimule ou favoreça o incremento da oferta de imóveis para fins de locação habitacional, mediante previsão de reforço das garantias contratuais dos locadores"[129].

---

126 ADI 6.362, rel. Min. Ricardo Lewandowski, Tribunal Pleno, *DJe* de 21-9-2020.

127 Lei n. 8.009/90, arts. 1º e 2º.

128 RE 352.940, rel. Min. Carlos Velloso, julgado em 25-4-2005, *DJ* de 9-5-2005; RE 449.657, rel. Carlos Velloso, *DJ* de 9-5-2005.

129 RE 407.688, rel. Min. Cezar Peluso, julgado em 8-2-2006, vencidos os Ministros Eros Grau, Carlos Brito e Celso de Mello.

Afirmou-se, pois, a compatibilidade da norma contida no art. 3º, VII, da Lei n. 8.009/90, na redação dada pela Lei n. 8.245/91, com o art. 6º da Constituição Federal[130].

Em 2018, por maioria, a Primeira Turma do STF concluiu a análise do RE 605709, de relatoria do Ministro Dias Toffoli, ficando assentado que o bem de família do fiador é impenhorável no caso de contratos de locação comercial. Em outras palavras, "não é possível a penhora do bem de família do fiador em contexto de locação comercial"[131], nos termos do voto da Ministra Rosa Weber, redatora do acórdão.

Em 2020, no entanto, a Primeira Turma, também por maioria, consolidou o entendimento no sentido da penhorabilidade do bem de família do fiador em contrato de locação de imóvel comercial, ao apreciar os agravos internos interpostos nos autos do RE 1.268.476, de relatoria do Ministro Roberto Barroso, e do RE 1.269.550, de relatoria do Ministro Alexandre de Moraes, vencidos os Ministros Luiz Fux e Rosa Weber[132].

4.6. Impenhorabilidade da pequena propriedade rural

No mesmo sentido da impenhorabilidade do bem de família, o art. 5º, XXVI, da Constituição Federal prevê a impenhorabilidade da pequena propriedade rural, ao dispor que *a pequena propriedade rural, assim definida em lei, desde que trabalhada pela família, não será objeto de penhora para pagamento de débitos decorrentes de sua atividade produtiva, dispondo a lei sobre os meios de financiar o seu desenvolvimento*. Estabelece-se igualmente que a pequena e a média propriedade rural são insuscetíveis de desapropriação para fins de reforma agrária, desde que seu proprietário não possua outra (CF, art. 185, I).

De acordo com o novo Código Florestal (Lei n. 12.651/2012), pequena propriedade ou posse rural familiar é *aquela explorada mediante o trabalho pessoal do agricultor familiar e empreendedor familiar rural, incluindo os assentamentos e projetos de reforma agrária*, e que atenda ao disposto no art. 3º da Lei n. 11.326/2006, que define o conceito de agricultor familiar (art. 3º, V, da Lei n. 12.651/2012). Ainda no âmbito infraconstitucional, o art. 649, VII, do Código de Processo Civil estabelece que a pequena propriedade rural, assim definida em lei, desde que trabalhada pela família, é absolutamente impenhorável. As dimensões das pequenas e médias propriedades encontram-se na Lei n. 8.629/93 (art. 4º, II e III), que regulamenta os dispositivos constitucionais relativos à Reforma Agrária.

O Supremo Tribunal Federal firmou entendimento de que imóvel rural comum, transmitido por força de herança, permanece como única propriedade até a finalização da partilha[133]. Alterou, assim, posicionamento que definia que, aberta a sucessão, o

130 No julgamento do AI-AgR 670.700/RS, a 1ª Turma do Supremo Tribunal Federal, com base na decisão do Plenário no RE 407.688/SP, considerou legítima a penhora de bem de família pertencente ao fiador de contrato de locação, não representando o ato ofensa ao direito de moradia tutelado pela Constituição Federal: "(...) *O Plenário do Supremo Tribunal Federal, ao julgar o RE 407.688/SP, considerou ser legítima a penhora do bem de família pertencente a fiador de contrato de locação, ao entendimento de que o art. 3º, VII, da Lei 8.009/90 não viola o disposto no art. 6º da CF/88 (redação dada pela EC 26/2000)*" AI-AgR670.700/RS, 1ª Turma do STF, rel. Min. Ricardo Lewandowski, j. 2-9-2008, *DJ* de 18-9-2008.

131 RE 605.709, rel. Min. Dias Toffoli, red. p/ac. Min. Rosa Weber, julgado em 12/6/2018 (Info 906).

132 RE 1.274.290, rel. Min. Luiz Fux, decisão monocrática de 31-8-2020.

133 MS 24.573, rel. Min. Gilmar Mendes, Red. para acórdão Min. Eros Grau, julgado em 12-6-2006.

domínio e a posse da propriedade transmitiam-se, desde logo, aos herdeiros legítimos e testamentários[134].

A Corte entende também que desdobramento do imóvel, ainda que ocorrido durante a fase administrativa, não será objeto de desapropriação-sanção, desde que dessa divisão resultem glebas, objeto de matrícula e registro próprios, que se caracterizem como pequena ou média propriedade e que seus proprietários não possuam outra[135]. Trata-se de situação corriqueira, normalmente realizada por meio de doação a parentes próximos.

Destaca-se que tramita, no Supremo Tribunal Federal, a Ação Direta de Inconstitucionalidade n. 5.558, na qual se impugna dispositivo de lei do Estado de Santa Catarina que define o conceito de pequena propriedade rural, para fins ambientais. A norma impugnada prevê que, para a caracterização da pequena propriedade ou posse rural, será isoladamente considerada a área que integra cada título de propriedade ou de posse, ainda que confrontante com outro imóvel pertencente ao mesmo titular[136].

4.7. Usucapião de imóvel urbano

A Constituição estabeleceu que aquele que possuir como sua área urbana de até duzentos e cinquenta metros quadrados, por cinco anos, ininterruptamente e sem oposição, utilizando-a para sua moradia ou de sua família, adquirir-lhe-á o domínio, desde que não seja proprietário de outro imóvel urbano ou rural (art. 183). Esse direito será reconhecido apenas uma vez e não incide sobre imóvel público (art. 183, §§ 2º e 3º).

O Supremo Tribunal teve oportunidade de afirmar que esse prazo haveria de contar-se, inicialmente, a partir da data da promulgação da Constituição, não tendo, por isso, efeito retro-operante[137].

Em julgamento iniciado em 25 de maio de 2006, o Supremo Tribunal viu-se confrontado com a indagação sobre a aplicação desse usucapião especial a imóveis edificados (*v. g.*, apartamentos). O relator, Ministro Marco Aurélio, sustentou a possibilidade do usucapião de imóvel urbano edificado (RE 305.416/RS). A matéria, contudo, pende de definição em razão de pedido de vista.

Afigura-se difícil, porém, excluir o imóvel edificado do âmbito de aplicação da norma de referência, diante do silêncio e da finalidade do texto constitucional.

Se a norma constitucional tem em vista assegurar o usucapião de imóveis urbanos utilizados para moradia do ocupante ou de sua família, esses poderão consistir em imóveis não edificados ou em imóveis edificados. Não parece possível uma distinção hermenêutica que excepcione os imóveis edificados da incidência do usucapião.

134 MS 22.045, rel. Min. Marco Aurélio, julgado em 26-5-1995.

135 MS 22.591, rel. Min. Moreira Alves, julgado em 20-8-1999.

136 Cf. art. 28, § 2º, da Lei n. 14.679/2009, com a redação dada pelo art. 1º da Lei n. 16.342/2014.

137 RE 145.004, rel. Min. Octavio Gallotti, *DJ* de 13-12-1996.

4.8. Regularização fundiária e os instrumentos da Lei n. 13.465/2017

A Lei n. 13.465/2017 sobreveio à Medida Provisória n. 759, de 22 de dezembro de 2016, e dispôs a respeito de algumas inovações relativas a temas de Direito Civil e Direito Urbanístico.

Um dos principais pontos do dispositivo mencionado refere-se aos procedimentos e mecanismos aplicáveis à Regularização Fundiária Urbana (Reurb), que abrange medidas jurídicas, urbanísticas, ambientais e sociais destinadas à incorporação dos núcleos urbanos informais ao ordenamento territorial urbano e à titulação de seus ocupantes (art. 9º).

A Reurb é subdividida em duas modalidades distintas, quais sejam: a) a Reurb de interesse social (Reurb-S), que é aplicável aos núcleos urbanos informais ocupados predominantemente por população de baixa renda; e b) a Reurb de interesse específico (Reurb-E), aplicável aos núcleos urbanos informais ocupados por população não qualificada na hipótese anterior (art. 13).

Dentre os instrumentos previstos para a efetivação da regularização fundiária é importante destacar a legitimação de posse e a legitimação fundiária, haja vista a natureza das restrições ao direito de propriedade que decorrem dos referidos institutos.

A legitimação de posse, nos termos do art. 25 do referido diploma, constitui ato do poder público destinado a conferir título, por meio do qual fica reconhecida a posse de imóvel objeto da Reurb, título esse que poderá ser convertido, por aquisição originária, em direito real de propriedade. Adicionalmente, prevê o art. 26 que aquele em cujo nome for expedido o título de legitimação de posse terá convertido o seu direito de possuidor em direito de propriedade, desde que atendidos os requisitos do art. 183 da Constituição Federal, ou outras hipóteses de usucapião previstas em lei. Cabe destacar que não é cabível a legitimação de posse em relação aos imóveis urbanos situados em área de titularidade do poder público.

Não é isenta de discussão a legitimidade da administração pública para reconhecer e conferir um determinado título que afere, administrativamente, se há o atendimento dos requisitos de uma posse *ad usucapionem* relativa a imóveis de particulares, inclusive para fins de "conversão automática" em título de propriedade, ou seja, sem qualquer exame por parte do Poder Judiciário, e sem a observância dos procedimentos para a concessão do usucapião extrajudicial.

Polêmica ainda maior permeia o instituto da legitimação fundiária, que vem a ser, nos termos do art. 23, forma originária de aquisição do direito real de propriedade àquele que detiver em área pública ou possuir em área privada, como sua, unidade imobiliária com destinação urbana, integrante de núcleo urbano informal consolidado existente em 22 de dezembro de 2016.

Considera-se como núcleo urbano informal consolidado, para os fins da lei em questão, aquele de difícil reversão, considerados o tempo da ocupação, a natureza das edificações, a localização das vias de circulação e a presença de equipamentos públicos, entre outras circunstâncias a serem avaliadas pelo Município.

O § 1º do art. 23 da Lei n. 13.465 prevê, no âmbito da Reurb-S, que a legitimação fundiária será concedida se atendidos os seguintes requisitos: (i) o beneficiário não seja concessionário, foreiro ou proprietário de imóvel urbano ou rural; (ii) o beneficiário não tenha sido contemplado com legitimação de posse ou fundiária de imóvel urbano com a mesma finalidade; e, (iii) em caso de imóvel urbano com finalidade não residencial, seja reconhecido pelo poder público o interesse público de sua ocupação.

Verifica-se que, diferentemente do que ocorre com a legitimação de posse, a legitimação fundiária pode incidir tanto em imóveis de titularidade privada como naqueles de titularidade pública.

Uma vez mais, é de se questionar a constitucionalidade da atribuição à administração pública da prerrogativa de conceder a legitimação fundiária, mediante a verificação dos requisitos acima, sobre imóveis de titularidade de particulares, em procedimento administrativo, e sem, necessariamente, a verificação de algumas das causas de usucapião, resguardados os princípios do devido processo legal e da garantia do amplo direito de defesa. Trata-se, a rigor, de severa restrição ao direito de propriedade, cuja legitimidade haverá de ser aferida à luz da devida ponderação entre os princípios constitucionais incidentes no tema.

Igualmente, a possibilidade de incidência de legitimação fundiária em imóveis públicos está a merecer maior reflexão. Isso porque o art. 183, § 3º, da Constituição Federal veda expressamente o usucapião em tais hipóteses. Registre-se, ainda, que a norma ora comentada nada dispõe sobre a necessidade de conformação com as demais regras e procedimentos para a disposição de bens públicos a particulares.

Ainda no âmbito da Lei n. 13.465/2017, é digna de nota a criação do chamado direito real de laje, que passou a integrar o rol de direitos reais constante do art. 1.225 do Código Civil. Trata-se da consagração normativa de um fenômeno social presente principalmente nas grandes cidades, em que a falta ou a ineficiência de políticas de crescimento urbano ordenado e os problemas advindos do déficit habitacional e da má distribuição de renda geraram conglomerados residenciais desordenados – as favelas –, normalmente com a divisão vertical dos imóveis em níveis ocupados por pessoas diversas. Com vistas a garantir maior autonomia às frações dos imóveis e conferir segurança jurídica aos respectivos negócios, alçou-se a laje ao patamar de direito real, consistente na possibilidade de construir sobre construção já realizada, um direito de sobrelevação pautado na prerrogativa de seu titular de realizar edificação de unidade imobiliária autônoma sobre outra previamente existente[138].

---

138 Nesse sentido, esclarece Frederico Viegas que "o direito de laje nada mais é do que o direito de sobrelevação, também conhecido como direito de voo em determinados ordenamentos jurídicos como o espanhol, onde se permite, mediante a contratação de um direito de superfície destinado a realização de um ou mais andares sobre a edificação já existente" (Frederico Henrique Viegas de Lima, O direito de laje: uma visão da catedral, *Revista de Direito Imobiliário*, ano 40, v. 82, jan.-jun. 2017, p. 276).

Na prática, conforme explicita o referido autor, o fenômeno ocorre da seguinte forma: "o *possuidor não proprietário* do solo, ao construir sua edificação ao nível deste, já realiza a obra física dimensionando sua fundação, estrutura, vigas e lajes para suportar uma futura sobre-edificação de dois ou mais andares. Assim, no futuro, tal possuidor, embora possa deter alguns dos direitos inerentes ao de propriedade, lança mão de contratações costumeiras, socialmente aceitas e respeitadas nestas localidades, eis que os *property rights* na sua plenitude ali não existem, tendo em vista serem de custosa especificação e coerção. Operando dentro de margens de *direito* ou de *fato* deixadas como *open access*¸ como já apontava Ronald Coase, há mais de cinquenta anos e ainda se fazem presentes por Lee J. Aston, Edwyna Harris e Bernardo Mueller. Por estes pactos se transfere o direito de construir, ou bem mais, o direito de sobre-edificar, utilizando-se a laje de cobertura, a estrutura e as vigas preexistentes" (Frederico Henrique Viegas de Lima, O direito de laje: uma visão da catedral. *Revista de Direito Imobiliário*, ano 40, v. 82, jan.-jun. 2017, p. 253).

Essencialmente, o instituto não difere do já existente direito real de superfície, também chamado de propriedade superficiária, mas a explicitação normativa feita em atenção à persistência e à relevância de um fenômeno social – que guarda estreita relação com o direito à moradia e com a função social da propriedade – acaba sinalizando, acertadamente, no sentido de uma tutela jurídica mais específica e acurada.

Feitas essas considerações, cumpre notar que o art. 1.510-A do Código Civil, inserido pela Lei n. 13.465/2017, ao explicitar o conteúdo do direito real em questão, prevê que o proprietário de uma construção-base poderá ceder superfície superior ou inferior de sua construção a fim de que o titular da laje mantenha unidade distinta daquela originalmente construída sobre o solo. O § 1º do art. 1.510-A acrescenta que o direito real de laje contempla o espaço aéreo ou o subsolo de terrenos públicos ou privados, tomados em projeção vertical, como unidade imobiliária autônoma.

4.9. Expropriação de imóveis urbanos e rurais onde localizadas cultura de plantas psicotrópicas e/ou exploração de trabalho escravo

A Constituição previu, originalmente, que as glebas onde fossem localizadas culturas de plantas psicotrópicas seriam imediatamente expropriadas, sem qualquer indenização ao proprietário. Tratava-se, portanto, de norma estabelecendo o confisco das terras utilizadas com essa finalidade (art. 243, *caput*).

A Emenda Constitucional n. 81, de 2014, proveniente da chamada "PEC do trabalho escravo", alterou a redação do art. 243 para prever mais uma hipótese de expropriação: de propriedades rurais ou urbanas onde forem localizadas exploração de trabalho escravo, na forma da lei.

Aumentou-se, portanto, o âmbito de abrangência para expropriação de propriedades rurais e urbanas de qualquer região do País – não mais apenas de glebas, como previsto na redação original –, onde forem localizadas culturas ilegais de plantas psicotrópicas ou a exploração de trabalho escravo. A propriedade expropriada será destinada à reforma agrária e a programas de habitação popular, sem qualquer indenização ao proprietário.

É passível de questionamento a constitucionalidade da emenda constitucional ao estabelecer o confisco de propriedades onde se identifique a prática de atividade escrava. O conceito de trabalho escravo é de conteúdo indeterminado. O comando constitucional derivado dá margem ampla ao legislador para definir o trabalho escravo e, em consequência, suprimir a propriedade nos casos tidos por enquadrados. Não se pode esquecer que a propriedade é direito fundamental – art. 5º –, não podendo ser abolida por emenda constitucional – art. 60, § 4º, IV, da Constituição.

O sentido da expropriação é a não aceitação, pela ordem constitucional, de um uso específico do imóvel (culturas ilegais de plantas psicotrópicas), ou forma de exploração (exploração de trabalho escravo) como regular, ou seja, um uso desde logo considerado como ilícito.

Nas hipóteses de desapropriação comentadas nos itens anteriores, o que se tem como regra é a superveniente necessidade de concretizar outros interesses públicos, calcados em critérios de necessidade e utilidade públicas ou de interesse social – quer dizer, não há, a princípio, um uso necessariamente ilícito do imóvel. Trata-se, portanto, do oposto do previsto no art. 243.

O tema relativo ao confisco de terras e dos bens em que se localizem culturas ilegais de plantas psicotrópicas está disciplinado na Lei n. 8.257, de 1991. A lei define os conceitos de cultura e de plantas psicotrópicas, bem como fixa a possibilidade de excepcional autorização, dada por órgão do Ministério da Saúde, para a cultura de plantas psicotrópicas, exclusivamente para atender a finalidades terapêuticas e científicas. Estabelece procedimento judicial próprio, de competência cível, no curso do qual o expropriado terá direito à defesa.

Ainda não há, todavia, regulamentação da norma referente à expropriação de propriedades rurais e urbanas nas quais seja identificada exploração de trabalho escravo[139]. É certo que a legislação que venha a disciplinar essa modalidade deverá conter definições bastante claras do conceito de trabalho escravo, bem como assegurar o devido processo legal aos proprietários dos imóveis, evitando, assim, insegurança jurídica.

A nova redação do art. 243 da Constituição Federal passou a fazer expressa menção à necessidade de ser observado, no que couber, o disposto no art. 5º. Trata-se, portanto, de reiteração da importância dos preceitos nele dispostos. Por óbvio, o inciso XXIV – direito à justa e prévia indenização em dinheiro – não se aplica.

O Supremo Tribunal Federal se pronunciou em caso em que se discutia a adequada interpretação da expressão "gleba" utilizada na redação original do art. 243 da Constituição[140]. Suscitada a questão em sede de recurso extraordinário, o STF definiu que "gleba, no artigo 243 da Constituição do Brasil, só pode ser entendida como a propriedade na qual sejam localizadas culturas ilegais de plantas psicotrópicas. O preceito não refere áreas em que sejam cultivadas plantas psicotrópicas, mas as glebas, no seu todo". Dessa forma, o sentido de gleba corresponderia ao sentido da propriedade como um todo. É que interpretação diversa poderia comprometer o próprio resultado da expropriação do ponto de vista funcional e teleológico, não havendo que se falar em violação do princípio da proporcionalidade ou do devido processo legal. No caso em questão, a área identificada por conter culturas ilegais de plantas psicotrópicas limitava-se a 150 m².

Nossa Constituição consagra, ainda, que todo e qualquer bem de valor econômico, apreendido em decorrência do tráfico ilícito de entorpecentes e drogas afins, bem como da exploração de trabalho escravo, será confiscado e reverterá a fundo especial com destinação específica, na forma da lei (CF, art. 243, parágrafo único).

No RE 638.491, Tema 647 da sistemática da repercussão geral, o Plenário reafirmou a constitucionalidade do confisco de "todo e qualquer bem de valor econômico apreendido em decorrência do tráfico de drogas, sem a necessidade de se perquirir a habitualidade, reiteração do uso do bem para tal finalidade, a sua modificação para dificultar a descoberta do local do acondicionamento da droga ou qualquer outro requisito além daqueles previstos expressamente no art. 243, parágrafo único da CF"[141].

---

139 Para regulamentar a expropriação das propriedades rurais e urbanas onde se localizem a exploração de trabalho escravo, tramita no Senado a PLS 432/2013.

140 RE 543.974, rel. Min. Eros Grau, *DJe* de 29-5-2009.

141 RE 638.491, rel. Min. Luiz Fux, *DJe* de 23-8-2017, Tema 647.

4.10. Servidões administrativas

As servidões administrativas configuram ônus reais impostos à propriedade particular para assegurar a realização e conservação de obras e serviços públicos ou de utilidade pública, mediante indenização dos prejuízos suportados[142].

A instituição da servidão efetiva-se por acordo ou sentença judicial. A servidão deverá ser precedida de *ato declaratório da servidão*, aplicando-se, naquilo que for cabível, as normas pertinentes da desapropriação (Dec.-Lei n. 3.365 / 41, art. 40).

A indenização pela servidão administrativa depende dos prejuízos eventualmente causados ou dos ônus impostos ao uso da propriedade. Daí anotar Hely Lopes Meirelles que "se a servidão não prejudica a utilização do bem, nada há que indenizar, se a prejudica, o pagamento deverá corresponder ao efetivo prejuízo, chegando-se mesmo a transformar-se em desapropriação indireta com indenização total da propriedade, se a inutilizou para sua exploração econômica normal"[143].

Tal como as servidões civis, as servidões administrativas deverão ser registradas no órgão de registro competente[144].

Refira-se, por sua singularidade, à servidão administrativa das faixas marginais das águas públicas internas – terrenos reservados (Código de Águas, arts. 11, 12 e 14). Trata-se, como anota Hely Lopes Meirelles, de servidão de passagem *ex lege* destinada ao policiamento das águas[145].

4.11. Ocupação temporária

Ocupação temporária é a "limitação do Estado à propriedade privada que se caracteriza pela utilização transitória, gratuita ou remunerada, de imóvel de propriedade particular, para fins de interesse público"[146].

No direito brasileiro, é a ocupação de bens imóveis, por parte do Poder Público, como meio de apoio à execução de obras de serviços, nos termos do art. 3º da Lei n. 1.021, de 26-8-1903. De acordo com o art. 36 da atual lei das desapropriações (Dec.-Lei n. 3.365, de 21-6-1941), "é permitida a ocupação temporária, que será indenizada, afinal, por ação própria, de terrenos não edificados, vizinhos às obras e necessários à sua realização. O expropriante prestará caução, quando exigida".

É o caso, por exemplo, de utilização temporária de terrenos particulares próximos a estradas em reforma ou em construção, para a alocação de máquinas e barracas de operários, ou a utilização de escolas para atividades eleitorais[147].

A ocupação temporária também é encontrada na Lei n. 3.924, de 26-7-1961, que dispõe sobre monumentos arqueológicos e pré-históricos. O art. 13 prevê que "a União,

---

142 Hely Lopes Meirelles, *Direito administrativo brasileiro*, cit., p. 624.

143 Hely Lopes Meirelles, *Direito administrativo brasileiro*, cit., p. 627.

144 Lei n. 6.015/73, art. 167, I, item 6 (Lei de Registros Públicos).

145 Hely Lopes Meirelles, *Direito administrativo brasileiro*, cit., p. 626.

146 Maria Sylvia Zanella Di Pietro, *Direito Administrativo*, São Paulo: Atlas, 2012, p. 140.

147 José dos Santos Carvalho Filho, *Manual de Direito Administrativo*, Rio de Janeiro: Lumen Juris, 2010, p. 860.

bem como os Estados e Municípios mediante autorização federal, poderão proceder a escavações e pesquisas, no interesse da arqueologia e da pré-história em terrenos de propriedade particular, com exceção das áreas muradas que envolvem construções domiciliares". O parágrafo único do referido dispositivo estabelece que "à falta de acordo amigável com o proprietário da área onde situar-se a jazida, será esta declarada de utilidade pública e autorizada a sua ocupação pelo período necessário à execução dos estudos, nos termos do art. 36 do Decreto-lei n. 3.365, de 21 de junho de 1941".

Já na Lei n. 8.666, de 21-6-1993, que regula as licitações e os contratos administrativos, a figura da ocupação temporária está presente no art. 58, V, ao prever que, dentre as prerrogativas da Administração nos contratos administrativos, também se inclui o caso de, "nos casos de serviços essenciais, ocupar provisoriamente bens móveis, imóveis, pessoal e serviços vinculados ao objeto do contrato, na hipótese da necessidade de acautelar apuração administrativa de faltas contratuais pelo contratado, bem como na hipótese de rescisão do contrato administrativo".

Finalmente, a Constituição Federal prevê a ocupação temporária de propriedade particular, em caso de perigo público iminente, mediante ulterior indenização, se houver dano (art. 5º, XXV).

4.12. Limitações administrativas

Limitações administrativas são determinações de caráter geral mediante as quais o Poder Público impõe a proprietários algumas obrigações positivas, negativas ou permissivas relacionadas à utilização em compatibilidade com a função social[148].

Não estão associadas, necessariamente, à execução de qualquer obra ou serviço, mas têm como escopo assegurar o uso adequado de bens tendo em vista sua função social.

As limitações podem assumir feição negativa, como, *v.g.*, a proibição de construir além de um determinado número de andares, ou de somente construir em um dado espaço da propriedade a fim de observar o recuo obrigatório de construção. Há outros, de caráter positivo, como a obrigação de manter limpos os terrenos urbanos ou a de realizar o parcelamento ou edificação.

Diversas limitações administrativas têm sua origem em lei ou atos de natureza urbanística, como o Estatuto da Cidade (Lei n. 10.257, de 10-7-2001), que instituiu diversos instrumentos. É o caso do parcelamento e da edificação compulsórios, previsto no art. 5º: "Lei municipal específica para área incluída no plano diretor poderá determinar o parcelamento, a edificação ou a utilização compulsórios do solo urbano não edificado, subutilizado ou não utilizado, devendo fixar as condições e os prazos para implementação da referida obrigação".

Outro instrumento da política urbana, doutrinariamente conhecido como "solo criado", também veio a ser regulamentado pelo Estatuto da Cidade (arts. 28 a 31), embora sob nomenclatura diversa (outorga onerosa do direito de construir). Por meio desse instrumento, é possível vislumbrar uma limitação que decorreria da diferenciação entre o direito de propriedade e o direito de construir.

---

148 José dos Santos Carvalho Filho, *Manual de Direito Administrativo*, cit., p. 863.

Também no campo da proteção ambiental, diversas limitações administrativas são estabelecidas em lei ou mediante autorização legal, com o intuito de conciliar o exercício do direito de propriedade com o direito ao meio ambiente ecologicamente equilibrado, o qual é definido pela Constituição como bem de uso comum do povo e essencial à sadia qualidade de vida (CF, art. 225).

É o que se verifica, por exemplo, no atual Código Florestal brasileiro (Lei n. 12.651 / 2012), que estabelece diversas limitações estabelecidas para preservação ambiental (e seus respectivos regimes), tais como: área de reserva legal, área de preservação permanente, áreas de uso restrito, áreas de reserva legal, áreas verdes urbanas etc. O seu art. 2º estabelece que "as florestas existentes no território nacional e as demais formas de vegetação nativa, reconhecidas de utilidade às terras que revestem, são bens de interesse comum a todos os habitantes do País, exercendo-se os direitos de propriedade com as limitações que a legislação em geral e especialmente esta Lei estabelecem".

Nesse sentido, o Código Florestal em vigor estabelece que o descumprimento de tais limitações configura uso irregular da propriedade e enseja responsabilização em distintas esferas jurídicas (art. 2º, parágrafo único). Além disso, por definição legal, tais limitações configuram obrigações de natureza real e são transmitidas ao sucessor, de qualquer natureza, no caso de domínio ou posse de imóvel rural (art. 2º, § 2º).

Essa disposição adotou entendimento já pacificado na jurisprudência do Superior Tribunal de Justiça, que qualificava esse dever como uma obrigação *propter rem*, pois "em se tratando de reserva florestal legal, a responsabilidade por eventual dano ambiental ocorrido nessa faixa é objetiva, devendo o proprietário, ao tempo em que conclamado para cumprir obrigação de reparação ambiental, responder por ela. O novo adquirente do imóvel é parte legítima para responder ação civil pública que impõe obrigação de fazer consistente no reflorestamento da reserva legal, pois assume a propriedade com ônus restritivo"[149].

4.13. Tombamento

Cuida-se de intervenção na propriedade privada para proteger o patrimônio cultural e preservar a memória histórica, ou seja, "o conjunto dos bens móveis e imóveis existentes no país e cuja conservação seja de interesse público, quer por sua vinculação a fatos memoráveis da história do Brasil, quer por seu excepcional valor arqueológico ou etnográfico, bibliográfico ou artístico", de acordo com o art. 2º do Decreto-Lei que disciplina o tombamento (Dec.-Lei n. 25, de 30-11-1937).

Nos termos do art. 216, § 1º, da Constituição Federal, o "Poder Público, com a colaboração da comunidade, promoverá e protegerá o patrimônio cultural brasileiro, por meio de inventários, registro, vigilância, tombamento e desapropriação e de outras formas de acautelamento e preservação". O § 5º do mesmo artigo determina que os documentos e os sítios detentores de reminiscências históricas dos antigos quilombos ficam tombados.

Ressalte-se que, além do tombamento, a Constituição prevê outros instrumentos de tutela do patrimônio cultural e artístico, como a ação popular (art. 5º, LXXIII) e a ação civil pública (art. 129, III).

---

149 STJ, Recurso especial 195.274, rel. Min. João Otávio de Noronha, *DJ* de 20-6-2005.

O tombamento será sempre uma restrição parcial ao direito do proprietário. Caso implique impossibilidade total do exercício do direito de propriedade, não mais será tombamento, mas sim desapropriação, ou eventualmente desapropriação indireta.

Em relação ao seu objeto, dispõe o § 2º do art. 1º do Decreto-Lei n. 25/37 que estão sujeitos a tombamento "os monumentos naturais, bem como os sítios e paisagens que importe conservar e proteger pela feição notável com que tenham sido dotados pela natureza ou agenciados pela indústria humana". O art. 3º elenca os bens de origem estrangeira excluídos do patrimônio histórico e artístico brasileiro, isto é, que não podem ser tombados:

> "1) que pertençam às representações diplomáticas ou consulares acreditadas no país;
>
> 2) que adornem quaisquer veículos pertencentes a empresas estrangeiras, que façam carreira no país;
>
> 3) que se incluam entre os bens referidos no art. 10 da Introdução do Código Civil, e que continuam sujeitas à lei pessoal do proprietário;
>
> 4) que pertençam a casas de comércio de objetos históricos ou artísticos;
>
> 5) que sejam trazidas para exposições comemorativas, educativas ou comerciais;
>
> 6) que sejam importadas por empresas estrangeiras expressamente para adorno dos respectivos estabelecimentos".

Ao atingir bens públicos, tem-se o tombamento de ofício, previsto no art. 5º do Decreto-Lei n. 25/37, que se concretiza mediante simples notificação à entidade a quem pertencer o bem. O tombamento de bens particulares, todavia, divide-se em tombamento voluntário (art. 7º) ou compulsório (arts. 8º e 9º). Em qualquer caso, no procedimento, em âmbito federal, deve haver manifestação de órgão técnico, que é o Instituto do Patrimônio Histórico e Artístico Nacional (IPHAN), instituído pelo Decreto n. 99.492, de 3-9-1990.

5. PROPRIEDADE E DEMARCAÇÃO DE TERRAS INDÍGENAS

A proteção jurídica que a Constituição confere aos índios (arts. 231 e 232) tem forte repercussão no direito de propriedade (pública ou privada), pois reconhece a eles direitos originários sobre as terras que tradicionalmente ocupam (competindo à União demarcá-las, proteger e fazer respeitar todos os seus bens).

É o que se verifica, por exemplo, no art. 231, § 6º, da Constituição, que estabelece serem nulos e extintos, não produzindo efeitos jurídicos, os atos que tenham por objeto a ocupação, o domínio e a posse das terras indígenas, ou a exploração de seus bens, riquezas e recursos naturais (ressalvado relevante interesse público da União, segundo o que dispuser lei complementar). Dessa forma, não decorre da declaração de nulidade e da extinção dos atos acima referidos qualquer direito à indenização ou a ações contra a União, salvo, na forma da lei, quanto às benfeitorias derivadas da ocupação de boa-fé.

Assim, torna-se essencial à garantia da propriedade, nesse tema, haver adequada definição de institutos jurídicos e respeito à segurança jurídica, ao se discutirem questões como: a conceituação de terras indígenas, o respeito a um devido processo legal administrativo de demarcação, a adoção de critérios objetivos e subjetivos bem definidos e regulamentados para o reconhecimento de área indígena, a precisão do regime jurídico dos bens integrantes da área demarcada (consideradas as frequentes superposições de afetações públicas), o respeito ao princípio federativo etc.

Ainda que o texto constitucional estabeleça algumas balizas gerais, a matéria envolve grande complexidade fática e jurídica e inúmeras controvérsias e dificuldades interpretativas (inclusive no que diz respeito às repercussões relativas à garantia da propriedade).

De todo modo, o Supremo Tribunal Federal já teve oportunidade de se manifestar sobre o tema (antes e depois da Constituição de 1988)[150], sendo emblemático o entendimento fixado pelo STF a partir da análise da constitucionalidade e legalidade da demarcação da terra indígena denominada Raposa Serra do Sol[151].

Em primeiro lugar, aos índios é conferida a posse permanente das terras indígenas e o usufruto exclusivo das riquezas do solo, dos rios e dos lagos nelas existentes (afetação pública específica). É importante ressaltar que a Constituição não fala em território indígena, mas apenas em terras indígenas (a afastar a ideia de que se trataria de categoria político-jurídica dotada de autonomia, independência e soberania). Essa limitação, contudo, não significa ausência de proteção, pois o texto constitucional dispõe que as terras são inalienáveis e indisponíveis, e os direitos sobre elas, imprescritíveis (art. 231, § 4º).

Além disso, as terras que ocupam são consideradas bens (propriedade) da União Federal (art. 20, XI), como também são os potenciais de energia hidráulica e as riquezas minerais (inclusive do subsolo) nelas encontradas (art. 20, VIII e IX). Entretanto, há possibilidade de participação dos índios no resultado de eventual exploração (art. 231, § 3º).

Confirma-se a inexistência de propriedade indígena das terras que ocupam o fato de que, em casos excepcionais, o texto constitucional prevê a possibilidade de a União vir a remover os grupos indígenas de suas terras (art. 231, § 5º).

Do mesmo modo, terras indígenas são bens da União, o que não quer dizer que sejam Território Federal (arts. 18, § 2º, e 33 da CF/88). Assim, as terras indígenas demarcadas são bens da União *e integram território dos Municípios e Estados em que estão situadas*, estando apenas afetadas à ocupação dos índios brasileiros.

O fato de as terras indígenas virem a integrar território estadual e municipal demonstra a relevância de que também aos Estados e Municípios (na condição de unidades políticas) seja assegurado, de forma efetiva e não meramente formal ou burocrática,

---

150 Em que se destacam, por exemplo, discussões acerca: (1) da natureza da posse indígena (no sentido da distinção entre posse civil e indígena – RE 44.585, rel. Min. Victor Nunes Leal, Referências da Súmula do STF, 1970, v. 25; no sentido da coincidência entre posse civil e indígena – ACO 278, rel. Min. Soares Munhoz, *DJ* de 11-11-1983); (2) da constitucionalidade do Decreto n. 1.775/96, que estipulava procedimento de ampla defesa e contraditório diferenciado para processo de demarcação que se iniciaram em data anterior de sua vigência (MS 24.045-8/DF, rel. Joaquim Barbosa, *DJ* de 5-8-2005); (3) da validade do decreto presidencial de homologação da portaria de demarcação da terra indígena Raposa Serra do Sol (MS 25.483-1/DF, rel. Carlos Britto, *DJ* de 14-9-2007).

151 Pet 3.388, rel. Min. Ayres Britto, *DJe* de 25-9-2009. Recomenda-se a leitura da Ementa e da parte dispositiva do acórdão deste caso, em especial, por conterem diversas determinações pontuais e vinculativas (denominadas "salvaguardas institucionais" pelo relator do caso), que servem de orientação para a atuação da Administração e para o julgamento de outros casos de demarcação de terras indígenas pelo Poder Judiciário.

o exercício da garantia de ampla defesa e do contraditório em processos demarcatórios (que não se resume apenas a um simples direito de manifestação no processo, mas a uma "pretensão à tutela jurídica", como bem anotava Pontes de Miranda).

É que a demarcação de terras indígenas não pode ser vista, em termos federativos, como uma competência da União a ser exercida *contra* os Estados e Municípios. A afetação do território de uma unidade federada (*que pode restringir a disponibilidade sobre o território ou, em última análise, sobre a propriedade e o domínio público e privado*) precisa ter realmente um referencial jurídico sério, pois, a despeito de não significar a extinção ou amesquinhamento de uma unidade federada, certamente caracteriza uma repercussão direta na própria estrutura e equilíbrio da Federação[152].

Assim, tendo em vista que toda a competência estabelecida pela Constituição tem que ser exercida em conformidade com o princípio da fidelidade à federação (*Bundestreue*)[153] – decorrência lógica do princípio federativo –, é fundamental que os procedimentos administrativos de demarcação incluam a participação dos Estados e Municípios, em todas as suas fases.

Em razão disso, podemos afirmar que, no exercício de suas competências constitucionalmente determinadas, deve a União preservar a autonomia dos Estados-Membros e dos Municípios, dever que decorre do próprio princípio federativo. De igual modo, a ação dos Estados e Municípios é orientada pelo dever de fidelidade para com a União e de cooperação para com a realização dos objetivos da República. Daí ter-se afirmado na Pet n. 3.388 que os Estados-membros e Municípios afetados pela definição territorial hão de participar do processo demarcatório.

Aspecto importante, que deve ser rigorosamente averiguado no decorrer do processo administrativo demarcatório, é a existência de posse indígena. Sem embargo da relevância de eventuais objeções que possam ser levantadas contra a posse indígena e a eventual imprecisão de seus contornos, não se deve perder de vista que a proteção, que constitucionalmente se lhe empresta, vem da Carta Magna de 1934 (art. 129), configurando, sem dúvida, princípio já tradicional do Direito Público brasileiro (Carta de 1937, art. 154; Constituição de 1946, art. 216; Constituição de 1967, art. 186; Constituição de 1969, EC n. 1, art. 198).

Apesar de já ter se orientado em sentido diverso, o STF atualmente reconhece que o conceito de posse indígena não coincide com o de posse do Direito Civil (não havendo que se falar aqui em equiparação ou equivalência).

---

152 À época do julgamento da PET n. 3.388 pelo STF, houve a exposição de dados que indicam que aproximadamente 46% do território do Estado de Roraima já era composto de terras indígenas, sendo que aproximadamente 7,79% corresponderia à área a ser demarcada como Terra Indígena Raposa Serra do Sol.

153 Destarte, cabe aos Entes da Federação se comportarem, no exercício de suas competências, com lealdade aos demais Entes. É o que a doutrina alemã chama de "*Bundestreue*" (Princípio da lealdade à Federação) ou "*Prinzip des bundesfreundlichen Verhaltens*" (Princípio do comportamento federativo amistoso) ou, de acordo com Peter Häberle, "*Bundesfreundlich*" (Conduta favorável à organização federativa) (Peter Häberle, *El Estado Constitucional*, Universidad Nacional Autônoma de México: México, 2001, p. 264). O Tribunal Constitucional Federal alemão conceituou o princípio da lealdade à Federação como a obrigação de todas as partes integrantes do pacto federal de atuar de acordo com o espírito do referido pacto e de colaborar com a sua consolidação, protegendo os interesses comuns do conjunto [*BverfGE* 1,299 (315)].

Além disso, tem-se que deve prevalecer na averiguação da posse indígena a teoria do fato indígena, o que significa dizer que as indagações acerca da *imemorialidade* da ocupação devem ser suplantadas pela verificação dos requisitos ou pressupostos trazidos pelo texto constitucional (o que fortalece a segurança jurídica e a propriedade – na qualidade de garantia institucional e de direito subjetivo).

Assim, a expressão "terras tradicionalmente ocupadas pelos índios" não é revestida de qualquer conotação temporal, mas se refere apenas ao modo da ocupação (segundo os "usos, costumes e tradições" indígenas). E não há dúvida de que o marco temporal para averiguação desse modo de ocupação é a data de promulgação da Constituição de 1988.

Nesse sentido, a configuração de terras tradicionalmente ocupadas pelos índios, nos termos do art. 231, § 1º, da Constituição Federal, já foi pacificada pelo Supremo Tribunal Federal, com a edição da Súmula 650, que dispõe: "os incisos I e XI do art. 20 da Constituição Federal não alcançam terras de aldeamentos extintos, ainda que ocupadas por indígenas em passado remoto".

No RE 219.983, precedente dessa Súmula, o Min. Nelson Jobim destacou, em relação ao reconhecimento de terras indígenas, que:

> "Há um dado fático necessário: estarem os índios na posse da área. É um dado efetivo em que se leva em conta o conceito objetivo de haver a posse. É preciso deixar claro, também, que a palavra tradicionalmente não é posse imemorial, é a forma de possuir; não é a posse no sentido da comunidade branca, mas, sim, da comunidade indígena. Quer dizer, o conceito de posse é o conceito tradicional indígena, mas há um requisito fático e histórico da atualidade dessa posse, possuída de forma tradicional"[154]

Mesmo preceito foi seguido no julgamento da Pet. 3.388, no qual o Supremo Tribunal Federal estipulou uma série de fundamentos e salvaguardas institucionais relativos à demarcação de terras indígenas. Trata-se de orientações não apenas direcionadas a esse caso específico, mas a todos os processos sobre o mesmo tema[155]. Deixou-se claro, então, que o referencial insubstituível para o reconhecimento aos índios dos direitos sobre as terras que tradicionalmente ocupam é a data da promulgação da Constituição Federal, isto é, 5 de outubro de 1988.

Por conseguinte, nos termos do art. 231, § 1º, da CF/88, os seguintes fatores devem ser verificados na definição de uma determinada área como terra indígena: *a) fator temporal* ("habitadas em caráter permanente"); *b) fator econômico* ("utilizadas para as suas atividades produtivas"); *c) fator ecológico* ("imprescindíveis à preservação dos recursos ambientais necessários ao seu bem-estar"); *d) fator cultural ou demográfico* ("necessárias a sua reprodução física e cultural").

A Advocacia-Geral da União editou o Parecer n. 001/2017/GAB/CGU/AGU, aprovado pela Presidência da República, sobre a conceituação de terras indígenas. Em 2020, o parecer teve seus efeitos suspensos por decisão do Ministro Edson Fachin[156],

---

154 RE 219.983, rel. Min. Marco Aurélio, j. 9-12-1998.

155 RMS 29.087, rel. Min. Ricardo Lewandowski, red. p/ acórdão Min. Gilmar Mendes, 2ª Turma, j. 16-9-2014.

156 RE 1.017.365-TPI, rel. Min. Edson Fachin, decisão monocrática de 7-5-2020.

relator do RE 1017365, paradigma do Tema 1.031 da sistemática da repercussão geral, que analisará o estatuto jurídico-constitucional das relações de posse das áreas de tradicional ocupação indígena à luz das regras dispostas no art. 231 da Constituição.

Por fim, milita em favor da segurança jurídica, e mesmo em favor da garantia da propriedade, a vedação de demarcação de terras já demarcadas, ou seja, a proibição expressamente reconhecida pelo STF de que, em nosso ordenamento jurídico, não há que se falar em ampliação de terra indígena já demarcada.

Ressalte-se que, se houver necessidade de terras para albergar populações indígenas sem que estejam presentes os requisitos da posse indígena, deverá a União valer-se do instituto da desapropriação, com o pagamento de justa e prévia indenização a seu proprietário[157].

6. A GARANTIA INSTITUCIONAL DO DIREITO DE PROPRIEDADE COMO LIMITE DO LIMITE (*SCHRANKEN-SCHRANKE*)

A garantia institucional da propriedade atua ou funciona como um limite à própria possibilidade de limitação ou conformação do direito de propriedade[158]. Como assinalado pela Corte Constitucional alemã, a garantia institucional assegura um núcleo básico de normas (*Grundbestand von Normen*) que confere significado ao instituto jurídico denominado "propriedade".

Daí a necessidade de que se assegure a utilidade privada para o titular e a possibilidade de disposição[159].

Sobre essa questão, válidos os esquemas elaborados por Pieroth e Schlink, representados nos seguintes Anexos.

Anexo I
Análise das restrições/conformações do Direito de Propriedade

(Desenvolvido e adaptado com base no catálogo de questões concebido por Pieroth e Schlink: *Grundrechte – Staatsrecht II*, 21. ed., Heidelberg, 2005[160].)

Para verificar a eventual afronta de uma lei ao direito de propriedade

I. Submetem-se as posições patrimoniais afetadas pela lei

1. ao conceito e
2. amplitude do âmbito de proteção do direito de propriedade?

II. A lei restringe ou limita as liberdades decorrentes do direito de propriedade?

1. a lei restringe as faculdades inerentes ao direito de propriedade mediante normas gerais e abstratas de caráter conformativo-restritivo?
2. a lei suprime, parcial ou totalmente, posições jurídicas individuais e concretas

157 RMS 29.087, rel. Min. Ricardo Lewandowski, red. p/ acórdão Min. Gilmar Mendes, 2ª Turma, j. 16-9-2014.

158 Pieroth/Schlink, *Grundrechte – Staatsrecht II*, cit., p. 244-245.

159 Cf. *BVerfGE*, 91, 294-308; Pieroth/Schlink, *Grundrechte – Staatsrecht II*, cit., p. 245.

160 Para verificar o catálogo de questões original em português, conferir publicação brasileira: Pieroth/Schlink, *Direitos fundamentais*. Tradução de António Francisco de Sousa e António Franco. São Paulo: IDP/Saraiva, 2012, p. 453.

vinculadas ao direito de propriedade ou autoriza a Administração que o faça?

III. A intervenção justifica-se do prisma constitucional?

1. A lei foi promulgada com observância das regras de competência e do processo legislativo?

2. No caso de leis que definem conteúdo ou impõem limites ao direito de propriedade:

a) cuida-se de uma decisão tomada pelo próprio legislador ou pode haver delegação indevida no que concerne a aspectos substanciais da decisão normativa?

b) é a lei *adequada* e *necessária* para obtenção de fins legítimos?

c) pode / deve a intervenção ou restrição ao direito de propriedade ou a outro valor patrimonial ser adequadamente atenuada / compensada mediante indenização ou cláusula de transição?

3. A lei respeitou a garantia institucional da propriedade?

Anexo II

Para verificar eventual afronta ao direito de propriedade mediante ato da Administração

I. Submetem-se as posições patrimoniais afetadas pelo ato da Administração

1. ao conceito e

2. amplitude do âmbito de proteção do direito de propriedade?

II. O ato restringe ou limita as liberdades decorrentes do direito de propriedade?

1. o ato restringe as faculdades inerentes ao direito de propriedade mediante normas gerais e abstratas de caráter conformativo-restritivo?

2. o ato suprime, parcial ou totalmente, posições jurídicas individuais e concretas vinculadas ao direito de propriedade ou autoriza a Administração que o faça?

III. O ato justifica-se do prisma constitucional?

1. No caso de limitação: cuida-se de limitação decorrente de execução ou aplicação de normas de caráter conformativo-restritivo compatíveis com a Constituição?

2. No caso de eliminação do direito de propriedade: verifica-se uma desapropriação regular mediante pagamento de justa indenização?

3. A limitação ou retirada do direito de propriedade revela-se constitucional?

4. Tem-se limitação que pode configurar uma desapropriação indireta?

IV DIREITO ADQUIRIDO, ATO JURÍDICO PERFEITO, COISA JULGADA E SEGURANÇA JURÍDICA

Gilmar Ferreira Mendes

1. CONSIDERAÇÕES PRELIMINARES

É possível que a aplicação da lei no tempo continue a ser um dos temas mais controvertidos do Direito hodierno. Não raro, a aplicação das novas leis às relações já estabelecidas suscita infindáveis polêmicas. De um lado, a ideia central de segurança jurídica, uma das expressões máximas do Estado de Direito; de outro, a possibilidade e a necessidade de mudança. Constitui grande desafio tentar conciliar essas duas pretensões, em aparente antagonismo[1].

A discussão sobre direito intertemporal assume delicadeza ímpar, tendo em vista a disposição constante do art. 5º, XXXVI, da Constituição, que reproduz norma tradicional do Direito brasileiro. Desde 1934, e com exceção da Carta de 1937, todos os textos constitucionais brasileiros têm consagrado cláusula semelhante.

O direito, por natureza, deve existir para disciplinar o futuro, jamais o passado, não sendo razoável entender que normas construídas *a posteriori* possam dar definições e consequências novas a eventos já ocorridos no mundo fenomênico.

A definição de retroatividade foi objeto de duas doutrinas principais – direito adquirido e fato passado ou fato realizado – como ensina João Baptista Machado:

> "a doutrina dos direitos adquiridos e doutrina do facto passado. Resumidamente, para a primeira doutrina seria retroactiva toda lei que violasse direitos já constituídos (adquiridos); para a segunda seria retroactiva toda lei que se aplicasse a factos passados antes de seu início de vigência. Para a primeira a Lei nova deveria respeitar os direitos adquiridos, sob pena de retroactividade; para a segunda a lei nova não se aplicaria (sob pena de retroactividade) a fatos passados e aos seus efeitos (só se aplicaria a factos futuros)"[2].

A doutrina do fato passado é também chamada teoria objetiva e a teoria do direito adquirido, por sua vez, teoria subjetiva.

Na lição de Moreira Alves, domina, na nossa tradição, a teoria subjetiva do direito adquirido.

É o que se lê na seguinte passagem do voto proferido na ADI 493:

> "Por fim, há de salientar-se que as nossas Constituições, a partir de 1934, e com exceção de 1937, adotaram desenganadamente, em matéria de direito intertemporal, a teoria subjetiva dos direitos adquiridos e não a teoria objetiva da situação jurídica, que é a teoria de Roubier. Por isso mesmo, a Lei de Introdução ao Código Civil, de 1942, tendo em vista que

---

1 Cf. João Baptista Machado, *Introdução ao direito e ao discurso legitimador*, 12. reimpr., Coimbra, 2000, p. 223.

2 Cf. João Baptista Machado, *Introdução*, cit., p. 232.

a Constituição de 1937 não continha preceito da vedação da aplicação da lei nova em prejuízo do direito adquirido, do ato jurídico perfeito e da coisa julgada, modificando a anterior promulgada com o Código Civil, seguiu em parte a teoria de Roubier, e admitiu que a lei nova, desde que expressa nesse sentido, pudesse retroagir. Com efeito, o artigo 6º rezava: 'A lei em vigor terá efeito imediato e geral. Não atingirá, entretanto, salvo disposição expressa em contrário, as situações jurídicas definitivamente constituídas e a execução do ato jurídico perfeito'. Com o retorno, na Constituição de 1946, do princípio da irretroatividade no tocante ao direito adquirido, o texto da nova Lei de Introdução se tornou parcialmente incompatível com ela, razão por que a Lei n. 3.238/57 o alterou para reintroduzir nesse artigo 6º a regra tradicional em nosso direito de que 'a lei em vigor terá efeito imediato e geral, respeitados o ato jurídico perfeito, o direito adquirido e a coisa julgada'. Como as soluções, em matéria de direito intertemporal, nem sempre são coincidentes, conforme a teoria adotada, e não sendo, a que ora está vigente em nosso sistema jurídico, a teoria objetiva de Roubier, é preciso ter cuidado com a utilização indiscriminada dos critérios por estes usados para resolver as diferentes questões de direito intertemporal"[3].

A dimensão constitucional que se confere ao princípio do direito adquirido não permite que se excepcionem da aplicação do princípio as chamadas regras de ordem pública[4].

Há muito Reynaldo Porchat questionava a correção desse entendimento, conforme se lê nas seguintes passagens de sua obra:

> "Uma das doutrinas mais generalizadas e que de longo tempo vem conquistando foros de verdade, é a que sustenta que são retroativas as 'leis de ordem pública' ou as 'leis de direito público'. Esse critério é, porém, inteiramente falso, tendo sido causa das maiores confusões na solução das questões de retroatividade. Antes de tudo, cumpre ponderar que é dificílimo discriminar nitidamente aquilo que é de ordem pública e aquilo que é de ordem privada. No parágrafo referente ao estudo do direito público e do direito privado, já salientamos essa dificuldade, recordando o aforismo de Bacon – 'jus privatum sub tutela juris publici latet'. O interesse público e o interesse privado se entrelaçam de tal forma, que as mais das vezes não é possível separá-los. E seria altamente perigoso proclamar como verdade que as leis de ordem pública ou de direito público têm efeito retroativo, porque mesmo diante dessas leis aparecem algumas vezes direitos adquiridos, que a justiça não permite que sejam desconhecidos e apagados. O que convém ao aplicador de uma nova lei de ordem pública ou de direito público, é verificar se, nas relações jurídicas já existentes, há ou não direitos adquiridos. No caso afirmativo a lei não deve retroagir, porque a simples invocação de um motivo de ordem pública não basta para justificar a ofensa ao direito adquirido, cuja inviolabilidade, no dizer de Gabba, é também um forte motivo de interesse público"[5].

---

3 ADI 493, rel. Min. Moreira Alves, *RTJ*, 143(2)/724.

4 Contra essa orientação cf. Rubens Limongi França, *A irretroatividade da lei e o direito adquirido*, 6. ed., São Paulo: Saraiva, 2000, p. 249-259.

5 Reynaldo Porchat, *Curso elementar de direito romano*, 2. ed., São Paulo: Melhoramentos, 1937, v. 1, n. 528, p. 338-339; cf., também, ADI 493, rel. Min. Moreira Alves, *DJ* de 4-9-1992, *RTJ*, 143(2)/724 (747).

Na mesma linha, é a lição de Pontes de Miranda:

> "A regra jurídica de garantia é, todavia, comum ao direito privado e ao direito público. Quer se trate de direito público, quer se trate de direito privado, a lei nova não pode ter efeitos retroativos (critério objetivo), nem ferir direitos adquiridos (critério subjetivo), conforme seja o sistema adotado pelo legislador constituinte. Se não existe regra jurídica constitucional de garantia, e sim, tão só, regra dirigida aos juízes, só a cláusula de exclusão pode conferir efeitos retroativos, ou ofensivos dos direitos adquiridos, a qualquer lei"[6].

Não discrepa dessa orientação Oswaldo Aranha Bandeira de Mello, ao enfatizar que o problema da irretroatividade é comum ao direito público e ao direito privado[7].

Daí concluir Moreira Alves que o princípio do direito adquirido "se aplica a toda e qualquer lei infraconstitucional, sem qualquer distinção entre lei de direito público e lei de direito privado, ou entre lei de ordem pública e lei dispositiva"[8]. Nesse sentido, enfatiza que "(...), no Brasil, sendo o princípio do respeito ao direito adquirido, ao ato jurídico perfeito e à coisa julgada de natureza constitucional, sem qualquer exceção a qualquer espécie de legislação ordinária, não tem sentido a afirmação de muitos – apegados ao direito de países em que o preceito é de origem meramente legal – de que as leis de ordem pública se aplicam de imediato alcançando os efeitos futuros do ato jurídico perfeito ou da coisa julgada, e isso porque, se se alteram os efeitos, é óbvio que se está introduzindo modificação na causa, o que é vedado constitucionalmente"[9].

Fica evidente que a natureza constitucional do princípio não permite a admissão da eventual retroatividade das leis de ordem pública, muito comum em países nos quais o princípio da não retroatividade é mera cláusula legal.

Essa orientação parece em flagrante conflito com o disposto no Código Civil de 2002, especialmente no art. 2.035, *caput* ("*A validade dos negócios e demais atos jurídicos, constituídos antes da entrada em vigor deste Código, obedece ao disposto nas leis anteriores, referidas no art. 2.045, mas os seus efeitos, produzidos após a vigência deste Código, aos preceitos dele se subordinam, salvo se houver sido prevista pelas partes determinada forma de execução*") e parágrafo único ("*Nenhuma convenção prevalecerá se contrariar preceitos de ordem pública, tais como os estabelecidos por este Código para assegurar a função social da propriedade e dos contratos*").

A invocação de preceitos de ordem pública para afastar a incidência de cláusulas contratuais sob a vigência da lei nova afigura-se em manifesta contradição com a orientação amplamente dominante da doutrina e jurisprudência brasileiras.

---

6 Pontes de Miranda, *Comentários à Constituição de 1967 com a Emenda n. 1 de 1969*, 2. ed., 2. tir., São Paulo: Revista dos Tribunais, 1974, t. 5, p. 99.

7 Oswaldo Aranha Bandeira de Mello, *Princípios gerais de direito administrativo*, 2. ed., Rio de Janeiro: Forense, 1979, v. 1, p. 333 e s.

8 ADI 493, rel. Min. Moreira Alves, *RTJ*, 143(2)/724 (746).

9 Cf. transcrição na *RTJ*, 143(2)/746.

2. DIREITO ADQUIRIDO, ATO JURÍDICO PERFEITO E COISA JULGADA

A referência ao direito adquirido, ao ato jurídico perfeito e à coisa julgada, constante dos textos constitucionais brasileiros, remete à necessidade de conceituação doutrinária, jurisprudencial e, para alguns, também de índole legal.

É verdade que a adoção de um conceito tríplice acaba por gerar perplexidades. Alguns autores afirmam que suficiente seria a referência a direito adquirido, uma vez que os conceitos de ato jurídico perfeito e coisa julgada nele se inserem[10].

Reconheça-se que a tripartição conceitual tem a vantagem, talvez, de tornar mais explícitas determinadas situações muito comuns e embaraçosas, como a separação entre as mudanças relativas à constituição (forma) e ao conteúdo. A referência ao ato jurídico perfeito permite definir com maior clareza a lei aplicável a dadas situações jurídicas, que somente produzirão efeitos no futuro, eventualmente no regime de uma lei nova. É o caso das controvérsias a propósito da capacidade para prática de ato jurídico ou da forma que se deva adotar em determinados atos. A alteração posterior (exigência de escritura pública na lei nova para, *v. g.*, elaboração de testamento, quando sob a lei anterior, tal forma era dispensável) não afeta o ato jurídico perfeito já efetivado. Neste sentido, a alteração posterior não pode repercutir no plano de sua validade, tendo em vista o ato jurídico perfeito[11].

O legislador ordinário estabeleceu o conceito de direito adquirido, ato jurídico perfeito e coisa julgada no art. 6º da Lei de Introdução às Normas do Direito Brasileiro, antiga Lei de Introdução ao Código Civil, em redação conferida pela Lei n. 3.238, de 1957.

Nos termos do art. 6º, § 2º, da Lei de Introdução às Normas do Direito Brasileiro, "consideram-se adquiridos assim os direitos que o seu titular, ou alguém por ele, possa exercer, como aqueles cujo começo de exercício tenha termo prefixo, ou condição preestabelecida inalterável a arbítrio de outrem". O ato jurídico perfeito seria, por sua vez, o "já consumado segundo a lei vigente ao tempo em que se efetuou" (LINDB, art. 6º, § 1º). E a coisa julgada ou caso julgado "a decisão judicial de que já não caiba recurso" (LINDB, art. 6º, § 3º).

A conveniência ou não de dispor sobre matéria tão sensível e controvertida no âmbito da legislação ordinária é suscitada não raras vezes, tendo em vista o risco de deslocamento da controvérsia do plano constitucional para o plano legal (cf., *infra*, considerações sobre direito adquirido enquanto matéria constitucional ou infraconstitucional). Todavia, cuida-se de debate estéril, uma vez que a opção por essa conceitualização legal antecede à própria positivação constitucional da matéria.

Evidentemente, a opção pela fórmula de conceituação no plano do direito ordinário envolve sérios riscos no que concerne à *legalização* da interpretação de institutos constitucionais (*interpretação da Constituição segundo a lei*) e, até mesmo, como já se verificou, no que se refere à tentativa de conversão de questão estritamente constitucional

10 Rubens Limongi França, *A irretroatividade*, cit., p. 219-220; João Luís Alves, *Código Civil anotado*, apud Rubens Limongi França, *A irretroatividade*, cit., p. 219-220; Reynaldo Porchat, *O Código Civil e a retroatividade*, apud Rubens Limongi França, *A irretroatividade*, cit., p. 219; José Augusto César, *Notas ao Código Civil*, apud Rubens Limongi França, *A irretroatividade*, cit., p. 220.

11 José Afonso da Silva, *Curso de direito constitucional positivo*, 26. ed., São Paulo: Malheiros, 2006, p. 435.

em controvérsia de índole ordinária, com sérias repercussões no campo da competência do Supremo Tribunal Federal e de outros órgãos jurisdicionais[12].

De qualquer sorte, é certo que, a despeito dessa formal tripartição, o conceito central é o de direito adquirido, nele contempladas de alguma forma tanto a ideia de ato jurídico perfeito como a de coisa julgada.

3. DIREITO ADQUIRIDO COMO GARANTIA CONSTITUCIONAL OU INFRACONSTITUCIONAL?

É curioso anotar, ainda, que, com a criação do Superior Tribunal de Justiça, adotou-se entendimento segundo o qual as matérias relacionadas com o direito intertemporal seriam da competência daquele órgão, incumbido pela Constituição de zelar pela boa aplicação do direito federal. Essa questão foi objeto de exame no RE 226.855/RS, em que se discutia a existência, ou não, de direito adquirido à correção monetária nos saldos do FGTS.

Diante de posições que sustentavam o perfil infraconstitucional do instituto[13], anotou o Min. Moreira Alves:

> "O que o art. 6º da Lei de Introdução ao Código Civil faz, com relação ao direito adquirido, é conceituá-lo com base na doutrina relativa a esse conceito, ou seja, a de que o direito adquirido é o que se adquire em virtude da incidência da norma existente no tempo em que ocorreu o fato que, por esta, lhe dá nascimento em favor de alguém, conceito esse que, para o efeito do disposto no art. 5º, XXXVI, da Constituição, só tem relevo em se tratando de aplicá-lo em relação jurídica em que se discute questão de direito intertemporal, para se impedir, se for o caso, que a lei nova prejudique direito que se adquiriu com base na lei anterior. O mesmo se dá com o direito adquirido sob condição ou termo inalterável ao arbítrio de outrem, requisito este indispensável para tê-lo como direito adquirido. Por isso, mesmo em se tratando de direito público com referência a regime jurídico estatutário, não há direito adquirido a esse regime jurídico, como sempre sustentou esta Corte, e isso porque pode ele ser alterado ao arbítrio do legislador. Não fora isso, e todos os que ingressarem no serviço público sob a égide de lei que estabeleça que, se vierem a completar trinta e cinco anos, terão direito à aposentadoria, esse direito para eles será um direito adquirido sob a condição de completarem esses 35 anos de serviço público, o que jamais alguém sustentou"[14].

Dessa forma enfatizou, ainda, Moreira Alves:

> "(...) Há grande diferença entre o Tribunal não admitir ofensa direta à Constituição quando se alega ofensa ao princípio da legalidade e a questão do direito adquirido. Com efeito, se o princípio da reserva legal total, ou seja, o de que ninguém está obrigado a fazer ou deixar de fazer alguma coisa senão em virtude de lei, der margem ao recurso

12 Cf., *infra*, controvérsia no RE 226.855, rel. Min. Moreira Alves, *DJ* de 13-10-2000, sobre FGTS.

13 Cf., a propósito, votos dos Ministros Marco Aurélio (*RTJ*, 174(3)/943), Celso de Mello, Néri da Silveira (*RTJ*, 174(3)/946-947) e Carlos Velloso (*RTJ*, 174(3)/948) sobre a preliminar no RE 226.855.

14 Voto na preliminar, RE 226.855, rel. Min. Moreira Alves, *RTJ*, 174(3)/916(942).

extraordinário desde que se alegue que o direito infraconstitucional não foi aplicado ao caso concreto, colocaremos o Superior Tribunal de Justiça em disponibilidade remunerada, porque toda violação de direito infraconstitucional dará margem a recurso extraordinário para esta Corte.

Em se tratando de questão relativa a direito adquirido é ela completamente diferente. O próprio Superior Tribunal de Justiça já chegou à conclusão de que, quando há alegação de direito adquirido, a questão é puramente constitucional, pois não se pode interpretar a Constituição com base na lei, sendo certo que o artigo 6º da Lei de Introdução ao Código Civil nada mais faz do que explicitar conceitos que são os da Constituição, dado que o nosso sistema de vedação da retroatividade é de cunho constitucional. E para se aferir se há, ou não, direito adquirido violado pela lei nova é preciso verificar se a aquisição dele se deu sob a vigência da lei antiga, não podendo, pois, ser ele prejudicado por aquela. A não ser que se faça esse confronto, jamais teremos hipótese em que esta Corte possa fazer prevalecer a vedação constitucional da retroatividade. Foi o que sempre se fez com relação aos reajustamentos de vencimentos em face dos planos econômicos. O contrário não é consagrado na jurisprudência deste Tribunal"[15].

Esse entendimento foi secundado pelo Ministro Sepúlveda Pertence, nos seguintes termos:

"O problema da incidência simultânea da proteção constitucional da coisa julgada, do direito adquirido e do ato jurídico perfeito, e da definição legal da coisa julgada na Lei de Introdução sempre me preocupou, desde o início da prática, neste Tribunal, da difícil convivência entre o recurso extraordinário e o recurso especial.

O que mais me impressionou, no voto do Sr. Ministro Celso de Mello, foi a sustentação peremptória de que a definição do conceito de direito adquirido é um problema de direito ordinário. (Fiquei até preocupado ao verificar que se ausentara da sessão o ilustre Advogado-Geral da União, notoriamente, autor intelectual de grande parte das medidas provisórias desta República: fiquei com medo de acordar amanhã e verificar que a Lei de Introdução fora revogada por uma medida provisória e, então, não teríamos mais como invocar o direito adquirido, nem a coisa julgada, nem o ato jurídico perfeito...)

Vimos, aqui, na ADIn 493 – e creio que o acompanhamos, por unanimidade – o voto antológico do Ministro Moreira Alves a sustentar que, precisamente porque – ao contrário dos ordenamentos europeus para os quais e sobre os quais tanto polemizaram Gabba e Roubier e tantos outros – a nossa garantia do direito adquirido (...) não é uma construção teórica de direito intertemporal a aplicar na sucessão de leis silentes a respeito: é uma garantia constitucional, irremovível, pois, pelo legislador ordinário. E, por isso, naquele acórdão, unânime no ponto, asseverou-se que o tratar-se de lei de ordem pública pode não afetar no Brasil a proteção do direito adquirido, exatamente, porque – ao contrário do que sucedia, na França, onde escreveu Roubier ou na Itália, onde escreveu Gabba –, entre nós, se trata de garantia constitucional e não de uma regra doutrinária de solução de questões intertemporais"[16].

15 Cf. RE 226.855, *RTJ*, 174, cit., p. 916 (932-933).

16 RE 226.855, *RTJ*, 174, cit., p. 916 (944).

Nessa linha, concluiu Sepúlveda Pertence:

"Penso que adotar a posição do saudoso Professor Limongi França, na tese recordada com brilho pelo Ministro Celso de Mello, implicaria, *data venia*, um grave retrocesso em todo o longo caminho corrido pela hermenêutica constitucional contemporânea, na medida em que joga, em que remete, em que delega ao legislador ordinário a definição de conceitos indeterminados necessários a dar eficácia a garantias constitucionais eminentes. De nada valeria a garantia da irretroatividade em prejuízo do direito adquirido, do ato jurídico perfeito, da coisa julgada, se o conceito de tais institutos independesse da construção constitucional e tivesse sua eficácia confiada à definição que lhes desse o legislador ordinário – quando não, o editor das medidas provisórias. Não é preciso insistir em que se cuida da garantia constitucional voltada primacialmente – quando não exclusivamente como sustentam muitos – contra o legislador ordinário.

Na discussão do problema do recurso extraordinário, à vista dessas duas fontes normativas possíveis da proteção do direito adquirido, a minha tendência – e a sustentei nos primeiros meses de assento no Tribunal – é que, por isso tudo – isto é, porque o conceito, para ser eficaz, como garantia constitucional, tem de ser construído a partir da Constituição, independentemente da definição que lhe empresta a lei – foi a de entender que, sempre, a questão de direito adquirido, da coisa julgada e do ato jurídico perfeito é constitucional e não legal.

Tenderia, assim, a reduzir o art. 6º da Lei de Introdução, na versão de 1957, a um valioso subsídio doutrinário. Nada mais do que isso.

Mas o caso concreto, a meu ver, nem chega a colocar o problema. Por isso, intempestivamente, interrompi a exposição do Ministro Marco Aurélio para pedir uma informação ao Relator e confirmar o que guardara do seu relatório. O acórdão primitivo simplesmente não se referiu a nenhum dispositivo de lei ou da Constituição. A Caixa Econômica, em embargos de declaração, é que suscita um único preceito normativo: o art. 5º, XXXVI, da Constituição. Para mim – não para o Ministro Marco Aurélio, estou ciente – tanto bastava para o prequestionamento do tema constitucional (*v. g.*, RE 210.638, 1ª T., 22.04.98, Pertence; RE 219.934, Pl, 14.06.00, Gallotti).

(...)

Aí, de duas, uma: ou entendemos que a matéria é constitucional e conheceremos ou não do recurso pela letra 'a', conforme avançarmos no mérito, ou, se partimos da tese do Ministro Celso de Mello, simplesmente não teremos como conhecer, porque a questão é de legislação ordinária, e não só o acórdão não cuidou da lei ordinária, nem o recurso especial se fundou no art. 6º da Lei de Introdução. Então, o caso seria de dizer que a matéria é infraconstitucional e, logo, não conhecer do recurso extraordinário, como temos feito milhares de vezes nesse cipoal de recursos vindos do STJ sobre o Fundo de Garantia, nos quais não havia matéria constitucional a enfrentar.

(...) Por isso, nem se põe aqui o difícil problema quando, no acórdão ou nos recursos interpostos, invocam-se simultânea e paralelamente o art. 5º, XXXVI, da Constituição e o art. 6º da Lei de Introdução. Aqui, isso não ocorre"[17].

17 RE 226.855, *RTJ*, 174, cit., p. 916 (944-945).

Ressalte-se que a orientação adotada pelo Supremo Tribunal foi decisiva para a própria aplicação do princípio do direito adquirido em sede de controle de constitucionalidade incidental. Tivesse prevalecido entendimento contrário, as questões relacionadas com direito adquirido dificilmente poderiam ser apreciadas pela Corte (pelo menos no controle difuso) e, muito provavelmente, a garantia do art. 5º, XXXVI, teria desaparecido enquanto direito de hierarquia constitucional.

4. DIREITO ADQUIRIDO E INSTITUTO JURÍDICO OU ESTATUTO JURÍDICO

As duas principais teorias sobre a aplicação da lei no tempo – a teoria do **direito adquirido** e a teoria do **fato realizado**, também chamada do **fato passado**[18] – rechaçam, de forma enfática, a possibilidade de subsistência de situação jurídica individual em face de uma alteração substancial do regime ou de um estatuto jurídico[19].

Assim, sustentava Savigny que as leis concernentes aos institutos jurídicos outorgam aos indivíduos apenas uma qualificação abstrata quanto ao exercício do direito e uma expectativa de direito quanto ao ser ou ao modo de ser do direito[20]. O notável jurisconsulto distinguia duas classes de leis: a primeira, concernente à aquisição de direito; a segunda, relativa à existência de direitos[21].

A propósito, registre-se a lição de Savigny:

> "A primeira, concernente à aquisição de direitos, estava submetida ao princípio da irretroatividade, ou seja, à manutenção dos direitos adquiridos. A segunda classe de normas, que agora serão tratadas, relacionam-se à existência de direitos, onde o princípio da irretroatividade não se aplica. As normas sobre a existência de direitos são, primeiramente, aquelas relativas ao contraste entre a existência ou a não existência de um instituto de direito: assim, as leis que extinguem completamente uma instituição e, ainda, aquelas que, sem suprimir completamente um instituto modificam essencialmente sua natureza, levam, desde então, no contraste, dois modos de existência diferentes. Dizemos que todas essas leis não poderiam estar submetidas ao princípio da manutenção dos direitos adquiridos (a irretroatividade); pois, se assim fosse, as leis mais importantes dessa espécie perderiam todo o sentido"[22].

Deveriam ser, portanto, de imediata aplicação, as leis que abolissem a escravidão, redefinissem a propriedade privada, alterassem o estatuto da vida conjugal ou da situação dos filhos[23].

---

18 Cf., sobre o assunto, Carlos Maximiliano, *Direito intertemporal ou teoria da retroatividade das leis*, 2. ed., Rio de Janeiro: Freitas Bastos, 1955, p. 9-13; Oswaldo Aranha Bandeira de Mello, *Princípios gerais*, cit., p. 270 e s.

19 Carlos Maximiliano, *Direito intertemporal*, cit., p. 9-13.

20 Cf. M. F. C. Savigny, *Traité de droit romain*, Paris, 1860, v. 8, p. 375 e s.; v., a propósito, Oswaldo Aranha Bandeira de Mello, *Princípios gerais*, cit., p. 276.

21 M. F. C. Savigny, *Traité de droit romain*, cit., p. 503-575 e s.

22 M. F. C. Savigny, *Traité de droit romain*, cit., p. 503-504.

23 Cf., a propósito, Oswaldo Aranha Bandeira de Mello, *Princípios gerais*, cit., p. 276.

Essa orientação foi retomada e desenvolvida por Gabba, segundo o qual somente existia direito adquirido em razão dos institutos jurídicos com referência às relações deles decorrentes, jamais, entretanto, relativamente aos próprios institutos[24].

Nesse sentido, assinala o emérito teórico:

> "Como dissemos inicialmente, nós temos direitos patrimoniais privados em relação aos quais o legislador tem liberdade de editar novas disposições de aplicação imediata, independentemente de qualquer obstáculo decorrente do princípio do direito adquirido. Esses são: 1º) direitos assegurados aos entes privados, graças exclusivamente à lei, como seriam a propriedade literária e a propriedade industrial; 2º) direitos, que não são criados pelo legislador, e aqueles direitos que, desenvolvidos por efeito da liberdade natural do trabalho e do comércio, têm uma vinculação especial e direta com o interesse geral e estão sujeitos a limites, condições e formas estabelecidas pelo legislador, como, *v. g.*, o direito de caça, de pesca, o direito de propriedade sobre florestas e minas e o direito de exigir o pagamento em uma outra espécie de moeda. Não há dúvida de que, como já tivemos oportunidade de advertir (p. 48-50), a lei nova sobre propriedade literária e industrial aplica-se não só aos produtos literários e às invenções anteriormente descobertas, como àquelas outras desenvolvidas após a promulgação da lei; e assim aplica-se imediatamente toda lei nova sobre caça, pesca, propriedade florestal ou sobre o sistema monetário"[25].

O tema é contemplado, igualmente, por Roubier, que distingue, em relação às leis supressivas ou modificativas de institutos jurídicos, aquelas leis que suprimem uma situação jurídica para o futuro sem afetar as relações jurídicas perfeitas ou consolidadas daqueloutras que não só afetam a situação jurídica como também os próprios efeitos[26].

> "Ora, as regras que nos guiaram até aqui, nos conduzirão facilmente à solução: ou a lei é uma lei de dinâmica jurídica, que visa mais os meios de alcançar uma determinada situação do que a própria situação em si, nesse sentido, é uma lei de constituição – ela respeitará as situações já estabelecidas; ou a lei é uma lei de estática jurídica, que visa mais o estado ou a situação em si do que os meios pelos quais ela se constitui, assim, é uma lei relativa aos efeitos de uma situação jurídica, ela se aplica desde o dia da entrada em vigor, sem se aplicar retroativamente às situações já existentes"[27].

Adiante, ressalta o mestre de Lyon:

> "As leis que aboliram a escravidão ou os direitos feudais puderam aplicar-se às situações existentes, sem que tenham sido retroativas. E, com efeito, pouco importava o modo de aquisição do direito: o que a lei censurava era o regime jurídico do escravo, o conteúdo do direito feudal: a lei era, então, relativa aos efeitos da situação jurídica, e não à sua constituição; sem retroagir, ela atingiu as situações já constituídas"[28].

---

24 Cf. Oswaldo Aranha Bandeira de Mello, *Princípios gerais*, cit., p. 281.

25 Carlo Francesco Gabba, *Teoria della retroattività delle leggi*, Torino, 1897, v. 3, p. 208.

26 Paul Roubier, *Le droit transitoire*, 2. ed., Paris: Dalloz et Sirey, 1960, p. 210-215.

27 Paul Roubier, *Le droit transitoire*, cit., p. 213.

28 Paul Roubier, *Le droit transitoire*, cit., p. 215.

Sistematizando esse entendimento, Roubier formula a seguinte tese:

> "Em suma, diríamos que as leis que suprimem uma situação jurídica podem visar ou o meio de alcançar esta situação – e aí são assimiláveis pelas leis que governam a constituição de uma situação jurídica –, ou, ao contrário, podem visar os efeitos e o conteúdo dessa situação – logo, elas são assimiláveis pelas leis que regem os efeitos de uma situação jurídica; no primeiro caso, as leis não poderiam atingir sem retroatividade situações já constituídas; no segundo, elas se aplicam, de imediato, às situações existentes para pôr-lhes fim"[29].

O problema relativo à modificação das situações subjetivas em virtude da mudança de um instituto de direito não passou despercebido a Carlos Maximiliano, que assinala, a propósito, no clássico *Direito intertemporal*:

> "Não há direito adquirido no tocante a instituições, ou institutos jurídicos. Aplica-se logo, não só a lei abolitiva, mas também a que, sem os eliminar, lhes modifica essencialmente a natureza. Em nenhuma hipótese granjeia acolhida qualquer alegação de retroatividade, posto que, às vezes, tais institutos envolvam certas vantagens patrimoniais que, por equidade, o diploma ressalve ou mande indenizar"[30].

Essa orientação básica, adotada por diferentes correntes jurídicas sobre direito intertemporal, encontrou acolhida na jurisprudência do Supremo Tribunal Federal, como se pode depreender de alguns expressivos arestos daquela Corte.

Mencione-se, a propósito, a controvérsia suscitada sobre a resgatabilidade das enfiteuses instituídas antes do advento do Código Civil (de 1916) e que estavam gravadas com cláusula de perpetuidade. Em sucessivos pronunciamentos, reconheceu o Supremo Tribunal Federal que a disposição constante do art. 693 do Código Civil aplicava-se às enfiteuses anteriormente constituídas, afirmando, igualmente, a legitimidade da redução do prazo de resgate, levada a efeito pela Lei n. 2.437, de março de 1955[31].

Rechaçou-se, expressamente, então, a alegação de ofensa ao ato jurídico perfeito e ao direito adquirido[32]. Esse entendimento acabou por ser consolidado na Súmula 170 do Supremo Tribunal Federal (*É resgatável a enfiteuse instituída anteriormente à vigência do Código Civil*).

Assentou-se, pois, que a proteção ao direito adquirido e ao ato jurídico perfeito não obstava à modificação ou à supressão de determinado instituto jurídico.

---

29 Paul Roubier, *Le droit transitoire*, cit., p. 215.

30 Carlos Maximiliano, *Direito intertemporal*, cit., p. 62.

31 RE-embargos 47.931, de 8-8-1962, Rel. Ribeiro da Costa, in *Referências da Súmula do STF*, v. 10, p. 24 e s.; RE 50.325, de 24-7-1962, rel. Villas Boas, in *Referências da Súmula do STF*, v. 10, p. 28 e s.; RE 51.606, de 30-4-1963, rel. Ribeiro da Costa, in *Referências da Súmula do STF*, v. 10, p. 30 e s.; RE 52.060, de 30-4-1960, rel. Ribeiro da Costa, in *Referências da Súmula do STF*, v. 10, p. 34.

32 RE-embargos 47.931, de 8-8-1962, Rel. Ribeiro da Costa, in *Referências da Súmula do STF*, v. 10, p. 24 e s.; RE 50.325, de 24-7-1962, rel. Villas Boas, in *Referências da Súmula do STF*, v. 10, p. 28 e s.; RE 51.606, de 30-4-1963, rel. Ribeiro da Costa, in *Referências da Súmula do STF*, v. 10, p. 30 e s.; RE 52.060, de 30-4-1960, rel. Ribeiro da Costa, in *Referências da Súmula do STF*, v. 10, p. 34.

Em acórdão proferido no RE 94.020, de 4-11-1981, deixou assente a excelsa Corte, pela voz do Ministro Moreira Alves:

> "(...) em matéria de direito adquirido vigora o princípio – que este Tribunal tem assentado inúmeras vezes – de que não há direito adquirido a regime jurídico de um instituto de direito. Quer isso dizer que, se a lei nova modificar o regime jurídico de determinado instituto de direito (como é o direito de propriedade, seja ela de coisa móvel ou imóvel, ou de marca), essa modificação se aplica de imediato"[33].

Esse entendimento foi reiterado pelo Supremo Tribunal Federal em diversos julgados[34].

No julgamento do RE 226.855, por exemplo, o Supremo Tribunal Federal afirmou a natureza institucional do FGTS, como se lê na ementa do acórdão, igualmente da relatoria do Ministro Moreira Alves:

> "Fundo de Garantia por Tempo de Serviço – FGTS. Natureza jurídica e direito adquirido. Correções monetárias decorrentes dos planos econômicos conhecidos pela denominação Bresser, Verão, Collor I (no concernente aos meses de abril e de maio de 1990) e Collor II.
>
> – O Fundo de Garantia por Tempo de Serviço (FGTS), ao contrário do que sucede com as cadernetas de poupança, não tem natureza contratual, mas, sim, estatutária, por decorrer da Lei e por ela ser disciplinado.
>
> – Assim, é de aplicar-se a ele a firme jurisprudência desta Corte no sentido de que não há direito adquirido a regime jurídico.
>
> – Quanto à atualização dos saldos do FGTS relativos aos Planos Verão e Collor I (este no que diz respeito ao mês de abril de 1990), não há questão de direito adquirido a ser examinada, situando-se a matéria exclusivamente no terreno legal infraconstitucional.
>
> – No tocante, porém, aos Planos Bresser, Collor I (quanto ao mês de maio de 1990) e Collor II, em que a decisão recorrida se fundou na existência de direito adquirido aos índices de correção que mandou observar, é de aplicar-se o princípio de que não há direito adquirido a regime jurídico. Recurso extraordinário conhecido em parte, e nela provido, para afastar da condenação as atualizações dos saldos do FGTS no tocante aos Planos Bresser, Collor I (apenas quanto à atualização no mês de maio de 1990) e Collor II"[35].

Diante dessas colocações, rigorosamente calcadas nos postulados fundamentais do direito adquirido, poder-se-ia afirmar que muitas soluções legislativas fixadas pela lei nova acabariam por causar prejuízos diretos aos titulares de direitos nos casos específicos.

Embora possa apresentar relevância jurídica, essa questão não mais se enquadra nos estritos lindes do direito intertemporal.

---

33 RE 94.020, rel. Min. Moreira Alves, *RTJ*, 104 (1)/269 (272).

34 RE 105.137, rel. Min. Cordeiro Guerra, *RTJ*, 115 (1)/379; RE-embargos 105.137, rel. Min. Rafael Mayer, *RTJ*, 119 (2)/783; RE 105.322, rel. Min. Francisco Rezek, *RTJ*, 118 (2)/709.

35 RE 226.855, rel. Min. Moreira Alves, *RTJ*, 174 (3)/916.

A propósito, já assentara Savigny que o problema se desloca do âmbito do direito intertemporal para o plano da política legislativa[36]. Por razões de equidade, recomendava que deveria o legislador conceder uma compensação ao atingido pela providência. "A política e a economia política buscam plena satisfação – sustentava Savigny – se a liquidação desses direitos efetuar-se por meio de indenização, sem acrescentar a qualquer das partes em detrimento das outras"[37].

Savigny permitiu desenvolver este raciocínio em passagem memorável do *Traité de droit romain*:

> "(...) a Inglaterra nos deu um grande exemplo de equidade, quando emancipou os escravos, indenizou, às custas do Estado, o prejuízo que seus proprietários tiveram. Esse objetivo é muito difícil de se alcançar, quando se trata de abolir os feudos e os fideicomissos; pois as pretensões e as expectativas, daqueles chamados à sucessão, são extremamente incertas. Pode-se tentar diminuir o prejuízo suspendendo por algum tempo a execução da lei (§ 399, o). Em diversos casos, uma indenização não é necessária; basta, no entanto, disciplinar a transição de forma a afastar ao máximo todo prejuízo possível. É o que foi feito em muitos casos onde o regime hipotecário prussiano substituiu o direito de garantia estabelecido pelo direito comum. Tratava-se unicamente de conservar para os antigos credores munidos de uma garantia seus direitos de preferência. Dessa forma, foram eles convocados publicamente a se apresentar dentro de um determinado prazo para inscrever seus créditos nos novos registros hipotecários, na ordem estabelecida pela antiga lei"[38].

Vê-se, assim, que o princípio constitucional do direito adquirido não se mostra apto a proteger as posições jurídicas contra eventuais mudanças dos institutos jurídicos ou dos próprios estatutos jurídicos previamente fixados.

Questão relevante foi trazida à apreciação da Corte na ADI 3.105, na qual se discutiu a incidência da Emenda Constitucional n. 41/2003, art. 4º, *caput*[39], que instituiu contribuição previdenciária sobre os proventos de aposentadoria e pensões dos servidores públicos da União, dos Estados, do Distrito Federal e dos Municípios, inclusive das autarquias e fundações. A requerente – Associação Nacional dos Membros do Ministério Público/CONAMP – alegava que a tributação dos inativos ofendia o art. 5º, XXXVI, da Constituição, uma vez que "os servidores públicos aposentados e os que reuniam condições de se aposentar até 19 de dezembro de 2003, têm assegurado o direito subjetivo, já incorporado aos seus patrimônios jurídicos, de não pagarem contribuição previdenciária, forçosa a conclusão de que o art. 4º da Emenda Constitucional n. 41, de 2003, não poderia, como fez, impor a eles a obrigação de pagar dito tributo, de modo a prejudicar aquele direito adquirido e impor aos seus titulares situação jurídica mais gravosa"[40].

---

36 M. F. C. Savigny, *Traité de droit romain*, cit., v. 8, p. 525-526.

37 M. F. C. Savigny, *Traité de droit romain*, cit., v. 8, p. 526.

38 M. F. C. Savigny, *Traité de droit romain*, cit., v. 8, p. 526.

39 EC n. 41, art. 4º, *caput*: "Os servidores inativos e os pensionistas da União, dos Estados, do Distrito Federal e dos Municípios, incluídas suas autarquias e fundações, em gozo de benefícios na data de publicação desta Emenda, bem como os alcançados pelo disposto no seu art. 3º, contribuirão para o custeio do regime de que trata o art. 40 da Constituição Federal com percentual igual ao estabelecido para os servidores titulares de cargos efetivos".

40 ADI 3.105/DF, rel. Min. Cezar Peluso, *RTJ*,193 (1)/177.

O Tribunal, contudo, entendeu constitucional a incidência da contribuição social em acórdão assim ementado:

"1. Inconstitucionalidade. Seguridade social. Servidor público. Vencimentos. Proventos de aposentadoria e pensões. Sujeição à incidência de contribuição previdenciária. Ofensa a direito adquirido no ato de aposentadoria. Não ocorrência. Contribuição social. Exigência patrimonial de natureza tributária. Inexistência de norma de imunidade tributária absoluta. Emenda Constitucional n. 41/2003 (art. 4º, *caput*). Regra não retroativa. Incidência sobre fatos geradores ocorridos depois do início de sua vigência. Precedentes da Corte. Inteligência dos arts. 5º, XXXVI, 146, III, 149, 150, I e III, 194, 195, *caput*, II, e § 6º, da CF, e art. 4º, *caput*, da EC n. 41/2003. No ordenamento jurídico vigente, não há norma, expressa nem sistemática, que atribua à condição jurídico-subjetiva da aposentadoria de servidor público o efeito de lhe gerar direito subjetivo como poder de subtrair *ad eternum* a percepção dos respectivos proventos e pensões à incidência de lei tributária que, anterior ou ulterior, os submeta à incidência de contribuição previdencial. Noutras palavras, não há, em nosso ordenamento, nenhuma norma jurídica válida que, como efeito específico do fato jurídico da aposentadoria, lhe imunize os proventos e as pensões, de modo absoluto, à tributação de ordem constitucional, qualquer que seja a modalidade do tributo eleito, donde não haver, a respeito, direito adquirido com o aposentamento.

2. Inconstitucionalidade. Ação direta. Seguridade social. Servidor público. Vencimentos. Proventos de aposentadoria e pensões. Sujeição à incidência de contribuição previdenciária, por força de Emenda Constitucional. Ofensa a outros direitos e garantias individuais. Não ocorrência. Contribuição social. Exigência patrimonial de natureza tributária. Inexistência de norma de imunidade tributária absoluta. Regra não retroativa. Instrumento de atuação do Estado na área da previdência social. Obediência aos princípios da solidariedade e do equilíbrio financeiro e atuarial, bem como aos objetivos constitucionais de universalidade, equidade na forma de participação no custeio e diversidade da base de financiamento. Ação julgada improcedente em relação ao art. 4º, *caput*, da EC n. 41/2003. Votos vencidos. Aplicação dos arts. 149, *caput*, 150, I e III, 194, 195, *caput*, II, e § 6º, e 201, *caput*, da CF. Não é inconstitucional o art. 4º, *caput*, da Emenda Constitucional n. 41, de 19 de dezembro de 2003, que instituiu contribuição previdenciária sobre os proventos de aposentadoria e as pensões dos servidores públicos da União, dos Estados, do Distrito Federal e dos Municípios, incluídas suas autarquias e fundações.

(...)"[41].

Também no julgamento ADI 3.105 considerou-se a inexistência de direito adquirido a um dado estatuto jurídico. A não incidência inicial da contribuição sobre os proventos dos inativos não assegurava aos aposentados imunidade em relação à tributação, e o fato de não se ter estabelecido a tributação até então não legitimava, do ponto de vista do direito adquirido, a preservação indefinida desse *status*.

Assinale-se que o tema pode ser objeto, porém, de discussão sob uma perspectiva estrita de segurança jurídica[42].

41 ADI 3.105/DF, rel. Min. Cezar Peluso, *RTJ*, 193 (1)/137.

42 Cf., *infra*, n. 9 – *Insuficiência da doutrina do direito adquirido e o princípio da segurança jurídica*.

Somente a **não existência de um direito adquirido a um estatuto jurídico** justifica a imediata aplicação de lei nova às situações anteriormente constituídas, como o regime de bens entre cônjuges.

É também o **perfil institucional** que vai determinar a aplicação da lei nova no caso de alteração das regras sobre impedimentos matrimoniais, se ainda não se verificou o casamento, ou de alteração das causas de indignidade sucessória, dos fundamentos da deserdação, das regras sobre vocação sucessória, antes da abertura da sucessão. É verdade, todavia, que a validade formal de um testamento e dos pactos sucessórios e, enfim, dos contratos, em geral, há de ser avaliada com base na lei vigente ao tempo em que foram celebrados.

Exatamente nessa linha de raciocínio, o Enunciado 260 da III Jornada de Direito Civil, realizado pelo Conselho da Justiça Federal, sob a coordenação da comissão de trabalho do Min. Edson Fachin, descreve que *"A alteração do regime de bens prevista no § 2º do art. 1.639 do Código Civil também é permitida nos casamentos realizados na vigência da legislação anterior"*.

Em complemento, tem-se o Enunciado 113 da I Jornada de Direito Civil no sentido de que *"É admissível a alteração do regime de bens entre os cônjuges, quando então o pedido, devidamente motivado e assinado por ambos os cônjuges, será objeto de autorização judicial, com ressalva dos direitos de terceiros, inclusive dos entes públicos, após perquirição de inexistência de dívida de qualquer natureza, exigida ampla publicidade"*.

Evidentemente, devem ser resguardadas as situações jurídicas ocorridas sob o regime anterior (efeito *ex nunc*), além de serem respeitados os direitos de terceiros, que não podem ser prejudicados com a alteração do regime matrimonial[43].

Nesse sentido, caso seja autorizada a alteração do regime matrimonial de bens e, posteriormente, descubra-se a ocorrência de prejuízo a credores de um dos consortes que confiou nas consequências jurídicas da submissão anterior, essa alteração torna-se ineficaz juridicamente em relação ao prejudicado, sob pena de se admitir que o consorte seja favorecido pela sua própria iniciativa.

No que concerne ao direito dos servidores públicos, é pacífica a orientação doutrinária e jurisprudencial no sentido de que não se pode invocar direito adquirido para reivindicar a continuidade de um modelo jurídico referente ao sistema de remuneração, férias, licenças ou enquadramento ou outro qualquer benefício, exatamente por não se poder invocar direito adquirido a um dado estatuto jurídico[44], ressalvada a irredutibilidade nominal de vencimentos[45].

---

43 STJ, REsp 1.533.179, rel. Min. Marco Aurélio Bellizze, Terceira Turma, *DJe* de 23-9-2015. Na ementa consta o seguinte: "2. É possível a alteração de regime de bens de casamento celebrado sob a égide do CC de 1916, em consonância com a interpretação conjugada dos arts. 1.639, § 2º, 2.035 e 2.039 do Código atual, desde que respeitados os efeitos do ato jurídico perfeito do regime originário. 3. No caso, diante de manifestação expressa dos cônjuges, não há óbice legal que os impeça de partilhar os bens adquiridos no regime anterior, de comunhão parcial, na hipótese de mudança para separação total, desde que não acarrete prejuízo para eles próprios e resguardado o direito de terceiros. Reconhecimento da eficácia *ex nunc* da alteração do regime de bens que não se mostra incompatível com essa solução".

44 RE 116.683, rel. Min. Celso de Mello, *DJ* de 13-3-1992; ADI 2.349/ES, rel. Min. Eros Grau, *DJ* de 14-10-2005; MS 22.094/DF, rel. Min. Ellen Gracie, *DJ* de 25-2-2005; ADI 3.128/DF, rel. p/ o acórdão Cezar Peluso, *DJ* de 18-2--2005; MS 24.381/DF, rel. Min. Gilmar Mendes, *DJ* de 3-9-2004.

45 Tese firmada no Tema 41 da sistemática da repercussão geral: "I – Não há direito adquirido a regime jurídico,

5. DIREITO ADQUIRIDO, DIREITO DE PROPRIEDADE E OUTROS DIREITOS REAIS

O caráter institucional do direito de propriedade e dos demais direitos reais mostra a inadequação da tese do direito adquirido para proteger tais situações jurídicas.

A propósito, conforme reconheceu o Supremo Tribunal a legitimidade do resgate das enfiteuses instituídas antes do advento do Código Civil e gravadas com cláusula de perpetuidade[46].

Embora a questão relativa ao direito de propriedade não tenha sido discutida expressamente, não deve subsistir dúvida de que, ao proclamar a lisura constitucional da alteração, houve por bem o Tribunal, igualmente, declarar a inequívoca legitimidade da mudança de regime jurídico do direito de propriedade ou de outro direito real, não obstante eventuais reflexos sobre as posições individuais.

Vale recordar que a legitimidade de mudança do regime de direito de propriedade foi contemplada no Recurso Extraordinário n. 94.020, de 4-11-1981. No referido recurso, relativo à alegada inconstitucionalidade do art. 125 do Código de Propriedade Industrial, que sujeitava o titular de privilégio antes concedido à obrigação constante do art. 116 (constituir e manter procurador domiciliado no Brasil, sob pena de caducidade), sustentava-se que, configurando o registro anterior um direito adquirido, não poderia a lei nova impor ao seu titular uma obrigação antes inexistente[47].

O Supremo Tribunal Federal reconheceu que se a lei nova modificar o regime jurídico de determinado instituto – como é o da propriedade, seja ela de coisa móvel ou imóvel, ou de marca –, essa modificação se aplica de imediato[48].

Todos esses precedentes estão a corroborar a ideia de que o *caráter institucional* do direito de propriedade e, por conseguinte, o *conteúdo normativo* de seu âmbito de proteção permitem e legitimam a alteração do regime jurídico da propriedade, a despeito dos possíveis reflexos sobre as posições jurídicas individuais.

Embora essas disposições de *conteúdo conformativo-restritivo* possam provocar uma diminuição ou redução no patrimônio do titular do direito, não há como afastá-las com invocação de direito adquirido.

A discussão há de fazer-se tendo em vista a própria e devida proteção ao direito de propriedade.

O legislador não está impedido de *redefinir* o conteúdo do direito de propriedade, emprestando-lhe nova conformação. Esse poder de conformação é limitado pelo princípio da garantia do núcleo essencial do direito (*Wesensgehaltsgarantie*) e pela garantia institucional do direito de propriedade.

---

desde que respeitado o princípio constitucional da irredutibilidade de vencimentos" (RE 563.965, rel. Min. Cármen Lúcia, Tribunal Pleno, *DJe* de 20-3-2009).

46 RE-embargos 47.931, de 8-8-1962, rel. Min. Ribeiro da Costa, in *Referências da Súmula do STF*, v. 10, p. 24 e s.; RE 50.325, de 24-7-1962, rel. Min. Villas Boas, in *Referências da Súmula do STF*, v. 10, p. 28 e s.; RE 51.606, de 30-4-1963, rel. Min. Ribeiro da Costa, in *Referências da Súmula do STF*, v. 10, p. 30 e s.; RE 52.060, de 30-4-1960, rel. Min. Ribeiro da Costa, in *Referências da Súmula do STF*, v. 10, p. 34.

47 RE 94.020, rel. Min. Moreira Alves, *RTJ*, 104 (1)/269 (271).

48 RE 94.020, rel. Min. Moreira Alves, *RTJ*, 104 (1)/269 (271).

A pretexto de dar nova conformação ao direito de propriedade, não pode o legislador suprimir a *utilidade privada* do bem para o seu titular (respeito ao núcleo essencial). Por outro lado, com o propósito de disciplinar a forma de existência ou exercício do direito de propriedade, não pode o legislador tornar impossível a aquisição ou o exercício desse direito.

A propósito, o Supremo Tribunal teve oportunidade de asseverar, na Súmula 445, que "a Lei n. 2.437, de 7 de março de 1955, que reduz prazo prescricional, é aplicável às prescrições em curso na data de sua vigência (1º/1/1956), salvo quanto aos processos então pendentes".

Referida lei consagrou longo período de *vacatio* (de 7-3-1955 até 1º-1-1956). O Tribunal considerou que tal prazo configurava autêntica notificação aos possíveis afetados[49]. Acentuou-se também que, quando o legislador encurtou os prazos da posse *ad usucapionem,* teve por objetivo principal acelerar o processo de estabilização das situações jurídicas desenvolvidas em torno do direito de propriedade[50].

No julgamento do RE 53.919, em 12-6-1964, o Ministro Pedro Chaves anotou: "O legislador quando encurtou os prazos *ad usucapionem* teve por objetivo principal acelerar o processo de estabilidade do direito de propriedade. Criando condições novas, de prazo, para aperfeiçoamento do direito, estabeleceu um excepcional período de vacância, período que já tive oportunidade de classificar como de verdadeira notificação para alertar os interessados, possibilitando sua intervenção para interromper o curso da prescrição (...)".

Tudo indica, assim, que, a despeito das referências à não existência de direito adquirido a dado prazo prescricional, a questão foi resolvida, em sua essência, com base no caráter institucional do direito de propriedade.

6. GRAUS DE RETROATIVIDADE E SUA REPERCUSSÃO SOBRE O ESTATUTO CONTRATUAL

6.1. Considerações gerais

No conhecido voto proferido na ADI 493 destaca Moreira Alves a lição de Mattos Peixoto sobre os três graus de retroatividade – máxima, média e mínima:

> "Dá-se a retroatividade máxima (também chamada restitutória, porque em geral restitui as partes ao 'status quo ante'), quando a lei nova ataca a coisa julgada e os fatos consumados (transação, pagamento, prescrição). Tal é a decretal de Alexandre III que, em ódio à usura, mandou os credores restituírem os juros recebidos. À mesma categoria pertence a célebre lei francesa de 2 de novembro de 1793 (12 brumário do ano II), na parte em que anulou e mandou refazer as partilhas já julgadas, para os filhos naturais serem admitidos à herança dos pais, desde 14 de julho de 1789. A carta de 10 de novembro de 1937, artigo 95, parágrafo único, previa a aplicação da retroatividade máxima, porquanto dava ao

49 RE 53.919, rel. Min. Gonçalves de Oliveira, *DJ* de 30-7-1964.

50 RE 53.919, voto do Min. Pedro Chaves.

Parlamento a atribuição de rever decisões judiciais, sem excetuar as passadas em julgado, que declarassem inconstitucional uma lei.

A retroatividade é média quando a lei nova atinge os efeitos pendentes de ato jurídico verificados antes dela, exemplo: uma lei que limitasse a taxa de juros e fosse aplicada aos vencidos e não pagos.

Enfim a retroatividade é mínima (também chamada temperada ou mitigada), quando a lei nova atinge apenas os efeitos dos atos anteriores produzidos após a data em que ela entra em vigor. Tal é, no direito romano, a lei de Justiniano (C. 4, 32, 'de usuris', 26, 2 e 27 pr.), que, corroborando disposições legislativas anteriores, reduziu a taxa dos juros vencidos após a data da sua obrigatoriedade. Outro exemplo: o Decreto-Lei n. 22.626, de 7 de abril de 1933, que reduziu a taxa de juros e se aplicou, 'a partir da sua data, aos contratos existentes, inclusive aos ajuizados (art. 3º)'"[51].

A doutrina portuguesa moderna também adota a distinção da retroatividade em três graus:

a) A retroatividade de grau máximo seria aquela em que a lei nova nem sequer respeitasse as situações definitivamente decididas por sentença transitada em julgado ou por qualquer outro título equivalente (sentença arbitral homologada, transação etc.) ou aquelas causas em que o direito de ação já havia caducado[52]. Ou seja, não seriam respeitadas as *causae finitae*.

b) Na lição de Baptista de Machado, o segundo caso, que podemos chamar de retroatividade média, está representado por aquela situação que, "respeitando embora as *causae finitae*, não se detém sequer perante efeitos jurídicos já produzidos no passado, mas que não chegaram a ser objecto de uma decisão judicial, nem foram cobertos ou consolidados por um título equivalente"[53]; nesse sentido, observa-se que tal retroatividade viria a se verificar se, *v. g.*, uma lei nova viesse a reduzir a taxa legal de juros máximos e estabelecesse a sua aplicação retroativa em termos de obrigar a restituir os próprios juros vencidos sob a lei anterior (e em face desta perfeitamente legais)[54].

c) Finalmente, mencione-se a também chamada retroatividade mínima ou normal, que respeita os efeitos de direito já produzidos pela situação jurídica sob a lei anterior; seria o caso se lei nova viesse a estabelecer prazo mínimo mais longo para arrendamento rural e mandasse aplicar esse prazo aos contratos em curso no momento do início de vigência ou, ainda, se a lei nova viesse reduzir o máximo da taxa legal de juros e se declarasse aplicável aos juros dos contratos de mútuo em curso no momento do seu início de vigência, relativamente aos juros que viessem a vencer no futuro[55].

No Brasil, situação exemplificativa parece ter ocorrido com a redução dos juros do Financiamento Estudantil (Fies) à taxa fixada pelo Conselho Monetário Nacional, ope-

51 Mattos Peixoto, Limite temporal da lei, *Revista Jurídica*, da antiga Faculdade Nacional de Direito da Universidade do Brasil, v. 9, p. 9-47.

52 Cf. João Baptista Machado, *Introdução ao direito e ao discurso legitimador*, cit., p. 226.

53 Cf. João Baptista Machado, *Introdução ao direito e ao discurso legitimador*, cit., p. 226.

54 Cf. João Baptista Machado, *Introdução ao direito e ao discurso legitimador*, cit., p. 226.

55 Cf. João Baptista Machado, *Introdução ao direito e ao discurso legitimador*, cit., p. 226.

rada pela Lei n. 12.202/2010, com incidência retroativa sobre o saldo devedor dos contratos formalizados anteriormente[56].

Tal como destaca Baptista Machado, o desenvolvimento da doutrina sobre a aplicação da lei no tempo acaba por revelar especificidades do "estatuto contratual" em face do "estatuto legal". Enquanto este tem pretensão de aplicação imediata, aqueloutro estaria, em princípio, submetido à lei vigente no momento de sua conclusão, a qual seria competente para regê-lo até a extinção da relação contratual[57].

Na lição de Baptista Machado, a vontade das partes seria a razão para uma disciplina específica:

> "O fundamento deste regime específico da sucessão de leis no tempo em matéria de contratos estaria no respeito das vontades individuais expressas nas suas convenções pelos particulares – no respeito pelo princípio da autonomia privada, portanto. O contrato aparece como um acto de previsão em que as partes estabelecem, tendo em conta a lei então vigente, um certo equilíbrio de interesses que será como que a matriz do regime da vida e da economia da relação contratual. A intervenção do legislador que venha modificar este regime querido pelas partes afecta as previsões destas, transforma o equilíbrio por elas arquitetado e afecta, portanto, a segurança jurídica. Além de que as cláusulas contratuais são tão diversificadas, detalhadas e originais que o legislador nunca as poderia prever a todas. Por isso mesmo não falta quem entenda que uma lei nova não pode ser imediatamente aplicável às situações contratuais em curso quando do seu início de vigência sem violação do princípio da não retroactividade"[58].

Moreira Alves também parece notar uma peculiaridade no "estatuto contratual", ao enfatizar que nas situações estatutárias não há falar em direito adquirido, porque elas podem ser alteradas ao arbítrio de outrem, conforme o que se lê na passagem de sua intervenção no RE 226.855, transcrita na primeira parte do presente trabalho.

Assim, o Supremo Tribunal Federal tem entendido que as leis que afetam os efeitos futuros de contratos celebrados anteriormente são retroativas (retroatividade mínima), afetando a causa, que é um fato ocorrido no passado.

No RE 188.366 restou assente essa orientação, conforme se pode depreender da síntese contida na ementa do acórdão:

> "*Mensalidade escolar. Atualização com base em contrato*. Em nosso sistema jurídico, a regra de que a lei nova não prejudicará o direito adquirido, o ato jurídico perfeito e a coisa julgada, por estar inserida no texto da Carta Magna (art. 5º, XXXVI), tem caráter constitucional,

---

56 "Art. 1º Os arts. 1º, 2º, 3º, 4º, 5º, 6º, 9º, 10, 11, 12 e 13 da Lei n. 10.260, de 12 de julho de 2001, passam a vigorar com a seguinte redação:

'Art. 5º (...)

II – juros a serem estipulados pelo CMN; (...)

§ 10. A redução dos juros, estipulados na forma do inciso II deste artigo, incidirá sobre o saldo devedor dos contratos já formalizados.'"

57 Cf. João Baptista Machado, *Introdução ao direito e ao discurso legitimador*, cit., p. 237.

58 Cf. João Baptista Machado, *Introdução ao direito e ao discurso legitimador*, cit., p. 238.

impedindo, portanto, que a legislação infraconstitucional, ainda quando de ordem pública, retroaja para alcançar o direito adquirido, o ato jurídico perfeito ou a coisa julgada, ou que o Juiz a aplique retroativamente. E a retroação ocorre ainda quando se pretende aplicar de imediato a lei nova para alcançar os efeitos futuros de fatos passados que se consubstanciem em qualquer das referidas limitações, pois ainda nesse caso há retroatividade – a retroatividade mínima – uma vez que se a causa do efeito é o direito adquirido, a coisa julgada, ou o ato jurídico perfeito, modificando-se seus efeitos por força da lei nova, altera-se essa causa que constitucionalmente é infensa a tal alteração. Essa orientação, que é firme nesta Corte, não foi observada pelo acórdão recorrido que determinou a aplicação das Leis 8.030 e 8.039, ambas de 1990, aos efeitos posteriores a elas decorrentes de contrato celebrado em outubro de 1.989, prejudicando, assim, ato jurídico perfeito. Recurso extraordinário conhecido e provido"[59].

Orientação semelhante foi adotada no RE 205.999, também da relatoria de Moreira Alves:

"Compromisso de compra e venda. Rescisão. Alegação de ofensa ao art. 5º, XXXVI, da Constituição.

Sendo constitucional o princípio de que a lei não pode prejudicar o ato jurídico perfeito, ele se aplica também às leis de ordem pública. De outra parte, se a cláusula relativa à rescisão com a perda de todas as quantias já pagas constava do contrato celebrado anteriormente ao Código de Defesa do Consumidor, ainda quando a rescisão tenha ocorrido após a entrada em vigor deste, a aplicação dele para se declarar nula a rescisão feita de acordo com aquela cláusula fere, sem dúvida alguma, o ato jurídico perfeito, porquanto a modificação dos efeitos futuros de ato jurídico perfeito caracteriza a hipótese de retroatividade mínima que também é alcançada pelo disposto no art. 5º, XXXVI, da Carta Magna. Recurso extraordinário conhecido e provido"[60].

Há grande debate se o STF teria aplicado, de forma reflexa, a retroatividade média ou máxima nas ações de controle concentrado de constitucionalidade (ADCs e ADIs) que discutiram a aplicação retroativa dos requisitos da Lei da Ficha Limpa (Lei Complementar n. 135/2010[61]).

59 RE 188.366, rel. Min. Moreira Alves, *DJ* de 19-11-1999.

60 RE 205.999, rel. Min. Moreira Alves, *DJ* de 3-3-2000, p. 89.

61 "AÇÕES DECLARATÓRIAS DE CONSTITUCIONALIDADE E AÇÃO DIRETA DE INCONSTITUCIONALIDADE EM JULGAMENTO CONJUNTO. LEI COMPLEMENTAR N. 135/10. HIPÓTESES DE INELEGIBILIDADE. ART. 14, § 9º, DA CONSTITUIÇÃO FEDERAL. MORALIDADE PARA O EXERCÍCIO DE MANDATOS ELETIVOS. INEXISTÊNCIA DE AFRONTA À IRRETROATIVIDADE DAS LEIS: AGRAVAMENTO DO REGIME JURÍDICO ELEITORAL. ILEGITIMIDADE DA EXPECTATIVA DO INDIVÍDUO ENQUADRADO NAS HIPÓTESES LEGAIS DE INELEGIBILIDADE. PRESUNÇÃO DE INOCÊNCIA (ART. 5º, LVII, DA CONSTITUIÇÃO FEDERAL): EXEGESE ANÁLOGA À REDUÇÃO TELEOLÓGICA, PARA LIMITAR SUA APLICABILIDADE AOS EFEITOS DA CONDENAÇÃO PENAL. ATENDIMENTO DOS PRINCÍPIOS DA RAZOABILIDADE E DA PROPORCIONALIDADE. OBSERVÂNCIA DO PRINCÍPIO DEMOCRÁTICO: FIDELIDADE POLÍTICA AOS CIDADÃOS. VIDA PREGRESSA: CONCEITO JURÍDICO INDETERMINADO. PRESTÍGIO DA SOLUÇÃO LEGISLATIVA NO PREENCHIMENTO DO CONCEITO. CONSTITUCIONALIDADE DA LEI. AFASTAMEN-

Apesar de afastar sua aplicabilidade em relação ao pleito de 2010, bem como para os mandatos em curso, em atenção à anualidade (art. 16 da CF), a Suprema Corte acabou por permitir que atos jurídicos anteriores à vigência da Lei Complementar n. 135/2010, inclusive com efeitos extintos, fossem afetados pelo aumento dos prazos por esta alargados.

Exemplificativamente: na eleição seguinte à entrada em vigor daquela novel legislação (2012), um governador eleito para governar de 2002 a 2006, que tivesse sido cassado durante seu mandato, apesar de ter cumprido sua pena e ficado inelegível *"nos 3 (três) anos subsequentes ao término do mandato para o qual tenham sido eleitos"* (redação originária da Lei Complementar n. 64/90), com os efeitos finalizados em 2009 (cumpridos, portanto, antes da entrada em vigor Lei de Ficha Limpa), passou a ser proibido de concorrer para qualquer cargo eletivo até 2014 (8 anos após o fim do mandato cassado).

Essa retroatividade foi expressamente debatida no RE 929.670[62], no qual, por apertada maioria (6 a 5), o Plenário do STF permitiu a incidência retroativa da Lei Comple-

---

TO DE SUA INCIDÊNCIA PARA AS ELEIÇÕES JÁ OCORRIDAS EM 2010 E AS ANTERIORES, BEM COMO E PARA OS MANDATOS EM CURSO. 1. A elegibilidade é a adequação do indivíduo ao regime jurídico – constitucional e legal complementar – do processo eleitoral, razão pela qual a aplicação da Lei Complementar n. 135/10 com a consideração de fatos anteriores não pode ser capitulada na retroatividade vedada pelo art. 5º, XXXVI, da Constituição, mercê de incabível a invocação de direito adquirido ou de autoridade da coisa julgada (que opera sob o pálio da cláusula *rebus sic stantibus*) anteriormente ao pleito em oposição ao diploma legal retromencionado; subjaz a mera adequação ao sistema normativo pretérito (expectativa de direito). 2. A razoabilidade da expectativa de um indivíduo de concorrer a cargo público eletivo, à luz da exigência constitucional de moralidade para o exercício do mandato (art. 14, § 9º), resta afastada em face da condenação prolatada em segunda instância ou por um colegiado no exercício da competência de foro por prerrogativa de função, da rejeição de contas públicas, da perda de cargo público ou do impedimento do exercício de profissão por violação de dever ético-profissional. 3. A presunção de inocência consagrada no art. 5º, LVII, da Constituição Federal deve ser reconhecida como uma regra e interpretada com o recurso da metodologia análoga a uma redução teleológica, que reaproxime o enunciado normativo da sua própria literalidade, de modo a reconduzi-la aos efeitos próprios da condenação criminal (que podem incluir a perda ou a suspensão de direitos políticos, mas não a inelegibilidade), sob pena de frustrar o propósito moralizante do art. 14, § 9º, da Constituição Federal. 4. Não é violado pela Lei Complementar n. 135/10 o princípio constitucional da vedação de retrocesso, posto não vislumbrado o pressuposto de sua aplicabilidade concernente na existência de consenso básico, que tenha inserido na consciência jurídica geral a extensão da presunção de inocência para o âmbito eleitoral. (...) 12. A extensão da inelegibilidade por oito anos após o cumprimento da pena, admissível à luz da disciplina legal anterior, viola a proporcionalidade numa sistemática em que a interdição política se põe já antes do trânsito em julgado, cumprindo, mediante interpretação conforme a Constituição, deduzir do prazo posterior ao cumprimento da pena o período de inelegibilidade decorrido entre a condenação e o trânsito em julgado. 13. Ação direta de inconstitucionalidade cujo pedido se julga improcedente. Ações declaratórias de constitucionalidade cujos pedidos se julgam procedentes, mediante a declaração de constitucionalidade das hipóteses de inelegibilidade instituídas pelas alíneas 'c', 'd', 'f', 'g', 'h', 'j', 'm', 'n', 'o', 'p' e 'q' do art. 1º, inciso I, da Lei Complementar n. 64/90, introduzidas pela Lei Complementar n. 135/10, vencido o Relator em parte mínima, naquilo em que, em interpretação conforme a Constituição, admitia a subtração, do prazo de 8 (oito) anos de inelegibilidade posteriores ao cumprimento da pena, do prazo de inelegibilidade decorrido entre a condenação e o seu trânsito em julgado. 14. Inaplicabilidade das hipóteses de inelegibilidade às eleições de 2010 e anteriores, bem como para os mandatos em curso, à luz do disposto no art. 16 da Constituição. Precedente: RE 633.703, rel. Min. Gilmar Mendes (repercussão geral)" (ADC 30, rel. Min. Luiz Fux, Tribunal Pleno, j. 16-2-2012, *DJe* de 29-6-2012).

62 Tese fixada no RE 929.670, redator p/ ac. Min. Luiz Fux, Pleno, *DJe* de 12-4-2019: "A condenação por abuso do poder econômico ou político em ação de investigação judicial eleitoral transitada em julgado, *ex vi* do art. 22, XIV, da LC n. 64/90, em sua redação primitiva, é apta a atrair a incidência da inelegibilidade do art. 1º, inciso I, alínea 'd', na redação dada pela LC n. 135/2010, aplicando-se a todos os processos de registro de candidatura em trâmite".

mentar n. 135/2010, alcançando as sanções eleitorais provenientes de condenações anteriores a 2010, ao argumento de que a causa de inelegibilidade não seria uma imposição de pena, mas tão somente uma restrição da capacidade eleitoral passiva que se verificaria no momento do registro da candidatura. O voto condutor do julgamento tratou o caso como "exemplo acadêmico de retroatividade inautêntica (ou retrospectividade)".

Outro caso relevante nesse contexto é o precedente firmado na ADI 1.931[63] (cautelar), em que o Tribunal examinou dispositivos da Lei n. 9.656, de 3-6-1998 – que dispõem sobre os planos e seguros privados de assistência à saúde –, com as modificações sofridas por sucessivas medidas provisórias. No que interessa, a mencionada lei:

a) determinou a adaptação, até certo prazo, dos contratos anteriores à lei "*... que estabeleçam reajuste por mudança de faixa etária com idade inicial em sessenta anos ou mais,... para repactuação da cláusula de reajuste...*", e estabeleceu critérios para essa repactuação (art. 35-G, § 1º – redação da MP n. 1.908-18/99);

b) estabeleceu obrigatoriedade para que as empresas oferecessem o plano-referência – no dizer do Ministro Sepúlveda Pertence, plano-referência é espécie de *moldura mínima* para os planos de saúde – aos "atuais" e "futuros" consumidores (art. 10 – redação da MP n. 1.908-18/99).

Daí ter o relator, Ministro Maurício Corrêa, acentuado, no que respeita à primeira regra referida, ser "... patente e indébita a ingerência do Estado no pacto celebrado entre as partes. De fato, os dispositivos acima transcritos interferem na órbita do direito adquirido e do ato jurídico perfeito, visto que criam regras completamente distintas daquelas que foram objeto da contratação. ...A retroatividade determinada por esses preceitos faz incidir regras da legislação nova sobre cláusulas contratuais preexistentes, firmadas sob a égide do regime legal anterior, que, a meu ver, afrontam o direito consolidado das partes, de tal modo que violam o princípio consagrado no inciso XXXVI do artigo 5º da CF e põem-se em contraste com a jurisprudência desta Corte...".

Também em relação ao segundo aspecto normativo, apontou o relator que "os contratos assinados com os consumidores antes da nova legislação não podem ser modificados pelas regras ora impostas, ...".

O Tribunal concluiu, portanto, que a lei atingira os efeitos futuros dos contratos celebrados entre as empresas operadoras dos planos de saúde e os consumidores, o que se revelava contrário ao princípio do direito adquirido.

Assim, a obrigatoriedade, imposta às empresas, de ofertar o chamado "plano-referência" aos "atuais consumidores" subscritores de contratos antigos feria o princípio do ato jurídico perfeito.

Vê-se, pois, que, entre nós, não se coloca, pelo menos em relação ao estatuto contratual, a possibilidade de distinção entre leis que podem e que não podem ser dissociadas do fato do contrato, como ocorre no Direito português, com base na doutrina extraída do art. 12º, 2ª parte do Código Civil. No sistema português as leis novas poderão

63 ADI-MC 1.931/DF, rel. Min. Maurício Corrêa, *DJ* de 28-5-2004. O entendimento foi posteriormente confirmado no julgamento definitivo da ação, já sob relatoria do Min. Marco Aurélio (ADI 1.931, rel. Min. Marco Aurélio, DJ de 07-06-2018.

reger os efeitos futuros dos contratos em curso quando tais efeitos puderem ser dissociados do fato da conclusão do contrato[64].

Uma das poucas hipóteses de repercussão imediata da lei nova sobre os contratos de execução diz respeito às leis monetárias, ou seja, as leis que alterem radicalmente o sistema monetário[65].

6.2. Direito adquirido e leis monetárias

Merece consideração especial a definição dos parâmetros de proteção institucional conferida pela garantia do direito adquirido, nas hipóteses em que as normas jurídicas que alteram o padrão monetário produzam consequências também no âmbito dos contratos celebrados antes de sua vigência.

Localizam-se na jurisprudência do STF, de forma fragmentada, precedentes que demonstram o deslocamento da discussão dos efeitos de legislação monetária sobre contratos em curso da tese do ato jurídico perfeito para a tese da retroatividade mínima, no contexto do que se chama de efeitos futuros de atos passados de um contrato em curso (impertinência de invocação do direito adquirido).

Assim, tais contratos em curso passam a sofrer as consequências diretas de uma lei que altera o padrão monetário e estabelece critérios para a conversão de valores. Neste particular, merece ser registrado o RE 114.982:

> "Locação. Plano cruzado. Alegação de ofensa ao parágrafo 3º do artigo 153 da Emenda Constitucional n. 1/69. Decreto-lei n. 2.290/86 e Decreto n. 92.592/86.
>
> (...)
>
> Já se firmou a jurisprudência desta Corte, como acentua o parecer da Procuradoria-Geral da República, no sentido de que as normas que alteram o padrão monetário e estabelecem os critérios para a conversão dos valores em face dessa alteração se aplicam de imediato, alcançando os contratos em curso de execução, uma vez que elas tratam de regime legal de moeda, não se lhes aplicando, por incabíveis, as limitações do direito adquirido e do ato jurídico perfeito a que se refere o parágrafo 3º do art. 153 da Emenda Constitucional n. 1/69"[66].

Os precedentes invocados nesse julgado são referentes à previdência privada, discutindo-se se o benefício contratado segundo a variação do salário mínimo deveria respeitar nova escala de reajuste estabelecida pela lei de alteração do padrão monetário, ou seja, se haveria direito adquirido à variação contratada originalmente.

A jurisprudência do Tribunal deu sinais inequívocos, especificamente nesta matéria, no sentido de reconhecer os efeitos futuros da lei monetária sobre os contratos ce-

---

64 Cf. João Baptista Machado, *Introdução ao direito e ao discurso legitimador*, cit., p. 240-241.

65 RE 136.901/SP, rel. p/ o acórdão Min. Nelson Jobim, *DJ* de 2-2-2006; RE 141.190/SP, rel. p/ o acórdão Min. Nelson Jobim, *DJ* de 26-5-2006.

66 RE 114.982, rel. Min. Moreira Alves, *DJ* de 1º-3-1991.

lebrados anteriormente à sua vigência (retroatividade mínima), afastando a proteção do direito adquirido[67].

Até então, colocou-se como ponto central da reflexão a discussão acerca da retroatividade (em diversos graus) ou irretroatividade das leis em relação a contratos ainda em curso celebrados antes de sua vigência.

Assim sendo, a discussão sobre retroatividade (ou não) da lei monetária, e mesmo a proteção do direito adquirido diante de leis monetárias, pressupõem considerar-se as situações sob o prisma da proteção das próprias posições jusfundamentais afetadas: de um lado a proteção do direito adquirido ou de outra situação jurídica; e, de outro lado, a implementação de política monetária e os valores por ela representados.

Diante da inevitável pergunta sobre a forma adequada de proteção dessas pretensões, tem-se como resposta indicativa que a proteção a ser oferecida há de vir do próprio direito destinado a proteger a posição afetada.

Assim, se se trata de direito de propriedade ou de outro direito real, há que se invocar a proteção ao direito de propriedade estabelecida no texto constitucional. Se se tratar de proteção à política monetária ou de outro direito de perfil marcadamente institucional, também há que se invocar a própria garantia eventualmente afetada e não o princípio do direito adquirido.

Sob esse prisma, desloca-se a reflexão de uma perspectiva situada puramente no direito privado para uma lógica calcada na perspectiva constitucional de Direitos Fundamentais.

Esse entendimento foi acolhido pelo Supremo Tribunal Federal no julgamento do RE 141.190[68] relativamente à controvérsia sobre a aplicação do fator de deflação (Tablita) aos contratos anteriores com valor de resgate prefixados. Assim decidiu a Corte:

> "Aplicações em certificados de depósitos bancários com valor de resgate pré-fixado – CDB. DL 2.335 de 12.6.1987 (Congelamento de preços e salários por 90 dias). Plano Bresser. Deflação. Tablita. Aplicação imediata. Alteração de padrão monetário. Alegação de ofensa ao ato jurídico perfeito.
>
> O plano Bresser representou alteração profunda nos rumos da economia e mudança do padrão monetário do país.
>
> Os contratos fixados anteriormente ao plano incorporavam as expectativas inflacionárias e, por isso, estipulavam formas de reajuste de valor nominal.
>
> O congelamento importou em quebra radical das expectativas inflacionárias e, por consequência, em desequilíbrio econômico-financeiro dos contratos.
>
> A manutenção íntegra dos pactos importaria em assegurar ganhos reais não compatíveis com a vontade que deu origem aos contratos.
>
> A tablita representou a consequência necessária do congelamento como instrumento para se manter a neutralidade distributiva do choque na economia.

67 RE 105.137/RS, rel. Min. Cordeiro Guerra, *DJ* de 27-9-1985; RE 106.132/RS, rel. Min. Cordeiro Guerra, *DJ* de 13-2-1985; RE 116.063/RS, rel. Min. Célio Borja, *DJ* de 10-6-1988; RE 110.321/RS, rel. Min. Célio Borja, *DJ* de 28-11-1986.

68 Redator para o acórdão, Min. Nelson Jobim, julgado em 14-9-2005, *DJ* de 26-5-2006; Cf. ainda RE 136.901/SP, relator p/ o acórdão Min. Nelson Jobim, julgado em 15-3-2006, *DJ* de 2-2-2006.

O decreto-lei, ao contrário de desrespeitar, prestigiou o princípio da proteção do ato jurídico perfeito (art. 5º XXXVI, da CF) ao reequilibrar o contrato e devolver a igualdade entre as partes contratantes".

A discussão pontuada no citado precedente versa sobre política monetária e opções do Governo Federal pelo congelamento de preços e salários como política pública para conter a inflação.

Tinha-se a consciência, entretanto, principalmente no contexto de um Estado Constitucional, que se pretende garantidor de direitos fundamentais, que a aplicação desse entendimento sem maiores cautelas poderia provocar sérios prejuízos aos particulares, com manifesto desrespeito ao princípio da equidade e, hoje diríamos, ao princípio da proporcionalidade, que condiciona toda a concretização dos direitos fundamentais.

O reconhecimento de que a política monetária de um país merece proteção institucional, equiparando-se tal proteção àquela que, no plano objetivo, sempre mereceu o "estatuto do contrato", é algo que revela o deslocamento da perspectiva puramente subjetiva dos direitos fundamentais para a fórmula objetiva de tais direitos.

A perspectiva objetiva e institucional dos direitos fundamentais exige que se pondere, em cada situação concreta apresentada, os direitos fundamentais envolvidos, com a finalidade de que se extraiam desses próprios direitos os elementos de sua máxima garantia e eficácia.

Embora não se possa negar que a garantia constitucional do direito de propriedade transcende os lindes dos direitos reais e abarca, genericamente, outros valores patrimoniais, inclusive depósitos bancários[69], deve-se admitir, coerentemente, que também a propriedade desses diversos bens e valores esteja submetida ao poder de conformação do legislador, que poderá, eventualmente, ampliar o âmbito de proteção ou optar pela imposição de restrições a esse direito, sempre com observância do princípio da proporcionalidade.

Diante da mudança de ambiência econômica – tal como ocorre no caso de mudança de padrão monetário – a discussão não se pode pautar no direito adquirido. No máximo, é possível discutir se há prejuízos reais quanto ao direito fundamental material envolvido (no caso os valores patrimoniais/propriedade), o que recomenda, para tais situações, normas de transição claras.

7. DIREITO ADQUIRIDO E RECURSO JUDICIAL

Controvérsia relevante diz respeito a eventual direito adquirido a interposição de recurso judicial. Ou, se se quiser, qual seria a lei apta a reger o recurso contra decisão judicial: a lei do tempo da decisão ou a do tempo de sua publicação.

69 Cf., entre nós, Pontes de Miranda, *Comentários à Constituição de 1967, com a Emenda n. 1, de 1969*. 3. ed., tomo V, Rio de Janeiro, 1987, p. 392; v. também Hesse, *Grundzüge des Verfassungsrechts*. Heidelberg, 1988, p. 172; Pieroth e Schlink, *Grudrechte – Staatsrecht*. 4. ed., Heidelberg, 1988, p. 231 s.

O Supremo Tribunal Federal tem entendido que a admissibilidade e a legitimação para o recurso regem-se pela lei do tempo da decisão recorrida[70] e os efeitos do recurso, pela lei vigente no dia da interposição[71].

Nesse sentido, ao apreciar a aplicação dos efeitos da repercussão geral, o Tribunal reconheceu que o novo pressuposto de admissibilidade só poderia ser exigido nos recursos extraordinários com termo inicial em 3-5-2007, data em que o instituto foi definitivamente regulamentado no Regimento Interno do STF[72]. Por um lado, os recursos anteriores não poderiam ser prejudicados pela ausência de novo pressuposto de admissibilidade, razão pela qual eles não poderiam ser afetados pela negação da repercussão geral ou pela ausência da preliminar. Por outro lado, caso afirmada a repercussão geral da questão constitucional, o STF reconheceria a plena aplicabilidade dos seus efeitos, como a devolução, o sobrestamento, o juízo de retratação e o reconhecimento do prejuízo, a esses recursos anteriores[73].

Indagação importante diz respeito à situação na qual o julgamento é anterior e a publicação posterior ao início de vigência da lei nova que suprime o recurso.

Na ADI 1.591 discutiu-se se ainda seriam cabíveis os embargos infringentes contra decisão proferida em ADI, suprimidos pela Lei n. 9.868/99. No caso, embora a decisão tenha sido proferida antes do advento da referida lei, a decisão somente foi publicada após a sua entrada em vigor.

A propósito anotou o relator, Ministro Sepúlveda Pertence:

> "encontrei no douto Galeno de Lacerda a distinção que intuía necessária e a solução de cujo acerto me convenci. De seu opúsculo precioso, extraio:
>
> '... proferida a decisão, a partir desse momento nasce o direito subjetivo à impugnação, ou seja, o direito ao recurso autorizado pela lei vigente nesse momento'.
>
> Tendo em conta, por conseguinte, que, ao tempo do julgamento da ADIn, a decisão – considerados os votos vencidos – era susceptível de embargos infringentes, rejeito a preliminar e deles conheço"[74].

Assim, também o aludido precedente referenda a orientação segundo a qual há um direito subjetivo ao recurso com base na lei vigente na data da decisão judicial.

Parece, igualmente, traduzir a melhor doutrina orientação segundo a qual o prazo para recorrer ou impugnar uma decisão judicial será aquele previsto em lei vigente na data da prolação do *veredictum*[75].

---

70 RE 78.057, rel. Min. Luiz Gallotti, *RTJ*, 68/879; RE 85815, rel. Min. Bilac Pinto, *RTJ*, 81/26; cf. também ADI 1.591, rel. Min. Sepúlveda Pertence, *DJ* de 12-9-2003.

71 RE 82.902, rel. Min. Cunha Peixoto, *RTJ*, 78/274; cf. também ADI 1.591, rel. Min. Sepúlveda Pertence, *DJ* de 12-9-2003.

72 QO-AI 664.567, rel. Min. Sepúlveda Pertence, *DJ* de 6-9-2007.

73 QO-AI 715.423, rel. Min. Ellen Gracie, *DJ* de 5-9-2008; cf. também QO-RE 540.410, rel. Min. Cezar Peluso, *DJ* de 17-10-2008.

74 ADI 1.591, rel. Min. Sepúlveda Pertence, *DJ* de 12-9-2003.

75 Cf. Carlos Maximiliano, *Direito intertemporal*, cit., p. 273.

8. A DOUTRINA DO DIREITO ADQUIRIDO NA JURISPRUDÊNCIA DO SUPREMO TRIBUNAL FEDERAL

Um rápido inventário da jurisprudência demonstra que a controvérsia sobre direito adquirido na sua tríplice acepção (direito adquirido, ato jurídico perfeito e coisa julgada) tem amplo significado na atividade do Supremo Tribunal Federal nas mais diversas searas.

Assim, tem-se afirmado a existência de direito adquirido no âmbito das relações instituídas entre servidor público e Administração, como, *v. g.*:

a) (...) a jurisprudência do Supremo Tribunal Federal reconhece aos aposentados "direito adquirido aos proventos conforme a lei regente ao tempo da reunião dos requisitos da inatividade, ainda quando só requerida após a lei menos favorável"[76].

b) "Conversão de licença-prêmio não gozada em tempo de serviço. Direito adquirido antes da vigência da emenda constitucional 20/98. Conversão de licença-prêmio em tempo de serviço: direito adquirido na forma da lei vigente ao tempo da reunião dos requisitos necessários para a conversão"[77].

c) Igualmente pacífico é o reconhecimento quanto ao direito à irredutibilidade de vencimentos como manifestação de um direito adquirido qualificado. Afirma-se que "dada a garantia de irredutibilidade, da alteração do regime legal de cálculo ou reajuste de vencimentos ou vantagens funcionais jamais poderá ocorrer a diminuição do quanto já percebido conforme o regime anterior, não obstante a ausência de direito adquirido à sua preservação"[78].

d) *"É da jurisprudência do Supremo Tribunal que não pode o agente público opor, à guisa de direito adquirido, a pretensão de manter determinada fórmula de composição de sua remuneração total, se da alteração, não decorre a redução dela"*[79].

e) Consagração, na jurisprudência do Supremo, do princípio *tempus regit actum* quanto ao momento de referência para a concessão de benefício nas relações previdenciárias. Orientação fixada no sentido de que, se o direito ao benefício foi adquirido anteriormente à edição da nova lei, o seu cálculo deve se efetuar de acordo com a legislação vigente à época em que atendidos os requisitos necessários[80].

f) Não fere direito adquirido decisão que, no curso de processamento de pedido de licença de construção em projeto de loteamento, estabelece novas regras de ocupação do solo[81]

---

76 RE-AgRg 269.407, rel. Min. Carlos Velloso, *DJ* de 2-8-2002; RE 243.415, rel. Min. Sepúlveda Pertence, *DJ* de 11-2-2000; Súmula/STF 359.

77 RE-AgRg 394.661, rel. Min. Carlos Velloso, *DJ* de 14-10-2005.

78 RE-AgRg 191.476, rel. Min. Sepúlveda Pertence, *DJ* de 30-6-2006; RE 226.462, rel. Min. Sepúlveda Pertence, *DJ* de 25-5-2001; Cf. também o MS 24.875, rel. Min. Sepúlveda Pertence, *DJ* de 6-10-2006, no qual se discutiu o teto constitucional de magistrados após a 41/2003. Direito dos impetrantes, ministros aposentados do STF, de continuar recebendo o acréscimo de 20% sobre os proventos até que seu montante seja absorvido pelo subsídio fixado em lei para o Ministro do Supremo Tribunal Federal. No mesmo sentido: RE 298.695/SP, rel. Min. Sepúlveda Pertence, *DJ* de 24-10-2003; RE 298.694/SP, rel. Min. Sepúlveda Pertence, *DJ* de 23-10-2004.

79 MS 24.875, rel. Min. Sepúlveda Pertence, no qual se impugnou o teto dos subsídios e proventos de magistrado (EC 41/2003, art. 8º), em razão da extinção do adicional por tempo de serviço. *DJ* de 6-10-2006.

80 RE 416.827, rel. Min. Gilmar Mendes, *DJ* de 25-10-2007 (pensão por morte).

81 RE 212.780, rel. Min. Ilmar Galvão, *DJ* de 25-6-1999; RE 85.002/SP, rel. Min. Moreira Alves, *RTJ*, 79/1016.

g) "O Fundo de Garantia do Tempo de Serviço – FGTS, ao contrário do que sucede com as cadernetas de poupança, não tem natureza contratual, mas, sim, estatutária, por decorrer da Lei e por ela ser disciplinado. Assim, é de aplicar-se a ele a firme jurisprudência desta Corte no sentido de que não há direito adquirido a regime jurídico. Quanto à atualização dos saldos do FGTS relativos aos Planos Verão e Collor I (este no que diz respeito ao mês de abril de 1990), não há questão de direito adquirido a ser examinada, situando-se a matéria exclusivamente no terreno legal infraconstitucional"[82].

---

82 RE 226.855, rel. Min. Moreira Alves, *DJ* de 13-10-2000. Outros casos apreciados pela Corte:

ADI 2.349/ES, rel. Min. Eros Grau, *DJ* de 31-8-2005 (Policiais civis. Direito adquirido a transporte gratuito. Inexistência).

RE 136.901/SP, rel. p/ o acórdão Min. Nelson Jobim, *DJ* de 2-6-2006 (*"Tablita. Plano cruzado. Regra de deflação do decreto-lei 2.284/86. Princípios do direito adquirido, do ato jurídico perfeito e da coisa julgada. Alteração de padrão monetário. 1. No julgamento do RE 141.190, o plenário do STF entendeu que o fator de deflação veio a preservar o equilíbrio econômico-financeiro inicial dos contratos, diante da súbita interrupção do processo inflacionário. A manutenção dos contratos então vigentes – que traziam embutida a tendência inflacionária – importaria em ganhos irreais, desiguais e incompatíveis com o pacto firmado entre as partes antes da alteração radical do ambiente monetário e econômico. 2. Também por isso se confirmou a tese de que normas de ordem pública que instituem novo padrão monetário têm aplicação imediata em relação aos contratos em curso como forma de reequilibrar a relação jurídica antes estabelecida. 3. O Plano Funaro (Cruzado) também representou mudança de padrão monetário e alteração profunda dos rumos econômicos do país e, por isso, a esse plano econômico também se aplica a jurisprudência assentada no julgamento do RE 141.190. Negado provimento ao recurso"*).

RE 392.559, rel. Min. Gilmar Mendes, *Informativo* 415 (Aposentadoria especial. Direito adquirido. Lei 8.213/91. *Tempus regit actum*). No mesmo sentido: RE-AgRg 367.314/SC, rel. Min. Sepúlveda Pertence, *DJ* de 14-5-2004; RE 352.322/SC, rel. Min. Ellen Gracie, *DJ* de 19-9-2003.

AI-AgRg 159.292/SP, rel. Min. Carlos Velloso, *DJ* de 13-6-1997 (Bem de família. Imóvel residencial do casal ou de entidade familiar: impenhorabilidade. Penhora anterior à Lei 8.009, de 29-3-1990. Aplicabilidade da Lei 8.009 a execuções pendentes. Inocorrência de ofensa a ato jurídico perfeito ou a direito adquirido).

HC 77.592/SP, rel. Min. Ilmar Galvão, *DJ* de 3-11-1998 (Pena. Remição. Cometimento de falta grave. Benefício cancelado com base no art. 127 da LEP. Inexistência de afronta ao direito adquirido e à coisa julgada).

AI 159.587/SC, rel. Min. Sepúlveda Pertence, *DJ* de 8-5-1998 (Direito adquirido em face de norma constitucional originária. Inexistência).

ADI 248/RJ, rel. Min. Celso de Mello, *DJ* de 8-4-1994 (A supremacia jurídica das normas constitucionais não permite que contra elas seja invocado o direito adquirido, exceto nas hipóteses por ela mesma previstas).

RE 184.099/DF, rel. Min. Octavio Gallotti, *RTJ*, 165/327 (Retroatividade de norma pública em benefício do particular. Inexistência de afronta ao direito adquirido). No mesmo sentido: RE 167.887/SP, rel. Min. Octavio Gallotti, *DJ* de 18-8-2000.

ADI 605, rel. Min. Celso de Mello, *RTJ*, 145/463 (*o princípio da irretroatividade "somente" condiciona a atividade jurídica do estado nas hipóteses expressamente previstas pela constituição, em ordem a inibir a ação do poder público eventualmente configuradora de restrição gravosa (a) ao "status libertatis" da pessoa (cf., art. 5º, XL), (b) ao "status subjectionis" do contribuinte em matéria tributária (cf., art. 150, III, "a") e (c) a "segurança" jurídica no domínio das relações sociais (cf., art. 5º,* XXXVI*) – na medida em que a retroprojeção normativa da lei "não" gere e "nem" produza os gravames referidos, nada impede que o estado edite e prescreva atos normativos com efeito retroativo"*).

RMS 21.789/DF, rel. Min. Sydney Sanches, *DJ* de 31-5-1996 (Remuneração. Critério legal de fixação. Direito adquirido. Inexistência). No mesmo sentido: RE 183.700/PR, rel. Min. Ilmar Galvão, *DJ* de 6-12-1996; RE 193.952/ES, rel. Min. Ilmar Galvão, *DJ* de 19-9-1997.

RE 226.749/PE, rel. Min. Ellen Gracie, *DJ* de 2-8-2002 (Imposto de Renda. Prorrogação de prazo de isenção. A Lei 7.450/85 revogou a possibilidade de aumento do prazo de isenção do IRPJ de dez para quinze anos prevista no art. 3º do Decreto-Lei n. 1.564/77. No momento de sua publicação, as recorridas possuíam mera expectativa de direito à prorrogação do benefício, que restou frustrada, com a mudança na sistemática da concessão do incentivo).

RE 212.780, rel. Min. Ilmar Galvão, *DJ* de 25-6-1999 (Pedido em andamento de licença de construção em projeto de loteamento. Superveniência de novas regras de ocupação do solo. Direito adquirido. Ofensa inocorrente).

ADI 2.306/DF, rel. Min. Ellen Gracie, *DJ* de 31-10-2002 (Inexistência de ofensa ao direito adquirido dos partidos políticos em relação aos valores correspondentes às multas objeto da anistia).

h) O Tribunal considerou que não há direito adquirido ao recebimento de benefício previdenciário, quando tal benefício está fundado em lei declarada não recepcionada pelo sistema constitucional[83].

i) O STF assentou, quanto à irreversibilidade de ato hígido, que o Tribunal de Contas da União fere direito subjetivo constitucional quando anula ascensão funcional, que foi por ele mesmo aprovada, mais de cinco anos antes[84].

j) "As vantagens remuneratórias adquiridas no exercício de determinado cargo público não autorizam o seu titular, quando extinta a correspondente relação funcional, a transportá-las para o âmbito de outro cargo, pertencente a carreira e regime jurídico distintos, criando, assim, um direito de *tertium genus*, composto das vantagens de dois regimes diferentes"[85]. Entendeu-se que não tem amparo constitucional a pretensão de acumular a vantagem correspondente a "quintos" a qual o titular fazia jus no exercício de cargo diverso.

k) Inexiste direito adquirido a regime jurídico previdenciário não sujeito à decadência. Em se tratando de prazo estipulado por lei para revisão de ato de concessão inicial de benefício previdenciário, a Suprema Corte definiu que o prazo decadencial de 10 anos, instituído pela primeira vez por meio da Medida Provisória n. 1.523-9, de 27-6-1997, incidiria sobre atos administrativos concessivos anteriores à sua vigência[86].

Quanto ao ato jurídico perfeito, afirma-se, dentre outros precedentes relevantes, que:

a) "O princípio constitucional do respeito ao ato jurídico perfeito se aplica também, conforme é o entendimento desta Corte, às leis de ordem pública. Correto, portanto, o acórdão recorrido ao julgar que, no caso, ocorreu afronta ao ato jurídico perfeito, porquanto, com relação à caderneta de poupança, há contrato de adesão entre o poupador e o estabelecimento financeiro, não podendo, portanto, ser aplicada a ele, durante o período para a aquisição da correção monetária mensal já iniciado, legislação que altere, para menor, o índice dessa correção"[87].

b) A Primeira Turma da Suprema Corte decidiu, no julgamento do AI-AgR 580.966/SP, que a garantia constitucional do ato jurídico perfeito não afasta a possibilidade de revisão do contrato para coibir o enriquecimento sem causa.

MS 24.784/PB, rel. Min. Carlos Velloso, *DJ* de 25-6-2004 (Gratificação incorporada por força de lei. Sua absorção por lei posterior que majorou vencimentos. Inexistência de ofensa ao direito adquirido ou à irredutibilidade de vencimentos).

83 RE 436.995-AgR, rel. Min. Ellen Gracie, *DJ* de 28-11-2008.

84 MS 26.560, rel. Min. Cezar Peluso, *DJ* de 22-2-2008 e MS 26.406, rel. Min. Joaquim Barbosa, *DJ* de 19-12-2008.

85 RE 587.371, rel. Min. Teori Zavascki, j. 14-11-2013, Plenário.

86 RE 626.489, rel. Min. Roberto Barroso, Tribunal Pleno, *DJe* de 23-9-2014 (DIREITO PREVIDENCIÁRIO. REGIME GERAL DE PREVIDÊNCIA SOCIAL. REVISÃO DO ATO DE CONCESSÃO DE BENEFÍCIO. DECADÊNCIA. "É legítima, todavia, a instituição de prazo decadencial de dez anos para a revisão de benefício já concedido, com fundamento no princípio da segurança jurídica, no interesse em evitar a eternização dos litígios e na busca de equilíbrio financeiro e atuarial para o sistema previdenciário. (...). O prazo decadencial de dez anos, instituído pela Medida Provisória 1.523, de 28.06.1997, tem como termo inicial o dia 1º de agosto de 1997, por força de disposição nela expressamente prevista. Tal regra incide, inclusive, sobre benefícios concedidos anteriormente, sem que isso importe em retroatividade vedada pela Constituição. 4. Inexiste direito adquirido a regime jurídico não sujeito a decadência".

87 RE 202.584, rel. Min. Moreira Alves, *DJ* de 14-11-1996; RE 209.519/SC, rel. Min. Celso de Mello, *DJ* de 29-8-1997.

c) "Se a lei alcançar os efeitos futuros de contratos celebrados anteriormente a ela, será essa lei retroativa (retroatividade mínima) porque vai interferir na causa, que é um ato ou fato ocorrido no passado. O disposto no artigo 5º, XXXVI, da Constituição Federal se aplica a toda e qualquer lei infraconstitucional, sem qualquer distinção entre lei de direito público e lei de direito privado, ou entre lei de ordem pública e lei dispositiva. Precedente do STF. Ocorrência, no caso, de violação de direito adquirido. A taxa referencial (TR) não é índice de correção monetária, pois, refletindo as variações do custo primário da captação dos depósitos a prazo fixo, não constitui índice que reflita a variação do poder aquisitivo da moeda. Por isso, não há necessidade de se examinar a questão de saber se as normas que alteram índice de correção monetária se aplicam imediatamente, alcançando, pois, as prestações futuras de contratos celebrados no passado, sem violarem o disposto no artigo 5º, XXXVI, da Carta Magna. Também ofendem o ato jurídico perfeito os dispositivos impugnados que alteram o critério de reajuste das prestações nos contratos já celebrados pelo sistema do Plano de Equivalência Salarial por Categoria Profissional (PES/CP)"[88].

d) "Correção das contas vinculadas do FGTS. Desconsideração do acordo firmado pelo trabalhador. Vício de procedimento. Acesso ao colegiado. Superação da preliminar de vício procedimental ante a peculiaridade do caso: matéria de fundo que se reproduz em incontáveis feitos idênticos e que na origem (Turmas Recursais dos Juizados Especiais da Seção Judiciária do Rio de Janeiro) já se encontra sumulada. Inconstitucionalidade do Enunciado n. 21 das Turmas Recursais da Seção Judiciária do Rio de Janeiro, que preconiza a desconsideração de acordo firmado pelo trabalhador e previsto na Lei Complementar n. 110/2001. Caracterização de afastamento, de ofício, de ato jurídico perfeito e acabado. Ofensa ao princípio inscrito no art. 5º, XXXVI, do Texto Constitucional"[89].

e) "Bem de família: impenhorabilidade legal (L. 8.009/90): aplicação aos processos em curso, desconstituindo penhoras anteriores, sem ofensa de direito adquirido ou ato jurídico perfeito: precedentes"[90].

---

88 ADI 493, rel. Min. Moreira Alves, *DJ* de 4-9-1992. Esse posicionamento foi reafirmado na ADI 3.005, rel. Min. Ricardo Lewandowski, Pleno, j. 1º-7-2020 (acórdão pendente de publicação), ao declarar a inconstitucionalidade do art. 26 da Lei n. 8.177/91, que determinava a aplicação da TR em substituição ao IPC sobre contratos anteriores à promulgação do diploma normativo, com fundamento na ofensa à regra da intangibilidade do ato jurídico perfeito.

89 RE 418.918, rel. Min. Ellen Gracie, *DJ* de 1º-7-2005; AC 272-MC, voto da Ministra Ellen Gracie, *DJ* de 25-2-2005.

90 RE 224.659, rel. Min. Sepúlveda Pertence, *DJ* de 8-5-1998; RE 136.753, rel. Min. Carlos Velloso, *DJ* de 25-4-1997. Outros casos apreciados pela Corte:

MS 23.299/SP, rel. Min. Sepúlveda Pertence, *DJ* de 12-4-2002 (*"Cassação de aposentadoria pela prática, na atividade, de falta disciplinar punível com demissão (L. 8.112/90, art. 134): constitucionalidade, sendo irrelevante que não a preveja a Constituição e improcedente a alegação de ofensa do ato jurídico perfeito"*).

ADI-MC 2.214/MS, rel. Min. Maurício Corrêa, *DJ* de 19-4-2002 ("Lei 1.952, de 19 de março de 1999, do Estado do Mato Grosso do Sul, que 'dispõe sobre os depósitos judiciais e extrajudiciais de tributos estaduais'. Confisco e empréstimo compulsório: não ocorrência. Inexistência de ofensa ao ato jurídico perfeito").

ADI-MC 1.715/DF, rel. Min. Maurício Corrêa, *DJ* de 30-4-2004 ("Não ofende o princípio constitucional do ato jurídico perfeito a norma legal que estabelece novos prazos prescricionais, porquanto estes são aplicáveis às relações jurídicas em curso, salvo quanto aos processos então pendentes").

RMS 22.111/DF, rel. Min. Sydney Sanches, *DJ* de 14-11-1996 ("Universidade Braz Cubas, de Mogi das Cruzes. Curso de Odontologia. Fechamento. ...O ato impugnado com a impetração se funda, também, no inc. II do art.

f) No julgamento do MS 26.085/DF, o Pleno do STF decidiu que, *"Ato administrativo complexo, a aposentadoria do servidor somente se torna ato perfeito e acabado após seu exame e registro pelo Tribunal de Contas da União"*.

Quanto à coisa julgada, alguns pronunciamentos relevantes:

a) "Inquérito policial: arquivamento com base na atipicidade do fato: eficácia de coisa julgada material. A decisão que determina o arquivamento do inquérito policial, quando fundado o pedido do Ministério Público em que o fato nele apurado não constitui crime, mais que preclusão, produz coisa julgada material, que – ainda quando emanada a decisão de juiz absolutamente incompetente –, impede a instauração de processo que tenha por objeto o mesmo episódio"[91].

b) Vantagem deferida a servidor por sentença judicial transitada em julgado, com posterior incorporação em legislação superveniente. Subsequente aposentadoria e análise pelo Tribunal de Contas. Anteriormente, o STF entendia que não seria possível aos Tribunais de Contas, na análise do ato concessivo de aposentadoria, determinar a supressão de vantagem reconhecida em sentença com trânsito em julgado, sob o argumento de que a situação jurídica coberta pela coisa julgada somente poderia ser modificada pela via da ação rescisória[92].

---

209 da Constituição Federal, segundo o qual, 'o ensino é livre à iniciativa privada', desde que atendidas certas condições, dentre as quais 'autorização' e avaliação de qualidade pelo Poder Público. Vale dizer, o próprio ensino, pela empresa privada, depende de 'autorização e avaliação de qualidade pelo Poder Público'. Desde o advento, pelo menos, da Constituição Federal, que é de 5-10-1988, anterior, portanto, à deliberação dos Conselhos da Universidade Braz Cubas, datada de 20 de maio de 1989. Já por essa razão não se poderia falar em direito adquirido à criação do Curso de Odontologia, nem em ato jurídico perfeito").

SS-AgRg, 775/SP, rel. Min. Sepúlveda Pertence, *DJ* de 23-2-1996 ("Imposto de importação: automóveis de passeio: aumento da alíquota (CF, art. 153, I e par. 1º): incidência sobre mercadorias já adquiridas, quando da edição do decreto: pedido de suspensão de liminar em mandado de segurança impetrado sob a alegação de ofensa ao ato jurídico perfeito: deferimento da suspensão, com base na relevância da tese contrária da União e da necessidade de salvaguardar os efeitos extrafiscais da medida: suspensão que se mantém, dado que ditos efeitos não foram definitivamente prejudicados pela remessa das divisas correspondentes à aquisição de mercadoria, dadas as providências governamentais tomadas para viabilizar a reexportação").

ADI-MC 1.236/DF, rel. Min. Ilmar Galvão, *DJ* de 26-4-1996 ("Ação Direta de Inconstitucionalidade. Íntegra dos arts. 1º e 2º, e parte do art. 5º, da Medida Provisória n. 932, de 1º de março de 1995, que dispõe sobre as mensalidades escolares. Alegada afronta ao princípio do ato jurídico perfeito. Considerando que a lei, em face do princípio da irretroatividade, só pode ser considerada inconstitucional quando prevê, expressamente, sua aplicação a fatos passados, hipótese não verificada no art. 1º, sob exame, dá-se interpretação conforme ao mencionado dispositivo, em sua parte final, para o fim declarar-se ser ela constitucional se não alcançar o ato jurídico perfeito").

ADI 608/DF, rel. Min. Cármen Lúcia, *DJ* de 17-8-2007 ("... Art. 27, §§ 1º e 2º, da Lei n. 8.177, de 1º de março de 1991. Fator de deflação. Ausência de afronta ao ato jurídico perfeito. Precedentes. 1. A submissão dos contratos e títulos de crédito constituídos entre 1º-9-1990 e 31-1-1991 ao fator de deflação não afronta o ato jurídico perfeito. Precedentes. 2. Ação Direta de Inconstitucionalidade julgada improcedente. ...").

91 HC 80.560, rel. Min. Sepúlveda Pertence, *RTJ*, 179 (2)/755; Inq. 1.538, rel. Min. Sepúlveda Pertence, *RTJ*, 178 (3)/ 1090; Inq. 2.044-QO, rel. Min. Sepúlveda Pertence, *DJ* de 28-10-2004; HC 75.907, rel. Min. Sepúlveda Pertence, *DJ* de 9-4-1999; HC 80.263, rel. Min. Ilmar Galvão, *RTJ*, 186 (3)/1040; HC 83.346, rel. Min. Sepúlveda Pertence, *DJ* de 19-8-2005.

92 MS 25.460, rel. Min. Carlos Velloso, *DJ* de 10-2-2006. Outros casos apreciados pela Corte:

RE 144.996/SP, rel. Min. Moreira Alves, *RTJ*, 164/1056 (*"A coisa julgada a que se refere o artigo 5º, XXXVI, da Carta Magna é, como conceitua o § 3º do artigo 6º da Lei de Introdução ao Código Civil, a decisão judicial de que já não caiba recurso, e não a denominada coisa julgada administrativa"*).

MS 25.460/DF, rel. Min. Carlos Velloso, *DJ* de 10-2-2006 (Proventos. Vantagem incorporada por decisão judi-

Contudo, desde o julgamento do RE 596.663, red. p/ acórdão Min. Teori Zavascki, *DJe* de 25-11-2014 (Tema 494 da repercussão geral), a Corte reviu seu posicionamento para admitir que *"A sentença que reconhece ao trabalhador ou a servidor o direito a determinado percentual de acréscimo remuneratório deixa de ter eficácia a partir da superveniente incorporação definitiva do referido percentual nos seus ganhos"*[93], permitindo ao Tribunal de Contas, ao analisar o ato concessivo da aposentadoria, suprimir tal parcela em caso de incorporação vencimental posterior, sem que se configure ofensa à coisa julgada[94].

c) Fere a coisa julgada formal a decisão de Tribunal que, depois de deferir perícia em todas as coisas apreendidas determina, em questão de ordem subsequente ao trânsito em julgado do acórdão, que a prova se realize por amostragem[95].

d) O Supremo Tribunal Federal tem entendimento pacífico no sentido de que a falta grave cometida pelo sentenciado durante o cumprimento de pena implica a perda dos dias

---

cial transitada em julgado. Exclusão determinada pelo TCU. Ofensa à coisa julgada. Situação que somente pode ser mudada por via rescisória).

RE 429.171/RS, rel. Min. Carlos Britto, *DJ* de 11-2-2005 (*"em se tratando de competência absoluta, mostra-se equivocado o entendimento segundo o qual decisão judicial com trânsito em julgado não pode ser reapreciada, especialmente quando caracterizar nulidade absoluta"*).

RE-AgRg, 189.787/SP, *DJ* de 4-4-1997 ("Acórdão que entendeu pela legitimidade da prática do diferimento do ICM. Pretensa afronta aos princípios da não cumulatividade e da coisa julgada. Acórdão que se encontra em consonância com a jurisprudência desta Corte, segundo a qual o diferimento do ICM não gera direito ao crédito do tributo, nem ofende o princípio da não cumulatividade, não havendo que se falar, ainda, em coisa julgada se a decisão invocada se refere a exercícios anteriores").

93 RE 596.663, redator p/ acórdão Min. Teori Zavascki, Pleno, *DJe* de 25-11-2014 ("1. A força vinculativa das sentenças sobre relações jurídicas de trato continuado atua *rebus sic stantibus*: sua eficácia permanece enquanto se mantiverem inalterados os pressupostos fáticos e jurídicos adotados para o juízo de certeza estabelecido pelo provimento sentencial. A superveniente alteração de qualquer desses pressupostos (a) determina a imediata cessação da eficácia executiva do julgado, independentemente de ação rescisória ou, salvo em estritas hipóteses previstas em lei, de ação revisional, razão pela qual (b) a matéria pode ser alegada como matéria de defesa em impugnação ou em embargos do executado. 2. Afirma-se, nessa linha de entendimento, que a sentença que reconhece ao trabalhador ou servidor o direito a determinado percentual de acréscimo remuneratório deixa de ter eficácia a partir da superveniente incorporação definitiva do referido percentual nos seus ganhos. 3. Recurso extraordinário improvido").

94 MS 30.556 AgR, rel. Min. Rosa Weber, Primeira Turma, *DJe* de 20-6-2017 ("2. Houve, contudo, alteração da jurisprudência desta Suprema Corte, que passou a rechaçar a tese de afronta à coisa julgada, ao fundamento de que o Tribunal de Contas da União, em casos como o presente, apenas identifica o exaurimento da eficácia de comandos judiciais transitados em julgado, ante a superveniência de alterações legislativas que promovem reestruturações remuneratórias e absorvem parcelas judicialmente reconhecidas");

MS 33.561 AgR, rel. Min. Luiz Fux, Primeira Turma, *DJe* de 7-11-2016 ("1. A garantia fundamental da coisa julgada (CRFB/88, art. 5º, XXXVI) não resta violada nas hipóteses em que ocorrerem modificações no contexto fático-jurídico em que produzida – como as inúmeras leis que fixam novos regimes jurídicos de remuneração. (...) As vantagens remuneratórias pagas aos servidores inserem-se no âmbito de uma relação jurídica continuativa, e, assim, a sentença referente a esta relação produz seus efeitos enquanto subsistir a situação fática e jurídica que lhe deu causa. A modificação da estrutura remuneratória ou a criação de parcelas posteriormente à sentença são fatos novos, não abrangidos pelos eventuais provimentos judiciais anteriores");

MS 25.967 ED, rel. Min. Edson Fachin, Primeira Turma, *DJe* de 9-8-2016 ("Percentual de 26,06% (Plano Bresser). Violação à coisa julgada e à separação entre os Poderes. Inexistência. (...) 1. Nos termos da jurisprudência recentemente delineada, tratando-se de relação jurídica de trato continuado, a eficácia temporal da sentença permanece enquanto se mantiverem inalterados os pressupostos fáticos que lhe deram suporte").

95 HC 95.295, rel. Min. Cezar Peluso, *DJ* de 5-12-2008.

remidos, conforme determinação do art. 127 da Lei de Execuções Penais, sem que isso signifique *bis in idem* ou violação a direito adquirido. Em razão desse entendimento consolidado, a Suprema Corte editou a Súmula Vinculante 9, com o seguinte teor: "O disposto no artigo 127 da Lei n. 7.210/1984 (Lei de Execução Penal) foi recebido pela ordem constitucional vigente, e não se lhe aplica o limite temporal previsto no *caput* do artigo 58".

e) A 1ª Turma do Supremo Tribunal Federal assentou que o prazo decadencial de ação rescisória, caso existam capítulos autônomos, é contado a partir do trânsito em julgado em cada decisão[96]. Mencionou-se entendimento adotado pela Corte no julgamento da Décima Primeira Questão de Ordem na Ação Penal n. 470/MG[97], na qual se concluiu pela imediata executoriedade dos capítulos autônomos do acórdão condenatório[98].

f) É inconstitucional a incorporação de quintos decorrente do exercício de funções comissionadas no período compreendido entre a edição da Lei n. 9.624/98 e a MP 2.225-48/2001. No RE 638.115 ED ED, a Suprema Corte, todavia, entendeu que deveria manter o pagamento dos quintos incorporados por força de decisão judicial transitada em julgado, assentando que existem mecanismos em nosso ordenamento aptos a rescindir o título executivo, ou ao menos torná-lo inexigível, quando a sentença exequenda fundamentar-se em interpretação considerada inconstitucional pelo STF. No mesmo precedente, manteve-se o pagamento da referida parcela incorporada em decorrência de decisões administrativas, bem ainda aquelas recebidas em virtude de decisão judicial sem trânsito em julgado, até que sejam absorvidas por quaisquer reajustes futuros a contar da data do julgamento[99].

g) No Tema 792 da sistemática da repercussão geral, o STF decidiu que a *"Lei disciplinadora da submissão de crédito ao sistema de execução via precatório possui natureza material e processual, sendo inaplicável à situação jurídica constituída em data que a anteceda"*, mantendo o valor do teto da requisição de pequeno valor (RPV) em vigor na época do trânsito em julgado da fase de conhecimento[100].

h) Durante o período previsto no § 1º do art. 100 da Constituição, não incidem juros de mora sobre os precatórios que nele sejam pagos (Súmula Vinculante 17 do STF), ainda que o título judicial transitado em julgado tenha determinado a incidência, afastando-se alegação de violação à coisa julgada, ao argumento de que inexiste possibilidade de título judicial contrariar frontalmente a Constituição. Em decorrência da previsão constitucional expressa de não incidência de juros de mora durante o prazo constitucionalmente assegurado à Fazenda Pública para pagamento de precatórios, é inexequível (por inconstitucionalidade flagrante) qualquer decisão judicial transitada em julgado que assente o cabimento dos juros de mora nesse interregno[101].

---

96 RE 666.589, rel. Min. Marco Aurélio, j. 25-3-2014, 1ª Turma.

97 Décima Primeira Questão de Ordem na Ação Penal n. 470/MG, rel. Min. Joaquim Barbosa, j. 19-2-2014.

98 Com o advento da Lei n. 13.105/2015 (CPC/2015), a matéria está regulada no § 3º do art. 966 ("§ 3º A ação rescisória pode ter por objeto apenas 1 (um) capítulo da decisão").

99 RE 638.115 ED ED, rel. Min. Gilmar Mendes, Pleno, *DJe* de 11-5-2020.

100 RE 729.107, rel. Min. Marco Aurélio, Pleno, *DJe* de 15-9-2020.

101 RE 594.892 AgR-ED-EDv, rel. Min. Luiz Fux, Pleno, j. 1º-7-2020, *DJe* de 28-10-2020. No RE 1.169.289, redator p/ acórdão Min. Alexandre de Moraes, Pleno, *DJe* de 1º-7-2020 (Tema 1.037 da repercussão geral), o STF fixou a tese de que *"O enunciado da Súmula Vinculante 17 não foi afetado pela superveniência da Emenda Constitucional 62/2009,*

i) Inexigibilidade de pronunciamento jurisdicional, transitado em julgado, baseado em interpretação de lei em sentido contrário ao posicionamento do Supremo Tribunal Federal.

Essa diferenciação, que ocasionava bastante discussão doutrinária e jurisprudencial, foi solucionada pelo advento do Código de Processo Civil de 2015 nos §§ 5º a 8º de seu art. 535[102]. Norma semelhante existia no art. 741, parágrafo único, do CPC/73.

No nível infraconstitucional, o ordenamento jurídico possui dois remédios cabíveis para solução dessa incongruência: i) impugnação em sede de cumprimento de sentença com base na inexigibilidade do título judicial transitado em julgado (§ 5º do art. 535 do CPC); e ii) ação rescisória (§ 8º do art. 535 do CPC).

O art. 535, § 5º, do CPC/15 (e também o art. 741, parágrafo único, do CPC/73) teve sua constitucionalidade reconhecida na ADI 2.418, rel. Min. Teori Zavascki, Pleno, *DJe* de 17-11-2016, observadas as seguintes condicionantes: *"(a) a sentença exequenda esteja fundada em norma reconhecidamente inconstitucional – seja por aplicar norma inconstitucional, seja por aplicar norma em situação ou com um sentido inconstitucionais; ou (b) a sentença exequenda tenha deixado de aplicar norma reconhecidamente constitucional; e (c) desde que, em qualquer dos casos, o reconhecimento dessa constitucionalidade ou a inconstitucionalidade tenha decorrido de julgamento do STF realizado em data anterior ao trânsito em julgado da sentença exequenda"*[103].

---

de modo que não incidem juros de mora no período de que trata o § 5º do art. 100 da Constituição. Havendo o inadimplemento pelo ente público devedor, a fluência dos juros inicia-se após o 'período de graça'".

102 "§ 5º Para efeito do disposto no inciso III do *caput* deste artigo, considera-se também inexigível a obrigação reconhecida em título executivo judicial fundado em lei ou ato normativo considerado inconstitucional pelo Supremo Tribunal Federal, ou fundado em aplicação ou interpretação da lei ou do ato normativo tido pelo Supremo Tribunal Federal como incompatível com a Constituição Federal, em controle de constitucionalidade concentrado ou difuso.

§ 6º No caso do § 5º, os efeitos da decisão do Supremo Tribunal Federal poderão ser modulados no tempo, de modo a favorecer a segurança jurídica.

§ 7º A decisão do Supremo Tribunal Federal referida no § 5º deve ter sido proferida antes do trânsito em julgado da decisão exequenda.

§ 8º Se a decisão referida no § 5º for proferida após o trânsito em julgado da decisão exequenda, caberá ação rescisória, cujo prazo será contado do trânsito em julgado da decisão proferida pelo Supremo Tribunal Federal."

103 "CONSTITUCIONAL. LEGITIMIDADE DAS NORMAS ESTABELECENDO PRAZO DE TRINTA DIAS PARA EMBARGOS À EXECUÇÃO CONTRA A FAZENDA PÚBLICA (ART. 1º-B DA LEI 9.494/97) E PRAZO PRESCRICIONAL DE CINCO ANOS PARA AÇÕES DE INDENIZAÇÃO CONTRA PESSOAS DE DIREITO PÚBLICO E PRESTADORAS DE SERVIÇOS PÚBLICOS (ART. 1º-C DA LEI 9.494/97). LEGITIMIDADE DA NORMA PROCESSUAL QUE INSTITUI HIPÓTESE DE INEXIGIBILIDADE DE TÍTULO EXECUTIVO JUDICIAL EIVADO DE INCONSTITUCIONALIDADE QUALIFICADA (ART. 741, PARÁGRAFO ÚNICO E ART. 475-L, § 1º DO CPC/73; ART. 525, § 1º, III E §§ 12 E 14 E ART. 535, III, § 5º DO CPC/15). 1. É constitucional a norma decorrente do art. 1º B da Lei 9.494/97, que fixa em trinta dias o prazo para a propositura de embargos à execução de título judicial contra a Fazenda Pública. 2. É constitucional a norma decorrente do art. 1º-C da Lei 9.494/97, que fixa em cinco anos o prazo prescricional para as ações de indenização por danos causados por agentes de pessoas jurídicas de direito público e de pessoas jurídicas de direito privado prestadoras de serviços públicos, reproduzindo a regra já estabelecida, para a União, os Estados e os Municípios, no art. 1º do Decreto 20.910/32. 3. São constitucionais as disposições normativas do parágrafo único do art. 741 do CPC, do § 1º do art. 475-L, ambos do CPC/73, bem como os correspondentes dispositivos do CPC/15, o art. 525, § 1º, III e §§ 12 e 14, o art. 535, § 5º. São dispositivos que, buscando harmonizar a garantia da coisa julgada com o primado da Constituição, vieram agregar ao sistema processual brasileiro um mecanismo com eficácia rescisória de sentenças revestidas de vício de inconstitucionalidade qualificado, assim caracterizado nas hipóteses em que (a) a sentença

Em 2018, esse posicionamento foi reafirmado no RE 611.503, rel. Min Teori Zavascki, redator p/ acórdão Min. Edson Fachin, *DJe* de 19-3-2019, fixando a tese do Tema 360 da sistemática da repercussão geral com as mesmas diretrizes da ADI em relação ao art. 475-L, § 1º, e art. 741, parágrafo único, ambos do CPC/73.

Portanto, se a decisão judicial em contrariedade ao posicionamento da Suprema Corte transitou em julgado depois dessa manifestação do STF, cabe simples petição de inexigibilidade do título judicial na fase de cumprimento de sentença, ainda que a matéria esteja acobertada pelo manto da coisa julgada, para que prevaleça a orientação do Tribunal responsável pela interpretação final das normas constitucionais.

Isso se justifica na medida em que, na hipótese de o título judicial transitado em julgado conflitar com aplicação ou interpretação constitucional definida pela Suprema Corte, o princípio constitucional da coisa julgada deve ter seu âmbito de incidência atenuado para ceder à força normativa da Constituição, mormente quando foi estabelecido antes do trânsito em julgado da decisão que se busca declarar inexigível.

De outro lado, caso o posicionamento do Supremo Tribunal Federal, ao interpretar lei ou ato normativo que tenha baseado sentença ou acórdão transitado em julgado em contrariedade àquele entendimento, sobrevenha em momento posterior à formação da coisa julgada, a ferramenta disposta na legislação processual é a ação rescisória (§ 8º do art. 535 do CPC).

Entretanto, a utilização dessa via rescisória, nessas situações, tem sido refreada, sem maiores reflexões, pelo Supremo Tribunal Federal, que passou a não conhecer dessa espécie de ação para desconstituir pronunciamento jurisdicional baseado em interpretação de ato normativo em contrariedade ao seu atual posicionamento, aplicando equivocadamente a Súmula 343 do STF[104] em matéria constitucional[105].

Redobradas as vênias, a ação rescisória é o caminho adequado para desfazer-se título judicial transitado em julgado firmado em momento anterior e contrariamente à "decisão do Supremo Tribunal Federal, declarando a constitucionalidade ou a inconstitucionalidade de preceito normativo", desde que observado o prazo decadencial, na forma do § 8º do art. 535 do CPC.

Como se pode depreender, a jurisprudência do Supremo Tribunal Federal, quanto ao direito adquirido, aqui contemplada a proteção ao ato jurídico perfeito e à coisa julgada, assume importância tanto quando afirma a existência de uma situação caracterizável como tal como quando nega tal qualificação, seja em razão da mera existência de expectativa de direito, seja em virtude de não se ter por invocável a categoria de direito adquirido em determinadas situações.

---

exequenda esteja fundada em norma reconhecidamente inconstitucional seja por aplicar norma inconstitucional, seja por aplicar norma em situação ou com um sentido inconstitucionais; ou (b) a sentença exequenda tenha deixado de aplicar norma reconhecidamente constitucional; e (c) desde que, em qualquer dos casos, o reconhecimento dessa constitucionalidade ou a inconstitucionalidade tenha decorrido de julgamento do STF realizado em data anterior ao trânsito em julgado da sentença exequenda. 4. Ação julgada improcedente".

104 Súmula 343 do STF: "Não cabe ação rescisória por ofensa a literal disposição de lei, quando a decisão rescindenda se tiver baseado em texto legal de interpretação controvertida nos tribunais".

105 RE 590.809, Pleno, rel. Min. Marco Aurélio, *DJe* de 24-11-2014.

9. INSUFICIÊNCIA DA DOUTRINA DO DIREITO ADQUIRIDO E O PRINCÍPIO DA SEGURANÇA JURÍDICA

O estudo da doutrina do direito adquirido é também o estudo de suas limitações para atender às diversas demandas concernentes à proteção das situações jurídicas constituídas ou em via de consolidação.

Como se deduz das considerações desenvolvidas acima[106], a doutrina do direito adquirido não preserva as posições pessoais contra as alterações estatutárias, as revisões ou até mesmo a supressão de institutos jurídicos.

Diante da inevitável pergunta sobre a forma adequada de proteção dessas pretensões, tem-se como resposta indicativa que a proteção a ser oferecida há de vir do próprio direito destinado a resguardar a posição afetada.

Assim, se se trata de direito de propriedade ou de outro direito real, há de se invocar a proteção ao direito de propriedade estabelecida no texto constitucional. Se se trata de liberdade de associação ou de outro direito de perfil marcadamente institucional, também há de se invocar a própria garantia eventualmente afetada e não o princípio do direito adquirido. Idêntico raciocínio deve ser aplicado aos direitos sociais previstos nos arts. 7º e 8º, c/c o art. 39, § 3º, da CF.

É bem verdade que, em face da insuficiência do princípio do direito adquirido para proteger tais situações, a própria ordem constitucional tem-se valido de uma ideia menos precisa e, por isso mesmo, mais abrangente, que é o princípio da segurança jurídica enquanto postulado do Estado de Direito[107].

A revisão radical de determinados modelos jurídicos ou a adoção de novos sistemas ou modelos suscita indagações relevantes no contexto da segurança jurídica, tornando imperativa a adoção de cláusulas de transição nos casos de mudança radical de um dado instituto ou estatuto jurídico.

Daí por que se considera, em muitos sistemas jurídicos, que, em casos de mudança de regime jurídico, a não adoção de cláusulas de transição poderá configurar omissão legislativa inconstitucional grave.

Assim, ainda que se não possa invocar a ideia de direito adquirido para a proteção das chamadas situações estatutárias ou que se não possa reivindicar direito adquirido a um instituto jurídico, não pode o legislador ou o Poder Público em geral, sem ferir o princípio da segurança jurídica, fazer *tabula rasa* das situações jurídicas consolidadas ao longo do tempo.

Situações ou posições consolidadas podem assentar-se até mesmo em um quadro inicial de ilicitude.

Nesse contexto assume relevância o debate sobre a anulação de atos administrativos, em decorrência de sua eventual ilicitude. Igualmente relevante se afigura a controvérsia sobre a legitimidade ou não da revogação de certos atos da Administração após decorrido determinado prazo.

---

106 Veja n. 5, *supra*.

107 Cf., Christoph Degenhart, *Staatsrecht I*, 21. ed., Heidelberg, 2005, p. 131 e s.

Em geral, associam-se aqui elementos de variada ordem ligados à boa-fé da pessoa afetada pela medida, a confiança depositada na inalterabilidade da situação e o decurso de tempo razoável.

Sobre a ideia de segurança jurídica no âmbito da anulação de atos administrativos, registre-se lição de Almiro do Couto e Silva:

> "É interessante seguir os passos dessa evolução. O ponto inicial da trajetória está na opinião amplamente divulgada na literatura jurídica de expressão alemã do início do século [séc. XX] de que, embora inexistente, na órbita da Administração Pública, o princípio da *res judicata*, a faculdade que tem o Poder Público de anular seus próprios atos tem limite não apenas nos direitos subjetivos regularmente gerados, mas também no interesse em proteger a boa-fé e a confiança (*Treue und Glauben*) dos administrados.
>
> (...)
>
> Esclarece Otto Bachof que nenhum outro tema despertou maior interesse do que este, nos anos 50, na doutrina e na jurisprudência, para concluir que o princípio da possibilidade de anulamento foi substituído pelo da impossibilidade de anulamento, em homenagem à boa-fé e à segurança jurídica. Informa ainda que a prevalência do princípio da legalidade sobre o da proteção da confiança só se dá quando a vantagem é obtida pelo destinatário por meios ilícitos por ele utilizados, com culpa sua, ou resulta de procedimento que gera sua responsabilidade. Nesses casos não se pode falar em proteção à confiança do favorecido. (*Verfassungsrecht, Verwaltungsrecht, Verfahrensrecht in der Rechtssprechung des Bundesverwaltungsgerichts*, Tübingen 1966, 3. Auflage, vol. I, p. 257 e segs.; vol. II, 1967, p. 339 e segs.).
>
> Embora do confronto entre os princípios da legalidade da Administração Pública e o da segurança jurídica resulte que, fora dos casos de dolo, culpa etc., o anulamento com eficácia *ex tunc* é sempre inaceitável e o com eficácia *ex nunc* é admitido quando predominante o interesse público no restabelecimento da ordem jurídica ferida, é absolutamente defeso o anulamento quando se trate de atos administrativos que concedam prestações em dinheiro, que se exauram de uma só vez ou que apresentem caráter duradouro, como os de índole social, subvenções, pensões ou proventos de aposentadoria"[108].

Em verdade, a segurança jurídica, como subprincípio do Estado de Direito, assume valor ímpar no sistema jurídico, cabendo-lhe papel diferenciado na realização da própria ideia de justiça material.

Nesse sentido, vale trazer passagem de estudo do professor Miguel Reale sobre a revisão dos atos administrativos:

> "Não é admissível, por exemplo, que, nomeado irregularmente um servidor público, visto carecer, na época, de um dos requisitos complementares exigidos por lei, possa a Administração anular seu ato, anos e anos volvidos, quando já constituída uma situação merecedora de amparo e, mais do que isso, quando a prática e a experiência podem ter compensado a lacuna originária. Não me refiro, é claro, a requisitos essenciais, que o

---

108 Almiro do Couto e Silva, Os princípios da legalidade da administração pública e da segurança jurídica no Estado de Direito contemporâneo, *Revista da Procuradoria-Geral do Estado do Rio Grande do Sul*, Porto Alegre: Instituto de Informática Jurídica do Estado do Rio Grande do Sul, v. 18, n. 46, p. 11-29, 1988.

tempo não logra por si só convalescer, – como seria, por exemplo, a falta de diploma para ocupar cargo reservado a médico, – mas a exigências outras que, tomadas no seu rigorismo formal, determinariam a nulidade do ato.

Escreve com acerto José Frederico Marques que a subordinação do exercício do poder anulatório a um prazo razoável pode ser considerada requisito implícito no princípio do *due process of law*. Tal princípio, em verdade, não é válido apenas no sistema do direito norte-americano, do qual é uma das peças basilares, mas é extensível a todos os ordenamentos jurídicos, visto como corresponde a uma tripla exigência, de regularidade normativa, de economia de meios e forma e de adequação à tipicidade fática. Não obstante a falta de termo que em nossa linguagem rigorosamente lhe corresponda, poderíamos traduzir *due process of law* por devida atualização do direito, ficando entendido que haverá infração desse ditame fundamental toda vez que, na prática do ato administrativo, for preterido algum dos momentos essenciais à sua ocorrência; porém destruídas, sem motivo plausível, situações de fato, cuja continuidade seja economicamente aconselhável, ou se a decisão não corresponder ao complexo de notas distintivas da realidade social tipicamente configurada em lei"[109].

Numa linha de concretização parcial dessa ideia, a Lei n. 9.784, de 29-1-1999, que regula o processo administrativo no âmbito da Administração Pública Federal, estabelece em seu art. 54 o prazo decadencial de cinco anos, contados da data em que foram praticados os atos administrativos, para que a Administração possa anulá-los.

Sobre o tema, o Supremo Tribunal Federal considerou que não poderia mais ser revista, com fundamento na ilegalidade da admissão, a contratação de empregados pela Infraero ocorrida em 1991 e 1992, tendo em vista o tempo decorrido (mais de 10 anos) e a presunção de legitimidade do ato de admissão quando de sua edição – controvérsia sobre necessidade ou não de concurso público para admissão nas empresas públicas e sociedades de economia mista (CF, art. 37, II, c/c o art. 173, § 1º)[110].

Decisões reiteradas do Supremo Tribunal têm rejeitado a possibilidade de revogação ou anulação de atos administrativos sem a observância do direito ao contraditório e à ampla defesa, ou em razão de decurso de tempo razoável, e têm proclamado a subsistência de atos concretos a despeito da declaração de inconstitucionalidade de lei que lhes dava base legal[111].

Nesse contexto, não só a revisão de atos administrativos, como também a mudança de entendimento jurisprudencial podem causar ofensa à segurança jurídica se não acompanhadas de providências adequadas. No julgamento do RE 630.733, o Supremo Tribunal Federal mudou sua jurisprudência para negar o direito a novo teste de aptidão física em decorrência de situações individuais e peculiares a cada candidato, mas ressal-

---

109 Miguel Reale, *Revogação e anulamento do ato administrativo*, 2. ed., Rio de Janeiro: Forense, 1980, p. 70-71.

110 MS 22.357, rel. Min. Gilmar Mendes, *DJ* de 5-11-2004.

111 MS 24.927/RO, rel. Min. Cezar Peluso, *DJ* de 25-8-2006; MS 24.268/MG, rel. Min. Gilmar Mendes, *DJ* de 17-9--2004; RMS 24.699/DF, rel. Min. Eros Grau, *DJ* de 1º-7-2005; RE-ED/PR, 351.489, rel. Min. Gilmar Mendes, *DJ* de 9-6-2006; RE 452.721, rel. Min. Gilmar Mendes, *DJ* de 3-2-2006.

vou a validade dos exames repetidos até a data de julgamento, em clara preocupação com a mudança de orientação jurisprudencial[112].

No mesmo sentido, ao tratar da mudança de orientação jurisprudencial no âmbito do TSE, o Supremo Tribunal Federal pacificou que a segurança jurídica impõe também a aplicação da anterioridade eleitoral nas mudanças radicais de interpretação da Constituição[113]. Na ocasião, após ratificar o novo entendimento do TSE a respeito do prefeito itinerante, no sentido de que a Carta Magna proíbe a terceira eleição para o cargo de prefeito ainda que em município diverso, o STF entendeu que a viragem pretoriana necessitava de período mínimo para não ferir o princípio da confiança das expectativas de eleitores e candidatos, que se pautavam e organizavam pela jurisprudência anterior.

É importante, antes de finalizar, registrar que a Suprema Corte, valendo-se dessa temática, julgou o Tema 445, assentando que: *"Em atenção aos princípios da segurança jurídica e da confiança legítima, os Tribunais de Contas estão sujeitos ao prazo de 5 anos para o julgamento da legalidade do ato de concessão inicial de aposentadoria, reforma ou pensão, a contar da chegada do processo à respectiva Corte de Contas"*[114].

112 RE 630.733, rel. Min. Gilmar Mendes, *julgado em* 16-5-2013.

113 RE 637.485, rel. Min. Gilmar Mendes, *julgado em* 1º-8-2012.

114 RE 636.553, rel. Min. Gilmar Mendes, Pleno, *DJe* de 26-5-2020.

V DIREITOS FUNDAMENTAIS DE CARÁTER JUDICIAL E GARANTIAS CONSTITUCIONAIS DO PROCESSO

Gilmar Ferreira Mendes

1. INTRODUÇÃO

A dogmática constitucional alemã cunhou a expressão *"Justizgrundrechte"* para se referir a um elenco de proteções constantes da Constituição que tem por escopo proteger o indivíduo no contexto do processo judicial. Sabe-se que a expressão é imperfeita, uma vez que muitos desses direitos transcendem a esfera propriamente judicial.

À falta de outra denominação genérica, também nós optamos por adotar designação assemelhada – direitos fundamentais de caráter judicial e garantias constitucionais do processo –, embora conscientes de que se cuida de denominação que também peca por imprecisão terminológica.

Assim, o direito ao contraditório e à ampla defesa, no sistema brasileiro, tem relevo não apenas no processo judicial civil e penal, mas também no âmbito dos procedimentos administrativos em geral. E, para não incorrer em omissão, reconhece-se, às vezes, o significado desse princípio até mesmo nas relações privadas[1].

A Constituição de 1988 consagra um expressivo elenco de direitos destinados à defesa da posição jurídica perante a Administração ou com relação aos órgãos jurisdicionais em geral, como se pode depreender da leitura do disposto no art. 5º, XXXIV; XXXV; e XXXVII a LXXIV; LXVIII, LXXVI e LXXVIII.

Ademais, algumas disposições constantes de capítulos diversos do ordenamento constitucional concretizam, explicitam ou ampliam muitas dessas garantias. É o que se verifica com o dever de fundamentação das decisões judiciais, previsto no art. 93, IX, da Constituição.

Também as normas relativas às garantias da magistratura guardam estreita conexão com a ideia de juiz natural (CF, art. 95).

Essa expansão normativa das garantias constitucionais processuais, penais e processuais-penais não é um fenômeno brasileiro. A adoção da Convenção Europeia de Direitos Humanos por muitos países fez com que ocorresse expansão singular dos direitos e garantias nela contemplados no âmbito europeu. Mediante uma interpretação dos direitos fundamentais previstos na Constituição em conformidade com as disposições da Convenção Europeia, tem-se hoje uma efetiva ampliação do significado dos direitos fundamentais constitucionalmente previstos ou quase uma ampliação dos direitos positivados na Constituição. Tendo em vista a práxis dominante na Ale-

1 Cf. RE 201.819, rel. Min. Gilmar Mendes, *DJ* de 21-10-2005; cf., ainda: Gilmar Ferreira Mendes, Direitos fundamentais: eficácia das garantias constitucionais nas relações privadas: análise da jurisprudência da corte constitucional alemã, in *Direitos fundamentais e controle de constitucionalidade*: estudos de direito constitucional, 3. ed. rev. e ampl., São Paulo: Saraiva, 483 p.; e A eficácia dos direitos fundamentais nas relações privadas: exclusão de sócio da União Brasileira de Compositores, *Ajuris* n. 100, dez. 2005.

manha, observa Werner Beulke que tal orientação culmina por conferir supremacia fática da Convenção Europeia em face do direito alemão[2].

Alguns direitos relevantes reconhecidos na Convenção Europeia de Direitos Humanos:

– proibição de tortura (art. 3);

– direito à liberdade e à segurança, especialmente o direito de imediata apresentação do preso para aferição da legitimidade de eventual restrição à liberdade (art. 5, 3);

– direito ao devido processo legal (*fair trial*), especialmente a um processo submetido ao postulado da celeridade (art. 6, 1);

– direito à imediata informação sobre a forma (tipo penal) e a razão (fato) da acusação (art. 6, 3, a);

– direito à assistência gratuita de tradutor ou intérprete (art. 6, 3, e);

– direito à assistência jurídica (art. 6, 3, c);

– direito de inquirir ou de fazer inquirir as testemunhas de acusação (art. 6, 3, d);

– princípio da legalidade em sentido estrito em matéria penal no que concerne à tipificação de condutas e à cominação legislativa de sanções penais (*nulla poena sine lege*) (art. 7, 1);

– abolição da pena de morte (Protocolos n. 6 e 13)[3].

Registra Beulke que o direito ao devido processo legal contemplado no art. 6, 1, da Convenção configura direito de caráter geral abrangente dos direitos especiais que dele derivam[4].

Talvez não haja qualquer exagero na constatação de que esses direitos de caráter penal, processual e processual-penal cumprem um papel fundamental na concretização do moderno Estado Democrático de Direito.

Como observa Martin Kriele, o Estado territorial moderno arrosta um dilema quase insolúvel: de um lado, há de ser mais poderoso que todas as demais forças sociais do país – por exemplo, empresas e sindicatos –, por outro, deve outorgar proteção segura ao mais fraco: à oposição, aos artistas, aos intelectuais e às minorias étnicas[5]. O Estado absolutista e os modelos construídos segundo esse sistema (ditaduras militares, Estados fascistas, os sistemas do chamado "centralismo democrático") não se mostram aptos a resolver essa questão.

A solução do dilema – diz Kriele – consiste no fato de que o Estado incorpora, em certo sentido, a defesa dos direitos humanos em seu próprio poder, ao se definir o poder do Estado como o poder defensor dos direitos humanos. Todavia, adverte Kriele, "sem *divisão de poderes* e em especial sem *independência judicial* isto não passará de uma declaração de intenções". É que, explicita Kriele, "os direitos humanos somente podem ser

2 Cf. Werner Beulke, *Strafprozessrecht*, 8. ed., Heidelberg, 2005, p. 6; cf., ainda, sobre o tema, Maria Fernanda Palma, *Direito constitucional penal*, Coimbra: Almedina, 2006; *Jornadas de Direito Processual Penal e Direitos Fundamentais*, coord. Maria Fernanda Palma, Coimbra: Almedina, 2004.

3 Cf. Werner Beulke, *Strafprozessrecht*, cit., p. 6.

4 Cf. Werner Beulke, *Strafprozessrecht*, cit., p. 6.

5 Cf. Martín Kriele, *Introducción a la teoría del Estado*, tradução de Eugênio Bulygin, Buenos Aires: Depalma, 1980, p. 149-150.

realizados quando limitam o poder do Estado, quando o poder estatal está baseado em uma ordem jurídica que inclui a defesa dos direitos humanos"[6].

Nessa linha ainda expressiva a conclusão de Kriele:

> "Os direitos humanos estabelecem condições e limites àqueles que têm competência de criar e modificar o direito e negam o poder de violar o direito. Certamente, todos os direitos não podem fazer nada contra um poder fático, a *potestas desnuda*, como tampouco nada pode fazer a moral face ao cinismo. Os direitos somente têm efeito frente a outros direitos, os direitos humanos somente em face a um poder jurídico, isto é, em face a competências cuja origem jurídica e cujo *status* jurídico seja respeitado pelo titular da competência.
>
> Esta é a razão profunda por que os direitos humanos somente podem funcionar em um Estado constitucional. Para a eficácia dos direitos humanos a independência judicial é mais importante do que o catálogo de direitos fundamentais contidos na Constituição"[7].

Tem-se, assim, em rápidas linhas, o significado que os direitos fundamentais especialmente os de caráter processual assumem para a ordem constitucional como um todo.

Não se pode perder de vista que a boa aplicação dessas garantias configura elemento essencial de realização do princípio da dignidade humana na ordem jurídica. Como amplamente reconhecido, o princípio da dignidade da pessoa humana impede que o homem seja convertido em objeto dos processos estatais[8].

Assim, não se afigura admissível o uso do processo penal como substitutivo de uma pena que se revela tecnicamente inaplicável ou a preservação de ações penais ou de investigações criminais cuja inviabilidade já se divisa de plano, ou ainda sem que se preservem os demais direitos fundamentais dos acusados, como a intimidade, a vida privada e a inviolabilidade do domicílio. Diversas medidas previstas em lei podem restringir direitos fundamentais, mas tais restrições sempre decorrem da aplicação de outros direitos fundamentais e sempre devem preservar o núcleo essencial do direito. Por esta razão, não se afigura razoável que, a pretexto de afirmar o direito à segurança jurídica e o princípio da legalidade, sejam restringidas a liberdade, a intimidade e a privacidade para aquém do seu conteúdo essencial.

Tem-se, nesses casos, além da ofensa ao direito fundamental que se vê agredido em seu núcleo essencial, também flagrante ofensa ao princípio da dignidade da pessoa humana.

Quando se fazem imputações vagas ou denúncias infundadas, dando ensejo à persecução criminal injusta, está-se a violar, também, o princípio da dignidade da pessoa humana, que, entre nós, tem base positiva no art. 1º, III, da Constituição.

Na sua acepção originária, esse princípio proíbe a utilização ou transformação do homem em objeto dos processos e ações estatais. Tomando-se o homem como um fim em si mesmo e não como objeto da satisfação de outras finalidades, ideia que em última análise remonta a Kant, observa-se que o Estado está vinculado ao dever de respeito e proteção do indivíduo contra exposição a ofensas ou humilhações.

---

6 Martín Kriele, *Introducción*, cit., p. 150.

7 Martín Kriele, *Introducción*, cit., p. 159-160.

8 Cf. Maunz-Dürig, *Grundgesetz Kommentar*, Band I, München: Verlag C. H. Beck, 1990, 1I 18.

A propósito, em comentários ao art. 1º da Constituição alemã, afirma Günther Dürig que a submissão do homem a um processo judicial indefinido e sua degradação como objeto do processo estatal atenta contra o princípio da proteção judicial efetiva (*rechtliches Gehör)* e fere o princípio da dignidade humana ["Eine Auslieferung des Menschen an ein staatliches Verfahren und eine Degradierung zum Objekt dieses Verfahrens wäre die *Verweigerung des rechtlichen Gehörs*"][9].

Assim, tal como a garantia do devido processo legal, o princípio da dignidade da pessoa humana cumpre função subsidiária em relação às garantias constitucionais específicas do processo. Os direitos fundamentais relacionados à atuação processual e procedimental fundamentam-se no princípio da dignidade da pessoa humana, e a compreensão do processo como um fim em si mesmo e o homem como objeto desta finalidade agride a um só tempo direitos fundamentais relacionados à existência do processo, e também a dignidade humana.

Em verdade, a aplicação escorreita ou não dessas garantias é que permite avaliar a real observância dos elementos materiais do Estado de Direito e distinguir civilização de barbárie.

À guisa de informação básica, advirta-se que os direitos fundamentais de caráter processual são dotados de âmbito de proteção marcadamente normativo. Anote-se que nem todas as normas legais referentes a esses direitos individuais têm o propósito de restringir ou limitar poderes ou faculdades.

Não raras vezes, destinam-se as normas legais a *completar*, *densificar* e *concretizar* direito fundamental[10].

É o que se verifica, *v. g.*, em regra, na disciplina ordinária do direito de propriedade material e intelectual, do direito de sucessões (CF, art. 5º, XXII-XXXI), no âmbito da proteção ao consumidor (CF, art. 5º, XXXII) e do direito à proteção judiciária (CF, art. 5º, XXXV, LXVII-LXXII).

Sem pressupor a existência das normas de direito privado relativas ao direito de propriedade, ao direito de propriedade intelectual e ao direito de sucessões, não haveria cogitar de uma efetiva garantia constitucional desses direitos.

Da mesma forma, a falta de regras processuais adequadas poderia transformar o direito de proteção judiciária em simples esforço retórico. Nessa hipótese, o texto constitucional é explícito ao estabelecer que "a lei não excluirá da apreciação do Poder Judiciário lesão ou ameaça a direito" (art. 5º, XXXV). Fica evidente, pois, que a intervenção legislativa não apenas se afigura inevitável, como também necessária. Veda-se, porém, aquela intervenção legislativa que possa afetar a proteção judicial efetiva. É o núcleo essencial do direito fundamental à proteção judicial que deve ser respeitado por produção legislativa superveniente, sob pena de inconstitucionalidade da regra posterior.

Dessarte, a simples supressão de normas integrantes da legislação ordinária sobre esses institutos pode lesar não apenas a garantia institucional objetiva, mas também

9 Maunz-Dürig, *Grundgesetz Kommentar*, cit., 1I 18.

10 Cf., sobre o assunto, Robert Alexy, *Theorie der Grundrechte*, Frankfurt am Main: Suhrkamp, 1986, p. 300; Bodo Pieroth, Bernhard Schlink, *Grundrechte – Staatsrecht II*, 21. ed., Heidelberg, 2005, p. 53-54; José Joaquim Gomes Canotilho, *Direito constitucional*, 4. ed., Coimbra: Almedina, 1986, p. 633.

direito subjetivo constitucionalmente tutelado[11]. A omissão legislativa pode acarretar a negação do direito constitucionalmente posto.

A conformação dos direitos individuais assume relevância no tocante aos chamados direitos com *âmbito de proteção estrita ou marcadamente normativo* (*rechtsnormgeprägter Schutzbereich*), uma vez que é a própria normação ordinária que acaba por conferir conteúdo e efetividade à garantia constitucional[12].

2. PROTEÇÃO JUDICIAL EFETIVA

2.1. Considerações gerais

A ordem constitucional brasileira assegura, de forma expressa, desde a Constituição de 1946 (art. 141, § 4º)[13], que a lei não excluirá da apreciação do Poder Judiciário lesão ou ameaça a direito (CF/88, art. 5º, XXXV).

Tem-se aqui, pois, de forma clara e inequívoca, a consagração da tutela judicial efetiva, que garante a proteção judicial contra lesão ou ameaça a direito.

Ao lado dessa expressa garantia geral, o texto constitucional consagra as garantias especiais do *habeas corpus*, do mandado de segurança, do *habeas data* e do mandado de injunção, como instrumentos destinados à defesa da liberdade de ir e vir (*habeas corpus*), das liberdades públicas em geral em face do Poder Público (mandado de segurança), dos direitos de caráter positivo em face de eventual lesão decorrente de omissão legislativa (mandado de injunção) e dos direitos de autodeterminação sobre dados (*habeas data*).

Por isso, no capítulo que trata da proteção judicial efetiva, hão de se contemplar, ainda que de forma resumida, também essas garantias especiais.

A ordem constitucional contempla outras garantias judiciais significativas que podem ter reflexos sobre posições subjetivas, como a ação direta de inconstitucionalidade, a ação declaratória de constitucionalidade, a ação direta de inconstitucionalidade por omissão, a arguição de descumprimento de preceito fundamental, a ação popular e a ação civil pública.

Embora destinados à defesa da ordem constitucional objetiva ou de determinados preceitos constitucionais, ou, ainda, da legalidade e da moralidade, do patrimônio público, esses instrumentos podem levar a decisões judiciais com repercussão sobre situações subjetivas. A declaração de inconstitucionalidade em um processo objetivo refletirá, inevitavelmente, sobre a posição de tantos quantos tenham sido afetados pela norma.

No presente estudo, ficaremos adstritos à análise da garantia prevista no art. 5º, XXXV, como expressão do princípio da proteção judicial efetiva, e das disposições sobre

11 Robert Alexy, *Theorie der Grundrechte*, cit., p. 303.

12 Cf., sobre o assunto, José Joaquim Gomes Canotilho, *Direito constitucional*, cit., p. 634.

13 "A lei não poderá excluir da apreciação do Poder Judiciário qualquer lesão de direito individual" (Constituição de 1946, art. 141, § 4º). Observe-se que o texto de 1988 inova ao garantir o acesso à justiça também no caso de ameaça a direito.

habeas corpus, mandado de segurança, *habeas data* e mandado de injunção, previstas nos incisos LXVIII a LXXII, e trataremos também da ação popular (art. 5º, LXXIII) e da ação civil pública (art. 129, III).

2.2. Âmbito de proteção

O texto constitucional estabelece que a lei não excluirá da apreciação do Poder Judiciário lesão ou ameaça a direito, enfatizando que a proteção judicial efetiva abrange não só as ofensas diretas, mas também as ameaças (art. 5º, XXXV).

A Constituição não exige que essa lesão ou ameaça seja proveniente do Poder Público, o que permite concluir que estão abrangidas tanto as decorrentes de ação ou omissão de organizações públicas como aquelas originadas de conflitos privados.

Além disso, o direito à proteção judicial efetiva também inclui o direito da vítima à tutela penal. Nos crimes de ação penal privada, a vítima exerce esse direito promovendo a própria ação penal. No entanto, a maior parte dos crimes é de ação penal pública, sendo de iniciativa privativa do Ministério Público (art. 129, I, da CF). Na ação penal pública, o ofendido tem a prerrogativa de intervir como assistente da acusação (art. 268 do CPP). Se o Ministério Público deixar de intentar a ação penal pública no prazo legal, é cabível a ação penal privada, com base no art. 5º, LIX, da CF (*será admitida ação privada nos crimes de ação pública, se esta não for intentada no prazo legal*). O STF afirmou, em repercussão geral, que a propositura da ação penal privada independe de demonstração de falha do Ministério Público, bastando o dado objetivo – decurso do prazo legal[14].

Ressalte-se que não se afirma a proteção judicial efetiva apenas em face de lesão concreta como também qualquer lesão potencial ou ameaça a direito. Assim, a proteção judicial efetiva abrange também as medidas cautelares ou antecipatórias destinadas à proteção do direito.

2.2.1. Duplo grau de jurisdição

No modelo constitucional brasileiro o direito ao duplo grau de jurisdição não se realiza em todos os feitos e em todas as instâncias.

Não se reconhece direito a uma contestação continuada e permanente, sob pena de se colocar em xeque um valor da própria ordem constitucional, o da segurança jurídica, que conta com especial proteção (coisa julgada).

Assim, o Supremo Tribunal Federal tem acentuado a não configuração de um direito ao duplo grau de jurisdição, a não ser naqueles casos em que a Constituição expressamente assegura ou garante esse direito, como nas hipóteses em que outorga possibilidade de recurso ordinário ou apelação para instância imediatamente superior (arts. 98, I, 102, II, *b*; 108, II), ou que institui uma estrutura hierarquizada de instâncias jurisdicionais originária e recursal (arts. 118, 122, 125).

É certo que o Brasil é signatário do Pacto de San José da Costa Rica, que prevê, no art. 8, 2, *h*, o "direito de recorrer da sentença a juiz ou tribunal superior", como garantia

14 ARE 859.251, rel. Min. Gilmar Mendes, julgado em 17-4-2015.

judicial mínima ao condenado por crime. Disposição semelhante é contida no Pacto Internacional sobre Direitos Civis e Políticos (art. 14, § 5º).

O Supremo Tribunal Federal explicitou orientação em face da cláusula contida no Pacto de San José da Costa Rica. Considerou-se que a Constituição Federal prevalece sobre os tratados internacionais. Assim, nos casos em que a própria Constituição prevê julgamento em instância única, as convenções internacionais não seriam aplicáveis. A ementa da decisão, da relatoria do Ministro Sepúlveda Pertence, revela-se expressiva:

> "I. Duplo grau de jurisdição no Direito brasileiro, à luz da Constituição e da Convenção Americana de Direitos Humanos. 1. Para corresponder à eficácia instrumental que lhe costuma ser atribuída, o duplo grau de jurisdição há de ser concebido, à moda clássica, com seus dois caracteres específicos: a possibilidade de um reexame integral da sentença de primeiro grau e que esse reexame seja confiado a órgão diverso do que a proferiu e de hierarquia superior na ordem judiciária. 2. Com esse sentido próprio – sem concessões que o desnaturem – não é possível, sob as sucessivas Constituições da República, erigir o duplo grau em princípio e garantia constitucional, tantas são as previsões, na própria Lei Fundamental, do julgamento de única instância ordinária, já na área cível, já, particularmente, na área penal. 3. A situação não se alterou, com a incorporação ao Direito brasileiro da Convenção Americana de Direitos Humanos (Pacto de São José), na qual, efetivamente, o art. 8º, 2, '*h*', consagrou, como garantia, ao menos na esfera processual penal, o duplo grau de jurisdição, em sua acepção mais própria: o direito de 'toda pessoa acusada de delito', durante o processo, 'de recorrer da sentença para juiz ou tribunal superior'. 4. Prevalência da Constituição, no Direito brasileiro, sobre quaisquer convenções internacionais, incluídas as de proteção aos direitos humanos, que impede, no caso, a pretendida aplicação da norma do Pacto de São José: motivação. II. A Constituição do Brasil e as convenções internacionais de proteção aos direitos humanos: prevalência da Constituição que afasta a aplicabilidade das cláusulas convencionais antinômicas. 1. Quando a questão – no estágio ainda primitivo de centralização e efetividade da ordem jurídica internacional – é de ser resolvida sob a perspectiva do juiz nacional – que, órgão do Estado, deriva da Constituição sua própria autoridade jurisdicional – não pode ele buscar, senão nessa Constituição mesma, o critério da solução de eventuais antinomias entre normas internas e normas internacionais; o que é bastante a firmar a supremacia sobre as últimas da Constituição, ainda quando esta eventualmente atribua aos tratados a prevalência no conflito: mesmo nessa hipótese, a primazia derivará da Constituição e não de uma apriorística força intrínseca da convenção internacional. 2. Assim como não o afirma em relação às leis, a Constituição não precisou dizer-se sobreposta aos tratados: a hierarquia está ínsita em preceitos inequívocos seus, como os que submetem a aprovação e a promulgação das convenções ao processo legislativo ditado pela Constituição e menos exigente que o das emendas a ela e aquele que, em consequência, explicitamente admite o controle da constitucionalidade dos tratados (CF, art. 102, III, *b*). 3. Alinhar-se ao consenso em torno da estatura infraconstitucional, na ordem positiva brasileira, dos tratados a ela incorporados, não implica assumir compromisso de logo com o entendimento – majoritário em recente decisão do STF (ADInMC 1.480) – que, mesmo em relação às convenções internacionais de proteção de direitos fundamentais, preserva a jurisprudência que a todos equipara hierarquicamente às leis ordinárias. 4. Em relação ao ordenamento pátrio, de qualquer sorte, para dar a eficácia pretendida à cláusula do Pacto de São José, de garantia do duplo grau de jurisdição, não bastaria sequer lhe conceder o

poder de aditar a Constituição, acrescentando-lhe limitação oponível à lei como é a tendência do relator: mais que isso, seria necessário emprestar à norma convencional força ab-rogante da Constituição mesma, quando não dinamitadora do seu sistema, o que não é de admitir. III. Competência originária dos Tribunais e duplo grau de jurisdição. 1. Toda vez que a Constituição prescreveu para determinada causa a competência originária de um Tribunal, de duas uma: ou também previu recurso ordinário de sua decisão (CF, arts. 102, II, *a*; 105, II, *a* e *b*; 121, § 4º, III, IV e V) ou, não o tendo estabelecido, é que o proibiu. 2. Em tais hipóteses, o recurso ordinário contra decisões de Tribunal, que ela mesma não criou, a Constituição não admite que o institua o direito infraconstitucional, seja lei ordinária seja convenção internacional: é que, afora os casos da Justiça do Trabalho – que não estão em causa – e da Justiça Militar – na qual o STM não se superpõe a outros Tribunais –, assim como as do Supremo Tribunal, com relação a todos os demais Tribunais e Juízos do País, também as competências recursais dos outros Tribunais Superiores – o STJ e o TSE – estão enumeradas taxativamente na Constituição, e só a emenda constitucional poderia ampliar. 3. À falta de órgãos jurisdicionais *ad qua*, no sistema constitucional, indispensáveis a viabilizar a aplicação do princípio do duplo grau de jurisdição aos processos de competência originária dos Tribunais, segue-se a incompatibilidade com a Constituição da aplicação no caso da norma internacional de outorga da garantia invocada"[15].

Vê-se, pois, que o próprio modelo jurisdicional positivado na Constituição afasta a possibilidade de aplicação geral do princípio do duplo grau de jurisdição.

Se a Constituição consagra a competência originária de determinado órgão judicial e não define o cabimento de recurso ordinário, não se pode cogitar de um direito ao duplo grau de jurisdição, seja por força de lei, seja por força do disposto em tratados e convenções internacionais.

A Corte Interamericana de Direitos Humanos interpretou a extensão do dispositivo do Pacto no Caso Barreto Leiva contra Venezuela, sentença de 17-11-2009. Barreto Leiva não detinha prerrogativa de foro, mas, por conexão, foi julgado diretamente pelo mais elevado tribunal do país. A Corte Interamericana considerou que o direito ao recurso ainda assim era aplicável.

É duvidosa a possibilidade de se adotar tal orientação no Brasil.

O entendimento do STF é no sentido de que o Pacto de San José da Costa Rica é uma norma de *status* inferior à Constituição. No entanto, por força do Pacto, o país assumiu o compromisso de cumprir as sentenças da Corte Interamericana de Direito nos casos em que for parte (art. 68, 1).

A Corte Interamericana determina, em suas sentenças, que o país que viola os direitos humanos adote providências para que a violação não se repita (*effet utile*). Se for necessário, o país condenado deve mudar seu próprio ordenamento jurídico para adequá-lo às exigências da Corte. Assim, caso venha a julgar demanda contra o Brasil, a Corte Interamericana pode determinar que o país altere a própria Constituição.

Ou seja, com base em um tratado com *status* inferior à Constituição, o país pode vir a ser condenado a mudar a própria Constituição.

---

15 RHC 79.785/RJ, rel. Min. Sepúlveda Pertence, julgado em 29-3-2000, *DJ* de 22-11-2002.

Por óbvio, respeitado o entendimento atual, de que os tratados não prevalecem em face da Constituição, o Brasil não estaria submisso à ordem de alteração constitucional.

A partir da alteração promovida pela EC n. 45/2004, a redação conferida pelo § 3º do art. 5º passou a indicar uma abertura para a ideia de que tratados ou convenções incorporados após a referida EC, os quais versem sobre direitos humanos, possam inserir no texto constitucional outros mecanismos e garantias de efetivação do duplo grau de jurisdição.

A discussão não é nova, e refere-se à possibilidade de utilização da chamada "cláusula de abertura" para permitir a constitucionalização de preceitos que estão dispersos em outros textos de direito internacional e que poderiam ser incorporados à ordem jurídica brasileira na qualidade de direitos fundamentais. Essa possibilidade, entretanto, deve-se submeter aos mesmos requisitos formais e objetivos requeridos para a aprovação de emendas constitucionais (art. 60 da CF/88).

A redação conferida ao § 3º do art. 5º da CF, pela EC n. 45/2004, suscita uma dúvida acerca da existência, ou não, de abertura para a criação de instâncias recursais complementares à jurisdição nacional. Coloca-se em debate a ideia da legitimidade, ou não, de que tratados ou convenções que versem sobre direitos humanos possam inserir, no texto constitucional, outros mecanismos institucionais de garantias de efetivação do duplo grau de jurisdição.

Essa hipótese, contudo, não se mantém como regra geral pelo simples fato de que a prestação jurisdicional corresponde a uma das dimensões estratégicas do exercício constitucional da soberania estatal. Seria uma excessiva mitigação do princípio constitucional da soberania permitir-se, por um artifício dogmático de direito fundamental, que tratados e convenções internacionais, embora recepcionados, estabelecessem outros graus de jurisdição não previstos pelo constituinte originário ou pelo constituinte derivado. Tal possibilidade justifica-se apenas como exceção, não como regra. Em outras palavras, apenas na hipótese excepcional da previsão da competência subsidiária do Tribunal Penal Internacional (art. 5º, § 4º) é que surge a possibilidade de eventual revisão de decisões proferidas em última ou única instância constitucionalmente disciplinada.

O tema, entretanto, ainda carece de uma dimensão institucional mais consistente e de um acervo experimental mais diversificado de matérias a serem eventualmente submetidas ao Tribunal Penal Internacional, nos termos do Estatuto de Roma (promulgado, entre nós, pelo Decreto n. 25/2002). De toda sorte, independentemente da ausência de quaisquer casos instaurados perante a referida Corte Internacional com relação à jurisdição brasileira, tem-se, no horizonte de possibilidades constitucionais transnacionais, uma pletora de singularidades acerca dos efeitos jurídico-políticos decorrentes de omissão judicial interna no contexto de sistemas de proteção internacional de direitos humanos.

2.2.2. Duração razoável do processo

A EC n. 45/2004 introduziu norma que assegura a razoável duração do processo judicial e administrativo (art. 5º, LXXVIII). Positiva-se, assim, no direito constitucional, orientação há muito perfilhada nas convenções internacionais sobre direitos humanos e que alguns autores já consideravam implícita na ideia de proteção judicial efetiva, no postulado da dignidade da pessoa humana e na própria ideia de Estado de Direito. A duração indefinida ou ilimitada do processo judicial afeta não apenas e de forma direta a ideia de proteção judicial efetiva, como compromete de modo decisivo a proteção da dignidade da pessoa humana.

Dessarte, a Constituição conferiu significado especial ao princípio da dignidade humana como postulado essencial da ordem constitucional (art. 1º, III, da CF/88). O Estado está vinculado ao dever de respeito e proteção do indivíduo contra exposição a ofensas ou humilhações.

Assim, tendo em vista a indissociabilidade entre proteção judicial efetiva e prestação jurisdicional em prazo razoável, e a ausência de autonomia desta última pretensão, é que julgamos pertinente tratar da questão relativa à duração indefinida ou desmesurada do processo no contexto da proteção judicial efetiva.

O reconhecimento de um direito subjetivo a um processo célere – ou com duração razoável – impõe ao Poder Público em geral e ao Poder Judiciário, em particular, a adoção de medidas destinadas a realizar esse objetivo. Nesse cenário, abre-se um campo institucional destinado ao planejamento, controle e fiscalização de políticas públicas de prestação jurisdicional que dizem respeito à própria legitimidade de intervenções estatais que importem, ao menos potencialmente, lesão ou ameaça a direitos fundamentais.

O direito à razoável duração de processo, a despeito de sua complexa implementação, pode ter efeitos imediatos sobre situações individuais, impondo o relaxamento da prisão cautelar que tenha ultrapassado determinado prazo, legitimando a adoção de medidas antecipatórias, ou até o reconhecimento da consolidação de uma dada situação com fundamento na segurança jurídica.

A questão se apresenta como um quadro de colisão de princípios de direitos fundamentais. De um lado o direito da coletividade de ver as normas jurídicas aplicadas e o direito coletivo à segurança, simbolicamente concretizado com o resultado de um processo penal efetivo. De outro lado o direito fundamental a não ser processado indefinidamente e sem qualquer objetividade, que está contido no direito à razoável duração de um feito criminal contra si movido. Também é corolário natural do direito à razoável duração do feito criminal o direito à liberdade garantido contra prisão com excesso de prazo não justificado.

São expressivos os precedentes do Supremo Tribunal Federal que concedem *habeas corpus* em razão do excesso de prazo da prisão cautelar. O Tribunal tem entendido que o excesso de prazo, quando não atribuível à defesa, mesmo tratando-se de delito hediondo, afronta princípios constitucionais, especialmente o da dignidade da pessoa humana (art. 1º, III, da CF/88); devido processo legal (art. 5º, LIV, da CF/88); não culpabilidade (art. 5º, LVII, da CF/88); e razoável duração do processo (art. 5º, LXXVIII, da CF/88), impondo-se, nesse caso, ao Poder Judiciário, o imediato relaxamento da prisão cautelar do indiciado ou do réu[16].

16 HC 85.237/DF, rel. Min. Celso de Mello, *DJ* de 29-4-2005; HC 87.164/RJ, rel. Min. Gilmar Mendes, *DJ* de 29-9-2006; HC 84.181/RJ, rel. Min. Marco Aurélio, *DJ* de 13-8-2004; HC 84.543/RN, rel. Min. Ellen Gracie, *DJ* de 1º-10-2004; HC 84.967/RS, rel. Min. Marco Aurélio, *DJ* de 15-2-2005; HC 84.907/SP, rel. Min. Sepúlveda Pertence,

Outra interessante hipótese de aplicação desse imperativo de celeridade da prestação jurisdicional no contexto do processo penal foi afirmada pela Segunda Turma do STF no julgamento do HC 90.617/PE[17]. Nesse julgado, discutia-se a possibilidade, ou não, de reintegração de desembargador estadual cautelarmente afastado de suas funções jurisdicionais em razão de decisão do Superior Tribunal de Justiça que, nos termos do art. 29 da Lei Complementar n. 35/79 (Lei Orgânica da Magistratura Nacional – LOMAN), recebeu denúncia criminal em desfavor do magistrado paciente.

No caso concreto, a Segunda Turma reconheceu, por maioria, o excessivo prazo de afastamento do desembargador, o qual permanecera distanciado de suas atividades por período superior a quatro anos e seis meses, sem que a instrução da ação penal instaurada sequer atingisse o final da fase de instrução, correspondente à oitiva de testemunhas arroladas pelo Ministério Público e pela Defesa do Réu. Além disso, a referida Turma também firmou, por unanimidade de votos, a legitimidade da impetração de *habeas corpus* como garantia fundamental apta a levar ao conhecimento do Poder Judiciário situações de constrangimento ilegal ou de abuso de poder que, a depender do caso, podem transcender a esfera da liberdade de locomoção propriamente dita da pessoa do paciente[18].

O STF já considerou que a duração razoável do processo pode ser invocada preventivamente, permitindo a tutela contra alterações procedimentais que possam levar à demora no processo, dispensada a necessidade da demonstração de prejuízo no caso concreto. A Vara de Execuções Penais do Rio de Janeiro adotava como procedimento deferir, em uma só decisão, um calendário anual de saídas temporárias – benefício aplicável aos sentenciados em regime semiaberto. O Superior Tribunal de Justiça, analisando recurso especial representativo da controvérsia, concluiu que a prática violava o direito do Ministério Público ao contraditório, devendo o juiz analisar cada pedido de saída em uma decisão separada[19]. O Supremo Tribunal avaliou que, diante dos documentados atrasos no andamento dos processos da Vara carioca, muito provavelmente a nova sistemática faria com que vários dos requerimentos de saída deixassem de ser analisados em tempo. Por isso, concluiu estar presente a ameaça concreta de lesão do direito do paciente, o que ensejou a concessão da ordem de *habeas corpus*[20].

Outro caso importante refere-se à possibilidade de arquivamento de inquéritos com base na violação da garantia da razoável duração do processo. Em decisões recen-

---

DJ de 18-2-2005; HC 85.039/MS, rel. Min. Marco Aurélio, *DJ* de 18-3-2005; HC 84.921/SP, rel. Min. Eros Grau, *DJ* de 11-3-2005; HC 84.673/PE, rel. Min. Carlos Velloso, *DJ* de 1º-7-2005; HC 85.400/PE, rel. Min. Eros Grau, *DJ* de 11-3-2005; HC 86.233/PA, rel. Min. Sepúlveda Pertence, *DJ* de 14-10-2005), HC 90.617, rel. Min. Gilmar Mendes, *DJ* de 7-3-2008.

17 Rel. Min. Gilmar Mendes, julgado em 30-10-2007.

18 Em julgados posteriores, a Primeira e a Segunda Turmas do Supremo Tribunal negaram a adequação do *habeas corpus* para debater o afastamento de cargo público – HC 114.490 AgR, rel. Min. Luiz Fux, Primeira Turma, julgado em 10-12-2013; RHC 118,015, rel. Min. Ricardo Lewandowski, Segunda Turma, julgado em 24-9-2013. No entanto, a Segunda Turma reafirmou, por maioria, o cabimento do remédio, especialmente em casos de excesso de prazo na medida cautelar diversa da prisão – HC 121.089, rel. Min. Gilmar Mendes, julgado em 16-12-2014.

19 REsp 1.166.251/RJ, rel. Min. Laurita Vaz, Terceira Seção, julgado em 14-3-2012.

20 HC 128.763, Segunda Turma, rel. Min. Gilmar Mendes, julgado em 4-8-2015.

tes, o STF determinou o arquivamento, *ex officio*, de inquéritos em tramitação por prazo excessivo e sem elementos mínimos de materialidade e autoria, tendo sido utilizada como fundamento a violação à razoável duração do processo e à dignidade da pessoa humana[21].

Nesses julgados destacou-se a função de supervisão e garantia de direitos que deve ser exercida pelo Poder Judiciário na fase pré-processual[22].

O assunto, como se percebe, envolve temas complexos e pretensões variadas, como a modernização e simplificação do sistema processual, a criação de órgãos judiciais em número adequado e a própria modernização e controle da prestação jurisdicional e de questões relacionadas à efetividade do acesso à justiça.

Nessa linha, cabe registrar importante inovação visando maior celeridade na tramitação de processos penais da competência originária do Superior Tribunal de Justiça e do Supremo Tribunal Federal. Trata-se da autorização legal dada ao relator de *"convocar desembargadores de Turmas Criminais dos Tribunais de Justiça ou dos Tribunais Regionais Federais, bem como juízes de varas criminais da Justiça dos Estados e da Justiça Federal, pelo prazo de 6 (seis) meses, prorrogável por igual período, até o máximo de 2 (dois) anos, para a realização do interrogatório e de outros atos da instrução, na sede do tribunal ou no local onde se deva produzir o ato"*[23].

Regulamentando o art. 3º da Lei n. 8.038/90, conforme redação dada pela Lei n. 12.019/2009, o STF editou a Emenda Regimental n. 36/2009, que estabeleceu as atribuições do Magistrado Instrutor. Com o advento da lei e da emenda regimental, as instruções de feitos dessa natureza tornaram-se bem mais céleres. Assente-se nesse contexto, por fim, o esforço coordenado pelo Conselho Nacional de Justiça desde 2009, no sentido de estabelecer metas aos juízes e tribunais para adoção de medidas concretas na identificação e julgamento de processos pendentes de decisão final[24].

---

21 Inq 4.458, rel. Min. Gilmar Mendes, Segunda Turma, julgado em 11-9-2018. Cf. ainda: Inq 4.429, rel. Min. Alexandre de Moraes, julgado em 8-6-2018; Inq 4.442, rel. Min. Roberto Barroso, julgado em 6-6-2018. A questão será aprofundada no ponto 5.2.2, relativo ao foro por prerrogativa de função.

22 Inq 4.458, rel. Min. Gilmar Mendes, Segunda Turma, julgado em 11-9-2018. Cf. ainda: Inq 4.429, rel. Min. Alexandre de Moraes, julgado em 8-6-2018; Inq 4.442, rel. Min. Roberto Barroso, julgado em 6-6-2018.

23 Art. 3º, Lei n. 8.038/90, com a redação dada pela Lei n. 12.019/2009.

24 Em 2009, entre as diversas metas concebidas pelo CNJ em conjunto com os Tribunais, foi estabelecido como Meta 2 "Identificar os processos judiciais mais antigos e adotar medidas concretas para o julgamento de todos os distribuídos até 31/12/2005 (em 1º, 2º grau ou tribunais superiores)". Alcançou-se, ao final, 75,85% de cumprimento. Em 2010, foi assentado como Meta 2 "Julgar todos os processos de conhecimento distribuídos (em 1º grau, 2º grau e tribunais superiores) até 31 de dezembro de 2006 e, quanto aos processos trabalhistas, eleitorais, militares e da competência do tribunal do Júri, até 31 de dezembro de 2007". Essa meta logrou 63,53% de cumprimento. Em 2011, ficou definido como Meta 3 "Julgar quantidade igual a de processos de conhecimento distribuídos em 2011 e parcela do estoque, com acompanhamento mensal", com 92,39% de cumprimento. Já para 2012, ainda em acompanhamento, foram estabelecidas duas Metas de julgamento: Meta 1 – "Julgar mais processos de conhecimento do que os distribuídos em 2012"; Meta 2 – "Julgar, até 31/12/2012, pelo menos, 80% dos processos distribuídos em 2007, no STJ; 70%, de 2008 a 2009, na Justiça Militar da União; 50%, em 2007, na Justiça Federal; 50%, de 2007 a 2009, nos Juizados Especiais Federais e Turmas Recursais Federais; 80%, em 2008, na Justiça do Trabalho; 90%, de 2008 a 2009, na Justiça Eleitoral; 90%, de 2008 a 2010, na Justiça Militar dos Estados; e 90% em 2007, nas Turmas Recursais Estaduais, e no 2º Grau da Justiça Estadual". Essas duas metas foram replicadas nos anos seguintes, com atualização de datas e percentuais (Fonte: **www.cnj.jus.br**).

2.2.3. Publicidade do processo

A publicidade dos atos processuais é corolário do princípio da proteção judicial efetiva. As garantias da ampla defesa, do contraditório e do devido processo legal apenas são eficazes se o processo pode desenvolver-se sob o controle das partes e da opinião pública. Nesse sentido, Ferrajoli afirma tratar-se de uma *garantia de segundo grau* ou *garantia de garantias*[25].

Assim, ao lado da motivação, a publicidade é fonte de legitimidade e garantia de controle, pelas partes e pela sociedade, das decisões judiciais.

O texto constitucional consagra a publicidade dos atos processuais, estabelecendo que a lei só poderá restringi-la quando a defesa da intimidade ou o interesse social o exigirem (art. 5º, LX). Essa regra encontra correspondência no art. 93, IX, da Constituição, que consagra a publicidade dos julgamentos dos órgãos do Poder Judiciário, podendo a lei, se o interesse público o exigir, limitar a presença, em determinados atos, às próprias partes e a seus advogados ou somente a estes.

Como se vê, estabelece a Constituição tanto a regra da "publicidade plena ou popular" como a regra da "publicidade restrita ou especial"[26]. Assim, a regra da publicidade comporta exceções, tendo em vista o interesse público ou a defesa da intimidade. A questão torna-se melhor posta como mais um quadro de colisão de direitos fundamentais, em que de um lado se apresentam o direito constitucional à informação e ao conhecimento dos processos existentes em razão da publicidade, e de outro a intimidade, a privacidade e, em diversas ocasiões, o direito à segurança e à realização da justiça criminal.

Por exemplo, o texto constitucional expressamente ressalva do postulado da publicidade o julgamento pelo Tribunal do Júri, ao estabelecer o sigilo das votações (art. 5º, XXXVIII, *b*).

A legislação ordinária também traz restrições à publicidade do processo. Por vezes, o legislador, desde logo, decide pelo sigilo. É o caso, por exemplo, das ações "que versem sobre casamento, separação de corpos, divórcio, separação, união estável, filiação, alimentos e guarda de crianças e adolescentes"[27]; dos "dados protegidos pelo direito constitucional à intimidade" encartados nos autos[28]; das ações "que versem sobre arbitragem", "desde que a confidencialidade estipulada na arbitragem seja comprovada perante o juízo"[29], dos atos de conciliação ou de mediação[30]; das deliberações dos Conselhos de Justiça, na justiça militar[31].

Em outros casos, o legislador estabelece critérios, mas deixa ao juiz margem para avaliar o conflito entre os interesses jurídicos, decidindo, no caso concreto, pelo sigilo

25 Luigi Ferrajoli, *Direito e razão*: teoria do garantismo penal, São Paulo: Revista dos Tribunais, 2002, p. 492.

26 Cf. Antonio Scarance Fernandes, *Processo penal constitucional*, 4. ed., São Paulo: Revista dos Tribunais, 2005, p. 72.

27 Art. 189, II, do CPC.

28 Art. 189, III, do CPC.

29 Art. 189, IV, do CPC.

30 Art. 166 do CPC.

31 Art. 434 do Código de Processo Penal Militar.

ou pela publicidade. O Código de Processo Civil dá ao juiz o poder geral de decretar o segredo de justiça, quando "o exija o interesse público ou social"[32].

No processo penal, a regra é a publicidade da ação penal, mas o juiz deve decretar o segredo de justiça, se necessário à proteção da intimidade, vida privada, honra e imagem da vítima[33].

Se a publicidade prevalece no procedimento acusatório, na fase inquisitória, o sigilo dos atos deve ser preservado, em prol da própria eficácia das investigações que visam à elucidação dos fatos que, posteriormente, poderão ser objeto de eventual tipificação penal.

Portanto, cuidado especial há de merecer a investigação criminal, tendo em vista o seu caráter inicial ou preliminar e a possibilidade de que ocorram graves danos ao eventual autor do fato, à vítima, ou à própria investigação, em razão da publicidade. Dadas as condições peculiares de determinados atos de investigação, não se pode desejar que a publicidade seja absoluta, sob pena de ofender-se o núcleo essencial de direitos como o direito à segurança, que, em casos como tais, colidem com a privacidade e a intimidade.

Por isso, prescreve o Código de Processo Penal, em seu art. 20, que a autoridade deve assegurar, no inquérito, "o sigilo necessário à elucidação do fato ou exigido pelo interesse da sociedade". Nesse sentido, a doutrina tem esclarecido que, "sendo o inquérito um conjunto de diligências visando a apurar o fato infringente da norma penal e da respectiva autoria, parece óbvio deva ser cercado do sigilo necessário, sob pena de se tornar uma burla". Assim, pode-se afirmar, seguindo tal entendimento, que "não se concebe investigação sem sigilação"[34].

É preciso esclarecer, por outro lado, que o sigilo que reveste a tramitação dos inquéritos não pode ser absoluto, devendo ser estabelecido na medida necessária, de acordo com as circunstâncias específicas de cada investigação, em que os indiciados, os fatos apurados e a conjuntura social são variantes determinantes da sigilação necessária[35].

Observe-se, oportunamente, que a Constituição de 1988 institui uma ordem democrática fundada no valor da publicidade (*Öffentlichkeit*), substrato axiológico de toda a atividade do Poder Público. No Estado Democrático de Direito, a publicidade é a regra; o sigilo, a exceção, que apenas se faz presente, como impõe a própria Constituição, quando seja imprescindível à segurança da sociedade e do Estado (art. 5º, XXXIII) e quando não prejudique o interesse público à informação (art. 93, IX)[36].

Assim, por meio de cláusula normativa aberta e conceito jurídico indeterminado, o Código de Processo Penal atribui à autoridade poderes discricionários para definir, em cada caso, qual a medida do sigilo necessário à elucidação dos fatos ou exigido pelo in-

32 Art. 189, I, do CPC.

33 Art. 201, § 6º, do CPP.

34 Fernando da Costa Tourinho Filho, *Código de Processo Penal comentado*, 5. ed., São Paulo: Saraiva, 1999, v. 1, p. 64.

35 HC 90.232, rel. Min. Sepúlveda Pertence, *DJ* de 2-3-2007.

36 Nesse sentido, *vide* STF, Pet 4.848, rel. Min. Celso de Mello, *DJe* de 1º-2-2011: "***É por tal razão*** *que o Supremo Tribunal Federal* ***tem conferido visibilidade*** *a procedimentos penais originários* ***em que figuram****, como acusados* ***ou*** *como réus,* ***os próprios*** *membros do Poder Judiciário (****como sucedeu****, p. ex.,* ***no Inq*** *2.033/DF* ***e no Inq*** *2.424/DF),* ***pois os magistrados****, também eles, como convém a uma República* ***fundada*** *em bases democráticas,* ***não dispõem*** *de privilégios* ***nem*** *possuem gama* ***mais*** *extensa de direitos e garantias que os outorgados,* ***em sede*** *de persecução penal, aos cidadãos em geral*".

teresse da sociedade (art. 20). Deve a autoridade fazer o sopeso das razões em prol do segredo das investigações, por um lado, e da sua publicidade, por outro. Trata-se, enfim, de um exercício de ponderação condicionado pela conformação dos fatos determinantes do caso concreto. A cada caso será aplicada uma medida diferenciada do que seja o sigilo necessário à eficiência das investigações. E, nesse sentido, a mutação das circunstâncias fáticas poderá justificar tanto a ampliação como a restrição, total ou parcial, do sigilo inicialmente decretado, sempre tendo em vista a efetividade das investigações criminais, assim como o interesse social.

Ainda no âmbito da investigação criminal, o legislador estabelece algumas hipóteses de sigilo estrito. É o caso, por exemplo, das interceptações telefônicas[37], dos dados obtidos mediante quebra de sigilo de operações financeiras[38], dos acordos e dos atos de colaboração premiada[39], das ações controladas[40], das infiltrações de agentes policiais em organizações criminosas[41].

Tem particular relevância a questão da possibilidade de se opor o sigilo da investigação ao próprio investigado. O STF apreciou essa questão em várias oportunidades, chegando ao enunciado da Súmula Vinculante 14: "É direito do defensor, no interesse do representado, ter acesso amplo aos elementos de prova que, já documentados em procedimento investigatório realizado por órgão com competência de polícia judiciária, digam respeito ao exercício do direito de defesa".

De acordo com essa disposição, o acesso da defesa aos elementos da investigação deve ser garantido caso estejam presentes dois requisitos.

Um, positivo: os elementos da investigação devem apontar para a responsabilidade criminal do requerente – elementos que "digam respeito ao exercício do direito de defesa". Não há direito subjetivo a tomar conhecimento de investigações sigilosas que não implicam o requerente[42]. O outro requisito é negativo: os elementos não devem dizer respeito a diligência em andamento – elementos devem estar "já documentados". É possível preservar o sigilo, se houver fundado receio de que o conhecimento dos elementos de prova pode frustrar a diligência investigatória.

Modificação legislativa de 2016 consagrou o direito da defesa de acessar investigações sigilosas, exibindo procuração, na linha da Súmula Vinculante 14. Ficou ressalvada a possibilidade de a autoridade "delimitar o acesso do advogado aos elementos de prova relacionados a diligências em andamento e ainda não documentados nos autos, quando houver risco de comprometimento da eficiência, da eficácia ou da finalidade das diligências" (Lei n. 8.906/1994, art. 7º, § 12, introduzido pela Lei n. 13.245/2016).

---

37 Há sigilo "das diligências, gravações e transcrições respectivas" – art. 8º da Lei n. 9.296/95.

38 O servidor responde "pessoal e diretamente", se não guardar segredo das informações recebidas mediante afastamento do sigilo das operações financeiras – art. 11 da Lei Complementar n. 105/2001.

39 O acesso à delação é restrito ao juiz, ao promotor e ao delegado, até o recebimento da denúncia – art. 7º, Lei n. 12.850/2013.

40 A ação controlada consiste em retardar a intervenção policial ou administrativa relativa à ação criminosa. O acesso ao requerimento é restrito ao juiz, ao promotor e ao delegado, até a conclusão da medida – art. 8º, § 3º, da Lei n. 12.850/2013.

41 As informações pessoais do agente policial devem ser preservadas, mesmo após o encerramento da diligência – art. 14, III, da Lei n. 12.850/2013.

42 Inq 3.983, rel. Min. Teori Zavascki, Tribunal Pleno, julgado em 3-3-2016.

De tudo se extrai que o princípio da publicidade deve ser visto com temperamentos e relativizado em razão da sua colisão com outras normas. A prevalência de uns ou de outros direitos é variável caso a caso e sofre diversas limitações, a depender se o objeto mensurável é um inquérito ou procedimento de investigação ou uma ação penal.

Importante frisar que o segredo de justiça é uma imposição direcionada aos participantes da relação processual – magistrados, membros do ministério público, servidores, advogados, partes, peritos etc. Esses incorrem em crime[43], caso revelem informações sigilosas a terceiros não envolvidos no processo. Por sua vez, o terceiro que recebe a informação não incorre na falta caso passe o segredo adiante. Assim, uma autoridade que "vaza" conteúdo de uma investigação criminosa a um jornalista incorre em crime. Mas o jornalista que publica o segredo nada mais faz do que exercer regularmente sua profissão. De fato, a lei só pode restringir a liberdade jornalística em homenagem a valores constitucionais elevados[44]. Mesmo quando a restrição é cabível, deverá ser pautada por estrita proporcionalidade.

Ainda assim, nossa legislação registra algumas normas que impedem a divulgação de informações processuais por jornalistas. O Estatuto da Criança e do Adolescente proíbe a divulgação de informações sobre atos infracionais[45]. A Lei das Organizações Criminosas veda a divulgação da identidade de colaboradores premiados e de policiais infiltrados[46]. O STF ainda não teve a oportunidade de avaliar, em julgamento colegiado, a constitucionalidade dessas disposições[47].

Para além do contexto investigatório ou penal, no julgamento do MS 26.900/DF, o Plenário do Supremo Tribunal Federal deparou-se com a possibilidade, ou não, de aplicação da garantia constitucional da publicidade a procedimento de natureza política.

Nesse precedente, discutia-se, singularmente, a existência de direito líquido e certo de 13 deputados federais para ter livre acesso ao Plenário do Senado Federal para acompanhar a tramitação da sessão de deliberação acerca da cassação de mandato de senador da República que, ao momento da impetração, ocupava a função de presidente do Senado. Por maioria, o Supremo Tribunal Federal decidiu que os deputados impetrantes deveriam ter assegurado o direito de acompanhar a referida sessão parlamentar.

Nessa assentada, a tese condutora do acórdão pautou-se pela observância do princípio constitucional da publicidade. Em radicalização desse posicionamento, os votos dos Ministros Marco Aurélio e Carlos Britto, além de deferirem a segurança nos termos acima mencionados, estenderam a proteção judicial do direito líquido e certo invocado para resguardar ainda a abertura do sigilo das votações.

---

43 Art. 154 do CP (violação do segredo profissional), art. 325 do CP (violação de sigilo funcional) ou outro, previsto em legislação especial, conforme o caso.

44 Art. 220, § 1º: "Nenhuma lei conterá dispositivo que possa constituir embaraço à plena liberdade de informação jornalística em qualquer veículo de comunicação social, observado o disposto no art. 5º, IV, V, X, XIII e XIV".

45 Art. 247.

46 Art. 5º, V, e art. 14, IV, da Lei n. 12.850/2013.

47 Na reclamação 24.359, foi deferida medida liminar, pelo relator, suspendendo a eficácia de ato judicial que proibira os meios de comunicações social de revelar a identidade de colaborador premiado – rel. Min. Gilmar Mendes, *DJe* de 29-6-2016.

A tese vencida, por seu turno, interpretou a questão da restrição do acesso dos impetrantes ao Plenário do Senado como um conflito que não envolveria necessariamente discussão sobre violação de direito líquido e certo, mas tão somente disposição de caráter interno (*interna corporis*). Ou seja, para a vertente jurisprudencial vencida, o tema da abertura, ou não, das deliberações parlamentares ao público corresponderia a matéria que deve ser regida pela disciplina regimental da respectiva Casa Legislativa.

Em síntese, para além das nuanças que essa hipótese pode indicar no que diz respeito às possibilidades de controle judicial de questões eminentemente políticas (*v.*, *infra*, item sobre questões políticas), a questão da tutela da garantia constitucional da publicidade consiste em mecanismo que somente pode ser aferido a partir dos específicos balizamentos que o caso concreto revele. É dizer, o respeito ao imperativo de publicidade dos procedimentos administrativos e judiciais não pode fazer tábula rasa da possibilidade sempre presente de que os condicionantes materiais da espécie demandem uma proteção mais efetiva com relação à qual o Estado não pode imputar impacto desproporcional de direitos fundamentais individuais, cuja violação se torne irreversível.

2.2.4. Questões políticas

Não se reconhece indenidade aos atos ou decisões políticas se eles afetam ou ameaçam direitos individuais. Essa é orientação pacífica do Supremo Tribunal desde os primórdios da República.

A doutrina das questões políticas chegou ao Supremo Tribunal Federal com o famoso e polêmico julgamento do HC 300, impetrado por Rui Barbosa em 18 de abril de 1892[48]. Em sua petição inicial, Rui Barbosa defendeu, amparado na doutrina norte-americana da *political questions*, criada por influência da decisão do *Justice* Marshall no célebre caso Marbury *vs.* Madison, que "os casos, que, se por um lado tocam a interesses políticos, por outro envolvem direitos individuais, não podem ser defesos à intervenção dos tribunais, amparo da liberdade pessoal contra as invasões do executivo". Assim, "onde quer que haja um direito individual violado, há de haver um recurso judicial para a debelação da injustiça"[49].

Apesar da eloquente defesa realizada por Rui Barbosa, o Supremo Tribunal Federal indeferiu o *habeas corpus*, por entender que não caberia ao Tribunal envolver-se em questões políticas do Poder Executivo ou Legislativo[50]. Suas lições apenas foram devidamente apreciadas pelo Tribunal nos posteriores julgamentos dos *Habeas Corpus*

48 Apesar da eloquente defesa realizada por Rui Barbosa, o Supremo Tribunal Federal indeferiu o *habeas corpus*, por entender que não caberia ao Tribunal envolver-se em questões políticas do Poder Executivo ou Legislativo. Cf.: Lêda Boechat Rodrigues, *História do Supremo Tribunal Federal*, t. I / 1891-1898: defesa das liberdades civis, 2. ed., Rio de Janeiro: Civilização Brasileira, 1991, p. 22. Assim, tal orientação apenas foi fixada nos posteriores julgamentos dos *Habeas Corpus* n. 1.063 e 1.073, de 1898, nos quais o Tribunal deixou assentado que a doutrina das questões políticas não poderia deixar ao desamparo as liberdades individuais.

49 Cf. Lêda Boechat Rodrigues, *História do Supremo Tribunal Federal*, cit., p. 20.

50 Cf. Lêda Boechat Rodrigues, *História do Supremo Tribunal Federal*, cit., p. 20.

n. 1.063 e 1.073, ambos de 1898, nos quais o Tribunal deixou assentado que a doutrina das questões políticas não poderia deixar ao desamparo as liberdades individuais[51].

Os célebres ensinamentos de Rui Barbosa influenciaram decisivamente a formulação do art. 141, § 4º, da Constituição de 1946, precedente remoto do atual art. 5º, XXV, da Constituição de 1988[52]. A intenção do constituinte era romper com a ordem constitucional conformada pela Constituição polaca (de 1937), que prescrevia em seu art. 94 ser "vedado ao Poder Judiciário conhecer de questão exclusivamente política"[53].

Em comentários ao referido artigo, Araújo Castro assim afirmou[54]:

> "É doutrina corrente que as questões de natureza política escapam à jurisdição do Poder Judiciário; mas, para que tal aconteça, torna-se mister que tais questões sejam exclusivamente políticas.
>
> Uma questão, observa Ruy Barbosa, pode ser distintamente política, altamente política, segundo alguns, até puramente política, fora dos limites da justiça, e, contudo, em revestindo a forma de um pleito, estar na competência dos tribunais, desde que o ato, executivo ou legislativo, contra o qual se demande, fira a Constituição, lesando ou negando um direito nela consagrado.
>
> Como questões exclusivamente políticas devem entender-se somente aquelas que se referem ao exercício dos poderes que a Constituição confia à inteira discrição do Legislativo e do Executivo. Assim, em se tratando de decretação de intervenção nos Estados ou de celebração de tratados internacionais, o Judiciário não pode entrar na apreciação de motivos que determinam o ato legislativo ou executivo. Mas, se, em virtude desse ato, for violado um direito privado, assegurado pela Constituição, então, para a proteção de tal direito, será legítima a ação do Judiciário.
>
> A jurisprudência do Supremo Tribunal Federal tem reconhecido sempre a incompetência do Judiciário para conhecer de assuntos políticos, desde que em causa não esteja um direito privado que constitua o objeto principal da demanda".

Assim, alternando momentos de maior e menor ativismo judicial[55], o Supremo Tribunal Federal, ao longo de sua história, tem entendido que a discricionariedade das

51 Cf. José Elaeres Marques Teixeira, *A doutrina das questões políticas no Supremo Tribunal Federal*, Porto Alegre: Sérgio A. Fabris, Editor, 2005, p. 93.

52 "A lei não poderá excluir da apreciação do Poder Judiciário qualquer lesão de direito individual" (Constituição de 1946, art. 141, § 4º). Observe-se que o texto de 1988 inova ao garantir o acesso à justiça também no caso de ameaça a direito.

53 O art. 94 da Constituição de 1937 repetia o teor do art. 68 da Constituição de 1934: "É vedado ao Poder Judiciário conhecer de questões exclusivamente políticas".

54 Araújo Castro, *A Constituição de 1937*, edição fac-similar, Brasília: Senado Federal, 2003, p. 205-206.

55 A Primeira República foi marcada pela atuação acanhada do Tribunal no tocante ao enfrentamento de questões políticas, que muitas vezes serviram de subterfúgio para que não houvesse julgamento, transferindo a responsabilidade das soluções para os Poderes Legislativo e Executivo. Nesse período, entre 1910 e 1930, a doutrina das questões políticas foi aplicada pelo Tribunal em casos de decretação de estado de sítio, intervenção federal, verificação de poderes, duplicata de governos estaduais e Assembleias legislativas, cassação de mandato parlamentar e impeachment de governantes estaduais. Passado esse primeiro período, o Supremo Tribunal Federal se deparou

medidas políticas não impede o seu controle judicial, desde que haja violação a direitos assegurados pela Constituição.

Apesar de que, muitas vezes, é tarefa demasiado complicada precisar os limites que separam uma questão política de outra de natureza jurídica ou não política[56], tal fato não deve servir de subterfúgio para que o Poder Judiciário se abstenha do cumprimento de seu dever constitucional na defesa dos direitos fundamentais.

Mantendo essa postura, o Supremo Tribunal Federal, na última década, tem atuado ativamente no tocante ao controle judicial das questões políticas nas quais observa violação à Constituição. Os diversos casos levados ao Tribunal envolvendo atos das Comissões Parlamentares de Inquérito corroboram essa afirmação. No julgamento do MS 23.452, deixou o STF assentado o entendimento segundo o qual "os atos das Comissões Parlamentares de Inquérito são passíveis de controle jurisdicional, sempre que, de seu eventual exercício abusivo, derivarem injustas lesões ao regime das liberdades públicas e à integridade dos direitos e garantias individuais"[57].

Nesse sentido, em seu voto, o Ministro Celso de Mello deixou enfatizado que, "com a finalidade de impedir que o exercício abusivo das prerrogativas estatais pudesse conduzir a práticas que transgredissem o regime de liberdades públicas e que sufocassem, pela opressão do poder, os direitos e garantias individuais, atribuiu-se ao Poder Judiciário a função eminente de controlar os excessos cometidos por qualquer das esferas governamentais".

Tal entendimento também tem permitido a sindicabilidade judicial dos atos da Comissão de Ética e Decoro Parlamentar da Câmara dos Deputados, quando, em processo disciplinar e de cassação de parlamentar, não observa as garantias da ampla defesa, do contraditório e do devido processo legal[58].

Da mesma forma, o STF afirma a possibilidade de controle jurisdicional da regularidade do procedimento de *impeachment*[59]. A apreciação do mérito da acusação, no entanto, está fora da jurisdição da Corte, por ser uma prerrogativa do parlamento.

Quanto ao tema das medidas provisórias, por outro lado, o Tribunal tem admitido o controle judicial dos pressupostos de relevância e urgência – exigidos pelo art. 62 da

---

com casos de rejeição de veto a projeto de lei, convocação extraordinária do Congresso Nacional e deliberações da Câmara dos Deputados, nos quais passou a ter uma postura mais ativa, aceitando a sindicabilidade judicial de questões políticas nas quais era possível observar a violação a direitos individuais.

56 Nesse sentido, Pontes de Miranda, em comentários à Constituição de 1937, afirmava: "O problema técnico de aviventar os marcos entre o domínio judiciário e os dos outros Poderes, executivo e legislativo, é árduo. Tanto mais árduo quanto se sabe que é preciso pô-lo em termos decisivos e nítidos: exercer o Poder Judiciário toda a sua competência, – quer dizer: não deixar, por timidez, por escrúpulo, por temor da opinião pública do momento, ou da tendência maior da imprensa, de apreciar e julgar onde os princípios da estrutura americano-brasileira lhe permitem que aprecie e julgue; e não exercer a função de julgar onde não está a linha da sua competência. Não ir além, porém não se abster de ir até onde pode e, pois, deve. A mesma circunspecção que lhe aconselha parar onde se usurparia a função de outro Poder, ou se criticaria o que só de outro Poder depende, torna-se mal quando induz à abstinência, à renúncia, à cômoda inércia e à pusilanimidade, que são crimes" (*Comentários à Constituição Federal de 10 de novembro de 1937*, Rio de Janeiro: Irmãos Pongetti, 1938, t. 3, p. 31-32).

57 MS 23.452/RJ, rel. Min. Celso de Mello, *DJ* de 12-5-2000.

58 MS 25.647/DF, rel. Min. Carlos Britto, julgado em 30-11-2005.

59 MS 20.941, rel. Min. Sepúlveda Pertence, julgado em 9-2-1990.

Constituição, para sua edição – apenas nos casos em que esteja objetivamente evidenciado patente excesso de poder por parte do Poder Executivo[60].

Seguindo na mesma linha de entendimento, o Tribunal tem evitado interferir na competência do Congresso Nacional para conceder anistia[61] a seus próprios membros, como prescreve o art. 48, VIII, da Constituição. Entende o STF que "a anistia é ato político, concedido mediante lei, assim da competência do Congresso e do Chefe do Executivo, correndo por conta destes a avaliação dos critérios de conveniência e oportunidade do ato, sem dispensa, entretanto, do controle judicial, porque pode ocorrer, por exemplo, desvio do poder de legislar ou afronta ao devido processo legal substancial (CF, art. 5º, LIV)" (ADI 1.231/DF)[62]. Outro não foi o entendimento da Corte no julgamento da ADI 2.306/DF[63], no qual foi reafirmada a competência do Congresso Nacional para conceder anistia, inclusive a seus membros.

2.2.5. Juízo arbitral

A princípio, o art. 5º, XXXV, da Constituição estabelece o monopólio do Poder Judiciário para reparar lesão ou ameaça a direito. Assegura-se o direito de acionar a jurisdição estatal toda vez que se estiver diante de uma lesão ou simples ameaça de lesão a direito.

Com o advento da Lei de Arbitragem (Lei n. 9.307/96), abriu-se uma nova via de resolução alternativa de conflitos, alheia à jurisdição estatal[64]. A arbitragem consiste em mecanismo extrajudicial de solução de controvérsias, segundo o qual as partes litigantes investem, por meio de uma convenção arbitral (cláusula compromissória[65] e compromisso arbitral[66]), uma ou mais pessoas[67] de poderes decisórios para resolver seus conflitos relativos a direitos patrimoniais disponíveis. A determinação decorrente da instância

60 RE 592.377, red. p/ acórdão Min. Teori Zavascki, julgado em 4-2-2015.

61 No tocante ao tema da anistia, lembro as lições de João Barbalho, em comentários ao art. 34, 27, da Constituição de 1891: "Decretando anistia, o Congresso Nacional exerce atribuição sua privativa, de caráter eminentemente político, e nenhum dos outros ramos do poder público tem autoridade para entrar na apreciação da justiça ou conveniência e motivos da lei promulgada consagrando tal medida, que é um ato solene de clemência autorizada por motivos de ordem superior" (João Barbalho Uchoa Cavalcanti, *Constituição Federal brasileira (1891)*, Brasília: Senado Federal, 2002, p. 133).

62 ADI 1.231/DF, rel. Min. Carlos Velloso, *DJ* de 28-4-2006.

63 ADI 2.306/DF, rel. Min. Ellen Gracie, *DJ* de 31-10-2002.

64 A utilização do juízo arbitral para a solução de controvérsias não é novidade no Direito brasileiro. Já a Constituição de 1824 estabelecia que as partes poderiam nomear juízes árbitros para solucionar litígios de natureza cível, e as sentenças seriam executadas sem recurso, por convenção das partes (art. 160). Também o Código Civil de 1916, em seus arts. 1.037 a 1.048, previa a arbitragem como técnica de solução de contendas cíveis, além do Código Comercial de 1850 (arts. 245, 294 e 348) e do Código de Processo Civil de 1939 (arts. 1.031 a 1.046). A Lei n. 9.307/96, porém, trouxe significativa inovação ao tornar despicienda a homologação da sentença arbitral pelo Poder Judiciário, conferindo-lhe eficácia de sentença judicial (arts. 18 e 31).

65 "Art. 4º A cláusula compromissória é a convenção através da qual as partes em um contrato comprometem-se a submeter à arbitragem os litígios que possam vir a surgir, relativamente a tal contrato." (Lei n. 9.307/96)

66 "Art. 9º O compromisso arbitral é a convenção através da qual as partes submetem um litígio à arbitragem de uma ou mais pessoas, podendo ser judicial ou extrajudicial." (Lei n. 9.307/96)

67 "Art. 13. Pode ser árbitro qualquer pessoa capaz e que tenha a confiança das partes." (Lei n. 9.307/96)

arbitral possui eficácia de sentença judicial[68] e, portanto, não sujeita a posterior homologação pelo Poder Judiciário[69].

Assim, tema relevante na perspectiva da proteção judicial efetiva colocou-se em torno da constitucionalidade da Lei de Arbitragem (Lei n. 9.307, de 23-9-1996) em face do que dispõe o art. 5º, XXXV, da Constituição.

No julgamento da Sentença Estrangeira n. 5.206 (Agravo Regimental), o Tribunal discutiu a constitucionalidade de diversas disposições da referida lei, especialmente daquelas concernentes ao compromisso de submeter à arbitragem eventual controvérsia na execução do contrato.

A ementa do acórdão, da lavra do Ministro Sepúlveda Pertence, explicita a orientação perfilhada:

> "Lei de Arbitragem (Lei n. 9.307/96): constitucionalidade, em tese, do juízo arbitral; discussão incidental da constitucionalidade de vários dos tópicos da nova lei, especialmente acerca da compatibilidade, ou não, entre a execução judicial específica para a solução de futuros conflitos da cláusula compromissória e a garantia constitucional da universalidade da jurisdição do Poder Judiciário (CF, art. 5º, XXXV). Constitucionalidade declarada pelo plenário, considerando o Tribunal, por maioria de votos, que a manifestação de vontade da parte na cláusula compromissória, quando da celebração do contrato, e a permissão legal dada ao juiz para que substitua a vontade da parte recalcitrante em firmar o compromisso não ofendem o artigo 5º, XXXV, da CF. Votos vencidos, em parte – incluído o do relator – que entendiam inconstitucionais a cláusula compromissória – dada a indeterminação de seu objeto – e a possibilidade de a outra parte, havendo resistência quanto à instituição da arbitragem, recorrer ao Poder Judiciário para compelir a parte recalcitrante a firmar o compromisso, e, consequentemente, declaravam a inconstitucionalidade de dispositivos da Lei 9.307/96 (art. 6º, parágrafo único; 7º e seus parágrafos e, no art. 41, das novas redações atribuídas ao art. 267, VII e art. 301, inciso IX do C. Pr. Civil; e art. 42), por violação da garantia da universalidade da jurisdição do Poder Judiciário. Constitucionalidade – aí por decisão unânime, dos dispositivos da Lei de Arbitragem que prescrevem a irrecorribilidade (art. 18) e os efeitos de decisão judiciária da sentença arbitral (art. 31)"[70].

Por maioria de votos, o STF afirmou a compatibilidade da cláusula compromissória com a Constituição, reconhecendo-se à parte contratante o direito de recorrer ao Judiciário para compelir o recalcitrante a firmar o compromisso, sob pena de se substituir a manifestação de vontade por decisão judicial (Lei n. 9.307/96, arts. 6º, parágrafo único, 7º e seus parágrafos, 41, que conferiu nova redação aos arts. 267, VII, e 301, IX,

---

68 "Art. 31. A sentença arbitral produz, entre as partes e seus sucessores, os mesmos efeitos da sentença proferida pelos órgãos do Poder Judiciário e, sendo condenatória, constitui título executivo." (Lei n. 9.307/96)

69 "Art. 18. O árbitro é juiz de fato e de direito, e a sentença que proferir não fica sujeita a recurso ou a homologação pelo Poder Judiciário." À exceção da homologação da sentença arbitral estrangeira, de competência do Superior Tribunal de Justiça (CF, art. 105, I, *i*), a participação do Poder Judiciário apenas ocorre quando haja a necessidade de se utilizar o poder de coação do Estado, nas hipóteses de descumprimento de cláusula compromissória, desacordo entre as partes quanto à nomeação do árbitro e fixação de seus honorários, execução e declaração de nulidade de sentença arbitral, quando no curso da arbitragem surja controvérsia acerca de direitos indisponíveis, condução de testemunhas, adoção de medidas coercitivas ou cautelares etc.

70 SE-AgRg 5.206, rel. p/ acórdão Min. Nelson Jobim, julgado em 12-12-2001, *DJ* de 30-4-2004, p. 29.

do CPC, e 42). Reconheceu-se, ainda, desta feita por unanimidade, a constitucionalidade dos dispositivos que preveem a irrecorribilidade e estabelecem efeitos de decisão judiciária da sentença arbitral.

Esse precedente, além de ter permitido uma solução alternativa de conflitos por meio da arbitragem, firmou a legitimidade da cláusula compromissória como instrumento apto para, em casos de lesão ou ameaça a direitos patrimoniais disponíveis por descumprimento da convenção arbitral, acionar garantias judiciais do processo perante o Poder Judiciário.

A posição do STF permite vislumbrar a compatibilidade da Lei n. 9.307/96 com o art. 5º, XXXV, da Constituição Federal, dando feição menos reducionista ao direito fundamental à proteção efetiva do Poder Judiciário.

A Lei n. 13.129/2015 ampliou de forma relevante o âmbito e a importância da arbitragem.

No que se refere aos sujeitos, passou-se a permitir a sua utilização para solução de conflitos envolvendo a Administração Pública[71].

Os poderes dos árbitros para deferimento de medidas de urgência foram expressamente consagrados, inclusive com possibilidade de revisão de decisões judiciais nessa seara, adotadas antes da instituição da arbitragem[72].

Não sendo executada espontaneamente a decisão proferida em tutela de urgência, a ordem dos árbitros será executada judicialmente, por meio da carta arbitral (art. 22-C).

Note-se que foi conferido aos árbitros poder de decidir acerca das medidas urgentes, mas preservada ao Poder Judiciário a exclusividade do uso da coerção para fazer cumprir compulsoriamente as decisões.

Essas modificações reforçam o papel da arbitragem como meio de solução de conflitos.

2.3. Titularidade

São titulares do direito à proteção judicial efetiva tanto as pessoas naturais como as pessoas jurídicas.

Até mesmo as pessoas jurídicas de direito público interno ou as pessoas jurídicas de direito público estrangeiras gozam do direito à proteção judicial efetiva contra lesão ou ameaça de lesão a direito.

É comum nas diversas ordens jurídicas a adoção de critérios diferentes para a capacidade de direito e a capacidade de exercício, no âmbito da proteção judicial efetiva (arts. 7º a 13 do CPC)[73].

---

71 "Art. 1º (...) § 1º A administração pública direta e indireta poderá utilizar-se da arbitragem para dirimir conflitos relativos a direitos patrimoniais disponíveis."

72 "Art. 22-A. Antes de instituída a arbitragem, as partes poderão recorrer ao Poder Judiciário para a concessão de medida cautelar ou de urgência. Parágrafo único. Cessa a eficácia da medida cautelar ou de urgência se a parte interessada não requerer a instituição da arbitragem no prazo de 30 (trinta) dias, contado da data de efetivação da respectiva decisão. Art. 22-B. Instituída a arbitragem, caberá aos árbitros manter, modificar ou revogar a medida cautelar ou de urgência concedida pelo Poder Judiciário. Parágrafo único. Estando já instituída a arbitragem, a medida cautelar ou de urgência será requerida diretamente aos árbitros."

73 Novo CPC (Lei n. 13.105/2015), arts. 70 a 76.

Assim, ainda que se reconheça a capacidade de direito de eventual titular menor de idade, o direito há de ser exercido mediante representação ou assistência de pessoas legalmente designadas (arts. 8º e 9º do CPC)[74].

A legislação também limitava a capacidade de exercício de direito pelas pessoas com deficiência – art. 8º do CPC, combinado com arts. 3º, II, e 4º, III, do CC. No entanto, a Lei n. 13.146/2015 (Estatuto da Pessoa com Deficiência) alterou radicalmente a situação. Passou a prever o exercício, pela própria pessoa com deficiência, de sua capacidade legal, "em igualdade de condições com as demais pessoas", como regra. A restrição da capacidade de exercício tornou-se aplicável apenas aos atos patrimoniais. Logo, "o direito ao próprio corpo, à sexualidade, ao matrimônio, à privacidade, à educação, à saúde, ao trabalho e ao voto" são exercidos sempre pessoalmente (art. 85, § 1º).

Nesse diapasão, a curatela foi relegada a medida "extraordinária", que deverá durar "o menor tempo possível" (arts. 84 e 85). Criou-se o instituto da "tomada de decisão apoiada", no qual duas pessoas com vínculo com a pessoa com deficiência auxiliam a tomada de decisão.

A nova legislação caminha no reconhecimento da igualdade da pessoa com deficiência "perante e sob a lei", nos termos do art. 5º, 1, da Convenção Internacional sobre Direitos das Pessoas com Deficiência. Esse tratado faz parte do bloco de constitucionalidade, visto que incorporado ao direito interno com equivalência a emenda constitucional, na forma do art. 5º, § 3º, da CF.

Não raras vezes a lei distingue claramente a personalidade jurídica da personalidade judiciária, outorgando a entidades despersonalizadas o direito de defesa de interesses em juízo, como ocorre, por exemplo, nas hipóteses em que a massa falida é representada pelo administrador judicial, e o espólio, pelo inventariante (art. 12 do CPC)[75].

No plexo constitucional dos direitos individuais e coletivos relacionados ao direito do trabalho, a jurisprudência do Supremo Tribunal Federal aponta para outra modalidade de adjudicação que escapa a essas figuras clássicas do direito processual civil[76]. Trata-se do instituto da substituição processual promovida pelos sindicatos, aos quais, nos termos do inciso III do art. 8º da CF/88, "cabe a defesa dos direitos e interesses coletivos ou individuais da categoria, inclusive em questões judiciais ou administrativas".

De modo geral, todos esses casos excepcionais de titularidade das garantias fundamentais do processo são indicativos de que o caráter de indisponibilidade dos direitos fundamentais pode permitir, em determinados casos específicos, a invocação de prerrogativas por outros atores individuais e coletivos que, atendidos os requisitos legais, passam a atuar como interlocutores do Poder Judiciário.

2.4. Conformação e limitação

Como o âmbito da proteção judicial é inequivocamente normativo, não há dúvida de que as providências legislativas básicas desenvolvidas têm por escopo conferir con-

74 Novo CPC (Lei n. 13.105/2015), arts. 71 e 72.

75 Novo CPC (Lei n. 13.105/2015), art. 75.

76 Cf., *infra*, item sobre *substituição processual*.

formação a esse direito. Evidente que o exercício do direito de proteção judicial efetiva pressupõe a existência de tribunais que sejam autônomos e independentes na tarefa de definição de competências e de adoção de procedimentos a serem adotados. Daí afirmar-se correntemente o caráter de garantia institucional desse direito, o que não autoriza, porém, concluir que semelhante garantia depende exclusivamente da atividade legislativa ordinária ou que qualquer decisão do legislador configura concretização do direito à proteção judicial efetiva[77]. Em muitos casos a lei fixa requisitos de admissibilidade da ação, e estabelece regras básicas de procedimento.

Todavia, regras sobre capacidade processual, competência, obrigatoriedade ou não de atuação de advogado, prazos para propositura da ação, efeito vinculante de decisões de outros tribunais, coisa julgada hão de ser consideradas, em princípio, normas destinadas a conferir conformação ao direito de proteção judicial efetiva, ou, por outro lado, consideradas como resultado de colisões com outros direitos ou deveres, que apontam para restrições externas ao direito tomado amplamente em sua concepção *prima facie*.

Valendo-se da fórmula ambígua constante do art. 5º, XXXV – *a lei não poderá excluir* –, pode-se sustentar que, ao lado da tarefa conformadora, o legislador não está impedido de restringir ou limitar o exercício do direito à proteção judicial, especialmente em razão de eventual colisão com outros direitos ou valores constitucionais[78]. Resta claro que o núcleo essencial do direito fundamental à proteção judicial efetiva não pode ser agredido, porém a relatividade deste núcleo essencial e a compreensão segundo a qual as restrições operam externamente e não internamente permitem que a dimensão *a posteriori* deste direito seja menor do que a sua feição *a priori*.

Nesse âmbito, coloca-se o debate sobre as fórmulas de preclusão que, muitas vezes, impõem limites temporais ao exercício do direito, tendo em vista considerações de segurança jurídica.

Qualquer que seja a conclusão a propósito do caráter de mera conformação ou de limitação, não pode o legislador, a pretexto de conformar ou disciplinar a garantia da proteção judicial efetiva, adotar disciplina que afete, de forma direta ou indireta, o exercício substancial desse direito. O núcleo essencial, embora relativo, não pode ser agredido.

Nesse sentido, vale mencionar a decisão do Supremo Tribunal Federal na Rp. 1.077 / RJ. Cuidava-se da aferição da constitucionalidade de dispositivos constantes da Lei estadual n. 383 (de 4-12-1980, do Estado do Rio de Janeiro) que elevavam, significativamente, os valores da taxa judiciária naquela unidade federada. Após precisar a natureza e as características da taxa judiciária, enfatizou o eminente relator, Ministro Moreira Alves:

> "Sendo – como já se acentuou – a taxa judiciária, em face do atual sistema constitucional, taxa que serve de contraprestação à atuação de órgãos da justiça cujas despesas não sejam cobertas por custas e emolumentos, tem ela – como toda taxa com caráter de contraprestação – um limite, que é o custo da atividade do Estado, dirigido àquele contribuinte. Esse limite, evidentemente, é relativo, dada a dificuldade de se saber, exatamente, o

77 Cf. Pieroth e Schlink, *Grundrechte – Staatsrecht II*, cit., p. 265.

78 Cf. sobre o assunto, no direito alemão, Pieroth e Schlink, *Grundrechte – Staatsrecht II*, cit., p. 67.

custo dos serviços a que corresponde tal contraprestação. O que é certo, porém, é que não pode taxa dessa natureza ultrapassar uma equivalência razoável entre o custo real dos serviços e o montante a que pode ser compelido o contribuinte a pagar, tendo em vista a base de cálculo estabelecida pela lei e o *quantum* da alíquota por esta fixado"[79].

Fixada essa ideia de equivalência razoável entre custo do serviço e prestação cobrada, concluiu-se pela inconstitucionalidade do art. 118 da lei estadual fluminense, que, de forma genérica, fixava em 2% sobre o valor do pedido o *quantum* devido pelo contribuinte, pelas seguintes razões:

"(...) Por isso, taxa cujo montante se apura com base em valor do proveito do contribuinte (como é o caso do valor real do pedido), sobre a qual incide alíquota invariável, tem necessariamente de ter um limite, sob pena de se tornar, com relação às causas acima de determinado valor, indiscutivelmente exorbitante em face do custo real da atuação do Estado em favor do contribuinte. Isso se agrava em se tratando de taxa judiciária, tendo em vista que boa parte das despesas do Estado já são cobertas pelas custas e emolumentos. Não estabelecendo a lei esse limite, e não podendo o Poder Judiciário estabelecê-lo, é de ser declarada a inconstitucionalidade do próprio mecanismo de aferição do valor, no caso concreto, da taxa judiciária, certo como é que conduzirá, sem dúvida alguma, a valores reais muito superiores aos custos a que servem de contraprestação. A falta desse limite torna incompatível o próprio modo de calcular o valor concreto da taxa com a natureza remuneratória desta, transformando-a, na realidade, num verdadeiro imposto"[80].

Vê-se, assim, que, embora se aceite a ideia da tributação com o fim de assegurar a prestação do serviço jurisdicional (taxa judiciária), repudia-se a possibilidade de que estas alcancem valores que possam dificultar o próprio exercício do direito de proteção judicial efetiva[81].

Não se pode olvidar, ainda, que o texto constitucional assegura a assistência por advogado e também a assistência judicial gratuita para aqueles que não dispõem de condições financeiras (art. 5º, LXXIV). Em determinados casos, como no ajuizamento de ações nos Juizados Especiais, a lei dispensa a assistência técnica especializada.

Em relação à legitimidade dessas condições, estabelecidas pelo legislador, assume significado o princípio da proporcionalidade na sua tríplice acepção (adequação, necessidade e proporcionalidade em sentido estrito).

Confira-se nesse sentido decisão proferida na ADI 3.168[82]. Eis o teor da ementa desse julgado que, retomando a jurisprudência firmada com relação à Lei n. 9.099/95

---

79 Rp. 1.077, rel. Min. Moreira Alves, *RTJ*, 112 (1)/34, 58-59.

80 Rp. 1.077, rel. Min. Moreira Alves, *RTJ*, 112 (1)/34 e 59.

81 Nesse sentido: ADI 2.655/MT, rel. Min. Ellen Gracie, *DJ* de 26-3-2004; ADI 2.040, rel. Min. Maurício Corrêa, *DJ* de 25-2-2000; ADI 948, rel. Min. Francisco Rezek, *DJ* de 17-3-2000; ADI-MC 1.926, rel. Min. Sepúlveda Pertence, *DJ* de 10-9-1999; ADI-MC 1.651, rel. Min. Sydney Sanches, *DJ* de 11-9-1998; ADI-MC 1.889, rel. Min. Nelson Jobim, *DJ* de 14-11-2002; ADI-MC 1.772, rel. Min. Carlos Velloso, *DJ* de 8-9-2000; ADI-MC 1.378, rel. Min. Celso de Mello, *DJ* de 30-5-1997; Rp. 1.074, rel. Min. Djaci Falcão, *DJ* de 7-12-1984.

82 ADI 3.168/DF, rel. Min. Joaquim Barbosa, *DJ* de 3-8-2007.

(Lei dos Juizados Especiais), estabeleceu distinção entre as causas cíveis e criminais no âmbito da competência dos juizados especiais federais instituídos por meio da Lei n. 10.259/2001:

> "Ação direta de inconstitucionalidade. Juizados especiais federais. Lei 10.259/2001, art. 10. Dispensabilidade de advogado nas causas cíveis. Imprescindibilidade da presença de advogado nas causas criminais. Aplicação subsidiária da Lei 9.099/1995. Interpretação conforme a Constituição.
>
> É constitucional o art. 10 da Lei 10.259/2001, que faculta às partes a designação de representantes para a causa, advogados ou não, no âmbito dos juizados especiais federais. No que se refere aos processos de natureza cível, o Supremo Tribunal Federal já firmou o entendimento de que a imprescindibilidade de advogado é relativa, podendo, portanto, ser afastada pela lei em relação aos juizados especiais. Precedentes. Perante os juizados especiais federais, em processos de natureza cível, as partes podem comparecer pessoalmente em juízo ou designar representante, advogado ou não, desde que a causa não ultrapasse o valor de sessenta salários mínimos (art. 3º da Lei 10.259/2001) e sem prejuízo da aplicação subsidiária integral dos parágrafos do art. 9º da Lei 9.099/1995. Já quanto aos processos de natureza criminal, em homenagem ao princípio da ampla defesa, é imperativo que o réu compareça ao processo devidamente acompanhado de profissional habilitado a oferecer-lhe defesa técnica de qualidade, ou seja, de advogado devidamente inscrito nos quadros da Ordem dos Advogados do Brasil ou defensor público. Aplicação subsidiária do art. 68, III, da Lei 9.099/1995. Interpretação conforme, para excluir do âmbito de incidência do art. 10 da Lei 10.259/2001 os feitos de competência dos juizados especiais criminais da Justiça Federal".

No caso desse precedente, o Tribunal buscou resguardar a indisponibilidade do direito de defesa na esfera penal e de seu aperfeiçoamento por meio do acesso dos cidadãos à proteção técnico-jurídica proporcionada pelos profissionais da advocacia e da defensoria pública no bojo da tarefa indispensável de tutela de prerrogativas que, ao menos em tese, podem repercutir sobre a liberdade de locomoção do jurisdicionado (art. 5º, XV, da CF/88).

2.4.1. Proibição de liminares e exigência de caução

Questão que, de quando em vez, suscita dúvida diz respeito à compatibilidade da proibição de concessão de medida cautelar, em determinadas matérias, com o princípio da proteção judicial efetiva.

O Supremo Tribunal Federal tem entendido que a simples proibição de concessão de medida cautelar em determinadas situações ou matérias não se revela afrontosa ao princípio da proteção judicial efetiva, já que, muitas vezes, tais proibições apenas explicitam regras do senso comum quanto aos riscos reversos, decorrentes da probabilidade de se ter um quadro de difícil reversão ou de revisão praticamente impossível. Assim, são comuns, na ordem jurídica brasileira, proibições de liminares, cautelares ou tutelas antecipadas, como se observa, por exemplo, na disposição do art. 7º, § 2º, da Lei n. 12.016/2009, que proíbe a concessão de medidas liminares em mandados de segurança que tenham por objeto a compensação de créditos tributários, a entrega de mercadorias e bens provenientes do exterior, a reclassificação ou equiparação de servidores públicos e a concessão de aumento ou a extensão de vantagens ou pagamento de qualquer natureza.

A proibição genérica de concessão de liminares pode, porém, afetar a própria proteção judicial efetiva, pois, muitas vezes, o deferimento da liminar tem em vista a conservação do direito material postulado.

Ao discutir a constitucionalidade da Lei n. 7.969, de 1989, que estendia para as medidas cautelares as restrições existentes para a liminar em mandado de segurança, anotou o redator para o Acórdão, Ministro Sepúlveda Pertence, que referida lei consistiu em uma "resposta à manifestação daquele entusiasmado e bem intencionado abuso da cautelar inominada (...) que vinha provocando um fenômeno inusitado na prática brasileira, a fuga do mandado de segurança para a ação cautelar inominada, porque, em relação a esta, não vigoravam as vedações e limitações antecedentes do mandado de segurança, nem mesmo a suspensão de liminar ou da sentença pelo Presidente do Tribunal competente para o recurso"[83].

A discussão assumiu contornos diferenciados quando se apreciou pedido liminar contra a Medida Provisória n. 173, de 18 de março de 1990, que vedava a concessão de provimentos liminares ou cautelares contra as medidas provisórias constantes do Plano Collor (MPs n. 151, 154, 158, 160, 161, 162, 164, 165, 167 e 168).

Após enfatizar o choque suscitado pela generalidade e a abstração da MP n. 173, entendeu o Ministro Sepúlveda Pertence que essas características dificultavam um juízo seguro em sede de cautelar na ação direta de inconstitucionalidade[84].

Registre-se expressiva passagem do aludido voto:

> "(...) essa generalidade e essa imprecisão, que, a meu ver, podem vir a condenar, no mérito, a validez desta medida provisória, dificultam, sobremaneira, agora, esse juízo sobre a suspensão liminar dos seus efeitos, nesta ação direta.
>
> Para quem, como eu, acentuou que não aceita veto peremptório, veto *a priori*, a toda e qualquer restrição que se faça a concessão de liminar, é impossível, no cipoal de medidas provisórias que se subtraíram ao deferimento de tais cautelares, *initio litis*, distinguir, em tese, e só assim poderemos decidir neste processo – até onde as restrições são razoáveis, até onde são elas contenções, não ao uso regular, mas ao abuso de poder cautelar, e onde se inicia, inversamente, o abuso das limitações e a consequente afronta à jurisdição legítima do Poder Judiciário.
>
> (...)
>
> Por isso, (...) depois de longa reflexão, a conclusão a que cheguei, *data venia* dos dois magníficos votos precedentes, é que a solução adequada às graves preocupações que manifestei – solidarizando-me nesse ponto com as ideias manifestadas pelos dois eminentes Pares – não está na suspensão cautelar da eficácia, em tese, da medida provisória.

---

83 ADI 223/DF, voto do Min. Sepúlveda Pertence, *RTJ* 132/571 (587).

84 ADI 223, Redator para acórdão Min. Sepúlveda Pertence, *RTJ*, 132 (2)/571 e s.

O caso, a meu ver, faz eloquente a extrema fertilidade desta inédita simbiose institucional que a evolução constitucional brasileira produziu, gradativamente, sem um plano preconcebido, que acaba, a partir da Emenda Constitucional 16, a acoplar o velho sistema difuso americano de controle de constitucionalidade ao novo sistema europeu de controle direto e concentrado.

(...)

O que vejo, aqui, embora entendendo não ser de bom aviso, naquela medida de discricionariedade que há na grave decisão a tomar, da suspensão cautelar, em tese, é que a simbiose constitucional a que me referi, dos dois sistemas de controle de constitucionalidade da lei, permite não deixar ao desamparo ninguém que precise de medida liminar em caso onde – segundo as premissas que tentei desenvolver e melhor do que eu desenvolveram os Ministros Paulo Brossard e Celso de Mello – a vedação da liminar, porque desarrazoada, porque incompatível com o art. 5º, XXXV, porque ofensiva do âmbito de jurisdição do Poder Judiciário, se mostre inconstitucional.

Assim, creio que a solução estará no manejo do sistema difuso, porque nele, em cada caso concreto, nenhuma medida provisória pode subtrair ao juiz da causa um exame da constitucionalidade, inclusive sob o prisma da razoabilidade, das restrições impostas ao seu poder cautelar, para, se entender abusiva essa restrição, se a entender inconstitucional, conceder a liminar, deixando de dar aplicação, no caso concreto, à medida provisória, na medida em que, em relação àquele caso, a julgue inconstitucional, porque abusiva"[85].

Nesse caso, o Supremo Tribunal Federal optou por não suspender as normas impugnadas, tendo em vista que não seriam inconstitucionais *prima facie,* em razão do entendimento dominante no Tribunal sobre o cabimento de limitação ao poder cautelar do juiz. Reconheceu, porém, que a jurisdição ordinária poderia, nos casos concretos, afastar a aplicação das normas se, na sua aplicação, elas se revelassem incompatíveis com o princípio da proteção judicial efetiva.

Controvérsia assemelhada afeta a exigência legal de caução para concessão de medidas cautelares.

No julgamento da ADI 975/DF, o Supremo Tribunal Federal apreciou a constitucionalidade do art. 5º da Medida Provisória n. 375, em 23-11-1993 – MP não convertida em texto legislativo, que previa que a decisão concessiva de medida liminar ou cautelar devia "estabelecer, quando necessário, como condição da eficácia da concessão, a prestação de garantia acauteladora do interesse exposto a risco". Por decisão majoritária, o Tribunal rejeitou a arguição de inconstitucionalidade em relação ao referido dispositivo legal (vencidos os Ministros Carlos Velloso – o, então, relator; Marco Aurélio e Celso de Mello, que defendiam a inconstitucionalidade integral da MP).

Na ADI 1.576/DF[86], discutiu-se a constitucionalidade da Medida Provisória n. 1.570, de 26-3-1997, que no seu art. 2º acrescentou ao art. 1º da Lei n. 8.437, de 30-6-1992, um § 4º, com a seguinte redação: "sempre que houver possibilidade de a pessoa jurídica

85 ADI 223, red. para acórdão Min. Sepúlveda Pertence, *RTJ*, 132 (2)/571, 589-590.

86 Rel. Min. Marco Aurélio, *DJ* de 6-6-2003.

de direito público requerida vir a sofrer dano, em virtude da concessão da liminar, ou de qualquer medida de caráter antecipatório, o juiz ou o relator determinará a prestação de garantia real ou fidejussória". O Tribunal, liminarmente e por maioria, suspendeu a vigência do mencionado artigo por inviabilizar ou, pelo menos, dificultar o amplo acesso à Justiça.

2.4.2. Necessidade de motivação das decisões judiciais

A garantia da proteção judicial efetiva impõe que tais decisões possam ser submetidas a um processo de controle, permitindo, inclusive, a eventual impugnação. Daí a necessidade de que as decisões judiciais sejam devidamente motivadas (CF, art. 93, IX). E motivar significa dar as razões pelas quais determinada decisão há de ser adotada, expor as suas justificações e motivos fático-jurídicos determinantes. A racionalidade e, dessa forma, a legitimidade da decisão perante os jurisdicionados decorrem da adequada fundamentação por meio das razões apropriadas[87].

Sobre o tema, são dignas de nota as seguintes afirmações de Ferrajoli:

> "(...) compreende-se, após tudo quanto foi dito até aqui, o valor fundamental desse princípio. Ele exprime e ao mesmo tempo garante a natureza cognitiva em vez da natureza potestativa do juízo, vinculando-o, em direito, à estrita legalidade, e, de fato, à prova das hipóteses acusatórias. É por força da motivação que as decisões judiciárias resultam apoiadas, e, portanto, legitimadas, por asserções, enquanto tais verificáveis e falsificáveis ainda que de forma aproximada; que a validade das sentenças resulta condicionada à verdade, ainda que relativa, de seus argumentos; que, por fim, o poder jurisdicional não é o 'poder desumano' puramente potestativo da justiça de cádi, mas é fundado no 'saber', ainda que só opinativo e provável, mas exatamente por isso refutável e controlável tanto pelo imputado e sua defesa como pela sociedade. Precisamente, a motivação permite a fundação e o controle das decisões seja de direito, por violação de lei ou defeito de interpretação ou subsunção, seja de fato, por defeito ou insuficiência de provas ou por explicação inadequada no nexo entre convencimento e provas. (...)
>
> (...) Ao mesmo tempo, enquanto assegura o controle da legalidade e do nexo entre convencimento e provas, a motivação carrega também o valor 'endoprocessual' de garantia de defesa e o valor 'extraprocessual' de garantia de publicidade. E pode ser, portanto, considerado o principal parâmetro tanto da legitimação interna ou jurídica quanto da externa ou democrática da função judiciária"[88].

87 Daí a relevância das teorias da argumentação jurídica: a "tópica" de Viehweg, a "nova retórica" de Perelman, a "lógica do razoável" de Recaséns Siches, as teorias da argumentação jurídica de MacCormick e Alexy. Sobre esses temas, *vide*: Theodor Viehweg, *Tópica y filosofía del derecho*, tradução de Jorge M. Seña, 2. ed., Barcelona: Gedisa, 1997; Chaïm Perelman e Lucie Olbrechts-Tyteca, *Tratado da argumentação*: a nova retórica, São Paulo: Martins Fontes, 2002; Luis Recaséns Siches, *Tratado general del Filosofia del derecho*, México: Porrúa, 1995; Robert Alexy, *Teoria da argumentação jurídica*, São Paulo: Landy, 2001; Neil Maccormick, *Argumentação jurídica e teoria do direito*, São Paulo: Martins Fontes, 2006. Por todos, *vide*: Manuel Atienza, *As razões do direito*: teorias da argumentação jurídica, São Paulo: Landy, 2003.

88 Luigi Ferrajoli, *Direito e razão*: teoria do garantismo penal, cit., p. 497-498.

É certo que a necessidade de motivação abarca todos os tipos de decisões proferidas no processo, sejam interlocutórias, sejam definitivas.

Embora situações peculiares associadas ao excesso de processos possam ensejar práticas contrárias a essa orientação decorrente da Lei Maior, não se afigura compatível com o modelo constitucional o indeferimento de pedidos de liminares em *habeas corpus* ou mandado de segurança com a simples invocação de seu descabimento.

Da mesma forma, não se afigura compreensível que, diante do texto constitucional, se argumente em favor da legitimidade do recebimento de denúncia criminal sem a adequada fundamentação (*vide*, *infra*, item sobre denúncia genérica).

Obviamente não pode o juiz ou Tribunal, no ato de recebimento da denúncia, prejulgar a causa demonstrando convencimento acerca do fato e de sua autoria antes mesmo da produção de prova submetida ao crivo do contraditório. A fundamentação do ato decisório, que realiza o princípio da necessária motivação dos atos jurisdicionais, diz com a argumentação e justificação da existência de condições da ação penal, dentre elas a justa causa para a ação penal.

O argumento de que não se cuida de decisão judicial, mas de simples despacho ou decisão interlocutória, não deve ser ingenuamente aceito[89], mas não se pode converter o ato decisório de recebimento da denúncia em antecipação de uma fundamentação condenatória.

A motivação é decisiva para aferir a legitimidade do decreto de prisão preventiva, nos termos do art. 312 do Código de Processo Penal. Sobre a fundamentação da prisão preventiva, o Supremo Tribunal Federal tem decidido que não precisa ser exaustiva, bastando que a decisão analise, ainda que de forma sucinta, os requisitos concretos ensejadores da custódia preventiva[90], não se admitindo prisões com base em argumentos genéricos, fundados em dados abstratos e fórmulas legais.

De igual modo, as decisões das Comissões Parlamentares de Inquérito ou administrativas emanadas de órgãos públicos, sejam dos Poderes Judiciário, Legislativo ou Executivo, não podem prescindir de fundamentação suficiente e idônea, tornando-se passíveis de exame judicial se atentatórias de direitos e garantias constitucionais[91].

Não há dúvida, portanto, de que a proteção judicial efetiva há de se materializar mediante decisões devidamente fundamentadas.

2.4.3. Substituição processual

O alcance da chamada substituição processual[92] contemplada no art. 8º, III, da Constituição Federal ("ao sindicato cabe a defesa dos direitos e interesses coletivos ou

89 Cf. Antonio Scarance Fernandes, *Processo penal constitucional*, cit., p. 131.

90 Cf. HC 79.237/MS, rel. Min. Nelson Jobim, *DJ* de 12-4-2002. Sobre o tema, ver tópico alusivo a prisões e medidas cautelares.

91 Cf. MS 25.668/STF, rel. Min. Celso de Mello, *DJ* de 4-8-2006.

92 Consoante a doutrina processual construída em torno das lições de Chiovenda, a substituição processual é aquela situação em que a legitimação para a causa não coincide com a titularidade do direito subjetivo material discutido.

individuais da categoria, inclusive em questões judiciais e administrativas") foi objeto de ampla discussão no Supremo Tribunal Federal até a consolidação da jurisprudência sobre o tema.

A controvérsia constitucional sobre a amplitude e limites dos poderes conferidos ao sindicato na representação da categoria profissional foi apreciada pelo Tribunal no julgamento de uma série de recursos extraordinários[93].

A primeira questão versada nos referidos recursos cingia-se em saber se o art. 8º, III, da Constituição confere ao sindicato a prerrogativa de atuar como substituto processual na defesa dos direitos e interesses coletivos ou individuais da categoria que representa. Isso porque os acórdãos recorridos basearam-se na Súmula 310 do Tribunal Superior do Trabalho, segundo a qual "o art. 8º, inciso III, da Constituição da República, não assegura a substituição processual pelo sindicato" (revogada).

Desde o início do julgamento dos recursos, precisamente em 15 de outubro de 1997, o entendimento fixado pelo Tribunal Superior do Trabalho em torno da interpretação do art. 8º, III, da Constituição foi sendo paulatinamente contestado em decisões de alguns Ministros daquela Corte que, baseando-se na jurisprudência do Supremo Tribunal Federal[94], reconheciam a legitimação extraordinária conferida constitucionalmente aos sindicatos para a defesa dos direitos e interesses coletivos ou individuais da categoria. Assim, em 25 de setembro de 2003, o Tribunal Superior do Trabalho, em face do decidido no processo TST, E-RR 175.894/1995-9, resolveu cancelar a Súmula 310 (Resolução TST n. 119/2003).

O próprio fato do cancelamento da Súmula 310 do TST, aliado ao posicionamento já perfilado pela jurisprudência do Supremo Tribunal Federal, levou a Corte, por unanimidade de votos, a fixar o entendimento no sentido de reconhecer ao sindicato a prerrogativa de atuar como substituto processual na defesa dos direitos e interesses da categoria. Portanto, distinguindo-se da hipótese prevista pelo art. 5º, XXI – que exige

---

Nessa situação, o substituto age em juízo, em nome próprio (por concessão da norma objetiva material), na defesa de direito subjetivo alheio. O substituto é parte na relação de direito processual, mas não na relação de direito material. Tal situação não se confunde com a representação, na qual o representante defende o direito de outrem, em nome deste. Na representação, o representado é parte tanto na relação jurídica processual quanto na relação jurídica material (Giuseppe Chiovenda, *Instituições de direito processual civil*, Campinas: Bookseller, 1998, p. 300-302).

93 RE 210.029/RS, RE 193.503/SP, RE 193.579/SP, RE 208.983/SC, RE 211.874/RS, RE 213.111/SP, RE 214.668/ES, rel. Min. Carlos Velloso, Rel. para o acórdão Min. Joaquim Barbosa, julgamento em 12-6-2006.

94 MI 347/SC, rel. Min. Néri da Silveira, *DJ* de 8-4-1994; MI 361/RJ, rel. Min. Sepúlveda Pertence, *DJ* de 17-6-1994; MI 102/PE, rel. Min. Carlos Velloso, *DJ* de 25-10-2002; MI 20/DF, rel. Min. Celso de Mello, *DJ* de 22-11-1996; MI 73/DF, rel. Min. Moreira Alves, *DJ* de 19-12-1994; MS 20.936/DF, rel. Min. Sepúlveda Pertence, *DJ* de 10-9-1992; MS-AgRg-QO 21.291/DF, rel. Min. Celso de Mello, *DJ* de 27-10-1995; MS-AgRg 21.278/RS, rel. Min. Ilmar Galvão, *DJ* de 20-11-1992; RMS 21.514/DF, rel. Min. Marco Aurélio, *DJ* de 18-6-1993; AO 152/RS, rel. Min. Carlos Velloso, *DJ* de 3-3-2000; RE 192.305/SP, rel. Min. Marco Aurélio, *DJ* de 21-5-1999; AI-AgRg 156.338/PR, rel. Min. Ilmar Galvão, *DJ* de 27-10-1995; AI-AgRg 158.708/SC, rel. Min. Ilmar Galvão, *DJ* de 27-10-1995; RE 202.063/PR, rel. Min. Octavio Gallotti, *DJ* de 10-10-1997; RE 211.872/SP, rel. Min. Octavio Gallotti, *DJ* de 6-2-1998; RE 213.693/SP, rel. Min. Octavio Gallotti, *DJ* de 6-2-1998; RE 213.782/RS, rel. Min. Octavio Gallotti, *DJ* de 6-11-1998; RE 181.438/SP, rel. Min. Carlos Velloso, *DJ* de 4-10-1996; RE 182.543/SP, rel. Min. Carlos Velloso, *DJ* de 7-4-1995; AI-AgRg 153.148/PR, rel. Min. Ilmar Galvão, *DJ* de 17-11-1995.

expressa autorização dos associados para que a entidade associativa os represente judicial e extrajudicialmente –, é de substituição processual, independentemente de autorização, de que trata o art. 8º, III, da Constituição. O sindicato age em nome próprio, ou seja, na qualidade de parte na relação processual, como substituto processual dos trabalhadores da categoria por ele representada, estes sim, titulares dos direitos e interesses defendidos em juízo.

Resolvida essa primeira questão, deparou-se o Tribunal com outra controvérsia constitucional, consistente na delimitação da amplitude dessa legitimação extraordinária conferida aos sindicatos pelo referido dispositivo constitucional. A pergunta foi assim posta pelo Ministro Nelson Jobim: "o art. 8º, inciso III (CF/88), confere legitimação processual aos sindicatos para a defesa de todos e quaisquer direitos subjetivos individuais de que seriam titulares membros da categoria por ele representada?". A análise dessa questão leva a outra, também abordada no voto do Ministro Jobim: possui o sindicato legitimidade extraordinária para, em nome próprio, pleitear a liquidação e a execução das sentenças relativas a direitos individuais de caráter comum ou homogêneo?

O interessante debate dividiu o Tribunal. A corrente minoritária sustentou que a legitimação do sindicato como substituto processual restringia-se às hipóteses em que este atuasse na defesa de direitos e interesses coletivos e individuais homogêneos de origem comum da categoria. Ademais, concluiu-se que a hipótese de substituição processual prevista pelo art. 8º, III, da Constituição estaria circunscrita ao âmbito do processo de conhecimento. Para a liquidação e a execução da sentença prolatada nesses processos, a legitimação só seria possível mediante representação processual, com expressa autorização do trabalhador.

No entanto, a posição vitoriosa considerou que a norma constitucional contida no art. 8º, III, assegura ampla legitimidade ativa *ad causam* aos sindicatos como substitutos processuais das categorias que representam na defesa de direitos e interesses coletivos ou individuais de seus integrantes, não havendo necessidade de qualquer redução teleológica[95].

Em linhas gerais, o Tribunal, por maioria, seguiu a orientação firmada no MI 347, no RE 202.063 e no AI-AgR 153.148, para dar provimento aos recursos interpostos[96].

A tese vencedora assegurou a ampla legitimidade dos sindicatos para figurar na condição processual de substitutos processuais das categorias profissionais ou patronais que representam para efetiva defesa de direitos e interesses individuais ou coletivos de seus integrantes. O argumento norteador desse entendimento jurisprudencial foi o de que a norma constitucional estipulada pelo art. 8º, III, deve levar em conta que a titularidade sindical para a defesa de direitos trabalhistas não poderia ser esvaziada por meio de uma interpretação de caráter restrito.

---

95 RE 210.029/RS, RE 193.503/SP, RE 193.579/SP, RE 208.983/SC, RE 211.874/RS, RE 213.111/SP, RE 214.668/ES, rel. Min. Carlos Velloso, rel. para o acórdão Min. Joaquim Barbosa, julgamento em 12-6-2006.

96 MI 347/SC, rel. Min. Néri da Silveira, *DJ* de 8-4-1994; RE 202.063/PR, rel. Min. Octavio Gallotti, *DJ* de 10-10-1997; AI-AgR 153.148/PR, rel. Min. Ilmar Galvão, *DJ* de 17-11-1995.

No julgamento do RE 883.642, sob o regime da repercussão geral, o Tribunal reafirmou a "ampla legitimidade extraordinária dos sindicatos (...), inclusive nas liquidações e execuções de sentença, independentemente de autorização dos substituídos"[97].

No tocante às associações de classe, não basta a existência de previsão genérica em seus estatutos. É necessário, conforme reconhecido pelo Plenário na Rcl AgR 5.215/SP, que haja autorização expressa, a qual pode ser conferida pela assembleia geral da entidade, sem a exigência de procuração específica de cada um dos associados.

Pôs-se termo, assim, à polêmica em torno da substituição processual, ampliando-se a proteção judiciária para todo complexo de relações processuais, inclusive no que concerne aos processos de liquidação e execução.

2.4.4. Fórmulas de preclusão e outras exigências formais

Tema sensível diz respeito às fórmulas de preclusão material ou processual – decadência, prescrição, prazo para interposição de recurso etc. – e outras exigências, como aquelas concernentes ao exaurimento de instâncias administrativas ou à necessidade de depósitos perante as instâncias administrativas ou judiciais.

As fórmulas de preclusão têm sido aceitas como normas básicas de organização e procedimento que impedem a eternização de demandas e pleitos. E não poderia ser diferente uma vez que a existência de limitações temporais para o exercício de dados direitos não desnatura e nem agride o conteúdo essencial do direito de acesso à justiça.

Questionou-se, por exemplo, a constitucionalidade da norma contida no art. 18 da Lei n. 1.533, de 31-12-1951[98], que previa o prazo decadencial de cento e vinte dias para impetração de mandado de segurança, sob o argumento de que, tal como ocorre com o *habeas corpus*, a Constituição não autorizaria o legislador a fixar prazo algum[99].

O Supremo Tribunal Federal tem orientação pacífica, hoje consolidada na Súmula 632[100], segundo a qual a fixação do prazo decadencial para impetração do mandado de segurança é plenamente compatível com a ordem constitucional, uma vez que o caráter institucional da garantia não impede que se fixem condições para o seu exercício, inclusive aquelas de caráter temporal, desde que não se verifique a sua inutilização ou descaracterização.

Ainda quanto ao mandado de segurança, prescreve o art. 5º, I, da Lei n. 12.016/2009, reproduzindo literalmente disposição idêntica da legislação anterior (Lei n. 1.533/51, art. 5º, I), a não concessão da segurança quando se tratar de ato do qual caiba recurso administrativo dotado de efeito suspensivo, independentemente de caução.

---

97 Rel. Min. Ricardo Lewandowski, julgamento finalizado em 18-6-2015.

98 A disposição corresponde ao atual art. 23 da Lei n. 12.016/2009.

99 Cf. voto do Min. Carlos Velloso, MS 21.356, *DJ* de 18-10-1991.

100 "É constitucional lei que fixa o prazo de decadência para a impetração de mandado de segurança". (Data de aprovação: 24-9-2003, *DJ* de 9-10-2003.)

A necessidade de compatibilização dessa restrição legal com o postulado da proteção judicial efetiva tem levado a doutrina a interpretá-lo no sentido de que a inexistência de interesse de agir apenas ocorre quando o indivíduo possa utilizar o recurso administrativo para impugnar *eficazmente* o ato que entende ilegal ou abusivo. Assim, "a interpretação do inciso I do artigo em comento que mais se afina com a Constituição é o não cabimento 'temporário' do mandado de segurança quando o impetrante ainda não tem, em sede administrativa, os contornos definitivos do ato que reputa ilegal ou abusivo"[101].

2.4.5. Justiça Desportiva

A Constituição Federal contempla uma expressa ressalva quanto ao acesso ao Poder Judiciário. Nos termos do art. 217, §§ 1º e 2º, da CF, somente se admitirão ações relativas à disciplina e às competições desportivas após esgotarem-se as instâncias da Justiça Desportiva. A Justiça Desportiva deve proferir decisão final no prazo de sessenta dias.

Como se pode depreender, a Constituição condicionou, assim, a proteção judicial efetiva à instauração de procedimento no âmbito da Justiça Desportiva.

2.5. *Habeas corpus*

2.5.1. Considerações gerais

O *habeas corpus* configura proteção especial tradicionalmente oferecida no sistema constitucional brasileiro. Não constava, porém, da Constituição de 1824, tendo sido contemplado, inicialmente, no Código de Processo Criminal, de 1832, e posteriormente ampliado com a Lei n. 2.033, de 1871.

A Constituição de 1891 estabeleceu, no art. 72, § 22: "dar-se-á *habeas corpus* sempre que o indivíduo sofrer violência, ou coação, por ilegalidade, ou abuso de poder".

A formulação ampla do texto constitucional deu ensejo a uma interpretação que permitia o uso do *habeas corpus* para anular até mesmo ato administrativo que determinara o cancelamento de matrícula de aluno em escola pública, para garantir a realização de comícios eleitorais, o exercício de profissão, dentre outras possibilidades[102].

A propósito, observam Ada Pellegrini, Gomes Filho e Scarance Fernandes:

> "Na verdade, três posições firmaram-se com o advento da Constituição republicana: alguns, como Rui Barbosa, sustentavam que a garantia deveria ser aplicada em todos os

---

101 Cássio Scarpinella Bueno, *Mandado de segurança*: comentários às Leis n. 1.533/51, 4.348/64 e 5.021/66, 2. tir., 2. ed. rev. e atual., São Paulo: Saraiva, 2006, p. 51.

102 Ada Pellegrini Grinover, Antonio Magalhães Gomes Filho e Antonio Scarance Fernandes, *Recursos no processo penal*, 4. ed., São Paulo: Revista dos Tribunais, 2004, p. 347.

casos em que um direito estivesse ameaçado, manietado, impossibilitado no seu exercício por abuso de poder ou ilegalidade; em sentido oposto, afirmava-se que o *habeas corpus*, por sua natureza e origem histórica, era remédio destinado exclusivamente à proteção da liberdade de locomoção; e finalmente, uma terceira corrente, vencedora no seio do Supremo Tribunal Federal, propugnava incluir na proteção do *habeas corpus* não só os casos de restrição da liberdade de locomoção, como também as situações em que a ofensa a essa liberdade fosse meio de ofender outro direito. Assim, exemplificava Pedro Lessa: quando se ofende a liberdade religiosa, obstando que alguém penetre no templo, tem cabimento o *habeas corpus*, pois foi embaraçando a liberdade de locomoção que se feriu a liberdade religiosa; quando se ofende a liberdade religiosa, porque se arrasam as igrejas, ou se destroem os objetos do culto, não é possível requerer o remédio, porque aí não está em jogo a liberdade de locomoção das pessoas"[103].

Esse desenvolvimento foi cognominado de "doutrina brasileira do *habeas corpus*".

Em 1926, o *habeas corpus* teve seu âmbito de proteção reduzido, ficando vedada a sua aplicação para proteção de outros direitos que não a liberdade de ir e vir ("Dar-se-á *habeas corpus* sempre que alguém sofre violência por meio de prisão ou constrangimento ilegal em sua liberdade de locomoção").

Todas as demais Constituições brasileiras, sem qualquer exceção, incorporaram a garantia do *habeas corpus* (Constituição de 1934, art. 113, n. 23; Constituição de 1937, art. 122, n. 16; Constituição de 1946, art. 141, § 23; Constituição de 1967/69, art. 150, § 20). Durante todo esse tempo, essa garantia somente foi suspensa pelo Ato Institucional n. 5, de 1968, no que concerne aos crimes políticos, contra a segurança nacional, contra a ordem econômica e social e contra a economia popular.

2.5.1.1. *O "habeas corpus" como formador de precedentes no STF: fixação de teses, modulação de efeitos e afetação ao Plenário*

Como bem apontado pela Min. Cármen Lúcia quando do julgamento do HC 152.752, em 22 de março de 2018, pode-se afirmar que a história do Supremo se confunde com a história do tratamento conferido, ao longo de mais de 100 anos, ao *habeas corpus*.

Por óbvio, não se está a reduzir a importância constitucional e sistêmica das ações de controle concentrado e da sistemática de repercussão geral em RE, mas inúmeros e marcantes julgados em matéria penal do Supremo Tribunal Federal se deram em *habeas corpus*.

Trata-se de ação que veicula caso concreto à cognição do Tribunal superior, ou seja, processo subjetivo em que a Corte pode realizar eventual controle de constitucionalidade incidental e difuso. Tradicionalmente, afirma-se que a decisão em *habeas corpus* não possui eficácia geral (*erga omnes*), tampouco vinculante, para outros processos e juízos.

---

103 Ada Pellegrini Grinover, Antonio Magalhães Gomes Filho e Antonio Scarance Fernandes, *Recursos no processo penal*, cit., p. 347-348.

Contudo, tal construção teórica não é apta a enquadrar a vida real e as consequências jurídicas e sociais de uma decisão tomada pela Supremo Tribunal Federal, por seu órgão colegiado essencial, o Plenário. Ainda que formalmente não haja força vinculante, um julgado do Plenário em *habeas corpus* exerce um impacto evidente no sistema jurídico e nos juízos inferiores, visto que qualquer caso pode aportar ao STF em *habeas corpus*, respeitadas as competências constitucionais, e então ser reformado em conformidade com a interpretação anteriormente assegurada pelo Plenário.

Sem dúvida, ao se analisar a postura do Supremo Tribunal Federal nos últimos anos, percebe-se uma valorização das decisões tomadas pelo Plenário em sede de *habeas corpus*, a partir de dois fenômenos marcantes: a fixação de teses e a modulação de efeitos.

Ao se fixar uma tese no julgamento de *habeas corpus*, reconhece-se sua potencial aplicação a outros processos, por outros juízos. No âmbito do HC 166.373 (rel. Min. Edson Fachin, j. 2-10-2019), o Plenário, ao analisar a questão da ordem de alegações finais em casos com colaboradores premiados, concedeu a ordem e, por maioria ampla, decidiu pela formulação de tese em relação ao tema discutido e votado no *habeas corpus*.

Em casos anteriores, tal prática também foi aceita e implementada, como no RHC 163.334 (Plenário, rel. Min. Roberto Barroso, j. 18-12-2019), que fixou tese sobre a tipicidade do não recolhimento de ICMS; e no HC 176.473 (Plenário, rel. Min. Alexandre de Moraes, j. 27-4-2020), que fixou tese sobre interrupção da prescrição pelo acórdão em segundo grau. Vale notar que no RHC 163.334 foram inclusive admitidos *amici curiae* para o debate da questão, o que também pode ser descrito como marcante sinal no sentido da ampliação dos efeitos da decisão para outros casos.

Além da fixação de tese, o Plenário também já realizou modulação de efeitos de declaração de inconstitucionalidade em *habeas corpus*. No HC 82.959, de 23-2-2006, ao declarar a inconstitucionalidade *incidenter tantum* do cumprimento de pena em regime integralmente fechado, por votação unânime realizou-se uma espécie de modulação de efeitos para explicitar que "a declaração incidental de inconstitucionalidade do preceito legal em questão não gerará consequências jurídicas com relação às penas já extintas nesta data".

Nesse sentido, admite-se a possibilidade de modulação de efeitos da decisão de inconstitucionalidade proferida no âmbito do controle incidental é consequência do fenômeno da abstrativização do controle difuso , que denomino como uma tendência de dessubjetivação das formas processuais. Assim, verifica-se uma evidente tendência ao fortalecimento das decisões tomadas pelo Supremo Tribunal Federal, especialmente por seu Plenário, mesmo em sede de ações tradicionalmente tidas como restritas ao caso concreto, como o *habeas corpus*[104].

Mesmo em âmbito processual penal verifica-se a consolidação de uma teoria dos precedentes judiciais. Há muito na doutrina penal se destaca a importância da previsibilidade e da estabilidade da jurisprudência, em respeito à legalidade e para efetivação dos

---

104 José S. Carvalho Filho, Os efeitos da decisão de inconstitucionalidade do STF em julgamentos de *habeas corpus*. In: PEDRINA, Gustavo; NUNES, Mariana; SOUZA, Rafael Ferreira de; VASCONCELLOS, Vinicius Gomes de (org.). *"Habeas corpus" no Supremo Tribunal Federal*. São Paulo: RT, 2019, p. 45-60.

direitos fundamentais[105]. Com os influxos do Código de Processo Civil de 2015, a temática também se destacou em âmbito penal. Sustenta-se a aplicação subsidiária do CPC em relação à regulamentação dos precedentes, pois isso "torna o sistema processual penal mais coerente, incrementando o respeito à liberdade (autodeterminação) e à igualdade entre as pessoas (mesmo tratamento para situações iguais), bem como densifica a segurança jurídica"[106].

Em tese de doutorado defendida sobre precedentes judiciais penais, sustentou-se que, com base no art. 927, V, do CPC, "se as decisões proferidas pelo Plenário do Supremo Tribunal Federal ou pela Corte Especial possuírem *ratio decidendi* serão, pelo menos em tese, de observância obrigatória, por força do disposto no CPC, de 2015, desde que tenham fundamentação qualificada em restrita observância do art. 93, inc. IX, da Constituição Federal de 1988 e do art. 489, § 1º, do CPC, de 2015"[107].

Pode-se afirmar, portanto, a partir de sua importância para a proteção efetiva de direitos fundamentais e pelo fortalecimento de uma teoria dos precedentes penais, que o *habeas corpus* tende a se consolidar como mecanismo apto a assentar precedentes pelo Plenário do Supremo Tribunal Federal, a partir da fixação de teses e os demais mecanismos aqui descritos.

Além dos casos originariamente de competência do Plenário, existe a possibilidade de afetação do julgamento de *habeas corpus* nos termos do Regimento Interno do Supremo Tribunal Federal. Conforme o art. 21, XI, RISTF, são atribuições do Relator "remeter *habeas corpus* ou recurso de *habeas corpus* ao julgamento do Plenário". Já em relação aos critérios para tal decisão, nos termos do art. 22 do RISTF: "Art. 22. O Relator submeterá o feito ao julgamento do Plenário, quando houver relevante arguição de inconstitucionalidade ainda não decidida. Parágrafo único. Poderá o Relator proceder na forma deste artigo: a) quando houver matérias em que divirjam as Turmas entre si ou alguma delas em relação ao Plenário; b) quando, em razão da relevância da questão jurídica ou da necessidade de prevenir divergência entre as Turmas, convier pronunciamento do Plenário".

Em relação a julgados do Plenário sobre a questão, em 12-4-2018, assentou-se no HC 143.333 que tal medida se trata de discricionariedade do Relator, o que restou assim ementado quanto ao ponto: "Por força dos artigos 21, I, e 22, ambos do Regimento Interno do Supremo Tribunal Federal (RISTF), compete ao Relator, de maneira discricionária, a remessa de feitos ao Tribunal Pleno para julgamento, pronunciamento que, a teor do art. 305, RISTF, afigura-se irrecorrível. Especificamente no que concerne aos *habeas corpus*, tal proceder também é autorizado a partir da inteligência dos artigos 6º, II, 'c' e 21, XI, RISTF. (...)" (HC 143.333, rel. Min. Edson Fachin, Tribunal Pleno, j. 12-4-2018, *DJe* 21-3-2019).

Como sustentei no referido julgamento, ainda que o Plenário tenha assentado a discricionariedade do Relator pela afetação, tal decisão deve ser motivada e orientada

---

105 Mariângela G. Magalhães Gomes, *Direito penal e interpretação jurisprudencial*. São Paulo: Atlas, 2008, p. 171-173.

106 Luís Felipe S. Kircher, *Uma teoria dos precedentes vinculantes no processo penal*. Salvador: JusPodivm, 2018, p. 141.

107 Danyelle da S. Galvão, *Precedentes judiciais no processo penal*. Tese (Doutorado em Direito) – Universidade de São Paulo, São Paulo, 2019, p. 157.

pelos critérios regulados nas previsões normativas existentes, no caso específico o Regimento Interno do STF. Na doutrina, afirma-se que "o conhecimento dos motivos ou, no mínimo, da hipótese legal utilizada para o deslocamento, é imprescindível para o controle das partes e da sociedade sobre os atos judiciais (função extraprocessual da motivação)", pois "a motivação das decisões judiciais exerce papel relevante para esse fim, sendo, portanto, inaceitável a dispensa de decisão escrita e devidamente motivada quando da afetação"[108].

A partir de breve análise de casos afetados ao Plenário, verifica-se um padrão decisório no sentido de indicar motivos de segurança jurídica e relevância da questão. No HC 176.473 (rel. Min. Alexandre de Moraes, despacho p. 4-12-2019), houve a afetação com fundamento no art. 22 do RISTF (sem especificação de *caput*, parágrafo ou alíneas), em razão da "existência de posições divergentes entre as Turmas". Já no HC 166.373 (rel. Min. Edson Fachin, despacho p. 30-8-2019), o caso foi afetado ao Plenário nos termos do art. 22, parágrafo único, *b*, do RISTF, "com vistas a angariar segurança jurídica e estabilidade jurisprudencial". Por fim, no RHC 163.334 (rel. Min. Roberto Barroso, decisão p. 13-2-2019), ocorreu a afetação ao Plenário com base no art. 21, IX, do RISTF, em homenagem à segurança jurídica, "dada a relevância prática da matéria, que afeta dezenas de milhares de contribuintes por todo o país".

Percebe-se, portanto, que o mecanismo de afetação do *habeas corpus* ao Plenário consolida meio apto a fomentar o estabelecimento de tal ação como precedente judicial penal, com a fixação de tese a ser aplicada e reproduzida em outros casos e juízos, com o objetivo de assegurar segurança jurídica e assegurar a proteção efetiva de direitos fundamentais.

2.5.2. Âmbito de proteção

2.5.2.1. *Considerações gerais*

O *habeas corpus* destina-se a proteger o indivíduo contra qualquer medida restritiva do Poder Público à sua liberdade de ir, vir e permanecer.

A jurisprudência prevalecente no STF é no sentido de que não terá seguimento *habeas corpus* que não afete diretamente a liberdade de locomoção do paciente[109].

Em que pese a extensão e a amplitude que essa interpretação tem assumido, não impressiona, contudo, o argumento de que o *habeas corpus* é o meio adequado para proteger tão somente o direito de ir e vir do cidadão em face de violência, coação ilegal ou abuso de poder.

Outrossim, ressalte-se que, se a coação à liberdade individual comumente advém de atos emanados do Poder Público, não se pode descartar a possibilidade da impetra-

108 Danyelle da S. Galvão, *Precedentes judiciais no processo penal*, cit., p. 159.

109 HC 84.816, rel. Min. Carlos Velloso, 2ª Turma, unânime, *DJ* de 6-5-2005; HC 84.420, rel. Min. Carlos Velloso, 2ª Turma, unânime, *DJ* de 27-8-2004; HC-AgR 84.326, rel. Min. Ellen Gracie, 2ª Turma, unânime, *DJ* de 1º-10-2004; HC 83.263, rel. Min. Nelson Jobim, 2ª Turma, unânime, *DJ* de 16-4-2004, rel. Min. Ilmar Galvão, 1ª Turma, unânime, *DJ* de 18-12-1998.

ção de *habeas corpus* contra atos de particular[110]. Embora qualquer ato de particular que implique cerceamento à liberdade de locomoção de alguém possa configurar, em tese, o crime de sequestro ou cárcere privado (CP, art. 148), sanável, portanto, por meio de intervenção policial em favor da vítima, há situações em que a atuação da polícia pode não se mostrar viável, como no caso, por exemplo, de indevida internação em hospital, manicômio ou qualquer outro estabelecimento para fins de tratamento. O típico exemplo disso, citado por Nucci, é o da internação em hospital para doentes mentais, determinada por médico:

> "Se alguém questionar a legitimidade dessa internação, acoimando-a de indevida, torna-se complicada a atividade da polícia, pois, para libertar a pretensa vítima, deveria invadir o local, desafiando a autoridade médica, sem muitos dados técnicos acerca disso. Se estiverem errados, os agentes policiais podem responder por abuso de autoridade. Diante disso, torna-se adequado impetrar *habeas corpus* contra o diretor do nosocômio, havendo a intervenção do juiz, que determinará ao médico não somente a apresentação do detido, como também a prestação de informações. Em face delas, poderá o magistrado decidir se a detenção é legal ou ilegal"[111].

Embora o *habeas corpus* seja, via de regra, uma ação individual, não parece haver impedimento para sua impetração na defesa de direitos coletivos, de forma semelhante ao que ocorre com o mandado de segurança[112]. No entanto, há precedentes em sentido contrário.

O Superior Tribunal de Justiça registra julgados afastando o cabimento do *writ* em caráter coletivo[113].

Seguindo essa linha, a Justiça do Distrito Federal negou-se a conhecer de *habeas corpus* impetrado em favor da coletividade indeterminada de motoristas particulares que usavam aplicativo de telefonia móvel para aceitar corridas (Uber), enquadrados pela administração local na contravenção de exercício irregular de atividade econômica – art. 47 da Lei de Contravenções Penais. Supostamente, os motoristas estariam exercendo irregularmente a profissão de taxista[114].

Contudo, houve uma significativa modificação do panorama a partir de precedentes firmados pelo STF. O cabimento de *habeas corpus* em caráter coletivo foi inicialmente suscitado no Recurso Extraordinário n. 855.810, rel. Min. Dias Toffoli, impetrado pelo Ministério Público do Estado do Rio de Janeiro contra decisão local que concedeu salvo-conduto a guardadores autônomos de veículos para impedir a Polícia Civil, a Polícia

---

110 Nesse sentido: STJ, HC 355.301, no qual a ordem foi concedida para afastar a internação involuntária do paciente em clínica psiquiátrica.

111 Guilherme de Souza Nucci, *Habeas corpus*, Rio de Janeiro: Forense, 2014, p. 58.

112 No HC 128.763, Segunda Turma, rel. Min. Gilmar Mendes, julgado em 4-8-2015, foi consignada a possibilidade, ainda que em *obiter dictum*.

113 RHC 46.988, rel. Min. Felix Fischer, Quinta Turma, julgado em 24-3-2015; HC 91.462, rel. Min. Nefi Cordeiro, Sexta Turma, julgado em 6-11-2014.

114 Acórdão n. 901510, 20150110887593APJ, rel. Aiston Henrique de Sousa, Segunda Turma Recursal dos Juizados Especiais do Distrito Federal, julgado em 13-10-2015.

Militar e a Guarda Municipal de deter ou autuar os "flanelinhas" sob a alegação de prática de contravenção ou exercício irregular da profissão.

Antes do julgamento do recurso, a Segunda Turma conheceu e julgou o *Habeas Corpus* coletivo n. 143.641, rel. Min. Ricardo Lewandowski, em favor de todas as mulheres presas preventivamente que ostentem a condição de gestantes, puérperas ou mães de crianças sob sua responsabilidade, tendo resolvido a questão quanto ao cabimento dessa espécie de ação coletiva (*vide* item *2.5.3.1*, *infra*, que trata do caso em detalhes)[115]. Nesse julgamento, reconheceu-se o direito à prisão domiciliar dessas mulheres, como forma de proteção das próprias mães e de seus filhos.

Com base nesse precedente, o relator do Recurso Extraordinário 855.810, Min. Dias Toffoli, negou seguimento ao recurso interposto pelo Ministério Público do Estado do Rio de Janeiro, tendo sido a decisão confirmada pela Turma em sede de agravo regimental[116].

A Segunda Turma reafirmou o entendimento estabelecido no HC 143.641 para conhecer e conceder a impetração coletiva ajuizada em favor de jovens submetidos a medidas restritivas de liberdade. A ordem foi concedida em virtude da superlotação e das condições degradantes verificadas em unidades de cumprimento de medida socioeducativa no país[117].

Na decisão, a Turma proibiu que fosse ultrapassada a capacidade projetada de cada unidade de internação, tendo estabelecido instrumentos de gestão para diminuição da superlotação, como a adoção do sistema *numerus clausus*[118], a transferência dos internos, a liberação antecipada ou a manutenção de jovens infratores em meio aberto nos casos de infrações cometidas sem violência ou grave ameaça[119].

Também se determinou a criação de um observatório judicial, na forma de comissão temporária, para acompanhamento da execução das medidas de internação, o que constitui um importante instrumento para avaliação e acompanhamento dos impactos do acórdão[120].

Após os precedentes do STF, o STJ revisitou sua jurisprudência para admitir o cabimento do *habeas corpus* coletivo, tendo concedido a ordem para presos submetidos ao regime semiaberto e aberto que tiveram o direito ao trabalho externo suspenso, no contexto da pandemia de Covid-19. A Corte também deferiu a ordem coletiva para casos de réus condenados por crime de tráfico privilegiado submetidos a regime fechado, de modo a inclusive conferir coerência e estabilidade a seus precedentes, que vinham sendo ignorados por determinado Tribunal de Justiça Estadual.

---

115 HC 143.641, rel. Min. Ricardo Lewandowski, j. 20-2-2018. É possível citar, ainda no ano de 2018, a decisão proferida pelo Min. Dias Toffoli no HC 118.536, que determinou o processamento de *habeas corpus* coletivo no STJ (HC 118.536, rel. Min. Dias Toffoli, *DJe* de 24-6-2018.

116 RE 855.810/RJ, rel. Min. Dias Toffoli, *DJ* de 27-4-2018. AgRg no RE 855.810, rel. Min. Dias Toffoli, *DJ* de 5-9-2018.

117 HC 143.988, rel. Min. Edson Fachin, j. 24-8-2020.

118 Em apertada síntese, no modelo *numerus clausus* cada entrada no sistema deve corresponder a uma saída, de modo a se manter o equilíbrio e os limites de capacidade das unidades de internação.

119 HC 143.988, rel. Min. Edson Fachin, j. 24-8-2020.

120 HC 143.988, rel. Min. Edson Fachin, j. 24-8-2020.

Portanto, conclui-se que a jurisprudência atual admite a impetração de *habeas corpus* coletivo.

Entende-se que, por sua natureza, cuida-se de ação sumaríssima, que, por isso, exige prova pré-constituída, o que impede a sua utilização para superar situação de fato controvertida ou que demande dilação probatória. A jurisprudência já está pacificada no sentido de não ser possível, por meio da via processual estreita do *habeas corpus*, o revolvimento do conjunto fático-probatório do feito. Assim, não se tem aceitado a viabilidade do *writ*, por exemplo, para examinar questão relativa à incidência de causa excludente de culpabilidade[121], para a análise de comprovação de indícios de autoria e materialidade do crime[122], para se aferir a importância ou não da prova para o caso concreto[123], para examinar a tipicidade da conduta do paciente[124] (excetuados os casos de atipicidade manifesta, em especial nas hipóteses de aplicação do princípio da insignificância)[125] ou para verificar-se a decisão dos jurados é ou não manifestamente contrária à prova dos autos[126].

A liberdade de locomoção há de ser entendida de forma ampla, não se limitando a sua proteção à liberdade de ir e vir diretamente ameaçada, como também a toda e qualquer medida de autoridade que possa afetá-la, ainda que indiretamente. Daí serem comuns as impetrações de *habeas corpus* contra instauração de inquérito criminal para tomada de depoimento, contra o indiciamento de determinada pessoa no inquérito policial, contra o recebimento de denúncia, contra decisão de pronúncia no âmbito do processo do Júri, contra a sentença condenatória.

A jurisprudência dominante sustenta ser inadmissível *habeas corpus* contra pena de multa, se ela não pode ser convertida em pena de prisão. Atualmente, a redação conferida pela Lei n. 9.268, de 1996, ao art. 51 do Código Penal veda expressamente a conversão da pena de multa em pena privativa de liberdade. Daí estar consagrado na Súmula 693 do Supremo Tribunal Federal que "não cabe *habeas corpus* contra decisão condenatória a pena de multa, ou relativo a processo em curso por infração penal a que a pena pecuniária seja a única cominada".

Da mesma forma, considera-se que as penas acessórias relativas à perda da função pública impostas em sentença condenatória não podem ser impugnadas em sede de *habeas corpus*.

Entende-se, ainda, ser inadmissível o *habeas corpus* quando, por qualquer razão, já estiver extinta a pena privativa de liberdade (Súmula 695 do STF). Assim, segundo essa orientação, não cabe *habeas corpus* para obter reconhecimento de nulidade de processo em que a pena imposta já foi cumprida ou declarada extinta.

---

121 RHC 88.542/RJ, rel. Min. Sepúlveda Pertence, *DJ* de 30-6-2006.

122 HC-AgRg 88.806/RJ, rel. Min. Gilmar Mendes, *DJ* de 4-8-2006.

123 RHC 88.320/PI, rel. Min. Eros Grau, *DJ* de 26-5-2006.

124 HC 87.674/MT, rel. Min. Sepúlveda Pertence, *DJ* de 7-4-2006.

125 HC-MC 92.531, rel. Min. Gilmar Mendes, decisão monocrática, *DJ* de 24-9-2007; HC 84.412, rel. Min. Celso de Mello, *DJ* de 19-11-2004; HC 77.003, rel. Min. Marco Aurélio, *DJ* de 11-9-1998; HC 84.424, rel. Min. Carlos Britto, *DJ* de 7-10-2005; HC 83.526, rel. Min. Joaquim Barbosa, *DJ* de 7-5-2004; AI-QO 559.904/RS, rel. Min. Sepúlveda Pertence, 1ª Turma, unânime, *DJ* de 26-8-2005.

126 HC 86.735/SP, rel. Min. Carlos Britto, *DJ* de 26-5-2006.

Essa orientação restritiva, embora compreensível em razão das características processuais do instituto, suscita dúvidas legítimas, uma vez que a condenação criminal tem consequências para a vida futura do paciente (questão de reincidência, maus antecedentes)[127].

Assinale-se, ainda, que, embora em relação às ações constitucionais de defesa da liberdade surja discussão sobre a titularidade da legitimidade passiva (se seria afeta à autoridade impetrada ou se ligada à pessoa jurídica de direito público a que ela pertence[128]), o *habeas corpus* permite sugerir que a relação se estabelece com o coator, que aqui tanto pode ser órgão público como pessoa de direito privado[129].

O Supremo Tribunal Federal entende incabível o *habeas corpus* contra ato jurisdicional de seus ministros ou de seus órgãos fracionários[130].

Ressalte-se, por último, que, tendo em vista sua característica de ação constitucional voltada para a defesa da liberdade, os juízes e tribunais têm competência para expedir de ofício ordem de *habeas corpus*, quando no curso do processo verificarem que alguém sofre ou está na iminência de sofrer coação ilegal (art. 654, § 2º, do CPP). Trata-se, portanto, de uma possibilidade de automático desempenho da proteção efetiva pelo Judiciário que extrapola, por definição, os rigores formais da noção processual da inércia da jurisdição[131].

Trata-se de mais um exemplo da simplicidade da forma, do informalismo no processamento e da ampliação de efeitos que caracterizam essa ação constitucional enquanto instrumento destinado a restaurar, de pronto, o *jus libertatis* indevidamente atingido ou ameaçado[132].

O STF tem se utilizado desse instrumento para revogar prisões preventivas ilegais[133]; na revisão da dosimetria da pena em condenação pelo crime de tráfico de drogas, quando a quantidade do entorpecente é considerada na primeira e terceira fases de dosimetria da pena[134]; para impedir a fixação de regime de cumprimento da pena mais gravoso ao réu, de forma desproporcional à quantidade da pena aplicada e às circunstâncias legais[135]; no reconhecimento da prescrição em julgamento de recurso extraordinário[136]; para substituir a prisão preventiva de presa lactante por prisão domiciliar[137] e,

127 Cf., a propósito, TACrimSP, *RT*, 502/301; *JTACrimSP*, 36/108, 42/79; veja também Ada Pellegrini Grinover, Antonio Magalhães Gomes Filho e Antonio Scarance Fernandes, *Recursos no processo penal*, cit., p. 355.

128 Sobre o tema, *vide*: Cássio Scarpinella Bueno, *Mandado de segurança*, cit., p. 20-26.

129 Cf. Ada Pellegrini Grinover, Antonio Magalhães Gomes Filho e Antonio Scarance Fernandes, *Recursos no processo penal*, cit., p. 355.

130 HC 129.802 AgR, rel. Min. Edson Fachin, Tribunal Pleno, julgado em 18-12-2015; HC 105.959, rel. Min. Marco Aurélio, Red. p/ Acórdão Min. Edson Fachin, julgado em 17-2-2016.

131 Destaque-se que o *habeas corpus* de ofício também encontra previsão no Regimento Interno do STF (art. 193, II), que prevê a concessão da ordem quando for verificado, em qualquer processo, que alguém sofre ou se acha ameaçado de sofrer violência ou coação em sua liberdade de locomoção por ilegalidade ou abuso de poder.

132 José Frederico Marques, *Elementos de direito processual penal*. 2. ed. Campinas: Millennium, 2003., v. 4, p. 329-332.

133 Rcl 24.506, rel. Min. Dias Toffoli, Segunda Turma, j. 26-6-2018.

134 HC-AgRg 146.777, rel. Min. Roberto Barroso, Primeira Turma, j. 7-8-2018.

135 HC 119.885, rel. Min. Marco Aurélio, red. p/ acórdão Min. Alexandre de Moraes, Primeira Turma, j. 8-5-2018.

136 RE-AgED 953.073, rel. Min. Dias Toffoli, Segunda Turma, j. 27-3-2018.

137 HC 134.069, rel. Min. Gilmar Mendes, Segunda Turma, j. 21-6-2016.

mais recentemente, para a resolução de julgamentos em que houve empate pela ausência eventual de um dos Ministros da Corte, de modo a se proclamar o resultado mais favorável ao réu[138].

2.5.2.2. *Ilegalidade que não afeta direito de locomoção*

Questão delicada refere-se, às vezes, ao problema da **adequação** do *habeas corpus* para superar restrições que não afetam diretamente a liberdade de locomoção.

Assim, tem-se afirmado, por exemplo, que "o afastamento do cargo, decretado por unanimidade pelo Órgão Especial do Superior Tribunal de Justiça, quando do recebimento da denúncia, por não afetar e nem acarretar restrição ou privação da liberdade de locomoção, não pode ser questionado na via do *habeas corpus*"[139].

Porém, no HC 90.617/PE, já referido, a 2ª Turma do STF deferiu a ordem para suspender os efeitos da decisão do STJ no que concerne à imposição do afastamento do cargo (LC 35/79, art. 29), determinando o retorno do paciente à função de desembargador estadual, tendo em vista o excesso de prazo na instrução criminal[140].

Essa linha de entendimento foi ampliada no julgamento do HC 121.089. O art. 319 do CPP prevê a possibilidade de aplicação de "medidas cautelares diversas da prisão". O juiz pode, conforme o caso, aplicar tais medidas, em substituição à prisão preventiva, se elas forem suficientes para acautelar as finalidades do art. 312 do CPP. O STF avaliou que as "medidas cautelares criminais diversas da prisão são onerosas ao atingido e podem ser convertidas em prisão se descumpridas". Por isso, julgou "cabível a ação de habeas corpus contra coação ilegal decorrente da aplicação ou da execução de tais medidas"[141].

Igualmente, tem-se decidido que "medida de segurança, consistente em portal eletrônico (detector de metais), não configura entrave ao exercício profissional da advocacia" e não "constitui ameaça à liberdade de locomoção", não sendo, portanto, passível de apreciação em sede de *habeas corpus*[142].

O STF considerou também que os processos por crime de responsabilidade não são passíveis de controle por *habeas corpus*[143]. De fato, mesmo que procedente o *impeachment,* a condenação impõe as penas de perda do cargo e de inabilitação temporária para o exercício da função pública (art. 52, parágrafo único, da CF). Não há risco, ainda que remoto, à liberdade de locomoção.

Na mesma linha, tem-se asseverado que, "objetivando as razões da impetração salvaguardar o direito à intimidade, sem demonstração de que a quebra do sigilo telefônico determinada por ato da CPI instituída para apurar irregularidades na emissão de

138 Pet 8.179, rel. Min. Edson Fachin, red. p/ acórdão Min. Gilmar Mendes, Segunda Turma, j. 10-3-2020.

139 HC-AgRg 84.326/PE, rel. Min. Ellen Gracie, *DJ* de 1º-10-2004; HC 84.816/PI, rel. Min. Carlos Velloso, *DJ* de 6-5-2005.

140 HC 90.617/PE, rel. Min. Gilmar Mendes, *DJ* de 7-3-2008.

141 HC 121.089, rel. Min. Gilmar Mendes, julgado em 16-12-2014.

142 HC 84.179/SP, rel. Min. Ellen Gracie, *DJ* de 3-12-2004.

143 HC 134.315 AgR, rel. Min. Teori Zavascki, Pleno, julgado em 16-6-2016. A ordem de *habeas corpus* fora impetrada por popular buscando o trancamento do processo de *impeachment* contra a Presidente da República Dilma Rousseff.

títulos públicos constitua efetiva ameaça à liberdade de ir e vir do paciente, não é o *habeas corpus* a via adequada à cessação do imputado ato ilegal"[144].

Nesse caso, referente à preservação da intimidade, discutiu-se a possibilidade, ou não, de se admitir *habeas corpus* impetrado como mandado de segurança, tendo o Tribunal, por maioria de votos, recusado a conversão em mandado de segurança, vencidos os Ministros Sepúlveda Pertence, Carlos Velloso, Nelson Jobim e Néri da Silveira, que propugnavam pela conversão[145]. Embora a ampla fungibilidade entre mandado de segurança e *habeas corpus* não tenha sido acolhida pelo Tribunal, nada impede que, de ofício, o caminho inverso seja percorrido. Isto é, até mesmo pela cláusula de abertura proporcionada pelo art. 5º, XXXV, da CF/88 e pelo art. 654, § 2º, do CPP, nas hipóteses de impetração de mandado de segurança, o Poder Judiciário possui considerável autonomia para, em situações de patente constrangimento ilegal ou de flagrante abuso de poder, converter o *mandamus*, de ofício, em uma ordem de *habeas corpus*.

As decisões mais recentes do STF afirmam que o direito de visita do preso não pode ser tutelado por *habeas corpus*. Assim, a pessoa que tem negado o acesso ao estabelecimento prisional para visitação ao preso não pode manejar essa ação[146].

---

144 HC 75.232/RJ, rel. Min. Carlos Velloso, rel. para o acórdão Min. Maurício Corrêa, julgado em 7-5-1997, Pleno, *DJ* de 24-8-2001, p. 43.

145 Cf. HC 75.232, rel. Min. Carlos Velloso, Rel. para o acórdão Min. Maurício Corrêa, *DJ* de 24-8-2001. No caso, o paciente, convocado como testemunha pela CPI instaurada para "apurar irregularidades relacionadas à autorização, emissão e negociação de Títulos Públicos, Estaduais e Municipais, nos exercícios de 1995 e 1996", impetrou o *writ* alegando constrangimento ilegal por ilegalidade e abuso de poder, tendo em vista a aprovação de quebra do seu sigilo telefônico. A autoridade coatora, nas informações prestadas, suscitou preliminar de impropriedade da via eleita, enfatizando que "nem de longe se vislumbra relação entre a medida adotada pela CPI, contra a qual se insurge o impetrante, e eventual violência ou coação à liberdade de locomoção do paciente". A PGR secundou a preliminar alegando "que o objetivo do impetrante é defender o direito à intimidade. (...) O direito à intimidade não se confunde com o direito à liberdade de locomoção". O Relator rejeitou a preliminar, ao fundamento de que *"a quebra do sigilo telefônico somente ocorrerá 'por ordem judicial, nas hipóteses e na forma que a lei estabelecer para fins de investigação criminal ou instrução criminal'. É dizer, a quebra do sigilo telefônico tem, por expressa disposição constitucional, finalidade certa – investigação criminal ou instrução processual penal. (...) Então, da quebra do sigilo telefônico poderá surgir, relativamente ao indivíduo cujos telefonemas forem revelados, ação penal. (...) não é somente a coação ou ameaça direta à liberdade de locomoção que autoriza a impetração do 'habeas corpus'. Também a coação ou ameaça indireta à liberdade individual justifica a impetração da garantia constitucional inscrita no art. 5º, LXVIII, da Constituição Federal. (...) da quebra do sigilo poderá resultar ou reforço às provas já colhidas, se já existente o inquérito criminal, ou a ação penal, ou a instauração de ação penal. E somente isso é bastante e suficiente para autorizar a impetração e garantia constitucional do 'habeas corpus'"*. O Tribunal, entretanto, na linha do voto de Maurício Corrêa, entendeu impróprio o uso do *habeas corpus*, por não vislumbrar que "simples requisição para que a CPI se informe das ligações telefônicas dadas pelo paciente" se constituísse em ameaça ao seu direito de ir e vir. Para Celso de Mello *"a preservação da integridade do direito à intimidade invocado"* pelo paciente poderia, em tese, *"encontrar resguardo na via processual do mandado de segurança, que tem aplicabilidade residual, incidindo – como prescreve a própria Constituição da República – naqueles casos em que não couber, por inadmissibilidade, a utilização do 'habeas data' ou do 'habeas corpus'"*. Sepúlveda Pertence, embora defendendo maior amplitude jurisprudencial para as hipóteses de cabimento do *habeas corpus*, entendeu, igualmente, *"que o caso é exemplar de mandado de segurança"*, propondo a conversão da ação. Octavio Gallotti, por sua vez, indeferiu a proposta, salientando duas diferenças básicas entre as ações: 1) "A eventual hipótese de conversão do mandado de segurança em *habeas corpus* explica-se, facilmente, pela possibilidade que tem o juiz de deferi-lo de ofício. O mesmo não acontece com a conversão do pedido de *habeas corpus* em mandado de segurança". 2) "A parte, no caso, é o impetrante, que pode impetrar *habeas corpus*, porque este independe da demonstração de interesse jurídico. O mesmo não acontece no mandado de segurança, onde seria preciso alterar a titularidade do processo, para poder-se estabelecer a legitimidade ativa". Por fim, o Tribunal, por votação majoritária, indeferiu a proposta de conversão do *habeas corpus* em mandado de segurança.

146 RHC 121.046, Segunda Turma, rel. Min. Dias Toffoli, julgado em 21-8-2015. Em precedente mais antigo, HC

No que se refere à admissibilidade do *habeas corpus* nos casos de quebra de sigilos fiscal e bancário, o Supremo Tribunal Federal o admite quando seu objetivo é o de fazer prova em procedimento penal. O Tribunal tem admitido seu cabimento para impugnar decisão que autoriza as referidas quebras de sigilo em procedimento criminal, tendo em vista a possibilidade de estes resultarem em constrangimento à liberdade do investigado[147].

Em linhas gerais, a jurisprudência atual do Tribunal estabelece consideráveis ressalvas ao cabimento do *habeas corpus* para essas situações que fogem à sistemática de constrangimento ilegal ou abuso de poder que violem de modo mais direto a liberdade de locomoção dos cidadãos (art. 5º, XV, da CF/88). Tal premissa, contudo, não inviabiliza por completo um processo de ampliação gradual que essa garantia judicial do processo possa vir a desempenhar em nosso sistema constitucional, não somente em momentos de crise institucional, mas, sobretudo, para conferir maior força normativa ao texto constitucional.

2.5.2.3. *Punições disciplinares militares*

O art. 142, § 2º, da Constituição estabelece o não cabimento de *habeas corpus* contra punições disciplinares militares, reproduzindo, nesse particular, norma constante do art. 153, § 20, da Constituição de 1967/69, vazada em termos mais amplos ("nas transgressões disciplinares não caberá *habeas corpus*") e também já constante do Código de Processo Penal, art. 647. Segundo orientação do Supremo Tribunal Federal, "o entendimento relativo ao § 20 do artigo 153 da Emenda Constitucional n. 1/69, segundo o qual o princípio de que nas transgressões disciplinares não cabia *habeas corpus*, não impedia que se examinasse, nele, a ocorrência dos quatro pressupostos de legalidade dessas transgressões (a hierarquia, o poder disciplinar, o ato ligado a função e a pena susceptível de ser aplicada disciplinarmente), continua válido para o disposto no § 2º do art. 142 da atual Constituição, que é apenas mais restritivo quanto ao âmbito dessas transgressões disciplinares, pois a limita às de natureza militar"[148].

O Supremo Tribunal Federal tem sido enfático em afirmar que não se cogita de afronta ao art. 142, § 2º, se o *habeas corpus* impugna os pressupostos de legalidade da punição disciplinar e não o seu mérito[149].

Resta vedado ao controle judicial o exame acerca da *conveniência* e da *oportunidade* da medida disciplinar adotada se privativa da liberdade ou outra eventualmente cabível, mas "jamais a apreciação da sua legalidade"[150].

107.701, Segunda Turma, rel. Min. Gilmar Mendes, a ação foi admitida.

147 Cf. HC 79.191, rel. Min. Sepúlveda Pertence, *DJ* de 8-10-1999; HC 81.294, rel. Min. Ellen Gracie, *DJ* de 1º-2-2002; HC 84.869, rel. Min. Sepúlveda Pertence, *DJ* de 19-8-2005; AI 573.623, rel. Min. Gilmar Mendes, *DJ* de 10-11-2006.

148 HC 70.648/RJ, rel. Min. Moreira Alves, julgado em 9-11-1993, *DJ* de 4-3-1994, p. 3289.

149 RE 338.840/RS, rel. Min. Ellen Gracie, julgado em 19-8-2003, *DJ* de 12-9-2003, p. 49; RHC 88.543/SP, rel. Min. Ricardo Lewandowski, j. 3-4-2007, *DJ* de 26-4-2007.

150 Eugênio Pacelli e Douglas Fischer, *Comentários ao Código de Processo Penal e sua Jurisprudência*. 7. ed. São Paulo: Atlas, 2014.

Vê-se, assim, que essa orientação somente impede o uso de *habeas corpus* contra sanções disciplinares militares caso se pretenda discutir o próprio mérito da decisão administrativo-disciplinar.

2.5.2.4. *"Habeas corpus" contra decisão denegatória de liminar em "habeas corpus" e HC substitutivo de recurso ordinário*

Após reiteradas decisões[151], o Tribunal consagrou na Súmula 691 a orientação segundo a qual "não compete ao Supremo Tribunal Federal conhecer de *habeas corpus* impetrado contra decisão de relator que, em *habeas corpus* requerido a tribunal superior, indefere a liminar".

Os precedentes que ensejaram a edição dessa súmula partiram da premissa de que, em princípio, a concessão, pelo Supremo Tribunal Federal, de medida liminar em *habeas corpus* impetrado contra decisão de relator proferida em outro *habeas corpus*, ainda em curso em Tribunal Superior, geraria consequências que violariam princípios processuais fundamentais, como o da hierarquia dos graus de jurisdição e o da competência deles[152].

Dentre essas consequências, algumas podem parecer óbvias, como o risco de prejudicialidade do *habeas corpus* perante o Tribunal *a quo*, diante da possibilidade de que esta instância *a quo*, ao analisar o mérito do *writ*, conclua pela denegação da ordem, pelos mesmos fundamentos anteriormente expendidos ao momento do indeferimento monocrático de medida liminar requerida. A análise da prejudicialidade, contudo, carece de maiores temperamentos.

Nesse particular, é pertinente pontuar, inclusive, que algumas decisões monocráticas[153] têm condicionado a eficácia do provimento cautelar com superação da Súmula 691/STF somente até a decisão de mérito do Tribunal Superior apontado como coator. A razão de ser desse condicionamento corresponde ao fato de que, a rigor, é possível que a Corte *a quo* não apenas defira a ordem, mas também possa vir a indeferir o pedido de *habeas corpus* por outros fundamentos jurídicos que não foram submetidos à apreciação do Supremo Tribunal Federal.

---

151 HC 70.648/RJ, 1ª Turma, unânime, rel. Min. Moreira Alves, *DJ* de 4-3-1994; HC 76.347/MS, rel. Min. Moreira Alves, *DJ* de 8-5-1998; HC 79.238/AM, Pleno, unânime, rel. Min. Moreira Alves, *DJ* de 19-3-1999; HC 79.350/RS, 1ª Turma, unânime, rel. Min. Moreira Alves, *DJ* de 24-3-2000; HC 79.748/RJ, 2ª Turma, maioria, rel. Min. Celso de Mello, *DJ* de 23-6-2000; HC 80.287/RS, 1ª Turma, unânime, rel. Min. Moreira Alves, *DJ* de 6-10-2000; HC 80.316/RS, 1ª Turma, unânime, rel. Min. Sydney Sanches, *DJ* de 24-11-2000; HC 80.631/RS, 1ª Turma, unânime, rel. Min. Moreira Alves, *DJ* de 6-4-2001; HC 80.550/SP, 1ª Turma, unânime, rel. Min. Sepúlveda Pertence, *DJ* de 18-5-2001; HC 80.081/PE, 2ª Turma, maioria, rel. Min. Marco Aurélio, *DJ* de 19-10-2001.

152 HC 76.347/MS, rel. Min. Moreira Alves, *DJ* de 8-5-1998; HC 79.350/RS, rel. Min. Moreira Alves, *DJ* de 24-3-2000; HC 79.748/RJ, rel. Min. Celso de Mello, *DJ* de 23-6-2000.

153 HC 91.229, rel. Min. Gilmar Mendes, decisão monocrática, *DJ* de 28-5-2007; HC 84.014/MG, 1ª Turma, unânime, rel. Min. Marco Aurélio, *DJ* de 25-6-2004; HC 85.185/SP, Pleno, rel. Min. Cezar Peluso, *DJ* de 1º-9-2006; HC 88.229/SE, rel. Min. Ricardo Lewandowski, 1ª Turma, *DJ* de 23-2-2007; HC-MC 85.826/SP, rel. Min. Gilmar Mendes, decisão monocrática, *DJ* de 3-5-2005; HC-MC 86.213/ES, rel. Min. Marco Aurélio, decisão monocrática, *DJ* de 1º-8-2005).

Exatamente para o resguardo dessas duas situações mencionadas – a do deferimento da ordem, ou a do indeferimento por novos fundamentos –, é que não faz sentido a afirmação da prejudicialidade absoluta do *habeas corpus* nesses casos em que o ministro relator perante o Supremo Tribunal Federal defere a ordem com superação da Súmula 691/STF.

A Corte tem abrandado o rigor da Súmula 691 nos casos em que (i) seja premente a necessidade de concessão do provimento cautelar e (ii) a negativa de liminar pelo tribunal superior importe a caracterização ou manutenção de situações manifestamente contrárias ao entendimento do Supremo Tribunal Federal.

Ademais, ainda que o Tribunal Superior persista, na decisão de mérito, nos mesmos fundamentos da medida liminar que foi cassada por decisão monocrática de ministro do Supremo Tribunal Federal, abre-se, novamente, o caminho do deferimento, de ofício, da ordem de *habeas corpus* (art. 5º, XXXV, da CF/88 e art. 654, § 2º, do CPP)[154].

Tais mitigações não impedem, todavia, hipóteses em que existem *habeas corpus* sucessivamente impetrados contra decisões liminares em todas as instâncias jurisdicionais. Nesses casos, as possibilidades de transgressão da hierarquia e competência dos graus de jurisdição são ainda mais patentes, porque, muitas vezes, o objeto do *writ* levado à apreciação do Supremo Tribunal Federal será a própria decisão do juiz de primeira instância, abrindo-se a possibilidade de que a decisão monocrática do relator no STF revogue diretamente a decisão do juiz singular. E, também nessas hipóteses, os Tribunais Superiores poderiam ficar impedidos de julgar definitivamente os *habeas corpus*, diante da pendência de decisão concessiva de liminar pelo Supremo Tribunal Federal.

Assim, além dos casos de indeferimento da liminar, não são admitidos pedidos de liminares contra decisões de Tribunais superiores que não conhecem e negam seguimento a *habeas corpus*. O Supremo Tribunal Federal tem jurisprudência consolidada no sentido de que o conhecimento, pelo Superior Tribunal de Justiça, ou ainda, pelo próprio Supremo Tribunal Federal, de questão que não foi posta ou não foi conhecida perante Tribunal *a quo*, configura supressão de instância[155].

É bem verdade, por outro lado, que, muitas vezes, o indeferimento, ou mesmo o não conhecimento, dos pedidos de liminar nas instâncias inferiores pode conformar um estado de flagrante constrangimento ilegal, gerando premente necessidade do provimento cautelar, mormente nos casos em que há confronto com a jurisprudência do Supremo Tribunal Federal.

Nesses casos, o valor fundamental da liberdade, que constitui o lastro principiológico do sistema normativo penal, sobrepõe-se a qualquer regra processual cujos efeitos práticos e específicos venham a anular o pleno exercício de direitos fundamentais pelo indivíduo. Ao Supremo Tribunal Federal, como guardião das liberdades fundamentais asseguradas pela Constituição, cabe adotar soluções que, traduzindo as especificidades de cada caso concreto, visem reparar as ilegalidades perpetradas por

154 HC 87.736, rel. Min. Gilmar Mendes, *DJ* de 10-8-2007; HC 84.014/MG, 1ª Turma, unânime, rel. Min. Marco Aurélio, *DJ* de 25-6-2004; HC 85.185/SP, Pleno, rel. Min. Cezar Peluso, *DJ* de 10-9-2006; HC 88.229/SE, rel. Min. Ricardo Lewandowski, 1ª Turma, *DJ* de 23-2-2007.

155 HC 84.349, rel. Min. Sepúlveda Pertence, *DJ* de 24-9-2004; HC 83.922, rel. Min. Nelson Jobim, *DJ* de 2-4-2004; HC 83.489, rel. Min. Ellen Gracie, *DJ* de 19-12-2003; HC 81.617, rel. Min. Carlos Velloso, *DJ* de 28-6-2002.

decisões que, em estrito respeito a normas processuais, acabem criando estados de desvalor constitucional.

Nas ocasiões em que tem sido instado a se manifestar, o Supremo Tribunal Federal tem buscado resolver esse conflito aparente entre correção material e segurança formal.

No julgamento do HC 115.348/PA, por exemplo, impetrado contra decisão do Superior Tribunal de Justiça que indeferiu medida liminar em outro HC, o STF não conheceu do pedido, mas acabou concedendo a ordem de ofício para determinar ao magistrado da execução penal a fixação, motivadamente, do regime inicial de cumprimento da pena, afastando a regra do § 1º do art. 2º da Lei n. 8.072/1990, declarado inconstitucional pelo Plenário da Corte, bem como a análise do preenchimento dos requisitos previstos no art. 44 do Código Penal e, em caso positivo, a substituição da parte remanescente da pena privativa de liberdade por sanção restritiva de direitos. Observou-se na decisão que a superação da Súmula 691 do STF constitui medida excepcional, que somente se legitima quando a decisão atacada se mostra teratológica, flagrantemente ilegal ou abusiva, e que, no caso concreto, tratava-se de situação excepcional, apta a superar, portanto, o entendimento enunciado na referida Súmula 691, diante do evidente constrangimento ilegal ao qual se submetia o paciente[156].

Restou bem claro o entendimento do Tribunal quanto à superação da Súmula 691 diante de situações cuja arbitrariedade justifica a imediata concessão da ordem[157].

Ainda no mesmo sentido, merece citação o HC 113.119/SP, que versa sobre decreto de prisão preventiva sem amparo em fatos que a justificasse, situação que não raras vezes é motivo de concessão de *habeas corpus* pelo STF, com a superação da Súmula 691. Conforme destacado na decisão, *"em princípio, se o caso não é de flagrante constrangimento ilegal, não compete ao Supremo Tribunal Federal conhecer de* habeas corpus *contra decisão de relator que, em* habeas corpus *requerido a Tribunal Superior, indefere liminar. 2. Para decretar a prisão preventiva, deverá o magistrado fazê-lo com base em elementos concretos e individualizados aptos a demonstrar a necessidade da prisão do indivíduo, nos termos do art. 312 do Código de Processo Penal. 3. Na hipótese em análise, contudo, ao determinar a prisão imediata do paciente, o Tribunal estadual não indicou elementos concretos e individualizados que comprovassem a necessidade da sua prisão cautelar, nos termos do art. 312 do Código de Processo Penal, fazendo-o exclusivamente em razão do não provimento do recurso, independentemente do trânsito em julgado da decisão. Inadmissibilidade. Precedentes. 4. Ordem concedida"*[158].

Assim, embora não tenha havido a revogação da Súmula 691, o Tribunal tem procedido ao devido *distinguishing* em casos específicos com vistas a elidir a sua aplicação nas hipóteses em que a negativa da liminar pelas instâncias inferiores configura patente afronta ao direito fundamental de liberdade (art. 5º, *caput* e inciso XV, da CF/88).

Não obstante essa linha interpretativa, menos jungida a formalismos processuais quando em jogo o direito à liberdade, concretamente ameaçado por situações claramente arbitrárias, vem se consolidando na 1ª Turma do STF orientação no sentido do

---

156 STF, HC 115.348/PA, 2ª Turma, rel. Min. Ricardo Lewandowski, *DJe* de 3-5-2013.

157 STF, HC 112.907/SP, 1ª Turma, rel. Min. Rosa Weber, *DJe* de 13-3-2013.

158 STF, HC 113.119/SP, 1ª Turma, rel. Min. Dias Toffoli, *DJe* de 4-12-2012.

não cabimento de *habeas corpus* como sucedâneo de recurso, independentemente da excepcionalidade dos casos em análise. Trata-se de uma clara ruptura com a jurisprudência do Tribunal, que sempre aceitou a interposição de HC originário em lugar do recurso ordinário. Ademais, essa nova orientação acaba por restringir o acesso ao STF contra a maioria das decisões do STJ em sede de HC. Como elas já terão sido tomadas em recurso de *habeas corpus* originariamente impetrados nas instâncias ordinárias, somente restará ao paciente a interposição de Recurso Extraordinário, o que acaba por resultar em séria restrição ao direito de HC na Corte Suprema.

Essa orientação restou bem clara em recente precedente, a seguir transcrito, no qual se decidiu, por unanimidade, que "a competência do Supremo Tribunal Federal para julgar *habeas corpus* está definida, em rol taxativo, no art. 102, inciso I, alíneas *d* e *i*, da Constituição Federal, não havendo previsão de seu cabimento como sucedâneo do recurso ordinário constitucional":

> "EMENTA: *Habeas corpus* substitutivo de recurso ordinário. Tráfico e associação para o tráfico de entorpecentes – arts. 33 e 35 da Lei n. 11.343/2006. Prisão preventiva para garantia da ordem pública. Tráfico como meio de vida. Necessidade de interromper a prática criminosa. Competência do Supremo Tribunal para julgar *habeas corpus* (art. 102, inciso I, alíneas *a* e *i*). 1. A prisão cautelar, como medida necessária à preservação da ordem pública, tem a virtude de "... interromper ou diminuir a atuação de integrantes da organização criminosa ..." (HC 95.024/SP, 1ª Turma, rel. Min. Cármen Lúcia, *DJe* de 20-2-2009). 2. *In casu*, o paciente, juntamente com outros, foi preso preventivamente em junho de 2010 e condenado, em 15-12-2010, à pena de 10 (dez) anos, 2 (dois) meses e 15 (quinze) dias de reclusão, em regime inicial fechado, por tráfico internacional de entorpecentes e associação para o tráfico, crimes tipificados, respectivamente, nos arts. 33, c/c art. 40, I, e 35, da Lei n. 11.343/2006. 3. O magistrado negou o apelo em liberdade de forma fundamentada, conforme exigência contida no art. 387, parágrafo único, do CPP, asseverando a inalterabilidade do quadro fático que ensejou a prisão preventiva, *in verbis*: Os condenados responderam ao processo presos. Cf. cumpridamente fundamentado, as provas são no sentido de que se dedicam habitualmente à prática do tráfico de drogas que foram realizadas nestes autos [*sic*]. Nessas condições e fulcrando-me ainda no já fundamentado na decisão de 23-6-2010 (evento 117), a bem da ordem pública e para evitar reiteração de crimes de tráfico de drogas, deverão permanecer na prisão em eventual fase recursal. A presunção de inocência não é absoluta e perde força no decorrer do processo, pelo menos após condenação, ainda que de primeira instância. É oportuno destacar que a instância recursal já reconheceu o risco de reiteração delitiva no presente caso, ao denegar *habeas corpus* contra a prisão preventiva do condenado Miguel (HC 0030736-03.2010.404.0000) – 'havendo indícios concretos do envolvimento do investigado na prática de tráfico internacional de drogas, legítima a manutenção de sua custódia preventiva para salvaguarda da ordem pública, sobretudo quando evidenciado que, acaso posto em liberdade, poderia facilmente retomar a atividade delituosa'. O magistrado asseverou, ademais, que 'os vários diálogos interceptados (item 75) revelam, porém, que o condenado faz da atividade de tráfico de drogas seu meio de vida, transcendendo ela às apreensões verificadas nestes autos'. 4. A competência do Supremo Tribunal Federal para julgar *habeas corpus* está definida, em rol taxativo, no art. 102, inciso I, alíneas *d* e *i*, da Constituição Federal,

não havendo previsão de seu cabimento como sucedâneo do recurso ordinário constitucional, por isso que a Primeira Turma desta Corte, ao julgar o HC n. 109.956, em 7-8-2012, rel. Min. Marco Aurélio, decidiu que 'a teor do disposto no art. 102, inciso II, alínea *a*, da Constituição Federal, contra decisão proferida em processo revelador de *habeas corpus*, a implicar a não concessão da ordem, cabível é o recurso ordinário'. 5. *Habeas corpus* extinto, sem concessão da ordem *ex officio*"[159].

De forma semelhante, a Primeira Turma não tem conhecido de *habeas corpus* contra decisão condenatória transitada em julgado[160] e mesmo quando cabível recurso extraordinário ou especial[161].

Com todas as vênias que o entendimento merece, cabe reafirmar aqui as ponderações quanto à possibilidade de concessão de *habeas corpus* de ofício pela Corte nos casos de flagrante arbitrariedade, independentemente da disponibilidade, em favor do impetrante, de qualquer outra via judicial. Em situações assim, há que se relevar qualquer interpretação restritiva fundada em aspectos processuais para conferir, em sua plenitude constitucional, o máximo de concretude ao direito de ir e vir. A Constituição, ao estabelecer a competência do STF na tutela desse direito por meio do *habeas corpus* (CF, art. 102, I, *d* e *f*), não faz distinção quanto às hipóteses de sua concessão.

Esse entendimento diverge da orientação perfilhada pela Segunda Turma do STF no sentido do cabimento, de HC substitutivo do recurso ou até mesmo no caso de intempestividade do recurso interposto, conforme ementas a seguir transcritas:

> "*Habeas Corpus*. Constitucional. Penal. Processual penal. Inexistência de nulidade do acórdão impetrado: ausência de correlação entre a fundamentação do pedido e a da decisão. Impetração de *habeas corpus* substitutivo de recurso. Admissibilidade. Peculiaridades do caso concreto. Concessão da ordem de ofício. 1. Não entendendo o Superior Tribunal de Justiça pela possibilidade de conhecimento de *habeas corpus*, prejudicada a apreciação das alegações de fundo do Impetrante, não havendo que se falar em nulidade do acórdão impetrado pela ausência de correlação entre a fundamentação do pedido e a do acórdão impetrado. 2. O eventual cabimento de recurso não constitui óbice à impetração de *habeas corpus*, desde que o objeto esteja direta e imediatamente ligado à liberdade de locomoção física do Paciente. Precedentes. 3. Ordem concedida, de ofício, para determinar à Quinta Turma do Superior Tribunal de Justiça que examine o mérito do *Habeas Corpus* n. 139.346"[162].
>
> "Recurso ordinário em *habeas corpus*. 2. Recorrente condenado à pena de 7 (sete) anos de reclusão, em regime inicial semiaberto e ao pagamento de 28 dias-multa, por ter praticado, no dia 3-2-2002, o crime de porte ilegal de arma de fogo (art. 10, §§ 2º e 4º, da Lei 9.437/97) e o delito de adulteração de sinal identificador de veículo automotor (art. 311, § 1º, do CP). 3. Possibilidade de conhecimento de recurso ordinário em *habeas corpus*

159 STF, HC 114.688/PR, 1ª Turma, rel. Min. Luiz Fux, *DJe* de 14-8-2013.

160 HC 121.255, rel. Min. Luiz Fux, julgado em 3-6-2014.

161 HC 109.956, rel. Min. Marco Aurélio, julgado em 7-8-2012.

162 HC 112.836/SE, 2ª Turma, rel. Min. Cármen Lúcia, *DJe* de 15-8-2013.

intempestivo como *habeas corpus* substitutivo. Precedentes. 4. A independência das esferas administrativa e penal foi reafirmada pelo Tribunal Pleno, no julgamento da repercussão geral no ARE 691.306, rel. Min. Cezar Peluso, *DJe* (11-9-2012). 5. Recurso ordinário conhecido como *habeas corpus*, ao qual se denega a ordem"[163].

"*Habeas corpus*. Substitutivo de recurso ordinário constitucional. Admissibilidade. Precedentes. (...) 1. A Segunda Turma do Supremo Tribunal Federal admite *habeas corpus* substitutivo de recurso ordinário constitucional (art. 102, II, *a*, da Constituição Federal). Precedentes"[164].

Como se percebe, não há, atualmente, consenso na Corte sobre o tema. Em todo o caso, não se pode negar que a Constituição Federal, ao estabelecer a competência do STF na tutela desse direito por meio do *habeas corpus* (CF, art. 102, I, *d* e *f*), não faz distinção quanto às hipóteses de concessão.

2.5.2.5 *A questão do empate no julgamento do "habeas corpus" e nas decisões colegiadas de natureza criminal*

Nos termos do Regimento Interno do Supremo Tribunal Federal, há dois dispositivos que tratam da matéria relacionada às situações de empate em julgamentos de natureza criminal:

"Art. 146. Havendo, por ausência ou falta de um Ministro, nos termos do art. 13, IX, empate na votação de matéria cuja solução dependa de maioria absoluta, considerar-se-á julgada a questão proclamando-se a solução contrária à pretendida ou à proposta. (Redação dada pela Emenda Regimental n. 35, de 2-12-2009.)

Parágrafo único. No julgamento de *habeas corpus* e de recursos de *habeas corpus* proclamar-se-á, na hipótese de empate, a decisão mais favorável ao paciente. (Redação dada pela Emenda Regimental n. 35, de 2-12-2009)"

"Art. 150. O Presidente da Turma terá sempre direito a voto.

§ 1º Se ocorrer empate, será adiada a decisão até tomar-se o voto do Ministro que esteve ausente.

§ 2º Persistindo a ausência, ou havendo vaga, impedimento ou licença de Ministro da Turma, por mais de um mês, convocar-se-á Ministro da outra, na ordem decrescente de antiguidade.

§ 3º Nos *habeas corpus* e recursos em matéria criminal, exceto o recurso extraordinário, havendo empate, prevalecerá a decisão mais favorável ao paciente ou réu."

A doutrina define o conteúdo da presunção de inocência em três aspectos: regra de tratamento, regra probatória e de juízo[165].

---

163 STF, RHC 111.931, 2ª Turma, rel. Min. Gilmar Mendes, *DJe* de 19-6-2013.

164 HC 126.242, 2ª Turma, rel. Min. Dias Toffoli, julgado em 24-3-2015.

165 Maurício Zanoide de Moraes, *Presunção de inocência no processo penal brasileiro:* análise de sua estrutura normativa para a elaboração legislativa e para a decisão judicial. Rio de Janeiro: Lumen Juris, 2010; Giulio Illuminati, *La presunzione d'innocenza dell'imputato*. Bologna: Zanichelli, 1979.

Em relação à questão do empate aqui tratada, mostra-se relevante a sua face como regra de juízo, ou seja, como opção democrática para distribuição do risco de erro judiciário, a situação de dúvida deve levar à tomada de decisão mais favorável ao réu.

Em casos de julgamento por órgãos colegiados, ainda que normalmente formados com número ímpar de juízes, há situações em que a ausência de algum membro pode acarretar empate na votação. No âmbito penal, tendo em vista tal opção democrática pelo *in dubio pro reo* e a importância de um julgamento em prazo razoável, especialmente diante da potencial incidência do poder punitivo para restrição à liberdade, adota-se o critério de resolver o empate no sentido a favor do réu.

Assim, o RISTF tem regra expressa de que "nos habeas corpus e recursos em matéria criminal, exceto o recurso extraordinário, havendo empate, prevalecerá a decisão mais favorável ao paciente ou réu". Aqui se deve interpretar "recursos em matéria criminal" como também abarcando hipóteses de agravos regimentais, ainda que em ações penais originárias.

Nesse sentido, podemos encontrar precedente da Segunda Turma do STF em julgamento ocorrido no ano de 2016:

> "Segundo Agravo Regimental na Reclamação. Processo Penal. Constitucional. 2. Arquivamento de inquérito pelo STF. Superveniente perda do foro originário perante a Corte. Reclamação com fundamento nos efeitos da decisão de arquivamento. Caso que se enquadra na hipótese de cabimento da reclamação no STF na forma do art. 102, I, "l", da CF – competência para julgar reclamação para garantia da autoridade das decisões do STF. (...) 7. Empate nas votações. Matéria criminal. Adoção do entendimento mais favorável à defesa. Precedente. 8. Dado provimento ao agravo regimental, para julgar procedente a reclamação e determinar o trancamento do Procedimento de Investigação Criminal 94.0003.0003465/2015-2, do MPSP (Rcl 20.132 AgR-segundo, Rel. Min. Teori Zavascki, Rel. p/ acórdão Min. Gilmar Mendes, Segunda Turma, *DJe* de 28-4-2016)".

Conforme esclareceu o Min. Dias Toffoli ao proclamar o resultado do julgamento da Rcl 20.132:

> "A reclamação, tecnicamente, alguns entendem ser ação, outros entendem ser recurso. Eu mesmo entendo ser ação, mas, no caso, quando fala em "recursos em matéria criminal", o que o Regimento Interno está a dizer é: "as medidas judiciais cabíveis, excetuando apenas e tão somente o recurso extraordinário." Se esse tema tivesse vindo a esta Turma em *habeas corpus* tirado, quanto à abertura, instância por instância, e aqui fosse ser julgado, havendo o empate, a ordem seria concedida. Por isso, vou proclamar o resultado no sentido de, tendo havido empate em relação ao provimento do agravo, nos termos do § 3º do art. 150 do Regimento Interno, prevalece a decisão mais favorável ao acusado, razão pela qual eu proclamo que foi dado provimento ao agravo regimental para se julgar procedente a reclamação e se trancar a investigação referida (...)".

Já no Inq. 3.670, julgado no ano de 2014, o Min. Celso de Mello destacou: "Tratando-se de matéria penal, o empate somente pode beneficiar aquele que sofre a persecução estatal, de tal modo que, em não havendo maioria em sentido contrário, o empate importará, necessariamente, em respeito à presunção constitucional de inocência (CF, art. 5º, LVII) e, tal seja a situação processual, em rejeição da denúncia, ou, então, em absolvição, ou, na hipótese de 'habeas corpus', em concessão do próprio 'writ' constitucional". Assim ficou ementado o julgado:

> "Inquérito. 2. Competência originária. 3. Penal e Processual Penal. 4. Empate na votação quanto à admissibilidade de parte da denúncia. Prevalência da rejeição, por mais favorável ao denunciado. (...)" (Inq 3.670, rel. Min. Gilmar Mendes, Segunda Turma, *DJe* de 10-12-2014).

Em caso relacionado ao juízo realizado pelo STJ em sede de recurso especial, também restou assentado que o empate deve acarretar a decisão mais benéfica ao réu:

> "*HABEAS CORPUS*. PROCESSUAL PENAL. RECURSO ESPECIAL INTERPOSTO CONTRA ACÓRDÃO CONCESSIVO DA ORDEM. JULGAMENTO. EMPATE. DECISÃO MAIS FAVORÁVEL AO PACIENTE. PREVALÊNCIA. 1. A jurisprudência do STF é no sentido de que, ocorrendo empate na votação de recurso especial interposto contra decisão concessiva de *habeas corpus*, deve prevalecer a regra do art. 41-A, parágrafo único, da Lei 8.038/90. 2. Ordem concedida" (HC 113.518, rel. Min. Teori Zavascki, Segunda Turma, *DJe* 13-3-2013).

Recentemente, em sede de inquérito, também se reiterou a prevalência da decisão mais benéfica à defesa, ainda que por meio da concessão de *habeas corpus* de ofício. Ou seja, não há sentido em adotar regras distintas para outras espécies de ações ou recursos, se em todos os casos é possível a concessão de *habeas corpus* de ofício, hipótese em que o empate inegavelmente beneficiará o réu:

> "AGRAVO REGIMENTAL EM INQUÉRITO POLICIAL. DELITO DE FALSIDADE IDEOLÓGICA ELEITORAL (CAIXA 2). COMPETÊNCIA PARA INVESTIGAÇÃO E JULGAMENTO. QUESTÃO DE ORDEM NA AP 937/RJ. REINTERPRETAÇÃO CONSTITUCIONAL DO ALCANCE DA PRERROGATIVA DE FORO. COMPETÊNCIA DA JUSTIÇA ELEITORAL PARA INVESTIGAR E JULGAR DELITOS COMUNS CONEXOS COM CRIME ELEITORAL. REAFIRMAÇÃO DA JURISPRUDÊNCIA DO STF. DECLINAÇÃO DA COMPETÊNCIA DO SUPREMO TRIBUNAL FEDERAL. REMESSA À JUSTIÇA ELEITORAL. EMPATE NO JULGAMENTO DO PRESENTE AGRAVO REGIMENTAL. INTELIGÊNCIA DOS ARTS. 150, § 3º E 193, DO REGIMENTO INTERNO DO STF, E 654, § 2º, DO CPP. CONCESSÃO DA ORDEM DE *HABEAS CORPUS* PARA DETERMINAR A REMESSA DOS AUTOS À JUSTIÇA ELEITORAL (...) III – Verificado o empate no julgamento do presente agravo, impõe-se a concessão da ordem de *habeas corpus*, nos termos do arts. 150, § 3º e 193, ambos do Regimento Interno do STF. IV – Remessa dos autos ao Tribunal Regional Eleitoral do Estado do Rio de Janeiro, para que distribua os autos ao juízo eleitoral competente para o processamento do feito" (Inq. 4.451 AgR, rel. Min. Cármen Lúcia, rel. p/ acórdão Ricardo Lewandowski, Segunda Turma, j. 3-3-2020, *DJe* de 2-9-2020).

Idêntico entendimento foi aplicado durante o julgamento da Pet 8.179, na qual se concedeu *habeas corpus* de ofício, de modo a se acolher a pretensão mais favorável à defesa do requerente, determinando-se a remessa dos autos de Inquérito instaurado contra o referido ex-parlamentar à Justiça Eleitoral de Santa Catarina (Pet 8.179, Segunda Turma, Redator p/ acórdão Min. Gilmar Mendes, j. 10-3-2020).

Nesse sentido, a prolação de decisão mais favorável ao réu, em casos de empate na votação, é consequência direta dos princípios fundamentais da presunção de inocência e do *in dubio pro reo*, que integram as bases de um direito penal liberal e de proteção dos direitos fundamentais no Estado Democrático e Constitucional de Direito.

2.5.3. **Titularidade**

Titular do direito de *habeas corpus* haveria de ser, em princípio, a pessoa natural afetada por qualquer medida que restrinja ou ameace restringir a sua liberdade de locomoção.

Nos termos do Código de Processo Penal (art. 654, *caput*), o *habeas corpus* pode ser impetrado, porém, por *qualquer pessoa*, advogado ou não, em seu favor ou de outrem, bem como pelo Ministério Público. Assim, as condições de titular do direito de *habeas corpus* (paciente) e impetrante não são necessariamente coincidentes.

Na prática, tornou-se comum a dissociação entre o impetrante, em geral o advogado, e o paciente, a pessoa afetada por qualquer ato do Poder Público na sua liberdade de ir e vir. Ou seja, a própria conformação aberta conferida ao *habeas corpus* não pode ser atrelada à clássica distinção entre as noções processuais civis da capacidade judiciária (capacidade de ser parte perante o Poder Judiciário) e da capacidade postulatória (capacidade de postular ou de apresentar fatos e argumentos em juízo).

Daí falar-se que o *habeas corpus* tem a natureza de uma ação de caráter popular[166]. Percebe-se, assim, que, tendo em vista os valores envolvidos, optou-se por reconhecer ampla legitimação para impetração do *habeas corpus*. Por esse motivo, parece-nos indevida a limitação que tem sido amplamente aplicada pela jurisprudência do Superior Tribunal de Justiça no sentido de não conhecer de pedidos de *habeas corpus* impetrados por pacientes/impetrantes que, na oportunidade do encaminhamento da impetração, não assinaram a petição inicial. A própria circunstância de que, ao menos em tese, tratar-se-ia de situação de constrangimento ilegal ou de abuso de poder é legítima para fazer incidir a proteção judicial efetiva como mecanismo de materialização de eventuais violações à liberdade do paciente/impetrante. É dizer, o rigorismo formal promovido por essa jurisprudência na sede do *habeas corpus* acaba por inviabilizar as próprias possibilidades do amplo exercício do direito de defesa para a tutela da liberdade individual[167].

166 Cf. Ada Pellegrini Grinover, Antonio Magalhães Gomes Filho e Antonio Scarance Fernandes, *Recursos no processo penal*, cit., p. 357.

167 HC 81.243/SP, Rel. Juíza Convocada Jane Silva, 5ª Turma do STJ, unânime, *DJ* de 17-9-2007; HC 60.464/SP, rel. Min. Gilson Dipp, *DJ* de 9-10-2006; HC 45.798/PR, rel. Min. Paulo Medina, *DJ* de 20-2-2006; HC 37.336/SP, rel. Min. Gilson Dipp, *DJ* de 13-6-2005.

É claro que tal faculdade acarreta, não raras vezes, tumulto na defesa do paciente, o que tem levado os Tribunais a determinar, muitas vezes, a audiência do paciente, a fim de que esclareça sobre o seu interesse pessoal na impetração[168].

O Regimento Interno do Supremo Tribunal Federal (RI/STF) dispõe, em seu art. 192, § 3º, que "não se conhecerá de pedido desautorizado pelo paciente". Assim, em casos em que seja suscitada a dúvida sobre o real interesse do paciente na impetração, cabe ao relator determinar a sua intimação para que se manifeste sobre o pedido de *habeas corpus*[169].

Outra circunstância que também merece destaque é aquela em que a ordem de *habeas corpus* pode ser concedida de ofício (art. 5º, XXXV, da CF e art. 654, § 2º, do CPP).

Em verdade, a menção à concessão da ordem de ofício causa alguma confusão. Isso porque a locução *habeas corpus* é utilizada com dois significados. De um lado, designa a ação prevista no art. 5º, LXVIII, da Constituição Federal, e desenvolvida no art. 647 e seguintes do CPP, destinada a proteger a liberdade de locomoção contra coação ilegal. De outro lado, designa a própria ordem para fazer cessar a coação ilegal à liberdade de locomoção[170].

Usa-se uma só locução para designar o meio e o resultado. A ordem de *habeas corpus* corresponde ao pedido na ação de *habeas corpus*. Quando se diz que "a defesa impetrou *habeas corpus*", está-se dizendo que a defesa ingressou com ação de *habeas corpus* pedindo a concessão de ordem de *habeas corpus*.

A ordem de *habeas corpus*, por sua vez, pode ser concedida tanto como resultado da procedência da ação de *habeas corpus* quanto *ex officio*, na forma do art. 654, § 2º, do CPP. Esse dispositivo se aplica quando a ordem não é o objeto de ação de *habeas corpus*. Verificando, em processo em curso, a coação ilegal, o juízo concede a ordem de *habeas corpus*, mesmo sem requerimento.

O poder de conceder a ordem *ex officio* permite ao julgador analisar qualquer coação ilegal à liberdade de locomoção ligada ao processo em julgamento, ampliando a cognição em duas direções. Por um lado, o juiz ou tribunal não está limitado aos elementos que identificam a ação (partes, causa de pedir e pedido) ou à matéria devolvida no recurso. Por outro, o juiz ou tribunal pode superar obstáculos ao conhecimento da causa ou recurso em julgamento (pressupostos processuais ou recursais ou condições da ação).

No primeiro caso, vai-se além da matéria posta em julgamento. Em uma ação – de *habeas corpus*, por exemplo –, o julgador pode prover em favor de pessoa diversa do paciente, conceder a ordem por causa de pedir diversa e deferir mais do que o pedido ou coisa não pedida. Por exemplo, se o réu pede a liberdade provisória, por excesso de prazo na prisão processual, o tribunal pode afastar esse fundamento, mas trancar a ação penal, por falta de justa causa, e ainda estender a ordem em favor de corréus. Semelhan-

168 Cf. Ada Pellegrini Grinover, Antonio Magalhães Gomes Filho e Antonio Scarance Fernandes, *Recursos no processo penal*, cit., p. 358-359.

169 HC-QO 89.090, rel. Min. Gilmar Mendes, *DJ* de 5-10-2007; HC 91.433, rel. Min. Gilmar Mendes, decisão monocrática, *DJ* de 30-5-2007.

170 Ada Pellegrini Grinover; Antonio Magalhães Gomes Filho; Antonio Scarance Fernandes, *Recursos no processo penal*, cit., p. 272.

temente, em um recurso, o tribunal pode ir além da matéria devolvida. Por exemplo, mesmo que só a acusação recorra da sentença condenatória, postulando o aumento da pena, o tribunal pode conceder a ordem para absolver o réu.

No segundo caso, superam-se obstáculos que impedem a análise do mérito do pedido – pressupostos processuais ou recursais ou condições da ação. Talvez nem convenha falar-se em *habeas corpus* de ofício nessa hipótese, na medida em que o juiz concede o que foi pedido. Por exemplo, os tribunais em geral adotam entendimento pelo descabimento da ação de *habeas corpus* quando a instância anterior não decidiu a causa em definitivo. Se na instância anterior há apenas decisão do relator indeferindo a medida liminar, a instância superior não conhece a ação. No âmbito do Supremo Tribunal Federal, esse entendimento foi sumulado no Enunciado 691. Ainda assim, em casos excepcionais, o STF supera a própria súmula e concede a ordem de ofício – HC 86.864, pleno, rel. Min. Carlos Veloso, julgado em 20-10-2005.

Em ambos os casos, a avaliação da coação ilegal segue parâmetros diversos do parâmetro usual no processo penal. Em geral, a avaliação dos fatos e do direito é mais rigorosa à acusação, que recebe ônus probatório e argumentativo maior do que a defesa – *in dubio pro reo*. Entretanto, o *standard* inverte-se na concessão da ordem de ofício. O tribunal supera obstáculos impostos pela lei à própria competência. Quebra a inércia da jurisdição, reduzindo o espaço do contraditório, e nega força às decisões das instâncias anteriores. Tendo isso em vista, a jurisprudência enuncia parâmetros rigorosos de avaliação da coação ilegal, como "flagrante ilegalidade"[171], "manifesta ilegalidade", "evidente abuso de poder", "decisões teratológicas"[172].

Ainda que seja medida excepcional, conceder a ordem de ofício não é uma simples faculdade. Logo, constatada a coação ilegal evidente, os juízes e os Tribunais pátrios têm o poder-dever de exercitar a jurisdição em consonância com os ditames da proteção judicial efetiva.

Para alguns, poderia surgir o argumento de que esse poder-dever flexibilizaria as garantias processuais do princípio do pedido e da imparcialidade do juízo. Quanto a esse aspecto, porém, caberia uma análise mais acurada da própria noção imperativa de que em um Estado Democrático de Direito os direitos fundamentais devem ser preservados como uma garantia institucional intrínseca a um regime constitucional de limitação de poderes e do arbítrio.

O STF debateu questão ligada a essa ao apreciar recurso em *habeas corpus* interposto por quem não era advogado. Embora o recurso tenha sido extinto por perda de objeto[173], cabem algumas considerações sobre o tema. Com efeito, considerando a envergadura constitucional do *habeas corpus,* o fato de o recorrente não ser inscrito nos quadros da Ordem dos Advogados do Brasil não obsta o conhecimento do recurso ordinário.

A possibilidade de impetração de *habeas corpus* por qualquer pessoa (art. 654 do CPP), e até a sua concessão de ofício por juízes e tribunais (art. 654, § 2º, do CPP), indi-

---

171 HC 86.864, Pleno, rel. Min. Carlos Veloso, julgado em 20-10-2005.

172 HC 121.537, 1ª Turma, red. para acórdão Min. Roberto Barroso, julgado em 9-12-2014.

173 STF, HC 111.438/SP, 2ª Turma, rel. Min. Ricardo Lewandowski, *DJe* de 19-9-2013.

cam precisamente maior elasticidade à questão postulatória. Afinal, não se afigura compatível com a estatura constitucional do remédio heroico restringir a legitimação do leigo e de terceiros à interposição do *writ*, inviabilizando-se eventuais recursos, quando se admite a sua impetração inclusive por cartas redigidas pelos próprios presos.

É certo que existem precedentes do STF no sentido de não se conhecer do recurso nesses casos por ausência da capacidade postulatória do impetrante[174], mas há também, por outro lado, precedentes da Corte em sentido diverso[175], de modo que não se pode dizer ainda que se trata de matéria pacificada na jurisprudência da Corte.

A concessão de ofício de *habeas corpus*, portanto, surge como uma garantia processual cuja efetivação, além de transcender os limites legais formalísticos, busca conferir máxima efetividade à proteção de direitos fundamentais do paciente. Daí não haver razão jurídico-constitucional plausível, a nosso sentir, apta a desautorizar a legitimidade dessa medida excepcional de caráter fortemente garantístico.

2.5.3.1. *O caso do "habeas corpus" coletivo em favor das mulheres grávidas e mães presas*

A Segunda Turma do STF decidiu importante questão relativa ao cabimento de *habeas corpus* coletivo. Em julgamento realizado em 20 de fevereiro de 2018, admitiu-se o conhecimento do *Habeas Corpus* coletivo 143.641, impetrado em favor das mulheres grávidas e mães de crianças presas preventivamente no país, concedendo-se a ordem para determinar a substituição da prisão preventiva dessas mulheres por prisão domiciliar. Esse precedente possui diversos aspectos relevantes que merecem ser explorados.

Primeiramente, deve-se destacar que o conhecimento da ação constituiu importante marco jurisprudencial, tendo em vista a divergência sobre a possibilidade de impetração da ação coletiva, com decisões denegatórias[176].

Não obstante, levou-se em consideração a importância do bem jurídico tutelado e o cabimento de demandas coletivas em ações constitucionais como o mandado de segurança e o mandado de injunção, esta última a partir de criação jurisprudencial posteriormente incorporada à legislação[177].

Quanto ao mérito, a ordem foi concedida para determinar a substituição da prisão preventiva pela domiciliar, com a possibilidade de imposição de outras medidas cautelares, para todas as mulheres presas, gestantes, puérperas ou mães de crianças e deficientes sob sua guarda, nos termos do art. 2º do ECA e da Convenção sobre Direitos das Pessoas com Deficiência (Decreto Legislativo n. 186/2008 e Lei n. 13.146/2015), enquanto perdurar tal condição, excetuados os casos de crimes praticados mediante

---

174 RHC 121.722, rel. Min. Ricardo Lewandowski, Segunda Turma, julgado em 20-5-2014; RHC 104.270-QO, rel. Min. Celso de Mello, Segunda Turma, julgado em 6-9-2011; RHC 83.765, rel. Min. Joaquim Barbosa, Primeira Turma, julgado em 16-12-2003; HC 97.658-AgR, rel. Min. Ayres Britto, Primeira Turma, julgado em 23-6-2009.

175 HC 64.124, rel. Min. Francisco Rezek, 2ª Turma, *DJ* de 12-9-1986, o HC 84.716, rel. Min. Marco Aurélio, 1ª Turma, *DJ* de 26-11-2004, e o HC-AgR 102.836, red. do acórdão Min. Dias Toffoli, 1ª Turma, *DJe* de 27-2-2012.

176 HC 148.459, rel. Min. Alexandre de Moraes, julgado em 19-2-2018 (decisão monocrática).

177 MI 712/PA, rel. Min. Eros Grau, julgado em 25-10-2007; Lei n. 13.300/2016 – Disciplina o processo e o julgamento de mandados de injunção individual e coletivo e dá outras providências.

violência ou grave ameaça, contra seus descendentes ou, ainda, em situações excepcionalíssimas, as quais deverão ser devidamente fundamentadas pelos juízes que denegarem o benefício[178].

É importante registrar que os efeitos dessa decisão em controle incidental se assemelham àqueles produzidos em ação de controle concentrado, possuindo eficácia *erga omnes*, circunstância reforçada através da extensão da ordem de ofício para todas as mulheres presas nas condições acima descritas[179].

Interessante notar também a relação desse *habeas corpus* com a Arguição de Descumprimento de Preceito Fundamental 347, na qual se discute a grave crise do sistema penitenciário nacional.

A referência à ADPF consta dos debates, e a questão do encarceramento de mulheres grávidas ou mães de crianças menores, ante o quadro de superlotação, condições insalubres e ausência de estrutura física e de pessoal para atendimento aos direitos das mulheres e das crianças, evidencia o caráter estrutural do problema.

Questões estruturais dessa magnitude possuem como característica a complexidade do tema e da solução, que envolvem políticas públicas exercidas em larga escala por um ou mais órgãos estatais.

Lon Fuller e Keneth Winston utilizam a metáfora da teia de aranha para ilustrar as dificuldades enfrentadas pelo Poder Judiciário ao intervir em políticas públicas complexas e interconectadas[180].

Segundo os autores, a modificação de qualquer parte dessas políticas faz com que a tensão exercida sobre essa teia imaginária seja redistribuída para todas as outras partes, seguindo um padrão complexo que não é inteiramente previsível[181].

Para lidar com essa complexidade, a doutrina estrangeira destaca que o Poder Judiciário deve exercer uma função de coordenação do processo de reestruturação[182], o que exige um certo grau de organização e estruturação interna.

Tratando do tema na experiência da jurisdição constitucional canadense, Paul Rouleau e Linsey Sherman destacam que essas questões não podem ser superadas através de uma ordem judicial simples e detalhada (*one-stop shop remedy*, na definição dos autores), mas sim através da *"implementação em etapas em um processo contínuo"*, de forma progressiva e gradual[183].

Voltando ao caso, embora ainda não existam dados consolidados sobre o número de beneficiárias do *habeas corpus* coletivo, a decisão certamente terá impactos positivos

178 HC 143.641, rel. Min. Ricardo Lewandowski, julgado em 20-2-2018.

179 HC 143.641, rel. Min. Ricardo Lewandowski, julgado em 20-2-2018.

180 Lon L. Fuller; Kenneth I. Winston, The forms and limits of adjudication. *Harvard Law Review*, v. 92, n. 2, 1978, p. 395.

181 Lon L. Fuller; Kenneth I. Winston, The forms and limits of adjudication. *Harvard Law Review*, v. 92, n. 2, 1978, p. 395.

182 Owen Fiss, Foreword: the forms of justice. *Harvard Law Review*, v. 93, n. 1, nov. 1979, p. 19.

183 Paul S. Rouleau; Linsey Sherman, Doucet-Boudreau, dialogue and judicial activism: tempest in a teapot? *Ottawa Law Review*, v. 41.2, 2010, p. 200. Cf.: Eduardo Sousa Dantas, *Ações estruturais e o estado de coisas inconstitucional*: a tutela dos direitos fundamentais em casos de graves violações pelo poder público, Curitiba, Juruá, 2019.

sobre a complexa questão da superlotação carcerária e da violação dos direitos dos presos discutida na ADPF 347, tendo em vista a conexão entre os objetos das ações.

Por outro lado, considerando que os pedidos de extensão para casos individuais não foram aceitos no *Habeas Corpus* 143.461, entende-se que seria relevante atribuir a algum órgão ou núcleo a responsabilidade pelo monitoramento do cumprimento da decisão, o que poderia ser feito no âmbito do Conselho Nacional de Justiça, por exemplo, que atuaria coordenando e fiscalizando o cumprimento do acórdão por parte dos juízes e tribunais.

Trata-se de medida essencial para a implementação da ordem o mais rápido possível, inclusive em virtude das exceções estabelecidas (crimes praticados mediante violência, contra descendentes ou outros motivos excepcionais devidamente justificados), que podem ser eventualmente desvirtuadas pelas instâncias inferiores.

2.5.4. Conformação e limitação

Como especialização do direito de proteção judicial efetiva, o *habeas corpus* é também dotado de âmbito de proteção estritamente normativo e reclama, por isso, expressa conformação, que, obviamente, não afete o seu significado como instituto especial de defesa da liberdade de ir e vir (art. 5º, XV, da CF/88).

O Código de Processo Penal estabelece nos arts. 647 a 667 as regras procedimentais básicas.

Em razão das peculiaridades que ornam o instituto, houve por bem o legislador não estabelecer prazo para a impetração do *habeas corpus*.

Tendo em vista o seu caráter voltado para a defesa imediata contra lesão ao direito de liberdade de locomoção, é pacífica a orientação no sentido de se exigir a apresentação de prova pré-constituída e, por isso, de se não utilizar o instituto para proteção de situações jurídicas que demandem dilação probatória ou envolvam estado de fato controvertido (*vide, supra*, item sobre o âmbito de proteção do *habeas corpus*).

Tal como observado acima, nos termos do art. 142, § 2º, da Constituição, não cabe *habeas corpus* contra punições disciplinares militares. Trata-se aqui, pois, de restrição direta ao uso de *habeas corpus*, que não tem impedido a sua aplicação para controle de legitimidade formal do ato (*a hierarquia, o poder disciplinar, o ato ligado a função e a pena susceptível de ser aplicada disciplinarmente)*[184].

Tema relevante diz respeito também ao cabimento de liminar em sede de *habeas corpus*. Embora não houvesse, inicialmente, previsão de cautelar em *habeas corpus*, o Supremo Tribunal Federal reconheceu, no *Habeas Corpus* n. 41.296/DF, da relatoria do Ministro Gonçalves de Oliveira, que, "(...) se no mandado de segurança pode o relator conceder a liminar até em casos de interesses patrimoniais, não se compreenderia que, em casos em que está em jogo a liberdade individual ou as liberdades públicas, a liminar, no *habeas corpus* preventivo, não pudesse ser concedida (...)"[185].

---

184 HC 70.648/RJ, rel. Min. Moreira Alves, julgado em 9-11-1993, *DJ* de 4-3-1994, p. 3289; RE 338.840/RS, rel. Min. Ellen Gracie, julgado em 19-8-2003, *DJ* de 12-9-2003, p. 49.

185 HC 41.296/DF, rel. Min. Gonçalves de Oliveira, *RTJ*, 33(3)/590.

Desde então, não mais se questiona o cabimento de liminar em sede de *habeas corpus*. Embora sem expressa previsão legal, o provimento cautelar passou a integrar, por construção jurisprudencial, a própria conformação do instituto.

São particularmente preocupantes os projetos de alteração legislativa que limitam o *habeas corpus*. O projeto de lei de iniciativa popular que mirava restringir substancialmente a garantia foi rejeitado na Câmara dos Deputados[186]. Dentre outras providências, pretendia-se exigir que a ameaça à liberdade de locomoção fosse direta, limitar os poderes de concessão da ordem de ofício, restringir as hipóteses de deferimento de medida liminar e vedar a pronúncia de nulidade e o trancamento de investigação em curso. Passaria a ser obrigatória a oitiva do promotor da instância de origem. A ação de *habeas corpus* não mais poderia ser empregada nas hipóteses em que cabe recurso, "previsto ou não na lei processual penal". Eventuais nulidades pronunciadas deixariam de contaminar atos subsequentes, salvo os que diretamente dependam do ato anulado.

2.6. Mandado de segurança

2.6.1. Considerações gerais

A crise que produziu a revisão da "doutrina brasileira do *habeas corpus*", com a reforma constitucional de 1926, que alterou o § 22 do art. 72, associando de forma expressa aquela ação à "prisão ou constrangimento ilegal" à liberdade de locomoção, tornou evidente a necessidade de adoção de um instrumento processual-constitucional adequado para proteção judicial contra lesões a direitos subjetivos públicos não protegidos pelo *habeas corpus*. Assim, a Constituição de 1934 consagrou, ao lado do *habeas corpus*, e com o mesmo processo deste, o mandado de segurança para a proteção de "direito certo e incontestável, ameaçado ou violado por ato manifestamente inconstitucional ou ilegal de qualquer autoridade" (art. 113, 33).

Contemplado por todos os textos constitucionais posteriores[187], com exceção da Carta de 1937, o mandado de segurança é assegurado pela atual Constituição em seu art. 5º, LXIX, que dispõe: "conceder-se-á mandado de segurança para proteger direito líquido e certo, não amparado por *habeas corpus* ou *habeas data*, quando o responsável pela ilegalidade ou abuso de poder for autoridade pública ou agente de pessoa jurídica no exercício de atribuições do poder público". O texto constitucional também prevê o mandado de segurança coletivo, que poderá ser impetrado por partido político com

186 PL n. 4.850/2016. Essa proposta foi defendida em campanha organizada pelo Ministério Público Federal, intitulada "10 Medidas contra a Corrupção". Tal campanha associou o combate à corrupção de políticos e empresários apurada na Operação Lava Jato à necessidade de alterações legislativas que tornem mais eficazes a persecução penal.

187 Art. 141, § 24, da Constituição de 1946. Art. 153, § 21, da Constituição de 1967/69. O Decreto-Lei n. 6, de 16-11-1937, delimitou o cabimento do Mandado de Segurança, de forma a não alcançar os atos praticados pelo Presidente da República, Ministros de Estado, Governadores e Interventores, como mostra o seu art. 16: "Continua em vigor o remédio do mandado de segurança, nos termos da Lei n. 191, de 16 de janeiro de 1936, exceto, a partir de 10 de novembro de 1937, quanto aos atos do Presidente da República e dos ministros de Estado, Governadores e Interventores".

representação no Congresso Nacional, organização sindical, entidade de classe ou associação legalmente constituída e em funcionamento há pelo menos um ano, em defesa de seus membros ou associados (art. 5º, LXX, *a* e *b*).

A ação de mandado de segurança era disciplinada pela Lei n. 1.533, de 31-12-1951, pela Lei n. 4.348, de 26-6-1964, e pela Lei n. 5.021, de 9-6-1966. Em 7 de agosto de 2009 foi promulgada a Lei n. 12.016/2009 que disciplina e conforma completamente o instituto.

2.6.2. Âmbito de proteção

2.6.2.1. *Considerações preliminares*

Como especialização do direito de proteção judicial efetiva, o mandado de segurança destina-se a proteger direito individual ou coletivo líquido e certo contra ato ou omissão de autoridade pública não amparado por *habeas corpus* ou *habeas data* (CF, art. 5º, LXIX e LXX). Pela própria definição constitucional, o mandado de segurança tem utilização ampla, abrangente de todo e qualquer direito subjetivo público sem proteção específica, desde que se logre caracterizar a liquidez e certeza do direito, materializada na inquestionabilidade de sua existência, na precisa definição de sua extensão e aptidão para ser exercido no momento da impetração[188].

Embora destinado à defesa de direitos contra atos de autoridade, a doutrina e a jurisprudência consideram legítima a utilização do mandado de segurança contra ato praticado por particular no exercício de atividade delegada pelo Poder Público[189].

De outro lado, são equiparados pela lei, à autoridade pública, os representantes ou órgãos de partidos políticos e os administradores de entidades autárquicas, bem como os dirigentes de pessoas jurídicas ou as pessoas naturais no exercício de atribuições do poder político. Entretanto, devem ser diferenciados os atos de natureza pública dos atos de gestão, praticados pelos administradores de empresas públicas, sociedades de economia mista e concessionárias de serviço público, para fins de interposição do mandado de segurança.

É pacífica a orientação de que não é possível a impetração de mandado de segurança contra ato administrativo de que caiba recurso administrativo com efeito suspensivo, independente de caução (Lei n. 12.016/2009, art. 5º, I). É que nesse caso dispõe o interessado de meio próprio e efetivo de impugnação do ato. Na mesma linha, entende-se não admissível o mandado de segurança contra decisão judicial de que caiba recurso com efeito suspensivo (Lei n. 12.016/2009, art. 5º, II). E, ainda, não cabe mandado de segurança contra decisão judicial transitada em julgado (Lei n. 12.016/2009, art. 5º, III).

Tal como apontado na doutrina e na jurisprudência, a complexidade jurídica da questão não descaracteriza a liquidez e certeza do direito, não obstando, por isso, o uso do mandado de segurança.

---

188 Hely Lopes Meirelles, *Mandado de segurança*, 28. ed., São Paulo: Malheiros, 2005, p. 36-37. Apesar da intensa discussão que se levantou em torno desse conceito, atualmente doutrina e jurisprudência já possuem posicionamento pacificado segundo o qual o direito líquido e certo deve ser entendido como o direito cuja existência pode ser demonstrada de forma documental. Cf.: Cássio Scarpinella Bueno, *Mandado de segurança*, cit.

189 Hely Lopes Meirelles, *Mandado de segurança*, cit., p. 53-54.

Suscita-se questão sobre o cabimento do mandado contra ato normativo. O Supremo Tribunal Federal tem orientação pacífica no sentido do não cabimento de mandado de segurança contra lei ou ato normativo em tese (Súmula 266), uma vez que ineptos para provocar lesão a direito líquido e certo. A concretização de ato administrativo com base na lei poderá viabilizar a impugnação, com pedido de declaração de inconstitucionalidade da norma questionada.

Contudo, há casos em que a mera vigência do ato normativo abstrato pode, por si só, comprometer a fruição de direitos individuais. Nessas hipóteses, a aplicação literal da Súmula 266/STF poderia ensejar a convalidação ilegalidades. Por isso, em tais situações, faz-se necessário adotar uma interpretação do entendimento sumular mais condizente com o sistema de proteção jurídica do texto constitucional.

A esse respeito, destaca-se julgado do Supremo Tribunal Federal, no qual o Plenário, por maioria, declarou a inconstitucionalidade de acórdão do Tribunal de Contas da União que determinava a incorporação de parcelas de quintos/décimos aos vencimentos de servidores federais, com base no art. 3º da MP 2.225-48/2001. O voto vencido do Ministro Eros Grau havia reconhecido que a decisão da Corte de Contas dizia respeito a situações gerais e abstratas e, por isso, não seria possível impugná-la pela via do mandado de segurança, por força da Súmula 266/STF. A maioria do Tribunal, no entanto, seguiu voto de lavra do Min. Gilmar Mendes, o qual registrou que, em casos de patente ilegalidade da norma, "afigura-se razoável que se cogite da superação da Súmula referida, ou pelo menos, que se adote um *distinguishing* para afirmar que as leis que afetam posições jurídicas de forma imediata poderão ser impugnadas em mandado de segurança". Ressaltou ainda que "nesse contexto, parece já não mais haver razão para a preservação da Súmula 266/STF, pelo menos na sua expressão literal"[190].

De todo modo, admite-se mandado de segurança contra lei ou decreto de efeitos concretos, assim entendidos aqueles que "trazem em si mesmos o resultado específico pretendido, tais como as leis que aprovam planos de urbanização, as que fixam limites territoriais, as que criam municípios ou desmembram distritos, as que concedem isenções fiscais, as que proíbem atividades ou condutas individuais, os decretos que desapropriam bens, os que fixam tarifas, os que fazem nomeações e outros dessa espécie"[191] (cf., *infra*, item sobre *Mandado de segurança coletivo*).

2.6.2.2. *Mandado de segurança coletivo*

Admite-se expressamente o uso de mandado de segurança por partido político com representação no Congresso Nacional, organização sindical, entidade de classe ou por associação legalmente constituída e em funcionamento há pelo menos um ano, em defesa dos direitos da totalidade ou parte de seus membros ou associados, (CF, art. 5º, LXX, *a* e *b*, e Lei n. 12.016/2009, arts. 21 e s.). A ação constitucional de mandado de segurança, portanto, está destinada tanto à proteção de direitos individuais como à tutela de direitos coletivos.

---

190 MS 25.763, rel. p/ acórdão Min. Gilmar Mendes, *DJe* de 3-8-2015.

191 Hely Lopes Meirelles, *Mandado de segurança*, cit., p. 41.

O mandado de segurança coletivo deverá ser impetrado na defesa de interesse de uma categoria, classe ou grupo, independentemente da autorização dos associados (art. 21, Lei n. 12.016/2009). Assim, dispõe a Súmula 629 do Supremo Tribunal Federal que "a impetração de mandado de segurança coletivo por entidade de classe em favor dos associados independe da autorização destes". Diferentemente da hipótese contemplada pelo art. 5º, XXI[192], que trata de representação processual, a legitimidade das organizações sindicais, entidades de classe e associações, para impetração do mandado de segurança coletivo, é extraordinária, consistindo em típico caso de *substituição processual*[193].

Não se trata, dessa forma, de nova modalidade de ação constitucional, ao lado do mandado de segurança tradicional, mas de forma diversa de legitimação processual *ad causam*. Segundo jurisprudência do Supremo Tribunal Federal, "os princípios básicos que regem o mandado de segurança individual informam e condicionam, no plano jurídico-processual, a utilização do *writ* mandamental coletivo"[194], que, do mesmo modo, apenas será cabível na hipótese de direito líquido e certo violado por ato ilegal ou abuso de poder emanados de autoridade pública ou agente de pessoa jurídica no exercício de atribuições do Poder Público. Assim, também entende o Tribunal que "simples interesses, que não configuram direitos, não legitimam a válida utilização do mandado de segurança coletivo"[195].

Por outro lado, é preciso reconhecer que o regime de substituição processual conferido ao mandado de segurança para a tutela coletiva de direito líquido e certo deu novas dimensões ao *writ*, transformando-o em verdadeira ação coletiva. Por isso, ao mandado de segurança coletivo serão aplicadas também as normas relativas às ações coletivas.

Quanto à legitimação dos partidos políticos, o Supremo Tribunal Federal tem entendido que o mandado de segurança coletivo poderá ser utilizado apenas para a defesa de direitos de seus filiados, observada a correlação com as finalidades institucionais e objetivos programáticos da agremiação[196].

Esse entendimento vem sendo contestado com boas razões. O mandado de segurança coletivo pode ser impetrado pelos partidos da oposição, em defesa de interesses difusos, ameaçados por atos do Poder Executivo.

A Lei n. 12.016/2009, que "disciplina o mandado de segurança individual e coletivo", indica em sentido contrário. O parágrafo único do art. 21, específico da impetração em caráter coletivo, afirma que a ação pode ser manejada para tutela de direitos coletivos e individuais homogêneos, não mencionando os direitos difusos.

A leitura restritiva vem sendo criticada com excelentes argumentos. Teori Zavascki, em obra doutrinária, defende que os partidos políticos têm legitimidade ampla para

---

192 Art. 5º, XXI, da CF/88: "As entidades associativas, quando expressamente autorizadas, têm legitimidade para representar seus filiados judicial ou extrajudicialmente".

193 RE 141.733, rel. Min. Ilmar Galvão, *DJ* de 1º-9-1995; RE 192.382/SP, rel. Min. Carlos Velloso, *DJ* de 20-9-1996; RE 182.543/SP, rel. Min. Carlos Velloso, *DJ* de 7-4-1995; RMS 21.514/DF, rel. Min. Marco Aurélio, *DJ* de 18-6-1993.

194 MS 21.615/RJ, rel. Min. Néri da Silveira, *DJ* de 13-3-1998.

195 MS 20.936/DF, rel. para o acórdão Min. Sepúlveda Pertence, *DJ* de 11-9-1992; MS-AgRg-QO 21.291, rel. Min. Celso de Mello, *DJ* de 27-10-1995; RMS 22.530/DF, rel. Min. Sydney Sanches, *DJ* de 8-11-1996.

196 RE 196.184/AM, rel. Min. Ellen Gracie, *DJ* de 18-2-2005. Em sentido contrário, *vide*: Cássio Scarpinella Bueno, *Mandado de segurança*, cit., p. 33; Teori Albino Zavascki, *Processo coletivo*, cit., p. 209.

manejar a ação, independentemente de vinculação com interesse de seus filiados. E vai além, sustentando que a ação pode ser manejada para a tutela de interesses difusos, ligados às finalidades do partido. Assim, um partido com programa voltado para a área ambiental poderá requerer a segurança contra ato ofensivo ao meio ambiente. Segundo defende Teori Zavascki, o "elo de relação e de compatibilidade" entre o interesse defendido e os "fins institucionais ou programáticos do partido político" seria o limite para a aferição do cabimento da ação[197].

Leonardo José Carneiro, José Afonso da Silva e Alexandre de Moraes também apontam no sentido do cabimento da impetração para a tutela de interesses difusos[198].

A concretização do dispositivo constitucional que prevê a legitimidade do uso do mandado de segurança coletivo por partido político ainda é uma obra em andamento. Os limites do art. 21 da Lei n. 12.016/2009 servem como indicativo, mas certamente não como limite das hipóteses de cabimento da ação. Tratando-se de garantia constitucional, não poderia o legislador restringir seus contornos para aquém de seu significado. Nesse sentido, leciona Alexandre de Moraes:

> "A supremacia absoluta das normas constitucionais e a prevalência dos princípios que regem a República, entre eles, a cidadania e o pluralismo político como seus fundamentos basilares, obrigam o intérprete, em especial o Poder Judiciário, no exercício de sua função interpretativa, aplicar não só a norma mais favorável à proteção aos direitos humanos, inclusive aos direitos políticos, mas também eleger, em seu processo hermenêutico, a interpretação que lhes garanta a maior e mais ampla proteção; e, consequentemente, exigem a inconstitucionalidade, com a respectiva declaração de nulidade parcial, do *caput* do artigo 21 da Lei 12.016/09, no sentido de se excluir a restrição ao objeto do mandado de segurança coletivo ajuizado por partidos políticos tão somente à defesa de seus interesses legítimos relativos a seus integrantes ou à finalidade partidária[199]".

Uma solução que exclua a tutela de interesses difusos ou relacione necessariamente a vinculação da ação a interesse de seus integrantes é excessivamente restritiva. Como bem anotado por Teori Zavascki, "tal limitação implicaria não apenas o desvirtuamento da natureza da agremiação partidária – que não foi criada para satisfazer interesses dos filiados –, como também a eliminação, na prática, da faculdade de impetrar mandado de segurança coletivo"[200].

Por outro lado, é preciso ter cuidado para evitar que a ação confira uma legitimidade universal aos partidos políticos. O critério da finalidade partidária é uma limitação segura e correta.

197 Teori Zavascki, *Processo coletivo*. 6. ed. São Paulo: RT, 2014. p. 193-194.

198 Leonardo José Carneiro da Cunha, *A Fazenda Pública em juízo*, 8. ed., São Paulo: Dialética, 2010, p. 469-470; José Afonso da Silva, *Curso de direito constitucional positivo*, 22. ed., São Paulo: Malheiros, 2003. p. 458–459; Alexandre de Moraes, *Direito constitucional*, 31. ed., São Paulo: Atlas, 2015, p. 177.

199 Alexandre de Moraes, Lei transformou partidos em meras associações. Disponível em: <http://www.conjur.com.br/2009-nov-23/lei-ms-coletivo-transformou-partidos-meras-associacoes-classe>. Acesso em: 17 mar. 2016.

200 Op. cit., p. 196.

Creio, porém, que a melhor interpretação ainda precisa ir um passo além. Aqui deve ser feito um paralelo com o mandado de segurança impetrado contra desvios no processo legislativo.

Atualmente, a jurisprudência do STF está pacificada no sentido de que "o parlamentar tem legitimidade ativa para impetrar mandado de segurança com a finalidade de coibir atos praticados no processo de aprovação de leis e emendas constitucionais que não se compatibilizam com o processo legislativo constitucional"[201].

Também aqui se afigura evidente que se cuida de uma utilização especial do mandado de segurança, não exatamente para assegurar direito líquido e certo de parlamentar, mas para resolver peculiar conflito de atribuições ou "conflito entre órgãos".

Esse tipo de ação é um mecanismo de defesa institucional, uma salvaguarda das prerrogativas das minorias parlamentares contra abusos cometidos pela maioria.

Aqui pode ser construída solução paralela. A oposição tem claro interesse em levar ao Judiciário atos administrativos de efeitos concretos lesivos a direitos difusos.

E nosso sistema consagra a tutela de violações a direitos difusos como um valor a ser buscado, na perspectiva do acesso à jurisdição.

Logo, tenho por cabível a utilização do mandado de segurança coletivo pelos partidos políticos, para a defesa de interesses difusos, ligados a suas finalidades institucionais, ou a desvios no poder exercido pela situação. O contrário ocorre em relação às organizações sindicais, entidades de classe e associações, que só poderão pleitear em juízo direito líquido e certo de seus próprios associados, porque o "objeto do mandado de segurança coletivo será um direito dos associados, independentemente de guardar vínculo com os fins próprios da entidade impetrante do *writ*, exigindo-se, entretanto, que o direito esteja compreendido nas atividades exercidas pelos associados, mas não se exigindo que o direito seja peculiar, próprio, da classe"[202].

Portanto, para a configuração da legitimidade ativa *ad causam* das entidades de classe, basta que o interesse seja apenas de parcela da categoria, verificada a relação de pertinência temática entre o objeto da impetração e o vínculo associativo[203]. Tal orientação está hoje expressa na Súmula 630 do Supremo Tribunal Federal, que diz: "a entidade de classe tem legitimação para o mandado de segurança ainda quando a pretensão veiculada interesse apenas a uma parte da respectiva categoria"[204]

Em relação ao objeto do mandado de segurança coletivo, pode-se afirmar que tal instrumento processual, na qualidade de ação coletiva, não visa apenas à tutela de direi-

201 MS 24.642, rel. Min. Carlos Velloso, *DJ* de 18-6-2004; MS 20.452/DF, rel. Min. Aldir Passarinho, *RTJ*, 116 (1)/47; MS 21.642/DF, rel. Min. Celso de Mello, *RDA*, 191/200; MS 24.645/DF, rel. Min. Celso de Mello, *DJ* de 15-9-2003; MS 24.593/DF, rel. Min. Maurício Corrêa, *DJ* de 8-8-2003; MS 24.576/DF, rel. Min. Ellen Gracie, *DJ* de 12-9-2003; MS 24.356/DF, rel. Min. Carlos Velloso, *DJ* de 12-9-2003.

202 MS 22.132/RJ, rel. Min. Carlos Velloso, julgado em 21-8-1996, *DJ* de 18-11-1996, p. 39848; RE 193.382/SP, rel. Min. Carlos Velloso, *DJ* de 28-6-1996.

203 RE 175.401/SP, rel. Min. Ilmar Galvão, *DJ* de 20-9-1996; RE 157.234/DF, rel. Min. Marco Aurélio, *DJ* de 22-9-1995.

204 Em sentido contrário: Hely Lopes Meirelles, *Mandado de segurança*, cit., p. 38.

tos individuais (simples ou homogêneos), mas também de direitos coletivos[205]. No caso dos partidos políticos, afigura-se viável a tutela de interesses difusos, como afirmado.

Sobre o tema, é importante ainda mencionar que o Supremo Tribunal já teve oportunidade de afirmar que o Estado-membro não dispõe de legitimação para propor mandado de segurança coletivo contra a União em defesa de supostos interesses da população residente na unidade federada, seja porque se cuide de legitimação restrita, seja porque esse ente político da federação não se configura propriamente como órgão de representação ou de gestão de interesse da população[206].

Entende o Tribunal, também, que não se aplica, ao mandado de segurança coletivo, a exigência do art. 2º-A da Lei n. 9.494/97, segundo o qual, "nas ações coletivas propostas contra a União, os Estados, o Distrito Federal, os Municípios e suas autarquias e fundações, a petição inicial deverá obrigatoriamente estar instruída com a ata da Assembleia da entidade associativa que a autorizou, acompanhada da relação nominal dos seus associados e indicação dos respectivos endereços"[207].

2.6.2.3. *Impetração por órgãos públicos*

Um desenvolvimento singular na ordem jurídica brasileira diz respeito à utilização do mandado de segurança por parte de órgãos públicos. Diversos conflitos entre órgãos públicos têm sido judicializados mediante impetração de mandado de segurança. Eventuais desinteligências entre Tribunal de Contas e órgãos do Executivo ou entre Prefeito e Câmara de Vereadores têm dado ensejo a mandados de segurança, que, nesses casos, assumem um caráter de mecanismo de solução de conflito de atribuições.

Destarte, embora concebido, inicialmente, como ação civil destinada à tutela dos indivíduos contra o Estado, ou seja, para prevenir ou reparar lesão a direito no seio de uma típica relação entre cidadão e Estado, não se pode descartar a hipótese de violações a direitos no âmbito de uma relação entre diversos segmentos do próprio Poder Público. A doutrina constitucional[208] tem considerado a possibilidade de que as pessoas jurídicas de direito público venham a ser titulares de direitos fundamentais, por exemplo, nos casos em que a Fazenda Pública atua em juízo. Nessas hipóteses, em que a pessoa jurídica seja titular de direitos, o mandado de segurança cumpre papel fundamental na falta de outros mecanismos processuais aptos a sanar, com a agilidade necessária, lesão ou ameaça de lesão a direito líquido e certo provinda de autoridade pública ou de pessoas naturais ou jurídicas com funções delegadas do Poder Público.

---

205 Cf. Teori Albino Zavascki, *Processo coletivo*, cit., p. 207 e s.; Cássio Scarpinella Bueno, *Mandado de segurança*, cit., p. 34.

206 MS 21.059/RJ, rel. Min. Sepúlveda Pertence, julgado em 5-9-1990, *DJ* de 19-10-1990, p. 11486.

207 MS 23.769/BA, rel. Min. Ellen Gracie, *DJ* de 30-4-2004; RMS 21.514/DF, rel. Min. Marco Aurélio, *DJ* de 18-6-1993; RE 141.733, rel. Min. Ilmar Galvão, *DJ* de 1º-9-1995.

208 Cf. Paulo Gustavo Gonet Branco, Aspectos da teoria geral dos direitos fundamentais, in Inocêncio Mártires Coelho, Gilmar Ferreira Mendes e Paulo Gustavo Gonet Branco, *Hermenêutica constitucional e direitos fundamentais*, Brasília: Brasília Jurídica, 2000, p. 165.

Ressalte-se, todavia, que, na maioria dos casos, o mandado de segurança será utilizado não como mecanismo de proteção de direitos fundamentais, mas de prerrogativas e atribuições institucionais e funcionais da pessoa jurídica de direito público, assumindo feição de instrumento processual apto a solucionar conflitos entre órgãos públicos, poderes ou entre entes federativos diversos.

Recorde-se, ainda, que a Emenda Constitucional n. 1, de 1969, trazia dispositivo que tornava possível a impetração, pela União, de mandado de segurança contra os governos estaduais (art. 119, I, *i*). A Constituição atual não prevê tal hipótese, mas, na prática, admite-se a utilização do mandado de segurança pelo Estado contra o próprio Estado[209].

2.6.2.4. *Mandado de segurança contra tramitação de proposta de emenda constitucional ou projeto de lei*

Controvérsia interessante refere-se à possibilidade de impetração de mandado de segurança por parlamentar contra tramitação de proposta de emenda constitucional.

Ainda sob a Constituição de 1967/69, o Supremo Tribunal Federal, no MS 20.257[210], entendeu admissível a impetração de mandado de segurança contra ato da Mesa da Câmara ou do Senado Federal, asseverando-se que quando "a vedação constitucional se dirige ao próprio processamento da lei ou da emenda (...), a inconstitucionalidade (...) já existe antes de o projeto ou de a proposta se transformarem em lei ou em emenda constitucional, porque o próprio processamento já desrespeita, frontalmente, a Constituição"[211].

Atualmente, a jurisprudência do Tribunal está pacificada no sentido de que "o parlamentar tem legitimidade ativa para impetrar mandado de segurança com a finalidade de coibir atos praticados no processo de aprovação de leis e emendas constitucionais que não se compatibilizam com o processo legislativo constitucional"[212].

Também aqui se afigura evidente que se cuida de uma utilização especial do mandado de segurança, não exatamente para assegurar direito líquido e certo de parlamentar, mas para resolver peculiar conflito de atribuições ou "conflito entre órgãos".

Em ambos os casos de violação a premissas de validade do processo legislativo, é cabível o mandado de segurança para resguardar a regularidade jurídico-constitucional do processo político de deliberação e aprovação de leis[213].

Em 24-4-2013, foi concedida liminar no MS 32.033, rel. Min. Gilmar Mendes, para suspender a tramitação de projeto de lei que se considerava violador de cláusulas pétreas,

---

209 J. M. Othon Sidou, *"Habeas corpus", mandado de segurança, mandado de injunção, "habeas data", ação popular*: as garantias ativas dos direitos coletivos, 6. ed., Rio de Janeiro: Forense, 2002, p. 151.

210 MS 20.257, rel. Min. Moreira Alves, *RTJ*, 99(3)/1040.

211 MS 20.257, rel. Min. Moreira Alves, *RTJ*, 99(3)/1040.

212 MS 24.642, rel. Min. Carlos Velloso, *DJ* de 18-6-2004; MS 20.452/DF, rel. Min. Aldir Passarinho, *RTJ*, 116(1)/47; MS 21.642/DF, rel. Min. Celso de Mello, *RDA*, 191/200; MS 24.645/DF, rel. Min. Celso de Mello, *DJ* de 15-9-2003; MS 24.593/DF, rel. Min. Maurício Corrêa, *DJ* de 8-8-2003; MS 24.576/DF, rel. Min. Ellen Gracie, *DJ* de 12-9-2003; MS 24.356/DF, rel. Min. Carlos Velloso, *DJ* de 12-9-2003.

213 MS 20.257, rel. Min. Décio Miranda, *DJ* de 27-2-1981; MS 24.642, rel. Min. Carlos Velloso, *DJ* de 18-6-2004.

uma vez que, entre outros vícios de inconstitucionalidade que apresentava, implicava o tratamento não isonômico entre partidos e parlamentares que se encontravam em situação idêntica. O Plenário do Supremo Tribunal, por maioria de votos, conheceu do mandado de segurança, confirmando a tradicional jurisprudência da Corte acerca do cabimento da impetração preventiva em defesa do direito público subjetivo do parlamentar de não se submeter a processo legislativo eivado de inconstitucionalidade (vício formal) ou cuja proposição apresentada traga proposta tendente a abolir cláusulas pétreas da Constituição Federal. No mérito, todavia, por maioria de votos, a Corte não referendou a posição do relator[214].

A jurisprudência do Supremo Tribunal Federal, não obstante reconheça o cabimento do mandado de segurança nesse caso, tem declarado o prejuízo dos pedidos com a aprovação da lei ou ato normativo em questão. Embora essa orientação limite, de certa forma, o âmbito de proteção dessa garantia processual, o Tribunal admite, igualmente, a possibilidade de ajuizamento de ação direta de inconstitucionalidade para a apreciação de idêntica matéria[215].

2.6.2.5. *Mandado de segurança contra lei em tese*

A jurisprudência pacífica do Supremo Tribunal Federal entende não ser cabível mandado de segurança contra lei em tese (Súmula 266/STF[216]).

Embora seja medida compreensível no contexto do sistema difuso, é certo que o sistema de proteção jurídica sofreu profunda alteração com o advento da Constituição de 1988. No próprio âmbito do mandado de segurança surgiu o mandado de segurança coletivo, destinado à proteção de direitos de pessoas integrantes de um dado grupo ou associação. As ações coletivas assumem caráter igualmente abrangente no contexto da representação ou da substituição processual.

Assim, é de indagar se ainda subsistem razões para a mantença dessa orientação restritiva, pelo menos em relação àquelas leis das quais decorrem efeitos diretos e imediatos para as diversas posições jurídicas.

No âmbito da Corte Constitucional alemã tem-se mitigado o significado do princípio da subsidiariedade aplicável ao recurso constitucional (*Verfassungsbeschwerde*) para admitir a impugnação direta de leis que afetem posições jurídicas de forma direta, desde que não se afigure razoável aguardar a exaustão das instâncias[217]. Reconhece-se, por outro lado, que leis que alteram a denominação de cargos ou proíbem o exercício de uma profissão no futuro são dotadas de eficácia imediata e mostram-se aptas para afetar direito subjetivo e, por isso, podem ser impugnadas diretamente. Assim, em tais casos, afigura-se razoável que se cogite da superação da súmula referida ou, pelo menos, que

214 Julgamento finalizado em 20-6-2013.

215 MS 21.468, red. para o acórdão Min. Ilmar Galvão, *DJ* de 19-9-1997; ADI-MC 2.135, red. para o acórdão Min. Ellen Gracie, julgado em 8-8-2007, *DJ* de 6-3-2008.

216 Súmula 266: "Não cabe mandado de segurança contra lei em tese".

217 Klaus Schlaich, *Das Bundesverfassungsgericht*, 4. ed., München, 1997, p. 162.

se adote um *distinguishing* para afirmar que as leis que afetam posições jurídicas de forma imediata poderão ser impugnadas em mandado de segurança.

Nesse contexto, parece já não mais haver razão para a preservação da Súmula 266, pelo menos na sua expressão literal.

2.6.3. Titularidade

O mandado de segurança pode ser impetrado por pessoas naturais ou jurídicas, privadas ou públicas, em defesa de direitos individuais. Nesse caso, a jurisprudência é bastante estrita, recusando a possibilidade de impetração do mandado de segurança para defesa de interesses outros não caracterizáveis como direito subjetivo[218].

Reconhece-se também o direito de impetração de mandado de segurança a diferentes órgãos públicos despersonalizados que tenham prerrogativas ou direitos próprios a defender, tais como as Chefias dos Executivos e de Ministério Público; as Presidências das Mesas dos Legislativos; as Presidências dos Tribunais; os Fundos Financeiros; as Presidências de Comissões Autônomas; as Superintendências de Serviços e demais órgãos da Administração centralizada ou descentralizada contra atos de outros órgãos públicos (*vide*, *supra*, n. 2.6.2.3)[219].

Como referido, a Constituição de 1988 reconheceu igualmente a possibilidade de impetração de mandado de segurança coletivo por parte de partido político com representação no Congresso Nacional, organização sindical, entidade de classe ou associação legalmente constituída e em funcionamento há pelo menos um ano (art. 5º, LXX, *a* e *b*).

Tem-se considerado possível também a impetração do mandado de segurança pelo Ministério Público, que atuará, nesse caso, como substituto processual na defesa de direitos coletivos e individuais homogêneos[220].

Também os estrangeiros residentes no País, pessoas físicas ou jurídicas, na qualidade de titulares de direitos, como disposto no art. 5º, *caput*, da Constituição, poderão manejar o mandado de segurança para assegurar direito líquido e certo ameaçado ou lesionado por ato de autoridade pública.

2.6.4. Conformação e limitação

O caráter normativo do seu âmbito de proteção e as características de instituto destinado à proteção de direito líquido e certo não protegido por *habeas corpus* ou por *habeas data* exigem uma disciplina processual mais ou menos analítica para o mandado de segurança.

---

218 MS 20.936/DF, rel. para o acórdão Min. Sepúlveda Pertence, *DJ* de 11-9-1992; MS-AgRg-QO 21.291, rel. Min. Celso de Mello, *DJ* de 27-10-1995; RMS 22.530/DF, rel. Min. Sydney Sanches, *DJ* de 8-11-1996.

219 Hely Lopes Meirelles, *Mandado de segurança*, cit., p. 23; STF, *RDA*, 45/319, *RTJ* 69/475; TJRS, *RDA*, 15/46, 56/269; TJPR, *RT*, 301/590, 321/529; TJRJ, *RT*, 478/181; TASP, *RDA*, 54/166, 72/267, 73/287, *RT*, 337/373, 339/370; TJSP, *RDA*, 98/202, 108/308, *RT*, 371/120.

220 Cássio Scarpinella Bueno, Mandado de segurança, cit., p. 32.

Assim, a Lei n. 12.016/2009 fixa os procedimentos básicos que hão de presidir a impetração e o julgamento do mandado de segurança, estabelecendo que o direito de propor a ação extingue-se em cento e vinte dias, contados da ciência, pelo interessado, do ato impugnado.

Tal como já apontado[221], a fixação de prazo decadencial para impetração de mandado de segurança provocou discussão, entendendo alguns doutrinadores que haveria, aqui, clara inconstitucionalidade por ausência de previsão constitucional expressa[222]. A orientação do Supremo Tribunal Federal sempre caminhou no sentido de reconhecer a constitucionalidade da norma que fixava a preclusão processual para impetração do mandado de segurança, sob o fundamento de que se cuida de providência consentânea com a singularidade e especialidade da garantia. O perfil de garantia institucional do mandado de segurança não parece excluir a adoção de uma fórmula de preclusão, especialmente se ela não dificulta ou impossibilita o exercício do direito.

Daí ter o Supremo Tribunal consolidado na Súmula 632[223] entendimento sobre a constitucionalidade da limitação temporal questionada.

Tema que sempre provoca discussão diz respeito à proibição de liminares em determinadas matérias – fato já abordado em tópico anterior – e fixação de prazo de vigência de liminares eventualmente concedidas. O ordenamento jurídico brasileiro convive, porém, com essa experiência desde a metade dos anos cinquenta do século passado.

A Lei n. 2.770, de 1956, estabeleceu que "nas ações e procedimentos judiciais de qualquer natureza, que visem a obter a liberação de mercadorias, bens ou coisas de qualquer espécie provenientes do Estrangeiro, não se concederá, em caso algum, medida preventiva ou liminar que, direta ou indiretamente, importe na entrega da mercadoria, bem ou coisa" (art. 1º).

Na Lei n. 4.348, de 1964, pretendeu-se fixar limite temporal para a medida liminar (90 dias), prorrogável por mais trinta dias em caso de comprovado acúmulo de processos (art. 1º, *b*). Cuidava-se de decisão legislativa que tinha em vista a um só tempo limitar o prazo de vigência da medida liminar como também fixar um limite temporal para que se proferisse a própria decisão definitiva. No art. 5º da referida lei estabeleceu-se a proibição de liminar em mandado de segurança "visando à reclassificação ou equiparação de servidores públicos, ou à concessão de aumento ou extensão de vencimentos".

A Lei n. 4.357, de 1964, consagrou que não seria "concedida liminar em mandado de segurança contra a Fazenda Nacional em decorrência da aplicação da presente Lei" (art. 39). Posteriormente, a Lei n. 4.862, de 1965, revogou de modo expresso o art. 39, prevendo que a vigência de liminar concedida em mandado de segurança contra a Fazenda Nacional cessaria após o decurso do prazo de sessenta dias contados da inicial.

A Lei n. 8.076, de 1990, resultante da Medida Provisória n. 198, de 27-7-1990, determinou que "nos mandados de segurança e nos procedimentos cautelares de que tratam os arts. 796 e s. do CPC, que versem matérias reguladas pelas disposições das Leis 8.012, de 4.4.90, 8.014, de 6.4.90, 8.021, 8.023, 8.024, 8.029, 8.030, 8.032, 8.033,

221 *Vide*, *supra*, item sobre fórmulas de preclusão e outras exigências formais.

222 *Vide* voto do Ministro Carlos Velloso, MS 21.356, *DJ* de 18-10-1991.

223 "É constitucional lei que fixa o prazo de decadência para a impetração de mandado de segurança." (Data de aprovação: 24-9-2003, *DJ* de 9-10-2003.)

8.034, todas de 12.4.90, 8.036, de 11.5.90, 8.039, de 30.5.90, fica suspensa, até 15 de setembro de 1992, a concessão de medidas liminares". Cuidava-se de leis que instituíam o chamado "Plano Collor I". O Supremo Tribunal Federal entendeu, em juízo liminar, que, embora não se pudesse afirmar que a proibição de concessão de liminar, em determinadas matérias, fosse sempre ofensiva do direito de proteção judicial efetiva, a fórmula genérica adotada suscitava sérias dúvidas sobre os reflexos que tal providência teria sobre o modelo de proteção judicial. Daí ter-se indeferido o pedido de cautelar com a observação de que o juiz, no caso concreto, sempre poderia avaliar a eventual inconstitucionalidade da proibição[224].

A controvérsia, contudo, parece ter chegado ao fim com a revogação expressa das normas proibitivas e a previsão, na Lei n. 12.016/2009, de que, ao despachar a inicial, o juiz poderá suspender "o ato que deu motivo ao pedido, quando houver fundamento relevante e do ato impugnado puder resultar a ineficácia da medida, caso seja finalmente deferida, sendo facultado exigir do impetrante caução, fiança ou depósito, com o objetivo de assegurar o ressarcimento à pessoa jurídica" (art. 7º, III), ressalvando apenas que não caberá a medida liminar, quando "tenha por objeto a compensação de créditos tributários, a entrega de mercadorias e bens provenientes do exterior, a reclassificação ou equiparação de servidores públicos e a concessão de aumento ou a extensão de vantagens ou pagamentos de qualquer natureza" (art. 7º, § 2º)[225].

Assume relevo em sede de limitação do direito de impetração do mandado de segurança o regime da suspensão de liminar ou da sentença.

O art. 15 da Lei n. 12.016/2009 prevê o instituto da suspensão de execução da liminar ou da sentença proferidas em mandado de segurança, a ser efetivada em decisão fundamentada do Presidente do Tribunal competente para conhecer do recurso cabível, mediante requerimento de pessoa jurídica de direito público interessada, ou do Ministério Público, e para evitar grave lesão à ordem, à saúde, à segurança e à economia pública.

Esse regime de contracautela, nos moldes instituídos pela Lei n. 4.348/64, tem sido considerado plenamente constitucional pelo Supremo Tribunal, uma vez que se limita a prever modelo de controle judicial da decisão do órgão *a quo* pelo Tribunal que seria competente para apreciar e julgar eventual recurso. Frise-se que a decisão do Presidente do Tribunal está submetida a controle do colegiado mediante interposição de agravo.

Anote-se que o Supremo reconheceu que, contra decisão do Presidente que indefere o pedido de suspensão caberá agravo regimental, assim como contra a decisão que a defere. Com isso restou superada a Súmula 506 do Tribunal, que impedia o recurso no caso de indeferimento do pedido de suspensão[226].

2.7. Mandado de injunção

O art. 5º, LXXI, da Constituição previu, expressamente, a concessão do mandado de injunção sempre que a falta de norma regulamentadora tornar inviável o exercício

---

224 ADI-MC 272 e 273, rel. Min. Aldir Passarinho, *DJ* de 14-4-2000.

225 Foi impetrada pelo Conselho Federal da OAB a ADI 4.296, rel. Min. Marco Aurélio, questionando a constitucionalidade de tais dispositivos.

226 Cf. SS-AgR-AgR-AgR-QO 1.945/AL, red. para o acórdão Min. Gilmar Mendes, *DJ* de 1º-8-2003.

dos direitos e liberdades constitucionais e das prerrogativas inerentes à nacionalidade, à soberania e à cidadania.

Cuida-se de instrumento do processo constitucional voltado para a defesa de direitos subjetivos em face de omissão do legislador ou de outro órgão incumbido de poder regulatório[227].

Assim, a Constituição de 1988 introduziu, ao lado do instrumento do mandado de injunção, destinado à defesa de direitos individuais contra a omissão do ente legiferante, um sistema de controle abstrato da omissão (art. 103, § 2º)[228].

O processo e o julgamento do mandado de injunção individual e coletivo são regulamentados pela Lei n. 13.300/2016.

Sobre mandado de injunção e ação direta de inconstitucionalidade por omissão, vejam-se os correspondentes capítulos na parte dedicada ao *controle de constitucionalidade*.

2.8. *Habeas data*

2.8.1. Considerações preliminares

Na linha da especialização dos instrumentos de defesa de direitos individuais, a Constituição de 1988 concebeu o *habeas data* como instituto destinado a assegurar o conhecimento de informações relativas à pessoa do impetrante constantes de registros ou bancos de dados de entidades governamentais ou de caráter público e para permitir a retificação de dados, quando não se prefira fazê-lo de modo sigiloso.

Concebido como instrumento de acesso aos dados constantes dos arquivos do Governo Militar, o *habeas data* acabou por se constituir em instrumento de utilidade relativa no sistema geral da Constituição de 1988. Talvez isso se deva, fundamentalmente, à falta de definição de um âmbito específico de utilização não marcado por contingências políticas.

É certo, porém, que uma reflexão livre sobre o tema há de indicar que o objeto protegido pelo *habeas data* só em parte traduz a preocupação hoje manifestada pela ideia de autodeterminação sobre dados pessoais desenvolvida em várias ordens constitucionais.

2.8.2. Âmbito de proteção

Tal como decorre da própria formulação constitucional, o *habeas data* destina-se a assegurar o conhecimento de informações pessoais constantes de registro de bancos de dados governamentais ou de caráter público, podendo ensejar a retificação de dados errôneos deles constantes.

---

227 *"(...) O mandado de injunção exige para sua impetração a falta de norma regulamentadora que torne inviável o exercício de direito subjetivo do impetrante (...)"* MI 624/MA, Pleno do STF, rel. Min. Menezes Direito, j. 21-11-2007, *DJ* de 27-3-2008; Ainda *"(...) Não cabe mandado de injunção quando já existe norma que regulamente o dispositivo constitucional em questão (...)"* MI-ED 742/DF, Pleno do STF, rel. Min. Gilmar Mendes, j. 10-3-2008, *DJ* de 29-5-2008.

228 Cf., acerca do sistema brasileiro de controle da omissão inconstitucional, o elucidativo estudo de Francisco Fernandez Segado, *La justicia constitucional*: una visión de derecho comparado, Tomo I, Madrid: Dykinson, 2009, p. 974-1085.

O texto constitucional não deixa dúvida de que o *habeas data* protege a pessoa não só em relação aos bancos de dados das entidades governamentais, como também em relação aos bancos de dados de caráter público geridos por pessoas privadas. Nos termos do art. 1º da Lei n. 9.507/97, são definidos como de caráter público "todo registro ou banco de dados contendo informações que sejam ou que possam ser transmitidas a terceiros ou que não sejam do uso privativo do órgão ou entidade produtoras ou depositárias das informações". Tal compreensão abrange os serviços de proteção de crédito ou de listagens da mala direta[229].

Como instrumento de proteção de dimensão do direito de personalidade, afigura-se relevante destacar que os dados que devem ser conhecidos ou retificados se refiram à pessoa do impetrante e não tenham caráter genérico.

É interessante notar que, diferentemente do que se poderia esperar, o *habeas data*, na forma expressa na Constituição, ficou limitado, em princípio, ao conhecimento e à retificação de dados existentes em bancos de dados governamentais ou de caráter público.

Tal abordagem mostra um déficit de concepção no aludido instrumento processual, ao revelar que talvez o objeto de proteção tenha acabado por ficar demasiadamente restrito (conhecimento ou retificação de dados).

Em verdade, a questão central que o instituto pretendeu arrostar assenta-se, muito provavelmente, no plano do direito material, isto é, em saber em que condições e limites os dados pessoais – enquanto materializações do direito de personalidade – podem ser arquivados.

Além disso, o instituto também deve ser compreendido a partir da valorização do direito constitucional de acesso à informação, afigurando-se, portanto, um importante instrumento de *accountability* de que se vale o cidadão em face do Poder Público.

Acerca do seu âmbito material de proteção, o Supremo Tribunal Federal, no julgamento do RE 673.707, considerou que o *habeas data* pode ser utilizado para a obtenção de dados próprios armazenados em cadastro utilizado pela receita estadual para fins de arrecadação tributária. O Tribunal afastou a tese de que esses dados seriam de uso exclusivo do Fisco por estarem abrangidos por sigilo fiscal. O relator do processo, Min. Luiz Fux, destacou que "a suposta ausência de caráter público não constitui argumento idôneo a impedir o acesso às informações e consequentemente indeferir o *habeas data*, haja vista ser o cadastro mantido por entidade governamental, qual seja, a Receita Federal, e não por pessoa privada" e que "argumentações de cunho técnico não podem solapar um direito subjetivo assegurado ao cidadão-contribuinte no texto constitucional". Nos termos do voto condutor, foi reconhecida repercussão geral à tese de que "o *habeas data* é a garantia constitucional adequada para a obtenção dos dados concernentes ao pagamento de tributos do próprio contribuinte constantes dos sistemas informatizados de apoio à arrecadação dos órgãos da administração fazendária dos entes estatais"[230].

229 Cf. Hely Lopes Meirelles, *Mandado de segurança*, cit., p. 295.

230 RE 673.707, rel. Min. Luiz Fux, *DJe* de 18-6-2015.

2.8.3. Conformação e limitação

Por definição, o *habeas data* contempla uma fase extrajudicial, destinada a obter as informações junto ao órgão ou entidade responsável pelo banco de dados.

Questão controvertida diz respeito ao conhecimento de informações sigilosas.

Nos termos do art. 5º, XXXIII, o acesso a informações de órgãos públicos não abrange aquelas cujo sigilo seja imprescindível à segurança da sociedade e do Estado.

Evidentemente, tal ressalva não pode ser banalizada, sob pena de se tornar inócua a garantia de que se cuida. Ademais, dados de caráter pessoal não podem, em princípio, estar cobertos pelo sigilo em relação ao próprio sujeito[231].

2.9. Ação popular, ação civil pública, ADI, ADC, ADI por omissão e ADPF como instrumentos de proteção judicial

Além dos processos e sistemas destinados à defesa de posições individuais, a proteção judiciária pode realizar-se também pela utilização de instrumentos de defesa de interesse geral, como a ação popular e a ação civil pública, ou dos processos objetivos de controle de constitucionalidade, como a ação direta de inconstitucionalidade, a ação declaratória de constitucionalidade, a ação direta por omissão e a arguição de descumprimento de preceito fundamental.

A Constituição prevê a ação popular com o objetivo de anular ato lesivo ao patrimônio público ou aos bens de entidade de que o Estado participe, à moralidade administrativa, ao meio ambiente e ao patrimônio histórico e cultural. Considerando-se o caráter marcadamente público dessa ação constitucional, o autor está, em princípio, isento de custas judiciais e do ônus da sucumbência, salvo comprovada má-fé (art. 5º, LXXIII, da CF/88). A ação popular é um instrumento típico da cidadania e somente pode ser proposta pelo cidadão, aqui entendido como aquele que não apresente pendências no que concerne às obrigações cívicas, militares e eleitorais que, por lei, sejam exigíveis.

A ação popular, regulada pela Lei n. 4.717, de 29-6-1965, configura instrumento de defesa de interesse público. Não tem em vista primacialmente a defesa de posições individuais. É evidente, porém, que as decisões tomadas em sede de ação popular podem ter reflexos sobre posições subjetivas.

Outro relevante instrumento de defesa do interesse geral é a ação civil pública prevista no art. 129, III, da Constituição e destinada à defesa dos chamados interesses difusos e coletivos relativos ao patrimônio público e social, ao meio ambiente, ao consumidor, a bens e direitos de valor artístico, estético, histórico, turístico, paisagístico, da ordem econômica e da economia popular, dentre outros.

Têm legitimidade para a propositura dessa ação o Ministério Público, as pessoas jurídicas de direito público, as empresas públicas e sociedades de economia mista, as associações constituídas há pelo menos um ano, nos termos da lei civil, que incluam

---

231 Cf. Celso Ribeiro Bastos, Ives Gandra Martins, *Comentários à Constituição do Brasil*, São Paulo: Saraiva, 2004, v. 2, p. 178; José Eduardo Carreira Alvim, *Habeas data*, Rio de Janeiro: Forense, 2001, p. 16-17; em sentido contrário, cf. Saulo Ramos, *Pareceres da Consultoria-Geral da República*, v. 99, p. 257-258.

entre as suas finalidades institucionais a proteção de interesses difusos ou coletivos (cf. Lei n. 7.347/85, art. 5º).

A ação civil tem-se constituído em significativo instituto de defesa de interesses difusos e coletivos e, embora não voltada, por definição, para a defesa de posições individuais ou singulares, tem-se constituído também em importante instrumento de defesa dos direitos em geral, especialmente os direitos do consumidor.

No que diz respeito à legitimidade do Ministério Público para promover, por meio de ação civil pública, a defesa de direitos individuais homogêneos fora das hipóteses previstas pelo legislador ordinário, como nas ações referentes às relações de consumo (Lei n. 8.078/90 – CDC), à responsabilidade por danos causados aos investidores no mercado de valores mobiliários (Lei n. 7.913/89) e à responsabilidade pelos prejuízos causados a credores por ex-administradores de instituições financeiras em liquidação ou falência (Lei n. 6.024/74), cabe explicitar o entendimento adotado pelo STF no julgamento do RE 631.111/GO, com repercussão geral, referente ao seguro DPVAT (Danos Pessoais Causados por Veículos Automotores de Via Terrestre), nos casos de indenização, pela seguradora, em valor inferior ao determinado no art. 3º da Lei n. 6.914/74.

Assentou a Corte, nesse precedente, que a tutela dos direitos e interesses dos beneficiários do referido seguro revestia-se de relevante natureza social, circunstância apta a conferir legitimidade ativa ao Ministério Público para defendê-los em juízo mediante ação civil coletiva[232].

Ponderou o Plenário que, fora das hipóteses de legitimação do Ministério Público prevista pelo legislador ordinário para a defesa de interesses individuais homogêneos, mostra-se necessário interpretar o alcance do art. 127 da Constituição Federal. Isso porque esse dispositivo, ao indicar, entre as atribuições do Ministério Público, a defesa *"dos interesses sociais e individuais indisponíveis"*, não aponta o instrumento processual adequado para o exercício dessa atribuição, como o faz o art. 129, III, do texto constitucional, ao dispor sobre a promoção, pelo Ministério Público, do inquérito civil e da ação civil pública para a proteção dos *"interesses difusos e coletivos"*.

Ressaltou-se que a orientação da Corte ao longo do tempo sobre o tema não seria pacífica, sendo possível identificar a existência de três correntes: a) os direitos individuais homogêneos, porque pertencentes a um grupo de pessoas, qualificar-se-iam como subespécie de direitos coletivos e, assim, poderiam ser amplamente tutelados pelo Ministério Público (CF, art. 129, III). Reputou-se que a adoção dessa linha expandiria de modo extremado o âmbito da legitimação, a credenciar o Ministério Público para defender irrestritamente quaisquer direitos homogêneos, independentemente de sua essencialidade material, o que não seria compatível com a Constituição; b) a legitimação ativa do Ministério Público para a tutela de direitos individuais homogêneos se limitaria às hipóteses previstas pelo legislador ordinário. Ressaltou-se que essa tese imporia excessivas restrições à atuação do Ministério Público, notadamente quando presentes hipóteses concretas, não previstas pelo legislador ordinário, em que a tutela de direitos individuais seria indispensável ao resguardo de relevantes interesses da própria sociedade ou de segmentos importantes dela; e c) a legitimidade do Ministério Público para tutelar em juízo direitos individuais

232 RE 631.111/GO, rel. Min. Teori Zavascki, j. 7-8-2014, *Informativo* STF n. 753.

homogêneos se configuraria nos casos em que a lesão a esses direitos comprometeria também interesses sociais subjacentes, com assento no art. 127 da CF. Enfatizou-se que esse posicionamento guardaria harmonia com os valores constitucionais e não acarretaria as consequências demasiado restritivas ou expansivas das outras duas.

Por fim, apontou o Plenário que a legitimação, nesse caso, ocorreria em regime de substituição processual. Os titulares do direito não seriam sequer indicados ou qualificados individualmente na petição inicial, mas chamados por edital a intervir como litisconsortes, se desejassem. Sublinhou que os objetivos perseguidos na ação coletiva seriam visualizados não propriamente pela ótica individual, mas pela perspectiva global. A condenação genérica fixaria a responsabilidade do réu pelos danos causados, e caberia aos próprios titulares, depois, promover a ação de cumprimento, consistente na liquidação e execução pelo dano sofrido.

Quanto à ação direta de inconstitucionalidade, ela pode ser proposta pelos entes e órgãos arrolados no art. 103 e tem por objeto a inconstitucionalidade de lei ou ato normativo federal ou estadual (art. 102, I, *a*, da CF/88). A ação declaratória de constitucionalidade destina-se a obter a declaração de constitucionalidade de lei federal e pode ser proposta pelos legitimados previstos no art. 103 (art. 102, I, *a*, da CF/88). A ação direta por omissão configura, igualmente, processo objetivo destinado a superar as omissões inconstitucionais causadas pelo legislador ou pela Administração (art. 103, § 2º, da CF/88). Finalmente, a arguição de descumprimento de preceito fundamental pode ser proposta pelos mesmos entes e órgãos legitimados para a propositura da ADI (art. 103 da CF/88) e destina-se a prevenir ou reparar lesão contra preceitos fundamentais da Constituição (art. 102, § 1º, da CF/88; Lei n. 9.882/99).

Todos esses processos são dotados de perfil objetivo e destinam-se à proteção da ordem constitucional como um todo. As decisões neles proferidas, porém, podem repercutir sobre posições individuais, especialmente no que concerne à constitucionalidade ou inconstitucionalidade de atos normativos que afetem direitos subjetivos. Daí a importância que podem assumir no sistema de proteção judicial.

Casos decididos pelo Supremo Tribunal Federal em 2018 e em 2019 ilustram bem essa situação.

No julgamento das ADPFs 395 e 444, rel. Min. Gilmar Mendes, j. 14-6-2018, o Plenário do Supremo Tribunal Federal declarou, por maioria de votos, que a condução coercitiva de réu ou investigado para interrogatório, constante do art. 260 do Código de Processo Penal (CPP), não foi recepcionada pela Constituição de 1988.

O emprego da medida, segundo o entendimento majoritário, representa restrição à liberdade de locomoção e viola a presunção de não culpabilidade e o direito do réu ou investigado ao silêncio, sendo, portanto, incompatível com a Constituição Federal.

A *ratio decidendi* da decisão é que o direito ao silêncio e à não autoincriminação confere ao investigado a prerrogativa de não comparecer aos atos de interrogatório aprazados pela autoridade policial ou judicial.

Por isso, a condução forçada de réus a tais atos representa indevida restrição à liberdade de locomoção e tratamento incompatível com a presunção de inocência (art. 5º, LVII, da CF/88) e à dignidade da pessoa humana (art. 1º, III, da CF/88).

Outro exemplo ocorreu com o julgamento da ADI 3.446, em 8-8-2019. Nessa ação, pretendia-se a declaração de inconstitucionalidade de diversos dispositivos da Lei

n. 8.069/90 – Estatuto da Criança e do Adolescente (ECA) –, que estabelecem a liberdade de ir e vir das crianças e adolescentes, o crime de apreensão irregular de menores, a aplicação exclusiva de medidas protetivas a infrações praticadas por crianças, o atendimento dessas crianças pelo Conselho Tutelar e a aplicação de medidas de internação apenas nos casos de reiteração na prática de infrações graves ou de descumprimento reiterado e injustificável de medidas anteriormente impostas.

Ao apreciar os pedidos, o STF, por unanimidade, julgou-os improcedentes. Decidiu-se que as crianças e os adolescentes gozam de todos os direitos fundamentais inerentes à condição de pessoa humana, ainda que com as peculiaridades típicas de pessoa em desenvolvimento.

Conforme defendem Maria Celina Bodin de Moraes e Ana Carolina Brochado Teixeira, *"o tratamento dado ao menor na Constituinte foi, preponderantemente, como sujeito de direitos"*[233], razão pela qual a doutrina da proteção integral do menor, prevista pelo art. 227 da Constituição, deve ser interpretada no sentido de que as crianças e adolescentes tem liberdades que precisam ser efetivadas e protegidas[234].

Destacou-se que, na prática, as crianças brasileiras, em especial as mais carentes, já vivem em um quadro de grave privação de direitos, o que seria agravado caso se permitisse a apreensão sem limites de menores, com o aumento das internações em unidades de acolhimento.

Esses dois precedentes demonstram bem as intensas relações entre as ações de perfil objetivo e a tutela de direitos subjetivos. Nesses casos, aumentou-se o nível de proteção de direitos dos réus ou investigados e das crianças e adolescentes, a partir das decisões do STF em ações de controle concentrado. Desta feita, eventuais violações à eficácia *erga omnes* dos acórdãos podem ser levadas à apreciação da Corte, para revisão, através dos instrumentos de tutela individual previstos pelo ordenamento jurídico.

3. AMPLA DEFESA E CONTRADITÓRIO

A Constituição de 1988 (art. 5º, LV) ampliou o direito de defesa, assegurando aos litigantes, em processo judicial ou administrativo, e aos acusados em geral o contraditório e a ampla defesa, com os meios e recursos a ela inerentes.

As dúvidas porventura existentes na doutrina e na jurisprudência sobre a dimensão do direito de defesa foram afastadas de plano, sendo inequívoco que essa garantia contempla, no seu âmbito de proteção, os processos judiciais ou administrativos.

Entretanto, é imperativo perceber que a amplitude do princípio da ampla defesa comporta mitigações, uma vez que o próprio direito se submete à restrições determinadas por outros direitos ou deveres fundamentais que operam, nos casos concretos, em sentidos opostos.

---

233 Maria Celina Bodin de Morais e Ana Carolina Brochado Teixeira *in*: José Joaquim Gomes Canotilho, Gilmar Ferreira Mendes e Lênio Luiz Streck, Comentários à Constituição do Brasil, p. 2.230.

234 Maria Celina Bodin de Morais e Ana Carolina Brochado Teixeira *in*: José Joaquim Gomes Canotilho, Gilmar Ferreira Mendes e Lênio Luiz Streck, Comentários à Constituição do Brasil, p. 2.230.

O mais importante de todos os exemplos diz com a possibilidade de exercício do direito à ampla defesa em sede de inquérito policial que nada mais é do que procedimento administrativo pré-processual. A inexistência do contraditório e da ampla defesa nestes casos, quando não há medida evasiva deferida e executada, demonstra o quão relativo pode ser o presente instituto.

3.1. Âmbito de proteção

Há muito vem a doutrina constitucional enfatizando que o direito de defesa não se resume a um simples direito de manifestação no processo. Efetivamente, o que o constituinte pretende assegurar – como bem anota Pontes de Miranda – é uma *pretensão à tutela jurídica*[235].

Observe-se que não se cuida aqui, sequer, de uma inovação doutrinária ou jurisprudencial. Já o clássico João Barbalho, nos seus *Comentários à Constituição de 1891*, asseverava que "com a plena defesa são incompatíveis, e, portanto, inteiramente inadmissíveis os processos secretos, inquisitoriais, as devassas, a queixa ou o depoimento de inimigo capital, o julgamento de crimes inafiançáveis na ausência do acusado ou tendo-se dado a produção das testemunhas de acusação sem ao acusado se permitir reinquiri-las, a incomunicabilidade depois da denúncia, o juramento do réu, o interrogatório dele sob coação de qualquer natureza, por perguntas sugestivas ou capciosas"[236].

Não é outra a avaliação do tema no direito constitucional comparado. Apreciando o chamado *"Anspruch auf rechtliches Gehör"* (*pretensão à tutela jurídica*) no direito alemão, assinala a Corte Constitucional que essa pretensão envolve não só o direito de manifestação e o direito de informação sobre o objeto do processo, mas também o direito de ver os seus argumentos contemplados pelo órgão incumbido de julgar[237].

Daí afirmar-se, correntemente, que a *pretensão à tutela jurídica*, que corresponde exatamente à garantia consagrada no art. 5º, LV, da Constituição, contém os seguintes direitos:

– *direito de informação* (*Recht auf Information*), que obriga o órgão julgador a informar às partes os atos praticados no processo e sobre os elementos dele constantes;

– *direito de manifestação* (*Recht auf Äusserung*), que assegura a possibilidade de manifestação, oralmente ou por escrito, sobre os elementos fáticos e jurídicos constantes do processo[238];

– *direito de ver seus argumentos considerados* (*Recht auf Berücksichtigung*), que exige do julgador capacidade de apreensão e isenção de ânimo (*Aufnahmefähigkeit und Aufnahmebereitschaft*) para contemplar as razões apresentadas[239].

---

235 Pontes de Miranda, *Comentários à Constituição Federal de 1967 com a Emenda n. 1, de 1969*, 3. ed., Rio de Janeiro: Forense, 1987, t. 5, p. 234.

236 João Barbalho Uchoa Cavalcanti, *Constituição Federal brasileira*: comentários, Rio de Janeiro: Litho-Typographia, 1902, p. 323.

237 Cf. decisão da Corte Constitucional alemã – *BVerfGE*, 70, 288-293; sobre o assunto ver, também, Pieroth/Schlink, *Grundrechte – Staatsrecht II*, cit., p. 286; Ulrich Battis e Christoph Gusy, *Einführung in das Staatsrecht*, 3. ed., Heidelberg, 1991, p. 363-364.

238 Decisão da Corte Constitucional – *BVerfGE*, 11, 218 (218); cf. Dürig/Assmann, in Maunz-Dürig, *Grundgesetz-Kommentar*, cit., art. 103, v. 4, n. 97.

239 Cf. Pieroth/Schlink, *Grundrechte – Staatsrecht II*, cit., p. 286; Ulrich Battis e Christoph Gusy, Einführung in das

Sobre o direito de ver os seus argumentos contemplados pelo órgão julgador, que corresponde, obviamente, ao dever do juiz de a eles conferir atenção, pode-se afirmar que envolve não só o dever de tomar conhecimento, como também o de considerar, séria e detidamente, as razões apresentadas[240].

É da obrigação de considerar as razões apresentadas que também deriva o dever de fundamentar as decisões (art. 93, IX, da CF/88).

3.1.1. Processo penal

3.1.1.1. *Considerações preliminares*

No processo penal, o princípio da ampla defesa e o do contraditório têm, por razões óbvias, aplicação significativa e analítica. Entende-se que não só não pode haver condenação sem defesa, como também que, na falta de defensor do réu, defensor dativo deve ser designado para o patrocínio da causa (art. 263 do CPP)[241].

O Supremo Tribunal entende que a realização do direito de defesa por parte do advogado, dativo ou não, envolve a apresentação de trabalho idôneo para a finalidade, devendo ser considerada nula a defesa que não arroste os elementos básicos da acusação[242].

É pacífico, igualmente, que todo e qualquer ato processual há de ser acompanhado pelo defensor do réu[243 e 244]. Garantia que foi estendida, por força da Súmula

---

Staatsrecht, cit., p. 363-364; ver, também, Dürig/Assmann, in Maunz-Dürig, *Grundgesetz-Kommentar*, cit., art. 103, v. 4, n. 85-99.

240 Cf. Dürig/Assmann, in Maunz-Dürig, *Grundgesetz-Kommentar*, cit., art. 103, v. 4, n. 97.

241 A garantia da assistência técnica não poderá ser, entretanto, meramente formal. A propósito, confira-se o HC 91.501, rel. Min. Eros Grau, *DJ* de 8-5-2009, assim ementado: "1. A ausência de intimação para oitiva de testemunha no juízo deprecado não consubstancia constrangimento ilegal. Havendo ciência da expedição da carta precatória, como no caso se deu, cabe ao paciente ou a seu defensor acompanhar o andamento do feito no juízo deprecado. 2. Peculiaridade do caso. Efetiva violação do princípio da ampla defesa resultante da impossibilidade de atuação da defesa técnica. O advogado do paciente teve, a partir da ciência da expedição da carta precatória, sete dias úteis para deslocar-se do Rio de Janeiro a Belém do Pará, o que, na prática, inviabilizou seu comparecimento. 3. Nomeação de defensor dativo para atuar em momento importante do processo, cuja inicial contém quatrocentas páginas. Satisfação apenas formal da exigência de defesa técnica ante a impossibilidade de atuação eficiente. Ordem concedida".

242 Neste sentido, a Súmula 523 do STF: "No processo penal, a falta da defesa constitui nulidade absoluta, mas a sua deficiência só o anulará se houver prova de prejuízo para o réu". Cf. também o RHC 59.563, rel. Min. Clóvis Ramalhete, *DJ* de 16-4-1982, p. 3406; RHC 59.503, rel. Min. Clóvis Ramalhete, *DJ* de 12-4-1982, p. 3210.

243 Cf. HC 84.022/CE, rel. Min. Carlos Velloso, *DJ* de 1º-10-2004; HC 83.411/PR, rel. Min. Nelson Jobim, *DJ* de 11-6-2004; RHC 79.460/SP, rel. para o acórdão Min. Nelson Jobim, *DJ* de 18-5-2001.

244 Nesse sentido, o julgamento do RHC 87.172/GO, em que a Suprema Corte, em atenção à ampla defesa e ao art. 185 do CPP, determinou a nulidade do interrogatório judicial do acusado quando ausente seu defensor: *"(...) Ré interrogada sem a presença de defensor, no dia de início de vigência da Lei n. 10.792, de 2003, que deu nova redação ao art. 185 do Código de Processo Penal. Sentença que, para a condenação, se valeu do teor desse interrogatório. Prejuízo manifesto. Nulidade absoluta reconhecida. Provimento ao recurso, com extensão da ordem a corréu na mesma situação processual. É causa de nulidade processual absoluta ter sido o réu qualificado e interrogado sem a presença de defensor, sobretudo quando sobrevém sentença que, para o condenar, se vale do teor desse interrogatório"* (RHC 87.172/GO, 1ª Turma do STF, rel. Min. Cezar Peluso, j. 15-12-2005, *DJ* de 3-2-2006).

Vinculante 14, segundo a qual "é direito do defensor, no interesse do representado, ter acesso amplo aos elementos de prova que, já documentados em procedimento investigatório realizado por órgão com competência de polícia judiciária, digam respeito ao exercício do direito de defesa".

Para o pleno exercício do direito de defesa é necessário o irrestrito acesso aos autos por parte do defensor do acusado, sob pena de conversão do processo judicial em feito inquisitorial, sem a proteção dos princípios do contraditório e da ampla defesa.

Questão que aflora nestes casos é a da compatibilidade de ambos os princípios com a existência do inquérito policial, que é inquisitório por natureza jurídica, e sobre o qual não vige o princípio em questão. O STF tem entendido que, mesmo não havendo a incidência do princípio do contraditório no inquérito, o direito ao amplo acesso aos autos precisa ser respeitado.

A questão se torna mais relevante quando se trata de feitos em que foram deferidas medidas invasivas que reduzam as esferas da intimidade, da liberdade e da privacidade.

Observemos que as medidas de quebra de sigilo telefônico, telemático, fiscal e bancário devem ser processadas nos autos de processos cautelar ou de produção de prova, ainda que incidentais, conexos ao inquérito, mas não se confundindo com ele. A previsão do art. 8º da Lei n. 9.296/2006, segundo a qual as interceptações das comunicações telefônicas devem ser processadas em volumes apartados, implica a possibilidade de utilização de regimes diferenciados de acesso aos autos.

Este mesmo modo de operar deve ser observado nos casos dos procedimentos de quebra de sigilo bancário, fiscal e telemático, que devem ser processados em autos apartados exatamente para permitir o livre acesso aos autos do inquérito e o sigilo dos procedimentos invasivos, tornando-os acessíveis ao investigado após o momento em que tiverem sido documentados, com a remessa das informações da Receita, das instituições bancárias e a juntada das degravações, das mídias recolhidas durante as escutas telefônicas autorizadas e a cópia dos *e-mails* e fax interceptados.

O acesso irrestrito aos processos judiciais aplica-se também aos inquéritos policiais e outras formas de investigação, haja vista o direito de qualquer advogado de verificar e manusear autos de inquérito não sigiloso, e o direito de qualquer cidadão de saber da existência de investigação contra si. Porém, antes da documentação das diligências os feitos que produzem prova são de publicidade restrita, e não estão abrangidos pelo direito de acesso aos autos, por imperativo lógico.

Existem atos investigativos que não podem ser comunicados à parte ou a ela demonstrados – enquanto durarem as investigações – sob pena de perda de sentido da própria investigação. Nestes casos de procedimentos cautelares de quebra de sigilo, o conhecimento do investigado acerca do processo deixa de ser amplo, em razão de restrição de direito fundamental autorizada por norma jurídica e muito em razão da colisão do direito fundamental à privacidade ou à intimidade com o direito à segurança, de toda a sociedade. Também o dever fundamental de atuação em prol da segurança dos cidadãos e do Estado labora no sentido de limitar, nestes casos, o pleno acesso aos autos.

Neste sentido, a Súmula Vinculante 14, do STF, deixa claro que é direito do defensor, no interesse do representado, o acesso amplo aos elementos de prova já documentados no procedimento investigatório, e que digam respeito ao exercício do direito de defesa. Nestes casos, os atos de investigação devem estar concluídos e documentados, razão pela qual não há ofensa ao direito à ampla defesa, realizado por meio do livre acesso aos autos, quando se nega ao investigado a análise de procedimentos não concluídos de quebra de sigilo telemático, bancário, fiscal e principalmente telefônico. Mais ainda, o STF entendeu que o acesso amplo aos feitos investigativos não pode atrapalhar o andamento das investigações. Isto é assim porque não há sentido em conceder-se vista ao investigado de procedimentos inconclusos que tenham por objetivo a investigação do próprio interessado[245].

Quando se tratar de acesso aos autos de escutas telefônicas legalmente autorizadas, concluída a interceptação, os autos em que se formalizar o respectivo procedimento serão colocados à disposição do investigado para o regular exercício de defesa.

Este acesso irrestrito aos autos, quando já finalizadas as diligências, significa não apenas o acesso a tudo aquilo que fora degravado pela Autoridade Policial, mas também a tudo o que fora gravado durante o prazo de escuta telefônica.

A ciência, ao defensor, do conteúdo integral da acusação dar-se-á, contudo, por via que respeite a viabilidade de processamento do feito criminal. Assim procedendo, o Supremo Tribunal Federal rejeitou, "por maioria, a preliminar de cerceamento de defesa em razão da ausência de transcrição completa de todas as gravações". Considerou, então, o Plenário que "a transcrição por escrito de todas as gravações geraria uma quantidade de papel que tornaria só a sua leitura mais dificultosa do que a análise dos documentos gravados em mídia eletrônica, num trabalho que levaria anos, o que poderia ensejar, inclusive, a prescrição da pretensão punitiva de todos os crimes". Importaria notar, e fê-lo o Ministro Lewandowski, que se deve emprestar atenção ao cumprimento material da obrigatoriedade do contraditório. Se a defesa teve acesso a todos os documentos constantes nos autos e se lhe foi aberta oportunidade para impugná-los, tem-se por atendida a garantia da ampla defesa[246].

Ademais, cumpre destacar que a Lei n. 13.245, de 2016, modificou a Lei n. 8.906/94 e consagrou o direito da defesa a, desde que exibida a procuração, acessar investigações sigilosas, na linha da Súmula Vinculante 14. Ficou ressalvada a possibilidade de a autoridade "delimitar o acesso do advogado aos elementos de prova relacionados a diligências em andamento e ainda não documentados nos autos, quando houver risco de comprometimento da eficiência, da eficácia ou da finalidade das diligências" (Lei n. 8.906/94, art. 7º, § 12, introduzido pela Lei n. 13.245/2016).

A instauração e a presidência de inquérito policial são atos privativos das autoridades policiais, na forma do art. 144 da CF. No entanto, outras investigações podem ser conduzidas por autoridades diversas. O parlamento pode instaurar comissões parlamentares de inquérito (art. 58, § 3º, da CF). O Ministério Público pode instaurar inquérito civil para apurar fatos que possam levar à propositura de ação civil pública (art. 8º, § 1º, da Lei n. 7.347/84).

Muito se discutiu sobre a possibilidade de o Ministério Público conduzir, ele mesmo, investigações criminais. Isso porque, muito embora a Constituição atribua ao MP função de propor ação penal pública e de requisitar diligências investigatórias (art. 129, I e VIII), não há menção à condução de investigações pelos promotores. No entanto, a impossibilidade de investigar limitaria consideravelmente a competência ministerial, es-

245 STF Rcl 8.173 e HC 950.009, rel. Min. Eros Grau.

246 Inq. 2424-QO-QO, rel. Min. Cezar Peluso, *DJ* de 24-8-2007.

pecialmente em casos em que policiais são suspeitos. Assim, assentou-se que o poder de investigação era uma atribuição implícita do MP. O STF reconheceu esse poder, em recurso extraordinário com repercussão geral. Considerou-se que, na falta de lei específica de regência do procedimento de investigação pelo Ministério Público, devem ser observados os mesmos direitos do investigado e da defesa aplicáveis no inquérito policial[247].

O Supremo Tribunal tem assentado que "os poderes inquisitivos do juiz encontram limite no princípio do contraditório que impõe à autoridade judiciária – qualquer que seja o grau de jurisdição que atue – o dever jurídico-processual de assegurar às partes o exercício das prerrogativas inerentes à bilateralidade do juízo"[248].

Assim, considera-se imprescindível, no processo penal, em atenção ao art. 396 do CPP, a citação do acusado para oferecer resposta no prazo de 10 dias[249].

Acrescente-se que, nos termos do § 2º do art. 396-A do CPP, incluído pela Lei n. 11.719, de 2008, "não apresentada a resposta no prazo legal, ou se o acusado, citado, não constituir defensor, o juiz nomeará defensor para oferecê-la, concedendo-lhe vista dos autos por 10 (dez) dias".

Preconiza-se também a estrita igualdade entre acusação e defesa, de modo que se assegure um justo equilíbrio na relação processual penal. Esse elemento é denominado pela doutrina processualista penal como princípio da igualdade de partes ou da paridade de armas.

Em razão da aplicação do princípio do contraditório e da ampla defesa, a jurisprudência do Tribunal assentou a necessidade de que se cientifique da sentença condenatória não só o defensor constituído ou dativo do réu, mas também o próprio acusado[250].

Não é preciso muito esforço para perceber que a proteção ao devido processo legal passa a envolver, também nessa seara, a materialização do princípio do contraditório.

O Código de Processo Penal, com as alterações introduzidas pela Lei n. 11.719/2008, amplia as possibilidades de defesa do réu, na medida em que determina a sua inquirição após a produção de todas as provas que devam ser realizadas em audiência.

O art. 400, § 1º, do Código de Processo Penal estabelece o princípio da unicidade da audiência, determinando a concentração dos atos que devam ser praticados oralmente. A utilização do novo procedimento da audiência – perguntas efetuadas diretamente pelas partes, sem a intervenção do magistrado, e o registro dos atos por gravação magnética ou digital conforme o art. 405, § 1º – articulado com o direito ao acesso às provas produzidas nos autos resulta na realização do direito de ampla defesa.

O interrogatório logo após o próprio réu tomar conhecimento de todo o conjunto probante contra ele articulado permite que a sua oitiva seja tomada como meio de defesa, não como ato de produção de prova.

---

247 RE 593.727, red. para acórdão Min. Gilmar Mendes, julgado em 18-5-2015.

248 Cf. HC 69.001, rel. Min. Celso de Mello, julgado em 18-2-1992, *DJ* de 26-6-1992, *RTJ*, 140 (3)/865.

249 Art. 396. Nos procedimentos ordinário e sumário, oferecida a denúncia ou a queixa, o juiz, se não a rejeitar liminarmente, recebê-la-á e ordenará a citação do acusado para responder à acusação, por escrito, no prazo de 10 (dez) dias.

250 Neste sentido, o HC 67.714, rel. Min. Celso de Mello, *DJ* de 15-3-1991, p. 2646: "A *ratio* subjacente à orientação jurisprudencial firmada pelo Supremo Tribunal Federal consiste, em última análise, – afirmou Celso de Mello – em dar eficácia e concreção ao princípio constitucional do contraditório, pois a inocorrência dessa intimação ao defensor, constituído ou dativo, subtrairia ao acusado a prerrogativa de exercer, em plenitude, o seu irrecusável direito a defesa técnica. É irrelevante a ordem em que essas intimações sejam feitas. Revela-se essencial, no entanto, que o prazo recursal só se inicie a partir da última intimação".

O STF adotou entendimento segundo o qual o interrogatório ao final da instrução prevalece em todos os procedimentos criminais, mesmo naqueles em que há norma especial anterior dispondo em sentido contrário. Fixou-se a seguinte orientação: "a norma inscrita no art. 400 do Código de Processo Penal comum aplica-se, a partir da publicação da ata do presente julgamento, aos processos penais militares, aos processos penais eleitorais e a todos os procedimentos penais regidos por legislação especial incidindo somente naquelas ações penais cuja instrução não se tenha encerrado"[251].

3.1.1.2. *Direito de defesa e investigação criminal*

Matéria controvertida diz respeito à aplicação do princípio do contraditório e da ampla defesa à investigação criminal.

A doutrina e a jurisprudência dominantes entendem ser inaplicável a garantia do contraditório e da ampla defesa ao inquérito policial, uma vez que se não tem aqui um processo compreendido como instrumento destinado a decidir litígio[252].

Tal orientação não impede, porém, que se reconheça o direito do advogado do investigado a ter acesso aos autos antes da data designada para o seu interrogatório, com fundamento na norma constitucional em que se assegura o direito de assistência de advogado (art. 5º, LXIII)[253].

Nesse particular, no âmbito dos inquéritos policiais e inquéritos judiciais originários, a jurisprudência do Supremo Tribunal tem caminhado no sentido de garantir, a um só tempo, a incolumidade do direito constitucional de defesa do investigado ou indiciado na regular apuração de fatos[254].

Note-se, ainda, que a classificação do procedimento como sigiloso não afasta a plena acessibilidade do defensor. Depois que inúmeros HC foram deferidos para garan-

---

251 HC 127.900, rel. Min. Dias Toffoli, *DJ* de 3-3-2016. A publicação da ata de julgamento ocorreu em 11-3-2016.

252 Entre os autores que defendem a ideia de constituir o inquérito policial mero procedimento administrativo, e, portanto, não caber, nesse momento, a aplicação do princípio do contraditório e da ampla defesa na fase do inquérito policial, confira: Júlio Fabbrini Mirabete, *Processo penal*, São Paulo: Atlas, 1991, p. 75; e José Frederico Marques, *Elementos de direito processual penal*, Rio de Janeiro: Forense, 1961, v. I, p. 157. Cf., ainda, sobre o tema, o RE 136.239, rel. Min. Celso de Mello, *DJ* de 14-8-1992.

253 Nesse sentido, o julgamento do HC 82.354, da relatoria do Ministro Sepúlveda Pertence, *DJ* de 24-9-2004 assim ementado, na parte em que interessa: "1. Inaplicabilidade da garantia constitucional do contraditório e da ampla defesa ao inquérito policial, que não é processo, porque não destinado a decidir litígio algum, ainda que na esfera administrativa; existência, não obstante, de direitos fundamentais do indiciado no curso do inquérito, entre os quais o de fazer-se assistir por advogado, o de não se incriminar e o de manter-se em silêncio.

(...)

3. A oponibilidade ao defensor constituído esvaziaria uma garantia constitucional do indiciado (CF, art. 5º, LXIII), que lhe assegura, quando preso, e pelo menos lhe faculta, quando solto, a assistência técnica do advogado, que este não lhe poderá prestar se lhe é sonegado o acesso aos autos do inquérito sobre o objeto do qual haja o investigado de prestar declarações".

Cf., ainda, HC 88.190, rel. Min. Cezar Peluso, *DJ* de 6-10-2006; HC 90.232, rel. Min. Sepúlveda Pertence, *DJ* de 2-3-2007.

254 HC 90.232/AM, rel. Min. Sepúlveda Pertence, *DJ* de 2-3-2007; HC 82.354/PR, rel. Min. Sepúlveda Pertence, *DJ* de 24-9-2004.

tir o acesso aos autos do inquérito policial[255], o Supremo Tribunal Federal editou a Súmula Vinculante 14, segundo a qual "é direito do defensor, no interesse do representado, ter acesso amplo aos elementos de prova que, já documentadas em procedimento investigatório realizado por órgãos com competência de polícia judiciária, digam respeito ao exercício do direito de defesa".

Orientação mais extensiva é defendida, entre outros, por Rogério Lauria Tucci, que sustenta a necessidade da aplicação do princípio do contraditório em todo o período da persecução penal, inclusive na investigação, visando, assim, dar maior garantia da liberdade e melhor atuação da defesa. Afirma Tucci que a "contraditoriedade da investigação criminal consiste num direito fundamental do imputado, direito esse que, por ser 'um elemento decisivo do processo penal', não pode ser transformado, em nenhuma hipótese, em 'mero requisito formal'"[256].

Este posicionamento, contudo, ainda é minoritário em doutrina e não possui repercussão no direito positivo brasileiro.

3.1.1.3. *Denúncia genérica*

Outra questão relevante na jurisprudência do Supremo Tribunal Federal diz respeito ao contraditório e à ampla defesa exercida em face de denúncia genérica ou que não descreve de maneira adequada os fatos imputados ao denunciado. É substancial a jurisprudência do Tribunal, que considera atentatório ao direito do contraditório o oferecimento de denúncia vaga ou imprecisa, por dificultar ou impedir o exercício do direito de defesa[257]

Nesse sentido, é expressivo o precedente no HC 70.763, da relatoria do Ministro Celso de Mello:

> "O processo penal de tipo acusatório repele, por ofensivas à garantia da plenitude de defesa, quaisquer imputações que se mostrem indeterminadas, vagas, contraditórias, omissas ou ambíguas. Existe, na perspectiva dos princípios constitucionais que regem o processo penal, um nexo de indiscutível vinculação entre a obrigação estatal de oferecer acusação formalmente precisa e juridicamente apta e o direito individual de que dispõe o acusado a ampla defesa. A imputação penal omissa ou deficiente, além de constituir transgressão do dever jurídico que se impõe ao Estado, qualifica-se como causa de nulidade processual absoluta. A denúncia – enquanto instrumento formalmente consubstanciador da acusação penal – constitui peça processual de indiscutível relevo jurídico. Ela, ao delimitar o âmbito temático da imputação penal, define a própria *res in judicio deducta*. A peça acusatória deve conter a exposição do fato delituoso, em toda a sua essência e com todas as suas circunstâncias. Essa

255 Exemplificativamente, HC 90.232, *DJ* de 2-3-2007; HC 88.190, rel. Min. Sepúlveda Pertence, *DJ* de 6-10-2006; HC 92.331, rel. Min. Marco Aurélio, *DJ* de 1º-8-2008; HC 87.827, rel. Min. Sepúlveda Pertence *DJ* de 23-6-2006.

256 Rogério Lauria Tucci, *Direitos e garantias individuais no processo penal brasileiro*, 2. ed., São Paulo: Revista dos Tribunais, 2004, p. 357-360.

257 Cf. HC 70.763, rel. Min. Celso de Mello, *DJ* de 23-9-1994; HC 86.879, rel. para o acórdão Min. Gilmar Mendes, *DJ* de 16-6-2006; HC 85.948, rel. Min. Carlos Britto, *DJ* de 1º-6-2006; HC 84.409, rel. Min. Gilmar Mendes, *DJ* de 19-8-2005; HC 84.768, rel. para o acórdão Min. Gilmar Mendes, *DJ* de 27-5-2005, Inq. 1.656, rel. Min. Ellen Gracie, *DJ* de 27-2-2004.

narração, ainda que sucinta, impõe-se ao acusador como exigência derivada do postulado constitucional que assegura ao réu o exercício, em plenitude, do direito de defesa. Denúncia que não descreve adequadamente o fato criminoso é denúncia inepta"[258].

Essa questão assume relevo na jurisprudência do Tribunal, ensejando a extinção de inúmeras ações, seja em sede da competência originária (denúncias oferecidas contra réus que gozam de prerrogativa de foro)[259], seja em sede de controle judicial regular (*habeas corpus*)[260], não se podendo sequer falar em preclusão caso o tema tenha sido arguido antes da sentença.

Embora se aceite como coberta pela preclusão a questão da inépcia da denúncia quando só aventada após a sentença condenatória, tal orientação não se aplica, porém, se a sentença é proferida na pendência de *habeas corpus* contra o recebimento da denúncia inepta[261].

O Supremo Tribunal vinha mitigando a exigência quanto a uma denúncia precisa nos crimes societários, com a indicação pormenorizada dos fatos em relação a cada um dos denunciados, sob o fundamento de que tal exigência talvez pudesse dar ensejo a um quadro de impunidade. Daí afirmar-se suficiente a indicação de que os acusados fossem de algum modo responsáveis pela condução da sociedade comercial utilizada como suposto vetor para a prática dos delitos[262].

Tal entendimento, entretanto, tem sido aceito com reservas. Algumas decisões vêm acatando a ideia de que, também nos crimes societários, as condutas deveriam ser descritas individualmente, de forma a permitir a efetiva defesa dos acusados. Nesses casos, não se pode atribuir o dolo solidariamente a todos os sócios, uma vez que nosso ordenamento jurídico penal está impregnado pela ideia de que a responsabilização penal se dá, em regra, pela aferição da responsabilidade subjetiva[263]. Assim, mesmo que

---

258 HC 70.763, rel. Min. Celso de Mello, *DJ* de 23-9-1994.

259 Inq. 1.656/SP, rel. Min. Ellen Gracie, *DJ* de 27-2-2004; Inq. 1.578/SP, rel. Min. Ellen Gracie, *DJ* de 23-4-2004.

260 HC 84.409/SP, rel. Min. Gilmar Mendes, *DJ* de 19-8-2005; HC 84.768/PE, rel. Min. Gilmar Mendes, *DJ* de 27-5-2005; HC 86.879/SP, rel. para o acórdão Min. Gilmar Mendes, *DJ* de 16-6-2006.

261 HC 70.290, rel. Min. Sepúlveda Pertence, *DJ* de 13-6-1997.

262 RHC 65.369, rel. Min. Moreira Alves, *DJ* de 27-10-1987; HC 73.903, rel. Min. Francisco Rezek, *DJ* de 25-4-1997; HC 74.791, rel. Min. Ilmar Galvão, *DJ* de 9-5-1997; HC 74.813, rel. Min. Sydney Sanches, *DJ* de 29-8-1997; HC 75.263, rel. Min. Néri da Silveira, *DJ* de 25-2-2000.

263 Vale destacar, sobre a questão, a seguinte passagem do voto do Ministro Celso de Mello, proferido no HC 80.812/PA, como segue:

"É preciso insistir na circunstância de que a 'responsabilidade penal pelos eventos delituosos praticados no plano societário, em nome e em favor de organismos empresariais, deve resolver-se – consoante adverte Manoel Pedro Pimentel ('Crimes Contra o Sistema Financeiro Nacional, p. 172, 1987, *RT*) – na responsabilidade individual dos mandatários, uma vez comprovada sua participação nos fatos' (grifei), eis que, tal como salienta o saudoso Professor da Faculdade de Direito do Largo de São Francisco, o princípio hoje dominante da responsabilidade por culpa – que não se confunde com o postulado da responsabilidade por risco – revela-se incompatível com a concepção do *versari in re illicita*, banida do domínio do direito penal da culpa.

É que – tal como já decidiu o Supremo Tribunal Federal – a circunstância de alguém meramente ostentar a condição de sócio de uma empresa não pode justificar a formulação de qualquer juízo acusatório fundado numa inaceitável presunção de culpa".

Cabe, ainda, ressaltar o julgamento do HC 86.879-SP no qual a 2ª Turma do STF proclamou a inadmissibilidade de denúncias genéricas para o caso de crimes societários.

nestes casos sejam de difícil descrição os pormenores das atividades e da responsabilidade de cada um dos denunciados, é fundamental que o mínimo descritivo dos atos ilícitos praticados esteja contido na denúncia para permitir o seu recebimento.

Deve-se ter em mente, portanto, que, em matéria de crimes societários, a denúncia deve expor, de modo suficiente e adequado, a conduta atribuível a cada um dos agentes, de modo que seja possível identificar o papel desempenhado pelo(s) então denunciado(s) na estrutura jurídico-administrativa da empresa.

Conforme se pode constatar, nesses casos de apreciação de constrangimento ilegal, em razão de injusta persecução penal, o Supremo Tribunal Federal tem declarado que não é difícil perceber os danos que a mera existência de uma ação penal impõe ao indivíduo – o qual, uma vez denunciado, se vê obrigado a despender todos os seus esforços em um campo não meramente cível (como seria típico da atuação econômica dessas empresas), mas eminentemente penal, com sérias repercussões para a dignidade pessoal dos seus sócios.

Daí a necessidade de rigor e de prudência por parte daqueles que têm o poder de iniciativa nas ações penais e daqueles que podem decidir sobre o seu curso.

A fórmula ideal para uma persecução penal adequada e legítima encontrou sua pedagógica sistematização em texto clássico de João Mendes de Almeida Júnior. Diz João Mendes que a denúncia:

> "É uma exposição narrativa e demonstrativa. Narrativa, porque deve revelar o fato com tôdas as suas circunstâncias, isto é, não só a ação transitiva, como a pessoa que a praticou (*quis*), os meios que empregou (*quibus auxiliis*), o malefício que produziu (*quid*), os motivos que o determinaram a isso (*cur*), a maneira por que a praticou (*quomodo*), o lugar onde a praticou (*ubi*), o tempo (*quando*). (Segundo enumeração de Aristóteles, na Ética a Nicômaco, 1. III, as circunstâncias são resumidas pelas palavras *quis, quid, ubi, quibus auxiliis, cur, quomodo, quando*, assim referidas por Cícero (De Invent. I)). Demonstrativa, porque deve descrever o corpo de delito, dar as razões de convicção ou presunção e nomear as testemunhas e informantes"[264].

Quando se fazem imputações incabíveis, dando ensejo à persecução criminal injusta, portanto, viola-se, também, o princípio da dignidade da pessoa humana, o qual, entre nós, tem base positiva no art. 1º, III, da Constituição.

Em última análise, há de se evitar que a responsabilização penal em casos assim, corresponda à indevida transposição de efeitos jurídicos do campo cível ou administrativo para uma área em que as ofensas a direitos e garantias fundamentais podem ser tragicamente potencializadas: a esfera da liberdade de locomoção típica da seara penal.

Observe-se que, em alguns casos, o Tribunal exige que a denúncia indique a presença, em tese, de elementos específicos da descrição típica da conduta criminal.

Ainda os HC 80.812, rel. para o acórdão Min. Gilmar Mendes, *DJ* de 5-3-2004, HC 86.879, rel. para o acórdão Min. Gilmar Mendes, *DJ* de 16-6-2006; cf. também HC 89.105, rel. Min. Gilmar Mendes, *DJ* de 6-11-2006; Nesse sentido HC 93.683/ES, 2ª Turma do STF, rel. Min. Eros Grau, julgamento 26-2-2008, *DJ* de 24-4-2008. HC 86.879, rel. para o acórdão Min. Gilmar Mendes, *DJ* de 16-6-2006; cf. também HC 89.105, rel. Min. Gilmar Mendes, *DJ* de 6-11-2006; Nesse sentido HC 93.683/ES, 2ª Turma do STF, rel. Min. Eros Grau, j. 26-2-2008, *DJ* de 24-4-2008.

264 João Mendes de Almeida Júnior, *O processo criminal brasileiro*, Rio de Janeiro-São Paulo: Freitas Bastos, 1959, v. 2, p. 183.

Assim foi decidido no célebre "caso Collor" (denúncia contra o Presidente Fernando Collor de Mello), em que alegava-se a prática de crime de corrupção passiva (CP, art. 317). O Tribunal entendeu inepta a denúncia "em virtude não apenas da inexistência de prova de que a alegada ajuda eleitoral decorreu de solicitação que tenha sido feita direta ou indiretamente, pelo primeiro acusado, mas também por não haver sido apontado ato de ofício configurador de transação ou comércio com o cargo então por ele exercido"[265].

3.1.1.4. "Emendatio libelli" e "mutatio libelli"

No que se refere à adequação do fato imputado ao acusado no processo penal, o Código de Processo Penal, em seus arts. 383 e 384, prevê os institutos da *emendatio libelli* e da *mutatio libelli*, a serem manejados pelo magistrado com o intuito de produzir um perfeito enquadramento jurídico dos termos fáticos narrados pela acusação.

O art. 383, *caput*, do CPP dispõe que "o juiz, sem modificar a descrição do fato contida na denúncia ou queixa, poderá atribuir-lhe definição jurídica diversa, ainda que, em consequência, tenha de aplicar pena mais grave".

Trata-se do instituto da *emendatio libelli*, atividade exclusiva do juiz, que se dá ao término da instrução probatória, logo após a fase das diligências (art. 402 do CPP) e das alegações finais (arts. 403 e 404, parágrafo único, do CPP). Nesse caso, poderá o juiz alterar a tipificação apresentada pela acusação, até mesmo condenar o réu com pena mais grave, sem que providência prévia seja tomada[266].

Anote-se que o magistrado deve observar o momento processual correto para a emenda. No HC 87.324, o Plenário do Supremo Tribunal deixou assentado que "não é lícito ao Juiz, no ato de recebimento da denúncia, quando faz apenas juízo de admissibilidade da acusação, conferir definição jurídica aos fatos narrados na peça acusatória. Poderá fazê-lo adequadamente no momento da prolação da sentença, ocasião em que poderá haver a *emendatio libelli* ou a *mutatio libelli*, se a instrução criminal assim o indicar"[267].

Importa observar a medida que deveria tomar o magistrado quando o delito narrado na denúncia é flagrantemente de competência de outro juízo, embora tenha o Ministério Público lhe dado capitulação diferenciada, e flagrantemente errônea, mas apta a manter o feito em tramitação no juízo incompetente.

Não há dúvida de que o magistrado não está adstrito à capitulação formulada pelo Ministério Público na peça inicial, tendo em vista que, ao julgador, compete a livre análise dos fatos narrados, podendo exercer o juízo de tipicidade que considerar conveniente, de acordo com as circunstâncias e peculiaridades de cada caso concreto, mas não poderá fazê-lo no recebimento da denúncia, mas apenas na sentença. Resta saber se poderá ou não declinar da competência com base na capitulação dos fatos que entender

265 AP 307, rel. Min. Ilmar Galvão, julgada em 13-12-1994, *DJ* de 13-10-1995.

266 Ada Pellegrini Grinover, Antonio Scarance Fernandes e Antonio Magalhães Gomes Filho, *As nulidades no processo penal*, cit., p. 222-223. Cf., ainda, HC 73.389/SP, rel. Min. Maurício Corrêa, *DJ* de 6-9-1996; HC 74.553/RS, rel. Min. Néri da Silveira, *DJ* de 13-12-1996; HC 89.268/AP, rel. Min. Marco Aurélio, 1ª Turma, *DJ* de 22-6-2007; RHC 90.114/PR, rel. Min. Eros Grau, 2ª Turma, *DJ* de 17-8-2007.

267 HC 87.324, rel. Min. Cármen Lúcia, *DJ* de 18-5-2007.

cabível, mesmo divergindo do Ministério Público no nascedouro da ação penal. A jurisprudência do Supremo Tribunal Federal registra precedentes em ambos os sentidos[268].

Ocorrendo a *emendatio libelli*, incabível a alegação de desrespeito ao direito de defesa, por não haver alteração do fato a respeito do qual foi exercido referido direito. A descrição dos fatos é mantida, porém a imputação recaída sobre o réu é substituída. Com a mudança na tipicidade, o juiz simplesmente amoldará os fatos descritos na denúncia a outro tipo penal[269].

Sobre a *emendatio libelli* Eugênio Pacelli afirma:

> "(...) a *emendatio* não é outra coisa senão a correção da inicial (libelo, nessa acepção), para o fim de adequar o fato narrado e efetivamente provado (ou não provado, se a sentença não for condenatória, caso em que seria dispensável a *emendatio*) ao tipo penal previsto na lei"[270].

Situação diversa ocorre, entretanto, nas hipóteses em que incide o disposto no art. 384 do CPP, naqueles casos em que, durante o processo, surgirem fatos e/ou circunstâncias elementares não contidos, expressa ou implicitamente, na peça acusatória. Nesse caso poderá ocorrer a *mutatio libelli,* que dá o direito ao juiz de, ao sentenciar, dar ao fato descrito na peça inicial nova definição fático-jurídica, sem ofender os princípios da correlação (a sentença deverá guardar uma relação com a denúncia ou queixa) ou da ampla defesa.

Ao final da instrução probatória, reconhecendo o juiz a possibilidade de nova definição jurídica do fato não contido na exordial acusatória, o Ministério Público deverá aditar, no prazo de 5 dias, a denúncia (art. 384, *caput*, do CPP). Caso o representante do *Parquet* não proceda ao aditamento, deve o magistrado remeter os autos para o Procurador-Geral de Justiça (art. 384, § 1º, do CPP), que aditará a denúncia, designará outro órgão do Ministério Público para aditá-la ou insistirá no não aditamento.

Em havendo o aditamento, o defensor do acusado se manifestará no prazo de 5 dias, sendo designados dia e hora para continuar a audiência, com inquirição de testemunhas, novo interrogatório do acusado, realização de debates e julgamento (art. 384, § 2º, do CPP), devendo o juiz, ao sentenciar, ficar adstrito aos termos do aditamento (art. 384, § 4º, do CPP).

A jurisprudência do Supremo Tribunal Federal, anterior à reforma produzida pela Lei n. 11.719/2008, era pacífica no sentido de reconhecer o direito de defesa nos casos de *mutatio libelli*, e, contrariamente, de não o admitir nos casos de *emendatio libelli*, por entender caber ao réu defender-se somente dos fatos a ele imputados, e não da capitulação dada pela acusação[271]. Nesse particular, é pertinente transcrever inteiro teor da ementa do HC 78.503/PA, em que o Plenário do Tribunal declarou:

---

268 No HC 83.335/GO, rel. Min. Ellen Gracie, 2ª Turma, *DJ* de 19-12-2003, foi considerada impossível a declinação. Mais recentemente, no HC 115.831, rel. Min. Rosa Weber, Primeira Turma, julgado em 22-10-2013, foi afirmada a possibilidade de relativização do entendimento, "em caso de erro de direito, quando a qualificação jurídica do crime imputado repercute na definição da competência".

269 AP 461 AgR-terceiro, rel. Min. Ricardo Lewandowski, Tribunal Pleno, julgado em 16-6-2011.

270 Eugênio Pacelli de Oliveira, *Curso de processo penal*, p. 508.

271 Cf., nesse sentido, o julgamento do HC 87.503/PA, rel. Min. Carlos Britto, *DJ* de 18-8-2006; RHC 85.657, rel. Min. Carlos Britto, *DJ* de 5-5-2006; HC 88.025, rel. Min. Celso de Mello, *DJ* de 16-2-2007.

"*Habeas Corpus*. Tribunal Superior Eleitoral. Competência do Plenário do Supremo Tribunal Federal (alínea *a* do inciso I do art. 6º do RI/STF). Sentença que condenou o paciente por crimes diversos daqueles capitulados na denúncia. Alegada ocorrência de *mutatio libelli*, a motivar a abertura de vista para defesa.

Dá-se *mutatio libelli* sempre que, durante a instrução criminal, restar evidenciada a prática de ilícitos cujos dados elementares do tipo não foram descritos, nem sequer de modo implícito, na peça de denúncia. Em casos tais, é de se oportunizar aos acusados a impugnação também desses novos dados factuais, em homenagem à garantia constitucional da ampla defesa. Verifica-se *emendatio libelli* naqueles casos em que os fatos descritos na denúncia são iguais aos considerados na sentença, diferindo, apenas, a qualificação jurídica sobre eles (fatos) incidente. Ocorrendo *emendatio libelli*, não há que se cogitar de nova abertura de vista à defesa, pois o réu deve se defender dos fatos que lhe são imputados, e não das respectivas definições jurídicas. Sentença condenatória que nada mais fez que dar novo enquadramento jurídico aos mesmos fatos constantes da inicial acusatória, razão pela qual não há que se exigir abertura de vista à defesa. Ordem denegada"[272].

Em linhas gerais, quando a questão penal se resumir a mera modificação jurídica do tipo penal incidente, não faz sentido invocar a aplicação dessas normas-garantia, até mesmo porque os fatos concretos imputados pela denúncia continuam os mesmos. Na hipótese, contudo, em que a própria instrução processual confira novos indícios e elementos que importem em alteração fática e jurídica da imputação ofertada em desfavor do acusado, essa inovação no estado do processo deve ser acompanhada da cientificação da defesa para, em momento oportuno, manifestar-se. Como se observa, a garantia constitucional do devido processo legal e a da ampla defesa assumem, aqui, uma conformação específica no que concerne à necessidade de resguardo quanto à certeza das imputações fático-jurídicas que possam vir a ser arroladas contra o acusado no contexto do processo penal.

3.1.1.5. *Falta de apresentação de resposta à acusação e de razões finais pelo acusado*

O art. 396-A, § 2º, do Código de Processo Penal, introduzido pela Lei n. 11.719/2008, estabelece a obrigatoriedade de apresentação de resposta à acusação pelo acusado. Disso decorre que se o acusado é citado e não apresenta resposta no prazo legal o juiz deverá nomear um defensor para oferecê-la.

Até o advento da referida Lei, a apresentação da denominada *defesa prévia* era facultativa, de modo que se o acusado, regularmente intimado para a sua apresentação, não o fizesse, a sua ausência não acarretava a nulidade do processo. Apenas a falta de intimação do acusado para esse fim é que, de acordo com a jurisprudência, resultava em nulidade absoluta do feito.

Conforme sublinham Pacelli e Fischer, "a situação agora é diversa, por conta especialmente da necessidade de especificação de todos os meios probatórios a que alude o art. 396-A, *caput*, CPP. Atualmente, a obrigatoriedade de apresentação da peça é-nos

---

272 HC 87.503/PA, rel. Min. Carlos Britto, Pleno, *DJ* de 18-8-2006.

hipótese de nulidade absoluta, porque relacionada diretamente com a (não) realização (efetiva) de procedimento intrinsecamente relacionado com a ampla defesa"[273].

No tocante às alegações finais, muito se tem discutido sobre a obrigatoriedade de sua apresentação por defensor constituído.

Parte da doutrina diz inexistir nulidade processual quando o advogado constituído é intimado para oferecê-las e permanece inerte. Para os que assim entendem, só há nulidade quando inexistir a intimação do defensor constituído, pois somente nessa hipótese é que se pode falar da violação dos princípios da ampla defesa e do contraditório.

Tourinho Filho, analisando o Código de Processo Penal, anteriormente à reforma produzida pela Lei n. 11.719/2008, afirmou que "findo o prazo para apresentação das alegações finais, com elas ou sem elas, os autos são conclusos ao Juiz, isto é, são a ele encaminhados, nos termos e para os fins do art. 502. Já vimos, examinando os arts. 499 e 500, não haver nulidade se, por acaso, intimadas as partes, deixarem elas passar *in albis* os prazos ali referidos"[274].

Paulo Rangel, ainda em análise ao CPP, anteriormente às referidas reformas, também entendia que "as alegações finais são peças prescindíveis, pois, se não forem oferecidas no momento oportuno, ficará extinto o direito de fazê-lo fora do prazo do art. 500 do CPP. Assim, repete-se o que se disse quanto à defesa prévia, ou seja, indispensável é a notificação das partes para se manifestarem em alegações finais; porém, uma vez notificadas e não as ofertando, ocorrerá a preclusão temporal"[275].

No entanto, considera-se mais adequado entendimento jurisprudencial segundo o qual a omissão na apresentação de alegações finais compromete definitivamente o processo penal, uma vez ausente elemento essencial do modelo de contraditório[276].

Tratando-se do tema "oferta de alegações finais", percebe-se que o seu oferecimento oral, segundo a nova sistemática do Código de Processo Penal, passou a ser a regra, uma verdadeira obrigação processual, que pode ser substituída por memoriais, mas não pode deixar de ser realizada. (arts. 403 e 404, parágrafo único, do CPP.)

Abre-se exceção, evidentemente, aos casos de exclusiva ação privada, em que ao querelante é facultado o direito de não apresentá-las, por força do princípio da disponibilidade, não se podendo, portanto, neste caso, falar no exercício da ampla defesa caso o réu não apresente suas razões finais.

---

273 Eugênio Pacelli e Douglas Fischer, *Comentários ao Código de Processo Penal e sua Jurisprudência*. 7. ed. São Paulo: Atlas, 2014, p. 874.

274 Fernando da Costa Tourinho Filho, *Código de Processo Penal comentado*, cit., v. 2, p. 128.

275 Esta corrente, inclusive, contou com o amparo de decisões do STF, dentre as quais se destaca aquela proferida no HC 69.431, da relatoria do Ministro Moreira Alves, *DJ* de 3-9-1993, segundo o qual a "falta de alegações finais não acarreta a nulidade do processo penal, pois esta só se dá na ausência de intimação para o seu oferecimento, nos termos do art. 564, III, 'e', do Código de Processo Penal – Isso ocorre não só quando o réu tem advogado constituído, mas também tem defensor dativo, pois o Estado tem o dever de suprir a falta de defensor, mas suprir, evidentemente, não impõe dever superior ao que existe quando não há necessidade desse suprimento", bem como aquelas proferidas nos HC 80.251, rel. Min. Nelson Jobim, *DJ* de 4-5-2001 e no HC 75.357, rel. Min. Octavio Gallotti, *DJ* de 6-2-1998.

276 HC 73.227, rel. Min. Maurício Corrêa, *DJ* de 25-10-1996; cf., ainda, HC 64.687, rel. Min. Francisco Rezek, *DJ* de 15-4-1987.

Ada Pellegrini afirma que a falta de apresentação das alegações finais pode caracterizar a existência de efetiva violação às garantias do devido processo legal:

> "(...) uma fase decisiva para a aferição da efetividade do contraditório, pois para essa oportunidade derradeira convergem todas as atividades desenvolvidas pela acusação e pela defesa durante o *iter* procedimental, com vistas à prolação de uma decisão que leve em conta as respectivas razões".
>
> (...)
>
> "O melhor entendimento do texto legal, em consonância com os princípios constitucionais, leva à conclusão segura de que a falta de alegações finais traduz ofensa irreparável às garantias do devido processo legal, do contraditório e da ampla defesa, importando, por isso, nulidade absoluta do processo, a partir da oportunidade em que deveriam ter sido apresentadas".

De fato, a não apresentação desta peça defensiva e a ausência de nomeação de defensor dativo para o ato podem implicar claros prejuízos para o réu, que deixou de defender-se da acusação que lhe é feita em momento que o processo penal lhe autoriza falar nos autos[277].

3.1.1.6. *Condenação com base exclusivamente em inquérito policial*

É pacífica a jurisprudência do Supremo Tribunal Federal no sentido de considerar nula a sentença condenatória fundamentada exclusivamente em elementos colhidos em inquéritos policiais, por constituir clara afronta ao princípio do contraditório (art. 5º, LV, da CF/88).

Eis a síntese da questão formulada pelo Ministro Sepúlveda Pertence:

> "Não se olvide, entretanto, que a peça inquisitorial serve para formar a *opinio delicti* e alicerçar a instauração da ação penal. Não pode ser a base ou fundamento de uma decisão condenatória, isto é, sem respaldo em elemento probante produzido durante a instrução criminal, sob pena de ferir o princípio constitucional do contraditório. (...) Concluindo, prova exclusivamente produzida em inquérito policial, sem respaldo em qualquer elemento probante colhido em juízo, não se presta para alicerçar sentença condenatória. Este *decisum* é nulo por inobservar a garantia constitucional do contraditório"[278].

---

277 A título de exemplo, cite-se a decisão proferida no HC 94.168, rel. Min. Carlos Britto, *DJ* de18-9-2008, em que se concluiu pela nulidade do processo, exatamente por ausência de apresentação das alegações finais: "*HABEAS CORPUS*. NULIDADE. CERCEAMENTO DE DEFESA. ADVOGADO CONSTITUÍDO: FALTA DE APRESENTAÇÃO DAS ALEGAÇÕES FINAIS DEFENSIVAS. AUSÊNCIA DE NOMEAÇÃO DE DEFENSOR DATIVO. SENTENÇA ABSOLUTÓRIA. CONDENAÇÃO DO PACIENTE, EM SEDE DE APELAÇÃO. PREJUÍZO. NULIDADE DO PROCESSO-CRIME A PARTIR DAS ALEGAÇÕES FINAIS. 1. As alegações finais defensivas constituem peça essencial do processo-crime. A falta de nomeação de Defensor Dativo para a respectiva apresentação acarretou evidente prejuízo ao acusado, ainda que absolvido em Primeiro Grau. Prejuízo que se constata, de plano, dado que o réu acabou condenado à pena de 03 (três) anos de reclusão, ante o provimento da apelação ministerial pública perante o Tribunal de Justiça da Paraíba. 2. A simples apresentação de contrarrazões ao recurso de apelação acusatório não tem a força de substituir, à altura, a relevante fase procedimental das alegações finais defensivas. Precedente específico: HC 73.227, da relatoria do ministro Maurício Corrêa. 3. *Habeas corpus* concedido, com a expedição de alvará de soltura do paciente, se por outro motivo não tiver que permanecer preso".

278 RE 331.133, rel. Min. Sepúlveda Pertence, *DJ* de 25-2-2004.

Portanto, há de se assegurar a aplicação do contraditório, de modo a se ter possibilidade, por exemplo, de provar em juízo que determinado testemunho prestado na fase do inquérito policial não foi obtido mediante coação, ou até mesmo, para que se confira à defesa a oportunidade de apresentar meios alternativos de prova que permitam ao juízo a formação de um juízo efetivamente imparcial acerca da ocorrência, ou não, de delito imputável ao acusado na seara do processo penal[279].

Sob pena de instauração, por vias transversas, do modelo inquisitório, o magistrado não pode dispor plenamente quanto à ocorrência, ou não, da devida instrução probatória sob o crivo dialético do debate entre acusação e defesa. Em síntese, o processo penal – aqui entendido como espaço de realização dos direitos fundamentais do devido processo legal, da ampla defesa e do contraditório (art. 5º, LIV e LV, da CF/88) – corresponde à garantia institucional de caráter processual por meio do qual o Estado deve promover todas as atividades de persecução criminal[280].

3.1.1.7. *Excesso de linguagem na pronúncia*

A função precípua do juiz quando da prolação da decisão de pronúncia é verificar a existência da plausibilidade jurídica a justificar o julgamento do réu pelo Tribunal do Júri. É seu dever, quando da fundamentação da pronúncia, evitar manifestar-se quanto ao mérito da acusação. Contudo, por tratar-se de exercício de juízo de valor posterior à fase instrutória do rito processual, é de compreender que já está formada a convicção magistrado sentenciante, embora ele não possua competência funcional para lavrar isoladamente o decreto sentencial. Neste caso, é de se esperar mais contundência na decisão de pronúncia do que na decisão de recebimento de denúncia.

Contudo, o comportamento prudente do magistrado deverá incluir a abstenção de refutar, a qualquer pretexto, as teses da defesa e contra-argumentar mediante a utilização de dados constantes nos autos do processo, ou, ainda, acolher circunstâncias elementares do crime.

Em conformidade com o art. 413, *caput*, do CPP, ao convencer-se o juiz da existência do fato e de indícios suficientes de autoria, a fundamentação da pronúncia, sem pecar pela superficialidade, deve ser marcada pela singeleza de expressões (art. 413, § 1º, do CPP), pois, nesse caso, caberá ao Júri a competência constitucional para apreciar as provas por imposição do inciso XXXVIII do art. 5º da CF/88.

Como ensina José Frederico Marques: "O magistrado que prolata a sentença de pronúncia deve exarar a sua decisão em termos sóbrios e comedidos, a fim de não exercer qualquer influência no ânimo dos jurados"[281].

---

279 Nesse sentido, o HC 83.864, rel. Min. Sepúlveda Pertence, *DJ* de 20-4-2004; RE 287.658, rel. Min. Sepúlveda Pertence, julgado em 16-9-2003; RE 89.555, rel. Min. Xavier de Albuquerque, *DJ* de 1º-6-1979; RE 331.133, rel. Min. Sepúlveda Pertence, *DJ* de 25-2-2004.

280 Essa orientação jurisprudencial foi adotada pelo legislador por meio de nova redação ao art. 155 do Código de Processo Penal pela Lei n. 11.680/2008.

281 José Frederico Marques, A instituição do Júri, Campinas: Bookseller, 1997, p. 232-330; idem, *Elementos de direito processual penal*, cit., 2. ed., Campinas: Millennium, 2003, v. 3, n. 723.

A decisão de pronúncia deve, portanto, encerrar mero juízo de admissibilidade da ação penal, discorrendo sobre as provas que dão conta da ocorrência do crime, mas descrevendo apenas os indícios de autoria, sem dá-los por suficientes para a sua comprovação. No procedimento especial do Júri, o excesso de linguagem pode influenciar o Conselho de Sentença e causar prejuízo ao réu. Trata-se de circunstância que influencia a legitimidade da sucessão dos atos processuais de feitos submetidos à competência do Tribunal do Júri porque o excesso de linguagem configura-se como manifestação que pode comprometer a adequada compreensão das imputações penais submetidas à análise do Conselho de Sentença. Isto é, a antecipação de qualquer juízo normativo ou desvalor ético-moral em relação à conduta imputada ao réu pronunciado corresponde à indevida violação de garantias processuais que, em última instância, podem afetar, inclusive, a noção da imparcialidade do juízo.

3.1.1.8. *Leitura de peças em plenário*

O art. 478, I, do CPP, com redação dada pela Lei n. 11.689/2008, dispõe que "Durante os debates as partes não poderão, sob pena de nulidade, fazer referências à decisão de pronúncia, às decisões posteriores que julgaram admissível a acusação ou à determinação do uso de algemas como argumento de autoridade que beneficiem ou prejudiquem o acusado".

Dessa forma, há vedação de referência a essas decisões "como argumento de autoridade" em benefício ou em desfavor do acusado.

A compreensão dessa norma não é simples.

A mesma lei (Lei n. 11.689/2008) que introduziu a restrição de leitura da pronúncia estabeleceu que cada jurado receberá, imediatamente após prestar compromisso, cópia da peça, conforme parágrafo único do art. 472 do CPP.

A distribuição de cópias da pronúncia é explicável pelo fato de ser essa a peça que resume a causa a ser julgada pelos jurados. A redação original do CPP previa o oferecimento, pela acusação, do libelo acusatório, contendo a descrição do fato criminoso, tal qual admitido na decisão de pronúncia (arts. 416 e 417, redação original). Assim, se a denúncia continha circunstância em relação à qual não fora admitida – uma qualificadora, por exemplo –, o libelo narrava a acusação a ser submetida ao plenário já livre dessa circunstância.

Na sistemática atual, no entanto, essa peça intermediária foi abolida, pelo que é a decisão de pronúncia que resume a causa em julgamento.

Isso explica porque a peça é considerada pela lei de particular importância, a ponto de ser a única com previsão de entrega aos jurados.

Além disso, muito embora recebam apenas a cópia da decisão de pronúncia, os jurados têm a prerrogativa de acessar a integralidade dos autos, mediante solicitação ao

---

A jurisprudência do Supremo Tribunal Federal é pacífica nesse sentido, como indica a ementa do julgamento do HC 79.797/RJ, de relatoria originária do Ministro Maurício Corrêa, cujo acórdão foi lavrado pelo Ministro Marco Aurélio:

"Ementa – JÚRI – QUESITOS – FORMULAÇÃO – PARÂMETROS – INDUZIMENTO – IMPROPRIEDADE. Os quesitos devem ser formulados a partir dos parâmetros do processo, sobressaindo os fatos narrados na denúncia, na defesa, na sentença de pronúncia e no libelo. Na elaboração dessas perguntas, impõe-se o emprego de palavras e expressões que não induzam o corpo de jurados – leigos – a esta ou àquela resposta".

juiz presidente (art. 480, § 3º). Assim, ao menos em tese, podem tomar conhecimento de qualquer peça juntada ao caderno processual.

A incoerência entre as normas que vedam a leitura da pronúncia e outras peças e, ao mesmo tempo, determinam o fornecimento de cópia da pronúncia e autorizam os jurados a consultar qualquer peça dos autos não passa desapercebida à doutrina.

Nucci afirma que a vedação beira a inconstitucionalidade, porque as decisões fariam parte do acervo probatório do caso[282].

Sobre o que vem a ser "argumento de autoridade", correta a apreciação de Fauzi Hassan Choukr:

> "Trata-se de expressão consolidada em várias áreas de conhecimento. Um argumento de autoridade é um argumento baseado na opinião de um especialista. Os argumentos de autoridade têm geralmente a seguinte forma lógica (ou são a ela redutíveis): 'a disse que P; logo, P'. Por exemplo: 'Aristóteles disse que a Terra é plana: logo, a Terra é plana'. Um argumento de autoridade pode ainda ter a seguinte forma lógica: 'Todas as autoridades dizem que P; logo, P'. (...)
>
> Sendo assim, a pronúncia deve se limitar a orientar o julgador leigo na sessão de instrução e julgamento, mas não pode ser alvo de valoração das partes quando dos debates. Diante de todo o exposto, conclui-se que falar sobre a pronúncia é possível, mas empregá-la como argumento de autoridade para obter determinado veredicto não é"[283].

Em suma, o que se defende é que a lei não veda toda e qualquer referência à pronúncia. Veda apenas a sua utilização como forma de persuadir o júri a concluir que, se o juiz pronunciou o réu, logo este é culpado. Raciocínio semelhante pode ser projetado às demais peças mencionadas no art. 478 do CPP.

Ambas as Turmas do STF consideram que a nulidade surge da utilização da leitura como "argumento de autoridade"[284].

3.1.2. Ampla defesa e contraditório nos processos administrativos em geral

Entende-se que o direito à defesa e ao contraditório tem plena aplicação não apenas em relação aos processos judiciais, mas também em relação aos procedimentos administrativos de forma geral. Observe-se, contudo, que em alguns procedimentos administrativos – inquéritos policiais – ou jurisdicionais – inquéritos judiciais – o contraditório e a ampla defesa podem não existir ou existir de forma atenuada, em razão de colisão com outros direitos fundamentais.

Dessa perspectiva não se afastou a Lei n. 9.784, de 29-1-1999, que regula o processo administrativo no âmbito da Administração Pública Federal. O art. 2º desse diploma

282 Guilherme de Souza Nucci, *Tribunal do Júri*, 5. ed., Rio de Janeiro: Forense, 2014, p. 237.

283 Fauzi Hassan Choukr, *Júri*, Rio de Janeiro: Lumen Juris, 2009, p. 149-150.

284 RHC 123.009, rel. Min. Rosa Weber, Primeira Turma, julgado em 18-11-2014; RHC 120.598, rel. Min. Gilmar Mendes, Segunda Turma, julgado em 3-8-2015.

legal determina, expressamente, que a Administração Pública obedecerá aos princípios da ampla defesa e do contraditório. O parágrafo único desse dispositivo estabelece que nos processos administrativos serão atendidos, dentre outros, os critérios de "observância das formalidades essenciais à garantia dos direitos dos administrados" (inciso VIII) e de "garantia dos direitos à comunicação" (inciso X).

Sob a Constituição de 1988, o Supremo Tribunal Federal fixou entendimento de que os princípios do contraditório e da ampla defesa são assegurados nos processos administrativos[285], tanto em tema de punições disciplinares como de restrição de direitos em geral[286].

No RE 158.543/RS, da relatoria do Ministro Marco Aurélio, assentou-se que, "tratando-se da anulação de ato administrativo cuja formalização haja repercutido no campo de interesses individuais, a anulação não prescinde da observância do contraditório, ou seja, da instauração de processo administrativo que enseja a audição daqueles que terão modificada situação já alcançada"[287]. No RE 199.733/MG, também da relatoria de Marco Aurélio, assentou-se igualmente essa orientação[288], asseverando-se que:

> "O vocábulo litigante há de ser compreendido em sentido lato, ou seja, a envolver interesses contrapostos. Destarte, não tem o sentido processual de parte, a pressupor uma demanda, uma lide, um conflito de interesses constante de processo judicial. Este enfoque decorre da circunstância de o princípio estar ligado, também, aos processos administrativos. A presunção de legitimidade dos atos administrativos milita não só em favor da pessoa jurídica de direito privado, como também do cidadão que se mostre, de alguma forma, por ele alcançado. Logo, o desfazimento, ainda que sob o ângulo da anulação, deve ocorrer cumprindo-se, de maneira irrestrita, o que se entende como devido processo legal *(lato sensu),* a que o inciso LV do artigo 5º objetiva preservar. O contraditório e a ampla defesa, assegurados constitucionalmente, não estão restritos apenas àqueles processos de natureza administrativa que se mostrem próprios ao campo disciplinar. O dispositivo constitucional não contempla especificidade".

Tal posição mereceu, igualmente, o referendo do Plenário no julgamento do MS 23.550/DF, de relatoria originária do Ministro Marco Aurélio, em processo que envolvia a anulação de licitação por parte do Tribunal de Contas da União.

É o que se depreende da seguinte passagem do voto condutor do acórdão de Sepúlveda Pertence:

---

285 "(...) O Supremo Tribunal Federal fixou jurisprudência no sentido de que os princípios do contraditório e da ampla defesa, ampliados pela Constituição de 1988, incidem sobre todos os processos, judiciais ou administrativos (...)" RE-AgR 527.814/PR, 2ª Turma do STF, rel. Min. Eros Grau, j. 5-8-2008, *DJ* de 28-8-2008.

286 Cf. RE 158.543, julgado em 30-8-1994 (*RTJ*, 156 (3)/1042); RE 199.733 (*RTJ*, 169 (3)/1061); e AI-AgRg 217.849 (*RTJ*, 170 (2)/702), ambos julgados em 15-12-1998, da relatoria do Ministro Marco Aurélio; entendimento contrário foi acolhido pela 1ª Turma no RE 213.513, julgado em 8-6-1999, da relatoria do Ministro Ilmar Galvão (*DJ* de 24-9-1999).

287 RE 158.543, rel. Min. Marco Aurélio, *DJ* de 6-10-1995.

288 RE 199.733, rel. Min. Marco Aurélio, *DJ* de 30-4-1999.

"De outro lado, se se impõe a garantia do devido processo legal aos procedimentos administrativos comuns, *a fortiori*, é irrecusável que a ela há de submeter-se o desempenho de todas as funções de controle do Tribunal de Contas, de colorido quase-jurisdicional.

De todo irrelevante a circunstância – a que se apegam as informações – de não haver previsão expressa da audiência dos interessados na Lei Orgânica do TCU, salvo nos processos de tomada ou prestação de contas, dada a incidência direta, na hipótese, das garantias constitucionais do devido processo.

De qualquer modo, se se pretende insistir no mau vezo das autoridades brasileiras de inversão da pirâmide normativa do ordenamento, de modo a acreditar menos na Constituição do que na lei ordinária, nem aí teria salvação o processo: nada exclui os procedimentos do Tribunal de Contas da União da aplicação subsidiária da lei geral do processo administrativo federal, a L. 9.784/99, já em vigor ao tempo dos fatos.

Nela, explicitamente, se prescreve a legitimação, como 'interessados no processo administrativo', de todos 'aqueles que, sem terem iniciado o processo, têm direitos ou interesses que possam ser afetados pela decisão a ser adotada' (art. 9º II)"[289].

E, adiante, conclui Pertence:

"Certo, não há consenso acerca da incidência do princípio do contraditório e da ampla defesa, quando se cuide do exercício de autotutela administrativa, mediante a anulação pela própria administração de atos viciados de ilegalidade.

No Tribunal, a solução afirmativa prevaleceu por maioria na 2ª Turma, no RE 158543, de 30.08.94 (*RTJ* 157/1042); e por votação unânime no RE 199733 (*RTJ* 169/1061), e no AgRAg 217849 (*RTJ* 170/702), ambos de 15.12.98, os três casos, relatados pelo Ministro Marco Aurélio; o entendimento contrário, no entanto, parece ter sido acolhido pela 1ª Turma no RE 213513, de 08.06.99, relator o Ministro Galvão (*DJ* 24.09.99).

O dissenso – que também se manifesta na doutrina –, não parece ter lugar quando se cuide, a rigor, não de anulação *ex officio,* mas de processo administrativo de um órgão de controle, qual o Tribunal de Contas, ainda quando a representação parta de órgãos de sua própria estrutura administrativa, quais as secretarias de controle externo sediadas nos Estados, como inicialmente se deu no caso.

A discussão, no entanto, seria ociosa no caso concreto, no qual houve também representação de particular, empresa vencida na licitação e, por isso, de interesse contraposto ao da impetrante, de modo a evidenciar uma situação típica de litígio, a reclamar induvidosamente a oportunidade da defesa e de contraditório"[290].

O poder de anulação de aposentadoria e pensões pelo Tribunal de Contas foi objeto de discussão no MS 24.268/MG[291]. Após o voto da Ministra Relatora, Ellen Gracie, que sustentava a legitimidade do ato, sustentamos, em voto vista, tese divergente, que resultou vencedora.

---

289 MS 23.550/DF, rel. Min. Marco Aurélio, *DJ* de 31-10-2001.

290 MS 23.550/DF, rel. Min. Marco Aurélio, *DJ* de 31-10-2001.

291 MS 24.268/MG, rel. para o acórdão Min. Gilmar Mendes, *DJ* de 17-9-2004; Cf. também RE 452.721, rel. Min. Gilmar Mendes, *DJ* de 3-2-2006; MS 24.927, rel. Min. Cezar Peluso, *DJ* de 25-8-2006.

Tratava-se, na espécie, de pensão decorrente da adoção da impetrante pelo titular, seu bisavô, por meio de escritura pública, cuja concessão fora considerada ilegal pelo TCU, em face da ausência de autorização judicial para a validade da adoção, na forma prevista nos arts. 28 e 35 do Código de Menores (Lei n. 6.697/79), que já se encontrava em vigor à época. Salientou-se, no caso, ainda, a necessidade de preservação da segurança jurídica, uma vez que o ato de cancelamento da pensão ocorrera dezoito anos após a concessão do benefício.

Por ofensa ao art. 5º, LV, da Carta Magna, que assegura aos litigantes, em processo judicial ou administrativo, o direito ao exercício do contraditório e da ampla defesa, o Tribunal, por maioria, deferiu o mandado de segurança para anular o ato do Tribunal de Contas da União que, por decisão unilateral, cancelara o pagamento da pensão especial concedida à impetrante, determinando a retomada do processo administrativo com a observância do contraditório e da ampla defesa[292].

No RE 452.721/MT, em caso em que se discutia a anulação de nomeação de defensores públicos realizada por Governador de Estado, a Segunda Turma, diante da impossibilidade de exoneração *ad nutum* dos impetrantes, assegurou o direito do contraditório e da ampla defesa nos seguintes termos:

> "1. Recurso Extraordinário. 2. Concurso Público. 3. Edital que não previu prazo de validade. Inexistência de ato de prorrogação. Alegação de validade de ato de anulação da nomeação realizada pelo Governador do Estado do Mato Grosso. Precedentes invocados pelo recorrente: RE n. 201.634-BA, 1ª Turma, Red. para acórdão Min. Moreira Alves, *DJ* de 17.05.2002 e RE n. 352.258-BA, 2ª Turma, rel. Min. Ellen Gracie, *DJ* de 14.05.2004. 4. Nomeação posterior de 25 defensores públicos dentro do número de vagas originariamente previsto no edital. Precedentes: RE n. 192.568-PI, rel. Min. Marco Aurélio, 2ª Turma, *DJ* de 13.06.1996; e RE n. 199.733, rel. Min. Marco Aurélio, 2ª Turma, *DJ* de 30.04.1999. 5. Inobservância dos princípios da ampla defesa, do contraditório e do devido processo legal (CF, art. 5º, LIV e LV). Revogação, por ato unilateral e sem a devida audiência, de situação constituída com relação a defensores públicos em estágio probatório. Impossibilidade de anulação arbitrária dos atos de nomeação dos defensores pelo Governador do Estado do Mato Grosso. Precedente: MS n. 24.268-MG, Pleno, rel. Min. Gilmar Mendes, *DJ* de 17.09.2004. 6. Inadmissibilidade de exoneração *ad nutum* de funcionários públicos em estágio probatório. Aplicação da Súmula n. 21/STF. Precedente: RE n. 378.041-MG, 1ª Turma, rel. Min. Carlos Brito, *DJ* de 11.02.2005. 7. Repercussão social, política e jurisdicional. Defensoria Pública Estadual. Essencialidade e relevância nos termos do art. 134, da Constituição Federal. Precedentes: HC n. 76.526-RJ, 2ª Turma, rel. Min. Maurício Corrêa, *DJ* de 17.03.1998, e RE n. 135.328-SP, Pleno, rel. Min. Marco Aurélio, *DJ* de 20.04.2001. Recurso desprovido"[293].

292 Sobre a ampla defesa e o contraditório em processo administrativo no TCU: "Nos processos perante o Tribunal de Contas da União asseguram-se o contraditório e a ampla defesa quando da decisão puder resultar anulação ou revogação de ato administrativo que beneficie o interessado, excetuada a apreciação da legalidade do ato de concessão inicial de aposentadoria, reforma e pensão" (Súmula Vinculante 3; data da aprovação: 30-5-2007).

293 RE 452.721/MT, rel. Min. Gilmar Mendes, Segunda Turma, *DJ* de 3-2-2006. No sentido de assegurar os princípios do contraditório e da ampla defesa em processos judiciais e administrativos, cf. o RE n. 527.814: "2. O Supremo Tribunal Federal fixou jurisprudência no sentido de que os princípios do contraditório e da ampla defesa,

Em idêntico sentido, no RE 351.489/PR, a Segunda Turma reconheceu a necessidade de instauração de procedimento administrativo prévio para apuração de irregularidades em face da anulação do concurso público, assegurando-se a candidatos nomeados antes da anulação o contraditório e a ampla defesa[294].

3.1.2.1. *Ampla defesa e contraditório nos procedimentos administrativos e questões de fato e de direito*

Alguns precedentes do Supremo Tribunal sinalizavam que, nos processos administrativos, o princípio do contraditório somente teria aplicação se o tema em discussão versasse sobre questões de fato.

Confira-se, a propósito, manifestação do Ministro Velloso no RE 158.543/RS:

> "Nos casos que tenho apreciado, em que o tema é ventilado, procuro verificar se o ato administrativo praticado é puramente jurídico ou se envolve ele questões de fato, em que se exige o fazimento de prova. Porque, se o ato é puramente jurídico, envolvendo, simplesmente, a aplicação de normas objetivas, mesmo não tendo sido assegurado o direito de defesa na área administrativa, pode a questão ser examinada em toda sua extensão, no Judiciário, na medida judicial contra o ato apresentada. Neste caso, portanto, não há se falar em prejuízo para o administrado, ou não resulta, do fato de não ter sido assegurada a defesa, na área administrativa, qualquer prejuízo, dado que a questão, repito, pode ser examinada em toda sua extensão, judicialmente"[295].

No MS 24.268/MG, o Supremo Tribunal Federal entendeu que não seria aplicável a distinção enunciada pelo Ministro Carlos Velloso no RE 158.543/RS.

Parece claro que o texto constitucional não autoriza semelhante redução teleológica (art. 5º, LV). Daí a superação dessa orientação jurisprudencial, tendo-se afirmado a necessidade da audiência do interessado em caso de revisão de ato por parte do Tribunal de Contas da União, independentemente de se cuidar de questão de fato ou de direito[296].

3.1.2.2. *Ampla defesa e contraditório no exame de aposentadoria ou pensões pelo TCU*

O Supremo Tribunal Federal tem firme entendimento no sentido de que a aprovação pelo TCU de aposentadorias ou pensões não se submete ao princípio do contraditório e da ampla defesa, por ser parte de um procedimento mais amplo, em que o TCU exercita o controle externo que lhe atribuiu a CF/88, em seu art. 71, III[297].

---

ampliados pela Constituição de 1988, incidem sobre todos os processos, judiciais ou administrativos, não se resumindo a simples direito, da parte, de manifestação e informação no processo, mas também à garantia de que seus argumentos serão analisados pelo órgão julgador, bem assim o de ser ouvido também em matéria jurídica" (RE-AgR 527.814/PR, rel. Min. Eros Grau, Segunda Turma, *DJ* de 28-8-2008).

294 RE 351.489, rel. Min. Gilmar Mendes, *DJ* de 17-3-2006.

295 RE 158.543, rel. Min. Marco Aurélio, *DJ* de 6-10-1995.

296 MS 24.268/MG, rel. para o acórdão Min. Gilmar Mendes, *DJ* de 17-9-2004.

297 Cf. MS 24.728/RO, rel. Min. Gilmar Mendes, *DJ* de 9-9-2005; MS 25.440/DF, rel. Min. Carlos Velloso, *DJ* de 28-4-2006; MS 24.859/DF, rel. Min. Carlos Velloso, *DJ* de 27-8-2004; MS 24.754/DF, rel. Min. Marco Aurélio, *DJ* de 18-2-2005; RE 163.301/AM, rel. Min. Sepúlveda Pertence, *DJ* de 28-11-1997.

Nesse sentido, o voto do Ministro Sepúlveda Pertence no RE 163.301/AM:

"(...) No tocante aos atos concessivos de aposentadoria ainda não julgados legais, e registrados, a afirmação de sua definitividade, como conteúdo de direito adquirido de beneficiários, agride o princípio da legalidade da Administração, de que deriva a Súmula 473, primeira parte: 'A administração pode anular seus próprios atos quando eivados de vícios que os tornam ilegais, porque deles não se originam direitos'.

O mesmo fundamento serve, *mutatis mutandis*, a validar a revisão pelo Tribunal de Contas, provocado pelo Ministério Público, de seus próprios julgamentos afirmativos de legalidade da concessão de aposentadoria: trata-se de decisão de controle externo que tem natureza administrativa, despidos, pois, os seus efeitos de qualificação de coisa julgada.

Aliás, essa possibilidade de revisão pelo Tribunal de Contas de suas decisões relativas a aposentadorias e pensões está subjacente à doutrina da Súmula 6, como está claro no primoroso voto do saudoso Ministro Victor Nunes, no principal dos *leading cases* que a suportam (RMS 8.657, 6.9.61, Victor Nunes, *RTJ* 20/69)"[298].

Esse entendimento sofreu parcial modificação com o julgamento, pelo STF, do MS 25.116/DF, impetrado contra ato do TCU, que negou registro de aposentadoria especial de professor por considerar indevido o cômputo de serviço prestado sem contrato formal e sem o recolhimento de contribuições previdenciárias.

Conforme assentado pelo Plenário do STF:

"A inércia da Corte de Contas, por mais de cinco anos, a contar da aposentadoria, consolidou afirmativamente a expectativa do ex-servidor quanto ao recebimento de verba de caráter alimentar. Esse aspecto temporal diz intimamente com: a) o princípio da segurança jurídica, projeção objetiva do princípio da dignidade da pessoa humana e elemento conceitual do Estado de Direito; b) a lealdade, um dos conteúdos do princípio constitucional da moralidade administrativa (*caput* do art. 37). São de se reconhecer, portanto, certas situações jurídicas subjetivas ante o Poder Público, mormente quando tais situações se formalizam por ato de qualquer das instâncias administrativas desse Poder, como se dá com o ato formal de aposentadoria. 4. A manifestação do órgão constitucional de controle externo há de se formalizar em tempo que não desborde das pautas elementares da razoabilidade. Todo o Direito Positivo é permeado por essa preocupação com o tempo enquanto figura jurídica, para que sua prolongada passagem em aberto não opere como fator de séria instabilidade intersubjetiva ou mesmo intergrupal. A própria Constituição Federal de 1988 dá conta de institutos que têm no perfazimento de um certo lapso temporal a sua própria razão de ser. Pelo que existe uma espécie de tempo constitucional médio que resume em si, objetivamente, o desejado critério da razoabilidade. Tempo que é de cinco anos (inciso XXIX do art. 7º e arts. 183 e 191 da CF; bem como art. 19 do ADCT). 5. O prazo de cinco anos é de ser aplicado aos processos de contas que tenham por objeto o exame de legalidade dos atos concessivos de aposentadorias, reformas e pensões. Transcorrido *in albis* o

298 RE 163.301, rel. Min. Sepúlveda Pertence, *DJ* de 28-11-1997.

interregno quinquenal, a contar da aposentadoria, é de se convocar os particulares para participarem do processo de seu interesse, a fim de desfrutar das garantias constitucionais do contraditório e da ampla defesa (inciso LV do art. 5º). 6. Segurança concedida"[299].

Com essa decisão, estabeleceu o Tribunal, de forma clara, o balizamento temporal no poder de revisão de atos de aposentadoria por parte do TCU, conferindo maior segurança às relações jurídicas sujeitas a controle por aquela Corte de Contas.

Esse tema teve repercussão geral reconhecida em recurso extraordinário, pendente de julgamento[300].

3.1.2.3. *Ampla defesa e contraditório nos processos de julgamento de contas dos Chefes do Poder Executivo*

As contas do Presidente da República, dos Governadores e dos Prefeitos são apreciadas pelos Tribunais de Contas, que emitem parecer. Esse parecer é submetido ao Poder Legislativo respectivo, que efetivamente julga as contas – arts. 49, IX, 71, I, e 75, da CF.

Constitui orientação consolidada do Supremo Tribunal Federal que há de se assegurar o pleno direito de defesa no julgamento de contas de prefeitos, realizado pela Câmara de Vereadores com base em parecer do Tribunal de Contas que recomenda a rejeição (arts. 31, § 1º, e 71 c/c o art. 75 da CF/88)[301]. Esse entendimento pode ser projetado para o julgamento de contas de Governadores e do Presidente da República, por ser a sistemática simétrica.

Quanto ao respeito à ampla defesa e ao contraditório na apreciação das contas pelo Tribunal, a posição mais ortodoxa é em sentido contrário. No entanto, ao apreciar as contas da Presidente da República de 2014, o TCU, pela primeira vez, tomou a iniciativa de notificar um Chefe do Poder Executivo Federal para se manifestar sobre os indícios de irregularidade apurados, possibilitando o exercício do direito de defesa.

3.1.2.4. *Ampla defesa e contraditório no processo administrativo disciplinar*

É pacífica a orientação jurisprudencial quanto à ampla aplicação do postulado do contraditório e da ampla defesa no âmbito dos processos administrativos disciplinares.

Inicialmente, cabe destacar que o Tribunal tem assentado que a capitulação do ilícito administrativo não pode ser demasiadamente aberta, ou genérica, a ponto de impossibilitar a efetividade do exercício do direito de defesa[302].

No tocante à fase instrutória, tem-se afirmado que a recusa de reinquirição de testemunha configura lesão ao princípio da ampla defesa, consagrado no art. 5º, LV[303].

Por fim, assinale-se que, nos termos da Súmula Vinculante n. 5, "a falta de defesa técnica por advogado no processo administrativo disciplinar não ofende a Constituição"[304].

---

299 STF, MS 25.116/DF, Pleno, rel. Min. Ayres Britto, *DJe* de 10-2-2011.

300 RE 636.553, rel. Min. Gilmar Mendes.

301 RE 261.885, rel. Min. Ilmar Galvão, julgado em 5-12-2000, *DJ* de 16-3-2001. Cf., ainda, decisão do Ministro Celso de Mello no RE 235.593, *DJ* de 22-4-2004.

302 RMS 24.699, rel. Min. Eros Grau, *DJ* de 1º-7-2005.

303 RE 222.294, rel. Min. Ilmar Galvão, *DJ* de 13-8-1999.

304 Sessão Plenária de 7-5-2008, *DJ* de 16-6-2008. Em 30-11-2016, o STF rejeitou, por maioria, proposta de cancelamento da Súmula Vinculante 5.

3.1.2.5. *Direito de defesa nos processos disciplinares contra parlamentares*

O mesmo procedimento adotou-se com referência ao direito de defesa de parlamentares, como se depreende do julgamento do MS 25.647/DF, da relatoria originária do Ministro Carlos Britto, cuja ementa, da lavra do Ministro Cezar Peluso, assevera o seguinte:

> "Parlamentar. Perda de mandato. Processo de cassação. Quebra de decoro parlamentar. Inversão da ordem das provas. Reinquirição de testemunha de acusação ouvida após as da defesa. Indeferimento pelo Conselho de Ética. Inadmissibilidade. Prejuízo presumido. Nulidade consequente. Inobservância do contraditório e da ampla defesa. Vulneração do justo processo da lei (*due process of law*). Ofensa aos arts. 5º, incs. LIV e LV, e 55, § 2º, da CF. Liminar concedida em parte, pelo voto intermediário, para suprimir, do Relatório da Comissão, o inteiro teor do depoimento e das referências que lhe faça. Votos vencidos. Em processo parlamentar de perda de mandato, não se admite aproveitamento de prova acusatória produzida após as provas de defesa, sem oportunidade de contradição real"[305].

Em casos de sindicância administrativa, também há de se proceder à verificação da ocorrência do contraditório e da ampla defesa[306].

3.1.2.6. *Direito de defesa e "impeachment"*

No Brasil, o *impeachment* é usado para julgamento de autoridades, por crimes de responsabilidade. Na esfera federal, compete ao Senado o julgamento do Presidente da República, do Vice-Presidente da República, dos Ministros de Estado, dos Comandantes da Marinha, do Exército e da Aeronáutica, dos Ministros do Supremo Tribunal Federal, dos membros do Conselho Nacional de Justiça e do Conselho Nacional do Ministério Público, do Procurador-Geral da República e do Advogado-Geral da União – art. 52, CF. O julgamento do Presidente, do Vice-Presidente da República e dos Ministros de Estado depende de autorização prévia de dois terços da Câmara dos Deputados – art. 51, CF. O modelo pode ser replicado por Estados e Municípios.

As sanções aplicadas se resumem à perda do cargo e à inabilitação para ocupar cargos públicos, por um prazo determinado. O *impeachment* é um processo destinado acima de tudo a proteger as instituições de pessoas sem o necessário preparo para exercício de cargos. O objetivo principal não é punir, mas resguardar as instituições. Por isso, se diz que o *impeachment* tem natureza predominantemente política, e não jurídica.

Tendo em vista a veia política do *impeachment*, discutiu-se se princípios jurídicos, mais especificamente as garantias fundamentais de caráter judicial, e em especial a ampla defesa e o contraditório, seriam aplicáveis ao seu procedimento.

A resposta do STF sempre foi positiva. Ao analisar mandado de segurança contra o procedimento no Caso Collor, a Corte assegurou direito a oferecer razões escritas

305 MS-MC 25.647/DF, rel. Min. Carlos Britto, Red. para o acórdão Min. Cezar Peluso, *DJ* de 15-12-2006.

306 Nesse sentido, o AI-AgRg 504.869/PE, rel. Min. Joaquim Barbosa, *DJ* de 18-2-2005; MS 22.791/MS, rel. Min. Cezar Peluso, *DJ* de 19-12-2003; RE 415.760, rel. Min. Marco Aurélio, *DJ* de 30-9-2005.

pela defesa. Fundou essa prerrogativa justamente no princípio da ampla defesa, inscrito no art. 5º, LV, da CF[307].

No curso do procedimento contra a Presidente Dilma Rousseff, a Corte foi provocada para se pronunciar em caráter geral, pela via da arguição de descumprimento de preceito fundamental.

Mais uma vez, a resposta foi pela observância obrigatória dos princípios relacionados ao devido processo legal, assegurados no art. 5º da CF – dentre eles, o direito à ampla defesa e ao contraditório[308].

3.2. Conformação e limitação

O direito ao contraditório e à ampla defesa, com os recursos a ela inerentes, tem âmbito de proteção de caráter normativo, o que, de um lado, impõe ao legislador o dever de conferir densidade normativa adequada a essa garantia e, de outro, permite-lhe alguma liberdade de conformação.

Ao regular o direito ao contraditório e à ampla defesa não pode o legislador desequiparar os interesses e as partes em conflito, estabelecendo os meios necessários para que se atinja o equilíbrio entre estas, garantindo, assim, tratamento paritário entre as partes no processo[309].

A lei de procedimento administrativo disciplina o direito ao contraditório e à ampla defesa no plano geral (cf. art. 2º, *caput*, da Lei n. 9.784, de 29-1-1999). Há disposições expressas sobre o tema no Código de Processo Civil, no Código de Processo Penal, no Estatuto dos Funcionários Públicos Federais (cf. art. 153 da Lei n. 8.112/90), dentre outros complexos normativos.

4. DIREITO DE PETIÇÃO

4.1. Considerações gerais

O direito de petição, previsto no art. 5º, XXXIV, da Constituição, configura um clássico direito fundamental já constante do *Bill of Rights*, de 1689.

A nossa Carta Constitucional de 1824 estabelecia, no art. 179, n. 30, que "todo cidadão poderá apresentar, por escrito, ao Poder Legislativo e ao Executivo, reclamações, queixas, ou petições, e até expor qualquer infração da Constituição, requerendo perante a competente autoridade a efetiva responsabilidade aos infratores".

---

307 MS 21.564, rel. Min. Octavio Gallotti, red. p/ acórdão Min. Carlos Velloso, Tribunal Pleno, julgado em 23-9-1992.

308 ADPF 378, rel. Min. Edson Fachin, red. p/ acórdão Min. Roberto Barroso, Tribunal Pleno, julgado em 17-12-2015.

309 Sobre o tema, confira Rogério Lauria Tucci, *Direitos e garantias individuais no processo penal brasileiro*, cit., p. 137-146.

Todas as demais Constituições brasileiras consagraram o direito de petição (Constituição de 1891, art. 72, *caput;* Constituição de 1934, art. 113, n. 10; Constituição de 1937, art. 122, n. 7; Constituição de 1946, art. 141, § 37; Constituição de 1967/69, art. 150, § 30; Constituição de 1988, art. 5º, XXXIV)[310].

Trata-se de importante instrumento de defesa não jurisdicional de direitos e interesses gerais ou coletivos[311].

4.2. Âmbito de proteção

4.2.1. Conceito de petição

A Constituição assegura o direito de petição aos Poderes Públicos em defesa de direitos ou contra ilegalidade ou abuso de poder (art. 5º, XXXIV, *a*, da CF/88) e o direito à obtenção de certidões em repartições públicas, para a defesa de direitos e esclarecimento de situações de interesse pessoal (art. 5º, XXXIV, *b*, da CF/88).

No conceito de petição há de se compreender a reclamação dirigida à autoridade competente para que reveja ou eventualmente corrija determinada medida, a reclamação dirigida à autoridade superior com o objetivo idêntico, o expediente dirigido à autoridade sobre a conduta de um subordinado, como também qualquer pedido ou reclamação relativa ao exercício ou à atuação do Poder Público[312].

Trata-se de um direito assegurado a brasileiros ou estrangeiros, que se presta tanto à defesa de direitos individuais contra eventuais abusos, como também para a defesa de interesse geral e coletivo.

4.2.2. Destinatários da petição

A petição há de ser destinada ao órgão ou à autoridade competente.

Alguns órgãos representativos dispõem de comissões especiais voltadas para o processamento das petições que lhes são dirigidas. As petições dirigidas a órgão incompetente devem ser redirecionadas ou, pelo menos, deve-se dar ao competente órgão a ciência da existência do pleito[313].

A existência de órgãos destinados à defesa de interesse geral, como é o Ministério Público, ou, em determinados órgãos ou conselhos de supervisão, como as ouvidorias, os conselhos da magistratura e do Ministério Público, confere ao direito de petição uma dimensão substantiva, ensejando que o eventual interessado dirija-se a órgãos de perfil técnico funcionalmente estruturados para o mister de supervisão ou de fiscalização.

---

310 Cf., sobre o assunto, Artur Cortez Bonifácio, *Direito de petição*: garantia constitucional, São Paulo: Método, 2004, p. 102 e s.

311 José Joaquim Gomes Canotilho, *Direito constitucional e teoria da Constituição*, 4. ed., Coimbra: Almedina, 2001, p. 498.

312 Cf. Pieroth/Schlink, *Grundrechte – Staatsrecht II*, cit., p. 262; José Joaquim Gomes Canotilho, *Direito constitucional*, cit., p. 498.

313 Cf., a propósito, do Direito alemão, Pieroth/Schlink, *Grundrechte – Staatsrecht II*, cit., p. 262.

4.2.3. Requisitos de admissibilidade

Da ordem constitucional não resulta uma clara exigência quanto aos requisitos de admissibilidade do direito de petição.

O requerimento de algo não previsto em lei ou nela expressamente vedado não descaracteriza ou desnatura o direito de petição. De resto, o pedido de proteção muitas vezes contém pretensão indevida ou juridicamente vedada.

Pode-se afigurar controvertida a compatibilidade do direito de petição com eventuais afirmações injuriosas ou caluniosas.

O direito de petição certamente não há de ser utilizado com a finalidade de proferir ofensas pessoais. Daí a Corte Constitucional alemã ter asseverado a inadmissibilidade de petição de conteúdo ofensivo[314]. Pieroth e Schlink[315] observam, porém, que afirmações ofensivas podem ser feitas na defesa de interesses legítimos.

A jurisprudência do Supremo Tribunal também tem assinalado que "a necessidade de narrar ou de criticar atua como fator de descaracterização do tipo subjetivo peculiar aos crimes contra a honra, especialmente quando a manifestação considerada ofensiva decorre do regular exercício, pelo agente, de um direito que lhe assiste (direito de petição) e de cuja prática não transparece o *pravus animus*, que constitui elemento essencial à positivação dos delitos de calúnia, difamação e/ou injúria"[316].

Se se cuidar de pedido de certidão para a defesa de direitos ou de esclarecimento de situações de interesse pessoal, deverá o interessado demonstrar, minimamente, esse interesse legítimo.

Tem-se assinalado, também, que o direito de petição "não assegura, por si só, a possibilidade de o interessado – que não dispõe de capacidade postulatória – ingressar em juízo, para, independentemente de advogado, litigar em nome próprio ou como representante de terceiros"[317].

Tal posição aponta, contudo, para uma tendência de flexibilização, em especial no que concerne às matérias ou questões cíveis submetidas aos Juizados Especiais Estaduais e também aos Juizados Especiais Federais[318].

4.2.4. Pretensão de ser informado

Embora o texto constitucional não se refira a um direito de ser informado sobre o resultado da apreciação, parece corolário do direito de petição essa consequência. Pieroth

314 Cf. *BVerfGE*, 2, 225/229; ver, também, Pieroth/Schlink, *Grundrechte – Staatsrecht II*, cit., p. 262.

315 Cf. Pieroth/Schlink, *Grundrechte – Staatsrecht II*, cit., p. 262.

316 HC 72.062, rel. Min. Celso de Mello, *DJ* de 21-11-1997.

317 AR-AgRg 1.354, rel. Min. Celso de Mello, *DJ* de 6-6-1997. No mesmo sentido: MS-AgRg 21.651, *DJ* de 19-8-1994; Pet. AgRg 762, *DJ* de 8-4-1994.

318 No já mencionado julgamento da ADI 3.168, rel. Min. Joaquim Barbosa, *DJ* de 3-8-2007, o Plenário do Supremo Tribunal Federal reafirmou a jurisprudência firmada com relação à Lei n. 9.099/95 (Lei dos Juizados Especiais) e estipulou bases mais amplas para o direito de petição no contexto das causas cíveis e criminais no âmbito da competência dos juizados especiais federais instituídos por meio da Lei n. 10.259/2001. Com relação às causas penais, contudo, ainda prevalece o entendimento da indisponibilidade da defesa técnica para a tutela dos direitos fundamentais dos cidadãos afetados.

e Schlink anotam, referindo-se ao direito constitucional alemão, que, da fórmula constitucional adotada (Lei Fundamental, art. 17) resulta, literalmente, apenas um direito a se dirigir ao órgão competente, que permitiria extrair também para a outra parte o dever de receber a petição, o que reduziria imensamente o significado jurídico do instituto. Por isso, afirma-se que do direito de petição decorre uma pretensão quanto ao exame ou análise da petição *(Prüfung)* e à comunicação sobre a decisão *(Bescheidung)*. Da comunicação há de constar informação sobre o conhecimento do conteúdo da petição e a forma do seu processamento. Embora a jurisprudência alemã não vislumbre aqui um dever de motivação, a doutrina majoritária considera que a decisão há de ser motivada[319].

Não parece que deva ser outro o entendimento no Direito brasileiro, tendo em vista a função de instrumento de defesa de direitos no nosso sistema constitucional. Não se trata, apenas, de um direito amplamente disponível, mas de garantia processual que figura como mecanismo apto para a materialização do plexo normativo de outros direitos fundamentais, entre os quais sobressai, de modo indissociável, o direito de acesso à informação previsto no art. 5º, XXXIII, do texto constitucional.

A Lei de Procedimento Administrativo estabeleceu que a Administração deve emitir decisão nos processos administrativos e sobre solicitações ou reclamações, em matéria de sua competência (Lei federal n. 9.784/99, art. 48). Nos termos da referida lei, concluída a instrução, a Administração disporá de 30 (trinta) dias para decidir, salvo prorrogação por igual período expressamente motivada (art. 49). Tal disposição legislativa está afinada também com outra garantia já mencionada, o direito à razoável duração do processo nos âmbitos judicial e administrativo (art. 5º, LXXVIII, da CF/88)[320].

A lei de acesso à informação, que dispõe sobre os procedimentos a serem observados por União, Estados, Distrito Federal e Municípios com o fim de assegurar o exercício desse direito (Lei n. 12.527/2011), acabou por conferir maior efetividade ao próprio direito de petição, ao prever, entre outras disposições: a) o dever do órgão ou entidade pública de autorizar ou conceder o acesso imediato à informação disponível (art. 11), ou no prazo não superior a 20 dias quando se tratar de casos em que não seja possível o acesso imediato (art. 11, § 1º); b) oferecimento, pelo Poder Público, de meios para que o próprio requerente possa pesquisar a informação de que necessitar; c) a responsabilidade do agente público que recusar a fornecer a informação requerida, retardar deliberadamente o seu fornecimento, ou fornecê-la intencionalmente de forma incorreta, incompleta ou imprecisa, com a previsão de sanções como advertência, multa, rescisão de vínculo com o Poder Público.

4.3. Titularidade

O direito de petição é um típico direito fundamental de caráter geral ou universal (direito da pessoa humana), assegurado a todos, pessoas físicas ou jurídicas, brasileiros ou estrangeiros, ou até mesmo a entes não dotados de personalidade jurídica. Pode ser exercido individual ou coletivamente.

---

319 Pieroth/Schlink, *Grundrechte – Staatsrecht II*, cit., p. 263.

320 *Vide, supra*, item sobre *razoável duração do processo*.

Não há aqui sequer que se cogitar de qualquer critério relativo à capacidade de exercício, uma vez que o menor também poderá exercer o direito de petição, se tiver consciência de seu significado. Em outros casos, deverá ser representado pelos seus representantes legais[321].

4.4. Conformação e limitação

O direito de petição não contempla reserva legal expressa.

O legislador não está impedido, porém, de adotar medidas destinadas a conferir adequada aplicação ou de fixar normas de organização e procedimento destinadas a conferir maior efetividade a essa garantia.

Controversas revelam-se algumas medidas adotadas em relação a pessoas submetidas a determinados regimes, como os presos em regimes carcerários de segurança máxima, que podem ficar proibidos de comunicação com o exterior por determinado período[322].

Trata-se de um tema, contudo, que, até o presente momento, não foi apreciado, em caráter definitivo, pelo Supremo Tribunal Federal.

Em casos como esse, a eventual ofensa ao direito de petição há de ser contemplada em face de outros valores constitucionais em conflito[323].

5. DIREITO AO JUIZ NATURAL E PROIBIÇÃO DE TRIBUNAIS DE EXCEÇÃO

5.1. Considerações gerais

Um dos princípios essenciais do direito constitucional diz respeito ao postulado do juiz natural, que traz ínsita a proibição das Cortes *ad hoc* ou dos tribunais de exceção (art. 5º, XXXVII).

No sistema brasileiro, assegura-se, ainda, o direito a julgamento pelo Tribunal do Júri, nos crimes dolosos contra a vida (CF, art. 5º, XXXVIII).

Tal como observado pelo Ministro Celso de Mello, "o postulado do juiz natural reveste-se, em sua projeção político-jurídica, de dupla função instrumental, que conforma a atividade legislativa do Estado e condiciona o desempenho pelo Poder Público das funções de caráter persecutório em juízo"[324].

---

321 Cf. Jörn Ipsen, *Staatsrecht II – Grundrechte*, München, 2004, p. 156.

322 Cf. arts. 54 e 57 c/c os arts. 41 e 53 da Lei de Execução Penal (Lei n. 7.210/1984), alterada pela Lei n. 10.792/2003 (Art. 4º Os estabelecimentos penitenciários, especialmente os destinados ao regime disciplinar diferenciado, disporão, dentre outros equipamentos de segurança, de bloqueadores de telecomunicação para telefones celulares, radiotransmissores e outros meios, definidos no art. 60, § 1º, da Lei n. 9.472, de 16 de julho de 1997. O parágrafo único do art. 41 da Lei de Execução Penal (Lei n. 7.210/84) prevê que, mediante ato motivado do diretor do estabelecimento, os direitos previstos no inciso XV do mesmo art. 41 (XV – contato com o mundo exterior por meio de correspondência escrita, da leitura e de outros meios de informação que não comprometam a moral e os bons costumes) poderão ser suspensos.

323 Cf. decisão da Corte Constitucional alemã sobre restrição imposta a presos integrantes de grupos terroristas – *BVerfGE*, 49, p. 24/64; Pieroth/Schlink, *Grundrechte – Staatsrecht II*, cit., p. 263; Jörn Ipsen, *Staatsrecht II – Grundrechte*, cit., p. 158-159.

324 AI-AgRg 177.313, rel. Min. Celso de Mello, *DJ* de 17-5-1996. Cf., ainda, HC 81.963, rel. Min. Celso de Mello, *DJ* de 28-10-2004.

O tema do juiz natural assume relevo inegável no contexto da extradição, uma vez que somente poderá ser deferida essa medida excepcional se o Estado requerente dispuser de condições para assegurar julgamento com base nos princípios básicos do Estado de Direito, garantindo que o extraditando não será submetido a qualquer jurisdição excepcional[325].

5.1.1. Imparcialidade e mecanismos de proteção

O direito ao juiz natural é um instrumento de proteção efetiva à imparcialidade do julgador. Diante disso, fundamental assentar algumas premissas em relação à imparcialidade judicial necessária ao processo e à prestação da tutela jurisdicional pelo Estado. Segundo Peter Häberle:

> "El enorme significado que tiene el tercer poder como el intento más serio de buscar la verdad deviene de su forma legal de proceder (verdad y justicia como resultado de un proceso): independencia institucional y personal de los jueces, investigación por sospechas fundadas, postulado de la 'búsqueda imparcial de la verdad', transparencia como garantía conexa a la búsqueda de la vedad: 'condiciones de verdad'"[326].

Para superar a irracionalidade da vingança privada, em que a própria vítima ou seus familiares sancionavam aqueles que pensavam ser seus agressores, nós, como sociedade democrática, decidimos monopolizar ao Estado a possibilidade de impor uma sanção penal. Ou seja, para evitar injustiças, tendo em vista que a vítima possui uma visão passional e impactada pelo fato delituoso, determinamos que os crimes seriam investigados pelo Estado e uma pena seria imposta somente após o transcorrer do devido processo, com todas as suas garantias, em que se produzam provas incriminatórias além da dúvida razoável, para só assim se superar a presunção de inocência.

Desse modo, decidimos que o Estado deveria processar e sancionar quem cometesse um crime, pois, por meio do processo, seria possível verificar a imputação de um modo racional e imparcial, o que a vítima, em regra, não teria condições de garantir, tendo em vista sua atuação impactada pelo crime e, muitas vezes, angustiada pelo desejo de vingança. Consagrou-se, assim, por primado de racionalidade e justiça, o monopólio estatal para exercício do poder punitivo[327].

Em uma perspectiva mais ampla, todo o processo judicial é construído a partir da premissa de que as partes envolvidas em um conflito abrem mão da sua vontade para que o Estado resolva a questão de um modo justo. Aqui está a base do conceito clássico de jurisdição: "substituição da vontade das partes para aplicação do direito objetivo pelo Estado"[328].

---

325 Extr. 347/Itália, rel. Min. Djaci Falcão, *DJ* de 9-6-1978; Extr. 986/Bolívia, rel. Min. Eros Grau, *DJ* de 4-10-2007, Cf., ainda, o Capítulo 6 – *Direito de Nacionalidade e Regime Jurídico do Estrangeiro*.

326 Peter Häberle, *Verdad y Estado constitucional*. UNAM-Instituto de Investigaciones Jurídicas, 2006, p. 13.

327 José Frederico Marques, *Elementos de direito processual penal*, v. I, p. 4.

328 Cintra, Grinover, Dinamarco, *Teoria geral do processo*. 31. ed. Malheiros, 2014, p. 165.

Desse modo, as partes autorizam que a sua vontade seja substituída pelo que for definido por um terceiro, o julgador, representado pelo Estado na prestação da tutela jurisdicional. O juiz deve ser, portanto, um terceiro, alheio aos interesses das partes, afastado da vontade delas, e só assim poderá decidir de modo justo, porque imparcial. Na doutrina, destaca-se que "a imparcialidade é um princípio nuclear da prestação jurisdicional, um elemento essencial da Justiça, de modo que sem ela não há como se falar propriamente de um processo judicial"[329].

A imparcialidade judicial é consagrada como uma das bases das garantias do devido processo legal. Embora não prevista expressamente na Constituição Federal, afirma-se que "a imparcialidade é conditio sine qua non de qualquer juiz, sendo, pois, uma garantia constitucional implícita"[330].

Sobre a questão, o Supremo Tribunal Federal já consignou que "o princípio constitucional da separação dos Poderes (CRFB, art. 2º), cláusula pétrea inscrita no art. 60, § 4º, III, da Constituição República, revela-se incompatível com arranjos institucionais que comprometam a independência e a imparcialidade do Poder Judiciário, predicados necessários à garantia da justiça e do Estado de Democrático de Direito" (ADI 5.316 MC, rel. Min. Luiz Fux, Tribunal Pleno, *DJe* 6-8-2015).

A Corte Interamericana de Direitos Humanos define que "o direito de ser julgado por um juiz ou tribunal imparcial é uma garantia fundamental do devido processo", ou seja, "deve-se garantir que o juiz ou tribunal em exercício de sua função julgadora conte com a maior objetividade para realizar o juízo". (Caso Duque *Vs.* Colombia, 2016.)

5.1.2. O juízo de garantias no processo penal

Diretamente relacionada com a efetivação da imparcialidade judicial no ordenamento brasileiro está a implementação da figura do juízo de garantias no processo penal. Trata-se de sistemática comum em diversos ordenamentos estrangeiros, por exemplo, presente em vários códigos recentemente reformados na América Latina. Seu objetivo central é fortalecer a imparcialidade do julgador que irá decidir sobre o mérito do caso penal, ou seja, sobre a culpa ou inocência do réu[331].

O juiz de garantias não é um juiz instrutor, que investiga, tampouco um juiz unilateral, que somente protege os interesses da defesa. Muito pelo contrário. O juiz de garantias é um instituto que assegurará a efetividade da investigação e a proteção adequada aos direitos fundamentais.

Constatou-se cientificamente, inclusive a partir de evidências empíricas, que o juiz responsável por supervisionar o inquérito policial finda por ter a sua imparcialidade fragilizada em razão da cognição realizada em tal momento para decidir sobre medidas

---

329 Lorena Bachmaier Winter, *Imparcialidad judicial y libertad de expresión de jueces y magistrados.*

330 Gustavo H. Badaró, *Processo penal*, 5. ed., São Paulo: RT, 2018, p. 46.

331 André M. Maya, O juizado de garantias como fator determinante à estruturação democrática da jurisdição criminal: o contributo das reformas processuais penais latino- americanas à reforma processual penal brasileira. *Novos Estudos Jurídicos*, v. 23, p. 71-88, 2018.

invasivas, como a decretação de uma prisão preventiva ou a autorização de uma interceptação telefônica[332]. Tais atos pressupõem a verificação de elementos suficientes, como o *fumus comissi delicti*, que inserem o juiz na análise do mérito do processo, mas isso se dá a partir de informações produzidas sem a devida conformidade ao contraditório e ao exame cruzado.

A partir do momento em que o juiz formou sua convicção sobre a culpa do acusado, tendo como base elementos produzidos unilateralmente pela polícia ou pela acusação, reverter tal cenário é uma tarefa extremamente difícil ou inviável. Trata-se do "primado das hipóteses sobre os fatos", em que se decide segundo informações frágeis para depois se buscar seletivamente provas confirmatórias de tal cenário[333]. Tal fenômeno é bem explicado pela doutrina a partir de teorias da psicologia, como a dissonância cognitiva e seus efeitos correlatos[334].

Diante de tais premissas, resta claro que a inserção da figura do juiz de garantias no processo penal brasileiro aporta fundamentais aprimoramentos ao sistema, especialmente com a previsão de separação física dos autos do inquérito, nos termos do art. 3º-C, § 3º, do CPP: "Os autos que compõem as matérias de competência do juiz das garantias ficarão acautelados na secretaria desse juízo, à disposição do Ministério Público e da defesa, e não serão apensados aos autos do processo enviados ao juiz da instrução e julgamento, ressalvados os documentos relativos às provas irrepetíveis, medidas de obtenção de provas ou de antecipação de provas, que deverão ser remetidos para apensamento em apartado".

Considerando que a investigação preliminar tem uma função instrumental em relação ao processo (centralidade do juízo oral), há limitações cognitivas em sua amplitude e extensão. Afirma-se que "uma fase pré-processual plenária não representa mais do que uma molesta duplicidade ou, ainda pior, desvirtua completamente a fase processual, transformando-se na alma do processo"[335]. Assim, existem limitações tanto em termos cognitivos quanto em relação ao exercício do contraditório, por exemplo. Ou seja, elementos produzidos na fase investigativa, como depoimentos de testemunhas, em regra, não serão realizados em conformidade com o necessário exame cruzado para exercício do contraditório por todas as partes.

Por todos esses motivos, a Lei n. 13.964/2019 (Lei Anticrime) inseriu nos arts. 3º-A a 3º-F a figura do juízo de garantias, "responsável pelo controle da legalidade da investigação criminal e pela salvaguarda dos direitos individuais cuja franquia tenha sido reservada à autorização prévia do Poder Judiciário" (art. 3º-A). Sua atuação abrange os atos da investigação preliminar até o recebimento da denúncia, quando se inicia formalmen-

332 Ricardo J. Gloeckner, Prisões cautelares, *confirmation bias* e o direito fundamental à devida cognição no processo penal. *Revista Brasileira de Ciências Criminais*, n. 117, p. 263-286, 2015; Bernd Schünemann, O juiz como um terceiro manipulado no processo penal? Uma confirmação empírica dos efeitos perseverança e correspondência comportamental. *Revista Liberdades*, n. 11, p. 30-50, 2012.

333 Jacinto de Miranda Coutinho, O papel do novo juiz no processo penal. In: *Crítica à teoria geral do direito processual penal*. Rio de Janeiro: Renovar, 2001, p. 25.

334 Flávio da S. Andrade, A dissonância cognitiva e seus reflexos na tomada da decisão judicial criminal. *Revista Brasileira de Direito Processual Penal*, v. 5, n. 3, p. 1651-1677, set./dez. 2019.

335 Aury Lopes Jr.; Ricardo J. Gloeckner, *Investigação preliminar no processo penal*. São Paulo: Saraiva, 2014, p. 176.

te o processo penal e este irá se desenvolver perante o juízo de instrução e julgamento (de mérito).

Assim, tal reestruturação do processo penal brasileiro, em conformidade com exemplos de direito comparado, reduz a aplicabilidade do critério da prevenção como determinador da competência, visto que "O juiz que, na fase de investigação, praticar qualquer ato incluído nas competências dos arts. 4º e 5º deste Código ficará impedido de funcionar no processo" (art. 3º-D; em realidade a remissão presente no dispositivo deveria ser ao art. 3º-B, que contém o rol de atos praticados pelo juízo de garantias).

Contudo, em janeiro de 2020, por decisão cautelar monocrática do Min. Luís Fux nas ADIs 6.298, 6.299, 6.300 e 6.305, o Supremo Tribunal Federal suspendeu a eficácia desses dispositivos, sustando a implementação dessa inovação ao processo penal brasileiro. Em sua motivação, afirmou que tal reestruturação do sistema jurídico penal apresenta complexidade ímpar, que precisa ser cautelosamente ponderada pelos operadores em seus custos, possibilidades e impactos sistêmicos em relação aos interesses tutelados pela Constituição.

5.2. Âmbito de proteção

5.2.1. Considerações preliminares

Entende-se que o juiz natural é aquele regular e legitimamente investido de poderes da jurisdição, dotado de todas as garantias inerentes ao exercício de seu cargo (vitaliciedade, inamovibilidade, irredutibilidade de vencimentos – CF, art. 95, I, II, III), que decide segundo regras de competência fixadas com base em critérios gerais vigentes ao tempo do fato.

Na lição de Jorge de Figueiredo Dias, a ideia de juiz natural assenta-se em três postulados básicos:

> "(a) somente são órgãos jurisdicionais os instituídos pela Constituição;
> (b) ninguém pode ser julgado por órgão constituído após a ocorrência do fato;
> (c) entre os juízes pré-constituídos vigora uma ordem taxativa de competências que exclui qualquer alternativa deferida à discricionariedade de quem quer que seja"[336].

A garantia do juiz natural não se limita ao processo penal e revela-se, por isso, abrangente de toda atividade jurisdicional. É certo, por outro lado, que tal garantia não impede as substituições previstas em lei, os desaforamentos, a prorrogação de competência devidamente contempladas na legislação[337].

Ressalte-se, a esse respeito, o julgamento do HC 86.889, quando restou assentado que "a convocação de Juízes de 1º grau de jurisdição para substituir Desembargadores não malfere o princípio constitucional do juiz natural, autorizado no âmbito da Justiça Federal pela Lei n. 9.788/99. 3. O fato de o processo ter sido relatado por um Juiz Convocado para

336 Jorge de Figueiredo Dias, *Direito processual penal*, Coimbra: Coimbra Ed., 1974, v. 1, p. 322-323.

337 STJ, HC 271/SC, rel. Min. Assis Toledo, julgado em 15-8-1990, *RT*, 661/325.

auxiliar o Tribunal no julgamento dos feitos e não pelo Desembargador Federal a quem originariamente distribuído tampouco afronta o princípio do juiz natural"[338].

Integra também o conceito de juiz natural, para os fins constitucionais, a ideia de imparcialidade, isto é, a concepção de "neutralidade e distância em relação às partes" ("*Neutralität und Distanz des Richters gegenüber den Verfahrensbeteiligter*")[339].

Daí a necessidade de que o sistema preveja e desenvolva fórmulas que permitam o afastamento, a exclusão ou a recusa do juiz que, por razões diversas, não possa oferecer a garantia de imparcialidade[340].

Nesse quadro, portanto, assumem importância as normas processuais que definem as regras de impedimento ou suspeição do juiz como elementos de concretização da ideia do juiz natural.

Da mesma forma, no direito processual penal, admite-se o chamado "desaforamento" do julgamento do júri, caso o interesse público assim o recomende, haja dúvida sobre a imparcialidade do júri, ou se identifique risco para a segurança do réu (CPP, art. 427)[341].

Presta-se, aqui, homenagem ao princípio do juiz natural, com vistas a assegurar um julgamento imparcial e independente.

5.2.2. Prerrogativa de foro e o princípio do juiz natural

A Constituição Federal estabelece que determinadas autoridades gozam de prerrogativa de foro para o processo penal ou para o processo de responsabilidade (cf. art. 53, § 1º, art. 86, *caput*, e art. 102, I, *a* e *c*, todos da CF/88). Ademais, estabelece-se, em relação ao Presidente da República, que este somente poderá ser processado por crime comum após autorização por 2/3 da Câmara dos Deputados (CF, art. 86, *caput*). A Constituição consagra, ainda, que, na vigência do seu mandato, o Presidente da República não pode ser responsabilizado por atos estranhos ao exercício de suas funções (art. 86, § 4º, da CF/88).

A prerrogativa de foro não se confunde com privilégio, como tem assoalhado certa doutrina. Essas críticas assentavam-se, em parte, no modelo constitucional anterior à Emenda Constitucional n. 35/2001, que impedia o curso de processo contra parlamentares sem a devida licença. Após o advento da referida alteração constitucional, os

338 HC 86.889, rel. Min. Menezes Direito, *DJ* de 15-2-2008. Tampouco vulnera o princípio a convocação de magistrados do próprio Tribunal para compor quórum da Corte Especial – HC 113.522, rel. Min. Gilmar Mendes, Segunda Turma, julgado em 1º-9-2015.

339 Cf. *BVerfGE*, 21, 139 (146); Pieroth/Schlink, *Grundrechte – Staatsrecht II*, cit., p. 277.

340 Pieroth/Schlink, *Grundrechte – Staatsrecht II*, cit., p. 282.

341 Julgamento anterior às modificações realizadas pela Lei n. 11.689/2008, mas adequado para explicar o instituto do desaforamento "(...) Segundo a jurisprudência do Supremo Tribunal, a definição dos fatos indicativos da necessidade de deslocamento para a realização do júri – desaforamento – dá-se segundo a apuração feita pelos que vivem no local. Não se faz mister a certeza da parcialidade que pode submeter os jurados, mas tão somente fundada dúvida quanto a tal ocorrência. 2. A circunstância de as partes e o Juízo local se manifestarem favoráveis ao desaforamento, apontando-se fato 'notório' na comunidade local, apto a configurar dúvida fundada sobre a parcialidade dos jurados, justifica o desaforamento do processo (Código de Processo Penal, art. 424). 3. Ordem parcialmente concedida para determinar ao Tribunal de Justiça pernambucano a definição da Comarca para onde o processo deverá ser desaforado" (HC 93.871/PE, 1ª Turma do STF, rel. Min. Cármen Lúcia, j. 10-6-2008, *DJ* de 31-7-2008).

processos contra os parlamentares passaram a ter tramitação regular – inclusive os anteriormente pendentes –, ficando a sua eventual suspensão condicionada a uma manifestação da Casa Legislativa a que pertence o parlamentar[342].

É justamente a peculiar posição dos agentes políticos que justifica o tratamento constitucional diferenciado em relação aos demais agentes públicos.

Não chega a ser uma novidade a constatação de que os agentes políticos encontram-se numa posição institucional absolutamente inconfundível com a dos demais agentes públicos. De fato, tal como ensina Hely Lopes Meirelles, os agentes políticos, dentro de sua área, são as autoridades supremas da Administração Pública. Possuem plena liberdade funcional e estão a salvo de responsabilização civil por seus eventuais erros de atuação, a menos que tenham agido com culpa grosseira, má-fé ou abuso de poder[343].

Observa ainda Hely Lopes que tais prerrogativas têm por escopo garantir o livre exercício da função política. Percebeu o ilustre administrativista, sobretudo, a peculiaridade da situação dos que governam e decidem, em comparação àqueles que apenas administram e executam encargos técnicos e profissionais. Nas palavras do mestre:

> "Realmente, a situação dos que governam e decidem é bem diversa da dos que simplesmente administram e executam encargos técnicos e profissionais, sem responsabilidade de decisão e opções políticas. Daí por que os agentes políticos precisam de ampla liberdade funcional e maior resguardo para o desempenho de suas funções. As prerrogativas que se concedem aos agentes políticos não são privilégios pessoais; são garantias necessárias ao pleno exercício de suas altas e complexas funções governamentais e decisórias. Sem essas prerrogativas funcionais os agentes políticos ficariam tolhidos na sua liberdade de opção e decisão, ante o temor de responsabilização pelos padrões comuns da culpa civil e do erro técnico a que ficam sujeitos os funcionários profissionalizados"[344].

Não parece ser outro o *ethos* da prerrogativa de foro entre nós, conforme se extrai da lição de Victor Nunes Leal, ao observar que a "jurisdição especial, como prerrogativa de certas funções públicas, é, realmente, instituída não no interesse da pessoa do ocupante do cargo, mas no interesse público do seu bom exercício, isto é, do seu exercício com o alto grau de independência que resulta da certeza de que seus atos venham a ser julgados com plenas garantias e completa imparcialidade"[345].

Nesses termos, a instituição da prerrogativa de foro não se afigura atentatória ao princípio do juiz natural. Ao revés, a nosso ver, trata-se de providência absolutamente compatível com esse postulado.

Outra questão polêmica, no contexto da possível conformação do princípio do juiz natural, dizia respeito à possibilidade de o legislador infraconstitucional estabelecer que a prerrogativa de foro se estenderia para o tempo posterior ao exercício da função, no caso de infrações funcionais.

---

342 Cf. Inq.-QO 1.556/AC, rel. Min. Sepúlveda Pertence, *DJ* de 22-3-2002. No mesmo sentido, Inq. 1.326/RO, rel. Min. Cezar Peluso, *DJ* de 3-2-2006.

343 Hely Lopes Meirelles, *Direito administrativo brasileiro*, 27. ed., cit., p. 76.

344 Hely Lopes Meirelles, *Direito administrativo brasileiro*, cit., p. 77.

345 Rcl. primeira 473/GB, rel. Min. Victor Nunes, *DJ* de 8-6-1962.

Assim determinava o texto originalmente apresentado ao Congresso Nacional, no Projeto de Lei n. 6.295, de 2002, alterando a redação do art. 84 do Código de Processo Penal:

"Art. 84. A competência pela prerrogativa de função é do Supremo Tribunal Federal, do Superior Tribunal de Justiça e dos Tribunais de apelação, relativamente às pessoas que devam responder perante eles por crimes comuns e de responsabilidade.

Parágrafo único. *Praticado o ato no exercício do cargo ou a pretexto de exercê-lo*, prevalece a competência por prerrogativa de função, ainda que o inquérito ou ação penal sejam iniciados após a cessação daquele exercício funcional".

Referida disposição foi impugnada em sede de ADI[346] pela Procuradoria-Geral da República, sob o argumento de que o texto legal acabava por ampliar o âmbito de proteção fixado pelo texto constitucional.

Sobre esse aspecto, é pertinente resgatar as considerações do Ministro Sepúlveda Pertence no Inquérito n. 687/SP:

"O argumento é, no mínimo, ambivalente. Aqui, é impossível negar relevo à antiguidade e à firmeza da jurisprudência sesquicentenária que a Súm. 394 testemunha. Não ignoro que – suposta uma mudança na 'ideia de Direito' que inspire uma nova Constituição – preceitos típicos da ordem antiga, embora mantidos com o mesmo teor podem receber interpretação diversa, quando a imponha a inserção deles no contexto do novo sistema. O que, porém, não creio ser o caso. E, por isso, se não introduziu restrição aos textos anteriores a respeito, é mais que razoável extrair daí que a nova Constituição os quis manter com o mesmo significado e a mesma compreensão teleológica que a respeito se sedimentara nos sucessivos regimes constitucionais, não apenas nos de viés autoritário – quando a Súmula veio a ser excetuada pelos atos institucionais – mas também nos de indiscutível colorido democrático.

Em outras palavras: no constitucionalismo brasileiro, a doutrina da Súm. 394 de tal modo se enraizara que a sua abolição é que reclamaria texto expresso da Constituição: não a sua preservação, que a tanto bastaria mantê-lo inalterado, como ocorreu".

Portanto, para Pertence, o entendimento seria esse sustentado pelo legislador. De fato, essa compreensão da Súmula 394/STF estava, na verdade, a revelar o conteúdo da própria norma da prerrogativa.

Dizia Pertence ainda:

"Não contesto que a prerrogativa de foro só se explica como proteção do exercício do cargo e não como privilégio do seu titular e, menos ainda, do seu ex-ocupante.

Mas, *data venia*, é fugir ao senso das realidades evidentes negar que, para a tranquilidade no exercício do cargo – *na verdade, Sua Excelência, aqui, estava a reproduzir aquele pensamento de Victor Nunes* – ou do mandato – se para essa tranquilidade contribui, como pressupõe a Constituição, a prerrogativa de foro – ao seu titular mais importa tê-lo assegurado para o julgamento futuro dos seus atos funcionais do que no curso da investidura, quando outras salvaguardas o protegem.

346 Cf. ADI 2.797, julgada em 15-9-2005. *DJ* de 19-12-2006.

Assim é patente que ao titular do Poder Executivo, enquanto no exercício do mandato, antes que o foro especial, o que lhe dá imunidade contra processos temerários é a exigência de ser a acusação previamente admitida por dois terços da Câmara dos Deputados (CF, art. 86).

Do mesmo modo, aos congressistas, a imunidade formal é que verdadeiramente os protege no curso da legislatura.

Por conseguinte, mais que apanágio do poder atual, a prerrogativa de foro serve a libertar o dignitário dos medos do ostracismo futuro".

Esses argumentos parecem evidenciar a via correta para a concretização do instituto constitucional da prerrogativa de foro.

Se um dos objetivos básicos da disciplina constitucional da prerrogativa de foro é o de conferir a tranquilidade necessária ao exercício de determinados cargos públicos, não faz sentido algum admitir um cenário em que um atual Ministro de Estado, por exemplo, tome decisões, em razão do exercício do cargo, que possam vir a ser contestadas no foro ordinário. Parece intuitivo, conforme bem expõe Pertence, que, "mais que apanágio do poder atual, a prerrogativa de foro serve a libertar o dignitário dos medos do ostracismo futuro".

Ademais, sendo a prerrogativa de foro uma proteção ao cargo e não ao seu titular, parece que essa proteção restaria afastada se deixasse ao alvedrio do próprio titular do cargo a escolha do sistema diferenciado de prerrogativa. Configurando o juiz natural uma garantia constitucional, essa arbitrariedade implicaria, no mínimo, uma fraude à Constituição.

Por esse motivo, a prerrogativa funcional é instituída tendo em vista o interesse público do regular exercício do cargo. Dessa forma, o titular do direito não detém a faculdade de renunciar ao foro especial para ser julgado por órgão inferior. Trata-se de uma condição objetiva para a apuração e julgamento de delitos que, ao menos em tese, sejam imputados ao exercente de cargo que receba predicamento especial de foro.

Tais considerações afastam qualquer impugnação no sentido da exigência de disciplina constitucional expressa sobre o tema.

Em rigor, só faz sentido falar em prerrogativa de foro se se estende para além do exercício das funções, até porque, como já largamente demonstrado, é nesse momento que ela presta alguma utilidade ao ocupante do cargo.

Não obstante essas considerações, o Supremo Tribunal Federal entendeu que a extensão do foro por prerrogativa de função seria incompatível com a Constituição em virtude do vício formal de ter sido instituído por meio de lei ordinária[347].

347 No julgamento das ADIs 2.797 e 2.860, ajuizadas pela Associação Nacional dos Membros do Ministério Público – CONAMP e pela Associação dos Magistrados Brasileiros – AMB contra os §§ 1º e 2º do art. 84 do Código de Processo Penal, inseridos pelo art. 1º da Lei n. 10.628/2002, o Relator, Ministro Sepúlveda Pertence, julgou procedente o pedido de ambas as ações. Salientou que o § 1º do art. 84 do CPP constitui reação legislativa ao cancelamento da Súmula 394, ocorrido no julgamento do Inq. 687 QO/SP (*DJ* de 9-11-2001), cujos fundamentos a lei nova estaria a contrariar, e no qual se entendera que a tese sumulada não se refletira na CF/88 (Enunciado 394 da Súmula: "Cometido o crime durante o exercício funcional, prevalece a competência especial por prerrogativa de função, ainda que o inquérito ou a ação penal sejam iniciados após a cessação daquele exercício"). Afirmou ser improcedente a alegação de que o cancelamento da Súmula 394 se dera por inexistir, à época, previsão legal que a consagrasse, já que tanto a súmula quanto a decisão no Inq. 687 QO/SP teriam derivado de inter-

O tema, contudo, ainda depende de maiores reflexões e desdobramentos jurisprudenciais. No julgamento da Rcl 2.138/DF, por maioria o Plenário do Supremo Tribunal Federal julgou procedente a Reclamação para:

> "assentar a competência do STF para julgar o feito e declarar extinto o processo em curso no juízo reclamado. Após fazer distinção entre os regimes de responsabilidade político-administrativa previstos na CF, quais sejam, o do art. 37, § 4º, regulado pela Lei 8.429/92, e o regime de crime de responsabilidade fixado no art. 102, I, *c*, da CF e disciplinado pela Lei 1.079/50, entendeu-se que os agentes políticos, por estarem regidos por normas especiais de responsabilidade, não respondem por improbidade administrativa com base na Lei 8.429/92, mas apenas por crime de responsabilidade em ação que somente pode ser proposta perante o STF nos termos do art. 102, I, *c*, da CF. Vencidos, quanto ao mérito, por julgarem improcedente a reclamação, os Ministros Carlos Velloso, Marco Aurélio, Celso de Mello, estes acompanhando o primeiro, Sepúlveda Pertence, que se reportava ao voto que proferira na ADI 2.797/DF (*DJU* de 19.12.2006), e Joaquim Barbosa. O Min. Carlos Velloso, tecendo considerações sobre a necessidade de preservar-se a observância do princípio da moralidade e afirmando que os agentes políticos respondem pelos crimes de responsabilidade tipificados nas respectivas leis especiais (CF, art. 85, parágrafo único), mas, em relação ao que não estivesse tipificado como crime de responsabilidade, e estivesse definido como ato de improbidade, deveriam responder na forma da lei própria, isto é, a Lei 8.429/92, aplicável a qualquer agente público, concluía que, na hipótese dos autos, as tipificações da Lei 8.429/92, invocadas na ação civil pública, não se enquadravam como crime de responsabilidade definido na Lei 1.079/50 e que a competência para julgar a ação seria do juízo federal de 1º grau"[348].

Com relação ao julgamento em competência originária por prerrogativa de função, o STF alterou entendimento de modo substancial em 2018. Na Ação Penal 937, o Min. Roberto Barroso trouxe, em questão de ordem, dois pontos (i) a fixação de marco para a perpetuação de jurisdição em ações penais originárias e (ii) a interpretação restritiva da competência por prerrogativa de função. Diante disso, o Plenário, por maioria, assentou que: "(i) o foro por prerrogativa de função aplica-se apenas aos crimes cometidos durante o exercício do cargo e relacionados às funções desempenhadas; e (ii) após o final da instrução processual, com a publicação do despacho de intimação para apresentação de alegações finais, a competência para processar e julgar ações penais não será mais afetada em razão de o agente público vir a ocupar outro cargo ou deixar o cargo que ocupava, qualquer que seja o motivo", com o entendimento de que esta nova linha interpretativa deve se aplicar imediatamente aos processos em curso, com a res-

pretação direta e exclusiva da Constituição Federal. Declarou a inconstitucionalidade do § 1º do art. 84 do CPP por considerar que o mesmo, além de ter feito interpretação autêntica da Carta Magna, o que seria reservado à norma de hierarquia constitucional, teria usurpado a competência do STF como guardião da Constituição Federal ao inverter a leitura por ele já feita de norma constitucional, o que, se admitido, implicaria sujeitar a interpretação constitucional do STF ao referendo do legislador ordinário. Declarou, também, a inconstitucionalidade do § 2º do art. 84 do CPP. Disse que esse parágrafo veiculou duas regras: a que estende a competência especial por prerrogativa de função para inquérito e ação penais à ação de improbidade administrativa e a que manda aplicar, em relação à mesma ação de improbidade, a previsão do § 1º do citado artigo.

348 Rel. 2.138/DF, red. para o acórdão Min. Gilmar Mendes, julgado em 13-6-2007, *DJ* de 17-4-2008.

salva de todos os atos praticados e decisões proferidas pelo STF e pelos demais juízos com base na jurisprudência anterior"[349].

De qualquer modo, é fundamental ressaltar que as premissas adotadas em tal posicionamento devem ser analisadas com cautela, especialmente quanto ao caráter indevido da revisão da Constituição que a Corte está realizando. Isso foi exposto nos termos dos votos dos Ministros Alexandre de Moraes, Dias Toffoli, Ricardo Lewandowski e Gilmar Mendes.

A partir do posicionamento firmado na AP 937 QO, diversos casos que estavam em trâmite no STF foram reanalisados para verificar a sua manutenção na Corte. Nesse panorama, algumas investigações findaram por ocasionar arquivamentos, em razão da ausência de justa causa para prosseguimento e violação ao prazo razoável da persecução.

Por exemplo, a Segunda Turma determinou, de ofício, o arquivamento de inquérito pendente sem que houvesse justa causa para prosseguimento das investigações Pet -AgR 7.354, rel. Min. Dias Toffoli, julgado em 6-3-2018. Em outro feito, o Min. Alexandre de Moraes determinou o arquivamento de inquérito, concluído havia meses com relatório policial pelo arquivamento, sem ulterior impulso pelo Ministério Público Federal – Inq 4.429, decisão de 8 de junho de 2018.

O Min. Roberto Barroso determinou providência semelhante em inquérito de sua relatoria, Inq 4.442, decisão de 6-6-2018. Daquela feita, bem observou que a prerrogativa pública de realizar apurações não significa que os agentes públicos investigados devem suportar indefinidamente o ônus de figurar como objeto de investigação, de modo que a persecução criminal deve observar prazo razoável para sua conclusão.

Resta claro que a pendência de investigação, por prazo irrazoável, sem amparo em suspeita contundente ofende o direito à razoável duração do processo (art. 5º, LXXVIII, da CF) e a dignidade da pessoa humana (art. 1º, III, da CF).

5.2.3. Crimes comuns conexos a crimes eleitorais e juiz natural

Importante questão envolvendo a garantia do juiz natural refere-se à definição do juízo competente em casos de crimes julgados conjuntamente em virtude do instituto processual da conexão, em especial quando tais crimes são originariamente atribuídos a ramos distintos do poder judiciário em razão da matéria.

Essa questão foi extensamente discutida no julgamento do agravo regimental no inquérito 4.435 / DF, julgado pelo Plenário do STF[350].

O caso envolvia a conexão entre crimes comuns, de competência da Justiça Federal, com infrações penais eleitorais, processadas perante a Justiça Eleitoral, no âmbito da operação Lava Jato. Nessa hipótese, o legislador constituinte e ordinário tem privilegiado a opção pelo processamento dos feitos perante a Justiça especializada.

De fato, as normas do art. 83, "h", da Constituição Federal de 1934, art. 119, VII, da Constituição de 1946, art. 130 da Carta de 1967 e art. 139 da Constituição de 1969 previam a remessa dos autos à Justiça Eleitoral.

349 AP 937 QO, rel. Min. Roberto Barroso. j. 3-5-2018.

350 STF, Inquérito 4.435-Agr-Quarto / DF, Tribunal Pleno, rel. Min. Marco Aurélio, j. 14-3-2019.

O art. 121 da atual Constituição não tratou da questão de forma taxativa. Contudo, o próprio inciso IV, do art. 109, da CF/88, exclui da apreciação da Justiça Federal os crimes de competência eleitoral. Seguindo a mesma linha, os artigos 78 do CPP e 35, II, do Código Eleitoral, estabelecem que no concurso entre a jurisdição comum e a especial, prevalecerá a última, sendo atribuído aos juízes eleitorais a competência para processar e julgar os crimes específicos e os comuns que lhes forem conexos.

A doutrina, em geral, defende a mesma solução. Guilherme de Souza Nucci afirma que "caso exista um crime eleitoral conexo com um crime comum, ambos serão julgados na Justiça Eleitoral"[351]. Aury Lopes Jr. também reforça que caso haja conexão entre crimes comuns e eleitorais, "A Justiça Eleitoral prevalece sobre as demais (salvo a militar, que cinde), atraindo tudo para a Justiça Eleitoral"[352].

Esse entendimento foi inclusive chancelado em diversos precedentes do STF, como no Conflito de Competência 7.033, rel. Min. Sydney Sanches, Tribunal Pleno, j. 2-10-1996; na Pet 5.700/DF, rel. Min. Celso de Mello, j. 22-9-2015; no Recurso Extraordinário n. 398.042, Primeira Turma, rel. Min. Sepúlveda Pertence, j. 2-12-2003; e na Pet-AgR 6.820, Segunda Turma, rel. p/ acórdão Min. Ricardo Lewandowski, j. 6-2-2018.

Com base nesses fundamentos, o Tribunal Pleno, ao apreciar o agravo regimental no Inquérito 4.435/DF, reafirmou a jurisprudência da Corte, tendo concluído pela competência da Justiça Eleitoral como juiz natural para processar os crimes comuns conexos às infrações penais eleitorais[353].

5.3. Titularidade

O direito ao juiz natural é assegurado a todo e qualquer indivíduo (direito humano), abrangendo não só as pessoas físicas, mas também as pessoas jurídicas, brasileiros ou estrangeiros.

5.4. Conformação e limitação

O âmbito de proteção de caráter estritamente normativo faz com que o legislador deva tomar as providências necessárias à realização do princípio consagrado na Constituição.

Evidentemente, a garantia do juiz natural pressupõe uma adequada disciplina legislativa a propósito da competência dos órgãos judiciais, regras de solução de conflito de competência ou de jurisdição, normas sobre prorrogação de competência, bem como uma definição precisa das regras de impedimento e suspeição de juízes.

Não pode, porém, o legislador, a pretexto de tornar operacional o princípio, impor-lhe limitação que acabe por desfigurá-lo.

351 Guilherme de Souza Nucci, *Código de Processo Penal comentado*, 11. ed., São Paulo: RT, 2012, p. 250.

352 Aury Lopes Jr., *Direito processual penal*, 15. ed., 2018, p. 6383 [recurso eletrônico].

353 STF, Inq. 4.435-Agr-Quarto/DF, Tribunal Pleno, rel. Min. Marco Aurélio, j. 14-3-2019.

Todavia, as normas que permitem a prorrogação de competência, em casos de conexão, continência, prevenção ou prerrogativa de função não impõem, em princípio, restrição indevida ao direito ao juiz natural, mas limitam-se a estabelecer critérios gerais de definição de competência dos órgãos judiciais.

As regras processuais sobre impedimento e suspeição (arts. 134 a 138 do CPC e arts. 252 a 256 do CPP) operam no sentido de conferir adequada conformação ao instituto do juiz natural. Também o instituto do desaforamento, no procedimento do júri (art. 425 do CPP), ou o da extradição passiva, matéria de competência originária do Supremo Tribunal Federal, cumprem relevante função para uma prestação jurisdicional justa.

5.5. Instituição do Tribunal do Júri

5.5.1. Considerações gerais

O júri surgiu no Direito brasileiro com o Decreto Imperial de 18-6-1822 e destinava-se exclusivamente a julgar os crimes de imprensa. Esse júri seria composto de 24 jurados, autorizando-se a recusa de 16 nomes e compondo-se o conselho de jurados com 8 nomes. Posteriormente, foram instituídos o júri de acusação (lei de 20-9-1830). O Código de Processo Criminal, de 29-11-1832, ampliou a competência do Tribunal do júri. Essa ampliação de competência seria revista pela Lei n. 261, de 3-12-1841, tendo o Regulamento n. 120, de 31-1-1842, suprimido o júri de acusação. O Decreto n. 707, de 9-10-1850, excluiu do âmbito do júri o julgamento dos crimes de roubo, homicídios praticados em municípios de fronteira do Império, moeda falsa, resistência e tirada de presos. A Lei n. 2.033, de 1871, voltou a ampliar a competência do júri. Na República, o Decreto n. 848, de 11-10-1890, que organizou a Justiça Federal, previu expressamente o júri federal.

A Constituição de 1891 consagra o júri como garantia individual (art. 72, § 31). A instituição foi mantida pela Constituição de 1934, no capítulo do Poder Judiciário (art. 72). A Constituição de 1937 não fez referência ao júri. Todavia, o Decreto-Lei n. 167, de 5-1-1938, tinha previsto que a instituição haveria de julgar os crimes de homicídio, infanticídio, induzimento ou auxílio ao suicídio, duelo com resultado morte ou lesão corporal seguida de morte, roubo seguido de morte e sua forma tentada. Ressalte-se que o art. 96 desse decreto-lei colocou em xeque a soberania do júri, ao estabelecer a possibilidade de revisão total de sua decisão por parte do Tribunal de Apelação[354]. A Constituição de 1946 voltou a conferir ao júri dignidade constitucional (art. 141, § 28 – *É mantida a instituição do júri, com a organização que lhe der a lei, contanto que seja impar o número dos seus membros e garantido o sigilo das votações, a plenitude de defesa do réu e a soberania dos veredictos. Será obrigatoriamente de sua competência o julgamento dos crimes dolosos contra a vida*). Essa orientação foi mantida pela Constituição de 1967 (art. 150, § 18 – *São mantidas a instituição e a soberania do júri, que terá competência no julgamento dos crimes dolosos*

354 Mauro Viveiros, *Tribunal do Júri*: na ordem constitucional brasileira – um órgão da cidadania, São Paulo: Juarez de Oliveira, 2003, p. 14.

contra vida) e parcialmente preservada na Carta de 1969 (art. 153, § 18 – *É mantida a instituição do júri, que terá competência no julgamento dos crimes dolosos contra vida*).

A Constituição de 1988 reconhece o júri como garantia constitucional, assegurando a plenitude de defesa, o sigilo das votações, a soberania dos veredictos e a competência para o julgamento dos crimes dolosos contra a vida (art. 5º, XXXVIII).

A disciplina que regula o processo no Tribunal do Júri foi amplamente modificada pela Lei n. 11.689/2008.

5.5.2. Âmbito de proteção

Nos termos do art. 5º, XXXVIII, da Constituição, cabe à lei organizar o júri, para o julgamento dos crimes dolosos contra a vida, assegurando a plenitude de defesa, o sigilo das votações e a soberania dos veredictos.

Tal como previsto na norma constitucional, o júri destina-se a proferir decisões nos crimes dolosos contra a vida.

A jurisprudência consolidou-se no sentido de reconhecer que o crime de latrocínio é da competência do juiz singular e não do Tribunal do Júri (Súmula 603/STF), afigurando-se suficiente para a caracterização o resultado morte, ainda que se não consume a subtração do bem (Súmula 610/STF). Ao revés, segundo a orientação do Supremo Tribunal, "não há crime de latrocínio quando a subtração dos bens da vítima se realiza, mas o homicídio não se consuma", o que resultaria em roubo com resultado lesão corporal grave (§ 3º do art. 157 do CP)[355].

Matéria assaz polêmica tem-se revelado a compreensão da soberania dos veredictos.

Alguns autores sustentam a total incompatibilidade com a Constituição de regras como a constante do art. 593, III, *d*, do Código de Processo Penal, que admite a realização de novo júri caso se verifique que a decisão foi proferida contra a prova manifesta dos autos[356].

Outros, como Frederico Marques, sustentam que o conceito de soberania do veredicto há de ser compreendido no contexto dogmático-processual, segundo o qual a decisão sobre a procedência ou improcedência da acusação nos crimes dolosos há de ser tomada exclusivamente pelo Tribunal do Júri, ou, ainda, que a decisão adotada pelos jurados não poderá ser substituída por outra, tomada por outro órgão judicial[357]. Na mesma linha, anotam Marrey, Silva Franco e Stoco que soberania não se confunde com onipotência, o que justificaria a realização de novo júri em caso de evidente decisão contra a prova dos autos[358]. É, igualmente, a orientação perfilhada por Mauro Viveiros[359].

---

355 HC 77.240, rel. para o acórdão Min. Nelson Jobim, j. em 8-9-1998, *DJ* de 30-6-2000.

356 Cf. James Tubenchlak, *Tribunal do Júri*: contradições e soluções, Rio de Janeiro: Forense, 1990, p. 156-157; Aramis Nassif, *Júri, instrumento de soberania popular*, Porto Alegre: Livr. do Advogado Ed., 1996, p. 143-144.

357 José Frederico Marques, *A instituição do júri*, cit., p. 40-41.

358 Adriano Marrey, Alberto Silva Franco e Rui Stoco, *Teoria e prática do júri*. 4. ed., São Paulo, 1991, p. 41.

359 Cf. Mauro Viveiros, *Tribunal do Júri*, cit., p. 27.

No que concerne à soberania dos veredictos, tem o Supremo Tribunal entendido que não afronta esse princípio a determinação de realização de novo julgamento pelo Tribunal do Júri, em razão de contrariedade à prova dos autos, ainda que o anterior tenha resultado na absolvição do réu[360]. Ressalta-se que a decisão do Tribunal, determinando a submissão a novo júri, não vincula o Tribunal do Júri a proferir uma decisão condenatória, o que seria plenamente compatível com a ideia de soberania do veredicto. Ademais, nos termos da própria Constituição, enfatiza o Tribunal, a soberania do veredicto há de se manifestar na forma da lei[361].

Tendo em vista a prerrogativa de foro assegurada na Constituição aos muitos ocupantes de funções políticas, indaga-se sobre a sua compatibilidade com a garantia do Tribunal do Júri.

O Supremo Tribunal Federal tem entendido que, nesses casos, cometido o crime doloso contra a vida por detentor da prerrogativa de foro, o órgão competente há de ser o Tribunal especial incumbido de decidir os atos afetos à prerrogativa funcional.

Todavia, embora se reconheça a legitimidade para a ampliação do direito da prerrogativa de foro por parte do constituinte estadual, não terá essa norma especial o condão de afastar a regra que determina seja o homicídio processado pelo Tribunal do Júri[362].

Diz a Súmula 721 do STF que "a competência constitucional do Tribunal do Júri prevalece sobre o foro por prerrogativa de função estabelecido exclusivamente pela Constituição Estadual".

Um dos princípios elementares da instituição do júri é o sigilo das votações (art. 5º, XXXVIII, *b*, da CF/88). Embora em aparente contradição com o disposto no art. 93, IX, da Constituição, que preconiza a publicidade dos julgamentos, o sigilo das votações configura garantia para o próprio jurado[363].

Quanto à plenitude de defesa (art. 5º, XXXVIII, *a*), observa-se que há de ser garantida, tendo em vista o modelo de julgamento que se realiza perante juízes leigos. É a plenitude de defesa que permitiria a anulação de julgamento e a realização de outro no caso de defesa insuficiente, falha ou contraditória (CPP, art. 497, V)[364].

5.5.3. Conformação e limitação

Como inequívoca garantia de perfil institucional, o júri terá a **organização que a lei lhe der** (art. 5º, XXXVIII, *caput*), devendo assegurar a plenitude de defesa, o sigilo das

360 HC 82.103/RJ, rel. Min. Sydney Sanches, j. em 27-8-2002, *DJ* de 19-12-2002, p. 12; RE 166.896/RS, rel. Min. Néri da Silveira, j. em 26-3-2002, *DJ* de 17-5-2002, p. 73.

361 HC 82.103/RJ, rel. Min. Sydney Sanches, j. em 27-8-2002, *DJ* de 19-12-2002, p. 12; RE 166.896/RS, rel. Min. Néri da Silveira, j. em 26-3-2002, *DJ* de 17-5-2002, p. 73.

362 RHC 80.477/PI, rel. Min. Néri da Silveira, j. em 31-10-2000, *DJ* de 4-5-2001, p. 41.

363 Cf. Mauro Viveiros, *Tribunal do Júri*, cit., p. 20.

364 HC 74.488/DF, rel. Min. Néri da Silveira, *DJ* de 15-12-2000; HC 73.124/DF, rel. Min. Maurício Corrêa, *DJ* de 19-4-1996; HC 73.124/DF, rel. Min. Maurício Corrêa, *DJ* de 19-9-1996; HC 68.291/DF, rel. Min. Octavio Gallotti, *DJ* de 12-4-1991; HC 66.343/SP, rel. Min. Octavio Gallotti, *DJ* de 16-12-1988; HC 65.016/SC, rel. Min. Célio Borja, *DJ* de 21-8-1987.

votações, a soberania dos veredictos no julgamento dos crimes dolosos contra a vida (alíneas *a-d*).

Imperiosa, pois, a conformação legislativa, na espécie, e inequívoca a reserva legal qualificada constante da referida norma constitucional[365].

Nos termos do Código de Processo Penal, o júri desenvolve-se em duas fases: a) a formação da culpa (*judicium accusationis*) e b) o julgamento propriamente dito (*judicium causae*).

Na primeira, desenvolvida perante o juiz singular, têm-se o oferecimento e o recebimento da denúncia, resposta escrita à acusação, ouvida das testemunhas arroladas na denúncia e na defesa, recolhimento de provas destinadas ao exame da viabilidade da acusação, interrogatório do acusado, debate oral e decisão (CPP, arts. 406 a 421).

Encerrado o debate, o juiz decide sobre a admissibilidade da acusação.

Caso provado, desde logo, que o fato não existiu, que o acusado não foi autor ou partícipe do crime, que o fato não constitui infração penal, ou demonstrada a presença de causa excludente de ilicitude ou de pena, deverá o juiz decretar a absolvição sumária do réu (CPP, art. 415). Nesse caso, houve por bem o legislador estabelecer a possibilidade de interposição de recurso de apelação (CPP, art. 416).

Deverá o juiz, ainda, se não estiver convencido da existência do crime ou da suficiência dos indícios de autoria, decidir pela impronúncia do acusado, o que não impedirá a propositura de nova ação, se surgirem provas nesse sentido (CPP, art. 414, parágrafo único).

É possível também a desclassificação do delito e o reconhecimento da incompetência do Tribunal do Júri, devendo, nesse caso, fazer-se a remessa dos autos ao juiz competente (CPP, art. 419).

Se, pelo contrário, convencido da prova da materialidade e da suficiência dos indícios de autoria, pronunciará o acusado.

Contra a decisão de pronúncia, é cabível recurso em sentido estrito (art. 581, IV, CPP).

O art. 421 determina que se passará à fase de julgamento pelo júri uma vez "preclusa a decisão de pronúncia".

A jurisprudência do Superior Tribunal de Justiça é no sentido de que, ainda que a lei fale em preclusão, é possível prosseguir, com o julgamento pelo Tribunal do Júri, na pendência de recursos sem efeito suspensivo – recurso extraordinário e recurso especial[366].

O objetivo é permitir o julgamento da causa pelo júri em prazo razoável. O provimento dos recursos extraordinários desconstituirá eventual decisão condenatória pelo Tribunal do Júri.

365 Alguns doutrinadores defendem que a competência dada ao Tribunal do Júri pela CF/88 para o julgamento dos crimes dolosos contra a vida é uma competência mínima, pois, segundo esses autores, nada impede que o legislador ordinário remeta à apreciação do Júri matérias de natureza diversa, não havendo falar, portanto, de uma competência absoluta do Tribunal do Júri. Cf., sobre esse tema, Scarance Antonio Fernandes, *Processo penal constitucional*, cit., p. 183; Eugênio Pacelli de Oliveira, *Curso de processo penal*, cit., p. 564; e Guilherme de Souza Nucci, *Manual de processo penal e execução penal*, 2. ed., São Paulo: Revista dos Tribunais, 2006, p. 691.

366 Esse entendimento já era adotado na redação original do CPP, que exigia o "trânsito em julgado" da pronúncia – REsp 197.071/CE, rel. Min. Luiz Vicente Cernicchiaro, Sexta Turma, julgado em 30-6-1999.

Cabe aduzir que é firme a jurisprudência deste Supremo Tribunal Federal no sentido de que a competência penal do Júri tem base constitucional, estendendo-se – ante o caráter absoluto de que se reveste e por efeito da *vis attractiva* que exerce – às infrações penais conexas aos crimes dolosos contra a vida[367].

Cumpre ressaltar que a Lei n. 11.689/2008, em seu art. 4º, revogou o instituto do protesto por novo júri (arts. 607 e 608 do CPP), recurso privativo da defesa, anteriormente admitido em sentença condenatória de reclusão por tempo igual ou superior a vinte anos.

6. GARANTIAS CONSTITUCIONAIS QUANTO À DEFINIÇÃO DO CRIME, À PENA E SUA EXECUÇÃO

A Constituição de 1988 contém diversas normas que determinam, expressamente, a criminalização de um amplo elenco de condutas, conforme se observa nos seguintes incisos do art. 5º:

> "XLI – a lei punirá qualquer discriminação atentatória dos direitos e liberdades fundamentais;
>
> XLII – a prática do racismo constitui crime inafiançável e imprescritível, sujeito à pena de reclusão, nos termos da lei;
>
> XLIII – a lei considerará crimes inafiançáveis e insuscetíveis de graça ou anistia a prática da tortura, o tráfico ilícito de entorpecentes e drogas afins, o terrorismo e os definidos como crimes hediondos, por eles respondendo os mandantes, os executores e os que, podendo evitá-los, se omitirem;
>
> XLIV – constitui crime inafiançável e imprescritível a ação de grupos armados, civis ou militares, contra a ordem constitucional e o Estado Democrático".

No mesmo sentido, o art. 7º, X, ao assegurar, em favor dos trabalhadores urbanos e rurais, a proteção do salário na forma da lei, estabelece, expressamente, que "constitui crime sua retenção dolosa". De igual modo, prevê o art. 227, § 4º, da Constituição, que "A lei punirá severamente o abuso, a violência e a exploração sexual da criança e do adolescente". Da mesma forma, estabelece o art. 225, § 3º, que "As condutas e atividades consideradas lesivas ao meio ambiente sujeitarão os infratores, pessoas físicas ou jurídicas, a sanções penais e administrativas, independentemente da obrigação de reparar os danos causados".

É possível identificar, em todas essas normas, um mandado de criminalização dirigido ao legislador, tendo em conta os bens e valores objeto de proteção.

Em verdade, tais disposições traduzem importante dimensão dos direitos fundamentais, decorrente de sua feição objetiva na ordem constitucional. Tal concepção legitima a ideia de que o Estado se obriga não apenas a observar os direitos de qualquer indivíduo em face do Poder Público como também a garantir os direitos fundamentais contra agressão de terceiros.

Os direitos fundamentais não podem, portanto, ser considerados apenas como proibições de intervenção. Expressam, igualmente, um postulado de proteção. Utilizan-

367 STF, HC 74.295, rel. Min. Celso de Mello, *DJ* de 22-6-2001. No mesmo sentido: HC 98.731, rel. Min. Cármen Lúcia, *DJe* de 1º-2-2011.

do-se da formulação de Canaris, pode-se dizer que os direitos fundamentais contemplam não apenas uma proibição de excesso (*Übermassverbote*) como também uma proibição de proteção insuficiente (*Untermassverbote*)[368].

Sob esse ângulo, é fácil ver que a ideia de um dever genérico de proteção, fundado nos direitos fundamentais, relativiza sobremaneira a separação entre a ordem constitucional e a ordem legal, permitindo que se reconheça uma irradiação dos efeitos desses direitos sobre toda a ordem jurídica.

Assim, ainda que não se reconheça, em todos os casos, uma pretensão subjetiva contra o Estado, tem-se, inequivocamente, a identificação de um dever estatal de tomar as providências necessárias à realização ou concretização dos direitos fundamentais.

Nessa linha, as normas constitucionais acima transcritas explicitam o dever de proteção identificado pelo constituinte, traduzido em mandados de criminalização expressos, dirigidos ao legislador.

Registre-se que os mandados de criminalização expressos não são uma singularidade da Constituição brasileira. Outras Constituições adotam orientações assemelhadas (Constituição espanhola, art. 45, 1, 2 e 3; art. 46, *c*, e art. 55; Constituição italiana, art. 13; Constituição da França, art. 68; Lei Fundamental da Alemanha, art. 26, I). É inequívoco, porém, que a Constituição brasileira de 1988 adotou, muito provavelmente, um dos mais amplos, senão o mais amplo catálogo de mandados de criminalização expressos de que se tem notícia.

Como bem anota Luciano Feldens, os mandados constitucionais de criminalização atuam como limitações à liberdade de configuração do legislador penal e impõem a instituição de um sistema de proteção por meio de normas penais.

No entanto, além dos mandados expressos de criminalização, a ordem constitucional confere ao legislador margens de ação para definir a forma mais adequada de proteção a bens jurídicos fundamentais, inclusive a opção por medidas de natureza penal. Nesse contexto, a tipificação penal de determinadas condutas pode conter-se no âmbito daquilo que se costuma denominar de discrição legislativa.

Cabe ressaltar, todavia, que, nesse espaço de atuação, a liberdade do legislador estará sempre limitada pelo princípio da proporcionalidade, configurando a sua não observância inadmissível excesso de poder legislativo.

6.1. Tipificação penal: parâmetros, limites e controle de constitucionalidade

A doutrina identifica como típicas manifestações de excesso no exercício do poder legiferante a contraditoriedade, a incongruência, a irrazoabilidade ou, em outras palavras, a inadequação entre meios e fins. A utilização do princípio da proporcionalidade ou da proibição de excesso no direito constitucional envolve a apreciação da necessidade e adequação da providência adotada.

Assim, na dogmática alemã é conhecida a diferenciação entre o princípio da proporcionalidade como *proibição de excesso* (*Übermassverbot*) e como *proibição de proteção*

368 Claus-Wilhelm Canaris, *Grundrechtswirkungen und Verhältnismässigkeitsprinzip in der richterlichen Anwendung und Fortbildung des Privatsrechts*, JuS 1989, p. 161-163.

deficiente (*Untermassverbot*). No primeiro caso, o princípio da proporcionalidade funciona como parâmetro de aferição da constitucionalidade das intervenções nos direitos fundamentais, como *proibições de intervenção*. No segundo, a consideração dos direitos fundamentais, como *imperativos de tutela* (Canaris), imprime ao princípio da proporcionalidade uma estrutura diferenciada[369]. O ato não será *adequado* quando não proteja o direito fundamental de maneira ótima; não será *necessário* na hipótese de existirem medidas alternativas que favoreçam ainda mais a realização do direito fundamental; e violará o subprincípio da *proporcionalidade em sentido estrito* se o grau de satisfação do fim legislativo é inferior ao grau em que não se realiza o direito fundamental de proteção[370].

Na jurisprudência do Tribunal Constitucional alemão, a utilização do princípio da proporcionalidade como proibição de proteção deficiente pode ser encontrada na segunda decisão sobre o aborto (*BverfGE*, 88, 203, 1993). A Corte Constitucional assim se pronunciou:

> "O Estado, para cumprir com seu dever de proteção, deve empregar medidas suficientes de caráter normativo e material, que levem a alcançar – atendendo à contraposição de bens jurídicos – a uma proteção adequada, e como tal, efetiva (proibição de insuficiência). (...)
>
> É tarefa do legislador determinar, detalhadamente, o tipo e a extensão da proteção. A Constituição fixa a proteção como meta, não detalhando, porém, sua configuração. No entanto, o legislador deve observar a proibição de insuficiência (...). Considerando se bens jurídicos contrapostos, necessária se faz uma proteção adequada. Decisivo é que a proteção seja eficiente como tal. As medidas tomadas pelo legislador devem ser suficientes para uma proteção adequada e eficiente e, além disso, basear se em cuidadosas averiguações de fatos e avaliações racionalmente sustentáveis (...)".

Essa orientação, que permitiu converter o princípio da reserva legal (*Gesetzesvorbehalt*) no princípio da reserva legal proporcional (*Vorbehalt des verhältnismässigen Gesetzes*), pressupõe não só a legitimidade dos meios utilizados e dos fins perseguidos, como, igualmente, a adequação dos meios para a consecução dos objetivos pretendidos e a necessidade de sua utilização.

De um lado, as exigências de que as medidas interventivas se mostrem adequadas ao cumprimento dos objetivos pretendidos. De outra parte, o pressuposto de que nenhum meio menos gravoso revelar-se-ia igualmente eficaz para a consecução dos objetivos almejados. Em outros termos, o meio não será necessário se o objetivo pretendido puder ser alcançado com a adoção de medida que se revele, a um só tempo, adequada e menos onerosa.

Com isso, abre-se a possibilidade do controle da constitucionalidade material da atividade legislativa também em matéria penal. Nesse campo, o Tribunal está incumbi-

---

369 "Uma transposição, sem modificações, do estrito princípio da proporcionalidade, como foi desenvolvido no contexto da proibição de excesso, para a concretização da proibição de insuficiência, não é, pois, aceitável, ainda que, evidentemente, também aqui considerações de proporcionalidade desempenhem um papel, tal como em todas as soluções de ponderação." (Claus Wilhelm Canaris, *Direitos fundamentais e direito privado*, Coimbra: Almedina, 2003)

370 Cf. Carlos Bernal Pulido, *El principio de proporcionalidad y los derechos fundamentales*, Madrid: Centro de Estudios Políticos y Constitucionales, 2003, p. 798 e s.

do de examinar se o legislador utilizou sua margem de ação de forma adequada e necessária à proteção dos bens jurídicos fundamentais que objetivou tutelar.

Nessa linha, é possível identificar, a partir da jurisprudência sedimentada pela Corte Constitucional alemã, três níveis de controle de intervenção ou restrição a direitos fundamentais dos quais também podem extrair importantes balizas no controle da constitucionalidade de leis penais.

No famoso caso *Mitbestimmungsgesetz* (1978 *BVerfGE* 50, 290), a Corte Constitucional distinguiu os seguintes graus de intensidade no controle de constitucionalidade das leis: a) controle de evidência (*Evidenzkontrolle*); b) controle de justificabilidade (*Vertretbarkeitskontrolle*); e c) controle material de intensidade (*intensivierten inhaltlichen Kontrolle*).

No primeiro nível, o controle realizado pelo Tribunal deve reconhecer ao legislador uma ampla margem de avaliação, valoração e conformação quanto às medidas que reputar adequadas e necessárias. A norma somente poderá ser declarada inconstitucional quando as medidas adotadas pelo legislador se mostrarem claramente inidôneas para a efetiva proteção do bem jurídico fundamental.

O Tribunal deixou ressaltado, contudo, que "a observância da margem de configuração do legislador não pode levar a uma redução do que, a despeito de quaisquer transformações, a Constituição pretende garantir de maneira imutável, ou seja, ela não pode levar a uma redução das liberdades individuais que são garantidas nos direitos fundamentais individuais, sem as quais uma vida com dignidade humana não é possível, segundo a concepção da Grundgesetz" (*BVerfGE* 50, 290).

Essa ampla liberdade de conformação pode ser controlada pelos tribunais somente de maneira restrita, dependendo da peculiaridade da matéria, das possibilidades de formação de um juízo suficientemente seguro e do significado dos bens jurídicos em jogo.

Desse modo, a Corte Constitucional alemã fixou o entendimento no sentido de que a admissão de uma reclamação constitucional pressupõe a demonstração, "de maneira concludente, de que o Poder Público não adotou quaisquer medidas preventivas de proteção, ou que evidentemente as regulamentações e medidas adotadas são totalmente inadequadas ou completamente insuficientes para o alcance do objetivo de proteção".

Assim, o controle de evidência em matéria penal haverá de ser exercido com cautela, de forma a não malferir a ampla margem de avaliação, valoração e conformação conferida ao legislador. Nesse sentido, uma eventual declaração de inconstitucionalidade deve fundamentar-se em inequívoca inidoneidade das medidas adotadas em face dos bens jurídicos objeto da proteção penal.

No segundo nível, o controle de justificabilidade está orientado a verificar se a decisão legislativa foi tomada após uma apreciação objetiva e justificável de todas as fontes de conhecimento então disponíveis (*BVerfGE* 50, 290).

No caso *Mühlenstrukturgesetz* (*BVerfGE* 39, 210), o Tribunal Constitucional assentou esse entendimento nos seguintes termos:

> "O exame de constitucionalidade compreende primeiramente a verificação de se o legislador buscou inteirar-se, correta e suficientemente, da situação fática existente à época

da promulgação da lei. O legislador tem uma ampla margem de avaliação (discricionariedade) dos perigos que ameaçam a coletividade. Mesmo quando, no momento da atividade legislativa, parece remota a possibilidade da ocorrência de perigos para um bem coletivo, não é defeso ao legislador que tome medidas preventivas tempestivamente, contanto que suas concepções sobre o possível desenvolvimento perigoso no caso de sua omissão, não se choquem de tal sorte com as leis da ciência econômica ou da experiência prática, que elas não possam mais representar uma base racional para as medidas legislativas [BVerfGE 25, 1 (17); 38, 61 (87)]. Nesse caso, deve-se partir fundamentalmente de uma avaliação de relações (dados da realidade social) possível ao legislador quando da elaboração da lei [BVerfGE 25, 1 (12 s.)]".

Nesse segundo nível, portanto, o controle de constitucionalidade estende-se à questão de se verificar se o legislador levantou e considerou, diligente e suficientemente, todas as informações disponíveis, e se realizou prognósticos sobre as consequências da aplicação da norma. Enfim, se o legislador valeu-se de sua margem de ação de maneira sustentável.

No âmbito desse denominado controle de justificabilidade (ou de sustentabilidade), assumem especial relevo as técnicas procedimentais postas à disposição do Tribunal e destinadas à verificação dos fatos e prognoses legislativos, como a admissão de *amicus curiae* e a realização de audiências públicas, previstas em nosso ordenamento jurídico pela Lei n. 9.868/99.

Em verdade, no controle de normas, não se procede apenas a um simples contraste entre a disposição do direito ordinário e os princípios constitucionais. Ao revés, também aqui fica evidente que se aprecia a relação entre a lei e o problema que se lhe apresenta em face do parâmetro constitucional. Em outros termos, a aferição dos chamados fatos legislativos constitui parte essencial do controle de constitucionalidade, de modo que a verificação desses fatos relaciona-se íntima e indissociavelmente com a própria competência do Tribunal.

No âmbito do controle de constitucionalidade em matéria penal, deve o Tribunal, portanto, na maior medida possível, inteirar-se dos diagnósticos e prognósticos realizados pelo legislador na concepção de determinada política criminal, pois do conhecimento dos dados que serviram de pressuposto da atividade legislativa é que é possível averiguar se o órgão legislativo utilizou-se de sua margem de ação de maneira justificada.

No terceiro nível, o controle material de intensidade aplica-se às intervenções legislativas que, a exemplo das leis penais, por afetarem intensamente bens jurídicos de extraordinária importância, como a liberdade individual, devem ser submetidas a um controle mais rígido por parte do Tribunal.

Assim, quando estiver evidente a grave afetação de bens jurídicos fundamentais de suma relevância, poderá o Tribunal desconsiderar as avaliações e valorações fáticas realizadas pelo legislador para, então, fiscalizar se a intervenção no direito fundamental em causa está devidamente justificada por razões de extraordinária importância.

Esse terceiro nível de controle foi explicitado pela Corte Constitucional alemã na célebre decisão *Apothekenurteil* (*BVerfGE* 7, 377, 1958), em que se discutiu o âmbito de proteção do direito fundamental à liberdade de profissão. O Tribunal assim fixou seu entendimento:

"As limitações ao poder regulamentar, que são derivadas da observância do direito fundamental, são mandamentos constitucionais materiais que são endereçados, em primeira linha, ao próprio legislador. Sua observância deve ser, entretanto, fiscalizada pelo Tribunal Constitucional Federal. Se uma restrição da livre escolha profissional estiver no último degrau (dos pressupostos objetivos de sua admissão), o Tribunal Constitucional Federal deve primeiro examinar se um bem jurídico coletivo prevalecente está ameaçado e se a regulamentação legislativa pode mesmo servir à defesa contra esse perigo. Ele deve, além disso, também examinar se justamente a intervenção perpetrada é inevitavelmente ordenada para a proteção do referido bem; em outras palavras, se o legislador não poderia ter efetivado a proteção com regulamentações de um degrau anterior".

A Corte reconheceu, nesse caso, a difícil legitimação de um controle de constitucionalidade a esse nível, visto que isso demandaria um amplo conhecimento de todas as relações sociais a serem ordenadas, como, também, de todas as possibilidades da legislação.

É com base nessa concepção que pretendem, por vezes, limitar a competência da Corte Constitucional, sob o argumento de que o Tribunal, por causa da utilização de uma ampla competência de exame, interferiria na esfera do legislador e, com isso, se chocaria contra o princípio da divisão de poderes.

Sobre o ponto, a Corte assim se manifestou:

"Ao Tribunal foi atribuída a proteção dos direitos fundamentais em face do legislador. Quando da interpretação de um direito fundamental resultarem limites ao legislador, o tribunal deve poder fiscalizar a observância deles por parte dele, legislador. Ele não pode subtrair-se à esta tarefa se não quiser, na prática, desvalorizar em grande parte os direitos fundamentais e acabar com a sua função atribuída pela *Grundgesetz*.

A exigência frequentemente feita nesse contexto segundo o qual o legislador deveria, entre vários meios igualmente adequados, livremente decidir, não resolveria o problema ora em pauta. (...). Nesse caso, o legislador encontra-se, entretanto, dentro de determinados limites, livre para a escolha entre várias medidas legislativas igualmente adequadas, vez que elas todas atingem o mesmo direito fundamental em seu conteúdo único e não diferenciado. Não obstante, em se tratando de um direito fundamental que encerra em si zonas mais fortes e mais fracas de proteção da liberdade, torna-se necessário que a jurisdição constitucional verifique se os pressupostos para uma regulamentação estão presentes no degrau onde a liberdade é protegida ao máximo. Em outras palavras, necessário se faz que se possa avaliar se medidas legislativas no degrau inferior não teriam sido suficientes, ou seja, se deste modo a intervenção perpetrada fosse inexoravelmente obrigatória. Se se quisesse deixar ao legislador também a escolha entre os meios igualmente adequados, que correspondessem a degraus diferentes uns dos outros, isso acarretaria que justamente intervenções que limitem ao máximo o direito fundamental seriam, em razão de seu efeito muito eficaz para o alcance da meta almejada, as mais frequentemente escolhidas e seriam aceitas sem exame. Uma proteção efetiva da área de liberdade, que o Art. 12 I GG pretende proteger com mais ênfase, não seria, destarte, mais garantida".

Nesse terceiro nível, o Tribunal examina, portanto, se a medida legislativa interventiva em dado direito fundamental é necessariamente obrigatória, do ponto de vista da Constituição, para a proteção de outros bens jurídicos igualmente relevantes.

O controle, aqui, há de ser mais rígido, pois o Tribunal adentra o próprio exame da ponderação realizada pelo legislador. Um juízo definitivo sobre a proporcionalidade da medida há de resultar, dessa forma, do possível equilíbrio entre o significado da intervenção e os objetivos perseguidos (proporcionalidade em sentido estrito).

6.2. Considerações sobre os crimes de perigo abstrato

A partir da perspectiva aqui delineada, é importante que se considerem algumas nuances dos denominados crimes de perigo abstrato.

Apesar da existência de ampla controvérsia doutrinária, os crimes de perigo abstrato podem ser identificados como aqueles em que não se exige nem a efetiva lesão ao bem jurídico protegido pela norma, nem a configuração do perigo em concreto a esse bem jurídico.

Nessa espécie de delito, o legislador penal não toma como pressuposto da criminalização a lesão ou o perigo de lesão concreta a determinado bem jurídico. Baseado em dados empíricos, seleciona grupos ou classes de condutas que geralmente trazem consigo o indesejado perigo a algum bem jurídico fundamental.

Assim, os tipos de perigo abstrato descrevem ações que, segundo a experiência, produzem efetiva lesão ou perigo de lesão a um bem jurídico digno de proteção penal, ainda que concretamente essa lesão ou esse perigo de lesão não venham a ocorrer.

O legislador formula, dessa forma, uma presunção absoluta a respeito da periculosidade de determinada conduta em relação ao bem jurídico que pretende proteger. O perigo, nesse sentido, não é concreto, mas apenas abstrato. Não é necessário, portanto, que, no caso concreto, a lesão ou o perigo de lesão venham a se efetivar. O delito estará consumado com a mera conduta descrita na lei penal.

Cabe observar que a definição de crimes de perigo abstrato não representa, por si só, comportamento inconstitucional por parte do legislador penal. A tipificação de condutas que geram perigo em abstrato acaba se mostrando, muitas vezes, como alternativa mais eficaz para a proteção de bens de caráter difuso ou coletivo, como, por exemplo, o meio ambiente, a saúde pública, entre outros, o que permite ao legislador optar por um direito penal nitidamente preventivo.

Portanto, pode o legislador, dentro de suas margens de avaliação e de decisão, definir as medidas mais adequadas e necessárias à efetiva proteção de bens jurídicos dessa natureza.

No entanto, não é difícil entender as características e os contornos da delicada relação entre os delitos de perigo abstrato e os princípios da lesividade ou ofensividade, os quais, por sua vez, estão intrinsecamente relacionados com o princípio da proporcionalidade. A atividade legislativa de produção de tipos de perigo abstrato deve, por isso, ser objeto de rígida fiscalização a respeito de sua constitucionalidade.

Nesse sentido, relembro, aqui, dois precedentes desta Suprema Corte em que condutas tipificadas como crimes de perigo abstrato foram valoradas sob o enfoque do princípio da proporcionalidade.

No RE 583.523, com repercussão geral, de minha relatoria[371], em que declarada, por unanimidade, a inconstitucionalidade da criminalização da posse não justificada de instrumento de emprego usual na prática de furto (art. 25 do Decreto-Lei n. 3.688/41), ressaltei em meu voto que a norma não se mostrava adequada, porque não protegia de maneira ótima o direito fundamental ao patrimônio e à incolumidade pública, na medida em que se restringia, de forma discriminatória, às pessoas descritas no tipo (vadio ou mendigo, ou reincidente em crime de furto ou roubo, ou sujeito à liberdade vigiada).

Também assentei que a criminalização da conduta não se mostrava necessária, porque poderia ser suprida por medidas alternativas que favorecessem, ainda mais, a proteção aos bens jurídicos que se pretendeu resguardar. Por fim, acentuei que a contravenção penal em questão violava o subprincípio da proporcionalidade em sentido estrito, visto que a punição de uma conduta apenas quando realizada por pessoas determinadas, segundo critérios discriminatórios, mostrava-se inferior ao grau em que não se realiza o direito fundamental de proteção.

Na ADI 3.112/DF, de relatoria do Ministro Ricardo Lewandowski (j. 2-5-2007, Tribunal Pleno), na qual se alegou a inconstitucionalidade de diversos dispositivos do Estatuto do Desarmamento (Lei n. 10.826/2013), restou assentado, após juízo de ponderação com base no princípio da proporcionalidade, que a proibição de fiança para os delitos de "porte ilegal de arma de fogo de uso permitido" e de "disparo de arma de fogo" mostrava-se desarrazoada, por se tratar de crimes de mera conduta, que não se equiparam aos crimes que acarretam lesão ou ameaça de lesão à vida ou à propriedade.

No entanto, entendeu a Corte que a identificação das armas e munições, de modo a permitir o rastreamento dos respectivos fabricantes e adquirentes, cuidava-se de medida que não se mostrava irrazoável.

Em outro caso, o STF está avaliando se a criminalização do porte de drogas para uso pessoal é compatível com a CF[372]. Dentre outros fundamentos, debate-se a proporcionalidade da norma penal. Assim, está em avaliação a **adequação** da norma penal para produzir resultados almejados, como a melhora da saúde pública e a redução do uso de drogas; a **necessidade** de um tratamento tão gravoso como o penal para um simples usuário; e a **proporcionalidade em sentido** estrito da tipificação de uma conduta que atinge, de forma direta, apenas o seu autor.

Nos dois precedentes, diante das circunstâncias específicas do caso concreto trazido a julgamento, coube à Corte aferir o grau potencial de lesão aos bens jurídicos que se buscou tutelar por meio do direito penal.

Parece que essas devem ser as premissas para a construção de um modelo rígido de controle de constitucionalidade de leis em matéria penal, fundado no princípio da proporcionalidade.

371 Julgado em 13-10-2013, Tribunal Pleno.

372 RE 635.659, rel. Min. Gilmar Mendes que, sob o regime da repercussão geral, avalia a constitucionalidade do art. 28 da Lei n. 11.343/2006. O voto do relator afirma a inconstitucionalidade integral do tipo penal. Os votos dos Mins. Roberto Barroso e Edson Fachin reconhecem inconstitucionalidade parcial do dispositivo. O julgamento foi suspenso em virtude do pedido de vista do Min. Teori Zavascki.

6.3. Princípios da legalidade e da anterioridade penal

6.3.1. Considerações gerais

A Constituição estabelece, no art. 5º, XXXIX, que não há crime sem lei anterior que o defina, nem pena sem prévia cominação legal. Cuida-se do princípio da legalidade ou da reserva legal estrita em matéria penal. Assinale-se, ainda, o disposto no art. 5º, XL, da CF/88, que prescreve que a lei penal não retroagirá, salvo para beneficiar o réu.

Essas disposições encontram fundamentos vinculados à própria ideia do Estado de Direito, baseados especialmente no princípio liberal e nos princípios democrático e da separação de Poderes. De um lado enuncia-se que qualquer intervenção no âmbito das liberdades há de lastrear-se em uma lei. De outro, afirma-se que a decisão sobre a criminalização de uma conduta somente pode ser tomada por quem dispõe de legitimidade democrática[373]. Observa Jorge de Figueiredo Dias que o princípio do *nullum crimen nulla poena sine praevia lege* deixa-se fundamentar, internamente, com base na ideia de *prevenção geral*[374] e do *princípio da culpa*. O cidadão deve poder distinguir, com segurança, a conduta regular da conduta criminosa, mediante lei anterior, estrita e certa[375].

O art. 5º, XXXIX, da CF/88, contém, em verdade, duas normas e máximas básicas: *nullum crimen sine lege* e *nulla poena sine lege*. Não há crime sem lei anterior e, igualmente, não há pena sem lei precedente que a comine. Em outros termos, a prática de um ato, ainda que reprovável de todos os pontos de vista, somente poderá ser reprimida penalmente se houver lei prévia que considere a conduta como crime. A fórmula *"não há pena"* explicita que a sanção criminal, a pena ou a medida de segurança somente poderão ser aplicadas se previamente previstas em lei.

6.3.2. Âmbito de proteção

6.3.2.1. *Considerações preliminares*

O conceito de crime do art. 5º, XXXIX, da CF/88 envolve não só aquele fato como tal definido na lei penal, mas também as contravenções e as infrações disciplinares. Pena refere-se a toda e qualquer medida estatal caracterizável como reação a uma conduta culpável (direito sancionador).

Embora não haja dúvida de que a tipificação penal e a cominação de pena integrem o âmbito de proteção da garantia em apreço, aceita-se, no Direito alemão, a não aplicação do princípio da anterioridade às medidas de segurança (*Massregel der Besserung und Sicherung*) em razão do seu caráter preventivo[376].

373 Cf. Jorge de Figueiredo Dias, *Direito penal*: parte geral, t. 1 – Questões fundamentais. A doutrina geral do crime. Coimbra: Coimbra Ed., 2004, p. 167; Pieroth/Schlink, *Grundrechte – Staatsrecht II*, cit., p. 289.

374 Figueiredo Dias assevera que até mesmo a ideia de prevenção especial positiva ou de ressocialização pressupõe o princípio da legalidade (*Direito penal*, cit., p. 168).

375 Jorge de Figueiredo Dias, *Direito penal*, cit., p. 168.

376 Pieroth/Schlink, *Grundrechte – Staatsrecht II*, cit., p. 290.

Também na doutrina brasileira encontram-se vozes que sustentam, no caso das medidas de segurança, a aplicação do princípio da legalidade sem necessidade de observância do princípio da anterioridade[377] Francisco Assis Toledo observa, porém, que o tema perdeu importância, entre nós, com a extinção da medida de segurança para os agentes imputáveis, bem como com a abolição de tais medidas de caráter detentivo ou patrimonial (Lei n. 7.209/84)[378]. Porém, entende o mestre, com acerto, que, caso venham a ser restabelecidas, deverão submeter-se ao princípio da anterioridade, tal como previsto no art. 1º, 2, do Código Penal da Áustria[379].

Ressalte-se que a tipificação penal, no âmbito do Estado de Direito, há de referir-se a fatos, condutas, e não à intenção (*Gesinnungen*)[380].

Quanto ao aspecto formal ou das fontes, a reserva legal de que se cuida há de resultar de lei aprovada pelo Congresso Nacional. Compete privativamente à União legislar sobre matéria penal (art. 22, I, da CF/88).

Sob a Constituição de 1988, discutiu-se acerca da possibilidade de se definirem condutas criminosas em sede de medida provisória[381]. No Supremo Tribunal Federal, duas ações diretas de inconstitucionalidade tiveram como objetos medidas provisórias que trataram de matéria penal[382]. Ambas foram julgadas prejudicadas por perda de objeto, não adentrando o Tribunal na discussão quanto à questão, que só veio a ser enfrentada por meio de recurso extraordinário[383]. Na ocasião, entendeu a Corte que medida provisória não poderia tratar de matéria penal.

Posteriormente, o próprio legislador constituinte derivado encarregou-se de incorporar essa interpretação aos limites materiais do instituto da medida provisória (CF, art. 62, § 1º, *b*; EC n. 32/2001).

6.3.2.2. *Determinabilidade do tipo penal e proibição de analogia*

A reserva legal penal contempla, igualmente, o princípio da determinabilidade ou da precisão do tipo penal (*lex certa*). O indivíduo há de ter condições de saber o que é proibido ou permitido. Embora não se possa impedir a utilização de conceitos jurídicos indeterminados ou cláusulas gerais, é certo que o seu uso não deve acarretar a não determinabilidade objetiva das condutas proibidas[384].

---

377 Cf. Nélson Hungria, *Comentários ao Código Penal*, Rio de Janeiro: Forense, 1958, v. 1, t. 1, p. 138.

378 Francisco de Assis Toledo, *Princípios básicos de direito penal*, 5. ed., São Paulo: Saraiva, 2002, p. 41.

379 Francisco de Assis Toledo, *Princípios básicos de direito penal*, cit., p. 41.

380 Pieroth/Schlink, *Grundrechte – Staatsrecht II*, cit., p. 290.

381 Cf. Clèmerson Merlin Clève, *Medidas provisórias*, 2. ed., São Paulo: Max Limonad, 1999, p. 88.

382 ADI 221/DF, rel. Ministro Moreira Alves, *DJ* de 22-10-1993; ADI 162/DF, rel. Ministro Moreira Alves, *DJ* de 27-8-1993.

383 Cf. RE 254.818/PR, rel. Min. Sepúlveda Pertence, *DJ* de 19-2-2002; RE 292.400/SC, rel. Min. Ilmar Galvão, *DJ* de 21-3-2001.

384 Jorge de Figueiredo Dias, *Direito penal*, cit., p. 173-175; Francisco de Assis Toledo, *Princípios básicos de direito penal*, cit. p. 29; Pieroth/Schlink, *Grundrechte – Staatsrecht II*, cit., p. 291.

Há de se considerar, igualmente, a proibição da analogia *in malam partem (lex stricta)*. Em matéria penal, não cabe a adoção de analogia para tipificar uma conduta como crime ou agravar o seu tratamento penal. A despeito do caráter polissêmico da linguagem, não parece haver dúvida de que não pode o intérprete agravar a responsabilidade do agente "fora do quadro das significações possíveis das palavras"[385].

Na doutrina nacional e comparada são conhecidos os debates em torno da aplicação do direito penal em situações novas, não inicialmente contempladas no âmbito do tipo penal. Assim, o *Reichsgericht* alemão rejeitou a punição do chamado *"furto de eletricidade"*, por entender que a situação não se mostrava enquadrável no conceito de coisa móvel de que cuidava o Código Penal.

Nesse particular, mencionem-se as referências de Karl Engisch ao caso:

> "Um exemplo característico duma como que nua aplicação da lei fornece-no-lo o Direito Penal sempre que se trata de condenação por delitos cometidos. Isso está em conexão com o facto de as intervenções do Estado na sua função punitiva serem das mais duras de todas. Justamente por isso é que o princípio do Estado de Direito e o conexo princípio da legalidade manifestam neste domínio a sua particular relevância nos modernos Estados civilizados. Até a nossa Constituição não quis deixar de reforçar dum modo especial a validade destes princípios com vista ao Direito penal. No artigo 103, al. 2, diz-se: 'Um facto apenas pode ser punido quando a respectiva punibilidade haja sido legalmente fixada antes da sua prática'. Não podemos ocupar-nos agora com o esclarecimento desta regra sob todos os seus aspectos. Para fins da presente indagação a sua importância reside em que, segundo ela, ninguém pode ser punido simplesmente por ser merecedor da pena de acordo com as nossas convicções morais ou mesmo segundo a 'sã consciência do povo', porque praticou uma 'ordinarice' ou um 'facto repugnante', porque é um 'canalha', ou um 'patife' – mas só o pode ser quando tenha preenchido os requisitos daquela punição descritos no 'tipo (hipótese) legal' de uma lei penal, por exemplo, subtraindo 'a outrem uma coisa móvel alheia com o intuito de ilicitamente se apoderar dela' (§ 242 do Código Penal) ou matando (intencionalmente) 'um homem por crueldade, para satisfazer um impulso sexual, por cupidez ou por outros baixos motivos...' (§ 211 do Código Penal). *Nullum crimen sine lege*. Por força deste princípio o Tribunal do Reich (volume 32, pp. 165 e ss., e já antes vol. 29, pp. 111 e ss.) achou-se impedido, por exemplo, de qualificar e punir como furto o desvio não autorizado de energia eléctrica através duma derivação sub-reptícia da corrente a partir do cabo condutor. Não bastou que se estivesse, no caso, perante um 'descaramento' e uma 'improbidade', e que, portanto, como diz aquele Supremo Tribunal, a punição correspondesse 'a um sentimento ético jurídico, a uma exigência, imposta pelo tráfico, de tutela de bens jurídicos'. Deveria ter-se tratado de uma 'subtracção de coisas alheias móveis' para que pudesse admitir-se a punibilidade por furto. O Tribunal do Reich considerou, porém, não poder subsumir a energia eléctrica ao conceito de 'coisa'. Por isso, o legislador, no ano de 1900, teve de promulgar uma lei especial com vista à punição do desvio de energia eléctrica (hoje o § 248 do Código Penal). Mas nem mesmo esta lei dava plena satisfação à jurisprudência, no caso, por exemplo, da utilização abusiva de um telefone público, através da introdução de moedas achatadas de dois 'pfennig' na respectiva caixa, pois que este facto

385 Jorge de Figueiredo Dias, *Direito penal*, cit., p. 177; Francisco de Assis Toledo, *Princípios básicos de direito penal*, cit., p. 26 e s.

não podia ser punido como furto de energia eléctrica, dado a lei exigir para tanto a subtracção da corrente 'por meio de um cabo condutor'. Pondera o Tribunal do Reich: 'Pela introdução de moedas de dois 'pfennig' não se opera um desvio de corrente eléctrica, pois o que sucede é simplesmente que o peso das moedas desprende a tranqueta destinada a impedir de girar o disco de marcação de número' (RGStr 68, pp. 67/68). Ainda se poderia pensar em burla, mas esta não existe, pois que o telefone público funciona automaticamente e, por isso, nenhuma pessoa havia sido enganada, o que é um dos requisitos do tipo legal da burla (§ 263: 'Quem, com o intuito de para si obter uma vantagem patrimonial ilícita, prejudica o património de outrem provocando ou encobrindo um erro através de simulação de factos falsos...' – ora é fora de dúvida que um aparelho não pode ser enganado). E de novo teve o legislador que intervir para evitar absolvições indevidas. Criou em 1935 o § 265 a do Código Penal, que sujeita a pena a subtracção do trabalho dum autómato"[386].

A propósito, refira-se, entre nós, o caso da violação do painel do Senado[387], cuja criminalização apenas se realizou após o fato controvertido. Naquela situação, o Plenário do Supremo Tribunal Federal limitou-se a rejeitar a denúncia por atipicidade da conduta, em decisão assim ementada:

"Supressão de documento (CP, art. 305). Violação do painel do Senado. A obtenção do extrato de votação secreta, mediante alteração nos programas de informática, não se amolda ao tipo penal previsto no art. 305 do CP, mas caracteriza o crime previsto no art. 313-B da Lei 9.989, de 14.07.2000. Impossibilidade de retroação da norma penal a fatos ocorridos anteriormente a sua vigência (CF, art. 5º, XL). Extinção da punibilidade em relação ao crime de violação de sigilo funcional (CP, art. 325). Denúncia rejeitada por atipicidade de conduta. Inquérito".

Outra discussão que assumiu os mesmos contornos foi a da tipicidade, ou não, da atividade conhecida como "cola eletrônica" (utilização de aparatos eletrônicos e/ou digitais que favoreçam a burla de concursos públicos ou vestibulares por meio de comunicação externa ao local da prova). No julgamento do Inq. 1.145/PB[388], o Plenário do STF, por maioria, interpretou que a prática de "cola eletrônica", apesar de socialmente reprovável, não se configuraria como conduta penalmente tipificada[389].

---

386 Karl Engisch, *Introdução ao pensamento jurídico*, Lisboa: Fundação Calouste Gulbenkian, 1996, p. 79-81.

387 Inq. 1.879, rel. Min. Ellen Gracie, *DJ* de 7-5-2004.

388 Inq. 1.145, PB, red. p/ o acórdão Min. Gilmar Mendes, julg. em 19-12-2006.

389 *Informativo STF* n. 453 acerca do Inq. 1.145, red. p/ o acórdão Min. Gilmar Mendes, *DJ* de 4-4-2008: "Em conclusão de julgamento, o Tribunal, por maioria, rejeitou denúncia apresentada contra Deputado Federal, em razão de ter despendido quantia em dinheiro na tentativa de obter, por intermédio de cola eletrônica, a aprovação de sua filha e amigos dela no vestibular de universidade federal, conduta essa tipificada pelo Ministério Público Federal como crime de estelionato (CP, art. 171), e posteriormente alterada para falsidade ideológica (CP, art. 299) – v. *Informativos* n. 306, 395 e 448. Entendeu-se que o fato narrado não constituiria crime ante a ausência das elementares objetivas do tipo, porquanto, na espécie, a fraude não estaria na veracidade do conteúdo do documento, mas sim na utilização de terceiros na formulação das respostas aos quesitos. Salientou-se, ainda, que, apesar de seu grau de reprovação social, tal conduta não se enquadraria nos tipos penais em vigor, em face do princípio da reserva legal e da proibição de aplicação da analogia *in malam partem*. Vencidos os Ministros Carlos Britto, Ricardo Lewandowski, Joaquim Barbosa e Marco Aurélio, que recebiam a denúncia".

Em outro caso, o STF está avaliando se a contravenção penal de "trazer consigo arma fora de casa ou de dependência desta, sem licença da autoridade", permanece aplicável[390]. O Juizado Especial considerou que o porte, sem licença, de arma branca se enquadra na contravenção penal em questão. Ocorre que não há previsão na legislação da necessidade de licença de autoridade pública para o porte de arma branca. Há, portanto, uma aparente violação ao princípio da legalidade, não decorrente da inexistência de lei, mas da inexistência do complemento ao qual a lei faz referência. Tratar-se-ia de uma norma penal em branco, sem o devido complemento. O caso pende de julgamento[391].

Também merece ser mencionado, sobre a necessária interpretação constitucional dos alcances de determinado tipo penal, o caso sobre a capitulação legal, ou não, da importação de pequenas quantidades de maconha como tráfico de drogas. No julgamento do HC 144/161/SP, a 2ª Turma do Supremo Tribunal Federal decidiu sobre a questão nos seguintes termos[392]:

> *"Habeas corpus. 2. Importação de sementes de maconha. 3. Sementes não possuem a substância psicoativa (THC). 4. 26 (vinte e seis) sementes: reduzida quantidade de substâncias apreendidas. 5. Ausência de justa causa para autorizar a persecução penal. 6. Denúncia rejeitada. 7. Ordem concedida para determinar a manutenção da decisão do Juízo de primeiro grau."*

Tratou-se de discussão sobre a possibilidade de subsumir a conduta de importar pequena quantidade de sementes de maconha ao tipo penal de tráfico internacional de drogas (art. 33, § 1º, inciso I, c/c o art. 40, inciso I, da Lei 11.343/2006).

Considerando a pequena quantidade de sementes importadas (26 sementes), por transação eletrônica via internet, pelo paciente, o Ministro Relator se valeu dos seguintes argumentos para conceder a ordem, entendendo que a pequena importação de sementes de maconha não configura o crime de tráfico internacional de drogas[393]:

> *"Segundo o Juízo de origem, a denúncia merece ser rejeitada, tendo em vista que: (i) as sementes não apresentam a substância tetrahidrocannabiol (THC), geradora de dependência e, portanto, não podem ser caracterizadas como "droga"; (ii) tais sementes não podem ser consideradas matérias-primas destinadas à preparação da droga, pois se extrai o produto vedado pela norma pela planta e não pela semente; (iii) a quantidade de droga não se coaduna com o delito de tráfico internacional de drogas; (iv) a conduta descrita poderia se amoldar no tipo penal do artigo 28, §1º, da Lei 11.343/06; (v) as sementes não chegaram sequer a ser semeadas, o que torna indevido o enquadramento no tipo penal previsto no artigo 33, §1º, da referida lei; (vi) não há lesão ao bem jurídico capaz de enquadrar a conduta no artigo 334 do Código Penal; (vii) não há, nos autos, qualquer indício de que o denunciado teria habitualidade na conduta de importar sementes com o objetivo de traficá-las. Na doutrina, afirma-se que a matéria-prima, conforme Vicente Greco Filho e João Daniel Rassi, é a substância de que podem ser extraídos ou produzidos os entorpecentes que causem dependência física ou*

390 Art. 19 do Decreto-Lei n. 3.688/41.

391 ARE 901.623, relator Min. Edson Fachin.

392 HC n. 144/161/SP, rel. Min. Gilmar Mendes, *DJ* de 11-9-2019.

393 HC n. 144/161/SP, rel. Min. Gilmar Mendes, *DJ* de 11-9-2019.

psíquica (GRECO FILHO, Vicente; RASSI, João Daniel. Lei de drogas anotada. 3ª edição. São Paulo: Saraiva, 2009. p. 99). Ou seja, a matéria-prima ou insumo devem ter condições e qualidades químicas para, mediante transformação ou adição, por exemplo, produzirem a droga ilícita, o que não é o caso das sementes da planta Cannabis sativa, que não possuem a substância psicoativa (THC). Ademais, verifico que, em outros julgados desta Corte, em razão da pequena quantidade de sementes de maconha importadas, o Ministro Roberto Barroso deferiu a liminar para suspender a tramitação da ação penal na origem, nos HCs 147.478/SP, 143.798/SP e 131.310/SE. Diante do exposto, considerando as particularidades da causa, sobretudo a reduzida quantidade de substâncias apreendidas, com base no artigo 192, caput, do RISTF, concedo a ordem para determinar a manutenção da decisão do Juízo de primeiro grau que, em razão da ausência de justa causa, rejeitou a denúncia."

Vê-se, assim, que, a despeito da reprovabilidade geral da conduta, do ponto de vista ético, é preciso que, para a configuração de crime sob a perspectiva constitucional, ela esteja contemplada em lei penal anterior que a defina.

6.3.2.3. *Proibição de retroatividade da lei penal*

Tal como observado, o princípio da legalidade penal não pode dissociar-se da ideia de anterioridade penal, que implica repúdio à aplicação retroativa de lei menos benévola (CF, art. 5º, XL).

Para os fins de aplicação da norma constitucional, afigura-se fundamental a definição do momento do crime (*tempus delicti*). Tal tema carece de definição dogmática. O Código Penal brasileiro estabelece no art. 4º que o crime se considera praticado "no momento da ação ou omissão, ainda que outro seja o momento do resultado". Depreende-se, pois, que, para determinação do momento da prática do ato, decisiva é a conduta e não o resultado[394].

Havendo sucessão de leis penais que disciplinem, no todo ou em parte, as mesmas questões e o fato houver se verificado sob a vigência da lei anterior podem-se colocar, em termos gerais, as seguintes situações[395]:

a) a lei posterior revela-se mais severa do que a lei anterior (*lex gravior*);

b) a lei posterior descriminaliza o fato anteriormente punível (*abolitio criminis*);

c) a lei posterior é mais benéfica em relação à pena ou à medida de segurança (*lex mitior*);

d) a lei nova contém algumas normas que agravam a situação do réu e outras que o beneficiam.

Quanto à *lex gravior*, aquela que agrava o tratamento do fato no que concerne ao crime ou à pena, impera o princípio da irretroatividade absoluta[396]. Como a norma se

---

394 Francisco de Assis Toledo, *Princípios básicos de direito penal*, cit., p. 32. Cf., também, Jorge de Figueiredo Dias, *Direito penal*, cit., p. 182-183.

395 Cf., dentre outros, Jorge de Figueiredo Dias, *Direito penal*, cit., p. 30.

396 Deve-se ressaltar, a fim de melhor demonstrar a proibição de retroatividade da lei penal, salvo para beneficiar o sentenciado, o julgamento do HC 93.746/SP, em que a Primeira Turma da STF entendeu que o cálculo de pena para

aplica ao direito material, surge indagação relevante sobre a aplicação de leis constantes de diplomas outros, como o Código de Processo Penal ou a Lei de Execução, que, em princípio, estariam submetidas ao regime de aplicação imediata.

A melhor solução parece encaminhar-se para a análise tópica de cada norma em especial, afirmando-se ou não o seu caráter material, independentemente de sua localização no ordenamento positivo[397].

De qualquer forma, algumas controvérsias subsistem.

Assim, a exigência de representação em determinado crime, o caráter público da ação ou a fixação de prazo de prescrição podem dar ensejo a considerações diversas. A propósito, observe-se que, no Direito brasileiro, diferentemente do que ocorre, *v. g.*, no direito alemão, tem-se que as normas sobre prescrição são consideradas de caráter material e, por isso, submetidas ao regime do art. 5º, XXXIX, da Constituição.

Tem-se a *abolitio criminis* quando a lei nova exclui do âmbito penal fato considerado crime pela lei anterior, extinguindo-se a punibilidade com todos os seus consectários (arquivamento de processos, cessação da execução e os efeitos penais da sentença condenatória, ainda que trânsita em julgado) (*v.* art. 2º do CP).

A alteração de norma singular que não leva a uma descriminalização não há de ser entendida, porém, como *abolitio criminis*. O Supremo Tribunal Federal entendeu que a extinção do crime de roubo a estabelecimento de crédito como crime contra a segurança nacional não levava à extinção da punibilidade, mas sim à aplicação da lei anterior mais benigna (Código Penal)[398].

Nessa linha, observa Figueiredo Dias que se a lei nova mantém a incriminação de uma conduta concreta, embora de um novo ponto de vista político-criminal que modifica até mesmo o bem jurídico protegido, não há cogitar de descriminalização[399]. Também se o fato deixa de ser considerado crime e passa a ser tido como contravenção, não há falar em *abolitio criminis*, aplicando-se a regra da lei mais benévola[400].

A lei mais benigna será aquela lei que, de qualquer forma e tendo em vista a situação concreta, revela-se mais favorável ao agente no que concerne ao crime ou à pena.

Segundo Toledo, reputa-se mais benigna a lei na qual:

> "a) a pena cominada for mais branda, por sua natureza, quantidade, critérios de aplicação e dosimetria ou modo de execução;

---

o benefício da progressão de regime nos crimes ocorridos anteriormente à Lei n. 11.464/2007 não pode por esta ser regulada, visto que é mais gravosa que a regulamentação prevista na Lei de Execução Penal. Dessa forma, não pode a Lei n. 11.464/2007 retroagir para regular fatos anteriores à sua vigência no ordenamento jurídico brasileiro: *"(...) I – Em matéria de progressão de regime em delito considerado como hediondo, cometido anteriormente à entrada em vigor da Lei 11.464/07, deve prevalecer o entendimento da inconstitucionalidade do então vigente art. 2º, § 1º, da Lei 8.072/90, conforme precedente desta Corte. II – Para evitar-se a retroatividade da lei mais gravosa, o prazo a ser considerado é o do art. 112, original da LEP (...)"* HC 93.746/SP, 1ª Turma do STF, rel. Min. Ricardo Lewandowski, j. 2-9-2008, *DJ* de 18-9-2008.

397 Francisco de Assis Toledo, *Princípios básicos de direito penal*, cit., p. 31.

398 RC 1.381, rel. Min. Cordeiro Guerra, *DJ* de 23-5-1980. Cf. também Francisco de Assis Toledo, *Princípios básicos de direito penal*, cit., p. 34.

399 Jorge de Figueiredo Dias, *Direito penal*, cit., p. 189.

400 Jorge de Figueiredo Dias, *Direito penal*, cit., p. 187-188.

b) forem criadas novas circunstâncias atenuantes, causas de diminuição da pena, ou benefícios relacionados com a extinção, suspensão ou dispensa de execução da pena, ou, ainda, maiores facilidades para o livramento condicional;

c) forem extintas circunstâncias agravantes, causas de aumento qualificadoras;

d) se estabelecerem novas causas extintivas de punibilidade ou se ampliarem as hipóteses de incidências das já existentes, notadamente quando são reduzidos prazos de decadência, de prescrição, ou se estabelece modo mais favorável na contagem desses prazos;

e) se extinguirem medidas de segurança, penas acessórias ou efeitos da condenação;

f) forem ampliadas as hipóteses de inimputabilidade, de atipicidade, de exclusão da ilicitude, de exclusão de culpabilidade, ou de isenção da pena"[401].

De qualquer sorte, cumpre observar que a análise da lei mais benigna restará sempre submetida à avaliação do resultado final *in concreto*, até porque um juízo abstrato pode levar não raras vezes a percepções equivocadas no que concerne à aplicação da sanção à sua execução[402].

O critério da lei mais benéfica não permitiria a adoção de uma *lex tertia* ou de uma *combinação de leis*.

Foi pelo menos essa a posição do Supremo Tribunal Federal, que, a propósito do roubo de estabelecimentos bancários, afirmou ser "lícito ao juiz escolher, no confronto das leis, a mais favorável, e aplicá-la em sua integridade, porém não lhe é permitido criar e aplicar uma 'terza legge' diversa de modo a favorecer o réu, pois, nessa hipótese, se transformaria em legislador"[403]. Toledo é crítico dessa fórmula, reconhecendo que, em matéria de regime transitório, não se pode estabelecer posição muito rígida. O penalista enfatiza que o próprio Supremo Tribunal Federal, em caso posterior, acabou por consagrar um critério misto[404]. Também Figueiredo Dias aponta a equivocidade da tese, a despeito de sua aparente correção. É que, afirma, a orientação adotada "não pode obstar a que, considerando-se, *v. g.*, aplicável a lei antiga à apreciação do tipo legal ou (e) da pena, todavia acabe por aplicar-se a lei nova na parte em que considera, diversamente da lei anterior, que o crime está já prescrito, uma vez que aquela conduz à responsabilização e esta à irresponsabilização penal"[405].

A questão, a nosso ver, foi claramente equacionada pelo Plenário do STF no julgamento do RE 596.152/SP. A ementa do julgado esclarece didaticamente o critério adotado pela Corte:

---

401 Francisco de Assis Toledo, *Princípios básicos de direito penal*, cit., p. 36.

402 Francisco de Assis Toledo, *Princípios básicos de direito penal*, cit., p. 36.

403 RC 1.381/SP, rel. Min. Cordeiro Guerra, *RTJ*, 94 (2)/505; cf. também Francisco de Assis Toledo, *Princípios básicos de direito penal*, cit., p. 38.

404 Toledo assim se manifesta: "Nossa opinião é a de que, em matéria de direito transitório, não se pode estabelecer dogmas rígidos como esse da proibição da combinação de leis. Nessa área, a realidade é muito mais rica do que pode imaginar a nossa 'vã filosofia'. Basta ver que, no próprio julgado relativo ao RCrim 1.412, em que a 2ª Turma do Supremo Tribunal Federal reafirmava a proibição de combinação de leis, não se logrou impedir, em certa medida, esse mesmo fenômeno ao reconhecer-se a impossibilidade de aplicação da pena de multa do Código Penal (a lei mais benigna aplicada), para não incorrer-se na reformatio in pejus. Com isso o resultado final do julgamento foi o seguinte: no tocante à multa, prevaleceu o critério do Decreto-lei n. 898/69 (lei de segurança nacional revogada) que não a previa; no tocante à pena privativa de liberdade, prevaleceu o Código Penal" (Francisco de Assis Toledo, *Princípios básicos de direito penal*, cit., p. 38).

405 Cf. Jorge de Figueiredo Dias, *Direito penal*, cit., p. 191.

"1. A regra constitucional de retroação da lei penal mais benéfica (inciso XL do art. 5º) é exigente de interpretação elástica ou tecnicamente "generosa". 2. Para conferir o máximo de eficácia ao inciso XL do seu art. 5º, a Constituição não se refere à lei penal como um todo unitário de normas jurídicas, mas se reporta, isto sim, a cada norma que se veicule por dispositivo embutido em qualquer diploma legal. Com o que a retroatividade benigna opera de pronto, não por mérito da lei em que inserida a regra penal mais favorável, porém por mérito da Constituição mesma. 3. A discussão em torno da possibilidade ou da impossibilidade de mesclar leis que antagonicamente se sucedem no tempo (para que dessa combinação se chegue a um terceiro modelo jurídico-positivo) é de se deslocar do campo da lei para o campo da norma; isto é, não se trata de admitir ou não a mesclagem de leis que se sucedem no tempo, mas de aceitar ou não a combinação de normas penais que se friccionem no tempo quanto aos respectivos comandos. 4. O que a Lei das Leis rechaça é a possibilidade de mistura entre duas normas penais que se contraponham, no tempo, sobre o mesmo instituto ou figura de direito. Situação em que há de se fazer uma escolha, e essa escolha tem que recair é sobre a inteireza da norma comparativamente mais benéfica. Vedando-se, por conseguinte, a fragmentação material do instituto, que não pode ser regulado, em parte, pela regra mais nova e de mais forte compleição benéfica, e, de outra parte, pelo que a regra mais velha contenha de mais benfazejo. 5. A Constituição da República proclama é a retroatividade dessa ou daquela figura de direito que, veiculada por norma penal temporalmente mais nova, se revele ainda mais benfazeja do que a norma igualmente penal até então vigente. Caso contrário, ou seja, se a norma penal mais nova consubstanciar política criminal de maior severidade, o que prospera é a vedação da retroatividade. 6. A retroatividade da lei penal mais benfazeja ganha clareza cognitiva à luz das figuras constitucionais da ultra-atividade e da retroatividade, não de uma determinada lei penal em sua inteireza, mas de uma particularizada norma penal com seu específico instituto. Isto na acepção de que, ali onde a norma penal mais antiga for também a mais benéfica, o que deve incidir é o fenômeno da ultra-atividade; ou seja, essa norma penal mais antiga decai da sua atividade eficacial, porquanto inoperante para reger casos futuros, mas adquire instantaneamente o atributo da ultra-atividade quanto aos fatos e pessoas por ela regidos ao tempo daquela sua originária atividade eficacial. Mas ali onde a norma penal mais nova se revelar mais favorável, o que toma corpo é o fenômeno da retroatividade do respectivo comando. Com o que ultra-atividade (da velha norma) e retroatividade (da regra mais recente) não podem ocupar o mesmo espaço de incidência. Uma figura é repelente da outra, sob pena de embaralhamento de antagônicos regimes jurídicos de um só e mesmo instituto ou figura de direito. 7. Atento a esses marcos interpretativos, hauridos diretamente da Carta Magna, o § 4º do art. 33 da Lei 11.343/2006 outra coisa não fez senão erigir quatro vetores à categoria de causa de diminuição de pena para favorecer a figura do pequeno traficante. Minorante, essa, não objeto de normação anterior. E que, assim ineditamente positivada, o foi para melhor servir à garantia constitucional da individualização da reprimenda penal (inciso XLVI do art. 5º da CF/88). 8. O tipo penal ou delito em si do tráfico de entorpecentes já figurava no art. 12 da Lei 6.368/1976, de modo que o ineditismo regratório se deu tão somente quanto à pena mínima de reclusão, que subiu de 3 (três) para 5 (cinco) anos. Afora pequenas alterações redacionais, tudo o mais se manteve substancialmente intacto. 9. No plano do agravamento da pena de reclusão, a regra mais nova não tem como retroincidir. Sendo (como de fato é) constitutiva de política criminal mais drástica, a nova regra cede espaço ao comando da norma penal de maior teor de benignidade, que é justamente aquela mais recuada no tempo: o art. 12 da Lei 6.368/1976, a incidir por ultra-atividade. O novidadeiro instituto da minorante, que, por força mesma do seu ineditismo, não se contrapondo a nenhuma anterior regra penal, incide tão imediata quanto solitariamente, nos exatos termos do inciso XL do art. 5º da Constituição Federal. 10. Recurso extraordinário desprovido"[406]

Assim, o Tribunal deixou assentado que não se trata, nesse contexto, de combinação de leis penais que se contraponham no tempo, mas da aplicação dos institutos constitucionais da ultra-atividade e da retroatividade.

Esse entendimento, contudo, foi recentemente revisto pelo STF no julgamento do RE 600.817/RS. Decidiu o Plenário, por maioria, que, embora a retroação da lei penal para favorecer o réu seja uma garantia constitucional, a Constituição não autoriza que partes de diversas leis sejam aplicadas separadamente em seu benefício. Afirmou-se que a aplicação da minorante prevista em uma lei, combinada com a pena prevista em outra, criaria uma terceira norma, fazendo com que o julgador atue como legislador positivo, o que configuraria uma afronta ao princípio constitucional da separação dos Poderes. No processo examinado, foi dado provimento parcial ao recurso, negando a aplicação imediata da minorante da lei nova combinada com a pena da lei anterior, mas determinando a volta do processo ao juiz de origem para que, após efetuar a dosimetria da pena de acordo com as duas leis, aplicar, na íntegra, a legislação que se mostrar mais favorável ao acusado. Essa, portanto, a atual orientação da Corte, adotada em RE com repercussão geral[407].

A orientação quanto à impossibilidade de combinar a lei antiga e a lei nova foi seguida pelo Superior Tribunal de Justiça, que editou sua Súmula 501: "É cabível a aplicação retroativa da Lei 11.343/2006, desde que o resultado da incidência das suas disposições, na íntegra, seja mais favorável ao réu do que o advindo da aplicação da Lei n. 6.368/76, sendo vedada a combinação de leis".

O princípio da aplicação da lei mais benigna afeta também eventual **lei intermediária**. No caso de sucessão de leis, a lei intermediária editada após o fato delituoso e revogada antes da decisão judicial será aplicável se mais benéfica para o agente[408].

Em relação aos chamados **crimes duradouros**, cuja efetivação ou realização se protrai no tempo como no caso dos crimes permanentes e crimes continuados, havia, entre os doutrinadores, interessante discussão sobre a solução a ser adotada.

Para Figueiredo Dias, por exemplo, "a melhor doutrina parece ser a de que qualquer agravação da lei ocorrida antes do término da consumação só pode valer para aqueles elementos típicos do comportamento verificados após o momento da modificação legislativa", aplicando-se essa orientação também aos crimes continuados[409].

---

406 STF, RE 596.152/SP, Pleno, rel. Min. Ricardo Lewandowski, Redator do acórdão Min. Ayres Britto, *DJe* de 13-2-2012.

407 RE 600.817/RS, Plenário, rel. Min. Ricardo Lewandowski, j. 7-11-2013.

408 Cf. Francisco de Assis Toledo, *Princípios básicos de direito penal*, cit., p. 42; v. também Jorge de Figueiredo Dias, *Direito penal*, cit., p. 190-191.

409 Jorge de Figueiredo Dias, *Direito penal*, cit., p. 183.

Toledo, após sustentar que para os crimes permanentes aplica-se a lei nova se esta tem início de vigência enquanto dura a conduta ilícita, propõe, em relação aos crimes continuados, algumas alternativas em razão do tratamento mais grave conferido pela revisão do art. 71 do Código Penal:

"Com o advento da nova Parte Geral, que inovou o tratamento do crime continuado, no parágrafo único do art. 71, permite-se o aumento de pena até o triplo (anteriormente o aumento não poderia ir além de dois terços – CP de 1940, art. 50, § 2º) nos crimes dolosos cometidos com violência ou grave ameaça à pessoa. Assim, podem ocorrer duas hipóteses: a) o agente de crimes de roubo, por exemplo, cometeu vários roubos antes e depois do início de vigência da nova Parte Geral; b) o agente dos mesmos crimes cometeu vários roubos antes da vigência da lei e apenas um depois dessa vigência. Admitindo-se que tanto na primeira como na segunda hipótese configura-se uma única série de delitos continuados, parece-nos que só na primeira (vários roubos antes e depois da vigência da nova lei) se poderá aplicar o aumento de um triplo, tendo em conta que o seguimento da série, situado sob a lei nova, bastaria para tanto. Como os fatos anteriores integram a continuidade delitiva, aplica-se a pena de um só dos crimes, ou a mais grave, aumentada até o triplo. Na segunda hipótese (somente um roubo na vigência da lei nova), parece-nos que, levando-se em conta o conjunto das determinações e das consequências acarretadas pela nova regulamentação do crime continuado, não se poderá fazer incidir o critério mais grave da lei nova (aumento até um triplo), porque isso significaria aplicar-se, a uma hipótese de delitos continuados, pena mais grave do que a devida se fosse tomada a série delitiva anterior em concurso material com o único delito posterior. Neste caso, para não ser infringido o preceito constitucional da anterioridade da lei penal, a única solução possível será a punição de toda a série pelo critério da lei anterior"[410].

A polêmica restou superada com a edição da Súmula 711 pelo Supremo Tribunal Federal, a qual sedimentou o entendimento da Corte no sentido de que "A lei penal mais grave aplica-se ao crime continuado ou ao crime permanente, se a sua vigência é anterior à cessação da continuidade ou da permanência". De acordo com a orientação jurisprudencial adotada, enquanto não cessada a prática do crime, aplica-se em qualquer caso a lei mais grave, independentemente das distinções apontadas pela doutrina.

O Código Penal brasileiro estabelece ainda uma exceção ao regime de sucessão de leis penais, consagrando que "a lei excepcional ou temporária, embora decorrido o período de sua duração ou cessadas as circunstâncias que a determinaram, aplica-se ao fato praticado durante sua vigência" (art. 3º). Segundo Figueiredo Dias, as circunstâncias fáticas que levaram à promulgação da lei temporária não permitem cogitar de expectativas que devam ser protegidas, nem negar a existência de razões de prevenção geral[411].

Outro tema relevante no âmbito da sucessão de leis penais no tempo refere-se às normas penais em branco, "que cominam uma pena que não descrevem, mas se alcançam através de uma remissão da norma penal para leis, regulamentos ou inclusivamen-

410 Francisco de Assis Toledo, *Princípios básicos de direito penal*, cit., p. 33.

411 Jorge de Figueiredo Dias, *Direito penal*, cit., p. 192; ver também Francisco de Assis Toledo, *Princípios básicos de direito penal*, cit., p. 44.

te actos administrativos autonomamente promulgados em outro tempo ou lugar"[412]. Embora não se questione, em princípio, a legitimidade dessa técnica de legislação no âmbito do direito penal, por entender-se que, no plano da fonte, ela consta da lei formal e não afeta a compreensão sobre a conduta que se proíbe (*determinabilidade*)[413], indaga-se sobre os efeitos da alteração ou da sua revogação no âmbito da sucessão de leis[414].

Um exemplo citado por Toledo tem-se no art. 269 do Código Penal ("deixar o médico de denunciar à autoridade pública doença cuja notificação é compulsória"). Caso sobrevenha norma que deixe de exigir a notificação de determinada doença, indaga-se sobre a sua repercussão no âmbito penal. Haveria a *abolitio criminis*? Outra questão suscitável concerne ao simples reajuste de valores em tabela de preços[415].

O decisivo – diz Toledo – é saber se a alteração da norma extrapenal implica, ou não, supressão do caráter ilícito do fato. No primeiro exemplo, a revogação da norma torna lícita a omissão do médico em relação à doença, o que torna imperativa a retroatividade da aplicação. No segundo, a mera atualização de preços não repercute sobre a matéria da proibição, uma vez que a conduta – venda acima do preço fixado – continua a ser criminalizada[416].

Afirma-se correntemente, na linha do disposto na norma constitucional (art. 5º, XXXIX), que a proteção oferecida restringe-se ao direito penal material, não estando abrangidas as normas de processo e de execução. Adverte Toledo que essa orientação há de aplicar-se a normas de caráter estritamente processual e não àquelas normas eventualmente localizadas em estatutos processuais ou de execução, mas de caráter nitidamente material, como as que regulam a decadência do direito de queixa ou de representação, a renúncia, o perdão (CPP, arts. 38, 49, 51), direitos do preso ou do condenado[417].

Cumpre, assim, identificar e distinguir normas materiais e processuais no Código de Processo Penal, no Código Penal, na Lei de Execuções e na legislação extravagante, para os fins de aplicação dos princípios de direito intertemporal[418].

Surgem, não raras vezes, relevantes dúvidas de interpretação sobre o caráter material ou processual de determinada norma. Trata-se de questão que o Tribunal tem denominado como o fenômeno das normas penais híbridas.

No julgamento do HC 74.305/SP, o Tribunal, diante do caráter híbrido da norma contida no art. 89 da Lei n. 9.099/95, estabeleceu limites processuais à retroação de norma penal mais benéfica ao paciente, em razão da prolação de sentença condenatória. Eis o teor do acórdão desse julgado:

---

412 Jorge de Figueiredo Dias, *Direito penal*, cit., p. 172-173; Francisco de Assis Toledo, *Princípios básicos de direito penal*, cit., p. 43.

413 Jorge de Figueiredo Dias, *Direito penal*, cit., p. 172-173.

414 Francisco de Assis Toledo, *Princípios básicos de direito penal*, cit., p. 43.

415 Francisco de Assis Toledo, *Princípios básicos de direito penal*, cit., p. 43.

416 Francisco de Assis Toledo, *Princípios básicos de direito penal*, cit., p. 43-44.

417 Francisco de Assis Toledo, *Princípios básicos de direito penal*, cit., p. 39.

418 Francisco de Assis Toledo, *Princípios básicos de direito penal*, cit., p. 39-40.

"*HABEAS CORPUS*. Suspensão condicional do processo penal (art. 89 da Lei 9.099/95. 'Lex mitior'. Âmbito de aplicação retroativa. Os limites da aplicação retroativa da 'Lex mitior' vão além da mera impossibilidade material de sua aplicação ao passado, pois ocorrem, também, ou quando a Lei posterior, malgrado retroativa, não tem mais como incidir, à falta de correspondência entre a anterior situação do fato e a hipótese normativa a que subordinada a sua aplicação, ou quando a situação de fato no momento em que essa lei entra em vigor não mais condiz com a natureza jurídica do instituto mais benéfico e, portanto, com a finalidade para a qual foi instituído. Se já foi prolatada sentença condenatória, ainda que não transitada em julgado, antes de entrada em vigor da Lei 9.099/95, não pode ser essa transação processual aplicada retroativamente, porque a situação em que, nesse momento, se encontra o processo penal já não mais condiz com a finalidade para a qual o benefício foi instituído, benefício esse que, se aplicado retroativamente, nesse momento, teria, até, sua natureza jurídica modificada para a de verdadeira transação penal. 'Habeas Corpus' indeferido"[419].

Segundo o posicionamento do Supremo Tribunal Federal, as normas sobre prescrição são de direito material, aplicando-se-lhes os princípios do direito intertemporal. No direito alemão, considera-se que tais normas têm caráter processual e, por isso, podem ser alteradas, como ocorreu na prorrogação da prescrição dos crimes praticados pelos nazistas[420]. É que os pressupostos de persecução criminal não se submeteriam, segundo esse entendimento, ao princípio da anterioridade penal[421].

Digno de indagação, igualmente, é se a proibição de retroatividade afeta apenas a lei ou também a jurisprudência. Embora se considere que mudança de orientação jurisprudencial não constitui violação ao princípio da legalidade, afigura-se evidente que tal fato não deixa de colocar em xeque valores que estão intimamente vinculados a essa ideia[422]. Daí a necessidade de que os Tribunais atuem com extrema cautela nesse processo de revisão jurisprudencial.

De qualquer sorte, sustenta Figueiredo Dias que "o cidadão que atuou com base em expectativas fundadas numa primitiva corrente jurisprudencial não estará completamente desprotegido, já que poderá por vezes amparar-se numa falta de consciência do ilícito não censurável, que determinará a exclusão da culpa e em consequência da punição"[423].

Em razão da modificação substancial de jurisprudência no que concerne ao reconhecimento da inconstitucionalidade de dispositivo legal que determinava, genericamente, a aplicação de regime integralmente fechado aos crimes hediondos (art. 2º, § 1º, da Lei n. 8.072/90), no julgamento do HC 82.959/SP, o Supremo Tribunal Federal, por unanimidade de votos quanto a esse aspecto, decidiu limitar os efeitos da declaração de

419 HC 74.305/SP, rel. Min. Moreira Alves, *DJ* de 5-5-2000.

420 Cf. *BVerfGE*, 25, 286; cf. também Christoph Degenhart, *Staatsrecht I*, 21. ed., Heidelberg: C. F. Müller, 2005, p. 127; Pieroth/Schlink, *Grundrechte – Staatsrecht II*, cit., p. 290.

421 Cf. Christoph Degenhart, *Staatsrecht I*, cit., p. 127; Pieroth/Schlink, *Grundrechte – Staatsrecht II*, cit., p. 290-291.

422 Jorge de Figueiredo Dias, *Direito penal*, cit., p. 185.

423 Jorge de Figueiredo Dias, *Direito penal*, cit., p. 186.

inconstitucionalidade até mesmo para estabilizar expectativas jurídicas quanto à incidência, ou não, da indenização decorrente do art. 5º, LXXV, da CF/88[424].

A modulação adotada no caso não alcança os efeitos da inconstitucionalidade sobre a execução penal. Essa orientação foi explicitada na primeira parte da Súmula Vinculante 26 – "Para efeito de progressão de regime no cumprimento de pena por crime hediondo, ou equiparado, o juízo da execução observará a inconstitucionalidade do art. 2º da Lei n. 8.072, de 25 de julho de 1990 (...)". Note-se que, nos termos do enunciado, o entendimento jurisprudencial novo e mais benéfico quanto à inconstitucionalidade do regime prisional deve não apenas aplicar-se às condenações definitivas, mas ser observado de ofício pelo juiz das execuções penais, independentemente de revisão criminal.

6.3.2.3.1 Acordo de não persecução penal, expansão da justiça criminal negocial e aplicação para processos em curso

É inquestionável o reconhecimento de uma tendência de expansão dos espaços de consenso no processo penal brasileiro, desde o surgimento da Lei n. 9.099, em 1995, ou mesmo antes, com a determinação constitucional de 1988 no sentido da introdução de mecanismos de transação para infrações penais de menor potencial ofensivo (art. 98, I, da CF) ou com os diversos diplomas normativos que previam a delação premiada já em 1990, como inicialmente na Lei de Crimes Hediondos (Lei n. 8.072/90).

Trata-se de tendência internacional, inclusive incentivada por diplomas como as Convenções de Mérida e de Palermo, em que os Estados inserem mecanismos negociais tendentes a incentivar os réus a colaborarem com a persecução penal, em troca de benefícios, como a redução da sanção penal. Nesse cenário inserem-se institutos como a colaboração premiada, que possui certa finalidade probatória, e também mecanismos de barganha, que almejam a supressão do processo para imposição consentida de uma pena pelo Estado.

Atualmente, o Brasil ainda adota um sistema criminal negocial abstratamente limitado, em que acordos penais são aceitos, em regra, em delitos de menor gravidade, por meio de mecanismos como a transação penal e a suspensão condicional do processo. Contudo, a expansão da colaboração premiada já tem ocasionado certo alargamento desse sistema.

Nesse sentido, a Lei n. 13.964/2019 consagrou o cabimento do denominado Acordo de Não Persecução Penal. Pode-se afirmar que o ANPP é um negócio jurídico processual em que se busca a conformidade do imputado à acusação, ou seja, sua aceitação às sanções pactuadas e sua submissão, sem resistência, à pretensão punitiva estatal. Trata-se de mecanismo semelhante, em suas premissas e características gerais, à transação penal da Lei n. 9.099/95.

Nos termos do novo art. 28-A do CPP:

> "Não sendo caso de arquivamento e tendo o investigado confessado formal e circunstancialmente a prática de infração penal sem violência ou grave ameaça e com pena

---

424 HC 82.959/SP, rel. Min. Marco Aurélio, *DJ* de 1º-9-2006.

mínima inferior a 4 (quatro) anos, o Ministério Público poderá propor acordo de não persecução penal, desde que necessário e suficiente para reprovação e prevenção do crime, mediante as seguintes condições ajustadas cumulativa e alternativamente: I – reparar o dano ou restituir a coisa à vítima, exceto na impossibilidade de fazê-lo; II – renunciar voluntariamente a bens e direitos indicados pelo Ministério Público como instrumentos, produto ou proveito do crime; III – prestar serviço à comunidade ou a entidades públicas por período correspondente à pena mínima cominada ao delito diminuída de um a dois terços, em local a ser indicado pelo juízo da execução, na forma do art. 46 do Decreto-lei n. 2.848, de 7 de dezembro de 1940 (Código Penal); IV – pagar prestação pecuniária, a ser estipulada nos termos do art. 45 do Decreto-lei n. 2.848, de 7 de dezembro de 1940 (Código Penal), a entidade pública ou de interesse social, a ser indicada pelo juízo da execução, que tenha, preferencialmente, como função proteger bens jurídicos iguais ou semelhantes aos aparentemente lesados pelo delito; ou V – cumprir, por prazo determinado, outra condição indicada pelo Ministério Público, desde que proporcional e compatível com a infração penal imputada".

De modo semelhante ao decidido pelo Supremo Tribunal Federal em relação à suspensão condicional do processo (Súmula 696), "no caso de recusa, por parte do Ministério Público, em propor o acordo de não persecução penal, o investigado poderá requerer a remessa dos autos a órgão superior, na forma do art. 28 deste Código" (§ 14). Consagrou-se que, embora o acordo dependa de manifestação positiva do Ministério Público, tal vontade é vinculada aos critérios previstos na legislação, de modo que a recusa deve ser motivada e, assim, controlável internamente no âmbito do órgão acusatório.

Também na esteira do assentado pelo STF na Súmula Vinculante 35, sobre a transação penal, "descumpridas quaisquer das condições estipuladas no acordo de não persecução penal, o Ministério Público deverá comunicar ao juízo, para fins de sua rescisão e posterior oferecimento de denúncia" (§ 10). Enquanto a colaboração premiada busca, de certo modo, produzir provas para se verificar os fatos imputados, a transação penal e o ANPP excluem por completo o processo e qualquer pretensão cognitiva, inexistindo condenação que possa ser executada em caso de rompimento do acordo.

O ANPP é submetido a controle judicial no momento de sua homologação, pois "se o juiz considerar inadequadas, insuficientes ou abusivas as condições dispostas no acordo de não persecução penal, devolverá os autos ao Ministério Público para que seja reformulada a proposta de acordo, com concordância do investigado e seu defensor" (§ 5º).

Com relação às questões de direito intertemporal e à retroatividade para potencial cabimento do ANPP a processos em andamento quando da vigência da Lei n. 13.964/2019, pode-se afirmar que se trata de um instituto de direito processual penal, visto que se consagra como negócio jurídico processual, o qual acarreta alterações procedimentais e renúncias a direitos processuais, como à defesa e à prova.

Contudo, o ANPP tem um impacto direto em relação ao poder punitivo estatal. Nos termos do art. 28-A, § 13, "cumprido integralmente o acordo de não persecução penal, o juízo competente decretará a extinção de punibilidade". Lida-se aqui com a amplitude da pena a ser imposta ao paciente e sua eventual extinção.

O ANPP caracteriza, portanto, como norma processual de conteúdo material. Na doutrina, destaca-se: "Embora formalmente esteja inserido no Código de Processo Penal, art. 28-A, também se reveste de conteúdo de direito material no que tange às suas consequências, apresentando-se como verdadeira norma de garantia e, assim, retroativa. Em outros termos, é norma que interfere diretamente na pretensão punitiva do Estado e não simples norma reguladora de procedimento"[425].

Especificamente em relação à suspensão condicional do processo da Lei n. 9.099/95, sua natureza processual com conteúdo material (e consequente retroatividade mais benéfica) foi reconhecida pelo Plenário do Supremo Tribunal Federal, em voto de relatoria do eminente Min. Celso de Mello: "Esse novíssimo estatuto normativo, ao conferir expressão formal e positiva às premissas ideológicas que dão suporte às medidas despenalizadoras previstas na Lei n. 9.099/95, atribui, de modo consequente, especial primazia aos institutos (a) da composição civil (art. 74, parágrafo único), (b) da transação penal (art. 76), (c) da representação nos delitos de lesões culposas ou dolosas de natureza leve (arts. 88 e 91) e (d) da suspensão condicional do processo (art. 89). As prescrições que consagram as medidas despenalizadoras em causa qualificam-se como normas penais benéficas, necessariamente impulsionadas, quanto a sua aplicabilidade, pelo princípio constitucional que impõe a *lex mitior* uma insuprimível carga de retroatividade virtual e, também, de incidência imediata. (...)"[426]. Em julgado posterior, como já visto no item anterior, o Plenário restringiu temporalmente tal retroatividade aos processos em curso, limitado somente àqueles ainda sem sentença prolatada[427].

Certamente, a aplicação do ANPP, inserido pela Lei n. 13.964/2019, será questão de amplo debate doutrinário e jurisprudencial, sobre o qual já se percebem, inclusive, decisões com distintas posições entre os Tribunais e juízos inferiores: até o recebimento da denúncia, até a sentença ou até o trânsito em julgado. Sem dúvida, será tema em que pende manifestação do Supremo Tribunal Federal.

6.3.2.4. *Conformação e limitação*

Os princípios da anterioridade e da legalidade penal consagram direito fundamental não submetido à possibilidade de restrição expressa.

Ressalvadas as questões associadas a problemas estritamente técnico-jurídicos, como aquele referente à lei temporária ou à definição do *tempus delicti*, não está o legislador autorizado a proceder a qualquer intervenção que reduza o âmbito de aplicação desse direito.

É verdade que alguns sistemas jurídicos admitem a mitigação desse princípio em situações excepcionais.

É interessante, a propósito, lembrar que a Corte Constitucional alemã reconheceu a possibilidade de afastamento do princípio da anterioridade penal no caso dos as-

---

425 Leonardo De Bem; João Paulo Martinelli. O limite temporal da retroatividade do acordo de não persecução penal. In: DE BEM, Leonardo; MARTINELLI, João Paulo (org.) *Acordo de não persecução penal*. Belo Horizonte: D'Plácido, 2020, p. 126.

426 Inq. 1.055 QO, rel. Min. Celso de Mello, Tribunal Pleno, *DJ* de 24-5-1996.

427 HC 74.305, rel. Min. Moreira Alves, Tribunal Pleno, *DJ* de 5-5-2000.

sassinatos ou lesões corporais perpetradas por agentes policiais da antiga Alemanha Oriental contra pessoas que tentavam ultrapassar o muro (*Mauerschützen*). Invocou-se, nesse caso, possível conflito entre o princípio da anterioridade e a ideia de justiça material, que teria sido vilipendiada gravemente por um ilícito estatal extremo (*extremes staatliches Unrecht*)[428].

6.4. Princípio da responsabilidade pessoal e responsabilidade patrimonial do agente e dos sucessores

6.4.1. Considerações gerais

O princípio da responsabilidade pessoal do agente é uma conquista do direito penal liberal a partir do Iluminismo e está previsto, expressamente, na Declaração dos Direitos do Homem e do Cidadão, de 1789. Também a Declaração dos Direitos Humanos, de 1948, consagrou expressamente essa ideia.

A Constituição brasileira conferiu tratamento amplo e diferenciado às questões associadas à pena e à execução penal. O inciso XLV do art. 5º estabelece o caráter pessoal da pena, prevendo que a lei poderá dispor sobre a obrigação de reparar e sobre a decretação de perdimento de bens. Nesse caso, a decisão afeta os sucessores até o limite do patrimônio transferido.

A primeira parte da disposição, a propósito do caráter pessoal da pena, é tradicional no direito constitucional brasileiro, tendo sido olvidada tão somente no texto de 1937[429]. A parte final do texto de 1988 inova, porém, no plano constitucional, pois antes estava contemplada no âmbito da legislação ordinária[430].

6.4.2. Âmbito de proteção

O princípio da responsabilidade pessoal fixa que a pena somente deve ser imposta ao autor da infração.

O Supremo Tribunal já teve oportunidade de assentar, por exemplo, que "vulnera o princípio da incontagiabilidade da pena a decisão judicial que permite ao condenado fazer-se substituir, por terceiro absolutamente estranho ao ilícito penal, na prestação de serviço à comunidade"[431].

O mesmo há de se afirmar em relação à pena de multa, uma vez que esta não tem caráter reparatório do dano e há de ser, por isso, satisfeita pelo condenado[432].

---

428 Cf. *BVerfGE*, 95, 96; Pieroth/Schlink, *Grundrechte – Staatsrecht II*, cit., p. 292; Christoph Degenhart, *Staatsrecht I*, cit., p. 127.

429 Constituição de 1824, art. 179, XX; Constituição de 1891, art. 72, § 19; Constituição de 1934, art. 113, 28; Constituição de 1946, art. 141, § 30; Constituição de 1967, art. 153, § 13.

430 Código Civil de 1916, arts. 1.521 a 1.526.

431 HC 68.309, rel. Min. Celso de Mello, *DJ* de 8-3-1991.

432 Cf. Luiz Vicente Cernicchiaro e Paulo José da Costa Júnior, *Direito penal na Constituição*, 3. ed., São Paulo: Revista dos Tribunais, 1991, p. 100.

É certo, por outro lado, que do disposto no art. 5º, XLV, da Constituição decorre também que a responsabilidade penal de que se cuida é responsabilidade subjetiva ou responsabilidade que se assenta na culpa[433].

Tal como observado, a Constituição previu, expressamente, a responsabilidade civil dos sucessores no caso de pagamento de indenização ou de decretação de perdimento de bens até o limite do patrimônio transferido. Aqui se cuida de reparação pelo dano causado, e haverá de repercutir sobre o patrimônio transferido aos herdeiros[434].

Nesse sentido, proferiu o STF interessante decisão sobre responsabilidade penal, ao admitir, no julgamento do RE 548.181/PR, a condenação de pessoa jurídica pela prática de crime ambiental, ainda que absolvidas as pessoas físicas ocupantes de cargo de presidência ou de direção do órgão responsável pela prática criminosa[435].

6.4.3. Conformação e limitação

Não há autorização para que o legislador discipline ou limite o princípio da responsabilidade pessoal do agente quanto à pena. Todavia, nos expressos termos da Constituição, cabe ao legislador ordinário fixar os parâmetros da responsabilidade civil e definir eventual perdimento de bens.

6.5. Tipos de penas e proibição de penas cruéis ou da pena de morte

6.5.1. Considerações gerais

O art. 5º, XLVI, da Constituição dispõe que a lei estabelecerá a individualização da pena e adotará, dentre outras, as penas privativas ou restritivas de liberdade, a perda de bens; multa, prestação social alternativa e suspensão ou interdição de direitos.

No inciso XLVII, consagra que não haverá penas de morte, salvo em caso de guerra declarada, nos termos do art. 84, XIX, da Constituição, de caráter perpétuo, de trabalhos forçados, de banimento, ou penas cruéis.

Embora apresente, de forma exemplificativa, as penas aplicáveis ou não, é certo que a Constituição não perfilha, de forma expressa, uma dada doutrina ou teoria quanto à função da pena.

Cogita-se na doutrina de teorias absolutas ou relativas.

As primeiras – absolutas – estão associadas à ideia de *retribuição* ou de *expiação*, *reparação* ou *compensação do mal do crime*. Inicialmente, admitia-se que a pena destinava-se à "*igualação*" ou "*compensação*" a operar entre o "mal do crime" e o "mal da pena"[436]. Superada a fase do talião, a igualação haveria de ser exclusivamente **normativa**. Observa Figueiredo Dias que, qualquer que seja o valor ou desvalor das teorias absolutas

433 Cf. Luiz Vicente Cernicchiaro e Paulo José da Costa Júnior, *Direito penal na Constituição*, cit., p. 145.

434 Cf. Luiz Vicente Cernicchiaro e Paulo José da Costa Júnior, *Direito penal na Constituição*, cit., p. 100-101.

435 STF, RE 548.181/PR, 1ª Turma, rel. Min. Rosa Weber, *DJe* de 15-8-2013.

436 Jorge de Figueiredo Dias, *Direito penal*, cit., p. 44.

como teorização dos fins da pena, elas teriam tido o irrecusável mérito de erigir a culpa como pressuposto e limite de toda aplicação de pena[437].

As teorias relativas reconhecem que as penas têm também um sentido social-positivo que, em última instância, busca a **prevenção** ou **profilaxia criminal**. Nessas teorias, distinguem-se as doutrinas da prevenção geral, destinadas "a atuar sobre a generalidade dos membros da comunidade, afastando-os da prática de crimes, através da ameaça penal estatuída pela lei, da realidade de sua aplicação e da efetividade da sua execução"[438].

Assim, a pena tanto pode ser vista como mecanismo de intimidação de outras pessoas para que não cometam fatos puníveis (**prevenção geral negativa**), quanto como instrumento de reforço da confiança da comunidade na vigência das normas penais (**prevenção geral positiva** ou **de integração**)[439].

Por seu turno, as doutrinas de prevenção especial ou individual assentam-se na atuação sobre a pessoa do delinquente com o fim de evitar que venha a cometer novos crimes. Objeto de críticas em razão de seu caráter pretensamente utópico, a ideia de prevenção especial revela também compatibilidade com a função do direito penal como direito de tutela subsidiária dos bens jurídicos[440]. As doutrinas de prevenção especial tanto podem ser vistas como instrumentos de **prevenção especial negativa** (separação, segregação ou neutralização do delinquente) quanto como mecanismo de **prevenção especial positiva** ou de **socialização** (inserção social, socialização ou ressocialização)[441].

Cogita-se ainda de uma finalidade autônoma e nova da pena, que seria a de realizar uma possível *concertação* entre agente e vítima mediante a reparação dos danos patrimoniais e morais causados pelo crime (justiça restaurativa)[442]. Figueiredo Dias considera questionável reconhecer na *"reparação"* um *tertium genus* das sanções penais[443].

6.5.2. Âmbito de proteção

Embora não o tenha formulado de forma expressa, é certo que, ao elencar os diversos tipos de penas passíveis de serem aplicadas, o constituinte brasileiro consagrou também o *princípio da necessidade da pena*.

Em outros termos, a aplicação da pena e a determinação de sua medida hão de se louvar pela ideia de necessidade. Daí aceitar-se que tanto as teorias de prevenção geral como as de prevenção especial acabam por ter um papel na definição dos bens tutelados e na medida da pena.

A concepção puramente retributiva, observa Figueiredo, nada tem a dizer em matéria de finalidade da pena, cabendo-lhe, sim, como observado, o mérito de revelar a

437 Jorge de Figueiredo Dias, *Direito penal*, cit., p. 45.

438 Jorge de Figueiredo Dias, *Direito penal*, cit., p. 48.

439 Jorge de Figueiredo Dias, *Direito penal*, cit., p. 48-49.

440 Jorge de Figueiredo Dias, *Direito penal*, cit., p. 53-54.

441 Jorge de Figueiredo Dias, *Direito penal*, cit., p. 52-53.

442 Jorge de Figueiredo Dias, *Direito penal*, cit., p. 56.

443 Jorge de Figueiredo Dias, *Direito penal*, cit., p. 57-58.

essencialidade do princípio da culpa e do significado deste para o problema da finalidade da pena[444].

A Constituição veda expressamente a pena de morte, as penas de caráter perpétuo, as penas de trabalho forçado, de banimento e as penas cruéis (art. 5º, XLVII). Determina-se, igualmente, que se assegure a integridade física e moral dos presos (art. 5º, XLIX).

Observa-se, porém, que a proibição de penas cruéis e a exigência de respeito à integridade física e moral do preso não impedem o padecimento moral ou físico experimentado pelo condenado, inerentes às penas supressivas da liberdade[445].

Quanto à pena de morte, a Constituição admite tão somente a sua aplicação nos casos de guerra declarada nos termos do art. 84, XIX.

Em razão do aumento da criminalidade, tem surgido proposta de emenda constitucional com o objetivo de introduzi-la entre nós para aplicação aos crimes comuns.

Indaga-se daí se seria possível tal opção tendo em vista o disposto no art. 60, § 4º, IV, da Constituição. Na nossa visão, está-se diante de postulado que não poderá ser flexibilizado ou relativizado em face da proibição constante da referida cláusula pétrea.

Da mesma forma repudia-se a pena de caráter perpétuo, prevendo o Código Penal que a pena máxima a ser aplicada não pode ultrapassar trinta anos.

A jurisprudência do Supremo Tribunal rejeita a concessão de extradição em relação a crimes para os quais se comina pena de morte ou de prisão perpétua, condicionando o deferimento da extradição à conversão da pena[446].

A proibição de penas de caráter perpétuo suscita questão também sobre a proporcionalidade da pena, tendo em vista a idade ou o estado de saúde do condenado.

A legislação prevê que a medida de segurança é imposta por um prazo mínimo, devendo ser renovada até que perícia médica ateste a cessação da periculosidade (art. 97 do CP). Não havendo recuperação, a medida pode ser prorrogada indefinidamente.

Para evitar a perpetuação, o Presidente da República tem adotado a práxis de conceder indulto natalino aos sentenciados que cumpriram medida de segurança por prazo superior ao máximo da pena privativa de liberdade cominada para o crime – por exemplo, art. 1º, XII, do Decreto n. 8.380/2014.

A medida de segurança não é propriamente uma pena, muito embora aplicada em processo penal. Alegando que o poder de indulto do Presidente da República limita-se à comutação de penas (art. 84, XII, da CF), o Ministério Público insurgiu-se contra o indulto em tais hipóteses. O STF concluiu que, para essa finalidade, a medida de segurança deve ser considerada uma pena, sendo cabível o indulto[447].

A proibição de pena perpétua repercute em outras relações fora da esfera propriamente penal, tendo o Supremo Tribunal Federal já asseverado ser inadmissível aplicação de pena de proibição de exercício de atividade profissional com caráter definitivo ou perpétuo[448].

---

444 Jorge de Figueiredo Dias, *Direito penal*, cit., p. 79.

445 Luiz Vicente Cernicchiaro e Paulo José da Costa Júnior, *Direito penal na Constituição*, cit., p. 143.

446 Extr. 633/CHN, rel. Min. Celso de Mello, *DJ* de 6-4-2001; Extr. 744/BUL, rel. Min. Celso de Mello, *DJ* de 18-2-2000.

447 RE 628.658, rel. Min. Marco Aurélio, julgado em 5-11-2015.

448 RE 154.134/SP, rel. Min. Sydney Sanches, *DJ* de 29-10-1999.

A Constituição proíbe, igualmente, a pena de trabalhos forçados. O trabalho eventualmente executado pelo detento há de ser remunerado (CP, art. 39).

Questão relevante diz respeito à pena de prestação de serviço à comunidade, introduzida entre nós pela Lei n. 7.209/84. Aqui não há falar, como anota Cernicchiaro, de trabalho forçado, mas de pena que impõe uma restrição de direito consistente na prestação de uma atividade de interesse comunitário[449].

Veda-se também a pena de banimento consistente, entre nós, tal como previsto no Código Penal de 1890, na privação dos direitos de cidadania brasileira e na proibição de habitação em território nacional. A Constituição de 1891 aboliu a pena de galés e a de banimento judicial (art. 72, § 20). A Constituição de 1967/69 autorizara o banimento, a pena de morte, a prisão perpétua e o confisco, no caso de guerra externa, psicológica adversa, ou revolucionária ou subversiva, nos termos que a lei determinasse. Ressalte-se que a pena de banimento, introduzida pelos Atos Institucionais n. 13 e 14, de 5-9-1968, tinha caráter estritamente político[450].

Da norma constitucional resulta também a proibição de qualquer pena que imponha ao condenado a proibição de residir em dado local ou deixar de residir em determinado lugar (pena de degredo ou desterro)[451].

Outro tema importante diz respeito à cominação de pena, de alguma forma já contemplado no âmbito da individualização *in abstracto*.

Confere-se ao legislador o poder-dever de proceder às avaliações com vistas a criminalizar determinadas condutas e fixar as penas devidas.

Assim, nota Cernicchiaro, homicídio e infanticídio quanto ao resultado se identificam, pois sacrificam a vida humana. Não obstante, tendo em vista as circunstâncias especiais em que a conduta da mãe é realizada, adota-se aqui um tratamento penal mais benigno[452].

Sobre o tema, vale mencionar o trabalho de Luciano Feldens, ao discorrer sobre a tarefa de afirmar em que situações a tutela penal é exigível ou não[453].

Confira-se, a propósito, precedente da Corte alemã referido no estudo de Luciano Feldens:

> "2. a) Cada norma penal contém um julgamento de desvalor ético-social, exercido com autoridade estatal. O conteúdo concreto deste julgamento de desvalor resulta do suporte fático penal e da ameaça penal (*BVerfGE, 25*, 269 [286]). A graduação das diversas penas, segundo seu conteúdo de injustiça, corresponde, no Estado de Direito, à sanção estipulada, segundo o tipo de injusto e o montante da pena. As penas, mensuradas de acordo com a ideia de Justiça, precisam estar objetivamente sintonizadas entre si, em face do suporte fático sobre o qual incidem. Por um lado, o montante da pena se direciona conforme o valor normativamente fixado ao bem jurídico protegido por disposição legal que foi lesado e pela culpa do autor. Por outro lado, só é possível extrair o peso (a carga) de um crime a

449 Luiz Vicente Cernicchiaro e Paulo José da Costa Júnior, *Direito penal na Constituição*, cit., p. 138.

450 Luiz Vicente Cernicchiaro e Paulo José da Costa Júnior, *Direito penal na Constituição*, cit., p. 140.

451 Luiz Vicente Cernicchiaro e Paulo José da Costa Júnior, *Direito penal na Constituição*, cit., p. 140.

452 Luiz Vicente Cernicchiaro e Paulo José da Costa Júnior, *Direito penal na Constituição*, cit., p. 150-151.

453 Luciano Feldens, *A Constituição penal*, cit., p. 127-128.

partir do conteúdo de desvalor da ação. Assim, também a ameaça de punição é de significado decisivo para a caracterização, avaliação e interpretação dos fatos delituosos. Somente a partir de uma avaliação diferenciada do conteúdo de desvalor dos diferentes crimes é que se justifica a graduação das sanções penais de forma compreensível e objetiva. Ela também se fundamenta na diferenciação entre crimes e meras irregularidades (ilícitos extrapenais); b) É tarefa do Direito Penal proteger os valores elementares da vida comunitária. O que sem dúvida pertence ao núcleo (cerne) do Direito Penal consegue-se averiguar com base no ordenamento de valores da Lei Fundamental (*BVerfGE*, 5, 85 [204 e seguintes]; 6, 32 [40 e seguintes]; 7, 198 [204 e seguintes]; 21, 362 [372]). Com a mesma determinação pode-se dizer que certos suportes fáticos de menor importância estão fora deste núcleo. Mais difícil é traçar a linha limítrofe exata entre o núcleo do Direito Penal e o âmbito das meras irregularidades (ilícitos extrapenais), uma vez que nesta área limítrofe, os enfoques (pontos de vista) que dominam na comunidade jurídica acerca da avaliação do conteúdo de injustiça nos modos de conduta particulares estão sujeitos a mudanças especiais"[454].

Outra questão que se coloca diz respeito à prática do chamado "tiro certeiro" por parte de autoridades policiais em determinadas circunstâncias de conflito. A doutrina constitucional alemã explicita que, tendo em vista a proteção constitucional da vida, o "tiro certeiro" somente pode ser desferido em situação especialíssima, tal como se coloca em casos de sequestros, nos quais a ação policial tem por escopo salvar a vida da vítima, ainda que, eventualmente, com o sacrifício da vida do sequestrador. E, ainda assim, como medida extrema e derradeira de proteção da vítima, "se o sequestrador dispõe de condições para evitar o desfecho com a libertação da pessoa sequestrada"[455].

6.6. Individualização da pena e progressão do regime penal

6.6.1. Considerações gerais

O art. 5º, XLVI, da Constituição prevê, na parte inicial, que a lei estabelecerá a individualização da pena.

A individualização da pena inicia-se pela cominação, a cargo do legislador. De acordo com avaliação abstrata sobre a gravidade do delito, a lei comina as penas aplicáveis, os limites quantitativos de cada pena e o regime de cumprimento. Por exemplo, para o crime de violação de domicílio (art. 150 do CP), o legislador cominou duas penas, a serem aplicadas alternativamente – detenção ou multa. A pena de detenção pode variar de 1 a 3 meses, a de multa, de 10 a 360 dias-multa.

O segundo momento da individualização ocorre na aplicação da pena, a cargo do juiz da ação penal. Após concluir pela condenação, o juiz individualiza as sanções de cada condenado, estabelecendo (i) as penas aplicáveis, dentre as cominadas; (ii) a quantidade de pena aplicável; (iii) o regime inicial de cumprimento da pena; e (iv) a substituição da pena privativa de liberdade por outra, se cabível. No exemplo da violação de

454 *BVerfGE*, 27, de 16-7-1969, parágrafos 36 e 37.

455 Pieroth/Schlink, *Grundrechte – Staatsrecht II*, cit., p. 96.

domicílio, o juiz aplicaria a pena mais branda, de dez dias-multa, se não reconhecesse nenhuma circunstância desfavorável. Conforme verificasse circunstâncias que demonstrem uma culpabilidade mais elevada, fugiria desse mínimo, podendo tornar mais grave o tipo e a quantidade da pena. Se todas as circunstâncias fossem desfavoráveis, poderia chegar ao máximo de três meses de detenção.

Essa individualização, conhecida por dosimetria da pena, é feita de acordo com as circunstâncias do art. 59 do CP, o qual considera critérios relativos ao fato e à pessoa do condenado – culpabilidade, antecedentes, conduta social, personalidade, motivos, circunstâncias, consequências e comportamento da vítima. Por isso, dois condenados pelo mesmo crime podem receber penas diversas.

A consideração de circunstâncias subjetivas na aplicação da pena é limitada pelo princípio da igualdade (art. 5º da CF). Apenas circunstâncias que demonstrem a especial necessidade do tratamento mais gravoso ou mais benéfico podem ser consideradas. Com base nessas premissas, o STF, em repercussão geral, avaliou que a reincidência, consistente na prática de novo crime após a condenação criminal definitiva por fato anterior, pode agravar a pena[456].

Sobre esse momento de individualização da pena, a doutrina alemã recente de Buonicore sustenta que se deve considerar o não oferecimento pelo Estado de possibilidades concretas para o desenvolvimento da cidadania do agente como possível causa de diminuição da pena, especialmente nos crimes patrimoniais sem violência.

Nesse sentido, Buonicore afirma que não deve haver um juízo integral de culpabilidade em casos em que o sujeito ativo do delito padece de um estado social de explícito *déficit de reconhecimento material de sua cidadania* ("Keine Strafe ohne Schuld – nulla poena sine culpa – heißt hier keine Strafe ohne Anerkennung – nulla poena sine recognitio –, da es für uns keine Schuld ohne eine materielle Anerkennung geben kann")[457].

No momento da aplicação da pena, o juiz deve se manter dentro das balizas fixadas pelo legislador. Não se admite a aplicação de penas não cominadas, nem a redução ou a exasperação de pena aquém ou além dos parâmetros legais. No entanto, em um caso específico, o STF reconheceu a possibilidade de o julgador dosar a pena abaixo do legalmente estabelecido. O Código Penal veda a fixação do regime inicial aberto para condenados reincidentes (art. 33, § 2º). Ao analisar casos de furto de pequena monta envolvendo reincidentes, o Tribunal considerou que o juiz pode, se considerar o regime semiaberto excessivamente rigoroso, abrir exceção e aplicar regime mais favorável do que o legal. Esse julgado pode abrir uma nova linha de parâmetros de dosimetria de pena, permitindo ao julgador abrandar os parâmetros legais em casos excepcionais[458].

---

456 RE 453.000, rel. Min. Marco Aurélio, julgado em 4-4-2013.

457 Bruno Tadeu Buonicore, *Freiheit und Schuld als Anerkennung*, Frankfurt: Vittorio Klostermann Verlag, 2020, p. 211. Ver também: Bruno Tadeu Buonicore, Formaler vs. konkreter Staatsbürger: Die Problematik des subcitizen und der Legitimation der Staatsgewalt im Rahmen der sogenannten Latin American peripheral modernity. In: *Die Krise des demokratischen Rechtsstaats im 21. Jahrhundert*. 164ed. Stuttgart: Franz Steiner Verlag, 2020, p. 211-221.

458 HCs 123.108, 123.533 e 123.734, rel. Min. Roberto Barroso, julgados em 3-8-2015.

Vinha se revelando assaz polêmica na jurisprudência do STF a interpretação da individualização da pena no que se refere à existência de um terceiro momento, a individualização em fase de cumprimento da pena.

A questão assumiu relevo em razão da expressa disposição da Lei dos Crimes Hediondos. A própria Constituição impôs ao legislador comando para que dê tratamento penal a crimes de especial gravidade, conforme o art. 5º, XLIII: "lei considerará crimes inafiançáveis e insuscetíveis de graça ou anistia a prática da tortura, o tráfico ilícito de entorpecentes e drogas afins, o terrorismo e os definidos como crimes hediondos, por eles respondendo os mandantes, os executores e os que, podendo evitá-los, se omitirem".

Note-se que a decisão do constituinte no sentido de assegurar o tratamento especialmente gravoso aos crimes hediondos e equiparados é garantida não apenas pelo comando ao legislador para que dê tratamento criminal às condutas, mas também pela afirmação da inafiançabilidade e da impossibilidade de graça ou anistia. Em fase de execução, de uma forma geral, a legislação permite aos Poderes Executivo e Legislativo a manifestação de clemência a acusados ou condenados por crimes. Indulto, graça e anistia são formas de clemência. A anistia é a clemência concedida por ato do legislativo. No caso brasileiro, é atribuição do Congresso Nacional (art. 48, VIII, da CF). Já o indulto e a graça são atos de clemência oriundos do Poder Executivo – no caso brasileiro, do Presidente da República (art. 84, XII, da CF).

O poder de indulto é excepcionado em relação aos crimes hediondos e aos crimes de tortura, tráfico de drogas e terrorismo, na forma do art. 5º, XLIII, que veda a concessão de graça ou anistia nesses casos. Note-se que a regra de competência fala em indulto (art. 84, XII), mas sua exceção fala em graça (art. 5º, XLIII). No entanto, o STF vem afirmando que o constituinte incorreu em atecnia. Graça e indulto traduzem clemência do Poder Executivo e são termos com certa equivalência, muito embora graça seja empregada para a clemência concedida em caráter individual e indulto, para a medida em caráter coletivo. Nesse sentido:

> "A graça é a clemência destinada a uma pessoa determinada, não dizendo respeito a fatos criminosos. A Lei de Execução Penal passou a chamá-la, corretamente, de indulto individual (arts. 188 a 193), embora a Constituição Federal tenha entrado em contradição a esse respeito. No art. 5º, XLIII, utiliza o termo graça e no art. 84, XII, refere-se tão somente a indulto. Portanto, diante dessa flagrante indefinição, o melhor a fazer é aceitar as duas denominações: graça ou indulto individual. (...)
>
> O indulto é a clemência destinada a um grupo de sentenciados, tendo em vista a duração das penas aplicadas, podendo exigir requisitos subjetivos (tais como primariedade, comportamento carcerário, antecedentes) e objetivos (cumprimento de certo montante da pena, exclusão de certos tipos de crimes). O indulto pode ser total, quando extingue todas as condenações do beneficiário, ou parcial, quando apenas diminui ou substitui a pena por outra mais branda.
>
> Neste último caso, não se extingue a punibilidade, chamando-se comutação"[459].

---

459 Guilherme de Souza Nucci, *Código Penal comentado* – Parte Geral, Título VIII, São Paulo: Revista dos Tribunais, 2012, p. 582 e 584.

> "A graça e o indulto são da competência do Presidente da República, embora o art. 84, XII, da Constituição Federal somente faça menção a este último, subentendendo-se ser a graça o indulto individual. A diferença entre os dois institutos é que a graça é concedida individualmente a uma pessoa específica, sendo que o indulto é concedido de maneira coletiva a fatos determinados pelo Chefe do Poder Executivo"[460].

Por esses fundamentos, o STF vem afastando a aplicação de indulto aos crimes hediondos e equiparados[461].

Ressalve-se que algumas condutas são limítrofes, sendo indispensável fazer um esforço interpretativo para verificar se o crime se enquadra, ou não, no rol dos crimes hediondos ou equiparados. No tráfico de drogas, as penas são reduzidas se o agente é primário, tem bons antecedentes, não se dedica às atividades criminosas, nem integra organização criminosa. É o chamado tráfico privilegiado, previsto no art. 33, § 4º, da Lei n. 11.343/2006. O STF considerou que a relevância criminal dessa conduta não é suficiente para que ela seja enquadrada como crime equiparado a hediondo. Por isso, decidiu-se que as disposições do art. 5º, XLIII, da CF não são aplicáveis a essa figura típica. Assim, nada impede a concessão de graça, indulto ou anistia para acusados desse crime[462].

Ainda no que se refere ao indulto, é importante registrar que o STF proferiu decisão na qual retomou as discussões sobre os limites constitucionais desse instituto. Essa discussão ocorreu no julgamento da ADI 5874[463].

O caso tratava do indulto natalino de 2017 (Decreto nº 9.246, de 21 de dezembro de 2017), contra o qual se alegava a violação ao princípio da separação de poderes, tendo em vista a influência do ato produzido pelo Presidente da República em condenações definitivas proferidas pelo Poder Judiciário.

O Tribunal reiterou sua jurisprudência no sentido da ampla discricionariedade do Presidente da República na concessão de indultos, nos termos do já mencionado art. 84, XII, da CF/88.

Estabeleceu-se que o controle de constitucionalidade dos Decretos de indulto seria restrito a hipóteses específicas e bem delimitadas, como a já mencionada proibição específica para os casos de crimes hediondos e equiparados.

Conclui-se, ainda, que o ato de clemência do Presidente da República promulgado dentro desses limites constitucionais não representa interferência indevida na atuação do Poder Judiciário, tratando-se, ao contrário, de instrumento de freio e contrapeso estabelecido a partir da experiência norte-americana (*checks and balances*).

Portanto, firmou-se o entendimento pela posição de auto restrição no controle de constitucionalidade de decretos de indulto publicados pelo Presidente da República, que devem se limitar às estritas hipóteses constitucionalmente previstas, como o caso da proibição de concessão da clemência para os crimes hediondos e equiparados.

---

460 Rogério Greco, *Curso de direito penal*. Parte Geral, Rio de Janeiro: Impetus, 2007, p. 714.

461 ADI 2.795 MC, rel. Min. Maurício Corrêa, Tribunal Pleno, por unanimidade, *DJ* de 20-6-2003. HC 118.213, rel. Min. Gilmar Mendes, julgado em 6-5-2014.

462 HC 118.533, rel. Min. Cármen Lúcia, Tribunal Pleno, julgado em 23-6-2016.

463 ADI 5874, rel. para o acórdão Min. Alexandre de Moraes, Tribunal Pleno, julgado em 9-5-2019.

Retomando à questão anterior, ao regulamentar o regime de cumprimento de pena nos crimes hediondos e equiparados, o legislador optou pela adoção de regras especialmente gravosas. Estabeleceu a obrigatoriedade da fixação do regime integral fechado – art. 2º, § 1º, da Lei n. 8.072/90, na redação original. Com isso, surgiu a indagação sobre a existência ou não, no art. 5º, XLVI, de um direito à progressão de regime.

No julgamento do HC 69.657[464], essa questão foi amplamente discutida, tendo restado vencedora a posição do Min. Francisco Rezek, que sustentava a constitucionalidade da norma da Lei n. 8.072/90, que veda a progressão de regime nos crimes hediondos[465].

Nesse julgado, o Tribunal, por maioria de votos, declarou a constitucionalidade da norma que determinava o cumprimento da pena aplicável ao crime hediondo em regime integralmente fechado, vencidos os Ministros Marco Aurélio e Sepúlveda Pertence.

O tema, contudo, veio a merecer revisão no julgamento do HC 82.959[466].

6.6.2. Âmbito de proteção

6.6.2.1. *Considerações preliminares*

No julgamento do HC 82.959, o debate sobre o âmbito de proteção do art. 5º, XLVI, foi renovado. O relator, Marco Aurélio, reafirmou o entendimento anteriormente manifestado, reiterando que o âmbito de proteção do direito fundamental à individualização da pena não era um vazio normativo à disposição do legislador. Também Carlos Britto defendeu orientação semelhante.

Cezar Peluso reforçou a ideia de inconstitucionalidade da norma questionada pelos seguintes fundamentos:

> "A Constituição Federal, ao criar a figura do *crime hediondo,* assim dispôs no art. 5º, XLIII:
>
> 'a lei considerará *inafiançáveis* e *insuscetíveis de graça ou anistia* a prática da tortura, o tráfico ilícito de entorpecentes e drogas afins, o terrorismo e os definidos como crimes hediondos, por eles respondendo os mandantes, os executores e os que, podendo evitá-los, se omitirem.' (grifei)
>
> Excepcionou, portanto, de modo nítido, da *regra geral* da liberdade sob fiança e da possibilidade de graça ou anistia, dentre outros, os crimes hediondos, vedando-lhes apenas com igual nitidez: a) a liberdade provisória sob fiança; b) a concessão de graça; c) a concessão de anistia.
>
> Não fez menção nenhuma a vedação de progressão de regime, como, aliás – é bom lembrar –, tampouco receitou tratamento penal *stricto sensu* (sanção penal) mais severo, quer no que tange ao incremento das penas, quer no tocante à sua execução.

---

464 *DJ* de 18-6-1993.

465 "Art. 2º Os crimes hediondos, a prática da tortura, o tráfico ilícito de entorpecentes e drogas afins e o terrorismo são insuscetíveis de:

I – anistia, graça e indulto;

II – fiança e liberdade provisória.

§ 1º A pena por crime previsto neste artigo será cumprida integralmente em regime fechado."

466 Rel. Ministro Marco Aurélio, *DJ* de 1º-9-2006.

Preceituou, antes, em dois incisos:

'XLVI – *a lei regulará a individualização da pena* e adotará, entre outras, as seguintes (...);

(...)

XLVIII – a pena será cumprida em estabelecimentos distintos, de acordo com a natureza do delito, a idade e o sexo do apenado'. (grifei)

É, pois, norma constitucional que a pena *deve ser individualizada,* ainda que nos limites da lei, e que sua execução em estabelecimento prisional *deve ser individualizada,* quando menos, *de acordo com a natureza do delito, a idade e o sexo do apenado.*

Evidente, assim, que, perante a Constituição, o *princípio da individualização da pena* compreende: a) proporcionalidade entre o crime praticado e a sanção abstratamente cominada no preceito secundário da norma penal; b) individualização da pena aplicada em conformidade com o ato singular praticado por agente em concreto (dosimetria da pena); c) individualização da sua execução, segundo a dignidade humana (art. 1º, III), o comportamento do condenado no cumprimento da pena (no cárcere ou fora dele, no caso das demais penas que não a privativa de liberdade) e à vista do delito cometido (art. 5º, XLVIII).

Logo, tendo predicamento constitucional o princípio da *individualização da pena* (em abstrato, em concreto e em sua execução), exceção somente poderia ser aberta por norma de igual hierarquia nomológica.

'A imposição de um regime único e inflexível para o cumprimento da pena privativa de liberdade', nota *Maria Lúcia Karam,* 'com a vedação da progressividade em sua execução, atinge o próprio núcleo do princípio individualizador, assim, indevidamente retirando-lhe eficácia, assim indevidamente diminuindo a razão de ser da norma constitucional que, assentada no inciso XLVI do art. 5º da Carta de 1988, o preconiza e garante'.

Já sob este aspecto, falta, pois, legitimidade à norma inserta no § 1º do art. 2º da Lei n. 8.072/90".

Essa orientação também foi perfilhada pelo Ministro Gilmar Mendes e pelos Ministros Eros Grau e Sepúlveda Pertence e, ao final do julgamento, correspondeu à tese vencedora, que se firmou por maioria. Com isso restou superado o entendimento até então adotado pelo Tribunal.

Algumas notas adicionais devem ser explicitadas.

O entendimento segundo o qual a disposição constitucional sobre a individualização estaria exclusivamente voltada para o legislador, sem qualquer significado para a posição individual, além de revelar que se cuidaria então de norma extravagante no catálogo de direitos fundamentais, esvaziaria por completo qualquer eficácia dessa norma. É que, para fixar a individualização da pena *in abstracto,* o legislador não precisaria sequer de autorização constitucional expressa. Bastaria aqui o critério geral do *nullum crimen, nulla poena sine lege,* já prevista pelo inciso XXXIX do art. 5º da CF/88.

Tudo faz crer que a fórmula aberta parece indicar, tal como em relação aos demais comandos constitucionais que remetem a uma intervenção legislativa, que o princípio da individualização da pena fundamenta um direito subjetivo, que não se restringe à simples fixação da pena *in abstracto*, mas que se revela abrangente da própria forma de individualização (progressão).

Em outros termos, a fórmula utilizada pelo constituinte assegura um direito fundamental à individualização da pena.

A referência à lei – princípio da reserva legal – explicita, tão somente, que esse direito está submetido a uma restrição legal expressa e que o legislador poderá fazer as distinções e qualificações, tendo em vista as múltiplas peculiaridades que dimanam da situação a reclamar regulação.

É evidente, porém, que a reserva legal também está submetida a limites. Do contrário, ter-se-ia a possibilidade de nulificação do direito fundamental submetido à reserva legal por simples decisão legislativa. Este é o cerne da questão. Se se está diante de um direito fundamental à individualização da pena e não de mera orientação geral ao legislador – até porque, para isso, despicienda seria a inclusão do dispositivo no elenco dos direitos fundamentais –, então há de se cogitar do limite à ação do legislador na espécie.

Em outras palavras, é de indagar se o legislador poderia, tendo em vista a natureza do delito, prescrever, como o fez na espécie, que a pena privativa de liberdade seria cumprida integralmente em regime fechado, isto é, se na autorização para intervenção no âmbito de proteção desse direito está implícita a possibilidade de eliminar qualquer progressividade na execução da pena.

Essa indagação remete para discussão de um outro tema sensível da dogmática dos direitos fundamentais, que é o da identificação de um núcleo essencial, como limite do limite para o legislador[467].

Independentemente da filiação a uma das teorias sobre a identificação desse conteúdo essencial, é certo que o modelo adotado na Lei n. 8.072/90 faz *tabula rasa* do direito à individualização no que concerne aos chamados crimes hediondos.

A condenação por prática de qualquer desses crimes haveria de ser cumprida integralmente em regime fechado.

O núcleo essencial desse direito, em relação aos crimes hediondos, nos termos da disposição legal anteriormente vigente, é consideravelmente afetado.

Na espécie, é certo que a forma eleita pelo legislador elimina toda e qualquer possibilidade de progressão de regime e, por conseguinte, transforma a ideia de individualização, enquanto aplicação da pena em razão de situações concretas, em maculatura.

No caso dos crimes hediondos, o constituinte adotou um conceito jurídico indeterminado que conferiu ao legislador ampla liberdade, o que permite quase a conversão da reserva legal em um caso de interpretação da Constituição segundo a lei. Os crimes definidos como hediondos passam a ter um tratamento penal agravado pela simples decisão legislativa. E a extensão legislativa que se emprestou à conceituação de crimes hediondos, como resultado de uma política criminal fortemente simbólica, agravou ainda mais esse quadro.

A ampliação do rol dos crimes considerados hediondos[468] – o que não está a se discutir aqui – torna ainda mais geral a vulneração do princípio da individualização, o

467 Cf. Gilmar Ferreira Mendes, Os direitos individuais e suas limitações: breves reflexões, in *Direitos fundamentais e controle de constitucionalidade*, São Paulo: Saraiva, 2005.

468 As Leis n. 8.930/94, 9.695/98, 12.015/2009 e 13.142/2015 modificaram o art. 1º da Lei n. 8.072/90, ampliando o rol de crimes definidos como hediondos: homicídio (art. 121), quando praticado em atividade típica de grupo de extermínio, ainda que cometido por um só agente, e homicídio qualificado (art. 121, § 2º, I, II, III, IV, V, VI e VII); lesão corporal dolosa de natureza gravíssima (art. 129, § 2º) e lesão corporal seguida de morte (art. 129,

que, em outras palavras, quase transforma a exceção em regra. Todos os crimes mais graves ou que provocam maior repulsa na opinião pública passam a ser tipificados como crimes hediondos e, por conseguinte, exigiam o cumprimento da pena em regime integralmente fechado. Os direitos básicos do apenado a uma individualização eram totalmente desconsiderados em favor de uma opção política radical.

Não é difícil perceber que a fixação *in abstracto* de semelhante modelo, sem permitir que se levem em conta as particularidades de cada indivíduo, a sua capacidade de reintegração social e os esforços envidados com vistas à ressocialização, retira qualquer caráter substancial da garantia da individualização da pena. Ela passa a ser uma delegação em branco oferecida ao legislador, que tudo poderá fazer. Se assim se entender, tem-se a completa descaracterização de uma garantia fundamental. O regime integralmente fechado para todos é incompatível, até mesmo do ponto de vista semântico, com a ideia de individualização.

Portanto, não há compatibilidade possível entre qualquer grau de proteção do direito fundamental à individualização da pena e o regime de cumprimento integralmente fechado.

É que o próprio núcleo essencial do direito fundamental restaria violado.

Em outro caso ligado à individualização da pena em fase de execução, o STF analisou a possibilidade de manutenção do condenado em regime prisional mais gravoso, em razão da falta de vaga em estabelecimento penal adequado[469]. Essa questão está ligada não só à individualização da pena (art. 5º, XLVI), mas também à legalidade (art. 5º, XXXIX).

A legislação prevê que as penas privativas de liberdade são cumpridas em três regimes – fechado, semiaberto e aberto (art. 33, *caput*, CP). Durante a execução penal, o condenado tem a expectativa de progredir ao regime imediatamente mais favorável, após cumprir, com bom comportamento carcerário, uma fração da pena (art. 112 da Lei n. 7.210/84).

Considerou-se que os regimes de cumprimento de pena concretizam a individualização da pena, no plano infraconstitucional, em suas fases de aplicação e execução. Sua supressão, sem correspondência em valoração de outros institutos de incentivo à disciplina carcerária – notadamente o livramento condicional –, e talvez o redimensionamento das quantidades de pena reduziriam excessivamente o espaço de individualização, nas fases de aplicação e de execução.

---

§ 3º), quando praticadas contra autoridade ou agente descrito nos arts. 142 e 144 da Constituição Federal, integrantes do sistema prisional e da Força Nacional de Segurança Pública, no exercício da função ou em decorrência dela, ou contra seu cônjuge, companheiro ou parente consanguíneo até terceiro grau, em razão dessa condição; latrocínio (art. 157, § 3º, *in fine*); extorsão qualificada pela morte (art. 158, § 2º); extorsão mediante sequestro e na forma qualificada (art. 159, *caput*, e §§ 1º, 2º e 3º); estupro (art. 213, *caput* e §§ 1º e 2º); estupro de vulnerável (art. 217-A, *caput* e §§ 1º, 2º, 3º e 4º); epidemia com resultado morte (art. 267, § 1º); falsificação, corrupção, adulteração ou alteração de produto destinado a fins terapêuticos ou medicinais (art. 273, *caput*, e § 1º, § 1º-A e § 1º-B, com a redação dada pela Lei n. 9.677, de 2 de julho de 1998); favorecimento da prostituição ou de outra forma de exploração sexual de criança ou adolescente ou de vulnerável (art. 218-B, *caput*, e §§ 1º e 2º); e o genocídio tentado ou consumado (arts. 1º, 2º e 3º da Lei n. 2.889, de 1º de outubro de 1956).

469 RE 641.320, relator Min. Gilmar Mendes, julgado em 3-12-2015.

Assim, de acordo com o sistema que temos atualmente, a inobservância do direito à progressão de regime, mediante a manutenção do condenado em regime mais gravoso, viola o direito à individualização da pena.

Além disso, a manutenção do condenado em regime mais gravoso seria um excesso de execução.

O Tribunal concluiu que a) a falta de estabelecimento penal adequado não autoriza a manutenção do condenado em regime prisional mais gravoso. b) Os juízes da execução penal poderão avaliar os estabelecimentos destinados aos regimes semiaberto e aberto, para qualificação como adequados a tais regimes. São aceitáveis estabelecimentos que não se qualifiquem como "colônia agrícola, industrial" (regime semiaberto) ou "casa de albergado ou estabelecimento adequado" (regime aberto) (art. 33, § 1º, alíneas "b" e "c"). c) Havendo déficit de vagas, deverá determinar-se: (i) a saída antecipada de sentenciado no regime com falta de vagas; (ii) a liberdade eletronicamente monitorada ao sentenciado que sai antecipadamente ou é posto em prisão domiciliar por falta de vagas; (iii) o cumprimento de penas restritivas de direito e/ou estudo ao sentenciado que progride ao regime aberto. d) Até que sejam estruturadas as medidas alternativas propostas, poderá ser deferida a prisão domiciliar ao sentenciado.

Esse entendimento foi plasmado na Súmula Vinculante 56: "A falta de estabelecimento penal adequado não autoriza a manutenção do condenado em regime prisional mais gravoso, devendo-se observar, nessa hipótese, os parâmetros fixados no RE 641.320/RS".

6.6.2.2. *Direito à individualização da pena*

A decisão proferida no HC 82.959/SP ampliou o âmbito de proteção do direito à individualização previsto no art. 5º, XLVI, da Constituição.

Assim, esse conceito não mais está restrito apenas ao processo de fixação *in abstracto* por parte do legislador e *in concreto* por parte do juiz, quando da aplicação da sanção, mas abrange também a própria execução da pena[470].

6.6.3. **Conformação e limitação**

A propósito da legislação sobre crimes hediondos, é interessante notar que o próprio Governo Federal, na gestão do Ministro Jobim no Ministério da Justiça, encaminhou projeto de lei (Projeto de Lei n. 724-A, de 1995) que pretendia introduzir uma nova política para os denominados crimes de especial gravidade. A Exposição de Motivos do Projeto ressaltava a filosofia que haveria de dar-lhe embasamento, nos seguintes termos:

---

470 "*(...) III – Crime hediondo: regime de cumprimento de pena: progressão. Ao julgar o HC 82.959, Pl., 23.2.06, Marco Aurélio, DJ 01.09.06, o Supremo Tribunal declarou, incidentemente, a inconstitucionalidade do § 1º do art. 2º da L. 8.072/90 – que determina o regime integralmente fechado para o cumprimento de pena imposta ao condenado pela prática de crime hediondo – por violação da garantia constitucional da individualização da pena (CF, art. 5º, LXVI) (...)*" RE-QO 534.327/RS, 1ª Turma do STF, rel. Min. Sepúlveda Pertence, j. 25-6-2007, *DJ* de 9-8-2007.

"(...) Essa proposta, transformada em lei, permitirá o tratamento rigoroso desses crimes, que se irradiará para todo o sistema, seja na aplicação da pena, seja na sua execução, sem contudo inviabilizar a individualização dessa mesma pena.

(...)

O Projeto, em resumo, estabelece como nítida orientação de Política Criminal, tratamento penal mais severo para os crimes nele referidos mas permite, por outro lado, que esse tratamento se ajuste ao sistema progressivo do cumprimento de pena, instituído pela reforma de 1984, sem o qual torna-se impossível pensar-se em um razoável 'sistema penitenciário'. Se retirarmos do condenado a esperança de antecipar a liberdade pelo seu próprio mérito, pela conduta disciplinada, pelo trabalho produtivo durante a execução da pena, estaremos seguramente acenando-lhe, como única saída, a revolta, as rebeliões, a fuga, a corrupção"[471].

O aludido projeto de lei, aprovado na Câmara dos Deputados, acrescentava o seguinte § 4º ao art. 33 do Código Penal: "§ 4º O juiz determinará o cumprimento de metade da pena aplicada em regime fechado, desde o início, quando o crime for de especial gravidade".

Tal proposta demonstra que o modelo previsto na Lei n. 8.072/90, se já não se revelava inadequado, era, pelo menos, desnecessário, uma vez que existem alternativas, igualmente eficazes e menos gravosas para a posição jurídica afetada (proporcionalidade no sentido da desnecessidade).

Em verdade, a Lei dos Crimes Hediondos continha uma incongruência grave, pois, ao mesmo tempo que repelia a progressividade, admitia o livramento condicional desde que cumpridos 2/3 da pena (CP, art. 83, V). Tinha-se, pois, o retorno à vida social sem que tenha havido progressão do regime, com a reintrodução gradual do condenado na vida em sociedade.

Essa incongruência explicitava, a um só tempo, a *desnecessidade* da medida adotada (lesão ao princípio da proporcionalidade) e a falta de cuidado por parte do legislador na fixação de limites do direito fundamental à individualização da pena (caráter arbitrário da norma).

Fica evidente, assim, que a fórmula abstrata que fora consagrada pelo legislador na redação original do art. 2º, § 1º, da Lei n. 8.072/90, que vedava a progressão aos crimes hediondos, não se compatibilizava também com o princípio da proporcionalidade, na acepção da *necessidade* (existência de outro meio eficaz menos lesivo aos direitos fundamentais).

De outro lado, a previsão da Lei n. 9.455/97 quanto à possibilidade de progressão do crime de tortura (§ 7º do art. 1º), se não tem caráter revogatório da Lei n. 8.072/90, parece indicar, também, a *desnecessidade* da medida enquanto instrumento de combate à criminalidade.

Como explicar, com algum grau de plausibilidade, que o crime de tortura, considerado de especial gravidade nos termos da Constituição, tal como os crimes hediondos (CF, art. 5º, XLIII), possa ter a progressão de regime expressamente admitida e os demais crimes considerados hediondos estejam excluídos desse benefício?

---

471 Nelson Jobim, Mensagem n. 783, *Diário da Câmara dos Deputados*, p. 189819, 19-1-1996.

Semelhante incongruência também demonstra, de forma insofismável, a *ausência de necessidade* da providência anteriormente fixada na Lei n. 8.072/90. Do contrário, não haveria justificativa para o legislador conferir tratamento díspar a situações idênticas.

A censura à fórmula legislativa que veda a progressão de regime não pode significar, porém, que o legislador esteja impedido de adotar critérios diferenciados para a progressão de regime nos crimes hediondos.

Nessa linha, no contexto da tramitação de diversas propostas legislativas que buscam diferençar os momentos iniciais na progressão de regimes dos crimes hediondos e dos demais crimes comuns[472], a legislação infraconstitucional pareceu caminhar no mesmo sentido da interpretação conferida ao dispositivo da individualização da pena.

Com a aprovação da Lei n. 11.464/2007, a redação originária do art. 2º, § 1º, da Lei n. 8.072/90 foi modificada de modo a não mais determinar o regime integralmente fechado para os crimes hediondos.

A Lei n. 11.464/2007, ao modificar o dispositivo citado, acabou, contudo, conforme decisão proferida pelo Plenário do STF no HC 111.840/ES[473], incorrendo em nova inconstitucionalidade, ao dispor que "a pena por crime hediondo ou equiparado será cumprida inicialmente em regime fechado".

Ressaltou-se, no julgamento do citado HC, que o STF, ao julgar o HC 97.256/RS[474], declarara *incidenter tantum* a inconstitucionalidade dos arts. 33, § 4º, e 44, *caput*, da Lei n. 11.343/2006, na parte em que vedava a substituição de pena privativa de liberdade por restritiva de direitos nos crimes hediondos. Observou-se que a negativa de substituição, naquele caso, fundava-se exclusivamente na vedação legal contida no referido art. 44, sem levar em conta as condições pessoais do sentenciado. Aduziu-se que a possibilidade de substituição haveria de ser aferida, em observância ao princípio da individualização da pena, com base em critérios objetivos e subjetivos, e não em função do tipo penal.

Desse modo – ainda sobre a fundamentação lançada no julgamento do HC 97.256 – a conversão da pena privativa de liberdade em restritiva de direitos deveria ser analisada independentemente da natureza da infração, uma vez que em relação aos crimes hediondos, objeto da Lei n. 8.072/90, a Constituição vedou apenas a possibilidade de concessão de fiança, graça e anistia (art. 5º, XLIII) e assegurou, logo em seguida, de forma abrangente, a individualização da pena (art. 5º, XLIV).

Diante desse precedente, entendeu a Corte, ao conceder a ordem no HC 111.840/ES, que não se poderia subsistir, em idêntica hipótese de condenação por tráfico de entorpecentes a pena privativa de liberdade superior a quatro anos, com a consequente inviabilidade de sua substituição por restritiva de direitos, a previsão legal de que o cumprimento da pena deveria iniciar-se, necessariamente, em regime fechado, sob pena de incidir-se, também nessa hipótese, em clara violação ao princípio da individualização da pena.

Em suma, a partir do julgamento do HC 82.959/SP, acima citado, o STF passou a admitir a possibilidade de progressão de regime aos condenados pela prática de crimes hediondos, em face da inconstitucionalidade do art. 2º, § 1º, da Lei n. 8.072/90. A possi-

472 PL n. 7.342/2006; PL n. 6.793/2006; PL n. 4.911/2005.

473 STF, HC 111.840/ES, Pleno, rel. Min. Dias Toffoli, j. 27-6-2012.

474 STF, HC 97.256/RS, Pleno, rel. Min. Ayres Britto, j. 1º-9-2010.

bilidade de conversão foi posteriormente permitida pela Lei n. 11.464/2007, ao introduzir nova redação ao citado dispositivo legal, porém passou a exigir que a pena nos crimes abrangidos pela referida lei haveria de ser cumprida, necessariamente, em regime inicialmente fechado. Declarada a inconstitucionalidade do § 1º do art. 2º da Lei n. 8.072/90 também quanto a essa exigência, restou assentada pela Corte, portanto, a possibilidade de início de cumprimento da pena nos crimes hediondos em regime diverso do fechado, atendidos os requisitos previstos no art. 33, § 2º, *b*, e § 3º, do Código Penal.

Anote-se ainda sobre a definição do regime inicial de cumprimento da pena, importante alteração no Código de Processo Penal trazida pela Lei n. 12.736/2012, no sentido de que "O tempo de prisão provisória, de prisão administrativa ou de internação, no Brasil ou no estrangeiro, será computado para fins de determinação do regime inicial de pena privativa de liberdade" (CPP, art. 387, § 2º, acrescentado pela referida Lei n. 12.736/2012).

7. DA NÃO EXTRADIÇÃO DE BRASILEIRO, DA NÃO EXTRADIÇÃO DE ESTRANGEIRO POR CRIME POLÍTICO OU DE OPINIÃO E DE OUTRAS LIMITAÇÕES AO PROCESSO EXTRADICIONAL

7.1. Considerações gerais

É da nossa tradição constitucional a proibição da extradição de brasileiro[475]. A Constituição de 1988 estabeleceu, porém, a possibilidade de extradição do brasileiro naturalizado, em caso de crime comum, praticado antes da naturalização, ou de comprovado envolvimento em tráfico ilícito de entorpecentes e drogas afins, na forma da lei (CF, art. 5º, LI).

Por outro lado, a Constituição veda expressamente a extradição de estrangeiro por crime político ou de opinião (CF, art. 5º, LII).

Em conformidade com o art. 82 da Lei n. 13.445/2017[476] (Lei de Migração), não será concedida extradição quando: o indivíduo cuja extradição é solicitada ao Brasil for brasileiro nato; o fato que motivar o pedido não for considerado crime no Brasil ou no Estado requerente; o Brasil for competente, segundo suas leis, para julgar o crime imputado ao extraditando; a lei brasileira impuser ao crime pena de prisão inferior a 2 (dois) anos; o extraditando estiver respondendo a processo ou já houver sido condenado ou absolvido no Brasil pelo mesmo fato em que se fundar o pedido; a punibilidade estiver extinta pela prescrição, segundo a lei brasileira ou a do Estado requerente; o fato constituir crime político ou de opinião; o extraditando tiver de responder, no Estado requerente, perante tribunal ou juízo de exceção; ou o extraditando for beneficiário de refúgio, nos termos da Lei n. 9.474, de 22 de julho de 1997, ou de asilo territorial. O delito deve ter sido crime cometido no território do Estado (aplicação territorial da lei penal) requerente ou serem aplicáveis ao extraditando as leis penais desse Estado (aplicação extraterritorial da lei penal)[477].

---

475 CF/34, art. 113, n. 31; CF/37, art. 122, n. 12; CF/46, art. 141, § 33; CF/67, art. 150, § 19; CF/88, art. 5º, LI.

476 A Lei n. 13.445/2017, Lei de Migração, entrou em vigor em novembro de 2017, revogando o Estatuto do Estrangeiro.

477 Art. 83, I, da Lei n. 13.445/2017.

O extraditando pode estar respondendo a procedimento investigatório ou a processo penal no estado requerente (extradição instrutória) ou ter sido condenado a pena privativa de liberdade (extradição executória)[478].

7.2. Âmbito de proteção

7.2.1. Considerações preliminares: não extraditabilidade do brasileiro nato ou naturalizado

A garantia da não extraditabilidade do brasileiro nato ou naturalizado assegura que não deverá ser facultada a extradição de brasileiro.

Tal garantia foi introduzida na Constituição de 1934 (art. 113, 31), reproduzida nas Constituições de 1946 (art. 141, § 33), 1967 (art. 150, § 19), 1969 (art. 153, § 19), e consagrada na Constituição de 1988, art. 5º, LI.

Em relação ao brasileiro nato, não há qualquer possibilidade de extradição, independentemente do fato de ter também a nacionalidade primária de outro país[479]. No entanto, em caso de perda da nacionalidade brasileira, pela aquisição voluntária de outra nacionalidade secundária (art. 12, § 4º, II, da CF), é possível a extradição[480]. Nesse caso, a Lei de Migração prevê que seja admitida a extradição apenas se o delito for posterior à aquisição da nacionalidade secundária[481].

Em relação à não extraditabilidade ao brasileiro naturalizado, colocam-se duas ressalvas, submetidas a reserva legal expressa:

a) prática de crime comum antes da naturalização;

b) comprovado envolvimento em tráfico de entorpecentes e drogas afins, independentemente do momento da naturalização.

A Lei de Migração, por sua vez, remeteu às hipóteses em que constitucionalmente admitida a extradição do brasileiro naturalizado (art. 82, § 5º: "Admite-se a extradição de brasileiro naturalizado, nas hipóteses previstas na Constituição Federal").

---

478 Art. 83, II, da Lei n. 13.445/2017.

479 Cf. HC-QO 81.113, rel. Min. Celso de Mello, julgado em 26-6-2003, *DJ* de 29-8-2003: "O brasileiro nato, quaisquer que sejam as circunstâncias e a natureza do delito, não pode ser extraditado, pelo Brasil, a pedido de Governo estrangeiro, pois a Constituição da República, em cláusula que não comporta exceção, impede, em caráter absoluto, a efetivação da entrega extradicional daquele que é titular, seja pelo critério do *jus soli*, seja pelo critério do *jus sanguinis*, de nacionalidade brasileira primária ou originária. Esse privilégio constitucional, que beneficia, sem exceção, o brasileiro nato (CF, art. 5º, LI), não se descaracteriza pelo fato de o Estado estrangeiro, por lei própria, haver-lhe reconhecido a condição de titular de nacionalidade originária pertinente a esse mesmo Estado (CF, art. 12, § 4º, II, *a*). Se a extradição não puder ser concedida, por inadmissível, em face de a pessoa reclamada ostentar a condição de brasileira nata, legitimar-se-á a possibilidade de o Estado brasileiro, mediante aplicação extraterritorial de sua própria lei penal (CP, art. 7º, II, *b*, e respectivo § 2º) e considerando, ainda, o que dispõe o Tratado de Extradição Brasil/Portugal (Artigo IV) –, fazer instaurar, perante órgão judiciário nacional competente (CPP, art. 88), a concernente *persecutio criminis*, em ordem a impedir, por razões de caráter ético-jurídico, que práticas delituosas, supostamente cometidas, no exterior, por brasileiros (natos ou naturalizados), fiquem impunes. Doutrina. Jurisprudência".

480 Extr. 1.462, rel. Min. Roberto Barroso, Primeira Turma, julgada em 28-3-2017.

481 Art. 83, § 3º, da Lei n. 13.445/2017.

No caso de crime comum praticado antes da naturalização, entende o Tribunal que não se faz necessário cogitar de anulação da naturalização[482].

Em relação à prática de crime de tráfico de entorpecentes ou drogas afins, admite-se a extradição, ainda que o crime tenha sido praticado após a naturalização.

A jurisprudência encaminhou-se, porém, para considerar que, nesse caso, há de se romper com orientação que preside o processo de extradição no Brasil (modelo belga de cognoscibilidade limitada)[483] para adotar um modelo de cognição, tendo em vista a exigência de que o envolvimento na prática do crime seja devidamente comprovado.

Nesse sentido, decisão na Extradição 541, da relatoria de Sepúlveda Pertence:

> "(...) 2. No 'sistema belga', a que se filia o da lei brasileira, os limites estreitos do processo extradicional traduzem disciplina adequada somente ao controle limitado do pedido de extradição, no qual se tomam como assentes os fatos, tal como resultem das peças produzidas pelo Estado requerente; para a extradição do brasileiro naturalizado antes do fato, porém, que só a autoriza no caso de seu 'comprovado envolvimento' no tráfico de drogas, a Constituição impõe à lei ordinária a criação de um procedimento específico, que comporte a cognição mais ampla da acusação, na medida necessária à aferição da concorrência do pressuposto de mérito, a que excepcionalmente subordinou a procedência do pedido extraditório: por isso, a norma final do art. 5º, LI, CF, não é regra de eficácia plena, nem de aplicabilidade imediata. 3. O reclamado juízo de comprovação do envolvimento do brasileiro naturalizado na prática delituosa cogitada compete privativamente à Justiça brasileira e não à do Estado requerente: ainda, porém, que assim não fosse, no regime do novo processo penal italiano, não se poderia emprestar força declaratória de 'comprovado envolvimento' do extraditando no crime, à afirmação pelo Juiz de Investigações Preliminares, à base de elementos unilateralmente colhidos pelo Ministério Público, da existência dos 'graves indícios de culpabilidade' exigidos para a prisão cautelar pré-processual decretada: o que sequer para a ordem jurídica que o produziu, é prova – salvo para a simples decretação de prisão provisória –, com maior razão, nada pode comprovar, no foro da extradição, para sustentar o deferimento da entrega de um súdito do Estado requerido. III. Extradição de brasileiro e promessa de reciprocidade do Estado requerente: invalidade desta, à luz da Constituição Italiana, que o STF pode declarar"[484].

Na mesma ocasião, ressaltou-se que, por se tratar de cidadão italiano, não poderia a Itália honrar o compromisso de reciprocidade, necessário à efetivação de extradição,

---

482 HC 67.621, rel. Min. Carlos Madeira, julgado em 19-10-1989, *DJ* de 16-8-1991.

483 No tocante à disciplina normativa da extradição passiva, o Brasil adotou o chamado "modelo belga" ou sistema misto, que não permite que se proceda a reexame de mérito (*revision au fond*) do processo penal que deu origem ao pleito, no âmbito do processo extradicional. Ainda não é possível, em sede de extradição, a revisão de aspectos formais concernentes à regularidade dos atos de persecução penal praticados no Estado requerente. No que se refere aos aspectos materiais relativos à própria substância da imputação penal, somente em situações excepcionais deverá o STF analisá-los, desde que esse exame se torne indispensável à solução de eventual controvérsia concernente à: a) ocorrência de prescrição penal; b) observância do princípio da dupla tipicidade; ou c) configuração eventualmente política do delito imputado ao extraditando (Lei n. 6.815/80).

484 Extr. 541/ITA, rel. p/ o acórdão Min. Sepúlveda Pertence, julgada em 7-11-1992, *DJ* de 18-12-1992.

uma vez que, nos termos da Constituição daquele país, a extradição de nacionais depende de expressa previsão em convenção internacional. Daí ter o Tribunal afirmado que "a validade e a consequente eficácia da promessa de reciprocidade ao Estado requerido, em que fundado o pedido de extradição, pressupõem que, invertidos os papéis, o ordenamento do Estado requerente lhe permita honrá-la: não é o caso da Itália, quando se cuida de extraditando brasileiro, pois, o art. 26 da Constituição Italiana só admite a extradição do nacional italiano quando expressamente prevista pelas convenções internacionais, o que não ocorre na espécie"[485].

Orientação semelhante foi reiterada na Extradição n. 688/Itália, da relatoria de Celso de Mello[486].

Em decisão de outubro de 2005, o Tribunal indeferiu extradição de brasileiro naturalizado por tráfico de entorpecentes, requerida pela República Federal da Alemanha, em razão de a Constituição do país requerente não admitir a extradição de nacional, nato ou naturalizado. Embora o relator, Ministro Joaquim Barbosa, admitisse, inicialmente, a extradição em razão de os fatos imputados terem se verificado antes da naturalização, houve por bem rever a decisão após o voto-vista do Ministro Carlos Britto, que considerava inadmissível a extradição em razão de não existir Tratado de extradição e de a República Federal da Alemanha não poder oferecer a reciprocidade, por estar impedida constitucionalmente de extraditar cidadão alemão[487].

Questão delicada que se coloca, neste ponto, é a entrega de brasileiro para julgamento por parte do Tribunal Penal e Internacional. Tal debate torna-se essencial em face da norma contida no art. 5º, LI, da CF/88, que proíbe a extradição de brasileiros e, por outro lado, do § 4º do mesmo art. 5º da CF/88, incluído no texto constitucional pela Emenda Constitucional n. 45, de 8 de dezembro de 2004, segundo a qual "o Brasil se submete à jurisdição de Tribunal Penal Internacional a cuja criação tenha manifestado adesão".

O próprio Estatuto de Roma, que instituiu o TPI, em seu art. 102 (Dec. n. 4.388, de 25-9-2002), pretendeu distinguir o instituto da "entrega" daquele da "extradição". Enquanto por "entrega" entende-se a entrega de uma pessoa por um Estado ao Tribunal, nos termos do Estatuto do TPI, por "extradição" entende-se a entrega de uma pessoa por um Estado a outro Estado, conforme prevista em um tratado, em uma convenção ou no direito interno. Levando em conta tal distinção, assentou-se, na Pet 4.625, que "o processo de extradição faz instaurar uma relação de caráter necessariamente intergovernamental, o que afasta a possibilidade de terceiros, desvestidos de estatalidade, formularem pleitos de natureza extradicional". Concluindo-se, então, que se justificava "a classificação processual como Petição, prevista, em caráter residual, no art. 55, inciso XVIII, c/c o art. 56, inciso IX, ambos do RISTF"[488].

Sobre a entrega de nacionais, a lição de Rezek:

485 Extr. 541/ITA, rel. p/ o acórdão Min. Sepúlveda Pertence, julgada em 7-11-1992, *DJ* de 18-12-1992.

486 Extr. 688/ITA, rel. Min. Celso de Mello, julgada em 9-10-1996, *DJ* de 22-8-1997.

487 Extr.-QO 1.010/ RFA, rel. Min. Joaquim Barbosa, julgada em 26-10-2005.

488 Pet 4.625, rel. Min. Celso de Mello (Presidente em exercício), *Informativo STF* n. 554, 3 a 7-8-2009.

"(...) Parece-me óbvia a distinção entre a entrega de um nacional a uma jurisdição internacional, da qual o Brasil faz parte, e a entrega de um nacional – esta sim proibida pela Constituição – a um tribunal estrangeiro, que exerce sua autoridade sob um outro pavilhão que não o nosso, e não, portanto, a uma jurisdição de cuja construção participamos, e que é produto de nossa vontade, conjugada com a de outras nações"[489].

O tema apresenta complexidades e deverá ser oportunamente apreciado no âmbito do Supremo Tribunal Federal.

7.2.2. Não extraditabilidade do estrangeiro por crime político ou de opinião

Questão complexa diz respeito à identificação de crime político para os fins da não extraditabilidade do estrangeiro.

A norma integra o direito constitucional brasileiro desde a Constituição de 1934[490].

De qualquer sorte, a sua aplicação pode dar ensejo a dúvidas, tendo em vista a dificuldade de identificação do chamado crime político ou de sua manifestação em associação com crimes comuns.

A Lei de Migração contém, em seu art. 82, três parágrafos sobre o enquadramento dos delitos como político ou de opinião.

Em primeiro lugar, o caráter político ou de opinião do delito "não impedirá a extradição quando o fato constituir, principalmente, infração à lei penal comum ou quando o crime comum, conexo ao delito político, constituir o fato principal" (§ 1º).

Em segundo lugar, é ressaltado que a avaliação do caráter do delito "caberá à autoridade judiciária" brasileira. Ou seja, tal enquadramento compete ao Supremo Tribunal Federal, e não ao Estado requerente ou ao Poder Executivo brasileiro.

Por fim, o Supremo Tribunal Federal poderá "deixar de considerar crime político o atentado contra chefe de Estado ou quaisquer autoridades, bem como crime contra a humanidade, crime de guerra, crime de genocídio e terrorismo".

Já antes da vigência da Lei de Migração, o STF desenvolveu jurisprudência sobre a definição de crime político, mais ou menos na linha positivada.

Na Extradição n. 615, restou assentado que "não havendo a Constituição definido o crime político, ao Supremo cabe, em face da conceituação da legislação ordinária vigente, dizer se os delitos pelos quais se pede a extradição, constituem infração de natureza política ou não, tendo em vista o sistema da principalidade ou da preponderância"[491].

Assim, já se indagou sobre se o crime de terrorismo enquadrar-se-ia no conceito de crime político, tendo o Tribunal asseverado que atos terroristas não se coadunam

---

489 Francisco Rezek, Princípio da complementaridade e soberania, *Revista CEJ*, v. 4, n. 11, p. 67, maio/ago. 2000.

490 Cf. Constituição de 1934, Capítulo II – *Dos Direitos e das Garantias Individuais*: "Art. 113. A Constituição assegura a brasileiros e a estrangeiros residentes no País a inviolabilidade dos direitos concernentes à liberdade, à subsistência, à segurança individual e à propriedade, nos termos seguintes:

(...) 31) Não será concedida a Estado estrangeiro extradição por crime político ou de opinião, nem, em caso algum, de brasileiro".

491 Ext 615, rel. Min. Paulo Brossard, *DJ* de 5-12-1994.

com tal conceito. Nesse sentido, decisão proferida na Extradição n. 855, da relatoria de Celso de Mello, *verbis:*

> "Os atos delituosos de natureza terrorista, considerados os parâmetros consagrados pela vigente Constituição da República, não se subsumem à noção de criminalidade política, pois a Lei Fundamental proclamou o repúdio ao terrorismo como um dos princípios essenciais que devem reger o Estado brasileiro em suas relações internacionais (CF, art. 4º, VIII), além de haver qualificado o terrorismo, para efeito de repressão interna, como crime equiparável aos delitos hediondos, o que o expõe, sob tal perspectiva, a tratamento jurídico impregnado de máximo rigor, tornando-o inafiançável e insuscetível da clemência soberana do Estado e reduzindo-o, ainda, à dimensão ordinária dos crimes meramente comuns (CF, art. 5º, XLIII). A Constituição da República, presentes tais vetores interpretativos (CF, art. 4º, VIII, e art. 5º, XLIII), não autoriza que se outorgue, às práticas delituosas de caráter terrorista, o mesmo tratamento benigno dispensado ao autor de crimes políticos ou de opinião, impedindo, desse modo, que se venha a estabelecer, em torno do terrorista, um inadmissível círculo de proteção que o faça imune ao poder extradicional do Estado brasileiro, notadamente se se tiver em consideração a relevantíssima circunstância de que a Assembleia Nacional Constituinte formulou um claro e inequívoco juízo de desvalor em relação a quaisquer atos delituosos revestidos de índole terrorista, a estes não reconhecendo a dignidade de que muitas vezes se acha impregnada a prática da criminalidade política. Extraditabilidade do terrorista: necessidade de preservação do princípio democrático e essencialidade da cooperação internacional na repressão ao terrorismo. O estatuto da criminalidade política não se revela aplicável nem se mostra extensível, em sua projeção jurídico-constitucional, aos atos delituosos que traduzam práticas terroristas, sejam aquelas cometidas por particulares, sejam aquelas perpetradas com o apoio oficial do próprio aparato governamental, à semelhança do que se registrou, no Cone Sul, com a adoção, pelos regimes militares sul-americanos, do modelo desprezível do terrorismo de Estado. O terrorismo – que traduz expressão de uma macrodelinquência capaz de afetar a segurança, a integridade e a paz dos cidadãos e das sociedades organizadas – constitui fenômeno criminoso da mais alta gravidade, a que a comunidade internacional não pode permanecer indiferente, eis que o ato terrorista atenta contra as próprias bases em que se apoia o Estado democrático de direito, além de representar ameaça inaceitável às instituições políticas e às liberdades públicas, o que autoriza excluí-lo da benignidade de tratamento que a Constituição do Brasil (art. 5º, LII) reservou aos atos configuradores de criminalidade política. A cláusula de proteção constante do art. 5º, LII da Constituição da República – que veda a extradição de estrangeiros por crime político ou de opinião – não se estende, por tal razão, ao autor de atos delituosos de natureza terrorista, considerado o frontal repúdio que a ordem constitucional brasileira dispensa ao terrorismo e ao terrorista. A extradição – enquanto meio legítimo de cooperação internacional na repressão às práticas de criminalidade comum – representa instrumento de significativa importância no combate eficaz ao terrorismo, que constitui 'uma grave ameaça para os valores democráticos e para a paz e a segurança internacionais (...)' (Convenção Interamericana Contra o Terrorismo, Art. 11), justificando-se, por isso mesmo, para efeitos extradicionais, a sua descaracterização como delito de natureza política. Doutrina"[492].

492 Ext. 855/CHI, rel. Min. Celso de Mello, julgada em 26-8-2004, *DJ* de 1º-7-2005.

Outras vezes, o crime refere-se a ações tipicamente políticas associadas à segurança do Estado. Nesses casos, afirma-se o caráter político do crime.

Assim, em caso em que o extraditando fora acusado de transmitir segredo de Estado do Governo requerente utilizável em projeto de desenvolvimento de armamento nuclear, considerou o Tribunal que se cuidava de "crime político puro, cujo conceito compreende não só o cometido contra a segurança interna, como o praticado contra a segurança externa do Estado, a caracterizarem, ambas as hipóteses, a excludente de concessão de extradição, prevista no art. 77, VII e §§ 1º a 3º, da Lei n. 6.815-80 e no art. 5º, LII, da Constituição"[493].

Não raras vezes, o crime por motivação política tem características de crime comum ou assemelha-se a uma ação de caráter terrorista. Daí a necessidade de sua contextualização no âmbito dos objetivos políticos e a possibilidade de se fazer uma ponderação entre o caráter comum do delito e a sua inserção em uma ação política mais ampla.

A propósito, Mirtô Fraga comenta:

> "Não é fácil, entretanto, conceituar o crime político. A doutrina se divide em duas correntes: a) uma objetiva, considerando crime político o praticado contra a ordem política estatal; aí, o bem jurídico protegido é de natureza política; b) outra, subjetiva, segundo a qual são políticos os crimes praticados com finalidade política.
>
> (...)
>
> A noção de crime político não é tão generalizada quanto a de crime comum. O aspecto antissocial do crime político é muito relativo; o do crime comum, ao contrário, é absoluto. Um Estado pode punir um fato que em outro Estado pode ser considerado, até mesmo, um ato de civismo, variando a critério da legislação"[494].

Por isso, enfatiza-se na jurisprudência a necessidade de identificação de um critério de definição ou situação de preponderância.

Um bom exemplo desse tipo de situação tem-se na Extradição n. 694, da relatoria do Ministro Sydney Sanches. Eis a ementa do julgado:

> "EXTRADIÇÃO EXECUTÓRIA DE PENAS. PRESCRIÇÃO. CRIMES POLÍTICOS: CRITÉRIO DA PREPONDERÂNCIA. 1. O extraditando foi condenado pela Justiça Italiana, em julgamentos distintos, a três penas de reclusão: a) a primeira, de 1 ano, 8 meses e 20 dias; b) a segunda, de 5 anos e 6 meses; e c) a terceira, de 6 anos e 10 meses. 2. Quanto à primeira, ocorreu a prescrição da pretensão punitiva, de acordo com a lei brasileira. E até a prescrição da pretensão executória da pena, seja pela lei brasileira, seja pela italiana. 3. No que concerne às duas outras, não se consumou qualquer espécie de prescrição, por uma ou outra lei. 4. Mas, já na primeira condenação, atingida pela prescrição, ficara evidenciado o caráter político dos delitos, consistentes em explosões realizadas na via pública, para

493 Ext. 700/RFA, rel. Min. Octavio Gallotti, julgada em 4-3-1998, *DJ* de 5-11-1999.

494 Mirtô Fraga, *O novo Estatuto do Estrangeiro comentado*, Rio de Janeiro: Forense, 1985, p. 302.

assustar adversários políticos, nas proximidades das sedes de suas entidades, sem danos pessoais, porque realizadas de madrugada, em local desabitado e não frequentado, na ocasião, por qualquer pessoa, fatos ocorridos em 1974. 5. A segunda condenação imposta ao extraditando foi, também, por crime político, consistente em participação simples em bando armado, de roubo de armas contra empresa que as comercializava, de roubo de armas e de dinheiro, contra entidade bancária, fatos ocorridos em 12.10.1978. Tudo, 'com o fim de subverter violentamente a ordem econômica e social do Estado italiano, de promover uma insurreição armada e suscitar a guerra civil no território do Estado, de atentar contra a vida e a incolumidade de pessoas para fins de terrorismo e de eversão da ordem democrática'. Essa condenação não contém indicação de fatos concretos de participação do extraditando em atos de terrorismo ou de atentado contra a vida ou à incolumidade física das pessoas. E o texto é omisso quanto às condutas que justificaram a condenação dos demais agentes, de sorte que não se pode aferir quais foram os fatos globalmente considerados. E não há dúvida de que se tratava de insubmissão à ordem econômica e social do Estado italiano, por razões políticas, inspiradas na militância do paciente e de seu grupo. Trata-se pois, também, nesse caso, de crime político, hipótese em que a concessão da extradição está expressamente afastada pelo inciso LII do art. 5º da Constituição Federal, 'verbis': 'não será concedida extradição de estrangeiro por crime político ou de opinião'. 6. Na terceira condenação – por roubo contra Banco, agravado pelo uso de armas e pluralidade de agentes – o julgado não diz que o delito tenha sido praticado 'com o fim de subverter violentamente a ordem econômica e social do Estado italiano', como ocorreu na 2ª condenação. Não há dúvida, porém, de que os fatos resultaram de um mesmo contexto de militância política, ocorridos que foram poucos meses antes, ou seja, 'em época anterior e próxima a 09.02.1978', envolvendo, inclusive, alguns agentes do mesmo grupo. 7. Igualmente nesse caso (3ª condenação), não se apontam, com relação ao paciente, fatos concretos característicos de prática de terrorismo, ou de atentados contra a vida ou a liberdade das pessoas. 8. Diante de todas essas circunstâncias, não é o caso de o S.T.F. valer-se do § 3º do art. 77 do Estatuto dos Estrangeiros, para, mesmo admitindo tratar-se de crimes políticos, deferir a extradição. 9. O § 1º desse mesmo artigo (77) também não justifica, no caso, esse deferimento, pois é evidente a preponderância do caráter político dos delitos, em relação aos crimes comuns. 10. E a Corte tem levado em conta o critério da preponderância para afastar a extradição, ou seja, nos crimes preponderantemente políticos (*RTJ* 108/18; EXTRADIÇÃO n. 412-*DJ* 08.03.85; e *RTJ* 132/62). 11. Com maior razão, hão de ser considerados crimes políticos, ao menos relativos, os praticados pelo extraditando, de muito menor gravidade que as de um dos precedentes, ainda que destinados à contestação da ordem econômica e social, quais sejam, o de participação simples em bando armado, o de roubo de armas, veículos e dinheiro, tudo com a mesma finalidade. 12. Uma vez reconhecida a prescrição, seja pela lei brasileira, seja pela italiana, no que concerne à primeira condenação (1 ano, 8 meses e 20 dias de reclusão) e caracterizados crimes políticos, quanto às duas outras, o pedido de extradição, nas circunstâncias do caso, não comporta deferimento. 13. Extradição indeferida. Plenário. Decisão unânime"[495].

495 Extr. 694/ITA, rel. Min. Sydney Sanches, julgada em 13-2-1997, *DJ* de 22-8-1997.

Tal como se vê, o caráter preponderantemente político das ações desenvolvidas pelo extraditando foi decisivo para a qualificação do crime como político e, consequentemente, para o indeferimento da extradição.

Questão mais delicada versa sobre o caráter político de ações armadas perpetradas por determinado grupo no contexto de uma rebelião contra um estabelecimento militar. Essa foi a discussão travada no chamado "caso La Tablada".

O Supremo Tribunal entendeu que o perfil político do levante não permite tratar isoladamente as condutas eventualmente perpetradas e reconheceu, por isso, o caráter político do crime, como se vê da ementa do acórdão, da relatoria de Sepúlveda Pertence:

> "Extradição. Argentina. Invasão do quartel de La Tablada. Criminalidade política. Denegação. 1. Pedido de extradição: Dele se conhece, embora formulado por carta rogatória de autoridade judicial, se as circunstâncias do caso evidenciam que o assumiu o governo do Estado estrangeiro. 2. Associação ilícita qualificada e a rebelião agravada, como definidas no vigente Código Penal argentino, são crimes políticos puros. 3. (a) fatos enquadráveis na lei penal comum e atribuídos aos rebeldes – roubo de veículo utilizado na invasão do quartel, e privações de liberdade, lesões corporais, homicídios e danos materiais, perpetrados em combate aberto, no contexto da rebelião –, são absorvidos, no Direito brasileiro, pelo atentado violento ao regime, tipo qualificado pela ocorrência de lesões graves e de mortes (Lei de Segurança Nacional, art. 17): falta, pois, em relação a eles, o requisito da dúplice incriminação. 3. (b) a imputação de dolo eventual quanto às mortes e lesões graves não afasta necessariamente a unidade do crime por elas qualificados. 4. Ditos fatos, por outro lado, ainda quando considerados crimes diversos, estariam contaminados pela natureza política do fato principal conexo, a rebelião armada, à qual se vincularam indissoluvelmente, de modo a constituírem delitos políticos relativos. 5. Não constitui terrorismo o ataque frontal a um estabelecimento militar, sem utilização de armas de perigo comum nem criação de riscos generalizados para a população civil: dispensável, assim, o exame da constitucionalidade do art. 77, par-3, do Estatuto dos Estrangeiros"[496].

No aludido precedente considerou-se que o propósito político que imantava a ação emprestava-lhe um caráter unitário insuscetível de ser desdobrado em delitos singulares.

Outra controvérsia sensível no contexto da não extraditabilidade do estrangeiro por crime político diz respeito à possibilidade de o pedido de extradição referir-se a pessoa que tenha obtido asilo político no Brasil.

O asilo político tem duas modalidades: diplomático e territorial. O diplomático é concedido em embaixadas ou missões diplomáticas do Estado concedente. O territorial, em seu território. A Lei de Migração vedou a extradição de beneficiário de refúgio ou de asilo territorial[497].

A jurisprudência anterior à Lei de Migração não via o asilo como motivo suficiente para negar a extradição. Tal como anotado na Extradição n. 524, "não há incompatibilidade absoluta entre o instituto do asilo político e o da extradição passiva, na exata

496 Extr. 493/ARG, rel. Min. Sepúlveda Pertence, julgada em 4-10-1989, *DJ* de 3-8-1990.

497 Art. 82, IX.

medida em que o Supremo Tribunal Federal não está vinculado ao juízo formulado pelo poder executivo na concessão administrativa daquele benefício regido pelo direito das gentes". É que "o estrangeiro asilado no Brasil só não será passível de extradição quando o fato ensejador do pedido assumir a qualificação de crime político ou de opinião ou as circunstâncias subjacentes à ação do estado requerente demonstrarem a configuração de inaceitável extradição política disfarçada"[498].

O problema se torna ainda mais complexo, quando o que importa é aplicar o mesmo raciocínio ao estrangeiro ao qual se reconheça a condição de refugiado.

A Lei n. 9.474, de 22-7-1997, que define os mecanismos para a implementação do Estatuto dos Refugiados de 1951, define refugiado como "todo indivíduo que" "I – devido a fundados temores de perseguição por motivos de raça, religião, nacionalidade, grupo social ou opiniões políticas encontre-se fora de seu país de nacionalidade e não possa ou não queira acolher-se à proteção de tal país"; "II – não tendo nacionalidade e estando fora do país onde antes teve sua residência habitual, não possa ou não queira regressar a ele, em função das circunstâncias descritas no inciso anterior"; "III – devido a grave e generalizada violação de direitos humanos, é obrigado a deixar seu país de nacionalidade para buscar refúgio em outro país".

A mesma lei dispõe que "o reconhecimento da condição de refugiado obstará o seguimento de qualquer pedido de extradição baseado nos fatos que fundamentaram a concessão de refúgio" (art. 33).

Como restou assentado em voto proferido nos autos da Extradição n. 1.008, a distinção entre os dois institutos, asilo e refúgio, não se apresenta livre de dificuldades. Indício dessa assertiva, trecho do excerto doutrinário colacionado então: "A distinção entre refugiado e asilado territorial não é clara e Paul Lagarde fala em asilo territorial dos refugiados. Também tem sido assinalado que as diferenças entre asilado e refugiado dependem muito das práticas internas"[499].

Considerando, ademais, que o art. 33 da Lei 9.474/97 não previu, expressamente, a hipótese específica de concessão de refúgio com relação aos "crimes políticos ou de opinião", encaminhou-se proposição no sentido de o Tribunal adotar, naqueles casos em que o "temor" que justifica a concessão do refúgio esteja relacionado com persecução criminal motivada por delitos que se pretendem políticos, a mesma interpretação conferida aos casos de asilo político, na linha da Extradição n. 524.

Considerou-se, então, que, menos que se perscrutarem as distinções, algo nebulosas, entre asilo e refúgio, cumpriria atentar para o fato de que a ordem jurídica especifica que, para fins de extraditabilidade, a última palavra compete à Corte Constitucional quanto à configuração, ou não, da natureza política de delito imputado ao extraditando.

Em outras palavras, dado não ser possível dissociar o tema do prosseguimento do pedido extradicional da análise, pelo Supremo Tribunal, da ocorrência, ou não, de crimes de natureza política, ressaltou-se não ser constitucionalmente adequado condicionar o prosseguimento da apreciação do pleito extradicional à deliberação administrativa do Comitê Nacional para os Refugiados – Conare.

---

498 Extr. 524/PAR, rel. Min. Celso de Mello, julgada em 31-10-1990, *DJ* de 8-3-1991.

499 Celso Duvivier de Albuquerque Mello, *Curso de direito internacional público*, v. 2, 15. ed., 2004.

O Tribunal encaminhou-se, no entanto, para considerar, nos termos do voto do Ministro Sepúlveda Pertence, que "a condição de refugiado, enquanto dure, é elisiva, por definição, da extradição que tenha implicações com os motivos de seu deferimento"[500].

Essa premissa, contudo, não resistiu ao julgamento da Extradição n. 1.085, ocasião em que, por cinco votos contra quatro, afastou-se a tese segundo a qual a concessão de refúgio por ato administrativo torna prejudicada a demanda extradicional em curso. O voto condutor, proferido pelo Ministro Cezar Peluso, revela o entendimento esposado, na ocasião, pela maioria dos Ministros:

> "Conquanto reconhecido e até sublinhado, na ocasião daquele julgamento (Ext 1.008), o caráter político-administrativo da decisão concessiva de refúgio, não me parece, revendo agora os termos e o alcance da lei, à luz sistêmica da ordem jurídica, que tal asserto deva ser entendido ou tomado em acepção demasiado estrita, nem tampouco que o fato de o poder ou dever de outorga ser atribuição reservada à competência própria da União, por representar o país nas relações internacionais, lhe subtraia, de modo absoluto, os respectivos atos jurídico-administrativos ao ordinário controle jurisdicional de legalidade (*judicial review*). Esta é, aliás, a única interpretação concebível capaz de sustentar a admissibilidade do juízo de constitucionalidade, em especial daquela norma específica, sob o prisma da regra da separação de poderes. Ademais, a presunção de inteireza da Lei n. 9.474/97 não dá, ao propósito, margem a outras considerações que não a do pressuposto da necessidade de rigorosa obediência aos requisitos positivos e negativos que ela estatui. A União não age aqui, nem alhures, a *legibus soluta*".

Tal como resulta da passagem acima transcrita, a maioria acolheu a possibilidade de aferir, em preliminar, no julgamento da extradição, a legitimidade do ato administrativo de reconhecimento da situação de refugiado em face dos pressupostos fixados na legislação.

7.2.3. Da não extradição em razão de extinção da punibilidade

Conforme o art. 82, VI, da Lei de Migração, não se concede a extradição se "a punibilidade estiver extinta pela prescrição, segundo a lei brasileira ou a do Estado requerente". Disposição semelhante é reproduzida de forma generalizada nos tratados de extradição.

Muito embora o marco legal mencione a apenas prescrição, de acordo com a jurisprudência do Supremo Tribunal Federal, a extinção da punibilidade figura entre as causas impeditivas da extradição, não importando o seu fundamento. Exige-se, além da dupla tipicidade – ser crime em ambas as jurisdições –, a dupla punibilidade – ser o fato atualmente punível em ambas as jurisdições.

Esse entendimento foi reafirmado pelo STF em Questão de Ordem na Extradição 1.224, formulada pela República Argentina, relativamente ao crime de subtração

500 Ext 1.008, red. para acórdão Min. Sepúlveda Pertence, *DJ* de 17-8-2007.

de incapaz. Foi apontado pelo Relator na questão ter ocorrido a extinção da punibilidade, uma vez que o extraditando já havia cumprido no Brasil, durante o prazo da prisão preventiva para o processo de extradição, o tempo de pena previsto na legislação brasileira para o crime em que se baseou o pedido. Em razão da demora na conclusão do processo, inclusive por falhas do Estado requerente na formulação do pedido, o extraditando acabou permanecendo preso no Brasil por mais de dois anos, tempo superior à pena máxima prevista para o crime imputado. Por essa razão, o pedido de extradição foi indeferido por força da extinção da punibilidade decorrente do integral cumprimento da pena[501].

Alguns tratados exigem, além da dupla punibilidade, a persistência de um saldo mínimo de pena a cumprir. No âmbito do Mercosul, por exemplo, esse saldo não deve ser inferior a seis meses (art. 2, 2, do Tratado, promulgado pelo Decreto n. 5.867/2006). Muito embora não extinta a punibilidade, o STF vem denegando extradições quando, por força da prisão para a extradição, o saldo de pena a cumprir for inferior ao convencionado. Nessas hipóteses, o momento da verificação do saldo de pena a cumprir é o momento do julgamento da extradição[502]. A detração em função da prisão posterior ao julgamento não afasta a execução da medida[503].

O Supremo Tribunal Federal, ao julgar a Extr 1.362, decidiu que a exigência da dupla punibilidade aplica-se mesmo aos crimes contra a humanidade. De um modo geral, a comunidade internacional reconhece a imprescritibilidade de crimes dessa natureza. Já o Brasil vem aplicando as regras ordinárias internas sobre a prescrição.

O Relator do processo, Min. Edson Fachin, considerou que o reconhecimento, pela comunidade internacional, da imprescritibilidade afasta a possibilidade da aplicação das regras brasileiras. Assim, a extradição deveria ser executada, mesmo que os crimes, de acordo com o nosso direito, estejam prescritos. O Min. Teori Zavascki divergiu, sustentando que o Brasil não era signatário de tratados que, na época dos fatos (década de 1970), previam a imprescritibilidade. Por isso, votou no sentido de que deveriam prevalecer as regras de prescrição previstas no Código Penal, no que foi acompanhado pela maioria do Plenário[504].

7.3. Titularidade

Titular do direito previsto no art. 5º, LI, da Constituição, quanto à não extraditabilidade em geral é o brasileiro, nato ou naturalizado.

Titular do direito à não extraditabilidade em razão de crime político ou de opinião é o cidadão estrangeiro (art. 5º, LII).

501 STF, Extr. 1.224, 2ª Turma, rel. Min. Celso de Mello, *DJe* de 15-8-2013.

502 Extr. 938, rel. Min. Carlos Britto, Tribunal Pleno, julgada em 3-3-2005; Extr. 1.394, rel. Min. Teori Zavascki, Segunda Turma, julgado em 20-10-2015.

503 Extr. 1.375, rel. Min. Luiz Fux, 1ª Turma, julgada em 24-11-2015.

504 Extr. 1.362, rel. Min. Edson Fachin, Pleno, iniciado o julgamento em 6-10-2016.

7.4. Conformação e limitação

7.4.1. Considerações preliminares

A extraditabilidade de estrangeiro deve ser disciplinada na legislação pertinente, e está hoje regulada na Lei n. 13.445/2017 (arts. 81 e 93). Acrescente-se que, como elemento de um devido processo legal extradicional, a lei geral estabelece condições básicas, tais como a dupla tipicidade, no direito do país requerente e no Brasil, bem como que o crime não esteja prescrito sob uma ou sob outra legislação.

Não se cogita de qualquer flexibilização legal quanto à não extraditabilidade do brasileiro nato.

Todavia, a garantia de não extraditabilidade do brasileiro naturalizado poderá ser objeto de restrição ou limitação.

A norma constitucional contempla limitações diretas e expressas ao afirmar que o brasileiro naturalizado pode ser extraditado *por crime comum praticado antes da naturalização, ou, ainda, por envolvimento em tráfico de entorpecentes praticado posteriormente à naturalização* (art. 5º, LI).

Tal como, porém, destacado na Extradição n. 541, o Supremo Tribunal Federal entende que, "ao princípio geral de inextraditabilidade do brasileiro, incluído o naturalizado, a Constituição admitiu, no art. 5º, LI, duas exceções: a primeira, de eficácia plena e aplicabilidade imediata, se a naturalização é posterior ao crime comum pelo qual procurado; a segunda, no caso de naturalização anterior ao fato, se cuida de tráfico de entorpecentes: aí, porém, admitida, não como a de qualquer estrangeiro, mas, sim, 'na forma da lei', e por 'comprovado envolvimento' no crime: a essas exigências de caráter excepcional não basta a concorrência dos requisitos formais de toda extradição, quais sejam, a dúplice incriminação do fato imputado e o juízo estrangeiro sobre a seriedade da suspeita"[505].

Assim, para a extradição de brasileiro naturalizado antes do fato, a Constituição só a autoriza em caso de comprovado envolvimento no tráfico de drogas, exigindo-se da "lei ordinária a criação de um procedimento específico, que comporte a cognição mais ampla da acusação, na medida necessária à aferição da concorrência do pressuposto de mérito, a que excepcionalmente subordinou a procedência do pedido extraditório"[506].

Daí afirmar-se que a norma final do art. 5º, LI, da CF não é regra de eficácia plena, nem de aplicabilidade imediata[507]. Indicou-se, assim, a necessidade da superveniência de disciplina jurídica que empreste mais nítidos contornos ao instituto da extradição[508].

A Lei de Migração teve a pretensão de complementar o art. 5º, LI, da CF, ao dispor, em seu art. 82, § 5º: "Admite-se a extradição de brasileiro naturalizado, nas hipóte-

505 Extr. 541/ITA, rel. p/ o acórdão Min. Sepúlveda Pertence, julgado em 7-11-1992, *DJ* de 18-12-1992.

506 Extr. 541/ITA, rel. p/ o acórdão Min. Sepúlveda Pertence, julgado em 7-11-1992, *DJ* de 18-12-1992.

507 Extr. 541/ITA, rel. p/ o acórdão Min. Sepúlveda Pertence, julgado em 7-11-1992, *DJ* de 18-12-1992.

508 Tramita na Câmara dos Deputados o Projeto de Lei n. 5.655/2009, de 20-7-2009, apresentado pelo Poder Executivo, tendo por escopo a ordenação exauriente da entrada, permanência e saída do estrangeiro do território nacional. A lei pretendida, denominada provisoriamente "Lei do Estrangeiro", traz disciplina algo minudente acerca do instituto da extradição.

ses previstas na Constituição Federal". No entanto, falhou ao não prever o "procedimento específico" para a comprovação do envolvimento com o crime de tráfico de drogas praticado após a naturalização.

Ainda não há casos aplicando a regra atual. Não se pode afirmar se o Tribunal considerará suficiente a complementação legal, dando por suprida a falta de procedimento próprio por algum grau de avaliação das provas a serem produzidas no processo de extradição, ou se considerará que a exceção constitucional ainda carece de concretização pelo legislador.

7.4.2. Não extraditabilidade e ausência de observância dos parâmetros do devido processo legal

No contexto da extradição, o tema do juiz natural assume relevo inegável, pois somente poderá ser deferida se o Estado requerente dispuser de condições para assegurar julgamento com base nos princípios básicos do Estado de Direito, a garantir que o extraditando não será submetido a qualquer jurisdição excepcional. Tais condições foram amplamente discutidas no julgamento da Extr. 986/Bolívia[509].

Durante julgamento de pedido de extradição do Governo da Bolívia, em assentada de 31-5-2007, o Ministro Gilmar Mendes pediu vista dos autos para analisar alguns acontecimentos que se verificavam na Bolívia naquele momento, envolvendo o Poder Judiciário daquele país, os quais, em tese, poderiam ensejar o indeferimento do pleito.

O julgamento foi concluído em 15-8-2007, com o deferimento do pedido extradicional, tendo em vista que se encontravam superadas as dificuldades institucionais por que passava o Judiciário boliviano.

Ressaltou-se a necessidade de aplicação do princípio do devido processo legal, que possui um âmbito de proteção alargado, a exigir o *fair trial* não apenas dentre aqueles que fazem parte da relação processual, ou que atuam diretamente no processo, mas de todo o aparato jurisdicional, o que abrange todos os sujeitos, instituições e órgãos, públicos e privados, que exercem, direta ou indiretamente, funções qualificadas, constitucionalmente, como essenciais à Justiça.

Referida preocupação com o devido processo legal já havia sido expressa no julgamento da Extradição 232/Cuba. Eis a ementa:

> "1) A situação revolucionária de Cuba não oferece garantia para um julgamento imparcial do extraditando, nem para que se conceda a extradição com ressalva de se não aplicar a pena de morte. 2) Tradição liberal da América Latina na concessão de asilo por motivos políticos. 3) Falta de garantias considerada não somente pela formal supressão ou suspensão, mas também por efeito de fatores circunstanciais. 4) A concessão do asilo diplomático ou territorial não impede, só por si, a extradição, cuja procedência é apreciada pelo Supremo Tribunal, e não pelo governo. 5) Conceituação de crime político proposta pela Comissão Jurídica Interamericana, do Rio de Janeiro, por incumbência da IV Reunião do Conselho Interamericano de Jurisconsultos (Santiago do Chile, 1949), excluindo 'atos de barbaria

509 Extr. 986/Bolívia, rel. Min. Eros Grau, julgada em 15-8-2007.

ou vandalismo proibidos pelas leis de guerra'; ainda que 'executados durante uma guerra civil, por uma ou outra das partes'"[510].

Também no julgamento da Extradição 347/Itália, discutiu-se a questão da existência de juízo de exceção e a impossibilidade de concessão de pedido extradicional, como indica a ementa, na parte em que interessa:

"(...) III – Alegação da existência de juízo de exceção. A Corte Constitucional criada pela Constituição Italiana de 1947 situa-se como órgão jurisdicional. A sua composição, o processo de recrutamento dos seus membros, as incompatibilidades e os limites de eficácia das suas decisões encontram-se legitimamente definidos na Legislação da Itália. Órgão jurisdicional pré-constituído e que atende aos princípios fundamentais do estado de direito. A ninguém é dado negar a eficácia suprema da Constituição. Competência da Corte Constitucional, em relação ao extraditando, por força da conexão. Aplicação da Súmula 421. Satisfeitas as condições essenciais à concessão da extradição, impõe-se o seu deferimento. Decisão tomada por maioria de votos".

Em seu voto, ressaltou o relator, o Ministro Djaci Falcão:

"(...) É sabido que a nossa Constituição não admite foro privilegiado, que se apresenta como favor de caráter pessoal, e, bem assim, tribunal de exceção, para o julgamento de 'um caso, ou para alguns casos determinados, porque, então, estaria instituído o que se quer proibir: o juiz *ad hoc*', como acentua o douto Pontes de Miranda (*Comentários à Constituição de 1967, com a Emenda n. 1, de 1969*, tomo V, 2ª Edição, pág. 238)"[511].

Na mesma assentada, afirmou o Ministro Moreira Alves:

"Ninguém discute que cabe a esta Corte fixar o sentido, e, portanto, o alcance, do que vem a ser Tribunal ou juízo de exceção; para verificar se nele se enquadra o Tribunal ou juízo estrangeiro a cujo julgamento será submetido o extraditando.

É tradicional em nossas Constituições – o princípio somente não constou da de 1937 – o repúdio ao foro privilegiado e aos tribunais ou juízos de exceção. Interpretando essa vedação constitucional, constitucionalistas do porte de Carlos Maximiliano (...) se valem dos princípios que se fixaram na doutrina alemã na interpretação do artigo 105 da Constituição de Weimar, reproduzido, como acentua Maximiliano (...), quase literalmente pelo artigo 141, § 26, da Constituição brasileira de 1946, cujas expressões foram repetidas na parte final do § 15 do artigo 153 da Emenda Constitucional n. 1/69".

Sobre a necessidade do respeito aos direitos fundamentais do estrangeiro, salientou o Ministro Celso de Mello, no julgamento da Extradição 897/República Tcheca, cujo excerto da ementa transcrevo a seguir:

---

510 STF, Extr. 232/Cuba, rel. Min. Victor Nunes Leal, *DJ* de 14-12-1962.

511 STF, Extr. 347/Itália, rel. Min. Djaci Falcão, *DJ* de 9-6-1978.

"(...) – A **essencialidade** da cooperação internacional na repressão penal aos delitos comuns **não exonera** o Estado brasileiro – e, **em particular**, o Supremo Tribunal Federal – **de velar pelo respeito aos direitos fundamentais** do súdito estrangeiro que venha a sofrer, em **nosso** País, processo extradicional instaurado por iniciativa de **qualquer** Estado estrangeiro. O extraditando **assume**, no processo extradicional, a condição indisponível de **sujeito de direitos**, cuja intangibilidade **há de ser preservada** pelo Estado a que foi dirigido o pedido de extradição (**o Brasil**, no caso).

– O Supremo Tribunal Federal **não deve autorizar** a extradição, **se se demonstrar** que o ordenamento jurídico do Estado estrangeiro que a requer **não se revela capaz de assegurar**, aos réus, em juízo criminal, **os direitos básicos** que resultam do postulado do *'due process of law'* (*RTJ* 134/56-58 – *RTJ* 177/485-488), **notadamente** as prerrogativas inerentes à **garantia** da ampla defesa, à **garantia** do contraditório, à **igualdade** entre as partes perante o juiz natural **e** à **garantia** de imparcialidade do magistrado processante. **Demonstração**, no caso, de que o regime político que informa as instituições do Estado requerente **reveste-se** de caráter democrático, **assegurador** das liberdades públicas fundamentais"[512].

No mesmo sentido, a ementa da Extradição 633/República Popular da China, também da relatoria do Ministro Celso de Mello, na parte em que interessa:

"(...) O fato de o estrangeiro ostentar a condição jurídica de extraditando **não basta** para reduzi-lo a um estado de submissão incompatível com a essencial dignidade que lhe é inerente como pessoa humana e que lhe confere a titularidade de direitos fundamentais inalienáveis, dentre os quais avulta, por sua insuperável importância, a garantia do ***due process of law***.

Em tema de direito extradicional, o Supremo Tribunal Federal **não pode e nem deve** revelar indiferença diante de transgressões ao regime das garantias processuais fundamentais. É que o Estado brasileiro – que deve obediência irrestrita à própria Constituição que lhe rege a vida institucional – **assumiu**, nos termos desse mesmo estatuto político, o **gravíssimo** dever de **sempre** conferir prevalência aos direitos humanos (art. 4º, II)[513].

(...) A possibilidade de ocorrer a privação, em juízo penal, do ***due process of law***, nos múltiplos contornos em que se desenvolve esse princípio assegurador dos direitos e da própria liberdade do acusado – **garantia** de ampla defesa, **garantia** do contraditório, **igualdade** entre as partes perante o juiz natural e **garantia** de imparcialidade do magistrado processante – **impede** o válido deferimento do pedido extradicional (*RTJ* 134/56-58, rel. Min. Celso de Mello).

O Supremo Tribunal Federal **não deve** deferir o pedido de extradição, se o ordenamento jurídico do Estado requerente **não se revelar capaz** de assegurar, aos réus, em juízo criminal, a **garantia plena** de um julgamento imparcial, justo, regular e independente.

512 STF, Extr. 897/República Tcheca, rel. Min. Celso de Mello, *DJ* de 23-9-2004.

513 STF, Extr. 633/República Popular da China, rel. Min. Celso de Mello, *DJ* de 6-4-2001.

A **incapacidade** de o Estado requerente assegurar ao extraditando o direito ao ***fair trial*** atua como **causa impeditiva** do deferimento do pedido de extradição".

O voto do Ministro Francisco Rezek na mencionada Extradição 633/República Popular da China expressou, igualmente, semelhante preocupação:

"(...) Mas a esta altura dos acontecimentos, qualquer que fosse a intenção original, é possível ter segurança de que outra coisa não vai acontecer senão a administração de justiça criminal, no seu aspecto ordinário? Não a tenho. Se a tivesse até ontem, tê-la-ia perdido hoje.

É nossa a responsabilidade pelo extraditando e pela prevalência, no caso dele também, dos parâmetros maiores da Constituição brasileira e da lei que nos vincula".

Ainda sobre a mesma questão, ressaltou o relator da Extradição 811/República do Peru, o Ministro Celso de Mello:

"(...) O respeito aos direitos humanos deve constituir vetor interpretativo a orientar o Supremo Tribunal Federal nos processos de extradição passiva. Cabe advertir que o dever de cooperação internacional na repressão às infrações penais comuns não exime o Supremo Tribunal Federal de velar pela intangibilidade dos direitos básicos da pessoa humana, fazendo prevalecer, sempre, as prerrogativas fundamentais do extraditando, que ostenta a condição indisponível de sujeito de direitos, impedindo, desse modo, que o súdito estrangeiro venha a ser entregue a um Estado cujo ordenamento jurídico não se revele capaz de assegurar, aos réus, em juízo criminal, a garantia plena de um julgamento imparcial, justo, regular e independente (*fair trial*), com todas as prerrogativas inerentes à cláusula do *due process of law*"[514].

Vê-se, assim, que na Extradição 986/Bolívia o Tribunal reafirmou que a inexistência de garantias de observância do devido processo legal, especialmente do juiz natural por parte do Estado requerente, constitui óbice intransponível ao deferimento do pedido de extradição[515].

A Segunda Turma reafirmou esse entendimento no julgamento da Extradição n. 1.578, em 6-9-2019. Tratava-se de pedido de extradição do cidadão turco Ali Sipahi, supostamente vinculado ao grupo político do imã mulçumano Fetthulah Gulen. Além de considerar a natureza política dos crimes imputados pelo Estado requerente, a Turma destacou a ausência de garantia a um julgamento justo, por juiz isento, imparcial e sob a égide do devido processo legal, o que contraria a norma prevista no art. 82, VIII, da nova Lei de Migração.

Para se chegar a essa conclusão, levou-se em consideração os eventos que vêm ocorrendo na Turquia, como as demissões e prisões de funcionários públicos, juízes, procuradores e opositores políticos[516].

---

514 STF, Extr. 811/República do Peru, rel. Min. Celso de Mello, *DJ* de 28-2-2003.

515 Sobre a necessidade da observância rigorosa dos parâmetros do devido processo legal, cf. Extr. 232/Cuba-Segunda, rel. Min. Victor Nunes Leal, *DJ* de 14-12-1962; Extr. 347/Itália, rel. Min. Djaci Falcão, *DJ* de 9-6-1978; Extr. 524/Paraguai, rel. Min. Celso de Mello, *DJ* de 8-3-1991; Extr. 633/República Popular da China, rel. Min. Celso de Mello, *DJ* de 6-4-2001; Extr. 811/Peru, rel. Min. Celso de Mello, *DJ* de 28-2-2003; Extr. 897/República Tcheca, rel. Min. Celso de Mello, *DJ* de 23-9-2004; Extr. 953/Alemanha, rel. Min. Celso de Mello, *DJ* de 11-11-2005; Extr. 977/Portugal, rel. Min. Celso de Mello, *DJ* de 18-11-2005; Extr. 1.008/Colômbia, rel. Min. Gilmar Mendes, *DJ* de 11-5-2006; Extr. 1.067/Alemanha, rel. Min. Marco Aurélio, *DJ* de 1º-6-2007.

516 STF, Extr. 1578/Governo da Turquia, rel. Min. Edson Fachin, j. 6-8-2019.

7.4.3. A prisão preventiva para extradição

Nos termos do Estatuto do Estrangeiro, a fase judicial da extradição iniciava com a expedição de mandado de prisão do extraditando, a qual perduraria[517] "até o julgamento final do Supremo Tribunal Federal, não sendo admitidas a liberdade vigiada, a prisão domiciliar, nem a prisão-albergue".

Formou-se reiterada jurisprudência do STF no sentido de que a prisão preventiva era pressuposto indispensável para o regular processamento do pedido de extradição[518].

Apenas em casos excepcionais o Tribunal admitiu algum tipo de alívio à prisão no curso da extradição.

Na Extradição n. 791/Portugal, o relator, Ministro Celso de Mello, deferiu, monocraticamente, pedido de prisão domiciliar em favor do extraditando, sob o fundamento da excepcionalidade do caso. Tratava-se de pessoa em grave estado de saúde, em situação que demandava tratamento que não poderia ser adequadamente fornecido pelo Poder Executivo, conforme reconhecido nos autos[519].

Em julgamento de Questão de Ordem na Extradição 1.054[520], o Plenário do STF decidiu, por maioria, relaxar a prisão preventiva decretada contra o extraditando, ao considerar a demora, por parte do país requerente, no atendimento de diligências pleiteadas pelo relator da referida Extradição. Ademais, no caso, considerou-se o fato de o extraditando estar preventivamente preso há mais de um ano, tempo que estaria exorbitando a razoabilidade da medida prevista na Lei n. 6.815/80, bem como a proporcionalidade da pena, tendo em vista que o extraditando sequer havia sido condenado.

No julgamento do HC 91.657, da relatoria do Ministro Gilmar Mendes, o Tribunal, por maioria, deferiu o *habeas corpus* impetrado em favor de nacional colombiano, acusado da suposta prática dos crimes de lavagem de dinheiro e associação para o tráfico internacional de entorpecentes, a fim de que aguardasse solto o julgamento da extradição contra ele formulada pelo Governo do Panamá (Extr. 1.091).

Considerou-se que, apesar de a Lei n. 6.815/80 determinar a manutenção da prisão até o julgamento final do Supremo Tribunal Federal, a revisão do tema da prisão preventiva para fins de extradição se impunha, diante do significado ímpar atribuído pela CF/88 aos direitos individuais.

Destacou-se que a prisão é medida excepcional em nosso Estado de Direito, e, que, por isso, não poderia ser utilizada como meio generalizado de limitação das liberdades dos cidadãos, não havendo razão, tanto com base na CF/88 quanto nos tratados

517 Art. 84 e parágrafo único da Lei n. 6.815/80.

518 Cf. Extr. 845, rel. Min. Celso de Mello, em decisão monocrática, *DJ* de 5-4-2006; Extr. 987, rel. Min. Carlos Britto, em decisão monocrática, *DJ* de 31-8-2005; HC 85.381/SC, rel. Min. Carlos Britto, *DJ* de 5-5-2006; HC 81.709/DF, rel. Min. Ellen Gracie, *DJ* de 31-5-2002; HC 90.070/GO, rel. Min. Eros Grau, *DJ* de 30-3-2007; Extr. 1.059, rel. Min. Carlos Britto, *DJ* de 9-4-2007; Extr. 820, rel. Min. Nelson Jobim, *DJ* de 3-5-2002; HC 82.920/BA, rel. Min. Carlos Velloso, *DJ* de 18-6-2003, dentre outras.

519 Cf. Extradição n. 791/Portugal, rel. Min. Celso de Mello, *DJ* de 23-10-2000. No mesmo sentido, a Questão de Ordem na Ação Cautelar n. 70/RS, rel. Min. Sepúlveda Pertence (*DJ* de 12-3-2004), quando o Plenário do STF reconheceu a possibilidade de deferimento de prisão domiciliar a extraditando em circunstâncias nas quais se afigurava densa a probabilidade de homologação da opção pela nacionalidade brasileira.

520 STF, QO Extr. 1.054, rel. Min. Marco Aurélio, j. 29-8-2007.

internacionais com relação ao respeito aos direitos humanos e à dignidade da pessoa humana, para que tal entendimento não fosse também aplicado no que tange às prisões preventivas para fins extradicionais.

Isso porque frequentemente há grande demora na instrução desses processos e, com isso, o Estado brasileiro acaba, muitas vezes, sendo mais rigoroso com os cidadãos estrangeiros do que com os próprios brasileiros, considerando o que preconiza o Código de Processo Penal para a prisão preventiva.

Em outro caso, a Primeira Turma do STF substituiu a prisão do extraditando pela monitoração eletrônica (tornozeleira). Considerou-se provável o indeferimento da extradição, sob o fundamento de que o Estado requerente não submeteria o extraditando a um julgamento imparcial – art. 77, VIII, do Estatuto do Estrangeiro. Tendo isso em vista e ponderando a ausência de periculosidade, deferiu-se a medida substitutiva[521].

O Tribunal também tratou da situação do estrangeiro que, com a extradição deferida, é mantido no país, para aguardar o cumprimento de pena por condenação brasileira. Se o estrangeiro responde a processo penal ou cumpre pena no Brasil, o art. 89 da Lei n. 6.815/80 faculta à Presidência da República decidir pela imediata entrega, ou por aguardar o julgamento definitivo ou o cumprimento da pena. Ocorre que, na execução penal no Brasil, o sentenciado tem direito a benefícios – saídas temporárias, progressão de regime – que, por permitirem a saída do estabelecimento prisional são, em princípio, incompatíveis com a prisão para extradição.

Em um primeiro caso, o STF definiu que o juiz da execução penal deve avaliar o cabimento dos benefícios na execução penal[522]. No entanto, tendo em vista a pendência da ordem de prisão para extradição, o sentenciado seguia sem gozar de benefícios que levem a saídas do estabelecimento prisional.

Em julgamento posterior, considerou-se que o próprio STF deve adaptar a prisão para extradição ao regime de execução penal ao qual o sentenciado está submetido. Essa adaptação não é automática. Compete ao Supremo Tribunal avaliar a necessidade da prisão para extradição em regime mais rigoroso do que o da execução penal, considerados os parâmetros do art. 312 do CPP quanto à prisão preventiva como base. Em outras palavras, o STF deve avaliar a necessidade da manutenção da prisão para extradição em regime equivalente ao regime fechado, para assegurar a entrega do extraditando e garantir a ordem pública e econômica no ínterim[523].

A Lei de Migração alterou consideravelmente o regime de prisão para extradição. A prisão deixou de ser uma providência inerente ao processo, a ser decretada de ofício, para se tornar exceção.

Compete ao Estado interessado na extradição requerer, de forma fundamentada, a prisão cautelar "previamente ou conjuntamente com a formalização do pedido extradicional", "com o objetivo de assegurar a executoriedade da medida de extradição". O relator deverá ouvir a Procuradoria-Geral da República e tomar a decisão[524].

A lei não prevê de forma expressa a fundamentação da decisão que decreta a prisão cautelar. No entanto, aplica-se o art. 5º, LXI, da CF, segundo o qual a prisão deve

---

521 AgR na PPE 760 (Venezuela), Primeira Turma, rel. Min. Edson Fachin, julgado em 10-11-2015.

522 Questão de Ordem na Extradição 947, Tribunal Pleno, rel. Min. Ricardo Lewandowski, julgado em 28-5-2014.

523 Questão de Ordem na Extradição 893, Segunda Turma, rel. Min. Gilmar Mendes, julgada em 10-3-2015.

524 Art. 84 da Lei n. 13.445/2017.

decorrer de "ordem escrita e fundamentada de autoridade judiciária competente".

Para fundamentar a ordem de prisão cautelar para extradição, relator deve usar, no que couber, os requisitos da prisão preventiva (art. 312 do CPP).

Não necessariamente a prisão cautelar perdurará até a entrega do extraditando. De acordo com o art. 84, § 6º, "A prisão cautelar poderá ser prorrogada até o julgamento final da autoridade judiciária competente quanto à legalidade do pedido de extradição", ou, na forma do art. 86, o "Supremo Tribunal Federal, ouvido o Ministério Público, poderá autorizar prisão albergue ou domiciliar ou determinar que o extraditando responda ao processo de extradição em liberdade, com retenção do documento de viagem ou outras medidas cautelares necessárias, até o julgamento da extradição ou a entrega do extraditando, se pertinente, considerando a situação administrativa migratória, os antecedentes do extraditando e as circunstâncias do caso".

Em casos de maior urgência, a prisão cautelar poderá ser requerida via ponto focal da Organização Internacional de Polícia Criminal (Interpol) no Brasil, especialmente se há mandado de prisão internacional pendente, a chamada "difusão vermelha" (*red notice*). Esse sistema permite que ordens de prisão emitidas em um país seja incluídas em um banco de dados pela Interpol. Muitos países cumprem ordens de prisão internacional independentemente de mandado de prisão interno. No Brasil não se chegou a tanto. O esforço de compatibilização da necessidade de pronta captura dos foragidos internacionais com o art. 5º, LXI, da CF, que exige ordem judicial escrita e fundamentada para a prisão, foi feita mediante possibilidade de antecipação do pedido de prisão para extradição[525].

7.4.4. Extradição e pena de morte ou prisão perpétua

A jurisprudência do Supremo Tribunal Federal rejeita a concessão de extradição em relação a crimes para os quais se comina pena de morte ou de prisão perpétua, condicionando o deferimento da extradição à conversão da pena.

Nos casos em que há a possibilidade de aplicação de prisão perpétua pelo Estado requerente, o pedido de extradição, caso deferido pelo Supremo Tribunal Federal, é feito sob a condição de que o Estado requerente assuma, formalmente, o compromisso de comutar a pena de prisão perpétua em pena privativa de liberdade com o prazo máximo de 30 anos[526].

Essa exigência, desenvolvida pela jurisprudência, foi positivada no art. 96, III, da Lei de Migração.

No julgamento da Extradição n. 1.426, em 7-5-2019, a Segunda Turma do STF indeferiu pedido formulado pela China com base nesse fundamento. Considerou-se a possibilidade concreta de imposição de pena de morte ou perpétua. Ademais, consta-

525 Art. 84, § 2º, da Lei n. 13.445/2017.

526 "(...) Necessidade de comutação para pena privativa de liberdade por prazo não superior a 30 (trinta) anos. Concessão com essa ressalva. Interpretação do art. 5º, XLVII, b, da CF. Precedentes. Só se defere pedido de extradição para cumprimento de pena de prisão perpétua, se o Estado requerente se comprometa a comutar essa pena por privativa de liberdade, por prazo ou tempo não superior a 30 (trinta) anos". Extr. 1.104/Reino Unido, Pleno do STF, rel. Min. Cezar Peluso, julgamento 14-4-2008, *DJ* de 21-5-2008; Nesse sentido também a Extr. 633/China, rel. Min. Celso de Mello, *DJ* de 6-4-2001; Extr. 744/ BUL, rel. Min. Celso de Mello, *DJ* de 18-2-2000; Extr. 1.060/ Peru, rel. Min. Gilmar Mendes, *DJ* de 31-10-2007; Extr. 1.069/EUA, rel. Min. Gilmar Mendes, *DJ* de 14-9-2007.

tou-se que não havia garantias adequadas para a fiscalização da comutação da pena em sanções admitidas pelo ordenamento jurídico brasileiro. Outro ponto relevante para o julgamento é que o próprio Tratado de Extradição firmado entre o Brasil e a China impede a entrega de cidadão estrangeiro quando tal ato possa representar violação aos princípios fundamentais do direito da parte requerida (art. 3, 1, *i*)[527].

8. PRESUNÇÃO DE NÃO CULPABILIDADE

8.1. Considerações gerais

A Constituição estabelece, no art. 5º, LVII, que ninguém será considerado culpado até o trânsito em julgado da sentença penal condenatória, consagrando, de forma explícita, no direito positivo constitucional, o princípio da não culpabilidade.

A discussão sobre o princípio da não culpabilidade antecede, entre nós, todavia, ao advento da Carta de 1988.

No Tribunal Superior Eleitoral e no próprio Supremo Tribunal Federal indagou-se sobre o seu significado a partir da disposição contida no art. 153, § 36, da Constituição de 1967/69[528].

Em julgado de 17 de novembro de 1976, houve por bem o Supremo Tribunal Federal reformar decisão proferida pelo Tribunal Superior Eleitoral, na qual se afirmava a inconstitucionalidade de norma que estabelecia a inelegibilidade dos cidadãos que estivessem respondendo a processo-crime[529]. A lei federal estabelecia que cidadãos denunciados pela prática de crime não eram elegíveis[530].

O Tribunal Superior Eleitoral reconheceu a inconstitucionalidade dessa disposição, por incompatível com o princípio da presunção da inocência. Esse princípio, enquanto postulado universal de direito, referido na Declaração Universal dos Direitos Humanos, de 10 de dezembro de 1948, teria sido incorporado à ordem constitucional brasileira, por meio da cláusula constante do art. 153, § 36, da Constituição de 1967/69[531].

Vale registrar passagem do voto proferido pelo Ministro Leitão de Abreu, no julgamento do recurso extraordinário, que bem sintetiza a orientação que conduziu o Tribunal Superior Eleitoral à pronúncia de inconstitucionalidade da norma questionada:

> "Em nosso sistema constitucional, dispensável se faz colocar esse problema, especialmente naquilo que entende com o princípio da presunção de inocência, não tanto em nome do princípio cardial do direito internacional público – *pacta sunt servanda* – mas principalmente em face da regra posta na vigente Carta Política, regra que acompanha a nossa evolução constitucional. Nessa norma fundamental se estatui que 'a especificação dos

527 STF, Extr. 1.426/Governo Popular da China, rel. Min. Gilmar Mendes, j. 7-5-2019.

528 "Art. 153, § 36. A especificação dos direitos e garantias expressos nesta Constituição não exclui outros direitos e garantias decorrentes do regime e dos princípios que ela adota."

529 RE 86.297, rel. Min. Thompson Flores, *RTJ*, 79, n. 2, p. 671.

530 Lei Complementar n. 5, de 1970, art. 1º, I, *n*.

531 RE 86.297, rel. Min. Thompson Flores, *RTJ*, 79, n. 2, p. 671.

direitos e garantias expressos nesta Constituição não exclui outros direitos e garantias decorrentes do regime e dos princípios que ela adota'. Ora, o postulado axiológico da presunção de inocência está em perfeita sintonia com os direitos e garantias do regime e dos princípios que ela adota. O valor social e jurídico, que se expressa na presunção de inocência do acusado, é inseparável do sistema axiológico, que inspira a nossa ordem constitucional, encontrando lugar necessário, por isso, entre os demais direitos e garantias individuais, especificados no art. 153 da Constituição Federal. Além de se tratar, desse modo, (...) de princípio eterno, universal, imanente, que não precisa estar inscrito em Constituição nenhuma, esse princípio imanente, universal e eterno constitui, em nossa ordem constitucional, direito positivo"[532].

O Supremo Tribunal Federal não aderiu a esse entendimento e, por maioria de votos, reformou a decisão, sem negar, no entanto, que o princípio da presunção da inocência poderia encontrar aplicação na ordem jurídica brasileira. Seria legítimo, todavia, o estabelecimento de restrições legais ao direito do cidadão, ainda que na ausência de decisão judicial definitiva sobre a sua culpabilidade[533].

A posição da maioria pode ser traduzida pela seguinte passagem do voto proferido pelo Ministro Moreira Alves:

"A presunção de inocência é (...) ideia-força que justifica uma série de direitos processuais em favor do acusado no processo penal moderno. Tomada, porém, em seu sentido literal, traduziria, nas expressões vigorosas de Manzini (ob. cit., p. 227), ideia 'goffamente paradossale e irrazionale' (desazadamente paradoxal e irracional). E Manzini, ninguém o nega, foi estrênuo defensor do respeito aos direitos processuais do réu e da dignidade humana. Foi por tomá-la em sentido literal, dando-lhe valor absoluto, por alçá-la à magnitude da categoria dos direitos inerentes à pessoa humana, que a maioria do Tribunal Superior Eleitoral considerou parcialmente inconstitucional a letra 'n' do inciso I do art. 1º da Lei Complementar n. 5/1970.

Nesse sentido – sem o qual a inconstitucionalidade em causa perderia sua base de sustentação – não posso considerar a presunção de inocência como daqueles princípios eternos, universais, imanentes, que não precisam estar inscritos nas Constituições, e que, na nossa, teriam guarida na norma residual do § 36 do art. 153. O ataque que sua literalidade tem sofrido pelos adeptos mais conspícuos dos princípios que floresceram à sua sombra o demonstra. Os fatos – admissão universal das providências admitidas contra a pessoa ou os bens do réu (prisão, sequestro, arresto, apreensão de bens) – o evidenciam. Se é indisputável que a presunção de inocência não impede o cerceamento do bem maior, que é a liberdade, como pretender-se que possa cercear a atuação do legislador no terreno das inelegibilidades, em que, por previsão constitucional expressa, até fatos de ordem moral podem retirar a capacidade eleitoral passiva?

Não tenho, portanto, dúvida alguma sobre a constitucionalidade da letra 'n' do inciso I do art. 1º da Lei Complementar n. 5/70"[534].

---

532 RE 86.297, rel. Min. Thompson Flores, *RTJ*, 79, n. 2, p. 671 (705).

533 RE 86.297, rel. Min. Thompson Flores, *RTJ*, 79, n. 2, p. 671 (683 e s.).

534 RE 86.297, rel. Min. Thompson Flores, *RTJ*, 79, n. 2, p. 671 (694).

Recusou-se, dessa forma, a posição que acolhia o princípio da presunção da inocência como integrante da ordem constitucional brasileira por força da cláusula de remissão contida no art. 153, § 36, da Constituição de 1967/69. E, ainda que assim fosse, entendeu-se que a não culpabilidade não era apta a impedir a adoção de medidas restritivas a direitos de eventuais acusados no processo eleitoral.

A extensão do princípio da não culpabilidade voltou ao Plenário do Supremo Tribunal Federal por ocasião do julgamento da ADPF 144/DF. Daquela feita, impugnaram-se disposições da Lei Complementar n. 64/90, que exigiam o trânsito em julgado de condenação para tornar alguém inelegível. Na arguição, sustentou-se que a moralidade do pleito eleitoral demandava o afastamento imediato do direito de ser votado de condenados, ainda que a sentença estivesse sujeita a recurso. Entendeu-se que a pretensão da arguente não poderia ser acolhida, e que a inelegibilidade, gravíssima sanção a direito político essencial, só se justificaria quando fundada em condenação definitiva proferida em processo judicial. Afirmou-se, ainda, que, nada obstante a alta importância cívica da vida pregressa dos candidatos, o respeito ao valor da moralidade administrativa, "cuja integridade há de ser preservada, encontra-se presente na própria LC 64/90, haja vista que esse diploma legislativo, em prescrições harmônicas com a CF, e com tais preceitos fundamentais, afasta do processo eleitoral pessoas desprovidas de idoneidade moral, condicionando, entretanto, o reconhecimento da inelegibilidade ao trânsito em julgado das decisões, não podendo o valor constitucional da coisa julgada ser desprezado por esta Corte"[535].

Esse entendimento foi revisto por ocasião da declaração da constitucionalidade da Lei da Ficha Limpa. Tal norma considera inelegíveis os condenados por diversos crimes nela relacionados, a partir do julgamento em Tribunal (art. 1º, I, *e*, da Lei Complementar n. 64/90, introduzido pela Lei Complementar n. 135/2010). Desta feita, o STF considerou constitucional o estabelecimento de inelegibilidades, ainda que baseadas apenas em condenações recorríveis[536].

8.2. Âmbito de proteção

8.2.1. Considerações gerais

Tem sido rico o debate sobre o significado da garantia de presunção de não culpabilidade no direito brasileiro, entendido como princípio que impede a outorga de consequências jurídicas sobre o investigado ou denunciado antes do trânsito em julgado da sentença criminal.

535 "(...) Reconheceu-se que, no Estado Democrático de Direito, os poderes do Estado encontram-se juridicamente limitados em face dos direitos e garantias reconhecidos ao cidadão e que, em tal contexto, o Estado não pode, por meio de resposta jurisdicional que usurpe poderes constitucionalmente reconhecidos ao Legislativo, agir de maneira abusiva para, em transgressão inaceitável aos postulados da não culpabilidade, do devido processo, da divisão funcional do poder, e da proporcionalidade, fixar normas ou impor critérios que culminem por estabelecer restrições absolutamente incompatíveis com essas diretrizes fundamentais (...)" ADPF 144/DF, Pleno do STF, rel. Min. Celso de Mello, j. 6-8-2008 (*Informativo* n. 514).

536 Ações Declaratórias de Constitucionalidade 29 e 30, rel. Min. Luiz Fux, Tribunal Pleno, julgadas em 16-2-2012.

Desde logo, assentou o Supremo Tribunal Federal que "o princípio constitucional da não culpabilidade impede que se lance o nome do réu no rol dos culpados antes do trânsito em julgado da decisão condenatória"[537].

No caso da prisão cautelar, tem o Supremo Tribunal enfatizado que a sua decretação não decorre de qualquer propósito de antecipação de pena ou da execução penal, estando jungida a pressupostos associados, fundamentalmente, à exitosa persecução criminal[538].

De outro lado, aceitam-se como legítimas as medidas cautelares concernentes ao processo, com a adoção de determinadas medidas de caráter investigatório, tais como a interceptação telefônica.

Há também um rico debate acerca da possibilidade de cumprimento da decisão condenatória criminal, na pendência de recurso extraordinário ou especial.

No âmbito das consequências cíveis da presunção, o STF assentou a constitucionalidade da Lei da Ficha Limpa, que considera inelegíveis os condenados por diversos crimes nela relacionados, a partir do julgamento em Tribunal, independentemente do trânsito em julgado (art. 1º, I, *e*, da Lei Complementar n. 64/90, introduzido pela Lei Complementar n. 135/2010)[539]. Em outro caso, a Corte está debatendo se um concorrente a cargo público pode ser excluído do concurso, em razão da pendência de acusação criminal em seu desfavor[540].

8.2.2. Presunção de não culpabilidade e compatibilidade com o recolhimento à prisão para apelar e com a inadmissibilidade de liberdade provisória

Por muito tempo, houve previsão legal de prisão automática, em razão de sentença condenatória de primeira instância recorrível, ou da simples acusação por alguns crimes, considerados particularmente graves.

O art. 594 do Código de Processo Penal – hoje revogado pela Lei n. 11.719/2008 – exigia que o condenado que desejasse apelar se apresentasse para cumprir pena – salvo em casos em que se livrasse solto. Caso fugisse, a apelação seria julgada deserta.

Também estabeleciam a prisão como consequência da condenação a Lei n. 9.034, de 1995, art. 9º ("O réu não poderá apelar em liberdade nos crimes previstos nesta Lei"), e a Lei n. 9.613, de 1998, art. 3º ("Os crimes disciplinados nesta Lei são insuscetíveis de fiança e liberdade provisória e, em caso de sentença condenatória, o juiz decidirá fundamentadamente se o réu poderá apelar em liberdade").

O Supremo Tribunal Federal vinha reconhecendo, sob o regime constitucional em vigor, a legitimidade da exigência do recolhimento à prisão para interposição de recurso.

---

537 Cf. HC 80.174, rel. Min. Maurício Corrêa, *DJ* de 12-4-2002; HC 75.077, rel. Min. Maurício Corrêa, *DJ* de 15-5-1998; HC 73.489, rel. Min. Sydney Sanches, *DJ* de 13-9-1996.

538 Cf. HC 82.903, rel. Min. Sepúlveda Pertence, *DJ* de 1º-8-2003; HC 82.797, rel. Min. Sepúlveda Pertence, *DJ* de 2-5-2003; HC 85.237, rel. Min. Celso de Mello, *DJ* de 29-4-2005; HC 81.468, rel. Min. Carlos Velloso, *DJ* de 1º-8-2003; HC 80.379, rel. Min. Celso de Mello, *DJ* de 25-5-2001.

539 Ações Declaratórias de Constitucionalidade 29 e 30, rel. Min. Luiz Fux, Tribunal Pleno, julgadas em 16-2-2012.

540 RE 560.900, rel. Min. Roberto Barroso. No julgamento, iniciado em 11-5-2016, o relator propôs a observância de critérios semelhantes aos da Lei da Ficha Limpa. O julgamento não foi concluído, em virtude de pedido de vista.

A questão foi bastante discutida no HC 72.366/SP, quando o Plenário, por unanimidade de votos, reconheceu a validade da regra em face da Constituição de 1988:

> "*Habeas Corpus*. 2. Condenado reincidente. Prisão resultante da sentença condenatória. Aplicabilidade do art. 594, do Código de Processo Penal. 3. Os maus antecedentes do réu, ora paciente, foram reconhecidos, na sentença condenatória, e, também, outros aspectos da sua personalidade violenta. 4. Código de Processo Penal, art. 594: norma recepcionada pelo regime constitucional de 1988. Ora, se este artigo é válido, o benefício que dele decorre, de poder apelar em liberdade, há de ficar condicionado à satisfação dos requisitos ali postos, isto é, o réu deve ter bons antecedentes e ser primário. 5. *Habeas Corpus* denegado e cassada a medida liminar"[541].

Essa orientação já era a dominante em ambas as Turmas do Tribunal[542]. O Superior Tribunal de Justiça seguiu o entendimento, editando a Súmula 9: "A exigência da prisão provisória, para apelar, não ofende a garantia constitucional da presunção de inocência".

Tal entendimento veio a ser estendido para as leis especiais que exigem o recolhimento à prisão do condenado para a interposição de recurso de apelação.

Mencione-se a propósito a seguinte decisão no HC 70.634/PE:

> "*Habeas Corpus*. Lei dos Crimes Hediondos. Sentença condenatória. Necessidade de custódia para apelar. Apelação não conhecida ao argumento de que, negado o benefício da liberdade, o réu não se recolhera à prisão para recorrer. O *artigo 2º – par. 2º da lei de crimes hediondos* prevê, como regra, a compulsoriedade do encarceramento. *Habeas corpus* indeferido"[543].

É verdade, também, que essa posição foi fortemente contestada em diversos votos vencidos.

Transcreva-se passagem do Ministro Marco Aurélio, reiteradamente manifestada:

> "Se o inciso LVII do mesmo artigo 5º consigna que ninguém será considerado culpado até o trânsito em julgado de sentença condenatória, impossível é ter como harmônica com a Constituição Federal a regra do artigo 594 do Código de Processo Penal. Trata-se de extravagante pressuposto de recorribilidade que conflita até mesmo com o objetivo do recurso. É contraditório exigir-se daquele que deseja recorrer e, portanto, mostra-se inconformado com o provimento condenatório que se apresente no estabelecimento penal para verdadeiro início do cumprimento da pena"[544].

Também o Ministro Sepúlveda Pertence opôs-se à intangibilidade da prisão para apelar sob a égide da Constituição de 1988:

---

541 HC 72.366/SP, rel. Min. Néri da Silveira, j. 13-9-1995, *DJ* de 26-11-1999.

542 Nesse sentido, dentre outras, as decisões proferidas no HC 69.263, 2ª T., rel. para o acórdão Min. Carlos Velloso, *DJ* de 9-10-1992; HC 69.559, rel. Min. Octavio Gallotti, *DJ* de 30-10-1992 e HC 71.053, rel. Min. Celso de Mello, *DJ* de 10-6-1994.

543 HC 70.634, rel. Min. Francisco Rezek, 2ª T., julgado em 9-11-1993, *DJ* de 24-6-1994.

544 HC 69.263, rel. p/ o acórdão Min. Carlos Velloso, *DJ* de 9-10-1992.

"(...) quando se trata de prisão que tenha por título sentença condenatória recorrível, de duas, uma: ou se trata de prisão cautelar, ou de antecipação do cumprimento da pena.

Ora, não nego que ainda que o réu tenha respondido ao processo em liberdade, a superveniência da sentença condenatória, somada às circunstâncias do caso, possa aconselhar o seu recolhimento à prisão, a título de medida cautelar. Mas, como toda medida cautelar, ela há de ser fundamentada; fundamentada na necessidade cautelar da prisão. Se não, Senhor Presidente, a privação da liberdade será, de fato, antecipação de execução de pena. E antecipação de execução da pena, de um lado, com a regra constitucional de que ninguém será considerado culpado antes que transite em julgado a condenação, são coisas, *data venia*, que *hurlent de se trouver ensemble*"[545].

Idêntica posição foi sustentada pelos Ministros Ilmar Galvão e Maurício Corrêa[546].

A jurisprudência evoluiu para afastar as ordens de prisão automáticas antes da condenação – vedação de liberdade provisória – e a necessidade de recolhimento à prisão para conhecimento de recursos.

No julgamento da Rcl. 2.391/PR[547], o Ministro Peluso manifestou-se no sentido de se conceder *habeas corpus* de ofício, na medida cautelar na referida reclamação, para determinar a expedição de alvará de soltura, se por outro motivo não estivesse preso o reclamante. Decidiu-se pela inconstitucionalidade do art. 9º da Lei n. 9.034, de 3 de maio de 1995. Com relação ao art. 3º da Lei n. 9.613, de 3 de março de 1998, propôs-se interpretação conforme a Constituição Federal, para se interpretar que o juiz decidirá, fundamentadamente, se o réu poderá apelar ou não em liberdade, no sentido de se verificar se estão presentes ou não os requisitos da prisão cautelar.

Eis os fundamentos básicos de seu voto:

"Além de infringir princípios básicos de justiça – porque uma eventual reforma da decisão, em que o réu tenha sido preso, não encontra nenhuma medida no campo jurídico capaz de restaurar o estado anterior, pois se trata de privação de liberdade, e sequer a indenização de ordem pecuniária, prevista na Constituição, por erro na prisão compensa a perda da liberdade, que é o bem supremo do cidadão – é absolutamente incompatível – e aqui invoco o princípio da proporcionalidade – com o que sucede na área civil, onde uma sentença de caráter condenatório que sirva de título executivo sem o seu trânsito em julgado, não acarreta execução definitiva, por resguardo de consequências de ordem puramente patrimonial que podem ser revertidas. Noutras palavras: teríamos, num caso em que está em jogo a liberdade física, admitido uma execução provisória de sentença condenatória, quando o sistema não admite na área civil".

As razões parecem evidentes.

A propósito da conformação constitucional do princípio da não culpabilidade e das limitações à decretação de prisão provisória, transcreva-se a seguinte passagem de decisão da Corte Constitucional alemã:

---

545 HC 69.964/RJ, rel. Min. Ilmar Galvão, *DJ* de 1º-7-1993.

546 HC 72.366, rel. Min. Néri da Silveira, *DJ* de 26-11-1999.

547 Rcl. 2.391, rel. Min. Marco Aurélio, considerada prejudicada em sessão plenária de 10-3-2005, por perda superveniente de objeto.

"No instituto da prisão provisória revela-se a tensão entre o direito de liberdade assegurado no art. 2, II, e no art. 104 da Lei Fundamental e a necessidade inafastável de uma persecução criminal efetiva. A rápida e justa persecução de fatos ilícitos graves não seria possível em muitos casos, se as autoridades encarregadas da persecução criminal estivessem impedidas, sem qualquer exceção, de obter a prisão do eventual autor do delito. Por outro lado, a definitiva retirada (volle Entziehung) da liberdade é um mal, que, no Estado de direito, só se aplica, fundamentalmente, àquele que tenha praticado um fato previsto como crime, ou que tenha sido definitivamente condenado.

A aplicação dessa medida contra suspeito da prática de um ato criminoso somente será admissível em casos excepcionais. Daí resulta que, em razão da presunção de inocência, somente poderão ser tomadas medidas de restrição de liberdade, semelhantes à pena de prisão, em casos de presunções fortes e urgentes contra o acusado.

A presunção de inocência não está prevista expressamente na Lei Fundamental. Ela corresponde, porém, à convicção geral associada ao Estado de Direito e integra a ordem positiva da RFA por força do disposto no art. 6º, II, da Convenção Europeia de Direitos Humanos.

Uma solução adequada desse conflito relativo a dois princípios importantes do Estado de Direito somente será alcançada se se puder contrapor, como corretivo, em face da restrição da liberdade considerada necessária e adequada da perspectiva da persecução criminal, permanentemente a pretensão da liberdade do acusado ainda não condenado. Isso significa: a prisão provisória há de observar na sua decretação de execução o princípio da proporcionalidade.

A intervenção no direito de liberdade somente será aceitável, se e na medida em que, de um lado, existam dados concretos aptos a colocar em dúvida a inocência do acusado e de outro, se a pretensão legítima da comunidade estatal relativa ao completo esclarecimento e célere punição do responsável não puder ser assegurada senão pela decretação da prisão do suspeito"[548].

Essa tese foi acolhida pelo Plenário do STF, no julgamento do RHC 83.810[549]. Concluiu-se que a prisão automática para apelar, prevista no art. 594 do CPP, era inconstitucional.

Ressalte-se que a decisão não significa que não são possíveis prisões provisórias, assentadas na necessidade da medida. O que se condena é uma norma abstrata que não considere esses requisitos.

Outros fundamentos há para se autorizar a prisão cautelar (*vide* art. 312 do Código de Processo Penal). No entanto, o cerceamento preventivo da liberdade não pode constituir uma medida automática em desfavor daquele que não tem culpa formada, sob pena de configurar grave atentado contra a própria ideia de dignidade humana.

A propósito da invocação da dignidade humana em matéria penal, registre-se este fragmento da decisão proferida pela Corte Constitucional alemã acerca da aplicação de pena perpétua:

"No campo da luta contra a delinquência, é onde se estabelecem os mais altos requisitos de justiça, o art. 1º da Lei Fundamental determina a concepção da essência da pena e

548 *BVerfGE*, 19, 347-348 [1965].

549 Rel. Min. Joaquim Barbosa, j. 5-3-2009.

da relação entre culpa e expiação. O princípio 'nula poena sine culpa' é dotado de hierarquia de um princípio constitucional (*BVerfGE*, 20, 323 (331). Toda pena deve estar em adequada proporção com a gravidade do fato punível e a culpa do delinquente (*BVerfGE*, 6, 389 (489) 9, 167 (169) 20, 323 (331) 25, 285 s.). O mandato de respeitar a dignidade humana significa especialmente que se proíbam as penas cruéis, desumanas e degradantes (*BVerfGE*, 1, 332 (348); 6 389 (439). O delinquente não pode converter-se em simples objeto da luta contra o crime com violação de seus direitos ao respeito e à proteção de seus valores sociais (*BVerfGE*, 28m 389 (391). Os pressupostos básicos da existência individual e social do ser humano devem ser conservados" (*BVerfGE*, 45, 187).

Não haverá de ser diferente entre nós diante da importância que se confere ao princípio da dignidade humana, contemplado como postulado essencial da ordem constitucional (art. 1º, III, da CF).

A Lei n. 11.719/2008 revogou o art. 594 do Código de Processo Penal, seguindo a orientação do Supremo Tribunal Federal.

Atualmente, o entendimento do Tribunal é constante no sentido de submeter a decretabilidade da prisão cautelar à satisfação dos requisitos mencionados no art. 312 do Código de Processo Penal. Portanto, só a aferição, mediante verificação concreta, da imprescindibilidade da adoção da extraordinária medida da prisão cautelar poderá justificar a restrição da liberdade durante o processamento do recurso de apelação[550].

Ressalte-se que não se está tratando da questão da prisão na pendência de recursos sem efeito suspensivo – recurso extraordinário e recurso especial – a ser avaliada no item abaixo.

Outro assunto relevante é a inadmissibilidade da liberdade provisória, em razão da gravidade da imputação.

A jurisprudência atual fixou-se no sentido de que, mesmo nos crimes definidos constitucionalmente como inafiançáveis (racismo, art. 5º, XLII; tortura, tráfico ilícito de entorpecentes e drogas afins, terrorismo e os definidos como crimes hediondos, art. 5º, XLIII; ação de grupos armados, contra a ordem constitucional e o Estado Democrático, art. 5º, XLIV), a liberdade provisória é admissível. Nesse sentido, a previsão constante do art. 44 da Lei n. 11.343/2006, que veda a liberdade provisória para os acusados por tráfico de drogas, foi declarada inconstitucional pelo Supremo Tribunal Federal, no HC 104.339/SP[551].

Afirmou-se que a vedação de concessão de liberdade provisória seria incompatível com os postulados constitucionais da presunção de inocência e do devido processo legal, na medida em que retiraria do juiz a oportunidade de, no caso concreto, analisar os pressupostos de necessidade da custódia cautelar, incorrendo em nítida antecipação de pena. Frisou-se que a inafiançabilidade do delito de tráfico de entorpecentes, estabelecida constitucionalmente (art. 5º, XLIII), não constitui óbice à liberdade provisória, con-

550 Cf., nesse sentido, os HC 96.059, rel. Min. Celso de Mello, *DJ* de 3-4-2009 e 95.494, rel. Min. Joaquim Barbosa, *DJ* de 19-6-2009. Sobre as restrições a direitos fundamentais pelo Poder Judiciário com expressa autorização da Constituição, veja-se Jairo Schäfer, *Direitos Fundamentais*. Proteção e restrições. Porto Alegre: Livraria do Advogado, 2001, p. 102.

551 "Art. 44. Os crimes previstos nos arts. 33, *caput* e § 1º, e 34 a 37 desta Lei são inafiançáveis e insuscetíveis de *sursis*, graça, indulto, anistia e liberdade provisória, vedada a conversão de suas penas em restritivas de direitos."

siderado o disposto no inciso LXVI do mesmo artigo ("ninguém será levado à prisão ou nela mantido, quando a lei admitir a liberdade provisória, com ou sem fiança")[552].

Toda prisão, antes do julgamento, deve estar lastreada em razões justificadoras da necessidade de se garantir o funcionamento eficaz da jurisdição penal. Essa análise da efetiva necessidade da prisão, como medida cautelar no processo, deve se basear nas circunstâncias específicas do caso concreto e, por isso, constitui uma função eminentemente jurisdicional. Como se vê, a opção por essa fórmula apodítica, que enseja diferentes concretizações às diversas situações da vida, não se deixa, certamente, compatibilizar com o princípio da dignidade humana.

Cabe aduzir, por fim, que as prisões cautelares decorrentes de pronúncia e de sentença recorrível, prisões nitidamente automáticas, *ex legis*, deixaram de subsistir em nosso ordenamento jurídico desde a entrada em vigor da Lei n. 11.689/2008. A decretação ou manutenção de prisão preventiva após a sentença passou a demandar, portanto, inequívoca demonstração da necessidade do encarceramento. Cabe registrar, ademais, que esse dever de fundamentação passou a constar expressamente do Código de Processo Penal por força da Lei n. 12.736/2012, com o claro comando de que o juiz, ao proferir sentença condenatória, decidirá, fundamentadamente, sobre a manutenção ou, se for o caso, a imposição de prisão preventiva ou de outra medida cautelar, sem prejuízo do conhecimento de apelação que vier a ser interposta (CPP, art. 387, § 1º, acrescentado pela Lei n. 12.736/2012).

8.2.3. Presunção de não culpabilidade e pendência de recursos sem efeito suspensivo

Outro aspecto da presunção de não culpabilidade é a possibilidade de início da execução da pena na pendência de recurso extraordinário e especial.

No plano legislativo, o art. 637 do CPP afirma que os recursos extraordinários não têm efeito suspensivo. Logo, uma decisão condenatória de segunda instância poderia ser executada na pendência do recurso.

A questão é se a presunção de não culpabilidade impede a prisão após o julgamento em segunda instância. Note-se que a norma constitucional traz como marco final de sua aplicação o "trânsito em julgado" da condenação.

A interpretação da possibilidade do cumprimento das penas na pendência dos recursos sem efeito suspensivo sofreu duas reviravoltas.

Inicialmente, entendia-se que o cumprimento imediato das penas era compatível com a ordem constitucional.

O entendimento do Supremo Tribunal Federal foi modificado a partir do *Habeas Corpus* 84.078.

Por maioria, em julgamento concluído em 5-2-2009, o Pleno do STF afirmou que a prisão somente ocorre após o trânsito em julgado da decisão condenatória. Entendeu-se que uma ordem de prisão anterior teria caráter cautelar e, em consequência, teria de ser demonstrada sua necessidade imediata, sob pena de violação à garantia de presunção de não culpabilidade.

552 HC 104.339/SP, Pleno, rel. Min. Gilmar Mendes, j. 10-5-2012.

Em 2016, o entendimento foi alterado, no julgamento do HC 126.292. Assentou-se que a "execução provisória de acórdão penal condenatório proferido em grau de apelação, ainda que sujeito a recurso especial ou extraordinário, não compromete o princípio constitucional da presunção de inocência afirmado pelo artigo 5º, inciso LVII da Constituição Federal".[553]

Em tal momento, votei com a maioria, pois entendi que a presunção de inocência teria âmbito de proteção passível de conformação pela legislação ordinária, que poderia definir o que se considera como "culpado", e, em casos justificáveis, isso permitiria o início da execução provisória da pena.

A partir de tal precedente, monocraticamente, os Ministros do STF têm aplicado a jurisprudência do Supremo no sentido de que a execução provisória da sentença já confirmada em sede de apelação, ainda que sujeita a recurso especial e extraordinário, não ofende o princípio constitucional da presunção de inocência, consoante decidido no HC 126.292/SP.

Em 5-10-2016, esse posicionamento foi mantido pelo STF ao indeferir medidas cautelares nas Ações Declaratórias de Constitucionalidade n. 43 e 44. Depois, em 10-11-2016, no julgamento do Recurso Extraordinário com Agravo n. 964.246/SP, com repercussão geral reconhecida pelo Plenário Virtual[554].

Contudo, desde as minhas primeiras manifestações sobre a matéria, ressaltei preocupação com a possibilidade de prisões decretadas de modo automático, sem a devida especificação e individualização aos casos concretos. Ainda que tenha me posicionado favoravelmente à execução provisória da pena, ressaltei que tal medida careceria da devida motivação, considerando-se os elementos de cada caso concreto.

Na própria ementa assentada no referido precedente, HC 126.292, assentou-se que a execução provisória da pena seria uma possibilidade, e não uma obrigatoriedade:

> "CONSTITUCIONAL. *HABEAS CORPUS*. PRINCÍPIO CONSTITUCIONAL DA PRESUNÇÃO DE INOCÊNCIA (CF, ART. 5º, LVII). SENTENÇA PENAL CONDENATÓRIA CONFIRMADA POR TRIBUNAL DE SEGUNDO GRAU DE JURISDIÇÃO. EXECUÇÃO PROVISÓRIA. POSSIBILIDADE. 1. A execução provisória de acórdão penal condenatório proferido em grau de apelação, ainda que sujeito a recurso especial ou extraordinário, não compromete o princípio constitucional da presunção de inocência afirmado pelo artigo 5º, inciso LVII da Constituição Federal. 2. *Habeas corpus* denegado".

Como afirmei no julgamento do HC 152.752: "a execução antecipada da pena de prisão, após julgamento em 2ª instância, na linha do quanto decidido por esta Corte, seria possível. Porém, essa possibilidade tem sido aplicada pelas instâncias inferiores automaticamente, para todos os casos e em qualquer situação, independentemente da natureza do crime, de sua gravidade ou do quantum da pena a ser cumprida".

Ou seja, o resultado do que decidido por este Tribunal, no HC 126.292, foi destoante das premissas a partir das quais assentei meu posicionamento. Cito, por exemplo,

---

553 Rel. Min. Teori Zavascki, julgado em 17-5-2016.

554 ARE 964.246 RG, rel. Min. Teori Zavascki, *DJe* de 25-11-2016.

a Súmula 122 do TRF4, segundo a qual "encerrada a jurisdição criminal de segundo grau, deve ter início a execução da pena imposta ao réu, independentemente da eventual interposição de recurso especial ou extraordinário".

Além disso, nos termos do inciso LXI do art. 5º da CF: "ninguém será preso senão em flagrante delito ou por ordem escrita e fundamentada de autoridade judiciária competente, salvo nos casos de transgressão militar ou crime propriamente militar, definidos em lei". Penso, portanto, que o debate sobre presunção de inocência e execução da pena precisa ser orientado a partir de tal visão.

Após a decisão tomada em 2016, muito se alterou e se descobriu no cenário da persecução penal no Brasil. As ilegalidades cometidas em operações midiáticas atestam a necessidade de busca por limites ao poder punitivo estatal.

Desde que votei favoravelmente à execução provisória da pena, muito refleti sobre as consequências amplas de tal posicionamento e percebi que uma leitura tão destoante do texto expresso da Constituição Federal só acarretaria abertura de brechas para cada vez mais arbitrariedades por todo o sistema penal.

E, sem dúvidas, isso reflete essencialmente naqueles que são, inevitavelmente, a clientela preferencial do Direito Penal. Por óbvio, precisamos adotar medidas para que todas as pessoas, ricas ou pobres, que cometam crimes graves sejam devidamente punidas. Contudo, não podemos esquecer que todas as medidas adotadas para expandir o Direito Penal incidiram forte e diretamente nessa clientela preferencial. Isso é, infelizmente, inevitável.

Por um lado, a imparcialidade é a base fundamental de qualquer processo judicial, que pressupõe a existência de um terceiro, afastado dos interesses das partes, para decidir o caso de um modo justo. Isso vale tanto para o processo civil como para o penal.

Contudo, o processo penal possui uma característica singular, uma premissa que orienta toda a estruturação dogmática do direito processual penal: a presunção de inocência. Na doutrina, afirma-se:

> "[...] a presunção de inocência não é mais um princípio do processo, é o próprio processo. O princípio da presunção de inocência constitui uma proibição de desautorização ao processo".[555]

Em estudo clássico da dogmática penal alemã, Arthur Kaufmann afirma que o princípio da culpabilidade representa um valor ontológico, inerente à ordem jurídico-penal democrática e que não pode ser afastado em hipótese alguma. O princípio da culpabilidade é uma barreira constitucional contra a violência estatal sobre a esfera do indivíduo que não pode ser retirada do sistema penal, ao menos do sistema penal que pretende ser democrático.[556]

Em suma, a presunção de inocência é um direito fundamental, que impõe o ônus da prova à acusação e impede o tratamento do réu como culpado até o trânsito em julgado da sentença. Essas são duas das três consequências determinadas pela presun-

555 Javier Sánchez-Vera Gómez-Trelles, *Variaciones sobre la presunción de inocencia*: análisis funcional desde el derecho penal. Madrid: Marcial Pons, 2012. p. 37 (tradução livre).

556 Arthur Kaufmann, *Das Schuldprinzip*, 1961. S. 15 ff.

ção de inocência: regra de tratamento, regra probatória e regra de juízo.[557] Afirma-se que "como regra de tratamento, a presunção de inocência se refere à condição do imputado durante o processo", de modo que "é vedada qualquer forma de equiparação do imputado ao culpado em qualquer aspecto" e, igualmente, veda-se a "execução provisória da sentença condenatória e qualquer antecipação da pena".[558]

Em 7 de novembro de 2019, o Plenário, por maioria, retomou o posicionamento anterior para vedar a execução provisória da pena, de modo que o início do cumprimento somente pode ocorrer após o trânsito em julgado da sentença condenatória, nos termos da Constituição de 1988. As ADCs 43, 44 e 54 foram julgadas procedentes para assentar a constitucionalidade do art. 283 do CPP.

Isso, contudo, não veda que uma pessoa responda presa ao processo ou até mesmo tenha sua prisão decretada em segundo grau, desde que atendidos motivadamente os requisitos cautelares regulados pelo art. 312 do CPP. Portanto, o restabelecimento do trânsito em julgado da condenação, nos termos expressamente determinados pela Constituição Federal, como marco temporal para o início da execução de prisão-pena não impede a decretação anterior de prisão cautelar, desde que a partir de fundamentos legítimos e embasados em elementos do caso concreto.

8.2.4. Presunção de não culpabilidade e maus antecedentes

Outra questão que diz com a presunção de não culpabilidade é a possibilidade de invocação de investigações e ações penais em andamento como maus antecedentes, na fase de aplicação da pena.

Ao proferir sentença penal condenatória, o juiz deve fixar a pena observando as circunstâncias do art. 59 do CP, dentre elas os antecedentes. Não há uma definição legal de antecedentes.

Surgiu o debate se procedimentos criminais em andamento (inquéritos, ações penais) poderiam ser assim considerados, a despeito de não haver condenação transitada em julgado.

A questão foi analisada pelo STF em repercussão geral, concluindo-se que apenas condenações com trânsito em julgado podem ser avaliadas como maus antecedentes[559]. Seria incompatível com a presunção de não culpabilidade considerar procedimentos sem condenação definitiva como demonstração de reiteração criminosa.

Questão paralela diz com a existência de período máximo no qual uma condenação é considerada antecedente desfavorável – período depurador.

Ao aplicar a pena, o juiz verifica o histórico criminal do condenado. Se o novo crime foi praticado no período que vai do trânsito em julgado de condenação anterior

---

557 Sobre isso: Maurício Zanoide de Moraes, *Presunção de inocência no processo penal brasileiro*: análise de sua estrutura normativa para a elaboração legislativa e para a decisão judicial. Rio de Janeiro: Lumen Juris, 2010.

558 Giulio Illuminati, *La presunzione d'innocenza dell'imputato*. Bologna: Zanichelli, 1979, p. 29-30 (tradução livre).

559 RE 591.054, rel. Min. Marco Aurélio, julgado em 17-12-2014.

até cinco anos após o cumprimento ou extinção da pena, ele é considerado reincidente – art. 64, I, CP.

O prazo de cinco anos contados do cumprimento ou da extinção da pena é chamado de período depurador da reincidência. Após esse prazo, o condenado volta a ser tecnicamente primário.

O reconhecimento legal de um prazo de validade da reincidência é uma decorrência da vedação de penas de caráter perpétuo. O reincidente tem agravada a pena e o regime prisional, além de não fazer jus a outros benefícios – arts. 33, § 2º, 44, 61, I e 77, I, 83, do CP.

No que se refere aos maus antecedentes, a legislação não prevê período máximo de validade da condenação, de forma semelhante ao período depurador da reincidência.

Maus antecedentes são condenações com trânsito em julgado por infrações penais anteriores ao crime em julgamento, mas que não podem ser consideradas como reincidência. Os maus antecedentes são avaliados na primeira fase da aplicação da pena (art. 59 do CP) e levam a um aumento menor da pena do que aquele decorrente da reincidência.

Com isso, surgiu a controvérsia se, após o decurso do período depurador da reincidência, a condenação poderia ser avaliada como um antecedente desfavorável. As turmas do STF responderam negativamente à questão e vêm aplicando o mesmo período de depuração da reincidência, invocando a vedação de penas perpétuas e o "direito ao esquecimento"[560].

O direito ao esquecimento, a despeito de inúmeras vozes contrárias, também encontra respaldo na seara penal, enquadrando-se como direito fundamental implícito, corolário da vedação à adoção de pena de caráter perpétuo e dos princípios da dignidade da pessoa humana, da igualdade, da proporcionalidade e da razoabilidade.

A questão teve repercussão geral reconhecida no RE 593.818, de relatoria do Min. Roberto Barroso, pendente de julgamento.

8.2.5 Presunção de não culpabilidade, liberdade de locomoção, direito ao silêncio e condução coercitiva

O Código de Processo Penal prevê, no art. 260, a possibilidade de condução coercitiva do acusado para interrogatório, reconhecimento ou qualquer outro ato que não possa ser sem ele realizado. No entanto, é questionável a compatibilidade dessa norma com os dispositivos da Constituição Federal de 1988, haja vista a presunção de não culpabilidade (art. 5º, LVII), o amplo direito de liberdade, que abrange a locomoção para ir, vir ou permanecer em qualquer lugar (art. 5º, *caput*), e o direito do preso de permanecer calado (art. 5º, LXIII), parte integrante do direito à não autoincriminação[561].

O debate sobre o direito à não incriminação possui raízes no direito comparado. Nos Estados Unidos, esse direito foi incluído na Constituição pela Quinta Emenda, de 1971,

---

560 RHC 118.977, rel. Min. Dias Toffoli, Primeira Turma, julgado em 18-3-2014; HC 126.315, Segunda Turma, rel. Min. Gilmar Mendes, julgado em 15-9-2015.

561 Como ensina Paulo Mário Canabarro Trois Neto, o direito à não autoincriminação tem fundamento mais amplo do que o art. 5º, LXIII, da Constituição Federal. Em verdade, o direito é derivado da "união de diversos enunciados constitucionais, dentre os quais o do art. 1º, III (dignidade humana), o do art. 5º, LIV (devido processo legal), o do art. 5º, LV (ampla defesa), e o do art. 5º, LVII (presunção de inocência)". Paulo Mário Canabarro Trois Neto, *Direito à não autoincriminação e direito ao silêncio*. Porto Alegre: Livraria do Advogado Ed., 2011, p. 104.

que estabeleceu o direito dos indivíduos de não testemunharem contra si mesmos, tendo sido reforçado durante o julgamento do caso Miranda v. Arizona, em 1966[562].

Nesse precedente, a Suprema Corte assentou que os presos, por sua especial condição de sujeição aos agentes do Estado, devem ser expressamente advertidos quanto à prerrogativa de permanecer em silêncio (384, U.S., 436), tendo estabelecido a regra de que a advertência sobre o silêncio é parte integrante do direito à não autoincriminação[563].

No âmbito internacional, esse direito foi consagrado em tratados de direitos humanos dos quais o Brasil é signatário, os quais enunciam o direito do acusado de não depor contra si mesmo – artigo 14, 3, *g*, do Pacto Internacional sobre Direitos Civis e Políticos, em execução por força do Decreto n. 592/92, e artigo 8, 2, *g*, do Pacto de San José da Costa Rica, em execução por força do Decreto n. 678/92[564].

No período anterior à Constituição Federal de 1988, não havia previsão do direito ao silêncio no ordenamento jurídico. Ao contrário, o art. 186 do CPP previa que o silêncio do acusado poderia ser interpretado em seu desfavor, sendo essa norma alterada apenas em 2003, mediante a Lei n. 10.792, para consagrar que o silêncio não será interpretado em prejuízo da defesa.

No que se refere à liberdade de locomoção, a condução coercitiva representa uma supressão absoluta, ainda que temporária, desse direito. Isso porque o investigado ou réu é capturado e levado sob custódia ao local da inquirição[565].

Por sua vez, vislumbra-se também uma violação, em tese, à presunção de não culpabilidade, já que a condução sob custódia por forças policiais, em vias públicas, não é tratamento que normalmente possa ser aplicado a pessoas inocentes. Ou seja, o investigado é claramente tratado como culpado[566].

Essa discussão foi enfrentada pelo Supremo Tribunal Federal no julgamento de duas ações de Arguição de Descumprimento de Preceito Fundamental.

A controvérsia constitucional e o contexto fático subjacente eram absolutamente relevantes, tendo em vista a realização de duzentos e vinte e duas conduções coercitivas em uma única operação, número maior que o total de prisões. A opção pela ADPF ocorreu pelo fato de se tratar da incompatibilidade de legislação infraconstitucional anterior à Constituição Federal de 1988 com suas normas[567].

Foram deferidas liminares em 19 de dezembro de 2017, para suspender as conduções coercitivas de investigados para interrogatórios, sob pena de responsabilidade disciplinar, civil e penal dos agentes públicos, sem prejuízo da responsabilidade civil do Estado.

Em 14 de junho de 2018, o Tribunal Pleno julgou procedentes as ações para declarar a não recepção da condução coercitiva do investigado ou acusado para a realização

562 ADPF 395 e 444, rel. Min. Gilmar Mendes, julgado em 14-6-2018.

563 ADPF 395 e 444, rel. Min. Gilmar Mendes, julgado em 14-6-2018.

564 ADPF 395 e 444, rel. Min. Gilmar Mendes, julgado em 14-6-2018.

565 ADPF 395 e 444, rel. Min. Gilmar Mendes, julgado em 14-6-2018.

566 ADPF 395 e 444, rel. Min. Gilmar Mendes, julgado em 14-6-2018.

567 ADPF 395 e 444, rel. Min. Gilmar Mendes, julgado em 14-6-2018.

de interrogatório, prevista pelo art. 260 do CPP, tendo destacado que a decisão não desconstituiria os atos anteriormente realizados mediante condução.

Assentou-se, a partir da presunção de não culpabilidade e dos direitos à liberdade e ao silêncio, que o investigado ou acusado teria o direito de não testemunhar contra si mesmo e que não poderia ser conduzido à força para prestar depoimento ou exercer o direito de não se manifestar, na medida em que tal conduta conferiria tratamento ao indivíduo incompatível com a presunção constitucional de não culpabilidade, cerceando, de maneira desproporcional e incompatível com a CF/88, sua liberdade de locomoção[568].

Como consequência, a violação a essas normas pode gerar a responsabilidade dos agentes públicos e do Estado, conforme definido na decisão proferida em sede liminar[569].

Portanto, a partir desse julgamento foi excluída do ordenamento jurídico a possibilidade de condução coercitiva de investigados ou acusados para fins de interrogatório.

8.2.6 Presunção de não culpabilidade, valoração racional, pronúncia e inadmissibilidade do *in dubio pro societate*

Em sessão do dia 26 de março de 2019, a 2ª Turma do Supremo Tribunal Federal firmou relevante posicionamento no que toca às tensões relacionadas à busca por uma persecução efetiva para verificação dos fatos imputados com a sanção de culpados – materializada no in dubio pro societate – e a preservação das garantias individuais – com o prevalecimento do in dubio pro reo. No Agravo em Recurso Extraordinário 1.067.392/CE, restou consignado que a invocação do princípio do in dubio pro societate não seria critério legítimo a fundamentar reforma de sentença de impronúncia proferida em processo penal.

O julgado apresenta relevantes contribuições para o aprimoramento do sistema penal brasileiro, especialmente em matéria penal, a partir de dois prismas: da necessidade de uma teoria da valoração racional da prova penal; e do standard probatório para a decisão de pronúncia, junto à incongruência do in dubio pro societate.

No tocante ao primeiro aspecto, deve-se consignar que a "reconstrução dos fatos" passados é um ponto fundamental do processo penal, considerando-se a sua função de verificar a acusação imputada a partir do lastro probatório produzido nos autos. Contudo, o momento da valoração na formação da decisão judicial carece de maior atenção da doutrina e da jurisprudência.[570]

Superada a primazia da teoria da prova tarifada, em que o julgador ficava vinculado a critérios de valoração abstratamente fixados na lei, houve a consolidação do sistema de

568 ADPF 395 e 444, rel. Min. Gilmar Mendes, julgado em 14-6-2018.

569 ADPF 395 e 444, rel. Min. Gilmar Mendes, julgado em 14-6-2018.

570 Danilo Knijnik, *A prova nos juízos cível, penal e tributário*. Forense, 2007, p. 6.

"livre convencimento motivado", determinando que "a eficácia de cada prova para a determinação dos fatos seja estabelecida caso a caso, seguindo critérios não predeterminados, discricionários e flexíveis, baseados essencialmente em pressupostos racionais"[571].

Contudo, saindo de um sistema em que os critérios eram totalmente vinculados, passou-se para um modelo de "livre convencimento", em que uma pretensa liberdade do julgador ocasionou total abertura à discricionariedade no juízo de fatos. Segundo Michele Taruffo, "o uso degenerativo que às vezes se faz desse princípio abre caminho para a legitimação da arbitrariedade subjetiva do juiz ou, no melhor dos casos, a uma discricionariedade que não se submete a critérios e pressupostos"[572].

Diante disso, fortalece-se a necessidade de uma teoria racionalista da prova, em que, embora inexistam critérios de valoração rigidamente definidos na lei, o juízo sobre fatos deva ser orientado por critérios de lógica e racionalidade, podendo ser controlado em âmbito recursal[573]. Para tanto, a valoração racional da prova impõe-se constitucionalmente, a partir do direito à prova (artigo 5º, LV, CF) e do dever de motivação das decisões judiciais (artigo 93, IX, CF).

Um pressuposto fundamental para a adoção de uma teoria racionalista da prova é a definição de standards probatórios, denominados "modelos de constatação" por Knijnik[574]. Trata-se de níveis de convencimento ou de certeza, que determinam o critério para que se autorize e legitime o proferimento de decisão em determinado sentido. E o ponto central é que o atendimento a tal standard deve ser controlável intersubjetivamente.

Entretanto, em lugar de considerar a motivação do juízo de primeiro grau, formada a partir de relatos de testemunhas presenciais ouvidas em juízo, que afastaram a participação dos pacientes nas agressões, o TJ optou por dar maior valor a depoimento de ouvir-dizer e declarações prestadas por testemunha na fase investigatória e não reiteradas em juízo, porque não arrolada pelo Ministério Público.

Considerando tal narrativa, percebe-se a lógica confusa e equivocada ocasionada pelo suposto "princípio in dubio pro societate", que, além de não encontrar qualquer amparo constitucional ou legal, acarreta o completo desvirtuamento das premissas racionais de valoração da prova. Além de desfocar o debate e não apresentar base normativa, o in dubio pro societate desvirtua por completo o sistema bifásico do procedimento do júri brasileiro, esvaziando a função da decisão de pronúncia. Diante, disso, afirma-se na doutrina que:

> "Ao se delimitar a análise da legitimidade do in dubio pro societate no espaço atual do direito brasileiro não há como sustentá-la por duas razões básicas: a primeira se dá pela absoluta ausência de previsão legal desse brocardo e, ainda, pela ausência de qualquer princípio ou regra orientadora que lhe confira suporte político-jurídico de modo a ensejar

---

571 Michele Taruffo, *La prueba de los hechos*. Trotta, 2011, p. 387, tradução livre.

572 Ibidem, p. 398, tradução livre.

573 Jordi Ferrer Beltrán, *La valoración racional de la prueba*. Marcial Pons, 2007, p. 64. Ver também: Marcella M. Nardelli, *A prova no Tribunal do Júri*: uma abordagem racionalista. Rio de Janeiro: Lumen Juris, 2019.

574 Danilo Knijnik, *A prova nos juízos cível, penal e tributário*. Forense, 2007, p. 37.

a sua aplicação; a segunda razão se dá em face da existência expressa da presunção de inocência no ordenamento constitucional brasileiro, conferindo, por meio de seu aspecto probatório, todo o suporte político-jurídico do in dubio pro reo ao atribuir o ônus da prova à acusação, desonerando o réu dessa incumbência probatória"[575].

Nesse sentido, em crítica à aceitação de um in dubio pro societate, afirma-se que "não se pode admitir que juízes pactuem com acusações infundadas, escondendo-se atrás de um princípio não recepcionado pela Constituição, para, burocraticamente, pronunciar réus, enviando-lhes para o Tribunal do Júri e desconsiderando o imenso risco que representa o julgamento nesse complexo ritual judiciário"[576]. Assim, ressalta-se que "com a adoção do in dubio pro societate, o Judiciário se distancia de seu papel de órgão contramajoritário, no contexto democrático e constitucional, perdendo a posição de guardião último dos direitos fundamentais"[577].

A questão aqui em debate, em realidade, deve ser resolvida a partir da teoria da prova no processo penal, em uma vertente cognitivista, que acarreta critérios racionais para valoração da prova e standards probatórios a serem atendidos para legitimação da decisão judicial sobre fatos.

Sem dúvidas, para a pronúncia, não se exige uma certeza além da dúvida razoável, necessária para a condenação. Contudo, a submissão de um acusado ao julgamento pelo Tribunal do Júri pressupõe a existência de um lastro probatório consistente no sentido da tese acusatória. Ou seja, requer-se um standard probatório um pouco inferior, mas ainda assim dependente de uma preponderância de provas incriminatórias. Nos termos assentados pela doutrina:

> "Não se exige, pois, que haja certeza de autoria. Bastará a existência de elementos de convicção que permitam ao juiz concluir, com bom grau de probabilidade, que foi o acusado o autor do delito. Isso não se confunde, obviamente, com o in dubio pro societate. Não se trata de uma regra de solução para o caso de dúvida, mas sim de estabelecer requisitos que, do ponto de vista do convencimento judicial, não se identificam com a certeza, mas com a probabilidade. Quando a lei exige para uma medida qualquer que existam 'indícios de autoria', não é preciso que haja certeza da autoria, mas é necessário que o juiz esteja convencido de que estes 'indícios' estão presentes. Se houver dúvida quanto à existência dos 'indícios suficientes de autoria', o juiz deve impronunciar o acusado, como consequência inafastável do in dubio pro reo"[578].

Assim, ainda que se considere os elementos indicados para justificar a pronúncia em segundo grau e se reconheça um estado de dúvida diante de um lastro probatório que contenha elementos incriminatórios e absolutórios, igualmente a im-

575 Rafael Fecury Nogueira, *Pronúncia*: valoração da prova e limites à motivação. Dissertação de Mestrado, Universidade de São Paulo, 2012, p. 215.

576 Aury Lopes Jr., *Direito processual penal*. São Paulo: Saraiva, 2018, p. 799.

577 Paulo T. F. Dias, A decisão de pronúncia baseada no *in dubio pro societate*. *EMais*, 2018, p. 202.

578 Gustavo H. Badaró, *Ônus da prova no processo penal*. São Paulo: RT, 2004. p. 390-391.

pronúncia se impõe. Se houver uma dúvida sobre a preponderância de provas, deve então ser aplicado o in dubio pro reo, imposto nos termos constitucionais (artigo 5º, LVII, CF), convencionais (artigo 8.2, CADH) e legais (artigos 413 e 414, CPP) no ordenamento brasileiro.

Como apontado alhures e à luz de toda a fundamentação exposta, a 2ª Turma do Supremo Tribunal Federal, por maioria, decidiu pelo não conhecimento do agravo em recurso extraordinário, mas, em contrapartida, concedeu, de ofício, o writ constitucional. Trata-se, portanto, de meio para proteção efetiva pelo Judiciário que extrapola, por definição, os rigores formais da noção processual da inércia da jurisdição.

Outrossim, a argumentação utilizada para embasar a concessão da ordem encontra guarida em outros precedentes desta corte, vez que, nas palavras do ministro Celso de Mello:

> "Não se revela admissível, em juízo, imputação penal destituída de base empírica idônea, ainda que a conduta descrita na peça acusatória possa ajustar-se, em tese, ao preceito primário de incriminação. Impõe-se, por isso mesmo, ao Poder Judiciário, rígido controle sobre a atividade persecutória do Estado, notadamente sobre a admissibilidade da acusação penal, em ordem a impedir que se instaure, contra qualquer acusado, injusta situação de coação processual"[579].

Da mesma ordem, em julgamento de *Habeas Corpus* da lavra do ministro Sepúlveda já se consignava a insuficiência do princípio in dubio pro societate para a deflagração de sentença de pronúncia. Conforme dispôs o ministro, "[o] aforismo *in dubio pro societate* que – malgrado as críticas procedentes à sua consistência lógica, tem sido reputada adequada a exprimir a inexigibilidade de certeza da autoria do crime, para fundar a pronúncia –, jamais vigorou no tocante à existência do próprio crime, em relação a qual se reclama esteja o juiz convencido. (...) O convencimento do juiz, exigido na lei, não é obviamente a convicção íntima do jurado, que os princípios repeliriam, mas convencimento fundado na prova: donde, a exigência – que aí cobre tanto a da existência do crime, quanto da ocorrência de indícios de autoria, de que o juiz decline, na decisão, 'os motivos do seu convencimento'"[580].

Tem-se, pois, que o confronto entre in dubio pro societate e a preservação de direitos fundamentais é temática essencial ao processo penal de um Estado Democrático de Direito. Nesse sentido, o Supremo Tribunal Federal parece, portanto, dar mais um passo na direção de consolidar uma hermenêutica constitucional que compatibilize a necessidade de uma persecução penal efetiva com a preservação das garantias constitucionais.

8.3. Conformação e limitação

O caráter normativo do âmbito de proteção dessa garantia confere ao legislador um papel importante na sua conformação.

---

579 STF, Inquérito 1.978-0, rel. Min. Celso de Mello, Plenário, j. 13-9-2006 *DJ* de 17-8-2007.

580 STF, HC 81.646, rel. Min. Sepúlveda Pertence, Primeira Turma, j. 4-6-2002, *DJ* de 9-5-2002.

O núcleo essencial da presunção de não culpabilidade impõe o ônus da prova do crime e de sua autoria à acusação. Sob esse aspecto, não há maiores dúvidas de que estamos falando de um direito fundamental processual, de âmbito negativo.

Para além disso, a garantia impede, de uma forma geral, o tratamento do réu como culpado até o trânsito em julgado da sentença. No entanto, a definição do que vem a se tratar como culpado depende de intermediação do legislador.

Ou seja, a norma afirma que ninguém será considerado culpado até o trânsito em julgado da condenação, mas está longe de precisar o que vem a se considerar alguém culpado.

O que se tem é, por um lado, a importância de preservar o imputado contra juízos precipitados acerca de sua responsabilidade. Por outro, uma dificuldade de compatibilizar o respeito ao acusado com a progressiva demonstração de sua culpa.

Nesse ponto, o espaço de conformação do legislador é lato. A cláusula não obsta a que a lei regulamente os procedimentos, tratando o implicado de forma progressivamente mais gravosa, conforme a demonstração da culpa evolui.

Fundamental no controle de eventuais conformações ou restrições é a boa aplicação do princípio da proporcionalidade.

Tendo como exemplo a exigência de recolhimento à prisão para apelar, tem-se que semelhante imposição impede a aplicação do princípio da proporcionalidade *in concreto*, tomando como absoluta uma valoração que se assenta exclusivamente num juízo de desvalor genérico – a prática de determinado delito.

Semelhante critério viola sem dúvida o princípio da proporcionalidade já na sua acepção de *necessidade,* ou, em outros termos, sobre a existência de outro meio igualmente eficaz e menos gravoso.

Como demonstrado, os eventuais objetivos de semelhante medida podem ser integralmente alcançados com a adoção da prisão provisória.

Configurada a desnecessidade da providência, dada a existência de medida igualmente eficaz e menos gravosa, resta evidente a não observância do princípio da proporcionalidade[581].

9. A GARANTIA DO DEVIDO PROCESSO LEGAL

9.1. Considerações preliminares

É provável que a garantia do devido processo legal configure uma das mais amplas e relevantes garantias do direito constitucional, se considerarmos a sua aplicação nas relações de caráter processual e nas relações de caráter material (princípio da proporcionalidade / direito substantivo). Todavia, no âmbito das garantias do processo é que o devido processo legal assume uma amplitude inigualável e um significado ímpar como postulado que traduz uma série de garantias hoje devidamente especifi-

581 HC 91.657, rel. Min. Gilmar Mendes, julgado em 13-9-2007, *DJ* de 13-3-2008; HC 85.591 / SP, rel. Min. Sepúlveda Pertence, Pleno, unânime, *DJ* de 3-6-2005; HC 85.877 / PE, rel. Min. Gilmar Mendes, 2ª Turma, unânime, *DJ* de 16-9-2005; HC 84.104 / DF, rel. Min. Joaquim Barbosa, 1ª Turma, unânime, *DJ* de 6-8-2004.

cadas e especializadas nas várias ordens jurídicas. Assim, cogita-se de devido processo legal quando se fala de (1) direito ao contraditório e à ampla defesa, de (2) direito ao juiz natural, de (3) direito a não ser processado e condenado com base em prova ilícita, de (4) direito a não ser preso senão por determinação da autoridade competente e na forma estabelecida pela ordem jurídica.

Daí ter Rogério Lauria Tucci afirmado que a incorporação da garantia do devido processo legal, de forma expressa no texto constitucional de 1988, juntamente com outras garantias específicas, acabou por criar uma situação de *superafetação*[582].

De fato, é muito comum entre nós fazer-se referência a uma garantia específica, como a do contraditório e da ampla defesa, ou do juiz natural e do devido processo legal. Ou, ainda, costuma-se fazer referência direta ao devido processo legal em lugar de referir-se a uma das garantias específicas.

O devido processo legal é também um tipo de garantia com caráter subsidiário e geral (*Auffanggrundrecht*) em relação às demais garantias. Assim, em muitos casos, tem-se limitado o Tribunal a referir-se diretamente ao devido processo legal em lugar de fazer referências às garantias específicas ou decorrentes. Há outras situações em que o devido processo legal assume características autônomas ou complementares.

Assim, eventual dúvida sobre a liceidade da prestação jurisdicional pode afetar não só o juiz, o que comprometeria o princípio do juiz natural, mas também os demais sujeitos processuais, aí considerados os advogados ou os serventuários da justiça.

No RE 464.963/GO[583] colocou-se perante o STF indagação sobre a legitimidade constitucional de decisão tomada por tribunal estadual em razão da atuação de advogado legalmente impedido, por estar no exercício do cargo de Diretor-Geral do Tribunal Regional Eleitoral de Goiás, assim como de sua filha, serventuária do cartório onde havia tramitado o feito. A Segunda Turma deu provimento ao recurso por entender violados os princípios da moralidade e do devido processo legal, tendo em vista as condições que levaram à produção de um julgamento contaminado por fortes irregularidades e eventual suspicácia.

Nesse sentido, o princípio do devido processo legal possui um âmbito de proteção alargado, que exige o *fair trial* não apenas dentre aqueles que fazem parte da relação processual, ou que atuam diretamente no processo, mas de todo o aparato jurisdicional, o que abrange todos os sujeitos, instituições e órgãos, públicos e privados, que exercem, direta ou indiretamente, funções qualificadas, constitucionalmente, como essenciais à justiça.

Contrárias à máxima do *fair trial* – como corolário do devido processo legal, e que encontra expressão positiva, por exemplo, nos arts. 77 e seguintes do Código de Processo Civil –, são todas as condutas suspicazes praticadas por pessoas às quais a lei proíbe a participação no processo em razão de suspeição, impedimento ou incompatibilidade; ou nos casos em que esses impedimentos e incompatibilidades são forjados pelas partes com o intuito de burlar as normas processuais.

---

582 Rogério Lauria Tucci, *Direitos e garantias individuais no processo penal brasileiro*, 2. ed., São Paulo: Revista dos Tribunais, 2004, p. 84.

583 RE 464.963/GO, rel. Min. Gilmar Mendes, *DJ* de 30-6-2006.

É certo, por outro lado, que muitas dessas garantias, a despeito da referência expressa na ordem jurídico-constitucional, continuam a se revelar desdobramentos do princípio central do devido processo legal. Assim, é difícil falar-se na proibição do uso da prova ilícita sem se referir ao devido processo legal, ou nas garantias quanto à prisão sem fazer-se referência a essa garantia.

Por isso, entendemos por bem tratar no capítulo do devido processo legal das questões relacionadas com a proibição de prova ilícita, com os pressupostos constitucionais da prisão e com a prisão civil por dívida.

9.2. Da inadmissibilidade da prova ilícita no processo

9.2.1. Considerações preliminares

A Constituição veda, expressamente, o uso da prova obtida ilicitamente nos processos judiciais (art. 5º, LVI), positivando uma das ideias básicas que integram o amplo conceito de devido processo legal.

A disciplina constitucional da matéria segue a tendência no direito comparado a respeito da proteção dos direitos individuais no processo. O art. 32 da Constituição portuguesa, por exemplo, estabelece que "são nulas todas as provas obtidas mediante tortura, coação, ofensa da integridade física ou moral da pessoa, abusiva intromissão na vida privada, no domicílio, na correspondência ou nas telecomunicações".

A discussão sobre as provas, no campo do direito material, pode receber inúmeros subsídios do direito constitucional, especialmente dos direitos fundamentais. Com efeito, as regras que regulam e limitam a obtenção, a produção e a valoração das provas são direcionadas ao Estado, no intuito de proteger os direitos fundamentais do indivíduo atingido pela persecução penal.

Assume relevo ímpar, nesse contexto, a aplicação do princípio da proporcionalidade, pelo menos como regra de ponderação para superação de eventuais colisões concretas entre interesses constitucionalmente previstos.

9.2.2. Âmbito de proteção

9.2.2.1. *Considerações preliminares*

O âmbito de proteção da garantia quanto à inadmissibilidade da prova ilícita está em estreita conexão com outros direitos e garantias fundamentais, como o direito à intimidade e à privacidade (art. 5º, X), o direito à inviolabilidade do domicílio (art. 5º, XI), o sigilo de correspondência e das comunicações telegráficas, de dados e das comunicações telefônicas (art. 5º, XII) e o direito ao sigilo profissional (CF, art. 5º, XIII e XIV, *in fine*), ao devido processo legal (art. 5º, LIV) e à proteção judicial efetiva, entre outros.

A obtenção de provas sem a observância das garantias previstas na ordem constitucional ou em contrariedade ao disposto em normas de procedimento configurará afronta ao princípio do devido processo legal.

Assente revela-se, igualmente, a não obrigatoriedade de fazer prova contra si mesmo, materializada em uma série de faculdades, como a de recusar-se a depor (direito ao silêncio) e, em alguma medida, a de adotar condutas ativas e passivas, que possam comprometer a defesa. Nesse sentido, o STF já afirmou que o investigado não pode ser obrigado a participar de reconstituição do crime[584], ou a fornecer material gráfico para comparação de assinatura[585], e que a recusa a se submeter ao teste do bafômetro não comprova a embriaguez ao volante[586]. A Corte está avaliando se o art. 9º-A da Lei de Execução Penal, introduzido pela de Lei n. 12.654/2012, que obriga condenados por crimes violentos a fornecer amostras corporais para catalogação do perfil genético, ofende a garantia[587].

Assim, não raras vezes questiona-se a liceidade da prova obtida mediante busca e apreensão determinada pelo juiz com ausência de adequada fundamentação ou, ainda, com base em decisão de caráter genérico.

Aspecto relevante diz respeito à prova ilícita por derivação. É o caso de prova obtida a partir de uma prova ilícita. Exemplo notório é o caso de confissão de crime mediante tortura que permite a apreensão do produto mediante ordem judicial[588].

A rejeição da *prova derivada* assenta-se na doutrina americana dos frutos da árvore envenenada *(fruits of the poisonous tree)*[589]. O Supremo Tribunal Federal, em alguns julgados, aplicou tal teoria, declarando a nulidade de todos os atos praticados no processo, desde a denúncia, inclusive[590].

Referida doutrina tem sido atenuada em alguns casos em razão da possibilidade de invalidação de toda a investigação pelo simples fato de que o conhecimento inicial da infração se deu por meios ilícitos. Como bem analisa Eugênio Pacelli, "ao investigado sempre será mais proveitoso a existência de uma prova ilícita, sobretudo se produzida antes do início das investigações. Aí se poderá alegar que todas as demais, subsequentes, dependeriam da informação obtida com a ilicitude"[591].

---

584 HC 69.026, rel. Min. Celso de Mello, Primeira Turma, julgado em 10-12-1991.

585 HC 77.135, rel. Min. Ilmar Galvão, Primeira Turma, julgado em 8-9-1998.

586 HC 93.916, rel. Min. Cármen Lúcia, Primeira Turma, julgado em 10-6-2008.

587 RE 973.837, rel. Min. Gilmar Mendes, com repercussão geral reconhecida.

588 Cf. Antonio Scarance Fernandes, *Processo penal constitucional*, 3. ed., São Paulo: Revista dos Tribunais, 2002, p. 90.

589 A doutrina foi construída pela Suprema Corte no caso Silverthorne Lumber & Co. v. United States 251 U.S. 385 (1919). A expressão "fruits of the poisonous tree" foi cunhada no precedente Nardone v. United States 308 U.S. 338 (1939).

590 Deve-se ressaltar, ainda, que o Código de Processo Penal, adotando a teoria dos frutos da árvore envenenada, previu, em reforma realizada pela Lei n. 11.690/2008, no art. 157, § 1º, a inadmissibilidade da utilização de prova ilícita para instruir o processo criminal. O art. 157, *caput*, e § 1º e § 2º, determina que deve ser desentranhado do processo as chamadas provas ilícitas por derivação, ou seja, aquelas que são reveladas de forma lícita, mas a forma com que se chegou a essas provas lícitas foi por intermédio de provas ilícitas, salvo quando não há nexo causal entre as provas ilícitas e as derivadas ou quando as últimas puderem ser obtidas de forma independente das primeiras. Cf., ainda: HC 74.116-9/SP, rel. Min. Maurício Corrêa, *DJ* de 14-3-1997; HC 69.912/RS, rel. Min. Sepúlveda Pertence, *DJ* de 25-3-1994; HC 72.588-1/PB, rel. Min. Maurício Corrêa, *DJ* de 4-8-2000.

591 Eugênio Pacelli de Oliveira, *Curso de processo penal*, 6. ed., Belo Horizonte: Del Rey, 2006, p. 314.

Daí falar-se em existência de provas autônomas[592] (*independent source*) e em descobertas inevitáveis (*inevitable discovery*)[593] como exceções à proibição ao uso da prova derivada da prova ilícita.

Portanto, nem sempre a existência de prova ilícita determinará a contaminação imediata de todas as outras provas constantes do processo, devendo ser verificada, no caso concreto, a configuração da derivação por ilicitude. Aqui também assume relevância peculiar a aplicação do princípio da proporcionalidade em concreto.

Registre-se, ainda, que o princípio do devido processo legal, em sua face atinente à ampla defesa, autoriza a produção de provas ilícitas *pro reo*[594]. A garantia da inadmissibilidade das provas obtidas de forma ilícita, como corolário do devido processo legal, é direcionada, em princípio, à acusação (Estado), que detém o ônus da prova. Quando a prova obtida ilicitamente for indispensável para o exercício do direito fundamental à ampla defesa pelo acusado, de modo a provar a sua inocência, não há por que se negar a sua produção no processo.

O devido processo legal atua, nesses casos, com dupla função: a de proibição de provas ilícitas e a de garantia da ampla defesa do acusado. Na solução dos casos concretos, há que se estar atento, portanto, para a ponderação entre ambas as garantias constitucionais. A regra da inadmissibilidade de provas ilícitas não deve preponderar quando possa suprimir o exercício da ampla defesa pelo acusado, sob pena de se produzir um verdadeiro paradoxo: a violação ao devido processo legal (ampla defesa) com o fundamento de proteção do próprio devido processo legal (inadmissibilidade de provas ilícitas).

Ressalte-se, nesse contexto, que, em alguns casos, a prova ilícita poderá ser produzida pelo próprio interessado, como único meio de sustentar sua inocência, configurando, dessa forma, o estado de necessidade, que exclui a ilicitude do ato.

O Supremo Tribunal Federal tem admitido a prova, que em princípio seria ilícita, produzida pelo réu em estado de necessidade, ou legítima defesa, causas excludentes da antijuridicidade da conduta[595].

Nesse contexto, a doutrina tem feito uma diferenciação entre a prova ilícita produzida pelo Estado e aquela produzida pelo particular, para afirmar que apenas no primeiro caso incidiria a regra do art. 5º, LVI. O fundamento, encontrado na jurisprudência norte-americana, é que apenas o Estado (produtor da prova) seria o sujeito passivo do direito fundamental à não produção no processo da prova obtida por meios ilícitos[596]. A teleologia da norma constitucional, além da garantia de um substrato ético ao processo (*fair trial)*, é o efeito dissuasório da atividade persecutória das autoridades públi-

---

592 HC 84.679, rel. p/ o acórdão Min. Eros Grau, julgado em 9-11-2004, *DJ* de 12-8-2005.

593 As teorias da fonte independente (*independent source*) e da descoberta inevitável (*inevitable discovery*) foram construídas pela Suprema Corte norte-americana no caso *Nix v. Williams* 467 U.S. 431 (1983).

594 Cf. Eugênio Pacelli de Oliveira, *Curso de processo penal*, cit., p. 283; Ada Pellegrini Grinover, Antonio Scarance Fernandes e Antonio Magalhães Gomes Filho, *As nulidades no processo penal*, 8. ed., São Paulo: Revista dos Tribunais, 2004, p. 161.

595 HC 74.678/SP, rel. Min. Moreira Alves, *DJ* de 15-8-1997.

596 Cf. Eugênio Pacelli de Oliveira, *Curso de processo penal*, cit., p. 324.

cas, de modo que, na hipótese de inexistência de qualquer participação destas, a prova obtida pelo particular deveria ser *prima facie* admitida[597].

Porém, apenas em favor do acusado, o Supremo Tribunal Federal tem excepcionado a regra de exclusão das provas ilícitas. Provas ilícitas produzidas em desfavor da defesa, ainda que sem participação estatal, são reputadas inaceitáveis. Nessa linha, a Corte determinou o descarte de gravação clandestina de conversa telefônica, feita por terceiro, sem o conhecimento dos interlocutores, a despeito de não ter havido participação de agente estatal no registro[598]. Assim, a prova ilícita não deve constar do processo ou dele há de ser desentranhada[599]. A condenação com base exclusivamente em prova ilícita será nula. O *habeas corpus* é instrumento idôneo para obter a declaração de ilicitude da prova[600] e postular o seu desentranhamento do processo ou, se for o caso, a nulidade *ab initio* da ação penal, desde a denúncia, inclusive.

9.2.2.2. *Técnicas especiais de investigação*

A locução "técnicas especiais de investigação" é empregada pela Convenção das Nações Unidas contra o Crime Organizado Transnacional (Convenção de Palermo), que menciona que os Estados adotarão a entrega vigiada, a vigilância eletrônica e outras formas de vigilância e as operações de infiltração, por parte das autoridades competente[601]. Na mesma linha, a Convenção das Nações Unidas contra a Corrupção (Convenção de Mérida)[602]. Também são chamadas meios especiais de obtenção de prova[603].

Muito embora de difícil definição[604], pode-se afirmar que as técnicas especiais de investigação são meios de obtenção de provas não tradicionais, marcados pelo sigilo, geralmente invasivos e onerosos, reservados à investigação de crimes graves, especialmente praticados por organizações criminosas.

A Lei das Organizações Criminosas prevê, em seu art. 3º, as seguintes técnicas especiais de investigação: colaboração premiada; captação ambiental de sinais eletromagnéticos, ópticos ou acústicos; ação controlada; acesso a registros de ligações telefônicas e telemáticas, a dados cadastrais constantes de bancos de dados públicos ou privados e a informações eleitorais ou comerciais; interceptação de comunicações telefônicas e telemáticas, nos termos da legislação específica; afastamento dos sigilos financeiro, bancário e fiscal, nos termos da legislação específica; infiltração, por policiais, em

---

597 Cf. Thiago André Pierobom de Ávila, *Provas ilícitas e proporcionalidade*, Rio de Janeiro: Lumen Juris, 2006 (no prelo).

598 HC 80.948/ES, rel. Min. Néri da Silveira, *DJ* de 19-12-2001.

599 Inq.-ED 731, rel. Min. Néri da Silveira, julgado em 22-5-1996, *DJ* de 7-6-1996.

600 HC 79.191/SP, rel. Min. Sepúlveda Pertence, *DJ* de 8-10-1999; HC 80.949/RJ, rel. Min. Sepúlveda Pertence, *DJ* de 14-12-2001.

601 Artigo 20 da Convenção, em execução no Brasil por força do Decreto n. 5.015/2004.

602 Artigo 50 da Convenção, em execução no Brasil por força do Decreto n. 5.687/2006.

603 Cleber Masson; Vinícius Marçal, *Crime organizado*, 3. ed., Rio de Janeiro: Forense, 2017. Edição eletrônica, posição 2579.

604 Nesse sentido, Vladimir Aras, Técnicas especiais de investigação, in: Carla Veríssimo De Carli, *Lavagem de dinheiro*: prevenção e controle penal, 2. ed., Porto Alegre: Verbo Jurídico, 2013, p. 503-582.

atividade de investigação; e cooperação entre instituições e órgãos federais, distritais, estaduais e municipais na busca de provas e informações de interesse da investigação ou da instrução criminal.

Muito embora tenhamos ressaltado que as técnicas especiais de obtenção de prova são meios não tradicionais de investigação, também é verdade que algumas delas já contam com décadas de evolução.

Não são recentes os esforços do legislador brasileiro na adaptação do texto constitucional e das leis infraconstitucionais aos avanços tecnológicos com vistas à proteção do direito à privacidade.

Na Constituição de 1967, além do sigilo da correspondência, até então a única forma de comunicação protegida pelas Constituições anteriores, ampliou-se o espectro de proteção para alcançar, também, as "comunicações telefônicas e telegráficas" (art. 150, § 9º)[605].

A Constituição de 1988, por sua vez, inovou ao incluir a inviolabilidade do sigilo da comunicação "*de dados*" (art. 5º, XII), proteção evidentemente lacônica diante dos atuais sistemas de tecnologia da informação, laconismo este, de certo modo, justificável, à vista das tecnologias então disponíveis.

No plano infraconstitucional, antes mesmo da vigência da Constituição de 1967, já assegurava o Código Brasileiro de Telecomunicações (Lei n. 4.117/62) o sigilo das comunicações telefônicas, com a expressa ressalva de que não constituía violação ao sigilo "o conhecimento dado ao juiz competente, mediante requisição ou intimação deste" (art. 57, II, *e*).

Após a Constituição de 1988, esse esforço de adaptação evidencia-se, inicialmente, com a edição da Lei n. 9.296/96, a qual, regulamentando o art. 5º, inciso XII, parte final, da Constituição Federal, passou a disciplinar as interceptações telefônicas, com o expresso adendo de que o disposto na referida Lei "aplica-se à interceptação do fluxo de comunicações em sistemas de informática e telemática" (art. 1º, parágrafo único).

Não muito tempo depois, sobreveio a Lei n. 10.217/2001, que, atualizando a Lei n. 9.034/95, que tratava de meios de prova e procedimentos na repressão aos crimes praticados por organizações criminosas, passou a admitir "a captação e a interceptação ambiental de sinais eletromagnéticos, óticos ou acústicos, e o seu registro e análise, mediante circunstanciada autorização judicial"[606].

Em agosto de 2013, foi sancionada a Lei n. 12.850, que, revogando a Lei n. 9.034/95, passou a definir "organização criminosa" e a dispor sobre os meios de obtenção da prova nos crimes praticados nessa condição. Repetiu-se na nova lei, contudo, quanto às interceptações ambientais, basicamente, o mesmo texto da lei anterior, limitando-se a admitir, em qualquer fase da persecução penal, a "captação ambiental de sinais eletromagnéticos, ópticos ou acústicos" (art. 3º, III). Não se reproduziu no novo diploma le-

---

605 Desde as ordenações Filipinas (1603), o sigilo da correspondência já contava com proteção jurídica, inclusive com a previsão de morte, naquele diploma legal, caso a correspondência fosse dirigida ao rei, à rainha ou ao príncipe. Essa proteção repetiu-se na Constituição Imperial de 1824 e assim se sucedeu, sem alterações significativas, nas Constituições republicanas de 1891 (art. 72), 1934 (art. 113), 1937 (art. 122) e 1946 (art. 141, § 6º).

606 Lei n. 9.034, art. 2º, IV, com a redação dada pela Lei n. 10.217/2001.

gal, como se percebe, a expressão "mediante circunstanciada autorização judicial", prevista no art. 2º, V, da lei revogada, tema ao qual voltaremos, mais adiante, nos comentários à referida lei.

Por fim, em abril de 2014, foi sancionada a Lei n. 12.965, o chamado "marco civil da internet". Entre as garantias estabelecidas na referida lei, uma importante inovação: restou expressamente assegurado aos usuários da internet no Brasil não apenas o sigilo do fluxo de comunicações, já regulamentado pela Lei n. 9.296/96, como também a inviolabilidade e o sigilo dos dados armazenados (art. 7º, II e III), tema até então sem legislação específica, a motivar controvérsias na doutrina e na jurisprudência.

Diante desse quadro, cabe perquirir até que ponto a legislação brasileira sobre interceptações telefônicas e telemáticas, bem como sobre captação ambiental de sinais eletromagnéticos, óticos ou acústicos, para fins de investigações criminais, mostra-se adequada e suficiente em face dos avanços tecnológicos que se multiplicam nessa área.

Não é mais novidade, por exemplo, a possibilidade de infiltração de *softwares* espiões em computadores pessoais, a busca e apreensão *on-line* de informações armazenadas em bancos de dados virtuais e o monitoramento remoto, em tempo real, do que se passa no interior de residências, escritórios e outros espaços privados, por meio de aparatos como *scanners* capazes de obter imagens do interior de veículos em movimento e de aeronaves não tripuladas (*drones*), equipadas com sofisticados sistemas de rastreamento.

Seria admissível, nesse contexto, por exemplo, a aplicação das disposições sobre interceptações telefônicas e telemáticas à busca e apreensão *on-line* de diálogos travados em redes sociais ou de fotografias e arquivos de áudio e vídeo baixados e salvos em computadores pessoais? A lei de escutas ambientais poderia fundamentar a obtenção de imagens do interior de determinada residência sem nela se ingressar fisicamente ou, por exemplo, a captação remota de imagens e diálogos de duas pessoas conversando reservadamente numa mesa de restaurante? Como regular, em consonância com as garantias constitucionais da inviolabilidade do domicílio e do sigilo das comunicações, o uso, em investigações criminais, de tecnologias que se renovam a cada dia?

Questões dessa natureza não estão adstritas ao direito brasileiro. Por se cuidar de tecnologias que se disseminam com rapidez, os desafios são praticamente os mesmos em outros ordenamentos jurídicos. Por isso, na análise do tema, a referência à legislação e à jurisprudência estrangeira muito contribui para o debate.

Analisa-se, neste tópico, a legislação brasileira sobre interceptações telefônicas, telemáticas e ambientais em face da garantia constitucional do direito à privacidade e da jurisprudência do Supremo Tribunal Federal sobre o tema. São abordados também os desafios que se apresentam nesse campo com o surgimento de novas técnicas intrusivas, como a infiltração de *softwares* espiões em sistemas de informática, a busca e apreensão *on-line* de informações armazenadas em computadores pessoais ou em bancos de dados e o monitoramento remoto de residências e outros espaços privados[607]. São igual-

607 Sobre o tema, ver: Gilmar Ferreira Mendes; Jurandi Borges Pinheiro, Interceptações e privacidade: novas

mente tratadas como meios especiais de obtenção de prova previstos na Lei do Crime Organizado e em outras leis esparsas, como a colaboração premiada, a ação controlada e a infiltração de agentes policiais.

9.2.2.2.1. Interceptações telefônicas e telemáticas

A interceptação e a gravação de conversas telefônicas configuram um dos elementos centrais da controvérsia sobre a ilicitude da prova.

A ampla utilização desse instrumento de comunicação e a possibilidade técnica de realização de interceptação ou gravação têm dado ensejo à efetivação de gravações de conversas e à sua utilização – muitas vezes indevida – em processos judiciais ou na esfera privada.

A referência constante do texto constitucional – art. 5º, XII – diz respeito à interceptação telefônica, com ou sem consentimento de um dos interlocutores, para fins de investigação criminal ou instrução processual penal.

Não se contempla aqui, em princípio, a gravação de conversa telefônica por um interlocutor sem o conhecimento de outro, muitas vezes realizada com propósito de autodefesa em face de situações como sequestro de familiares, extorsão ou outras práticas criminosas. Tal conduta parece não se situar no âmbito do art. 5º, XII, *in fine*, mas no âmbito de proteção do art. 5º, X, que dispõe sobre a proteção da intimidade e da vida privada[608].

A propósito de gravação clandestina realizada por terceiros, já se asseverou que "o só fato de a única prova ou referência aos indícios apontados na representação do MPF resultarem de gravação clandestina de conversa telefônica que teria sido concretizada por terceira pessoa, sem qualquer autorização judicial, na linha da jurisprudência do STF, não é elemento invocável a servir de base à propulsão de procedimento criminal legítimo contra um cidadão, que passa a ter a situação de investigado"[609].

Com efeito, tal como se depreende do texto constitucional, autoriza-se a interceptação telefônica para fins de investigação criminal ou de instrução processual penal, por ordem judicial, nas hipóteses e na forma da lei (CF, art. 5º, XI). Tem-se aqui típica *reserva legal qualificada*, na qual a autorização para intervenção legal está submetida à condição de destinar-se à investigação criminal ou à instrução processual-penal.

A partir da ampliação, pela Constituição de 1988, da inviolabilidade do sigilo das comunicações, ao incluir, ao lado das comunicações telefônicas e telegráficas, também as comunicações de dados, é possível identificar, na jurisprudência do Supremo Tribunal Federal, dois momentos significativos sobre interceptações telefônicas e telemáticas como meio de prova em investigações criminais.

No primeiro momento, o Tribunal considerou inaceitável esse tipo de prova, ainda que precedida de autorização judicial, tendo em vista a ausência de lei regulamenta-

---

tecnologias e a Constituição, in: Gilmar Ferreira Mendes; Ingo Wolfgang Sarlet; Alexandre Zavaglia P. Coelho (coord.), *Direito, inovação e tecnologia*, São Paulo: IDP/Saraiva, 2015.

608 Cf. Antonio Scarance Fernandes, *Processo penal constitucional*, cit., p. 95 e s.

609 HC 80.948, rel. Min. Néri da Silveira, julgado em 7-8-2001, *DJ* de 19-12-2001.

dora do art. 5º, XII, da CF, o qual dispõe que "é inviolável o sigilo da correspondência e das comunicações telegráficas, de dados e das comunicações telefônicas, salvo, no último caso, por ordem judicial, nas hipóteses e na forma que a lei estabelecer para fins de investigação criminal ou instrução processual penal".

Levou-se em conta que, diante da imposição constitucional de reserva legal qualificada para a efetivação da interceptação, não se poderia considerar recepcionado o art. 57, II, *a*, do Código Brasileiro de Telecomunicações[610].

Com a regulação da matéria pela Lei n. 9.296/96, o STF passou a considerar a prova lícita, rejeitando-a, basicamente, em dois casos:

1) quando deficiente a fundamentação da decisão judicial que a autorizou[611];

2) quando a gravação for executada por terceiro sem conhecimento de um dos interlocutores[612].

A Lei n. 9.296/96 dispõe que a interceptação telefônica e o fluxo de comunicações em sistemas de informática e telemática dependerão de ordem do juiz competente da ação principal, sob segredo de justiça, e não serão admitidas quando ocorrerem as seguintes hipóteses:

I – não houver indícios razoáveis da autoria ou participação em infração penal;

II – a prova puder ser feita por outros meios disponíveis;

III – o fato investigado constituir infração penal punida, no máximo, com pena de detenção.

O legislador exige a presença de elementos associados à viabilidade de um provimento cautelar (probabilidade de infração criminal e da autoria) *(fumus boni juris)* e perigo de perda da prova sem a interceptação[613].

A interceptação somente poderá ser ordenada em caso de crime punido com pena de reclusão. Essa solução tem merecido crítica doutrinária em razão de, pela sua generalidade, não permitir o uso da interceptação em crimes ou até mesmo contravenções dotados de alguma singularidade, como os crimes de ameaça ou injúria praticados por telefone ou a apuração da contravenção do jogo do bicho[614].

O Supremo Tribunal Federal assentou, porém, que a prova obtida em interceptação telefônica, destinada a investigar crime punido com pena de reclusão, pode subsidiar denúncia por crime punido com pena de detenção[615].

Assim, é de se ter em conta que não é de todo razoável a admissão legal da interceptação em todos os casos, indistintamente, de crimes apenados, em abstrato, com pena de reclusão, pois ficam incluídas nesse âmbito as infrações que podem não ter re-

---

610 HC 69.912/RS, rel. Min. Sepúlveda Pertence, *DJ* de 25-3-1994; HC 75.007/SP, rel. Min. Marco Aurélio, *DJ* de 8-9-2000; HC 72.588/PB, rel. Min. Maurício Corrêa, *DJ* de 4-8-2000.

611 A Lei n. 9.296/96 prescreve que a decisão judicial que defere o pedido de interceptação telefônica deve ser fundamentada e indicar a forma de execução da diligência (art. 5º).

612 HC 80.948, rel. Min. Néri da Silveira, julgado em 7-8-2001, *DJ* de 19-12-2001.

613 Antonio Scarance Fernandes, *Processo penal constitucional*, cit., p. 101.

614 Antonio Scarance Fernandes, *Processo penal constitucional*, cit., p. 100. Scarance Fernandes sustenta que melhor teria sido a adoção da proposta formulada pelo Deputado Miro Teixeira, que relacionava os crimes que permitiriam a interceptação.

615 HC 83.515/RS, rel. Min. Nelson Jobim, julgado em 16-9-2004, *DJ* de 4-3-2005. No mesmo sentido: STF, 2ª Turma, AI 626214 AgR/MG, rel. Min. Joaquim Barbosa, *DJe* de 8-10-2010.

levante potencial ofensivo, e excluídas aquelas que, apesar de sua menor relevância social, somente podem ser devidamente investigadas por meio da interceptação[616].

Se se considera, mesmo tendo em vista a legislação a respeito do tema no direito comparado, que a interceptação somente deve ser admitida em casos de crimes de real gravidade – e essa parece ter sido a intenção do legislador –, deve o juiz estar atento às circunstâncias específicas de cada caso para, procedendo ao exame de proporcionalidade, justificar a admissibilidade ou não da interceptação telefônica.

Nesse sentido, não se pode negar que o art. 2º da Lei n. 9.296/96 traduz a necessidade de que a admissibilidade da interceptação telefônica seja precedida do exame de proporcionalidade da medida, que deverá ser (1) adequada para os fins a que se propõe, devendo haver indícios razoáveis da autoria ou participação em infração penal (inciso I); (2) necessária, de forma que a prova não possa ser realizada por outros meios disponíveis menos gravosos (inciso II); (3) sendo que o fato investigado deve constituir crime de especial gravidade, de modo que justifique, na devida proporção, a utilização da medida constritiva de direitos fundamentais do investigado, em prol da realização de outros valores constitucionais (inciso III).

Assim, a decisão judicial que defere a interceptação telefônica, de ofício ou a requerimento do Ministério Público ou da autoridade policial, deve ser fundamentada e indicar a forma de execução da diligência, que não poderá exceder o prazo de quinze dias, renovável por igual tempo, se comprovada a indispensabilidade do meio de prova[617].

O Tribunal tem admitido, no entanto, a prorrogação sucessiva desse prazo, quando o fato é complexo e exige investigação diferenciada e contínua[618].

Esse entendimento foi reafirmado pelo Plenário do STF em julgamento mais recente ao examinar, no HC 100.172/SP, alegada falta de motivação de decisão proferida no âmbito do Superior Tribunal de Justiça, a qual autorizou a 7ª prorrogação das escutas telefônicas pelo prazo de 30 dias consecutivos, o que estaria em desacordo com a lei de regência. Destacou-se nesse julgamento, citando entendimento firmado no HC 92.020/DF[619], que "as decisões que, como no presente caso, autorizam a prorrogação de interceptação telefônica sem acrescentar novos motivos evidenciam que essa prorrogação foi autorizada com base na mesma fundamentação exposta na primeira decisão que deferiu o monitoramento"[620].

---

616 Sobre a inconstitucionalidade do inciso III do art. 2º da Lei n. 9.296/96 e a necessidade de um rol taxativo de infrações, *vide*: Ada Pellegrini Grinover, Antonio Scarance Fernandes e Antonio Magalhães Gomes Filho, *As nulidades no processo penal*, cit., p. 219.

617 Cf. RHC 88.371/SP, rel. Min. Gilmar Mendes, 2ª Turma, *DJ* de 2-2-2007: "(...) a) ilegalidade no deferimento da autorização da interceptação por 30 dias consecutivos; e b) nulidade das provas, contaminadas pela escuta deferida por 30 dias consecutivos. 3. No caso concreto, a interceptação telefônica foi autorizada pela autoridade judiciária, com observância das exigências de fundamentação previstas no artigo 5º da Lei n. 9.296/1996. Ocorre, porém, que o prazo determinado pela autoridade judicial foi superior ao estabelecido nesse dispositivo, a saber: 15 (quinze) dias. 4. A jurisprudência do Supremo Tribunal Federal consolidou o entendimento segundo o qual as interceptações telefônicas podem ser prorrogadas desde que devidamente fundamentadas pelo juízo competente quanto à necessidade para o prosseguimento das investigações (...)" (RHC 88.371/SP, rel. Min. Gilmar Mendes, 2ª Turma, *DJ* de 2-2-2007).

618 HC 83.515/RS, rel. Min. Nelson Jobim, julgado em 16-9-2004, *DJ* de 4-3-2005.

619 Segunda Turma, rel. Min. Joaquim Barbosa, *DJe* de 8-11-2010.

620 STF, HC 100.172/SP, Pleno, rel. Min. Dias Toffoli, *DJe* de 25-9-2013.

Cabe registrar, por fim, que o tema é objeto de recurso extraordinário com repercussão geral já reconhecida pelo STF, ainda pendente de julgamento[621].

Tem-se mitigado também a nulidade da prova ilícita decorrente de interceptação telefônica ilegal se a persecução criminal ou a condenação tiver base em outros elementos probatórios idôneos[622].

Com a regulamentação da matéria pela Lei n. 9.296/96, a qual passou a disciplinar, além das interceptações telefônicas, também a interceptação da comunicação de dados, essa segunda modalidade de interceptação foi objeto de questionamento na Ação Direta de Inconstitucionalidade 1.488 MC/DF, ajuizada pela Associação dos Delegados de Polícia do Brasil, na qual se alegou que a interceptação do fluxo da comunicação de dados em sistemas de informática ofendia aos incisos XII e LVI do art. 5º, da Constituição Federal. A liminar foi indeferida por inocorrência de *periculum in mora* e, ao final, negou-se seguimento à ação por ilegitimidade *ad causam* da parte autora[623]. A matéria voltou a ser submetida à Corte na ADI 4.112/DF, ajuizada pelo Partido Trabalhista Brasileiro – PTB, ainda pendente de julgamento.

9.2.2.2.1.1. Interceptações e encontro fortuito de provas

Nas interceptações para fins de investigação criminal, independentemente da tecnologia utilizada, pode verificar se, fortuitamente, a identificação de outras práticas criminosas que não eram objeto da investigação original, constatação de fatos que, em razão da matéria, seriam de competência de outro juiz, ou a participação de pessoas que gozariam de prerrogativa de foro.

Em determinados casos, o *encontro fortuito* desses elementos será fundamental para definir ou afirmar a competência de determinado órgão judicial.

Em sentido divergente, considerou o *Bundesgerichtshof*, em 1976, que a valoração só seria admissível se, e na medida em que, os fatos conhecidos no âmbito de uma escuta telefônica conforme o § 100, *a*, da StPO, estivessem em conexão com a suspeita de um crime do catálogo no sentido deste preceito.

Conforme sustenta Manuel Andrade:

> "Estava lançado o princípio da proibição de valoração dos conhecimentos fortuitos 'que não estejam em conexão com um crime de catálogo'. Que viria a converter-se num dos tópicos mais pacíficos entre os tribunais e os autores e, nessa medida, numa como que exigência mínima do regime processual penal dos conhecimentos fortuitos. Trata se, de resto, de uma exigência que o Tribunal Federal procura ancorar directamente no princípio de proporcionalidade codificado no regime positivo do § 100a) da StPO. De acordo com a decisão em exame, 'o princípio de proporcionalidade decorrente da ideia de Estado de Direito só permite a compreensão das posições correspondentes aos direitos fundamentais na medida do que é absolutamente necessário para a protecção de bens

621 RE 625.263 RG/PR, rel. Min. Gilmar Mendes, *DJe* de 9-9-2013.

622 HC 74.530/AP, rel. Min. Ilmar Galvão, *DJ* de 13-12-1996; HC 75.497/SP, rel. Min. Maurício Corrêa, *DJ* de 14-10-1997; HC 74.599, rel. Min. Ilmar Galvão, *DJ* de 7-2-1997.

623 ADI 1.488/DF, rel. Min. Néri da Silveira, *DJ* de 20-3-2001.

jurídicos reconhecidos pela Constituição. E proíbe, por isso, a valoração do material que vem à rede numa escuta telefónica legalmente realizada, mas que não é significativo (ou deixa de o ser) para o fim de protecção da ordenação democrática e livre' a que o regime de escutas telefónicas presta homenagem"[624].

Como anota Manuel da Costa Andrade, porém, foi posteriormente flexibilizada pelo próprio Tribunal de Justiça alemão no sentido de que não seria necessário que os conhecimentos fortuitos estivessem em conexão com o crime do catálogo que motivou a escuta.

É de salientar, inclusive, que esse alargamento do entendimento do BGH ocorreu, com especial reconhecimento, para os casos de associações criminosas e de terrorismo.

Nesse contexto, de um lado, o *Bundesgerichtshof* estende a admissibilidade da valoração aos conhecimentos fortuitos relativos aos crimes que constituem a finalidade ou a atividade da associação criminosa.

Por outro lado e de modo complementar, o BGH entende que se, na sede de apreciação judicial, apurar se como infundada a acusação pelo crime de "Associação Criminosa", isso não impede a valoração dos conhecimentos fortuitos relativos aos crimes da associação. Um regime que, frise-se, valeria mesmo para a hipótese extremada de a acusação pelo crime de associação ser improcedente.

Nesse sentido, a decisão de 30 8 1978 (BGH, 28, 122) é veemente ao afirmar que:

> "1. Os conhecimentos de factos obtidos através de uma escuta telefónica regularmente feita, nos termos dos §§ 100a) e 100b) da StPO, com base na suspeita de um crime do § 129 do StGB (associações criminosas), podem também ser utilizados para prova dos crimes que no momento da autorização da escuta ou no decurso da sua realização podem ser imputados à associação como sua finalidade ou actividade. 2. Isto vale mesmo para a hipótese de, no momento oportuno, as autoridades competentes para a acusação deixarem cair a acusação pelo crime do catálogo"[625].

Assim, não configuraria prova ilícita aquela obtida mediante interceptação telefônica, ainda que o crime identificado não guarde relação de conexão com aquele que deu ensejo às investigações.

O Supremo Tribunal Federal tornou ainda mais flexível essa regra no julgamento da Inq. 2.424 QO QO, autorizando que a prova colhida no curso de investigação criminal fosse utilizada/emprestada para a instrução de procedimento administrativo disciplinar. Assim a ementa do julgado:

> "PROVA EMPRESTADA. Penal. Interceptação telefônica. Escuta ambiental. Autorização judicial e produção para fim de investigação criminal. Suspeita de delitos cometidos por autoridades e agentes públicos. Dados obtidos em inquérito policial. Uso em procedimento administrativo disciplinar, contra outros servidores, cujos eventuais ilícitos administrativos teriam despontado à colheita dessa prova. Admissibilidade. Resposta afirmativa a questão de ordem. Inteligência do art. 5º, inc. XII, da CF, e do art. 1º da Lei federal n.

624 Manuel da Costa Andrade, *Sobre as proibições de prova em processo penal*, cit., p. 308.

625 Manuel da Costa Andrade, *Sobre as proibições de prova em processo penal*, cit., p. 308.

9.296/96. Precedente. Voto vencido. Dados obtidos em interceptação de comunicações telefônicas e em escutas ambientais, judicialmente autorizadas para produção de prova em investigação criminal ou em instrução processual penal, podem ser usados em procedimento administrativo disciplinar, contra a mesma ou as mesmas pessoas em relação às quais foram colhidos, ou contra outros servidores cujos supostos ilícitos teriam despontado à colheita dessa prova"[626]

Conclui-se, portanto, que para demonstrar a culpabilidade das mesmas pessoas investigadas ou, ainda, de outros servidores, caso fosse verificado seu envolvimento com a prática ilícita, é possível a utilização, em processo administrativo, de provas colhidas na investigação criminal.

9.2.2.2.1.2. Interceptações e juiz competente

Juiz competente para determinar a interceptação será aquele com capacidade para processar e julgar o crime de cuja prática se suspeita. A verificação *a posteriori* de que se trata de crime para o qual seria incompetente não deve acarretar a nulidade da prova colhida, uma vez que, cuidando-se de procedimento cautelar, bastante se afigura, *ab initio*, o *fumus boni juris*[627].

Nessa linha, decidiu o Supremo Tribunal Federal, no julgamento do HC 81.260, que "não induz à ilicitude da prova resultante da interceptação telefônica que a autorização provenha de Juiz Federal – aparentemente competente, à vista do objeto das investigações policiais em curso, ao tempo da decisão – que, posteriormente, se haja declarado incompetente, à vista do andamento delas"[628].

Resta evidente que, na fase das investigações, tal como em relação às medidas cautelares pré-processuais, o referencial para a fixação da competência haverá de ser não o *fato imputado* – este só existirá a partir da denúncia –, mas o *fato suspeitado*.

No aludido precedente, fixou-se a competência para a Justiça estadual após se verificar que se não cuidava da competência da Justiça Federal.

Afigura-se digna de registro conclusão do Tribunal a propósito do tema, em manifestação do Ministro Sepúlveda Pertence:

> "A tese da impetração implicaria, não obstante, em que – para obviar o risco de sua invalidação, conforme os rumos de uma investigação inconclusa –, só pudesse a autorização questionada ser deferida, quando definitivamente firmada, com a denúncia recebida, a competência para a ação penal decorrente...
>
> Finalmente, um outro prisma do regime jurídico das interceptações telefônicas evidenciaria, por si só, como não se pode extrair da letra do art. 1º da L. 9.296/96 que a validade dos elementos da prova dela consequentes em relação a determinado crime se subordinasse, em qualquer hipótese, à competência do juiz que a houvesse autorizado para a respectiva e futura ação penal.

---

626 Inq. 2.424 QO QO, rel. Min. Cezar Peluso, *DJ* de 24 8 2007.

627 HC 81.260, rel. Min. Sepúlveda Pertence, *DJ* de 19 4 2002. Cf. sobre o assunto, supra, competência do juiz e encontro fortuito de provas.

628 Rel. Min. Sepúlveda Pertence, *DJ* de 19-4-2002.

Aludo ao problema dos 'conhecimentos fortuitos', concernente a saber em que hipóteses e em que medida será lícito utilizar-se, como prova, da informação colhida – mercê da interceptação telefônica autorizada –, a respeito de fatos delituosos estranhos àqueles para a averiguação dos quais se emitiu a autorização.

Não é o momento de analisar as soluções aventadas para a questão pela jurisprudência e a doutrina comparadas – a exemplo da germânica, que o professor coimbrão resenha, e da espanhola, a que se reporta o jurista uruguaio.

Basta observar que é francamente minoritária, entre os tribunais e os doutores, a recusa peremptória da licitude da 'prova encontrada', parecendo dominante, pelo contrário, a dos que concluem por sua admissibilidade, desde, pelo menos, que o fato desvelado fortuitamente se encontre entre os chamados 'crimes do catálogo' – isto é, entre aqueles para a investigação dos quais se permite autorizar a interceptação telefônica.

Nesse quadro, parece manifesto que seria um contrassenso sujeitar a licitude da prova casualmente captada a que o delito descoberto se compreendesse na competência do juiz que, com vistas à averiguação da suspeita de um outro – compreendido na sua esfera de jurisdição – houvesse autorizado legitimamente a interceptação".

Em julgamento mais recente, a teoria do juízo aparente foi aplicada pela 2ª Turma do STF, com o reconhecimento da licitude de interceptações telefônicas deferidas por Juízo Federal posteriormente declarado incompetente, conforme ementa a seguir transcrita:

"*Habeas corpus*. 2. *Writ* que objetiva a declaração de ilicitude de interceptações telefônicas determinadas com vistas a apurar possível atuação de quadrilha, formada por servidores e médicos peritos do INSS, vereadores do município de Bom Jesus do Itabapoana/RJ que, em tese, agiam em conluio para obtenção de vantagem indevida mediante a manipulação de procedimentos de concessão de benefícios previdenciários, principalmente auxílio-doença. 3. Controvérsia sobre a possibilidade de a Constituição estadual do Rio de Janeiro (art. 161, IV, *d*, '3') estabelecer regra de competência da Justiça Federal quando fixa foro por prerrogativa de função. 4. À época dos fatos, o tema relativo à prerrogativa de foro dos vereadores do município do Rio de Janeiro era bastante controvertido, mormente porque, em 28-5-2007, o TJ/RJ havia declarado sua inconstitucionalidade. 5. Embora o acórdão proferido pelo Pleno da Corte estadual na Arguição de Inconstitucionalidade n. 01/06 não tenha eficácia *erga omnes*, certamente servia de paradigma para seus membros e juízes de primeira instância. Dentro desse contexto, não é razoável a anulação de provas determinadas pelo Juízo Federal de primeira instância. 6. Julgamento da Ação Penal n. 2008.02.01.010216-0 pelo TRF da 2ª Região, no qual se entendeu que a competência para processar e julgar vereador seria de juiz federal, tendo em vista que a Justiça Federal é subordinada à Constituição Federal (art. 109) e não às constituições estaduais. 7. Quanto à celeuma acerca da determinação da quebra de sigilo pelo Juízo Federal de Itaperuna/RJ, que foi posteriormente declarado incompetente em razão de ter sido identificada atuação de organização criminosa (art. 1º da Resolução Conjunta n. 5/2006 do TRF da 2ª Região), há de se aplicar a teoria do juízo aparente (STF, HC 81.260/ES, Tribunal Pleno, rel. Min. Sepúlveda Pertence, *DJ* de 19-4-2002). 8. Ordem denegada, cassando a liminar deferida"[629]

629 HC 110.496, 2ª Turma, rel. Min. Gilmar Mendes, *DJe* de 4-12-2013.

Está-se, pois, no âmbito daquilo que a dogmática do direito processual penal denomina "encontro fortuito de provas", com repercussão na definição de competência do órgão judiciário.

9.2.2.2.1.3. Interceptações e cadeia de custódia

Em 7 de maio de 2019, a RCL 32.722, de relatoria do ministro Gilmar Mendes, por votação unânime foi julgada procedente para "assegurar à defesa o acesso aos arquivos originais das interceptações telemáticas, consoante fornecido pela operadora BlackBerry", por violação à Súmula Vinculante 14 do STF. Nos termos do voto do relator, por ter se estabelecido uma situação de dúvida, embasada em elementos concretos (depoimentos de policiais responsáveis pelos atos), sobre a confiabilidade dos dados apresentados pela autoridade investigatória em relação às comunicações interceptadas, "a incerteza sobre a fidedignidade das investigações impõe a adoção de medidas para proteção da cadeia de custódia das informações".

Na doutrina, afirma-se que um dos aspectos mais delicados da aquisição de fontes de prova consiste em preservar a idoneidade de todo o trabalho que tende a ser realizado sigilosamente, em um ambiente de reserva que, se não for respeitado, compromete o conjunto de informações que eventualmente venham a ser obtidas dessa forma[630]. Nesse sentido, a preservação de cada uma das etapas da operação que realizou a interceptação das comunicações de um cidadão (cadeia de custódia) é a única maneira de assegurar a integridade do procedimento probatório, permitindo que a defesa rastreie e conheça as fontes de prova[631].

9.2.2.2.2. Privacidade e sigilo de dados

Antes de analisar a quebra de sigilo de dados como meio de obtenção de provas, importante destacar a importância que a Constituição Federal atribui ao sigilo de dados, como decorrência da inviolabilidade da privacidade.

Foi objeto de discussão no STF se a disposição contida no art. 5º, XII, da Constituição Federal, ao estabelecer a inviolabilidade das correspondências e das comunicações telegráficas "e de dados", diz respeito à inviolabilidade dos dados eventualmente *depositados* em um repositório qualquer ou apenas à "comunicação de dados".

Na denúncia então oferecida contra o ex-Presidente Fernando Collor, essa questão se colocou, com a precisa indagação, se os dados obtidos de um computador apreendido configurariam prova ilícita. Embora o Tribunal tenha acolhido a tese da ilicitude da prova assim obtida, fê-lo tão somente em razão de a apreensão ter-se efetivado sem ordem judicial. Dessa forma, não chegou a decidir sobre o significado normativo da referência a "dados" no art. 5º, XII, da Constituição Federal[632].

---

630 Geraldo Prado, *Prova penal e sistema de controles epistêmicos*. São Paulo: Marcial Pons, 2014, p. 77.

631 Santoro; Tavares; Gomes, O protagonismo dos sistemas de tecnologia da informação na interceptação telefônica: a importância da cadeia de custódia. *Revista Brasileira de Direito Processual Penal,* v. 3, n. 2, 2017, p. 628.

632 AP 307, rel. Min. Ilmar Galvão, *DJ* de 13-10-1995.

O tema foi suscitado novamente no RE 418.416/SC, quando, então, o Tribunal acabou por consagrar, em sua jurisprudência, a orientação no sentido de que a utilização de dados armazenados em computador não configura violação ao disposto no art. 5º, XII, no que concerne à proteção de comunicação de dados, desde que a apreensão da base física na qual os dados se encontram decorra de prévia ordem judicial. Considerou a Corte que a proteção a que se refere o art. 5º, XII, da Constituição, é da "comunicação de dados" e não dos dados em si mesmos considerados. A ementa do julgado é bastante elucidativa quanto a essa distinção:

> "1. Impertinência à hipótese da invocação da AP 307 (Pleno, 13-12-94, rel. Min. Ilmar Galvão, *DJU* 13-10-95), em que a tese da inviolabilidade absoluta de dados de computador não pode ser tomada como consagrada pelo Colegiado, dada a interferência, naquele caso, de outra razão suficiente para a exclusão da prova questionada – o ter sido o microcomputador apreendido sem ordem judicial e a consequente ofensa da garantia da inviolabilidade do domicílio da empresa – este segundo fundamento bastante, sim, aceito por votação unânime, à luz do art. 5º, XI, da Lei Fundamental.
>
> 2. Na espécie, ao contrário, não se questiona que a apreensão dos computadores da empresa do recorrente se fez regularmente, na conformidade e em cumprimento de mandado judicial.
>
> 3. Não há violação do art. 5º, XII, da Constituição que, conforme se acentuou na sentença, não se aplica ao caso, pois não houve 'quebra de sigilo das comunicações de dados (interceptação das comunicações), mas sim apreensão de base física na qual se encontravam os dados, mediante prévia e fundamentada decisão judicial'.
>
> 4. A proteção a que se refere o art. 5º, XII, da Constituição é da comunicação 'de dados' e não dos 'dados em si mesmos', ainda quando armazenados em computador (cf. voto no MS 21.729, Pleno, 5.10.95, red. Min. Néri da Silveira – *RTJ* 179/225, 270)[633]

Esse entendimento foi reafirmado em precedente da 2ª Turma do STF, no qual se alegava suposta ilegalidade decorrente do fato de os policiais, após prisão em flagrante, terem realizado a análise dos últimos registros na agenda eletrônica de dois aparelhos celulares apreendidos. Asseverou a Corte que "não se pode interpretar a cláusula do art. 5º, XII, da CF, no sentido da proteção aos dados enquanto registro", visto que "a proteção constitucional é da comunicação de dados e não os dados"[634].

Entretanto, a proteção aos dados decorre da inviolabilidade da intimidade e da vida privada (art. 5º, X). Mesmo sem uma previsão expressa, "é possível extrair-se da Constituição Federal um verdadeiro direito fundamental à proteção de dados pessoais"[635].

Nesse sentido, registre-se que o STF, no paradigmático julgamento das ADIs 6.389, 6.390, 6.393, 6.388 e 6.387, julgou inconstitucional medida provisória que autori-

---

633 RE 418.416, Tribunal Pleno, rel. Min. Sepúlveda Pertence, *DJ* de 19-12-2006.

634 STF, 2ª Turma, HC 91.867/PA, rel. Min. Gilmar Mendes, *DJe* de 19-9-2012. Registre-se, a propósito, que a Suprema Corte dos Estados Unidos assegurou, em recente decisão, o direito à privacidade de dados armazenados em aparelhos celulares apreendidos pela polícia. Assentou a Corte que, diante dos avanços tecnológicos nessa área, com a possibilidade de armazenamento, em aparelhos que cabem na palma da mão, de substancial volume de informações sobre a vida privada, o acesso a esses dados caracterizaria, nitidamente, busca e apreensão e, por isso, somente pode ser autorizado por mandado judicial (*Riley v. California*, 13-132, 25-6-2014).

635 Laura Schertel Mendes, *Privacidade, proteção de dados e defesa do consumidor*, São Paulo: Saraiva, 2014, p. 172.

zava o compartilhamento de dados por empresas de telecomunicações prestadoras do Serviço Telefônico Fixo Comutado – STFC e do Serviço Móvel Pessoal –SMP com a Fundação Instituto Brasileiro de Geografia e Estatística – IBGE, para fins de suporte à produção estatística oficial durante a situação de emergência de saúde pública de importância internacional decorrente do coronavírus (Covid-19). Nesse caso, o STF afirmou com absoluta clareza a existência no ordenamento jurídico pátrio de um direito fundamental à proteção de dados pessoais. Como destacado no voto-vogal do Ministro Gilmar Mendes, "a afirmação de um direito fundamental à privacidade e à proteção de dados pessoais deriva, ao contrário, de uma compreensão integrada do texto constitucional lastreada (i) no direito fundamental à dignidade da pessoa humana, (ii) na concretização do compromisso permanente de renovação da força normativa da proteção constitucional à intimidade (art. 5º, inciso X, da CF/88) diante do espraiamento de novos riscos derivados do avanço tecnológico e ainda (iii) no reconhecimento da centralidade do *Habeas Data* enquanto instrumento de tutela material do direito à autodeterminação informativa"[636].

Entendem-se por "dados" quaisquer informações armazenadas, tanto pelo próprio investigado quanto por terceiros. Aí estão incluídos dados cadastrais, dados de transações, dados bancários, dados fiscais, dados informáticos e quaisquer outras informações privadas armazenadas.

A proteção aos dados tem várias facetas, sendo a tutela contra "intromissões do Estado" apenas uma delas. O Código de Defesa do Consumidor preocupou-se com a tutela dos dados ligados às relações de consumo. Considerou "entidades de caráter público" os bancos de dados e cadastros relativos aos consumidores, estabelecendo mecanismos de proteção do consumidor quanto a informações inexatas e contra a manutenção de informações negativas por prazo superior a cinco anos ou ao prazo prescricional (art. 43).

Paralelamente aos dados pessoais e de transação, também os dados informáticos se inserem no âmbito de proteção da privacidade. Neste ponto, a proteção volta-se aos dados estáticos, armazenados. O regime da comunicação de dados – dados em movimento – é dado pelas regras de interceptação.

Historicamente, papéis, fotos e arquivos privados em geral com suporte em papel são protegidos pelo direito. A principal regra para exercer essa tutela é a proteção da casa de espaços particulares em geral (art. 5º, XI, da CF[637]).

Na medida em que os arquivos privados estão armazenados em suporte eletrônico, as mesmas razões levam a protegê-los contra intromissões indevidas.

Atualmente, toda espécie de informações privadas pode ser guardada em arquivos computacionais.

O debate sobre o tema ganhou novo desenvolvimento com a publicação, em agosto de 2014, da Lei n. 12.965, que estabelece princípios, direitos, deveres e garantias para o uso da internet no Brasil. A nova lei assegura aos usuários da internet, entre outros direitos, a inviolabilidade e o sigilo do fluxo de comunicações e dos dados armazenados

636 ADIs 6.389, 6.390, 6.393, 6.388 e 6.387, Tribunal Pleno, rel. Min. Rosa Weber, j. 7-5-2020.

637 A Quarta Emenda à Constituição dos Estados Unidos, que trata da proteção contra busca a apreensão irrazoável, expressamente menciona a proteção dos "papéis" privados contra tal sorte de medida.

(art. 7º, II e III). Prevê, também, que "o conteúdo das comunicações privadas somente poderá ser disponibilizado mediante ordem judicial, nas hipóteses e na forma que a lei estabelecer, respeitado o disposto nos incisos II e III do art. 7º" (art. 10, § 2º), ressalvado o acesso a dados cadastrais relativos à qualificação pessoal, filiação e endereço, na forma da lei, pelas autoridades administrativas que detenham competência legal para a sua requisição (art. 10, § 3º).

Em relação aos registros de conexão (data, hora de acesso e duração da conexão), a lei atribui ao administrador de sistemas de comunicação de dados o dever de manter os registros sob sigilo pelo prazo de um ano (art. 13). Quanto aos registros de acesso às aplicações de internet (*sites* acessados, duração do acesso etc.), o provedor do serviço deverá manter os registros sob sigilo pelo prazo de seis meses (art. 15).

Dispõe o texto legal, ainda, que o provedor de aplicações de internet somente poderá ser responsabilizado civilmente pelos danos decorrentes de conteúdo gerado por terceiros se, após ordem judicial específica, "não tomar as providências para, no âmbito e nos limites técnicos do seu serviço e dentro do prazo assinalado, tornar indisponível o conteúdo apontado como infringente, ressalvadas as disposições legais em contrário" (art. 19). A ordem judicial deverá conter, sob pena de nulidade, identificação clara e específica do conteúdo apontado como infringente, que permita a localização inequívoca do material (art. 19, § 1º).

Por fim, dispõe a lei que "a parte interessada poderá, com o propósito de formar conjunto probatório em processo judicial cível ou penal, em caráter incidental ou autônomo, requerer ao juiz que ordene ao responsável pela guarda o fornecimento de registros de conexão ou de registros de acesso a aplicações de internet" (art. 22), devendo o requerimento conter, sob pena de inadmissibilidade, fundados indícios da ocorrência do ilícito, justificativa motivada da utilidade dos registros solicitados para fins de investigação ou instrução probatória e o período ao qual se referem os registros (incisos I a III). Deferido o pedido, cabe ao juiz tomar as providências necessárias à garantia do sigilo das informações recebidas (art. 23).

Como se percebe, contamos, agora, com um conjunto de disposições legais que busca proteger, com razoável detalhamento, as operações de coleta e armazenamento de dados, os registros de conexão, bem como os conteúdos acessados, baixados ou transmitidos. Cabe destacar, como ponto positivo entre as medidas adotadas, a expressa exigência de autorização judicial para qualquer forma de acesso a esses dados, preservando-se, com isso, a privacidade do usuário.

Há de se reconhecer, dessa forma, tratar-se de significativo avanço nesse campo, considerada a inexistência, até então, de legislação específica sobre a matéria. Cabe ressalvar, contudo, a insuficiente proteção da nova lei por não especificar os requisitos a serem observados na autorização judicial de acesso aos dados armazenados, que podem abranger, conforme há pouco se destacou, não apenas dados obtidos pela internet, como, também, arquivos gerados e mantidos em pastas locais sem conexão com aplicativos *on-line*.

No que se refere aos arquivos informáticos – dados armazenados em dispositivos informáticos, que podem ser locais, ou em nuvem –, a crescente complexidade dos equipamentos e dos programas reinventa desafios antigos e cria novos, testando constantemente os parâmetros jurídicos.

No âmbito da União Europeia, diante das disparidades das legislações dos Estados-membros relativas ao armazenamento e à conservação de dados, foi aprovada, em 2006, diretiva com o objetivo de harmonizar as disposições nacionais concernentes às obrigações, por parte dos fornecedores de serviços de comunicações eletrônicas, de conservação de determinados dados gerados ou tratados[638].

Prevê-se nessa diretiva que os Estados-membros devem assegurar que os dados sejam conservados por período não inferior a seis meses e não superior a dois anos. Ressalva-se no texto, contudo, que as questões atinentes ao acesso das autoridades nacionais aos dados conservados na forma nela prevista, não são abrangidas pelo direito comunitário (arts. 4º e 5º).

A citada norma limita sua aplicação aos dados de tráfego e de localização de pessoas físicas ou jurídicas, bem como aos dados necessários à identificação do assinante ou do usuário registrado. Faz-se no texto expressa ressalva quanto à sua não aplicação ao conteúdo das comunicações eletrônicas, incluindo as informações consultadas por meio de rede de comunicação eletrônica (art. 1º, 2).

Cabe citar, sobre o tema, precedente da Corte Constitucional alemã em que se examinou a constitucionalidade do armazenamento de dados na forma em que disciplinado na legislação interna. Entendeu a Corte, nesse caso, que o armazenamento de informações telefônicas, como mensagens de texto e outros serviços, por seis meses, não violaria, em princípio, a lei fundamental. Aduziu-se que se deve levar em consideração, em casos assim, o princípio da proporcionalidade, para que direitos fundamentais não sejam agredidos. Asseverou-se a indispensabilidade de clara regulamentação sobre a segurança dos dados, seu uso, proteção legal e limitação de acesso[639].

Assentou a Corte, também, que a utilização imediata desses dados apenas seria possível na hipótese de existência de suspeita razoável de fatos relativos a um crime grave. Sua utilização por serviços de inteligência só pode ser válida caso exista evidência real de perigo concreto à vida ou à liberdade de uma pessoa, ou à existência e segurança da Federação alemã.

Mais recentemente, em decisão sobre a lei que instituiu o chamado "banco de dados antiterrorista", criado especialmente para tornar mais ágil a troca de informações entre órgãos de segurança, decidiu a Corte Constitucional alemã que alguns pontos da referida legislação são incompatíveis com a Lei Fundamental, e fixou prazo para que o legislador reformule a lei[640].

Os pontos mais críticos foram exatamente os relacionados aos requisitos para armazenamento de informações pessoais. Considerou a Corte que disposições dessa natureza, para que atendam ao princípio da proporcionalidade em sentido estrito, devem ser claras e suficientemente precisas em relação a que tipo de informação é passível de armazenamento, a forma como esses dados podem ser utilizados, além de efetivos mecanismos de supervisão.

Nos Estados Unidos, o debate sobre o tema acirrou-se ainda mais com a aprovação, em 2015, da lei denominada *Cybersecurity Information Sharing Act* (CISA). Por suas

---

638 Diretiva 2006/24/CE.

639 *BVerfGE*, 1 BvR 256/08, 2-3-2010.

640 *BVerfGE*, 1 BvR 1215/07, 24-4-2013.

disposições, empresas e agências governamentais poderão trocar informações pessoais privadas, mantidas em seus bancos de dados, para fins de segurança e prevenção em relação a ataques cibernéticos.

No que se refere aos dados informáticos, a questão não se limita mais à mera proteção de dados armazenados em computadores pessoais ou em provedores de internet. Com o surgimento de tecnologias como *cloud computing* (computação nas nuvens), tornou-se possível o armazenamento de qualquer informação não apenas em discos rígidos em poder do usuário ou de seu provedor, como também em ambientes virtuais acessíveis pela internet de qualquer parte do mundo[641].

Registre-se, por último, que diante desse novo cenário, a Segunda Turma passou a julgar, no *Habeas Corpus* 168.052/SP, caso de acesso a conversas no aplicativo *WhatsApp* e à residência de réu por agentes policiais, sem a existência de prévia autorização judicial.

Esse precedente é capaz de promover uma reanálise da questão pela Corte, distinguindo-se da jurisprudência do STF sobre o assunto, acima mencionada. O relator do *Habeas Corpus*, Ministro Gilmar Mendes, votou pela anulação das provas obtidas e trancamento da ação, com a absolvição do paciente. Contudo, o julgamento foi interrompido pelo pedido de vista antecipado, formulado pela Ministra Cármen Lúcia.

9.2.2.2.2.1. Quebra de sigilo de dados

Dados privados das mais diversas ordens podem interessar a processos administrativos e judiciais, cíveis e criminais. Sob pena de serem considerados provas ilícitas, seu acesso e incorporação aos procedimentos devem ocorrer de acordo com o direito.

Diversas legislações regulamentam o sigilo de dados, conforme a área específica. Dados bancários são protegidos pela Lei Complementar n. 105/2001, dados fiscais, pelo CTN (art. 198), dados informáticos, pela Lei n. 12.965/2014 (art. 7º, III).

A maior parte das leis exige a ordem judicial para a quebra de sigilo de dados.

No entanto, há algumas normas que preveem a requisição direta de informações. O Ministério Público poderia fazê-lo para instruir inquéritos civis e outros procedimentos a seu encargo[642]. O Poder Executivo da União recebe informações globais de operações financeiras, com identificação do titular das operações e dos montantes mensais movimentados[643]. O Fisco das três esferas da Federação pode examinar dados bancários para instruir processos administrativos fiscais já instaurados[644]. A Lei contra a Lavagem de Dinheiro determina que instituições financeiras e outras instituições empresariais informem ao Conselho de Controle das Atividades Financeiras – COAF operações atípicas, potencialmente caracterizadoras de lavagem de dinheiro[645]. A Lei

641 Acerca da complexa relação entre normas estatais de proteção de dados e práticas e normas técnicas das diferentes plataformas digitais, conferir a recente doutrina alemã: Ramon Negócio, *Vom Fremddruck zur Selbstbeschränkung*, Baden-Baden: Nomos, 2019.

642 Lei Orgânica do Ministério Público, Lei n. 8.625/93, art. 26, II.

643 Art. 5º, § 2º, da Lei Complementar n. 105/2001.

644 Art. 6º da Lei Complementar n. 105/2001.

645 Art. 11 da Lei n. 9.613/98.

das Organizações Criminosas permite à autoridade policial e ao membro do Ministério Público acessar diretamente dados de interesse de investigações de crimes por elas praticado[646]. A legislação sobre a repressão ao tráfico interno e internacional de pessoas trouxe a possibilidade de delegados e promotores requisitarem "de quaisquer órgãos do poder público ou de empresas da iniciativa privada, dados e informações cadastrais da vítima ou de suspeitos", para instruir investigações de crimes contra a liberdade pessoal[647]. Essa lei trouxe também a possibilidade de a autoridade policial e de membros do Ministério Público solicitarem informações diretamente às empresas prestadoras de serviços telefônicos, para localização da vítima ou de suspeitos de tráfico de pessoas, se o juiz não apreciar, no prazo de doze horas, representação para tal finalidade. Ou seja, a autoridade deve representar judicialmente pela quebra de sigilo, mas, se o juiz quedar inerte, pode executar a medida, por ato próprio[648].

Juízo sobre a compatibilidade dessas normas com a proteção constitucional exige análise acurada.

Por um lado, não parece que exista uma garantia universal contra o acesso a dados privados pelo Estado. Em verdade, a possibilidade de pronto acesso a algumas informações privadas é indispensável para algumas atividades estatais da maior relevância. Por exemplo: as operações financeiras são protegidas por sigilo. No entanto, o Banco Central tem poder de fiscalização das instituições financeiras. Para se desincumbir dessa tarefa, precisa acessar dados das transações realizadas pelas instituições com seus clientes. Seria impraticável o trabalho do Banco Central (e do Poder Judiciário) se cada fiscalização fosse precedida de um mandado judicial para cada operação financeira acessada. Por isso, a lei permite ao Bacen o acesso a informações protegidas, ficando ele mesmo com dever de sigilo sobre os dados obtidos[649].

Por outro lado, há casos em que o acesso direto às informações fragilizaria a proteção à privacidade.

Em um primeiro momento, o Supremo Tribunal Federal afirmou que o acesso a informações bancárias, em caráter geral, pelo Fisco federal, sem mandado judicial, é incompatível com a proteção à privacidade. No julgamento do RE 389.808, rel. Min. Marco Aurélio, julgado em 15-12-2010, a conclusão foi pela indispensabilidade da ordem judicial para decretação da quebra de sigilo de dados bancários.

Posteriormente, houve reversão do posicionamento. O Tribunal declarou a constitucionalidade de duas disposições da Lei Complementar n. 105/2001, que tratam da obtenção de dados bancários ou financeiros pelo Fisco[650]. A primeira determina que as instituições financeiras devem informar à Receita Federal, independentemente de requisição, os "montantes globais" movimentados por cada um de seus clientes (art. 5º). A segunda permite que a fiscalização tributária das três esferas da Federação requisite informações às instituições financeiras para instruir procedimentos fiscais em andamento (art. 6º).

---

646 Art. 3º, IV e VI, 15, 16 e 17, da Lei n. 12.850/2013. A constitucionalidade do acesso sem autorização judicial prevista pela Lei n. 12.850/2013 é questionada na ADI 5.063, rel. Min. Gilmar Mendes, pendente de julgamento.

647 Art. 13-A, do CPP, introduzido pela Lei n. 13.344/2016.

648 Art. 13-B do CPP, introduzido pela Lei n. 13.344/2016.

649 Art. 2º da Lei Complementar n. 105/2001.

650 ADIs 2.390, 2.386, 2.397 e 2.859, relator Min. Dias Toffoli, e RE 601.314, relator Min. Edson Fachin, julgados em 24-2-2016.

Considerou-se que a requisição de informações para instruir procedimento fiscal "realiza a igualdade em relação aos cidadãos, por meio do princípio da capacidade contributiva". Entendeu-se que a norma não deixa o contribuinte desamparado, na medida em "estabelece requisitos objetivos e o translado do dever de sigilo da esfera bancária para a fiscal".

Os limites da interferência estatal em dados privados ainda estão por construir. A ponderação entre o interesse de proteção e de utilização dos dados, a ser feita pelo legislador e pelo aplicador, é o caminho para solucionar o conflito.

A proteção a dados informáticos tem assumido relevância, seja pelo crescente uso da tecnologia da informação para armazenamento de dados privados, seja pela complexidade dos meios tecnológicos usados para armazená-los.

Adota-se, como ponto de partida para tratar da quebra de sigilo de dados informáticos, o conceito de confidencialidade e integralidade dos sistemas de tecnologias da informação desenvolvido pela Corte Constitucional alemã no caso *Online-Durchsuchungen*[651].

O direito geral de personalidade (*Allgemeine Persönlichkeitsrecht*), garantido pelo art. 2º da Lei Fundamental alemã, tem sido constantemente desenvolvido pela Corte Constitucional. Em 2008, por exemplo, no caso conhecido como *Online-Durchsuchungen*, recursos constitucionais foram apresentados contra determinados dispositivos da lei de defesa da Constituição do Estado de *Nordrhein-Westfalen*, que permitiam às autoridades capturar, inclusive por meio de acesso remoto, dados de computadores e redes de informática.

Quais tecnologias e em que circunstâncias os agentes do Estado estão autorizados a utilizar na captação remota de dados armazenados em computadores e quais atividades cibernéticas estão cobertas pelo termo "*comunicação de dados*" foram perguntas enfrentadas pela Corte no julgamento do referido caso.

A Corte Constitucional considerou os dispositivos questionados incompatíveis com o que denominou direito à garantia de confidencialidade e de integralidade de sistemas de tecnologia da informação. Passou-se a garantir, por esse direito, a proteção contra interferências em sistemas de tecnologia da informação não assegurados por outros direitos fundamentais, como a privacidade de correspondência, correios e telecomunicações, ou a inviolabilidade do domicílio (Lei Fundamental, arts. 10 e 13).

Especificamente em relação ao sigilo das telecomunicações, predominava no direito alemão, no mesmo sentido da jurisprudência do STF, há pouco examinada, o entendimento de que seu objeto é o conteúdo da comunicação no momento em que ela se realiza e não os dados armazenados após a sua transmissão. A razão de ser dessa distinção é que as informações armazenadas em qualquer dispositivo, após a sua transmissão, já não estariam mais expostas aos perigos que normalmente resultam da vulnerabilidade dos dados durante o processo de comunicação[652].

No caso *Online-Durchsuchungen*, contudo, foi ressaltado que os computadores estão presentes em todas as áreas da vida moderna e são cada vez mais essenciais ao desenvolvimento da personalidade. Todavia, ao tempo que criam novas oportunidades, também colocam em risco os seus usuários. Dessa forma, tendo em conta a possibilidade de busca e apreensão remota de dados já armazenados, sem a necessidade, portanto, da

651 *BVerfG*, 1 BvR 370/07, 27-2-2008.

652 Bodo Pieroth e Bernhard Schlink, *Grundrechte, Staatsrecht* II, 21. ed., Heidelberg, 2005, p. 570.

apreensão do computador, a proteção com base na distinção entre transmissão e armazenamento passou a se mostrar insuficiente.

Diante dessa nova realidade, adotou o Tribunal o conceito de *sistema de tecnologia da informação* como um sistema com capacidade de conter dados técnicos a um ponto que fosse possível ter conhecimento de uma substancial parcela da vida de um indivíduo e noção significativa de sua personalidade. Com base nesse conceito, assentou a Corte que a confidencialidade e a integralidade dos sistemas de tecnologia da informação configuram direito fundamental comparável à inviolabilidade do domicílio[653].

Sem essa concepção do direito à privacidade, observou a Corte que não haveria, por exemplo, nenhum óbice legal à captação de conteúdos gráficos da tela do computador de pessoas sujeitas a investigações criminais, ante a inexistência de qualquer forma de comunicação no instante em que alguém está lendo um texto em seu computador.

Considerou a Corte que, em casos assim, seria conferir poder excessivo ao Estado para espionar o cidadão. Mais do que violação do direito à privacidade, tal situação violaria o direito básico à garantia de confidencialidade e de integralidade dos sistemas de tecnologia da informação de uma pessoa quando usa um computador com conexão à internet.

Quanto à infiltração clandestina (*heimliche Infiltration*) por meio de *softwares* espiões como *Trojan Horse*, observou a Corte que esse tipo de investigação criminal somente seria possível em raríssimos casos, quando se verificasse, por exemplo, ameaça concreta a um bem jurídico importante, como a vida ou a liberdade de uma pessoa ou a existência e segurança do próprio Estado.

Essa nova concepção do direito à privacidade, sem precedente no direito alemão, serviu como forma de preencher uma lacuna até então existente e passou a ser um marco não apenas na Alemanha, mas em toda a Europa.

Ressaltou a Corte, todavia, que a "busca *on-line*" de informações poderia ser justificada com a finalidade de investigar e prevenir práticas criminosas, mediante autorização judicial e desde que observados os requisitos constitucionais de clareza e determinação jurídica.

A lei alemã dizia com a captação de informações de inteligência, em esforços de defesa contra ameaças contra a "ordem democrática livre", a "segurança da federação ou dos estados", dentre outros. Tratou-se de norma que, mediante captação de informações de inteligência, buscou satisfazer interesses de defesa da segurança nacional e regional.

Não se tratava, portanto, de norma regente da investigação criminal propriamente dita. O precedente, no entanto, é fundamental, por afirmar a proteção constitucional dos dados informáticos contra intromissões estatais de todas as ordens.

653 Conforme ressaltado por Hoffmann-Riem, os perigos que envolvem o uso de tecnologia para comunicação foram consideravelmente alterados nos últimos tempos, considerando a evolução tecnológica. Comentando o caso *Online-Durchsuchungen*, observa esse autor, a nosso ver com exatidão, que o Tribunal não criou nenhuma espécie nova de direito fundamental, apenas deu novos contornos à garantia de proteção ao direito de personalidade (Wolfgang Hoffmann-Riem. Der grundrechtliche Schutz der Vertraulichkeit und Integrität eigenenutzer informationstechnischer Systeme. In: *Juristen Zeitung*, Mohr Siebeck, 63. Jahrgang, novembro 2008, p. 1012).

Em 2017, o Parlamento alemão aprovou lei permitindo que o Estado desenvolva programas espiões (cavalos de Troia), a serem instalados em aparelhos eletrônicos, no interesse de investigações de crimes graves especificados.

A justificativa da alteração legislativa está na obsolescência da interceptação telefônica e de mensagens SMS, na medida em que esses meios de comunicação estão sendo substituídos por aplicativos de comunicação de dados que empregam técnicas avançadas de encriptação – como o WhatsApp, por exemplo. A interceptação de comunicações protegidas por encriptação ponta a ponta é inútil, visto que é virtualmente impossível decifrar o conteúdo da conversa. O cavalo de Troia policial captaria as mensagens diretamente do aparelho do usuário, momento em que elas não estão encriptadas, e, assim, enviá-las-ia à polícia. Ter-se-ia algo equivalente à própria interceptação telefônica, mas adaptada à tecnologia atual.

A legislação nova permite que a interceptação de comunicações evolua para busca em todo o conteúdo do aparelho (*Online-Durchsuchung*), em situações específicas, nas quais há prova suficiente de crimes particularmente graves.

A técnica, além da invasão à privacidade, ofende a integridade do sistema do aparelho de comunicação empregado pelo usuário, o qual terá seu *software* modificado, com a instalação do *trojan*.

Ainda não se tem notícia de reação jurisprudencial às mudanças legislativas.

No Brasil, não há legislação que permita a quebra de sigilo de dados informáticos por órgãos administrativos invocando razões de segurança nacional. Pelo contrário, a legislação protege os dados armazenados, "salvo por ordem judicial"[654].

Ou seja, a quebra de sigilo de dados informáticos somente é tolerável para produzir prova em um caso concreto. Ainda assim, há de reconhecer que os marcos legislativos deveriam ser mais precisos. Não obstante o significativo avanço representado pela proteção expressa pela Lei n. 12.965/2014, a nova lei deixou de especificar os requisitos a serem observados na autorização judicial de acesso a dados armazenados.

Parece claro que pode ser inferido do sistema que o juízo de admissibilidade da medida deve ser baseado na ponderação entre a relevância da prova e a gravidade da intromissão na privacidade que ela representa. Uma medida tão invasiva dificilmente seria cabível num caso cível. Mesmo em casos criminais, não se imagina sua aplicação a infrações penais de menor potencial ofensivo. Um bom parâmetro, quanto à gravidade do fato, é a exigência de cominação de reclusão, por analogia ao estabelecido para as interceptações telemáticas[655].

A forma como a medida será executada também é importante na avaliação de sua admissibilidade. Há inúmeras formas, mais ou menos invasivas, de obter dados eletrônicos em investigações.

A forma mais rudimentar de buscar dados armazenados para incorporar à investigação é a apreensão física do aparelho e a subsequente análise das informações nele armazenadas.

Conforme mencionado no tópico anterior, a 2ª Turma do STF já afirmou a dispensabilidade de mandado judicial para esse tipo de análise. No caso, alegava-se suposta

654 Art. 7º, III, da Lei n. 12.965/2014.

655 Art. 2º, III, da Lei n. 9.296/96.

ilegalidade decorrente do fato de os policiais, após prisão em flagrante, terem realizado a análise dos últimos registros na agenda eletrônica de dois aparelhos celulares apreendidos. Asseverou a Corte que "não se pode interpretar a cláusula do art. 5º, XII, da CF, no sentido da proteção aos dados enquanto registro", visto que "a proteção constitucional é da comunicação de dados e não os dados"[656].

A questão parece merecer releitura, à luz da evolução da legislação e da tecnologia. A Lei n. 12.965/2014 consagra expressamente a inviolabilidade, salvo ordem judicial, dos dados armazenados – art. 7º, III. Por se tratar de uma lei voltada à regulamentação da internet, pode-se argumentar que não há proteção contra a busca local no conteúdo do aparelho apreendido. Ainda que essa interpretação venha a prevalecer, o fato é que o legislador reconheceu de forma clara a importância dos dados informáticos armazenados para a privacidade.

A leitura do art. 5º, X, da CF, tendo em vista, ainda, o disposto no art. 7º, III, da Lei n. 12.965/2014, recomenda que, em qualquer caso, a intromissão exija mandado judicial.

A questão torna-se particularmente complicada quando a urgência é um fator decisivo para o desenvolvimento das investigações. Nas prisões em flagrante, é muito comum a apreensão de telefones ou outros dispositivos eletrônicos móveis em poder do flagrado, visto que informações relevantes podem estar contidas na memória do aparelho. Como regra, defendo que esses dados são protegidos contra a intromissão estatal. Sendo assim, a jurisprudência deve evoluir para exigir a autorização judicial para a consulta da memória do aparelho pela polícia.

No entanto, há situações em que a pronta verificação da memória do aparelho é imperiosa para prender outros envolvidos no crime, libertar vítimas, recuperar o produto do crime, ou fazer cessar a própria prática criminosa. Nos casos em que o tempo é essencial, deve-se fazer uma ponderação entre a privacidade e a segurança. No mais das vezes, a situação atual de risco fará com que o direito à segurança prevaleça em relação ao direito à privacidade. Por isso, uma análise superficial do conteúdo do aparelho é tolerável, podendo ser justificada em um momento posterior.

Outra forma de acesso a dados informáticos privados é a busca e apreensão telemática. A aquisição de dados, por via telemática, é muito semelhante à busca e apreensão comum. Assim como polícia entra numa casa e apreende documentos ou fotos, pode-se fazê-lo em equipamentos informáticos por via telemática, usando as redes de computação. Por isso, na falta de maiores especificações legais acerca dos parâmetros para deferimento de mandados de busca e apreensão eletrônica de dados, deve ser aplicado o art. 240, § 1º, do CPP, no que couber.

Estabelecido o marco legal, deve ser visto como ele se projeta às diversas formas de busca e apreensão de dados.

Dados armazenados em "nuvem" são mantidos em servidores pelos provedores do serviço. O provedor é um terceiro em relação à investigação, detentor de informações relevantes. Pode ser intimado a fornecê-las em juízo. A hipótese é mais ou menos semelhante à intimação da instituição bancária para que garanta o acesso dos investigadores ao conteúdo de um cofre.

---

656 STF, 2ª Turma, HC 91.867/PA, rel. Min. Gilmar Mendes, *DJe* de 19-9-2012.

Outra hipótese é a invasão remota do dispositivo ou da conta do investigado em um serviço eletrônico qualquer, usando a senha previamente descoberta, ou usando programa que, mediante análise combinatória, quebre a senha. Frise-se que o fato de as autoridades terem descoberto a senha não dispensa a ordem judicial. Não é porque a polícia encontra a cópia da chave de uma casa que pode realizar uma busca sem autorização do morador. A mesma lógica serve para a busca eletrônica.

Uma terceira hipótese é a criação de perfil falso ou a utilização de perfil de investigado colaborador para acessar rede social e, em seu ambiente, obter dados compartilhados pelos usuários. Essas práticas já são razoavelmente comuns em investigações relativas a troca de material pornográfico que envolve crianças e adolescentes (art. 241-A, do ECA) realizada em ambientes virtuais de acesso restrito. No ambiente virtual, os participantes disponibilizam seus arquivos aos demais, que podem ser visualizados e baixados, num sistema de trocas. É necessário ser um usuário autorizado para participar do grupo. Daí a imperiosidade, para a produção da prova, de ingressar no grupo com o perfil de um usuário autorizado.

Em todos esses casos mencionados, temos acessos pontuais e instantâneos a bancos de dados, sem infiltração permanente no sistema invadido.

Das formas de acesso descritas, a criação de perfil falso ou a utilização de perfil de investigado colaborador é a mais invasiva, na medida em que usa o engodo aos demais usuários e permite invasões reiterados. Essas circunstâncias devem ser levadas em conta pelo magistrado ao ponderar quanto ao deferimento da medida.

No entanto, há formas de infiltração que apresentam peculiaridades ainda mais gravosas. O principal exemplo é o da instalação de *softwares* espiões (*trojans*) que permitam o acesso a dados do dispositivo e o monitoramento *on-line* das atividades desenvolvidas. Além de ocultas, essas formas de invasão comprometem a integridade do dispositivo invadido e podem permitir um acesso continuado ao conteúdo salvo.

Aqui, os parâmetros relativos à busca e apreensão não podem ser invocados por analogia.

Por outro lado, não há, em nosso ordenamento jurídico, nenhuma disposição legal que autorize, de forma inequívoca, a utilização de *softwares* espiões para o monitoramento *on-line* de atividades cibernéticas. Diante dessa lacuna, cabe indagar sobre a possibilidade de aplicação, por analogia, dos procedimentos estabelecidos na Lei n. 9.296/96 para interceptações telefônicas e telemáticas.

Embora a Lei n. 9.296/96 indique os procedimentos a serem observados nas interceptações por ela disciplinadas, há que se ponderar que, em razão da diversidade de tecnologias que podem ser empregadas nesse tipo de espionagem, a suscitarem dúvidas, por exemplo, acerca do alcance e da duração das infiltrações, a forma de registro dos dados capturados, entre outras cautelas, não há como sustentar, com razoável segurança, que as disposições da referida lei possam servir de parâmetro, sem o risco de abusos.

Em face, portanto, da inexistência de lei específica sobre a matéria e da manifesta insuficiência das disposições da Lei n. 9.296/96, a infiltração clandestina em computadores pessoais mediante *softwares* espiões mostra-se de difícil conformação com a garantia constitucional do direito à privacidade. Tendo com conta o elevado grau de ingerência de medida dessa natureza na intimidade e na vida privada, com o consequente incremento dos riscos de abuso, afigura-se indispensável a sua disciplina em lei, com clara indicação dos requisitos, procedimentos e cautelas a serem observados em seu deferimento.

O que se percebe é que novas tecnologias criam novos espaços de troca e de armazenamento de informações. Incumbe ao direito acompanhar a evolução tecnológica, protegendo, no que necessário e cabível, a privacidade.

De forma semelhante, novas tecnologias disponíveis ao Estado testam antigos limites das investigações criminais. Nos títulos seguintes, abordaremos temas como a utilização de meios tecnológicos para realizar captações ambientais, monitorar espaços privados, obter informações biológicas e vigiar pessoas.

9.2.2.2.3. Captações ambientais e monitoramento de espaços privados

Com a edição da Lei n. 10.217/2001, que atualizou a Lei n. 9.034/95, que dispunha sobre os meios de obtenção da prova, passou-se a admitir, no direito brasileiro, "a captação e a interceptação ambiental de sinais eletromagnéticos, óticos ou acústicos, e o seu registro e análise, mediante circunstanciada autorização judicial" (art. 2º, IV).

A Lei n. 9.034/95 foi revogada pela Lei n. 12.850/2013, que define organização criminosa e dispõe sobre os meios de obtenção da prova, entre outras providências. Repetiu-se na nova lei, contudo, quanto às interceptações ambientais, basicamente o mesmo texto da lei anterior, limitando-se a admitir, em qualquer fase da persecução penal, a *"captação ambiental de sinais eletromagnéticos, ópticos ou acústicos"*[657].

Observe-se que o novo diploma legal silenciou-se quanto à exigência de circunstanciada autorização judicial, requisito expressamente previsto na legislação anterior[658]). Não obstante essa omissão, não parece concebível afirmar que, com a nova lei, a autorização judicial passou a ser dispensável. Interpretação nesse sentido não se mostraria condizente com as garantias constitucionais inerentes à privacidade, cujo alcance há de ser aquilatado em consonância com os riscos decorrentes do indiscriminado uso de novas tecnologias invasivas.

Sob essa perspectiva, não seria possível admitir como lícitas, portanto, sem prévia autorização judicial, captações ambientais que configurem, claramente, invasão de privacidade. Ainda que a nova lei tenha deixado de mencionar, de modo expresso, essa exigência, disso não decorre que o texto legal tenha conferido à autoridade responsável pela investigação criminal a realização de escutas ambientais sem a correspondente e circunstanciada autorização judicial.

Cabe observar que a Lei n. 12.850/2013, ao contrário da legislação de outros países, também atentos ao desenvolvimento das organizações criminosas, não indica qualquer procedimento específico para o deferimento da captação ambiental, como o fez

---

657 Ver também Lei n. 12.694/2012, que dispõe sobre o processo e o julgamento colegiado, em primeiro grau de jurisdição, de crimes praticados por organizações criminosas.

658 Lei n. 9.034/95, art. 2º, IV.

em relação às interceptações telefônicas e telemáticas (Lei n. 9.296/96). Persiste no novo diploma legal, portanto, quanto a esse aspecto, a insuficiente disciplina do tema de que já padecia a lei anterior.

Anote-se, contudo, que o Pleno do Supremo Tribunal Federal, no julgamento de Questão de Ordem no Inquérito 2.424/RJ, reconheceu a constitucionalidade dessa modalidade de investigação. Sustentava a defesa que a Lei n. 9.034/95 não teria traçado normas procedimentais para a execução da escuta ambiental, razão pela qual a medida não poderia ser adotada no curso das investigações.

Entendeu a Corte não proceder a alegação, uma vez que, para obtenção de dados por meio dessas formas excepcionais, seria apenas necessária circunstanciada autorização judicial, o que se dera no caso. Asseverou, ademais, que a escuta ambiental não se sujeita, por motivos óbvios, aos mesmos limites de busca domiciliar, sob pena de frustração da medida.

Concluiu-se, finalmente, que as medidas determinadas foram lícitas por encontrarem suporte normativo explícito e justificação constitucional, já que a restrição consequente não aniquilou o núcleo do direito fundamental e está, segundo os enunciados em que desdobra o princípio da proporcionalidade, amparada na necessidade da promoção de fins legítimos de ordem pública.

O Supremo Tribunal Federal tem admitido, também, como prova válida, a denominada gravação ambiental clandestina, realizada por um dos interlocutores sem o conhecimento do outro. Assim, mesmo diante da ausência de regulamentação, a prova decorrente de gravação clandestina ambiental poderá ser admitida no processo quando ficar comprovada a ocorrência de alguma excludente de ilicitude, como o estado de necessidade ou a legítima defesa, podendo o juiz verificar a presença, no caso, da "justa causa" que excepciona a incidência do art. 153 do Código Penal. A gravação, nesse caso, será lícita quando utilizada pelo interessado para defender direitos seus, o que é suficiente para configurar a "justa causa" como excludente da ilicitude do ato.

No julgamento do HC 84.203/RS, rel. Min. Celso de Mello, o Supremo Tribunal Federal reconheceu a licitude de gravação ambiental realizada por meio de câmara instalada em garagem pelo proprietário da casa, com a finalidade de identificar o autor dos danos a seu automóvel.

Nessa mesma linha, assentou o STF, no RE 402.717/PR, que "como gravação meramente clandestina, que se não confunde com interceptação, objeto de vedação constitucional, é lícita a prova consistente no teor de gravação de conversa telefônica realizada por um dos interlocutores, sem conhecimento do outro, se não há causa legal específica de sigilo nem de reserva da conversação, sobretudo quando se predestine a fazer prova, em juízo ou inquérito, a favor de quem a gravou"[659].

A jurisprudência da Corte sobre a licitude da escuta em tais circunstâncias foi, por fim, reafirmada no RE 583.937/RJ, com repercussão geral, em julgamento assim ementado:

> "EMENTA: AÇÃO PENAL. Prova. Gravação ambiental. Realização por um dos interlocutores sem conhecimento do outro. Validade. Jurisprudência reafirmada. Repercussão

659 STF, RE 402.717/PR, 2ª Turma, rel. Min. Cezar Peluso, *DJe* de 13-2-2009.

geral reconhecida. Recurso extraordinário provido. Aplicação do art. 543-B, § 3º, do CPC. É lícita a prova consistente em gravação ambiental realizada por um dos interlocutores sem conhecimento do outro"[660].

O Tribunal também já admitiu a gravação de diálogo transcorrido em local público, assentando não estar em causa a proibição constante do inciso XII do art. 5º da Constituição[661].

Cabe lembrar, contudo, que o Tribunal considera ilícita a gravação clandestina ambiental realizada com intuito de obter a confissão de crime em conversa mantida entre agentes policiais e presos, por violar o direito ao silêncio (art. 5º, LXIII)[662].

O debate sobre o tema torna-se ainda mais instigante diante da possibilidade, pelas tecnologias hoje disponíveis, de monitoramento remoto do que se passa no interior de residências e outros espaços privados, por meio de aparatos como *scanners* e aeronaves não tripuladas, também conhecidas como *drones*, equipados com sofisticados sistemas de captação de sons e imagens, tudo em claro desafio ao direito à privacidade. Não obstante esse quadro, a legislação brasileira mostra, contudo, claramente insuficiente, em manifesto descompasso com o tratamento da matéria no direito comparado.

Em Portugal, por exemplo, a Lei n. 105/2002, que dispõe sobre medidas de combate à criminalidade organizada e econômico-financeira, prevê, em seu art. 6º, a possibilidade do registro de voz e de imagem, por qualquer meio, sem consentimento do investigado, quando necessário para a investigação de crimes elencados no referido diploma legal. Essa permissão, contudo, vem acompanhada de requisitos como a exigência de que o juiz estabeleça período limitado de tempo para a sua realização.

Na Itália, as interceptações ambientais são objeto de regulação desde 1988. Dispõe o art. 266.2 do Código de Processo Penal Italiano que a interceptação ambiental é admitida nas mesmas hipóteses e crimes da interceptação telefônica, diferentemente da legislação brasileira que, ao limitar esse tipo de prova aos crimes praticados por organizações criminosas[663], acabou alcançando qualquer tipo de crime, desde que praticado nessa condição.

Faz a lei processual penal italiana, ainda, referência aos locais indicados no art. 614 do Código Penal, quando tipifica o crime de violação de domicílio, o qual é definido como o ingresso em habitação alheia ou outro lugar de *privata demora*. Conforme observa Avolio, *privata demora* é conceito bem mais adequado que o conceito legal de casa e serviria para aferir, por exemplo, a validade de uma gravação ambiental colhida no interior de um restaurante, onde "a análise poderia transcender ao exame da abrangência da expressão 'casa', tomada como parâmetro o art. 150 e seus §§ 4º e 5º do CP brasileiro"[664].

---

660 STF, RE 583.937/RJ, Plenário, rel. Cezar Peluso, *DJe* de 18-12-2009.

661 HC 74.356-1/SP, rel. Min. Octavio Gallotti, *DJ* de 25-4-1997.

662 HC 69.818/SP, rel. Min. Sepúlveda Pertence, *DJ* de 27-11-1992.

663 Nos termos do art. 1º, § 2º, da Lei n. 12.850/2013, suas disposições aplicam-se, também, às infrações penais previstas em tratado ou convenção internacional quando, iniciada a execução no País, o resultado tenha ou devesse ter ocorrido no estrangeiro, ou reciprocamente (inciso I); e às organizações terroristas internacionais, reconhecidas segundo as normas de direito internacional, por foro do qual o Brasil faça parte, cujos atos de suporte ao terrorismo, bem como os atos preparatórios ou de execução de atos terroristas, ocorram ou possam ocorrer em território nacional (inciso II).

664 Luiz Francisco Torquato Avolio, *Provas Ilícitas*: interceptações telefônicas, ambientais e gravações clandestinas, 5. ed., São Paulo: Revista dos Tribunais, 2012.

Nos Estados Unidos, em razão da frequente utilização dessa técnica de investigação, foi criado o *Wiretap Report*, relatório anual enviado pela Administração Centralizada dos Tribunais (*Administrative Office of the United States Courts*) ao Congresso sobre todos os casos de vigilância eletrônica, os motivos para a sua implantação, duração, número de pessoas vigiadas e as detenções e condenações obtidas por esse meio de vigilância.

Na Alemanha, o tema mereceu proteção ainda maior, passando a própria Constituição a disciplinar os requisitos da interceptação ambiental. Prevê o art. 13 da Lei Fundamental alemã, ao dispor sobre a inviolabilidade do domicílio, que, diante de delitos especialmente graves, assim definidos em lei, poderão ser utilizados, com base em prévia autorização judicial, recursos e técnicas de vigilância acústica das residências onde se encontra presumivelmente o suspeito, caso a investigação dos fatos se torne, de outra forma, desproporcionalmente difícil ou sem perspectiva de êxito. Exige ainda o texto constitucional alemão, expressamente, que a medida deve ter duração limitada e que autorização deve ser expedida por um grupo de três juízes.

A Corte Constitucional alemã, no julgamento de um caso sobre vigilância acústica de residências, manifestou-se no sentido de que essa prática não fere a dignidade da pessoa humana. Todavia, caso as informações concernentes ao *"núcleo central da vida privada do indivíduo"* (*absolut geschützten Kernbereich privater Lebensgestaltung*) sejam captadas, tais gravações devem ser deletadas e excluídas do processo[665].

Nesse julgamento, foi analisada a reforma constitucional que resultou na redação atual do art. 13 da Lei Fundamental o qual passou a disciplinar, detalhadamente, as hipóteses de restrições à inviolabilidade de domicílio por meio de novas tecnologias e respectivos procedimentos[666].

665 *BVerfGE* 109, 279 Akustische Wohnraumüberwachung ("Großer Lauschangriff"), de 3-3-2004.

666 O art. 13 da Lei Fundamental alemã, em sua redação atual, assim dispõe: "Artigo 13 [Inviolabilidade do domicílio] (1) O domicílio é inviolável. (2) Buscas só podem ser ordenadas pelo juiz e, caso a demora implique perigo, também pelos demais órgãos previstos na legislação e somente na forma nela estipulada. (3) Quando determinados fatos justificam a suspeita que alguém tenha cometido um delito, determinado de forma específica pela lei como delito especialmente grave, poderão ser utilizados, com base numa autorização judicial, recursos técnicos de vigilância acústica das residências onde se encontra presumivelmente o suspeito, caso a investigação dos fatos se torne, de outra forma, desproporcionalmente difícil ou sem perspectiva de êxito. A medida tem de ter duração limitada. A autorização deve ser expedida por uma junta de três juízes. Se a demora implicar perigo iminente, a medida poderá ser autorizada por um único juiz. (4) Para a defesa contra perigos iminentes para a segurança pública, em especial um perigo para a comunidade ou a vida, os recursos técnicos de vigilância de residências só poderão ser empregados com base numa autorização judicial. Se a demora implicar perigo iminente, a medida poderá ser autorizada por outro órgão determinado pela lei; uma autorização judicial deve ser requerida sem demora. (5) Se os recursos técnicos estão previstos exclusivamente para a proteção de pessoas que participam da investigação nas residências, a medida pode ser ordenada por um órgão determinado por lei. Uma utilização com outra finalidade dos conhecimentos adquiridos em tal ação só será permitida se servir à persecução penal ou à prevenção de perigo e somente se a legalidade da medida for verificada previamente por um juiz; se a demora implicar perigo iminente, a autorização judicial deve ser solicitada sem demora. (6) O Governo Federal apresenta anualmente um relatório ao Parlamento Federal sobre a utilização de recursos técnicos realizada com base no § 3º, assim como no âmbito da competência da Federação, segundo o § 4º e, à medida em que se exija controle judicial, segundo o § 5º. Uma comissão nomeada pelo Parlamento Federal exerce o controle parlamentar com base nesse relatório. Os Estados asseguram um controle parlamentar equivalente. (7) De resto, só podem ser praticadas intervenções ou restrições que afetem esta inviolabilidade na defesa contra perigo comum ou perigo de vida individual; em virtude de lei, tais medidas também podem ser praticadas com o fim de prevenir perigos iminentes para a segurança e a ordem públicas, especialmente para sanar a escassez de moradias, combater ameaças de epidemia ou proteger jovens em perigo".

Restou consignado que, quando da redação original do art. 13, o objetivo principal do constituinte era o de proteger os cidadãos da presença física e indesejada de funcionários públicos em suas casas.

Observou-se, contudo, que os avanços tecnológicos passaram a permitir que o Estado pudesse invadir ou monitorar residências de outra forma que não apenas fisicamente, ficando assentado que seria impensável que a proteção a esses novos métodos não estivesse resguardada pela Lei Fundamental.

Entretanto, esse entendimento tem limites. Conforme acentuado pela Corte, o mero fato de uma pessoa ser investigada não agride sua dignidade, o que ocorrerá apenas se o procedimento adotado desrespeitar sua individualidade, isto é, na hipótese de a conduta do poder público não prestar a devida consideração ao fato de que cada indivíduo é único em sua essência.

Vale ainda anotar a pertinente observação da Corte no sentido de que as pessoas não podem desenvolver sua personalidade caso sejam incapazes de expressar sentimentos e sensações, opiniões, reflexões e experiências – inclusive manifestações emotivas verbais e sexuais – sem o receio de que agências do Estado estejam a monitorá-las.

Merece citação, na mesma linha, recente decisão da Suprema Corte dos Estados Unidos em *US v. Jones*[667], no sentido de que a instalação de aparelho de GPS no carro de um suspeito para contínuo monitoramento de sua localização equivale ao conceito de "busca e apreensão" expresso na Quarta Emenda à Constituição e em relação à qual se exige mandado judicial, importante avanço em relação à prévia orientação da Corte, firmada em *US v. Knotts*[668], no sentido de que alguém dentro de um automóvel em vias públicas não teria nenhuma expectativa de privacidade.

Feitas essas considerações, aflora-se, com fulgente nitidez, que a legislação brasileira sobre captações ambientais, em razão de seu caráter extremamente vago, sem nenhum cuidado quanto aos procedimentos a serem observados em medidas dessa natureza, não se mostra em condições de assegurar, de forma adequada, suficiente proteção ao direito à privacidade.

Nesse contexto, afigura-se recomendável, nas autorizações judiciais de captação ambiental e de monitoramento de espaços privados, a aplicação, por analogia, dos procedimentos previstos na Lei n. 9.296/96, relativos às interceptações telefônicas e telemáticas, até que suprida a insuficiência da legislação sobre o tema.

9.2.2.2.4. Novas tecnologias e a Constituição

Os avanços tecnológicos, no que diz respeito à privacidade, alcançaram uma dimensão tão distante da moldura jurídica com a qual trabalhamos que, em certa medida, talvez já nem seja mais correto falar-se em *insuficiência* da legislação, no sentido de seu descompasso com as tecnologias invasivas com as quais convivemos.

Sabemos, hoje, que grande parte das atividades cibernéticas que o ordenamento jurídico procura proteger já não se encontra mais em bases físicas, mas em bancos de

667 United States v. Jones, 10-1259, 23-1-2012.

668 United States v. Knotts, 460 U.S. 276, 2-3-1983.

dados espalhados pelo mundo, verdadeiras gavetas virtuais nas quais são guardados substanciais aspectos da nossa vida privada[669].

Por outro lado, para a captação e registro de imagens e diálogos de qualquer pessoa, não importa onde esteja, dispomos de equipamentos que podem fazer isso a quilômetros de distância, podendo até, quem sabe, em futuro não distante, entrar em nossas casas na forma de um inocente inseto e captar amostras de DNA[670].

Diante desse quadro, talvez seja mais apropriado falar-se, hoje, em *ineficiência* de todo um modelo de regulação fundado nas tradicionais garantias de inviolabilidade do domicílio e do sigilo das comunicações. Nesse sentido, poderíamos ampliar o campo de observação para entender que estamos tratando, aqui, na verdade, de uma clara ineficiência não só da legislação infraconstitucional, como, também, da própria base constitucional com a qual procuramos assegurar, muitas vezes em vão, efetiva proteção ao direito à privacidade.

A decisão da Corte Constitucional alemã no caso *Online-Durchsuchungen*, examinada neste estudo, ao conferir novos contornos à garantia de proteção ao direito de personalidade por meio de interpretação no sentido de que a confidencialidade e a integralidade dos sistemas de tecnologia da informação configuram direito fundamental comparável à inviolabilidade do domicílio, compreendeu, de forma inovadora, o alcance dessa garantia. Nessa mesma linha, podemos mencionar, ainda, a solução adotada pela Suprema Corte dos Estados Unidos, também citada neste trabalho, ao equiparar o conceito de busca e apreensão, previsto na Quarta Emenda Constitucional, a instalação de equipamento GPS no automóvel de um suspeito para o contínuo monitoramento de sua localização.

Em outras palavras, não é porque eventual inovação no campo tecnológico não esteja suficientemente contemplada na legislação em vigor que a garantia constitucional ameaçada fica sem proteção, cabendo ao intérprete, ao lidar com essa realidade, assegurar que o direito fundamental em si, com as garantias a ele inerentes, não seja menosprezado a ponto de negar-lhe efetividade. Talvez seja esse o caminho ao lidarmos com a proteção do direito à privacidade, quando fragilizado por tecnologias que se transmudam da ficção à realidade em velocidade sem precedentes.

Com essas considerações, poderíamos avançar em relação ao tema não mais nos preocupando tanto em contemplar, em textos legais, de modo específico, cada nova tecnologia que surge, mas, sim, na reformulação do modelo de regulação, de forma a estabelecer requisitos mínimos como, por exemplo, crimes passíveis de investigação por tecnologias invasivas, imprescindibilidade de autorização judicial, duração da investigação, for-

---

669 Essa realidade restou bem ilustrada em julgamento no Superior Tribunal de Justiça, em que se determinou à Google Brasil o cumprimento de ordem judicial de quebra de sigilo das comunicações por *e-mail*, envolvendo, no caso, o *Gmail*, para fins de investigação criminal. A Google afirmava ser impossível cumprir a ordem de quebra do sigilo porque os dados em questão encontravam-se armazenados nos Estados Unidos e, por isso, sujeitos à legislação daquele país, que considera ilícita a divulgação (stj.jus.br, link "*sala de notícias*", 5-6-2013, com a informação de que os dados do processo não foram divulgados em razão de sigilo judicial).

670 É atemorizante quando pensamos, em relação ao direito à privacidade, na possibilidade de utilização de "insect cyborgs", insetos de verdade, manipulados geneticamente, teleguiados por controle remoto, com implantes de equipamentos de nanotecnologia em seus corpos, como câmaras e sensores, conforme pesquisas com incentivos da Agência de Projetos de Pesquisas Avançadas do Departamento de Defesa dos Estados Unidos (*vide* EMILY ANTHES, "The race to create 'insect cyborgs': Why make tiny flying drones when you can fly real insects by remote-control?", *The Guardian/Observer*, 17.2;2013. guardian.co.uk, artigo com base em seu novo livro, *Frankenstein's Cat*, Oneworld Publications, 2013).

ma de registro dos dados obtidos, restrições na divulgação dos dados capturados e sistema de acompanhamento do efetivo cumprimento dos requisitos estabelecidos.

Enfim, seja qual for o cenário tecnológico que nos cerca, não se pode perder de vista que a boa aplicação dos direitos fundamentais de caráter processual, principalmente da proteção judicial efetiva, é que nos permite distinguir o Estado de Direito do Estado Policial. O prestígio desses direitos configura também elemento essencial de realização do princípio da dignidade humana na ordem jurídica, impedindo, dessa forma, que o homem seja convertido em mero objeto do processo.

9.2.2.2.5. Colaboração premiada

A colaboração premiada consiste na concessão de benefícios (sanção premial) aos imputados que colaboram com a investigação ou instrução criminal. Conforme assentado na doutrina, "a colaboração premiada é um acordo realizado entre acusador e defesa, visando ao esvaziamento da resistência do réu e à sua conformidade com a acusação, com o objetivo de facilitar a persecução penal em troca de benefícios ao colaborador, reduzindo as consequências sancionatórias à sua conduta delitiva"[671].

O Supremo Tribunal Federal entende que a "colaboração premiada é um negócio jurídico processual, uma vez que, além de ser qualificada expressamente pela lei como 'meio de obtenção de prova', seu objeto é a cooperação do imputado para a investigação e para o processo criminal, atividade de natureza processual, ainda que se agregue a esse negócio jurídico o efeito substancial (de direito material) concernente à sanção premial a ser atribuída a essa colaboração"[672].

Em nosso direito, foi prevista em uma série de leis esparsas, estando regulada de modo mais detalhado nos arts. 4º a 7º da Lei n. 12.850/2013[673].

A colaboração deve ser voluntária e efetiva, tendo por resultado a identificação dos demais coautores e partícipes da organização criminosa e das infrações penais por eles praticadas; a revelação da estrutura hierárquica e da divisão de tarefas da organização criminosa; a prevenção de infrações penais decorrentes das atividades da organização criminosa; a recuperação total ou parcial do produto ou do proveito das infrações penais praticadas pela organização criminosa; ou a localização de eventual vítima com a sua integridade física preservada.

A colaboração é precedida de negociações entre o delegado de polícia, o investigado e o defensor, com a manifestação do Ministério Público, ou, conforme o caso, entre o Ministério Público e o investigado ou acusado e seu defensor, sem participação do juiz (art. 4º, § 6º).

Esse dispositivo teve a sua constitucionalidade questionada, sob a tese de violação ao sistema acusatório, ao passo que a titularidade exclusiva do Ministério Público sobre a

---

671 Vinicius G. Vasconcellos, *Colaboração premiada no processo penal*. 2. ed. São Paulo: RT, 2018, p. 62.

672 HC 127.483, rel. Min. Dias Toffoli, Pleno, julgado em 27-8-2017.

673 Por exemplo, a colaboração premiada também é mencionada pela Lei de Lavagem de Dinheiro (art. 1º, § 5º, da Lei n. 9.613/98), na Lei de Proteção à Testemunha (arts. 13 a 15 da Lei n. 9.807/99) e na Lei de Drogas (art. 41 da Lei n. 11.343/2006).

ação penal de iniciativa pública vedaria negociações realizadas pela autoridade policial em sede de colaborações premiadas. O STF, na ADI 5.508, julgou improcedente tal afirmação, assentando, por maioria, a constitucionalidade da possibilidade de delegados de polícia realizarem acordos de colaboração premiada no âmbito de investigações preliminares.

Do acordo, é lavrado termo, levado à homologação judicial. O juiz verifica a regularidade, a legalidade e a voluntariedade da colaboração (art. 4º, § 7º).

O Tribunal também considera que a decisão de homologação "limita-se a aferir a regularidade, a voluntariedade e a legalidade do acordo, não havendo qualquer juízo de valor a respeito das declarações do colaborador"[674].

Quanto ao delatado, entendeu-se que ele não tem legitimidade para impugnar o acordo, por "se tratar de negócio jurídico personalíssimo". O contraditório em relação aos delatados seria estabelecido nas ações penais instruídas com as provas produzidas pelo colaborador[675]. Tal falta de interesse jurídico dos corréus delatados para impugnar o acordo de colaboração premiada foi reiterada em diversos precedentes do STF e do STJ. Contudo, há relevantes problematizações críticas, especialmente com relação à intangibilidade ao acordo que é acarretada por tal posição[676].

Trata-se, portanto, de questão a ser analisada cautelosamente. Tal lógica civilista deve ser lida com cautelas na esfera penal. Ao mesmo tempo, o acordo de colaboração premiada é um meio de obtenção de provas, de investigação, em que o Estado se compromete a conceder benefícios a imputado por um fato criminoso, com o objetivo de incentivar a sua cooperação à persecução penal.

Embora o acordo de colaboração premiada, nos termos da Lei n. 12.850/2013, possa apresentar distintos objetivos, em regra a sua principal função probatória é instruir o processo penal, visando à melhor persecução penal de coimputados nos fatos investigados. Ou seja, o Estado oferece um tratamento mais leniente a um acusado com o objetivo de obter provas para punir outros imputados.

Resta evidente, portanto, que o acordo de colaboração premiada acarreta gravoso impacto à esfera de direitos de eventuais corréus delatados. E, mais do que isso, toca intimamente em interesses coletivos da sociedade, tendo em vista que possibilita a concessão de benefícios penais pelo Estado.

Por um lado, ainda que o Supremo tenha bem ressaltado que a homologação do acordo de colaboração premiada não assegura ou atesta a veracidade das declarações do delator, não se pode negar que o uso midiático de tais informações acarreta gravíssimos prejuízos à imagem de terceiros. Além disso, há julgados desta Corte que, de modo questionável, autorizam a decretação de prisões preventivas ou o recebimento de de-

674 HC 127.483, rel. Min. Dias Toffoli, Pleno, julgado em 27-8-2017.

675 HC 127.483, rel. Min. Dias Toffoli, Pleno, julgado em 27-8-2017.

676 Segundo Didier e Bomfim, "o acordo de colaboração alcança a esfera jurídica de terceiros, como é o caso daqueles que foram 'delatados', que podem ter contra si deferidas medidas cautelares penais e ou até mesmo uma denúncia, todas elas baseadas em declarações prestadas pelos colaboradores" (Fredie Didier Jr.; Daniela Bomfim, Colaboração premiada (Lei n. 12.850/2013): natureza jurídica e controle da validade por demanda autônoma – um diálogo com o Direito Processual Civil. *Civil Procedure Review*, v. 7, n. 2, p. 135-189, maio/ago. 2016, p. 170-171).

núncias com base em declarações obtidas em colaborações premiadas. Ou seja, é evidente e inquestionável que a esfera de terceiros delatados é afetada pela homologação de acordos ilegais e ilegítimos.

Nesse sentido, vale citar o precedente assentado pela Segunda Turma do STF no HC 151.605 (de minha relatoria, j. 20-3-2018), em que, por maioria, embora se tenha mantido a posição majoritária sobre a impugnabilidade do acordo por terceiros, reconheceu-se a importância do controle judicial. Assim, excepcionamos tal visão restritiva para permitir a impugnação quanto à competência para homologação do acordo, já que isso diz respeito às disposições constitucionais relativas à prerrogativa de foro. Creio que este é o momento para dar um passo a mais e reconhecer a possibilidade de impugnação por terceiros em casos de ilegalidade manifesta.

Sobre outra temática, deliberou-se que, nas colaborações em investigações ou ações penais de competência originária do Tribunal, o relator pode realizar a homologação, em decisão unipessoal. Da mesma forma, decidiu-se que a decisão homologatória tem eficácia preclusiva. Por ocasião do julgamento da ação penal, "salvo ilegalidade superveniente apta a justificar nulidade ou anulação do negócio jurídico", verifica-se apenas se a colaboração foi eficaz, sendo inviável rediscutir a legalidade das cláusulas do acordo[677].

Em outros julgados de 2020 (HCs 142.205 e 143427, rel. Min. Gilmar Mendes, j. 25-8-2020), a 2ª Turma do Supremo Tribunal Federal analisou a questão e concedeu *habeas corpus* para declarar a nulidade de acordo de colaboração premiada firmado por corréus e a ilicitude de provas eventualmente dele derivadas, em caso caracterizado por inúmeras ilegalidade e abusos cometidos pelos órgãos acusatórios. Assentou-se que, "além de caracterizar negócio jurídico entre as partes, o acordo de colaboração premiada é meio de obtenção de provas, de investigação, visando à melhor persecução penal de coimputados e de organizações criminosas", de modo que há "potencial impacto à esfera de direitos de corréus delatados, quando produzidas provas ao caso concreto", o que impõe a necessidade de controle e limitação a eventuais cláusulas ilegais e benefícios abusivos. Em tal momento também se decidiu que, se a anulação do acordo de colaboração aqui em análise for ocasionada por atuação abusiva da acusação, os benefícios assegurados aos colaboradores devem ser mantidos, em prol da segurança jurídica e da previsibilidade dos mecanismos negociais no processo penal brasileiro.

A lei disciplina as sanções premiais ao colaborador. Para acordos fixados até a sentença, são cabíveis o perdão judicial, a redução da pena privativa de liberdade – até 2/3 – e sua substituição por restritiva de direito – art. 4º, *caput*, da Lei n. 12.850/2013. Além disso, a lei prevê que, mesmo que não acordado, o perdão pode ser requerido ao juiz, "considerando a relevância da colaboração prestada" (§ 2º). O perdão pode ser instrumentalizado por dispensa de ação penal se o colaborador não for o líder da organização criminosa e for o primeiro a prestar efetiva colaboração (§ 4º). A Lei n. 13.964/2019 especificou que o benefício de não oferecimento da denúncia é cabível quando "a proposta de acordo de colaboração referir-se a infração de cuja existência não tenha prévio conhecimento" e definiu que se considera "existente o conhecimento prévio da infra-

677 Pet 7.074, rel. Min. Edson Fachin, julgado em 29-6-2017.

ção quando o Ministério Público ou a autoridade policial competente tenha instaurado inquérito ou procedimento investigatório para apuração dos fatos apresentados pelo colaborador" (§ 4º-A).

Na colaboração posterior à sentença, a lei prevê a redução da pena até a metade e a relevação de requisitos objetivos para a progressão de regime prisional (§ 5º).

Incumbe ao juiz, e não ao Ministério Público, dosar e aplicar as sanções premiais (art. 4º, *caput*).

Entretanto, o Ministério Público Federal adotou por prática estabelecer, desde logo, as penas ou benefícios a serem aplicados. Mais do que isso, passou a oferecer benefícios não previstos pela legislação. Por exemplo, acordos que estabelecem regimes diferenciados de cumprimento de pena, fixam penas máximas e, em alguns casos, preveem o cumprimento de pena desde logo, dispensando a ação penal[678].

Ao deliberar sobre a eficácia da decisão que homologa o acordo de colaboração, o STF debateu, ainda que de forma lateral, a questão das cláusulas ilegais. O Ministro Alexandre de Moraes mencionou que o acordo de colaboração está sujeito a uma "discricionariedade mitigada pela lei". A legislação dá ao Ministério Público "as opções possíveis" a serem oferecidas ao agente colaborador. Na mesma linha, o Ministro Edson Fachin ressaltou que o acordo "é regido por normas de direito público", as quais delimitam "o espaço negocial acerca dos benefícios que serão ofertados ao colaborador". Os demais ministros da Corte também fizeram observações em sentido semelhante[679].

No entanto, a maioria dos Ministros recusou-se a estender o exame da compatibilidade das cláusulas com a lei.

O Ministro Edson Fachin argumentou que o Juízo não deve aprofundar a discussão sobre as cláusulas do acordo de colaboração, sob pena de vulnerar a regra que proíbe o julgador de participar das negociações (art. 4º, § 6º, da Lei n. 12.850/2013). Com isso, as cláusulas do acordo estariam, na prática, excluídas do controle jurisdicional.

O Ministro Roberto Barroso argumentou que benefícios, ainda que sem embasamento legal, seriam compatíveis com a Constituição.

Ficou vencido o Ministro Gilmar Mendes, que ressaltou a importância do controle da submissão dos acordos de colaboração à lei de regência. Tal posição é adotada pela doutrina, já "que a justiça criminal negocial no processo penal pátrio precisa, necessariamente, respeitar critérios definidos na legislação, em respeito à legalidade, fomentando um modelo limitado de acordos no âmbito criminal"[680]. Segundo Silva Jardim, "o Ministério Público não pode oferecer ao delator 'prêmio' que não esteja expressamente

---

678 Fiz um inventário dessas cláusulas acordadas no âmbito da Operação Lava Jato em meu voto na Pet 7.074, rel. Min. Edson Fachin, julgado em 29-6-2017.

679 Pet 7.074, rel. Min. Edson Fachin, julgado em 29-6-2017.

680 Vinicius G. Vasconcellos, *Colaboração premiada no processo penal*. 2. ed. São Paulo: RT, 2018, p. 164. Assim também: Thiago Bottino, Colaboração premiada e incentivos à cooperação no processo penal: uma análise crítica dos acordos firmados na "Operação Lava Jato". *Revista Brasileira de Ciências Criminais*, São Paulo, v. 24, n. 122, ago. 2016, p. 376; J. J. Gomes Canotilho; Nuno Brandão, Colaboração premiada: reflexões críticas sobre os acordos fundantes da Operação Lava Jato. *Revista Brasileira de Ciências Criminais*, São Paulo, v. 25, n. 133, jul. 2017, p. 147 e 156-157.

previsto na lei específica", além de que "tal limitação se refere não só ao tipo de benefício (prêmio), como também se refere à sua extensão, mesmo que temporal"[681].

A questão, entretanto, não ficou decidida. Se por um lado o Tribunal afirmou que, uma vez homologado o acordo, há a expectativa de aplicação do benefício acordado, por outro não afirmou que o julgador deveria homologar acordo com benefícios não previstos em lei, ou que quantifique desde logo a sanção premial.

Em decisões posteriores, a Corte sinalizou no sentido de que é o juiz que dosa a sanção premial. Na melhor das hipóteses, a acusação poderia sugerir uma determinada redução de pena e assumir o compromisso de recorrer caso aplicado benefício menor, mas nunca se sobrepor ao papel do juiz. Assim, o julgador não deveria homologar um acordo que fixa a redução de pena, ou que oferece benefício não previsto em lei.

O Min. Ricardo Lewandowski negou a homologação de acordo que quantificava a pena e previa outras benesses sem embasamento legal – Pet 7.265, decisão de 14-11-2017.

A delação premiada é fonte de um conflito de direitos. O delator beneficia-se da delação, na busca do prêmio previsto pela lei e pelo negócio jurídico. O delatado tem sua honra exposta.

Tendo em vista essa perspectiva de conflito, o legislador estabeleceu limites às sanções premiais, as quais não ficam ao inteiro talante da acusação.

O princípio da legalidade é especialmente rígido quanto às normas penais incriminadoras, por força do art. 5º, XXXIX, da CF. Em favor da defesa, há alguma flexibilidade do ordenamento, admitindo-se o uso de normas de conteúdo indeterminado e de analogia.

Ainda assim, o princípio da legalidade também é importante *in malam partem*. Em nosso sistema, a ação penal pública é obrigatória e indisponível. O Ministério Público não pode escolher quem vai acusar, ou desistir de ações em andamento. As hipóteses de perdão e de redução de pena são legalmente previstas. O juiz não pode absolver ou relevar penas de forma discricionária.

Projetando esse entendimento, apontam Canotilho e Nuno Brandão que "exclusões ou atenuações de punição de colaboradores fundadas em acordos de colaboração premiada só serão admissíveis se e na estrita medida em que beneficiem de directa cobertura legal, como manifestação de uma clara vontade legislativa nesse sentido"[682]. Prosseguem os autores:

> "Só deste jeito, além do mais, será respeitada a função de salvaguarda de competência (*kompetenzwahrende Funktion*) que a par da função de garantia da liberdade (*freiheitsgewährleitende Funktion*), conforma estruturalmente o princípio constitucional da legalidade criminal. Na verdade, o princípio da separação de poderes, que se procura garantir e efectivar através da prerrogativa de reserva de lei formal ínsita no princípio da legalidade penal, seria frontal e irremissivelmente abatido se ao poder judicial fosse reconhecida a faculdade de

681 Afrânio Silva Jardim, Acordo de cooperação premiada: Quais são os limites? *Revista Eletrônica de Direito Processual*, Rio de Janeiro, ano 10, v. 17, n. 1, p. 2-6, jan./jun. 2016, p. 3.

682 Colaboração premiada e auxílio judiciário em matéria penal: a ordem pública como obstáculo, *Revista de Legislação e de Jurisprudência*, ano 146, n. 4.000, set./out. 2016. p. 16-38, p. 24.

ditar a aplicação de sanções não previstas legalmente ou de, sem supedâneo legal, poupar o réu a uma punição. É o que sucederia, por exemplo, no caso de atenuação de uma pena de prisão para lá da redução de 'em até 2/3 (dois terços)' prevista no *caput* do art. 4º da Lei n. 12.850/13 ou de concessão de um perdão judicial em relação a um crime não contemplado pela Lei n. 12.850/13. Em tais casos, o juiz substituir-se-ia ao legislador numa tão gritante quanto inconstitucionalmente intolerável violação de princípios fundamentais do (e para o) Estado de direito como são os da separação de poderes, da legalidade criminal, da reserva de lei e da igualdade na aplicação da lei".

Claus Roxin adota opinião semelhante[683]:

> "Se os criminosos – e disso que se trata sempre a colaboração premiada – escapam sem punição justamente por terem denunciado outro criminoso, isso é constitucionalmente problemático e ofende gravemente o senso comum de justiça. Se todos sabem que podem, em caso de necessidade, comprar sua própria liberdade, isso pode inclusive induzir à promoção de crimes. Além disso, o valor probatório dessas declarações compradas pela moeda da negociação é altamente questionável. A tentação de inventar mentiras ou induzir o aparato policial a seguir caminho equivocado é muito grande" (Entrevista Justiz. Praktisch nutzlos. *Der Spiegel*, 44-2005, 31 out. 2005).

O estabelecimento de balizas legais para o acordo é uma opção de nosso sistema jurídico para assegurar a isonomia e evitar a corrupção dos imputados – mediante incentivos desmesurados à colaboração – e dos próprios agentes públicos – aos quais se daria um poder sem limite sobre a vida dos imputados.

Um sistema que oferece vantagens sem medida propicia a corrupção dos imputados, incentivados a delatar não apenas a verdade, mas o que mais for solicitado pelos investigadores.

É sob esse enfoque que os acordos devem ser valorados. Até o momento, no entanto, a Corte não se sensibilizou com essas preocupações.

Contudo, as alterações aportadas pela Lei n. 13.964/2019 (denominada Lei Anticrime) seguiram no sentido de consolidar um sistema limitado de colaboração premiada, inserindo regulamentações mais precisas e restritivas aos benefícios potencialmente previstos em acordos. Nos termos do novo § 7º do art. 4º, quando da homologação o juízo deve verificar a "adequação dos benefícios pactuados àqueles previstos no *caput* e nos §§ 4º e 5º deste artigo, sendo nulas as cláusulas que violem o critério de definição do regime inicial de cumprimento de pena do art. 33 do Decreto-Lei n. 2.848, de 7 de dezembro de 1940 (Código Penal), as regras de cada um dos regimes previstos no Código Penal e na Lei n. 7.210, de 11 de julho de 1984 (Lei de Execução Penal) e os requisitos de progressão de regime não abrangidos pelo § 5º deste artigo". Além disso, inseriu-se dispositivo para assegurar mais proteção aos direitos fundamentais: "São nulas de pleno direito as previsões de renúncia ao direito de impugnar a decisão homologatória" (art. 4º, § 7º-B).

Ponto que tem sido amplamente discutido e consolidado pelos Tribunais brasileiros é a limitada força probatória que pode ser determinada às declarações de réus

683 Entrevista Justiz. Praktisch nutzlos. *Der Spiegel*, 44-2005, 31 out. 2005.

colaboradores, em razão de um princípio de desconfiança diante dos atos praticados em sede de justiça penal negocial. Conforme Nieva Fenoll, o que realmente fragiliza a confiabilidade das declarações do réu colaborador é o "ânimo de autoexculpação" ou de "heteroinculpação"[684]. Além disso, "a própria sistemática de pressões e coações, inerente à justiça criminal negocial, é um motivo inafastável para fragilização da força probatória da colaboração premiada, visto que se aumenta exponencialmente a ocorrência de falsas incriminações e confissões, potencializando as chances de condenações de inocentes"[685].

Ainda que a própria legislação imponha o dever de veracidade ao delator, isso não altera o cenário de fragilidade das suas declarações. A desconfiança com os atos de colaboração decorre da presunção de inocência (art. 5º, LVII, da CF), a qual, como regra probatória e de julgamento, impõe à acusação o ônus de provar a culpa, além da dúvida razoável.

Nesse sentido, a Lei n. 12.850/2013 regulava a questão no § 16 do art. 4º, que determinava originalmente: "nenhuma sentença condenatória será proferida com fundamento apenas nas declarações de agente colaborador". Trata-se de visão consolidada na doutrina[686] e na jurisprudência nacional de modo pacífico[687]. Isso tem sido analisado pelo STF em alguns julgados. Por exemplo, no Inquérito n. 4.074, firmou-se que somente as declarações do colaborador e elementos produzidos por ele mesmo (como agendas de compromissos e planilhas de contabilidade) não são suficientes para possibilitar o recebimento da denúncia no processo penal[688].

Recentemente, no HC 169.119, revogou-se prisão preventiva por maioria, pois o decreto prisional se mostrou inconsistente na demonstração tanto do *fumus comissi delicti* como do *periculum libertatis*. Quanto ao primeiro, assentou-se que "os fatos novos que pretensamente justificariam a nova decretação de prisão seriam oriundos de declarações de colaboradores premiados", as quais seriam insuficientes para legitimar a restrição cautelar à liberdade. Assim, o relator ressaltou a "insuficiência de declarações de colaboradores para motivação do *fumus comissi delicti* para decretação de prisão cautelar", pois "os elementos de prova produzidos a partir de acordo de colaboração premiada têm sua força probatória fragilizada em razão do seu interesse em delatar e receber benefícios em contrapartida, além dos problemas inerentes à própria lógica negocial no processo penal" (citando o precedente Inq. 4.074, rel. min. Edson Fachin, rel. p/ acórdão Min. Dias Toffoli, 2ª Turma, *DJe* de 17-10-2018).

684 Jordi Nieva Fenoll, *La valoración de la prueba*. Madrid: Marcial Pons, 2010, p. 244 (tradução livre).

685 Sobre isso, ver: Vinicius G. Vasconcellos, *Barganha e Justiça Criminal negocial*. 2. ed. Belo Horizonte: D'Plácido, 2018.

686 Na doutrina clássica: C. J. A. Mittermayer, *Tratado da prova em matéria criminal*. Rio de Janeiro: A. A. da Cruz Coutinho, 1871, t. II, p. 123-125; Eduardo Espínola Filho, *Código de Processo Penal brasileiro anotado*. 5. ed. Rio de Janeiro: Borsoi, 1960, v. III, p. 39-40.

687 "Desde logo, adianta-se, a posição majoritária é a que nega a possibilidade de um juízo condenatório fundar-se exclusivamente em declarações de coimputado beneficiário do instituto premial; diz-se mesmo que a quase totalidade das obras e posicionamentos doutrinários consultados não admitem que este elemento de prova tenha força de, isoladamente, sustentar o decreto de condenação" (Frederico Valdez Pereira, *Delação premiada*. Legitimidade e procedimento. 3. ed. Curitiba: Juruá, 2016, p. 73-74).

688 Inq 4.074, rel. Min. Edson Fachin, rel. p. acórdão Min. Dias Toffoli, julgado em 14-8-2018.

Em conformidade com tal posição assentada jurisprudencialmente pelo Supremo Tribunal Federal, a Lei n. 13.964/2019 (denominada Lei Anticrime) alterou a redação do § 16 do art. 4º da Lei n. 12.850/2013 para determinar: "Nenhuma das seguintes medidas será decretada ou proferida com fundamento apenas nas declarações do colaborador: I – medidas cautelares reais ou pessoais; II – recebimento de denúncia ou queixa-crime; III – sentença condenatória".

Outro ponto inserido na legislação para corroborar o posicionamento adotado pelo Supremo Tribunal Federal diz respeito à ordem das alegações finais e demais atos processuais em casos com corréus colaboradores: "Em todas as fases do processo, deve-se garantir ao réu delatado a oportunidade de manifestar-se após o decurso do prazo concedido ao réu que o delatou" (art. 4º, § 10-A). Inicialmente, firmou-se a jurisprudência da 2ª Turma (HC 157.627 AgR, j. 27-8-2019)[689], o que foi confirmado e adotado pelo Plenário (HC 166.373, j. 2-10-2019).

Em relação ao compartilhamento de provas oriundas de colaboração premiada, deve-se analisar com cautela. O imputado colaborador aceita produzir provas contra si mesmo tendo em vista os termos acordados no pacto negocial com o Estado. Assim, a utilização de tais elementos probatórios, produzidos pelo próprio colaborador, em seu prejuízo, de modo distinto do firmado com a acusação e homologado pelo Judiciário, é prática abusiva, que viola o direito a não autoincriminação.

A renúncia (ou não exercício) imposta pela Lei em relação ao direito ao silêncio (art. 4º, § 14, da Lei n. 12.850/2013) se limita à abrangência e às consequências previstas no acordo. Deve-se ressaltar que isso não impede que outras autoridades não aderentes ao acordo realizem investigações e persecuções distintas (por exemplo sobre fatos novos ou não incluídos no acordo), mas veda somente a utilização para esses casos de elementos probatórios produzidos pelos próprios colaboradores em razão do negócio firmado.

Sobre a temática, por votação unânime no Agravo Regimental no Inq. 4.420, julgado em 28-8-2018, a Segunda Turma assentou:

> "Penal e Processual Penal. 2. Compartilhamento de provas e acordo de leniência. 3. A possibilidade de compartilhamento de provas produzidas consensualmente para outras investigações não incluídas na abrangência do negócio jurídico pode colocar em

---

689 "AGRAVO REGIMENTAL EM *HABEAS CORPUS*. CONHECIMENTO. POSSIBILIDADE. APRESENTAÇÃO DE MEMORIAIS ESCRITOS POR RÉUS COLABORADORES E DELATADOS. PRAZO COMUM. INADMISSIBILIDADE. OFENSA ÀS REGRAS DO CONTRADITÓRIO E DA AMPLA DEFESA. NULIDADE. EXISTÊNCIA DE PREJUÍZO. EXEGESE IMEDIATA DOS DIREITOS FUNDAMENTAIS INDEPENDENTEMENTE DA NORMA INFRACONSTITUCIONAL. INTELIGÊNCIA DOS ARTS. 5º, LIV E LV, DA CONSTITUIÇÃO DA REPÚBLICA DE 1988, E 603, DO CPP. ORDEM CONCEDIDA. I – Possibilidade de impetração de *habeas corpus* nos casos em que, configurada flagrante ilegalidade do provimento jurisdicional, descortina-se premente o risco atual ou iminente à liberdade de locomoção, apta, pois, a gerar constrangimento ilegal. Precedentes desta Suprema Corte (HC 87.926/SP, rel. Min. Cezar Peluso; HC 136.331, rel. Min. Ricardo Lewandowski). II – Decisão de primeiro grau de jurisdição que indefere pedido para apresentação de memoriais escritos após o prazo dos réus colaboradores. Prejuízo demonstrado. III – Memoriais escritos de réus colaboradores, com nítida carga acusatória, deverão preceder aos dos réus delatados, sob pena de nulidade do julgamento. Exegese imediata dos preceitos fundamentais do contraditório e da ampla defesa (art. 5º, LV, da CF/88) que prescindem da previsão expressa de regras infraconstitucionais. IV – Agravo regimental provido, para conhecer e conceder a ordem" (HC 157627 AgR, rel. Min. Edson Fachin, redator p/ acórdão Ricardo Lewandowski, Segunda Turma, j. 27-8-2019, DJe de 17-3-2020).

risco a sua efetividade e a esfera de direitos dos imputados que consentirem em colaborar com a persecução estatal. 4. No caso em concreto, o inquérito civil investiga possível prática de ato que envolve imputado que não é abrangido pelo acordo de leniência em questão. 5. Contudo, deverão ser respeitados os termos do acordo em relação à agravante e aos demais aderentes, em caso de eventual prejuízo a tais pessoas. 6. Nego provimento ao agravo, mantendo a decisão impugnada e o compartilhamento de provas, observados os limites estabelecidos no acordo de leniência em relação à agravante e aos demais aderentes".

9.2.2.2.6. Ação controlada

A Convenção de Palermo define a "entrega vigiada" como a "técnica que consiste em permitir que remessas ilícitas ou suspeitas saiam do território de um ou mais Estados, os atravessem ou neles entrem, com o conhecimento e sob o controle das suas autoridades competentes, com a finalidade de investigar infrações e identificar as pessoas envolvidas na sua prática"[690].

Tomando o tratado por inspiração, o art. 8º da Lei n. 12.850/2013 afirma que a ação controlada consiste em "retardar a intervenção policial ou administrativa" relativa à ação criminosa. A ação deve ser "mantida sob observação e acompanhamento para que a medida legal se concretize no momento mais eficaz à formação de provas e obtenção de informações".

A ação controlada, também conhecida por flagrante retardado, prorrogado ou diferido, consiste em deixar de realizar a prisão e apreensão no momento para aguardar novas informações, no interesse da investigação. Trata-se de autorização para que os agentes policiais deixem de dar imediato cumprimento à regra do art. 301 do CPP, segundo a qual "as autoridades policiais e seus agentes deverão prender quem quer que seja encontrado em flagrante delito".

Do ponto de vista constitucional, releva saber se uma ação supervisionada pelas autoridades pode ou não configurar crime. A discussão das diferenças entre o flagrante preparado e o flagrante esperado, abordadas no item 9.3.2.1, são aqui relevantes. A preparação do flagrante torna impossível a consumação do delito, na forma da Súmula 145. Mas a jurisprudência atual não reconhece crime impossível nas hipóteses de flagrante esperado, ou seja, de acompanhamento da prática do delito pelas autoridades policiais.

A ação controlada é legítima quando os agentes da investigação adotam conduta passiva, de simples acompanhamento da ação delituosa, mirando agir em momento futuro.

9.2.2.2.7. Infiltração de agentes policiais

A doutrina aponta como características da infiltração de agentes policiais "a *dissimulação*, ou seja, a ocultação da condição de agente oficial e de suas verdadeiras inten-

690 Artigo 2, *i*, da Convenção, em execução no Brasil por força do Decreto n. 5.015/2004.

ções; o *engano*, posto que toda a operação de infiltração se apoia numa encenação que permite ao agente obter a confiança do suspeito; e, finalmente, a *interação*, isto é, uma relação direta e pessoal entre o agente e o autor potencial"[691].

A infiltração de agentes policiais é prevista na Lei das Organizações Criminosas e no Estatuto da Criança e do Adolescente.

No primeiro caso, destina-se a investigar as organizações criminosas ou terroristas, os crimes por elas praticados e os crimes previstos em tratado internacional. É regulada pelos arts. 10 a 14 da Lei n. 12.850/2013.

O agente infiltrado não é culpável por crimes praticados no curso da investigação, "quando inexigível conduta diversa", mas "responderá pelos excessos praticados" (art. 13).

No segundo caso, destina-se a apurar diversos crimes envolvendo pedofilia (arts. 240, 241, 241-A, 241-B, 241-C e 241-D do ECA e arts. 217-A, 218, 218-A e 218-B do Código Penal), além da invasão de dispositivo informático (art. 154-A do Código Penal).

A colheita de provas dos crimes é considerada fato atípico (art. 190-C do ECA).

Em ambos os casos, a infiltração será precedida de autorização judicial.

A previsão é de infiltração de agentes de polícia. Nosso direito não contempla a figura do agente de confiança, um terceiro, normalmente ligado à prática do delito, que se dispõe a auxiliar nas investigações.

A utilização da infiltração de agentes policiais como técnica de investigação causa grande preocupação do ponto de vista constitucional.

Em primeiro lugar, trata-se de meio de prova altamente invasivo à intimidade do investigado, que interage com o agente estatal, o qual tenta conquistar sua confiança por meio de engano e de dissimulação.

Parte da doutrina entende que o meio de investigação é inconstitucional, por envolver comportamento não ético por parte do Estado. Eugênio Pacelli sustenta que a infiltração de agentes policiais viola o "princípio da moralidade administrativa"[692].

Ainda que não se chegue a tanto, parece certo que a medida deve ser usada com muita cautela e apenas em casos excepcionalíssimos.

Novamente surge a questão do acompanhamento estatal da prática de crimes, remetendo à discussão sobre as diferenças entre o flagrante preparado e o flagrante esperado, abordadas no item 9.3.2.1. A preparação do flagrante torna impossível a consumação do delito, na forma da Súmula 145. Mas a jurisprudência atual não reconhece crime impossível nas hipóteses de flagrante esperado, ou seja, de acompanhamento da prática do delito pelas autoridades policiais.

A questão complica-se quando o agente infiltrado atua como "agente provocador", ou seja, determina, instiga ou auxilia a prática criminosa. Nesses casos, haverá uma cilada, ou emboscada (*entrapment*), que tornará a consumação do delito impossível, ou im-

---

691 Eduardo Araujo da Silva, *Organizações criminosas*: aspectos penais e processuais da Lei n. 12.850/13, 2. ed., São Paulo: Atlas, 2015, p. 93.

692 Eugênio Pacelli de Oliveira, *Curso de processo penal*, 21. ed., São Paulo: Atlas, 2017, p. 887.

putável apenas ao agente provocador[693]. Eduardo Araujo da Silva aponta como "elementos constitutivos do delito provocado: (a) a incitação por parte do agente provocador para determinar a vontade delituosa do indivíduo provocado (elemento objetivo); (b) a vontade de o agente provocador determinar a prática de um crime para possibilitar a punição do seu autor (elemento subjetivo); (c) a adoção de medidas de precaução para se evitar que o crime provocado se consume".

9.2.2.3. *Da inviolabilidade de domicílio e da busca e apreensão*

Questão sensível refere-se à busca e apreensão realizada em espaços privados, residências ou escritórios por autoridades públicas ou órgãos policiais.

A casa é protegida contra o ingresso não consentido, sem autorização judicial, na forma do art. 5º, XI, da Constituição Federal: "a casa é asilo inviolável do indivíduo, ninguém nela podendo penetrar sem consentimento do morador, salvo em caso de flagrante delito ou desastre, ou para prestar socorro, ou, durante o dia, por determinação judicial".

Muito embora a Constituição empregue o termo "casa", a proteção vai além do ambiente doméstico. O art. 150, § 4º, do Código Penal, ao definir "casa" para fins do crime de violação de domicílio, traz conceito abrangente do termo, compreensivo de qualquer compartimento habitado, aposento ocupado de habitação coletiva e compartimento não aberto ao público, onde alguém exerce profissão ou atividade. O conceito do Código Penal serve de ponto de apoio para a interpretação da regra constitucional de proteção contra a busca não autorizada.

Dessa forma, são protegidos espaços profissionais. Qualquer "compartimento privado não aberto ao público, onde alguém exerce profissão ou atividade (CP, art. 150, § 4º, III), compreende, observada essa específica limitação espacial (área interna não acessível ao público), os escritórios profissionais"[694]. Ou seja, não há dúvida de que o "compartimento não aberto ao público, onde alguém exerce profissão ou atividade", isto é, ambientes profissionais privados em geral (escritórios, salas, lojas, oficinas, restaurantes, consultórios etc.) estão sujeitos à proteção constitucional. Também quartos de hotel, enquanto habitados, são defendidos pela garantia[695].

O conceito de *casa* estende-se às *dependências*, "lugares adjacentes ou anexos à habitação, nos quais a entrada indébita pode perturbar a liberdade, a paz, ou a tranquilidade do morador"[696]. Assim, o entorno não aberto ao público, como garagens, jardins, quintais e pátios está incluído na proteção.

Por outro lado, o STF já decidiu que um automóvel estacionado em via pública não se insere na proteção. Assim, as autoridades podem realizar busca no interior do veículo, obedecendo apenas às regras mais brandas, aplicáveis à busca pessoal[697].

---

693 Sobre o tema, ver: Cleber Masson; Marçal, Vinícius, *Crime organizado*, 3. ed. Rio de Janeiro: Forense, 2017. Edição eletrônica, posição 5957.

694 HC 82.788, rel. Min. Celso de Mello, Segunda Turma, julgado em 12-4-2005.

695 RHC 90.376, rel. Min. Celso de Mello, Segunda Turma, julgado em 3-4-2007.

696 Galdino Siqueira, *Tratado de direito penal*, Rio de Janeiro: José Konfino, 1947, tomo III, p. 215.

697 RHC 117.767, rel. Min. Teori Zavascki, Segunda Turma, julgado em 11-6-2016.

O Código de Processo Penal, no art. 240, faculta a busca e apreensão, domiciliar ou pessoal, para: a) prender criminosos; b) apreender coisas achadas ou obtidas por meios criminosos; c) apreender instrumentos de falsificação ou de contrafação e objetos falsificados ou contrafeitos; d) apreender armas e munições, instrumentos utilizados na prática de crime ou destinados a fim delituoso; e) descobrir objetos necessários à prova de infração ou à defesa do réu; f) apreender cartas, abertas ou não, destinadas ao acusado ou em seu poder, quando haja suspeita de que o conhecimento do seu conteúdo possa ser útil à elucidação do fato; g) apreender pessoas vítimas de crimes; h) colher qualquer elemento de convicção.

A inviolabilidade do domicílio exige que somente em caso de flagrante delito, desastre, ou para prestar socorro, se penetre no domicílio sem o consentimento do morador, ou, durante o dia, mediante ordem judicial[698].

Em caso de flagrante delito, a autoridade pode forçar a entrada em domicílio, sem mandado judicial, mesmo no período noturno. O flagrante pode ser relativo a crime permanente, ainda que praticado sem violência ou grave ameaça, sendo desnecessária a demonstração de urgência na medida. No entanto, o STF decidiu em repercussão geral que a entrada deve estar "amparada em fundadas razões, devidamente justificadas *a posteriori*, que indiquem que dentro da casa ocorre situação de flagrante delito, sob pena de responsabilidade disciplinar, civil e penal do agente ou da autoridade, e de nulidade dos atos praticados"[699].

A busca e apreensão domiciliar depende, imprescindivelmente, de ordem judicial devidamente fundamentada, indicando, da forma mais precisa possível, o local em que será realizada, assim como os motivos e os fins da diligência.

Assim, a busca e apreensão de documentos e objetos realizados por autoridade pública no domicílio de alguém, sem autorização judicial fundamentada, revela-se ilegítima, e o material eventualmente apreendido configura prova ilicitamente obtida.

Questão relevante diz respeito à legalidade de mandados de busca e apreensão genéricos, isto é, que não especificam detidamente o material probatório visado pela investigação. O Supremo Tribunal Federal já decidiu que a redação ampla dos mandados não necessariamente enseja sua ilegalidade[700]. De fato, não há como exigir que a decisão judicial antecipadamente especifique os documentos e objetos que devem ser coletados pela autoridade policial, já que, em muitos casos, apenas com a conclusão das diligências será possível determinar o acervo probatório útil ao processo. No entanto, os direitos fundamentais de inviolabilidade do domicílio e de privacidade não podem ser desarrazoadamente restringidos, devendo-se buscar ao máximo a delimitação do substrato material sob o qual recairá a atividade investigativa.

O Supremo Tribunal Federal já teve oportunidade de acentuar que, em razão do disposto no art. 5º, X, da Constituição, "o poder fiscalizador da administração tributária perdeu, em favor do reforço da garantia constitucional do domicílio, a prerrogativa da autoexecutoriedade". Asseverou-se, nessa linha, que "daí não se extrai, de logo, a inconstitucionalidade superveniente ou a revogação dos preceitos infraconstitucionais de

698 Ver art. 5º, XI.

699 RE 603.616, rel. Min. Gilmar Mendes, julgado em 6-11-2015.

700 HC 106.566/SP, rel. Min. Gilmar Mendes, *DJe* de 19-3-2015 e PET 5.173, AgR-DF, rel. Min. Dias Toffoli, *DJe* de 18-11-2014.

regimes precedentes que autorizam a agentes fiscais de tributos a proceder à busca domiciliar e à apreensão de papéis; essa legislação, contudo, que, sob a Carta precedente, continha em si a autorização à entrada forçada no domicílio do contribuinte, reduz-se, sob a Constituição vigente, a uma simples norma de competência para, uma vez no interior da dependência domiciliar, efetivar as diligências legalmente permitidas: o ingresso, porém, sempre que necessário vencer a oposição do morador, passou a depender de autorização judicial prévia"[701].

No aludido precedente negou-se o pedido de *habeas corpus* formulado em razão de não ter havido demonstração de resistência por parte dos impetrantes à entrada dos fiscais no escritório.

A solução não parece satisfatória, a nosso ver.

O não esboço de uma resistência explícita não se há de converter numa manifestação de concordância quanto à entrada no domicílio e, sobretudo, com a apreensão de documentos. Daí afigurar-se convincente a crítica de Marco Aurélio Mello no voto vencido proferido, no sentido de que a apreensão de documentos em estabelecimento privado já é, por si só, um ato de constrangimento, cuja prática pressupõe um ato contra a vontade daqueles que estavam presentes.

A questão da validade do consentimento já foi enfrentada em diversas oportunidades pela Suprema Corte dos Estados Unidos. A jurisprudência vê com desconfiança o consentimento do morador obtido pelo agente estatal sob autoridade governamental (*under government authority*) ou sob as cores do uniforme (*under color of office*) – respectivamente, casos Amos v. United States, 255 U.S. 313 (1921) e caso Johnson v. United States 333 U.S. 10 (1948).

Em outro julgado do STF, anotou-se que "sem que ocorra qualquer das situações excepcionais taxativamente previstas no texto constitucional (art. 5º, XI), nenhum agente público, ainda que vinculado à administração tributária do Estado, poderá, contra a vontade de quem de direito (*invito domino*), ingressar, durante o dia, sem mandado judicial, em espaço privado não aberto ao público, onde alguém exerce sua atividade profissional, sob pena de a prova resultante da diligência de busca e apreensão assim executada reputar-se inadmissível, porque impregnada de ilicitude material. Enfatizou-se, ainda, que 'o atributo da autoexecutoriedade dos atos administrativos, que traduz expressão concretizadora do *privilège du preálable*, não prevalece sobre a garantia constitucional da inviolabilidade domiciliar, ainda que se cuide de atividade exercida pelo Poder Público em sede de fiscalização tributária'"[702].

Outro tema relevante em matéria de busca e apreensão determinada por ordem judicial diz respeito à densidade e fundamentação adequadas da decisão judicial que a ordena ou autoriza (CF, art. 93, IX).

Tem-se assentado que a ordem judicial de busca e apreensão não pode ser vaga ou imprecisa, não se podendo delegar a extensão da providência à autoridade policial. Nesse sentido, é a decisão proferida no MS 23.454/DF[703], que, embora referente a ato de CPI, tem integral aplicação à decisão judicial.

No aludido julgamento, Nelson Jobim, ao se referir ao art. 240 do Código de Pro-

701 HC 79.512/RJ, rel. Min. Sepúlveda Pertence, julgado em 16-12-1999 (Pleno), *DJ* de 16-5-2003.

702 HC 82.788, rel. Min. Celso de Mello, julgado em 12-4-2005, *DJ* de 2-6-2006.

703 Rel. Min. Marco Aurélio, Plenário, *DJ* de 23-4-2004.

cesso Penal, observou que "a busca e apreensão pode ser, digamos, em preto, no sentido de explicitar o que se busca, e em branco, aberta no sentido de se 'descobrir objetos necessários à prova de infração ou à defesa do réu', tendo em vista o objeto geral da investigação". Na mesma linha observou Sepúlveda Pertence que "não se faz busca e apreensão para apreender o cheque número tal", mas que é preciso haver a determinação do escopo da diligência.

A ausência de determinação do escopo ou do fim da diligência ou a indeterminação na ordem de busca e apreensão que resulta na atribuição à autoridade policial da escolha dos objetos a serem apreendidos acabam por afetar a validade da decisão judicial, acarretando, com isso, a ilicitude da prova colhida.

Ainda nessa linha, cabe citar aqui precedente da Corte quanto à busca e apreensão em escritório de advocatícia, na qual mereceu especial realce a necessidade de clara precisão quanto ao objeto da medida.

> *HABEAS CORPUS*. BUSCA E APREENSÃO FUNDAMENTADA. VERIFICAÇÃO DE QUE NO LOCAL FUNCIONAVA ESCRITÓRIO DE ADVOCACIA. NECESSIDADE DE FUNDAMENTAÇÃO ESPECÍFICA. AUSÊNCIA DE COMUNICAÇÃO AO MAGISTRADO ANTES DA EXECUÇÃO DA MEDIDA. IMPOSSIBILIDADE DE EXECUÇÃO EM SITUAÇÃO DISTINTA DAQUELA DETERMINADA NA ORDEM JUDICIAL. NULIDADE DAS PROVAS COLHIDAS. ORDEM CONCEDIDA. 1. O sigilo profissional constitucionalmente determinado não exclui a possibilidade de cumprimento de mandado de busca e apreensão em escritório de advocacia. O local de trabalho do advogado, desde que este seja investigado, pode ser alvo de busca e apreensão, observando-se os limites impostos pela autoridade judicial. 2. Tratando-se de local onde existem documentos que dizem respeito a outros sujeitos não investigados, é indispensável a especificação do âmbito de abrangência da medida, que não poderá ser executada sobre a esfera de direitos de não investigados. 3. Equívoco quanto à indicação do escritório profissional do paciente, como seu endereço residencial, deve ser prontamente comunicado ao magistrado para adequação da ordem em relação às cautelas necessárias, sob pena de tornar nulas as provas oriundas da medida e todas as outras exclusivamente delas decorrentes. 4. Ordem concedida para declarar a nulidade das provas oriundas da busca e apreensão no escritório de advocacia do paciente, devendo o material colhido ser desentranhado dos autos do Inq. 544 em curso no STJ e devolvido ao paciente, sem que tais provas, bem assim quaisquer das informações oriundas da execução da medida, possam ser usadas em relação ao paciente ou a qualquer outro investigado, nesta ou em outra investigação[704].

Por isso, diversamente do que ocorre no encontro fortuito de provas por meio de interceptações telefônicas – que inevitavelmente captam todos os diálogos, sejam eles relativos ou não aos crimes e pessoas definidos pela ordem judicial autorizadora da medida –, na busca e apreensão apenas serão admitidas como casos de encontro fortuito de outras provas as hipóteses de flagrante delito. Assim ocorre nos casos em que, deferida a busca e apreensão de determinado objeto em local específico, encontram-se também nesse mesmo local objetos cuja posse por si só já constitui crime permanente (armas, munições, substâncias entorpecentes, cadáver etc.), o que gera a situação de

704 STF, HC 91.610/BA, Segunda Turma, rel. Min. Gilmar Mendes, *DJe* de 22-10-2010.

flagrância excepcionada pelo art. 5º, XI. Do contrário, se o objeto for apenas prova de crime, não poderá ocorrer a apreensão, que dependerá de nova ordem judicial a ser requerida pela autoridade policial[705].

Também o endereço da busca deve ser determinado no mandado da forma mais precisa o possível. Se a autoridade, em cumprimento a um mandado de busca e apreensão, descobre que as provas do crime podem estar escondidas em um segundo endereço, deve requerer um novo mandado. Não é possível realizar a busca em diversos endereços do mesmo investigado sem um mandado específico para cada um[706].

Há uma última questão relevante sobre o tema, que se refere a buscas e apreensões realizadas nas dependências do Congresso Nacional.

No julgamento conjunto da Reclamação n. 25.537 e da Ação Cautelar n. 4.297, que tratava de supostos crimes praticados por policiais legislativos sob a orientação de parlamentares federais, o STF reconheceu a usurpação da sua competência em virtude de investigações deflagradas em primeira instância que resultaram no cumprimento de mandados de busca e apreensão no Senado Federal.

Contudo, a Corte declarou a licitude das provas coletadas durante as referidas diligências, no que se refere aos servidores que não possuíam foro. Entendeu-se que as normas de competência do STF em matéria criminal deveriam ser interpretadas de maneira estrita e que inexistiria foro por prerrogativa de função em razão do local de cumprimento das ordens.

A aplicação desse entendimento, em conjunto com a nova jurisprudência sobre o foro por prerrogativa de função[707] gera certa confusão. Em primeiro lugar, parece que a questão foi analisada exclusivamente sob a perspectiva do foro, sem maiores considerações sobre a inviolabilidade das casas do Congresso Nacional enquanto garantia da autonomia e do livre exercício do Poder Legislativo, nos termos dos arts. 2º, 51, IV, e 52, XIII, da Constituição.

A independência entre os poderes e as normas que tratam da atribuição das casas do Congresso em dispor sobre sua organização, funcionamento e polícia tornam a questão problemática, em especial em um país que possui o histórico de interferências indevidas sobre o Parlamento, inclusive com o seu fechamento[708].

Basta pensar na hipótese em que uma operação policial é deflagrada, com o cumprimento de mandados de busca e apreensão nas casas do Congresso, durante a ocorrência de uma importante votação.

Em segundo lugar, em casos de supostos crimes cometidos por parlamentares antes do exercício do mandato ou sem vínculo com suas funções (QO na AP 937), cria-se uma situação de dúvida sobre a legalidade do cumprimento dessas ordens nos gabinetes ou em outros espaços funcionais.

---

705 Cf. Thiago André Pierobom de Ávila, *Provas ilícitas e proporcionalidade*, cit.

706 HC 106.566, Segunda Turma, rel. Min. Gilmar Mendes, julgado em 16-12-2014.

707 No julgamento da QO na AP 937, o STF decidiu, por maioria, que o foro por prerrogativa de função aplica-se apenas aos crimes cometidos durante o exercício do cargo e relacionados às funções desempenhadas. Cf. AP-QO 937, rel. Min. Roberto Barroso, Tribunal Pleno, j. 3-5-2018.

708 Não é por outro motivo que a Súmula 397 do STF prevê que *"o poder de polícia da Câmara dos Deputados e do Senado Federal, em caso de crime cometido nas suas dependências, compreende, consoante o regimento, a prisão em flagrante do acusado e a realização do inquérito"*.

Existem decisões monocráticas conflitantes sobre a matéria[709], tendo em vista a divergência sobre o impacto ou não dessas buscas e apreensões sobre o atual mandato dos parlamentares.

A questão deverá ser reapreciada pelo STF. A afirmação da competência do Tribunal para autorizar o cumprimento desses mandados de busca e apreensão parece ser uma boa alternativa, considerando as normas sobre inviolabilidade, autonomia e independência entre os poderes, bem como as regras de competência cível e penal da Suprema Corte sobre os membros e os órgãos do Congresso Nacional (art. 102, I, *b* e *d*, da CF/88).

9.3. Das garantias constitucionais quanto à prisão

9.3.1. Considerações gerais

Tendo em vista o valor que se atribui à liberdade pessoal, os incisos LXI a LXVI contêm uma disciplina analítica a propósito da decretação de prisão e de seu procedimento básico, estabelecendo, dentre outras, as seguintes prescrições:

1) ninguém será preso senão em flagrante delito ou por ordem escrita e fundamentada da autoridade judiciária competente, salvo nos casos de transgressão militar ou crime propriamente militar, definidos em lei;

2) a prisão de qualquer pessoa e o local onde se encontre serão comunicados imediatamente ao juiz competente e à família do preso ou à pessoa por ele indicada;

3) o preso será informado de seus direitos, entre os quais o de permanecer calado, sendo-lhe assegurada a assistência da família e de advogado;

4) o preso tem direito à identificação dos responsáveis por sua prisão ou por seu interrogatório policial;

5) ninguém será levado à prisão ou nela mantido quando a lei admitir a liberdade provisória, com ou sem fiança, devendo a prisão ilegal ser imediatamente relaxada.

9.3.2. Prisão em flagrante, prisão preventiva, prisão temporária, medidas cautelares diversas da prisão e liberdade provisória

Tendo em vista o valor primacial da liberdade, a Constituição estabelece condições especiais para a decretação da prisão, bem como para sua mantença. A prisão somente se dará em flagrante delito ou por ordem escrita e devidamente fundamentada da autoridade judiciária competente, ressalvados os casos de transgressão militar ou crime propriamente militar (CF, art. 5º, LXI). A análise das normas constitucionais pertinentes – art. 5º, LXI, LXV e LXVI – assinala não só a possibilidade de prisão cautelar

---

709 Há duas decisões monocráticas, proferidas pela Ministra Rosa Weber e pelo Ministro Marco Aurélio, que consideraram válidas as referidas buscas e apreensões. Por outro lado, o Ministro Dias Toffoli, no exercício da Presidência do STF, suspendeu diligências realizadas em condições semelhantes. Cf. Pet. 8.664, Min. Rosa Weber, decisão monocrática, 22-6-2020; Rcl. 42.446, Min. Marco Aurélio, decisão monocrática, 29-7-2020; Rcl 42.335, Min. Dias Toffoli, 21-7-2020.

(prisão preventiva e prisão temporária), mas também a necessidade de concessão de liberdade provisória, com ou sem fiança, devendo, em qualquer hipótese, dar-se o relaxamento da prisão ilegal.

9.3.2.1. *Prisão em flagrante*

A prisão em flagrante tem duas funções básicas.

A primeira é a de interceptar o evento criminoso, impedindo a consumação do crime ou o exaurimento de seu *iter criminis*. Por isso, o Código de Processo Penal permite que a prisão em flagrante seja realizada por "qualquer do povo", tendo em vista que o Estado não pode estar presente em todos os lugares, em todos os momentos.

Nesse sentido, a Constituição, em seu art. 5º, XI, estabelece o flagrante delito como hipótese excepcional de violação do domicílio, sem ordem judicial, mesmo à noite.

A segunda função é a de possibilitar a colheita imediata de provas contundentes sobre o fato delituoso, especialmente no que se refere à autoria.

O Código de Processo Penal, em primeiro lugar, define as situações de flagrância como aquelas em que o conhecimento e a interceptação do fato ocorrem de forma imediata, ou seja, nas quais se pode observar a *ardência* ou *crepitação* do evento criminoso. Assim, o art. 302 estabelece, em seus incisos I e II, que se considera em flagrante quem: a) está cometendo a infração penal; ou b) acaba de cometê-la. São as hipóteses de *flagrante próprio*.

A lei processual penal também considera como situações de flagrante os casos em que, embora cessada a ardência ou crepitação, ainda se podem observar elementos sensíveis da existência do fato delituoso. Dessa forma, os incisos III e IV do art. 302 do CPP consideram em flagrante quem: "é perseguido, logo após, pela autoridade, pelo ofendido ou por qualquer pessoa, em situação que faça presumir ser autor da infração". Trata-se do denominado *flagrante impróprio*. Nesse caso, é necessário que a perseguição seja (a) *imediata* à ocorrência do fato criminoso, ainda que o perseguidor não o tenha presenciado, e (b) *ininterrupta*.

Em outra hipótese, tem-se o chamado *flagrante presumido ou quase-flagrante*, que, de acordo com o CPP (art. 302, IV), ocorre quando alguém "é encontrado, logo depois, com instrumentos, armas, objetos ou papéis, que façam presumir ser ele autor da infração"[710].

Observe-se que a Lei n. 12.850 prevê a possibilidade de *retardamento* da ação policial, para observação e acompanhamento das condutas tidas como integrantes de ações organizadas. Em tal situação, a prisão em flagrante poderá ser *diferida,* a fim de que a medida se concretize em momento mais adequado, do ponto de vista da formação de provas e fornecimento de informações (art. 8º). Tem-se, nesse caso, o chamado *flagrante diferido*, também previsto pela Lei n. 11.343/2006, em seu art. 53, II, quando possibilita a "não atuação policial sobre os portadores de drogas, seus precursores químicos ou outros produtos utilizados em sua produção, que se encontrem no território brasileiro,

710 Cf. RHC 60.448/ES, rel. Min. Alfredo Buzaid, *DJ* de 3-12-1982.

com a finalidade de identificar e responsabilizar o maior número de integrantes de operações de tráfico e distribuição, sem prejuízo da ação penal cabível".

Afora as hipóteses expressamente definidas pela legislação processual penal, identificam-se, ainda, o *flagrante preparado* e o *flagrante esperado*.

No primeiro caso, como a própria denominação indica, a situação de flagrância é *preparada* ou *provocada* por terceiros ou por agentes policiais. Assim, diante da suspeita da prática de delitos anteriores, a autoridade policial prepara uma situação na qual o suspeito como que se vê atraído para praticar novamente a infração, momento no qual a polícia, previamente situada em posição estratégica, poderá efetuar a prisão em flagrante.

Sobre esses casos de flagrante preparado, a jurisprudência tem seguido a linha de negar validade às prisões, diante da impossibilidade da consumação do crime em situação fática toda preparada ou provocada pela ação policial[711]. Nesse sentido, a Súmula 145 do STF: "Não há crime, quando a preparação do flagrante pela polícia torna impossível a sua consumação".

Por outro lado, as hipóteses de *flagrante esperado* têm sido admitidas pela jurisprudência[712]. Nesses casos, a situação de flagrância não é preparada ou provocada por terceiros, mas sua ocorrência natural é apenas informada à autoridade policial, que então se posta em posição estratégica para encontrar os agentes criminosos no ato da execução do crime, impedindo a sua consumação[713]. Como bem acentuava o Ministro Alfredo Buzaid, "no flagrante esperado, a atividade policial é apenas de alerta, sem instigar o mecanismo causal da infração; procura colhê-la ou frustrá-la na sua consumação"[714].

Há quem afirme, como Eugênio Pacelli, que entre flagrante preparado e flagrante esperado não existe uma real diferença. Para o autor, "ambas as ações podem estar tratando de uma única e mesma realidade: a ação policial suficiente a impedir a consumação do crime (ou o seu exaurimento), tudo dependendo de cada caso concreto"[715].

No entanto, nos casos de flagrante esperado, o Tribunal tem afastado a aplicação da Súmula 145[716]. No julgamento do HC 70.076/SP, rel. Min. Celso de Mello, consignou-se que "não configura situação de flagrante preparado o contexto em que a polícia, tendo conhecimento prévio do fato delituoso, vem a surpreender, em sua prática, o agente que, espontaneamente, iniciara o processo de execução do '*iter criminis*'. A ausência, por parte dos organismos policiais, de qualquer medida que traduza, direta ou indiretamente, induzimento ou instigação à pratica criminosa executada pelo agente, desca-

711 HC 75.517/PE, rel. Min. Marco Aurélio, *DJ* de 17-4-1998; RHC 71.350/DF, rel. Min. Paulo Brossard, *DJ* de 6-12-1996.

712 RHC 61.018/RN, rel. Min. Alfredo Buzaid, *DJ* de 5-8-1983; RHC 64.237/RJ, rel. Min. Djaci Falcão, *DJ* de 28-11-1986; HC 71.292/SP, rel. Min. Paulo Brossard, *DJ* de 23-9-1994; HC 72.224/SP, rel. Min. Carlos Velloso, *DJ* de 4-8-1995; HC 86.066/PE, rel. Min. Sepúlveda Pertence, *DJ* de 6-9-2005.

713 HC 78.250/RJ, rel. Min. Maurício Corrêa, *DJ* de 26-2-1999; HC 58.219/SP, rel. Min. Soares Muñoz, *DJ* de 21-11-1980.

714 RHC 60.448/ES, rel. Min. Alfredo Buzaid, *DJ* de 3-12-1982.

715 Eugênio Pacelli de Oliveira, *Curso de processo penal*, cit., p. 426.

716 HC 73.898/SP, rel. Min. Maurício Corrêa, *DJ* de 16-8-1996.

racteriza a alegação de flagrante preparado, não obstante sobrevenha a intervenção ulterior da polícia – lícita e necessária – destinada a impedir a consumação do delito".

A questão complica-se quando surge a figura do agente provocador, um policial ou agente da investigação, ou terceiro atuando sob a confiança de agentes da investigação, que determina, instiga ou auxilia a prática criminosa.

Cezar Bitencourt defende que, nesses casos, haverá uma "cilada", que impedirá a consumação do delito[717]. A prisão em flagrante submete-se a regimes diferenciados decorrentes de fatores diversos, como a função pública exercida pelo agente e a gravidade do crime.

A Constituição consagra, no art. 53, § 2º, que os membros do Congresso Nacional só poderão ser presos em flagrante delito pela prática de crime inafiançável, hipótese em que os autos serão remetidos dentro de vinte e quatro horas à Casa respectiva, para que, pelo voto da maioria de seus membros, resolva sobre a prisão.

A 2ª Turma do STF debruçou-se sobre a extensão dessa imunidade, ao apreciar representação do Procurador-Geral da República pela prisão de Senador da República, sobre o qual pairava a suspeita de integrar organização criminosa[718]. Integrar organização criminosa é um crime permanente – enquanto não dissolvida a organização, os seus integrantes estão praticando o crime. Em tese, podem ser presos em flagrante[719]. Mas a prisão em flagrante pode ser realizada por qualquer do povo, independentemente de ordem judicial, justamente por ocorrer em circunstâncias em que a prática do crime e a sua autoria são manifestos (art. 301 do CPP). O crime em questão não pode ser constatado visualmente, a qualquer momento. Por isso, o Tribunal considerou que o MP pode reunir os elementos da prática do crime e representar pela expedição de mandado de prisão.

Além disso, o Tribunal decidiu que o conceito de crime inafiançável é dado pela lei, não se limitando aos enunciados no texto constitucional – art. 5º, LII, LIII e LIV. Recorreu-se, portanto, às hipóteses em que a legislação veda a fiança – art. 324 do CPP. Mais especificamente, aplicou-se o inciso IV, que afasta a fiança, se cabível a prisão preventiva[720].

Em consequência, o Tribunal referendou decisão do Relator, Min. Teori Zavascki, que determinou a prisão em flagrante de Senador da República, com imediata comunicação ao Senado, para resolver sobre a medida, na forma do art. 53, § 2º, da CF.

Em outra oportunidade, o Pleno do STF apreciou a possibilidade de impor medidas cautelares criminais diversas da prisão a parlamentar, na forma do art. 319 do CPP. A medida foi requerida contra o Presidente da Câmara dos Deputados, acusado de valer-se do cargo para praticar manobras ilícitas para impedir apurações e processos penais em seu desfavor. Concluiu-se pela aplicação da medida cautelar de afastamento do

---

717 Cezar Roberto Bitencourt, *Tratado de direito penal*, 23. ed., São Paulo: Saraiva, 2017, v. 1, p. 555-556.

718 ACs 4.036 e 4.039, rel. Min. Teori Zavascki, Segunda Turma, julgado em 25-11-2015.

719 Arts. 301 e 302, I, do CPP.

720 Essa decisão foi criticada tanto por possibilitar um mandado de prisão em flagrante quanto por considerar inafiançável crime não previsto na Constituição como tal. Sob esse último aspecto, afirmou-se que a inafiançabilidade, baseada num juízo de valor acerca do cabimento da prisão preventiva, descaracteriza a imunidade parlamentar. Tenho que a interpretação feita pelo Tribunal é compatível com o texto da Constituição e com a legislação. Embora inusitado, o recurso ao mandado de prisão, mesmo no curso de crime permanente, acaba sendo um reforço às garantias do implicado. De outro lado, não se espera que a própria Constituição defina todos os casos de inafiançabilidade. O cabimento da fiança pode ser regulado pela lei.

mandato parlamentar, mas ressaltou-se a absoluta excepcionalidade da medida. Foram invocados, como fundamento, "múltiplos elementos de riscos para a efetividade da jurisdição criminal e para a dignidade da própria casa legislativa, especificamente em relação ao cargo de Presidente da Câmara"[721].

Na esteira deste julgamento, foi proposta ação direta de inconstitucionalidade, buscando a interpretação do art. 319 do CPP em conformidade com o art. 53, § 2º, da CF. Postulou-se que medidas cautelares diversas da prisão aplicadas a parlamentares sejam submetidas à Casa respectiva, para deliberação, de forma semelhante ao que ocorre com a prisão em flagrante.

O STF definiu que a imunidade à prisão não impede a aplicação de medidas cautelares diversas a parlamentares. No entanto, quando a imposição de medida que dificulte ou impeça, direta ou indiretamente, o exercício regular do mandato, a decisão judicial deve ser remetida, em 24 horas, à respectiva Casa Legislativa para deliberação, nos termos do art. 53, § 2º, da Constituição Federal, aplicado por analogia[722].

Quanto ao Presidente da República, prevê o art. 86, § 3º, da Constituição que, "enquanto não sobrevier sentença condenatória, nas infrações comuns, não está ele sujeito a prisão"[723].

Reconhece-se, igualmente, que os membros da magistratura e do Ministério Público somente poderão ser presos por ordem escrita e fundamentada do tribunal competente ou em flagrante delito de crime inafiançável, devendo o fato ser comunicado imediatamente ao órgão superior da instituição, que deverá se manifestar sobre a manutenção da prisão (LC n. 35/79, art. 33, II; LC n. 75/93, art. 18, II; Lei n. 8.625/93, art. 40, III).

Admite-se que a imunidade diplomática obsta a que se efetive a prisão do agente diplomático ou de qualquer membro de sua família (Convenção de Viena, promulgada pelo Dec. n. 56.435/65). Diferentemente dos agentes diplomáticos, os agentes consulares podem ser presos em flagrante delito ou preventivamente, excetuadas as hipóteses de crimes praticados no exercício das funções, que estariam cobertos pela imunidade (Convenção de Viena, de 1963, promulgada pelo Dec. n. 61.078/67, art. 5º)[724].

Nas infrações penais de menor potencial ofensivo (contravenções e crimes com pena máxima não superior a dois anos), não se impõe prisão em flagrante, nem se exige fiança, se o autor do fato for imediatamente encaminhado ao juizado ou assumir o compromisso de a ele comparecer (art. 69 da Lei n. 9.099/95).

Com o advento da Lei n. 12.403/2011, a prisão em flagrante passou a ostentar, claramente, a natureza de medida pré-cautelar, não mais subsistindo como hipótese autônoma de prisão cautelar. Assim que comunicada ao juiz, deverá ser convertida em prisão preventiva, mediante decisão fundamentada em que demonstrada concretamen-

---

721 AC 4.070, rel. Min. Teori Zavascki, julgada em 5-5-2016.

722 ADI 5.526, rel. Min. Edson Fachin, redator p/ acórdão Min. Alexandre de Moraes, julgada em 11-10-2017.

723 Convém lembrar que a prerrogativa inserta no § 3º do art. 86 da CF/88 não pode ser reproduzida pelo constituinte estadual com o fito de estender o mesmo benefício ao chefe do Executivo local. Os governadores têm prerrogativa de foro perante o STJ e estão permanentemente sujeitos, após licença prévia da Assembleia Legislativa, a processo penal, mesmo que as infrações penais a eles imputadas sejam estranhas ao exercício das funções (ADI 978, rel. Min. Celso de Mello, *DJ* de 17-11-1995).

724 Cf. Eugênio Pacelli de Oliveira, *Curso de processo penal*, cit., p. 431.

te a necessidade do encarceramento, bem assim o não cabimento das medidas cautelares alternativas indicadas no art. 319 do CPP. Não havendo essa conversão, a prisão em flagrante não mais se sustenta por si só.

Há quem sustente que essa alteração acabou por deturpar o sentido da prisão em flagrante nos moldes em que disciplinada pela própria Constituição Federal, por entender que o legislador constitucional elencou expressamente essa modalidade de constrição pessoal como espécie de prisão cautelar sem prévia ordem judicial. Nessa linha, assim discorre Marcellus Polastri ao referir-se à prisão em flagrante do regime anterior em contraste com as alterações promovidas pela Lei n. 12.403/2011:

> "Portanto, tratava-se de espécie particular de prisão cautelar, em que o delegado praticava uma providência pré-cautelar, mas completava-se a medida cautelar com a averiguação da necessidade da prisão pelo juiz, que iria se utilizar, obviamente, dos mesmos parâmetros analisáveis na prisão preventiva. Mas isto não autorizava a previsão na lei de que a cautelar sempre e necessariamente deveria ser 'substituída' pela prisão preventiva, pois uma vez ratificada a prisão em flagrante pelo juiz, ela deveria se manter como modalidade autônoma cautelar: a da cautelar de prisão em flagrante delito, tal como é prevista na própria Constituição Federal. De certa forma a nova lei de 2011 que modifica o CPP neste ponto até subverte a disposição constitucional que dá à prisão em flagrante um verdadeiro *status* de medida cautelar autônoma"[725].

Não parece ser essa, todavia, a essência da prisão em flagrante que decorre do texto constitucional. As disposições sobre o flagrante na Constituição Federal devem ser interpretadas em sintonia com as demais garantias inerentes à regra geral da liberdade de locomoção, entre as quais a expressa garantia de que "ninguém será levado à prisão, ou nela mantido, se a lei admitir a liberdade provisória com ou sem fiança" (CF, art. 5º, LXVI). Exige o texto constitucional, portanto, mais do que a simples manutenção da prisão em flagrante quando atendidos os seus requisitos formais. Para que se mantenha alguém preso, em caráter cautelar, exige a Constituição Federal decisão judicial suficientemente fundamentada sobre o não cabimento da liberdade provisória, o que reforça ainda mais o caráter precário da prisão em flagrante mesmo antes das inovações trazidas pela Lei n. 12.403/2011.

Nesse contexto, afigura-se mais condizente com o texto constitucional, no tocante às modificações introduzidas pela mencionada lei, o entendimento no sentido de que se trata:

> "(...) de excelente inovação, porque impõe ao juiz fundamentar a *necessidade* da manutenção da prisão. Com isso não haverá mais aquelas hipóteses em que a pessoa fica presa com fundamento apenas em uma prisão em flagrante, sem que fique esclarecido pelo juiz qual a real necessidade do indiciado ou acusado permanecer custodiado. A prisão em flagrante, na verdade, nunca se manteve como prisão cautelar de fato: na sistemática anterior, ou não havia os motivos da prisão preventiva e então era necessária a concessão de

---

725 Marcellus Polastri, *Da prisão e da liberdade provisória (e demais medidas cautelares substitutivas da prisão) na Reforma de 2011 do Código de Processo Penal*, Rio de Janeiro: Lumen Juris, 2011, p. 75.

liberdade provisória, ou havia tais motivos e então o que sustentava realmente a custódia eram os motivos da cautelar preventiva. O que sempre legitimou a manutenção da prisão foi a necessidade da custódia preventiva e não a prisão em flagrante por si só"[726].

O regime constitucional da prisão em flagrante e sua feição como medida meramente pré-cautelar, já na forma disciplinada pela nova lei processual, restaram reconhecidos pelo STF no HC 106.449/SP. Conforme destacado na respectiva ementa:

> "O instituto do flagrante delito há de incidir por modo coerente com o seu próprio nome: situação de ardência ou calor da ação penalmente vedada. Ardência ou calor que se dissipa com a prisão de quem lhe deu causa. Não é algo destinado a vigorar para além do aprisionamento físico do agente, mas, ao contrário, algo que instantaneamente se esvai como específico efeito desse trancafiamento; ou seja, a prisão em flagrante é ao mesmo tempo a causa e o *dobre de sinos* da própria ardência (flagrância) da ação descrita como crime. Por isso que a continuidade desse tipo de custódia passa a exigir fundamentação judicial, atento o juiz aos vetores do art. 312 do Código de Processo Penal.
>
> (...)
>
> A regra geral que a nossa Lei Maior consigna é a da liberdade de locomoção. Regra geral que se desprende do altissonante princípio da dignidade da pessoa humana (inciso III do art. 1º) e assim duplamente vocalizado pelo art. 5º dela própria, Constituição: a) 'é livre a locomoção no território nacional em tempo de paz' (inciso XV); b) 'ninguém será privado da liberdade ou de seus bens sem o devido processo legal' (inciso LIV). Daí o instituto da prisão comparecer no corpo normativo da Constituição como explícita medida de exceção, a saber: 'ninguém será preso senão em flagrante delito ou por ordem escrita e fundamentada de autoridade judiciária competente, salvo nos casos de transgressão militar ou crime propriamente militar, definidos em lei' (inciso LXI do art. 5º da CF/88). Mais ainda, desse último dispositivo ressai o duplo caráter excepcional da prisão em flagrante: primeiro, por se contrapor à regra geral da liberdade física ou espacial (liberdade de locomoção, na linguagem da Magna Carta); segundo, por também se contrapor àquela decretada por ordem escrita e fundamentada da autoridade judicial competente. Donde a imprescindibilidade de sua interpretação restrita, até porque a flagrância é acontecimento fugaz do mundo do ser. Existe para se esfumar com o máximo de rapidez, de modo a legitimar o vetor interpretativo da distinção entre ela, prisão em flagrante, e a necessidade de sua continuação. Necessidade que vai depender da concreta aferição judicial da periculosidade do agente, atento o juiz aos termos do art. 312 do Código de Processo Penal"[727].

Essa linha de argumentação ganhou reforço a partir do deferimento da medida cautelar na Arguição de Descumprimento de Preceito Fundamental 347, em 9-9-2015. O Supremo Tribunal Federal determinou que, em todas as prisões em flagrante delito, sejam realizadas audiências de apresentação dos presos, no prazo de 24 horas contado da prisão. Com isso, a prisão em flagrante perdurará no máximo até a realização da

726 Luiz Flávio Gomes e Ivan Luís Marques (org.). *Prisão e medidas cautelares, Comentários à Lei 12.403, de 4 de maio de 2011*, São Paulo: Revista dos Tribunais, 2012, p. 144-145.

727 STF, HC 106.449/SP, rel. Min. Ayres Britto, *DJe* de 13-2-2012.

audiência. Na solenidade, o juiz deverá, em um primeiro momento, verificar a legalidade da prisão em flagrante. Se a prisão for legal, prosseguirá com a análise da situação prisional do flagrado. Deverá decretar a prisão preventiva ou determinar a liberdade provisória, que poderá ser com fiança ou outra medida cautelar diversa da prisão.

Em síntese, em decorrência da reforma processual imprimida pela Lei n. 12.403/2011, há agora em nosso ordenamento jurídico apenas duas hipóteses de prisão cautelar: a prisão preventiva e a prisão temporária. Deixaram de subsistir, além da prisão em flagrante como cautelar autônoma, também as prisões cautelares decorrentes da pronúncia e da sentença recorrível, eliminadas pela Lei n. 11.689/2008, e agora também a prisão em flagrante como modalidade autônoma de prisão cautelar. Essas prisões eram apropriadamente denominadas prisões automáticas, *ex legis*, porque fundadas na presunção de culpabilidade, em nítida dissonância com o princípio constitucional da inocência, ou da não culpabilidade de qualquer pessoa antes da condenação definitiva.

9.3.2.2. *Prisão preventiva*

A prisão preventiva será decretada para garantia da ordem pública ou da ordem econômica, por conveniência da instrução criminal ou para assegurar a aplicação da lei penal, quando houver prova da existência do crime e indício suficiente de sua autoria (CPP, art. 312), ou ainda no caso de descumprimento de qualquer das obrigações impostas por força de outras medidas cautelares (CPP, art. 312, parágrafo único).

As alterações trazidas pela Lei n. 12.403/2011 deram especial ênfase ao caráter excepcional da prisão preventiva. Com a nova sistemática, essa modalidade de prisão agora somente pode ser decretada quando todas as demais medidas cautelares diversas da prisão, previstas no art. 319 do CPP, se mostrarem inadequadas ou insuficientes no caso concreto (CPP, art. 282, § 6º).

Dessa forma, a decisão que a decretar deve conter não só a demonstração dos elementos que justifiquem a sua necessidade, como também a indicação dos motivos pelos quais as medidas cautelares diversas da prisão, previstas no art. 319 do CPP, são inadequadas ou insuficientes para o caso que se tenha em mãos.

Outra inovação trazida pela referida lei diz respeito à legitimidade do assistente do Ministério Público para requerer a prisão preventiva e a impossibilidade de o juiz decretá-la de ofício na fase da investigação policial, podendo fazê-lo somente no curso da ação penal (CPP, art. 311).

Mesmo antes inovações em destaque, jurisprudência já vinha reconhecendo que a prisão preventiva está submetida ao princípio da necessidade estrita[728], não podendo, em qualquer hipótese, ser confundida com antecipação de pena[729].

---

728 Em interessante abordagem sobre a necessidade de que as prisões cautelares sejam decretadas apenas após cuidadoso exame de proporcionalidade, Rogério Schietti propõe um sistema de medidas cautelares alternativas à prisão (Rogério Schietti Machado Cruz, *Prisão cautelar*: dramas, princípios e alternativas. Rio de Janeiro: Lumen Juris, 2006).

729 Nesse sentido mencione-se o RHC 81.395/TO, 2ª T., unânime, rel. Min. Celso de Mello, *DJ* de 15-8-2003; precedente do Supremo Tribunal:

Tal como anota Eugênio Pacelli, as prisões por conveniência da instrução processual e para assegurar a aplicação da lei penal são prisões instrumentais, voltadas para a garantia de efetividade do processo[730].

No primeiro caso, tem-se em vista não permitir qualquer perturbação no regular andamento do processo, evitando a intimidação de testemunhas, peritos ou de eventual ofendido ou a produção de quaisquer outros incidentes.

A prisão preventiva para assegurar a aplicação da lei penal tem em vista garantir a execução penal, afastando o risco efetivo e concreto de evasão por parte do investigado ou acusado.

Daí assentar-se na jurisprudência do Tribunal que "a prisão preventiva, com o objetivo de preservar a instrução criminal, há de estar lastreada em dado concreto em face do comportamento do acusado, sendo elemento neutro o fato de haver deixado o distrito da culpa"[731].

A jurisprudência do Tribunal assinala, igualmente, que "o simples fato de o acusado ter deixado o distrito da culpa, fugindo, não é de molde a respaldar o afastamento do direito ao relaxamento da prisão preventiva por excesso de prazo. É que, segundo esse entendimento, 'a fuga é um direito natural dos que se sentem, por isso ou por aquilo, alvo de um ato discrepante da ordem jurídica, pouco importando a improcedência dessa visão, longe ficando de afastar o instituto do excesso de prazo'"[732].

Diferentemente da prisão por conveniência da instrução criminal ou da prisão para assegurar a aplicação da lei penal, a prisão preventiva para tutela da ordem pública e da ordem econômica não tem caráter instrumental de proteção do processo[733].

O conceito de garantia de ordem pública é assaz impreciso e provoca grande insegurança no âmbito doutrinário e jurisprudencial, tendo em vista a possibilidade de se exercer, com esse fundamento, um certo e indevido controle da vida social, como anotado por Eugênio Pacelli[734].

Para os fins de prisão preventiva, tem-se entendido que a garantia da ordem pública busca também evitar que se estabeleça um estado de continuidade delitiva[735]. Também Scarance Fernandes trata a prisão preventiva, nessas circunstâncias, como "forma de assegurar o resultado útil do processo, ou seja, se com a sentença e a pena privativa

---

"Prisão preventiva – enquanto medida de natureza cautelar – não tem por finalidade punir, antecipadamente, o indiciado ou o réu.

A prisão preventiva não pode – e não deve – ser utilizada, pelo Poder Público, como instrumento de punição antecipada daquele a quem se imputou a prática do delito, pois, no sistema jurídico brasileiro, fundado em bases democráticas, prevalece o princípio da liberdade, incompatível com punições sem processo e inconciliável com condenações sem defesa prévia. A prisão preventiva – que não deve ser confundida com a prisão penal – não objetiva infligir punição àquele que sofre a sua decretação, mas destina-se, considerada a função cautelar que lhe é inerente, a atuar em benefício da atividade estatal desenvolvida no processo penal (...)".

730 Eugênio Pacelli de Oliveira, *Curso de processo penal*, cit., p. 434.

731 HC 85.861/SE, rel. Min. Marco Aurélio, julgado em 21-6-2005, *DJ* de 26-8-2005.

732 RHC 84.861/SE, rel. Min. Marco Aurélio, julgado em 21-6-2005, *DJ* de 26-8-2005.

733 Eugênio Pacelli de Oliveira, *Curso de processo penal*, cit., p. 434.

734 Eugênio Pacelli de Oliveira, *Curso de processo penal*, cit., p. 435.

735 Eugênio Pacelli de Oliveira, *Curso de processo penal*, cit., p. 435.

de liberdade pretende-se, além de outros objetivos, proteger a sociedade, impedindo o acusado de continuar a cometer delitos"[736].

Não se pode olvidar posicionamento doutrinário que destaca o fato de que o conceito de ordem pública não se limita a prevenir a reprodução de fatos criminosos, mas também a acautelar o meio social e a própria credibilidade da Justiça em face da gravidade do crime e de sua repercussão.

É a orientação, *v. g.*, de Julio Fabbrini Mirabete:

> "A conveniência da medida deve ser regulada pela sensibilidade do juiz à reação do meio ambiente à prática delituosa. Embora seja certo que a gravidade do delito, por si, não basta para a decretação da custódia, a forma e execução do crime, a conduta do acusado, antes e depois do ilícito, e outras circunstâncias podem provocar imensa repercussão e clamor público, abalando a própria garantia da ordem pública, impondo-se a medida como garantia do próprio prestígio e segurança da atividade jurisdicional"[737].

Essa orientação doutrinária ecoa também na jurisprudência[738].

É evidente que a prisão para garantia de ordem pública, em razão do seu caráter e contorno pouco definidos, tal como adverte Eugênio Pacelli, "somente deve ocorrer em hipóteses de crimes gravíssimos, quer quanto à pena, quer quanto aos meios de execução utilizados, e quando haja o risco de novas investidas criminosas e ainda

---

736 Antonio Scarance Fernandes, *Processo penal constitucional*, cit., p. 302.

737 Julio Fabbrini Mirabete, *Código de Processo Penal interpretado*, 11. ed., São Paulo: Atlas, 2003, p. 803.

738 Nesse particular, vale destacar o seguinte excerto do voto do Ministro Carlos Britto no HC 84.680/PA:

"15. Muito já se escreveu sobre esse fundamento específico da prisão preventiva, previsto no art. 312 do CPP. Para alguns estudiosos, serviria ele de instrumento a evitar que o delinquente, em liberdade, praticasse novos crimes ou colocasse em risco a vida das pessoas que desejassem colaborar com a Justiça, causando insegurança no meio social. Outros, associam a 'ordem pública' à credibilidade do Poder Judiciário e às instituições públicas. Por fim, há também aqueles que encaixam no conceito de 'ordem pública' a gravidade do crime ou a reprovabilidade da conduta, sem falar no famoso clamor público, muitas vezes confundido com a repercussão na mídia causada pelo delito" (1ª T., unânime, *DJ* de 15-4-2005).

Há outros precedentes relevantes.

No julgamento do HC 82.149/SC, a 1ª Turma proclamou que:

"(...)

Além de a prisão preventiva ter como objetivo, no caso, a prevenção quanto à reprodução de outros fatos criminosos – e a ocorrência de 04 incêndios anteriores recomenda essa cautela –, objetiva ela, também, garantir a incolumidade física das pessoas, que traduz uma das dimensões do conceito de ordem pública, tendo em vista que o crime em questão é daqueles que podem causar tumulto e pânico".

No julgamento do HC 82.684/SP, a 2ª Turma proclamou que:

'Prisão preventiva. Decreto que se encontra suficientemente fundamentado na garantia da ordem pública, por ser o acusado dono de outros 'desmanches', havendo, inclusive, receio de que se permanecesse solto continuaria a delinquir'.

E no julgamento do HC 83.157/MT, o Plenário proclamou que:

'Prisão preventiva – excepcionalidade. Ante o princípio constitucional da não culpabilidade, a custódia acauteladora há de ser tomada como exceção, cumprindo interpretar os preceitos que a regem de forma estrita, reservando-a a situações em que a liberdade do acusado coloque em risco os cidadãos, especialmente aqueles prontos a colaborarem com o Estado na elucidação de crime"'.

seja possível constatar uma situação de comprovada intranquilidade coletiva no seio da comunidade"[739].

O Supremo Tribunal Federal não tem aceito o *clamor público* como justificador da prisão preventiva. "É que a admissão desta medida, com exclusivo apoio na indignação popular, tornaria o Poder Judiciário refém de reações coletivas. Reações, estas, não raras vezes açodadas, atécnicas e ditadas por mero impulso ou passionalidade momentânea"[740].

No julgamento do HC 80.719/SP[741]:

> "O clamor público, ainda que se trate de crime hediondo, não constitui fator de legitimação da privação cautelar da liberdade. – O estado de comoção social e de eventual indignação popular, motivado pela repercussão da prática da infração penal, não pode justificar, só por si, a decretação da prisão cautelar do suposto autor do comportamento delituoso, sob pena de completa e grave aniquilação do postulado fundamental da liberdade. O clamor público – precisamente por não constituir causa legal de justificação da prisão processual (CPP, art. 312) – não se qualifica como fator de legitimação da privação cautelar da liberdade do indiciado ou do réu, não sendo lícito pretender-se, nessa matéria, por incabível, a aplicação analógica do que se contém no art. 323, V, do CPP, que concerne, exclusivamente, ao tema da fiança criminal. Precedentes".

Cite-se também julgamento em que a Primeira Turma do Tribunal deixou assentado o entendimento de que "é ilegal o decreto de prisão preventiva baseado no clamor público para restabelecimento da ordem social abalada pela gravidade do fato"[742]. Em seu voto o Ministro Cezar Peluso, relator, teceu as seguintes considerações:

> "A necessidade de restabelecer a ordem pública não é motivo suficiente para prisão processual. Quando muito, seria uma das finalidades teóricas da pena – prevenção geral – e que não pode, sem ofensa à Constituição, a qual hospeda garantia dita presunção de inocência (art. 5º, inc. LVII), ser transportada para legitimação da prisão preventiva, cuja natureza jurídica e escopo são diversos.
>
> Parece haver, no caso, espécie de hipervalorização da prisão, enquanto instituto capaz de restituir a paz pública. Novamente, é preciso registrar que a prisão processual, embora um mal em si, não pode ser encarada como pena, com finalidades de prevenção, nem

---

739 Eugênio Pacelli de Oliveira, *Curso de processo penal*, cit., p. 437.

740 HC-QO 85.298/SP, rel. p/ o acórdão Min. Carlos Britto, *DJ* de 4-11-2005; HC 84.662/BA, rel. Min. Eros Grau, *DJ* de 22-10-2004; HC 83.943/MG, rel. Min. Marco Aurélio, *DJ* de 17-9-2004; HC 83.777/MG, rel. Min. Nelson Jobim, *DJ* de 6-10-2006.

741 Rel. Min. Celso de Mello, *DJ* de 28-9-2001.

742 HC 87.468/SP, rel. Min. Cezar Peluso, *DJ* de 15-9-2006. No mesmo sentido: HC 107.903/SP, rel. Min. Luiz Fux, *DJe* de 28-9-2012, no qual restou assentado que "A prisão cautelar para garantia da ordem pública é ilegítima quando fundamentada tão somente na gravidade *in abstracto* do crime. 2. *In casu*, a liberdade provisória foi indeferida sob duplo fundamento: (i) vedação do art. 44 da Lei de Drogas e (ii) necessidade da prisão cautelar com supedâneo no artigo 312 do Código de Processo Penal, aludindo-se à gravidade *in abstracto*, ínsita ao tipo penal, sem declinar qualquer elemento fático subsumível às hipóteses legais do art. 312 do CPP".

tampouco com ares de vingança, em sistema jurídico onde vigora a presunção de inocência.

Além disso, 'clamor público' é expressão porosa, capaz de assumir amplos e múltiplos significados, o que é incompatível com a segurança jurídica e com a eficácia dos direitos fundamentais. Por isso, 'é acertada a forte resistência doutrinária à introdução de considerações de prevenção geral ou especial, ou de satisfação da psicologia coletiva na legitimação da prisão preventiva. O requisito legal do alarma social mostra claramente que entre as finalidades que cumpre a prisão preventiva se encontra também a prevenção geral, na medida em que o legislador pretende contribuir à segurança da sociedade, porém deste modo se está desvirtuando por completo o verdadeiro sentido e natureza da prisão provisória ao atribuir-lhe funções de prevenção que de nenhuma maneira está chamada a cumprir. Assim, se põe em perigo o esquema constitucional do Estado de Direito, dando lugar a uma quebra indefensável do que deve ser um processo penal em um Estado Social e Democrático de Direito, pois vulnera o princípio constitucional da presunção de inocência e da liberdade de todo cidadão e a própria essência do instituto da prisão preventiva'".

Como ressalta Roberto Delmanto, é "indisfarçável que, nesses termos, a prisão preventiva se distancia de seu caráter instrumental – de tutela do bom andamento do processo e da eficácia de seu resultado – ínsito a toda e qualquer medida cautelar, servindo de inaceitável instrumento de justiça sumária. Não há como negar, com efeito, que ao se aceitar a prisão provisória de alguém, para que a sociedade não se sinta perturbada, amedrontada, desprotegida etc., estar-se-á presumindo a culpabilidade do acusado (...). Todavia, há que se abrir uma exceção quando a perturbação da ordem pública vier, em casos extremos, a efetivamente tumultuar o bom andamento da persecução penal, seja na fase do inquérito ou do processo"[743].

Cabe aduzir, por fim, que é firme a jurisprudência do Supremo Tribunal Federal no sentido de se considerar a periculosidade evidenciada pelo *modus operandi* como fundamento idôneo para a decretação e manutenção da prisão preventiva. Essa possibilidade foi admitida, por exemplo, no HC 100.578/SP[744], restando reconhecida, conforme transcrito na respectiva ementa, a "Idoneidade do decreto de prisão preventiva calcado na preservação da ordem pública, e em elementos encartados nos próprios autos, como v.g.; a gravidade concreta revelada pelo *modus operandi* da conduta delituosa, o que confere legitimidade à medida de natureza cautelar"[745].

A prisão preventiva é executada de forma semelhante ao regime fechado. Os presos provisórios devem ser recolhidos em cadeia pública (art. 102), separados dos condenados (art. 84 da LEP e art. 300 do CPP). A cadeia pública, consoante dispõe a lei, será instalada próximo ao centro urbano e cada comarca deve ter ao menos uma, "a fim de resguardar o interesse da Administração da Justiça Criminal e a permanência do preso em local próximo ao seu meio social e familiar" (arts. 103 e 104).

---

743 Roberto Delmanto Júnior, *As modalidades de prisão provisória e seu prazo de duração*, 2. ed., Rio de Janeiro: Renovar, 2001, p. 183-184.

744 Rel. Min. Luiz Fux, *DJe* de 8-9-2011.

745 No mesmo sentido, HC 109.744/MG, rel. Min. Cármen Lúcia, *DJe* de 24-9-2012.

Os presos provisórios podem ser inseridos no regime disciplinar diferenciado, desde que presentes as hipóteses autorizadoras (art. 52). Neste caso, podem ser transferidos para penitenciárias de segurança máxima (art. 87, parágrafo único).

Há algumas exceções ao recolhimento em cadeias públicas. O art. 295 do CPP menciona que as pessoas na situação nele previstas serão recolhidas "a quartéis ou a prisão especial". O Estatuto da Advocacia, da mesma forma, estabelece que os advogados só serão recolhidos em prisão processual em "sala de Estado Maior, com instalações e comodidade condignas" (art. 7º, V, da Lei n. 8.906/94).

Por razões humanitárias, o legislador prevê a substituição da prisão preventiva por prisão domiciliar se a pessoa é maior de 80 (oitenta) anos; extremamente debilitado por motivo de doença grave; imprescindível aos cuidados especiais de pessoa menor de 6 (seis) anos de idade ou com deficiência; gestante; mulher com filho de até 12 (doze) anos de idade incompletos; ou homem, caso seja o único responsável pelos cuidados do filho de até 12 (doze) anos de idade incompletos (art. 318 do CPP).

Essas hipóteses concretizam princípios da Constituição Federal, como o da dignidade da pessoa humana (art. 1º, III, da CF/88), o direito das presas lactantes a permanecer com os filhos (art. 5º, L), a proteção à maternidade e à infância (art. 6º), e a proteção à família (art. 226).

9.3.2.2.1. Requisitos e prazos para prisão preventiva

A prisão preventiva não pode durar prazo além do indispensável à conclusão do processo. Trata-se de uma decorrência dos direitos fundamentais à liberdade e à duração razoável do processo (art. 5º, *caput*, e LXXVIII, da CF). O Pacto Internacional sobre Direitos Civis e Políticos e o Pacto de San José da Costa Rica consagram, expressamente, o direito da pessoa presa a "ser julgada em prazo razoável ou de ser posta em liberdade", sem prejuízo do prosseguimento do processo (respectivamente, art. 9º, § 3º, em vigor por força do Decreto n. 592/92, e art. 7º, § 5º, em vigor por força do Decreto n. 678/92).

A legislação brasileira não contempla disciplina geral quanto ao prazo da prisão preventiva. A única norma que regulamenta prazo "máximo e improrrogável" para a restrição de liberdade no curso do processo é o art. 183 do Estatuto da Criança e do Adolescente, que fixa em 45 dias o período máximo da internação provisória do adolescente ao qual se imputa ato infracional.

A doutrina mencionava o prazo de 81 dias, correspondentes, no rito comum, ao "somatório dos prazos" para o "encerramento da ação penal", do inquérito até a prolação da sentença. Entretanto, a reforma processual de 2008 alterou os ritos de instrução (Lei n. 11.719/2008). Por sua força, a soma dos prazos de tramitação processual passou para 86 dias no rito comum.

A Lei das Organizações criminosas prevê o prazo máximo de 120 dias para a "instrução criminal" de ações penais por crimes nela previstos ou infrações penais conexas, quando o réu estiver preso.

No entanto, a jurisprudência tem utilizado esses prazos como mero indicativo. Predomina o entendimento de que o excesso de prazo deve ser avaliado caso a caso.

A demora pode ser justificada por circunstâncias excepcionais, que levam a atrasos na tramitação processual, como a existência de vários réus, a complexidade da prova a ser produzida, o excessivo número de testemunhas, a necessidade de requisitar o réu preso em outra comarca etc.

O cômputo do prazo tampouco deve ser feito de forma estanque. Eventual demora em alguma das fases processuais fica superada pelo seu encerramento. Nesse sentido são as Súmulas do STJ 21 ("Pronunciado o réu, fica superada a alegação do constrangimento ilegal da prisão por excesso de prazo na instrução") e 52 ("Encerrada a instrução criminal, fica superada a alegação de constrangimento por excesso de prazo").

A demora decorrente de manobras processuais da defesa não caracteriza o excesso de prazo. Esse é o entendimento da Súmula 64 do STJ: "Não constitui constrangimento ilegal o excesso de prazo na instrução, provocado pela defesa".

A inafiançabilidade dos crimes hediondos, tráfico de drogas, terrorismo, tortura, racismo e ação de grupos armados (art. 5º, XLII a XLIV) não afasta a possibilidade da liberdade provisória, em vista do excesso de prazo, consoante a Súmula 697 do STF: "A proibição de liberdade provisória nos processos por crimes hediondos não veda o relaxamento da prisão processual por excesso de prazo".

9.3.2.3. *Prisão temporária*

A prisão temporária, prevista na Lei n. 7.960, de 21 de dezembro de 1989, destina-se à tutela das investigações policiais, não sendo aplicável após a instauração da ação penal, e poderá ser decretada pelo juiz em razão de representação da autoridade policial ou a requerimento do Ministério Público (art. 2º)[746].

A prisão temporária não poderá ultrapassar o prazo de cinco dias, sendo prorrogável uma vez por igual período (art. 2º, § 7º). Em caso de crime hediondo ou equiparado, o prazo será de trinta dias, prorrogáveis por mais trinta, se demonstrada a sua necessidade (Lei n. 8.072/90, art. 2º, § 3º)[747].

Vencido o prazo da prisão temporária, o preso deverá ser posto em liberdade, salvo se houver motivos para a decretação da prisão preventiva.

9.3.2.4. *Medidas cautelares diversas da prisão*

A Lei n. 12.403/2011 ampliou consideravelmente o rol de medidas cautelares à disposição do juiz (CPP, art. 319), as quais contam com prioridade em relação à prisão preventiva (CPP, art. 282, § 6º)[748].

---

746 Eugênio Pacelli de Oliveira, *Curso de processo penal*, cit., p. 445.

747 Sobre a inconstitucionalidade desse prazo, *vide*: Roberto Delmanto Júnior, *As modalidades de prisão provisória e seu prazo de duração*, cit., p. 250-251.

748 Trata-se de uma das diversas leis que resultaram do II Pacto Republicano, assinado em abril de 2009 pelos presidentes dos três poderes com o objetivo de implementação de políticas públicas com foco na agilidade e efetividade da Justiça e na concretização dos direitos fundamentais.

As medidas cautelares diversas da prisão podem ser decretadas em qualquer fase do processo ou da investigação criminal. No caso da prisão em flagrante, de acordo com o art. 310 do CPP, o juiz, ao receber a comunicação da prisão, deve adotar uma das seguintes providências: a) relaxar o flagrante, se ilegal; b) converter a prisão em flagrante em prisão preventiva, se presentes os requisitos do art. 312 do CPP e não for possível a sua substituição por medida cautelar diversa da prisão; c) conceder liberdade provisória mediante imposição de uma, ou mais de uma, das medidas cautelares previstas no art. 319 do CPP, entre as quais a fiança. A partir do deferimento da medida cautelar pelo Supremo Tribunal Federal na Arguição de Descumprimento de Preceito Fundamental 347, em 9-9-2015, tornou-se obrigatória a apresentação de todos os flagrados em juízo no prazo de 24 horas contados da prisão. Assim, nas hipóteses de prisão em flagrante, a audiência de apresentação será o momento adequado para essa decisão.

Elenca o art. 319 do CPP as seguintes medidas cautelares alternativas à prisão, as quais podem ser determinadas isolada ou cumulativamente (CPP, art. 282, § 1º): comparecimento periódico em juízo, proibição de acesso ou de frequência a determinados lugares, proibição de manter contato com pessoa determinada, proibição de ausentar-se da comarca ou do País, recolhimento domiciliar nos períodos noturnos e nos dias de folga, suspensão do exercício da função pública ou de atividade de natureza econômica ou financeira, internação provisória, monitoração eletrônica e fiança.

As medidas cautelares podem ser adotadas de ofício ou a requerimento das partes ou, quando no curso da investigação criminal, por representação da autoridade policial ou a requerimento do Ministério Público (CPP, art. 282, § 2º).

Conforme lembrado em obra sobre o tema, "o sistema processual brasileiro sempre se caracterizou pela bipolaridade (ou binariedade): prisão ou liberdade"[749]. No regime anterior, diante de qualquer das hipóteses de prisão preventiva, previstas no art. 312 do CPP, que inviabilizavam a concessão de liberdade provisória, com ou sem fiança (CPP, arts. 324, IV, e 310, parágrafo único), não previa o sistema outras medidas substitutivas da prisão cautelar, passando esta, em muitos casos, a ser a regra, desnaturando por completo o seu caráter de excepcionalidade.

Retrata-se na referida obra um interessante contraste do sistema então vigente com o modelo concebido pela Lei n. 12.403/2011:

> "Nosso sistema carecia de medidas intermediárias, que possibilitassem ao juiz evitar o encarceramento desnecessário. Essa bipolaridade conduziu à banalização da prisão cautelar. Muita gente está recolhida em cárceres brasileiros desnecessariamente. O novo sistema (multicautelar – art. 319 do CPP) oferece ao juiz várias possibilidades de não encarceramento".

E assim prossegue-se, com inegável propriedade:

> "Para contornar o problema prisional decorrente do excesso de prisioneiros, não basta apenas apostar nas penas e medidas alternativas à prisão, que são aplicadas no momento da condenação definitiva. O cenário nacional exigia (urgentemente) medidas que

749 Luiz Flávio Gomes e Ivan Luís Marques (org.), *Prisão e medidas cautelares, Comentários à Lei 12.403, de 4 de maio de 2011*, São Paulo: Revista dos Tribunais, 2012, p. 25.

possibilitassem alternativas também à prisão cautelar, já que esta é a principal responsável pela superlotação carcerária".

De fato, as estatísticas sobre prisões provisórias no Brasil não são nada animadoras. Segundo o *Novo Diagnóstico de Pessoas Presas no Brasil*, divulgado pelo Departamento de Monitoramento e Fiscalização do Conselho Nacional de Justiça em junho de 2014, temos uma população de 711 mil presos, consideradas, nesse número, aproximadamente 148 mil pessoas em prisão domiciliar. Com as novas estatísticas, o Brasil passa a ter a terceira maior população prisional do mundo. Ainda segundo o levantamento do CNJ, o novo número representa um déficit de 354 mil vagas. Se contabilizarmos a quantidade de mandados de prisão em aberto – aproximadamente 374 mil, conforme dados do Banco Nacional de Mandados de Prisão do CNJ – nossa população prisional saltaria para 1,089 milhão de pessoas. Cabe registrar que, do número de pessoas presas, já contadas aquelas em prisão domiciliar, 32% do total, o que corresponde a mais de 213 mil, são presos provisórios aguardando julgamento, muitos deles amontoados em cadeias públicas superlotadas e sem as mínimas condições de higiene, como se constatou nos mutirões carcerários realizados pelo CNJ[750].

Houve no Brasil, nas últimas décadas, um notório incremento no uso da prisão cautelar, o que bem evidencia a banalização apontada na referida publicação. Em 1990, a proporção entre presos definitivos e provisórios era bem diferente do que se observa atualmente. De acordo com dados do Departamento Penitenciário Nacional, do Ministério da Justiça, havia no Brasil, naquele ano, 90 mil presos, dos quais apenas 18% correspondiam a presos provisórios. Entre 1990 e 2010, contudo, enquanto o número de condenados aumentou 278%, o número de presos provisórios, no mesmo período, cresceu, espantosamente, 1.253%.

Conta o juiz agora, portanto, com um amplo leque de medidas cautelares diversas da prisão preventiva e que podem ser adotadas como providência mais justa ao caso concreto.

Cabe acrescentar, todavia, que de nada adiantarão as mudanças implementadas se não houver, da parte do Judiciário, efetiva concretização das alternativas à prisão viabilizadas pela nova lei[751].

9.3.2.5. *Liberdade provisória*

O art. 5º, LXVI, da Constituição, prescreve que *"ninguém será levado à prisão ou nela mantido quando a lei admitir a liberdade provisória, com ou sem fiança"*. A liberdade provisó-

---

750 Com o novo diagnóstico, o CNJ passou a considerar, no cálculo da população carcerária, o número de pessoas em prisão domiciliar, de modo a retratar, com fidedignidade, o percentual de presos provisórios em relação ao total de presos.

751 Em um ano de vigência da reforma processual, o número de presos provisórios aumentou de 218 mil em junho de 2011 para 232 mil em junho de 2012, quando, pela lógica do sistema, esperava-se que diminuísse. Esse dado, por si só, sinaliza que os juízes ainda persistem na decretação de prisões preventivas como regra, e não como exceção. Bastante oportuna, portanto, pesquisa em andamento no Conselho Nacional de Justiça pela qual se pretende saber quais e quantas medidas cautelares foram aplicadas, ou não, no período de vigência da Lei n. 12.403/2011.

ria tem caráter de uma medida cautelar prevista no texto constitucional[752], cuja conformação substancial é deferida ao legislador. Assim, tal como decorre da sistemática constitucional, esse poder conformador há de ser exercido tendo em vista os princípios constitucionais que balizam os direitos fundamentais e o próprio direito de liberdade.

Antes mesmo do advento da Constituição, a Lei n. 6.416, de 1977, já havia consagrado que o juiz poderia conceder ao réu liberdade provisória, mediante termo de comparecimento a todos os atos do processo, sempre que se verificasse pelo auto de prisão em flagrante a inocorrência de qualquer das hipóteses que autorizam a prisão preventiva. No regime anterior à Lei n. 6.416/77, só eram passíveis de liberdade provisória os crimes afiançáveis. Nos crimes inafiançáveis, o réu haveria de permanecer preso até o julgamento da causa. A referida Lei encerra esse ciclo, admitindo a liberdade provisória sempre que não presentes razões que justifiquem a decretação da prisão preventiva.

Por isso, observa Eugênio Pacelli que a Constituição de 1988 chegou desatualizada em tema de liberdade provisória ao ressuscitar a antiga expressão *inafiançabilidade*.

A Lei n. 12.403/2011 alterou o CPP em relação à prisão processual, fiança e liberdade provisória. A alteração reforçou o caráter excepcional e subsidiário da prisão processual. A prisão preventiva e a fiança passaram a integrar o rol de medidas cautelares aplicáveis ao implicado, ao lado de comparecimento periódico em juízo, proibição de frequentar determinados lugares, proibição de manter contato com determinadas pessoas, proibição de se ausentar da Comarca, recolhimento domiciliar noturno e em dias de folga, suspensão do exercício de função pública ou outra atividade econômica, internação provisória, fiança e monitoração eletrônica (art. 319). Com isso, passou-se a contar com um rol de medidas menos gravosas do que o encarceramento, reservando-se a prisão preventiva para as hipóteses em que "não for cabível a sua substituição por outra medida cautelar" (art. 282, § 6º).

Com a nova sistemática introduzida pela referida lei, passamos a ter a seguintes situações de liberdade provisória: a) liberdade provisória sem medida cautelar, mas vinculada, nas hipóteses do art. 310, parágrafo único, do CPP; b) liberdade provisória sem fiança, mas vinculada e com possibilidade de outra medida cautelar diversa da prisão, na hipótese de o preso não tiver condição econômica de pagar a fiança (CPP, art. 350); c) liberdade provisória com ou sem medida cautelar diversa da prisão (CPP, art. 319), nos casos em que não estiverem presentes os motivos autorizadores da prisão preventiva (CPP, art. 310, III, c/c o art. 321).

Outra inovação da Lei n. 12.403/2011 refere-se à possibilidade de arbitramento da fiança pela autoridade policial nos crimes cuja pena privativa de liberdade máxima não seja superior a quatro anos (CPP, art. 322). Antes da reforma, o delegado somente poderia arbitrar fiança nos crimes com pena de detenção e quanto aos punidos com reclusão, que a pena mínima em abstrato fosse igual ou inferior a dois anos.

Ressalte-se que a simples inafiançabilidade não impede a concessão de liberdade provisória. Daí admitir-se a concessão de liberdade provisória nos crimes de racismo, tortura e nos definidos no Estatuto do Desarmamento (arts. 14 e 15), nos termos do art.

752 Eugênio Pacelli de Oliveira, *Curso de processo penal*, cit., p. 451 e segs.

310, parágrafo único, do CPP[753]. Nesse sentido, não haveria inconstitucionalidade nos arts. 14 e 15 do Estatuto do Desarmamento (Lei n. 10.826/2003), visto que a inafiançabilidade dos crimes neles descritos não proíbe a concessão de liberdade provisória (CPP, art. 310, parágrafo único)[754].

No entanto, embora não exista divergência na jurisprudência do Tribunal quanto à possibilidade de concessão de liberdade provisória para réus que sofrem persecução motivada por crime definido como inafiançável (CF, art. 5º, LXVI), não se vislumbrando, por isso, de plano, a impossibilidade de o legislador estabelecer a proibição de fiança, na hipótese versada na ADI 3.112, a maioria plenária assentou que "a proibição de estabelecimento de fiança para os delitos de 'porte ilegal de arma de fogo de uso permitido' e de 'disparo de arma de fogo', mostra-se desarrazoada, porquanto são crimes de mera conduta, que não se equiparam aos crimes que acarretam lesão ou ameaça de lesão à vida ou à propriedade"[755].

O art. 21 do Estatuto do Desarmamento dispunha que os crimes previstos nos arts. 16 (posse ou porte ilegal de arma de fogo de uso restrito), 17 (comércio ilegal de arma de fogo) e 18 (tráfico internacional de arma de fogo) são insuscetíveis de liberdade provisória, com ou sem fiança. O referido dispositivo normativo estabelece um tipo de regime de *prisão preventiva obrigatória*, na medida em que torna a prisão uma regra, e a liberdade, exceção. No entanto, a Constituição de 1988 – e antes, como demonstrado, a Lei n. 6.416/77 – instituiu um regime jurídico no qual a liberdade é a regra, exigindo-se para a prisão provisória a comprovação, devidamente fundamentada, de sua necessidade cautelar dentro do processo.

A norma do art. 21 do Estatuto partia do pressuposto de que a prisão é sempre necessária, sem se levar em consideração, na análise das razões acautelatórias, as especificidades do caso concreto. A necessidade da prisão decorrerá diretamente da imposição legal, retirando-se do juiz o poder de, em face das circunstâncias específicas do caso, avaliar a presença dos requisitos do art. 312 do Código de Processo Penal: necessidade de garantir a ordem pública, a ordem econômica, por conveniência da instrução criminal, ou assegurar a aplicação da lei penal, havendo prova da existência do crime e indício suficiente de autoria.

753 Eugênio Pacelli de Oliveira, *Curso de processo penal*, cit., p. 467.

754 Cf. ADI 3.112, rel. Min. Ricardo Lewandowski, *DJ* de 26-10-2007, na qual, em voto parcialmente vencido, afirma-se que "é possível adiantar que não há inconstitucionalidade nos artigos 14 e 15 do Estatuto do Desarmamento, visto que a prescrição da inafiançabilidade dos crimes neles descritos não proíbe a concessão de liberdade provisória, tendo em vista o que dispõe o art. 310, parágrafo único, do Código de Processo Penal. O problema permanece, no entanto, em relação à legislação que proíbe, peremptoriamente, a concessão de liberdade provisória, em face do que dispõe o art. 5º, incisos LVII e LXVI, da Constituição".

755 ADI 3.112, rel. Min. Ricardo Lewandowski, *DJ* de 26-10-2007. Esta a íntegra da decisão: "À unanimidade, o Tribunal rejeitou as alegações de inconstitucionalidade formal, nos termos do voto do Relator. O Tribunal, por maioria, julgou procedente, em parte, a ação para declarar a inconstitucionalidade dos parágrafos únicos dos artigos 14 e 15 e do artigo 21 da Lei n. 10.826, de 22 de dezembro de 2003, nos termos do voto do Relator, vencidos parcialmente os Senhores Ministros Carlos Britto, Gilmar Mendes e Sepúlveda Pertence, que julgavam improcedente a ação quanto aos parágrafos únicos dos artigos 14 e 15, e o Senhor Ministro Marco Aurélio, que a julgava improcedente quanto ao parágrafo único do artigo 15 e, em relação ao artigo 21, apenas quanto à referência ao artigo 16. O Tribunal, por unanimidade, julgou improcedente a ação relativamente ao artigo 2º, inciso X; ao artigo 12; ao artigo 23, §§ 1º, 2º e 3º; ao artigo 25, parágrafo único; ao artigo 28 e ao parágrafo único do artigo 32; e declarou o prejuízo quanto ao artigo 35".

Assim, em vista do que dispõe o art. 5º, LVII, o qual consagra o *princípio da não culpabilidade*, a proibição total de liberdade provisória prescrita pelo art. 21 do Estatuto do Desarmamento foi considerada patentemente inconstitucional. O Supremo Tribunal Federal deixou assentado, na ocasião, que o "texto magno não autoriza a prisão *ex lege*, em face dos princípios da não culpabilidade e da obrigatoriedade de fundamentação dos mandados de prisão pela autoridade judiciária competente"[756].

Ademais, e, por consequência, a norma do art. 21 do Estatuto invertia a regra constitucional que exige a fundamentação para todo e qualquer tipo de prisão (art. 5º, LXI), na medida em que diretamente impõe a prisão preventiva (na verdade, estabelece uma *presunção de necessidade da prisão*), afastando a intermediação valorativa de seu aplicador. Além disso, não é demais enfatizar a desproporcionalidade dessa regra geral da proibição de liberdade provisória nos crimes de posse ou porte de armas. Comparado com o homicídio doloso simples, essa desproporção fica evidente. De acordo com a legislação atual, o indivíduo que pratica o crime de homicídio doloso simples poderá responder ao processo em liberdade, não estando presentes os requisitos do art. 312 do CPP; por outro lado, a prisão será obrigatória para o cidadão que simplesmente porta uma arma. Trata-se, portanto, de uma violação ao princípio da proporcionalidade como proibição de excesso (*Übermassverbot*). Tais fundamentos são suficientes para constatar a inconstitucionalidade do art. 21 do Estatuto do Desarmamento.

Destarte, no rol de direitos e garantias limitadores dessa atividade legislativa em matéria penal, assume especial relevância o princípio da não culpabilidade. Como bem assevera Ferrajoli, "a presunção de inocência não é apenas uma garantia de liberdade e de verdade, mas também uma garantia de segurança ou, se quisermos, de defesa social: da específica 'segurança' fornecida pelo Estado de direito e expressa pela confiança dos cidadãos na justiça, e daquela específica 'defesa' destes contra o arbítrio punitivo"[757].

Destaque-se, por fim, que o Plenário do Supremo Tribunal Federal assentou, no HC 104.339/SP, a inconstitucionalidade do art. 44 da Lei n. 11.343/2006[758] – que disciplina a repressão ao tráfico de drogas, e instituiu semelhante vedação à concessão de liberdade provisória.

O Plenário, por maioria, deferiu parcialmente o *habeas corpus* – afetado pela 2ª Turma – impetrado em favor de condenado pela prática do crime descrito no art. 33, *caput*, c/c o art. 40, III, ambos da Lei n. 11.343/2006, e determinou que fossem apreciados os requisitos previstos no art. 312 do CPP para, se for o caso, manter a prisão cautelar do paciente. No julgamento, foi declarada, incidentalmente, a inconstitucionalidade da expressão "e liberdade provisória", constante do art. 44, *caput*, da Lei n. 11.343/2006.

Ressaltou-se que a vedação de concessão de liberdade provisória seria incompatível com os postulados constitucionais da presunção de inocência e do devido processo legal, na medida em que retiraria do juiz competente a oportunidade de, no caso concreto, analisar os pressupostos de necessidade da custódia cautelar, incorrendo em nítida antecipa-

756 ADI 3.112, rel. Min. Ricardo Lewandowski, *DJ* de 26-10-2007.

757 Luigi Ferrajoli, *Direito e razão*. Teoria do Garantismo Penal, São Paulo: Revista dos Tribunais, 2002, p. 441.

758 "Art. 44. Os crimes previstos nos arts. 33, *caput* e § 1º, e 34 a 37 desta Lei são inafiançáveis e insuscetíveis de sursis, graça, indulto, anistia e liberdade provisória, vedada a conversão de suas penas em restritivas de direitos."

ção de pena. Frisou-se que a inafiançabilidade do delito de tráfico de entorpecentes, estabelecida constitucionalmente (art. 5º, XLIII), não constitui óbice à liberdade provisória, considerado o disposto no inciso LXVI do mesmo artigo ("ninguém será levado à prisão ou nela mantido, quando a lei admitir a liberdade provisória, com ou sem fiança")[759].

Toda prisão, antes do julgamento, deve estar lastreada em razões justificadoras da necessidade de se garantir o funcionamento eficaz da jurisdição penal. Essa análise da efetiva necessidade da prisão, apenas como medida cautelar no processo, deve se basear nas circunstâncias específicas do caso concreto e, por isso, constitui uma função eminentemente jurisdicional.

De tal forma, o legislador viola a Constituição quando, no âmbito de uma política criminal de enrijecimento do controle de certas atividades, proíbe a liberdade provisória, com ou sem fiança, tornando obrigatória a prisão cautelar do acusado pelos crimes nela definidos e, dessa forma, retirando os poderes do juiz quanto à verificação, no âmbito do processo e segundo os elementos do caso, da real necessidade dessa medida cautelar.

9.3.3. Do dever de comunicação da prisão e do local, onde se encontre o preso, ao juiz competente e à família ou pessoa por ele indicada, informação dos direitos do preso, inclusive o direito ao silêncio, direito à assistência da família e de advogado, direito à identificação dos responsáveis pela prisão ou pelo interrogatório policial

9.3.3.1. *Considerações gerais*

Os incisos LXII, LXIII e LXIV do art. 5º da Constituição estabelecem regras básicas sobre os direitos do preso, quanto ao dever de comunicação da prisão ao juiz e à família ou pessoa por ele indicada, o dever de informação dos seus direitos, inclusive do direito ao silêncio, o direito de assistência de família e de advogado e o direito à identificação dos responsáveis pela prisão e pelo interrogatório.

Titular desses direitos é o preso ou, no caso do direito ao silêncio, o eventual denunciado ou investigado em qualquer processo criminal, em inquérito policial, em processo administrativo-disciplinar ou até mesmo nos depoimentos perante as Comissões Parlamentares de Inquérito.

9.3.3.2. *Da comunicação imediata ao juiz competente e aos familiares do preso do local onde se encontra*

9.3.3.2.1. Âmbito de proteção

No que concerne ao art. 5º, LXII, assegura-se ao preso o direito de comunicação imediata de sua prisão e do local onde se encontre ao juiz competente e à família ou pessoa por ele indicada.

Tal como anotam Canotilho e Vital Moreira, a propósito de disposição semelhante do direito constitucional português, "a razão de ser da obrigação de comuni-

759 HC 104.339/SP, Pleno, rel. Min. Gilmar Mendes, j. 10-5-2012.

cação da prisão preventiva a parente ou pessoa da confiança do detido está ligada fundamentalmente a dois objetivos: primeiro, certificar familiares e amigos acerca do paradeiro do detido; depois, permitir que este obtenha deles a assistência e o apoio de que necessite"[760].

O texto constitucional alemão é mais preciso a propósito dessa garantia, ao estabelecer que aquele que for preso em razão de suspeita de prática de delito há de ser apresentado ao juiz no dia da prisão, devendo a autoridade judicial comunicá-lo sobre os motivos da prisão, ouvi-lo e oferecer-lhe oportunidade de apresentar objeções. O juiz deverá expedir de imediato uma ordem de prisão ou determinar o seu relaxamento (LF, art. 104, 3).

É certo, por outro lado, que a norma do art. 5º, LXII, da Constituição tem aplicação direta aos casos de prisão em flagrante, cabendo à autoridade policial diligenciar a imediata comunicação ao juiz e à família ou a pessoa especialmente designada pelo preso.

Embora os casos de prisão provisória tenham outra configuração, uma vez que será determinada pela própria autoridade judiciária, não parece adequada a posição sustentada por Rogério Lauria Tucci no sentido de dispensar a obrigação de comunicação à família quando a prisão decorrer de decisão judicial[761]. Observe-se que, no direito alemão, há norma constitucional expressa quanto à necessidade de comunicação a parente do preso ou a pessoa de sua confiança a respeito da decretação da prisão ou de sua prorrogação (LF, art. 104, 4).

O texto constitucional não comporta, aqui, qualquer redução teleológica, devendo a prisão decretada pelo juiz ser, igualmente, comunicada à família do preso.

Outra indagação básica diz respeito à repercussão jurídica do não cumprimento dessas exigências de comunicação por parte da autoridade responsável.

Algumas decisões de tribunais diversos têm sustentado que a não observância dessas exigências acarreta a nulidade da prisão.

O Superior Tribunal de Justiça tem entendido, porém, que a não comunicação da prisão ao juiz competente e à família ou à pessoa indicada pelo preso configura ilícito administrativo inidôneo para repercutir sobre a legalidade da prisão[762].

A realização de audiências logo após a prisão em flagrante possibilita ao magistrado avaliar se a conversão em prisão preventiva é mesmo medida imprescindível para o andamento do processo. Nesse aspecto, a apresentação convizinha do preso ao juízo concretiza o direito de ampla defesa e de contraditório do acusado, evitando-se a perpetuação desarrazoada de restrições à sua liberdade individual.

No direito pátrio, a execução dessas audiências tem sido obstada por limitações operacionais inerentes ao Poder Judiciário. Essas dificuldades, no entanto, não são suficientes para negar aplicabilidade a um instituto de tamanho relevo constitucional. Por isso, são

---

760 José Joaquim Gomes Canotilho e Moreira Vital, *Constituição da República Portuguesa anotada*, Coimbra: Coimbra Ed., 1984.

761 Rogério Lauria Tucci, *Direitos e garantias individuais no processo penal brasileiro*, 2. ed., São Paulo: Revista dos Tribunais, 2004, p. 349.

762 STJ, RHC 4.274, rel. Min. Luiz Vicente Cernicchiaro, julgado em 7-2-1995, *DJ* de 20-3-1995, p. 6145; RHC 10.220, rel. Min. Gilson Dipp, julgado em 13-3-2001, *DJ* de 23-4-2001, p. 164.

louváveis iniciativas como a do CNJ que, por meio de parcerias com Tribunais de Justiça, tem fomentado o projeto "Audiência de Custódia" em vários estados do país. Há ainda propostas de regulamentação sobre o tema, como a do Projeto de Lei do Senado n. 544/2011 que pretende alterar a legislação processual penal para fixar o prazo de 24 horas de apresentação do preso à autoridade judicial, após efetivada sua prisão em flagrante.

Em determinados delitos, no entanto, a realização da audiência de custódia afigura-se tão imprescindível para a preservação dos direitos do acusado que não há como simplesmente se aguardar o desenrolar de soluções legislativas. É o que ocorre com o crime de porte de entorpecentes, definido no art. 28 da Lei n. 11.343/2006. Especialmente nesse caso, a avaliação do *standard* probatório muitas vezes indica uma linha tênue entre a configuração do porte pessoal e a caracterização do tráfico de drogas. Verifica-se ainda um protagonismo exacerbado da autoridade policial no enquadramento jurídico do delito, o que em muitas hipóteses pode levar ao cerceamento indevido de liberdades individuais. Dadas essas peculiaridades, a regulamentação da matéria mostra-se mais premente.

Ademais, cabe assinalar, no tocante à apresentação do preso em flagrante ao juiz, que se trata de procedimento expressamente previsto em tratados dos quais o Brasil faz parte, já incorporados ao direito interno, como o Pacto Internacional sobre Direitos Civis e Políticos[763] e a Convenção Americana sobre Direitos Humanos[764].

Sobre a incorporação dos referidos tratados ao direito interno, convém lembrar que, após a entrada em vigor da Emenda Constitucional n. 45/2004, possibilitou-se (no art. 5º, § 3º, da Constituição) sejam os tratados de direitos humanos "equivalentes às emendas constitucionais", desde que aprovados pelo Poder Legislativo (e, posteriormente, ratificados pelo Executivo) por três quintos dos votos de cada uma das suas Casas, em dois turnos[765]. Na jurisprudência recente, o tema ganhou relevo a partir das decisões do STF que elevaram o *status* dos tratados de direitos humanos a patamar *superior* ao das leis ordinárias, evoluindo relativamente às decisões anteriores (desde a década de 70, no RE 80.004/SE) que equiparavam os tratados internacionais (quaisquer que fossem, de direitos humanos ou não) ao nível da legislação ordinária[766].

Assim, se os tratados de direitos humanos podem ser (*a*) *equivalentes* às emendas constitucionais (nos termos do art. 5º, § 3º, da Constituição), *se aprovados pelo Legislativo após a EC n. 45/2004*, ou ainda (*b*) *supralegais* (segundo o entendimento atual do STF), *se aprovados antes da referida Emenda*, o certo é que estando *acima* das

---

763 Art. 9º, item 3, primeira parte, do Decreto n. 592/92 – Pacto Internacional sobre Direitos Civis e Políticos.

764 Art. 7º, item 5, primeira parte, do Decreto n. 678/92 – Pacto de San José da Costa Rica.

765 Os dois primeiros tratados aprovados no Brasil pela sistemática qualificada do art. 5º, § 3º, da Constituição foram a *Convenção sobre os Direitos das Pessoas com Deficiência* e o seu *Protocolo Facultativo*, ambos assinados em Nova York, em 30 de março de 2007, aprovados conjuntamente no Brasil pelo Decreto Legislativo n. 186, de 9 de julho de 2008, e ratificados pelo governo brasileiro em 1º de agosto de 2008.

766 Cf. Gilmar Ferreira Mendes, A supralegalidade dos tratados internacionais de direitos humanos e a prisão civil do depositário infiel no Brasil, in *Systemas: Revista de Ciências Jurídicas e Econômicas*, v. 2, n. 1 (2010), p. 64-100. Para a jurisprudência atual do STF sobre a matéria, *v.* RE 466.343/SP, rel. Min. Cezar Peluso, julgado em 3-12-2008, *DJ* de 5-6-2009; e HC 87.585/TO, rel. Min. Marco Aurélio, julgado em 3-12-2008, *DJe* de 26-6-2009. Também desenvolveremos o tema da hierarquia dos tratados de direitos humanos no Brasil no n. 9.4.4, *infra*, para o qual remetemos o leitor.

normas infraconstitucionais hão de ser *também* paradigma de controle da produção normativa doméstica. Assim, para além do controle *de constitucionalidade*, o modelo brasileiro atual de controle comporta ainda (doravante) um controle *de convencionalidade* das normas domésticas[767]. Daí ter o Min. Celso de Mello proposto que se submetessem as normas que integram o ordenamento positivo interno "a um duplo controle de ordem jurídica: o controle de constitucionalidade e, também, o controle de convencionalidade, ambos incidindo sobre as regras jurídicas de caráter doméstico"[768].

Conforme bem observado por Delmanto Júnior, "desde que o Brasil ratificou a Convenção Americana sobre Direitos Humanos e o Pacto Internacional sobre Direitos Civis e Políticos de Nova Iorque, existe, em nosso ordenamento, o *dever* (reiteradamente desrespeitado) de as autoridades policiais *apresentarem* a um Juiz de direito o preso em flagrante"[769].

Tomando os tratados como parâmetro do controle de convencionalidade do ordenamento jurídico interno, o STF deferiu medida cautelar na Arguição de Descumprimento de Preceito Fundamental 347, em 9-9-2015, para determinar que a realização de audiências de apresentação dos presos em flagrante, no prazo de 24 horas contado da prisão.

Trata-se de importante mecanismo de controle da legalidade das prisões em flagrante, prevenindo-se prisões ilegais e até torturas no ato da prisão, situações constatadas nos mutirões carcerários realizados pelo Conselho Nacional de Justiça e constantemente noticiadas pela imprensa.

Antes mesmo da decisão do STF, o CNJ vinha firmando convênios com Tribunais para realizar as audiências de apresentação[770].

A partir das alterações introduzidas pela Lei n. 12.403/2011, a prisão em flagrante de qualquer pessoa e o local onde se encontre igualmente serão comunicados imediatamente ao Ministério Público (art. 306 do CPP).

Por fim, cabe registrar que, diante do significativo crescimento de prisões de estrangeiros no Brasil, deliberou o CNJ regulamentar e uniformizar o procedimento da comunicação do preso estrangeiro no âmbito do Poder Judiciário, expedindo, com essa finalidade, a Resolução n. 162, de 13 de novembro de 2012. Dispõe a resolução que *"a autoridade judiciária deverá comunicar a prisão de qualquer pessoa estrangeira à missão diplomática de seu Estado de origem ou, na sua falta, ao Ministério das Relações Exteriores, e ao Ministério da Justiça, no prazo máximo de cinco dias" (art. 1º)*. Igual comunicação deve ser feita pelo juízo da execução penal nos casos de progressão ou regressão de regime, concessão de livramento condicional e extinção da punibilidade (art. 2º).

---

767 Cf. Valerio de Oliveira Mazzuoli, *O controle jurisdicional da convencionalidade das leis*, cit., p. 73.

768 HC 87.585/TO, julgado em 3-12-2008, *DJe* de 26-6-2009, fls. 341. Segundo o conceito formulado por Valerio Mazzuoli, entende-se por controle de convencionalidade, a exemplo do que ocorre com o controle de constitucionalidade, o exame da "compatibilidade vertical das normas do direito interno com as convenções internacionais de direitos humanos em vigor no país" (Valerio de Oliveira Mazzuoli, *O controle jurisdicional da convencionalidade das leis*, cit., p. 23).

769 *Boletim do Instituto Brasileiro de Ciências Criminais*, ano 18. Ed. Especial/agosto, 2010, p. 31, cit. por Aufiero Aniello, *Prisão, medidas cautelares e liberdade provisória*. Manaus: Editora Aufiero, 2011, p. 90.

770 Sobre o mesmo tema, tramita no Senado Federal o Projeto de Lei n. 554/2011, que altera o § 1º do art. 306 do CPP, para regulamentar a audiência de apresentação.

9.3.3.2.2. Direito de assistência da família e do advogado

O art. 5º, LXIII, *in fine*, assegura ao preso o direito à assistência da família e do advogado.

Trata-se de direito que reclama medidas legislativas e administrativas de organização e procedimento com vistas a assegurar o acesso de familiares do detento e do eventual defensor.

Ainda que haja a necessidade de ordenação ou disciplina legal dessa assistência, é certo que se não poderá negar tal possibilidade, seja à família, seja ao advogado.

Trata-se de medida destinada a assegurar a necessária proteção à integridade física e psíquica do preso, bem como oferecer-lhe a necessária proteção jurídica.

O reconhecimento constitucional da assistência do advogado, que se aplica não só ao preso, mas a qualquer acusado ou investigado, é corolário do direito de defesa contemplado no art. 5º, LV, da Constituição.

Convém registrar que a jurisprudência dominante não reconhece a obrigatoriedade de designação de advogado por parte da autoridade policial para acompanhar o interrogatório de indiciado preso, não se configurando, por isso, a nulidade de confissão feita na ausência de defesa técnica[771].

Essa orientação tem sido criticada sob o argumento de que decorre do texto constitucional o princípio do contraditório também no procedimento investigatório, o que tornaria imprescindível, também aqui, a assistência do advogado[772].

Modificação legislativa de 2016 passou a prever como direito do advogado "assistir a seus clientes investigados durante a apuração de infrações, sob pena de nulidade absoluta do respectivo interrogatório ou depoimento"[773]. Até por ter sido localizada no Estatuto da OAB, como direito do defensor, a norma abriu flanco para duas interpretações divergentes. Uma, mais literal, conclui que, na medida em que se trataria de direito do advogado, a nulidade só ocorre se o patrono for impedido de assistir seu cliente. Assim, o investigado que não contrata advogado poderia ser interrogado pela autoridade policial, sem a preocupação de assegurar a assistência por defensor dativo ou público. Outra interpretação, ampliativa, extrai a conclusão de que, em todo e qualquer interrogatório policial, o investigado deve ser assistido por defensor, constituído ou dativo, sob pena de nulidade.

A mesma lei consagrou de forma expressa o direito de a defesa "apresentar razões e quesitos", no curso da investigação[774].

9.3.3.3. *Do direito de permanecer em silêncio*

9.3.3.3.1. Considerações gerais

O direito do preso – a rigor o direito do acusado – de permanecer em silêncio é expressão do princípio da não autoincriminação, que outorga ao preso e ao acusado em geral o direito de não produzir provas contra si mesmo (art. 5º, LXIII).

---

771 RE 136.239, rel. Min. Celso de Mello, julgado em 7-4-1992, *DJ* de 14-8-1992.

772 Rogério Lauria Tucci, *Direitos e garantias individuais no processo penal brasileiro*, cit., p. 350 e s.

773 Art. 7º, XXI, da Lei n. 8.906/1994, introduzido pela Lei n. 13.245/2016.

774 Art. 7º, XXI, "a", da Lei n. 8.906/1994, introduzido pela Lei n. 13.245/2016.

Tal como anotado pelo Min. Pertence em magnífico voto proferido no HC 78.708, de que foi o relator (*DJ* de 16-4-1999), "o direito à informação da faculdade de manter-se silente ganhou dignidade constitucional – a partir de sua mais eloquente afirmação contemporânea em Miranda *vs.* Arizona (384 US 436, 1966), transparente fonte histórica de sua consagração na Constituição brasileira – porque instrumento insubstituível da eficácia real da vetusta garantia contra a autoincriminação – *nemo tenetur prodere se ipsum, quia nemo tenere detegere turpitudinem suam* –, que a persistência planetária dos abusos policiais não deixa de perder atualidade"[775].

Essas regras sobre a instrução quanto ao direito ao silêncio – as chamadas *Miranda rules* – hão de se aplicar desde quando o inquirido está em custódia ou de alguma outra forma se encontre significativamente privado de sua liberdade de ação: "while in custody at the station or otherwise deprived of his freedom of action in any significant way"[776].

Antes do advento do texto constitucional de 1988, o tema era tratado entre nós no âmbito do devido processo legal, do princípio da não culpabilidade e do processo acusatório.

Agora, diante da cláusula explícita acima referida, compete ao intérprete precisar o significado da decisão do constituinte para a ordem constitucional como um todo.

Titular do direito é não só o preso, mas também qualquer investigado ou denunciado em investigação ou ação penal.

Além de sua aplicação no âmbito do processo penal, cabe registrar que a jurisprudência avançou para reconhecer o direito ao silêncio, também, aos investigados nas Comissões Parlamentares de Inquérito.

9.3.3.3.2. Âmbito de proteção

O direito ao silêncio tem uma repercussão significativa na ordem constitucional-penal, como se pode depreender de alguns julgados do Supremo Tribunal Federal.

No HC 68.929[777], da relatoria de Celso de Mello, asseverou-se que do direito ao silêncio, constitucionalmente reconhecido, decorre a prerrogativa processual de o acusado negar, ainda que falsamente, a prática da infração[778].

Em face do direito de permanecer calado e até de mentir para evitar autoincriminação, reputou-se atípica a conduta do indiciado que negou ser sua a assinatura constante de termo de declarações que efetivamente havia subscrito em inquérito policial[779].

Na mesma linha, afirmou-se no HC 69.818, da relatoria de Sepúlveda Pertence[780], que não há violação ao princípio do sigilo das comunicações telefônicas na gravação de conversa pessoal entre indiciados presos e autoridades policiais, que os primeiros desconheciam, mas, em tese, violação ao direito ao silêncio (CF, art. 5º, LXIII), corolário do princípio *nemo tenetur se detegere*.

---

775 HC 78.708, rel. Min. Sepúlveda Pertence, *DJ* de 16-4-1999.

776 Apud Min. Sepúlveda Pertence, HC 78.708, *DJ* de 16-4-1999.

777 Julgado em 22-10-1991.

778 HC 68.929, rel. Min. Celso de Mello, julgado em 22-10-1991, *RTJ*, 141, n. 2, p. 512.

779 HC 75.257, rel. Min. Moreira Alves, julgado em 17-6-1997, *DJ* de 29-8-1997.

780 *RTJ*, 148/213.

O Supremo Tribunal Federal afirmou também o direito ao silêncio no HC 75.616, da relatoria do Ministro Ilmar Galvão[781], que acabou por não ter relevância *in casu*, tendo em vista que a condenação não se assentara na confissão do acusado.

Entendeu-se, posteriormente, que o direito de permanecer em silêncio configurava fundamento para excluir a condenação, por desobediência, em razão de recusa de fornecer autógrafo para servir de padrão para perícias[782].

Questão mais complexa foi discutida no HC 78.708, da relatoria do Ministro Sepúlveda Pertence, no qual se alegou que acarretaria a nulidade das provas obtidas a omissão quanto à informação ao preso ou interrogado do seu direito ao silêncio no momento em que o dever de informação se impõe.

Embora tenha ressaltado que o direito à informação da faculdade de manter-se em silêncio ganhou dignidade constitucional, porque instrumento insubstituível da eficácia real da vetusta garantia e que, ao invés de constituir desprezível irregularidade, a omissão do dever de informação ao preso, dos seus direitos, no momento adequado, gera efetivamente a nulidade e impõe a desconsideração de todas as informações incriminatórias dele anteriormente obtidas, assim como as provas dele derivadas, acentuou-se, na aludida decisão, que, em matéria de silêncio, a apuração da ofensa há de se fazer a partir do comportamento do réu e da orientação de sua defesa no processo.

Daí ter-se assentado na referida decisão:

> "O direito à informação oportuna da faculdade de permanecer calado visa a assegurar ao acusado a livre opção entre o silêncio – que faz recair sobre a acusação todo o ônus da prova do crime e de sua responsabilidade – e a intervenção ativa (Theodoro Dias Neto, op. loc. cit., p. 189) quando oferece versão dos fatos se propõe a prová-la; ou seja, na expressão de Bertolino (*apud* Rogério L. Tucci, Direitos e Garantias Individuais no Proc. Penal Brasileiro, Saraiva, 1993, p. 392), a liberdade de 'decidir y resolver lo que considera más conveniente, si callar o hablar, en orden al concreto proceso penal al que está sometido'.
>
> O mesmo nexo de instrumentalidade entre o direito ao silêncio e suas salvaguardas e a livre opção entre duas modalidades contrapostas de defesa pode encontrar-se em valioso trabalho doutrinário de David Teixeira de Azevedo (O Interrogatório ao Réu e o Direito ao Silêncio, RT, 1982, 682/285, 290).
>
> 'O réu no interrogatório' – observa o autor – 'poderá operar diretamente no convencimento judicial, produzindo elemento de convicção a seu favor, ou silenciar, evitando o nascer de elemento em seu desfavor'.
>
> É que 'o princípio da ampla defesa, consequente ao contraditório, desdobra-se em um aspecto positivo e outro negativo': 'sob o aspecto negativo' – que não se confunde com a ausência de defesa, explica – 'a ampla defesa compreende a não produção de elementos probatórios de elevado risco ou potencialidade danosa à defesa', abstenção que 'deve inserir-se numa estratégia de defesa'.
>
> No caso, é certo, preso em flagrante e após as diligências questionadas, na lavratura do auto, o paciente optou pelo silêncio (f. 49).

781 Julgado em 6-10-1997.

782 HC 77.135, rel. Min. Ilmar Galvão, julgado em 8-9-1998, *DJ* de 6-11-1998.

Até aí era-lhe dado, em tese, reclamar a desconsideração de informações autoincriminatórias antes obtidas dele por agentes policiais, sem informá-lo do direito a silenciar.

A falta da informação eiva de nulidade a confissão e a nulidade da confissão – como é também da melhor jurisprudência da Suprema Corte – Asheraft vs Tennesse, 322 US 143 (1944) –, se estende à prova testemunhal dela (in Rev. Br. de Criminologia, 1948, n. 3/142).

Sucede que, em juízo, o paciente se retrata da opção inicial pelo silêncio, não só para contestar a veracidade da confissão informal que lhe atribuíam os policiais, mas também para contrapor-lhe versão diversa dos fatos em que ela se teria materializado.

(...)

Desde aí, até a sentença, é pela prevalência dessa versão exculpatória que se bate a defesa.

Convenci-me, o que me pareceu resultar da melhor literatura, de que, a partir do interrogatório e da consequente orientação da defesa técnica, o paciente abdicou do direito a manter-se calado.

Na linha das citações antecedentes, anotou também o lúcido Magalhães Gomes Filho (Presunção de Inocência e Prisão Cautelar, Saraiva, 1991, p. 39), que só ao acusado 'cabe a opção de fornecer ou não a sua versão pessoal sobre os fatos que são objeto de prova'. Se o fez, é inelutável concluir, escolheu o caminho da 'intervenção ativa', a que alude a doutrina germânica, resenhada por Theodoro Dias Neto (ob. loc. cit., p. 189).

Pode fazê-lo: mas a intervenção ativa não admite volta à escolha do silêncio nem às prerrogativas iniciais dela.

A contraposição de sua própria versão dos fatos à dos policiais subtraiu desta a pretensão de valer como relato de confissões informais do acusado.

Mas, de outro lado, tanto quanto a versão dos policiais reiterada em juízo – mas já despida de qualquer força de confissão indireta do réu –, também a dele passa a submeter-se à livre apreciação do juiz da causa, à luz da prova colhida na instrução (cf., sobre a doutrina germânica no ponto, Theodoro Dias Neto, ob. loc. cit., p. 194).

Essa a conclusão a que cheguei, a despeito do precioso trabalho dos impetrantes, que é forçoso testemunhar"[783].

Como se pode depreender da decisão em apreço, o direito à informação oportuna da faculdade de permanecer em silêncio tem por escopo assegurar ao acusado a escolha entre permanecer em silêncio e a intervenção ativa. A escolha desta última importa, porém, para o acusado, a renúncia do direito de manter-se em silêncio e das consequências da falta de informação oportuna a respeito.

Entretanto, no julgamento do HC 79.244/DF, o Pleno do STF concedeu a ordem para permitir que o acusado não respondesse a determinadas perguntas que, no entendimento do paciente, pudessem incriminá-lo, não importando a eventual participação ativa em renúncia do direito de permanecer em silêncio[784].

---

783 HC 78.708, rel. Min. Sepúlveda Pertence, *DJ* de 16-4-1999.

784 Cf. HC 79.244/DF, rel. Min. Sepúlveda Pertence, *DJ* de 24-3-2000: "Se o objeto da CPI é mais amplo do que os fatos em relação aos quais o cidadão intimado a depor tem sido objeto de suspeitas, do direito ao silêncio não decorre o de recusar-se de logo a depor, mas sim o de não responder às perguntas cujas respostas entenda possam vir a incriminá-lo" (HC 79.244/DF, rel. Min. Sepúlveda Pertence, *DJ* de 24-3-2000).

Não há dúvida, porém, de que a falta da advertência quanto ao direito ao silêncio, como já acentuou o Supremo Tribunal, torna ilícita "prova que, contra si mesmo, forneça o indiciado ou acusado no interrogatório formal e, com mais razão, em 'conversa informal' gravada, clandestinamente ou não"[785].

Nesse sentido, cabe citar importante precedente da 2ª Turma do STF, com a seguinte ementa:

> "Recurso ordinário em *habeas corpus*. 2. Furto (art. 240 do CPM). Recebimento da denúncia. 3. Alegação de nulidade do processo por ofensa ao princípio do *nemo tenetur se detegere* em razão da confissão da autoria durante a inquirição como testemunha. 4. Denúncia recebida apenas com base em elementos obtidos na confissão. 5. Garantias da ampla defesa e do contraditório no curso da ação penal. 6. Recurso provido"[786].

Conforme destacado no voto condutor do acórdão, houve um momento da inquirição do acusado, na condição de testemunha, em que ele, claramente, manifestou a intenção de confessar o crime. Nesse momento, houve uma mudança na relação do depoente com a investigação, passando da condição de testemunha à condição de suspeito. Para validade, portanto, das declarações subsequentes, a autoridade deveria ter respeitado, a partir de então, as regras do interrogatório. Ou seja, deveria ter advertido formalmente o depoente do direito ao silêncio, o que não aconteceu ou, ao menos, não foi registrado. Em razão disso, tal declaração não tem valor, por não ter sido precedida da advertência quanto ao direito de permanecer calado.

Com esses fundamentos a Turma, por votação unânime, deu provimento ao recurso ordinário em *habeas corpus*, para reconhecer a inépcia da denúncia, sem prejuízo de sua reapresentação, desde que a nova peça venha apoiada em outros elementos de prova.

9.3.3.3.3. Direito ao silêncio nas Comissões Parlamentares de Inquérito e nos processos disciplinares

Consolidou-se orientação no Supremo Tribunal de que o direito ao silêncio em relação a fatos que possam constituir autoincriminação tem aplicação à situação dos depoentes nas Comissões Parlamentares de Inquérito, entendendo-se que a sua invocação não pode dar ensejo a ameaça ou a decretação de prisão por parte da autoridade do Estado[787].

Também aqui há de se aplicar o entendimento quanto à escolha de uma posição por parte do depoente. Se ele optar por uma intervenção ativa, inicialmente, não poderá invocar o direito ao silêncio para se eximir de responder a questões similares ou conexas com as que tenha respondido.

Sobre o tema, o Supremo Tribunal Federal apreciou a aplicabilidade do direito ao silêncio do depoente a ser ouvido, em CPI, na condição de investigado. Foi sedimenta-

785 HC 80.949, rel. Min. Sepúlveda Pertence, julgado em 30-10-2001, *DJ* de 14-12-2001.

786 RHC 122.279, rel. Min. Gilmar Mendes, j. 12-8-2014.

787 HC 79.812/SP, rel. Min. Celso de Mello, *DJ* de 16-2-2001; HC 83.357/DF, rel. Min. Nelson Jobim, *DJ* de 26-3-2004; HC 79.244/DF, rel. Min. Sepúlveda Pertence, *DJ* de 24-3-2000; HC 88.228/DF, rel. Min. Ellen Gracie, decisão proferida pelo Ministro Gilmar Mendes, RISTF, art. 38, I, julgado em 13-3-2006; HC 88.553, rel. Min. Gilmar Mendes, julgado em 19-4-2006, *DJ* de 25-5-2006.

do entendimento no sentido de assegurar ao depoente, ouvido na condição de investigado, as seguintes garantias constitucionais[788]:

> *"a) o direito ao silêncio, ou seja, de não responder, querendo, a perguntas a ele direcionadas; b) o direito à assistência por advogado durante o ato; c) o direito de não ser submetido ao compromisso de dizer a verdade ou de subscrever termos com esse conteúdo; e d) o direito de não sofrer constrangimentos físicos ou morais decorrentes do exercício dos direitos anteriores."*

Além disso, ficou decidido, em um precedente da Suprema Corte, que o depoente a ser ouvido na condição de interrogado não precisa, de forma compulsória, comparecer à sessão da CPI. A questão ficou assim consignada[789]:

> *"Mais a mais, entendo, que, por sua qualidade de investigado, não poderia o paciente ter sido convocado a comparecimento compulsório, menos ainda sob ameaça de responsabilização penal. Ora, se o paciente não é obrigado a falar, não faz qualquer sentido que seja obrigado a comparecer ao ato, a menos que a finalidade seja de registrar as perguntas que, de antemão, todos já sabem que não serão respondidas, apenas como instrumento de constrangimento e intimidação, como sói ocorrer nos interrogatórios havidos pelo País."*

Idêntica orientação há de ser adotada – e por idênticas razões – nos processos administrativos disciplinares[790].

9.3.3.3.3.1. Direito ao silêncio no âmbito do Código de Trânsito Brasileiro

O tema 907 do sistema da repercussão geral do Supremo Tribunal Federal trata da constitucionalidade do tipo penal previsto no art. 305 do CTB (fuga do local do acidente), sendo objeto da discussão a sua compatibilidade, ou não, com o direito à não autoincriminação, disposto no artigo 5º, inciso LXIII, da Constituição Federal.

No julgamento do referido tema da repercussão geral, o Pleno do Supremo Tribunal Federal, por maioria, deu provimento ao RE 971959/RS, nos termos do voto do Relator, restando a decisão assim ementada[791]:

> *"EMENTA: RECURSO EXTRAORDINÁRIO. PENAL E PROCESSUAL PENAL. CRIME DE FUGA DO LOCAL DO ACIDENTE. ARTIGO 305 DO CÓDIGO DE TRÂNSITO BRASILEIRO. ANÁLISE DA CONSTITUCIONALIDADE DO TIPO PENAL À LUZ DO ART. 5º, LXIII, DA CONSTITUIÇÃO FEDERAL. REPERCUSSÃO GERAL RECONHECIDA. RE Nº 971.959. TEMA Nº 907. Decisão: O Tribunal, por unanimidade, reputou constitucional a questão. O Tribunal, por unanimidade, reconheceu a existência de repercussão geral da questão constitucional suscitada."*

---

788 HC 169.628/DF, rel. Min. Gilmar mendes, *DJ* de 02.-04-2019; HC 171.286/DF, rel. Min. Gilmar Mendes, *DJ* de 14-05-2019.

789 HC 171.628/DF, rel. Min. Gilmar mendes, *DJ* de 22-05-2019.

790 HC 79.812/SP, rel. Min. Celso de Mello, *DJ* de 16-2-2001.

791 RE 971959/RS, rel. Min. Luiz Fux, *DJ* de 14-11-2018.

Na ocasião, votaram vencidos os Ministros Gilmar Mendes, Marco Aurélio, Celso de Mello e Dias Toffoli (Presidente). O Tribunal fixou a seguinte tese sobre o tema 907 da repercussão geral[792]:

> *"A regra que prevê o crime do art. 305 do Código de Trânsito Brasileiro (Lei n. 9.503/97) é constitucional, posto não infirmar o princípio da não incriminação, garantido o direito ao silêncio e ressalvadas as hipóteses de exclusão da tipicidade e da antijuridicidade."*

9.3.3.3.3.2. Conformação e limitação

Como se cuida de direito fundamental com âmbito de proteção normativo, não está o legislador impedido de adotar providências com intuito de dar-lhe adequada conformação, tendo em vista os objetivos que marcam o instituto do direito ao silêncio no seu desenvolvimento histórico e sua instrumentalidade, no contexto do direito ao contraditório e à ampla defesa.

Não se pode, porém, seja pela via legislativa ou pela via da interpretação, tal como observado pelo Ministro Sepúlveda Pertence, "reduzir, em nome dos interesses da repreensão sem entraves, a recusa desse direito elementar à informação a uma mera irregularidade"[793].

Também não se pode cogitar de uma formalização desse direito, de modo a excluir as conversas ou interrogatórios informais ou investigações preliminares do seu âmbito de proteção[794].

Dado doutrinal pacífico sobre o direito ao silêncio indica, igualmente, que ao acusado é dado escolher entre uma intervenção ativa e o direito ao silêncio, mas, tendo optado pela postura ativa, o eventual regresso para uma opção em favor do direito ao silêncio não mais poderá ser considerado.

9.3.4. Direito de identificação dos responsáveis pela prisão ou pelo interrogatório policial

Assegura-se ao preso o direito de identificação dos responsáveis pela sua prisão e por seu interrogatório policial (art. 5º, LXIV).

Tem-se aqui não só o reconhecimento de um direito formal, mas também uma medida instrumental destinada a assegurar a integridade física e moral do preso.

9.3.5. Regime da prisão sob estado de defesa e estado de sítio

A Constituição estabelece um regime próprio quanto à decretação de prisão sob o Estado de Defesa, estabelecendo que prisão por crime de Estado, determinada pelo

792 RE 971959/RS, rel. Min. Luiz Fux, *DJ* de 14-11-2018.

793 HC 78.708, rel. Min. Sepúlveda Pertence, *DJ* de 16-4-1999.

794 Theodomiro Dias Neto, O direito ao silêncio: tratamento nos direitos alemão e norte-americano, *Revista Brasileira de Ciências Criminais*, n. 19, p. 179-294.

executor da medida, será por este comunicada imediatamente ao juiz competente, que a relaxará, se não for legal (art. 134, § 3º). Referida comunicação deverá ser acompanhada de declaração, pela autoridade, do estado físico ou mental do detido no momento de sua autuação.

Aludida prisão não poderá ser superior ao prazo de dez dias, salvo se autorizada pelo Judiciário (CF, art. 136, § 3º, III), restando vedada a incomunicabilidade do preso (CF, art. 136, § 3º, IV).

No estado de sítio, o direito à liberdade de locomoção sofre restrições, embora em menor escala. Ainda que não se possa determinar prisões, fora das hipóteses de flagrante delito, por ato do Poder Executivo, podem ser impostas a "obrigação de permanência em localidade determinada" e a "detenção em edifício não destinado a acusados ou condenados por crimes comuns" (CF, art. 139, I e II).

9.4. Proibição da prisão civil por dívida

9.4.1. Considerações preliminares

O inciso LXVII do art. 5º da Constituição prescreve que não haverá prisão civil por dívida. A prisão civil diferencia-se da prisão penal, na medida em que não consubstancia uma resposta estatal à prática de infração penal, mas antes corresponde a um meio processual reforçado de coerção do inadimplente, posto à disposição do Estado para a execução da dívida. Não possui, portanto, natureza penal, destinando-se apenas a compelir o devedor a cumprir a obrigação contraída, persuadindo-o da ineficácia de qualquer tentativa de resistência quanto à execução do débito.

Por longo tempo, a prisão de caráter civil foi admitida no Brasil, constando sua previsão em dispositivos do Código Comercial de 1850 (arts. 20, 91, 114 e 284) e do Código Civil de 1916 (art. 1.287). A Constituição do Império, de 1824, assim como a Constituição de 1891, nada disseram a respeito da matéria.

A proibição constitucional veio com a Carta de 1934, que, em seu art. 113, n. 30, dispunha que "não haverá prisão civil por dívidas, multas ou custas". A Constituição de 1937 não tratou do tema, que teve nova disciplina constitucional com a Constituição de 1946, a qual ressalvou os casos do depositário infiel – como já previa o Código Civil de 1916 (art. 1.287) – e o de inadimplemento da obrigação alimentar (art. 141, § 32). O mesmo tratamento foi dado pela Constituição de 1967 (art. 153, § 17) e pela Emenda Constitucional n. 1 de 1969 (art. 153, § 17), que repetiram, com pequenas modificações, a redação da Carta de 1946: "Não haverá prisão civil por dívida, multa ou custas, salvo o caso do depositário infiel ou do responsável pelo inadimplemento de obrigação alimentar, na forma da lei".

A Constituição de 1988 repete praticamente o mesmo texto. A inovação fica por conta da exigência de que o inadimplemento da obrigação alimentícia seja "voluntário e inescusável", o que restringe ainda mais o campo de aplicação da prisão civil.

Atualmente, a proibição da prisão civil é um princípio adotado em todos os países cujos sistemas constitucionais são construídos em torno do valor da dignidade humana, constando expressamente nos textos constitucionais[795] e em tratados e convenções internacionais de direitos humanos[796].

Há consenso a respeito da desproporcionalidade da restrição à liberdade do indivíduo como meio de coerção ao pagamento da dívida e, ao mesmo tempo, como retribuição ao prejuízo causado ao credor. Considera-se a existência de outros meios menos gravosos para compelir o devedor à quitação adequada do débito, como a execução civil. Mais uma vez, o exame da proporcionalidade cumpre aqui papel relevante na verificação da legitimidade constitucional das intervenções na esfera de liberdade individual.

9.4.2. Âmbito de proteção

O art. 5º, LXVII, da Constituição, assim prescreve: "Não haverá prisão civil por dívida, salvo a do responsável pelo inadimplemento voluntário e inescusável de obrigação alimentícia e a do depositário infiel".

A regra geral é a da proibição da prisão civil do devedor inadimplente. As exceções são expressas e taxativas: a) inadimplemento voluntário e inescusável de obrigação alimentícia; b) a do depositário infiel.

O âmbito de proteção é estritamente normativo, tendo em vista que cabe ao legislador conformar/limitar esse direito fundamental e suas exceções expressas, definindo as hipóteses em que ocorrerão as prisões do alimentante e do depositário infiel.

9.4.3. Conformação e limitação

9.4.3.1. *Prisão civil do alimentante*

Não existem maiores discussões sobre a constitucionalidade da prisão civil do alimentante faltoso com suas obrigações. Essa exceção à regra geral da proibição da prisão civil por dívida consta em vários textos constitucionais nacionais[797] e internacionais[798] sobre a matéria.

795 No âmbito da América Latina: art. 2º da Constituição do Peru; art. 13 da Constituição do Paraguai; art. 52 da Constituição do Uruguai; art. 28 da Constituição da Colômbia.

796 Art. 11 do Pacto Internacional dos Direitos Civis e Políticos (1966), adotado pela Resolução n. 2.200-A (XXI) da Assembleia Geral das Nações Unidas, em 16 de dezembro de 1966, e ratificado pelo Brasil em 24 de janeiro de 1992. Art. XXV da Declaração Americana dos Direitos e Deveres do Homem, Resolução XXX, Ata Final, aprovada na IX Conferência Internacional Americana, em Bogotá, em abril de 1948. Art. 7º (7) da Convenção Americana sobre Direitos Humanos – Pacto de San José da Costa Rica, adotada e aberta à assinatura na Conferência Especializada Interamericana sobre Direitos Humanos, em San José da Costa Rica, em 22 de novembro de 1969. Art. 1º do Protocolo n. 4, em que se reconhecem Direitos e Liberdades além dos que já figuram na Convenção para a Proteção dos Direitos do Homem e das Liberdades Fundamentais, Série de Tratados Europeus, Estrasburgo, em 16 de setembro de 1963.

797 No âmbito da América Latina: art. 2º da Constituição do Peru: "Não há prisão por dívidas. Este princípio não limita mandado judicial por não cumprimento das prestações alimentícias". Art. 13 da Constituição do Paraguai: "Não se admite a privação de liberdade por dívidas, salvo mandado de autoridade judicial competente em razão do não cumprimento dos deveres alimentícios ou como substituição de multas ou fianças judiciais".

798 Art. 7º (7) da Convenção Americana sobre Direitos Humanos – Pacto de San José da Costa Rica.

A restrição da liberdade individual, como medida extrema e excepcional, justifica-se diante da importância do bem jurídico tutelado, a assistência familiar, que também recebe proteção por meio de normas penais. O art. 244 do Código Penal define o crime de abandono material da seguinte forma:

"Deixar, sem justa causa, de prover a subsistência do cônjuge, ou de filho menor de 18 (dezoito) anos ou inapto para o trabalho, ou de ascendente inválido ou maior de 60 (sessenta) anos, não lhes proporcionando os recursos necessários ou faltando ao pagamento de pensão alimentícia judicialmente acordada, fixada ou majorada; deixar, sem justa causa, de socorrer descendente ou ascendente, gravemente enfermo:

Pena – detenção, de 1 (um) a 4 (quatro) anos, e multa, de uma a dez vezes o maior salário mínimo vigente no país.

Parágrafo único. Nas mesmas penas incorre quem, sendo solvente, frustra ou ilide, de qualquer modo, inclusive por abandono injustificado de emprego ou função, o pagamento de pensão alimentícia judicialmente acordada, fixada ou majorada".

Ademais, considera-se que há um dever não apenas legal, mas também moral do responsável pelos alimentos.

De toda forma, deve-se ter em conta que a prisão do alimentante não é pena, ou seja, não tem caráter retributivo, no sentido de impor uma represália ao devedor de alimentos, constituindo antes um meio gravoso de coerção para o adimplemento do débito. Como medida extrema, deve ser aplicada seguindo-se as regras e o procedimento previstos na lei, a qual deve assim tratá-la, prevendo outros meios de execução e reservando a utilização da prisão civil apenas como *ultima ratio*.

Esse entendimento foi reforçado pela inovação textual trazida pela Constituição de 1988, ao exigir que o inadimplemento da obrigação alimentícia seja "voluntário e inescusável".

A matéria está regulamentada pela Lei de Alimentos (Lei n. 5.478, de 25-7-1968) e pelo Código de Processo Civil (arts. 528 a 533).

O meio de execução preferencial é o desconto em folha (Lei n. 5.478/68, art. 17; CPC, art. 529). Não sendo possível a execução nesses termos, faculta a lei a cobrança das prestações de alugueres de prédios ou de quaisquer outros rendimentos do devedor. Se, ainda assim, não for possível a satisfação do débito, poderá o credor requerer a execução da decisão nos termos da lei processual civil (arts. 17 e 18 da Lei n. 5.478/68).

O Código de Processo Civil, ao tratar da execução da prestação alimentícia, assim dispõe:

"No cumprimento de sentença que condene ao pagamento de prestação alimentícia ou de decisão interlocutória que fixe alimentos, o juiz, a requerimento do exequente, mandará intimar o executado pessoalmente para, em 3 (três) dias, pagar o débito, provar que o fez ou justificar a impossibilidade de efetuá-lo" (art. 528, *caput*). "Caso o executado, no prazo referido no *caput*, não efetue o pagamento, não prove que o efetuou ou não apresente justificativa da impossibilidade de efetuá-lo, o juiz mandará protestar o pronunciamento judicial, aplicando-se, no que couber, o disposto no art. 517" (§ 1º). "Somente a comprovação de fato que gere a impossibilidade absoluta de pagar justificará o inadimplemento" (§ 2º). "Se o executado não pagar ou se a justificativa apresentada não for aceita, o juiz, além de mandar protestar o pronunciamento judicial na forma do § 1º, decretar-lhe-á a prisão pelo prazo de 1 (um) a 3 (três) meses" (§ 3º).

A decisão judicial que decreta a prisão civil do alimentante deve ser devidamente fundamentada. O Supremo Tribunal Federal tem considerado que "a econômica expressão 'por inadimplemento alimentar' não supre a exigência constitucional de um mínimo de fundamentação (CF, art. 93, IX)"[799]. A necessidade e a finalidade da prisão devem vir esclarecidas e justificadas pelo decreto prisional.

O cumprimento da pena não exime o devedor do pagamento das prestações alimentícias, vincendas ou vencidas e não pagas (art. 528, § 6º, do CPC).

É de se considerar, como entende o Supremo Tribunal Federal, que o "alimentando que deixa de acumular por largo espaço de tempo a cobrança das prestações alimentícias a que tem direito, e só ajuíza a execução quando ultrapassa a dívida a mais de um ano, faz presumir que a verba mensal de alimentos não se tornara tão indispensável para a manutenção do que dela depende" (HC 74.663/RJ)[800].

Assim, a jurisprudência considerava que apenas as três últimas prestações vencidas teriam o caráter estritamente alimentar, de modo que somente nesta hipótese seria aplicável a prisão civil do devedor inadimplente. As prestações anteriores a três meses, cujo caráter deixa de ser alimentar a passa a ser apenas indenizatório, ensejam a cobrança por meio de execução, nos termos do art. 528, § 8º, do CPC, sem a possibilidade de decretação da prisão[801].

Esse entendimento está expresso na Súmula 309 do STJ: "O débito alimentar que autoriza a prisão civil do alimentante é o que compreende as três prestações anteriores ao ajuizamento da execução e as que vencerem no curso do processo".

A posição jurisprudencial acabou transformada em regra legal pelo art. 528, § 7º, do CPC.

A jurisprudência do STJ também entende que, "quando se tratar de prestações de natureza alimentar, contínuas e, portanto, de trato sucessivo, as parcelas não pagas que se vencerem no curso da execução de alimentos, além daquelas objeto da execução, devem ser incluídas no saldo devedor, em homenagem aos princípios da economia e celeridade e para maior prestígio do princípio da efetividade do processo"[802].

Matéria inicialmente controvertida dizia respeito à possibilidade da reiteração da prisão. A tese hoje pacífica na jurisprudência é a de que a prisão poderá ser decretada quantas vezes for necessário para o cumprimento da obrigação. Configurará *bis in idem*, no entanto, a decretação de nova prisão enquanto pender de cumprimento o decreto anterior[803]. A reiteração da prisão deve fundamentar-se em fato diverso, que configure novo descumprimento da obrigação alimentícia.

---

799 HC 78.071/RJ, rel. Min. Maurício Corrêa, *DJ* de 14-5-1999; HC 75.092/RJ, rel. Min. Maurício Corrêa, *DJ* de 15-8-1997.

800 HC 74.663/RJ, rel. Min. Maurício Corrêa, *DJ* de 6-6-1997.

801 HC 74.663/RJ, rel. Min. Maurício Corrêa, *DJ* de 6-6-1997.

802 STJ, REsp 706.303/RJ, rel. Min. Humberto Gomes de Barros, *DJ* de 15-5-2006.

803 HC 78.071/RJ, rel. Min. Maurício Corrêa, *DJ* de 14-5-1999; STJ, HC 39.902/MG, rel. Min. Nancy Andrighi, *DJ* de 29-5-2006.

Foram também superadas as controvérsias sobre o âmbito de aplicação da regra da prisão civil do alimentante, se apenas na hipótese de não pagamento dos alimentos provisórios, ou se extensível aos alimentos definitivos. Nenhuma distinção há que se fazer entre o caráter provisório ou definitivo dos alimentos, cabendo a prisão do devedor inadimplente em ambas as hipóteses. O prazo da prisão é fixado pelo art. 528, § 3º, do CPC: de 1 (um) a 3 (três) meses. A decretação judicial da prisão civil do devedor de alimentos que transborde os limites constitucionais e legais pode ser impugnada por meio de *habeas corpus*[804 e 805].

9.4.3.2. *Prisão civil do depositário infiel*

A segunda exceção prevista constitucionalmente dizia respeito à prisão civil do depositário infiel. Entretanto, a jurisprudência evoluiu e, com base no conteúdo do Pacto de San José da Costa Rica, não mais se autoriza a prisão civil sob tal fundamento.

Por muito tempo, a expressão "depositário infiel" foi interpretada em sentido amplo, para abranger tanto o caso do depósito convencional quanto os casos de depósito legal[806], deixando aberta ao legislador a possibilidade de criar novas figuras de depósito que receberiam a incidência do preceito constitucional. Assim, o Supremo Tribunal Federal entendia que o âmbito normativo do art. 5º, LXVII, da Constituição, além dos casos muito comuns de depósito judicial[807], abarcava também a prisão civil do devedor-depositário infiel em contrato de alienação fiduciária[808] e os casos de penhor agrícola[809] e penhor mercantil[810].

No entanto, essa interpretação extensiva do significado da expressão "depositário infiel" nunca esteve imune a críticas.

---

804 HC 85.237/DF, rel. Min. Celso de Mello, *DJ* de 29-4-2005; HC 87.164/RJ, rel. Min. Gilmar Mendes, *DJ* de 29-9-2006; HC 84.181/RJ, rel. Min. Marco Aurélio, *DJ* de 13-8-2004; HC 84.543/RN, rel. Min. Ellen Gracie, *DJ* de 1º-10-2004; HC 84.967/RS, rel. Min. Marco Aurélio, *DJ* de 15-2-2005; HC 84.907/SP, rel. Min. Sepúlveda Pertence, *DJ* de 18-2-2005; HC 85.039/MS, rel. Min. Marco Aurélio, *DJ* de 18-3-2005; HC 84.921/SP, rel. Min. Eros Grau, *DJ* de 11-3-2005; HC 84.673/PE, rel. Min. Carlos Velloso, *DJ* de 1º-7-2005; HC 85.400/PE, rel. Min. Eros Grau, *DJ* de 11-3-2005; HC 86.233/PA, rel. Min. Sepúlveda Pertence, *DJ* de 14-10-2005; HC 90.617, rel. Min. Gilmar Mendes, *DJ* de 7-3-2008.

805 HC 90.617/PE, rel. Min. Gilmar Mendes, julgado em 30-10-2007, *DJ* de 7-3-2008.

806 RE 250.812/RS, rel. Min. Moreira Alves, *DJ* de 1º-2-2002.

807 RHC 80.035/SC, rel. Min. Celso de Mello, *DJ* de 17-8-2001; HC 75.047/MG, rel. Min. Sydney Sanches, *DJ* de 29-8-1997; HC 86.097/SP, rel. Min. Eros Grau, *DJ* de 4-8-2006; HC 87.638/MT, rel. Min. Ellen Gracie, *DJ* de 2-6-2006; HC 86.160/SP, rel. Min. Eros Grau, *DJ* de 23-8-2005; HC 84.484/SP, rel. Min. Carlos Britto, *DJ* de 7-10-2005; HC 84.382/SP, rel. Min. Carlos Britto, *DJ* de 4-2-2005; HC 83.543/SP, rel. Min. Gilmar Mendes, *DJ* de 4-2-2005; HC 83.617/SP, rel. Min. Nelson Jobim, *DJ* de 25-6-2004; HC 83.416/SP, rel. Min. Carlos Britto, *DJ* de 12-8-2005; HC 83.056/SP, rel. Min. Maurício Corrêa, *DJ* de 27-6-2003; HC 82.423/MG, rel. Min. Ellen Gracie, *DJ* de 7-3-2003; HC 71.038/MG, rel. Min. Celso de Mello, *DJ* de 13-5-1994.

808 RE 206.482/SP, rel. Min. Maurício Corrêa, *DJ* de 5-9-2003; HC 77.053/SP, rel. Min. Maurício Corrêa, *DJ* de 4-9-1998; HC 79.870/SP, rel. Min. Moreira Alves, *DJ* de 20-10-2000; HC 81.319/GO, rel. Min. Celso de Mello, *DJ* de 19-8-2005.

809 HC 75.904/SP, rel. Min. Sepúlveda Pertence, *DJ* de 25-6-1999.

810 HC 71.097/PR, rel. Min. Sydney Sanches, *DJ* de 29-3-1996; HC 80.587/SP, rel. Min. Sydney Sanches, *DJ* de 4-5-2001.

No caso da alienação fiduciária, por exemplo, o Superior Tribunal de Justiça tinha firme posicionamento no sentido de que nesse tipo de contrato não há um depósito no sentido estrito do termo, tendo o Decreto-Lei n. 911/69 criado uma figura atípica de "depósito por equiparação", de forma que o devedor-fiduciante que descumpre a obrigação pactuada e não entrega a coisa ao credor-fiduciário não se equipara ao depositário infiel para os fins previstos no art. 5º, LXVII, da Constituição, e, portanto, não poderia ser submetido à prisão civil[811]. Entendia o STJ que "reconhecer à lei ordinária a possibilidade de equiparar outras situações, substancialmente diversas, à do depositário infiel, para o fim de tornar aplicável a prisão civil, equivale a esvaziar a garantia constitucional"[812]. Em suma, a expressão "depositário infiel" abrange tão somente os "depósitos clássicos", previstos no Código Civil, "sem possíveis ampliações que ponham em risco a liberdade dos devedores em geral"[813].

No Supremo Tribunal Federal, defendiam tese semelhante os Ministros Marco Aurélio, Francisco Rezek, Carlos Velloso e Sepúlveda Pertence, votos vencidos no julgamento do HC 72.131/RJ, de 22-11-1995. Na ocasião, assim se manifestou o Ministro Sepúlveda Pertence:

> "É manifesto que a Constituição excetuou, da proibição de prisão por dívida, a prisão do inadimplente de obrigação alimentar e a do depositário infiel. A extensão dessa norma de exceção, não o contesto, pode sofrer mutações ditadas pelo legislador ordinário e até por Tratado. Mas, também me parece, ninguém discordará, em tese, de que, ao concretizar os seus termos – isto é, os conceitos de obrigação alimentar ou de depositário infiel – o legislador não pode, mediante ficções ou equiparações, ampliar arbitrariamente o texto constitucional, além da opção constituinte nele traduzida. E esta há de ser aferida à base da Constituição e de suas inspirações. Não, à base da lei. Em outras palavras, a admissibilidade, segundo a Constituição, da prisão por dívida de alimentos e da prisão do depositário infiel não é cheque em branco passado ao legislador ordinário. Assim como não lhe é lícito, até com uma aparente base constitucional no art. 100, autorizar a prisão do governante que atrase a satisfação de débitos de natureza alimentar da Fazenda Pública, não creio que possa estender, além da marca que há de ser buscada dentro da própria Constituição, o âmbito conceitual do depósito".

No mesmo sentido, o voto do Ministro Carlos Velloso no julgamento do RE 206.482/SP, *DJ* de 5-9-2003:

---

811 STJ, REsp 7.943/RS, rel. Min. Athos Carneiro, *DJ* de 10-6-1991; STJ, REsp 2.320/RS, rel. Min. Athos Carneiro, *DJ* de 2-9-1991; STJ, REsp 0014938/PR, rel. Min. Bueno de Souza, *DJ* de 29-6-1992; STJ, ROMS 995/SP, rel. Min. Waldemar Zveiter, *DJ* de 30-8-1993; STJ, REsp 39.546/RJ, rel. Min. Barros Monteiro, *DJ* de 28-2-1994; STJ, HC 2.155/SP, rel. p/ o acórdão Min. Luiz Vicente Cernicchiaro, *DJ* de 17-10-1994; STJ, RHC 0003988/PI, rel. Min. Adhemar Maciel, *DJ* de 13-2-1995; STJ, HC 2.771/DF, rel. p/ o acórdão Min. Luiz Vicente Cernicchiaro, *DJ* de 5-6-1995; STJ, RHC 4.329/MG, rel. Min. Luiz Vicente Cernicchiaro, *DJ* de 5-6-1995; STJ, HC 3.206/SP, rel. Min. Vicente Leal, *DJ* de 5-6-1995; STJ, RHC 4.288/RJ, rel. Min. Adhemar Maciel, *DJ* de 19-6-1995; STJ, RHC 4.319/GO, rel. Min. Anselmo Santiago, *DJ* de 21-8-1995; STJ, HC 3.294/SP, rel. Min. Adhemar Maciel, *DJ* de 18-9-1995; STJ, HC 3.545/DF, rel. Min. Adhemar Maciel, *DJ* de 18-12-1995; STJ, RHC 4.210/SP, rel. Min. Pedro Acioli, *DJ* de 26-2-1996; STJ, RHC 8.494/SP, rel. Min. César Asfor Rocha, *DJ* de 21-6-1999.

812 STJ, REsp 7.943/RS, rel. Min. Athos Carneiro, *DJ* de 10-6-1991.

813 STJ, REsp 7.943/RS, rel. Min. Athos Carneiro, *DJ* de 10-6-1991.

"(...) Temos, então, na alienação fiduciária em garantia, mais de uma ficção: a ficção que leva à falsa propriedade do credor-fiduciário, a ficção do contrato de depósito, em que o devedor é equiparado ao depositário, certo que o credor tem, apenas, a posse indireta do bem, posse indireta que não passa, também, de outra ficção. E a partir dessas ficções, fica o comprador-devedor, na alienação fiduciária, sujeito à prisão civil. Mas o que deve ficar esclarecido é que a Constituição autoriza a prisão civil apenas do depositário infiel, ou seja, daquele que, recebendo do proprietário um certo bem para guardar, se obriga a guardá-lo e a devolvê-lo quando o proprietário pedir a sua devolução (Cód. Civil, arts. 1.265 e segs., art. 1.287). A Constituição, no art. 5º, LXVII, não autoriza a prisão civil de quem não é depositário e, porque não é depositário, na sua exata compreensão jurídica, não pode ser depositário infiel; noutras palavras, a Constituição autoriza a prisão civil – art. 5º, LXVII – apenas do depositário infiel, vale dizer, daquele que se tornou depositário mediante contrato de depósito, não de devedor que se torna depositário em razão de uma equiparação baseada numa mera ficção legal. Se isso fosse possível, amanhã, mediante outras equiparações, fortes em outras ficções legais, poderíamos ter uma prisão excepcional – CF, art. 5º, LXVII – transformada em regra, fraudando-se, assim, a Constituição. Mas o que deve ser acentuado é que a prisão civil do devedor-fiduciante, mediante a equiparação mencionada, não é tolerada pela Constituição, art. 5º, LXVII".

Destarte, no caso do inciso LXVII do art. 5º da Constituição, como explicado, estamos diante de um direito fundamental com âmbito de proteção estritamente normativo. Cabe ao legislador dar conformação/limitação à garantia constitucional contra a prisão por dívida e regular as hipóteses em que poderão ocorrer as exceções expressamente previstas.

A inexistência de reserva legal expressa no art. 5º, LXVII, porém, não concede ao legislador carta branca para definir livremente o conteúdo desse direito. Não há dúvida de que existe um núcleo ou conteúdo mínimo definido constitucionalmente e vinculante para o legislador.

Nesse sentido, deve-se ter em conta que a expressão "depositário infiel" possui um significado constitucional peculiar que não pode ser menosprezado pelo legislador. Existe um desenho constitucional específico para a figura do depósito, o que lhe empresta a forma de instituto a ser observado pela legislação que lhe dá conformação.

Assim, levando-se em conta que o art. 5º, LXVII, possui âmbito de proteção estritamente normativo, a Constituição atribui ao legislador a tarefa de dar conformação legal à figura do depósito, mas proíbe-o de desfigurar ou redesenhar esse instituto em termos demasiado restritivos para o depositário.

Tendo em vista se tratar de exceção expressa à garantia constitucional e regra geral da proibição da prisão civil por dívida, não é permitido ao legislador ampliar indiscriminadamente as hipóteses em que poderá ocorrer a constrição da liberdade individual do depositário infiel.

Tudo indica, portanto, que a Constituição deixa um espaço restrito para que o legislador possa definir o conteúdo semântico da expressão "depositário infiel". Entendimento contrário atribuiria ao legislador o poder de criar novas hipóteses de prisão civil por dívida, esvaziando a garantia constitucional.

Ao definir os contornos legais do contrato de alienação fiduciária, o legislador empregou uma série de ficções jurídicas.

A primeira delas é a figura da propriedade fiduciária, pela qual o credor-fiduciário mantém apenas a *posse indireta* do bem, ficando a *posse direta* e, portanto, o usufruto da coisa, com o devedor-fiduciante. Na verdade, o credor não é proprietário em termos absolutos enquanto o devedor se encontre com a posse direta do bem; nem quando, na hipótese de inadimplência, o bem lhe seja entregue pelo devedor ou seja recuperado por meio de busca e apreensão, pois, nesse caso, deverá vendê-lo[814] a terceiros e, assim, ficar apenas com o montante correspondente a seu crédito e demais despesas, devolvendo a quantia restante ao devedor (§§ 4º e 6º do art. 66 da Lei n. 4.728/65, com a redação dada pelo Dec.-Lei n. 911/69).

A outra ficção jurídica utilizada foi a equiparação do devedor-fiduciante ao depositário. Como ensina Orlando Gomes, "o devedor-fiduciante não é, a rigor, depositário, pois não recebe a coisa para guardar, nem o credor-fiduciário a entrega para esse fim, reclamando-a quando não mais lhe interesse a custódia alheia. A lei o equipara (artificialmente)[815] ao depositário para lhe impor os encargos e responsabilidades inerentes ao exercício dessa função"[816].

Na alienação fiduciária, o credor, que não é proprietário em termos absolutos – e possui apenas a propriedade fiduciária[817], limitada pelo seu escopo de garantia real –, não pode exigir a restituição do bem. Enquanto o devedor estiver em dia com suas obrigações contratuais, não pode o credor reivindicar a posse direta da coisa alienada.

Além disso, na alienação fiduciária o depósito visa à garantia do crédito e não do bem em si, como no caso do depósito em sentido estrito, de forma que, como analisado anteriormente, o inadimplemento do devedor cria para o credor um amplo leque de possibilidades para a restituição do valor do bem, e não o bem propriamente dito. Tanto é assim que, segundo o § 4º do art. 1º do Decreto-Lei n. 911/69, se o devedor inadimplente entrega o bem, deve o credor-fiduciário aliená-lo a terceiros e aplicar o preço da venda no pagamento do seu crédito e das despesas decorrentes da cobrança, entregando ao devedor o saldo porventura apurado, se houver.

Em verdade, como bem definiu o Superior Tribunal de Justiça, "o instituto da alienação fiduciária é uma verdadeira *aberratio legis*: o credor-fiduciário não é proprietário; o devedor-fiduciante não é depositário; o desaparecimento involuntário do bem fiduciado não segue a milenar regra da *res perit domino suo*"[818].

Portanto, o Decreto-Lei n. 911/69, ao instituir uma ficção jurídica, equiparando o devedor-fiduciante ao depositário, para todos os efeitos previstos nas leis civis e penais, criou uma figura atípica de depósito, transbordando os limites do conteúdo semântico da expressão "depositário infiel" e, dessa forma, desfigurando o instituto do depósito

---

814 Segundo Orlando Gomes, a venda do bem não é uma faculdade, mas um ônus jurídico para o credor (*Alienação fiduciária em garantia*, 4. ed., São Paulo: Revista dos Tribunais, 1975, p. 115).

815 Essa expressão é utilizada por Orlando Gomes em trechos anteriores (cf. *Alienação fiduciária em garantia*, cit., p. 110).

816 Orlando Gomes, *Alienação fiduciária em garantia*, cit., p. 130.

817 José Carlos Moreira Alves, *Da alienação fiduciária em garantia*, São Paulo: Saraiva; 1973, p. 133 e s.

818 STJ, RHC 4.288/RJ, rel. Min. Adhemar Maciel, *DJ* de 19-6-1995.

em sua conformação constitucional, o que perfaz a violação ao princípio da reserva legal proporcional (*Vorbehalt des verhältnismässigen Gesetzes*).

Ademais, deve-se ter em conta que o ordenamento jurídico prevê outros meios processuais-executórios postos à disposição do credor-fiduciário para a garantia do crédito, de forma que a prisão civil, como medida extrema de coerção do devedor inadimplente, não passa no exame da proporcionalidade como proibição de excesso (*Übermassverbot*), em sua tríplice configuração: adequação (*Geeingnetheit*), necessidade (*Erforderlichkeit*) e proporcionalidade em sentido estrito.

A alienação fiduciária em garantia, tal como definida pelo art. 66 da Lei n. 4.728/65 (Lei do Mercado de Capitais), com a redação determinada pelo Decreto-Lei n. 911/69, "transfere ao credor o domínio resolúvel e a posse indireta da coisa móvel alienada, independentemente da tradição efetiva do bem, tornando-se o alienante ou devedor em possuidor direto e depositário com todas as responsabilidades e encargos que lhe incumbem de acordo com a lei civil e penal".

Segundo os ensinamentos de Orlando Gomes, "a alienação fiduciária em garantia é o negócio jurídico pelo qual o devedor, para garantir o pagamento da dívida, transmite ao credor a propriedade de um bem, retendo-lhe a posse direta, sob a condição resolutiva de saldá-la"[819].

Nas lições de Caio Mário, a alienação fiduciária, "criando 'direito real de garantia', implica a transferência, pelo devedor ao credor, da propriedade e posse indireta do bem, mantida a posse direta com o alienante. É, portanto, um negócio jurídico de alienação, subordinado a uma condição resolutiva. Efetuada a liquidação do débito garantido, a coisa alienada retorna automaticamente ao domínio pleno do devedor, independentemente de nova declaração de vontade. Na sua essência, a alienação fiduciária em garantia abrange dupla declaração de vontade: uma, de alienação, pela qual a coisa passa ao domínio do adquirente fiduciário (correspondente à *mancipatio* ou à *in iure cessio* de sua fonte romana); outra, de retorno da coisa ao domínio livre do devedor alienante (correspondente *factum fiduciae*). A *conditio* está ínsita no próprio contrato, qualificando a lei de 'resolúvel' a propriedade. A solução da *obligatio* será o implemento *pleno iure* da condição. O contrato é bilateral, oneroso e formal. Exige instrumento escrito que se completa pela inscrição no Registro de Títulos e Documentos"[820], ou, em se tratando de veículos, no departamento de trânsito[821].

Em outros termos, a alienação fiduciária é contrato em que figuram o devedor-fiduciante, que aliena a coisa em garantia, mas permanece com sua posse direta; e o credor-fiduciário, que adquire a propriedade resolúvel do bem, mantido em sua posse indireta.

O instituto tem dupla finalidade: a) propiciar às instituições financeiras (fiduciário) garantia especial, com todos os meios processuais a ela inerentes, para a satisfação do

---

819 Orlando Gomes, *Contratos*, 21. ed., Rio de Janeiro: Forense, 2000, p. 459.

820 Caio Mário da Silva Pereira, *Instituições de direito civil*, 10. ed., Rio de Janeiro: Forense, 2000, v. III, p. 381.

821 Art. 1.361, § 1º, do Código Civil. A constitucionalidade do dispositivo do CC, na parte em que se contenta com o simples registro no departamento de trânsito, foi afirmada pelo STF no julgamento das ADIs 4.227, 4.333 e do RE 611.639, rel. Min. Marco Aurélio, em 21-10-2015.

crédito; b) conceder ao consumidor (fiduciante) melhores condições para a aquisição de bens duráveis[822].

Na condição de sujeitos ativo e passivo da relação contratual, fiduciante e fiduciário possuem obrigações recíprocas. Se o fiduciante paga a dívida, o que importa em implemento da condição resolutiva, o fiduciário perde a condição de proprietário e é obrigado a restituir o domínio do bem alienado em garantia. Por outro lado, se o fiduciante se torna inadimplente, cabe ao fiduciário – possuidor de todos os direitos e pretensões que lhe correspondem pela condição de proprietário, ainda que não pleno, do bem – optar por um dos seguintes meios para garantia do crédito[823]:

a) se o devedor entrega o bem, pode o credor-fiduciário aliená-lo a terceiros (venda extrajudicial) e aplicar o preço da venda no pagamento do seu crédito e das despesas decorrentes da cobrança, entregando ao devedor o saldo porventura apurado, se houver (§ 4º do art. 1º do Dec.-Lei n. 911/69);

b) pode também o credor ajuizar ação de busca e apreensão para a retomada da posse direta do bem (art. 3º do Dec.-Lei n. 911/69);

c) se o bem alienado não for encontrado ou não se achar na posse do devedor, poderá o credor requerer a conversão do processo de busca e apreensão em ação de depósito, na forma prevista no Capítulo II, do Título I, do Livro IV, do Código de Processo Civil (art. 4º do Dec.-Lei n. 911/69);

d) pode o credor, ainda, optar pelo ajuizamento de ação de execução (art. 5º do Dec.-Lei n. 911/69).

Segundo o Min. Moreira Alves, o Decreto-Lei n. 911/69, ao aludir a esses meios, não privou o credor de se valer de outros, como a ação de reivindicação de posse ou a ação de reintegração de posse[824].

Em suma, o credor é livre para escolher quaisquer desses meios, como acentuam Orlando Gomes[825] e Moreira Alves[826].

Assim, como esclarece Waldirio Bulgarelli, o credor-fiduciário, no caso, as instituições financeiras, "a seu alvedrio e a seu talante escolhem a que melhor couber na oportunidade, para sempre se ressarcir, jamais perdendo, do que resulta que, neste país, a atividade do crédito – ao contrário do que ocorre no resto do mundo – passa a ser uma atividade em que não há risco para o banqueiro"[827].

Não bastassem essas garantias creditórias postas à disposição do fiduciário, o Decreto-Lei n. 911/69, em seu art. 1º, que altera o art. 66 da Lei n. 4.728/65 (Lei do Mercado de Capitais) equipara o devedor-fiduciante ao depositário, *"com todas as respon-*

---

822 Como ensina Moreira Alves, "introduzida a alienação fiduciária em garantia no direito brasileiro, desde logo teve ela ampla utilização na tutela do crédito direto ao consumidor, concedido pelas instituições financeiras, abrindo-se, assim, perspectiva de aquisição a uma larga faixa de pessoas que, até então, não a tinha, e possibilitando, em contrapartida, o escoamento da produção industrial, especialmente no campo dos automóveis e dos eletrodomésticos" (*Da alienação fiduciária em garantia*, cit., p. 11).

823 Cf. Orlando Gomes, *Alienação fiduciária em garantia*, cit., p. 108 e s.

824 José Carlos Moreira Alves, *Da alienação fiduciária em garantia*, cit., p. 189.

825 Orlando Gomes, *Alienação fiduciária em garantia*, cit., p. 115.

826 José Carlos Moreira Alves, *Da alienação fiduciária em garantia*, cit., p. 190.

827 Waldirio Bulgarelli, *Contratos mercantis*, 12. ed., São Paulo: Atlas, 2000, p. 308.

sabilidades e encargos que lhe incumbem de acordo com a lei civil e penal", dando ensejo à interpretação, hoje vigente no Supremo Tribunal Federal[828], segundo a qual o fiduciante inadimplente torna-se "depositário infiel" e, por força do art. 5º, LXVII, da Constituição, está sujeito à prisão civil.

Novamente seguindo as palavras de Waldirio Bulgarelli:

> "Ao infeliz fiduciante (devedor) resta bem pouco, posto que nunca se viu tão grande aparato legal concedido em favor de alguém contra o devedor. Assim, não pode discutir os termos do contrato, posto que, embora 'disfarçado' em contrato-tipo, o contrato de financiamento com garantia fiduciária é efetivamente contrato de adesão, com as cláusulas redigidas pela financeira, impressas, e por ela impostas ao financiado; não é sequer, o devedor, um comprador que está em atraso, posto que, por 'um passe de mágica' do legislador, foi convertido em DEPOSITÁRIO (naturalmente, foi mais fácil enquadrá-lo, por um Decreto-Lei, entre os depositários, do que reformar a Constituição, admitindo mais um caso de prisão por dívidas), terá direito, se já pagou mais de 40% (quarenta por cento) do preço financiado, a requerer a purgação da mora, em três dias; terá direito ao saldo do bem vendido pela financeira depois de descontado todo o rol de despesas, taxas, custas, comissões etc., fato que dificilmente virá a ocorrer; trate, por isso, o devedor de jamais se atrasar e nunca, mas nunca, pense em não pagar sua dívida, posto que o mundo inteiro ruirá sobre si, e fique feliz se não for preso"[829].

Diante desse quadro, não há dúvida de que a prisão civil é uma medida executória extrema de coerção do devedor-fiduciante inadimplente, que não passa no exame da proporcionalidade como proibição de excesso (*Übermassverbot*), em sua tríplice configuração: adequação (*Geeingnetheit*), necessidade (*Erforderlichkeit*) e proporcionalidade em sentido estrito.

A existência de outros meios processuais executórios postos à disposição do credor-fiduciário para a garantia eficaz do crédito torna patente a desnecessidade da prisão civil do devedor-fiduciante.

Ressalte-se, neste ponto, que, segundo nos informa Moreira Alves, o civilista alemão Regelsberger, quem primeiro chamou a atenção para a figura do negócio fiduciário (*fiduziarisches Geschäft*), em 1880, baseado na *fidúcia* romana, já acentuava que a característica principal desse tipo de negócio jurídico encontrava-se na desproporção entre fim e meio, e arrematava: "Para a obtenção de determinado resultado é escolhida forma jurídica que protege mais do que é exigido para alcançar aquele resultado; para a segurança do uso é atribuída a possibilidade do abuso na compra"[830].

A restrição à liberdade individual do fiduciante, neste caso, não é justificada pela realização do direito de crédito do fiduciário. A análise da violação à proporcionalidade em sentido estrito, no caso, é realizada pela ponderação entre a liberdade individual do

828 HC 72.131/RJ, rel. Min. Marco Aurélio, *DJ* de 1º-8-2003; ADI-MC 1.480/DF, rel. Min. Celso de Mello, *DJ* de 18-5-2001; HC 81.139/GO, rel. Min. Celso de Mello, *DJ* de 19-8-2005; HC 79.870/SP, rel. Min. Moreira Alves, *DJ* de 20-10-2000; HC 77.053/SP, rel. Min. Maurício Corrêa; *DJ* de 4-9-1998; RE 206.482/SP, rel. Min. Maurício Corrêa, *DJ* de 5-9-2003; RHC 80.035/SC, rel. Min. Celso de Mello, *DJ* de 17-8-2001.

829 Waldirio Bulgarelli, *Contratos mercantis*, cit., p. 311-312.

830 José Carlos Moreira Alves, *Da alienação fiduciária em garantia*, cit., p. 22-23.

fiduciante e o direito de crédito do fiduciário (decorrente do direito à propriedade e do postulado da segurança jurídica).

Como ensina Alexy, "o postulado da proporcionalidade em sentido estrito pode ser formulado como uma lei de ponderação cuja fórmula[831] mais simples voltada para os direitos fundamentais diz: *quanto mais intensa se revelar a intervenção em um dado direito fundamental, maiores hão de se revelar os fundamentos justificadores dessa intervenção*"[832].

A colisão entre liberdade do devedor e patrimônio do credor resolve-se, no caso concreto, em prol do direito fundamental daquele. A prisão civil do fiduciante só se justificaria diante da realização de outros valores ou bens constitucionais que necessitem de maior proteção tendo em vista as circunstâncias da situação concreta, como o valor da assistência familiar no caso da prisão do alimentante inadimplente. Não, porém, nas hipóteses em que vise à mera recomposição patrimonial do credor-fiduciante.

Tem-se, aqui, o primado da liberdade individual.

O Supremo Tribunal Federal, no julgamento do RE 466.343/SP, rel. Cezar Peluso, e do RE 349.703, rel. originário Min. Ilmar Galvão, concluiu no sentido de declarar a inaplicabilidade da prisão civil do depositário infiel nos casos de alienação fiduciária em garantia. Em sentido análogo, destaque-se o julgamento do HC-QO 94.307/RS, quando o Pleno do STF decidiu pela inadmissibilidade da prisão civil do depositário judicial infiel, com base na maioria já alcançada no julgamento do RE 349.703[833] e do RE 466.343/SP.

9.4.4. **Prisão civil do depositário infiel em face dos tratados internacionais de direitos humanos**

Se não existem maiores controvérsias sobre a legitimidade constitucional da prisão civil do devedor de alimentos, assim não ocorre em relação à prisão do depositário infiel. As legislações mais avançadas em matéria de direitos humanos proíbem expressamente qualquer tipo de prisão civil decorrente do descumprimento de obrigações contratuais, excepcionando apenas o caso do alimentante inadimplente.

O art. 7º (n. 7) da Convenção Americana sobre Direitos Humanos – Pacto de San José da Costa Rica, de 1969 – dispõe desta forma: "Ninguém deve ser detido por dívidas. Este princípio não limita os mandados de autoridade judiciária competente expedidos em virtude de inadimplemento de obrigação alimentar".

Com a adesão do Brasil a essa convenção, assim como ao Pacto Internacional dos Direitos Civis e Políticos, sem qualquer reserva, ambos no ano de 1992[834], iniciou-se um amplo debate sobre a possibilidade de revogação, por tais diplomas internacionais, da

---

831 Para uma formulação geral sobre princípios, cf. Robert Alexy, *Theorie der Grundrechte*, Frankfurt am Main: Suhrkamp, 1986, p. 146.

832 "Colisão e ponderação como problema fundamental da dogmática dos direitos fundamentais", palestra proferida na Fundação Casa de Rui Barbosa, Rio de Janeiro, em 10-12-1998 (tradução informal de Gilmar Ferreira Mendes).

833 Cf., ainda, o HC-QO 94.307, rel. Min. Cezar Peluso, *DJ* de 21-5-2008, assim ementada: "(...) Depositário judicial infiel. Inadmissibilidade reconhecida pela maioria em julgamentos pendentes do RE n. 466.343 e outros, no Plenário. Razoabilidade jurídica da pretensão. Liberdade deferida de ofício, em *habeas corpus* contra acórdão de Turma, até a conclusão daqueles (...)".

834 Dispõe o art. 11 do Pacto: "Ninguém poderá ser preso apenas por não poder cumprir com uma obrigação contratual".

parte final do inciso LXVII do art. 5º da Constituição brasileira de 1988, especificamente, da expressão "depositário infiel", e, por consequência, de toda a legislação infraconstitucional que nele possui fundamento direto ou indireto.

Dispensada qualquer análise pormenorizada da irreconciliável polêmica entre as teorias monista (Kelsen)[835] e dualista (Triepel)[836] sobre a relação entre o Direito Internacional e o Direito Interno dos Estados – a qual, pelo menos no tocante ao sistema internacional de proteção dos direitos humanos, tem-se tornado ociosa e supérflua –, é certo que qualquer discussão nesse âmbito pressupõe o exame da relação hierárquico-normativa entre os tratados internacionais e a Constituição.

Desde a promulgação da Constituição de 1988, surgiram diversas interpretações que consagraram um tratamento diferenciado aos tratados relativos a direitos humanos, em razão do disposto no § 2º do art. 5º, o qual afirma que os direitos e garantias expressos na Constituição não excluem outros decorrentes dos tratados internacionais em que a República Federativa do Brasil seja parte.

Essa disposição constitucional deu ensejo a uma instigante discussão doutrinária e jurisprudencial – também observada no direito comparado[837] – sobre o *status* normativo dos tratados e convenções internacionais de direitos humanos, a qual pode ser sistematizada em quatro correntes principais, a saber:

a) a vertente que reconhece a natureza *supraconstitucional* dos tratados e convenções em matéria de direitos humanos[838];

b) o posicionamento que atribui caráter *constitucional* a esses diplomas internacionais[839];

c) a tendência que reconhece o *status* de *lei ordinária* a esse tipo de documento internacional[840];

d) por fim, a interpretação que atribui caráter *supralegal* aos tratados e convenções sobre direitos humanos[841].

A primeira vertente professa que os tratados de direitos humanos possuiriam *status* supraconstitucional. No direito comparado, Bidart Campos defende essa tese em trechos dignos de nota:

> "Si para nuestro tema atendemos al derecho internacional de los derechos humanos (tratados, pactos, convenciones, etc., con un plexo global, o con normativa sobre un fragmento o parcialidad) decimos que en tal supuesto el derecho internacional contractual está

835 Hans Kelsen, *Teoria geral do direito e do Estado*, São Paulo: Martins Fontes, 1998, p. 515 e s.

836 Karl Heinrich Triepel, *As relações entre o direito interno e o direito internacional*, tradução de Amílcar de Castro, Belo Horizonte, 1964.

837 Cf. Gérman J. Bidart Campos, *Teoría general de los derechos humanos*, Buenos Aires: Astrea, 1991, p. 357.

838 Cf. Celso Duvivier de Albuquerque Mello, o § 2º do art. 5º da Constituição Federal, in Ricardo Lobo Torres (org.), *Teoria dos direitos fundamentais*, Rio de Janeiro: Renovar, 1999, p. 25-26.

839 Cf. Antônio Augusto Cançado Trindade, Memorial em prol de uma nova mentalidade quanto à proteção dos direitos humanos nos planos internacional e nacional, *Boletim da Sociedade Brasileira de Direito Internacional*, Brasília, n. 113-118, p. 88-89, 1998; e Flávia Piovesan, *Direitos humanos e o direito constitucional internacional*, São Paulo: Max Limonad, 1996, p. 83.

840 Cf. RE 80.004/SE, rel. Min. Xavier de Albuquerque, *DJ* de 29-12-1977.

841 Art. 25 da Constituição da Alemanha; art. 55 da Constituição da França; art. 28 da Constituição da Grécia.

por encima de la Constitución. Si lo que queremos es optimizar los derechos humanos, y si conciliarlo con tal propósito interpretamos que las vertientes del constitucionalismo moderno y del social se han enrolado – cada una en su situación histórica – en líneas de derecho interno inspiradas en un ideal análogo, que ahora se ve acompañado internacionalmente, nada tenemos que objetar *(de lege ferenda)* a la ubicación prioritaria del derecho internacional de los derechos humanos respecto de la Constitución. Es cosa que cada Estado ha de decir por sí, pero si esa decisión conduce a erigir a los tratados sobre derechos humanos en instancia prelatoria respecto de la Constitución, el principio de su supremacía – aun debilitado – no queda escarnecido en su télesis, porque es sabido que desde que lo plasmó el constitucionalismo clásico se ha enderezado – en común con todo el plexo de derechos y garantías – a resguardar a la persona humana en su convivencia política"[842].

Entre nós, Celso de Albuquerque Mello[843] é um exemplar defensor da preponderância dos tratados internacionais de direitos humanos relativamente às normas constitucionais, que não teriam, no seu entender, poderes revogatórios em relação às normas internacionais. Em outros termos, nem mesmo emenda constitucional teria o condão de suprimir a normativa internacional subscrita pelo Estado em tema de direitos humanos.

É de ser considerada, no entanto, a dificuldade de adequação dessa tese à realidade de Estados que, como o Brasil, estão fundados em sistemas regidos pelo princípio da supremacia formal e material da Constituição sobre todo o ordenamento jurídico. Entendimento diverso anularia a própria possibilidade do controle da constitucionalidade desses diplomas internacionais.

Como deixou enfatizado o Supremo Tribunal Federal ao analisar o problema, "assim como não o afirma em relação às leis, a Constituição não precisou dizer-se sobreposta aos tratados: a hierarquia está ínsita em preceitos inequívocos seus, como os que submetem a aprovação e a promulgação das convenções ao processo legislativo ditado pela Constituição (...) e aquele que, em consequência, explicitamente admite o controle da constitucionalidade dos tratados (CF, art. 102, III, *b*)"[844].

Os Poderes Públicos brasileiros não estão menos submetidos à Constituição quando atuam nas relações internacionais em exercício do *treaty-making power*. Os tratados e convenções devem ser celebrados em consonância não só com o procedimento formal descrito na Constituição[845], mas com respeito ao seu conteúdo material, especialmente em tema de direitos e garantias fundamentais.

O argumento de que existe uma confluência de valores supremos protegidos nos âmbitos interno e internacional em matéria de direitos humanos não resolve o proble-

842 Gérman J. Bidart Campos, *Teoría general de los derechos humanos*, cit., p. 353.

843 Cf. Celso Duvivier de Albuquerque Mello, o § 2º do art. 5º da Constituição Federal, in Ricardo Lobo Torres (org.), *Teoria dos direitos fundamentais*, cit., p. 25.

844 RHC 79.785/RJ, rel. Min. Sepúlveda Pertence, *DJ* de 22-11-2002.

845 A aplicabilidade dos preceitos internacionais somente é possível a partir do momento em que cumpridos os requisitos solenes para a sua devida integração à ordem jurídico-constitucional, a saber: i) celebração da convenção internacional; ii) aprovação pelo Parlamento; e iii) ratificação pelo Chefe de Estado, a qual se conclui com a expedição de decreto, de cuja edição derivam três efeitos básicos que lhe são inerentes: a) a promulgação do tratado internacional; b) a publicação oficial de seu texto; e c) a executoriedade do ato internacional, que somente a partir desse momento passa a vincular e a obrigar no plano do direito positivo interno.

ma. A sempre possível ampliação inadequada dos sentidos possíveis da expressão "direitos humanos" poderia abrir uma via perigosa para uma produção normativa alheia ao controle de sua compatibilidade com a ordem constitucional interna. O risco de normatizações camufladas seria permanente.

A equiparação entre tratado e Constituição, portanto, esbarraria já na própria competência atribuída ao Supremo Tribunal Federal para exercer o controle da regularidade formal e do conteúdo material desses diplomas internacionais em face da ordem constitucional nacional.

Ressalte-se, porém, que, na medida em que esse tipo de controle possa ser exercido, não se podem olvidar as possíveis repercussões de uma declaração de inconstitucionalidade no âmbito do Direito Internacional.

A experiência de diversos ordenamentos jurídicos, especialmente os europeus, demonstra que as Cortes Constitucionais costumam ser bastante cautelosas quanto à questão da apreciação da constitucionalidade de tratados internacionais. Assim, mesmo em momentos delicados – como os famosos casos *Maastricht* na Alemanha[846] e na Espanha[847] – os Tribunais evitam declarar a inconstitucionalidade de atos normativos internacionais.

Como afirmou o Tribunal Constitucional da Espanha no *caso Maastricht*:

> "Aunque aquella supremacía quede en todo caso asegurada por la posibilidad de impugnar (arts. 27.2 c, 31 y 32.1 LOTC) o cuestionar (art. 35 LOTC) la constitucionalidad de los tratados una vez que formen parte del ordenamiento interno, es evidente la perturbación que, para la política exterior y las relaciones internacionales del Estado, implicaría la eventual declaración de inconstitucionalidad de una norma pactada".

É nesse contexto que se impõe a necessidade de utilização de uma espécie de *controle prévio*, o qual poderia impedir ou desaconselhar a ratificação do tratado de maneira a oferecer ao Poder Executivo possibilidades de renegociação ou aceitação com reservas.

Essa ideia, apesar de todos os óbices do sistema brasileiro, já apresenta os elementos suficientes para a sua exequibilidade. Uma vez que o Decreto Legislativo que aprova o instrumento internacional é passível de impugnação pela via da Ação Direta de Inconstitucionalidade (ADI), ou, ainda, da Ação Declaratória de Constitucionalidade (ADC), esse controle de caráter preventivo é possível no Brasil.

Assim, em face de todos os inconvenientes resultantes da eventual supremacia dos tratados na ordem constitucional, há quem defenda o segundo posicionamento, o qual sustenta que os tratados de direitos humanos possuiriam estatura constitucional.

Essa tese entende o § 2º do art. 5º da Constituição como uma *cláusula aberta de recepção* de outros direitos enunciados em tratados internacionais de direitos humanos subscritos pelo Brasil. Ao possibilitar a incorporação de novos direitos por meio de tratados, a Constituição estaria a atribuir a esses diplomas internacionais a hierarquia de

---

846 *BverfGE*, 89, 155 (175); cf. também Jürgen Schwarze, in Peter Badura e Horst Dreier, Festschrift 50 Jahre *Bundesverfassungsgericht*, Tübingen: Mohr-Siebeck, 2001, v. 1, p. 224 (229).

847 Declaração do Tribunal Constitucional da Espanha de 1º de julho de 1992, caso Maastricht, in Luis López Guerra, *Las sentencias básicas del Tribunal Constitucional*, Madrid: Centro de Estudios Políticos y Constitucionales, 2000, p. 603.

norma constitucional. E o § 1º do art. 5º asseguraria a tais normas a *aplicabilidade imediata* nos planos nacional e internacional, a partir do ato de ratificação, dispensando qualquer intermediação legislativa.

A hierarquia constitucional seria assegurada somente aos tratados de proteção dos direitos humanos, tendo em vista seu caráter especial em relação aos tratados internacionais comuns, os quais possuiriam apenas estatura infraconstitucional.

Para essa tese, eventuais conflitos entre o tratado e a Constituição deveriam ser resolvidos pela *aplicação da norma mais favorável à vítima*, titular do direito, tarefa hermenêutica da qual estariam incumbidos os tribunais nacionais e outros órgãos de aplicação do direito[848]. Dessa forma, o Direito Interno e o Direito Internacional estariam em constante interação na realização do propósito convergente e comum de proteção dos direitos e interesses do ser humano[849].

No Brasil, defendem essa tese Antonio Augusto Cançado Trindade[850] e Flávia Piovesan[851], os quais entendem que os §§ 1º e 2º do art. 5º da Constituição caracterizar-se-iam, respectivamente, como garantes da aplicabilidade direta e do caráter constitucional dos tratados de direitos humanos dos quais o Brasil é signatário. Cançado Trindade, que propôs à Assembleia Nacional Constituinte, em 1987, a inclusão do atual § 2º ao art. 5º no texto constitucional que estava sendo construído, assim expressa seu pensamento:

> "O propósito do disposto nos parágrafos 2 e 1 do artigo 5 da Constituição não é outro que o de assegurar a aplicabilidade direta pelo Poder Judiciário nacional da normativa internacional de proteção, alçada a nível constitucional (...).
>
> Desde a promulgação da atual Constituição, a normativa dos tratados de direitos humanos em que o Brasil é parte tem efetivamente nível constitucional e entendimento em contrário requer demonstração. A tese da equiparação dos tratados de direitos humanos à legislação infraconstitucional – tal como ainda seguida por alguns setores em nossa prática judiciária – não só representa um apego sem reflexão a uma tese anacrônica, já abandonada em alguns países, mas também contraria o disposto no artigo (5) 2 da Constituição Federal Brasileira"[852].

A hierarquia constitucional dos tratados de proteção dos direitos humanos é prevista, por exemplo, pela Constituição da Argentina, que delimita o rol de diplomas internacionais possuidores desse *status* normativo diferenciado em relação aos demais tratados de caráter comum[853]. Da mesma forma, a Constituição da Venezuela, a qual,

---

848 Cf. Flávia Piovesan, A Constituição brasileira de 1988 e os tratados internacionais de proteção dos direitos humanos, in *Temas de direitos humanos*, 2. ed., São Paulo: Max Limonad, 2003, p. 44-56.

849 Cf. Antonio Augusto Cançado Trindade, A interação entre o direito internacional e o direito interno na proteção dos direitos humanos, in *Arquivos do Ministério da Justiça*, ano 46, n. 12, jul./dez. 1993.

850 Antonio Augusto Cançado Trindade, *Tratado de direito internacional dos direitos humanos*, Porto Alegre: Sérgio A. Fabris, Editor, 2003.

851 Flávia Piovesan, *Direitos humanos e o direito constitucional internacional*, cit., 5. ed., 2002.

852 Cf. Antonio Augusto Cançado Trindade, Memorial em prol de uma nova mentalidade quanto à proteção dos direitos humanos nos planos internacional e nacional, *Boletim da Sociedade Brasileira de Direito Internacional*, cit.

853 Art. 75 (22) da Constituição da Argentina: "La Declaración Americana de los Derechos y Deberes del Hombre; la Declaración Universal de Derechos Humanos; la Convención Americana sobre Derechos Humanos; el

além da hierarquia constitucional, estabelece a aplicabilidade imediata e direta dos tratados na ordem interna e fixa a regra hermenêutica da norma mais favorável ao indivíduo, tal como defendido por essa corrente doutrinária[854].

Apesar da interessante argumentação proposta por essa tese, parece que a discussão em torno do *status* constitucional dos tratados de direitos humanos foi, de certa forma, esvaziada pela promulgação da Emenda Constitucional n. 45/2004, a Reforma do Judiciário (oriunda do Projeto de Emenda Constitucional n. 29/2000), a qual trouxe como um de seus estandartes a incorporação do § 3º ao art. 5º, com a seguinte disciplina: "Os tratados e convenções internacionais sobre direitos humanos que forem aprovados, em cada Casa do Congresso Nacional, em dois turnos, por três quintos dos votos dos respectivos membros, serão equivalentes às emendas constitucionais".

Em termos práticos, trata-se de uma declaração eloquente de que os tratados já ratificados pelo Brasil, anteriormente à mudança constitucional, e não submetidos ao processo legislativo especial de aprovação no Congresso Nacional, não podem ser comparados às normas constitucionais.

Não se pode negar, por outro lado, que a reforma também acabou por ressaltar o caráter especial dos tratados de direitos humanos em relação aos demais tratados de reciprocidade entre os Estados pactuantes, conferindo-lhes lugar privilegiado no ordenamento jurídico.

Em outros termos, solucionando a questão para o futuro – em que os tratados de direitos humanos, para ingressar no ordenamento jurídico na qualidade de emendas constitucionais, terão que ser aprovados em *quorum* especial nas duas Casas do Congresso Nacional –, a mudança constitucional ao menos acena para a insuficiência da tese da legalidade ordinária dos tratados e convenções internacionais já ratificados pelo Brasil, a qual vinha sendo preconizada pela jurisprudência do Supremo Tribunal Federal desde o remoto julgamento do RE 80.004/SE, de relatoria do Ministro Xavier de Albuquerque (julgado em 1º-6-1977; *DJ* de 29-12-1977) e encontra respaldo em um largo repertório de casos julgados após o advento da Constituição de 1988[855].

Após a reforma, ficou ainda mais difícil defender a terceira das teses acima enunciadas, que prega a ideia de que os tratados de direitos humanos, como quaisquer outros instrumentos convencionais de caráter internacional, poderiam ser concebidos

---

Pacto Internacional de Derechos Económicos, Sociales y Culturales; el Pacto Internacional de Derechos Civiles y Políticos y su Protocolo Facultativo; la Convención sobre la Prevención y la Sanción del Delito de Genocidio; la Convención Internacional sobre la Eliminación de todas las Formas de Discriminación Racial; la Convención sobre la Eliminación de todas las Formas de Discriminación contra la Mujer; la Convención contra la Tortura y otros Tratos o Penas Crueles, Inhumanos o Degradantes; la Convención sobre los Derechos del Niño: en las condiciones de su vigencia, tienen jerarquía constitucional, no derogan artículo alguno de la primera parte de esta Constitución y deben entenderse complementarios de los derechos y garantías por ella reconocidos".

854 Constituição da Venezuela de 2000, art. 23: "Los tratados, pactos y convenciones relativos a derechos humanos, suscritos y ratificados por Venezuela, tienen jerarquía constitucional y prevalecen en el orden interno, en la medida en que contengan normas sobre su goce y ejercicio más favorables a las establecidas por esta Constitución y en las leyes de la República, y son de aplicación inmediata y directa por los tribunales y demás órganos del Poder Público".

855 HC 72.131/RJ, rel. Min. Marco Aurélio, *DJ* de 1º-8-2003; ADI-MC 1.480/DF, rel. Min. Celso de Mello, *DJ* de 18-5-2001; HC 81.319/GO, rel. Min. Celso de Mello, *DJ* de 19-8-2005; HC 79.870/SP, rel. Min. Moreira Alves, *DJ* de 20-10-2000; HC 77.053/SP, rel. Min. Maurício Corrêa, *DJ* de 4-9-1998; RE 206.482/SP, rel. Min. Maurício Corrêa, *DJ* de 5-9-2003; RHC 80.035/SC, rel. Min. Celso de Mello, *DJ* de 17-8-2001.

como equivalentes às leis ordinárias. Para esta tese, tais acordos não possuiriam a devida legitimidade para confrontar nem para complementar o preceituado pela Constituição Federal em matéria de direitos fundamentais.

O Supremo Tribunal Federal, como anunciado, passou a adotar essa tese no julgamento do RE 80.004/SE, red. para o acórdão Ministro Cunha Peixoto (julgado em 1º-6-1977). Na ocasião, os Ministros integrantes do Tribunal discutiram amplamente o tema das relações entre o Direito Internacional e o Direito Interno. O relator, Ministro Xavier de Albuquerque, calcado na jurisprudência anterior, votou no sentido do primado dos tratados e convenções internacionais em relação à legislação infraconstitucional. A maioria, porém, após voto-vista do Ministro Cunha Peixoto, entendeu que ato normativo internacional – no caso, a Convenção de Genebra, Lei Uniforme sobre Letras de Câmbio e Notas Promissórias – poderia ser modificado por lei nacional posterior, ficando consignado que os conflitos entre duas disposições normativas, uma de direito interno e outra de direito internacional, devem ser resolvidos pela mesma regra geral destinada a solucionar antinomias normativas num mesmo grau hierárquico: *lex posterior derrogat legi priori*.

Na verdade, o entendimento que prevaleceu foi o exposto no brilhante voto do Ministro Leitão de Abreu, que bem equacionou a questão, da seguinte maneira:

> "(...) Como autorização dessa natureza, segundo entendo, não figura em nosso direito positivo, pois que a Constituição não atribui ao judiciário competência, seja para negar aplicação a leis que contradigam tratado internacional, seja para anular, no mesmo caso, tais leis, a consequência, que me parece inevitável, é que os tribunais estão obrigados, na falta de título jurídico para proceder de outro modo, a aplicar as leis incriminadas de incompatibilidade com tratado. Não se diga que isso equivale a admitir que a lei posterior ao tratado e com ele incompatível reveste eficácia revogatória deste, aplicando-se, assim, para dirimir o conflito, o princípio 'lex posterior revogat priori'. A orientação, que defendo, não chega a esse resultado, pois, fiel à regra de que o tratado possui forma de revogação própria, nega que este seja, em sentido próprio, revogado pela lei. Conquanto não revogado pela lei que o contradiga, a incidência das normas jurídicas constantes do tratado é obstada pela aplicação, que os tribunais são obrigados a fazer, das normas legais com aqueles conflitantes. Logo, a lei posterior, em tal caso, não revoga, em sentido técnico, o tratado, senão que lhe afasta a aplicação. A diferença está em que, se a lei revogasse o tratado, este não voltaria a aplicar-se, na parte revogada, pela revogação pura e simples da lei dita revogatória. Mas como, a meu juízo, a lei não o revoga, mas simplesmente afasta, enquanto em vigor, as normas do tratado com ela incompatíveis, voltará ele a aplicar-se, se revogada a lei que impediu a aplicação das prescrições nele consubstanciadas"[856].

Sob a égide da Constituição de 1988, exatamente em 22-11-1995, o Plenário do STF voltou a discutir a matéria no HC 72.131/RJ, redator para o acórdão Ministro Moreira Alves, porém agora tendo como foco o problema específico da prisão civil do devedor como depositário infiel na alienação fiduciária em garantia. Na ocasião, reafirmou-se o

856 Tanto foi assim que o Tribunal, posteriormente, no julgamento do RE 95.002/PR, rel. Min. Soares Muñoz, *DJ* de 13-11-1981, voltou a aplicar a Lei Uniforme sobre Letras de Câmbio e Notas Promissórias.

entendimento de que os diplomas normativos de caráter internacional adentram o ordenamento jurídico interno no patamar da legislação ordinária e eventuais conflitos normativos resolvem-se pela regra *lex posterior derrogat legi priori*. Preconizaram esse entendimento também os votos vencidos dos Ministros Marco Aurélio, Francisco Rezek e Carlos Velloso. Deixou-se assentado, não obstante, seguindo-se o entendimento esposado no voto do Ministro Moreira Alves, que o art. 7º (7) do Pacto de San José da Costa Rica, por ser norma geral, não revoga a legislação ordinária de caráter especial, como o Decreto-Lei n. 911/69, que equipara o devedor-fiduciante ao depositário infiel para fins de prisão civil.

Posteriormente, no importante julgamento da medida cautelar na ADI 1.480-3/DF, relator Min. Celso de Mello, julgada em 4-9-1997, o Tribunal voltou a afirmar que entre os tratados internacionais e as leis internas brasileiras existe mera relação de paridade normativa, entendendo-se as "leis internas" no sentido de simples leis ordinárias e não de leis complementares[857].

No entanto, no contexto atual, em que se pode observar a abertura cada vez maior do Estado constitucional a ordens jurídicas supranacionais de proteção de direitos humanos, essa jurisprudência acabou se tornando completamente defasada.

Não se pode perder de vista que, hoje, vivemos em um "Estado Constitucional Cooperativo", identificado pelo Professor Peter Häberle como aquele que não mais se apresenta como um Estado Constitucional voltado para si mesmo, mas que se disponibiliza como referência para os outros Estados Constitucionais membros de uma comunidade, e no qual ganha relevo o papel dos direitos humanos e fundamentais[858].

Para Häberle, ainda que, numa perspectiva internacional, muitas vezes a cooperação entre os Estados ocupe o lugar de mera coordenação e de simples ordenamento para a coexistência pacífica (ou seja, de mera delimitação dos âmbitos das soberanias nacionais), no campo do direito constitucional nacional, tal fenômeno, por si só, pode induzir ao menos a tendências que apontem para um enfraquecimento dos limites entre o interno e o externo, gerando uma concepção que faz prevalecer o direito comunitário sobre o direito interno[859].

Nesse contexto, mesmo conscientes de que os motivos que conduzem à concepção de um Estado Constitucional Cooperativo são complexos, é preciso reconhecer os aspectos sociológico-econômico e ideal-moral[860] como os mais evidentes. E no que se refere ao aspecto ideal-moral, não se pode deixar de considerar a proteção aos direitos humanos como a fórmula mais concreta de que dispõe o sistema constitucional, a exigir dos atores da vida sociopolítica do Estado uma contribuição positiva para a máxima eficácia das normas das Constituições modernas que protegem a cooperação internacional amistosa

857 A tese da legalidade ordinária dos tratados internacionais foi reafirmada em julgados posteriores: RE 206.482/SP, rel. Min. Maurício Corrêa, julgado em 27-5-1998, *DJ* de 5-9-2003; HC 81.319-4/GO, rel. Min. Celso de Mello, julgado em 24-4-2002, *DJ* de 19-8-2005; HC 77.053-1/SP, rel. Min. Maurício Corrêa, julgado em 23-6-1998, *DJ* de 4-9-1998; HC 79.870-5/SP, rel. Min. Moreira Alves, julgado em 16-5-2000, *DJ* de 20-10-2000; RE 282.644-8/RJ, rel. Min. Marco Aurélio, red. para acórdão Min. Nelson Jobim, julgado em 13-2-2001, *DJ* de 20-9-2002.

858 Peter Häberle, *El estado constitucional*, tradução de Héctor Fix-Fierro, México: Universidad Nacional Autónoma de México, 2003, p. 75-77.

859 Peter Häberle, *El estado constitucional*, cit., p. 74.

860 Peter Häberle, *El estado constitucional*, cit., p. 68.

como princípio vetor das relações entre os Estados Nacionais[861] e a proteção dos direitos humanos como corolário da própria garantia da dignidade da pessoa humana.

Na realidade europeia, é importante mencionar a abertura institucional a ordens supranacionais consagrada em diversos textos constitucionais (cf., *v. g.*, Preâmbulo da Lei Fundamental de Bonn e art. 24, (I); o art. 11 da Constituição italiana[862]; os arts. 8º[863] e 16[864] da Constituição portuguesa; e, por fim, os arts. 9º (2) e 96 (1) da Constituição espanhola[865]; dentre outros)[866].

Ressalte-se, nesse sentido, que há disposições da Constituição de 1988 que remetem o intérprete para realidades normativas relativamente diferenciadas em face da concepção tradicional do direito internacional público. Refiro-me, especificamente, a quatro disposições que sinalizam para uma maior abertura constitucional ao direito internacional e, na visão de alguns, ao direito supranacional.

A primeira cláusula consta do parágrafo único do art. 4º, que estabelece que a "República Federativa do Brasil buscará a integração econômica, política, social e cultural dos povos da América Latina, visando à formação de uma comunidade latino-americana de nações".

Em comentário a este artigo, o saudoso Professor Celso Bastos ensinava que tal dispositivo constitucional representa uma clara opção do constituinte pela integração do Brasil em organismos supranacionais[867].

A segunda cláusula é aquela constante do § 2º do art. 5º, ao estabelecer que os direitos e garantias expressos na Constituição brasileira "não excluem outros decorrentes do regime e dos princípios por ela adotados, ou dos tratados internacionais em que a República Federativa do Brasil seja parte".

A terceira e quarta cláusulas foram acrescentadas pela Emenda Constitucional n. 45, de 8-12-2004, constantes dos §§ 3º e 4º do art. 5º, que rezam, respectivamente, que "os

861 Peter Häberle, *El estado constitucional*, cit., p. 67.

862 O art. 11 da Constituição italiana preceitua que a Itália "consente, em condições de reciprocidade com outros Estados, nas limitações de soberania necessárias a uma ordem asseguradora da paz e da justiça entre as Nações".

863 Cf. José Joaquim Gomes Canotilho, *Direito constitucional e teoria da Constituição*, p. 725-727. Dispõe o atual art. 8º da Constituição da República Portuguesa (Quarta Revisão/1997): "Art. 8º (direito internacional). 1. As normas e os princípios de direito internacional geral ou comum fazem parte integrante do direito português. 2. As normas constantes de convenções internacionais regularmente ratificadas ou aprovadas vigoram na ordem interna após a sua publicação oficial e enquanto vincularem internamente o Estado Português. 3. As normas emanadas dos órgãos competentes das organizações internacionais de que Portugal seja parte vigoram directamente na ordem interna, desde que tal se encontre estabelecido nos respectivos tratados constitutivos".

864 O art. 16, n. 1, da Constituição Portuguesa preceitua que: "os direitos fundamentais consagrados na Constituição não excluem quaisquer outros constantes das leis e das regras aplicáveis de direito internacional". Ademais, o art. 16, n. 2, aduz que: "os preceitos constitucionais e legais relativos aos direitos fundamentais devem ser interpretados e integrados em harmonia com a Declaração Universal dos Direitos do Homem.

865 A Constituição espanhola, em seu art. 9, n. 2, afirma que: "As normas relativas aos direitos fundamentais e às liberdades que a Constituição reconhece se interpretarão de conformidade com a Declaração Universal dos Direitos Humanos e os tratados e acordos internacionais sobre as mesmas matérias ratificadas pela Espanha". Ademais, no art. 96, n. 1, dita a regra de que: "os tratados internacionais, logo que publicados oficialmente na Espanha farão parte da ordem interna espanhola".

866 Cf. Jochen Abr. Frowein, Die Europäisierung des Verfassungsrechts, in Peter Badura e Horst Dreier, *Festschrift 50 Jahre Bundesverfassungsgericht*, cit., p. 209-210.

867 Celso Ribeiro Bastos e Ives Gandra Martins, *Comentários à Constituição do Brasil*, São Paulo: Saraiva, 1988, p. 466.

tratados e convenções internacionais sobre direitos humanos que forem aprovados, em cada Casa do Congresso Nacional, em dois turnos, por três quintos dos votos dos respectivos membros, serão equivalentes às emendas constitucionais", e "o Brasil se submete à jurisdição de Tribunal Penal Internacional a cuja criação tenha manifestado adesão".

Lembre-se, também, que vários países latino-americanos já avançaram no sentido de sua inserção em contextos supranacionais, reservando aos tratados internacionais de direitos humanos lugar especial no ordenamento jurídico, algumas vezes concedendo-lhes valor normativo constitucional.

Assim, Paraguai (art. 9º da Constituição)[868] e Argentina (art. 75, inc. 24)[869], provavelmente influenciados pela institucionalização da União Europeia, inseriram conceitos de *supranacionalidade* em suas Constituições. A Constituição uruguaia, por sua vez, promulgada em fevereiro de 1967, inseriu novo inciso em seu art. 6º, em 1994, porém mais tímido que seus vizinhos argentinos e paraguaios, ao prever que "A República procurará a integração social e econômica dos Estados latino-americanos, especialmente no que se refere à defesa comum de seus produtos e matérias-primas. Assim mesmo, propenderá a efetiva complementação de seus serviços públicos".

Esses dados revelam uma tendência contemporânea do constitucionalismo mundial de prestigiar as normas internacionais destinadas à proteção do ser humano. Por conseguinte, a partir desse universo jurídico voltado aos direitos e garantias fundamentais, as constituições não apenas apresentam maiores possibilidades de concretização de sua eficácia normativa, como também somente podem ser concebidas em uma abordagem que aproxime o Direito Internacional do Direito Constitucional.

No continente americano, o regime de responsabilidade do Estado pela violação de tratados internacionais vem apresentando uma considerável evolução desde a Convenção Americana sobre Direitos Humanos, também denominada Pacto de San José da Costa Rica, adotada por conferência interamericana especializada sobre direitos humanos, em 21-11-1969.

Entretanto, na prática, a mudança da forma pela qual tais direitos são tratados pelo Estado brasileiro ainda ocorre de maneira lenta e gradual. E um dos fatores primordiais desse fato está no modo como se vinha concebendo o processo de incorporação de tratados internacionais de direitos humanos na ordem jurídica interna.

Tais fatores já indicavam, portanto, que a jurisprudência do Supremo Tribunal Federal, sem sombra de dúvidas, teria de ser revisitada criticamente.

O anacronismo da tese da legalidade ordinária dos tratados de direitos humanos, mesmo antes da reforma constitucional levada a efeito pela Emenda Constitucional n. 45/2004, está bem demonstrado em trechos da obra de Cançado Trindade:

868 Constituição do Paraguai, de 20-6-1992, art. 9º: "A República do Paraguai, em condições de igualdade com outros Estados, admite uma ordem jurídica supranacional que garanta a vigência dos direitos humanos, da paz, da justiça, da cooperação e do desenvolvimento político, econômico, social e cultural".

869 A Constituição da Argentina, no inciso 24 do art. 75, estabelece que "Corresponde ao Congresso: aprovar tratados de integração que deleguem competências e jurisdição a organizações supraestatais em condições de reciprocidade e igualdade, e que respeitem a ordem democrática e os direitos humanos. As normas ditadas em sua consequência têm hierarquia superior às leis".

"A disposição do artigo 5º (2) da Constituição Brasileira vigente, de 1988, segundo a qual os direitos e garantias nesta expressos não excluem outros decorrentes dos tratados internacionais em que o Brasil é parte, representa, a meu ver, um grande avanço para a proteção dos direitos humanos em nosso país. Por meio deste dispositivo constitucional, os direitos consagrados em tratados de direitos humanos em que o Brasil seja parte incorporam-se *ipso jure* ao elenco dos direitos constitucionalmente consagrados. Ademais, por força do artigo 5º (1) da Constituição, têm aplicação imediata. A intangibilidade dos direitos e garantias individuais é determinada pela própria Constituição Federal, que inclusive proíbe expressamente até mesmo qualquer emenda tendente a aboli-los (artigo 60 (4) (IV)). A especificidade e o caráter especial dos tratados de direitos humanos encontram-se, assim, devidamente reconhecidos pela Constituição Brasileira vigente.

Se, para os tratados internacionais em geral, tem-se exigido a intermediação pelo Poder Legislativo de ato com força de lei de modo a outorgar a suas disposições vigência ou obrigatoriedade no plano do ordenamento jurídico interno, distintamente, no tocante aos tratados de direitos humanos em que o Brasil é parte, os direitos fundamentais neles garantidos passam, consoante os parágrafos 2 e 1 do artigo 5º da Constituição Brasileira de 1988, pela primeira vez entre nós a integrar o elenco dos direitos constitucionalmente consagrados e direta e imediatamente exigíveis no plano de nosso ordenamento jurídico interno. Por conseguinte, mostra-se inteiramente infundada, no tocante em particular aos tratados de direitos humanos, a tese clássica – ainda seguida em nossa prática constitucional – da paridade entre os tratados internacionais e a legislação infraconstitucional.

Foi esta a motivação que me levou a propor à Assembleia Nacional Constituinte, na condição de então Consultor jurídico do Itamaraty, na audiência pública de 29 de abril de 1987 da Subcomissão dos Direitos e Garantias Individuais, a inserção em nossa Constituição Federal – como veio a ocorrer no ano seguinte – da cláusula que hoje é o artigo 5º (2). Minha esperança, na época, era no sentido de que esta disposição constitucional fosse consagrada concomitantemente com a pronta adesão do Brasil aos dois Pactos de Direitos Humanos das Nações Unidas e à Convenção Americana sobre Direitos Humanos, o que só se concretizou em 1992.

É esta a interpretação correta do artigo 5º (2) da Constituição Brasileira vigente, que abre um campo amplo e fértil para avanços nesta área, ainda lamentavelmente e em grande parte desperdiçado. Com efeito, não é razoável dar aos tratados de proteção de direitos do ser humano (a começar pelo direito fundamental à vida) o mesmo tratamento dispensado, por exemplo, a um acordo comercial de exportação de laranjas ou sapatos, ou a um acordo de isenção de vistos para turistas estrangeiros. À hierarquia de valores, deve corresponder uma hierarquia de normas, nos planos tanto nacional quanto internacional, a ser interpretadas e aplicadas mediante critérios apropriados. Os tratados de direitos humanos têm um caráter especial, e devem ser tidos como tais. Se maiores avanços não se têm logrado até o presente neste domínio de proteção, não tem sido em razão de obstáculos jurídicos – que na verdade não existem –, mas antes da falta de compreensão da matéria e da vontade de dar real efetividade àqueles tratados no plano do direito interno"[870].

870 Antonio Augusto Cançado Trindade, Memorial em prol de uma nova mentalidade quanto à proteção dos

Importante deixar claro, também, que a tese da legalidade ordinária, na medida em que permitia ao Estado brasileiro, ao fim e ao cabo, o descumprimento unilateral de um acordo internacional, ia de encontro aos princípios internacionais fixados pela Convenção de Viena sobre o Direito dos Tratados, de 1969, a qual, em seu art. 27, determina que nenhum Estado pactuante "pode invocar as disposições de seu direito interno para justificar o inadimplemento de um tratado".

Por conseguinte, é mais consistente a interpretação que atribui a característica de *supralegalidade* aos tratados e convenções de direitos humanos. Essa tese pugna pelo argumento de que os tratados sobre direitos humanos seriam infraconstitucionais, porém, diante de seu caráter especial em relação aos demais atos normativos internacionais, também seriam dotados de um atributo de *supralegalidade*.

Em outros termos, os tratados sobre direitos humanos não poderiam afrontar a supremacia da Constituição, mas teriam lugar especial reservado no ordenamento jurídico. Equipará-los à legislação ordinária seria subestimar o seu valor especial no contexto do sistema de proteção dos direitos da pessoa humana.

Essa tese já havia sido aventada, em sessão de 29-3-2000, no julgamento do RHC 79.785/RJ, pelo voto do relator, Ministro Sepúlveda Pertence, que acenou com a possibilidade da consideração dos tratados sobre direitos humanos como documentos supralegais. Pertence manifestou seu pensamento da seguinte forma:

> "Certo, com o alinhar-me ao consenso em torno da estatura infraconstitucional, na ordem positiva brasileira, dos tratados a ela incorporados, não assumo compromisso de logo – como creio ter deixado expresso no voto proferido na ADInMc 1.480 – com o entendimento, então majoritário – que, também em relação às convenções internacionais de proteção de direitos fundamentais – preserva a jurisprudência que a todos equipara hierarquicamente às leis.
>
> Na ordem interna, direitos e garantias fundamentais o são, com grande frequência, precisamente porque – alçados ao texto constitucional – se erigem em limitações positivas ou negativas ao conteúdo das leis futuras, assim como à recepção das anteriores à Constituição (...).
>
> Se assim é, à primeira vista, parificar às leis ordinárias os tratados a que alude o art. 5º, § 2º, da Constituição, seria esvaziar de muito do seu sentido útil a inovação, que, malgrado os termos equívocos do seu enunciado, traduziu uma abertura significativa ao movimento de internacionalização dos direitos humanos" [RHC 79.785/RJ, Pleno, por maioria, rel. Min. Sepúlveda Pertence, *DJ* de 22-11-2002, vencidos os ministros Marco Aurélio e Carlos Velloso (o então Min. Presidente)].

Na experiência do direito comparado, é válido mencionar que essa referida qualificação é expressamente consagrada na Constituição da Alemanha que, em seu art. 25, dispõe que "as normas gerais do Direito Internacional Público constituem parte integrante do direito federal. Elas prevalecem sobre as leis e produzem diretamente direitos e deveres para os habitantes do território nacional".

---

direitos humanos nos planos internacional e nacional, in *Arquivos de Direitos Humanos* 1, Rio de Janeiro: Renovar, 1999, p. 46-47.

Anote-se, ainda, que o mesmo tratamento hierárquico-normativo é dado aos tratados e convenções internacionais pela Constituição da França de 1958 (art. 55)[871] e pela Constituição da Grécia de 1975 (art. 28)[872].

Também o Reino Unido vem dando mostras de uma verdadeira revisão de conceitos. O Parlamento já não mais se mostra um soberano absoluto. O *European Communities Act*, de 1972, atribuiu ao direito comunitário hierarquia superior em face de leis formais aprovadas pelo Parlamento. Essa orientação tornou-se realidade no caso *Factortame Ltd. v. Secretary of State for Transport (N.2) [1991]*[873].

No direito tributário, ressalte-se a vigência do princípio da prevalência do direito internacional sobre o direito interno infraconstitucional, previsto pelo art. 98 do Código Tributário Nacional[874]. Há, aqui, uma visível incongruência, pois admite-se o caráter especial e superior (hierarquicamente) dos tratados sobre matéria tributária em relação à legislação infraconstitucional[875], mas quando se trata de tratados sobre direitos humanos, reconhece-se a possibilidade de que seus efeitos sejam suspensos por simples lei ordinária[876].

É preciso lembrar, ainda, que o Supremo Tribunal Federal, por longo tempo, adotou a tese do primado do direito internacional sobre o direito interno infraconstitucional. Cito, a título exemplificativo, os julgamentos das Apelações Cíveis 9.587, de 1951, relator Orozimbo Nonato, e 7.872, de 1943, relator Philadelpho Azevedo.

No julgamento da Apelação Cível n. 7.872/RS, em 11-10-1943, o Ministro Philadelpho Azevedo assim equacionou o problema:

> "(...) Tarefa interessante é, porém, a de situar esses atos (tratados internacionais) em face do direito interno, especialmente do nosso, ainda que sem o deslinde do problema filosófico da primazia do direito internacional sobre o interno, pretendido pela chamada escola de Viena e por outros repelido (Nuovo Digesto Italiano – Trattati e convenzioni

---

871 Art. 55 da Constituição da França de 1958: "Les traités ou accords régulièrement ratifiés ou approuvés ont, dès leur publication, une autorité supérieure à celle des lois, sous réserve, pour chaque accord ou traité, de son application par l'autre partie".

872 Art. 28 da Constituição da Grécia de 1975: "The generally recognized rules of international law and the international conventions after their ratification by law and their having been put into effect in accordance with their respective terms, shall constitute an integral part of Greek law and override any law provision to the contrary".

873 Christian Tomuschat, Das Bundesverfassungsgericht im Kreise anderer nationaler Verfassungsgerichte, in Peter Badura e Horst Dreier (org.), *Festschrift 50 Jahre Bundesverfassungsgericht*, Tübingen: Mohr-Siebeck, 2000, v. 1, p. 249.

874 Na doutrina: Antonio Carlos Rodrigues do Amaral (coord.), *Tratados internacionais na ordem jurídica brasileira*, São Paulo: Lex, 2005; Hugo de Britto Machado, *Curso de direito tributário*, 23. ed., São Paulo: Malheiros, 2003, p. 88-89. Na jurisprudência: RE 99.376/RS, rel. Min. Moreira Alves, julgado em 1º-6-1984; RE 90.824/SP, rel. Min. Moreira Alves, *DJ* de 19-9-1980. Há quem defenda a inconstitucionalidade do art. 98 do Código Tributário. Nesse sentido: Roque Antonio Carrazza, *Curso de direito constitucional tributário*, 19. ed., São Paulo: Malheiros, 2003, p. 208-209.

875 RE 99.376/RS, rel. Min. Moreira Alves, julgado em 1º-6-1984.

876 HC 72.131/RJ, rel. Min. Marco Aurélio, *DJ* de 1º-8-2003; ADI-MC 1.480/DF, rel. Min. Celso de Mello, *DJ* de 18-5-2001; HC 81.319/GO, rel. Min. Celso de Mello, *DJ* de 19-8-2005; HC 79.870/SP, rel. Min. Moreira Alves, *DJ* de 20-10-2000; HC 77.053/SP, rel. Min. Maurício Corrêa, *DJ* de 4-9-1998; RE 206.482/SP, rel. Min. Maurício Corrêa, *DJ* de 5-9-2003; RHC 80.035/SC, rel. Min. Celso de Mello, *DJ* de 17-8-2001.

internazionali – vol. 12 pgs. 382 – Gustavo Santiso Galvez – El caso de Belice – Guatemala 1941 fls. 182 e segs.) ou o exame das teorias, p. ex. de ANZILOTTI e TRIEPEL – dualistas, fazendo girar o direito interno e o internacional em órbitas excêntricas, e monistas, desdobradas por sua vez em nacionalistas e internacionalistas, segundo Verdross e Kelsen, eis que sempre teria de prevalecer o *pacta sunt servanda* a título de axioma ou categoria. (...)

(...) Chegamos, assim, ao ponto nevrálgico da questão – a atuação do tratado, como lei interna, no sistema de aplicação do direito no tempo, segundo o equilíbrio de normas, em regra afetadas as mais antigas pelas mais recentes. O Ministro Carlos Maximiliano chegou a considerar o ato internacional de aplicação genérica no espaço, alcançando até súditos de países a ele estranhos, quando tiver a categoria do Código, como o conhecido pelo nome Bustamante (voto in Direito, vol. 8, pgs. 329). Haveria talvez aí um exagero, interessando, antes, examinar, em suas devidas proporções, o problema do tratado no tempo, sendo claro que ele, em princípio, altera as leis anteriores, afastando sua incidência, nos casos especialmente regulados. A dificuldade está, porém, no efeito inverso, último aspecto a que desejávamos atingir – o tratado é revogado por leis ordinárias posteriores, ao menos nas hipóteses em que o seria uma outra lei? A equiparação absoluta entre a lei e o tratado conduziria à resposta afirmativa, mas evidente o desacerto de solução tão simplista, ante o caráter convencional do tratado, qualquer que seja a categoria atribuída às regras de direito internacional.

Em país em que ao Judiciário se veda apreciar a legitimidade de atos do legislativo ou do executivo se poderia preferir tal solução, deixando ao Governo a responsabilidade de se haver com as potências contratantes que reclamarem contra a indevida e unilateral revogação de um pacto por lei posterior; nunca, porém, na grande maioria das nações em que o sistema constitucional reserva aquele poder, com ou sem limitações.

Na América, em geral, tem assim força vinculatória a regra de que um país não pode modificar o tratado, sem o acordo dos demais contratantes; proclama-o até o art. 10 da Convenção sobre Tratados, assinada na 6ª Conferência Americana de Havana, e entre nós promulgada pelo Decreto 18.956, de 22 de outubro de 1929, embora não o havendo feito, até 1938, o Uruguai, também seu signatário.

Esse era, aliás, o princípio já codificado por Epitácio Pessoa que estendia ainda a vinculação ao que, perante a equidade, os costumes e os princípios de direito internacional, pudesse ser considerado como tendo estado na intenção dos pactuantes (Código, art. 208); nenhuma das partes se exoneraria e assim isoladamente (art. 210) podendo apenas fazer denúncia, segundo o combinado ou de acordo com a cláusula *rebus sic stantibus* subentendida, aliás, na ausência de prazo determinado.

Clóvis Beviláqua também não se afastou desses princípios universais e eternos, acentuando quão fielmente devem ser executados os tratados, não alteráveis unilateralmente e interpretados segundo a equidade, a boa-fé e o próprio sistema dos mesmos (D. T. Público, vol. 2, pgs. 31 e 32).

Igualmente Hildebrando Acioli, em seu precioso Tratado de Direito Internacional, acentua os mesmos postulados, ainda quando o tratado se incorpora à lei interna e enseja a formação de direitos subjetivos (vol. 2, § 1.309).

É certo que, em caso de dúvida, qualquer limitação de soberania deva ser interpretada restritamente (Acioli, p. cit. § 1.341 n. 13), o que levou Bas Devant, Gastón Jeze e Nicolas Politis a subscreverem parecer favorável à Tchecoslováquia, quanto à desapropriação de latifúndios, ainda que pertencentes a alemães, que invocavam o Tratado de Versalhes (les traités de paix, ont-ils limité la competence lègislative de certains états? Paris, 1.927); em contrário, a Alemanha teve de revogar, em homenagem àquele pacto, o art. 61 da Constituição de Weimar que conferia à Áustria o direito de se representar no Reichstag. Sem embargo, a Convenção de Havana, já aludida, assentou que os tratados continuarão a produzir seus efeitos, ainda quando se modifique a constituição interna do Estado, salvo caso de impossibilidade, em que serão eles adaptados às novas condições (art. 11).

Mas não precisaríamos chegar ao exame desse grave problema da possibilidade, para o Estado, de modificar certa orientação internacional, por exigências da ordem pública, a despeito de prévia limitação contratual.

Urge apreciar apenas o caso de modificações indiretas, isto é, trazidas normalmente na órbita interna, sem o propósito específico de alterar a convenção, ou estender a mudança para efeitos externos.

Seria exatamente o caso que ora tentamos focalizar de lei ordinária posterior em certo conflito com o Tratado.

Diz, por exemplo, Oscar Tenório: 'uma lei posterior não revoga o tratado por ser este especial' (op. cit. pgs. 45).

Corrobora-o Acioli: 'os tratados revogam as leis anteriores mas posteriores não prevalecem sobre eles, porque teriam de o respeitar' (op. cit. vol. 1 § 30)'.

Um caso desses de subsistência de tratado até sua denúncia, a despeito da promulgação, no interregno, de certa lei sobre o mesmo assunto encontra-se no acórdão unânime do Supremo Tribunal Federal de 7 de janeiro de 1.914 (Coelho Rodrigues – Extradição, vol. 3, n. 78); no parecer sobre a carta rogatória n. 89, o atual Procurador-Geral da República também acentuou que contra o acordo internacional não podiam prevalecer nem o Regimento desta Corte, nem quaisquer normas de direito interno, salvo as consagradas na Constituição (Rev. de Jurisprudência Brasileira, vol. 52, pgs. 17).

Por isso a técnica exata e sincera foi a que adotou a lei de extradição de 1.911, mandando no art. 12 que fossem denunciados todos os tratados vigentes para que ela pudesse vigorar genérica e irrestritivamente, mas antes dessa denúncia, os Tratados não seriam alcançados pela lei, como reconheceu, acabamos de ver, o Supremo Tribunal em 1.914.

Essa é a solução geralmente seguida, como se pode ver, do artigo de Ramon Soloziano, publicado na Revista de Derecho Internacional de Habana e transcrito na Rev. de Direito, vol. 128, pg. 3; afora a opinião de Hyde e de alguns julgados contrários, o escritor aponta o sentido da mais expressa corrente, não só prestigiada por decisões americanas, como de tribunais alemães e franceses, e, sobretudo, de vários países do novo continente; também Natálio Chediak, de Cuba, escreveu longo trabalho sobre 'Aplicación de las convenciones internacionales por el derecho nacional – Habana 1.937' – em que chega às mesmas conclusões, e o apresentou ao 2º Congresso de Direito Comparado, recordando a propósito o art. 65 da Constituição espanhola de 1.931, *in verbis:*

'No podrá dictarse Ley alguna en contradicción con Convenios internacionales, si no hubieran sido previamente denunciados conforme al procedimiento en ellos establecidos'.

O mesmo se nota nos países europeus, onde também prevalece a regra de imodificabilidade unilateral dos tratados (Paul Fauchille – Droit Internacional Public – 8ª ed. Paris – 1.926 – t. 1º, III, § 858)".

Anos depois, baseando-se nesse julgado, o Ministro Orozimbo Nonato, relator da Apelação Cível n. 9.587/DF, julgada em 21-8-1951, teceu em seu voto vencedor as seguintes considerações:

> "Já sustentei, ao proferir voto nos embargos na apelação cível 9.583, de 22 de junho de 1950, que os tratados constituem leis especiais e por isso não ficam sujeitos às leis gerais de cada país, porque, em regra, visam justamente à exclusão dessas mesmas leis".

Após citar o voto do Ministro Philadelpho Azevedo no julgado anterior, o Ministro Orozimbo Nonato assim concluiu:

> "Sem dúvida que o tratado revoga as leis que lhe são anteriores, mas não pode ser revogado pelas leis posteriores, se estas não se referirem expressamente a essa revogação ou se não denunciarem o tratado. A meu ver, por isso, uma simples lei que dispõe sobre imposto de consumo não tem força para alterar os termos de um tratado internacional".

Assim, a premente necessidade de se dar efetividade à proteção dos direitos humanos nos planos interno e internacional tornou imperiosa uma mudança de posição quanto ao papel dos tratados internacionais sobre direitos na ordem jurídica nacional.

Era necessário assumir uma postura jurisdicional mais adequada às realidades emergentes em âmbitos supranacionais, voltadas primordialmente à proteção do ser humano.

Como enfatiza Cançado Trindade, "a tendência constitucional contemporânea de dispensar um tratamento especial aos tratados de direitos humanos é, pois, sintomática de uma escala de valores na qual o ser humano passa a ocupar posição central"[877].

Portanto, diante do inequívoco caráter especial dos tratados internacionais que cuidam da proteção dos direitos humanos, não é difícil entender que a sua internalização no ordenamento jurídico, por meio do procedimento de ratificação previsto na Constituição, tem o condão de paralisar a eficácia jurídica de toda e qualquer disciplina normativa infraconstitucional com ela conflitante.

Nesse sentido, é possível concluir que, diante da supremacia da Constituição sobre os atos normativos internacionais, a previsão constitucional da prisão civil do depositário infiel (art. 5º, LXVII) não foi revogada pela adesão do Brasil ao Pacto Internacional dos Direitos Civis e Políticos (art. 11) e à Convenção Americana sobre Direitos Humanos – Pacto de San José da Costa Rica (art. 7º, 7), mas deixou de ter aplicabilidade diante do efeito paralisante desses tratados em relação à legislação infraconstitucional que disciplina a matéria, incluídos o art. 1.287 do Código Civil de 1916 e o Decreto-Lei n. 911, de 1º-10-1969.

Tendo em vista o caráter supralegal desses diplomas normativos internacionais, a legislação infraconstitucional posterior que com eles seja conflitante também tem sua eficácia paralisada. É o que ocorre, por exemplo, com o art. 652 do novo Código Civil (Lei n. 10.406/2002), que reproduz disposição idêntica ao art. 1.287 do Código Civil de 1916.

Enfim, desde a adesão do Brasil, no ano de 1992, ao Pacto Internacional dos Direitos Civis e Políticos (art. 11) e à Convenção Americana sobre Direitos Humanos – Pacto

877 Antonio Augusto Cançado Trindade, *Tratado de direito internacional dos direitos humanos*, cit., p. 515.

de San José da Costa Rica (art. 7º, 7), não há base legal para aplicação da parte final do art. 5º, LXVII, da Constituição, ou seja, para a prisão civil do depositário infiel.

Esse entendimento solidificou-se no julgamento do RE 466.343, Rel. Cezar Peluso, e do RE 349.703, relator originário Ilmar Galvão. Naquela ocasião, a Corte reconheceu a natureza supralegal e infraconstitucional dos tratados que versam sobre direitos humanos, no âmbito do ordenamento jurídico brasileiro. O julgado está assim ementado:

> "PRISÃO CIVIL. Depósito. Depositário infiel. Alienação fiduciária. Decretação da medida coercitiva. Inadmissibilidade absoluta. Insubsistência da previsão constitucional e das normas subalternas. Interpretação do art. 5º, inc. LXVII e §§ 1º, 2º e 3º, da CF, à luz do art. 7º, § 7, da Convenção Americana de Direitos Humanos (Pacto de San José da Costa Rica). Recurso improvido. Julgamento conjunto do RE n. 349.703 e dos HCs n. 87.585 e n. 92.566. É ilícita a prisão civil de depositário infiel, qualquer que seja a modalidade do depósito"[878].

De qualquer forma, o legislador constitucional não fica impedido de submeter o Pacto Internacional dos Direitos Civis e Políticos e a Convenção Americana sobre Direitos Humanos – Pacto de San José da Costa Rica, além de outros tratados de direitos humanos, ao procedimento especial de aprovação previsto no art. 5º, § 3º, da Constituição, tal como definido pela EC 45/2004, conferindo-lhes *status* de emenda constitucional.

9.5 A proibição de dupla persecução penal e o *ne bis in idem*

Em matéria penal, o instituto da coisa julgada adquire contornos fundamentais e ampliados, consagrando-se a proibição de dupla persecução penal.[879] Na doutrina, define-se como "o direito à unicidade de (re)ação do Estado contra a mesma pessoa, com base nos mesmos fatos e nos mesmos fundamentos" [880].

Em 12 de novembro de 2019, a Segunda Turma do STF julgou caso extremamente relevante, tendo em vista o cenário de globalização e de uma crescente ampliação de persecuções penais que cruzam fronteiras entre Estados. Basicamente, o problema que se debateu foi: o direito de não ser processado duplamente por fatos já julgados se aplica também em âmbito internacional?

No caso concreto, reconheceu-se desde as instâncias inferiores a identidade de fatos já processados e punidos na Suíça e agora processados em nova investigação no Brasil, sob o argumento de que a lavagem de dinheiro teria ocorrido em ambos os países, o que permitiria a aplicação dos artigos 5º (territorialidade) e 8º do CP: "A pena cumprida no estrangeiro atenua a pena imposta no Brasil pelo mesmo crime, quando diversas, ou nela é computada, quando idêntica".

878 RE 466.343, rel. Min. Cezar Peluso, *DJ* de 5-6-2009. Registre-se que, em palestra proferida por ocasião do XXIX Congresso Brasileiro de Direito Constitucional, em São Paulo, o Professor Ingo Sarlet considerou equivocada a decisão referida.

879 Rogerio Schietti Cruz, *A proibição de dupla persecução penal*. Lumen Juris, 2008, p. 30-32.

880 Keity Saboya, *Ne bis in idem*. Lumen Juris, 2014, p. 155.

Inicialmente, a própria redação do citado art. 5º do Código Penal prevê que se aplica a lei brasileira a crimes praticados no território nacional, mas ressalta que isso deve se dar "sem prejuízo de convenções, tratados e regras de direito internacional".

Sabe-se que o Supremo Tribunal Federal, no julgamento do HC 72.131/RJ, entendeu que a Constituição, em seu art. 5º, §2º, não assegurava diretamente a hierarquia constitucional aos tratados internacionais. O entendimento foi reiterado por esta Corte nos seguintes julgados: HC 76.561/SP e RE 206.482/SP, ambos de relatoria do Ministro Maurício Corrêa, Tribunal Pleno, *DJ* de 5-9-2003; RE 243.613/SP, rel. Min. Carlos Velloso, *DJ* de 10-9-1999; e ADI 1.480 MC/DF, rel. Min. Celso de Mello, Tribunal Pleno, *DJ* de 18-5-2001.

A partir de desenvolvimento da jurisprudência deste Tribunal, assentou-se o status normativo supralegal aos tratados internacionais de direitos humanos, ou seja, abaixo da Constituição, mas acima das leis infraconstitucionais (RE 466.343/SP, Tribunal Pleno, rel. Min. Cezar Peluso, *DJe* 5-6-2009).

Portanto, consagrou-se que o controle de convencionalidade pode ser realizado sobre as leis infraconstitucionais. Assim, resta claro que o Código Penal deve ser aplicado em conformidade com os direitos assegurados na Convenção Americana de Direitos Humanos e com o Pacto Internacional de Direitos Civis e Políticos.

Em relação à proibição de dupla persecução penal, tais diplomas assentam:

> CADH, art. 8.4. "O acusado absolvido por sentença passada em julgado não poderá ser submetido a novo processo pelos mesmos fatos".
>
> PIDCP, art. 14.7. "Ninguém poderá ser processado ou punido por um delito pelo qual já foi absolvido ou condenado por sentença passada em julgado, em conformidade com a lei e os procedimentos penais de cada país".

Ao aplicar o direito assegurado no art. 8.4 da CADH, no caso Loayza Tamayo vs. Perú de 1997, a Corte Interamericana de Direitos Humanos decidiu que "o princípio de non bis in idem está contemplado no art. 8.4 da Convenção" de modo a "proteger os direitos dos cidadãos que tenham sido processados por determinados fatos para que não voltem a ser julgados pelos mesmos fatos". Tal interpretação foi reiterada nos casos Mohamed vs. Argentina de 2012 e J. vs. Perú de 2013. Além disso, a Corte Interamericana assentou que a redação da CADH garante proteção mais ampla, pois proíbe a dupla persecução por "mesmos fatos" e não apenas por "mesmos crimes".

Este Tribunal, em outra oportunidade, debruçou-se sobre a matéria, quando o Min. Celso de Mello, relator do Pedido de Extradição 1.223/DF, asseverou que a cláusula 7 do Artigo 14 do Pacto Internacional sobre Direitos Civis e Políticos obsta o prosseguimento de processo penal quanto a fatos já julgados por jurisdição diversa. Veja-se um fragmento da ementa do julgado:

> "A QUESTÃO DO *DOUBLE JEOPARDY* COMO INSUPERÁVEL OBSTÁCULO À INSTAURAÇÃO DA *PERSECUTIO CRIMINIS*, NO BRASIL, CONTRA SENTENCIADO (CONDENADO OU ABSOLVIDO) NO EXTERIOR PELO MESMO FATO – PACTO INTERNACIONAL SOBRE DIREITOS CIVIS E POLÍTICOS – OBSERVÂNCIA DO POSTULADO QUE VEDA O *BIS IN IDEM*. – Ninguém pode expor-se, em tema de liberdade individual, a

situação de duplo risco. Essa é a razão pela qual a existência de hipótese configuradora de *double jeopardy* atua como insuperável obstáculo à instauração, em nosso País, de procedimento penal contra o agente que tenha sido condenado ou absolvido, no Brasil ou no exterior, pelo mesmo fato delituoso. – A cláusula do Artigo 14, n. 7, inscrita no Pacto Internacional sobre Direitos Civis e Políticos, aprovado pela Assembleia Geral das Nações Unidas, qualquer que seja a natureza jurídica que se lhe atribua (a de instrumento normativo impregnado de caráter supralegal ou a de ato revestido de índole constitucional), inibe, em decorrência de sua própria superioridade hierárquico-normativa, a possibilidade de o Brasil instaurar, contra quem já foi absolvido ou condenado no exterior, com trânsito em julgado, nova persecução penal motivada pelos mesmos fatos subjacentes à sentença penal estrangeira" (Ext 1.223/DF, rel. Min. Celso de Mello, Segunda Turma, *DJe* de 28-2-2014).

É forçoso concluir, portanto, que o exercício do controle de convencionalidade, tendo por paradigmas os dispositivos do art. 14, n. 7, do Pacto Internacional sobre Direitos Civis e Políticos e o art. 8, n. 4, da Convenção Americana de Direitos Humanos, determina a vedação à dupla persecução penal, ainda que em jurisdições de países distintos.

Assim, o art. 8º do Código Penal deve ser lido em conformidade com os preceitos convencionais e a jurisprudência da Corte Interamericana de Direitos Humanos, vedando-se a dupla persecução penal por idênticos fatos.

Diante disso, a Segunda Turma concedeu a ordem, por unanimidade, para trancar o processo penal, tendo em vista a ocorrência de dupla persecução penal, de modo a se assentar proibição de o Estado brasileiro instaurar persecução penal fundada nos mesmos fatos de ação penal já transitada em julgado sob a jurisdição de outro Estado.[881]

---

881 STF, HC 171.118, Segunda Turma, rel. Min. Gilmar Mendes, j. 12-11-2019.

CAPÍTULO 5

DIREITOS SOCIAIS

Gilmar Ferreira Mendes

1. CONSIDERAÇÕES PRELIMINARES

Como já salientado, os direitos fundamentais contêm, além de uma proibição de intervenção, um postulado de proteção. Nesse sentido, não apenas uma proibição de excesso, mas uma proibição de proteção insuficiente, como mencionado por Canaris[1].

Nessa dimensão objetiva, também assume relevo a perspectiva dos direitos à organização e ao procedimento (*Recht auf Organisation und auf Verfahren*), que são aqueles direitos fundamentais que dependem, na sua realização, de providências estatais com vistas à criação e conformação de órgãos e procedimentos indispensáveis à sua efetivação.

Há várias formas de classificar os direitos fundamentais. De fato, nesse campo, as variações taxonômicas são múltiplas. Entretanto, os *direitos à organização e ao procedimento* são normalmente considerados como uma espécie dos *direitos de prestação em sentido amplo*. Já os direitos sociais, que também podem ser chamados de *direitos de prestação em sentido estrito*, são uma outra espécie de *direitos de prestação em sentido amplo*[2].

Em ambos os casos, cuida-se de um tipo de direito fundamental em que os pressupostos fático-materiais são particularmente relevantes para o exercício pleno desse respectivo direito. Por isso, os direitos de prestação em sentido amplo, categoria que engloba os direitos sociais (*direitos de prestação em sentido estrito*) e os *direitos à organização e ao procedimento*, podem consistir na edição de atos normativos pelo Estado, na criação de procedimentos e garantias judiciais, na instituição de auxílios pecuniários (*v.g.* benefícios assistenciais ou previdenciários), na realização de políticas públicas etc.[3].

Embora os direitos sociais, assim como os direitos negativos, impliquem tanto direitos a prestações em sentido estrito (positivos) quanto direitos de defesa (negativos), e ambas as dimensões demandem o emprego de recursos públicos para a sua garantia[4],

1 Claus-Wilhelm Canaris, *Grundrechtswirkungen um Verhältnismässigkeitsprinzip in der richterlichen Anwendung und Fortbildung des Privatsrechts*, JuS, 1989, p. 161.

2 Martin Borowski, *Grundrechte als Prinzipien*, 2. Auf., Baden-Baden: Nomos, 2007, p. 293 e s.

3 Robert Alexy, *Theorie der Grundrechte*, cit., p. 405 e s.

4 Nesse sentido: Jairo Gilberto Schäfer, *Classificação dos direitos fundamentais. Do sistema geracional ao sistema unitário* – uma proposta de compreensão, Porto Alegre: Livraria do Advogado, 2005, p. 64. Confira-se ainda a obra de Victor Abramovich e Christian Courtis, *Los derechos sociales como derechos exigibles*, Madrid: Editorial Trotta, 2004.

é a dimensão prestacional (positiva) dos direitos sociais o principal argumento contrário à sua judicialização.

Peter Häberle, ao discorrer sobre o Estado prestacional, indica que a problemática emanente do princípio de eficácia poderia resumir-se em três planos: organização, distribuição, e o fato de que o Estado social se orienta fundamentalmente de maneira humanitária. "A gestão ou, se quiser, administração de prestações converte ou transforma os direitos fundamentais em objetivos constitucionais, redistribuindo, planificando, dirigindo e subvencionando, buscando em todo caso sua eficácia *erga omnes*, dirigindo seu uso individual e coletivo em sentido de 'fazer proveitosos' todos os direitos fundamentais, como diria Zacher"[5].

E continua:

> "O Estado prestacional pode dotar-se de meios respeitantes ao princípio de prestações; pode, igualmente, administrá-los e distribuí-los incorrendo às vezes em conflitos com os direitos fundamentais, porém também pode tornar efetivos esses direitos básicos independentemente da aplicação do princípio de prestações, toda vez que a posição entre os direitos fundamentais e o Estado prestacional seja, de per si, 'ambivalentes', isto é, que, por uma parte, seja o Estado prestacional aquele que pratica uma política social orientada a garantir os supracitados direitos como encargo próprio do Estado constitucional fomentando-os e inserindo-os na vida social como um todo, enquanto que, por outra, de fato, cria zonas de risco e perigo para com esses, tanto mais quanto que apenas se previram garantias suficientes a respeito. (...)
>
> A Constituição estabelece o marco de formas de organização e de procedimentos prestacionais estatais com os que se coordena entre o Estado e sociedade, a um só tempo que ajuda o Estado a integrar suas estruturas no marco dos direitos fundamentais básicos e coopera para a racionalização e coordenação do poder estatal e social como processo público, acomodando os conflitos sociais dentro de um ordenamento que se pretende mais humano para todos e perante todos"[6].

Ressalte-se, nesse ponto, a assertiva do professor Canotilho segundo a qual "paira sobre a dogmática e teoria jurídica dos direitos econômicos, sociais e culturais a carga metodológica da vaguidez, indeterminação e impressionismo que a teoria da ciência vem apelidando, em termos caricaturais, sob a designação de 'fuzzismo' ou 'metodologia fuzzy'". Em "toda a sua radicalidade – enfatiza Canotilho – a censura de fuzzysmo lançada aos juristas significa basicamente que eles não sabem do que estão a falar quando abordam os complexos problemas dos direitos econômicos, sociais e culturais"[7].

---

5 Problemas específicos da constituição pluralista em nível interno ou *ad intra*: os direitos fundamentais no estado de bem-estar, in Peter Häberle. *Pluralismo e Constituição*: estudos de Teoria Constitucional da Sociedade Aberta, São Paulo: IDP-Saraiva, no prelo.

6 Problemas específicos da constituição pluralista em nível interno ou *ad intra*: os direitos fundamentais no estado de bem-estar, in Peter Häberle. *Pluralismo e Constituição*: estudos de Teoria Constitucional da Sociedade Aberta, São Paulo: IDP-Saraiva, no prelo.

7 J. J. Gomes Canotilho, Metodologia "fuzzy" e "camaleões normativos" na problemática actual dos direitos econômicos, sociais e culturais, in *Estudos sobre direitos fundamentais*, Coimbra: Coimbra Editora, 2004, p. 100.

Nesse aspecto, não surpreende o fato de que a questão dos direitos sociais tenha sido deslocada, em grande parte, para as teorias da justiça, da argumentação jurídica e da análise econômica do direito[8]. Enfim, como enfatiza Canotilho, "havemos de convir que a problemática jurídica dos direitos sociais se encontra hoje numa posição desconfortável"[9].

De toda forma, parece sensato concluir que problemas concretos deverão ser resolvidos levando-se em consideração todas as perspectivas que a questão dos direitos sociais envolve. Juízos de ponderação são inevitáveis nesse contexto prenhe de complexas relações conflituosas entre princípios e diretrizes políticas ou, em outros termos, entre direitos individuais e bens coletivos.

Alexy segue linha semelhante de conclusão ao constatar a necessidade de um modelo que leve em conta todos os argumentos favoráveis e desfavoráveis aos direitos sociais, da seguinte forma:

> "Considerando os argumentos contrários e favoráveis aos direitos fundamentais sociais, fica claro que ambos os lados dispõem de argumentos de peso. A solução consiste em um modelo que leve em consideração tanto os argumentos a favor quanto os argumentos contrários. Esse modelo é a expressão da ideia-guia formal apresentada anteriormente, segundo a qual os direitos fundamentais da Constituição alemã são posições que, do ponto de vista do direito constitucional, são tão importantes que a decisão sobre garanti-las ou não garanti-las não pode ser simplesmente deixada para a maioria parlamentar. (...) De acordo com essa fórmula, a questão acerca de quais direitos fundamentais sociais o indivíduo definitivamente tem é uma questão de sopesamento entre princípios. De um lado está, sobretudo, o princípio da liberdade fática. Do outro lado estão os princípios formais da competência decisória do legislador democraticamente legitimado e o princípio da separação de poderes, além de princípios materiais, que dizem respeito sobretudo à liberdade jurídica de terceiros, mas também a outros direitos fundamentais sociais e a interesses coletivos"[10].

Ressalte-se, ademais, que a questão dos direitos fundamentais sociais enfrenta outros desafios no direito comparado que não se apresentam em nossa realidade institucional. Isso porque a própria existência de direitos fundamentais sociais é questionada em países cujas Constituições não os preveem de maneira expressa ou não lhes atribuem eficácia plena. É o caso da Alemanha, por exemplo, cuja Constituição Federal praticamente não contém direitos fundamentais sociais de maneira expressa[11]; de Por-

8 J. J. Gomes Canotilho, Metodologia "fuzzy" e "camaleões normativos" na problemática actual dos direitos econômicos, sociais e culturais, cit., p. 98.

9 J. J. Gomes Canotilho, Metodologia "fuzzy" e "camaleões normativos" na problemática actual dos direitos econômicos, sociais e culturais, cit., p. 99.

10 Robert Alexy, *Teoria dos direitos fundamentais*, tradução de Virgílio Afonso da Silva, São Paulo: Malheiros, 2008, p. 511-512.

11 Robert Alexy, *Teoria dos direitos fundamentais*, cit., p. 500. Thomas Mayen, Das Grundrecht auf Gewährleistung eines menschenwürdigen Existenzminimums, in *Der Grundrechtsgeprägte Verfassungsstaat*: Festschrift für Klaus Stern zum 80. Geburtstag, Berlin: Duncker & Humblot, 2012, p. 1453 e s.

tugal, cuja Constituição diferenciou o regime constitucional dos direitos, liberdades e garantias do regime constitucional dos direitos sociais[12]; e do Chile, cuja Constituição contempla um catálogo de direitos sociais, mas não assegura meios processuais para o seu reclamo judicial[13].

No presente capítulo, iremos limitar-nos a abordar aspectos relevantes sobre teoria dos direitos fundamentais com repercussão no âmbito dos direitos sociais, contemplando, especialmente, os direitos sociais dos trabalhadores urbanos e rurais (art. 7º), o direito à educação, à alimentação e à moradia (art. 6º), o direito à saúde (arts. 196-200), à previdência social (arts. 201-202) e, finalmente, à assistência social (arts. 203-204). Acreditamos que essa abordagem permitirá ao estudioso apreender aspectos relevantes dos demais direitos sociais contemplados em nossa ordem constitucional.

2. FUNÇÕES DOS DIREITOS FUNDAMENTAIS E CONSEQUÊNCIAS NO ÂMBITO DOS DIREITOS SOCIAIS

2.1. Significados para os direitos fundamentais

A complexidade do sistema de direitos fundamentais recomenda que se envidem esforços no sentido de precisar os elementos essenciais dessa categoria de direitos, em especial no que concerne à identificação dos âmbitos de proteção e à imposição de restrições ou limitações legais.

Os direitos fundamentais são, a um só tempo, direitos subjetivos e elementos fundamentais da ordem constitucional objetiva. Enquanto direitos subjetivos, os direitos fundamentais outorgam aos seus titulares a possibilidade de impor os seus interesses em face dos órgãos obrigados[14]. Na sua acepção como elemento fundamental da ordem constitucional objetiva, os direitos fundamentais – tanto aqueles que não asseguram, primariamente, um direito subjetivo quanto aqueles outros, concebidos como garantias individuais – formam a base do ordenamento jurídico de um Estado de Direito democrático.

É verdade consabida, desde que Jellinek desenvolveu a sua *Teoria dos quatro "status"*[15], que os direitos fundamentais cumprem diferentes funções na ordem jurídica.

Na sua concepção tradicional, os direitos fundamentais são *direitos de defesa* (*Abwehrrechte*), destinados a proteger determinadas posições subjetivas contra a intervenção do Poder Público, seja pelo (a) não impedimento da prática de determinado ato,

---

12 José Carlos Vieira de Andrade, *Os direitos fundamentais na Constituição Portuguesa de 1976*, 3. ed., Coimbra: Almedina, 2004, p. 385.

13 Ricardo Barretto de Andrade e Jaime Gallegos Zúñiga, El derecho a la salud en Chile: hacia un rol más activo y estructural del Estado en el aseguramiento de este derecho fundamental, *Gaceta Jurídica*, v. 373, p. 55, 2011.

14 Konrad Hesse, *Grundzüge des Verfassungsrechts, der Bundesrepublik Deutschland*, Heidelberg: C. F. Müller, 1995, p. 112; Walter Krebs, Freiheitsschutz durch Grundrechte, in JURA, p. 617 (619), 1988.

15 G. Jellinek, *Sistema dei diritti pubblici subiettivi*, trad. it., Milano: Giuffrè, 1912, p. 244. Sobre a crítica da Teoria de Jellinek, cf. Robert Alexy, *Theorie der Grundrechte*, Frankfurt am Main, 1986, p. 243 e s.; cf., também, Ingo Sarlet, *A eficácia dos direitos fundamentais*, Porto Alegre: Livraria do Advogado, 1998, p. 153 e s.

seja pela (b) não intervenção em situações subjetivas, seja pela (c) não eliminação de posições jurídicas[16].

Nessa dimensão, os direitos fundamentais contêm disposições definidoras de uma *competência negativa do Poder Público* (*negative Kompetenzbestimmung*), que fica obrigado, assim, a respeitar o núcleo de liberdade constitucionalmente assegurado[17].

Outras normas consagram direitos a prestações de índole positiva (*Leistungsrechte*), que tanto podem referir-se a prestações fáticas de índole positiva (*faktische positive Handlungen*) quanto a prestações normativas de índole positiva (*normative Handlungen*)[18].

Tal como observado por Hesse, a garantia de liberdade do indivíduo, que os direitos fundamentais pretendem assegurar, somente é exitosa no contexto de uma sociedade livre. Por outro lado, uma sociedade livre pressupõe a liberdade dos indivíduos e cidadãos, aptos a decidir sobre as questões de seu interesse e responsáveis pelas questões centrais de interesse da comunidade. Essas características condicionam e tipificam, segundo Hesse, a estrutura e a função dos direitos fundamentais. Estes asseguram não apenas direitos subjetivos mas também os princípios objetivos da ordem constitucional e democrática[19].

2.2. Direitos fundamentais enquanto direitos de defesa

Na condição de *direitos de defesa*, os direitos fundamentais asseguram a esfera de liberdade individual contra interferências ilegítimas do Poder Público, provenham elas do Executivo, do Legislativo ou, mesmo, do Judiciário. Se o Estado viola esse princípio, dispõe o indivíduo da correspondente pretensão, que pode consistir, fundamentalmente, em uma:

1) pretensão de abstenção (*Unterlassungsanspruch*);

2) pretensão de revogação (*Aufhebungsanspruch*), ou, ainda, em uma

3) pretensão de anulação (*Beseitigungsanspruch*)[20].

Os direitos de defesa ou de liberdade legitimam ainda duas outras pretensões adicionais:

4) "pretensão de consideração (*Berücksichtigungsanspruch*), que impõe ao Estado o dever de levar em conta a situação do eventual afetado, fazendo as devidas ponderações[21]; e

5) pretensão de defesa ou de proteção (*Schutzanspruch*), que impõe ao Estado, nos casos extremos, o dever de agir contra terceiros"[22].

---

16 Cf. Robert Alexy, *Theorie der Grundrechte*, cit., p. 174. Ver, também, J. J. Gomes Canotilho, *Direito constitucional*, Coimbra: Almedina, 1991, p. 548.

17 Cf. Hesse, *Grundzüge des Verfassungsrechts*, cit., p. 133.

18 Alexy, *Theorie der Grundrechte*, cit., p. 179; ver, também, Canotilho, *Direito constitucional*, cit., p. 549.

19 Hesse, Bedeutung der Grundrechte, in Ernst Benda; Werner Maihofer e Hans-Jochen Vogel, *Handbuch des Verfassungsrechts*, Berlin, 1995, v. I, p. 127 (134).

20 Cf. Ulrich Battis, Christoph Gusy, *Einführung in das Staatsrecht*, 4. ed., Heidelberg: C. F. Müller, 1999, p. 236.

21 Battis e Gusy, *Einführung in das Staatsrecht*, cit., p. 236.

22 Battis e Gusy, *Einführung in das Staatsrecht*, cit., p. 236 e s.

A clássica concepção de matriz liberal-burguesa dos direitos fundamentais informa que tais direitos constituem, em primeiro plano, direitos de defesa do indivíduo contra ingerências do Estado em sua liberdade pessoal e patrimonial. Essa definição de direitos fundamentais – apesar de ser pacífico na doutrina o reconhecimento de diversas outras – ainda continua ocupando lugar de destaque na aplicação dos direitos fundamentais. Essa ideia, sobretudo, objetiva a limitação do poder estatal a fim de assegurar ao indivíduo uma esfera de liberdade. Para tanto, outorga ao indivíduo um direito subjetivo que lhe permite evitar interferências indevidas no âmbito de proteção do direito fundamental ou mesmo a eliminação de agressões que esteja sofrendo em sua esfera de autonomia pessoal[23].

Analisando as posições jurídicas fundamentais que integram os direitos de defesa, importa consignar que estes não se limitam às liberdades e igualdades (direito geral de liberdade e igualdade, bem como suas concretizações), abrangendo, ainda, as mais diversas posições jurídicas que os direitos fundamentais intentam proteger contra ingerências dos poderes públicos e também contra abusos de entidades particulares, de forma que se cuida em garantir a livre manifestação da personalidade, assegurando uma esfera de autodeterminação do indivíduo[24].

2.3. Direitos fundamentais enquanto normas de proteção de institutos jurídicos

Muitas vezes, a Constituição pode conferir garantia a determinados institutos, ou seja, a um complexo coordenado de normas, como a propriedade, a herança, o casamento.

Assim, a liberdade de associação (art. 5º, XVII) depende, pelo menos parcialmente, da existência de normas disciplinadoras do direito de sociedade (constituição e organização de pessoa jurídica etc.). Também a liberdade de exercício profissional exige a possibilidade de estabelecimento de vínculo contratual e pressupõe, assim, uma disciplina da matéria no ordenamento jurídico. O direito de propriedade, como observado, não é nem sequer imaginável sem disciplina normativa[25].

Da mesma forma, o direito de proteção judiciária (art. 5º, XXXV), o direito de defesa (art. 5º, LV), o direito ao juiz natural (art. 5º, XXXVII), e as garantias constitucionais do *habeas corpus*, do mandado de segurança, do mandado de injunção e do *habeas data* são típicas garantias de caráter institucional, dotadas de âmbito de proteção marcadamente normativo[26].

Entre nós, Ingo Sarlet assinala como autênticas garantias institucionais no catálogo da nossa Constituição a garantia da propriedade (art. 5º, XXII), o direito de herança (art. 5º, XXX), o tribunal do júri (art. 5º, XXXVIII), a língua nacional portuguesa (art. 13), os partidos políticos e sua autonomia (art. 17, *caput* e § 1º).

23 Sarlet, *A eficácia dos direitos fundamentais*, cit., p. 167.

24 Cf., nesse sentido, Sarlet, *A eficácia dos direitos fundamentais*, cit., p. 169.

25 Cf., sobre o assunto, Krebs, Freiheitsschutz durch Grundrechte, cit., p. 617 (623).

26 Cf. Pieroth / Schlink, *Grundrechte*: Staatsrecht II, Heidelberg: C. F. Müller, 1995, p. 53.

Também fora do rol dos direitos e garantias fundamentais (Título II) podem ser localizadas garantias institucionais, tais como a garantia de um sistema de seguridade social (art. 194), da família (art. 226), bem como da autonomia das universidades (art. 207), apenas para mencionar os exemplos mais típicos.

Ressalte-se que alguns desses institutos podem até mesmo ser considerados garantias institucionais fundamentais, em face da abertura material propiciada pelo art. 5º, § 2º, da Constituição[27].

Nesses casos, a atuação do legislador revela-se indispensável para a própria concretização do direito. Pode-se ter aqui um autêntico *dever constitucional de legislar* (*Verfassungsauftrag*), que obriga o legislador a expedir atos normativos "conformadores" e concretizadores de alguns direitos[28].

2.4. Direitos fundamentais enquanto garantias positivas do exercício das liberdades

A garantia dos direitos fundamentais enquanto direitos de defesa contra intervenção indevida do Estado e contra medidas legais restritivas dos direitos de liberdade não se afigura suficiente para assegurar o pleno exercício da liberdade. Observe-se que não apenas a existência de lei mas também a sua falta pode constituir afronta aos direitos fundamentais[29]. É o que se verifica, *v. g.*, com os direitos à prestação positiva de índole normativa, inclusive o chamado *direito à organização e ao processo* (*Recht auf Organisation und auf Verfahren*) e, não raras vezes, com o direito de igualdade.

Vinculados à concepção de que ao Estado incumbe, além da não intervenção na esfera da liberdade pessoal dos indivíduos, garantida pelos direitos de defesa, a tarefa de colocar à disposição os meios materiais e implementar as condições fáticas que possibilitem o efetivo exercício das liberdades fundamentais, os direitos fundamentais a prestações objetivam, em última análise, a garantia não apenas da liberdade-autonomia (liberdade perante o Estado) mas também da liberdade por intermédio do Estado, partindo da premissa de que o indivíduo, no que concerne à conquista e manutenção de sua liberdade, depende em muito de uma postura ativa dos poderes públicos. Assim, enquanto os direitos de defesa (*status libertatis* e *status negativus*) dirigem-se, em princípio, a uma posição de respeito e abstenção por parte dos poderes públicos, os direitos a prestações, que, de modo geral, ressalvados os avanços registrados ao longo do tempo, podem ser reconduzidos ao *status positivus* de Jellinek, implicam uma postura ativa do Estado, no sentido de que este se encontra obrigado a colocar à disposição dos indivíduos prestações de natureza jurídica e material[30].

A concretização dos direitos de garantias às liberdades exige, não raras vezes, a edição de atos legislativos, de modo que eventual inércia do legislador pode configurar afronta a um dever constitucional de legislar.

---

27 Sarlet, *A eficácia dos direitos fundamentais*, cit., p. 182.

28 Battis e Gusy, *Einführung in das Staatsrecht*, cit., p. 327.

29 Cf., sobre o assunto, Krebs, Freiheitsschutz durch Grundrechte, cit., p. 617 (623); Battis e Gusy, *Einführung in das Staatsrecht*, cit., p. 322 e s.

30 Cf., nesse sentido, Sarlet, *A eficácia dos direitos fundamentais*, cit., p. 185-186.

2.4.1. Direitos às prestações positivas

Como ressaltado, a visão dos direitos fundamentais enquanto *direitos de defesa* (*Abwehrrecht*) revela-se insuficiente para assegurar a pretensão de eficácia que dimana do texto constitucional. Tal como observado por Krebs, não se cuida apenas de *ter liberdade em relação ao Estado* (*Freiheit von...*), mas de *desfrutar essa liberdade mediante atuação do Estado* (*Freiheit durch...*)[31].

A moderna dogmática dos direitos fundamentais discute a possibilidade de o Estado vir a ser obrigado a criar os pressupostos fáticos e/ou jurídicos necessários ao exercício efetivo dos direitos constitucionalmente assegurados e sobre a possibilidade de eventual titular do direito dispor de pretensão a prestações por parte do Estado[32].

Se alguns sistemas constitucionais, como aquele fundado pela Lei Fundamental de Bonn, admitem discussão sobre a existência de direitos fundamentais de caráter social (*soziale Grundrechte*)[33], é certo que tal controvérsia não assume maior relevo entre nós, uma vez que o constituinte, embora em capítulos destacados, houve por bem consagrar os direitos sociais, que também vinculam o Poder Público, por força inclusive da eficácia vinculante que se extrai da garantia processual-constitucional do mandado de injunção e da ação direta de inconstitucionalidade por omissão[34].

Se o Estado está constitucionalmente obrigado a prover tais demandas, cabe indagar se, e em que medida, as ações com o propósito de satisfazer tais pretensões podem ser *juridicizadas*, isto é, se, e em que medida, tais ações deixam-se vincular juridicamente[35].

Outra peculiaridade dessas pretensões a prestações de índole positiva é a de que elas estão voltadas mais para a conformação do futuro do que para a preservação do *status quo*. Tal como observado por Krebs, pretensões à conformação do futuro (*Zukunftgestaltung*) impõem decisões que estão submetidas a elevados riscos: o direito ao trabalho (art. 6º) exige uma política estatal adequada de criação de empregos. Da mesma forma, o direito à educação (art. 205 c/c o art. 6º), o direito à assistência social (art. 203 c/c o art. 6º) e à previdência social (art. 201 c/c o art. 6º) dependem da satisfação de uma série de pressupostos de índole econômica, política e jurídica.

A submissão dessas posições a regras jurídicas opera um *fenômeno de transmutação*, convertendo situações tradicionalmente consideradas de natureza política em situações jurídicas. Tem-se, pois, a *juridicização* do processo decisório, acentuando-se a tensão entre direito e política[36].

---

31 Krebs, Freiheitsschutz durch Grundrechte, cit., p. 617 (624).

32 Krebs, Freiheitsschutz durch Grundrechte, cit., p. 617 (624).

33 Krebs, Freiheitsschutz durch Grundrechte, cit., p. 617 (624-625); Alexy, *Theorie der Grundrechte*, cit., p. 395 e s.

34 O mandado de injunção, concebido para assegurar direitos e liberdades constitucionais, sempre que a falta de norma regulamentadora tornar inviável o seu exercício (CF, art. 5º, LXXI), e a ação direta de inconstitucionalidade por omissão (CF, art. 103, § 2º), destinada a tornar efetiva norma constitucional, expressam, no plano material, o efeito vinculante para o legislador das normas que reclamam expedição de ato normativo.

35 Cf. Krebs, Freiheitsschutz durch Grundrechte, cit., p. 617 (625).

36 Cf. Krebs, Freiheitsschutz durch Grundrechte, cit., p. 617 (625).

Observe-se que, embora tais decisões estejam vinculadas juridicamente, é certo que a sua efetivação está submetida, dentre outras condicionantes, à *reserva do financeiramente possível* (*Vorbehalt des finanziell Möglichen*). Nesse sentido, reconheceu a Corte Constitucional alemã, na famosa decisão sobre *numerus clausus* de vagas nas Universidades (*Numerus-clausus-Urteil*), que pretensões destinadas a criar os pressupostos fáticos necessários para o exercício de determinado direito estão submetidas à *reserva do possível* (*Vorbehalt des Möglichen*)[37], enquanto elemento externo à estrutura dos direitos fundamentais.

Os direitos a prestações encontraram uma receptividade sem precedentes no constitucionalismo pátrio, resultando, inclusive, na abertura de um capítulo especialmente dedicado aos direitos sociais no catálogo dos direitos e garantias fundamentais. Além disso, verifica-se que mesmo em outras partes do texto constitucional encontra-se uma variada gama de direitos a prestações. Nesse contexto, limitando-nos, aqui, aos direitos fundamentais, basta uma breve referência aos exemplos da Constituição Federal, contidos no art. 17, § 3º (direito dos partidos políticos a recursos do fundo partidário), bem como no art. 5º, XXXV e LXXIV (acesso à Justiça e assistência jurídica integral e gratuita)[38].

2.4.2. Direito à organização e ao procedimento

Nos últimos tempos vem a doutrina utilizando-se do conceito de *direito à organização e ao procedimento* (*Recht auf Organisation und auf Verfahren*) para designar todos aqueles direitos fundamentais que dependem, na sua realização, tanto de providências estatais com vistas à criação e conformação de órgãos, setores ou repartições (direito à organização) como de outras, normalmente de índole normativa, destinadas a ordenar a fruição de determinados direitos ou garantias, como é o caso das garantias processuais-constitucionais (direito de acesso à Justiça, direito de proteção judiciária, direito de defesa)[39].

Reconhece-se o significado do direito à organização e ao procedimento como elemento essencial da realização e garantia dos direitos fundamentais[40].

Isso se aplica de imediato aos direitos fundamentais que têm por objeto a garantia dos postulados da organização e do procedimento, como é o caso da liberdade de associação (art. 5º, XVII), das garantias processuais-constitucionais da defesa e do contraditório (art. 5º, LV), do direito ao juiz natural (art. 5º, XXXVII), das garantias processuais-constitucionais de caráter penal (inadmissibilidade da prova ilícita, o direito do acusado ao silêncio e à não autoincriminação etc.).

---

37 *BVerfGE*, 33, 303 (333).

38 Sarlet, *A eficácia dos direitos fundamentais*, cit., p. 186.

39 Cf., sobre o assunto, Hesse, Grundzüge des Verfassungsrechts, cit., p. 144; Alexy, *Theorie der Grundrechte*, cit., p. 430; Canotilho, *Direito constitucional*, cit., 1993, p. 546 e s.

40 Hesse, Bedeutung der Grundrechte, cit., p. 127 (146-147).

Também se poderia cogitar aqui da inclusão, no grupo dos direitos de participação na organização e procedimento, do direito dos partidos políticos a recursos do fundo partidário e do acesso à propaganda política gratuita nos meios de comunicação (art. 17, § 3º) na medida em que se trata de prestações dirigidas tanto à manutenção da estrutura organizacional dos partidos (e até mesmo de sua própria existência como instituições de importância vital para a democracia) quanto à garantia de uma igualdade de oportunidades no que concerne à participação no processo democrático[41].

Ingo Sarlet ressalta que o problema dos direitos de participação na organização e procedimento centra-se na possibilidade de exigir-se do Estado (de modo especial do legislador) a emissão de atos legislativos e administrativos destinados a criar órgãos e estabelecer procedimentos, ou mesmo de medidas que objetivem garantir aos indivíduos a participação efetiva na organização e procedimento. Na verdade, trata-se de saber se existe uma obrigação do Estado nesse sentido e se a esta corresponde um direito subjetivo fundamental do indivíduo[42].

Assim, quando se impõe que certas medidas estatais que afetem direitos fundamentais devam observar determinado procedimento, sob pena de nulidade, não se está a fazer outra coisa senão proteger o direito mediante o estabelecimento de normas de procedimento.

É o que ocorre, *v. g.*, quando se impõe que determinados atos processuais somente poderão ser praticados com a presença do advogado do acusado. Ou, tal como faz a Constituição brasileira, quando estabelece que as negociações coletivas só poderão ser celebradas com a participação das organizações sindicais (art. 8º, VI)[43].

Canotilho anota que o direito fundamental material tem irradiação sobre o procedimento, devendo este ser conformado de forma a assegurar a efetividade ótima do direito protegido[44].

2.5. Direitos fundamentais, dever de proteção e proibição de proteção insuficiente

A concepção que identifica os direitos fundamentais como princípios objetivos legitima a ideia de que o Estado se obriga não apenas a observar os direitos de qualquer indivíduo em face das investidas do Poder Público (*direito fundamental enquanto direito de proteção ou de defesa – Abwehrrecht*) mas também a garantir os direitos fundamentais contra agressão propiciada por terceiros (*Schutzpflicht des Staats*)[45].

A forma como esse dever será satisfeito constitui tarefa dos órgãos estatais, que dispõem de ampla liberdade de conformação[46].

---

41 Sarlet, *A eficácia dos direitos fundamentais*, cit., p. 196.

42 Sarlet, *A eficácia dos direitos fundamentais*, cit., p. 196-197.

43 Cf. ADI-MC 1.361, *DJ* de 12-4-1996.

44 Canotilho, *Tópicos sobre um curso de mestrado sobre efeitos fundamentais*: procedimento, processo e organização, Coimbra: Almedina, 1990, tópico 2.2.

45 Hesse, Grundzüge des Verfassungsrechts, cit., p. 155-156.

46 Hesse, Grundzüge des Verfassungsrechts, cit., p. 156.

A jurisprudência da Corte Constitucional alemã acabou por consolidar entendimento no sentido de que do significado objetivo dos direitos fundamentais resulta o dever de o Estado não apenas se abster de intervir no âmbito de proteção desses direitos mas também de proteger esses direitos contra a agressão ensejada por atos de terceiros[47].

Tal interpretação do *Bundesverfassungsgericht* empresta, sem dúvida, uma nova dimensão aos direitos fundamentais, fazendo com que o Estado evolua da posição de *adversário* (*Gegner*) para uma função de guardião desses direitos (*Grundrechtsfreund oder Grundrechtsgarant*)[48].

É fácil ver que a ideia de um dever genérico de proteção alicerçado nos direitos fundamentais relativiza sobremaneira a separação entre a ordem constitucional e a ordem legal, permitindo que se reconheça uma irradiação dos efeitos desses direitos (*Ausstrahlungswirkung*) sobre toda a ordem jurídica[49].

Assim, ainda que se não reconheça, em todos os casos, uma pretensão subjetiva contra o Estado, tem-se, inequivocamente, a identificação de um dever deste de tomar todas as providências necessárias para a realização ou concretização dos direitos fundamentais[50].

Os direitos fundamentais não contêm apenas uma proibição de intervenção (*Eingriffsverbote*), expressando também um postulado de proteção (*Schutzgebote*). Haveria, assim, para utilizar expressão de Canaris, não apenas a proibição do excesso (*Übermassverbote*) mas também a proibição de proteção insuficiente (*Untermassverbote*)[51].

E tal princípio tem aplicação especial no âmbito dos direitos sociais.

Nos termos da doutrina e com base na jurisprudência da Corte Constitucional alemã, pode-se estabelecer a seguinte classificação do dever de proteção[52]:

a) dever de proibição (*Verbotspflicht*), consistente no dever de se proibir determinada conduta;

b) dever de segurança (*Sicherheitspflicht*), que impõe ao Estado o dever de proteger o indivíduo contra ataques de terceiros mediante adoção de medidas diversas;

c) dever de evitar riscos (*Risikopflicht*), que autoriza o Estado a atuar com objetivo de evitar riscos para o cidadão em geral mediante a adoção de medidas de proteção ou de prevenção especialmente em relação ao desenvolvimento técnico ou tecnológico.

Discutiu-se intensamente se haveria um direito subjetivo à observância do dever de proteção ou, em outros termos, se haveria um direito fundamental à proteção. A

47 Cf., a propósito, *BVerfGE*, 39, 1 e s.; 46, 160 (164); 49, 89 (140 e s.); 53, 50 (57 e s.); 56, 54 (78); 66, 39 (61); 77, 170 (229 e s.); 77, 381 (402 e s.). Ver, também, Johannes Dietlein, *Die Lehre von den grundrechtlichen Schutzpflichten*, Berlin: Duncker & Humblot, 1991, p. 18.

48 Cf., a propósito, Dietlein, Die Lehre von den grundrechtlichen Schutzpflichten, cit., p. 17 e s.

49 Ingo von Münch, *Grundgesetz-Kommentar*: Kommentar zu Vorbemerkung art. 1-19, n. 22.

50 Ingo von Münch, *Grundgesetz-Kommentar*: Kommentar zu Vorbemerkung art. 1-19, n. 22.

51 Claus-Wilhelm Canaris, *Grundrechtswirkungen und Verhältnismässigkeitsprinzip in der richterlichen Anwendung und Fortbildung des Privatsrechts*, JuS, p. 161 (163), 1989.

52 Ingo Richter, Gunnar Folke Schuppert, *Casebook Verfassungsrecht*, 3. ed., München: C. H. Beck, 1996, p. 35-36.

Corte Constitucional acabou por reconhecer esse direito, enfatizando que a não observância de um dever de proteção corresponde a uma lesão do direito fundamental previsto no art. 2º, II, da Lei Fundamental[53].

2.6. Reserva do possível e mínimo existencial

É reconhecido que todas as dimensões dos direitos fundamentais têm custos públicos, como bem indicado nas contribuições de Stephen Holmes e Cass Sunstein. Para eles, "levar a sério os direitos significa levar a sério a escassez"[54]. Nesse contexto, passa a ter significativo relevo o tema da "reserva do possível", especialmente ao evidenciar a "escassez dos recursos" e a necessidade de se fazerem escolhas alocativas.

A *reserva do financeiramente possível* (*Vorbehalt des finanziell Möglichen*) está ligada à famosa decisão *numerus clausus* do Tribunal Constitucional Federal alemão (*Numerus-clausus-Urteil*), que versou sobre o número de vagas nas Universidades do país e o fato de a liberdade de escolha de profissão ficar sem valor caso inexistentes as condições fáticas para sua efetiva fruição. Assentou-se, então, que pretensões destinadas a criar os pressupostos fáticos necessários para o exercício de determinado direito estão submetidas à *reserva do possível* (*Vorbehalt des Möglichen*)[55], enquanto elemento externo à estrutura dos direitos fundamentais.

A dependência de recursos econômicos para a efetivação dos direitos de caráter social leva parte da doutrina a defender que as normas que consagram tais direitos assumem a feição de normas programáticas, dependentes, portanto, da formulação de políticas públicas para se tornarem exigíveis. Nessa perspectiva, também se defende que a intervenção do Poder Judiciário, ante a omissão estatal quanto à construção satisfatória dessas políticas, pode violar o princípio da separação dos poderes e o princípio da reserva do financeiramente possível.

É preciso levar em consideração que, em relação aos direitos sociais, a prestação devida pelo Estado varia de acordo com a necessidade específica de cada indivíduo. Enquanto o Estado tem que dispor de um valor determinado para arcar com o aparato capaz de garantir a liberdade dos cidadãos universalmente, no caso de um direito social como a saúde, por outro lado, deve dispor de valores variáveis em função das necessidades individuais de cada cidadão. Gastar mais recursos com uns do que com outros envolve, portanto, a adoção de critérios distributivos para esses recursos.

Especialmente em períodos de recessão financeira, não há como negar que a função do Estado de assegurar direitos sociais poderá estar limitada por restrições de cunho orçamentário. Em tais casos, a interpretação do texto constitucional não poderá se desenvolver alheia aos óbices econômicos postos. Nesse sentido, analisando o contexto europeu no período pós-crise internacional de 2008, o professor Blanco de Morais ava-

53 Cf. *BVerfGE*, 77, 170 (214); ver também Richter e Schuppert, *Casebook Verfassungsrecht*, cit., p. 36-37.

54 Stephen Holmes, Cass Sunstein, *The Cost of Rights*: Why Liberty Depends on Taxes. W. W. Norton & Company: New York, 1999.

55 *BVerfGE 33*, 303, de 18-7-1972.

lia que a redução drástica de prestações sociais em decisões da Suprema Corte Portuguesa abalou decisivamente utopias e mitos constitucionais sobre direitos adquiridos. O autor pondera que, num cenário de forte recessão, há de se compatibilizar o reconhecimento de direitos com o contexto de crise do Estado, uma vez que "interpretar evolutivamente a Constituição é adequar o sentido da norma à realidade do tempo presente, ajustá-la ao seu 'ambiente normativo' (onde o contexto da necessidade financeira assume importância central) e descobrir sua relação objetiva de significado, tomando como base o seu programa imperativo"[56].

Assim, em razão da inexistência de suportes financeiros suficientes para a satisfação de todas as necessidades sociais, enfatiza-se que a formulação das políticas sociais e econômicas voltadas à implementação dos direitos sociais implicaria, invariavelmente, escolhas alocativas. Tais escolhas seguiriam critérios de justiça distributiva (o quanto disponibilizar e a quem atender), configurando-se como típicas opções políticas, as quais pressupõem "escolhas trágicas"[57] pautadas por critérios de justiça social (macrojustiça). É dizer, a escolha da destinação de recursos para uma política e não para outra leva em consideração fatores como o número de cidadãos atingidos pela política eleita, a efetividade e eficácia do serviço a ser prestado, a maximização dos resultados etc.

Nessa linha de análise, argumenta-se que o Poder Judiciário, o qual estaria vocacionado a concretizar a justiça do caso concreto (microjustiça), muitas vezes não teria condições de, ao examinar determinada pretensão à prestação de um direito social, analisar as consequências globais da destinação de recursos públicos em benefício da parte com invariável prejuízo para o todo[58].

Defensores da atuação do Poder Judiciário na concretização dos direitos sociais, em especial do direito à saúde ou à educação, argumentam que tais direitos são indispensáveis para a realização da dignidade da pessoa humana. Assim, ao menos o "mínimo existencial" de cada um dos direitos, exigência lógica do princípio da dignidade da pessoa humana, não poderia deixar de ser objeto de apreciação judicial.

Nesse sentido, não são poucos os que se insurgem contra a própria ideia da *reserva do possível* como limite fático à concretização dos direitos sociais. Isso porque, apesar da realidade da escassez de recursos para o financiamento de políticas públicas de redução de desigualdades, seria possível estabelecer prioridades entre as diversas metas a atingir, racionalizando a sua utilização, a partir da ideia de que determinados gastos, de menor premência social, podem ser diferidos, em favor de outros, reputados indispensáveis e urgentes, quando mais não seja por força do princípio da *dignidade da pessoa humana*, que, sendo o valor-fonte dos demais valores, está acima de quaisquer outros, acaso positivados nos textos constitucionais.

De qualquer modo, não se deve perder de vista, nesse debate, que:

---

56 Carlos Blanco de Morais. De novo a querela da "unidade dogmática" entre direitos de liberdade e direitos sociais em tempos de "exceção financeira". *e-Pública, Revista Eletrônica de Direito Público*, n. 3, dez. 2014, p. 22.

57 Acerca das escolhas trágicas, cf. a célebre opinião da Corte Constitucional da África do Sul, referência internacional no que tange à adjudicação dos direitos sociais, em *Soobramoney v. Minister of Health (Kwazulu-Natal)*, (CCT32/97) [1997] ZACC 17; 1998 (1) SA 765 (CC).

58 Gustavo Amaral, *Direito, escassez e escolha*, Rio de Janeiro: Renovar, 2001.

"[...] conquanto seja possível extrair da Constituição um indeclinável dever jurídico, a cargo do Estado, de fornecer as prestações materiais indispensáveis a uma vida digna aos que não têm condições de obtê-las por meios próprios, o legislador continua com o privilégio de especificar quais prestações são estas, o seu montante e o modo como serão realizadas. Cabe a ele, como órgão que exerce responsabilidade política sobre os gastos públicos, conformar as colisões que certamente ocorrerão com outros direitos e bens constitucionais, transformando o direito *prima facie* em direito definitivo. Porém, em matéria de mínimo existencial, o juiz também está legitimado a desempenhar essa função, embora de forma subsidiária, na falta, total ou parcial, do legislador ou do administrador"[59].

É inegável, v. g., a revelação da controvérsia no âmbito da "judicialização do direito à saúde". Essa ganhou tamanha importância teórica e prática que envolve não apenas os operadores do direito, mas também os gestores públicos, os profissionais da área de saúde e a sociedade civil como um todo. Se, por um lado, a atuação do Poder Judiciário é fundamental para o exercício efetivo da cidadania, por outro, as decisões judiciais têm significado um forte ponto de tensão perante os elaboradores e executores das políticas públicas, que se veem compelidos a garantir prestações de direitos sociais das mais diversas, muitas vezes contrastantes com a política estabelecida pelos governos para a área de saúde e além das possibilidades orçamentárias[60].

---

59 Karine da Silva Cordeiro, *Direitos fundamentais sociais*: dignidade da pessoa humana e mínimo existencial, o papel do Poder Judiciário, Porto Alegre: Livraria do Advogado, 2013, p. 169-170.

60 Sobre o tema, a 2ª Turma do Supremo Tribunal Federal já consignou o seguinte: "(...) CONTROVÉRSIA PERTINENTE À 'RESERVA DO POSSÍVEL' E A INTANGIBILIDADE DO MÍNIMO EXISTENCIAL: A QUESTÃO DAS 'ESCOLHAS TRÁGICAS'. – A destinação de recursos públicos, sempre tão dramaticamente escassos, faz instaurar situações de conflito, quer com a execução de políticas públicas definidas no texto constitucional, quer, também, com a própria implementação de direitos sociais assegurados pela Constituição da República, daí resultando contextos de antagonismo que impõem, ao Estado, o encargo de superá-los mediante opções por determinados valores, em detrimento de outros igualmente relevantes, compelindo, o Poder Público, em face dessa relação dilemática, causada pela insuficiência de disponibilidade financeira e orçamentária, a proceder a verdadeiras 'escolhas trágicas', em decisão governamental cujo parâmetro, fundado na dignidade da pessoa humana, deverá ter em perspectiva a intangibilidade do mínimo existencial, em ordem a conferir real efetividade às normas programáticas positivadas na própria Lei Fundamental. Magistério da doutrina. – A cláusula da reserva do possível – que não pode ser invocada, pelo Poder Público, com o propósito de fraudar, de frustrar e de inviabilizar a implementação de políticas públicas definidas na própria Constituição – encontra insuperável limitação na garantia constitucional do mínimo existencial, que representa, no contexto de nosso ordenamento positivo, emanação direta do postulado da essencial dignidade da pessoa humana. Doutrina. Precedentes. – A noção de 'mínimo existencial', que resulta, por implicitude, de determinados preceitos constitucionais (CF, art. 1º, III, e art. 3º, III), compreende um complexo de prerrogativas cuja concretização revela-se capaz de garantir condições adequadas de existência digna, em ordem a assegurar, à pessoa, acesso efetivo ao direito geral de liberdade e, também, a prestações positivas originárias do Estado, viabilizadoras da plena fruição de direitos sociais básicos, tais como o direito à educação, o direito à proteção integral da criança e do adolescente, o direito à saúde, o direito à assistência social, o direito à moradia, o direito à alimentação e o direito à segurança. Declaração Universal dos Direitos da Pessoa Humana, de 1948 (Artigo XXV)" (ARE 639337 AgR/SP, rel. Min. Celso de Mello, 2ª Turma, j. 23-8-2011).

2.7. Proibição de retrocesso e limites do sacrifício

A aplicação da chamada *proibição de retrocesso* aos direitos sociais tem conquistado destaque nas Cortes Constitucionais, em especial em momentos de crise e durante a realização de políticas de austeridade. Trata-se de princípio segundo o qual não seria possível extinguir direitos sociais já implementados, evitando-se, portanto, um verdadeiro retrocesso ou limitação tamanha que atinja seu núcleo essencial – como já analisado, em sua concepção genérica, no Capítulo 3 desta obra. Na definição de Häberle, esse princípio possui "um núcleo de elementos que se fundamentam na dignidade humana e no princípio democrático e que não podem ser eliminados"[61].

Em Portugal, já em 1984 o Tribunal Constitucional assentou (Acórdão n. 39/84) o entendimento segundo o qual, uma vez promulgada lei para realizar um direito fundamental, é defeso ao legislador revogá-la e fazer com que se volte ao *status quo*. Nos termos dessa decisão, "a instituição, serviço ou instituto jurídico passam a ter a sua existência constitucionalmente garantida. Uma lei pode vir alterá-los ou reformá-los, nos limites constitucionalmente admitidos, mas não pode vir extingui-los ou revogá-los"[62]. O Poder Legislativo não estaria obrigado, portanto, apenas a concretizar direitos sociais previstos no texto constitucional, mas, após criá-los, teria o dever de mantê-los.

A ideia de violação do princípio da proibição de retrocesso social também foi um dos fundamentos adotados pelo Tribunal Constitucional português ao pronunciar-se pela inconstitucionalidade de decreto que revogava o chamado "rendimento mínimo garantido"[63]. Tratava-se de situação em que novo regime reconhecia a titularidade de tal rendimento às pessoas com idade igual ou superior a 25 anos, enquanto o regime anterior garantia o mesmo aos indivíduos com idade igual ou superior a 18 anos.

Na decisão, o Tribunal destacou a importância de harmonizar a estabilidade da concretização legislativa até então alcançada no campo dos direitos sociais com a liberdade de conformação do legislador. Consignou que "a margem de liberdade do legislador para retroceder no grau de protecção já atingido é necessariamente mínima, já que só o poderá fazer na estrita medida em que a alteração legislativa pretendida não venha a consequenciar uma inconstitucionalidade por omissão (...) noutras circunstâncias, porém, a proibição do retrocesso social apenas pode funcionar em casos-limite, uma vez que, desde logo, o princípio da alternância democrática, sob pena de se lhe reconhecer uma subsistência meramente formal, *inculca a revisibilidade* das opções político-legislativas, ainda quando estas assumam o carácter de opções legislativas fundamentais".

A partir de 2008, questões relacionadas a políticas de austeridade têm sido submetidas ao Tribunal Constitucional português, gerando o que se tem chamado "jurisprudência da crise"[64]. Em decisões atuais, a Corte tem reiterado jurisprudência iniciada na década de oitenta, procurando adaptar-se, todavia, a problemas específicos advindos da situação econômica do país.

---

61 Diego Valadês (org.), *Conversas acadêmicas com Peter Häberle*, São Paulo: Saraiva-IDP, 2008.

62 Tribunal Constitucional de Portugal, acórdão n. 39/84.

63 Acórdão n. 509/2002, de 19 de dezembro.

64 Alexandre Sousa Pinheiro, A jurisprudência da crise: Tribunal Constitucional português (2011-2013), in *Observatório da Jurisdição Constitucional*. Brasília: IDP, ano 7, v. 1, jan./jun. 2014, p. 166.

A origem dessa nova jurisprudência remonta à crise econômica que atingiu a zona do euro. Portugal, após negociações com o Fundo Monetário Internacional, o Conselho da Europa e o Banco Central Europeu, comprometeu-se com um audacioso plano de austeridade fiscal. Como forma de dar cumprimento ao plano de metas, o governo português editou normas reduzindo os vencimentos e vantagens dos servidores públicos.

No primeiro caso analisado pelo Tribunal Constitucional Português, ao editar a Lei do Orçamento do Estado para o ano de 2011 (Lei n. 55-A/2010), o governo determinou a redução de 3,5% a 10% das remunerações dos trabalhadores da administração pública portuguesa. Um grupo de deputados pediu a declaração de inconstitucionalidade dos artigos da lei que determinavam a redução remuneratória, por violação ao princípio do Estado de Direito, do princípio da igualdade e do direito fundamental à não redução do salário. Naquele momento, o Tribunal, nos termos do Acórdão 396/2011, não declarou a inconstitucionalidade da lei considerando a temporalidade da medida, que valeria apenas para o ano de 2011.

No entanto, no ano seguinte, ao analisar a constitucionalidade da Lei Orçamentária do Estado para o ano de 2012 (Lei n. 64-B/2011), que pretendia suspender os chamados subsídios de férias e de Natal, integrantes da remuneração dos servidores públicos, com o objetivo de garantir o equilíbrio financeiro, o Tribunal declarou a inconstitucionalidade das medidas. A decisão da maioria fundamentou-se na violação do princípio da igualdade decorrente de tratamento diferenciado desproporcional entre servidores públicos e privados. Por considerar o impacto econômico decorrente da reposição salarial a qual teriam direito os servidores públicos com tal julgado, bem como que essa reposição implicaria um grave desequilíbrio orçamentário, inclusive em relação a compromissos internacionais, o Tribunal limitou temporalmente os efeitos de sua decisão[65].

Conforme Carlos Blanco de Moraes, crítico do Acórdão 353/2012, a decisão causou grande perplexidade entre os membros do governo e os credores internacionais, mas não produziu efeitos práticos para os servidores atingidos pelos artigos declarados inconstitucionais[66].

Na decisão também foi mencionada a ideia de "limites do sacrifício", expressão que vem sendo utilizada pelo Tribunal português e que se relaciona aos princípios da proporcionalidade e da igualdade. Analisa-se, portanto, a intensidade do sacrifício causado às esferas particulares atingidas pelos planos de contenção orçamentária[67].

Nesse sentido, consignou-se que:

---

65 Cf. Acórdão n. 353/2012. Blanco de Morais destaca a importância desse julgamento: "o Tribunal Constitucional, pela primeira vez na sua história de três décadas, ignorando a letra da Constituição, proferiu uma sentença manipulativa que fez publicar no mês de Julho e que permite a uma norma declarada inconstitucional com eficácia 'erga omnes' vir a produzir efeitos futuros até o final do ano de 2012" (Carlos Blanco de Morais, As mutações constitucionais implícitas e os seus limites jurídicos, in *Constitucionalismo e democracia*, André Fellet e Marcelo Novelino (org.), Salvador: JusPodivm, 2013, p. 515).

66 Carlos Blanco de Morais, As mutações constitucionais implícitas e os seus limites jurídicos, in: *Constitucionalismo e democracia*, André Fellet e Marcelo Novelino (org.), Salvador: JusPodivm, 2013, p. 57.

67 Alexandre Sousa Pinheiro. A jurisprudência da crise: Tribunal Constitucional português (2011-2013), *Observatório da Jurisdição Constitucional*, Brasília: IDP, ano 7, v. 1, jan./jun. 2014, p. 176.

"[...] apesar de se reconhecer que estamos numa gravíssima situação económico-financeira, em que o cumprimento das metas do défice público estabelecidas nos referidos memorandos de entendimento é importante para garantir a manutenção do financiamento do Estado, tais objectivos devem ser alcançados através de medidas de diminuição de despesa e/ou de aumento da receita que não se traduzam numa repartição de sacrifícios excessivamente diferenciada. Aliás, quanto maior é o grau de sacrifício imposto aos cidadãos para satisfação de interesses públicos maiores são as exigências e equidade e justiça na repartição desses sacrifícios.

A referida situação e as necessidades de eficácia das medidas adotadas para lhe fazer face não podem servir de fundamento para dispensar o legislador da sujeição aos direitos fundamentais e aos princípios estruturantes do Estado de Direito, nomeadamente a parâmetros como o princípio da igualdade proporcional. A Constituição não pode certamente ficar alheia à realidade económica e financeira e em especial à verificação de uma situação que se possa considerar como sendo de grave dificuldade. Mas ela possui uma específica autonomia normativa que impede que os objetivos económicos ou financeiros prevaleçam, sem quaisquer limites, sobre parâmetros como o da igualdade, que a Constituição defende e deve fazer cumprir"[68].

Entre nós, mencione-se referência feita à proibição do retrocesso social pela 2ª Turma do Supremo Tribunal Federal:

"A PROIBIÇÃO DO RETROCESSO SOCIAL COMO OBSTÁCULO CONSTITUCIONAL À FRUSTRAÇÃO E AO INADIMPLEMENTO, PELO PODER PÚBLICO, DE DIREITOS PRESTACIONAIS. – O princípio da proibição do retrocesso impede, em tema de direitos fundamentais de caráter social, que sejam desconstituídas as conquistas já alcançadas pelo cidadão ou pela formação social em que ele vive. – A cláusula que veda o retrocesso em matéria de direitos a prestações positivas do Estado (como o direito à educação, o direito à saúde ou o direito à segurança pública, v. g.) traduz, no processo de efetivação desses direitos fundamentais individuais ou coletivos, obstáculo a que os níveis de concretização de tais prerrogativas, uma vez atingidos, venham a ser ulteriormente reduzidos ou suprimidos pelo Estado. Doutrina. Em consequência desse princípio, o Estado, após haver reconhecido os direitos prestacionais, assume o dever não só de torná-los efetivos, mas, também, se obriga, sob pena de transgressão ao texto constitucional, a preservá-los, abstendo-se de frustrar – mediante supressão total ou parcial – os direitos sociais já concretizados"[69].

Tratava-se da possibilidade de aplicação, por sentença, de multa diária por criança não atendida em unidades de ensino infantil próximas a sua residência ou ao endereço de trabalho dos responsáveis. No caso, foi feita referência ao princípio da proibição do retrocesso social, bem como à reserva do possível e à intangibilidade do mínimo existencial.

68 Tribunal Constitucional de Portugal. Acórdão n. 353/2012.

69 ARE 639.337-AgR/SP, rel. Min. Celso de Mello, 2ª Turma, j. em 23-8-2011.

Embora se possa entender que a proibição de retrocesso tem em vista assegurar a preservação de direitos consolidados, especialmente aqueles direitos de caráter prestacional, não se pode olvidar que vicissitudes de índole variada podem afetar a capacidade do Estado de garantir tais direitos na forma inicialmente estabelecida. Daí a necessidade, portanto, de se compreender *cum grano salis* tal garantia e de não lhe conferir caráter absoluto contra revisão ou mudanças.

2.7.1. Pandemia mundial pela Covid-19

Em 11 de março de 2020, a Organização Mundial de Saúde decretou que a contaminação pelo novo coronavírus (Covid-19) atingira escala global, passando a ser tratada como pandemia. No Brasil, a pandemia levou à decretação do estado de calamidade pública, Decreto Legislativo n. 6, de 2020, para fins do art. 65 da Lei Complementar n. 101, com efeitos até 31 de dezembro de 2020.

A gravidade da crise de saúde pública, que levou à implementação de medidas de distanciamento e isolamento social, gerou graves efeitos econômicos, especialmente nas faixas mais pobres da população. O complexo quadro institucional que se desenhou levou à implementação de medidas sanitárias até então pouco usuais, com impacto relevante na fruição de direitos fundamentais: obrigatoriedade do uso de máscaras, restrição à circulação de pessoas, fechamento de comércio, de escolas, implementação de barreiras sanitárias etc.

Nesse contexto, o Supremo Tribunal Federal foi chamado a arbitrar as medidas necessárias para a conformação da realidade econômica e social experimentada com a ordem jurídico-constitucional vigente. Segundo o "Painel de Ações da Covid-19", o STF recebeu, até o mês de setembro de 2020, mais de 5.317 processos tratando da temática da pandemia, nos quais foram proferidas, entre decisões monocráticas e colegiadas, aproximadamente 5.846 manifestações da Corte.

A construção de uma jurisprudência atuante e aberta ao grave contexto atual possibilitou um ambiente institucional equilibrado para a implementação das medidas necessárias à contenção da pandemia. Nesse contexto, o arbitramento de conflitos entre os entes federados foi fundamental.

Em resposta a uma série de ações adotadas por Estados e Municípios, a União invocou os dispositivos constitucionais relativos à sua competência exclusiva para centralizar as decisões acerca de medidas de enfrentamento da crise sanitária da Covid-19. Os entes regionais e locais, com fundamento nos dispositivos de competência comum e concorrente, defenderam os atos de restrição de locomoção de pessoas, por eles adotados. O Supremo Tribunal Federal, baseado no federalismo cooperativo que permeia nossa Constituição, afirmou a competência concorrente dos entes da Federação para implementar as medidas de contenção da pandemia e destacou a necessária articulação entre eles para o seu êxito[70]. Garantiu-se aos Estados e Municípios a possibilidade de

70 Conforme analisado na ADPF 672, rel. Min. Alexandre de Moraes, e nas ADIs 6.343, rel. Min. Marco Aurélio, rel. Min. Alexandre de Moraes, e 6.341, rel. Min. Marco Aurélio.

adoção de medidas restritivas, sem afastar a necessária e devida atuação da União, seja coordenando as ações dos outros entes, seja implementando políticas de contenção do vírus, especialmente em casos de interesse nacional.

Também foram direcionadas à Corte discussões quanto à omissão do Estado no enfrentamento da crise. Tal situação ocorreu em um dos casos mais emblemáticos, no qual se reconheceu a omissão do Governo Federal em adotar medidas de combate à Covid-19 voltadas aos povos indígenas, especialmente quanto aos isolados ou de contato recente. A Corte, ciente da especial vulnerabilidade dessa parcela da população, determinou a obrigatoriedade de ações como a criação de barreiras sanitárias, a criação de uma sala de situação, a elaboração de um "Plano de Enfrentamento da Covid-19 para os Povos Indígenas Brasileiros", dentre outras[71].

A Constituição de 1988 inovou ao dedicar um exclusivo e enorme título à Ordem Social. Seus instrumentos foram regulamentados por diferentes leis, resultando em serviços e benefícios que consomem centenas de bilhões de reais do orçamento público. No entanto, nunca houve preocupação com harmonizar as leis e melhor articular os governos que as implementem. Os enormes desafios impostos pela Covid-19 demonstraram a necessidade de mais planejamento e articulação dos governos municipais, estaduais e federal.

A lição aprendida até aqui indica a conveniência da construção de uma espécie de Código da Ordem Social, para integrar e costurar as políticas e as práticas de sua competência. Diante de um fato tão imprevisto e tão radical transformador da sociedade e da economia, é hora de o Estado também mudar para se modernizar justamente naquelas funções que mais carecem de um regime social responsável.

A educação tem suas especificações definidas na Lei de Diretrizes e Bases da Educação, bem como em outras normas, como a do Plano Nacional de Educação. A saúde tem como norma principal a Lei Orgânica da Saúde, que estrutura o Sistema Único de Saúde. Normas importantes como a Lei Geral de Previdência e a Lei Geral de Assistência Social reúnem uma gama de garantias à população, como o seguro-desemprego e o benefício de prestação continuada. A lista é infindável e reúne normas de enorme relevância para o país, como o Estatuto das Cidades, a Lei de Diretrizes Nacionais para o Saneamento Básico e a Lei do Bolsa Família. Todo esse sistema foi colocado à prova durante a pandemia, e, infelizmente, não é possível afirmar o seu sucesso.

Embora tais normas sejam, de fato, muito importantes e tenham significado um marco na garantia de uma série de direitos para a população, o surgimento de uma crise sanitária de grandes proporções demonstrou a incapacidade de os atuais marcos normativos possibilitarem uma resposta eficaz e articulada.

A pandemia revelou, como nunca, a estreita relação entre os direitos previstos na Ordem Social. É inviável qualquer discussão sobre saúde pública sem tratar de temas como saneamento básico, política habitacional, educação e garantia de meios reais de subsistência. Por outro lado, o rápido alastramento no território brasileiro demonstrou a importância da articulação entre União, Estados e Municípios.

71 ADPF 709 MC-Ref, rel. Min. Roberto Barroso.

A proposta de construir uma Lei de Responsabilidade Social compreenderia, do ponto de vista normativo, editar uma Lei Complementar para regulamentar o art. 23, parágrafo único, da Constituição, bem como o art. 193.

3. DIREITOS SOCIAIS NA CONSTITUIÇÃO DE 1988 E JURISPRUDÊNCIA DO STF

A Constituição de 1988 consagra, de forma expressa, amplo catálogo de direitos sociais. Em parte, referida Carta segue a tradição inaugurada pela Constituição de 1934, que pela primeira vez incluiu os direitos sociais em seu texto. Sob forte influência europeia, a Carta de 1934 trazia um capítulo específico intitulado "Ordem Econômica e Social" (arts. 115-147), com especial destaque aos direitos fundamentais que regem as relações trabalhistas.

A tradição de destinar um capítulo específico à ordem econômica e social foi seguida pelas Cartas seguintes – Constituição de 1937 (arts. 135-155), de 1946 (arts. 145-162), de 1967/69 (arts. 157-166) – e apenas rompida pela Constituição de 1988. Esta adotou o mais amplo catálogo de direitos sociais da história do nosso constitucionalismo, incluindo os direitos trabalhistas em capítulo próprio, o dos "Direitos Sociais".

Ademais, como já dito, a Constituição de 1988 conferiu significado ímpar ao direito de acesso à justiça e criou mecanismos especiais de controle da omissão legislativa (ação direta por omissão e mandado de injunção), destinados a colmatar eventuais lacunas na realização de direitos, especialmente na formulação de políticas públicas destinadas a atender às determinações constitucionais.

Nos termos da atual Carta Constitucional, são direitos sociais a educação, a saúde, a alimentação, o trabalho, a moradia, o lazer, a segurança, a previdência social, a proteção à maternidade e à infância, e a assistência aos desamparados (art. 6º).

Atualmente, a Constituição brasileira não apenas prevê expressamente a existência de direitos fundamentais sociais (art. 6º), especificando seu conteúdo e forma de prestação (arts. 196, 201, 203, 205, 215, 217, entre outros), como também não faz distinção entre os direitos previstos no Capítulo I do Título II e os direitos sociais, tanto em relação àqueles previstos no Capítulo II do Título II.

Vê-se, pois, que os direitos sociais foram acolhidos pela Constituição Federal de 1988 como autênticos direitos fundamentais. Disso decorre que, "a exemplo das demais normas de direitos fundamentais, as normas consagradoras de direitos sociais possuem aplicabilidade direta e eficácia imediata, ainda que o alcance desta eficácia deva ser avaliado sempre no contexto de cada direito social e à luz de outros direitos e princípios"[72].

3.1. Direitos do trabalhador

A Constituição brasileira de 1988 contempla um leque bastante diferenciado de normas relativas aos chamados direitos sociais do trabalhador. Não são poucas as dispo-

72 Ingo Wolfgang Sarlet, *Comentários à Constituição do Brasil*, art. 6º. J. J. Gomes Canotilho, Gilmar Ferreira Mendes, Ingo Wolfgang Sarlet, Lenio Luiz Streck e Léo Ferreira Leoncy (coord.), São Paulo: Saraiva/Almedina, 2013, p. 541.

sições que regulam as bases da relação contratual e fixam o estatuto básico do vínculo empregatício, conferindo destaque para situações especiais.

É notório que a Constituição procurou estabelecer limites ao poder de conformação do legislador e dos próprios contratantes na conformação do contrato de trabalho. O constituinte definiu a estrutura básica do modelo jurídico da relação de emprego com efeitos diretos sobre cada situação concreta.

A disciplina normativa mostra-se apta, em muitos casos, a constituir direito subjetivo do empregado em face do empregador, ainda que, em algumas configurações, a matéria venha a ser objeto de legislação específica (art. 7º, VI, VII, VIII, IX, XIII, XIV, XV, XVI, XVII, XVIII, XXI, XXIX, XXX, XXXI, XXXII, XXXIII, XXXIV). Trata-se, em muitos casos, de aplicação direta e imediata de norma de caráter fundamental às relações privadas (*unmittelbare Drittwirkung*).

Em outras situações, tem-se direito subjetivo à edição de normas ou à criação/preservação e desenvolvimento de institutos especiais (direito subjetivo público/possibilidade de omissão inconstitucional) e/ou direito subjetivo a normas de organização e procedimento.

É o que se identifica na determinação para que se institua (a) o seguro-desemprego, em caso de desemprego involuntário (art. 7º, II) ou (b) a instituição do fundo de garantia por tempo de serviço (art. 7º, III), ou, ainda, nas prescrições que determinam (c) a proteção da relação de emprego contra despedida arbitrária, nos termos de lei complementar (art. 7º, I), (d) a participação nos lucros, ou resultados, desvinculada de remuneração, e, excepcionalmente, participação na gestão da empresa, conforme definido em lei (art. 7º, XI), (e) o salário-família para em razão do dependente do trabalhador de baixa renda nos termos da lei (art. 7º, XII), (f) a licença-maternidade, nos termos da lei (art. 7º, XIX), (g) o adicional de remuneração para as atividades penosas, insalubres ou perigosas, na forma da lei (art. 7º, XXIII), (h) o direito à aposentadoria (art. 7º, XXIV), (i) o seguro contra acidentes de trabalho, a cargo do empregador, sem excluir a indenização a que este está obrigado, quando incorrer em dolo ou culpa (art. 7º, XXVIII).

Tem-se, no primeiro caso ("a"), garantia destinada a assegurar um sistema de proteção ao trabalhador contra o desemprego involuntário e, no segundo, determinação para a instituição, preservação e desenvolvimento de modelo apto a assegurar a adequada compensação ao trabalhador em caso de dispensa ou extinção do contrato de trabalho. As demais situações ("c" até "i") indicam direitos que reclamam, por razões diversas, uma disciplina normativa específica, normas de organização e procedimento ou regras básicas definidoras de sua forma de exercício.

Algumas normas constantes do catálogo de direitos previsto no art. 7º indicam que o constituinte pretendeu explicitar, em verdade, um dever geral de proteção por parte do legislador (*Schutzpflicht*).

Nesse sentido, mencione-se, por exemplo, a cláusula segundo a qual há de se assegurar "proteção do salário, na forma da lei, constituindo crime sua retenção dolosa" (art. 7º, X). Da mesma forma, consagra-se a "proteção do mercado de trabalho da mulher, mediante incentivos específicos, nos termos da lei" (art. 7º, XX). Em patamar semelhante parecem situar-se as disposições que preveem a "redução dos riscos inerentes ao trabalho, por meio de normas de saúde, higiene e segurança" (art. 7º, XXII), o "reconhecimento das convenções e acordos coletivos de trabalho" (art. 7º, XXVI) e a "proteção em face da automação, na forma da lei" (art. 7º, XXVII).

Todas essas normas parecem conter diretrizes dirigidas primariamente ao legislador, ou a este e à Administração com o objetivo de garantir a proteção necessária ao trabalhador no que concerne ao salário – determinando-se até mesmo a criminalização no caso de retenção indevida[73]; de assegurar proteção efetiva ao mercado de trabalho da mulher, inclusive mediante incentivos específicos previstos em lei; de obter a redução dos riscos inerentes ao trabalho, mediante providências de variada índole; ou, ainda, com o objetivo de criar disciplina normativa apta ao reconhecimento e aplicação das convenções e acordos coletivos e de propiciar a proteção do emprego contra a automação.

Nesses casos, não se pode falar, *a priori*, em um direito subjetivo em face do empregador, mas, mais precisamente, de deveres de proteção que devem ser satisfeitos e implementados pelo legislador e pela Administração. É possível que tais deveres estejam a reclamar, continuamente, a edição e atualização de normas de organização e procedimento.

A Constituição também assegura o reconhecimento das convenções e acordos coletivos (art. 7º, XXVI) e a livre associação profissional e sindical (art. 8º), que não poderá ser obstada pelo Estado ou pelo empregador. Destacam-se duas garantias previstas no texto constitucional: a impossibilidade de o Estado se imiscuir na fundação e no funcionamento dos sindicatos; e a proibição de dispensa dos empregados envolvidos em atividades de direção ou representação sindical, que constitui exemplo da incidência dos direitos fundamentais nas relações privadas.

A dimensão constitucional da autonomia coletiva foi discutida no julgamento do RE 590.415. No caso, analisou-se a validade e os efeitos de cláusula de quitação ampla prevista em Plano de Demissão Voluntária (PDV). O entendimento dominante do Tribunal Superior do Trabalho sobre o tema era de que, em face do art. 477, § 2º, da CLT, tal quitação limitar-se-ia às parcelas e aos valores especificados no recibo.

O STF, no entanto, decidiu por unanimidade que a adesão do empregado a programa de demissão incentivada resulta na "quitação ampla e irrestrita de todas as parcelas objeto do contrato de emprego, caso essa condição tenha constado expressamente do acordo coletivo ou do plano que o aprovou, bem como dos demais instrumentos celebrados pelo empregado". O relator do processo, Ministro Luís Roberto Barroso, destacou que "no âmbito coletivo não se verifica a mesma assimetria de poder presente nas relações individuais" e, por isso, "a autonomia coletiva da vontade não se encontra sujeita aos mesmos limites que a autonomia individual"[74].

A tendência a valorizar a autonomia coletiva e a estimular a autocomposição nos conflitos trabalhistas foi reafirmada pelo STF no âmbito das decisões proferidas no RE 895.759[75]

---

73 Conferir "Mandados constitucionais de criminalização", item V do Capítulo 4 ("Direitos fundamentais de caráter judicial e garantias constitucionais do processo").

74 RE 590.451, rel. Min. Luiz Roberto Barroso, *DJ* de 29-5-2015.

75 RE 895.759, rel. Min. Teori Zavascki, *DJe* de 13-9-2016.

e na ADPF 323[76]. Em 2019, inclusive, o STF revisou as teses 357 e 762 da sistemática da repercussão geral, e entendeu haver matéria constitucional e repercussão geral na discussão da validade de norma coletiva que limita ou restringe direitos trabalhistas. A decisão foi tomada no ARE 1121633-RG, sob o Tema 1046, e aguarda o julgamento do mérito pelo plenário[77].

Ao decidir o RE 895.759, o Ministro Teori Zavascki entendeu válida a norma coletiva que suprime o pagamento das horas *in itinere* mediante a concessão de outras vantagens. Considerou que o acórdão recorrido estava em confronto com o decidido pela Corte no RE 590.415. Ressaltou que a vontade proferida pela entidade sindical foi validada pela votação da Assembleia Geral que deliberou pela celebração do acordo coletivo. Frisou que a própria Constituição Federal admite que normas coletivas disponham sobre salário e jornada de trabalho, inclusive reduzindo remuneração e fixando jornada diversa.

Na ADPF 323, liminar a ser confirmada pelo Plenário do STF suspendeu todos os processos em curso e os efeitos das decisões judiciais proferidas no âmbito da Justiça do Trabalho que versem sobre a aplicação da ultra-atividade de normas de acordos e de convenções coletivas. Ressaltou-se que, "se acordos e convenções coletivas são firmados após amplas negociações e mútuas concessões, parece evidente que as vantagens que a Justiça Trabalhista pretende ver incorporadas ao contrato individual de trabalho certamente têm como base prestações sinalagmáticas acordadas com o empregador. Essa é, afinal, a essência da negociação trabalhista. Parece estranho, desse modo, que apenas um lado da relação continue a ser responsável pelos compromissos antes assumidos".

Também em sede de Arguição de Descumprimento de Preceito Fundamental (ADPF 324, rel. Min. Roberto Barroso), o Plenário do STF reconheceu a constitucionalidade da terceirização em quaisquer das etapas ou atividades da cadeia de produção. Em causa estava o conjunto de decisões da Justiça do Trabalho amparadas na Súmula 331 do TST – notadamente em seu item I[78]. A partir do teor da referida Súmula, a jurisprudência trabalhista consolidou um critério de definição da legalidade/ilegalidade da terceirização a partir das noções de atividade-meio e atividade-fim, critério este que, com o passar do tempo e com o desenvolvimento global de um modelo de produção descentralizado, tornou-se cada dia mais controvertido. *Grosso modo*, quando se reconhecia que a terceirização dizia respeito à atividade-fim, era considerada ilegal e se reconhecia o vínculo de emprego diretamente entre os trabalhadores terceirizados e a empresa tomadora dos serviços.

O STF consignou que a Constituição não impôs um modelo específico de produção e que a terceirização não traz consigo uma necessária precarização das condições de trabalho.

Conjuntamente, julgou-se o RE 958.252, de relatoria do Min. Luiz Fux, tendo sido aprovada a seguinte tese de repercussão geral: "é lícita a terceirização ou qualquer outra forma de divisão do trabalho entre pessoas jurídicas distintas, independentemente do objeto social das empresas envolvidas, mantida a responsabilidade subsidiária da empresa contratante".

76 ADPF 323-MC, rel. Min. Gilmar Mendes, *DJe* de 19-10-2016.

77 ARE 1121633, rel. Min. Gilmar Mendes, *DJe* de 23-5-2019.

78 "A contratação de trabalhadores por empresa interposta é ilegal, formando-se vínculo diretamente com o tomador dos serviços, salvo no caso de trabalho temporário (Lei n. 6.019, de 3-1-1974)."

Em 2020, o STF declarou a constitucionalidade da Lei n. 13.429 de 2017, a chamada Lei das Terceirizações. As Ações Diretas de Inconstitucionalidade n. 5.735, 5.695, 5.687, 5.686 e 5.685 foram julgadas improcedentes, por 7 votos a 4, em julgamento virtual encerrado em 15 de junho de 2020. Em síntese, as ações alegavam que a terceirização irrestrita de atividades seria inconstitucional por precarizar as relações de trabalho e que a terceirização pela administração pública violaria o princípio do concurso público. O relator das ações, Ministro Gilmar Mendes, ressaltou que a Constituição não impõe um modelo específico que produção e que a flexibilização das normas trabalhistas está inserida em um fenômeno global, do qual o Brasil não pode se afastar, sendo a informalidade um indicativo de que "os agentes de mercado, não apenas empresas, mas também os trabalhadores, estão migrando para a margem do sistema super-regulado que construímos".

O texto constitucional ampara ainda o direito de greve[79] (arts. 9º e 37, VII), ressalvada a proibição de sindicalização e greve aos militares (art. 142, IV); e a participação dos trabalhadores e empregadores nos colegiados de órgãos públicos cuja deliberação envolva os seus interesses (art. 10).

A jurisprudência do Supremo Tribunal Federal é farta no tocante ao reconhecimento de direitos dos trabalhadores.

Mencione-se, por exemplo: a possibilidade de utilização de decreto como instrumento de divulgação do valor nominal do salário mínimo, em atendimento ao dispositivo constitucional que exige lei formal para fixação de seu valor[80]; os reiterados mandados de injunção a indicar a omissão legislativa em relação à regulamentação do aviso prévio proporcional ao tempo de serviço, previsto no art. 7º, XXI, da Constituição Federal[81]; a constitucionalidade do art. 118 da Lei n. 8.213/91, que prevê a estabilidade

79 A respeito do direito de greve dos servidores públicos civis, confira-se o entendimento do Supremo Tribunal Federal nos acórdãos proferidos nos Mandados de Injunção n. 670 e 708, da relatoria do Min. Gilmar Mendes, e n. 712, rel. Min. Eros Grau, todos veiculados no *DJ* de 30-10-2008. Ainda, no RE 693.456-RG, rel. Min. Dias Toffoli, o Supremo Tribunal Federal reconheceu a constitucionalidade do desconto dos dias parados em razão de greve de servidor. Por maioria, o Plenário entendeu que cabe à administração pública efetuar o corte do ponto dos grevistas, admitindo, no entanto, a possibilidade de compensação dos dias parados mediante acordo. Também consignou que o desconto não poderá ser feito caso o movimento grevista tenha sido motivado por conduta ilícita do próprio poder público (RE-RG 693.456, rel. Min. Dias Toffoli, julgado em 27-10-2016, Plenário). Quanto à competência para julgar a abusividade de greve de servidores públicos celetistas, o Plenário do STF, no RE 846.854/SP, entendeu pela competência da justiça comum, federal ou estadual, no caso de servidores da administração pública direta, autarquias e fundações públicas (RE-RG 846.854, rel. orig. Min. Luiz Fux, red. p/ acórdão Min. Alexandre de Moraes, julgado em 1º-8-2017). No MI 708, rel. Min. Gilmar Mendes, a Corte já havia reconhecido a competência da justiça comum para julgar assuntos relacionados à greve de servidores públicos.

80 ADI 4.568, rel. Min. Cármen Lúcia, j. em 3-11-2011, Plenário, *DJE* de 30-3-2012.

81 MI 369, red. para o acórdão Min. Francisco Rezek, j. 19-8-1992, *DJ* de 26-3-1993. A primeira vez que o STF reconheceu essa omissão inconstitucional remonta há quase vinte anos. No entanto, ao contrário dos precedentes do direito de greve, o aviso prévio proporcional não possuía qualquer parâmetro normativo preestabelecido ou outro critério que pudesse ser utilizado provisoriamente pela Corte na integração do vácuo normativo. Na Sessão de 22-6-2011, o Supremo Tribunal Federal iniciou a análise conjunta dos Mandados de Injunção n. 943, 1010, 1074 e 1090, todos de relatoria do Min. Gilmar Mendes. Naquela oportunidade, assentou-se que a sistemática conduta omissiva do Legislativo podia e devia ser submetida à apreciação do Judiciário (e por ele deve ser censurada) de forma a garantir, minimamente, direitos constitucionais reconhecidos (CF, art. 5º, XXXV). Afirmou tratar-se de uma garantia de proteção judicial efetiva, que não pode ser negligenciada na vivência democrática de um Estado de Direito (CF, art. 1º). Após a apresentação de propostas sobre a forma de como a omissão deveria ser colmatada, o julgamento foi adiado, com consentimento do Plenário, para consolidação das sugestões apresentadas. Nesse

provisória do trabalhador acidentado[82]; possibilidade de contagem de tempo de serviço de trabalhador rural ou rurícola menor de 14 anos, por não ser possível interpretar, em seu desfavor, a norma de garantia do art. 7º, XXXIII, da CF, que proíbe qualquer trabalho a menor de 16 anos[83].

Em sede de repercussão geral, o STF reconheceu que os prazos da licença adotante não podem ser inferiores aos prazos da licença gestante, o mesmo valendo para as respectivas prorrogações, não sendo possível fixar prazos diversos em razão da idade da criança adotada[84]. O Ministro Relator afirmou que nada na realidade das adoções, nem mesmo na das adoções tardias, indica que as crianças precisem de menos cuidados ou atenção que os recém-nascidos. Ao contrário, as crianças adotadas constituem grupo vulnerável e fragilizado, a demandar maior esforço da família para sua adaptação.

Ao julgar o RE 629053, a Corte entendeu que a incidência da estabilidade prevista no art. 10, II, do Ato das Disposições Constitucionais Transitórias somente exige que a gravidez seja anterior à dispensa sem justa causa, incidindo a estabilidade mesmo que o empregador desconhecesse a gravidez no momento da demissão[85].

Na ADI 5938, de relatoria do Ministro Alexandre de Moraes, o Tribunal, por unanimidade, declarou a inconstitucionalidade da expressão *"quando apresentar atestado de saúde, emitido por médico de confiança da mulher, que recomende o afastamento", contida nos incisos II e III do art. 394-A da CLT, inseridos pelo art. 1º da Lei 13.467/2017"*. Ao julgar procedente a ação direta de inconstitucionalidade proposta pela Confederação Nacional dos Trabalhadores Metalúrgicos, o Plenário considerou que a Reforma Trabalhista violou diversos dispositivos constitucionais ao permitir exposição de gestante e lactante a atividades insalubres no ambiente de trabalho. Consignou que *"a proteção à maternidade e a integral proteção à criança são direitos irrenunciáveis e não podem ser afastados pelo desconhecimento, impossibilidade ou a própria negligência da gestante ou lactante em apresentar um atestado médico, sob pena de prejudicá-la e prejudicar o recém-nascido"*[86].

A licença-maternidade e o pagamento de salário-maternidade foram ampliados para os casos em que mãe e bebês necessitam de internação prolongada após o parto. A Corte, por maioria, referendou medida cautelar deferida pelo Ministro Edson Fachin na ADI 6.327, "a fim de conferir interpretação conforme à Constituição ao artigo 392, § 1º, da CLT, bem como ao artigo 71 da Lei n. 8.213/91 e, por arrastamento, ao artigo 93 do seu Regulamento (Decreto n. 3.048/99), e assim assentar a necessidade de prorrogar o benefício, bem como considerar como termo inicial da licença-maternidade e do respectivo salário-maternidade a alta hospitalar do recém-nascido e/ou de sua mãe, o que ocorrer por último, quando o período de internação exceder as duas semanas previstas no art. 392, § 2º, da CLT, e no art. 93, § 3º, do Decreto n. 3.048/99". A decisão funda-

período, em 11-10-2011, foi publicada a Lei n. 12.506, que, finalmente, regulou o instituto do aviso prévio proporcional ao tempo de serviço, previsto no art. 7º, inciso XXI, da Constituição Federal.

82 ADI 639, rel. Min. Joaquim Barbosa, *DJ* de 21-10-2005.

83 AI 529.694, rel. Min. Gilmar Mendes, *DJ* de 11-3-2005.

84 RE 778.889-RG, rel. Min. Roberto Barroso, julgado em 10-3-2016, Plenário, *DJe* de 29-7-2016.

85 RE 629.053, rel. Min. Marco Aurélio, red. p/ ac. Min. Alexandre de Moraes, *DJe* 10-10-2018.

86 ADI 5938, rel. Min. Alexandre de Moraes, Tribunal Pleno, *DJe* 20-9-2019.

mentou a necessidade de extensão do período de licença-maternidade na "absoluta prioridade dos direitos das crianças" e no direito à convivência familiar.

Em relação à extinção da obrigatoriedade da contribuição sindical, outra inovação da Reforma Trabalhista, o Tribunal entendeu pela sua constitucionalidade. Por maioria, vencidos os Ministros Edson Fachin, Rosa Weber e Dias Toffoli, o Plenário julgou improcedentes as ADIs 5794, 5912, 5923, 5859, 5865, 5813, 5885, 5887, 5913, 5810, 5811, 5888, 5892, 5806, 5815, 5850, 5900, 5950 e 5945 e procedente a ADC 55. Concluiu que a facultatividade da contribuição sindical é constitucional, inexistindo necessidade de regulamentação por lei complementar ou lei específica, não importando em ofensa à isonomia tributária, nem em violação à autonomia das organizações sindicais. Consignou que "*a legislação em apreço tem por objetivo combater o problema da proliferação excessiva de organizações sindicais no Brasil, tendo sido apontado na exposição de motivos do substitutivo ao Projeto de Lei n. 6.787/2016, que deu origem à lei ora impugnada, que o país possuía, até março de 2017, 11.326 sindicatos de trabalhadores e 5.186 sindicatos de empregadores, segundo dados obtidos no Cadastro Nacional de Entidades Sindicais do Ministério do Trabalho, sendo que, somente no ano de 2016, a arrecadação da contribuição sindical alcançou a cifra de R$ 3,96 bilhões de reais*". O acórdão, inclusive, observou que a autocontenção judicial requer o respeito à escolha democrática do legislador, em homenagem à presunção de constitucionalidade das leis[87].

Na ADPF 276, a Confederação Nacional dos Trabalhadores em Estabelecimentos de ensino questionou a constitucionalidade do art. 522 da CLT, da Súmula 369, item II, e do Precedente Normativo n. 119 do TST, que limitam o número de dirigentes sindicais com direito a estabilidade provisória. A Corte, no entanto, julgou improcedente a arguição, tendo consignado que "a liberdade sindical tem previsão constitucional, mas não se dota de caráter absoluto". A estabilidade no emprego, que visa garantir a autonomia da entidade sindical, não busca criar situações de estabilidade genérica e ilimitada[88].

3.2. O direito à educação

Dentre os direitos sociais, o direito à educação tem assumido importância predominante para a concretização dos valores tutelados pela Constituição e, principalmente, para a construção de patamar mínimo de dignidade para os cidadãos.

No Brasil, em razão do histórico descaso do Estado no que diz respeito ao oferecimento de uma rede educacional extensa e de qualidade, ocorreu a marginalização de amplos setores da sociedade, prejudicando, inclusive a concretização de outros direitos fundamentais[89]. Não por acaso, o próprio texto constitucional, em seu art. 205, preceitua que a educação deve ser promovida "visando ao pleno desenvolvimento da pessoa, seu preparo para o exercício da cidadania e sua qualificação para o trabalho".

Nesse ponto, é interessante ressaltar o papel desempenhado por uma educação de qualidade na completa eficácia dos direitos políticos dos cidadãos, principalmente no

---

87 ADI 5794, rel. Min. Edson Fachin, red. p/ac. Min. Luiz Fux, Tribunal Pleno, *DJe* 23-4-2019.

88 ADPF 276, rel. Min. Cármen Lúcia, Tribunal Pleno, *DJe* de 3-6-2020.

89 Para uma análise histórico-normativa da educação brasileira, conferir Mônica Sifuentes, *Direito fundamental à educação*: a aplicabilidade dos dispositivos constitucionais, Porto Alegre: Núria Fabris, 2009.

que se refere aos instrumentos de participação direta, como o referendo e o plebiscito. Isto porque as falhas na formação intelectual da população inibem sua participação no processo político e impedem o aprofundamento da democracia.

A necessidade de consolidar o direito à educação como direito fundamental foi bastante discutida no processo constituinte. A preocupação com a concretização desse direito social e a busca para superar a ineficiência do modelo educacional brasileiro acabaram por dar origem ao mandado de injunção[90]. Concebido para a proteção do direito à educação, o objeto desse novo instrumento passou a compreender outras omissões do Poder Público, nos termos do art. 5º, LXXII, da Constituição Federal[91].

Além da previsão geral do art. 6º e do art. 205 da Constituição, que consagra o direito à educação como direito de todos e dever do Estado, o texto constitucional detalhou seu âmbito de proteção, nos arts. 205 a 214. Nesse sentido, estabeleceu uma série de princípios norteadores da atividade do Estado com vistas a efetivar esse direito, tais como a igualdade de condições para o acesso e permanência na escola, o pluralismo de ideias e de concepções pedagógicas e a autonomia universitária, gratuidade do ensino público em estabelecimentos oficiais, gestão democrática do ensino público, garantia de padrão de qualidade de piso salarial profissional nacional para os professores da educação pública, nos termos da lei federal (CF, art. 206). Dispôs, ainda, que União, Estados, Distrito Federal e Municípios deverão organizar seus sistemas de ensino em regime de colaboração.

A Constituição também estabelece como os entes federados preferencialmente atuarão na área de educação. Aos Municípios cabe atuar prioritariamente no ensino fundamental e na educação infantil (art. 211, § 2º), enquanto aos Estados e ao Distrito Federal, nos ensinos fundamental e médio (art. 211, § 3º). Compete à União organizar o sistema federal de ensino e o dos Territórios, financiar as instituições de ensino públicas federais e exercer, em matéria educacional, função redistributiva e supletiva, de forma a garantir equalização de oportunidades educacionais e padrão mínimo de qualidade do ensino mediante assistência técnica e financeira aos Estados, ao Distrito Federal e aos Municípios (art. 211, § 1º).

No tocante ao financiamento, o art. 212 da Constituição estabelece que a União aplicará, anualmente, não menos de 18% e os Estados, o Distrito Federal e os Municípios não menos de 25% de suas receitas resultantes de impostos, na manutenção e desenvolvimento do ensino. O § 3º do mesmo artigo define que a distribuição dos recursos públicos terá como prioridade o atendimento das necessidades do ensino obrigatório e o § 5º, com redação dada pela Emenda Constitucional n. 53, de 2006, indica que a educação básica pública terá como fonte adicional a contribuição do salário-educação. A origem e a destinação de verbas para a efetivação do direito social à educação estão definidas, com isso, em nível constitucional.

Nos termos da Constituição, assegura-se a garantia de educação básica obrigatória e gratuita dos 4 aos 17 anos de idade, com oferta gratuita aos que não tiveram acesso na

---

90 Cf., a propósito, Herzeleide Maria Fernandes de Oliveira, O mandado de injunção, *Revista de Informação Legislativa*, Brasília, ano 25, n. 100, out./dez. 1988.

91 Conferir tópico sobre mandado de injunção no Capítulo 10, VII.

idade própria (art. 208, I), a progressiva universalização do ensino médio gratuito (art. 208, II), o atendimento educacional especializado aos portadores de deficiência, preferencialmente na rede regular de ensino (art. 208, III), e a educação infantil, em creche e pré-escola, às crianças de até 5 anos de idade (art. 208, IV).

Salienta-se que, com o advento da Emenda Constitucional n. 108/2020, o Fundo de Manutenção e Desenvolvimento da Educação Básica e de Valorização dos Profissionais da Educação – Fundeb passou a ser um fundo especial de natureza permanente.

A despeito da formulação que demanda constante institucionalização, afigura-se inequívoco também o caráter de direito subjetivo conferido pelo constituinte a essas situações jurídicas, não havendo dúvida quanto à possibilidade de judicialização em caso de prestação de serviço deficiente ou incompleto. Consagra-se que o acesso ao ensino obrigatório e gratuito é direito público subjetivo, que o não oferecimento de ensino obrigatório pelo Poder Público, ou sua oferta irregular, importará responsabilidade da autoridade competente e que cabe ao Poder Público recensear os educandos no ensino fundamental, fazendo-lhe a chamada e zelar, junto aos pais, ou responsáveis, pela frequência à escola (CF, art. 208, §§ 1º, 2º e 3º).

São relevantes as controvérsias submetidas ao STF sobre o direito à educação.

Nesses casos, o Supremo tem se deparado com o problema da interferência do Judiciário na elaboração das políticas públicas, bem como com a necessidade de garantir direitos fundamentais sociais.

Em razão de inúmeras decisões judiciais afastando a data de Corte (31 de março) para aferição das idades mínimas de ingresso na educação infantil (4 anos) e ensino fundamental (6 anos) prevista na Lei de Diretrizes e Bases da Educação Nacional (arts. 24, 31 e 32 da Lei 9.394/96) e nas Resoluções 1/2010 e 6/2010 da Câmara de Educação Básica do Conselho Nacional de Educação, foram ajuizadas a ADPF 292 e a ADC 17, em que se buscava a confirmação da constitucionalidade da política pública. A Procuradoria-Geral da República manifestou-se pela inconstitucionalidade da política, entendendo que ofenderia o princípio de acessibilidade à educação básica e gratuita dos 4 aos 17 anos de idade (art. 208, I, CF), da acessibilidade à educação infantil em creche e pré-escola às crianças até 5 anos de idade (art. 208, IV, CF), bem como da isonomia no acesso à educação (art. 5º, *caput*, combinado com os arts. 6º, *caput*, e 208, § 1º, CF).

O Supremo Tribunal Federal, por maioria[92], declarou a constitucionalidade dos dispositivos legais impugnados. O Ministro Luiz Fux, relator da ADPF 292, ressaltou que o Poder Judiciário não tem capacidade técnica para estipular os critérios envolvidos na matéria em debate e consignou que não cabe ao Tribunal estabelecer políticas públicas sobre o assunto. Para ele, as resoluções questionadas, que foram expedidas após ampla participação técnica e social, não violam os princípios da isonomia e da proporcionalidade, nem obstam o acesso à educação[93].

---

92 O Ministro Edson Fachin, relator da ADC 17, ficou vencido. Entendia que "mesmo que os critérios cronológico e etário sejam inegavelmente necessários para a organização escalonada da educação formal, não se pode perder de vista que, em determinadas circunstâncias, apresenta-se obrigatório observar as condições específicas da criança para melhor aproveitar seu potencial intelectual, emocional e afetivo".

93 ADPF 292, rel. Min. Luiz Fux, e ADC 17, rel. Min. Edson Fachin, red. p/ac. Min. Roberto Barroso, Plenário, julgamento em 1º-8-2018.

Outro relevante precedente é a ADI 4.439[94], em que o Tribunal, por maioria, entendeu ser constitucional a previsão de ensino religioso nas escolas públicas. O acórdão consignou que o artigo 33, caput e §§ 1º e 2º, da Lei de Diretrizes e Bases da Educação Nacional e o Estatuto Jurídico da Igreja Católica no Brasil, promulgado pelo Decreto 7.107/2010, asseguram o respeito ao binômio laicidade do estado e liberdade religiosa, possibilitando, mediante matrícula facultativa, o conteúdo confessional que respeita a igualdade de acesso e tratamento a todas as confissões religiosas, estando em conformidade com a norma do art. 210, § 1º, da Constituição Federal[95].

A legitimidade para propor ação civil pública para garantir o direito à educação faz com que o Ministério Público ocupe um importante papel no desenvolvimento e na manutenção desse direito social. Sua atuação é essencial não apenas por meio de instrumentos processuais, como também pelas ações da Curadoria da Infância e Juventude, nas quais o Ministério Público pode agir de forma mais direta e transparente com a população mais carente[96].

A propósito, cumpre assinalar que o Supremo Tribunal Federal já teve oportunidade de assentar que o Ministério Público dispõe de legitimidade para propor ação civil pública para compelir Município a incluir, no orçamento seguinte, percentual que completaria o mínimo de 25% de aplicação no ensino[97].

Nas hipóteses em que se requer o acesso à creche, em virtude da insuficiência das vagas disponibilizadas pelo Poder Público, "a jurisprudência do STF firmou-se no sentido da existência de direito subjetivo público de crianças até cinco anos de idade ao atendimento em creches e pré-escolas. (...) também consolidou o entendimento de que é possível a intervenção do Poder Judiciário visando à efetivação daquele direito constitucional"[98]. De acordo com o art. 208, IV, da Constituição, com redação dada pela Emenda Constitucional n. 53, de 2006, deve ser assegurada a educação infantil em creche e pré-escola às crianças de até 5 anos.

Ao lado dessa questão atinente à criação de vagas em escolas, outro problema relevante diz respeito ao acesso de setores econômica ou socialmente vulneráveis ao ensino superior.

Nesse contexto, o Estado tem buscado formas de promover esse direito, principalmente por meio da inclusão de camadas menos favorecidas e historicamente alijadas da tutela estatal no sistema educacional. Assim, foram instituídos diversos programas de ação afirmativa nas Universidades Públicas, com a finalidade de combater tanto a exclusão fundada em fatores de ordem socioeconômica, quanto nos de origem racial.

---

94 A Procuradoria-Geral da República buscava a declaração de inconstitucionalidade dos dispositivos impugnados, por entender que "a única forma de compatibilizar o caráter laico do Estado brasileiro com o ensino religioso nas escolas públicas é através da adoção do modelo não confessional, em que o conteúdo pragmático da disciplina consiste na exposição das doutrinas, das práticas, da história e de dimensões sociais das diferentes religiões – bem como de posições não religiosas, como o ateísmo e o agnosticismo – sem qualquer tomada de partido por parte dos educadores". Argumentava que, apesar de facultativo, o oferecimento de ensino religioso representaria coerção indireta e que os alunos poderiam sentir-se obrigados a participar, para acompanhar a maioria.

95 ADI 4439, rel. Min. Roberto Barroso, red. p/ ac. Min. Alexandre de Moraes, *DJe* 21-6-2018.

96 Mônica Sifuentes, *Direito fundamental à educação*: a aplicabilidade dos dispositivos constitucionais, Porto Alegre: Núria Fabris, 2009, p. 256.

97 RE 190.938, Redator para acórdão, Min. Gilmar Mendes, *DJe* de 22-5-2009.

98 RE 554.075-AgR, rel. Min. Cármen Lúcia, j. em 30-6-2009, 1ª Turma, *DJe* de 21-8-2009.

De fato, trata-se de buscar o caminho mais adequado para promover ensino de qualidade que inclua todas as camadas da população e permita seu desenvolvimento completo. Nessa direção, o STF confirmou a constitucionalidade do Programa Universidade para Todos (PROUNI) – ADI 3.330[99] – e do programa de cotas da Universidade de Brasília (UnB) – ADPF 186[100].

Na ADPF 186, foi alegado, em síntese, que o sistema de cotas adotado pela Universidade de Brasília teria atingido diversos preceitos fundamentais. A instituição destinou 20% de suas vagas do acesso universal para negros e instituiu o que passou a ser denominado "Tribunal Racial", composto por pessoas não identificadas e responsáveis por definir quem poderia ser considerado negro para critérios seletivos.

O sistema adotado pela UnB foi considerado constitucional, mas é importante ressaltar que a complexidade do racismo existente em nossa sociedade e das características específicas da miscigenação do povo brasileiro impõe que as entidades responsáveis pela instituição de modelos de cotas sejam sensíveis à especificidade da realidade brasileira e, portanto, ao fixarem as cotas, atentem para a necessidade de conjugação de critérios de "cor" com critérios de renda, tendo em vista a própria eficiência social da instituição das políticas de cotas.

A implementação de cotas baseadas apenas na cor da pele[101], como a seguida no modelo adotado pela Universidade de Brasília, pode não ser eficaz, do ponto de vista de inclusão social, ao passo que sua conjugação com critérios de renda tem o condão de atingir o problema de modo mais preciso, sem deixar margens para questionamentos baseados na ofensa à isonomia, ou sobre a possível estimulação de conflitos raciais inexistentes no Brasil atual[102].

O PROUNI[103] observa, por sua vez, essas exigências. O art. 3º da MP n. 213/2004, convertida na Lei n. 11.096/2005, deixa claro que "o estudante a ser beneficiado pelo

99 ADI 3.330/DF, rel. Min. Ayres Britto, j. em 3-5-2012.

100 ADPF 186/DF, rel. Min. Ricardo Lewandowski, j. em 26-4-2012.

101 A implementação de cotas baseadas apenas na cor da pele também foi o critério utilizado pela Lei n. 12.990/2014, ao estabelecer o sistema de cotas raciais em concursos públicos. A legislação federal reserva aos negros 20% das vagas abertas em concursos públicos, realizados no âmbito da administração pública federal, das autarquias, das fundações públicas, das empresas públicas e das sociedades de economia mista controladas pela União. Nesse caso, o Supremo Tribunal Federal, por unanimidade, declarou a lei constitucional e fixou a seguinte tese: "É constitucional a reserva de 20% das vagas oferecidas nos concursos públicos para provimento de cargos efetivos e empregos públicos no âmbito da administração pública direta e indireta" (ADC 41, rel. Min. Roberto Barroso, Plenário, *DJe* de 17-8-2017).

102 Mencione-se o julgamento do RE 597.285/RS, rel. Min. Ricardo Lewandowski, julgado em 9-5-2012, no qual se discutiu o sistema de cotas instituído pela Universidade Federal do Rio Grande do Sul (UFRGS). O critério adotado por essa instituição foi o de reserva de 30% das vagas a egressos do sistema público, destinando, desse total, 50% a candidatos autodeclarados negros. No caso, reafirmou-se a constitucionalidade da política de ações afirmativas que reserva vagas no ensino superior ao sistema de cotas que utilizam como critério o étnico-racial. O Min. Gilmar Mendes ponderou, contudo, que a reserva de vagas a egressos de escolas públicas precisa considerar peculiaridades estaduais, como a qualidade do ensino público em colégios militares, usualmente frequentados por alunos de bom poder aquisitivo. Poderia haver, aí, uma espécie de discriminação em reverso.

103 O Supremo Tribunal Federal declarou constitucional a Medida Provisória n. 213/2004, convertida na Lei n. 11.096/2005, ao julgar improcedente o pedido formulado na Ação Direta de Inconstitucionalidade n. 3.330, ajuizada pela Confederação Nacional dos Estabelecimentos de Ensino (ADI 3.330, rel. Min. Ayres Britto, Plenário, *DJe* de 22-3-2013).

PROUNI será pré-selecionado pelos resultados e pelo perfil socioeconômico do Exame Nacional do Ensino Médio – ENEM ou outros critérios a serem definidos pelo Ministério da Educação, e, na etapa final, selecionado pela instituição de ensino superior, segundo seus próprios critérios, à qual competirá, também, aferir as informações prestadas pelo candidato". Portanto, quanto ao critério meritório ("acesso ao ensino superior segundo a capacidade de cada um"), a lei claramente exige que o estudante seja avaliado pelo Exame Nacional do Ensino Médio (ENEM), e ainda deverá passar pela seleção exigida pela instituição de ensino superior, normalmente o vestibular. Apenas após a superação desses requisitos de mérito é que o estudante poderá concorrer a uma bolsa de estudo pelo PROUNI.

Com base na jurisprudência do Supremo Tribunal Federal, a MP n. 213/2004, convertida na Lei n. 11.096/2005, apenas regulou a forma pela qual se deve investir o resultado operacional obtido também por meio da imunidade tributária, objetivando a ampliação do acesso ao Ensino Superior, mediante concessão de bolsas de estudo. Significa dizer que em vez de arcar diretamente com os custos das bolsas de estudo concedidas aos estudantes, o Poder Público concede a "isenção" às entidades educacionais para que estas apliquem o resultado daí obtido no financiamento dessas bolsas.

Apesar de aparentemente estipular o critério exclusivamente racial para a concessão de bolsas de estudo, a lei do PROUNI, em verdade, estabelece o critério da renda do aluno como requisito essencial para a concessão de bolsas. Fosse o critério da raça o único a ser erigido pela lei como requisito de distinção para fins de concessão da bolsa, certamente teríamos caso muito mais polêmico.

O STF também analisou a validade do piso nacional de professores de educação básica da rede pública de ensino, matéria que teve sua constitucionalidade impugnada por alguns Estados em sede de controle abstrato[104]. A denominada Lei do Piso Nacional – Lei n. 11.738/2008 – planificou a carga horária da jornada de trabalho dos professores da rede pública de ensino médio, nos termos do art. 206, VIII, da Constituição e do art. 60, III, *c*, do ADCT.

No julgamento, foi afastado o argumento de que a União, ao estabelecer tal piso, teria ofendido o pacto federativo. Sua competência para elencar diretrizes e bases da educação, em nível nacional, foi confirmada, cabendo aos Estados estabelecer regras complementares, utilizando-se de sua competência suplementar. Declarou-se, ainda, constitucional o dispositivo que reserva o percentual mínimo 1/3 da carga horária dos docentes da educação básica para dedicação às atividades extraclasse.

O art. 5º, parágrafo único, da Lei n. 11.738/2008 estabelece que o piso nacional do magistério será atualizado anualmente e utilizando-se o "mesmo percentual de crescimento do valor anual mínimo por aluno referente aos anos iniciais do ensino fundamental urbano, definido nacionalmente, nos termos da Lei n. 11.494/2007, que regulamenta o Fundo de Manutenção e Desenvolvimento da Educação Básica e de Valorização dos Profissionais da Educação – FUNDEB".

Governadores de Estados, todavia, contestaram esse dispositivo[105], que seria inconstitucional por vincular aumento da remuneração de servidores públicos a índices

104 ADI 4.167/DF, rel. Min. Joaquim Barbosa, 6 e 7-4-2011.

105 ADI 4.848, rel. Min. Roberto Barroso.

aleatórios, resultante de fórmula matemática sobre a qual as entidades federadas não teriam ingerência, ao passo que o art. 37, X, da Constituição Federal veda a vinculação de quaisquer espécies remuneratórias para efeito de vinculação.

Foi alegado, além disso, que, com essa fórmula, os Estados não conseguiriam programar a quantia que realmente será gasta para o pagamento dos professores. Essa vinculação seria inconstitucional por determinar o aumento de despesas com pessoal sem que tenha havido prévia e suficiente dotação orçamentária ou autorização na Lei de Diretrizes Orçamentárias, nos termos do art. 169 da Constituição Federal. A matéria ainda pende de decisão.

O Supremo Tribunal Federal condenou, por maioria, a União ao pagamento de diferenças relacionadas à complementação do Fundo de Manutenção e de Desenvolvimento do Ensino Fundamental e de Valorização do Magistério (Fundef). Ao analisar as Ações Cíveis Originárias n. 468, 660, 669 e 700, todas de relatoria do Ministro Marco Aurélio, a Corte entendeu que o valor mínimo repassado por aluno em cada unidade da Federação não pode ser inferior à média nacional apurada, e a complementação ao fundo, fixada em desacordo com a média nacional, impõe à União o dever de suplementação desses recursos. A decisão refere-se apenas ao período de 1998 a 2007, quando o Fundef foi substituído pelo Fundeb.

Em relação à possibilidade de cobrança de taxa de matrícula nas universidades públicas, o Supremo Tribunal Federal considerou essa prática inconstitucional, por violação ao disposto no art. 206, IV, da Constituição Federal[106]. Além disso, editou-se a Súmula Vinculante 12 sobre o tema[107].

Todavia, a título de reflexão, o Ministro Gilmar Mendes deixou consignado, em seu voto, que "a exigência da gratuidade do ensino não se mostra incompatível com a cobrança, ou a imposição de determinadas exações – o nome aqui pouco importa – que subsidiem a universidade na ampliação, inclusive na universalização, tanto quanto possível, na generalização do ensino superior, conhecedores eles que são das dificuldades por que passam essas instituições diante da insuficiência de recursos". Trata-se de levar em consideração a realidade da atual política de ensino superior público, altamente excludente, e o estímulo ao diálogo sobre um espaço constitucional que compatibilizasse a ideia de gratuidade do ensino público com imposições que permitem subsidiar os mais carentes.

Esse mesmo argumento foi utilizado no deferimento do pedido de liminar de reclamação contra decisão que determinou que a Universidade Federal do Rio Grande do Sul parasse de cobrar taxas, matrículas ou mensalidades nos cursos de pós-graduação *lato sensu* (especialização e aperfeiçoamento)[108]. De acordo com a Universidade, esses cursos não se confundiriam com a atividade de ensino primordialmente por ela desempenhada e matéria da Súmula Vinculante 12.

A liminar foi deferida com a indicação de que o exame dos precedentes do Supremo Tribunal Federal que motivaram a aprovação da Súmula Vinculante 12 não autori-

106 RE 500.171, rel. Min. Ricardo Lewandowski, j. em 1º-8-2008.

107 Súmula Vinculante 12: "A cobrança de taxa de matrícula nas universidades públicas viola o disposto no art. 206, IV, da Constituição Federal".

108 Rcl 8.295 MC/RS, rel. Min. Ellen Gracie, decisão de 28-7-2009, Min. Presidente Gilmar Mendes.

zou incluir todo e qualquer curso realizado pelas universidades públicas, mas apenas os cursos de ensino superior. De resto, a exigência de que também cursos extracurriculares sejam gratuitos, ao invés de contribuir para a sua realização, pode resultar, muito provavelmente, em sua não efetivação, frustrando a capacidade de que dispõem as universidades públicas de contribuírem, de forma diversificada, com a comunidade em que estão inseridas na promoção de cursos de interesse geral mediante módicas contribuições.

O Plenário do Supremo Tribunal Federal referendou esse entendimento ao julgar o RE-RG 597.854, Tema 535 da sistemática da repercussão geral, de relatoria do Ministro Edson Fachin. Por maioria, vencido o Ministro Marco Aurélio, o Tribunal deu provimento ao recurso extraordinário interposto pela Universidade Federal de Goiás e fixou a seguinte tese: "a garantia constitucional da gratuidade de ensino não obsta a cobrança por universidades públicas de mensalidade em cursos de especialização"[109].

O STF ocupou-se, ainda, do julgamento do chamado ensino domiciliar – *homeschooling* –, nos autos do RE 888.815, rel. Min. Roberto Barroso. A Corte decidiu que a falta de regulamentação dessa prática inviabiliza a sua compatibilização com o modelo de educação insculpido na Constituição Federal, que trata o processo educacional de forma ampla e complexa e atribui o dever de educar ao Estado e à família, em conjunto. A partir dos debates travados, observa-se que a Corte não se mostrou inteiramente reticente ao reconhecimento do *homeschooling* no Brasil, orientando, no entanto, no sentido da necessidade de desenvolvimento de um arcabouço normativo que defina parâmetros básicos e contextualize a prática com o cenário educacional existente no Brasil, atento, inclusive, aos custos públicos envolvidos[110].

Em 2018, durante o período eleitoral, decisões da justiça eleitoral determinando busca e apreensão em sede de Universidades geraram perplexidade e o ajuizamento da ADPF 548 pela então Procuradora-Geral da República, Dra. Raquel Dodge, visando proteger a autonomia universitária. A ADPF foi distribuída à Ministra Cármen Lúcia, que deferiu monocraticamente a liminar pleiteada, em 27 de outubro de 2018, posteriormente referendada em plenário. A cautelar suspendeu "*os efeitos de atos judiciais ou administrativos, emanado de autoridade pública que possibilite, determine ou promova o ingresso de agentes públicos em universidades públicas ou privadas, o recolhimento de documentos, a interrupção de aula, debates ou manifestações de docentes e discentes universitários, a atividade disciplinar docente e discente e a coleta irregular de depoimentos desses cidadãos pela prática de manifestação livre de ideias e divulgação do pensamento nos ambientes universitários ou em equipamentos sob a administração de universidades públicas e privadas e serventes a seus fins e desempenhos*"[111]. O Ministro Gilmar Mendes, em seu voto, ressaltou que estavam em causa "*valores constitucionais extremamente sensíveis, tais como a liberdade de manifestação do pensamento, a liberdade de cátedra, a liberdade de aprender, ensinar, pesqui-*

---

109 Registro que, em 29 de março de 2017, o Plenário da Câmara dos Deputados rejeitou a Proposta de Emenda à Constituição n. 395/2014, que autorizava universidades públicas e institutos federais a cobrar por cursos de pós-graduação *lato sensu*, restringindo a gratuidade aos cursos de graduação, mestrado e doutorado. A PEC autorizava a cobrança pelos cursos a critério de cada universidade. Embora o texto tivesse sido aprovado em primeiro turno em fevereiro de 2016, com 318 votos favoráveis e 129 contrários, em segundo turno alcançou apenas 304 votos favoráveis, ou seja, não atingiu o mínimo de 308 votos necessários para aprovação de emenda constitucional.

110 RE 888.815, rel. Min. Roberto Barroso, Red. p/Ac. Min. Alexandre de Moraes, Tribunal Pleno, *DJe* de 13-9-2018.

111 ADPF-MC-ref 548, rel. Min. Cármen Lúcia, decisão referendada em 31-10-2018 pelo Plenário do STF.

sar e divulgar o pensamento, a arte e o saber, a autonomia didático-científica, administrativa, financeira e patrimonial atribuídas às universidades e todo o seu histórico de atuação política, fundamental ao desenvolvimento do nosso atual sistema democrático".

Ainda em relação ao direito à educação, o STF analisou a constitucionalidade de leis municipais que buscam impedir a chamada "ideologia de gênero" nas escolas. Na ADPF 457[112], por exemplo, a Corte declarou a inconstitucionalidade da Lei n. 1.516, de 2015, do Município de Novo Gama, Goiás, que proíbe a utilização de material didático que contenha o que chama de "ideologia de gênero" nas escolas públicas municipais. Os ministros referendaram a medida cautelar deferida pelo relator, Ministro Alexandre de Moraes, por considerarem que compete à União a edição de normas relativas ao currículo, conteúdo programático, metodologia de ensino ou exercício da atividade docente. Para o relator, "a proibição da divulgação de material com referência a questões de gênero nas escolas municipais não cumpre com o dever estatal de promover políticas de inclusão e de igualdade, contribuindo para a manutenção da discriminação com base na orientação sexual e na identidade de gênero".

O capítulo III do Título VIII da Constituição Federal trata não só do direito à educação, como também do direito à cultura e ao desporto. O art. 215 determina que o Estado garanta a todos o pleno exercício dos direitos culturais e acesso às fontes da cultura nacional. Seu § 1º, ainda, prevê a proteção das manifestações das culturas populares, indígenas e afro-brasileiras.

Ao julgar a ADI 2.163, o STF considerou constitucional dispositivos da Lei 3.364/2000 do Estado do Rio de Janeiro que estabelecem o direito à meia-entrada, concedendo 50% de desconto sobre o preço de ingressos para casas de diversões, praças desportivas e similares aos jovens de até 21 anos. Entendeu o Tribunal, por maioria, que "é legítima e adequada a atuação do Estado sobre o domínio econômico que visa garantir o efetivo exercício do direito à educação, à cultura e ao desporto, nos termos da Constituição Federal"[113].

Outro importante julgado foi o RE-RG 494601, em que o Tribunal, por maioria, fixou a tese segundo a qual "é constitucional a lei de proteção animal que, a fim de resguardar a liberdade religiosa, permite o sacrifício ritual de animais em cultos de religiões de matriz africana"[114].

3.3. Direito à alimentação

A introdução da alimentação no rol dos direitos sociais foi feita pela Emenda Constitucional n. 64/2010, após forte campanha liderada pelo Conselho Nacional de Segurança Alimentar e Nutricional. De acordo com esse órgão, a inclusão explícita do direito à alimentação no campo dos direitos fundamentais tem o intuito de fortalecer o

112 ADPF 467, rel. Min. Alexandre de Moraes, Plenário Virtual de 22 a 28-5-2020, *DJe* de 29-5-2020.

113 ADI 2.163, rel. Min. Luiz Fux, red. p/ac. Min. Ricardo Lewandowski, Plenário, *DJe* 1º-8-2019.

114 RE-RG 494.601, rel. Min. Marco Aurélio, red. p/ac. Min. Edson Fachin, Plenário, *DJe* 16-4-2019.

conjunto de políticas públicas de segurança alimentar em andamento, além de estar em consonância com vários tratados internacionais dos quais o Brasil é signatário[115].

Consignou-se, portanto, a importância de uma prestação positiva, por parte do Estado, que possibilite a efetiva fruição do direito social à alimentação.

O direito à alimentação integra o mínimo existencial, o núcleo intangível da dignidade humana. Ingo Sarlet indica que esse direito já estava materialmente presente em nossa Constituição antes da Emenda Constitucional n. 64/2010, como decorrente do seu regime e de seus princípios. Ademais, o direito à alimentação também estava previsto no art. 7º, IV, ao lado de educação, lazer, vestuário, higiene, transporte e previdência social como elemento das "necessidades vitais básicas" que integram o salário mínimo[116].

É preciso fazer uma distinção entre direito à alimentação e direito a ser alimentado. O primeiro, previsto em nosso texto constitucional, consiste no "direito a alimentar-se de forma digna, *id est*, espera-se que os cidadãos satisfaçam suas próprias necessidades com seu próprio esforço, bem assim utilizando seus meios disponíveis"[117]. Trata-se, portanto, de conceito distinto do direito a ser alimentado, segundo o qual compete ao Estado entregar alimentos de forma gratuita aos que deles necessitam[118].

No âmbito infraconstitucional, cite-se a Lei n. 11.346/2006, que instituiu o Sistema Nacional de Segurança Alimentar e Nutricional (SISAN), "com vistas a assegurar o direito humano à alimentação adequada". Nos termos de seu art. 2º, "a alimentação adequada é direito fundamental do ser humano, inerente à dignidade da pessoa humana e indispensável à realização dos direitos consagrados na Constituição Federal, devendo o poder público adotar as políticas e ações que se façam necessárias para promover e garantir a segurança alimentar e nutricional da população".

Com essas medidas, o Brasil segue, em seu ordenamento interno, compromissos assumidos internacionalmente por meio de tratados de direitos humanos que consagram o direito à alimentação como direito essencial ao cidadão para bem exercer outros direitos. Mencionem-se, por exemplo, a Declaração Universal dos Direitos Humanos, de 1948, e Convenção sobre os direitos das crianças, de 1989, que vincula os Estados à adoção de medidas com vistas a acabar com a desnutrição infantil.

Em relação à jurisprudência do Supremo Tribunal Federal, destaque-se decisão da 1ª Turma que apreciou caso em que era discutida a possibilidade de cobrança, por instituição pública de ensino profissionalizante, de anuidade relativa à alimentação. O acórdão ressaltou que o dever do Estado com a educação inclui, dentre outras questões, a alimentação que, no caso, era ainda mais relevante por ser o regime escolar em questão o de internato[119].

115 Cf. Exposição de Motivos n. 002-2009/Consea. Disponível em: <http://www4.planalto.gov.br/consea/pec-alimentacao/exposicao-de-motivos-no-002-2009-consea>. Acesso em: 9 dez. 2010.

116 Ingo Wolfgang Sarlet, Luiz Guilherme Marinoni e Daniel Mitidiero. *Curso de direito constitucional*, São Paulo: Revista dos Tribunais, 2012, p. 583. Ressalte-se que a Constituição Brasileira também já fazia referência à "alimentação" nos arts. 227, 200, 208, além do art. 79 do ADCT.

117 Ney Rodrigo Lima Ribeiro, *Direito fundamental social à alimentação*, Rio de Janeiro: Lumen Juris, 2013, p. 77.

118 Flávia Piovesan e Irio Luiz Conti (coord.), *Direito humano à alimentação adequada*, Rio de Janeiro: Lumen Juris, 2007.

119 RE 357.148/MT, rel. Min. Marco Aurélio, j. em 25-2-2014.

3.4. Direito à moradia

O direito à moradia passou a integrar o rol dos direitos sociais do art. 6º em 14 de fevereiro de 2000, por meio da Emenda Constitucional n. 26. Sua introdução ao texto constitucional reflete entendimento já externado pelo Estado brasileiro no plano internacional. A essencialidade do direito à moradia é proclamada, por exemplo, na Declaração Universal dos Direitos da Pessoa Humana (art. 25) e no Pacto Internacional dos Direitos Econômicos, Sociais e Culturais (art. 11).

Em plano nacional, outras Constituições seguem entendimento da necessidade de ser conferida especial atenção à plena e progressiva concretização do direito à moradia. Mencione-se, nesse sentido, o texto constitucional português[120].

A Constituição brasileira elenca a "moradia" como direito social (art. 6º), mas também indica que esta está incluída entre as "necessidades vitais básicas" do trabalhador e de sua família (art. 7º, IV). Aponta, ainda, a "moradia" como política pública e estabelece a competência comum da União, dos Estados e dos Municípios para promover programas de construção de moradias e a melhoria das condições habitacionais e de saneamento básico (art. 23, IX).

Em relação ao direito de moradia e de propriedade, destaque-se o usucapião especial estabelecido no art. 183 da Constituição Federal, que prevê a aquisição de domínio pelo possuidor de área urbana de até duzentos e cinquenta metros quadrados que a utilize para sua moradia ou de sua família, por cinco anos, ininterruptamente e sem oposição.

Também, o art. 191 apresenta regra semelhante ao determinar que o possuidor, que tiver a posse, por cinco anos ininterruptos e sem oposição, de área de terra não superior a cinquenta hectares, em zona rural, tendo nela moradia e tornando-a produtiva por seu trabalho ou de sua família, adquirir-lhe-á a propriedade.

Como direito fundamental, o direito à moradia possui tanto natureza negativa quanto positiva. Em relação à natureza negativa, ou seja, direito de defesa, o direito à moradia impede o indivíduo de ser arbitrariamente privado de possuir uma moradia digna. Merece destaque, nesse aspecto, a proibição de penhora do chamado bem de família (Lei n. 8.009/99).

120 Constituição de Portugal. "**Artigo 65º Habitação e urbanismo** 1. Todos têm direito, para si e para a sua família, a uma habitação de dimensão adequada, em condições de higiene e conforto e que preserve a intimidade pessoal e a privacidade familiar. 2. Para assegurar o direito à habitação, incumbe ao Estado: a) Programar e executar uma política de habitação inserida em planos de ordenamento geral do território e apoiada em planos de urbanização que garantam a existência de uma rede adequada de transportes e de equipamento social; b) Promover, em colaboração com as regiões autónomas e com as autarquias locais, a construção de habitações económicas e sociais; c) Estimular a construção privada, com subordinação ao interesse geral, e o acesso à habitação própria ou arrendada; d) Incentivar e apoiar as iniciativas das comunidades locais e das populações, tendentes a resolver os respectivos problemas habitacionais e a fomentar a criação de cooperativas de habitação e a autoconstrução. 3. O Estado adoptará uma política tendente a estabelecer um sistema de renda compatível com o rendimento familiar e de acesso à habitação própria. 4. O Estado, as regiões autónomas e as autarquias locais definem as regras de ocupação, uso e transformação dos solos urbanos, designadamente através de instrumentos de planeamento, no quadro das leis respeitantes ao ordenamento do território e ao urbanismo, e procedem às expropriações dos solos que se revelem necessárias à satisfação de fins de utilidade pública urbanística. 5. É garantida a participação dos interessados na elaboração dos instrumentos de planeamento urbanístico e de quaisquer outros instrumentos de planeamento físico do território."

A natureza positiva do direito à moradia apresenta-se, por sua vez, em "prestações fáticas e normativas que se traduzem em medidas de proteção de caráter organizatório e procedimental"[121]. Ingo Sarlet destaca que um bom exemplo de medidas de proteção e com caráter organizatório e procedimental é o Estatuto da Cidade (Lei n. 10.257/2001). Este, ao traçar as diretrizes gerais de política urbana, deu importante passo para garantia do direito a moradia condigna no Brasil e implementou instrumentos que visam sua concretização prática[122].

Também no Estatuto da Cidade, mencione-se o caso do parcelamento e da edificação compulsórios, previsto no art. 5º: "Lei municipal específica para área incluída no plano diretor poderá determinar o parcelamento, a edificação ou a utilização compulsórios do solo urbano não edificado, subutilizado ou não utilizado, devendo fixar as condições e os prazos para implementação da referida obrigação", bem como do denominado "solo urbano" (arts. 28 a 31), embora regulamentado sob nomenclatura diversa (outorga onerosa do direito de construir). Por meio desse instrumento, é possível vislumbrar uma limitação que decorreria da diferenciação entre o direito de propriedade e o direito de construir.

Ainda quanto ao Estatuto da Cidade, importante mencionar o precedente da Segunda Turma do STF, de relatoria do Ministro Edson Fachin, que consignou o entendimento segundo o qual "é razoável exigir do poder público medidas para mitigar as consequências causadas pela demolição de construções familiares erigidas em terrenos irregulares"[123].

Interessante forma de proteção do direito à moradia é o chamado "usucapião familiar", instituído pela Lei n. 12.424/2011. Essa espécie de aquisição da propriedade, prevista no art. 1.240-A do Código Civil, prevê que o ex-cônjuge que exercer, ininterruptamente e sem oposição, posse direta por dois anos, com exclusividade, sobre o imóvel urbano próprio de até duzentos e cinquenta metros quadrados, destinado para sua moradia e de sua família, terá direto a adquirir o domínio integral. A inovação legislativa visa salvaguardar o direito à moradia do cônjuge ou companheiro que permanece no imóvel e proteger a família que foi abandonada.

Sobre direito à moradia, o Supremo Tribunal Federal reconheceu, em controle incidental, a admissibilidade de penhora de imóvel utilizado para fins de moradia do fiador, no contrato de locação[124]. Admitiu-se que não havia, nessa hipótese, afronta ao direito

121 Ingo Wolfgang Sarlet, Luiz Guilherme Marinoni e Daniel Mitidiero. *Curso de direito constitucional*, São Paulo: Revista dos Tribunais, 2012, p. 589.

122 Ingo Wolfgang Sarlet, Luiz Guilherme Marinoni e Daniel Mitidiero. *Curso de direito constitucional*, São Paulo: Revista dos Tribunais, 2012, p. 589.

123 No caso em julgamento, discutiu-se a possibilidade de demolição de edificação erigida sem alvará de construção, autorizada pela Lei Distrital 2.105/98, como exercício legítimo do poder de polícia para coibir atividades que venham a causar danos à sociedade. A Segunda Turma do STF, seguindo o voto do Ministro Edson Fachin, reconheceu que o direito à moradia impõe certas condicionantes às ordens de despejo e proveu parcialmente a pretensão da recorrente, acolhendo o pedido da inicial para impor obrigação de "remanejar a autora para outro local onde possa exercer adequadamente seu direito à moradia". Assim, reformou o acórdão impugnado, por entender que divergia da jurisprudência do STF, segunda a qual o Poder Judiciário, em situações excepcionais, pode determinar que a Administração Pública adote medidas assecuratórias de direitos constitucionalmente reconhecidos como essenciais, como é o caso da segurança e moradia, sem que isso configure violação do princípio ARE 908.144-AgR, rel. Min. Edson Fachin, Segunda Turma, *DJe* 27-8-2018.

124 RE 407.688, rel. Min. Cezar Peluso, Tribunal Pleno, j. em 8-2-2006.

de moradia. Na decisão, discutiu-se a forma de execução do direito de moradia, que tem fins institucionais e permite, portanto, múltiplas possibilidades de execução, além da explicitação de que direito à moradia não se confunde com direito de propriedade. A Corte admitiu, por fim, a constitucionalidade da previsão legal que permite a penhora do imóvel do fiador de contrato de locação.

Ainda como forma de promoção do direito à moradia, o Superior Tribunal de Justiça editou a Súmula 364[125], estendendo a proteção dada ao bem de família a pessoas solteiras, separadas e viúvas. O REsp 450.989, que embasa a súmula, de relatoria do Min. Humberto Gomes de Barros, destaca que a Lei n. 8.009 não visa apenas à proteção da entidade familiar, mas de um direito inerente à pessoa humana, que é o direito à moradia.

3.5. Saúde, previdência e assistência social

Sem precedentes nas constituições brasileiras, o texto de 1988 inaugura um amplo sistema de seguridade social[126]. Nos termos do art. 194, trata-se de um "conjunto integrado de ações de iniciativa dos poderes públicos e da sociedade, destinadas a assegurar os direitos relativos à saúde, à previdência e à assistência social".

Nesse sentido, recorde-se a instituição do salário mínimo como piso dos benefícios da previdência (art. 201, § 2º, da CF/88) e da assistência social (art. 203, V, da CF/88); a equivalência de benefícios entre trabalhadores urbanos e rurais (art. 194, II, da CF/88); a consagração do seguro-desemprego (art. 201, III, da CF/88); da proteção à maternidade (art. 201, II, da CF/88); do salário-família e auxílio-reclusão (art. 201, IV, da CF/88); e da pensão por morte (art. 201, V, da CF/88); além do acesso universal à saúde (art. 196 da CF/88).

Sem dúvida, a universalização do acesso à saúde; a absorção dos rurícolas à previdência a despeito da ausência de contribuição pertinente; a criação de provento mensal vitalício para idosos e deficientes sem renda; e a fixação do salário mínimo para os benefícios continuados aumentaram muito os gastos para financiar a seguridade social, razão pela qual são necessárias outras fontes além da folha salarial.

A propósito, ressalta estudo elaborado para a *Comissão Econômica para a América Latina e o Caribe* (CEPAL):

> "O gasto público destinado à proteção social é normalmente financiado na maioria dos países por intermédio da cobrança de contribuições incidentes sobre a folha salarial. Nessa matéria, o Brasil apresenta um arranjo peculiar em torno do que se batizou seguridade social que, por definição constitucional, compreende a previdência, a saúde e a assistência social ao combinar a expansão e universalização dos benefícios e serviços públicos como a diminuição da dependência do financiamento sobre a base salarial.

125 Súmula 364 do Superior Tribunal de Justiça, publicada em 15-10-2008.

126 Marcus Orione Gonçalves Correia, Comentários ao art. 194, in J. J. Gomes Canotilho, Gilmar Ferreira Mendes, Ingo Wolfgang Sarlet e Lenio Luiz Streck (coord.), *Comentários à Constituição do Brasil*, São Paulo: Saraiva/Almedina, 2013.

A Constituição de 1988 não apenas adotou o conceito de seguridade social como ampliou o acesso à previdência social e elevou seus benefícios, além de universalizar o acesso à saúde e à assistência social. Para financiar as consequentes pressões de gasto, a nova Carta diversificou as fontes de financiamento da seguridade: exigiu dos empregadores uma nova contribuição sobre seus lucros e redirecionou para o setor outra que já incidia sobre o faturamento deles; ainda destinou ao setor as rendas provenientes de loterias em geral e determinou a organização de um orçamento específico para a seguridade, separado do orçamento fiscal"[127].

Por óbvio, estes consideráveis avanços da Carta Magna acarretam expressiva carga na comunidade, que necessita financiá-los[128].

Os recursos da seguridade social são utilizados, atualmente, para programas expressivos como o bolsa família, além do custeio das despesas federais com aposentadorias e pensões de seus servidores, que também foram bastante incrementadas pela Constituição Federal de 1988, v. g., a regra de paridade entre ativos e inativos; concessão de pensão por morte ao cônjuge varão; pensões integrais aos dependentes; aposentadoria proporcional às mulheres após 25 anos de trabalho; extensão às professoras da aposentadoria especial após 25 anos de magistério; e ampliação do período de licença-gestante de 90 para 120 dias[129].

Na realidade, o financiamento deste extenso rol de deveres constitui o problema fundamental do próprio Estado Social.

3.5.1. O direito à saúde

A Constituição de 1988 é a primeira Carta brasileira a consagrar o direito fundamental à saúde. Textos constitucionais anteriores possuíam apenas disposições esparsas sobre a questão, como a Constituição de 1824, que fazia referência à garantia de "socorros públicos" (art. 179, XXXI).

3.5.1.1. *O direito à saúde – âmbito de proteção*

O direito à saúde está previsto no art. 196 da Constituição Federal como (1) "direito de todos" e (2) "dever do Estado", (3) garantido mediante "políticas sociais e econômicas (4) que visem à redução do risco de doenças e de outros agravos", (5) regido pelo princípio do "acesso universal e igualitário" (6) "às ações e serviços para a sua promoção, proteção e recuperação".

Examine-se cada um desses elementos.

---

127 José Serra e José Roberto R. Afonso, Tributação, seguridade e coesão social no Brasil, in CEPAL, *Serie Políticas Sociales* n. 133, Santiago: Nações Unidas, 2007, p. 7.

128 J. R. Feijó Coimbra, *Direito previdenciário brasileiro,* 7. ed., Rio de Janeiro: Edições Trabalhistas, 1997, p. 44-48.

129 José Serra e José Roberto R. Afonso, op. cit., p. 26.

(1) **direito de todos:**

É possível identificar na redação do artigo constitucional tanto um direito individual quanto um direito coletivo de proteção à saúde. Dizer que a norma do art. 196, por tratar de um direito social, consubstancia-se tão somente em norma programática, incapaz de produzir efeitos, apenas indicando diretrizes a serem observadas pelo poder público, significaria negar a força normativa da Constituição.

A dimensão individual do direito à saúde foi destacada pelo Ministro Celso de Mello, do Supremo Tribunal Federal, relator do AgR-RE 271.286-8/RS, ao reconhecer o direito à saúde como um direito público subjetivo assegurado à generalidade das pessoas, que conduz o indivíduo e o Estado a uma relação jurídica obrigacional. Ressaltou o Ministro que "a interpretação da norma programática não pode transformá-la em promessa constitucional inconsequente", impondo aos entes federados um dever de prestação positiva. Concluiu que "a essencialidade do direito à saúde fez com que o legislador constituinte qualificasse como prestações de relevância pública as ações e serviços de saúde (art. 197)", legitimando a atuação do Poder Judiciário nas hipóteses em que a Administração Pública descumpra o mandamento constitucional em apreço[130].

Não obstante, esse direito subjetivo público é assegurado mediante políticas sociais e econômicas. Ou seja, não há um direito absoluto a todo e qualquer procedimento necessário para a proteção, promoção e recuperação da saúde, independentemente da existência de uma política pública que o concretize. Há um direito público subjetivo a políticas públicas que promovam, protejam e recuperem a saúde.

(2) **dever do Estado:**

O dispositivo constitucional deixa claro que, para além do direito fundamental à saúde, há o dever fundamental de prestação de saúde por parte do Estado (União, Estados, Distrito Federal e Municípios).

O dever de desenvolver políticas públicas que visem à redução de doenças, à promoção, à proteção e à recuperação da saúde está expresso no art. 196. Essa é uma atribuição comum dos entes da federação, consoante art. 23, II, da Constituição.

(3) **garantido mediante políticas sociais e econômicas:**

A garantia mediante políticas sociais e econômicas ressalva, justamente, a necessidade de formulação de políticas públicas que concretizem o direito à saúde por meio de escolhas alocativas. É incontestável que, além da necessidade de se distribuírem recursos naturalmente escassos por meio de critérios distributivos, a própria evolução da medicina impõe um viés programático ao direito à saúde, pois sempre haverá uma nova descoberta, um novo exame, um novo prognóstico ou procedimento cirúrgico, uma nova doença ou a volta de uma doença supostamente erradicada.

(4) **políticas que visem à redução do risco de doença e de outros agravos:**

Tais políticas visam à redução do risco de doença e outros agravos, de forma a evidenciar sua dimensão preventiva. As ações preventivas na área da saúde foram, inclusive, indicadas como prioritárias pelo art. 198, II, da Constituição.

130 AgR-RE 271.286-8, rel. Min. Celso de Mello, *DJ* de 12-9-2000.

O âmbito de abrangência dessas políticas públicas é bastante amplo. Pesquisas da Organização Mundial da Saúde indicam, por exemplo, uma direta relação entre saneamento básico e acesso à água potável e saúde pública. Políticas no sentido de melhorias na rede de esgotos reduziriam consideravelmente a quantidade de doenças e, consequentemente, os dispêndios com saúde no Brasil[131].

(5) políticas que visem ao acesso universal e igualitário:

O constituinte estabeleceu um sistema universal de acesso aos serviços públicos de saúde, o que reforça a responsabilidade solidária dos entes da Federação, garantindo, inclusive, a "igualdade da assistência à saúde, sem preconceitos ou privilégios de qualquer espécie" (art. 7º, IV, da Lei n. 8.080/90)[132].

Questão que pode ser incluída no rol das políticas para um acesso universal ao sistema de saúde é a quebra de patente de medicamentos. No Brasil, esta foi utilizada como forma de concretização de política pública, dando-se maior efetividade ao direito à saúde.

(6) ações e serviços para promoção, proteção e recuperação da saúde:

O estudo do direito à saúde no Brasil leva a concluir que os problemas de eficácia social desse direito fundamental devem-se muito mais a questões ligadas à implementação e manutenção das políticas públicas de saúde já existentes – o que implica também a composição dos orçamentos dos entes da Federação – do que à falta de legislação específica. Em outros termos, o problema não é de inexistência, mas de execução (administrativa) das políticas públicas pelos entes federados.

Numa visão geral, o direito à saúde há de se efetivar mediante ações específicas (dimensão individual) e mediante amplas políticas públicas que visem à redução do risco de doença e de outros agravos (dimensão coletiva). Nessas perspectivas, as pretensões formuladas e formuláveis tanto poderão dizer respeito a atos concretos como a políticas e ações administrativas que contribuam para a melhoria do sistema de saúde, incluídas aqui as normas de organização e procedimento.

Tratando-se de um direito social, cabe ao legislador confirmar o âmbito de proteção desse direito à saúde. O art. 196, ao prever um serviço universal e igualitário, pressupõe que sua concretização se opere, fundamentalmente, dentro dos limites fixados em lei, tendo em vista os vetores constitucionais estabelecidos.

3.5.1.2. *O Sistema Único de Saúde – considerações gerais*

A Constituição Federal houve por bem estabelecer o modelo básico de organização e procedimento para realização do direito básico à saúde.

131 Cf. Reportagem "Investimento em saneamento básico traz grande retorno, afirma OMS". Publicada no site G1, em 23-6-2009. Disponível em: <http://g1.globo.com/Noticias/Ciencia/0,,MUL1204387-5603,00-INVESTIMENTO+EM+SANEAMENTO+BASICO+TRAZ+GRANDE+RETORNO+AFIRMA+OMS.html>. Acesso em: 19 out. 2010.

132 A Lei n. 8.080/90 regula, em todo o território brasileiro, as ações e serviços de saúde, executados isolada ou conjuntamente, em caráter permanente ou eventual, por pessoas naturais ou jurídicas de direito público ou privado.

Nos termos do texto constitucional, as ações e serviços públicos de saúde integram uma rede regionalizada e hierarquizada e constituem um sistema único, organizado de forma descentralizada, com direção em cada esfera de governo, voltado ao atendimento integral, com prioridade para atividades preventivas, sem prejuízo dos serviços essenciais, assegurando-se a participação da comunidade (art. 198).

Compete ao Sistema Único de Saúde – SUS, entre outras atribuições (art. 200):

> "I – controlar e fiscalizar procedimentos, produtos e substâncias de interesse para a saúde e participar da produção de medicamentos, equipamentos, imunobiológicos, hemoderivados e outros insumos;
>
> II – executar as ações de vigilância sanitária e epidemiológica, bem como as de saúde do trabalhador;
>
> III – ordenar a formação de recursos humanos na área de saúde;
>
> IV – participar da formulação da política e da execução das ações de saneamento básico;
>
> V – incrementar em sua área de atuação o desenvolvimento científico e tecnológico;
>
> VI – fiscalizar e inspecionar alimentos, compreendido o controle de seu teor nutricional, bem como bebidas e águas para consumo humano;
>
> VII – participar do controle e fiscalização da produção, transporte, guarda e utilização de substâncias e produtos psicoativos, tóxicos e radioativos;
>
> VIII – colaborar na proteção do meio ambiente, nele compreendido o do trabalho".

Vê-se, assim, que, além de determinar a instituição de um sistema único e integrado de saúde, o constituinte definiu, de forma ampla, as suas atribuições. No plano infraconstitucional, o modelo está disciplinado pelas Leis Federais n. 8.142/90 e 8.080/90, com as alterações posteriores, especialmente as dadas pelas Leis n. 12.466/2011 e n. 12.864/2013.

Ao criar o SUS, o constituinte originário rompeu com a tradição até então existente e adotou uma rede regionalizada e hierarquizada, segundo o critério da subsidiariedade, como forma de melhor concretizar esse direito social. Sua concepção decorreu em parte da evolução do sistema que antes era instituído em nível ordinário, como o Sistema Nacional de Saúde, criado pela Lei n. 6.229/75, e o Sistema Unificado e Descentralizado de Saúde[133]

Pelo caráter regionalizado do SUS, a competência para cuidar da saúde foi definida como comum dos entes da Federação. O art. 23, II, da Constituição, prevê que União, Estados, Distrito Federal e Municípios são responsáveis solidários pela saúde junto ao indivíduo e à coletividade. Para sua efetiva concretização, a forma de seu financiamento passa a ser questão vital, especialmente aos Municípios.

a. Financiamento

Um dos pontos basilares do SUS é sua descentralização, por entender-se que, com essa, aspectos regionais de cada região, em um país marcado pela heterogeneidade, se-

133 Ingo Wolfgang Sarlet e Mariana Filchtiner Figueiredo, Proteção e promoção da saúde aos 20 anos da CF/88, *Revista de Direito do Consumidor*, ano 17, n. 67, jul./set. 2008, p. 127.

riam preservados. Nesse aspecto, a importância da municipalização do financiamento e uma consequente diminuição centralizadora tornam-se relevantes.

O financiamento do SUS é previsto no § 1º do art. 198 da Constituição Federal, que estabelece que esse será viabilizado por meio de recursos do orçamento da seguridade social, da União, dos Estados, do Distrito Federal e dos Municípios, bem como de outras fontes[134]. O art. 55 do ADCT dispõe que "até que seja aprovada a lei de diretrizes orçamentárias, trinta por cento, no mínimo, do orçamento da seguridade social, excluído o seguro-desemprego, serão destinados ao setor de saúde".

A Emenda Constitucional n. 29/2000 buscou dar um norte ao assunto, ao estabelecer recursos mínimos para o financiamento das ações e serviços públicos de saúde. Alterou a redação do art. 34, VII, *e*, passando a ser possível a intervenção federal nos Estados e no Distrito Federal para assegurar a "aplicação do mínimo exigido da receita resultante de impostos estaduais, compreendida a proveniente de transferências (...) nas ações e serviços públicos de saúde". Tal dispositivo equiparou as áreas de saúde e educação no que se refere à vinculação do financiamento público.

Disposição análoga foi inserida na Constituição sobre a possibilidade de intervenção dos Estados nos seus Municípios e da União nos Municípios localizados em Território Federal (art. 35, III).

A Emenda n. 29 determinou ainda o financiamento da saúde por meio de cada ente federativo, porém remeteu a uma lei complementar a regulamentação dos percentuais, dos critérios de rateio e das normas de cálculo do montante a ser aplicado pela União. A Emenda n. 86 estabeleceu que o percentual da União não poderá ser inferior a 15% da receita corrente líquida do respectivo exercício financeiro.

A operacionalização desses critérios de financiamento veio a ser efetivada apenas com a Lei Complementar n. 141, de 13 de janeiro de 2012, editada depois de anos de muita controvérsia entre os entes federativos e a sociedade. Podem-se, ainda que brevemente, mencionar alguns pontos relevantes da nova legislação.

A lei dispõe que, anualmente, a União aplicará em ações e serviços públicos de saúde o correspondente ao valor empenhado no exercício financeiro anterior, acrescido de, no mínimo, o percentual correspondente à variação nominal do Produto Interno Bruto (art. 5º, *caput*). Os Estados e o Distrito Federal deverão aplicar, no mínimo, 12% da arrecadação de impostos a que se refere o art. 155 e dos recursos de que tratam o art. 157, a alínea *a* do inciso I e o inciso II do *caput* do art. 159, todos da Constituição Federal (art. 6º), enquanto Municípios e Distrito Federal deverão aplicar, no mínimo, 15% da arrecadação dos impostos a que se refere o art. 156 e dos recursos de que tratam o art. 158 e a alínea *b* do inciso I do *caput* e o § 3º do art. 159, todos da Constituição Federal (art. 8º).

Os recursos para serem aplicados em ações e serviços públicos de saúde da União serão repassados ao *Fundo Nacional de Saúde* e às demais unidades orçamentárias que compõem o Ministério da Saúde (art. 12). O rateio dos recursos da União será transfe-

134 O art. 198 ainda prevê, em seu § 5º, que "Lei federal disporá sobre o regime jurídico, o piso salarial profissional nacional, as diretrizes para os Planos de Carreira e a regulamentação das atividades de agente comunitário de saúde e agente de combate às endemias, competindo à União, nos termos da lei, prestar assistência financeira complementar aos Estados, ao Distrito Federal e aos Municípios, para o cumprimento do referido piso salarial", com redação da EC n. 63/2010.

rido diretamente aos respectivos fundos de saúde dos Estados, ao Distrito Federal e aos Municípios e observará as necessidades de saúde da população, as dimensões epidemiológica, demográfica, socioeconômica, espacial e de capacidade de oferta de ações e de serviços de saúde (art. 17).

O rateio dos recursos dos Estados transferidos aos Municípios seguirá, por sua vez, o critério de necessidades de saúde da população e levará em consideração as dimensões epidemiológica, demográfica, socioeconômica e espacial e a capacidade de oferta de ações e de serviços de saúde, observada a necessidade de reduzir as desigualdades regionais (art. 19).

Para fins de apuração da aplicação dos recursos mínimos definidos na Lei, não podem ser computadas "despesas relacionadas com outras políticas públicas que atuam sobre determinantes sociais e econômicos, ainda que incidentes sobre as condições de saúde da população" (art. 2º, III). Essa norma possui grande impacto na atuação dos gestores públicos, pois doravante, para alcançar o patamar mínimo de despesas em saúde, não mais poderão considerar desembolsos de outra natureza.

O art. 4º exclui do cálculo das despesas com saúde, por exemplo, o pagamento de aposentadorias e pensões, inclusive dos servidores da saúde (I), programas de merenda escolar (IV), ações de saneamento básico (V), limpeza urbana e remoção de resíduos (VI), ações de assistência social (VIII), obras de infraestrutura, ainda que realizadas para beneficiar direta ou indiretamente a rede de saúde etc.

Ainda não se podem avaliar os efeitos que critérios tão restritivos terão sobre a rede de saúde. Por um lado, tais restrições podem ampliar o financiamento do sistema de saúde em si, evitando desvios de recursos para outras áreas da ação pública, como tradicionalmente ocorria. Por outro lado, essas normas podem desestimular, por exemplo, ações de infraestrutura e saneamento básico que, como a própria Lei indica, contribuem para a melhoria das condições de saúde da população.

De antemão, pode-se vislumbrar que um desses critérios em especial será objeto de controvérsia. A Lei não considera que sejam despesas com ações e serviços públicos de saúde aquelas desembolsadas com "assistência à saúde que não atenda ao princípio de acesso universal" (art. 4º, III). Primeiro, haverá que se definir o conceito de acesso universal e a sua relação com o acesso individual a prestações de saúde. Depois, a partir da regulamentação que certamente virá no âmbito do SUS, caberá debater qual será o impacto dessa norma no sistema como um todo, inclusive no que toca à sua eventual relação com as decisões judiciais que compelem o Poder Público a disponibilizar bens e serviços de saúde a determinados indivíduos.

b. SUS e o federalismo cooperativo

A Constituição de 1988 adotou a sistemática preconizada pelo federalismo cooperativo, em que o Estado, permeado pelos compromissos de bem-estar social, deve buscar a isonomia material e atuação conjunta para erradicação das grandes desigualdades sociais e econômicas. Para tanto, foi dado destaque à distribuição de receitas pelo produto arrecadado e ampliada participação de Estados e Municípios na renda tributária[135].

135 Fernando Luiz Abrucio e Valeriano Mendes Ferreira Costa, *Reforma do estado e o contexto federativo brasileiro*, São Paulo: Fund. Konrad-Adenauer-Stiftung, 1998, p. 38.

Além da previsão da criação de fundos públicos e do federalismo cooperativo como formas de combate aos desequilíbrios regionais, a Carta Constitucional também destaca o planejamento, favorecendo-se a execução de políticas públicas no longo prazo. É o que se depreende do parágrafo único do art. 23 da CF ("Lei complementar fixará normas para a cooperação entre a União e os Estados, o Distrito Federal e os Municípios, tendo em vista o equilíbrio do desenvolvimento e do bem-estar em âmbito nacional").

Pautado no modelo de federalismo por cooperação, o SUS há de ser estruturado com caráter interestatal. Essa característica manifesta-se na criação de instâncias permanentes de pactuação – as Comissões Intergestores Tripartite (em âmbito nacional) e Bipartite (em âmbito estadual) – e na criação de mecanismos solidários para a solução de problemas comuns, como os Consórcios Intermunicipais de Saúde.

O Pacto pela Saúde, instituído pela Portaria GM/MS n. 399/2006, é mais uma medida para alcançar a efetiva operacionalização do sistema de saúde, promovendo-se inovações nos processos e instrumentos de gestão e uma integração de todas as esferas do SUS. Dá-se por meio de adesão de Municípios, Estados e União ao Termo de Compromisso de Gestão, que estabelece metas e compromissos.

Do ponto de vista do financiamento do SUS, é claro que um modelo efetivo somente será alcançado mediante distribuição mais equânime das receitas tributárias entre os entes federados. Nesse sentido, para que seja alcançado o equilíbrio entre competição e cooperação no federalismo sanitário brasileiro, necessário é reforçar os mecanismos cooperativos desenvolvidos[136].

c. Direito à saúde e parcerias com setor privado

Ainda que constituído como sistema público, a rede privada de saúde pode igualmente integrar o SUS, por meio de contratação ou convênio firmado com o Poder Público. Tanto a rede pública como a privada acabam por formar uma rede regional, para melhor adequação às particularidades locais, concretizando, com isso, diretrizes da própria Organização Mundial da Saúde, e observando um conjunto de princípios que regem o sistema – integralidade, igualdade e participação da comunidade[137].

O art. 199 da CF, que estabelece as condições em que a assistência à saúde será prestada pela iniciativa privada, prevê que:

> "§ 1º As instituições privadas poderão participar de forma complementar do sistema único de saúde, segundo diretrizes deste, mediante contrato de direito público ou convênio, tendo preferência as entidades filantrópicas e as sem fins lucrativos.
>
> § 2º É vedada a destinação de recursos públicos para auxílios ou subvenções às instituições privadas com fins lucrativos.
>
> § 3º É vedada a participação direta ou indireta de empresas ou capitais estrangeiros na assistência à saúde no País, salvo nos casos previstos em lei.

---

136 Herberth Costa Figueiredo, O modelo institucional do sistema único de saúde – avanços e desafios, *Revista do Ministério Público do Estado do Maranhão*, São Luis, n. 16, jan./dez. 2009, p. 48.

137 Mariana Filchtiner Figueiredo, *Direito fundamental à saúde*: parâmetros para sua concretização, Porto Alegre: Livraria do Advogado, 2007, p. 97.

§ 4º A lei disporá sobre as condições e os requisitos que facilitem a remoção de órgãos, tecidos e substâncias humanas para fins de transplante, pesquisa e tratamento[138], bem como a coleta, processamento e transfusão de sangue e seus derivados[139], sendo vedado todo tipo de comercialização".

Especificamente sobre a possibilidade de prestação de serviços de saúde por entidades privadas, prevista pela Constituição Federal "de modo complementar" (art. 199[140]), necessário enfatizar que há diferença entre serviços concretizados pelo ente privado fora do âmbito do SUS, ou seja, como atividade privada, dos que são realizados de forma auxiliar ao sistema de saúde.

As diretrizes do SUS para essa participação, mencionadas no dispositivo constitucional, estão listadas na Lei Orgânica da Saúde, que, de acordo com o art. 3º, estabelece que as instituições privadas deverão firmar convênio, quando houver interesse comum em firmar parceria em prol da prestação de serviços, promoção da saúde à população, e contrato administrativo, quando o objeto do contrato for a mera compra de serviços.

---

138 Nesse sentido, ação direta de inconstitucionalidade em que se tentou impugnar a Lei de Biossegurança (Lei n. 11.105/2005); no tocante às pesquisas com células-tronco embrionárias, o Supremo Tribunal Federal manifestou-se no sentido: VI – DIREITO À SAÚDE COMO COROLÁRIO DO DIREITO FUNDAMENTAL À VIDA DIGNA. O § 4º do art. 199 da Constituição, versante sobre pesquisas com substâncias humanas para fins terapêuticos, faz parte da seção normativa dedicada à 'SAÚDE' (Seção II do Capítulo II do Título VIII). Direito à saúde, positivado como um dos primeiros dos direitos sociais de natureza fundamental (art. 6º da CF) e também como o primeiro dos direitos constitutivos da seguridade social (cabeça do artigo constitucional de n. 194). Saúde que é 'direito de todos e dever do Estado' (*caput* do art. 196 da Constituição), garantida mediante ações e serviços de pronto qualificados como 'de relevância pública' (parte inicial do art. 197). A Lei de Biossegurança como instrumento de encontro do direito à saúde com a própria Ciência. No caso, ciências médicas, biológicas e correlatas, diretamente postas pela Constituição a serviço desse bem inestimável do indivíduo que é a sua própria higidez físico-mental" (ADI 3.510, rel. Min. Carlos Britto, *DJe* de 28-5-2010).

139 "AÇÃO DIRETA DE INCONSTITUCIONALIDADE. LEI N. 7.737/2004, DO ESTADO DO ESPÍRITO SANTO. GARANTIA DE MEIA-ENTRADA AOS DOADORES REGULARES DE SANGUE. ACESSO A LOCAIS PÚBLICOS DE CULTURA, ESPORTE E LAZER. COMPETÊNCIA CONCORRENTE ENTRE A UNIÃO, ESTADOS-MEMBROS E O DISTRITO FEDERAL PARA LEGISLAR SOBRE DIREITO ECONÔMICO. CONTROLE DAS DOAÇÕES DE SANGUE E COMPROVANTE DA REGULARIDADE. SECRETARIA DE ESTADO DA SAÚDE. CONSTITUCIONALIDADE. LIVRE-INICIATIVA E ORDEM ECONÔMICA. MERCADO. INTERVENÇÃO DO ESTADO NA ECONOMIA. ARTIGOS 1º, 3º, 170 E 199, § 4º, DA CONSTITUIÇÃO DO BRASIL. 1. É certo que a ordem econômica na Constituição de 1988 define opção por um sistema no qual joga um papel primordial a livre-iniciativa. Essa circunstância não legitima, no entanto, a assertiva de que o Estado só intervirá na economia em situações excepcionais. Muito ao contrário. 2. Mais do que simples instrumento de governo, a nossa Constituição enuncia diretrizes, programas e fins a serem realizados pelo Estado e pela sociedade. Postula um plano de ação global normativo para o Estado e para a sociedade, informado pelos preceitos veiculados pelos seus artigos 1º, 3º e 170. 3. A livre-iniciativa é expressão de liberdade titulada não apenas pela empresa, mas também pelo trabalho. Por isso a Constituição, ao contemplá-la, cogita também da 'iniciativa do Estado'; não a privilegia, portanto, como bem pertinente apenas à empresa. 4. A Constituição do Brasil em seu artigo 199, § 4º, veda todo tipo de comercialização de sangue, entretanto estabelece que a lei infraconstitucional disporá sobre as condições e requisitos que facilitem a coleta de sangue. 5. O ato normativo estadual não determina recompensa financeira à doação ou estimula a comercialização de sangue. 6. Na composição entre o princípio da livre-iniciativa e o direito à vida há de ser preservado o interesse da coletividade, interesse público primário. 7. Ação direta de inconstitucionalidade julgada improcedente" (ADI 3.512, rel. Min. Eros Grau, Tribunal Pleno, j. em 15-2-2006, *DJ* de 23-6-2006, *RTJ*, v. 199(1), p. 209, *LEXSTF*, v. 28, n. 332, 2006, p. 69-82).

140 Art. 199, § 1º, da CF: "As instituições privadas poderão participar de forma complementar do sistema único de saúde, segundo diretrizes deste, mediante contrato de direito público ou convênio, tendo preferência as entidades filantrópicas e as sem fins lucrativos".

A possibilidade de atuação de entidade privada é boa opção para um sistema de saúde pautado pela descentralização e pela escassez de recursos, em que a consequência imediata é a necessidade da busca por alternativas para sanar deficiências orçamentárias. Nesse quadro, especial relevância assumem os denominados organismos do terceiro setor, como as Organizações da Sociedade Civil de Interesse Público e as Organizações Sociais (conferir tópico *Administração pública*). Trata-se de promissora experiência que tem avançado em uma perspectiva auspiciosa.

3.5.1.3. *A judicialização do direito à saúde*

É certo que, se não cabe ao Poder Judiciário formular políticas sociais e econômicas na área da saúde, é sua obrigação verificar se as políticas eleitas pelos órgãos competentes atendem aos ditames constitucionais do acesso universal e igualitário.

Diversas são as hipóteses de conflito entre o cidadão e o Estado que levam à chamada judicialização do direito à saúde.

Constatando-se a existência de políticas públicas que concretizam o direito constitucional à saúde, cabe ao Poder Judiciário, diante de demandas como as que postulam o fornecimento de medicamentos, identificar quais as razões que levaram a Administração a negar tal prestação.

Pode ocorrer de medicamentos requeridos constarem das listas do Ministério da Saúde, ou de políticas públicas estaduais ou municipais, mas não estarem sendo fornecidos à população por problemas de gestão: há política pública determinando o fornecimento do medicamento requerido, mas, por problemas administrativos do órgão competente, o acesso está interrompido.

Nesses casos, o cidadão, individualmente considerado, não pode ser punido pela ação administrativa ineficaz ou pela omissão do gestor do sistema de saúde em adquirir os fármacos considerados essenciais, em quantidades suficientes para atender à demanda. Não há dúvida de que está configurado um direito subjetivo à prestação de saúde, passível de efetivação por meio do Poder Judiciário.

Em outros casos, pode ser que o Sistema Único de Saúde não forneça o medicamento específico que o médico prescreveu, mas disponibilize um similar, trate a mesma patologia com outros fármacos.

Configurada tal situação, faz-se necessário o exame das razões que impedem o paciente de utilizar a droga escolhida pelo SUS. E, a partir de um critério de ponderação, verificar a razoabilidade do fornecimento requerido.

Há casos em que o tratamento requerido é ainda experimental ou o fármaco não possui registro na ANVISA. Em tais situações, exige-se do Poder Judiciário um cuidado especial no exame da matéria, à luz da legislação pertinente[141], de modo a não sujeitar a coletividade ao custeio de tratamento de eficácia duvidosa e que podem trazer riscos à saúde do paciente.

---

141 A Lei Federal n. 6.360/76, ao dispor sobre a Vigilância Sanitária a que ficam sujeitos os Medicamentos, as Drogas, os Insumos Farmacêuticos e Correlatos, determina, em seu art. 12, que "nenhum dos produtos de que trata esta Lei, inclusive os importados, poderá ser industrializado, exposto à venda ou entregue ao consumo antes de registrado no Ministério da Saúde".

Questões mais delicadas colocam-se quando, diante da existência de medicamento registrado pela ANVISA, mas que não consta das listas do SUS, não há nenhum outro tratamento disponível para determinada patologia[142]. Situação semelhante refere-se aos fármacos disponibilizados pelo SUS, só que para patologia diferente da que o cidadão é portador. Enfrenta-se, aqui, a adoção do movimento da "medicina baseada em evidências", adotado pelo Sistema Único de Saúde.

As hipóteses em que o procedimento ou o fármaco solicitado não estejam incluídos no rol de medicamentos fornecidos pelo SUS geram uma individualização da demanda e tornam-se um crescente problema à política de saúde pública. Estudo realizado no Estado de São Paulo constatou que 77% dos remédios solicitados em um determinado período não integravam os programas de assistência farmacêutica do SUS[143].

O levantamento também evidenciou que, geralmente, as pessoas beneficiadas pela intervenção do Poder Judiciário são as que possuem melhores condições socioeconômicas e acesso à informação, o que resulta em uma verdadeira assimetria do sistema. Essa constatação foi feita levando-se em consideração dados como o local de residência dos autores das demandas e o elevado número de ações propostas por advogados particulares – 74% dos casos analisados[144].

Esse quadro indica o desenvolvimento de situação completamente contraditória ao projeto constitucional, quando do estabelecimento de um sistema de saúde universal, que não possibilitasse a existência de qualquer benefício ou privilégio de alguns usuários.

Ainda assim, outra questão que não pode ser ignorada são os elevados custos de medicamentos no País. Estudo liderado pelo professor da Universidade de Princeton, João Biehl, indica que alguns remédios no Brasil custam, *v. g.*, duas vezes mais do que na Suécia e chegam a ser treze vezes mais elevados que o índice mundial de preços[145]. Tal fato está a indicar que a realização do direito à saúde – no caso, acesso a medicamento – pode realizar-se de diversas formas, associadas a políticas públicas de variada índole.

É bem verdade que, em muitos casos, a judicialização do direito à saúde deveria ocorrer, preferencialmente, no plano das ações coletivas e não no contexto de milhares de ações individuais. Especialmente nas hipóteses em que um remédio encontra-se na lista de aprovados pela ANVISA, mas não na listagem do SUS, a cultura das pretensões coletivas seria um verdadeiro estímulo ao diálogo institucional e à preservação da isonomia e do atendimento dos titulares de direitos em iguais condições.

Todavia, no âmbito do direito à saúde, ainda há flagrante preferência na propositura de ações individuais. Em estudo que pesquisou demandas envolvendo direito à saúde e à educação em cinco Estados brasileiros, além da jurisprudência do Supremo

---

142 A Ministra Ellen Gracie, na presidência do Supremo Tribunal, entendeu que, no caso específico tratado pela STA 91/AL, o Estado de Alagoas não poderia ser obrigado a fornecer medicamento que não constava da lista do SUS (STA 91/AL, rel. Min. Ellen Gracie, *DJ* de 5-3-2007).

143 Ana Luiza Chieffi e Rita Barradas Barata, Judicialização da política pública de assistência farmacêutica e equidade, *Caderno Saúde Pública*, Rio de Janeiro, ago. 2009, p. 1843.

144 Ana Luiza Chieffi e Rita Barradas Barata, Judicialização da política pública de assistência farmacêutica e equidade, cit., p. 1840.

145 Cf. estudo *Global Health Research – Right to health litigation*, desenvolvido pelo Prof. João Biehl e disponível em: <http://joaobiehl.net/global-health-research>. Acesso em: 29 out. 2011.

Tribunal Federal e do Superior Tribunal de Justiça, foi constatado que 96% dos litígios referiam-se à saúde, enquanto apenas 4% versavam sobre direito à educação. Destes, somente 2% dos casos de direito à saúde eram ações coletivas, ao passo que 81% dos casos relativos a direito à educação eram reclamações coletivas[146].

A ausência de articulação conjunta dos diversos interessados para obtenção de uma tutela na área de saúde é um dos principais obstáculos ao aumento das demandas coletivas nesse setor. Os demandantes acabam por planejar suas ações a curto prazo e pelo meio que parece mais ágil e fácil. Normalmente, o entendimento de determinados juízos, o que gera, inclusive, um direcionamento quanto ao modo de elaborar o pedido.

Um caso que evidencia a importância da participação de diversos interessados nas ações coletivas é o de acesso a medicamentos no Estado do Rio de Janeiro. A constatação da existência de diversas ações individuais impulsionou o Ministério Público a dar início a uma série de ações coletivas contra o Estado e Municípios. Além disso, a interlocução entre várias ONGs que representavam doentes com patologias crônicas, a Defensoria Pública e o Conselho Estadual de Saúde, foi fundamental para a propositura das ações. Essas instituições vivenciam os problemas práticos enfrentados em cada setor, além de estarem aptas a subsidiar tecnicamente a demanda[147].

O nível de informações usualmente contidas nas ações coletivas é importante motivo pelo qual estas devem ser estimuladas. Com a participação de mais interessados e pessoas especializadas na matéria, o Poder Judiciário acaba por ter dados mais completos para julgar o caso.

Por outro lado, ao prover pretensões relacionadas com direito à saúde, normalmente relacionadas com entrega gratuita de medicamentos, de aparelhos ou obtenção de vagas em hospitais – enfim, ações que geram custos –, o Poder Judiciário passa a influenciar o orçamento público.

Nas ações individuais, essa interferência é feita sem que se tenha noção dos reais impactos que podem ser causados pela decisão. Nas ações coletivas, porém, as questões orçamentárias podem ser sopesadas de forma devida, inclusive porque o pedido é analisado com maiores subsídios. Além disso, a longo prazo, as decisões proferidas em demandas coletivas tendem a gerar diminuição de gastos para a Administração Pública, que poderá organizar-se adequadamente para atender às demandas da coletividade dentro de prazos razoáveis.

Válido mencionar, nesse sentido, o Projeto de Lei n. 5.139/2009, da Câmara dos Deputados, de autoria de Ada Pellegrini Grinover, que pretendia criar um sistema único de ações coletivas (excluído o mandado de segurança), com vistas a corrigir falhas e contradições das normas hoje vigentes[148]. Trata-se de relevante discussão que buscava valorizar e incentivar a utilização do processo coletivo.

---

146 Cf. Florian F. Hoffmann e Fernando R.N.M. Bentes, A litigância judicial dos direitos sociais no Brasil: uma abordagem empírica, in *Direitos sociais*: fundamentos, judicialização e direitos sociais em espécie, Cláudio Pereira Souza Neto e Daniel Sarmento (Org.), Rio de Janeiro: Lumen Juris, 2008, p. 391.

147 Cf. Florian F. Hoffmann e Fernando R.N.M. Bentes, A litigância judicial dos direitos sociais no Brasil: uma abordagem empírica, in *Direitos sociais*: fundamentos, judicialização e direitos sociais em espécie, Cláudio Pereira Souza Neto e Daniel Sarmento (Org.), Rio de Janeiro: Lumen Juris, 2008, p. 403.

148 Ada Pellegrini Grinover, O projeto de lei brasileira sobre processos coletivos, in *A ação civil pública*, Édis Milaré (Coord.), São Paulo: Revista dos Tribunais, 2010, p. 15-19.

Finalmente, o fortalecimento da cultura administrativa, que permitiria a realização do Direito sem intervenção judicial, também é um desafio digno de ser arrostado. Há, entre nós, a consolidada compreensão de que a única forma de efetivar direitos é por meio do Judiciário. É necessário superar a denegação sistemática de direitos amplamente reconhecidos, permitindo-se que a realização do Direito se efetive, se possível, sem intervenção judicial. Nesse sentido, devem ser estimuladas práticas desenvolvidas no âmbito do Ministério Público, das Defensorias Públicas e da própria Administração, por meio das ouvidorias, sistemas de *ombudsman* ou instituições equivalentes.

Registre-se que o Superior Tribunal de Justiça afetou o REsp 16.571-56 para julgamento como recurso repetitivo, correspondendo ao Tema 106. Em razão disso, a Primeira Seção do STJ determinou a suspensão nacional dos processos que discutem o fornecimento de medicamentos não incorporados em atos normativos do SUS, ressalvada a apreciação judicial de demandas consideradas urgentes, como os pedidos liminares[149]. Em 4 de maio de 2018, o STJ julgou o mérito do REsp, fixando a seguinte tese para fins do art. 1.036 do Código de Processo Civil:

> "A concessão dos medicamentos não incorporados em atos normativos do SUS exige a presença cumulativa dos seguintes requisitos:
>
> (i) Comprovação, por meio de laudo médico fundamentado e circunstanciado expedido por médico que assiste o paciente, da imprescindibilidade ou necessidade do medicamento, assim como da ineficácia, para o tratamento da moléstia, dos fármacos fornecidos pelo SUS;
>
> (ii) Incapacidade financeira de arcar com o custo do medicamento prescrito;
>
> (iii) Existência de registro na ANVISA do medicamento".

Embora o STJ tenha definido a controvérsia pelo ponto de vista da legislação do SUS, a mesma matéria tem sido tratada pelo Supremo Tribunal Federal sob a ótica do art. 196 da Constituição.

3.5.1.4. *Jurisprudência do Supremo Tribunal Federal*

Os contornos do direito à saúde há tempos vêm sendo desenvolvidos em diversos julgados do Supremo Tribunal Federal. Relacionam-se estes a diversas espécies de prestações, como fornecimento de medicamentos, suplementos alimentares, órteses e próteses, criação de vagas de UTIs e de leitos hospitalares, contratação de servidores da saúde, realização de cirurgias e exames, custeio de tratamento fora do domicílio e inclusive no exterior, entre outros.

A existência de um número significativo de demandas judiciais relacionadas ao direito à saúde[150] motivou a convocação, pela Presidência do Supremo Tribunal Fede-

149 REsp 165.715-6/RJ, rel. Min. Benedito Gonçalves, 1ª Seção, afetado em 3-5-2017, Tema/Repetitivo 106.

150 O Jornal *Folha de S.Paulo* publicou reportagem indicando que, "Entre 2003 e 2009, o Ministério da Saúde respondeu a 5.323 processos judiciais com solicitações de medicamentos, um gasto de R$ 159,03 milhões. Só em 2009, foram R$ 83,16 milhões – 78,4% deste valor foram para comprar 35 drogas importadas. Não estão compu-

ral, de uma audiência pública sobre o tema[151]. Entre os dias 27-29 de abril e 4-7 de maio de 2009, a Corte transformou-se em um verdadeiro fórum para reflexão e argumentação, mediante a realização de uma audiência pública sobre saúde.

O evento teve a finalidade especial de promover a participação social por meio de depoimentos de pessoas com experiência e autoridade no que concerne ao Sistema Único de Saúde, em suas várias vertentes. O objetivo específico foi esclarecer as questões técnicas, científicas, administrativas, políticas e econômicas envolvidas nas decisões judiciais sobre saúde e o SUS[152].

Mostra-se pertinente, nessa linha, a ponderação de Ciarlini quanto à necessidade de se enfrentar com criatividade os efeitos perversos do protagonismo judicial nessa matéria. Atento à feição instrumental do processo, observa o autor que:

> "Dessa forma, o processo judicial pode neutralizar o perigo da adoção de posturas antagônicas entre a soberania e os direitos individuais, ou entre a afirmação de direitos fundamentais e a escassez dos recursos financeiros indisponíveis para tanto, ou, ainda, trabalhar criativamente no sentido de superar a histórica dissensão entre a liberdade e a igualdade. Também assim, o agonismo representa uma alternativa para a atividade judicial que, ao tratar da saúde, não deve perder de vista o pluralismo – que, aliás, é o princípio fundamental do próprio SUS – e, portanto, a gestão democrática dos temas relativos à saúde, ao conciliar o pluralismo com a democracia"[153].

---

tadas neste montante as ações ingressadas diretamente nos Estados e municípios" (reportagem intitulada "Gasto é maior em 2009 que nos 6 anos anteriores", publicada no Jornal *Folha de S.Paulo* em 24-7-2010).

151 Para mais informações sobre a audiência pública sobre saúde, consultar *Audiência Pública* – Saúde, Brasília: Supremo Tribunal Federal, 2009.

152 A audiência pública sobre saúde motivou a criação, pelo Conselho Nacional de Justiça, do "Fórum Nacional do Judiciário para Assistência à Saúde". Este, instituído pela Resolução n. 107/2010, possui como objetivo propiciar a discussão de temas, como o aumento das ações judiciárias na área de saúde, a obrigatoriedade de fornecimento de medicamentos, tratamentos e disponibilização de leitos hospitalares, entre outras questões relevantes. No mesmo sentido, em 30 de março de 2010, o Conselho Nacional de Justiça aprovou a Recomendação n. 31, para que os tribunais adotem medidas visando melhor subsidiar os magistrados a fim de assegurar maior eficiência na solução das demandas judiciais envolvendo a assistência à saúde, como o apoio técnico de médicos e farmacêuticos às decisões dos magistrados. Do Conselho Nacional de Justiça, válido mencionar, ainda, a Recomendação n. 35, de 12 de julho de 2011, que estabelece diretrizes em relação aos pacientes judiciários e a execução da medida de segurança, e a Recomendação n. 36, de mesma data, que recomenda aos Tribunais a adoção de medidas para subsidiar os magistrados em demandas que envolvam a assistência à saúde suplementar. Além das ações levadas a cabo pelos Estados e as orientações feitas pelo Conselho Nacional de Justiça, os resultados alcançados na audiência pública também geraram um processo de atualização e revisão de protocolos. Em ofício encaminhado ao Supremo Tribunal Federal, o Ministro da Saúde destacou seu trabalho nesse sentido. Também indicou a necessidade de compartilhar medidas que visem à redução de litígios, como o Comitê Interinstitucional de Resolução Administrativa de Demandas da Saúde – CIRADS, que tem como finalidade a solução administrativa de demandas envolvendo o cidadão. O medicamento, para ser fornecido pelo SUS, deve estar registrado na ANVISA. De acordo com o Decreto n. 3.961, de 10 de outubro de 2001, o registro é ato privativo do órgão ou da entidade competente do Ministério da Saúde, após avaliação e despacho concessivo de seu dirigente, destinado a comprovar o direito de fabricação e de importação de produto submetido ao regime da Lei n. 6.360, de 1976, com a indicação do nome, do fabricante, da procedência, da finalidade e dos outros elementos que o caracterizem.

153 Alvaro de A. S. Ciarlini, *Direito à saúde*: paradigmas procedimentais e substanciais da Constituição, São Paulo: Saraiva (série IDP: Linha Pesquisa Acadêmica), 2013, p. 246.

Os dados coletados na Audiência Pública subsidiaram a decisão da Presidência do Tribunal na Suspensão de Tutela Antecipada n. 175, que fixou alguns parâmetros para solução judicial dos casos concretos que envolvem direito à saúde como tentativa de dar resposta ao protagonismo judicial crescente na matéria. A decisão monocrática da Presidência foi mantida pelo Plenário do Tribunal ao apreciar o agravo regimental interposto pela União (STA 175-AgR).

No caso, a Corte manteve a antecipação de tutela recursal deferida pelo Tribunal Regional Federal da 5ª Região, que determinara à União, ao Estado do Ceará e ao Município de Fortaleza que fornecessem à autora, paciente portadora de doença rara, medicamento não registrado na ANVISA, cujo custo mensal seria estimado em R$ 52.000,00.

A União alegava, entre outros fundamentos, violação ao princípio da separação de poderes e às normas e regulamentos do SUS, indevida interferência do poder judiciário na função exclusiva da Administração em definir políticas públicas, Especificamente em relação ao deferimento de tutela antecipada contra a fazenda pública, no caso, apontou ocorrência de grave lesão às finanças e à saúde públicas, bem como o efeito multiplicador da decisão.

Ao decidir e fixar critérios, o Tribunal valeu-se da experiência apreendida na audiência pública e assim ponderou, esquematicamente:

1. O primeiro dado a ser considerado é a existência, ou não, de política estatal que abranja a prestação de saúde pleiteada pela parte. Isso porque, ao deferir uma prestação de saúde incluída entre as políticas sociais e econômicas formuladas pelo SUS, o Judiciário não está criando política pública, mas apenas determinando o seu cumprimento. Nesses casos, a existência de um direito subjetivo público a determinada política pública de saúde parece ser evidente.

1.1. Se a prestação de saúde pleiteada não estiver entre as políticas do SUS, é preciso verificar se a falta de prestação de saúde decorre de:

1.1.1. omissão legislativa ou administrativa;

1.1.2. decisão administrativa de não a fornecer; ou

1.1.3. vedação legal expressa à sua dispensação[154].

---

154 A Lei Federal n. 6.360/76, ao dispor sobre a vigilância sanitária a que ficam sujeitos os medicamentos, as drogas, os insumos farmacêuticos e correlatos, determina, em seu art. 12, que "nenhum dos produtos de que trata esta Lei, inclusive os importados, poderá ser industrializado, exposto à venda ou entregue ao consumo antes de registrado no Ministério da Saúde". O art. 16 da referida lei estabelece os requisitos para a obtenção do registro, entre eles o de que o produto seja reconhecido como seguro e eficaz para o uso a que se propõe. O art. 18 ainda determina que, em se tratando de medicamento de procedência estrangeira, deverá ser comprovada a existência de registro válido no país de origem. O registro de medicamento, como ressaltado pelo Procurador-Geral da República na Audiência Pública, é uma garantia à saúde pública. E, como ressaltou o Diretor-Presidente da ANVISA na mesma ocasião, a Agência, por força da lei de sua criação, também realiza a regulação econômica dos fármacos. Após verificar a eficácia, a segurança e a qualidade do produto e conceder-lhe o registro, a ANVISA passa a analisar a fixação do preço definido, levando em consideração o benefício clínico e o custo do tratamento. Havendo produto assemelhado, se o novo medicamento não trouxer benefício adicional, não poderá custar mais caro do que o medicamento já existente com a mesma indicação. Por tudo isso, o registro na ANVISA configura-se como condição necessária para atestar a segurança e o benefício do produto, sendo o primeiro requisito para que o Sistema Único de Saúde possa considerar sua incorporação. Portanto, como regra geral a ser adotada, é vedado à Administração Pública fornecer fármaco que não possua registro na ANVISA. Apenas em casos excep-

2. O segundo dado a ser considerado é a motivação para o não fornecimento de determinada ação de saúde pelo SUS. Há casos em que se ajuíza ação com o objetivo de garantir prestação de saúde que o SUS decidiu não custear por entender que inexistem evidências científicas suficientes para autorizar sua inclusão.

Nessa hipótese, podem ocorrer duas situações:

2.1. A primeira, quando o SUS fornece tratamento alternativo, mas não adequado a determinado paciente.

Como regra geral, a obrigação do Estado, à luz do disposto no art. 196 da Constituição, restringe-se ao fornecimento das políticas por ele formuladas para a promoção, proteção e recuperação da saúde.

Como a política pública definida para o Sistema Único de Saúde filiou-se à corrente da "Medicina com base em evidências", adotando os "Protocolos Clínicos e Diretrizes Terapêuticas" (conjunto de critérios que permitem determinar o diagnóstico de doenças e o tratamento correspondente com os medicamentos disponíveis e as respectivas doses, com eficácia cientificamente comprovada), em regra, deverá ser privilegiado o tratamento fornecido pelo SUS em detrimento de opção diversa escolhida pelo paciente, sempre que não for comprovada a ineficácia ou a impropriedade da política de saúde existente.

Um medicamento ou tratamento em desconformidade com o protocolo deve ser visto com cautela, pois tende a contrariar o consenso científico vigente. Não se pode esquecer de que a gestão do Sistema Único de Saúde, obrigado a observar o princípio constitucional do acesso universal e igualitário às ações e prestações de saúde, só se torna viável mediante a elaboração de políticas públicas que repartam os recursos (naturalmente escassos) da forma mais eficiente possível. Obrigar a rede pública a financiar toda e qualquer ação e prestação de saúde existente geraria grave lesão à ordem administrativa e levaria ao comprometimento do SUS, de modo a prejudicar ainda mais o atendimento médico da parcela da população mais necessitada.

É claro que essa sistemática pressupõe a necessidade de revisão periódica dos protocolos existentes e de elaboração de novos protocolos. Essa conclusão não afasta, ainda, a possibilidade, embora excepcional, de o Poder Judiciário, ou a própria Administração, decidir que medida diferente da custeada pelo SUS deve ser fornecida a determinada pessoa que, por razões específicas do seu organismo, comprove que o tratamento fornecido não é eficaz no seu caso. Assim, em casos excepcionais, os Protocolos Clínicos e Diretrizes Terapêuticas do SUS poderão ser contestados judicialmente.

2.2. A segunda situação ocorre quando o SUS não tem nenhum tratamento específico para determinada patologia. Nesses casos, é preciso diferenciar (2.2.1) os *tratamentos puramente experimentais* dos (2.2.2) novos *tratamentos ainda não testados pelo Sistema de Saúde brasileiro*.

2.2.1. Os *tratamentos experimentais* (sem comprovação científica de sua eficácia) são realizados por laboratórios ou centros médicos de ponta, consubstanciando-se em pesquisas clínicas. A participação nesses tratamentos rege-se pelas normas que regulam

---

cionais, cuja verificação ocorrerá em concreto, a importação de medicamento não registrado poderá ser autorizada pela ANVISA. Nesse sentido, a Lei n. 9.782/99, que criou a Agência Nacional de Vigilância Sanitária – ANVISA, permite que ela dispense de "registro" medicamentos adquiridos por intermédio de organismos multilaterais internacionais, para uso de programas em saúde pública pelo Ministério da Saúde.

a pesquisa médica, e, portanto, o Estado não pode ser condenado a fornecê-los. Como esclarecido na audiência pública da Saúde por profissionais da área da saúde, essas drogas não podem ser compradas em nenhum país, porque nunca foram aprovadas ou avaliadas, e o acesso a elas deve ser disponibilizado apenas no âmbito de estudos clínicos ou programas de acesso expandido, não sendo possível obrigar o SUS a custeá-las. No entanto, é preciso que o laboratório que realiza a pesquisa continue a fornecer o tratamento aos pacientes que participaram do estudo clínico, mesmo após seu término.

2.2.2. Quanto aos *novos tratamentos* (ainda não incorporados pelo SUS), é preciso que se tenha cuidado redobrado na apreciação da matéria. Como frisado pelos especialistas ouvidos na audiência pública, o conhecimento médico não é estanque, sua evolução é muito rápida e dificilmente suscetível de acompanhamento pela burocracia administrativa. Se, por um lado, a elaboração dos Protocolos Clínicos e das Diretrizes Terapêuticas privilegia a melhor distribuição de recursos públicos e a segurança dos pacientes, por outro, a aprovação de novas indicações terapêuticas pode ser muito lenta e, assim, acabar por excluir o acesso de pacientes do SUS a tratamento há muito prestado pela iniciativa privada. Assim, a inexistência de Protocolo Clínico no SUS não pode significar violação ao princípio da integralidade do sistema, nem justificar a diferença entre as opções acessíveis aos usuários da rede pública e as disponíveis aos usuários da rede privada. Nesses casos, a omissão administrativa no tratamento de determinada patologia poderá ser objeto de impugnação judicial, tanto por ações individuais como coletivas[155].

3. Em todo o caso, é imprescindível que haja instrução processual, com ampla produção de provas, o que poderá configurar-se como um obstáculo à concessão de medidas cautelares. Assim, independentemente da hipótese levada à consideração do Poder Judiciário, há a necessidade de adequada instrução das demandas de saúde, para que não ocorra a produção padronizada de iniciais, contestações e sentenças, peças processuais que, muitas vezes, não contemplam as especificidades do caso concreto, impedindo que o julgador concilie a dimensão subjetiva (individual e coletiva) com a dimensão objetiva do direito à saúde. Esse é mais um dado incontestável, colhido na audiência pública – Saúde.

Para o caso concreto da STA 175, que originou a audiência pública, tendo em vista tais ponderações, e verificado que o medicamento encontrava-se registrado na ANVISA, concluiu-se que as provas juntadas eram suficientes para demonstrar a necessidade daquele medicamento específico em face da enfermidade e das condições pessoais de saúde do paciente, não tendo os entes federados comprovado ocorrência de grave lesão à ordem, à saúde e à economia pública capaz de justificar a excepcionalidade da suspensão de tutela.

Embora o precedente do Supremo Tribunal Federal no âmbito dos processos de Suspensão de Tutela Antecipada tenha sido importante para buscar a fixação de parâ-

155 Reportagem publicada no jornal *O Estado de S.Paulo* apresenta pesquisa realizada por funcionária da Secretaria de Estado da Saúde do Estado de São Paulo em que esta indica concentração dos processos para compra de remédios não incluídos no SUS nas mãos de poucos advogados, sugerindo, ainda, que laboratórios farmacêuticos estariam por trás dessa questão. Apontou a pesquisadora, também, exemplo de possíveis fraudes, como a descoberta pela polícia de São Paulo, em setembro de 2008, de um esquema que obrigava o Estado a adquirir drogas de alto custo para psoríase. Nesse caso, estima-se, pela Secretaria Estadual da Saúde, que cerca de 50% dos R$ 400 milhões gastos com remédios via Justiça seriam decorrentes de fraudes (reportagem "Indústria usa ações judiciais para lucrar com medicamentos, diz estudo", publicada em 26-7-2010 no jornal *O Estado de S.Paulo*).

metros para as decisões judiciais, boa parte dos méritos envolvendo questões constitucionais sobre a judicialização da saúde ainda aguarda a definição da Corte.

Um dos pontos a ser revisitados pelo Supremo Tribunal Federal diz respeito à definição da responsabilidade dos entes pelo fornecimento das prestações de saúde, com grande impacto na judicialização do direito à saúde. A jurisprudência das Turmas do STF sempre reconheceu a responsabilidade solidária da União, dos Estados e dos Municípios neste tipo de demanda[156].

No Tema 793 da Repercussão Geral (RE 855.178), o Ministro Luiz Fux reafirmou a jurisprudência para fixar a tese no sentido de que a responsabilidade dos entes federados para a prestação de demandas de saúde é solidária[157]. No entanto, após aprovação pela maioria dos Ministros no Plenário Virtual, a União apresentou Embargos de Declaração questionando a omissão da decisão quanto às inovações legislativas posteriores aos julgados citados. O recurso encontra-se pendente de julgamento, aguardando a devolução da vista do Ministro Edson Fachin.

Argumento recorrente nos recursos da Administração Pública, a alegação de violação à separação dos Poderes tem sido tradicionalmente afastada pela Corte. Entende-se que a inércia do Poder Executivo em cumprir seu dever constitucional de garantia do direito à saúde (art. 196) abre a possibilidade do exame da matéria pelo Poder Judiciário. Nesse sentido, registre-se a ementa da decisão proferida na ADPFMC 45/DF, relator Min. Celso de Mello:

> "ARGUIÇÃO DE DESCUMPRIMENTO DE PRECEITO FUNDAMENTAL. A QUESTÃO DA LEGITIMIDADE CONSTITUCIONAL DO CONTROLE E DA INTERVENÇÃO DO PODER JUDICIÁRIO EM TEMA DE IMPLEMENTAÇÃO DE POLÍTICAS PÚBLICAS, QUANDO CONFIGURADA HIPÓTESE DE ABUSIVIDADE GOVERNAMENTAL. DIMENSÃO POLÍTICA DA JURISDIÇÃO CONSTITUCIONAL ATRIBUÍDA AO SUPREMO TRIBUNAL FEDERAL. INOPONIBILIDADE DO ARBÍTRIO ESTATAL À EFETIVAÇÃO DOS DIREITOS SOCIAIS, ECONÔMICOS E CULTURAIS. CARÁCTER RELATIVO DA LIBERDADE DE CONFORMAÇÃO DO LEGISLADOR. CONSIDERAÇÕES EM TORNO DA CLÁUSULA DA 'RESERVA DO POSSÍVEL'. NECESSIDADE DE PRESERVAÇÃO, EM FAVOR DOS INDIVÍDUOS, DA INTEGRIDADE E DA INTANGIBILIDADE DO NÚCLEO CONSUBSTANCIADOR DO 'MÍNIMO EXISTENCIAL'. VIABILIDADE INSTRUMENTAL DA ARGUIÇÃO DE DESCUMPRIMENTO NO PROCESSO DE CONCRETIZAÇÃO DAS LIBERDADES POSITIVAS (DIREITOS CONSTITUCIONAIS DE SEGUNDA GERAÇÃO)".

Para o Poder Judiciário, o administrador age na implementação dos serviços de saúde com vista a realizar as políticas governamentais estabelecidas. Assim, o juiz, ao

156 Por exemplo, no RE 195.192-3, rel. Min. Marco Aurélio, *DJ* de 22-2-2000, a 2ª Turma do Supremo Tribunal consignou o entendimento segundo o qual a responsabilidade pelas ações e serviços de saúde é da União, dos Estados e do Distrito Federal e dos Municípios. Em sentido idêntico, no RE-AgR 255.6271, o Ministro Nelson Jobim afastou a alegação do Município de Porto Alegre de que não seria responsável pelos serviços de saúde de alto custo. O Ministro Nelson Jobim, amparado no precedente do RE 280.642, no qual a 2ª Turma havia decidido questão idêntica, negou provimento ao Agravo Regimental do Município (RE-AgR 255.627-1, rel. Min. Nelson Jobim, *DJ* de 21-11-2000).

157 RE-RG 855.178, rel. Min. Luiz Fux, Plenário Virtual, *DJe* de 16-3-2015.

impor a satisfação do direito à saúde no caso concreto, em um número significativo de hipóteses, não exerce senão o controle judicial dos atos e omissões administrativas[158].

Ao analisar demandas contrárias às políticas governamentais na área da saúde, a Corte rejeitou a possibilidade da realização da denominada "diferença de classe", que permitia ao usuário do SUS pagar uma diferença de valores e ter uma prestação de serviços em um padrão diferenciado do normalmente fornecido pela rede pública de saúde. A questão teve repercussão geral reconhecida pelo Plenário Virtual do Supremo Tribunal Federal (Tema 579). Os Ministros, por unanimidade, fixaram a seguinte tese: "é constitucional a regra que veda, no âmbito do Sistema Único de Saúde, a internação em acomodações superiores, bem como o atendimento diferenciado por médico do próprio Sistema Único de Saúde, ou por médico conveniado, mediante o pagamento da diferença dos valores correspondentes"[159].

Já ao analisar a constitucionalidade da Lei n. 13.269/2016, que autorizou o uso da substância fosfoetanolamina sintética (pílula do câncer) por pacientes diagnosticados com neoplasia maligna, o Tribunal, por maioria, deferiu a medida cautelar na ADI 5.501. Na oportunidade, os Ministros entenderam que a legislação atacada, ao suspender a exigibilidade do registro na ANVISA, afastou-se das balizas constitucionais concernentes ao dever estatal de proteção da saúde[160].

Também as relações jurídicas firmadas no âmbito do sistema privado de saúde têm merecido atenção dos tribunais. A possibilidade de ressarcimento ao SUS, prevista na Lei n. 9.656/98[161], que dispõe sobre os planos e seguros privados de assistência à saúde, teve sua constitucionalidade questionada no Supremo Tribunal Federal.

Embora a ADI 1.931/DF, de relatoria do Min. Marco Aurélio, tenha sido julgada parcialmente prejudicada, precedentes das Turmas[162] já indicavam a constitucionalidade do art. 32 da Lei n. 9.656/98. O entendimento foi confirmado pela Corte, em sede de repercussão geral, ao julgar o RE-RG 597.064/RJ (Tema 345), que fixou a seguinte tese: "É

---

158 Há, na literatura estrangeira, quem seja bastante crítico da forma como o Supremo Tribunal Federal tem decidido problemas relacionados ao direito à saúde. Alega-se que o "modelo sul-africano" de adjudicação desse direito seria claramente preferível ao "modelo brasileiro". Nesse sentido, cf. Jeff King, *Judging Social Rights*, Cambridge: Cambridge University Press, 2012, p. XXIII, 56, 82 e s.

159 RE-RG 581.488/RS, rel. Min. Dias Toffoli, Plenário, *DJe* de 7-4-2016.

160 ADI 5.501-MC, rel. Min. Marco Aurélio, Plenário, j. em 19-5-2016.

161 "Art. 32. Serão ressarcidos pelas operadoras a que alude o art. 1º os serviços de atendimento à saúde previstos nos respectivos contratos, prestados a seus consumidores e respectivos dependentes, em instituições públicas ou privadas, conveniadas ou contratadas, integrantes do Sistema Único de Saúde – SUS. § 1º O ressarcimento a que se refere o *caput* será efetuado pelas operadoras diretamente à entidade prestadora de serviços, quando esta possuir personalidade jurídica própria, ou ao SUS, nos demais casos, mediante tabela a ser aprovada pelo CNSP, cujos valores não serão inferiores aos praticados pelo SUS e não superiores aos praticados pelos planos e seguros. § 2º Para a efetivação do ressarcimento, a entidade prestadora ou o SUS, por intermédio do Ministério da Saúde, conforme o caso, enviará à operadora a discriminação dos procedimentos realizados para cada consumidor. § 3º A operadora efetuará o ressarcimento até o trigésimo dia após a apresentação da fatura, creditando os valores correspondentes à entidade prestadora ou ao Fundo Nacional de Saúde, conforme o caso. § 4º O CNSP, ouvida a Câmara de Saúde Suplementar, fixará normas aplicáveis aos processos de glosa dos procedimentos encaminhados conforme previsto no § 2º deste artigo."

162 Cf. RE 611.406/RJ, rel. Min. Ricardo Lewandowski, *DJe* de 2-6-2010; RE 603.655/RJ, rel. Min. Dias Toffoli, *DJe* de 22-4-2010; AI 695.833/RJ, rel. Min. Eros Grau, *DJe* de 7-4-2010.

constitucional o ressarcimento previsto no art. 32 da Lei 9.656/98, o qual é aplicável aos procedimentos médicos, hospitalares ou ambulatoriais custeados pelo SUS e posteriores a 4-6-1998, assegurados o contraditório e a ampla defesa, no âmbito administrativo, em todos os marcos jurídicos".

Em sede de controle difuso, o STF analisou o RE-RG 580.264/RS, Tema 115, fixando a tese segundo a qual "as sociedades de economia mista prestadoras de ações e serviços de saúde, cujo capital social seja majoritariamente estatal, gozam da imunidade tributária prevista na alínea 'a' do inciso VI do art. 150 da Constituição Federal".

Em 2019, o STF concluiu o julgamento dos Temas 500 e 793 da sistemática da repercussão geral.

No Tema 500, RE-RG 657718/MG, de relatoria do Min. Marco Aurélio, o Tribunal deu parcial provimento ao recurso extraordinário, nos termos do voto do Ministro Roberto Barroso, redator para o acórdão, fixando a seguinte tese: "*1. O Estado não pode ser obrigado a fornecer medicamentos experimentais. 2. A ausência de registro na ANVISA impede, como regra geral, o fornecimento de medicamento por decisão judicial. 3. É possível, excepcionalmente, a concessão judicial de medicamentos sem registro sanitário, em caso de mora irrazoável da ANVISA em apreciar o pedido (prazo superior ao previsto na Lei n. 13.411/2016), quando preenchidos três requisitos: (i) a existência de pedido de registro do medicamento no Brasil (salvo no caso de medicamentos órfãos para doenças raras e ultrarraras); (ii) a existência de registro do medicamento em renomadas agências de regulação no exterior; e (iii) a inexistência de substituto terapêutico com registro no Brasil. 4. As ações que demandem fornecimento de medicamentos sem registro na ANVISA deverão necessariamente ser propostas em face da União*"[163].

No Tema 793, RE-RG 855178/SE, de relatoria do Min. Luiz Fux, o Tribunal rejeitou os embargos de declaração, nos termos do voto do Min. Edson Fachin, redator para o acórdão, fixando a tese segundo a qual "*os entes da federação, em decorrência da competência comum, são solidariamente responsáveis nas demandas prestacionais na área de saúde, e diante dos critérios constitucionais de descentralização e hierarquização, compete à autoridade judicial direcionar o cumprimento conforme as regras de repartição de competências e determinar o ressarcimento a quem suportou o ônus financeiro*"[164].

Em 2020, o Tema 6 da sistemática da repercussão geral (RE-RG 566.471/RN) teve o julgamento de mérito finalizado. O STF decidiu que o Estado não é obrigado a fornecer medicamentos de alto custo não previstos na relação do Programa de Dispensação de Medicamentos em Caráter Excepcional. No entanto, os Ministros ressalvaram que, nos casos de medicamentos de alto custo não disponíveis no sistema, o Estado pode ser obrigado a fornecê-los, desde que comprovada a extrema necessidade do remédio e a incapacidade financeira do paciente. No entanto, as situações excepcionais ainda serão especificadas quando da formulação da tese, cujo julgamento encontra-se suspenso em razão de pedido de vista do Ministro Gilmar Mendes.

No entanto, muitos temas sensíveis ao problema da judicialização do direito à saúde, que tiveram repercussão geral reconhecida, aguardam o julgamento pela Corte:

---

163 RE-RG 657718, rel. Min. Marco Aurélio, red. p/ac. Min. Roberto Barroso, julgado em 22-5-2019.

164 RE-RG 855178-ED, rel. Min. Luiz Fux, red. p/ac. Min. Edson Fachin, julgado em 23-5-2019.

a) RE-RG 630.852, Tema 381: aplicação do Estatuto do Idoso a contrato de plano de saúde firmado anteriormente a sua vigência;

b) RE-RG 684.612, Tema 698: limite do Poder Judiciário para determinar obrigações de fazer ao Estado, consistentes na realização de concursos públicos, contratação de servidores e execução de obras que atendam o direito social da saúde, ao qual a Constituição da República garante especial proteção;

c) RE-RG 858.075, Tema 818: controle judicial relativo ao descumprimento da obrigação dos entes federados na aplicação dos recursos orçamentários mínimos na área da saúde, antes da edição da lei complementar referida no art. 198, § 3º, da Constituição.

3.5.2. **Previdência social**

A previdência social será organizada sob a forma de regime geral, de caráter contributivo e de filiação obrigatória, observados critérios que preservem o equilíbrio financeiro e atuarial, e deverá atender, na forma da lei, (a) a cobertura dos eventos de incapacidade temporária ou permanente para o trabalho e idade avançada; (b) proteção à maternidade, especialmente à gestante; (c) proteção ao trabalhador em situação de desemprego involuntário; (d) salário-família e auxílio-reclusão para os dependentes dos segurados de baixa renda; (e) pensão por morte do segurado, homem ou mulher, ao cônjuge ou companheiro e dependentes (CF, art. 201, I-IV).

Nos termos da Constituição, veda-se a adoção de requisitos ou critérios diferenciados para a concessão de benefícios, ressalvada, nos termos de lei complementar, a possibilidade de previsão de idade e tempo de contribuição distintos da regra geral para a concessão de aposentadoria exclusivamente em favor de duas categorias de segurados: a) os com deficiência; b) aqueles cuja atividade seja exercida com efetiva exposição a agentes químicos, físicos e biológicos prejudiciais à saúde, ou a associação desses agentes, sendo, no entanto, vedada a caracterização por categoria profissional. (CF, art. 201, § 1º).

Consagra-se, ainda, que nenhum benefício que substitua o salário de contribuição ou o rendimento do trabalho do segurado terá valor mensal inferior ao salário mínimo, que todos os salários de contribuição considerados para o cálculo de benefício serão devidamente atualizados, na forma da lei e que os benefícios serão reajustados para preservar-lhes o valor real, conforme critérios estabelecidos em lei (CF, art. 201, §§ 2º, 3º e 4º)[165].

Além disso, com a EC 103/2019, a aposentadoria passou a ser condicionada a uma idade mínima. Na regra geral, os homens podem se aposentar a partir dos 65 anos de idade e as mulheres a partir dos 62 anos, desde que observado o tempo mínimo de contribuição (CF art. 201, § 7º, I). Por outro lado, a idade mínima foi fixada em 60 e 55 anos para homens e mulheres que sejam trabalhadores rurais ou que exerçam suas atividades em regime de economia família (CF art. 201, § 7º, II).

O direito à previdência social resulta da filiação obrigatória a um regime de previdência, de caráter contributivo e com correspondente concessão de benefícios. Trata-se, portanto, de sistema baseado no princípio da solidariedade, de modo que os ativos

---

165 Ver, sobre o tema, Érica Paula Barcha Correia e Marcus Orione Gonçalves Correia, *Comentários à Constituição do Brasil*, art. 201, J. J. Gomes Canotilho; Gilmar Ferreira Mendes, Ingo Wolfgang Sarlet, Lenio Luiz Streck e Léo Ferreira Leoncy (coord.), São Paulo: Saraiva/Almedina, 2013, p. 1946-1949.

contribuem para financiar os benefícios pagos aos inativos, estando todos sujeitos ao pagamento das contribuições, bem como ao aumento de suas alíquotas. Por ter natureza tributária, as contribuições previdenciárias não podem criar discriminação entre os beneficiários, sob pena de violação ao princípio da isonomia[166]. Entretanto, do ponto de vista da contribuição previdenciária, a EC 103/2019 estabeleceu um regime de progressividade de alíquotas. Pelo novo texto, cada faixa salarial deve pagar um determinado percentual, de modo a se onerar mais aqueles com maiores salários e menos aqueles com proventos inferiores.

O cumprimento das políticas públicas previdenciárias, exatamente por estar calcado no princípio da solidariedade (CF, art. 3º, I), deve ter como fundamento o fato de que não é possível dissociar as bases contributivas de arrecadação da necessária dotação orçamentária exigida, de modo prévio, pela Constituição (CF, art. 195, § 5º). Trata-se do princípio da preservação do equilíbrio financeiro e atuarial (CF, art. 201, *caput*), que, inclusive, demonstra-se em consonância com os princípios norteadores da Administração Pública (CF, art. 37).

A seguridade social, autêntica realidade institucional disciplinada constitucionalmente, obriga o legislador a promulgar um complexo normativo que assegure sua existência, funcionalidade e utilidade pública e privada. A necessidade de previsão da fonte de custeio da seguridade social, prevista no art. 195, § 5º, da Constituição, por certo não encontra no texto da Carta disciplina suficiente ou exaustiva. Ao contrário, assume feição típica das instituições. Não há, ali, um conceito estático de "benefício" ou "serviço da seguridade social".

Como realidade institucional, aquela fonte de custeio assume feição dinâmica, em que a definição de seu conteúdo está aberta a múltiplas concretizações. As disposições legais a ela relativas têm, portanto, inconfundível caráter concretizador e interpretativo. E isso obviamente não significa a admissão de um poder legislativo ilimitado.

Nesse processo de concretização ou realização, por certo serão admitidas tão somente normas que não desbordem os múltiplos significados admitidos pelas normas constitucionais concretizadas. Na perspectiva de proteção a direitos individuais, tais como as prerrogativas constitucionais dos contribuintes, deverá ser observado especialmente o princípio da proporcionalidade, que exige que as restrições ou ampliações legais sejam adequadas, necessárias e proporcionais.

Enfim, a faculdade confiada ao legislador de regular o complexo institucional da seguridade, assim como suas fontes de custeio, obriga-o a compatibilizar o dever de contribuir do indivíduo com o interesse da comunidade. Essa necessidade de ponderação entre o interesse individual e o interesse da comunidade é, todavia, comum a todos os direitos fundamentais, não sendo uma especificidade da seguridade social.

3.5.2.1. *Contribuição previdenciária dos inativos*

Tema bastante polêmico relacionado ao direito à previdência de servidores públicos é a possibilidade de incidência de contribuição sobre proventos de aposentadoria e

---

166 RE 450.855-AgR, rel. Min. Eros Grau, j. em 23-8-2005, 1ª Turma, *DJ* de 9-12-2005.

pensões. Sobre a questão, o STF entende pela não ocorrência, em tal hipótese, de ofensa a direito adquirido no ato de aposentadoria. Já consignou que "não há, em nosso ordenamento, nenhuma norma jurídica válida que, como efeito específico do fato jurídico da aposentadoria, imunize-lhe os proventos e as pensões, de modo absoluto, à tributação de ordem constitucional, qualquer que seja a modalidade do tributo eleito, donde não haver, a respeito, direito adquirido com o aposentamento"[167].

A contribuição previdenciária de inativos foi expressamente prevista na EC n. 41/2003, objeto a ADI 3.105[168]. Para seu julgamento, fez-se verdadeiro histórico de como a questão fora tratada pelo Supremo Tribunal Federal.

Antes de 1998, a Corte já se havia pronunciado no sentido da legitimidade da cobrança de contribuição social dos inativos e pensionistas[169]. Asseverou o Tribunal, então, que não só o art. 40, § 6º, que estabelecia a possibilidade de instituição de contribuição social sobre a remuneração, mas também o art. 40, § 4º, que determinava a revisão compulsória dos proventos dos inativos sempre que houvesse alteração dos vencimentos do pessoal ativo, tornavam legítima a instituição de tal contribuição.

A mesma exegese seria aplicável a partir da promulgação da EC n. 20/1998. Com efeito, seria insuficiente conjugar o disposto no art. 40, § 12, com o art. 195, II, em uma incorporação mecânica e automática da disciplina do Regime Geral de Previdência Social, em tudo assimétrica, para afastar a possibilidade de cobrança de contribuição previdenciária dos inativos e pensionistas.

Em artigo sobre o tema, o Min. Gilmar Mendes e o Prof. Ives Gandra Martins assentaram que:

> "[...] Se considerarmos que o art. 40, *caput*, determina a instituição de um modelo contributivo de previdência do servidor público, que seu § 3º assegura o direito do servidor a se aposentar com base na última remuneração percebida na ativa (aposentadoria integral) e que o § 8º do aludido artigo, tal como o antigo § 4º da redação anterior, concede o direito de revisão dos proventos toda vez que houver alteração da remuneração do pessoal da ativa, temos de reconhecer que haveria elementos suficientes para manter a jurisprudência firmada em 1996. Até porque os regimes de aposentadoria dos servidores públicos e o regime geral de Previdência Social continuam antes e depois da revisão constitucional marcadamente distintos. Enquanto os servidores públicos gozam dos benefícios já referidos, com direito à

---

167 ADI 3.105/DF, rel. Min. Ellen Gracie, Red. p/ acórdão Min. Cezar Peluso, j. em 18-8-2004.

168 Em 18-8-2004, o Supremo, por decisão majoritária, julgou improcedente a ação em relação ao *caput* do art. 4º da EC n. 41/2003, vencidos a Min. Ellen Gracie, Relatora, e os Ministros Carlos Britto, Marco Aurélio e Celso de Mello e, por unanimidade, julgou inconstitucionais as expressões "cinquenta por cento do" e "sessenta por cento do", contidas, respectivamente, nos incisos I e II do parágrafo único do art. 4º da EC n. 41/2003, pelo que se aplica, então, à hipótese do art. 4º da EC n. 41/2003, o § 18 do art. 40 do texto permanente da Constituição, introduzido pela mesma emenda constitucional (*DJ* de 18-2-2005).

169 Assim foi ementada a decisão cautelar proferida nos autos da ADI 1.441-DF (ADI 1.441/DF, rel. Min. Octavio Gallotti, *DJ* de 18-10-1996):

> "Extensão, aos proventos dos servidores públicos inativos, da incidência de contribuição para o custeio da previdência social. Insuficiente relevância, em juízo provisório e para fins de suspensão liminar, de arguição de sua incompatibilidade com os arts. 67; 195, II; 40, § 6º; 194, IV, e 195, §§ 5º e 6º, todos da Constituição Federal. Medida cautelar indeferida, por maioria". Esse entendimento foi ratificado na ADI 1.430, de relatoria do Min. Moreira Alves (ADI 1.430/BA, rel. Min. Moreira Alves, *DJ* de 13-12-1996).

aposentadoria integral e à elevação real do valor dos proventos, os beneficiários do regime da Previdência Social estão submetidos a um teto de R$ 1.200 e fazem jus a reajustes apenas a recompor o valor real, nos termos do art. 14 da Emenda Constitucional n. 20"[170].

Sem dúvida, a redação dada ao *caput* do art. 40, seja na redação após a Emenda Constitucional n. 20/98, seja na redação após a Emenda Constitucional n. 41/2003, preconiza que o regime previdenciário dos servidores públicos deve observar critérios que preservem o equilíbrio financeiro e atuarial. A propósito, o mesmo se aplica ao Regime Geral de Previdência Social (RGPS), conforme o art. 201, *caput*, da Constituição. O princípio do equilíbrio financeiro e atuarial contém basicamente duas exigências.

O equilíbrio financeiro corresponde à garantia de equivalência entre as receitas auferidas e as obrigações do regime previdenciário em cada exercício financeiro. O equilíbrio atuarial, por sua vez, corresponde à garantia de equivalência, a valor presente, entre o fluxo das receitas estimadas e das obrigações projetadas, apuradas atuarialmente, a longo prazo[171].

Portanto, enquanto o equilíbrio financeiro refere-se à garantia de recursos para o atendimento das obrigações de curto prazo (exercício financeiro), o equilíbrio atuarial refere-se à garantia de recursos para o atendimento das obrigações de longo prazo, estimadas com base em projeções e hipóteses atuariais (premissas), que levam em conta uma série de variáveis, tais como as características pessoais dos beneficiários, a expectativa de vida, taxas de juros e de inflação etc.

O equilíbrio financeiro e atuarial é, portanto, um princípio jurídico estruturante tanto dos regimes próprios de previdência social (art. 40) quanto do regime geral de previdência social (art. 201).

Ocorre que a Constituição já dispõe sobre o valor dos benefícios previdenciários dos servidores públicos. Assim, para se cumprir o mandamento constitucional de preservação do mencionado equilíbrio, resta ao Estado tão somente disciplinar a questão da contribuição. Todavia, o valor da contribuição incidente sobre a remuneração dos servidores em atividade não poderia implicar confisco, nem assumir valores exorbitantes, tornando insustentável a vida financeira do indivíduo.

Ademais, a Constituição, anteriormente à Emenda n. 41, ao empregar o termo genérico "servidor", já poderia abranger tanto os servidores ativos como os inativos, tanto que, quando o constituinte intentou alguma diferenciação, a ofereceu expressamente, como de fato o fez no art. 40, § 8º, em sua redação anterior à Emenda n. 41, que se referia aos "servidores em atividade". Assim também o art. 20 do Ato das Disposições Constitucionais Transitórias, ao aludir explicitamente aos "servidores públicos inativos"[172].

---

170 Ives Gandra da Silva Martins e Gilmar Ferreira Mendes, Contribuição dos inativos. *Revista CONSULEX*, ano III, n. 36, dez. 1999, p. 41.

171 Portaria MPS n. 403/2008, art. 2º.

172 Nesse sentido, vale transcrever trecho do voto do Relator, Ministro Carlos Velloso, no julgamento do RE 163.204-6: "De fato. A aposentadoria encontra disciplina na Constituição e nas leis dos servidores públicos. A Constituição estabelece os casos de aposentadoria e o tempo de serviço necessário à sua obtenção (CF, art. 40), estabelecendo, mais, que 'os proventos da aposentadoria serão revistos, na mesma proporção e na mesma data, sempre que se modificar a remuneração dos servidores em atividade, sendo também estendidos aos inativos quaisquer benefícios ou vantagens posteriormente concedidos aos servidores em atividade, inclusive quando decorrentes da transforma-

O § 1º do art. 149 da Constituição, na redação anterior à Emenda 41, também não diferenciava entre as espécies de servidores, razão pela qual também foi sustentado, antes da Emenda n. 41, a inexistência de óbice a que os Estados, o Distrito Federal e os Municípios instituíssem contribuição previdenciária sobre os proventos dos seus servidores inativos. Tal entendimento, todavia, não foi acolhido pelo Supremo Tribunal Federal.

Igualado o tratamento entre servidores ativos e inativos e estabelecido um regime de caráter contributivo, não haveria, já no regime anterior à Emenda n. 41, obstáculo constitucional à instituição de contribuição previdenciária aos servidores aposentados, sob pena de violação ao princípio da isonomia, com repercussões imensuráveis ao equilíbrio do regime de previdência dos servidores públicos.

Poder-se-ia argumentar que a combinação do estabelecido no art. 40, § 12, com o art. 195, II, da Constituição Federal teria concedido imunidade à cobrança de contribuição previdenciária dos inativos. Esse, na verdade, foi um argumento formulado antes da Emenda n. 41 e que, com sua edição, foi então renovado. Ocorre que o regime de previdência dos servidores públicos não se confunde com o Regime Geral de Previdência Social, regulado no art. 201, disciplinados em distintas passagens do texto constitucional.

Na ADI 3.105, o Supremo Tribunal Federal confirmou a constitucionalidade da sujeição dos proventos de aposentadoria e pensão à incidência de contribuição previdenciária, sem que isso configure ofensa ao direito adquirido no ato de aposentadoria.

Nessa mesma ação também foi apreciado dispositivo da Emenda Constitucional n. 41 que estabeleceu diferentes percentuais de contribuição previdenciária a servidores inativos e pensionistas dos Estados, do Distrito Federal e dos Municípios em relação aos da União.

De acordo com a redação dada pela emenda constitucional, "servidores inativos e os pensionistas da União, dos Estados, do Distrito Federal e dos Municípios, incluídas suas autarquias e fundações, em gozo de benefícios na data de publicação desta Emenda, bem como os alcançados pelo disposto no seu art. 3º, contribuirão para o custeio do regime de que trata o art. 40 da Constituição Federal com percentual igual ao estabelecido para os servidores titulares de cargos efetivos" (art. 4º, parágrafo único, I e II, da EC n. 41/2003).

Tal contribuição previdenciária só deveria incidir sobre a parcela dos proventos e pensões que superassem "cinquenta por cento do limite máximo estabelecido para os benefícios do regime geral de previdência social de que trata o art. 201 da Constituição Federal, para os servidores inativos e os pensionistas dos Estados, do Distrito Federal e

---

ção ou reclassificação de cargo ou função em que se deu a aposentadoria, na forma da lei' (art. 40, § 4º [atual art. 40, § 8º, que, inclusive estendeu para aposentados e pensionistas]) [...] Os servidores públicos aposentados não deixam de ser servidores públicos: são, como bem afirmou Haroldo Valadão, servidores públicos inativos. A proibição de acumulação de vencimentos com proventos decorre, na realidade, de uma regra simples: é que os vencimentos, que são percebidos pelos servidores públicos ativos, decorrem de um exercício atual do cargo, enquanto os proventos dos aposentados decorrem de um exercício passado. Ambos, entretanto, vencimentos e proventos, constituem remuneração decorrentes do exercício – atual ou passado – de cargos públicos, ou de empregos e funções em autarquias, empresas públicas, sociedades de economia mista e fundações mantidas pelo poder público (CF, art. 37, XVI e XVII, e art. 40). Por isso mesmo, essa acumulação de vencimentos e proventos incide na regra proibitiva, porque ambos – vencimentos e proventos – constituem remuneração decorrente do exercício de cargo público. E a Constituição, no art. 37, XVI, ao estabelecer que 'é vedada a acumulação remunerada de cargos públicos', observadas as exceções por ela previstas, está justamente vedando a acumulação remunerada decorrente do exercício de cargos públicos" (RE 163.204-6, rel. Min. Carlos Velloso, j. 9-11-1994, *DJ* de 31-3-1995, p. 779).

dos Municípios" e, nas mesmas condições, que superassem sessenta por cento do limite máximo para os servidores inativos e os pensionistas da União (art. 4º, parágrafo único, I e II, da EC n. 41/2003).

O Supremo Tribunal Federal declarou a inconstitucionalidade dessa diferenciação com base no princípio da isonomia. De acordo com o redator para o acórdão, Min. Cezar Peluso, "o tratamento discriminatório aparece, com ofuscante clareza, à simples leitura do texto. Os inativos em gozo de benefícios dos Estados, do Distrito Federal e Municípios recebem aí tratamento desfavorável em relação aos inativos da União pelo só fato de estarem ligados a outros entes federativos"[173].

Com a decisão, todos servidores e pensionistas da União, dos Estados, do Distrito Federal passaram a se enquadrar na regra geral prevista no § 18 do art. 40 da Constituição Federal, isto é, em percentual igual ao estabelecido para os servidores titulares de cargos efetivos.

Sobre essa declaração de inconstitucionalidade, o professor português Blanco de Morais, a respeito da evolução da jurisdição constitucional brasileira em tema de decisões manipulativas, ponderou que se trataria de verdadeira sentença demolitória com efeitos aditivos. A eliminação de uma norma restritiva que reduziria o alcance de um regime de imunidade tributária que a todos aproveitaria, resultou automaticamente na aplicação, aos referidos trabalhadores inativos, de regime de imunidade contributiva que abrangia as demais categorias de servidores públicos[174].

3.5.2.2. *Benefício da pensão por morte e indicação de fonte de custeio*

Outra questão de enorme relevo, inclusive de repercussão numérica expressiva, foi discutida no RE 416.827[175]. Tratava-se de recurso extraordinário em que o Instituto Nacional do Seguro Social (INSS) sustentava que a concessão da pensão por morte deveria ser regida pela lei vigente ao momento em que houvesse sido realizado seu requerimento.

O acórdão então recorrido determinara a revisão do benefício de pensão por morte, com efeitos financeiros correspondentes à integralidade do salário de benefícios da previdência geral, aplicando a Lei n. 9.032/95, que substituiu a Lei n. 8.213/91. Estava, pois, em consonância com orientação firmada pela 1ª Turma do Supremo Tribunal Federal, segundo a qual a Lei n. 9.032/95 se aplicaria a todos os beneficiários da denominada "pensão por morte", independentemente da norma vigente no momento em que o óbito tivesse se verificado[176].

173 ADI 3.105/DF, rel. Min. Ellen Gracie, Red. p/ acórdão Min. Cezar Peluso, j. em 18-8-2004.

174 Carlos Blanco de Morais. *Justiça constitucional*: o contencioso constitucional português entre o modelo misto e a tentação do sistema de reenvio. Coimbra: Coimbra Editora, 2005, t. II, p. 238 e s. Sobre decisões manipulativas, conferir Cap. 10, X, item 6.

175 O Plenário do Supremo Tribunal Federal, em sessão realizada em 8-2-2007, conheceu do recurso por unanimidade de votos e, por maioria, deu-lhe provimento, nos termos do voto do Relator, Min. Gilmar Mendes (*DJ* de 8-2-2007).

176 Agravo Regimental no RE 414.735/SC, rel. Min. Eros Grau, *DJ* de 29-4-2005. No mesmo sentido, é válido mencionar ainda as decisões monocráticas proferidas nos seguintes processos: RE 418.634/SC, rel. Min. Cezar Peluso, *DJ* de 15-4-2005, e o RE 451.244/SC, rel. Min. Marco Aurélio, *DJ* de 8-4-2005.

Originariamente, a "pensão por morte" encontrava sua disciplina constitucional específica nos arts. 201 e 202 da CF. Nos termos do art. 201, V, na redação anterior à Emenda Constitucional n. 20/1998, "os planos de previdência social, mediante contribuição, atenderão, nos termos da lei, a: (...) V – pensão por morte de segurado, homem ou mulher, ao cônjuge ou companheiro e dependentes (...)".

Com base nessa conformação constitucional, a Lei n. 8.213/91, estabeleceu os critérios legais de definição do valor da pensão por morte. Em sua redação original, o art. 75 estabelecia que: "O valor mensal da pensão por morte será: *a*) constituído de uma parcela, relativa à família, de 80% (oitenta por cento) do valor da aposentadoria que o segurado recebia ou a que teria direito, se estivesse aposentado na data do seu falecimento, mais tantas parcelas de 10% (dez por cento) do valor da mesma aposentadoria quantos forem os seus dependentes, até o máximo de 2 (duas); *b*) 100% (cem por cento) do salário de benefício ou do salário de contribuição vigente no dia do acidente, o que for mais vantajoso, caso o falecimento seja consequência de acidente do trabalho".

Posteriormente, a Lei n. 9.032/95, alterou o teor desse dispositivo, o qual passou a figurar com a seguinte redação: "Art. 75. O valor mensal da pensão por morte, inclusive a decorrente de acidente do trabalho, consistirá numa renda mensal correspondente a 100% (cem por cento) do salário de benefício, observado o disposto na Seção III, especialmente no art. 33 desta lei".

Conforme se pode observar, a Lei n. 9.032/95 aumentou o percentual de cálculo do benefício para 100% (cem por cento). Ademais, a nova redação modificou o critério que servia de "base de cálculo" para o benefício, além de unificar o tratamento legal da pensão por morte decorrente de acidente de trabalho com o daquela derivada da mera ocorrência do evento "morte".

Em outras palavras, antes, admitia-se como critério: o "valor da aposentadoria que o segurado recebia ou a que teria direito, se estivesse aposentado na data do seu falecimento"; ou o valor mais vantajoso do "salário de benefício ou do salário de contribuição vigente no dia do acidente". A partir da alteração de 1995, o valor mensal da pensão por morte passou a corresponder "a 100% (cem por cento) do salário de benefício"[177].

A partir da própria evolução do tratamento legislativo da pensão por morte, foi possível extrair, no julgamento, duas impressões iniciais: i) O benefício recebeu tratamento legal que assumiu o percentual integral (isto é, de 100%) como referência para a fixação de seu valor mensal de concessão; ii) ademais, diferentemente da redação original do art.

177 Com relação a essas modificações empreendidas, entendeu-se interessante aludir às seguintes passagens da Exposição de Motivos do projeto de lei que resultou na Lei n. 9.032/1995: "9. Neste sentido, o que se objetiva, no momento, é a reformulação da legislação básica, de modo a **acabar com o tratamento diferenciado dado a determinados grupos de segurados, eliminar distorções existentes na concessão de benefícios especiais, bem como buscar condições de aumentar a arrecadação visando ao superávit necessário para melhorar as condições de quem já está aposentado [sem negrito no original]**. (...) 13. O anteprojeto, ao propor, também, a alteração de dispositivos referentes aos acidentes de trabalho, busca dar solução ao verdadeiro caos que hoje existe na área, com interpretações as mais diversas, além de fraudes e procedimentos irregulares. Existem mais de 300 mil ações acidentárias em andamento na justiça brasileira, que poderão assim ser eliminadas de imediato. A proposta de equalização dos valores dos benefícios acidentários com os demais benefícios previdenciários será elemento importante para que sejam reduzidas as ações judiciais contra a Previdência Social, assegurando melhores condições de cálculo de benefício para aposentados e pensionistas".

75 (que estipulava como termo o "dia do falecimento", ou o "dia do acidente"), o teor que o dispositivo assumiu em 1995 não indicou, em princípio, qualquer elemento de discrímen entre as situações já constituídas, isto é, as pensões já concedidas, e os benefícios que seriam concedidos a partir de então.

Observou-se, portanto, que não havia qualquer previsão legal específica quanto à extensão temporal dos efeitos decorrentes das modificações legislativas no que concerne ao momento a partir do qual o beneficiado ou segurado tenha ingressado no regime de Seguridade Social sob essa condição. É certo que o legislador ordinário poderia ter concedido o benefício. Entretanto não o fez explicitamente.

No caso concreto, tendo em vista a tese da violação ao direito adquirido e ao ato jurídico perfeito, a discussão sobre direito intertemporal assumiu importância, tendo em vista a disposição constante do art. 5º, XXXVI, da Constituição, que reproduz norma tradicional do direito brasileiro[178]. Com relação à matéria de aplicação da lei previdenciária no tempo, foi ressaltado que diversos julgados do STF consagram a aplicação do princípio *tempus regit actum* nas relações previdenciárias[179].

Ademais, o ordenamento constitucional brasileiro impõe não ser possível invocar mera transposição das regras atuais de elevação do coeficiente de cálculo do benefício para 100% (cem por cento), para favorecer beneficiário ou pensionista, sem a devida correlação com as bases de custeio previstas para sustentar estes pagamentos.

Tendo em vista que a legislação inovadora nada dispôs sobre a concessão ou não do benefício, não parecia haver outra alternativa hermenêutica senão a de que a Lei n. 9.032/95 devesse ser interpretada no sentido de que se lhe conferisse aplicação imediata, sob pena de violação à regra constitucional constante do art. 195, § 5º, da CF, a qual preconiza que "nenhum benefício ou serviço da seguridade social poderá ser criado, majorado ou estendido sem a correspondente fonte de custeio total". Diante do silêncio eloquente do legislador ordinário, a Lei n. 9.032/95 deveria ser aplicada, portanto, tão somente às concessões de benefícios ocorridas no período de sua vigência.

No caso então em apreço, foi fácil verificar que a própria elevação da pensão para as novas concessões foi acompanhada de medidas de contenção de custos de incremento de arrecadação[180]. Assim, o acórdão recorrido, ao estender a aplicação dos novos critérios de

178 Conferir item "Direito Adquirido, ato jurídico perfeito, coisa julgada e segurança jurídica".

179 Agravo Regimental no RE 269.407/RS, rel. Min. Carlos Velloso, 2ª Turma, unânime, *DJ* de 2-8-2002; Agravo Regimental no RE 310.159/RS, rel. Min. Gilmar Mendes, 2ª Turma, unânime, *DJ* de 6-8-2004; MS 24.958/DF, Pleno, unânime, rel. Min. Marco Aurélio, *DJ* de 1º-4-2005; RE 226.855/RS, Plenário, maioria, rel. Min. Moreira Alves, *DJ* de 13-10-2000.

180 É o que se lê na seguinte passagem da Exposição de Motivos do projeto de lei que resultou na Lei n. 9.032/95: "**14.** Em síntese os principais pontos críticos que estão sendo objeto de reformulação do presente anteprojeto de lei são: a) unificação das alíquotas de contribuição do segurado empregado, inclusive o doméstico, e do avulso fica em 9% do seu salário de contribuição mensal; b) unificação das alíquotas de contribuição dos segurados empresário, facultativo, trabalhador autônomo e equiparados em 20% do respectivo salário de contribuição mensal; c) obrigatoriedade de contribuições para a Seguridade Social do aposentado que retorna a atividade; d) extinção dos pecúlios por invalidez e por morte decorrentes de infortúnio laboral; e) equalização dos valores dos benefícios decorrentes de acidente do trabalho com os valores dos demais benefícios previdenciários, de forma que terão os seguintes percentuais do salário de benefício; aposentadoria por invalidez 100% – pensão 100% – auxílio-doença 91%; f) cessação da pensão em decorrência de emancipação do pensionista e vedação do acúmulo de pensões decorrentes do casamento ou de união estável; g) alteração do conceito de aposentadoria especial, que passa a ser concedida em função das condições especiais

cálculo a todos os beneficiários sob o regime das leis anteriores, acabou por negligenciar a imposição constitucional de que lei que majora o benefício da "pensão por morte" deve, necessariamente e de modo expresso, indicar a fonte de custeio total. É dizer, não era possível interpretar essa legislação previdenciária inovadora de modo apartado das condicionantes orçamentárias previstas no § 5º do art. 195 da CF. Logo, a lei previdenciária aplicável ao caso concreto deveria ser a vigente ao tempo da concessão.

Por tudo isso, o Supremo Tribunal Federal afastou qualquer leitura do diploma legal referido (Lei n. 9.032/95) que impute aplicação de suas disposições a benefícios de pensão por morte concedidos em momento anterior. Em outras palavras, a Lei n. 9.032/95 somente pode ser aplicada às novas concessões do benefício da pensão por morte. Isto é, ela deve ser aplicada, tão somente, aos novos beneficiários que, por uma questão de imposição constitucional da necessidade de previsão de fonte de custeio, fazem jus a critérios diferenciados na concessão de benefícios.

3.5.2.3. *Desaposentação*

Aspecto controvertido em nosso ordenamento jurídico refere-se à possibilidade de o aposentado renunciar ao benefício do qual é titular para no futuro requerer uma nova aposentadoria por maior tempo de contribuição. A controvérsia consiste em saber se este ato de desaposentação respeita o disposto no art. 18, § 2º, da Lei n. 8.213/91, que obsta, em regra, o recebimento de prestações da Previdência Social pelo aposentado que permanece em atividade sujeita ao RGPS ou a ele retorna.

No julgamento do REsp 1.334.488/SC, em recurso repetitivo, a jurisprudência do Superior Tribunal de Justiça pacificou-se no sentindo de que "os benefícios previdenciários são direitos patrimoniais disponíveis e, portanto, suscetíveis de desistência pelos seus titulares, prescindindo-se da devolução dos valores recebidos da aposentadoria a que o segurado deseja preterir para a concessão de novo e posterior jubilamento"[181].

Em 27 de outubro de 2016 a matéria foi decidida pelo Supremo Tribunal Federal. Ao apreciar os REs 381.367[182], 661.256[183] e 827.833[184], os Ministros, por maioria, enten-

---

de trabalho que prejudiquem a saúde ou a integridade física e não de acordo com a categoria profissional do segurado; h) unificação do valor do auxílio-acidente em 50% do salário de benefício i) vedação do acúmulo de salário-maternidade com auxílio-doença, de mais de um auxílio-acidente e do recebimento conjunto do seguro-desemprego com benefício previdenciário de prestação continuada a exceção da pensão por morte e do auxílio-acidente; j) incremento do prazo de carência das aposentadorias por idade, por tempo de serviço e especial, de que trata o artigo 142, da Lei n. 8.213/91, para 96 meses, a contar de 1º de janeiro de 1996; l) extinção das aposentadorias de legislação especial dos jornalistas e dos aeronautas; m) extinção do auxílio--natalidade. Finalmente, ressalto que, com as medidas ora propostas, o governo de Vossa Excelência dará um grande passo na busca da desejada racionalização da atual estrutura, e da maior eficiência do sistema. A recuperação do adequado padrão de operacionalidade do sistema é sem dúvida condição fundamental para a reengenharia das funções que devem ser executadas pelo moderno Estado social, reformado para bem cumprir uma legislação efetivamente garantidora dos direitos sociais fundamentais".

181 REsp 1.334.488/SC, rel. Min. Herman Benjamin, Primeira Seção, julgado em 8-5-2013, *DJe* de 14-5-2013.

182 RE 381.367, rel. Min. Marco Aurélio, Plenário, julgado em 27-10-2016, *DJe* de 4-11-2016.

183 RE-RG 661.256, rel. Min. Roberto Barroso, Plenário, julgado em 27-10-2016, *DJe* de 4-11-2016.

184 RE 827.833, rel. Min. Roberto Barroso, Plenário, julgado em 27-10-2016, *DJe* de 4-11-2016.

deram que, embora não haja vedação constitucional expressa à desaposentação, não há tampouco lei que a permita. Ou seja, no sistema em vigor, apenas por meio de lei seria possível fixar critérios para o recálculo de benefícios daqueles que continuem no mercado de trabalho ou a ele regressem após a aposentadoria. Em sede de repercussão geral, fixaram a seguinte tese: "no âmbito do Regime Geral de Previdência (RGPS), somente lei pode criar benefícios e vantagens previdenciárias, não havendo, por hora, previsão legal do direito à 'desaposentação', sendo constitucional a regra do artigo 18, parágrafo 2º, da Lei 8.213/1991".

No entanto, o Plenário, ao apreciar os Embargos de Declaração, definiu que os aposentados que tiveram o direito à desaposentação ou reaposentação reconhecido por decisão judicial transitada em julgado manterão seus benefícios no valor recalculado, e que os que tiveram o recálculo deferido por meio de decisões judiciais ainda em curso não precisam devolver os valores recebidos de boa-fé. Ainda, o Tribunal reformulou a tese fixada em sede de repercussão geral para incluir o termo "reaposentação"[185].

3.5.3. Assistência social

A assistência social destina-se a garantir o sustento, provisório ou permanente, dos que não têm condições para tanto. Sua obtenção caracteriza-se pelo estado de necessidade de seu destinatário e pela gratuidade do benefício, já que, para seu recebimento, é indiferente que a pessoa contribua ou não com a seguridade social.

Necessitados são, nesse contexto, todos aqueles que, de acordo com o dispositivo legal, não possuam condições de garantir seu mínimo existencial. Cuida-se de assegurar condições de vida digna aos destinatários.

O art. 203 da CF elenca os objetivos dessa assistência, que são a proteção à família, à maternidade, à infância, à adolescência e à velhice; o amparo às crianças e adolescentes carentes; a promoção da integração ao mercado de trabalho; a habilitação e reabilitação das pessoas portadoras de deficiência e a promoção de sua integração à vida comunitária; a garantia de um salário mínimo de benefício mensal à pessoa portadora de deficiência e ao idoso que comprovem não possuir meios de prover a própria manutenção ou de tê-la provida por sua família, conforme dispuser a lei.

A Constituição estabelece que as ações governamentais serão organizadas com base na descentralização político-administrativa e define que a coordenação e as normas gerais cabem à esfera federal, enquanto a coordenação e a execução dos respectivos programas, às esferas estadual e municipal (art. 204, I). Além disso, dispõe que as ações também contarão com a participação da população, por meio de organizações representativas (art. 204, II)[186].

185 Os Embargos de Declaração nos REs 381.367, 661.256 e 827.833 foram julgados pelo Tribunal Pleno em 6-2-2020.

186 Cf. Sérgio Fernando Moro, *Comentários à Constituição do Brasil*, arts. 203-204, J. J. Gomes Canotilho, Gilmar Ferreira Mendes, Ingo Wolfgang Sarlet, Lenio Luiz Streck e Léo Ferreira Leoncy (coord.), São Paulo: Saraiva/Almedina, 2013, p. 1946-1949.

3.5.3.1. *Lei Orgânica da Assistência Social (LOAS)*

A competência para legislar sobre assistência social é concorrente da União e dos Estados (art. 24, XIV e XV). A lei que a regula é a Lei n. 8.742/93, conhecida como Lei Orgânica da Assistência Social – LOAS, e seu financiamento é realizado basicamente com recursos do orçamento da seguridade social, conforme disposto no art. 204 da CF.

Ao regulamentar o art. 203, V, da Constituição Federal, a LOAS estabeleceu os critérios para que o benefício mensal de um salário mínimo seja concedido aos portadores de deficiência e aos idosos que comprovem não possuir meios de prover a própria manutenção ou de tê-la provida por sua família.

O primeiro critério diz respeito aos requisitos objetivos para que a pessoa seja considerada idosa ou portadora de deficiência. A Lei n. 8.742/93 define como idoso o indivíduo com 70 (setenta anos) ou mais (art. 20, *caput*), e como deficiente a pessoa incapacitada para a vida independente e para o trabalho (art. 20, *caput* e § 2º). Com o advento do Estatuto do Idoso (Lei n. 10.741/2003), passou a ser considerada idosa a pessoa com idade igual ou superior a 60 (sessenta anos). Ao cuidar da assistência social, assegurou a referida lei, ao idoso, a partir de 65 (sessenta e cinco) anos, que não possua meios para prover sua subsistência, nem de tê-la provida por sua família, o benefício mensal de 1 (um) salário mínimo, nos termos da LOAS. O segundo critério, por sua vez, diz respeito à comprovação da incapacidade da família para prover a manutenção do deficiente ou idoso. Dispõe o art. 20, § 3º, da Lei n. 8.742/93: "considera-se incapaz de prover a manutenção da pessoa portadora de deficiência ou idosa a família cuja renda mensal *per capita* seja inferior a 1/4 (um quarto) do salário mínimo".

A aplicação dos referidos critérios encontrou sérios obstáculos na complexidade e na heterogeneidade dos casos concretos. Se, antes da edição da Lei n. 8.742/93, o art. 203, V, da Constituição era despido de qualquer eficácia – *norma constitucional de eficácia limitada* –, o advento da legislação regulamentadora não foi suficiente para dotá-lo de plena eficácia. Questionamentos importantes foram suscitados logo no início da aplicação da lei. E, sem dúvida, o mais importante dizia respeito ao critério de mensuração da renda familiar *per capita*. O requisito financeiro estabelecido pela lei começou a ter sua constitucionalidade contestada, pois, na prática, permitia que situações de patente miserabilidade social fossem consideradas fora do alcance do benefício assistencial previsto constitucionalmente.

3.5.3.2. *A constitucionalidade do art. 20, § 3º, da LOAS: a ADI 1.232*

A questão chegou ao Supremo Tribunal Federal mediante impugnação da constitucionalidade do art. 20, § 3º, da Lei n. 8.742/93[187]. O Ministério Público Federal manifestou-se por uma interpretação conforme a Constituição, indicando que o dispositivo impugnado nada mais fazia do que estabelecer uma presunção *juris et de jure*, a qual

187 ADI 1.232/DF, rel. Min. Ilmar Galvão, Red. para acórdão Min. Nelson Jobim, j. em 27-8-1998.

dispensava qualquer tipo de comprovação da necessidade assistencial para as hipóteses de renda familiar *per capita* inferior a ¼ do salário mínimo, mas que não excluía a possibilidade de comprovação, em concreto e caso a caso, da efetiva falta de meios para que o deficiente ou o idoso possa prover a própria manutenção ou tê-la provida por sua família.

O Ministro Ilmar Galvão, então Relator da ação, votou acolhendo a proposta do Ministério Público. A maioria, porém, dele divergiu. A tese vencedora, proferida pelo Ministro Nelson Jobim, considerou que o § 3º do art. 20 da LOAS apresentaria um critério objetivo que não seria, por si só, incompatível com a Constituição. Eventual necessidade de criação de outros requisitos para a concessão do benefício assistencial seria uma questão a ser avaliada pelo legislador. Assim, a Ação Direta de Inconstitucionalidade 1.232-1/DF foi julgada improcedente, com a consequente declaração de constitucionalidade do art. 20, § 3º, da LOAS.

A decisão do Tribunal, porém, não pôs termo à controvérsia quanto à aplicação em concreto do critério da renda familiar *per capita* estabelecido pela LOAS. O voto do Ministro Sepúlveda Pertence, que já avaliava a presença de uma possível inconstitucionalidade por omissão parcial, parecia anunciar que o problema relativo à aplicação da LOAS tenderia a permanecer até que o legislador se pronunciasse sobre o tema. Como a lei permaneceu inalterada, apesar do latente *apelo* realizado pelo Tribunal, juízes e tribunais – principalmente os então recém-criados Juizados Especiais – continuaram a elaborar maneiras de contornar o critério objetivo e único estipulado pela LOAS e avaliar o real estado de miserabilidade social das famílias com entes idosos ou deficientes.

Esse fato deixava claro, cada vez mais, que a interpretação da LOAS pleiteada pelo Ministério Público na ADI 1.232 não era apenas uma opção hermenêutica, mas uma imposição que se fazia presente nas situações reais multifacetadas apresentadas aos juízes de primeira instância. Entre aplicar friamente o critério objetivo da lei e adotar a solução condizente com a realidade social da família brasileira, os juízes abraçaram a segunda opção, mesmo que isso significasse a criação judicial de outros critérios não estabelecidos em lei e, dessa forma, uma possível afronta à decisão do STF[188].

A situação foi extremamente propícia para que começasse a aportar no Supremo Tribunal Federal uma verdadeira leva de reclamações movidas pelo Instituto Nacional do Seguro Social (INSS). O Tribunal então passou a julgar procedentes tais reclamações para cassar decisões proferidas pelas instâncias jurisdicionais inferiores que concediam o benefício assistencial entendendo que o requisito definido pelo § 3º do art. 20 da Lei 8.742/93 não é exaustivo e que, portanto, o estado de miserabilidade poderia ser comprovado por outros meios de prova.

A questão foi amplamente debatida no julgamento da Rcl-AgR 2.303/RS, rel. Min. Ellen Gracie (*DJ* de 1º-4-2005). Na ocasião, o Ministro Ayres Britto, em voto-vista, che-

188 A Turma Nacional de Uniformização de Jurisprudência dos Juizados Especiais Federais chegou a consolidar, em súmula (Súmula 11, hoje cancelada), o entendimento segundo o qual "a renda mensal *per capita* familiar, superior a ¼ (um quarto) do salário mínimo, não impede a concessão do benefício assistencial previsto no art. 20, § 3º da Lei n. 8.742, de 1993, desde que comprovada, por outros meios, a miserabilidade do postulante".

gou a defender a higidez constitucional e a compatibilidade com a decisão na ADI 1.232 dos comportamentos judiciais que, levando em conta as circunstâncias específicas do caso concreto, encontram outros critérios para aferir o estado de miserabilidade social do indivíduo. A maioria, no entanto, firmou-se no sentido de que, na decisão proferida na ADI 1.232, o Tribunal definiu que o critério de ¼ do salário mínimo é objetivo e não pode ser conjugado com outros fatores indicativos da miserabilidade do indivíduo e de seu grupo familiar, cabendo ao legislador, e não ao juiz na solução do caso concreto, a criação de outros requisitos para a aferição do estado de pobreza daquele que pleiteia o benefício assistencial.

As reiteradas decisões do STF não foram suficientes para coibir a posição de instâncias inferiores na solução dos casos concretos. As reclamações ajuizadas pelo INSS, além dos milhares de recursos extraordinários também interpostos pela autarquia previdenciária, continuaram aportando na Corte.

A partir do ano de 2006, contudo, decisões monocráticas do STF passaram a rever anteriores posicionamentos. Ante a impossibilidade imediata de modificação do entendimento fixado na ADI 1.232 e na Rcl 2.303, a solução muitas vezes encontrada fundava-se em subterfúgios processuais para o não conhecimento das reclamações[189].

O exame atento de todo esse contexto culminou na decisão cautelar proferida na Rcl 4.374, relator o Min. Gilmar Mendes, em 1º de fevereiro de 2007, a partir da qual muitos posicionamentos antes adotados foram revistos e passaram a ser indeferidas pretensões cautelares do INSS, mantendo as decisões de primeira instância que concediam o benefício assistencial em situações de patente miserabilidade social.

Após essa decisão, o número de reclamações ajuizadas pelo INSS no STF caiu abruptamente, chegando a observar-se, tempos depois, a quase inexistência de novos pedidos no protocolo do Tribunal. Mas o trânsito dos recursos extraordinários permaneceu inalterado.

Em 9 de fevereiro de 2008, o Tribunal reconheceu, no âmbito do RE 567.985 (rel. Min. Marco Aurélio), a existência de repercussão geral da questão constitucional relativa à concessão do benefício assistencial previsto no art. 203, V, da Constituição.

Em 6 de julho de 2011, foi promulgada a Lei n. 12.435, que altera diversos dispositivos da Lei n. 8.742/93 (LOAS). Observe-se, não obstante, que quanto ao § 3º do art. 20 da Lei n. 8.742/93, não houve qualquer alteração, mantendo-se exatamente a mesma redação do referido dispositivo.

---

189 Os Ministros Celso de Mello, Ayres Britto e Ricardo Lewandowski passaram a negar seguimento às reclamações ajuizadas pelo INSS, com o fundamento de que esta via processual, como já assentado pela jurisprudência do Tribunal, não é adequada para se reexaminar o conjunto fático-probatório em que se baseou a decisão reclamada para atestar o estado de miserabilidade do indivíduo e conceder-lhe o benefício assistencial sem seguir os parâmetros do § 3º do art. 20 da Lei n. 8.742/93 (Rcl 4.422/RS, rel. Min. Celso de Mello, *DJ* de 30-6-2006; Rcl 4.133/RS, rel. Min. Carlos Britto, *DJ* de 30-6-2006; Rcl 4.366/PE, rel. Min. Ricardo Lewandowski, *DJ* de 1º-6-2006). O Ministro Sepúlveda Pertence enfatizava, em análise de decisões que concederam o benefício com base em legislação superveniente à Lei n. 8.742/93, que as decisões reclamadas não declararam a inconstitucionalidade do § 3º do art. 20 dessa lei, mas apenas interpretaram tal dispositivo em conjunto com a legislação posterior, a qual não foi objeto da ADI 1.232 (Rcl 4.280/RS, rel. Min. Sepúlveda Pertence, *DJ* de 30.6.2006). Somem-se a essas as decisões do Ministro Marco Aurélio, que sempre deixou claro seu posicionamento no sentido da insuficiência dos critérios definidos pelo § 3º do art. 20 da Lei n. 8.742/93 para fiel cumprimento do art. 203, inciso V, da Constituição (Rcl 4.164/RS, rel. Min. Marco Aurélio).

Em 2019, o Projeto de Lei do Senado n. 55, de 1996, que alterava o art. 20, § 3º, da LOAS, foi aprovado e encaminhado para sanção presidencial, tendo recebido veto total em 20 de dezembro de 2019. O Congresso Nacional rejeitou o veto na sessão plenária de 11 de março de 2020, elevando o limite de renda familiar *per capita* para fins de concessão do BPC. O Presidente da República, no entanto, apresentou arguição de descumprimento de preceito fundamental, inferindo que a propositura legislativa criou despesas obrigatórias ao Poder Executivo sem indicar a respectiva fonte de custeio e sem os demonstrativos dos respectivos impactos orçamentários e financeiros, violando as regras do art. 113 do ADCT, bem como os arts. 16 e 17 da LRF e o art. 114 da LOA para 2019. Antes do exame da medida cautelar, no entanto, foi publicada a Lei n. 13.982, de 2020, que conferiu nova redação ao art. 20, § 3º, da Lei n. 8.742/93, tendo o Presidente da República vetado a alteração do inciso II da referida norma, o qual previa: "considera-se incapaz de prover a manutenção da pessoa com deficiência ou idosa a família cuja renda mensal *per capita* seja igual ou inferior a 1/2 (meio) salário mínimo, a partir de 1º de janeiro de 2020".

O relator da ADPF, Ministro Gilmar Mendes, *ad referendum* do Plenário, deferiu a medida cautelar "apenas para suspender a eficácia do art. 20, § 3º, na redação dada pela Lei 13.981, de 24 de março de 2020, enquanto não sobrevier a implementação de todas as condições previstas no art. 195, § 5º, da CF, art. 113 do ADCT, bem como nos arts. 17 e 24 da LRF e ainda do art. 114 da LDO"[190].

3.5.3.3. *A revisão da decisão da ADI 1.232 na Rcl 4.374*

No julgamento do mérito da Rcl 4.374, em 18 de abril de 2013, a primeira questão enfrentada pelo Ministro Relator dizia respeito à possibilidade de se revisar, no julgamento da reclamação, a decisão que figura como parâmetro da própria reclamação.

Toda reclamação possui uma *causa de pedir*, que pode assumir formas distintas: pode-se alegar a afronta a determinada decisão ou súmula vinculante do Supremo Tribunal Federal; ou se pode utilizar como fundamento a usurpação da competência do STF.

Quando a causa de pedir é a violação de uma decisão ou de súmula vinculante do STF, é inevitável que a reclamação se convole em uma típica ação constitucional que visa à proteção da ordem constitucional como um todo. Isso se deve a vários motivos, dentre os quais se podem destacar dois mais relevantes.

Em primeiro lugar, parece óbvio que o STF, no exercício de sua competência geral de fiscalizar a compatibilidade formal e material de qualquer ato normativo com a Constituição, possa declarar a inconstitucionalidade, incidentalmente, de normas tidas como fundamento da decisão ou do ato que é impugnado na reclamação. Isso decorre, portanto, da própria competência atribuída ao STF para exercer o denominado controle difuso da constitucionalidade das leis e dos atos normativos.

Essa hipótese poderá ocorrer, inclusive, quando a reclamação for ajuizada para preservar a competência do STF, na hipótese de que o ato usurpador da jurisdição constitucional do STF esteja fundado em norma inconstitucional.

190 ADPF 662-MC, rel. Min. Gilmar Mendes, decisão monocrática de 3-4-2020.

Em segundo lugar, é natural que o Tribunal, ao realizar o exercício – típico do julgamento de qualquer reclamação – de confronto e comparação entre o ato impugnado (o *objeto* da reclamação) e a decisão ou súmula tida por violada (o *parâmetro* da reclamação), sinta a necessidade de reavaliar o próprio parâmetro e redefinir seus contornos fundamentais. A jurisprudência do STF está repleta de casos em que o Tribunal, ao julgar a reclamação, definiu ou redefiniu os lindes de sua própria decisão apontada como o parâmetro da reclamação[191].

No âmbito do controle incidental ou difuso de constitucionalidade, essa hipótese não é incomum, e acaba sendo facilitada pela constante possibilidade de reapreciação do tema nos diversos processos que envolvem controvérsias de índole subjetiva[192]. No controle abstrato de constitucionalidade, por outro lado, a oportunidade de reapreciação ou de superação de jurisprudência fica a depender da propositura de nova ação direta contra o preceito anteriormente declarado constitucional. Parece evidente, porém, que essa hipótese de nova ação é de difícil concretização, levando-se em conta o delimitado rol de legitimados (art. 103 da Constituição) e o improvável ressurgimento da questão constitucional, em searas externas aos processos subjetivos, com força suficiente para ser levada novamente ao crivo do STF no controle abstrato de constitucionalidade.

A oportunidade de reapreciação das decisões tomadas em sede de controle abstrato de normas tende a surgir com mais naturalidade e de forma mais recorrente no âmbito das reclamações. É no juízo hermenêutico típico da reclamação que surgirá com maior nitidez a oportunidade para a evolução interpretativa no controle de constitucionalidade.

Assim, ajuizada a reclamação com base na alegação de afronta a determinada decisão do STF, o Tribunal poderá reapreciar e redefinir o conteúdo e o alcance de sua própria decisão. E, inclusive, poderá ir além, superando total ou parcialmente a decisão-parâmetro da reclamação, se entender que, em virtude de evolução hermenêutica, tal decisão não se coaduna mais com a interpretação atual da Constituição.

Parece óbvio que a diferença entre a redefinição do conteúdo e a completa superação de uma decisão resume-se a uma simples questão de grau. No juízo hermenêutico próprio da reclamação, a possibilidade constante de reinterpretação da Constituição não fica restrita às hipóteses em que uma nova interpretação leve apenas à delimitação do alcance de uma decisão prévia da própria Corte. A jurisdição constitucional exercida

191 Apenas a título de exemplo, citem-se os seguintes casos. Após o julgamento da ADI 1.662, rel. Min. Maurício Corrêa, o Tribunal passou a apreciar uma relevante quantidade e diversidade de reclamações que acabaram definindo o real alcance daquela decisão sobre o regime de pagamento de precatórios. Isso ocorreu, por exemplo: na Rcl-AgR 2009, rel. Min. Marco Aurélio, *DJ* de 10-12-2004, na qual o Tribunal fixou os contornos das decisões proferidas nas ADI 1.098 e 1.662, atestando que nelas não se tratou do conceito de precatórios pendentes para efeito de incidência da norma do art. 78 do ADCT (em sentido semelhante, confira-se também o julgamento da Rcl-AgR 3.293, rel. Min. Marco Aurélio, *DJ* de 13-4-2007); e Rcl 1.525, rel. Min. Marco Aurélio, *DJ* de 3-2-2006, na qual o Tribunal delimitou o alcance da decisão proferida na ADI 1.662, especificamente sobre a amplitude do significado de "preterição" de precatórios para fins de sequestro de verbas públicas.

192 A jurisprudência do STF é repleta de casos como este. Dentre outros, citem-se os seguintes: Inq 687, rel. Min. Sydney Sanches, *DJ* de 9-11-2001; CC 7.204/MG, rel. Min. Carlos Britto, j. em 29-6-2005; HC 82.959, rel. Min. Marco Aurélio, *DJ* de 1º-9-2006; RE 466.343, rel. Min. Cezar Peluso, *DJe* de 5-6-2009; RE 349.703, rel. p. acórdão Min. Gilmar Mendes, *DJ* de 5-6-2009.

no âmbito da reclamação não é distinta; como qualquer jurisdição de perfil constitucional, ela visa a proteger a ordem jurídica como um todo, de modo que a eventual superação total, pelo STF, de uma decisão sua, específica, será apenas o resultado do pleno exercício de sua incumbência de guardião da Constituição.

Esses entendimentos seguem a tendência da evolução da reclamação como ação constitucional voltada à garantia da autoridade das decisões e da competência do Supremo Tribunal Federal. Assim, constatou-se ser plenamente possível entender que o Tribunal, por meio do julgamento da reclamação, poderia revisar a decisão na ADI 1.232 e exercer novo juízo sobre a constitucionalidade do § 3º do art. 20 da Lei n. 8.742/93 (Lei de Organização da Assistência Social – LOAS). Ressalte-se, nesse aspecto, que a Lei n. 12.435/2011 não alterou a redação do § 3º do art. 20 da Lei n. 8.742/93.

3.5.3.4. *Processo de inconstitucionalização e adoção de novos critérios*

Na ADI 1.232, como visto, o Tribunal decidiu que o critério definido pelo § 3º do art. 20 da LOAS não padecia, por si só, de qualquer inconstitucionalidade. Haveria omissão legislativa quanto a outros parâmetros, mas aquele único critério já definido pela lei não continha qualquer tipo de violação à norma constitucional do art. 203, V, da Constituição.

No julgamento da Rcl 4.374, em abril de 2013, considerou-se que a decisão do Tribunal na ADI 1.232 fora proferida no ano de 1998, poucos anos após a edição da LOAS (1993), em contexto econômico e social específico. Não era difícil perceber que a economia brasileira mudara completamente no decorrer desse período. Desde a promulgação da Constituição foram realizadas significativas reformas constitucionais e administrativas, com repercussão no âmbito econômico, financeiro e administrativo. Foi feita ampla reforma do sistema de previdência social (Emenda n. 41, de 2003) e parcial reforma do sistema tributário nacional (Emenda n. 42, de 2003).

Nesse contexto de significativas mudanças econômico-sociais, as legislações em matéria de benefícios previdenciários e assistenciais trouxeram critérios econômicos mais generosos, aumentando para 1/2 do salário mínimo o valor padrão da renda familiar *per capita*[193].

O Supremo Tribunal Federal constatou, portanto, que diversos fatores estavam a indicar que, ao longo dos vários anos, desde a sua promulgação, o § 3º do art. 20 da LOAS passou por um *processo de inconstitucionalização*. Nesse sentido, além da existência de um estado de omissão inconstitucional, estado este que é *originário* em relação à

193 Por exemplo, citem-se os seguintes. O Programa à Alimentação – Cartão Alimentação foi criado por meio da Medida Provisória n. 108, de 27 de fevereiro de 2003, convertida posteriormente na Lei n. 10.689, de 13 de junho de 2003. A regulamentação se deu por meio do Decreto n. 4.675, de 16 de abril de 2003. O Programa Bolsa Família – PBF foi criado por meio da Medida Provisória n. 132, de 20 de outubro de 2003, convertida na Lei n. 10.836, de 9 de janeiro de 2004. Sua regulamentação ocorreu em 17 de setembro de 2004, por meio do Decreto n. 5.209. Com a criação do Bolsa Família, outros programas e ações de transferência de renda do Governo Federal foram unificados: Programa Nacional de Renda Mínima Vinculado à Educação – Bolsa Escola (Lei n. 10.219/2001); Programa Nacional de Acesso à Alimentação – PNAA (Lei n. 10.689/2003); Programa Nacional de Renda Mínima Vinculado à Saúde – Bolsa Alimentação (MP n. 2.206-1/2001); Programa Auxílio-Gás (Decreto n. 4.102/2002); Cadastramento Único do Governo Federal (Decreto n. 3.811/2001).

edição da LOAS em 1993 (uma *inconstitucionalidade originária*), no momento do julgamento da Rcl. 4.374, em 2013, pode-se verificar também a inconstitucionalidade (*superveniente*) do próprio critério definido pelo § 3º do art. 20 da LOAS. Trata-se de uma inconstitucionalidade que é resultado de um *processo de inconstitucionalização* decorrente de notórias *mudanças fáticas* (políticas, econômicas e sociais) e *jurídicas* (sucessivas modificações legislativas dos patamares econômicos utilizados como critérios de concessão de outros benefícios assistenciais por parte do Estado brasileiro).

Na decisão, consignou-se ser evidente que são vários os componentes socioeconômicos a serem levados em conta na complexa equação necessária para a definição de uma eficiente política de assistência social, tal como determina a Constituição de 1988. Seria o caso de se pensar, inclusive, em critérios de miserabilidade que levassem em conta as disparidades socioeconômicas nas diversas regiões do País. Isso porque, como parece sensato considerar, critérios objetivos de pobreza, válidos em âmbito nacional, terão diferentes efeitos em cada região do País, conforme as peculiaridades sociais e econômicas locais.

Indicou-se, ainda, que, em todo caso, o legislador deve tratar a matéria de forma sistemática. Isso significa dizer que todos os benefícios da seguridade social (assistenciais e previdenciários) devem compor um sistema consistente e coerente. Com isso, podem-se evitar incongruências na concessão de benefícios, cuja consequência mais óbvia é o tratamento anti-isonômico entre os diversos beneficiários das políticas governamentais de assistência social.

Apenas para citar um exemplo, mencionou-se o Estatuto do Idoso, que em seu art. 34 dispõe que "o benefício já concedido a qualquer membro da família nos termos do *caput* não será computado para os fins do cálculo da renda familiar *per capita* a que se refere a Loas". Assim, os idosos passaram a ocupar situação privilegiada em relação aos deficientes, que não são abrangidos por uma regra desse tipo.

Pareceu difícil, todavia, vislumbrar qualquer justificativa plausível para a discriminação dos portadores de deficiência em relação aos idosos. Imagine-se a situação hipotética de dois casais, ambos pobres, sendo o primeiro composto por dois idosos e o segundo por um portador de deficiência e um idoso. Conforme a dicção literal do referido art. 34, quanto ao primeiro casal, ambos os idosos teriam direito ao benefício assistencial de prestação continuada, pois o benefício ganho por um, ao não entrar no cálculo da renda familiar, não impediria a concessão do mesmo benefício ao outro. Entretanto, no segundo caso, o idoso casado com o deficiente não poderia ser beneficiário do direito, tendo em vista que seu parceiro portador de deficiência já recebe o benefício de um salário mínimo, o qual, ao entrar no cálculo da renda familiar, impediria o preenchimento do requisito da renda *per capita* no valor de 1 / 4 do salário mínimo. Isso, além de configurar uma violação ao princípio da isonomia, revela a falta de coerência do sistema, tendo em vista que a própria Constituição elegeu os portadores de deficiência e os idosos, em igualdade de condições, como beneficiários desse direito assistencial.

Assim, considerando essas questões, a Rcl 4.374 foi julgada improcedente e declarada a inconstitucionalidade parcial, sem pronúncia de nulidade, do § 3º do art. 20 da LOAS. Revelou-se, portanto, incompatível com a Constituição a utilização de renda familiar mensal *per capita* inferior a 1 / 4 do salário mínimo, como critério para a concessão de benefício assistencial a idosos ou deficientes, critério defasado para caracterizar a situação de miserabilidade que a Constituição buscou tutelar.

Na mesma oportunidade, o Supremo Tribunal Federal julgou, em conjunto, os RE 567.985 e 580.963. No RE 567.985, de relatoria do Ministro Marco Aurélio, ficando relator para o acórdão o Ministro Gilmar Mendes, a Corte declarou a inconstitucionalidade parcial do § 3º do art. 20 da Lei Orgânica da Assistência Social (LOAS – Lei n. 8.742/93), sem pronúncia de nulidade. No RE 580.963, de relatoria do Ministro Gilmar Mendes, o parágrafo único do art. 34 da Lei n. 10.471/2003 (Estatuto do Idoso) foi declarado inconstitucional por omissão parcial, sem pronúncia de nulidade. Entendeu-se pela inexistência de justificativa plausível para discriminação dos portadores de deficiência em relação aos idosos, bem como dos idosos beneficiários da assistência social em relação aos idosos titulares de benefícios previdenciários no valor de até um salário mínimo.

Na ocasião, o ministro relator propôs a fixação de prazo para que o Congresso Nacional elaborasse nova regulamentação sobre o tema, mantendo-se a validade das regras questionadas até o dia 31 de dezembro de 2015. A proposta, embora acolhida por cinco ministros da Corte, não alcançou a adesão de dois terços dos seus integrantes, o que inviabilizou a modulação dos efeitos da declaração de inconstitucionalidade.

Diante do novo panorama que se instalou, é possível concluir que o julgamento da ADI 1.232 é representativo daqueles momentos em que uma Corte Constitucional decide impregnada do sentimento de que em algum momento sua decisão certamente será revista. Uma atitude de *self restraint* que, ante uma questão social tão complexa e importante, deixou no ar a impressão de que algo não estava bem.

3.6. Da proteção da família, da criança, do adolescente, do jovem e do idoso

Inseridos no Título da Ordem Social encontram-se, ainda, artigos destinados à proteção da família, das crianças, dos adolescentes, dos jovens e dos idosos, além da proteção ao meio ambiente e aos índios.

Em relação ao direito de família, sua inclusão no Título da Ordem Social demonstra claramente o deslocamento de seu eixo normativo do plano infraconstitucional para o plano constitucional. Na prática, a constitucionalização do direito civil, aqui operada por meio do direito de família, tem feito com que o Supremo Tribunal Federal exerça um importante papel na definição do conceito de família, com consequências para diversos institutos até então regulamentados apenas pelo Código Civil.

O próprio conceito de entidade familiar tem sido aclarado pela jurisprudência do Supremo em diversos precedentes.

O exemplo mais notório dessa influência da jurisdição constitucional no direito de família é o precedente do Supremo Tribunal Federal que reconheceu como entidade familiar a união entre pessoas do mesmo sexo. Ao julgar a ADPF 132 e a ADI 4.277, ambas de relatoria do Ministro Ayres Britto, a Corte entendeu que o art. 226 traz um conceito plural de família, não limitado às hipóteses que especifica. Nesse sentido, assim constou da ementa do julgado:

> "(...) 3. TRATAMENTO CONSTITUCIONAL DA INSTITUIÇÃO DA FAMÍLIA. RECONHECIMENTO DE QUE A CONSTITUIÇÃO FEDERAL NÃO EMPRESTA AO SUBSTANTIVO 'FAMÍLIA' NENHUM SIGNIFICADO ORTODOXO OU DA PRÓPRIA TÉCNICA

JURÍDICA. A FAMÍLIA COMO CATEGORIA SOCIOCULTURAL E PRINCÍPIO ESPIRITUAL. DIREITO SUBJETIVO DE CONSTITUIR FAMÍLIA. INTERPRETAÇÃO NÃO REDUCIONISTA. O *caput* do art. 226 confere à família, base da sociedade, especial proteção do Estado. Ênfase constitucional à instituição da família. Família em seu coloquial ou proverbial significado de núcleo doméstico, pouco importando se formal ou informalmente constituída, ou se integrada por casais heteroafetivos ou por pares homoafetivos. A Constituição de 1988, ao utilizar-se da expressão 'família', não limita sua formação a casais heteroafetivos nem a formalidade cartorária, celebração civil ou liturgia religiosa. Família como instituição privada que, voluntariamente constituída entre pessoas adultas, mantém com o Estado e a sociedade civil uma necessária relação tricotômica. Núcleo familiar que é o principal *lócus* institucional de concreção dos direitos fundamentais que a própria Constituição designa por 'intimidade e vida privada' (inciso X do art. 5º). Isonomia entre casais heteroafetivos e pares homoafetivos que somente ganha plenitude de sentido se desembocar no igual direito subjetivo à formação de uma autonomizada família. Família como figura central ou continente, de que tudo o mais é conteúdo. Imperiosidade da interpretação não reducionista do conceito de família como instituição que também se forma por vias distintas do casamento civil. Avanço da Constituição Federal de 1988 no plano dos costumes. Caminhada na direção do pluralismo como categoria sociopolítica-cultural. Competência do Supremo Tribunal Federal para manter, interpretativamente, o Texto Magno na posse do seu fundamental atributo da coerência, o que passa pela eliminação de preconceito quanto à orientação sexual das pessoas. 4. UNIÃO ESTÁVEL. NORMAÇÃO CONSTITUCIONAL REFERIDA A HOMEM E MULHER, MAS APENAS PARA ESPECIAL PROTEÇÃO DESTA ÚLTIMA. FOCADO PROPÓSITO CONSTITUCIONAL DE ESTABELECER RELAÇÕES JURÍDICAS HORIZONTAIS OU SEM HIERARQUIA ENTRE AS DUAS TIPOLOGIAS DO GÊNERO HUMANO. IDENTIDADE CONSTITUCIONAL DOS CONCEITOS DE 'ENTIDADE FAMILIAR' E 'FAMÍLIA'. A referência constitucional à dualidade básica homem / mulher, no § 3º do seu art. 226, deve-se ao centrado intuito de não se perder a menor oportunidade para favorecer relações jurídicas horizontais ou sem hierarquia no âmbito das sociedades domésticas. Reforço normativo a um mais eficiente combate à renitência patriarcal dos costumes brasileiros. Impossibilidade de uso da letra da Constituição para ressuscitar o art. 175 da Carta de 1967/1969. Não há como fazer rolar a cabeça do art. 226 no patíbulo do seu parágrafo terceiro. Dispositivo que, ao utilizar da terminologia 'entidade familiar', não pretendeu diferenciá-la da 'família'. Inexistência de hierarquia ou diferença de qualidade jurídica entre as duas formas de constituição de um novo e autonomizado núcleo doméstico. Emprego do fraseado 'entidade familiar' como sinônimo perfeito de família. A Constituição não interdita a formação de família por pessoa do mesmo sexo. Consagração do juízo de que não se proíbe nada a ninguém senão em face de um direito ou de proteção de um legítimo interesse de outrem, ou de toda a sociedade, o que não se dá na hipótese *sub judice*. Inexistência do direito dos indivíduos heteroafetivos à sua não equiparação jurídica com os indivíduos homoafetivos. Aplicabilidade do § 2º do art. 5º da Constituição Federal, a evidenciar que outros direitos e garantias, não expressamente listados na Constituição, emergem 'do regime e dos princípios por ela adotados', *verbis*: 'os direitos e garantias expressos nesta Constituição não excluem outros decorrentes do regime e dos princípios por ela adotados, ou dos tratados internacionais em que a República Federativa do Brasil seja parte'. (...)"[194].

Os Ministros Ricardo Lewandowski, Gilmar Mendes e Cezar Peluso divergiram quanto à fundamentação, mas votaram pela procedência da ação. Destaca-se do voto do Ministro Gilmar Mendes, que, embora tenha reconhecido a existência da união entre pessoas do mesmo sexo, utilizou-se de fundamentos jurídicos próprios e distintos dos do relator, divergindo quanto à abrangência constitucional do conceito de entidade familiar previsto no art. 226. Com suporte na teoria do pensamento do possível, identificando uma lacuna no tratamento dos direitos das pessoas que vivem uniões com outras de mesmo sexo, determinou que se aplique um modelo de proteção semelhante ao da união estável, naquilo que for cabível. Pontuou que: "A inexistência de expressa vedação constitucional à formação de uma união homoafetiva, a constatação de sua aproximação às características e finalidades das demais formas de entidades familiares e a sua compatibilidade, *a priori*, com os fundamentos constitucionais da dignidade da pessoa humana, da liberdade, da autodeterminação do desenvolvimento do indivíduo, da segurança jurídica, da igualdade e da vedação à discriminação por sexo e, em sentido mais amplo, por orientação sexual, apontam para a possibilidade de proteção e de reconhecimento jurídico da união entre pessoas do mesmo sexo no atual estágio de nosso constitucionalismo".

Em 2019, ao julgar a ADI 5971, o Supremo com base nos precedentes acima citados, deu interpretação conforme ao art. 2º, I, da Lei Distrital nº 6.160 de 2018, que estabelece diretrizes para implementação de políticas públicas de proteção da família no Distrito Federal, "no sentido de que não seja excluído do conceito de entidade familiar, para fins de aplicação de políticas públicas, o reconhecimento de união estável contínua, pública e duradoura entre pessoas do mesmo sexo"[195].

Em 2017, em sede de repercussão geral, o Ministro Luiz Fux, relator do RE 898.060[196], abordou a questão da paternidade socioafetiva. Salientou que, com a Constituição de 1988, o eixo central do direito de família deslocou-se para o plano constitucional. A partir dos arts. 226 e 227 da Constituição Federal, ressaltou a impossibilidade de redução das realidades familiares a modelos pré-concebidos, defendendo a reformulação do seu tratamento jurídico a partir da incidência do princípio da dignidade da pessoa humana (art. 1º, III, da CF) e da busca da felicidade. Assim, reconhecida a possibilidade de multiplicidade de vínculos parentais e a igualdade entre os filhos, reconheceu a possibilidade da pluriparentalidade e a necessidade de tutela jurídica concomitante para todos os fins de direito.

Por maioria, a Corte fixou a seguinte tese: "A paternidade socioafetiva, declarada ou não em registro público, não impede o reconhecimento do vínculo de filiação concomitante baseado na origem biológica, com os efeitos jurídicos próprios".

194 ADPF 132, rel. Min. Ayres Britto, Tribunal Pleno, *DJe* de 14-10-2011.

195 ADI 5971, rel. Min. Alexandre de Moraes, Tribunal Pleno, *DJe* de 25-9-2019.

196 RE-RG 898.060, rel. Min. Luiz Fux, Tribunal Pleno, *DJe* de 23-8-2017.

Também partindo do conceito constitucional de entidade familiar, previsto no art. 226 da Constituição, o STF, em sede de repercussão geral, declarou a inconstitucionalidade do art. 1790 do Código Civil que permitia a distinção de regime sucessório entre cônjuges e conviventes. O Tribunal fixou a seguinte tese: "É inconstitucional a distinção de regimes sucessórios entre cônjuges e companheiros prevista no art. 1.790 do CC/2002, devendo ser aplicado, tanto nas hipóteses de casamento quanto nas de união estável, o regime do art. 1.829 do CC/2002"[197]. A tese aplica-se tanto a uniões heteroafetivas como homoafetivas.

O voto do Ministro Roberto Barroso, relator do Tema 809 e redator para o acórdão do Tema 498, destaca o chamado processo de constitucionalização do direito civil operado pela Constituição de 1988. Dessa forma, em suas palavras, "a família passou, então, a ser compreendida juridicamente de forma funcionalizada, ou seja, como um instrumento (provavelmente o principal) para o desenvolvimento dos indivíduos e para a realização de seus projetos existenciais". Por outro lado, para o relator, também teria se modificado o papel do Estado na proteção das famílias e, a partir da análise dos arts. 226, 205, 227 e 230, não cabe qualquer distinção, no desempenho dessa função, entre a família formada pelo casamento e a família informal. Restou consignada, por maioria, a inconstitucionalidade do art. 1.790 do Código Civil, por estabelecer uma suposta hierarquização entre as entidades familiares, desrespeitando o comando do art. 226 da Constituição Federal, e por violação a três princípios constitucionais: o da dignidade da pessoa humana, o da proporcionalidade como vedação à proteção deficiente e o da vedação ao retrocesso.

Em 2019, a Corte iniciou o julgamento do Tema 529 da sistemática da repercussão geral: "Possibilidade de reconhecimento jurídico de união estável e de relação homoafetiva concomitantes, com o consequente rateio de pensão por morte"[198]. Em seu voto, o Min. Alexandre resumiu a controvérsia em torno do princípio da monogamia, ressaltando não ver diferença, para fins de exame da tese, em se tratar de uniões heteroafetiva[199] ou homoafetiva. Entendendo que o sistema protege apenas uma família (princípio da monogamia), negou provimento ao recurso extraordinário, sendo acompanhado pelo Ministro Gilmar Mendes. Os Ministros Edson Fachin, Roberto Barroso, Rosa Weber, Cármen Lúcia e Marco Aurélio divergiram e votaram por dar provimento ao recurso e reconhecer o direito a divisão da pensão por morte entre as duas pessoas que mantinham união concomitante com o falecido. O julgamento foi suspenso em razão do pedido de vista do Min. Dias Toffoli.

4. NOTAS CONCLUSIVAS

A relação entre direitos sociais e Estado Social de Direito é inegável. Educação, saúde, alimentação, trabalho, moradia, lazer, segurança, previdência social, proteção à

197 RE-RG 646.721, rel. Min. Marco Aurélio, red. p/ acórdão Min. Roberto Barroso, Tribunal Pleno, *DJe* de 11-9-2017 e RE-RG 878.694, rel. Min. Roberto Barroso, Tribunal Pleno, julgado em 10-5-2017.

198 RE 1045273, rel. Min. Alexandre de Moraes, Tema 529 da RG, julgamento iniciado em 25-9-2019 e suspenso em razão do pedido de vista do Min. Dias Toffoli.

199 O STF também reconheceu repercussão geral (Tema 526) ao RE 883168, rel. Min. Luiz Fux: "*Possibilidade de concubinato de longa duração gerar efeitos previdenciários*". O Tema aguarda julgamento de mérito pelo Plenário.

maternidade e à infância, assistência aos desamparados, cultura[200]: o rol dos direitos sociais, elencados na Constituição, permite perceber sua importância para a consolidação de uma democracia social efetiva.

Esses direitos adquirem especial significado em um país como o Brasil, no qual sua concretização encontra-se deficitária por diversos motivos. Tal fato contribui com o entendimento, pela população, de que o Poder Judiciário é um aliado vital na luta por sua obtenção, o que faz com que a judicialização dos direitos sociais que dependam da prestação estatal seja cada vez mais frequente.

Não pode ser esquecido que os direitos sociais possuem uma estrutura complexa, isto é, são ao mesmo tempo direitos individuais e coletivos. Ao ser definida uma política pública, a tarefa mais difícil é buscar estabelecer que não seja retirado o caráter individual destes direitos. Entretanto, as políticas devem ser bem delineadas de modo que não sejam transformadas em uma prestação exclusivamente individual. É esperado que, aos poucos, a Administração Pública se reestruture e encontre mecanismos de prover – ela própria – os direitos sociais, sem a necessidade de que estas demandas sejam submetidas ao Poder Judiciário de forma indevida.

O processo de judicialização individual é marcadamente assimétrico e, por isso, não logra universalizar os direitos que devem ser prestados pelo Estado. O Supremo Tribunal Federal tem desempenhado, como órgão máximo do Poder Judiciário brasileiro, um importante papel no sentido de estabelecer critérios para a concretização de direitos sociais. Bom exemplo são os requisitos para obtenção de medicamentos por via judicial, estabelecidos quando do julgamento da STA 175, indicados neste capítulo.

É bem verdade que, em muitos casos, essa judicialização do direito à saúde deveria ocorrer, preferencialmente, no plano das ações coletivas e não no contexto de milhares de ações individuais. É necessário estimular-se a cultura das pretensões coletivas, que não apenas desafogaria o sistema judiciário, mas poderia conceder resposta rápida e uniformizada aos titulares de direitos em iguais condições.

Da mesma forma, correções ou críticas a políticas públicas podem demandar soluções de eficácia diferida no tempo, o que envolve uma recompreensão ou reconcepção do próprio modelo judicial de caráter individual.

O aspecto fundamental nesse debate, entretanto, é a percepção do papel do Poder Judiciário na resolução dos casos que lhe são apresentados. Ainda que possam ser estabelecidos critérios gerais para a atuação judicial nas demandas por prestações de caráter social, deverá sempre subsistir a possibilidade de verificação das circunstâncias específicas do caso concreto e eventual demonstração de que as suas peculiaridades demandam solução jurídica distinta e excepcional.

Para além disso, mesmo considerando que não cabe, em princípio, ao Judiciário, primariamente, a tarefa de universalizar e efetivar direitos sociais, pode-se concluir que é possível que a atuação jurisdicional contribua para o aperfeiçoamento das políticas públicas sociais. Importante, para isso, que sejam desenvolvidos modelos processuais

200 Veja-se, a respeito, a Emenda Constitucional n. 71, de 29 de novembro de 2012, a qual institui o sistema nacional de cultura.

adequados, tal como anotam Abramovich e Courtis: "A adequação dos mecanismos processuais para fazer com que o Estado cumpra com os direitos econômicos, sociais e culturais, pela via judicial, requer um esforço imaginativo que envolve novas formas de utilização dos direitos econômicos, sociais e culturais, como direitos; um certo ativismo judicial, que inclua uma dose de criatividade pretoriana, e uma proposta legislativa de novos tipos de ações capazes de viabilizar os reclames coletivos e as demandas de alcance geral perante os poderes públicos"[201].

201 Cf. Victor Abramovich e Christian Courtis, *Los derechos sociales como derechos exigibles*, Madrid: Editorial Trotta, 2004, p. 46, apud Carlos Rátis, *Habeas Educationem*: em busca da proteção judicial ao acesso ao ensino fundamental de qualidade, Salvador: JusPodivm, 2009. Tradução nossa.

CAPÍTULO 6

DIREITO DE NACIONALIDADE E REGIME JURÍDICO DO ESTRANGEIRO

Gilmar Ferreira Mendes

1. CONSIDERAÇÕES GERAIS

Os elementos clássicos de um Estado são seu território, sua soberania e seu povo. Para a formação deste último, é necessário que se estabeleça um vínculo político e pessoal entre o Estado e o indivíduo. É a nacionalidade que efetiva tal conexão e faz com que uma pessoa integre dada comunidade política. Portanto, é natural e necessário que o Estado distinga o nacional do estrangeiro para diversos fins.

A prerrogativa de adotar legislação sobre nacionalidade pertence ao direito interno. Todavia, a importância desse tema e a preocupação de que se evite a existência de apátridas, isto é, pessoas sem vínculo com nenhum Estado, são expressas em diversos instrumentos internacionais. A Declaração Universal dos Direitos Humanos (ONU – 1948) consagra que o Estado não pode arbitrariamente privar o indivíduo de sua nacionalidade nem do direito de mudar de nacionalidade (art. 15)[1].

No mesmo sentido, a Convenção Americana de São José da Costa Rica estabelece que toda pessoa tem direito à nacionalidade do Estado em que tiver nascido, na falta de outra (art. 20, 2). Trata-se de medida que, desde que conte com a adesão dos demais Estados, afigura-se apta a banir a grave situação de apátrida[2].

A nacionalidade pode ser adquirida de forma primária/originária ou secundária. Quando uma nacionalidade decorre do nascimento do indivíduo, independentemente de sua vontade, denomina-se originária ou primária. Já a secundária é a voluntariamente obtida pelo indivíduo, v. g., por meio de casamento.

---

1 Cf. Rezek, *Direito internacional público*, cit., p. 182. Declaração Universal dos Direitos Humanos, art. 15: "1. Todo ser humano tem direito a uma nacionalidade. 2. Ninguém será arbitrariamente privado de sua nacionalidade, nem do direito de mudar de nacionalidade".

2 Cf. Rezek, *Direito internacional público*, cit., p. 185. Convenção Americana de São José da Costa Rica, art. 20, 2: "1. Toda pessoa tem direito a uma nacionalidade. 2. Toda pessoa tem direito à nacionalidade do Estado em cujo território houver nascido, se não tiver direito a outra. 3. A ninguém se deve privar arbitrariamente de sua nacionalidade nem do direito de mudá-la".

Os critérios de determinação da nacionalidade variam entre *jus soli*, que considera nacional o indivíduo nascido em território específico, seja qual for sua ascendência, e *jus sanguinis*, que prioriza a filiação, os laços familiares.

É possível, também, que determinados indivíduos tenham mais que uma nacionalidade. Essa hipótese é admitida pela legislação brasileira em duas situações: quando o nacional brasileiro já adquire, naturalmente, a segunda nacionalidade (com fundamento na *jus sanguinis*) e quando a naturalização faz-se condição de permanência do brasileiro em território estrangeiro.

Assinale-se também que o conceito tradicional de nacionalidade refere-se ao ser humano. Somente por extensão pode-se cogitar de nacionalidade de pessoas jurídicas, empresas ou coisas.

2. NACIONALIDADE BRASILEIRA

2.1. Considerações preliminares

Nacionalidade é um assunto historicamente exclusivo de jurisdição doméstica. Na tradição brasileira, o direito de nacionalidade é regulado na Constituição, com aportes jurisprudenciais e doutrinários significativos[3].

2.2. Brasileiros natos

A Constituição considera brasileiros natos os nascidos no Brasil, ainda que de pais estrangeiros, desde que estes não estejam a serviço de seu país (art. 12, I, *a*).

Trata-se de critério que enfatiza o aspecto territorial (*jus soli*). Questão básica concerne à definição do território nacional para os fins do reconhecimento da nacionalidade brasileira. Evidente que esta abrange toda a massa territorial brasileira, aqui contempladas as unidades federadas e as diversas entidades municipais.

São também brasileiros natos os nascidos no estrangeiro, de pai ou mãe brasileiros, desde que qualquer deles esteja a serviço do Brasil (CF, art. 12, I, *b*).

Aqui o texto abre exceção ao princípio do *jus soli* e adota o *jus sanguinis*.

A expressão *a serviço do Brasil* há de ser entendida não só como a atividade diplomática afeta ao Poder Executivo, mas também como qualquer função associada às atividades da União, dos Estados ou dos Municípios ou de suas autarquias. Rezek observa que configura "a serviço do Brasil", para os fins da norma constitucional, o serviço prestado a organização internacional de que a República faça parte, independentemente de o agente ter sido designado ou não pelos órgãos governamentais brasileiros[4].

São, ainda, brasileiros natos os nascidos no estrangeiro, de pai brasileiro ou mãe brasileira, desde que sejam registrados em repartição brasileira competente ou venham

3 Cf., Celso Duvivier de Albuquerque Mello, *Curso de direito internacional público*, 12. ed., Rio de Janeiro: Renovar, 2000, v. 2, p. 920.

4 Rezek, *Direito internacional público*, cit., p. 188.

a residir no Brasil e optem, em qualquer tempo, depois de atingida a maioridade, pela nacionalidade brasileira (CF, art. 12, I, *c*).

A versão original do texto constitucional de 1988 estabelecia que o filho de pai ou mãe brasileira, nascido no exterior, e cujos pais não estivessem a serviço do Brasil seria considerado brasileiro nato se registrado na repartição consular competente ou viesse a residir no Brasil antes da maioridade e, alcançada esta, optasse, em qualquer tempo, pela nacionalidade brasileira[5].

A Emenda Constitucional de Revisão n. 3, de 1994, no entanto, extinguiu a exigência do registro em repartição pública e estabeleceu como único requisito a necessidade de o nascido no estrangeiro, de pai ou mãe brasileira, residir no Brasil e optar, a qualquer tempo, pela nacionalidade brasileira.

Suprimiu-se, aparentemente sem razão plausível, a possibilidade, anteriormente oferecida, de o filho de brasileiro nascido no exterior obter a nacionalidade brasileira com o mero registro na repartição consular competente.

Indagação relevante, à época, dizia então respeito à situação jurídica do filho de brasileiro que, nascido no exterior, viesse, ainda menor, a residir no Brasil.

Sob o modelo de 1967/69, exigia-se que o filho de pai ou mãe brasileiros viesse a residir no Brasil antes de completar a maioridade e fizesse a opção pela nacionalidade brasileira até quatro anos após completá-la (CF 1967/69, art. 140, I, *c*). Nesse caso, até o termo final do prazo de opção, o indivíduo era considerado brasileiro nato *sob condição resolutiva*.

Tendo em vista o quadro jurídico instaurado pela ECR 3/94, o Supremo Tribunal Federal reconheceu que o filho de brasileiro nascido no exterior, que, ainda menor, viesse a residir no Brasil, deveria ser considerado, para todos os fins, brasileiro nato, fazendo jus ao registro provisório de que cuida a Lei de Registros Públicos (art. 32, § 2º)[6].

Atingida, porém, a maioridade, a opção passaria a constituir-se em *condição suspensiva* da nacionalidade brasileira[7].

Nesse sentido, assentou o Tribunal, na AC-QO 70, da relatoria de Sepúlveda Pertence, que, "sob a Constituição de 1988, que passou a admitir a opção 'em qualquer tempo' – antes e depois da ECR 3/94, que suprimiu também a exigência de que a residência no País fosse fixada antes da maioridade, altera-se o *status* do indivíduo entre a maioridade e a opção: essa, a opção – liberada do termo final ao qual anteriormente subordinada –, deixa de ter a eficácia resolutiva que, antes, se lhe emprestava, para ganhar – desde que a maioridade a faça possível – a eficácia de condição suspensiva da

5 CF, art. 12, I, *c*: "os nascidos no estrangeiro, de pai brasileiro ou de mãe brasileira, desde que sejam registrados em repartição brasileira competente, ou venham a residir na República Federativa do Brasil antes da maioridade e, alcançada esta, optem, em qualquer tempo, pela nacionalidade brasileira". (versão original)

6 RE 415.957/RS, rel. Min. Sepúlveda Pertence, *DJ* de 16-9-2005. Lei de Registros Públicos, art. 32, § 2º: "Os assentos de nascimento, óbito e de casamento de brasileiros em país estrangeiro serão considerados autênticos, nos termos da lei do lugar em que forem feitos, legalizadas as certidões pelos cônsules ou quando por estes tomados, nos termos do regulamento consular. § 2º O filho de brasileiro ou brasileira, nascido no estrangeiro, e cujos pais não estejam ali a serviço do Brasil, desde que registrado em consulado brasileiro ou não registrado, venha a residir no território nacional antes de atingir a maioridade, poderá requerer, no juízo de seu domicílio, se registre, no livro "E" do 1º Ofício do Registro Civil, o termo de nascimento."

7 RE 415.957/RS, rel. Min. Sepúlveda Pertence, *DJ* de 16-9-2005.

nacionalidade brasileira, sem prejuízo – como é próprio das condições suspensivas –, de gerar efeitos *ex tunc*, uma vez realizada"[8].

Como não poderia deixar de ser, tal situação tinha sensíveis repercussões no que concerne ao exercício de direitos reconhecidos aos brasileiros natos, como é o caso da não extraditabilidade. Daí ter-se fixado que "pendente a nacionalidade brasileira do extraditando da homologação judicial *ex tunc* da opção já manifestada, suspende-se o processo extradicional"[9], nos termos do então art. 265, IV, *a*, CPC/73, atual art. 313, V, *a*, NCPC.

A reflexão desenvolvida pelo Supremo Tribunal Federal nos precedentes referidos, quanto ao filho de brasileiro que viesse a residir no Brasil, estimulava indagar se não seria de desenvolver raciocínio semelhante para o menor, filho do brasileiro, que, nascido no exterior, lá continuasse a residir.

Também aqui, tendo em vista o caráter protetivo e não restritivo da norma constitucional, além dos efeitos severos da apátrida, afigurava-se inevitável que se reconhecesse ao menor filho de brasileiro, nascido e residente no estrangeiro, a nacionalidade brasileira com eficácia plena até o advento da maioridade, quando poderia decidir, *livre e validamente*, sobre a fixação de residência no Brasil ou alhures e sobre a opção pela nacionalidade brasileira. Se antes de completar a maioridade não poderia ele decidir, autônoma e validamente, sobre a fixação da residência no Brasil, não haveria como não se lhe reconhecer a condição de brasileiro nato.

Implementada a maioridade, passaria ele a gozar da nacionalidade brasileira sob condição suspensiva, tal como reconhecido nos precedentes referidos, que ocorreria com a fixação de residência no Brasil e a escolha pela nacionalidade brasileira.

Nesse contexto, afigurava-se razoável sustentar a legitimidade de registro provisório na repartição consular de que trata a Lei de Registros Públicos (art. 32, § 2º, 1ª parte) também no caso de filho de pai brasileiro ou mãe brasileira, nascido no exterior, ainda que o beneficiário continuasse a residir no exterior.

Essas controvérsias e a perplexidade instauradas pela ECR n. 3/1994 foram superadas com a promulgação da EC n. 54, de 20 de setembro de 2007[10]. Nos termos da

---

8 AC-QO 70/RS, rel. Min. Sepúlveda Pertence, *DJ* de 12-3-2004; RE 418.096/RS, rel. Min. Carlos Velloso, *DJ* de 22-4-2005; RE 415.957/RS, rel. Min. Sepúlveda Pertence, *DJ* de 16-9-2005.

9 C-QO 70/RS, rel. Min. Sepúlveda Pertence, *DJ* de 12-3-2004.

10 "Art. 1º A alínea c do inciso I do art. 12 da Constituição Federal passa a vigorar com a seguinte redação:

'*Art. 12. (...)*

I – (...)

(...)

c) os nascidos no estrangeiro de pai brasileiro ou de mãe brasileira, desde que sejam registrados em repartição brasileira competente ou venham a residir na República Federativa do Brasil e optem, em qualquer tempo, depois de atingida a maioridade, pela nacionalidade brasileira;

(...) NR'.

Art. 2º O Ato das Disposições Constitucionais Transitórias passa a vigorar acrescido do seguinte art. 95:

'*Art. 95. Os nascidos no estrangeiro entre 7 de junho de 1994 e a data da promulgação desta Emenda Constitucional, filhos de pai brasileiro ou mãe brasileira, poderão ser registrados em repartição diplomática ou consular brasileira competente ou em ofício de registro, se vierem a residir na República Federativa do Brasil*'.

Art. 3º Esta Emenda Constitucional entra em vigor na data de sua publicação."

nova redação do art. 12, I, *c*, são brasileiros natos "os nascidos no estrangeiro, de pai brasileiro ou mãe brasileira, desde que sejam registrados em repartição brasileira competente ou venham a residir na República Federativa do Brasil e optem, em qualquer tempo, depois de atingida a maioridade, pela nacionalidade brasileira".

Restabeleceu-se, assim, de forma expressa, a possibilidade de registro, em Repartição Consular competente, do filho de brasileiro nascido no exterior, reinstituindo um modelo procedimental indispensável para dar consistência ao sistema *jus sanguinis* consagrado na teoria do Direito Constitucional brasileiro.

2.3. Brasileiros naturalizados

São brasileiros naturalizados aqueles que venham a adquirir a nacionalidade brasileira, na forma prevista em lei. A norma que trata das condições de naturalização é, atualmente, a Lei de Migração (Lei n. 13.445/2017).

Nos termos da Constituição Federal, dos originários de países de língua portuguesa, exige-se apenas residência por um ano ininterrupto e idoneidade moral (CF, art. 12, II, *a*). Os estrangeiros de qualquer nacionalidade residentes no Brasil há mais de quinze anos, ininterruptos e sem condenação criminal, poderão também requerer a nacionalidade brasileira (CF, art. 12, II, *b*).

2.4. Distinção entre brasileiro nato e naturalizado

A Constituição proíbe que se estabeleça distinção entre brasileiros natos e naturalizados, salvo nos casos nela previstos (art. 12, § 2º).

Nos termos da Constituição, são privativos de brasileiro nato os cargos de Presidente e Vice-Presidente da República, de Presidente da Câmara dos Deputados, de Presidente do Senado Federal, de Ministro do Supremo Tribunal Federal, da carreira diplomática, de oficial das Forças Armadas e de Ministro de Estado da Defesa.

Por compreensão ampliada, a proibição estende-se aos eventuais substitutos dos titulares dos cargos para os quais se prevê.

O texto constitucional impediu, deste modo, que brasileiros naturalizados ocupem cargos de chefia de algum dos três poderes ou exerçam função estratégica para a defesa ou representação política brasileira no exterior.

Ademais, a garantia de não extraditabilidade aplica-se tão somente ao brasileiro nato. O brasileiro naturalizado poderá ser extraditado por crime praticado antes da naturalização ou, na forma da lei, no caso de comprovado envolvimento em tráfico ilícito de entorpecentes e drogas afins, por crimes praticados após a naturalização (CF, art. 5º, LI).

O texto constitucional também impõe restrições em relação à propriedade de empresas jornalísticas e de radiodifusão, que são privativas de brasileiros natos ou naturalizados há mais de dez anos (art. 222, CF). Trata-se de previsão que objetiva garantir o controle e o domínio sobre um setor considerado estratégico.

2.5. Perda da nacionalidade brasileira

A perda da nacionalidade poderá atingir tanto o brasileiro nato como o brasileiro naturalizado, na hipótese de aquisição de outra nacionalidade, por naturalização voluntária. Isso pode ocorrer, por exemplo, com o matrimônio ou pela opção pela nacionalidade do país estrangeiro no qual resida.

Nessa hipótese, o ato do Presidente da República que declara a perda da nacionalidade brasileira é meramente declaratório, já que essa ocorre com a própria naturalização no estrangeiro[11].

Assinale-se, que a perda da nacionalidade brasileira em razão da obtenção de outra há de decorrer de conduta ativa e específica, e não de simples reconhecimento da nacionalidade pela lei estrangeira (CF, art. 12, § 4º, II, *a*).

Veja-se em Rezek a descrição de situações possíveis:

> "Se, ao contrair matrimônio com um francês, uma brasileira é informada de que se lhe concede a nacionalidade francesa em razão do matrimônio, a menos que, dentro de certo prazo, compareça ela ante o juízo competente para, de modo expresso, recusar o benefício, sua inércia não importa naturalização voluntária. Não terá havido, de sua parte, conduta específica visando à obtenção de outro vínculo pátrio, uma vez que o desejo de contrair matrimônio é, por natureza, estranho à questão da nacionalidade. Nem se poderá imputar procedimento ativo a quem não mais fez que calar. Outra seria a situação se, consumado o matrimônio, a autoridade estrangeira oferecesse, nos termos da lei, à nubente brasileira a nacionalidade do marido, mediante simples declaração de vontade, de pronto reduzida a termo. Aqui teríamos autêntica naturalização voluntária, resultante do procedimento específico – visto que o benefício não configurou efeito automático do matrimônio –, e de conduta ativa, ainda que consistente no pronunciar de uma palavra de aquiescência"[12].

A Emenda Constitucional de Revisão n. 3, de 1994, introduziu significativa alteração no art. 12, § 4º, II, *b*, ao estabelecer que não ocorrerá perda da nacionalidade brasileira no caso de imposição de naturalização, pela norma estrangeira, ao brasileiro residente em Estado estrangeiro como condição para permanência em seu território ou para exercício de direitos civis[13].

---

11 Cf. Rezek, *Direito internacional público*, cit., p. 189.

12 Rezek, *Direito internacional público*, cit., p. 189-190.

13 Nesse sentido, mencione-se decisão da Segunda Turma do Supremo Tribunal Federal que considerou válida portaria do Ministério da Justiça que declarou a perda da nacionalidade brasileira por empresário naturalizado americano. Segundo este, a obtenção da nacionalidade dos Estados Unidos não se deu de forma voluntária, mas foi necessária para a formalização de visto de permanência de sua filha no país. O argumento não foi aceito, ao entendimento de que outros meios poderiam ter sido utilizados para solucionar a questão, bem como de que a própria parte já possuía *green card*. Declarada a perda da nacionalidade brasileira, o empresário, que é réu em ações penais nos Estados Unidos, acabou por ter sua extradição autorizada a esse país (MS 36.359, rel. Min. Ricardo Lewandowski, j. em 19-2-2020; Ext 1.630, rel. Min. Ricardo Lewandowski, j. 25-9-2020).

Finalmente, o brasileiro naturalizado poderá perder a nacionalidade em razão do exercício de atividade contrária ao interesse nacional (CF, art. 12, § 4º, I), que, todavia, somente poderá ocorrer mediante decisão judicial com trânsito em julgado[14].

O Supremo Tribunal Federal afirmou ainda, por ocasião do julgamento do HC 83.113-QO, rel. Min. Celso de Mello, o entendimento de que as hipóteses de perda de nacionalidade brasileira previstas na Constituição Federal possuem natureza taxativa, não sendo lícito ao Estado, seja através da legislação ordinária, seja pela adesão a tratados e convenções internacionais, ampliar ou reduzir tais hipóteses[15].

3. O ESTATUTO DE IGUALDADE ENTRE BRASILEIROS E PORTUGUESES

A Constituição estabelece que aos portugueses com residência permanente no Brasil serão atribuídos os direitos inerentes aos brasileiros, ressalvados os casos nela previstos e desde que haja reciprocidade em favor de brasileiros em terras lusitanas.

A Convenção sobre igualdade de direitos e deveres entre brasileiros e portugueses, firmada em 7-9-1971, foi substituída por novo tratado bilateral, que entrou em vigor em 2001[16]. "Tendo em mente a secular amizade que existe entre os dois países"[17], o Estatuto de Igualdade contempla duas questões básicas: igualdade de direitos e de obrigações civis e igualdade de direitos políticos.

Para obtenção de igualdade de direitos e de obrigações civis, o requerimento deverá ser dirigido ao Ministro da Justiça, com prova de nacionalidade do requerente, de sua capacidade civil, bem como de sua admissão no Brasil em caráter permanente. No caso de pretender-se a obtenção dos direitos políticos, deverá fazer-se prova do seu gozo em Portugal e da residência no Brasil há pelo menos três anos.

Reconhecida a igualdade plena, poderá o beneficiário votar e ser votado, bem como ser admitido no serviço público. Assinale-se que o titular do estatuto pleno passa a ter deveres como o concernente à obrigatoriedade do voto. Nos termos do tratado, os direitos políticos não podem ser usufruídos no Estado de origem e no Estado de residência. Assim, assegurado esse direito no Estado de residência, ficará ele suspenso no

---

14 O Supremo Tribunal Federal reconheceu expressamente a necessidade de decisão judicial para o cancelamento da naturalização no julgamento do Recurso Ordinário em Mandado de Segurança 27.840, rel. Min. Ricardo Lewandowski, em que se discutiu a possibilidade de o Ministro da Justiça cancelar, por meio de ato administrativo (no caso, uma portaria), o deferimento de naturalização. No caso, o deferimento se deu em decorrência da omissão quanto à existência de condenação em momento anterior à naturalização. O Tribunal, entretanto, reafirmou que a cláusula do art. 12 da Constituição Federal que determina a necessidade do trânsito em julgado para o cancelamento da naturalização deve ser lida de forma abrangente, não podendo ser excepcionada ainda que o deferimento da naturalização tenha ocorrido com a ausência dos pré-requisitos legais (RMS 27.840, rel. Min. Ricardo Lewandowski, *DJ* de 7-2-2013).

15 HC 83.113-QO, rel. Min. Celso de Mello, *DJ* de 29-8-2003.

16 O Decreto n. 3.927, de 19-9-2001, promulgou o Tratado de Amizade, Cooperação e Consulta, entre a República Federativa do Brasil e a República Portuguesa, celebrado em Porto Seguro, em 22-4-2000, e entrou em vigor em 5-9-2001.

17 Art. 1º, Decreto n. 3.927, de 19-9-2001,

Estado de origem. No que tange aos cargos públicos, o beneficiário português do estatuto pleno poderá ter acesso a todas as funções, excetuadas aquelas conferidas apenas aos brasileiros natos.

Rezek observa que não se pode afirmar que a situação do português admitido no Estatuto de Igualdade seja idêntica à do brasileiro naturalizado. É que, ao contrário do naturalizado, o português beneficiário do Estatuto de Igualdade plena não pode aqui prestar serviço militar, estando submetido à expulsão e à extradição, esta quando requerida pelo Governo português. No caso de necessidade de proteção diplomática no exterior, ela deverá ser prestada por Portugal[18].

O benefício da igualdade será extinto no caso de expulsão ou de perda da nacionalidade portuguesa. Caso se verifique a perda de direitos políticos em Portugal, haverá igualmente a perda desses direitos no Brasil, fazendo com que o titular do estatuto pleno passe a deter apenas a igualdade civil.

4. REGIME JURÍDICO DO ESTRANGEIRO

4.1. Considerações preliminares

O estrangeiro pode estar no Brasil em caráter permanente, com propósito de fixação de residência definitiva ou em caráter temporário. Independentemente do seu *status* ou do propósito de viagem, reconhece-se ao estrangeiro o direito às garantias básicas da pessoa humana: vida, integridade física, direito de petição, direito de proteção judicial efetiva, dentre outros.

A disciplina sobre emigração e imigração, entrada, extradição e expulsão de estrangeiro é da competência legislativa privativa da União (CF, art. 22, XV).

Em geral, reconhece-se ao estrangeiro o gozo dos direitos civis, com exceção do direito a trabalho remunerado, que se reconhece apenas ao estrangeiro residente[19].

A aquisição ou arrendamento de propriedade rural por estrangeiros é assegurada, ainda que com algumas condições, como limitação da dimensão da área, residência no território nacional[20] (CF, art. 190).

O direito de pesquisa e lavra de recursos minerais e aproveitamento dos potenciais de energia hidráulica somente pode ser concedido a brasileiros ou à empresa constituída sob as leis brasileiras e que tenha sua sede e administração no País (CF, art. 176, § 1º).

O estrangeiro não poderá ser proprietário de empresa de radiodifusão sonora de sons e imagens, que constitui privilégio de brasileiro nato ou naturalizado há mais de dez anos (CF, art. 222) ou de pessoa jurídica constituída sob as leis brasileiras e que tenha sede no País.

Reconhece-se ao estrangeiro também o direito de adoção, nos termos de lei específica (CF, art. 227, § 5º).

---

18 Rezek, *Direito internacional público*, cit., p. 191-192.

19 Rezek, *Direito internacional público*, cit., p. 186.

20 A matéria é disciplinada basicamente pela Lei n. 5.709/1971, pelo seu regulamento, Dec. n. 74.965/1974 e pelo art. 23 da Lei n. 8.629/1993.

O investimento de estrangeiro no País, bem como a remessa de lucros das atividades econômicas aqui exercidas, hão de ser regulados em lei (CF, art. 172).

Os estrangeiros não dispõem de direitos políticos, não podendo votar ou ser eleitos para cargos políticos, salvo os portugueses submetidos à Convenção sobre igualdade de direitos e deveres entre nacionais de Brasil e Portugal. Não podem exercer outros direitos de cidadania, como a propositura de ação popular e a subscrição de projetos de lei de iniciativa popular.

O exercício de cargo público configurava, em princípio, prerrogativa do brasileiro. A Emenda Constitucional n. 19, de 1998, permitiu admissão de estrangeiros no serviço público nos termos previstos em lei, especialmente nas instituições universitárias de ensino e pesquisa (CF, arts. 37, I, e 207, § 1º).

4.2. Exclusão do estrangeiro do território nacional

O estrangeiro poderá ser retirado do território nacional em razão de:

a) repatriação

b) deportação;

c) expulsão;

d) extradição.

A repatriação consiste em medida administrativa de devolução de pessoa em situação de impedimento ao país de procedência ou de nacionalidade. Em impedimento estão os estrangeiros que não reúnem as condições formais básicas para ingresso no país – v. g., visto ou passaporte inválido, anterior expulsão do país, enquanto vigorarem seus efeitos, nome incluído em lista de restrições por ordem judicial ou por compromisso assumido pelo Brasil perante organismo internacional. Trata-se de medida de retirada compulsória, assim como a deportação e a expulsão[21].

A deportação, por sua vez, configura forma de exclusão do território nacional do estrangeiro que nele se encontra em situação migratória irregular, como nas hipóteses de entrada clandestina no país ou de permanência que se tornou irregular em razão de excesso de prazo ou de exercício de trabalho remunerado pelo turista.

Já a expulsão é medida administrativa de retirada compulsória de migrante ou de visitante do território nacional, conjugada com o impedimento de reingresso por prazo determinado. Pode incidir sobre estrangeiro com sentença transitada em julgado relativa à prática de crime de genocídio, crime contra a humanidade, crime de guerra ou crime de agressão, nos termos definidos pelo Estatuto de Roma do Tribunal Penal Internacional, de 1998, bem como crime comum doloso passível de pena privativa de liberdade, consideradas a gravidade e as possibilidades de ressocialização em território nacional.

A Súmula 1 do Supremo Tribunal Federal consagra ser “vedada a expulsão de estrangeiro casado com brasileira, ou que tenha filho brasileiro, dependente da economia paterna”.

21 Conferir Lei n. 13.445/2017, Lei de Migração, que revogou o Estatuto do Estrangeiro.

Nos termos da Lei n. 13.445/2017, não se procederá à expulsão quando a medida configurar extradição inadmitida pela legislação brasileira e na hipótese de o expulsando ter filho brasileiro sob sua guarda ou dependência, econômica ou socioafetiva, ou ter pessoa brasileira sob sua tutela; ter cônjuge ou companheiro residente no Brasil; ter ingressado no Brasil até os doze anos de idade, residindo no país desde então; ou ser pessoa com mais de setenta anos de idade e residente há mais de dez anos no Brasil, considerados a gravidade e os fundamentos da expulsão (art. 55).

Embora a expulsão seja uma medida mais grave, observa Rezek que ambas – deportação e expulsão – concedem ao governo ampla discricionariedade quanto à efetivação das medidas. O governo não está obrigado a deportar ou a expulsar[22].

Diferentemente da deportação ou da expulsão, a extradição é a entrega por um Estado a outro, a requerimento deste, de pessoa que nele deva responder a processo penal ou cumprir pena. Lastreia-se, portanto, em tratado internacional bilateral no qual se estabelecem as condições que devem ser observadas para a entrega de eventual extraditando. Na ausência de tratado, é possível que se proceda à extradição mediante promessa de reciprocidade, que consiste na afirmação de pedidos semelhantes em sentido inverso, e que terão idêntico tratamento. Por esse motivo, o instituto da extradição encontra-se no capítulo intitulado "Das medidas de cooperação", da nova Lei de Migração.

Ressalte-se também a previsão da Lei de Migração no sentido de entregar novamente, sem outras formalidades, o extraditando que, depois de entregue ao Estado requerente, escapa à ação da Justiça e homizia-se no Brasil (art. 98). Trata-se de procedimento já chancelado pela Segunda Turma do Supremo Tribunal Federal, que autorizou entrega de espanhol sem a formalização de nova extradição[23].

A Constituição veda expressamente a extradição de brasileiro nato e admite a do brasileiro naturalizado em caso de crime comum praticado antes da naturalização, ou de comprovado envolvimento em tráfico ilícito de entorpecentes e drogas afins, na forma da lei (CF, art. 5º, LI)[24].

Proíbe-se, igualmente, a extradição de estrangeiro por crime político ou de opinião (CF, art. 5º, LII). Não raras vezes, a classificação do crime como político dá ensejo a polêmicas, tendo em vista as situações fronteiriças existentes[25].

O Supremo Tribunal Federal não admite, ainda, a extradição, se houver a possibilidade de aplicação das penas de morte e de prisão perpétua, proibidas pela ordem constitucional brasileira (CF, art. 5º, XLVII, *a* e *b*)[26].

A Súmula 421 do STF explicita que "não impede a extradição a circunstância de ser o extraditado casado com brasileira ou ter filho brasileiro"[27]. Trata-se de hipótese

22 Rezek, *Direito internacional público*, cit., p. 196; HC 82.893/SP, rel. Min. Cezar Peluso, *DJ* de 8-4-2005.

23 Extr. 1.225, rel. Min. Gilmar Mendes, j. em 21-11-2017.

24 Extr.-QO 934/URU, rel. Min. Eros Grau, *DJ* de 12-11-2004; Extr. 690/ITA, rel. Min. Néri da Silveira, *DJ* de 20-3-1998.

25 Sobre crime político cf., nesta obra, o item *Não extraditabilidade do estrangeiro por crime político ou de opinião* no Capítulo 4, n. V – *Direitos fundamentais de caráter judicial e garantias constitucionais do processo*.

26 Extr. 744/BUL, rel. Min. Celso de Mello, *DJ* de 18-2-2000; Extr. 994/EUA, rel. Min. Carlos Britto, *DJ* de 17-2-2006.

27 A Súmula 421 foi aprovada em sessão plenária de 1º-6-1964, com precedentes no HC 36.744, rel. Min. Cândido Motta, *DJ* de 5-9-1960, *RTJ*, 10/211, e na Extr. 228, rel. Min. Gonçalves de Oliveira, *DJ* de 9-5-1963, *RTJ*, 10/211.

não contemplada no art. 82 da Lei de Migração, que lista as situações em que não se concederá a extradição.

Registre-se, ainda, a propósito, que o Supremo Tribunal Federal tem negado pedido de extradição, com base em promessa de reciprocidade, em relação a brasileiro naturalizado, em razão de crime praticado antes da naturalização.

Apesar de a CF/88 autorizar o atendimento de pedido nessa circunstância (art. 5º, LI), verifica-se que alguns Estados estão impedidos de satisfazer a promessa de reciprocidade, em virtude de a ordem constitucional local vedar a extradição de nacional naturalizado ou não[28].

Da mesma forma, tem-se como inadmissível a concessão de extradição para Estado que poderá submeter o extraditando a Tribunal de exceção[29].

No célebre caso de Ovídio Lefèbvre, advogado acusado de ter subornado ministros e outros funcionários italianos, o Supremo Tribunal Federal entendeu, por maioria de votos, que a Corte Constitucional italiana, a despeito de não compor a estrutura judiciária italiana, não poderia ser considerada Tribunal de exceção[30].

Afirma-se na doutrina – e sobre isso é pacífica a jurisprudência – que o procedimento adotado pela legislação brasileira quanto ao processo de extradição é o da chamada contenciosidade limitada (sistema belga), que não contempla a discussão sobre o mérito da acusação. A defesa há de ater-se, portanto, aos pressupostos formais previstos na legislação[31].

Questão delicada diz respeito à possibilidade de se fazer a entrega do acusado por variantes que buscam contornar o devido processo legal extradicional.

Os arts. 63 e 75 do antigo Estatuto do Estrangeiro (Lei n. 6.815/80) proibia a deportação ou a expulsão sempre que semelhantes medidas implicarem extradição não aceita pela lei brasileira – regra hoje prevista no art. 55 da Lei de Migração.

Essa orientação foi aplicada no caso do cidadão britânico Ronald Biggs, que, preso por determinação do Ministro da Justiça, impetrou *habeas corpus*, no antigo Tribunal Federal de Recursos, alegando que não poderia ser expulso, em razão da iminência de se tornar pai de uma criança brasileira. Sustentou ser incabível, igualmente, a sua deportação, uma vez que acabaria por configurar uma "extradição inadmitida pela lei brasileira". Embora o Tribunal Federal de Recursos tenha mantido a ordem de prisão, houve por bem determinar que o paciente não fosse deportado para a Grã-Bretanha ou para qualquer outro país do qual pudesse obter a extradição pretendida[32].

Cumpre destacar, no tocante ao tema, a hipótese do pedido de extradição quando o crime houver sido praticado em território não pertencente ao país requerente. Ao julgar caso relativo a um nacional alemão naturalizado israelense que cometeu crime

---

28 Extr.-QO 1.010/RFA, rel. Min. Joaquim Barbosa, julgado em 24-5-2006.

29 Extr. 232/CUBA-Segunda, rel. Min. Victor Nunes Leal, *DJ* de 14-12-1962; Extr. 524/PAR, rel. Min. Celso de Mello, *DJ* de 8-3-1991.

30 Extr. 347/ITA, rel. Min. Djaci Falcão, *DJ* de 9-6-1978.

31 Extr. 774/ITA, rel. Min. Ellen Gracie, *DJ* de 14-12-2001; Extr. 797/ITA, rel. Min. Sepúlveda Pertence, *DJ* de 15-12-2000; Extr. 917/FRA, rel. Min. Celso de Mello, *DJ* de 11-11-2005.

32 HC 3.345, de 20-6-1974; cf. também José Francisco Rezek, *Direito internacional público*, cit., p. 212-213.

contra palestino na Cisjordânia, a Primeira Turma do Supremo Tribunal Federal precisou analisar o poder do Estado de Israel para indiciar e julgar cidadãos israelenses que cometeram ações criminosas nesse local, especialmente pelo fato de a vítima não ser nacional seu. Restou entendido que, "*em que pese a incerteza jurídico-política sobre a vigência e eficácia integrais das cláusulas pactuadas entre Israel e Palestina nos Tratados de Oslo (...) a questão específica sobre a jurisdição penal a ser exercida nos referidos territórios restou indene de dúvidas, pois confirmada tanto pelo Estado de Israel, em seu requerimento inicial, como pelo Estado da Palestina*"[33]. Ao constatar a jurisdição penal de Israel para prender ou extraditar cidadãos israelenses que cometam crimes nos territórios palestinos ocupados, com base em acordo reconhecido internacionalmente, bem como os demais pressupostos da ação, o pedido de extradição foi deferido.

4.3. **Asilo político: territorial e diplomático**

O asilo político constitui a admissão, pelo Estado, de estrangeiro perseguido em seu país de origem por razões ligadas a questões políticas, delitos de opinião ou crimes concernentes à segurança do Estado ou outros atos que não configurem quebra do direito penal comum.

Entre nós, a Constituição brasileira de 1988 consagrou-a como princípio basilar nas relações internacionais do País (art. 4º, X).

O asilo político é, por definição, um asilo territorial, e poderá ser concedido àquele que, cruzando fronteira, coloca-se sob a soberania de outro Estado[34]. Já o asilo diplomático é aquele em que a pessoa busca abrigo em uma representação diplomática estrangeira sediada no País. A maioria dos países não o aceita, embora haja precedentes históricos relevantes também em alguns países da Europa[35].

É da essência do instituto do asilo político, "quer em sua prática consuetudinária, quer em sua disciplina convencional, a natureza eminentemente tutelar, pois tem por objetivo dispensar proteção efetiva à pessoa refugiada, preservando-a do arbítrio, da perseguição e da violência de natureza política"[36].

Embora não haja uma obrigação internacional de concessão de asilo, parece que entre nós, tendo em vista a expressa decisão constitucional, ele assume caráter de direito subjetivo do estrangeiro, e como tal há de ser tratado. A sua recusa somente poderá ocorrer nas hipóteses em que não se configure a situação prevista, sujeito o seu reconhecimento a controle pelo Judiciário.

A concessão de asilo político não impede, em princípio, a extradição, se ocorrentes os pressupostos para seu deferimento.

33 Voto do Min. Alexandre de Moraes. Extr. 1.406, rel. Min. Rosa Weber, Primeira Turma, julgado em 8-8-2017.

34 José Francisco Rezek, *Direito internacional público*, cit., p. 215.

35 As principais diretrizes sobre asilo diplomático estão listadas na Convenção sobre asilo diplomático, assinada em Caracas, em 1954, e promulgada pelo Decreto n. 42.628, de 13 de novembro de 1957.

36 Extr. 524/PAR, *DJ* de 8-3-1991, voto do Ministro Celso de Mello.

A existência de possível vínculo entre os institutos do asilo político e da extradição já foi tema de debate na Extradição n. 232 – segunda, da relatoria do Ministro Victor Nunes Leal, que ressaltou na ementa do referido julgado:

"1) A situação revolucionária de Cuba não oferece garantia para um julgamento imparcial do extraditando, nem para que se conceda a extradição com ressalva de se não aplicar a pena de morte. 2) Tradição liberal da América Latina na concessão de asilo por motivos políticos. 3) Falta de garantias considerada não somente pela formal supressão ou suspensão, mas também por efeito de fatores circunstanciais. *4) A concessão do asilo diplomático ou territorial não impede, só por si, a extradição, cuja procedência é apreciada pelo Supremo Tribunal e não pelo governo*. 5) Conceituação de crime político proposta pela Comissão Jurídica Interamericana, do Rio de Janeiro, por incumbência da IV Reunião do Conselho Interamericano de Jurisconsultos (Santiago do Chile, 1949), excluindo 'atos de barbaria ou vandalismo proibidos pelas leis de guerra', ainda que 'executados durante uma guerra civil, por uma ou outra das partes'"[37] (grifos nossos).

Na Extradição n. 524, da relatoria do Ministro Celso de Mello, a questão foi novamente discutida:

"(...) Não há incompatibilidade absoluta entre o instituto do asilo político e o da extradição passiva, na exata medida em que o Supremo Tribunal Federal não está vinculado ao juízo formulado pelo Poder Executivo na concessão administrativa daquele benefício regido pelo Direito das Gentes. Disso decorre que a condição jurídica de asilado político não suprime, só por si, a possibilidade de o Estado brasileiro conceder, presentes e satisfeitas as condições constitucionais e legais que a autorizam, a extradição que lhe haja sido requerida. O estrangeiro asilado no Brasil só não será passível de extradição quando o fato ensejador do pedido assumir a qualificação de crime político ou de opinião ou as circunstâncias subjacentes à ação do Estado requerente demonstrarem a configuração de inaceitável extradição política disfarçada"[38].

Assim, afigura-se evidente que, excetuada a configuração de situação que obsta ou impede a extradição – crime político ou de opinião ou a impossibilidade de julgamento por juiz natural –, a concessão do asilo não implica não extraditabilidade.

4.4. A situação de refugiado

A doutrina aponta a existência de divergências conceituais entre o instituto do refúgio e o do asilo, não havendo unanimidade a respeito, consoante se depreende das lições de Celso Duvivier de Albuquerque Mello, o qual, mencionando essa divergência, afirma:

---

37 Extr.-segunda n. 232, rel. Min. Victor Nunes, *DJ* de 17-12-1962.

38 Extr. 524, rel. Min. Celso de Mello, *DJ* de 8-3-1991.

"Gros Espiel salienta que asilo e refúgio são dois institutos distintos, com regulamentações diferentes. Salienta que os conceitos de asilo territorial e refugiado, nos termos da Convenção da ONU de 1951, às vezes estão unidos, mas que eles são distintos. Reconhece o internacionalista uruguaio que no DI [Direito Internacional] Americano ambos os institutos se confundem. Um princípio do direito dos refugiados é a 'reunificação das famílias'. A qualificação como refugiado não transforma automaticamente a pessoa em asilado territorial. Quem cuida do refugiado é o ACNUR [Alto Comissariado das Nações Unidas para os Refugiados] e quem cuida do asilado é o Estado. Já Denis Alland sustenta que o asilo e o estatuto do refugiado não são tão distintos, porque o asilo é anterior ao estatuto do refugiado e ao mesmo tempo uma consequência deste. A distinção entre refugiado e asilado territorial não é clara e Paul Lagarde fala em asilo territorial dos refugiados. Também tem sido assinalado que as diferenças entre asilado e refugiado dependem muito das práticas internas"[39].

O direito ao asilo tem seu princípio essencial traçado no art. 14 da Declaração Universal de 1948, que dispõe que "toda pessoa, vítima de perseguição, tem o direito de procurar e de gozar asilo em outros países". Essa foi a base para os documentos sobre refugiados que se seguiram, principalmente para a Convenção Relativa ao Estatuto de Refugiado, de 1951, de acordo com a qual refugiado é pessoa que "receando com razão ser perseguida em virtude da sua raça, religião, nacionalidade, filiação em certo grupo social ou das suas opiniões políticas, se encontre fora do país de que tem a nacionalidade e não possa ou, em virtude daquele receio, não queira pedir a proteção daquele país (...)".

Fenômenos como as situações de guerra ou de graves perturbações internacionais resultaram no surgimento de normas internacionais de proteção aos refugiados, acabando por dar ao instituto do refúgio um caráter mais amplo que aquele do asilo.

A proteção internacional dos refugiados decorre diretamente da universalidade dos direitos humanos e da proteção a nacionais de países que não mais podem garantir sua proteção. A concessão de refúgio não pode ser interpretada, portanto, como ato de inimizade ou de hostilidade em relação ao país de origem do refugiado, mas sim como ato de natureza pacífica, apolítica e humanitária[40]. Importante, nesse contexto, é o princípio do *non-refoulement*, que proíbe o Estado de devolver o solicitante de asilo a um país em que exista o risco de grave violação à sua vida ou liberdade.

Entre nós, o Comitê Nacional para os Refugiados – CONARE, criado pela Lei n. 9.474, de 22-7-1997, é o órgão competente para conduzir e decidir o processo administrativo de pedido de refúgio, determinar a perda da condição de refugiado, bem como orientar e coordenar as ações necessárias à eficácia da proteção, assistência e apoio jurídico ao refugiado (arts. 11 e 12). A decisão do Ministro da Justiça que resolve recurso da decisão negativa do refúgio será irrecorrível[41].

Ao analisar as normas internacionais sobre refugiados, Guido Soares constata "a face verdadeiramente intrusiva" das normas contidas na Convenção de 1951 e em seu

---

39 Celso Duvivier de Albuquerque Mello. *Curso de Direito Internacional Público*. 15. ed., v. 2, 2004, p. 1095.

40 Flavia Piovesan, *Temas de direitos humanos*, São Paulo: Saraiva, 2016. p. 268.

41 Extr.-ED 785/MEX, rel. Min. Carlos Velloso, *DJ* de 20-6-2003; Lei n. 9.474/97, art. 31.

Protocolo de 1967, cujos princípios foram internalizados pela Lei n. 9.474/97. Ressalta que referidas normas, ao obrigarem os Estados a conferir direitos especiais aos refugiados nos respectivos ordenamentos jurídicos nacionais, instituindo regime jurídico claramente diferenciado daquele conferido aos estrangeiros com residência permanente ou que postulam um visto de entrada, dão um bom exemplo daquilo que se tem denominado *globalização vertical*[42].

Sobre a existência de vínculo entre os institutos do refúgio e da extradição, o art. 33 da Lei n. 9.474 dispõe que "o reconhecimento da condição de refugiado obstará o seguimento de qualquer pedido de extradição baseado nos fatos que fundamentaram a concessão de refúgio", proibição reiterada pelo art. 82, IX, da Lei n. 13.445/2017.

O Supremo Tribunal Federal enfrentou, pela primeira vez, no julgamento da Extradição n. 1.008/Colômbia, pedido de extradição onde houve a concessão superveniente, por parte do CONARE, do *status* de refugiado ao extraditando[43].

Com base no disposto no art. 33 da Lei n. 9.474/97[44], que define mecanismos para a implementação do Estatuto dos Refugiados de 1951, o Tribunal, por maioria, não conheceu de pedido extradicional formulado pela República da Colômbia, de nacional colombiano, e, julgando extinto o processo, determinou a expedição de alvará de soltura em seu favor.

Essa tese, que entende a decisão de reconhecimento da condição de refugiado (CONARE ou Ministério da Justiça) como causa absoluta de prejudicialidade das extradições fundadas nos mesmos fatos que ensejaram o pedido de refúgio, voltou ao Plenário com o julgamento da Extradição n. 1.085, de relatoria do ministro Cezar Peluso, ocasião em que, por cinco votos contra quatro, o Supremo Tribunal superou o entendimento fixado sobre o tema constitucional, na Extradição n. 1.008, para conhecer do pedido extradicional. Entretanto, esse caso teve diversos desdobramentos seguintes, como será analisado no próximo tópico.

4.5. Exceção doutrinária e jurisdicional: o caso Cesare Battisti

Caso atípico, que se trata de verdadeira exceção à doutrina nacional e à jurisprudência do Supremo Tribunal Federal, é a Extradição n. 1.085, de relatoria do Ministro Cezar Peluso. O Governo da Itália requereu a extradição executória do ativista de extrema esquerda Cesare Battisti, condenado, em seu país, pela prática de múltiplos homicídios qualificados. Com o processo em andamento no Supremo Tribunal Federal, o extraditando solicitou ao CONARE reconhecimento de sua condição de refugiado, o que ensejou a suspensão da ação extradicional, nos termos do art. 34 da Lei n. 9.474/97.

O pedido de refúgio foi indeferido por decisão administrativa, mas, em recurso, o Ministro da Justiça reconheceu a condição de refugiado do italiano, com base no art. 1º,

---

42 Guido Fernando Silva Soares, *Curso de direito internacional público*, São Paulo: Atlas, 2002, v. 1, p. 399.

43 Extr. 1.008, red. para o acórdão Min. Sepúlveda Pertence, julgada em 21-3-2007.

44 "Art. 33. O reconhecimento da condição de refugiado obstará o seguimento de qualquer pedido de extradição baseado nos fatos que fundamentaram a concessão de refúgio."

I, da Lei n. 9.474/97. Diante da decisão do Ministério da Justiça, a defesa de Battisti requereu ao STF a imediata libertação do extraditando e, ato contínuo, que fosse o pedido de extradição declarado prejudicado.

A ordem jurídica vigente[45] especifica, todavia, que, para fins de extraditabilidade, a última palavra compete ao Supremo Tribunal Federal quanto à configuração, ou não, da natureza política de delito imputado a extraditando.

Nesse contexto, o Supremo Tribunal Federal entendeu que a interpretação adequada para esse caso concreto deveria levar em conta a preocupação de que se estava a discutir a própria dinâmica da separação de Poderes na ordem constitucional pátria. É dizer, tratava-se de definir questão de competência explicitada em nosso texto constitucional acerca da vinculação, ou não, do Tribunal à deliberação administrativa de órgão vinculado ao Poder Executivo com relação à extraditabilidade de estrangeiro para a apuração de suposta prática de crimes de "natureza política".

Para a hipótese específica de "crimes políticos ou de opinião", pareceu necessário esclarecer se seria legítimo condicionar o prosseguimento da apreciação e o julgamento do pedido de extradição perante o Tribunal à deliberação administrativa do Ministro da Justiça, que fora contrária à opinião técnica do CONARE.

Tratava-se de questão que encontra sua baliza na ideia fundamental do Estado Democrático de Direito (CF, art. 1º, *caput*), ou seja, a discussão sobre a competência do STF diz respeito especialmente à interpretação constitucional do princípio liberal, dos princípios democráticos e da separação de Poderes.

É dizer que, para fins de aplicação do art. 33 da Lei n. 9.474/97, a decisão administrativa do CONARE ou do Ministro da Justiça, pela concessão do refúgio, não pode obstar, de modo absoluto, todo e qualquer pedido de extradição apresentado à Suprema Corte.

Essa tese prevaleceu na sessão realizada em 18 de novembro de 2009, na qual o Tribunal assentou a ilegalidade do ato de concessão de refúgio ao extraditando, por reconhecer que seus crimes tinham natureza comum, e não política. Superada essa questão, o Supremo Tribunal deferiu o pedido extradicional, com fundamento na Lei n. 6.815/80 e no tratado de extradição firmado entre o Brasil e a Itália.

De acordo com o procedimento extradicional, julgado procedente o pedido, resta ao Tribunal comunicar a decisão aos órgãos competentes do Poder Executivo, que providenciarão, perante o Estado requerente, a retirada do extraditando do País, conforme o art. 86 da Lei n. 6.815/80 e as normas constantes em tratado porventura existente.

A decisão do Supremo, nesses casos, é de natureza preponderantemente declaratória, atestando certeza jurídica quanto à configuração dos requisitos para o cumprimento do tratado ou do pacto de reciprocidade pelo Brasil. Como toda decisão de conteúdo declaratório, estabelece um preceito, uma regra de conduta, consistente no dever de extraditar, pelo Brasil, e no direito de obter a extradição, pelo Estado requerente, em cumprimento do pacto internacional. Não há na jurisprudência do Supremo Tribunal Federal entendimento que consagre ao Chefe do Poder Executivo irrestrita discricionariedade na execução da extradição já concedida.

45 Lei n. 6.815/80, art. 77, VII, c/c os §§ 2º e 3º.

Portanto, quanto a essa questão, ante a existência de tratado bilateral de extradição, deveria o Poder Executivo cumprir com as obrigações pactuadas no plano internacional e efetivar a extradição. Insista-se: a discricionariedade existente é sempre limitada pela lei interna e pelo tratado de extradição.

Daí a correção do quanto assentado na ementa em relação ao ponto:

> "Obrigação apenas de agir nos termos do Tratado celebrado com o Estado requerente. Resultado proclamado à vista de quatro votos que declaravam obrigatória a entrega do extraditando e de um voto que se limitava a exigir observância do Tratado. Quatro votos vencidos que davam pelo caráter discricionário do ato do Presidente da República. Decretada a extradição pelo Supremo Tribunal Federal, deve o Presidente da República observar os termos do Tratado celebrado com o Estado requerente, quanto à entrega do extraditando".

Entretanto, o Presidente da República, pela primeira vez na história constitucional brasileira, negou a execução da entrega do extraditando, utilizando-se, no caso, de argumentos já rechaçados pelo Supremo Tribunal Federal. Justificou que estaria agindo nos termos do acordo entre Brasil e Itália ao aceitar que se tratava de crime político, fundamentando seu ato em questões que haviam sido apreciadas e não aceitas pela Corte.

O ato de recusa do Presidente da República foi objeto de nova análise pelo Supremo Tribunal Federal, em julgamento finalizado em 8 de junho de 2011. Nessa oportunidade, prevaleceu que a decisão de negar a extradição de Cesare Battisti, contrariando a Corte, seria ato de soberania nacional, o que não poderia ser apreciado pelo Tribunal. Vencido, assim, o entendimento de que o Presidente da República deveria agir nos termos da lei, justificadamente e respeitando os tratados internacionais, no que foi concedido alvará de soltura ao então extraditando.

Diante da notícia de que novo Presidente da República poderia rever decisão política e autorizar sua extradição, Cesare Battisti impetrou *habeas corpus* preventivo, concedido pelo Ministro Luiz Fux em 13 de outubro de 2017[46]. A ação restou convertida em reclamação e acabou por ser apreciada pelo STF em conjunto com pedido de prisão preventiva para extradição, apresentado pela Interpol após a prisão do italiano, pela Polícia Federal brasileira, por tentativa de ingresso na Bolívia com quantia que configuraria crime de evasão de divisas[47]. Além disso, de acordo com o art. 39 da Lei n. 9.474/97, a saída de refugiado do território nacional sem prévia autorização do Governo brasileiro implica perda de sua condição de refugiado.

Em decisão de 12 de dezembro de 2018, o relator das ações ponderou que cabe ao Chefe do Poder Executivo pronunciar-se sobre a entrega do extraditando a Estado estrangeiro, nos termos do julgado pelo STF na Ext. 1.085. Indicou que atos de soberania estão sujeitos a revisão a qualquer tempo e que não existe direito adquirido do extraditando em permanecer em território nacional. Com base nessas premissas, determinou a prisão cautelar do ativista italiano para fins extradicionais.

---

46 HC 148.408, rel. Min. Luiz Fux.

47 Rcl. 29.066, PPE 891, rel. Min. Luiz Fux, decisão monocrática, 12-12-2018.

Ato contínuo, o Presidente da República, após análise da conveniência e da oportunidade da permanência de Cesare Battisti no país, assinou sua extradição. Foragido, o italiano foi encontrado no mês seguinte na Bolívia, de onde foi extraditado diretamente para a Itália, chegando-se ao fim desse capítulo da história político-constitucional brasileira.

CAPÍTULO 7

OS DIREITOS POLÍTICOS NA CONSTITUIÇÃO

Gilmar Ferreira Mendes

1. INTRODUÇÃO

Os direitos políticos formam a base do regime democrático.

A expressão ampla refere-se ao direito de participação no processo político como um todo, ao direito ao sufrágio universal e ao voto periódico, livre, direto, secreto e igual, à autonomia de organização do sistema partidário, à igualdade de oportunidade dos partidos.

Nos termos da Constituição, a soberania popular se exerce pelo sufrágio universal e pelo voto direto e secreto e, nos termos da lei, mediante plebiscito, referendo e iniciativa popular (art. 14).

2. ÂMBITO DE PROTEÇÃO

2.1. Direito ao sufrágio

Os direitos políticos abrangem o direito ao sufrágio, que se materializa no direito de votar, de participar da organização da vontade estatal e no direito de ser votado. Como anota Romanelli Silva, no ordenamento jurídico brasileiro, o sufrágio abrange o direito de voto, mas vai além dele, ao permitir que os titulares exerçam o poder por meio de participação em plebiscitos, referendos e iniciativas populares[1].

Consoante a tradição constitucional brasileira[2], o voto é obrigatório[3] a partir dos 18 anos de idade para todos os brasileiros, natos ou naturalizados. O voto dos maiores de 16 e menores de 18, dos maiores de 70 anos e dos analfabetos é facultativo.

1 Daniela Romanelli da Silva, *Democracia e direitos políticos*, São Paulo: Instituto de Direitos Políticos, 2005, p. 331-332.

2 "E o Código de 1932 (v. Código eleitoral de 1932) é que viria trazer, em definitivo e de modo amplo, a obrigatoriedade de inscrição do eleitor e do voto" (Walter Costa Porto, *Dicionário do voto*, Brasília: Ed. da UnB, 2000, p. 456).

3 Cf. CF/88, art. 14, § 1º; CF/67, art. 142 e § 1º; CF/46, art. 131 c/c o art. 133, *caput*; CF/37, art. 117; CF/34, art. 108.

Não dispõem de direito a voto o estrangeiro e os conscritos do serviço militar obrigatório (CF, art. 14, § 1º).

O direito de votar adquire-se mediante o alistamento na Justiça Eleitoral e na data em que se preenchem os requisitos previstos na Constituição: seja a idade mínima de 16 anos, para o voto facultativo, seja a idade de 18 anos, para o voto obrigatório, seja o encerramento da conscrição, no caso do serviço militar. Segundo a jurisprudência do TSE, têm direito de votar aqueles que até a data da eleição tenham completado a idade mínima de 16 anos[4].

A obrigatoriedade do voto refere-se tão somente ao dever de comparecer às eleições ou, no caso de impossibilidade, ao dever de justificar a ausência. Não justificando, cabe ao eleitor pagar a respectiva multa fixada pela Justiça Eleitoral, suficiente para fins de quitação eleitoral e, consequentemente, aptidão eleitoral para o próximo pleito. A escolha que há de ser feita pelo eleitor é evidentemente livre, podendo ele tanto escolher os candidatos de sua preferência como, eventualmente, anular o voto ou votar em branco[5]. Nos termos da Constituição, o sufrágio é *universal*, o que significa que o direito político se reconhece a todos os nacionais do País, independentemente da pertinência a dado grupo ou a dada classe, ou da apresentação de certa qualificação. O art. 91 da Lei n. 9.504/97 estabelece que "nenhum requerimento de inscrição eleitoral ou de transferência será recebido dentro dos cento e cinquenta dias anteriores à data da eleição", o que em nada viola a universalidade do voto, pois se cuida de critério razoável de controle e de definição do corpo de eleitores para um determinado pleito, evitando, inclusive, a manipulação de eleitores (normalidade e legitimidade das eleições). Para José Afonso da Silva, "só se podem reputar compatíveis com o sufrágio universal as condições puramente técnicas e não discriminatórias, como nota Demichel, sendo-lhe opostas quaisquer exigências de ordem econômica e intelectual ou determinadas pautas de valor pessoal, como observa Fayt"[6].

Tal modelo contrapõe-se ao chamado sufrágio restrito, que tanto pode ser *censitário* como *capacitário*.

No sufrágio censitário, concede-se o direito do voto apenas a quem disponha de certa condição ou qualificação econômica.

A Constituição do Império de 1824 estabelecia que estavam excluídos de votar nas eleições para deputados e senadores do Império aqueles que não alcançassem renda líquida anual de cem mil-réis. Somente poderia ser eleito deputado quem tivesse renda líquida anual de duzentos mil-réis. No projeto de Constituição discutido na Assembleia Constituinte do Império, posteriormente dissolvida pelo Imperador, chegou-se a vincular a qualidade de eleitor à produção de determinado número de alqueires de mandioca. A Constituição de 1891 outorgava direito de voto apenas a pessoas do sexo masculino. As Cons-

---

4 "(...) Voto facultativo. Menor. Alistamento. O que se contém na alínea c do inciso II do § 1º do art. 14 da Constituição Federal viabiliza a arte de votar por aqueles que, à data das eleições, tenham implementada a idade mínima de dezesseis anos. Exigências cartorárias, como é a ligada ao alistamento, não se sobrepõem ao objetivo maior da Carta. Viabilização do alistamento daqueles que venham a completar dezesseis anos até 3 de outubro de 1994, inclusive, observadas as cautelas pertinentes". (Resolução TSE n. 14.371, de 26-5-1994, rel. Min. Marco Aurélio.)

5 Cf. sobre o papel dos votos brancos e nulos nas democracias modernas José Joaquim Gomes Canotilho, Em defesa do Partido dos "Brancosos", in *"Brancosos" e interconstitucionalidade*: itinerário dos discursos sobre a historicidade constitucional, Coimbra: Almedina, 2006, p. 334 e s.

6 José Afonso da Silva, *Curso de direito constitucional positivo*, 33. ed. São Paulo: Malheiros, 2010, p. 350-351 e 364.

tituições de 1891 (art. 70, § 1º, item 1º) e de 1934 (art. 108, parágrafo único) não reconheciam o direito de voto aos mendigos. O censo pode assentar-se em critério intelectual. Com exceção da Constituição de 1988, todas as Constituições republicanas não reconheciam o direito de voto ao analfabeto. Durante o Império e a Primeira República não se admitia o direito de voto aos religiosos de vida claustral[7].

O sufrágio *capacitário* refere-se a critérios concernentes à qualificação ou à capacidade do eleitor, especialmente no que diz respeito ao preparo ou à habilidade intelectual.

As Constituições brasileiras[8] negavam, em geral, o direito do sufrágio ao analfabeto[9]. A EC n. 25, de 1985, revogou essa orientação[10]. E a Constituição de 1988 assegurou o direito do sufrágio ao analfabeto, ainda que de forma não obrigatória (art. 14, II, *a*).

Assim, dispõem de direito ao sufrágio, entre nós, todas as pessoas dotadas de capacidade civil maiores de 18 anos (alistamento obrigatório) e, de forma facultativa, os analfabetos, os maiores de 16 e menores de 18 e os maiores de 70 anos.

Consagra-se, portanto, a *universalidade do sufrágio*.

Controvérsia interessante colocou-se perante a Justiça Eleitoral a propósito da obrigatoriedade do voto dos portadores de deficiência grave, cuja natureza e situação impossibilite ou torne extremamente oneroso o exercício de suas obrigações eleitorais. A questão ganha relevância tendo em vista norma do Código Eleitoral, anterior à Constituição de 1988, que desobrigava o alistamento do "inválido" (art. 6º, I).

O Tribunal Superior Eleitoral, respondendo a uma consulta formulada pelo TRE-ES, observou que a ausência de qualquer disciplina constitucional sobre matéria tão relevante sugeria não um silêncio eloquente, mas uma clara "lacuna" de regulação suscetível de ser colmatada mediante interpretação que reconhecesse também o caráter facultativo do alistamento e do voto no caso de portadores de deficiência grave. Assinalou-se que o legislador constitucional, ao facultar o voto aos maiores de 70 anos, atentou, certamente, para as prováveis limitações físicas decorrentes da sua idade, de modo a não transformar o exercício do voto em transtorno ao seu bem-estar[11].

Argumentou-se que algumas pessoas apresentam deficiências que praticamente tornam impossível o exercício de suas obrigações eleitorais, tais como os tetraplégicos e os deficientes visuais inabilitados para a leitura em braile. Todos eles poderiam, assim, encontrar-se em situação até mais onerosa do que a dos idosos. Ressalte-se que nem todas as salas de seções de votações têm acesso adequado para deficientes.

---

7 Cf. Nelson de Sousa Sampaio, Eleições e sistemas eleitorais, *Revista de Jurisprudência* – Arquivos do Tribunal de Alçada do Rio de Janeiro, n. 26 (1981), p. 61(68).

8 CF/1891, art. 70, §§ 1º e 2º; CF/34, art. 108, parágrafo único, *a*; CF/37, art. 117, parágrafo único, *a*; CF/46, art. 132, I; CF/67, art. 142, § 3º, *a*.

9 "Com a Chamada Lei Saraiva [...], a Lei n. 3.029, de 9 de janeiro de 1881, se proibiu o voto aos analfabetos, mas só para o futuro. [...] nas revisões do alistamento geral, que se haveriam de produzir no primeiro dia útil do mês de setembro de 1882 e, 'de então em diante, todos aos anos igual dia,' somente seriam incluídos os cidadãos que o requeressem, provando ter qualidades do eleitor, de conformidade com a lei, e soubessem 'ler e escrever' (art. 8º, II). A partir dali, valeria o 'censo literário' [...] que, sob o patrocínio de Rui Barbosa [...] se incluiu na Lei Saraiva" (Walter Costa Porto, *Dicionário do voto*, cit., p. 442-443).

10 CF/67, art. 147, § 4º ("A lei disporá sobre a forma pela qual possam os analfabetos alistar-se eleitores e exercer o direito de voto").

11 "Art. 230. A família, a sociedade e o Estado têm o dever de *amparar as pessoas idosas*, assegurando sua participação na comunidade, *defendendo* sua dignidade e bem-estar e garantindo-lhes o direito à vida."

Cuidar-se-ia de uma "lacuna" suscetível de ser superada com base nos próprios princípios estruturantes do sistema constitucional, suficientes a legitimar uma cláusula implícita que justificasse outras exceções ao alistamento obrigatório, desde que compatível com o "projeto" fixado pelo texto constitucional. No caso, o próprio art. 5º, § 2º, da Constituição Federal autorizaria a interpretação que legitimava a extensão do direito reconhecido aos idosos às pessoas portadoras de deficiência grave.

Por esses fundamentos, expediu-se a Resolução n. 21.920, publicada no *DJ* de 1º-10-2004, que eximiu de "sanção a pessoa portadora de deficiência que torne impossível ou demasiadamente oneroso o cumprimento das obrigações eleitorais, relativas ao alistamento e ao exercício do voto"[12].

Adotando, assim, o chamado "pensamento do possível"[13], o Tribunal Superior Eleitoral identificou uma "incompletude constitucional", no caso em apreço, e determinou que a superação se desse com a aplicação aos portadores de deficiência grave, da norma que reconhece a facultatividade do voto aos maiores de 70 anos.

Questão igualmente interessante apreciada pelo TSE (Resolução n. 20.806, de 15-5-2001, Relator Garcia Vieira) diz respeito à exigência de comprovação de quitação do serviço militar para fins de alistamento dos indígenas. Ante a lacuna na legislação, o Tribunal, acompanhando o voto do Ministro Nelson Jobim, considerou que somente em relação aos índios integrados (excluídos os isolados e os em vias de integração) seria exigível a referida comprovação, uma vez que as juntas de alistamento militar inscrevem, obrigatoriamente, somente os índios comprovadamente integrados.

2.2. Voto direto, livre, secreto, periódico e igual

Nos termos da Constituição, a soberania popular será exercida pelo sufrágio universal e pelo voto direto e secreto, com valor igual para todos (art. 14, *caput*).

Embora não esteja explícito nessa norma constitucional, é evidente que esse voto tem outra qualificação: ele há de ser livre. Somente a ideia de liberdade explica a ênfase que se conferiu ao caráter secreto do voto.

O *voto direto* impõe que o voto dado pelo eleitor seja conferido a determinado candidato ou a determinado partido, sem que haja mediação por uma instância intermediária ou por um colégio eleitoral. Tem-se aqui o *princípio da imediaticidade* do voto. O voto é indireto se o eleitor vota em pessoas incumbidas de eleger os eventuais ocupantes dos cargos postulados.

Não retira o caráter de eleição direta a adoção do modelo proporcional para a eleição para a Câmara de Deputados (CF, art. 45, *caput*), que faz a eleição de um parlamentar depender dos votos atribuídos a outros colegas de partido ou à própria legenda. É que, nesse caso, decisivo para a atribuição do mandato é o voto concedido ao candidato ou ao partido e não qualquer decisão a ser tomada por órgão delegado ou intermediário. Anota Canotilho, porém, que "se a votação por lista escolhida pelos partidos tem

12 Processo Administrativo TSE n. 18.483/ES, rel. Min. Gilmar Mendes.

13 Peter Häberle, Demokratische Verfassungstheorie im Lichte des Möglichkeitsdenken, in *Die Verfassung des Pluralismus*, Königstein/TS, 1980, p. 9 e s.

sido considerada como compatível com o princípio da imediação, já o abandono do partido na lista do qual foi eleito pode levantar problemas se o princípio da imediaticidade for analisado com o devido rigor"[14].

O *voto secreto* é inseparável da ideia do *voto livre.*

A ninguém é dado o direito de interferir na liberdade de escolha do eleitor. A liberdade do voto envolve não só o próprio processo de votação, mas também as fases que a precedem, inclusive relativas à escolha de candidatos e partidos em número suficiente para oferecer alternativas aos eleitores.

Tendo em vista reforçar essa liberdade, enfatiza-se o caráter *secreto* do voto. Ninguém poderá saber, contra a vontade do eleitor, em quem ele votou, vota ou pretende votar.

O caráter livre e secreto do voto impõe-se não só em face do Poder Público, mas também das pessoas privadas em geral. Com base no direito alemão, Pieroth e Schlink falam da eficácia desse direito não só em relação ao Poder Público, mas também em relação a entes privados (eficácia privada dos direitos: *Drittwirkung*)[15].

A preservação do voto livre e secreto obriga o Estado a tomar inúmeras medidas com o objetivo de oferecer as garantias adequadas ao eleitor, de forma imediata, e ao próprio processo democrático.

Assim, a própria ordem constitucional estabelece a ação de impugnação de mandato a ser proposta no prazo de quinze dias a contar da data da diplomação, que há de ser instruída com provas de abuso de poder econômico, corrupção ou fraude (CF, art. 14, § 10). E a legislação eleitoral estabelece uma série de proibições que podem acarretar a cassação do registro do candidato ou do diploma (*v. g.*, Lei n. 9.504/97, arts. 74, 75, 77). Quanto ao art. 73 do mesmo diploma, o TSE, em diversos julgados, afirmou que a ação de impugnação de mandato eletivo, prevista no art. 14 § 10 da Constituição Federal, não se destina a apurar as hipóteses previstas no art. 73 da Lei Eleitoral[16]. Registre-se que o aludido dispositivo sofreu alteração posterior motivada pela Lei n. 12.034, de 29-9-2009. O § 5º do art. 73 dispõe, agora, que "nos casos de descumprimento do disposto nos incisos do *caput* e no § 10, sem prejuízo do disposto no § 4º, o candidato beneficiado, agente público ou não, ficará sujeito à cassação do registro ou do diploma".

O TSE, interpretando o art. 73, especificamente o inciso VII, assentou que a compreensão sistemática das condutas vedadas, que busca tutelar a igualdade de chances na perspectiva da disputa entre candidatos, leva à conclusão de que, no primeiro semestre do ano da eleição, é autorizada a veiculação de publicidade institucional, respeitados os limites de gastos dos últimos três anos ou do último ano, enquanto, nos três meses antes da eleição, é proibida a publicidade institucional, salvo exceções (art. 73, VI, *b*, da Lei n. 9.504/97). Consequentemente, os gastos com publicidade institucional, no ano de eleição, serão concentrados no primeiro semestre, pois no segundo semestre, além das limitações, algumas publicidades dependem de autorização da Justiça Eleitoral. O critério a ser utilizado não pode ser apenas as médias anuais, semestrais ou mensais, nem

---

14 José Joaquim Gomes Canotilho, *Direito constitucional e teoria da Constituição*, 5. ed., Coimbra: Almedina, 2002, p. 300.

15 Cf. Bodo Pieroth e Bernard Schlink, *Grundrechte – Staarecht II*, Heidelberg, 2005, p. 277.

16 Cf., nesse sentido, Acórdão n. 28.007, de 27-5-2008, relator designado Min. Marcelo Ribeiro; Acórdão n. 4311, de 12-8-2004, rel. Min. Gilmar Mendes; Acórdão n. 893, de 2005, rel. Min. Luiz Carlos Madeira e Acórdão n. 1276, de 17-6-2003, rel. Min. Fernando Neves.

mesmo a legislação assim fixou, mas o critério de proporcionalidade (REspe 336-45/SC, rel. Min. Gilmar Mendes, j. 24-3-2015).

Aquela interpretação, pelos menos em parte, foi positivada na Lei n. 13.165, de 29 de setembro de 2015, que, ao dar nova redação ao art. 73, VII, da Lei n. 9.504/97, estabeleceu ser vedado "realizar, no primeiro semestre do ano de eleição, despesas com publicidade dos órgãos públicos federais, estaduais ou municipais, ou das respectivas entidades da administração indireta, que excedam a média dos gastos no primeiro semestre dos três últimos anos que antecedem o pleito".

Outro aspecto relevante é o fato de o TSE ter alterado seu entendimento sobre o art. 81, § 1º, da CF/88, para assentar, com base no que restou decidido pelo STF no julgamento da ADI 2.709, rel. Min. Gilmar Mendes, Plenário, *DJe* de 16-6-2008, que o referido dispositivo não veicula norma de reprodução obrigatória pelos Estados e Municípios, ficando a cargo de cada unidade da federação disciplinar a hipótese de dupla vacância dos respectivos cargos de Chefe de Poder Executivo (*vide* MS 771-86.2011.6.00.0000, rel. Min. Marco Aurélio, Red. p/ o acórdão Min. Nancy Andrighi, j. em 9-6-2011).

Além disso, o TSE fixou o entendimento no sentido de que, em caso de omissão da lei orgânica municipal, a eleição suplementar deverá ser realizada pela modalidade direta, de forma a prestigiar a soberania popular (*vide* MS 1787-75.2011.6.00.0000, rel. Min. Nancy Andrighi, j. em 15-12-2011).

Contudo, a Lei n. 13.165/2015 acrescentou o § 4º ao art. 224 do Código Eleitoral, estabelecendo que, nos casos de dupla vacância e de necessidade de se realizar eleições suplementares, a eleição será direta quando a cassação da chapa ocorrer antes dos últimos seis meses de mandato e indireta quando ocorrer nesse período final. Essa inovação legislativa certamente será apreciada pelos tribunais eleitorais e pelo Supremo Tribunal Federal, oportunidade na qual se definirá se se cuida de matéria de competência dos entes federados (autonomia federativa) ou se trata de matéria de competência legislativa da União (art. 22, I, da CF/88).

Questão jurídica relevante também é a aparente antinomia entre o *caput* do art. 224 do Código Eleitoral e o § 3º do referido artigo, introduzido pela Lei n. 13.165/2015. De fato, enquanto o *caput* estabelece a realização de eleições suplementares somente nos casos em que a nulidade atingir mais da metade dos votos válidos, o mencionado parágrafo estabelece que haverá nova eleição "independentemente do número de votos anulados". Em outras palavras, quando prefeito e vice-prefeito eleitos com 42% dos votos válidos forem cassados pela Justiça Eleitoral, a chapa que obteve a segunda colocação assumirá, considerando o *caput* do art. 224 do Código Eleitoral, ou haverá novas eleições, tendo em conta o § 3º do referido artigo. Para as Eleições de 2016, o TSE expediu a Resolução n. 23.456/2015, assentando a necessidade de se realizarem novas eleições sempre que o candidato mais votado estiver com o registro de candidatura indeferido, pouco importando o número de votos válidos obtidos por ele (art. 167, I e II).

Pois bem, no julgamento da ADI 5.525/DF, finalizado em 8-3-2018, o STF, por unanimidade, concluiu pela inconstitucionalidade da expressão *"trânsito em julgado"*, para fins de realização de eleições suplementares, bem como aplicou a técnica da interpretação conforme a Constituição Federal ao art. 224, § 4º, do Código Eleitoral, para assentar que referido parágrafo não se aplica aos casos de dupla vacância dos cargos de Presidente e Vice-Presidente da República, assim como na situação de vacância do cargo de Senador. Na mesma assentada, julgando a ADI 5.619/DF, o Supremo decidiu, por maioria, que a regra do art. 224, §§ 3º e 4º, do Código Eleitoral também se aplica aos municípios com menos de 200 mil eleitores. Dessa forma, sempre que houver a dupla vacância por motivo eleitoral haverá novas eleições, sendo na modalidade direta como regra geral e indireta quando a cassação ocorrer nos seis meses finais do mandato, o que, em boa medida, prestigia a regra da soberania popular, a escolha pelo povo.

Por outro lado, registre-se que o Supremo Tribunal Federal reconheceu a constitucionalidade da norma contida no art. 41-A da Lei n. 9.504, segundo o qual "constitui captação de sufrágio, vedada por esta Lei, o candidato doar, oferecer, prometer, ou entregar, ao eleitor, com o fim de obter-lhe o voto, bem ou vantagem pessoal de qualquer natureza, inclusive emprego ou função pública, desde o registro da candidatura até o dia da eleição, inclusive, sob pena de multa de mil a cinquenta mil UFIR, *e cassação do registro ou do diploma*, observado o procedimento previsto no art. 22 da Lei Complementar n. 64, de 18 de maio de 1990", pois a referida regra não criava nova hipótese de inelegibilidade – matéria submetida à reserva da lei complementar (CF, art. 14, § 9º) –, mas apenas reforçava a proteção à vontade do eleitor, combatendo, com a celeridade necessária, as condutas ofensivas ao direito fundamental ao voto[17].

Ademais, a Lei n. 12.034, de 2009, acrescentou o art. 91-A à Lei das Eleições (Lei n. 9.504/97), disciplinando que "no momento da votação, além da exibição do respectivo título, o eleitor deverá apresentar documento de identificação com fotografia". Às vésperas das eleições gerais de 2010, a norma foi questionada no Supremo Tribunal Federal, por meio de ação direta de inconstitucionalidade ajuizada pelo Partido dos Trabalhadores (PT). Na ocasião, a Corte, por maioria de votos, reconheceu a "plausibilidade jurídica da alegação de ofensa ao princípio constitucional da razoabilidade na interpretação dos dispositivos impugnados que impeça de votar o eleitor que, embora apto a prestar identificação mediante a apresentação de documento oficial com fotografia, não esteja portando seu título eleitoral". O Tribunal, então, concedeu medida cautelar para, mediante interpretação conforme a Constituição conferida ao art. 91-A, *caput*, da Lei n. 9.504/97, na redação dada pela Lei n. 12.034/2009, reconhecer que somente deve trazer obstáculo ao exercício do direito de voto a ausência de documento oficial de identidade com fotografia[18],

17 Cf. ADI 3.592, rel. Min. Gilmar Mendes, decisão de 26-10-2006.

18 ADI-MC 4.467, rel. Min. Ellen Gracie, j. em 30-9-2010. A ementa do acórdão está assim redigida, no que interessa: "(...) 2. A segurança do procedimento de identificação dos eleitores brasileiros no ato de votação ainda apresenta deficiências que não foram definitivamente solucionadas. A postergação do implemento de projetos como a unificação das identidades civil e eleitoral num só documento propiciou, até os dias atuais, a ocorrência de inúmeras fraudes ligadas ao exercício do voto.

3. A apresentação do atual título de eleitor, por si só, já não oferece qualquer garantia de lisura nesse momento crucial de revelação da vontade do eleitorado. Por outro lado, as experiências das últimas eleições realizadas no Brasil demonstraram uma maior confiabilidade na identificação aferida com base em documentos oficiais de identidade dotados de fotografia, a saber: as carteiras de identidade, de trabalho e de motorista, o certificado de reservista e o passaporte.

4. A norma contestada, surgida com a edição da Lei 12.034/2009, teve o propósito de alcançar maior segurança no processo de reconhecimento dos eleitores. Por isso, estabeleceu, já para as eleições gerais de 2010, a obrigatoriedade da apresentação, no momento da votação, de documento oficial de identificação com foto.

5. Reconhecimento, em exame prefacial, de plausibilidade jurídica da alegação de ofensa ao princípio constitucional da razoabilidade na interpretação dos dispositivos impugnados que impeça de votar o eleitor que, embo-

cuja decisão foi confirmada pelo STF na sessão de 20-10-2020, ao apreciar o mérito da ADI 4.467.

O sistema democrático impõe o *voto periódico*. O texto constitucional é expresso ao consagrar como cláusula pétrea a periodicidade do voto, o que traz consigo a ideia de renovação dos cargos eletivos e da temporariedade dos mandatos (CF, art. 60, § 4º, II). É inevitável a associação da liberdade do voto com a ampla possibilidade de escolha por parte do eleitor. Só haverá liberdade de voto se o eleitor dispuser de conhecimento das alternativas existentes. Daí a associação entre o direito ativo do eleitor e a chamada igualdade de oportunidades ou de chances (*Chancengleichheit*) entre os partidos políticos.

Além das normas de preservação do caráter livre do voto após a realização do pleito, há diversas normas que buscam preservar aquela qualidade antes mesmo que a eleição aconteça. O art. 77 da Constituição Federal de 1988 estabelece que "a eleição do Presidente e do Vice-Presidente da República realizar-se-á, simultaneamente, no primeiro domingo de outubro, em primeiro turno, e no último domingo de outubro, em segundo turno, se houver, do ano anterior ao do término do mandato presidencial vigente". Já o art. 1º, parágrafo único, II, da Lei n. 9.504/97 estabelece que serão simultâneas as eleições "para Prefeito, Vice-Prefeito e Vereador". Parece evidente, portanto, que a simultaneidade do pleito decorre logicamente da própria ideia do caráter livre do voto, pois impede que uma mesma eleição para o cargo de prefeito e vice-prefeito ocorra em momentos e/ou dias distintos, evitando-se, de plano, possíveis interferências decorrentes da ciência de um resultado provisório por uns eleitores em detrimento dos demais.

Por outro lado, a *igualdade do voto* não admite qualquer tratamento discriminatório, seja quanto aos eleitores, seja quanto à própria eficácia de sua participação eleitoral. A igualdade de votos abrange não só a igualdade de valor numérico (*Zahlwertgleichheit*), mas também a igualdade de valor quanto ao resultado (*Erfolgswertgleichheit*). A igualdade de valor quanto ao resultado é observada se cada voto é contemplado na distribuição dos mandatos.

A igualdade de valor quanto ao resultado associa-se, inevitavelmente, ao sistema eleitoral adotado, se majoritário ou proporcional, à admissão ou não de cláusula de desempenho ou de barreira, para as agremiações partidárias, e à solução que se adote para as sobras ou restos, no caso da eleição proporcional. Dessa forma, no modelo brasileiro de disputa de cargos pelo critério majoritário, aparenta ser questionável a norma do art. 187 do Código Eleitoral, que permite a realização de eleições suplementares em única seção eleitoral, pois, além de mitigar o caráter livre do voto, que exige simultaneidade na realização das eleições, também resvala em uma possível relativização da igualdade do voto quanto ao resultado (*Erfolgswertgleichheit*), pois os eleitores identificados daquela seção terão um poder de decisão, antes do pleito, que os demais eleitores não tiveram quando se deslocaram para o cumprimento da obrigação eleitoral de votar[19].

---

ra apto a prestar identificação mediante a apresentação de documento oficial com fotografia, não esteja portando seu título eleitoral.

6. Medida cautelar deferida para dar às normas ora impugnadas interpretação conforme a Constituição Federal, no sentido de que apenas a ausência de documento oficial de identidade com fotografia impede o exercício do direito de voto".

19 Cf. o REspe 279-89/SC (Pescaria Brava), rel. Min. Admar Gonzaga, julgado no TSE em 17-10-2017.

Com efeito, em que pese a existência de precedentes do TSE aplicando o art. 187 do Código Eleitoral (cf. o REspe n. 8.650/MA, do relator Ministro Antônio Vilas Boas, em 24-4-1990), os precedentes refletem a própria compreensão histórica do referido dispositivo, criado em uma época em que o voto era assinalado em papel e depositado em uma urna de lona, razão pela qual, em situações excepcionais e raríssimas, justificável era a aplicação do art. 187 do Código Eleitoral, evitando toda a mobilização da Justiça Eleitoral para a realização de novas eleições, municipais ou gerais, em detrimento da estabilidade política, considerando a demora em realizar um novo pleito naquelas circunstâncias, e da própria regra da eficiência, ante o enorme custo financeiro e operacional para a realização de um pleito suplementar.

Ocorre que, com a implementação do voto eletrônico no Brasil e o grau de sofisticação operacional da Justiça Eleitoral nos dias atuais, não mais se justifica aplicação do art. 187 do Código Eleitoral, mas sim a renovação integral das eleições na localidade, mormente quando se sabe que a aplicação do referido dispositivo ocorre somente em casos excepcionais, pois não basta que o voto seja anulado: é necessário que o voto comprovadamente anulado tenha a potencialidade para alterar o resultado do pleito.

Ademais, a Lei n. 13.165/2015 introduziu o art. 59-A na Lei n. 9.504/97, estabelecendo o voto impresso nas eleições brasileiras. No julgamento da ADI 5.889/DF, o STF, por maioria, concedeu medida liminar para suspender a eficácia do citado dispositivo para as Eleições de 2018, basicamente porque, de um lado, colocava em risco o sigilo e a liberdade do voto; por outro, a desproporcionalidade nos altos custos em jogo – aproximadamente 2 bilhões –, sem qualquer garantia real que pudesse aumentar a segurança do processo eletrônico de votação. Na sessão de 16-9-2020, o Supremo Tribunal Federal, ao analisar o mérito da referida ação, confirmou, por unanimidade, a liminar concedida, pois o modelo híbrido introduzido pelo art. 59-A da Lei n. 9.504/97 criou potencial risco de identificação do eleitor, o que esbarra na regra constitucional do sigilo do voto.

2.3. Igualdade de voto e sistemas eleitorais

2.3.1. Considerações gerais

A igualdade eleitoral quanto ao resultado do voto depende em maior ou menor grau do sistema eleitoral adotado. De qualquer sorte, em geral, os modelos de sistemas eleitorais apresentam maior ou menor restrição ao princípio da igualdade do valor do voto quanto ao resultado. Em um sistema majoritário, o valor do resultado é inevitavelmente desigual, pois o candidato menos votado não logra qualquer resultado[20]. Ainda assim o princípio da igualdade assume relevo, tendo em vista evitar a distorção ou manipulação de resultados mediante a criação arbitrária de distritos (*gerrymandering*)[21].

---

20 José Joaquim Gomes Canotilho, *Direito constitucional*, cit., p. 302.

21 Cf. José Joaquim Gomes Canotilho, *Direito constitucional*, cit., p. 302. Canotilho refere-se à expressão *"gerrymandering"*, desenvolvida em referência ao político americano (Gerry), que se notabilizou na formulação de desenhos de distritos "em forma de salamandra" para obter resultados satisfatórios a seu partido.

A adoção de um sistema majoritário (eleição em distritos) para a eleição parlamentar leva à eleição daquele que obtiver maioria em um dado distrito ou circunscrição eleitoral. Os votos atribuídos aos candidatos minoritários não serão, por isso, contemplados, o que acaba por afetar a igualdade do valor do voto quanto ao resultado. A adoção do modelo majoritário puro para as eleições parlamentares pode gerar um paradoxo no qual o partido que reúne a maioria dos sufrágios pode não obter a maioria das cadeiras. O exemplo está na Teoria do Estado, de Kelsen, e é referido por Meirelles Teixeira:

> "admitamos um país com 10 distritos, cada distrito com 100 eleitores, disputando as 10 cadeiras (uma cadeira em cada distrito) os partidos A e B. Suponhamos que em 4 distritos o partido A tenha 90 votos e o partido B apenas 10. O partido A terá ganho 4 cadeiras. Suponhamos ainda que em cada um dos 6 distritos restantes o partido B tenha tido 60 votos, e o partido A apenas 40; o partido B terá ganho essas 6 cadeiras, sendo, portanto, o partido majoritário, e na Inglaterra indicaria o Primeiro ministro e este os demais membros do Gabinete. É evidente, entretanto, que no cômputo geral dos votos, o partido A, derrotado, obteve 600 votos, e o partido B, vencedor, apenas 400"[22].

Graças a esse modelo, segundo registram Battis e Gusy, nas eleições de 1974, na Grã-Bretanha, os Liberais obtiveram 6.056.000 votos (13%) e apenas 14 (2,2%) dos 634 assentos no Parlamento. Assim, teriam necessitado de 433.000 votos para obter um assento, enquanto os Trabalhistas obtiveram-no com apenas 39.000 votos[23]. Há de reconhecer, porém, que semelhante sistema cria maiorias mais definidas e, por isso, afigura-se a garantia de um sistema de adequada governabilidade.

O sistema proporcional permite, por sua vez, uma distribuição de vagas de acordo com o número de votos obtidos pelos candidatos e/ou partidos. Isso significa que os votos dados ao parlamentar ou ao partido serão computados para os fins de definição do quociente eleitoral e do quociente partidário. Em geral, o sistema proporcional opera-se com listas fechadas apresentadas pelos partidos, fazendo-se a distribuição de vagas consoante a votação obtida pelo partido e pela posição atribuída ao candidato na lista partidária. Semelhante sistema parece contemplar de forma mais ampla a igualdade do voto quanto ao resultado, pois valora, tanto quanto possível, as opções formuladas pelos eleitores.

Em compensação, tal sistema amplia a divisão das forças políticas e dificulta, por isso, a formação de maiorias. De qualquer sorte, também no sistema proporcional afasta-se o "aproveitamento geral" da manifestação do eleitor mediante a utilização das "cláusulas de barreira" ou "de desempenho", que preveem um índice mínimo de votos a ser alcançado pela agremiação partidária a fim de que possa participar do processo de distribuição das vagas.

Assim, no direito alemão, fixou-se uma cláusula de barreira de 5%, que exclui da distribuição de assentos a agremiação partidária que não a atingiu. Trata-se de uma

22 Cf. J. H. Meirelles Teixeira, *Curso de direito constitucional*, São Paulo: Forense Universitária, 1991, p. 519-520.

23 Ulrich Battis e Christoph Gusy, *Einführung in das Staatsrecht*, 4. ed., Heidelberg, 1999, p. 51.

significativa intervenção no princípio da igualdade eleitoral, uma vez que o valor do voto quanto ao resultado reduz-se a zero. Embora a cláusula de barreira afete, em parte, a igualdade de votos, admite-se a sua legitimidade constitucional em razão da necessidade de se assegurar a capacidade funcional do Parlamento no interesse também da formação de maioria apta a assegurar um quadro de governabilidade[24]. A Corte Constitucional alemã considera, porém, que 5% é um limite último, uma vez que as eleições têm também a função de integração das forças e tendências existentes na sociedade. Também a própria adoção do quociente eleitoral acaba por afetar, em alguma medida e de forma inevitável, a igualdade de voto quanto ao resultado[25].

2.3.2. O sistema proporcional brasileiro

A Constituição brasileira definiu que as eleições dos deputados federais, dos deputados estaduais e dos vereadores efetivar-se-ão pelo critério proporcional (arts. 27, § 1º, e 45)[26].

É certo, por isso, que o legislador disporia de alguma discricionariedade na concretização de um sistema proporcional, inclusive o sistema de lista partidária fechada ou o sistema de lista com mobilidade.

O modelo eleitoral alemão, hoje objeto de intenso estudo no âmbito do direito comparado em razão da estabilidade institucional que teria propiciado à Alemanha no pós-guerra, determina que a metade dos parlamentares em cada Estado seja eleita de forma direta nos Distritos Eleitorais (primeiro voto) e a outra metade, em listas apresentadas pelos partidos (segundo voto). Somente participam da distribuição de mandatos os partidos que ultrapassarem a cláusula de barreira de 5% dos votos (*Sperrklausel*) ou que obtiverem pelo menos três mandatos mediante voto direto. O número de votos obtidos pelos partidos em todo o território nacional deverá ser computado. O número de assentos no Parlamento (598) há de ser multiplicado pelo quociente resultante dos votos obtidos pelos partidos e do número de votos válidos obtidos (método Hare / Niemeyer). Com essa operação, obtém-se o número de assentos que cada partido alcançou no plano nacional. Cuida-se, em seguida, da distribuição dos assentos nos Estados: o número de votos obtidos pelo partido no Estado deve ser dividido pelo número de votos que a mesma agremiação partidária obteve em âmbito nacional. O quociente obtido será multiplicado pelo número de assentos alcançados pela agremiação partidária em plano nacional. Com isso se obtém o número de assentos do partido em cada Estado. Aqui se contemplam também os assentos alcançados mediante votação direta. Se o partido obtiver mais mandatos diretos do que lhe seria cabível por aplicação da regra de proporcionalidade, tais mandatos ser-lhe-ão conferidos (*Überhangsmandate*), aumentando-se, por isso, o número total de assentos no Parlamento[27].

Tome-se o seguinte exemplo proposto por Degenhart:

---

24 Christoph Degenhart, *Staatsrecht I*, 21. ed., Heidelberg, 2005, p. 23.

25 *BVerfGE*, 1, 244.

26 A eleição dos vereadores segue o modelo proporcional com base na tradição constitucional e em expressas disposições do Código Eleitoral (arts. 84 e 105 a 113). É verdade que o silêncio do texto constitucional poderia suscitar indagações sobre a efetiva competência da União para legislar sobre o tema.

27 Christoph Degenhart, *Staatsrecht I*, cit., p. 22.

O número de votos válidos é de 45.000.000. O Partido "A" e o Partido "B" receberam, cada qual, 15.000.000. O Partido "D" obteve 9.000.000 e o Partido "E", 6.000.000 de votos.

Multiplicam-se 598 assentos pelo número de votos obtidos pelos Partidos "A", "B", "D" e "E" e divide-se pelo número total de votos válidos (45.000.000), resultando 199,33 mandatos para "A" e "B", 119,6 mandatos para "D", e 79,73 para "E". São, portanto, 596 mandatos. Um mandato será conferido a "D" e outro a "E" em razão da regra de números fracionados (Lei das eleições, § 6º, II, 4º período)[28].

A legislação brasileira preservou o sistema proporcional de listas abertas e votação nominal, que corresponde à nossa prática desde 1932[29].

Trata-se de um modelo proporcional peculiar e diferenciado do modelo proporcional tradicional, que se assenta em listas apresentadas pelos partidos políticos. A lista aberta de candidatos existente no Brasil faz com que o mandato parlamentar, que resulta desse sistema, afigure-se também mais como fruto do desempenho e do esforço do candidato do que da atividade partidária. Trata-se, como destacado por Scott Mainwaring, de sistema que, com essa característica, somente se desenvolveu no Brasil e na Finlândia[30]. Em verdade, tal como anota Giusti Tavares, semelhante modelo é adotado também no Chile[31].

No sentido da originalidade do sistema, anota Walter Costa Porto que o tema acabou não merecendo estudo adequado por parte dos estudiosos brasileiros, mas despertou o interesse de pesquisadores estrangeiros, como Jean Blondel. Registrem-se as observações de Walter Costa Porto[32]:

"Tal peculiaridade foi pouco examinada pelos nossos analistas. E foi um estrangeiro que lhe deu atenção: Jean Blondel, nascido em Toulon, França, professor das universidades inglesas de Manchester e Essex, e autor, entre outros livros, de Introduction to Comparative Government, Thinking Politicaly and Voters, Parties and Leaders. Em introdução a uma pesquisa que realizou, em 1957, no Estado da Paraíba, escreveu Blondel:

'A lei eleitoral brasileira é original e merece seja descrita minuciosamente. É, com efeito, uma mistura de escrutínio uninominal e de representação proporcional, da qual há poucos exemplos através do mundo (...) Quanto aos postos do Executivo... é sempre utilizado o sistema majoritário simples (...) Mas, para a Câmara Federal, para as Câmaras dos Estados e para as Câmaras Municipais, o sistema é muito mais complexo. O princípio

28 Christoph Degenhart, *Staatsrecht I*, cit., p. 22.

29 A rigor, tal como anota Walter Costa Porto em palestra recente perante o IX Congresso Brasiliense de Direito Constitucional (10-11-2006), o sistema adotado em 1932 era, ainda, um sistema misto, pois ele acabava por contemplar a eleição, em segundo turno, dos mais votados que não alcançaram o quociente eleitoral. Somente em 1935 foi adotado um modelo puramente proporcional.

30 Scott Mainwaring, Políticos, partidos e sistemas eleitorais, in *Estudos eleitorais*, TSE n. 2, p. 335 (343), maio/ago. 1997.

31 Cf. Giusti José Antonio Tavares, *Sistemas eleitorais nas democracias contemporâneas*, Rio de Janeiro: Relume-Dumará, 1994, p. 126-127.

32 Cf. Walter Costa Porto, "Sistema Eleitoral Brasileiro", palestra proferida no IX Congresso Brasiliense de Direito Constitucional, Brasília, 10-11-2006, p. 8-9; cf. também Walter Costa Porto, *A mentirosa urna*, São Paulo, 2004, p. 163 e s.

de base é que cada eleitor vote somente num candidato, mesmo que a circunscrição comporte vários postos a prover; não se vota nunca por lista. Nisto o sistema é uninominal. No entanto, ao mesmo tempo cada partido apresenta vários candidatos, tantos quantos são os lugares de deputados, em geral, menos se estes são pequenos partidos. De algum modo, os candidatos de um mesmo partido estão relacionados, pois a divisão de cadeiras se faz por representação proporcional, pelo número de votos obtidos por todos os candidatos de um mesmo partido (...) Votando num candidato, de fato o eleitor indica, de uma vez, uma preferência e um partido. Seu voto parece dizer: 'Desejo ser representado por um tal partido e mais especificamente pelo Sr. Fulano. Se este não for eleito, ou for de sobra, que disso aproveite todo o partido. O sistema é, pois, uma forma de voto preferencial, mas condições técnicas são tais que este modo de escrutínio é uma grande melhora sobre o sistema preferencial tal qual existe na França'".

Nas eleições parlamentares de 2002 apresentou-se situação que gerou enorme polêmica. O partido PRONA elegeu seis deputados. O Deputado Enéas Carneiro obteve 1.573.642 votos. Cinco outros candidatos da legenda obtiveram votação pouco expressiva (18.000 votos; 673 votos; 484 votos; 382 votos; 275 votos). Como o quociente eleitoral foi de 280.000 votos, o partido logrou preencher seis vagas, quatro delas por candidatos com menos de 1.000 votos. É certo, igualmente, que, nesse pleito, deixaram de ser eleitos 17 candidatos com mais de 70.000 votos[33]. Não se tratava de uma insensatez do sistema, mas de aplicação de sua lógica: há um primeiro movimento, que permite ao partido obter tantas cadeiras quantas vezes ele atingir o quociente eleitoral, e um segundo movimento, que define que os mais votados do partido serão eleitos, independentemente de sua votação individual[34].

Tal como registra Walter Costa Porto, esse sistema permitia que um candidato sem nenhum voto nominal fosse eleito. Nas eleições de 2 de dezembro de 1945, o Partido Social Democrático apresentou dois candidatos a deputado federal no Território do Acre, Hugo Ribeiro Carneiro e Hermelindo de Gusmão Castelo Branco Filho. O primeiro candidato obteve 3.775 votos; o segundo, nenhum voto nominal. Não obstante, o partido alcançou o quociente eleitoral, com excedente de 1.077 votos. O critério do "maior número de votos" do partido, em caso de "sobra", acabou por conferir mandato a candidato que não obtivera sequer um voto[35].

Pois bem, a Lei n. 13.165/2015 acrescentou nova regra ao sistema proporcional brasileiro, criando a cláusula de votação nominal mínima no art. 108 do Código Eleitoral, a evitar aquela perplexidade noticiada pelo Professor Walter Costa Porto, quando indicou que no modelo anterior seria possível a eleição de candidato que não obteve nenhum voto nominal. No regime atual, portanto, impõe-se precisar (1) o número de votos válidos; (2) o quociente eleitoral; (3) o quociente partidário; (4) a lista dos candidatos eleitos entre os mais votados que lograram obter a cláusula de votação nominal

33 Costa Porto, *A mentirosa urna*, cit., p. 176.

34 Costa Porto, *A mentirosa urna*, cit., p. 176.

35 Costa Porto, *A mentirosa urna*, cit., p. 157.

mínima referida no art. 108 do Código Eleitoral (votação igual ou superior a 10% dos votos do quociente eleitoral); (5) a técnica de distribuição de sobras de cadeiras; (6) o critério a ser adotado na falta de obtenção do quociente eleitoral e na elaboração da lista de suplentes.

Os *votos válidos* são os votos conferidos à legenda partidária e ao candidato. Não são computados os votos nulos e os votos em branco.

O *quociente eleitoral*, que traduz o índice de votos a ser obtido para a distribuição das vagas, obtém-se mediante a divisão do número de votos válidos pelos lugares a preencher na Câmara dos Deputados, nas Assembleias Legislativas ou nas Câmaras de Vereadores.

O *quociente partidário* indica o número de vagas alcançado pelos partidos e é calculado pela divisão do número de votos conferidos ao partido, diretamente, ou a seus candidatos pelo quociente eleitoral, desprezando-se a fração.

A lista dos candidatos eleitos pelo partido ou coligação é formada entre os mais votados que lograram obter a cláusula de votação nominal mínima, conforme o art. 108 do Código Eleitoral (votação igual ou superior a 10% dos votos do quociente eleitoral). É dizer, caso o partido ou coligação tenha obtido cinco vagas, mas apenas três candidatos alcançaram a cláusula de votação nominal mínima, o partido ou coligação ficará com apenas três vagas (no modelo anterior ficava com as cinco vagas), e as outras duas vagas irão para as sobras de cadeira (art. 108, parágrafo único, do Código Eleitoral). Nas Eleições de 2016, a propósito, somente quatro candidatos deixaram de assumir a vaga ante o não preenchimento da cláusula de votação nominal mínima, o que revela certa timidez da referida regra, apesar de evitar aquela perplexidade de candidato assumir o cargo sem obter um único voto sequer. Já nas Eleições de 2018, a propósito, o Partido Social Liberal (PSL) conseguiu 15 vagas para o cargo de Deputado Federal no Estado de São Paulo. Contudo, somente 10 candidatos obtiveram a cláusula de votação nominal mínima. No Estado do Rio Grande do Sul, o Partido Social Liberal (PSL) conseguiu 2 vagas para o cargo de Deputado Federal, mas somente 1 candidato obteve a regra do Código Eleitoral.

A *distribuição de restos ou sobras* decorre do fato de, após a distribuição inicial, haver vagas a serem preenchidas sem que os partidos tenham votos suficientes para atingir o quociente eleitoral. Podem-se adotar diferentes critérios, como a distribuição pela maior sobra ou pela maior média[36]. O Código Eleitoral adotou o critério da maior média, estabelecendo que, para obtê-la, "dividir-se-á o número de votos válidos atribuídos a cada partido ou coligação pelo número de lugares definido para o partido pelo cálculo do quociente partidário do art. 107, mais um, cabendo ao partido ou coligação que apresentar a maior média um dos lugares a preencher, desde que tenha candidato que atenda à exigência de votação nominal mínima; repetir-se-á a operação para cada um dos lugares a preencher; quando não houver mais partidos ou coligações com candidatos que atendam às duas exigências do inciso I, as cadeiras serão distribuídas aos partidos que apresentem as maiores médias" (Código Eleitoral, art. 109).

Para fins de cálculo das sobras de cadeira, verifica-se que a reforma eleitoral de 2015 alterou a redação do art. 109, I, do Código Eleitoral, passando a divisão "pelo número de lugares por ele obtido, mais um", para "pelo número de lugares definido para o partido pelo cálculo do quociente partidário do art. 107, mais um". A parte final do

36 Cf. J. H. Meirelles Teixeira, *Curso de direito constitucional*, cit., p. 525.

referido inciso expressamente condiciona a participação do partido ou da coligação com candidato que tenha obtido a cláusula de votação nominal mínima.

A aplicação do referido sistema pode ser exemplificada no seguinte modelo apresentado por José Afonso da Silva, tendo por base a eleição de determinado ano para a Câmara dos Deputados, na qual se verificaram 8.000.000 de votos válidos para 42 lugares.

Tem-se, assim, a seguinte situação:

(1) votos válidos: 8.000.000

(2) cadeiras: 42

(3) quociente eleitoral: 8.000.000 ÷ 42 = 190.476

(4) quociente partidário aferido na forma seguinte:

PARTIDO	VOTOS		QUOCIENTE ELEITORAL		QUOCIENTE PARTIDÁRIO		SOBRAS
A	3.000.000	÷	190.476	=	15 cadeiras	E	142.860 votos
B	2.200.000	÷	190.476	=	11 cadeiras	E	104.764 votos
C	1.600.000	÷	190.476	=	8 cadeiras	E	76.192 votos
D	800.000	÷	190.476	=	4 cadeiras	E	38.096 votos
E	300.000	÷	190.476	=	1 cadeira	E	109.524 votos
F	100.000	÷	190.476	=	nenhuma cadeira	E	não se computa

Dessarte, estariam preenchidas 39 cadeiras, remanescendo três cadeiras a serem distribuídas pela técnica da maior média. Vale lembrar que o exemplo citado por José Afonso da Silva foi anterior à reforma introduzida pela Lei n. 13.165/2015. Portanto, além de as vagas serem preenchidas pelos candidatos mais votados dentro do partido ou da coligação, é necessário também que eles tenham conseguido a cláusula de votação nominal mínima (art. 108 do Código Eleitoral). É dizer, no exemplo proposto, somente seriam eleitos os candidatos que obtivessem, no mínimo, 19.047 votos – 10% dos votos do quociente eleitoral.

Quanto ao critério para a distribuição das sobras das cadeiras, há duas interpretações possíveis, considerando a modificação da redação do art. 109 do Código Eleitoral promovida pela Lei n. 13.165/2015. A primeira delas mantém o regramento jurídico anterior, condicionando, contudo, que o partido ou coligação tenha candidato que obteve a cláusula de votação nominal mínima. Eis o procedimento para a distribuição da primeira cadeira remanescente, conforme exemplo proposto por José Afonso da Silva:

PARTIDO	VOTOS		QUOCIENTE PARTIDÁRIO + 1	MÉDIAS
A	3.000.000	÷	16 (15 + 1)	187.500
B	2.200.000	÷	12 (11 + 1)	183.333
C	1.600.000	÷	9 (8 + 1)	177.777
D	800.000	÷	5 (4 + 1)	160.000
E	300.000	÷	2 (1 + 1)	150.000
F	já está fora de quociente eleitoral		-	-

O partido A obteve a maior média e ficará com a primeira das três cadeiras remanescentes. Repete-se a operação para verificar a quem caberá a segunda cadeira:

PARTIDO	VOTOS		QUOCIENTE PARTIDÁRIO + 1	MÉDIAS
A	3.000.000	÷	17 (16 + 1)	176.470
B	2.200.000	÷	12 (11 + 1)	183.333
C	1.600.000	÷	9 (8 + 1)	177.777
D	800.000	÷	5 (4 + 1)	160.000
E	300.000	÷	2 (1 + 1)	150.000

A segunda cadeira coube então ao Partido B. Repetida a operação para a terceira cadeira, têm-se os seguintes números: Partido A – 176.470; Partido B (2.200.000 dividido por 12 + 1 = 13) – 169.230; Partido C – 177.777 (maior média), Partido D – 160.000; e Partido E – 150.000. A última cadeira ficou com o partido C.

A distribuição dos assentos restou assim configurada:

Partido	Cadeiras
A	16
B	12
C	9
D	4
E	1
F	0
Total	42

A segunda interpretação possível parte da literalidade do art. 109, I, do Código Eleitoral, segundo o qual a divisão das sobras será "pelo número de lugares definido para o partido pelo cálculo do quociente partidário do art. 107, mais um". Dessa forma, como o quociente partidário é sempre um número fixo (15 no exemplo citado) o Partido A ficaria com todas as três vagas das sobras, pois nos cálculos seguintes não se somaria a vaga recebida das sobras, considerando que sempre se manteria o divisor 16 (quociente partidário de 15 + 1), razão pela qual o partido manteria, em todas as repetições, a maior média (3.000.000 votos válidos/16 = 187.500).

Contudo, uma compreensão constitucional do sistema proporcional, que busca a diversidade de ideias, mediante o pluralismo político (art. 17, *caput*, da Constituição Federal), pode levar à conclusão de que as regras originárias de cálculo das sobras estão mantidas, agregando, contudo, a cláusula de votação nominal mínima, pois, além de permitir uma maior participação partidária, evita que o sistema proporcional, nessa fase de cálculo de sobras, seja eminentemente pautado pelo critério majoritário. A propósito, a Procuradoria-Geral da República ajuizou ação direta de inconstitucionalidade (ADI 5.420/DF, decisão publicada no *DJe* de 9-12-2015), cujo pedido de medida liminar foi deferido pelo Ministro Dias Toffoli "para suspender, com efeito *ex nunc*, a eficácia da expressão 'número de lugares definido para o partido pelo cálculo do quociente partidário do art. 107', constante do inc. I do art. 109 do Código Eleitoral (com redação dada pela Lei n. 13.165/2015), mantido – nesta parte – o critério de cálculo vigente antes da edição da Lei n. 13.165/2015".

Ademais, se nenhum partido atingir o quociente eleitoral, o Código Eleitoral determina que hão de ser considerados eleitos os candidatos mais votados, independentemente de qualquer critério de proporcionalidade (art. 111 do Código Eleitoral). A solução parece questionável, como anota José Afonso da Silva, pois a Constituição prescreve, no caso, a adoção do sistema eleitoral proporcional[37]. No entanto, para fins de formação da lista de suplentes, não se exige a cláusula de votação nominal mínima (art. 112, parágrafo único, do Código Eleitoral).

Vê-se, assim, que, no sistema proporcional até as Eleições de 2016, tendo em vista razões de ordem prática, os votos dos partidos que não atingiram o quociente eleitoral e os votos constantes das sobras podiam não ter qualquer aproveitamento, não havendo como conferir-lhes significado quanto ao resultado.

Com efeito, podia ocorrer até mesmo que o candidato mais votado no pleito eleitoral não lograsse obter o assento em razão de a agremiação partidária não ter obtido o quociente eleitoral. Foi o que se verificou em vários casos expressivos, dentre os quais se destaca o de Dante de Oliveira, que, candidato pelo PDT a uma vaga para a Câmara dos Deputados, pelo Estado de Mato Grosso, nas eleições de 1990, obteve a maior votação (49.886 votos) e não foi eleito em razão de seu partido não ter obtido quociente. À época, postulou a revisão do resultado, com a alegação de que a inclusão dos votos brancos para obtenção do quociente eleitoral revelava-se inconstitucional (Código Eleitoral, art. 106, parágrafo único). O Tribunal Superior Eleitoral rejeitou essa alegação com o argumento de que os votos brancos eram manifestações válidas e somente não seriam computáveis para as eleições majoritárias por força de normas constitucionais expressas (CF, arts. 28, 29, II, e 77, § 2º)[38]. Também o recurso extraordinário interposto contra essa decisão não foi acolhido tendo em vista as mesmas razões[39].

O art. 106, parágrafo único, do Código Eleitoral foi revogado pela Lei n. 9.504/97[40]. Desde então, não se tem mais dúvida de que o voto em branco não deve ser contemplado para os fins de cálculo do quociente eleitoral.

Outra questão relevante colocava-se tendo em vista a cláusula contida na redação antiga do art. 109, § 2º, do Código Eleitoral, segundo a qual "Somente poderão concorrer à distribuição dos lugares os partidos ou as coligações que tiverem obtido quociente eleitoral". Explicita-se aqui outra relativização da efetividade do voto, uma vez que somente serão contemplados os votos dos partidos que lograram obter o quociente eleitoral. Nas eleições de 2002, José Carlos Fonseca obteve 92.727 votos para deputado fe-

37 Cf. José Afonso da Silva, *Curso de direito constitucional positivo*, 27. ed., São Paulo: Malheiros, 2006, p. 376.

38 Cf. Recurso Especial TSE n. 9.277, rel. Min. Vilas Boas, *DJ* de 23-4-1991; cf. sobre o assunto também Walter Costa Porto, *A mentirosa urna*, cit., p. 171-173.

39 RE 140.386, rel. Min. Carlos Velloso, *DJ* de 20-4-2001.

40 Cf. Estudos de Xavier de Albuquerque, Leitão de Abreu, Paulo Bonavides e Tito Costa, in *Estudos eleitorais*, TSE n. 2, p. 79-137, maio/ago. 1997.

deral no Estado do Espírito Santo. O quociente eleitoral foi de 165.284. A sua coligação obteve 145.271 votos ou 8,78% dos votos conferidos. Preenchidas sete vagas, cuidou-se da distribuição dos restos ou sobras. O Tribunal Regional Eleitoral recusou-se a contemplar a coligação à qual estava vinculado José Carlos Fonseca no cálculo das sobras em razão do disposto no art. 109, § 2º, do Código Eleitoral. Contra essa decisão foi impetrado mandado de segurança, forte no argumento da desproporcionalidade do critério ou da adoção de um critério legal que transmudava o sistema proporcional em sistema majoritário. Enquanto a coligação que obtivera 8,78% dos votos não seria contemplada com um mandato parlamentar, as demais estariam assim representadas[41]:

COLIGAÇÕES	VOTOS	CADEIRAS
Coligação Espírito Santo Forte	39,36%	50%
Frente Competência para Mudar	12,74%	10%
Frente Mudança para Valer	17,37%	20%
Frente Trabalhista	21,07%	25%

O TSE rejeitou a ação, assentando-se que a expressão *sistema proporcional* contida no art. 45 da Constituição encontraria no Código Eleitoral critérios precisos e definidos. A discussão sobre a adequação dos critérios utilizados pelo legislador resvalava para controvérsia *de lege ferenda* sem reflexo no plano da legitimidade da fórmula[42].

O § 2º do art. 109 do Código Eleitoral foi contestado, a esse respeito, no Tribunal Superior Eleitoral. O MS 3.555, da relatoria do Ministro José Delgado, foi impetrado por ex-Deputado ao argumento de que o dispositivo eleitoral instituiu uma cláusula de exclusão e que, portanto, deve ser tido como não recepcionado pela Carta de 1988. O TSE, porém, denegou a segurança.

Como visto, pelo modelo que vigorou até as eleições de 2016, somente os partidos ou coligações que obtiveram o quociente eleitoral poderiam participar das sobras de cadeiras. Contudo, a Lei n. 13.488, de 6 de outubro de 2017, modificou a redação do art. 109, § 2º, do Código Eleitoral, estabelecendo que "poderão concorrer à distribuição dos lugares todos os partidos e coligações que participaram do pleito". Dessa forma, todos os partidos e coligações participarão das sobras de cadeiras, mesmo sem ter alcançando o quociente eleitoral, o que, a princípio, preserva a igualdade de valor do voto quanto ao resultado (*Erfolgswertgleichheit*). A propósito, o Supremo Tribunal Federal reconheceu a constitucionalidade do referido dispositivo no julgamento da ADI 5.947, rel. Min. Marco Aurélio, *DJe* de 29-7-2020.

O modelo proporcional, portanto, de listas abertas adotado entre nós contribui acentuadamente para a personalização da eleição, o que faz com que as legendas dependam, em grande medida, do desempenho de candidatos específicos. Daí o destaque que se confere às candidaturas de personalidades dos diversos setores da sociedade ou de

41 Cf. Walter Costa Porto, *A mentirosa urna*, cit., p. 180.

42 Mandado de Segurança TSE n. 3.109/ES, rel. Min. Sálvio de Figueiredo, *DJ* de 3-3-2006; cf. também Costa Porto, *A mentirosa urna*, cit., p. 178-181.

representantes de corporação. Essa personalização do voto acaba por acentuar a dependência do partido e a determinar a sua fragilidade programática.

A legislação brasileira chegou a prever a adoção de uma forma peculiar de *"cláusula de barreira"* ou *"de desempenho"* como requisito para o pleno *funcionamento parlamentar* dos partidos políticos. A regra possuía fundamento no art. 17, IV, da Constituição, que assegura aos partidos políticos o funcionamento parlamentar, de acordo com a lei.

O art. 13 da Lei dos Partidos Políticos previa que somente "tem direito a funcionamento parlamentar, em todas as Casas Legislativas para as quais tenha eleito representante, o partido que, em cada eleição para a Câmara dos Deputados obtenha o apoio de, no mínimo, cinco por cento dos votos apurados, não computados os brancos e os nulos, distribuídos em, pelo menos, um terço dos Estados, com um mínimo de dois por cento do total de cada um deles". Assim, o partido político que não obtivesse tais percentuais de votação não teria direito ao funcionamento parlamentar, o que significaria a não formação de bancadas e de suas lideranças, com todas as repercussões que isso poderia causar, como a não participação em comissões parlamentares e o não exercício de cargos e funções nas Casas Legislativas. Além disso, o partido somente teria direito (a) a receber 1% (um por cento) do Fundo Partidário (art. 41, II); e (b) à realização de um programa em cadeia nacional, em cada semestre, com a duração de apenas 2 (dois) minutos (art. 48).

Observe-se, nesse ponto, que, diversamente dos modelos adotados no direito comparado – cito, como referência, o sistema alemão – a fórmula adotada pela legislação brasileira restringia o funcionamento parlamentar do partido, mas não afetava a própria eleição do representante. Não haveria de se cogitar, pois, de repercussão direta sobre os mandatos dos representantes obtidos para a agremiação que não satisfizesse à referida cláusula de funcionamento parlamentar.

Nos termos de disposição transitória (art. 57), essa norma do art. 13 somente entraria em vigor para a legislatura do ano de 2007.

Assim, além de definir as regras e, portanto, os contornos legais do sistema proporcional, fixando o quociente eleitoral e o quociente partidário, o sistema de distribuição de mandatos por restos ou sobras etc., o legislador criou mais essa limitação ao funcionamento da agremiação partidária.

Diante dessa regra, levantou-se questão sobre a possibilidade ou não de a lei estabelecer uma cláusula de barreira que repercutisse sobre o funcionamento parlamentar dos partidos políticos, tal como o fez o legislador brasileiro.

O Supremo Tribunal Federal, ao apreciar as Ações Diretas de Inconstitucionalidade n. 1.351-3 e 1.354-8, propostas, respectivamente, pelo Partido Comunista do Brasil – PC do B e outro (PDT) e pelo Partido Social Cristão – PSC, declarou a inconstitucionalidade dos seguintes dispositivos da Lei n. 9.096/95: do art. 13; da expressão "obedecendo aos seguintes critérios" contida no art. 41, assim como dos incisos I e II deste artigo; do art. 48; da expressão "que atenda ao disposto no art. 13" contida no art. 49; e da expressão "no art. 13 ou" contida no inciso II do art. 57. Ademais, decidiu-se que os arts. 56 e 57 devem ser interpretados no sentido de que as normas de transição neles contidas continuem em vigor até que o legislador discipline novamente a matéria, dentro dos limites esclarecidos pelo Tribunal nesse julgamento.

Considerou o Tribunal que tais normas violavam o princípio da reserva legal proporcional, da "igualdade de chances", do pluripartidarismo, assim como os direitos de liberdade assegurados às minorias parlamentares.

Destarte, como analisado, o modelo aqui adotado diferencia-se substancialmente de outros sistemas políticos-eleitorais do direito comparado.

Na realidade do direito alemão, consagra-se que o partido político que não obtiver 5% (cinco por cento) dos votos na votação proporcional, ou pelo menos três mandatos diretos, não obterá mandato algum, também na eleição para o chamado primeiro voto. Nesse caso, despreza-se a votação dada ao partido. Todavia, nunca se atribuiu consequência no que concerne àquilo que nós chamamos de "igualdade de oportunidades" ou "igualdade de chances". A legislação alemã tentou estabelecer um limite mais elevado para efetivar o financiamento público das campanhas. Mas a Corte Constitucional entendeu que essa cláusula era sim violadora do princípio da igualdade de oportunidades (*Chancengleicheit*), porque impedia que os partidos políticos com pequena expressão conseguissem um melhor desempenho, tendo em vista que eles não teriam acesso à televisão, muito menos aos recursos públicos. Daí a legislação ter fixado percentual de 0,5% dos votos para o pagamento de indenização pelo desempenho dos partidos nas eleições.

Em um primeiro momento, portanto, o Tribunal entendeu que o modelo confeccionado pelo legislador brasileiro não deixou qualquer espaço para a atuação partidária, mas simplesmente negou, *in totum*, o funcionamento parlamentar, o que evidenciou uma clara violação ao princípio da proporcionalidade, na qualidade de *princípio da reserva legal proporcional* (*Vorbehalt des verhältnismässigen Gesetzes*).

Ademais, à época o Supremo Tribunal Federal entendeu que as restrições impostas pela Lei n. 9.096/95 ao acesso gratuito pelos partidos políticos ao rádio e à televisão, assim como aos recursos do fundo partidário, afrontam o princípio da "igualdade de chances".

Destarte, a Lei dos Partidos Políticos estabelecia as seguintes regras:

a) **Quanto ao acesso dos partidos políticos aos recursos do fundo partidário:**

a.1) o partido que não obtiver os percentuais de votação previstos pelo art. 13, ou seja, que não ultrapassar a denominada "cláusula de barreira" somente terá direito a receber **1% (um por cento) do Fundo Partidário** (art. 41, I);

a.2) os partidos que cumprirem os requisitos do art. 13 compartilharão os restantes **99% (noventa e nove por cento) do total do Fundo Partidário** na proporção dos votos obtidos na última eleição geral para a Câmara dos Deputados (art. 41, II).

b) **Quanto ao acesso dos partidos políticos ao rádio e à televisão:**

b.1) o partido que não obtiver os percentuais de votação previstos pelo art. 13 terá direito à realização de um programa em cadeia nacional, em cada semestre, com a **duração de apenas 2 (dois) minutos** (art. 48);

b.2) o partido que atenda ao disposto no art. 13 tem assegurada: 1) a realização de um programa em cadeia nacional e de um programa em cadeia estadual, em cada semestre, com a **duração de vinte minutos** cada; 2) a utilização do **tempo total de quarenta minutos**, por semestre, para inserções de trinta segundos ou um minuto, nas redes nacionais, e de igual tempo nas emissoras estaduais (art. 49).

O STF entendeu, portanto, que a regra tornava inviável a própria sobrevivência dos partidos que não ultrapassem a "cláusula de barreira", na medida em que **destina a todos eles apenas 1% (um por cento) dos recursos do Fundo Partidário**, permanecendo os 99% (noventa e nove por cento) restantes com os demais partidos.

Por ouro lado, o Tribunal também entendeu que a lei restringia em demasia o acesso ao rádio e à televisão dos partidos que não alcancem os percentuais estabelecidos pelo art. 13, na medida em que lhes assegura **a realização de um programa em cadeia nacional, em cada semestre, com a duração de apenas 2 (dois) minutos**.

Levando em conta que, atualmente, a disputa eleitoral é travada prioritariamente no âmbito do rádio e, principalmente, da televisão, parece não haver dúvida de que tal regra, em verdade, torna praticamente impossível às agremiações minoritárias o desenvolvimento da campanha em regime de "igualdade de chances" com os demais partidos, os quais têm assegurada a realização de um programa em cadeia nacional e de um programa em cadeia estadual, em cada semestre, com a duração de vinte minutos cada, assim como a utilização do tempo total de quarenta minutos, por semestre, para inserções de trinta segundos ou um minuto, nas redes nacionais, e de igual tempo nas emissoras estaduais.

Todos sabem que há muito as eleições deixaram de ser resolvidas nos palanques eleitorais. Na era da comunicação, o rádio e a televisão tornam-se poderosos meios postos à disposição dos partidos para a divulgação de seus conteúdos programáticos e de suas propostas de governo. Na medida em que permitem o contato direto e simultâneo entre candidatos / partidos e eleitores, constituem ferramentas indispensáveis à própria sobrevivência das agremiações partidárias. Dessa forma, uma limitação legal assaz restritiva do acesso a esses recursos de comunicação tem o condão de inviabilizar a participação dos partidos políticos nas eleições e, com isso, a sua própria subsistência no regime democrático.

Por esses motivos, o Supremo Tribunal Federal, no referido julgamento, entendeu ser inconstitucional a "cláusula de barreira à brasileira". Todavia, o modelo não pode ser tal que sirva de estímulo à criação de partidos apenas para fins de "comércio" de tempo de rádio e TV, bem como de cotas do fundo partidário, como se verificou após o advento da fidelidade partidária, em especial com a criação de novas agremiações como justa causa à regra de fidelidade e a consequente proliferação de partidos políticos. Assim, a classe política dava sinais no sentido de haver necessidade de equacionamento de alguma forma de cláusula de desempenho.

Por essa razão, cumpre esclarecer que a inconstitucionalidade, declarada pelo STF, não reside na natureza desse tipo de restrição à atividade dos partidos políticos. Uma cláusula de barreira em moldes proporcionais, ao impedir a baixa representatividade de determinadas agremiações, poderia ser benéfica ao sistema partidário, especificamente, e ao sistema eleitoral, como um todo.

A Emenda Constitucional n. 97, de 4 de outubro de 2017, criou nova cláusula da barreira ao sistema político brasileiro, de forma gradativa e a partir da legislatura seguinte às eleições de 2018, para fins de acesso aos recursos do fundo partidário e acesso gratuito ao rádio e à televisão, da seguinte forma:

a) Legislatura após as eleições de 2018: i) obtiverem, nas eleições para a Câmara dos Deputados, no mínimo, 1,5% (um e meio por cento) dos votos válidos, distribuídos em pelo menos um terço das unidades da Federação, com um mínimo de 1% (um por cento) dos votos válidos em cada uma delas; ou ii) tiverem elegido pelo menos nove Deputados Federais distribuídos em pelo menos um terço das unidades da Federação.

b) Legislatura após as eleições de 2022: i) obtiverem, nas eleições para a Câmara dos Deputados, no mínimo, 2% (dois por cento) dos votos válidos, distribuídos em pelo menos um terço das unidades da Federação, com um mínimo de 1% (um por cento) dos votos válidos em cada uma delas; ou ii) tiverem elegido pelo menos onze Deputados Federais distribuídos em pelo menos um terço das unidades da Federação.

c) Legislatura após as eleições de 2026: i) obtiverem, nas eleições para a Câmara dos Deputados, no mínimo, 2,5% (dois e meio por cento) dos votos válidos, distribuídos em pelo menos um terço das unidades da Federação, com um mínimo de 1,5% (um e meio por cento) dos votos válidos em cada uma delas; ou ii) tiverem elegido pelo menos treze Deputados Federais distribuídos em pelo menos um terço das unidades da Federação.

d) A partir das eleições de 2030: i) obtiverem, nas eleições para a Câmara dos Deputados, no mínimo, 3% (três por cento) dos votos válidos, distribuídos em pelo menos um terço das unidades da Federação, com um mínimo de 2% (dois por cento) dos votos válidos em cada uma delas; ou ii) tiverem elegido pelo menos quinze Deputados Federais distribuídos em pelo menos um terço das unidades da Federação.

Como se vê, as novas regras serão aplicadas a partir das legislaturas de 2019, 2023, 2027 e 2031. Os requisitos para o acesso aos recursos do fundo partidário e ao acesso gratuito ao rádio e à televisão não são cumulativos, mas alternativos, pois, ou o partido atinge a votação mínima (número mínimo de votos válidos no país, distribuído em um terço das unidades da Federação, com um mínimo de votos em cada uma delas), ou alcança um número mínimo de Deputados Federais distribuídos em pelos menos um terço das unidades da Federação.

Portanto, a referida cláusula de barreira, além de não causar ruptura à legislatura em vigor (necessária segurança jurídica), apresenta-se escalonada em quatro legislaturas, com critérios aparentemente proporcionais e sem abandonar, a princípio, a ideia de igualdade de chances em relação às agremiações representativas de minorias, sobretudo porque a reforma eleitoral de 2017 extinguiu a propaganda partidária no rádio e na televisão (Lei n. 13.487/2017), o que já revela maior equilíbrio em períodos não eleitorais, bem como permitiu que os partidos políticos que não alcançaram o quociente eleitoral possam participar das sobras de cadeiras nas eleições, oferecendo uma nova oportunidade para disputar uma vaga no Legislativo (Lei n. 13.488/2017). E ainda: a Emenda Constitucional n. 97/2017 eliminou as coligações para os cargos disputados pelo critério proporcional a partir das eleições de 2020, garantindo maior competitividade entre as agremiações que verdadeiramente pretendem disputar cadeiras nas Casas Legislativas em nome de segmentos da sociedade.

De fato, a regra da fidelidade partidária fomentou nos partícipes do jogo político a indesejável proliferação de novas agremiações partidárias como forma de permitir a mudança de sigla sem a perda do mandato eletivo, reforçada com as decisões do STF que reconheceram a portabilidade dos votos, ou seja, a possibilidade de o parlamentar migrar de agremiação levando consigo, proporcionalmente aos votos obtidos, o tempo de rádio e TV e quota de fundo partidário (ADI n. 5.105, rel. Min. Luiz Fux). Dessa forma, a referida cláusula de barreira, associada às recentes reformas eleitorais, revela maior equilíbrio e estabilidade ao sistema político brasileiro, na medida em que respeita a segurança jurídica e prestigia a ideia de igualdade de chances entre os competidores.

Ademais, a Emenda Constitucional n. 97/2017 facultou aos parlamentares cujas agremiações não atingiram os requisitos a possibilidade de mudarem de partido sem a perda do mandato eletivo (art. 17, § 5º, da CF/88), mas sem a denominada portabilidade dos votos. Contudo, referida regra de exceção à fidelidade partidária pode comportar duas interpretações: i) somente tem aplicação na legislatura de 2031, pois a norma remete ao não preenchimento dos requisitos do art. 17, § 3º, da CF/88, última fase da gradativa cláusula de barreira inaugurada pela referida emenda; ii) a janela estará aberta no início de cada legislatura aos candidatos cujo partido não alcançou a cláusula de desempenho, considerando a regra de transição, que faculta ao parlamentar buscar uma nova agremiação partidária com a necessária estrutura de fundo partidário e acesso a rádio e a TV. E ainda: a referida emenda à Constituição não definiu o marco inicial para a desfiliação (diplomação ou posse), tampouco qual seria o prazo máximo para o exercício desse direito (30 dias, por exemplo), o que poderá ser questionado junto ao Tribunal Superior Eleitoral.

Nas Eleições de 2018, a propósito, aproximadamente 14 partidos não alcançaram a primeira etapa da cláusula de barreira da Emenda Constitucional n. 97/2017, segundo informações do sítio da Câmara dos Deputados[43] – "i) não obtiverem, nas eleições para a Câmara dos Deputados, no mínimo, 1,5% (um e meio por cento) dos votos válidos, distribuídos em pelo menos um terço das unidades da Federação, com um mínimo de 1% (um por cento) dos votos válidos em cada uma delas; ou ii) não tiverem elegido pelo menos nove Deputados Federais distribuídos em pelo menos um terço das unidades da Federação".

Dessa forma, possivelmente aqueles partidos partirão para a fusão ou a incorporação a outras agremiações, evitando-se o desaparecimento político de seus candidatos eleitos. Contudo, questão que possivelmente chegará ao Tribunal Superior Eleitoral é saber se a fusão ou a incorporação autorizariam os parlamentares a migrar para outra sigla partidária, considerando a regra do art. 22-A, inc. I, da Lei n. 9.096/95, que permite a desfiliação sem perda de mandato (mudança substancial ou desvio reiterado do programa partidário). Lembrando que, diferentemente da Resolução n. 22.610/2007 do Tribunal Superior Eleitoral, a fusão e a incorporação não constam expressamente como justa causa para a desfiliação partidária do art. 22-A da Lei n. 9.096/95.

2.4. Plebiscito, referendo e iniciativa popular

A Constituição de 1988 inovou na adoção de instrumentos da democracia direta, como o plebiscito, o referendo e a iniciativa popular (art. 14, *caput*).

A realização de plebiscito e referendo dependerá de autorização do Congresso Nacional (CF, art. 49), excetuados os casos expressamente previstos na Constituição

43 Disponível em: <http://www2.camara.leg.br/camaranoticias/noticias/POLITICA/564071-14-PARTIDOS-NAO-ALCANCAM-CLAUSULA-DE-DESEMPENHO-E-PERDERAO-RECURSOS.html>. Acesso em: 10 out. 2018.

(CF, art. 18, §§ 3º e 4º), para alteração territorial de Estados e Municípios, e no art. 2º do ADCT, sobre a forma e o sistema de governo.

A diferença entre *plebiscito* e *referendo* concentra-se no momento de sua realização. Enquanto o *plebiscito* configura consulta realizada aos cidadãos sobre matéria a ser posteriormente discutida no âmbito do Congresso Nacional, o referendo é uma consulta posterior sobre determinado ato ou decisão governamental, seja para atribuir-lhe eficácia que ainda não foi reconhecida (*condição suspensiva*), seja para retirar a eficácia que lhe foi provisoriamente conferida (*condição resolutiva*).

O plebiscito e o referendo estão submetidos a reserva legal expressa (CF, art. 14, *caput*).

A matéria está hoje regulada na Lei n. 9.709/98. O art. 3º do aludido diploma consagra que o plebiscito e o referendo serão convocados por meio de decreto legislativo proposto por no mínimo 1/3 dos votos dos membros que compõem uma das Casas do Congresso Nacional. Rejeitou-se, assim, proposta no sentido de admitir a convocação de plebiscito ou referendo mediante iniciativa popular, com fundamento no art. 49, XV, da Constituição[44].

A primeira experiência ordinária com o referendo deu-se com a Lei n. 10.826/2003 (art. 35 do Estatuto do Desarmamento), que estabeleceu a proibição do comércio de armas de fogo e fixou que a eficácia de tal proibição dependeria de referendo realizado em outubro de 2005. Aludido referendo foi autorizado pelo Decreto Legislativo n. 780, de 7-7-2005. Efetivado o referendo em 23-10-2005, a proibição proposta foi rejeitada[45].

A iniciativa popular está prevista no art. 61, § 2º, da Constituição, e poderá ser exercida pela apresentação à Câmara dos Deputados de projeto de lei subscrito por, no mínimo, 1% do eleitorado nacional, distribuído em pelo menos cinco Estados, com não menos de 3/10 por cento em cada um deles.

A Lei n. 9.709/98 estabeleceu que o projeto de iniciativa popular deve restringir-se a um único assunto e que não se pode rejeitar proposição decorrente de iniciativa popular por vício de forma (art. 13, § 2º). Nos termos do Regimento Interno da Câmara dos Deputados, não haverá o arquivamento das proposições legislativas decorrentes de iniciativa popular[46]. Até 2005 haviam sido promulgadas três leis decorrentes de iniciativa popular: Lei n. 8.930/94 (crimes hediondos, Lei Daniela Perez ou Glória Perez), Lei n. 9.840/99 (combate à compra de votos) e Lei n. 11.124, de 20-6-2005 (dispõe sobre o Sistema Nacional de Habitação de Interesse Social – SNHIS, cria o Fundo Nacional de Habitação de Interesse Social – FNHIS e institui o Conselho Gestor do FNHIS). No ano de 2010, a conhecida Lei da Ficha Limpa (Lei Complementar n. 135) foi editada com amplo apoio popular.

O plebiscito ou referendo como instrumento da democracia direta ou semidireta procura atenuar o formalismo da democracia representativa. A sua utilização não será efetiva, porém, sem que se identifique um adequado nível de politização da população.

---

44 Cf. Daniela Romanelli da Silva, *Democracia e direitos políticos*, cit., p. 354 e s.

45 À pergunta formulada "O comércio de armas de fogo e munição deve ser proibido no Brasil?", 59.109.265 (63,94%) eleitores responderam negativamente e 33.333.045 (36,06%) responderam positivamente.

46 Cf. Daniela Romanelli da Silva, *Democracia e direitos políticos*, cit., p. 365-366.

Daí verbalizar Canotilho o seu ceticismo quanto à possibilidade de as fórmulas plebiscitárias poderem corrigir as distorções do sistema democrático-representativo[47].

Recentemente, após as intensas manifestações populares do chamado "junho de 2013", a Presidente da República veio a público propor uma Constituinte exclusiva para impulsionar o debate sobre a reforma política. Uma vez rechaçada a proposta pelas classes política e jurídica, a presidência a adaptou para sugerir a consulta à população, em plebiscito, sobre a necessidade e a forma de uma reforma política. O Congresso Nacional, no entanto, cioso de sua prerrogativa de convocar a consulta popular, e ante os inúmeros inconvenientes de se convocar um plebiscito em matéria tecnicamente tão sofisticada, houve por bem não aderir à sugestão oriunda do Poder Executivo. Assim, pelo menos até o momento, a reforma política está a depender apenas da vontade dos congressistas e do Poder Executivo, que poderão apresentar projetos de lei e de emendas à Constituição trazendo as modificações que julgarem necessárias.

2.5. **Condições de elegibilidade**

A Constituição fixa as condições básicas de elegibilidade (art. 14, § 3º):

a) nacionalidade brasileira;

b) pleno exercício dos direitos políticos;

c) alistamento eleitoral;

d) domicílio na circunscrição eleitoral;

e) filiação partidária e idade mínima (35 anos para Presidente, Vice-Presidente e Senador; 30 anos para Governador e Vice-Governador; 21 anos para Deputados federal, estadual ou distrital, Prefeito, Vice-Prefeito e Juiz de Paz; e 18 anos para Vereador – CF, art. 14, § 3º).

A exigência da plenitude de direitos políticos impõe que o nacional não esteja submetido às restrições decorrentes da suspensão ou da perda de direitos políticos (CF, art. 15).

O alistamento é obrigatório para os brasileiros maiores de 18 anos e menores de 70 anos[48], e facultativo para os analfabetos, os maiores de 70 anos, os maiores de 16 e menores de 18 anos. Não são alistáveis, porém, os estrangeiros e os conscritos durante o serviço militar obrigatório[49]. Diferentemente dos conscritos, os policiais militares em qualquer nível da carreira são alistáveis[50]. Vale ressaltar que os alunos de órgão de formação da Reserva, assim como os médicos, dentistas, farmacêuticos e veterinários que

---

47 José Joaquim Gomes Canotilho, Pode o referendo aprofundar a democracia?, in *"Brancosos" e Interconstitucionalidade*: itinerário dos discursos sobre a historicidade constitucional, cit., p. 301 (314 s.).

48 Código Eleitoral, art. 6º: O alistamento e o voto são obrigatórios para os brasileiros de um e outro sexo, salvo: I – quanto ao alistamento: a) os inválidos; b) os maiores de setenta anos; c) os que se encontrem fora do país; II – quanto ao voto: a) os enfermos; b) os que se encontrem fora do seu domicílio; c) os funcionários civis e os militares, em serviço que os impossibilite de votar.

49 Conscritos são os convocados para o serviço militar obrigatório e não aqueles engajados no serviço militar permanente, que são obrigados a alistar-se como eleitores.

50 Resolução TSE n. 15.099, de 9-3-1989, rel. Min. Villas Boas.

prestam serviço militar inicial obrigatório (Lei n. 5.292/67) também são considerados inelegíveis[51].

Nos termos da lei, a idade mínima constitucionalmente estabelecida como condição de elegibilidade há de ser a verificada à data da posse[52] (Lei n. 9.504/97, art. 11, § 2º). O critério parece equivocado. Se se trata de elemento integrante das condições de elegibilidade, o momento da aferição deve ser o do registro da candidatura[53].

A Lei n. 13.165/2015 modificou a redação do art. 11, § 2º, da Lei n. 9.504/97, passando exigir que a idade mínima para concorrer ao cargo de vereador seja comprovada na data do pedido de registro, afastando, pois, a regra geral de que a idade mínima seja comprovada na data da posse. A referida exceção justifica-se pela necessária coerência jurídica, pois um candidato ao cargo de vereador poder concorrer com apenas 17 anos e, eventualmente, cometer um crime eleitoral no curso do processo eleitoral, como a corrupção eleitoral (art. 299 do Código Eleitoral). Porém, nessa hipótese, não poderia ser responsabilizado criminalmente, considerando que o art. 27 do Código Penal estabelece que "os menores de 18 (dezoito) anos são penalmente inimputáveis, ficando sujeitos às normas estabelecidas na legislação especial".

A Constituição Federal, no seu art. 14, § 3º, IV, estabeleceu como condição de elegibilidade, também, "o domicílio eleitoral na circunscrição". A Lei n. 13.488/2017 reduziu o prazo de domicílio eleitoral, passando de um ano para seis meses antes do pleito.

O conceito de domicílio eleitoral não se confunde com o do art. 70 do Código Civil, que estabelece que domicílio da pessoa natural é o lugar onde ela reside (critério objetivo) com *animus* definitivo (critério subjetivo). De modo mais flexível, para a caracterização de domicílio eleitoral leva-se em conta o lugar onde o interessado tem vínculos políticos e sociais.

O Tribunal Superior Eleitoral admite a configuração de domicílio eleitoral de forma ampla, permitindo sua fixação onde o eleitor apresente ligação material ou afetiva com a circunscrição, sejam vínculos políticos, sejam comerciais, profissionais, patrimoniais, comunitários ou laços familiares[54].

---

51 "1. Eleitor. Serviço militar obrigatório. 2. Entendimento da expressão 'conscrito' no art. 14, § 2º, da CF. 3. Aluno de órgão de formação da reserva. Integração no conceito de serviço militar obrigatório. Proibição de votação, ainda que anteriormente alistado. 4. Situação especial prevista na Lei n. 5.292. Médicos, dentistas, farmacêuticos e veterinários. Condição de serviço militar obrigatório. 5. Serviço militar em prorrogação ao tempo de soldado engajado. Implicação do art. 14, § 2º, da CF." (Resolução TSE n. 15.850, de 3-11-1989, rel. Min. Roberto Rosas.)

52 A referência à data da posse é tida como inconstitucional por muitos doutrinadores, já que é no registro da candidatura que nasce juridicamente a elegibilidade, ou seja, que se torna capaz passivamente um pré-candidato. *Com base nisso, o TSE, atualmente, tem exigido, em diversos julgados, que a idade alhures mencionada seja até a data do pleito (das eleições) e não até a data da posse, dando um meio-termo às discussões acadêmicas.*

53 *"As inelegibilidades e as condições de elegibilidade são aferidas ao tempo do registro da candidatura. Precedentes do TSE.* Diversa é a situação da condição de idade mínima, que se verifica na data prevista da posse, por expressa previsão legal (§ 2º do art. 11 da Lei n. 9.504/97)." (Acórdão TSE n. 22.900, de 20-9-2004, rel. Min. Luiz Carlos Madeira.)

54 Precedentes do TSE: Resolução n. 22.229, de 8-6-2006, e Acórdãos n. 23.721, de 4-11-2004; 4.788, de 24-8-2004; 21.826, de 9-9-2004; 4.788, de 24-8-2004; 9.675, de 17-8-1993; 18.124, de 16-11-2000; 16.397, de 29-8-2000; 2.306, de 17-8-2000; 16.305, de 17-8-2000; 2.196, de 15-6-2000; 15.023, de 22-4-1997; 371, de 19-9-1996; 12.808, de 11-9-1996;

Também o conceito de "residência" (art. 55 do Código Eleitoral) tem sido flexibilizado pelo Tribunal, não exigindo prova do local onde a pessoa reside, mas, tão somente, "vínculos a abonar a residência exigida, como vínculos patrimoniais/econômicos (ter imóvel próprio no local ou, ainda, ser locatário de imóvel no local), profissionais/funcionais (*v. g.*, médico que também atende no local), políticos (p. ex., presidir ou compor um Diretório Estadual do Partido no local) **ou comunitários** (*v. g.*, ser sacerdote no local)"[55].

Condição de elegibilidade é também a *filiação partidária* e, consequentemente, a escolha em convenção partidária, haja vista a impossibilidade de candidaturas avulsas no Brasil. De fato, a Lei n. 13.488/2017 expressamente reforçou que "é vedado o registro de candidatura avulsa, ainda que o requerente tenha filiação partidária". Já em 2015, a Lei n. 13.165 alterou a redação do art. 8º da Lei n. 9.504/97, passando as convenções de 12 a 30 de junho para 20 de julho a 5 agosto do ano das eleições. O pedido de registro de candidatura encerra em 15 de agosto, o que reduziu o microprocesso eleitoral, mormente o período de campanha eleitoral.

O art. 18 da Lei Orgânica dos Partidos Políticos exigia que os brasileiros natos e naturalizados que gozam de direitos políticos se filiassem a uma determinada agremiação partidária em até um ano antes das eleições. Contudo, a Lei n. 13.165/2015 revogou o art. 18 da Lei n. 9.096/95 e deu nova redação ao art. 9º da Lei n. 9.504/97, passando a exigir a filiação partidária deferida seis meses antes da realização do pleito eleitoral. Portanto, o prazo de seis meses é até a data fixada para as eleições (primeiro domingo de outubro), majoritárias ou proporcionais, e não até a data do registro de candidatura ou da posse. A propósito, o Partido Trabalhista Brasileiro (PTB) – Nacional requereu ao TSE, a menos de um ano das Eleições de 2016, mudança estatutária, para fins de adequar o prazo de filiação do estatuto à novel legislação, considerando possível risco aos candidatos que se filiaram respeitando apenas o prazo legal, e não aquele de um ano antes das eleições previsto na norma interna da agremiação. O TSE concluiu que, com base na compreensão sistemática dessas regras, bem como no direito constitucional à elegibilidade, a Lei dos Partidos Políticos veda que no ano das eleições o estatuto seja alterado para aumentar o prazo de filiação partidária fixado em lei, não proibindo a redução do prazo quando a modificação simplesmente busca a compatibilização com a novel legislação eleitoral, editada e promulgada em conformidade com o art. 16 da Constituição Federal de 1988[56]. Por outro lado, a comprovação da filiação partidária tempestiva dá-se pelas listas enviadas pelos partidos políticos à Justiça Eleitoral, na segunda semana dos meses de abril e outubro de cada ano (Lei n. 9.096/95, art. 19). A dupla militância não é tolerada. No modelo anterior, verificada essa circunstância, ambas as filiações eram imediatamente canceladas (art. 22, parágrafo único, da Lei n. 9.096/95). Ocorre que, com o advento da Lei n. 12.891, de 11 de dezembro de 2013, o regramento jurídico foi alterado substancialmente, pois, em caso de dupla filiação, pre-

---

12.810, de 19-8-1996; 11.814, de 1º-9-1994; 210, de 31-8-1993; 12.744, de 24-9-1992; 10.751, de 11-5-1989.

55 Acórdão TSE n. 371, de 19-9-1996, rel. Min. Diniz de Andrada.

56 Petição 40.304/DF, rel. Min. Gilmar Mendes, *DJe* de 8-9-2016.

valecerá a mais recente, cancelando-se as demais (art. 22, parágrafo único, da Lei n. 9.096/95)[57]. A mudança verificada quanto à condição de elegibilidade repercute sobre a filiação partidária preexistente.

Assim, segundo a jurisprudência do Tribunal Superior Eleitoral, o filiado a partido político que se torna militar perde automaticamente a filiação, e, de conseguinte, não pode ser eleito para cargo de direção partidária e praticar atos daí decorrentes[58]. O mesmo se dá em relação aos magistrados e aos membros do Ministério Público[59] e dos Tribunais de Contas, cuja filiação preexistente é extinta antes da investidura no cargo[60].

No que diz respeito, particularmente, aos membros do Ministério Público, cumpre referir *leading case* em que o Supremo Tribunal Federal, por maioria, deu provimento a recurso extraordinário interposto contra acórdão do TSE que indeferira o registro de candidatura ao cargo de Prefeita, ao fundamento de ser a recorrente inelegível, em razão de pertencer a Ministério Público estadual, estando dele somente licenciada. O Tribunal reconheceu estar-se diante de uma situação especial, ante a ausência de regras de transição para disciplinar situação fática não abrangida pelo novo regime jurídico instituído pela EC 45/2004. Tendo em conta que a recorrente estava licenciada, filiada a partido político, e que já havia sido eleita para exercer o cargo de Prefeita na data da publicação dessa emenda, concluiu-se que ela teria direito à recandidatura, nos termos do § 5º do art. 14 da CF[61].

No caso de superveniência de condenação criminal, entende-se que subsiste a filiação anterior, que restará, porém, suspensa em razão do cumprimento da pena[62].

Portanto, como os prazos de fixação de domicílio eleitoral e de filiação partidária foram substancialmente reduzidos, podemos afirmar que o tempo do processo eleitoral em sentido estrito também está encurtado, considerando o seu marco inicial (domicílio e filiação) e o final (diplomação dos eleitos).

2.6. **Inelegibilidades**

Tal como assinalado, são inelegíveis os não alistáveis.

Assim, os estrangeiros e os conscritos (aqueles que se encontram prestando o serviço militar obrigatório) não são alistáveis[63].

---

57 Esse novel regramento jurídico foi aplicado a partir das eleições de 2016, e não para as Eleições de 2014 (Consulta n. 1.000-75/DF, rel. p/ o acórdão Min. Gilmar Mendes, *DJe* de 1º-9-2014).

58 Acórdão TSE n. 12.589, de 19-9-1992, rel. Min. Torquato Jardim.

59 A jurisprudência do Tribunal Superior Eleitoral vem conferindo contornos claros à proibição de filiação partidária incidente sobre os membros do Ministério Público, sendo a esse respeito significativos os seguintes julgados: Acórdão n. 33.174, de 16-12-2008, rel. Min. Marcelo Ribeiro; Acórdão n. 32.842, de 25-10-2008, rel. Min. Marcelo Ribeiro; e Acórdão n. 1.070, de 12-12-2006, redator designado Min. Carlos Aires Britto. Cf., ainda sobre o tema, a ADI n. 2.836, de 17-11-2005, rel. Min. Eros Grau.

60 Precedente do TSE: Resolução n. 13.981, de 3-3-1994, rel. Min. Flaquer Scartezzini.

61 Cf., nesse sentido, RE 597.994, rel. Min. Ellen Gracie, redator para acórdão Min. Eros Grau, *DJ* de 28-8-2009.

62 Acórdão TSE n. 23.351, de 23-9-2004, rel. Min. Francisco Peçanha Martins (caso "Bellinati"); Acórdão TSE n. 22.980, de 21-10-2004, rel. Min. Caputo Bastos; Acórdão TSE n. 12.371, de 27-8-1992, rel. Min. Carlos Velloso.

63 CF, art. 14, § 2º.

Os analfabetos[64] são alistáveis e por isso podem votar, mas não dispõem de capacidade eleitoral passiva, não podendo ser candidatos às eleições.

São os casos que a doutrina denomina *inelegibilidade absoluta*.

Nos termos da Constituição, são, ainda, inelegíveis, no território de jurisdição do titular, o cônjuge e os parentes consanguíneos ou afins, até o segundo grau ou por adoção, do Presidente da República, de Governador de Estado ou Território, do Distrito

---

64 "(...) O TRE aprovou a candidata no teste de escolaridade realizado em seu processo de registro ao cargo de vereador. Portanto, não pode vir a ser considerada analfabeta em procedimento diverso de substituição à candidata ao cargo de prefeito relativo ao mesmo pleito [...]" (Acórdão TSE n. 25.202, de 28-6-2005, rel. Min. Gilmar Mendes.)

"(...) Quando o teste de alfabetização, apesar de não ser coletivo, traz constrangimento ao candidato, não pode ser considerado legítimo [...]" (Acórdão TSE n. 24.343, de 11-10-2004, rel. Min. Gilmar Mendes.)

"(...) Confissão do candidato, em audiência reservada, de sua condição de analfabeto. A assinatura em documentos é insuficiente para provar a condição de semialfabetizado do candidato [...]" (Acórdão TSE n. 21.732, de 19-9-2004, rel. Min. Gilmar Mendes.)

"(...) Quando o comprovante de escolaridade não se mostrar suficiente para formar a convicção do juiz, deve-se exigir declaração de próprio punho do candidato.

Se for intimado e não comparecer em cartório para firmar essa declaração, perderá oportunidade de comprovar sua condição de alfabetizado [...]" (Acórdão TSE n. 22.128, de 23-9-2004, rel. Min. Gilmar Mendes.)

"(...) 1. Não é lícito ao juiz eleitoral realizar teste coletivo, no entanto o candidato deve comprovar sua alfabetização mediante a apresentação de documento idôneo de escolaridade ou de declaração de próprio punho, a teor do art. 28 da Resolução TSE n. 21.608/2004.

2. Caso o juiz não conceda prazo para o suprimento de falha, o documento pode ser apresentado com o recurso para o TRE (Súmula TSE n. 3) [...]" (Acórdão TSE n. 23.050, de 23-9-2004, rel. Min. Carlos Velloso.)

"(...) No processo eleitoral, que deve atender aos princípios da celeridade e da concentração, nada impede que o juiz, havendo dúvida quanto à alfabetização do candidato, promova, ele próprio, a aferição [...]" (Acórdão TSE n. 22.842, de 19-9-2004, rel. Min. Luiz Carlos Madeira.)

"(...) 1. Para comprovação de sua alfabetização, é facultado ao candidato, na ausência do comprovante de escolaridade, apresentar a declaração de próprio punho a que se refere o art. 28, § 4º, da Resolução TSE n. 21.608. Não obstante, esse mesmo dispositivo permite que o juiz, se for o caso, determine a aferição da alfabetização por outros meios, o que será feito caso persista dúvida quanto à declaração apresentada [...]" (Acórdão TSE n. 21.920, de 18-9-2004, rel. Min. Caputo Bastos.)

"(...) A comprovação da condição de alfabetizado, para obtenção de registro como candidato, obedece à norma do art. 28 da Resolução TSE n. 21.608/2004. Faz-se pelo comprovante de escolaridade e, à falta deste, pela declaração de próprio punho do interessado.

Exame elementar de alfabetização ou teste de escolaridade, em audiência pública, pode comprometer a reputação dos pré-candidatos, que acabam expostos a situação degradante. Ritual constrangedor, quando não vexatório, que afronta a dignidade dos pretendentes, o que não se coaduna com um dos fundamentos da República, como previsto no inciso III do art. 1º da Constituição Federal. Violação ao inciso III do art. 5º da Carta Maior, ao art. 5º da Declaração Universal dos Direitos Humanos e ao art. 11 da Convenção Americana sobre Direitos Humanos, Pacto de São José da Costa Rica, 1969.

Nas hipóteses de dúvida fundada sobre a condição de alfabetizado, a aferição se fará individualmente, caso a caso, sem constrangimentos [...]" (Acórdão TSE n. 318, de 17-8-2004, rel. Min. Luiz Carlos Madeira.)

"REGISTRO. Eleições de 2004. Analfabetismo. Teste. Declaração de próprio punho. Possibilidade. Recurso provido em parte.

A Constituição Federal não admite que o candidato a cargo eletivo seja exposto a teste que lhe agrida a dignidade.

Submeter o suposto analfabeto a teste público e solene para apurar-lhe o trato com as letras é agredir a dignidade humana (CF, art. 1º, III).

Em tendo dúvida sobre a alfabetização do candidato, o juiz poderá submetê-lo a teste reservado. Não é lícito, contudo, a montagem de espetáculo coletivo que nada apura e só produz constrangimento." (Acórdão TSE n. 21.707, de 17-8-2004, rel. Min. Gomes de Barros.)

Federal, de Prefeito ou de quem os haja substituído dentro dos seis meses anteriores ao pleito, salvo se já titular de mandato eletivo e candidato à reeleição (CF, art. 14, § 7º).

Há muito entende o Tribunal Superior Eleitoral que a restrição à candidatura do cônjuge abrange também a do companheiro ou companheira, a do irmão, a da concubina (TSE, Súmula 6).

Nas Eleições de 2004, colocou-se indagação sobre a extensão ou não desse entendimento à união de fato entre homossexuais.

Cuidava-se de possível união de fato existente entre uma candidata à Prefeitura de um dado Município e a Prefeita reeleita daquele Município. O TRE examinara a prova e concluíra pela caracterização de união de fato entre a recorrida e a prefeita reeleita, mas decidiu que, à falta de fundamento legal, não poderia impor restrição à candidatura. O Tribunal Superior Eleitoral deu provimento ao Recurso Especial (REsp 24.564) para assentar que "os sujeitos de uma relação estável homossexual, à semelhança do que ocorre com os de relação estável, de concubinato e de casamento, submetem-se à regra de inelegibilidade prevista no art. 14, § 7º, da Constituição Federal" (Relator Ministro Gilmar Mendes)[65].

A alteração constitucional introduzida pela regra que permitiu a reeleição repercutiu sobre a interpretação da cláusula impeditiva da candidatura de parentes (CF, art. 14, § 7º)[66], afirmando-se, tanto no Tribunal Superior Eleitoral[67] quanto no Supremo Tribunal Federal, que, afastado o impedimento do titular para a reeleição, não mais faria sentido impedir que o seu cônjuge ou parente disputasse o mesmo cargo[68].

Todavia, verificada a eleição de cônjuge ou parente, resta ele impedido de postular a reeleição[69]. Da mesma forma, o seu afastamento anterior do cargo não permitirá nova postulação por parte de outro familiar[70].

---

65 Publicado em sessão de 1º-10-2004.

66 Diversas resoluções do Tribunal Superior Eleitoral disciplinam o § 7º do art. 14 da Constituição Federal. Destaque-se, entre elas, as Resoluções n. 20.931, de 20-11-2001, rel. Min. Garcia Vieira; n. 20.949, de 6-12-2001, rel. Min. Luiz Carlos Madeira; n. 20.090, de 3-2-1998, rel. Min. Maurício Corrêa; n. 13.855, de 19-8-1993, rel. Min. Marco Aurélio; n. 19.490, de 26-3-1996, rel. Min. Ilmar Galvão; n. 20.525, de 7-12-1999, rel. Min. Maurício Corrêa; n. 20.651, de 6-6-2000, rel. Min. Edson Vidigal e n. 20.590, de 30-3-2000, rel. Min. Eduardo Alckmin.

67 Acórdão TSE n. 19.442, de 21-8-2001, rel. Min. Ellen Gracie.

68 Recurso Especial TSE n. 17.199, de 26-9-2000, rel. Min. Nelson Jobim; RE 236.948, rel. Min. Octavio Gallotti, *DJ* de 31-8-2001.

69 Resolução TSE n. 15.120, de 21-3-1989; Acórdão TSE n. 193, de 15-9-1998, rel. Min. Edson Vidigal.

70 O tema foi objeto das consultas n. 1.201 e 1.127, formuladas ao Tribunal Superior Eleitoral, cujas ementas seguem abaixo:

CTA-1.201 – Resolução TSE n. 22.170, rel. designado Min. José Gerardo Grossi, *DJ* de 24-4-2006 (Eleições 2006. Consulta em três itens, assim formulados: a) "Pode o eleitor votar em candidato a cargo do Executivo – candidato este que já é titular de mandato eletivo parlamentar – cujo parente em segundo grau, na mesma jurisdição, foi o chefe no exercício de mandato já fruto de reeleição, mas devidamente desincompatibilizado na forma do § 6º do art. 14 da CF de 1988?"; b) "[...] detentor de mandato eletivo parlamentar é elegível ao cargo do Executivo, cujo parente em segundo grau, na mesma jurisdição, foi o chefe em mandato já fruto de reeleição, mas do qual se desincompatibilizou na forma do § 7º do art. 14 da CF de 1988?"; c) "Pode o eleitor votar em candidato a Deputado Federal que seja detentor do mandato de Deputado Estadual, cujo parente colateral por afinidade em segundo grau, na mesma jurisdição, seja Vice-Governador reeleito mas que venha a assumir o mandato de Governador em razão de desincompatibilização do titular para disputar as eleições de 2006?". Resposta negativa aos três itens).

CTA-1.127 – Resolução TSE n. 21.960, rel. Min. Gilmar Mendes, *DJ* de 17-12-2004 ("CONSULTA. IRMÃO DE GOVERNADOR REELEITO CANDIDATO AO CARGO DE GOVERNADOR NA MESMA JURISDIÇÃO. IM-

Uma sutileza da jurisprudência do TSE deve ser destacada no contexto das inelegibilidades relativas. Configura orientação pacífica do Tribunal que a separação judicial ou o divórcio, verificados no curso do mandato, não afastam a inelegibilidade do cônjuge para o mesmo cargo. Ressalte-se, porém, que em um caso específico o Supremo Tribunal Federal entendeu que, tendo em vista a evidente animosidade entre o candidato e seu ex-sogro, era de relativizar-se tal exigência[71]. Na forma do texto constitucional, facultam-se à lei complementar o estabelecimento de outros casos de inelegibilidade e os prazos de sua cessação com o escopo de proteger a probidade administrativa, a moralidade para exercício de mandato, considerada a vida pregressa do candidato, e a normalidade e legitimidade das eleições contra a influência do poder econômico ou o abuso do exercício de função, cargo ou emprego na Administração direta ou indireta (CF, art. 14, § 9º). Pois bem, a Lei Complementar n. 135/2010[72], que modificou a Lei Complementar n. 64/90, denominada "Ficha Limpa", tem a seguinte estrutura jurídica: i) criou novas hipóteses de inelegibilidade, como, por exemplo, a decorrente de demissão de serviço público (alínea *o*); ii) dispensou o trânsito em julgado como marco para contagem do prazo de inelegibilidade, bastando uma decisão judicial proferida por órgão colegiado; iii) aumentou o prazo de inelegibilidade de três para oito anos, chegando em algumas hipóteses, como na alínea *e*, a prazo superior a vinte anos (oito anos, por exemplo, entre a decisão colegiada e o trânsito; oito anos de pena e mais oito anos após o seu cumprimento da pena); iv) aplicou as novas regras de forma retroativa.

As diversas questões constitucionais suscitadas em torno das novas causas de inelegibilidade trazidas pela Lei Complementar n. 135/2010 (violação ao princípio da presunção de não culpabilidade, ao princípio da irretroatividade da lei e ao princípio da proporcionalidade) foram finalmente apreciadas pela Corte no julgamento das Ações Declaratórias de Constitucionalidade n. 29 e 30, ambas de Relatoria do Min. Luiz Fux, propostas pelo Partido Popular Socialista (PPS) e pela Ordem dos Advogados do Brasil, respectivamente, que pretendiam ver declarada a constitucionalidade dos diversos dispositivos da Lei Complementar n. 135/2010, assim como da ADI 4.578, proposta pela Confederação Nacional das Profissões Liberais (CNPL).

Em Sessão Plenária de 16 de fevereiro de 2012, o Tribunal terminou o julgamento dessas ações, concluindo, por maioria de votos, pela plena constitucionalidade da denominada Lei da Ficha Limpa (LC n. 135/2010). A tese vencedora na Corte (por maioria de

---

POSSIBILIDADE. Irmão de governador reeleito não se pode candidatar ao cargo de governador na jurisdição do irmão, ante a vedação ao exercício de três mandatos consecutivos por membros da mesma família (art. 14, § 7º, da CF). A desincompatibilização não afasta a proibição constitucional. Precedentes").

71 RE-AgRg 446.999/PE, rel. Min. Ellen Gracie, *DJ* de 9-9-2005.

72 Até o advento da LC n. 135/2010, questão controvertida dizia respeito à possibilidade de se estabelecer a inelegibilidade com fundamento nos antecedentes criminais de candidato ou com base em sua má reputação. Alguns órgãos judiciais chegaram a sustentar a autoaplicabilidade do disposto no art. 14, § 9º, da Constituição, ao argumento de que alguns candidatos apresentavam perfil incompatível com o exercício de mandato eletivo. Todavia, o Tribunal Superior Eleitoral confirmou a orientação no sentido de que a simples existência de inquérito criminal ou processo-crime não se afiguraria suficiente para legitimar juízo de inelegibilidade. E, no julgamento da ADPF n. 144, o Supremo Tribunal Federal confirmou tal entendimento, aduzindo que a norma do art. 14, § 9º, da Constituição, possui aplicabilidade limitada, a exigir lei complementar para a criação de novas hipóteses de inelegibilidade.

votos) foi a de que não viola o princípio da presunção de não culpabilidade a causa de inelegibilidade fundada na condenação criminal (ou por improbidade administrativa) oriunda de órgão judicial colegiado. A maioria dos Ministros considerou que a inelegibilidade não constituiria uma sanção ou uma pena e que o princípio da presunção de não culpabilidade não seria aplicável no âmbito do direito eleitoral. Entenderam também que as causas de inelegibilidade fundadas em "fatos da vida pregressa" dos cidadãos, tal como estipulado pela própria Constituição em seu art. 14, § 9º, não ofenderiam o princípio da irretroatividade da lei. Não haveria, nesse sentido, um direito adquirido à elegibilidade que estaria sendo violado pelo advento das novas causas de inelegibilidade previstas na Lei Complementar n. 135/2010. Quanto ao princípio da proporcionalidade, a maioria dos Ministros entendeu que a restrição de direitos políticos do cidadão candidato estaria justificada pelos benefícios políticos e sociais trazidos pela lei, especialmente no tocante à moralidade e à probidade para o exercício dos cargos públicos.

Como visto, o STF decidiu questões pontuais acerca da LC n. 135/2010, não descendo às minúcias contidas na lei. De fato, questão interessante acerca das hipóteses de inelegibilidade da LC n. 135/2010 consistiu em saber se o Tribunal do Júri é órgão colegiado para fins de incidência da causa de inelegibilidade. O Tribunal Superior Eleitoral enfrentou a questão no julgamento do Recurso Ordinário 2.634-49/SP. No caso, decidiu-se, por maioria, que a decisão é de órgão colegiado, mas não necessariamente de segundo grau. O voto vencido do Min. Gilmar Mendes, contudo, assentou que as decisões do Tribunal do Júri não gerariam a referida causa de inelegibilidade, pois o exame da evolução da redação da norma revela que a adoção da expressão "órgão judicial colegiado" teve a intenção de excluir condenações de "primeira instância", salvo as transitadas em julgado.

Ressaltou, ainda, que, ao mencionar "órgão judicial colegiado", pretendeu o legislador fazer referência a julgamento proferido por juízes componentes de tribunal. Assim, não teria sido intenção do legislador ver incluída nesta hipótese a classificação do Tribunal do Júri como órgão colegiado heterogêneo, como é de entendimento doutrinário. Ademais, destacou que, em outras alíneas do inciso I do art. 1º da LC n. 64/90 – *d*, *h*, *j*, *l*, *n* e *p* –, as decisões referidas como de "órgão colegiado" denotam decisões de tribunais ou de tribunais superiores[73]. Da mesma forma, o TSE tem entendido que nem toda doação acima do limite legal gera a inelegibilidade da alínea *p* (análise puramente objetiva), mas somente as doações acima do limite legal que afrontem a normalidade e a legitimidade do pleito – evidente excesso na utilização de recursos financeiros, contornos de abuso do poder econômico – podem gerar a causa de inelegibilidade (análise subjetiva)[74].

Nas Eleições de 2018, o TSE, analisando registro de candidatura ao cargo de Presidente da República (Caso Lula), concluiu que o art. 77, § 4º, da Constituição Federal de 1988 não autoriza candidato a Presidente da República a participar do 1º turno de votação com registro de candidatura indeferido, até porque a lei denominada de *"Ficha Limpa"* exige decisão colegiada, e não o trânsito em julgado da decisão que indefere o registro de candidatura. Ademais, o Tribunal entendeu que a liminar deferida pelo Comitê de Direitos Humanos da Organização das Nações Unidas (ONU) não tem força

73 Recurso Ordinário 2.634-49/SP, red. p/ acórdão Min. Maria Thereza de Assis Moura, *DJe* de 11-11-2014.

74 REsp 22.991/TO, rel. Min. Gilmar Mendes, *DJe* de 4-8-2014 e RO 53.430/PB, rel. Min. Henrique Neves, *DJe* de 16-9-2014.

vinculante em relação às decisões do Poder Judiciário brasileiro (Registro de Candidatura n. 0600903-50.2018.6.00.0000/DF).

2.7. Reeleição

O art. 14, § 5º, da Constituição, com a redação determinada pela Emenda Constitucional n. 16/97, dispõe que "o Presidente da República, os Governadores de Estado e do Distrito Federal, os Prefeitos e quem os houver sucedido ou substituído no curso dos mandatos poderão ser reeleitos para um único período subsequente". O instituto da reeleição criado pela EC n. 16/97 constituiu mais uma *condição de elegibilidade* do cidadão[75]. Como esclarecido e definido pelo Supremo Tribunal Federal no julgamento da referida ADI 1.805, na redação original, o § 5º do art. 14 da Constituição perfazia uma *causa de inelegibilidade absoluta*, na medida em que proibia a reeleição dos ocupantes dos cargos de Chefe do Poder Executivo. Com a EC n. 16/97, o dispositivo passou a ter a natureza de *norma de elegibilidade*. Assim, na dicção do Supremo Tribunal Federal, "não se tratando, no § 5º do art. 14 da Constituição, na redação dada pela Emenda Constitucional n. 16/1997, de caso de inelegibilidade, mas, sim, de hipótese em que se estipula ser possível a elegibilidade dos Chefes dos Poderes Executivos, federal, estadual, distrital, municipal e dos que os hajam sucedido ou substituído no curso dos mandatos, para o mesmo cargo, para um período subsequente, não cabe exigir-lhes desincompatibilização para concorrer ao segundo mandato, assim constitucionalmente autorizado". Portanto, concluiu a Corte: "a exegese conferida ao § 5º do art. 14 da Constituição, na redação da Emenda Constitucional n. 16/1997, ao não exigir desincompatibilização do titular para concorrer à reeleição, não ofende o art. 60, § 4º, IV, da Constituição".

A reelegibilidade, como bem asseverado pelo Ministro Carlos Velloso, assenta-se em um postulado de *continuidade administrativa*. "*É dizer* – nas palavras do Ministro Carlos Velloso – *a permissão para a reeleição do Chefe do Executivo, nos seus diversos graus, assenta-se na presunção de que a continuidade administrativa, de regra, é necessária*" (ADI-MC 1.805, acima referida). Por outro lado, não se olvide que a Constituição de 1988, mais especificamente a Emenda Constitucional n. 16/97, ao inovar, criando o instituto da reeleição (até então não previsto na história republicana brasileira[76]), o fez permitindo apenas uma

---

75 Esse novo texto foi objeto de apreciação do Supremo Tribunal Federal na Medida Cautelar na Ação Direta de Inconstitucionalidade n. 1.805 (rel. Min. Neri da Silveira, julgado em 26-3-1998), cujo pedido liminar foi indeferido. Após a aposentadoria do Ministro Neri da Silveira, houve substituição de Relator por três vezes e a ação encontra-se atualmente sob a Relatoria da Ministra Rosa Weber.

76 Assim esclareceu o Ministro Pertence no julgamento do RE 344.882 (*DJ* de 6-8-2004): "A evolução do Direito Eleitoral brasileiro, no campo das inelegibilidades, girou durante décadas em torno do princípio basilar da vedação de reeleição para o período imediato dos titulares do Poder Executivo: regra introduzida, como única previsão constitucional de inelegibilidade, na primeira Carta Política da República (Const. 1891, art. 47, § 4º), a proibição se manteve incólume ao advento dos textos posteriores, incluídos os que regeram as fases de mais acendrado autoritarismo (assim, na Carta de 1937, os arts. 75 a 84, embora equívocos, não chegaram à admissão explícita da reeleição; e a de 1969 (art. 151, § 1º, *a*) manteve-lhe o veto absoluto). As inspirações da irreelegibilidade dos titulares serviram de explicação legitimadora da inelegibilidade de seus familiares próximos, de modo a obviar que, por meio da eleição deles, se pudesse conduzir ao continuísmo familiar. Com essa tradição uniforme do constitucionalismo republicano, rompeu, entretanto, a EC 16/97, que, com a norma permissiva do § 5º do art. 14 da CF,

única nova eleição para o cargo de Chefe do Poder Executivo de mesma natureza. Assim, contemplou-se não somente o postulado da *continuidade administrativa*, mas também o *princípio republicano* que impede a perpetuação de uma mesma pessoa ou grupo no poder, chegando-se à equação cujo denominador comum está hoje disposto no art. 14, § 5º, da Constituição: permite-se a reeleição, porém apenas por uma única vez.

A clareza da norma quanto à *unicidade da reeleição* não afasta diversas questões quanto à sua interpretação e aplicação aos variados casos concretos. A jurisprudência do STF, por exemplo, já teve a oportunidade de enfrentar diversos casos em que se colocaram difíceis questões quanto à interpretação/aplicação desse instituto da reeleição[77]. Já abordamos, acima, a repercussão da introdução desse instituto sobre a interpretação da cláusula impeditiva da candidatura de parentes (CF, art. 14, § 7º).

Interessante questão diz respeito à elegibilidade de cidadão que, tendo exercido por dois períodos consecutivos o cargo de Prefeito do Município X, transfere regularmente seu domicílio eleitoral para o Município Y (comumente o Município Y é limítrofe ou resulta de desmembramento do Município X) e tenta nova eleição nesse último em cargo de mesma natureza do anterior.

Mesmo antes do advento do instituto da reeleição, a questão já se colocava ante a regra da inelegibilidade absoluta ("irreelegibilidade") de quem já havia exercido cargos de Chefe do Poder Executivo. Sob a égide da Constituição de 1967/69, no julgamento do RE 100.825 (Redator p/ o acórdão Min. Aldir Passarinho, *DJ* de 7-12-1984), o Supremo Tribunal Federal enfrentou a questão de saber se o Prefeito de um Município – na hipótese dos autos, o Município de Curiúva, no Paraná – poderia, desde que se desincompatibilizasse oportunamente, candidatar-se ao cargo de Prefeito de outro Município – no caso, o Município de Figueira, no mesmo Estado, resultante do desmembramento do Município de Curiúva. Na ocasião, a Corte entendeu que a irreelegibilidade prevista na letra *a* do § 1º do art. 151 da Constituição de 1967/69 deve ser compreendida como proibitiva da reeleição para o mesmo cargo. No caso dos autos, o cargo de Prefeito de Figueira, embora se tratasse de cargo da mesma natureza e resultante do desmembramento do antigo Município, seria um outro cargo, na visão do Tribunal. Ao proferir voto-vista, o Ministro Oscar Correa teceu as seguintes considerações: "Há, pois, que buscar-lhe o sentido exato, que é o de vedação de reeleição. E, obviamente, não há de ser senão de eleger, de novo, para o mesmo lugar. Não se reelege quem se elege, de novo, para outro cargo. Quando se afirma que alguém se reelegeu, não se precisa acrescentar nada, pois, no vocábulo está implícito a exigência de ser para a mesma função, cargo. Ou não seria reeleição".

O Ministro Moreira Alves assim se manifestou sobre a questão: "A questão da irreelegibilidade é de natureza estritamente objetiva: a Constituição impede que alguém, por duas vezes consecutivas, exerça o mesmo cargo. Ora, no caso presente, os cargos são inequivocamente diversos, o que afasta a incidência da vedação constitucional"[78].

explicitou a viabilidade de uma reeleição imediata para os Chefes do Executivo".

77 RE 597.994, red. p/ o ac. Min. Eros Grau, julgado em 4-6-2009, Plenário, *DJe* de 28-8-2009, com repercussão geral; RE 344.882, rel. Min. Sepúlveda Pertence, julgado em 7-4-2003, Plenário, *DJ* de 6-8-2004; RE 366.488, rel. Min. Carlos Velloso, julgado em 4-10-2005, 2ª Turma, *DJ* de 28-10-2005.

78 A ementa do julgado está assim transcrita: "Eleitoral. Constituição de Município. Desmembramento territorial de um município. Eleição de Prefeito Municipal. Inelegibilidade e Irreelegibilidade. O prefeito de um

Sobre a questão, o Tribunal Superior Eleitoral manteve por muitos anos entendimento pacífico no sentido de que o instituto da reeleição diz respeito à candidatura ao mesmo cargo e no mesmo território, de modo que não haveria proibição a que o prefeito reeleito em determinado município se candidatasse a cargo de mesma natureza em outro município, vizinho ou não, em período subsequente, desde que transferisse regularmente seu domicílio eleitoral e se afastasse do cargo seis meses antes do pleito. A exceção a essa regra ocorreria apenas nas hipóteses de município desmembrado, incorporado ou que resultasse de fusão em relação ao município anterior[79].

Em Sessão do dia 17 de dezembro de 2008, o Tribunal Superior Eleitoral, ao julgar o Recurso Especial Eleitoral 32.507 (rel. Min. Eros Grau), modificou sua antiga jurisprudência, passando a adotar o seguinte entendimento, bem resumido em trecho do voto do Ministro Carlos Britto: "(...) o princípio republicano está a inspirar a seguinte interpretação basilar dos §§ 5º e 6º do art. 14 da Carta Política: somente é possível eleger-se para o cargo de 'prefeito municipal' por duas vezes consecutivas. Após isso, apenas permite-se, respeitado o prazo de desincompatibilização de 6 meses, a candidatura a 'outro cargo', ou seja, a mandato legislativo, ou aos cargos de Governador de Estado ou de Presidente da República; não mais de Prefeito Municipal, portanto"[80]. O novo entendimento do TSE parte do pressuposto de que a mudança do domicílio eleitoral para o Município Y, por quem já exerceu dois mandatos consecutivos como Prefeito do Município X, configura *fraude* à regra constitucional que proíbe uma segunda reeleição (art. 14, § 5º). A prática de um ato aparentemente lícito (a mudança do domicílio eleitoral) configuraria, em verdade, um *desvio de finalidade*, uma clara burla à regra constitucional visando à monopolização do poder local.

Município – na hipótese dos autos, o Município de Curiúva, no Paraná – pode, desde que se desincompatibilize oportunamente, candidatar-se ao cargo de prefeito de outro município – no caso o de Figueira, no mesmo Estado –, embora este tenha resultado do desmembramento territorial daquele primeiro. Não se tornou o candidato inelegível, por não ter ocorrido a substituição prevista na letra "b" do par-1., do artigo 151 da Constituição Federal, e em face de haver ele sido afastado tempestivamente do exercício do cargo (letra "c", do par-1. do mesmo artigo), e a irreelegibilidade prevista na letra "a", ainda do par-1. do art-151, há de ser compreendida como descabendo a reeleição para o mesmo cargo que o candidato já vinha ocupando, ou seja, o de Prefeito de Curiúva. Com este não pode ser confundido o cargo de Prefeito de um novo Município, pois aí, embora se trate de cargo da mesma natureza e resultante do desmembramento do antigo Município, é um outro cargo" (RE 100.825, rel. p/ o acórdão Min. Aldir Passarinho, *DJ* de 7-12-1984).

79 Acórdão 21.564/DF, rel. Min. Carlos Velloso, *DJ* de 5-12-2003; Acórdão 21.487/DF, rel. Min. Barros Monteiro; *DJ* de 16-9-2003; CTA 1.016-Resolução 21.706, rel. Min. Carlos Velloso, *DJ* de 7-5-2004; CTA 841, rel. Min. Fernando Neves, *DJ* de 27-2-2003.

80 Na mesma ocasião, o TSE julgou o Recurso Especial Eleitoral n. 32.539 e igualmente adotou o novo entendimento, resumido na seguinte ementa: "RECURSO ESPECIAL ELEITORAL. MUDANÇA DE DOMICÍLIO ELEITORAL. 'PREFEITO ITINERANTE'. EXERCÍCIO CONSECUTIVO DE MAIS DE DOIS MANDATOS DE CHEFIA DO EXECUTIVO EM MUNICÍPIOS DIFERENTES. IMPOSSIBILIDADE. INDEVIDA PERPETUAÇÃO NO PODER. OFENSA AOS §§ 5º E 6º DO ART. 14 DA CONSTITUIÇÃO DA REPÚBLICA. NOVA JURISPRUDÊNCIA DO TSE. Não se pode, mediante a prática de ato formalmente lícito (mudança de domicílio eleitoral), alcançar finalidades incompatíveis com a Constituição: a perpetuação no poder e o apoderamento de unidades federadas para a formação de clãs políticos ou hegemonias familiares. O princípio republicano está a inspirar a seguinte interpretação basilar dos §§ 5º e 6º do art. 14 da Carta Política: somente é possível eleger-se para o cargo de 'prefeito municipal' por duas vezes consecutivas. Após isso, apenas permite-se, respeitado o prazo de desincompatibilização de 6 meses, a candidatura a 'outro cargo', ou seja, a mandato legislativo, ou aos cargos de Governador de Estado ou de Presidente da República; não mais de Prefeito Municipal, portanto. Nova orientação jurisprudencial do Tribunal Superior Eleitoral, firmada no Respe 32.507".

A questão chegou ao Supremo Tribunal Federal que, em Sessão de 1º de agosto de 2012, acolheu o entendimento firmado pelo TSE e decidiu que o art. 14, § 5º, da Constituição, deve ser interpretado no sentido de que a proibição da segunda reeleição é absoluta e torna inelegível para determinado cargo de Chefe do Poder Executivo o cidadão que já exerceu dois mandatos consecutivos (reeleito uma única vez) em cargo da mesma natureza, ainda que em ente da federação diverso[81].

Portanto, ambos os princípios – continuidade administrativa e republicanismo – condicionam a interpretação e a aplicação teleológicas do art. 14, § 5º, da Constituição. A reeleição, como condição de elegibilidade, somente estará presente nas hipóteses em que esses princípios forem igualmente contemplados e concretizados. Não estando presentes as hipóteses de incidência desses princípios (é o que ocorre quando o caso envolve municípios diversos) e, dessa forma, não havendo a condição de elegibilidade, fica proibida a reeleição. Significa, ao fim e ao cabo, que o cidadão que exerce dois mandatos consecutivos como Prefeito de determinado município fica inelegível para o cargo da mesma natureza em qualquer outro município da federação. Em suma, traduzindo em outros termos, pode-se placitar a interpretação do art. 14, § 5º, da Constituição, dada pelo Ministro Carlos Britto no âmbito do Tribunal Superior Eleitoral: "somente é possível eleger-se para o cargo de prefeito municipal por duas vezes consecutivas. Após isso, apenas permite-se, respeitado o prazo de desincompatibilização de 6 meses, a candidatura a outro cargo, ou seja, a mandato legislativo, ou aos cargos de Governador de Estado ou de Presidente da República; não mais de Prefeito Municipal, portanto"[82].

Contudo, a vedação ao denominado "prefeito itinerante" não alcança seus familiares, pois a norma do art. 14, § 7º, da Constituição Federal proíbe a denominada *inelegibilidade reflexa* ou *inelegibilidade por arrastamento*, limitada, porém, a determinada circunscrição, considerando que o referido parágrafo estabelece que "são inelegíveis, no território de jurisdição do titular, o cônjuge e os parentes consanguíneos ou afins, até o segundo grau ou por adoção, do Presidente da República, de Governador de Estado ou Território, do Distrito Federal, de Prefeito ou de quem os haja substituído dentro dos seis meses anteriores ao pleito, salvo se já titular de mandato eletivo e candidato à reeleição"[83].

Outro tema que sempre está presente nas eleições, em especial nas disputas municipais, é a questão envolvendo a elegibilidade daqueles que substituíram os titulares no curso do mandato. A literalidade da norma do art. 14, § 5º, da CF/88 poderia revelar o mesmo rigor para aqueles que sucederam ou substituíram. Contudo, a compreensão sistemática das normas constitucionais leva-nos à conclusão de que não podemos tratar de forma igualitária as situações de substituição – exercício temporário em decorrência de impedimento do titular – e de sucessão – assunção definitiva em virtude da vacância do cargo de titular –, para fins de incidência na inelegibilidade do art. 14, § 5º, da Constituição Federal de 1988, pois, enquanto a substituição tem sempre o caráter provisório e pressupõe justamente o retorno do titular, a sucessão tem contornos de definitividade

81 RE n. 637.485, rel. Min. Gilmar Mendes, julgado em 1º de agosto de 2012.

82 Recurso Especial Eleitoral n. 32.359/AL.

83 Recurso Especial Eleitoral n. 220-71/SE e decisão singular no Recurso Extraordinário com Agravo n. 768.043/DF.

e pressupõe a titularização do mandato pelo vice (único sucessor legal do titular), razão pela qual a sucessão qualifica-se como exercício de um primeiro mandato, sendo facultado ao sucessor pleitear apenas uma nova eleição.

Por outro lado, o art. 1º, § 2º, da Lei Complementar n. 64/90 estabelece que o "Vice-Presidente, o Vice-Governador e o Vice-Prefeito poderão candidatar-se a outros cargos, preservando os seus mandatos respectivos, desde que, nos últimos 6 (seis) meses anteriores ao pleito, não tenham sucedido ou substituído o titular". Em outras palavras, sucedendo ou substituindo nos seis meses antes da eleição, poderá candidatar-se, uma única vez, para o cargo de prefeito, sendo certo que, por ficção jurídica, considera-se aquela substituição ou sucessão como se eleição fosse[84].

Portanto, com fundamento na conclusão de que o vice-prefeito que substitui ou sucede o titular nos seis meses antes do pleito pode concorrer a uma eleição ao cargo de prefeito, o TSE passou a entender que "o vice que não substituiu o titular dentro dos seis meses anteriores ao pleito poderá concorrer ao cargo deste, sendo-lhe facultada, ainda, a reeleição, por um único período" (Cta n. 1.058/DF, rel. Min. Humberto Gomes de Barros, julgada em 1º-6-2004). De fato, já no julgamento do REspe n. 19.939/SP (caso Alckmin), rel. Min. Ellen Gracie, julgado em 10-9-2002, oportunidade na qual o Tribunal enfrentou a questão da elegibilidade do vice-governador para o cargo de governador, considerando que no primeiro mandato o vice substituiu o titular diversas vezes e no segundo mandato sucedeu o titular, o TSE afirmou a elegibilidade do candidato, afastando a tese de terceiro mandato consecutivo, cuja conclusão foi mantida pelo STF no RE n. 366.488/SP, rel. Min. Carlos Veloso, julgado em 4-10-2005.

Em síntese, podemos afirmar as seguintes premissas teóricas acerca do entendimento do TSE e do STF sobre a elegibilidade daquele que substitui o titular no curso do mandato: i) o vice que não substitui o titular nos seis meses antes do pleito poderá candidatar-se ao cargo de prefeito e, se eleito, almejar a reeleição; ii) o vice que substitui o titular nos seis meses antes do pleito poderá candidatar-se ao cargo de prefeito, sendo vedada a reeleição.

3. RESTRIÇÃO OU LIMITAÇÃO DE DIREITOS POLÍTICOS: PERDA E SUSPENSÃO DE DIREITOS POLÍTICOS

A Constituição veda a cassação de direitos políticos. Reconhece-se, todavia, que, em determinados casos, haverá a perda ou a suspensão desses direitos.

A referência à perda sugere definitividade da decisão, a suspensão remete à temporariedade.

84 "REGISTRO DE CANDIDATURA. VICE-PREFEITO QUE SUBSTITUI O PREFEITO NOS SEIS MESES ANTERIORES À ELEIÇÃO. CANDIDATURA A PREFEITO. ART. 14, § 5º, DA CF. O vice-prefeito que substitui ou sucede o prefeito, nos seis meses anteriores à eleição, pode candidatar-se ao cargo de prefeito. Recurso provido" (REspe 17.568/RN, redator designado Min. Nelson Jobim, julgado em 3-10-2000).

"Reeleição. Vice-prefeito que substitui o prefeito. Candidatura ao cargo de prefeito. Possibilidade. O vice-prefeito que substitui ou sucede o prefeito, nos seis meses anteriores à eleição, pode candidatar-se ao cargo de prefeito" (AgRgREspe 17.373/MS, rel. Min. Garcia Vieira, julgado em 17-10-2000).

3.1. Perda de direitos políticos

São hipóteses de perda dos direitos políticos:

a) o cancelamento da naturalização por sentença transitada em julgado;

b) a perda da nacionalidade brasileira, por aquisição de outra nacionalidade;

c) a recusa de cumprimento de obrigação a todos imposta e da satisfação da prestação alternativa (art. 5º, VIII).

O cancelamento da naturalização somente pode dar-se em razão de atividade nociva ao interesse nacional, mediante sentença transitada em julgado (CF, art. 15, I, c/c o art. 12, § 4º, I).

Embora o texto constitucional não contemple, expressamente, *a perda da nacionalidade como causa de perda dos direitos políticos*, não há dúvida de que, verificada esta, tem-se, igualmente, a perda dos direitos políticos[85]. Assinale-se que não haverá perda da nacionalidade nos casos de reconhecimento da nacionalidade originária pela lei estrangeira ou de imposição de naturalização, pela lei estrangeira, ao brasileiro residente em Estado estrangeiro, como condição de permanência em seu território ou para o exercício de direitos civis (CF, art. 12, § 4º, I e II).

A formulação constitucional sobre a *perda de direitos políticos em razão de escusa de cumprimento de obrigação a todos imposta ou prestação alternativa* (art. 15, IV, c/c o art. 5º, VIII) resulta defeituosa, na sua expressão literal. É que a perda de direitos políticos somente poderá dar-se em caso de recusa ao cumprimento da prestação alternativa. A simples recusa ao cumprimento de obrigação geral não acarreta nem pode acarretar a aludida perda dos direitos políticos[86].

3.2. A suspensão dos direitos políticos

A suspensão dos direitos políticos, que tem caráter temporário, pode ocorrer no caso de:

a) incapacidade civil absoluta;

b) condenação criminal transitada em julgado, enquanto durarem seus efeitos;

c) improbidade administrativa, nos termos do art. 37, § 4º, da Constituição.

Reconhecida *a incapacidade civil absoluta*, na forma dos arts. 1.767 e seguintes do Código Civil, mediante sentença que decreta a interdição, tem-se a suspensão dos direitos políticos, que perdurará enquanto durarem os efeitos da interdição.

A *condenação criminal transitada em julgado* dá ensejo à suspensão dos direitos políticos, enquanto durarem os seus efeitos[87].

---

85 Cf. José Afonso da Silva, *Curso de direito constitucional positivo*, cit., p. 383.

86 José Afonso da Silva, *Curso de direito constitucional positivo*, cit., p. 383-384.

87 A jurisprudência do Tribunal Superior Eleitoral que aborda a suspensão dos direitos políticos em razão da incidência do art. 15, III, da Constituição Federal faz menção ao trânsito em julgado da sentença penal condenatória, sem especificar de forma clara o termo inicial de tal suspensão.

Acórdão TSE n. 913/RR (RO), rel. Min. Francisco Cesar Asfor Rocha, publicado em sessão de 29-8-2006 (Recurso Ordinário. Eleição 2006. Candidato. Deputado estadual. Impugnação ao pedido de registro. Condenação criminal transitada em julgado (art. 15, III, da CF). Indeferimento. Negado provimento. A condenação criminal transitada em julgado suspende os direitos políticos pelo tempo que durar a pena.)

Lavrou-se controvérsia sobre a subsistência ou não dos direitos políticos durante a vigência da suspensão condicional da pena (*sursis*). Diante da regra clara do próprio Código Penal, que não estende os efeitos do *sursis* às penas restritivas de direito, como é o caso da suspensão dos direitos políticos (CP, arts. 43, II, 47, I, e 80), afigura-se inequívoco que a suspensão condicional da pena não interfere na suspensão dos direitos políticos enquanto efeito da condenação[88].

Questão interessante colocou-se perante o TSE sobre a subsistência ou não dos direitos políticos das pessoas submetidas a medidas de segurança em razão da prática de infração pela qual não puderam ser responsabilizadas tendo em vista o estado de inimputabilidade (CP, art. 26). O art. 15, II, da Constituição prevê a suspensão dos direitos políticos em virtude de incapacidade civil absoluta. Fizeram-se algumas digressões em torno do tema. Verificou-se que o texto não trata no inciso II das hipóteses de incapacidade civil absoluta em decorrência da idade, no caso dos menores de 16 anos (CC, inciso I do art. 3º), que não são cidadãos politicamente ativos. A suspensão apenas se aplica, logicamente, aos que já poderiam gozar de direitos políticos. Portanto, o inciso II abarca os cidadãos que, segundo o art. 3º do Código Civil, por enfermidade ou deficiência mental, não tenham o necessário discernimento para a prática dos atos da vida civil e os que, mesmo por causa transitória, não puderem exprimir sua vontade.

De qualquer sorte, capacidade civil e capacidade política estão estritamente relacionadas. Partindo da disciplina legal do instituto da medida de segurança, é possível estabelecer três requisitos para sua aplicação: a ofensa de um bem jurídico relevante para o direito penal, a periculosidade do sujeito ativo e a sua inimputabilidade. Assim, o inimputável, em virtude de doença mental ou desenvolvimento mental incompleto ou retardado, que pratica uma conduta típica e ilícita, receberá a absolvição; porém, ser-lhe-á aplicada a medida de segurança. Trata-se, portanto, de uma *sentença absolutória imprópria*. Assim, o indivíduo não apenado, por ser inimputável penalmente, guarda, no plano fático, extrema semelhança com aquele que padece de incapacidade civil absoluta. No plano político-eleitoral, a referida semelhança também ocorre. A incapacidade para votar e ser votado atinge os cidadãos que ainda não alcançaram a maturidade – que são os menores de 16 anos, coincidente com a menoridade civil (incapacidade absoluta) – assim como os que padecem de alguma doença mental e, portanto, não possuem o discernimento necessário para a prática dos atos da vida política.

Acórdão TSE n. 817/PE, rel. Min. Carlos Eduardo Caputo Bastos, publicado em sessão de 7-10-2004 (Agravo regimental. Recurso ordinário. Registro de candidato. Recebimento. Recurso especial. Reexame de prova. Impossibilidade. Liminar. *Habeas corpus*. STJ. Matéria. Execução da pena. Não impedimento. Suspensão. Direitos políticos. Trânsito em julgado. Sentença criminal. Art. 15, inciso III, da CF. (...) 2. Questões pertinentes à execução da pena em nada alteram o trânsito em julgado da condenação criminal geradora da inelegibilidade. 3. O candidato encontra-se inelegível por força do trânsito em julgado de sentença condenatória criminal nos termos do art. 15, inciso III, da Constituição Federal. Agravo regimental desprovido.)

Acórdão TSE n. 22.467/MS, rel. Min. Humberto Gomes de Barros, publicado em sessão de 21-9-2004 (Recurso Especial. Eleições 2004. Regimental. Registro. Condenação criminal transitada em julgado. Direitos políticos. CF/88, art. 15, III. Autoaplicabilidade. É autoaplicável o art. 15, III, CF. Condenação criminal transitada em julgado suspende os direitos políticos pelo tempo que durar a pena. Nega-se provimento a agravo que não infirma os fundamentos da decisão impugnada.)

88 Cf. José Afonso da Silva, *Curso de direito constitucional positivo*, cit., p. 385.

A Constituição, ao tratar desses casos de incapacidade, apenas se ateve ao âmbito civil, estabelecendo de forma expressa, precisamente no art. 15, II, a possibilidade de suspensão dos direitos políticos dos cidadãos que padecem de incapacidade civil absoluta. Os casos de inimputabilidade penal, por motivo de doença mental, não estão abarcados, em princípio, pelo inciso II do art. 15. Por outro lado, ao cuidar da seara penal, o constituinte previu apenas a hipótese de suspensão dos direitos políticos no caso de condenação criminal transitada em julgado – no art. 15, III. A aplicação da medida de segurança, por advir de uma decisão *absolutória*, ainda que *imprópria*, ficou à margem da disciplina constitucional. Colocou-se uma *aparente lacuna constitucional*. Se, todavia, a teleologia constitucional procura excluir do processo político-eleitoral todos aqueles que ainda não possuem a devida capacidade para a prática dos atos da vida política, seria um total contrassenso a interpretação desses dispositivos constitucionais que levasse ao entendimento de que os indivíduos submetidos a medidas de segurança, por debilidade mental, pudessem gozar plenamente de seus direitos políticos, podendo votar e, o que causa perplexidade, ser votados.

A interpretação constitucional guiada por um pensamento de possibilidades abre-nos novas alternativas para preencher essa aparente lacuna constitucional. O *ethos* constitucional que atua como substrato axiológico do elenco de hipóteses de suspensão dos direitos políticos legitima a interpretação extensiva dos incisos II e III do art. 15, para abranger, além dos casos expressos, aqueles em que existe absolvição criminal imprópria, com aplicação de medida de segurança aos indivíduos inimputáveis, em razão de doença mental ou de desenvolvimento mental incompleto ou retardado. Essa orientação foi adotada pelo TSE no PA 19.297[89].

Outra controvérsia relevante suscita a compatibilização da norma que determina a suspensão dos direitos políticos em razão da sentença penal condenatória (art. 15, III) com a regra do art. 55, VI e § 2º, da Constituição. A questão cinge-se à discussão sobre a autoaplicabilidade do primeiro dispositivo citado. No RE 179.502 (*DJ* de 8-9-1995), entendeu o STF, na linha do voto proferido pelo Min. Moreira Alves, que a aparente antinomia entre os dois preceitos há de ser resolvida pelo critério da especialidade, pelo qual a *lex specialis* restringe, nos limites do seu âmbito, a *lex generalis*, sendo certo, portanto, que o art. 15, III, contém princípio geral de aplicação imediata, e que o art. 55, § 2º, é norma especial aplicável somente aos parlamentares federais. Assim, o entendimento dominante determina a suspensão dos direitos políticos enquanto durarem os efeitos da condenação. Excepciona-se tão somente a situação dos parlamentares federais, para os quais a suspensão dos direitos políticos está condicionada à decisão da casa legislativa (art. 55, § 2º).

Embora o tema tenha sido assim apreciado no Supremo Tribunal Federal, é importante destacar, não obstante, que parece adequada a posição vencida, esposada pelos Ministros Sepúlveda Pertence e Marco Aurélio, no sentido da não aplicabilidade automática do art. 15, III da Constituição Federal.

Na ocasião, o Min. Pertence ponderou que, ao se indagar sobre a aplicabilidade imediata do art. 15, III, deve-se partir da verificação de que, "no art. 55, para o fim de

89 PA n. 19.297/PR – Resolução TSE n. 22.193, rel. Min. Francisco Peçanha Martins, *DJ* de 11-4-2006.

perda do mandato parlamentar, distinguiram-se a hipótese de suspensão de direitos políticos – quando a perda do mandato pende apenas de um ato declaratório da Mesa das Casas do Congresso Nacional – da de perda do mandato legislativo por condenação criminal – quando dependerá a cassação de decisão constitutiva da Casa Legislativa, assegurando amplo direito de defesa ao condenado, a afastar, portanto, qualquer ideia de automaticidade". Considerou-se que não se coaduna com o sistema da Constituição a tese de que qualquer condenação criminal importa imediata suspensão de direitos políticos, aduzindo, ademais, que a matéria está a merecer regulação legislativa que especifique os crimes que ensejam a grave sanção política em questão. Nesse sentido, também a orientação perfilhada pelo Ministro Marco Aurélio:

> "Há de vir a lei que especifique os crimes que ensejam, uma vez sobrevindo condenação, a suspensão em comento, valendo notar, também, que o aconselhável seria a previsão no próprio título criminal (...) A definição dos crimes capazes de ensejar a drástica consequência, que é a suspensão dos direitos políticos, não pode ficar sujeita à formação humanística e profissional do julgador. É preciso que venha um diploma legal que, potencializando certos interesses da sociedade, revele quais os crimes que, imputados e extremos de dúvida via sentença condenatória coberta pelo manto da coisa julgada, ensejam a suspensão dos direitos políticos"[90].

O Supremo Tribunal Federal voltou a analisar a questão no julgamento da AP 470 (rel. Min. Joaquim Barbosa). Ante a condenação criminal de alguns parlamentares federais no bojo do denominado caso "mensalão", o Tribunal teve que se pronunciar definitivamente sobre a interpretação do art. 15, III, e do art. 55, §§ 2º e 3º, para então poder decidir se, com o efetivo trânsito em julgado de sua decisão penal condenatória, caberia às Casas Legislativas do Congresso Nacional apenas declarar, por ato da Mesa, a perda de mandato (aplicando o art. 15, III, c/c o art. 55, § 3º), ou se cada Casa Legislativa teria a competência exclusiva de deliberar sobre a perda do mandato, conforme o art. 55, § 2º. Por maioria, a Corte fixou que a condenação criminal transitada em julgado tem como efeito a imediata suspensão dos direitos políticos do parlamentar, conforme o art. 15, III, e o art. 55, IV, a qual se torna incompatível com a sua permanência no regular exercício do mandato político, cabendo às Mesas das Casas Legislativas, nessa hipótese, apenas declarar a efetiva perda do mandato (art. 55, § 3º).

A partir da referida decisão parece razoável considerar que não são todas as condenações criminais que geram a imediata suspensão dos direitos políticos, mas apenas aquelas cujos tipos contenham ínsitos, por exemplo, a prática de atos de improbidade administrativa, como ocorreu no denominado caso "mensalão", tais como os crimes contra a administração pública. Isso porque, nessas hipóteses, a decisão judicial condenatória compreende, logicamente, a improbidade, observado o disposto no art. 92, I, *a*, do Código Penal (modificado pela Lei n. 9.268/96), o qual impõe a perda do mandato eletivo como decorrência da condenação penal. Assim também ocorre nas condenações em que for aplicada a pena privativa de liberdade por tempo superior a 4 (quatro)

90 RE 179.502, rel. Min. Moreira Alves, *DJ* de 8-9-1995. Cf., sobre a mesma controvérsia, o MS 25.461, rel. Min. Sepúlveda Pertence, *DJ* de 29-6-2006.

anos, em razão não apenas da gravidade do delito, mas também da inviabilidade do exercício do mandato, nos termos do art. 92, I, *b*, do Código Penal (também alterado pela Lei n. 9.268/96). Com esse entendimento, procura-se prestigiar a interpretação dada à Constituição pelo próprio Poder Legislativo, ao aprovar a referida Lei n. 9.268/96, bem como preservar a força normativa do art. 55, VI e § 2º, da Constituição Federal, de modo que, nas hipóteses não compreendidas no atual art. 92, I, *a* e *b*, do Código Penal, a suspensão dos direitos políticos decorrente da condenação criminal apenas se aperfeiçoará com a decisão da Casa Legislativa que decreta a perda do mandato.

O Supremo Tribunal Federal, no entanto, no julgamento da AP 565, rel. Min. Cármen Lúcia, após condenar o Senador Ivo Cassol e ante a nova composição da Corte, que passou a contar com a presença dos ministros Teori Zavascki e Roberto Barroso, parece haver alterado seu posicionamento para entender que a condenação criminal com trânsito em julgado não gera a perda do mandato parlamentar em razão da suspensão dos direitos políticos. A corrente vencedora na Corte assentou que a perda do mandato deverá ser resultado de deliberação da Casa legislativa a que pertencer o congressista condenado pela Suprema Corte, conforme interpretação do art. 55, § 2º, da CF/88.

Essa nova interpretação tampouco pode-se dizer firme e tranquila, uma vez que contou com os votos dos dois ministros mais recentes da Corte, Teori Zavascki e Roberto Barroso, todavia, este último parece haver alterado o seu entendimento, visto que concedeu liminar em mandado de segurança impetrado por parlamentar para suspender o resultado de deliberação levada a cabo pela Câmara dos Deputados, que mesmo ante a condenação do deputado federal Natan Donadon, manteve o seu mandato (MS 32.326, rel. Min. Roberto Barroso, *DJe* de 4-9-2013).

Tudo indica, portanto, que o Supremo Tribunal Federal deverá debruçar-se novamente sobre o tema para tentar definir algum entendimento.

Nos termos da Constituição (art. 14, § 9º), a Lei Complementar n. 64/90 estabelece serem inelegíveis para qualquer cargo os que forem condenados criminalmente, com sentença transitada em julgado, pela prática de crimes contra a economia popular, a fé pública, a Administração Pública, o patrimônio público, o sistema financeiro, contra o meio ambiente e a saúde pública, entre vários outros. Nesse caso, não se trata de suspensão de direitos políticos em razão de condenação criminal transitada em julgado (art. 15, III), mas de inelegibilidade baseada em prática de determinadas infrações penais na forma de lei complementar competente (art. 1º, *e*).

A Constituição Federal prevê que *a improbidade administrativa* dos agentes públicos, verificada em processo de índole civil, poderá resultar em suspensão de direitos políticos (CF, art. 37, § 4º). A matéria está disciplinada na Lei n. 8.249, de 2-6-1992, que regula a ação civil de improbidade administrativa. Na referida lei, admite-se a aplicação da suspensão de direitos políticos pelo prazo de oito a dez anos (art. 12). A lei explicita que a pena de suspensão dos direitos políticos, na ação de improbidade, está condicionada ao trânsito em julgado da decisão condenatória (art. 20).

Existe controvérsia a respeito da possibilidade de aplicação da Lei n. 8.429/92 aos agentes políticos já submetidos ao regime de crime de responsabilidade e, ainda, sobre se a ação de improbidade contra a autoridade detentora de prerrogativa de foro pode ser proposta perante autoridade judicial de primeira instância.

No julgamento da Rcl. 2.138/DF, em 13-6-2007, o Supremo Tribunal Federal decidiu que determinados agentes políticos (Ministros de Estado) que respondem por crime de responsabilidade não estão submetidos à Lei de Improbidade e que o juízo de primeira instância não possui competência para julgar ação civil de improbidade administrativa contra tais autoridades.

Parecem de difícil conciliação as pretensões que se manifestam no sentido do processo e julgamento dessas ações perante a autoridade judicial de 1º grau com as regras constitucionais que asseguram a prerrogativa de foro.

Um claro exemplo advém da situação jurídica do Presidente da República.

O Chefe do Poder Executivo federal responde a processo criminal perante o Supremo Tribunal Federal, após autorização concedida pela Câmara de Deputados (CF, art. 102, I, *b*, c/c o art. 86, *caput*). O Presidente da República submete-se também ao julgamento por crime de responsabilidade, inclusive em razão de ato de improbidade perante o Senado Federal, após a licença para o processo deferida pela Câmara dos Deputados (CF, arts. 85 e 86).

Ainda assim, estaria ele submetido à ação de improbidade, podendo ter os seus direitos suspensos pela decisão das instâncias ordinárias?

E mais se pode indagar: seria legítimo o afastamento do Presidente da República de suas funções mediante decisão do juiz de 1º grau, tal como prevê e autoriza a Lei de Improbidade?

Uma resposta positiva a essa indagação tornaria dispensáveis todas as normas de organização e procedimento que foram previstas para julgamento do Presidente da República, nos crimes comuns e no de responsabilidade, na Constituição Federal. E, mais! Legítima a hipótese formulada, poderia o Presidente da República ser afastado por decisão de um juiz de 1º grau que acolhesse proposta de afastamento da autoridade do cargo, com base no art. 20, parágrafo único, da Lei de Improbidade.

O exame da questão, tal como posta, mostra a dificuldade, se não a impossibilidade de aplicação da referida lei às autoridades que estão submetidas a regime especial de crime de responsabilidade.

Esse foi o entendimento acolhido pelo Supremo Tribunal Federal no citado julgamento da Rcl. 2.138/DF, redator para o acórdão o Ministro Gilmar Mendes.

4. DOS PARTIDOS POLÍTICOS

4.1. Considerações preliminares

A Constituição de 1988 atribuiu relevo ímpar à participação dos partidos no processo eleitoral, estabelecendo como condição de elegibilidade a filiação partidária (art. 17).

Assegura-se a liberdade de criação, fusão, incorporação e extinção de partidos políticos, resguardados determinados princípios.

Os partidos políticos são importantes instituições na formação da vontade política. A ação política realiza-se de maneira formal e organizada pela atuação dos partidos políticos. Eles exercem uma função de mediação entre o povo e o Estado no processo de formação da vontade política, especialmente no que concerne ao processo eleitoral[91]. Mas não somente durante essa fase ou período. O processo de formação de vontade política transcende o momento eleitoral e se projeta para além desse período. Enquanto instituições permanentes de participação política, os partidos desempenham função singular na complexa relação entre o Estado e a sociedade. Como nota Grimm, se os partidos políticos estabelecem a mediação entre o povo e o Estado, na medida em que apresentam lideranças pessoais e programas para a eleição e procuram organizar as decisões do Estado consoante as exigências e as opiniões da sociedade, não há dúvida de que eles atuam nos dois âmbitos.

Assim, a questão não mais é de saber se eles integram a sociedade ou o Estado, mas em que medida estão integrados em um e outro âmbito[92].

É certo, ademais, como se tem referido, que, na democracia partidária, tem-se um Estado partidariamente ocupado, o que coloca em confronto os partidos que ocupam funções e cargos no governo e aqueles que atuam apenas junto ao povo[93]. Afigura-se inevitável, igualmente, que para a agremiação partidária no poder se coloque o dilema de atuar exclusivamente no âmbito do Estado, enquanto partido do Governo, ou se deverá atuar também como organização partidária no âmbito da sociedade.

A história dos partidos políticos no Brasil é uma história acidentada. Até 1831 não existia partido político. Havia somente duas facções: governo e oposição. A partir de 1831, surgiram os primeiros partidos: o Restaurador, o Republicano e o Liberal[94]. Sob a Constituição do Império (1824), organizaram-se, após um início um pouco tumultuado, duas forças políticas: o Partido Liberal e o Partido Conservador (1837-1838), que dominaram a cena política do Segundo Império. Em 1862-1864, constituiu-se o Partido Progressista, decorrente da cisão de ala liberal do Partido Conservador. Em 1868, foi criado o novo Partido Liberal, que uniu progressistas e liberais radicais. Em 1870, fundou-se o Partido Republicano.

O sistema eleitoral foi disciplinado até 1842 por instruções publicadas em 1824. Em 1846, promulgou-se a primeira lei eleitoral, que vigorou até 1855. Essa lei previa que cada Província constituiria uma circunscrição eleitoral e o candidato a deputado poderia ser votado pelo eleitor domiciliado em qualquer lugar da Província[95]. Esse modelo – observa José Afonso da Silva – viria a ser utilizado, posteriormente, no sistema de representação proporcional[96]. A lei de 19-9-1855 adotou o chamado sistema de círculos

---

91 Dieter Grimm, Politische Parteien, in Ernst Benda, Werner Maihofer, Hans-Jochen Vogel (Hrsg.), *Handbuch des Verfassungsrechts*, Band 1, Berlim/Nova York, 1995, p. 599 (p. 606).

92 Cf. Dieter Grimm, Politische Parteien, in Ernst Benda, Werner Maihofer, Hans-Jochen Vogel (Hrsg.), *Handbuch des Verfassungsrechts*, Band 1, cit., p. 599 (613).

93 Cf. Dieter Grimm, Politische Parteien, in Ernst Benda, Werner Maihofer, Hans-Jochen Vogel (Hrsg.), *Handbuch des Verfassungsrechts*, Band 1, cit., p. 636.

94 Manoel Rodrigues Ferreira, *A evolução do sistema eleitoral brasileiro*, Brasília: Conselho Editorial do Senado Federal, 2001, p. 167.

95 Cf. José Afonso da Silva, Partidos políticos e sistemas eleitorais: o caso brasileiro, *Revista da Procuradoria-Geral do Estado de São Paulo*, n. 17, p. 287 (292-293).

96 Cf. José Afonso da Silva, Partidos políticos e sistemas eleitorais: o caso brasileiro, *Revista da Procuradoria-Geral do Estado de São Paulo*, cit., p. 287 (295).

(distritos eleitorais), no qual se elegia um representante pelo voto da maioria dos eleitores. Em 1860, foi criado o distrito de três deputados. Em 1875, foi adotada a *Lei dos Dois Terços*, que estabelecia a possibilidade de o eleitor votar em 2/3 dos candidatos às vagas. Afirmava-se que, assim, remanesceria pelo menos 1/3 das vagas para a minoria.

Em 1881, sobreveio a Lei Saraiva, que consagrou ampla reforma eleitoral, com a adoção da eleição direta para deputados[97]. Após a proclamação da República, a Constituição de 1891 consagrou o sufrágio universal, direto e a descoberto, efetivado mediante assinatura do eleitor perante as mesas eleitorais. Esse tipo de eleição "a bico de pena" – diz José Afonso da Silva – "(...) impedia o desenvolvimento da liberdade do voto, sujeitava o voto das camadas dependentes à vontade dos titulares reais dos poderes locais, os coronéis, possibilitava a fraude eleitoral e a falsificação das atas eleitorais"[98]. O sistema eleitoral era majoritário e dividido em distritos. Tal sistema deu ensejo ao surgimento de forças partidárias locais ou partidos regionais. Com a Revolução de 1930, verificou-se uma tentativa de reorganização partidária e formação de importantes grupos de opinião. Surgiu o Partido Comunista Brasileiro e formaram-se grupos que deram ensejo à Aliança Integralista Brasileira. A Constituição de 1934 refletiu as contradições dessas várias forças, tendo no seu processo constituinte a participação não só de grupamentos políticos, mas também das instituições de representação profissional. A Constituição previu que a Câmara dos Deputados seria composta de representantes do povo, eleitos mediante sistema proporcional e sufrágio universal, igual e direto, e de representantes eleitos pelas organizações profissionais. O modelo não chegou a ser implementado ante o advento do Golpe de Estado em 10-11-1937. A ditadura Vargas não dependeu de forças partidárias para se consolidar, assentada que estava no poderio das Forças Armadas e das oligarquias estaduais. No ocaso do período ditatorial, Vargas convocou novas eleições parlamentares por meio do Decreto-Lei n. 7.586, de 1945, que continha disposições sobre alistamento e processo eleitoral e previa a formação de instituições partidárias. Posteriormente, a estes parlamentares eleitos foram atribuídos poderes constituintes, consoante Lei Constitucional n. 13, de 1945.

Surgiram a União Democrática Nacional (UDN), formada por forças de oposição à ditadura, o Partido Social Democrático (PSD), liderado pelos Interventores estaduais do Governo Vargas, e o Partido Trabalhista Brasileiro, incentivado por Getúlio. Outras organizações partidárias formaram-se ou reestruturaram-se, nesse período, como o Partido Comunista Brasileiro (PCB), o Partido Democrata Cristão (PDC) e o Partido Libertador (PL)[99]. A Constituição de 1946 consagrou o sufrágio universal e direto, o voto secreto e assegurou o modelo proporcional para eleição à Câmara dos Deputados de partidos nacionais. Múltiplos fatores contribuíram para a proliferação de legendas partidárias, dentre eles o próprio sistema eleitoral proporcional, a ausência de tradição

97 Cf. José Afonso da Silva, Partidos políticos e sistemas eleitorais: o caso brasileiro, *Revista da Procuradoria-Geral do Estado de São Paulo*, cit., p. 287 (295).

98 Cf. José Afonso da Silva, Partidos políticos e sistemas eleitorais: o caso brasileiro, *Revista da Procuradoria-Geral do Estado de São Paulo*, cit., p. 287 (298).

99 Cf. José Afonso da Silva, Partidos políticos e sistemas eleitorais: o caso brasileiro, *Revista da Procuradoria-Geral do Estado de São Paulo*, cit., p. 287 (308).

quanto à instituição de partidos de feição nacional – a despeito da exigência de que tivessem estrutura nacional –, o personalismo na atividade política e o regionalismo. Após a instalação do regime militar, em abril de 1964, foi editada a Lei Orgânica dos Partidos Políticos (Lei n. 4.740, de 15-7-1965), que fixou critérios mais rígidos para criação de novas agremiações. Em 27-10-1965, foi editado o Ato Institucional n. 2, que extinguiu os partidos políticos existentes.

O Ato Complementar n. 4, de 20-11-1965, acabou por impor o bipartidarismo no país, fazendo com que as forças políticas se aglutinassem na Aliança Renovadora Nacional (ARENA), que apoiava o governo, e no Movimento Democrático Brasileiro (MDB), de oposição. A Constituição de 1967 e, posteriormente, a Emenda Constitucional n. 1/69 não alteraram substancialmente o quadro institucional relativo à organização partidária, que continuou a ser restritivo quanto à liberdade de organização partidária. Nas eleições parlamentares de 1974, o partido de oposição logrou obter expressiva vitória nas urnas, elegendo 16 Senadores (das 22 vagas em disputa) e 160 Deputados (das 364 vagas em disputa). Em 1º-7-1976, foi promulgada a chamada Lei Falcão (Lei n. 6.339), que preconizava que "na propaganda, os partidos limitar-se-ão a mencionar a legenda, o currículo e o número do registro dos candidatos na Justiça Eleitoral, bem como a divulgar, pela televisão, suas fotografias, podendo, ainda, anunciar o horário e o local dos comícios". A Lei n. 6.767, de 1979, extinguiu o modelo bipartidário então existente, dando início à reorganização dos partidos.

4.2. Autonomia, liberdade partidária, democracia interna e fidelidade partidária

4.2.1. Noções gerais

A Constituição assegura aos partidos políticos autonomia para definir sua estrutura interna e funcionamento, devendo seus estatutos estabelecer normas de fidelidade e disciplina partidária (art. 17 e § 1º)[100].

O Supremo Tribunal Federal tem entendido que "a autonomia partidária não se estende a ponto de atingir a autonomia de outro partido, cabendo à lei regular as relações entre dois ou mais deles". Assim, o Tribunal rejeitou a arguição de inconstitucionalidade do art. 22 da Lei n. 9.096/95, que prescreve que "quem se filia a outro partido deve fazer comunicação ao partido e ao juiz de sua respectiva Zona Eleitoral, para cancelar sua filiação. Se não o fizer no dia imediato ao da nova filiação, fica configurada dupla filiação, sendo ambas consideradas nulas para todos os efeitos". Entendeu-se que a nulidade que impõe o art. 22 da Lei n. 9.096/95 é consequência da vedação da dupla filiação e, por consequência, do princípio da fidelidade partidária[101].

100 O art. 3º da Lei n. 9.096/95 diz que "é assegurada, ao partido político, autonomia para definir sua estrutura interna, organização e funcionamento". O art. 14 da mesma lei diz que "o partido é livre para fixar, em seu programa, seus objetivos políticos e para estabelecer, em seu estatuto, a sua estrutura interna, organização e funcionamento".

101 ADI 1.465, rel. Min. Joaquim Barbosa, *DJ* de 6-5-2005. Pet.-AgRg, 1.600, rel. Min. Sepúlveda Pertence, *DJ* de 26-3-1999.

A autonomia partidária não poderá realizar-se sem observância dos princípios básicos enunciados na Constituição, especialmente o respeito à *soberania nacional*, o *regime democrático*, o *pluripartidarismo* e os *direitos fundamentais da pessoa humana*.

A Constituição exige, ainda, que os partidos estejam organizados nacionalmente, não recebam recursos financeiros de entidades ou governos estrangeiros ou de subordinação a estes, prestem contas à Justiça Eleitoral e tenham funcionamento parlamentar na forma da lei (art. 17, *caput*, I a IV)[102]. Regra de relevo no que concerne à auto-organização dos partidos diz respeito à proibição de organização paramilitar (art. 17, § 4º)[103].

O recebimento de recursos financeiros de procedência estrangeira, a subordinação a entidade ou governo estrangeiro, a manutenção de organização paramilitar e a não prestação de contas, nos termos da lei, à Justiça Eleitoral poderão ocasionar o cancelamento do registro civil e do estatuto do partido mediante decisão do Tribunal Superior Eleitoral, após o trânsito em julgado da decisão (Lei n. 9.096/95, art. 28).

A Lei dos Partidos Políticos veda o recebimento por parte das agremiações partidárias de contribuições estimáveis em dinheiro advindas de autoridades ou órgãos públicos, autarquias, empresas públicas ou concessionárias de serviços públicos, sociedades de economia mista, fundações[104] ou entidades governamentais, e entidades de classe (Lei n. 9.096/95, art. 31, II, III e IV). O TSE, respondendo a consulta que lhe foi formulada, fixou entendimento no sentido de que incide a vedação prevista no art. 31, II, da Lei n. 9.096/95 em relação à contribuição de filiado, ocupante de função ou cargo comissionado, calculada em percentual sobre a sua remuneração e recolhida mediante consignação em folha de pagamento[105].

A aquisição da personalidade jurídica dá-se na forma da lei civil[106]. Somente depois de obtido o reconhecimento da personalidade jurídica na forma da lei civil, faz-se o registro no Tribunal Superior Eleitoral (CF, art. 17, § 2º; Lei n. 9.096/95, art. 7º)[107].

---

102 O art. 5º da Lei n. 9.096/95 diz que "a ação do partido tem caráter nacional e é exercida de acordo com seu estatuto e programa, sem subordinação a entidades ou governos estrangeiros".

103 O art. 6º da Lei n. 9.096/95 diz que "é vedado ao partido político ministrar instrução militar ou paramilitar, utilizar-se de organização da mesma natureza e adotar uniforme para seus membros".

104 "PRESTAÇÃO DE CONTAS – RECEBIMENTO DE VALORES – FUNDAÇÃO.O que se contém no inciso III do artigo 31 da Lei n. 9.096/95, quanto às fundações, há de ser observado consideradas as fundações de natureza pública. [...]" (Acórdão TSE n. 25.559, de 30-2-2006, rel. Marco Aurélio.)

105 "CARGO OU FUNÇÃO DE CONFIANÇA – CONTRIBUIÇÃO A PARTIDO POLÍTICO – DESCONTO SOBRE A REMUNERAÇÃO – ABUSO DE AUTORIDADE E DE PODER ECONÔMICO – DIGNIDADE DO SERVIDOR – CONSIDERAÇÕES – Discrepa do arcabouço normativo em vigor o desconto, na remuneração do servidor que detenha cargo de confiança ou exerça função dessa espécie, da contribuição para o partido político." (Resolução TSE n. 1.135, de 14-6-2005, rel. Min. Marco Aurélio.)

106 Revogou-se a antiga Lei Orgânica dos Partidos Políticos – LOPP (Lei n. 5.682/71), que atribuía aos partidos políticos personalidade jurídica de direito público.

107 Só é admitido o registro do estatuto de partido que tenha caráter nacional, considerando-se como tal aquele que comprove o apoiamento de eleitores correspondente a, pelo menos, 1/2% (meio por cento) dos votos dados na última eleição geral para a Câmara dos Deputados, não computados os votos em branco e os nulos, distribuídos por 1/3 (um terço), ou mais, dos Estados, com um mínimo de 1/10% (um décimo por cento) do eleitorado que haja votado em cada um deles. Só o partido que tenha registrado seu estatuto no Tribunal Superior Eleitoral pode participar do processo eleitoral, receber recursos do Fundo Partidário e ter acesso gratuito ao rádio e à te-

Embora se afirme o caráter privado do partido sob a Constituição de 1988, é certo que o seu papel, enquanto instituição que exerce relevante função de mediação entre o povo e o Estado, confere-lhe características especiais e diferenciadas, que não se deixam confundir com uma simples instituição privada. Daí ressaltar-se que o partido é dotado de natureza complexa, que transita entre a esfera puramente privada e a própria esfera pública.

Numa democracia em funcionamento e desenvolvimento plenos, afigura-se fundamental que se assegure a democracia interna nos partidos.

Diferentemente, por exemplo, de alguns textos constitucionais (v. g., Lei Fundamental de Bonn, art. 31), a Constituição de 1988 e a Lei dos Partidos Políticos (Lei n. 9.096/95) não consagraram expressamente o princípio da democracia interna nos partidos. Não significa, porém, que tal princípio não esteja contemplado pela nossa ordem constitucional.

A autonomia organizatória não há de realizar-se com o sacrifício de referenciais democráticos. A função de mediação e de formação da vontade impõe que o partido assegure plena participação a seus membros nos processos decisórios. Não poderá o partido adotar, em nome da autonomia e da liberdade de organização, princípios que se revelem afrontosos à ideia de democracia[108], ou, como observa Canotilho, a *democracia de partidos* postula a *democracia no partido.*

O papel de mediação desempenhado pelos partidos na relação Estado/sociedade parece exigir a observância rigorosa do princípio de democracia interna, sob pena de se afetar a autenticidade desse processo. Como as candidaturas somente podem ser apresentadas, no sistema jurídico brasileiro, por meio dos partidos, é fundamental que as decisões tomadas pelas agremiações partidárias sejam pautadas por princípios democráticos. A adoção de determinados modelos eleitorais enfatiza ainda mais a necessidade de aplicação rigorosa do princípio da democracia interna. Assim, o chamado sistema proporcional de "listas fechadas" outorga, em certa medida, forte carga de vinculatividade, na medida em que, em relação a muitas agremiações, uma dada posição na lista representa praticamente a outorga do mandato eleitoral.

Nos termos da Lei dos Partidos Políticos, cabe às agremiações partidárias disciplinar nos seus estatutos a sua estrutura interna, organização e funcionamento, devendo o estatuto conter normas sobre nome, denominação abreviada, sede, formas de filiação e desligamento de seus membros, direitos e deveres dos filiados, modo como se organiza e administra, com a definição de sua estrutura geral e identificação, composição e

---

levisão. E somente o registro do estatuto do partido no TSE assegura a exclusividade da sua denominação, sigla e símbolos, vedada a utilização, por outros partidos, de variações que venham a induzir a erro ou confusão (§§ 1º, 2º e 3º do art. 7º da Lei n. 9.096/95). O TSE tem decidido que, para que o pedido de registro de partido seja deferido, é necessário que se cumpram os requisitos dispostos no art. 8º da Lei n. 9.096/95. Só então é que se poderá registrar o estatuto naquela Corte (art. 7º da Lei n. 9.096/95), observando, inclusive, o § 1º do art. 7º da Lei dos Partidos Políticos (Acórdão TSE n. 302, de 7-6-2005, rel. Min. Luiz Carlos Madeira; Resolução TSE n. 21.938, de 11-10-2004, rel. Min. Luiz Carlos Madeira; Resolução TSE n. 21.566, de 18-11-2003, rel. Min. Ellen Gracie; Resolução TSE n. 21.052, de 2-4-2002, rel. Min. Sepúlveda Pertence; Resolução n. 20.597, de 13-4-2000, rel. Min. Garcia Vieira; Resolução n. 20.443, de 25-5-1999, rel. Min. Costa Porto).

108 Cf. José Elaeres Marques Teixeira, Democracia nos partidos, in *Boletim Científico, Escola Superior do Ministério Público da União*, n. 8, p. 83 (96), jul./set. 2003.

competências dos órgãos partidários nos níveis municipal, estadual e nacional, duração dos mandatos e processo de eleição dos seus membros, fidelidade e disciplina partidárias, processo para apuração de infrações e aplicação de penalidades, assegurado amplo direito de defesa, condições e forma de escolha de seus candidatos a cargos e funções eletivas, finanças e contabilidade e procedimento de reforma do programa e do estatuto (Lei n. 9.096/95, arts. 3º, 14 e 15).

É pacífica, porém, a orientação de que cabe à Justiça Eleitoral analisar a observância do devido processo legal pelo partido, sem que esse controle interfira na autonomia das agremiações partidárias[109].

Entende-se, igualmente, que a autonomia assegurada aos partidos políticos não abrange questões que se inserem no processo eleitoral, como a admissão de candidaturas natas ou a proporção entre candidato de um e de outro sexo[110].

Considera-se, também, que os atos partidários que importem lesão a direito subjetivo não estão excluídos da apreciação pelo Judiciário, não havendo cogitar de violação à autonomia constitucional dos partidos em razão de ato de prestação jurisdicional[111].

Nesse sentido, não se pode deixar de considerar que os partidos políticos, como um tipo especial de associação privada, conforme André Rufino do Vale, têm sua autonomia limitada pelos direitos fundamentais de seus membros. A relevante função pública exercida pelo partido político impõe a sua submissão aos princípios constitucionais, especialmente às normas que asseguram direitos e garantias fundamentais. Trata-se, aqui também, de aplicabilidade de direitos fundamentais no âmbito privado (*Drittwirkung der Grundrechte*)[112].

4.2.2. Fidelidade partidária e extinção do mandato

O art. 17, § 1º, da Constituição dispõe que os estatutos dos partidos políticos devem estabelecer normas de disciplina e fidelidade partidária. A matéria está disciplinada nos arts. 23 a 26 da Lei n. 9.096/95.

No contexto de uma democracia partidária e do sistema eleitoral proporcional, o valor constitucional da fidelidade partidária tem uma densidade ainda maior.

O modelo de democracia representativa adotado pela Constituição qualifica o mandato como eminentemente representativo da vontade popular (deputados) e dos

109 Acórdão TSE n. 23.913, de 26-10-2004, rel. Min. Gilmar Mendes. Decidiu o TSE, em outro caso, que, "com o advento do novo regime legal sobre organização partidária, a Justiça Eleitoral não pode mais se ocupar das questões relativas à dissidência interna dos partidos políticos". Resolução TSE n. 22.027, de 16-6-2005, rel. Min. Luiz Carlos Madeira. Os denominados atos *interna corporis* dos partidos políticos não se sujeitam ao controle da Justiça Eleitoral. Acórdão TSE n. 338, de 16-12-2004, rel. Min. Peçanha Martins.

110 Acórdão TSE n. 97 (RO 97), rel. Min. Eduardo Andrade Ribeiro de Oliveira, julgado e publicado em sessão de 25-8-1998; Acórdão TSE n. 12.990 (REsp 12.990), rel. Min. Eduardo Andrade Ribeiro de Oliveira, julgado e publicado em sessão de 23-9-1996.

111 Cf. Recurso Especial TSE n. 13.750, rel. Min. José Eduardo Rangel de Alckmin, julgado e publicado em sessão de 12-11-1996.

112 André Rufino do Vale, *Drittwirkung* de direitos fundamentais e associações privadas, *Revista de Direito Público*, Brasília: Instituto Brasiliense de Direito Público, n. 9, p. 68, jul./set. 2005.

entes federativos (senadores). Assim, o art. 45 da Constituição dispõe que "a Câmara dos Deputados compõe-se de representantes do povo", e o art. 46 estabelece que "o Senado Federal compõe-se de representantes dos Estados e do Distrito Federal".

Como analisado, o art. 45 estabelece que a representação popular é obtida por meio do sistema eleitoral de caráter proporcional, concebendo uma verdadeira democracia partidária.

No sistema eleitoral proporcional adotado no Brasil, os partidos políticos detêm um monopólio absoluto das candidaturas[113]. A filiação partidária, no sistema político delineado na Constituição, constitui uma condição de elegibilidade, como prescreve o art. 14, § 3º, V. A Lei n. 13.488/2017 expressamente reforçou que "é vedado o registro de candidatura avulsa, ainda que o requerente tenha filiação partidária". Já em 2015, a Lei n. 13.165 deu nova redação ao art. 9º da Lei n. 9.504/97, passando a exigir a filiação partidária deferida seis meses antes da realização do pleito eleitoral.

Se considerarmos a exigência de filiação partidária como condição de elegibilidade e a participação do voto de legenda na eleição do candidato, tendo em vista o modelo eleitoral proporcional adotado para as eleições parlamentares, parece certo que a permanência do parlamentar na legenda pela qual foi eleito torna-se condição imprescindível para a manutenção do próprio mandato.

Assim, ressalvadas situações específicas decorrentes de ruptura de compromissos programáticos por parte da agremiação, perseguição política ou outra situação de igual significado, o abandono da legenda deve dar ensejo à extinção do mandato.

Na verdade, embora haja participação especial do candidato na obtenção de votos com o objetivo de posicionar-se na lista dos eleitos, tem-se que a eleição proporcional se realiza em razão de votação atribuída à legenda. Ademais, como se sabe, com raras exceções, a maioria dos eleitos nem sequer logra obter o quociente eleitoral, dependendo a sua eleição dos votos obtidos pela agremiação.

Nessa perspectiva, não parece fazer sentido, do atual prisma jurídico e político, que o eventual eleito possa, simplesmente, desvencilhar-se dos vínculos partidários originalmente estabelecidos, carregando o mandato obtido em um sistema no qual se destaca o voto atribuído à agremiação partidária a que estava filiado para outra legenda.

Essas razões foram consideradas pelo Supremo Tribunal Federal, em julgamento histórico realizado nos dias 3 e 4 de outubro de 2007, que revisou sua antiga jurisprudência e decidiu que o abandono, pelo parlamentar, da legenda pela qual foi eleito, tem como consequência jurídica a extinção do mandato[114].

Como se sabe, vinha sendo até aqui pacífica a orientação no Supremo Tribunal Federal de que a infidelidade partidária não deveria ter repercussão sobre o mandato parlamentar[115]. A maior sanção que a agremiação partidária poderia impor ao filiado infiel era a exclusão de seus quadros.

113 Cf. Maurice Duverger, *Os partidos políticos*, Rio de Janeiro: Zahar Ed., 1970, p. 388.

114 Mandados de Segurança n. 26.602/DF (PPS), 26.603/DF (PSDB) e 26.604/DF (DEMOCRATAS), da relatoria dos Ministros Eros Grau, Celso de Mello e Cármen Lúcia, respectivamente.

115 MS 20.297/DF, rel. Min. Moreira Alves, julgado em 11-10-1989.

É certo que o entendimento jurisprudencial adotado pelo Supremo Tribunal Federal no MS n. 20.927 justificou-se sob um contexto histórico específico[116].

Naquele julgamento, o Ministro Francisco Rezek pôde vislumbrar o dia em que a Corte Suprema teria de rever seu posicionamento. Em suas palavras: "Tenho a certeza de que as coisas não permanecerão como hoje se encontram. (...) Sei que o futuro renderá homenagem à generosa inspiração cívica da tese que norteou os votos dos eminentes Ministros Celso de Mello, Paulo Brossard, Carlos Madeira e Sydney Sanches".

Talvez o quadro partidário imaginado por Rezek ainda não se tenha concretizado no Brasil, mas o Supremo Tribunal Federal soube perceber, claramente, a imperiosa necessidade da mudança de sua orientação firmada naquele julgamento.

A própria realidade partidária observada no Brasil, no último decênio, faz transparecer a inadequação da interpretação sobre o princípio da fidelidade partidária que se vinha fazendo ao longo de todos esses anos.

Essa constatação já ficara patente no julgamento conjunto das ADI 1.351 e 1.354, de relatoria do Ministro Marco Aurélio, em que se discutiu a constitucionalidade da denominada "cláusula de barreira"[117]. Em voto proferido na ocasião, fiz questão de expor posicionamento pessoal sobre o tema, afirmando a necessidade da imediata revisão do entendimento jurisprudencial adotado pelo Tribunal desde o julgamento do MS 20.927.

A questão chegou primeiro ao Tribunal Superior Eleitoral (em 27-3-2007), que proferiu uma interpretação evolutiva de nosso ordenamento constitucional, transpondo os limites fixados pelo Supremo Tribunal Federal no julgamento do MS 20.927. A decisão do TSE (Consulta n. 1.398, rel. Min. César Asfor Rocha) fundamentou-se, principalmente, nas características do sistema proporcional adotado no Brasil. Em síntese, disse o TSE que, no sistema proporcional (com regras de quociente eleitoral e quociente partidário), o mandato é do partido, e a mudança de agremiação, após a diplomação, gera a extinção do mandato parlamentar.

Posteriormente (em 1º-8-2007), o TSE voltou a decidir sobre a questão, reafirmando o posicionamento anterior, no sentido de que "o mandato é do partido e, em tese, o parlamentar o perde ao ingressar em novo partido" (Consulta n. 1.423, rel. Min. José Delgado).

O certo é que a presença dos partidos políticos num regime democrático modifica a própria concepção que se tem de democracia.

No regime de democracia partidária, os candidatos recebem os mandatos tanto dos eleitores como dos partidos políticos. A representação é ao mesmo tempo popular e partidária. E, como ensinou Duverger, "o mandato partidário tende a sobrelevar o

---

116 A CF de 1967/1969 consagrava expressamente a infidelidade partidária como causa de perda do mandato: "Art. 152. A organização, o funcionamento e a extinção dos Partidos Políticos serão regulados em lei federal, observados os seguintes princípios: (...) Parágrafo único. Perderá o mandato no Senado Federal, na Câmara dos Deputados, nas Assembleias Legislativas e nas Câmaras Municipais quem, por atitudes ou pelo voto, se opuser às diretrizes legitimamente estabelecidas pelos órgãos de direção partidária ou deixar o Partido sob cuja legenda foi eleito. A perda do mandato será decretada pela Justiça Eleitoral, mediante representação do Partido, assegurado o direito de ampla defesa.

117 ADI 1.351, rel. Min. Marco Aurélio, *DJ* de 30-3-2007.

mandato eleitoral". Nesse contexto, o certo é que os candidatos, eles mesmos, não seriam os detentores dos mandatos.

Os mandatos pertenceriam, assim, aos partidos políticos. As vagas conquistadas no sistema eleitoral proporcional pertenceriam às legendas. Esta é uma regra que parece decorrer da própria lógica do regime de democracia representativa e partidária vigente em nosso país.

Isso não implica a adoção de uma concepção de mandato imperativo ou de mandato vinculado. A democracia representativa no Brasil pressupõe a figura do mandato representativo, segundo o qual o representante não fica vinculado aos seus representados. O mandato representativo não pode ser revogado pelos eleitores nem pelos partidos. O mandato representativo é mandato livre.

A democracia partidária e o papel centralizador das candidaturas que detêm os partidos nesse regime são perfeitamente compatíveis com a ideia de mandato livre. Nos diversos modelos político-eleitorais, nunca se cogitou de que nos sistemas proporcionais o monopólio absoluto das candidaturas pertencente aos partidos políticos fosse inconciliável com a concepção genuína do mandato representativo.

Em Portugal, por exemplo, onde se adota um modelo de mandato representativo ou de mandato livre, a regra é que os parlamentares que abandonem suas legendas podem continuar a exercer o mandato como independentes, se não se filiarem a qualquer outro partido; mas se isso ocorrer, ou seja, se a desfiliação for seguida de filiação a outra agremiação política, tem-se então hipótese de parlamentar trânsfuga, fato que gera a imediata perda do mandato (CRP, art. 160, *c*)[118].

Na Espanha, onde também se adota a concepção de mandato livre, *el transfuguismo* é prática há muito condenada pela sociedade[119].

Em verdade, nas modernas democracias representativas, tem-se uma nova concepção de mandato partidário, a partir de elementos dos modelos de mandato representativo e mandato imperativo.

A manutenção das vagas conquistadas no sistema proporcional, portanto, constitui um direito dos partidos políticos, que não é incompatível, ressalte-se, com os direitos assegurados no estatuto constitucional dos congressistas. A taxatividade do rol especificado no art. 55 da Constituição, como garantia fundamental assegurada aos parlamentares, não é contrária à regra da extinção do mandato como decorrência lógica do próprio sistema eleitoral de feição proporcional adotado em nosso regime democrático partidário.

Não se está a tratar de perda de mandato como sanção aplicada ao parlamentar por ato de infidelidade partidária. Isso ficou bem claro já no julgamento da Consulta n. 1.398 no Tribunal Superior Eleitoral.

118 Maria de Fátima Abrantes Mendes e Jorge Miguéis, *Lei Eleitoral da Assembleia da República*. Actualizada, anotada e comentada e com os resultados eleitorais de 1976 a 2002.

119 Javier García Roca, Los derechos de los representantes: una regla individualista de la democracia, in *La democracia constitucional*. Estudios en homenaje al Profesor Francisco Rubio Llorente, Madrid: Congreso de los Diputados, Tribunal Constitucional, Universidad Complutense de Madrid, Fundación Ortega y Gasset, Centro de Estudios Políticos y Constitucionales, 2002, p. 863.

Portanto, na realidade política atual, a mudança de legenda por aqueles que obtiveram o mandato no sistema proporcional constitui, sem sombra de dúvidas, clara violação à vontade do eleitor e um falseamento do modelo de representação popular pela via da democracia de partidos.

É preciso ter em mente que a fidelidade partidária condiciona o próprio funcionamento da democracia, ao impor normas de preservação dos vínculos políticos e ideológicos entre eleitores, eleitos e partidos, tal como definidos no momento do exercício do direito fundamental do sufrágio. Trata-se, portanto, de garantia fundamental da vontade do eleitor.

O "transfuguismo" ou, na linguagem vulgar, o troca-troca partidário, contamina todo o processo democrático e corrompe o funcionamento parlamentar dos partidos, com repercussões negativas sobre o exercício do direito de oposição, um direito fundamental dos partidos políticos.

A decisão do Supremo Tribunal Federal, portanto, constitui um marco na história republicana do Brasil no sentido da consolidação da democracia e da efetivação dos direitos políticos fundamentais. O maior beneficiado dessa decisão, sem sombra de dúvida, é o cidadão-eleitor, que terá maior segurança quanto à firmeza da opção partidária feita.

Tendo em vista razões de segurança jurídica, diante da significativa mudança de jurisprudência, e seguindo orientação já acolhida em outros julgados[120], o Supremo Tribunal Federal entendeu que o marco temporal desde o qual os efeitos de sua decisão podem ser efetivamente produzidos deve coincidir com a decisão do Tribunal Superior Eleitoral na Consulta n. 1.398/2007, que ocorreu na Sessão do dia 27 de março de 2007.

Tal como o fez o TSE, em resposta à Consulta n. 1.398, Resolução n. 22.526, o Supremo Tribunal Federal, vislumbrando a existência de situações especiais em que a quebra dos vínculos políticos entre partido e parlamentar não configuram hipótese de infidelidade partidária, consignou que a desfiliação em virtude de (1) mudança de orientação programática do partido ou de (2) comprovada perseguição política pela agremiação ao parlamentar não dariam ensejo à extinção do mandato.

Assim, de forma a assegurar os direitos de ampla defesa e do contraditório, o Supremo Tribunal Federal fixou a competência da Justiça Eleitoral para averiguar, em cada caso, a existência de uma dessas causas justificadoras da mudança de partido, observado o devido processo legal, aplicando-se, analogicamente, o procedimento dos arts. 3º e seguintes da Lei Complementar n. 64/90, já utilizado para a ação de impugnação de registro de candidatura e para a ação de impugnação de mandato eletivo.

Definiu também o STF que caberia ao Tribunal Superior Eleitoral editar Resolução que regulamentasse todos os aspectos decorrentes da adoção dessas novas regras de fidelidade partidária[121].

---

120 Cf. Inq-QO 687, rel. Min. Sydney Sanches, *DJ* de 9-11-2001; CC 7.204/MG, rel. Min. Carlos Britto, julgado em 29-6-2005; HC 82.959, rel. Min. Marco Aurélio. Lembre-se, nesse ponto, que não se trata aqui de aplicação do art. 27 da Lei n. 9.868/99, mas de substancial mudança de jurisprudência, decorrente de nova interpretação do texto constitucional, o que permite ao Tribunal, tendo em vista razões de segurança jurídica, dar efeitos prospectivos às suas decisões. Esse entendimento ficou bem esclarecido no recente julgamento do RE 353.657/PR, rel. Min. Marco Aurélio, e do RE 370.682/SC, rel. Min. Ilmar Galvão (caso IPI alíquota zero).

121 Solução como esta foi adotada pelo STF no julgamento do RE 197.917/SP, rel. Min. Maurício Corrêa, de 24-3-2004, ante a necessidade de dar orientação normativa uniforme para todo o País a respeito das regras de

O Tribunal Superior Eleitoral, em decisão de 16 de outubro de 2007, em resposta à Consulta n. 1.407/DF, rel. Min. Carlos Britto, aplicou para os cargos obtidos pelo sistema eleitoral majoritário (Presidente da República, Senadores, Governadores e Prefeitos) o mesmo entendimento adotado para o sistema proporcional, ou seja, os detentores desses cargos ficam igualmente submetidos à regra da extinção do mandato decorrente de abandono da legenda pela qual foram eleitos[122], salvo nas situações especiais em que, segundo a apreciação da Justiça Eleitoral, esteja configurada justa causa. E, em observância à decisão do Supremo Tribunal Federal, o Tribunal Superior Eleitoral editou a Resolução n. 22.610, rel. Min. Cezar Peluso, de 25-10-2007.

Acerca do tema, o Tribunal Superior Eleitoral recentemente, no julgamento da Petição n. 631-81/DF, concluiu que, enquanto não sobreviesse normatização específica ou pronunciamento da Suprema Corte quanto à aplicação da regra da fidelidade partidária para os cargos majoritários, a Resolução-TSE n. 22.610/2007 poderia ser aplicada aos mandatários eleitos pelo sistema majoritário, desde que, no caso concreto, se atingisse a finalidade da norma, que é assegurar o mandato ao partido pelo qual o trânsfuga fora eleito. Contudo, ainda resolvendo o caso concreto, o Tribunal, considerando que os suplentes do mandato em disputa foram eleitos por partido político diverso, assentou que não seria possível à legenda requerente recuperar a vaga ocupada pelo parlamentar trânsfuga, razão pela qual o processo foi extinto sem julgamento de mérito, ante a ausência de interesse de agir[123].

Após essa decisão do Tribunal Superior Eleitoral, o Supremo Tribunal Federal, ao apreciar a Ação Direta de Inconstitucionalidade n. 5081/DF, decidiu que a Resolução-TSE n. 22.610/2007 não se aplicaria aos candidatos eleitos pelo sistema majoritário, pois implicaria "desvirtuamento da vontade popular vocalizada nas eleições. Tal medida, sob a justificativa de contribuir para o fortalecimento dos partidos brasileiros, além de não ser necessariamente idônea a esse fim, viola a soberania popular ao retirar os mandatos de candidatos escolhidos legitimamente por votação majoritária dos eleitores"[124].

A Lei n. 13.165/2015 acrescentou o art. 22-A na Lei n. 9.096/95 para estabelecer as justas causas para a desfiliação partidária, quais sejam: i) mudança substancial ou desvio reiterado do programa partidário; ii) grave discriminação político-pessoal; iii) mudança

---

fixação proporcional do número de vereadores nos municípios.

122 Registre-se que o Tribunal Superior Eleitoral excluiu os suplentes do âmbito de incidência da Resolução-TSE n. 22.610/2007, deixando assentado que "os suplentes não exercem mandato eletivo. Sua diplomação constitui 'mera formalidade anterior e essencial a possibilitar à posse interina ou definitiva no cargo na hipótese de licença do titular ou vacância permanente', sem, contudo, conferir as prerrogativas e os deveres que se impõem aos parlamentares no exercício do mandato eletivo. Mutatis mutandis: STF, AgR-Inq n. 2453/MS, rel. Min. Ricardo Lewandowski, j. 17-5-2007" (Acórdão n. 1399, de 19-2-2009, rel. Min. Felix Fischer). A jurisprudência do TSE indica, ainda, que não há falar em infidelidade partidária nas hipóteses em que ocorrer regular refiliação do parlamentar dito infiel, pois considerou o Tribunal que, "sendo o mandato do partido, nos termos de reiterada jurisprudência, e não havendo prejuízo advindo da conduta do parlamentar, já que a vaga permanece com a agremiação", não se poderia pretender a extinção do mandato do parlamentar refiliado (AgRg na Pet. 2778, de 23-4-2009, rel. Min. Marcelo Ribeiro). Por fim, quanto à refiliação do suplente, a Corte eleitoral entendeu-a como questão *interna corporis* (AgRg na Pet n. 2981, de 3-8-2009, rel. Min. Joaquim Barbosa).

123 Petição 631-81/DF, rel. Min. Gilmar Mendes, *DJe* de 2-3-2015.

124 ADI 5.081/DF, rel. Min. Luís Roberto Barroso, *DJe* de 19-8-2015.

de partido efetuada durante o período de 30 dias que antecede o prazo de filiação exigido em lei para concorrer à eleição, majoritária ou proporcional, ao término do mandato vigente.

As duas primeiras hipóteses de justa causa para a desfiliação partidária sem perda do mandato eletivo já estavam previstas na Resolução n. 22.610/2007 do TSE. A última hipótese qualifica-se, contudo, como verdadeira cláusula temporária de infidelidade partidária sem perda de mandato, desde que preenchidos os seguintes requisitos: i) que a desfiliação seja para concorrer à eleição vindoura que ocorra no final do mandato; ii) que a nova filiação ocorra dentro do prazo de 30 dias que antecede o prazo inicial de seis meses para a filiação partidária.

Vale ressaltar, ademais, que, com o advento da Lei n. 13.165/2015, que expressamente disciplinou as hipóteses de justa causa para desfiliação partidária sem perda de mandato, a criação de novo partido não mais configura justa causa para a desfiliação partidária, pois referida hipótese está prevista exclusivamente na resolução do TSE, editada em caráter provisório até que sobreviesse lei, como agora ocorreu com essa reforma eleitoral e política. Contudo, o procedimento da ação de desfiliação partidária sem justa causa ainda se encontra disciplinada pela Resolução n. 22.610/2007, pois a Lei n. 13.165/2015 não disciplinou o tema.

Da mesma forma, a Emenda Constitucional n. 91, de 18 de fevereiro de 2016, também criou uma cláusula temporária de infidelidade partidária sem perda de mandato, ao definir que "é facultado ao detentor de mandato eletivo desligar-se do partido pelo qual foi eleito nos trinta dias seguintes à promulgação desta Emenda Constitucional, sem prejuízo do mandato, não sendo essa desfiliação considerada para fins de distribuição dos recursos do Fundo Partidário e de acesso gratuito ao tempo de rádio e televisão".

Questão constitucional que certamente chegará aos Tribunais é saber se a regra constitucional da fidelidade partidária, assim definida pelo Supremo Tribunal Federal e cujas exceções decorrem de circunstâncias fáticas relevantes e graves que inviabilizam a própria permanência do mandatário na agremiação partidária, comporta uma cláusula temporária de infidelidade partidária sem perda de mandato e sem nenhuma justificativa do trânsfuga.

Vale registrar, ainda, que, conforme demonstramos, a regra de fidelidade partidária tornou-se necessária ao sistema político brasileiro após a decisão do STF sobre a antiga cláusula de barreira, considerando o enorme *transfuguismo* evidenciado naquele período. Contudo, apesar de salutar em um momento, a fidelidade partidária, ao permitir a criação de novos partidos como justa causa para a mudança de agremiação sem a perda do mandato eletivo, criou, no cenário político, outro fenômeno: o convite à criação de novas agremiações, fomentado ainda mais com a decisão do STF que reconheceu a portabilidade dos votos, ou seja, a possibilidade de o parlamentar migrar de agremiação levando consigo, proporcionalmente aos votos obtidos, o tempo de rádio e TV e quota de fundo partidário (ADI n. 5.105, rel. Min. Luiz Fux).

Dessa forma, as recentes reformas políticas e eleitorais, em especial a cláusula de barreira gradativa e proporcional; o fim da criação de partidos como justa causa à regra de fidelidade partidária; o fim da propaganda partidária; e a possibilidade de todos os partidos políticos participarem das sobras de cadeiras (art. 109 do Código Eleitoral) revelam uma desejável e ponderada reação da classe política brasileira, pois, em boa medida, fortalece agremiações representativas da sociedade, respeita a segurança jurídica ao não implementar graves e imediatas rupturas no sistema e garante razoável igualdade de chances entre os competidores.

4.3. Igualdade de "chances" entre os partidos políticos

O princípio da igualdade entre os partidos políticos é fundamental para a adequada atuação dessas instituições no complexo processo democrático. Impõe-se, por isso, uma *neutralidade* do Estado em face das instituições partidárias, exigência essa que se revela tão importante quanto difícil de ser implementada[125]. A importância do princípio da igualdade está em que sem a sua observância não haverá possibilidade de se estabelecer uma concorrência livre e equilibrada entre os partícipes da vida política, o que acabará por comprometer a essência do próprio processo democrático. A dificuldade está tanto nos aspectos jurídicos quanto nos aspectos fáticos. Quanto aos aspectos jurídicos, ela reside na diferenciação acentuada do objeto envolvido como consequência das próprias diferenças de uma sociedade livre e aberta. Daí afirmar Dieter Grimm que a neutralidade estatal deve ser entendida como não influência da desigualdade, o que lhe confere caráter de igualdade formal[126]. Quanto aos aspectos fáticos, afigura-se inegável que o Estado, que há de conduzir-se com neutralidade em relação aos partidos, é também um Estado partidariamente ocupado[127].

O princípio da *Chancengleicheit* parece ter encontrado sua formulação inicial na República de Weimar, com as obras de Herman Heller (*Probleme der Demokratie*, I und II, 1931, e *Europa und der Faschismus*, 1929) e de Carl Schmitt (*Der Hüter der Verfassung*, 1931, e *Legalität und Legitimität*, 1932).

Na concepção de Heller, "o Estado de Direito Democrático atual encontra seu fundamento, principalmente, na liberdade e igualdade da propaganda política, devendo assegurar-se a todas as agremiações e partidos igual possibilidade jurídica de lutar pela prevalência de suas ideias e interesses"[128]. O notável publicista acrescentava que a fórmula técnica para preservar a unidade da formação democrática assenta-se na livre submissão da minoria, à vontade majoritária, isto é, na renúncia das frações minoritárias a uma superação da maioria, mediante o uso da violência. Isso pressupõe a renúncia à opressão da minoria e exige a preservação das perspectivas de ela vir a tornar-se maioria[129].

Por seu turno, advertia Carl Schmitt que um procedimento neutro e indiferente da democracia parlamentar poderia dar ensejo à fixação de uma maioria por via da matemática ou da estatística, causando, dessa forma, o próprio esfacelamento do sistema

---

125 Cf. Dieter Grimm, Politische Parteien, in Ernst Benda, Werner Maihofer e Hans-Jochen Vogel (Hrsg.), *Handbuch des Verfassungsrechts*, Band 1, cit., p. 599 (626).

126 Dieter Grimm, Politische Parteien, in Ernst Benda, Werner Maihofer e Hans-Jochen Vogel (Hrsg.), *Handbuch des Verfassungsrechts*, Band 1, cit., p. 599 (626).

127 Dieter Grimm, Politische Parteien, in Ernst Benda, Werner Maihofer e Hans-Jochen Vogel (Hrsg.), *Handbuch des Verfassungsrechts*, Band 1, cit., p. 599 (627).

128 Herman Heller, *Europa und der Faschismus*, Berlin-Leipzig, 1929, p. 95 e s.

129 Herman Heller, *Europa und der Faschismus*, cit., p. 9.

de legalidade. Tal situação somente haveria de ser evitada com a adoção de um princípio consagrador de igualdade de chances para alcançar a maioria, aberto a todas as tendências e movimentos[130]. E, enfaticamente, asseverava Carl Schmitt:

> *"Sem este princípio, as matemáticas das maiorias, com sua indiferença diante o conteúdo do resultado, não somente seriam um jogo grotesco e um insolente escárnio de toda a justiça, mas ainda a causa do conceito de legalidade derivado de referidas matemáticas; estas acabariam também com o próprio sistema, desde o instante em que se ganhara a primeira maioria, pois esta primeira maioria se instituiria, em seguida, legalmente como poder permanente. A igualdade de chances aberta a todos não pode separar-se mentalmente do Estado legislativo parlamentar. Referida igualdade permanece como o princípio de justiça e como uma condição vital para a autoconservação"*[131].

Com impecável lógica, consignava o ilustre publicista que a legalidade do poder estatal conduz à negação e à derrogação do direito de resistência enquanto Direito[132], uma vez que ao poder legal, conceitualmente, não é dado cometer injustiças, podendo, para isso, converter em "ilegalidade" toda resistência e revolta contra a injustiça e antijuridicidade[133]. E o eminente mestre acrescentava que:

> "Se a maioria pode fixar arbitrariamente a legalidade e a ilegalidade, também pode declarar ilegais seus adversários políticos internos, é dizer, pode declará-los 'foras da lei', excluindo-os assim da homogeneidade democrática do povo. Quem domina 51 por cento poderia ilegalizar, de modo legal, os restantes 49 por cento. Poderia cerrar, de modo legal, a porta da legalidade pela qual entrara e tratar como um delinquente comum o partido político contrário, que talvez golpeava com suas botas a porta que se lhes havia sido fechada"[134].

Dessarte, a adoção do princípio de *igualdade de chances* constitui condição indispensável ao exercício legal do poder, uma vez que a minoria somente há de renunciar ao direito de resistência se ficar assegurada a possibilidade de vir a tornar-se maioria[135]. Vale registrar, ainda nesse particular, o seu magistério:

> "O Estado legislativo parlamentar de hoje, baseado na dominação das maiorias do momento, somente poderá entregar o monopólio do exercício legal do poder ao partido momentaneamente majoritário, e somente poderá exigir da minoria que renuncie ao direito de resistência enquanto permaneça efetivamente aberta a todos a igualdade de chances para a obtenção da maioria e enquanto presentes indícios dos pressupostos do princípio de justiça"[136].

---

130 Carl Schmitt, *Legalidad y legitimidad*, trad. esp. Madrid: Aguilar, 1971, p. 43-44.

131 Carl Schmitt, *Legalidad y legitimidad*, cit., p. 44 (tradução livre).

132 Carl Schmitt, *Legalidad y legitimidad*, cit., p. 44.

133 Carl Schmitt, *Legalidad y legitimidad*, cit., p. 46

134 Carl Schmitt, *Legalidad y legitimidad*, cit., p. 46 (tradução livre).

135 Carl Schmitt, *Legalidad y legitimidad*, cit., p. 47.

136 Carl Schmitt, *Legalidad y legitimidad*, cit., p. 47 (tradução livre).

Na vigência da Lei Fundamental de Bonn (1949), a discussão sobre a "igualdade de chances" entre os partidos foi introduzida por Forsthoff, que assentou os seus fundamentos nas disposições que consagram a liberdade de criação das agremiações políticas (art. 21, I, 2) e asseguram a igualdade de condições na disputa eleitoral (arts. 38 e 28)[137].

Também Gerhard Leibholz considerou inerente ao modelo constitucional o princípio de "igualdade de chances", derivando-o, porém, diretamente, do preceito que consagra a ordem liberal-democrática (*freiheitlich demokratischen Grundordnung*)[138].

Mais tarde, após os primeiros pronunciamentos do Tribunal Constitucional Federal, passou Leibholz a considerar que o postulado da igualdade de chances encontrava assento no princípio da liberdade e pluralidade partidárias (arts. 21, I, e 38, I) e no princípio geral de igualdade (art. 3º, l).

Tais elementos serviram de base para o desenvolvimento da construção jurisprudencial iniciada pelo *Bundesverfassungsgericht* em 1952. Observe-se que, nos primeiros tempos, a jurisprudência da Corte Constitucional parecia identificar o princípio de igualdade de chances com o direito de igualdade eleitoral – *Wahlrechtsgleicheit* (Lei Fundamental, art. 38, l). As controvérsias sobre o financiamento dos partidos e a distribuição de horários para transmissões radiofônicas e televisivas ensejaram o estabelecimento da distinção entre o princípio da igualdade de chances, propriamente dito, e o direito de igualdade eleitoral. Os preceitos constitucionais atinentes à liberdade partidária (art. 21, l) e ao postulado geral da isonomia (art. 3º, I) passaram a ser invocados como fundamentos do *direito de igualdade de chances* dos partidos políticos[139].

Converteu-se, assim, a igualdade de chances em princípio constitucional autônomo, um autêntico *direito fundamental* dos partidos, assegurando-se às agremiações tratamento igualitário por parte do Poder Público e dos seus delegados[140].

Inicialmente, perfilhou o Tribunal Constitucional orientação que preconizava aplicação estritamente formal do princípio de igualdade de chances. Todavia, ao apreciar controvérsia sobre a distribuição de horário para transmissão radiofônica, introduziu o 2º Senado da Corte Constitucional o conceito de "igualdade de chances gradual" – *absgetufte Chencengleicheit*, de acordo com a "significação do Partido"[141].

Considerou-se, dentre outros aspectos, que o tratamento absolutamente igualitário levaria a uma completa distorção da concorrência, configurando a equiparação legal das diferentes possibilidades (*faktische Chancen*) manifesta afronta ao princípio da *neutralidade* que deveria ser observado pelo Poder Público em relação a todos os partidos políticos[142].

A Lei dos Partidos de 1967 veio consagrar, no § 5º, o princípio da igualdade de chances tal como concebido pela jurisprudência da Corte Constitucional, estabelecen-

137 Ernst Forsthoff, Die politischen Parteien im Verfassungsrecht, Tübingen, 1950, p. 6 e 12.

138 Gerhard Leibholz, Verfassungsrechtliche Stellung und innere Ordnung der Parteien, DJT, p. C. 2.

139 Ulrich Battis, *Einführung in das Öffentliche Recht*. Fernuniversität Hagen, 1981, un. 2, p. 22-23.

140 Dimitris Th. Tsatsos e Martin Morlok, *Die Parteien in der politischen Ordnung*, Fernuniversität Hagen, un. 3, p. 23; Tsatsos, Mohr, Morlok e Wenzel, *Deutsches Staatsrecht*, Fernuniversität Hagen, 1981, un. 2, p. 42; Ulrich Battis, Einführung in das Öffentliche Recht, cit., p. 22-23.

141 *BVerfGE*, 14, 121; Hans Rudolf Lipphardt, *Die Gleicheit der politischen Parteien von der öffentlichen Gewalt*, Berlin, 1975, p. 691-692 e s.

142 Lipphardt, *Die Gleicheit*, cit., p. 442.

do a seguinte disposição: "(1) Se um delegado do Poder Público coloca suas instalações ou serviços à disposição dos partidos, há de se dar igual tratamento às demais agremiações partidárias. A amplitude da garantia pode ser atribuída, gradualmente, de acordo com a 'significação do partido', assegurando-se, porém, um mínimo razoável à consecução dos objetivos partidários. A significação do partido é aferida, em especial, pelos resultados obtidos nas últimas eleições para a Câmara de Representantes. Ao partido com representação no Parlamento há de se assegurar uma participação não inferior à metade daquela reconhecida a qualquer outro partido".

Como se constata, o § 5º da Lei dos Partidos consagrou a *gradação* da "igualdade de chances" (*abgestufte Chancengleicheit*), estabelecendo inequívoca "cláusula de diferenciação" (*Differenzierungsklausel*)[143]. É evidente que uma interpretação literal do dispositivo poderia converter o postulado da "igualdade de chances" numa garantia do *status quo*, consolidando-se a posição dos *partidos estabelecidos* (*etablierte Parteien*)[144].

Tal possibilidade já havia sido enunciada por Carl Schmitt, ao reconhecer que os partidos no governo desfrutam de inevitável vantagem, configurando-se uma autêntica e supralegal "mais-valia política" decorrente do exercício do poder[145]. Após asseverar que a detenção do poder outorga ao partido dominante a forma de poder político que supera de muito o simples valor das normas, observa Carl Schmitt:

> *"El partido dominante dispone de toda la preponderancia que lleva consigo, en un Estado donde impera esta clase de legalidad, la mera posesión de los medios legales del poder. La mayoría deja repentinamente de ser un partido; es el Estado mismo. Por mas estrictas y delimitadas que sean las normas a las que se sujeta el Estado legislativo en la ejecución de la ley, resalta 'siempre lo ilimitado que está detrás', como dijo una vez Otto Mayer. En consecuencia, por encima de toda normatividad, la mera posesión del poder estatal produce una plusvalía política adicional, que viene a añadirse al poder puramente legal y normativista, una prima superlegal a la posesión legal del poder legal y al logro de la mayoría"*[146].

Não se pode negar, pois, que os *partidos estabelecidos* gozam de evidente primazia em relação aos *newcomers*, decorrente sobretudo de sua posição consolidada na ordem política[147]. Por outro lado, a realização de eleições com o propósito de formar um Parlamento capaz de tomar decisões respaldado por uma nítida maioria enseja, não raras vezes, modificações legítimas nas *condições de igualdade*. Disso pode resultar, à evidência, um *congelamento* (*Erstarrung*) do sistema partidário[148].

Todavia, há de se observar que o direito de igualdade de chances não se compadece com a ampliação ou a consolidação dos *partidos estabelecidos*. Eventual supremacia há

143 Lipphardt, *Die Gleicheit*, cit., p. 699.

144 Lipphardt, Die Gleicheit, cit., p. 700; Dimitris Th. Tsatsos e Martin Morlok, *Die Parteien in der politischen Ordnung*, cit., p. 30-31.

145 Carl Schmitt, *Legalidad y legitimidad*, cit., p. 49.

146 Carl Schmitt, *Legalidad y legitimidad*, cit., p. 49.

147 Dimitris Th. Tsatsos e Martin Morlok, *Die Parteien in der politischen Ordnung*, cit., p. 30.

148 Konrad Hesse, Grundzüge des Verfassungsrechts der Bundesrepublik Deutschland, Heidelberg, 1982, p. 69.

de ser obtida e renovada em processo eleitoral justo (*fairer Wettbewerb) e abrangente da totalidade da composição partidária*[149].

Como já ressaltado, a gradação da igualdade de chances, tal como desenvolvida pelo Tribunal Constitucional e assente na Lei dos Partidos (§ 5º), há de levar em conta a "significação do partido". Esta deve corresponder à sua participação na formação da vontade política (... *Anteil den sie an der politischen Willensbildung des Volkes hat*)[150]. E o critério fundamental para aferição do grau de influência na vontade política é fornecido, basicamente, pelo desempenho eleitoral[151].

Não há dúvida de que a gradação da "igualdade de chances" *deve realizar-se "cum grano salis"*, de modo a assegurar razoável e adequada eficácia a todo e qualquer esforço partidário[152]. Até porque o abandono da orientação que consagra a *igualdade formal* entre os partidos não pode ensejar, em hipótese alguma, a nulificação do tratamento igualitário que lhes deve ser assegurado pelo Poder Público. Eventual gradação do direito de igualdade de chances há de efetivar-se com a observância de critério capaz de preservar a própria seriedade do sistema democrático e pluripartidário[153].

Tal constatação mostra-se particularmente problemática no que concerne à distribuição dos horários para as transmissões radiofônicas e televisivas. Uma radical gradação do direito de igualdade de chances acabaria por converter-se em autêntica garantia do *status quo*. Daí ter-se consolidado na jurisprudência constitucional alemã orientação que assegura a todos os partícipes do prélio eleitoral, pelo menos, uma "adequada e eficaz propaganda" (*angemessene und wirksame Wahlpropaganda*)[154]. Considera-se, assim, que um *Sendezeitminimum* ("tempo mínimo de transmissão") deve ser assegurado a todos os concorrentes, independentemente de sua "significação"[155].

Ainda assim, verificam-se na doutrina sérias reservas *à gradação do direito de igualdade de chances*, no tocante às "transmissões eleitorais". É que tal oportunidade assume relevância extraordinária para os pequenos partidos e as novas agremiações, que, diversamente dos *etablierten Parteien*, não dispõem de meios adequados para difundir a sua plataforma eleitoral[156]. Também Tsatsos e Morlok sustentam, nesse particular, que a igualdade formal de todos os que participam do processo eleitoral deve ser decididamente afirmada. Entendem que, "em uma democracia, não constitui tarefa de um Poder onisciente e interventivo tomar providências que indiquem aos eleitores a imagem

149 Lipphardt, *Die Gleicheit*, cit., p. 700.

150 *BVerfGE*, 24, 344; Lipphardt, *Die Gleicheit*, cit., p. 446.

151 Lipphardt, *Die Gleicheit*, cit., p. 446; Dimitris Th. Tsatsos e Martin Morlok, *Die Parteien in der politischen Ordnung*, cit., p. 25.

152 Lipphardt, *Die Gleicheit*, cit., p. 700-701 e 438-439; Tsatsos, *Deutsches Staatsrecht*, cit., p. 43; Battis, *Einführung in das Öffentliche Recht*, cit., p. 22-25.

153 Battis, *Einführung in das Öffentliche Recht*, cit., p. 21-22; cf. tb. *BVerfGE*, 24, 300.

154 Lipphardt, *Die Gleicheit*, cit., p. 438-439.

155 Lipphardt, *Die Gleicheit*, cit., p. 438-439.

156 Cf. Dieter Grimm, Politische Parteien, in Ernst Benda, Werner Maihofer e Hans-Jochen Vogel (Hrsg.), *Handbuch des Verfassungsrechts*, Band 1, cit., p. 346-347.

'correta' dos partidos. Ao revés, com a escolha prévia dos partidos, arroga-se o Estado um direito que apenas é de se reconhecer à cidadania na sua manifestação eleitoral"[157].

Digna de relevo é a problemática relativa ao financiamento dos partidos. Em 1958, declarou o *Bundesverfassungsgericht* a inconstitucionalidade de lei que facultava a subvenção aos partidos mediante desconto de imposto, ao fundamento de que tal prática não era compatível com o princípio de "igualdade de chances"[158]. Posteriormente, declarou-se a inconstitucionalidade de disposição contida na lei de orçamento, que assegurava aos partidos representados no Parlamento significativa soma de recursos, entendendo que o funcionamento permanente das organizações partidárias por meio de recursos públicos não era compatível com a liberdade e abertura do processo de formação da vontade popular[159].

Calcado na orientação consagrada pelo Tribunal, que considerava legítima apenas a alocação de recursos públicos para fazer face aos elevados custos da campanha[160], estabeleceu o legislador disposição que concedia aos partidos políticos que obtivessem o mínimo de 2,5% dos votos válidos apurados em cada região eleitoral uma subvenção a título de "reembolso de despesas eleitorais" (*Erstattung von Wahlkampfkosten*) (Lei dos Partidos, § 18).

A Corte Constitucional declarou, todavia, a nulidade do preceito, pelos fundamentos seguintes: "*No que concerne ao 'reembolso das despesas eleitorais', hão de ser contempladas todas as agremiações que participaram do prélio eleitoral, não sendo possível estabelecer uma votação mínima (*Mindesstimmenanteil*) com a justificativa de que as eleições devam criar um parlamento com poder de decisão. Ao revés, tal exigência somente pode ser estabelecida como pressuposto indispensável de aferição da seriedade das propostas e programas apresentados pelos partidos, isto é, a sua avaliação pelos eleitores traduzida pelo resultado das eleições. No tocante ao 'reembolso das despesas eleitorais', há de se reconhecer o perigo de alguns grupos fragmentários tomarem parte do pleito tão somente em virtude da subvenção pública. A votação mínima que legitima a concessão do 'reembolso das despesas eleitorais'* somente há de ser fixada tendo em vista as relações concretas fornecidas pelas eleições parlamentares. O número de eleitores correspondia, nas últimas eleições, a cerca de 38 milhões; o número de votantes, 33,4 milhões. Nessas condições, se se considerar a média de participação nas eleições, um partido deveria obter cerca de 835.000 votos para atingir o percentual de 2,5% legalmente exigido. Tal exigência como prova de seriedade dos esforços eleitorais não parece razoável. Uma votação mínima de 0,5% dos votos apurados significaria que um partido deveria somar cerca de 167.000 votos. Um partido que logrou tantos sufrágios não pode ter contestada a seriedade de seu esforço eleitoral" (*BVerfGE* 24, 300)[161]. Em face da referida decisão, não restou ao legislador alternativa senão fixar em 0,5% o aludido *percentual mínimo* (Lei dos Partidos, § 18, 2).

Tais considerações estão a demonstrar que, não obstante eventuais percalços de ordem jurídica ou fática, a "igualdade de chances", concebida como princípio constitu-

157 Dimitris Th. Tsatsos e Martin Morlok, *Die Parteien in der politischen Ordnung*, cit., p. 32.

158 *BVerfGE*, 8/51; vide, Tsatsos, *Deutsches Staatsrecht*, cit., p. 49; Lipphardt, *Die Gleicheit*, cit., p. 258-264.

159 *BVerfGE*, 20, 56 ff – 19-7-1966. Tsatsos, *Deutsches Staatsrecht*, cit., p. 49-50; Battis, *Einführung in das Öffentliche Recht*, cit., p. 27-28.

160 *BVerfGE*, 20, 56.

161 Cf. Battis, *Einfuhrung in das Öffentliche Recht*, cit., p. 29-30.

cional autônomo, constitui expressão jurídica da *neutralidade do Estado* em relação aos diversos concorrentes[162]. O seu fundamento não se assenta única e exclusivamente no postulado geral da "igualdade de chances" (Lei Fundamental, art. 3º, I). Ao revés, a igualdade de chances é considerada derivação direta dos preceitos constitucionais que consagram o regime democrático (art. 20, I) e pluripartidário (art. 21, I)[163].

Não temos dúvida de que a "igualdade de chances" é princípio integrante da ordem constitucional brasileira.

Considere-se, de imediato, que o postulado geral de igualdade tem ampla aplicação entre nós, não se afigurando possível limitar o seu alcance, em princípio, às pessoas naturais, ou restringir a sua utilização a determinadas situações ou atividades. Nesse sentido, já observara Seabra Fagundes que "tão vital se afigura o princípio ao perfeito estruturamento do Estado democrático, e tal é a sua importância como uma das liberdades públicas, para usar a clássica terminologia de inspiração francesa, que, não obstante expresso como garantia conferida a 'brasileiros e estrangeiros residentes no País', o que denota, à primeira vista, ter tido em mira apenas as pessoas físicas, se tornou pacífico alcançar, também, as pessoas jurídicas"[164].

Em virtude da sua densidade axiológica, a chamada "força irradiante do princípio da igualdade" parece espraiar-se por todo o ordenamento jurídico, contemplando, de forma ampla, todos os direitos e situações. Daí ter asseverado Francisco Campos:

> "A cláusula relativa à igualdade diante da lei vem em primeiro lugar, na lista dos direitos e garantias que a Constituição assegura aos brasileiros e aos estrangeiros residentes no País. Não foi por acaso ou arbitrariamente que o legislador constituinte iniciou com o direito à igualdade a enumeração dos direitos individuais. Dando-lhe o primeiro lugar na enumeração, quis significar expressivamente, embora de maneira tácita, que o princípio de igualdade rege todos os direitos em seguida a ele enumerados. É como se o art. 141 da Constituição estivesse assim redigido: A Constituição assegura com 'igualdade os direitos concernentes à vida, à liberdade, à segurança individual e à propriedade, nos termos seguintes: ...'"[165].

Explicitando esse pensamento, acrescenta o insigne jurista que o princípio de igualdade tem por escopo a proteção da livre concorrência entre os homens em todos os âmbitos de atividade.

Registre-se o seu magistério:

> "O alcance do princípio de igualdade perante a lei há de ser, portanto, interpretado na maior latitude dos seus termos, ou como envolvendo não só a hipótese de que, embora não havendo existido, venha, entretanto, a se criar no País o regime de classes, como toda

162 Dieter Grimm, Politische Parteien, in Ernst Benda, Werner Maihofer e Hans-Jochen Vogel (Hrsg.), *Handbuch des Verfassungsrechts*, Band 1, cit., p. 344-345.

163 Lipphardt, *Die Gleicheit*, cit., 92-93; Dieter Grimm, Politische Parteien, in Ernst Benda, Werner Maihofer e Hans-Jochen Vogel (Hrsg.), *Handbuch des Verfassungsrechts*, Band 1, cit., p. 344; Dimitris Th. Tsatsos e Martin Morlok, *Die Parteien in der politischen Ordnung*, cit., p. 22.

164 Miguel Seabra Fagundes, O princípio constitucional de igualdade perante a lei e o Poder Legislativo, RF, 161/78; cf., também, Francisco Campos, Parecer, *RDA*, 72/403.

165 Francisco Campos, Parecer de 19-5-1947, *RF*, 116/396.

e qualquer situação, a que, embora casualmente ou episodicamente, sem caráter sistemático, ou de modo puramente singular, se deixe de aplicar o critério ou a medida geral prevista para casos ou situações da mesma espécie, e se lhes aplique critério ou medida de exceção. O princípio não tem, portanto, como foco de incidência, um ponto preciso e definido. Ele se difunde por todo o tecido das relações humanas que possam constituir objeto de regulamentação jurídica ou sejam suscetíveis de configurar-se em conteúdo de um ato ou de um comando da autoridade pública. Não é princípio adstrito a um aspecto ou a uma forma de organização social; é um postulado de ordem geral, destinado a reger o comércio jurídico em todas as modalidades, de modo a assegurar, particularmente sob as constituições liberais e democráticas, o regime da concorrência, que é a categoria sob a qual elas concebem não somente a ordem social, como a ordem política, a ordem econômica e a ordem jurídica. O princípio de igualdade tem por principal função proteger e garantir a livre concorrência entre os homens, seja quando a sua atividade tem por objeto o poder, seja quando o polo de seu interesse são os bens materiais ou imateriais, cujo gozo exclusivo lhes é assegurado pelo direito de propriedade"[166].

De resto, a concorrência é imanente ao regime liberal e democrático, tendo como pressuposto essencial e inafastável a neutralidade do Estado.

É o que se constata na seguinte passagem do magistério de Francisco Campos:

"O regime liberal e democrático postula a concorrência não apenas como categoria histórica, mas como a categoria ideal da convivência humana. Ora, a concorrência pressupõe, como condição essencial, necessária ou imprescindível, que o Estado não favoreça a qualquer dos concorrentes, devendo, ao contrário, assegurar a todos um tratamento absolutamente igual, a nenhum deles podendo atribuir prioridade ou privilégio, que possa colocá-lo em situação especialmente vantajosa em relação aos demais. Esta, no mundo moderno, a significação do princípio da igualdade perante a lei. Por ele, todos ficarão certos de que na concorrência, tomada esta expressão no seu sentido mais amplo, o Estado mantém-se neutro ou não procurará intervir senão para manter entre os concorrentes as liberdades ou as vantagens a que cada um deles já tinha direito ou que venha a adquirir, mediante os processos normais da concorrência. O princípio de igualdade tem hoje, como se vê, um campo mais vasto de aplicação do que nos tempos que se seguiram imediatamente às suas primeiras declarações"[167].

Afigura-se, pois, dispensável ressaltar a importância do princípio da isonomia no âmbito das relações estatais. Como a ninguém é dado recusar a integração a determinada ordem estatal – até porque se trata de um dos objetivos fundamentais de toda ordem jurídica –, faz-se mister reconhecer o direito de participação igualitária como correlato necessário da inevitável submissão a esse poder de império. E o direito de participação igualitária na vida da comunidade estatal e na formação da vontade do Estado não se restringe à igualdade eleitoral, ao acesso aos cargos públicos, ao direito de informação

166 Francisco Campos, Parecer de 19-5-1947, *RF*, 116/397.

167 Francisco Campos, Parecer de 19-5-1947, *RF*, 116/398.

e de manifestação de opinião, abrangendo a própria participação nos partidos políticos e associações como forma de exercer influência na formação da vontade política[168].

Vê-se, pois, que o princípio de igualdade entre os partidos políticos constitui elementar exigência do modelo democrático e pluripartidário.

Não se pode ignorar, no entanto, que, tal como apontado, a aplicação do princípio de igualdade de chances encontra dificuldades de ordem jurídica e fática. Do prisma jurídico, não há dúvida de que o postulado da igualdade de chances incide sobre uma variedade significativa de *objetos*. E, do ponto de vista fático, impende constatar que o Estado, que deve conduzir-se de forma neutra, é, ao mesmo tempo, partidariamente ocupado, como salientamos anteriormente[169].

Aludidas dificuldades não devem ensejar, à evidência, o estabelecimento de quaisquer discriminações entre os *partidos* estabelecidos e os *newcomers*, porquanto eventual distinção haveria de resultar, inevitavelmente, no próprio falseamento do processo de livre concorrência.

Não se afirma, outrossim, que ao legislador seria dado estabelecer distinções entre os concorrentes com base em critérios objetivos. Desde que tais distinções impliquem alteração das condições mínimas de concorrência, evidente se afigura sua incompatibilidade com a ordem constitucional calcada no postulado de isonomia. Mais uma vez é de invocar a lição de Francisco Campos:

> "Se o princípio deve reger apenas a aplicação da lei, é claro que ao legislador ficaria devassada a imensidade de um arbítrio sem fronteiras, podendo alterar, à sua discrição, por via de medidas concretas ou individuais, as condições da concorrência, de maneira a favorecer, na corrida, a um dos concorrentes, em detrimento dos demais. O que garante, efetivamente, a concorrência não é tão só o princípio da legalidade, entendido como a exigência que os atos da justiça e da administração possam ser referidos ou imputados à lei. Desde que ficasse assegurada ao legislador a faculdade de alterar a posição de neutralidade do Estado em face dos concorrentes, tomando o partido de uns contra outros, a ordem da concorrência não poderia ter a posição central e dominante que lhe cabe, incontestavelmente, no ciclo histórico que se abriu com a revolução industrial do século passado e que ainda não se pode dar como encerrado no mundo ocidental. O caráter de norma obrigatória para o legislador, para ele especialmente, resulta da natureza e da extensão do princípio de igualdade perante a lei. Seria, de outra maneira, um princípio supérfluo ou destituído de qualquer significação"[170].

Não parece subsistir dúvida, portanto, de que o princípio da isonomia tem integral aplicação à atividade político-partidária, fixando os limites e contornos do poder de regular a concorrência entre os partidos.

Ademais, como já observado, faz-se mister notar que o princípio da igualdade de chances entre os partidos políticos parece encontrar fundamento, igualmente, nos pre-

168 Karl Larenz, *Richtiges Recht*, Munchen: C. H. Beck, 1979, p. 126-127.

169 Dieter Grimm, Politische Parteien, in Ernst Benda, Werner Maihofer e Hans-Jochen Vogel (Hrsg.), *Handbuch des Verfassungsrechts*, Band 1, cit., p. 344; cf., também, Carl Schmitt, Legalidad y legitimidad, cit., p. 49.

170 Francisco Campos, Parecer de 19-5-1947, *RF*, 116/398.

ceitos constitucionais que instituem o regime democrático, representativo e pluripartidário (CF, art. 1º, V, e parágrafo único). Tal modelo realiza-se, efetivamente, através da atuação dos partidos, que são, por isso, elevados à condição de autênticos e peculiares *órgãos públicos, ainda que não estatais*, com relevantes e indispensáveis funções atinentes à formação da vontade política, à criação de legitimidade e ao processo contínuo de mediação (*Vermittlung*) entre povo e Estado (Lei n. 5.682/71, art. 2º)[171].

Essa *mediação* tem seu ponto de culminância na realização de eleições, com a livre concorrência das diversas agremiações partidárias.

E a disputa eleitoral é condição indispensável do próprio modelo representativo, como assinala Rezek:

> "O regime representativo pressupõe disputa eleitoral cuja racionalidade deriva da livre concorrência entre os partidos, cada um deles empenhado na reunião da vontade popular em torno de seu programa político. Não merece o nome de partido político, visto que não lhe tem a essência, o chamado 'partido único': aqui se trata, antes, de um grande departamento político do Estado, fundado na presunção de que seu ideário representa a vontade geral a ponto de alcançar o foro da incontestabilidade. As eleições, no Estado unipartidário, não traduzem o confronto de teses ou programas, mas a mera expedição popular, em favor dos eleitos, de um atestado de habilitação ao cumprimento do programa que de antemão se erigira em dogma. A pluralidade de partidos não é, dessa forma, uma opção. Sem ela não há que falar, senão por abusiva metáfora, em partido político de espécie alguma"[172].

Portanto, não se afigura necessário despender maior esforço de argumentação para que se possa afirmar que a concorrência entre os partidos, inerente ao próprio modelo democrático e representativo, tem como pressuposto inarredável o princípio de igualdade de chances.

O Tribunal Superior Eleitoral teve oportunidade de discutir a aplicação do princípio de igualdade de chances a propósito da distribuição de tempo entre os partidos no rádio e na televisão.

Cuidava-se de discussão sobre a constitucionalidade da Lei n. 7.508, de 1986, que regulamentava a propaganda eleitoral para as eleições nacionais e estaduais (inclusive para a Assembleia Nacional Constituinte). Referida lei não assegurava qualquer fração de tempo para propaganda eleitoral no rádio e na televisão aos partidos que não contassem com representante no Congresso Nacional ou nas Assembleias Legislativas (art. 1º, II).

O então Procurador-Geral da República, Sepúlveda Pertence, manifestou-se, com base em estudo por nós elaborado[173], pela inconstitucionalidade parcial da referida lei. Todavia, por maioria de votos (4 a 3), o Tribunal Superior Eleitoral rejeitou a arguição de inconstitucionalidade formulada. Acentuou, porém, o Ministro Néri da Silveira, então Presidente do Tribunal, que a argumentação desenvolvida nos votos vencidos e na

---

171 Ver, a propósito, Gerhard Leibholz, *Verfassungstaat-Verfassungsrecht*, Stuttgart, 1973, p. 81; Erhard Denninger, *Staatsrecht*, Hamburg, 1973, p. 71-74.

172 Francisco Rezek, *Organização política do Brasil*: estudos de problemas brasileiros (texto de aula), Brasília: Ed. da UnB, 1981, p. 34.

173 Acórdão TSE n. 8.444, de 4-11-1986, rel. Min. Aldir Passarinho.

manifestação do Procurador-Geral eram considerações valiosas que haveriam de ser levadas em conta nas novas leis sobre a matéria[174].

A legislação que tratou do tema a partir da referida decisão não mais deixou de contemplar os partidos políticos sem representação parlamentar na distribuição do tempo para divulgação da campanha eleitoral.

Recentemente, mais uma vez considerando a relevância do princípio da igualdade de chances aplicado à concorrência partidária, foi concedida liminar no MS 32.033, rel. Min. Gilmar Mendes, *DJe* de 29-4-2013, para suspender a tramitação de projeto de lei que se considerava violador de cláusulas pétreas, uma vez que, entre outros vícios de inconstitucionalidade que apresentava, implicava o tratamento não isonômico entre partidos e parlamentares que se encontravam em situação idêntica. O Plenário do Supremo Tribunal, todavia, por maioria de votos, não referendou a posição do relator (julgamento finalizado em 20-6-2013).

Assinale-se, porém, que, tal como observado, o princípio da "igualdade de chances" entre os partidos políticos abrange todo o processo de concorrência entre os partidos, não estando, por isso, adstrito a um segmento específico. É fundamental, portanto, que a legislação que disciplina o sistema eleitoral, a atividade dos partidos políticos e dos candidatos, o seu financiamento, o acesso aos meios de comunicação, o uso de propaganda governamental, dentre outras, não negligencie a ideia de igualdade de chances sob pena de a concorrência entre agremiações e candidatos tornar-se algo ficcional, com grave comprometimento do próprio processo democrático.

Acerca dos limites da propaganda governamental diante do princípio da impessoalidade, vale destacar julgado do Tribunal Superior Eleitoral, em que a Corte assentou inicialmente que a convocação de cadeia de rádio e televisão pela Presidência da República constitui legítima manifestação do princípio da publicidade dos atos da administração pública federal, desde que observada a necessária vinculação do pronunciamento a temas de interesse público – como decorrência lógica do princípio da impessoalidade – e desde que observadas as balizas definidas no art. 87 do Decreto n. 52.795/63, com a redação dada pelo Decreto n. 84.181/79. Resolvendo o caso concreto, o Tribunal, por maioria, decidiu que não se poderia admitir que a mandatária maior da nação fizesse distinção entre brasileiros para tratá-los em termos de "nós" – os que apoiam o seu governo – e "eles" – aqueles que não apoiam o governo –, neste caso fazendo referência explícita a críticas e escândalos veiculados pela oposição e divulgados amplamente na imprensa; tampouco, fizesse da convocação ferramenta de propaganda eleitoral antecipada, ressaltando, inclusive, que a Justiça Eleitoral deve atuar com bastante rigor quando a antecipação de campanha é realizada por meio de ferramentas de grande alcance e disponíveis apenas aos detentores de mandato eletivo, como ocorre na publicidade institucional e na convocação de cadeia de rádio e televisão[175].

Cabe aduzir que foi promulgada a Lei n. 12.891, de 11-12-2013, editada com o objetivo de reduzir o custo das campanhas eleitorais, com substanciais modificações nas

174 Mandado de Segurança TSE n. 754, rel. Min. Roberto Rosas, *DJ* de 11-4-1990; Mandado de Segurança TSE n. 746, rel. Min. Roberto Rosas, *DJ* de 11-4-1990; RMS 785, rel. Min. Aldir Passarinho, *DJ* de 2-10-1987.

175 Representação 326-63/DF, rel. Min. Gilmar Mendes, julgamento em 11-2-2015.

Leis n. 4.737/65, 9.096/95 e 9.504/97. Traz a nova Lei, entre os temas regulamentados, regras sobre propaganda eleitoral, limitação de gastos com campanhas eleitorais e prestação de contas, com clara finalidade de contribuir para a igualdade de chances. Embora haja na referida Lei algumas disposições sobre doações eleitorais, não se verifica, nessa parte, derrogação dos dispositivos da Lei n. 9.504/97 relativos a financiamento eleitoral por empresas privadas e pessoas físicas, objeto da ADI 4.650, cujo julgamento será abordado a seguir.

4.4. Financiamento dos partidos[176]

Tema central no que concerne à autonomia dos partidos diz respeito ao seu financiamento.

Embora os partidos políticos tenham surgido a partir de 1831, a história não registra com clareza de que forma se organizavam, como eram mantidos e também como eram financiadas as campanhas políticas.

A Lei n. 4.740, de 15-7-1965, criou as primeiras regras de financiamento dos partidos políticos e instituiu o fundo especial de assistência financeira aos partidos políticos. O fundo era constituído das multas e penalidades aplicadas nos termos do Código Eleitoral e leis conexas, dos recursos financeiros que lhes fossem destinados por lei, em caráter permanente ou eventual, e de doações particulares.

Proibiu o recebimento, de forma direta ou indireta, de contribuição ou auxílio pecuniário ou estimável em dinheiro, procedente de pessoa ou entidade estrangeira; recurso de autoridades ou órgãos públicos, ressalvadas as dotações referidas nos incisos I e II do art. 60 e no art. 61; qualquer espécie de auxílio ou contribuição das sociedades de economia mista e das empresas concessionárias de serviço público. Também vedou o recebimento direto ou indireto, sob qualquer forma ou pretexto, de contribuição, auxílio ou recurso procedente de empresa privada, de finalidade lucrativa (art. 56, IV).

Essa lei foi revogada pela Lei n. 5.682, de 21-7-1971, que foi substituída pela Lei n. 9.096/95, ainda hoje em vigor.

A redação original da Lei dos Partidos Políticos não só ampliou as fontes de financiamento partidário como também tornou mais ampla a lista das fontes vedadas (art. 31 da Lei n. 9.096/95).

A lei cuidou de estabelecer regras para a aplicação dos recursos provenientes do Fundo Partidário (art. 44 da Lei n. 9.096/95). Além das despesas corriqueiras dos partidos com propaganda, alistamento, campanha, manutenção das sedes, pagamento de pessoal e de outros serviços, a lei determina que, no mínimo, 20% do total recebido seja aplicado na criação e manutenção de instituto[177] ou fundação de pesquisa, de doutrinação e educação política.

Os partidos devem prestar contas, anualmente, à Justiça Eleitoral, na forma estabelecida pela Lei n. 9.096/95 e por resolução do TSE. A não prestação de contas enseja

176 Registre-se que a Lei n. 12.034/2009 inovou ao possibilitar a arrecadação de recursos pela internet (art. 3º), introduzindo, no art. 23 da Lei n. 9.504/97, o § 2º e o inciso III do § 4º.

177 Cf. Resolução TSE n. 22.121/2005 e Resolução/TSE n. 22.746/2008.

a suspensão de cotas do Fundo Partidário enquanto permanecer a suspensão (art. 37-A da Lei n. 9.096/95). Além disso, o partido fica sujeito ao cancelamento de seu registro civil e de seu estatuto pelo TSE (art. 28, III, da Lei n. 9.096/95). Com a Lei n. 13.165/2015, a desaprovação de contas passou a ensejar apenas "a sanção de devolução da importância apontada como irregular, acrescida de multa de até 20% (vinte por cento)", não sendo mais possível aplicar a sanção de suspensão das contas do fundo partidário (art. 37 da Lei dos Partidos). Portanto, a modificação legislativa atenuou a sanção em processos de prestações de contas partidárias. O TSE, contudo, levando em conta a regra da isonomia (prestações de contas do mesmo exercício financeiro julgadas pelo modelo anterior e outras em curso) e a própria regra do art. 16 da CF/88 (evitar a modificação de processos eleitorais findos), entendeu pela não aplicação retroativa às prestações de contas apresentadas antes da edição da referida lei[178].

Alguns sistemas admitem financiamento direto, pelo menos parcial, por parte do Estado ou uma modalidade de compensação pelos gastos da campanha eleitoral, efetivada mediante recursos públicos. Também a doação de recursos por instituições privadas é largamente praticada, adotando-se, porém, algumas cautelas na forma da legislação específica, por exemplo, exigência de que, a partir de certa quantia, a doação seja efetivada de forma transparente. Controverte-se também sobre a conveniência ou não de se conceder benefício fiscal para as doações efetuadas por pessoas privadas. O modelo de financiamento público de campanha, embora apresente os inconvenientes de fazer os partidos dependentes de recursos estatais, apresenta a vantagem de tornar as agremiações partidárias menos dependentes de recursos da iniciativa privada.

Talvez o modelo mais conhecido e difundido de financiamento público dos partidos seja aquele instituído pela legislação alemã. Inicialmente, consagrou-se apenas a possibilidade de uma compensação aos partidos pelos gastos de campanha eleitoral consistente no não pagamento de uma quantia por voto obtido, desde que o partido lograsse um percentual não inferior a 0,5% dos votos válidos para as eleições parlamentares federais. Esse piso é considerado compatível com a Constituição e afigura-se importante para evitar abusos. A fixação de um percentual mais elevado, porém, poderia impedir o natural desenvolvimento do processo político e sua renovação[179]. Daí ter a Corte Constitucional alemã declarado, inicialmente, a inconstitucionalidade de lei que fixava em 5% o percentual de votos para que o partido pudesse gozar do benefício referido. A jurisprudência constitucional avançou, posteriormente, para admitir o financiamento estatal diretamente ao partido (*BVerfGE*, 85, 264). Quanto a benefício fiscal para doações privadas, admite-se até o limite de 6.600 Euros. Tal benefício aplica-se, porém, apenas às pessoas físicas[180].

No Brasil, adotou-se um modelo de financiamento de partidos que contempla a transferência de recursos públicos e a utilização de recursos privados.

Os recursos públicos são repassados mediante utilização do Fundo Especial de Assistência aos Partidos Políticos (Fundo Partidário), previsto na Lei n. 9.096/95. Refe-

178 Embargos de Declaração em Embargos de Declaração em Prestação de Contas n. 97.737/DF, rel. Min. Gilmar Mendes, julgado em 5-5-2016.

179 Christoph Degenhart, *Staatsrecht I*, cit., p. 36.

180 Degenhart, *Staatsrecht I*, cit., p. 36.

rido Fundo é composto (1) de recursos provenientes de multa e penalidades pecuniárias aplicadas nos termos do Código Eleitoral e leis conexas; (2) de dotações orçamentárias da União em valor nunca inferior, cada ano, ao número de eleitores inscritos em 31 de dezembro do ano anterior ao da proposta orçamentária, multiplicados por R$ 0,35 (trinta e cinco centavos de real), em valores de agosto de 1995; (3) de doações de pessoas físicas ou jurídicas, dentre outros. Os recursos oriundos do Fundo Partidário devem ser aplicados na manutenção das sedes e serviços do partido, permitido o pagamento de pessoal, a qualquer título, este último até o limite máximo de 50%[181] do total recebido, na propaganda doutrinária e política; no alistamento e campanhas eleitorais; na criação e manutenção de instituto ou fundação de pesquisa e de doutrinação e educação política, sendo esta aplicação de, no mínimo, 20% do total recebido (Lei n. 9.096/95, art. 44).

De acordo com a Lei n. 9.096/95, art. 41, I e II, em sua redação original, os recursos do Fundo Partidário seriam distribuídos pelo Tribunal Superior Eleitoral, obedecidos os seguintes critérios:

a) um por cento do total do Fundo Partidário será destacado para entrega, em partes iguais, a todos os partidos que tenham seus estatutos registrados no Tribunal Superior Eleitoral;

b) noventa e nove por cento do total do Fundo Partidário será distribuído aos partidos que tenham atingido 5% dos votos válidos para a Câmara dos Deputados, distribuídos em pelo menos 1/3 dos Estados, com um mínimo de 2% do total de cada um deles, na proporção dos votos obtidos na última eleição geral para a Câmara dos Deputados.

Como se vê, a lei buscou assegurar a todos os partidos políticos um percentual mínimo de 1% dos recursos do Fundo Partidário. A parcela significativa (99%) seria distribuída segundo critério de desempenho dos partidos nas eleições parlamentares para a Câmara dos Deputados e somente dentre as agremiações partidárias que obtivessem um mínimo de 5% dos votos válidos na última eleição, conforme a regra da denominada "cláusula de barreira" ou "cláusula de desempenho", descrita no art. 13 da mesma lei.

Como visto anteriormente (*supra*, 2.3.2 – *O sistema proporcional brasileiro*), a redação original dos arts. 13 e 41, I e II, da Lei n. 9.096/95 foi declarada inconstitucional pelo Supremo Tribunal Federal, no julgamento das ADIs 1.351-3 e 1.354-8. Após essa decisão, a Lei n. 11.459, de 2007, incluiu na Lei dos Partidos Políticos o art. 41-A, que trouxe nova regra para a distribuição dos recursos do Fundo Partidário. Em posterior alteração, passou a vigorar a regra segundo a qual 5% (cinco por cento) do total do Fundo Partidário será destacado para entrega, em partes iguais, a todos os partidos que tenham seus estatutos registrados no Tribunal Superior Eleitoral e 95% (noventa e cinco por cento) do total do Fundo Partidário será distribuído a eles na proporção dos votos obtidos na última eleição geral para a Câmara dos Deputados, sendo desconsideradas as mudanças de filiação partidária, nos termos da Lei n. 12.875, de 30 de outubro de 2013.

A Lei n. 12.875, de 30 de outubro de 2013, foi impugnada, no Supremo Tribunal Federal, por meio da ADI 5.105, rel. Min. Luiz Fux. Neste julgamento, a Corte declarou, por maioria de votos (6 x 5), a inconstitucionalidade da referida lei, visto que a cláusula dela constante, que determina que as quotas do fundo partidário, bem como a

181 O percentual foi alterado de 20% para 50% pela Lei n. 12.034/2009 que, por força de seu art. 2º, deu nova redação ao inciso I do art. 44 da Lei n. 9.096/95.

divisão do tempo cabível a cada legenda no rádio e na televisão deveria seguir a proporcionalidade das bancadas partidárias na Câmara dos Deputados, tal como resultante das últimas eleições gerais.

Para a corrente vencedora, a Lei n. 12.875/2013 visava superar a interpretação conforme a Constituição emanada do STF no julgamento das ADIs 4.430 e 4.795, ocasião em que a Corte entendeu que a migração de parlamentar de sua legenda original para nova agremiação, no prazo de 30 dias contados de seu registro na Justiça Eleitoral, por ser lícita, segundo o regramento emanado do TSE, deveria implicar a chamada "portabilidade" do tempo de rádio e TV e da quota de fundo partidário, representadas pelo congressista que opta por aderir ao quadro de agremiação recém-fundada. Assim, por vislumbrar violação à Constituição e, em especial, ofensa à supremacia de sua interpretação constitucional, o STF julgou procedente a ADI 5.105. Cumpre observar que ficaram vencidos, julgando normal e até mesmo produtivo o diálogo institucional viabilizado pela atuação do Poder Legislativo em sentido contrário a decisão anterior da Corte, os Ministros Edson Fachin, Teori Zavascki, Gilmar Mendes, Celso de Mello e Ricardo Lewandowski.

O modelo de financiamento dos partidos admitia também a doação privada efetivada por pessoas físicas ou jurídicas, sem que se assegure qualquer benefício fiscal. A doação deve ser efetuada e registrada de forma nominal, independentemente do seu valor[182]. Isso também sofreu modificação relevante. Em julgado recente e deveras polêmico, o STF, por maioria de votos, julgou procedente em parte a ADI 4.650, rel. Min. Luiz Fux, para declarar a inconstitucionalidade dos dispositivos legais que autorizavam as de doações de pessoas jurídicas (empresas) às campanhas eleitorais. Ficaram vencidos, no ponto, os Ministros Teori Zavascki, Celso de Mello e Gilmar Mendes.

Deve-se anotar, por fim, que o Congresso Nacional emitiu sinais de que poderia aprovar emenda constitucional restabelecendo as doações de pessoas jurídicas às campanhas eleitorais, o que traria outra hipótese de diálogo institucional bastante interessante à cena jurídico-política.

Após a referida decisão do Supremo Tribunal Federal, o Congresso Nacional editou nova legislação que permite a doação de pessoas jurídicas para os partidos políticos. Contudo, a Presidência da República vetou o dispositivo, justificando que "a possibilidade de doações e contribuições por pessoas jurídicas a partidos políticos e campanhas eleitorais, que seriam regulamentadas por esses dispositivos, confrontaria a igualdade política e os princípios republicano e democrático, como decidiu o Supremo Tribunal Federal – STF em Ação Direita de Inconstitucionalidade (ADI 4650/DF) proposta pelo Conselho Federal da Ordem dos Advogados do Brasil – CFOAB. O STF determinou, inclusive, que a execução dessa decisão 'aplica-se às eleições de 2016 e seguintes, a partir da Sessão de Julgamento, independentemente da publicação do acórdão', conforme ata da 29ª sessão extraordinária de 17 de setembro de 2015".

A legislação até as Eleições de 2016, portanto, admitia apenas as doações de pessoas físicas, sejam para candidatos, sejam para partidos políticos, nos termos das Leis n.

182 Scott Mainwaring registra que a eleição de um deputado federal, pelo Estado de São Paulo, em 1986, teria atingido cifra próxima ou superior a US$ 1.000.000,00. Anota o autor que isso colocaria as eleições de São Paulo entre as mais caras do mundo – fato que indicaria o quanto o poder político é valorizado no Brasil (Scott Mainwaring, Políticos, partidos e sistemas eleitorais, in *Estudos eleitorais*, TSE n. 2, cit., p. 335 (353).

9.096/95 e 9.504/97, com as modificações promovidas pela Lei n. 13.165/2015.

Pois bem, as drásticas modificações legislativas e jurisprudenciais ocorridas ultimamente, a baixa participação das pessoas físicas na condição de doadoras de campanhas eleitorais[183] e o elevado número de doações realizadas por pessoas sem capacidade econômica para tanto[184] impulsionaram o Congresso Nacional a apresentar uma resposta às mazelas detectadas nas campanhas eleitorais. Isso porque, como a legislação eleitoral brasileira possui um vasto leque de ferramentas de aproximação entre candidatos e eleitores, torna-se necessária a disponibilização de recursos razoavelmente suficientes para bancar os custos financeiros das campanhas eleitorais no país, que acabam por ser muito elevados.

A Lei n. 13.487/2017, portanto, criou o Fundo Especial de Financiamento de Campanha (FEFC), de caráter público e custeado com dotações orçamentárias da União da seguinte forma: i) o definido pelo Tribunal Superior Eleitoral, a cada eleição, com base nos parâmetros determinados em lei; ii) a 30% (trinta por cento) dos recursos da reserva específica de que trata o inciso II do § 3º do art. 12 da Lei n. 13.473, de 8 de agosto de 2017.

Dessa forma, coube à Lei n. 13.488/2017 definir os critérios de distribuição daqueles recursos (art. 16-D da Lei n. 9.504/97). A legislação adotou quatro critérios para a divisão dos recursos: i) valor igual a todos os partidos com estatuto registrado no TSE; ii) percentual dividido entre todos os partidos que possuem pelo menos um deputado, na proporção de votos da última Eleição Geral; iii) percentual dividido na proporção de representantes na Câmara dos Deputados; iv) percentual dividido na proporção de representantes no Senado Federal. Já o art. 4º da referida lei estabelece que o número de representantes na Câmara dos Deputados e do Senado Federal, para fins de distribuição dos recursos do fundo público em 2018, será o apurado em 28 de agosto de 2017. Nas eleições seguintes, o número de representantes será identificado no último dia da sessão legislativa anterior ao ano das eleições.

Para as eleições de 2018, a Lei n. 13.488/2017 definiu os limites de gastos de campanha, com os seguintes critérios: i) valor máximo para a disputa de Presidente e Vice-Presidente da República; ii) diversos valores para a campanha de Governador, Vice-Governador e Senador da República, levando em conta o número de eleitores da unidade da Federação; iii) valor máximo para as disputas de Deputado Federal, Estadual e Distrital, pouco importando o número de eleitores na unidade da Federação.

Por outro lado, o STF, na sessão de 15-3-2018, entendeu, por maioria, que, no mínimo, 30% dos recursos do fundo partidário deveriam ser destinados às campanhas de mulheres (ADI 5.617/DF). No julgamento dos embargos opostos, o Tribunal esclareceu, na sessão de 3-10-2018, que os recursos acumulados em anos anteriores também poderiam ser utilizados nas Eleições de 2018, sem redução do valor mínimo de 30% para as campanhas eleitorais de mulheres.

Dessa forma, o TSE, na sessão de 22-5-2018, assentou que partidos políticos também deverão reservar, no mínimo, 30% dos recursos do Fundo Eleitoral para financiamento de candidaturas femininas, regra que também deverá ser aplicada ao tempo destinado à propaganda eleitoral gratuita no rádio e na TV (Resolução n. 23.568/TSE, de 24-5-2018).

---

183 Disponível em: <http://www.tse.jus.br/eleicoes/estatisticas/repositorio-de-dados-eleitorais>.

184 Comunicação restrita da Receita Federal ao TSE.

A Lei n. 13.831/2019, por sua vez, estabeleceu no art. 55-A da Lei dos Partidos que as contas partidárias não poderão ser rejeitadas pela Justiça eleitoral, quando a agremiação não aplicou os recursos no fomento de políticas de incentivo à participação feminina nos exercícios anteriores a 2019, mas utilizou referidos recursos no financiamento de candidaturas femininas até as Eleições de 2018.

Ademais, o Supremo Tribunal Federal, na sessão de 2-10-2020, referendou a decisão liminar do Min. Ricardo Lewandowski nos autos da ADPF 738, no sentido de que os recursos do Fundo Especial de Financiamento de Campanha, bem como o tempo de propaganda no rádio e na televisão, serão distribuídos de forma proporcional ao número de candidatos negros e brancos de cada agremiação partidária, cuja decisão será aplicada já para as Eleições Municipais de 2020.

Por fim, quanto ao autofinanciamento de campanha, a legislação fixava como limite apenas o texto máximo de gastos para o cargo em disputa, e não o critério geral de 10% dos rendimentos brutos auferidos no ano anterior da eleição em jogo. A propósito, nas Eleições de 2018, determinado candidato doou para sua campanha presidencial o importante valor de 54 milhões de reais, quase o teto de gastos para o cargo em disputa (R$ 70 milhões para o 1º turno)[185]. Contudo, referido tema – autofinanciamento limitado ao teto de gastos do cargo em disputa – seria analisado pelo STF por ocasião do julgamento da ADI 5.914/DF. A Lei n. 13.878, de 3-10-2019, estabeleceu, no entanto, que “o candidato poderá usar recursos próprios em sua campanha até o total de 10% (dez por cento) dos limites previstos para gastos de campanha no cargo em que concorrer”, restando prejudicada referida ação direta. Assim, o percentual de 10% é retirado do teto de gastos para determinada disputa eleitoral (limite máximo de gastos), e não do rendimento bruto auferido no ano anterior da eleição em jogo.

4.5. Acesso ao rádio e à televisão

A Constituição consagrou o direito de acesso dos partidos ao rádio e à televisão, *na forma da lei* (art. 17, § 3º).

A matéria estava disciplinada na Lei n. 9.096/95 (art. 48), que assegurava aos partidos que não possuíssem funcionamento parlamentar a realização de um programa em cadeia nacional, em cada semestre, com a duração máxima de dois minutos. Aos partidos com funcionamento parlamentar (5% dos votos válidos nas últimas eleições parlamentares, distribuídos em, pelo menos, 1/3 dos Estados, com um mínimo de 2% do total de cada um deles – art. 13) assegurava-se a realização de programa em cadeia nacional e de um programa em cadeia estadual em cada semestre, com duração de vinte minutos cada (Lei n. 9.096/95, art. 49, I) e, ainda, a utilização do tempo de quarenta minutos por semestre, para inserções de trinta segundos ou um minuto, nas redes nacionais, e de igual tempo nas emissoras estaduais (Lei n. 9.096/95, art. 49, II).

Como se vê, o sistema adotado privilegiava os partidos com funcionamento parlamentar em detrimento daqueles que detivessem apenas o registro no Tribunal Superior Eleitoral.

---

185 Disponível em: <http://www.tse.jus.br/eleicoes/eleicoes-2018/divulgacandcontas#/candidato/2018/2022802018/BR/280000622281>. Acesso em: 9 out. 2018.

Como analisado (2.3.2 – *O sistema proporcional brasileiro*), o Supremo Tribunal Federal entendeu que tais regras (art. 13 c/c os arts. 48 e 49) violavam o princípio da igualdade de chances, tendo em vista o tratamento demasiado restritivo aos partidos que não atingissem os percentuais de votação da "cláusula de barreira" (art. 13)[186].

A Lei n. 13.165/2015 introduziu nova redação no art. 49 da Lei n. 9.096/95. O acesso ao rádio e à televisão exige da agremiação partidária pelo menos um representante, seja na Câmara dos Deputados, seja no Senado Federal. Considerando o número de Deputados Federais, a referida legislação assim dividiu o tempo: i) um programa por semestre de "cinco minutos cada, para os partidos que tenham eleito até quatro Deputados Federais" (inc. I, *a*); ii) um programa por semestre de "dez minutos cada, para os partidos que tenham eleito cinco ou mais Deputados Federais" (inc. I, *b*); iii) inserções de 30 segundos ou um minuto em cada semestre totalizando "dez minutos, para os partidos que tenham eleito até nove Deputados Federais (inc. II, *a*); iv) inserções de 30 segundos ou um minuto em cada semestre totalizando "vinte minutos, para os partidos que tenham eleito dez ou mais deputados federais" (inc. II, *b*).

O acesso ao rádio e à televisão pelos partidos políticos é subsidiado integralmente pela União, tal como estabelece o art. 52, parágrafo único, da Lei n. 9.096/95, que assegura que "as emissoras de rádio e televisão terão direito a compensação fiscal pela cedência do horário gratuito previsto em lei".

A Lei n. 13.487/2017 extinguiu a propaganda partidária ou ideológica a partir de 1º de janeiro de 2018.

A Lei das Eleições (Lei n. 9.504/97) estabelecia que as emissoras de rádio e televisão reservarão, nos 45 dias anteriores à antevéspera das eleições, horário destinado à divulgação, em rede, da propaganda eleitoral gratuita. Contudo, a Lei n. 13.165/2015 alterou a redação do art. 47 da Lei n. 9.504/97 para reduzir o tempo de propaganda, passando para 35 dias antes do pleito, exigindo, ainda, que os canais de TV por assinatura "sob a responsabilidade do Senado Federal, da Câmara dos Deputados, das Assembleias Legislativas, da Câmara Legislativa do Distrito Federal ou das Câmaras Municipais" também transmitam a propaganda eleitoral (art. 57 da Lei n. 9.504/97).

Os horários reservados à propaganda em cada eleição serão distribuídos entre todos os partidos e coligações que tenham candidato e representação na Câmara dos Deputados, procedendo-se à seguinte divisão, conforme a nova redação dada pela Lei n. 13.165/2015 ao art. 47, § 2º, da Lei n. 9.504/1997:

a) 90% distribuídos proporcionalmente ao número de representantes na Câmara dos Deputados, considerados, no caso de coligação para eleições majoritárias, o resultado da soma do número de representantes dos seis maiores partidos que a integrem e, nos casos de coligações para eleições proporcionais, o resultado da soma do número de representantes de todos os partidos que a integrem (inc. I);

b) 10% distribuídos igualitariamente (inc. II).

Ademais, a Lei n. 13.165/2015 alterou a redação do art. 46 da Lei n. 9.504/97 exigindo a participação em debates de "candidatos dos partidos com representação superior a nove Deputados, e facultada a dos demais". Antes, a norma exigia apenas a participação "de candidatos dos partidos com representação na Câmara dos Deputados".

186 Cf. ADI 1.351-3/DF e ADI 1.354-8/DF, rel. Min. Marco Aurélio.

Essa modificação legislativa, portanto, fixou critério substancialmente mais rigoroso para a participação de candidatos em debates transmitidos por rádio ou televisão. Contudo, no julgamento da ADI n. 5.487/DF, red. p/ o acórdão Min. Roberto Barroso, o STF, ao dar interpretação conforme ao art. 46 da Lei das Eleições, concluiu que os candidatos aptos não podem "deliberar pela exclusão dos debates de candidatos cuja participação seja facultativa, quando a emissora tenha optado por convidá-los". Já a Lei n. 13.488/2017 abrandou o critério para a participação em debates, pois, além de fixar o número mínimo de parlamentares, o cálculo leva em conta Senadores e Deputados, e não apenas membros da Câmara, como era definido anteriormente.

A opção do legislador por um *critério funcional* e *pragmático* inspira-se em razões muito claras, evitando a má utilização dos recursos colocados à disposição dos partidos por entidades não dedicadas ao afazer político-partidário. Não há dúvida, contudo, de que tal opção pode contribuir para a consolidação das velhas legendas e desestimular o surgimento de novas forças políticas.

A adoção de critério fundado no desempenho eleitoral dos partidos não é, por si só, abusiva. Em verdade, tal como expressamente reconhecido pela Corte Constitucional alemã, não viola o princípio de igualdade a adoção pela lei do fator de desempenho eleitoral para os fins de definir o grau ou a dimensão de determinadas prerrogativas das agremiações partidárias (cf., *supra*, Sistema eleitoral e princípio de "igualdade de chances").

Não pode, porém, o legislador adotar critério que *congele* o quadro partidário ou que bloqueie a *constituição e desenvolvimento* de novas forças políticas.

A constitucionalidade dos critérios de distribuição do horário da propaganda eleitoral na televisão e no rádio, previstos nos citados incisos I e II do § 2º do art. 47 da Lei n. 9.504/97, antes da alteração promovida pela Lei n. 13.165/2015, foi contestada perante o Supremo Tribunal Federal, especificamente nas Ações Diretas de Inconstitucionalidade 4.430 e 4.795, ambas da Relatoria do Ministro Dias Toffoli. Na ADI 4.430, proposta pelo Partido Humanista da Solidariedade (PHS), requeria-se a interpretação desses dispositivos no sentido de (1) garantir a repartição igualitária do tempo destinado à propaganda eleitoral entre os diversos partidos políticos, independentemente de possuírem ou não representação na Câmara dos Deputados; e (2) impedir a veiculação de propaganda ou a participação de candidatos integrantes da coligação em âmbito nacional no horário eleitoral reservado aos pleitos estaduais. O argumento principal, como se vê, baseava-se na necessidade de se assegurar a igualdade de chances entre os diversos partidos na competição eleitoral, por meio da distribuição equitativa do horário da propaganda, sem qualquer distinção, fundada na representação política de cada agremiação na Câmara dos Deputados. A ADI 4.795, por outro lado, foi proposta por diversos partidos políticos (DEM, PMDB, PSDB, PPS, PR, PP, PTB) com o propósito de que o Tribunal afastasse qualquer interpretação desses dispositivos que viesse a estender aos partidos políticos que não elegeram representantes na Câmara dos Deputados o direito de participar do rateio de dois terços do tempo reservado à propaganda eleitoral no rádio de na televisão. Subjacente à questão constitucional levantada em abstrato nesta ADI 4.795 estava a controvertida questão política, surgida às vésperas do registro das candidaturas e dos respectivos partidos para o pleito eleitoral de 2012, relativa à participação do recém-criado Partido Social Democrático (PSD) na distribuição dos dois terços do horário da propaganda reservados às agremiações com representação na Câmara dos Deputados. Como o PSD havia sido legitimamente criado (tal como atestado em decisão do Tribunal Superior Eleitoral) a partir da migração de relevante quantidade de Deputados Federais de outros partidos, colocou-se a questão de se saber se tais parlamentares levariam consigo sua representação político-eleitoral e, em caso positivo, se essa representação, agora pertencente ao novo partido, poderia ser levada em conta para a distribuição do horário da propaganda eleitoral gratuita no rádio e na televisão no iminente pleito eleitoral de 2012. Apesar de a questão já estar sendo discutida, em concreto, no âmbito do Tribunal Superior Eleitoral, os partidos políticos que sofreram significativa baixa em seus quadros com a migração de diversos parlamentares para o PSD resolveram levá-la diretamente ao Supremo Tribunal Federal, formulando-a, em abstrato, no bojo da referida ADI 4.795, como uma questão de interpretação dos incisos I e II do § 2º do art. 47 da Lei n. 9.504/97 em conformidade com a Constituição. Os partidos queriam que o STF afastasse qualquer interpretação desses dispositivos que permitisse que um partido político criado no decorrer da legislatura pudesse ser incluído no rateio dos dois terços do horário eleitoral (inciso II do § 2º do art. 47). Defendiam que partidos criados, diferentemente dos casos de fusão ou incorporação de agremiações previstos no § 4º do art. 47 dessa mesma lei, deveriam participar apenas do rateio igualitário do um terço do horário, submetendo-se à regra do inciso I do § 2º do art. 47 dessa lei.

No julgamento ocorrido em 29 de junho de 2012, o Supremo Tribunal Federal, apreciando em conjunto ambas as ações (ADI 4.430 e 4.795), considerou constitucional o critério de distribuição do horário da propaganda eleitoral estabelecido no § 2º do art. 47 da Lei n. 9.504/97, baseado na representação parlamentar de cada agremiação na Câmara dos Deputados. Conforme consignam trechos do voto do Relator, inseridos na ementa do acórdão: "A solução interpretativa pela repartição do horário da propaganda eleitoral gratuita de forma igualitária entre todos os partidos partícipes da disputa não é suficiente para espelhar a multiplicidade de fatores que influenciam o processo eleitoral. Não há igualdade material entre agremiações partidárias que contam com representantes na Câmara Federal e legendas que, submetidas ao voto popular, não lograram eleger representantes para a Casa do Povo. Embora iguais no plano da legalidade, não são iguais quanto à legitimidade política. Os incisos I e II do § 2º do art. 47 da Lei n. 9.504/97, em consonância com o princípio da democracia e com o sistema proporcional, estabelecem regra de equidade, resguardando o direito de acesso à propaganda eleitoral das minorias partidárias e pondo em situação de privilégio não odioso aquelas agremiações mais lastreadas na legitimidade popular. O critério de divisão adotado – proporcionalidade à representação eleita para a Câmara dos Deputados – adéqua-se à finalidade colimada de divisão proporcional e tem respaldo na própria Constituição Federal, que faz a distinção entre os partidos com e sem representação no Congresso Nacional, concedendo certas prerrogativas, exclusivamente, às agremiações que gozam de representatividade nacional (art. 5º, LXX, *a*; art. 103, VIII; art. 53, § 3º; art. 55, §§ 2º e 3º; art. 58, § 1º)".

Quanto à questão decorrente da criação de novo partido político e de sua participação no rateio dos dois terços do tempo de propaganda eleitoral, a Corte entendeu que, em razão do princípio constitucional da liberdade de criação, modificação e extinção de partidos (art. 17 da Constituição), não se pode distinguir a hipótese de criação das de fusão e de incorporação e, dessa forma, a lei deve dar tratamento igualitário a todas elas, aplicando-se à hipótese de criação solução semelhante àquela já prevista pelo § 4º do art. 47 da Lei n. 9.504/97 para as de incorporação e de fusão: *"o número de representantes de partido que tenha resultado de fusão ou a que se tenha incorporado outro correspon-*

derá à soma dos representantes que os partidos de origem possuíam na data mencionada no parágrafo anterior" (número correspondente ao resultado da eleição). Como na hipótese de criação de novo partido não há como se tomar por base o critério do número de parlamentares resultante da última eleição para se aferir a representação parlamentar, o Tribunal, seguindo a proposta do Relator, decidiu interpretar os referidos dispositivos para considerar como marco a data da criação do novo partido. Assim, concluiu-se que, na hipótese de criação de partido político do decurso da legislatura, considerar-se-á, para fins de distribuição dos dois terços do horário de propaganda eleitoral, conforme o inciso II do § 2º do art. 47 da Lei n. 9.504/97, a representação parlamentar do novo partido aferida na data de sua criação. O entendimento da Corte está consignado em trechos da ementa do acórdão: "Extrai-se do princípio da liberdade de criação e transformação de partidos políticos contido no *caput* do art. 17 da Constituição da República o fundamento constitucional para reputar como legítimo o entendimento de que, na hipótese de criação de um novo partido, a novel legenda, para fins de acesso proporcional ao rádio e à televisão, leva consigo a representatividade dos deputados federais que, quando de sua criação, para ela migrarem diretamente dos partidos pelos quais foram eleitos. Não há razão para se conferir às hipóteses de criação de nova legenda tratamento diverso daquele conferido aos casos de fusão e incorporação de partidos (art. 47, § 4º, Lei das Eleições), já que todas essas hipóteses detêm o mesmo patamar constitucional (art. 17, *caput*, CF/88), cabendo à lei, e também ao seu intérprete, preservar o sistema. Se se entende que a criação de partido político autoriza a migração dos parlamentares para a novel legenda, sem que se possa falar em infidelidade partidária ou em perda do mandato parlamentar, essa mudança resulta, de igual forma, na alteração da representação política da legenda originária. Note-se que a Lei das Eleições, ao adotar o marco da última eleição para deputados federais para fins de verificação da representação do partido (art. 47, § 3º, da Lei n. 9.504/97), não considerou a hipótese de criação de nova legenda. Nesse caso, o que deve prevalecer não é o desempenho do partido nas eleições (critério inaplicável aos novos partidos), mas, sim, a representatividade política conferida aos parlamentares que deixaram seus partidos de origem para se filiarem ao novo partido político, recém-criado. Essa interpretação prestigia, por um lado, a liberdade constitucional de criação de partidos políticos (art. 17, *caput*, da CF/88) e, por outro, a representatividade do partido que já nasce com representantes parlamentares, tudo em consonância com o sistema de representação proporcional brasileiro". No MS 32.033, referido acima, a liminar concedida, entre outros fundamentos, chamava a atenção para o fato de que PLC 14/2013, que se encontrava pronto para votação no Senado Federal, após haver sido aprovado na Câmara dos Deputados, pretendia rever a decisão proferida pelo Supremo Tribunal Federal na ADI 4.430, rel. Min. Dias Toffoli, *DJe* de 19-9-2013, cuja ementa foi em parte transcrita no parágrafo anterior.

Contudo, nas eleições de 2016, o TSE deparou-se com uma situação absolutamente peculiar, considerando a decisão do STF que, para fins de distribuição dos dois terços do horário de propaganda eleitoral, deve-se levar em conta a representação parlamentar do partido recém-criado e a Emenda Constitucional n. 91/2016, que permitiu uma janela de mudança partidária sem perda do mandato eletivo, desde que ocorrida nos trinta dias seguintes à publicação da emenda. O fenômeno político fica assim bem definido no seguinte esquema:

Partido A
(partido pelo qual o parlamentar foi eleito)

Partido B
(partido recém-criado para o qual o parlamentar migrou)

Partido C
(última migração com fundamento na EC n. 91/2016)

No exemplo proposto, os dois terços do horário de propaganda eleitoral ficariam então com o Partido C? O TSE, primeiramente, assentou que esse tema não foi objeto de análise pelo Supremo Tribunal Federal no julgamento das ações diretas de inconstitucionalidade, pois o STF simplesmente analisou a questão envolvendo tempo de TV e rádio e partidos recém-criados.

Em seguida, o Tribunal reconheceu que a representatividade do partido político está necessariamente atrelada à representatividade de seus filiados que disputaram as eleições anteriores, ainda que por partidos diversos, como decidido pelo Supremo Tribunal Federal. Entretanto, se o parlamentar não mais compõe os quadros do partido novo (Partido B), deve ser compreendido que não se pode, por consequência lógica, reconhecer à agremiação uma representatividade que, no mundo fático, não se confirma.

Dessa forma, a filiação ao Partido C, como fato superveniente, anula os motivos autorizadores da transferência da representatividade dos votos conquistados pelo parlamentar para o partido recém-criado, pois a vinculação do parlamentar com a agremiação deixa de existir de fato e de direito, mormente porque a própria EC n. 91/2016 expressamente vedou que essa nova filiação fosse "considerada para fins de distribuição dos recursos do Fundo Partidário e de acesso gratuito ao tempo de rádio e televisão". Assim, o TSE concluiu que a representatividade, pra fins de cálculo dos dois terços de propaganda, deveria ficar com o partido pelo qual o parlamentar foi eleito (Partido A), nos termos da Resolução n. 23.485/2016 do TSE.

Por fim, como vimos no tópico anterior, o TSE, na sessão de 22-5-2018, assentou que partidos políticos também deverão reservar, no mínimo, 30% do tempo destinado à propaganda eleitoral gratuita no rádio e na TV às campanhas femininas (Resolução n. 23.568/TSE, de 24-5-2018, aplicando o entendimento do STF na ADI 5.617/DF).

4.6. O problema das coligações partidárias no sistema proporcional

A formação de *coligações* entre partidos políticos para disputa de eleições é uma das características marcantes do sistema proporcional brasileiro. Conhecidas também como *alianças* eleitorais – termo utilizado pelo Código Eleitoral de 1950 (Lei n. 1.164/50) –, as coligações representam o fenômeno da associação de listas partidárias para a disputa eleitoral. As coligações diferenciam-se, assim, das *coalizões* parlamentares, as quais constituem alianças entre partidos, após o pleito eleitoral, para fins de sustentação ou oposição ao governo no decorrer do processo legislativo.

Inexistentes até 1945, as alianças eleitorais foram muito presentes na política brasileira no período de 1950 a 1964, permitidas pelo Código Eleitoral de 1950. No regime militar, entre 1965 e 1985, as coligações nas eleições proporcionais foram expressamente proibidas pelo Código Eleitoral de 1965 (Lei n. 4.737/65). A prática das alianças eleitorais foi retomada apenas em 1985, com o advento da Lei n. 7.454/85, que modificou o Código Eleitoral de 1965 e conformou a redação do art. 105, vigente até os dias atuais, nos seguintes termos:

> "Art. 105. Fica facultado a 2 (dois) ou mais partidos coligarem-se para o registro de candidatos comuns a Deputado Federal, Deputado Estadual e Vereador.
>
> § 1º A deliberação sobre coligação caberá à Convenção Regional de cada partido, quando se tratar de eleição para a Câmara dos Deputados e Assembleias Legislativas, e à Convenção Municipal, quando se tratar de eleição para a Câmara de Vereadores, e será aprovada mediante a votação favorável da maioria, presentes 2/3 (dois terços) dos convencionais, estabelecendo-se, na mesma oportunidade, o número de candidatos que caberá a cada partido.
>
> § 2º Cada partido indicará em Convenção os seus candidatos e o registro será promovido em conjunto pela coligação".

Posteriormente, a Lei n. 9.504/97 (Lei das Eleições) trouxe um capítulo inteiro destinado ao tratamento normativo das coligações partidárias nas eleições proporcionais e majoritárias, da seguinte forma:

> "Das Coligações
>
> Art. 6º É facultado aos partidos políticos, dentro da mesma circunscrição, celebrar coligações para eleição majoritária, proporcional, ou para ambas, podendo, neste último caso, formar-se mais de uma coligação para a eleição proporcional dentre os partidos que integram a coligação para o pleito majoritário.
>
> § 1º A coligação terá denominação própria, que poderá ser a junção de todas as siglas dos partidos que a integram, sendo a ela atribuídas as prerrogativas e obrigações de partido político no que se refere ao processo eleitoral, e devendo funcionar como um só partido no relacionamento com a Justiça Eleitoral e no trato dos interesses interpartidários.
>
> § 1º-A. A denominação da coligação não poderá coincidir, incluir ou fazer referência a nome ou número de candidato, nem conter pedido de voto para partido político. (Incluído pela Lei n. 12.034, de 2009)
>
> § 2º Na propaganda para eleição majoritária, a coligação usará, obrigatoriamente, sob sua denominação, as legendas de todos os partidos que a integram; na propaganda para eleição proporcional, cada partido usará apenas sua legenda sob o nome da coligação.
>
> § 3º Na formação de coligações, devem ser observadas, ainda, as seguintes normas:
>
> I – na chapa da coligação, podem inscrever-se candidatos filiados a qualquer partido político dela integrante;
>
> II – o pedido de registro dos candidatos deve ser subscrito pelos presidentes dos partidos coligados, por seus delegados, pela maioria dos membros dos respectivos órgãos executivos de direção ou por representante da coligação, na forma do inciso III;
>
> III – os partidos integrantes da coligação devem designar um representante, que terá atribuições equivalentes às de presidente de partido político, no trato dos interesses e na representação da coligação, no que se refere ao processo eleitoral;

IV – a coligação será representada perante a Justiça Eleitoral pela pessoa designada na forma do inciso III ou por delegados indicados pelos partidos que a compõem, podendo nomear até:

a) três delegados perante o Juízo Eleitoral;

b) quatro delegados perante o Tribunal Regional Eleitoral;

c) cinco delegados perante o Tribunal Superior Eleitoral.

§ 4º O partido político coligado somente possui legitimidade para atuar de forma isolada no processo eleitoral quando questionar a validade da própria coligação, durante o período compreendido entre a data da convenção e o termo final do prazo para a impugnação do registro de candidatos. (Incluído pela Lei n. 12.034, de 2009)".

Com o advento da Emenda Constitucional n. 52/2006, as coligações ganharam assento constitucional, especificamente no § 1º do art. 17, o qual possui o seguinte teor:

"Art. 17. (...)

§ 1º É assegurada aos partidos políticos autonomia para definir sua estrutura interna, organização e funcionamento e para adotar critérios de escolha e o regime de suas coligações eleitorais, sem obrigatoriedade de vinculação entre as candidaturas em âmbito nacional, estadual, distrital ou municipal, devendo seus estatutos estabelecer normas de disciplina e fidelidade partidária".

Referida emenda constitucional, ao garantir uma ampla liberdade aos partidos políticos na composição das coligações, constituiu uma resposta legislativa à posição do Tribunal Superior Eleitoral (CTA 715, de 2002; Resolução n. 20.993/2002) quanto à necessidade do regime de verticalização das coligações no âmbito nacional.

Essa evolução legislativa e as práticas político-eleitorais em torno das alianças partidárias demonstram que, no Brasil, o regime das coligações assume características muito peculiares, que as tornam especialmente diferenciadas em relação a outros parâmetros do direito comparado. Em verdade, nunca houve qualquer consenso, seja no âmbito acadêmico da ciência política ou mesmo na seara da prática política, em torno da manutenção das coligações eleitorais e de seu real benefício para o pleno desenvolvimento do sistema proporcional.

Em seu conhecido escrito sobre os partidos políticos, Maurice Duverger explicava que, se, por um lado, os sistemas eleitorais majoritários favorecem a formação de alianças entre partidos para fins eleitorais, por outro lado os sistemas de caráter proporcional estimulam a independência total das agremiações na competição eleitoral[187].

Não obstante, no Brasil, a configuração peculiar do sistema proporcional acabou fornecendo condições extremamente propícias para a proliferação das coligações, as quais são constituídas estrategicamente para que todos os partidos, grandes e pequenos, possam auferir as maiores vantagens eleitorais possíveis decorrentes desse sistema.

Em 1893, Joaquim Francisco de Assis Brasil, que posteriormente participaria da elaboração do Código de 1932, já afirmava que a construção de um sistema eleitoral

187 Maurice Duverger, *Los partidos políticos*, trad. de Julieta Campos e Enrique González Pedrero, México: Fondo de Cultura Económica, 1957, p. 351, 354.

proporcional adequado para o Brasil deveria rejeitar a formação de coligações eleitorais. Assis Brasil defendia que uma adequada representação democrática dispensa coligações eleitorais. Dizia então que se tratava de "uma imoralidade reunirem-se indivíduos de credos diversos com o fim de conquistarem o poder, repartindo depois, como cousa vil, o objeto da cobiçada vitória". E, mais à frente, arrematava: "Essas coligações são, em regra, imorais; mas o pior é que elas são negativas no governo, e, por isso, funestas, se chegam a triunfar"[188].

Em estudo precursor sobre o tema, de 1964, Gláucio Ary Dillon Soares desenvolveu uma "teoria explicativa das alianças e coligações eleitorais", com base em estudos empíricos sobre os pleitos eleitorais dos anos de 1950, 1954 e 1958[189]. Constatou o autor que, no Brasil, a formação das coligações pelas agremiações políticas segue mais uma estratégia racional de maximização do desempenho eleitoral do que uma conjunção orientada pelas relações de ideologia partidária. Cada partido procede a uma avaliação de suas possibilidades eleitorais seguindo o ponto de vista de uma "economia de esforços", com o propósito de conseguir uma representação maior com o mesmo número de votos. É o que se denominou "teoria da economia de esforços", que viria a oferecer uma explicação teórica das práticas eleitorais observadas nos pleitos eleitorais ocorridos no período democrático de 1945 a 1964. Assim, o autor pôde afirmar, contundentemente, que "a grande maioria das alianças observáveis na política brasileira são puramente eleitoreiras, sem qualquer conteúdo ideológico"[190].

Assim, as coligações no Brasil se aproximam do que Duverger convencionou denominar "alianças efêmeras". As alianças efêmeras, segundo esse autor, são constituídas com fins estrategicamente eleitoreiros, que se desfazem tão logo se encerram as eleições. Dessa forma, elas se distinguem nitidamente das "alianças duradouras", que conformam verdadeiros "superpartidos" destinados a exercer posições parlamentares por vários anos[191].

Razões de natureza estratégica explicam a proliferação das coligações eleitorais no sistema proporcional brasileiro. As características singulares do sistema proporcional adotado no Brasil, com adoção de quociente eleitoral, listas abertas e distribuição de sobras pela maior média, acabaram contribuindo para esse fenômeno. Como bem asseverou Wanderley Guilherme dos Santos em importante estudo sobre o tema:

> "Considerando que o quociente eleitoral era particularmente elevado, sobretudo nos estados de população e eleitorado menores, o método d'Hondt, como aliás ocorre em todo país em que é adotado, converteu-se em poderoso incentivo à constituição de alianças e coligações. Tratava-se apenas de um recurso para, ao reduzir a taxa de desperdício de votos do sistema, fazê-lo em benefício de todos os partidos. É certo que os maiores partidos beneficiavam-se mais do que proporcionalmente, mas o fator mais relevante consistia em

188 Joaquim Francisco Assis Brasil, *Democracia representativa*: do voto e do modo de votar, 4. ed., Rio de Janeiro: Imprensa Nacional, 1931, p. 123 e s.

189 Gláucio Ary Soares, Alianças e coligações eleitorais: notas para uma teoria, *Revista Brasileira de Estudos Políticos*, n. 17, p. 95-124, 1964.

190 Gláucio Ary Soares, Alianças e coligações eleitorais: notas para uma teoria, cit., p. 97.

191 Maurice Duverger, *Los partidos políticos*, cit., p. 349.

que, ao coligarem-se, os pequenos partidos aumentavam suas chances de conseguir lugares na representação, as quais seriam menores, caso concorressem isoladamente. Elevados quocientes eleitorais na maioria dos estados, como percentagem do eleitorado, e fórmula d'Hondt para a distribuição das sobras, juntaram-se para impulsionar as coligações partidárias para fins estritamente eleitorais. O fascínio das coligações explica-se deste modo de forma bastante simples: todos os partidos ganhavam, embora uns mais do que outros, além de praticamente assegurarem aos pequenos partidos uma representação que de outro modo seria extremamente duvidosa de ser obtida. O resultado desse arranjo eleitoral ao longo do tempo, porém, foi extremamente negativo para o sistema partidário. (...)"[192].

O fato é que as deficiências do sistema proporcional brasileiro acabam favorecendo a formação de alianças eleitorais entre os diversos partidos políticos, que encontram nessas alianças uma forma de maximizar os ganhos eleitorais.

Em quadro político no qual ocorrem eleições gerais nos âmbitos nacional, estadual, distrital e municipal, os pleitos realizados segundo o sistema majoritário têm forte influência na composição das coligações para a disputa de cargos no sistema proporcional. Por isso, a formação das coligações tende a ser favorecida num sistema em que as eleições majoritárias e proporcionais acontecem em conjunto. Isso pode ser explicado, igualmente, pela teoria da economia de esforços, em que cada partido avalia racionalmente os melhores caminhos para a conquista dos cargos políticos, de forma a reduzir os riscos de perda das eleições. No final das contas, todos os partidos, grandes e pequenos, beneficiam-se de algum modo com a formação de alianças eleitorais. Os partidos pequenos encontram nas coligações o único caminho para a conquista de representação política no parlamento. Eles entram na coligação com uma finalidade evidente: alcançar o quociente eleitoral. E os partidos grandes, por outro lado, auferem as vantagens eleitorais desse apoio dos partidos menores, como o maior tempo de propaganda eleitoral nos meios de comunicação. Não obstante, são os partidos grandes que, nesse sistema, acabam pautando a estratégia política subjacente à composição das coligações para os pleitos majoritários, principalmente nas eleições para os cargos do Poder Executivo. Os partidos pequenos são aceitos na composição de coligações para eleições proporcionais sob a condição de oferecerem apoio aos partidos grandes nas eleições majoritárias.

Assim, a possibilidade de formação, na mesma eleição, de coligações para os pleitos majoritário e proporcional, torna-se fator fundamental dentro das estratégias políticas dos partidos políticos de grande porte. E a legislação brasileira favorece essa formação conjunta de coligações como estratégia dos partidos políticos dominantes. Como visto, o art. 6º da Lei das Eleições (Lei n. 9.504/97) dispõe que *"é facultado aos partidos políticos, dentro da mesma circunscrição, celebrar coligações para eleição majoritária, proporcional, ou para ambas, podendo, neste último caso, formar-se mais de uma coligação para a eleição proporcional dentre os partidos que integram a coligação para o pleito majoritário"*.

Muitas vezes, a formação de coligações, em vez de favorecer os partidos pequenos, os quais de outra forma não conseguiriam atingir o quociente eleitoral e conquis-

192 Wanderley Guilherme dos Santos, *Crise e castigo*: partidos e generais na política brasileira, São Paulo: Vértice / Rio de Janeiro: Iuperj, 1987, p. 110-111.

tar cadeiras no parlamento, acaba criando condições propícias para a proliferação de partidos cuja única finalidade é a participação em coligações para favorecimento de grandes partidos em pleitos majoritários. É bem provável que estejam equivocados, nesse sentido, aqueles que tratam as coligações no sistema proporcional como uma proteção das minorias políticas. Em verdade, as coligações proporcionais, em vez de funcionarem como um genuíno mecanismo de estratégia racional dos partidos minoritários para alcançar o quociente eleitoral, acabam transformando esses partidos de menor expressão em "legendas de aluguel" para os partidos politicamente dominantes. O resultado é a proliferação dos partidos criados com o único objetivo eleitoreiro de participar de coligações em apoio aos partidos majoritários, sem qualquer ideologia marcante ou conteúdo programático definido.

O certo é que as coligações partidárias, além de ser o resultado das deficiências do sistema proporcional, tal como conformado no Brasil, também constituem a fonte de diversas incongruências observadas nesse sistema. Na configuração legislativa presente na Lei das Eleições (Lei n. 9.504/97, art. 6º), as coligações funcionam como um "superpartido" com caráter provisório, resultado da reunião de diversos partidos políticos para a disputa eleitoral. A legislação não determina, porém, que a coligação tenha um número específico, que o eleitor possa ter como referência. A coligação, nessa conformação legislativa, torna-se apenas a junção das diversas siglas e legendas dos partidos. E o sistema de listas abertas adotado no sistema proporcional brasileiro também permite que, no caso de coligação, as listas de todos os partidos coligados sejam reunidas em uma grande lista aberta composta de candidatos de todos os partidos. A coligação, nesse aspecto, constitui mais a reunião de diversos candidatos do que uma aliança entre partidos. Nessa configuração, os candidatos unidos em coligação passam a competir entre si para a conquista das cadeiras. Assim, o problema do personalismo, gerado pelo sistema de listas abertas adotado nas eleições proporcionais no Brasil, é agravado pela existência das coligações partidárias. O resultado conhecido é o enfraquecimento dos partidos políticos.

A combinação de listas abertas (que possibilitam o voto uninominal) e coligações torna-se, assim, um grande problema para a lógica da representação proporcional.

É sabido que o sistema eleitoral proporcional encontra a maior justificativa, entre os seus defensores, no fato de permitir uma representação mais plural. Contrariamente ao sistema majoritário, ele viabiliza que minorias sejam representadas no Parlamento, o que proporcionaria um aumento do índice democrático, por meio da representação efetiva de variadas parcelas populacionais, tendo em vista sua forma de funcionamento baseada no modelo de alcance do quociente eleitoral pelos partidos políticos.

Esse modelo gera a possibilidade de estratégias partidárias que visem a alcançar o quociente eleitoral o máximo de vezes, de forma a garantir o preenchimento do maior número possível de cadeiras no parlamento. Levando-se em conta que sistema eleitoral algum está isento de defeitos e, portanto, é passível de críticas, o sistema proporcional de listas abertas adotado no Brasil traz consigo o inconveniente de permitir o fenômeno da transferência de votos.

Na verdade, a transferência de votos é a regra em nosso sistema eleitoral proporcional. Os dados informam que nas eleições gerais de 2006 apenas 32 (trinta e dois) deputados se elegeram com votos próprios, isto é, alcançaram votação igual ou superior ao quociente eleitoral (cerca de 6,2% do total de cadeiras); nas eleições gerais de 2010, o número subiu para 35 (trinta e cinco) deputados (cerca de 6,8% do total de cadeiras), sendo certo que em alguns Estados da Federação nenhum candidato alcançou o quociente eleitoral[193].

Em eleições anteriores (vejam-se as eleições de 1994, por exemplo), em Estados importantes, como os da Região Sudeste, a porcentagem de candidatos eleitos com votos próprios foi ínfima. Em Minas Gerais, dos 53 deputados eleitos, apenas 1 obteve votação maior ou igual ao quociente eleitoral (1,9%); no Espírito Santo, nenhum candidato superou ou igualou o quociente eleitoral; no Rio de Janeiro, dos 46 deputados federais eleitos naquele ano, apenas 3 obtiveram votação igual ou superior ao quociente eleitoral (6,5%); e, em São Paulo, dos 70 eleitos, apenas 3 (4,3%) alcançaram o quociente eleitoral.

Por outro ângulo, se verificarmos, nessa mesma eleição e nesses mesmos Estados, os percentuais de votos nominais derrotados transferidos para outros candidatos, sejam eles do mesmo partido, ou apenas da mesma coligação, teremos o seguinte cenário: em Minas Gerais foram transferidos, dentre os votos nominais derrotados, 94,5%; no Espírito Santo foram transferidos 87,0%; no Rio de Janeiro, 88,5%; e em São Paulo, dos votos nominais derrotados, foram transferidos 87,7%[194].

Se passarmos à análise dos deputados eleitos por legendas coligadas, dentro do universo dos sete maiores partidos representados na Câmara dos Deputados, conforme as eleições gerais de 1994, teremos o seguinte: dos 107 deputados eleitos pelo PMDB, 82 (76,6%) o foram por legendas coligadas; dos 89 eleitos pelo PFL, todos (100%) fizeram parte de chapas coligadas; dos 62 deputados federais eleitos pelo PSDB, 60 (96,7%) o foram por legendas coligadas; dos 72 eleitos pelo PPB, 68 (94,4%) concorreram por legendas coligadas; dos 50 eleitos pelo PT, todos faziam parte de coligações; dos 34 do PDT, também todos fizeram parte de coligações; e, por fim, dos 26 do PTB, todos concorreram coligadamente[195]. E a tendência é de que sejam reduzidas cada vez mais as chances de eleição fora de coligações.

A leitura desses dados leva à conclusão de que, no Brasil, raros são os candidatos que se elegem com votos próprios. Além disso, a quase totalidade dos votos nominais derrotados (que constituem a grande maioria) é transferida para outros candidatos. E o controle dessa transferência é praticamente impossível de se realizar pelo eleitor de forma consequente, tendo em vista que a imensa maioria dos deputados é eleita por legendas coligadas. Significa dizer que a transferência avassaladora de votos não se dá apenas no interior de cada partido, mas também entre os partidos participantes das coligações eleitorais.

Nesse cenário é que deve ser analisada a presença das coligações. Consoante visto acima, elas atuam de forma a gerar uma maior desproporção no sistema, porque, ao se coligarem, os partidos não abandonam os respectivos números de legenda. Isto é, a

193 Dados disponibilizados pelo Departamento Intersindical de Assessoria Parlamentar – DIAP em <http://www.diap.org.br/index.php/eleicoes-2010/camara-dos-deputados/sao-35-deputados-eleitos-ou-reeleitos-atingem-quociente-eleitoral>. Acesso em 20 mar. 2011.

194 Fabiano Santos, *O Poder Legislativo no presidencialismo de coalizão*, Belo Horizonte: Editora UFMG; Rio de Janeiro: IUPERJ, 2003, p. 40-41.

195 Jairo Nicolau, *Banco de indicadores eleitorais*, Rio de Janeiro: IUPERJ, 1998.

coligação reúne os partidos coligados e assume nome próprio, possuindo, pelo menos no que concerne ao processo eleitoral, as prerrogativas e obrigações de um partido político (art. 6º, §§ 1º e 2º, da Lei n. 9.504/97). A coligação em si mesma, todavia, não possui um número específico.

Por não possuírem número ou legenda eleitoral própria, as coligações não podem receber votos diretos. Os votos continuam a ser dados aos partidos e aos candidatos, mesmo quando integrem uma coligação. O fenômeno que surge é o da transferência de votos também entre os partidos participantes de uma mesma coligação, e não apenas entre candidatos de um mesmo partido.

A configuração atual da distribuição de vagas dentro das coligações leva ao paradoxo de criar uma concorrência típica de sistemas eleitorais majoritários no seio de um sistema proporcional.

Isso ocorre em razão de a distribuição de cadeiras no interior das coligações dar prioridade aos candidatos, em desfavor dos partidos políticos. Assim, um partido bastante pequeno pode coligar-se e apresentar um candidato razoavelmente competitivo, de forma que, mesmo não alcançando o quociente eleitoral, obterá uma cadeira, em razão de a concorrência no interior da coligação ser eminentemente majoritária e baseada no desempenho dos candidatos[196].

A transferência de votos entre partidos e candidatos pertencentes a uma mesma coligação agrava a fragmentação partidária, proporcionando a eleição de candidatos filiados a legendas inexpressivas, que de outra forma não seriam representadas no Congresso Nacional. Além disso, as coligações, em sua regulamentação atual, geram distância ainda maior entre eleitos e eleitores, em razão, especialmente, da transferência de votos entre partidos, o que implica um déficit de *accountability* e, portanto, da possibilidade de efetivação da responsabilização democrática.

Esse sistema torna extremamente difícil que o eleitor identifique para quem seu voto foi efetivamente contabilizado, bem como torna improvável que o representante identifique quem são, de fato, os seus eleitores. Nas palavras de Jairo Nicolau:

> "A combinação de coligação com a possibilidade de o eleitor votar na legenda, tal como ocorre no Brasil, produz um resultado curioso. Ao votar na legenda, quando o partido de sua preferência está coligado, o eleitor não garante que seu voto ajude a eleger especificamente um nome do seu partido. Na prática, esse voto é contabilizado apenas para definir o total de cadeiras obtido pela coligação"[197].

O fato é que a lista única de candidatos da coligação, ao servir de parâmetro para a distribuição das cadeiras entre os partidos coligados, traz sérios problemas para o regime de coligações no sistema proporcional brasileiro. Não se leva em conta qualquer critério de proporcionalidade com a votação obtida por partido e, portanto, uma vez

196 Jefferson Dalmoro e David Fleischer, Eleição proporcional: os efeitos das coligações e o problema da proporcionalidade – Um estudo sobre as eleições de 1994, 1998 e 2002 para a Câmara dos Deputados, in S. Krause e R. Schmitt (Orgs.), *Partidos e coligações eleitorais no Brasil*, Rio de Janeiro: Fundação Konrad Adenauer; São Paulo: Fundação Editora da UNESP, 2005, p. 109.

197 Jairo Nicolau, *Sistemas eleitorais*, 5. ed. Rio de Janeiro: FGV, 2004.

definida a lista única dos eleitos, ela poderá servir de base, inclusive, para a ordem de suplência.

O Supremo Tribunal Federal enfrentou a interessante questão de saber se a vaga decorrente de afastamento de parlamentar deveria ser preenchida com base na lista de suplentes pertencentes à coligação partidária ou apenas na ordem de suplentes do próprio partido político ao qual pertencia o parlamentar afastado. Num primeiro momento, o Plenário do Tribunal, ao apreciar pedido de medida liminar no MS 29.988 (j. em 9-12-2010), decidiu, por maioria de votos, que a vaga deixada em razão de renúncia ao mandato parlamentar pertenceria ao partido político, mesmo que tal partido a tenha conquistado num regime eleitoral de coligação partidária. Assim, de acordo com o primeiro entendimento firmado pela Corte em julgamento de medida liminar, ocorrida a vacância, o direito de preenchimento da vaga seria do partido político detentor do mandato, e não da coligação partidária, já não mais existente como pessoa jurídica[198]. Alguns meses depois desse julgamento, ao apreciar o mérito dos MS 30.272 e MS 30.260[199],

198 A ementa do acórdão no MS 29.988 ficou assim redigida:

"LIMINAR EM MANDADO DE SEGURANÇA. ATO DO PRESIDENTE DA CÂMARA DOS DEPUTADOS. PREENCHIMENTO DE VAGA DECORRENTE DE RENÚNCIA A MANDATO PARLAMENTAR. PARTIDO POLÍTICO. COLIGAÇÃO PARTIDÁRIA. Questão constitucional consistente em saber se a vaga decorrente de renúncia a mandato parlamentar deve ser preenchida com base na lista de suplentes pertencentes à coligação partidária ou apenas na ordem de suplentes do próprio partido político ao qual pertencia o parlamentar renunciante.

1. A jurisprudência, tanto do Tribunal Superior Eleitoral (Consulta 1.398) como do Supremo Tribunal Federal (Mandados de Segurança 26.602, 26.603 e 26.604), é firme no sentido de que o mandato parlamentar conquistado no sistema eleitoral proporcional também pertence ao partido político.

2. No que se refere às coligações partidárias, o TSE editou a Resolução n. 22.580 (Consulta 1.439), a qual dispõe que o mandato pertence ao partido e, em tese, estará sujeito à sua perda o parlamentar que mudar de agremiação partidária, ainda que para legenda integrante da mesma coligação pela qual foi eleito.

3. Aplicados para a solução da controvérsia posta no presente mandado de segurança, esses entendimentos também levam à conclusão de que a vaga deixada em razão de renúncia ao mandato pertence ao partido político, mesmo que tal partido a tenha conquistado num regime eleitoral de coligação partidária. Ocorrida a vacância, o direito de preenchimento da vaga é do partido político detentor do mandato, e não da coligação partidária, já não mais existente como pessoa jurídica.

4. Razões resultantes de um juízo sumário da controvérsia, mas que se apresentam suficientes para a concessão da medida liminar. A urgência da pretensão cautelar é evidente, tendo em vista a proximidade do término da legislatura, no dia 31 de janeiro de 2011.

5. Vencida, neste julgamento da liminar, a tese segundo a qual, de acordo com os artigos 112 e 215 do Código Eleitoral, a diplomação dos eleitos, que fixa a ordem dos suplentes levando em conta aqueles que são pertencentes à coligação partidária, constitui um ato jurídico perfeito e, a menos que seja desconstituído por decisão da Justiça Eleitoral, deve ser cumprido tal como inicialmente formatado.

6. Liminar deferida, por maioria de votos".

199 O MS 30.260 constituía mandado de segurança preventivo, impetrado por Carlos Victor da Rocha Mendes, o qual buscava o reconhecimento do direito de ser convocado, como primeiro suplente do Partido Socialista Brasileiro (PSB), para ocupar a vaga decorrente de eventual licenciamento do Deputado Federal Alexandre Aguiar Cardoso, também filiado ao PSB. No MS 30.272, o impetrante Humberto Guimarães Souto alegava possuir direito, na qualidade de primeiro suplente do Partido Popular Socialista (PPS), de ocupar a vaga decorrente do afastamento do Deputado Federal Alexandre Silveira de Oliveira, também do PPS, para o exercício do cargo de Secretário de Estado Extraordinário de Gestão Metropolitana de Minas Gerais. Nos referidos mandados de segurança, os impetrantes sustentaram que a ordem de suplência a ser observada para o preenchimento de vagas decorrentes de afastamento temporário de parlamentares deveria ser aquela que consigna a lista de suplentes do próprio

o Plenário do Tribunal reviu seu primeiro posicionamento e acabou fixando o entendimento segundo o qual o preenchimento de vaga decorrente de afastamento parlamentar deve seguir a ordem de suplência da coligação, tal como definida no ato da diplomação dos eleitos e seus respectivos suplentes[200].

Talvez o Supremo Tribunal Federal não pudesse mesmo decidir de outra forma, dada a atual conformação normativa do regime de coligações e do sistema proporcional no Brasil, que, como explicado, levam à adoção da lista única de candidatos da coligação como parâmetro para a distribuição das cadeiras entre os partidos coligados. Não se pode desconsiderar, porém, que esse regime de coligações no sistema proporcional constitui uma clara deturpação da noção de mandato partidário. As lições de Giusti Tavares são enfáticas nesse sentido:

> "O que importa reter é que, na prática do sistema eleitoral brasileiro, o voto único em candidatura individual, isto é, a ausência de lista, não só converte o cociente partidário no agregado bizarro das preferências dos eleitores por candidatos individuais – o que ocorre mesmo nos casos em que não há coligação partidária – mas, quando combinado com coligações interpartidárias, faz literalmente desaparecer, nas eleições proporcionais, a própria noção de cociente partidário, substituindo-o pelo cociente da coligação. Nesta alternativa, as cadeiras legislativas da coligação não ocupadas pelos candidatos que lograram o cociente eleitoral não são distribuídas entre os partidos que a compõem em proporção aos votos de cada partido no conjunto dos votos da coligação e, apenas num segundo momento, entre os candidatos do partido segundo a ordem de votação pessoal de cada um. Essas cadeiras nem sequer, rigorosamente, pertencem aos partidos. Pertencem, isso sim, aos

---

partido político detentor do mandato parlamentar e não da coligação partidária. Mencionaram, como apoio de sua tese, o julgamento do MS 29.988, no qual o Tribunal, por maioria de votos (j. em 9-12-2010), concedeu a medida liminar, afirmando que o preenchimento da vaga decorrente de renúncia ao mandato parlamentar deveria seguir a ordem de suplência do partido político.

200 A ementa do acórdão dos MS 30.272 e 30.260, rel. Min. Cármen Lúcia (j. em 27-4-2011), reproduz o entendimento fixado pela Corte (aqui transcrita apenas nos trechos mais importantes): "(...) 3. As coligações são conformações políticas decorrentes de aliança partidária, formalizada entre dois ou mais partidos políticos, para concorrerem, de forma unitária, às eleições proporcionais ou majoritárias. Distinguem-se dos partidos políticos que a compõem e a eles se sobrepõe, temporariamente, adquirindo capacidade jurídica para representá-los. 4. A figura jurídica derivada dessa coalizão transitória não se exaure no dia do pleito eleitoral nem apaga o que decorre de sua existência, quando esgotada a finalidade que motivou a convergência dos objetivos políticos: eleger candidatos. Seus efeitos projetam-se na definição da ordem para ocupação dos cargos e para o exercício dos mandatos conquistados. 5. A coligação assume, perante os demais partidos e coligações, os órgãos da Justiça Eleitoral e, também, os eleitores, natureza de superpartido; ela formaliza sua composição, registra seus candidatos, apresenta-se nas peças publicitárias e nos horários eleitorais e, a partir dos votos, forma quociente próprio, que não pode ser assumido isoladamente pelos partidos que a compunham nem pode ser por eles apropriado. 6. O quociente partidário para o preenchimento de cargos vagos é definido em função da coligação, contemplando seus candidatos mais votados, independentemente dos partidos aos quais são filiados. Regra que deve ser mantida para a convocação dos suplentes, pois eles, como os eleitos, formam lista única de votações nominais que, em ordem decrescente, representa a vontade do eleitorado. 7. A sistemática estabelecida no ordenamento jurídico eleitoral para o preenchimento dos cargos disputados no sistema de eleições proporcionais é declarada no momento da diplomação, quando são ordenados os candidatos eleitos e a ordem de sucessão pelos candidatos suplentes. A mudança dessa ordem atenta contra o ato jurídico perfeito e desvirtua o sentido e a razão de ser das coligações. 8. Ao se coligarem, os partidos políticos aquiescem com a possibilidade de distribuição e rodízio no exercício do poder buscado em conjunto no processo eleitoral.(...)".

candidatos dos diferentes partidos que integram a coalizão, *com total abstração dos partidos* e segundo a ordem decrescente da votação pessoal de cada candidato, podendo eleger-se o candidato de um partido com os votos de candidatos de outro partido.

Adicionalmente, esse mecanismo tem a propriedade perversa de estimular, senão constranger, os eleitores a votarem – persuadidos com frequência pelos seus próprios partidos, e por considerações de cálculo estratégico – não na legenda, mas apenas no nome de seus candidatos e, mais especificamente, concentrarem os votos nos candidatos ou, quando se trata de partido pequeno, no candidato com maior probabilidade eleitoral.

Uma manifestação corrente do problema da combinação brasileira, nas eleições proporcionais, entre voto uninominal e coligações interpartidárias, consiste em que, instalada a legislatura, há a possibilidade de que o mandato tornado vago seja ocupado por suplente que pertence a partido diferente daquele do titular: esse fenômeno altera arbitrariamente a composição partidária do legislativo, incrementando-lhe se não a fragmentação pelo menos a volatilidade.

Em suma, a combinação entre voto uninominal e coligação partidária em eleições proporcionais altera especialmente a natureza do mandato representativo que, numa democracia moderna e complexa de massas, pertencendo embora *imediatamente* ao parlamentar eleito, pertence *eminentemente* ao partido.

A representação proporcional desestimula e em alguns casos inibe a formação de alianças eleitorais entre partidos e, inversamente, coligações eleitorais não só são desnecessárias, mas não têm sentido em eleições proporcionais. Alianças eleitorais entre partidos são inconsistentes com a representação proporcional porque ela busca a integração e o consenso precisamente por meio da diferenciação, da especificidade e da nitidez na expressão parlamentar de cada um dos partidos, e não de seu sincretismo, de sua confusão, ambiguidade e equivocidade. E são também desnecessárias na representação proporcional porque esta última otimiza as condições para que cada partido concorra sozinho às eleições. Por outro lado, a natureza e o propósito da representação proporcional se realizam através do cociente eleitoral e partidário, ou de seu equivalente funcional (uma série de divisores), que corporificam uma *circunscrição voluntária* unânime, cujos votos, somados, associam-se sem qualquer equívoco ou ambiguidade a um único partido. A prática das alianças compromete a identidade e a integridade do cociente e, por via de consequência, compromete igualmente a correspondência, para cada um dos diferentes partidos, entre a densidade relativa de votos e a densidade relativa de cadeiras legislativas, que constitui o objetivo essencial da representação proporcional. Enfim, alianças eleitorais interpartidárias em eleições legislativas proporcionais obscurecem e, no limite, fazem desaparecer a identidade e o alinhamento dos partidos no parlamento. Portanto, inconsistente com a lógica da representação proporcional, as coligações interpartidárias eleitorais devem ser proibidas pela legislação em regimes proporcionais"[201].

Os prejuízos à representatividade proporcional causados pela combinação de listas abertas (voto uninominal) e coligações partidárias poderiam ser amenizados com a ado-

201 José Antônio Giusti Tavares, *Reforma política e retrocesso democrático*: agenda para reformas pontuais no sistema eleitoral e partidário brasileiro, Porto Alegre: Mercado Aberto, 1998, p. 164-167.

ção de um tipo de cálculo intracoligação, pelo qual as cadeiras conquistadas seriam distribuídas proporcionalmente a cada partido conforme a contribuição de cada um em votos para a coligação. Em outros países que, tal como o Brasil, adotam sistemas proporcionais com listas abertas, como é o caso da Finlândia e da Polônia, esse cálculo intracoligação é adotado, como informa o cientista político Jairo Nicolau:

> "Outra singularidade é a formação de uma única lista de candidatos quando diferentes partidos estão coligados. Pelo sistema em vigor no Brasil, os candidatos mais votados, independentemente do partido ao qual pertençam, ocuparão as cadeiras eleitas pela coligação.
>
> Na Polônia e na Finlândia, que também permitem coligações nas eleições parlamentares, os partidos se unem apenas para a distribuição de cadeiras. Como há uma distribuição proporcional das cadeiras da coligação, os nomes mais votados de cada partido (e não da coligação) se elegem"[202].

Se o sistema proporcional brasileiro adotasse o critério intracoligação de distribuição proporcional de cadeiras conquistadas por partidos coligados, o mandato representativo poderia ser melhor preservado, na medida em que cada partido político poderia manter seus mandatos conquistados nas eleições proporcionais. A lista de candidatos eleitos levaria em conta a ordem de classificação de cada partido e, dessa forma, na hipótese de mandato vago (por afastamento temporário ou definitivo do parlamentar), este seria preenchido pelo suplente do próprio partido e não da coligação.

De toda forma, não obstante todas as deficiências do sistema proporcional e do regime de coligações nele presente, o fato é que, desde que o Supremo Tribunal Federal afirmou a regra da fidelidade partidária para os mandatos conquistados no sistema proporcional, consignando a noção forte de mandato partidário[203], a própria existência das coligações passou a se tornar incompatível com o sistema proporcional.

Assim, não seria demais vislumbrar que, a partir do momento em que o STF passou a afirmar esse entendimento, iniciou-se um *processo de inconstitucionalização* do re-

---

202 Jairo Nicolau, *Sistemas eleitorais*, 5. ed., Rio de Janeiro: FGV, 2004, p. 57.

203 Essa noção foi fixada pelo Supremo Tribunal Federal no julgamento dos Mandados de Segurança 26.602, 26.603 e 26.604 (j. em 4-10-2007), os famosos casos que versaram sobre o tema da fidelidade partidária. Como é amplamente conhecido, nos referidos julgados o STF fixou a tese segundo a qual o mandato parlamentar conquistado no sistema eleitoral proporcional pertence ao partido político. O Supremo Tribunal Federal tem mantido firmemente tais entendimentos. No recente julgamento do Mandado de Segurança 27.938, da relatoria do Ministro Joaquim Barbosa (j. em 11-3-2010), o conhecido caso do ex-Deputado Federal Clodovil Hernandez, a Corte deixou consignado que o reconhecimento da justa causa, para que um determinado mandatário possa trocar de partido político, tem o condão de afastar apenas a pecha da infidelidade partidária e permitir a continuidade do exercício do mandato, mas não transfere ao novo partido o direito à manutenção da vaga. Naquele caso, o Deputado Federal Clodovil Hernandez havia modificado sua filiação do Partido Trabalhista Cristão (PTC) para o Partido da República (PR), com o reconhecimento da justa causa pelo Tribunal Superior Eleitoral, afastada, portanto, a infidelidade partidária. Na ocasião do falecimento de Clodovil Hernandez, o Partido da República requereu o direito à manutenção de sua vaga, o que foi indeferido pelo Presidente da Câmara dos Deputados, que acabou dando posse ao primeiro suplente do PTC. O PR então impetrou o referido mandado de segurança, o qual foi denegado pelo STF, com fundamento na jurisprudência fixada nos Mandados de Segurança 26.602, 26.603 e 26.604. Ficou consignado no voto do Ministro Relator que *"a justa causa para a desfiliação permite que o mandato continue a ser exercido, mas não garante ao candidato, por mais famoso que ele seja, carregar ao novo partido relação que foi aferida no momento da eleição"*.

gime de coligações partidárias, tal como conformado atualmente pela legislação eleitoral para funcionar no sistema proporcional. A combinação de coligações com listas abertas no sistema proporcional tornou-se incompatível com a noção forte de mandato partidário afirmada pelo STF. O problema gerado com a dúvida sobre a ordem de suplência – se da coligação ou do partido – é uma decorrência e ao mesmo tempo uma comprovação de que está em curso um processo de inconstitucionalização do regime legal de coligações com listas abertas adotado no sistema proporcional brasileiro.

O atual regime legal de coligações nas eleições proporcionais tornou-se incompatível com a noção forte de mandato partidário no sistema proporcional. O preenchimento das vagas parlamentares de acordo com a lista de eleitos que leva em conta a ordem dos candidatos da coligação e não de cada partido político – o que decorre da combinação de lista aberta (voto uninominal) com o regime de coligações proporcionais – é inconciliável com o valor da fidelidade partidária e com a ideia de que, na democracia representativa, o mandato pertence ao partido político.

As coligações partidárias apenas se tornariam adequadas no âmbito do sistema proporcional brasileiro se este passasse por algumas reformas, como a instituição do cálculo intracoligação que permite a distribuição proporcional das cadeiras de acordo com a contribuição de cada partido em votos para a coligação. Solução também adequada seria fixar a necessidade de que cada coligação tivesse um número específico e pudesse formar uma verdadeira federação de partidos.

Solução alternativa, e mais drástica, seria proibir as coligações partidárias para as eleições proporcionais.

Frise-se que o Congresso Nacional, em pelo menos três oportunidades, demonstrou estar de acordo com esse diagnóstico. O Senado Federal aprovou, em 1998, o relatório final da reforma Política do senador Sérgio Machado (PMDB/CE), o qual determinava o fim das coligações para as eleições proporcionais, além de outras medidas como a adoção do voto misto (distrital e proporcional). Em 2004, a Câmara dos Deputados aprovou, sob a relatoria do deputado Ronaldo Caiado (PFL/GO), o fim das Coligações e a criação da figura das Federações Partidárias, que deveriam substituir as coligações para os pleitos proporcionais, e cujas existências deveriam durar pelo menos 3 (três) anos após a data das eleições, ingressando, portanto, o período das atividades legislativas. Note-se que as Federações Partidárias deteriam número eleitoral próprio, de forma que o eleitor poderia votar nas federações em vez de nos partidos. Por fim, no ano de 2011, a Comissão Especial de Reforma Política do Senado aprovou novamente o fim das Coligações, como parte das medidas adotadas no sentido de empreender uma Reforma Política.

Nesse contexto, não convence o argumento segundo o qual as coligações estariam protegidas pelo texto constitucional. A Emenda Constitucional n. 52 decorreu de um natural processo de *diálogo institucional* entre os Poderes, desencadeado pela decisão da Justiça Eleitoral sobre o tema específico da verticalização das coligações. Então veio a posterior reação legislativa do Congresso Nacional, o qual fez questão, com uma clara e articulada opção política, de fixar no texto constitucional, mediante emenda, a autonomia partidária para formação de coligações, "sem obrigatoriedade de vinculação entre as candidaturas em âmbito nacional, estadual, distrital e municipal" (art. 17, § 1º).

Assim, a temática da "desverticalização", que serviu de mote para a referida emenda constitucional, tem seu foco nas coligações formadas para as eleições majoritárias de âmbito nacional e leva em conta as eleições proporcionais no âmbito estadual na medida em que estas são influenciadas, pois se realizam em conjunto, pelas eleições majoritárias de caráter nacional. Parece certo que a emenda constitucional quanto a essa temática não repercute sobre a problemática mais ampla sobre a qual se está aqui a refletir, que diz respeito à própria conformação do regime de coligações especificamente no *sistema eleitoral proporcional*. A reflexão que aqui está posta leva em conta os *fundamentos do sistema eleitoral proporcional* na democracia representativa de partidos, princípios que estariam a ser deturpados pelo regime de coligações partidárias peculiarmente construído no Brasil, sobretudo após a decisão do Supremo Tribunal Federal reconhecendo e afirmando o valor constitucional da fidelidade partidária, o qual também decorre desse conjunto de princípios que sustentam o sistema eleitoral numa democracia de partidos. A EC n. 52 pouco influencia toda essa temática. E, ressalte-se, não se está a pôr em questão o regime de coligações para as eleições majoritárias, que permanecem tratadas pela referida emenda constitucional.

Todas as questões e soluções aventadas, no entanto, estão a depender de uma ampla reforma política, a qual, por sua vez, depende do amadurecimento das opções políticas em torno dos diversos problemas suscitados. E, assim sendo, no estágio atual, não se pode concluir de outra forma que não atestando que o regime legal de coligações no sistema proporcional é "ainda constitucional".

As reformas políticas e eleitorais de 2017 revelaram justamente a preocupação do legislador em fortalecer o sistema partidário brasileiro, como a edição da Emenda Constitucional n. 97/2017, que, além de criar nova cláusula de barreira, de forma gradativa e proporcional, eliminou as coligações para os cargos disputados pelo critério proporcional a partir das eleições de 2020, garantindo maior competitividade entre as agremiações que verdadeiramente pretendem disputar cadeiras nas Casas Legislativas em nome de segmentos da sociedade e eliminando a indesejável compra de legendas que não refletem segmentos da sociedade brasileira, mas apenas interesses privados de seus dirigentes.

5. O PRINCÍPIO DA ANUALIDADE DA LEI ELEITORAL E O DEVIDO PROCESSO LEGAL ELEITORAL

A Constituição estabelece que a lei que alterar o processo eleitoral entrará em vigor na data de sua publicação, não se aplicando à eleição que se realize até um ano da data de sua vigência (art. 16).

Embora dirigida diretamente ao legislador, essa norma parece conter âmbito de proteção mais amplo, com o escopo de evitar que o processo eleitoral seja afetado por decisões casuísticas de todos os atores do processo, inclusive do Poder Judiciário.

Em pronunciamento na ADI 2.628, proposta contra a Resolução n. 20.993/2002, do Tribunal Superior Eleitoral, que dispôs sobre a escolha e o registro dos candidatos nas eleições de 2002, asseverou o Ministro Sepúlveda Pertence:

> "(...) por força do art. 16 da Constituição, inovação salutar inspirada na preocupação da qualificada estabilidade e lealdade do devido processo eleitoral: nele a preocupação é

especialmente de evitar que se mudem as regras do jogo que já começou, como era frequente, com os sucessivos 'casuísmos', no regime autoritário.

A norma constitucional – malgrado dirigida ao legislador – contém princípio que deve levar a Justiça Eleitoral a moderar eventuais impulsos de viradas jurisprudenciais súbitas, no ano eleitoral, acerca de regras legais de densas implicações na estratégia para o pleito das forças partidárias"[204].

Assim, afigura-se imperativo que o processo eleitoral seja posto a salvo de alterações por parte do legislador ou mesmo da Justiça Eleitoral, devendo qualquer alteração, para afetar as eleições vindouras, ser introduzida em período anterior a um ano do prélio eleitoral[205].

O Supremo Tribunal Federal possui uma sólida jurisprudência a respeito da interpretação do art. 16 da Constituição de 1988[206]. A jurisprudência sobre o princípio da anterioridade eleitoral pode ser dividida em duas fases: a) a primeira é marcada pelos julgamentos das ADI 733, 718 e 354; b) a segunda pelos julgamentos das ADI 3.345, ADI 3.685, ADI, 3.741 e ADI-MC 4.307.

Na ADI 733, rel. Min. Sepúlveda Pertence (j. em 17-6-1992), o Tribunal firmou entendimento no sentido de que a lei estadual que cria municípios em ano eleitoral não altera o processo eleitoral e, portanto, não se submete ao princípio da anterioridade previsto no art. 16 da Constituição. Na ADI 718, rel. Min. Sepúlveda Pertence (j. em 5-11--1998), a Corte novamente enfatizou que o art. 16 da Constituição não repercute na criação de municípios por leis estaduais em ano eleitoral. Nas duas ações, considerou-se que o processo eleitoral é parte do sistema de normas do Direito Eleitoral, matéria da competência legislativa privativa da União, de modo que a lei estadual não tem efeitos sobre esse sistema normativo federal. O tema, porém, não voltou mais a figurar na jurisprudência do Tribunal, mesmo porque, a partir da EC n. 15/96, as leis estaduais criadoras de novos municípios passaram a ser declaradas inconstitucionais. Os precedentes contidos nas ADIs 718 e 733 apenas contribuem para esclarecer uma regra muito simples: a de que a lei de que trata o art. 16 da Constituição é a lei emanada do Congresso Nacional no exercício da competência privativa da União prevista no art. 22, I, do texto constitucional.

Na ADI 354, rel. Min. Octavio Gallotti (j. em 24-9-1990), o Tribunal consignou o entendimento segundo o qual a vigência e a eficácia imediatas de norma eleitoral que altera o sistema de votação e apuração de resultados, seja no sistema proporcional, seja no sistema majoritário, não infringem o disposto no art. 16 da Constituição. Foi a primeira vez que a Corte analisou com maior profundidade o significado do princípio da anterioridade eleitoral na Constituição de 1988. Os votos vencedores (Ministros Octavio Gallotti – Relator, Paulo Brossard, Célio Borja, Sydney Sanches, Moreira

204 ADI 2.628/DF, rel. Min. Sydney Sanches, *DJ* de 5-3-2004.

205 Cf. sobre o assunto discussão na ADI 3.741, rel. Min. Ricardo Lewandowski, Pleno, 6-8-2006.

206 ADI 733, rel. Min. Sepúlveda Pertence, *DJ* de 16-6-1995; ADI 718, rel. Min. Sepúlveda Pertence, *DJ* de 18-12-1998; ADI 354, rel. Min. Octavio Gallotti, *DJ* de 22-6-2001; ADI 3.345, rel. Min. Celso de Mello, j. 25-8-2005; ADI 3.741, rel. Min. Ricardo Lewandowski, *DJ* de 23-2-2007; ADI 3.685, rel. Min. Ellen Gracie, *DJ* de 10-8-2006; ADIMC 4.307, rel. Min. Cármen Lúcia, *DJ* de 5-3-2010.

Alves e Néri da Silveira) basearam-se em fundamentos diversos, os quais podem ser agrupados em três vertentes:

> 1) a norma eleitoral que trata de um determinado modo de apuração de votos e, dessa forma, diz respeito apenas à interpretação da vontade do eleitor, pode ter eficácia imediata sem desrespeitar o princípio da anterioridade eleitoral (Octavio Gallotti e Célio Borja);
>
> 2) a expressão "processo eleitoral" contida no art. 16 da Constituição abrange apenas as normas eleitorais de caráter instrumental ou processual e não aquelas que dizem respeito ao direito eleitoral material ou substantivo (Paulo Brossard, Moreira Alves, Néri da Silveira);
>
> 3) o art. 16 visa impedir apenas alterações casuísticas e condenáveis do ponto de vista ético, e sua interpretação deve levar em conta as peculiaridades nacionais, o "Brasil real e não o Brasil teórico" (Sydney Sanches).

Os votos vencidos (Ministros Marco Aurélio, Carlos Velloso, Celso de Mello, Sepúlveda Pertence e Aldir Passarinho), vistos em seu conjunto, entenderam que a interpretação do art. 16 deve levar em conta dois aspectos fundamentais: o significado da expressão "processo eleitoral" e a teleologia da norma constitucional. Assim, tais votos procederam a uma interpretação mais ampla da expressão "processo eleitoral" e fixaram as seguintes balizas para a interpretação teleológica do art. 16:

> 1) o processo eleitoral consiste num complexo de atos que visam a receber e transmitir a vontade do povo e que pode ser subdividido em três fases: a *fase pré-eleitoral*, que vai desde a escolha e apresentação das candidaturas até a realização da propaganda eleitoral; a *fase eleitoral* propriamente dita, que compreende o início, a realização e o encerramento da votação; a *fase pós-eleitoral*, que se inicia com a apuração e a contagem de votos e finaliza com a diplomação dos candidatos;
>
> 2) a teleologia da norma constitucional do art. 16 é a de impedir a deformação do processo eleitoral mediante alterações nele inseridas de forma casuística e que interfiram na igualdade de participação dos partidos políticos e seus candidatos.

Após os referidos julgamentos, ocorridos no início da década de 1990, o Tribunal somente voltou a se pronunciar sobre o art. 16 da Constituição no ano de 2005, ao apreciar a ADI 3.345, rel. Min. Celso de Mello. Com a composição da Corte modificada substancialmente, iniciou-se uma segunda fase na jurisprudência sobre o art. 16, na qual passaram a prevalecer os parâmetros de interpretação dessa norma constitucional anteriormente definidos pelos votos vencidos na ADI 354.

Na ADI 3.345, o Tribunal entendeu que a Resolução do TSE 21.702/2004 – a qual normatizou as razões determinantes do julgamento do RE 197.917 pelo STF, que definiram critérios de proporcionalidade para fixação do número de vereadores nos municípios – não ofendeu o art. 16 da Constituição. Os fundamentos da decisão foram delineados no voto do Relator, Ministro Celso de Mello, que, retomando as considerações antes proferidas no julgamento da ADI 354, fixaram a necessidade de interpretação do art. 16 levando-se em conta o significado da expressão "processo eleitoral" e a teleologia da norma constitucional.

Assim, as razões antes vencidas na ADI 354 passaram a figurar como fundamentos determinantes da atual jurisprudência do STF sobre o art. 16. Todos os julgamentos posteriores nos quais esteve envolvida a interpretação do art. 16 reportaram-se à teleologia da norma constitucional e ao significado da expressão "processo eleitoral" nela contida. Nesse último aspecto, perdeu relevância a distinção antes efetuada pelos Ministros Paulo Brossard e Moreira Alves entre direito eleitoral processual e direito eleitoral material.

Importante observar que até o julgamento da ADI 3.345 – no qual se iniciou essa segunda fase na jurisprudência –, a construção de consistentes parâmetros de interpretação do princípio da anterioridade eleitoral ainda não havia resultado na declaração de inconstitucionalidade de normas com fundamento na aplicação do art. 16. Isso apenas veio ocorrer no julgamento da ADI 3.685.

O julgamento da ADI 3.685, rel. Min. Ellen Gracie (j. em 22-3-2006), representa um marco na evolução jurisprudencial sobre o art. 16 da Constituição. Foi a primeira vez que o STF aplicou a norma constitucional para impedir a vigência imediata de uma norma eleitoral. O objeto da ação foi a EC n. 52/2006, que deu plena autonomia aos partidos para formar coligações partidárias nos planos federal, estadual e municipal, revogando a legislação infraconstitucional que estabelecia a denominada "verticalização" das coligações. Os fundamentos do julgado se basearam nas razões já fixadas na jurisprudência do STF sobre o art. 16 e avançaram em novas considerações sobre o significado do princípio da anterioridade na ordem constitucional de 1988.

Em primeiro lugar, entendeu-se que o conteúdo semântico do vocábulo "lei" contido no art. 16 é amplo o suficiente para abarcar a *lei ordinária* e a *lei complementar*, assim como a *emenda constitucional* ou qualquer espécie normativa de caráter autônomo, geral e abstrato. Assim, se na ADI 3.345 o Tribunal já havia aferido a constitucionalidade de uma Resolução do TSE em relação ao art. 16, agora o fazia tendo como objeto uma emenda constitucional. O entendimento vem complementar a interpretação da palavra "lei" já efetuada pelo Tribunal no julgamento das ADIs 718 e 733, em que se definiu que tal lei seria aquela emanada da União no exercício de sua competência privativa de legislar sobre direito eleitoral (art. 22, I, da Constituição).

Em segundo lugar, passou-se a identificar no art. 16 uma *garantia fundamental* do cidadão-eleitor, do cidadão-candidato e dos partidos políticos. Fez-se uma analogia com a garantia da anterioridade tributária fixada no art. 150, III, *b*, da Constituição. Assim, se o princípio da anterioridade tributária constitui uma garantia do cidadão-contribuinte, tal como afirmado pelo STF no julgamento da ADI 939 (rel. Min. Sydney Sanches, *DJ* de 17-12-1993), o princípio da anterioridade eleitoral é uma garantia do cidadão, não apenas do eleitor, mas também do candidato e dos partidos políticos. Nesse sentido, consolidou-se nesse julgamento a noção de que o art. 16 é garantia de um "devido processo legal eleitoral", expressão originada da interpretação das razões do voto do Ministro Sepúlveda Pertence nos julgamentos das ADIs 354 e 2.628.

Ambos os entendimentos levaram à conclusão de que o art. 16 constitui cláusula pétrea e, dessa forma, é oponível inclusive em relação ao exercício do poder constituinte derivado.

Na ADI 3.741, rel. Min. Ricardo Lewandowski (j. em 6-8-2006), o Tribunal entendeu que a Lei n. 11.300/2006, que operou a denominada "minirreforma eleitoral" para o pleito de 2006, não violou o disposto no art. 16 da Constituição. Adotaram-se, naquele julgamento, os seguintes parâmetros de interpretação do princípio da anterioridade (condensados na ementa do acórdão):

1) Inocorrência de rompimento da igualdade de participação dos partidos políticos e dos respectivos candidatos no processo eleitoral;
2) Legislação que não introduz deformação de modo a afetar a normalidade das eleições;
3) Dispositivos que não constituem fator de perturbação do pleito;
4) Inexistência de alteração motivada por propósito casuístico.

Por fim, encerrando a análise da jurisprudência do STF sobre o art. 16, cite-se o recente julgamento da medida cautelar na ADI 4.307, rel. Min. Cármen Lúcia (j. em 11-11-2009). Na ocasião, o Tribunal, fundado nas razões que ficaram consignadas no julgamento da ADI 3.685, suspendeu a aplicação da EC n. 58/2009, na parte em que determinava a retroação, para atingir pleito eleitoral já realizado em 2008, dos efeitos das novas regras constitucionais sobre limites máximos de vereadores nas Câmaras Municipais.

A análise efetuada permite extrair, da jurisprudência do STF, as regras-parâmetro para a interpretação do art. 16 da Constituição, que são as seguintes:

1) o vocábulo "lei" contido no texto do art. 16 da Constituição deve ser interpretado de forma ampla, para abranger a lei ordinária, a lei complementar, a emenda constitucional e qualquer espécie normativa de caráter autônomo, geral e abstrato, emanada do Congresso Nacional no exercício da competência privativa da União para legislar sobre direito eleitoral, prevista no art. 22, I, do texto constitucional;

2) a interpretação do art. 16 da Constituição deve levar em conta o significado da expressão "processo eleitoral" e a *teleologia* da norma constitucional.

2.1) o processo eleitoral consiste num complexo de atos que visam a receber e transmitir a vontade do povo e que pode ser subdividido em três fases: a) a *fase pré-eleitoral*, que vai desde a escolha e apresentação das candidaturas até a realização da propaganda eleitoral; b) a *fase eleitoral* propriamente dita, que compreende o início, a realização e o encerramento da votação; c) *fase pós-eleitoral*, que se inicia com a apuração e a contagem de votos e finaliza com a diplomação dos candidatos;

2.2) a teleologia da norma constitucional do art. 16 é a de impedir a deformação do processo eleitoral mediante alterações nele inseridas de forma casuística e que interfiram na igualdade de participação dos partidos políticos e seus candidatos.

3) o princípio da anterioridade eleitoral, positivado no art. 16 da Constituição, constitui uma *garantia fundamental* do cidadão-eleitor, do cidadão-candidato e dos partidos políticos, que, qualificada como *cláusula pétrea*, compõe o plexo de garantias do *devido processo legal eleitoral* e, dessa forma, é oponível ao exercício do poder constituinte derivado.

No ano de 2010, o Supremo Tribunal Federal voltou a apreciar o tema no julgamento dos Recursos Extraordinários 630.147 (caso Roriz) e 631.102 (caso Jader Barbalho), nos quais se discutiu, em síntese, a questão quanto à aplicabilidade imediata, nas eleições do ano de 2010, da Lei Complementar n. 135, publicada em 4 de junho de 2010, a denominada "Lei da Ficha Limpa". O julgamento de ambos os recursos terminou empatado, com cinco votos a favor (Ministros Carlos Britto, Ricardo Lewandowski, Cármen Lúcia, Joaquim Barbosa e Ellen Gracie) e outros cinco votos contra (Ministros Dias Toffoli, Gilmar Mendes, Marco Aurélio, Celso de Mello e Cezar Peluso) a aplicação da referida lei às eleições de 2010, tendo em vista a incidência do art. 16 da Constituição. O RE 630.147 ficou prejudicado em razão de perda superveniente de objeto, visto que, logo após a decisão de empate, o recorrente Joaquim Roriz renunciou à candidatura. O RE 631.102 foi julgado em desfavor do recorrente Jader Barbalho, após aplicação de regra de desempate retirada, mediante interpretação analógica, do Regimento Interno do STF. A questão, contudo, permaneceu carente de uma resposta majoritária e definitiva, que somente veio a ser definida no julgamento do RE 633.703 (Sessão Plenária de 23-3-2011), quando o Supremo Tribunal Federal decidiu, por maioria de votos, que, tendo em vista o princípio da anterioridade eleitoral, a Lei Complementar n. 135/2010 não poderia ser aplicada às eleições gerais de 2010.

A LC n. 135/2010 foi editada para regulamentar o art. 14, § 9º, da Constituição e, dessa forma, fixou novas causas de inelegibilidade que levam em conta fatos da vida pregressa do candidato.

Tendo em vista os parâmetros fixados na jurisprudência do STF, trata-se de uma lei complementar que claramente está abrangida pelo significado do vocábulo "lei" contido no art. 16 da Constituição, isto é, é uma lei complementar que possui coeficiente de autonomia, generalidade e abstração e foi editada pelo Congresso Nacional no exercício da competência privativa da União para legislar sobre direito eleitoral.

Na medida em que legislou sobre causas de inelegibilidade, a LC n. 135/2010 interferiu numa fase específica do processo eleitoral, qualificada na jurisprudência do STF como a *fase pré-eleitoral*, que se inicia com a escolha e apresentação das candidaturas pelos partidos políticos e vai até o registro das candidaturas na Justiça Eleitoral. Não há dúvida, portanto, de que a alteração de regras de elegibilidade repercute de alguma forma no processo eleitoral.

Essas constatações, um tanto apodíticas, visam apenas superar a aplicação de alguns parâmetros extraídos da jurisprudência do STF (parâmetros 1 e 2.1 acima delimitados), mas não prescindem de um exame mais profundo sobre a efetiva repercussão da LC n. 135/2010 no processo eleitoral, tendo em vista a teleologia do princípio da anterioridade eleitoral.

Em verdade, a questão não está tanto em saber se a LC n. 135/2010 interfere no processo eleitoral – o que resulta óbvio por meio das análises anteriores, baseadas em dois parâmetros jurisprudenciais –, mas se ela de alguma forma restringe direitos e garantias fundamentais do cidadão-eleitor, do cidadão-candidato e dos partidos políticos e, desse modo, atinge a igualdade de chances (*Chancengleichheit*) na competição eleitoral, com consequências diretas sobre a participação eleitoral das minorias. Se a resposta a essa questão for positiva, então deverá ser cumprido o mandamento constitucional extraído do princípio da anterioridade (art. 16) na qualidade de garantia fundamental componente do plexo de garantias do devido processo legal eleitoral (parâmetros 2.2 e 3).

Essa perspectiva de análise, que leva em conta a restrição de direitos e garantias fundamentais, é mais objetiva do que aquela que segue uma identificação subjetiva do *casuísmo* da alteração eleitoral. A experiência – inclusive da jurisprudência do STF – demonstra que a identificação do casuísmo acaba por levar à distinção subjetiva entre *casuísmos bons ou não condenáveis* (alterações ditas louváveis que visam à moralidade do pleito eleitoral) e *casuísmos ruins ou condenáveis*, com o intuito de submeter apenas estes últimos à vedação de vigência imediata imposta pelo art. 16 da Constituição (*vide* julgamento da ADI 354, especificamente o voto do Ministro Sydney Sanches).

Se o princípio da anterioridade eleitoral é identificado pela mais recente jurisprudência do STF como uma garantia fundamental do devido processo legal eleitoral, sua interpretação deve deixar de lado *considerações pragmáticas* que, no curso do pleito eleitoral, acabam por levar a *apreciações subjetivas sobre a moralidade deste ou daquele candidato ou partido político*.

A alteração de regras sobre inelegibilidade certamente interfere no processo político de escolha de candidatos, processo este que envolve os próprios candidatos, os partidos políticos e terceiros (por exemplo, os parentes que sofrerão com a possível causa de inelegibilidade prevista no § 7º do art. 14 da Constituição).

Todos sabem que a escolha de candidatos para as eleições não é feita da noite para o dia; antes constitui o resultado de um longo e complexo processo em que se mesclam diversas forças políticas.

Uma vez que a situação jurídica dos candidatos se encontra caracterizada na forma das normas vigentes do processo eleitoral, eventual alteração significativa nas "regras do jogo" frustrar-lhes-ia ou prejudicar-lhes-ia as expectativas, estratégias e planos razoavelmente objetivos de suas campanhas.

Na medida em que os partidos políticos detêm o monopólio da apresentação de candidaturas, eles são também diretamente afetados pelas modificações nas regras sobre elegibilidade.

Nesse sentido, não podia ser coerente o argumento segundo o qual a LC n. 135/2010 era aplicável à eleição de 2010 porque publicada antes das convenções partidárias, data na qual se iniciaria o processo eleitoral. Esse sequer é o conceito de processo eleitoral presente na jurisprudência do STF, como já analisado. Se levarmos a sério a jurisprudência, teremos que concluir que a LC n. 135/2010 interferiu numa fase específica do processo eleitoral, qualificada na jurisprudência como a *fase pré-eleitoral*, que se inicia com a escolha e apresentação das candidaturas pelos partidos políticos e vai até o registro das candidaturas na Justiça Eleitoral. E, frise-se, essa fase não pode ser delimitada temporalmente entre os dias 10 e 30 de junho, no qual ocorrem as convenções partidárias, pois o processo político de escolha de candidaturas é muito mais complexo e tem início com a própria filiação partidária do candidato, em outubro do ano anterior.

A EC n. 52, que tratou da chamada "verticalização" das coligações, foi publicada em 8 de março de 2006, isto é, muito antes das convenções partidárias. E o STF, no julgamento da ADI 3.685, considerou que ela interferia no processo eleitoral e, portanto, deveria respeitar o princípio da anterioridade eleitoral. Isso porque o processo eleitoral, no entendimento do Tribunal, abarca o processo de definição das coligações e de articulação política de estratégias eleitorais, que não ocorre somente nas convenções partidárias.

Como se vê, a fase pré-eleitoral de que trata a jurisprudência do STF não coincide com as datas de realização das convenções partidárias. Ela começa muito antes, com a própria filiação partidária e fixação de domicílio eleitoral dos candidatos, assim como o registro dos partidos no Tribunal Superior Eleitoral. A competição eleitoral se inicia exatamente um ano antes da data das eleições e, nesse interregno, o art. 16 da Constituição exige que qualquer modificação nas regras do jogo não terá eficácia imediata para o pleito em curso.

A LC n. 135/2010 foi publicada no dia 4 de junho de 2010, portanto, poucos dias antes realização das convenções partidárias (10 a 30 de junho, art. 8º da Lei n. 9.504/97). Seria insensato considerar que no período entre o dia 4 de junho e o dia 5 de julho (data da formalização dos pedidos de registro de candidatura) se pudesse recomeçar e redefinir o processo político de escolha de candidaturas de acordo com as novas regras.

O entendimento segundo o qual a verificação das condições de elegibilidade e das causas de inelegibilidade deve observar as regras vigentes no dia 5 de julho não significa, de forma alguma, que tais regras sejam aquelas que foram publicadas há poucas semanas dessa data de referência. O complexo processo político de escolha de candidaturas não se realiza em apenas algumas semanas, ainda mais se tiver que se adequar, de forma apressada, a novas regras que alteram causas de inelegibilidade. Entendimento contrário levaria à situação limite de aplicação imediata, no dia 5 de julho, de uma lei de inelegibilidade publicada no dia 4 de julho.

Em síntese, ao se efetuar um diagnóstico minimamente preocupado com as repercussões da admissibilidade, a qualquer tempo, de mudanças no processo eleitoral, constata-se que surgem complicações não apenas para a situação jurídica dos candidatos, mas também para a própria autonomia e liberdade dos partidos políticos, os quais ficariam totalmente à mercê da aleatoriedade de eventuais mudanças legislativas.

A questão, dessa forma, gira em torno da restrição de direitos fundamentais de caráter político. Nesse contexto, cumpre fundamental papel o princípio da anterioridade eleitoral como garantia constitucional do devido processo legal eleitoral.

O pleno exercício de direitos políticos por seus titulares (eleitores, candidatos e partidos) é assegurado pela Constituição por meio de um sistema de normas que conformam o que se poderia denominar de *devido processo legal eleitoral*. Na medida em que estabelecem as garantias fundamentais para a efetividade dos direitos políticos, essas regras também compõem o rol das normas denominadas cláusulas pétreas e, por isso, estão imunes a qualquer reforma que vise a aboli-las.

O art. 16 da Constituição, ao submeter a alteração legal do processo eleitoral à regra da anualidade, constitui uma garantia fundamental para o pleno exercício de direitos políticos.

Esse entendimento está consignado na jurisprudência do STF, especificamente no julgamento da ADI 3.685, rel. Min. Ellen Gracie (j. em 22-3-2006), o qual, como já analisado, representa um marco na evolução jurisprudencial sobre o art. 16 da Constituição. Nesse sentido, consolidou-se a noção de que o art. 16 é garantia de um "devido processo legal eleitoral", expressão originada da interpretação das razões do voto do Ministro Sepúlveda Pertence no julgamento da ADI 354.

Ademais, o princípio da anterioridade eleitoral também constitui uma garantia constitucional da *igualdade de chances* (*Chancengleichheit*).

Em obra publicada pelo Centro de Estudios Políticos y Constitucionales da Espanha, Óscar Sánchez Muñoz bem esclarece que toda limitação legal ao direito de sufrágio passivo, isto é, qualquer restrição legal à elegibilidade do cidadão constitui uma limitação da igualdade de oportunidades na competição eleitoral. Estas são as palavras do autor:

> "En principio, la igualdad de oportunidades entre los competidores electorales parece jugar siempre en contra de las limitaciones del derecho de sufragio pasivo. En este sentido, cualquier limitación del derecho a ser elegible, al significar una limitación potencial del acceso a la competición electoral, constituiría al mismo tiempo una limitación de la igualdad de oportunidades, y es cierto que no puede concebirse una limitación mayor de la igualdad de oportunidades en la competición electoral que impedir el acceso a dicha competición de alguna de las alternativas políticas que lo pretenden." (SÁNCHEZ MUÑOZ, Óscar. *La igualdad de oportunidades en las competiciones electorales*. Madrid: Centro de Estudios Políticos y Constitucionales; 2007, p. 92).

De fato, não há como conceber causa de inelegibilidade que não restrinja a liberdade de acesso aos cargos públicos, por parte dos candidatos, assim como a liberdade para escolher a apresentar candidaturas por parte dos partidos políticos. E um dos fundamentos teleológicos do art. 16 da Constituição é impedir alterações no sistema eleitoral que venham a atingir a igualdade de participação no prélio eleitoral.

A faculdade confiada ao legislador de regular o complexo institucional do processo eleitoral obriga-o a considerar que as modificações das regras do jogo dentro do parâmetro temporal previsto pelo art. 16 da Constituição pode acarretar sérias consequências no próprio resultado do pleito.

Com efeito, a inclusão de novas causas de inelegibilidade diferentes das inicialmente previstas na legislação, além de afetar a segurança jurídica e a isonomia inerentes ao devido processo legal eleitoral, influencia a própria possibilidade de que as minorias partidárias exerçam suas estratégias de articulação política em conformidade com os parâmetros inicialmente instituídos.

O princípio da anterioridade eleitoral constitui uma garantia fundamental também destinada a assegurar o próprio exercício do direito de minoria parlamentar em situações nas quais, por razões de conveniência da maioria, o Poder Legislativo pretenda modificar, a qualquer tempo, as regras e critérios que regerão o processo eleitoral.

Se hoje admitirmos que a uma nova lei pode ser publicada dentro do prazo de um ano que antecede a eleição para aumentar os prazos de inelegibilidade e atingir candidaturas em curso, amanhã teremos que também admitir que essa mesma lei possa ser novamente alterada para modificar os mesmos prazos de inelegibilidade com efeitos retroativos. E assim a cada pleito eleitoral os requisitos de elegibilidade ficariam à mercê das vontades políticas majoritárias.

Nesse caminho que pode seguir ao infinito, os direitos de participação política invariavelmente serão atingidos em seu núcleo essencial, que funciona como "limite dos limites" (*Schranken-Schranken*) aos direitos fundamentais.

E não se utilize o argumento de que a LC n. 135/2010 tem fundamentos éticos evidentes, porque amanhã essas bases morais poderão camuflar perigosos interesses políticos. A aplicação do princípio da anterioridade não depende de considerações sobre a moralidade da legislação. O art. 16 é uma barreira objetiva contra abusos e desvios da maioria.

Essa colocação tem a virtude de ressaltar que a jurisdição constitucional não se mostra incompatível com um sistema democrático, que imponha limites aos ímpetos da maioria e discipline o exercício da vontade majoritária. Ao revés, esse órgão de controle cumpre uma função importante no sentido de reforçar as condições normativas da democracia.

A jurisdição constitucional cumpre a sua função quando aplica rigorosamente, sem subterfúgios calcados em considerações subjetivas de moralidade, o princípio da anterioridade eleitoral previsto no art. 16 da Constituição, pois essa norma constitui uma garantia da minoria, portanto, uma barreira contra a atuação sempre ameaçadora da maioria.

O argumento de que a LC n. 135/2010 contaria com amplo apoio popular não tem peso suficiente para minimizar ou restringir o papel contramajoritário da Jurisdição Constitucional.

É compreensível a ação das várias associações e das várias organizações sociais tendo em vista a repercussão que esse tema tem na opinião pública. Sabemos que, para temas complexos em geral, há sempre uma solução simples e em geral errada. E para esse caso a população passa a acreditar que a solução para a improbidade administrativa, para as mazelas da vida política, é a Lei da Ficha Limpa. A partir daí há, na verdade, a tentativa de aprisionar, o que dificulta enormemente a missão da Corte Constitucional, porque ela acaba tendo que se pronunciar de forma contramajoritária, tendo em vista a opinião pública, segundo as pesquisas manifestadas de opinião. Mas esta é a missão de uma Corte: aplicar a Constituição, ainda que contra a opinião majoritária. Esse é o *ethos* de uma Corte Constitucional. É fundamental que tenhamos essa visão.

Isso está, na verdade, na obra de Zagrebelsky, que versa um tema histórico e teológico fascinante: a crucificação e a democracia.

Diz Zagrebelsky:

> "Para a democracia crítica, nada é tão insensato como a divinização do povo que se expressa pela máxima *vox populi, vox dei*, autêntica forma de idolatria política. Esta grosseira teologia política democrática corresponde aos conceitos triunfalistas e acríticos do poder do povo que, como já vimos, não passam de adulações interesseiras.
>
> Na democracia crítica, a autoridade do povo não depende de suas supostas qualidades sobre-humanas, como a onipotência e a infalibilidade.
>
> Depende, ao contrário, de fator exatamente oposto, a saber, do fato de se assumir que todos os homens e o povo, em seu conjunto, são necessariamente limitados e falíveis.
>
> Este ponto de vista parece conter uma contradição que é necessário aclarar. Como é possível confiar na decisão de alguém, como atribuir-lhe autoridade quando não se lhe reconhecem méritos e virtudes, e sim vícios e defeitos? A resposta está precisamente no caráter geral dos vícios e defeitos.
>
> A democracia, em geral, e particularmente a democracia crítica, baseia-se em um fator essencial: em que os méritos e defeitos de um são também de todos. Se no valor político essa igualdade é negada, já não teríamos democracia, quer dizer, um governo de todos para todos; teríamos, ao contrário, alguma forma de autocracia, ou seja, o governo de uma parte (os melhores) sobre a outra (os piores).

Portanto, se todos são iguais nos vícios e nas virtudes políticas, ou, o que é a mesma coisa, se não existe nenhum critério geralmente aceito, através do qual possam ser estabelecidas hierarquias de mérito e demérito, não teremos outra possibilidade senão atribuir a autoridade a todos, em seu conjunto. Portanto, para a democracia crítica, a autoridade do povo não depende de suas virtudes, ao contrário, desprende-se – é necessário estar de acordo com isso – de uma insuperável falta de algo melhor." (Zagrebelsky, Gustavo. *La crucifixión y la democracia*, trad. espanhola, Ariel, 1996, p. 105 – Título original: *II Crucifige!* e *la democracia*, Giulio Einaudi, Torino, 1995).

Zagrebelsky encerra essa passagem notável, falando do julgamento de Cristo. Dizia: *Quem é democrático: Jesus ou Pilatos?*, retomando um debate que tinha sido colocado por Kelsen no trabalho sobre a democracia. E ele diz:

"Voltemos, uma vez mais, ao processo contra Jesus. A multidão gritava *Crucifica-lhe!* Era exatamente o contrário do que se pressupõe na democracia crítica. Tinha pressa, estava atomizada, mas era totalitária, não havia instituições nem procedimentos. Não era estável, era emotiva e, portanto, extremista e manipulável. Uma multidão terrivelmente parecida ao *povo*, esse *povo* a que a democracia poderia confiar sua sorte no futuro próximo. Essa turba condenava democraticamente Jesus, e terminava reforçando o dogma do *Sanedrim* e o poder de Pilatos.

Poderíamos então perguntar quem naquela cena exercia o papel de verdadeiro amigo da democracia. Hans Kelsen contestava: Pilatos. Coisa que equivaleria a dizer: o que obrava pelo poder desnudo. Ante essa repugnante visão da democracia, que a colocava nas mãos de grupos de negociantes sem escrúpulos e até de bandos de *gangsters* que apontam para o alto – como já ocorreu neste século entre as duas guerras e como pode ocorrer novamente com grandes organizações criminais de dimensões mundiais e potência ilimitada –, dariam vontade de contestar, contrapondo ao poder desnudo a força de uma verdade: o fanatismo do *Sanedrim*.

Ao concluir essa reconstrução, queremos dizer que o amigo da democracia – da democracia crítica – é Jesus: aquele que, calado, convida, até o final, ao diálogo e à reflexão retrospectiva. Jesus que cala, esperando até o final, é um modelo. Lamentavelmente para nós, sem embargo, nós, diferentemente dele, não estamos tão seguros de ressuscitar ao terceiro dia, e não podemos nos permitir aguardar em silêncio até o final.

Por isso, a democracia da possibilidade e da busca, a democracia crítica, tem que se mobilizar contra quem rechaça o diálogo, nega a tolerância, busca somente o poder e crê ter sempre razão. A mansidão – como atitude do espírito aberto ao diálogo, que não aspira a vencer, senão a convencer, e está disposto a deixar-se convencer – é certamente a virtude capital da democracia crítica. Porém só o filho de Deus pôde ser manso como o cordeiro. A mansidão, na política, a fim de não se expor à irrisão, como imbecilidade, há de ser uma virtude recíproca. Se não é, em determinado momento, antes do final, haverá de romper o silêncio e deixar de aguentar."

Este é um caso exemplar de tensão entre jurisdição constitucional e democracia. Evidente que a expectativa da opinião pública era no sentido de que o STF se pronunciasse pela aplicação imediata da Lei da Ficha Limpa, até que descobrissem que essa solução seria um atentado contra a própria democracia.

O catálogo de direitos fundamentais não está à disposição; ao contrário, cabe à Corte Constitucional fazer o trabalho diuturno, exatamente porque ela não julga cada caso individualmente, mas, quando julga o caso, ela o faz na perspectiva de estar definindo temas. Cabe à Corte fazer, diuturnamente, a pedagogia dos direitos fundamentais, contribuindo para um processo civilizatório mais elevado.

A despeito de algumas inegáveis impropriedades e deficiências técnicas, a Lei da Ficha Limpa representa, sem dúvida, um incomensurável avanço para nossa democracia. Em termos gerais, seu conteúdo é extremamente importante para o regular desenvolvimento dos processos eleitorais segundo parâmetros de moralidade e probidade. Ela configura, também, um importante estímulo para que as próprias agremiações partidárias façam a adequada seleção dos candidatos e eventuais aperfeiçoamentos.

Deixe-se claro, portanto, que a aplicação do princípio da anterioridade (art. 16 da Constituição) para postergar a vigência da LC n. 135/2010 não significa uma reprovação do seu conteúdo em termos gerais. Não é disso que se trata. A lei, com todas as suas virtudes, pode ser normalmente aplicada nas eleições posteriores ao ano de 2010. Como já abordado acima, o Supremo Tribunal Federal, ao apreciar as diversas questões constitucionais suscitadas em torno dessa lei (ADC 29, ADC 30 e ADI 4.578, todas da Relatoria do Min. Luiz Fux), declarou sua plena constitucionalidade.

Nas eleições de 2014, o Tribunal Superior Eleitoral, compatibilizando os princípios norteadores da LC n. 135/2010 com a regra constitucional da elegibilidade, assentou que, uma vez absolvido criminalmente o candidato pela prática do crime motivador da renúncia em decisão transitada em julgado e não ocorrendo a instauração do processo por quebra de decoro parlamentar, não era aplicável ao caso específico a inelegibilidade prevista na alínea *k* do inciso I do art. 1º da LC n. 64/90, acrescida pelo art. 2º da LC n. 135/2010[207].

Vale ressaltar, por fim, que as reformas políticas e eleitorais de 2017 reduziram, de forma significativa, o prazo do processo eleitoral em sentido estrito (domicílio/filiação e diplomação dos eleitos). Contudo, o marco inicial de incidência do art. 16 da CF/88 continua um ano antes do pleito, pois a referida norma estabelece que "a lei que alterar o processo eleitoral entrará em vigor na data de sua publicação, não se aplicando à eleição que ocorra até um ano da data de sua vigência".

6. MUDANÇAS NA JURISPRUDÊNCIA ELEITORAL E SEGURANÇA JURÍDICA

No dia 1º de agosto de 2012, o Supremo Tribunal Federal tomou importante decisão, a qual terá impacto direto sobre a atuação da Justiça Eleitoral no curso dos processos eleitorais. Na ocasião, a Corte reconheceu a *repercussão geral* das questões constitucionais atinentes à (1) elegibilidade para o cargo de Prefeito de cidadão que já exerceu dois mandatos consecutivos em cargo da mesma natureza em Município diverso (interpretação do art. 14, § 5º, da Constituição) e à (2) retroatividade ou aplicabilidade ime-

207 Recurso Ordinário 1.011-80/PA, rel. Min. Gilmar Mendes, *DJe* de 2-10-2014.

diata, no curso do período eleitoral, da decisão do Tribunal Superior Eleitoral que implica mudança de sua jurisprudência.

Assim, dando provimento ao RE 637.485, o Tribunal deixou assentado, sob o regime da repercussão geral, os seguintes entendimentos: (1) o art. 14, § 5º, da Constituição, deve ser interpretado no sentido de que a proibição da segunda reeleição é absoluta e torna inelegível para determinado cargo de Chefe do Poder Executivo o cidadão que já exerceu dois mandatos consecutivos (reeleito uma única vez) em cargo da mesma natureza, ainda que em ente da Federação diverso; (2) as decisões do Tribunal Superior Eleitoral que, no curso do pleito eleitoral ou logo após o seu encerramento, impliquem mudança de jurisprudência, não têm aplicabilidade imediata ao caso concreto e somente terão eficácia sobre outros casos no pleito eleitoral posterior.

O primeiro tema decidido tem inegável importância para as eleições municipais, na medida em que fixa a interpretação do instituto da reeleição para os cargos de Chefe do Poder Executivo, previsto no § 5º do art. 14 da Constituição. De toda forma, tratou-se aqui, em verdade, da consolidação de entendimentos (com todos os efeitos decorrentes da sistemática da repercussão geral) que já vinham sendo albergados pela jurisprudência do Tribunal Superior Eleitoral desde o ano de 2008.

A grande inovação encontra-se na decisão quanto ao segundo tema (igualmente com repercussão geral), que diz respeito à proteção da segurança jurídica, especialmente da confiança dos cidadãos (eleitores e candidatos), em face das mudanças na jurisprudência em matéria eleitoral que têm repercussão na ordem normativa que rege os pleitos eleitorais.

O caso apresentado à Corte era deveras peculiar. O recurso extraordinário relatava que o recorrente, após exercer dois mandatos consecutivos como Prefeito de determinado Município, nos períodos 2001-2004 e 2005-2008, transferiu seu domicílio eleitoral e, atendendo às regras quanto à desincompatibilização, candidatou-se ao cargo de Prefeito de outro Município (no mesmo Estado-membro) no pleito de 2008.

Na época, a jurisprudência do Tribunal Superior Eleitoral era firme em considerar que, nessas hipóteses, não se haveria de cogitar da falta de condição de elegibilidade prevista no art. 14, § 5º, da Constituição, pois a candidatura se daria em município diverso. O TSE manteve por muitos anos entendimento pacífico no sentido de que o instituto da reeleição diz respeito à candidatura ao mesmo cargo e no mesmo território, de modo que não haveria proibição a que o prefeito reeleito em determinado município se candidatasse a cargo de mesma natureza em outro município, em período subsequente, desde que transferisse regularmente seu domicílio eleitoral e se afastasse do cargo seis meses antes do pleito.

Por isso, a candidatura do autor sequer chegou a ser impugnada pelo Ministério Público ou por partido político. Transcorrido todo o período de campanha, pressuposta a regularidade da candidatura, tudo conforme as normas (legais e jurisprudenciais) vigentes à época, o autor saiu-se vitorioso no pleito eleitoral.

Em 17 de dezembro de 2008, já no período de diplomação dos eleitos, o TSE alterou radicalmente sua jurisprudência e passou a considerar tal hipótese como vedada pelo art. 14, § 5º, da Constituição.

Em razão dessa mudança jurisprudencial, o Ministério Público Eleitoral e a Coligação adversária naquele pleito impugnaram a expedição do diploma do autor, com fundamento no art. 262, I, do Código Eleitoral. O Tribunal Regional Eleitoral do Rio de Janeiro, com base na anterior jurisprudência do TSE, negou provimento ao recurso e manteve o diploma do autor. Porém, no TSE, o recurso especial eleitoral foi julgado procedente e, após rejeição dos recursos cabíveis, determinou-se a cassação do diploma.

O caso descrito, portanto, revelava uma situação diferenciada, em que houve regular registro da candidatura, legítima participação e vitória no pleito eleitoral e efetiva diplomação do autor, tudo conforme as regras então vigentes e sua interpretação pela Justiça Eleitoral.

A alteração repentina e radical dessas regras, uma vez o período eleitoral já praticamente encerrado, repercute drasticamente na segurança jurídica que deve nortear o processo eleitoral, mais especificamente na confiança, não somente do cidadão candidato, mas também na confiança depositada no sistema pelo cidadão-eleitor.

Em casos como este, em que se altera jurisprudência longamente adotada, parece sensato considerar seriamente a necessidade de se modularem os efeitos da decisão, com base em razões de segurança jurídica. Essa tem sido a praxe no Supremo Tribunal Federal, quando há modificação radical de sua jurisprudência. Mencione-se, a título de exemplo, a decisão proferida na Questão de Ordem no Inq 687, em que o Tribunal cancelou o enunciado da Súmula 394, ressalvando os atos praticados e as decisões já proferidas que nela se basearam. No Conflito de Competência 7.204, fixou-se o entendimento de que *"o Supremo Tribunal Federal, guardião-mor da Constituição Republicana, pode e deve, em prol da segurança jurídica, atribuir eficácia prospectiva às suas decisões, com a delimitação precisa dos respectivos efeitos, toda vez que proceder a revisões de jurisprudência definidora de competência* ex ratione materiae. *O escopo é preservar os jurisdicionados de alterações jurisprudenciais que ocorram sem mudança formal do Magno Texto"*. Assim também ocorreu no julgamento do HC 82.959, em que declaramos, com efeitos prospectivos, a inconstitucionalidade da vedação legal da progressão de regime para os crimes hediondos (art. 2º, § 1º, da Lei n. 8.072/90, com radical modificação da antiga jurisprudência do Tribunal). Recorde-se, igualmente, o importante e emblemático caso da fidelidade partidária, no qual a Corte, ante a mudança que se operava, naquele momento, em antiga jurisprudência do Supremo Tribunal Federal, e com base em razões de segurança jurídica, entendeu que os efeitos de sua decisão deveriam ser modulados no tempo, fixando o marco temporal desde o qual tais efeitos pudessem ser efetivamente produzidos, especificamente a data da decisão do Tribunal Superior Eleitoral na Consulta 1.398, que ocorreu na Sessão do dia 27 de março de 2007.

Ressalte-se, neste ponto, que não se trata aqui de declaração de inconstitucionalidade em controle abstrato, a qual pode suscitar a *modulação dos efeitos* da decisão mediante a aplicação do art. 27 da Lei n. 9.868/99. O caso é de substancial *mudança de jurisprudência*, decorrente de nova interpretação do texto constitucional, o que impõe ao Tribunal, tendo em vista razões de *segurança jurídica*, a tarefa de proceder a uma ponderação das consequências e o devido ajuste do resultado, adotando a técnica de decisão que possa melhor traduzir a mutação constitucional operada.

Assim, também o Tribunal Superior Eleitoral, quando modifica sua jurisprudência, especialmente no decorrer do período eleitoral, deve ajustar o resultado de sua decisão, em razão da necessária preservação da segurança jurídica que deve lastrear a realização das eleições, especialmente a confiança dos cidadãos candidatos e cidadãos eleitores.

Talvez um dos temas mais ricos da teoria do direito e da moderna teoria constitucional seja aquele relativo à evolução jurisprudencial e, especialmente, à possível mutação constitucional. Se a sua repercussão no plano material é inegável, são inúmeros os desafios no plano do processo em geral e, em especial, do processo constitucional.

Lembre-se a observação de Peter Häberle, segundo a qual não existe norma jurídica, senão norma jurídica interpretada (*Es gibt keine Rechtsnormen, es gibt nur interpretierte Rechtsnormen*). Interpretar um ato normativo nada mais é do que colocá-lo no tempo ou integrá-lo na realidade pública (*Einen Rechssatz "auslegen" bedeutet, ihn in die Zeit, d.h. in die öffentliche Wirklichkeit stellen – um seiner Wirksamkeit willen*). Por isso, Häberle introduz o conceito de *pós-compreensão (Nachverständnis)*, entendido como o conjunto de fatores temporalmente condicionados com base nos quais se compreende "supervenientemente" uma dada norma. A *pós-compreensão* nada mais seria, para Häberle, do que a *pré-compreensão do futuro,* isto é, o elemento dialético correspondente da ideia de pré-compreensão[208].

Tal concepção permite a Häberle afirmar que, em sentido amplo, toda norma interpretada – não apenas as chamadas leis temporárias – é uma norma com duração temporal limitada (*In einem weiteren Sinne sind alle – interpretierten – Gesetzen "Zeitgesetze" – nicht nur die zeitlich befristeten*). Em outras palavras, a norma, confrontada com novas experiências, transforma-se necessariamente em outra norma.

Essa reflexão e a ideia segundo a qual a atividade hermenêutica nada mais é do que um procedimento historicamente situado autorizam Häberle a realçar que uma interpretação constitucional aberta prescinde do conceito de *mutação constitucional* (*Verfassungswandel*) enquanto categoria autônoma.

Nesses casos, fica evidente que o Tribunal não poderá *fingir* que sempre pensara dessa forma. Daí a necessidade de, em tais casos, fazer-se o ajuste do resultado, adotando-se técnica de decisão que, tanto quanto possível, traduza a mudança de valoração. No plano constitucional, esses casos de mudança na concepção jurídica podem produzir uma *mutação normativa* ou a *evolução na interpretação*, permitindo que venha a ser reconhecida a inconstitucionalidade de situações anteriormente consideradas legítimas. A orientação doutrinária tradicional, marcada por uma alternativa rigorosa entre *atos legítimos* ou *ilegítimos* (*entweder* als *rechtmässig oder* als *rechtswidrig*), encontra dificuldade para identificar a consolidação de um *processo de inconstitucionalização* (*Prozess des Verfassungswidrigwerdens*). Prefere-se admitir que, embora não tivesse sido identificada, a ilegitimidade sempre existira.

Todas essas considerações estão a evidenciar que as mudanças radicais na interpretação da Constituição devem ser acompanhadas da devida e cuidadosa reflexão sobre suas consequências, tendo em vista o postulado da segurança jurídica.

Não só a Corte Constitucional mas também o Tribunal que exerce o papel de órgão de cúpula da Justiça Eleitoral devem adotar tais cautelas por ocasião das chamadas

---

208 Peter Häberle, Zeit und Verfassung, in *Probleme der Verfassungsinterpretation*, Dreier, Ralf/Schwegmann, Friedrich (orgs.), Baden-Baden: Nomos, 1976, p. 312-313.

"viragens jurisprudenciais" na interpretação dos preceitos constitucionais que dizem respeito aos direitos políticos e ao processo eleitoral.

Aqui não se pode deixar de considerar o peculiar *caráter geral* ou *quase normativo* dos atos judiciais emanados do Tribunal Superior Eleitoral, que regem todo o processo eleitoral. Mudanças na jurisprudência eleitoral, portanto, têm efeitos normativos diretos sobre os pleitos eleitorais, com sérias repercussões sobre os direitos fundamentais dos cidadãos (eleitores e candidatos) e partidos políticos. No âmbito eleitoral, portanto, a segurança jurídica assume a sua face de *princípio da confiança* para proteger a estabilização das expectativas de todos aqueles que de alguma forma participam dos prélios eleitorais.

A importância fundamental do princípio da segurança jurídica para o regular transcurso dos processos eleitorais está plasmada no princípio da *anterioridade eleitoral* positivado no art. 16 da Constituição. Essa norma constitucional afirma que qualquer modificação normativa que altere o processo eleitoral poderá entrar em vigor na data de sua publicação, mas não poderá ser aplicada à eleição que ocorra até um ano da data de sua vigência. O Supremo Tribunal Federal fixou a interpretação desse artigo 16, entendendo-o como uma garantia constitucional (1) do *devido processo legal eleitoral*, (2) da *igualdade de chances* e (3) das *minorias* (RE 633.703).

Em razão do caráter especialmente peculiar dos atos judiciais emanados do Tribunal Superior Eleitoral, os quais regem normativamente todo o processo eleitoral, é razoável admitir que a Constituição também alberga uma norma, ainda que *implícita*, que traduz o postulado da segurança jurídica como princípio da anterioridade ou anualidade em relação à alteração da jurisprudência do TSE.

O Supremo Tribunal Federal concluiu que as decisões do Tribunal Superior Eleitoral que, no curso do pleito eleitoral (ou logo após o seu encerramento), impliquem mudança de jurisprudência (e dessa forma repercutam sobre a segurança jurídica), não têm aplicabilidade imediata ao caso concreto e somente terão eficácia sobre outros casos no pleito eleitoral posterior.

A decisão do Supremo Tribunal Federal, dotada de todos os efeitos próprios do instituto da repercussão geral, impõe uma nova diretriz para a atuação da Justiça Eleitoral, fundada no respeito incondicional à segurança jurídica como postulado do Estado de Direito. Contribui, portanto, para a estabilidade e legitimidade dos processos eleitorais, em mais um passo importante no aperfeiçoamento da democracia no Brasil.

Da mesma forma, o TSE tem fortalecido o conteúdo jurídico da norma prevista no art. 16 da CF/88. De fato, no julgamento dos ED-REspe n. 458-86/GO (eleições de 2012), o Tribunal acrescentou outro conceito ao princípio da anterioridade ou anualidade eleitoral na perspectiva de mudanças jurisprudenciais, ao evitar que alterações de entendimento ocorridas após a eleição possam ter imediata aplicação, sob pena de criar uma situação absolutamente casuística, pois o novo entendimento é formulado pela Justiça Eleitoral em momento em que está ciente do resultado das urnas, em detrimento da soberania popular.

Com efeito, o Tribunal considerou que um entendimento jurídico, absolutamente pacificado em eleições pretéritas (2010 e anteriores), não pode ser alterado após o resultado das eleições de 2012, pois, como o art. 16 da CF/88 veda a modificação legislativa no curso do processo eleitoral, não se revela consectário com a melhor dogmática dos

Direitos Políticos possibilitar que a Justiça Eleitoral modifique a interpretação da lei, até então tranquila após o conhecimento do candidato eleito, fazendo dessa radical modificação jurisprudencial uma grave inversão da titularidade do poder, considerando que o candidato escolhido como representante do povo, plenamente elegível na data do pleito, é afastado pela Justiça Eleitoral em razão daquela modificação.

7. A PANDEMIA DO CORONAVÍRUS E AS ELEIÇÕES MUNICIPAIS DE 2020

Em 6-3-2020, o Congresso Nacional reconheceu e decretou o estado de calamidade pública decorrente da pandemia do coronavírus (Decreto n. 6/2020), conforme solicitação do Presidente da República.

No dia 7-5-2020 – fechamento do cadastro eleitoral para as Eleições Municipais de 2020 –, o Brasil registrava mais de 100 mil casos de covid-19, com aproximadamente 9 mil mortes, sendo certo que, naquele momento, a curva de contaminação e de número de mortes se mostrava em crescimento exponencial.

Pois bem, por se cuidar de matéria típica de competência do Congresso Nacional, o Supremo Tribunal Federal, na sessão de 14-5-2020, referendou decisão da Min. Rosa Weber nos autos da ADI 6.359, no sentido de manter o calendário eleitoral para as Eleições Municipais de 2020, em especial o prazo de filiação partidária.

Já em 2-7-2020, foi promulgada a Emenda Constitucional n. 107, que disciplina alguns tópicos das Eleições Municipais de 2020. Referida emenda é fruto de um grande esforço e debate entre a Justiça Eleitoral, a Comunidade Científica e o Congresso, considerando a grave crise de saúde e financeira decorrente da pandemia do coronavírus vivenciada naquele momento.

Dessa forma, referida emenda constitucional – a princípio – bem distinguiu prazos eleitorais iniciados e prazos eleitorais a iniciar na data da promulgação da emenda. É dizer: os prazos eleitorais iniciados continuarão com o marco final de contagem a data anterior das eleições, por exemplo, a filiação partidária, seis meses antes de 4 de outubro de 2020. Não foram, portanto, reabertos. Por ouro lado, os prazos eleitorais a iniciar serão computados com o marco final de contagem a nova data das eleições, razão pela qual, à guisa de exemplificação, o prazo de desincompatibilização do servidor público será três meses antes do dia 15 de novembro de 2020.

Ademais, o julgamento das contas foi prorrogado para 12 de fevereiro de 2021. Dessa forma, diferentemente da regra anterior, o candidato eleito poderá ser diplomado sem o julgamento de suas contas de campanha. E, como o julgamento das contas foi postergado para fevereiro de 2021, a Emenda Constitucional n. 107 passou para 1º de março de 2021 o prazo final para ajuizamento da representação do art. 30-A da Lei n. 9.504/97 – representação por arrecadação ou gastos ilícitos de campanha.

Por fim, a Emenda Constitucional n. 107/2020 flexibilizou as regras da publicidade institucional em razão do combate à pandemia do coronavírus, bem como delegou ao Tribunal Superior Eleitoral a adoção de medidas sanitárias que preservem a integridade dos partícipes do processo eleitoral.

CAPÍTULO **8**

ORGANIZAÇÃO DO ESTADO

I ESTADO FEDERAL

Paulo Gustavo Gonet Branco

1. NOTÍCIA DE HISTÓRIA

O federalismo tem as suas primeiras origens nos Estados Unidos. Surgiu como resposta à necessidade de um governo eficiente em vasto território, que, ao mesmo tempo, assegurasse os ideais republicanos que vingaram com a revolução de 1776.

Para garantir a independência então conquistada, as antigas colônias britânicas firmaram um tratado de direito internacional, criando uma confederação, que tinha como objetivo básico preservar a soberania de cada antigo território colonial.

Cada entidade componente da confederação retinha a sua soberania, o que enfraquecia o pacto. As deliberações dos Estados Unidos em Congresso nem sempre eram cumpridas, e havia dificuldades na obtenção de recursos financeiros e humanos para as atividades comuns. Além disso, a confederação não podia legislar para os cidadãos, dispondo, apenas, para os Estados. Com isso não podia impor tributos, ficando na dependência da intermediação dos Estados confederados. As deliberações do Congresso, na prática, acabavam por ter a eficácia de meras recomendações. Não havia, tampouco, um tribunal supremo, que unificasse a interpretação do direito comum aos Estados ou que resolvesse juridicamente diferenças entre eles.

A confederação estava debilitada e não atendia às necessidades de governo eficiente comum do vasto território recém-libertado. O propósito de aprimorar a união entre os Estados redundou na original fórmula federativa, inscrita pela Convenção de Filadélfia de 1787 na Constituição elaborada, conforme se vê do próprio preâmbulo da Carta, em que se lê: "nós, o povo dos Estados Unidos, a fim de formarmos uma União mais perfeita...".

Os antigos Estados soberanos confederados deixaram de ser soberanos, mas conservaram a sua autonomia, entregando a uma nova entidade, a União, poderes bastantes para exercer tarefas necessárias ao bem comum de todos os Estados reunidos. Passaram, por outro lado, a compor a vontade da União, por meio de representantes no Senado.

2. CARACTERÍSTICAS BÁSICAS DO ESTADO FEDERAL

2.1. Soberania e autonomia

Em seguida à experiência americana, outros Estados assumiram também esse modo de ser, ajustando-o às suas peculiaridades, de sorte que não há um modelo único de Estado federal a ser servilmente recebido como modelo necessário[1]. Não obstante, alguns traços gerais podem ser divisados como típicos dessa forma estatal.

Assim, a soberania[2], no federalismo, é atributo do Estado Federal como um todo. Os Estados-membros dispõem de outra característica – a autonomia[3], que não se confunde com o conceito de soberania.

A autonomia importa, necessariamente, descentralização do poder. Essa descentralização é não apenas administrativa, como, também, política. Os Estados-membros não apenas podem, por suas próprias autoridades, executar leis, como também é-lhes reconhecido elaborá-las. Isso resulta em que se perceba no Estado Federal uma dúplice esfera de poder normativo sobre um mesmo território e sobre as pessoas que nele se encontram, há a incidência de duas ordens legais: a da União e a do Estado-membro[4].

A autonomia política dos Estados-membros ganha mais notado relevo por abranger também a capacidade de autoconstituição. Cada Estado-membro tem o poder de dotar-se de uma Constituição, por ele mesmo concebida, sujeita embora a certas diretrizes impostas pela Constituição Federal, já que o Estado-membro não é soberano.

É característico do Estado federal que essa atribuição dos Estados-membros de legislar não se resuma a uma mera concessão da União, traduzindo, antes, um direito que a União não pode, a seu talante, subtrair das entidades federadas; deve corresponder a um direito previsto na Constituição Federal.

2.2. Existência de uma Constituição Federal

A Constituição Federal atua como fundamento de validade das ordens jurídicas parciais e central. Ela confere unidade à ordem jurídica do Estado Federal, com o propósito de traçar um compromisso entre as aspirações de cada região e os interesses co-

---

1 No Supremo Tribunal Federal, o Ministro Sepúlveda Pertence observou, cuidando da cláusula pétrea da forma federativa de Estado, que esta "não pode ser conceituada a partir de um modelo ideal e apriorístico de Federação, mas, sim, daquele que o constituinte originário concretamente adotou, e como o adotou" (ADI 2.024-2, liminar, *DJ* de 1º-12-2000).

2 Soberania é entendida como poder de autodeterminação plena, não condicionado a nenhum outro poder, externo ou interno.

3 Autonomia significa capacidade de autodeterminação dentro do círculo de competências traçado pelo poder soberano.

4 Numa fórmula muito citada, concebida por Bryce, "o que caracteriza o Estado federal é justamente o fato de, sobre um mesmo território e sobre as mesmas pessoas, se exercer, harmônica e simultaneamente, a ação política de dois governos distintos, o federal e o estadual".

muns às esferas locais em conjunto. A Federação gira em torno da Constituição Federal, que é o seu fundamento jurídico e instrumento regulador.

O fato de os Estados-membros se acharem unidos em função de uma Constituição Federal, e não de um tratado de direito internacional, designa fator diferenciador do Estado Federal com relação à confederação.

Sustenta-se, ainda, que a Constituição Federal deve ser rígida e que o princípio federalista deve ser cláusula pétrea, para prevenir que a União possa transformar a Federação em Estado unitário[5].

É a Constituição Federal que explicitará a repartição de competências entre a ordem central e as parciais.

2.3. Repartição de competências previstas constitucionalmente

Como no Estado Federal há mais de uma ordem jurídica incidente sobre um mesmo território e sobre as mesmas pessoas, impõe-se a adoção de mecanismo que favoreça a eficácia da ação estatal, evitando conflitos e desperdício de esforços e recursos. A repartição de competências entre as esferas do federalismo é o instrumento concebido para esse fim.

A repartição de competências consiste na atribuição, pela Constituição Federal, a cada ordenamento de uma matéria que lhe seja própria.

As constituições federais preveem, ainda, uma repartição de rendas, que vivifica a autonomia dos Estados-membros e os habilita a desempenhar as suas competências. Para garantir a realidade da autonomia dos Estados – e o mesmo vale para o Distrito Federal e para os Municípios – a Constituição regula, no capítulo sobre o sistema tributário nacional, a capacidade tributária das pessoas políticas e descreve um modelo de repartição de receitas entre elas[6]. Estados e Municípios também participam das receitas tributárias alheias por meio de fundos (art. 159, I, da CF) e de participação direta no produto da arrecadação de outras pessoas políticas (arts. 157, 158 e 159, II, da CF). Dessa forma, propicia-se que Estados e Municípios com menor arrecadação possam, preservando a sua autonomia, enfrentar as demandas sociais que superam as receitas obtidas por meio dos tributos

5 A propósito, o voto do relator da ADI 2.024 (*DJ* de 1º-12-2000), Ministro Sepúlveda Pertence, em que se refere à "rigidez da Constituição Federal total, e à garantia de sua efetividade por um mecanismo eficaz – ao que parece, universalmente, de caráter jurisdicional – dedicado ao controle de constitucionalidade, perante ela, das normas do ordenamento central e dos ordenamentos territorialmente descentralizados".

6 Essa repartição de receitas é crucial para a vida harmônica do Estado Federal e tem dado margem a que o STF, por exemplo, lecione que "o repasse de parcela do tributo devida aos Municípios não pode ficar sujeito aos planos de incentivo fiscal do ente maior, no caso, o Estado" (RE 535.135, rel. Min. Carlos Britto, *DJe* de 18-10-2011, que cita e segue outro precedente do Plenário, o RE 572.762). Por outro lado, a competência tributária dos Estados pode levar a uma disputa por agentes econômicos, mediante a concessão de benefícios fiscais unilaterais por alguns Estados-Membros, o que é visto como fator de conturbação da vida federal e vem sendo caracterizado como "guerra fiscal". Por isso, o sistema constitucional demanda unidade de vontade dos Estados para que isenções e benefícios fiscais sejam concedidos. A jurisprudência do STF tem por inconstitucionais "as normas que concedam ou autorizem a concessão de benefícios fiscais de ICMS (isenção, redução de base de cálculo, créditos presumidos e dispensa de pagamento) independentemente de deliberação do CONFAZ, por violação dos arts. 150, § 6º, e 155, § 2º, inciso XII, alínea 'g', da Constituição Federal, os quais repudiam a chamada 'guerra fiscal"(ADI 1.247, rel. Min. Dias Toffoli, *DJe* de 16-8-2011).

da sua própria competência. Trata-se, também, de meio para permitir melhor equilíbrio socioeconômico regional, atendendo-se ao ideado pelo art. 3º, III, da Constituição. Esse quadro de opções estruturais insere o Brasil na modalidade cooperativa do Federalismo, afastando o país, sob este aspecto, do modelo clássico de Estado Federal.

Meio relevante de garantia da autonomia dos entes da Federação é expresso na chamada *imunidade tributária recíproca*. Trata-se de impedimento a que União, os Estados ou os Municípios instituam impostos que atinjam outra entidade da Federação. A imunidade se refere apenas ao tributo da espécie *imposto*[7] e não abrange obrigações acessórias[8]. A imunidade também protege as autarquias e fundações instituídas e mantidas pelo Poder Público, quanto às suas finalidades essenciais[9]. A imunidade recíproca foi considerada pelo STF como elemento garantidor essencial da fórmula federativa do Estado, integrando o conjunto das cláusulas pétreas[10].

A Constituição brasileira, ao dispor sobre repartição de receitas oriundas de impostos federais, favorece não somente os Estados, como, igualmente, aquinhoa os Municípios (art. 159 da CF). A Emenda à Constituição n. 55/2007 chega a especificar momento (primeiro decêndio do mês de dezembro de cada ano) para a entrega de certo percentual devido ao Fundo de Participação dos Municípios.

O modo como se repartem as competências indica que tipo de federalismo é adotado em cada país. A concentração de competências no ente central aponta para um modelo centralizador (também chamado centrípeto); uma opção pela distribuição mais ampla de poderes em favor dos Estados-membros configura um modelo descentralizador (ou centrífugo). Havendo uma dosagem contrabalançada de competências, fala-se em federalismo de equilíbrio.

No direito comparado, as formulações constitucionais em torno da repartição de competências podem ser associadas a dois modelos básicos – o modelo clássico, vindo da Constituição norte-americana de 1787, e o modelo moderno, que se seguiu à Primeira Guerra Mundial.

O modelo clássico conferiu à União poderes enumerados e reservou aos Estados-membros os poderes não especificados[11].

---

7 STF: RE 626.837-RG, Plenário, *DJe* 1º-2-2018.

8 STF: ACO 1.098, *DJe* de 1º.-6.-2020.

9 Constituição Federal, art. 150, § 2º: "A vedação do inciso VI, *a*, é extensiva às autarquias e às fundações instituídas e mantidas pelo Poder Público, no que se refere ao patrimônio, à renda e aos serviços, vinculados a suas finalidades essenciais ou às delas decorrentes". As empresas públicas e as sociedades de economia mista, integrantes da Administração Pública indireta de cada esfera da Federação, também se beneficiam da imunidade contra impostos de outros entes federados, em função de interpretação extensiva do art. 150 da Constituição (a regra não se refere expressamente a essas pessoas jurídicas). Há que se atender, nestes últimos casos, ao requisito de que essas empresas sejam prestadoras de serviço público. Por isso, o Plenário do STF esclareceu, no RE 773.992-RG (*DJe* de 19-2-2015), que a Empresa Brasileira de Correios e Telégrafos, empresa pública federal, não poderia ter os seus imóveis onerados por imposto municipal sobre a propriedade urbana. Por outro lado, e sendo essa imunidade de caráter "subjetivo", incide o IPTU, por exemplo, se o imóvel de pessoa jurídica de direito público está cedido a pessoa de direito privado, estando o bem, portanto, desvinculado de finalidade estatal (RE 601.720 – Repercussão Geral, Tema 437, Plenário, *DJe* de 5-9-2017).

10 ADI 939, RTJ 151/755.

11 Para mitigar os rigores que a fixação taxativa das competências da União pode acarretar, nos EUA elaborou-se

O chamado modelo moderno responde às contingências da crescente complexidade da vida social, exigindo ação dirigente e unificada do Estado, em especial para enfrentar crises sociais e guerras. Isso favoreceu uma dilatação dos poderes da União com nova técnica de repartição de competências, em que se discriminam competências legislativas exclusivas do poder central e também uma competência comum ou concorrente, mista, a ser explorada tanto pela União como pelos Estados-membros.

Outra classificação dos modelos de repartição de competências cogita das modalidades de repartição horizontal e de repartição vertical.

Na repartição horizontal não se admite concorrência de competências entre os entes federados. Esse modelo apresenta três soluções possíveis para o desafio da distribuição de poderes entre as órbitas do Estado Federal. Uma delas efetua a enumeração exaustiva da competência de cada esfera da Federação; outra, discrimina a competência da União deixando aos Estados-membros os poderes reservados (ou não enumerados); a última, discrimina os poderes dos Estados-membros, deixando o que restar para a União.

Na repartição vertical, realiza-se a distribuição da mesma matéria entre a União e os Estados-membros. Essa técnica, no que tange às competências legislativas, deixa para a União os temas gerais, os princípios de certos institutos, permitindo aos Estados-membros afeiçoar a legislação às suas peculiaridades locais. A técnica da legislação concorrente estabelece um verdadeiro condomínio legislativo entre União e Estados-membros.

2.4. Participação dos Estados-membros na vontade federal

Para que os Estados-membros possam ter voz ativa na formação da vontade da União – vontade que se expressa sobretudo por meio das leis –, historicamente, foi concebido o Senado Federal, com representação paritária, em homenagem ao princípio da igualdade jurídica dos Estados-membros. O igual número de representantes por Estado-membro serve, também, de contrapeso para o prestígio dos Estados mais populosos na Câmara dos Deputados.

Observa-se, entretanto, um afastamento das câmaras altas dos Estados federais dessa primitiva intenção motivadora da sua criação. Na medida em que os partidos, que são nacionais, galvanizam os interesses políticos, passam a deixar em segundo plano, também, os interesses meramente regionais, em favor de uma orientação nacional sobretudo partidária.

Os Estados-membros participam da formação da vontade federal, da mesma forma, quando são admitidos a apresentar emendas à Constituição Federal.

2.5. Inexistência de direito de secessão

Na medida em que os Estados-membros não são soberanos, é comum impedir que os Estados se desliguem da União – no que o Estado Federal se distingue da confederação. É frequente, nos textos constitucionais, a assertiva de ser indissolúvel o laço federativo (caso do art. 1º da Constituição de 1988).

---

a doutrina dos poderes implícitos, que entende incluir-se na competência da União tudo o que seja necessário e útil para o cumprimento das competências enumeradas.

2.6. Conflitos: o papel da Suprema Corte e a intervenção federal

Uma vez que não há o direito de secessão na fórmula federativa, os conflitos que venham a existir entre os Estados-membros ou entre qualquer deles com a União necessitam ser resolvidos para a manutenção da paz e da integridade do Estado como um todo. Assumindo feição jurídica, o conflito será levado ao deslinde de uma corte nacional, prevista na Constituição, com competência para isso.

Falhando a solução judiciária ou não sendo o conflito de ordem jurídica meramente, o Estado Federal dispõe do instituto da intervenção federal, para se autopreservar da desagregação, bem como para proteger a autoridade da Constituição Federal.

A intervenção federal importa a suspensão temporária das normas constitucionais asseguradoras da autonomia da unidade atingida pela medida.

Os doutrinadores alemães também a chamam de execução federal, uma vez que espelham uma coação federal, tendente a forçar as unidades federadas recalcitrantes a cumprir os seus deveres federais.

3. CONCEITO ABRANGENTE DE ESTADO FEDERAL

À vista dessas características essenciais do Estado Federal é possível estabelecer um conceito amplo desse ente.

É correto afirmar que o Estado Federal expressa um modo de ser do Estado (daí se dizer que é uma forma de Estado) em que se divisa uma organização descentralizada, tanto administrativa quanto politicamente, erigida sobre uma repartição de competências entre o governo central e os locais, consagrada na Constituição Federal, em que os Estados federados participam das deliberações da União, sem dispor do direito de secessão. No Estado Federal, de regra, há uma Suprema Corte com jurisdição nacional e é previsto um mecanismo de intervenção federal, como procedimento assecuratório da unidade física e da identidade jurídica da Federação.

4. POR QUE OS ESTADOS ASSUMEM A FORMA FEDERAL?

Os Estados assumem a forma federal tendo em vista razões de geografia e de formação cultural da comunidade. Um território amplo é propenso a ostentar diferenças de desenvolvimento de cultura e de paisagem geográfica, recomendando, ao lado do governo que busca realizar anseios nacionais, um governo local atento às peculiaridades existentes.

O federalismo tende a permitir a convivência de grupos étnicos heterogêneos, muitas vezes com línguas próprias, como é o caso da Suíça e do Canadá. Atua como força contraposta a tendências centrífugas.

O federalismo, ainda, é uma resposta à necessidade de se ouvirem as bases de um território diferenciado quando da tomada de decisões que afetam o país como um todo. A fórmula opera para reduzir poderes excessivamente centrípetos.

Aponta-se, por fim, um componente de segurança democrática presente no Estado federal. Nele, o poder é exercido segundo uma repartição não somente horizontal de funções – executiva, legislativa e judiciária –, mas também vertical, entre Estados--membros e União, em benefício das liberdades públicas[12].

5. O ESTADO FEDERAL BRASILEIRO

Como foi dito, cada país que adota a forma federal do Estado o faz com vistas a satisfazer as suas necessidades próprias. Daí a necessidade de analisar como o constituinte brasileiro amoldou às nossas necessidades os traços comuns do Estado Federal. Comecemos pelo estudo dos entes que integram a Federação.

5.1. A União

A União é o fruto da junção dos Estados entre si, é a aliança indissolúvel destes. É quem age em nome da Federação.

No plano legislativo, edita tanto leis nacionais – que alcançam todos os habitantes do território nacional e outras esferas da Federação – como leis federais – que incidem sobre os jurisdicionados da União, como os servidores federais e o aparelho administrativo da União.

A União tem bens próprios, definidos na Constituição Federal (art. 20).

Para efeitos administrativos e visando a fins de desenvolvimento socioeconômico e à redução das desigualdades regionais, o art. 43 da Constituição faculta a criação de regiões, cada qual compreendendo um mesmo complexo geográfico e social.

5.1.1. Intervenção federal

Cabe à União exercer a competência de preservar a integridade política, jurídica e física da federação, atribuindo-se-lhe a competência para realizar a intervenção federal.

A intervenção federal é mecanismo drástico e excepcional, destinado a manter a integridade dos princípios basilares da Constituição, enumerados taxativamente no art. 34 da CF[13].

---

12 Nesse sentido, Ulrich Karpen, Federalism, in The Constitution of the Federal Republic of Germany, Baden--Baden: Nomos Verlagsgesellschaft, 1988, p. 207. Da mesma forma a visão clássica de Madison, expressa no n. 10 de *O federalista*.

13 São estas as hipóteses de intervenção federal, enumeradas no art. 34 da CF: manter a integridade nacional; repelir invasão estrangeira ou de uma unidade da Federação em outra; pôr termo a grave comprometimento da ordem pública; garantir o livre exercício de qualquer dos Poderes nas unidades da Federação; reorganizar as finanças da unidade da Federação que: a) suspender o pagamento da dívida fundada por mais de dois anos consecutivos, salvo motivo de força maior; b) deixar de entregar aos Municípios receitas tributárias fixadas nesta Constituição, dentro dos prazos estabelecidos em lei; VI – prover a execução de lei federal, ordem ou decisão judicial; VII – assegurar a observância dos seguintes princípios constitucionais: a) forma republicana, sistema representativo e regime democrático; b) direitos da pessoa humana; c) autonomia municipal; d) prestação de contas da administração pública, direta e indireta; e) aplicação do mínimo exigido da receita resultante de impostos estaduais, compreendida a proveniente de transferências, na manutenção e desenvolvimento do ensino e nas ações e serviços públicos de saúde.

A primeira das hipóteses previstas – manter a integridade nacional – atende ao propósito de conferir eficácia à proclamação, constante do art. 1º da Carta, de que a união dos Estados é indissolúvel.

Para repelir invasão estrangeira, a intervenção não fica condicionada a que tenha havido a conivência do Estado-membro, já que a medida não tem, nesse caso, propósito de sanção, mas de reconstrução da integridade nacional[14].

A invasão de um Estado-membro sobre outro ou sobre o Distrito Federal e deste sobre outro Estado é também objeto da hipótese do inciso II do art. 34. A intervenção tem por objetivo impedir que "alguma unidade da Federação obtenha ganhos territoriais em detrimento da outra, ou imponha a sua vontade"[15].

A intervenção pode-se dar para "pôr termo a grave perturbação da ordem pública" (art. 34, III). Ao contrário do que dispunha a Constituição de 1967, não se legitima a intervenção em caso de mera ameaça de irrupção da ordem. O problema tem de estar instaurado para a intervenção ocorrer. Não é todo tumulto que justifica a medida extrema, mas apenas as situações em que a desordem assuma feitio inusual e intenso. Não há necessidade de aguardar um quadro de guerra civil para que ocorra a intervenção[16]. É bastante que um quadro de transtorno da vida social, violento e de proporções dilatadas, se instale duradouramente, e que o Estado-membro não queira ou não consiga enfrentá-lo de forma eficaz, para que se tenha o pressuposto da intervenção. É irrelevante a causa da grave perturbação da ordem; basta a sua realidade[17].

O art. 34, IV, prevê a intervenção federal para "garantir o livre exercício de qualquer dos Poderes nas unidades da Federação". A hipótese ocorre se o poder está "impedido ou dificultado de funcionar"[18]. Supõe-se a existência de uma coação imprópria sobre algum dos poderes locais, por exemplo, no caso de os integrantes de um dos poderes serem impedidos de se reunir para a tomada das deliberações que lhes cabem. Mesmo o Executivo pode estar sofrendo constrangimento, "seja porque recusada a posse ao eleito, seja porque não se transfere o poder ao substituto em se verificando o afastamento ou a renúncia"[19].

O inciso V do art. 34 cuida da intervenção federal por desorganização administrativa, que leva o Estado ou o Distrito Federal, sem motivo de força maior, a não pagar a

---

14 Para Enrique Ricardo Lewandowski, a intervenção nesse caso "se justifica, precisamente, porque a defesa do território nacional interessa à União, ou seja, ao conjunto de todos os entes federados, e porque, cada qual, isoladamente, não teria condições de repelir a agressão com os seus próprios meios, fazendo-se mister, como regra, o acionamento das forças armadas nacionais" (*Pressupostos materiais e formais da intervenção federal no Brasil*, São Paulo: Revista dos Tribunais, 1994, p. 90-91).

15 Lewandowski, *Pressupostos*, cit., p. 92.

16 Diferentemente, as Constituições de 1934 e de 1946 previam a "guerra civil" como causa de intervenção.

17 Na lição de Pontes de Miranda: "A perturbação supõe a duração dos distúrbios, ainda que descontínuos no tempo, desde que o governo estadual não esteja com aptidão de assegurar, de pronto, a punição normal de todos os atacantes e de garantir a Constituição e as leis federais, a Constituição estadual e as leis estaduais e municipais. (...) Não se entra na indagação dos fins ou objetivos da alteração da ordem" (*Comentários à Constituição de 1967*, São Paulo: Revista dos Tribunais, 1967, t. 2, p. 210).

18 Pontes de Miranda, *Comentários*, cit., p. 215.

19 Fávila Ribeiro, *A intervenção federal*, Fortaleza: Jurídica, 1960, p. 57, passagem citada por Lewandowski, Pressupostos, cit., p. 95.

sua dívida fundada por mais de dois anos consecutivos. A Lei n. 4.320/64 refere-se a dívidas fundadas como sendo as relativas a compromissos de exigibilidade superior a doze meses, contraídos em função de desequilíbrio orçamentário ou financeiro de obras e serviços públicos. O inciso também cuida do caso da não entrega oportuna das receitas tributárias dos Municípios.

No art. 34, VI, cuida-se da intervenção para prover a execução de lei federal, ordem ou decisão judicial. Não é qualquer desrespeito pelo Estado a lei federal que enseja a intervenção. No mais das vezes, a não aplicação do diploma federal abre margem para que o prejudicado recorra ao Judiciário. Confirmado o comportamento impróprio do Estado pela magistratura, e mantida a situação de desrespeito ao comando da lei concretizado na sentença, é possível a intervenção. Nessa hipótese, ela terá fundamento outro, que não o desrespeito à lei (caberá eventualmente pela não execução de decisão judicial). A doutrina, por isso, preconiza que a intervenção para execução de lei federal se refere àquela recusa à aplicação da lei que gera prejuízo generalizado e em que não cabe solução judiciária para o problema[20]. O trânsito em julgado da decisão judiciária não é pressuposto para a intervenção[21].

Não configura situação que atraia a intervenção federal o não pagamento de precatório, quando os recursos do Estado são limitados e há outras obrigações a cumprir de idêntica hierarquia, como a continuidade na prestação de serviços básicos. Na lição do Ministro Gilmar Mendes, no precedente em que se fixou tal orientação, "a intervenção, como medida extrema, deve atender à máxima da proporcionalidade"[22]. A insuficiência de recursos financeiros tem sido justificativa acolhida em outros precedentes para se indeferir pleito de intervenção federal[23].

A intervenção federal pelo inciso VII do art. 34 busca resguardar a observância dos chamados princípios constitucionais sensíveis. Esses princípios visam assegurar uma unidade de princípios organizativos tida como indispensável para a identidade jurídica da Federação, não obstante a autonomia dos Estados-membros para se auto-organizarem[24].

Tais princípios sensíveis estão enumerados nas alíneas do dispositivo. Ali se encontram a forma republicana e o sistema representativo, cláusula clássica do constitucionalismo brasileiro, além do regime democrático. O sistema republicano e representativo e o regime democrático a serem tomados como padrão são os adotados pelo constituin-

20 Nesse sentido, Lewandowski, concordando com Manoel Gonçalves Ferreira Filho (Lewandowski, *Pressupostos*, cit., p. 102).

21 STF, IF 94, *DJ* de 3-4-1987, rel. Min. Moreira Alves, que disse, pela Corte: "*ordem ou decisão judicial* é expressão que abarca qualquer ordem judicial e não apenas as que digam respeito a sentença transitada em julgado".

22 IF 164/SP, *DJ* de 13-12-2003, rel. para o acórdão Min. Gilmar Mendes. No voto condutor do acórdão, o Ministro Gilmar Mendes observou que não se pode compelir o Estado a realizar pagamentos, com quantia que seria necessária para cumprir compromissos, também exigidos pela Constituição (como aqueles para com a educação e a saúde), até porque um eventual interventor estaria sujeito às mesmas limitações de recursos e normativas.

23 Entre outras: IF-AgRg 4.174/RS, *DJ* de 14-5-2004, rel. Min. Maurício Corrêa, e IF-AgRg 4.176/ES, *DJ* de 28-5-2004, rel. Min. Maurício Corrêa. Não se exime o Estado, porém, do esforço de pagar, paulatinamente, a dívida resultante de sentença judicial.

24 José Afonso da Silva explica que o adjetivo "sensível" se refere à circunstância de estarem nitidamente dispostos na Constituição e também tem o sentido de "coisa dotada de sensibilidade, que, em sendo contrariada, provoca reação, e esta, no caso, é a intervenção nos Estados" (*Curso de direito constitucional positivo*, São Paulo: Malheiros, 1992, p. 520-521).

te federal. Disso decorre a necessidade de estruturação do Estado-membro, segundo moldes em que as funções políticas do Executivo e do Legislativo sejam desempenhadas por representantes do povo, responsáveis perante os eleitores, por força de mandatos temporários, obtidos em eleições periódicas. Não se toleram cargos do tipo hereditário, característicos do sistema monárquico. O regime democrático, como traçado pelo constituinte federal, engloba a participação do povo no poder, sufrágio universal, Estado de Direito, governo das maiorias, preservados os direitos das minorias, e separação de Poderes[25]. Mais adiante, vai-se ver que o regime democrático a que os Estados-membros devem submeter importa também a necessidade de serem observadas as regras básicas do processo legislativo federal.

Entre os princípios constitucionais sensíveis está o respeito aos direitos da pessoa humana. Sanciona-se a exigência de plena reverência às reivindicações surgidas do princípio da dignidade da pessoa humana, mesmo que não positivadas na Constituição. Na IF 114/MT[26], o STF admitiu que a "inexistência de 'condição mínima', no Estado, para assegurar o respeito ao primordial direito da pessoa humana, que é o direito à vida", poderia ensejar o pedido de intervenção. Alegava-se que o Poder Público local estava impotente para preservar a segurança de presos, depois que três deles foram linchados pela população de cidade do interior. O pedido de intervenção, embora admitido à discussão, terminou por ser indeferido, ante as providências que o Estado tomou em seguida.

A autonomia municipal é o princípio constitucional sensível de que cuida a letra *c* do inciso VII do art. 34. Impõe-se ao Estado o respeito ao poder de auto-organização, autogoverno e autoadministração dos Municípios[27].

Como derivação do regime democrático e republicano adotado pelo constituinte federal, os gestores da coisa pública devem responder por seus atos, prestar contas, quer integrem a Administração direta quer a indireta – princípio a que os Estados não podem deixar de atender, sob pena de intervenção federal (art. 34, VII, *d*), fazendo-o nos moldes do controle de contas estabelecido no plano da União, conforme o art. 75 da Carta.

Afinal, por força da Emenda Constitucional n. 29/2000, foi erigida à condição de princípio constitucional sensível a "aplicação do mínimo exigido da receita resultante de impostos estaduais, compreendida a proveniente de transferências, na manutenção e desenvolvimento do ensino e nas ações e serviços públicos de saúde" (art. 34, VII, *e*). O dispositivo reflete a importância que se quis ligar à satisfação em grau mínimo dos direitos fundamentais à educação e à saúde.

5.1.1.1. *Entes passíveis de intervenção federal*

A intervenção federal somente pode recair sobre Estado-membro, Distrito Federal ou Municípios integrantes de território federal[28].

25 A propósito, Lewandowski, *Pressupostos*, cit., p. 111.

26 *DJ* de 27-9-1996, rel. Min. Néri da Silveira.

27 Anota, com propriedade, Ricardo Lewandowski (*Pressupostos*, cit., p. 113) que este é um princípio que não pode ensejar a intervenção no Distrito Federal, que não pode dividir-se em Municípios (CF, art. 32, *caput*).

28 Cf. arts. 34, *caput*, e 35, *caput*.

Não cabe, portanto, a intervenção federal em Municípios integrantes de Estado-membro, mesmo que a medida seja pedida por desrespeito, por parte do Município, de decisões de tribunais federais[29].

5.1.1.2. *Procedimento*

Somente o Presidente da República é competente para decretar a intervenção federal.

Em alguns casos, o Presidente da República atua sem a provocação de ninguém, age *ex officio* (incisos I, II, III e V do art. 34 da CF).

Em outros, o Chefe de Estado deve ser provocado para decretar a medida.

O Presidente da República pode ser solicitado (no caso do art. 34, IV, da CF) tanto pelo Poder Legislativo estadual (ou do Distrito Federal) como pelo Chefe do Poder Executivo estadual (ou do Distrito Federal), se esses poderes se sentem sob coação indevida. Se a coação recai sobre o Poder Judiciário, a medida será requerida pelo Supremo Tribunal Federal.

Tanto nos casos de atuação *ex officio* como na hipótese da solicitação, a intervenção não é obrigatória para o Presidente da República. A decisão de intervir remanesce no âmbito do seu juízo discricionário. Nesses casos, haverá o controle político do Congresso Nacional, ao qual deverá ser submetido o decreto de intervenção no prazo de vinte e quatro horas e que poderá aprová-lo ou rejeitá-lo, por meio de decreto legislativo (art. 49, IV, da CF).

Nas intervenções espontâneas, o Presidente da República deve ouvir o Conselho da República (art. 90, I, da CF) e o de Defesa Nacional (art. 91, § 1º, II, da CF), embora não esteja obrigado ao parecer que vier a colher. Não há por que, em caso de evidente urgência, exigir que a consulta seja prévia[30], já que as opiniões não são vinculantes e não perdem objeto nas intervenções que se prolongam no tempo, podendo mesmo sugerir rumos diversos dos que inicialmente adotados no ato de intervenção.

O decreto de intervenção deve especificar a amplitude da medida, o prazo de sua duração, as condições de execução e, se for o caso, o nome do interventor (art. 36, § 1º, da CF).

A intervenção se realiza sob o permanente controle político do Congresso Nacional, que, se não estiver funcionando, deverá ser convocado extraordinariamente (art. 36, §§ 1º e 2º). O Congresso Nacional pode aprovar a medida, pode aprová-la mas determinar a sua sustação e pode rejeitá-la e suspendê-la de imediato, tornando ilegais os atos praticados desde o decreto de intervenção[31].

A intervenção será *requisitada* pelo Supremo Tribunal Federal, pelo Superior Tribunal de Justiça ou pelo Tribunal Superior Eleitoral, em caso de descumprimento de ordem ou decisão judicial (art. 34, VI, da CF).

---

29 STF, IF 590-QO/CE, *DJ* de 9-10-1998, rel. Min. Celso de Mello, que disse pela Corte: "relativamente a esses entes municipais, a única pessoa política ativamente legitimada a neles intervir é o Estado-membro".

30 A propósito, MS 35.537 – decisão monocrática em liminar de 19-02-2018, rel. o Ministro Celso de Mello.

31 Veja-se, a propósito, Lewandowski, *Pressupostos*, cit., p. 132.

A intervenção pode, ainda, resultar de provimento de ação de executoriedade de lei federal, proposta pelo Procurador-Geral da República perante o Supremo Tribunal Federal (EC n. 45/2004), ou de representação por inconstitucionalidade para fins interventivos, também proposta pelo Procurador-Geral da República perante a mesma Corte. Esta última modalidade de intervenção tem por fim exigir o cumprimento pelos Estados dos princípios constitucionais sensíveis. A Lei n. 12.562, de 23 de dezembro de 2011, dispõe sobre o procedimento a ser seguido nessas duas hipóteses de intervenção. A representação do Procurador-Geral da República deve apresentar a prova da ação ou da omissão atribuída ao Estado-membro e deve, desde logo, especificar as providências que se espera sejam tomadas como resultado da procedência da representação. A lei admite que se defira liminar, facultando que, antes, se ouçam as autoridades envolvidas. A oitiva dessas autoridades é necessária, contudo, antes do julgamento do mérito da ação. Como ocorre nas ações abstratas perante o STF, o legislador de 2011 também admite que se requisitem informações, ouçam-se peritos e se convoquem audiências públicas. A decisão de mérito – pela procedência ou improcedência do pedido – deve reunir o voto de pelo menos 6 ministros numa ou noutra direção (maioria absoluta). O art. 11 da Lei n. 12.562/2011 não deixa dúvida sobre o caráter imperativo, para o Presidente da República, da decisão de se realizar a intervenção. O dispositivo fixa prazo improrrogável de até 15 dias para que o Chefe do Executivo Federal dê cumprimento aos dispositivos constitucionais relativos à intervenção.

Essas modalidades de intervenção, como se vê, passam, antes de se concretizarem, por crivo judicial. O STF, o TSE e o STJ julgam pedido de intervenção federal. Por isso, nesses casos, não há discricionariedade para o Presidente da República – ele está vinculado a decretar a intervenção. Ao Presidente da República cabe a formalização da decisão judicial.

Em ambos os casos, o controle político sobre as razões da intervenção é dispensado, devendo a intervenção limitar-se a suspender a execução do ato impugnado, se isso for suficiente para restabelecer a normalidade constitucional (art. 36, § 3º, da CF).

Neste passo, vale registrar algumas notas de jurisprudência, que melhor explicam o procedimento em estudo.

O STF entende que cabe a ele o julgamento de pedido de intervenção por falta de cumprimento de decisão judicial proveniente da Justiça do Trabalho, ainda que a matéria, objeto da sentença, não tenha conteúdo constitucional[32]. Essas requisições devem chegar ao STF com a devida motivação.

Por outro lado, quando se trata de intervenção para execução de julgado de Tribunal de Justiça, que não tenha sido apreciado em instância extraordinária, o requerimento, fundamentado, deve ser dirigido ao Presidente do Tribunal de Justiça, a quem, segundo o STF, "incumbe, se for o caso, encaminhá-lo ao Supremo Tribunal Federal"[33].

O STF será competente para apreciar o pedido de intervenção se a causa em que a decisão desrespeitada foi proferida tiver colorido constitucional. Se a decisão se fundou em normas infraconstitucionais, a competência será do STJ[34].

32 IF 230, 231, 232, relatados pelo Ministro Sepúlveda Pertence em 24-4-1996.

33 IF 105-QO/PR, *DJ* de 4-9-1992, *RTJ*, 142/371.

34 IF-QO 107, *DJ* de 4-9-1992.

Se o Presidente do Tribunal de Justiça se recusa a encaminhar o pedido de intervenção, não haverá ofensa à competência do STF e, por isso, não caberá reclamação[35]. Decidiu o STF, em outra oportunidade, que, "se o Presidente do Tribunal de Justiça local – que tem legitimação para provocar o exame da requisição de intervenção federal, que só se fará para a preservação da autoridade da Corte que ele representa – entende que a intervenção federal não cabe no caso, não pode o STF, de ofício e à vista do encaminhamento por aquela Presidência do pedido de intervenção federal feito pelo interessado e por ele repelido, examiná-lo"[36]. A decisão de não encaminhar o pedido de intervenção ao STF, ademais, não enseja recurso extraordinário, já que se trata de decisão de caráter administrativo[37].

Por outro lado, se o problema no Estado é causado pelo Tribunal de Justiça, se é este que está coarctando outro poder local, não haverá falar em intervenção federal, já que o Poder Judiciário é nacional. Caberá, então, o instrumento processual adequado para sustar a interferência indevida[38].

A intervenção cessa tão logo superada a sua causa, retornando ao poder a autoridade local afastada provisoriamente (art. 36, § 4º, da CF). A intervenção, enfatize-se, é medida excepcional; interrompe a autonomia da entidade federada, com vistas justamente a restaurar a sua higidez. Não se destina a punir autoridade que se haja comportado de modo destoante do esperado constitucionalmente, o que há de ser feito por outros meios – orienta-se, antes, pelo intuito de preservar a ordem federal como concebida pelo constituinte. Por isso, se até o instante do julgamento da representação para fins interventivos, a situação de anormalidade, por mais grave que tenha sido, se vê debelada, não se decreta a intervenção[39].

6. OS ESTADOS-MEMBROS

Os Estados têm governo e também bens próprios (CF, art. 26), desempenhando as funções dos três poderes estatais – Executivo, Legislativo e Judiciário.

Os Estados-membros podem-se incorporar uns aos outros ou desmembrar-se, formando novos Estados ou Territórios Federais, mediante aprovação da população diretamente interessada, por meio de plebiscito, e por aprovação do Congresso Nacional, mediante lei complementar[40].

---

35 Rcl. 464, *DJ* de 24-2-1995.

36 IF 81-AgRg, rel. Min. Moreira Alves, *RTJ*, 114/443.

37 Rcl. 464, *DJ* de 24-2-1995, e RE 149.986, *DJ* de 7-5-1993.

38 STF, Rcl.-AgRg 496, *DJ* de 24-8-2001.

39 A propósito, o que decidiu o STF na IF 5.179, rel. Min. Cezar Peluso, *DJe* de 8-10-2010: "(...) Comprometimento das funções governamentais no âmbito dos Poderes Executivo e Legislativo. Fatos graves objeto de inquérito em curso no Superior Tribunal de Justiça. Ofensa aos princípios inscritos no art. 34, inc. VII, *a*, da CF. Adoção, porém, pelas autoridades competentes, de providências legais eficazes para debelar a crise institucional. Situação histórica consequentemente superada à data do julgamento. Desnecessidade reconhecida à intervenção, enquanto medida extrema e excepcional. Pedido julgado improcedente".

40 A consulta plebiscitária deve ouvir tanto a população do território a ser desmembrado como os cidadãos fixados no território remanescente, cf. ADI 2.650, *DJe* de 17-11-2011, rel. Min. Dias Toffoli.

No âmbito da competência legislativa dos Estados, eles editam as normas e as executam com autonomia.

A autonomia dos Estados-membros se expressa também por norma (art. 151, III, CF) que impede que a União conceda isenção de tributos da competência deles (bem como Distrito Federal ou dos Municípios). Isso não é obstáculo, contudo, a que o Presidente da República celebre tratados que versem isenção de impostos estaduais (caso, por exemplo, do Acordo Geral de Tarifas e Comércio – GATT). Entende o STF que "o Presidente da República não subscreve tratados como Chefe de Governo, mas como Chefe de Estado, o que descaracteriza a existência de uma isenção heterônoma, vedada pelo art. 151, III, da Constituição"[41].

Os governadores são as autoridades executivas máximas e a Assembleia Legislativa é a sede do Poder Legislativo. A Constituição Federal disciplina, com alguma minúcia, tanto as eleições para ambos os poderes, o seu funcionamento, bem como aspectos de remuneração dos seus titulares (arts. 27 e 28 da CF). Diz que lei regulará a iniciativa popular no processo legislativo local e estende aos deputados estaduais as normas de inviolabilidade e imunidade atinentes aos parlamentares no Congresso Nacional.

Da forma como o constituinte federal concebeu a Assembleia Legislativa, não se abre chance para que os Estados adotem um sistema bicameral no Poder Legislativo.

A jurisprudência do STF entendia legítimo que as constituições estaduais dispusessem que os governadores somente seriam processados criminalmente pelo STJ em havendo autorização da Assembleia Legislativa[42]. Essa jurisprudência sofreu reversão em 2017, quando foram julgadas algumas ações diretas de inconstitucionalidade contra preceitos de constituições estaduais que explicitavam essa inteligência. O entendimento que se firmou salienta que a autorização para a instauração de processo criminal contra o Chefe do Executivo estadual (ou distrital) não deve seguir simetria com o que ocorre no âmbito federal. Assim, é impróprio exigir a autorização da Assembleia Legislativa para dar início à ação penal por crime comum contra o Governador. Tampouco a simetria se aplica no que tange ao afastamento automático do Governador, diante de uma ação penal. A eventualidade do afastamento deve ser analisada caso a caso, e a decisão por essa medida deve ser fundamentada[43].

As constituições estaduais muito menos podem tornar os Governadores imunes à perseguição criminal por atos estranhos ao exercício das suas funções, como ocorre

41 RE 229.096, rel. para o acórdão Min. Cármen Lúcia, *DJ* de 11-4-2008.

42 Nesse sentido, HC 159.230, rel. Min. Sepúlveda Pertence, Plenário, *DJ* de 10-6-1994; HC 80.511, rel. Min. Celso de Mello, *DJ* de 14-9-2001; HC 86.015, rel. Min. Sepúlveda Pertence, *DJ* de 14-9-2001. Dá-se importância ao fato de que o recebimento da denúncia contra o Governador pelo Superior Tribunal de Justiça importa o afastamento do Chefe do Executivo eleito pelo povo do Estado. A licença dada pelos representantes desse povo preveniria a situação de "destituição indireta" do Governador pelo tribunal federal, evitando o comprometimento da autonomia político-institucional do Estado-membro. A simetria com o caso federal também foi invocada no HC 86.015. Note-se, entretanto, que, como esclarecido pelo STF no HC 102.732 (*DJe* de 7-5-2010, rel. Min. Marco Aurélio), "a regra da prévia licença da Casa Legislativa como condição da procedibilidade para deliberar-se sobre o recebimento da denúncia não se irradia a ponto de apanhar prática de ato judicial diverso como é o referente à prisão preventiva na fase de inquérito".

43 O novo entendimento foi firmado nas AADDI 4.777, 4.674 e 4.362, julgadas em 9-8-2017. Estabeleceu-se que "é vedado às unidades federativas instituírem normas que condicionem a instauração de ação penal contra governador por crime comum à prévia autorização da casa legislativa, cabendo ao STJ dispor fundamentadamente sobre a aplicação de medidas cautelares penais, inclusive o afastamento do cargo".

com o Presidente da República, na vigência do seu mandato (art. 86, § 4º, da CF), já que uma tal prerrogativa visa a preservar a figura de Chefe de Estado.

É aceito que as constituições estaduais, ao estabelecerem a competência dos seus tribunais (conforme o art. 125, § 1º, da CF), cogitem de competência originária para processar e julgar em crimes comuns ou de responsabilidade certos agentes públicos[44]. Note-se que apenas a Constituição do Estado pode dispor a esse respeito, não sendo admissível que delegue essa deliberação ao legislador infraconstitucional[45]. A prerrogativa de foro contemplada na Constituição estadual também pode ser invocada na Justiça Federal, nos crimes que lhe incumbe julgar, surgindo daí competências originárias de tribunais regionais federais. De acordo com o STF, esse poder de outorgar prerrogativa de foro criminal "não é ilimitado, sujeita-se à aferição de sua razoabilidade e de sua compatibilidade substancial com outras regras ou princípios da Carta da República"[46].

Observe-se, assim, que a competência do Tribunal do Júri prevalece sobre a estabelecida na Constituição Estadual que não encontre espelho em norma análoga da Constituição Federal. A Súmula Vinculante 45 do STF cristaliza a inteligência de que "a competência constitucional do Tribunal do Júri prevalece sobre o foro por prerrogativa de função estabelecido exclusivamente pela constituição estadual"[47]. Da mesma forma que no plano federal, não se admite a renúncia à prerrogativa de foro estabelecida na esfera estadual[48].

A intervenção dos Estados nos Municípios segue o disposto no art. 35 da Constituição Federal, observando-se, ali, o propósito de garantir a administração democrática nos Municípios.

Deve caber ao Procurador-Geral do Ministério Público estadual a proposta de intervenção no Município, quando esta estiver subordinada a representação ao Tribunal de Justiça (art. 35, IV, da CF). A simetria com o modelo federal funda-se na competência explícita do Ministério Público para essa ação, estabelecida no art. 129, IV, da Constituição Federal.

A decisão tomada pelo Tribunal de Justiça nos casos de intervenção tem natureza político-administrativa, não podendo ser objeto de recurso extraordinário, conforme assentado na Súmula 637 do STF.

6.1. Poder constituinte dos Estados-membros

O poder constituinte originário, ao adotar a opção federalista, confere aos Estados-membros o poder de auto-organização das unidades federadas. Estas, assim, exercem

---

44 Cf. ADI 541, rel. Min. Gilmar Mendes, *DJ* de 6-9-2007. Veja-se também: "Não afronta a Constituição da República, a norma de Constituição estadual que, disciplinando competência originária do Tribunal de Justiça, lha atribui para processar e julgar vereador" (RE 464.935, rel. Min. Cezar Peluso, *DJe* de 27-6-2008).

45 ADI 3140, rel. Min. Cármen Lúcia, *RTJ* 202/530.

46 ADI 2.553, rel. Min. Sepúlveda Pertence, *RTJ* 193/88. Há de se indagar se a concessão da prerrogativa de foro pelo constituinte estadual corresponde ao interesse público ligado ao alto grau de independência exigido para o desempenho de determinados cargos.

47 O entendimento é antigo. Afirma-se que a norma constitucional da competência do júri cede diante da norma de competência originária do STF por prerrogativa de função, adotando-se para resolver a aparente antinomia o cânone de especialidade. Cf. AP 333, rel. Min. Joaquim Barbosa, *DJ* de 11-4-2008.

48 Sobre o tema, HC 91.437, rel. Min. Cezar Peluso, *RTJ* 204/1224.

um poder constituinte, que não se iguala, entretanto, ao poder constituinte originário, já que é criatura deste e se acha sujeito a limitações de conteúdo e de forma.

O poder constituinte do Estado-membro é, como o de revisão, derivado, por retirar a sua força da Constituição Federal, e não de si próprio. A sua fonte de legitimidade é a Constituição Federal.

No caso da Constituição Federal em vigor, a previsão do poder constituinte dos Estados acha-se no art. 25 ("os Estados organizam-se e regem-se pelas Constituições e leis que adotarem, observados os princípios desta Constituição") e no art. 11 do ADCT.

Sendo um poder derivado do poder constituinte originário, não se trata de um poder soberano, no sentido de poder dotado de capacidade de autodeterminação plena. O poder constituinte dos Estados-membros é, isto sim, expressão da autonomia desses entes, estando submetido a limitações, impostas heteronomamente, ao conteúdo das deliberações e à forma como serão tomadas.

O conflito entre a norma do poder constituinte do Estado-membro com alguma regra editada pelo poder constituinte originário resolve-se pela prevalência desta, em função da inconstitucionalidade daquela.

As normas de conteúdo a que o poder constituinte estadual está sujeito podem ser classificadas no grupo dos princípios constitucionais sensíveis (dispostos no inciso VII do art. 34 da CF)[49] e dos princípios constitucionais estabelecidos[50], estes compreendendo as demais disposições da Constituição Federal, que se estendem à observância dos Estados-membros. Figuram exemplos de norma desse tipo o art. 37, XI, ao prever que a remuneração e o subsídio de agentes públicos estaduais "não poderão exceder o subsídio mensal, em espécie, dos Ministros do Supremo Tribunal Federal" e o art. 27, *caput*, que estabelece o número de deputados das Assembleias Legislativas.

6.2. Auto-organização do Estado-membro e processo legislativo

Ponto que gerou certa perplexidade, logo após o advento da Constituição de 1988, foi o de saber se as regras de processo legislativo federal, em especial no que tange à reserva de iniciativa, deveriam ser necessariamente seguidas pelos Estados. O problema foi suscitado ante o silêncio da Constituição atual sobre o assunto, enquanto a Carta passada expressamente determinava que as regras sobre o processo legislativo federal deveriam ser guardadas também nos Estados.

A jurisprudência do Supremo Tribunal Federal assentou-se no sentido de que os Estados-membros estavam obrigados a seguir as regras básicas do processo legislativo. O raciocínio adotado está exposto na ADI 97/RO[51] pelo relator, o Ministro Moreira Alves. Argumentou-se que entre os princípios fundamentais do Estado de Direito Democrático (Título I da CF) está o da tripartição dos poderes (art. 2º da CF), indissociável do regime democrático. Este, por seu turno, configura princípio constitucional sensível

49 Os princípios constitucionais sensíveis, descritos no art. 34, VII, da CF, foram estudados no item relativo à intervenção federal, acima.

50 A classificação se deve a José Afonso da Silva, *Curso*, cit., p. 520-524.

51 *RTJ*, 151/664.

(art. 34, VII, *a*, da CF) e, portanto, se impõe aos Estados-membros. Sendo a regra de reserva de iniciativa de lei aspecto relevante do desenho da tripartição de poderes, os Estados-membros não podem dela apartar-se[52].

As matérias, portanto, que a Constituição Federal reserva à iniciativa do Chefe do Executivo não podem ser reguladas, no Estado, sem tal iniciativa.

Além disso, assuntos que a Constituição Federal submete a essa reserva de iniciativa do Presidente da República, e que não são objeto de regulação direta pela Constituição Federal, não podem ser inseridos na Constituição estadual, não obstante não haja reserva de iniciativa para proposta de emenda à Constituição. A norma estadual não será válida nem mesmo se houver sido inserida na Constituição estadual, por proposta do governador. Isso porque, ao se revestir de forma legislativa que demanda *quorum* superior ao da lei comum, o governador estará, de igual sorte, obstaculizado para, em outro momento, propor a sua modificação por lei ordinária, com menor exigência de *quorum*. Estaria ocorrendo, aí, nas palavras do Ministro Sepúlveda Pertence, "fraude ou obstrução antecipada ao jogo, na legislação ordinária, das regras básicas do processo legislativo"[53].

---

52 Esse entendimento se consolidou no STF, como se pode notar de alguns precedentes como a ADI 1.060-MC/RS, *DJ* de 23-9-1994, que cita outros julgados no mesmo sentido:

"Constitucional. Estado-membro. Processo Legislativo.

I – A jurisprudência do Supremo Tribunal Federal é no sentido da observância compulsória pelos Estados-membros das regras básicas do processo legislativo federal, como, por exemplo, daquelas que dizem respeito à iniciativa reservada (C.F., art. 61, § 1º) e com os limites do poder de emenda parlamentar (C.F., art. 63).

II – Precedentes: ADIn 822-RS, rel. Min. Sepúlveda Pertence; ADIn 766 e ADIn 774, rel. Min. Celso de Mello; ADIn 582-SP, rel. Min. Néri da Silveira (*RTJ* 138/76); ADIn 152-MG, rel. Min. Ilmar Galvão (*RTJ* 141/355); ADIn 645-DF, rel. Min. Ilmar Galvão (*RTJ* 140/457)".

53 É o que se lê na ADI 276/AL, *DJ* de 19-12-1997, rel. Min. Sepúlveda Pertence:

"I. Processo legislativo: modelo federal: iniciativa legislativa reservada: aplicabilidade, em termos, ao poder constituinte dos Estados-membros.

1. As regras básicas do processo legislativo federal são de absorção compulsória pelos Estados-membros em tudo aquilo que diga respeito – como ocorre às que enumeram casos de iniciativa legislativa reservada – ao princípio fundamental de independência e harmonia dos poderes, como delineado na Constituição da República.

2. Essa orientação – malgrado circunscrita em princípio ao regime dos poderes constituídos do Estado-membro – é de aplicar-se em termos ao poder constituinte local, quando seu trato na Constituição estadual traduza fraude ou obstrução antecipada ao jogo, na legislação ordinária, das regras básicas do processo legislativo, a partir da área de iniciativa reservada do executivo ou do judiciário: é o que se dá quando se eleva ao nível constitucional do Estado-membro assuntos miúdos do regime jurídico dos servidores públicos, sem correspondência no modelo constitucional federal, a exemplo do que sucede na espécie com a disciplina de licença especial e particularmente do direito à sua conversão em dinheiro".

Na mesma orientação, a ADI 5.087/RN, Rel. o Ministro Teori Zavascki, *DJe* de 13-11-2014.

Da mesma forma, a ADI 3.841 (Plenário virtual de 5-6-2020 a 15-6-2020): "Não pode a Constituição Estadual, mesmo em seu texto originário, dispor a respeito de matéria cuja iniciativa legislativa seja reservada a órgão de outro Poder, por inibir o futuro exercício desta prerrogativa por seu titular".

Observe-se que a diretriz também se aplica ao plano municipal. A Lei Orgânica do Município, que possui índole de norma constitucional, demanda *quorum* especial para ser aprovada (art. 29, *caput*, da CF). A inclusão no texto da lei orgânica de matéria submetida a reserva de iniciativa do Chefe do Executivo, quando o assunto é deixado, no plano federal, à disposição do legislador ordinário, importa o mesmo vício denunciado no precedente acima aludido. Nesse sentido, o RE 590.829 (rel. Min. Marco Aurélio, *DJe* de 30-3-2015), julgado sob a sistemática da repercussão geral.

Por motivos da mesma ordem, o STF vinha decidindo ser inconstitucional norma de Constituição estadual que exige lei complementar para tema que a Constituição Federal não o demanda[54]. O entendimento foi reiterado, com argumentos esclarecedores, em 2019 e à unanimidade[55].

6.3. Separação de Poderes e princípio da simetria

Na realidade, o padrão da tripartição de poderes tornou-se matriz das mais invocadas em ação direta de inconstitucionalidade, para a invalidação de normas constitucionais e infraconstitucionais dos Estados-membros, bem como de leis municipais.

Assim, por exemplo, o STF julgou inconstitucional a criação de um órgão burocrático, no Poder Executivo, com "a função de ditar parâmetros e avaliações do funcionamento da Justiça", por ferir o padrão de separação de Poderes como definido pelo constituinte federal. Reiterou-se que "os mecanismos de controle recíproco entre os Poderes, os freios e contrapesos, (...) só se legitimam na medida em que guardem estreita similaridade com os previstos na Constituição da República"[56].

A adoção de medidas parlamentaristas pelo Estado-membro, quando no âmbito da União se acolhe o presidencialismo, também é imprópria, por ferir o princípio da separação de Poderes, como desenhado pelo constituinte federal. As fórmulas de compromisso entre ambos os regimes somente podem ser estabelecidas na Constituição Federal[57].

---

54 ADI 2.872, *DJe* de 5-9-2011, red. para o acórdão o Min. Ricardo Lewandowski. No precedente, a Constituição estadual impunha lei complementar para disposições sobre servidores públicos e para a lei orgânica da administração pública. Da mesma forma, o RE 383.123, *DJe* de 14-11-2014, em que a ADI 2.872 foi invocada como precedente relevante.

55 Consta da ementa da ADI 5.003, rel. o Ministro Luiz Fux, *DJe* de 19-12-2019: "A lei complementar, conquanto não goze, no ordenamento jurídico nacional, de posição hierárquica superior àquela ocupada pela lei ordinária, pressupõe a adoção de processo legislativo qualificado, cujo quórum para a aprovação demanda maioria absoluta, *ex vi* do artigo 69 da CRFB. 2. A criação de reserva de lei complementar, com o fito de mitigar a influência das maiorias parlamentares circunstanciais no processo legislativo referente a determinadas matérias, decorre de juízo de ponderação específico realizado pelo texto constitucional, fruto do sopesamento entre o princípio democrático, de um lado, e a previsibilidade e confiabilidade necessárias à adequada normatização de questões de especial relevância econômica, social ou política, de outro. 3. A aprovação de leis complementares depende de mobilização parlamentar mais intensa para a criação de maiorias consolidadas no âmbito do Poder Legislativo, bem como do dispêndio de capital político e institucional que propicie tal articulação, processo esse que nem sempre será factível ou mesmo desejável para a atividade legislativa ordinária, diante da realidade que marca a sociedade brasileira – plural e dinâmica por excelência – e da necessidade de tutela das minorias, que nem sempre contam com representação política expressiva. 4. A ampliação da reserva de lei complementar, para além daquelas hipóteses demandadas no texto constitucional, portanto, restringe indevidamente o arranjo democrático-representativo desenhado pela Constituição Federal, ao permitir que Legislador estadual crie, por meio do exercício do seu poder constituinte decorrente, óbices procedimentais – como é o quórum qualificado – para a discussão de matérias estranhas ao seu interesse ou cujo processo legislativo, pelo seu objeto, deva ser mais célere ou responsivo aos ânimos populares". Parecem, assim, definitivamente superados precedentes em sentido oposto (ADI 2.872, *DJe* de 5-9-2011, e RE 383.123, *DJe* de 14-11-2014).

56 ADI-MC 1.905, *DJ* de 5-11-2004, rel. Min. Sepúlveda Pertence.

57 O parlamentarismo, tipicamente, constitui sistema de governo que se distingue do presidencialismo pela forma como nele se delineia o Poder Executivo, dual, com um Chefe de Estado e um Primeiro Ministro, que chefia o Executivo e que é escolhido pelo parlamento, mantendo-se no cargo enquanto deste obtiver confiança. Nota-se

A separação de Poderes, como delineada na Constituição Federal, foi um dos argumentos para julgar inconstitucional preceito de Constituição estadual que impunha ao prefeito municipal o dever de comparecimento perante a Câmara dos Vereadores[58].

De novo, por destoar do modelo de separação de Poderes federal, o STF declarou inconstitucional a norma de Constituição estadual que condicionava a escolha dos presidentes de empresas estatais locais à prévia aprovação da Assembleia Legislativa[59].

O princípio da simetria tem servido, sobretudo, de fundamento para que se declarem inválidas leis estaduais que resultam de projeto apresentado sem observância do sistema federal de reserva de iniciativa. São diversos os casos de declaração de inconsti-

---

no parlamentarismo um maior grau de colaboração do Executivo com o Legislativo, quando comparado com o presidencialismo. Assim, o STF, em decisões antigas, julgou inconstitucionais dispositivos de constituições estaduais que adotavam preceitos de inequívoca cor parlamentarista (Rp. 93, *RDA*, 17/77; e Rp. 95, *DJ* de 11-7-1949).

O STF tinha jurisprudência assentada no sentido de não ser legítimo que Constituição estadual subordine a eficácia de convênios celebrados por secretários de Estado, ou de seus atos e contratos à aprovação da Assembleia Legislativa, criando, assim, uma subordinação da ação do Poder Executivo ao Poder Legislativo, por não haver paralelo com o modelo da tripartição de poderes federal, subordinar (ADI 676 2/RJ, *DJ* de 29-11-1996, rel. Min. Carlos Velloso). Pelo mesmo motivo, foram fulminadas normas constitucionais locais que exigiam autorização legislativa para que o Estado contraísse dívida (ADI 1.779/RS, *DJ* de 25-10-1996, rel. Min. Carlos Velloso). Mais recentemente, porém, na ADI 331, admitiu-se a constitucionalidade de norma da Constituição da Paraíba que estabelece a competência privativa da Assembleia Legislativa para autorizar e resolver definitivamente acordos e convênios aptos a gerar encargos ou compromissos gravosos ao patrimônio estadual (ADI 331/PB, rel. Min. Gilmar Mendes, *DJe* de 2-5-2014).

58 ADI 687, *DJ* de 10-2-2006, rel. Min. Celso de Mello. Eis a justificativa para a inconstitucionalidade declarada: "A Constituição estadual não pode impor, ao Prefeito Municipal, o dever de comparecimento perante a Câmara de Vereadores, pois semelhante prescrição normativa – além de provocar estado de submissão institucional do Chefe do Executivo ao Poder Legislativo municipal (sem qualquer correspondência com o modelo positivado na Constituição da República), transgredindo, desse modo, o postulado da separação de poderes – também ofende a autonomia municipal".

59 ADI 1.642, rel. Min. Eros Grau, *DJ* de 19-9-2008. De novo, em julgamento de 3-6-2020 (ADI 2.167), declararam-se inconstitucionais regras de Constituição estadual que impunham a nomeação de dirigentes das autarquias e das fundações públicas, de presidentes das empresas de economia mista, de interventores de Municípios, dos titulares da Defensoria Pública e da Procuradoria-Geral do Estado à aprovação prévia da Assembleia Legislativa.

São efetivamente numerosas as ocasiões em que o desenho federal do princípio da separação de poderes serve de fundamento para a análise de legitimidade de normas constitucionais estaduais. Na ADI 3.647, *DJ* de 16-5-2008, rel. Min. Joaquim Barbosa, entendeu-se que a Constituição Estadual não poderia deixar de contemplar consequências análogas às previstas para o Presidente da República nos casos de afastamento do Governador sem autorização da Assembleia Legislativa. Era, por isso, inconstitucional a emenda à Constituição Estadual que excluíra das causas de impedimento do Governador o seu afastamento por até 15 dias do Estado, para fins de substituição pelo Vice-Governador. A norma propiciaria a acefalia do Executivo. Disse a Corte que "em decorrência do princípio da simetria, a Constituição Estadual deve estabelecer sanção para o afastamento do Governador ou do Vice-Governador do Estado sem a devida licença da Assembleia Legislativa". De sua parte, "a exigência de prévia autorização da Assembleia Legislativa para o Governador e o Vice-Governador do Estado ausentarem-se, em qualquer tempo, do território nacional mostra-se incompatível com os postulados da simetria e da separação de poderes, pois essa restrição não encontra correspondência nem parâmetro na Constituição Federal (art. 49, III, c/c o art. 83)", conforme deliberou o Tribunal na ADI 5.373, julgada em 24-8-2020. Em outra ação direta, o STF fulminou de inconstitucionalidade norma de Constituição Estadual que estabelecia que as decisões da Administração da Fazenda Pública estadual contrárias ao erário deveriam ser apreciadas, em grau de recurso, pelo Tribunal de Contas estadual. A necessidade da observância da simetria inviabiliza tal deliberação do constituinte estadual, já que a atividade de controle de decisões tomadas em processos administrativos de ordem tributária não se insere no âmbito da competência do Poder Legislativo, no qual o Tribunal de Contas se inclui (ADI 523, rel. Min. Eros Grau, julgado em 3-4-2008).

tucionalidade de diplomas normativos locais por vício dessa ordem. Se a Constituição do Estado não pode dispensar a observância das regras de reserva de iniciativa dispostas no plano federal, com maior razão não será válida a lei estadual que concretize o procedimento censurável[60].

A imposição da simetria por vezes é consequência de norma explícita do texto da Constituição Federal, como se nota no seu art. 75, que impõe o desenho normativo do Tribunal de Contas da União às Cortes congêneres estaduais[61]. A disciplina exaustiva de um tema na Constituição da República também é causa para que o Estado-membro não possa escapar do modelo estabelecido pelo constituinte federal. Assim, sendo taxativa a lista dos órgãos encarregados da segurança pública, nomeados no art. 144 da Constituição da República, não podem os Estados-membros inovar e criar órgão de segurança diferente para o desempenho de funções de segurança pública[62].

A exuberância de casos em que o princípio da separação de Poderes cerceia toda a criatividade do constituinte estadual, levou a que se falasse num *princípio da simetria*, para designar a obrigação do constituinte estadual de seguir fielmente as opções de organização e de relacionamento entre os poderes acolhidas pelo constituinte federal.

Esse *princípio da simetria*, contudo, não deve ser compreendido como absoluto. Nem todas as normas que regem o Poder Legislativo da União são de absorção necessária pelos Estados. As normas de observância obrigatória pelos Estados são as que refletem o inter-

60 Assim, por exemplo, no AI 643.926 ED, julgado em 13-3-2012, reiterou-se que lei estadual de iniciativa parlamentar não pode dispor sobre nomes e atribuições de órgãos da Administração Pública. Afirmou-se formalmente inconstitucional, por isso, lei do Estado do Rio de Janeiro que obrigava todas as instituições do Estado a manter balcões ou lojas de atendimento direto ao consumidor, visto como "nítida interferência indevida em outra esfera de poder". Lembrou-se que nessa linha o Tribunal já decidira, na ADI 2.417, *DJ* de 5-12-2003, a inconstitucionalidade de alteração de denominação e atribuições de órgão da Administração Pública por meio de lei oriunda de projeto da própria Assembleia Legislativa. Novamente porque resultante de iniciativa parlamentar, foi julgada inconstitucional lei estadual que estabelecia nova atribuição a órgão vinculado ao Executivo, no caso, determinava que a Secretaria de Segurança Pública enviasse aviso de vencimento da validade da carteira nacional de habilitação aos seus portadores (ADI 3.169, *DJe* de 18-2-2015). Na ADI 3.564 (*DJe* de 9-9-2014), também se disse que somente por lei da iniciativa do Chefe do Executivo seria possível impor dever de agir para agente do Poder Executivo, daí a inconstitucionalidade de lei de iniciativa parlamentar que determinou que os Procuradores do Estado, dentro de certo prazo, propusessem ação regressiva contra servidor público causador de responsabilidade civil do Estado. Esse precedente está forrado em inúmeros outros que cita e segue. Lei que concedeu anistia a servidores públicos estaduais envolvidos em greve irregular, tendo surgido da iniciativa de deputado estadual, foi proclamada inconstitucional na ADI 1.440 (*DJe* de 6-11-2014) por vício de iniciativa.

61 Na ADI MC 4.725, julgada em 21-3-2012, o STF entendeu imprópria a emenda à Constituição do Estado de Roraima, instituidora de um Ministério Público de Contas autônomo e independente, além de desvinculado da estrutura administrativa do Tribunal de Contas estadual. O STF recordou que os Estados estão obrigados a seguir o padrão federal de organização do Tribunal de Contas da União e do Ministério Público que junto a ele atua. Nesse sentido, o Ministério Público de Contas tem estatura constitucional, mas não dispõe de autonomia administrativa. Além disso, reafirmou-se a jurisprudência da Corte que aborrece à utilização de emenda constitucional nos Estados para burlar regra constitucional de reserva de iniciativa. Isso teria ocorrido na espécie, já que a iniciativa de leis que tratam da organização e da estrutura interna dos Tribunais de Contas, inclusive do Ministério Público especial que lhe integra a organização, é reservada ao próprio Tribunal de Contas.

62 ADI 2.827, *DJe* de 6-4-2011. O entendimento foi reiterado na ADI 2.575, julgada em 24-6-2020. Não há óbice a que se criem, nos Estados-membros, órgãos autônomos de apoio à polícia judiciária, no setor de perícias médico-legais, por exemplo. O que se proíbe são novos organismos policiais com incumbência de segurança pública (ADI 2.861, *DJe* de 16-6-2020).

-relacionamento entre os Poderes. Assim, uma vez que a regra dizia apenas com a economia interna do Legislativo estadual, o STF julgou válida a norma da Constituição de Rondônia que permitia a reeleição da mesa diretora da Assembleia Legislativa[63].

O STF já afirmou que a norma da CF que torna o Presidente da República imune à prisão cautelar por crime que não guarde conexão com as suas atividades funcionais, ou que impede o curso da ação penal nesses casos[64], não pode ser adotada nos Estados, para estender aos governadores semelhantes privilégios[65]. Assim se decidiu porque "a imunidade do Chefe de Estado à persecução penal deriva de cláusula constitucional exorbitante do direito comum e, por traduzir consequência derrogatória do postulado republicano, só pode ser outorgada pela própria Constituição Federal". Léo Leoncy resume a questão a uma inconstitucionalidade por "extensão de regime restrito a determinadas hipóteses de incidência"[66].

Se a Constituição da República disciplina pormenores de uma determinada instituição na sua esfera federal e na estadual, não será dado ao legislador constituinte estadual fugir à estrutura estipulada, a pretexto de seguir o modelo da União. Daí a censura do STF a dispositivo de Constituição estadual que exigia aprovação pela Assembleia Legislativa do nome escolhido pelo Governador para Procurador-Geral de Justiça. A Constituição Federal cuida específica e exaustivamente do rito para a escolha do chefe do Ministério Público local[67] (art. 129, § 3º); o acréscimo, na ordem estadual, da exigência de aprovação pela Assembleia Legislativa foi tido como estranho ao espaço de liberdade deixado aos Estados-membros para conformar os seus Poderes, não obstante, no plano federal, o Procurador-Geral da República deva, no procedimento para ele designado pelo constituinte (art. 128, § 1º), ter o seu nome submetido ao escrutínio do Legislativo[68].

Da mesma forma, se a União é titular da competência reservada para legislar sobre um tema, por mais vital que seja para a organização dos poderes do Estado-membro, e mesmo que, no plano federal, a Constituição preveja mecanismo diferente, a Constituição estadual não pode fugir ao modelo imposto pela lei federal. Assim, uma vez que cabe à União legislar sobre crimes de responsabilidade e sobre o seu processo, à Constituição estadual não é dado divergir das soluções que a lei ordinária federal haja

63 ADI 793, *DJ* de 16-5-1997, rel. Min. Carlos Velloso.

64 Art. 86, §§ 3º e 4º, da CF.

65 ADI 978-8/PB, rel. Min. Celso de Mello, *DJ* de 17-11-1995.

66 Léo Ferreira Leoncy, *Controle de constitucionalidade estadual*: as normas de observância obrigatória e a defesa abstrata da Constituição do Estado-membro, São Paulo: Saraiva, 2007.

67 A Constituição Federal, nos parágrafos do art. 128, dispõe tanto sobre o processo de escolha do chefe do Ministério Público da União como dos chefes dos Ministérios Públicos estaduais e apenas quanto àquele cogita da interferência do Legislativo no procedimento.

68 ADI-MC 1.228, *DJ* de 2-6-1995, rel. Min. Sepúlveda Pertence. Da mesma forma, lê-se na ADI 3.888, *DJe* de 11-6-2010, rel. Min. Ayres Britto: "A Constituição Federal de 1988 não prevê a participação do Poder Legislativo estadual no processo de escolha do chefe do Ministério Público, de modo que não podem a Constituição Estadual e a legislação infraconstitucional exigir tal participação parlamentar. Salvo em tema de destituição do Procurador Geral de Justiça, porque, agora sim, a Magna Carta condiciona tal desinvestidura forçada à aprovação do Poder Legislativo, pela maioria absoluta dos respectivos membros. Violação ao princípio da separação dos Poderes".

adotado. A Constituição estadual não pode prever tipos de crime de responsabilidade, nem pode regular o processo de apuração e julgamento desses delitos[69].

Vale o registro de que tampouco os Estados-membros podem repetir a Constituição Federal, no ponto em que esta previu a revisão constitucional, em turno único e por maioria absoluta[70].

O STF, de outro lado, apontou hipótese em que o modelo federal de produção de normas pode ser diferenciado nos Estados-membros. Assim, não obstante não se preveja a iniciativa popular para emenda à Constituição Federal, decidiu-se que seria dado ao Estado-membro prever essa possibilidade, no propósito de prestigiar a manifestação de democracia direta[71].

69 A propósito, a Súmula Vinculante 46 do STF: "A definição dos crimes de responsabilidade e o estabelecimento das respectivas normas de processo e julgamento são da competência legislativa da União". A lei federal que disciplina o assunto é a de n. 1.079/1950. O STF julgou inconstitucionais normas de constituições estaduais que atribuíam ao Legislativo estadual o julgamento do *impeachment* do Governador. Embora essas normas coincidissem com o padrão seguido para o impedimento do Presidente da República, apartavam-se da solução dada ao tema na legislação de 1950. A lei ordinária confia ao Tribunal de Justiça esse julgamento. A existência de lei federal a esse respeito, impede que o Estado-membro divirja do legislador competente para a disciplina, não sendo pertinente, por isso, a invocação da simetria.

70 ADI-MC 1.722, *DJ* de 19-9-2003, rel. Min. Marco Aurélio, que disse pela Corte: "Ao Poder Legislativo, Federal ou Estadual, não está aberta a via da introdução, no cenário jurídico, do instituto da revisão constitucional".

71 A jurisprudência tradicional do Supremo Tribunal sempre se orientou no sentido de que normas da Constituição Federal relativas ao processo de elaboração de leis se impõem aos Estados-membros e aos Municípios. Regra da Constituição Federal sobre quórum necessário para a aprovação de Emenda à Constituição, nessa linha, já fora tida, em precedente do STF (ADI 486, *DJ* de 10-11-2006), como de absorção inevitável pelos Estados-membros. O fundamento para a deliberação do Tribunal em 2006 tinha apoio na melhor doutrina sobre as características típicas do poder constituinte originário e do poder constituinte exercido pelos Estados-membros na Federação brasileira. A rigidez da Constituição é uma opção nuclear do poder constituinte originário e o grau dessa mesma rigidez com que o sistema constitucional originário foi imantado deve ser seguido pelos Estados-membros, sob pena de se perder a identidade jurídica em aspecto essencial da estruturação do Estado brasileiro. Por isso, o relator da ADI 486 conduziu o Plenário do STF a declarar a inconstitucionalidade de norma de Constituição estadual que exigia quórum mais rigoroso do que o prescrito pela Constituição Federal para emendas ao seu texto. No precedente de 2006, foi escrito:

> (...) Os critérios definidores da rigidez constitucional são aqueles estabelecidos, de modo implícito ou explícito, pelo próprio texto da Constituição da República.
>
> Isso significa que o procedimento ritual e todas as exigências de ordem formal e material concernentes à reforma da Carta Política, tais como delineados na Constituição Federal, além de insuprimíveis pelos Estados-membros, não podem ser por estes modificados com fundamento em sua competência reformadora, cujo exercício sofre, em tais pontos, inquestionável limitação de natureza imposta pelo legislador constituinte primário.

Essas razões foram retomadas pelo relator e por outros ministros do STF em 25-10-2018, quando do julgamento da ADI 825, mas não obtiveram o apoio da maioria que se formou. Prevaleceu o entendimento de ser "facultado aos Estados, no exercício de seu poder de auto-organização, a previsão de iniciativa popular para o processo de reforma das respectivas Constituições estaduais, em prestígio ao princípio da soberania popular (art. 1º, parágrafo único, art. 14, I e III, e art. 49, XV, da CF)". A crítica à decisão da maioria assinalou que, quando o constituinte originário quis admitir a iniciativa popular, ele foi expresso, como no caso da apresentação de projeto de lei. Deu-se também notícia de discussão havida na Assembleia Constituinte sobre a iniciativa popular para propositura de emenda à Constituição, que não produziu o resultado propugnado por alguns juristas da época, favoráveis à mais ampla expressão da democracia direta.

6.4. Limitação relativa a competência legislativa reservada da União

O poder constituinte do Estado-membro deve se abster de disciplinar temas que sejam objeto de competência legislativa reservada da União[72]. O STF afirmou inconstitucional norma de Constituição de Estado-membro que concedia estabilidade aos empregados de empresas públicas e sociedades de economia mista. Entre outras inconstitucionalidades, apontou-se que se tratava de assunto de legislação trabalhista, da competência da União Federal, a teor do art. 22, I, da Constituição Federal[73]. Vale acrescentar que o constituinte estadual tampouco pode dispor sobre assuntos inseridos no domínio das competências municipais[74].

6.5. Região metropolitana

O art. 25, § 3º, da Constituição, prevê que os Estados-membros possam criar, por meio de leis complementares por ele editadas, regiões metropolitanas e microrregiões, com vistas a integrar a organização, o planejamento e a execução de funções públicas de interesse comum. O propósito dessas entidades há de ser, portanto, a viabilidade ou a maior eficácia de serviços públicos em áreas compreendidas por mais de um Município. Essas entidades se justificam pela comunhão entre Municípios limítrofes de interesses socioeconômicos – quer pelo ângulo da fruição, quer pelo da sua realização.

O STF já havia assentado que a participação desses Municípios abrangidos pelo grupamento humano beneficiado por esses serviços de natureza comum é compulsória, não dependendo de manifestação de vontade de cada qual ou de consulta plebiscitária para que a lei complementar estadual produza os seus efeitos[75]. Em 2013, a análise

---

72 Veja-se, a propósito, o que foi escrito, acima, sobre normas que tipificam crimes de responsabilidade e que dispõem sobre o seu processo.

73 ADI 112-4/BA, *DJ* de 9-2-1996, rel. Min. Néri da Silveira. Da mesma forma, a ADI 1.302-5-MC/RN, *DJ* de 20-10-1995, rel. Min. Marco Aurélio.

74 Na ADI 845 (*DJ* de 7-3-2008, rel. Min. Eros Grau), o Supremo declarou a inconstitucionalidade de preceito inscrito na Constituição de Estado-membro, que cuidava de assunto que o constituinte federal confiara ao Município. Tratava-se de dispositivo que concedia descontos a estudantes em passagens de transportes coletivos municipais. O STF entendeu que o legislador poderia determinar tal desconto para usuários de um serviço público explorado por particular a título de concessão. Mas, lembrou que as competências legislativas dos Estados-membros se definem por exclusão do que houver sido definido pelo constituinte como integrante do domínio da competência da União e dos Municípios. A competência dos Estados-membros é residual, nesse sentido. A Constituição Federal estipula que a competência para a exploração de serviços públicos de interesse local, incluídos os de transporte, é dos Municípios (art. 30, V). Daí deduzir que o legislador do Estado-membro, mesmo quando edita uma Constituição, não pode disciplinar aspectos da prestação do serviço de transporte coletivo municipal. Da mesma forma, por invadir espaço de decisão exclusivo dos Municípios, o STF afirmou inconstitucional a norma da Constituição estadual que impunha que as Câmaras Municipais deveriam funcionar em prédio próprio ou público, independentemente da sede do Poder Executivo. Foi também invalidado o dispositivo do mesmo diploma estadual que atribuía aos Municípios o encargo de transportar, da zona rural para a sede do Município, os alunos carentes matriculados a partir da 5ª série do ensino fundamental. Foi declarada a "indevida ingerência na prestação de serviço público municipal" (ADI 307, rel. Min. Eros Grau, *DJe* de 20-6-2008).

75 ADI 796, rel. Min. Néri da Silveira, *DJ* de 17-12-1999.

de atos normativos pertinentes à Região Metropolitana do Rio de Janeiro e à Microrregião dos Lagos permitiu que o STF avançasse com maior profundidade no exame da natureza desses entes[76].

No precedente, reafirmou-se que o caráter obrigatório da participação dos Municípios nas Regiões Metropolitanas criadas pelo Estado não atentava contra a autonomia daqueles. Definiu-se que o interesse comum, pressuposto para a instituição do ente, diz respeito a funções e serviços públicos supramunicipais. Fixou o STF que a autonomia constitucional dos Municípios importa que a integração metropolitana não se realize pela simples transferência de competências para o Estado-membro. Há de haver uma "divisão de responsabilidades entre municípios e estado". Cada Região Metropolitana deve estipular como essa atuação dos Municípios e do Estado ocorrerá, devendo ser assegurada a participação, mesmo que não seja paritária, dos Municípios e do Estado nos órgãos decisórios do ente. Atividades de saneamento básico justificam a Região Metropolitana criada pelo Estado-membro, já que o serviço tende a ser de alto custo e subdividido em etapas, que "comumente ultrapassam os limites territoriais de um município, [indicando] a existência de interesse comum do serviço".

Lembrou o STF que a realização desses serviços de interesse comum também pode ser levada a efeito de modo voluntário, por meio de consórcios, convênios e gestão associada, nos termos do art. 241 da Constituição[77].

7. OS MUNICÍPIOS

Muitos sustentam que, a partir da Constituição de 1988, os Municípios passaram a gozar do *status* de integrantes da Federação, uma vez que, agora, além de autonomia, contando com Executivo e Legislativo próprios, dispõem também do poder de auto-organização, por meio de lei orgânica (art. 29). É tido como definitivo para corroborar essa tese o artigo inaugural da Carta em vigor, em que se afirma que a República Federativa do Brasil é formada pela união indissolúvel dos Estados e Municípios e do Distrito Federal.

Embora essa corrente receba adesões significativas, há ponderosas razões em contrário. Veja-se que é típico do Estado Federal a participação das entidades federadas na formação da vontade federal, do que resulta a criação do Senado Federal, que, entre nós, não tem, na sua composição, representantes de Municípios. Os Municípios tampouco mantêm um Poder Judiciário, como ocorre com os Estados e com a União. Além disso, a intervenção nos Municípios situados em Estado-membro está a cargo deste. Afinal, a competência originária do STF para resolver pendências entre entidades com-

76 ADI 1.842, rel. para o acórdão o Ministro Gilmar Mendes, *DJe* de 13-9-2013.

77 Lê-se na ADI 1.842: "Para o adequado atendimento do interesse comum, a integração municipal do serviço de saneamento básico pode ocorrer tanto voluntariamente, por meio de gestão associada, empregando convênios de cooperação ou consórcios públicos, consoante os arts. 3º, II, e 24 da Lei Federal n. 11.445/2007 e o art. 241 da Constituição Federal, como compulsoriamente, nos termos em que prevista na lei complementar estadual que institui as aglomerações urbanas".

ponentes da Federação não inclui as hipóteses em que o Município compõe um dos polos da lide[78].

Os Municípios podem ser criados, fundidos ou desmembrados na forma do art. 18, § 4º, com a redação da Emenda Constitucional n. 15/96. Exigem-se, para essas ocorrências, lei estadual, plebiscito para escutar tanto a população do eventual novo Município como dos demais envolvidos, estudos de viabilidade do novo ente e que se respeitem as limitações de calendário dispostas em lei complementar federal. Essas exigências apertadas devem-se à necessidade de reprimir a proliferação de novos entes municipais, nem sempre animada, de modo claro, por motivos de real interesse público. A falta de lei federal complementar sobre limitações de calendário inviabiliza a criação de novos Municípios[79].

A composição do Poder Legislativo municipal sofre também a incidência de limitações dispostas pelo constituinte federal. A Emenda Constitucional n. 58/2009 fixa o número máximo de vereadores que cada Município pode contar na composição da respectiva Câmara Municipal. Prescreve, ainda, o limite máximo de despesas do Legislativo municipal, incluindo os gastos com subsídios de vereadores[80].

A autonomia do Município exige que se preservem o autogoverno e a autoadministração, ainda que a extensão das competências materiais dos Municípios dependa do que o contexto histórico indica como de interesse predominantemente local – no sentido de "interesse que não afeta substancialmente as demais comunidades"[81]. A

---

78 Não admitindo a existência de uma federação de Municípios, posiciona-se José Afonso da Silva, *Curso*, cit., p. 414-415.

79 Nesse sentido a ADI-MC 2.381, *DJ* de 24-5-2002; ADI 2.702/PR, *DJ* de 6-2-2004; e ADI 2.632/BA, *DJ* de 12-3-2004. Importante decisão foi tomada pelo Supremo Tribunal Federal na ADI 3.316, *DJ* de 29-6-2007, rel. Min. Eros Grau. Cuidava-se de aferir a constitucionalidade de lei que criara, quase dez anos antes do julgamento, Município, ao arrepio dos pressupostos estabelecidos pela Emenda Constitucional n. 15, de 12 de setembro de 1996. O STF entendeu que havia, ali, uma "situação excepcional consolidada, de caráter institucional, político", que não poderia ser desprezada. Foi invocado o princípio da continuidade do Estado e levou-se em conta que o Tribunal, no MI 725, determinara que o Congresso Nacional editasse a lei complementar federal referida pelo § 4º do art. 18 da Constituição. A ação direta de inconstitucionalidade foi julgada procedente, mas sem a pronúncia de nulidade pelo prazo de vinte e quatro meses. A lei não foi produzida nesse interregno. Em 18 de dezembro de 2008, foi, porém, promulgada a Emenda Constitucional n. 57, que inseriu no Ato das Disposições Constitucionais Transitórias o art. 96, com esta redação:

"Art. 96. Ficam convalidados os atos de criação, fusão, incorporação e desmembramento de Municípios, cuja lei tenha sido publicada até 31 de dezembro de 2006, atendidos os requisitos estabelecidos na legislação do respectivo Estado à época de sua criação".

A Emenda, portanto, abriu exceção, com efeito retroativo, às normas sobre criação de municípios constantes do art. 18 do corpo principal da Constituição, isentando os atos de criação dessas entidades políticas da pecha de nulidade, por não haverem atendido a todos os requisitos do art. 18, em especial o que se refere à obediência a calendário fixado pelo legislador federal.

80 Menos de uma semana depois de promulgada a Emenda 58, o Procurador-Geral da República ajuizou ação direta de inconstitucionalidade contra dispositivo ali incluído, em que se estipulou que os preceitos sobre limites máximos de vereadores por Município produziriam efeitos "a partir do processo eleitoral de 2008" (art. 3º, I). Foi posto em realce que isso produzia "imensa interferência em eleições já realizadas", gerando a instabilidade institucional que a cláusula pétrea do art. 16 quer obviar. Três dias depois, a relatora, Ministra Cármen Lúcia, concedeu a liminar requerida para suspender a vigência da norma. Em 11-3-2013, o Plenário julgou procedente a ADI 4.301, fulminando a regra.

81 Cf. voto do Ministro Gilmar Mendes na ADI 2.077-MC, *DJe* de 7-10-2011.

autonomia vem assegurada financeiramente pela previsão de bens e receitas próprios dos Municípios. No que tange a receitas tributárias, além das que resultam de tributos de sua competência, os Municípios também fazem jus a parcelas de impostos da União e dos Estados-membros[82].

8. O DISTRITO FEDERAL

Para abrigar a sede da União, o constituinte criou o Distrito Federal.

O Distrito Federal não se confunde quer com um Estado-membro, quer com um Município, acolhendo características de cada qual.

Rege-se, por uma lei orgânica, e não tem poder de organização do Ministério Público nem do Poder Judiciário que atua no seu território, da mesma forma que os Municípios. A par de não organizar nem manter o Judiciário e o Ministério Público, tampouco o faz com relação às polícias civil e militar e ao corpo de bombeiros – todos organizados e mantidos pela União, a quem cabe legislar sobre a matéria. Não dispõe de autonomia para a utilização das polícias civil e militar, sujeitando-se aos limites e à forma estatuídos em lei federal. A propósito, a Súmula Vinculante 39: "Compete privativamente à União legislar sobre vencimentos dos membros das polícias civil e militar e do corpo de bombeiros militar do Distrito Federal"[83]. A Emenda Constitucional n. 69, de 2012, transferiu da União para o Distrito Federal as atribuições de organizar e manter a Defensoria Pública do Distrito Federal. Com a Emenda Constitucional n. 104/2019, também passou a ser de competência da União a organização e manutenção da polícia penal do Distrito Federal.

Por outro lado, o Distrito Federal está colocado ao lado dos Estados-membros quanto a várias competências tipicamente estaduais, inclusive no que tange a competências legislativas concorrentes com a União. Como o Estado-membro, o Distrito Federal está sujeito a intervenção federal. Da mesma forma que esse seu congênere, possui três representantes no Senado Federal, participando, assim, da formação da vontade legislativa da União. O seu Governador e a mesa diretora da sua casa legislativa também possuem legitimidade para ajuizar ação direta de inconstitucionalidade perante o STF[84].

---

82 Cf. Seção da Constituição a partir do art. 157.

O STF assentou, em 17-11-2016, no RE 705.423, sob o regime de repercussão geral, que o Município não faz jus a indenização pelo fato de a União conceder isenção de imposto, apesar de o Município fazer jus a quota da receita respectiva, já que quem tem competência para tributar tem também para isentar.

83 A propósito, o AgRgSS 846, *DJ* de 8-11-1996, rel. Min. Sepúlveda Pertence. Discutia-se a legitimidade de decisão do Tribunal de Justiça que equiparara servidores da Polícia Civil do DF a Procuradores do DF. Lê-se da ementa:

"II – Distrito Federal: polícia civil e militar: organização e manutenção da União: significado. Ao prescrever a Constituição (art. 21, XIV) que compete à União organizar e manter a polícia do Distrito Federal – apesar do contrassenso de entregá-la depois ao comando do Governador (art. 144, § 6º) – parece não poder a lei distrital dispor sobre o essencial do verbo 'manter', que é prescrever quanto custará pagar os quadros dos servidores policiais: desse modo a liminar do Tribunal de Justiça local, que impõe a equiparação de vencimentos entre policiais – servidores mantidos pela União – e servidores do Distrito Federal parece que, ou impõe a este despesa que cabe à União ou, se a imputa, emana de autoridade incompetente e, em qualquer hipótese, acarreta risco de grave lesão à ordem administrativa".

84 A maior proximidade conceitual do Distrito Federal com os Estados-membros, quando comparado com as características típicas dos Municípios, foi relevante para o julgamento da ADI 3.756, rel. Min. Carlos Britto, *DJ* de 19-10-2007.

No mais, o Distrito Federal goza de autonomia, podendo auto-organizar-se, por meio de lei orgânica própria. Dispõe também das atribuições de autogoverno, autolegislação e autoadministração nas áreas de sua competência exclusiva.

Exerce, no que não impedido pela Constituição, competências dos Estados e dos Municípios, cumulativamente. Não pode se subdividir em Municípios, por deliberação expressa do constituinte[85].

Diante da acumulação pelo Distrito Federal de competências legislativas estaduais e municipais, e uma vez que o STF não conhece de ação direta de inconstitucionalidade contra lei municipal, consolidou-se, na Súmula 642 do STF, o antigo entendimento no sentido de que "não cabe ação direta de inconstitucionalidade [em face da Constituição Federal] de lei do Distrito Federal derivada da sua competência legislativa municipal".

O Poder Legislativo é exercido pela Câmara Legislativa do Distrito Federal, composta por deputados distritais em número equivalente ao triplo da representação da unidade federada na Câmara dos Deputados, em que soma oito parlamentares.

Lei orgânica define quem assume a governadoria em caso de vacância da chefia do Executivo. Até 2002, a Lei Orgânica, no art. 93, situava na linha da sucessão, em seguida ao vice-governador, o presidente da Câmara Distrital e o seu substituto legal. No final de 2002, emenda à Lei Orgânica acrescentou o presidente do Tribunal de Justiça do Distrito Federal e Territórios na linha sucessória local[86].

Das funções essenciais à Justiça no DF, a Procuradoria-Geral do Distrito Federal e a Defensoria Pública pertencem à sua esfera de organização, mas não, repita-se, o Ministério Público do Distrito Federal e Territórios.

9. TERRITÓRIOS

Embora, hoje, não haja nenhum Território, a Constituição Federal abre ensejo a que eles sejam criados, por lei complementar federal (art. 18, § 2º). Esses Territórios são descentralizações administrativas da União, carecendo de autonomia.

10. A REPARTIÇÃO DE COMPETÊNCIAS NA CONSTITUIÇÃO DE 1988

O importante tema da repartição de competências entre nós foi resolvido com apelo a uma repartição tanto horizontal como vertical de competências. E isso no que concerne às competências legislativas (competências para legislar) e no que respeita às competências materiais (i. é, competências de ordem administrativa).

A Constituição Federal efetua a repartição de competências em seis planos, a seguir expostos.

85 Essa norma do *caput* do art. 32 da CF foi invocada pelo Supremo Tribunal para julgar inválida lei do Distrito Federal que permitia "a partição do Plano Piloto em prefeituras com características de Municípios" (ADI-MC 1.706/DF, rel. Min. Nélson Jobim, *DJ* de 1º-8-2003).

86 A deliberação é de problemática compatibilidade com a Constituição Federal, já que o Tribunal de Justiça do Distrito Federal não integra a estrutura do poder governamental do DF. Tampouco pode a lei orgânica do DF definir competência de órgão sobre quem não exerce poder de organização. Por outro lado, a fórmula de inserir o Presidente do Tribunal de Justiça local na cadeia sucessória responde ao padrão dos Estados-membros.

10.1. Competência geral da União

O art. 21 da Carta dispõe sobre a competência geral da União, que é consideravelmente ampla, abrangendo temas que envolvem o exercício de poderes de soberano, ou que, por motivo de segurança ou de eficiência, devem ser objeto de atenção do governo central. Nos incisos do artigo, atribui-se à União a função de manter relações com Estados estrangeiros, emitir moeda, administrar a reserva cambial, instituir diretrizes para o desenvolvimento urbano, manter e explorar serviços de telecomunicações, organizar, manter e executar a inspeção do trabalho, conceder anistia, entre outros.

O art. 21 não esgota o elenco das competências materiais exclusivas da União, como se nota do art. 177 da CF.

10.2. Competência de legislação privativa da União

A competência privativa da União para legislar está listada no art. 22 da CF.

Esse rol, entretanto, não deve ser tido como exaustivo, havendo outras tantas competências referidas no art. 48 da CF. A par disso, como leciona Fernanda Menezes de Almeida, "numerosas disposições constitucionais carecem de leis integradoras de sua eficácia, sendo muitas de tais leis, pela natureza dos temas versados, indubitavelmente de competência da União". Assim, por exemplo, as leis para o desenvolvimento de direitos fundamentais – como a que prevê a possibilidade de quebra de sigilo das comunicações telefônicas (art. 5º, XII) ou a que cuida da prestação alternativa em caso de objeção de consciência (art. 5º, VIII) – hão de ser editadas pelo Congresso Nacional. De igual sorte, serão federais as leis que organizam a seguridade social (art. 194, parágrafo único) e que viabilizam o desempenho da competência material privativa da União[87].

Os assuntos mais relevantes e de interesse comum à vida social no País nos seus vários rincões estão enumerados no catálogo do art. 22 da CF[88].

É copioso o acervo de precedentes do STF julgando inconstitucionais diplomas normativos de Estados-membros, por invadirem competência legislativa da União[89].

---

87 Fernanda Dias Menezes de Almeida, *Competências na Constituição de 1988*, São Paulo: Atlas, 1991, p. 105-106.

88 Entre os seus incisos, encontra-se, por exemplo, explicitada a competência da União para legislar sobre direito civil, processual, trabalho, desapropriações, águas, sistema monetário, trânsito, cidadania, normas gerais de licitação e contrato, diretrizes e bases da educação.

89 A título ilustrativo, na ADI 1.623, *DJe* de 15-4-2011, rel. Min. Joaquim Barbosa, decidiu-se que "invade a competência da União para legislar sobre direito civil (art. 22, I, da CF/88) a norma estadual que veda a cobrança de qualquer quantia ao usuário pela utilização de estacionamento em local privado". Pelo mesmo fundamento, julgou-se inconstitucional lei de Estado-membro que impunha a prestação de serviço de segurança a toda pessoa que oferecesse sua propriedade para estacionamento (ADI 451, *DJe* de 9-3-2018). Lei estadual que determinava a instalação de medidores de consumo de energia na parte interna dos imóveis onde se realiza o consumo foi tida como contrária, também, ao mesmo dispositivo, invadindo a competência da União para legislar sobre serviços de energia elétrica. ADI 3.905, rel. Min. Cármen Lúcia, *DJe* de 10-5-2011. É interessante notar, dada a compreensão que a Corte fixou do art. 175, *caput*, da CF, que o Estado não pode editar norma que interfira nas relações contratuais estabelecidas entre o Poder concedente federal (ou municipal) e empresa concessionária de serviço público. Não se tolera que se invoque, em favor dessas leis, a competência concorrente para legislar sobre consumo e responsabilidade por dano ao consumidor relacionados com os serviços prestados (ADI 3.661, rel. Min. Cármen Lúcia,

O parágrafo único do art. 22 prevê a possibilidade de lei complementar federal vir a autorizar que os Estados-membros legislem sobre questões específicas de matérias relacionadas no artigo. Embora o constituinte não haja feito expressa referência ao Distrito Federal, essa unidade da Federação também deve ser considerada apta para receber esses poderes, não havendo motivo para excluí-la. Tem-se, aqui, uma típica lacuna de formulação.

Trata-se de mera faculdade aberta ao legislador complementar federal. Se for utilizada, a lei complementar não poderá transferir a regulação integral de toda uma matéria da competência privativa da União, já que a delegação haverá de referir-se a questões específicas[90].

Nada impede que a União retome a sua competência, legislando sobre o mesmo assunto a qualquer momento, uma vez que a delegação não se equipara à abdicação de competência.

É formalmente inconstitucional a lei estadual que dispõe sobre as matérias enumeradas no art. 22, se não houver autorização adequada a tanto, na forma do parágrafo único do mesmo artigo[91].

DJe de 10-5-2011), até porque "descabe a aproximação entre as figuras do consumidor e do usuário de serviços públicos, já que o regime jurídico deste último, além de informado pela lógica da solidariedade social (CF, art. 3º, I), encontra sede específica na cláusula 'direitos dos usuários' prevista no art. 175, parágrafo único, II, da Constituição" (ADI 4.478, rel. para o acórdão Min. Luiz Fux, *DJe* de 30-11-2011). Cf. também a ADI 3.729, rel. o Ministro Gilmar Mendes, *DJ* de 9-11-2007. Na ADI 2299, julgada em 9-9-2019 (plenário virtual), fulminou-se, com os mesmos fundamentos, lei estadual que isentava por até seis meses os desempregados de pagar contas de luz e de água.

Por conta da competência legislativa da União para dispor sobre Direito do Trabalho e condições para o exercício de profissão, foi julgada inconstitucional lei do Distrito Federal que regulamentava a atividade de motoboy (ADI 3.610, rel. Min. Cezar Peluso). A competência privativa da União para dispor sobre Direito do Trabalho também levou a juízo de inconstitucionalidade de lei distrital que coibia atos de discriminação contra as mulheres nas relações de trabalho (ADI 953, rel. Min. Ellen Gracie, *DJ* de 2-5-2003). Sob o mesmo fundamento foi impugnada, com êxito, legislação estadual sobre segurança e higiene do trabalho (ADI-MC 2.487, rel. Min. Moreira Alves, *DJ* de 1º-8-2003). A jurisprudência do STF também é farta em casos de inconstitucionalidade de leis estaduais tidas como desrespeitosas da competência legislativa privativa da União em matéria de trânsito. Na ADI 3.269, *DJe* de 22-9-2011, o relator Min. Cezar Peluso mencionou uma pletora de casos em que ocorre a invasão inconstitucional de competência. Deles resulta que não é dado ao Distrito Federal ou ao Estado-membro, nem mesmo sob o pretexto de agir em prol da segurança pública, legislar sobre uso de veículos, comportamento de condutores de automóveis, equipamento de veículos, mecanismos de controle de velocidade (barreiras eletrônicas), inspeção ou vistoria de veículos. No caso, foi declarada a inconstitucionalidade de lei distrital que cominava apreensão de carteira de habilitação, recolhimento do veículo e multa para quem fosse flagrado dirigindo embriagado. Nem mesmo por meio de dispositivo de sua Constituição, o Estado-membro está autorizado a dispor sobre assunto reservado à competência legislativa da União. Na ADI 112, rel. Min. Nery da Silveira, *DJ* de 9-2-1996, foi julgada inconstitucional norma de Constituição de Estado-membro que invadira competência da União para dispor sobre Direito do Trabalho, ao regular a estabilidade de empregados em empresas públicas e sociedades de economia mista estaduais.

90 A Lei Complementar Federal n. 103, de 14 de julho de 2000, delegou aos Estados-membros e ao Distrito Federal dispor sobre "o piso salarial de que trata o inciso V do art. 7º da Constituição Federal para os empregados que não tenham piso salarial definido em lei federal, convenção ou acordo coletivo de trabalho". A lei estadual editada com base nesse diploma federal deve ater-se aos limites da delegação efetuada, sob pena de inconstitucionalidade. Na ADI 4.375, rel. Min. Dias Toffoli, *DJe* de 20-6-2011, por exemplo, julgou-se inconstitucional lei de Estado-membro no ponto em que extrapolava a delegação e estipulava que o valor fixado na legislação local haveria de prevalecer quando o seu valor fosse superior ao estabelecido em lei federal, convenção ou acordo coletivo de trabalho.

91 Por isso mesmo o STF disse, na Súmula Vinculante 2, que "é inconstitucional a lei ou ato normativo estadual ou distrital que disponha sobre sistemas de consórcios e sorteios, inclusive bingos e loterias".

10.3. Competência relativa aos poderes reservados dos Estados

Atribuíram-se aos Estados o poder de auto-organização e os poderes reservados e não vedados pela Constituição Federal (art. 25).

Além desses poderes, ditos remanescentes ou residuais, algumas competências foram expressamente discriminadas pela CF, como se vê dos §§ 2º e 3º do art. 25, cuidando, o primeiro, da competência estadual para a exploração de serviços de gás canalizado e o segundo, da competência legislativa para instituir regiões metropolitanas. Da mesma forma, é explícita a competência dos Estados-membros para, por meio de lei estadual, respeitado o período a ser fixado em lei complementar federal, criar, fundir e desmembrar Municípios.

A maior parte da competência legislativa privativa dos Estados-membros, entretanto, não é explicitamente enunciada na Carta. A competência residual do Estado abrange matérias orçamentárias, criação, extinção e fixação de cargos públicos estaduais, autorizações para alienação de imóveis, criação de secretarias de Estado, organização administrativa, judiciária e do Ministério Público, da Defensoria Pública e da Procuradoria-Geral do Estado[92].

Vale observar que a Constituição, no tocante a matéria tributária, enumerou explicitamente a competência dos Estados – art. 155. No aspecto tributário, é a União que detém competência, além de expressa, residual, permitindo-se-lhe a instituição de outros tributos, além dos enumerados para ela e para as outras pessoas políticas.

10.4. Competência comum material da União, dos Estados-membros, do Distrito Federal e dos Municípios (competências concorrentes administrativas)

Para a defesa e o fomento de certos interesses, o constituinte desejou que se combinassem os esforços de todos os entes federais; daí ter enumerado no art. 23 competências, que também figuram deveres, tal a de "zelar pela guarda da Constituição, das leis e das instituições democráticas e conservar o patrimônio público", a de proteger o meio ambiente e combater a poluição, melhorar as condições habitacionais e de saneamento básico, a de proteger obras de arte, sítios arqueológicos, paisagens naturais notáveis e monumentos, apenas para citar algumas competências/incumbências listadas nos incisos do art. 23.

Essas competências são chamadas de concorrentes, porque os vários entes da Federação são tidos como aptos para desenvolvê-las. O Supremo Tribunal Federal já deduziu dessa regra a consequência da impossibilidade de qualquer das pessoas políticas mencionadas no dispositivo de abrir mão da competência recebida pelo constituinte ou de transferi-la para outrem, sem prejuízo, porém, da fórmula disposta no parágrafo único do art. 23 da Constituição[93].

92 Cf. Fernanda Menezes de Almeida, *Competências*, cit., p. 137-138.

93 Nesse sentido, a ADI 2.544, rel. Min. Sepúlveda Pertence, *DJ* de 17-11-2006, em cuja ementa se lê: "Federação: competência comum: proteção do patrimônio comum, incluído o dos sítios de valor arqueológico (arts. 23, III, e 216, V): encargo que não comporta demissão unilateral. (...) A inclusão de determinada função administrativa no

A Carta da República prevê, no parágrafo único do art. 23, a edição de leis complementares federais, para disciplinar a cooperação entre os entes tendo em vista a realização desses objetivos comuns. A óbvia finalidade é evitar choques e dispersão de recursos e esforços, coordenando-se as ações das pessoas políticas, com vistas à obtenção de resultados mais satisfatórios[94].

Se a regra é a cooperação entre União, Estados-membros, Distrito Federal e Municípios, pode também ocorrer conflito entre esses entes, no instante de desempenharem as atribuições comuns. Se o critério da colaboração não vingar, há de se cogitar do critério da preponderância de interesses. Mesmo não havendo hierarquia entre os entes que compõem a Federação, pode-se falar em hierarquia de interesses, em que os mais amplos (da União) devem preferir aos mais restritos (dos Estados)[95].

Em 2020, as desnorteantes surpresas da pandemia da covid-19, decorrente de uma nova versão do coronavírus, fizeram com que o Supremo Tribunal Federal tivesse de esclarecer aspectos relacionados com a competência concorrente para "cuidar da saúde e assistência pública"[96]. A disseminação rápida e incontrolável da doença levou o Tribunal a explicar que em todos os três níveis da Federação impõe-se a tomada de providências de ordem sanitária, incumbindo à União o planejamento e a coordenação das ações integradas em prol da saúde pública. Foi assinalado que essa competência material "fornece um dos mais elaborados exemplos de repartição vertical de competências e de federalismo cooperativo" na Constituição. A propósito de determinações de distanciamento ou isolamento social, quarentenas, suspensão de atividades de ensino e do comércio, além de outras medidas voltadas à redução do contágio, impostas por Estados-membros, Distrito Federal ou Municípios, o Tribunal afirmou que não compete ao Executivo federal unilateralmente desautorizá-las ou reprimir-lhes a eficácia – sem prejuízo de que cada medida adotada possa vir a ter a sua validade formal e material escrutinada em juízo[97].

âmbito da competência comum não impõe que cada tarefa compreendida no seu domínio, por menos expressiva que seja, haja de ser objeto de ações simultâneas das três entidades federativas: donde a previsão, no parágrafo único do art. 23 da CF, de lei complementar que fixe normas de cooperação (v. sobre monumentos arqueológicos e pré-históricos a L. 3.924/61), cuja edição, porém, é da competência da União e, de qualquer modo, não abrange o poder de demitirem-se a União ou os Estados dos encargos constitucionais de proteção dos bens de valor arqueológico para descarregá-los ilimitadamente sobre os Municípios".

94 A propósito, a Lei Complementar n. 140, de 8-12-2011.

95 Nesse sentido a decisão do Ministro Celso de Mello na AC-MC/RR 1.255, *DJ* de 22-6-2006, citando Celso Antonio Pacheco Fiorillo (*Curso de direito ambiental brasileiro*, São Paulo: Saraiva, 2006, p. 79) e Lucia Valle Figueiredo (*Curso de direito administrativo*, São Paulo: Malheiros, 2000, p. 311/312). A decisão estabeleceu que "concorrendo projetos da União Federal e do Estado-membro visando à instituição, em determinada área, de reserva extrativista, o conflito de atribuições será suscetível de resolução, caso inviável a colaboração entre tais pessoas políticas, pela aplicação do critério da preponderância do interesse, valendo referir que, ordinariamente, os interesses da União revestem-se de maior abrangência".

96 ADPF 672, rel. o Min. Alexandre de Moraes, sessão virtual de 2-10-2020 a 9-10-2020.

97 O STF assentou a "necessidade de salvaguarda da margem de atuação dos entes subnacionais para a delimitação, *in loco*, das medidas sanitárias mais adequadas e eficazes para a proteção da saúde de suas populações, observado o menor sacrifício possível para os demais interesses constitucionalmente protegidos, em especial a liberdade econômica".

10.5. Competência legislativa concorrente

A Constituição Federal prevê, além de competências privativas, um condomínio legislativo, de que resultarão normas gerais a serem editadas pela União e normas específicas, a serem editadas pelos Estados-membros. O art. 24 da Lei Maior enumera as matérias submetidas a essa competência concorrente, incluindo uma boa variedade de matérias, como o direito tributário e financeiro, previdenciário e urbanístico, conservação da natureza e proteção do meio ambiente, educação, proteção e integração social da pessoa portadora de deficiência, proteção à infância e à juventude, do patrimônio histórico, artístico, turístico e paisagístico, assistência jurídica, defensoria pública etc.

A divisão de tarefas está contemplada nos parágrafos do art. 24, de onde se extrai que cabe à União editar normas gerais – i. é, normas não exaustivas, leis-quadro, princípios amplos, que traçam um plano, sem descer a pormenores[98]. Os Estados-membros e o Distrito Federal podem exercer, com relação às normas gerais, competência suplementar (art. 24, § 2º), o que significa preencher claros, suprir lacunas. Não há falar em preenchimento de lacuna, quando o que os Estados ou o Distrito Federal fazem é transgredir lei federal já existente[99].

Na falta completa da lei com normas gerais, o Estado pode legislar amplamente, suprindo a inexistência do diploma federal. Se a União vier a editar a norma geral faltante, fica suspensa a eficácia da lei estadual, no que contrariar o alvitre federal. Opera-se, então, um bloqueio de competência, uma vez que o Estado não mais poderá legislar sobre normas gerais, como lhe era dado até ali. Caberá ao Estado, depois disso, minudenciar a legislação expedida pelo Congresso Nacional. Haverá de ser analisado como a lei federal tratou do tema, para, em seguida, apurar-se a compatibilidade da norma das demais esferas da Federação com o regramento geral expedido pela União. A lei estadual, que, a pretexto de minudenciar ou de suplementar lei federal, venha a perturbar, no âmbito local, o sistema que a União quis uniforme em todo o país, é inválida, por inconciliável com o modelo constitucional de competência legislativa concorrente[100].

---

98 "Essas 'normas gerais' devem apresentar generalidade maior do que apresentam, de regra, as leis. (...) 'Norma geral', tal como posta na Constituição, tem o sentido de diretriz, de princípio geral" (ADI-MC 927/RS, *DJ* de 11-11-1994, rel. Min. Carlos Velloso).

99 Assim, na ADI-MC 2.667, *DJ* de 12-3-2004, rel. Min. Celso de Mello, criticou-se lei local que, a pretexto de suplementar a legislação federal sobre ensino, autorizou o fornecimento de histórico escolar para alunos que ainda não haviam concluído a 3ª série do ensino médio, que comprovassem, entretanto, terem sido aprovados em vestibular para instituição de ensino superior.

Por outro lado, a propósito do tema da educação e ensino, inserido no condomínio legislativo da União com o Estado-membro, o STF declarou a constitucionalidade de lei estadual que fixava um limite máximo de alunos por sala de aula. Em 25-2-2015, a Corte julgou improcedente a ADI 4.060, explicando que "o limite máximo de alunos em sala de aula não ostenta natureza de norma geral, uma vez que dependente das circunstâncias peculiares a cada ente da federação, tais como o número de escola colocadas à disposição da comunidade, a oferta de vagas para o ensino, o quantitativo de crianças em idade escolar para o nível fundamental e médio, o número de professores em oferta na região, além de aspectos ligados ao desenvolvimento tecnológico nas áreas de educação e ensino".

100 Interessante o problema apreciado pelo STF na ADI 3.735 (julgada em 8-9-2016, rel. Min. Teori Zavascki). No caso, em torno do respeito pelo Estado-Membro da competência legislativa privativa da União para dispor sobre

No campo da competência concorrente, pode-se dizer que o propósito de entregar à União a responsabilidade por editar normas gerais se liga à necessidade de nacionalizar o essencial, de tratar uniformemente o que extravasa o interesse local. Ganha importância como critério aferidor de legitimidade da lei o fator da predominância do interesse em questão. Claro está que, se a lei federal sofre de inconstitucionalidade material, não se poderá afirmar que a lei estadual que dispõe sobre o assunto de outro modo é inválida, uma vez que a hipótese corresponderá a caso de inexistência de regramento geral da União sobre o tema, abrindo espaço para a legislação supletiva dos Estados-membros[101].

Se a lei federal vai além da disciplina geral, por seu turno, será ela própria inconstitucional[102].

Por vezes uma mesma lei pode apresentar problemas complexos, por envolver tema que se divide em assunto que compõe a competência concorrente e em matéria restrita à competência legislativa de apenas uma das esferas da Federação. O Supremo Tribunal Federal, em casos assim, pode aceitar como válida apenas parte do diploma. Exemplo disso é o caso de lei do Distrito Federal que impõe aos médicos públicos e particulares a notificação à Secretaria de Saúde dos casos de câncer de pele por eles atendidos. A obrigação foi tida como a pertencer ao campo da competência concorrente, tanto material como legislativa, relativa à defesa da saúde. O Tribunal, todavia, declarou inconstitucional a norma da mesma lei que imputava responsabilidade civil ao médico que faltasse à obrigação imposta. Aqui, o STF entendeu que a lei distrital invadia matéria que o art. 22, I, da CF, entrega à competência privativa da União[103].

10.6. Competências dos Municípios

Aos Municípios reconhece-se o poder de auto-organização, o que significa reconhecer-lhes poder constituinte, expresso nas suas leis orgânicas, limitadas tanto por

---

normas gerais de licitações e contratos da Administração Pública (art. 22, XXVII, da CF), a Corte entendeu que os Estados poderiam integrar a disciplina jurídica por meio de normas não gerais; foi, então, declarada inconstitucional a lei estadual que criou requisito de habilitação para a generalidade das licitações estaduais, consistente na apresentação de uma "certidão negativa de violação aos direitos do consumidor", que instituiu. Para o Tribunal, "a exigência estaria longe de configurar condição especificamente ligada a determinado tipo de objeto. Seria, ao revés, limitação não episódica, incidente linearmente à maioria dos contratos estaduais (...) Introduzira requisito genérico e inteiramente novo para habilitação em qualquer licitação" (cf. Informativo STF 838).

101 A propósito, as AADDI 3.356, 3.357 e 3.937, além da ADPF 109, todas versando sobre regras locais que, proibindo o amianto em maior extensão do que fazia a Lei federal n. 9.055/95, tida incidentalmente como havendo sofrido inconstitucionalidade progressiva, em face do consenso científico, formado depois da sua edição, em torno da natureza cancerígena do mineral (julgamento encerrado em 10-8-2017).

102 Exemplo disso tem-se no RE 972.918 AgR (*DJe* de 3-8-2017). Afirmou-se, aí, que lei federal de 1998, que atribuía ao Ministério da Previdência Social o desempenho de atividades administrativas nos órgãos de Previdência dos Estados, do Distrito Federal e dos Municípios, no que tange à previdência de servidores públicos das unidades da Federação, não se continha no âmbito próprio do art. 24, XII, da Constituição. O relator, Ministro Marco Aurélio, advertiu que "uma coisa é ditar normas gerais a serem observadas pelos Estados-membros. Algo diverso é, a pretexto da edição dessas normas, promover a ingerência na administração dos Estados, quer sob o ângulo direto, quer sob o indireto, por meio de autarquias".

103 ADI 2.875, rel. Min. Ricardo Lewandowski, *RTJ* 205/1137.

princípios da Constituição Federal como da Constituição estadual, nos termos do art. 29 da CF[104]. No que couber, portanto, aplicam-se aos Municípios regras constitucionais federais de absorção necessária por força do princípio da simetria[105]. Vale a advertência do STF no sentido de que, nos "incisos do art. 29, a Constituição da República fixou ela mesma os parâmetros limitadores do poder de auto-organização dos Municípios e excetuados apenas aqueles que contêm remissão expressa ao direito estadual – a Constituição do Estado não os poderá abrandar nem agravar"[106].

Quanto às demais competências legislativas e materiais dos Municípios, o Constituinte deliberou tratá-las englobadamente.

Uma parte das competências reservadas dos Municípios foi explicitamente enumerada pela CF, por exemplo, a de criar distritos (art. 29, IV) e a de instituir guardas municipais para a proteção de seus bens, serviços e instalações (art. 144, § 8º). A outra parcela dessas competências é implícita.

As competências implícitas decorrem da cláusula do art. 30, I, da CF, que atribui aos Municípios "legislar sobre assuntos de interesse local", significando interesse predominantemente municipal, já que não há fato local que não repercuta, de alguma forma, igualmente, sobre as demais esferas da Federação. Decerto que a fórmula consideravelmente imprecisa empregada pelo constituinte desafia, com muita frequência, o tino hermenêutico do aplicador. Tem-se reiterado, de toda sorte, que se consideram de interesse local as atividades, e a respectiva regulação legislativa, pertinentes a transportes coletivos municipais, coleta de lixo, ordenação do solo urbano, fiscalização das condições de higiene de bares e restaurantes, entre outras.

O horário de funcionamento das farmácias, como o do comércio em geral, é matéria que o STF reconhece ser de cunho municipal, conforme a Súmula Vinculante 38.

É claro que a legislação municipal, mesmo que sob o pretexto de proteger interesse local, deve guardar respeito a princípios constitucionais acaso aplicáveis. Assim, o STF já decidiu que a competência para estabelecer o zoneamento da cidade não pode ser desempenhada de modo a afetar princípios da livre concorrência. O tema é objeto da Súmula Vinculante 49[107].

---

104 Exemplo de limitação explícita ao poder de auto-organização do Município disposta pelo constituinte federal está no art. 31 do Texto. Os Municípios podem receber o auxílio do tribunal de contas criado pelo Estado para esse fim, mas não podem criar um tribunal de contas municipal com semelhante competência. Na ADI 154 (*DJ* de 11-10-1991, rel. Min. Octávio Gallotti), o STF assentou que não está proibida "a instituição de órgão, tribunal ou conselho, pelos Estados, com jurisdição sobre as contas municipais". Na mesma direção, a ADI 867, *DJ* de 3-3-1995, rel. Min. Marco Aurélio. Na ADI 154, citada, entendeu-se que, se o Estado-membro cria um tribunal para julgar apenas contas municipais, esse tribunal haverá de estender a sua competência sobre todos os Municípios do Estado-membro. Daí ter dito o relator, Ministro Octavio Gallotti, que, com a Constituição de 1988, foi "estancada a criação de Tribunais de Contas, privativos de um só Município, a partir dos que porventura se pretendesse fazer seguir aos já existentes de São Paulo e no Rio de Janeiro, notoriamente as duas cidades de maior população e renda do País, cujos Tribunais ficaram, então, confirmados".

105 Já se viu que esse princípio não é absoluto. De toda forma, as regras básicas de processo legislativo federal, como as relacionadas com reserva de iniciativa do Chefe do Executivo, são de absorção necessária pelos Municípios.

106 ADI 2.112, rel. Min. Sepúlveda Pertence, *DJ* de 18-5-2001.

107 "Ofende o princípio da livre concorrência lei municipal que impede instalação de estabelecimentos comerciais do mesmo ramo em determinada área".

O horário de funcionamento de instituições bancárias, entretanto, transcende o interesse predominante dos Municípios, recaindo sobre a esfera federal[108]. Por outro lado, é da competência legislativa do Município, por ser matéria de interesse local (proteção do consumidor), a edição de lei que fixa tempo máximo de espera em fila de banco[109].

Sobre os temas de interesse local, os Municípios dispõem de competência privativa. Assim, é hostil à Constituição, por invadir competência municipal, a lei do Estado que venha a dispor sobre distância entre farmácias em cada cidade.

Aos Municípios é dado legislar para suplementar a legislação estadual e federal, desde que isso seja necessário ao interesse local, no desempenho da competência disposta no art. 30, II, da Constituição[110]. A normação municipal, proveniente do exercício dessa competência, há de respeitar as normas federais e estaduais existentes. Não é dado ao Município dispor em sentido que frustre o objetivo buscado pelas leis editadas no plano federal ou estadual[111]. A superveniência de lei federal ou estadual contrária à municipal suspende a eficácia desta.

11. INEXISTÊNCIA DE HIERARQUIA ENTRE LEI FEDERAL E ESTADUAL

O critério de repartição de competências adotado pela Constituição não permite que se fale em superioridade hierárquica das leis federais sobre as leis estaduais. Há, antes, divisão de competências entre esses entes. Há inconstitucionalidade tanto na invasão da competência da União pelo Estado-membro como na hipótese inversa.

12. COMPETÊNCIA PRIVATIVA OU EXCLUSIVA?

Uma parte da doutrina distingue competência privativa de competência exclusiva – a diferença entre ambas residindo no fato de esta última não poder ser delegada. Assim, as competências delimitadas no art. 21 seriam exclusivas da União, enquanto as previstas no art. 22 lhe seriam privativas.

---

108 Conforme assentou o STF no RE 130.683, *DJ* de 9-10-1992, em que se seguiu antigo precedente do plenário da Corte, o RE 77.254, julgado em 20-2-1974.

109 RE 432.789, *DJ* de 7-10-2005, rel. Min. Eros Grau. Da mesma forma, RE 367.192 AgR, rel. Min. Eros Grau, *DJ* de 5-5-2006, em que se lê: "ao legislar sobre o tempo de atendimento ao público nas agências bancárias estabelecidas em seu território, o município exerceu competência a ele atribuída pelo art. 30, I, da CB/88".

110 Assim, por exemplo, o STF decidiu que o Município é competente para legislar sobre meio ambiente e controle da poluição, para atender a interesse local (RE 194.704/MG, julgamento do Pleno em 29-6-2017). Afirmou-se formalmente válida legislação municipal que ensejou aplicação de multa por poluição do meio ambiente, decorrente da emissão de fumaça por veículos automotores no perímetro urbano (Informativo STF 870).

111 Com fundamento nessa premissa, em 5-3-2015, sob a sistemática da repercussão geral, julgou-se o RE 586.224, em que se declarou a inconstitucionalidade de lei municipal que dispunha sobre queimadas de terras de cultivo da cana-de-açúcar. Foi reconhecida a legitimidade do Município para legislar sobre meio ambiente, naquilo que diga com o seu interesse peculiar, advertindo-se, todavia, para que, havendo conflito do diploma municipal com o estadual, este há de prevalecer, por abarcar mais amplo interesse. No caso, prevaleceu o diploma estadual, que previa a eliminação gradual da queima da cana-de-açúcar, sobre o do Município, que a proibia desde logo.

Preferimos, com Fernanda Dias Menezes de Almeida[112], que cita e segue Manoel Gonçalves Ferreira Filho, José Cretella Júnior e Celso Bastos, considerar que ambos os termos expressam a mesma ideia, podendo ser usados indistintamente.

13. CONFLITOS JURÍDICOS NO ESTADO FEDERAL BRASILEIRO

É típico dos Estados Federais instituir uma Corte com competência nacional, destinada a unificar a inteligência sobre as normas federais e a resolver conflitos entre as entidades componentes da Federação.

A nossa Carta da República atribui a função de uniformizar o entendimento da legislação infraconstitucional federal ao Superior Tribunal de Justiça, deixando a última palavra sobre temas constitucionais ao Supremo Tribunal Federal. O STF também faz o papel de tribunal da Federação quando aprecia representações para fins interventivos.

O art. 102, I, *f*, da Constituição atribui ao Supremo Tribunal a competência originária para solucionar causas e conflitos entre "a União e os Estados, a União e o Distrito Federal, ou entre uns e outros, inclusive as respectivas entidades da administração indireta". Exclui-se, portanto, a possibilidade de a causa ser atraída pelo STF, quando o atrito envolver qualquer dessas pessoas políticas e um Município, embora este também seja um ente político.

Se o conflito opõe alguma das pessoas políticas citadas no dispositivo constitucional a entidade da Administração indireta de outra, o Supremo tem produzido o que o Ministro Sepúlveda Pertence classificou como "audaciosa redução teleológica na inteligência da alínea *f* do art. 102, I, da Constituição"[113]. A Corte somente reconhece a sua competência originária se a pendência, por sua natureza ou por seu objeto, recai no grupo daquelas que "introduz a instabilidade no equilíbrio federativo ou que ocasiona a ruptura da harmonia que deve prevalecer nas relações entre as entidades integrantes do Estado Federal", assinalando que "causas de conteúdo estritamente patrimonial, fundadas em títulos executivos extrajudiciais, sem qualquer substrato político, não justificam se instaure a competência do Supremo Tribunal Federal prevista no art. 102, I, *f*, da Constituição, ainda que nelas figurem, como sujeitos da relação litigiosa, uma pessoa estatal e um ente dotado de paraestatalidade"[114].

No entanto, se o litígio se dá entre um Estado-membro e autarquia federal em torno da propriedade de terras devolutas, é de se ver aí "questão que diz respeito diretamente ao equilíbrio federativo"[115], firmando-se a competência originária do Tribunal.

Da mesma forma, firma-se a competência do art. 102, I, *f*, da Constituição, no caso em que o ente político e a entidade da Administração indireta de outro contendem sobre

112 Fernanda Menezes de Almeida, *Competências*, cit., p. 85-87.

113 ACO-QO 555/DF, *DJ* de 16-9-2005, rel. Min. Sepúlveda Pertence.

114 ACO 359, *DJ* de 11-3-1994, rel. Min. Celso de Mello.

115 ACO 477, *DJ* de 24-11-1995, rel. Min. Moreira Alves.

imunidade recíproca[116]. Ou, ainda, se o Estado-membro quer impor exigências à atuação de autarquia federal em projeto de grande vulto (transposição do rio São Francisco)[117].

Essa jurisprudência, que torna a competência originária da Suprema Corte dependente do risco que a controvérsia acarreta para a higidez da vida federal, limitava-se, inicialmente, aos casos em que num dos polos da ação se achava pessoa jurídica da Administração indireta de pessoa política[118]. Passou, mais adiante, a se aplicar, igualmente, a conflitos judiciais opondo pessoas políticas[119].

Os conflitos entre entidades componentes da Federação não ganham sempre, certamente, a forma de uma ação ordinária entre elas. Conflitos de interesses com rasgos jurídico-constitucionais não raro motivam ações de fiscalização em abstrato da constitucionalidade dos atos dos entes federados. Torna-se viável, assim, repudiar deliberações que infrinjam deveres das entidades para com a própria Federação ou para as suas congêneres. A esse propósito, o dever de tratamento isonômico devido a todas as pessoas políticas como aos cidadãos em geral, impedindo a diferenciação à só conta da naturalidade, na forma prescrita no art. 19, III, da Constituição, tem figurado padrão relevante de exame de atos normativos estaduais[120].

---

116 ACO-QO 515, *DJ* de 27-9-2002, rel. Min. Ellen Gracie. No caso, o processo opunha o Distrito Federal ao Banco Central do Brasil.

117 Rcl. 3.074, *DJ* de 30-9-2005, rel. Min. Sepúlveda Pertence: "Ação civil pública em que o Estado de Minas Gerais, no interesse da proteção ambiental do seu território, pretende impor exigências à atuação do IBAMA no licenciamento de obra federal – Projeto de Integração do Rio São Francisco com Bacias Hidrográficas do Nordeste Setentrional: caso típico de existência de 'conflito federativo', em que o eventual acolhimento da demanda acarretará reflexos diretos sobre o tempo de implementação ou a própria viabilidade de um projeto de grande vulto do governo da União".

118 ACO-QO 555/DF, *DJ* de 16-9-2005, rel. Min. Sepúlveda Pertence.

119 ACO 1.091-AgR, *DJe* de 10-9-2014. Da mesma forma, a ACO 2.101 AgR, *DJe* de 12-2-2016. Desta última, colhe-se este trecho do voto do relator, Ministro Dias Toffoli: "é preciso ressaltar a diferença de *conflito entre entes federados* e *conflito federativo*. Enquanto no primeiro, pelo prisma subjetivo, observa-se a litigância judicial promovida pelos membros da Federação, no segundo, para além da participação desses na lide, a conflituosidade da causa importa em potencial desestabilização do próprio pacto federativo. Há, portanto, distinção de magnitude nas hipóteses aventadas, sendo que o legislador constitucional restringiu a atuação da Corte à última delas, nos moldes fixados no Texto Magno (art. 102, I, *f*)".

120 A título de ilustração, veja-se a ADI 3.583, *DJ* de 14-3-2008, rel. Min. Cezar Peluso, em que se fulminou, por contrária ao dever de tratamento isonômico referido no art. 19 da CF, lei estadual que estabelecia como condição para participação em licitação para a compra de bens ou serviços que a licitante tivesse fábrica ou sede no Estado-membro.

II ADMINISTRAÇÃO PÚBLICA

Gilmar Ferreira Mendes

1. INTRODUÇÃO

O Estado brasileiro organiza-se em consonância com o modelo de Estado moderno, repartindo suas competências e atividades em funções estatais denominadas de Poder Executivo, Poder Legislativo e Poder Judiciário. Muito embora tais Poderes possam agregar atividades e competências facilmente definidas, todos possuem um feixe de atribuições comuns, unificadas pela ideia e pela forma de administração pública, que permeia todo o Estado.

Nos poderes Legislativo e Judiciário a atividade administrativa encontra-se diretamente vinculada às suas atividades-meio, não às suas atividades-fim, pois os poderes, ou as funções, de legislar e de resolver conflitos são exercidas diretamente por agentes de Poder, que apenas mediatamente estão vinculados às normas da administração pública, mas na maioria das vezes estão vinculados aos seus estatutos próprios, que vigem à margem da regra geral da administração pública e que regem as atividades de "poder" *stricto sensu*.

Esta atividade administrativa, comum aos três poderes, é regida por um conjunto de normas que dão sustentação à administração pública e estruturam este sistema positivo infraconstitucional, aplicável ao âmbito de qualquer dos três poderes[1].

É possível identificar na Constituição de 1891 – a nossa primeira constituição republicana – as origens desta preocupação constitucionalista moderna e também republicana de organizar o aparelho do Estado. Isto facilmente se explica em razão do fato de que a disciplina e a organização das atividades do Estado são próprias do modelo jurídico-político instaurado a partir da queda dos regimes absolutistas ou despóticos, que não caracterizaram suas atuações enquanto representantes do Estado-Nação sobre a ideia de submissão dos exercícios de poder do Estado ao direito.

Com o advento da Constituição de 1988, os primeiros arroubos de constitucionalização das normas reitoras da Administração Pública presentes em textos anteriores finalmente se solidificaram, consolidando um catálogo de normas que podem ser identificadas como "normas constitucionais da administração pública", pois ficou claro ao jurista pós-1988 que a "administração pública constitucionalizou-se", como afirma Cármen Lúcia Antunes Rocha[2].

Ressalte-se, ademais, que a Constituição de 1988 – além das normas constitucionais relativas à Administração Pública – consagrou princípios constitucionais fundamentais de relevo ímpar para a Administração Pública federal, estadual e municipal.

1 Nesse sentido, Marçal Justen Filho sustenta que "A expressão Administração Pública abrange todos os entes e sujeitos exercentes de funções administrativas, ainda que o façam de modo secundário e acessório. Assim, a Administração Pública compreende o Poder Executivo, mas também o Judiciário e o Legislativo enquanto exercentes de atividade administrativa. Ou seja, Administração Pública não é sinônimo de Poder Executivo" (*Curso de direito administrativo*, Belo Horizonte: Fórum, 2012, p. 226).

2 Cármen Lúcia Rocha, *Princípios constitucionais da administração pública*, Belo Horizonte: Del Rey, 1994, p. 15.

Nessa linha, destaque-se a importância que assume o próprio princípio democrático como elemento de legitimação da atividade administrativa (CF, arts. 1º e parágrafo único, 28, 29, 34, VII, *a*, 77, dentre outros). Como se pode depreender das diversas disposições constitucionais referidas, o povo é fonte da legitimação democrática e o responsável pela concessão ou outorga dessa legitimação. O princípio democrático exige que as pessoas submetidas ao poder estatal sejam idênticas àquelas cuja manifestação é fundamental para instituição desse mesmo poder[3].

Desse modo, Canotilho afirma que a administração pública se configura na implementação, que significa estabelecer modelos político-decisórios de políticas públicas. Porque as decisões acerca de políticas públicas necessitam de legitimação democrática, o *novo direito administrativo* se ocupa de estabelecer limites e garantir tal legitimação. Assim como na teoria constitucional, o sujeito da legitimação é o povo, e o objeto é o poder estatal. A nova ciência do direito administrativo, porém, avança de um conceito de povo como unidade coletiva para uma nova noção plural; e estende o objeto para além do poder estritamente estatal, abrangendo as autoridades administrativas independentes e as entidades privadas que exercem poderes públicos, em sistemas de cooperação e parcerias público-privadas[4].

Confira-se realce também ao princípio federativo, tendo o constituinte de 1988 enfatizado que a República Federativa seria formada pela união indissolúvel dos Estados e Municípios e do Distrito Federal (art. 1º, *caput*).

A despeito da referência aos Municípios como integrantes da Federação, cuja significação ainda é controvertida[5], não parece haver dúvida de que se buscou aqui conferir importância ao papel institucional dos Municípios.

A Constituição outorgou ampla competência legislativa privativa à União (art. 22) e concedeu-lhe também significativa competência concorrente com os Estados-membros (art. 24).

Conferiu-se à União, ainda, ampla competência administrativa ou político-administrativa (*v.g.* arts. 21, 84, 87, 90, 91, 136, 137, 142, 144, 184, 198, 204, 211, *caput* e § 1º).

Além da competência legislativa expressamente reconhecida aos Estados-membros e da alargada competência legislativa concorrente (CF, art. 24), na qual se assenta que a competência da União limita-se a estabelecer normas gerais, não podendo estas excluir a competência suplementar dos Estados-membros (art. 24, §§ 1º e 2º), o texto constitucional estabeleceu serem reservadas aos Estados-membros as competências que não lhes sejam vedadas pela Constituição (art. 25, § 1º).

As competências administrativas dos Estados-membros – além da reserva constante do art. 25, § 1º, e da competência privativa do art. 25, § 2º – são referidas em diversas disposições constitucionais (arts. 25, § 2º, 37, 144, 180, 198, 204, 211, § 3º, 218, § 5º, 255, dentre outros).

---

3 Canotilho considera a Constituição um "sistema aberto de democratização e de controle" e sustenta ser necessária a refundação da Constituição como um "sistema normativo de legitimação do poder" (José Joaquim Gomes Canotilho, El principio democrático. Entre el derecho constitucional y el derecho administrativo. *Revista de Derecho Constitucional Europeo*. Universidade de Granada. Ano 6, n. 11, jan.-jun. 2009).

4 José Joaquim Gomes Canotilho, El principio democrático. Entre el derecho constitucional y el derecho administrativo. *Revista de Derecho Constitucional Europeo*, Universidade de Granada, ano 6, n. 11, jan./jun. 2009.

5 Conferir tópico "os Municípios" no Capítulo 8, I (*Organização do Estado*).

Também assume relevo no âmbito da Administração Pública a aplicação do princípio do Estado de Direito, tanto na sua feição formal – atividades estatais aferíveis perante a lei – quanto na sua concepção material, relativa ao próprio conteúdo – aplicação do princípio do devido processo legal, da proporcionalidade e da ideia de justiça[6].

No âmbito da Administração Pública confere-se destaque ao princípio da legalidade (supremacia da lei) e de reserva da lei. Da mesma forma, peculiar significado assumem os direitos fundamentais na dimensão subjetiva (direito subjetivo, direito de proteção ou de defesa) como na dimensão objetiva[7].

Há que considerar, ainda, o significado do princípio do Estado de Direito consistente no subprincípio da segurança jurídica, que preconiza a estabilidade dos atos estatais após o decurso de um dado prazo, a despeito de sua eventual iliceidade[8].

Finalmente, os elevados custos e a complexidade das atividades do Estado têm levado muitos a perceber a necessidade de uma nova distribuição de tarefas entre o Estado e a sociedade, com repercussão sobre a organização (Estado de prestação) e a forma de atuação administrativa[9]. Daí a necessidade de se contemplarem, aqui também, novas reflexões quanto às organizações sociais e das organizações da sociedade civil de interesse público.

Ao Distrito Federal se reconhecem as competências legislativas reservadas aos Estados e Municípios, com as ressalvas estabelecidas no texto constitucional.

Nos termos da Constituição, compete aos Municípios legislar sobre questões de interesse local e suplementar à legislação federal e estadual (art. 30, I e II). As atribuições administrativas são referidas em diversas disposições (arts. 30, IV, V, VI, VII, VIII, e 37, 39, 198, 204, 211, 220) e no âmbito das competências comuns (art. 23).

Refira-se, ainda, a norma do art. 25, § 3º, da Constituição Federal, segundo a qual os Estados poderão, mediante lei complementar, instituir regiões metropolitanas, aglomerações urbanas e microrregiões, constituídas por agrupamento de municípios limítrofes para integrar a organização, o planejamento e a execução de funções públicas de interesse comum.

A controvérsia sobre o papel constitucional dessas regiões assume grande significado no desenvolvimento da organização administrativa do Estado-membro, pois, segundo determinada concepção, poderiam elas se convolar em um *tertius* entre o Estado e o Município[10].

Além da previsão de administração integrada para o serviço de saúde (art. 198) e do amplo reconhecimento de um rol de competências administrativas concorrentes da

---

6 Ehlers in: Hans-Uwe Erichsen e Dirk Ehlers (Org.), *Allgemeines Verwaltungsrecht*, De Gruyter, 2010, p. 246.

7 Conferir tópico "Dimensões subjetiva e objetiva dos direitos fundamentais" no Capítulo 3 (*Teoria Geral dos Direitos Fundamentais*).

8 Ehlers in: Hans-Uwe Erichsen E Dirk Ehlers (Org.), *Allgemeines Verwaltungsrecht*, De Gruyter, 2010, p. 250. Conferir tópicos sobre reserva legal, princípio da proporcionalidade, direitos fundamentais, direito adquirido e segurança jurídica no Capítulo 3 (*Teoria Geral dos Direitos Fundamentais*).

9 Hely Lopes Meirelles, *Direito administrativo brasileiro*, São Paulo: Malheiros, 2009, p. 69.

10 Conferir ADI 1.842/RJ, na qual o STF declarou a inconstitucionalidade de dispositivos de leis fluminenses que instituem a Região Metropolitana do Rio de Janeiro e da Microrregião dos Lagos (LC 87/1999/RJ e Lei n. 2.869/1997/RJ). Neste julgado, fixou-se o inovador entendimento de que a titularidade de serviços públicos – no caso saneamento básico – pode ser compartilhada por mais de um ente federativo mediante a instituição de regiões administrativas.

União, dos Estados e dos Municípios, cuja esfera há de ser disciplinada em leis complementares (art. 23, parágrafo único, da CF), dispõe a Constituição sobre a gestão associada de serviços públicos entre a União, Estados e Municípios, mediante consórcios e convênios (art. 241 da CF).

Ademais, o texto constitucional brasileiro arrola princípios constitucionais da administração pública de forma explícita, positivando, desta maneira, os fundamentos da atividade administrativa e obedecendo à mesma técnica legislativa presente nas constituições portuguesa, de 1976 – art. 266 –, e espanhola, de 1978 – art. 103.

Apesar de repetir a mesma metódica constitucional, o art. 37 da Carta Magna estabelece os princípios da *legalidade, impessoalidade, moralidade, publicidade e eficiência,* divergindo do texto da constituição espanhola – que prevê os princípios da eficácia, hierarquia, descentralização, desconcentração e coordenação – e também inovando em relação à constituição portuguesa – que enumera os princípios da legalidade, igualdade, proporcionalidade, justiça, imparcialidade e boa-fé.

Além dos princípios da *legalidade, impessoalidade, moralidade, publicidade e eficiência,* elencados no art. 37 da Constituição Federal, a Lei n. 9.784/99, que regulamenta o processo administrativo no âmbito da administração pública federal, dispõe, em seu art. 2º, que "A Administração Pública obedecerá, dentre outros, aos princípios da legalidade, finalidade, motivação, razoabilidade, proporcionalidade, moralidade, ampla defesa, contraditório, segurança jurídica, interesse público e eficiência." Os princípios da finalidade, da motivação, da razoabilidade, da proporcionalidade, da ampla defesa, do contraditório, da segurança jurídica e do interesse público, presentes apenas no texto legal, decorrem dos princípios estabelecidos na Constituição.

2. PRINCÍPIOS DA ADMINISTRAÇÃO PÚBLICA

2.1. Princípio da legalidade

O dispositivo constitucional do art. 5º, II, possui precedente remoto na primeira Constituição do Brasil, de 1824, a qual estabelecia, em seu art. 179, I, que: "*Nenhum Cidadão pode ser obrigado a fazer, ou deixar de fazer alguma coisa, senão em virtude da Lei*". Todas as demais Constituições brasileiras (1891, 1934, 1946, 1967/69), com exceção da Constituição de 1937, previram essa norma que traduz o denominado princípio da legalidade.

No primeiro quarto do século XIX, a Constituição Imperial de 1824 incorporou o postulado liberal de que todo o Direito deve expressar-se por meio de leis. Essa ideia inicial de "Império da Lei", originada dos ideários burgueses da Revolução Francesa, buscava sua fonte inspiradora no pensamento iluminista, principalmente em Rousseau, cujo conceito inovador na época trazia a lei como norma geral e expressão da vontade geral (*volonté general*). A generalidade de origem e de objeto da lei (Rousseau) e sua consideração como instrumento essencial de proteção dos direitos dos cidadãos (Locke) permitiu, num primeiro momento, consolidar esse então novo conceito de lei típico do Estado Liberal, expressado no art. 4º da Declaração de Direitos de 1789: "A liberdade consiste em poder fazer tudo o que não prejudica ao outro. O exercício dos direitos naturais de cada homem não tem mais limites que os que asseguram a outros membros da sociedade o gozo desses mesmos direitos. *Estes limites somente podem ser estabelecidos pela lei*".

Esses são os primórdios da ideia essencial de lei como garantia da coexistência de direitos e liberdades na sociedade. Foi no pensamento liberal de Benjamin Constant, decisivamente influenciador do constituinte brasileiro de 1824, que ela encontrou uma de suas melhores expressões. Na Conferência Pronunciada no Ateneo de Paris em fevereiro de 1819, Benjamin Constant fez a distinção comparativa entre a *liberdade dos antigos* e a *liberdade dos modernos*, para explicar que esta consiste no *"direito de cada um a não se submeter senão à lei"*.

O princípio da legalidade, tal como incorporado pelas Constituições brasileiras, traduz essa concepção moderna de lei como instrumento de proteção das liberdades individuais, que permitiu a formação de um Estado de Direito (*Rechtsstaat*) distinto e contraposto ao Estado absoluto (*Machtstaat*) ou ao Estado de Polícia (*Polizeistaat*) dos séculos XVII e XVIII. Pelo menos nesse aspecto, não há como negar também a similitude do modelo com as concepções formadas na paralela história constitucional do princípio inglês do *Rule of Law*. O princípio da legalidade, assim, opõe-se a qualquer tipo de poder autoritário e a toda tendência de exacerbação individualista e personalista dos governantes. No Estado de Direito impera o governo das leis, não o dos homens (*rule of law, not of men*).

A Constituição de 1988, em seu art. 5º, II, traz incólume, assim, o princípio liberal de que somente em virtude de lei podem-se exigir obrigações dos cidadãos. Ao incorporar essa noção de lei, a Constituição brasileira torna explícita a intrínseca relação entre *legalidade* e *liberdade*. A lei é o instrumento que garante a liberdade.

A legalidade também não pode ser dissociada, dessa forma, da ideia de "Império da Lei" (*force de loi*), que submete todo poder e toda autoridade à soberania da lei. Não há poder acima ou à margem da lei. Todo o Direito está construído sobre o princípio da legalidade, que constitui o fundamento do Direito Público moderno. O Direito Penal funda-se no princípio de que não há crime sem lei anterior, nem pena sem prévia cominação legal (art. 5º, XXXIX), expressado pela famosa expressão cunhada por Feuerbach no século XIX *"nullum crimen nulla poena sine lege"*[11]. No Direito Administrativo, a tradição doutrinária permitiu dizer que, enquanto no âmbito privado é lícito fazer tudo o que a lei não proíbe, na Administração Pública só é permitido fazer o que está autorizado pela lei, ideia que condensa, pelo menos em termos, o princípio da legalidade administrativa previsto no art. 37, *caput*, da Constituição. O Direito Tributário também está vinculado a limites constitucionais (art. 150), dentre os quais a ideia de lei sobressai nos princípios da "reserva de lei", da "anterioridade da lei" e da "irretroatividade da lei"[12].

Não há como negar, portanto, que o Estado de Direito esteja construído sobre esse conceito de lei. O princípio da legalidade permanece insubstituível como garantia dos direitos e como fundamento e limite a todo funcionamento do Estado.

É certo, sem embargo, que essa concepção de *Estado Legislativo* foi aos poucos substituída pela contemporânea ideia de *Estado Constitucional*, sobretudo a partir do

11 Conferir item V – "Direitos fundamentais de caráter judicial e garantias constitucionais do processo" do Capítulo 4.

12 Conferir item "O poder de tributar e seus limites: direitos fundamentais dos contribuintes" do Capítulo 11.

advento das constituições europeias do segundo pós-guerra (Constituição da Itália de 1948, Constituição da Alemanha de 1949, Constituição de Portugal de 1976 e Constituição da Espanha de 1978), fortemente influenciadoras da noção de Estado recepcionada pela Constituição do Brasil de 1988.

A situação normativo-hierárquica privilegiada da lei como fonte única do direito e da justiça, fruto do pensamento racional-iluminista, não pôde resistir ao advento das leis constitucionais contemporâneas como normas superiores repletas de princípios e valores condicionantes de toda a produção e interpretação/aplicação da lei. Rebaixada de sua proeminência normativa inicial, a lei passou a ter com a Constituição uma relação de subordinação (formal e material), submetida à possibilidade constante de ter sua validade contestada, e de ser, portanto, anulada, perante um Tribunal ou órgão judicial especificamente encarregado da fiscalização de sua adequação aos princípios constitucionais que lhe são superiores.

Por outro lado, o incontestável fenômeno da *inflação legislativa*, que permite a alguns conceituar o legislador contemporâneo como um "legislador motorizado" (Zagrebelsky), e a contínua perda do caráter geral e abstrato das normas, ante a profusão e multiplicação de leis setoriais, concretas e temporárias, faz transparecer uma evidente *"crise de legalidade"*, cujo remédio mais imediato pode ser observado no intento das Constituições de estabelecer uma unidade normativa por meio de princípios capazes de permitir a convivência social em meio ao pluralismo inerente às sociedades complexas.

Antes que uma crise do princípio da legalidade, no entanto, o que parece mais evidente é uma crise da concepção liberal de lei própria do Estado legislativo. Permanece incólume a ideia de lei como instrumento de garantia de direitos fundamentais e como fundamento, limite e controle democráticos de todo o poder no Estado de Direito.

O art. 5º, II, da Constituição de 1988, reproduz essa renovada concepção de lei.

A ideia expressa no dispositivo é a de que somente a lei pode *criar regras jurídicas* (*Rechtsgesetze*), no sentido de interferir na esfera jurídica dos indivíduos de forma inovadora. Toda novidade modificativa do ordenamento jurídico está reservada à lei. É inegável, nesse sentido, o conteúdo material da expressão "em virtude de lei" na Constituição de 1988. A lei é a regra de direito (*Rechtssatz*) ou norma jurídica (*Rechtsnorm*) que tem por objeto a condição jurídica dos cidadãos, ou seja, que é capaz de interferir na esfera jurídica dos indivíduos, criando direitos e obrigações. A lei deve ser igualmente geral e abstrata, uma disposição normativa válida em face de todos os indivíduos (de forma impessoal) e que regule todos os casos que nela se subsumam no presente e no futuro. Trata-se também de um conceito material de lei como *ratio* e *ethos* do Estado de Direito, que leva em conta o conteúdo e a finalidade do ato legislativo, sua conformidade a princípios e valores compartilhados em sociedade, assim fortalecendo o necessário liame entre *legalidade* e *legitimidade*.

O termo "lei" não pode deixar de ser também entendido em seu sentido formal, como a norma produzida pelo *órgão competente* (parlamento) e segundo o *processo legislativo* previstos na Constituição. Tem relevância, nesse âmbito, o viés democrático do conceito de lei, como ato originado de um órgão de representação popular (expressão da vontade coletiva ou de uma *volonté general*) legitimado democraticamente. A lei, segundo esse conceito democrático, é entendida como expressão da autodeterminação cidadã e de autogoverno da sociedade.

O conceito de legalidade não faz referência a um tipo de norma específica, do ponto de vista estrutural, mas ao ordenamento jurídico em sentido material. É possível falar então em um *bloco de legalidade* ou de *constitucionalidade* que englobe tanto a lei como a Constituição. *Lei*, nessa conformação, significa *norma jurídica*, em sentido amplo, independentemente de sua forma.

Quando a Constituição, em seu art. 5º, II, prescreve que "ninguém será obrigado a fazer ou deixar de fazer alguma coisa senão em virtude de lei", por "lei" pode-se entender o *conjunto do ordenamento jurídico* (em sentido material), cujo fundamento de validade formal e material encontra-se precisamente na própria Constituição. Traduzindo em outros termos, a Constituição diz que ninguém será obrigado a fazer ou deixar de fazer alguma coisa que não esteja previamente estabelecida na própria Constituição e nas normas jurídicas dela derivadas, cujo conteúdo seja inovador no ordenamento (*Rechtsgesetze*). O princípio da legalidade, dessa forma, converte-se em *princípio da constitucionalidade* (Canotilho), subordinando toda a atividade estatal e privada à *força normativa da Constituição*.

O primeiro significado do termo lei diz respeito, assim, à própria Constituição. É certo que não apenas a lei em sentido formal, mas também a Constituição emite comandos normativos direcionados à atividade estatal. Esses comandos normativos podem possuir a estrutura de regras ou de princípios. No primeiro caso, a prescrição detalhada e fechada da conduta deontologicamente determinada estabelece uma estrita vinculação dos Poderes Públicos. Por exemplo, a regra da anterioridade tributária descrita pelo enunciado normativo do art. 150, III, da Constituição. No caso dos princípios, a estrutura normativa aberta deixa certas margens de "livre deliberação" (*freie Ermessen*) aos Poderes do Estado. Assim ocorre quando a Constituição, em seu art. 37, determina a obediência, pela Administração Pública, à moralidade e à impessoalidade.

Nesse bloco de legalidade estão incluídas igualmente as emendas constitucionais (art. 60), as leis complementares, as leis delegadas (art. 68) e as medidas provisórias (art. 62), estas como atos equiparados à lei em sentido formal. São os atos normativos igualmente dotados de *força de lei* (*Gesetzeskraft*), ou seja, do poder de inovar originariamente na ordem jurídica.

Também os tratados internacionais ratificados pelo Brasil constituem atos equiparados à lei em sentido formal, igualmente dotados de força de lei, com especial relevância para os tratados sobre direitos humanos, os quais, com *status* de *supralegalidade*, situam-se na ordem jurídica num patamar entre a lei e a Constituição, tal como fixado na jurisprudência do Supremo Tribunal Federal[13]. Dessa forma, possuem os tratados internacionais de direitos humanos *efeito revogador* da legislação interna anterior que com eles seja incompatível, assim como um *efeito paralisador* ou *impeditivo* da *eficácia* das leis contrárias posteriores. O princípio da legalidade, nesse sentido, converte-se em *princípio da legalidade comunitária* (Canotilho), englobando as normas jurídicas de direito internacional aplicáveis na ordem jurídica interna.

Na ordem jurídica brasileira, os decretos e regulamentos não possuem valor normativo primário, de forma que têm função meramente regulamentar da lei. Assim,

13 STF, Pleno, RE 349.703, red. para acórdão Min. Gilmar Mendes, julgado em 3-12-2008; STF, Pleno, RE 466.343, rel. Min. Cezar Peluso, julgado em 3-12-2008.

pode-se afirmar que no sistema constitucional brasileiro não são admitidos os regulamentos e decretos ditos autônomos ou independentes, mas apenas os de *caráter executivo* (art. 84, IV), os quais possuem função normativa secundária ou subordinada à lei. É preciso enfatizar, não obstante, que a modificação introduzida pela EC n. 32/2001 parece ter inaugurado, no sistema constitucional de 1988, o assim denominado "decreto autônomo", isto é, decreto de perfil não regulamentar, cujo fundamento de validade repousa diretamente na Constituição. Ressalte-se, todavia, que o decreto de que cuida o art. 84, VI, da Constituição, limita-se às hipóteses de "organização e funcionamento da administração federal, quando não implicar aumento de despesa nem criação ou extinção de órgãos públicos", e de "extinção de funções ou cargos públicos, quando vagos". Em todas essas situações, a atuação do Poder Executivo não tem força criadora autônoma, nem parece dotada de condições para inovar decisivamente na ordem jurídica, uma vez que se cuida de atividades que, em geral, estão amplamente reguladas na ordem jurídica.

É bem verdade que a relação entre lei e regulamento não é despida de dificuldades.

A diferença entre lei e regulamento, no Direito brasileiro, não se limita à origem ou à supremacia daquela sobre este. A distinção substancial reside no fato de que a lei pode inovar originariamente no ordenamento jurídico, enquanto o regulamento não o altera, mas tão somente desenvolve, concretiza ou torna específico o que já está disposto na lei.

Nos modelos constitucionais que vedam ou restringem a delegação de poderes, desenvolvem-se normalmente fórmulas atenuadoras desse rigorismo, seja através do exercício ampliado do poder regulamentar, seja por via das chamadas autorizações legislativas. É possível que a inexistência de vedação expressa às delegações legislativas tenha propiciado o surgimento de uma orientação mais flexível quanto ao exercício do poder regulamentar. No império da Constituição de 1946, que vedava expressamente a delegação de poderes (art. 36, § 2º), deixou assente o Supremo Tribunal Federal que o princípio da indelegabilidade não excluía "certas medidas a serem adotadas pelo órgão executor no tocante a fatos ou operações de natureza técnica, dos quais dependerá a iniciativa ou aplicação mesma da lei"[14]. Asseverou, na oportunidade, Castro Nunes que, se a Constituição "implicitamente declara que o Poder Legislativo não pode delegar suas atribuições, lança uma proibição a ser observada em linha de princípio, sem excluir, todavia, certas medidas a serem adotadas pelo órgão executor no tocante a fatos ou apurações de natureza técnica das quais dependerá a incidência ou aplicação mesma da lei"[15].

É que, embora considerasse nulas as autorizações legislativas incondicionadas ou de *caráter demissório*, o Supremo Tribunal entendia legítimas as autorizações fundadas no enunciado da lei formal, desde que do ato legislativo constassem os *standards*, isto é, "os princípios jurídicos inerentes à espécie legislativa"[16]. Daí observar Carlos Maximiliano que o Supremo Tribunal Federal sempre considerou inadmissíveis leis cujo conteú-

14 HC 30.555, rel. Castro Nunes, *RDA*, 21/136.

15 HC 30.555, rel. Castro Nunes, *RDA*, 21/136.

16 MS 17.145, rel. Gonçalves de Oliveira, *RTJ*, 50/472; RE 76.729, rel. Aliomar Baleeiro, *RTJ*, 71/477.

do se cingisse ao seguinte enunciado: "O Poder Executivo é autorizado a reorganizar o Tribunal de Contas"; aceitando, porém, como legítimas, fórmulas que, v. g., enunciassem: "Fica o Poder Executivo autorizado a reorganizar o Ensino Superior, sob as seguintes bases: 1) só obtêm matrícula os bacharéis em letras diplomados por ginásios oficiais; 2) ...". Nessa linha, revela-se expressiva a decisão proferida pelo Supremo Tribunal Federal no RE 13.357, de 9-1-1950, Relator o Ministro Ribeiro Costa, no qual ficou assente que "o regulamento obriga enquanto não fira princípios substanciais da lei regulada. Se o regulamento exorbita da autorização concedida em lei ao Executivo, cumpre ao Judiciário negar-lhe aplicação". Na ADI 2.387, Relatora a Ministra Ellen Gracie (*DJ* de 5-12-2003), tal entendimento foi reafirmado, assentando-se inexistir "uma delegação proibida de atribuições, mas apenas uma flexibilidade na fixação de 'standards' jurídicos de caráter técnico".

Entretanto, não há dúvida de que seriam inócuas as disposições constantes da Constituição, especialmente do art. 5º, II, e do art. 84, IV, se fosse admissível a ampliação, por ato legislativo, dos limites prescritos ao poder regulamentar. Nesse sentido, preleciona Pontes de Miranda:

> "O poder de regulamentar não deriva de delegação legislativa; não é o Poder Legislativo que o dá ao Poder Executivo. Legislar e regulamentar leis são funções que a Constituição pôs em regras de competência de um e outro poder. A delegação legislativa em princípio é proibida. Se o Poder Legislativo deixa ao Poder Executivo fazer lei, delega; o poder regulamentar é o que se exerce sem criação de regras jurídicas que alteram as leis existentes e sem alteração da própria lei regulamentada. Fora daí, espíritos contaminados pelo totalitarismo de fonte italiano-alemã pretenderam fazer legítimas, de novo, as delegações legislativas, que a Constituição de 1946, no art. 36, § 2º, explicitamente proibiu. Na Constituição de 1967, o art. 6º, parágrafo único, 1ª parte, também as veda, mas admite a lei delegada (arts. 52 e parágrafo único, 53 e 54).
>
> Nem o Poder Executivo pode alterar regras jurídicas constantes de lei, a pretexto de editar decretos para a sua fiel execução, ou regulamentos concernentes a elas, nem tal atribuição pode provir de permissão ou imposição legal de alterar regras legais, ou estendê-las, ou limitá-las. Somente se admite que o Poder Executivo aplique a lei, se a incidência não é automática, ou proceda à verificação e cálculos em que nenhum arbítrio lhe fique. Onde o Poder Executivo poderia dizer 2, ou dizer 3, há delegação de poder. Onde o Poder Executivo poderia conferir ou não conferir direitos, ou só os conferir segundo critério seu ou parcialmente seu, há delegação de poder"[17].

Esclarece ainda o referido autor que o regulamento "vale dentro da lei; fora da lei, a que se reporta, ou das outras leis, não vale. Em se tratando de regra jurídica de direito formal, o regulamento não pode ir além da edição de regras que indiquem a maneira de ser observada a regra jurídica. Se a lei fixou prazo, ou estabeleceu condição, não pode alterá-la o regulamento"[18].

---

17 Pontes de Miranda, *Comentários à Constituição de 1967, com Emenda n. I, de 1969*, 1973, t. III, p. 312-313.

18 Pontes de Miranda, *Comentários à Constituição de 1967, com Emenda n. I, de 1969*, 1973, t. III, p. 316.

Assim, afigura-se razoável entender que o regulamento autorizado *intra legem* é plenamente compatível com o ordenamento jurídico brasileiro, podendo constituir relevante instrumento de realização de política legislativa, tendo em vista considerações de ordem técnica, econômica, administrativa etc. Diversamente, a nossa ordem constitucional não se compadece com as autorizações legislativas puras ou incondicionadas, de nítido e inconfundível conteúdo renunciativo. Tais medidas representam inequívoca deserção do compromisso de deliberar politicamente, configurando manifesta fraude ao princípio da reserva legal e à vedação à delegação de poderes.

Sobre a distinção entre *delegação legislativa* e *poder regulamentar*, precisa é a doutrina do Ministro Carlos Velloso:

> "Delegação legislativa não deve ser confundida, no sistema constitucional brasileiro, com poder regulamentar. A delegação legislativa propicia a prática de ato normativo primário, de ato com força de lei, enquanto poder regulamentar, na Constituição brasileira, é ato administrativo, assim ato secundário, porque, na ordem jurídica brasileira, o regulamento é puramente de execução (CF, art. 84, IV). Quer dizer: o regulamento brasileiro não inova na ordem jurídica. Quando muito, pode-se falar, no nosso sistema constitucional, no regulamento delegado ou autorizado, *intra legem*, que não pode, entretanto, ser elaborado *praeter legem*. Se a lei fixa, por exemplo, exigências taxativas, é exorbitante o regulamento que estabelece outras, como é exorbitante o regulamento que faz exigência que não se contém nas condições da lei, podendo esta estabelecer que o regulamento poderá fixar condições além das que ela estatuir. Aí, teríamos uma flexibilização na fixação de padrões jurídicos, o que seria possível, tal como lecionou, no Supremo Tribunal, o Ministro *Aliomar Baleeiro*"[19].

O desenvolvimento das agências reguladoras, dotadas de amplo poder regulamentar, suscita desafiadores problemas. É lícito indagar se o modelo tradicional do regulamento de execução, até aqui dominante, pode ser aplicado, sem reparos, ao sistema inaugurado com o surgimento dessas agências. Em outras palavras, é preciso questionar se a decisão regulatória tomada pelas agências estaria submetida ao princípio da legalidade estrita, tal como os denominados regulamentos de execução, ou se estaríamos diante de uma nova categoria de regulamento ou de um regulamento autônomo.

Enfim, é possível perceber que o vocábulo "lei" é dotado de uma plurissignificância que é resultado de diferentes conceitos e concepções fundadas historicamente em distintos princípios estruturantes do Estado, ora assumindo feições aproximadas ao conceito formal decorrente do princípio democrático, ora traduzindo sentidos próprios do conceito material fundado no princípio do Estado de Direito.

Em razão dos desafios contemporâneos de acomodação teórica entre o princípio da legalidade em sua visão liberal clássica acima exposta e o surgimento de novos modelos de regulação por entidades públicas e privadas, há posições pela reinterpretação desse princípio. Argumenta-se que a ideia de legalidade deve ser remetida a um "princípio da juridicidade", de modo que todos os atos da administração devem estar conformes ao

19 *Temas de direito público*, 1. ed., 2ª tir., Belo Horizonte, Del Rey, 1997, p. 431-432.

ordenamento jurídico como um todo, incluindo Constituição, emendas constitucionais, tratados internacionais, leis em sentido formal e demais atos administrativos[20].

Com a ascensão do chamado modelo de Estado Regulador, que encontra seu fundamento normativo especialmente no art. 174 da Constituição Federal, observa-se uma verdadeira pluralidade de fontes normativas, em que órgãos e entidades da Administração Pública criam novas normas jurídicas apoiados em leis com terminologia vaga e principiológica[21].

Dessa maneira, não é fácil precisar o significado da *lei* na Constituição de 1988, dada a polissemia da palavra empregada em diversos dispositivos ao longo do texto. A Constituição impõe ao seu intérprete esforço hermenêutico na identificação do significado do termo "lei", como na distinção das hipóteses em que se exige lei ordinária ou lei complementar para o tratamento de determinado tema submetido à reserva legal. Assim também ocorre nas hipóteses em que a Constituição estabelece as reservas de lei, cuja tipologia diferenciada exige tratamentos legislativos diversos, nos termos do analisado no capítulo 3.

2.2. Princípio da reserva legal

O princípio da legalidade contempla tanto a ideia de *supremacia da lei* (*Vorrang des Gesetzes*) quanto a de *reserva legal* (*Vorbehalt des Gesetzes*). A primeira, como analisado, diz respeito, essencialmente, à submissão geral aos parâmetros da ordem jurídico-constitucional, fixados por aquelas normas que, do ponto de vista material, podem criar, modificar ou extinguir direitos e obrigações, inovando na ordem jurídica. A *reserva legal*, por seu turno, constitui uma exigência de que algumas matérias devem ser necessariamente tratadas por meio de lei (reservadas à lei)[22].

O princípio da reserva legal explicita as matérias que devem ser disciplinadas diretamente pela lei. Este princípio, na sua *dimensão negativa*, afirma a inadmissibilidade de utilização de qualquer outra fonte de direito diferente da lei. Na sua *dimensão positiva*, admite que apenas a lei pode estabelecer eventuais limitações ou restrições.

A reserva de lei pode ser estabelecida em razão da natureza da matéria, como ocorre quando a Constituição exige que determinado tema seja objeto de lei comple-

---

20 Gustavo Binenbojm, *Uma teoria do direito administrativo*: direitos fundamentais, democracia e constitucionalização, Rio de Janeiro, 2006.

21 Essa questão ainda não fora definitivamente resolvida pelo STF. Em um dos casos mais relevantes sobre o tema, o STF entendeu pela constitucionalidade da criação das agências reguladoras em âmbito federal, estadual, distrital e municipal com competências para efetivamente criar normas jurídicas sobre matérias específicas previstas em lei (ADI 1.969, rel. Min. Ricardo Lewandowski, *DJe* de 31-8-2007). Contudo, o espaço institucional e os limites dessa competência normativa ainda são objeto de discussão. Como exemplos, o STF definiu, por um lado, pela impossibilidade de agência reguladora definir quais produtos podem ser comercializados por farmácias (ADI 4.093, rel. Min. Rosa Weber, *DJe* de 17-10-2014) e, por outro lado, pela possibilidade do estabelecimentos de normas sobre produção e comercialização de produtos relacionados ao tabaco (ADI 4.874, rel. Min. Rosa Weber, j. 1º-2-2018), além de caber exclusivamente ao Poder Executivo, e não ao Poder Legislativo, a competência para autorizar a produção e comercialização de medicamentos (ADI-MC 5.501, rel. Min. Marco Aurélio, *DJe* de 19-5-2016).

22 Conferir tópico "Tipos de restrições a direitos fundamentais" no n. II do Capítulo 3 (*Teoria Geral dos Direitos Fundamentais*).

mentar – *reserva de lei complementar* – (arts. 146, 163, 192), de lei orgânica (art. 29) ou simplesmente de lei ordinária. A reserva legal, nesse primeiro aspecto, denota a ideia lógica de que apenas a lei ou os atos normativos a ela equiparados, e nenhuma outra fonte normativa, poderão tratar da matéria nela indicada.

Fala-se também em *reserva de parlamento* (*Parlamentsvorbehalt*), para representar a exclusividade de tratamento de determinadas matérias pelo Congresso Nacional (arts. 68, § 1º, 48 e 49). Exige-se que certos temas, dada a sua relevância, sejam objeto de deliberação democrática, num ambiente de publicidade e discussão próprio das casas legislativas. Busca-se assegurar, com isso, a legitimidade democrática para a regulação normativa de assuntos que sensibilizem a comunidade.

Parece evidente, por outro lado, que a caracterização de uma reserva de parlamento acaba por restringir o conteúdo mais amplo do que seja a reserva de lei, ao ocupar-se apenas com o órgão competente para emitir atos com força de lei. A reserva de lei, como expressão do princípio da legalidade, não deve ser reduzida à reserva de parlamento. Mais do que mera distribuição orgânica do Poder Legislativo, a reserva legal cuida antes da limitação funcional desse poder. Assim é que, fundada historicamente não somente no princípio democrático, mas também nos princípios do Estado de Direito e da Separação dos Poderes, a reserva de lei e sua problemática constitucional estão relacionadas não apenas com a fonte e a forma, mas igualmente com o conteúdo e a *ratio* da lei. Esse é o sentido hodierno da reserva de lei no Estado Democrático de Direito.

Conforme a doutrina, a reserva de lei pode ser também *absoluta* ou *relativa*. Há *reserva legal absoluta* quando uma norma constitucional prescreve à lei a exclusividade na disciplina da totalidade de determinada matéria, subtraindo-a da regulamentação por outras fontes normativas, como pode ocorrer nas hipóteses em que a Constituição utiliza as seguintes expressões: "a lei criará", "a lei disporá", "a lei disciplinará", "lei complementar estabelecerá".

Assim, por exemplo, o art. 14, § 9º, da Constituição estabelece que *"a lei complementar estabelecerá outros casos de inelegibilidade (...)"*. Nesse caso, apenas a lei complementar poderá tratar de outras causas de inelegibilidade, excluindo qualquer outra fonte normativa. Também o art. 146 da Constituição reserva à lei complementar a normatização dos conflitos de competência em matéria tributária, a regulação das limitações ao poder constitucional de tributar e a criação de normas gerais em matéria de legislação tributária. Em todos os casos, a reserva absoluta de lei complementar tem sido reafirmada pelo Supremo Tribunal Federal (ADI 1.063, ADI 3.592, ADI 1.917).

Quando a Constituição estabelece uma *reserva legal relativa*, admite que na lei sejam estabelecidas as bases, os fundamentos ou o regime jurídico geral da matéria, que poderá ser regulamentada por outra fonte normativa de caráter infralegal. Pode ocorrer quando no dispositivo constitucional estão presentes as seguintes expressões: "nos termos fixados em lei", "na forma da lei", "segundo os critérios da lei" etc.

Exemplo de matéria sob reserva legal relativa são as alíquotas dos impostos sobre importação e exportação e sobre produtos industrializados, as quais, de acordo com o art. 153, § 1º, poderão ser alteradas pelo Poder Executivo, "atendidas as condições e os limites estabelecidos em lei".

É bem verdade que, como observa Canotilho, todas as reservas acabam sendo relativas, pois, ao fim e ao cabo, deixam aos órgãos concretizadores (administrativos ou jurisdicionais) uma margem maior ou menor de intervenção. No entanto, a consideração de uma reserva relativa não é despida de problemas. Argumenta-se muitas vezes que se trata de uma categoria em grande parte fundada em critérios gramaticais que tornam um tanto simplória a apreensão do significado da reserva de lei como exigência de que determinadas matérias sejam primária e exclusivamente reguladas pela lei. Ademais, afirma-se que a consideração de uma reserva relativa tende, em certa medida, a olvidar que o princípio da reserva de lei é expressão de uma relação entre poderes e não mera relação entre atos normativos. É inegável, assim, a relevância das teses que defendem a superação dessa distinção entre reservas absolutas e relativas.

2.3. Princípio da segurança jurídica

A segurança jurídica é um dos princípios que deverão ser observados pela Administração Pública, nos termos do art. 2º da Lei n. 9.784, de 1999, que, por exemplo, em seu parágrafo único, inciso XIII, dispõe a seguinte diretriz: "interpretação da norma administrativa da forma que melhor garanta o atendimento do fim público a que se dirige, vedada aplicação retroativa de nova interpretação". Em seu art. 54, essa lei estabeleceu que "O direito da Administração de anular os atos administrativos de que decorram efeitos favoráveis para os destinatários decai em cinco anos, contados da data em que foram praticados, salvo comprovada má-fé. § 1º No caso de efeitos patrimoniais contínuos, o prazo de decadência contar-se-á da percepção do primeiro pagamento. § 2º Considera-se exercício do direito de anular qualquer medida de autoridade administrativa que importe impugnação à validade do ato". Pela doutrina, é amplamente reconhecido que o princípio da segurança jurídica configura um subprincípio do Estado de Direito[23].

Registre-se que o tema é pedra angular do Estado de Direito sob a forma de proteção à confiança. É o que destaca Karl Larenz, que tem na consecução da paz jurídica um elemento nuclear do Estado de Direito material e também vê como aspecto do princípio da segurança o da confiança:

> "O ordenamento jurídico protege a confiança suscitada pelo comportamento do outro e não tem mais remédio que protegê-la, porque poder confiar (...) é condição fundamental para uma pacífica vida coletiva e uma conduta de cooperação entre os homens e, portanto, da paz jurídica"[24].

O autor tedesco prossegue afirmando que o princípio da confiança tem um componente de ética jurídica, que se expressa no princípio da boa-fé. Diz:

> "Dito princípio consagra que uma confiança despertada de um modo imputável deve ser mantida quando efetivamente se creu nela. A suscitação da confiança é imputável, quando o que a suscita sabia ou tinha que saber que o outro ia confiar. Nesta medida é

23 Conferir item IV – "Direito adquirido, ato jurídico perfeito, coisa julgada e segurança jurídica" no Capítulo 4 (*Direitos Fundamentais em Espécie*).

24 Karl Larenz, *Derecho justo*: fundamentos de ética jurídica, Madrid: Civitas, 1985, p. 91.

idêntico ao princípio da confiança. (...) Segundo a opinião atual, [este princípio da boa-fé] se aplica nas relações jurídicas de direito público"[25].

Na Alemanha, contribuiu decisivamente para a superação da regra da livre revogação dos atos administrativos ilícitos uma decisão do Tribunal Administrativo de Berlim, proferida em 14-11-1956, posteriormente confirmada pelo Tribunal Administrativo Federal. Cuidava-se de ação proposta por viúva de funcionário público que vivia na Alemanha Oriental. Informada pelo responsável pela Administração de Berlim de que teria direito a uma pensão, desde que tivesse o seu domicílio fixado em Berlim ocidental, a interessada mudou-se para a cidade. A pensão foi-lhe concedida.

Tempos após, constatou-se que ela não preenchia os requisitos legais para a percepção do benefício, tendo a Administração determinado a suspensão de seu pagamento e solicitada a devolução do que teria sido pago indevidamente. Hoje a matéria integra a complexa regulação contida no § 48 da Lei sobre processo administrativo federal e estadual, em vigor desde 1977[26].

A necessidade de respeito à segurança jurídica como princípio do Estado de Direito também foi o fundamento de decisão sobre o direito à nomeação de candidato aprovado em concurso público dentro do número de vagas disponíveis e indicadas no edital[27]. Restou consignado que o dever de *boa-fé* da Administração Pública exige o respeito incondicional às regras do edital, inclusive quanto à previsão das vagas do concurso público.

Além disso, trata-se, igualmente, da observância do princípio da segurança jurídica como *princípio de proteção à confiança*[28].

A Administração Pública, ao tornar público edital de concurso e convocar todos os cidadãos a participar de seleção para o preenchimento de determinadas vagas no serviço público, impreterivelmente gera uma expectativa quanto ao seu comportamento, segundo as regras previstas nesse edital. Aqueles cidadãos que decidem se inscrever e participar do certame público depositam sua confiança no Estado administrador, que deve atuar de forma responsável quanto às normas do edital e observar o princípio da segurança jurídica como guia de comportamento. Isso quer dizer, em outros termos, que o comportamento da Administração Pública no decorrer do concurso público deve-se pautar pela boa-fé, tanto no sentido objetivo quanto no aspecto subjetivo de respeito à confiança nela depositada por todos os cidadãos.

Ressalte-se, no tocante ao tema, que a própria Constituição, no art. 37, IV, garante prioridade aos candidatos aprovados em concurso, nos seguintes termos:

> "(...) durante o prazo improrrogável previsto no edital de convocação, aquele aprovado em concurso público de provas ou de provas e títulos será convocado com prioridade sobre novos concursados para assumir cargo ou emprego, na carreira".

25 Karl Larenz, *Derecho justo*: fundamentos de ética jurídica, Madrid: Civitas, 1985, p. 95 e 96

26 Cf. Hans-Uwe Erichsen, in Hans-Uwe Erichsen / Wolfgang Martens, *Allgemeines Verwaltungsrecht*, 9. ed., Berlim / Nova York, 1992, p. 289.

27 RE 598.099, rel. Min. Gilmar Mendes, julgado em 10-8-2011.

28 Almiro do Couto e Silva, O princípio da segurança jurídica (proteção à confiança) no direito público brasileiro e o direito da administração pública de anular seus próprios atos administrativos: o prazo decadencial do art. 54 da lei do processo administrativo da União (Lei n. 9.784/1999), *RDA*, n. 237, 2004, p. 271-315.

Assim, é possível concluir que, dentro do prazo de validade do concurso, a Administração poderá escolher *o momento* no qual se realizará a nomeação, mas não poderá dispor sobre a própria nomeação, a qual, de acordo com o edital, passa a constituir um *direito* do concursando aprovado e, dessa forma, um *dever* imposto ao Poder Público, salvo ocorrência de situações excepcionalíssimas, que justifiquem soluções diferenciadas, desde que devidamente motivadas de acordo com o interesse público.

Em decisão relevante sobre o princípio da segurança jurídica, o STF manteve a eficácia de alienações de terras públicas ocorridas na década de 1950, cuja validade somente foi apreciada mais de 50 anos depois pelo Tribunal. O caso versava sobre a alienação de terras públicas sob o regime da Constituição de 1946, que, em seu art. 156, § 2º, exigia autorização do Senado Federal. Ainda que apontada a ilicitude de alienações ocorridas sem a devida autorização, o STF, em nome do princípio da segurança jurídica em sua dimensão da proteção da confiança legítima, manteve a eficácia dos negócios jurídicos celebrados (ACO 79, rel. Min. Cezar Peluso, *DJe* de 28-5-2012).

O princípio da segurança jurídica também tem sido utilizado para tutelar situações jurídicas relacionados ao recebimento de vantagens pessoais por servidor público posteriormente declaradas inconstitucionais. No julgamento do RE 638.115-ED-ED, o Tribunal, após ter declarado a inconstitucionalidade da incorporação de quintos decorrente do exercício de funções comissionadas no período compreendido entre a edição da Lei n. 9.624/98 e a MP 2.225-48/2001, invocou o princípio da segurança jurídica para reconhecer indevida a cessação imediata do pagamento dos quintos quando fundado em decisão judicial transitada, e, no caso de existente decisão administrativa, a Corte determinou que o pagamento da parcela seja mantida até sua absorção integral por quaisquer reajustes futuros concedidos aos servidores[29].

Relevante discussão sobre a segurança jurídica diz respeito ao regime de invalidade dos atos administrativos inconstitucionais[30]. Embora o art. 54 da Lei n. 9.784, de 1999, preveja prazo decadencial quinquenal para o exercício da autotutela administrativa, a jurisprudência do STF consolidou-se no sentido de que as situações jurídicas decorrentes de atos administrativos flagrantemente inconstitucionais não devem ser consolidadas pelo transcurso do prazo decadencial previsto no art. 54 da Lei n. 9.784/99, sob pena de subversão dos princípios, das regras e dos preceitos previstos na Constituição Federal de 1988[31]. No julgamento do RE 817.338, em que se discutia a possibilidade de a Administração Pública rever concessão de anistia a cabos da Aeronáutica quando comprovada a ausência de ato com motivação exclusivamente política, a Corte fixou a seguinte tese de Repercussão Geral sobre a matéria: "no exercício de seu poder de autotutela, poderá a Administração Pública rever os atos de concessão de anistia a cabos da Aeronáutica relativos à Portaria n. 1.104, editada pelo Ministro de Estado da Aeronáutica, em 12 de outubro de 1964 quando se comprovar a ausência de ato com moti-

29 RE 638.115 ED-ED, rel. Min. Gilmar Mendes, Tribunal Pleno, julgado em 18-12-2019, *DJe* de 8-5-2020.

30 Sobre o tema, cf. Dinamene de Freitas, *O acto administrativo inconstitucional*: delimitação do conceito e subsídio para um contencioso constitucional dos actos administrativos, Coimbra Ed.; Wolters Kluwer, 2010.

31 Nesse sentido, cf. MS 30.016/DF-AgR, Tribunal Pleno, rel. Min. Dias Toffoli, *DJe* de 30-4-2014; MS 28.279/DF, Tribunal Pleno, rel. a Ministra Ellen Gracie, *DJe* de 29-4-2011.

vação exclusivamente política, assegurando-se ao anistiado, em procedimento administrativo, o devido processo legal e a não devolução das verbas já recebidas"[32].

Inovação legislativa importante para a concretização do princípio da segurança jurídica foi feita mediante a Lei n. 13.655, de 25 de abril de 2018, que alterou a Lei de Introdução às Normas do Direito Brasileiro (Decreto-Lei n. 4.657, de 4 de setembro de 1942). Entre outras modificações, foi estabelecido um dever geral de as autoridades públicas atuarem de modo a "aumentar a segurança jurídica na aplicação das normas, inclusive por meio de regulamentos, súmulas administrativas e respostas a consultas" (art. 30). Além disso, foram estabelecidas possibilidades de se fixar regime de transição de uma situação ilícita para a regularidade jurídica, tendo em vista a criação de expectativas legítimas e situações consolidadas, protegidas pela segurança jurídica. Trata-se de inovação positiva e que permitirá ao poder público lidar com maior flexibilidade e adequação com os casos em que a segurança jurídica exige soluções mais criativas do que a declaração de nulidade absoluta de atos administrativos inválidos.

2.4. Princípio da impessoalidade

Por princípio da impessoalidade entende-se o comando constitucional, no sentido de que à Administração não é permitido fazer diferenciações que não se justifiquem juridicamente, pois não é dado ao administrador o direito de utilizar-se de interesses e opiniões pessoais na construção das decisões oriundas do exercício de suas atribuições.

Obviamente as diferenciações são naturais em todo e qualquer processo, e não seria razoável imaginar uma Administração que não fornecesse tratamento diferenciado a administrados sensivelmente diferentes. Estas diferenciações devem se submeter ao critério da razoabilidade e se justificar juridicamente, pois do contrário estar-se-ia diante de uma discriminação positiva ou negativa, que não se justifica no Estado de Direito, e mais ainda no espaço público.

Corolário do princípio republicano, a impessoalidade manifesta-se como expressão de não protecionismo e de não perseguição, realizando, no âmbito da Administração Pública, o princípio da igualdade, previsto na Constituição Federal em seu art. 5º, *caput*. Em razão do princípio da impessoalidade, não há relevância jurídica na posição pessoal do administrador ou servidor público, pois a vontade do Estado independe das preferências subjetivas do servidor ou da própria Administração.

Também estão previstas no texto constitucional diversas determinações concretas que realizam e desenvolvem o princípio da impessoalidade. Dentre elas é possível verificar a obrigatoriedade do ingresso em cargo, emprego ou função pública por meio de concurso público, estabelecendo o critério do conhecimento técnico para a contratação de futuros servidores públicos (art. 37, II, da CF/88).

A Constituição Federal também prevê a necessidade de certame licitatório para a contratação com o Poder Público – art. 37, XXI –, tudo para obviar escolhas não juridicamente justificáveis, realizando, desta forma, o princípio da impessoalidade, que também se aplica às hipóteses de permissões e concessões de serviços públicos (art. 175 da CF/88).

---

32 RE 817.338, rel. Min. Dias Toffoli, Tribunal Pleno, j. 16-10-2019, *DJe* de 31-7-2020.

A própria atividade administrativa deve ser despersonalizada do ponto de vista da pessoa física que exerce funções públicas. A atuação de órgão ou entidade da administração pública deve ser exteriorizada de maneira impessoal e de modo a não gerar favorecimento pessoal. Nesse sentido, estabelece o § 1º do art. 37 da Constituição Federal: "A publicidade dos atos, programas, obras, serviços e campanhas dos órgãos públicos deverá ter caráter educativo, informativo ou de orientação social, dela não podendo constar nomes, símbolos ou imagens que caracterizem promoção pessoal de autoridades ou servidores públicos".

2.5. Princípio da moralidade

O princípio da moralidade, tendo em vista sua amplitude, possui pouca densidade jurídica, dada a dificuldade teórica de se precisar seu conteúdo específico.

Apesar da dificuldade de se dizer em que consiste o princípio da moralidade, deve-se procurar resgatar um conteúdo jurídico do princípio, reconhecendo que o Estado não deve obediência a qualquer moralidade, mas somente àquela compartilhada na comunidade política específica. Dessa forma, tendo em vista que a Administração Pública deve pautar-se pela obediência aos princípios constitucionais a ela dirigidos expressamente mas também aos demais princípios fundamentais, tem-se que, em sua atuação, deve ser capaz de distinguir o justo do injusto, o conveniente do inconveniente, o oportuno do inoportuno, além do legal do ilegal.

A legalidade, em razão de sua conexão com a legitimidade democrática daqueles que concorrem no processo de elaboração da lei, fornece um critério de moralidade dado pelo Poder Legislativo, com a participação do Poder Executivo, que é, portanto, um critério institucional. A Administração Pública, no entanto, acresce a tal critério outros decorrentes da vivência empírica que ocorre em seu próprio ambiente, bem como experimentados em suas relações com os administrados, que a leva à construção de pautas para a utilização de suas próprias competências, ainda que ligadas ao seu poder discricionário.

Em outras palavras, quando se fala em princípio da moralidade não se está retroagindo à pré-modernidade, abandonando o objetivismo do conhecimento jurídico moderno e retornando a compreensões morais ou moralistas que esclarecem o certo ou o errado. O reconhecimento da moralidade como princípio jurídico apenas significa a atribuição a determinado ato formalmente jurídico de uma dimensão ética. Em nome deste princípio jurídico, a correção de determinada forma jurídica pode ser questionada em razão de sua desconformidade com determinado critério de correção.

Não obstante estas considerações, ao princípio da moralidade pode ser atribuída alguma densificação, tendo em vista outros parâmetros, como o princípio da proporcionalidade, o princípio da não arbitrariedade do ato administrativo e o próprio princípio da isonomia. O princípio da moralidade, portanto, para funcionar como parâmetro de controle do ato administrativo, deve vir aliado aos outros princípios fundamentais, dentre os quais assumem relevância aqueles que funcionam como diretriz para a atuação da Administração Pública.

Nesse sentido, podem-se extrair da própria Constituição elementos para a densificação do princípio em exame. O parágrafo 4º do art. 37 da Constituição Federal afirma que atos de improbidade administrativa poderão gerar, dentre outras sanções, a perda da função pública e o dever de ressarcimento ao erário[33]; por seu turno, o inciso LXXIII do art. 5º da Constituição atribui a qualquer cidadão a legitimidade para propor ação popular que vise à anulação de ato lesivo à moralidade administrativa; valendo a menção, ainda, ao inciso V do art. 85 da Constituição, que considera crime de responsabilidade ato do Presidente da República que atente contra a improbidade na Administração[34].

O reconhecimento da amplitude ou indeterminação dos princípios referentes à Administração Pública, em especial o princípio da moralidade, não impede o intérprete de a eles conferir maior densidade jurídica a partir do exame do próprio texto constitucional, bem como do caso concreto que está a desafiar solução. É certo, contudo, que ao administrador público já não basta cumprir formalmente a lei, visto que a constitucionalização desses princípios alarga o controle do Poder Judiciário sobre a atuação da Administração, de modo que, em casos controversos, caberá ao juiz determinar, em cada caso, o alcance, *v. g.*, do princípio da moralidade sobre a atuação do administrador público.

Nesse sentido, é lapidar a análise da decisão proferida pelo Supremo Tribunal Federal na Ação Declaratória de Constitucionalidade n. 12, proposta pela Associação dos Magistrados do Brasil (AMB), buscando a declaração da constitucionalidade da Resolução n. 07/2005, do Conselho Nacional de Justiça (CNJ), que tinha o escopo de disciplinar "o exercício de cargos, empregos e funções por parentes, cônjuges e companheiros de magistrados e de servidores investidos em cargos de direção e assessoramento, no âmbito dos órgãos do Poder Judiciário".

Entendeu o Supremo Tribunal Federal que, por ocasião da emissão da referida resolução, o Conselho Nacional de Justiça disciplinou e regulamentou a prática administrativa de contratação de parentes (proibindo o nepotismo) para os órgãos sob sua "jurisdição administrativa".

O Supremo consignou, desse modo, que a Resolução n. 7/2005 do CNJ limitou-se a reconhecer uma obrigação que decorre diretamente do texto constitucional. Posteriormente, o próprio Supremo Tribunal Federal aprovou, em 21-8-2008, o enunciado de Súmula Vinculante n. 13:

> "A nomeação de cônjuge, companheiro ou parente em linha reta, colateral ou por afinidade, até o terceiro grau, inclusive, da autoridade nomeante ou de servidor da mesma pessoa jurídica investido em cargo de direção, chefia ou assessoramento, para o exercício de cargo em comissão ou de confiança ou, ainda, de função gratificada na administração pública direta e indireta em qualquer dos poderes da União, dos Estados, do Distrito Federal e dos Municípios, compreendido o ajuste mediante designações recíprocas, viola a Constituição Federal".

Destaca-se que, em 23 de fevereiro de 2016, o Supremo Tribunal Federal pacificou o entendimento de que não se configura nepotismo na nomeação de servidor cujo pa-

33 Cumpre destacar que o Supremo Tribunal Federal, a despeito de fortes argumentos contrários, entendeu pela imprescritibilidade de ações civis públicas destinadas ao ressarcimento ao erário, nos termos do art. 37, § 4º, da Constituição Federal (RE 852.475, red. para ac. Min. Edson Fachin, j. 8-8-20018).

34 A Lei n. 12.846/2013 instituiu mecanismos de responsabilização administrativa e civil de pessoas jurídicas pela prática de atos contra a Administração Pública.

rente lotado no órgão não possui qualquer influência hierárquica na nomeação. A Corte entendeu que, na aplicação da Súmula Vinculante 13, "é imprescindível a perquirição de projeção funcional ou hierárquica do agente político ou do servidor público de referência no processo de seleção para fins de configuração objetiva de nepotismo na contratação de pessoa com relação de parentesco com ocupante de cargo de direção, chefia ou assessoramento no mesmo órgão, salvo ajuste mediante designações recíprocas"[35]. A aplicabilidade da Súmula Vinculante 13 a cargos de nomeação política tem suscitado discussões na jurisprudência da Corte. Desde 2008, o Tribunal tem afastado a incidência do entendimento sumular nessas hipóteses, tendo em vista a reforçada relação de confiança entre autoridade nomeante e nomeada nessa situação[36]. Em 2018, a Corte, por unanimidade, reconheceu que possui repercussão geral a discussão quanto à constitucionalidade de norma que prevê a possibilidade de nomeação de cônjuge, companheiro ou parente, em linha reta colateral ou por afinidade, até o terceiro grau, inclusive, da autoridade nomeante, para o exercício de cargo político. (RE 1.133.118 RG, rel. Min. Luiz Fux, julgado em 14-06-2018, *DJe* 21-06-2018).

Nos órgãos fracionários do Tribunal, tem se conservado o entendimento de que a Súmula Vinculante nº 13, em regra, não se aplica a casos de cargo com natureza política. A jurisprudência ressalva, no entanto, que mesmo a nomeação para cargos políticos pode ser impedida em casos de inequívoca falta de razoabilidade, de manifesta ausência de qualificação técnica e de inidoneidade moral do nomeado ou de ocorrência de nepotismo cruzado[37].

2.6. **Princípio da publicidade**

O princípio da publicidade está ligado ao direito de informação dos cidadãos e ao dever de transparência do Estado, em conexão direta com o princípio democrático, e pode ser considerado, inicialmente, como apreensível em duas vertentes: (1) na perspectiva do direito à informação (e de acesso à informação), como garantia de participação e controle social dos cidadãos (a partir das disposições relacionadas no art. 5º, CF/88), bem como (2) na perspectiva da atuação da Administração Pública em sentido amplo (a partir dos princípios determinados no art. 37, *caput*, e artigos seguintes da CF/88).

A Constituição Federal de 1988 é exemplar na determinação de participação cidadã e publicidade dos atos estatais. Destacam-se, por exemplo, o direito de petição e de obtenção de certidões, de garantia do *habeas data*, de realização de audiências públicas e da regra de publicidade de todos os julgamentos do Poder Judiciário (art. 93, IX, CF/88).

35 STF, 2ª Turma, Rcl 18564/SP, rel. orig. Min. Gilmar Mendes, red. p/ o acórdão Min. Dias Toffoli, julgado em 23-2-2016.

36 STF, Pleno, Rcl 6.650 MC-AgR, rel. Min. Ellen Gracie, *DJe* de 21-11-2008 e RE 579951, Relator(a): Min. Ricardo Lewandowski, Tribunal Pleno, julgado em 20-08-2008, *DJe* 24-10-2008.

37 Sobre a necessidade de observar tais ressalvas, cf. Rcl 29.033 AgR/RJ, Primeira Turma, rel. Min. Roberto Barroso, j. 17-9-2019; Rcl 28.681 AgR, Primeira Turma, rel. Min. Alexandre de Moraes, *DJe* de 7-2-2018, Rcl 28.024 AgR, Primeira Turma, rel. Min. Roberto Barroso, *DJe* de 29-5-2018, e Rcl. 7590, rel. Min. Dias Toffoli, Primeira Turma, j. 30-9-2014, *DJe* de 14-11-2014.

Nesse sentido, a Constituição abriu novas perspectivas para o exercício ampliado do controle social da atuação do Estado, com destacada contribuição da imprensa livre, de organizações não governamentais e da atuação individualizada de cada cidadão.

Ao mesmo tempo, os novos processos tecnológicos oportunizaram um aumento gradativo e impressionante da informatização e compartilhamento de informações dos órgãos estatais, que passaram, em grande medida, a ser divulgados na Internet, não só como meio de concretização das determinações constitucionais de publicidade, informação e transparência, mas também como propulsão de maior eficiência administrativa no atendimento aos cidadãos e de diminuição dos custos na prestação de serviços.

A criação dos Portais de Transparência dos diversos entes estatais, nos diferentes níveis de governo, tem proporcionado a experimentação social da relação cidadão-Estado e o exercício do controle social dos gastos públicos em novas perspectivas[38].

No âmbito federal, o Decreto n. 5.482, de 30 de junho de 2005, dispôs sobre a divulgação de dados e informações pelos órgãos e entidades da Administração Federal, por meio da Rede Mundial de Computadores – Internet, incumbindo à Controladoria-Geral da União a função de gestora do Portal da Transparência (federal).

Dessa forma, determinou-se no Decreto (art. 1º) a criação de *Páginas de Transparência Pública* dos diversos órgãos, em que seja possível o acompanhamento de: I – gastos efetuados por órgãos e entidades da administração pública federal; II – repasses de recursos federais aos Estados, Distrito Federal e Municípios; III – operações de descentralização de recursos orçamentários em favor de pessoas naturais ou de organizações não governamentais de qualquer natureza; IV – operações de crédito realizadas por instituições financeiras oficiais de fomento.

A despeito desse avanço positivo, não se olvida que o tratamento dos dados e informações públicos e a sua divulgação devem ter como meta a transmissão de uma informação de interesse público ao cidadão (individual ou coletivamente), desde que inexista vedação constitucional ou legal. Assim, veda-se a divulgação de informação inútil e sem relevância, que deturpe informações e dados públicos em favor de uma devassa,

38 Na jurisprudência do STF: "Ação direta de inconstitucionalidade. Lei Federal n. 9.755/98. Autorização para que o Tribunal de Contas da União crie sítio eletrônico denominado Contas Públicas para a divulgação de dados tributários e financeiros dos entes federados. Violação do princípio federativo. Não ocorrência. Prestígio do princípio da publicidade. Improcedência da ação. 1. O sítio eletrônico gerenciado pelo Tribunal de Contas da União tem o escopo de reunir as informações tributárias e financeiras dos diversos entes da federação em um único portal, a fim de facilitar o acesso dessas informações pelo público. Os documentos elencados no art. 1º da legislação já são de publicação obrigatória nos veículos oficiais de imprensa dos diversos entes federados. A norma não cria nenhum ônus novo aos entes federativos na seara das finanças públicas, bem como não há em seu texto nenhum tipo de penalidade por descumprimento semelhante àquelas relativas às hipóteses de intervenção federal ou estadual previstas na Constituição Federal, ou, ainda, às sanções estabelecidas na Lei de Responsabilidade Fiscal. 2. Ausência de inconstitucionalidade formal por ofensa ao art. 163, inciso I, da Constituição Federal, o qual exige a edição de lei complementar para a regulação de matéria de finanças públicas. Trata-se de norma geral voltada à publicidade das contas públicas, inserindo-se na esfera de abrangência do direito financeiro, sobre o qual compete à União legislar concorrentemente, nos termos do art. 24, I, da Constituição Federal. 3. A norma não representa desrespeito ao princípio federativo, inspirando-se no princípio da publicidade, na sua vertente mais específica, a da transparência dos atos do Poder Público. Enquadra-se, portanto, no contexto do aprimoramento da necessária transparência das atividades administrativas, reafirmando e cumprindo, assim, o princípio constitucional da publicidade da administração pública (art. 37, *caput*, da CF/88). 4. Ação julgada improcedente" (ADI 2.198, rel. Min. Dias Toffoli, *DJe* de 16-8-2013).

de uma curiosidade ou de uma exposição ilícitas de dados pessoais, para mero deleite de quem a acessa.

Em outros termos, o art. 5º, XXXIII, da Constituição condiciona a divulgação de informações de interesse público individual, coletivo ou geral à segurança da sociedade e do Estado. Nesse sentido, o Decreto federal mencionado assegurou que *"não se aplicam aos dados e às informações de que trata o art. 1º, cujo sigilo seja ou permaneça imprescindível à segurança da sociedade e do Estado, nos termos da legislação"*.

Também por meio da interpretação do art. 5º, X, da Constituição apreende-se que a divulgação pública de informações e dados de domínio estatal está condicionada à preservação da inviolabilidade da intimidade, da vida privada, da honra e da imagem das pessoas.

Ressalte-se que o dever de transparência com os atos estatais deve se pautar pela maior exatidão e esclarecimento possíveis, pois, conforme a doutrina de Rafaelle de Giorgi, uma característica marcante da sociedade moderna está relacionada à sua paradoxal capacidade tanto de controlar quanto de produzir indeterminações[39].

Contudo, a forma como a concretização do princípio da publicidade, do direito de informação e do dever de transparência será satisfeita constitui tarefa dos órgãos estatais, nos diferentes níveis federativos, que dispõem de liberdade de conformação, dentro dos limites constitucionais, sobretudo aqueles que se vinculam à divulgação de dados pessoais do cidadão em geral e de informações e dados públicos que podem estar justapostos a dados pessoais ou individualmente identificados de servidores públicos que, a depender da forma de organização e divulgação, podem atingir a sua esfera da vida privada, da intimidade, da honra, da imagem e da segurança pessoal.

Assim, diante do dinamismo da atuação administrativa para reagir à alteração das situações fáticas e reorientar a persecução do interesse público, segundo novos insumos e manifestações dos servidores, do controle social e do controle oficial, por exemplo, deve o poder público perseguir diuturnamente o aperfeiçoamento do modo de divulgação dos dados e informações, bem como a sua exatidão e seu maior esclarecimento possível.

Vale lembrar, por fim, que é razoável diferenciar publicidade material de publicidade formal, na medida em que a formal publicação dos atos por meio de diário oficial não garante o pleno conhecimento e o pleno acesso à informação.

Obviamente, é impossível à administração comunicar exaustiva e materialmente todos os atos praticados às pessoas que podem sentir seus efeitos. Por esta razão, impõe-se certa formalidade, que significa a aplicação da presunção de conhecimento decorrente da publicação em órgão oficial. Presume-se, após a divulgação do ato, que todos os administrados puderam conhecer os atos praticados, havendo, desta forma, o pleno cumprimento do princípio constitucional da publicidade.

A sociedade de massas, ou sociedade midiática, permite que o conhecimento dos atos praticados possa se dar por outros meios, principalmente os meios cibernéticos, e

39 Raffaele de Giorgi, *Direito, democracia e risco*: vínculos com o futuro, Porto Alegre: Sergio Antonio Fabris, 1998, p. 191-192.

experiências desta natureza têm se tornado eficientes, como o Portal da Transparência no âmbito da Administração Pública Federal.

Nesse mesmo sentido, em 2011 entrou em vigor a denominada Lei de Acesso à Informação (Lei n. 12.527/2011), que dispõe sobre os procedimentos a serem observados pelos entes federativos com a finalidade de garantir o acesso a informações previsto no inciso XXXII do art. 5º, no inciso II do § 3º do art. 37 e no § 2º do art. 216 da Constituição Federal. Trata-se de importante marco para a observância da publicidade como preceito geral e do sigilo como exceção, por meio de medidas que devem ser executadas de acordo com os princípios básicos da Administração Pública e por diretrizes que zelam e incentivam a ampla transparência[40].

2.7. Princípio da eficiência

A Emenda Constitucional n. 19/98 introduziu na Constituição Federal de 1988 o princípio da eficiência, incorrendo em uma obviedade, mas merecendo aplausos de quem compreendia, ao tempo da inclusão, a necessidade de se reafirmarem os pressupostos de exercício dos poderes administrativos.

A atividade da Administração Pública deve ter em mira a obrigação de ser eficiente. Trata-se de um alerta, de uma advertência e de uma imposição do constituinte derivado, que busca um Estado avançado, cuja atuação prime pela correção e pela competência.

Não apenas a perseguição e o cumprimento dos meios legais e aptos ao sucesso são apontados como necessários ao bom desempenho das funções administrativas, mas também o resultado almejado. Com o advento do princípio da eficiência, é correto dizer que Administração Pública deixou de se legitimar apenas pelos meios empregados e passou – após a Emenda Constitucional n. 19/98 – a legitimar-se também em razão do resultado obtido[41].

Da mesma forma procedida relativamente ao princípio da moralidade, pode-se dizer que também compete ao intérprete buscar no texto constitucional elementos para densificar o princípio da eficiência. Parece correto, assim, entender que o constituinte derivado pretendeu enfatizar a necessidade de a Administração estabelecer critérios de aferição de desempenho.

É importante frisar que o princípio da eficiência deve ser compreendido em sentido amplo para abarcar o dever de a administração pública avaliar os custos e benefícios econômicos, sociais, ambientais etc. de suas decisões. Isso significa que não se trata de condicionar a atividade administrativa à opção economicamente menos onerosa em todas as situações concretas. O princípio da eficiência determina que a administração efetivamente avalie os diferentes impactos de sua atividade, de modo a fomentar a concretização de direitos fundamentais. Como exemplo de norma regulamentadora desse

40 Conferir Capítulo 5 para detalhes sobre a Lei de Informação Pública.

41 Sobre a aplicação do princípio da eficiência para reconhecer a possibilidade de a Administração contratar pessoal por tempo determinado (art. 37, IX, da Constituição), confira-se: ADI 3.386, rel. Min. Cármen Lúcia, *DJe* de 23-8-2011.

princípio, pode-se mencionar o art. 2º da Lei n. 8.666, de 21 de junho de 1993, que estabelece a diretriz do "desenvolvimento nacional sustentável" como objetivo a ser buscado pelas contratações públicas[42].

Nesse sentido, o inciso II do art. 74 da Constituição dispõe, ao tratar da finalidade do sistema de controle interno integrado, que deverão manter os Poderes Legislativo, Executivo e Judiciário, que terão a obrigação de "comprovar a legalidade e avaliar os resultados, quanto à eficácia e eficiência, da gestão orçamentária, financeira e patrimonial nos órgãos e entidades da administração federal, bem como da aplicação de recursos públicos por entidades de direito privado".

Por outro lado, o controle externo da ação administrativa, quanto a critérios de legalidade, legitimidade e economicidade, é realizado pelo Poder Legislativo com o auxílio dos Tribunais de Contas. Nos anos recentes, nota-se significativo incremento da atuação das Cortes de Contas, em especial do Tribunal de Contas da União, no controle externo das atividades da Administração Pública. São duas as novas vertentes que têm contribuído para a ampliação do tradicional espectro do controle externo: o controle da eficiência da aplicação dos recursos públicos com fundamento em critérios técnico-especializados; e o *controle preventivo* das ações administrativas, com o acompanhamento sistemático dos programas governamentais, inclusive ao longo da sua formulação[43].

Demonstrando a preocupação da Constituição com a obtenção de resultados satisfatórios por parte da atividade da Administração Pública e, portanto, com o bom desempenho de sua atuação, ainda se pode fazer menção ao parágrafo 8º do art. 37, que, ao cuidar da autonomia gerencial dos órgãos da Administração direta e indireta, dispõe que poderá ser firmado contrato objetivando a fixação de metas de desempenho, com a elaboração dos respectivos meios de controle e critérios de avaliação do cumprimento dessas metas (inciso II). De forma similar dispõe o inciso II do § 1º do art. 41, relativamente ao desempenho dos servidores públicos.

A partir do exposto, pode-se concluir que o constituinte reformador, ao inserir o princípio da eficiência no texto constitucional, teve como grande preocupação o desempenho da Administração Pública. Por essa razão, sem descurar do interesse público, da atuação formal e legal do administrador, o constituinte derivado pretendeu enfatizar a busca pela obtenção de resultados melhores, visando ao atendimento não apenas da necessidade de controle dos processos pelos quais atua a Administração, mas também da elaboração de mecanismos de controle dos resultados obtidos.

42 Juliana Bonacorsi de Palma, Contratações públicas sustentáveis, in: Carlos Ari Sundfeld; Guilherme Jardim Jurksaitis (org.), *Contratos públicos e direito administrativo*, São Paulo: Malheiros, 2015, p. 80-113.

43 Referindo-se à atuação do Tribunal de Contas da União, o Ministro Benjamin Zymler salienta que: "Outra nova área na qual vêm sendo desenvolvidas técnicas e metodologias possibilitadoras do alargamento do espectro do controle externo é a avaliação de programas governamentais. As técnicas de avaliação de programas buscam fornecer informações sistêmicas sobre as ações do Governo, tecendo uma matriz entre os meios disponibilizados, os fins propostos e os resultados obtidos. Seu objetivo é contribuir para a melhoria do desempenho da ação pública, mediante a implementação de recomendações que visam à otimização operacional e alocativa dos recursos" (*Direito administrativo e controle*, Belo Horizonte: Fórum, 2009, p. 196).

3. RESPONSABILIDADE CIVIL DO ESTADO

O conceito de responsabilidade civil tem evoluído rápida e profundamente em nosso ordenamento jurídico, tanto na esfera pública quanto na esfera privada. No que concerne à responsabilidade civil do Estado, o Direito brasileiro vem consagrando a prevalência da teoria da responsabilidade objetiva[44].

Alguns juristas e magistrados têm-se servido de um conceito amplíssimo de responsabilidade objetiva, levando às raias do esoterismo a exegese para a definição do nexo causal. Do prisma teórico, a ideia da responsabilidade civil do Estado deve ser apreendida como uma das expressões do próprio Estado de Direito, que, de acordo com uma de suas definições, é aquele no qual não se identificam soberanos, sendo, portanto, todos responsáveis. Tal qual o próprio conteúdo material do Estado de Direito passou por transformações históricas significativas, também a responsabilidade civil do Estado passou por diversas fases.

Na primeira delas, de concepção absolutista, portanto ainda anterior à própria ideia de Estado republicano e constitucional, não se podia responsabilizar o Estado por seus atos. Levando em consideração que o Brasil obteve a sua independência política em setembro de 1822, o seu nascimento como Estado soberano ocorreu em uma época em que já estava assente a teoria da responsabilidade civil do Estado, de forma que não se experimentou, em nossa história de país independente, essa primeira fase[45].

Posteriormente, na fase civilista, já começou a ser firmada a responsabilidade da Administração Pública por danos advindos de atos de gestão, desde que caracterizada a culpa ou o dolo do agente público. A Constituição Imperial brasileira de 1824, apesar de ressalvar que o Imperador não estava sujeito a responsabilidade alguma, tinha dispositivo, no inciso 29 do art. 179, que afirmava: "Os empregados públicos são estritamente responsáveis pelos abusos e omissões praticadas no exercício das suas funções e por não fazerem efetivamente responsáveis aos seus subalternos"[46]. Dessa forma, estava consagrada a teoria subjetivista da responsabilidade civil do Estado no texto constitucional brasileiro, o que também pode ser encontrado nas Constituições republicanas de 1891, 1934 e 1937[47].

---

44 No julgamento do RE 591.874, rel. Min. Ricardo Lewandowski, *Informativo STF* n. 557, 25 a 29-8-2009, "o Tribunal, por maioria, negou provimento a recurso extraordinário interposto contra acórdão do Tribunal de Justiça do Estado de Mato Grosso do Sul, que concluíra pela responsabilidade civil objetiva de empresa privada prestadora de serviço público em relação a terceiro não usuário do serviço (...) Asseverou-se que não se poderia interpretar restritivamente o alcance do art. 37, § 6º, da CF, sobretudo porque a Constituição, interpretada à luz do princípio da isonomia, não permite que se faça qualquer distinção entre os chamados 'terceiros', ou seja, entre usuários e não usuários do serviço público, haja vista que todos eles, de igual modo, podem sofrer dano em razão da ação administrativa do Estado, seja ela realizada diretamente, seja por meio de pessoa jurídica de direito privado".

45 João Francisco Sauwen Filho, *Da responsabilidade civil do Estado*, Rio de Janeiro: Lumen Juris, 2001, p. 73.

46 João Francisco Sauwen Filho, *Da responsabilidade civil do Estado*, cit., p. 73.

47 Segundo anota Sauwen Filho, "Sob o regime republicano, foi sempre reconhecida no Brasil a responsabilidade civil do Estado, muito embora as diversas constituições que lastrearam o regime tenham discrepado quanto às posições doutrinárias que esposaram, iniciando por admitir uma responsabilidade de caráter subjetivista, reconhecida sob os cânones civilistas, e que viria, mais tarde, a ser referenciada pelo Código Civil, cujo advento se deu ainda sob a égide da Constituição de 1891" (*Da responsabilidade civil do Estado*, cit., p. 77).

Em seguida, passou-se para a fase de publicização da responsabilidade civil do Estado, desenvolvendo-se a chamada teoria objetiva do risco administrativo, segundo a qual a ideia de culpa administrativa é substituída pela de nexo de causalidade, perquirindo-se tão somente a relação entre a conduta do agente administrativo e o dano causado ao administrado[48].

Atualmente tem ganhado força a chamada responsabilidade civil objetiva do Estado, a qual, se for inspirada pela teoria do risco integral, não admite qualquer investigação acerca dos elementos subjetivos e/ou circunstâncias em que se deu a conduta do agente, de forma que, por vezes, ocorrem situações insólitas e consequências práticas excessivas.

É, contudo, preocupante a banalização da ideia de responsabilidade civil do Estado, pois quem estuda o tema sabe que é preciso haver uma singularidade para que seja reconhecido o direito a indenização em virtude de dano ou prejuízo causado pelo Poder Público. Isso porque, se assim não se proceder, corre-se o risco de usurpar os direitos fundamentais e as garantias postas à disposição dos cidadãos, transformando-as em instrumentos destinados a proteger privilégios e interesses corporativos.

Isso não quer dizer, por razões óbvias, que os agentes públicos não cometam abusos ou que tais abusos não devam depois resultar na responsabilidade civil do Estado. Entretanto, não se pode perder de vista o que isso significa, ou seja, de que se trata de responsabilidade civil de toda a sociedade pelo malfeito de um agente público.

Por isso, inclusive, conexo à ideia de responsabilidade civil do Estado, revela-se necessário trabalhar o conceito de direito de regresso (art. 37, § 6º, da CF/88), para permitir que o agente público seja também responsabilizado. Aliás, não se pode olvidar que, como garantia do próprio Estado constitucional e republicano, a responsabilidade do agente público é subjetiva, exigindo da Administração Pública o dever de provar que a conduta do seu preposto foi motivada por dolo ou culpa.

Nesse contexto, não há por que insistir na teoria da responsabilidade objetiva do Estado e do risco integral, se houver elementos suficientes, no caso concreto, que permitam um exame mais específico acerca da situação fática posta para a apreciação do Judiciário.

Não se revela condizente com o Estado constitucional garantidor de direitos fundamentais impor à sociedade como um todo o ônus de arcar com vultosas indenizações decorrentes de danos causados pelo Estado, sem que isso seja objeto de uma investigação mais precisa e adequada às circunstâncias em que ocorreu o suposto fato danoso.

48 João Francisco Sauwen Filho, *Da responsabilidade civil do Estado*, cit., p. 84. Na jurisprudência do STF, cf.: "Em face dessa fundamentação, não há que se pretender que, por haver o acórdão recorrido se referido à teoria do risco integral, tenha ofendido o disposto no artigo 37, § 6º, da Constituição, que, pela doutrina dominante, acolheu a teoria do risco administrativo, que afasta a responsabilidade objetiva do Estado quando não há nexo de causalidade entre a ação ou a omissão deste e o dano, em virtude da culpa exclusiva da vítima ou da ocorrência de caso fortuito ou de força maior" (RE 238.453, voto do Min. Moreira Alves, *DJ* de 19-12-2002). No mesmo sentido: RE 109.615, rel. Min. Celso de Mello, *DJ* de 2-8-1996; "Morte de detento por colegas de carceragem. Indenização por danos morais e materiais. Detento sob a custódia do Estado. Responsabilidade objetiva. Teoria do Risco Administrativo. Configuração do nexo de causalidade em função do dever constitucional de guarda (art. 5º, XLIX). Responsabilidade de reparar o dano que prevalece ainda que demonstrada a ausência de culpa dos agentes públicos" (RE 272.839, rel. Min. Gilmar Mendes, *DJ* de 8-4-2005). No mesmo sentido: AI-AgRg 512.698, rel. Min. Carlos Velloso, *DJ* de 24-2-2006.

Algumas práticas interpretativas no Direito têm conduzido a equívocos notáveis, nos quais uma visão parcial do problema compromete a correta aplicação das leis e da Constituição. Entretanto, os equívocos passam a não mais ser aceitáveis quando assumem uma feição de patologia institucional. Infelizmente, é o que vem ocorrendo, desde há alguns anos, no tocante à interpretação das regras jurídicas referentes à responsabilidade civil do Estado.

É necessário, portanto, identificar no Estado Democrático de Direito a formação do interesse público calcado em interesses universalizáveis e publicamente justificáveis. As razões e os interesses forjados em um discurso e uma prática corporativos, sempre no sentido de impor à União ônus a que não deu causa, parecem forjar interesses unilaterais, sectários, e, frequentemente, obscurantistas, o que obviamente não se pode tolerar.

Uma questão interessante que se coloca nessa reflexão é se o Estado responde por danos decorrentes de fenômenos da natureza e por fato de terceiros.

A Administração Pública só poderá vir a ser responsabilizada por esses danos se ficar provado que, por sua omissão ou atuação deficiente, concorreu decisivamente para o evento, deixando de realizar obras que razoavelmente lhe seriam exigíveis. Nesse caso, todavia, a responsabilidade estatal será determinada pela teoria da culpa anônima ou falta do serviço, e não pela objetiva, como corretamente assentado pela maioria da doutrina e jurisprudência[49].

É preciso ressaltar a exigência de três requisitos para a configuração da responsabilidade objetiva do Estado: ação atribuível ao Estado, dano causado a terceiros e nexo de causalidade entre eles[50].

No RE 130.764, considerou o Tribunal hipótese relativa à pretensão de indenização por crime praticado por quadrilha integrada por evadidos de penitenciária. Assen-

49 Na jurisprudência do STF: "Responsabilidade civil do Estado por omissão culposa no prevenir danos causados por terceiros à propriedade privada: inexistência de violação do art. 37, § 6º, da Constituição. Para afirmar, no caso, a responsabilidade do Estado não se fundou o acórdão recorrido na infração de um suposto dever genérico e universal de proteção da propriedade privada contra qualquer lesão decorrente da ação de terceiros: aí, sim, é que se teria afirmação de responsabilidade objetiva do Estado, que a doutrina corrente efetivamente entende não compreendida na hipótese normativa do art. 37, § 6º, da Constituição da República (...) A existência da omissão ou deficiência culposa do serviço policial do Estado nas circunstâncias do caso – agravadas pela criação do risco, também imputável à administração –, e também que a sua culpa foi condição 'sine qua' da ação de terceiros – causa imediata dos danos –, a opção por uma das correntes da disceptação doutrinária acerca da regência da hipótese será irrelevante para a decisão da causa" (RE 237.561, rel. Min. Sepúlveda Pertence, *DJ* de 5-5-2002). Também sobre a configuração da responsabilidade civil do Estado, cf. RE 395.942-AgR, rel. Min. Ellen Gracie, *DJ* de 27-2-2009, ocasião em que ficou assentado que o crime cometido por foragido não implica faute du service da administração pública, não ensejando, portanto, direito à indenização. Cf., ainda, o RE 213.525-AgR, rel. Min. Ellen Gracie, *DJ* de 6-2-2009, assim ementado: "Agente público fora de serviço. Crime praticado com arma da corporação. Art. 37, § 6º, da CF/88. 1. Ocorrência de relação causal entre a omissão, consubstanciada no dever de vigilância do patrimônio público ao se permitir a saída de policial em dia de folga, portando o revólver da corporação, e o ato ilícito praticado por este servidor. 2. Responsabilidade extracontratual do Estado caracterizada."

50 Cf., nesse sentido: "A responsabilidade civil do Estado, responsabilidade objetiva, com base no risco administrativo, que admite pesquisa em torno da culpa do particular, para o fim de abrandar ou mesmo excluir a responsabilidade estatal, ocorre, em síntese, diante dos seguintes requisitos: a) do dano; b) da ação administrativa; c) e desde que haja nexo causal entre o dano e a ação administrativa. A consideração no sentido da licitude da ação administrativa é irrelevante, pois o que interessa, é isto: sofrendo o particular um prejuízo, em razão da atuação estatal, regular ou irregular, no interesse da coletividade, é devida a indenização, que se assenta no princípio da igualdade dos ônus e encargos sociais" (RE 113.587, rel. Min. Carlos Velloso, *DJ* de 3-3-1992).

tou a Corte, na oportunidade, os parâmetros fundamentais do nexo de causalidade necessário ao reconhecimento da responsabilidade objetiva do Estado, *verbis*:

"Ora, em nosso sistema jurídico, como resulta do disposto no artigo 1.060 do Código Civil, a teoria adotada quanto ao nexo de causalidade é a teoria do dano direto e imediato, também denominada teoria da interrupção do nexo causal. Não obstante aquele dispositivo da codificação civil diga respeito à impropriamente denominada responsabilidade contratual, aplica-se ele também à responsabilidade extracontratual, inclusive a objetiva, até por ser aquela que, sem quaisquer considerações de ordem subjetiva, afasta os inconvenientes das outras duas teorias existentes: a da equivalência das condições e a da causalidade adequada (cf. Wilson de Melo da Silva, Responsabilidade sem culpa, ns. 78 e 79, págs. 128 e segs., Editora Saraiva, São Paulo, 1974). Essa teoria, como bem demonstra Agostinho Alvim (Da Inexecução das Obrigações, 5ª ed., n. 226, pág. 370, Editora Saraiva, São Paulo, 1980), só admite o nexo de causalidade quando o dano é efeito necessário de uma causa, o que abarca o dano direto e imediato sempre, e, por vezes, o dano indireto e remoto, quando, para a produção deste, não haja concausa sucessiva. Daí dizer Agostinho Alvim (1.c.): 'os danos indiretos ou remotos não se excluem, só por isso; em regra, não são indenizáveis, porque deixam de ser efeito necessário, pelo aparecimento de concausas. Suposto não existam estas, aqueles danos são indenizáveis'.

No caso, em face dos fatos tidos como certos pelo acórdão recorrido, e com base nos quais reconheceu ele o nexo de causalidade indispensável para o reconhecimento da responsabilidade objetiva constitucional, é inequívoco que o nexo de causalidade inexiste, e, portanto, não pode haver a incidência da responsabilidade prevista no artigo 107 da Emenda Constitucional n. 1/69, a que corresponde o § 6º do artigo 37 da atual Constituição. Com efeito, o dano decorrente do assalto por uma quadrilha de que participava um dos evadidos da prisão não foi o efeito necessário da omissão da autoridade pública que o acórdão recorrido teve como causa da fuga dele, mas resultou de concausas, como a formação da quadrilha, e o assalto ocorrido cerca de vinte e um meses após a evasão.

Observo, finalmente, que, como é a esta Corte que cabe, com exclusividade em grau de jurisdição extraordinária, dizer da contrariedade, ou não, de dispositivo constitucional, para se saber se ocorre, ou não, a responsabilidade objetiva do Estado prevista na Constituição é indispensável qualificar juridicamente os fatos tidos como certos pelo acórdão recorrido, para se apurar se se verificam, ou não, os requisitos dessa responsabilidade, e, em consequência, se há, ou não, a incidência da norma constitucional.

2. Em face do exposto, conheço do presente recurso extraordinário e lhe dou provimento, para julgar improcedente a ação, e condenar os recorridos nas custas e em honorários de advogado que, atento aos critérios previstos no § 4º do artigo 20 do CPC, fixo em CR$ 2.000.000,00"[51].

51 *RTJ*, 143/283-284, rel. Min. Moreira Alves. Cf. também: "Tratando-se de ato omissivo do poder público, a responsabilidade civil por tal ato é subjetiva, pelo que exige dolo ou culpa, esta numa de suas três vertentes, a negligência, a imperícia ou a imprudência, não sendo, entretanto, necessário individualizá-la, dado que pode ser atribuída ao serviço público, de forma genérica, a falta do serviço. A falta do serviço – *faute du service* dos franceses – não dispensa o requisito da causalidade, vale dizer, do nexo de causalidade entre a ação omissiva atribuída ao poder público e o dano causado a terceiro. Latrocínio praticado por quadrilha da qual participava um apenado que fugira da prisão tempos antes: neste caso, não há falar em nexo de causalidade entre a fuga do apenado e o latrocínio" (RE 369.820, rel. Min. Carlos Velloso, *DJ* de 27-2-2004). No mesmo sentido: RE 409.203, rel. Min. Carlos Velloso, *Informativo* n. 391.

Restou assentado, assim, que o estabelecimento de nexo causal entre o evento contrário a interesse da parte que acionara o Estado e a ação a este atribuída era questão de direito e não de fato e que, por conseguinte, competia ao Supremo Tribunal Federal apreciar a matéria. A isso acrescentou o Ministro Moreira Alves que a teoria adotada é aquela do dano direto e imediato ou da interrupção do nexo causal.

Nesse contexto, é importante perquirir sobre a eventual caracterização da omissão que origina o dever de indenizar, registrando que tal omissão não é fática, mas exclusivamente jurídica, isto é, somente haverá omissão, no sentido juridicamente relevante, se houver um prévio dever legal de agir[52]. Tal entendimento já foi evidenciado pelo Supremo Tribunal Federal, em matéria criminal, e é válido para todos os campos do Direito. Com efeito, assentou essa Excelsa Corte: "A causalidade, nos crimes comissivos por omissão, não é fática, mas jurídica, consistente em não haver atuado o omitente, como devia e podia, para impedir o resultado"[53].

Assim, o primeiro pressuposto do reconhecimento da responsabilidade por omissão é a afirmação do dever legal de agir ou, na espécie, de prestar – matéria exclusivamente de direito, que integra ainda o pressuposto necessário do nexo de causalidade. Não obstante as normas constitucionais tenham adotado, desde a Carta de 1946, a responsabilidade objetiva do Estado, ou seja, independente de culpa ou procedimento contrário ao direito, além de a evolução doutrinária e a jurídica refletirem uma tendência em abranger também a responsabilidade estatal por atos legislativos e jurisdicionais, não se pode chegar ao extremo de conceber, em nosso ordenamento vigente, a adoção da teoria do risco integral ou do risco social[54], até porque não agasalhada na Carta de 1988 (art. 37, § 6º)[55].

A propósito, mencionem-se os didáticos ensinamentos de Celso Antônio Bandeira de Mello, que esclarece:

> "Ocorre a culpa do serviço ou a 'falta de serviço', quando este não funciona, devendo funcionar, funciona mal ou funciona atrasado. (...) É mister acentuar que a responsabilidade por 'falta de serviço', falha do serviço ou culpa do serviço (*faute du service*, seja qual for a tradução que se lhe dê) não é, de modo algum, modalidade de responsabilidade objetiva, ao contrário do que entre nós e alhures, às vezes, tem-se inadvertidamente suposto. É

52 Nesse sentido: "Caracteriza-se a responsabilidade civil objetiva do Poder Público em decorrência de danos causados, por invasores, em propriedade particular, quando o Estado se omite no cumprimento de ordem judicial para envio de força policial ao imóvel invadido." (RE 283.989, rel. Min. Ilmar Galvão, *DJ* de 13-9-2002.)

53 RHC 63.428/SC, rel. Min. Carlos Madeira, *DJ* de 14-11-1985, p. 20567.

54 A teoria do risco social somente é admitida, ainda assim, com muita restrição, no Direito francês.

55 "Responsabilidade civil do Estado: morte de passageiro em acidente de aviação civil: caracterização. Lavra dissenção doutrinária e pretoriana acerca dos pressupostos da responsabilidade civil do Estado por omissão (cf. RE 257.761), e da dificuldade muitas vezes acarretada à sua caracterização, quando oriunda de deficiências do funcionamento de serviços de polícia administrativa, a exemplo dos confiados ao DAC – Departamento de Aviação Civil –, relativamente ao estado de manutenção das aeronaves das empresas concessionárias do transporte aéreo. Há no episódio uma circunstância incontroversa, que dispensa a indagação acerca da falta de fiscalização preventiva, minimamente exigível, do equipamento: é estar a aeronave, quando do acidente, sob o comando de um 'checador' da Aeronáutica, à deficiência de cujo treinamento adequado se deveu, segundo a instância ordinária, o retardamento das medidas adequadas à emergência surgida na decolagem, que poderiam ter evitado o resultado fatal" (RE 258.726, rel. Min. Sepúlveda Pertence, *DJ* de 14-6-2002).

responsabilidade subjetiva porque baseada na culpa (ou dolo), como sempre advertiu o Prof. Oswaldo Aranha Bandeira de Mello.

Com efeito, para a sua deflagração não basta a mera objetividade de um dano relacionado com o serviço estatal. Cumpre que exista algo mais, ou seja, culpa (ou dolo), elemento tipificador da responsabilidade subjetiva"[56].

Cabe ainda destacar a lição de Oswaldo Aranha Bandeira de Mello, citada por Celso Antônio:

"A responsabilidade fundada na teoria do risco-proveito pressupõe sempre ação positiva do Estado, que coloca terceiro em risco, pertinente à sua pessoa ou ao seu patrimônio, de ordem material, econômica ou social em benefício da instituição governamental ou da coletividade em geral, que o atinge individualmente, e atenta contra a igualdade de todos diante dos encargos públicos, em lhe atribuindo danos anormais, acima dos comuns, inerentes à vida em sociedade.

Consiste em ato comissivo, positivo do agente público, em nome do e por conta do Estado, que redunda em prejuízo a terceiro, consequência de risco decorrente da sua ação, repita-se, praticado tendo em vista proveito da instituição governamental ou da coletividade em geral. *Jamais omissão negativa*. Esta, em causando dano a terceiro, não se inclui na teoria do risco-proveito. A responsabilidade do Estado por omissão só pode ocorrer na hipótese de culpa anônima, da organização e funcionamento do serviço, que não funcionou ou funcionou mal ou com atraso, e atinge os usuários do serviço ou os nele interessados."

Celso Antônio leciona, ainda, que nem todo funcionamento defeituoso do serviço acarreta a responsabilidade, ressaltando que o Conselho de Estado francês aprecia *in concreto* a falta, levando em conta a "diligência média que se poderia legitimamente exigir do serviço"[57] ou quando o Poder Público tinha o dever de evitar o evento danoso[58].

Havendo, portanto, um dano decorrente de omissão do Estado (o serviço não funcionou, funcionou tardia ou ineficientemente), é de exigir-se a caracterização do dever legal de agir, uma vez que, se o Estado não agiu, não pode, logicamente, ser ele o autor do dano. E, se não foi o autor, só cabe responsabilizá-lo se obrigado a impedir o dano. Isto é, só faz sentido responsabilizá-lo se descumpriu dever legal que lhe impunha obstar o evento lesivo[59].

Logo, se o Estado não estava obrigado a *impedir* o acontecimento danoso, não há razão para impor-lhe o encargo de suportar patrimonialmente as consequências da lesão. Por isso, "a responsabilidade por ato omissivo é sempre responsabilidade por comportamento *ilícito*"[60].

Diante de tais considerações, conclui-se que não bastará, para se configurar a responsabilidade do Poder Público, a simples relação entre a ausência do serviço (omissão

56 Celso Antônio Bandeira de Mello, *Curso de direito administrativo*, cit., p. 480-481.

57 Celso Antônio Bandeira de Mello, *Curso de direito administrativo*, cit., p. 483.

58 Celso Antônio Bandeira de Mello, *Curso de direito administrativo*, cit., p. 487.

59 Celso Antônio Bandeira de Mello, *Curso de direito administrativo*, cit., p. 489.

60 Celso Antônio Bandeira de Mello, *Curso de direito administrativo*, cit., p. 489.

estatal) e o dano sofrido, pois, inexistindo obrigação legal de impedir certo evento danoso, seria, no dizer de Celso Antônio Bandeira de Mello, "um verdadeiro absurdo imputar ao Estado responsabilidade por um dano que não causou, pois isto equivaleria a extraí-la do nada; significaria pretender instaurá-la prescindindo de qualquer fundamento racional ou jurídico"[61]. E foi exatamente isso o que exigiu o Supremo Tribunal Federal no julgamento do RHC 63.428/SC.

Vale registrar, ainda, que a doutrina afasta o reconhecimento do chamado direito reflexo, isto é, daquela prerrogativa que não constitui direito subjetivo, mas tão somente a repercussão indireta e aleatória de determinada ação sobre os interesses de outrem. Constituir-se-ia, em verdade, na ocorrência de um interesse sem o correspondente dever de prestação de um sujeito passivo, isto é, não se alcançaria a categoria do direito subjetivo por inexistir o requisito da exigibilidade do interesse. Tal é o caso, ao se pretender afirmar, de modo absurdo e ilegítimo, a omissão do Estado relativamente a determinada providência, que jamais constituiu para este um dever.

Nada obstante, ainda que se entendesse de se aplicar, nesse caso, a doutrina da responsabilidade objetiva, em face da teoria do risco-proveito, mesmo assim, não poderia a União suportar o encargo de reparar os prejuízos sofridos pela empresa-recorrida, diante da inexistência do liame ou nexo de causalidade, consubstanciado na triangulação: ação (comissiva ou omissiva)/direito juridicamente tutelado/lesão[62].

Para se imputar ao Poder Público a responsabilidade objetiva (teoria do risco-proveito) não é necessário questionar se a atuação do Estado foi legítima ou ilegítima; relevante é verificar a perda da situação juridicamente protegida[63]. Quanto a esse aspecto, o magistério de Celso Antônio Bandeira de Mello esclarece: "Em matéria de responsabilidade estatal por danos causados pelo próprio Estado, tem razão Sotto Kloss quando afirma que o problema há de ser examinado e decidido em face da situação do sujeito passivo – a de lesado em sua esfera juridicamente protegida – e não em face dos caracteres do comportamento do sujeito ativo"[64].

Sob esse enfoque, a existência ou inexistência do dever de reparar não se decide pela qualificação da conduta geradora do dano (lícita ou ilícita), mas pela qualificação da lesão sofrida. Logo, o problema da responsabilidade resolve-se no lado passivo da

61 Celso Antônio Bandeira de Mello, *Curso de direito administrativo*, cit., p. 489.

62 "A teoria do risco administrativo, consagrada em sucessivos documentos constitucionais brasileiros desde a Carta Política de 1946, confere fundamento doutrinário à responsabilidade civil objetiva do Poder Público pelos danos a que os agentes públicos houverem dado causa, por ação ou por omissão. Essa concepção teórica, que informa o princípio constitucional da responsabilidade civil objetiva do Poder Público, faz emergir, da mera ocorrência de ato lesivo causado à vítima pelo Estado, o dever de indenizá-la pelo dano pessoal e/ou patrimonial sofrido, independentemente de caracterização de culpa dos agentes estatais ou de demonstração de falta do serviço público. Os elementos que compõem a estrutura e delineiam o perfil da responsabilidade civil objetiva do Poder Público compreendem (a) a alteridade do dano, (b) a causalidade material entre o '*eventus damni*' e o comportamento positivo (ação) ou negativo (omissão) do agente público, (c) a oficialidade da atividade causal e lesiva, imputável a agente do Poder Público, que tenha, nessa condição funcional, incidido em conduta comissiva ou omissiva, independentemente da licitude, ou não, do comportamento funcional (*RTJ* 140/636) e (d) a ausência de causa excludente da responsabilidade estatal (*RTJ* 55/503 – *RTJ* 71/99 – *RTJ* 91/377 – *RTJ* 99/1155 – *RTJ* 131/417)." (RE 109.615, rel. Min. Celso de Mello, *DJ* de 2-8-1996.)

63 Celso Antônio Bandeira de Mello, *Curso de direito administrativo*, cit., p. 488.

64 Celso Antônio Bandeira de Mello, *Curso de direito administrativo*, cit., p. 488.

relação, não em seu lado ativo. Importa que o dano seja ilegítimo, não que a conduta causadora o seja. Em outras palavras, é possível a existência da responsabilidade civil do Estado gerada pela prática de atos lícitos, entretanto, não basta para caracterizá-la a mera deterioração patrimonial sofrida por alguém. Não é suficiente a simples subtração de um interesse ou de uma vantagem que alguém possa fruir, ainda que legitimamente. Quatro são as características do dano indenizável: 1) o dano deve incidir sobre um direito; 2) o dano tem de ser certo, real; 3) tem de ser um dano especial; e, por último, 4) há de ocorrer um dano anormal.

Quanto à lesão a um direito, deve necessariamente tratar-se de um bem jurídico cuja integridade o sistema normativo proteja, reconhecendo-o como um direito do indivíduo. A propósito, leciona Celso Antônio: "o dano ensanchador de responsabilidade, é mais que simples dano econômico. Pressupõe sua existência, mas reclama, além disso, que consista em agravo a algo que a ordem jurídica reconhece como garantido em favor de um sujeito"[65]. A título de melhor elucidação, traz ele os seguintes exemplos: "a mudança de uma escola pública, de um museu, de um teatro, de uma biblioteca, de uma repartição pode representar para comerciantes e profissionais instalados em suas imediações evidentes prejuízos, na medida em que lhes subtrai toda a clientela natural derivada dos usuários daqueles estabelecimentos transferidos. Não há dúvida que os comerciantes e profissionais vizinhos terão sofrido um dano patrimonial, inclusive o 'ponto' ter-se-á desvalorizado, mas não haverá dano jurídico"[66]. Por isso, nessas hipóteses, inexiste responsabilidade, por inexistir agravo a um direito. Foram atingidos apenas interesses econômicos ou os chamados direitos ou interesses reflexos.

Além disso, o dano indenizável deve ser certo, real, não apenas eventual, possível. O dano especial é aquele que onera, de modo particular, o direito do indivíduo, pois um prejuízo genérico, disseminado pela sociedade, não pode ser acobertado pela responsabilidade objetiva do Estado. Bandeira de Mello pontifica que o dano especial é aquele que "corresponde a um agravo patrimonial que incide especificamente sobre certo ou certos indivíduos e não sobre a coletividade ou sobre genérica e abstrata categoria de pessoas. Por isso não estão acobertadas, por exemplo, as perdas de poder aquisitivo da moeda, decorrentes de medidas econômicas estatais inflacionárias". E dano anormal, para o festejado doutrinador, "é aquele que supera os meros agravos patrimoniais pequenos e inerentes às condições de convívio social"[67].

Assinale-se que, na hipótese de supostos danos, atribuídos a atos legislativos constitucionais ou atos administrativos decorrentes do estrito cumprimento desses atos normativos, a jurisprudência dos nossos tribunais assentou que a declaração de inconstitucionalidade é pressuposto necessário para o pagamento de indenização relativa a esses danos. De fato, colhe-se da jurisprudência nacional o seguinte entendimento: "Não é possível demandar indenização por atos de autoridades fundados em dispositivo legal cuja inconstitucionalidade ainda não fora, até a data, reconhecida e declarada pelo Poder Judiciário" (*RDA*, 8/133).

65 Celso Antônio Bandeira de Mello, *Curso de direito administrativo*, cit., p. 496.

66 Celso Antônio Bandeira de Mello, *Curso de direito administrativo*, cit., p. 496.

67 Celso Antônio Bandeira de Mello, *Curso de direito administrativo*, cit., p. 498.

O Ministro Celso de Mello afirmou, sobre a matéria, em despacho no RE 153.464, logo após referir-se ao precedente acima transcrito:

> "O Supremo Tribunal Federal consagrou esse entendimento e prestigiou essa orientação em pronunciamentos nos quais deixou consignado que 'O Estado responde civilmente pelo dano causado em virtude de ato praticado com fundamento em lei declarada inconstitucional' (*RDA*, 20/42, rel. Min. Castro Nunes). 'Uma vez praticado pelo poder público um ato prejudicial que se baseou em lei que não é lei, responde ele por suas consequências' (RTJ 2/121, rel. Min. Cândido Mota Filho)." (*RDA*, 189/305.) (*Vide*, ainda, *RDA*, 191/175.)

Por fim, anote-se o que diz José Cretella Júnior: "Se da lei inconstitucional resulta algum dano aos particulares, caberá a responsabilidade do Estado, *desde que a inconstitucionalidade tenha sido declarada pelo Poder Judiciário.*" (*RDA*, 135/26) Assim, parece forçoso concluir, por conseguinte, que o reconhecimento do dever de indenizar dano oriundo de ato legislativo ou de atos administrativos decorrentes de seu estrito cumprimento depende da declaração prévia e judicial da inconstitucionalidade da lei correlata. E isso pela simples razão de que, até ser declarada inconstitucional, e se o for, nenhuma lei pode considerar-se contrária à ordem jurídica.

Constantemente o STF tem sido chamado a resolver casos sobre o tema. Em decisão de 2017, fixou-se a Tese de Repercussão Geral n. 246: "O inadimplemento dos encargos trabalhistas dos empregados do contratado não transfere automaticamente ao Poder Público contratante a responsabilidade pelo seu pagamento, seja em caráter solidário ou subsidiário, nos termos do art. 71, § 1º, da Lei n. 8.666/93"[68]. O Tribunal, corretamente, afastou a responsabilidade de pleno direito solidária ou subsidiária da administração pública por atos praticados por pessoas físicas e jurídicas que lhe prestam serviços. Ao interpretar o § 6º do art. 37 da Constituição, o Tribunal fixou que somente há responsabilidade civil do Estado em casos em que o poder público concorra para o dano por ação ou omissão sua.

Em caso paradigmático, o STF, adotando novamente a teoria da responsabilidade objetiva, fixou a Tese de Repercussão Geral n. 365: "Considerando que é dever do Estado, imposto pelo sistema normativo, manter em seus presídios os padrões mínimos de humanidade previstos no ordenamento jurídico, é de sua responsabilidade, nos termos do art. 37, § 6º da Constituição, a obrigação de ressarcir os danos, inclusive morais, comprovadamente causados aos detentos em decorrência da falta ou insuficiência das condições legais de encarceramento"[69]. Tratou-se de reafirmar a responsabilidade civil do Estado pela integridade física e moral das pessoas sob sua custódia, como sedimentado na legislação de execuções penais, atos internacionais e na própria jurisprudência do STF.

Até aqui, como visto, o tema da responsabilidade civil do Estado tem sido objeto de criativa construção jurisprudencial, em virtude da ausência de um regramento legal

---

68 A tese foi fixada a partir do julgamento no RE 760.931, Pleno, rel. p/ acórdão Min. Luiz Fux, *DJe* de 12-9-2017.

69 A tese foi estabelecida no julgamento do RE 580.252, Pleno, rel. p/ acórdão Min. Gilmar Mendes, *DJe* de 11-9-2017.

específico sobre a matéria. Em 24 de junho de 2009, foi apresentado pelo Deputado Flávio Dino o PL n. 5.480/2009, que busca disciplinar o tema da responsabilidade civil do Estado, entre nós, consolidando boa parte da construção jurisprudencial desenvolvida. Referida proposição resultou de um trabalho realizado pela Comissão Caio Tácito, instituída pela Portaria n. 634, de 23 de outubro de 1996, e teve como Relatora responsável a Professora Odete Medauar. Tal projeto, lamentavelmente, foi arquivado sem deliberação legislativa. É importante ressaltar controvérsia existente quanto ao âmbito de aplicação do art. 37, § 5º, da CF/88, o qual prevê que "a lei estabelecerá os prazos de prescrição para ilícitos praticados por qualquer agente, servidor ou não, que causem prejuízos ao erário, ressalvadas as respectivas ações de ressarcimento".

Em 16 de junho de 2016, o Supremo Tribunal Federal, rechaçando a tese de imprescritibilidade ampla da pretensão reparatória estatal, decidiu que, nas ações voltadas à reparação de danos decorrentes de ilícito civil, a Fazenda Pública deve obedecer ao prazo prescricional previsto em lei. O Tribunal entendeu que a imprescritibilidade prevista no art. 37, § 5º, da CF/88 somente se aplicaria às ações de ressarcimento de danos decorrentes de ato doloso de improbidade administrativa[70]. Como mencionado acima, tal entendimento foi reforçado pelo Supremo Tribunal Federal no RE 852.475, red. para ac. Min. Edson Fachin, j. 8-8-20018.

Com as devidas vênias ao entendimento jurisprudencial, é necessário refletir que a tese comporta algumas divergências. A imprescritibilidade das ações de improbidade administrativa, que possuem natureza civil, contrasta com a prescritibilidade de demandas voltadas à tutela de bens jurídicos penais. Permite-se, por exemplo, que a pretensão punitiva do Estado em crimes de corrupção ativa ou passiva seja prescritível, a despeito de a pretensão indenizatória por atos de improbidade relacionados não se submeter à incidência do prazo prescricional.

Outra controvérsia relevante acerca do regime de responsabilidade civil do Estado dizia respeito à possibilidade de o agente público responder diretamente pelos danos causados a terceiros no exercício de atividade pública. Ao apreciar o mérito do Tema 940 da Repercussão Geral, em 14 de agosto de 2019, o Plenário do STF decidiu que a ação por danos causados por agente público deve ser necessariamente ajuizada contra o Estado ou a pessoa jurídica de direito privado, prestadora de serviço público, sendo o autor do ato parte ilegítima da ação. O entendimento da Corte resguarda a possibilidade de ação de regresso da Administração contra o responsável nos casos de dolo ou culpa, mantendo a sistemática sagrada no art. 37, § 6°, da CF[71].

Em 2020, no contexto da crise de emergência de saúde pública decorrente da pandemia da covid-19, o STF discutiu a constitucionalidade da MP 966/2020, que dispunha sobre os critérios de responsabilização dos agentes públicos por atos e omissões relacionados à pandemia. A MP previa que os agentes públicos só poderiam ser responsabilizados nas esferas civil e administrativa se agissem ou se se omitissem com dolo ou erro grosseiro pela prática de atos relacionados, direta ou indiretamente, ao combate dos efeitos da pandemia na economia e na administração da saúde (art. 1º, incisos I e II).

70 RE 669.069 ED, rel. Min. Teori Zavascki, Tribunal Pleno, *DJe* de 30-6-2016.

71 RE 1027633, rel. Min. Marco Aurélio, Julgado em 14-09-2019, *DJe* de 6-12-2019.

Para os fins de aplicação da MP, "erro grosseiro" era normativamente definido como "o erro manifesto, evidente e inescusável praticado com culpa grave, caracterizado por ação ou omissão com elevado grau de negligência, imprudência ou imperícia" (art. 2º). Por maioria de votos, o Tribunal conferiu interpretação conforme à Constituição, estabelecendo as seguintes teses:

> "1. Configura erro grosseiro o ato administrativo que ensejar violação ao direito à vida, à saúde, ao meio ambiente equilibrado ou impactos adversos à economia, por inobservância: (i) de normas e critérios científicos e técnicos; ou (ii) dos princípios constitucionais da precaução e da prevenção. 2. A autoridade a quem compete decidir deve exigir que as opiniões técnicas em que baseará sua decisão tratem expressamente: (i) das normas e critérios científicos e técnicos aplicáveis à matéria, tal como estabelecidos por organizações e entidades internacional e nacionalmente reconhecidas; e (ii) da observância dos princípios constitucionais da precaução e da prevenção, sob pena de se tornarem corresponsáveis por eventuais violações a direitos"[72].

4. O SUPREMO TRIBUNAL FEDERAL E O TERCEIRO SETOR

4.1. Administração pública, organizações sociais e OSCIPS

O chamado terceiro setor surgiu sob a égide da Constituição de 1988 em uma tentativa de suprir as novas demandas sociais, em grande parte geradas justamente pelo advento da Constituição cidadã, pródiga no reconhecimento de direitos e garantias típicos do Estado Social. A crescente demanda por serviços públicos tradicionalmente de incumbência do Estado, que sempre demonstrou dificuldade em cumprir sua função, justificou em larga medida a transferência de competências típicas do primeiro setor para uma nova esfera, a das entidades privadas sem fins lucrativos.

As entidades do terceiro setor são associações para fins "não econômicos" ou fundações constituídas para fins específicos de assistência, que exercem atividades estatais típicas. Desse modo, a percepção de que a eficiência dos serviços públicos é fundamental para a própria estruturação do Estado social, que busca estabelecer relações mais equânimes no ambiente da comunidade, tem permitido não só que revalorizem o instituto tradicional da concessão e da permissão de serviços públicos, com a ampliação das privatizações e do desenvolvimento das agências reguladoras como instituições de controle, mas que também se engendrem novas formas jurídicas capazes de responder às crescentes demandas de serviço com maior flexibilidade e a preços razoáveis.

Nos termos da Constituição, a União, os Estados, o Distrito Federal e os Municípios atuarão de forma direta (entes políticos) ou indireta (autarquias, fundações, sociedades de economia mista, empresas públicas). Tendo em vista a obtenção de maior presteza, flexibilidade e eficiência, têm-se desenvolvido formas de cooperação em diversos setores da vida político-administrativa. Incluem-se nesse contexto as Organizações Sociais (OS), as Organizações da Sociedade Civil de Interesse Público (OSCIP), os Ser-

72 STF, ADI 6.421, Pleno, rel. Min. Luís Roberto Barroso, j. 21-5-2020, acórdão pendente de publicação.

viços Sociais Autônomos (SSA) e as Organizações da Sociedade Civil, nos termos da Lei n. 13.019, de 31 de julho de 2014.

As OSCIPs, entidades sem fins lucrativos, foram criadas pela Lei Federal n. 9.790/99 e regulamentadas pelo Decreto n. 3.100/99. Guardadas as devidas proporções, possuem essas os mesmos princípios norteadores da Administração Pública, justificada pela frequente transferência de recursos públicos a essas organizações. Como maneira de formalizar esse repasse, a lei prevê a assinatura de "Termo de Parceria", que teria natureza convencional, e não contraprestacional (contratual)[73]. É por meio desse termo que o Poder Público pode cometer às OSCIPs a execução de atividades de saúde, tornando-se seu parceiro, justamente na possibilidade conferida pelo texto constitucional à iniciativa privada.

Por sua vez, a execução e o fomento de algumas atividades, inclusive na área de saúde, por meio das OSs, são oficializados por meio dos contratos de gestão, que possuem respaldo constitucional (art. 37, § 8º, da CF, dispositivo incluído pela EC n. 19/98)[74]. A Lei n. 9.637/98, que institui as organizações sociais, prevê expressamente que "a organização social que absorver atividades de entidade federal extinta no âmbito da área da saúde deverá considerar no contrato de gestão, quanto ao atendimento da comunidade, os princípios do Sistema Único de Saúde" (art. 18).

Esse ponto constitui um dos mais polêmicos da relação do Estado com os organismos do terceiro setor, uma vez que, com a execução de um contrato de gestão, o Poder Público poderia transferir a uma organização social, ente privado, a integralidade da atividade-fim de saúde, inclusive no tocante aos bens e recursos a ela inerentes. Ainda que não se trate de uma efetiva privatização, é evidente que essa transferência de atividade pública implica uma redução do campo de atuação estatal[75].

Ressalte se que a constitucionalidade do regime das organizações sociais foi analisada pelo Supremo Tribunal Federal no julgamento da Ação Direta de Inconstitucionalidade 1.923/DF. Por maioria, o Tribunal Pleno da Corte julgou procedente a ação para conferir interpretação conforme a Constituição ao art. 24, XXIV, da Lei de Licitações e Contratos, que prevê hipótese de dispensa de licitação para a celebração de contratos de gestão entre organizações sociais e o Poder Público. O voto condutor, de lavra do Min. Luiz Fux, consignou que "a existência de dispensa de licitação não afasta a incidência dos princípios constitucionais da Administração Pública (art. 37, *caput*, da CF), de modo que a contratação direta deve observar critérios objetivos e impessoais, com publicidade de forma a permitir o acesso a todos os interessados, ainda que sem a necessidade de observância dos requisitos formais rígidos do procedimento da Lei n. 8.666/93"[76].

---

73 Floriano de Azevedo Marques Neto, Público e privado no setor de saúde, *Revista de Direito Público da Economia*, Belo Horizonte, ano 3, n. 9, p. 105-154, jan./mar. 2005, p. 135.

74 "Art. 37, § 8º A autonomia gerencial, orçamentária e financeira dos órgãos e entidades da administração direta e indireta poderá ser ampliada mediante contrato, a ser firmado entre seus administradores e o poder público, que tenha por objeto a fixação de metas de desempenho para o órgão ou entidade, cabendo à lei dispor sobre: I – o prazo de duração do contrato; II – os controles e critérios de avaliação de desempenho, direitos, obrigações e responsabilidade dos dirigentes; III – a remuneração do pessoal."

75 Floriano de Azevedo Marques Neto, *Público e privado no setor de saúde*, cit., p. 131.

76 ADI 1.923/DF, rel. p/ acórdão Min. Luiz Fux, julgado em 16-4-2015, acórdão pendente de publicação.

4.1.1. As Organizações Sociais no contexto da Reforma do Estado no Brasil

As Organizações Sociais inserem-se num contexto de Reforma do Estado brasileiro, iniciada na década de 1990 e que ainda está sendo implementada.

A Declaração de Madrid, aprovada em 14 de outubro de 1998 pelo Conselho Diretor do Centro Latino-americano de Administração para o Desenvolvimento – CLAD, composto pelas máximas autoridades governamentais responsáveis pela modernização da Administração Pública e da Reforma do Estado em 25 países-membros, descreve o contexto em que se insere a Reforma do Estado brasileiro, ou seja, a Reforma Gerencial dos Estados latino-americanos.

A Reforma Gerencial do Estado não faz parte apenas da pauta político-administrativa brasileira, mas também tem sido implementada em diversos países, principalmente no contexto latino-americano, com vistas a tornar a gestão pública mais ágil e flexível diante dos novos desafios de nossa sociedade complexa. Conforme a Declaração de Madrid, o modelo gerencial – de Reforma do Estado – tem como inspiração as transformações organizacionais ocorridas no setor privado, as quais têm alterado a forma burocrático-piramidal de administração, flexibilizando a gestão, diminuindo os níveis hierárquicos e, por conseguinte, aumentando a autonomia de decisão dos gerentes – daí o nome gerencial. Com essas mudanças, saiu-se de uma estrutura baseada em normas centralizadas para outra ancorada na responsabilização dos administradores, avaliados pelos resultados efetivamente produzidos. Esse novo modelo busca responder mais rapidamente às grandes mudanças ambientais que acontecem na economia e na sociedade contemporâneas. Em suma – afirma a declaração – "o governo não pode ser uma empresa, mas pode se tornar mais empresarial", isto é, pode ser mais ágil e flexível diante das gigantescas mudanças ambientais que atingem todas as organizações.

No Brasil, a redefinição do papel do Estado e sua reconstrução têm importância decisiva em razão de sua incapacidade para absorver e administrar com eficiência todo o imenso peso das demandas que lhe são dirigidas, sobretudo na área social. O esgotamento do modelo estatal intervencionista, a patente ineficácia e ineficiência de uma administração pública burocrática baseada em um vetusto modelo weberiano, assim como a crise fiscal, todos observados em grande escala na segunda metade da década de 1980, tornaram imperiosa a reconstrução do Estado brasileiro nos moldes já referidos de um Estado gerencial, capaz de resgatar sua autonomia financeira e sua capacidade de implementar políticas públicas.

Trata-se, portanto, de uma redefinição do papel do Estado, que deixa de ser agente interventor e produtor direto de bens e serviços para se concentrar na função de promotor e regulador do desenvolvimento econômico e social.

Dentre esses programas e metas, assume especial importância o programa de *publicização*, que constitui a descentralização para o setor público não estatal da execução de serviços que não envolvem o exercício do poder de Estado, mas devem ser subsidiados pelo Estado, como é o caso dos serviços de educação, saúde, cultura e pesquisa científica.

O programa de publicização, portanto, permite ao Estado compartilhar com a comunidade, as empresas e o Terceiro Setor a responsabilidade pela prestação de serviços públicos como os de saúde e educação. Trata-se, em outros termos, de uma parceria entre Estado e sociedade na consecução de objetivos de interesse público, com maior agilidade, eficiência.

As Organizações Sociais correspondem à implementação do Programa Nacional de Publicização – PNP e, dessa forma, constituem estratégia central da Reforma do Estado brasileiro.

4.1.2. As Organizações Sociais no contexto do Programa Nacional de Publicização – PNP da Reforma do Aparelho do Estado: a transferência ao setor público não estatal da prestação de serviços não exclusivos do Estado

O Projeto das Organizações Sociais, no âmbito do Programa Nacional de Publicização – PNP, foi traçado inicialmente pelo Plano Diretor da Reforma do Aparelho do Estado, que previu a elaboração de um projeto de lei que permitisse a "publicização" dos serviços não exclusivos do Estado, ou seja, sua transferência do setor estatal para o público não estatal.

Assim, segundo o Plano Diretor, o Projeto das Organizações Sociais tem como objetivo permitir a descentralização de atividades no setor de prestação de serviços não exclusivos, nos quais não existe o exercício do Poder de Estado, a partir do pressuposto de que esses serviços serão mais eficientemente realizados se, mantendo o financiamento do Estado, forem realizados pelo setor público não estatal.

Os contornos jurídicos das Organizações Sociais foram delimitados no referido Plano Diretor[77] da seguinte forma:

> "Entende-se por 'organizações sociais' as entidades de direito privado que, por iniciativa do Poder Executivo, obtêm autorização legislativa para celebrar contrato de gestão com esse poder, e assim ter direito à dotação orçamentária. As organizações sociais terão autonomia financeira e administrativa, respeitadas as condições descritas em lei específica como, por exemplo, a forma de composição de seus conselhos de administração, prevenindo-se, deste modo, a privatização ou a feudalização dessas entidades. Elas receberão recursos orçamentários, podendo obter outros ingressos através da prestação de serviços, doações, legados, financiamentos, etc. As entidades que obtenham a qualidade de organizações sociais gozarão de maior autonomia administrativa, e, em compensação, seus dirigentes terão maior responsabilidade pelo seu destino. Por outro lado, busca-se através das organizações sociais uma maior participação social, na medida em que elas são objeto de um controle direto da sociedade através de seus conselhos de administração recrutado no nível da comunidade à qual a organização serve. Adicionalmente se busca uma maior parceria com a sociedade, que deverá financiar uma parte menor mas significativa dos custos dos serviços prestados. A transformação dos serviços não exclusivos estatais em organizações sociais se dará de forma voluntária, a partir da iniciativa dos respectivos ministros, através de um Programa Nacional de Publicização. Terão prioridade os hospitais, as universidades e escolas técnicas, os centros de pesquisa, as bibliotecas e os museus. A operacionalização do programa será feita por um Conselho Nacional de Publicização, de caráter ministerial".

77 Presidência da República, Ministério da Administração Federal e Reforma do Estado, Plano Diretor da Reforma do Aparelho do Estado, Brasília, novembro de 1995, p. 60.

As Organizações Sociais, portanto, traduzem um modelo de parceria entre o Estado e a sociedade para a consecução de interesses públicos comuns, com ampla participação da comunidade. De produtor direto de bens e serviços públicos o Estado passa a constituir o fomentador das atividades publicizadas, exercendo, ainda, um controle estratégico de resultados dessas atividades. O contrato de gestão constitui o instrumento de fixação e controle de metas de desempenho que assegurem a qualidade e a efetividade dos serviços prestados à sociedade. Ademais, as Organizações Sociais podem assimilar características de gestão "cada vez mais próximas das praticadas no setor privado, o que deverá representar, entre outras vantagens: a contratação de pessoal nas condições de mercado; a adoção de normas próprias para compras e contratos; e ampla flexibilidade na execução do seu orçamento"[78].

Decorrente do projeto traçado no Plano Diretor da Reforma do Aparelho do Estado (1995), o Programa Nacional de Publicização – PNP foi então criado pela Lei n. 9.637/98.

4.1.3. A Lei das Organizações Sociais (Lei n. 9.637/98)

A Lei n. 9.637, de 15 de maio de 1998, questionada na referida ação direta, cria o Programa Nacional de Publicização e prescreve as normas para a qualificação de entidades como organizações sociais.

Em seu primeiro artigo, a referida lei dispõe que o Poder Executivo poderá qualificar como organizações sociais pessoas jurídicas de direito privado, sem fins lucrativos, cujas atividades sejam dirigidas ao ensino, à pesquisa científica, ao desenvolvimento tecnológico, à proteção e preservação do meio ambiente, à cultura e, finalmente, à saúde.

A implementação de uma organização social pressupõe duas ações complementares: a) a publicização de atividades executadas por entidades estatais, as quais serão extintas; e b) a absorção dessas atividades por entidades privadas, que serão qualificadas como Organização Social – OS, por meio de contrato de gestão[79].

Em seu art. 20, a Lei n. 9.637/98 dispõe sobre a criação do Programa Nacional de Publicização – PNP, "com o objetivo de estabelecer diretrizes e critérios para a qualificação de organizações sociais, a fim de assegurar a absorção de atividades desenvolvidas por entidades ou órgãos públicos da União, que atuem nas atividades referidas em seu art. 1º, por organizações sociais, qualificadas na forma desta Lei, observadas as seguintes diretrizes: I – ênfase no atendimento do cidadão-cliente; II – ênfase nos resultados qualitativos e quantitativos nos prazos pactuados; III – controle social das ações de forma transparente".

Assim, a publicização se refere às atividades (não exclusivas de Estado) e não às entidades. No processo de publicização, determinadas entidades estatais são extintas e suas atividades são publicizadas, ou seja, são absorvidas por entidades privadas qualificadas como OS, de acordo com os critérios especificados na lei e mediante contrato de gestão.

---

78 Presidência da República, Ministério da Administração Federal e Reforma do Estado, Plano Diretor da Reforma do Aparelho do Estado, Brasília, novembro de 1995, p. 13.

79 Cf. Ministério da Administração Federal e Reforma do Estado, Cadernos MARE, *Organizações Sociais*, 5. ed., Brasília, 1998, p. 17.

A própria Lei n. 9.637/98 tratou de extinguir entidades estatais, autorizando o Poder Executivo a qualificar como organizações sociais as pessoas jurídicas de direito privado indicadas em seu Anexo I, permitindo, ainda, a absorção das atividades desempenhadas pelas entidades extintas por essas novas entidades qualificadas como OS.

Cabe ao Poder Executivo qualificar pessoas jurídicas de direito privado, sem fins lucrativos, como Organizações Sociais, para o exercício de atividades dirigidas ao ensino, à pesquisa científica, ao desenvolvimento tecnológico, à proteção e preservação do meio ambiente, à cultura e à saúde. O art. 2º da Lei n. 9.637/98 estabelece os requisitos específicos para que as entidades privadas habilitem-se à qualificação como organização social. De acordo com o art. 22, § 1º, a absorção, pelas organizações sociais, das atividades das entidades extintas, efetivar-se-á mediante celebração de contrato de gestão.

No conceito estabelecido pela Lei n. 9.637/98 (art. 5º), o contrato de gestão é o instrumento firmado entre o Poder Público (por intermédio de seus Ministérios) e a entidade qualificada como organização social, com vistas à formação de parceria entre as partes para fomento e execução de atividades publicizadas.

O contrato de gestão, dessa forma, discriminará as atribuições, responsabilidades e obrigações do Poder Público e da organização social (art. 6º).

A principal função do contrato de gestão é a fixação de metas, assim como a definição dos mecanismos de avaliação de desempenho e controle de resultados das atividades da organização social. Assim, deverá o contrato de gestão conter: I – especificação do programa de trabalho proposto pela organização social, a estipulação das metas a serem atingidas e os respectivos prazos de execução, bem como previsão expressa dos critérios objetivos de avaliação de desempenho a serem utilizados, mediante indicadores de qualidade e produtividade; II – a estipulação dos limites e critérios para despesa com remuneração e vantagens de qualquer natureza a serem percebidas pelos dirigentes e empregados das organizações sociais, no exercício de suas funções (art. 7º).

Assim, dispõe a lei que a organização social apresentará ao órgão ou entidade do Poder Público supervisora signatária do contrato, ao término de cada exercício ou a qualquer momento, conforme recomende o interesse público, relatório pertinente à execução do contrato de gestão, contendo comparativo específico das metas propostas com os resultados alcançados, acompanhado da prestação de contas correspondente ao exercício financeiro (art. 8º, § 1º). Os resultados atingidos com a execução do contrato de gestão devem ser analisados, periodicamente, por comissão de avaliação, indicada pela autoridade supervisora da área correspondente, composta por especialistas de notória capacidade e adequada qualificação (art. 8º, § 2º).

Dispõe a lei, ainda, que às organizações sociais poderão ser destinados recursos orçamentários e bens públicos necessários ao cumprimento do contrato de gestão.

Quanto aos mecanismos de controle sobre a utilização desses recursos e bens públicos pela organização social, a lei prescreve o seguinte:

> Art. 9º Os responsáveis pela fiscalização da execução do contrato de gestão, ao tomarem conhecimento de qualquer irregularidade ou ilegalidade na utilização de recursos ou bens de origem pública por organização social, dela darão ciência ao Tribunal de Contas da União, sob pena de responsabilidade solidária.

> Art. 10. Sem prejuízo da medida a que se refere o artigo anterior, quando assim exigir a gravidade dos fatos ou o interesse público, havendo indícios fundados de malversação de bens ou recursos de origem pública, os responsáveis pela fiscalização representarão ao Ministério Público, à Advocacia-Geral da União ou à Procuradoria da entidade para que requeira ao juízo competente a decretação da indisponibilidade dos bens da entidade e o sequestro dos bens dos seus dirigentes, bem como de agente público ou terceiro, que possam ter enriquecido ilicitamente ou causado dano ao patrimônio público.
>
> § 1º O pedido de sequestro será processado de acordo com o disposto nos arts. 822 e 825 do Código de Processo Civil.
>
> § 2º Quando for o caso, o pedido incluirá a investigação, o exame e o bloqueio de bens, contas bancárias e aplicações mantidas pelo demandado no País e no exterior, nos termos da lei e dos tratados internacionais.
>
> § 3º Até o término da ação, o Poder Público permanecerá como depositário e gestor dos bens e valores sequestrados ou indisponíveis e velará pela continuidade das atividades sociais da entidade.

Como se vê, a lei submete as Organizações Sociais a amplos mecanismos de controle interno e externo, este exercido pelo Tribunal de Contas. Ademais, não subtrai qualquer função constitucional atribuída ao Ministério Público; ao contrário, a redação do art. 10 é clara ao prever que, havendo indícios fundados de malversação de bens ou recursos de origem pública, os responsáveis pela fiscalização deverão representar ao Ministério Público, à Advocacia-Geral da União ou à Procuradoria da entidade para que requeiram ao juízo competente a decretação da indisponibilidade dos bens da entidade e o sequestro dos bens dos seus dirigentes, bem como de agente público ou terceiro, que possam ter enriquecido ilicitamente ou causado dano ao patrimônio público.

Não se pode descartar, outrossim, na hipótese de enriquecimento ilícito ou outros atos que impliquem danos ao erário e violação a princípios da administração pública, a responsabilização político-administrativa dos executores do contrato de gestão, com base na Lei de Improbidade Administrativa (Lei n. 8.429/92).

A lei também prevê que o Poder Executivo poderá proceder à desqualificação da entidade como organização social, quando constatado o descumprimento das disposições contidas no contrato de gestão (art. 16). A desqualificação importará reversão dos bens permitidos e dos valores entregues à utilização da organização social, sem prejuízo de outras sanções cabíveis (art. 16, § 2º).

Ademais, deve-se enfatizar que o contrato de gestão constitui um instrumento de fixação e controle de metas de desempenho na prestação dos serviços. E, assim sendo, baseia-se em regras mais flexíveis quanto aos atos e processos, dando ênfase ao controle dos resultados. Por isso, compras e alienações submetem-se a outros procedimentos que não os de licitação com base na Lei n. 8.666/93, voltada para as entidades de direito público. Lembre-se, nesse ponto, de que a própria Constituição autoriza a lei a criar exceções à regra da licitação (art. 37, XXI e art. 173, § 1º, III). Nesse sentido, por exemplo, as empresas estatais submetem-se a um regime licitatório diferenciado, nos termos da Lei n. 13.303, de 30 de junho de 2016.

4.1.4. A implementação do modelo de Organizações Sociais pelos Estados-membros

Desde o advento da Lei n. 9.637/98, que estabelece o modelo de Organizações Sociais a ser adotado no plano federal, diversos Estados da Federação implementaram seus próprios sistemas de gestão pública por meio de organizações sociais.

No Estado de São Paulo, por exemplo, foi editado o Decreto n. 43.493, de 29 de setembro de 1998, que dispõe sobre a qualificação das organizações sociais da área da cultura. É sabido que, hoje, o Museu da Pinacoteca de São Paulo funciona, segundo o sistema das Organizações Sociais, mediante contrato de gestão firmado com a Secretaria de Estado da Cultura. Há notícia também de que, atualmente, seguem esse modelo o Memorial da Imigração, o Conservatório Musical de Tatuí, o Museu da Imagem e do Som de São Paulo – MIS, o Museu de Arte Sacra, o Museu da Casa Brasileira e o Paço das Artes.

Também no Estado de São Paulo, a Lei Complementar n. 846, de 1998, regulamentou a parceria do Estado com entidades filantrópicas, qualificadas como Organizações Sociais, para prestação de serviços na área de saúde, mediante contrato de gestão firmado com a Secretaria de Estado da Saúde. Até o ano de 2005, já existiam 16 serviços de saúde sob contrato de gestão, abrangendo atividades de internação, de atendimento ambulatorial, de atendimento de urgência e emergência, e a realização de atividades de apoio diagnóstico e terapêutico para pacientes externos aos hospitais. Entre o ano de 1999 e 2003, o número de internações cresceu significativamente, de 29.167 para 166.399 (número de saídas); assim também o volume de atividade ambulatorial, de 225.291, para 1.110.547 (número de consultas); e de atividade de urgência / emergência, de 1.001.773 para 1.459.793 (número de pessoas atendidas); o que comprova o sucesso desse novo sistema de gestão[80].

Em Goiás, a Lei n. 15.503, de 28 de dezembro de 2005, dispõe sobre a qualificação de entidades como organizações sociais. Em Minas Gerais, tem-se conhecimento do programa Choque de Gestão Pública, implementado pelo atual governo, o qual possui como uma de suas principais metas a publicização de atividades e serviços não exclusivos do Estado, que ficarão a cargo de entidades privadas qualificadas como Organizações Sociais.

Em Santa Catarina, a Lei n. 12.929, de 4 de fevereiro de 2004, instituiu o Programa Estadual de Incentivo às Organizações Sociais, regulamentado pelo Decreto n. 3.294, de 15 de julho de 2005. Na Bahia, instituiu-se o Programa Estadual de Organizações Sociais, por meio da Lei n. 8.647, de 29 de julho de 2003, regulamentada pelo Decreto n. 8.890, de 21 de janeiro de 2004.

4.1.5. A experiência da Associação das Pioneiras Sociais – APS – A Rede Sarah de Hospitais do Aparelho Locomotor

Além da vasta legislação estadual atualmente existente sobre o tema das Organizações Sociais, o que comprova a larga aceitação e o sucesso desse novo modelo de gestão de serviços públicos, talvez um dos melhores exemplos esteja na experiência da Associação das Pioneiras Sociais – APS, instituição gestora da Rede Sarah de Hospitais do Aparelho Locomotor.

80 Cf. Márcio Cidade Gomes, Organizações sociais: a experiência da Secretaria de Estado da Saúde de São Paulo, in Levy e Drago (orgs.), *Gestão pública do Brasil contemporâneo*, São Paulo: FUNDAP, p. 164-184.

A Rede Sarah de Hospitais localizados nas cidades de Brasília, Salvador, São Luís e Belo Horizonte tem prestado serviços à população, na área de saúde do aparelho locomotor, de incomensurável valia. É de conhecimento geral que, hoje, a Rede Sarah de Hospitais constitui um exemplo, e uma referência nacional e internacional, de administração moderna e eficiente de serviços públicos na área de saúde, prestados à população de forma democrática e transparente.

A Associação das Pioneiras Sociais – APS foi instituída, como Serviço Social Autônomo, de interesse coletivo e de utilidade pública, pela Lei n. 8.246, de 1991, com o objetivo de prestar assistência médica qualificada e gratuita a todos os níveis da população e de desenvolver atividades educacionais e de pesquisa no campo da saúde, em cooperação com o Poder Público (art. 1º).

Como ressalta Sabo Paes, a referida lei teve expresso propósito de testar um modelo novo de organização da assistência médico-hospitalar. Para tanto, utilizou-se, como parâmetro e referência, da experiência da Fundação das Pioneiras Sociais, fundação de direito privado, instituída em 1960, sediada no Distrito Federal e mantida pelo Poder Público para o atendimento à saúde[81]. A lei extinguiu a Fundação das Pioneiras Sociais, cujo patrimônio foi incorporado ao da União pelo Ministério da Saúde e logo posto à administração do então criado Serviço Social Autônomo Associação das Pioneiras Sociais.

O contrato de gestão foi assinado no final do ano de 1991 entre os Ministérios da Saúde, Fazenda e Administração Federal, de um lado, e a Associação das Pioneiras Sociais – APS, de outro. Desde então, como ressalta Sabo Paes, a APS tem perseguido com determinação a implantação de elevados padrões éticos de comportamento funcional e administrativo instituídos pela Lei n. 8.246/91, de acordo com as decisões do Tribunal de Contas da União. A APS tem conseguido implementar as metas operacionais explicitadas no contrato de gestão após todos esses anos de existência.

Assim, como afirma Sabo Paes[82], o caráter autônomo da gestão desse serviço de saúde, que oferece a todas as camadas da população a assistência médica gratuita e de qualidade, fez da APS a primeira instituição pública não estatal brasileira atuando como uma rede de hospitais públicos que prestam serviços de ortopedia e de reabilitação por meio de quatro unidades hospitalares localizadas em Brasília, Salvador, São Luís e Belo Horizonte, e tem o seu programa de trabalho plurianual calcado nos seguintes objetivos gerais: 1) prestar serviço médico qualificado e público na área da medicina do aparelho locomotor; 2) formar recursos humanos e promover a produção de conhecimento científico; 3) gerar informações nas áreas de epidemiologia, gestão hospitalar, controle de qualidade e de custos dos serviços prestados; 4) exercer ação educacional e preventiva, visando à redução das causas das patologias atendidas pela Rede; 5) construir e implantar novas unidades hospitalares, expandindo o modelo gerencial e os serviços da Rede para outras regiões do país; e desenvolver tecnologia nas áreas de construção hospitalar, de equipamentos hospitalares e de reabilitação[83].

---

81 José Eduardo Sabo Paes, *Fundações e entidades de interesse social*: aspectos jurídicos, administrativos, contábeis e tributários, 3. ed., Brasília: Brasília Jurídica, 2001, p. 88.

82 José Eduardo Sabo Paes, *Fundações e entidades de interesse social*, cit., p. 91-92.

83 José Eduardo Sabo Paes, *Fundações e entidades de interesse social*, cit., p. 92-93.

O modelo de contrato de gestão estabelecido pela Lei n. 9.637/98 baseou-se amplamente nesse sistema de gestão instituído pela Lei n. 8.246/91.

Enfim, o modelo de gestão pública por meio de Organizações Sociais, instituído pela Lei n. 9.637/98, tem sido implementado ao longo de todo o país e as experiências bem demonstram que a Reforma da Administração Pública no Brasil tem avançado numa perspectiva promissora. Após uma história de burocracias, de ênfases nos atos e nos processos – que, reconheça-se, ainda não foi totalmente superada –, a Administração Pública no Brasil adentrou o século XXI com vistas aos resultados, à eficiência e, acima de tudo, à satisfação do cidadão.

A Lei n. 9.637/98 institui um programa de publicização de atividades e serviços não exclusivos do Estado – como o ensino, a pesquisa científica, o desenvolvimento tecnológico, a proteção e preservação do meio ambiente, a cultura e a saúde –, transferindo-os para a gestão desburocratizada a cargo de entidades de caráter privado e, portanto, submetendo-os a um regime mais flexível, mais dinâmico, enfim, mais eficiente.

Esse novo modelo de administração gerencial realizado por entidades públicas, ainda que não estatais, está voltado mais para o alcance de metas do que para a estrita observância de procedimentos. A busca da eficiência dos resultados, por meio da flexibilização de procedimentos, justifica a implementação de um regime todo especial, regido por regras que respondem a racionalidades próprias do direito público e do direito privado.

O fato é que o Direito Administrativo tem passado por câmbios substanciais, e a mudança de paradigmas não tem sido compreendida por muitas pessoas. Hoje, não há mais como compreender esse ramo do direito desde a perspectiva de uma rígida dicotomia entre o público e o privado. O Estado tem se valido cada vez mais de mecanismos de gestão inovadores, muitas vezes baseados em princípios próprios do direito privado.

Nesse sentido, podem ser extraídas das lições de Günther Teubner as premissas para se analisar o direito a partir de novos enfoques superadores da velha dicotomia público/privado:

> "Não gostaria de sugerir apenas a rejeição da separação entre setor público e privado como uma simplificação grosseira demais da atual estrutura social, mas também proporia o abandono de todas as ideias de uma fusão de aspectos públicos e privados. Ao invés disso, a simples dicotomia público/privado significa que as atividades da sociedade não podem mais ser analisadas com ajuda de uma única classificação binária; ao contrário, a atual fragmentação da sociedade numa multiplicidade de setores sociais exige uma multiplicidade de perspectivas de autodescrição. Analogamente, o singelo dualismo Estado/sociedade, refletido na divisão do direito em público e privado, deve ser substituído por uma pluralidade de setores sociais reproduzindo-se, por sua vez, no direito"[84].

E, adiante, prossegue Teubner, agora tratando especificamente dos regimes de transferência de serviços públicos para entidades do âmbito privado:

> "A própria onda de privatizações revela-se sob um aspecto completamente diferente, quando se abre mão da simples dicotomia público/privado em favor de uma

84 Günther Teubner, Após a privatização: conflitos de discurso no direito privado, in *Direito, sistema e policontextualidade*, tradução de Jürgen Volker Dittberner, Piracicaba: Unimep, 2005, p. 237.

policontextualidade mais sofisticada da sociedade, quando se reconhece que a autonomia privada única do indivíduo livre transforma-se nas diversas autonomias privadas de criações normativas espontâneas. Nesse sentido, privatização não se trata mais, como normalmente se entende, de redefinir a fronteira entre o agir público e o privado, mas de alterar a autonomia de esferas sociais parciais por meio da substituição de seus mecanismos de acoplamento estrutural com outros sistemas sociais. Não se trata mais simplesmente de um processo em que atividades genuinamente políticas, antes dirigidas aos interesses públicos, transformam-se em transações de mercado economicamente voltadas ao lucro. Antes, o que se altera pela privatização de atividades sociais autônomas – pesquisa, educação ou saúde, por exemplo –, que apresentam seus próprios princípios de racionalidade e normatividade, é o seu regime institucional. Em lugar de uma relação bipolar entre economia e política, deve-se apresentar a privatização como uma relação triangular entre esses dois setores e o de atividades sociais. Torna-se, assim, diretamente compreensível que a privatização leva, de fato, a uma impressionante liberação de todas as energias até então bloqueadas pelo antigo regime público. Paralelamente, no entanto, novos bloqueios desencadeados pelo novo regime tornam-se visíveis. Um antigo *mismatch*, um antigo desequilíbrio entre atividade e regime, é substituído por um novo *mismatch*"[85].

Nesse contexto é que se insere o instrumento do contrato de gestão firmado entre o Poder Público e entidades privadas, que passam a ser qualificadas como públicas, ainda que não estatais, para a prestação de serviços públicos por meio de um regime especial em que se mesclam princípios de direito público e de direito privado.

Tais entidades, por apresentarem um modelo de gestão mais flexível, permitem a superação dos obstáculos impostos pela burocracia estatal, garantindo maior efetividade à prestação de determinados serviços de interesse coletivo. O empreendedorismo social pode, portanto, suprir demandas que não são satisfatoriamente atendidas nem pelo Estado nem pelo mercado. Daí a importância de se fomentar essas iniciativas, capazes de gerar inovações na sociedade e de impulsionar o crescimento econômico[86].

No cenário nacional, a perspectiva é de que esses projetos sociais se desenvolvam cada vez mais a partir de uma racionalidade de metas e resultados. O sucesso desses empreendimentos depende, sobretudo, da valorização de estratégias de eficiência na alocação de recursos. Nesse ponto, percebe-se que a aplicação de modelos privados de gestão pode contribuir significativamente para garantir melhores práticas gerenciais no âmbito dessas entidades.

Há, por outro lado, uma série de desafios postos ao atual regime jurídico das organizações sociais. Primeiramente, o viés descentralizado de gestão dessas entidades merece ser melhor compatibilizado com mecanismos de governança que elevem o grau de confiabilidade dessas instituições[87]. Além disso, a valorização de instrumentos de fiscalização e controle, principalmente a partir da atuação de órgãos como o TCU e o MP, afigura-se imprescindível para a consolidação do modelo. Por fim, o desenvolvimento de canais de comunica-

85 Günther Teubner, *Após a privatização*: conflitos de discurso no direito privado, cit., p. 242.

86 Cf. J. Gregory Dess, Jed Emerson e Peter Economy. *Enterprising nonprofits*: a toolkit for social entrepreneurs. New York: John Willey and Sons, 2001, p. 20-25.

87 Edson Marques Oliveira, Empreendedorismo social no Brasil: atual configuração, perspectivas e desafios. *Revista FAE*, Curitiba, v. 7, n. 2, 2004, p. 17.

ção entre prestadores dos serviços e associações representativas da sociedade civil também se mostra como um passo fundamental para o fortalecimento das organizações sociais[88].

Esses são os novos pressupostos de análise de um direito privado publicizado e constitucionalizado e de um direito público submetido a racionalidades próprias dos discursos do direito privado.

A necessidade de alocação racional dos recursos e de diminuição de custos faz com que as organizações sociais assumam papel relevantíssimo como instrumento de organização de diversos serviços públicos de caráter prestacional.

4.1.6. A Lei n. 13.019/2014 – Marco Regulatório do Terceiro Setor

O aumento das interações entre o poder público e o terceiro setor na prestação de serviços públicos não exclusivos de Estado, na prática, significou uma pluralidade de regimes jurídicos que, por vezes, escapava aos ditames da Lei n. 9.637/98 e da Lei n. 9.790/99. Observou-se a existência de outros tipos de vínculos jurídicos entre essas entidades, o que gerava insegurança jurídica e pouca transparência nessas parcerias.

Em vista de graves indícios de irregularidades nessa relação, foi instalada uma Comissão Parlamentar de Inquérito no âmbito do Senado Federal ("CPI das ONGs") para investigar o marco regulatório sobre o tema e possíveis aprimoramentos. Nas conclusões do relatório apresentado à CPI afirma-se:

> "Existe um verdadeiro 'vazio legislativo' no tocante às relações entre o Estado e as ONGs. A legislação atual não prevê a existência de mecanismos eficazes de controle prévio e de seleção pública das entidades que receberão recursos públicos, de regras detalhadas para elaboração e aprovação de plano de trabalho, de meios de fiscalização da execução do objeto conveniado, de sanções para agentes públicos e dirigentes de entidades que derem causa a malversação de recursos públicos, bem como de meios mais efetivos para a recuperação das verbas indevidamente utilizadas. Cumpre notar que os modelos das OS e das OSCIPs, acima mencionados, não contemplam esses aspectos, razão pela qual ainda não obtiveram consenso quanto a serem a solução para os problemas das relações Estado-ONGs. As deficiências estruturais do aparelho do Estado e o 'vazio legislativo' apontado, longe de dificultarem o acesso a recursos públicos e celebração de convênios com ONGs, têm se revelado nefastas no que se refere à fiscalização e verificação da efetividade das políticas públicas implementadas por essas parcerias. Esses aspectos prejudicam enormemente a boa reputação inicial do modelo, favorecendo as críticas de seus opositores"[89].

Diante desse diagnóstico, foi apresentado o Projeto de Lei do Senado n. 649, de 2011, posteriormente convertido na Lei n. 13.019, de 31 de julho de 2014. Considerando diversas contribuições recebidas dos trabalhos da CPI, Tribunais de Contas, entidades do terceiro setor e outros agentes, a nova lei regula as parcerias existentes entre terceiro

88 Marianne Nassuno, O controle social nas organizações sociais no Brasil, *O público não estatal na reforma do Estado*, Rio de Janeiro: Fundação Getúlio Vargas, 1999.

89 Relatório apresentado, em 28-10-2010, à Comissão Parlamentar de Inquérito do Senado Federal, criada pelo Requerimento n. 201, de 2007, p. 1372-1373.

setor e administração pública nos três níveis da Federação brasileira. O objetivo é estabelecer um marco jurídico geral que ofereça maior transparência de um lado, e mais flexibilidade de outro, aprofundando o caminho da "publicização" de serviços públicos não exclusivos de Estado, como acima mencionado.

Dentre as principais disposições da Lei n. 13.019/2014, destaca-se o art. 24, que fixa a necessidade de realização de um chamamento público para seleção de entidades do terceiro setor que serão apoiadas pela administração. Trata-se de exigência fundamental para que sejam concretizados os princípios da administração pública, como impessoalidade, moralidade, publicidade e eficiência. Embora não se trate de uma licitação com todas as formalidades e exigências da Lei n. 8.666/93, o processo de chamamento público contribui decisivamente para prevenir decisões arbitrárias e discriminatórias nessas parcerias.

Outro avanço estabelecido pela Lei n. 13.019/2014 é a exigência de ampla prestação de contas dos recursos recebidos do poder público pelas entidades do terceiro setor. Nos termos dos arts. 64 e 65 da Lei, a prestação de contas deverá conter informações detalhadas sobre a gestão dos recursos e os resultados alcançados pela parceria, sendo acessíveis em via eletrônica por qualquer interessado.

Tendo em vista a sensibilidade política e social do tema, é interessante notar que, antes mesmo de completada a *vacatio legis* original da Lei n. 13.019/2014, foi ela objeto de amplas modificações pela Lei n. 13.204, de 14 de dezembro de 2015. Algumas dessas alterações chamam a atenção pelo fato de flexibilizarem exigências rígidas da redação original da Lei. Destaca-se uma modificação que deve ser objeto de reflexão pelo impacto que pode produzir na gestão de recursos públicos transferidos a essas entidades.

Originalmente, em seus art. 34, VIII, e 43, a Lei estabelecia expressamente que a contratação de bens e serviços com recursos públicos deveria seguir regramento próprio, aprovado pela administração, que respeitasse os princípios da "legalidade, da moralidade, da boa-fé, da probidade, da impessoalidade, da economicidade, da eficiência, da isonomia, da publicidade, da razoabilidade e do julgamento objetivo e a busca permanente de qualidade e durabilidade". Ambos os dispositivos foram revogados pela Lei n. 13.204/2015, de modo que não há previsão expressa sobre a incidência dos princípios da administração pública para compras de bens e serviços das entidades do terceiro setor com recursos públicos.

Diante da lacuna legislativa, como se deve entender o regime jurídico de compra de bens e serviços com recursos públicos por essas entidades? Aqui é importante retomar as conclusões do STF sobre o regime jurídico das Organizações Sociais, na mencionada ADI 1.923.

Naquele julgamento, o STF entendeu que os recursos públicos transferidos às Organizações Sociais continuam a ostentar essa natureza jurídica, de modo que sua utilização deve ser regida pelos princípios da administração pública, previstos no art. 37 da Constituição Federal. Conforme a ementa do julgado revela, no ponto em discussão:

> "15. As organizações sociais, por integrarem o Terceiro Setor, não fazem parte do conceito constitucional de Administração Pública, razão pela qual não se submetem, em suas contratações com terceiros, ao dever de licitar, o que consistiria em quebra da lógica de flexibilidade do setor privado, finalidade por detrás de todo o marco regulatório instituído pela Lei. Por receberem recursos públicos, bens públicos e servidores públicos, porém, seu regime jurídico tem de ser minimamente informado pela incidência do núcleo essencial dos princípios da Administração Pública (CF, art. 37, *caput*), dentre os quais se destaca o

princípio da impessoalidade, de modo que suas contratações devem observar o disposto em regulamento próprio (Lei n. 9.637/98, art. 4º, VIII), fixando regras objetivas e impessoais para o dispêndio de recursos públicos".

As mesmas conclusões devem ser estendidas à Lei n. 13.019/2014, mesmo na redação da Lei n. 13.204/2015. Pelo fato de os recursos públicos recebidos pelas entidades do terceiro setor continuarem a ostentar essa natureza jurídica, os princípios da administração pública devem ser respeitados no momento de aquisição de bens e serviços com esses recursos. Não se trata, é claro, de exigir a realização de licitação nos mesmos moldes da Lei n. 8.666/93, mas de exigir um processo público de identificação de propostas de contratação que permitam à entidade do terceiro setor selecionar a possibilidade mais vantajosa à realização do objeto da parceria.

5. AGENTES PÚBLICOS

A Constituição Federal de 1988 inovou a tradição constitucional brasileira ao prever uma seção específica para os servidores públicos. Pela amplitude das normas sobre o tema, do ponto de vista conceitual, pode-se trabalhar a categoria de "agente público" como toda pessoa física que exerce uma função pública, ou seja, uma atividade específica definida pela lei e de atuação como órgão do poder público. Dessa maneira, em sentido amplo, os agentes públicos englobam os titulares de mandatos eletivos, os militares, os empregados públicos (empregados de entidades de direito privado da administração pública regidos pela CLT), particulares em colaboração com o Estado e servidores públicos em sentido estrito.

Neste último sentido, os servidores públicos em sentido estrito – doravante designados apenas como servidores públicos – são as pessoas físicas que ocupam um cargo público, definido, nos termos do art. 3º da Lei n. 8.112, de 11 de dezembro de 1990, como "o conjunto de atribuições e responsabilidades previstas na estrutura organizacional que devem ser cometidas a um servidor". São as pessoas físicas que exercem um conjunto de atribuições legalmente definidas como órgãos da administração pública direta, autárquica e fundacional.

Abaixo serão examinados três pontos que de mais perto tocam questões constitucionais relevantes sobre o regime jurídico dos agentes públicos.

5.1. O regime jurídico único dos servidores públicos

Como um dos pontos mais sensíveis da acima mencionada Emenda Constitucional n. 19/98, é necessário destacar a tentativa de reforma do regime jurídico dos servidores públicos. O Plano Diretor da Reforma do Aparelho do Estado pontuava o seguinte a esse respeito[90]:

90 Câmara da Reforma do Estado da Presidência da República, *Plano Diretor da Reforma do Aparelho do Estado*, Brasília, 1995, p. 27.

"Enumeram-se alguns equívocos da Constituição de 1988 no campo da administração de recursos humanos. Por meio da institucionalização do Regime Jurídico Único, deu início ao processo de uniformização do tratamento de todos os servidores da administração direta e indireta. Limitou-se o ingresso ao concurso público, sendo que poderiam ser também utilizadas outras formas de seleção que tornariam mais flexível o recrutamento de pessoal sem permitir a volta do clientelismo patrimonialista (por exemplo, o processo seletivo público para funcionários celetistas, que não façam parte das carreiras exclusivas de Estado)".

Dessa forma, foi modificada a redação do art. 39 da Constituição Federal para que fosse extinto o regime jurídico único do servidor público. A partir da nova redação, seria admitido que diferentes tipos de vínculo jurídico fossem escolhidos pela administração pública no momento de contratar seus servidores, como forma de conferir maior agilidade e flexibilidade à gestão de pessoal no setor público.

Contudo, houve problemas de constitucionalidade da Emenda Constitucional n. 19/98. Instado a se manifestar sobre o problema, o STF, na ADI-MC 2.135 (rel. p/ acórdão Min. Ellen Gracie, 2-8-2007), identificou um vício de inconstitucionalidade na alteração do art. 39 da Constituição Federal. Houve a violação ao § 2º do art. 60 da Constituição, uma vez que a proposição que deu origem à Emenda Constitucional não fora devidamente votada em dois turnos. No caso concreto, houve um destaque aprovado na Câmara dos Deputados em primeiro turno, em que se rejeitou a modificação do *caput* do art. 39 da Constituição. No entanto, em segundo turno, houve uma modificação pretensamente de redação que acabou por revogar a redação original do art. 39 da Constituição, sendo que essa revogação havia sido expressamente rejeitada em primeiro turno. Desse modo, o STF concedeu a medida cautelar pleiteada, suspendendo *ex nunc* os efeitos da modificação do art. 39 da Constituição.

Diante desse cenário, enquanto pendente de julgamento definitivo a ADI 2.135, pode-se afirmar vigente a redação original do *caput* do art. 39 da Constituição, de modo que se exige a existência de regime jurídico único para os servidores da administração direta, autárquica e fundacional. No plano federal, o regime jurídico único é regulado pela Lei n. 8.112/90.

A Emenda Constitucional n. 19/98 teve o seu art. 31 alterado pela Emenda Constitucional n. 98/2017, prevendo a inclusão, em quadro em extinção da Administração Pública federal, de servidor público, de integrante da carreira de policial, civil ou militar, e de pessoa que haja mantido relação ou vínculo funcional, empregatício, estatutário ou de trabalho com a Administração Pública dos ex-Territórios ou dos Estados do Amapá ou de Roraima na fase de instalação dessas unidades federadas.

5.2. Teto remuneratório dos agentes públicos

Uma das principais preocupações do Constituinte de 1988 foi estabelecer regras claras e expressas sobre a remuneração dos agentes públicos. Desse modo, desde sua redação original, o inciso XI do art. 37 da Constituição Federal já estabelecia limites à remuneração de agentes públicos. Na redação vigente conferida pela Emenda Constitucional n. 41/2003, estabelece o dispositivo:

> "a remuneração e o subsídio dos ocupantes de cargos, funções e empregos públicos da administração direta, autárquica e fundacional, dos membros de qualquer dos Poderes da União, dos Estados, do Distrito Federal e dos Municípios, dos detentores de mandato eletivo e dos demais agentes políticos e os proventos, pensões ou outra espécie remuneratória, percebidos cumulativamente ou não, incluídas as vantagens pessoais ou de qualquer outra natureza, não poderão exceder o subsídio mensal, em espécie, dos Ministros do Supremo Tribunal Federal, aplicando-se como limite, nos Municípios, o subsídio do Prefeito, e nos Estados e no Distrito Federal, o subsídio mensal do Governador no âmbito do Poder Executivo, o subsídio dos Deputados Estaduais e Distritais no âmbito do Poder Legislativo e o subsídio dos Desembargadores do Tribunal de Justiça, limitado a noventa inteiros e vinte e cinco centésimos por cento do subsídio mensal, em espécie, dos Ministros do Supremo Tribunal Federal, no âmbito do Poder Judiciário, aplicável este limite aos membros do Ministério Público, aos Procuradores e aos Defensores Públicos".

Da redação atual, identifica-se o esforço do constituinte derivado em submeter ao teto todas as parcelas remuneratórias, independentemente de sua natureza jurídica. Ficam excluídas apenas as verbas de caráter indenizatório, assim definidas em lei, nos termos do § 11 do art. 37 da Constituição. Sobre esse dispositivo, o STF adotou alguns entendimentos que merecem destaque.

Da leitura do inciso XI do art. 37 da Constituição Federal, é possível apreender que foram estabelecidos quatro tetos distintos para a remuneração dos servidores públicos: (i) como teto nacional, o subsídio de ministro do Supremo Tribunal; (ii) como teto estadual e distrital, dividido em razão do Poder em que atue o agente público, sendo o teto no âmbito do Executivo, o subsídio do Governador, no Legislativo, o subsídio dos Deputados Estaduais e Distritais, e no Judiciário, o subsídio dos Desembargadores dos Tribunais de Justiça, (iii) como teto municipal, o subsídio do Prefeito e (iv) como teto para as funções essenciais à Justiça (Ministério Público, Defensores Públicos e Procuradores), o subsídio dos desembargadores dos Tribunais de Justiça Estaduais, limitado a noventa inteiros e vinte e cinco centésimos por cento do subsídio mensal, em espécie, dos Ministros do Supremo Tribunal Federal.

Sobre esse dispositivo, o STF adotou alguns entendimentos que merecem destaque.

No julgamento de medida cautelar na ADI 3.854, o Tribunal, por maioria, concedeu liminar para conferir interpretação conforme a Constituição ao artigo 37, inciso XI, e § 12, da Constituição da República, a fim de excluir a submissão dos membros da magistratura estadual ao subteto de remuneração previsto no dispositivo. O Plenário entendeu que a previsão constitucional violaria o princípio da isonomia (art. 5º, *caput* e inciso I, da CF), uma vez que, pela sua literalidade, os servidores do Poder Judiciário federal e estadual estariam submetidos a tetos distintos, respectivamente, no plano federal, ao subsídio dos Ministro dos STF e, no plano estadual, a 90,25% deste subsídio. Assim, diante desta decisão do Tribunal, o teto aplicável aos Desembargadores e juízes estaduais é de 100% do subsídio dos Ministros do STF[91].

Após certa oscilação, o Tribunal entendeu que o teto remuneratório deve ser aplicado de imediato, inclusive para reduzir os vencimentos percebidos acima do teto, mes-

91 ADI 3854 MC, Rel. Min. Cezar Peluso, Tribunal Pleno, julgado em 28-02-2007, *DJe* 29-06-2007.

mo que em razão de autorização legal existente antes da entrada em vigor da Emenda Constitucional n. 41/2003. Entendeu-se que a limitação remuneratória já estava prevista desde a redação original da Constituição Federal de 1988, apenas sendo detalhada pelas posteriores alterações, não incidindo as garantias da irredutibilidade dos vencimentos ou direito adquirido. Nesse sentido, o Tribunal fixou a Tese n. 245 em sede de repercussão geral: "Computam-se para efeito de observância do teto remuneratório do art. 37, XI, da Constituição da República também os valores percebidos anteriormente à vigência da Emenda Constitucional n. 41/2003 a título de vantagens pessoais pelo servidor público, dispensada a restituição dos valores recebidos em excesso e de boa-fé até o dia 18 de novembro de 2015"[92].

No caso de acumulação lícita de cargos, prevista no art. 37, XVI, da Constituição Federal, o STF entendeu que o limite remuneratório deve ser aplicado separadamente para cada um dos cargos acumulados. Na visão da maioria do Tribunal, haveria violação aos princípios do valor social do trabalho (art. 1º, IV, da Constituição) e da vedação do enriquecimento ilícito caso uma pessoa trabalhasse em cargos acumuláveis pela regra constitucional e não fosse remunerada devidamente por tanto. Fixou-se a Tese n. 384 em sede de repercussão geral: "Nos casos autorizados constitucionalmente de acumulação de cargos, empregos e funções, a incidência do art. 37, XI, da Constituição Federal pressupõe consideração de cada um dos vínculos formalizados, afastada a observância do teto remuneratório quanto ao somatório dos ganhos do agente público"[93].

Ressalta-se que, quanto à acumulação de benefício de pensão com a remuneração ou os proventos de aposentadoria recebidos pelo servidor público, o STF decidiu que o teto remuneratório deve incidir sobre a soma dessas quantias. A esse respeito, no julgamento do Recurso Extraordinário (RE) n. 602.584, com repercussão geral (Tema 359), o Tribunal fixou a seguinte tese: "Ocorrida a morte do instituidor da pensão em momento posterior ao da Emenda Constitucional 19/1998, o teto constitucional previsto no inciso XI do artigo 37 da Constituição Federal incide sobre o somatório de remuneração ou provento e a pensão recebida por servidor"[94].

5.3. Estabilidade do servidor público e gestão de pessoal

Tendo em vista o histórico de arbitrariedades e patrimonialismo da administração pública no Brasil, o constituinte de 1988, seguindo uma tendência presente em outros países, fixou uma série de prerrogativas aos servidores públicos para proteção de suas atividades. No passado, não era raro existirem pressões indevidas de autoridades públicas para que os servidores praticassem atos indevidos ou deixassem de cumprir seus deveres legalmente fixados[95]. Vale destacar que, com a EC n. 101/2019, semelhante direito tam-

---

92 STF, Pleno, RE 606.358, rel. Min. Rosa Weber, *DJe* de 7-4-2016.

93 STF, Pleno, RE 602.043, rel. Min. Marco Aurélio, *DJe* de 27-4-2017.

94 STF, Pleno, RE 602.584, rel. Min. Marco Aurélio, j. 6-8-2020, *DJe* de 20-3-2020.

95 Para uma análise detalhada do histórico da experiência comparada da profissionalização do serviço público, ver Merille S. Grindle, *Jobs for the boys*: patronage and the State in Comparative Perspective, Cambridge, Harvard

bém deverá ser resguardado aos militares dos Estados, do Distrito Federal e dos Territórios, ante a sua inclusão na regra prevista no art. 37, XVI, da Constituição Federal.

Em 2019, a Corte também decidiu que a expressão "procuradores" prevista na parte final do art. 37, XI, da CF aplica-se também aos procuradores municipais, de modo que esses estão submetidos o teto de 90,25% do subsídio mensal, em espécie, dos ministros do Supremo Tribunal Federal[96]. Apesar de a Constituição não fazer menção expressa aos procuradores municipais, o Tribunal entendeu que estes, quando organizados em carreira, também exercem a atribuição de advogados públicos, realizando as atividades congêneres àquelas desempenhadas pelos advogados da União e pelos procuradores federais, estaduais e distritais, prestando consultoria jurídica e representando judicial e extrajudicialmente a municipalidade, devendo, portanto, submeterem-se ao subteto.

Não se trata aqui de privilégios ou vantagens pessoais aos ocupantes dos cargos públicos, mas da profissionalização do pessoal da administração pública para, de um lado, oferecer segurança à atuação dessas pessoas e, de outro lado, permitir que a administração pública tenha condições de fazer a gestão de seu pessoal de modo eficiente.

Dessa maneira, estabelece o art. 41 da Constituição Federal, já na redação da Emenda Constitucional n. 41/2003, que: "são estáveis após três anos de efetivo exercício os servidores nomeados para cargo de provimento efetivo em virtude de concurso público". Considerando a exigência de concurso público para provimento de cargos efetivos, prevista no inciso II do art. 37 da Constituição, o STF cristalizou sua jurisprudência na Súmula Vinculante 43, que estabelece: "É inconstitucional toda modalidade de provimento que propicie ao servidor investir-se, sem prévia aprovação em concurso público destinado ao seu provimento, em cargo que não integra a carreira na qual anteriormente investido".

Neste ponto, é relevante destacar a importância do estágio probatório como período no qual o servidor público tem avaliadas suas aptidões para as atividades do cargo exercido. Esse período de três anos é crucial para que a administração pública possa efetivamente avaliar diversas características do servidor, para decidir se ele adquirirá ou não a estabilidade[97]. No plano federal, o art. 20 da Lei n. 8.112/90 estabelece que, durante o estágio probatório, serão avaliados: "I – assiduidade; II – disciplina; III – capacidade de iniciativa; IV – produtividade; V – responsabilidade". Já há entendimento antigo do STF que, inclusive, protege o servidor público em estágio probatório contra a exoneração fundada exclusivamente por razões de conveniência e oportunidade (Súmula 21: "Funcionário em estágio probatório não pode ser exonerado nem demitido sem inquérito ou sem as formalidades legais de apuração de sua capacidade").

Ocorre que, na prática, observa-se a leniência do poder público em realizar uma avaliação minudente e detalhada do desempenho do servidor público em estágio probatório, sendo comum identificar órgãos da administração pública que conferem avaliações altas padronizadas para todos esses servidores. Aqui deve haver o respeito ao co-

---

University, 2012.

96 RE 663696, Rel. Min. Luiz Fux, Tribunal Pleno, julgado em 28-02-2019, *DJe* 22-08-2019.

97 O STF adota o entendimento de que o prazo de estágio probatório e o da aquisição de estabilidade é o mesmo de três anos, previsto no *caput* do art. 41 da Constituição Federal (STF, Pleno, STA-AgR rel. Min. Gilmar Mendes, *DJe* de 25-2-2010).

mando do art. 41 da Constituição Federal para que a aprovação no estágio probatório seja um instrumento da garantia – e não privilégio – da estabilidade.

Sem sombra de dúvida, a estabilidade do servidor público ocupante de cargo público de provimento efetivo é uma das mais importantes garantias de um serviço público impessoal, transparente e eficiente a ser disponibilizado ao cidadão. Em termos práticos, pode-se afirmar que essa garantia exclui a possibilidade de o servidor público ser exonerado ou demitido por razões de conveniência e oportunidade.

O servidor estável somente pode deixar o cargo nas hipóteses previstas expressamente na Constituição. Nesse sentido, o § 1º do art. 41 estabelece: "O servidor público estável só perderá o cargo: I – em virtude de sentença judicial transitada em julgado; II – mediante processo administrativo em que lhe seja assegurada ampla defesa; III – mediante procedimento de avaliação periódica de desempenho, na forma de lei complementar, assegurada ampla defesa". Há também hipótese absolutamente excepcional de perda do cargo no caso da necessidade de redução de despesas com pessoal, após medidas de diminuição de gastos com cargos e funções de confiança e pessoal não estável, nos termos dos §§ 2º a 7º do art. 169 da Constituição Federal, para readequação das finanças públicas aos limites estabelecidos na Lei de Responsabilidade Fiscal (Lei Complementar n. 101, de 4-5-2000).

À luz desse regime jurídico, o fato é que a administração pública no Brasil tem grande dificuldade para fazer a desejada gestão eficiente de seu pessoal. Há problemas crônicos de produtividade no setor público, que desafiam as gestões nas três esferas federativas. Não se trata simplesmente de descuidar da importância da garantia fundamental da estabilidade no serviço público, que é uma das grandes conquistas da administração pública asseguradas pelo constituinte de 1988, mas de aprofundar as reformas estabelecidas pela Emenda Constitucional n. 19/98, para tornar a administração pública mais eficiente e transparente.

Um dos dispositivos em que se verifica verdadeira omissão do legislador é o inciso III do § 1º do art. 41 da Constituição Federal, que exige lei complementar para a realização de avaliações periódicas do servidor público, inclusive para fins de demissão. Passados quase vinte anos da inclusão desse dispositivo no texto constitucional, ele ainda pende de regulamentação. Ressalta-se a existência do PLS 116/2017, que regulamenta o tema e está sob apreciação do Senado Federal.

A iniciativa mais recente que se observa para a redução dos gastos com pessoal na administração pública federal foi instituída pela Medida Provisória n. 792, de 26 de julho de 2017. Foram criadas as bases para o Programa de Desligamento Voluntário (PDV) do Poder Executivo federal para seus servidores, além da redução de jornada e licença sem vencimentos incentivada.

Conforme a Medida Provisória, o servidor público que optar pelo PDV receberá 1,25 vencimento mensal por ano de efetivo exercício a título de incentivo para exoneração do serviço público. Já a jornada reduzida permite ao servidor reduzir sua jornada de trabalho de oito para seis ou quatro horas diárias, com vencimentos proporcionais, tendo o adicional de meia hora diária como incentivo. Por fim, a licença incentivada sem remuneração permite que o servidor se afaste de suas atividades pelo período fixo de três anos sem remuneração, recebendo o valor de três remunerações mensais como incentivo. Embora a Medida Provisória tenha perdido eficácia por decurso de prazo, é de se esperar que outras iniciativas como essa sejam adotadas em face das dificuldades pelas quais passa a Administração Pública.

Contudo, trata-se de medidas paliativas que, no curto prazo, até podem contribuir para a redução de despesas com pessoal da administração pública, mas são claramente insuficientes no longo prazo como instrumento de uma política eficiente de gestão de pessoal. O ideal é que, como acima exposto, a administração pública efetive dois instrumentos essenciais à boa gestão de pessoal que, na prática, ainda produzem poucos resultados relevantes: avaliação criteriosa das atividades do servidor público durante o período de estágio probatório e regulamentação, por lei complementar, da avaliação periódica de desempenho do servidor.

CAPÍTULO 9

ORGANIZAÇÃO DOS PODERES

I PODER LEGISLATIVO

Paulo Gustavo Gonet Branco

1. INTRODUÇÃO

No quadro de divisão de funções entre os Poderes da República, tocam ao Legislativo as tarefas precípuas de legislar e de fiscalizar. O Poder Legislativo, porém, de modo não típico, também exerce funções de administrar (ao prover cargos da sua estrutura ou atuar o poder de polícia, p. ex.) e de julgar (o Senado processa e julga, por crimes de responsabilidade, o Presidente da República e o Vice-Presidente da República, bem como os Ministros de Estado e os Comandantes das três Forças Armadas, nos crimes de mesma natureza conexos com os praticados pelo Chefe do Executivo; também processa e julga, por crimes de responsabilidade, os Ministros do Supremo Tribunal Federal, os membros dos Conselhos Nacionais da Justiça e do Ministério Público, o Procurador-Geral da República e o Advogado-Geral da União)[1].

2. ESTRUTURA E FUNCIONAMENTO

O Legislativo opera por meio do Congresso Nacional, que é bicameral, já que composto por duas Casas: a Câmara dos Deputados e o Senado Federal.

A Câmara dos Deputados é a Casa dos representantes do povo, eleitos pelo sistema proporcional em cada Estado e no Distrito Federal[2].

O Senado Federal é composto por três representantes de cada Estado e do Distrito Federal, eleitos pelo sistema majoritário[3]. O mandato dos senadores é de oito anos.

---

1 CF, art. 52, I e II.

2 A Constituição também prevê quatro deputados federais eleitos em Territórios Federais, entidades que não existem no momento (art. 45, § 1º).

3 Não há previsão para senador de Território Federal, o que se entende, já que os Territórios não integram a federação, mas são entes, ainda que personalizados, com capacidade administrativa, que integram a União, como

Os trabalhos do Congresso Nacional se desenvolvem ao longo da legislatura, que compreende o período de quatro anos (art. 44, parágrafo único, da CF), coincidente com o mandato dos deputados federais. A legislatura é período relevante; o seu término, por exemplo, impede a continuidade das Comissões Parlamentares de Inquérito por acaso em curso.

Durante a legislatura ocorrem as sessões legislativas, que podem ser ordinárias, quando correspondem ao período normal de trabalho previsto na Constituição, ou extraordinárias, quando ocorrem no período de recesso do Congresso.

A sessão legislativa ordinária, por sua vez, é partida em dois *períodos legislativos*. O primeiro se estende de 2 de fevereiro a 17 de julho e o segundo, de 1º de agosto a 22 de dezembro[4]. A sessão legislativa não se interrompe sem que se haja aprovado o projeto de lei de diretrizes orçamentárias[5].

Nos intervalos dos períodos mencionados, ocorrem os recessos. Nestes, o Congresso Nacional pode ser chamado a se reunir por convocação extraordinária. O Presidente do Senado, que preside a Mesa (órgão de direção) do Congresso Nacional, convoca o Congresso Nacional extraordinariamente, em situações de emergência constitucional (decretação de estado de defesa, intervenção federal ou pedido de autorização para decretação de estado de sítio), ou, ainda, para o compromisso e posse do Presidente e do Vice-Presidente da República[6].

Há outra hipótese de convocação extraordinária[7]. Verificando-se caso de urgência ou de interesse público relevante, tanto o Presidente da República quanto o Presidente da Câmara dos Deputados ou o Presidente do Senado, ou mesmo a maioria dos membros de ambas as Casas, têm competência para convocar a reunião extraordinária do Congresso Nacional. A verificação da urgência e do interesse público relevante constitui aspecto incluído na margem de discricionariedade política de quem convoca, mas tal juízo passou a ter, com a EC n. 50/2006, de ser confirmado pela maioria absoluta de cada uma das Casas do Congresso Nacional. A aprovação não é necessária para a convocação nos casos de posse da Presidência da República nem nos casos de emergência constitucional, de que cuida o inciso I do § 6º do art. 57 da Constituição (estado de sítio, estado de defesa e intervenção federal).

A sessão legislativa extraordinária difere da ordinária não apenas pelas peculiaridades que marcam a sua instauração, como, igualmente, pelos assuntos que nela se tratam. O ato de convocação extraordinária deve declinar a matéria que motiva a convocação e

se vê da leitura do art. 1º da CF – que não fala do Território, como a compor a República Federativa – combinada com a do art. 18, § 2º, da CF, que explicita que "os Territórios integram a União". Ver sobre o tema, Michel Temer, *Território Federal nas Constituições brasileiras*, São Paulo: Revista dos Tribunais, 1975, e, do mesmo autor, *Elementos de direito constitucional*, São Paulo: Malheiros, 1995, p. 96.

4 Ver CF, art. 57, *caput*, com a redação da EC n. 50/2006.

5 CF, art. 57, § 2º. Esse projeto, de seu turno, deve estar aprovado até o encerramento do primeiro período da sessão legislativa, a teor do art. 35, § 2º, II, do ADCT.

6 CF, art. 57, § 6º, I.

7 Prevista no inciso II do § 6º do art. 57, com a redação da EC n. 50/2006.

somente sobre ela e sobre medidas provisórias em vigor na data da convocação – elas entram automaticamente na pauta – é que poderá haver deliberação[8].

A partir da Emenda Constitucional n. 50/2006, os congressistas e servidores viram-se proibidos de receber parcela indenizatória em decorrência da convocação[9].

As decisões no Congresso Nacional são tomadas por maioria simples de votos, a não ser que a Constituição disponha diferentemente em hipóteses específicas. Como *quorum* para funcionamento, exige-se a presença da maioria absoluta dos membros. Portanto, há um *quorum* para a instalação da sessão e outro para a aprovação de uma proposta de deliberação.

Maioria simples de votos significa o maior número de votos orientados para uma direção decisória. Maioria simples não equivale, necessariamente, à metade mais um dos votos dos presentes. Nos casos em que há mais de dois sentidos possíveis de voto, ou havendo votos nulos ou em branco, pode-se configurar a maioria de votos sem atingir a marca numérica correspondente à maior grandeza numérica superior à metade dos votos dos presentes[10]. Veja-se que a Constituição não determina que se alcance a maioria de votos dos presentes, mas, apenas, que se tome a decisão "por maioria de votos"[11]. A deliberação coincidirá com a proposta que reunir maior contagem de votos.

Junto ao Congresso Nacional e às suas Casas, funcionam Comissões, permanentes ou temporárias, reguladas internamente pelo Legislativo. As Comissões são formadas de modo a espelhar o quadro de forças políticas existentes na Casa a que se vinculam. Essas Comissões formam uma interface da Casa Legislativa com entidades da sociedade civil, que podem ali ser ouvidas em audiências públicas. Estão legitimadas também – servindo, com isso, a uma função fiscalizadora dos Poderes Públicos – para receber petições, reclamações e queixas de qualquer pessoa, contra atos e omissões de autoridades e entidades públicas, podendo, ainda, tomar depoimentos de qualquer autoridade ou cidadão[12].

As Comissões podem discutir e votar projeto de lei que dispense, na forma regimental, a competência do Plenário. Trata-se do chamado *procedimento legislativo abreviado*. Abre-se, porém, a possibilidade de 1/10 dos membros da Casa provocar a atuação do Plenário, por meio de recurso[13]. É possível, portanto, que um projeto de lei seja aprovado sem jamais haver sido apreciado pelo Plenário, quer da Câmara, quer do Senado.

---

8 CF, art. 57, §§ 7º e 8º.

9 CF, art. 57, § 7º.

10 A propósito, José Cretella Júnior, *Comentários à Constituição de 1988*, Rio de Janeiro: Forense Universitária, 1992, v. 5, p. 2484-2485. Na p. 2484, dá este exemplo: "Presentes os congressistas, a deliberação poderá ser aprovada, no caso limite, até por um voto a favor contra zero, na hipótese em que todos os outros 33 se abstenham de votar".

11 CF, art. 47.

12 CF, art. 58, § 2º.

13 CF, art. 58, § 2º, I.

3. FUNÇÃO DE FISCALIZAÇÃO

É típico do regime republicano que o povo, titular da soberania, busque saber como os seus mandatários gerem a riqueza do País. Essa fiscalização se faz também pelos seus representantes eleitos, integrantes do parlamento. Cabe ao Congresso Nacional, à guisa de controle externo, "a fiscalização contábil, financeira, orçamentária, operacional e patrimonial da União e das entidades da administração direta e indireta, quanto à legalidade, legitimidade, economicidade, aplicação das subvenções e renúncia de receitas" (art. 70 da CF). Para essa finalidade, o Congresso conta com o auxílio do Tribunal de Contas da União, que integra o Poder Legislativo e que é composto por nove Ministros, com o mesmo *status* e regime jurídico dos Ministros do Superior Tribunal de Justiça. No TCU funciona também um Ministério Público especial, que é ligado administrativamente à Corte, não integrando o Ministério Público da União. Os membros do Ministério Público junto ao TCU ocupam cargo vitalício, provido por concurso público específico e são titulares dos direitos de que gozam e sujeitos às vedações a que se submetem os membros do Ministério Público comum[14].

O Tribunal de Contas da União, no dizer do art. 71, II, da Constituição, *julga* as contas dos administradores e demais responsáveis por dinheiros, bens e valores públicos da Administração direta e indireta, incluídas as fundações e sociedades instituídas e mantidas pelo Poder Público federal, e as contas daqueles que derem causa a perda, extravio ou outra irregularidade de que resulte prejuízo ao erário público. Não se trata, porém, de um *julgamento* que produza a coisa julgada dos atos decisórios do Poder Judiciário. As decisões do TCU não são imunes à revisão judicial, mas os seus acórdãos, quando imputem débito ou multa, constituem título executivo extrajudicial[15]. A execução, nesses casos, faz-se por meio da Advocacia-Geral da União[16]. O TCU pode sustar atos ilegais, embora caiba ao Congresso Nacional, diretamente, a sustação de contratos[17].

---

14 "Está assente na jurisprudência [do] Supremo Tribunal Federal que o Ministério Público junto ao Tribunal de Contas possui fisionomia institucional própria, que não se confunde com a do Ministério Público comum, seja os dos Estados, seja o da União, o que impede a atuação, ainda que transitória, de Procuradores de Justiça nos Tribunais de Contas (cf. ADI 2.884, rel. Min. Celso de Mello, *DJ* de 20-5-2005; ADI 3.192, rel. Min. Eros Grau, *DJ* de 18-8-2006" (STF – MS 27.339, rel. Min. Menezes Direito, *RTJ* 210/267).

15 CF, art. 71, § 3º.

16 No RE 223.037/SE, *DJ* de 2-8-2002, rel. Min. Maurício Corrêa, afirmou-se a impossibilidade de Tribunal de Contas (no caso era estadual) executar as suas próprias decisões, seja diretamente, seja por meio do Ministério Público junto à Corte. As condenações a prestações pecuniárias devem ser executadas por órgão próprio da Advocacia Pública.

17 Decidiu o STF, no MS 23.550, *DJ* de 31-10-2001, rel. Min. Marco Aurélio, que o TCU, "embora não tenha poder para anular ou sustar contratos administrativos, tem competência, conforme o art. 71, IX, para determinar à autoridade administrativa que promova a anulação do contrato e, se for o caso, da licitação de que se originou". Em outros precedentes, o STF já decidiu que, "em decorrência da amplitude das competências fiscalizadoras da Corte de Contas, tem-se que não é a natureza do ente envolvido na relação que permite, ou não, a incidência da fiscalização da Corte de Contas, mas sim a origem dos recursos envolvidos" (MS 24.379, *DJe* de 5-6-2015). O TCU pode decretar, no início ou no curso de qualquer procedimento, a indisponibilidade de bens do responsável, por até um ano, como medida cautelar (MS 33.092, *DJe* de 17-8-2015). Pode também declarar a inidoneidade de empresa para participar de licitação (MS 30.788, *DJe* de 3-8-2015). No MS 33.340 (*DJe* de 31-7-2015), decidiu-se que o TCU pode determinar que o BNDES lhe envie dados de operações de crédito envolvendo recursos públicos, sem que a isso se possa opor a garantia do sigilo bancário.

Quanto às contas do Presidente da República, o Tribunal de Contas da União emite parecer, cabendo o julgamento ao Congresso Nacional (CF, arts. 49, IX, e 71, I).

No desempenho da sua função fiscalizadora, o Congresso Nacional pode desejar acompanhar de perto o que acontece no governo do País. Para isso, a Câmara dos Deputados, o Senado e qualquer das Comissões dessas Casas estão aptos para convocar Ministros de Estado ou titulares de órgãos diretamente subordinados à Presidência da República, a fim de que prestem, pessoalmente, informações sobre assunto previamente estabelecido, podendo, se o Legislativo o preferir, deles requerer informações por escrito. Configura crime de responsabilidade o desatendimento a esses chamados[18].

O parlamento, além disso, deve conhecer a realidade do País, a que lhe cabe conferir conformação jurídica. O Congresso Nacional, por isso, também investiga fatos, perscruta como as leis que edita estão sendo aplicadas e busca assenhorar-se do que acontece na área da sua competência. Faz tudo isso com vistas a desempenhar, com maior precisão, as suas funções deliberativas.

As Comissões Parlamentares de Inquérito são concebidas para viabilizar o inquérito necessário ao exercício preciso do poder de fiscalizar e de decidir, entregue ao Legislativo.

3.1. As Comissões Parlamentares de Inquérito

Temas ligados a Comissões Parlamentares de Inquérito implicam, com notável frequência, polêmica.

As divergências, agora no plano doutrinário, começam já quanto à origem histórica dessas comissões. Se a doutrina converge em situar na Inglaterra o berço das Comissões Parlamentares de Inquérito, controverte-se sobre o momento em que teriam surgido. Há quem diga que a primeira comissão do gênero foi a que o Parlamento britânico instituiu, em 1689, para investigar circunstâncias da guerra contra a Irlanda. Outros autores entendem que a comissão pioneira foi instituída ainda antes, em 1571, embora os trabalhos inquisitivos do legislador tenham, realmente, ganhado maior vulto depois de 1688, quando o Parlamento assumiu posição de supremacia na Inglaterra[19].

Nos Estados Unidos, o poder de investigação foi igualmente reconhecido como faculdade inerente ao Legislativo, mesmo não tendo sido previsto de modo expresso na Constituição. Admite-se que o Congresso realize sindicâncias e colha testemunhos para exercer a sua função legislativa de modo avisado e eficiente[20]. As investigações no Congresso americano assumiram considerável relevância e ensejaram diversas e importantes manifestações da Suprema Corte. O pensamento americano sobre as Comissões Parlamentares de Inquérito é tido como das mais ricas e autorizadas fontes de direito comparado sobre o tema.

O *inquérito legislativo* do direito anglo-saxão ganhou força, venceu fronteiras e se alastrou por Países filiados a outros sistemas de direito. A Constituição brasileira alista-se entre as que consagram, explicitamente, esse mecanismo de ação do Legislativo, na

---

18 CF, art. 50 e parágrafos.

19 Cf. Moacyr Lôbo da Costa, Origem, natureza e atribuições das Comissões Parlamentares de Inquérito, *RDP*, 9/III.

20 Corwin, citado por Moacyr Lôbo da Costa, Origem..., *RDP*, cit., p. 111.

companhia, entre outras, da Constituição da Itália, da Lei Fundamental da Alemanha e da Carta do Japão.

Um fenômeno que se observa em várias partes é o do conflito que os trabalhos das comissões por vezes provocam com o princípio da separação dos Poderes e com os direitos individuais de investigados.

O princípio da separação dos Poderes e as garantias dos direitos fundamentais costumam ser os pontos nevrálgicos das discussões sobre a extensão dos poderes de investigação do Legislativo. Não surpreende que esses sejam os aspectos que dominam os debates sobre o assunto levados tanto à Suprema Corte americana como à brasileira.

O quadro das atribuições das Comissões Parlamentares de Inquérito, quer no direito brasileiro, quer no estrangeiro, não costuma ser preciso; vai-se delineando a partir dos problemas que surgem e à medida que são resolvidos pelo Judiciário. Fixar em concreto a extensão dos poderes das Comissões Parlamentares de Inquérito depende, portanto, da sensibilidade político-constitucional das Supremas Cortes, incumbidas de aparar os atritos entre a vontade de agir do Legislativo e outros valores constitucionais.

Para compreender as CPIs, no nosso direito, é imprescindível o conhecimento da visão jurisprudencial desse importante mecanismo de atuação do Legislativo.

3.1.1. A previsão da CPI na Constituição

A Comissão Parlamentar de Inquérito está prevista na Constituição no § 3º do art. 58, que estatui: "As comissões parlamentares de inquérito, que terão poderes de investigação próprios das autoridades judiciais, além de outros previstos nos regimentos das respectivas Casas, serão criadas pela Câmara dos Deputados e pelo Senado Federal, em conjunto ou separadamente, mediante requerimento de um terço de seus membros, para a apuração de fato determinado e por prazo certo, sendo suas conclusões, se for o caso, encaminhadas ao Ministério Público, para que promova a responsabilidade civil ou criminal dos infratores".

No plano federal, como se vê, qualquer das Casas do Congresso pode instaurar Comissões Parlamentares de Inquérito, havendo, ainda, a opção da CPI mista, levada a cabo pela Câmara dos Deputados e pelo Senado, de modo bicameral. As Assembleias Legislativas também podem abrir CPIs, como também o podem as Câmaras de Vereadores[21]. As Comissões Parlamentares de Inquérito nos Estados e nos Municípios devem se espelhar no modelo federal, a elas se estendendo a regulação e as limitações deste instrumento dispostas na Carta da República[22].

As atividades da CPI são, igualmente, objeto da atenção da Lei n. 1.579/52, com atualizações da Lei n. 13.367, de 5 de dezembro de 2016.

A composição da CPI busca ser fiel ao quadro de forças partidárias que existe no Parlamento.

---

21 Ver ADI 1.001, *DJ* de 21-2-2003, rel. Min. Carlos Velloso.

22 A propósito, a ADI 3.619, rel. Min. Eros Grau, *DJ* de 20-4-2007: "o modelo federal de criação e instauração das comissões parlamentares de inquérito constitui matéria a ser compulsoriamente observada pelas casas legislativas estaduais". Confira-se, da mesma forma, a ACO 730, rel. Min. Joaquim Barbosa, *DJ* de 11-11-2005, em que se decidiu que "podem essas comissões estaduais requerer quebra de sigilo de dados bancários, com base no art. 58, § 3º, da Constituição".

3.1.2. Controle judicial dos atos da CPI

A Comissão está vinculada à Casa Legislativa em que surge, e os seus atos são imputáveis a essa mesma Casa.

Isso traz consequências relevantes, do ponto de vista da competência jurisdicional para apreciar os seus atos. Uma CPI no âmbito do Congresso Nacional sujeita-se ao controle judicial, por meio de *habeas corpus* ou de mandado de segurança, diretamente pelo Supremo Tribunal Federal. Diz-se que "a Comissão Parlamentar de Inquérito, enquanto projeção orgânica do Poder Legislativo da União, nada mais é senão a *longa manus* do próprio Congresso Nacional ou das Casas que o compõem, sujeitando-se, em consequência, em tema de mandado de segurança ou de *habeas corpus*, ao controle jurisdicional originário do Supremo Tribunal Federal (CF, art. 102, I, *d* e *i*)"[23]. Esse entendimento confere amplitude mais dilargada ao art. 102, I, *d*, da Constituição, que prevê competência originária do STF para apreciar mandado de segurança contra ato da Mesa da Câmara ou do Senado – e não contra ato de comissões dessas Casas.

O mandado de segurança tem como autoridade coatora o presidente da CPI[24]. O STF registra precedente recusando que a Mesa do Senado fosse indicada como autoridade coatora em mandado de segurança impetrado contra ato de CPI[25].

3.1.3. Objeto da CPI

As Comissões Parlamentares de Inquérito destinam-se "a reunir dados e informações para o exercício das funções constitucionais conferidas ao Parlamento"[26].

A doutrina aponta que "o direito de inquirir é inerente a todo poder que delibera, e que, por isso, tem a necessidade de conhecer a verdade"[27]. Para esclarecer sobre a verdade, indispensável ao exercício da função legiferante e de fiscalização, o Parlamento atribui a uma parcela dos seus membros a tarefa de, em seu nome, apurar acontecimentos e desvendar situações de interesse público.

Como imperativo de eficiência e a bem da preservação de direitos fundamentais, a Constituição determina que a CPI tenha por objeto um *fato determinado*. Ficam impedidas devassas generalizadas. Se fossem admissíveis investigações livres e indefinidas haveria o risco de se produzir um quadro de insegurança e de perigo para as liberdades fundamentais. Por isso, em trabalho de doutrina, José Celso de Mello assinalou que

---

23 MS 23.452 (*DJ* de 12-5-2000). No precedente, relatado pelo Ministro Celso de Mello, mencionam-se, ainda, decisões publicadas na *RDA* 196/195, 196/197 e 199/205. Essa inteligência, na realidade, é antiga no acervo jurisprudencial do STF. Já no MS 1.959, relatado pelo Ministro Luiz Gallotti (*RDA*, 47/286), dizia-se que "as Comissões Parlamentares de Inquérito não são órgãos distintos, mas emanações do Congresso, competindo ao Supremo Tribunal Federal o controle de seus atos".

24 Há precedente em que não se recusou que a própria comissão figurasse como autoridade coatora: MS 24.749/DF, *DJ* de 5-11-2004.

25 MS 23.957, *DJ* de 14-12-2001.

26 Anna Cândida da Cunha Ferraz, *Conflito entre poderes*, São Paulo: Revista dos Tribunais, 1994, p. 174.

27 Esmein, *Éléments de droit constitutionnel*, 1941, p. 1043, citado por Moacyr Costa, Origem..., *RDP*, cit., p. 110.

"constitui verdadeiro abuso instaurar-se inquérito legislativo com o fito de investigar fatos genericamente enunciados, vagos ou indefinidos"[28].

Cretella Júnior explicita que fato determinado "é fato específico, bem delineado, de modo a não deixar dúvidas sobre o objeto a ser investigado"[29].

O fato pode ser singular ou múltiplo, marcado por um ponto comum.

Tudo o que disser respeito, direta ou indiretamente, ao fato determinado que ensejou a Comissão Parlamentar de Inquérito pode ser investigado. Ao ver do STF, a CPI "não está impedida de investigar fatos que se ligam, intimamente, com o fato principal"[30].

A exigência de que, no ato de instauração da CPI, seja indicado com clareza o fato bem delimitado que ela se propõe a investigar mostra-se importante para o próprio controle das atividades da comissão. A CPI não pode alargar o âmbito do seu inquérito para além do que, direta ou indiretamente, disser respeito ao objetivo para o qual foi criada.

Ainda no que tange ao objeto das Comissões Parlamentares de Inquérito, não se controverte que tudo quanto se inclua no domínio da competência legislativa e de fiscalização do Parlamento pode ser objeto de investigação. Numa federação, isso permite enxergar uma limitação de competência específica: uma CPI no legislativo federal não deve invadir área da competência constitucional dos Estados ou Municípios[31].

Por outro lado, no exame da vinculação da matéria da CPI a uma competência do Legislativo, concede-se generosa latitude de apreciação ao Parlamento.

Nesse particular, a doutrina americana assenta que o poder de inquirir do Congresso é de longo alcance, abarcando todos os setores em que o Congresso pode legislar e em que decide sobre alocação de verbas. As investigações podem abranger o modo como estão sendo executadas as leis existentes e a necessidade de aprimorá-las. Além disso, o Congresso pode-se esforçar por desvendar, no âmbito do governo federal, corrupção, gastos inúteis e ineficiências administrativas[32].

A importância da atuação do Congresso na prevenção e na exposição de casos de corrupção tem sido encarecida na prática e na doutrina americana. Cita-se, a propósito, texto do então ainda Professor Woodrow Wilson, que mais tarde seria eleito Presidente dos EUA, em que sustenta ser a função de informar e de informar-se do Congresso de

28 Investigação parlamentar estadual: as comissões especiais de inquérito, *Justitia*, ano 45, v. 121, p. 150 e s. abr./jun. 1983. A Consultoria-Geral da República, em parecer publicado no *DOU* de 4-4-1988, sustentou a mesma tese.

29 *Comentários à Constituição*, cit., v. 5, p. 2700.

30 HC 71.231, *DJ* de 31-10-1996. No caso, a CPI se destinava a "investigar irregularidades na concessão de benefícios previdenciários". A Comissão resolveu também apurar alegadas irregularidades no parcelamento de débitos de empresas para com o INSS. A autoridade tida como coatora no *habeas corpus*, o Presidente da CPI, defendeu que havia "íntima ligação entre aqueles que praticam fraudes em relação a benefícios previdenciários e os que se especializaram em fraudes relativas a parcelamento de débitos de empresas para com a Previdência Social (...). A par disso, são as fraudes em parcelamento causa importante da inexistência de recursos para o pagamento de benefícios". O STF acolheu essas razões, reconhecendo que as investigações não se distanciavam do fato que determinara a constituição da CPI estando, ao contrário, a ele intimamente ligadas.

31 O Regimento Interno do Senado fixa, no seu art. 146, que "não se admitirá comissão parlamentar de inquérito sobre matérias pertinentes: a) à Câmara dos Deputados; b) às atribuições do Poder Judiciário; c) aos Estados".

32 Laurence Tribe, *American constitutional law*, Mineola: The Foundation Press, 1988, p. 376, citando o caso Watkins, que será referido mais adiante.

vital importância numa democracia, arrematando que "o único povo que se autogoverna de fato é o povo que discute e que interroga a sua Administração"[33].

Não há por que deixar de acolher, no Brasil, a mesma doutrina.

Um ponto de polêmica tem sido o de saber se a CPI pode ter por objeto a investigação de condutas privadas. Afirma-se, na jurisprudência americana, que, nesse tema, cumpre, caso a caso, ponderar os interesses públicos e privados em conflito[34]. Adverte-se que não existe um "poder do Congresso de expor, pelo amor à exposição"[35]. O Congresso não está legitimado a perscrutar uma atividade privada, apenas para lhe dar publicidade ou para pôr à vista do público um erro ou uma ação delituosa. Diz-se, inclusive em precedentes judiciais, que "não é função do Congresso promover espetáculos de julgamento legislativo"[36].

Reconhece-se ao Congresso americano poder investigativo sobre atividade que se possa relacionar logicamente a uma matéria sobre a qual o Congresso tem o poder de dispor. No entanto, o inquérito legislativo que se resumisse ao propósito de desvendar atividades particulares "estaria invadindo o poder de julgar, reservado aos tribunais"[37].

A nossa jurisprudência e a nossa doutrina não se distanciam do padrão americano. Também aqui se ensina que as CPIs não se destinam a apurar responsabilidades nem a efetuar julgamentos, mas têm por meta coletar material para os afazeres legislativos. Prestam-se elas para obter informações necessárias à elaboração de leis, bem assim para supervisionar o trabalho do Executivo na aplicação das leis vigentes. Daí já se ter afirmado, no Supremo Tribunal Federal, que "podem ser objeto de investigação todos os assuntos que estejam na competência legislativa ou investigatória do Congresso"[38], enfatizando-se que "a CPI não se destina a apurar crimes nem a puni-los, [ações] da competência dos Poderes Executivo e Judiciário"[39].

Essa inteligência tem apoio no art. 58, § 3º, da Constituição, que atribui poderes de investigação próprios das autoridades judiciais às Comissões Parlamentares de Inquérito, mas não lhes estende os poderes de julgamento. Tanto assim que, na parte final da norma, diz o constituinte que, sendo o caso, as conclusões da CPI devem ser "encaminhadas ao Ministério Público, para que promova a responsabilidade civil e criminal dos infratores".

Cabe, assim, ao Ministério Público formular acusações penais em virtude de fatos dados a conhecer no curso da CPI e ajuizar ações civis públicas ou ações de improbidade, para atalhar lesões ao patrimônio público. A Lei n. 13.367/2016 também prevê que outros órgãos, e nomeadamente a Advocacia-Geral da União, recebam relatório das

---

33 "(...) the only really self-governing people is that people which discusses and interrogates its administration (...)" – citado por Nowak e Rotunda, *Constitutional law*, St. Paul: West Publishing Co., 1995, p. 246.

34 Nowak e Rotunda, *Constitutional law*, cit., p. 255.

35 Tribe, *American constitutional law*, cit., p. 377.

36 Nowak e Rotunda, *Constitutional law*, cit., p. 247.

37 Tribe, *American constitutional law*, cit., p. 377.

38 Voto do Ministro Carlos Velloso no HC 75.232/RJ, julgado em 7-5-1997, e publicado nos *Cadernos de Direito Constitucional e Ciência Política*, n. 26, p. 36 e s. O trecho citado acha-se na p. 48.

39 Id., p. 49. Ver também acórdão do STF no HC 71.039 (*RDA*, 199/205) e despacho no MS 23.576, publicado no *DJ* de 3-2-2000.

atividades da CPI, "para que promovam a responsabilidade civil ou criminal por infrações apuradas e adotem outras medidas decorrentes de suas funções institucionais"[40].

Enfatiza-se que, qualquer que seja o resultado de suas investigações, as CPIs não podem anular atos do Executivo[41]. Tal tarefa é cometida ao Judiciário, por provocação, de órgãos competentes, sem que isso obste o uso da ação popular por qualquer cidadão.

3.1.4. Limitação cronológica

A Constituição Federal, no art. 58, § 3º, além de estabelecer que as CPIs devem apurar fato determinado, diz que elas o farão "por prazo certo". Não cuida, entretanto, de fixar tal prazo.

A questão tem relevo evidente, dadas as repercussões das Comissões Parlamentares de Inquérito sobre interesses dos envolvidos nas investigações.

Se o tema é relevante, é também polêmico.

O STF, porém, já o dirimiu, embora com votos divergentes. A questão envolvia, de um lado, o Regimento da Câmara dos Deputados, que estabelece o prazo de cento e vinte dias para o funcionamento da Comissão Parlamentar de Inquérito, prorrogável até a metade, resultando num intervalo cronológico máximo de cento e oitenta dias. De outro lado, a Lei n. 1.579/52, no art. 5º, § 2º, dispõe que as incumbências da CPI terminam com a sessão legislativa em que criada, podendo ser prorrogada até o término da legislatura em curso.

A Suprema Corte brasileira, atenta a que a CPI oferece constante potencial de interferência sobre direitos fundamentais dos investigados, concluiu que, por isso, a regulação do seu tempo de duração deveria ser objeto de lei, e não de resolução. A fórmula da Lei n. 1.579/52 – permitindo o prolongamento dos trabalhos enquanto durar a legislatura – foi, por isso, acolhida[42].

---

40 A propósito, o STF decidiu: "As Comissões Parlamentares de Inquérito – CPI possuem permissão legal para encaminhar relatório circunstanciado não só ao Ministério Público e à Advocacia-Geral da União, mas, também, a outros órgãos públicos, podendo veicular, inclusive, documentação que possibilite a instauração de inquérito policial em face de pessoas envolvidas nos fatos apurados (art. 58, § 3º, CRFB/88, c/c art. 6º-A da Lei n. 1.579/1952, incluído pela Lei n. 13.367/2016)" (MS 35.216-AgR, rel. Min. Luiz Fux, Plenário, *DJe* de 27-11-2017).

41 Assinala Cláudio Pacheco:

> "A debilidade da investigação parlamentar está em que ela não pode alcançar um efeito conclusivo de reparação, de repressão ou de punição. A investigação pode apurar erros, abusos, delitos, mas não pode corrigi-los, nem preveni-los" (apud Anna Cândida Ferraz, *Conflito entre poderes*, cit., p. 183).

42 HC 71.261, rel. Min. Sepúlveda Pertence, *DJ* de 24-6-1994. Disse o relator:

> "(...) A duração do inquérito parlamentar – com o poder coercivo sobre particulares, inerentes à sua atividade de instrutória e a exposição da honra e da imagem das pessoas a desconfianças e conjecturas injuriosas – é um dos pontos de tensão dialética entre a CPI e os direitos individuais, cuja solução, pela limitação temporal do funcionamento do órgão, antes se deve entender matéria apropriada à lei do que aos regimentos: donde, a recepção do art. 5º, § 2º, da L. 1.579/52, que situa, no termo final de legislatura em que constituída, o limite intransponível de duração, ao qual, com ou sem prorrogação do prazo inicialmente fixado, se há de restringir a atividade de qualquer comissão parlamentar de inquérito". Nessa diretriz, também, o HC 71.231/RJ (*DJ* de 31-10-1996).

3.1.5. CPI como direito das minorias parlamentares

As CPIs são formadas a partir de requerimento de parcela dos integrantes da Casa Legislativa[43], e o STF entende impróprio que a falta de indicação de integrantes da CPI pelos líderes partidários obstrua o início do seu funcionamento, sob pena de "afronta ao direito público subjetivo (...) assegurado às minorias legislativas de ver instaurado o inquérito parlamentar, com apoio no direito de oposição, legítimo consectário do princípio democrático"[44].

Da mesma forma, e também porque a CPI é um instrumento de ação das minorias parlamentares, o STF afirmou inconstitucional que, nos Estados-Membros, se submeta a criação de CPI, requerida pelo número de parlamentares estatuído na Carta da República, à deliberação do Plenário ou a qualquer outro órgão do Poder Legislativo. Como afirmou o Ministro Eros Grau, "o requerimento de um terço dos seus [da Casa Legislativa] membros é bastante à instauração da comissão"[45].

Em outro acórdão, o STF admitiu a validade de limitação relativa ao número de comissões em funcionamento, fixada no Regimento Interno da Câmara dos Deputados.

Embora a Constituição em vigor não tenha, como a passada, estabelecido esse tipo de restrição, nem a Lei n. 1.579/52 haja disposto a respeito, o Supremo Tribunal Federal entendeu ser possível que os regimentos internos das Casas Legislativas fixem certo número máximo de CPIs simultâneas, por caber ao regimento disciplinar o funcionamento da Casa parlamentar[46].

3.1.6. Poderes das Comissões Parlamentares de Inquérito

De pouco adiantaria que fosse previsto o direito de o Congresso Nacional investigar se não estivesse aparelhado, normativamente, para a função. Por isso, a Constituição em vigor resolveu que as CPIs dispõem dos poderes de investigação próprios das autoridades judiciais.

Desse modo, e com base também nas previsões expressas da Lei n. 1.579/52, art. 2º[47], cabe às CPIs determinar as diligências que estimar necessárias "e requerer a convocação de Ministros de Estado, tomar o depoimento de quaisquer autoridades federais, estaduais ou municipais, ouvir os indiciados, inquirir testemunhas sob compromisso,

43 No Senado, v. g., 1/3 dos membros.

44 MS 24.831, rel. Min. Celso de Mello, julgado em 22-6-2005, *DJ* de 4-8-2006. Em outro precedente, na ADI 3.619, *DJ* de 20-4-2007, rel. Min. Eros Grau, o STF reafirmou a índole de direito das minorias parlamentares das CPIs, desta vez rejeitando que Assembleia Legislativa subordinasse a instauração do inquérito legislativo a aprovação do Plenário da Casa legislativa. Acrescentou-se também que "o modelo federal de criação e instauração das comissões parlamentares de inquérito constitui matéria a ser compulsoriamente observada pelas casas legislativas estaduais".

45 ADI 3.619, rel. Min. Eros Grau, *DJ* de 20-4-2007. O precedente ensina: "apresentado o requerimento com o número de assinaturas exigido pela Constituição Federal, tem-se a criação da comissão parlamentar de inquérito (...). Ao Presidente da Assembleia Legislativa, considerando-o formalmente correto, cumpre ordenar que o requerimento seja numerado e publicado. Mas já neste momento ter-se-á por criada a CPI. A publicação do requerimento tem efeito meramente declaratório, dando publicidade a ato anterior, constitutivo da criação da comissão". Igualmente ficou esclarecido que: "a garantia assegurada a um terço dos membros da Câmara ou do Senado estende-se aos membros das assembleias legislativas estaduais – garantia das minorias".

46 ADI-MC 1.635/DF, julgada em 25-9-1997, sob a relatoria do Ministro Maurício Corrêa.

47 Com a redação da Lei n. 13.367/2016.

requisitar da administração pública direta, indireta ou fundacional informações e documentos, e transportar-se aos lugares onde se fizer mister a sua presença".

O STF também já aludiu à competência da CPI para requerer do Tribunal de Contas da União – órgão que auxilia o Congresso Nacional – a realização de inspeções e auditorias[48].

3.1.7. Testemunhas e indiciados

Conquanto indisputável que cabe à CPI convocar testemunhas e ouvir indiciados, essa atividade vem motivando diversas intervenções do Supremo Tribunal Federal, permitindo que se descortine certa sistemática a ser obedecida.

O Supremo Tribunal teve ocasião de enunciar que a convocação de testemunhas e de indiciados deve ser feita pelo modo prescrito nos dispositivos do Código de Processo Penal sobre o chamamento de indivíduos para participar do processo. Por isso, disse o STF "não ser viável a intimação por via postal ou por via de comunicação telefônica. [Ela] deve ser feita pessoalmente"[49].

Dado o paralelo do intimado a depor na CPI com o indivíduo chamado a participar do processo penal, ressalta-se que a oitiva é de ser realizada na comarca do domicílio do convocado. Isso é viabilizado pelo disposto na Lei n. 1.579/52, que prevê que os membros da CPI se dirijam aos lugares onde se fizer necessária a sua presença. Não obstante, admite-se que a CPI convoque a Brasília quem não reside na Capital, indicando-se, contudo, que "os custos de tal deslocamento devem correr por conta do órgão que convocou [a testemunha]"[50].

O privilégio de que gozam certas autoridades de, no processo penal, marcar dia e hora para serem inquiridos também deve ser observado pela CPI[51].

No HC 80.240[52], surgido no contexto de Comissão de Inquérito destinada a apurar vícios na ocupação de terras públicas na Amazônia, assentou-se que, se a CPI tenciona ouvir um índio, deve fazê-lo na própria área indígena, em hora e dia combinados previamente, na presença de representantes da FUNAI e de antropólogo especializado.

As testemunhas, uma vez convocadas em termos, são obrigadas a comparecer. A comissão pode, inclusive, requisitar força policial para trazê-las à sua presença[53]. Por isso mesmo, o STF admite, em tese, a impetração de *habeas corpus* contra intimação para depor em CPI, já que "a intimação do paciente para depor em CPI, contém em si a possibilidade de condução coerciva da testemunha que se recuse a comparecer"[54].

Assim, o primeiro dever de quem é convocado, de modo hábil, para depor numa CPI é o de a ela se apresentar. O segundo dever é o de dizer a verdade e não calar fato

---

48 MS 23.452-1/RJ, *DJ* de 12-5-2000.

49 HC 71.421, despacho do Ministro Celso de Mello no *DJ* de 3-5-1994.

50 HC-MC 87.230, *DJ* de 28-11-2005, rel. Min. Joaquim Barbosa (decisão monocrática).

51 HC-MC 80.153, *DJ* de 9-5-2000, rel. Min. Maurício Corrêa (decisão monocrática).

52 Julgado em 20-6-2001.

53 HC 71.039, *DJ* de 6-12-1996.

54 HC 71.261, *DJ* de 24-6-1994, rel. Min. Sepúlveda Pertence.

relevante que lhe seja indagado – dever que a Lei n. 1.579/52, art. 4º, II, sanciona com pena criminal.

Há casos, porém, em que se admite a recusa a responder a perguntas.

Nos Estados Unidos, extrai-se da necessidade da demarcação do fato a ser investigado o importante requisito da *pertinência* que as ações e decisões tomadas no inquérito legislativo devem ter com o seu objeto declarado. Nesse sentido, também, as perguntas feitas às testemunhas devem guardar pertinência com os fatos indicados como razão de ser da comissão. Da mesma forma que, no Brasil, a testemunha que se recusa a responder o que lhe é indagado no Congresso em Washington é passível de processo criminal. O direito americano, entretanto, reconhece à testemunha o direito de se recusar a responder o que lhe é demandado, se a pergunta não guardar correlação com o objeto da comissão de inquérito[55].

Por isso, o objeto das investigações deve ser bem delimitado.

Cita-se, a propósito, para ilustrar essa doutrina, precedente de 1957 da Suprema Corte dos Estados Unidos – o *caso Watkins*[56].

No caso Watkins, firmou-se que a testemunha tem o direito de cobrar da Comissão que lhe informe da relação de uma dada pergunta para com o objeto das investigações[57].

Em resumo, de acordo com o Direito americano, a testemunha tem o direito de negar-se a responder a perguntas divorciadas do objeto preestabelecido das atividades da comissão. A comissão tem o dever de informar ao depoente, se demandada, em que a pergunta feita se relaciona com o objeto da ação investigativa para a qual a comissão foi criada. Em caso de processo criminal contra a testemunha recalcitrante, é ônus da acusação esclarecer a pertinência da pergunta refugada ao objeto do inquérito legislativo.

Manifestações do STF têm também afirmado a necessidade da determinação nítida dos fatos que ensejam a CPI[58]. O STF, ademais, compreende que o depoente não é obrigado a responder a perguntas impertinentes. Mas o STF não estima cabível a concessão de liminar em *habeas corpus* para prevenir a prisão por desobediência nesses casos. Em hipóteses assim, o depoente assume o risco do silêncio, devendo o controle jurisdicional ocorrer *a posteriori*, já que não seria possível "erigir o particular intimado a depor no árbitro das limitações de uma comissão do Congresso Nacional"[59].

Numa segunda hipótese, o depoente pode-se recusar a responder o que lhe é indagado. Não lhe pode ser exigida explanação que o incrimine. O privilégio contra a au-

---

55 Nowak e Rotunda, *Constitutional law*, cit., p. 249. Nos EUA, noticiam os autores, o ônus da prova, num processo penal, da pertinência da pergunta não respondida recai sobre a acusação, conferindo-se maior peso à presunção de inocência do que à presunção de regularidade da atividade congressual.

56 Watkins havia sido convocado para prestar informações sobre atividades comunistas ao comitê de investigações de atividades antiamericanas. Foi-lhe pedido que indicasse pessoas que, no passado, haviam feito parte do Partido Comunista. Watkins disse que responderia questões sobre quem, atualmente, era membro do partido, mas se recusaria a enumerar quem o integrara no passado. Processado criminalmente por isso, a Suprema Corte acabou por reverter a condenação que sofreu. Um dos argumentos que prosperou foi o de que a resolução que estabelecera a Comissão era vaga e dela não se extraía a pertinência da questão sobre participação pretérita no Partido Comunista de americanos que se desvincularam, depois, da agremiação.

57 Nowak e Rotunda, *Constitutional law*, cit., p. 250.

58 MS 23.576 (liminar), rel. Min. Celso de Mello, *DJ* de 7-12-1999; MS 23.466 (liminar), rel. Min. Sepúlveda Pertence, *DJ* de 22-6-1999.

59 HC-MC 80.868, *DJ* de 20-4-2001, rel. Min. Sepúlveda Pertence (decisão monocrática).

toincriminação consiste na faculdade de o interrogando silenciar, para evitar reconhecer o cometimento de infração penal.

Trata-se de privilégio há muito reconhecido no Direito americano. Ali, se o depoente invoca esse direito, que tem fundamento na 5ª Emenda à Constituição, a comissão deve respeitar a sua disposição de se calar. Isso não impede, porém, que a Comissão peça à testemunha que justifique a razoabilidade da sua apreensão, desde que não cobre da testemunha que se refira a fatos incriminantes para sustentar a sua arguição[60].

Outra peculiaridade do Direito americano está em considerar que o depoente abriu mão da exceção da autoincriminação se já respondeu a alguma pergunta incriminadora acerca de certo fato. Nesse caso, não pode mais deixar de responder a outras indagações que girem em torno desse mesmo fato, a não ser que as respostas importem o reconhecimento de outros delitos, além daquele que, advertidamente ou não, a testemunha admitiu[61].

Na jurisprudência do STF não tem havido lugar para essas nuanças. Tem-se apenas concedido ordens preventivas de *habeas corpus* para assegurar que o paciente não seja obrigado a responder a perguntas que o incriminem[62]. Esse direito, entre nós, também é reconhecido com base em dispositivo constitucional. Deriva, segundo o STF, do direito do preso ao silêncio, previsto no art. 5º, LXIII, da Lei Maior[63].

O privilégio contra a autoincriminação alcança o depoente quer tenha sido chamado na qualidade de testemunha, quer na condição de indiciado[64].

O STF tem concedido liminares em *habeas corpus* para assegurar o direito de não responder a perguntas feitas em CPIs cuja resposta possa ser autoincriminadora, assinalando que "só o depoente é quem pode identificar o risco da autoincriminação da resposta a certas indagações"[65].

O silêncio do depoente não pode ser interpretado em seu desfavor[66].

Numa terceira hipótese, a testemunha pode – e até deve – calar-se: quando a sua resposta contravier dever de sigilo profissional ou funcional. Se a CPI tem os mesmos poderes de investigação do Judiciário, está, igualmente, subordinada às limitações impostas pela lei ao juiz. Como o art. 207 do CPP proíbe a quem deve guardar segredo, em razão de função, ministério, ofício ou profissão, de dar testemunho – salvo se desobrigado pela parte interessada –, não devem ser formuladas perguntas cujas respostas impliquem revelação de segredos dessa natureza.

Nessa linha, esclareceu o STF[67] que o advogado, quando convocado pela CPI, não pode furtar-se a comparecer – até porque não se pode saber o que lhe será perguntado.

---

60 Nowak e Rotunda, *Constitutional law*, cit., p. 251.

61 Nowak e Rotunda, *Constitutional law*, cit., p. 251.

62 MS 23.452/RJ, *DJ* de 12-5-2000; *RDA*, 196/197 e HC 79.244.

63 Cf. HC 79.589/DF, julgado na sessão plenária de 5-4-2000 (*Informativo STF* n. 184, de 3 a 7-4-2000).

64 HC 71.421 (*DJ* de 3-5-1994), rel. Min. Celso de Mello, que disse: "A *self-incrimination* constitui causa legítima que exonera o depoente – seja ele testemunha ou indiciado – do dever de depor sobre os fatos que lhes sejam perguntados e de cujo esclarecimento possa resultar, como necessário efeito causal, a sua própria responsabilização penal".

65 HC 79.244, *DJ* de 6-5-1999, rel. Min. Sepúlveda Pertence (decisão monocrática) e HC 80.868, *DJ* de 20-4-2001, rel. Min. Sepúlveda Pertence (decisão monocrática).

66 HC 84.214, *DJ* de 29-4-2004, rel. Min. Cezar Peluso (decisão monocrática).

67 HC 71.231 (*DJ* de 31-10-1996).

No entanto, são invocáveis, perante a Comissão, "os direitos decorrentes do seu *status* profissional". Deferiu-se, no precedente, salvo-conduto para o paciente "não ser preso ao calar a respeito de indagações que dizem respeito à sua profissão".

Solução semelhante haverá de prevalecer se um jornalista for intimado a comparecer a uma CPI. Dele não se poderá requerer que, a propósito de alguma informação que haja publicado, revele a fonte, cujo sigilo é objeto de garantia constitucional específica (art. 5º, XIV, da CF).

O depoente é credor de tratamento urbano e respeitoso, porque ninguém pode ser submetido a tratamento desumano ou degradante. "Aquele que, numa CPI, ao ser interrogado, for injustamente atingido em sua honra ou imagem, poderá pleitear judicialmente indenização por danos morais ou materiais, neste último caso, se tiver sofrido prejuízo financeiro em decorrência de sua exposição pública, tudo com suporte no disposto na Constituição, em seu art. 5º, X"[68].

A decretação de prisão pela CPI somente se admite no caso de crime em estado de flagrância[69].

O STF não acolhe pedido de depoente de se submeter a questionamentos em sessão livre da presença de jornalistas e de câmeras de televisão. Entende preponderar o interesse da "exposição, ao escrutínio público, dos processos decisórios e investigatórios em curso no Parlamento"[70].

3.1.8. Testemunhas, CPI e separação de Poderes

O princípio da separação de Poderes constitui outro limite à ação das Comissões Parlamentares de Inquérito. O acervo de jurisprudência da suprema Corte registra precedentes assentando que a CPI não pode investigar decisões judiciárias e as circunstâncias em que foram proferidas, embora os atos administrativos praticados pelos juízes estejam sob a esfera de sindicância dessas comissões[71].

3.1.9. Poderes cautelares

Em outros precedentes, tem-se frisado que o poder de investigação judicial que o constituinte estendeu às CPIs não se confunde com os poderes gerais de cautela de que

68 MS-MC 25.617, *DJ* de 3-11-2005, rel. Min. Celso de Mello (decisão monocrática). Da mesma forma, no HC 88.163-MC, *DJ* de 14-3-2006, a decisão monocrática do Ministro relator Carlos Britto afirmou que a proibição constitucional ao tratamento desumano ou degradante também significa "vedação de se submeter eventual testemunha, investigado ou pessoa acusada a situações de menosprezo". Para esse efeito, não seria dado distinguir "entre uma sala de audiências judiciais e uma sessão de comissão parlamentar de inquérito".

69 HC 79.790, rel. Min. Nelson Jobim, *DJ* de 26-11-1999 (decisão monocrática), em que cita, no mesmo sentido, o MS 23.452 e os HC 71.279, 79.563 e 71.039.

70 MS-MC 25.832, *DJ* de 20-2-2006, rel. Min. Celso de Mello (decisão monocrática) e MS-MC 24.832, julgado em Plenário em 18-3-2004.

71 Nesse sentido, o HC 80.539, julgado em 21-3-2001, em que se censurou a convocação de magistrado para esclarecer por que levara três anos para se manifestar em processo de suspeição. Da mesma forma, o HC 80.089, *DJ* de 29-9-2000, e o HC 79.441, *DJ* de 6-10-2000.

dispõem os magistrados nos feitos judiciais. Estes não foram atribuídos às Comissões Parlamentares de Inquérito.

Vem-se reiterando o magistério do STF no sentido de que a CPI não dispõe do poder de decretar prisão[72] – nem mesmo a prisão cautelar, já que, "no sistema do direito constitucional positivo brasileiro, os casos de privação de liberdade individual somente podem derivar de situação de flagrância (CF, art. 5º, LXI) ou de ordem emanada de autoridade judicial competente (CF, art. 5º, LXI), ressalvada a hipótese – de evidente excepcionalidade – de 'prisão por crime contra o Estado', determinada pelo executor da medida (CF, art. 136, § 3º, I), durante a vigência do estado de defesa decretado pelo Presidente de República"[73].

Dado que os poderes cautelares do juiz não foram atribuídos às CPIs, a jurisprudência do STF nega às comissões competência para proibir o afastamento do País ou para decretar a indisponibilidade de bens de indiciados[74].

Justamente por não poder desempenhar poderes cautelares, a CPI não está apta a decretar arresto, sequestro ou hipoteca judiciária[75]. A Lei n. 13.367/2016 prevê, contudo, que o Presidente da CPI poderá "solicitar, em qualquer fase da investigação, ao juízo criminal competente medida cautelar necessária, quando se verificar a existência de indícios veementes da proveniência ilícita de bens"[76].

3.1.10. Diligências e requisição de documentos

Outros pontos controvertidos sobre os poderes de investigação das Comissões Parlamentares de Inquérito têm sido resolvidos pelo Supremo Tribunal Federal.

Tema que motivou questionamentos no STF diz respeito ao poder das CPIs de requisitarem, de instituições financeiras, documentos e informações sigilosas sobre investigados. O Tribunal tem entendido que as comissões "podem decretar a quebra do sigilo bancário de pessoas por ela investigadas"[77]. O STF adere ao pressuposto de que

---

72 Ver o luminoso estudo do Ministro Celso de Mello no MS 23.452, citado. Entre outros precedentes, vale mencionar, ainda, o HC 71.039 (*RDA*, 199/205) e a referência feita no MS 23.454 (liminar), *DJ* de 29-5-1999.

73 HC 71.279, decisão de 23-3-1994.

74 Ver, além da resenha produzida pelo relator da MS 23.452, a liminar concedida no MS 23.435, *DJ* de 15-5-1999, em que se negou o direito de a CPI decretar a indisponibilidade de bens de diretores de instituições financeiras. Ver também o julgamento final, em 18-8-1999, do MS 23.446/DF, rel. Min. Ilmar Galvão, relativamente à CPI dos Bancos, no Senado. No mesmo sentido: MS 23.466 (liminar), *DJ* de 22-6-1999, e MS 23.471 (liminar), *DJ* de 22-6-1999.

75 Essas medidas "são provimentos cautelares de sentença definitiva de condenação, os quais não se confundem com os poderes instrutórios [de que está investida a CPI]". Diz-se que "não se destinando a proferir julgamento, mas apenas a reunir informações úteis ao exercício das funções do Congresso Nacional, a CPI é despida do poder de acautelar sentença que não lhe cabe proferir" (MS 23.466 (liminar), *DJ* de 22-6-1999).

76 A lei não se ocupa de disciplinar o procedimento para tanto e a sua concepção definitivamente não é feliz. A providência se torna compreensível se já houver processo penal em curso contra o investigado. Não havendo processo penal aberto contra o investigado, e sendo certo que o Ministério Público é o titular da ação penal acaso cabível (art. 129, I, da CF), é de se interpretar que o Presidente da CPI buscará o Ministério Público competente, para que este, se entender cabível, mova-se para proteger a utilidade de futura ação penal perante o juízo criminal adequado.

77 MS 23.452/RJ, *DJ* de 12-5-2000; MS 23.491/DF, *DJ* de 2-8-1999; MS 23.639, julgado em 16-11-2000 (*Informativo STF* n. 210).

não há direitos ou garantias de caráter absoluto; por isso, certas garantias, como a do sigilo bancário, em casos concretos, cedem a valores constitucionais concorrentes[78].

Ademais, o direito ao sigilo bancário representaria "uma projeção do direito à intimidade, [que] não se acha submetida ao princípio da reserva de jurisdição"; por isso, a Lei n. 4.595/64, ao admitir, no art. 38, § 1º, a quebra do sigilo bancário a pedido de CPI, foi tida como recebida pela ordem constitucional em vigor[79].

Haveria, em tais hipóteses, de se efetuar "um juízo de ponderação, à luz do princípio da proporcionalidade, entre o interesse público na produção da prova visada e as garantias constitucionais de sigilo e privacidade por ela necessariamente comprometidas"[80]. Essa ponderação há de apurar se não se pode obter a informação relevante por outro meio menos danoso a essas garantias[81].

A CPI, portanto, pode requerer a quebra de sigilo bancário. Nessa mesma linha, o STF reconhece a prerrogativa de a CPI quebrar sigilo fiscal dos seus investigados[82], bem assim o sigilo telefônico[83].

O poder de quebrar sigilo bancário não se restringe às CPIs abertas no Congresso Nacional; estende-se também aos inquéritos legislativos instaurados nas Assembleias Legislativas estaduais, não sendo legítimo que o Banco Central se recuse a fornecer-lhes os dados que lhe são requeridos[84].

O Tribunal distingue a quebra do sigilo telefônico da interceptação telefônica.

O sigilo telefônico se refere aos registros dos números telefônicos de onde procederam ligações para o investigado ou dos números telefônicos para os quais o investigado ligou, bem assim dados sobre quando as ligações foram efetivadas e quanto duraram. Essas informações são mantidas pelas companhias telefônicas, e o sigilo se fundamenta na proteção geral do direito à privacidade – a mesma garantia constitucional que embasa o sigilo fiscal e o bancário. O sigilo telefônico pode ser quebrado por deliberação da CPI.

A interceptação de comunicação telefônica é algo diverso. Na interceptação, a própria comunicação é objeto de escuta. O conteúdo da comunicação torna-se o alvo da interferência. Com relação ao conteúdo das comunicações telefônicas, a Constituição conferiu proteção reforçada ao indivíduo. A hipótese de ruptura da proteção oferecida pela Constituição ao sigilo das comunicações telefônicas está prevista no texto constitucional (art. 5º, XII) – o sigilo somente pode ser violado, por ordem judicial, nas hipóteses previstas em lei, e para fins de investigação criminal ou instrução processual penal. Fala-se que a providência estaria submetida à reserva de jurisdição.

A cláusula de reserva de jurisdição consiste em confinar ao âmbito do Judiciário a prática de certos atos que impliquem restrição a direitos individuais especialmente pro-

---

78 Nesse sentido o MS 23.452, citado.

79 MS 23.452. Ver também *RTJ*, 148/366 e 168/195.

80 MS 23.466 (liminar), *DJ* de 22-6-1999, rel. Min. Sepúlveda Pertence.

81 MS-MC 25.812, *DJ* de 23-2-2006, rel. Min. Cezar Peluso (decisão monocrática), em que se fala do requisito da "necessidade absoluta da medida".

82 MS 23.452/RJ, citado.

83 Ver MS acima. Igualmente, o MS 23.466 (liminar), *DJ* de 22-6-1999; MS 23.554, julgado em 29-11-2000.

84 ACO 730/RJ, rel. Min. Joaquim Barbosa, *DJ* de 11-11-2005.

tegidos. A se aceitar a existência de tal cláusula, haveria poderes de investigação que apenas as autoridades judiciais estariam legitimadas a exercer.

A cláusula da reserva de jurisdição tem sido invocada, igualmente, para inibir decisões de CPIs envolvendo buscas e apreensões no domicílio de investigados. Enxerga-se na redação do art. 5º, XI, da Lei Maior uma garantia que somente poderia ser vencida por ordem de autoridade judicial – nega-se, portanto, que a CPI possa determinar que se entre na casa de alguém sem o consentimento do morador, para realizar uma busca e apreensão. Explicitou-se, ainda, que a expressão *casa*, empregada pelo constituinte, "compreende, na abrangência de sua designação tutelar, (a) qualquer compartimento habitado, (b) qualquer aposento ocupado de habitação coletiva e (c) qualquer compartimento privado onde alguém exerce profissão ou atividade"[85].

Da mesma forma, o Supremo Tribunal lecionou que "o sigilo imposto a processo sujeito a segredo de justiça é oponível a Comissão Parlamentar de Inquérito"[86].

Se o STF tem admitido a quebra, pela CPI, de garantias básicas, vem, igualmente, afirmando que o uso desses poderes está sujeito aos requisitos de fundamentação a que os juízes estão obrigados. Providências que importam invasão da esfera dos direitos individuais reclamam, na visão firme do Tribunal, **motivação**[87].

A motivação é relevante também para que se possa aferir a existência do vínculo de pertinência da medida com o fato determinado que levou à sua instalação[88].

Em pelo menos dois precedentes, o STF chegou a adiantar em que consiste a motivação exigida[89]. A CPI deve mencionar os indícios da existência de uma *causa provável* que legitime a medida excepcional, e deve, a seguir, justificar a necessidade da medida, no contexto das investigações a seu cargo.

O STF não admite a motivação *a posteriori* – aquela feita depois de determinada a medida invasiva de direitos individuais. As razões da providência devem ser "expostas

---

85 Do Ministro Celso de Mello, relator do MS 23.452, citado. Ver também, do mesmo relator, o MS 23.595 (medida liminar), *DJ* de 1º-2-2000, e o MS 23.455, *DJ* de 7-12-2000, rel. Min. Néri da Silveira. Não obstante, ainda em 1994, o Plenário acolheu voto do Ministro Paulo Brossard, relator para quem "a comissão pode, em princípio, determinar buscas e apreensões, sem o que essas medidas poderiam tornar-se inócuas" (HC 71.039, *DJ* de 6-12-1996). Em 2015, decisão monocrática esclareceu que a busca e apreensão em si se encarta no âmbito dos poderes da CPI, desde que, contudo, se dê em local não protegido pela inviolabilidade do domicílio. É indispensável, todavia, para a licitude da providência, que a determinação seja fundamentada: "Impossibilidade jurídica de CPI praticar atos sobre os quais incida a cláusula constitucional da reserva de jurisdição, como a busca e apreensão domiciliar (...). Possibilidade, contudo, de a CPI ordenar busca e apreensão de bens, objetos e computadores, desde que essa diligência não se efetive em local inviolável, como os espaços domiciliares, sob pena, em tal hipótese, de invalidade da diligência e de ineficácia probatória dos elementos informativos dela resultantes. Deliberação da CPI/Petrobras que, embora não abrangente do domicílio dos impetrantes, ressentir-se-ia da falta da necessária fundamentação substancial. Ausência de indicação, na espécie, de causa provável e de fatos concretos que, se presentes, autorizariam a medida excepcional da busca e apreensão, mesmo a de caráter não domiciliar" (MS 33.663-MC, rel. Min. Celso de Mello, decisão monocrática, *DJe* de 18-8-2015).

86 MS 27.483 MC, rel. Min. Cezar Peluso, *DJ* de 10-10-2008.

87 MS 23.452, *DJ* de 8-6-1992, rel. Min. Celso de Mello (decisão monocrática), em que se lê: "qualquer medida restritiva de direitos dependerá, para reputar-se válida e legítima, da necessária motivação, pois, sem esta, tal ato – à semelhança do que ocorre com as decisões judiciais – reputar-se-á írrito e destituído de eficácia jurídica". Na mesma direção, o MS 23.454, *DJ* de 7-6-1999, rel. Min. Marco Aurélio (decisão monocrática).

88 A propósito, MS 23.466 (liminar) despacho do Ministro Sepúlveda Pertence, *DJ* de 22-6-1999.

89 MS 23.452, citado, e MS 23.491, *DJ* de 2-8-1999.

por ocasião da deliberação tomada pela CPI, pois a existência contemporânea da motivação constitui pressuposto de legitimação do próprio ato decisório"[90]. A falta de motivação não pode ser suprida mais tarde, ao ensejo das informações em mandado de segurança, por exemplo. Admite-se a motivação *per relationem*, em que se faz remissão a documentos e a depoimentos já constantes dos autos[91].

Quando se verifica a quebra do sigilo fiscal, bancário ou telefônico, isso não coloca as informações obtidas no domínio público. A CPI, ao receber os informes, torna-se depositária do segredo. O STF já advertiu que "constitui comportamento altamente censurável – com todas as consequências de ordem penal que possam resultar – a transgressão, por membros de uma Comissão Parlamentar de Inquérito, do dever jurídico de respeito e de preservação do sigilo concernente aos dados a ela transmitidos"[92].

Sendo necessário, as informações sigilosas podem ser referidas no relatório final[93], ao se postularem providências a serem assumidas pelo Poder Público. O relatório conclusivo da CPI é enviado ao Ministério Público e à Advocacia-Geral da União, para providências de ordem cível e penal. Admite-se que a CPI produza relatórios parciais no decorrer dos seus trabalhos[94].

3.1.11. Atuação do advogado do depoente

As CPIs não podem impedir as testemunhas e indiciados de se apresentarem ao lado de advogados para os depoimentos requeridos. O STF assegurou que os advogados podem ter participação ativa na sessão, mantendo contato pessoal e direto com os clientes, se entenderem que a questão formulada é autoincriminadora. Cabe-lhes reclamar contra comportamento arbitrário da Comissão, de forma verbal ou escrita. É permitido ao advogado intervir se, por exemplo, no curso do depoimento do cliente, vem a ser exibida prova ilícita (como uma gravação de comunicação telefônica interceptada sem ordem judicial)[95].

---

90 MS 23.452, citado. Ver também o MS 23.454/DF, relatado pelo Ministro Marco Aurélio.

91 A CPI não está adstrita aos formalismos dos atos judiciais, segundo se colhe do MS 23.553, *DJ* de 1º-3-2002, rel. Min. Néri da Silveira (Plenário).

92 Ministro Celso de Mello no MS 23.454, citado.

93 A propósito, o MS 26.014 (decisão monocrática), rel. Min. Marco Aurélio, *DJ* de 1º-8-2006. Lê-se da decisão: "(...) As ilações da Comissão Parlamentar de Inquérito hão de estar lastreadas nos elementos coligidos. Daí a impossibilidade de proclamar-se que dados levantados por meio da quebra da privacidade não devam (...) constar do relatório final do Órgão". Em sentido análogo, e enfatizando que esses dados obtidos mediante quebra de sigilo podem constar de relatório da CPI se isso for indispensável, vale citar a decisão monocrática do Ministro Joaquim Barbosa no MS 25.720-MC (*DJ* de 2-2-2006): "cabe à CPMI, no exercício de sua atribuição constitucional, zelar pela confidencialidade dos dados obtidos, somente deles fazendo uso em relatórios e atos internos, excepcionalmente, e sempre em razão do interesse público".

94 No magistério do Ministro Celso de Mello, em decisão monocrática no MS 25.717-MC, *DJ* de 1º-6-2006: "a divulgação de relatórios parciais traduz a legítima expressão do necessário diálogo democrático que se estabelece entre a comissão parlamentar de inquérito e os cidadãos da República, que têm direito público subjetivo à prestação de informações por parte dos órgãos parlamentares de representação popular (...). O que esta Suprema Corte tem censurado – e desautorizado – é a divulgação indevida, desnecessária, imotivada ou sem justa causa dos registros sigilosos, pelo fato de inexistir, em tal contexto, qualquer razão idônea ou fundada no interesse público (...)".

95 MS 23.756/DF (pedido de reconsideração – despacho publicado no *DJ* de 3-2-2000 – rel. Min. Celso de Mello).

3.1.12. Considerações finais sobre as CPIs

As CPIs têm sido as vedetes do noticiário político – e até policial – dos últimos tempos. Ostentam um vasto potencial positivo. Por meio delas, vêm à tona realidades que, de outra forma, não emergiriam ao debate público, não obstante merecerem a atenção legislativa. A vida política do País tende a ser depurada com o trabalho consequente das Comissões Parlamentares de Inquérito.

Não é fenômeno exclusivamente brasileiro, entretanto, que, ocasionalmente, a vontade de agir de uma CPI termine por colidir com direitos individuais[96].

Para orientar a harmonização do interesse público a que buscam as CPIs com os direitos fundamentais e o princípio da separação de Poderes, a ação do STF é crucial, vindo a traçar, com mais nitidez, o desenho institucional das CPIs no nosso Direito.

4. FUNÇÃO LEGISLATIVA

A edição de atos normativos primários, que instituem direitos e criam obrigações, é função típica do Poder Legislativo. O art. 59 da Constituição Federal lista os instrumentos normativos compreendidos na regulação que o constituinte desenvolve nos dispositivos seguintes. Cogita da Emenda à Constituição[97], das leis complementares, das leis ordinárias, das leis delegadas, das medidas provisórias, dos decretos legislativos e das resoluções.

O constituinte é parcimonioso ao dispor sobre o decreto legislativo e a resolução. Seguem ambos, salvo disposição em contrário, a norma geral da aprovação por maioria simples, ficando o seu procedimento a cargo dos regimentos internos do Legislativo. Esses instrumentos são utilizados para regular matérias da competência exclusiva do Congresso Nacional ou de suas Casas e não se submetem a sanção ou veto do Presidente da República.

Por meio do decreto legislativo, por exemplo, o Congresso resolve sobre tratados internacionais, susta atos do Poder Executivo que exorbitem do poder regulamentar e disciplina as relações ocorridas durante a vigência de medida provisória não convertida em lei.

Por meio da resolução, o Congresso Nacional dá forma à delegação legislativa ao Presidente da República, e o Senado exerce as competências que o art. 155 da Constituição Federal lhe atribui em matéria de impostos estaduais. Vale a observação de que o art. 155, § 2º, IV, da Constituição, em se tratando de ICMS, cobra maioria absoluta para a resolução do Senado que fixa alíquotas aplicáveis às operações interestaduais e de exportação. Para o mesmo imposto, o art. 155, V, *a*, exige também maioria absoluta para a resolução que fixar alíquotas mínimas em operações internas, e, na letra *b* da norma, maioria de 2/3 para as alíquotas máximas em operações internas.

---

96 Nos Estados Unidos, por exemplo, diz-se que "as histórias de Watergate e os episódios ligados ao Senador McCarthy mostram que o poder investigador do Congresso pode ser tanto usado com grandeza como ser grandemente abusado", Tribe, *American constitutional law*, cit., p. 375.

97 Ver *Poder constituinte de reforma, infra*.

O conjunto de atos que uma proposição normativa deve cumprir para se tornar uma norma de direito forma o processo legislativo, que é objeto de regulação na Constituição e por atos internos no âmbito do Congresso Nacional.

4.1. Processo legislativo

4.1.1. A iniciativa

O processo legislativo tem início quando alguém ou algum ente toma a *iniciativa* de apresentar uma proposta de criação de novo direito. O projeto de lei deve ter início na Câmara dos Deputados, se não resulta de iniciativa de senador ou de comissão do Senado.

4.1.1.1. *Iniciativa comum*

A iniciativa é dita comum (ou concorrente) se a proposição normativa puder ser apresentada por qualquer membro do Congresso Nacional ou por comissão de qualquer de suas Casas, bem assim pelo Presidente da República, e, ainda, pelos cidadãos, no caso da iniciativa popular (CF, art. 61, § 2º). A iniciativa é comum para as proposições em que o constituinte não tenha restringido o âmbito da sua titularidade.

4.1.1.2. *Iniciativa reservada*

Em algumas hipóteses, a Constituição reserva a possibilidade de dar início ao processo legislativo a apenas algumas autoridades ou órgãos. Fala-se, então, em iniciativa reservada ou privativa. Como figuram hipóteses de exceção, os casos de iniciativa reservada não devem ser ampliados por via interpretativa.

A iniciativa privativa visa subordinar ao seu titular a conveniência e oportunidade da deflagração do debate legislativo em torno do assunto reservado.

4.1.1.3. *Iniciativa privativa de órgãos do Judiciário*

A Constituição cuida de iniciativa privativa de tribunais. É da iniciativa reservada do Supremo Tribunal Federal a lei complementar sobre o Estatuto da Magistratura (CF, art. 93). Os tribunais têm competência privativa, nos termos do art. 96, I, *d*, para propor a criação de novas varas judiciárias.

É, igualmente, da iniciativa privativa do Supremo Tribunal Federal, dos Tribunais Superiores e dos Tribunais de Justiça propor a alteração do número de membros dos tribunais inferiores; a criação e a extinção de cargos e a remuneração dos seus serviços auxiliares e dos juízos que lhes forem vinculados, bem como a fixação do subsídio de seus membros e dos juízes, inclusive dos tribunais inferiores, onde houver; a criação ou extinção dos tribunais inferiores; e a alteração da organização e da divisão judiciárias (CF, art. 96, II).

4.1.1.4. *Iniciativa privativa do Ministério Público*

O art. 127, § 2º, da Carta também defere ao Ministério Público a iniciativa para propor ao Poder Legislativo a criação e extinção de seus cargos e serviços auxiliares, bem assim a política remuneratória e os planos de carreira.

No § 5º do art. 128, a Lei Maior faculta ao chefe do Ministério Público a iniciativa de lei complementar que estabeleça a organização, as atribuições e o estatuto de cada Ministério Público. É de notar que, pelo art. 61, § 1º, II, *d*, o constituinte reserva ao Presidente da República a iniciativa de lei sobre organização do Ministério Público. O STF reconheceu a impropriedade terminológica, mas conciliou os dispositivos, entendendo que, no caso, "essa 'privatividade' [da iniciativa do Presidente da República] só pode ter um sentido, que é o de eliminar a iniciativa parlamentar"[98].

4.1.1.5. *Iniciativa privativa da Câmara dos Deputados, do Senado e do Tribunal de Contas da União*

A Câmara dos Deputados e o Senado Federal têm a iniciativa privativa para leis que fixem a remuneração dos servidores incluídos na sua organização (arts. 51, IV, e 52, XIII).

Para preservar a independência orgânica do Tribunal de Contas da União, o constituinte estendeu-lhe o exercício das atribuições previstas no art. 96 do Texto Constitucional, que cuida também da iniciativa reservada de lei por parte de órgãos do Judiciário. Assim, o TCU tem iniciativa para apresentar projeto de lei visando a dispor sobre a sua organização administrativa, criação de cargos e remuneração de servidores, e fixação de subsídios dos membros da Corte[99].

4.1.1.6. *Iniciativa privativa do Presidente da República*

O art. 61, § 1º, I e II, da Constituição lista assuntos da iniciativa privativa do Presidente da República. Ao chefe do Executivo reserva-se a iniciativa de leis que fixem ou modifiquem os efetivos das Forças Armadas; que disponham sobre criação de cargos, funções ou empregos públicos na Administração direta e autárquica ou aumento de sua remuneração; que versem sobre organização administrativa e judiciária, matéria tributária e orçamentária, serviços públicos e pessoal da administração dos Territórios; que cuidem dos servidores públicos da União e Territórios, seu regime jurídico, provimento de cargos, estabilidade e aposentadoria; que estabeleçam a organização do Ministério Público e da Defensoria Pública da União, bem como normas gerais para a organização do Ministério Público e da Defensoria Pública dos Estados, do Distrito Federal e dos Territórios; que fixem a criação e extinção de Ministérios e órgãos da Administração Pública, observado o disposto no art. 84, VI; que cogitem dos militares das Forças Armadas, seu regime jurídico, provimento de cargos, promoções, estabilidade, remuneração, reforma e transferência para a reserva.

---

98 Voto do Ministro Sepúlveda Pertence na ADI 400/ES, *RTJ*, 139/453.

99 A propósito, reconhecendo-o, a ADI 1.044/MA, *DJ* de 31-8-2001, rel. Min. Néri da Silveira.

Quis o constituinte que temas relacionados ao regime jurídico de servidores públicos, civis e militares estivessem subordinados à iniciativa de lei reservada ao Presidente da República. Da mesma forma, deve ter origem no Executivo lei que dispõe sobre a existência e atribuições de órgãos da Administração, bem como sobre as atribuições de seus cargos e requisitos para o seu preenchimento[100]. Disposições normativas sobre organização e funcionamento da Administração Federal, que não impliquem aumento de despesa, passaram a ser objeto de decreto do Presidente da República[101]. Observe-se que "leis que tratam dos casos de vedação a nepotismo não são de iniciativa exclusiva do Chefe do Poder Executivo"[102].

Desse modo, leis de aumento de vencimentos ou de criação de vantagens somente podem resultar da iniciativa do Chefe do Executivo[103].

A Constituição, nos arts. 84, XXIII, e 165, reserva também ao Presidente da República a iniciativa de leis no âmbito orçamentário (plano plurianual, diretrizes orçamentárias e orçamentos anuais). Trata-se de iniciativa reservada e vinculada, já que a apresentação da proposta é obrigatória.

A Emenda à Constituição n. 95, de 15 de dezembro de 2016, criou uma nova situação de reserva de iniciativa, com a peculiaridade de se tratar de uma iniciativa com prazo de carência para ser exercida. A Emenda acrescentou o art. 108 ao ADCT, dispondo sobre a possibilidade de o Presidente da República – apenas ele e após o prazo de dez anos de vigência da sistemática de restrição de gastos públicos que instituiu, denominada *Novo Regime Fiscal* – apresentar projeto de lei complementar com vistas a modificar o critério de atualização dos limites de gastos que impôs para o período. Essa alteração, ainda assim, somente poderá ocorrer uma única vez por mandato presidencial.

---

100 Na ADI 2.800/RS, julgada em 17-3-2011, rel. Min. Cármen Lúcia, o STF esclareceu que não cabe à lei de iniciativa parlamentar fixar atribuições de órgão vinculado à Administração Direta. Na ADI 2.856, julgada em 10-2-2011, rel. Min. Gilmar Mendes, deu-se por usurpada a competência privativa do Chefe do Executivo para a lei que dispõe sobre requisito de graduação em curso superior para inscrição em concurso público para cargo de agente da polícia civil. É expressiva a decisão tomada pelo Plenário Virtual, sob a sistemática da repercussão geral, no ARE 878.911 RG, rel. Min. Gilmar Mendes, *DJe* de 11-10-2016. O precedente revela que a jurisprudência não é avessa à lei de iniciativa parlamentar apenas por ela causar despesas ao erário. A lei será falha quando resultar de projeto que não tenha sido encaminhado pelo Chefe do Executivo, se tiver por objeto a estrutura e competências de órgãos da Administração, ou, então, direitos e deveres de servidores públicos. A ementa o diz nestes termos: "Não usurpa a competência privativa do chefe do Poder Executivo lei que, embora crie despesa para a Administração Pública, não trata da sua estrutura ou da atribuição de seus órgãos nem do regime jurídico de servidores públicos". No caso, a lei determinava a instalação de câmaras de segurança em escolas. Exemplo de inconstitucionalidade pelo fato de a lei criar atribuição para a Administração por meio de lei de iniciativa de parlamentar tem-se na ADI 3.169, *DJe* de 19-2-2015, em que se discutia a validade de diploma que interferia sobre atribuições de secretaria de estado, determinando que enviasse aviso de vencimento de validade da carteira nacional de habilitação aos seus portadores. Viu-se, aí, matéria submetida a reserva de administração.

101 Art. 84, VI, da Constituição, com a redação da EC n. 32/2001.

102 Tese formulada no RE 570.392 (Repercussão Geral), rel. Min. Cármen Lúcia, *DJe* de 19-2-2015.

103 Decidiu-se na ADI 559/MT, *DJ* de 5-5-2006, rel. Min. Eros Grau, que a Administração "não pode conceder, nem por convenção, nem por acordo coletivo, vantagens aos servidores públicos, já que essa concessão depende de projeto de lei de iniciativa do Chefe do Poder Executivo". Mas também se assentou que "a fixação de data para o pagamento dos vencimentos dos servidores estaduais e a previsão de correção monetária em caso de atraso não constituem aumento de remuneração ou concessão de vantagem".

Matéria tributária não se insere no âmbito da iniciativa reservada do Presidente da República. O art. 61, § 1º, II, *b*, fala em matéria tributária, mas aquela relacionada aos Territórios apenas[104]. A lei que concede benefício tributário, assim, não é da iniciativa reservada do Chefe do Executivo, não cabendo cogitar, aqui, da repercussão no orçamento dela decorrente, já que "a iniciativa reservada, por constituir matéria de direito estrito, não se presume e nem comporta interpretação ampliativa"[105].

Configura usurpação de iniciativa reservada a lei surgida a partir de proposta de parlamentar que, embora não discipline assunto sujeito à reserva de iniciativa do Chefe do Executivo, fixa um prazo para o exercício dessa iniciativa[106].

4.2. Discussão

Depois de apresentado, o projeto é debatido nas comissões e nos plenários das Casas Legislativas. Podem ser formuladas emendas (proposições alternativas) aos projetos. A emenda cabe ao parlamentar e, em alguns casos, sofre restrições.

Não se admite a proposta de emenda que importe aumento de despesa prevista nos projetos de iniciativa exclusiva do Presidente da República e nos projetos sobre organização dos serviços administrativos da Câmara dos Deputados, do Senado Federal, dos Tribunais Federais e do Ministério Público (CF, art. 63 e incisos). Assim, não se impede a emenda em casos de iniciativa reservada, mas a emenda estará vedada se importar incremento de dispêndio.

Nos casos de leis que cuidam de matéria orçamentária, é também possível a emenda parlamentar, mas com certas ressalvas. Nas leis de orçamento anual, as emendas devem ser compatíveis com o plano plurianual e com a lei de diretrizes orçamentárias. Devem, ainda, indicar os recursos necessários para atendê-las, por meio de anulação de outras despesas previstas no projeto. Não podem ser anuladas despesas previstas para dotações para pessoal e seus encargos, serviço da dívida e transferências tributárias constitucionais para Estados, Municípios e Distrito Federal, nos termos do art. 166, § 3º, da Constituição. O § 4º do mesmo dispositivo cobra a compatibilidade da emenda ao projeto de diretrizes orçamentárias com o plano plurianual.

O STF entende que, a par dessa limitação expressa ao direito de emendar projeto da iniciativa reservada do Chefe do Executivo, outra mais deve ser observada, por consequência lógica do sistema – a emenda deve guardar pertinência com o projeto de iniciativa privativa, para prevenir a fraude a essa mesma reserva[107]. A pertinência da emenda com o projeto de iniciativa reservada deve ser *estreita*. Deve-se levar em conta

104 Nesse sentido: ADI-MC 2.474, *DJ* de 2-8-2002, rel. Min. Ellen Gracie, que cita e segue a ADI-MC 2.304, *DJ* de 15-12-2000.

105 ADI-MC 724, *DJ* de 27-4-2001, rel. Min. Celso de Mello.

106 ADI 645/DF, *DJ* de 13-12-1996, rel. Min. Ilmar Galvão.

107 Entre outros, veja-se a ADI 574 (*RDA*, 197/229), em especial o voto do Ministro Sepúlveda Pertence: "O poder de emenda a projetos de iniciativa reservada pressupõe, a meu ver, a pertinência entre o tema da emenda e a matéria do objeto do projeto. Caso contrário, a emenda representaria, na verdade, uma iniciativa legislativa sobre matéria reservada à iniciativa de outro Poder". O caso cuidava da validade de norma acrescida no Congresso a projeto da iniciativa do Presidente de República. O projeto regulava a antecipação dos efeitos de revisão de vencimentos. A norma acrescentada por emenda parlamentar tratava de pensão militar e sua ordem de prioridade.

os limites materiais do temário do projeto e o seu propósito, a fim de se apurar a viabilidade da emenda parlamentar, mesmo que não importe aumento de despesa[108].

Se a matéria é da iniciativa exclusiva do Chefe do Executivo, não se tem aceito que o Legislativo, mesmo invocando o postulado constitucional da isonomia, estenda a outros grupos de servidores vantagem que foi concebida para apenas determinada carreira[109].

4.3. Votação

Findo o período de debates, segue-se a votação, que deverá seguir o *quorum* estabelecido especificamente para a proposição a ser debatida. Em não se exigindo *quorum* especial, a proposição será aprovada por maioria simples.

Não há aprovação de projeto sem votação, não se prevê hipótese de aprovação por decurso de prazo, mas o prazo para a votação pode ser acelerado, a requerimento do Presidente da República, nos projetos da sua iniciativa. A mensagem do Chefe do Executivo pode pedir rito de urgência para a apreciação da proposição. O projeto terá prazo de quarenta e cinco dias de tramitação em cada Casa, para que seja incluído na ordem do dia. Não o sendo, fica sobrestada a deliberação sobre outros assuntos, exceto os que também tenham prazo constitucional determinado. Havendo emenda no Senado, a Câmara dispõe de dez dias para apreciá-la (CF, art. 64 e parágrafos). O regime de urgência, que caracteriza esse procedimento sumário, não se aplica a projeto de código[110].

4.4. Sanção ou veto

O Presidente da República participa do processo legislativo tanto quando toma a iniciativa de provocar o Congresso Nacional a deliberar como também ao ser chamado para, terminada a votação, sancionar ou vetar o projeto.

---

108 Assim, por exemplo, na ADI 3.655 (rel. Min. Roberto Barroso, *DJe* de 15-4-2016), julgada procedente, e em que se voltou a acentuar que, em casos de iniciativa privativa, o Legislativo pode emendar o projeto, "desde que não ocorra aumento de despesa e haja estreita pertinência das emendas com o objetivo do projeto encaminhado ao Legislativo, mesmo que digam respeito à mesma matéria". No caso, o projeto de lei concebido pelo Governador do Estado propunha alterações na organização e nas atribuições das promotorias, dos promotores, com o declarado propósito de obter maior eficiência e economicidade, no quadro de dificuldades financeiras do Estado-membro. A emenda parlamentar ao projeto cuidou de procedimento para a elaboração de lista tríplice para escolha do Procurador-Geral de Justiça. O voto do relator expôs a dissintonia entre projeto e emenda, dizendo: "Embora [os dispositivos resultantes da emenda parlamentar] versem sobre a mesma matéria do projeto, não é possível afirmar que eles têm estreita relação de pertinência com o objeto do projeto. Em primeiro lugar, é fora de dúvidas que eles não geram nenhum impacto econômico nos cofres públicos. Em segundo lugar, é inquestionável que eles não resultam em maior eficiência do órgão".

109 ADI 822/RS, *DJ* de 6-6-1997, rel. Min. Octavio Gallotti. Foi dito, então, que a isonomia somente poderia ser preservada pelo legislador por meio da rejeição do projeto encaminhado. No RE 745.811, julgado na sistemática da repercussão geral (*DJe* de 6-11-2013, rel. Min. Gilmar Mendes), tornou-se a declarar a inconstitucionalidade formal de "dispositivos resultantes de emenda parlamentar que estenderam gratificação, inicialmente prevista apenas para os professores, a todos os servidores que atuem na área de educação especial".

110 Os regimentos internos da Câmara e do Senado cuidam, ainda, de um rito sumaríssimo, frequentemente referido como de "urgência urgentíssima", requerido por líderes partidários. Por esse rito, dispensam-se formalidades e prazos regimentais e se permite a automática inclusão da matéria na ordem do dia.

A sanção, que consiste na anuência do Presidente da República ao projeto, pode ser expressa ou tácita (se o projeto não é vetado no prazo constitucional).

O STF entendeu, no passado, que a sanção ao projeto que surgiu de usurpação da iniciativa privativa do Presidente da República sanava o vício, suprindo a falta da iniciativa correta (Súmula 5/STF). A Súmula 5 foi objeto de críticas diversas, como a de que ela não atentaria para que o vício de inconstitucionalidade ocorrido em uma etapa do processo legislativo contamina de nulidade inconvalidável a lei que dele surge, bem assim a de que o Presidente da República não pode desvestir-se das prerrogativas que a Constituição lhe assina. Objetou-se, mais, que a tese sumulada pode provocar o embaraço político ao Chefe do Executivo, o que a Constituição quis precisamente evitar, ao lhe reservar a iniciativa do projeto[111]. A Súmula, afinal, embora nunca tenha sido formalmente cancelada, foi sendo relegada na prática, até que se firmou que a inteligência sumulada não é mais aplicável[112]. Portanto, hoje, tem-se por certo que mesmo vindo o Chefe do Executivo a sancionar lei com vício de iniciativa, o diploma será inválido.

Se o Presidente da República discorda do projeto, cabe vetá-lo.

O veto, que é irretratável, deve ser expresso e fundamentado na inconstitucionalidade do projeto (veto jurídico) ou na contrariedade ao interesse público (veto político). O Presidente da República dispõe de quinze dias úteis para apor o veto, comunicando em quarenta e oito horas ao Presidente do Senado os motivos que o levaram a essa deliberação.

O veto pode ser total, quando abarca todo o projeto, ou parcial, se atinge apenas partes do projeto. O veto parcial não pode recair apenas sobre palavras ou conjunto de palavras de uma unidade normativa. O veto parcial não pode deixar de incidir sobre o texto integral de artigo, parágrafo, inciso ou alínea. Busca-se prevenir, assim, a desfiguração do teor da norma, que poderia acontecer pela supressão de apenas algum de seus termos[113].

O veto não é absoluto. É dito *relativo*. Com isso se designa a possibilidade de o Congresso Nacional rejeitar o veto, mantendo o projeto que votou. A rejeição do veto acontece na sessão conjunta que deve ocorrer dentro de trinta dias da sua aposição comunicada ao Congresso. Exige-se maioria absoluta dos deputados e maioria absoluta dos senadores para que o veto seja rejeitado. O voto deixou de ser secreto a partir da Emenda à Constituição n. 76/2013.

O veto pode alcançar partes diversas do projeto de lei e o Congresso Nacional rejeitar apenas alguns desses vetos parciais. Não há impedimento a que haja a rejeição parcial de veto total[114].

Se o veto é mantido na sessão em que apreciado pelo Congresso, o projeto de lei é tido como rejeitado e arquivado. Como consequência, à vista do que estabelece o art. 67 da Constituição, não poderá constituir objeto de novo projeto na mesma sessão le-

111 A propósito, Paulo G. Gonet Branco, Convalidação da lei editada com vício de iniciativa – em torno da Súmula n. 5 do Supremo Tribunal Federal, Revista do Tribunal Regional Federal da 1ª Região, Brasília, v. 8, n. 1, p. 21-26, jan./mar. 1996.

112 ADI 1.438/DF, *DJ* de 8-11-2002, rel. Min. Ilmar Galvão, e ADI 700, *DJ* de 24-8-2001, rel. Min. Maurício Corrêa. Neste precedente se lê: "É firme na jurisprudência do Tribunal que a sanção do projeto de lei não convalida o defeito de iniciativa".

113 Basta imaginar a consequência de se admitir o veto apenas da palavra não, constante de eventual norma proibitiva de algum comportamento.

114 Rp. 1.385, *DJ* de 25-9-1987, rel. Min. Moreira Alves. O veto total pode ser visto como um conjunto de vetos parciais.

gislativa, a não ser mediante proposta da maioria absoluta dos membros de qualquer das Casas do Congresso. Conclui-se, então, o processo legislativo, e não será dado que, depois de mantido o veto, o Legislativo venha a reabrir o processo legislativo, sob o argumento de que o veto fora intempestivo[115].

Nem todos os instrumentos de atos normativos primários se submetem a sanção e veto. Não há veto ou sanção na emenda à Constituição, em decretos legislativos, em resoluções, leis delegadas ou em lei resultante da conversão, sem alterações, de medida provisória.

4.5. Promulgação e publicação

Com a promulgação se atesta a existência da lei, que passou a existir com a sanção ou com a rejeição do veto, e se ordena a sua aplicação. O Presidente da República promulga a lei, mas, no caso da sanção tácita ou da rejeição de veto, se não o fizer em quarenta e oito horas, cabe ao Presidente do Senado a incumbência. A publicação torna de conhecimento geral a existência do novo ato normativo, sendo relevante para fixar o momento da vigência da lei.

5. NOTAS SOBRE AS ESPÉCIES LEGISLATIVAS

5.1. Leis delegadas

Entre as espécies normativas enumeradas no art. 59 da Constituição figuram as leis delegadas. Por meio delas, o Chefe do Executivo exerce o poder que recebeu, temporariamente, do Legislativo, de editar normas primárias em caso específico.

A delegação legislativa é instituto de índole excepcional no quadro da tripartição de Poderes, característica que deve ser sempre levada em conta, para a solução dos problemas jurídicos que a delegação legislativa pode suscitar. A Constituição, no art. 68, submete a delegação legislativa a restrições formais e materiais.

A delegação, em primeiro lugar, deve ser solicitada pelo Presidente da República ao Congresso Nacional. A expressão *solicitar* indica que o Presidente da República não tem direito à delegação, ficando a cargo do Congresso Nacional a decisão política de anuir ou não ao pedido.

Acedendo ao pleito, a resolução do Congresso Nacional que efetua a delegação deve especificar o conteúdo da matéria entregue à disposição legislativa do Presidente e estabelecer os termos para o seu exercício (CF, art. 68, § 2º), o que se justifica para que a delegação não se confunda com um abrir-mão da função de legislar. O Congresso não autoriza plenos poderes ao Presidente; traça, antes, os padrões mínimos a serem esmiuçados na lei delegada. Dessa forma, o Congresso se mune de parâmetros para controlar objetivamente o uso da delegação que efetuou.

---

115 ADI-MC 1.254, *DJ* de 18-8-1995, rel. Min. Celso de Mello. No caso, uma Assembleia Legislativa, nove anos depois da sessão em que o veto não foi rejeitado, deliberou que o ato do governador tinha sido intempestivo.

A delegação, não sendo transferência definitiva de competência, há de ser transitória; por isso, quando a Constituição se refere à fixação dos *termos* do exercício da delegação, a expressão deve ser lida no seu significado técnico, a denotar os marcos temporais dentro dos quais o Presidente pode editar a lei[116]. Anna Cândida Ferraz sustenta que o prazo para a elaboração de leis delegadas não pode vencer o período da legislatura, para que a deliberação tomada por um Congresso não venha a vincular o seguinte[117].

Do ponto de vista de conteúdo, o constituinte lista temas impróprios à delegação: matéria reservada a lei complementar, de competência privativa do Congresso Nacional ou de uma das suas Casas, nacionalidade, cidadania, direitos individuais, políticos e eleitorais, planos plurianuais, diretrizes orçamentárias ou orçamentos, além de organização do Ministério Público, carreira e garantia dos seus membros (art. 68, § 1º e incisos).

O Presidente da República não fica obrigado a editar a lei para a qual obteve a resolução delegatória. Esta o habilita a legislar – não o obriga a tanto.

Manoel Gonçalves Ferreira Filho situa três problemas interessantes, que a compreensão das características das leis delegadas auxilia a resolver. Indaga sobre a possibilidade de o Presidente editar mais de uma lei concernente à mesma matéria, sobre a possibilidade de, mesmo durante o período da delegação, o Congresso aprovar lei ordinária em torno da mesma matéria, e, ainda, se a delegação pode ser desfeita antes do seu termo final.

A todas as questões, responde afirmativamente. No primeiro caso, com base na circunstância de possuir a delegação um prazo certo, não se exaurindo por ter sido utilizada, mas perdurando enquanto a delegação durar. Nos dois últimos casos, a resposta é positiva sempre no pressuposto de que o Congresso não perde o poder de legislar que delegou ao Presidente e pode retomar a exclusividade do seu exercício a todo instante[118]. A delegação opera, apenas, uma "habilitação com reserva de iguais poderes"[119].

5.1.1. Controle da delegação legislativa

A lei delegada e a própria resolução delegatória estão sujeitas ao crivo do Judiciário, até mesmo sob o seu aspecto de constitucionalidade.

O controle da delegação se faz, também, pelo próprio Congresso Nacional, prestigiando-se a noção de que o primeiro fiscal da delegação é o próprio delegante. Esse controle político pode acontecer previamente à edição da lei ou *a posteriori*. Será prévio quando a delegação tiver sido efetuada com a cláusula prevista no § 3º do art. 68 da Constituição da República. O dispositivo prevê a possibilidade de a resolução determinar a apreciação do projeto do Executivo pelo Congresso Nacional, para a aprovação ou rejeição em bloco – portanto, sem possibilidade de emendas – em votação única. Será *a posteriori*, estimando por bem o Congresso Nacional valer-se da prerrogativa disposta no art. 49, V, da Carta. O Congresso, então, coteja a lei com o conteúdo da delegação, valendo-se de critérios jurídicos, e não de juízo sobre conveniência e oportu-

---

116 Nesse sentido, também, Anna Cândida da Cunha Ferraz, *Conflito entre poderes*, cit., p. 133.

117 Anna Cândida da Cunha Ferraz, *Conflito entre poderes*, cit.

118 Cf. Manoel Gonçalves Ferreira Filho, *Do processo legislativo*, São Paulo: Saraiva, 1995, p. 228-229.

119 Manoel Gonçalves Ferreira Filho, *Comentários à Constituição de 1988*, São Paulo: Saraiva, 1992, v. 2, p. 122-123.

nidade. A sustação da lei delegada é levada a cabo por meio de decreto legislativo do Congresso Nacional, com eficácia *erga omnes*.

5.2. Lei ordinária e lei complementar

A lei complementar se peculiariza e se define por dois elementos básicos. Ela exige *quorum* de maioria absoluta para ser aprovada (art. 69 da CF) e o seu domínio normativo "apenas se estende àquelas situações para as quais a própria Constituição exigiu – de modo expresso e inequívoco – a edição dessa qualificada espécie de caráter legislativo"[120].

Onde, portanto, o constituinte não cobrou a regulação de matéria por meio de lei complementar, há assunto para lei ordinária[121].

Conquanto juristas de nomeada entendam haver hierarquia entre lei ordinária e lei complementar[122], melhores razões parecem assistir a Michel Temer, quando aponta que "não há hierarquia alguma entre a lei complementar e a lei ordinária. O que há são âmbitos materiais diversos atribuídos pela Constituição a cada qual destas espécies normativas"[123]. Nesse sentido também, o que entende o Supremo Tribunal Federal[124].

A lei ordinária que destoa da lei complementar é inconstitucional por invadir âmbito normativo que lhe é alheio, e não por ferir o princípio da hierarquia das leis. Por outro lado, não será inconstitucional a lei ordinária que dispuser em sentido diverso do que estatui um dispositivo de lei complementar que não trata de assunto próprio de lei complementar. O dispositivo da lei complementar, no caso, vale como lei ordinária e pode-se ver revogado por regra inserida em lei ordinária. Nesse sentido é a jurisprudência do STF[125].

---

120 ADI 789, *DJ* de 19-12-1994, rel. Min. Celso de Mello. Disse, mais, o relator: "a exigência de lei complementar não se presume e nem se impõe, quer por analogia, quer por força de compreensão, quer, ainda, por inferência de situações que possam guardar relação de similitude entre si".

121 Por vezes, pode exigir algum esforço hermenêutico mais alargado concluir pela necessidade de lei complementar em determinado tema. A Súmula Vinculante 8 afirma a inconstitucionalidade de dispositivos de lei ordinária (Lei n. 8.212/91) que tratam de prescrição e decadência. Para chegar a essa conclusão, foi necessário assentar que "as contribuições, inclusive as previdenciárias, têm natureza tributária" e que "as normas relativas à prescrição e à decadência tributárias têm natureza de normas gerais de direito tributário. (...) Interpretação que preserva a força normativa da Constituição, que prevê disciplina homogênea, em âmbito nacional, da prescrição, decadência, obrigação e crédito tributários. Permitir regulação distinta sobre esses temas, pelos diversos entes da federação, implicaria prejuízo à vedação de tratamento desigual entre contribuintes em situação equivalente e à segurança jurídica". Depois de estabelecidas essas premissas, foi possível afirmar que o art. 146, III, da Constituição se aplicava ao caso, impondo a lei complementar (RE 560.626-Repercussão Geral, rel. o Ministro Gilmar Mendes, *DJe* de 5-12-2008). No RE 566.622-RG (*DJe* de 23-8-2017), assentou-se que, quando o art. 195, § 7º, da Constituição dispõe que são isentas de contribuição para a seguridade social as entidades beneficentes de assistência social *que atendam às exigências estabelecidas em lei*, há de se entender necessariamente que a "lei" referida é a "lei complementar", já que as contribuições sociais têm natureza tributária e uma vez que se cuida aí de "regular limitação constitucional do poder de tributar", tema que o art. 146, II, da Constituição impõe seja versado por "lei complementar" (Art. 146. Cabe à Lei Complementar: (...) II – regular as limitações constitucionais ao poder de tributar).

122 E. g., Manoel Gonçalves Ferreira Filho (*Do processo legislativo*, cit., p. 237-238).

123 Michel Temer, *Elementos de direito constitucional*, cit., p. 142.

124 Entre outros, RREE 381.964 (*DJe* de 29-9-2008), 377.457 (*DJe* de 19-12-2008) e 558.780 AgR (*DJe* de 22-4-2015).

125 A propósito, o RE 419.629/DF, *DJ* de 30-6-2006, rel. Min. Sepúlveda Pertence. O voto do relator menciona ser firme a orientação da Corte. Cita esta passagem da ADC 1, *RTJ*, 156/721, rel. Min. Moreira Alves: "A juris-

5.3. **Medidas provisórias**

O constituinte também situou entre as espécies normativas a medida provisória, pela qual o Presidente da República elabora atos normativos primários.

5.3.1. **Notícia de história**

A medida provisória sucedeu o decreto-lei, que foi criação da Constituição de 1937. Previa-se no diploma constitucional que este instrumento seria usado, mediante autorização do parlamento ou durante períodos de recesso ou dissolução da Câmara dos Deputados. Como o parlamento não se reuniu, o uso do decreto-lei foi absoluto.

A Constituição de 1946, escarmentada, não previu o decreto-lei, que existiu apenas durante o curto período do parlamentarismo.

A Constituição de 1967 tornou a dar vida ao decreto-lei, atribuindo-lhe matéria específica, e a ele impondo os pressupostos da urgência ou de interesse público relevante. A não apreciação do texto dentro de certo período tornava-o definitivo. Mesmo que rejeitado, as relações formadas durante a sua vigência permaneciam eficazes.

Os constituintes de 1988 sentiram a necessidade de permitir ao Presidente da República a edição de medidas com força de lei, para atender a necessidades urgentes e relevantes, garantindo, porém, a participação mais atuante do Legislativo. Conceberam a medida provisória.

A medida provisória foi talhada pelo constituinte segundo o modelo italiano dos decretos-leis, adotados em casos extraordinários de necessidade e urgência, devendo ser, imediatamente, comunicados ao parlamento, que é convocado se não estiver reunido. A edição desses provimentos provisórios, no país europeu, depende da iniciativa do Conselho de Ministros, órgão colegiado. O decreto-lei perde efeito se não convertido em lei no prazo de sessenta dias da sua publicação. Admite-se, nesse caso, que a Câmara possa regular, por lei, as relações jurídicas surgidas com base no decreto não convertido em lei.

Algumas dessas soluções italianas foram aproveitadas pelo constituinte originário ao cuidar das medidas provisórias.

Por força da Emenda Constitucional n. 32, de 2001, o instituto da medida provisória recebeu novo tratamento. Diversos traços dos contornos jurisprudenciais que conformaram o instrumento da medida provisória desde o advento da Constituição foram consolidados na Emenda. Esta também se mostrou sensível a algumas postulações doutrinárias, inovando, de outro lado, em certas soluções. A Emenda foi esperada longamente. Vinha sendo discutida desde 1997 e enfrentou diversas oposições circunstanciais à sua votação. Foi promulgada, afinal, em 11 de setembro de 2001.

---

prudência desta Corte, sob o império da Emenda Constitucional n. 1/69 – e a Constituição atual não alterou esse sistema –, se firmou no sentido de que só se exige lei complementar para as matérias para cuja disciplina a Constituição expressamente faz tal exigência, e, se porventura a matéria, disciplinada por lei cujo processo legislativo observado tenha sido o da lei complementar, não seja daquelas para que a Carta Magna exige essa modalidade legislativa, os dispositivos que tratam dela se têm como dispositivos de lei ordinária". Prossegue, mais adiante, o voto do Ministro Sepúlveda Pertence: "na trilha do precedente invocado da ADC 1, a jurisprudência do Tribunal permanece sedimentada (v. g., ADIn-MC 2111, 16.03.00, Sydney, *DJ* de 15-12-2003; AR 1264, 10.04.02, Néri, *DJ* de 31-5-2002)".

5.3.2. As medidas provisórias na Constituição Federal de 1988. Natureza jurídica

A Constituição cuida das medidas provisórias, enfatizando a sua índole normativa emergencial, como se percebe do *caput* do art. 62[126]. De outro lado, se ela não for aprovada no prazo constitucional, pelo Legislativo, perde a sua eficácia desde a edição (art. 62, § 3º). Ostenta, portanto, caráter provisório e resolúvel. À medida provisória aplica-se o que disse Pontes de Miranda do decreto-lei: trata-se de uma "lei sob condição resolutiva"[127].

5.3.3. Efeitos

A medida provisória produz, ao ser editada, dois efeitos básicos: inova a ordem jurídica imediatamente e provoca o Congresso Nacional a deliberar sobre o assunto. Daí se ter apontado que, a par da natureza de ato normativo primário, "em determinado sentido, reveste-se a medida provisória, também, do caráter de projeto de lei ou proposição legislativa de iniciativa do Poder Executivo"[128]. Esse aspecto torna saliente uma limitação de conteúdo à medida provisória que não está especificada no texto constitucional. Não será cabível regular por medida provisória matéria que a Constituição reserva à iniciativa legislativa exclusiva de outro Poder que não o Executivo.

Enfatize-se, de toda sorte, que o fato de produzir efeitos normativos imediatamente não permite confundir a medida provisória com o mero projeto de lei. Por isso também, se o Presidente da República pode retirar do Congresso Nacional um projeto de lei que para ali encaminhou, não o pode fazer com relação à medida provisória[129].

5.3.4. Conceito de medida provisória

Em resumo, as medidas provisórias são atos normativos primários, sob condição resolutiva, de caráter excepcional no quadro da separação dos Poderes, e, no âmbito federal, apenas o Presidente da República conta o poder de editá-las. Ostentam nítida feição cautelar. Embora produzam o efeito de concitar o Congresso a deliberar sobre a necessidade de converter em norma certo trecho da realidade social, não se confundem com meros projetos de lei, uma vez que desde quando editadas já produzem efeitos de norma vinculante.

5.3.5. Pressupostos da medida provisória

São pressupostos formais das medidas provisórias a urgência e a relevância da matéria sobre que versam, requisitos comuns às medidas cautelares em geral. Para que se

---

126 "Art. 62. Em caso de relevância e urgência, o Presidente da República poderá adotar medidas provisórias, com força de lei, devendo submetê-las de imediato ao Congresso Nacional."

127 Pontes de Miranda, *Comentários à Constituição de 1967*, São Paulo: Revista dos Tribunais, 1967, t. 3, p. 138.

128 Voto do Ministro Néri da Silveira na ADI 12.045, *DJ* de 1º-12-1995.

129 Vejam-se estudos a respeito na ADI-MC 221, *DJ* de 22-10-1993, rel. Min. Moreira Alves.

legitime a edição da medida provisória, há de estar configurada uma situação em que a demora na produção da norma possa acarretar dano de difícil ou impossível reparação para o interesse público[130].

5.3.6. Apreciação dos pressupostos da urgência e da relevância

Esses dois pressupostos estão submetidos à apreciação política do Presidente da República, que goza de larga margem de apreciação sobre a sua ocorrência. O juízo do Presidente da República, porém, está sujeito ao escrutínio do Congresso Nacional, que deve rejeitar a medida provisória se vier a entendê-la irrelevante ou não urgente. No § 5º do art. 62 da Lei Maior está estabelecido que, antes de decidir sobre o mérito da medida provisória – vale dizer, antes de o Poder Legislativo anuir ou não à disciplina constante do texto da medida provisória –, o Congresso deverá analisar os seus pressupostos constitucionais, entre os quais se contam os requisitos da urgência e da relevância.

O problema relativo à sindicabilidade desses pressupostos formais surge ao se indagar se há espaço para que também o Judiciário exerça crítica sobre a avaliação do Presidente da República e do Congresso Nacional.

A jurisprudência do Supremo Tribunal Federal, no regime constitucional passado, rejeitava competência ao Judiciário para exercer crítica sobre o juízo de existência dos mesmos pressupostos do decreto-lei[131]. Sob a Carta atual, porém, e desde o julgamento da liminar na ADI 162[132], esse entendimento mudou.

Em 1989, a jurisprudência do STF sofreu alteração para admitir que esses pressupostos não são totalmente alheios à crítica judiciária. Sem que se desmentisse o caráter discricionário da avaliação política desses pressupostos, reservou-se ao Judiciário a verificação, em cada caso, de eventual "abuso manifesto"[133]. Em precedentes diversos, o STF afirmou a possibilidade de censurar a medida provisória por falta dos requisitos da urgência e da relevância, sem contudo encontrar nas hipóteses que analisava caso para

130 Nas palavras do Ministro Celso de Mello, na ADI-MC 293, *DJ* de 16-4-1993: "O que justifica a edição de medidas provisórias, com força de lei, em nosso direito constitucional, é a existência de um estado de necessidade que impõe ao Poder Público a adoção imediata de providências, de caráter legislativo, inalcançáveis segundo as regras ordinárias de legiferação, em face do próprio periculum in mora que fatalmente decorreria do atraso na concretização da prestação legislativa".

131 RE 62.739, *RTJ*, 44/54; RE 74.096, *RTJ*, 62/819; e RE 75.935, *RTJ*, 125/89.

132 ADI-MC 162, julgada em 14-12-1989, *DJ* de 19-9-1997, rel. Min. Moreira Alves.

133 A orientação foi reiterada na ADI 526, *DJ* de 5-3-1993, rel. Min. Sepúlveda Pertence. No caso, afirmou-se que não era abusiva a edição de medida provisória sobre matéria de remuneração de servidor público, não obstante o Presidente da República tivesse encaminhado ao Congresso Nacional projeto de lei a respeito, com pedido de urgência. Disse o relator: "A existência de projeto de lei sobre a matéria, antes de provar a falta de urgência, pode evidenciá-la, se o processo legislativo não se ultima no tempo que o Poder competente razoavelmente reputa necessário à vigência da inovação proposta, que, de qualquer modo, ficará sujeita à decisão final, *ex tunc*, do Congresso Nacional".

Na ADI-MC 1.205, *DJ* de 1º-12-1995, rel. Min. Néri da Silveira, admitiu-se, igualmente, que o requisito da urgência não se descaracterizava por haver o Presidente da República editado medida provisória revogando outra, ainda por ser apreciada no Congresso.

tanto. Em 1998, porém, ocorreu a desaprovação pela falta do pressuposto formal[134]. O princípio da separação dos Poderes inspira a jurisprudência a ser deferente para com a margem de discricionariedade política do Presidente da República no exame desses pressupostos, reservando-se aos casos de abuso manifesto[135].

5.3.7. Medida provisória. O conteúdo possível. Histórico legislativo

Até o advento da EC n. 32/2001, havia polêmica em torno das limitações materiais ao uso de medida provisória. Logo em seguida à promulgação do Texto de 1988, vozes chegaram a afirmar que a medida provisória não estaria submetida a restrição de conteúdo, já que o constituinte não o fizera expressamente, como ocorria com o decreto-lei anteriormente[136].

A doutrina e a jurisprudência descobriram, no entanto, obstáculos implícitos ao uso da medida provisória, a partir da disciplina constitucional de outros institutos jurídicos.

Em 1995, a Emenda Constitucional n. 6 firmou um limite explícito, adicionando à Lei Maior o art. 246, em que vedava "a adoção de medida provisória na regulamentação de artigo da Constituição cuja redação tenha sido alterada por meio de emenda promulgada a partir de 1995".

Esse art. 246 foi objeto de polêmica por ocasião dos debates parlamentares em torno da proposta de Emenda que resultou na EC n. 32/2001. O dispositivo passou a proibir que medida provisória regulamentasse artigo da Carta cuja redação houvesse sido alterada por meio de Emenda promulgada entre 1º de janeiro de 1995 e o advento da própria EC n. 32/2001.

A Emenda de 2001, ainda, acrescentou várias limitações materiais explícitas ao uso das medidas provisórias, consolidando a jurisprudência e acolhendo ponderações doutrinárias.

---

134 ADI-MC 1.753, *DJ* de 12-6-1998, rel. Min. Sepúlveda Pertence. Consta da ementa: "(...) raia pela irrisão a afirmação de urgência para as alterações questionadas à disciplina legal da ação rescisória, quando, segundo a doutrina e a jurisprudência, sua aplicação à rescisão de sentenças já transitadas em julgado, quanto a uma delas – a criação de novo caso de rescindibilidade – é pacificamente inadmissível e quanto à outra – a ampliação do prazo de decadência – é pelo menos duvidosa". Anos mais tarde, o fundamento foi reavivado na ADI 4.717 (rel. a Ministra Cármen Lúcia, *DJe* de 15-2-2019), tomando-se a exposição de motivos da medida provisória como elemento crítico para aferir os pressupostos constitucionais: "A jurisprudência deste Supremo Tribunal admite, em caráter excepcional, a declaração de inconstitucionalidade de medida provisória quando se comprove abuso da competência normativa do Chefe do Executivo, pela ausência dos requisitos constitucionais de relevância e urgência. Na espécie, na exposição de motivos da medida provisória não se demonstrou, de forma suficiente, os requisitos constitucionais de urgência do caso".

135 Assim: "O controle jurisdicional da interpretação conferida pelo Poder Executivo aos conceitos jurídicos indeterminados de urgência e relevância deve ser restrito às hipóteses de zona de certeza negativa da sua incidência. Ausentes evidências sólidas de abuso do Poder Executivo na edição da medida provisória, é corolário da separação de Poderes a adoção de postura autocontida do Poder Judiciário, de maneira a prestigiar as escolhas discricionárias executivas e legislativas" (ADI 4.101, rel. o Ministro Luiz Fux, Plenário, sessão virtual de 5-6-2020 a 15-6-2020).

136 V. Caio Tácito, Medidas provisórias na Constituição de 1988, *RDP*, 90/52, abr./jun. 1989.

5.3.8. As limitações de conteúdo à medida provisória

5.3.8.1. *Direito político*

A EC n. 32/2001 proibiu expressamente o uso de medida provisória para o tratamento de assunto relativo a nacionalidade, cidadania, direitos políticos, partidos políticos e direito eleitoral. O tema da nacionalidade já está em grande parte encerrado na Constituição. O termo *cidadania*, entendido tecnicamente, significa exercício de direito de participação da vontade política do Estado e o controle da Administração, por meio, sobretudo, do voto, da ação popular e do direito de petição. Esses assuntos tornaram-se alheios ao domínio das medidas provisórias. Da mesma forma, não se poderão regular pleitos eleitorais por meio desse instrumento normativo. Previnem-se óbvios inconvenientes. A proibição consta do art. 62, § 1º, I, *a*, da Constituição.

5.3.8.2. *Medida provisória e organização do Ministério Público e do Judiciário*

A proibição do art. 62, § 1º, I, *c*, da CF espelha proibição idêntica ao trato de assunto relacionado com a organização do Ministério Público e do Judiciário, à disciplina das respectivas carreiras e garantias de seus membros por meio de lei delegada (em que também o Presidente da República edita ato normativo primário, fazendo as vezes de legislador). A organização do Ministério Público da União e da magistratura, ademais, é assunto de lei complementar[137], já estando sob a proibição do art. 62, § 1º, III, da Carta. Fica expressa, de toda sorte, a importância acordada ao tema, que diz com as condições para a atuação independente do *Parquet* e da judicatura.

5.3.8.3. *Medida provisória e leis orçamentárias*

Antes da Emenda, outra limitação vinha sendo indicada, embora, por questões técnicas, ainda não houvesse sido sancionada pelo Supremo Tribunal Federal. Advertiu o Ministro Sepúlveda Pertence que a exigência constitucional de autorização legislativa para ato do Executivo não pode ser suprida por ato do próprio Executivo, ainda que com força de lei, concluindo que as leis orçamentárias, "constituindo manifestações típicas do poder de controle do Congresso Nacional sobre a administração (...) são logicamente incompatíveis com a sua antecipação por medida provisória"[138].

As considerações foram encampadas pelo constituinte, que, em 2001, proibiu medida provisória sobre "planos plurianuais, diretrizes orçamentárias, orçamento e créditos adicionais e suplementares, ressalvado o previsto no art. 167, § 3º" (CF, art. 62, § 1º, I, *d*).

O Supremo Tribunal Federal concedeu medida cautelar em ação direta de inconstitucionalidade, censurando a edição de medida provisória que criava crédito orçamen-

137 Cf., respectivamente, art. 128, § 5º, e art. 93 da Constituição.

138 ADI 1.716/DF, *DJ* de 27-3-1998, rel. Min. Sepúlveda Pertence. Discutia-se a legitimidade de medida provisória alterar previsão de despesas previstas no orçamento fiscal. A ADI não foi conhecida porque cuidava de lei de efeito concreto.

tário, em desarmonia com os pressupostos para tanto disciplinados no art. 167, § 3º, da Constituição Federal. Disse o Tribunal:

> "Além dos requisitos de relevância e urgência (art. 62), a Constituição exige que a abertura do crédito extraordinário seja feita apenas para atender a despesas imprevisíveis e urgentes. Ao contrário do que ocorre em relação aos requisitos de relevância e urgência (art. 62), que se submetem a uma ampla margem de discricionariedade por parte do Presidente da República, os requisitos de imprevisibilidade e urgência (art. 167, § 3º) recebem densificação normativa da Constituição. Os conteúdos semânticos das expressões 'guerra', 'comoção interna' e 'calamidade pública' constituem vetores para a interpretação/aplicação do art. 167, § 3º c/c o art. 62, § 1º, inciso I, alínea 'd', da Constituição. 'Guerra', 'comoção interna' e 'calamidade pública' são conceitos que representam realidades ou situações fáticas de extrema gravidade e de consequências imprevisíveis para a ordem pública e a paz social, e que dessa forma requerem, com a devida urgência, a adoção de medidas singulares e extraordinárias. A leitura atenta e a análise interpretativa do texto e da exposição de motivos da MP n. 405/2007 demonstram que os créditos abertos são destinados a prover despesas correntes, que não estão qualificadas pela imprevisibilidade ou pela urgência. A edição da MP n. 405/2007 configurou um patente desvirtuamento dos parâmetros constitucionais que permitem a edição de medidas provisórias para a abertura de créditos extraordinários"[139].

5.3.8.4. *Medida provisória e matéria de lei complementar*

Antes da Emenda Constitucional n. 32, assentou-se o entendimento de que a compreensão global da Constituição tornava incongruente o uso de medida provisória para regular assunto de lei complementar. Quando a Constituição situa uma matéria no âmbito normativo das leis complementares, visa a que o assunto seja objeto de ponderação mais acentuada e que a deliberação ostente maior grau de legitimidade política, daí cobrar o *quorum* qualificado. Esse propósito não se compatibiliza com a normatização do tema por meio de medida provisória, em que, evidentemente, não há cogitar de *quorum* para a sua edição.

O inciso III do § 1º do art. 62, surgido da EC n. 32/2001, apenas explicitou a proibição de edição de medida provisória em matéria de lei complementar[140].

Esses quatro grupos de matérias tornadas estranhas ao domínio das medidas provisórias coincidem com limitações também estabelecidas à legislação, pelo Presidente da República, por meio de leis delegadas (CF, art. 68, § 1º, e incisos I a III)[141]. Apenas não

139 ADI MC 4.048, rel. Min. Gilmar Mendes, *DJ* de 22-8-2008. O mesmo entendimento foi reiterado em julgamento da ADI MC 4.049, em 5-11-2008, rel. Min. Carlos Britto. Neste último, também se confirmou a assertiva, que embasou o precedente anterior, no sentido de que "a lei de conversão não convalida os vícios existentes na medida provisória".

140 A propósito, na ADI MC 6.262, o STF teve oportunidade de aplicar a vedação (*DJe* de 22-4-2020).

141 Antes da Emenda Constitucional n. 32, chegou-se a sustentar que onde o Presidente da República não pudesse legislar por meio de delegação, tampouco haveria espaço para a edição de medida provisória, por identidade

se proibiu, do grupo de limitações de conteúdo das leis delegadas, as relacionadas como "direitos individuais". A Emenda Constitucional n. 32 afasta, assim, dúvidas sobre a possibilidade de medida provisória dispor sobre direitos individuais.

5.3.8.5. *Direito processual e direito penal*

A Emenda proibiu medida provisória em matéria de direito processual (penal e civil). Até então não era infrequente o emprego do instrumento para alterar dispositivos do Código de Processo Civil.

Da mesma forma, a Emenda Constitucional n. 32/2001 tornou inviável a edição de medida provisória em qualquer assunto de direito penal. Antes da EC n. 32/2001, predominava a interpretação de que a criação de tipos penais estava impossibilitada, em função do princípio da legalidade e do princípio da segurança jurídica em tema de restrição à liberdade física, incompatível com lei sob condição resolutiva[142]. O STF admitia, entretanto, que se dispusesse sobre matéria penal, por meio de medida provisória, em benefício do acusado, como em caso de criação de hipótese de extinção de punibilidade[143]. Hoje, o art. 62, § 1º, I, *b*, da CF veda a edição de medida provisória sobre toda matéria relativa a "direito penal, processual penal e processual civil".

5.3.8.6. *Medida provisória e confisco de poupança*

O trauma gerado pelo congelamento de ativos financeiros em 1990, por meio de medida provisória, inspirou a proibição a que tal instrumento normativo seja editado para "a detenção ou sequestro de bens, poupança popular ou qualquer outro ativo financeiro" (art. 62, II, da CF).

5.3.8.7. *Medida provisória e projeto de lei já aprovado pelo Congresso Nacional*

O inciso IV do § 1º do art. 62 da Lei Maior veda a edição de medida provisória sobre matéria "já disciplinada em projeto de lei aprovado pelo Congresso Nacional e pendente de sanção ou veto do Presidente da República". A manifestação da vontade do Legislativo, portanto, impõe-se ao Presidente durante o período de que dispõe para a sanção ou veto[144].

---

de motivos. Deve-se atentar, porém, para peculiaridade relevante que estrema a medida provisória da lei delegada. Enquanto nesta o Congresso Nacional não vota o texto final do Presidente da República ou, se o faz (CF, art. 68, § 3º), aprova ou rejeita em bloco o texto, no caso da medida provisória, o Congresso Nacional pode modificá-la pontualmente, e, onde o Congresso rejeita a medida provisória, ela perde efeito desde quando editada.

142 Não obstante, a Medida Provisória n. 10, de 21-10-1998, tratando de proibição de pesca em períodos de reprodução, chegou a capitular a conduta como crime.

143 RE 118.655/SP, *RTJ*, 143/661, rel. Min. Ilmar Galvão.

144 José Levi Mello do Amaral Júnior (*Medida provisória e a sua conversão em lei*, São Paulo: Revista dos Tribunais,

5.3.8.8. *Medida provisória e instituição ou majoração de impostos*

Enfrentando o peso da quase-unanimidade da doutrina, o STF sustentava, antes da EC n. 32/2001, que medida provisória poderia instituir ou majorar imposto, ao entendimento de que o princípio da legalidade tributária se contenta com lei em sentido meramente material[145].

A EC n. 32/2001 confirmou a visão do STF de que a medida provisória pode ser editada para regular a matéria. Distanciou-se, porém, da jurisprudência da Corte[146] em ponto de crucial relevo. Estabeleceu que, para fins do atendimento do princípio da anterioridade, deve ser considerada a data da conversão em lei da medida provisória. Daí estatuir que, onde incide o princípio da anterioridade, a "medida provisória que implique instituição ou majoração de impostos, (...) só produzirá efeitos no exercício financeiro seguinte se houver sido convertida em lei até o último dia daquele em que foi editada"[147].

2004, p. 218-219) entende que não há impedimento a que o Presidente da República vete o projeto, total ou parcialmente, e, em seguida, ou mesmo concomitantemente, edite medida provisória sobre a matéria desenvolvida no projeto de lei. O autor exemplifica com o ocorrido com a Lei n. 10.303, de 31-10-2001, vetada em certos pontos, por vício de iniciativa, e que foram recuperados pela Medida Provisória n. 8/2001. Ambos os diplomas foram publicados no mesmo dia (*DOU* de 1º-11-2001). O entendimento parece valer para os casos em que não se opera uma afronta à manifestação de vontade do Congresso; de outra forma, insistir, imediatamente, na normação que o Congresso rejeitou, ao votar uma lei de conversão, configuraria descaso para com o princípio da separação dos Poderes.

145 Cf. RE 146.733, *RTJ*, 143/684, rel. Min. Moreira Alves. Traçou-se um paralelo da medida provisória com o decreto-lei, que podia conter "normas tributárias". A inteligência foi repetida diversas vezes.

146 Na Suprema Corte, entendia-se que, se a medida provisória é editada no ano anterior e ela mesma é convertida em lei no ano seguinte, estaria atendido o princípio da anterioridade (cf. ADI-MC 1.005, *DJ* de 19-5-1995). Não se viu ofensa ao princípio da anterioridade em hipótese em que a medida provisória, editada em 29-12-1993, aumentava, a partir de 1994, para 35% a maior alíquota do imposto de renda, tendo havido a conversão em lei em janeiro de 1994.

147 Repare-se que a EC n. 32/2001 fala apenas em imposto, não se referindo a contribuições. Antes da Emenda, no RE 138.284 (*RTJ*, 143/313, rel. Min. Carlos Velloso), fixou-se que medida provisória poderia instituir contribuição social, contribuição de intervenção e contribuição corporativa – apenas não poderia editar normas sobre o que o § 4º do art. 195 da Constituição Federal chama de "outras [contribuições] de seguridade social", além daquelas já cogitadas no texto constitucional.

O problema se põe quanto a saber se persiste possível a edição de medida provisória para instituir ou aumentar as contribuições que não estão sob reserva de lei complementar. Não parece que o constituinte tenha desejado proibir medidas provisórias sobre o tema quando optou por deixar clara a possibilidade de se editarem medidas provisórias instituindo ou aumentando impostos. O silêncio específico quanto às contribuições haverá de significar abono à anterior inteligência do Supremo.

Outro problema que se coloca é o de saber do momento em que a nova contribuição passará a ser exigível. Na jurisprudência prévia à EC n. 32/2001, o Tribunal admitia que a anterioridade dos noventa dias tinha sua contagem iniciada com a publicação da medida provisória, e não com a sua conversão em lei, nos mesmos moldes do que ocorria em se tratando da anterioridade dos impostos. Nesse ponto, como visto, a EC n. 32/2001 atalhou a jurisprudência para prestigiar a ideia de que o princípio da anterioridade há de tomar por marco inicial o momento em que lei em caráter definitivo passa a integrar o ordenamento jurídico. Por analogia de fins, seria dado sustentar que também para as contribuições a anterioridade mitigada deveria ter igual termo inicial. Não obstante, há precedentes do Supremo Tribunal Federal, relativos a medidas provisórias versando aumento de contribuição de seguridade social, posteriores à Emenda Constitucional de 2001, admitindo que o termo inicial da anterioridade nonagesimal é o da publicação da medida provisória, e não o da sua conversão em lei. Os precedentes mencionados não discutem a inovação da EC 32/2001, mas repetem entendimento estabelecido antes dela (RE 816.802

É dado cogitar que, nesse quadro, será a lei que converter a medida provisória em diploma definitivo que produzirá efeitos normativos e criará ou aumentará o tributo. A medida provisória atuará, por disposição do constituinte, nesse caso, como projeto de lei.

5.3.8.9. *Medida provisória e matéria da iniciativa legislativa exclusiva de outro Poder ou da competência exclusiva ou privativa do Congresso ou das suas Casas*

A EC n. 32/2001 não cuidou de proibir a edição de medida provisória sobre matéria da iniciativa legislativa exclusiva de outro Poder. Como a medida provisória opera como provocação do Congresso Nacional para deliberar, há de se considerar que ela atua em terreno impróprio quando dispõe sobre assunto cuja abertura do debate o constituinte quis subordinar ao juízo exclusivo de oportunidade e conveniência de outro Poder. Não é pertinente a medida provisória, desse modo, para a fixação da remuneração de juízes ou para a fixação de remuneração dos cargos integrantes dos serviços do Legislativo.

Matérias que a Constituição entrega à deliberação privativa ou exclusiva do Congresso Nacional, da Câmara dos Deputados ou do Senado Federal tampouco podem ser objeto de medida provisória, já que isso importaria invasão pelo Presidente da República de competência do Legislativo, com prejuízo ao princípio da separação dos Poderes. Daí, por exemplo, não poder medida provisória autorizar *referendum* ou convocar plebiscito (art. 49, XV, da CF).

5.3.8.10. *Reedição de medida provisória e medida provisória sobre matéria objeto de projeto de lei rejeitado*

Na ADI-MC 293[148], o STF decidiu que se a medida provisória não é convertida em lei, por haver sido repelida pelo Congresso Nacional, a manifestação da vontade do Legislativo nessa área deve preponderar, não cabendo ao Executivo insistir na edição da norma, sob pena de quebra do princípio da harmonia e independência dos Poderes. Esse entendimento continua válido na vigência da EC n. 32/2001, com a particularidade de que o art. 62, § 10, da Constituição, acrescido pela Emenda, admite a reedição em outra sessão legislativa. A propósito o STF firmou a tese de que "é vedada reedição de medida provisória que tenha sido revogada, perdido sua eficácia ou rejeitada pelo Presidente da República na mesma sessão legislativa"[149].

AgR, 2ª Turma, *DJe* de 22-8-2017, e ACO AgR 1.196, *DJe* de 3-8-2017, sessão virtual do Plenário). Se a majoração de alíquota da contribuição social se dá na lei de conversão, *i.e*, não estava incluída no texto da medida provisória, a anterioridade nonagesimal se conta a partir da lei de conversão (RE 568.503 – repercussão geral, *DJe* de 13-3-2014).

148 *RTJ*, 146/707, rel. Min. Celso de Mello: "A rejeição parlamentar de medida provisória – ou de seu projeto de conversão –, além de desconstituir-lhe *ex tunc* a eficácia jurídica, opera uma outra relevante consequência de ordem político-institucional, que consiste na impossibilidade de o Presidente da República renovar esse ato quase legislativo, de natureza cautelar".

149 ADI 5.709, *DJe* de 28-6-2019. Com essa ação foram julgadas simultaneamente a ADI 5.717 e a ADI 5.727, todas com o mesmo teor.

A medida provisória que haja caducado ou sido rejeitada não pode ser reeditada na mesma sessão legislativa. Nem mesmo pelo expediente de se editar medida provisória que ab-roga a outra ainda em curso (hipótese equiparada a autorrejeição) para, em seguida, reeditar a anterior, porque haveria aí fraude à proibição constitucional[150]. Tampouco pode ser editada medida provisória que, revogando outra ainda em vigor, venha, ela própria, a dispor sobre o mesmo assunto.

Não é apenas a medida provisória que reproduz a totalidade do conteúdo da anterior que não pode ser reeditada. "A reedição, ainda que parcial, da medida provisória revogada é suficiente para a incidência da proibição veiculada na norma do art. 62, § 10, da Constituição Federal"[151].

A medida provisória pode ser reeditada na sessão legislativa seguinte àquela em que ocorreu a rejeição (e não na seguinte àquela em que foi editada), já que o fenômeno relevante a ser tomado em conta é a manifestação negativa do Congresso (ou o decurso do prazo para aprovação da medida). E essa rejeição somente pode ser superada em outra sessão legislativa.

Não é possível, muito menos, a reedição, na mesma sessão legislativa, de medida provisória em seguida a veto do Presidente da República a projeto de conversão em que se modificou o conteúdo da medida provisória, uma vez que, naqueles tópicos que o Congresso Nacional resolveu alterar a normação contida na medida provisória, houve a rejeição da medida provisória.

Se um projeto de lei é rejeitado pelo Congresso Nacional, de igual sorte, não é cabível a insistência na mesma normação por via de medida provisória. A palavra definitiva do Congresso Nacional não é suscetível de desafio pelo Presidente da República na mesma sessão legislativa em que o projeto de lei se viu frustrado.

Observe-se que a sessão legislativa seguinte pode ocorrer no mesmo ano em que se dá a rejeição da medida provisória ou do projeto de lei, já que é possível que a medida provisória seja rejeitada, por exemplo, no mês de janeiro, durante sessão legislativa extraordinária, ocorrida por força de convocação do Congresso Nacional, o que enseja que a medida seja editada no início da sessão legislativa ordinária, no mês seguinte[152].

---

150 De acordo com o STF, "o ato de revogação pura e simples de uma medida provisória outra coisa não é senão uma autorrejeição; ou seja, o autor da medida a se antecipar a qualquer deliberação legislativa para proclamar, ele mesmo (Poder Executivo), que sua obra normativa já não tem serventia. Logo reeditá-la significaria artificializar os requisitos constitucionais de urgência e relevância, já categoricamente desmentidos pela revogação em si" (ADI 3.964-MC, rel. Min. Carlos Britto, *RTJ* 204/1129). O entendimento foi reiterado na ADI 5.709 (*DJe* de 28-6-2019).

151 ADI 5.709, *DJe* de 28-6-2019.

152 Mesmo antes da EC n. 32/2001, o STF já assentara que seria possível a edição em outra sessão legislativa. É o que se lê na ADI 1.441/DF, liminar (*DJ* de 18-10-1996). O relator, Ministro Octavio Gallotti, apreciou a arguição de inconstitucionalidade contra medida provisória que instituía a contribuição para o plano de seguridade social do servidor sobre proventos dos servidores públicos aposentados. Ficou dito: "A exigência de iniciativa da maioria dos votos dos membros de qualquer das Casas do Congresso Nacional, inscrita no art. 67 da Constituição, inibe, em tese, e por força de compreensão, a utilização do processo da medida provisória para o trato da matéria que já tenha sido objeto de rejeição na mesma sessão legislativa. Não em sessão legislativa antecedente, seja ordinária ou extraordinária".

No caso, projeto análogo havia sido rejeitado em sessão extraordinária ocorrida em janeiro de 1996, e a medida provisória era de maio de 1996.

6. MEDIDA PROVISÓRIA – CONVERSÃO EM LEI OU REJEIÇÃO. A MEDIDA PROVISÓRIA NO CONGRESSO NACIONAL

Editada a medida provisória, ela deve ser prontamente submetida ao crivo do Congresso Nacional, com vistas à sua transformação em lei. No mesmo dia da publicação da medida provisória, o Presidente da República deve encaminhá-la ao Legislativo, por meio de mensagem presidencial.

No Congresso Nacional, a medida provisória deve ser objeto de exame e parecer de uma comissão mista de deputados e senadores (art. 62, § 9º).

A fase da apreciação da medida provisória pela comissão mista, antes do exame dos Plenários da Câmara dos Deputados e do Senado, é indispensável, não podendo ser substituída por parecer apresentado pelo relator diretamente na Câmara. A desobediência ao ditame constitucional gera inconstitucionalidade, que contamina de nulidade a lei em que a medida provisória vier acaso a se converter. Isso foi o que decidiu o Supremo Tribunal Federal na ADI 4.029, julgada em 8-3-2012, sob a relatoria do Ministro Luiz Fux. Dada a continuada praxe em contrário no Congresso Nacional, o STF determinou que a nulidade pelo descumprimento do preceito da Lei Maior atingiria apenas as novas medidas provisórias editadas a partir do julgamento[153].

Em seguida, a Câmara dos Deputados inicia o procedimento de análise, já que o § 8º do art. 62 dispõe que "as medidas provisórias terão a sua votação iniciada na Câmara dos Deputados".

O art. 64, § 2º, e o art. 66, § 6º, da CF dão tratamento de urgência ao trâmite das medidas provisórias no Congresso. A sua não apreciação em quarenta e cinco dias em cada Casa sobresta outras deliberações legislativas que não tenham prazo determinado na Constituição. Em 2009, a Presidência da Câmara dos Deputados, alarmada com a paralisação da Casa que o número excessivo de medidas provisórias acabava por provocar, em virtude do trancamento da pauta, decidiu que o sobrestamento das deliberações legislativas aludido no § 2º do art. 64 da Constituição somente se aplica a projetos de lei ordinária, que possam ser objeto de medida provisória. Além disso, entendeu que o sobrestamento determinado não prejudica senão as sessões ordinárias da Câmara[154].

---

153 A pandemia da covid-19, que afetou gravemente o país em 2020, exigiu soluções criativas diversas para que as instituições funcionassem, não obstante as regras de distanciamento social inseridas no contexto de providências sanitárias únicas. As sessões deliberativas da Câmara dos Deputados e do Senado tiveram de acontecer por meio de reuniões e votações virtuais, em plataformas de teleconferências da internet. Observou-se a impossibilidade de se realizar reunião física da Comissão Mista. De acordo com a inteligência do STF, sem a fase da análise da Comissão Mista, o processo de conversão da medida provisória não pode ter seguimento, o que, somado ao fato de não haver perspectiva de se vencer a pandemia a curto prazo, redundaria na sua inexorável caducidade. Significaria, na prática, a impossibilidade de o Presidente da República se valer da medida provisória utilmente. Para prevenir esse quadro de desordem institucional, o Ministro Alexandre de Moraes concedeu liminar em medida cautelar em arguição de descumprimento de preceito fundamental, para autorizar, "excepcionalmente, designar-se um deputado e um senador para apresentarem seus pareceres diretamente ao Plenário do Congresso. Essa alternativa – disse o decisório – garante a participação paritária de ambas as Casas, não afasta a discussão da medida provisória pelo Legislativo, sequer inviabiliza a apresentação de emendas, e contempla um procedimento possível de ser realizado mediante teleconferência" (ADPF MC 663, decisão de 27-3-2020).

154 A arrojada decisão foi objeto de mandado de segurança impetrado perante o STF. Ao denegar a liminar, o relator do MS 27.931, Min. Celso de Mello, sensibilizado com as dramáticas consequências da impossibilidade de

A medida provisória pode ser emendada no Congresso, não mais perdurando a proibição nesse sentido que havia no regime do decreto-lei, na ordem constitucional pretérita. Havendo alteração no Senado, o projeto deve retornar à Câmara para confirmação ou rejeição das mudanças efetuadas na Casa de Revisão.

As emendas apresentadas devem guardar pertinência temática com o objeto da medida provisória[155]. O Supremo Tribunal assentou que o princípio democrático e o devido processo legislativo são incompatíveis com "a prática da inserção, mediante emenda parlamentar no processo legislativo de conversão de medida provisória em lei, de matérias de conteúdo temático estranho ao objeto originário da medida provisória"[156]. O processo de conversão da medida provisória em lei difere do que é previsto para as leis ordinárias; por isso, o acórdão salientou que essas emendas, estranhas à matéria que o Presidente da República entendeu serem urgentes e relevantes, são inválidas, já que escapam de "passar pelas Comissões temáticas de ambas as casas do Congresso Nacional (...), bem como de um debate público que permita a maturação das reflexões sobre eles, em prejuízo com o diálogo com a comunidade ampla de intérpretes da Constituição". Dada a reiterada prática legislativa contrária ao entendimento que o STF estabeleceu no julgado, decidiu-se que o valor da segurança jurídica recomendava que somente as emendas indevidas que viessem a ser acrescentadas ao projeto de lei de conversão depois do julgamento da ADI 5.127, ocorrido em 2015, acarretariam a nulidade do ato normativo resultante.

Observe-se, afinal, que, antes das deliberações de cada Casa do Congresso Nacional, o § 5º do art. 62 da Constituição cobra que seja apreciado o atendimento dos pressupostos constitucionais, aí incluídas a urgência e relevância e as limitações materiais ao uso da medida provisória.

6.1. O prazo para apreciação da medida provisória

O § 3º do art. 62 da CF fixa em sessenta dias o prazo para a apreciação, no Congresso Nacional, da medida provisória.

---

se analisarem tantas medidas provisórias editadas a um só tempo, entendeu que o problema dizia com "a própria integridade do sistema de poderes, notadamente o exercício, pelo Congresso Nacional, da função primária que lhe foi constitucionalmente atribuída: a função de legislar". Prosseguiu, dizendo: " A construção jurídica formulada pelo Senhor Presidente da Câmara dos Deputados, além de propiciar o regular desenvolvimento dos trabalhos legislativos no Congresso Nacional, parece demonstrar reverência ao texto constitucional, pois (...) preserva, íntegro, o poder ordinário de legislar atribuído ao Parlamento" (*DJe* de 1º-4-2009). Em sessão plenária de 29 de junho de 2017, o mandado de segurança que se insurgia contra a construção interpretativa do Presidente da Câmara foi indeferido. Deu-se interpretação conforme a EC 32/2001 para, como consta da ata de decisão, "sem redução de texto, restringir-lhe a exegese, em ordem a que, afastada qualquer outra possibilidade interpretativa, seja fixado entendimento de que o regime de urgência previsto em tal dispositivo constitucional – que impõe o sobrestamento das deliberações legislativas das Casas do Congresso Nacional – refere-se, tão somente, àquelas matérias que se mostram passíveis de regramento por medida provisória, excluídos, em consequência, do bloqueio imposto pelo mencionado § 6º do art. 62 da Lei Fundamental, as propostas de emenda à Constituição e os projetos de lei complementar, de decreto legislativo, de resolução e, até mesmo, tratando-se de projetos de lei ordinária, aqueles que veiculem temas pré-excluídos do âmbito de incidência das medidas provisórias".

155 Assim dispõe a Resolução n. 1/2002 do Congresso Nacional.

156 ADI 5.127, rel. p/ o acórdão Min. Edson Fachin, *DJe* de 11-5-2016.

O prazo se inicia com a publicação do ato normativo.

O prazo se prorroga por mais sessenta dias, se a votação não estiver, até então, encerrada nas duas Casas do Congresso. A prorrogação se faz automaticamente, no âmbito do próprio Congresso Nacional, cujo Presidente publica, no *Diário Oficial da União*, ato de prorrogação de vigência[157]. O Presidente da República, portanto, não participa do procedimento de prorrogação da medida provisória, nem o conteúdo da medida provisória pode ser alterado quando do prolongamento do período de sua vigência.

Apesar de o § 3º do art. 62 da Constituição poder levar à impressão de que o prazo máximo de vigência de medida provisória, antes de ela caducar, é de cento e vinte dias, na realidade, a medida provisória pode vir a durar bem mais do que isso. Isso porque, se o Congresso Nacional estiver em recesso, a contagem do prazo de eficácia da medida provisória é suspensa (CF, art. 62, § 4º).

Além disso, estabelece o § 12 do art. 62 da CF que, "aprovado projeto de lei de conversão alterando o texto original da medida provisória, esta manter-se-á integralmente em vigor até que seja sancionado ou vetado o projeto". O dispositivo assegura ao Presidente da República os quinze dias úteis para o exame do projeto de lei de conversão, antes de se decidir sobre a sanção ou veto. Assim, não fica o Chefe do Executivo premido a ter de decidir sobre a sanção ou veto do projeto de lei de conversão, por exemplo, em apenas vinte e quatro horas, no caso de somente faltar um dia para a caducidade da medida provisória. O dispositivo, de toda sorte, cria uma hipótese de prorrogação da vigência da medida provisória para além do prazo de cento e vinte dias.

6.2. Aprovação total da medida provisória

Se a medida provisória for totalmente convertida lei, sem emendas, o Presidente do Congresso Nacional promulga a lei, sem a necessidade da sanção do Presidente da República, conforme a Resolução n. 1/2002 do Congresso Nacional[158] e de acordo com raciocínio *a contrario sensu* a partir do que dispõe o § 12 do art. 62 da Carta[159].

Está assentado na jurisprudência do STF sobre a medida provisória que "a sua aprovação e promulgação integrais apenas lhe tornam definitiva a vigência, com eficácia *ex tunc* e sem solução de continuidade, preservada a identidade originária do seu conteúdo normativo"[160].

A conversão da medida provisória em lei opera uma novação de fontes que produz dois efeitos básicos. Em primeiro lugar, converte em disposição de lei a norma constante da medida provisória, que passa a vigorar para o futuro; em segundo lugar, convalida a medida provisória que vigorara até aquele momento.

157 Resolução n. 1/2002 do Congresso Nacional, art. 10, § 1º.

158 (Art. 12) Acrescente-se que são irrelevantes, para esse fim, algumas alterações redacionais, por exemplo, a substituição de expressões como "nos termos desta medida provisória" por "nos termos desta lei".

159 A propósito, Manoel Gonçalves Ferreira Filho, *Aspectos do direito constitucional contemporâneo*, São Paulo: Saraiva, 2003, p. 275.

160 ADI-MC 691, *RTJ*, 140/797, rel. Min. Sepúlveda Pertence.

6.3. Aprovação da medida provisória com emendas

Se a medida provisória foi aprovada com alterações de mérito, o projeto de lei de conversão será encaminhado ao Presidente da República para sanção ou veto, pela Casa onde houver sido concluída a votação[161].

As emendas significam recusa da medida provisória nos pontos em que alteram a sua normação. Nas partes em que a medida provisória foi alterada, as novas normas valerão para o futuro, a partir da vigência da própria lei de conversão. Na parte em que a medida provisória foi confirmada, opera-se a sua ratificação desde quando editada[162].

Alguns aspectos podem ser discutidos, à luz dessas considerações, como a questão da validade da lei de conversão, que, por meio de emenda parlamentar, vem a tipificar uma conduta penalmente. Se a tipificação penal não constava da medida provisória, não incide a proibição do art. 62, § 1º, *b*, da Lei Maior. A vedação que ali se encerra diz respeito à medida provisória, e não à lei de conversão do Congresso Nacional, que inova os termos da medida provisória para cuidar de tema da sua competência normativa. A tipificação penal incluída por emenda deve guardar relação de pertinência com o objeto da medida provisória editada pelo Presidente da República[163].

A questão torna-se mais sutil quando se indaga da possibilidade de uma medida provisória que sofra de vício de inconstitucionalidade – por exemplo, por dispor sobre direito penal – vir a ser confirmada pelo Congresso Nacional, transformando-se em lei. Nesse caso, apenas a medida provisória será inconstitucional? Pode a lei que a confirmou ser considerada válida a partir da sua edição? A lei de conversão, nesse caso, há de ser tida por inconstitucional, contaminada que está pelo defeito da medida provisória de que resulta. Havendo a confirmação da medida provisória, o STF entende especiosa a distinção entre lei de conversão e a própria medida provisória[164]. A lei de conversão não é impermeável aos vícios da medida provisória[165]. Afinal, aquela é a ratificação desta. A medida provisória foi o fato deflagrador do processo legislativo da lei que a ratificou. Se o processo legislativo está maculado, na sua origem, por ter sido provocado por

---

161 Art. 13 da Resolução n. 1/2002 do Congresso Nacional.

162 Nesse sentido, os RREE 166.857, *RTJ*, 151/649, e 176.599, *DJ* de 20-4-1995, ambos sob a relatoria do Ministro Marco Aurélio. Lê-se nos dois votos condutores dos acórdãos: "A regra do parágrafo único do art. 62 da Constituição Federal, relativa à perda de eficácia da medida desde a respectiva edição, está ligada à glosa pelo Congresso Nacional. Admite-se, é certo, que esta se faça de forma parcial, mas, aí, a ineficácia fica limitada à norma da medida que não haja merecido o agasalho do Poder Legislativo, especialmente quando passível de separação sem prejuízo da parte remanescente. (...) O que cumpre em cada caso examinar é se o dispositivo aprovado pelo Congresso identifica-se com o teor do preceito da medida e, sendo positiva a conclusão, proclamar a subsistência dos efeitos até então verificados e, portanto, a continuidade da regência".

163 Ver ADI 5.127, rel. p/ o acórdão Min. Edson Fachin, *DJe* de 11-5-2016, estudada em item acima.

164 RREE 166.857 e 176.599, citados.

165 Observe-se que no julgamento da ADI-MC 3.090, sob a relatoria do Ministro Gilmar Mendes, "rejeitou-se, por maioria, em preliminar, a alegação de que a conversão da Medida Provisória na Lei 10.848/2004 prejudicaria a análise do vício formal naquela apontado, consistente na ofensa ao art. 246, da CF" (*Informativo STF* n. 355). Na ADI MC 4.048, rel. Min. Gilmar Mendes, *DJ* de 22-8-2008, e na ADI MC 4.049, rel. Min. Carlos Britto, julgada em 5-11-2008, ficou afirmado que "a lei de conversão não convalida os vícios existentes na medida provisória".

um ato que a Constituição tem como inválido, não é possível dissociar a lei daí resultante do grave vício ocorrido no seu nascedouro[166].

6.4. Não conversão da medida provisória em lei

As medidas provisórias perdem a eficácia – diz o texto constitucional – desde a edição, se não forem convertidas em lei no prazo constitucional[167], ou, é claro, se nesse prazo forem rejeitadas.

O Presidente da Casa em que se rejeitou a medida provisória comunicará o fato imediatamente ao Presidente da República e publicará o ato declaratório de rejeição no Diário Oficial da União.

Na hipótese de serem vencidos os prazos para aprovação sem que a medida provisória tenha sido convertida em lei, será o Presidente da Mesa do Congresso Nacional quem comunicará o fato ao Presidente da República, publicando no Diário Oficial o ato declaratório de encerramento do prazo de vigência da medida.

O § 3º do art. 62 da Constituição prevê que as relações jurídicas formadas durante o período em que a medida provisória esteve em vigor deverão ser disciplinadas pelo Congresso Nacional, por meio de decreto legislativo.

Atento às desastrosas consequências que a perda de vigência da medida provisória pode acarretar no âmbito da segurança das relações[168], o constituinte prevê que o Congresso regulará essas relações.

Esse preceito já existia antes da Emenda Constitucional n. 32/2001, mas raramente se concretizava. A Emenda, então, dispôs, no § 11 do art. 62 da Constituição, que, se a regulação das relações advindas da medida provisória não convertida em lei não se consumar em até sessenta dias da rejeição ou da caducidade, essas relações hão de se conservar regidas pela medida provisória.

Criou-se, desse modo, uma hipótese de ultra-atividade da medida provisória não convertida em lei, mas apenas para a disciplina das relações formadas com base na mesma medida provisória e durante a sua vigência.

O texto constitucional não é claro quanto ao que ocorre durante o prazo de sessenta dias de que o Congresso dispõe para a edição do decreto legislativo. O intuito da norma e a sua compreensão no novo sistema instaurado pela Emenda n. 32/2001 conduzem a crer que, nesse período, as relações continuam sob a regência da medida provisória, somente dela se apartando se o Congresso se dispuser a discipliná-las diferentemente. Entender de outra forma corresponderia a aceitar um vácuo normativo no pe-

166 A hipótese não se distancia tanto assim do entendimento de que a sanção do Presidente da República não supre o vício de iniciativa, inteligência para a qual concorre o magistério de que o vício de inconstitucionalidade no processo legislativo não se convalida (cf. visto no tópico sobre sanção e veto do Presidente da República, *supra*).

167 CF, art. 62, § 3º.

168 Afinal, como decidiu o STF, "a rejeição da medida provisória despoja-a de eficácia jurídica desde o momento de sua edição, destituindo de validade todos os atos praticados com fundamento nela" (ADI 365 (AgRg), *RTJ*, 134/558, rel. Min. Celso de Mello).

ríodo em que se aguarda a deliberação do Congresso, o que não atende ao propósito de segurança jurídica que inspirou o próprio dispositivo da Lei Maior.

Se o que se preservam são as relações jurídicas durante o período de vigência da medida provisória, o dispositivo constitucional deve ser entendido como a alcançar situações de inter-relacionamento entre sujeitos de direito, e não normas institutivas de órgãos e pessoas jurídicas. A rejeição de medida provisória que cria um órgão seria inócua, com prejuízo do princípio de que em matéria própria de legislação há de se conferir preponderância à vontade do Legislativo[169], se se entendesse que a própria criação do órgão é ato que se aproveita da ultra-atividade da medida provisória de que trata o § 11 do art. 62 da CF. A rejeição da medida provisória quanto ao ato que se exauriu durante a sua vigência seria, nesse caso, desprovida de efeitos práticos. O que se haverá de resguardar são as relações ocorridas enquanto a medida provisória esteve em vigor. Mesmo assim, porém, se a medida provisória rejeitada instituía uma alteração no modo de ser de relações que a antecediam, a regulação que estabeleceu somente haverá de colher os fatos que se deram no tempo em que esteve em vigor. A regulação criada pela medida provisória não se projeta para o futuro; apenas preserva a validade dos atos praticados antes de ser repelida[170]. Rejeitada a medida provisória, torna a vigorar a regra que ela havia alterado.

7. OUTRAS QUESTÕES EM TORNO DAS MEDIDAS PROVISÓRIAS

7.1. Medida provisória que declara a inconstitucionalidade de outra

Em março de 1990, no esforço de consolidação do Plano Collor, foi editada medida provisória que tipificava como crime certas condutas nas relações econômicas. Não passados trinta dias, o Presidente da República editou outra medida provisória, declarando nula e sem efeito a MP anterior. A situação peculiar gerou precedente rico em doutrina – a ADI 221-MC, relatada pelo Ministro Moreira Alves[171], que ensinou que "os Poderes Executivos e Legislativo podem declarar nulos, por ilegalidade ou por inconstitucionalidade, atos administrativos seus, e não leis ou atos com força de lei", já que "compete privativamente ao Poder Judiciário declará-los inconstitucionais". A Corte, porém, novamente na linha argumentativa do relator, valeu-se da técnica da interpretação conforme a Constituição e entendeu que a nova medida provisória estava ab-rogando a anterior, ainda sob a apreciação do Congresso Nacional, o que suscitou o exame sobre se isso era possível.

A resposta a essa questão foi positiva. Fixou-se que a segunda medida provisória apenas suspende a eficácia da outra, com caráter *ex nunc*. Isso porque a segunda medida provisória também só produz efeitos sob condição resolutiva. Assim, ela suspende a eficácia da primeira medida. Se a segunda medida provisória for rejeitada, perde a sua

169 Cf. ADI-MC 293, *RTJ*, 146/707, rel. Min. Celso de Mello.

170 Sobre este último ponto, o STF deverá manifestar-se quando vier a apreciar a ADPF 84 (cf. *Informativo STF* n. 429, de 29-5 a 2-6-2006).

171 Julgada em 29-3-1990, *DJ* de 22-10-1993.

eficácia desde a edição, e a primeira medida provisória volta a vigorar pelo restante do tempo que faltava para completar o prazo constitucional de vigência.

Durante o período em que a segunda medida provisória estiver em vigor, o Congresso Nacional não pode dar seguimento ao processo de conversão da primeira. Se a medida provisória ab-rogante vier a converter-se em lei, a revogação anterior passa a ser definitiva. Desse modo, não mais poderá ser convertida em lei e, portanto, perderá a sua eficácia desde a sua edição, excepcionada a hipótese de o Congresso Nacional ressalvar certos efeitos da primeira medida – isso porque não se pode recusar ao Congresso Nacional, em qualquer caso, apreciar todas as medidas provisórias editadas em qualquer tempo[172].

Em 2003, o STF, tendo já presente o novo regime estabelecido pela EC n. 32/2001, reafirmou a possibilidade da revogação de medida provisória por outro ato do gênero, lembrando que, "a partir da sua publicação, a Medida Provisória não pode ser 'retirada' pelo Presidente da República à apreciação do Congresso Nacional" e que, "como qualquer outro ato legislativo, a medida provisória é passível de ab-rogação mediante diploma de igual ou de superior hierarquia". A final, ressaltou que "a revogação da MP por outra MP apenas suspende a eficácia da norma ab-rogada, que voltará a vigorar pelo tempo que lhe reste para apreciação, caso caduque ou seja rejeitada a MP ab-rogante"[173].

7.2. Medidas provisórias editadas e em vigor antes da EC n. 32/2001

Nos termos do art. 2º da EC n. 32/2001, "as medidas provisórias editadas em data anterior à da publicação dessa emenda continuam em vigor até que medida provisória ulterior as revogue explicitamente ou até deliberação definitiva do Congresso Nacional".

Assim, as medidas provisórias editadas até trinta dias antes de 11 de setembro de 2001 (data da promulgação da EC n. 32) não precisam ser reeditadas para permanecer em vigor e assim ficarão até que o Congresso Nacional se manifeste – rejeitando-as ou editando lei em sentido colidente com as suas normas – ou até que o Presidente da República edite outra medida provisória que as altere.

7.3. Eficácia da medida provisória reeditada no regime anterior à EC n. 32/2001

Antes da EC n. 32/2001, o STF fixou a inteligência de que a medida provisória reeditada comunicava eficácia à medida anterior, não havendo solução de continuidade na sua eficácia[174].

172 No mesmo sentido, a ADI-MC 1.204, *DJ* de 17-12-1995, rel. Min. Néri da Silveira: "O Presidente da República pode expedir medida provisória revogando outra medida provisória, ainda em curso no Congresso Nacional. A medida provisória revogada fica, entretanto, com sua eficácia suspensa, até que haja pronunciamento do Poder Legislativo sobre a medida provisória ab-rogante. Se for acolhida pelo Congresso Nacional, e transformada em lei, a revogação se torna definitiva". Da mesma forma, a ADI-MC 1.659, *DJ* de 8-5-1998, rel. Min. Moreira Alves.

173 ADI-MC 2.984, *DJ* de 14-5-2004, rel. Min. Ellen Gracie. O STF não acolheu a ideia de que a revogação não poderia ocorrer, uma vez que o propósito da revogação era destrancar a pauta do Congresso Nacional. Disse a relatora que "o sistema instituído pela EC 32 leva necessariamente à impossibilidade de reedição da MP revogada, cuja matéria somente poderá voltar a ser tratada por meio de projeto de lei".

174 Na ADI-MC 1.603/PE, rel. Min. Moreira Alves, *DJ* de 29-8-1997, o Tribunal "considerou que a medida provi-

Com a EC n. 32/2001 não há falar em eficácia da medida provisória reeditada – até porque não mais se reconhece uma tal possibilidade, não se ensejando o problema que havia anteriormente.

7.4. Possibilidade de os Estados e o Distrito Federal editarem medidas provisórias

Não obstante o caráter excepcional da medida provisória, ela foi prevista em parte permanente da Constituição Federal. Integra o desenho da tripartição dos Poderes adotado entre nós. Na ordem pretérita, vedava-se a adoção dos decretos-leis nas unidades federadas. A Constituição em vigor não possui regra análoga sobre a medida provisória. Sendo assim, a Constituição estadual, que conferir aos governadores de Estado a faculdade de editar medidas provisórias, não destoará da ordem constitucional federal. Soma-se a isso o fato de o § 2º do art. 25 proibir a edição de medida provisória pelos Estados, no que tange à regulação da exploração e concessão dos serviços locais de gás canalizado. De modo implícito, permitiu que, em outras hipóteses, houvesse medida provisória estadual[175]. Se a Constituição do Estado opta por permitir o regime das medidas provisórias, deve atender à regulação do instrumento na ordem federal[176].

8. ESTATUTO DO CONGRESSISTA

Com a finalidade de assegurar a liberdade do representante do povo ou do Estado-membro no Congresso Nacional, e isso como garantia da independência do próprio parlamento e da sua existência, a Constituição traça um conjunto de normas que instituem prerrogativas e proibições aos congressistas.

Algumas dessas prerrogativas ganham o nome de **imunidade**, por tornarem o congressista excluído da incidência de certas normas gerais. A imunidade pode tornar o parlamentar insuscetível de ser punido por certos fatos (imunidade material) ou livre de certos constrangimentos previstos no ordenamento processual penal (imunidade formal).

A imunidade não é concebida para gerar um privilégio ao indivíduo que por acaso esteja no desempenho de mandato popular; tem por escopo, sim, assegurar o livre desempenho do mandato e prevenir ameaças ao funcionamento normal do Legislativo[177].

---

sória reeditada não perde eficácia com sua posterior conversão. Assim, as medidas provisórias anteriores àquela que foi convertida em lei são eficazes por força dela".

175 Veja-se, a propósito, a ADI-MC 812/TO, *DJ* de 15-5-1993, rel. Min. Moreira Alves, e a ADI 425/TO, *DJ* de 19-12-2003, rel. Min. Maurício Corrêa.

176 José Levi do Amaral Júnior (*Medida Provisória*, cit., p. 271-272) vê, corretamente, no art. 25 da Constituição o fundamento para que o modelo federal seja adotado nos Estados que optarem pelo regime das medidas provisórias. Ensina: "Se acaso prevista como fonte do direito estadual [a medida provisória] deverá: a) ser ensejada apenas e tão somente por casos de relevância e urgência; b) observar as limitações materiais postas em nível federal e aplicáveis na esfera estadual (como, por exemplo, as matérias da competência exclusiva da Assembleia Legislativa ou reservadas à lei complementar, a matéria relativa à organização do Poder Judiciário estadual, entre outras); c) ser submetida à apreciação parlamentar para conversão em lei, inclusive com a possibilidade de apresentação de emendas parlamentares; e d) possuir regime de prazos no mínimo tão rigoroso quanto aquele adotado em nível federal, vedada, a partir da Emenda Constitucional n. 32/2001, a reedição".

177 A propósito a Questão de Ordem em Inq. 1.024, *DJ* de 4-3-2005, rel. Min. Celso de Mello, em que se enfatiza

A **imunidade material** a que alude o *caput* do art. 53 da Carta expressa a inviolabilidade civil e penal dos deputados e senadores por suas opiniões, palavras e votos, neutralizando a responsabilidade do parlamentar nessas esferas.

A imunidade cível tornou-se expressa com a Emenda Constitucional n. 35/2001, embora, desde antes, fosse admitida pela jurisprudência do STF[178].

A imunidade tem alcance limitado pela própria finalidade que a enseja. Cobra-se que o ato, para ser tido como imune à censura penal e cível, tenha sido praticado pelo congressista em conexão com o exercício do seu mandato.

Apurado que o acontecimento se inclui no âmbito da imunidade material, não cabe sequer indagar se o fato, objetivamente, poderia ser tido como crime[179].

Se a manifestação oral ocorre no recinto parlamentar, a jurisprudência atual dá como assentada a existência da imunidade. Se as palavras são proferidas fora do Congresso, haverá a necessidade de se perquirir o seu vínculo com a atividade de representação política[180].

Assim, já se decidiu estar coberta pela imunidade material cogitada ofensa com palco em Comissão Parlamentar de Inquérito[181].

De outra parte, assentou-se, igualmente, que "a imunidade parlamentar material se estende à divulgação pela imprensa, por iniciativa do congressista ou de terceiros, do fato coberto pela inviolabilidade"[182].

Não estarão preservadas pela imunidade as palavras proferidas "fora do exercício formal do mandato", que, "pelo conteúdo e contexto em que perpetradas, sejam de todo

---

que a "garantia é inerente ao desempenho da função parlamentar, não traduzindo, por isso mesmo, qualquer privilégio de ordem pessoal". Da mesma forma, no HC 89.417, *DJ* de 15-12-2006, rel. Min. Cármen Lúcia, o Tribunal afirmou que "a regra limitadora do processamento de parlamentar e a proibitiva de sua prisão são garantias do cidadão, do eleitor para a autonomia do órgão legiferante (no caso) e da liberdade do eleito para representar, conforme prometera, e cumprir os compromissos assumidos no pleito. Não configuram aqueles institutos direito personalíssimo do parlamentar, mas prerrogativa que lhe advém da condição de membro do poder que precisa ser preservado para que preservado seja também o órgão parlamentar em sua autonomia, a fim de que ali se cumpram as atribuições que lhe foram constitucionalmente cometidas". Acrescentou-se que "imunidade é prerrogativa que advém da natureza do cargo exercido. Quando o cargo não é exercido segundo os fins constitucionalmente definidos, aplicar-se cegamente a regra que a consagra não é observância da prerrogativa, é criação de privilégio". Diante de particularidades que o caso apresentava, foram mantidas prisões de parlamentares estaduais, não obstante o disposto nos §§ 2º e 3º do art. 53 da Constituição Federal.

178 Ver RE 210.917, julgado em 12-8-1998 e publicado em 18-6-2001, rel. Min. Sepúlveda Pertence.

179 Inq. 2.282/DF, rel. para o acórdão Min. Sepúlveda Pertence, maioria, julgado em 30-6-2006, *Informativo STF* n. 433.

180 A propósito, o Inq. 1.958, *DJ* de 18-2-2004, rel. para o acórdão Min. Carlos Britto: "(...) É de se distinguir as situações em que as supostas ofensas são proferidas dentro e fora do Parlamento. Somente nessas últimas ofensas irrogadas fora do Parlamento é de se perquirir da chamada conexão com o exercício do mandato ou com a condição parlamentar (INQ 390 e 1.710). Para os pronunciamentos feitos no interior das Casas Legislativas não cabe indagar sobre o conteúdo das ofensas ou a conexão com o mandato, dado que acobertadas com o manto da inviolabilidade. Em tal seara, caberá à própria Casa a que pertencer o parlamentar coibir eventuais excessos no desempenho dessa prerrogativa".

181 Inq. 655, *DJ* de 29-8-2003, rel. Min. Maurício Corrêa. A CPI fora instituída para apurar irregularidades no FGTS, tendo o parlamentar afirmado que "o querelante, ao responder processo por estupro, não tinha condições morais para acusar ex-Ministro de Estado de irregularidades acerca do fato investigado".

182 RE 210.917, *DJ* de 18-6-2001, rel. Min. Sepúlveda Pertence.

alheias à condição de Deputado ou Senador do agente"[183]. Em outra ocasião, o STF lecionou que, embora a imunidade não se restrinja "ao âmbito espacial da Casa a que pertence o parlamentar, acompanhando-o muro afora ou *externa corporis* (...), a atuação tem que se enquadrar nos marcos de um comportamento que se constitua em expressão do múnus parlamentar, ou num prolongamento natural desse mister". Se o parlamentar atuou exclusivamente na condição de jornalista, não havendo liame entre as suas declarações e a condição de detentor do mandato político, não se beneficia da imunidade material[184].

Vale observar que se alguém é injuriado por parlamentar, beneficiado pela imunidade, e retruca de imediato, pode também se ver livre de repressão criminal[185].

As **imunidades formais** garantem ao parlamentar não ser preso ou não permanecer preso, bem como a possibilidade de sustar o processo penal em curso contra ele.

A prerrogativa protege o congressista desde a expedição do diploma – portanto antes da posse – até o primeiro dia da legislatura seguinte. Não se admite nem mesmo a prisão cível (por alimentos, p. ex.).

No caso do flagrante por crime inafiançável, pode haver a prisão, que, entretanto, somente será mantida se a Casa a que o parlamentar pertence com ela anuir, por voto ostensivo e nominal dos seus integrantes (CF, art. 53, § 2º)[186].

O STF entende ser possível a prisão decorrente de sentença judicial transitada em julgado[187]. Por outro lado, medidas cautelares previstas no Código de Processo Penal (art. 319) podem ser decretadas contra parlamentares, mas, se importarem a impossibilidade, direta ou indireta, do exercício regular do mandato legislativo, devem ser comunicadas à Casa Legislativa a que o parlamentar pertence, em 24 horas, para que sobre ela se resolva pelo voto da maioria absoluta. Aplica-se aqui, segundo decidiu o Plenário do STF, o art. 53, § 2º, da Constituição, em função da finalidade do sistema de imunidade formal de proteger o livre exercício do mandato contra interferências externas[188].

Antes da EC n. 35/2001, a denúncia contra o parlamentar somente poderia ter seguimento se a Casa a que ele pertencia consentisse na perseguição penal. Sem a licença, a ação não poderia ter seguimento enquanto subsistisse o mandato. Em compensação, durante o período em que o processo estava paralisado, não corria a prescrição.

183 Inq. 1.344, *DJ* de 1º-8-2003, rel. Min. Sepúlveda Pertence. Decidiu-se não alcançada pela imunidade parlamentar "a divulgação de imprensa por um dirigente de clube de futebol de suspeita difamatória contra a empresa patrocinadora de outro e relativa a suborno da arbitragem de jogo programado entre as respectivas equipes, nada importando seja o agente, também, um Deputado Federal".

184 Inq. 2.036, *DJ* de 22-10-2004, rel. Min. Carlos Britto.

185 Cf. Inq. 1.247, *DJ* de 18-10-2002, rel. Min. Marco Aurélio, em que certo homem público, não sendo parlamentar e tendo sido apodado de maior Ali-Babá da História, atribuiu, pela imprensa, a declaração ao fato de o congressista ter sido por ele frustrado em empresas ilícitas.

186 No HC 89.417, julgado pela 1ª Turma do STF em 22-8-2006 (*DJ* de 15-12-2006), relatado pela Ministra Cármen Lúcia, decidiu-se que a regra não era de ser observada quando 23 dos 24 membros da Assembleia Legislativa estavam sujeitos a inquéritos e ações penais, situação não cogitada pelo constituinte e que, se compreendida como sob a incidência do art. 52, §§ 2º e 3º, da CF, estaria a subverter a finalidade da imunidade, a desvirtuar a sua função democrática e a desnaturar a sua peculiaridade no contexto do princípio republicano.

187 Inq. 510/DF, *RTJ*, 135/509, rel. Min. Celso de Mello: "Dentro do contexto normativo delineado pela Constituição, a garantia jurídico-institucional da imunidade parlamentar formal não obsta, observado o *due process of law*, a execução de penas privativas da liberdade definitivamente impostas ao membro do Congresso Nacional. Precedentes: *RTJ* 70/607".

188 STF, ADI 5.526, julgada em 11-10-1917.

A partir de 2001, com a EC n. 35, a situação ganhou novos contornos. Agora, o processo tem andamento normal, independentemente de manifestação da Casa Legislativa. O que pode acontecer é de a Casa determinar a sustação do processo, depois de acolhida a denúncia ou a queixa pelo Tribunal. O Tribunal deve dar ciência do recebimento da acusação à Casa Legislativa.

A sustação deve-se referir, nos termos do art. 53, § 3º, da CF, a processos abertos por crimes ocorridos depois da diplomação e durante o mandato. A sustação deve ser decidida pelo Plenário da Casa e pela maioria absoluta dos seus membros, por iniciativa de qualquer partido político que tenha representação na Casa. Vale dizer que o próprio réu não pode pedir a sustação à Casa, mas tampouco a iniciativa estará reservada ao partido político a que é filiado. A Casa Legislativa atuará para aferir a viabilidade da denúncia e afastar a perspectiva de perseguição política, suspendendo o feito criminal em ordem a preservar a liberdade e a autonomia do Legislativo.

Enquanto o processo estiver suspenso, a prescrição penal não corre, mas volta a ter curso no dia em que o mandato se encerrar[189].

8.1. Prerrogativa de foro

Trata-se de tema que não se confunde com o das imunidades dos parlamentares, mas que é pertinente ao estatuto do congressista. Cabe ao STF processar e julgar originariamente o Deputado Federal e o Senador por infrações penais comuns, desde que cometidas no curso do mandato e que o comportamento se ligue ao desempenho dele. Os inquéritos policiais, nesses casos, devem correr no Supremo Tribunal. Se estão tendo curso em outra instância, cabe reclamação para obviar a usurpação de competência[190].

8.2. Perda do mandato

Ocorre a perda do mandato nos casos do art. 55 da Constituição. Destes cabe destacar a hipótese da falta de decoro parlamentar. Consiste no abuso das prerrogativas do membro do Congresso Nacional, bem como na percepção de vantagens indevidas e outros casos definidos em regimentos internos. Enseja grande discricionarismo político à Casa Legislativa a que pertence o parlamentar. O STF vem-se recusando a reavaliar a motivação que levou a Casa Legislativa a cassar o parlamentar por falta de decoro, embora controle a observância de garantias formais, como a da ampla defesa[191].

---

189 Nos casos em que o processo estava suspenso antes da EC n. 35, o prazo prescricional torna a correr da data da promulgação da Emenda.

190 Rcl. 1.150, *DJ* de 6-12-2002, rel. Min. Gilmar Mendes. Mas, se o nome do congressista é apenas citado em depoimentos, isso não constitui razão suficiente para que a causa siga para o STF, conforme decidido no HC 82.647, *DJ* de 25-4-2003, rel. Min. Carlos Velloso. Decidiu o STF, ainda, que a ele incumbe a supervisão judicial de todos os atos praticados que envolvam autoridade submetida à sua competência penal originária, desde a abertura dos procedimentos investigatórios. Por isso mesmo recusou que autoridade policial possa indiciar parlamentar federal sem a autorização prévia do Ministro relator do inquérito (Inq. 2.411-QO, rel. Min. Gilmar Mendes, *Informativo STF* n. 483).

191 "Ato da Câmara dos Deputados. Constituição, art. 55, inciso II. Perda de mandato de Deputado Federal, por procedimento declarado incompatível com o decoro parlamentar. (...) Inviável qualquer controle sobre o julgamento

A perda também pode ocorrer por faltar o parlamentar a mais de 1/3 das sessões ordinárias. Aqui, a perda do mandato é decretada pela própria Mesa, em seguida a provocação de qualquer dos seus membros ou de partido político com representação no Congresso Nacional.

A renúncia ao mandato, para escapar à perda do mesmo, somente poderá ser levada a cabo antes de aberto o procedimento para esse fim, por força do disposto no § 4º do art. 55 da CF.

A perda do mandato deve ser votada pela Casa parlamentar nos casos compreendidos nos incisos I, II (falta de decoro) e VI (sentença criminal transitada em julgado) do art. 55 da CF. Nos casos de extinção do mandato (III – ausência, IV – perda ou suspensão dos direitos políticos, e V – por decreto da Justiça eleitoral) há apenas a declaração do acontecimento pela Mesa[192].

O STF também já decidiu que a infidelidade partidária, consistente no "abandono de legenda, enseja a extinção do mandato do parlamentar, ressalvadas situações específicas, tais como mudanças na ideologia do partido ou perseguições políticas, a serem definidas e apreciadas caso a caso pelo Tribunal Superior Eleitoral"[193]. É premissa dessa inteligência a ideia de que, no "regime de democracia partidária, os candidatos recebem os mandatos tanto dos eleitores como dos partidos políticos. A representação é ao mesmo tempo popular e partidária"[194]. O partido político pode postular a perda do cargo eletivo do parlamentar que lhe foi infiel e, na sua omissão, podem fazê-lo o Ministério Público eleitoral e o terceiro interessado (por exemplo, o suplente)[195]. Essa consequência da mudança de partido não se aplica aos casos em que as eleições são majoritárias (eleições para o Senado Federal e para a chefia do Executivo nas esferas da Federação).

8.3. Deputados estaduais e distritais

Com relação aos deputados estaduais, segue-se a mesma sistemática de imunidades dos congressistas, nos termos do art. 27, § 1º, da CF.

O mesmo se dá com relação aos deputados distritais (art. 32, § 3º, da CF).

Se há mudança no regime de imunidades no plano federal, o novo quadro se aplica, imediatamente, aos deputados estaduais, independentemente de não ter havido ainda a adaptação formal da Constituição estadual. Por isso também não pode a Constitui-

---

do mérito da acusação feita ao impetrante, por procedimento incompatível com o decoro parlamentar..." (MS 21.861, rel. Min. Néri da Silveira, *DJ* de 21-9-2001). No mesmo sentido, MS 23.388, rel. Min. Néri da Silveira, *DJ* de 20-4-2001.

192 Ver, a propósito, o MS 24.461, *DJ* de 22-9-2006, rel. Min. Sepúlveda Pertence. Na AP 470, caso do "Mensalão", o STF decidiu que, em casos de crime de maior potencial ofensivo, a sentença judicial pode determinar a perda da função, extinguindo-se o mandato político com o trânsito em julgado da decisão. Em agosto de 2013, por apertada maioria, o STF, sob nova composição, deliberou, contrariando o entendimento anterior, que cabe à Casa Legislativa a que pertence o parlamentar condenado deliberar sobre a perda do mandato em virtude da condenação transitada em julgado. Desse modo, a irrecorribilidade da decisão penal condenatória deixa de acarretar, automaticamente, a perda do mandato (AP 565, rel. Min. Cármen Lúcia, julgada em 8-8-2013 – Informativo STF n. 714).

193 MS 26602, rel. Min. Eros Grau, *DJ* de 17-10-2008.

194 Gilmar Ferreira Mendes. Fidelidade partidária na jurisprudência do Supremo Tribunal Federal. *A jurisprudência do STF nos 20 anos da Constituição Federal* (org. Gilmar Mendes et al.), São Paulo: Saraiva, 2010.

195 ver ADI 3.999, rel. Min. Joaquim Barbosa, *DJ* de 17-4-2009.

ção estadual ser mais generosa que a Federal no momento de definir as imunidades dos parlamentares locais[196].

O STF decidiu que o voto secreto para a perda do mandato, que era determinado pelo art. 55, § 2º, da CF, deveria ser adotado pelas Assembleias Legislativas. Em novembro de 2013, foi aprovada a Emenda à Constituição n. 76, que deixou de aludir a votação secreta para essa decisão, bem como para a deliberação sobre o veto do Presidente da República. Esta última disposição do constituinte há de também se impor aos Estados[197].

8.4. **Vereadores**

Os vereadores não se beneficiam das regras sobre imunidade formal. Somente gozam da imunidade material (art. 29, VIII, da CF). Mesmo a imunidade material, contudo, é limitada territorialmente à circunscrição do Município[198].

196 O STF declarou a inconstitucionalidade de Constituição estadual que, "indo além do art. 27, § 1º, da Constituição Federal, outorga a ex-parlamentares – apenas porque o tenham sido por duas sessões legislativas – a imunidade do Deputado Estadual à prisão e o seu foro por prerrogativa de função, além de vedar, em relação aos mesmos antigos mandatários, qualquer restrição de caráter policial quanto à inviolabilidade pessoal e patrimonial" – isso porque "a República aborrece privilégios e abomina a formação de castas" (ADI-MC 1.828, rel. Min. Sepúlveda Pertence, *DJ* de 7-8-1998).

197 STF, ADI 2.461, *DJ* de 7-10-2005, rel. Min. Gilmar Mendes.

198 "A proteção constitucional inscrita no art. 29, VIII, da Carta Política estende-se – observados os limites da circunscrição territorial do Município – aos atos do Vereador praticados *ratione officii*, qualquer que tenha sido o local de sua manifestação (dentro ou fora do recinto da Câmara Municipal)" (HC 74.201/MG, rel. Min. Celso de Mello, *RTJ*, 169/969). Se as palavras não possuírem conexão com as atividades parlamentares típicas, ainda assim o vereador está livre de responsabilidade civil e penal pessoal, "se as declarações contumeliosas houverem sido proferidas no recinto da casa legislativa, notadamente da tribuna parlamentar, hipótese em que é absoluta a inviolabilidade constitucional" (AI 631.276, *DJe* de 15-2-2011, decisão monocrática do Ministro Celso de Mello). Decerto que a inviolabilidade não afasta a possibilidade de apuração de falta de decoro parlamentar no ato praticado, para fins político-administrativos. No RE 600.063 (rel. Min. Roberto Barroso, *DJe* de 15-5-2015), julgado na sistemática da repercussão geral, firmou-se, em resumo da jurisprudência, a tese de que, "nos limites da circunscrição do município e havendo pertinência com o exercício do mandato, garante-se a imunidade do vereador".

II PODER EXECUTIVO

Gilmar Ferreira Mendes

A expressão *Poder Executivo* tem significado variado. Nela se confundem o Poder e o governo[1]. Como anota José Afonso da Silva, ora ela exprime a função ou a atribuição de um Poder (CF, art. 2º), ora o órgão (cargo e ocupante, CF, art. 76)[2]. É recorrente na realidade política brasileira certa hiperpotencialização do executivo, centrado na figura do Presidente da República[3]. Tem-se verificado, eventualmente, instantes históricos nos quais o Poder Executivo exerce certo predomínio na vida política nacional, o que é uma das características construídas em nosso modelo político[4].

A referência ao Poder Executivo contempla atividades diversas e variadas, que envolvem atos típicos da Chefia do Estado (relações com Estados estrangeiros, celebração de tratados), e atos concernentes à Chefia do governo e da administração em geral, como a fixação das diretrizes políticas da administração e a disciplina das atividades administrativas (direção superior da Administração Federal), a iniciativa de projetos de lei e edição de medidas provisórias, a expedição de regulamentos para execução das leis etc. (CF, art. 84), a iniciativa quanto ao planejamento e controle orçamentários, bem como sobre o controle de despesas (CF, arts. 163-169) e a direção das Forças Armadas.

Como se pode depreender, a designação Poder Executivo acaba por descrever, de forma acanhada, as funções desempenhadas, que, por óbvio, transcendem a mera *execução da lei*. Daí anota Konrad Hesse que a expressão *Poder Executivo* acabou por transformar-se numa referência geral daquilo que não está compreendido nas atividades do Poder Legislativo e do Poder Judiciário[5]. A ideia abrange funções de governo e administração.

A predominância do Executivo deve-se ao fato de esse poder ter-se apresentado mais capaz de responder às demandas que o advento do *Welfare State* representou, em termos de multiplicação de tarefas que o Estado contemporâneo foi chamado a desempenhar[6].

As eleições populares e diretas para a chefia do Poder Executivo, como ocorre no sistema de governo presidencialista, conferem a esse poder a legitimidade democrática necessária ao exercício das diversas tarefas que lhe foram incumbidas[7].

---

1 Manoel Gonçalves Ferreira Filho, *Curso de direito constitucional*, 32. ed., São Paulo: Saraiva, 2006, p. 218-220.

2 José Afonso da Silva, *Curso de direito constitucional positivo*, 26. ed., São Paulo: Malheiros, 2006, p. 542.

3 Cf., a propósito, o estudo de Ernest Hambloch, *Sua majestade o Presidente do Brasil*: um Estudo do Brasil constitucional (1889-1934), tradução de Lêda Boechat Rodrigues, Brasília: Ed. UnB, 1981. O autor era cônsul inglês, residiu no Brasil, e impressionou-se com a tradição caudilhista que marcava a República Velha.

4 Cf., a propósito, Sérgio Victor Tamer, *Fundamentos do Estado democrático e a hipertrofia do executivo no Brasil*, Porto Alegre: Sérgio A. Fabris, Editor, 2002, especialmente p. 249 e s.

5 Konrad Hesse, *Grundzüge des Verfassungsrechts der Bundesrepublik Deutschland*, 20. ed., Heidelberg, 1995, p. 226.

6 Manoel Gonçalves Ferreira Filho, *Do processo legislativo*, 5. ed. rev., ampl. e atual. São Paulo: Saraiva, 2002, p. 124.

7 Pontes de Miranda, *Comentários à Constituição de 1946*, 3. ed. Rio de Janeiro, 1960, v. 2, p. 339.

Após o advento da Constituição de 1988, o sistema de governo brasileiro passou a ser chamado, especialmente entre os cientistas políticos, de Presidencialismo de Coalizão. A expressão foi cunhada por Sérgio Abranches, em artigo publicado ainda durante os trabalhos da Assembleia Nacional Constituinte[8].

Para o autor, a extrema heterogeneidade da sociedade brasileira, tanto em termos culturais quanto econômicos e políticos, aliada ao sistema proporcional de lista aberta para as eleições dos deputados federais, teria o condão de gerar um presidente relativamente fraco, sem maioria no Parlamento, o que geraria um governo inoperante, diante de um Legislativo povoado por uma vasta gama de partidos políticos carentes de disciplina.

Registre-se que, após a promulgação da Constituição de 1988, a única eleição presidencial que não ocorreu de forma simultânea com as eleições parlamentares foi o pleito de 15 de novembro de 1989, que levou, após a disputa do segundo turno, em 17 de dezembro daquele ano, à eleição de Fernando Collor de Mello. A descoincidência entre as eleições presidencial e parlamentares pode ser considerada um fator adicional a criar dificuldades para a formação de uma maioria parlamentar asseguradora da governabilidade.

Além da previsão da coincidência de datas para a realização das eleições presidencial e parlamentares, a solução encontrada pelo sistema político para a dificuldade de conquistar governabilidade, sobretudo após a crise política que levou ao *impeachment* do Presidente Collor, consistiu em fortalecer a posição presidencial, por meio da formação de uma coalizão ampla de apoio ao governo. A amplitude, em regra, é devida à pluralidade de partidos representados no Parlamento e à necessidade de construir maioria para a aprovação dos projetos governamentais.

Essa maioria é conquistada por meio da distribuição de cargos públicos aos partidos que compõem a coalizão (especialmente da formação do gabinete de ministros), da liberação de emendas parlamentares ao orçamento da União, da centralização da atividade legislativa no Poder Executivo mediante a utilização de medidas provisórias, o que tem o condão de entregar o poder de agenda ao Presidente da República, tudo isso reforçado pelo controle que a coalizão governamental exerce sobre os trabalhos legislativos, centralizados na atuação dos líderes partidários.

Nesse cenário, a relevância do papel exercido pelo Poder Executivo é indiscutível, e suas atribuições hão de ser exercidas em harmonia com os demais Poderes, ainda que, na prática, muitas vezes ocorram atritos.

O exercício das atribuições do Poder Executivo há de fazer-se em harmonia com os demais Poderes. Compete ao Legislativo, dentre outros relevantes, o exercício da atividade legiferante. Ao Judiciário incumbe as atividades jurisdicionais, dentre as quais as relacionadas ao controle de legitimidade dos atos de administração.

1. ELEIÇÃO E MANDATO DO PRESIDENTE DA REPÚBLICA

O Presidente da República será eleito para um mandato de quatro anos, se obtiver a maioria absoluta dos votos, não computados os brancos e nulos. Não se verificando

8 Sérgio Henrique Abranches, Presidencialismo de coalizão: o dilema institucional brasileiro. *Revista de Ciências Sociais* 31, Rio de Janeiro, 1988, p. 5 a 34.

essa maioria, será convocada nova eleição, em segundo turno, entre os dois candidatos mais votados, considerando-se eleito aquele que obtiver a maioria dos votos válidos, excluídos os brancos e nulos (CF, art. 77, §§ 2º e 3º).

No caso de morte ou desistência de um dos candidatos, há de se convocar o que obtiver maior votação entre os remanescentes e, ocorrendo empate entre os candidatos classificados em segundo lugar, qualificar-se-á o mais idoso (CF, art. 77, §§ 4º e 5º).

São condições de elegibilidade do Presidente da República:

a) ser brasileiro nato;

b) ter idade mínima de 35 anos;

c) estar no gozo dos direitos políticos;

d) possuir filiação partidária.

2. REELEIÇÃO DO PRESIDENTE DA REPÚBLICA

A Emenda Constitucional n. 16/97 introduziu o instituto da reeleição de cargos do Poder Executivo (CF, art. 14, § 5º), permitindo que o Presidente da República, o Governador de Estado ou o Prefeito postulem um novo mandato.

O texto constitucional não contemplou qualquer exigência quanto à necessidade de desincompatibilização, de modo que a candidatura à reeleição dá-se com o candidato no exercício efetivo do cargo.

Também não há qualquer restrição quanto à possibilidade de nova eleição para períodos descontínuos. O Presidente da República reeleito poderá, após deixar o cargo, vir a postular nova investidura[9].

Questão sensível dizia respeito à possibilidade de, em vez de se apresentar a candidatura à reeleição, se propusesse a eleição de cônjuge ou de parente do titular do cargo. Essa indagação assumia relevo diante da norma constante do art. 14, § 7º, da Constituição, segundo a qual "são inelegíveis, no território da jurisdição do titular, o cônjuge e os parentes consanguíneos ou afins, até o segundo grau ou por adoção, do Presidente da República, do Governador do Estado ou Território, do Distrito Federal, de Prefeito ou de quem os haja substituído dentro dos seis meses anteriores ao pleito, salvo se já titular de mandato eletivo e candidato à reeleição".

O Tribunal Superior Eleitoral[10] e, posteriormente, o Supremo Tribunal Federal, entenderam ser legítima essa postulação, afigurando-se inevitável a interpretação do aludido § 7º do art. 14 em consonância com a nova regra do § 5º do aludido artigo.

Nesse sentido, a decisão proferida no RE 344.882, da relatoria de Sepúlveda Pertence:

> "Elegibilidade: cônjuge e parentes do chefe do Poder Executivo: elegibilidade para candidatar-se à sucessão dele, quando o titular, causador da inelegibilidade, pudesse, ele

9 Mencione-se, a propósito, que, nos Estados Unidos da América, inexiste a possibilidade de nova investidura, para período descontínuo, do mandatário que já fora reeleito ao cargo. Com efeito, a 22ª Emenda à Constituição norte-americana limitou quantitativamente o mandato presidencial a duas eleições. Assim, um terceiro período, ainda que descontínuo, é vedado naquele ordenamento.

10 REsp 19.442/ES, rel. Min. Ellen Gracie, *DJ* de 7-12-2001; REsp 19.422/BA, rel. Min. Sepúlveda Pertence, *DJ* de 19-4-2002; CTA 785, Res. 21.131/DF, rel. Min. Sepúlveda Pertence, *DJ* de 13-8-2002.

mesmo, candidatar-se à reeleição, mas se tenha afastado do cargo até seis meses antes do pleito. 1. A evolução do Direito Eleitoral brasileiro, no campo das inelegibilidades, girou durante décadas em torno do princípio basilar da vedação de reeleição para o período imediato dos titulares do Poder Executivo: regra introduzida, como única previsão constitucional de inelegibilidade, na primeira Carta Política da República (Const. 1891, art. 47, § 4º), a proibição se manteve incólume ao advento dos textos posteriores, incluídos os que regeram as fases de mais acendrado autoritarismo (assim, na Carta de 1937, os arts. 75 a 84, embora equívocos, não chegaram à admissão explícita da reeleição; e a de 1969 (art. 151, § 1º, *a*) manteve-lhe o veto absoluto). 2. As inspirações da irreelegibilidade dos titulares serviram de explicação legitimadora da inelegibilidade de seus familiares próximos, de modo a obviar que, por meio da eleição deles, se pudesse conduzir ao continuísmo familiar. 3. Com essa tradição uniforme do constitucionalismo republicano, rompeu, entretanto, a EC 16/97, que, com a norma permissiva do § 5º do art. 14 CF, explicitou a viabilidade de uma reeleição imediata para os Chefes do Executivo. 4. Subsistiu, no entanto, a letra do § 7º, atinente a inelegibilidade dos cônjuges e parentes, consanguíneos ou afins, dos titulares tornados reelegíveis, que, interpretado no absolutismo da sua literalidade, conduz a disparidade ilógica de tratamento e gera perplexidades invencíveis. 5. Mas, é lugar comum que o ordenamento jurídico e a Constituição, sobretudo, não são aglomerados caóticos de normas; presumem-se um conjunto harmônico de regras e de princípios: por isso, é impossível negar o impacto da Emenda Constitucional n. 16 sobre o § 7º do art. 14 da Constituição, sob pena de consagrar-se o paradoxo de impor-se ao cônjuge ou parente do causante da inelegibilidade o que a este não se negou: permanecer todo o tempo do mandato, se candidato à reeleição, ou afastar-se seis meses, para concorrer a qualquer outro mandato eletivo. 6. Nesse sentido, a evolução da jurisprudência do TSE, que o STF endossa, abandonando o seu entendimento anterior"[11].

Assim, admite-se que se mitigue a cláusula proibitiva do art. 14, § 7º, de modo a permitir que, em lugar da candidatura à reeleição do titular do cargo, se efetive a candidatura de cônjuge ou parente. Por sua vez, este, se eleito, não poderá postular uma nova eleição (ou reeleição) para o cargo.

3. VICE-PRESIDENTE DA REPÚBLICA, SUBSTITUIÇÃO E VACÂNCIA

A eleição do Presidente da República resulta, também, na eleição do candidato a Vice-Presidente com ele registrado (CF, art. 77, § 1º). Sob a Constituição de 1946, o Presidente e o Vice-Presidente eram eleitos separada e simultaneamente em todo o País[12]. Na vigência da Constituição de 1967, o Vice-Presidente era considerado eleito com o Presidente registrado conjuntamente e para igual mandato[13].

Situações inusitadas ocorreram na História, com a eleição para os cargos de direção do País de candidatos com posições políticas antagônicas. Na eleição de 1960,

11 RE 344.882, rel. Min. Sepúlveda Pertence, *DJ* de 6-8-2004.

12 Constituição de 1946, art. 81.

13 Constituição de 1967, art. 79, § 1º.

embora a UDN tivesse apresentado como candidatos à Presidência e Vice, respectivamente, Jânio Quadros e Milton Campos, e o PSD, o Marechal Lott e João Goulart, acabaram por ser eleitos Jânio Quadros como Presidente e João Goulart como Vice-Presidente. Quando da renúncia de Jânio Quadros, em 25-8-1961, instaurou-se crise política na qual se questionava fortemente a posse de João Goulart. A solução para o conflito foi a adoção do parlamentarismo (Emenda Constitucional de 2-9-1961). João Goulart assumiu a Presidência em 8-9-1961[14]. Posteriormente, o Presidente João Goulart submeteu uma proposta de plebiscito com o objetivo de retorno ao presidencialismo, que foi aprovada.

Grave crise institucional instaurou-se também com o agravamento do estado de saúde do Presidente Costa e Silva, durante o governo militar. Diante da resistência manifesta dos militares com a assunção ao cargo de Presidente pelo Vice-Presidente Pedro Aleixo, foi editado o Ato Institucional n. 12, de 31-8-1969, segundo o qual, enquanto durasse o impedimento temporário do Presidente da República, as funções presidenciais seriam exercidas pelos Ministros da Marinha de Guerra, do Exército e da Aeronáutica Militar. Em 14-10-1969, foi editado o Ato Institucional n. 16, que declarava vago o cargo de Presidente da República e também o de Vice-Presidente, e reafirmava que, enquanto não realizadas eleição e posse do Presidente e Vice-Presidente, a chefia do Poder Executivo continuaria a ser exercida pelos Ministros militares (arts. 2º e 3º).

Nas ausências e impedimentos do Presidente da República, será ele substituído pelo Vice-Presidente (CF, art. 79, *caput*)[15].

Além das funções relacionadas com a substituição do Presidente da República, o Vice-Presidente exercerá as atribuições que lhe forem conferidas em lei complementar e outras missões que lhe forem confiadas pelo Presidente da República (CF, art. 79, parágrafo único). O Vice-Presidente da República integra o Conselho da República (art. 89) e o Conselho de Defesa (art. 91).

Discutiu-se, ainda, se o Vice-Presidente da República poderia ser designado para cargo de Ministro de Estado.

Não há no texto constitucional qualquer óbice a tal designação. Evidentemente, caso tenha de substituir o Presidente da República, o Vice-Presidente ocupante de uma pasta dela deverá licenciar-se passando os encargos do Ministério a quem for designado para substituí-lo[16].

---

14 Fábio Koifman (org.), *Presidentes do Brasil*, Rio de Janeiro: Universidade Estácio de Sá/Cultura, 2002, p. 547-552.

15 Na ADI 3.647/MA, rel. Min. Joaquim Barbosa, j. em 17-9-2007, o STF, considerando o princípio da simetria, declarou a inconstitucionalidade de normas da Constituição do Estado do Maranhão, que estabeleciam que não constituiria impedimento, para efeito de substituição do Governador pelo Vice-Governador, o afastamento do primeiro do país ou do Estado por até quinze dias, e vedava que qualquer um deles se ausentasse, por período superior a quinze dias, sem licença da Assembleia Legislativa. Entendeu-se haver afronta aos arts. 79 e 83 da CF, haja vista que o legislador estadual não poderia nem excluir das causas de impedimento, para fins de substituição, o afastamento do Governador por até quinze dias do País ou do Estado, sob pena de acefalia da chefia do Poder Executivo, nem excluir a sanção de perda do cargo prevista na Constituição Federal.

16 Decreto n. 5.204/2004 – Dispõe sobre a substituição de Ministros de Estado em suas ausências do território nacional, nos seus afastamentos ou em outros impedimentos legais ou regulamentares.

4. ORDEM DE SUCESSÃO E VACÂNCIA DOS CARGOS DE PRESIDENTE E VICE-PRESIDENTE DA REPÚBLICA

No caso de impedimento ou ausência do Presidente e do Vice-Presidente, prevê a Constituição que serão sucessivamente chamados ao exercício do cargo o Presidente da Câmara dos Deputados, o Presidente do Senado Federal e o Presidente do Supremo Tribunal Federal (CF, art. 80).

A substituição do Presidente da República pelo Presidente da Câmara, pelo Presidente do Senado ou pelo Presidente do Supremo Tribunal Federal tem ocorrido entre nós nos momentos de normalidade institucional e também em momentos de grave crise política.

O Presidente do Supremo Tribunal Federal, Ministro José Linhares, assumiu a Presidência da República após a deposição de Getúlio Vargas, a partir de 29-10-1945, até a posse do Presidente Gaspar Dutra, em 31-1-1946. Mencione-se, também, a assunção da Presidência da República pelo Presidente da Câmara dos Deputados, Carlos Luz, em 1955, em razão da doença do Vice-Presidente em exercício Café Filho, que havia assumido o cargo após a morte de Getúlio Vargas. Carlos Luz foi afastado da função por provocação de um movimento de militares denominado "movimento de retorno aos quadros constitucionais vigentes" (novembro de 1955). Assim, coube ao Presidente do Senado, Nereu Ramos, assumir a Presidência da República em caráter provisório. Diante da insistência do Presidente Café Filho em reassumir a Chefia do Governo, o Congresso Nacional votou resolução na qual reafirmava a continuidade do seu impedimento. Contra essa resolução impetrou-se mandado de segurança no Supremo Tribunal Federal, que teve o seu julgamento suspenso em 14-12-1955, em razão da decretação do Estado de Sítio em 25 de novembro do mesmo ano[17]. Posteriormente, o mandado de segurança foi considerado prejudicado pelo término do quadriênio presidencial e assunção do cargo pelo Presidente eleito, Juscelino Kubitschek[18].

O Supremo Tribunal Federal já se manifestou sobre a circunstância de os substitutos eventuais do presidente da República – o presidente da Câmara dos Deputados, o presidente do Senado Federal e o presidente do STF (CF, art. 80) – ostentarem a posição de réus criminais. Nesta hipótese, ficarão impossibilitados de exercer, em caráter interino, a chefia do Poder Executivo da União[19].

Indagação relevante coloca-se quanto à legitimidade constitucional de, em caso de impossibilidade de o Presidente da República eleito assumir a Presidência, v. g., por razões de saúde, o Vice-Presidente assumi-la em seu lugar.

Situação singular ocorreu com a doença e posterior falecimento do Presidente Tancredo Neves. Eleito Presidente da República, Tancredo Neves foi acometido de doença grave e, hospitalizado um dia antes da posse, restou impossibilitado de assumir o mais alto cargo da Nação. Indagou-se, então, se, nesse caso, poderia assumir a Presidên-

---

17 Emilia Viotti da Costa, *O Supremo Tribunal Federal e a construção da cidadania*, São Paulo: IEJE, 2001, p. 139-142.

18 Cf. Edgard Costa, *Os grandes julgamentos do Supremo Tribunal Federal, Rio de Janeiro*: Civilização Brasileira, 1964, v. 3, p. 354 e s.; Lêda Boechat Rodrigues, *História do Supremo Tribunal Federal*, Rio de Janeiro: Civilização Brasileira, 2002, t. 4, v. 1, p. 165 e s.; Emilia Viotti da Costa, *O Supremo Tribunal Federal e a construção da cidadania*, cit., p. 139-142.

19 ADPF 402 MC-REF, rel. p/ o ac. Min. Celso de Mello, j. 7-12-2016, P, *DJE* de 29-8-2018.

cia, ainda que interinamente, o Vice-Presidente José Sarney. Questionava-se como poderia o Vice-Presidente eleito substituir alguém que ainda não fora empossado. Além disso, havia uma facção que queria empossar o deputado, então presidente da Câmara dos Deputados, Ulysses Guimarães. Um comitê criado para a solução do impasse, após reuniões com lideranças partidárias e consultas aos Ministros do Supremo Tribunal Federal, envolvendo participação ativa de Ulysses Guimarães, aprovou a posse de Sarney[20], considerando que "a interpretação natural da Constituição indicava a posse do vice-presidente"[21]. Sarney assumiu a Vice-Presidência interinamente em 15-3-1985, cessada a interinidade com a morte de Tancredo Neves em 21 de abril do mesmo ano[22].

No caso de vacância dos cargos de Presidente da República e de Vice-Presidente da República, a eleição haverá de ser feita noventa dias depois de aberta a última vaga (CF, art. 81, *caput*).

Ocorrendo a vaga, porém, nos dois últimos anos do mandato, a eleição para ambos os cargos será feita, pelo Congresso Nacional, trinta dias após a última vaga. Em qualquer caso, os eleitos deverão completar o período dos antecessores (CF, art. 81, §§ 1º e 2º)[23].

Digna de nota é a regra aplicável em caso de morte, desistência ou impedimento legal de candidato à Presidência da República entre o primeiro e o segundo turno de votação, hipóteses em que será convocado, dentre os candidatos remanescentes, o de maior votação (CF, art. 77, § 4º).

5. MINISTROS DE ESTADO

5.1. Considerações gerais

Os Ministros de Estado são auxiliares do Presidente da República na direção superior da Administração Federal. Escolhidos dentre brasileiros – não se exige que sejam brasileiros natos – maiores de 21 anos e no exercício de seus direitos políticos. A exceção é expressa para o Ministro da Defesa, que há de ser brasileiro nato (CF, art. 12, § 3º).

Os Ministros são de livre nomeação pelo Presidente da República, podendo ser por ele exonerados a qualquer tempo – demissibilidade *ad nutum* (CF, art. 84, I). Uma das características relevantes do sistema de governo em vigor no Brasil é a comunicabilidade entre os integrantes dos Poderes Legislativo e Executivo. Significa dizer que, ao contrário do que ocorre, por exemplo, no presidencialismo norte-americano, no Brasil um parlamentar pode vir a compor o Executivo sem que para isso seja obrigado a renunciar ao mandato[24].

---

20 Fábio Koifman, *Presidentes do Brasil*. cit., p. 796-797.

21 Fábio Koifman, *Presidentes do Brasil*. cit., p. 797.

22 Fábio Koifman, *Presidentes do Brasil*. cit., p. 797-798.

23 O Tribunal Superior eleitoral, respondendo à Consulta n. 1.140, decidiu que, em ocorrendo a vacância do cargo de prefeito e de vice nos dois primeiros anos de mandato por causa não eleitoral, deverá ser realizada nova eleição direta, em noventa dias, contados da abertura da vaga, a teor do disposto no art. 81, *caput*, da CF, em observância ao princípio da simetria (Consulta n. 1.140 – Classe 5ª-DF, rel. Min. Gilmar Mendes, *DJ* de 10-10-2005).

24 Anna Cândida da Cunha Ferraz, *Conflito entre poderes*: o poder congressual de sustar atos normativos do Poder Executivo, São Paulo: Revista dos Tribunais, 1994, p. 13-16.

A formação do gabinete de ministros dá-se por meio da escolha, em regra, de parlamentares integrantes de partidos que comporão a base de apoio do Governo. E esses congressistas, enquanto ocuparem cargos no Poder Executivo, permanecem licenciados de seus mandatos, aos quais poderão optar por retornar a qualquer momento, desde que deixem o cargo ministerial. Tal permissivo enseja situação, de certa forma corriqueira, de ministros que também ostentam a condição de parlamentares serem exonerados às vésperas de votações relevantes de interesse do governo. Tão logo superada a votação, retomam seus cargos ministeriais no Poder Executivo.

Os Ministros de Estado serão processados e julgados, nas infrações penais comuns e nos crimes de responsabilidade, pelo Supremo Tribunal Federal (CF, art. 102, I, *c*). Nos crimes de responsabilidade conexos com os do Presidente da República, serão processados pelo Senado Federal (CF, art. 52, I). Os mandados de segurança e os *habeas data* impetrados contra atos de Ministro de Estado serão julgados pelo Superior Tribunal de Justiça (CF, art. 105, *b*). Também os *habeas corpus* nos quais Ministro de Estado for apontado como autoridade coatora serão julgados pelo Superior Tribunal de Justiça (CF, art. 105, I, *c*).

A criação e extinção de Ministérios depende de lei (CF, art. 88).

É firme a jurisprudência do Supremo no sentido de que não se há de reconhecer legitimidade à equiparação de determinados cargos ao de Ministro de Estado, assentando-se que, "para efeito de definição da competência penal originária do Supremo Tribunal Federal, não se consideram Ministros de Estado os titulares de cargos de natureza especial da estrutura orgânica da Presidência da República, malgrado lhes confira a lei prerrogativas, garantias, vantagens e direitos equivalentes aos dos titulares dos Ministérios"[25].

São atribuições do Ministro de Estado, além de outras que lhe sejam delegadas pelo Presidente da República, exercer a orientação, coordenação e supervisão dos órgãos e entidades da Administração Federal na área de sua competência e referendar atos e decretos assinados pelo Presidente da República, expedir instruções para execução de leis, decretos e regulamentos (CF, art. 87, parágrafo único).

5.2. Requisitos especiais para o exercício de determinados cargos e sua compatibilidade com o cargo de Ministro de Estado

Tema interessante colocou-se na ação direta de inconstitucionalidade[26] proposta contra a Medida Provisória n. 207, de 2004, convertida na Lei n. 11.036/2004, que transformou o cargo de Presidente do Banco Central em cargo de Ministro de Estado.

Sustentou-se que o Presidente do Banco Central não poderia ser titular de cargo de Ministro de Estado por estar submetido, nos termos da Constituição, a um regime próprio de nomeação – aprovação pelo Senado Federal (CF, arts. 52, III, *d*, e 84, I e XIV). Suscitou-se que o ato impugnado seria ofensivo ao princípio da separação de Poderes.

25 Inz.-QO 2.044/SC, rel. Min. Sepúlveda Pertence, *DJ* de 8-4-2005; Rcl. 2.417/SC, rel. Min. Carlos Britto, *DJ* de 25-2-2005; Rcl. 2.356/SC, rel. Min. Sepúlveda Pertence, *DJ* de 14-2-2005; Pet.-MC 2.084/DF, rel. Min. Sepúlveda Pertence, *DJ* de 16-8-2000.

26 ADI 3.289/DF, rel. Min. Gilmar Mendes, *DJ* de 24-2-2006.

Quando a Constituição diz, no art. 84, I, que compete privativamente ao Presidente da República nomear e exonerar os Ministros de Estado, obviamente está implícito que tal nomeação se dará na forma da Constituição e da lei. Não poderá, por exemplo, o Presidente nomear um menor de 21 anos para chefiar um Ministério. Também não poderá nomear alguém que esteja privado de seus direitos políticos (CF, art. 87).

No caso da nomeação do Presidente do Banco Central, por evidente, haverá um procedimento constitucional específico, que terá como pressuposto a aprovação prévia pelo Senado, nos termos do art. 52, III, *d*. Não se pode, portanto, interpretar a norma impugnada como autorizadora do afastamento da exigência constitucional de prévia aprovação pelo Senado.

Há, ainda, uma consideração adicional no que toca ao Presidente do Banco Central. Isso porque remanesce intacta a competência presidencial para nomeá-lo ou exonerá-lo a qualquer tempo. A condição relativa à aprovação pelo Senado constitui um requisito adicional que, na verdade, fortalece o sistema constitucional de distribuição de poderes e que, obviamente, não elimina a ampla competência do Chefe do Executivo.

O Supremo Tribunal Federal, por maioria de votos, considerou compatível com a Constituição a mencionada Medida Provisória n. 207, de 13-8-2004, convertida na Lei n. 11.036/2004. Assim, ao transformar o cargo de Presidente do Banco Central do Brasil em cargo de Ministro de Estado, consequentemente, outorgou-se-lhe também prerrogativa de foro[27].

De resto, o modelo constitucional contém algumas situações que demonstram tratamento bastante casuístico no que toca aos cargos mais elevados da República.

Notório exemplo é o do Advogado-Geral da União, que é Ministro por determinação legal. No plano constitucional, o Advogado-Geral, nomeado e diretamente subordinado ao Presidente, possui requisitos para a nomeação que são mais rigorosos em relação aos demais Ministros. Exige-se idade mínima de 35 anos, reputação ilibada e notório conhecimento jurídico. No que toca à prerrogativa de foro, também há um tratamento constitucional diferenciado. O Advogado-Geral, em relação ao crime de responsabilidade, é sempre julgado perante o Senado (CF, art. 52, II), tal como o Presidente da República, o Procurador-Geral da República e os Ministros do Supremo Tribunal Federal. Já os Ministros de Estado, no que toca aos crimes de responsabilidade, com ressalva de atos conexos a atos do Presidente, são julgados perante o STF (CF, art. 102, I, *c*).

Outro exemplo interessante de situação singular é o dos Comandantes Militares. Não obstante os Comandantes da Marinha, do Exército e da Aeronáutica estarem subordinados ao Ministério da Defesa, remanescem eles com foro especial perante o Supremo Tribunal Federal. Note-se que tais autoridades nem sequer possuem *status* de Ministro. Por fim, estão abrangidos pela mesma disposição que confere prerrogativa de foro aos Comandantes Militares os chefes de missão diplomática de caráter permanente (CF, art. 102, I, *c*). Também aqui tem-se tratamento idêntico entre autoridades de diferentes hierarquias, tendo em vista que os chefes de missão diplomática estão subordinados ao Ministro das Relações Exteriores.

---

27 ADI 3.289, rel. Min. Gilmar Mendes, *DJ* de 3-2-2006.

Ressalte-se que o requisito adicional para nomeação para o cargo de Presidente do Banco Central, qual seja, a aprovação pelo Senado, é objeto de uma reserva legal aberta. O rol previsto no art. 52, III, da Constituição, que cuida da competência privativa do Senado, termina na alínea *f*, que prevê a aprovação pelo Senado da escolha dos "titulares de outros cargos que a lei determinar". Ou seja, potencialmente, qualquer cargo público, inclusive o de Ministro de Estado, pode vir a submeter-se à regra da sabatina prévia perante o Senado. Não seria de estranhar, por exemplo, que tal condição fosse estabelecida com referência ao Ministro das Relações Exteriores, uma vez que isso é previsto expressamente relativamente aos chefes de missão diplomática de caráter permanente (CF, art. 52, III e IV).

Vê-se que se não pode extrair da Constituição um modelo linear ou simétrico no que toca às exigências para titularizar determinados cargos.

Não se está a admitir, por evidente, que o legislador dispõe de ampla e ilimitada liberdade na conformação de Ministérios. Há, certamente, um dever de consistência do legislador ao estabelecer tratamento diferenciado.

5.3. Exercício de cargo de Ministro de Estado por parlamentar e quebra de decoro

O deputado federal ou senador da República poderá ser nomeado para o cargo de Ministro de Estado (CF, art. 56, I). Nesse caso, faculta-se-lhe a opção "pela remuneração do mandato" (CF, art. 56, § 3º).

É de indagar, assim, sobre o regime de responsabilidade do parlamentar no exercício do cargo de Ministro de Estado: estaria submetido somente ao regime da responsabilidade do aludido cargo? Poderia também vir a ser responsabilizado na condição de parlamentar, por eventual atentado ao decoro (CF, art. 55, II)?

O Supremo Tribunal Federal considerou que o exercício do cargo de Ministro não torna o parlamentar, *a priori*, indene à persecução disciplinar por eventual quebra de decoro por ato praticado no exercício desse cargo[28].

6. ATRIBUIÇÕES DO PRESIDENTE DA REPÚBLICA

O Presidente da República acumula as funções de Chefe de Estado e Chefe de Governo. Daí o amplo leque de atribuições que lhe confere a Constituição no plano da alta direção do Estado, nas relações internacionais e no plano da Administração Federal.

6.1. Direção da Administração Federal

Cabe ao Presidente da República, na direção da Administração Federal, dentre outras medidas:

---

28 MS 25.579, red. p/ o acórdão Min. Joaquim Barbosa, julgado em 19-10-2005, *DJ* de 24-8-2007.

a) nomear e exonerar os Ministros de Estado e o Advogado-Geral da União;

b) exercer, com o auxílio dos Ministros de Estado, a direção superior da Administração Federal;

c) prover e extinguir os cargos públicos federais, na forma da lei;

d) nomear o Presidente do Banco Central, após aprovação pelo Senado Federal;

e) nomear membros do Conselho da República, nos termos do art. 89, II;

f) convocar e presidir o Conselho da República e o Conselho de Defesa Nacional;

g) expedir decretos e regulamentos para fiel execução da lei;

h) dispor, mediante decreto, sobre:

1) organização e funcionamento da Administração Federal, quando não implicar aumento de despesa nem criação ou extinção de órgãos públicos;

2) extinção de funções ou cargos públicos, quando vagos.

O exercício da Administração federal exige preocupações qualitativas quanto ao seu bom desempenho. Nesse sentido, o Decreto n. 9.203, de 2017, dispõe sobre a política de governança da administração pública federal direta, autárquica e fundacional. Com efeito, tal disciplina normativa busca conformar o *direito fundamental à boa governança*[29], decorrente da principiologia veiculada no art. 37 da Constituição Federal de 1988.

6.1.1. Expedição de regulamento

A Constituição estabelece que compete ao Presidente da República expedir decretos e regulamentos para a fiel execução das leis (CF, art. 84, IV, *in fine*), tendo consagrado, igualmente, que compete ao Presidente da República dispor, mediante decreto, sobre a organização e funcionamento da Administração Federal, quando não implicar aumento de despesa nem criação ou extinção de órgão público, e sobre a extinção de funções e cargos públicos, quando vagos (CF, art. 84, VI, *a* e *b*). Esta segunda parte, relativa ao inciso VI do art. 84, foi introduzida pela EC n. 32/2001. É por meio do regulamento que o Executivo exerce intensa atividade normativa. Esse "(...) poder regulamentar, conferido ao Presidente da República pela Constituição, consiste no mais importante meio pelo qual a Administração Pública exerce atividade normativa secundária (...)"[30].

A fórmula geral, constante do art. 84, IV, da Constituição, reflete a tradição constitucional brasileira. De forma idêntica dispuseram a Constituição de 1891 (art. 48, 1º), a Constituição de 1934 (art. 56, 1º), a Carta de 1937 (art. 74, *a*), a Constituição de 1946 (art. 87, I), e a Constituição de 1967/69 (art. 81, III). A Carta do Império, por seu turno, não estabeleceu orientação diversa, ao consagrar a atribuição do Imperador, para, por meio dos Ministros de Estado, "expedir os decretos, instruções e regulamentos adequados à boa execução das leis" (art. 102, XII).

29 *Vide* a propósito: G. Corralo, Há um direito fundamental à boa governança? Disponível em: <https://www.researchgate.net/publication/316564907_Ha_um_direito_fundamental_a_boa_governanca>. Acesso em: 21 set. 2020.

30 Clèmerson Merlin Clève, *Atividade legislativa do Poder Executivo*, 2. ed. rev., atual. e ampl., São Paulo: Revista dos Tribunais, 2000, p. 271.

A diferença entre lei e regulamento, no Direito brasileiro, não se limita à origem ou à supremacia daquela sobre este. A distinção substancial reside no fato de que a lei pode inovar originariamente no ordenamento jurídico, enquanto o regulamento não o altera, mas tão somente fixa as "*regras orgânicas e processuais destinadas a pôr em execução os princípios institucionais estabelecidos por lei, ou para desenvolver os preceitos constantes da lei, expressos ou implícitos, dentro da órbita por ele circunscrita, isto é, as diretrizes, em pormenor, por ela determinada*"[31].

Não há negar que, como observa Celso Antônio Bandeira de Mello, a generalidade e o caráter abstrato da lei permitem particularizações gradativas quando não objetivam a especificidade de situações insuscetíveis de redução a um padrão qualquer[32]. Disso resulta, não raras vezes, margem de discrição administrativa a ser exercida na aplicação da lei. Não se há confundir, porém, a discricionariedade administrativa atinente ao exercício do poder regulamentar com a delegação disfarçada do poder de legislar. Na discricionariedade, a lei estabelece previamente o direito ou dever, a obrigação ou a restrição, fixando os requisitos de seu surgimento e os elementos de identificação dos destinatários. Na delegação, ao revés, não se identificam, na norma regulamentada, o direito, a obrigação ou a limitação. Estes são estabelecidos apenas no regulamento[33].

Dentro desse raciocínio, há delegação indevida quando se permite ao regulamento inovar inicialmente na ordem jurídica, atribuindo-lhe a definição de requisitos necessários ao surgimento de direito, dever, obrigação ou restrição. Explicitando esse entendimento, sustenta Celso Antônio Bandeira de Mello que "inovar quer dizer introduzir algo cuja preexistência não se pode conclusivamente deduzir da 'lei regulamentada', verificando-se inovação proibida toda vez que não seja possível 'afirmar-se que aquele específico direito, dever, obrigação, limitação ou restrição incidentes sobre alguém não estavam estatuídos e identificados na lei regulamentada'"[34].

---

31 Oswaldo Aranha Bandeira de Mello, *Princípios gerais de direito administrativo*, Rio de Janeiro: Forense, 1969, v. 1, p. 314 e 316; Pimenta Bueno, *Direito público brasileiro e análise da Constituição do Império*, Brasília: Senado Federal, 1978, p. 233-236; João Barbalho, *Constituição Federal brasileira*: comentários à Constituição de 1891, ed. fac-similar, Brasília: Senado Federal, 1992, p. 246; Pontes de Miranda, *Comentários à Constituição de 1967, com a Emenda n. I, de 1969*, 3. ed., Rio de Janeiro: Forense, 1987, t. 6, p. 314 e 316; Vicente Ráo, *O direito e a vida dos direitos*, 6. ed. anot. e atual., 2005, p. 336; Francisco Campos, Parecer, *RDA*, 72/398-399; Geraldo Ataliba, Poder regulamentar do Executivo, *RDP*, 57/58-196; Celso Antônio Bandeira de Mello, *Ato administrativo e direitos dos administrados*, São Paulo: Revista dos Tribunais, 1981, p. 90; Fernando Henrique Mendes de Almeida, Observações sobre o poder regulamentar e seus abusos, *RT*, 279/28-29; Manoel Gonçalves Ferreira Filho, *Comentários à Constituição brasileira*, 5. ed. rev. e atual., São Paulo: Saraiva, 1984, p. 372; Michel Temer, *Elementos de direito constitucional*, 20. ed. rev. e atual., São Paulo: Malheiros, 2006, p. 159; José Afonso da Silva, *Curso de direito constitucional positivo*, 27. ed. rev. e atual., São Paulo: Malheiros, 2006, p. 571; Carlos Mário Velloso, Do poder regulamentar, *RDP*, 65/41; Roque Antônio Carrazza, *O regulamento no direito tributário brasileiro*, São Paulo: Revista dos Tribunais, 1981, p. 12-13; Hely Lopes Meirelles, *Direito administrativo brasileiro*, 32. ed. atual., São Paulo: Malheiros, 2006, p. 138-139.

32 Celso Antônio Bandeira de Mello, *Ato administrativo e direitos dos administrados*, cit., p. 93.

33 Celso Antônio Bandeira de Mello, *Ato administrativo e direitos dos administrados*, cit., p. 98-99; Carlos Mário Velloso, Do poder regulamentar, *RDP*, cit., p. 46; Pontes de Miranda, *Comentários à Constituição de 1967, com a Emenda n. I, de 1969*, cit., p. 312.

34 Celso Antônio Bandeira de Mello, *Ato administrativo e direitos dos administrados*, cit., p. 98.

6.1.2. Regulamento "autorizado"

Nos modelos constitucionais que vedam ou restringem a delegação de poderes, desenvolvem-se normalmente fórmulas atenuadoras do rigorismo, seja através do exercício ampliado do poder regulamentar, seja por via das chamadas autorizações legislativas. A propósito, assevera Bernard Schwartz que, no direito constitucional americano, mostra-se acentuada a prática da delegação mediante autorização legislativa, exigindo-se, porém, o estabelecimento de limites e padrões (*standards*) atinentes à faculdade a ser exercida[35].

Nesse sentido, observa Schwartz que, "a menos que o ato de delegação de poderes contenha um padrão – limite ou orientação com respeito ao poder conferido que se possa exercer – ele será inválido ou nulo. Isso tem impedido delegações indiscriminadas de poderes, do tipo que tem originado violentas críticas na Inglaterra; mas não tem evitado as necessárias concessões de autoridade legislativa ao Executivo"[36].

É possível que a inexistência de vedação expressa às delegações legislativas tenha propiciado o surgimento de uma orientação mais flexível quanto ao exercício do poder regulamentar. É o que se pode constatar, v. g., na seguinte passagem da obra clássica de Anníbal Freire da Fonseca sobre o Poder Executivo[37]:

> "As necessidades modernas deram incontestavelmente outro aspecto ao poder executivo, poder de funções permanentes, exercendo a sua vigilância constante e ininterrupta sobre a marcha e desenvolvimento do país e por isso mais propenso a uma intervenção eficiente em todas as manifestações da vida coletiva. A extensão crescente do poder regulamentar tem determinado nos escritores de direito público uma corrente de reação contra o caráter formalístico da lei, procurado irmanar a esta o regulamento, por derivarem ambos do mesmo princípio, se subordinarem à mesma forma, tenderem a fins idênticos, vincularem todos os jurisdicionados às suas disposições, obrigatórias e gerais. E se o regulamento não pode contrariar a lei, que vem completar, esta por sua vez não pode contrariar a constituição nos países em que o poder constituinte não reside no legislativo ordinário.
>
> Pode, porém, o regulamento conter disposições que, embora não afetem o espírito da lei, tratem de matéria de que esta não cuidou? Em outras palavras, o regulamento pode legiferar? É possível que, por omissão, o legislador tivesse esquecido na lei disposições capitais, que reforcem a sua execução e concorram melhor para o objetivo visado. Não havendo antinomia entre os dispositivos, o regulamento, que tem de completar a lei, pode tratar de matéria de que o legislador não cogitou, mas somente com o fim de ampliar o espírito da deliberação legislativa. Na hipótese do regulamento e da lei, o legislador faz o arcabouço e o executivo completa a construção".

---

35 Bernard Schwartz, *Direito constitucional americano*, tradução de Carlos Nayfeld, Rio de Janeiro: Forense, 1966, p. 34 e 349-354.

36 Bernard Schwartz, *Direito constitucional americano*, cit., p. 34.

37 Anníbal Freire da Fonseca, *O poder executivo na república brasileira*, Brasília: Ed. UnB, 1981, p. 61-62.

Sob a Constituição de 1946, que vedava expressamente a delegação de poderes (art. 36, § 2º), deixou assente o Supremo Tribunal Federal que o princípio da indelegabilidade não excluía "certas medidas a serem adotadas pelo órgão executor no tocante a fatos ou operações de natureza técnica, dos quais dependerá a iniciativa ou aplicação mesma da lei"[38].

Asseverou, na oportunidade, Castro Nunes que, se a Constituição "implicitamente declara que o Poder Legislativo não pode delegar suas atribuições, lança uma proibição a ser observada em linha de princípio, sem excluir, todavia, certas medidas a serem adotadas pelo órgão executor no tocante a fatos ou apurações de natureza técnica das quais dependerá a incidência ou aplicação mesma da lei"[39].

É que, embora considerasse nulas as autorizações legislativas incondicionadas ou de *caráter demissório*, o Supremo Tribunal entendia legítimas as autorizações fundadas no enunciado da lei formal, desde que do ato legislativo constassem os *standards*, isto é, "os princípios jurídicos inerentes à espécie legislativa"[40].

Daí observar Carlos Maximiliano que o Supremo Tribunal Federal sempre considerou inadmissíveis leis cujo conteúdo se cingisse ao seguinte enunciado: "O Poder Executivo é autorizado a reorganizar o Tribunal de Contas", aceitando, porém, como legítimas, fórmulas que, v. g., enunciassem: "Fica o Poder Executivo autorizado a reorganizar o Ensino Superior, sobre as seguintes bases: 1) só obtêm matrícula os bacharéis em letras diplomados por ginásios oficiais; 2)..."[41].

Nessa linha, revela-se expressiva a decisão proferida pelo Supremo Tribunal Federal no RE 13.357, de 9-1-1950, no qual ficou assente que "o regulamento obriga enquanto não fira princípios substanciais da lei regulada. Se o regulamento exorbita da autorização concedida em lei ao Executivo, cumpre ao Judiciário negar-lhe aplicação"[42].

Na ADI 2.387, por outro lado, tal entendimento restou reafirmado, assentando-se inexistir "uma delegação proibida de atribuições, mas apenas uma flexibilidade na fixação de 'standards' jurídicos de caráter técnico"[43].

Assim, afigura-se razoável entender que o regulamento autorizado *intra legem* é plenamente compatível com o ordenamento jurídico brasileiro, podendo constituir relevante instrumento de realização de política legislativa, tendo em vista considerações de ordem técnica, econômica, administrativa etc.

Diversamente, a nossa ordem constitucional não se compadece com as autorizações legislativas puras ou incondicionadas, de nítido e inconfundível conteúdo renunciativo. Tais medidas representam inequívoca deserção do compromisso de deliberar

---

38 HC 30.555, rel. Min. Castro Nunes, *RDA*, 21/136.

39 HC 30.555, rel. Min. Castro Nunes, *RDA*, 21/136.

40 MS 17.145, rel. Min. Gonçalves de Oliveira, *RTJ*, 50/472; RE 76.729, rel. Min. Aliomar Baleeiro, *RTJ*, 71/477; cf., a propósito, Carlos Maximiliano, *Comentários à Constituição de 1946*, 4. ed., Rio de Janeiro: Freitas Bastos, 1948, v. 1, p. 410; Bonifácio Fontes, Delegação legislativa, *RDA*, 62/365-366; Carlos Mário Velloso, Do poder regulamentar, *RDP*, cit., p. 47-48; v. também Victor Nunes Leal, Delegações legislativas, *Arquivos do Ministério da Justiça* n. 20, p. 7-8.

41 Carlos Maximiliano, *Comentários à Constituição de 1946*, cit., p. 410.

42 *RF*, 130/150, rel. Min. Ribeiro da Costa.

43 ADI 2.387/DF, rel. Min. Ellen Gracie, *DJ* de 5-12-2003.

politicamente, configurando manifesta fraude ao princípio da reserva legal e à vedação à delegação de poderes[44].

O **regulamento "delegado"** é, em regra, inconstitucional, tendo em vista os parâmetros do sistema jurídico-constitucional brasileiro.

Há, na jurisprudência do Supremo Tribunal Federal, exemplo paradigmático de disposição declarada inconstitucional por realizar inaceitável transferência de poder legislativo, ferindo o art. 6º da Constituição de 1967, alterada pela EC n. 1/69. Em diversos julgados no controle difuso[45], o Tribunal afirmou inconstitucional "a delegação prevista no art. 1º do Decreto-Lei n. 1.724/79, bem como no art. 3º, I, do Decreto-lei n. 1.894/81 – que autorizavam o Ministro de Estado da Fazenda a aumentar, reduzir ou extinguir os estímulos fiscais de que tratam os arts. 1º e 5º do Decreto-lei n. 491, de 5 de março de 1969 (crédito-prêmio do IPI)"[46].

A questão não é simples, dada a realidade da Administração Pública no Brasil. Muitas vezes a necessidade de expedição de normas que exorbitam do poder regulamentar mostra-se premente e, na prática, há certa aceitação dessa atividade, tanto por parte do Poder Legislativo quanto do Poder Judiciário. Nota-se, assim, que não se está a falar de permissão constitucional para a expedição de regulamento delegado, tampouco de delegação expressa do Poder Legislativo, mas de uma ocorrência que se verifica no plano dos fatos.

A tradição constitucional brasileira repudia a criação e a extinção de obrigações, bem como a restrição ou a limitação de direitos por meio do regulamento delegado. A realidade cotidiana do *Welfare State*, todavia, demanda a organização de suas atividades e sua adaptação célere às mudanças nas condições fáticas, visando à melhor prestação dos serviços públicos.

Por essa razão, pode-se dizer que o regulamento delegado não é absolutamente estranho à prática constitucional brasileira. A criação das agências reguladoras tornou ainda mais evidente essa assertiva. Embora algumas leis instituidoras de agências logrem definir as atividades passíveis de regulamentação, outras o fazem de forma bastante genérica, conferindo-se ao órgão regulador autêntico poder normativo.

Dessa forma, constata-se a necessidade de se examinar adequadamente o tema referente ao regulamento delegado, com o intuito de se construírem marcos normativo e teórico mais claros e apropriados à disciplina da matéria, e, se for o caso, discutir-se até mesmo a possibilidade ou necessidade de reforma constitucional.

6.1.3. Decretos autônomos

A modificação introduzida pela EC n. 32/2000 inaugurou, no sistema constitucional de 1988, o assim chamado "decreto autônomo", isto é, decreto de perfil não regulamentar, cujo fundamento de validade repousa diretamente na Constituição.

---

44 Cf. Carlos Roberto de Siqueira Castro, *O Congresso e as delegações legislativas*, Rio de Janeiro: Forense, 1986, p. 181-189; v., também, Konrad Hesse, *Grundzüge des Verfassungsrechts der Bundesrepublik Deustschland*, cit., p. 199-201.

45 Cf., exemplificativamente, RE 208.260/RS, rel. Min. Maurício Corrêa, *DJ* de 18-10-2005 e RE 186.359-RS, rel. Min. Marco Aurélio, *DJ* de 10-5-2002.

46 RE 180.828, rel. Min. Carlos Velloso, *DJ* de 14-3-2003.

Ressalte-se, todavia, que o decreto de que cuida o art. 84, VI, da Constituição limita-se às hipóteses de "organização e funcionamento da administração federal, quando não implicar aumento de despesa nem criação ou extinção de órgãos públicos", e de "extinção de funções ou cargos públicos, quando vagos".

Em todas essas situações, a atuação do Poder Executivo não tem força criadora autônoma, nem parece dotada de condições para inovar decisivamente na ordem jurídica, uma vez que se cuida de atividades que, em geral, estão amplamente reguladas na ordem jurídica.

Sente-se a necessidade, todavia, de uma reformulação do texto constitucional no que concerne à atividade normativa dos órgãos reguladores, em especial, das agências. Isso porque parece restar claro que as normas editadas por tais órgãos, cada qual no seu campo de atuação, possuem uma margem de atuação ampla, que não pode ser reduzida a uma atividade meramente regulamentadora da lei. A própria ideia da criação de agências reguladoras parece trazer consigo a noção de que a regulação dos serviços públicos submetidos à tutela desses órgãos demanda deles uma atuação mais abrangente. Assim, uma reforma constitucional que expressamente autorizasse às agências reguladoras essa função normativa mais ampla teria o condão de melhor equipá-las para o exercício de seu múnus precípuo, bem como de esclarecer juridicamente os seus poderes normativos.

6.2. Relação com o Congresso Nacional e atuação no processo legislativo

6.2.1. Considerações preliminares

Na relação com o Congresso Nacional e na atuação no processo legislativo, compete ao Presidente da República:

a) iniciar o processo legislativo, na forma e nos casos previstos na Constituição;

b) sancionar, promulgar e fazer publicar as leis;

c) vetar projetos de lei, total ou parcialmente;

d) editar medidas provisórias com força de lei, nos termos do art. 62;

e) remeter mensagem e plano de governo ao Congresso Nacional por ocasião da abertura da sessão legislativa, expondo a situação do País e solicitando as providências que julgar necessárias;

f) enviar ao Congresso Nacional o plano plurianual, o projeto de lei de diretrizes orçamentárias e as propostas de orçamento previstos na Constituição;

g) prestar, anualmente, ao Congresso Nacional, dentro de sessenta dias após a abertura da sessão legislativa, as contas referentes ao exercício anterior.

Numa democracia representativa moderna, têm o Chefe do Poder Executivo e o governo em geral atuação significativa no processo legislativo, seja mediante apresentação de propostas, seja mediante participação ativa e informada nos debates travados no Congresso a propósito das propostas a ele submetidas, ou, ainda, mediante apresentação de propostas de emenda constitucional.

O texto constitucional de 1988, seguindo as pegadas da Constituição anterior, assegurou a iniciativa comum de leis aos membros do Congresso e ao Presidente da República, fixando serem de iniciativa privativa do Chefe do Poder Executivo as leis que estabeleçam ou modifiquem os efetivos das Forças Armadas, e disponham sobre a criação de cargos, funções ou empregos públicos na Administração direta e autárquica ou aumento de remuneração, organização administrativa e judiciária, matéria tributária e orçamentária, serviços públicos e pessoal da administração dos Territórios, servidores públicos da União e Territórios, seu regime jurídico, provimento de cargos, estabilidade e aposentadoria, organização do Ministério Público e da Defensoria Pública da União, bem como normas gerais para organização do Ministério Público e da Defensoria Pública dos Estados, do Distrito Federal e Territórios, criação e extinção de ministérios, militares das Forças Armadas, seu regime jurídico, provimento de cargos, estabilidade, remuneração, reforma e transferência para a reserva (CF, art. 61, *caput*, e § 1º).

No contexto das Finanças Públicas, compete ao Presidente da República a iniciativa dos projetos de lei relativos ao plano plurianual, às diretrizes orçamentárias, ao orçamento anual e aos créditos adicionais (CF, art. 166).

Mencione-se, ainda, que o Presidente da República tem a iniciativa na apresentação de propostas de emenda constitucional (CF, art. 60, II).

6.2.2. Edição de medidas provisórias

No contexto da participação do Chefe do Poder Executivo no processo legislativo, refira-se ao poder de que dispõe o Presidente da República de editar medidas provisórias, com força de lei, em caso de relevância e urgência, devendo submetê-las, de imediato, ao Congresso Nacional (CF, art. 62).

Trata-se de atribuição conferida ao Chefe do Poder Executivo no âmbito da chamada *legislação de emergência*, que, entre nós, tem antecedentes imediatos nos decretos-leis da Constituição de 1967/69. A aplicação do instituto da medida provisória tem sido objeto de intensa polêmica sob a Constituição de 1988, seja em razão do seu elevado número, seja em razão das sucessivas reedições, causadas na versão original do texto, pela (quase) impossibilidade de aprovação no período de trinta dias.

A EC n. 32/2001 ampliou o prazo de vigência da medida provisória (60 dias), admitida uma prorrogação, por igual período, e criou um sistema de tramitação especial nas duas Casas do Congresso Nacional, que acarreta o sobrestamento das demais deliberações legislativas da Casa em que estiver tramitando (CF, art. 62, § 6º). Tal mecanismo hoje tem sido responsabilizado pela *paralisia* que acomete as Casas do Congresso, e já não são poucos os que recomendam a simples supressão do instituto. O paradoxo é que elas foram concebidas no contexto da chamada "inércia legislativa". Em 2009, o então Presidente da Câmara dos Deputados, Michel Temer, propôs uma nova interpretação do referido dispositivo constitucional, para impedir a paralisia do parlamento e a perda integral de seu poder de agenda em favor do Poder Executivo. Em resposta a Questão de Ordem formulada pelo Deputado Régis de Oliveira (QO 411/2009), o então presidente limitou o alcance da expressão "deliberações legislativas", para efeito de sobrestamento da pauta daquela Casa quando superado o prazo constitucional de apreciação de medidas provisórias. Posteriormente, o STF, no julgamento do Mandado de Segurança n. 27.931 placitou o entendimento de que o regime de urgência previsto no art. 62, § 6º, da Constituição da República que impõe o sobrestamento das deliberações legislativas das Casas do Congresso Nacional somente abarca as matérias que se mostram passíveis de regramento por medida provisória. Assim, não são abrangidos pelo bloqueio procedimental as propostas de emenda à Constituição e os projetos de lei complementar, de decreto legislativo, de resolução e, até mesmo, projetos de lei ordinária que não versem sobre matérias que podem ser tratadas em MP[47].

O uso e o abuso da medida provisória estão associados a uma crise do processo decisório no âmbito do sistema político. O próprio modelo original de 1988, que fixou o prazo de trinta dias para aprovação da medida provisória, revelava-se assaz restritivo, mais ainda do que o modelo italiano (art. 77 – 60 dias). Era fruto do forte idealismo que marca a nossa prática jurídica e traduzia uma reação à experiência negativa colhida com o decreto-lei.

A formação do Congresso Nacional, o caráter multipartidário, a ausência de maior disciplina organizacional dos partidos, a falta de vinculação programática, tudo isso leva a uma letargia do processo decisório. Daí a dificuldade para a tomada de decisão em matérias mais polêmicas em tempo razoável. É certo, ademais, que a adoção de uma decisão de caráter legislativo por parte do Presidente da República funciona, no âmbito do Congresso Nacional, como um ato de exoneração de responsabilidade. O Executivo havia se incumbido da tarefa plenamente, ou assumido a responsabilidade integral. Era um forte estímulo à dilação, à não decisão e, por conseguinte, à não aprovação imediata da medida provisória.

O art. 62, § 10, da CF, acrescentado pela EC n. 32/2001, vedou a reedição de medida provisória, na mesma sessão legislativa, que tenha sido rejeitada ou que tenha perdido sua eficácia por decurso de prazo. O Supremo Tribunal Federal, no julgamento da ADI-MC 3.964/DF, entendeu que a possibilidade de reedição, na mesma sessão legislativa, de medida provisória revogada importa em ofensa ao princípio da separação de poderes, visto que o Presidente da República passaria, por meio desse expediente, a organizar a pauta do trabalho legislativo, que é matéria de competência do Poder Legislativo[48].

No sistema de tramitação especial, o Congresso Nacional poderá aprovar integralmente a medida provisória[49], aprovar a medida provisória com emendas[50], ou, ainda, não converter a medida provisória em lei[51].

Há de se ressaltar, contudo, que, na hipótese de a medida provisória apresentar vícios formais e materiais, e, ainda assim, for convertida em lei pelo Congresso Nacional, essa não pode subsistir, em conformidade com a decisão do STF na ADI-MC 3.090/DF, que entendeu que a lei de conversão não convalida os vícios existentes na medida provisória[52].

47 Cf. MS 27.931, rel. Min. Celso de Mello, Tribunal Pleno, j. 29-6-2017, *DJ* de 8-7-2020.

48 "(...) Impossibilidade de reedição, na mesma sessão legislativa, de medida provisória revogada. Tese contrária importaria violação do princípio da Separação de Poderes, na medida em que o Presidente da República passaria, com tais expedientes revocatório-reedicionais de medidas provisórias, a organizar e operacionalizar a pauta dos trabalhos legislativos. Pauta que se inscreve no âmbito do funcionamento da Câmara dos Deputados e do Senado Federal e, por isso mesmo, matéria de competência privativa dessas duas Casas Legislativas (inciso IV do art. 51 e inciso XIII do art. 52, ambos da CF/88) (...)" ADI-MC 3.964/DF, rel. Min. Carlos Britto, j. 12-12-2007, *DJ* de 10-4-2008.

49 Cf. considerações no Cap. 9, n. I, 6.2 sobre a "Aprovação total da medida provisória".

50 *Vide* considerações no Cap. 9, n. I, 6.3 sobre a "Aprovação da medida provisória com emendas".

51 *Vide* considerações no Cap. 9 n. 11, I, 6.4 sobre a "Não conversão da medida provisória em lei".

52 Cf. ADI-MC 3.090/DF, Pleno do STF, rel. Min. Gilmar Mendes, julgamento em 11-10-2006, *DJ* de 26-10-2006

Quanto ao conteúdo, vale dizer que a medida provisória não tem sua matéria esgotada no art. 62 da Carta Magna, devendo ser observado, ainda, o art. 246, que trata da vedação à adoção de medida provisória na regulamentação de artigo da Constituição cuja redação tenha sido alterada por meio de emenda promulgada entre 1º de janeiro de 1995 e a promulgação da EC n. 32/2001[53].

Acrescente-se que a EC n. 32/2001 introduziu, ainda, no art. 62 da Constituição um rol de limitações materiais às medidas provisórias, dentre elas a vedação à utilização desse instrumento em questões de direito penal e processual penal (art. 62, § 1º, *b*, da CF).

De qualquer forma, é inegável reconhecer que a medida provisória cumpre relevante papel como instrumento para solução de crises no processo decisório, especialmente nos momentos de grave e continuada crise econômica.

6.2.3. Sanção, veto, promulgação e publicação

Digno de nota, igualmente, é o papel desempenhado na formação da lei, com a possibilidade de sanção ou veto.

Os projetos de leis aprovados pelo Congresso Nacional, independentemente da iniciativa, serão submetidos ao Presidente da República, para sanção ou veto, total ou parcial, no prazo de quinze dias úteis.

O veto poderá fundamentar-se em contrariedade ao interesse público ou inconstitucionalidade[54]. O veto parcial somente poderá incidir sobre a integralidade de artigo, parágrafo, inciso ou alínea, não podendo incidir sobre expressões ou palavras isoladas. A não manifestação do Presidente no prazo de quinze dias úteis do recebimento do projeto importará sanção – tácita (CF, art. 66).

Questão interessante e inusitada foi levada à consideração do Supremo Tribunal Federal em matéria de veto. Com efeito, ao vetar alguns dispositivos do PL 1.562/2020, o Poder Executivo deu fim ao ato complexo de formação da Lei n. 14.019, de 2020. Entretanto, dias após o fim do prazo constitucional de veto presidencial, o *Diário Oficial da União* veiculou *republicação*. Justificada em suposta correção de erro da publicação original, o expediente incluiu dois novos vetos.

O Supremo Tribunal Federal reprovou tal procedimento. Assim, o Pleno do Tribunal referendou, em 31-8-2020, a medida cautelar anteriormente proferida e suspendeu os novos vetos trazidos na *republicação*. Foi restabelecida a vigência normativa dos dis-

– "(...) Questão de ordem quanto à possibilidade de se analisar vício formal da medida provisória após a sua conversão em lei. A lei de conversão não convalida os vícios formais porventura existentes na medida provisória, que poderão ser objeto de análise do Tribunal, no âmbito do controle de constitucionalidade (...)".

53 No julgamento do AI-AgR 577.812/RS, rel. Min. Ricardo Lewandowski, *DJ* de 18-12-2007, que tratava de medida provisória que regulamentava lei infraconstitucional, a Primeira Turma do STF decidiu que a vedação constitucional do art. 246 é aplicável somente para regulamentação de artigos da Carta Maior, cuja redação tenha sido alterada por meio de emenda entre 1º de janeiro de 1995 e a promulgação da EC n. 32/2001, e não para as leis.

54 Cf., a propósito, Gilmar Ferreira Mendes, "o direito de veto do Presidente da República e do Governador do Estado e o exercício do direito de propositura de ação direta de inconstitucionalidade", in *Jurisdição constitucional*, 5. ed., São Paulo: Saraiva, 2005, p. 159 e s.

positivos vetados, na compreensão de ser a sanção presidencial ato irretratável e sujeito à preclusão, sob pena de se possibilitar forte insegurança jurídica[55].

6.2.4. Convocação extraordinária do Congresso Nacional

Igualmente digna de destaque no contexto da elaboração legislativa é a atribuição reconhecida ao Presidente da República para convocação extraordinária do Congresso Nacional, em caso de urgência ou de interesse público relevante (CF, art. 57, § 6º, II)[56].

Não será motivo de deliberação matéria alheia ao objeto da convocação, exceto medidas provisórias em vigor (CF, art. 57, §§ 6º e 7º).

6.2.5. Atribuições no plano das relações internacionais

No plano das relações internacionais tem o Presidente da República papel destacado na Chefia do Estado, competindo-lhe:

a) manter relações com Estados estrangeiros e acreditar seus representantes diplomáticos;

b) celebrar tratados, convenções e atos internacionais, sujeitos a referendo do Congresso Nacional;

c) permitir, nos casos previstos em lei complementar, que forças estrangeiras transitem pelo território nacional ou nele permaneçam temporariamente;

d) declarar guerra, no caso de agressão estrangeira, autorizado pelo Congresso Nacional ou referendado por ele, quando ocorrida no intervalo das sessões legislativas, e, nas mesmas condições, decretar, total ou parcialmente, a mobilização nacional;

e) celebrar a paz, autorizado ou com o referendo do Congresso Nacional.

Como se vê, o Presidente da República, na condição de Chefe de Estado, tem atribuições relevantes no plano das relações internacionais.

A ele compete a celebração de tratados, convenções e atos internacionais, sujeitos a referendo do Congresso Nacional. A aprovação do tratado não o obriga a ratificá-lo, segundo tradicional doutrina do Direito pátrio[57]. Geralmente o Presidente celebra tratados por intermédio de representantes que credencia[58]. É por decreto que o Presidente da República, de modo essencial e insuprimível, confere ao tratado internacional seus efeitos básicos, a exemplo da promulgação, da publicação e do comando para executoriedade no território nacional[59].

---

55 Cf. ADPF 714 MC-Ref, rel. Min. Gilmar Mendes, Tribunal Pleno, *DJ* de 14-9-2020.

56 A convocação extraordinária do Congresso Nacional pelo Presidente da República ocorreu quatorze vezes, entre 1991 e 2004. Na administração do Presidente Fernando Henrique Cardoso ocorreram sete convocações. Não houve convocação entre 2005 e setembro/2006 (Fonte: Assessoria Parlamentar da Presidência da República).

57 José Francisco Rezek, *Direito internacional público*, 10. ed., São Paulo: Saraiva, 2005, p. 64.

58 José Afonso da Silva, *Comentário contextual à Constituição*, cit., p. 487.

59 Cf. STF, ADI 1.480-3/DF, rel. Min. Celso de Mello, *DJ* de 17-7-1996.

Segundo Rezek:

"Concluída a negociação de um tratado, é certo que o presidente da República – que, como responsável pela dinâmica das relações exteriores, poderia não tê-la jamais iniciado, ou dela não ter feito parte, se coletiva, ou haver ainda, em qualquer caso, interrompido a participação negocial brasileira – está livre para dar curso, ou não, ao processo determinante do consentimento. Ressalvada a situação própria das convenções nacionais de trabalho, ou alguma inusual obrigação imposta pelo próprio tratado em causa, tanto pode o chefe do governo mandar arquivar desde logo o produto a seu ver insatisfatório de uma negociação bilateral ou coletiva, quanto determinar estudos mais aprofundados na área do Executivo, a todo momento; e submeter quando melhor lhe pareça o texto à aprovação do Congresso. Tudo quanto não pode o presidente da República é manifestar o consentimento definitivo, em relação ao tratado, sem o abono do Congresso Nacional. Este abono, porém, não o obriga à ratificação. Isto significa, noutras palavras, que a vontade nacional, afirmativa quanto à assunção de um compromisso externo, repousa sobre a vontade conjugada de dois poderes políticos. A vontade individualizada de cada um deles é necessária, porém não suficiente"[60].

O estabelecimento de relações com Estados estrangeiros, os acreditamentos de representantes diplomáticos, a declaração de guerra e a celebração de paz integram o plexo de competência do Presidente da República no âmbito das relações internacionais (CF, art. 84, VII, VIII, XIX e XX).

6.3. Atribuições concernentes à segurança interna, preservação da ordem institucional e da harmonia das relações federativas

No plano da segurança interna, da preservação da ordem institucional e da harmonia das relações federativas, compete ao Presidente da República:

a) exercer o comando supremo das Forças Armadas, nomear os Comandantes da Marinha, do Exército e da Aeronáutica, promover seus oficiais-generais e nomeá-los para os cargos que lhes são privativos;

b) decretar o estado de defesa e o estado de sítio;

c) decretar e executar a intervenção federal.

Funções igualmente relevantes são as conferidas ao Presidente da República para decretar o estado de defesa (art. 136) e o estado de sítio (art. 137), com o intuito de preservar a ordem pública e a paz social. Assume também relevo na preservação da normalidade institucional e da harmonia das relações federativas a atribuição que se lhe confere para decretar a intervenção federal (CF, arts. 34, 35 e 36). O Presidente da República é, para todos os fins, o Comandante Supremo das Forças Armadas.

60 José Francisco Rezek, *Direito internacional público*, cit., p. 64.

6.4. Nomeação de juízes do Supremo Tribunal Federal e dos Tribunais Superiores

Compete ao Presidente também, após a aprovação do Senado Federal, a nomeação dos Ministros do Supremo Tribunal Federal, dos Tribunais Superiores, bem como de outros magistrados dos Tribunais Federais, nos casos previstos na Constituição, do Procurador-Geral da República e dos Governadores de Território (CF, art. 84, XIV, XV, XVI).

Trata-se de função institucional de altíssimo relevo, que integra o complexo processo de *legitimação política* dos órgãos judiciários superiores, com participação dos poderes constituídos. Especialmente, o Poder Executivo, mediante a nomeação do escolhido, e o Legislativo (no caso, o Senado Federal), por meio da aprovação.

7. RESPONSABILIDADE DO PRESIDENTE DA REPÚBLICA, IMUNIDADES E PRERROGATIVAS

7.1. Considerações preliminares

As Constituições brasileiras a partir da de 1891 têm dedicado atenção especial ao estatuto de responsabilidade do Presidente da República. Assim, as Constituições de 1891, 1934, 1937, 1946 e 1967[61] estabeleceram ser crimes de responsabilidade – a serem definidos em lei especial – os atos do Presidente que atentassem contra a existência da União, a Constituição e a forma do governo federal, o livre exercício dos Poderes políticos, a probidade da administração, a guarda e emprego constitucional dos dinheiros públicos, o gozo e exercício legal dos direitos políticos, individuais e sociais, as leis orçamentárias, o cumprimento das decisões judiciárias e de outras leis.

---

61 CF/1891, Art. 54. "São crimes de responsabilidade os atos do Presidente que atentarem contra: 1º) a existência política da União; 2º) a Constituição e a forma do Governo federal; 3º) o livre exercício dos Poderes políticos; 4º) o gozo, e exercício legal dos direitos políticos ou individuais; 5º) a segurança interna do País; 6º) a probidade da administração; 7º) a guarda e emprego constitucional dos dinheiros públicos; 8º) as leis orçamentárias votadas pelo Congresso".

CF/1934, Art. 57. "São crimes de responsabilidade os atos do Presidente da República, definidos em lei, que atentarem contra: a) a existência da União; b) a Constituição e a forma de Governo federal; c) o livre exercício dos Poderes políticos; d) o gozo ou exercício legal dos direitos políticos, sociais ou individuais; e) a segurança interna do País; f) a probidade da administração; g) a guarda ou emprego legal dos dinheiros públicos; h) as leis orçamentárias; i) o cumprimento das decisões judiciárias".

CF/1937, Art. 85. "São crimes de responsabilidade os atos do Presidente da República, definidos em lei, que atentarem contra: a) a existência da União; b) a Constituição; c) o livre exercício dos Poderes políticos; d) a probidade administrativa e a guarda e emprego dos dinheiros públicos; e) a execução das decisões judiciárias".

CF/1946, Art. 89. "São crimes de responsabilidade os atos do Presidente da República que atentarem contra a Constituição Federal e, especialmente, contra: I – a existência da União; II – o livre exercício do Poder Legislativo, do Poder Judiciário e dos Poderes constitucionais dos Estados; III – o exercício dos direitos políticos, individuais e sociais; IV – a segurança interna do País; V – a probidade na administração; VI – a lei orçamentária; VII – a guarda e o legal emprego dos dinheiros públicos; VIII – o cumprimento das decisões judiciárias".

CF/1967, Art. 84. "São crimes de responsabilidade os atos do Presidente que atentarem contra a Constituição Federal e, especialmente: I – a existência da União; II – o livre exercício do Poder Legislativo, do Poder Judiciário e dos Poderes constitucionais dos Estados; III – o exercício dos direitos políticos, individuais e sociais; IV – a segurança interna do País; V – a probidade na administração; VI – a lei orçamentária; VII – o cumprimento das decisões judiciárias e das leis".

7.2. Crimes de responsabilidade: conceito e extensão

A Constituição de 1988 consagra uma seção aos crimes de responsabilidade do Presidente da República.

Configuram crimes de responsabilidade os atos que atentem contra a Constituição, especialmente:

1) a existência da União;

2) o livre exercício do Poder Legislativo, do Poder Judiciário, do Ministério Público e dos Poderes constitucionais das unidades da Federação;

3) o exercício dos direitos políticos, individuais e sociais;

4) a segurança interna do País;

5) a probidade da administração;

6) a lei orçamentária; e

7) o cumprimento das leis e das decisões judiciais.

A enunciação no texto constitucional, em termos amplos, é meramente exemplificativa, devendo os crimes ser definidos em lei especial (CF, art. 85, parágrafo único).

No caso do Presidente da República, os crimes de responsabilidade caracterizam-se como infrações político-administrativas que dão ensejo à perda do cargo e à inabilitação para o exercício de função pública pelo prazo de oito anos (CF, art. 52, parágrafo único).

Questão polêmica que se coloca é se o Presidente da República reeleito pode responder por delitos de responsabilidade praticados em mandato anterior, considerando a cláusula de irresponsabilidade temporária (art. 86, § 4º, da CF/88), a qual preleciona que o Presidente, na vigência do seu mandato, não pode ser responsabilizado por atos estranhos ao exercício das suas funções.

A esse respeito, Pontes de Miranda já alertava para a possibilidade de responsabilização política por atos anteriores se o agente público retornasse à função que ocupara. Sobre o assunto, o eminente jurista afirmava que "tem-se entendido que se a pessoa volta ao cargo, se restaura a jurisdição política"[62].

No mesmo sentido, o Ministro Paulo Brossard, referindo-se já ao texto constitucional de 1988, adverte que: "restabelece-se a jurisdição política, se o antigo governante ao cargo retornar. O *impeachment* pode então ser iniciado ou prosseguido. [...] Embora não haja faltado quem alegasse que a eleição popular tem a virtude de apagar as faltas pretéritas, a verdade é que infrações cometidas antes da investidura do cargo, estranhas ao seu exercício ou relacionadas com anterior desempenho, têm motivado o *impeachment*, desde que a autoridade seja reinvestida em função suscetível de acusação parlamentar"[63].

Para análise do tema, é necessário rememorar a origem da norma em tela.

Não havia na Constituição de 1967, nem na Emenda Constitucional n. 1, de 1969, previsão semelhante. Dentre as constituições brasileiras, somente a de 1937 possuía dispositivo nesse sentido, uma vez que o art. 90 da Carta de então dispunha que "O Presidente da República não pode, durante o exercício de suas funções, ser responsabi-

62 Pontes de Miranda, *Comentários à Constituição dos Estados Unidos do Brasil*, Rio de Janeiro: Guanabara, 1934, tomo I, p. 602.

63 Paulo Brossard, *O impeachment*: aspectos da responsabilidade política do Presidente da República, São Paulo: Saraiva, 1992, p. 135-136.

lizado por atos estranhos às mesmas"[64]. Mesmo no texto constitucional atual, a previsão foi inserida já no Projeto "B", após a fase das comissões.

Com a Emenda Constitucional n. 16/97, instituiu-se a reeleição, entre outros, para o cargo de Presidente da República, sem que a redação do § 4º do art. 86 tenha sido modificada. Impõe-se, portanto, reconhecer que a leitura desse dispositivo não pode ser feita da mesma forma que o era quando da existência de mandato único. Está a merecer a devida atualização hermenêutica. Afinal, como demonstra Erichsen, enquanto a interpretação da lei ordinária não afeta a ordem constitucional, a revisão do Texto Magno, ainda que limitada ou parcial, traduz uma mudança integral da própria Constituição[65].

Realmente, não se pode entender a reeleição como uma absolvição de todos os atos cometidos no mandato anterior. Dessa maneira, os fatos eventualmente cometidos no exercício da função de Presidente da República durante o primeiro mandato não podem ser considerados "estranhos ao exercício de suas funções".

Ora, antes da EC n. 16/97, restava claro que "exercício de suas funções" referia-se ao mandato (único) de Presidente, de forma a que o Chefe do Executivo não pudesse, durante o período presidencial, ser responsabilizado por atos anteriores ou por atos concomitantes ao mandato, mas a ele estranhos. Com a possibilidade de reeleição, essa leitura continua, mas não podem os atos do primeiro mandato ser considerados estranhos à função.

A partir de uma leitura literal, percebe-se que a imunidade se estende aos atos estranhos à função, e não ao mandato. Assim, ainda que se entenda que o segundo mandato não é um prolongamento do primeiro, é inegável que os atos praticados na qualidade de Presidente, no primeiro período, são relacionados à função, não cobertos, portanto, pela imunidade.

Também a partir de uma interpretação teleológica, é preciso refutar a tese de que os atos do primeiro mandato são estranhos ao segundo, sob pena de se chegar ao absurdo de que, se cometido um ilícito na qualidade de Presidente no mês de dezembro – após a reeleição –, o Presidente poderia ser beneficiado pela imunidade. Se assim fosse, nem mesmo o entendimento de que a reeleição pelas urnas "absolve" os atos praticados no primeiro mandato poderia ser invocado.

7.3. Procedimento

O processo de crime de responsabilidade divide-se em duas fases: a) juízo de admissibilidade, que correrá perante a Câmara dos Deputados; b) processo e julgamento, a cargo do Senado Federal.

A Constituição estabelece que, admitida a acusação contra o Presidente da República nos crimes de responsabilidade, por 2/3 dos votos dos membros da Câmara dos Deputados, será ele submetido a julgamento perante o Senado Federal (CF, art. 86, *caput*).

64 Aristides Junqueira Alvarenga, Ministro de Estado-Crime comum-Autorização legislativa. *Revista de Direito Administrativo*, v. 194, p. 147.

65 Hans-Uwe Erichsen, Zu den Grenzen von Verfassungsänderungen nach dem Grundgesetz, Verwaltungsarchiv, 62:293, 1971.

Instaurado o processo pelo Senado Federal, será ele suspenso de suas funções (CF, art. 86, § 1º, II).

A acusação por crime de responsabilidade pode ser formulada por qualquer cidadão. Se a matéria for considerada objeto de deliberação, será designada uma comissão especial para apreciá-la.

No exame de denúncia popular oferecida contra o Presidente José Sarney, a Mesa da Câmara dos Deputados "... houve por bem melhor examiná-la, para verificar se preenchia os requisitos legais para ser recebida. Exaustivamente examinada pela assessoria técnica da Câmara, concluiu que os fatos narrados na denúncia não configuram crime de responsabilidade..."[66]. Da decisão denegatória de recebimento da denúncia impetrou-se mandado de segurança contra o Presidente da Câmara dos Deputados, tendo o STF assentado que a competência daquele "não se reduz à verificação das formalidades extrínsecas e da legitimidade de denunciantes e denunciados, mas se pode estender (...) a rejeição imediata da acusação patentemente inepta"[67].

No caso do *impeachment* do Presidente Collor, discutiu-se, em mandado de segurança, sobre a viabilidade e condições do exercício do direito de defesa nessa fase procedimental e sobre a forma de votação do pedido, se aberta ou secreta.

O Supremo Tribunal Federal, por maioria de votos, reconheceu o direito de defesa nessa fase preliminar e, por isso, deferiu ao impetrante prazo de dez sessões para exercê-lo, com base na aplicação analógica do art. 217 do Regimento Interno da Câmara dos Deputados (prazo superior àquele que havia sido fixado pela Câmara dos Deputados, que era de 5 sessões). Na ocasião, argumentou o relator, Ministro Gallotti, que, embora o papel da Câmara dos Deputados no processo de crime de responsabilidade estivesse limitado à admissão ou não da denúncia, as consequências graves relacionadas com o afastamento do cargo não poderiam permitir que se não reconhecesse, também nessa fase prévia, o direito de defesa[68].

O Tribunal indeferiu, porém, pretensão formulada pelo Presidente Collor no sentido de que se aplicasse ao processo norma regimental que previa o voto secreto. Considerou-se subsistente a norma da Lei n. 1.079, de 1950, que estabelecia o processo aberto de votação.

Assim, não mais subsiste dúvida de que a votação quanto à admissibilidade ou não da denúncia, perante a Câmara dos Deputados, há de fazer-se de forma nominal (ostensiva).

Importante ressaltar que, no referido mandado de segurança, restou superada tese, sustentada pelo Ministro Brossard, no sentido da não cognoscibilidade do mandado de segurança em razão do caráter eminentemente político da controvérsia.

Orientação semelhante já havia sido afirmada pelo Supremo Tribunal no Mandado de Segurança n. 20.941, no qual se observara que, embora a autorização prévia para a instauração do processo e a decisão final fossem medidas de natureza predominantemente política – cujo mérito era insuscetível de controle judicial –, caberia ao Judiciário

---

66 MS 20.941, voto do Ministro Aldir Passarinho, *Ementário de Jurisprudência*, p. 43.

67 MS 20.941, *DJ* de 31-8-1992.

68 MS-MC-QO 21.564/DF, rel. Min. Carlos Velloso, *DJ* de 27-8-1993.

aferir a regularidade do processo de *impeachment* sempre que, no desenvolvimento dele, se alegasse violação ou ameaça ao direito das partes[69].

O mais recente *impeachment* presidencial ocorrido no Brasil foi o da Presidente Dilma Rousseff, finalizado em 2016. Diversas controvérsias foram levantadas e fizeram parte de um conturbado processo que, ao fim e ao cabo, chegou a bom termo, dentro dos marcos institucionais impostos pela Constituição Federal de 1988. O Supremo Tribunal Federal foi provocado a se manifestar sobre o rito a ser adotado no processo de *impeachment* presidencial, ocasião em que definiu quais dispositivos da Lei n. 1.079/50 foram recepcionados pela nova ordem constitucional de 1988, bem como qual a devida interpretação para alguns aspectos controvertidos do procedimento.

Isso ocorreu no julgamento da ADPF 378, inicialmente uma deliberação sobre a medida cautelar, mas que ao fim foi convertido em julgamento de mérito pela Corte. A ação foi ajuizada pelo Partido Comunista do Brasil e visava uma ampla revisão do procedimento de impedimento. Em linhas gerais, o STF manteve o rito adotado no caso Collor, explicitando algumas novas posições.

Assim, restou definido que:

a) não há direito à defesa prévia ao ato de recebimento da denúncia por parte do Presidente da Câmara dos Deputados;

b) podem-se aplicar subsidiariamente os Regimentos Internos das casas legislativas, desde que compatíveis com a lei e com a CF/88, sem que isso implique ofensa à reserva legal;

c) as diligências previstas em lei para a etapa anterior ao juízo de admissibilidade da Câmara dos Deputados não se destinam a provar o mérito da acusação, mas apenas a esclarecer a denúncia;

d) a proporcionalidade na formação da comissão especial pode ser aferida tendo-se em conta tanto os partidos como os blocos partidários;

e) a defesa tem, em regra, direito de se manifestar após a acusação e o interrogatório deve ser o ato final da instrução probatória;

f) restou fixado que, após o advento da CF/88, o recebimento da denúncia é ato a ser realizado pelo Plenário do Senado Federal, por maioria simples, em votação nominal, e, depois, o juízo de pronúncia deve ser realizado seguindo o mesmo quórum de votação para, ao fim, o juízo de mérito ser realizado com o quórum de 2/3 exigido pela CF/88 para a condenação;

g) os senadores não precisam se apartar da função acusatória, mesmo exercendo o papel de juízes, tendo em vista o caráter político do procedimento;

h) não se aplicam subsidiariamente as hipóteses de impedimento e suspeição previstas no Código de Processo Penal;

i) também ficou definido que, para a formação da Comissão Especial criada para examinar a denúncia, não é possível a composição de chapas avulsas, devendo-se seguir as indicações dos líderes, o que faz parecer que não há eleição para a chapa, apesar de ter ocorrido votação no plenário para a escolha dos nomes;

j) e, no que concerne a tal votação plenária, restou decidido que a votação deve ser aberta.

---

69 MS 20.941/DF, rel. Min. Sepúlveda Pertence, *DJ* de 31-8-1992.

Assim, apesar de vários pontos controvertidos, o STF decidiu, com eficácia *erga omnes* e efeito vinculante, as principais balizas a serem observadas nos procedimentos de impedimento de Presidentes da República. A obediência a tais parâmetros deu tranquilidade ao processo e garantiu que transcorresse dentro dos marcos constitucionais.

No último ato do processo de impedimento da Presidente Dilma Rousseff, os presidentes do Supremo Tribunal Federal e do Senado Federal lograram a aprovação de sugestão de cisão das penas previstas para a condenação por crime de responsabilidade no parágrafo único do art. 52 da CF/88.

O texto constitucional dispõe que a condenação será proferida por pelo menos 2/3 dos votos do Senado Federal e se limitará "à perda do cargo, com inabilitação, por oito anos, para o exercício de função pública". A inédita proposta de cisão das penas foi acatada e, assim, o Senado Federal condenou a ex-presidente à pena de perda do cargo, mas a absolveu da inabilitação para o exercício de função pública pelo prazo de oito anos.

A controvérsia sobre a correção desse expediente ainda está em curso.

Retomando-se a narrativa sobre o procedimento de impedimento de modo geral, tem-se, então, que, no Senado Federal, desdobram-se o processo e julgamento do *impeachment*.

O Senado Federal transforma-se, assim, em um Tribunal político, que será presidido pelo Presidente do Supremo Tribunal Federal (CF, art. 52, parágrafo único).

Recebida a autorização da Câmara para a abertura do processo, será ela lida na hora do expediente da sessão seguinte, devendo ser eleita na mesma sessão a comissão processante, constituída por 1/4 da composição do Senado.

À comissão processante compete realizar as diligências necessárias relativas à imputação feita ao Presidente da República, devendo observar o princípio do contraditório e da ampla defesa.

Se a comissão decidir pela procedência da imputação, concluirá os trabalhos com a apresentação de libelo acusatório. A defesa será intimada para contestar o libelo. Sobre ele, o Senado decidirá por maioria simples.

O julgamento será presidido pelo Presidente do Supremo Tribunal Federal. A condenação somente poderá ser proferida se, em votação nominal, 2/3 dos senadores se manifestarem nesse sentido.

7.4. Renúncia ao mandato no processo de crime de responsabilidade

Controvérsia relevante diz respeito ao prosseguimento ou não do processo de crime de responsabilidade no caso de renúncia ao cargo de Presidente da República.

A doutrina tradicional considerava que o processo de *impeachment* não poderia ter seguimento no caso de renúncia ou afastamento voluntário do acusado, tendo em vista o caráter eminentemente político do processo.

No caso do *impeachment* do Presidente Collor, houve por bem o acusado apresentar a renúncia após iniciado o julgamento perante o Senado Federal. Colocou-se então uma questão de ordem, no julgamento, que foi decidida no sentido de sua continuidade, tendo em vista que ainda lhe poderia ser aplicada a pena de inabilitação para o exercício do cargo. No julgamento pelo Senado, foi-lhe aplicada a pena da inabilitação para o exercício de função pública pelo prazo de oito anos (Resolução de 30-12-1992).

A decisão proferida no mandado de segurança impetrado perante o Supremo Tribunal referendou a que fora adotada pelo Senado, assinalando-se que, no sistema da Lei n. 1.079, de 1950, o *impeachment* admite a aplicação de duas penas: perda do cargo e inabilitação, por oito anos, para o exercício de função pública. Daí ter-se concluído que "a renúncia ao cargo, apresentada na sessão de julgamento quando já iniciado este, não paralisa o processo de *impeachment*"[70]. Essa decisão dividiu o Tribunal. Quatro Ministros indeferiram o pedido e quatro o deferiram, tendo declarado impedimento o Ministro Sydney Sanches e suspeição os Ministros Francisco Rezek e Marco Aurélio. Para a conclusão do julgamento a Corte convocou três Ministros do Superior Tribunal de Justiça, nos termos do art. 40 do RISTF.

7.5. Processo contra o Presidente da República por crime comum

O processo-crime contra o Presidente da República é da competência do Supremo Tribunal Federal (CF, art. 102, I, *b*).

Nos termos da Constituição, o Presidente da República, na vigência do seu mandato, não pode ser responsabilizado por atos estranhos ao exercício de suas funções (CF, art. 86, § 4º)[71].

Segundo a jurisprudência do STF, a imunidade não impede a abertura de inquérito para apurar eventuais crimes, ligados ou não ao exercício do mandato, desde que por ordem e sob a supervisão do Supremo Tribunal Federal, e a abertura do inquérito prescinde de autorização por parte da Câmara dos Deputados. Foi o que se firmou no julgamento da Questão de Ordem no Inquérito n. 672/DF. O voto condutor do Min. Celso de Mello esclareceu que, "mesmo na esfera penal, a imunidade constitucional em questão somente incide sobre os atos inerentes à *persecutio criminis in judicio*. Não impede, portanto, que, por iniciativa do Ministério Público, sejam ordenadas e praticadas, na fase pré-processual do procedimento investigatório, diligências de caráter instrutório destinadas a ensejar a *informatio delicti* e a viabilizar, no momento constitucionalmente oportuno, o ajuizamento da ação penal"[72].

A questão é sensível. Deve-se refletir sobre a *ratio* do dispositivo constitucional, que se presta a garantir a estabilidade do mandato político, consagrando o que o STF

---

70 MS 21.689, rel. Min. Carlos Velloso, *DJ* de 7-4-1995.

71 Ressalte-se que as prerrogativas de índole processual, insertas nos §§ 3º e 4º do art. 86 da CF/88, são inerentes ao Presidente da República, não podendo o legislador estadual reproduzi-las nas Constituições dos Estados-membros para estendê-las aos governadores, sob pena de ofensa ao princípio republicano. Os governadores têm prerrogativa de foro perante o STJ e estão permanentemente sujeitos, após licença prévia da Assembleia Legislativa, a processo penal, mesmo que as infrações penais a eles imputadas sejam estranhas ao exercício das funções (ADI 978, rel. Min. Celso de Mello, *DJ* de 17-11-1995).

72 O STF considera que a abertura de investigações contra autoridades com prerrogativa de foro só pode ocorrer em casos de flagrante delito ou por ordem do Tribunal supervisor – Inq. 2.411 QO, rel. Min. Gilmar Mendes, Tribunal Pleno, julgado em 10-10-2007. Não se aplica o CPP, que permite a abertura de inquérito diretamente pela Autoridade Policial. Inq. 672/DF, rel. Min. Celso de Mello, *DJ* de 16-4-1993.

chamou de "imunidade temporária à persecução penal" (Inq 567/DF, rel. Min. Sepúlveda Pertence). É de se ponderar que, muitas vezes, as investigações podem trazer perturbações consideráveis ao mandato, pelo que também devem ser obstados pela cláusula de irresponsabilidade contida no art. 86, § 4º, da Constituição. Como destacou o Min. Carlos Velloso, na referida Questão de Ordem no Inquérito 672/DF, "qualquer procedimento criminal instaurado, ou em vias de instaurar-se, contra a pessoa do Presidente da República, por atos estranhos à suas funções, há de ficar paralisado até que termine o mandato". E também: "se se tem uma *notitia criminis* relativamente apenas ao Presidente da República, esta há de ficar paralisada até que cesse o seu mandato, porque incide a cláusula de irresponsabilidade".

Quanto a atos estranhos ao exercício do mandato, sejam atos anteriores ou não, o oferecimento de petição inicial acusatória será inoportuno, enquanto durar o mandato. Assim, concluídas as investigações e formado o juízo acusatório pela suficiência de indícios contra o Presidente da República, o procedimento ficará suspenso. Em relação aos delitos estranhos ao mandato, o prazo de prescrição da pretensão punitiva é suspenso automaticamente, independentemente de deliberação judicial[73]. Pelo contrário, em relação aos atos praticados no exercício da função ou em razão dele (*in officio* ou *propter officium*), o Procurador-Geral da República ou o querelante oferecerá, perante o STF, a denúncia ou queixa-crime.

O STF solicitará, de imediato e sem realizar controle prévio, à Câmara dos Deputados autorização para deliberar sobre a denúncia[74].

Tal como para os fins de crime de responsabilidade, a autorização dependerá da maioria qualificada de 2/3 da Câmara dos Deputados em votação nominal (CF, art. 86, *caput*).

Concedida a autorização, o STF notificará o Presidente da República, que terá quinze dias para oferecer razões escritas[75]. Em seguida, o Pleno deliberará sobre o recebimento ou não da petição inicial[76]. Recebida a denúncia ou queixa, iniciará o processo penal propriamente dito, no curso do qual será o Presidente da República suspenso de suas funções por até 180 dias (CF, art. 86, § 1º, I).

A condenação criminal transitada em julgado acarretará a suspensão dos direitos políticos (CF, art. 15, III) e, por conseguinte, a perda do mandato do Presidente da República[77].

---

73 Cf. Inq. 672/DF, rel. Min. Celso de Mello, *DJ* de 16-4-1993; Inq. 567/DF, rel. Min. Sepúlveda Pertence, *RTJ*, 143(2)/714, *DJ* de 9-10-1992.

74 Inq. 4.483 QO, rel. Min. Edson Fachin, julgada em 21-9-2017. Alguns votos registraram a possibilidade de o STF fazer controle preliminar da acusação. O Min. Celso de Mello ressaltou a viabilidade do controle das condições da ação e dos pressupostos processuais. Em meu voto, defendi que, por provocação da defesa, o STF poderia fazer o controle de questões que independessem de ulterior instrução probatória.

75 Art. 4º da Lei n. 8.038/90.

76 Art. 4º da Lei n. 8.038/90.

77 O STF afirmou, em *obiter dictum*, que a perda do mandato presidencial é automática – RE 225.019, rel. Min. Nelson Jobim, julgado em 8-8-1999. No mesmo sentido: BULOS, Uadi Lammêgo, *Curso de direito constitucional*,

Negada a autorização para o processo, a prescrição da pretensão punitiva fica suspensa a partir da decisão da Câmara dos Deputados. Encerrado o mandato presidencial, o curso do processo e da prescrição é retomado.

Em 2017, a Procuradoria-Geral da República ofereceu, perante o STF, duas denúncias contra o então Presidente Michel Temer pela suposta prática dos crimes de corrupção passiva, obstrução de justiça e organização criminosa, em decorrência das colaborações premiadas de executivos da empresa JBS, no âmbito da Operação Lava Jato. Em ambos os casos, a Câmara negou a autorização, fazendo com que as denúncias fossem sobrestadas até o término do mandato.

Finalmente, é preciso lembrar que, como cláusula impeditiva da responsabilização – ainda que de forma temporária –, o art. 86, § 4º, deve ser interpretado de forma restritiva, como inclusive já reconheceu o STF ao decidir pela inaplicabilidade dessa regra a Governadores e Prefeitos[78].

8. DO CONSELHO DA REPÚBLICA

A Constituição concebeu como elevado órgão de consulta do Presidente da República o Conselho da República, composto pelo Vice-Presidente da República, pelo Presidente da Câmara dos Deputados, pelo Presidente do Senado Federal, pelos líderes da maioria e da minoria na Câmara dos Deputados, pelos líderes da maioria e da minoria no Senado Federal, pelo Ministro da Justiça e por seis cidadãos brasileiros natos, com mais de 35 anos de idade, sendo dois nomeados pelo Presidente da República, dois eleitos pelo Senado Federal e dois eleitos pela Câmara dos Deputados, todos com mandato de três anos, vedada a recondução.

Compete ao Conselho da República pronunciar-se sobre a intervenção federal, estado de defesa e estado de sítio e sobre questões relevantes para a estabilidade das instituições democráticas (CF, arts. 89 e 90).

A organização e o funcionamento do Conselho estão disciplinados pela Lei n. 8.041, de 1990.

9. DO CONSELHO DE DEFESA

O Conselho de Defesa configura órgão de consulta do Presidente da República para assuntos relacionados à soberania nacional e à defesa do Estado democrático e dele participam, como membros natos, o Vice-Presidente da República, o Presidente da

---

2. ed., São Paulo: Saraiva, 2007, p. 1034-1035; GALUPPO, *"Impeachment"*, Belo Horizonte: D'Plácido, 2016, p. 152-153. Entretanto, a Constituição Federal não é clara quanto ao ponto. A legislação penal comum prevê a perda do cargo eletivo como uma pena acessória – art. 92, I, do CP –, cabível "quando aplicada pena privativa de liberdade por tempo igual ou superior a um ano, nos crimes praticados com abuso de poder ou violação de dever para com a Administração Pública", ou "quando for aplicada pena privativa de liberdade por tempo superior a 4 (quatro) anos nos demais casos", a ser "motivadamente" declarada na sentença condenatória – art. 92, parágrafo único, do CP.

78 STF, HC 80.511, rel. Min. Celso de Mello.

Câmara dos Deputados, o Presidente do Senado Federal, o Ministro da Justiça, o Ministro de Estado da Defesa, o Ministro das Relações Exteriores, o Ministro do Planejamento e os Comandantes da Marinha, do Exército e da Aeronáutica.

Compete ao Conselho de Defesa opinar nas hipóteses de declaração de guerra e de celebração da paz, nos termos da Constituição, sobre a decretação do estado de defesa, do estado de sítio e da intervenção federal, propor os critérios e condições de utilização de áreas indispensáveis à segurança do território nacional e opinar sobre seu efetivo uso, especialmente na faixa de fronteira e nas relacionadas com a preservação e a exploração dos recursos naturais de qualquer tipo, estudar, propor e acompanhar o desenvolvimento de iniciativas necessárias a garantir a independência nacional e a defesa do Estado democrático (CF, art. 91).

O funcionamento do Conselho Nacional de Defesa está disciplinado pela Lei n. 8.183, de 1993.

III PODER JUDICIÁRIO

Gilmar Ferreira Mendes

1. INTRODUÇÃO

A Constituição de 1988 confiou ao Judiciário papel até então não outorgado por nenhuma outra Constituição. Conferiu-se autonomia institucional, desconhecida na história de nosso modelo constitucional e que se revela, igualmente, singular ou digna de destaque também no plano do direito comparado. Buscou-se garantir a autonomia administrativa e financeira do Poder Judiciário. Assegurou-se a autonomia funcional dos magistrados[1].

O princípio da proteção judicial efetiva configura pedra angular do sistema de proteção de direitos. Conceberam-se novas garantias judiciais de proteção da ordem constitucional objetiva e do sistema de direitos subjetivos, a exemplo da ação direta de inconstitucionalidade, da ação declaratória de constitucionalidade, da ação direta por omissão, do mandado de injunção, do *habeas data* e do mandado de segurança coletivo. A ação civil pública ganhou dimensão constitucional. A ação popular teve seu âmbito de proteção alargado.

A ampliação dos mecanismos de proteção tem influenciado a concepção de um modelo de organização do Judiciário. Daí exigir-se, por exemplo, que se adote, em alguns casos, o recurso ordinário para os Tribunais Superiores, como ocorre com as decisões denegatórias de *habeas corpus*, mandado de segurança ou *habeas data*. Ou, ainda, que se amplie a prestação jurisdicional tendo em vista determinados tipos de causas (juizados especiais para causas de menor complexidade e para os crimes de menor potencial ofensivo).

O modelo presente, no entanto, consagra o livre acesso ao Judiciário. Os princípios da proteção judicial efetiva (art. 5º, XXXV), do juiz natural (art. 5º, XXXVII e LIII) e do devido processo legal (art. 5º, LV) têm influência decisiva no processo organizatório da Justiça, especialmente no que concerne às garantias da magistratura e à estruturação independente dos órgãos.

Destaca-se que, diferentemente do Legislativo e do Executivo, que se encontram em relação de certo entrelaçamento, o Poder Judiciário, ou a Jurisdição, é aquele que de forma mais inequívoca se singulariza com referência aos demais Poderes. Konrad Hesse observa que não é o fato de o Judiciário aplicar o Direito que o distingue, uma vez que se cuida de atividade que, de forma mais ou menos intensa, é exercida, também, pelos demais órgãos estatais, especialmente pelos da Administração. Todavia, o que caracte-

1 Conferir, a propósito dos dilemas do Poder Judiciário, Rogério Bastos Arantes, Judiciário: entre a Justiça e a Política, in Lúcia Avelar e Antônio Octávio Cintra, *Sistema político brasileiro*: uma introdução, Rio de Janeiro: Fundação Konrad-Adenauer-Stiftung, São Paulo: UNESP, 2004, e José Carlos Moreira Alves, Poder Judiciário, *Revista dos Tribunais*, ano 5, n. 18, p. 269, jan./mar. 1997.

rizaria a atividade jurisdicional é a prolação de decisão autônoma, de forma autorizada e, por isso, vinculante, em casos de direitos contestados ou lesados[2].

A atuação independente e eficaz do Poder Judiciário, no entanto, tem sido obstada por limitações inerentes à sua estrutura administrativa. De fato, o crescente número de demandas e o aumento do tempo médio de tramitação dos processos indicam um quadro de deficiências que comprometem a efetividade da prestação jurisdicional.

Nesse cenário, o desenvolvimento de métodos alternativos de resolução de conflitos se afigura fundamental, senão imprescindível, para conter a litigiosidade social e desburocratizar o sistema. A valorização de institutos de mediação, conciliação e arbitragem passa a se mostrar prioritária, devendo a judicialização ser cada vez mais tratada como uma *ultima ratio* da solução de litígios.

Essas formas alternativas, a propósito, já vêm sendo bastante desenvolvidas na experiência comparada. No direito alemão, por exemplo, destacam-se iniciativas de instituições financeiras e de seguradoras que mantêm estruturas de *Ombudsmann* incumbidas de solver conflitos consumeristas[3]. Trata-se de uma via interessante para evitar a provocação do judiciário em lides de massa que podem ser solucionadas na via negocial.

No Brasil, o Conselho Nacional de Justiça (CNJ) tem incluído iniciativas conciliativas na pauta da Política Judiciária Nacional desde 2010, priorizando a formação e o desenvolvimento dos Núcleos Permanentes de Métodos Consensuais de Solução de Conflitos. Nesse âmbito, o Conselho tem fomentado a realização de sessões de conciliação e mediação que ajudam a aligeirar os processos e a desobstruir o acesso ao judiciário.

O Supremo Tribunal Federal, por sua vez, criou o seu Centro de Mediação e Conciliação (CMC)[4]. O CMC está subordinado diretamente à Presidência do Tribunal e deve atuar na solução de conflitos pré-processuais e processuais, buscando, por meio de mediação ou conciliação, a solução de questões jurídicas sujeitas à competência do STF para as quais, por sua natureza, a lei permita a solução pacífica.

Dessa forma, a iniciativa busca incentivar a tentativa de conciliação nas hipóteses regimentais de competência da Presidência ou a critério do relator, que pode enviar os autos ao CMC, a qualquer tempo, de ofício ou mediante provocação das partes.

Além dessas reformas judiciárias, ganham destaque soluções endógenas concebidas no âmbito da Administração para prevenir o ajuizamento de demandas em face do Poder Público. Cite-se como exemplo a Câmara de Conciliação e Arbitragem da Administração Federal – CCAF da Advocacia-Geral da União – AGU, que desde 2007 vem desenvolvendo procedimentos conciliatórios com o objetivo de resolver conflitos entre entes da Administração Pública Federal e entre esses entes e a Administração Pública dos Estados, Municípios e Distrito Federal.

A valorização desses mecanismos autocompositivos também pode ser sentida em alterações legislativas recentes. Nesse sentido, a Lei n. 13.129/2015 ampliou significativamente o âmbito de aplicação da arbitragem, deixando claro que a Administração

2 Konrad Hesse, *Elementos de direito constitucional da República Federal da Alemanha*, 20. ed., tradução alemã por Luís Afonso Heck, Porto Alegre: Fabris, 1998, p. 411 e s.

3 Cf. Sidnei Beneti, Ombudsman de bancos e desjudicialização. *Justiça e cidadania*, Rio de Janeiro, n. 158, p. 9-11, out. 2013.

4 Resolução n. 697, de 6 de agosto de 2020.

Direta e Indireta poderá dela se utilizar para dirimir conflitos relativos a direitos patrimoniais disponíveis[5]. Com as transformações desse diploma legal, a instituição da arbitragem também passou a interromper a prescrição, que retroagirá à data de requerimento, mesmo quando a ausência de jurisdição extinguir o procedimento[6]. Outra inovação relevante diz respeito à definição de regras de processamento da carta arbitral, instrumento de que se vale o árbitro para solicitar a um órgão jurisdicional o cumprimento ou a prática de determinado ato[7]. Merece relevo ainda a previsão de tutelas cautelares de urgência, que poderão ser requeridas ao judiciário antes mesmo de instituída a arbitragem[8].

Na mesma perspectiva, a legislação processual tem sido reformada para estimular formas de conciliação e mediação[9].

É a partir dessas referências que se deve refletir sobre as possibilidades de concretização do direito constitucional de livre acesso ao Poder Judiciário.

2. ORGANIZAÇÃO DO PODER JUDICIÁRIO

Aborda-se neste tópico a forma como o Poder Judiciário encontra-se estruturado na Constituição, a questão do quinto constitucional, a instituição de órgãos especiais pelos tribunais e, por fim, o funcionamento dos órgãos judiciários, com análise dos seguintes temas: autonomia administrativa e financeira, custas e emolumentos, precatórios, celeridade na prestação jurisdicional, fundamentação das decisões e publicidade dos atos judiciais.

2.1. Estrutura

A estrutura do Poder Judiciário encontra-se definida no art. 92 da Constituição. O Judiciário tem como órgão de cúpula o Supremo Tribunal Federal, que exerce as fun-

5 Lei n. 9.307/96 com redação dada pela Lei n. 13.129/2015. Art. 1º, § 1º: "A administração pública direta e indireta poderá utilizar-se da arbitragem para dirimir conflitos relativos a direitos patrimoniais disponíveis".

6 Lei n. 9.307/96 com redação dada pela Lei n. 13.129/2015. Art. 19, § 2º: "A instituição da arbitragem interrompe a prescrição, retroagindo à data do requerimento de sua instauração, ainda que extinta a arbitragem por ausência de jurisdição".

7 Lei n. 9.307/96 com redação dada pela Lei n. 13.129/2015. "Art. 22-C. O árbitro ou o tribunal arbitral poderá expedir carta arbitral para que o órgão jurisdicional nacional pratique ou determine o cumprimento, na área de sua competência territorial, de ato solicitado pelo árbitro".

8 Lei n. 9.307/96 com redação dada pela Lei n. 13.129/2015. "Art. 22-A. Antes de instituída a arbitragem, as partes poderão recorrer ao Poder Judiciário para a concessão de medida cautelar ou de urgência".

9 A redação do novo Código de Processo Civil contempla disposições relevantes sobre esses temas. Em seu texto, o dever de juízes, advogados, defensores públicos e membros do MP de estimular a conciliação, a mediação e outros métodos de solução consensual de conflitos, mesmo no curso de processos judiciais (art. 1º, § 3º). Além disso, o novo CPC regulamenta a instalação dos centros judiciários de solução consensual de conflitos na Seção V do seu Capítulo III, estipulando regras de funcionamento das sessões e audiências de conciliação e mediação, definindo requisitos para atuação de mediadores e conciliadores, dentre outros temas. O art. 174 do *Codex* dispõe ainda sobre a criação de câmaras de conciliação e mediação no âmbito da União, Estados e Municípios, com a finalidade de fortalecer a solução consensual de conflitos entre entidades da Administração Pública.

ções de Corte Constitucional e de órgão máximo do Poder Judiciário nacional. Logo abaixo, nessa estrutura judiciária hierarquizada, estão os Tribunais Superiores: Superior Tribunal de Justiça (STJ), Tribunal Superior Eleitoral (TSE), Superior Tribunal Militar (STM) e o Tribunal Superior do Trabalho (TST). Ao Superior Tribunal de Justiça, criado pela Constituição de 1988, compete a função jurisdicional quanto à aplicação do direito objetivo federal. Os demais Tribunais Superiores funcionam como instâncias recursais superiores dos Tribunais e Juízes Eleitorais, Militares e do Trabalho. O Supremo Tribunal Federal e os Tribunais Superiores têm jurisdição em todo o território nacional.

A jurisdição brasileira também está dividida em Justiça Comum e as chamadas Justiças especiais. A Justiça Comum compreende as Justiças dos Estados (Tribunais e Juízes dos Estados e do Distrito Federal e Territórios) e a Justiça Federal (Tribunais Regionais Federais, Juízes Federais), cuja instância recursal superior é o Superior Tribunal de Justiça. As Justiças Especiais compreendem a Justiça Eleitoral (Tribunais e Juízes Eleitorais), a Justiça Militar (Tribunais e Juízes Militares da União e dos Estados) e a Justiça do Trabalho (Tribunais e Juízes do Trabalho).

A estrutura federativa brasileira reflete-se na organização do Poder Judiciário, especificamente na divisão entre Justiça Estadual e Justiça Federal. A Constituição de 1988, seguindo modelo construído desde a adoção, em 1891, do sistema federativo de origem norte-americana, repartiu competências jurisdicionais entre a União e os Estados, reservando, por critério temático, certas competências à Justiça Federal (art. 109), mais adiante exploradas no tópico sobre composição e competência dos órgãos judiciários.

Estão inseridos, também, na estrutura do Poder Judiciário, os juizados especiais, no âmbito das Justiças Estaduais e da Justiça Federal, compostos por juízes togados e leigos, competentes para a conciliação, o julgamento e a execução de causas cíveis de menor complexidade e infrações penais de menor potencial ofensivo, mediante procedimentos oral e sumaríssimo, permitidos, nas hipóteses previstas em lei, a transação e o julgamento de recursos por turmas de juízes de primeiro grau, as denominadas Turmas Recursais (art. 98, inciso I).

Por fim, a instituição da justiça de paz busca alcançar, igualmente, os objetivos gerais de acesso ao justo processo e de pacificação social. Quanto a aspecto, merece destaque o fato de os juízes de paz, eleitos para mandatos de quatro anos, terem competência não só para celebrar casamentos e verificar a regularidade dos respectivos processos de habilitação, mas, também, atribuições conciliatórias, as quais, se bem aproveitadas, têm o potencial de contribuir de maneira significativa para a redução da judicialização de controvérsias, ao servir de mecanismo extrajudicial de solução de conflitos. Cabe aduzir que os juízes de paz integram o Poder Judiciário e a eles se impõe a vedação prevista no art. 95, parágrafo único, II, da Constituição, a qual proíbe a percepção, a qualquer título ou pretexto, de custas ou participação em processo pelos membros do Judiciário[10].

Em relação à redação original de 1988, a inovação no dispositivo do art. 92 está na criação, pela Emenda Constitucional n. 45/2004, do Conselho Nacional de Justiça, cujo funcionamento e competência constam do art. 103-B do texto constitucional. Apesar de não exercer função jurisdicional, o Conselho Nacional de Justiça foi inserido na estrutu-

---

10 ADI 954, rel. Min. Gilmar Mendes, j. 24-2-2011, P, *DJE* de 26-5-2011.

ra do Poder Judiciário brasileiro, com competência expressa para controlar a atuação administrativa e financeira do Poder Judiciário e o cumprimento dos deveres funcionais dos juízes. São examinados mais adiante neste capítulo, diversos aspectos do Conselho Nacional de Justiça.

Não obstante a estrutura aqui delineada, é importante ressaltar que, conforme entendimento perfilhado pelo Supremo Tribunal Federal, o Poder Judiciário não é federal nem estadual, mas um Poder de âmbito nacional, como bem esclarecido pelo seguinte trecho do voto do Ministro Cezar Peluso: "(...) O pacto federativo não se desenha nem expressa, em relação ao Poder Judiciário, de forma normativa idêntica à que atua sobre os demais Poderes da República. Porque a Jurisdição, enquanto manifestação da unidade do poder soberano do Estado, tampouco pode deixar de ser una e indivisível, é doutrina assente que o Poder Judiciário tem caráter nacional, não existindo, senão por metáforas e metonímias, 'Judiciários estaduais' ao lado de um 'Judiciário federal'. A divisão da estrutura judiciária brasileira, sob tradicional, mas equívoca denominação, em Justiças, é só o resultado da repartição racional do trabalho da mesma natureza entre distintos órgãos jurisdicionais. O fenômeno é corriqueiro, de distribuição de competências pela malha de órgãos especializados, que, não obstante portadores de esferas próprias de atribuições jurisdicionais e administrativas, integram um único e mesmo Poder. Nesse sentido fala-se em Justiça Federal e Estadual, tal como se fala em Justiça Comum, Militar, Trabalhista, Eleitoral, etc., sem que com essa nomenclatura ambígua se enganem hoje os operadores jurídicos"[11].

2.2. Quinto constitucional

O art. 94 estabelece o denominado *quinto constitucional*, que assume relevante valor nas sociedades complexas, na medida em que permite a composição plural dos órgãos judiciais. O texto constitucional valoriza, igualmente, a experiência profissional de advogados e membros do Ministério Público e sua importante contribuição no processo de legitimação das decisões judiciais.

O assim denominado quinto constitucional foi criado na Constituição de 1934 (art. 104, § 6º) e manteve-se praticamente inalterado nos textos constitucionais posteriores (Constituição de 1937, art. 105; Constituição de 1946, art. 124, inciso V; Constituição de 1967, art. 136, inciso IV; Constituição de 1969, art. 144, inciso IV). A Constituição de 1988 estabeleceu o percentual de um quinto para os Tribunais Regionais Federais e os Tribunais dos Estados e do Distrito Federal, repetindo a exigência de dez anos de carreira para o Ministério Público e dez anos de efetivo exercício da atividade profissional para os advogados.

Conforme já ocorria nas Constituições anteriores, o instituto é inaplicável à composição do Supremo Tribunal Federal e de Tribunais Superiores, à exceção, como veremos a seguir, do Tribunal Superior do Trabalho. O acesso ao cargo de Ministro do STF é feito por livre indicação do Presidente da República, com a aprovação do Senado Federal (art. 101). Para o provimento dos cargos de Ministro do Superior Tribunal de

11 ADI n. 3.367/DF, rel. Min. Cezar Peluso, *DJ* de 17-3-2006.

Justiça, observa-se a regra segundo a qual um terço desses cargos deve ser preenchido por advogados e membros do Ministério Público Federal, Estadual e do Distrito Federal (art. 104). O Superior Tribunal Militar é composto de três advogados e dois membros do Ministério Público da Justiça Militar ou juízes auditores, escolhidos de forma paritária (art. 123). O Tribunal Superior Eleitoral segue regra diferenciada e compõe-se de três Ministros do STF, dois Ministros do STJ e dois advogados (art. 119).

Assim, o texto constitucional é expresso em indicar que a regra se aplica apenas aos Tribunais Regionais Federais e aos Tribunais dos Estados e do Distrito Federal. Com a Emenda Constitucional n. 45/2004, o quinto constitucional passou a ser observado para a composição dos Tribunais Regionais do Trabalho (art. 115, I) e para o Tribunal Superior do Trabalho (art. 111-A, I).

A Constituição de 1988, de toda forma, mesmo nas hipóteses não abrangidas especificamente pela regra do quinto constitucional, preserva o princípio da composição plural dos órgãos judiciais, com membros oriundos da advocacia e do Ministério Público.

O processo de escolha dos integrantes dos órgãos judiciais tem início com a formação da lista sêxtupla, de caráter corporativo. Cabe aos órgãos de representação das respectivas classes, ou seja, os Conselhos Superiores, no caso do Ministério Público, e os Conselhos Federal e Seccionais da Ordem dos Advogados do Brasil, escolher quais de seus membros comporão a lista. A partir das listas sêxtuplas, os Tribunais formam listas tríplices, que são enviadas ao Presidente da República, ou ao Governador, quando se tratar de vaga em Tribunal de Justiça, os quais escolherão definitivamente um de seus integrantes para a nomeação.

Assim, diferentemente do modelo constitucional anterior, a Constituição de 1988 incumbe aos órgãos de representação do Ministério Público e da Advocacia a tarefa de formação das listas, ficando os Tribunais apenas com o poder-dever de composição da lista tríplice, para submetê-la à escolha final por parte do Chefe do Poder Executivo. O ato de nomeação, portanto, é ato complexo, que somente se completa com o decreto do Presidente da República, ou do Governador, que efetivamente nomeia o magistrado.

O quinto deve ser obtido pela divisão no número de cargos do Tribunal por cinco. Se o número total da composição do Tribunal não for múltiplo de cinco, deve-se arredondar a fração, seja ela superior ou inferior a meio, para cima, de forma a se obter o número inteiro seguinte[12].

Na hipótese de ser ímpar o número de vagas no Tribunal destinadas ao quinto constitucional, uma delas será, alternada e sucessivamente, preenchida por advogado e por membro do Ministério Público, de tal forma que, também sucessiva e alternadamente, os representantes de uma dessas classes superem os da outra em uma unidade, tal como prescreve o § 2º do art. 100 da LOMAN[13].

Questão que tem sido muito debatida diz respeito à recusa, devolução ou substituição, pelo Tribunal, da lista sêxtupla enviada pelos órgãos de classe.

12 MS n. 22.323/SP, rel. Min. Carlos Velloso, *DJ* de 19-4-1996.

13 MS 20.597, rel. Min. Octavio Gallotti, *DJ* de 5-12-1986; MS 23.972, rel. Min. Carlos Velloso, *DJ* de 29-8-2003.

O Supremo Tribunal Federal tem entendido que podem os Tribunais se recusar a formar a lista tríplice com alguns ou todos os nomes oferecidos pela lista sêxtupla, desde que a recusa esteja fundada em razões objetivas, ante o descumprimento dos requisitos constitucionais do art. 94, devidamente apresentadas e fundamentadas por meio da decisão[14]. Há, aqui, uma exigência de fundamentação e de motivação do ato de recusa da lista sêxtupla, até mesmo em razão da possibilidade de sua submissão ao controle jurisdicional. Afinal, por se tratar de um ato administrativo complexo, a exigência de fundamentação é condição de possibilidade da validade da própria decisão.

Por outro lado, não poderão os Tribunais substituir a lista sêxtupla, encaminhada pela respectiva entidade de classe, por outra lista composta pelos próprios órgãos judiciais, no exercício de juízo sobre os requisitos do art. 94 (MS n. 25.624/SP). Decisão desse jaez é absolutamente inconstitucional. A Constituição atribui aos órgãos de representação de classe o poder de emitir o primeiro juízo positivo ou negativo sobre as qualificações pessoais exigidas pelo art. 94 para a formação da lista sêxtupla. Resta aos Tribunais o poder-dever de reduzir a três os seis indicados pelo Ministério Público ou pela Ordem dos Advogados, para formação da lista tríplice a ser enviada à escolha final pelo Chefe do Poder Executivo. No caso de eventual descumprimento dos requisitos constitucionais do art. 94, pode o Tribunal se recusar, de forma motivada, à formação da lista tríplice e, dessa forma, proceder à devolução da lista sêxtupla ao respectivo órgão de classe, o qual poderá refazer total ou parcialmente a lista ou contestar em juízo o ato de devolução (MS n. 25.624/SP).

No julgamento da ADI-EI n. 1.289, o Supremo Tribunal Federal enfrentou a interessante questão de saber se, ante a inexistência temporária de membros do Ministério Público com mais de dez anos de carreira, poderiam concorrer a vagas em Tribunal Regional do Trabalho outros membros que não cumprissem o mencionado requisito constitucional.

O Tribunal procurou adotar solução que propiciasse, na maior medida possível, a realização dos princípios constitucionais em questão, permitindo a participação de membros do Ministério Público na composição do Tribunal trabalhista. Ao assentar que um dos mandamentos constitucionais para a composição de órgãos judiciais era a observância do denominado "quinto constitucional", o Tribunal chamou a atenção para um elemento que assume valor ímpar nas sociedades pluralistas: a composição plural dos órgãos judiciais.

Como anotado, a obediência ao preceito que estabelece o quinto constitucional rende notória homenagem à principiologia constitucional (pluralismo, democracia), permitindo que os Tribunais tenham, necessariamente, uma composição diversificada. A não satisfação do dispositivo constitucional configura, portanto, um desvalor que, certamente, não encontra respaldo na estrutura constitucional brasileira, tal como anotado na decisão do STF.

Ademais, cumpre observar que, ao consagrar o critério da lista sêxtupla composta

---

14 Rcl n. 5.413/SP, rel. Min. Menezes Direito, *DJe* de 23-5-2008; MS n. 25.624/SP, rel. Min. Sepúlveda Pertence, *DJ* de 19-2-2006.

por procuradores que ainda não preenchem o requisito temporal, no caso de falta de membros habilitados, atende-se a outro direito, igualmente importante para o texto constitucional: o respeito à liberdade de escolha por parte do Tribunal e do próprio Poder Executivo. Do contrário, restaria prejudicado o equilíbrio que o texto constitucional pretendeu formular para o sistema de escolha: participação da classe na formação da lista sêxtupla; participação do Tribunal na escolha da lista tríplice e participação do Executivo na escolha de um dos nomes. A formação incompleta da lista sêxtupla ou até mesmo o envio de um ou dois nomes que preenchessem todos os requisitos constitucionais acabaria por afetar o modelo original concebido pelo constituinte, reduzindo ou eliminando a participação do Tribunal e do Executivo no processo de escolha.

Portanto, entre as interpretações cogitáveis, aquela que mais se aproxima de um "pensamento do possível" (Häberle), na espécie, é exatamente a perfilhada na decisão do STF, que, como se vê, logra realizar os princípios em eventual tensão dialética sem comprometer aspectos fundamentais da complexa decisão constitucional, ou seja, respeita-se o quinto constitucional e a cláusula da lista sêxtupla, que, menos do que a revelação de um número cabalístico, contém uma definição em favor da liberdade relativa de escolha por parte do Tribunal e do Poder Executivo.

Muito mais distante da vontade constitucional seria a composição do Tribunal sem a participação dos integrantes do Ministério Público, significa dizer, sem a observância do princípio do quinto constitucional. Da mesma forma, haveria de revelar-se distante do texto constitucional a composição da lista com número inferior ao estabelecido constitucionalmente, afetando o modelo já restrito de liberdade de escolha. Não há dúvida, pois, de que, entre os caminhos possíveis de serem trilhados, adotou-se aquele que mais se aproxima da integridade da decisão constitucional, respeitando o preceito que institui o quinto constitucional e a liberdade de escolha dos órgãos dos Poderes Judiciário e Executivo.

Por fim, o certo é que a Constituição não regula de forma pormenorizada todas as questões que podem surgir a partir da aplicação do art. 94, de forma que tal interpretação constitucional segundo o "pensamento de possibilidades" (*Möglichkeitsdenken*) (Häberle) pode constituir um mecanismo idôneo para emprestar ao dispositivo a máxima eficácia, preservando seu substrato axiológico, que é a composição plural dos órgãos judiciais.

2.3. **Órgão especial**

A Emenda Constitucional n. 45/2004, que instituiu a Reforma do Judiciário, alterou a composição do órgão especial dos Tribunais com mais de vinte e cinco membros, passando a estabelecer que a metade das vagas será provida por antiguidade e a outra metade, por eleição pelo Tribunal Pleno e, nos casos de número ímpar de membros, arredondando-se para maior o número a ser removido por antiguidade.

Cabe observar que o Órgão Especial age por delegação do Plenário, que é o órgão maior dos Tribunais, conforme prevê o art. 93, XI, da Constituição Federal, na redação conferida pela EC n. 45/2004. Incumbindo ao Plenário, de modo facultativo, a criação do Órgão Especial, compete somente a ele definir quais são as atribuições que delega ao referido Órgão, que, por expressa disciplina do referido dispositivo constitucional, exerce as atribuições administrativas e jurisdicionais da competência do Pleno que lhes sejam por esse delegadas[15].

2.4. Funcionamento dos órgãos judiciários

2.4.1. Autonomia administrativa e financeira

O art. 99 da Constituição dispõe expressamente sobre a garantia da autonomia administrativa e financeira dos órgãos judiciais. Esse artigo compõe, assim, em conjunto com os arts. 95 e 96, o plexo de disposições constitucionais que tratam das *garantias institucionais* do Poder Judiciário. Enquanto o art. 95 trata das garantias funcionais da magistratura e o art. 96 dispõe sobre as garantias da autonomia orgânico-administrativa dos órgãos judiciais, o art. 99 cuida das garantias da autonomia financeira dos tribunais. Tais garantias são imprescindíveis para a independência e imparcialidade dos órgãos jurisdicionais e, dessa forma, são pressupostos de efetividade do direito fundamental à tutela judicial efetiva.

2.4.1.1. *Autonomia administrativa*

A Constituição de 1988 dotou os tribunais de um poder de autogoverno consistente na eleição de seus órgãos diretivos, elaboração de seus regimentos internos, organização de suas secretarias e serviços auxiliares e os dos juízos que lhes forem vinculados, no provimento dos cargos de magistrados de carreira da respectiva jurisdição, bem como no provimento dos cargos necessários à administração da Justiça (CF, art. 96, I).

A organização do Judiciário deve ser disciplinada no Estatuto da Magistratura, estabelecido em lei complementar, de iniciativa do Supremo Tribunal Federal, observados os princípios previstos na Constituição (CF, art. 93). Segundo a jurisprudência pacífica do Supremo Tribunal Federal, "até o advento da lei complementar prevista no artigo 93, *caput*, da Constituição de 1988, o Estatuto da Magistratura será disciplinado pelo texto da Lei Complementar n. 35/79 (Lei Orgânica da Magistratura Nacional – LOMAN), que foi recebida pela Constituição"[16].

O Supremo Tribunal Federal, em algumas ocasiões, declarou a inconstitucionalidade de normas constantes de Regimentos Internos de tribunais de justiça e de tribunal regional federal, quando elas, extrapolando o que dispõe a LOMAN no sentido de ampliar o leque de possíveis concorrentes, criaram regras diferenciadas para a eleição dos cargos de direção dos respectivos tribunais.

A Corte entendeu que os critérios para a escolha dos ocupantes dos cargos diretivos dos tribunais brasileiros devem ser estabelecidos no Estatuto da Magistratura, em razão de se tratar de matéria eminentemente institucional, e tendo em vista o caráter

15 MS 26.411 QO, red. p/ o ac. Min. Teori Zavascki, j. 26-11-2015, P, *DJe* de 16-5-2016.

16 ADI 1.985, rel. Min. Eros Grau, *DJ* de 13-5-2005.

nacional da magistratura. Desse modo, uma nova regulamentação da matéria dependeria da edição de lei complementar federal, conforme o disposto no art. 93 da Constituição e reiterado em diversos julgados do Supremo Tribunal Federal[17].

Assume igualmente relevância a competência reconhecida ao Supremo Tribunal Federal, aos Tribunais Superiores e aos Tribunais de Justiça para propor ao Poder Legislativo respectivo a alteração do número de membros dos tribunais inferiores, a criação e extinção de cargos e a remuneração dos seus serviços auxiliares e dos juízos que lhes forem vinculados, bem como a fixação dos subsídios de seus membros e dos juízes, a criação ou extinção dos tribunais inferiores, a alteração da organização e da divisão judiciárias (CF, art. 96, II).

2.4.1.2. *Autonomia financeira*

A autonomia financeira materializa-se na outorga aos tribunais do poder de elaborar suas propostas orçamentárias dentro dos limites estabelecidos com os demais Poderes na lei de diretrizes orçamentárias.

É fundamental a participação do Poder Judiciário na fixação, na lei de diretrizes orçamentárias, dos limites de sua proposta orçamentária. O Supremo Tribunal Federal, em mais de uma oportunidade[18], deferiu a suspensão cautelar da vigência de disposições legais que fixaram limite percentual de participação do Poder Judiciário no orçamento do Estado sem a intervenção desse Poder.

O encaminhamento das propostas deverá ser feito, no âmbito da União, pelos Presidentes do Supremo Tribunal Federal e dos demais Tribunais Superiores e, no âmbito dos Estados e do Distrito Federal, pelos Presidentes dos Tribunais de Justiça.

A lei de diretrizes orçamentárias definirá os limites financeiros e o prazo de apresentação das propostas orçamentárias pelos tribunais. Se os tribunais não encaminharem suas propostas dentro do prazo estabelecido na lei de diretrizes orçamentárias, o Poder Executivo considerará, para fins de consolidação da proposta orçamentária anual, os valores aprovados na lei orçamentária vigente, ajustados de acordo com os limites estipulados na forma do § 1º deste art. 99. Se as propostas orçamentárias forem encaminhadas em desacordo com os limites estipulados na forma do § 1º, o Poder Executivo procederá aos ajustes necessários para fins de consolidação da proposta orçamentária anual.

A Constituição consagra, ainda, que os recursos correspondentes às dotações orçamentárias do Judiciário – e também do Legislativo, do Ministério Público e da Defensoria Pública – serão entregues até o dia 20 de cada mês, em duodécimos (CF, art. 168). Durante a execução orçamentária do exercício, não poderá haver a realização de despesas ou a assunção de obrigações que extrapolem os limites estabelecidos na lei de dire-

---

17 ADI 3.976-MC, rel. Min. Ricardo Lewandowski, Plenário, *DJe* de 15-2-2008; ADI 3.566, rel. Min. Joaquim Barbosa, red. p/ acórdão Min. Cezar Peluso, Plenário, *DJ* de 15-6-2007; ADI 4.108-MC-REF, rel. Min. Ellen Gracie, Plenário, *DJe* de 6-3-2009.

18 ADI 468-MC, rel. Min. Carlos Velloso, e ADI 810-MC, rel. Min. Francisco Rezek, ADI 1.911-MC, rel. Min. Ilmar Galvão, ADI 848-MC, rel. Min. Sepúlveda Pertence.

trizes orçamentárias, exceto se previamente autorizadas, mediante a abertura de créditos suplementares ou especiais.

2.4.2. Custas e emolumentos

A Emenda Constitucional n. 45, de 2004 acrescentou o § 2º ao art. 98 para prescrever que as custas e os emolumentos devem ser destinados, exclusivamente, ao custeio dos serviços afetos às atividades específicas da Justiça. A nova norma constitucional consolida entendimento fixado pelo Supremo Tribunal Federal, segundo o qual as custas judiciais e os emolumentos concernentes aos serviços notariais e registrais possuem natureza tributária, qualificando-se como taxas remuneratórias de serviços públicos, e, portanto, sujeitam-se, por consequência, ao regime jurídico-constitucional pertinente a essa específica modalidade de tributo, devendo ser destinados especificamente ao custeio dos serviços.

Cabe anotar que o Supremo Tribunal Federal sempre entendeu que são inconstitucionais os atos normativos que prescrevam a destinação do produto da arrecadação de emolumentos e custas judiciais a entidades privadas, como as Caixas de Assistência e as Associações de Magistrados[19].

Além do papel remuneratório, as custas constituem importante instrumento de racionalização do ajuizamento de demandas, pois atribuem responsabilização àqueles que deram injusta causa à lide, o que acaba desincentivando movimentações desnecessárias da máquina judiciária.

Uma preocupação relevante do Conselho Nacional de Justiça (CNJ) sobre as custas refere-se à discrepância e falta de clareza acerca da sua sistemática de cobrança nas diversas unidades federativas do país. O CNJ defende, nesse sentido, a necessidade de se uniformizar o conceito de custas, definindo, com maior precisão, as suas hipóteses de incidência, de modo a orientar as legislações estaduais nas atribuições dos valores a serem cobrados.

Em razão disso, o CNJ instituiu um Grupo de Trabalho[20] para estudar a formulação de um Anteprojeto de Lei Complementar que estabelecesse normas gerais para a cobrança de custas dos serviços forenses. Buscava-se, assim, propor a uniformização das balizas gerais para a cobrança dessas exações, restando às respectivas leis de regência de cada unidade da Federação a fixação das alíquotas de acordo com os parâmetros dessa lei geral.

No dia 9 de setembro de 2020, o projeto foi apresentado ao Congresso Nacional para apreciação pelos parlamentares.

2.4.3. Precatórios

Nas disposições gerais do capítulo destinado ao Poder Judiciário, o constituinte inseriu dispositivo referente ao pagamento dos débitos da Fazenda oriundos de senten-

19 ADI 948, rel. Min. Francisco Rezek; ADI 2.059, rel. Min. Nelson Jobim; ADIn 1.709, rel. Min. Maurício Corrêa; ADI 1.778-MC, rel. Min. Nelson Jobim; ADI 1.145, rel. Min. Carlos Velloso; ADI 1.378, rel. Min. Celso de Mello; ADI 2.040, rel. Min. Maurício Corrêa.

20 Portaria CNJ n. 71, de 9 de maio de 2019.

ça judicial transitada em julgado. Assim, segundo o art. 100 da Constituição, o pagamento dos débitos oriundos de decisões judiciais transitadas em julgado será realizado, pelo Poder Público, por meio de precatórios, que deverão ser pagos na ordem cronológica de apresentação e à conta dos créditos respectivos[21].

Em 9 de dezembro de 2009, o constituinte derivado editou a EC n. 62/2009, que alterou o art. 100 da Constituição e acrescentou o art. 97 ao ADCT, instituindo regime especial de pagamento de precatórios pelos Estados, Distrito Federal e Municípios, e estabeleceu uma nova ordem no que diz respeito ao cumprimento das decisões judiciais transitadas em julgado que condenem o Poder Público ao pagamento de quantia[22]. Nas

21 A previsão de pagamento dos débitos da Fazenda Nacional por meio de precatórios, em ordem cronológica e à conta dos créditos respectivos, foi inserida no ordenamento brasileiro pelo art. 182 da Constituição de 1934. A Constituição de 1937, todavia, não fez qualquer referência ao pagamento dos débitos judiciais da Fazenda. A Constituição de 1946, em seu art. 204, retomou a disciplina e a estendeu às Fazendas estaduais e municipais. Os arts. 117 e 100, constantes, respectivamente, das Constituições de 1967/1969 e de 1988, incorporaram quase que totalmente o estabelecido pela Constituição de 1946. Ressalte-se, contudo, que o constituinte de 1988 ampliou significativamente a complexidade da regência constitucional do pagamento das obrigações fazendárias mediante precatórios. Assim, foi criada a Requisição de Pequeno Valor – RPV, consistente em valores que, em razão de sua pouca expressividade, foram excluídos do regime de pagamento por precatórios (CF, art. 100, § 3º). Inaugurou-se, ademais, um sistema hierarquizado para a definição da ordem de pagamento dos precatórios. A Constituição de 1988 dispôs, ainda, sobre a forma de quitação dos precatórios oriundos do regime da Constituição de 1967/1969, inaugurando, com o art. 33 do ADCT, a modalidade de quitação dos precatórios por prestações anuais, corrigido o valor original com vistas à manutenção do valor real da condenação. Na redação originária, foi autorizado o parcelamento em 8 anos. A EC n. 30/2000, além de estabelecer a proibição de fracionamento dos precatórios com vistas a transformar parte de seu valor em RPV (CF, art. 100, § 4º), introduziu o art. 78 ao ADCT, para fixar prazo de 10 anos, em parcelas anuais, para quitação dos precatórios advindos de ações ajuizadas até 31 de dezembro de 1999. Contra a EC n. 30/2000 foram ajuizadas, com pedido de medida cautelar, as ADIs 2.362 e 2.356, relatores, respectivamente, os Ministros Celso de Mello e Néri da Silveira, ambas com medida cautelar deferida para suspender a vigência do art. 2º da EC n. 30/2000, o qual introduziu o art. 78 no ADCT.

22 Nesse sentido, o § 2º do art. 100 positiva mais uma hipótese de primazia para o pagamento, prevalecente sobre todas as outras. Os débitos de natureza alimentícia, cujos titulares sejam pessoas com idade igual ou superior a 60 anos ou portadores de doenças graves, a serem definidas em lei, serão pagos com preferência a todos os outros, até o triplo do valor fixado em lei para as RPVs referidas no parágrafo seguinte do mesmo artigo. Eventual resíduo será pago na ordem cronológica de apresentação dos precatórios. A nova redação conferida ao § 9º do referido art. 100 estabelece possibilidade de compensação entre precatórios e débitos tributários, desde que líquidos e certos, eventualmente constituídos contra o credor pela Fazenda devedora, proibida a compensação de débitos cuja execução esteja suspensa por força de contestação do contribuinte. Completando a disciplina dessa hipótese de compensação, o § 10 abre à Fazenda a possibilidade de, no prazo decadencial de 30 dias a contar da solicitação feita pelo Tribunal, apresentar, antes da expedição do precatório, informações sobre débitos que preencham as condições estabelecidas no § 9º. As compensações de precatórios com tributos vencidos até 31 de outubro de 2009 da entidade devedora, efetuadas na forma do § 2º do art. 78 do ADCT, foram convalidadas nos termos do art. 6º da EC n. 62/2009. Outra inovação trazida por esta Emenda é a possibilidade, facultada ao credor nos termos de lei da entidade federativa devedora, do uso dos precatórios para compra de imóveis públicos do respectivo ente federado (CF, § 11 do art. 100). O § 12 do art. 100 disciplina a atualização do valor estampado no precatório prevista no § 5º e estabelece como índice aquele oficialmente definido para remuneração da caderneta de poupança. Para fins de compensação da mora, incidirão juros simples no mesmo percentual. É importante notar, por fim, que fica expressamente excluída a incidência de juros compensatórios. A cessão, total ou parcial, de créditos em precatórios foi disciplinada nos §§ 13 e 14, introduzidos no art. 100 pela EC n. 62/2009. Essa cessão independe de concordância do ente federado, mas só produz efeitos após a comunicação, mediante petição, à referida entidade e ao tribunal de origem. Assim como com relação à compensação tributária, ficam convalidadas, nos termos do art. 5º da EC n. 62/2009, todas as cessões de precatórios efetuadas antes de sua promulgação, independentemente da concordância da entidade devedora. Cumpre destacar que ao cessionário não são transferidas nem a quali-

razões apresentadas como justificação da promulgação da EC n. 62/2009, apontou-se o enorme montante de precatórios não pagos pelo Poder Público, principalmente nos âmbitos estadual e municipal[23].

De fato, em razão da grande quantidade de precatórios não pagos pelo Poder Público, o Supremo Tribunal Federal tem recebido muitos pedidos de intervenção federal[24], sob o argumento de descumprimento reiterado de decisões judiciais. Esse assunto será oportunamente tratado no Capítulo 10, *infra*.

Com a nova disciplina, o prazo do parcelamento para pagamento dos valores acertados em sentenças judiciais prolatadas em desfavor da Fazenda foi aumentado de 10 para 15 anos.

A par de todas as inovações trazidas pela EC n. 62/2009, a grande e polêmica alteração no regime de pagamento de precatórios é verificada no art. 97 do ADCT, que disciplinou, temporariamente, o § 15 do art. 100 da Constituição. Enquanto não editada a lei complementar de que trata o referido § 15, os precatórios vencidos, inclusive os emitidos até a edição da referida lei, terão seu pagamento disciplinado pelo art. 97 do ADCT[25]. Essa regra geral é excepcionada para as hipóteses previstas no art. 4º da EC n.

---

ficação do crédito como RPV, nem a preferência eventualmente advinda das circunstâncias de ser o titular do crédito maior de 60 anos ou portador de doença legalmente reconhecida como grave. O § 15 estabelece competência legislativa complementar para o estabelecimento de regime para pagamento de crédito de precatórios de Estados, Distrito Federal e Municípios, podendo, na ocasião, estabelecer a vinculação à receita corrente líquida e prazo para a liquidação dos débitos. O § 15 foi regulado pela mesma EC n. 62/2009, que acrescentou o art. 97 às disposições constitucionais transitórias. A referida Emenda Constitucional inseriu, ainda, no art. 100, o § 16, facultando à União, atendidos os requisitos legais, a assunção de débitos oriundos de precatórios em desfavor de Estados, Distrito Federal e Municípios.

23 Consta na justificação à EC n. 62/2009: "A questão de precatórios assumiu relevância no cenário nacional a partir do enorme volume de precatórios não pagos por parte dos Estados e Municípios. O total pendente de pagamento a preços de junho de 2004 é de 61 bilhões, dos quais 73% se referem a débitos dos Estados.

Paralelamente a esta situação, Estados e Municípios apresentam uma situação financeira difícil. Os Estados apresentam uma média de comprometimento da receita corrente líquida de 85% (pessoal, saúde, educação e pagamentos de dívidas), ou seja, do total de recursos dos estados restam apenas 15% para outros gastos e investimentos".

24 Até 18 de dezembro de 2009, havia em tramitação no Supremo Tribunal Federal 123 pedidos de intervenção federal, a grande maioria versando sobre o descumprimento de decisão judicial de pagamento de precatórios (dados disponíveis em www.stf.jus.br).

25 Mesmo sem empreender um comentário minudente ao inteiro conteúdo do dispositivo, a leitura conjunta dos §§ 6º, 8º e 9º do art. 97 do ADCT permite-nos concluir que há uma cisão dos recursos destinados ao pagamento de precatórios entre sistemas de pagamentos diferentes.

No § 6º, foram garantidos os recursos destinados ao pagamento de precatórios mediante a operação do sistema cronológico e tradicional de pagamento, na ordem de 50% dos recursos referidos nos §§ 1º e 2º do mesmo artigo, respeitadas as disposições sobre preferência.

De outra sorte, o § 8º abre à Fazenda devedora a opção de aplicar "os recursos restantes" mediante formas diversas de pagamento, entre as quais se destaca o pagamento de precatórios por meio de leilão (ADCT, art. 8º, I).

O precatório será habilitado por seu detentor, desde que não esteja pendente, no âmbito do Poder Judiciário, recurso ou impugnação de qualquer natureza, permitida por iniciativa do Poder Executivo a compensação com débitos líquidos e certos, inscritos ou não em dívida ativa e constituídos contra devedor originário pela Fazenda Pública devedora até a data da expedição do precatório, ressalvados aqueles cuja exigibilidade esteja suspensa nos termos da legislação, ou que já tenham sido objeto de abatimento nos termos do § 9º do art. 100 da Constituição Federal.

62/2009[26] e para os acordos de juízos conciliatórios já formalizados na data da promulgação da reforma constitucional.

Como se observa, as alterações do regime constitucional brasileiro indicam que o tema do endividamento público é uma questão que, gradativamente, encontra-se também sob a responsabilidade do Poder Judiciário. Tal evolução do perfil institucional do tratamento deste tema relevante sinaliza que a função jurisdicional relaciona-se cada vez mais com a gestão sustentável do equilíbrio do orçamento e dos gastos públicos. Ao assumir esse papel, a atuação judiciária na matéria precisa municiar-se ao máximo com ferramentas que permitam maior eficiência, transparência e publicidade.

Cumpre destacar que, em abril de 2013, o Plenário do STF declarou inconstitucionais diversos dispositivos da EC n. 62/2009, que instituíra o regime especial de pagamento de precatórios, entre os quais a dilação do prazo de parcelamento para quitação dos débitos[27]. O Plenário referendou decisão monocrática do relator em que se determinou que os Tribunais continuassem a utilizar o sistema de pagamentos de precatórios definido na Emenda, até que o Supremo definisse a modulação de efeitos da declaração de inconstitucionalidade[28].

Em março de 2015, o Plenário do STF concluiu o julgamento da modulação de efeitos nas ADIs 4.357 e 4.425, atribuindo sobrevida ao regime especial de precatórios previsto pela EC n. 62/2009 por mais cinco exercícios financeiros, a contar de 1º de janeiro de 2016[29]. Nesse período, ficam mantidas inclusive as regras de vinculação de percentuais mínimos da receita corrente líquida ao pagamento dos precatórios e a previsão de sanções para o caso de não liberação tempestiva dos recursos destinados ao pagamento de precatórios, ambos previstos no art. 97, § 10, do ADCT. Além disso, continuam válidas as compensações, os leilões e os pagamentos à vista por ordem crescente de crédito previstos na EC n. 62/2009, desde que realizados até 25-3-2015, bem como a possibilidade de realização de acordos diretos, observada a ordem de preferência dos credores e de acordo com lei própria da entidade devedora, com redução máxima de 40% do valor do crédito atualizado.

Em 15 de dezembro de 2016, foi promulgada a Emenda Constitucional n. 94, que mais uma vez alterou o regime de pagamento de débitos públicos decorrentes de condenações judiciais e instituiu um novo regime especial para o pagamento de precatórios

---

O leilão ocorrerá mediante oferta pública a todos os credores habilitados pelo ente devedor, a ser realizada tantas vezes quanto necessário a liquidar o valor disponível.

O critério de competição por parcela do valor total do montante disponível será o deságio admitido pelo credor, podendo ser fixados, por edital, o valor máximo admitido por credor e outros mecanismos de formação de preço.

26 "Art. 4º A entidade federativa voltará a observar somente o disposto no art. 100 da Constituição Federal: I – no caso de opção pelo sistema previsto no inciso I do § 1º do art. 97 do Ato das Disposições Constitucionais Transitórias, quando o valor dos precatórios devidos for inferior ao dos recursos destinados ao seu pagamento; II – no caso de opção pelo sistema previsto no inciso II do § 1º do art. 97 do Ato das Disposições Constitucionais Transitórias, ao final do prazo."

27 ADI 4.357/DF, rel. Min. Ayres Britto, red. p/ acórdão Min. Luiz Fux, *DJe* de 2-4-2013.

28 ADI 4.357 QO/DF, Plenário, rel. Min. Ayres Britto, red. p/ acórdão Min. Luiz Fux, *DJe* de 11-11-2013, julgamento da QO ainda não concluído.

29 ADI 4.425 QO, rel. Min. Luiz Fux, Tribunal Pleno, *DJe* de 4-8-2015.

em atraso. As alterações realizadas pelo constituinte derivado consideraram os fundamentos invocados pelo STF na declaração de inconstitucionalidade parcial da Emenda Constitucional n. 62/2009.

A Emenda Constitucional n. 94/2016 estabeleceu que os Estados, o Distrito Federal e os Municípios que, em 25 de março de 2015, estivessem em mora com o pagamento de precatórios poderiam se valer de um regime especial para quitar seus débitos vencidos e vincendos até 31 de dezembro de 2020. Nesse regime, o ente público deveria depositar mensalmente em conta do Tribunal de Justiça local 1/12 (um doze avos) do valor da sua receita corrente líquida, a qual seria fixada nos termos do art. 101, § 1º, II, do ADCT. Até 2020, metade dos recursos destinados ao pagamento de precatórios serviria para o adimplemento dessas dívidas em mora, segundo a ordem cronológica de apresentação e respeitadas as preferências previstas. Os outros cinquenta por cento dos recursos seriam destinados ao pagamento de precatórios mediante acordos diretos dos Estados, Distrito Federal e Municípios com os credores, desde que em relação ao crédito transacionado não penda recurso ou defesa judicial e que sejam observados os requisitos definidos na regulamentação editada pelo ente federado.

A Emenda Constitucional n. 94/2016 previu ainda que, enquanto estivesse em vigor o regime especial, seria facultada aos credores a compensação com débitos de natureza tributária ou de outra natureza que até 25 de março de 2015 houvessem sido inscritos na dívida ativa dos Estados, do Distrito Federal ou dos Municípios, observados os requisitos definidos em lei própria do ente federado.

No ano seguinte, mais precisamente em 15-12-2017, foi publicada a Emenda Constitucional n. 99/2017. Por meio da Emenda, o prazo para quitação dos precatórios vencidos até 25 de março de 2015 foi estendido até 31 de dezembro de 2014. Além de prolongar o prazo estabelecido pela Emenda Constitucional anterior, alterou-se o art. 101, § 2º, do ADCT, para que fossem ampliados os recursos a serem utilizados para o adimplemento dos precatórios (v. g., 75% dos depósitos judiciais ou administrativos referentes a processos judiciais ou administrativos, em que os Estados, o Distrito Federal e os municípios figurassem como partes), além de especificar os critérios para sua utilização. Ademais, pela inclusão do parágrafo único do art. 103 do ADCT, vedaram-se as desapropriações pelos entes federados cujos estoques de precatórios a pagar fossem superiores a 70% das respectivas receitas correntes líquidas, excetuadas aquelas para fins de necessidade pública nas áreas de saúde, educação, segurança pública, transporte público, saneamento básico e habitação de interesse social.

2.4.4. Celeridade na prestação jurisdicional

Há, na Constituição, diversos dispositivos sobre o funcionamento do Judiciário com o claro intuito de imprimir celeridade na prestação jurisdicional, dando concretude, portanto, ao princípio constitucional de razoável duração do processo (CF, art. 5º, LXXVIII).

Nessa linha, são vedadas, por exemplo, as férias coletivas (art. 93, XII), devendo a atividade jurisdicional ser ininterrupta, com estabelecimento de plantões nos dias em que não houver expediente forense, tema regulamentado pela Resolução n. 28, do Conselho Nacional de Justiça, de 18-12-2006, que revogou a Resolução n. 24 do mesmo órgão, matéria ainda em discussão na Ação Direta de Inconstitucionalidade n. 3.823.

O inciso XIII, do mesmo artigo, também objetivando maior celeridade na prestação jurisdicional, estabelece relação de proporcionalidade entre o número de juízes, a efetiva demanda e o contingente populacional. À evidência, esse dispositivo não tem o condão de garantir a abertura de concursos públicos na hipótese de falta de magistrados, uma vez que tal circunstância dependerá de outros fatores, como a previsão orçamentária.

Na mesma linha de otimização da prestação jurisdicional, a Constituição prevê a possibilidade de delegação, aos servidores, da prática de atos de administração e atos de mero expediente sem caráter decisório (inciso XIV). Cabe assinalar que essa regra alcança apenas aos atos ordinatórios, permanecendo o magistrado com a exclusividade dos atos de natureza jurisdicional.

Por fim, a previsão de imediata distribuição dos processos (inciso XV), portanto logo após o ajuizamento, também está em consonância com o princípio da razoável duração do processo. Com o avanço da tecnologia, em especial com a implementação do processo eletrônico, a distribuição tornar-se-á cada vez mais ágil, proporcionando um acesso mais efetivo à prestação jurisdicional.

2.4.5. Fundamentação das decisões

Todas as decisões judiciais e administrativas do Poder Judiciário devem ser fundamentadas.

A exigência de motivação nas decisões administrativas não afasta a necessidade de fundamentação, uma vez que aquela é um *plus* – pela característica do ato administrativo – em relação a esta. Entretanto, subsiste a previsão para aplicação reservada de pena de advertência para magistrados, em relação a juízes de primeira instância, no caso de negligência no cumprimento dos deveres do cargo. Ainda, a decisão determinante de pena de censura será aplicada reservadamente, por escrito, no caso de reiterada negligência ou no de procedimento incorreto, se a infração não justificar punição mais grave. Essas duas últimas disposições, que excetuam a regra geral da publicidade da decisão, decorrem de previsão da Lei Orgânica da Magistratura Nacional (LC n. 35/79, arts. 43 e 44). Isso não significa que não estejam dispensadas da fundamental exigência do inciso IX do art. 93.

A fundamentação das decisões – o que, repita-se, inclui a motivação – mais do que uma exigência própria do Estado Democrático de Direito, é um direito fundamental do cidadão. Fundamentação significa não apenas explicitar o fundamento legal/constitucional da decisão. Todas as decisões devem estar justificadas e tal justificação deve ser feita a partir da invocação de razões e oferecimento de argumentos de caráter jurídico. O limite mais importante das decisões judiciais reside precisamente na necessidade da motivação/justificação do que foi dito. Trata-se de uma verdadeira "blindagem" contra julgamentos arbitrários. O juiz ou o Tribunal, por exemplo, devem expor as razões que os conduziram a eleger uma solução determinada em sua tarefa de dirimir conflitos. Não é da subjetividade dos juízes ou dos integrantes dos Tribunais que deve advir o sentido a ser atribuído à lei, caindo por terra o antigo aforismo de que "sentença vem de *sentire*", erigido no superado paradigma da filosofia da consciência. De frisar, nesse sentido, que a temática relacionada à discricionariedade e/ou arbitrariedade não parece ter estado na pauta das discussões da doutrina processual civil no Brasil com a necessária suficiência que o novo paradigma de direito requer. Entretanto, alguns autores, como Ovídio Baptista da Silva[30] e Carlos Alberto Alvaro de Oliveira[31], mostram-se contundentes contra qualquer possibilidade de decisionismo judicial e arbitrariedades. A discricionariedade, por sua vez, é criticada por Tereza Arruda Wambier[32]. As adequadas críticas fundam-se na necessidade de fundamentação/justificação das decisões judiciais.

O dispositivo do art. 93, IX, deve ser compreendido nos quadros do Estado Democrático de Direito, paradigma no qual o direito assume um grau acentuado de autonomia mediante a política, a economia e a moral, em que há uma (profunda) responsabilidade política nas decisões (Dworkin). A motivação/justificação está vinculada ao direito à efetiva intervenção do juiz, ao direito dos cidadãos a obter uma tutela judicial, sendo que, por esta razão – para se ter uma ideia da dimensão do fenômeno –, o Tribunal Europeu de Direitos Humanos considera que a motivação integra-se ao direito fundamental a um processo equitativo, de modo que as decisões judiciais devem indicar de maneira suficiente os motivos em que se fundam. A extensão deste dever pode variar segundo a natureza da decisão e deve ser analisada à luz das circunstâncias de cada caso particular, conforme se vê das sentenças TEDH 1994, 4, 1998, 3, 1999, 1. Também o Tribunal Constitucional da Espanha, na sentença 20/2003, deixou assentado que as decisões judiciais devem exteriorizar os elementos de juízo que a embasaram, devendo sua fundamentação jurídica ser uma aplicação não irracional, arbitrária ou manifestamente equivocada em sua legalidade. Registra o mesmo Tribunal a preocupação com a transcendência de cada decisão no que tange aos direitos fundamentais (possibilidade de universalização dos efeitos da decisão). Assim, há várias decisões em juízo de *amparo* anulando decisões por falta de motivação. A fundamentação (devidamente motivada) é, antes de tudo, garantia para possibilitar a sua adequada revisão em instância superior ou no plano do controle de constitucionalidade (STC 139/2000).

Há uma decisão do Supremo Tribunal Federal[33] da qual, embora diga respeito ao direito administrativo, é possível retirar uma autêntica homenagem ao preceito/princípio que obriga a fundamentação/motivação das decisões judiciais, com base na jurisprudência do *Bundesverfassungsgericht*, demonstrando que as partes têm os seguintes direitos: (a) direito de informação (*Recht auf Information*), que obriga o órgão julgador a informar a parte contrária dos atos praticados no processo e sobre os elementos dele constantes; (b) direito de manifestação (*Recht auf Äusserung*), que assegura ao defensor a possibilidade de manifestar-se oralmente ou por escrito sobre os elementos fáticos e jurídicos constantes do processo; (c) direito de ver seus argumentos considerados (*Recht auf Berucksichtigung*), que exige do julgador capacidade, apreensão e isenção de ânimo (*Aufnahmefähigkeit und Aufnahmebereitschaft*) para contemplar as razões apresentadas. O acórdão incorpora, ainda, a doutrina de Durig/Assmann, ao sustentar que o dever de

30 Ovídio Baptista da Silva, *Processo e ideologia*, op. cit.

31 Carlos Alberto Alvaro de Oliveira, *Do formalismo no processo civil*, op. cit.

32 Tereza Arruda Wambier, *Omissão judicial*, op. cit.

33 MS 24.268 ED, rel. Min. Gilmar Mendes, *DJ* de 9-6-2006.

conferir atenção ao direito das partes não envolve apenas a obrigação de tomar conhecimento (*Kenntnisnahmeplicht*), mas também a de considerar, séria e detidamente, as razões apresentadas (*Erwägungsplicht*).

Assim, quando o texto constitucional determina no inciso IX do art. 93 que "todas as decisões devem ser fundamentadas", é o mesmo que dizer que o julgador deverá explicitar as razões pelas quais prolatou determinada decisão. Trata-se de um autêntico direito a uma *accountabillity contraposto ao respectivo dever de (has a duty)* de prestação de contas. Ou seja, essa determinação constitucional se transforma em um autêntico dever fundamental.

A necessidade de fundamentação decorre do problema central da teoria do direito: a constatada impossibilidade de a lei prever todas as hipóteses de aplicação. De uma lei geral é necessário retirar/construir uma decisão particular (uma norma individual). E esse procedimento deve ser controlado, para preservar a democracia, evitando-se, assim, que os juízes e tribunais decidam de forma aleatória. A tese da discricionariedade judicial é um reflexo da constatada impossibilidade de a lei prever todas as possibilidades de sua aplicação e, ao mesmo tempo, da não constatação de que as situações concretas sejam determinantes para a adequação da resposta (decisão). Entretanto, é importante que se diga que a situação concreta não é um álibi para que uma norma não seja aplicada, sendo imprescindível, sob pena de também violar o princípio da fundamentação das decisões, aquela justificação que se limita a dizer que a decisão foi tomada de uma forma e não de outra em "face das peculiaridades do caso concreto". Quais peculiaridades? Quais princípios tais peculiaridades evocam? Em quais casos essa peculiaridade é observada no interior de um sistema complexo que envolve normas e precedentes? Desse modo, assim como os princípios foram alçados à condição de norma para "salvar" a racionalidade moral prática, o caso concreto também é convocado para reduzir ao máximo a discricionariedade, *e jamais o contrário disso*.

Uma questão importante, ainda nesse sentido, diz respeito ao fato de que é a partir da fundamentação das decisões que conquistamos um espaço para acessar os conteúdos determinantes para a construção da integridade e coerência do Direito (Ronald Dworkin). De se consignar que, em uma democracia, é extremamente necessário que as decisões prolatadas pelo Poder Judiciário possam demonstrar *um mútuo comprometimento de modo a repetir os acertos do passado e corrigir, de forma fundamentada, os seus erros.*

Isso quer dizer que a fundamentação possui o ônus de colocar a decisão que se prolata na particularidade no campo mais amplo da cadeia das decisões tomadas anteriormente (pode-se dizer, com algum cuidado, precedentes). Registre-se que essa (re) composição da cadeia de decisões precedentes deve respeitar uma coerência interna, não em um sentido simplesmente lógico (aplicação do princípio da *não contradição*), mas respeitando, também, uma dimensão de equanimidade (*fairness*) nos termos defendidos por Ronald Dworkin.

A disposição constitucional que determina a obrigatoriedade da fundamentação das decisões traz ínsita a tese de que a sentença judicial *é um processo de reconstrução do direito,* questão que está relacionada, por exemplo, com a institucionalização das súmulas vinculantes. Há sempre uma pré-compreensão que conforma a visão do intérprete. Por isso, deve-se perscrutar o modo pelo qual um caso similar vinha sendo decidido até então, confrontando, necessariamente, a jurisprudência com as práticas sociais que, em cada quadra do tempo, surgem estabelecendo novos sentidos às coisas e que provocam um choque de paradigmas, o que sobremodo valoriza o papel da doutrina jurídica e a interdisciplinaridade do direito. Daí a percuciente lição de Hans-Georg Gadamer[34], segundo a qual a compreensão alcança suas verdadeiras possibilidades quando as opiniões prévias com as que se iniciam não são arbitrárias.

A fundamentação é, em síntese, a justificativa pela qual se decidiu desta ou daquela maneira. É, pois, condição de possibilidade de um elemento fundamental do Estado Democrático de Direito: *a legitimidade da decisão.* É onde se encontram os dois princípios centrais que conformam uma decisão: a integridade e a coerência, que se materializam a partir da tradição filtrada pela reconstrução linguística da cadeia normativa que envolve a querela *sub judice*.

A obrigatoriedade da fundamentação é, assim, corolário do Estado Democrático de Direito. Mais do que uma obrigação do magistrado ou do Tribunal, trata-se de um direito fundamental do cidadão, de onde se pode afirmar que, em determinadas circunstâncias e em certos casos, uma decisão, antes de ser atacada por embargos declaratórios, é nula por violação do inciso IX do art. 93.

2.4.6. Publicidade dos atos judiciais

A publicidade dos atos judiciais é corolário do princípio da proteção judicial efetiva. As garantias da ampla defesa, do contraditório, do devido processo legal apenas são eficazes se o processo pode desenvolver-se sob o controle das partes e da opinião pública. Nesse sentido, Ferrajoli afirma tratar-se de uma *garantia de segundo grau* ou *garantia de garantias*[35].

Assim, ao lado da motivação, a publicidade é fonte de legitimidade e garantia de controle, pelas partes e pela sociedade, das decisões judiciais.

O texto constitucional consagra a publicidade dos atos processuais, estabelecendo que a lei só poderá restringi-la quando a defesa da intimidade ou o interesse social o exigirem (art. 5º, LX). Essa regra encontra correspondência no art. 93, IX, da Constituição, que consagra a publicidade dos julgamentos dos órgãos do Poder Judiciário, podendo a lei, se o interesse público o exigir, limitar a presença, em determinados atos, às próprias partes e a seus advogados ou somente a estes.

Como se vê, estabelece a Constituição tanto a regra da "publicidade plena ou popular" como a regra da "publicidade restrita ou especial"[36]. Assim, a regra da publicidade comporta exceções, tendo em vista o interesse público ou a defesa da intimidade. Por exemplo, o texto constitucional expressamente ressalva do postulado da publicidade o julgamento pelo Tribunal do Júri, ao estabelecer o sigilo das votações (art. 5º, XXXVIII, *b*). A legislação também assegurava o sigilo dos atos processuais nas hipóteses de julgamento dos crimes referidos na antiga Lei de Tóxicos (Lei n. 6.368/76) e de processos da Justiça Militar (arts. 434 e 496 do Código de Processo Penal Militar).

---

34 Wahrheit und Methode, op. cit.

35 Luigi Ferrajoli, *Direito e razão:* teoria do garantismo penal, São Paulo: Revista dos Tribunais, 2002, p. 492.

36 Cf. Antonio Scarance Fernandes, *Processo penal constitucional*, 4. ed., São Paulo: Revista dos Tribunais, 2005, p. 72.

No processo penal, se a publicidade prevalece no procedimento acusatório, na fase inquisitória, o sigilo dos atos deve ser preservado, em prol da própria eficácia das investigações que visam à elucidação dos fatos que, posteriormente, poderão ser objeto de eventual tipificação penal.

Portanto, cuidado especial há de merecer a investigação criminal, tendo em vista o seu caráter inicial ou preliminar e a possibilidade de que ocorram graves danos ao eventual autor e à vítima, em razão da publicidade.

Por isso, prescreve o Código de Processo Penal, em seu art. 20, que a autoridade deve assegurar, no inquérito, "o sigilo necessário à elucidação do fato ou exigido pelo interesse da sociedade". Nesse sentido, a doutrina tem esclarecido que, "sendo o inquérito um conjunto de diligências visando a apurar o fato infringente da norma penal e da respectiva autoria, parece óbvio deva ser cercado do sigilo necessário, sob pena de se tornar uma burla". Assim, pode-se afirmar, seguindo tal entendimento, que "não se concebe investigação sem sigilação"[37].

É preciso esclarecer, por outro lado, que o sigilo que reveste a tramitação dos inquéritos não pode ser absoluto, devendo ser estabelecido na medida necessária, de acordo com as circunstâncias específicas de cada investigação, em que os indiciados, os fatos apurados e a conjuntura social são variantes determinantes da sigilação necessária

Observe-se, oportunamente, que a Constituição de 1988 institui uma ordem democrática fundada no valor da publicidade (*Öffentlichkeit*), substrato axiológico de toda a atividade do Poder Público. No Estado Democrático de Direito, a publicidade é a regra; o sigilo, a exceção, que apenas se faz presente, como impõe a própria Constituição, quando seja imprescindível à segurança da sociedade e do Estado (art. 5º, XXXIII) e quando não prejudique o interesse público à informação (art. 93, IX).

Assim, por meio de cláusula normativa aberta e conceito jurídico indeterminado, o Código de Processo Penal atribui à autoridade judiciária poderes discricionários para definir, em cada caso, qual a medida do sigilo necessário à elucidação dos fatos ou exigido pelo interesse da sociedade (art. 20). Deve a autoridade fazer a ponderação das razões em prol do segredo das investigações, por um lado, e da sua publicidade, por outro. Trata-se, enfim, de um exercício de ponderação condicionado pela conformação dos fatos determinantes do caso concreto. A cada caso será aplicada uma medida diferenciada do que seja o sigilo necessário à eficiência das investigações. E, nesse sentido, a mutação das circunstâncias fáticas poderá justificar tanto a ampliação como a restrição, total ou parcial, do sigilo inicialmente decretado, sempre tendo em vista a efetividade das investigações criminais, assim como o interesse social.

Em tema de publicidade dos julgamentos, ressalte-se o importante papel da TV e da Rádio Justiça na transmissão, para todo o País, das sessões plenárias do Supremo Tribunal Federal e do Tribunal Superior Eleitoral. A transmissão, em tempo real, das sessões tem contribuído de forma incomensurável para a plena efetividade do princípio da publicidade previsto no art. 93, IX, da Constituição.

---

37 Fernando da Costa Tourinho Filho, *Código de Processo Penal comentado*, 5. ed., São Paulo: Saraiva, 1999, v. 1, p. 64.

3. ÓRGÃOS DO PODER JUDICIÁRIO: COMPOSIÇÃO E COMPETÊNCIA

3.1. Supremo Tribunal Federal

3.1.1. Considerações gerais

Criado em 1828, como Supremo Tribunal de Justiça, o Supremo Tribunal Federal é o órgão judicial brasileiro mais antigo. Cumpre também a função de órgão de cúpula do Poder Judiciário, ao qual incumbe a iniciativa do Estatuto da Magistratura e a Presidência do Conselho de Justiça[38].

O Supremo Tribunal de Justiça, instalado em 9-1-1829 e formado por dezessete Ministros (Lei de 18-9-1828), tinha competência limitada, que se restringia, fundamentalmente, ao conhecimento dos recursos de revista e julgamento dos conflitos de jurisdição e das ações penais contra os ocupantes de determinados cargos públicos (art. 164). O Tribunal jamais fez uso da competência para proferir decisões com eficácia *erga omnes* (*assentos*), que lhe outorgava a faculdade de interpretar, de forma autêntica, o direito civil, comercial e penal (Dec. Legislativo n. 2.684, de 23-10-1875, e Dec. n. 2.142, de 10-3-1876).

O conhecimento dos recursos de revista ocupava a maior parte do tempo dos magistrados do Supremo Tribunal. Por exemplo, na Revista n. 8.223, reformou-se acórdão relativo à nulidade de escritura de composição e de pagamento, celebrada entre uma devedora de notas promissórias e seu genro, com o objetivo de prejudicar credores[39]. Na Revista n. 2.141, decidiu-se em instância final que genros poderiam propor ações criminais contra suas sogras[40]. Inúmeras causas célebres foram tratadas pelo Supremo Tribunal, a exemplo do processo de responsabilidade do Bispo de Olinda, D. Frei Vital, que instruiu a denúncia n. 163[41], e que substancializou a chamada *Questão Religiosa*[42], indicada como uma das causas que colaborou para o movimento que culminou na Proclamação da República, ao lado da chamada *Questão Militar*[43].

Notícias há de que D. Pedro II teria encomendado a Salvador de Mendonça, que em julho de 1889 seguia em missão diplomática aos Estados Unidos, estudo acurado sobre a Suprema Corte norte-americana[44].

Na República, o Supremo Tribunal Federal foi organizado com base no Decreto n.

---

38 Para compreensão do panorama jurídico brasileiro no século XIX, consultar Isidoro Martins Júnior, *História do direito nacional*, Brasília: Ministério da Justiça, 1979; Pedro Dutra, *Literatura jurídica no Império*, Rio de Janeiro: Topbooks, 1992; Plínio Barreto, *A cultura jurídica no Brasil*, São Paulo: Biblioteca do Estado de São Paulo, 1922; Miguel Reale, *100 anos de ciência do direito no Brasil*, São Paulo: Saraiva, 1993; Haroldo Valladão, *História do direito, especialmente do direito brasileiro*, Rio de Janeiro: Freitas Bastos, 1993.

39 *O Direito*, ano 1, v. 1, p. 235 e s., 1873.

40 *O Direito*, ano 1, v. 2, p. 101 e s., 1873.

41 *O Direito*, ano 2, v. 3, p. 325 e s., 1874.

42 Emilia Viotti da Costa, *Da Monarquia à República*: momentos decisivos, 7. ed., São Paulo: Unesp, 1999.

43 Hélio Silva, *1889 – a República não esperou o amanhecer*, Porto Alegre: LPM, 2005, p. 72.

44 Lêda Boechat Rodrigues, *História do Supremo Tribunal Federal*, Rio de Janeiro: Civilização Brasileira, 1979, p. 1.

848, de 11-10-1890, editado pelo Governo Provisório. A Constituição republicana de 1891 referendou a sua instituição (arts. 55 e 56), tendo o Tribunal sido instalado em 28-2-1891. O Tribunal compunha-se de quinze Ministros nomeados pelo Presidente da República e aprovados pelo Senado Federal (art. 56). O cargo era vitalício e a Constituição não estabelecia limite de idade para o seu exercício, o que permitiu que alguns o exercessem por período extremamente longo (o limite de idade somente foi estabelecido na Constituição de 1934). Durante o Governo Floriano Peixoto (1891 a 1894), o Senado Federal rejeitou cinco indicações presidenciais, negando aprovação a atos de nomeação, para o cargo de Ministro do Supremo Tribunal Federal, de Barata Ribeiro (médico), Innocencio Galvão de Queiroz, Ewerton Quadros, Antonio Sève Navarro e Demosthenes da Silveira Lobo.

A primeira Constituição Republicana, de 24-2-1891, introduziu nova concepção do Poder Judiciário. A influência da doutrina constitucional americana contribuiu para que se outorgasse ao Supremo Tribunal Federal a função de guardião da Constituição e da ordem federativa, reconhecendo-lhe a competência para aferir a constitucionalidade da aplicação do Direito através de um recurso especial (Constituição de 1891, art. 59, n. 3, § 1º, *a* e *b*). Foi-lhe confiada, também, competência para decisão de causas e conflitos entre a União e os Estados ou entre Estados-membros (Constituição de 1891, art. 59, § 1º, *c*).

Peculiar significado foi atribuído ao *habeas corpus* como instrumento de proteção jurídica contra qualquer ato arbitrário do Poder Público (Constituição de 1891, art. 73, §§ 1º e 2º). Esse remédio jurídico, que, no seu sentido clássico, destinava-se à proteção do direito de ir e vir, foi utilizado, no Brasil, para proteger outros direitos individuais que estivessem vinculados, de forma direta ou indireta, à liberdade pessoal. Esse desenvolvimento foi denominado "doutrina brasileira do *habeas corpus*".

As decisões proferidas em alguns processos de *habeas corpus* contribuíram para que o Supremo Tribunal Federal se visse envolvido em sérias crises, já no começo de sua judicatura. Em 1893, o Tribunal declarou, em processo de *habeas corpus*, a inconstitucionalidade do Código Penal da Marinha.

No HC 300, impetrado por Rui Barbosa[45] em favor do Senador Eduardo Wandelkok, entre outros, começou a se desenhar a doutrina brasileira do *habeas corpus*[46]. No HC 406, o STF apreciou o caso do navio Júpiter, causa também patrocinada por Rui Barbosa, em favor de militares presos por ordem do então Presidente Floriano Peixoto[47]. No HC 415, identicamente impetrado por Rui Barbosa, e também em favor de Eduardo Wandelkok, o STF apreciou (e indeferiu) pedido que invocava demora na formação da culpa, bem como suposta proteção oferecida por imunidade parlamentar do paciente.

---

45 A propósito do papel de Rui Barbosa durante o início da República, e especialmente sua atuação como advogado militante, consultar Luiz Viana Filho, *A vida de Rui Barbosa*, São Paulo: Livr. Martins, s. d.; João Felipe Gonçalves, *Rui Barbosa*: pondo as ideias no lugar, São Paulo: FGV, 2000; Maria Cristina Gomes Machado, *Rui Barbosa*: pensamento e ação, Rio de Janeiro: Casa de Rui Barbosa, 2002. Para o bacharelismo em geral, Sérgio Adorno, *Os aprendizes do poder*, São Paulo: Paz e Terra, 1998; Costa Porto, *Pinheiro Machado e seu tempo*, Brasília: INL, 1995; Américo Jacobina Lacombe, *Afonso Pena e sua época*, Rio de Janeiro: José Olympio, 1986.

46 Cf. Edgard Costa, *Os grandes julgamentos do Supremo Tribunal Federal*, Rio de Janeiro: Civilização Brasileira, 1964, p. 26 e s.

47 *O Direito*, v. 62, p. 86 e s., 1893.

No HC 1.073, do mesmo modo impetrado por Rui Barbosa, discutiu-se o desterro para a Ilha de Fernando de Noronha de implicados no atentado ao Presidente Floriano Peixoto. O Tribunal, em sessão de 16-4-1898, deferiu a ordem e o Presidente da República, Prudente de Morais, cogitou de renunciar ao mandato, por considerar que o cumprimento do *habeas corpus* instalaria um quadro de desordem institucional[48]. O Tribunal acolheu a tese segundo a qual "cessam, com o estado de sítio, todas medidas de repressão durante ele tomadas pelo Executivo" (*vide* subitem 2.5).

A Emenda Constitucional de 1926 mudou as disposições sobre o processo de *habeas corpus*, restringindo o seu âmbito de aplicação à proteção do direito de ir e vir contra perigo iminente de violência por meio de prisão ou constrangimento ilegal. Os problemas políticos que se multiplicaram durante a República Velha, e que eram debatidos em âmbito de Judiciário, exigiram reação normativa. É de Lêda Boechat Rodrigues o seguinte registro:

> "Diante da falta de outros remédios existentes no direito anglo-americano – 'o *mandamus*, a *injunction*, o *certiorari* e o *quo warranto*' – o Supremo Tribunal Federal viu à sua frente apenas um caminho: ampliar o '*habeas corpus*' através da interpretação '*lata* ou *construction* do texto constitucional', art. 72 § 22, na visão liberal que dele teve, em primeiro lugar, como grande advogado e excelso constitucionalista, Rui Barbosa. Conseguiu o Supremo Tribunal Federal fazê-lo magnificamente, ficando o seu esforço coroado como Doutrina Brasileira do 'Habeas Corpus'. O Ministro Aliomar Baleeiro adotou este título; o Ministro Castro Nunes chamou-a de Teoria Brasileira do 'Habeas Corpus'. O ponto mais alto da Doutrina Brasileira do 'Habeas Corpus' não pertence, de modo algum, ao Ministro Pedro Lessa. Para Pedro Lessa, o 'habeas corpus' somente protegia o direito de locomoção, ou o direito de ir e vir. Numa interpretação muito forçada, através do que chamou a liberdade-fim, atrelou ao direito de locomoção vários outros direitos. Sua longa judicatura, de 1907 a 1921, ajudou a dar-lhe enorme influência e sua perda foi considerada irreparável"[49].

No início do século XX, o protestantismo passou a ser propagado nos centros urbanos brasileiros. A tradição católica era marca de nossa concepção religiosa, e o Estado laico era uma novidade que surgira com a Constituição de 1891. É também de Lêda Boechat Rodrigues a referência que segue e que ilustra a utilização do *habeas corpus* de modo ampliado, segundo doutrina que se formava:

> "Declarou o Tribunal: A todos é livre o exercício do culto religioso que professarem, podendo se associar, se reunir e fazer pública propaganda de suas crenças, dentro da ordem e em termos que não sejam ofensivos ou provocadores dos crentes de religiões diferentes, não podendo intervir a Polícia nessas reuniões, senão para manter a ordem. Esse 'habeas corpus' foi motivado pelo desejo de se fazer propaganda da religião protestante na praça pública de Campinas, SP. Anunciadas as conferências protestantes, os católicos anunciaram também conferências para as mesmas horas e lugares. A Polícia proibiu aos pacientes (Frederico

---

48 Cf. Celso de Mello, *Algumas notas informativas (e curiosas) sobre o Supremo Tribunal (Império e República). Site* STF, p. 5; Rodrigo Octavio, *Minhas memórias dos outros*, 1ª série, Rio de Janeiro: José Olympio, 1934, p. 210-216.

49 Lêda Boechat Rodrigues, *História do Supremo Tribunal Federal*, cit., v. 3, p. 33.

Martins e outros) a realização de conferências. Pediram 'habeas corpus' ao juiz local, que o concedeu, para que fizessem, com ordem da Polícia, outras conferências de fiéis a outros cultos na mesma hora. O Tribunal de São Paulo cassou a ordem. Daí o pedido originário de 'habeas corpus', que o Supremo Tribunal concedeu para que aos referidos pacientes fosse assegurado o direito de se reunirem em praça pública, desde que usassem linguagem pacífica e sem ofensa ou provocação aos crentes de outras religiões. Os Ministros Viveiros de Castro e Edmundo Lins negavam a ordem. O Ministro Pedro dos Santos votou com o Relator"[50].

A Revolução de 1930 pôs termo à Primeira República[51]. As funções legislativas e executivas foram confiadas temporariamente ao Governo Provisório (Dec. n. 19.398, de 11-11-1930). O número de Ministros do Supremo Tribunal Federal foi reduzido de quinze para onze, dividindo-se o Tribunal em duas Turmas formadas por cinco Ministros (Dec. n. 19.656, de 3-2-1931). Ainda nesse período Getúlio Vargas, na chefia do Governo Provisório, baixou o Decreto n. 19.771, de 18-2-1931, aposentando seis Ministros do Supremo Tribunal Federal – Antônio Carvalho Pires e Albuquerque, Edmundo Muniz Barreto, Geminiano da Franca, Godofredo Cunha, Pedro Afonso Mibielli e Pedro dos Santos. A Constituição de 1934, que estabeleceu os fundamentos de uma nova ordem democrática, concebeu o Supremo Tribunal Federal, então chamado *Corte Suprema*, composto por onze membros. As competências básicas definidas na Constituição de 1891 foram mantidas. Diferentemente do que ocorrera sob a Constituição de 1891, o Procurador-Geral da República passou a ser nomeado dentre juristas em geral (e não dentre os Ministros do Supremo Tribunal Federal)[52]. Foi introduzido o mandado de segurança para proteger direito líquido e certo não amparado por *habeas corpus* (CF 1934, art. 113, n. 33). A Constituição de 1934 introduziu significativas alterações a respeito do controle de constitucionalidade: suspensão de execução da lei declarada inconstitucional pelo Supremo, a cargo do Senado Federal (CF 1934, art. 91, II), exigência de maioria absoluta para a declaração de inconstitucionalidade pelos tribunais (art. 179) e proibição de apreciação pelo Judiciário das questões políticas. É provável que a mais significativa alteração nesse campo se constituiu na formulação inicial da representação interventiva, nos casos de afronta aos princípios consagrados no art. 7º, I, *a* a *h*, da Constituição. Caberia ao Supremo Tribunal, provocado pelo Procurador-Geral da República, apreciar a constitucionalidade de lei decretadora da intervenção federal. A intervenção somente seria executada se o Supremo considerasse legítima a lei de intervenção (CF 1934, art. 12, § 2º). Embora não tenha tido relevância prática, aludido instituto configurou o predecessor da representação interventiva, prevista na Constituição de 1946 e nas que lhe seguiram, e do próprio instituto da representação de inconstitucionalidade, introduzido pela Emenda Constitucional n. 16/65, que consagrou o controle abstrato do direito federal e estadual no Brasil.

50 Lêda Boechat Rodrigues, *História do Supremo Tribunal Federal*, cit., p. 202.

51 Consultar Domingos Meirelles, *1930: os órfãos da Revolução*, Rio de Janeiro: Record, 2005; José Augusto Ribeiro, *A era Vargas*, Rio de Janeiro: Casa Jorge Editorial, 2002, v. 1.

52 CF/1934, art. 95, § 1º.

As tensões políticas da época materializaram-se em controvérsias judiciais relevantes. Em 1936, julgou-se o HC 26.155, em favor de Maria Prestes (Olga Benário, companheira de Luís Carlos Prestes). O *habeas corpus* não foi conhecido, vencidos os Ministros Carlos Maximiliano, Carvalho Mourão e Eduardo Espínola, que, embora tenham conhecido do pedido, votavam pelo indeferimento[53].

A ordem constitucional de 1934 foi superada pela Carta outorgada por Getúlio Vargas, em 1937. A nova Constituição, editada em 10 de novembro, deveria ser aprovada mediante decisão plebiscitária (art. 87), que jamais se realizou. A Carta de 1937, conhecida como "Constituição Polaca", por ter sido desenvolvida com base na Constituição polonesa do regime do General Pilsudski, traduziu uma ruptura com a história constitucional do Brasil. Do seu preâmbulo constava, v. g., que ela haveria de conter meios extraordinários para combater, de forma efetiva, o Comunismo.

Embora as competências do Supremo Tribunal Federal não tivessem sofrido modificações substanciais no novo modelo constitucional, é certo que o parâmetro de controle dentro do qual deveria atuar o Tribunal era a Constituição de 1937, de índole autoritária senão totalitária[54]. O Presidente da República reivindicou a atribuição para nomear o Presidente e o Vice-Presidente do Supremo Tribunal Federal, o que acabou por ocorrer regularmente até 1945 (Dec.-Lei n. 2.770, de 11-11-1940). Referido Decreto-Lei foi revogado pelo Decreto-Lei n. 8.561, de 4-1-1946, firmado pelo Presidente do Supremo Tribunal Federal, no exercício da Presidência da República, José Linhares. A Carta de 1937 traduziu um inequívoco retrocesso também no que concerne ao sistema de controle de constitucionalidade. Embora não tenha introduzido qualquer modificação no modelo difuso de controle (art. 101, III, *b* e *c*), preservando-se, inclusive, a exigência de quórum especial para a declaração de inconstitucionalidade (art. 96), o constituinte rompeu com a tradição jurídica brasileira, consagrando, no art. 96, parágrafo único, princípio segundo o qual, no caso de ser declarada a inconstitucionalidade de uma lei que, a juízo do Presidente da República, fosse necessária ao bem-estar do povo, à promoção ou defesa de interesse nacional de alta monta, poderia o Chefe do Executivo submetê-la novamente ao Parlamento. Confirmada a validade da lei por 2/3 de votos em cada uma das Câmaras, tornava-se insubsistente a decisão do Tribunal. Instituiu-se, assim, uma peculiar modalidade de revisão constitucional, pois, como observado por Celso Bastos, a lei confirmada passou a ter, na verdade, a força de uma emenda à Constituição[55]. Como não se instalou o Parlamento sob a Constituição de 1937, tais poderes foram exercidos pelo Presidente da República (art. 180). Em 1939, o Presidente Getúlio Vargas editou o Decreto-Lei n. 1.564, confirmando textos de lei declarados inconstitucionais pelo Supremo Tribunal Federal[56]. No período referido (1937-1945), multiplicaram-se os pedidos de *habeas corpus* e de outras medidas judiciais com o objetivo de contestar os atos do Governo. Eram

---

53 STF, HC 26.155, rel. Min. Bento Faria, decisão de 17-7-1936.

54 Cf. Emilia Viotti da Costa, *O Supremo Tribunal Federal e a construção da cidadania*, São Paulo: IEJE, 2001, p. 91 e s.

55 Celso Ribeiro Bastos, *Curso de direito constitucional*, 5. ed., São Paulo: Saraiva, 1982, p. 63; cf. Francisco Luiz da Silva Campos, Diretrizes constitucionais do novo Estado brasileiro, *RF*, 73/246-249.

56 Carlos Alberto Lúcio Bittencourt, *O controle jurisdicional da constitucionalidade das leis*, 2. ed., Rio de Janeiro: Forense, 1968, p. 139-140; cf. STF, Apelação Cível n. 5.914, rel. Min. Bento de Faria, j. 4-1-1929, in: Edgard Costa, *Os grandes julgamentos do Supremo Tribunal Federal*, cit., p. 9-32.

muitos os poderes discricionários, como o de decretar a aposentadoria de funcionários civis e militares (CF, art. 177) e o de impedir a concessão de medida judicial contra atos adotados durante o estado de emergência (CF, art. 170).

O regime autocrático fundado na Constituição de 1937 teve seu termo com a eleição de uma Constituinte (Lei Constitucional n. 13, de 12-11-1945). A nova Constituição democrática entrou em vigor em 18-9-1946.

A Constituição de 1946 fixou em onze o número de membros do Supremo Tribunal Federal. Assegurou-se a possibilidade de elevar esse número mediante proposta do próprio Tribunal (art. 98). Asseguraram-se, também, as competências básicas para apreciar o recurso extraordinário no caso de violação à Constituição ou ao direito federal, o *habeas corpus* e o mandado de segurança, dentre outras. No âmbito da jurisdição, assumiu relevo a representação interventiva proposta pelo Procurador-Geral da República em face de lei ou ato normativo estadual eventualmente infringente dos princípios sensíveis (art. 8º, parágrafo único, c/c o art. 7º, VII). A intervenção federal subordinava-se, nesse caso, à declaração de inconstitucionalidade do ato pelo Supremo Tribunal Federal (art. 8º, parágrafo único). A arguição de inconstitucionalidade direta teve ampla utilização no regime constitucional instituído em 1946. A primeira ação direta, formulada pelo Procurador-Geral da República, na qual se arguía a inconstitucionalidade de disposições de índole parlamentarista contidas na Constituição do Ceará, tomou o n. 93[57]. A denominação emprestada ao novo instituto – representação –, segundo esclarece Themístocles Cavalcanti, deveu-se a uma escolha entre a reclamação e a representação, processos conhecidos pelo Supremo Tribunal Federal[58]. A análise do sentido de cada um desses processos teria conduzido à escolha do termo representação, "já porque tinha de se originar de uma representação feita ao Procurador-Geral, já porque a função deste era o seu encaminhamento ao Tribunal, com o seu parecer"[59]. A ausência inicial de regras processuais permitiu que o Supremo Tribunal Federal desenvolvesse os mecanismos procedimentais que viriam a ser consolidados, posteriormente, pela legislação processual e pela práxis da Corte[60]. Outros casos relevantes foram julgados, como a representação contra normas de caráter parlamentarista da Constituição do Rio Grande do Sul[61] e contra disposições da Constituição de Pernambuco[62].

Colocaram-se, de plano, questões relativas à forma da arguição e à sua própria caracterização processual. Questionava-se, igualmente, sobre a função do Procurador--Geral da República e sobre os limites constitucionais da arguição. A jurisprudência consolidada em torno do instituto configurou a referência para a consolidação do insti-

57 Rp. 93, de 16-7-1947, rel. Min. Annibal Freire, *AJ*, 85/3; Themístocles Brandão Cavalcanti, *Do controle da constitucionalidade*, Rio de Janeiro: Forense, 1966, p. 110.

58 Themístocles Brandão Cavalcanti, *Do controle da constitucionalidade*, cit., p. 112.

59 Themístocles Brandão Cavalcanti, *Do controle da constitucionalidade*, cit., p. 112; cf., também, Rp. 94, de 17-7-1947, rel. Min. Castro Nunes, *AJ*, 85/31.

60 Themístocles Brandão Cavalcanti, *Do controle da constitucionalidade*, cit., p. 111-112.

61 Rp. 94, rel. Min. Castro Nunes, j. 17-7-1947, in Edgard Costa, *Os grandes julgamentos do Supremo Tribunal Federal*, cit., p. 9-32.

62 Rp. 95, rel. Min. Orozimbo Nonato, j. 30-7-1947, in Edgard Costa, *Os grandes julgamentos do Supremo Tribunal Federal*, cit., p. 185-224.

tuto da representação interventiva e para o desenvolvimento da representação de inconstitucionalidade e da própria ação direta de inconstitucionalidade entre nós.

Em 1947, impetrou-se *habeas corpus* em favor de Luís Carlos Prestes, então Senador, que invocou liberdade de locomoção, em face de proibição de livre ingresso na sede do partido, para onde Prestes e demais comunistas se dirigiam para práticas administrativas do cotidiano político. O espaço fora ocupado, por ordem do Ministro da Justiça. O processo foi relatado pelo Ministro Castro Nunes, julgado em 28-5-1947, quando unanimemente negou-se a ordem[63]. Em 1948 apreciou-se recurso interposto pelo Partido Comunista do Brasil em face de decisão do Tribunal Superior Eleitoral, que havia cancelado o registro do partido, como resultado de inúmeras denúncias que imputavam aos comunistas uma série de práticas que supostamente atentariam contra o regime democrático. O recurso não foi conhecido[64]. Controvérsia jurídico-política relevante lavrou-se com a morte de Getúlio Vargas. Em razão da doença do Vice-Presidente Café Filho, assumiu o cargo, interinamente, o Presidente da Câmara Carlos Luz. Este foi afastado da função por provocação de um movimento de militares denominado "movimento de retorno aos quadros constitucionais vigentes" (novembro de 1955). Assim, coube ao Presidente do Senado, Nereu Ramos, assumir a Presidência da República em caráter provisório. Diante da insistência do Presidente Café Filho em reassumir a Chefia do Governo, o Congresso Nacional votou resolução na qual reafirmava a continuidade do seu impedimento. Contra essa resolução impetrou-se mandado de segurança no Supremo Tribunal Federal, que teve o seu julgamento suspenso em 14-12-1955, em razão da decretação do estado de sítio em 25 de novembro do mesmo ano[65]. Posteriormente, o mandado de segurança foi considerado prejudicado pelo término do quadriênio presidencial e assunção do cargo pelo Presidente eleito, Juscelino Kubitschek[66]. Assume relevo histórico também a decisão tomada no MS 1.114, no qual se discutiu questão afeta à liberdade religiosa a respeito da Igreja Católica Brasileira. Cuidava-se de mandado de segurança impetrado pelo ex-bispo de Maura contra ato do Presidente da República que o impedia de realizar cultos em sua Igreja. O mandado de segurança foi indeferido, restando vencido o Ministro Hahnemann Guimarães, que o deferia, forte no argumento de que os delitos espirituais deveriam ser resolvidos "com sanções espirituais dentro das próprias igrejas, não sendo lícito, portanto, o recurso ao poder temporal para resolver cismas ou dominar dissidências"[67].

Significativa igualmente a decisão proferida no MS 2.264 – impetrado por João Cabral de Mello Neto, cônsul do Ministério das Relações Exteriores –, de 1954, na qual se acentuou não constituir ato passível de punição o fato de alguém se declarar adepto da ideologia comunista[68]. À época, João Cabral de Mello Neto impetrou o *writ* contra

---

63 *Archivo Judiciário*, v. LXXXIV/83-91. O acórdão também encontra-se disponível no *site* www.stf.gov.br.

64 RE 12.369, rel. Min. Laudo de Camargo, *RF*, 122/76-87. Acórdão disponível também no *link* Julgamentos Históricos, www.stf.gov.br.

65 Emilia Viotti da Costa, *O Supremo Tribunal Federal e a construção da cidadania*, cit., p. 139-142.

66 Cf. Edgard Costa, *Os grandes julgamentos do Supremo Tribunal Federal*, cit., v. 3, p. 354 e s.; Lêda Boechat Rodrigues, *História do Supremo Tribunal Federal*, cit., t. 4, v. 1, p. 165 e s.; Emilia Viotti da Costa, *O Supremo Tribunal Federal e a construção da cidadania*, cit., p. 139-142.

67 MS 1.114, rel. Min. Lafayette de Andrada, j. em 1949.

68 MS 2.264, rel. Min. Luiz Gallotti, *Archivo Judiciário*, 112(03)/467-472; o acórdão encontra-se disponível também no *site* www.stf.gov.br.

ato do Presidente da República que o colocara em disponibilidade. Havia parecer do Conselho de Segurança Nacional com a afirmação de que o diplomata era ligado ao Partido Comunista. Afirmou-se também que o impetrante estaria envolvido em atividades subversivas. O mandado de segurança foi relatado pelo Ministro Luiz Gallotti e julgado em 1º-9-1954. Concedeu-se a segurança, anulando-se o ato administrativo de disponibilidade. A decisão foi unânime[69].

O ciclo normativo da Constituição de 1946 encerrou-se com a edição do Ato Institucional n. 1, de 9-4-1964, que institucionalizou o Movimento Militar. Imediatamente após a tomada do poder pelos militares, deu-se início à resistência jurídica dos atingidos pelas medidas do novo regime. Refira-se ao caso do Professor Sergio Cidade Resende, enquadrado na Lei n. 1.801/53 (crimes contra o Estado e a ordem política e social), por ter distribuído em aula um manifesto contra a situação política. O Tribunal deferiu a ordem por unanimidade, em 24-8-1964[70], afirmando que a questão se situava inteiramente no âmbito da liberdade de expressão e de cátedra[71]. O Governo Militar destituiu alguns Governadores de Estado que integravam a oposição. Em novembro de 1964, o Supremo Tribunal Federal deferiu ordem de *habeas corpus* em favor de um Governador de Estado que havia sido preso pelo Governo Militar. Em 23-11-1964 foi concedido *habeas corpus* em favor do Governador de Goiás, assegurando-se-lhe o direito de exercer os seus misteres políticos. Em 26 de novembro daquele ano, três dias depois, decretou-se a intervenção federal naquele Estado, com a destituição do mais alto mandatário. Em abril de 1965, concedeu-se ordem de *habeas corpus* em favor de Miguel Arraes[72].

O Ato Institucional n. 2, de 27-10-1965, introduziu profunda reforma na ordem constitucional então vigente, com a previsão da eleição indireta para Presidente e a abolição dos partidos políticos existentes. O número de Ministros do Supremo Tribunal Federal foi elevado de onze para dezesseis (art. 6º), tendo sido suspensas as garantias da magistratura (art. 14). Em seguida, foi promulgada a EC n. 16/65, que, no art. 1º, *k*, consagrava o controle direto de constitucionalidade de lei ou ato estadual em face da Constituição (representação de inconstitucionalidade). Anote-se que a proposta de introdução do controle direto do direito estadual e federal em face da Constituição como um todo parece constituir uma evolução natural da experiência adquirida com a representação interventiva. Adotada, porém, no contexto autoritário dos anos 64/65, assumiu, aparentemente, um caráter de medida centralizadora e antifederativa.

A Constituição de 1967 logrou restabelecer a ordem institucional. Mantiveram-se a composição do Supremo Tribunal (16 membros[73]) e sua competência tradicional. Foram preservadas a representação interventiva e a representação de inconstitucionalidade. Em 13-12-1968, o Presidente Costa e Silva editou o Ato Institucional n. 5, que, dentre outras medidas, suspendeu as garantias da magistratura e outorgou ao Presidente da República poder de determinar a cassação de mandatos e direitos políticos de agentes

69 MS 2.264, rel. Min. Luiz Gallotti, fls. 12.

70 HC 40.910, rel. Min. Hahnemann Guimarães, j. 24-8-1964.

71 Cf. Emilia Viotti da Costa, *O Supremo Tribunal Federal e a construção da cidadania*, cit., p. 168.

72 HC 42.108, rel. Min. Evandro Lins e Silva, j. em 19-4-1965.

73 CF/1967, art. 113.

políticos e servidores públicos (arts. 4º, 5º e 6º). Em 1º-2-1969, o Presidente da República editou o Ato Institucional n. 6, que reduziu o número de juízes do Supremo de dezesseis para onze. Decretou-se a aposentadoria dos Ministros Victor Nunes Leal, Evandro Lins e Silva e Hermes Lima. A Emenda Constitucional n. 1, de 1969, preservou a composição e competências do Supremo Tribunal. Em 1971, o Tribunal discutiu a legitimidade do arquivamento por parte do Procurador-Geral da República de representação de inconstitucionalidade que lhe foi encaminhada pelo MDB contra o Decreto-Lei n. 1.077/70, que estabelecia a censura prévia a livros, jornais e periódicos. Por maioria de votos, vencido o Ministro Adaucto Lucio Cardoso, o Tribunal afirmou a ampla liberdade de que dispunha o Procurador-Geral para submeter ou não a representação à Corte[74 e 75]. Em protesto, o Ministro Adaucto Lucio Cardoso requereu a aposentadoria e antecipou sua saída do Tribunal[76]. O papel político da Corte reduziu-se significativamente a partir de 1969. É muito provável que, afora uma outra questão de algum relevo, a grande contribuição da Corte no período esteja associada ao desenvolvimento do sistema de controle de constitucionalidade, com a consolidação da representação de inconstitucionalidade como instrumento próprio de impugnação de leis estaduais e federais. É claro que o perfil autoritário do Governo acabou por inibir a utilização dessa ação direta contra leis federais, especialmente no Supremo Tribunal, que legitimara o poder discricionário do Procurador-Geral no exercício dessa prerrogativa[77]. Registre-se que, por uma dessas ironias da história, a preservação desse "monopólio" do Procurador-Geral da República foi determinante para a futura ampliação do direito de propositura da ação direta de inconstitucionalidade introduzido pela Constituição e, por que não dizer, para uma radical conversão do modelo brasileiro de controle de constitucionalidade. Em 1978, foi revogado o Ato Institucional n. 5, sendo restabelecidas as garantias do Judiciário. Em 1985, nas últimas eleições presidenciais realizadas sob a Constituição de 1967/69 (eleição indireta), ganhou o candidato de oposição, Tancredo Neves. A Emenda Constitucional n. 26/85 convocou a Assembleia Nacional Constituinte.

O Supremo Tribunal Federal compõe-se, atualmente, de onze ministros[78], escolhidos dentre pessoas de notável saber jurídico e reputação ilibada, maiores de 35 anos e menores de 65 anos, nomeados pelo Presidente da República, após a aprovação pela maioria absoluta do Senado Federal.

---

74 Rcl. 849, rel. Min. Adalício Nogueira, *RTJ*, 59(2)/333.

75 Cf., *infra*, Controle de Constitucionalidade, n. II – Evolução do Controle de Constitucionalidade no Direito Brasileiro.

76 Ver discurso proferido pelo Min. Gilmar Mendes, no Plenário do Supremo Tribunal Federal, em homenagem ao aniversário de 100 anos do Min. Adaucto Lucio Cardoso.

77 Rcl. 121, rel. Min. Djaci Falcão, *RTJ*, 100(3)/954; Rcl-AgRg 128, rel. Min. Cordeiro Guerra, *RTJ*, 98(1)/3; Rcl. 152, rel. Min. Djaci Falcão, *DJ* de 11-5-1983, p. 6292.

78 O Supremo Tribunal de Justiça fora composto por 17 Magistrados. A Constituição Federal de 1891 indicava 15 Juízes. O Decreto n. 19.656, de 1931, prescrevia 11 Juízes. O mesmo número foi reproduzido na Constituição de 1934, na de 1937, bem como na de 1946. O Ato Institucional n. 2, de 1965, previa a composição de 16 Magistrados. Esse mesmo número foi reproduzido na Constituição de 1967. O Ato Institucional n. 6, de 1969, retomou o número de 11 Magistrados, seguido na Emenda Constitucional n. 1, de 1969, e na Constituição de 1988. Fonte: Celso de Mello, *Algumas notas informativas (e curiosas) sobre o Supremo Tribunal (Império e República)*. Disponível em: <http://www.stf.gov.br>. Acesso em: 29 set. 2006.

Embora não exista mandato para o exercício da função de Ministro do Supremo Tribunal Federal, o prazo médio de permanência no cargo, no período 1946-1987, não foi superior a oito anos[79]. A diferença entre os períodos de exercício efetivo é bastante acentuada, como demonstra pesquisa relativa ao período 1946-2006. Alguns Ministros permaneceram no cargo por mais de vinte anos; outros, não mais do que dez meses[80]. O curto período de exercício permitiu que um mesmo Presidente da República, durante seu mandato, nomeasse até dois Ministros para a mesma vaga. O estabelecimento de idade-limite (65 anos) para designação de magistrado acabou por restringir essa possibilidade.

Além disso, a EC n. 16/1997, que previu a possibilidade de reeleição para os ocupantes de cargos de chefia dos poderes executivos em todos os níveis da federação, possibilitou que os presidentes da República, que tiverem seus mandatos confirmados em reeleição, possam indicar ministros para o STF durante um período de 8 (oito) anos. Isso gerou algumas distorções e, também, a possibilidade de os chefes do Poder Executivo trabalharem suas indicações, tendo em vista a idade dos membros que vierem a escolher para a Corte e a duração de seus respectivos mandatos. Nesse sentido, enquanto o Presidente Fernando Henrique Cardoso indicou apenas três ministros para o STF em seus dois mandatos, o Presidente Luís Inácio Lula da Silva, também em dois mandatos, nomeou 8 (oito) ministros, sendo que teve, em verdade, a possibilidade de indicar 9 (nove) juízes para o STF.

A Constituição de 1967/69 outorgava força de lei ao Regimento Interno do Supremo Tribunal Federal (art. 119, § 3º). Nos termos dessa disposição, deveria o Regimento Interno conter regras sobre a competência do Pleno, a organização e a competência das Turmas e regras processuais sobre a decisão referente à competência originária ou recursal. Em 16-3-1967, foi editado o Regimento, que continha regras sobre organização e processo. Em virtude da revisão da Constituição de 1967/69, levada a efeito pela Emenda Constitucional n. 7, de 1977, tornou-se obrigatória uma completa revisão do Regimento Interno (27-10-1980)[81].

A Constituição de 1988 não autoriza o Supremo Tribunal Federal a editar normas regimentais sobre processo e decisão. Deve-se admitir, todavia, que até a promulgação das novas leis processuais continuam a ter aplicação os preceitos constantes do Regimento, com base, inclusive, no princípio da continuidade da ordem jurídica[82].

Com exceção do Presidente do Tribunal, cada Ministro integra, formalmente, uma Turma. As Turmas têm competências idênticas e os processos não são distribuídos, originariamente, a uma ou a outra Turma, mas a determinado Ministro Relator, que, por sua vez, pertence à Primeira ou à Segunda Turma (RISTF, art. 66). O Presidente de cada Turma é escolhido pelo critério de antiguidade (RISTF, art. 4º, § 4º).

Para as matérias mais relevantes, a exemplo de decisão sobre constitucionalidade ou inconstitucionalidade, o Tribunal Pleno somente poderá deliberar se presentes oito dos onze Ministros. Para decisão sobre a constitucionalidade das leis (declaração de

---

79 Oscar Dias Corrêa, *O Supremo Tribunal Federal, corte constitucional do Brasil*, Rio de Janeiro: Forense, 1987, p. 70-71.

80 Cf., a propósito, Oscar Dias Corrêa, *O Supremo Tribunal Federal*, cit., p. 71.

81 Regimento Interno do STF, publicado no *DOU* de 27-10-1980.

82 A Lei n. 8.038, de 28-5-1990, disciplinou alguns aspectos do processo perante o Supremo Tribunal Federal e perante o Superior Tribunal de Justiça. Referido diploma não disciplina, de forma completa, o processo no Supremo Tribunal Federal, de modo que subsistem íntegras muitas das disposições regimentais.

constitucionalidade ou de inconstitucionalidade), exige-se sempre maioria de seis votos (RISTF, art. 173 c/c o art. 174).

O Presidente do Supremo Tribunal Federal é eleito diretamente pelos seus pares para um mandato de dois anos (RISTF, art. 12). A reeleição é expressamente vedada. São eleitos tradicionalmente para os cargos de Presidente e Vice-Presidente do Tribunal os dois Ministros mais antigos que ainda não os exerceram[83].

3.1.2. Competência do Supremo Tribunal Federal

3.1.2.1. *Considerações gerais*

A discussão na Constituinte sobre a instituição de uma Corte Constitucional, que deveria ocupar-se, fundamentalmente, do controle de constitucionalidade[84], acabou por permitir que o Supremo Tribunal Federal não só mantivesse a sua competência tradicional, com algumas restrições, como adquirisse novas e significativas atribuições. A Constituição de 1988 ampliou significativamente a competência originária do Supremo Tribunal Federal, especialmente no que concerne ao controle de constitucionalidade de leis e atos normativos e ao controle da omissão inconstitucional.

Em linhas gerais, compete ao Supremo Tribunal Federal julgar, originariamente[85]:

a) a ação direta de inconstitucionalidade de lei ou ato normativo federal ou estadual e a ação declaratória de constitucionalidade de lei ou ato normativo federal, a ação direta de inconstitucionalidade por omissão e a arguição de descumprimento de preceito fundamental[86 e 87];

b) a representação para fins de intervenção nos Estados, nos casos de afronta aos princípios elencados no art. 34, VII, que consubstanciam os chamados princípios sensíveis e a representação para assegurar execução de lei federal – CF, arts. 34, VI, e 36, III[88];

c) nas infrações penais comuns, o Presidente da República, o Vice-Presidente, os membros[89] do Congresso Nacional, seus próprios Ministros e o Procurador-Geral da República; nas infrações penais comuns e nos crimes de responsabilidade, os Ministros

---

83 Oscar Dias Corrêa, *O Supremo Tribunal Federal*, cit., p. 70.

84 Oscar Dias Corrêa, O 160º aniversário do STF e o novo texto constitucional, *Arquivos do Ministério da Justiça* n. 173, p. 67 (70), 1988.

85 Deve-se ressaltar que o STF aprovou, em 3 de junho de 2014, a Emenda Regimental n. 49, que atribuiu às suas Turmas diversas competências antes cometidas ao Plenário da Corte, além de dar outras providências. Entre essas alterações, destacam-se a transferência do Plenário para as Turmas dos julgamentos das ações penais originárias e das reclamações constitucionais. Entretanto, a Emenda Regimental n. 57/2020 revogou parcialmente o texto da Emenda n. 49, devolvendo ao Plenário a Competência para julgar as ações penais originárias.

86 Cf. tópicos sobre ADI, ADI por omissão, ADC e ADPF, respectivamente.

87 Cf., *infra*, Cap. 10 – Controle de Constitucionalidade, tópicos sobre ADI, ADC, ADI por omissão e ADPF.

88 Cf., *infra*, Cap. 10 – Controle de Constitucionalidade, n. IX – A representação interventiva.

89 Vale lembrar que a prerrogativa de foro por crime comum perante o STF não é extensiva ao suplente de Deputado ou de Senador, salvo quando convocado, conforme jurisprudência firmada pelo STF. Cf. Inq. 1.244, rel. Min. Carlos Velloso, *DJ* de 12-11-2001; Inq. 1.537, rel. Min. Marco Aurélio, *DJ* de 4-4-2001; Inq. 1.659, rel. Min. Carlos Velloso, *DJ* de 16-8-2001; Inq. 1.684, rel. Min. Celso de Mello, *DJ* de 18-12-2001; Inq. 2.639, rel. Min. Celso de Mello, *DJ* de 29-11-2007; Inq. 2.453-AgR, rel. Min. Ricardo Lewandowski, *DJ* de 29-6-2007.

de Estado e os Comandantes da Marinha, do Exército e da Aeronáutica, ressalvado o disposto no art. 52, I, os membros dos Tribunais Superiores, os do Tribunal de Contas da União e os chefes de missão diplomática de caráter permanente[90];

d) o *habeas corpus*, quando o coator for Tribunal Superior ou quando o coator ou o paciente for autoridade ou funcionário cujos atos estejam sujeitos diretamente à jurisdição do Supremo Tribunal Federal, ou se trate de crime sujeito à mesma jurisdição em uma única instância[91];

e) o mandado de segurança e o *habeas data* contra atos do Presidente da República, das Mesas da Câmara dos Deputados e do Senado Federal, do Tribunal de Contas da União, do Procurador-Geral da República e do próprio Supremo Tribunal Federal, e o mandado de injunção, quando a elaboração da norma regulamentadora for atribuição do Presidente da República, do Congresso Nacional, da Câmara dos Deputados, do Senado Federal, das Mesas de uma dessas Casas Legislativas, do Tribunal de Contas da União, de um dos Tribunais Superiores, ou do próprio Supremo Tribunal Federal;

f) o litígio entre Estado estrangeiro ou organismo internacional e a União, o Estado, o Distrito Federal ou o Território;

g) as causas e os conflitos entre a União e os Estados, a União e o Distrito Federal, ou entre uns e outros[92], inclusive as respectivas entidades da Administração indireta[93];

---

90 A interpretação sobre o foro por prerrogativa de função sofreu uma sensível mudança depois da conclusão do julgamento da AP 937 – QO, relator Min. Roberto Barroso. Com esse julgado, o Tribunal assentou a seguinte tese: "(i) O foro por prerrogativa de função aplica-se apenas aos crimes cometidos durante o exercício do cargo e relacionados às funções desempenhadas; e (ii) Após o final da instrução processual, com a publicação do despacho de intimação para apresentação de alegações finais, a competência para processar e julgar ações penais não será mais afetada em razão de o agente público vir a ocupar cargo ou deixar o cargo que ocupava, qualquer que seja o motivo" (AP 937 – QO, rel. Min. Roberto Barroso, *DJ* de 10-12-2018).

91 Cabe salientar aqui o julgamento plenário do HC-QO 76.628, *DJ* de 12-6-1998. Lê-se no voto de Moreira Alves, relator: "(...) a única hipótese prevista na Constituição em que esta Corte pode processar e julgar originariamente 'habeas corpus' contra ela mesma é a contida na parte final dessa letra 'i' do inciso I do artigo 102 da Constituição, ou seja, quando o Supremo Tribunal Federal for tido como coator de decisão sua em processo relativo a crime sujeito à sua jurisdição em uma única instância". A decisão restou assim ementada: "Sendo certo que a Constituição só abriu exceção ao princípio da hierarquia em matéria de competência para o julgamento de 'habeas corpus' no tocante a esta Corte e apenas quando 'se trate de crime sujeito à mesma jurisdição em uma única instância', essa exceção só diz respeito aos crimes objeto de ação penal originária processada perante este Supremo Tribunal Federal, pois, somente nesse caso, em decorrência da prerrogativa de foro das pessoas referidas nas letras 'b' e 'c' do inciso I do artigo 102 da Carta Magna – o que abarca, evidentemente, os corréus sujeitos a essa jurisdição por força de conexão –, é que se terá a hipótese de crime sujeito à jurisdição desta Corte em uma única instância. No caso, tratando-se de 'habeas corpus' contra decisão concessiva de extradição, que é processo sujeito à jurisdição única desta Corte, mas que não tem por objeto crime sujeito à jurisdição dela em uma única instância, não é ele cabível".

92 Os conflitos entre a União e os Estados, ou entre os vários Estados, têm ocupado a jurisprudência do STF. O assunto pode emergir no âmbito de isenções heterônomas, por exemplo, quando se discute benefício tributário conferido por ente que não detém o poder de tributar, a exemplo de eventual isenção dada pela União em relação a tributo municipal. No que toca a conflito tributário entre Estados, sumulou-se que "a dúvida, suscitada por particular, sobre o direito de tributar, manifestado por dois Estados, não configura litígio de competência originária do Supremo Tribunal Federal" (Súmula/STF 517). O conflito federativo transcende a animosidade direta entre Estados da federação, podendo verificar-se de modo indireto. O Supremo Tribunal Federal já entendeu que a "ação proposta por Estado da Federação contra órgão da Administração Indireta de outro Estado da Federação caracteriza conflito federativo. Competência originária do Supremo Tribunal Federal afirmada com fundamento no art. 102, I, *f*, da Constituição" (Rcl. 1.061, rel. Min. Octavio Gallotti, *DJ* de 20-2-2004).

93 Na acepção de conflito entre a União e o Estado ou de conflito entre uma unidade federada e outra, o STF

h) a extradição solicitada por Estado estrangeiro[94];

i) a reclamação para a preservação de sua competência e garantia da autoridade de suas decisões[95];

j) a ação em que todos os membros da magistratura sejam direta ou indiretamente interessados, e aquela em que mais da metade dos membros do tribunal de origem estejam impedidos ou sejam direta ou indiretamente interessados;

k) os conflitos de competência entre o Superior Tribunal de Justiça e quaisquer tribunais, entre tribunais superiores, ou entre estes e qualquer outro tribunal;

l) as ações contra o CNJ e contra o CNMP[96].

Ao Supremo Tribunal Federal o texto constitucional vigente também outorgou competência para apreciar recursos ordinários e extraordinários. O recurso ordinário é cabível:

a) em *habeas corpus*, mandado de segurança, *habeas data* e mandado de injunção decididos em única instância pelos tribunais superiores, se denegatórias as decisões;

---

compreende também os conflitos de atribuições entre Ministério Público de Estados diferentes ou entre Ministério Público Federal e Ministério Público estadual. Cf. Pet. 3.528, rel. Min. Marco Aurélio, *DJ* de 3-3-2006 ("Compete ao STF a solução de conflito de atribuições entre o Ministério Público Federal e o Ministério Público Estadual – Roubo e descaminho. A circunstância de, no roubo, tratar-se de mercadoria alvo de contrabando não desloca a atribuição, para denunciar, do Ministério Público Estadual para o Federal"); ACO 853, rel. Min. Cezar Peluso, *DJ* de 27-4-2007 ("Compete ao STF dirimir conflito negativo de atribuição entre o Ministério Público Federal e o Ministério Público estadual. É da atribuição do Ministério Público estadual analisar procedimento de investigação de atos supostamente delituosos atribuídos a ex-Governador e emitir a respeito *opinio delicti*, promovendo, ou não, ação penal"); Pet. 3.631, rel. Min. Cezar Peluso, j. em 6-12-2007 ("Conflito de atribuições entre Ministérios Públicos estaduais. Receptação de documento furtado do Detran em Jundiaí/SP, apreendido pela polícia rodoviária em Mato Grosso do Sul. O crime de receptação, na modalidade adquirir, é instantâneo, consumando-se no momento em que realizada a conduta. É atribuição do Ministério Público de São Paulo a formulação da *opinio delicti* promovendo, ou não, ação penal").

94 Cf., nesta obra, Cap. 4, n. V, 7 – Da não extradição de brasileiro e da não extradição de estrangeiro por crime político ou de opinião e de outras limitações ao processo extradicional.

95 Cf., *infra*, *Controle de Constitucionalidade*, Cap. 10, n. XI – *Segurança e estabilidade das decisões em controle abstrato de constitucionalidade e a reclamação constitucional*.

96 O Tribunal não conheceu de ação popular ajuizada contra o CNMP, na qual se pretendia a nulidade de decisão – proferida pela maioria de seus membros – que prorrogara o prazo concedido aos membros do Ministério Público ocupantes de outro cargo público, para que retornassem aos órgãos de origem. Entendeu-se que a competência do STF para julgar ações contra o CNJ e o CNMP, introduzida pela EC n. 45/2004, refere-se a ações contra os respectivos colegiados e não àquelas em que se questiona a responsabilidade pessoal de um ou mais conselheiros. O CNMP, por não ser pessoa jurídica, mas órgão colegiado da União, não estaria legitimado a integrar o polo passivo da relação processual da ação popular (Lei n. 4.417/65, art. 6º, § 3º – Lei da Ação Popular). Se se considerasse a menção ao CNMP como válida à propositura da demanda contra a União, seria imprescindível o litisconsórcio passivo de todas as pessoas físicas que, no exercício de suas funções no colegiado, tivessem concorrido para a prática do ato. Pet. 3.674/DF, rel. Min. Sepúlveda Pertence, j. 4-10-2006, *DJ* de 19-12-2006. Em 2013, a Corte decidiu, na AO 1.706 AgR/DF, rel. Min. Celso de Mello, Plenário, *DJe* de 18-2-2014, que a competência do Supremo Tribunal Federal, cuidando-se de impugnação a deliberações do CNJ, prevista no art. 102, I, *r*, da Constituição Federal, deve ser restrita aos casos de impetração de mandado de segurança, *habeas data*, *habeas corpus* ou mandado de injunção, visto que nessas hipóteses o CNJ qualifica-se como órgão coator com legitimidade passiva. Tratando-se, porém, de demanda diversa, tais como as ações ordinárias, deliberou o Plenário no sentido de não se configurar a competência originária do STF, em razão de se cuidar de hipótese não compreendida no art. 102, I, alíneas *d* e *q*, da CF/88. Tendo em vista a expressa referência, no mesmo dispositivo constitucional, às ações contra o CNMP, igual entendimento deve ser aplicado, também, em relação às deliberações do referido Conselho.

b) nos crimes políticos julgados pela Justiça Federal de primeiro grau[97].

Caberá ao Supremo Tribunal Federal julgar, mediante recurso extraordinário, as causas decididas em única ou última instância, quando a decisão recorrida:

a) contrariar dispositivo da Constituição;

b) declarar a inconstitucionalidade de tratado ou lei federal;

c) julgar válida lei ou ato de governo local contestado em face da Constituição;

d) julgar válida lei local contestada em face da lei federal. Essa última previsão – art. 102, III, alínea *d*, da CF – decorre da EC n. 45/2004.

De inegável peso político e grande significado jurídico é a competência do Supremo Tribunal para processar e julgar a ação direta de inconstitucionalidade, a ação declaratória de constitucionalidade, a arguição de descumprimento de preceito fundamental, a ação direta de inconstitucionalidade por omissão e o mandado de injunção[98].

Tais processos – juntamente com o recurso extraordinário – formam hoje o núcleo do sistema de controle de constitucionalidade e legitimidade de leis ou atos normativos, bem como das omissões inconstitucionais.

Relevante afigura-se a competência reconhecida ao Supremo Tribunal para processar e julgar o mandado de segurança contra atos do Presidente da República, das Mesas do Congresso Nacional, do Conselho Nacional de Justiça e do Tribunal de Contas da União. Importantes questões têm sido discutidas nesse âmbito[99].

---

97 No julgamento do RC 1.468, o STF assim se expressou: "(...) a Carta de 1969 dava competência à Justiça Militar para julgar os crimes contra a segurança nacional (artigo 129 e seu § 1º); entretanto, a Constituição de 1988, substituindo tal denominação pela de crime político, retirou-lhe esta competência (artigo 124 e seu parágrafo único), outorgando-a à Justiça Federal (artigo 109, IV). 3ª) Se o paciente foi julgado por crime político em primeira instância, esta Corte é competente para o exame da apelação, ainda que reconheça inaplicável a Lei de Segurança Nacional. MÉRITO: 1. Como a Constituição não define crime político, cabe ao intérprete fazê-lo diante do caso concreto e da lei vigente. 2. Só há crime político quando presentes os pressupostos do artigo 2º da Lei de Segurança Nacional (Lei n. 7.170/82), ao qual se integram os do artigo 1º: a materialidade da conduta deve lesar real ou potencialmente ou expor a perigo de lesão a soberania nacional, de forma que, ainda que a conduta esteja tipificada no artigo 12 da LSN, é preciso que se lhe agregue a motivação política. Precedentes" (RC-segundo 1.468/RJ, rel. p/ o acórdão Min. Maurício Corrêa, *DJ* de 16-8-2000; cf. também HC 78.855/RJ, *DJ* de 26-5-2000, e HC 74.782/RJ, *DJ* de 27-6-1997, ambos relatados pelo Ministro Ilmar Galvão; HC 73.451/RJ, rel. Min. Maurício Corrêa, *DJ* de 6-7-1997.

Sobre crimes políticos cf., nesta obra, *Da não extradição de brasileiro e da não extradição de estrangeiro por crime político ou de opinião* no Capítulo *Direitos Fundamentais de Caráter Judicial e Garantias Constitucionais no Processo*.

98 Cf. nesta obra o Capítulo sobre *Controle de constitucionalidade*.

99 Pet.-AgRg 693, rel. Min. Ilmar Galvão, *DJ* de 1º-3-1996 (A circunstância de o Presidente da República estar sujeito à jurisdição da Corte, para os feitos criminais e mandados de segurança, não desloca para esta o exercício da competência originária em relação às demais ações propostas contra ato da referida autoridade).

Pet. 3.433, rel. Min. Gilmar Mendes, *DJ* de 1º-8-2005 (Possibilidade de extensão ou ampliação da competência expressa do STF quando esta resulta implícita no próprio sistema constitucional).

MS-AgRg 24.099/DF, rel. Min. Maurício Corrêa, *DJ* de 2-8-2002 (A competência do STF para julgar mandado de segurança contra atos da Mesa da Câmara dos Deputados – art. 102, I, *d*, 2ª parte – alcança os atos individuais praticados por parlamentar que profere decisão em nome desta).

MS-AgRg 24.099/DF, rel. Min. Maurício Corrêa, *DJ* de 2-8-2002 (Se o ato do Primeiro Secretário da Câmara dos Deputados decorre de sua função na Mesa Diretora da Casa Legislativa, deve ser analisado pelo STF).

MS 24.997, rel. Min. Eros Grau, *DJ* de 1º-4-2005 (O Presidente da 1ª Câmara do Tribunal de Contas da União é parte legítima para figurar no polo passivo de mandado de segurança quando o ato impugnado reveste-se de caráter impositivo).

Da mesma forma, afigura-se digna de realce a competência do Supremo Tribunal Federal para julgar os *habeas corpus* impetrados contra atos de tribunal superior ou contra autoridades e funcionários cujos atos estejam diretamente sujeitos à jurisdição do STF, e especialmente o recurso ordinário em *habeas corpus* – que pode ser transformado em *habeas corpus* originário – contra decisões do STJ.

Questionam-se o conteúdo e o alcance do art. 102, I, *n*, da Constituição Federal, que fixa ao STF competência para apreciar ação em que todos os membros da magistratura sejam direta ou indiretamente interessados, e aquela em que mais da metade dos membros do tribunal de origem estejam impedidos ou sejam direta ou indiretamente interessados. Trata-se de competência nova, na percepção do Ministro Carlos Velloso, para quem "(...) o Supremo Tribunal Federal tem interpretado a disposição constitucional em apreço de forma a restringir a competência aos casos em que a intervenção do Tribunal, como cúpula do sistema judicial, se torne, efetivamente, necessária (...)"[100].

O entendimento assente assevera que: "A jurisprudência do Supremo Tribunal Federal tem se orientado no sentido de que a letra 'n' do inciso I do art. 102 da Constituição Federal, a firmar competência originária do STF para a causa, só se aplica quando a matéria versada na demanda respeita a privativo interesse da magistratura enquanto tal e não quando também interessa a outros servidores"[101].

Tal percepção também se projeta em matéria eleitoral. E assim já se decidiu que "Supremo Tribunal: competência originária: arguição de suspeição de todos os integrantes de Tribunal Regional Eleitoral, para todo o processo eleitoral: deslocamento da competência originária para o STF, à vista do impedimento da totalidade dos componentes do Tribunal Regional competente (CF, art. 102, I, *n*); votos vencidos, incluído o do relator, pela competência do Tribunal Superior Eleitoral"[102].

Matérias referentes à competência do STF fixada no art. 102, I, *n*, da Constituição Federal têm sido discutidas sob os mais diversos ângulos. Os vários julgados oscilam em matéria de competência, assunto que tem de ser avaliado topicamente, dado que as discussões transitam em inúmeros assuntos[103].

MS 23.452, rel. Min. Celso de Mello, *DJ* de 12-5-2000 (Compete ao STF processar e julgar mandados de segurança e Comissões Parlamentares de Inquérito constituídas no âmbito do Congresso Nacional ou no de qualquer de suas Casas).

MS 22.494, rel. Min. Maurício Corrêa, *DJ* de 27-6-1997 (Considera-se ato da Mesa o provimento de questão de ordem pelo Plenário, em grau de recurso interposto contra decisão do Presidente do Senado).

MS 24.414/DF, rel. Min. Cezar Peluso, *DJ* de 21-11-2003 (Não se admite assistência em processo de mandado de segurança. O Presidente da República é litisconsorte passivo necessário em mandado de segurança contra nomeação de juiz de Tribunal Regional do Trabalho, sendo a causa de competência do STF).

100 Carlos Mário Velloso, O Supremo Tribunal Federal, Corte Constitucional, *Boletim de Direito Administrativo*, ano 10, n. 4, p. 200, abr. 1994.

101 AO 467, rel. Min. Néri da Silveira, *DJ* de 3-10-1997.

102 AO-QO 58, rel. Min. Sepúlveda Pertence, *DJ* de 8-5-1992.

103 Incluem-se temas de revisão de vencimentos e auxílio-moradia para magistrados (AO 587/DF, rel. Min. Ellen Gracie, *DJ* de 30-6-2006), de conversões de pecúnia em vantagens, em face da LOMAN (AO-AgRg 1.122/SC, rel. Min. Carlos Velloso, *DJ* de 16-12-2005), de correção monetária de abonos de magistrados (AO-AgRg 1.292/MG, rel. Min. Carlos Velloso, *DJ* de 16-12-2005), de exceção de suspeição contra Desembargador de Tribunal de Justiça (AO-QO 1.302/MT, rel. Min. Joaquim Barbosa, *DJ* de 21-10-2005), de pressupostos de impedimento e de suspeição de juízes (AO-AgRg 1.153/ES, rel. Min. Carlos Velloso, *DJ* de 30-9-2005), de mandado de segurança impetrado

3.1.2.2. *Competências implícitas*

O Supremo Tribunal Federal também exerce uma série de competências que o modelo constitucional brasileiro implicitamente lhe confere. Há muito a jurisprudência do Supremo Tribunal admite a possibilidade de extensão ou ampliação de sua competência expressa quando esta resulte implícita no próprio sistema constitucional. Nesse sentido, o precedente da relatoria do eminente e saudoso Ministro Luiz Gallotti, nos autos da Denúncia n. 103, julgada em 5-9-1951.

Na Rcl. 2.138/DF[104], na qual se discutiu a competência plena e exclusiva do STF para processar e julgar, nas infrações penais comuns e nos crimes de responsabilidade, os Ministros de Estado, conforme a hipótese do art. 102, I, *c*, da Constituição, disse Nelson Jobim:

> "Não impressiona o argumento concernente à competência estrita ou da inextensibilidade da competência deste Tribunal ou de outros Tribunais Federais para conhecer de determinadas ações. A interpretação extensiva do texto constitucional, também em matéria de competência, tem sido uma constante na jurisprudência do STF e do judiciário nacional em geral. (...) Recentemente, o STF reconheceu a sua competência para processar todo mandado de segurança, qualquer que fosse a autoridade coatora, impetrado por quem teve a sua extradição deferida pelo Tribunal (Rcl. 2.069, Velloso, sessão de 27-6-2003)".

É certo, igualmente, que, antes de cogitar de uma interpretação restritiva ou ampliativa, compete ao intérprete verificar se, mediante fórmulas pretensamente alternativas, não se está a violar a própria decisão fundamental do constituinte ou, na afirmação de Pertence, "se nossa função é realizar a Constituição e nela a largueza do campo do foro por prerrogativa de função mal permite caracterizá-lo como excepcional, nem cabe restringi-lo nem cabe negar-lhe a expansão sistemática necessária a dar efetividade às inspirações da Lei Fundamental"[105].

Sobre essa questão, diz Canotilho:

> "A força normativa da Constituição é incompatível com a existência de competências não escritas salvo nos casos de a própria Constituição autorizar o legislador a alargar o leque de competências normativo-constitucionalmente especificado. No plano metódico, deve também afastar-se a invocação de 'poderes implícitos', de 'poderes resultantes' ou de 'poderes inerentes' como formas autônomas de competência. É admissível, porém, uma complementação de competências constitucionais através do manejo de instrumentos metódicos de interpretação (sobretudo de interpretação sistemática ou teleológica). Por esta via, chegar-se-á a duas hipóteses de competência complementares implícitas: (1) *competências implícitas complementares*, enquadráveis no programa normativo-constitucional de uma competência explícita e justificáveis porque não se trata tanto de alargar competências

contra eleição de Corregedor-Geral de Tribunal Regional Federal (AO-AgRg 1.160/SP, rel. Min. Cezar Peluso, *DJ* de 11-11-2005), entre tantos outros.

104 Rcl. 2.138, rel. para o acórdão Min. Gilmar Mendes, julgado em 13-6-2007.

105 Voto proferido por Sepúlveda Pertence no Inq.-QO 687/SP, rel. Min. Sydney Sanches, *DJ* de 9-11-2001.

mas de aprofundar competências (ex.: quem tem competência para tomar uma decisão deve, em princípio, ter competência para a preparação e formação de decisão); (2) *competências implícitas complementares,* necessárias para preencher lacunas constitucionais patentes através da leitura sistemática e analógica de preceitos constitucionais"[106].

De igual modo, no que se refere à competência do STF – aqui, é quase inesgotável a pletora de exemplos –, adotou-se a interpretação extensiva ou compreensiva do texto constitucional, nas seguintes hipóteses:

a) Mandado de segurança contra ato de Comissão Parlamentar de Inquérito[107].

b) *Habeas corpus* contra a Interpol, em face do recebimento de mandado de prisão expedido por magistrado estrangeiro, tendo em vista a competência do STF para processar e julgar, originariamente, a extradição solicitada por Estado estrangeiro (CF, art. 102, I, *g*)[108].

c) Mandado de segurança contra atos que tenham relação com o pedido de extradição (CF, art. 102, I, *g*)[109].

d) A competência do STF para julgar mandado de segurança contra atos da Mesa da Câmara dos Deputados (art. 102, I, *d*, 2ª parte) alcança os atos individuais praticados por parlamentar que profere decisão em nome desta[110].

e) *Habeas corpus* contra qualquer decisão do STJ, desde que configurado o constrangimento ilegal[111].

f) Instauração de Inquérito, pelo Presidente do STF, quando houver infração à lei penal, na sede ou dependência do Tribunal, envolvendo autoridade ou pessoa sujeita à sua jurisdição (art. 43 do RISTF)[112].

Vê-se, portanto, que, mesmo numa Constituição tão analítica como a brasileira, não há como não adotar a *interpretação compreensiva* do texto constitucional.

O sistema constitucional não repudia a ideia de competências implícitas complementares, desde que necessárias para colmatar lacunas constitucionais evidentes. Parece que o argumento da competência estrita do STF não encontra respaldo na práxis jurisprudencial. Afigura-se, pois, incorreta e contrária à jurisprudência pacífica a afirmação, corrente em inúmeros manuais, segundo a qual a competência da Corte há de ser interpretada de forma restritiva.

---

106 José Joaquim Gomes Canotilho, *Direito constitucional e teoria da Constituição*, 5. ed., Coimbra: Almedina, 2002, p. 543.

107 MS 23.619/DF, rel. Min. Octavio Gallotti, *DJ* de 7-12-2000; MS 23.851/DF, MS 23.868/DF e MS 23.964/DF, rel. Min. Celso de Mello, *DJ* de 21-6-2002.

108 HC 80.923/SC, rel. Min. Néri da Silveira, *DJ* de 21-6-2002; HC 82.686/RS, rel. Min. Sepúlveda Pertence, *DJ* de 28-3-2003; HC 82.677/PR, rel. Min. Gilmar Mendes, *DJ* de 13-6-2003.

109 Rcl. 2.069/DF, rel. Min. Carlos Velloso, *DJ* de 1º-8-2003; Rcl. 2.040/DF, rel. Min. Néri da Silveira, *DJ* de 27-6-2003.

110 MS-AgRg 24.099/DF, rel. Min. Maurício Corrêa, *DJ* de 2-8-2002.

111 HC-QO 78.897/RJ, rel. Min. Nelson Jobim, *DJ* de 20-2-2004.

112 Inq 4.781/DF, rel. Min. Alexandre de Moraes, instaurado pela Portaria GP n. 69, de 14 de março de 2019. O inquérito tinha como objeto a investigação de *fake news*, falsas comunicações de crimes, denunciações caluniosas, ameaças e demais infrações revestidas do intuito de ofender a honra e a segurança da Suprema Corte. As condutas investigadas envolviam o vazamento de informações e documentos sigilosos, com o intuito de atribuir e/ou insinuar a prática de atos ilícitos por membros do STF e a verificação da existência de esquemas de financiamento e divulgação em massa nas redes sociais, com o intuito de lesar ou expor a perigo de lesão o Tribunal ou seus integrantes.

3.1.3. O Supremo Tribunal Federal e a modernização da prestação jurisdicional

3.1.3.1. *Considerações preliminares acerca do recurso extraordinário*

O recurso extraordinário consiste no instrumento processual-constitucional destinado a assegurar a verificação de eventual afronta à Constituição em decorrência de decisão judicial proferida em última ou única instância (CF, art. 102, III, *a* a *d*).

Até a entrada em vigor da Constituição de 1988 era o recurso extraordinário – também quanto ao critério de quantidade – o mais importante processo da competência do Supremo Tribunal Federal[113]. Sob a Constituição anterior, o recurso extraordinário destinava-se não só a proteger a ordem constitucional, mas também a ordem do direito federal, de modo que a impugnação poderia alegar afronta direta tanto à Constituição como ao direito federal.

Esse remédio excepcional, desenvolvido segundo o modelo do *writ of error* americano[114] e introduzido na ordem constitucional brasileira por meio da Constituição de 1891, nos termos de seu art. 59, § 1º, *a*, pode ser interposto pela parte vencida[115], no caso de ofensa direta à Constituição, declaração de inconstitucionalidade de tratado ou lei federal ou declaração de constitucionalidade de lei estadual expressamente impugnada em face da Constituição Federal (CF, art. 102, III, *a*, *b* e *c*). A EC n. 45/2004 passou a admitir o recurso extraordinário quando a decisão recorrida julgar válida lei ou ato de governo local em face da Constituição (CF, art. 102, III, *d*).

O recurso extraordinário possui pressupostos muito específicos para sua admissibilidade.

Além de estar enquadrado em uma das hipóteses taxativamente previstas no inciso III do art. 102 da Constituição Federal, o recurso extraordinário deve impugnar tão somente decisões de única ou última instância, das quais não caiba mais nenhum recurso ordinário.

Impõe-se observar que, sob a Constituição de 1988, agravou-se a crise numérica que, já sob o modelo anterior, incidia sobre o recurso extraordinário. Embora se afigure correta a tese segundo a qual o sistema direto passa a ter precedência ou primazia, é verdade também que é exatamente após a Constituição de 1988 que se acentua a crise numérica do Supremo Tribunal Federal. Essa crise manifesta-se de forma radical no *sistema difuso*, com o aumento vertiginoso de recursos extraordinários (e agravos de instrumento interpostos contra decisões indeferitórias desses recursos).

Não se trata de uma questão nova, como observado por Moreira Alves:

> "No passado, quando se falava em crise do Supremo Tribunal Federal – e que, na verdade, era mais propriamente a crise do Recurso Extraordinário – em face da multiplicidade de causas que iam chegando anualmente numa progressão que de aritmética já se estava

113 Apenas em 1986 foram interpostos 4.124 recursos extraordinários (cf., a propósito, Oscar Dias Corrêa, *O Supremo Tribunal Federal*, cit., p. 38-39).

114 O *writ of error* foi substituído no Direito americano pelo *appeal* (cf., a propósito, Walter Haller, *Supreme Court und Politik in den USA*, Berna, 1972, p. 105).

115 O recurso extraordinário, assim como outros recursos, pode ser proposto também pelo terceiro prejudicado (CPC, art. 499).

tornando quase uma progressão geométrica, ele, pouco a pouco, tomou certas iniciativas para tentar conter a marcha evolutiva desses números para que pudesse atuar realmente como Corte Suprema, como grande Corte da Federação. Por isso, se nós volvermos as vistas para o passado, veremos que houve uma série de providências, ora de natureza legislativa, ora de construção jurisprudencial, ora de emendas constitucionais e, até mesmo, de atuação do Poder Constituinte originário, para tentar fazer com que a Corte pudesse manter-se no seu papel de grandeza de Corte da Federação e, consequentemente, não sucumbir diante da avalanche de recursos e de processos, muitos dos quais diziam respeito a questões de pouco valor em face dos magnos problemas constitucionais da federação"[116].

A propósito da *crise do extraordinário,* Moreira Alves lembrou as providências que foram tomadas. Exigiu-se primeiro que fossem fundamentadas as decisões que admitissem (ou não) a subida do extraordinário[117]. Em seguida, concebeu-se o uso da súmula. Porém "(...) essas experiências não foram bastantes e por isso foi necessário que o próprio STF criasse em seu regimento – que tinha força de lei – o instrumento que ficou conhecido na nossa história jurídica como Arguição de Relevância de Questão Federal"[118].

A explicação para a explosão numérica verificada sob a Constituição de 1988 não é única. É verdade que a massificação das demandas nas relações homogêneas é um fator decisivo para essa crise. As discussões que se encetaram em determinado período sobre planos econômicos, sistema financeiro de habitação, Fundo de Garantia do Tempo de Serviço – FGTS, índices de reajuste do Instituto Nacional do Seguro Social – INSS, podem explicar com certa plausibilidade a multiplicação de demandas, especialmente em um modelo que trata cada controvérsia judicial instaurada como um processo singular. A falta de um mecanismo com caráter minimamente objetivo para solver essas causas de massa permite que uma avalanche de processos sobre um só tema chegue até ao STF pela via do recurso extraordinário. As defesas por parte do Tribunal para essas causas pareciam ainda tímidas.

A Lei n. 8.038, de 1990, previu a possibilidade de o relator deixar de admitir o recurso se a matéria já estivesse pacificada pelo Tribunal. Posteriormente, a Lei n. 9.756, de 1998, acolheu modificação para deferir ao relator, no caso de matéria pacificada, o poder de prover ou desprover o recurso extraordinário por decisão monocrática, cabendo, nessa hipótese, a interposição de agravo, no prazo de cinco dias, para o órgão recursal competente. Certamente, esta última modificação foi decisiva para a superação da crise numérica que assoberba as Cortes judiciais, porque ela permite que o Tribunal, por seus vários órgãos, responda à excepcional demanda de serviços.

3.1.3.2. *O processo de objetivação do recurso extraordinário*

A fórmula da Lei n. 8.038, de 1990, pode ensejar a ilusão de que os Tribunais Superiores podem continuar a ser Cortes de Justiça para cada caso concreto, o que é absolu-

116 José Carlos Moreira Alves, Poder Judiciário, *RT*, ano 5, n. 18, p. 269, jan./mar. 1997.

117 José Carlos Moreira Alves, Poder Judiciário, *RT*, cit., p. 270.

118 José Carlos Moreira Alves, Poder Judiciário, *RT*, cit., p. 271.

tamente impossível, aqui ou alhures. De alguma forma, os diversos sistemas jurídicos acabam encontrando mecanismos de racionalização para evitar que as Cortes Superiores se ocupem de causas repetidas.

Refira-se ao *writ of certiorari* do modelo norte-americano, por meio do qual se exerce certo poder discricionário em relação às matérias a serem apreciadas, excluindo-se assuntos atingidos pelos conceitos de *mootness* e de *ripeness*, isto é, questões abstratas (no primeiro caso) ou mesmo que não contêm ainda o necessário amadurecimento para discussão (no segundo caso).

O *writ of certiorari* consiste em peça preliminar encaminhada à Suprema Corte, pela parte interessada, na qual se faz uma resenha dos fatos e uma síntese da relevância da discussão. Por causa da preliminar de *mootness*, a Suprema Corte norte-americana recusava-se a apreciar questões relativas a aborto, dado que o nascimento da criança já seria um fato quando da prolação da decisão. Exceção é verificada no caso *Roe v. Wade* (410 U.S. 113 – 1973), que lançou o paradigma jurisprudencial para a questão do aborto nos Estados Unidos. Naquela ocasião, a Suprema Corte dos Estados Unidos entendeu que o caso, não obstante não alcançado pelo *mootness requirement*, teria projeções sociais de grande dimensão. A doutrina do *ripeness* consiste na negativa da Suprema Corte em apreciar questões abstratas e hipotéticas. É requisito da Suprema Corte que o problema trazido qualifique um juízo de *justiciability*, isto é, de *judiciabilidade*. Tomando literalmente a expressão, tem-se que o assunto deve estar maduro. Evita-se, assim, o julgamento do hipotético, do argumento teórico, da circunstância não evidenciada na vida real[119].

Preso entre a fórmula do Senado (CF, art. 52, X) e o referido aumento crescente de processos, o Supremo Tribunal Federal terminou avalizando uma tendência de maior objetivação do recurso extraordinário, que deixa de ter caráter marcadamente subjetivo ou de defesa de interesse das partes, para assumir, de forma decisiva, a função de defesa da ordem constitucional objetiva.

Invertendo o processo de supersubjetivação, imposto ao recurso extraordinário pela estruturação e manejo da chamada jurisprudência defensiva, o Plenário do Supremo Tribunal Federal decidiu superar vício procedimental de ausência do prévio esgotamento das instâncias ordinárias, e, em excepcional decisão, e consideradas as peculiaridades do caso (matéria de fundo sumulada na Corte *a quo*), prosseguiu no julgamento do recurso[120].

A par do que representa a decisão referida para a compreensão das novas feições do recurso extraordinário, a mudança mais significativa e definitiva parece estar consubstanciada na eficácia das decisões que, em seu bojo, passaram a ser prolatadas.

---

119 A propósito do papel da Suprema Corte no modelo norte-americano, conferir William H. Rehnquist, *The Supreme Court*, New York: Vintage Books, 2001; David O'Brien, *The Supreme Court in American Politics*, New York: Norton, 1986; Philip J. Cooper, *Battles on the Bench*: conflict inside the Supreme Court, Lawrence: University Press of Kansas, 1995; Charles A. Miller, *The Supreme Court and the Uses of History*, Cambridge: Harvard University Press, 1969; Archibald Cox, *The Court and the Constitution*, Boston: Houghton Mifflin Company, 1987; Alexander M. Bickel, *The least dangerous branch*: the Supreme Court at the bar of politics, 2. ed., New Haven: Yale University Press, 1986.

120 RE 418.918, rel. Min. Ellen Gracie, *DJ* de 1º-7-2005. Em 1985, no julgamento do MS 20.505, rel. Min. Néri da Silveira, *DJ* de 8-11-1991, o Ministro Francisco Rezek, diante de questão de ordem que discutia o âmbito de aplicação do art. 176 do Regimento Interno do STF, firmou posição que sintetiza a tendência atual de operação do recurso extraordinário: "Não quer o Regimento que uma questão constitucional aflore em Plenário e não se veja resolver, redundando em *non liquet*".

O Tribunal, *v. g.*, por maioria, considerou que a declaração de constitucionalidade, em sede de recurso extraordinário, faz manifestamente improcedentes as ações diretas de inconstitucionalidade que tenham o mesmo objeto: a revelar promissora **comunicabilidade** entre as vias difusa e concentrada do sistema misto de controle de constitucionalidade brasileiro:

> "Manteve-se a decisão agravada no sentido do indeferimento da petição inicial, com base no disposto no art. 4º da Lei 9.868/99, ante a manifesta improcedência da demanda, haja vista que a norma impugnada tivera sua constitucionalidade expressamente declarada pelo Plenário da Corte no julgamento do RE 377.457/PR (*DJe* de 19.12.2008) e do RE 381.964/MG (*DJe* de 26.9.2008). Vencidos, no mérito, os Ministros Marco Aurélio, Carlos Britto e Eros Grau, que proviam o recurso, ao fundamento de que precedentes versados a partir de julgamentos de recursos extraordinários não obstaculizariam uma ação cuja causa de pedir é aberta, em que o pronunciamento do Tribunal poderia levar em conta outros artigos da Constituição Federal, os quais não examinados nos processos subjetivos em que prolatadas as decisões a consubstanciarem os precedentes"[121].

Ainda no plano da eficácia, cumpre referir decisões em recursos extraordinários nas quais o Tribunal, em homenagem à segurança jurídica ou a outro valor constitucionalmente relevante, modulou os efeitos do *decisum*. Conforme assentado na decisão proferida no HC 82.959[122] (progressão de regime nos crimes hediondos), a limitação dos efeitos é um apanágio do controle de constitucionalidade, e razão jurídica não há para que tal instrumento, veículo mediante o qual a Corte pode integrar ao seu afazer o princípio da segurança jurídica, não seja utilizado também em sede de controle incidental. As normas contidas nos arts. 27 da Lei n. 9.868 e 11 da Lei n. 9.882, ambas de 1999, nesse sentido, menos que instrumentos procedimentais do controle abstrato, convertem-se em diretrizes interpretativas gerais[123].

---

121 *Informativo STF* n. 543, 20 a 24-4-2009 (ADI 4.071 AgR/DF, rel. Min. Menezes Direito).

122 HC 82.959, rel. Min. Marco Aurélio, *DJ* de 1º-9-2006.

123 Exatamente esse o conteúdo da questão de ordem suscitada pelo Ministro Ricardo Lewandowski quando do julgamento do RE 353.657, rel. Min. Marco Aurélio (*Informativo STF* n. 463, 16 a 20-4-2207): "(...) Asseverou que o efeito *pro futuro*, previsto nessas leis, encontra fundamento no princípio da razoabilidade, já que visa tanto reduzir o impacto das decisões do STF sobre as relações jurídicas já consolidadas quanto evitar a ocorrência de um vácuo legislativo, em tese, mais gravoso para o ordenamento legal do que a subsistência temporária da norma inconstitucional. Considerou, por outro lado, que essas normas, na medida em que simplesmente autorizam o STF a restringir os efeitos da declaração de inconstitucionalidade, sem qualquer outra limitação expressa, a rigor não excluem a modulação da própria eficácia subjetiva da decisão, permitindo que se circunscreva o seu alcance, em geral *erga omnes*, a um universo determinado de pessoas, bem como não afastam a possibilidade de desconsiderar-se o efeito repristinatório da decisão de inconstitucionalidade sobre o ato revogado (...) Ressaltou que o STF, ao proceder, em casos excepcionais, à modulação dos efeitos de suas decisões, por motivos de segurança jurídica ou de relevante interesse social, realiza a ponderação de valores e princípios abrigados na própria Constituição. Tendo isso em conta, o Ministro Ricardo Lewandowski afirmou que os fundamentos, que autorizam a modulação dos efeitos das decisões prolatadas nos processos de índole objetiva, se aplicam, *mutatis mutandis*, aos processos de índole subjetiva (...) assentou que, embora se esteja tratando, no caso, de processos subjetivos, quando a matéria é afetada o Plenário, a decisão resultante, na prática, surtirá efeitos *erga omnes*.

Alguns precedentes do Tribunal terminaram por consubstanciar essa ordem de razões. Paradigmática, nesse sentido, a decisão proferida pelo Plenário no RE 197.917, assim ementada:

> "Recurso extraordinário. Municípios. Câmara de vereadores. Composição. Autonomia municipal. Limites constitucionais. Número de vereadores proporcional à população. CF, artigo 29, IV. Aplicação de critério aritmético rígido. Incompatibilidade entre a população e o número de vereadores. Inconstitucionalidade, *incidenter tantum*, da norma municipal. Efeitos para o futuro. Situação excepcional (...) 8. Efeitos. Princípio da segurança jurídica. Situação excepcional em que a declaração de nulidade, com seus normais efeitos *ex tunc*, resultaria grave ameaça a todo o sistema legislativo vigente. Prevalência do interesse público para assegurar, em caráter de exceção, efeitos *pro futuro* à declaração incidental de inconstitucionalidade"[124].

Deve-se reconhecer, portanto, que o recurso extraordinário ganha contornos marcadamente objetivos, a indicar evolução do entendimento do Tribunal acerca da forma mediante a qual presta a jurisdição constitucional.

3.1.4. O Supremo Tribunal Federal e as súmulas vinculantes

3.1.4.1. *Considerações gerais*

O efeito vinculante das decisões de Tribunais Superiores sobre os atos de instâncias inferiores não configura novidade. Nelson de Sousa Sampaio apresenta-nos uma boa resenha da tendência para o precedente judicial vinculante[125]. Segundo o autor, no desempenho de sua missão, o Judiciário pode praticar ato que vai desde a sentença clássica até atos propriamente legislativos. Assim é que, quanto à crescente extensão de seus efeitos, os atos dos juízes se escalonariam em sentença clássica, precedente, sentença normativa, jurisprudência vinculante, atos quase legislativos e plenamente legislativos.

É de Kelsen o esclarecimento de que a função criadora do direito dos tribunais, existente em todas as circunstâncias, surge com particular evidência quando um tribunal recebe competência para produzir também normas gerais por meio de decisões com força de precedentes. Conferir a tal decisão caráter de precedente é tão só um alargamento coerente da função criadora de direito dos tribunais. Se aos tribunais é conferido o poder de criar não só normas individuais, mas também normas jurídicas gerais, estarão eles em concorrência com o órgão legislativo instituído pela Constituição, e isso significará uma descentralização da função legislativa[126].

Os países que pertencem à tradição do *common law* construíram a prática do precedente judicial vinculativo, que se caracteriza pelo fato de a *ratio decidendi* de um alto

124 RE 197.917, rel. Min. Maurício Corrêa, *DJ* de 7-5-2004; cf., também, RE 122.202, rel. Min. Francisco Rezek, *DJ* de 8-4-1994.

125 Nelson de Sousa Sampaio, O Supremo Tribunal Federal e a nova fisionomia do Judiciário, *RDP*, 75/5 e s.

126 Hans Kelsen, *Teoria pura do direito*, 2. ed., Coimbra: Arménio Amado Ed., 1962, v. 2, p. 115-116.

tribunal ser, em princípio, obrigatória para os tribunais inferiores. A criação predominantemente judicial do direito concorreu positivamente para o estabelecimento dessa racionalidade. Isso, no entanto, não impede de se ver o precedente vinculante também em países de tradição romanista, embora aí mais formalizado, como referido. Sobre a súmula do Supremo Tribunal Federal e o *Restatement of the Law*[127], do Direito americano, observou Victor Nunes Leal que:

> "A jurisprudência da Súmula, embora não obrigatória para os outros Tribunais e Juízes, é indiretamente obrigatória para as partes, porque o interessado poderá fazê-la observar através do mecanismo dos recursos, enquanto não alterada pelo próprio Supremo Tribunal. E quanto a este a Súmula funciona como instrumento de autodisciplina propiciando tão alto grau de simplificação dos seus trabalhos que seria inviável ou prejudicial tentar alcançar o mesmo resultado por outro meio.
>
> A autoridade, que nos foi possível atribuir à Súmula – e que falta ao *Restatement* dos norte-americanos – não é inspiração do acaso ou da livre imaginação. As raízes dessa fórmula estão na abandonada tradição luso-brasileira dos assentos da Casa da Suplicação e na moderna experiência legislativa dos prejulgados"[128].

Vê-se, pois, que a súmula do Supremo Tribunal Federal, que deita raízes entre nós nos assentos da Casa de Suplicação, nasce com caráter oficial, dotada de perfil indiretamente obrigatório. E, por conta dos recursos, constitui instrumento de autodisciplina do Supremo Tribunal Federal, que somente deverá afastar-se da orientação nela preconizada de forma expressa e fundamentada.

Essas diretrizes aplicam-se também à súmula vinculante consagrada na Emenda n. 45/2004. É evidente, porém, que a súmula vinculante, como o próprio nome indica, terá o condão de vincular diretamente os órgãos judiciais e os órgãos da Administração Pública, abrindo a possibilidade de que qualquer interessado faça valer a orientação do Supremo, não mediante simples interposição de recurso, mas por meio de apresentação de uma reclamação por descumprimento de decisão judicial (CF, art. 103-A).

3.1.4.2. *Requisitos formais da súmula vinculante, revisão e cancelamento*

Nos termos do art. 103-A da Constituição, a súmula vinculante deverá ser aprovada por maioria de 2/3 dos votos do Supremo Tribunal Federal (8 votos), havendo de incidir sobre matéria constitucional que tenha sido objeto de decisões reiteradas do Tribunal. A norma constitucional explicita que a súmula terá por objetivo superar controvérsia atual sobre a validade, a interpretação e a eficácia de normas determinadas

---

127 O "Restatement of Law" é uma consolidação de jurisprudência realizada por advogados, juízes e professores americanos, com o objetivo de conferir segurança ao estudo da aplicação dos precedentes (cf. Victor Nunes Leal, Problemas de direito público e outros problemas, *Arquivos do Ministério da Justiça*, Brasília, 1997, v. 2, p. 61).

128 Victor Nunes Leal, Passado e futuro da Súmula do STF, *Arquivos do Ministério da Justiça*, cit.; *Problemas de direito público e outros problemas*, Brasília: Ministério da Justiça, 1997, p. 279-300.

capaz de gerar insegurança jurídica e relevante multiplicação de processos. Estão abrangidas, portanto, as questões atuais sobre interpretação de normas constitucionais ou destas em face de normas infraconstitucionais.

Tendo em vista a competência ampla do Supremo Tribunal Federal, essas normas tanto poderão ser federais como estaduais ou municipais. É possível, porém, que a questão envolva tão somente interpretação da Constituição e não de seu eventual contraste com outras normas infraconstitucionais. Nesses casos, em geral submetidos ao Tribunal sob alegação de contrariedade direta à Constituição (art. 103, III, *a*), discute-se a interpretação da Constituição adotada pelos órgãos jurisdicionais.

Outro requisito para edição da súmula vinculante refere-se à preexistência de reiteradas decisões sobre matéria constitucional. Exige-se aqui que a matéria a ser versada na súmula tenha sido objeto de debate e discussão no Supremo Tribunal Federal. Busca-se obter a maturação da questão controvertida com a reiteração de decisões. Veda-se, desse modo, a possibilidade da edição de uma súmula vinculante com fundamento em decisão judicial isolada. É necessário que ela reflita uma jurisprudência do Tribunal, ou seja, reiterados julgados no mesmo sentido, é dizer, com a mesma interpretação.

A súmula vinculante, ao contrário do que ocorre no processo objetivo, como foi visto, decorre de decisões tomadas, em princípio, em casos concretos, no modelo incidental, no qual também existe, não raras vezes, reclamo por solução geral. Ela só pode ser editada depois de decisão do Plenário do Supremo Tribunal Federal ou de decisões repetidas das Turmas.

Esses requisitos acabam por definir o próprio conteúdo das súmulas vinculantes. Em regra, elas serão formuladas a partir das questões processuais de massa ou homogêneas, envolvendo matérias previdenciárias, administrativas, tributárias ou até mesmo processuais, suscetíveis de uniformização e padronização. Nos termos do § 2º do art. 103-A da Constituição, a aprovação, bem como a revisão e o cancelamento de súmula, poderá ser provocada pelos legitimados para a propositura da ação direta de inconstitucionalidade, sem prejuízo do que vier a ser estabelecido em lei.

Autorizou-se, assim, ao legislador ampliar o elenco de legitimados. Parece altamente recomendável que dentre aqueles que venham a ser contemplados com essa legitimação, por decisão legislativa, estejam tribunais e juízes, uma vez que eles lidam, cotidianamente, com os processos que podem dar ensejo à formulação de súmulas. Como consectário de seu caráter vinculante e de sua "força de lei" para o Poder Judiciário e para a Administração, requer-se que as súmulas vinculantes sejam publicadas no *Diário Oficial da União*. Procura-se assegurar, assim, a sua adequada cognoscibilidade por parte de todos aqueles que lhe devem obediência.

Nos termos da Emenda Constitucional n. 45/2004, tal como a edição, o cancelamento ou a revisão da súmula poderá verificar-se mediante decisão de 2/3 dos membros do Supremo Tribunal, de ofício ou por provocação de pessoas ou entes autorizados em lei, dentre eles os legitimados para a ação direta de inconstitucionalidade (art. 103-A, *caput*, e § 2º).

A possibilidade de revisão ou cancelamento de súmula é de extrema relevância quando se tem em vista que é da natureza da própria sociedade e do Direito estar em constante transformação. Nesse sentido, faz-se imprescindível a possibilidade de alteração das súmulas vinculantes, para que elas possam ser adequadas a essas necessidades, também de índole prática. Todavia, do mesmo modo que a adoção de uma súmula vinculante não ocorre de um momento para o outro, exigindo que a matéria tenha sido objeto de reiteradas decisões sobre o assunto, a sua alteração ou modificação também exige discussão cuidadosa.

À evidência, não procede o argumento de que a súmula vinculante impede mudanças que ocorrem por demanda da sociedade e do próprio sistema jurídico, uma vez que há previsão constitucional da revisão e revogação dos seus enunciados. Ademais, a revisão da súmula propicia ao eventual requerente maiores oportunidades de superação do entendimento consolidado do que o sistema de recursos em massa, que são respondidos, também, pelas fórmulas massificadas existentes hoje nos tribunais.

Tal questão foi objeto de observação do Ministro Sepúlveda Pertence, em pronunciamento perante a Câmara dos Deputados:

> "É muito mais fácil prestar atenção a um argumento novo, num mecanismo de revisão de súmula, do que num dos 5 ou 6 mil processos a respeito que subam num determinado ano ao Supremo Tribunal Federal, até porque a sentença que contém o argumento novo tem de ser sorteada, porque não dá para conferir mais do que por amostragem".

A solenidade conferida ao procedimento de revisão da súmula vinculante permite e recomenda que o Tribunal confira a atenção devida à proposta de alteração.

A Lei n. 11.417, de 19-12-2006, regulamentou o art. 103-A da Constituição, disciplinando a edição, a revisão e o cancelamento de enunciado de súmula vinculante pelo Supremo Tribunal Federal.

3.1.4.3. *Obrigatoriedade e limites objetivos e subjetivos da súmula vinculante*

Os limites objetivos da súmula vinculante são dados pelo enunciado que resulta de sua formulação. É evidente que esse enunciado poderá ser mais bem compreendido à luz das referências da súmula, isto é, dos julgados que geraram a base para a decisão sumulada.

Assim, não raras vezes ter-se-á de recorrer às referências da súmula para dirimir eventual dúvida sobre o seu exato significado. Tais referências são importantes também no que diz respeito à eventual distinção ou *distinguishing* que se tenha de fazer na aplicação da súmula vinculante.

Desde já, afigura-se inequívoco que a súmula vinculante conferirá eficácia geral e vinculante às decisões proferidas pelo Supremo Tribunal Federal sem afetar diretamente a vigência de leis porventura declaradas inconstitucionais no processo de controle incidental. É que não foi alterada a cláusula clássica, constante hoje do art. 52, X, da Constituição, que outorga ao Senado a atribuição para suspender a execução de lei ou ato normativo declarado inconstitucional pelo Supremo Tribunal Federal.

Não resta dúvida de que a adoção de súmula vinculante em situação que envolva a declaração de inconstitucionalidade de lei ou ato normativo enfraquecerá ainda mais o já debilitado instituto da suspensão pelo Senado. É que a súmula vinculante conferirá interpretação vinculante à decisão que declara a inconstitucionalidade sem que a lei declarada inconstitucional tenha sido eliminada formalmente do ordenamento jurídico (falta de eficácia geral da decisão declaratória de inconstitucionalidade). Tem-se efeito vinculante da súmula, que obrigará a Administração a não mais aplicar a lei objeto da declaração de inconstitucionalidade (nem a orientação que dela se dessume), sem eficácia *erga omnes* da declaração de inconstitucionalidade.

Mais uma razão para que se reveja a interpretação que se confere, tradicionalmente, ao disposto no art. 52, X, da Constituição, de modo a assegurar o efeito às decisões do Supremo Tribunal Federal, independentemente de terem sido proferidas em sede de controle abstrato, direto ou incidental (cf. a propósito, *supra*, o Cap. 10, n. III – *Controle incidental ou concreto*).

Afigura-se inegável que, tendo em vista a própria formalidade do processo de aprovação e edição de súmula, o Tribunal não poderá afastar-se da orientação sumulada sem uma decisão formal no sentido da superação do enunciado eventualmente fixado. Aquilo a que Victor Nunes se referiu como instrumento de autodisciplina do Tribunal edifica-se, no contexto da súmula vinculante, em algo associado à própria responsabilidade institucional da Corte de produzir clareza e segurança jurídicas para os demais tribunais e para os próprios jurisdicionados.

A afirmação de que inexistiria uma autovinculação do Supremo Tribunal ao estabelecido nas súmulas há de ser entendida *cum grano salis*. Talvez seja mais preciso afirmar que o Tribunal estará vinculado ao entendimento fixado na súmula enquanto considerá-lo expressão adequada da Constituição e das leis interpretadas. A desvinculação há de ser formal, explicitando-se que determinada orientação vinculante não mais deve subsistir. Aqui, como em toda mudança de orientação, o órgão julgador ficará duplamente onerado pelo dever de argumentar.

3.1.4.4. *Súmula vinculante e reclamação constitucional*

Estabelece o art. 103-A, § 3º, da Constituição Federal de 1988 que, "do ato administrativo ou decisão judicial que contrariar a súmula aplicável ou que indevidamente a aplicar, caberá reclamação ao Supremo Tribunal Federal que, julgando-a procedente, anulará o ato administrativo ou cassará a decisão judicial reclamada, e determinará que outra seja proferida com ou sem a aplicação da súmula, conforme o caso".

A reclamação constitucional está prevista no art. 102, I, *l*, da Carta de 1988, para preservar a competência e garantir a autoridade das decisões do Supremo Tribunal Federal. O modelo constitucional adotado consagra a admissibilidade de reclamação contra ato da Administração em desconformidade com a súmula[129]. E, na certa, essa é

129 Nesse sentido, o Plenário, por unanimidade, deu provimento a agravo regimental em medida cautelar na Rcl. 6.072, rel. Min. Ricardo Lewandowski, *DJ* de 30-4-2009, para sustar todos os efeitos advindos da nomeação, por decreto do Governador do Estado do Paraná, de um seu irmão para o cargo de Conselheiro do Tribunal de Contas do Estado. A decisão, que considerou a prática ofensiva ao quanto sumulado pelo STF, está assim ementada: "(...) I – A vedação do nepotismo não exige a edição de lei formal para coibir a prática, uma vez que decorre diretamente dos princípios contidos no art. 37, *caput*, da Constituição Federal. II – O cargo de Conselheiro do Tribunal de Contas do Estado do Paraná reveste-se, à primeira vista, de natureza administrativa, uma vez que exerce a função de auxiliar do Legislativo no controle da Administração Pública. III – Aparente ocorrência de vícios que maculam o processo de escolha por parte da Assembleia Legislativa paranaense".

a grande inovação do sistema, uma vez que a reclamação contra atos judiciais contrários à orientação com força vinculante já era largamente praticada. É certo que também essa reclamação estava limitada às decisões dotadas de efeito vinculante nos processos objetivos.

De qualquer sorte, tem-se aqui a clara convicção de que a Administração Pública contribui, decisivamente, para o incremento das demandas judiciais de caráter homogêneo. Daí situar-se na seara da Administração Pública o grande desafio na implementação da súmula vinculante em toda a sua amplitude.

A adoção da súmula vinculante para a Administração Pública exige a promulgação de normas de organização e procedimento que permitam assegurar a observância por parte desta dos ditames contidos na súmula sem que se verifique uma nova e adicional sobrecarga de processos – agora de reclamações – para o Supremo Tribunal Federal.

Daí a necessidade de que a lei preveja procedimento administrativo adequado de modo a permitir, tanto quanto possível, que as questões eventualmente suscitadas possam ser resolvidas na própria esfera da Administração[130]. Parece abusivo, nesse contexto, que se admita a reclamação sem que se envidem esforços para a solução da controvérsia no âmbito administrativo. Aqui reside um dos pontos mais delicados e mais relevantes do novo sistema inaugurado pela Emenda Constitucional n. 45/2004. É que não se pode substituir a crise numérica, ocasionada pelo recurso extraordinário, pela multiplicação de reclamações formulada diretamente contra a Administração perante o Supremo Tribunal Federal.

A súmula vinculante somente será eficaz para reduzir a crise do Supremo Tribunal Federal e das instâncias ordinárias se puder ser adotada em tempo social e politicamente adequado. Em outras palavras, não pode haver um espaço de tempo muito amplo entre o surgimento da controvérsia com ampla repercussão e a tomada de decisão com efeito vinculante. Do contrário, a súmula vinculante perderá o seu conteúdo pedagógico-institucional, não cumprindo a função de orientação das instâncias ordinárias e da Administração Pública em geral. Nesse caso, sua eficácia ficará restrita aos processos ainda em tramitação.

3.1.4.5. *O Plenário Virtual*

O sistema de votação virtual foi inaugurado em 2007, durante a gestão da então presidente Ministra Ellen Gracie, e teve sua aplicação limitada ao reconhecimento de repercussão geral dos Recursos Extraordinários. Em 2010, por meio da Emenda Regimental n. 42, passou-se a admitir o uso do Plenário Virtual para o julgamento do mérito de REs com repercussão geral reconhecida nos casos de reafirmação de jurisprudência dominante da Corte[131].

---

130 Cf. Lei n. 9.784, de 29-1-1999, que regula o processo administrativo no âmbito da Administração Pública Federal. No que se refere ao procedimento para cumprimento de decisões judiciais pela via administrativa no âmbito estadual, cf. a Lei estadual n. 10.177, de 30-12-1998, do Estado de São Paulo.

131 O Plenário Virtual encontra-se previsto no Regimento Interno do Supremo Tribunal Federal e foi instituído pela Emenda n. 21, de 30 de abril de 2007.

Em 2016[132], a sistemática também foi adotada para o julgamento de Agravos Internos (art. 317, § 5º, do RISTF) e Embargos de Declaração (art. 337, § 3º, do RISTF), e, posteriormente, em 2019 e 2020, sucessivamente ampliada para uma série de outros julgamentos, até, atualmente, poder ser utilizada para o julgamento em qualquer processo de competência do Tribunal. Conforme previsto na redação atual do art. 21-B[133], o julgamento eletrônico pode ser requerido pelo relator ou pelo revisor, com a concordância do relator, e, nos seguintes casos, deve ser preferencialmente utilizado (art. 21-B, § 1º, do RISTF):

> "I – agravos internos, regimentais e embargos de declaração;
>
> II – medidas cautelares em ações de controle concentrado;
>
> III – *referendum* de medidas cautelares e de tutelas provisórias;
>
> IV – recursos extraordinários e agravos, inclusive com repercussão geral reconhecida, cuja matéria discutida tenha jurisprudência dominante no âmbito do STF;
>
> V – demais classes processuais cuja matéria discutida tenha jurisprudência dominante no âmbito do STF".

No caso da análise da existência de Repercussão Geral, o rito adotado encontra-se previsto no Regimento Interno da Corte. Segundo tais normas, o Relator ou o Presidente submete seu voto sobre a Repercussão Geral, por meio do Plenário Virtual, aos demais Ministros (art. 323 do RISTF), os quais devem votar no prazo comum de 20 dias (art. 324 do RISTF). Na sistemática anterior, vale destacar, a ausência de manifestação dos Ministros nesse prazo era computada de forma favorável à existência de repercussão geral ou, de forma contrária, se a manifestação do relator fosse no sentido de tratar-se de matéria infraconstitucional.

Com o advento da Emenda Regimental n. 54/2020, no entanto, a sistemática foi alterada de forma sensível. Em primeiro lugar, o Regimento Interno, pela nova redação de seu art. 323, § 1º, passou a exigir a manifestação expressa da maioria absoluta dos membros da Corte quanto à existência de matéria constitucional para, então, proceder-se à análise da repercussão geral. Além disso, a ausência de manifestação de qualquer dos Ministros passou a não ser mais contabilizada para o resultado, apenas consignando-se em ata a sua não participação do julgamento (art. 324, § 3º, do RISTF). Nessa hipótese, caso não alcançado o quórum – seja para o reconhecimento de questão constitucional, seja para a análise da repercussão geral –, o § 4º do referido artigo determina a suspensão do julgamento e a sua retomada na sessão eletrônica seguinte.

Já os demais julgamentos eletrônicos, analisados em lista de processos, submetem-se ao rito previsto na Resolução n. 642/2019. Nessa sistemática, prevê-se a realização semanal de sessões virtuais, com início às sextas-feiras, em que cada Ministro deve disponibilizar sua manifestação sobre os casos de sua relatoria. A partir de então, os demais Ministros terão seis dias úteis para analisar a análise do feito, aplicando-se o silêncio de

132 Conforme a Emenda n. 51, de 22 de junho de 2016.

133 Acrescido pela Emenda n. 52, de 14 de junho de 2019, e posteriormente alterado pela Emenda n. 53, de 18 de março de 2020.

alguns dos pares de forma semelhante ao realizado para os casos de Repercussão Geral: registra-se em ata a não participação do julgamento e, caso não alcançado o quórum, suspende-se o julgamento e inclui-se o processo para a sessão seguinte.

A Resolução n. 642/2019 também assegura a possibilidade de o processo não ser levado a julgamento em ambiente virtual em duas hipóteses. A primeira delas seria na eventualidade de existir pedido de destaque por parte de algum dos Ministros. A segunda, que depende do deferimento pelo Relator, na ocorrência de pedido de uma das partes 48 horas antes do início da sessão. Além disso, permite-se o pedido de vista, podendo o Ministro com pedido de vista devolver o processo para o julgamento virtual ou levá-lo à apreciação presencial, bem como a realização de sustentação oral por qualquer das partes, as quais podem enviar, por meio eletrônico, as respectivas sustentações até 48 horas antes de iniciado o julgamento.

3.2. Superior Tribunal de Justiça

3.2.1. Considerações gerais

O Superior Tribunal de Justiça é uma criação da Constituição de 1988.

A discussão travada em torno da chamada crise do recurso extraordinário e da admissão da arguição de relevância para apreciação dos recursos interpostos sob a alegação de afronta ao direito federal ordinário favoreceu a criação de uma Corte que, ao lado do Tribunal Superior Eleitoral e do Tribunal Superior do Trabalho, se dedicasse a preservar a interpretação adequada e a unidade do direito federal ordinário em relação às causas julgadas pelos tribunais federais comuns e pelos tribunais estaduais.

O Superior Tribunal de Justiça é composto por, pelo menos, trinta e três juízes, nomeados pelo Presidente da República, dentre brasileiros, com mais de 35 e menos de 65 anos, de notável saber jurídico e reputação ilibada, depois de aprovada a escolha pela maioria absoluta do Senado Federal, sendo:

a) um terço dentre juízes dos Tribunais Regionais Federais e 1/3 dentre desembargadores dos Tribunais de Justiça, indicados em lista tríplice elaborada pelo próprio Tribunal;

b) um terço, em partes iguais, dentre advogados e membros do Ministério Público Federal, Estadual, do Distrito Federal e dos Territórios, alternadamente, indicados em lista sêxtupla pelos órgãos de representação das respectivas classes (CF, art. 104)[134].

Esse número poderá ser elevado por meio de lei. Junto ao Superior Tribunal de Justiça funciona o Conselho da Justiça Federal, cabendo-lhe exercer a supervisão administrativa e orçamentária da Justiça Federal de primeiro e segundo graus (juízes federais

134 Ressalte-se, a propósito, que a Segunda Turma do Supremo Tribunal Federal, por ocasião do julgamento do RMS 27.920, reconheceu o direito do Superior Tribunal de Justiça (STJ) de recusar lista sêxtupla encaminhada pela Ordem dos Advogados do Brasil (OAB) para preenchimento de vaga de ministro do chamado quinto constitucional da composição daquela Corte que cabe à categoria dos advogados, quando nenhum dos integrantes da lista obtém votação mínima para figurar em lista tríplice a ser encaminhada ao Presidente da República para preenchimento da vaga.

e Tribunais Regionais Federais), como órgão central do sistema, sendo as suas decisões dotadas de efeito vinculante.

O Supremo Tribunal Federal decidiu, em 10-11-2011, questão relacionada ao preenchimento das vagas do Superior Tribunal de Justiça, reservadas aos membros dos Tribunais Regionais Federais e dos Tribunais de Justiça. A ADI 4.078 foi proposta pela Associação dos Magistrados Brasileiros – AMB em face do inciso I do art. 1º da Lei n. 7.746/89, por entender que apenas magistrados de carreira poderiam concorrer às vagas para o STJ previstas no inciso I do parágrafo único do art. 104 da Constituição Federal.

Nesse sentido, segundo a argumentação da associação requerente, aos desembargadores que foram alçados a esta condição por meio do quinto constitucional não seria permitido concorrer às vagas para o STJ, reservadas aos membros dos tribunais. O STF, por maioria de votos, julgou improcedente a referida ação direta, restando vencido, isoladamente, o relator Min. Luiz Fux.

A Corte entendeu, na esteira de sua jurisprudência, que a Constituição Federal de 1988 não faz distinção entre desembargadores oriundos do quinto constitucional e aqueles provenientes da carreira da magistratura, para efeito de preenchimento de vagas no Superior Tribunal de Justiça. Tal distinção apenas é feita pela Constituição Federal relativamente ao preenchimento de vagas para o Tribunal Superior do Trabalho, consoante dispõe o inciso II do art. 111-A da CF/88, inserido pela EC n. 45/2004.

3.2.2. Competência

O Superior Tribunal de Justiça é dotado de um feixe significativo de competências, dentre elas a de processar e julgar, originariamente:

a) nos crimes comuns, os Governadores dos Estados e do Distrito Federal, e, nestes e nos de responsabilidade, os Desembargadores dos Tribunais de Justiça dos Estados e do Distrito Federal, os membros dos Tribunais de Contas dos Estados e do Distrito Federal, os dos Tribunais Regionais Federais, dos Tribunais Regionais Eleitorais e do Trabalho, os membros dos Conselhos ou Tribunais de Contas dos Municípios e os do Ministério Público da União que oficiem perante tribunais;

b) os mandados de segurança e os *habeas data* contra ato de Ministro de Estado, dos Comandantes da Marinha, do Exército e da Aeronáutica ou do próprio Tribunal;

c) os *habeas corpus*, quando o coator ou paciente for Governador de Estado ou do Distrito Federal, Desembargador de Tribunal de Justiça e do Distrito Federal, membro de Tribunal de Contas dos Estados e do Distrito Federal, bem como dos Tribunais Regionais Federais, dos Tribunais Regionais Eleitorais e do Trabalho, dos Conselhos ou Tribunais de Contas dos Municípios e os do Ministério Público da União que oficiem perante tribunais, ou quando o coator for tribunal sujeito à sua jurisdição, Ministro de Estado ou Comandante da Marinha, do Exército ou da Aeronáutica, ressalvada a competência da Justiça Eleitoral;

d) os conflitos de competência entre quaisquer tribunais, ressalvados os conflitos de competência confiados à jurisdição do Supremo Tribunal Federal (art. 102, I, *o*), bem como entre tribunal e juízes a ele não vinculados e entre juízes vinculados a tribunais diversos;

e) os conflitos de atribuições entre autoridades administrativas e judiciárias da União, ou entre autoridades judiciárias de um Estado e administrativas de outro ou do Distrito Federal, ou entre as deste e da União;

f) o mandado de injunção, quando a elaboração da norma regulamentadora for atribuição de órgão, entidade ou autoridade federal, da Administração direta ou indireta, excetuados os casos de competência do Supremo Tribunal Federal e dos órgãos da Justiça Militar, da Justiça Eleitoral, da Justiça do Trabalho e da Justiça Federal.

Como se vê, é relevante a competência originária do Superior Tribunal de Justiça, seja no que concerne à matéria criminal, seja no que respeita aos mandados de segurança e *habeas corpus* originários.

3.2.3. Competência recursal do Superior Tribunal de Justiça

Razão justificadora da criação do STJ foi o excesso de recursos extraordinários que tinham por objeto a interpretação do direito federal ordinário, sob o modelo da Constituição de 1967/1969. Criticava-se asperamente a utilização da arguição de relevância pelo Supremo Tribunal Federal nos recursos extraordinários nos quais se alegava a ofensa ao direito federal. Esse argumento vinha, em geral, acompanhado de outro, que enfatizava a necessidade de um órgão judicial superior de revisão da aplicação do direito federal pelos Tribunais de Justiça.

A Constituição confiou ao Superior Tribunal de Justiça importantes atribuições quanto a recursos ordinários, a saber:

a) dos *habeas corpus* decididos em única ou última instância pelos Tribunais Regionais Federais ou pelos tribunais dos Estados, do Distrito Federal e Territórios, quando a decisão for denegatória;

b) dos mandados de segurança decididos em única instância pelos Tribunais Regionais Federais ou pelos tribunais dos Estados, do Distrito Federal e Territórios, quando denegatória a decisão;

c) as causas em que forem partes Estado estrangeiro ou organismo internacional, de um lado, e, do outro, Município ou pessoa residente ou domiciliada no País.

Compõe, porém, o *ethos* do Superior Tribunal de Justiça o julgamento de recurso especial contra decisão judicial de única ou última instância, tendo em vista a função que lhe foi confiada como órgão de uniformização da interpretação do direito federal ordinário.

Cabe recurso especial contra decisão judicial de única ou última instância que:

a) contrariar tratado ou lei federal ou negar-lhe vigência;

b) julgar válido ato de governo local contestado em face da lei federal;

c) der a lei federal interpretação divergente da que lhe haja atribuído outro Tribunal (CF, art. 105, III).

Confiou-se, portanto, ao Tribunal a missão de assegurar uma aplicação uniforme do direito federal. Trata-se de atribuição de elevado relevo em razão do caráter diverso e amplo da federação brasileira. A instituição do recurso especial para o STJ a ser interposto concomitantemente com o recurso extraordinário, dirigido ao STF, constituiu-se, inicialmente, em fator de instabilidade e insegurança jurídica, com discussões sobre antecedência ou precedência de julgamentos etc.

O recurso especial, tal como ocorre com o recurso extraordinário, possui pressupostos muito específicos para sua admissibilidade.

Cabe ao STJ apreciar os recursos especiais, cujas questões debatidas já tenham sido apreciadas pela Corte *a quo*, ou seja, que a matéria já esteja devidamente prequestionada no Tribunal de origem.

Além disso, somente é cabível recurso especial das causas apreciadas pelos Tribunais Regionais Federais ou pelos tribunais dos Estados, do Distrito Federal e Territórios. Deste modo, considerando que as Turmas Recursais não podem ser consideradas tribunais, de suas decisões não é cabível a interposição de recurso especial[135].

O Supremo Tribunal Federal, por ocasião do julgamento do RE 571.572, considerou que a não existência de órgão uniformizador da interpretação da legislação federal para os Juizados Especiais Estaduais poderia ocasionar a perpetuação de decisões divergentes da jurisprudência do STJ. Buscando evitar a insegurança jurídica e a prestação jurisdicional incompleta, e tendo em vista a ausência de outro meio eficaz de sanar a situação, o Tribunal assentou que a lógica da organização do sistema judiciário nacional recomendaria fosse dada à reclamação, prevista no art. 105 da Constituição Federal, amplitude suficiente para afastar a divergência entre decisão proferida no âmbito dos Juizados Especiais Estaduais e a jurisprudência do Superior Tribunal de Justiça[136].

Em 22-12-2009 foi promulgada a Lei n. 12.153, que, nos seus arts. 18 e 19, disciplina a uniformização de interpretação do direito federal pelas Turmas Recursais dos Juizados Especiais Federais (reunião conjunta das turmas em conflito) e pelo STJ quando houver divergência sobre a interpretação de lei federal por Turmas de diferentes Estados ou quando a decisão proferida estiver em contrariedade com súmula do STJ – art. 18, § 3º.

Interessa referir, de outra sorte, a decisão prolatada no RE 590.409, recurso a que se deu provimento para anular acórdão do STJ que havia decidido conflito de competência entre juiz de primeiro grau da justiça federal e Juizado Especial Federal da mesma Seção Judiciária. O Supremo Tribunal Federal considerou, naquela ocasião, que à luz do art. 105, I, *d*, da CF, a competência do STJ para julgar conflito de competência circunscreve-se aos litígios que envolvam tribunais distintos ou juízes vinculados a tribunais diversos. Em face de tal limitação, considerou-se competente para dirimir o referido conflito o Tribunal Regional Federal ao qual estejam vinculados os órgãos de jurisdição envolvidos no conflito[137].

Acrescente-se que, por ser um recurso que vise à segurança sistêmica e não à revisão da causa, em concreto, o recurso especial não pode reexaminar a prova dos autos, para lhe dar nova conformação[138].

---

135 Súmula 203/STJ: "Não cabe recurso especial contra decisão proferida por órgão de segundo grau dos Juizados Especiais".

136 RE 571.572 QO-ED, rel. Min. Ellen Gracie, *Informativo STF* n. 557, 24 a 28-8-2009.

137 RE 590.409, rel. Min. Ricardo Lewandowski, *Informativo STF* n. 557, 24 a 28-8-2009.

138 Súmula 7/STJ: "A pretensão de simples reexame de prova não enseja recurso especial".

Finalmente, além de estar enquadrado em uma das hipóteses taxativamente previstas no inciso III do art. 105 da Constituição Federal, o recurso especial deve impugnar tão somente decisões de única ou última instância, pelos Tribunais Regionais Federais ou pelos tribunais dos Estados, do Distrito Federal e Territórios, das quais não caiba mais nenhum recurso ordinário.

O recurso especial, tal como ocorre com o recurso extraordinário, possui pressupostos muito específicos para sua admissibilidade.

Cabe ao STJ apreciar os recursos especiais, cujas questões debatidas já tenham sido apreciadas pela Corte *a quo*, ou seja, que a matéria já esteja devidamente prequestionada no Tribunal de origem.

Além disso, somente é cabível recurso especial das causas apreciadas pelos Tribunais Regionais Federais ou pelos tribunais dos Estados, do Distrito Federal e Territórios. Deste modo, considerando que as Turmas Recursais não podem ser consideradas tribunais, de suas decisões não é cabível a interposição de recurso especial[139].

Acrescente-se que, por ser um recurso que vise à segurança sistêmica e não à revisão da causa, em concreto, o recurso especial não pode reexaminar a prova dos autos, para lhe dar nova conformação[140].

Finalmente, além de estar enquadrado em uma das hipóteses taxativamente previstas no inciso III do art. 105 da Constituição Federal, o recurso especial deve impugnar tão somente decisões de única ou última instância, pelos Tribunais Regionais Federais ou pelos tribunais dos Estados, do Distrito Federal e Territórios, das quais não caiba mais nenhum recurso ordinário.

Outra questão de relevância não desprezível diz respeito à coincidência de parâmetros de controle no âmbito constitucional e legal. Nesse caso, indaga-se se presente controvérsia constitucional ou questão de direito ordinário federal[141].

O tema assumiu relevância prática quando se discutiu no Supremo Tribunal Federal sobre as correções dos reajustes do FGTS, uma vez que a controvérsia estava posta em face do princípio do direito adquirido contemplado na Constituição e na Lei de Introdução às Normas do Direito Brasileiro. Os recursos interpostos perante o Supremo Tribunal Federal alegavam afronta à Constituição. Aqueles interpostos perante o Superior Tribunal de Justiça alegavam ofensa ao direito federal.

O STF acabou por consagrar, por maioria de votos, a primazia da disciplina constitucional sobre a regulação legal.

O exercício da ampla competência, no âmbito do recurso especial, e a falta de qualquer instrumento de generalização de efeitos das decisões e de seleção de recursos levaram a que o Superior Tribunal de Justiça, em curto espaço de tempo, se defrontasse com crise numérica idêntica ou até mais grave do que aquela que acomete o Supremo Tribunal Federal.

---

139 Súmula 203/STJ: "Não cabe recurso especial contra decisão proferida por órgão de segundo grau dos Juizados Especiais".

140 Súmula 7/STJ: "A pretensão de simples reexame de prova não enseja recurso especial".

141 Ver discussão sobre o tema no RE 226.855, rel. Min. Moreira Alves, *DJ* de 13-10-2000; cf. também Cap. 4, n. IV, item 2 – *Direito adquirido, ato jurídico perfeito, coisa julgada e segurança jurídica*.

À semelhança do que ocorre com o recurso extraordinário, a Lei n. 11.672/2008[142] criou mecanismo para julgamento único dos recursos especiais que possam reproduzir-se em múltiplos feitos.

Nos termos do art. 543-C do CPC, o presidente do tribunal de origem admitirá um ou mais recursos representativos da controvérsia e encaminhará apenas estes ao STJ. Além disso, caso esta providência não seja tomada, "o relator no Superior Tribunal de Justiça, ao identificar que sobre a controvérsia já existe jurisprudência dominante ou que a matéria já está afeta ao colegiado, poderá determinar a suspensão, nos tribunais de segunda instância, dos recursos nos quais a controvérsia esteja estabelecida" (§ 2º do art. 543-C do CPC)[143].

O STJ utilizou-se deste instrumento, pela primeira vez, em 10 de setembro de 2008, no REsp 982.133, da relatoria do ministro Aldir Passarinho Júnior, quando determinou a suspensão dos processos na origem que versem sobre a possibilidade de empresa telefônica cobrar pelo fornecimento de certidões sobre dados constantes de livros societários.

Além disso, o § 4º do mesmo dispositivo legal abre a possibilidade de, considerando a relevância da matéria, o relator poder "admitir manifestação de pessoas, órgãos ou entidades com interesse na controvérsia".

Estes mecanismos buscam prestar uma jurisdição mais célere e é uma das soluções propostas para minimizar a crise do recurso especial instaurada.

3.3. Tribunal Superior Eleitoral e Justiça Eleitoral

3.3.1. Considerações preliminares

A Justiça Eleitoral configura instituição singular, dotada de competência jurisdicional e de ampla atribuição administrativa concernente ao processo eleitoral. Criada em 1932, no contexto dos impulsos renovadores trazidos pela Revolução de 1930, foi, posteriormente, incorporada à Constituição de 1934. Extinta em 1937, foi recriada na Constituição de 1946 (arts. 109 e s.).

A Justiça Eleitoral é composta pelo Tribunal Superior Eleitoral, pelos Tribunais Regionais Eleitorais, pelos juízes eleitorais e pelas juntas eleitorais. A composição da Justiça Eleitoral é singular, contando com a participação de juízes de outros tribunais e advogados.

O Tribunal Superior Eleitoral compõe-se, no mínimo[144], de sete membros. São escolhidos mediante eleição, pelo voto secreto, nos respectivos Tribunais, três juízes

---

142 A Lei n. 11.672/2008 foi regulamentada pela Resolução n. 8/2008 do STJ.

143 No Novo CPC (Lei n. 13.105/2015), a matéria é tratada nos arts. 1.036 a 1.041.

144 A expressão "no mínimo" encontra-se expressa no texto constitucional (CF, art. 119). Entretanto, a própria Constituição define a composição do TSE: três Ministros do Supremo Tribunal Federal; dois do Superior Tribunal de Justiça; e dois advogados escolhidos pelo Presidente da República a partir de lista sêxtupla elaborada pelo Supremo Tribunal Federal. Dessa forma, não se vislumbra a possibilidade de o número de membros efetivos do TSE superar o número de sete inicialmente previstos na Constituição.

dentre os membros do Supremo Tribunal Federal e dois dentre os Ministros do Superior Tribunal de Justiça. Dois juízes são escolhidos, por nomeação do Presidente da República, dentre seis advogados de notável saber jurídico e idoneidade moral, indicados pelo Supremo Tribunal Federal. Compete ao Tribunal Superior Eleitoral a eleição do seu presidente e do vice-presidente, dentre os Ministros do Supremo Tribunal Federal, e do corregedor eleitoral, dentre os Ministros do Superior Tribunal de Justiça (CF, art. 119).

Os Tribunais Regionais Eleitorais, com sede na capital do Estado e no Distrito Federal, são compostos por sete juízes. São escolhidos mediante eleição, pelo voto secreto, pelo Tribunal de Justiça estadual, dois juízes dentre os desembargadores do Tribunal de Justiça e dois dentre os juízes de direito. Integra o TRE, também, um juiz do Tribunal Regional Federal, com sede na capital do Estado ou do Distrito Federal, ou, não havendo, um juiz federal, escolhido, em qualquer caso, pelo Tribunal Regional respectivo. Ao Presidente da República incumbe escolher dois juízes dentre seis advogados de notável saber jurídico e idoneidade moral, indicados pelo Tribunal de Justiça[145]. O presidente e o vice-presidente do Tribunal serão eleitos dentre os desembargadores.

Os juízes dos Tribunais Eleitorais servirão, salvo motivo justificado, por dois anos, no mínimo, e nunca por mais de dois biênios consecutivos, devendo os substitutos ser escolhidos, na mesma ocasião e pelo mesmo processo, em número igual, para cada categoria.

Diferentemente do que se verifica nas demais Cortes de Justiça, os representantes dos advogados na Justiça Eleitoral podem ser escolhidos dentre profissionais com idade superior a 70 anos[146].

3.3.2. **Competência**

A competência da Justiça Eleitoral deverá ser fixada em lei complementar, à qual também incumbe dispor sobre sua organização (CF, art. 121, *caput*). Do texto constitucional resultam, porém, algumas atribuições inequívocas da Justiça Eleitoral, como aquelas concernentes ao alistamento eleitoral, à apreciação das questões relativas à inelegibilidade, à impugnação de mandato eletivo e à expedição ou à anulação de diploma (CF, arts. 14 e 121).

145 Importante lembrar que compete privativamente ao TSE o envio ao Presidente da República da lista tríplice organizada pelos Tribunais de Justiça (arts. 25, § 1º e 23, XI, do Código Eleitoral). O TSE regulamentou a composição da lista tríplice. Na Res.-TSE n. 20.958/2001, art. 12, parágrafo único, inciso VI, afirmou-se a exigência de 10 anos de prática profissional (Cf., a esse respeito, RMS 24.334, rel. Min. Gilmar Mendes, *DJ* de 26-8-2005). Posteriormente, na Res.-TSE no 21.644/2004, ficou assentada a necessidade de participação anual mínima em 5 atos privativos de advogado em causas ou questões distintas, nos termos do art. 5º do EOAB; e na Res.-TSE n. 22.222/2006, a Corte eleitoral afirmou que o mesmo advogado somente poderá ser indicado simultaneamente para o preenchimento de um cargo efetivo e um de substituto.

146 A exemplo, o jurista José Gerardo Grossi, reconduzido ao cargo de Ministro em fevereiro de 2006, aos 73 anos.

Em linhas gerais, são as seguintes as competências da Justiça Eleitoral, especificamente do Tribunal Superior Eleitoral, nos termos do art. 22 da Lei n. 4.737/65[147], o Código Eleitoral[148]:

O Tribunal Superior Eleitoral julga originariamente:

a) o registro e a cassação de registro de partidos políticos, dos seus diretórios nacionais e de candidatos à Presidência e Vice-Presidência da República (Código Eleitoral, art. 22, I, *a*);

b) os conflitos de jurisdição entre Tribunais Regionais e juízes eleitorais de Estados diferentes (Código Eleitoral, art. 22, I, *b*)[149];

c) a suspeição ou impedimento dos seus membros, do Procurador-Geral e dos funcionários da sua secretaria (Código Eleitoral, art. 22, I, *c*);

d) os crimes eleitorais e os comuns que lhes forem conexos cometidos pelos seus próprios juízes e pelos juízes dos Tribunais Regionais (Código Eleitoral, art. 22, I, *d*)[150];

e) as reclamações relativas a obrigações impostas por lei aos partidos políticos, quanto à sua contabilidade e à apuração da origem dos seus recursos (Código Eleitoral, art. 22, I, *f*)[151];

f) as impugnações à apuração do resultado geral, proclamação dos eleitos e expedição de diploma na eleição de Presidente e Vice-Presidente da República (Código Eleitoral, art. 22, I, *g*);

g) as reclamações contra os seus próprios juízes que, no prazo de trinta dias a contar da conclusão, não houverem julgado os feitos a eles distribuídos (Código Eleitoral, art. 22, I, *i*)[152];

---

147 Por inadvertência, nas edições anteriores deixamos de atestar que a alínea *e* do art. 22 do Código Eleitoral, que fixava a competência do TSE para julgamento de "*habeas corpus* ou mandado de segurança, em matéria eleitoral, relativos a atos do Presidente da República, dos Ministros de Estado e dos Tribunais Regionais; ou, ainda, o *habeas corpus*, quando houver perigo de se consumar a violência antes que o juiz competente possa prover sobre a impetração", foi, em parte, julgada inconstitucional, pelo Supremo Tribunal Federal, por ocasião do julgamento do MS 20.409, realizado em sessão plenária de 31 de agosto de 1983. Já sob a Constituição de 1988, assentou-se, no RE 163.727, que a competência para julgar mandado de segurança contra ato do Presidente da República é do Supremo Tribunal Federal (CF, art. 102, I, *d*). Ademais, a competência para julgar mandado de segurança contra ato de Ministro de Estado é do Superior Tribunal de Justiça (CF, art. 105, I, *b*, *in fine*). Também o *habeas corpus*, quando coator ou paciente for autoridade ou funcionário cujos atos estejam sujeitos diretamente à jurisdição do Supremo Tribunal (CF, art. 102, I, *i*). Assim, também os *habeas corpus* contra ato do Presidente da República ou Ministro de Estado estão sujeitos à apreciação do Supremo Tribunal Federal, como restou assentado no HC 85.029, rel. Min. Sepúlveda Pertence, *DJ* de 1º-4-2005.

148 O TSE tem outras competências privativas bastante relevantes, previstas nos incisos IX, XII e XVIII do art. 23 do Código Eleitoral.

149 Cumpre observar que o dispositivo choca-se com o art. 105, I, *d*, da Constituição da República, que tem objeto mais amplo, abrangente das hipóteses disciplinadas pelo dispositivo art. 22, I, *d*, da Lei n. 4.737/65.

150 Também aqui a competência do TSE foi alterada pela CF/88. Cf., nesse sentido, o art. 102, I, *c*, que estabelece a competência do STF para processar e julgar, nas infrações penais comuns e nos crimes de responsabilidade, os membros dos tribunais superiores e o art. 105, I, *a*, que firma a competência do STJ para processar e julgar, nos crimes comuns e nos de responsabilidade, os membros dos tribunais regionais eleitorais. Ademais, destaque-se que, no julgamento do Inq 4.435 AgR-quarto (*DJ* de 21-8-2019), o Plenário do STF determinou ser de competência da Justiça Eleitoral processar e julgar crimes comuns que apresentam conexão com crimes eleitorais.

151 A Lei n. 9.096/95, art. 35, *caput*, deu competência ao Tribunal Superior Eleitoral e aos tribunais regionais eleitorais para o exame da escrituração do partido e apuração de qualquer ato que viole as prescrições legais ou estatutárias em matéria financeira.

152 Cumpre referir, por oportuno, que na decisão proferida nos autos da Rcl 475/TSE (*DJ* de 18-10-2007), o rel.

h) os pedidos de desaforamento dos feitos não decididos nos Tribunais Regionais dentro de trinta dias da conclusão ao relator, formulados por partido, candidato, Ministério Público ou parte legitimamente interessada (Código Eleitoral, art. 22, I, *h*);

i) a ação rescisória, nos casos de inelegibilidade, desde que intentada dentro de cento e vinte dias de decisão irrecorrível, possibilitando-se o exercício do mandato eletivo até o seu trânsito em julgado (Código Eleitoral, art. 22, I, *j*)[153].

A competência judicial do Tribunal Superior Eleitoral é fixada, constitucionalmente, de forma negativa. Nos termos da Constituição, somente caberá recurso (para o TSE) das decisões dos Tribunais Regionais Eleitorais quando:

a) forem proferidas contra disposição expressa da Constituição ou de lei;

b) ocorrer divergência na interpretação de lei entre dois ou mais Tribunais Eleitorais;

c) versarem sobre inelegibilidade ou expedição de diplomas[154] nas eleições federais ou estaduais[155];

Min. José Delgado, assentou que, em virtude das alterações constitucionais advindas da EC n. 45, estaria superado o disposto na alínea *i* do art. 22 do Código Eleitoral. Afirmou, ademais, que nos termos da Constituição, compete ao Conselho Nacional de Justiça o controle do cumprimento dos deveres funcionais dos juízes, cabendo-lhe, inclusive, receber e conhecer das reclamações contra membros ou órgãos do Poder Judiciário (CF, art. 103-B, § 4º, III).

153 A presente alínea foi acrescida pelo art. 1º da LC n. 86/96. Importante referir, a propósito, que, por ocasião do julgamento da ADI 1.459, rel. Min. Sydney Sanches (*DJ* de 17-5-1999), o Plenário do Supremo Tribunal Federal, à unanimidade, declarou inconstitucionais as expressões "possibilitando-se o exercício do mandato eletivo até seu trânsito em julgado" (LC n. 86/96, art. 1º), ao argumento de que, aplicado nesses termos, o dispositivo implicaria suspensão da eficácia da coisa julgada sobre inelegibilidade, e "aplicando-se, inclusive, às decisões havidas até cento e vinte dias anteriores à sua vigência" (LC n. 86/96, art. 2º), ao fundamento de que essa eficácia retroativa afetaria direito adquirido de quantos beneficiados pela coisa julgada em matéria de inelegibilidade, formada quando não havia possibilidade de sua impugnação mediante remédio rescisório. Anote-se, por outro lado, que a jurisprudência do TSE oscilou entre admitir e não admitir a sua competência para rescindir julgados do TRE. Ao julgar um agravo regimental em ação rescisória, assentou que "é competente o Tribunal Superior Eleitoral para o processamento e julgamento de ação rescisória de seus próprios julgados que tenham declarado inelegibilidade. Escapa, portanto, ao âmbito de competência deste Tribunal rescisão de acórdãos de Tribunais Regionais Eleitorais e de juízes eleitorais de 1º grau (art. 22, I, *j*, do Código Eleitoral – Lei n. 4.737/65)" (Acórdão n. 284, de 22-9-2008, rel. Min. Fernando Gonçalves). Essa orientação, porém, não é pacífica no âmbito do Tribunal Superior Eleitoral, pois Corte eleitoral já admitiu sua competência para julgar Ação Rescisória ajuizada contra decisão de TRE (Acórdão n. 259, *DJ* de 11-12-2007, rel. Min. Carlos Britto).

154 Não se pode olvidar que cabe Recurso Ordinário das decisões do TRE quando versarem sobre expedição de diplomas nas eleições federais e estaduais (art. 276, II, *a*, do Código Eleitoral). Contra decisão do TRE que julga recurso contra a expedição de diploma relativo a eleições municipais, por sua vez, cabe recurso especial para o TSE (Acórdão n. 2.323, de 8-5-2008, rel. Min. Caputo Bastos e Acórdão n. 11.663, de 13-12-1994, rel. Min. Marco Aurélio). Já ficou assentado, ainda, o descabimento de recurso extraordinário contra acórdão de TRE, restando como remédio o recurso para o TSE, mesmo que se discuta matéria constitucional (Ag. n. 5.117/TSE, de 23-6-2005). Ressalte-se, ademais, que não se aplica a regra de interposição simultânea de recurso especial e extraordinário (Ac.-TSE n. 5.117/2005). Por fim, registre-se que foi reconhecida a incompetência do Tribunal Superior Eleitoral para apreciar recurso contra decisão de natureza estritamente administrativa proferida pelos tribunais regionais (cf., exemplificativamente, o REsp n. 25.416/TSE, de 22-2-2007). Cumpre ressaltar que o TSE já afirmou a inconstitucionalidade de uma das hipóteses de recurso contra a expedição de diploma (RCED 884, rel. Min. Dias Toffoli, julgado em 17-9-2013). A maioria dos ministros acompanhou o relator para firmar o entendimento no sentido de que o recurso previsto no inciso IV do art. 262 do Código Eleitoral viola o § 10 do art. 14 da Constituição Federal. Deve-se salientar que o legislador prestigiou o referido entendimento do TSE e editou a Lei n. 12.891/2013, que revogou parte das causas de pedir do RCED (art. 262 do Código Eleitoral). Assim, caberá RCED "somente nos casos de inelegibilidade superveniente ou de natureza constitucional e de falta de condição de elegibilidade".

155 Em 1º-10-2009, por ocasião do referendo da liminar concedida na ADPF 167, o Supremo Tribunal Federal, vencidos os Ministros Eros Grau (Relator), Cezar Peluso e Gilmar Mendes, reafirmou a competência do Tribunal

d) anularem diplomas ou decretarem a perda de mandatos eletivos federais ou estaduais;

e) denegarem *habeas corpus*, mandado de segurança, *habeas data*, ou mandado de injunção (CF, art. 121, § 4º).

Assim, prescreve-se que, das decisões dos Tribunais Regionais Eleitorais, somente caberá recurso quando forem proferidas contra disposição expressa da Constituição ou de lei; ocorrer divergência na interpretação de lei entre dois ou mais Tribunais Eleitorais; versarem sobre inelegibilidade ou expedição de diplomas nas eleições federais ou estaduais; anularem diplomas ou decretarem a perda de mandatos eletivos federais ou estaduais; denegarem *habeas corpus*, mandado de segurança, *habeas data* ou mandado de injunção.

Portanto, contra decisões denegatórias de *habeas corpus*, mandado de segurança, *habeas data* e mandado de injunção e as decisões sobre inelegibilidade e expedição de diploma cabe a interposição de recurso ordinário[156].

Especificamente em relação à ação de investigação judicial eleitoral (AIJE) e à ação de impugnação de mandato eletivo (AIME), compete ao juiz eleitoral processar e julgar as referidas ações manejadas contra prefeito, vice-prefeito e vereador (art. 2º, III, e art. 24 da LC n. 64/90)[157]. Já o TRE compete processar e julgar as referidas ações ajuizadas contra Deputado Estadual, Deputado Federal, Senador da República, Governador de Estado e Vice-Governador de Estado (art. 2º, II, da LC n. 64/90)[158]. Da decisão do Regional Eleitoral, cabe recurso ordinário para o Tribunal Superior Eleitoral (art. 121, § 4º, III e IV, da CF/88, c/c o art. 276, II, *a*, do Código Eleitoral)[159], sendo, inclusive, admitida a aplicação do princípio da fungibilidade recursal quando a parte interpõe recurso especial eleitoral quando cabível o recurso de natureza ordinária[160]. E, por fim, compete ao Tribunal Superior Eleitoral processar e julgar a ação de investigação judicial eleitoral (AIJE) e a ação de impugnação de mandato eletivo ajuizadas contra o Presidente da República e Vice-Presidente da República (art. 2º, I, da LC n. 64/90), aplicando-se a essa última ação o procedimento da Lei Complementar n. 64/90[161].

Superior Eleitoral para julgar recurso contra a expedição de diploma de governador, senador, deputado estadual e federal. O voto condutor, do Min. Carlos Britto, lembrou que se tratava de competência reconhecida por quatro décadas de jurisprudência. Não obstante, no voto proferido no sentido da manutenção da liminar, ressaltou-se que presente o fato de que o TSE admite a instrução do RCED pelo TRE, que lhe encaminhará os autos, é de concluir-se que estamos em face de uma verdadeira ação autônoma sob a denominação de recurso. Assim, reconhecida a competência do TSE para o julgamento do RCED, ficará sem aplicabilidade o inciso III do § 4º do art. 121, pois não existirá recurso perante esse mesmo tribunal contra decisões de Tribunais Regionais Eleitorais que versem sobre expedição de diplomas estaduais e federais. Além disso, a inaplicabilidade do mencionado dispositivo acarreta, na verdade, violação ao devido processo legal. De tudo, fica evidente que é preciso repensar o modelo que tem dado ensejo a contínuas cassações de mandatos eleitorais, com consequências das mais perniciosas para a democracia.

156 RO 790, rel. Min. José Augusto Delgado, *DJ* de 8-8-2006; Acórdão n. 25.371, de 29-11-2005, rel. designado Min. Marco Aurélio; cf. CF, art. 121, § 4º, III, IV e V; Código Eleitoral, art. 276, II, *a* e *b*.

157 AgR-REsp 2.320/RN, rel. Min. Henrique Neves, *DJe* de 2-10-2014.

158 RO 273.560/SE, rel. Min. Nancy Andrighi, *DJe* de 2-12-2014.

159 RO 1.522/SP, rel. Min. Marcelo Ribeiro, *DJe* de 10-5-2010.

160 REsp 646.984/SP, rel. Min. Nancy Andrighi, *DJe* de 24-8-2011.

161 AgR-REsp 125.696/PA, rel. Min. Dias Toffoli, *DJe* de 4-12-2013 e o AgR-REsp 5.184.807/PI, rel. Min. Arnaldo Versiani, *DJe* de 10-10-2011.

Vale ressaltar, a propósito, que o Tribunal Superior Eleitoral, no julgamento do REsp 9.145/MG, rel. Min. Hugo Gueiros, *DJ* de 25-6-1991, onde se discutia, naquele momento, qual o procedimento aplicável à ação de impugnação de mandato eletivo (aplicação ou não do Código de Processo Civil), o Min. Sepúlveda Pertence proferiu voto que analisou o histórico da AIME e relembrou que "o Tribunal já afirmou a eficácia plena e a aplicabilidade imediata do art. 14, § 10, da Constituição". De fato, quando do julgamento da Ação de Impugnação de Mandato Eletivo n. 10.890/RJ, *DJ* de 15-5-1990, o Relator, Min. Célio Borja, ao apreciar a referida ação ajuizada contra o então Presidente da República Fernando Affonso Collor de Mello, ressaltou que não cabe a AIME para analisar eventual ausência de desincompatibilização, mas que seria perfeitamente possível para a apuração de abuso do poder econômico, fraude e corrupção, justificando que a "Constituição ao reabrir prazo para a impugnação de candidato após a sua diplomação, o faz em caráter excepcionalíssimo, dado o risco, ínsito em tal favor, para a estabilidade das relações e situações políticas no País (...) só admite tal recurso quando se tenha em vista os tipos antiéticos de conduta que expressa e taxativamente menciona".

Mais recentemente, o Tribunal Superior Eleitoral, ao apreciar uma AIME ajuizada contra o Presidente e o Vice-Presidente da República, concluiu pela existência de sérios indícios que justificavam a regular instrução da ação, mormente quando se sabe que, no julgamento de mérito da ação, o Tribunal formará sua convicção não apenas no arcabouço probatório dos autos, mas também "pela livre apreciação dos fatos públicos e notórios, dos indícios e presunções (...), atentando para circunstâncias ou fatos, ainda que não indicados ou alegados pelas partes, mas que preservem o interesse público de lisura eleitoral" (art. 23 da LC n. 64/1990)[162].

Ademais, no julgamento da AIME 761/DF, da AIJE 194.345-8/DF e da RP 846/DF, o TSE novamente reafirmou sua jurisprudência sobre o cabimento de ação de impugnação de mandato eletivo contra presidente e vice-presidente da República. O Tribunal fixou, ainda, que, como a ação de investigação judicial eleitoral pode ser ajuizada até a data da diplomação dos candidatos eleitos (construção jurisprudencial), e a ação de impugnação de mandato eletivo, ajuizada "no prazo de quinze dias contados da diplomação, instruída a ação com provas de abuso do poder econômico, corrupção ou fraude" (art. 14, § 10, da Constituição Federal de 1988), os fatos novos que não guardam relação com a causa de pedir não poderiam ser incluídos, tampouco serão apreciados em uma nova demanda eleitoral, considerando que os prazos, além de exíguos, são decadenciais, em decorrência da estabilização da demanda e da *clara opção constitucional pela normalidade política e social dos mandatos outorgados pelo povo*.

Por outro lado, o Tribunal entendeu que o art. 23 da LC n. 64/90 deveria ser interpretado à luz da regra constitucional do devido processo legal, razão pela qual os novos fatos, ainda que não alegados pelas partes, devem guardar conexão com os limites objetivos da causa de pedir definidos na inicial, indicando, inclusive, a decisão do STF sobre o alcance daquela norma (ADI 1.082/DF, rel. Min. Marco Aurélio, julgada em 22-5-2014). No mérito, o TSE julgou improcedentes os pedidos.

E das decisões do TSE somente caberá recurso no caso de contrariedade à Constituição ou de denegação de *habeas corpus,* mandado de segurança, *habeas data* e manda-

162 AgR-AIME 761/DF, rel. Min. Gilmar Mendes, *DJe* de 4-12-2015.

do de injunção. No caso de contrariedade à Constituição, cuida-se de recurso extraordinário (CF, art. 102, III, *a*, *b*, *c* e *d*). Nas hipóteses de denegação de *habeas corpus*, mandado de segurança, *habeas data* ou mandado de injunção, tem-se situação típica de recurso ordinário (CF, art. 102, II).

Assinale-se que, diferentemente do que ocorre com os recursos ordinários interpostos contra decisões das demais Cortes Superiores (STJ, TST, STM), que são julgados pelas Turmas do Supremo Tribunal, os recursos ordinários interpostos contra decisão do TSE serão julgados pelo Pleno (RISTF, art. 6º, III, *a*).

A competência dos Tribunais Regionais Eleitorais encontra-se disciplinada nos arts. 29 e 30 do Código Eleitoral. Compete-lhes processar e julgar originariamente o registro e o cancelamento do registro dos diretórios estaduais e municipais de partidos políticos, bem como de candidatos a governador, vice-governador, e membros do Congresso Nacional e das Assembleias Legislativas; os conflitos de jurisdição entre juízes eleitorais do respectivo Estado; a suspeição ou impedimentos dos seus membros, do Procurador Regional e dos funcionários da sua secretaria, assim como dos juízes e escrivães eleitorais; os crimes eleitorais cometidos pelos juízes eleitorais; o *habeas corpus* ou mandado de segurança, em matéria eleitoral, contra ato de autoridades que respondam perante os Tribunais de Justiça por crime de responsabilidade e, em grau de recurso, os denegados ou concedidos pelos juízes eleitorais; ou, ainda, o *habeas corpus* quando houver perigo de se consumar a violência antes que o juiz competente possa prover sobre a impetração; as reclamações relativas a obrigações impostas por lei aos partidos políticos, quanto à sua contabilidade e à apuração da origem dos seus recursos; os pedidos de desaforamento dos feitos não decididos pelos juízes eleitorais em trinta dias da sua conclusão para julgamento, formulados por partido, candidato, pelo Ministério Público ou parte legitimamente interessada, sem prejuízo das sanções decorrentes do excesso de prazo. É o próprio Código Eleitoral que define as demais competências dos Tribunais Regionais Eleitorais.

O Código Eleitoral também estabelece o regime de competência das Juntas e dos Juízes Eleitorais.

3.4. Tribunal Superior do Trabalho e Justiça do Trabalho

3.4.1. Considerações preliminares

A Justiça do Trabalho foi criada pela Constituição de 1934 (art. 122)[163]. Somente foi instalada, porém, em 1º de maio de 1941, como órgão vinculado ao Ministério do Trabalho. É com a Constituição de 1946 que passa a integrar o Poder Judiciário (art. 94, V).

Historicamente, a Justiça do Trabalho caracterizava-se pela representação dos trabalhadores na composição dos órgãos de julgamento, o que a doutrina nominava de *organização paritária dos tribunais trabalhistas*[164].

---

163 Há copiosa literatura sobre a História da Justiça do Trabalho no Brasil. Consultar, entre outros, Alberto Rocha Barros, *Origens e evolução da legislação trabalhista*, Rio de Janeiro: Laemmert, 1969; Evaristo de Moraes, *Apontamentos de direito operário*, 3. ed., Rio de Janeiro: LTr, 1986; Ives Gandra Martins Filho, *História da Justiça do Trabalho*, 3. ed., São Paulo: LTr, 2002.

164 Waldemar Martins Ferreira, *História do direito constitucional brasileiro*, São Paulo: Max Limonad, 1954, p. 338.

Sob a Constituição de 1988, a Justiça do Trabalho era composta, até o advento da Emenda Constitucional n. 24/99, por juízes togados e representantes dos trabalhadores e dos empregadores. A Justiça de primeiro grau era, por isso, representada pelas Juntas de Conciliação e Julgamento. Os juízes classistas integravam também os Tribunais Regionais do Trabalho e o Tribunal Superior do Trabalho.

Com a redação da Emenda Constitucional n. 45/2004, o Tribunal Superior do Trabalho passou a ser composto por vinte e sete Ministros, escolhidos dentre brasileiros, com mais de 35 e menos de 65 anos, nomeados pelo Presidente da República, após aprovação pela maioria absoluta do Senado Federal, sendo 1/5 dentre advogados com mais de dez anos de efetiva atividade profissional e membros do Ministério Público do Trabalho com mais de dez anos de efetivo exercício, indicados em lista sêxtupla pelos órgãos de representação da respectiva classe (CF, art. 111).

Junto ao Tribunal Superior do Trabalho funciona o Conselho Superior da Justiça do Trabalho, ao qual compete a supervisão administrativa, orçamentária, financeira e patrimonial da Justiça do Trabalho de primeiro e segundo graus, como órgão central do sistema, cujas decisões serão igualmente dotadas de efeito vinculante. Da mesma forma, junto ao Tribunal funciona a Escola Nacional de Formação e Aperfeiçoamento dos Magistrados do Trabalho (ENAMAT), concebida pela Emenda Constitucional n. 45/2004, à qual caberá, dentre outras atribuições, regulamentar os cursos oficiais para ingresso e promoção na carreira (CF, art. 111-A).

A competência do Tribunal Superior do Trabalho não está fixada diretamente na Constituição, devendo ser objeto de disciplina legal. A competência central do Tribunal materializa-se no recurso de revista, destinado a aferir eventual negativa de vigência do direito federal e uniformizar a jurisprudência dos TRTs.

Amplo conjunto normativo informa o funcionamento da Justiça do Trabalho, a exemplo da Lei n. 9.957/2000, que instituiu o procedimento sumaríssimo no processo trabalhista, e da Lei n. 9.958/2000, que criou as Comissões de Conciliação Prévia[165].

3.4.2. Tribunais Regionais do Trabalho e juízes do trabalho

Os Tribunais Regionais do Trabalho compõem-se de, no mínimo, sete juízes recrutados, quando possível, na respectiva região e nomeados pelo Presidente da República, dentre brasileiros com mais de 30 e menos de 65 anos, sendo 1/5 dentre advogados com mais de dez anos de atividade profissional e membros do Ministério Público do Trabalho com mais de dez anos de efetivo exercício, indicados em lista sêxtupla pelos órgãos de representação das respectivas classes (CF, art. 115).

As antigas juntas da Justiça do Trabalho foram substituídas, com a Emenda Constitucional n. 24/99, pelas Varas Trabalhistas, nas quais a jurisdição é exercida por um juiz singular do trabalho (CF, art. 116).

165 Ressalte-se, contudo, que o art. 625-D, introduzido na CLT por força do art. 1º da Lei n. 9.858/2000, foi declarado inconstitucional pelo STF, em julgamento realizado em 13 de maio de 2009. O dispositivo, que submetia "qualquer demanda de natureza trabalhista à Comissão de Conciliação Prévia", foi considerado inconstitucional em face do princípio da proteção judicial efetiva (CF, art. 5º, XXXV).

3.4.3. Competência da Justiça do Trabalho

A competência da Justiça do Trabalho sofreu profunda alteração com o advento da Emenda Constitucional n. 45/2004.

Ao lado das tradicionais atribuições concernentes às ações oriundas das relações de emprego, o dissídio coletivo de natureza econômica, as ações sobre representação sindical e as ações que envolvam o direito de greve, a competência da Justiça do Trabalho foi significativamente ampliada com o reconhecimento da sua competência para processar e julgar todas as ações oriundas da relação de trabalho. Assim, um plexo significativo de relações do trabalho foi incluído como de apreciação da justiça especializada[166]. Ademais, reconheceu-se à Justiça do Trabalho a competência para julgar as ações de indenização por dano moral ou patrimonial decorrentes da relação de trabalho e as ações relativas às penalidades administrativas impostas aos empregadores pelos órgãos de fiscalização das relações de trabalho.

No que se refere à competência da Justiça do Trabalho para apreciar ações de indenização por dano moral ou patrimonial decorrentes da relação de trabalho, desdobrou-se controvérsia, já pacificada por entendimento do Supremo Tribunal Federal. Decidiu-se que dano moral ou patrimonial sofrido pelo empregado e causado pelo empregador, por dolo ou culpa, consubstancia direito trabalhista, a ser apreciado pela justiça especializada[167].

No que concerne à competência para dirimir controvérsia em torno de representação sindical, transferida da Justiça Comum para a do Trabalho, com a EC n. 45/2004, o STF reconheceu a competência residual dos TJs e do STJ para apreciar os recursos nessa matéria, quando já proferidas decisões na Justiça Comum antes da promulgação da Emenda em comento.

Das decisões dos Tribunais Regionais do Trabalho caberá recurso de revista para o TST.

As decisões tomadas pelo TST são irrecorríveis, com duas exceções expressas: as decisões denegatórias de mandado de segurança, *habeas corpus* ou *habeas data*, quando caberá recurso ordinário para o Supremo Tribunal Federal, e as decisões que contrariarem a Constituição ou declararem a inconstitucionalidade de lei federal ou tratado, quando caberá recurso extraordinário para o Supremo Tribunal Federal.

3.5. Superior Tribunal Militar e Justiça Militar

Sob o regime militar (1964-1985), a Justiça Militar era competente para julgar os crimes contra a segurança nacional ou contra as instituições militares (CF 1967/1969,

166 No CComp 7.128/SC, rel. Min. Gilmar Mendes, *DJ* de 1º-4-2005, o STF reconheceu a competência da Justiça do Trabalho para dirimir demanda trabalhista movida contra pessoa jurídica de direito público; Ives Gandra Martins Filho inclui no rol das modalidades de relação de trabalho as relativas ao trabalhador empregado, eventual, autônomo, avulso, mandatário, comissário, agente/distribuidor, corretor, transportador, gestor de negócios, empreiteiro, aprendiz, temporário, doméstico, rural, cooperado, voluntário, estagiário e parceiro (cf. Ives Gandra Martins Filho, *Manual esquemático de direito e processo do trabalho*, 14. ed., São Paulo: Saraiva, 2006, p. 41-43).

167 CComp 7.204/MG, rel. Min. Carlos Britto, *DJ* de 9-12-2005 ("Constitucional. Competência judicante em razão da matéria. Ação de indenização por danos morais e patrimoniais decorrentes de acidente do trabalho, proposta pelo empregado em face de seu (ex-)empregador. Competência da Justiça do Trabalho. Art. 114 da Magna Carta. Redação anterior e posterior à Emenda Constitucional n. 45/04. Evolução da jurisprudência do Supremo Tribunal Federal. Processos em curso na Justiça comum dos Estados. Imperativo de política judiciária").

art. 122, § 1º)[168]. O art. 120 da Constituição de 1967 previa como órgãos da Justiça Militar o Superior Tribunal Militar e os Tribunais e juízes inferiores instituídos por lei. Determinava-se que o Superior Tribunal Militar seria composto de quinze ministros vitalícios, nomeados pelo Presidente da República, depois de aprovada a escolha pelo Senado Federal, sendo três dentre oficiais-generais da ativa da Marinha de Guerra, quatro dentre oficiais-generais da ativa do Exército, três dentre oficiais-generais da ativa da Aeronáutica Militar e cinco dentre civis.

A Constituição de 1988 manteve a Justiça Militar, que é integrada pelo Superior Tribunal Militar e pelos Tribunais e juízes militares. O Superior Tribunal Militar é composto por quinze Ministros vitalícios – dez militares e cinco civis –, nomeados pelo Presidente da República, depois de aprovada a indicação pelo Senado Federal, sendo três dentre oficiais-generais da Marinha, quatro dentre oficiais-generais do Exército e três dentre oficiais-generais da Aeronáutica, todos da ativa e no posto mais elevado da carreira, e cinco dentre civis. Os ministros civis serão escolhidos pelo Presidente da República, dentre brasileiros, maiores de 35 anos, sendo três dentre advogados de notório saber jurídico e reputação ilibada, com mais de dez anos de atividade profissional, e dois, por escolha paritária, dentre juízes-auditores e membros do Ministério Público Militar (CF, art. 123).

A escolha de advogados para a composição do Superior Tribunal Militar tem dado ensejo, não raras vezes, a acesa polêmica. Já houve recusa por parte do Superior Tribunal Militar em dar posse a indicado, em razão do não preenchimento do requisito relativo à prática da advocacia[169].

A Constituição consagra que compete à Justiça Militar o julgamento dos crimes militares nos termos da lei (art. 124 da CF/88).

Tendo em vista a experiência histórica colhida nos anos do regime militar, a Constituição de 1988 procurou restringir a competência da Justiça Militar ao julgamento de crimes militares, *assim definidos em lei*.

Essa reserva legal simples (e ampla) impõe estrita observância, no sentido de se assegurar a reconhecida natureza especial da infração penal a requerer a atuação de

---

168 Consultar Renato Lemos (org.), *Justiça fardada*: o General Peri Bevilaqua no Superior Tribunal Militar (1965-1969), Rio de Janeiro: Bom Texto, 2004. O livro foi concebido a partir do material encontrado no Arquivo Peri Constant Bevilaqua, depositado no Museu Casa de Benjamin Constant no Rio de Janeiro. Peri Bevilaqua era neto de Benjamin Constant Botelho de Magalhães, republicano histórico. Junto ao Superior Tribunal Militar, de 1965 a 1969, Peri Bevilaqua esteve presente em quase todos os grandes julgamentos vinculados à primeira fase do regime político instalado em 1964. Entre outros, o livro traz-nos vários *habeas corpus* relevantes, por exemplo, o HC 29.824/GB, cujo paciente era Darci Ribeiro; o HC 29.801/GB, cujos pacientes eram José Dirceu de Oliveira e Silva e Luís Gonzaga Travassos da Rosa, relativo ao frustrado Congresso da União Nacional dos Estudantes de Ibiúna; o HC 28.096/GB, cujo paciente era Valério Regis Konder. Há copiosa bibliografia sobre a época: conferir Elio Gaspari, *A ditadura derrotada*, São Paulo: Cia. das Letras, 2003; Alfredo Sirkis, *Os carbonários*: memórias da guerrilha perdida, Rio de Janeiro: Global, 1988; Márcio Moreira Alves, *68 mudou o mundo*, Rio de Janeiro: Nova Fronteira, 1993; Zuenir Ventura, *1968, o ano que não terminou*, Rio de Janeiro: Nova Fronteira, 1988; José Luiz Werneck da Silva, *A deformação da história*: ou para não esquecer, Rio de Janeiro: Zahar, 1985; Ronaldo Costa Couto, *História indiscreta da ditadura e da abertura – Brasil: 1964-1985*, Rio de Janeiro: Record, 1999.

169 Na Questão Administrativa n. 235-6, do STM, o Sr. Aluizio Alves requeria que fosse fixada data para o ato solene de sua posse como Ministro do STM. Aquela Corte, em 5-4-1989, indeferiu o pedido ao argumento de que o nomeado não comprovara mais de dez anos de efetiva atividade profissional como advogado, condição especial prevista no art. 123, parágrafo único, da Constituição Federal. Argumentou também que, para configurar prova de atividade advocatícia, por mais de dez anos, não bastava a simples certidão da OAB, mas a apresentação de outros elementos previstos no artigo 73 da Lei n. 4.215/63 (Estatuto da Ordem dos Advogados).

órgão jurisdicional especial por incidência do denominado princípio da especialidade da jurisdição[170]. Nesse sentido, a lei só poderá atribuir competência à Justiça Militar naqueles casos em que a infração penal constituir violação de dever militar ou relação direta com bens jurídicos que tenham as Forças Armadas como titular[171].

Enquanto à Justiça Militar Federal é atribuída a competência para julgar militares ou civis (art. 124, *caput*, da CF/88), a Justiça Militar Estadual somente poderá julgar militares dos Estados (art. 125, § 4º).

Cabe ressaltar, todavia, o caráter excepcionalíssimo da Justiça Militar para o processo e julgamento de civis em tempo de paz, conforme a jurisprudência do STF em diversos precedentes relativos aos crimes de falsificação e de uso de documentos expedidos pela Marinha do Brasil (1ª Turma: HC 113.477; HC 108.744; HC 104.619; HC 104.837; e HC 90.451. 2ª Turma: HC 110.237; HC 112.142; HC 107.731; HC 109.544 MC; HC 107.242; HC 106.171; HC 104.617; HC 103.318; HC 96.561; HC 96.083).

Merece transcrição a ementa do acórdão proferido pela 2ª Turma do STF no HC 110.237/PA, em que se delimita com precisão o alcance da jurisdição militar em tempo de paz à luz do regime constitucional vigente, com referências, inclusive, ao direito comparado:

> "*HABEAS CORPUS* – CRIME MILITAR EM SENTIDO IMPRÓPRIO – FALSIFICAÇÃO/USO DE CADERNETA DE INSCRIÇÃO E REGISTRO (CIR) EMITIDA PELA MARINHA DO BRASIL – LICENÇA DE NATUREZA CIVIL – CARÁTER ANÔMALO DA JURISDIÇÃO PENAL MILITAR SOBRE CIVIS EM TEMPO DE PAZ – OFENSA AO POSTULADO DO JUIZ NATURAL – INCOMPETÊNCIA DA JUSTIÇA MILITAR – PEDIDO CONHECIDO EM PARTE, E, NESSA PARTE, DEFERIDO. A QUESTÃO DA COMPETÊNCIA PENAL DA JUSTIÇA MILITAR DA UNIÃO E A NECESSÁRIA OBSERVÂNCIA, PELOS ÓRGÃOS JUDICIÁRIOS CASTRENSES, DO PRINCÍPIO CONSTITUCIONAL DO JUIZ NATURAL.
> – A competência penal da Justiça Militar da União não se limita, apenas, aos integrantes das Forças Armadas, nem se define, por isso mesmo, '*ratione personae*'. É aferível, objetivamente, a partir da subsunção do comportamento do agente – de qualquer agente, mesmo o civil, ainda que em tempo de paz – ao preceito primário incriminador consubstanciado nos tipos penais definidos em lei (o Código Penal Militar). – O foro especial da Justiça Militar da União não existe para os crimes dos militares, mas, sim, para os delitos militares, 'tout court'. E o crime militar, comissível por agente militar ou, até mesmo, por civil, só existe quando o autor procede e atua nas circunstâncias taxativamente referidas pelo art. 9º do Código Penal Militar,

170 No julgamento do HC 91.767/SP, rel. Min. Cármen Lúcia, *DJ* de 11-10-2007, a 1ª Turma do STF indeferiu a ordem para militar que pleiteava a aplicação da pena alternativa de multa prevista no art. 28 da Lei n. 11.343/2006 (nova Lei de Tóxicos) e não a pena de reclusão do Código Penal Militar para o crime de posse de substância entorpecente em lugar sujeito à administração castrense. Tendo em conta o cuidado constitucional do delito militar e a especialidade da legislação penal e da justiça militares, considerou-se legítimo o tratamento diferenciado conferido ao tipo penal militar de posse de entorpecente, ao argumento de que novos critérios legais que passem a reger com menor ou maior rigidez o crime comum não afastam a incidência integral das normas penais castrenses, pois apresentam circunstâncias especiais relativas aos agentes e objetos jurídicos protegidos para a aferição da tipicidade dos crimes militares.

171 Sobre o tema, cf. Maria Lúcia Karam, *Competência no processo penal*, 4. ed., São Paulo: Revista dos Tribunais, 2005, p. 19-29.

que prevê a possibilidade jurídica de configuração de delito castrense eventualmente praticado por civil, mesmo em tempo de paz. A REGULAÇÃO DO TEMA PERTINENTE À JUSTIÇA MILITAR NO PLANO DO DIREITO COMPARADO. – Tendência que se registra, modernamente, em sistemas normativos estrangeiros, no sentido da extinção (pura e simples) de tribunais militares em tempo de paz ou, então, da exclusão de civis da jurisdição penal militar: Portugal (Constituição de 1976, art. 213, Quarta Revisão Constitucional de 1997), Argentina (Ley Federal n. 26.394/2008), Colômbia (Constituição de 1991, art. 213), Paraguai (Constituição de 1992, art. 174), México (Constituição de 1917, art. 13) e Uruguai (Constituição de 1967, art. 253, c/c Ley 18.650/2010, arts. 27 e 28), *v. g.* – Uma relevante sentença da Corte Interamericana de Direitos Humanos ('Caso Palamara Iribarne *vs.* Chile', de 2005): determinação para que a República do Chile, adequando a sua legislação interna aos padrões internacionais sobre jurisdição penal militar, adote medidas com o objetivo de impedir, quaisquer que sejam as circunstâncias, que 'um civil seja submetido à jurisdição dos tribunais penais militares (...)' (item n. 269, n. 14, da parte dispositiva, 'Puntos Resolutivos'). – O caso 'ex parte Milligan' (1866): importante 'landmark ruling' da Suprema Corte dos Estados Unidos da América. O POSTULADO DO JUIZ NATURAL REPRESENTA GARANTIA CONSTITUCIONAL INDISPONÍVEL, ASSEGURADA A QUALQUER RÉU, EM SEDE DE PERSECUÇÃO PENAL, MESMO QUANDO INSTAURADA PERANTE A JUSTIÇA MILITAR DA UNIÃO. – É irrecusável, em nosso sistema de direito constitucional positivo – considerado o princípio do juiz natural –, que ninguém poderá ser privado de sua liberdade senão mediante julgamento pela autoridade judiciária competente. Nenhuma pessoa, em consequência, poderá ser subtraída ao seu juiz natural. A nova Constituição do Brasil, ao proclamar as liberdades públicas – que representam limitações expressivas aos poderes do Estado –, consagrou, de modo explícito, o postulado fundamental do juiz natural. O art. 5º, LIII, da Carta Política prescreve que 'ninguém será processado nem sentenciado senão pela autoridade competente'"[172].

A consolidação da orientação da Corte sobre o tema motivou a apresentação, pelo Min. Ricardo Lewandowski, de proposta de Súmula Vinculante com o seguinte teor: "Compete à Justiça Federal comum processar e julgar civil denunciado pelos crimes de falsificação e de uso de documento falso, tipificados nos artigos 311 e 315 do Código Penal Militar, quando se tratar de falsificação da Caderneta de Inscrição e Registro (CIR) ou de Carteira de Habilitação de Arrais-Amador (CHA), expedidas pela Marinha do Brasil"[173].

A esse respeito, vale ressaltar que, no julgamento do HC 121.189/PR, em agosto de 2014, o Supremo decidiu que compete à Justiça Federal comum julgar o civil que falsifica ou utiliza documento falso perante a Marinha do Brasil[174]. No caso, apurava-se a conduta de despachante naval que teria feito o uso de notas fiscais falsas para regularizar embarcações. O voto relator da Ministra Rosa Weber considerou que, "embora a competência da Justiça Militar não se restrinja às hipóteses em que cometido o delito por integrantes das Forças Armadas, há de ser interpretada restritivamente no que diz

172 HC 110.237, 2ª Turma, rel. Min. Celso de Mello, *DJe* de 4-3-2013.

173 PSV 86, ainda pendente de julgamento.

174 HC 121.189, rel. Min. Rosa Weber, red. p/ acórdão: Min. Roberto Barroso, Primeira Turma, *DJe* de 25-9-2014.

com o julgamento de civil em tempos de paz, pelo caráter anômalo que se reveste". Assim, concluiu que: "a Justiça Militar somente terá competência para julgar condutas de civis quando ofenderem os bens jurídicos tipicamente associados à função castrense, tais como a defesa da Pátria e a garantia dos poderes constitucionais, da lei e da ordem".

Ainda sobre o assunto, ressalta-se que a Emenda Constitucional n. 45/2004 retirou da competência da Justiça Militar o julgamento de crimes da competência do júri, naqueles casos em que as vítimas são civis (art. 125, § 4º, da CF/88), alterando, na própria Constituição, o que já havia sido disposto na Lei n. 9.299/96, que introduziu parágrafo único no art. 9º do Código Penal Militar, ao transferir da Justiça Militar para a Justiça Comum a competência para julgar crimes dolosos contra a vida, cometidos contra civis[175].

As questões mais polêmicas sobre a fixação da competência da Justiça Militar dizem respeito à distinção entre crimes própria e impropriamente militares. Significa dizer que, entre os tipos elencados no Código Penal Militar, existem delitos especificamente previstos nessa legislação (crimes militares próprios) e outros que, além de constarem do CPM, estão definidos de modo igual no Código Penal Comum (crimes militares impróprios).

Por essa razão, a jurisprudência do Supremo Tribunal Federal fixou o entendimento segundo o qual a Justiça especializada deve julgar os *delitos militares*, e não os *crimes praticados por militares*. Nesse sentido, em importante julgado, a Corte reconheceu a incompetência da Justiça Militar para conhecer de delitos praticados por militar contra outro militar, ambos fora de serviço. Confira-se a ementa:

> "*HABEAS CORPUS*" – CRIME MILITAR EM SENTIDO IMPRÓPRIO – DELITO PRATICADO POR MILITAR FORA DE SERVIÇO CONTRA OUTRO MILITAR QUE, *IGUALMENTE, NÃO ESTAVA* EM MISSÃO MILITAR – *EMPREGO*, NAS SUPOSTAS PRÁTICAS DELITUOSAS, DE ARMA DE FOGO *DE USO PARTICULAR* – DESCONHECIMENTO MÚTUO, POR PARTE DO AGENTE E DA VÍTIMA, DE SUAS RESPECTIVAS CONDIÇÕES DE INTEGRANTES DAS FORÇAS ARMADAS – INCOMPETÊNCIA DA JUSTIÇA MILITAR – PEDIDO DEFERIDO.
>
> – *Descaracteriza-se a natureza castrense* do fato delituoso, se este, supostamente cometido fora de área sob administração militar, é praticado por militar *que não estava* em serviço, *que não executava* missão militar, *que agiu* por motivos estritamente pessoais *e que empregou*, na alegada prática criminosa, arma de fogo *de uso particular*. *Consequente não configuração* dos elementos e das circunstâncias *referidos* no art. 9º do Código Penal Militar, *a despeito da condição militar* de uma das vítimas, *que também não se achava, tal como o agente, no momento* do evento delituoso, em situação de efetiva atuação funcional *e que teria* sido agredida por razões *absolutamente estranhas* à atividade castrense. Precedentes.
>
> – Impõe-se respeitar *o postulado do juiz natural*, que representa garantia constitucional indisponível, *assegurada a qualquer réu, civil ou militar*, em sede de persecução penal, mesmo quando instaurada perante a Justiça Militar da União.
>
> – O foro especial da Justiça Militar da União não existe para os crimes dos militares, mas, *sim*, para os delitos militares, tais como definidos na legislação castrense e segundo as circunstâncias taxativamente referidas no art. 9º do Código Penal Militar"[176].

175 Maria Lúcia Karam, *Competência no processo penal*, cit., p. 25.

176 HC 102.380/RJ, rel. Min. Celso de Mello, 2ª Turma, *DJe* de 17-9-2012.

O Supremo Tribunal Federal vem, portanto, fixando importantes balizas concernentes ao conceito de crimes militares. Além da questão elucidada no julgado transcrito acima, a Corte pacificou o entendimento no sentido de que a falsificação, por civil, de documentos emitidos por órgão militar, quando não relacionada às circunstâncias do art. 9º do CPM, não atrai a competência da Justiça castrense[177].

Cumpre mencionar, ademais, que a Constituição de 1988, em seu art. 125, § 3º, autoriza a criação da Justiça Militar Estadual, por meio de lei estadual, constituída, em 1º grau, pelos juízes de direito e pelos Conselhos de Justiça e, em 2º grau, pelo Tribunal de Justiça ou por Tribunal de Justiça Militar nos Estados, quando o efetivo militar for superior a vinte mil integrantes[178].

Atualmente, somente os Estados de São Paulo e Minas Gerais dispõem de Tribunais de Justiça Militar de 2º grau.

A competência para julgar os crimes militares decorre dos próprios crimes previstos no Código Penal Militar. As regras de procedimento estão no Código de Processo Penal Militar.

A possibilidade de acumulação, pelo juiz de direito estadual, de funções de juiz de direito da Justiça Comum e de juiz-auditor da Justiça Militar, não causa qualquer ofensa à delimitação constitucional de competências da Justiça Militar (art. 125, § 3º, da CF). A Constituição alberga hipóteses semelhantes. Além dos casos, muito comuns, de comarcas nas quais existe apenas uma Vara para julgamento de feitos diversos, inclusive os relativos à matéria trabalhista (art. 112 da CF/88), temos a experiência própria do exercício concomitante das funções de Ministro do Supremo Tribunal Federal e do Tribunal Superior Eleitoral, o que está previsto expressamente em nossa Constituição.

Nesses casos, existe clara diferenciação entre o órgão e o agente que o ocupa. A definição constitucional das competências jurisdicionais se estabelece em relação ao órgão, e não ao agente. A Constituição delimita as competências da Justiça Comum e da Justiça Militar, mas em nenhum momento proíbe que um mesmo agente, no caso, o juiz de direito, possa exercer ora as funções de auditor militar, ora as de juiz de direito de determinada Vara[179].

3.6. Tribunais Regionais Federais e juízes federais

A Constituição de 1988 não só manteve a Justiça Federal, que fora reinstituída sob o Governo Militar, por meio do Ato Institucional n. 2, de 1965, como também ampliou as suas competências. Os Tribunais Regionais Federais são compostos por, no mínimo, sete juízes, recrutados, se possível, na respectiva região, e nomeados pelo Presidente da República dentre brasileiros com mais de 30 e menos de 65 anos, sendo:

---

177 Entre outros: HC 106.171/AM, rel. Min. Celso de Mello, 2ª Turma, *DJe* de 13-4-2011.

178 Sobre o tema, cf. Antonio Scarance Fernandes, *Processo penal constitucional*, 4. ed., São Paulo: Revista dos Tribunais, 2005, p. 154-161.

179 Cf. RHC 86.805, rel. Min. Carlos Britto, *DJ* de 30-6-2006; HC 85.724, rel. Min. Gilmar Mendes, *DJ* de 5-8-2005; RHC 84.944, rel. Min. Eros Grau, *DJ* de 6-5-2005.

a) um quinto dentre advogados com mais de dez anos de efetiva atividade profissional e membros do Ministério Público Federal com mais de dez anos de carreira;

b) e os demais mediante promoção de juízes federais com mais de cinco anos de exercício, por antiguidade e merecimento, alternadamente.

Cada Estado, bem como o Distrito Federal, constitui uma seção judiciária da Justiça Federal, que terá por sede a capital, e varas localizadas segundo o estabelecido em lei. A partir da Constituição de 1988, vem-se implementando a interiorização da Justiça Federal, com a instalação de varas federais nos mais diversos pontos do País.

A Emenda Constitucional n. 45 / 2004 introduziu inovação expressiva, ao autorizar que os Tribunais Regionais Federais instalem a Justiça itinerante, em locais situados nos limites territoriais de sua jurisdição. Facultou-se, igualmente, o funcionamento descentralizado dos Tribunais Regionais, com a possibilidade de constituição de Câmaras regionais (CF, art. 107, §§ 2º e 3º).

Assinale-se, ainda, que, no julgamento do MS 30.585[180], o STF assentou que, quando da lista tríplice para promoção formada por TRF figurar um magistrado pela terceira vez consecutiva ou, alternadamente, pela quinta vez, não haverá margem de escolha por parte do Presidente da República, devendo a indicação recair sobre o referido juiz.

Assegurou-se, assim, que as disposições constantes do art. 93, II, *a*, e III, aplicam-se conjugadamente com a norma estabelecida no art. 107, II, todos da Constituição Federal, fixando entendimento acerca do modo de escolha dos juízes para ocupar cargo de desembargador dos Tribunais Regionais Federais.

3.6.1. Competência dos juízes federais

A Justiça Federal é, por definição, o órgão judicial competente para as causas que tenham como partes a União, suas autarquias e empresas públicas federais. Em linhas gerais, compete aos juízes federais processar e julgar (CF, art. 109):

a) as causas em que a União, entidade autárquica ou empresa pública federal forem interessadas na condição de autoras, rés, assistentes ou oponentes, exceto as de falência, as de acidentes de trabalho e as sujeitas à Justiça Eleitoral e à Justiça do Trabalho;

b) as causas entre Estado estrangeiro ou organismo internacional e Município ou pessoa domiciliada ou residente no País;

c) as causas fundadas em tratado ou contrato da União com Estado estrangeiro ou organismo internacional;

d) a execução de carta rogatória, após o *exequatur*, e de sentença estrangeira, após a homologação; as causas referentes à nacionalidade, inclusive a respectiva opção, e à naturalização;

e) as causas relativas a direitos humanos deslocadas da Justiça Comum para a Justiça Federal, mediante provocação do Procurador-Geral da República ao Superior Tribunal de Justiça;

f) os crimes políticos e as infrações penais praticadas em detrimento de bens, serviços ou interesse da União ou de suas entidades autárquicas ou empresas públicas,

180 Rel. Min. Ricardo Lewandowski, Plenário, julgado em 12-9-2012.

excluídas as contravenções e ressalvada a competência da Justiça Militar e da Justiça Eleitoral[181];

g) os crimes: 1) previstos em tratado ou convenção internacional, quando, iniciada a execução no País, o resultado tenha ou devesse ter ocorrido no estrangeiro, ou reciprocamente[182]; 2) contra a organização do trabalho[183] e, nos casos determinados por lei, contra o sistema financeiro e a ordem econômico-financeira[184]; 3) cometidos a bordo de

---

181 No RE 300.244, rel. Min. Moreira Alves, *DJ* de 19-12-2001, afastou-se a competência da Justiça Federal para o julgamento de crime praticado em relação à Mata Atlântica, previsto no art. 46 da Lei n. 9.605/98 – que dispõe sobre as sanções penais e administrativas derivadas de condutas e atividades lesivas ao meio ambiente e dá outras providências –, por ter o acusado mantido em depósito produtos de origem vegetal da flora nativa.

Enuncia o art. 225, § 4º, da Constituição que "a Floresta Amazônica brasileira, a Mata Atlântica, a Serra do Mar, o Pantanal Mato-Grossense, a Zona Costeira são patrimônio nacional, e sua utilização far-se-á, na forma da lei, dentro de condições que assegurem a preservação do meio ambiente, inclusive quanto ao uso dos recursos naturais".

Diz Moreira Alves que o fato de ser patrimônio nacional não quer dizer que a Mata Atlântica seja bem da União, porquanto não elencada no art. 20 da Constituição. Por conseguinte, a competência da Justiça Federal somente se justificaria se a infração penal causasse detrimento a interesse da União, nos termos do art. 109, IV, da CF.

A jurisprudência da Corte em diversos julgados tem se pronunciado no sentido de que o interesse da União há de ser direto e específico e não interesse meramente genérico, v. g., RE 166.943/PR, rel. Min. Moreira Alves, *DJ* de 4-9-1995; HC 81.916/PA, rel. Min. Gilmar Mendes, *DJ* de 11-10-2002; RHC 86.081/RO, rel. Min. Gilmar Mendes, *DJ* de 18-11-2005.

O patrimônio tutelado no mencionado § 4º tem por objetivo o equilíbrio do meio ambiente a que toda a coletividade tem direito. Já no MS 22.164, rel. Min. Celso de Mello, a Corte assentou que "o direito à integridade do meio ambiente (...) constitui prerrogativa jurídica de titularidade coletiva, refletindo (...) a expressão significativa de um poder atribuído, não ao indivíduo identificado em sua singularidade, mas, num sentido verdadeiramente mais abrangente, à própria coletividade social".

Assim, em casos de conformação semelhante, deve-se observar se o interesse da União é direto ou reflexo.

182 Questão interessante foi objeto do julgamento do HC 86.289, rel. Min. Ricardo Lewandowski, *DJ* de 16-2-2007, em razão de delito previsto no art. 241 (redação original) do Estatuto da Criança e do Adolescente e no art. 218 do CP – publicação de fotos de conteúdo pornográfico e de sexo explícito envolvendo crianças e adolescentes, em servidor de arquivos, na internet. Indagava-se qual o momento da consumação do resultado do crime quando praticado em ambiente virtual. A 1ª Turma entendeu que a consumação da conduta "publicar", na modalidade de disponibilizar as imagens em meio virtual, é imediata e ocorre no momento em que a informação pode ser acessada pelo receptor, o que se dá simultaneamente à transmissão dos dados. Fixou-se a competência da Justiça Federal com base no fato de que a consumação do ilícito ocorrera além das fronteiras nacionais, visto que as imagens foram comprovadamente captadas no exterior, sendo irrelevante o momento no qual o crime se exaurira. Explicite-se que o Brasil aderiu à Convenção sobre os Direitos da Criança, adotada pela Assembleia-Geral das Nações Unidas, aprovada pelo Decreto Legislativo n. 28, de 14-9-1990.

183 Segundo a jurisprudência firme do STF, os crimes contra a organização do trabalho aptos a atrair a competência da Justiça Federal são tão somente os que "ofendem o sistema de órgãos e institutos destinados a preservar, coletivamente, os direitos e deveres dos trabalhadores". Tratando-se de crime praticado contra o trabalhador, a competência é da Justiça comum. O Ministro Thompson Flores, citado pelo Ministro Ilmar Galvão, diz que "somente quando ele afeta a ordem econômica ou social, originando perturbação que não se compreenda em crimes contra a própria segurança nacional, da competência da Justiça Militar, é que cabe na jurisdição da Justiça Federal" (RE 156.527/PA, rel. Min. Ilmar Galvão, *DJ* de 27-5-1994; cf. CJ 6.163/SP, rel. Min. Rafael Mayer, *DJ* de 1º-6-1979; RE 90.042/SP, rel. Min. Moreira Alves, *RTJ*, 94 (3)/1218).

No CComp 6.860/RS, rel. Min. Célio Borja, *DJ* de 28-4-1989, o Tribunal assentou que os delitos decorrentes de greve são crimes contra a organização do trabalho, com reflexos na ordem pública.

184 RE 454.735/SP, rel. Min. Ellen Gracie, *DJ* de 18-11-2005 ("O inciso VI do art. 109 da Constituição é a norma matriz da competência da Justiça Federal, tratando-se de crimes contra o sistema financeiro e a ordem econômico-financeira, que afasta disposições outras para o fim de estabelecer a competência do Juízo Federal, como, por exemplo, a inscrita no inc. IV do art. 109, C.F. 3. Recurso extraordinário não conhecido").

navios ou aeronaves, ressalvada a competência da Justiça Militar; 4) de ingresso ou permanência irregular de estrangeiro;

h) os *habeas corpus*, em matéria criminal de sua competência ou quando o constrangimento provier de autoridade cujos atos não estejam diretamente sujeitos a outra jurisdição, os mandados de segurança e os *habeas data* contra ato de autoridade federal, excetuados os casos de competência dos tribunais federais;

i) a disputa sobre direitos indígenas.

Como se pode depreender, é ampla e variada a competência da Justiça Federal, abrangendo, como observado por Teori Zavascki, as causas de interesse da União (CF, art. 109, I e IV), as causas fundadas nas relações internacionais (CF, art. 109, II, III, V, V-A e X), as causas relativas à tutela da nacionalidade (CF, art. 109, X) e outras causas de interesse especial da federação (CF, art. 109, IV, VI, VII, IX e XI).

Anote-se que dentre as competências eminentes da Justiça Federal insere-se a de decidir sobre a existência de interesse jurídico que justifique a presença, no processo, da União, suas autarquias ou empresas públicas (Súmula 150 do STJ). Assente-se, igualmente, que decisão de juiz federal que excluir da relação processual ente da federação não pode ser reexaminada no juízo estadual.

Importante inovação introduzida pela Emenda Constitucional n. 45/2004 diz respeito à possibilidade de se transferir para a Justiça Federal, mediante incidente de deslocamento de competência suscitado pelo Procurador-Geral ao Superior Tribunal de Justiça, causas que envolvam grave violação de direitos humanos, em qualquer fase do inquérito ou processo (CF, art. 109, § 5º).

Trata-se de norma que tem por escopo ampliar a eficácia da proteção dos direitos da pessoa humana, especialmente em face de obrigações assumidas pelo Brasil em tratados e convenções internacionais. A possível objeção quanto à *intervenção* ou *restrição* à autonomia dos Estados-membros e da Justiça estadual pode ser respondida com o apelo aos valores envolvidos (proteção dos direitos humanos e compromisso da União de defesa no plano internacional) e com o caráter excepcional da medida. O deslocamento de competência somente em casos de extrema gravidade poderá ser objeto de requerimento por parte do Procurador-Geral da República, e de eventual deferimento por parte do Superior Tribunal de Justiça.

Em caso submetido ao STJ – Incidente de Deslocamento de Competência[185] – relativo a processo-crime movido na Justiça Federal de primeira instância contra o fazendei-

---

HC 84.111/RS, rel. Min. Gilmar Mendes, *DJ* de 20-8-2004 (*Habeas Corpus*. 2. Competência. 3. Consórcio. 4. O prejuízo não se restringiu aos particulares, mas também atingiu o Sistema Financeiro Nacional. 5. Crime contra o Sistema Financeiro Nacional (Lei n. 7.492/86). 6. Competência da Justiça Federal (art. 109, VI, CF). 7. Precedentes da Corte. 8. Ordem denegada). Cf. HC 83.729/SC, rel. Min. Marco Aurélio, *DJ* de 23-4-2004.

HC 80.612/PR, rel. Min. Sydney Sanches, *DJ* de 4-5-2001 ("Competência. Paciente (Deputado Estadual) denunciado por crime previsto no art. 19 da Lei n. 7.492, de 16-06-1986: Obtenção de financiamento em instituição financeira mediante fraude. Crime contra o Sistema Financeiro Nacional. Competência da Justiça Federal").

RE 198.488/SP, rel. Min. Carlos Velloso, *DJ* de 11-12-1998 ("Competência. Crimes contra o Sistema Financeiro e a Ordem Econômico-Financeira. C.F., art. 109, VI. Concessão de empréstimos vedados: Lei 4.595/64, art. 34, I, § 1º (...) competência do Juízo Federal").

185 IDC 1/PA, rel. Min. Arnaldo Esteves Lima, *DJ* de 10-10-2005.

ro acusado de mandar assassinar a missionária norte-americana Dorothy Stang, a Corte assentou que "(...) o deslocamento de competência – em que a existência de crime praticado com grave violação aos direitos humanos é pressuposto de admissibilidade do pedido – deve atender ao princípio da proporcionalidade (adequação, necessidade e proporcionalidade em sentido estrito), compreendido na demonstração concreta de risco de descumprimento de obrigações decorrentes de tratados internacionais firmados pelo Brasil, resultante da inércia, negligência, falta de vontade política ou de condições reais do Estado-membro, por suas instituições, em proceder à devida persecução penal...".

Não se deve omitir ainda referência à competência da Justiça Federal para os crimes políticos, como tais entendidos os crimes contra a segurança nacional. Nesse sentido, refira-se a orientação do STF:

> "Crime Político. Competência. Introdução, no território nacional, de munição privativa das Forças Armadas, praticado por militar da reserva (artigo 12 da LSN). Inexistência de Motivação Política: Crime Comum. Preliminares de Competência: 1ª) Os juízes federais são competentes para processar e julgar os crimes políticos e o Supremo Tribunal Federal para julgar os mesmos crimes em segundo grau de jurisdição (CF, artigos 109, IV, e 102, II, 'b'), a despeito do que dispõem os artigos 23, IV, e 6º, III, 'c', do Regimento Interno, cujas disposições não mais estão previstas na Constituição. 2ª) Incompetência da Justiça Militar: a Carta de 1969 dava competência à Justiça Militar para julgar os crimes contra a segurança nacional (artigo 129 e seu § 1º); entretanto, a Constituição de 1988, substituindo tal denominação pela de crime político, retirou-lhe esta competência (artigo 124 e seu par. único), outorgando-a à Justiça Federal (artigo 109, IV). 3ª) Se o paciente foi julgado por crime político em primeira instância, esta Corte é competente para o exame da apelação, ainda que reconheça inaplicável a Lei de Segurança Nacional. Mérito: 1. Como a Constituição não define crime político, cabe ao intérprete fazê-lo diante do caso concreto e da lei vigente. 2. Só há crime político quando presentes os pressupostos do artigo 2º da Lei de Segurança Nacional (Lei n. 7.170/82), ao qual se integram os do artigo 1º: a materialidade da conduta deve lesar real ou potencialmente ou expor a perigo de lesão a soberania nacional, de forma que, ainda que a conduta esteja tipificada no artigo 12 da LSN, é preciso que se lhe agregue a motivação política. Precedentes. 3. Recurso conhecido e provido, em parte, por seis votos contra cinco, para, assentada a natureza comum do crime, anular a sentença e determinar que outra seja prolatada, observado o Código Penal"[186].

Anote-se que, em relação a esses crimes, da decisão do juiz federal caberá recurso ordinário – cuida-se de uma situação singular – diretamente para o Supremo Tribunal Federal (CF, art. 102, II, *b*).

Ainda em relação à competência em matéria criminal, insta destacar que em 28 de outubro de 2015, no julgamento do RE 628.624/MG, o STF decidiu que compete à Justiça Federal processar e julgar crimes de publicação, na internet, de imagens com conteúdo pornográfico envolvendo crianças ou adolescentes. Nos termos do voto do redator para acórdão, Min. Edson Fachin, firmou-se a seguinte tese em repercussão geral: "Compete à Justiça Federal processar e julgar os crimes consistentes em disponibilizar ou ad-

---

186 RC 1.468/RJ, rel. Min. Maurício Corrêa, *DJ* de 16-8-2000.

quirir material pornográfico envolvendo criança ou adolescente (arts. 241, 241-A e 241-B da Lei n. 8.069/1990) quando praticados por meio da rede mundial de computadores"[187].

Competência inovadora da Justiça Federal introduzida pela Constituição de 1988 diz respeito à disputa sobre direitos indígenas (CF, art. 109, XI). O Supremo Tribunal Federal tem adotado orientação qualificadora da cláusula referida, entendendo que a disputa sobre direitos indígenas, para os fins da competência da Justiça Federal, há de envolver necessariamente questões vinculadas a direitos ou interesses indígenas típicos e específicos (e não interesse ou direitos de toda a comunidade). Assim, os crimes ocorridos em reserva indígena, ou crimes comuns praticados por índios ou contra índios, sem qualquer elo ou vínculo com a etnicidade, o grupo e a comunidade indígena, são da competência da Justiça comum[188].

Reconhece, ainda, a Constituição que as causas em que forem partes instituição de previdência social e segurado, sempre que a comarca não seja sede de vara do juízo federal, e verificada essa condição, a lei poderá permitir que outras causas sejam também processadas e julgadas pela justiça estadual (CF, art. 109, § 3º). Nesse caso, os recursos cabíveis serão interpostos perante o TRF competente.

Mencione-se, também, a atuação dos juizados especiais federais (CF, art. 98), competentes para julgar as causas cíveis de menor complexidade e as infrações penais de menor potencial ofensivo. Os juizados especiais são competentes para as causas até o valor de sessenta salários mínimos e para as infrações penais de menor potencial ofensivo de competência da Justiça Federal[189].

3.6.2. Competência dos Tribunais Regionais Federais

Além dos recursos nas causas decididas pelos juízes federais e pelos juízes estaduais no exercício da competência federal, na área de sua jurisdição, a competência dos Tribunais Regionais Federais abrange:

a) o processo e julgamento dos juízes federais da área de sua jurisdição, incluídos os da Justiça Militar e da Justiça do Trabalho, nos crimes comuns e de responsabilidade, e os membros do Ministério Público da União, ressalvada a competência da Justiça Eleitoral;

b) as revisões criminais e as ações rescisórias de julgados seus ou dos juízes federais da região;

c) os mandados de segurança e os *habeas data* contra ato do próprio Tribunal ou de juiz federal e os *habeas corpus*, quando a autoridade coatora for juiz federal;

d) os conflitos de competência entre juízes federais vinculados ao Tribunal.

---

187 RE 628.624/MG, rel. Min. Marco Aurélio, red. p/ acórdão Min. Edson Fachin, julgado em 28-10-2015, *DJE* de 6-4-2016.

188 RE 419.528/PR e RE 351.487/RR, rel. Min. Cezar Peluso, julgado em 3-8-2006, *Informativo* n. 434; HC 81.827/MT, rel. Min. Maurício Corrêa, *DJ* de 23-8-2002.

189 A distribuição de processos dos Juizados Especiais Federais das cinco Regiões somou 348.809 processos, em 2002; 916.442, em 2003; 1.533.647, em 2004; 1.421.702, em 2005; e 906.678, até setembro de 2006 (dados obtidos no *link* do Conselho da Justiça Federal – disponível em: <http://www.justicafederal.gov.br>. Acesso em: 7 fev. 2007).

Reconhece-se, igualmente, serem os Tribunais Regionais Federais os órgãos jurisdicionais originariamente competentes para processar e julgar, no caso de crimes da competência da Justiça Federal, autoridades estaduais e municipais, que gozam de prerrogativa de foro junto ao Tribunal de Justiça estadual. Assim, os parlamentares estaduais[190], os prefeitos municipais[191] e os secretários de Estado deverão ser julgados, em caso de crime da competência da Justiça Federal, pelos Tribunais Regionais Federais.

Configuram também competências não expressas dos Tribunais Regionais Federais o processo e julgamento das ações rescisórias movidas por ente federal contra acórdão de Tribunais de Justiça ou sentença de juiz de direito[192] e os mandados de segurança impetrados por ente federal contra ato de juiz estadual[193].

3.7. Tribunais de Justiça estaduais, juízes estaduais e Justiça Militar estadual

Os Estados-membros deverão organizar as suas Justiças com base nos princípios estabelecidos na Constituição.

Aplicam-se à Justiça estadual os postulados básicos quanto à autonomia administrativa e financeira[194].

A competência dos Tribunais estaduais será definida na Constituição estadual, cabendo ao Tribunal de Justiça a iniciativa da lei de organização judiciária (CF, art. 125, § 1º). A Constituição autoriza, ainda, a atuação descentralizada do Tribunal de Justiça estadual, mediante criação de câmaras regionais (CF, art. 125, § 6º).

Os desembargadores são julgados, nos casos de crimes comuns e de responsabilidade, pelo Superior Tribunal de Justiça (CF, art. 105, I, *a*).

Lei estadual poderá criar, mediante proposta do Tribunal de Justiça, Justiça Militar estadual, constituída, em primeiro grau, pelos juízes de direito e pelos Conselhos de Justiça e, em segundo grau, pelo próprio Tribunal de Justiça ou por Tribunal de Justiça Militar nos Estados em que o efetivo militar seja superior a vinte mil integrantes. Atualmente, somente os Estados de Minas Gerais e São Paulo dispõem de Tribunais de Justiça Militar.

Compete à Justiça Militar processar e julgar os militares dos Estados, nos crimes militares definidos em lei e as ações judiciais contra atos disciplinares militares (CF, art. 125, § 4º)[195].

Inovação da Emenda Constitucional n. 45/2004 consagrou que compete aos juízes de direito do juízo militar processar e julgar, singularmente, os crimes militares cometidos contra civis e as ações judiciais contra atos disciplinares militares, cabendo

---

190 HC 80.612/PR, rel. Min. Sydney Sanches, *DJ* de 4-5-2001; HC 69.465/RS, rel. Min. Paulo Brossard, *DJ* de 23-3-2001.

191 Súmula/STF, 702.

192 RE 106.819/DF, rel. Min. Moreira Alves, *DJ* de 10-4-1987; CJ 6.278/GO, rel. Min. Décio Miranda, *DJ* de 13-3-1981.

193 RE 176.881/RS, rel. Min. Ilmar Galvão, *DJ* de 6-3-1998.

194 Cf. Cap. 10, n. VIII, da Representação Interventiva.

195 Para uma visão mais pormenorizada da competência da Justiça Militar, cf. Cap. 9, n. III, item 3.5 – Superior Tribunal Militar e Justiça Militar.

ao Conselho da Justiça, sob a presidência de juiz de direito, processar e julgar os demais crimes militares (CF, art. 125, § 2º).

Competência eminente da Justiça estadual é a representação de inconstitucionalidade de leis ou atos normativos estaduais ou municipais em face da Constituição do Estado, a ser instituída por decisão do constituinte estadual, vedando-se-lhe, porém, a atribuição da legitimidade ativa a um único órgão (CF, art. 102, § 2º).

Embora o texto constitucional refira-se, nos arts. 102, I, *a*, e 103, à ação direta de inconstitucionalidade, preservou-se a referência à representação de inconstitucionalidade para o controle abstrato no âmbito do direito estadual. Diversas Constituições estaduais adotaram também a ação direta de inconstitucionalidade por omissão.

Se considerarmos que se trata de instituto de defesa da ordem constitucional objetiva, tal como a representação de inconstitucionalidade, parece não haver justificativa para que se impeça essa criação inovadora do constituinte estadual. Ademais, se se considerar que a omissão inconstitucional pode manifestar-se sob a forma de omissão parcial, que indica uma incompletude da regulação ou do ato normativo, não há como deixar de reconhecer uma relativa fungibilidade entre a ação direta de inconstitucionalidade (chamada no âmbito dos Estados-membros de representação de inconstitucionalidade) e a ação direta de inconstitucionalidade por omissão.

Por razões assemelhadas e tendo em vista o caráter *ambivalente* da representação de inconstitucionalidade no Direito pátrio, não se afigura incompatível com a norma do art. 125, § 2º, da Constituição decisão do constituinte estadual que opte por criar, ao lado da representação de inconstitucionalidade, uma representação de constitucionalidade (cf., *infra*, Cap. 10 – *Controle de constitucionalidade*, n. XII – *O controle abstrato de constitucionalidade do direito estadual e do direito municipal*).

3.8. Juizados Especiais e Turmas Recursais

O acesso à Justiça, como ensina Mauro Cappelletti, não significa mero acesso ao Judiciário, mas um programa de reforma e método de pensamento que permitam verdadeiro acesso ao "justo processo". Nesse sentido, o mandamento constitucional de criação de Juizados Especiais pela União – no Distrito Federal e nos Territórios – e pelos Estados não deve ser entendido como mera formulação de um novo tipo de procedimento, mas, sim, como um conjunto de inovações que envolvem desde nova filosofia e estratégia no tratamento de conflitos de interesse até técnicas de abreviação e simplificação procedimental, como bem assevera Watanabe.

Um dos principais fundamentos ideológicos por trás da criação deste instituto foi a preocupação com a proliferação de conflitos não solucionados por meio de mecanismos pacíficos normais, os quais, ou são escoados para o Judiciário, devendo ser resolvidos a partir dos procedimentos convencionais previstos no Código de Processo Civil – contribuindo assim para a sobrecarga do Poder Judiciário –, ou ficarão sem qualquer solução, constituindo aquilo que Watanabe denominou "litigiosidade contida".

A Constituição de 1988 inovou ao prever em seu texto dispositivo que estabelece o dever de criação dos juizados especiais por parte da União e dos Estados, os quais deverão ser orientados pelos princípios (critérios) da oralidade, simplicidade, informalidade, economia processual e celeridade.

Trata-se, assim, de norma constitucional de eficácia limitada, regulamentada no âmbito da Justiça Estadual pela Lei n. 9.099, de 1995. Conforme essa lei, a competência dos Juizados Especiais estaduais na área cível abarca as causas cujo valor não exceda a quarenta salários mínimos, as ações de despejo para uso próprio, as ações possessórias sobre bens imóveis de valor não excedente a quarenta salários mínimos, bem como as causas arroladas no inciso II do art. 275 do Código de Processo Civil.

É importante acentuar que a criação dos Juizados Federais propicia um resultado social louvável ao permitir que causas de pequeno valor – como as previdenciárias e as administrativas –, que afetam camadas significativas da população, sejam decididas e executadas dentro de um prazo socialmente adequado.

Na área criminal, a competência dos Juizados Especiais é para julgar infrações penais de menor potencial ofensivo, a saber, as contravenções penais e os crimes a que a lei comine pena máxima não superior a um ano (Lei n. 9.099 na sua versão original), prevendo esta, nesses casos, a possibilidade de transação penal e suspensão condicional do processo. Em 2006, a Lei n. 11.340 expressamente excluiu do âmbito de atuação dos Juizados Especiais os crimes praticados com violência doméstica e familiar contra a mulher, independentemente da pena prevista (art. 41).

Originalmente, não havia no texto constitucional previsão de criação de juizados especiais no âmbito da Justiça Federal. Essa possibilidade passou a existir a partir da introdução, por meio da Emenda Constitucional n. 22, de 1999, do atual § 1º ao art. 98 da Constituição, com base no qual foram criados, pela Lei n. 10.259, de 2001, os Juizados Especiais Federais Cíveis e Criminais. A Lei n. 10.259 alargou sensivelmente a abrangência dos Juizados Criminais, uma vez que a estendeu aos crimes cuja lei comine pena não superior a dois anos. É preciso considerar, não obstante, que a utilização de critérios meramente quantitativos de pena, sem levar em conta as especificidades de determinados tipos penais, parece desconsiderar diversos aspectos da teoria do bem jurídico penal. Delitos como invasão de domicílio praticada durante repouso noturno, abuso de autoridade, maus-tratos à criança e até formas de fraude à licitação, para citarmos apenas alguns tipos penais, passaram a ser classificados como "crimes de menor potencial ofensivo", circunstância que, em tese, levanta questões sobre o acerto da técnica legislativa utilizada e sobre a necessidade de uma redução teleológica da norma.

Os Juizados Especiais Federais são competentes, na área cível, para as causas cujo valor não exceda a sessenta salários mínimos, excluídas aquelas referidas no art. 109, incisos II, III e XI, da Constituição Federal e as ações de mandado de segurança, de desapropriação, de divisão e demarcação, as ações populares, por improbidade administrativa, bem como as que tenham como objeto a impugnação de pena de demissão imposta a servidores públicos civis ou de sanções disciplinares aplicadas a militares, além das execuções fiscais e das demandas sobre direitos ou interesses difusos, coletivos ou individuais homogêneos; para causas sobre bens imóveis da União, autarquias e fundações públicas federais e para a anulação ou cancelamento de ato administrativo federal, salvo o de natureza previdenciária e o de lançamento fiscal. Na área criminal, da mesma forma que os juizados especiais estaduais, sua competência se restringe às infrações penais de menor potencial ofensivo.

Cabe assinalar que o art. 90-A da Lei n. 9.099/95, incluído pela Lei n. 9.839, de 27-9-1999, que dispõe sobre os juizados cíveis e criminais, excluiu expressamente a aplicação da referida lei no âmbito da Justiça Militar. Essa norma foi declarada constitucional pelo Plenário do STF no julgamento do HC 99.743/RJ[196]. Naquela oportunidade, o Relator Min. Marco Aurélio enfatizou a constitucionalidade do art. 90-A da Lei n. 9.099/95, acrescido pela Lei n. 9.839/99, ressaltando que a não incidência dos institutos previstos na Lei dos Juizados Especiais à Justiça castrense amparou-se nos valores preservados no âmbito militar: hierarquia e disciplina.

Em relação ao "julgamento de recursos por turmas de juízes de primeiro grau", previsto no inciso I do artigo em análise, o STF decidiu que a Constituição não arrola essas turmas recursais entre os órgãos do Poder Judiciário, os quais são por ela discriminados, em *numerus clausus*, no art. 92. Assentou o STF que a Constituição apenas lhes outorga, no art. 98, I, a incumbência de julgar os recursos provenientes dos juizados especiais. Vê-se, assim, que a Carta Magna não conferiu às turmas recursais, sabidamente integradas por juízes de primeiro grau, a natureza de órgãos autárquicos do Poder Judiciário, nem tampouco a qualidade de tribunais, como também não lhes outorgou qualquer autonomia com relação aos tribunais a que vinculadas. Com base nesse entendimento, lembrou ser por essa razão que, contra suas decisões, não cabe recurso especial ao STJ, mas tão somente recurso extraordinário ao STF, nos termos de sua Súmula 640[197].

Ainda sobre as turmas recursais, merece destaque precedente do STF no sentido de que o art. 97 da Constituição, ao subordinar o reconhecimento da inconstitucionalidade de preceito normativo a decisão nesse sentido da 'maioria absoluta de seus membros ou dos membros dos respectivos órgãos especiais', está se dirigindo aos Tribunais indicados no art. 92 e aos respectivos órgãos especiais de que trata o art. 93, XI. A referência, portanto, não atinge juizados de pequenas causas (art. 24, X) e juizados especiais (art. 98, I), que, pela configuração atribuída pelo legislador, não funcionam, na esfera recursal, sob regime de plenário ou de órgão especial. As Turmas Recursais, órgãos colegiados desses juizados, podem, portanto, sem ofensa ao art. 97 da Constituição e à Súmula Vinculante 10, decidir sobre a constitucionalidade ou não de preceitos normativos[198].

3.9. Conselho Nacional de Justiça

3.9.1. Considerações preliminares

Existem dois grandes sistemas de governo e de administração de tribunais: 1) o de caráter anglo-americano ou do *common law*, baseado em um critério de independência

196 *Informativo* n. 643 do STF – Brasília, 3 a 7 de outubro de 2011.

197 RE 590.409, voto do rel. Min. Ricardo Lewandowski, julgamento em 26-8-2009, Plenário, *DJe* de 29-10-2009, com repercussão geral.

198 ARE 792562 AgR, relator Min. Teori Zavascki, Segunda Turma, julgamento em 18-3-2014, *DJ* de 2-4-2014. No mesmo sentido: ARE 868.457 RG, relator Min. Teori Zavascki, Tribunal Pleno, julgamento em 16-4-2015, *DJe* de 24-4-2015.

e autonomia dos organismos judiciais, cujo governo e administração fica a cargo dos órgãos judiciais de maior hierarquia; e 2) o de caráter europeu-continental, em que as competências de seleção, nomeação e fiscalização de magistrados são atribuídas a um órgão do Poder Executivo, geralmente os Ministérios de Justiça[199].

Resulta, assim, explicável, o fato de que os Conselhos de Magistratura foram instituídos e desenvolveram, principalmente na segunda metade do século XX, em países europeus, com intuito primordial de limitar as competências tradicionais dos Ministérios da Justiça, as quais funcionavam como mecanismos de interferência do Poder Executivo no Poder Judiciário.

Assim é que surgiram o Conselho Superior da Magistratura na França, criado pela Constituição de 1946 e posteriormente modificada pela atual Constituição de 1958; o Conselho Superior da Magistratura da Itália, instituído por meio da Constituição de 1948; o Conselho Superior da Magistratura de Portugal, criado pelo art. 223 da Constituição de 1976 (atual art. 218); e o "Consejo General del Poder Judicial" da Espanha, estabelecido pela Constituição de 1978. Esses organismos, destinados a segurar o "autogoverno da magistratura", também foram criados em outros países da Europa continental: Grécia (Constituição de 1975); Bulgária (Constituição de 1991); Romênia (Constituição de 1991).

Na América Latina, a maioria dos países adotou sistemas de caráter misto, de influência anglo-americana e europeia, criando os hoje denominados "Consejo de Magistratura ou de Judicatura". Baseados principalmente no modelo espanhol do "Consejo General del Poder Judicial" da Espanha, diversos países da região já introduziram em suas Constituições organismos de governo e administração dos tribunais: Argentina (1853, reforma de 1994, art. 114); Bolívia (1967, reforma de 1994, arts. 122 e 123); Colômbia (1991, arts. 254- 257); Equador (1978, reforma de 1992, arts. 99-100 e, posteriormente, arts. 124-125); El Salvador (1983, reforma de outubro de 1991, art. 87); México (1917, reformas de 1994 e 1996, arts. 99-100); Paraguai (1992, arts. 162-264); Peru (1993, arts. 150-157) e Venezuela (1961, art. 217).

O quadro acima descrito revela a ampla disseminação dos organismos de governo e administração dos tribunais, como garantidores da independência judicial.

Não obstante a diversidade de modelos de organização adotados em cada país, é possível encontrar um denominador comum, por meio do qual se pode caracterizar os conselhos de magistratura como órgãos colegiados, de composição plural, integrados na estrutura do Poder Judicial, que têm como função exercer a administração dos órgãos jurisdicionais, assegurando sua autonomia e independência.

A evolução dos Conselhos de Magistratura é dinâmico na realidade atual, de modo que são comuns as reformas destinadas ao aperfeiçoamento de suas funções.

Apesar das deficiências que ainda podem ser observadas em cada modelo, é certo que os Conselhos de Magistratura têm cumprido um relevante papel na solução dos complicados problemas relacionados à administração eficiente dos órgãos jurisdicionais.

---

199 Cf. Héctor Fix-Zamudio e Salvador Valencia Carmona, *Derecho constitucional mexicano y comparado*, México: Porrúa, 2007, p. 947-1005; Héctor Fix-Zamudio, *El Consejo de la Judicatura*, México: UNAM, 1996.

3.9.2. Constitucionalidade do Conselho Nacional de Justiça

A Associação dos Magistrados do Brasil questionou[200] a constitucionalidade da Emenda Constitucional n. 45 no que concerne à criação do Conselho Nacional de Justiça. Sustentava-se, fundamentalmente, a violação ao princípio da separação de Poderes e a lesão ao princípio federativo.

O Tribunal rejeitou a tese de afronta ao princípio da separação de Poderes, enfatizando que, tal como concebido, o Conselho Nacional de Justiça configura órgão administrativo interno do Poder Judiciário, e não instrumento de controle externo, e que, em sua maioria, os membros que o compõem são integrantes do Poder Judiciário. Assinalou-se, também, que o próprio Congresso Nacional havia aprovado proposta de emenda que impõe aos membros do Conselho as mesmas restrições e impedimentos constitucionais impostos aos juízes, o que estaria a sinalizar a plena integração do órgão na estrutura do Poder Judiciário. Ademais, por expressa disposição constitucional, os atos do Conselho estão submetidos ao controle judicial do Supremo Tribunal Federal (CF, art. 102, I, *r*).

Da mesma forma, não se acolheu a impugnação quanto à afronta ao princípio federativo, tendo em vista o perfil nacional do Poder Judiciário, fortemente enraizado na versão original do texto constitucional de 1988.

3.9.3. Composição

A Emenda Constitucional n. 45/2004 criou o Conselho Nacional de Justiça com atribuição de efetivar a supervisão da atuação administrativa e financeira do Poder Judiciário. O Conselho compõe-se de quinze membros, com mais de 35 anos de idade, com mandato de dois anos, admitida uma recondução (art. 103-B, *caput*), sendo um deles o presidente do Supremo Tribunal Federal; um Ministro do Superior Tribunal de Justiça, indicado pelo respectivo Tribunal; um Ministro do Tribunal Superior do Trabalho, indicado pelo respectivo Tribunal; um desembargador de Tribunal de Justiça e um juiz estadual, indicados pelo Supremo Tribunal Federal; um juiz de Tribunal Regional Federal e um juiz federal, indicados pelo Superior Tribunal de Justiça; um juiz de Tribunal Regional do Trabalho e um juiz do trabalho, indicados pelo Tribunal Superior do Trabalho; um membro do Ministério Público da União, indicado pelo Procurador-Geral da República; um membro do Ministério Público estadual, escolhido pelo Procurador-Geral da República dentre os nomes indicados pelo órgão competente de cada instituição estadual; dois advogados, indicados pelo Conselho Federal da Ordem dos Advogados do Brasil; dois cidadãos de notável saber jurídico e reputação ilibada, indicados um pela Câmara dos Deputados e outro pelo Senado Federal.

Os membros do Conselho serão nomeados pelo Presidente da República após aprovada a escolha pela maioria absoluta do Senado Federal, à exceção do presidente do STF. Não efetuadas as indicações no prazo legal, caberá ao Supremo Tribunal fazê-las.

---

200 ADI 3.367/DF, rel. Min. Cezar Peluso, *DJ* de 17-3-2006.

Referido órgão será presidido pelo presidente do Supremo Tribunal Federal e terá como Corregedor-Geral o Ministro indicado pelo Superior Tribunal de Justiça. Junto ao Conselho oficiarão o Procurador-Geral da República e o presidente do Conselho Federal da Ordem dos Advogados do Brasil.

A disposição expressa do texto constitucional no sentido de que o representante do Supremo Tribunal Federal ficaria excluído da distribuição de processos no tribunal reforçava a convicção de que seu representante no Conselho haveria de ser o presidente. A Emenda Constitucional n. 61, de 11 de novembro de 2009, assegurou que o Supremo Tribunal Federal será representado no Conselho por seu presidente. Ademais, a necessidade de aprovação dos nomes pelo Senado Federal criou situação singular, que submetia os membros do Supremo e dos Tribunais Superiores a uma nova sabatina e a uma nova votação naquela Casa do Congresso. A referida emenda constitucional isentou apenas o presidente do Supremo Tribunal Federal de nova sabatina.

Outro preceito destituído de qualquer sentido prático era o que previa a idade limite (menos de 66 anos), especialmente se aplicável aos membros do Judiciário que poderão integrar o Conselho Nacional de Justiça na condição de representantes dos órgãos judiciais enquanto durar seu vínculo com o Poder Judiciário (até completar 70 anos).

A Emenda Constitucional[201] que se reclamava foi aprovada, retirando a idade limite do texto constitucional; todavia, ao fazê-lo, suprimiu também a referência constitucional à idade mínima (35 anos) para que qualquer cidadão pudesse ser indicado membro do Conselho Nacional de Justiça.

Nesse ponto, a emenda constitucional foi infeliz, uma vez que seria salutar a manutenção da idade mínima de 35 anos para membros do Conselho, que possui competência correcional até mesmo sobre o Superior Tribunal de Justiça e sobre o Tribunal Superior do Trabalho. De qualquer sorte, tendo em vista o próprio *ethos* do CNJ, afigura-se imperiosa a adoção de interpretação que exija, no que concerne ao requisito de idade dos candidatos ao CNJ, os mesmos requisitos estabelecidos para integrar o STJ.

---

201 A Emenda Constitucional em questão, de n. 61, de 11 de novembro de 2009, promoveu ampla alteração no art. 103-B da Constituição da República:

"Art. 103-B. O Conselho Nacional de Justiça compõe-se de quinze membros com mais de trinta e cinco e menos de sessenta e seis anos de idade, com mandato de dois anos, admitida uma recondução, sendo (versão da EC n. 45/2004):

I – Ministro do Supremo Tribunal Federal, indicado pelo respectivo tribunal; (...)

§ 1º O Conselho será presidido pelo Ministro do Supremo Tribunal Federal, que votará em caso de empate, ficando excluído da distribuição de processos naquele tribunal.

§ 2º Os membros do Conselho serão nomeados pelo Presidente da República, depois de aprovada a escolha pela maioria absoluta do Senado Federal".

"Art. 103-B. O Conselho Nacional de Justiça compõe-se de 15 (quinze) membros com mandato de 2 (dois) anos, admitida 1 (uma) recondução, sendo (versão da EC n. 61/2009):

I – O Presidente do Supremo Tribunal Federal;

(...)

§ 1º O Conselho será presidido pelo Presidente do Supremo Tribunal Federal e, nas suas ausências e impedimentos, pelo Vice-Presidente do Supremo Tribunal Federal.

§ 2º Os demais membros do Conselho serão nomeados pelo Presidente da República, depois de aprovada a escolha pela maioria absoluta do Senado Federal."

Em síntese, a emenda excluiu do *caput* do art. 103-B da Constituição da República o limite de 66 anos de idade para compor o Conselho Nacional de Justiça.

Note-se, ainda, que o inc. I do art. 103-B, em sua nova redação, estabelece que o Conselho Nacional de Justiça será presidido pelo Presidente do Supremo, sendo substituído, em caso de necessidade, pelo Vice-Presidente do Supremo Tribunal.

Ainda sobre o Presidente do CNJ, cumpre referir que foi suprimida a restrição constante na redação original do § 1º do art. 103-B, segundo a qual o Presidente do Conselho apenas votaria "em caso de empate", ficando a matéria, agora, aberta à disciplina regimental.

Outro avanço importante foi a supressão da exigência de sabatina do membro do Supremo Tribunal Federal, componente do Conselho.

3.9.4. Competência

Em linhas gerais, são as seguintes as competências do Conselho:

a) zelar pela autonomia do Poder Judiciário e pelo cumprimento do Estatuto da Magistratura, podendo expedir atos regulamentares, no âmbito de sua competência, ou recomendar providências;

b) zelar pela observância do art. 37 da Constituição e apreciar, de ofício ou mediante provocação, a legalidade dos atos administrativos praticados por membros ou órgãos do Poder Judiciário, podendo desconstituí-los, revê-los ou fixar prazo para que se adotem as providências necessárias ao exato cumprimento da lei, sem prejuízo da competência do Tribunal de Contas da União;

c) receber e conhecer das reclamações contra membros ou órgãos do Poder Judiciário, inclusive contra seus serviços auxiliares, serventias e órgãos prestadores de serviços notariais e de registro que atuem por delegação do Poder Público ou oficializados, sem prejuízo da competência disciplinar e correcional dos tribunais, podendo avocar processos disciplinares em curso e determinar a remoção, a disponibilidade ou a aposentadoria com subsídios ou proventos proporcionais ao tempo de serviço, e aplicar outras sanções administrativas, assegurada ampla defesa;

d) representar ao Ministério Público, no caso de crime contra a Administração Pública ou de abuso de autoridade;

e) rever, de ofício ou mediante provocação, os processos disciplinares de juízes e membros de tribunais julgados há menos de um ano;

f) elaborar semestralmente relatório estatístico sobre processos e sentenças prolatadas, por unidade da federação, nos diferentes órgãos do Poder Judiciário;

g) elaborar relatório anual, propondo as providências que julgar necessárias, sobre a situação do Poder Judiciário no País e as atividades do Conselho, o qual deve integrar mensagem do presidente do Supremo Tribunal Federal a ser remetida ao Congresso Nacional, por ocasião da abertura da sessão legislativa.

Trata-se, como se pode ver, de amplo feixe de atribuições concernentes à supervisão administrativa e financeira das atividades do Judiciário nacional.

Além dessas atribuições, a Lei n. 12.106/2009 criou, no âmbito do CNJ, o Departamento de Monitoramento e Fiscalização do Sistema Carcerário e do Sistema de Execução de Medidas Socioeducativas, que deve acompanhar o desempenho dos sistemas carcerários do País, em parceria com os Tribunais estaduais e com a Corregedoria Nacional do Ministério Público (CNMP). Essa iniciativa tem permitido ao Conselho reparar graves injustiças envolvendo prisões ilegais, bem como trabalhar para aperfeiçoar a execução penal no País.

Competência de grande significado institucional, nesse contexto, é aquela referente à expedição de atos regulamentares. É uma das atribuições que, certamente, tem ensejado maiores contestações e polêmicas[202]. A amplitude do poder normativo do CNJ certamente ainda será matéria de apreciação pelo Plenário do Supremo Tribunal Federal.

O tema foi objeto da ADI 4.638-MC, que questiona a constitucionalidade da Resolução n. 135, de 13 de julho de 2011, que dispõe sobre a uniformização de normas relativas ao procedimento administrativo disciplinar aplicável aos magistrados. Nesta ação, alega-se que a referida resolução incorre em inconstitucionalidade, em razão de extrapolar a competência constitucional do CNJ. A discussão de fundo refere-se ao pleito da Associação dos Magistrados Brasileiros – AMB no sentido de que a competência do CNJ é subsidiária, ou seja, apenas é inaugurada após o esgotamento da via correcional de cada Tribunal.

O Relator da ADI 4.638, Ministro Marco Aurélio, deferiu, monocraticamente, o pedido de medida cautelar, em 19 de dezembro de 2011, suspendendo a eficácia de diversos dispositivos da Resolução n. 135, citada acima. Essa decisão foi levada a referendo do Plenário do Supremo Tribunal Federal no início de fevereiro de 2012. Após intensas discussões, a Corte referendou apenas parcialmente a cautelar concedida pelo relator.

A Corte concluiu que o CNJ possui poder normativo voltado a uniformizar regras que alcancem todo o Judiciário, visto tratar-se de Poder de caráter nacional. Além disso, frisou que o poder normativo do CNJ possui como fonte primária a própria Constituição Federal, com a redação que lhe foi dada pela EC n. 45/2004, o qual deve ser levado a efeito, observando-se as normas constitucionais e as disposições contidas na LOMAN.

A Corte assentou, ainda, que, após a criação do CNJ, era de se esperar que a autonomia dos tribunais locais sofresse um novo tratamento constitucional, tendo em vista a necessidade de compatibilizá-la com as funções de controle financeiro, administrativo e disciplinar, conferidas pelo Constituinte derivado ao CNJ.

O debate mais intenso disse respeito ao alcance da competência constitucional do CNJ, se subsidiária ou concorrente, relativamente às atribuições das corregedorias dos

---

202 Confira-se, v. g., a Resolução do nepotismo (Res. n. 7, de 18-10-2005, do CNJ), que disciplina o exercício de cargos, empregos e funções por parentes, cônjuges e companheiros de magistrados e de servidores investidos em cargos de direção e assessoramento, no âmbito dos órgãos do Poder Judiciário e dá outras providências.

Lenio, Ingo e Clèmerson anotam que "no Estado Democrático de Direito, é inconcebível permitir-se a um órgão administrativo expedir atos (resoluções, decretos, portarias, etc.) com força de lei, cujos reflexos possam avançar sobre direitos fundamentais", e que "parece, de pronto, inconcebível que o constituinte derivado, ao aprovar a Reforma do Judiciário, tenha transformado os Conselhos em órgãos com poder equiparado aos do legislador. Ou seja, a menção ao poder de expedir 'atos regulamentares' tem o objetivo específico de controle externo, a partir de situações concretas que surjam no exercício das atividades de judicatura e de Ministério Público. Aliás, não se pode esquecer que é exatamente o controle externo que se constituiu na '*ratio essendi*' da criação de ambos os Conselhos" (Lenio Luiz Streck, Ingo Wolfgang Sarlet e Clèmerson Merlin Clève, Os limites constitucionais das resoluções do Conselho Nacional de Justiça (CNJ) e Conselho Nacional do Ministério Público (CNMP), *Revista de Doutrina*. Disponível em: <http://www.revistadoutrina.trf4.gov.br>. Acesso em: 6 out. 2006).

tribunais em geral. Nesse ponto, a Corte negou referendo à medida cautelar, fixando entendimento no sentido de que o importante para a aplicação do princípio da subsidiariedade é encontrar a esfera de atuação, seja local, seja central, em melhores condições de agir eficazmente, em cada caso.

Demonstrou-se que o CNJ não edita resoluções sem antes ouvir os tribunais brasileiros. A resolução impugnada havia sido requerida por tribunal local, e a atuação do Conselho deu-se em colaboração com os demais tribunais. A Corte deixou claro, portanto, que a atividade do CNJ em matéria correcional pode ocorrer de modo concorrente com a dos tribunais locais, a depender das exigências das situações concretas.

Assim, o Supremo Tribunal Federal, ao assentar a competência constitucional primária do CNJ, afirmou que esse órgão é detentor de poder normativo no âmbito da magistratura, bem como que a ele compete exercer atividade disciplinar e correcional concorrente às dos tribunais em geral.

3.9.5. **Conselho Nacional de Justiça e Supremo Tribunal Federal**

Questão relevante refere-se à eventual submissão do Supremo Tribunal Federal ao Conselho Nacional de Justiça.

Na ADI 3.367[203] anotou-se que, enquanto órgão supremo, o STF não está submetido às deliberações do CNJ. Efetivamente, o regime político-disciplinar dos Ministros do Supremo Tribunal está regido por normas especiais – processo-crime julgado pelo próprio Tribunal (CF, art. 102, I, *b*) e crime de responsabilidade perante o Senado Federal (CF, art. 52, II).

Ademais, compete ao Supremo Tribunal Federal processar e julgar as ações contra o CNJ[204] e contra o CNMP (CF, art. 102, I, *r*)[205].

Em 2013, a Corte decidiu, na AO 1.706 AgR/DF[206], que a competência do Supremo Tribunal Federal, cuidando-se de impugnação a deliberações do CNJ, prevista no art. 102, I, *r*, da CF/88, deve ser restrita aos casos de impetração de mandado de segurança, *habeas data*, *habeas corpus* ou mandado de injunção, visto que nessas hipóteses o CNJ qualifica-se como órgão coator com legitimidade passiva. Tratando-se, porém, de demanda diversa, tais como as ações ordinárias, deliberou o Plenário no sentido de não se configurar a competência originária do STF, em razão de se cuidar de hipótese não compreendida no art. 102, I, alíneas *d* e *q*, da CF/88. Tendo em vista a expressa referên-

203 Rel. Min. Cezar Peluso, *DJ* de 22-9-2006.

204 Em 18-12-2008, por ocasião do julgamento do MS 27.160, rel. Min. Joaquim Barbosa, *DJ* de 6-3-2009, em que se controvertia sobre a competência do CNJ para cancelar edital elaborado por Tribunal de Justiça, o Supremo Tribunal Federal reafirmou a competência do Conselho Nacional de Justiça para "fiscalizar, inclusive de ofício, os atos administrativos praticados por órgãos do Poder Judiciário". Em diversos outros julgados, o Supremo Tribunal Federal vem dando contornos à atuação do Conselho Nacional de Justiça e reafirmando sua competência nas diversas contempladas no texto constitucional, assim, MS 25.393-AgR, rel. Min. Marco Aurélio, *DJ* de 8-5-2009; MS 27.188-AgR, rel. Min. Ricardo Lewandowski, *DJ* de 20-2-2009; MS 26.163, rel. Min. Cármen Lúcia, *DJ* de 5-9-2008 e MS 25.938, rel. Min. Cármen Lúcia, *DJ* de 12-9-2008.

205 Pet.-QO 3.674, rel. Min. Sepúlveda Pertence, *DJ* de 19-12-2006.

206 AO 1.706 AgR/DF, rel. Min. Celso de Mello, Plenário, *DJe* de 18-2-2014.

cia, no mesmo dispositivo constitucional, às ações contra o CNMP, igual entendimento deve ser aplicado, também, em relação às deliberações do referido Conselho.

4. REGIME JURÍDICO DA MAGISTRATURA

As garantias do Poder Judiciário, em geral, e do magistrado, em particular, são garantias institucionais e se destinam a emprestar a conformação de independência que a ordem constitucional pretende outorgar à atividade judicial. Ao Poder Judiciário incumbe exercer o último controle da atividade estatal, manifeste-se ela por ato da Administração ou do próprio Poder Legislativo (controle de constitucionalidade). Daí a necessidade de que, na sua organização, materialize-se a clara relação de independência do Poder Judiciário e do próprio juiz em relação aos demais Poderes ou influências externas.

A Constituição de 1988 institucionalizou um modelo democrático de Poder Judiciário, para além de qualquer resquício daquilo que Eugenio Raúl Zaffaroni (*Poder Judiciário*, cit., p. 102 e s.) chamou de "modelo tecnoburocrático", que caracterizava os poderes judiciários da América Latina nos anos de autoritarismo. Com efeito, a Constituição do Estado Democrático de Direito proporciona o surgimento de uma nova magistratura, agora revestida de garantias formais e materiais, aptas a transformar os juízes em garantes do processo democrático, circunstância, aliás, repetida pelo constituinte brasileiro na parte em que trata do Ministério Público. As circunstâncias políticas – decorrentes de anos de autoritarismo – haviam forjado as condições para o fortalecimento de "juízes boca da lei", que, embora selecionados tecnicamente – portanto, para além de um Judiciário formado *ad hoc* – guardavam um perfil tendente a uma metodologia dedutivista, modo de resguardar-se, nos casos de não adesão ideológica ao regime político, contra qualquer ação político-autoritária do Estado. Este "modelo" de juiz forjado no *ancién regime* passa, então, por uma transição. De uma Constituição sem qualquer perfil compromissório, a magistratura se encontra, após 5 de outubro de 1988, frente a frente com uma Constituição que alberga, em seu texto, um conjunto de "promessas incumpridas da modernidade". De todo modo, o processo de alteração de perfil da magistratura – fenômeno que pode ser estendido às demais funções que, de um modo ou de outro, estão ligadas às práticas jurídicas – ocorre lentamente, pela falta de uma nova teoria das fontes (vejam-se, até hoje, as dificuldades para a compreensão da dicotomia texto-norma), pela falta das condições para a construção de uma nova teoria da norma, uma vez que a Constituição de 1988 seguiu o nítido perfil principiológico próprio das Constituições do segundo pós-guerra e, por último, pela fragilidade da teoria do direito até então existente, ainda refratária aos novos paradigmas epistemofenomenológicos, em especial, as teorias hermenêuticas e discursivas.

O texto constitucional determina que a organização do Judiciário seja disciplinada pelo Estatuto da Magistratura, estabelecido em lei complementar, de iniciativa do Supremo Tribunal Federal, observados os princípios previstos na Constituição (CF, art. 93). Segundo a jurisprudência pacífica do Supremo Tribunal Federal, "até o advento da lei complementar prevista no artigo 93, *caput*, da Constituição de 1988, o Estatuto da Magistratura será disciplinado pelo texto da Lei Complementar n. 35/79, que foi recebida pela Constituição". Isso, a toda evidência, não implica uma recepção *tabula rasa* do texto da LOMAN, havendo dispositivos que não foram recepcionados, outros recepcionados em parte e ainda alguns cujo texto carece de interpretação conforme (*verfassungskonforme Auslegung*).

Assim, a Constituição de 1988 manteve o sistema da ordem constitucional pretérita (art. 112 da Emenda Constitucional n. 1, de 1969), ao prescrever, no art. 93, *caput*, que somente a lei complementar nacional, de iniciativa do Supremo Tribunal Federal, poderá dispor sobre o Estatuto da Magistratura. Até o advento dessa lei complementar prevista no art. 93, *caput*, da Constituição, o Estatuto da Magistratura continua a ser disciplinado pela Lei Complementar n. 35/79 (LOMAN). Como ressaltado, esse é o entendimento que vem sendo adotado pelo Supremo Tribunal Federal (ADI n. 2.370-5; ADI n. 2.753-1; ADI n. 1.503-6/RJ; AO 185-4; ADI n. 1.422; ADI n. 1.985-6; ADI n. 3.053-1; ADI n. 2.580-5).

As disposições da LOMAN constituem um regime jurídico único para os magistrados brasileiros. Esse sistema normativo nacional está amparado em duas razões. Em primeiro lugar, o Poder Judiciário é um Poder nacional e, assim, seus membros devem estar submetidos a regras uniformes. Em segundo lugar, é possível vislumbrar que a alternativa de caracterização das normas da LOMAN como meramente programáticas ou não vinculantes para o legislador e judiciário estaduais abriria uma via perigosa para a concessão ilimitada de privilégios e, ao fim e ao cabo, poderia dar ensejo a um quadro instável de "troca institucional de boas vontades" entre os poderes locais, incompatível com a independência assegurada constitucionalmente ao Poder Judiciário.

Trata-se de um verdadeiro *bloqueio de competência* levado a efeito pela edição da lei complementar nacional, de modo que o direito estadual em contradição com os limites nela fixados deve ser considerado inconstitucional. Nesse caso, a lei complementar não configura exatamente um parâmetro de controle abstrato, mas simples índice para a aferição da ilegitimidade ou de não observância da ordem de competência estabelecida na Constituição. O Supremo Tribunal Federal tem jurisprudência assentada no sentido da inconstitucionalidade, por violação ao art. 93 da Constituição Federal, de normas estaduais, legais ou constitucionais, que disciplinem matérias próprias do Estatuto da Magistratura, em desacordo ou em caráter inovador em relação à LOMAN (ADI n. 841-2; ADI n. 1.358-8; ADI n. 202-3; ADI n. 2.370-5; ADI n. 2.580-5; ADI n. 2.753-1; ADI n. 2.880-4/MA; ADI n. 1.481-1; ADI n. 3.224-1; ADI n. 3.053-1; ADI n. 2.983; ADI n. 1.985-6; ADI n. 1.152-9; ADI n. 1.422).

4.1. Ingresso na carreira

O modelo de Judiciário adotado pela Constituição do Brasil de 1988, com o acréscimo da assim denominada Reforma do Judiciário, confirma uma longa tradição de ingresso e promoção por concurso, estabelecida na época do Estado Novo, correspondendo à coerência política desta quanto à criação de uma burocracia judiciária de corte bonapartista, mas que, definitivamente, tem tido como resultado um Judiciário semelhante aos modelos europeus.

O sistema de seleção "forte" (concurso) está constitucionalmente consagrado, enquanto a "carreirização" se encontra apenas atenuada mediante incorporação lateral de um quinto dos juízes provenientes, nos tribunais colegiados, do Ministério Público e dos advogados. A designação política é limitada aos juízes do Supremo Tribunal Federal, embora não faltem delimitações impostas pela tradição.

A não adoção, por parte do Brasil, do modelo dos tribunais *ad hoc* (Tribunais Constitucionais) decorre, fundamentalmente, do sistema de governo presidencialista instaurado em 1891. Afinal, o Supremo Tribunal brasileiro foi inspirado nitidamente na *Supreme Court* norte-americana, criada para ser um tribunal da federação. Do mesmo modo, não há como negar a forte ligação entre o sistema de governo parlamentarista e os Tribunais Constitucionais. A relação entre os Poderes acaba tendo uma dimensão diferente no parlamentarismo, em que as funções de legislativo e executivo restam fundidas. No fundo, a fórmula dos Tribunais Constitucionais resolve, em acentuada medida, o problema decorrente da dicotomia "democracia-constitucionalismo".

A origem do debate está na aurora do constitucionalismo liberal. Os juízes norte-americanos, pela especificidade em que ocorreu o processo de independência e a formação do Estado nacional, não sofreram o desgaste dos magistrados franceses, por ocasião do advento da Revolução de 1789. A decisão de Marshall de 1803 foi uma decisão interventiva, que teve o condão de colocar o Poder Judiciário como moderador de uma querela que tinha como foco de tensão principal o Poder Executivo. Esse poder moderador, que deita raízes nas ideias liberais do francês Benjamin Constant, ganhou considerável relevo na história dos Estados Unidos e dos países latino-americanos. Entretanto, em face da experiência francesa, essa "moderação" não poderia ser feita na Europa pelo Poder Judiciário. Havia que buscar um *tertio genus*, que pudesse intervir nas disputas entre os Poderes do Estado. E, novamente aqui, assume relevância a herança da Revolução Francesa.

Com efeito, esse *tertio genus* não poderia ser o Poder Judiciário, porque lhe faltava a legitimidade. Não se deve esquecer, neste ponto, que a Europa continental possui uma estrutura judiciária burocrática na base, ao contrário dos Estados Unidos, que possui um sistema por eleição na base; os juízes europeus são magistrados de carreira – portanto, com ingresso mediante concurso público –, não tendo legitimidade política, devendo interpretar a lei em um sistema onde o Poder Legislativo historicamente tem posição proeminente; já nos Estados Unidos, a separação dos Poderes é um dogma, o juiz tem lugar especial no equilíbrio constitucional, dizendo o direito não com base em princípios abstratos como ocorre com o legislador, mas procurando concretamente as soluções para os litígios. O modelo francês serve, neste contexto, de inspiração para suprir esse *deficit* de legitimidade do Poder Judiciário. Surge, assim, a ideia de um tribunal que, não sendo parte do Poder Judiciário, pudesse assumir a moderação do sistema, a partir do controle acerca da interpretação da Constituição. Mas, por evidente, a composição desse tribunal não poderia ser feita aos moldes dos tribunais que constituem a cúpula do Judiciário, e, sim, buscou-se construí-la apelando à *volonté générale*, ainda que indireta, a partir da efetiva participação do Poder Legislativo na composição desse *tertio genus*. Nesse sentido, a *volonté générale*, que serviu para afastar a figura do juiz e do Judiciário no controle dos atos do Legislativo, vem, a partir do segundo pós-guerra, através dos Tribunais *ad hoc*, revivificada, mediante a participação efetiva do Poder Legislativo na escolha dos juízes/membros dos tribunais especialmente encarregados de controlar a constitucionalidade das leis. De certo modo, os Tribunais Constitucionais recuperam a noção de *volonté générale*, através da fórmula de escolha dos juízes, com mandato fixo, não renovável, reservando o Poder Legislativo, para si, a tarefa do controle da legitimidade do Tribunal encarregado de fiscalizar a constitucionalidade dos atos normativos emanados dos Poderes Executivo e Judiciário. Veja-se, de forma exemplificada, a fórmula de escolha dos juízes constitucionais da Alemanha e de Portugal.

O modelo de organização judicial adotado no Brasil desde o Estado Novo, guardadas as diferenças relacionadas à forma de controle de constitucionalidade, aproxima-se do modelo europeu, a partir de um rígido sistema de ingresso na carreira mediante concurso público e específicos requisitos para ascensão dos juízes, tanto na primeira instância como na forma de acesso ao segundo grau de jurisdição e aos tribunais superiores, excetuado, como já se viu, o percentual reservado a membros do Ministério Público e da advocacia. As peculiaridades do modelo de *judicial review* adotado pelo Brasil em 1891 conformaram um modelo que não recepciona nem a forma burocrática de acesso à Corte – ascender ao Supremo Tribunal Federal não é decorrente da carreira de magistrado –, nem a forma de reserva de percentuais às diferentes categorias profissionais (juízes, membros do Ministério Público, advogados, professores etc.), como ocorre no modelo de Tribunais *ad hoc*.

A preocupação com a rigidez na forma de ingresso levou a alteração do dispositivo que trata da matéria (art. 93, I), com o acréscimo da exigência do mínimo de três anos de atividade jurídica, questão que ficou definida pela Resolução do Conselho Nacional de Justiça n. 11, de 31-1-2006, art. 5º, que, entretanto, foi revogada pela Resolução do CNJ n. 75, de 12-5-2009 (revogação expressa da Resolução n. 11 consta no art. 90 da Resolução n. 75/2009). Assim, por "atividade jurídica" entende-se aquela atividade exercida com exclusividade pelo bacharel em Direito, disciplinado pelo art. 59 da Resolução 75 do CNJ, contados da data da conclusão do curso de Direito, não da colação de grau[207]. A referida Resolução 75 do CNJ, que dispõe sobre os concursos públicos para o ingresso na carreira da magistratura em todos os ramos do Poder Judiciário nacional, já debatida em diversas decisões do STF (*e. g.*: Reclamação 4.906/PA; Reclamação 4.939/PA; Mandado de Segurança 26.690), alterou também a condição dos cursos de pós-graduação, que passaram a não mais computar na soma dos 3 anos de atividade jurídica, exceto para aqueles cursos iniciados antes da Resolução 75.

A participação da Ordem dos Advogados do Brasil nos concursos públicos para ingresso na magistratura – circunstância que se repete nos concursos do Ministério Público – foi discutida no STF na oportunidade da concessão de medidas cautelares às Ações Diretas de Inconstitucionalidade n. 2.210 e 2.204 (ADI 2.210/MC e 2.204/MC), pelas quais confirmou-se a necessidade da participação da Ordem dos Advogados do Brasil em todas as fases do concurso, inclusive sobre a necessidade da participação na definição dos pontos atribuídos aos títulos e requerimentos relativos à inscrição e seus recursos. Trata-se de uma modalidade de controle externo, que, com a implementação do Conselho Nacional de Justiça, reforça a transparência nos certames.

---

207 MS 26.682, rel. Min. Cezar Peluso, *DJe* de 27-6-2008.

4.2. Promoções

Tratando-se de uma magistratura inserida nas contemporâneas democracias, geridas por Constituições que fortaleceram sobremodo o Poder Judiciário, a previsão de promoções na carreira a partir da aferição meritocrática e de antiguidade, equitativamente, é princípio basilar da República.

Nesse sentido, a legislação deve estabelecer cláusulas de garantia que impeçam processos excludentes e de desvios na interpretação do sentido da expressão "alternadamente". Daí a obrigatoriedade, por exemplo, da promoção do juiz que figure por três vezes consecutivas ou cinco vezes alternadas em lista de merecimento (CF, art. 93, II, *a*).

Na interpretação dessa norma, decidiu o STF, em caso sobre a promoção de juiz federal para o Tribunal Regional Federal, pela vinculação da escolha presidencial ao nome que figure em lista tríplice por três vezes consecutivas ou cinco alternadas. Entendeu-se pela necessidade de exegese sistemática das normas gerais aplicáveis à magistratura nacional, de forma que a discricionariedade na promoção de magistrado federal pelo Presidente da República a partir de lista tríplice há de ser interpretada em sintonia com a garantia estabelecida no art. 93, II, *a*, do texto constitucional[208].

Por outro lado, para evitar favorecimentos, a promoção do magistrado por merecimento pressupõe dois anos de exercício na respectiva entrância, além da exigência de este integrar a primeira quinta parte da lista de antiguidade, salvo se não houver com tais requisitos quem aceite o lugar vago. Até mesmo na apuração da antiguidade a Constituição faz exigências que preservam a isonomia de tratamento entre os magistrados.

Assim, na apuração de antiguidade, o tribunal somente poderá recusar o juiz mais antigo pelo voto fundamentado de dois terços de seus membros, conforme procedimento próprio, e assegurada ampla defesa, repetindo-se a votação até fixar-se a indicação. Trata-se de extraordinário avanço, uma vez que, para além da cláusula de barreira de dois terços, agrega-se o *due process of law* em favor do magistrado recusado indevidamente.

Cabe aduzir, quanto a essa norma, o entendimento do STF no sentido de que O quórum de dois terços de membros efetivos do Tribunal ou de seu órgão especial, para o fim de rejeição de juiz relativamente à promoção por antiguidade, há de ser computado consideradas as cadeiras preenchidas e aqueles em condições legais de votar, observadas ausências eventuais[209].

O novo texto trouxe, também, uma forma de punição para o magistrado que retiver autos de forma injustificada, não podendo, em tais hipóteses, ser promovido. Mas também aqui deve ser aplicada a fórmula do devido processo legal. A simples alusão de que há uma retenção injustificada já pressupõe um procedimento próprio para tal aquilatação, o que implica possibilidade de ampla defesa.

Na medida em que o fulcro do processo de ascensão na carreira é a meritocracia, a Emenda Constitucional n. 45/2004 trouxe novos elementos visando especificar o *modus* dessa aferição. Com efeito, se antes tal aferição se fazia pelos critérios da presteza e se-

---

208 MS 30.585, rel. Min. Ricardo Lewandowski, j. 12-9-2012, *DJe* de 28-11-2012.

209 MS 31.361, rel. Min. Marco Aurélio, j. 11-6-2014, 1ª T, *DJe* de 16-10-2014.

gurança no exercício da jurisdição e pela frequência e aproveitamento em cursos reconhecidos de aperfeiçoamento, agora acrescentou-se a exigência de medição do desempenho, com a utilização de critérios objetivos de produtividade e presteza no exercício da jurisdição, além da frequência e aproveitamento em cursos oficiais ou reconhecidos de aperfeiçoamento.

A fixação de critérios objetivos de produtividade – que podem ser entendidos como "critérios de efetividade quantitativa" – não deve colocar em segundo plano as metas primordiais de um Poder Judiciário democrático, quais sejam, a da busca de efetividades qualitativas. Caso contrário, não teria razão de ser a exigência de frequência e aproveitamento em cursos que objetivem qualificar a prestação jurisdicional. Nesse sentido, aliás, haverá de ser entendida a extensão da expressão "frequência e aproveitamento em cursos oficiais ou reconhecidos de aperfeiçoamento".

Frise-se que deve haver intrínseca relação entre o curso frequentado e a atividade do magistrado, questão que remete a outro ponto importante, por se tratar de investimento público: a frequência de cursos no Brasil ou no exterior. Não basta o curso ser "reconhecido" pelo Poder Judiciário. Havendo no país um (rígido) sistema de controle e aferição da qualidade e autorização de cursos – além da obrigatoriedade da revalidação de diplomas oriundos do exterior (art. 48, § 3º, da LDB) –, qualquer curso frequentado pelo magistrado deve se adequar a essas exigências. Essa questão também está relacionada com a probidade administrativa, devendo o Poder Judiciário evitar o custeio de cursos no exterior que tenham similar no Brasil, assim como não pode ser permitido o "duplo custeio", por exemplo, a hipótese de "licença para frequência a curso" e o recebimento, por parte do magistrado, de bolsas de custeio de agências oficiais, como CAPES e CNPq.

Por outro lado, é importante frisar que "cursos de aperfeiçoamento" não significa necessariamente exigir do magistrado a frequência a cursos de pós-graduação, *lato* ou *stricto sensu*. A norma constitucional diz com a atividade específica do magistrado. Do mesmo modo, deve a legislação estabelecer critérios que proporcionem acesso universal aos magistrados, preservando-se a própria *ratio* da alteração constitucional: *a meritocracia e o princípio republicano de iguais oportunidades*. Observe-se que essa questão deve ser interpretada de acordo com o inciso IV deste artigo, acrescentado pela Emenda Constitucional n. 45, de 2004, que trata da previsão de cursos oficiais de preparação, aperfeiçoamento e promoção de magistrados, constituindo etapa obrigatória do processo de vitaliciamento a participação em curso oficial ou reconhecido por escola nacional de formação e aperfeiçoamento de magistrados.

Com a extinção dos tribunais de alçada, acabou-se a polêmica acerca dos critérios para promoção dos integrantes do quinto constitucional. Assim, do mesmo modo que a promoção de entrância para os magistrados de primeiro grau, tem-se que o acesso aos tribunais de segundo grau far-se-á por antiguidade e merecimento, alternadamente, apurados na última ou única entrância.

4.3. **Remuneração**

A remuneração dos magistrados é disciplinada, no plano constitucional, pelos arts. 93,V, 37, XI, e 37, § 12. O art. 93, V, fixa o subsídio dos Ministros dos tribunais superiores em 95% do subsídio dos Ministros do STF e dispõe que os subsídios dos demais magistrados serão fixados em lei e escalonados, em nível federal e estadual, conforme a categoria e estrutura Judiciária.

O art. 37, XI, estabelece como teto remuneratório dos servidores públicos estaduais, no âmbito do Executivo, os subsídios dos Deputados Estaduais, e, no do Legislativo, os subsídios dos desembargadores, limitados a 90,25% dos subsídios dos Ministros do STF. O art. 37, § 12, faculta aos Estados fixar, por meio de emenda às respectivas constituições, como teto único, os subsídios dos desembargadores, limitados a 90,25% dos subsídios dos Ministros do STF.

O plenário do STF, em liminar na ADIn 3.854, conferiu interpretação conforme a Constituição a essas normas e assentou que, em relação aos magistrados estaduais, o teto deve ser os subsídios dos Ministros do STF, dado o caráter nacional da magistratura. Com a aposentadoria do Min. Peluso, a ADIn foi redistribuída ao Min. Gilmar. O efeito prático dessa decisão foi que as verbas de caráter pessoal dos juízes estaduais passaram a ter como teto os subsídios dos Ministros do STF, e não aquele indicado no art. 37, XI, aplicável, nos termos da decisão, apenas em relação aos demais servidores públicos.

A CF fixou, expressamente, subtetos para a remuneração dos juízes, mas, à exceção dos ministros dos tribunais superiores, não fixa os subsídios dos demais níveis da magistratura. Pelo contrário, exige, expressamente, que devem ser fixados por lei. Não há, portanto, na CF, à exceção dos subsídios dos ministros dos tribunais superiores, reajuste automático da remuneração dos demais níveis da magistratura a partir da fixação dos subsídios dos Ministros do STF. O denominado efeito cascata decorre de normas infraconstitucionais, como se demonstrará a seguir.

No plano federal, a remuneração dos magistrados da União é disciplinada pela Lei n. 10.474/2002, a qual estabelece, no art. 1º, § 2º, que "a remuneração dos Membros da Magistratura da União observará o escalonamento de 5% (cinco por cento) entre os diversos níveis, tendo como referência a remuneração, de caráter permanente, percebida por Ministro do Supremo Tribunal Federal". Com base nessa lei, assim que o Congresso aprova os subsídios dos Ministros do STF, o Presidente do STF edita Resolução indicando os novos subsídios dos magistrados da União, a última a 544/2015.

No plano estadual, os subsídios dos magistrados devem ser fixados por lei, por força do disposto, com toda a clareza, no art. 93, V, da CF. Ocorre que o plenário do CNJ, por meio de liminar no Pedido de Providência n. 0006845-87.2014, formulado pela AMB, em decisão de 3-3-2015, acrescentou à Resolução n. 13/2005, que disciplina a aplicação do teto no Judiciário, o art. 11, com o seguinte teor: "Alterado, por lei federal, o valor do subsídio de ministro do Supremo Tribunal Federal, os tribunais de Justiça o adotarão, imediatamente, a contar de sua vigência para a magistratura da União, como referência para fins de pagamento do subsídio aos membros da magistratura estadual, extensivo a inativos e pensionistas, observado o escalonamento previsto no artigo 93, V, da CF".

Em suma: o efeito automático do teto em relação aos magistrados da União decorre da Lei n. 10.474/2002 e, em relação aos magistrados estaduais, da Resolução n. 13/2005, em dispositivo acrescentado em 3-3-2015, em manifesta dissonância com o texto constitucional, visto que exigir a Constituição, repita-se, a fixação dos subsídios por lei.

4.4. **Aposentadoria**

Com o advento da Emenda Constitucional n. 19, de 1998, a aposentadoria dos magistrados e a pensão de seus dependentes passaram a ser regulados pelo art. 40 da Constituição. Mas há uma questão anterior que não pode ser olvidada. Com efeito, se na redação original da Constituição a aposentadoria dos membros do Poder Judiciário estava disciplinada *stricto sensu* pelo art. 93, inciso VI, sob comento, que estabelecia como requisito o implemento de 30 anos de serviço e 5 anos de judicatura para a inatividade voluntária, a Reforma Previdenciária, iniciada com a EC n. 20/98 introduziu novos parâmetros para a obtenção do jubilamento. Nesse contexto, estão a substituição do tempo de serviço pelo tempo de contribuição e a consequente vedação do cômputo do tempo ficto.

A EC n. 20, a par de assegurar o direito dos que implementaram os requisitos pela legislação anterior, estabeleceu que, para a aposentadoria integral, os magistrados de sexo masculino deveriam cumprir, de forma cumulativa, os seguintes requisitos: 53 anos de idade, 35 anos de contribuição e 5 anos de exercício no cargo, além do acréscimo no tempo de contribuição de 20% do tempo que, em 16 de dezembro de 1998, faltava para atingir o mínimo exigido de contribuição. Foi aí que surgiu o acréscimo de 17% ao tempo de serviço, através do art. 8º, §§ 2º e 3º.

A discussão que se põe, a partir de então, diz respeito à seguinte questão: é possível ou não a aplicação do acréscimo de 17% sobre o tempo de serviço prestado até 16-12-1998, data da publicação da EC n. 20/98, em face do que dispõe o seu art. 8º, quando o magistrado ou membro do Ministério Público se aposentar com fundamento em regra de transição que não preveja expressamente esse acréscimo?

A matéria chegou ao Conselho Nacional de Justiça, remetida pelo Conselho Superior da Justiça do Trabalho, com o objetivo de uniformizar o entendimento da *quaestio juris*. Assim, respondendo ao Pedido de Providência n. 0005125-61.2009.2.00.0000 (rel. Cons. Marcelo Neves), o CNJ assentou que o art. 8º tratava de norma de transição de efeitos concretos, sendo cabível a incidência do acréscimo de 17% ao tempo de serviço previsto na EC n. 20/98, a título de direito adquirido.

Ainda acerca do regime de aposentadoria dos magistrados, cumpre ressaltar que a EC n. 88/2015 modificou a redação do art. 40, § 1º, II, da CF e do art. 100 do ADCT, definindo novas regras de aposentadoria compulsória do Regime Próprio de Previdência Social (RPPS). Antes da emenda, todos os servidores estatutários eram aposentados compulsoriamente, com proventos proporcionais ao tempo de contribuição, ao completarem 70 (setenta) anos de idade. A EC alterou o texto constitucional para permitir que esses servidores permanecessem no cargo público até completarem 75 (setenta e cinco) anos de idade, desde que assim seja disposto em lei complementar.

A emenda reformulou o art. 100 do ADCT, definindo que, especificamente para os Ministros de Tribunais Superiores, o limite superior de 75 (setenta e cinco) anos passaria a ser válida de imediato, observado o art. 52 do texto constitucional. Portanto, o novo teto de aposentadoria seria válido para os ocupantes dos cargos de Ministros do STF, do TCU e dos demais Tribunais Superiores de forma imediata, isto é, independentemente da edição da lei complementar. Os demais servidores públicos, por outro lado, continuaram submetidos ao limite de 70 (setenta) anos até o advento da Lei Complementar n. 152, de 3 de dezembro de 2015, estabelecendo expressamente a aposentadoria compulsória aos 75 anos dos servidores titulares de cargos efetivos da União, dos Estados, do Distrito Federal e dos Municípios, incluídas suas autarquias e fundações e dos membros do Poder Judiciário, do Ministério Público e das Defensorias Públicas.

Destaque-se que no julgamento de Medida Cautelar na ADI n. 5.316, o STF decidiu pela inconstitucionalidade da expressão "nas condições do art. 52 da Constituição Federal", contida no art. 100 do ADCT, com a redação dada pela EC n. 88/2105. A referência ao dispositivo constitucional tornava obrigatório que os Ministros do STF, de Tribunais Superiores e do TCU, ao completarem 70 (setenta) anos fossem novamente submetidos à sabatina no Senado Federal, para que então pudessem continuar nos seus cargos até os 75 (setenta e cinco) anos. Nos termos do voto condutor de lavra do Min. Luiz Fux, considerou-se que a exigência de uma nova sabatina "vulnera as condições materiais necessárias ao exercício imparcial e independente da função jurisdicional, ultrajando a separação dos Poderes, cláusula pétrea inscrita no art. 60, § 4º, III, da CF".

4.5. Residência na comarca

O texto original determinava que o juiz titular deveria residir na respectiva Comarca. A Emenda Constitucional n. 45, de 2004, trouxe uma exceção, ao estabelecer a possibilidade de o Tribunal autorizar o juiz a fixar residência em outro local. Por isso, o conceito de residência deve ser aquilatado de acordo com as peculiaridades de cada Estado ou região metropolitana. Resolução do CNJ n. 37, de 6-6-2007, que entrou em vigor na data da publicação, fixou o prazo de 60 (sessenta) dias para que os Tribunais editassem atos normativos regulamentando as autorizações para que Juízes residam fora das respectivas comarcas, afirmando, ainda, que tais autorizações só devem ser concedidas em casos excepcionais e desde que não causem prejuízo à efetiva prestação jurisdicional.

Ademais, a referida Resolução fixou que a residência fora da comarca, sem autorização, caracterizará infração funcional, sujeita a procedimento administrativo disciplinar. Ainda assim, tal como acontece com os casos de acumulação de cargo de magistrado e professor, não se podem perder de vista as peculiaridades dos casos concretos, evitando regramentos *tabula rasa*, que, ao fim e ao cabo, venham a proporcionar aplicações desproporcionais ou desarrazoadas.

4.6. Remoção, disponibilidade e aposentadoria por interesse público

A Emenda Constitucional n. 45, de 2004, denominada Reforma do Judiciário, trouxe sensíveis alterações a essa temática. Se pelo texto original a remoção, a disponibilidade e a aposentadoria do magistrado, por interesse público, dependiam do voto de dois terços do respectivo Tribunal, agora esse quórum passou a ser facilitado (maioria absoluta), além de permitir que o Conselho Nacional de Justiça possa, também, proferir decisão nesse sentido. A alteração reforça visivelmente o poder do CNJ na apuração e julgamento de faltas disciplinares de magistrados.

4.7. **Garantias funcionais**

O conjunto de garantias da magistratura visa, em primeira linha, assegurar a independência e imparcialidade dos órgãos judiciais. Nesse ponto, ressalte-se que, no Estado Democrático de Direito, a independência judicial é mais importante para a eficácia dos direitos fundamentais do que o próprio catálogo de direitos contido nas Constituições. Assim é que, no intuito de garantir a independência judicial, os diversos ordenamentos constitucionais contêm normas que asseguram e disciplinam o pleno exercício da magistratura.

Como garantias, seguindo a tradição do constitucionalismo brasileiro, tem-se, em primeiro lugar, a vitaliciedade, que assegura que o magistrado somente perderá o cargo mediante sentença judicial transitada em julgado. No caso do juiz de primeiro grau, a vitaliciedade será adquirida após dois anos de exercício, somente podendo o juiz perder o cargo, nesse período, mediante deliberação do tribunal a que estiver vinculado (CF, art. 95, I). Os Ministros do Supremo Tribunal Federal poderão perder o cargo por decisão do Senado Federal, nos casos de crimes de responsabilidade, nos termos do art. 52, II, e parágrafo único, da Constituição de 1988. De toda forma, o magistrado vitalício está sujeito à aposentadoria compulsória, em razão da idade.

A inamovibilidade garante que o juiz não seja removido do cargo *ex officio*. Não se permite, igualmente, que, mediante qualquer mecanismo ou estratagema institucional, seja ele afastado da apreciação de um dado caso ou de determinado processo. A ordem constitucional contempla a possibilidade de efetivar a remoção do juiz – bem como a decretação de sua disponibilidade ou aposentadoria –, por interesse público, mediante decisão da maioria absoluta do respectivo tribunal ou do Conselho Nacional de Justiça, assegurada a ampla defesa (CF, art. 93, VIII).

A irredutibilidade de vencimentos, antes garantia exclusiva dos magistrados e hoje integrante da proteção dos servidores públicos em geral, completa esse elenco de garantias pessoais voltadas a assegurar a independência dos magistrados. Afasta-se, aqui, a possibilidade de qualquer decisão legislativa com o intuito de afetar os subsídios pagos aos juízes. A regra, no entanto, não afasta a incidência do teto constitucional, tal como previsto no art. 37, XI, da Constituição.

4.8. **Vedações**

Em razão da necessidade de resguardar a imparcialidade e o pleno funcionamento dos órgãos judiciais, aos juízes impõem-se vedações específicas, tais como o exercício, ainda que em disponibilidade, de outro cargo ou função, salvo uma função de magistério. Tendo em vista a garantia da independência e imparcialidade da magistratura, a Constituição é rígida quanto ao sistema de remuneração do juiz, inclusive no que concerne ao exercício de outra atividade remunerada. Admite-se tão somente o exercício de uma função de magistério. Qualquer outra atividade, pública ou privada, fica-lhe expressamente vedada. O Supremo Tribunal Federal já teve a oportunidade de afirmar, por exemplo, que há incompatibilidade constitucional do cargo de juiz com cargo ou função da Justiça Desportiva[210].

O alcance da vedação foi tema da ADI-MC 3.126, ajuizada contra a Resolução n. 336, do Conselho da Justiça Federal, que dispunha sobre o acúmulo do exercício da magistratura com a atividade de magistério, no âmbito da Justiça Federal, possibilitando ao magistrado apenas o exercício de "um único" cargo de magistério, público ou particular. A referida resolução trazia, ainda, diversas restrições ao exercício, pelo magistrado, do magistério, como a exigência de compatibilidade de horário, salvo quando a docência fosse praticada em escolas de aperfeiçoamento da própria magistratura.

Em apreciação cautelar, a maioria do Supremo Tribunal Federal entendeu que não violavam a Constituição as exigências quanto à compatibilidade de horário, mas a restrição quanto ao exercício de "um único" cargo de magistério era incompatível com o art. 95, parágrafo único, inciso I, da Constituição, uma vez que a teleologia da norma constitucional é a de impedir o exercício da atividade de magistério que se revele incompatível com os afazeres da magistratura, razão pela qual cada caso deve ser analisado na sua concretude, para evitar distorções na própria dicção da norma constitucional. Com efeito, mediante a expressão "uma de magistério" tem a Constituição o objetivo de impedir que a cumulação autorizada prejudique, em termos de horas efetivas destinadas ao magistério, o exercício do ofício de magistrado. Não cuida a norma do número de cargos ou funções de magistério que o magistrado poderá exercer.

O que importa, de fato, é o tempo utilizado pelo magistrado para o exercício do magistério em face do tempo reservado à atividade judicante. Isso porque poderá ocorrer que o exercício de um único cargo ou função demande quarenta horas ou que o magistrado-docente, mesmo sendo titular de um único cargo de professor, ministre um número de aulas muito superior a outro que cumpra funções em diversos cursos. Na interpretação da norma constitucional, há que se levar em conta as variadas hipóteses de cargas horárias e regimes de trabalho contemplados pelas Faculdades e Universidades brasileiras.

Nesse sentido, o acórdão bem explicita que, dessa forma, mesmo um único cargo poderia, dependendo das circunstâncias específicas, burlar a regra constitucional. Ressalte-se que, posteriormente, o Conselho Nacional de Justiça editou a Resolução n. 34, de 24 de abril de 2007, que, na sua motivação, adota a interpretação dada à matéria pela Suprema Corte quando da apreciação da referida medida cautelar.

A Constituição igualmente proíbe o magistrado de exercer atividade político-partidária. Cuida-se de vedação destinada a garantir, institucionalmente, as condições objetivas de imparcialidade do magistrado. Caso, por exemplo, decida pela atividade político-partidária, o juiz terá de afastar-se, definitivamente, da magistratura, mediante aposentadoria ou exoneração.

Também está vedada a percepção, a qualquer título ou pretexto, de custas ou participação em processo, bem como o recebimento de auxílios ou contribuições de pessoas

210 MS 25.938, rel. Min. Cármen Lúcia, *DJe* de 12-9-2008.

físicas, entidades públicas ou privadas. O sentido da vedação é bastante claro, como garantia da imparcialidade do juiz na condução dos processos.

A EC n. 45/2004 inovou nas vedações, ao estabelecer a proibição de o ex-ocupante de cargo na magistratura exercer atividade advocatícia perante o juízo ou tribunal do qual se afastou, salvo se decorridos três anos do afastamento. Tem-se, aqui, a aplicação da chamada "quarentena" no âmbito do Poder Judiciário, com o objetivo de evitar situações geradoras de um estado de suspeição quanto ao bom funcionamento do Judiciário. Embora a matéria tenha suscitado alguma polêmica, tendo em vista a restrição que se impõe sobre direitos individuais, a decisão afigura-se plenamente respaldada na ideia de reforço da independência e da imparcialidade dos órgãos judiciais. No fundo, trata-se de criar barreiras ao tráfico de influência.

Eventuais críticas ao modelo adotado centraram-se na limitação ao exercício livre de atividade profissional. Por outro lado, a previsão procura afastar suposto perigo evidenciado pela odiosa prática do *revolving doors*, como se denomina no Direito norte-americano o trânsito entre setores público e privado. Refere-se a profissional que detém segredo e prestígio por conta de determinada atividade e que, em tese, exploraria o *savoir-faire* e o bom nome, em benefício próprio ou de terceiros.

IV MINISTÉRIO PÚBLICO, ADVOCACIA E DEFENSORIA PÚBLICA – FUNÇÕES ESSENCIAIS À JUSTIÇA

Paulo Gustavo Gonet Branco

O Poder Judiciário desempenha papel capital para reter os Poderes Legislativo e Executivo nas fronteiras dispostas constitucionalmente às suas ações. Como meio de limitação do próprio Poder Judiciário, entretanto, recusa-se que ele possa agir por iniciativa própria. A jurisdição depende de provocação externa para ser exercida. A prerrogativa de movimentar o Judiciário mostra-se, desse modo, crucial; daí a importância da ação dos entes e pessoas que oficiam perante os juízos e que, por isso, exercem *funções essenciais à Justiça*.

O Capítulo IV do Título da Organização dos Poderes, que se segue às normas sobre o Legislativo, Executivo e Judiciário, cuida dos sujeitos que, conquanto estranhos à estrutura do Judiciário, são imprescindíveis para que este Poder se desincumba da sua missão constitucional. Esses sujeitos são o Ministério Público, os Advogados – públicos e particulares – e a Defensoria Pública.

1. MINISTÉRIO PÚBLICO

1.1. Notícias de história

O Ministério Público recebeu do constituinte de 1988 tratamento singular no contexto da história do constitucionalismo brasileiro, reconhecendo-lhe uma importância de magnitude inédita na nossa história e mesmo no direito comparado. Não é possível apontar outra instituição congênere de algum sistema jurídico aparentado ao nosso a que se possa buscar socorro eficaz para a tarefa de melhor compreender a instituição como delineada aqui atualmente. O Ministério Público no Brasil, máxime após a Constituição de 1988, adquiriu feições singulares, que o estremam de outras instituições que eventualmente colham designação semelhante no direito comparado.

As dificuldades que rondam o estudo do Ministério Público começam já com desafio de se indicar a sua precisa origem histórica, que é retrocedida, por vezes, ao Egito Antigo, onde se descobriram funcionários do rei, encarregados de, em nome do soberano, reprimir rebeldes e proteger os cidadãos pacíficos, dando curso a acusações e buscando a verdade. Indica-se, em outras ocasiões, o berço do Ministério Público em figuras da vida política da Grécia Antiga. Há os que situam as raízes do Ministério Público na Idade Média. Estes aludem ao "comum acusador" (*Gemeiner Anklager*), figura germânica que exercia a acusação, quando o particular não perseguia o seu ofensor. A doutrina converge, entretanto, em apontar, como origem mais provável do órgão, a Ordenança francesa de 25 de março de 1302, de Felipe IV, o Belo. Ali, exigiu-se dos Procuradores do Rei que prestassem o mesmo juramento dos juízes, o que os impedia de patrocinar outras causas além das de interesse real. Aos poucos, esses Procuradores foram deixando de ser meros defensores dos interesses privados do monarca para se transformarem em agentes do poder público junto aos tribunais[1].

As origens do Ministério Público brasileiro, entretanto, prendem-se mais ao direito português do que ao francês. Hugo Mazzilli informa que desde as Ordenações Afonsinas de 1447 já se podem surpreender rasgos da instituição, que foi sendo posteriormente melhor conformada.

O Ministério Público não é mencionado nem pela Constituição do Império, nem pela de 1891. Esta última apenas alude ao Procurador-Geral e à sua iniciativa na revisão criminal *pro reo*. Não obstante, diplomas legais já faziam referência ao *parquet* desde o Império. Vale recordar que a Lei do Ventre Livre (Lei n. 2.040/1871) confiava ao Promotor a função de proteger os filhos libertos dos escravos. O Decreto n. 848, de 11 de outubro de 1890, trata do Ministério Público como instituição.

Hugo Mazzilli dá conta de que, na história republicana, o Ministério Público vai crescendo em prestígio institucional – com exceção do que ocorreu sob o regime da Constituição de 1937. Distingue, apesar disso, como marco relevante, o Código de Processo Penal de 1941, que tornou regra a titularidade da ação penal pelo Ministério Público. No plano cível, o papel do Ministério Público foi também ganhando realce como fiscal da lei e como parte. Além dos dispositivos pertinentes dos Códigos de Processo de 1939 e de 1973, o Ministério Público ganhou preeminência como agente de promoção dos interesses difusos, com a Lei da Ação Civil Pública (Lei n. 7.347/85)[2], e como autor da ação de improbidade administrativa (Lei n. 8.429/92).

Ao longo da história dos nossos diplomas constitucionais, o Ministério Público já foi tratado no capítulo do Poder Judiciário (Constituição de 1967), passando, dois anos mais tarde, com a Emenda à Constituição n. 1, a figurar no capítulo do Poder Executivo. Na Constituição de 1946, a instituição aparece em tópico autônomo, em linha análoga ao que ocorreu em 1934. Na topografia da Constituição de 1988 tampouco o Ministério Público está inserido especificamente nos capítulos específicos dos três poderes clássicos, surgindo no capítulo seguinte ao do Poder Judiciário entre os entes compreendidos nas "funções essenciais à Justiça"[3].

---

1 O debate sobre a origem do Ministério Público e as demais informações aqui referidas estão descritos em Hugo Mazzilli, *Regime jurídico do Ministério Público*, São Paulo: Saraiva, 1993, p. 1 e s.

2 Mazzilli, *Regime jurídico*, cit., p. 6-8.

3 Lidando com o tema da situação do Ministério Público no plano da tripartição dos poderes, o STF, pela voz do Ministro Sepúlveda Pertence, observou que "garantida efetivamente a sua independência [do Ministério Público] (...), a colocação constitucional do Ministério Público é secundária, de interesse quase meramente teórico. (...) Nesse contexto, situar o Ministério Público, a partir de suas funções, como componente do Poder Executivo – como é a minha opinião pessoal –, é conclusão que muito pouco tem a ver com o reconhecimento de poderes administrativos do Presidente da República sobre a instituição" (ADI 132, rel. Min. Sepúlveda Pertence, *DJ* de 30-5-2003).

1.2. Característica básica do Ministério Público

O Ministério Público na Constituição de 1988 recebeu uma conformação inédita e poderes alargados. Ganhou o desenho de instituição voltada à defesa dos interesses mais elevados da convivência social e política, não apenas perante o Judiciário, mas também na ordem administrativa. Está definido como "instituição permanente, essencial à função jurisdicional do Estado, incumbindo-lhe a defesa da ordem jurídica, do regime democrático e dos interesses sociais e individuais indisponíveis" (art. 127). A instituição foi arquitetada para atuar desinteressadamente no arrimo dos valores mais encarecidos da ordem constitucional.

1.2.1. Princípios institucionais

A Constituição enumera os princípios institucionais do Ministério Público no art. 127, § 1º. São eles o princípio da unidade, da indivisibilidade e da independência funcional.

O princípio da unidade significa, basicamente, que os promotores, os procuradores, integram um só órgão, sob a direção de um só chefe. A indivisibilidade admite que os integrantes da carreira possam ser substituídos uns pelos outros, desde que da mesma carreira, segundo as prescrições legais[4]. Consequências práticas importantes podem ser deduzidas desses princípios[5]. O princípio da independência funcional torna cada membro do *Parquet* vinculado apenas à sua consciência jurídica, quando se trata de

4 Cf. Hugo Mazzilli, *Regime jurídico*, cit., p. 66. Não pode, decerto, o membro do Ministério Público estadual exercer função de membro do Ministério Público Federal.

5 A propósito, o STF já decidiu que "o ato processual de oferecimento da denúncia, praticado, em foro incompetente, por um representante, prescinde, para ser válido e eficaz, de ratificação por outro do mesmo grau funcional e do mesmo Ministério Público, apenas lotado em foro diverso e competente, porque o foi em nome da instituição, que é una e indivisível" (HC 85.137/MT, *DJ* de 28-10-2005, rel. Min. Cezar Peluso). Importante, da mesma forma, este outro precedente, em que o STF assentou que "o Ministério Público do Distrito Federal e Territórios é parte legítima para interpor recursos perante o Tribunal de Justiça, inclusive o especial e o extraordinário, bem como agravar das decisões que lhes negarem seguimento. Contudo, somente o Ministério Público Federal tem legitimidade para oficiar nos Tribunais Superiores e, consequentemente, interpor recursos de suas decisões, sobretudo diante dos princípios da unidade e indivisibilidade previstos no artigo 127, § 1º, da Constituição Federal" (HC 80.463, rel. Min. Maurício Corrêa, *DJ* de 1º-8-2003). Novamente esclarecendo que a representação do Ministério Público da União no Supremo Tribunal Federal é desempenhada unicamente pelo Procurador-Geral da República, a Suprema Corte se recusou a conhecer de recurso de agravo regimental contra decisão tomada pelo próprio STF, interposto pelo Ministério Público do Trabalho (Rcl 5.543 AgR, rel. Min. Celso de Mello, julgado em 23-9-2009). Decisão semelhante, em que se enfatizou o princípio da unidade, foi tomada nos Rcl ED 5.381, rel. Min. Carlos Britto, em 20-5-2009. Por outro lado, como não existe relação de dependência entre o Ministério Público da União e o Ministério Público dos Estados, o Ministério Público estadual tem legitimidade para propor reclamação diretamente no STF, cf. Rcl 7.358, rel. Min. Ellen Gracie, julgado em 24-2-2011. Na ADI 2913/DF (red. para o acórdão Min. Cármen Lúcia, 20-5-2009). O Ministério Público estadual pode também peticionar e recorrer no STF e perante ele sustentar oralmente da tribuna (RE 593.727-RG, *DJe* de 4-9-2015). Afinal, se assentou que o Procurador-Geral da República não está restrito a atuar exclusivamente no Supremo Tribunal Federal, sendo válida a disposição legal que lhe comete a propositura de ação penal originária no Superior Tribunal de Justiça, autorizando a delegação dessa competência a Subprocurador-Geral da República. Estimou-se que do fato de a Constituição fixar certas atribuições para o Procurador-Geral da República não se pode deduzir que outras mais não lhe possam ser somadas por lei.

assunto relacionado com a sua atividade funcional[6]. A partir do princípio da independência funcional, e tendo em mira resguardá-lo, veio a ser deduzida a doutrina do promotor natural, como meio de defesa do membro do Ministério Público até mesmo em face do chefe da Instituição[7]. A independência também permite que o membro do *parquet* que oficia perante tribunal de segunda instância possa recorrer de decisão neste proferida, mesmo que o acórdão coincida com o que haja preconizado o integrante do Ministério Público com atuação em primeiro grau de jurisdição[8].

Nos §§ 2º a 4º do art. 127, o constituinte, no propósito de resguardar a independência da instituição, garante ao Ministério Público a autonomia funcional e administrativa, que engloba a autonomia financeira. Por meio do Procurador-Geral da Justiça, no âmbito dos Estados, ou do Procurador-Geral da República, no caso do Ministério Público da União, o Ministério Público tem competência para elaborar proposta orçamentária[9] e para apresentar projetos de lei criando ou extinguindo cargos, dispondo, enfim, sobre a organização e funcionamento da instituição[10]. Essa autonomia financeira alcança aspectos de execução do seu orçamento e de utilização das suas dotações orçamentárias[11].

---

6 A característica da independência funcional, convivendo com a da unidade e indivisibilidade, pode ocasionar situações de conflito entre princípios que reclamem uma solução legislativa, baseada numa ponderação adequada de tais valores, tendo em vista o interesse final de preservar as finalidades últimas que justificam a existência do MP na ordem democrática e republicana em vigor.

7 Disse o STF no HC 67.759/RJ que "esse princípio [do promotor natural] consagra uma garantia de ordem jurídica destinada tanto a proteger o membro do Ministério Público, na medida em que lhe assegura o exercício pleno e independente do seu ofício, quanto a tutelar a própria coletividade, a quem se reconhece o direito de ver atuando, em quaisquer causas, apenas o Promotor cuja intervenção se justifique a partir de critérios abstratos e predeterminados, estabelecidos em lei. A matriz constitucional desse princípio assenta-se nas cláusulas da independência funcional e da inamovibilidade dos membros da Instituição". Registre-se a inteligência no STF, contudo, de que esse princípio, para ter atuação prática, necessita ser disciplinado por lei, não sendo invocável enquanto isso (HC 90.277, rel. Min. Ellen Gracie, *DJ* de 1º-8-2008). Já decidiu o STF também que o Procurador-Geral da República pode delegar a Subprocurador-Geral a propositura de ação penal originária no STJ (HC 84.488, rel. Min. Cezar Peluso, *DJ* de 5-5-2006).

8 STF: HC 80.315, rel. Min. Sepúlveda Pertence, *DJ* de 13-10-2000. A independência prevalece para resolver questões em que se verificam manifestações diferentes de membros do Ministério Público atuando no mesmo grau de jurisdição. Se o promotor, por exemplo, em sede de alegações finais, argumenta em prol da absolvição do réu, isso não impede – dada a garantia da independência – que outro promotor, ante sentença absolutória, contra ela interponha apelação (HC 69.957, rel. Min. Néri da Silveira, *DJ* de 25-3-1994).

9 A ordem jurídica estadual não pode deferir ao Ministério Público o poder de dar início a projeto de lei orçamentária. A Constituição Federal apenas cogita da atuação do MP na fase pré-legislativa, por meio da apresentação de proposta orçamentária, de acordo com os limites estatuídos na lei de diretrizes orçamentárias (cf. ADI 514-MC, rel. Min. Celso de Mello, *DJ* de 18-3-1994).

10 No poder de propor a criação e extinção de cargos se inclui o de propor a fixação de remuneração e a sua revisão (ADI 63, rel. Min. Ilmar Galvão, *DJ* de 27-5-1994). Na ADI 603 (*DJ* de 6-10-2006), reiterou-se que cabe ao Ministério Público – no caso era estadual – deflagrar o processo legislativo de lei concernente à política remuneratória e aos planos de carreira de seus membros.

11 Decorre daí a decisão tomada pelo STF na ADI 4.356, rel. Min. Dias Toffoli, *DJe* de 12-5-2011, em que se disse "inconstitucional a lei que limita gastos com pessoal do MP, que estão amparados em previsão de lei orçamentária anual e na lei de diretrizes orçamentárias".

1.3. Garantias e vedações

A relevância da sua atividade para o regime republicano democrático indica a necessidade de preservar o membro do Ministério Público de temores e de perseguições, que lhe inibam o exercício funcional desassombrado. Sensível a isso, a Constituição de 1988 estabeleceu garantias de vitaliciedade[12], de inamovibilidade[13] e de irredutibilidade de subsídios[14].

Note-se que essas garantias servem de escudo para o membro do Ministério Público, mas têm por finalidade derradeira acautelar a autonomia com que o constituinte desejou revestir a Instituição. Por isso mesmo, os integrantes da carreira delas não podem dispor nem lhes é dado dispensá-las.

A Constituição lista, ainda, proibições aos membros do Ministério Público, sempre orientadas ao propósito de fortificar a própria Instituição. Veda situações capazes de pôr em risco a autonomia planejada. Assim, os membros não podem receber honorários ou custas processuais[15], não podem se dedicar à advocacia nem exercer outra função pública em órgão não integrante da estrutura administrativa do Ministério Público[16] como tampouco lhes é dado desempenhar atividade político-partidária[17].

---

12 O membro do Ministério Público não pode perder o cargo senão por sentença judicial transitada em julgado. A vitaliciedade não excepciona o integrante da carreira da regra geral da aposentadoria compulsória aos 75 anos de idade.

13 O membro do Ministério Público não pode ser removido, "salvo por motivo de interesse público, mediante decisão do órgão colegiado competente do Ministério Público, por voto de dois terços de seus membros" (art. 128, § 5º, I, *b*, da CF).

14 A irredutibilidade não isenta os subsídios de ônus tributários e previdenciários gerais. Ademais, "o princípio constitucional da irredutibilidade de vencimentos não possibilita, sem lei específica, reajuste automático de vencimentos, como simples decorrência da desvalorização da moeda, provocada pela inflação" (AI-AgRg, 490.396/SP, *DJ* de 17-12-2004, rel. Min. Carlos Velloso).

15 Isso não impede que, nas ações judiciais em que o Ministério Público seja vitorioso, o juiz condene o sucumbente em honorários, que serão carreados à pessoa política (União ou Estado-membro) a que se vincula o Ministério Público.

16 Veja-se, a propósito, o MS 26.595, *DJe* de 11-6-2010, rel. Min. Cármen Lúcia: "(...) Exercício de cargo de Diretor de Planejamento, Administração e Logística do IBAMA por Promotor de Justiça. Impossibilidade de membro do Ministério Público que ingressou na instituição após a promulgação da Constituição de 1988 exercer cargo ou função pública em órgão diverso da organização do Ministério Público. Vedação do art. 128, § 5º, inc. II, alínea d, da Constituição da República". Na ADPF 388 (rel. Min. Gilmar Mendes, *DJe* de 1º-8-2016), reiterou-se que "membros do Ministério Público não podem ocupar cargos públicos fora do âmbito da Instituição, salvo cargo de professor e funções de magistério". Foi determinada a exoneração dos ocupantes de cargos em desconformidade com esse entendimento. Foi assinalado que não é função inerente ao cargo do Ministério Público aquela que exige o afastamento do membro do *parquet*.

17 Observe-se que o constituinte excepcionou, no que tange a estas vedações, os integrantes de carreiras do Ministério Público que dela participam desde antes da Constituição de 1988, por força de norma do art. 29, § 3º, do Ato das Disposições Constitucionais Transitórias. Vale anotar, ademais, que a Emenda Constitucional n. 45/2004 modificou o art. 128, § 5º, II, *e*, do Texto da Lei Maior. Até a emenda, os membros do Ministério Público, que ingressaram na carreira depois do advento da Constituição de 1988, estavam sujeitos à proibição de exercer atividade político-partidária, mas essa vedação podia ser excepcionada pelo legislador infraconstitucional em casos por ele singularizados. Com a reforma de 2004, suprimiu-se a possibilidade de se ressalvar, por via legislativa, a proibição de desempenho de atividade político-partidária. O STF, entretanto, compreendeu, em julgamento de 4-6-2009, no RE 597994/PA (rel. para o acórdão Min. Eros Grau), que os membros do parquet colhidos pela Emenda Constitucional n. 45 no curso do mandato político não estão impedidos de concorrer à reeleição.

1.4. A organização do Ministério Público

Nos termos do art. 128 da Constituição, o Ministério Público abrange o Ministério Público da União e os Ministérios Públicos dos Estados – entidades estas que não se confundem entre si, cada qual possuindo chefias próprias. Como o dispositivo mencionado cogita de um Ministério Público, desdobrado no Ministério Público da União e nos Ministérios Públicos dos Estados, é possível cogitar, em alguma medida, de um caráter nacional da Instituição. Essa índole nacional está realçada pela criação do Conselho Nacional do Ministério Público, objeto da Emenda Constitucional n. 45/2004. Esse Conselho encontra-se delineado no art. 130-A da Lei Maior. Está incumbido de aferir a atuação administrativa e financeira dos vários ramos do Ministério Público na Federação e de monitorar o cumprimento dos deveres funcionais dos seus membros[18]. Cabe-lhe, igualmente, zelar pelo respeito às garantias que cercam a Instituição[19]. É composto por membros do Ministério Público da União e dos Estados, por membros do Judiciário, por advogados indicados pelo Conselho Federal da Ordem dos Advogados e por cidadãos indicados pelas Casas do Legislativo Federal. Importa notar que não há hierarquia entre Ministério Público da União e Ministério Público dos Estados. O Procurador-Geral da República, embora presida o Conselho Nacional do Ministério Público, é o chefe do Ministério Público da União (que engloba o Ministério Público do Distrito Federal e Territórios), mas não o é de nenhum Ministério Público estadual[20]. Cabe ao Conselho Nacional do Ministério Público resolver conflito de atribuições entre o Ministério Público Federal e Ministério Público de Estado[21].

---

18 Dada a garantia da vitaliciedade de que gozam os membros do Ministério Público, e diante do perfil de órgão constitucional estritamente administrativo do Conselho Nacional do Ministério Público, não lhe cabe a aplicação da pena disciplinar de perda do cargo. Nesse sentido, decisões monocráticas do Ministro Celso de Mello, no STF, ao conceder liminar no MS 31.354 (*DJe* de 10-8-2012) e no MS 31.523 (*DJe* de 14-8-2012).

19 O CNMP tem competência revisora de processos administrativos instaurados contra membros do Ministério Público da União ou dos Estados, mas não de processos administrativos contra servidores (MS 28.827, rel. Min. Cármen Lúcia, *DJe* de 9-10-2012). Saliente-se que os membros dos Ministérios Públicos junto dos Tribunais de Contas tampouco se sujeitam à ação do CNMP.

20 No RE 593.727 (Repercussão Geral, rel. para o acórdão Min. Gilmar Mendes, *DJe* de 8-9-2015), assentou-se, em questão de ordem e por maioria, que "o Ministério Público de estado-membro não está vinculado, nem subordinado, no plano processual, administrativo e/ou institucional, à Chefia do Ministério Público da União, o que lhe confere ampla possibilidade de postular, autonomamente, perante o Supremo Tribunal Federal, em recursos e processos nos quais o próprio Ministério Público estadual seja um dos sujeitos da relação processual. Questão de ordem resolvida no sentido de assegurar ao Ministério Público estadual a prerrogativa de sustentar suas razões da tribuna".

21 Em 2020, houve mais uma mudança de inteligência do STF sobre a competência para dirimir esses conflitos de atribuição. Precedente de 2010 (Pet. 4.574, *DJe* de 9-4-2010) dizia competir ao próprio Supremo Tribunal a resolução desses atritos. O julgamento, em 17-8-2016, da ACO 1.567 QO/SP (rel. Min. Dias Toffoli), superou a inteligência, uma vez que "a competência para a apreciação de conflitos de atribuição entre membros do Ministério Público, por não se inserir nas competências originárias do STF (CF, art. 102, I), seria constitucionalmente atribuída ao Procurador-Geral da República, como órgão nacional do Ministério Público". O Plenário Virtual, em julgamento de 5-6-2020 a 15-6-2020 da Pet 4.891, encontrou agora uma terceira solução, inserindo a matéria na esfera de competência do CNMP: "Os membros do Ministério Público integram um só órgão sob a direção única de um só Procurador-Geral, ressalvando-se, porém, que só existem unidade e indivisibilidade dentro de cada Ministério Público, inexistindo qualquer relação de hierarquia entre o Ministério Público Federal e os dos Estados, entre o de um Estado e o de outro, ou entre os diversos ramos do Ministério Público da União. (...) A solução de conflitos de atribuições entre ramos diversos dos Ministérios Públicos pelo CNMP, nos termos do artigo 130-A, §

1.4.1. O Ministério Público estadual

Cada Estado-membro deve organizar e manter o Ministério Público que atua perante o Judiciário local. A autonomia de que desfrutam os Estados-membros para reger o Ministério Público estadual está limitada por princípios básicos dispostos na Constituição Federal. Entre esses preceitos básicos, contam-se os que se referem às garantias da vitaliciedade, inamovibilidade e irredutibilidade de subsídios dos membros, bem assim aos princípios institucionais do Ministério Público e à obrigatoriedade de concurso público de provas e títulos para o ingresso na carreira. A Lei Orgânica Nacional do Ministério Público (Lei n. 8.625, de 12-2-1993) é de observância obrigatória pelos Estados-Membros, quando organizam o *Parquet*[22].

1.4.2. O Ministério Público da União

Os Ministérios Públicos Federal, do Trabalho e Militar, além do Ministério Público do Distrito Federal e Territórios, formam o Ministério Público da União, chefiado pelo Procurador-Geral da República, que deve ser escolhido das suas fileiras.

Diante dos alargados poderes do Ministério Público, a exigir sensibilidade social e política redobrada de quem o dirige, a Constituição cercou a escolha do Procurador-Geral da República de cuidados próprios aos cargos mais relevantes da República. Ele deve ter mais de 35 anos e ser aprovado pela maioria absoluta dos membros do Senado. A sua independência foi protegida com o estabelecimento de mandato de dois anos, admitida, porém, a recondução.

Os membros do Ministério Público da União gozam de foro por prerrogativa de função, nos processos por infrações penais comuns. Trata-se de medida ordenada a preservar a independência dos integrantes da carreira. O Procurador-Geral da República responde a esses processos perante o STF, que também é competente para apreciar *habeas corpus* em que o Procurador-Geral da República figure como paciente ou como autoridade coatora (CF, art. 102, I, *b*, *c* e *i*). Os membros do MPU que oficiam perante tribunais respondem a processos por crimes comuns no Superior Tribunal de Justiça, que também é competente para julgar o *habeas corpus* em que apareçam na qualidade de autoridade coatora ou de paciente (CF, art. 105, I, *a* e *c*). Os demais integrantes do MPU respondem a processos criminais perante Tribunal Regional Federal (art. 108, I, *a*)[23].

2º, e incisos I e II, da Constituição Federal e no exercício do controle da atuação administrativa do *Parquet*, é a mais adequada, pois reforça o mandamento constitucional que lhe atribuiu o controle da legalidade das ações administrativas dos membros e órgãos dos diversos ramos ministeriais, sem ingressar ou ferir a independência funcional".

22 STF: ADI 2.836, *DJ* de 9-12-2005. Por desrespeito a norma geral da LONMP, o STF já declarou a inconstitucionalidade de preceito local que concedia auxílio-moradia a promotor aposentado (ADI 3.783, rel. Min. Gilmar Mendes). Lê-se da decisão: "como a LONMP regula de modo geral as normas referentes aos membros do Ministério Público e não estende o auxílio-moradia aos membros aposentados, conclui-se que o dispositivo em análise viola o art. 127, § 2º, da Carta Magna, pois regula matéria própria da Lei Orgânica Nacional do Ministério Público e em desacordo com esta".

23 STF: RE 418.852, rel. Min. Carlos Britto, *DJ* de 10-3-2006. Consta da ementa: "a competência para o julgamento de *habeas corpus* contra ato de autoridade é do tribunal a que couber a apreciação da ação penal contra essa mesma autoridade. Precedente: RE 141.209, rel. Min. Sepúlveda Pertence (Primeira Turma). Partindo dessa

Os Ministérios Públicos junto aos Tribunais de Contas não compõem nem o Ministério Público da União nem o Ministério Público dos Estados. Têm estatura constitucional e uma organização *sui generis*, como reconheceu o STF[24]. Não possuem autonomia administrativa, estando vinculados à estrutura do Tribunal de Contas junto a quem atuam. Seus membros gozam, contudo, de independência funcional. As leis de organização, estruturação, inclusive no que tange à remuneração, dos cargos do Ministério Público junto a tribunais de contas são da iniciativa da própria corte de contas. O Ministério Público comum não tem legitimidade constitucional para atuar perante Tribunal de Contas[25].

1.5. Competências do Ministério Público

Várias das competências do Ministério Público estão previstas no art. 129 da Constituição, em enumeração que não é exaustiva. O legislador infraconstitucional pode aditar outras, como previsto no inciso IX do mesmo artigo.

Merece destaque o primeiro inciso do art. 129, que estatui caber ao Ministério Público, com privatividade, a promoção da ação penal pública. A regra apresenta consequências práticas relevantes. Por conta dela, não mais se admite que a ação penal pública seja deflagrada por autoridades outras, do Executivo ou do Judiciário[26]. Para fielmente cumprir as suas atribuições, não se deve impedir o Ministério Público de investigar fatos relevantes, a fim de formar convicção sobre a existência e a autoria de delito. Não se pode recusar ao *parquet* que realize investigações, por autoridade própria, respeitados, evidentemente, os casos de reserva constitucional de jurisdição[27] e os direitos fundamentais[28]. Não faz sentido, à falta de disposição constitucional explícita que o

premissa, é de se fixar a competência do Tribunal Regional Federal da 1ª Região para processo e julgamento de ato de Promotor de Justiça do Distrito Federal e Territórios com atuação na primeira instância". Como o Procurador da República não se vincula a um TRF específico – diferentemente do que acontece com os Juízes Federais –, o Tribunal competente para julgar o membro do *Parquet* será aquele que abrangia a região em que o Procurador atuava à época dos fatos relevantes (STF: Pet. 7.063, *DJe* de 6-2-2018).

24 Cf. ADI 789, *DJ* de 26-5-1994, rel. Min. Celso de Mello. Colhe-se da ementa: "O Ministério Público que atua perante o TCU qualifica-se como órgão de extração constitucional, eis que a sua existência jurídica resulta de expressa previsão normativa constante da Carta Política (art. 73, § 2º, I, e art. 130), sendo indiferente, para efeito de sua configuração jurídico-institucional, a circunstância de não constar do rol taxativo inscrito no art. 128, I, da Constituição, que define a estrutura orgânica do Ministério Público da União". O Ministério Público, junto ao Tribunal de Contas da União, figura como instituição, no âmbito federal, centenária e da maior relevância, em especial quanto à função de fiscalização da lei, já que oficiam perante tribunal de composição variada, cujos membros não precisam, necessariamente, ostentar formação jurídica. A atividade desses Ministérios Públicos tende a ser primordial para a formação de decisões ajustadas aos parâmetros da legalidade.

25 STF: ADI 2.884, rel. Min. Celso de Mello, *DJ* de 20-5-2005. Veja-se, igualmente, MS 27.339, rel. Min. Menezes Direito, *RTJ* 210/267.

26 Durante o regime constitucional passado, alguns crimes ligados a acidentes de trânsito chegavam ao Judiciário mercê de portaria de delegado de polícia. No âmbito da Justiça Militar, o STF já afirmou a invalidade do processo – e da respectiva sentença – por crime de deserção, que havia sido iniciado por termo de deserção, elaborado não pelo Ministério Público, mas por autoridade castrense (RHC 68.314, *RTJ*, 134/369).

27 Assim, a busca e apreensão em domicílio dos investigados e a interceptação de conversas telefônicas.

28 Assim, o direito do indivíduo de não ser preso, a não ser em flagrante ou por ordem escrita e fundamentada de autoridade judiciária competente.

impeça, não reconhecer ao Ministério Público o direito de descobrir os fatos relevantes para a tomada de decisão de propor a ação penal pública, que lhe cabe privativamente[29].

A Constituição, contudo, ressalva a ação privada nos crimes de ação pública, se esta não for intentada no prazo legal (art. 5º, LIX). Objetiva-se evitar que a vítima do delito não veja a sua ânsia de justiça baldada pela inércia do promotor – inércia que, obviamente, não se confunde com pedido de arquivamento de autos.

A Constituição confiou também ao Ministério Público ampla competência para atuar na defesa, em âmbito cível, de interesses sociais e individuais indisponíveis[30].

---

29 No RE 593.727 (Repercussão Geral, rel. para o acórdão Min. Gilmar Mendes, *DJe* de 8-9-2015), foi proclamada a seguinte tese: "O Ministério Público dispõe de competência para promover, por autoridade própria, e por prazo razoável, investigações de natureza penal, desde que respeitados os direitos e garantias que assistem a qualquer indiciado ou a qualquer pessoa sob investigação do Estado, observadas, sempre, por seus agentes, as hipóteses de reserva constitucional de jurisdição e, também, as prerrogativas profissionais de que se acham investidos, em nosso País, os Advogados (Lei 8.906/94, artigo 7º, notadamente os incisos I, II, III, XI, XIII, XIV e XIX), sem prejuízo da possibilidade – sempre presente no Estado Democrático de Direito – do permanente controle jurisdicional dos atos, necessariamente documentados (Súmula Vinculante 14), praticados pelos membros dessa instituição".

30 A propósito, e a título de ilustração, o RE AgR 554.088, rel. Min. Eros Grau, *DJ* de 20-6-2008, em que se assentou a legitimidade do Ministério Público para ajuizar ação civil pública na defesa do direito à saúde de um indivíduo. O precedente citou e seguiu outro, da relatoria do Ministro Celso de Mello, em que se viu fixado o entendimento de que "o direito público subjetivo à saúde representa consequência indissociável do direito à vida (...), prerrogativa jurídica indisponível assegurada à generalidade das pessoas pela própria Constituição da República (art. 196). Traduz bem jurídico constitucionalmente tutelado, por cuja integridade deve velar, de maneira responsável, o Poder Público". Daí o voto condutor do acórdão no RE AgR 554.088 haver proclamado que "o texto constitucional qualifica as ações e serviços de saúde como prestações de relevância pública (art. 197), legitimando a atuação do Ministério Público e do Poder Judiciário, nas hipóteses em que os órgãos estatais não respeitem o preceito constitucional, frustrando-lhe a eficácia". Lê-se na ementa do aresto: "A Constituição do Brasil, em seu artigo 127, confere expressamente ao Ministério Público poderes para agir em defesa de interesses sociais e individuais indisponíveis, como no caso de garantir o fornecimento de medicamentos a hipossuficientes. Não há que se falar em usurpação de competência da defensoria pública ou da advocacia privada".

Apreciando o Tema 262, da sistemática da repercussão geral, o STF assentou a "legitimidade do Ministério Público para ajuizar ação civil pública que tem por objetivo compelir entes federados a entregar medicamentos a portadores de certas doenças" (RE 605.533, j. 15-8-2018).

Na linha de que o Ministério Público tem legitimidade para agir na defesa de interesses indisponíveis, e considerando que conhecer a verdade sobre a paternidade foi tido como direito inerente ao respeito à dignidade do indivíduo, o STF confirmou a legitimidade ativa do Ministério Público para promover ação de investigação de paternidade, quando provocado por interessado carente, ao julgar o RE 248.869 (rel. Min. Maurício Corrêa, *DJ* de 12-3-2003).

No RE 472.489 AgR, Rel. Min. Celso de Mello (*DJe* de 29-8-2008), assentou-se que "o Ministério Público tem legitimidade ativa para a defesa, em juízo, dos direitos e interesses individuais homogêneos, quando impregnados de relevante natureza social, como sucede com o direito de petição e o direito de certidão em repartições públicas". O relator se refere aqui à "função institucional do Ministério Público como 'defensor do povo'".

Importante decisão foi tomada em 24-2-2011, no RE 225.777, quando o Plenário do STF ratificou a inteligência de que o Ministério Público tem legitimidade para propor ação civil pública com vistas à proteção do patrimônio público e a reparação de dano causado ao erário, inclusive o municipal, pouco importando que o mesmo tema pudesse ser objeto de ação popular.

No RE 631.111, julgado em 7-8-2014, o Plenário do STF, sob o regime da repercussão geral, admitiu caber ação civil pública ajuizada pelo Ministério Público em defesa de interesse qualificado como de relevância social, mesmo que não se trate de interesse indisponível. Fixou, assim, entendimento que poderia não restar suficientemente claro a partir da fraseologia da parte final do *caput* do art. 127 da Constituição.

No contexto da sistemática da repercussão geral, o STF reafirmou não caber ao Ministério Público ajuizar ação coletiva em benefício de contribuintes de tributos. No ARE 694.294 RG (rel. Min. Luiz Fux, *DJe* de 17-5-2013), tornou-se a proclamar a "ilegitimidade ativa 'ad causam' do Ministério Público para, em ação civil pública, deduzir pretensão relativa à matéria tributária". Isso não quer significar, porém, que o temário fiscal esteja alijado do âmbito da ação civil pública ajuizada pelo *Parquet*, que não estará impedido de demandar, por exemplo, em favor do erário, contra práticas impróprias da administração tributária.

2. OUTRAS FUNÇÕES ESSENCIAIS À JUSTIÇA

São também funções essenciais à Justiça a Advocacia Pública e Privada e a Defensoria Pública. Todas essas, dentro das suas peculiaridades, são fundamentais para a realização da Justiça.

2.1. Advocacia

O advogado é qualificado como "indispensável à administração da Justiça" e tem a sua liberdade de ação assegurada pela inviolabilidade de seus atos, proclamada no art. 133 da CF.

A norma, como observou o Ministro Celso de Mello, firma o princípio da essencialidade da advocacia e institui a garantia da inviolabilidade pessoal do advogado[31]. Essa inviolabilidade, todavia, leciona o mesmo Ministro, "não se reveste de caráter absoluto, eis que a cláusula assecuratória dessa especial prerrogativa jurídica encontra limites na lei (...) A invocação da imunidade constitucional pressupõe, necessariamente, o exercício regular e legítimo da advocacia"[32].

De outro lado, tampouco o caráter imprescindível da advocacia para a atuação em juízo é absoluto, podendo ser excepcionado por lei. A representação técnica é dispensada em certas hipóteses nos juizados especiais[33]. O *habeas corpus* e a revisão criminal também podem ser pedidos pelo próprio réu[34]. À parte as hipóteses excepcionadas por lei, são absolutamente nulos os atos processuais praticados por quem não dispõe de capacidade postulatória. O direito fundamental de petição não abre brecha a essa regra[35].

O Ministério Público enquanto tal não detém legitimidade para impetrar mandado de segurança em que postula interesse individual de integrantes da instituição (como certa vantagem financeira). O mandado de segurança proposto pelo *parquet* é possível quando se tratar de defesa de atuação institucional e de atribuições institucionais (MS 30.717 AgR, *DJe* de 11-10-2011).

31 RHC 81.750, rel. Min. Celso de Mello, *DJ* de 10-8-2007.

32 RHC 81.750, citado. No precedente, concedeu-se a ordem, já que não se viu ofensa à honra de magistrado onde não há intenção dolosa, sendo certo que "a necessidade de narrar ou de criticar atua como fator de descaracterização do tipo subjetivo peculiar aos crimes contra a honra". A assertiva de que a garantia da inviolabilidade não é absoluta se repete em diversos precedentes, como o HC 69.085, rel. Min. Celso de Mello, *DJ* de 26-3-1993, e RHC 69.619, rel. Min. Carlos Velloso, *DJ* de 20-3-1993, entre outros.

33 No sentido de não se poder tomar como absoluta tal imprescindibilidade, ver, no STF, a ADI MC 1.127 (rel. para o acórdão Min. Ricardo Lewandowski, julgada em 29-6-2006).

O Tribunal estimou constitucionalmente legítima a norma que dispensava advogado em causa de valor reduzido. Afinal, na ADI 3.168 (rel. Min. Joaquim Barbosa, *DJ* de 3-8-2007), lembrou-se que a Corte já firmara "o entendimento de que a imprescindibilidade de advogado é relativa, podendo, portanto, ser afastada pela lei em relação aos juizados especiais". Prosseguiu-se: "Perante os juizados especiais, em processos de natureza cível, as partes podem comparecer pessoalmente em juízo ou designar representante, advogado ou não, desde que a causa não ultrapasse o valor de sessenta salários mínimos (art. 3º da Lei n. 10.259/2001) (...)" O Tribunal entendeu indispensável a presença do advogado, contudo, em processo criminal, "em homenagem ao princípio da ampla defesa".

34 O STF decidiu, porém, que, se o réu opta por agir por meio de procurador em revisão criminal, este deve encontrar-se devidamente inscrito na OAB (HC 70.903, rel. Min. Marco Aurélio, *DJ* de 7-10-1994).

35 A propósito, do STF, o AImp 28 AgR, Pleno, rel. Min. Celso de Mello, *DJe* de 27-11-2005.

Em processos estranhos ao âmbito do Judiciário, a participação do advogado não é, de regra, incontornável, mesmo que se mostre relevante a garantia do contraditório. O STF já assentou que o processo de tomada de contas não exige a participação do interessado por meio de patrono inscrito na OAB[36]. Esse profissional tampouco é indispensável para que ocorra a defesa válida de parlamentar em processo de perda de mandato[37]. A Súmula Vinculante n. 5 do STF cristaliza a inteligência de que "a falta de defesa técnica por advogado no processo administrativo disciplinar não ofende a constituição". A lei pode, todavia, indicar atos da vida civil em que a intervenção do advogado seja indispensável para se garantir o valor da segurança jurídica[38].

A advocacia não pode ser compreendida na sua essência, sem que se aluda à entidade que se ocupa dessa atividade, a Ordem dos Advogados do Brasil. A Ordem dos Advogados é instituição com histórico de participação decisiva em movimentos cívicos e democráticos. A sua importância foi reconhecida pelo constituinte, que, por exemplo, nomeou o Conselho Federal da OAB titular do poder de provocar a fiscalização abstrata de leis perante o STF. No Supremo Tribunal, foi dito que "a OAB não é uma entidade da Administração Indireta da União. A Ordem é um serviço público independente, categoria ímpar no elenco das personalidades jurídicas existentes no direito brasileiro". Acrescentou-se que "a Ordem dos Advogados do Brasil, cujas características são autonomia e independência, não pode ser tida como congênere dos demais órgãos de fiscalização profissional. A OAB não está voltada exclusivamente a finalidades corporativas. Possui finalidade institucional"[39].

2.2. Advocacia Pública

A Advocacia Pública exerce a defesa jurídica das pessoas políticas e é desempenhada por detentores de cargos, organizados em carreira, de Procurador do Estado ou de Advogado da União. O ingresso nessas carreiras depende de êxito em concurso público de provas e títulos. Não resta dúvida de que a Advocacia Pública integra o Poder Executivo.

A União é representada, judicial e extrajudicialmente, pela Advocacia-Geral da União, cabendo-lhe o desempenho de atividades de consultoria e assessoramento jurídico do Poder Executivo. Nos Estados-membros e no Distrito Federal, a Advocacia Pública fica confiada aos Procuradores dos Estados e do Distrito Federal.

36 STF: MS 24.961, rel. Min. Carlos Velloso, *DJ* de 4-3-2005.

37 STF: MS 21.360, rel. Min. Néri da Silveira, *DJ* de 23-4-1993. Ali se lê: "A expressão 'ampla defesa' contida no par. 2 do artigo 55 da Constituição Federal não encerra, necessariamente, a representação do parlamentar por profissional da advocacia (...)".

38 Na ADI 1.194, julgada em 18-10-2006, o STF, por maioria, decidiu não ser inconstitucional o art. 1º, § 2º, do Estatuto da Advocacia (Lei n. 8.906/94), ao dispor que "os atos e contratos constitutivos de pessoas jurídicas, sob pena de nulidade, só podem ser admitidos a registro, nos órgãos competentes, quando visados por advogados". Entendeu-se que o objetivo de proteção e segurança dos atos constitutivos de pessoas jurídicas, até mesmo reduzindo as chances de erros e fraudes, justificavam o preceito.

39 ADI 3.026, rel. Min. Eros Grau, *DJ* de 29-9-2006. As assertivas citadas serviram de premissa para afirmar que os empregados da OAB não se sujeitam a regime estatutário, tampouco sendo exigível concurso público para a composição do seu quadro de pessoal.

A Constituição não assegura independência funcional ao advogado público, e o STF já estimou contrária à Constituição norma estadual que o estabelecia[40]. Não é válida a deliberação do constituinte estadual de conferir autonomia funcional e administrativa à Procuradoria-Geral do Estado, como tampouco lhe é dado conferir aos membros da carreira a garantia da inamovibilidade[41].

Mesmo institucionalizada a Advocacia Pública, isso não exclui a possibilidade de o Estado constituir mandatário *ad judicia* para causas específicas[42]. O poder de representação do advogado público, entretanto, decorre de lei e prescinde de mandato.

Questão interessante e de relevo foi posta a deslinde do STF, dizendo respeito à possibilidade de o Poder Legislativo estadual – e, por identidade de motivos, o federal – dispor de um quadro de procuradores próprios. Assentou a Suprema Corte que a defesa dos interesses da pessoa política – do Estado ou do Distrito Federal – está a cargo da Procuradoria-Geral da unidade federada. Reconheceu, todavia, que é válida a criação de Procuradoria Legislativa, para os atos orientados à "defesa de interesses peculiares que assegurem sua autonomia ou independência frente aos demais Poderes"[43]. Certamente, não é admissível a criação, à margem dos dispositivos constitucionais pertinentes, de órgão de defesa judicial do Estado-membro destacado da Procuradoria-Geral[44]. Tampouco é dado subtrair da Procuradoria-Geral do Estado a representação judicial

---

40 ADI 470, rel. Min. Ilmar Galvão, *DJ* de 11-10-2002. No precedente, não se negou a importância da independência profissional do advogado público, sobretudo em atuação de consultoria, mas se assinalou que as prerrogativas próprias de todo advogado seriam bastantes, não se justificando, como afirmou o voto vogal do Ministro Sepúlveda Pertence, a "assimilação completa do advogado público ao membro do Ministério Público".

41 "(...) A Constituição Estadual não pode impedir que o Chefe do Poder Executivo interfira na atuação dos Procuradores do Estado, seus subordinados hierárquicos. É inconstitucional norma que atribui à Procuradoria Geral do Estado autonomia funcional e administrativa, dado o princípio da hierarquia que informa a atuação dos servidores da Administração Pública. O cargo de Procurador Geral do Estado é de livre nomeação e exoneração pelo Governador do Estado, que pode escolher o Procurador Geral entre membros da carreira ou não. Precedentes. A garantia da inamovibilidade é conferida pela Constituição Federal apenas aos Magistrados, aos membros do Ministério Público e aos membros da Defensoria Pública, não podendo ser estendida aos Procuradores do Estado. (...)" (ADI 291, rel. Min. Joaquim Barbosa, *DJe* de 10-9-2010). Da mesma forma, no julgamento da ADI 2.729, concluído em 16-6-2013, assentou-se que "a garantia da vitaliciedade não se coaduna com a estrutura hierárquica a que se submetem as Procuradorias estaduais, diretamente subordinadas aos Governadores de Estado". Os advogados dos Estados-membros – e o mesmo vale para os advogados da União – não dispõem de autonomia e independência. Por isso mesmo, explicou o Tribunal, "nada justifica a concessão da vitaliciedade, que, no caso em exame, redundaria em óbice ao regular exercício do poder hierárquico inerente à Administração Pública".

42 Pet-AgR 409, rel. Min. Celso de Mello, *DJ* de 29-6-1990.

43 ADI 1.557, rel. Min. Ellen Gracie, *DJ* de 18-6-2004. Na ementa consta: "3. A Procuradoria-Geral do Distrito Federal é a responsável pelo desempenho da atividade jurídica consultiva e contenciosa exercida na defesa dos interesses da pessoa jurídica de direito público – Distrito Federal. 4. Não obstante, a jurisprudência desta Corte reconhece a ocorrência de situações em que o Poder Legislativo necessite praticar em juízo, em nome próprio, uma série de atos processuais na defesa de sua autonomia e independência frente aos demais Poderes, nada impedindo que assim o faça por meio de um setor pertencente a sua estrutura administrativa, também responsável pela consultoria e assessoramento jurídico de seus demais órgãos. Precedentes: ADI 175, *DJ* de 8-10-1993 e ADI 825, *DJ* de 1º-2-1993".

44 Na ADI 1.679, rel. Min. Gilmar Mendes, *DJ* de 21-11-2003, fulminou-se de inconstitucionalidade, por "usurpação da competência funcional exclusiva da Procuradoria-Geral do Estado", a criação de uma Procuradoria da Fazenda Estadual, subordinada à Secretaria da Fazenda e desvinculada da Procuradoria-Geral do Estado. Na ADI 484, julgada em 12-2-2009 (rel. Min. Eros Grau), tornou-se a afirmar que o art. 132 da Constituição não autoriza a coexistência, nas unidades federadas, de procuradorias paralelas, mesmo que com nomes diferentes.

para executar decisões de tribunais de contas, que impõem condenação patrimonial aos responsáveis por irregularidades[45]. A Advocacia Pública não abrange a defesa das empresas públicas e sociedades de economia mista[46]. A representação judicial e consultoria jurídica de autarquias deve, como regra, ser feita, de sua parte, pela Advocacia Pública da entidade da Federação[47].

O Supremo Tribunal Federal já extraiu do comando constitucional de que os Procuradores dos Estados e do Distrito Federal são organizados em carreira, de ingresso dependente de concurso público de provas e títulos, ser "inconstitucional norma estadual que autoriza a ocupante de cargo em comissão o desempenho das atribuições de assessoramento jurídico, no âmbito do Poder Executivo"[48].

O modelo de Advocacia Pública dos arts. 131 e 132 da Constituição não se impõe aos Municípios, que não são obrigados a constituir uma Procuradoria Municipal. Nem mesmo a Constituição estadual pode obrigá-los a tanto. Não há cogitar de princípio da simetria[49].

O STF reconheceu ser possível que os advogados públicos percebam mensalmente honorários de sucumbência, desde que observado o teto constitucional de subsídios[50].

2.3. **Defensoria Pública**

Por deliberação constitucional, os hipossuficientes devem receber assistência jurídica integral do Estado (art. 5º, LXXIV, da CF). O órgão do Estado incumbido dessa tarefa é a Defensoria Pública, que o art. 134 da CF definiu como instituição essencial à função jurisdicional do Estado. A Emenda Constitucional n. 80, de 4 de junho de 2014, declarou que a Defensoria é instituição permanente, cogitando, ainda, de lhe especificar a atribuição de promoção dos direitos humanos e de defesa de direitos individuais e coletivos, de forma integral e gratuita. Convém observar que é pressuposto da atividade da Defenso-

45 STF: RE 223.037, rel. Min. Maurício Corrêa, *DJ* de 2-8-2002. Na ementa, lê-se este trecho: "A ação de cobrança somente pode ser proposta pelo ente público beneficiário da condenação imposta pelo Tribunal de Contas, por intermédio de seus procuradores que atuam junto ao órgão jurisdicional competente".

46 ADI 3.536, *DJe* de 4-12-2019: "A atuação de órgãos da Advocacia Pública em prol de empresas públicas e sociedades de economia mista, além de descaracterizar o perfil constitucional atribuído às Procuradorias dos Estados, implicaria favorecimento indevido a entidades que não gozam do regime jurídico de Fazenda Pública, em afronta ao princípio constitucional da isonomia".

47 ADI 5.109, *DJe* 8-5-2019: "A atividade jurídica contenciosa ou consultiva das autarquias cabe exclusivamente a pessoas pertencentes aos quadros das respectivas procuradorias-gerais estaduais, salvo nos casos de (i) manutenção dos órgãos de consultoria jurídica já existentes na data da promulgação da Constituição Federal de 1988 (art. 69, ADCT); (ii) "ocorrência de situações em que o Poder Legislativo necessite praticar em juízo, em nome próprio, uma série de atos processuais na defesa de sua autonomia e independência frente aos demais Poderes, nada impedindo que assim o faça por meio de um setor pertencente a sua estrutura administrativa, também responsável pela consultoria e assessoramento jurídico de seus demais órgãos" (ADI 1.557, rel. Min. Ellen Gracie, Plenário, *DJ* de 15-4-2004); e (iii) concessão de mandato *ad judicia* a advogados para causas especiais (Pet 409-AgR, rel. para o acórdão Min. Sepúlveda Pertence, Plenário, *DJ* de 29-6-1990).

48 ADI 4.261, *DJe* de 19-8-2010. Na mesma linha, ADI MC 881, *DJ* de 25-4-1997. Não há motivo para que a mesma inteligência não seja observada no âmbito da Advocacia-Geral da União.

49 Cf. RE 225.777, Pleno, *DJe* de 29-8-2011; RE AgR 893.694, *DJe* de 17-11-2016; RE 690.765, *DJe* 8-8-2014.

50 ADI 6.053, Plenário, sessão virtual de 12.6.2020 a 19.6.2020.

ria estar agindo, como se vê da atual redação do art. 134 da CF, em prol dos "necessitados, na forma do inciso LXXIV do art. 5º" da Constituição; vale dizer dos que "comprovarem insuficiência de recursos", na dicção da garantia constitucional referida[51].

Não é dado à legislação estender as atribuições da Defensoria Pública para alcançar sujeitos que não sejam hipossuficientes. O STF já teve ocasião de declarar a inconstitucionalidade de dispositivo de Constituição Estadual, que atribuía à Defensoria Pública a defesa de todo servidor público estadual que viesse a ser processado civil ou criminalmente em razão do regular exercício do cargo. O Tribunal afirmou que isso "extrapola o modelo da Constituição Federal (art. 134), o qual restringe as atribuições da Defensoria Pública à assistência jurídica a que se refere o art. 5º, LXXIV"[52].

A Defensoria não apenas recebeu a missão de defender os necessitados em todos os graus de jurisdição, como também lhe foi assinada a tarefa de orientar essa mesma população nos seus problemas jurídicos, mesmo que não estejam vertidos em uma causa deduzida em juízo.

Não é dado ao ente da Federação optar pela entrega à OAB dos misteres da Defensoria Pública – entidade a quem, de modo expresso, o constituinte confiou a assistência jurídica dos desvalidos[53]. Não contraria a Constituição, todavia, a celebração de convênios – desde que não exclusivos nem obrigatórios –, tendo por objeto a assistência judiciária aos necessitados[54].

Os profissionais do Direito que ocupam cargo de Defensor Público a ele ascendem por meio de concurso de provas e títulos[55]. Com vistas à eficiência das suas rele-

---

51 Cf. ADI 4.163, rel. Min. Cezar Peluso, julgada em 29-2-2012.

52 ADI 3.022, rel. Min. Joaquim Barbosa, *DJ* de 4-3-2005.

53 ADI 3.892, rel. Min. Joaquim Barbosa, *DJe* de 25-9-2012.

54 É relevante notar que o STF já afirmara o que a Emenda veio a explicitar, i. e., que também ações coletivas podem ser ajuizadas pela Defensoria Pública. Na ADI-MC 558/RJ, *DJ* de 26-3-1993, rel. Min. Sepúlveda Pertence, entenderam-se incluídas no âmbito próprio da Defensoria Pública "a orientação jurídica, a postulação e a defesa em juízo dos direitos e interesses coletivos dos necessitados". É de ver que a Defensoria age, aí, como representante dos interessados, e não em nome próprio.

Na ADI 3.943 (*DJe* de 6-8-2015, rel. Min. Cármen Lúcia), o Tribunal explicitou ser inexigível que a Defensoria comprove, previamente, a hipossuficiência das pessoas abrangidas pela ação civil pública que venha a ajuizar. O Tribunal invocou, aqui, o princípio de interpretação da *máxima efetividade*, que apontaria, como melhor leitura dos dispositivos envolvidos no problema, aquela que mais amplamente potencializa a defesa dos economicamente necessitados e mais intensamente minimiza as hipóteses de restrição do direito de acesso ao Judiciário dessas pessoas. Advertiu-se, porém, que a liquidação e a execução da sentença proferida na ação civil pública ajuizada pela Defensoria somente pode ser por ela levada a cabo com relação aos beneficiados que comprovem, aí sim, a insuficiência de recursos.

Decerto que não se incluirá no âmbito das competências da Defensoria Pública a propositura de ação civil pública em que, evidentemente, não se atine com público carente a proteger. Por isso mesmo, no RE 733.433, julgado, sob a sistemática da repercussão geral, em 4-11-2015, assentou-se a tese de que "a Defensoria Pública tem legitimidade para a propositura de ação civil pública que vise a promover a tutela judicial de direitos difusos e coletivos **de que sejam titulares, em tese, pessoas necessitadas**" (grifei).

Ressalte-se que a Defensoria não dispõe de exclusividade para agir em defesa dos hipossuficientes. No que tange aos direitos indisponíveis, também o Ministério Público tem legitimidade para agir. É o que se lê no RE AgR 554.088, rel. Min. Eros Grau, *DJ* de 20-6-2008.

55 Na ADI 2.229/ES (*DJ* de 25-6-2004, rel. Min. Carlos Britto), o STF afirmou a inconstitucionalidade de norma

vantes funções, têm garantida a inamovibilidade e vedada a advocacia fora das atribuições institucionais.

As Defensorias Públicas estaduais, desde 2004, têm asseguradas a autonomia funcional e administrativa[56] e a iniciativa de proposta orçamentária, dentro dos limites aplicáveis. A Emenda Constitucional n. 74/2013 cuidou de estender a inovação às Defensorias Públicas da União e do Distrito Federal[57].

A Emenda Constitucional n. 80/2014, em reverência ao papel de subida relevância do Defensor Público para o regime democrático e para a efetivação dos direitos fundamentais, proclamou como princípios institucionais da Defensoria Pública a unidade, a indivisibilidade e a independência funcional. Atribuiu, também, para as Defensorias Públicas, de modo inovador, a competência para propor projetos de lei que versem sobre criação e extinção dos seus cargos, além das remunerações respectivas[58].

Uma vez que as Defensorias Públicas gozam de autonomia administrativa e financeira (da mesma forma que o Poder Judiciário, nos termos do art. 99 da CF), cabe-lhes a tomada das decisões administrativas de gestão de recursos e de pessoal, sem a interferência do Chefe do Executivo. Na ADI 5.286 (*DJe* de 29-7-2016), o STF afirmou a inconstitucionalidade de norma estadual que apontava o Governador como autoridade nomeante de cargos de chefia na estrutura burocrática da Defensoria Pública do Estado. O Defensor Público-geral é nomeado pelo Governador, mas a escolha dos que ocuparão cargos de chefia no órgão é exclusiva do Chefe da instituição. No mesmo precedente, à conta da autonomia financeira da Defensoria Pública, afirmou-se inconstitucional que o Governador reduzisse, no projeto de lei orçamentária anual, o montante indicado em proposta orçamentária elaborada pela Defensoria.

---

que permitia o recrutamento de agentes em caráter temporário, precário, para o desempenho de funções de Defensor Público.

56 Na ADI 3.569, rel. Min. Sepúlveda Pertence, *DJ* de 11-5-2007, o STF entendeu incompatível com a Emenda Constitucional n. 45/2004 norma de Constituição estadual que vinculara a Defensoria Pública estadual a Secretaria de Estado (no caso, era a de Justiça e Direitos Humanos). O STF afirmou que o preceito inscrito na Constituição Federal em 2004, outorgando autonomia funcional e administrativa às Defensorias Públicas, possui eficácia plena e aplicabilidade imediata, "dado ser a Defensoria Pública um instrumento de efetivação dos direitos humanos". Da mesma forma, a ADI 3.965 (rel. Min. Cármen Lúcia, *DJe* de 30-3-2012). É interessante observar que a jurisprudência do STF antes da EC n. 45/2004 recusava que normas estaduais conferissem essa mesma autonomia funcional e administrativa às Defensorias (cf. ADI 575, *DJ* de 25-6-1999).

57 A EC 74/2013 foi desafiada por ação direta de inconstitucionalidade ajuizada pela Presidência da República. No julgamento da medida cautelar (ADI MC 5.296, *DJe* de 11-11-2016, rel. a Ministra Rosa Weber), assentou-se que não havia o vício de forma, arguido na inicial, decorrente de a emenda haver sido proposta por iniciativa de parlamentar. Assentou-se que não há reserva de iniciativa para proposta de Emenda à Constituição Federal. A atribuição da autonomia tampouco foi vista como imprópria. A Corte não abonou a possibilidade de conferir, por meio de emenda à Carta, autonomia a qualquer entidade do Executivo; considerou, antes, que a relevância da Defensoria Pública autorizava o alvitre do constituinte de reforma. Ressaltou que a Defensoria Pública tem como parte antagônica no processo penal o Ministério Público, que possui grau elevado de autonomia. Além disso, a Defensoria Pública da União, nas causas cíveis, bate-se, sobretudo, contra a própria União, o que demonstraria a importância de se assegurar a sua independência institucional.

58 A Emenda tornou ultrapassada a vinculação que o STF reconhecia existir, até então, das Defensorias Públicas ao Poder Executivo, justamente a dependência do Executivo para a iniciativa de lei de criação de cargos (o que havia sido afirmado na ADI 3.569, *DJ* de 11-5-2007).

Cabe à Assembleia Legislativa, querendo, abater as verbas projetadas, mas o Chefe do Executivo não pode se recusar a juntar ao seu projeto de lei a proposta da Defensoria – da mesma forma que não o pode fazer com relação às propostas do Judiciário e do Ministério Público.

A participação da Defensoria Pública também é essencial para a discussão de projeto de lei de diretrizes orçamentárias, que fixa balizas para a lei orçamentária anual[59].

---

59 ADI 5.386, *DJe* de 30-11-2016.

CAPÍTULO 10

CONTROLE DE CONSTITUCIONALIDADE

Gilmar Ferreira Mendes

I CONSTITUCIONALIDADE E INCONSTITUCIONALIDADE, DEFESA DA CONSTITUIÇÃO, TIPOS DE INCONSTITUCIONALIDADE E TÓPICOS ESPECIAIS EM CONTROLE DE CONSTITUCIONALIDADE

1. CONSIDERAÇÕES PRELIMINARES

As Constituições escritas são apanágio do Estado Moderno. A concepção de um documento escrito destinado a institucionalizar um sistema preconcebido é inovação que se consolida na segunda metade do século XVIII, com a Revolução Francesa e a independência americana[1].

A complexidade do seu desenvolvimento histórico e as múltiplas perspectivas de análise atribuem ao conceito de Constituição uma plurissignificatividade inigualável. "A resposta sobre o significado da Constituição – diz Hesse – depende, assim, da tarefa que se pretende resolver com o conceito eventualmente desenvolvido"[2].

Não obstante a riqueza semântica que o envolve e as múltiplas transformações ocorridas, o conceito de Constituição parece preservar um núcleo permanente: "a ideia de um princípio supremo que determina integralmente o ordenamento estatal e a essência da comunidade constituída por esse ordenamento"[3]. Vê-se, assim, que a Constituição, no sentido estrito do termo, é formada pelas regras que disciplinam a criação

1 Manoel Gonçalves Ferreira Filho, *Curso de direito constitucional,* 7. ed., São Paulo: Saraiva, 1978, p. 11-15; José Joaquim Gomes Canotilho, *Direito constitucional,* 4. ed., Coimbra: Almedina, 1986, p. 57 e s.; e *Direito constitucional e teoria da Constituição,* 7. ed., Coimbra: Almedina, 2003, p. 1129 e s.

2 Konrad Hesse, *Grundzüge des Verfassungsrechts der Bundesrepublik Deustschland,* 13. erg. Aufl., Heidelberg: C. F. Muller, 1995, p. 3; e *Elementos de direito constitucional da República Federal da Alemanha,* 20. ed., tradução alemã por Luís Afonso Heck, Porto Alegre: Sérgio A. Fabris, Editor, 1998, p. 25.

3 Hans Kelsen, La garanzia giurisdizionale della costituzione, in *La giustizia costituzionale,* Milano: Giuffrè, 1981, p. 152; e A garantia jurisdicional da Constituição, in *Jurisdição constitucional,* tradução do alemão por Alexandre Krug, do italiano, por Eduardo Brandão, e do francês, por Maria Ermantina Galvão, São Paulo: Martins Fontes, 2003, p. 130.

das normas essenciais do Estado, organizam os entes estatais e consagram o procedimento legislativo[4].

Ao lado dessa ideia de Constituição material, cogita-se, igualmente, de uma Constituição formal, entendida aqui como conjunto de regras promulgadas com a observância de um procedimento especial e que está submetido a uma forma especial de revisão[5].

Na tentativa de consagrar um conceito que contemple, a um só tempo, o conteúdo material e a realidade normativa da Constituição, define-a Hesse como ordem jurídica fundamental da coletividade (*Die Verfassung ist die rechtliche Grundordnung des Gemeinwesens*)[6]. Considera que, enquanto ordem jurídica fundamental, a Constituição contém as linhas básicas do Estado e estabelece diretrizes e limites ao conteúdo da legislação vindoura[7].

Todavia, não se há de confundir a Constituição com uma regulamentação precisa e completa. A Constituição, ensina Hesse, não codifica, mas regula apenas – frequentemente as linhas essenciais – aquilo que se afigura relevante e carecedor de uma definição[8].

Não existe, pois, uma pretensão de completude (*Anspruch der Lückenlosigkeit*) do sistema constitucional. E é, exatamente, essa característica que empresta à Constituição a flexibilidade necessária (*Beweglichkeit*) ao contínuo desenvolvimento e permite que o seu conteúdo subsista aberto dentro do tempo (*in die Zeit hinein offen*)[9].

Têm-se, assim, a um só tempo, rigidez e flexibilidade. E, segundo Hesse, o ponto decisivo situa-se, precisamente, na polaridade desses elementos. Não se trata de eleger alternativas, mas de coordenar esses momentos[10]. Conciliam-se, assim, estabilidade e desenvolvimento, evitando-se, de um lado, a dissolução da ordem constitucional, e, de outro, o congelamento da ordem jurídica[11].

---

4 Hans Kelsen, La garanzia giurisdizionale della costituzione, in *La giustizia costituzionale,* cit., p. 152; e A garantia jurisdicional da Constituição, in *Jurisdição constitucional,* cit., p. 130-131.

5 Hans Kelsen, La garanzia giurisdizionale della costituzione, in *La giustizia costituzionale,* cit., p. 153; e A garantia jurisdicional da Constituição, in *Jurisdição constitucional,* cit., p. 131; Jorge Miranda, *Manual de direito constitucional,* 2. ed., Coimbra: Coimbra Ed., 1981, v. 2, p. 26-27; José Afonso da Silva, *Aplicabilidade das normas constitucionais,* 6. ed., 2. tir., São Paulo: Malheiros, 2003, p. 40; Afonso Arinos de Melo Franco, *Direito constitucional,* Rio de Janeiro: Forense, 1986, p. 106-117; Paulo Bonavides, *Direito constitucional,* 2. ed., Rio de Janeiro: Forense, 1986, p. 58-59; e *Curso de direito constitucional,* 17. ed., São Paulo: Malheiros, 2005, p. 80-81. Conferir também: RE 211.018/SP, *DJ* de 29-9-2004, decisão monocrática (o Ministro Celso de Mello acentua "a irrecusável condição de normas formalmente constitucionais" dos preceitos do ADCT).

6 Konrad Hesse, *Grundzüge des Verfassungsrechts der Bundesrepublik Deutschland,* cit., p. 10; e *Elementos de direito constitucional da República Federal da Alemanha,* cit., p. 29.

7 Konrad Hesse, *Grundzüge des Verfassungsrechts der Bundesrepublik Deutschland,* cit., p. 10; e *Elementos de direito constitucional da República Federal da Alemanha,* cit., p. 29-30.

8 Konrad Hesse, *Grundzüge des Verfassungsrechts der Bundesrepublik Deutschland,* cit., p. 11; e *Elementos de direito constitucional da República Federal da Alemanha,* cit., p. 39.

9 Konrad Hesse, *Grundzüge des Verfassungsrechts der Bundesrepublik Deutschland,* cit., p. 11-12 e 15-16; e *Elementos de direito constitucional da República Federal da Alemanha,* cit., p. 39.

10 Konrad Hesse, *Grundzüge des Verfassungsrechts der Bundesrepublik Deutschland,* cit., p. 15; e *Elementos de direito constitucional da República Federal da Alemanha,* cit., p. 39.

11 Konrad Hesse, *Grundzüge des Verfassungsrechts der Bundesrepublik Deutschland,* cit., p. 15; e *Elementos de direito constitucional da República Federal da Alemanha,* cit., p. 39.

A Constituição escrita não se limita a estabelecer os baldrames da organização estatal e os fundamentos da ordem jurídica da comunidade, mas desempenha relevante papel como instrumento de estabilidade, de racionalização do poder e de garantia da liberdade. Nesse sentido, o professor Carlos Blanco de Morais sobreleva a imprescindibilidade das Constituições na integração da unidade política do Estado, destacando que "a enunciação de princípio e de símbolos onde o povo se reveja, a estruturação de um sistema de governo dotado de uma legitimidade minimamente aceite e a catalogação de direitos de escopo coesivo e a enunciação de fins ou tarefas estatais que amarrem o poder a um projeto coletivo consistem em componentes da Lei Fundamental que prosseguem a unidade política que o Estado reclama"[12].

Não se trata, à evidência, de um sistema isento de lacunas. E, de certo modo, é essa ausência de regulamentação minudente que assegura a abertura constitucional (*Offenheit*) necessária ao amplo desenvolvimento do processo político[13].

Consagra Hesse, assim, uma concepção material de Constituição que se esforça por conciliar legitimidade material e abertura constitucional[14]. Limitar-nos-emos aqui a enunciar essa ideia de Constituição como ordem jurídica fundamental, uma vez que ela contém uma perspectiva de legitimidade material e de abertura constitucional, possibilitando compatibilizar o controle de constitucionalidade – que pressupõe uma Constituição rígida – com a dinâmica do processo político-social[15].

2. CONSTITUCIONALIDADE E INCONSTITUCIONALIDADE

Como anota Jorge Miranda, constitucionalidade e inconstitucionalidade designam conceitos de relação, isto é, "a relação que se estabelece entre uma coisa – a Constituição – e outra coisa – um comportamento – que lhe está ou não conforme, que com ela é ou não compatível, que cabe ou não no seu sentido"[16]. Não se cuida, porém, de uma relação lógica ou intelectiva, adverte o mestre português, mas de uma relação de caráter normativo e valorativo[17].

Em verdade, é essa relação de índole normativa que qualifica a inconstitucionalidade, pois somente assim logra-se afirmar a obrigatoriedade do texto constitucional e a ineficácia de todo e qualquer ato normativo contraveniente. "Não estão em causa – diz Jorge Miranda – simplesmente a adequação de uma realidade a outra realidade, de um

---

12 Carlos Blanco de Morais, *Curso de direito constitucional*: teoria da Constituição em tempos de crise do Estado Social, Coimbra: Coimbra Editora, tomo II, 2º v., p. 425.

13 Konrad Hesse, *Grundzüge des Verfassungsrechts der Bundesrepublik Deutschland*, cit., p. 14, 11-12 e 62-64; e *Elementos de direito constitucional da República Federal da Alemanha*, cit., p. 39. Cf. José Joaquim Gomes Canotilho, *Direito constitucional*, cit., p. 84-86; e *Direito constitucional e teoria da Constituição*, cit., p. 1338-1339.

14 José Joaquim Gomes Canotilho, *Direito constitucional*, cit., p. 84-85. Cf. também, do mesmo autor, *Direito constitucional e teoria da Constituição*, cit., p. 1338-1339.

15 José Joaquim Gomes Canotilho, *Direito constitucional*, cit., p. 84-85; e *Direito constitucional e teoria da Constituição*, cit., p. 1338-1339.

16 Jorge Miranda, *Manual de direito constitucional*, cit., p. 273-274.

17 Jorge Miranda, *Manual de direito constitucional*, cit., p. 274.

quid a outro *quid*, ou a descorrespondência entre este e aquele ato, mas o cumprimento ou não de certa norma jurídica"[18].

Foi Rui Barbosa, talvez, quem primeiro percebeu, entre nós, que a sanção à violação do Texto Magno integra o próprio conceito de inconstitucionalidade. Dizia o emérito jurista, com fulcro no magistério de Dicey, que a expressão *inconstitucional* poderia ter, pelo menos, três acepções diferentes, conforme a natureza da Constituição adotada. Vale registrar, a propósito, a sua lição:

> "Definindo a qualificação de inconstitucionalidade perante os vários sistemas de constituições, escreve Dicey, o insigne constitucionalista inglês:
>
> 'A expressão inconstitucional, aplicada a uma lei, tem, pelo menos, três acepções diferentes, variando segundo a natureza da Constituição, a que aludir:
>
> I – Empregada em relação a um ato do parlamento inglês, significa simplesmente que esse ato é, na opinião do indivíduo que o aprecia, oposto ao espírito da Constituição inglesa; mas não pode significar que esse ato seja infração da legalidade e, como tal, nulo.
>
> II – Aplicada a uma lei das câmaras francesas, exprimiria que essa lei, ampliando, suponhamos, a extensão do período presidencial, é contrária ao disposto na Constituição. Mas não se segue necessariamente daí que a lei se tenha por vã; pois não é certo que os tribunais franceses se reputem obrigados a desobedecer às leis inconstitucionais. Empregada por franceses, a expressão de ordinário se deve tomar como simples termo de censura.
>
> III – Dirigido a um ato do Congresso, o vocábulo inconstitucional quer dizer que esse ato excede os poderes do congresso e é, por consequência, nulo. Neste caso a palavra não importa necessariamente reprovação. O americano poderia, sem incongruência alguma, dizer que um ato do Congresso é uma boa lei, beneficia o país, mas, infelizmente, peca por inconstitucional, isto é, *ultra vires*, isto é, nulo'"[19].
>
> Em seguida, concluía o juspublicista:
>
> "Este o princípio estabelecido pelo regímen americano e invariavelmente observado pelos seus executores. 'Todo ato do Congresso (diz Kent, o grande comentador), todos atos das assembleias dos Estados, toda cláusula das constituições destes, que contrariarem a Constituição dos Estados Unidos, são necessariamente nulos. É uma verdade óbvia e definitiva em nossa jurisprudência constitucional'.
>
> Esta consequência resulta evidentemente da própria essência do sistema. Onde se estabelece uma Constituição, com delimitação da autoridade para cada um dos grandes poderes do Estado, claro é que estes não podem ultrapassar essa autoridade, sem incorrer em incompetência, o que em direito equivale a cair em nulidade. *Nullus est major defectus quam defectus potestatis*"[20].

Não se afirma, hoje, o dogma da nulidade com a mesma convicção de outrora. A disciplina emprestada aos efeitos da declaração de inconstitucionalidade pelo consti-

18 Jorge Miranda, *Manual de direito constitucional*, cit., p. 274.

19 Albert Venn Dicey, *Lectures introductory to the study of the law of the Constitution*, London, 1885, p. 165-166, apud Rui Barbosa, Os atos inconstitucionais do Congresso e do Executivo, in *Trabalhos jurídicos*, Rio de Janeiro: Casa de Rui Barbosa, 1962, p. 46.

20 Rui Barbosa, Os atos inconstitucionais do Congresso e do Executivo, in *Trabalhos jurídicos*, cit., p. 46-47.

tuinte austríaco (1920-1929) e os desenvolvimentos posteriores do tema no direito constitucional de diversos países parecem recomendar a relativização dessa concepção unitária de inconstitucionalidade[21].

É inegável, todavia, que a ausência de sanção retira o conteúdo obrigatório da Constituição, convertendo o conceito de inconstitucionalidade em simples manifestação de censura ou crítica.

Nessa linha de entendimento, assenta Kelsen que uma Constituição que não dispõe de garantia para anulação dos atos inconstitucionais não é, propriamente, obrigatória. E não se afigura suficiente uma sanção direta ao órgão ou agente que promulgou o ato inconstitucional, porquanto tal providência não o retira do ordenamento jurídico. Faz-se mister a existência de órgão incumbido de zelar pela anulação dos atos incompatíveis com a Constituição[22]. Convém registrar o seu magistério:

> "Embora não se tenha plena consciência disso – porque uma teoria jurídica dominada pela política não lhe dá ensejo – é certo que uma Constituição que, por não dispor de mecanismos de anulação, tolera a subsistência de atos e, sobretudo, de leis com ela incompatíveis, não passa de uma vontade despida de qualquer força vinculante. Qualquer lei, simples regulamento ou todo negócio jurídico geral praticado por entes privados têm uma força jurídica superior à Constituição, a que estão subordinados e que lhes outorga validade. É que a ordem jurídica zela para que todo ato que contraria uma norma superior diversa da Constituição possa ser anulado. Assim, essa carência de força obrigatória contrasta radicalmente com a aparência de rigidez outorgada à Constituição através da fixação de requisitos especiais de revisão. Por que tanta precaução se as normas da Constituição, ainda que quase imutável, são, em verdade, desprovidas de força obrigatória? Certo é, também, que uma Constituição, que não institui uma Corte Constitucional ou órgão análogo para anulação de atos inconstitucionais, não se afigura de todo desprovida de sentido jurídico. A sua violação pode dar ensejo a sanções onde exista pelo menos o instituto da responsabilidade ministerial contra os órgãos que participaram da formação do ato, desde que admita sua culpa. Mas, além do fato de que, como ressaltado, essa garantia não se mostra muito eficaz, uma vez que deixa íntegra a lei inconstitucional, não se há de admitir que a Constituição estabeleça uma única via possível para a edição de leis. O texto constitucional explicita, consoante o seu sentido literal e subjetivo, que as leis devem ser elaboradas de um certo modo e que hão de ter, ou não, determinado conteúdo. Mas no seu sentido objetivo, admite a Constituição que a lei é válida, mesmo em caso de inobservância de regras de índole procedimental ou material"[23].

Como se vê, não se limita Kelsen a reconhecer a sanção como elemento integrativo do conceito de inconstitucionalidade. Considera indispensável, igualmente, a exis-

21 José Joaquim Gomes Canotilho, *Direito constitucional*, cit., p. 729; e *Direito constitucional e teoria da Constituição*, cit., p. 949 e s.

22 Hans Kelsen, La garanzia giurisdizionale della costituzione, in *La giustizia costituzionale*, cit., p. 199-200; e A garantia jurisdicional da Constituição, in *Jurisdição constitucional*, cit., p. 139-140.

23 Hans Kelsen, La garanzia giurisdizionale della costituzione, in *La giustizia costituzionale*, cit., p. 199-200; e Wesen und Entwicklung der Staatsgerichtsbarkeit, *VVDStRL*, Caderno 5, 1929, p. 78-79.

tência de sanção qualificada, isto é, do procedimento de anulação do ato inconstitucional por órgão competente. Daí afirmar-se que, para Kelsen, a jurisdição constitucional é uma decorrência lógica da Constituição em sentido estrito[24].

Dessarte, os conceitos de constitucionalidade e inconstitucionalidade não traduzem, tão somente, a ideia de conformidade ou inconformidade com a Constituição. Assim, tomando de empréstimo a expressão de Bittar, dir-se-á que constitucional será o ato que não incorrer em sanção, por ter sido criado por autoridade constitucionalmente competente e sob a forma que a Constituição prescreve para a sua perfeita integração; inconstitucional será o ato que incorrer em sanção – de nulidade ou de anulabilidade – por desconformidade com o ordenamento constitucional[25].

Finalmente, cumpre advertir que os conceitos de constitucionalidade ou inconstitucionalidade não abrangem, tradicionalmente, toda conformidade ou desconformidade com a Constituição, referindo-se, propriamente, a atos ou omissões dos Poderes Públicos.

A violação da ordem constitucional por entes privados, embora relevantes do prisma do direito constitucional, não se equipararia, segundo esse entendimento, à ofensa perpetrada pelos órgãos públicos, destinatários primeiros de seus comandos normativos[26].

3. DEFESA E PROTEÇÃO DA CONSTITUIÇÃO

3.1. Considerações preliminares

O reconhecimento da supremacia da Constituição e de sua força vinculante em relação aos Poderes Públicos torna inevitável a discussão sobre formas e modos de defesa da Constituição e sobre a necessidade de controle de constitucionalidade dos atos do Poder Público, especialmente das leis e atos normativos.

As formas de controle de constitucionalidade são as mais diversas:

Quanto ao órgão – *quem controla* –, pode-se ter:

a) controle político;

b) controle jurisdicional;

c) controle misto.

---

24 Dieter Grimm, Zum Verhältnis von Interpretationslehre Verfassungsgerichtsbarkeit un Demokratieprinzip bei Kelsen, in *Ideologiekritik und Demokratietheorie bei Hans Kelsen, Rechtstheorie Beiheft 4*, 1982, p. 152.

25 Orlando Bitar, A lei e a Constituição, in *Obras completas de Orlando Bitar*, Brasília, Conselho Federal de Cultura, 1978, v. 2, p. 39; e A lei e a Constituição, in *Obras completas de Orlando Bitar*, Rio de Janeiro: Renovar, 1996, v. 1, p. 477.

26 Jorge Miranda, *Manual de direito constitucional*, cit., p. 274. A moderna doutrina constitucional alemã desenvolveu, porém, a teoria da eficácia externa (*Drittwirkung*) dos direitos fundamentais, que amplia, de forma significativa, o raio de abrangência dessas garantias, passando a reconhecer a vinculação de entidades públicas e privadas. E, nas hipóteses em que se admite essa eficácia externa imediata dos direitos fundamentais, haveria de se cogitar, propriamente, da inconstitucionalidade em relação a atos da atividade privada. Cf. Konrad Hesse, *Grundzüge des Verfassungsrechts der Bundesrepublik Deutschland*, cit., p. 139-143; José Joaquim Gomes Canotilho, *Direito constitucional*, cit., p. 465-472; e *Direito constitucional e teoria da Constituição*, cit., p. 1286 e s.

Cogita-se de controle de constitucionalidade político, que outrora também era corretamente chamado modelo de controle francês, quando a atividade de controle de constitucionalidade é exercida por órgão político e não por órgão jurisdicional. Essa referência ao modelo de controle operado na França como controle estritamente político, contudo, não parece mais condizente com a realidade dominante vigente naquele país[27].

Ainda se pode dizer corretamente político o controle de constitucionalidade realizado nas Casas Legislativas, pelas Comissões de Constituição e Justiça ou pelas demais comissões.

Também o veto oposto pelo Executivo a projeto de lei, com fundamento em inconstitucionalidade da proposição legislativa, configura típico exemplo de controle de constitucionalidade político (CF, art. 66, § 1º).

Quanto ao modo ou à forma de controle, ele pode ser:

a) incidental; ou

b) principal.

No controle incidental a inconstitucionalidade é arguida no contexto de um processo ou ação judicial, em que a questão da inconstitucionalidade configura um incidente, uma questão prejudicial que deve ser decidida pelo Judiciário. Cogita-se também de inconstitucionalidade pela via da exceção, uma vez que o objeto da ação não é o exame de constitucionalidade da lei.

Em geral, associa-se o controle incidental ao modelo difuso, tendo em vista a forma processual própria desse modelo derivado do sistema americano. Canotilho anota, porém, que o modelo português de controle de constitucionalidade admite o controle incidental exercido pela Corte Constitucional[28]. No Brasil, essa possibilidade também se verifica nos julgamentos de processos subjetivos de competência originária do STF.

O controle principal permite que a questão constitucional seja suscitada autonomamente em um processo ou ação principal, cujo objeto é a própria inconstitucionalidade da lei. Em geral, admite-se a utilização de ações diretas de inconstitucionalidade ou mecanismos de impugnação *in abstracto* da lei ou ato normativo.

Quanto ao *momento do controle*, ele pode ser:

a) preventivo; e

b) repressivo ou sucessivo.

O controle preventivo efetiva-se antes do aperfeiçoamento do ato normativo. Modelo clássico de controle preventivo é o exercido pelo Conselho Constitucional francês. Tem-se, por provocação de diversos órgãos, o controle de constitucionalidade de projetos de lei[29]. Hodiernamente, defende-se também o controle preventivo de tratados internacionais, tendo em vista as consequências que podem decorrer da declaração de inconstitucionalidade[30].

---

27 Acerca da evolução pela qual passou o modelo de controle de constitucionalidade francês, cf. *infra* o item 3.2. – Notas sobre os modelos jurisdicionais de controle de constitucionalidade.

28 José Joaquim Gomes Canotilho, *Direito constitucional e teoria da Constituição,* cit., p. 870.

29 Nesse sentido: Joaquim B. Barbosa Gomes, Evolução do controle de constitucionalidade de tipo francês, *Revista de Informação Legislativa*, ano 40, n. 158, p. 97 e s., abr./jun. 2003.

30 A propositura da ação direta para aferição da constitucionalidade do decreto legislativo possibilita que a ratificação e, portanto, a recepção do tratado na ordem jurídica interna ainda sejam obstadas, de forma que se

Exemplos de controle preventivo de constitucionalidade, no nosso sistema constitucional, são as atividades de controle dos projetos e proposições exercidas pelas Comissões de Constituição e Justiça das Casas do Congresso e o veto pelo Presidente da República com fundamento na inconstitucionalidade do projeto (CF, art. 66, § 1º).

No sistema brasileiro, admite-se o controle judicial preventivo, nos casos de mandado de segurança impetrado por parlamentar com objetivo de impedir a tramitação de projeto de emenda constitucional lesiva às cláusulas pétreas (CF, art. 60, § 4º)[31].

Em regra, porém, o modelo judicial é de feição repressiva. Somente se admite, em princípio, a instauração do processo de controle após a promulgação da lei ou mesmo de sua entrada em vigor. Na ação direta de inconstitucionalidade exige-se que tenha havido pelo menos promulgação da lei[32].

3.2. Notas sobre os modelos jurisdicionais de controle de constitucionalidade

Desenvolvido a partir de diferentes concepções filosóficas e de experiências históricas diversas, o controle judicial de constitucionalidade continua a ser dividido, para fins didáticos, em modelo difuso e modelo concentrado, ou, às vezes, entre sistema americano e sistema austríaco ou europeu de controle.

Essas concepções aparentemente excludentes acabaram por ensejar o surgimento dos modelos mistos, com combinações de elementos dos dois sistemas básicos (v. g., o sistema brasileiro e o sistema português).

É certo, por outro lado, que o desenvolvimento desses dois modelos básicos aponta em direção a uma aproximação ou convergência a partir de referenciais procedimentais e pragmáticos.

Assim, o controle jurisdicional é aquele exercido por órgão integrante do Poder Judiciário ou por Corte Constitucional. Pode ser:

a) concentrado (também chamado austríaco);

b) difuso (também chamado americano);

c) misto.

O controle concentrado de constitucionalidade (austríaco ou europeu) defere a atribuição para o julgamento das questões constitucionais a um órgão jurisdicional superior ou a uma Corte Constitucional. O controle de constitucionalidade concentrado tem ampla variedade de organização, podendo a própria Corte Constitucional ser composta por membros vitalícios ou por membros detentores de mandato, em geral, com prazo bastante alargado.

Referido modelo adota as ações individuais para a defesa de posições subjetivas e cria mecanismos específicos para a defesa dessas posições, como a atribuição de eficácia *ex tunc* da decisão para o caso concreto que ensejou a declaração de inconstitucionalida-

---

apresenta dispensável, pois, qualquer esforço com vistas a conferir caráter preventivo ao controle de constitucionalidade nessas hipóteses. Cf. Gilmar Ferreira Mendes, *Jurisdição constitucional*, 5. ed., São Paulo: Saraiva, 2005, p. 210.

31 MS 20.257/DF, rel. Min. Décio Miranda, *DJ* de 8-10-1980; MS 24.138, rel. Min. Gilmar Mendes, *DJ* de 28-11-2002.

32 ADI 466/DF, rel. Min. Celso de Mello, *DJ* de 10-5-1991; ADI 3.367/DF, rel. Min. Cezar Peluso, *DJ* de 17-3-2006.

de do sistema austríaco. Especialmente a Emenda Constitucional de 7-12-1929 introduziu mudanças substanciais no modelo de controle de constitucionalidade formulado na Constituição austríaca de 1920.

Passou-se a admitir que o Supremo Tribunal de Justiça (*Oberster Gerichtshof*) e o Tribunal de Justiça Administrativa (*Verwaltungsgerichtshof*) elevem a controvérsia constitucional concreta perante a Corte Constitucional. Rompe-se com o monopólio de controle da Corte Constitucional, passando aqueles órgãos judiciais a ter um juízo provisório e negativo sobre a matéria[33]. Essa tendência seria reforçada posteriormente com a adoção de modelo semelhante na Alemanha, Itália e Espanha.

Em verdade, tal sistema tornou o juiz ou tribunal um ativo participante do controle de constitucionalidade, pelo menos na condição de órgão incumbido da provocação[34]. Tal aspecto acaba por mitigar a separação entre os dois sistemas básicos de controle.

O sistema americano, por seu turno, perde em parte a característica de um modelo voltado para a defesa de posições exclusivamente subjetivas e adota uma modelagem processual que valora o interesse público em sentido amplo. A abertura processual largamente adotada pela via do *amicus curiae* amplia e democratiza a discussão em torno da questão constitucional. A adoção de um procedimento especial para avaliar a relevância da questão, o *writ of certiorari*, como mecanismo básico de acesso à Corte Suprema e o reconhecimento do efeito vinculante das decisões por força do *stare decisis* conferem ao processo natureza fortemente objetiva.

O controle de constitucionalidade difuso ou americano assegura a qualquer órgão judicial incumbido de aplicar a lei a um caso concreto o poder-dever de afastar a sua aplicação se a considerar incompatível com a ordem constitucional.

Esse modelo de controle de constitucionalidade desenvolve-se a partir da discussão encetada na Suprema Corte americana, especialmente no caso *Marbury v. Madison*, de 1803. A ruptura que a *judicial review* americana consagra com a tradição inglesa a respeito da soberania do Parlamento vai provocar uma mudança de paradigmas. A simplicidade da forma – reconhecimento da competência para aferir a constitucionalidade ao juiz da causa – vai ser determinante para a sua adoção em diversos países do mundo.

Finalmente, o controle misto de constitucionalidade congrega os dois sistemas de controle, o de perfil difuso e o de perfil concentrado. Em geral, nos modelos mistos defere-se aos órgãos ordinários do Poder Judiciário o poder-dever de afastar a aplicação da lei nas ações e processos judiciais, mas se reconhece a determinado órgão de cúpula – Tribunal Supremo ou Corte Constitucional – a competência para proferir decisões em determinadas ações de perfil abstrato ou concentrado. Talvez os exemplos mais eminentes desse modelo misto sejam o modelo português, no qual convivem uma Corte Constitucional e os órgãos judiciais ordinários com competência para aferir a legitimidade da lei em face da Constituição, e o modelo brasi-

---

33 Francisco Fernández Segado, La obsolescencia de la bipolaridad tradicional (modelo americano – modelo europeo-kelsiano) de los sistemas de justicia constitucional, *Direito Público*, Brasília: IDP / Síntese, ano 1, n. 2, p. 66, out. / dez. 2003.

34 Francisco Fernández Segado, La obsolescencia de la bipolaridad tradicional (modelo americano – modelo europeo-kelsiano) de los sistemas de justicia constitucional, *Direito Público*, cit., p. 68.

leiro, em que se conjugam o tradicional modelo difuso de constitucionalidade, adotado desde a República, com as ações diretas de inconstitucionalidade (ação direta de inconstitucionalidade, ação declaratória de constitucionalidade, ação direta de inconstitucionalidade por omissão e representação interventiva), da competência do Supremo Tribunal Federal.

Em diferentes conformações, os sistemas de controle de constitucionalidade ganharam o mundo, estando presentes hoje em número elevado de países. Até países que recusavam terminantemente a adoção da jurisdição constitucional parecem dar sinais, por vias diversas, de plena aceitação do instituto.

Na França, o Conselho Constitucional, criado pela Constituição de 1958, vem adotando gradualmente postura que, em muitos aspectos, aproxima-o de um órgão de jurisdição constitucional[35].

Com a Lei de reforma constitucional n. 724, de 23 de julho de 2008, que teve por escopo "a modernização das instituições da V República", a França passa a contar com um sistema repressivo de controle de constitucionalidade. Ao lado do art. 61 da Constituição francesa de 1958, foi adicionado o art. 61-1, que autoriza o Conselho Constitucional, em face de uma disposição de lei que "atente contra os direitos e liberdades que a Constituição garante", e quando provocado pelo Conselho de Estado ou pela Corte de Cassação, a declarar a inconstitucionalidade da norma. Ainda mais significativo da evolução do sistema francês de controle da legitimidade da lei, foi a previsão de mecanismo análogo a nossa modulação de efeitos (Lei n. 9.868/99, art. 27). Uma alínea foi incluída no art. 62 da Constituição de 1958, dispondo que "uma disposição declarada inconstitucional com fundamento no art. 61-1 fica revogada a partir da publicação da decisão do Conselho Constitucional ou a partir da data fixada na decisão".

Também a Bélgica instituiu, em 1980, um Tribunal arbitral (*Schiedgerichtshof*) que se incumbe da solução de controvérsias federativas. Na Bélgica, na Holanda e em Luxemburgo, embora não se reconheça a Constituição como parâmetro de controle das leis, admite-se o controle de legitimidade das leis em face da Convenção Europeia de Direitos Humanos[36].

Também o Reino Unido vem dando mostras de uma revisão de conceitos. O Parlamento já não se mostra um soberano absoluto. O *European Communities Act*, de 1972, atribuiu hierarquia superior ao direito comunitário em face de leis formais aprovadas pelo Parlamento. Essa orientação tornou-se realidade no caso *Factortame Ltd. v. Secretary of State for Transport* (N.2) [1991][37]. Com a aprovação do *Human Rights Act*, em 1998, confiou-se aos Tribunais britânicos a aferição da legitimidade das leis em face das disposições da Convenção de Direitos Humanos. Embora não se declare a nulidade ou a invalidade da lei, pode-se constatar a incompatibilidade e assegurar à parte uma indenização[38].

---

35 Dominique Rousseau, Do Conselho Constitucional ao Tribunal Constitucional? *Direito Público,* Brasília: IDP/Síntese, ano 1, n. 3, p. 89, jan./mar. 2004.

36 Christian Tomuschat, Das Bundesverfassungsgericht im Kreise anderer nationaler Verfassungsgericht, in Peter Badura e Horst Dreier (org.), *Festschrift 50 Jahre Bundesverfassungsgericht,* 2001, Tübingen: Mohr-Siebeck, v. 1, p. 245 (248).

37 Christian Tomuschat, Das Bundesverfassungsgericht im Kreise anderer nationaler Verfassungsgericht, in Peter Badura e Horst Dreier (org.), *Festschrift 50 Jahre Bundesverfassungsgerich,* cit., p. 249.

38 Christian Tomuschat, Das Bundesverfassungsgericht im Kreise anderer nationaler Verfassungsgericht, in Peter Badura e Horst Dreier (org.), *Festschrift 50 Jahre Bundesverfassungsgerich,* cit., p. 249.

O processo referido acima foi ultimado com a terceira parte da reforma constitucional de 2005[39], que instituiu a Suprema Corte do Reino Unido. O Tribunal, que teve composição e funcionamento disciplinados pelo *Statutory Instrument* n. 1.604 de 2009, e começou a funcionar em 1º de outubro de 2009, tem jurisdição recursal sobre três sistemas legais: Inglaterra e Gales, Irlanda do Norte e Escócia. O argumento determinante para a instituição da Corte foi a necessidade de separar as funções legislativa e judiciária, até então concentradas na Câmara dos Lordes. Segundo o primeiro Presidente da Suprema Corte inglesa, o exercício de tais funções pela mesma instituição confundia a sociedade e era contrário ao princípio da separação de poderes. Não há dúvida que a reforma concede papel relevante ao judiciário inglês, enfatizando sua independência em relação aos outros poderes do Estado[40].

Afigura-se correto afirmar que o Reino Unido assistiu, na última década pelo menos, um crescimento expressivo na ingerência das Cortes sobre os vários níveis de governo. A progressiva flexibilização dos requisitos e da extensão do controle do mérito dos atos normativo teve como resultado, nas palavras de Sunkin, "muitos exemplos de envolvimento judicial nas políticas governamentais, incluindo decisões que afetaram a política educacional, as licenças para empresas de comunicação, a regulação do transporte aéreo, as finanças públicas e as políticas de bem-estar social"[41].

Daí identificarem-se também no Reino Unido os contornos de uma jurisdição constitucional de caráter bastante complexo[42].

3.2.1. Digressões acerca da abertura ao direito internacional

O Estado constitucional, compreendido atualmente como Estado constitucional cooperativo, é um projeto universal, apesar da diversidade tipológica entre os países e das diferenças entre suas culturas nacionais.

Estados constitucionais não existem mais apenas para si mesmos, mas, também, como referências para os outros Estados-membros de uma comunidade[43], em um modelo de cooperação capaz de permitir, ao mesmo tempo, a preservação de suas características nacionais, mas com vocação crescente para o intercâmbio no plano internacional.

São os próprios elementos do Estado constitucional que indicam o modelo de cooperação internacional. Os procedimentos de concretização das democracias, a independência da jurisdição – principalmente da jurisdição constitucional – e os mecanis-

---

39 *Acts of the Parliament of the United Kingdom 4:* 3, de 24-3-2005, disponível em: <http://www.statutelaw.gov.uk/documents/2005/4/ukpga/c4/part3>, acesso em: 7 out. 2009.

40 Cf., a respeito da reforma constitucional inglesa, *Supreme Court of the United Kingdom*, disponível em: <http://en.wikipedia.org/wiki/Supreme_Court_of_the_United_Kingdom>, acesso em: 7 out. 2009.

41 Maurice Sunkin, *The United Kingdom* in: C. Neal Tate e Torjörn Vallinder (ed.), *The global expansion of judicial power*, New York: New York University Press, 1995, p. 69.

42 Christian Tomuschat, Das Bundesverfassungsgericht im Kreise anderer nationaler Verfassungsgericht in Peter Badura e Horst Dreier (org.), *Festschrift 50 Jahre Bundesverfassungsgerich,* cit., p. 249.

43 Peter Häberle, *El estado constitucional*, trad. Hector Fix-Fierro. México: Universidad Nacional Autónoma de México, 2003, p. 75-77.

mos de proteção interna e externa dos direitos humanos são decisivos para a consagração de um modelo de cooperação entre os Estados[44].

A imagem da comunidade universal dos Estados constitucionais evidencia que o Estado constitucional não mais terá suas referências apenas em si, mas nos seus semelhantes, que serão como espelhos a refletir imagens uns dos outros para a identificação de si próprios. A manifestação desse fenômeno ocorrerá por meio de princípios gerais, notadamente os que consagrarem direitos humanos universais (como aquelas de objetivos educacionais, paz mundial, proteção ao meio ambiente, amizade, cooperação e ajuda humanitária)[45]. Evidente, portanto, a relação direta entre a concepção de um Estado constitucional cooperativo e a temática da proteção dos direitos humanos.

Quanto a isso, especificamente no contexto americano, ressalte-se que além de menções expressas a "América", "América Latina" e "América Central" em diversas Constituições dos países que compõem o continente, seja no preâmbulo ou no texto normativo, no plano supranacional merecem destaque a Carta da Organização dos Estados Americanos (Carta de Bogotá), e a Convenção Americana sobre Direitos Humanos (Pacto de San José da Costa Rica)[46].

Nesse mesmo sentido, há disposições da Constituição brasileira de 1988 que remetem o intérprete para realidades normativas relativamente diferenciadas em face da concepção tradicional do direito internacional público. Assim, o parágrafo único do art. 4º da Constituição estabelece que a "República Federativa do Brasil buscará a integração econômica, política, social e cultural dos povos da América Latina, visando à formação de uma comunidade latino-americana de nações"; dispositivo constitucional que representa uma clara opção do constituinte pela integração do Brasil em organismos supranacionais[47]. Da mesma forma, o § 4º do art. 5º – acrescentado pela Emenda Constitucional n. 45, de 2004 – dispõe que "o Brasil se submete à jurisdição de Tribunal Penal Internacional a cuja criação tenha manifestado adesão".

Há uma tendência contemporânea do constitucionalismo mundial de prestigiar as normas internacionais destinadas à proteção dos direitos fundamentais do homem. Por conseguinte, a partir desse universo jurídico voltado aos direitos e garantias fundamentais, as constituições não apenas apresentam maiores possibilidades de concretização de sua eficácia normativa, como também somente podem ser concebidas em uma abordagem que aproxime o Direito Internacional do Direito Constitucional.

Os processos de mútua implicação entre constitucionalização e internacionalização do direito, conforme explica Ana Paula Carvalhal, sempre guiados pelos valores supremos da democracia e da liberdade, influenciaram o surgimento ou fortalecimento de

44 Peter Häberle, *El estado constitucional*, trad. Hector Fix-Fierro. México: Universidad Nacional Autónoma de México, 2003, p. 68-69.

45 Cf., nesse sentido: Peter Häberle, *El estado constitucional*, trad. Hector Fix-Fierro. México: Universidad Nacional Autónoma de México, 2003, p. 75.

46 Peter Häberle, Mexico y los contornos de un derecho constitucional común americano: un *ius commune amercianum*. In: Peter Häberle e Kotzur, Markus, *De la soberanía al derecho constitucional común: palabras clave para un diálogo europeo-latinoamericano*, Trad. Héctor Fix-Fierro. México: Instituto de Investigaciones Jurídicas de la UNAM, 2003, p. 30-35.

47 Celso Ribeiro Bastos e Ives Gandra Martins, *Comentários à Constituição do Brasil*, São Paulo: Saraiva, 1988, p. 466.

outros ordenamentos jurídicos, que coexistem em paralelo aos nacional e internacional (locais, regionais e transnacionais). Diante desse cenário cada vez mais globalizado, algumas práticas constitucionais se intensificaram, como o uso do direito estrangeiro e da jurisprudência de outros tribunais pelos Tribunais Constitucionais, identificados agora pelas denominações: Diálogo entre Cortes, *Cross*-Constitucionalismo, Fertilização Cruzada. Por outro lado, novos conceitos estão sendo desenvolvidos pelos teóricos do constitucionalismo, na tentativa de explicar como esses múltiplos ordenamentos jurídicos devem ser harmonizados. Fala-se, então, em constitucionalismo pluralista, constitucionalismo supranacional, constitucionalismo multinível, interconstitucionalidade, Constituição em rede, direito transnacional, constituições Civis Globais, Transconstitucionalismo, globalização judicial, constitucionalismo global e Constituição Global[48].

É nesse contexto que deve ser compreendida a importância e a atualidade da proposta de uma Carta de Direitos Humanos do Mercosul, ou seja, um catálogo internacional de direitos humanos a ser seguido por todos os países-membros.

Não há dúvida de que a proteção dos direitos fundamentais no âmbito do Mercosul pressupõe, invariavelmente, que as suas instituições sejam dotadas de poder de decisão de modo a atuarem como garantidoras de direitos fundamentais. De tal forma, uma Corte de Justiça do Mercosul teria o importante papel de orientar a atuação dos Estados-membros rumo a uma efetiva universalização da proteção dos Direitos Fundamentais.

A partir de uma Carta de Direitos Humanos do Mercosul, caberia à Corte de Justiça do Mercosul atuar para a construção de um direito comum entre os países do bloco, articulando as relações entre os Tribunais Constitucionais dos países-membros.

Quanto a esse importante aspecto, a experiência europeia certamente serve de guia para solução de complexos problemas relacionados à compatibilização entre uma ordem jurídica comunitária e as diferentes ordens jurídicas nacionais que esse tipo de proposta, aqui defendida, suscita.

Uma dificuldade a respeito da viabilidade de se admitir a doutrina da supremacia da ordem comunitária sobre o direito nacional diz respeito, do ponto de vista dos tribunais internos, à aceitação da supremacia do direito comunitário sem a garantia de que esse direito superior não violaria direitos fundamentais ao patrimônio jurídico de um Estado-membro individual[49].

No âmbito europeu, uma referência importante a esse respeito é o caso denominado *Solange* (Enquanto), em que o Tribunal Constitucional alemão pronunciou um dos julgamentos mais controversos em toda a história do relacionamento entre a Corte Europeia de Justiça e os tribunais constitucionais: o Tribunal considerou que enquanto (*Solange*) o direito comunitário não dispusesse de um catálogo de direitos fundamentais emanado de um parlamento e similar ao catálogo de direitos fundamentais estabelecido pela Lei Fundamental de Bonn, caberia ao Tribunal Constitucional verificar a com-

48 Ana Paula Zavarize Carvalhal, *Constitucionalismo em tempos de globalização*: a soberania nacional em risco?. São Paulo: Quartier Latin, 2020.

49 Joseph H. H. Weiler, The transformation of Europe, in Joseph H. H. Weiler, *The constitution of Europe:* "Do the new clothes have an emperor?" and other essays on European integration. Cambridge: Cambridge University Press, 1999, p. 24.

patibilidade do direito comunitário com os direitos fundamentais consagrados no sistema jurídico alemão, decisão que claramente minava a autoridade das instituições comunitárias, na medida em que punha em dúvida sua autoridade para proteger direitos humanos e fundamentais[50].

Ressalte-se, no entanto, que em 1977, o Parlamento Europeu, o Conselho Europeu e a Comissão Europeia produziram a Declaração Conjunta sobre Direitos Fundamentais, em que se enfatizava a importância do respeito aos direitos fundamentais consagrados nas tradições constitucionais dos Estados-membros e na Convenção Europeia de Direitos Humanos. Diante disso, já em 1986, o Tribunal Constitucional alemão em um novo caso – chamado pela doutrina de *Solange II* – proferiu decisão segundo a qual o direito comunitário, por meio da jurisprudência da Corte de Luxemburgo, já demonstrava um grau satisfatório de proteção aos direitos fundamentais e, *enquanto* esse grau satisfatório de proteção fosse assegurado, não analisaria a compatibilidade dos atos comunitários em face dos direitos fundamentais estabelecidos na Lei Fundamental. Assim, o Tribunal Constitucional passou a adotar uma postura de maior deferência ao direito comunitário, mas manteve, a partir do uso da fórmula "enquanto", a possibilidade de uma possível ruptura caso determinadas condições ocorressem, coerentemente com a conclusão tomada no caso *Solange I*[51].

É certo, por outro lado, que na própria Comunidade Europeia, antes mesmo de se cogitar da promulgação de uma Constituição europeia, vinha-se desenvolvendo um sistema de controle de atos comunitários em face dos atos básicos da Comunidade e dos direitos fundamentais, ali compreendidos como princípios gerais de direito. É ampla a possibilidade de provocação do Tribunal de Justiça. Estão legitimados para propor ação o Conselho, a Comissão, os Estados-membros (art. 230, 2) e também as pessoas naturais ou jurídicas, desde que afetadas direta e individualmente por ação ou regulamento da Comunidade (art. 230, 4)[52]. O Tratado de Maastricht estabeleceu no art. 234[53] a ne-

50 Gilmar Ferreira Mendes e George Galindo, *Direitos humanos e integração regional: algumas considerações sobre o aporte dos tribunais constitucionais*, disponível em: <http://www.stf.jus.br/arquivo/cms/sextoEncontroConteudotextual/anexo/Brasil.pdf>.

51 Gilmar Ferreira Mendes e George Galindo, *Direitos humanos e integração regional: algumas considerações sobre o aporte dos tribunais constitucionais*, disponível em: <http://www.stf.jus.br/arquivo/cms/sextoEncontroConteudoextual/anexo/Brasil.pdf>.

52 Cf. Ernst Gottfried Marenholz, Europäische Verfassungsgerichte, *JöR (Jahrbuch des öffentlichen Rechts der Gegenwart)* 49 (2001), S. 15-30 (20 ff.), p. 23.

53 "Artigo 234º (ex-artigo 177º)

O Tribunal de Justiça é competente para decidir, a título prejudicial:

a) Sobre a interpretação do presente Tratado;

b) Sobre a validade e a interpretação dos actos adoptados pelas Instituições da Comunidade e pelo BCE;

c) Sobre a interpretação dos estatutos dos organismos criados por acto do Conselho, desde que estes estatutos o prevejam.

Sempre que uma questão desta natureza seja suscitada perante qualquer órgão jurisdicional de um dos Estados-Membros, esse órgão pode, se considerar que uma decisão sobre essa questão é necessária ao julgamento da causa, pedir ao Tribunal de Justiça que sobre ela se pronuncie.

Sempre que uma questão desta natureza seja suscitada em processo pendente perante um órgão jurisdicional nacional cujas decisões não sejam susceptíveis de recurso judicial previsto no direito interno, esse órgão é obrigado a submeter a questão ao Tribunal de Justiça."

cessidade de que, em caso de dúvida sobre a legitimidade de ato comunitário, o juiz local suscite a controvérsia perante o Tribunal de Justiça Europeu. Trata-se de providência que guarda estrita semelhança com o processo de controle concreto do sistema concentrado[54].

Também a Corte Europeia de Direitos Humanos, sediada em Estrasburgo, desempenha um papel muito similar ao das Cortes Constitucionais nacionais, especialmente no que concerne à questão da defesa dos direitos humanos na Europa. Embora se aponte como déficit no procedimento da Corte Europeia a ausência de decisão de caráter cassatório, afigura-se inequívoco que "o efeito do juízo de constatação" (*Feststellungswirkung*) e a outorga de uma indenização adequada (Convenção, art. 41) acabam por produzir um resultado satisfatório no caso concreto[55].

Esse quadro evolutivo do direito comunitário europeu nos apresenta uma ideia dos problemas de compatibilização entre uma ordem jurídica supranacional e as diferentes ordens jurídicas nacionais que a criação de uma Corte de Justiça do Mercosul poderia gerar; no entanto, tal experiência não deve ser entendida como um presságio de futuros problemas, mas sim como guia para se pensar preventivamente em como solucioná-los e, acima de tudo, como um exemplo positivo dos benefícios que um sistema comunitário de proteção dos direitos humanos pode gerar para a garantia dos direitos dos cidadãos dos países-membros de uma comunidade de Estados.

Independentemente, contudo, da instituição do referido tribunal, a temática do controle de convencionalidade passou a ser estudada no Brasil especialmente após a entrada em vigor da Emenda Constitucional n. 45/2004, que possibilitou (no art. 5º, § 3º, da Constituição) sejam os tratados de direitos humanos "equivalentes às emendas constitucionais", desde que aprovados pelo Poder Legislativo (e, posteriormente, ratificados pelo Executivo) por três quintos dos votos de cada uma das suas Casas, em dois turnos.

3.2.1.1. ***Controle de convencionalidade***

No STF, o tema ganhou relevo a partir das decisões que elevaram o *status* dos tratados de direitos humanos a patamar *superior* ao das leis ordinárias, evoluindo relativamente às decisões anteriores (desde a década de 1970, no RE 80.004/SE) que equiparavam os tratados internacionais (quaisquer que fossem, de direitos humanos ou não) ao nível da legislação ordinária[56].

Assim, se os tratados de direitos humanos podem ser (*a*) *equivalentes* às emendas constitucionais (nos termos do art. 5º, § 3º, da Constituição), *se aprovados pelo Legislativo*

---

54 Peter Häberle, *Das Bundesverfassungsgericht als Muster einer selbständigen Verfassungsgerichtsbarkeit*, in Peter Badura e Horst Dreier, *Festschrift 50 Jahre Bundesverfassungsgericht*, Tübingen: Mohr-Siebeck, 2001, p. 311 (331).

55 Cf. Ernst Gottfried Marenholz, Europäische Verfassungsgerichte, *JöR*, cit., p. 15 (20-21).

56 Cf. Gilmar Ferreira Mendes, A supralegalidade dos tratados internacionais de direitos humanos e a prisão civil do depositário infiel no Brasil, *Systemas: Revista de Ciências Jurídicas e Econômicas*, v. 2, n. 1, 2010, p. 64-100. Para a jurisprudência atual do STF sobre a matéria, *v.* RE 466.343/SP, rel. Min. Cezar Peluso, julgado em 3-12-2008, *DJ* de 5-6-2009; e HC 87.585/TO, rel. Min. Marco Aurélio, julgado em 3-12-2008, *DJe* de 26-6-2009. Também desenvolveremos o tema da hierarquia dos tratados de direitos humanos no Brasil no n. 9.4.4, *infra*, para o qual remetemos o leitor.

após a EC n. 45/2004, ou ainda (*b*) *supralegais* (segundo o entendimento atual do STF), *se aprovados antes da referida Emenda*, o certo é que, estando *acima* das normas infraconstitucionais, hão de ser *também* paradigma de controle da produção normativa doméstica.

Desse modo, para além do controle *de constitucionalidade*, o modelo brasileiro atual de controle comporta, ainda (doravante), um controle *de convencionalidade* das normas domésticas[57]. Daí ter o Min. Celso de Mello proposto que se submetessem as normas que integram o ordenamento positivo interno "a um duplo controle de ordem jurídica: o controle de constitucionalidade e, também, o controle de convencionalidade, ambos incidindo sobre as regras jurídicas de caráter doméstico"[58].

É verdade que tal compreensão acabou por atribuir competência ao Superior Tribunal de Justiça para exercer o controle de convencionalidade dos tratados e das leis (art. 105, III, alínea *a*, da Constituição), embora não de forma exclusiva. No entanto, ainda que a última palavra venha a ser dada pelo Supremo Tribunal Federal, a consolidação de um controle de convencionalidade no sistema jurídico brasileiro parece demandar o deslocamento dessa competência para o STF. Isso porque as decisões do STJ em controle de convencionalidade não possuem efeito *erga omnes*, mas tão somente *inter partes*, não retirando a vigência das normas nacionais declaradas contrárias à convenção[59]. Por outro lado, o exame da convencionalidade pelo STJ e da constitucionalidade pelo STF poderá gerar decisões conflitantes a respeito de uma mesma norma jurídica. A jurisprudência do STJ e do STF sobre o crime de desacato é um exemplo desse risco.

No REsp 1640084, o STJ, ao realizar controle de convencionalidade do art. 331 do Código Penal, concluiu por sua inconformidade com o art. 13 do Pacto de São José da Costa Rica, que estipula mecanismos de proteção à liberdade de pensamento e de expressão[60]. Assim, o acórdão afastou a tipificação criminal do desacato, permitindo tão somente a responsabilidade civil ou por meio dos tipos penais da calúnia, injúria ou difamação:

> "DIREITO PENAL E PROCESSUAL PENAL. RECURSO ESPECIAL. ROUBO, DESACATO E RESISTÊNCIA. APELAÇÃO CRIMINAL. EFEITO DEVOLUTIVO AMPLO. SUPRESSÃO DE INSTÂNCIA. NÃO OCORRÊNCIA. ROUBO. PRINCÍPIO DA INSIGNIFICÂNCIA. INAPLICABILIDADE. DESCLASSIFICAÇÃO DO CRIME DE ROUBO PARA O DE CONSTRANGIMENTO ILEGAL. AUSÊNCIA DE FUNDAMENTAÇÃO. SÚMULA 284/STF. TEMA NÃO PREQUESTIONADO. SÚMULAS 282 E 356 DO STF. DESACATO. INCOMPATIBILIDADE DO TIPO PENAL COM A CONVENÇÃO AMERICANA DE DIREITOS HUMANOS. CONTROLE DE CONVENCIONALIDADE. 1. Uma vez

---

57 Cf. Valerio de Oliveira Mazzuoli, *O controle jurisdicional da convencionalidade das leis*, cit., p. 73.

58 HC 87.585/TO, julgado em 3-12-2008, *DJe* de 26-6-2009, fls. 341. Segundo o conceito formulado por Valerio Mazzuoli, entende-se por controle de convencionalidade, a exemplo do que ocorre com o controle de constitucionalidade, o exame da "compatibilidade vertical das normas do direito interno com as convenções internacionais de direitos humanos em vigor no país" (Valerio de Oliveira Mazzuoli, *O controle jurisdicional da convencionalidade das leis*, cit., p. 23).

59 Conforme entendimento do próprio Superior Tribunal de Justiça, exarado no HC 390.287/SP, rel. Min. Ribeiro Dantas, *DJe* de 3-3-2017.

60 REsp 1.640.084, rel. Min. Ribeiro Dantas, Quinta Turma, *DJe* de 31/1/2017.

interposto o recurso de apelação, o Tribunal, respeitando o contraditório, poderá enfrentar todas as questões suscitadas, ainda que não decididas na primeira instância, desde que relacionadas ao objeto litigioso recursal, bem como apreciar fundamentos não acolhidos pelo juiz (arts. 10 e 1.013, §§ 1º e 2º, do Código de Processo Civil, c/c art. 3º do Código de Processo Penal). 2. A jurisprudência do Superior Tribunal de Justiça afasta a aplicabilidade do princípio da insignificância em crimes cometidos mediante o uso de violência ou grave ameaça, como o roubo. 3. O pleito de desclassificação do crime de roubo para o de constrangimento ilegal carece da indicação do dispositivo legal considerado malferido e das razões que poderiam fundamentar o pedido, devendo-se aplicar o veto da Súmula 284/STF. Além disso, o tema não foi objeto de apreciação pelo Tribunal de origem, nem a parte interessada opôs embargos de declaração para suprir tal omissão, o que atrai o óbice das Súmulas 282 e 356 do STF. 4. O art. 2º, c/c o art. 29, da Convenção Americana de Direitos Humanos (Pacto de São José da Costa Rica) prevê a adoção, pelos Estados Partes, de 'medidas legislativas ou de outra natureza' visando à solução de antinomias normativas que possam suprimir ou limitar o efetivo exercício de direitos e liberdades fundamentais. 5. Na sessão de 4/2/2009, a Corte Especial do Superior Tribunal de Justiça, ao julgar, pelo rito do art. 543-C do CPC/1973, o Recurso Especial 914.253/SP, de relatoria do Ministro LUIZ FUX, adotou o entendimento firmado pelo Supremo Tribunal Federal no Recurso Extraordinário 466.343/SP, no sentido de que os tratados de direitos humanos, ratificados pelo país, têm força supralegal, 'o que significa dizer que toda lei antagônica às normas emanadas de tratados internacionais sobre direitos humanos é destituída de validade.' 6. Decidiu-se, no precedente repetitivo, que, 'no plano material, as regras provindas da Convenção Americana de Direitos Humanos, em relação às normas internas, são ampliativas do exercício do direito fundamental à liberdade, razão pela qual paralisam a eficácia normativa da regra interna em sentido contrário, haja vista que não se trata aqui de revogação, mas de invalidade.' 7. A adequação das normas legais aos tratados e convenções internacionais adotados pelo Direito Pátrio configura controle de constitucionalidade, o qual, no caso concreto, por não se cuidar de convenção votada sob regime de emenda constitucional, não invade a seara do controle de constitucionalidade e pode ser feito de forma difusa, até mesmo em sede de recurso especial. 8. Nesse particular, a Corte Interamericana de Direitos Humanos, quando do julgamento do caso Almonacid Arellano y otros v. Chile, passou a exigir que o Poder Judiciário de cada Estado Parte do Pacto de São José da Costa Rica exerça o controle de convencionalidade das normas jurídicas internas que aplica aos casos concretos. 9. Por conseguinte, a ausência de lei veiculadora de *abolitio criminis* não inibe a atuação do Poder Judiciário na verificação da inconformidade do art. 331 do Código Penal, que prevê a figura típica do desacato, com o art. 13 do Pacto de São José da Costa Rica, que estipula mecanismos de proteção à liberdade de pensamento e de expressão. 10. A Comissão Interamericana de Direitos Humanos – CIDH já se manifestou no sentido de que as leis de desacato se prestam ao abuso, como meio para silenciar ideias e opiniões consideradas incômodas pelo *establishment*, bem assim proporcionam maior nível de proteção aos agentes do Estado do que aos particulares, em contravenção aos princípios democrático e igualitário. 11. A adesão ao Pacto de São José significa a transposição, para a ordem jurídica interna, de critérios recíprocos de interpretação, sob pena de negação da universalidade dos valores insertos nos direitos fundamentais internacionalmente reconhecidos. Assim, o método hermenêutico mais adequado à concretização da liberdade de expressão reside no postulado *pro homine*, composto de dois princípios de proteção de direitos: a dignidade da pessoa humana e a prevalência dos direitos humanos. 12. A criminalização do desacato está na contramão do humanismo, porque ressalta a preponderância do Estado – personificado em seus agentes – sobre o indivíduo. 13. A existência de tal normativo em nosso ordenamento jurídico é anacrônica, pois traduz desigualdade entre funcionários e particulares, o que é inaceitável no Estado Democrático de Direito. 14. Punir o uso de linguagem e atitudes ofensivas contra agentes estatais é medida capaz de fazer com que as pessoas se abstenham de usufruir do direito à liberdade de expressão, por temor de sanções penais, sendo esta uma das razões pelas quais a CIDH estabeleceu a recomendação de que os países aderentes ao Pacto de São Paulo abolissem suas respectivas leis de desacato. 15. O afastamento da tipificação criminal do desacato não impede a responsabilidade ulterior, civil ou até mesmo de outra figura típica penal (calúnia, injúria, difamação etc.), pela ocorrência de abuso na expressão verbal ou gestual utilizada perante o funcionário público. 16. Recurso especial conhecido em parte, e nessa extensão, parcialmente provido para afastar a condenação do recorrente pelo crime de desacato (art. 331 do CP)".

A Segunda Turma do STF, por sua vez, ao julgar o HC 141.949[61], de relatoria do Ministro Gilmar Mendes, analisou a constitucionalidade e a convencionalidade do crime de desacato, concluindo pela sua compatibilidade com o ordenamento jurídico em vigor. O Acórdão restou assim ementado:

> "*Habeas corpus*. 2. Crime de desacato a militar (art. 299 do Código Penal Militar). 3. Controle de constitucionalidade (arts. 1º; 5º, incisos IV, V e IX, e 220 da Constituição Federal) e de convencionalidade (art. 13 da Convenção Americana de Direitos Humanos (Pacto de São José da Costa Rica). 4. Alegada ofensa à liberdade de expressão e do pensamento que se rejeita. 5. Criminalização do desacato que se mostra compatível com o Estado Democrático de Direito. 6. Ordem denegada".

O entendimento da Segunda Turma foi corroborado pelo Plenário da Corte ao julgar a ADPF 496[62]. Por maioria, a arguição foi julgada improcedente, com a fixação da seguinte tese: "Foi recepcionada pela Constituição de 1988 a norma do art. 331 do Código Penal, que tipifica o crime de desacato". Segundo o acórdão, a jurisprudência da Corte Interamericana de Direitos Humanos não considera a liberdade de expressão um direito absoluto, sendo legítima a utilização do direito penal em casos graves de abuso:

> "Ementa: DIREITO CONSTITUCIONAL E PENAL. ARGUIÇÃO DE DESCUMPRIMENTO DE PRECEITO FUNDAMENTAL. CRIME DE DESACATO. ART. 331 DO CP. CONFORMIDADE COM A CONVENÇÃO AMERICANA DE DIREITOS HUMANOS. RECEPÇÃO PELA CONSTITUIÇÃO DE 1988. 1. Trata-se de arguição de descumprimento de preceito fundamental em que se questiona a conformidade com a Convenção Americana de Direitos Humanos, bem como a recepção pela Constituição de 1988, do art. 331 do Código Penal, que tipifica o crime de desacato. 2. De acordo com a jurisprudência da Corte

61 HC 141.949, rel. Min. Gilmar Mendes, Segunda Turma, *DJe* de 20-4-2018.

62 ADPF 496, rel. Min. Roberto Barroso, Tribunal Pleno, *DJe* de 24-9-2020.

Interamericana de Direitos Humanos e do Supremo Tribunal Federal, a liberdade de expressão não é um direito absoluto e, em casos de grave abuso, faz-se legítima a utilização do direito penal para a proteção de outros interesses e direitos relevantes. 3. A diversidade de regime jurídico – inclusive penal – existente entre agentes públicos e particulares é uma via de mão dupla: as consequências previstas para as condutas típicas são diversas não somente quando os agentes públicos são autores dos delitos, mas, de igual modo, quando deles são vítimas. 4. A criminalização do desacato não configura tratamento privilegiado ao agente estatal, mas proteção da função pública por ele exercida. 5. Dado que os agentes públicos em geral estão mais expostos ao escrutínio e à crítica dos cidadãos, deles se exige maior tolerância à reprovação e à insatisfação, limitando-se o crime de desacato a casos graves e evidentes de menosprezo à função pública. 6. Arguição de descumprimento de preceito fundamental julgada improcedente. Fixação da seguinte tese: "Foi recepcionada pela Constituição de 1988 a norma do art. 331 do Código Penal, que tipifica o crime de desacato"".

Já em relação à Lei de Anistia, a jurisprudência do STJ e do STF coincide.

O Supremo, ao julgar a ADPF 153, de relatoria do Ministro Eros Grau, considerou que a Lei n. 6.683/79, chamada Lei da Anistia, reafirmada no texto da EC 26/85, foi recepcionada pela Constituição de 1988, que a "[re]instaurou em seu ato originário". O acórdão ressaltou que "a nova ordem compreende não apenas o texto da Constituição nova, mas também a norma-origem. No bojo dessa totalidade – totalidade que o novo sistema normativo é – tem-se que '[é] concedida, igualmente, anistia aos autores de crimes políticos ou conexos' praticados no período compreendido entre 02 de setembro de 1961 e 15 de agosto de 1979"[63].

Em 2019, o STJ, ao rejeitar reabrir ação penal sobre o atentado do Riocentro, por maioria, afastou a incidência da jurisprudência da Corte Interamericana de Direitos Humanos na matéria. O Ministro Reynaldo Soares da Fonseca, redator para o acórdão, ressaltou em seu voto divergente que "a admissão da Convenção sobre a Imprescritibilidade dos Crimes de Guerra e dos Crimes contra a Humanidade como *jus cogens*, com incidência sobre fatos anteriores à própria promulgação da Constituição Federal de 1988, mesmo sem adesão do Brasil, poderia revelar verdadeira afronta à própria soberania estatal e à supremacia da Constituição da República", tendo os fatos ocorridos no Riocentro em 1981 sido contemplados pela anistia trazida no art. 4º, § 1º, da Emenda Constitucional n. 26/85, promulgada pela Assembleia Nacional Constituinte[64].

Percebe-se, no entanto, que o Supremo Tribunal Federal tem, também, exercido o controle de convencionalidade ao lado do controle de constitucionalidade.

Como abordado no Capítulo 4, tomando os tratados como parâmetro do controle de convencionalidade do ordenamento jurídico interno, o STF deferiu medida cautelar na Arguição de Descumprimento de Preceito Fundamental n. 347, em 9-9-2015, para determinar a realização de audiências de apresentação dos presos em flagrante, no prazo de 24 horas contado da prisão[65].

---

63 ADPF 153, rel. Min. Eros Grau, Tribunal Pleno, *DJe* de 5-5-2010.

64 REsp 1.798.903, rel. Min. Rogerio Schietti Cruz, red. p/ac. Min. Reynaldo Soares da Fonseca, Terceira Seção do STJ, *DJe* 30-10-2019.

65 ADPF 347, rel. Min. Marco Aurélio, Tribunal Pleno, *DJe* de 19-2-2015.

No HC 171.118[66], a Segunda Turma do STF concedeu ordem de *habeas corpus* para trancar processo penal, tendo como parâmetro de controle o art. 14.7 do Pacto Internacional sobre Direitos Civis e Políticos e o art. 8.4 da Convenção Americana de Direitos Humanos, concluindo que o Estado brasileiro não pode instaurar persecução penal fundada nos mesmos fatos de ação penal já transitada em julgado sob jurisdição de outro Estado:

> "Penal e Processual Penal. 2. Proibição de dupla persecução penal e *ne bis in idem*. 3. Parâmetro para controle de convencionalidade. Art. 14.7 do Pacto Internacional sobre Direitos Civis e Políticos. Art. 8.4 da Convenção Americana de Direitos Humanos. Precedentes da Corte Interamericana de Direitos Humanos no sentido de "proteger os direitos dos cidadãos que tenham sido processados por determinados fatos para que não voltem a ser julgados pelos mesmos fatos" (Casos Loayza Tamayo vs. Perú de 1997; Mohamed vs. Argentina de 2012; J. vs. Perú de 2013). 4. Limitação ao art. 8º do Código Penal e interpretação conjunta com o art. 5º do CP. 5. Proibição de o Estado brasileiro instaurar persecução penal fundada nos mesmos fatos de ação penal já transitada em julgado sob a jurisdição de outro Estado. Precedente: Ext 1.223/DF, rel. Min. Celso de Mello, Segunda Turma, *DJe* 28.2.2014. 6. Ordem de *habeas corpus* concedida para trancar o processo penal".

Em caso de grande repercussão nacional, os advogados do ex-Presidente Lula, buscando conferir efeitos suspensivos ao Recurso Extraordinário interposto contra o acórdão proferido na Apelação Criminal n. 5046512-94.2016.4.04.7000/PR, requereram ao Supremo Tribunal Federal, com base no controle de convencionalidade, a aplicação da decisão liminar proferida pelo Comitê de Direitos Humanos da ONU, que teria determinado ao Brasil o restabelecimento dos direitos políticos do réu[67]. No entanto, o Ministro Edson Fachin, relator da Pet 7.841[68], negou monocraticamente o pedido, alegando que o Comitê "não se manifestou pela suspensão da condenação criminal imposta ao ex-Presidente", sendo que os destinatários de sua decisão são as autoridades judiciárias responsáveis pela análise de questões diretamente associadas ao exercício de seus direitos políticos, no caso, o Tribunal Superior Eleitoral.

Outro exemplo de possível exercício do controle de convencionalidade poderá se dar quando do exame de mérito do Tema 974 da Sistemática da Repercussão Geral pelo Plenário da Corte. Ao julgar a Questão de Ordem no ARE 1054490[69], de relatoria do Ministro Roberto Barroso, o STF reconheceu a repercussão geral da matéria constitucional quanto à discussão acerca da admissibilidade ou não de candidaturas avulsas em eleições majoritárias, invocando-se a incidência do Pacto de São José da Costa Rica e o "padrão democrático predominante no mundo".

---

66 HC 171.118, rel. Min. Gilmar Mendes, Segunda Turma, *DJe* de 17-8-2020.

67 Confiram-se os termos da petição conforme publicado no *site* CONJUR: <https://www.conjur.com.br/dl/httpswwwconjurcombrimgbluiz-inacio-lula.pdf>.

68 Pet 7.841, rel. Min. Edson Fachin, decisão de 6-9-2018.

69 ARE 1054490-QO, rel. Min. Roberto Barroso, Tribunal Pleno, *DJe* de 8-3-2018.

3.3. Os diferentes tipos de inconstitucionalidade

3.3.1. Considerações preliminares

A doutrina constitucional esforça-se por estabelecer uma adequada classificação dos diferentes tipos ou manifestações de inconstitucionalidade. E a dogmática tradicional se enriquece, a cada dia, com novas distinções, elaboradas pelos doutrinadores, ou identificadas na cotidiana atividade dos tribunais.

Como já visto, procede-se à distinção entre a inconstitucionalidade formal ou orgânica e a inconstitucionalidade material, tendo em vista considerações relativas ao conteúdo da norma ou às regras de caráter procedimental[70].

Cogita-se, igualmente, da chamada inconstitucionalidade por ação e da inconstitucionalidade por omissão. A inconstitucionalidade por ação pressupõe uma conduta positiva do legislador, que se não compatibiliza com os princípios constitucionalmente consagrados. Ao revés, a inconstitucionalidade por omissão decorre, fundamentalmente, de uma lacuna inconstitucional (*verfassungswidrige Lucke)*, ou do descumprimento da obrigação constitucional de legislar (*Nichterfullung von Gesetzgebungsaufträgen*)[71].

Alguns doutrinadores contemplam, também, a distinção entre inconstitucionalidade originária e inconstitucionalidade superveniente, considerando os diversos momentos de edição das normas constitucionais e as eventuais mudanças ocorridas na situação fática imperante quando da edição da lei[72].

Registra a doutrina, ainda, a existência da chamada inconstitucionalidade de normas constitucionais (*verfassungswidrige Verfassungsnormen*). Aqui, identificam-se duas correntes: a) uma que admite a inconstitucionalidade de normas constitucionais originárias; b) outra que sugere, apenas, a possibilidade de contradição entre as normas constitucionais iniciais e outras, oriundas de processo de revisão ou de emenda[73].

Não se deve omitir a complexa questão atinente ao processo de inconstitucionalização da norma constitucional (*der Prozess des Verfassungswidrigwerdens von Gezetzen*) e suas consequências sob a ótica da dogmática juridica[74].

70 Carlos Alberto Lúcio Bittencourt, *O controle jurisdicional da constitucionalidade das leis*, 2. ed., Rio de Janeiro: Forense, 1968, p. 71; Francisco Luiz da Silva Campos, *Direito constitucional*, Rio de Janeiro: Freitas Bastos, 1956, p. 388 e s.; Bilac Pinto, Parecer: inconstitucionalidade do Decreto-lei n. 8.946, de 1946, *RF*, Rio de Janeiro, 120/40; Jorge Miranda, *Manual de direito constitucional*, cit., p. 297-302.

71 Jorge Miranda, *Manual de direito constitucional*, cit., p. 294; Klaus Schlaich, *Das Bundesverfassungsgericht: Stellung Verfahren, Entscheidungen*, 1. Aufl., München: C. H. Beck, 1985, p. 170-171; Jörn Ipsen, *Rechtsfolgen der Verfassungswidrigkeit von Norm und Einzelakt*, 1. Aufl., Baden-Baden: Nomos, 1980, p. 109 e s. e 135-136; Christian Pestalozza, "Noch versassungsmässige" und "bloss verfassungswidrige" Rechtslagen, in Christian Starck (org.), *Bundesverfassungsgericht und Grundgesetz*, 1. Aufl., Tübingen: Mohr, 1976, v. 1, p. 526-529; e *Verfassungsprozessrecht: die verfassungsgerichtsbarkeit des Bundes und der Länder*, 2. Aufl., München: C. H. Beck, 1982, p. 111.

72 Jorge Miranda, *Manual de direito constitucional*, cit., p. 296-297; Jörn Ipsen, *Rechtsfolgen der Verfassungswidrigkeit von Norm und Einzelakt*, cit., p. 133-135; Orlando Bitar, A lei e a Constituição, in *Obras completas de Orlando Bitar*, cit., v. 2, p. 173; Biscaretti di Ruffia, *Derecho constitucional*, 2. ed., Madrid: Technos, 1984, p. 268; Jörn Ipsen, *Rechtsfolgen der Verfassungswidrigkeit von Norm und Einzelakt*, cit., p. 133-134.

73 Otto Bachof, *Normas constitucionais inconstitucionais?*, tradução de José Manuel M. Cardoso da Costa, Coimbra: Atlântida, 1977, p. 11 e s.

74 Jörn Ipsen, *Rechtsfolgen der Verfassungswidrigkeit von Norm und Einzelakt*, cit., p. 132 e s.; Christian Pestalozza,

3.3.2. Inconstitucionalidade formal e inconstitucionalidade material

Costuma-se proceder à distinção entre inconstitucionalidade formal e material, tendo em vista a origem do defeito que macula o ato questionado.

3.3.2.1. *Inconstitucionalidade formal*

Os vícios formais afetam o ato normativo singularmente considerado, sem atingir seu conteúdo, referindo-se aos pressupostos e procedimentos relativos à formação da lei.

Os vícios formais traduzem defeito de formação do ato normativo, pela inobservância de princípio de ordem técnica ou procedimental ou pela violação de regras de competência. Nesses casos, viciado é o ato nos seus pressupostos, no seu procedimento de formação, na sua forma final[75].

No direito constitucional brasileiro, lavrou-se intensa controvérsia sobre a eficácia convalidatória da sanção aposta pelo Chefe do Executivo a projetos eivados pela usurpação de iniciativa reservada. Respeitável corrente doutrinária, integrada por Themístocles Cavalcanti, Seabra Fagundes, Pontes de Miranda e José Afonso da Silva, emprestou adesão à tese da convalidação. Outros, como Francisco Campos, Caio Tácito e Manoel Gonçalves Ferreira Filho, perfilharam orientação diversa[76].

Segundo José Afonso da Silva, "a regra de reserva tem como fundamento pôr na dependência do titular da iniciativa a regulamentação dos interesses vinculados a certas matérias. Não se trata de adotar aqui a tendência que distingue as cláusulas constitucionais em diretórias e mandatoriais. Pois, a regra da reserva é imperativa no que tange a subordinar a formação da lei à vontade exclusiva do titular da iniciativa. Ora, essa vontade pode atuar em dois momentos: no da iniciativa e no da sanção. Faltando a sua incidência, o ato é nulo; mas se ela incidir com sanção, satisfeita estará a razão da norma de reserva"[77].

Esse entendimento logrou ser referendado pelo Supremo Tribunal Federal, consagrando-se, inicialmente, que a falta de iniciativa do Executivo fica sanada com a sanção do projeto de lei[78]. Já na vigência da Constituição de 1967/69, estabeleceu-se orientação contrária, afirmando-se que a sanção não mais supre a falta de iniciativa, *ex vi* do art. 57, parágrafo único[79].

Já sob o império da Constituição de 1988 discutiu-se a legitimidade de lei estadual

---

"Noch verfassungsmässige" und "bloss verfassungswidrige" Rechtslagen, in Christian Starck, *Bundesverfassungsgericht und Grundgesetz*, cit., p. 523, 540 e s.

75 José Joaquim Gomes Canotilho, *Direito constitucional*, cit., p. 738. Cf. Jorge Miranda, *Manual de direito constitucional*, cit., v. 2, p. 302-303; Gustavo Zagrebelsky, *La giustizia costituzionale*, cit., p. 33-38; Franco Pierandrei, Corte Costituzionale, in *Enciclopedia del Diritto*, Varese: Giuffrè, 1962, v. 10, p. 904-905.

76 Manoel Gonçalves Ferreira Filho, *Curso de direito constitucional*, 7. ed., cit., p. 18.

77 José Afonso da Silva, apud Manoel Gonçalves Ferreira Filho, *Curso de direito constitucional*, cit., p. 189.

78 Súmula 5.

79 Rp. 890/GB, rel. Min. Oswaldo Trigueiro, *DJ* de 7-6-1974, p. 3932; Rp. 1.051/GO, rel. Min. Moreira Alves, *DJ* de 15-5-1981.

que não teria observado o disposto no art. 169. A Corte chegou à conclusão de que aqui não se cuidava de questão da validade, mas, tão somente, de questão de eficácia do diploma legislativo.

Afirma-se, tradicionalmente, a impossibilidade de se apreciar, no juízo de constitucionalidade, as questões *interna corporis* das Casas Legislativas. A matéria aparece revestida, não raras vezes, de um conteúdo místico, de uma pretensa indenidade dos atos internos do Congresso à investigação judicial. A consolidação do sistema de controle, com amplo poder para julgar as questões constitucionais, coloca em dúvida a exatidão desse entendimento. Se as leis ou as emendas constitucionais são passíveis de apreciação no juízo de constitucionalidade, não se afigura plausível assegurar indenidade aos regimentos internos das Casas Legislativas[80].

No direito brasileiro, reconhece-se, igualmente, a não censurabilidade dos atos exclusivamente *interna corporis*. Assim, o Supremo Tribunal Federal tem assentado, v. g., que "matéria relativa à interpretação de normas de regimento legislativo é imune à crítica judiciária, circunscrevendo-se no domínio *interna corporis*"[81]. Posteriormente a Corte passou a entender que se a questão discutida disser respeito ao processo legislativo previsto na Constituição Federal, principalmente no que for atinente ao trâmite de emenda constitucional (art. 60), é possível a discussão judicial, uma vez que ela passa a ter estatura de controvérsia constitucional. Outrossim, norma regimental ofensiva à Constituição também autoriza o exame judicial[82].

Como acentuado, não se infirma a aferição da regularidade formal da lei, nos termos estabelecidos pelo Texto Magno. O controle de constitucionalidade não se mostra adequado, porém, a obstar a tramitação do projeto de lei ou de proposta de emenda constitucional, considerando-se que a violação só ocorrerá depois de o projeto se transformar em lei ou de a proposta de emenda vir a ser aprovada[83]. Nesse sentido, observou o Ministro Moreira Alves que, nesses casos, "a inconstitucionalidade (...) não será quanto ao processo da lei ou da emenda, mas, ao contrário, será da própria lei ou da própria emenda, razão por que só poderá ser atacada depois da existência de uma ou de outra"[84].

3.3.2.2. *Inconstitucionalidade material*

Os vícios materiais dizem respeito ao próprio conteúdo ou ao aspecto substantivo do ato, originando-se de um conflito com regras ou princípios estabelecidos na Constituição[85].

80 Franco Pierandrei, Corte Costituzionale, in *Enciclopedia del Diritto*, cit., v. 10, p. 904.

81 MS 20.471/DF, rel. Min. Francisco Rezek, *RTJ*, 112 (3)/1031-1041.

82 SS-AgR 327/DF, rel. Min. Sydney Sanches, *DJ* de 5-6-1992; MS 22.503/DF, rel. Min. Maurício Corrêa, *DJ* de 6-6-1997; ADI 2.666/DF, rel. Min. Ellen Gracie, *DJ* de 6-12-2002; ADC/DF, rel. Min. Nelson Jobim, *DJ* de 9-5-2003.

83 MS 20.257/DF, rel. Min. Moreira Alves, *RTJ*, 99 (3)/1031.

84 MS 20.257/DF, rel. Min. Moreira Alves, *RTJ*, 99 (3)/1031.

85 José Joaquim Gomes Canotilho, *Direito constitucional*, cit., p. 738; Francisco Luiz da Silva Campos, *Direito*

A inconstitucionalidade material envolve, porém, não só o contraste direto do ato legislativo com o parâmetro constitucional, mas também a aferição do desvio de poder ou do excesso de poder legislativo[86].

É possível que o vício de inconstitucionalidade substancial decorrente do excesso de poder legislativo constitua um dos mais tormentosos temas do controle de constitucionalidade hodierno. Cuida-se de aferir a compatibilidade da lei com os fins constitucionalmente previstos ou de constatar a observância do princípio da proporcionalidade, isto é, de se proceder à censura sobre a adequação e a necessidade do ato legislativo[87].

O excesso de poder como manifestação de inconstitucionalidade configura afirmação da censura judicial no âmbito da discricionariedade legislativa ou, como assente na doutrina alemã, na esfera de liberdade de conformação do legislador (*gesetzgeberische Gestaltungsfreiheit*)[88].

Como se vê, a inconstitucionalidade por excesso de poder legislativo introduz delicada questão relativa aos limites funcionais da jurisdição constitucional. Não se trata, propriamente, de sindicar os motivos internos da vontade do legislador (*motivi interiori della volizione legislativa*)[89]. Também não se cuida de investigar, exclusivamente, a finalidade da lei, invadindo seara reservada ao Poder Legislativo. Isso envolveria o próprio mérito do ato legislativo[90].

Na Alemanha, o Tribunal Constitucional (*Bundesverfassungsgericht*) assentou, em uma de suas primeiras decisões (23-10-1951), que a sua competência cingia-se à apreciação de legitimidade de uma norma, sendo-lhe defeso cogitar de sua conveniência. Todavia, "a questão sobre a liberdade discricionária outorgada ao legislador, bem como sobre os limites dessa liberdade, é uma questão jurídica suscetível de aferição judicial"[91].

---

constitucional, cit., p. 392 e s.; Carlos Alberto Lúcio Bittencourt, *O controle jurisdicional da constitucionalidade das leis*, cit., p. 56-60; Orlando Bitar, A lei e a Constituição, in *Obras completas de Orlando Bitar*, cit., p. 40-43; Jorge Miranda, *Manual de direito constitucional*, cit., p. 297-300.

86 José Joaquim Gomes Canotilho, *Direito constitucional*, cit., p. 739 e s.; Jorge Miranda, *Manual de direito constitucional*, cit., p. 300 e s.; Piero Calamandrei, La illegittimità costituzionale delle leggi nel processo civile, in *Opere giuridiche*, Napoli: Morano, 1968, v. 3, p. 362-363. Cf. Gustavo Zagrebelsky, *La giustizia costituzionale*, Bologna: Mulino, 1979, p. 26-30; Hans Schneider, Zur Verhältnismässigkeitskontrolle insbesondere bei Gesetzen, in Christian Starck, *Bundesverfassungsgericht und Grundgesetz*, cit., p. 392-393.

87 José Joaquim Gomes Canotilho, *Direito constitucional*, cit., p. 617-618; Hans Schneider, Zur Verhältnismässigkeitskontrolle insbesondere bei Gesetzen, in Christian Starck, *Bundesverfassungsgericht und Grundgesetz*, cit., v. 2, p. 392.

88 José Joaquim Gomes Canotilho, *Direito constitucional*, cit., p. 617.

89 Cf., sobre o assunto, Carlos Alberto Lúcio Bittencourt, *O controle jurisdicional da constitucionalidade das leis*, cit., p. 121-123, que afirma a incensurabilidade dos motivos do legislador, invocando os precedentes da Suprema Corte americana e do Supremo Tribunal Federal; Carlos Maximiliano, *Comentários à Constituição brasileira*, 5. ed., Rio de Janeiro: Freitas Bastos, 1954, v. 1, p. 157. *V.*, também, Franco Pierandrei, Corte Costituzionale, in *Enciclopedia del Diritto*, cit., p. 906-907.

90 Franco Pierandrei, Corte Costituzionale, in *Enciclopedia del Diritto*, cit., p. 906; cf., também, art. 28 da Lei n. 87, de 1953, que organiza a Corte Constitucional italiana, *verbis*: "il controllo di legittimità della Corte Costituzionale su una legge esclude ogni valutazione di natura politica ed ogni sindacato sull'uso del potere discrezionale".

91 *BVerfGE*, 1:15.

O conceito de discricionariedade no âmbito da legislação traduz, a um só tempo, ideia de liberdade e de limitação. Reconhece-se ao legislador o *poder de conformação* dentro de limites estabelecidos pela Constituição. E, dentro desses limites, diferentes condutas podem ser consideradas legítimas[92]. Veda-se, porém, o excesso de poder, em qualquer de suas formas (*Verbot der Ermessensmissbrauchs; Verbot der Ermessensuberschreitung*). Por outro lado, o poder discricionário de legislar contempla, igualmente, o dever de legislar. A omissão legislativa parece equiparável, nesse passo, ao excesso de poder legislativo[93].

A doutrina identifica como típica manifestação do excesso de poder legislativo a violação ao princípio da proporcionalidade ou da proibição de excesso (*Verhältnismässigkeitsprinzip; Ubermassverbot*), que se revela mediante contraditoriedade, incongruência, e irrazoabilidade ou inadequação entre meios e fins[94]. No direito constitucional alemão, outorga-se ao princípio da proporcionalidade (*Verhältnismässigkeit*) ou ao princípio da proibição de excesso (*Ubermassverbot*), qualidade de norma constitucional não escrita, derivada do Estado de Direito[95].

A utilização do princípio da proporcionalidade ou da proibição de excesso no Direito constitucional envolve, como observado, a apreciação da necessidade (*Erforderlichkeit*) e adequação (*Geeignetheit*) da providência legislativa.

Quanto à proibição de proteção insuficiente, a doutrina vem apontando para uma espécie de garantismo positivo, ao contrário do garantismo negativo (que se consubstancia na proteção contra os excessos do Estado), já consagrado pelo princípio da proporcionalidade. A proibição de proteção insuficiente adquire importância na aplicação dos direitos fundamentais de proteção, ou seja, naqueles casos em que o Estado não pode deixar de proteger de forma adequada esses direitos[96].

Dessa forma, para além da costumeira compreensão do princípio da proporcionalidade como proibição de excesso (já fartamente explorada pela doutrina e jurisprudência pátrias), há outra faceta desse princípio, a qual abrange uma série de situações, dentre as quais é possível destacar a da proibição de proteção insuficiente de determinada garantia fundamental.

3.3.3. Inconstitucionalidade originária e superveniente

3.3.3.1. *Considerações preliminares*

Procede-se à distinção entre inconstitucionalidade originária e inconstitucionalidade superveniente tendo em vista os diversos momentos da edição das normas constitucionais.

---

92 Hans-Uwe Erichsen e Wolfgang Martens (org.), *Allgemeines Verwaltungsrecht*, 9. ed., Berlin-New York, 1992, p. 186.

93 Cf., sobre o assunto, em direito administrativo, Hans-Uwe Erichsen e Wolfgang Martens (org.), *Allgemeines Verwaltungsrecht*, cit., p. 188.

94 Hans Schneider, Zur Verhältnismässigkeitskontrolle insbesondere bei Gesetzen, in Christian Starck, *Bundesverfassungsgericht und Grundgesetz*, cit., v. 2, p. 390 e s.; José Joaquim Gomes Canotilho, *Direito constitucional*, cit., p. 487.

95 Hans Schneider, Zur Verhältnismässigkeitskontrolle insbesondere bei Gesetzen, in Christian Starck, *Bundesverfassungsgericht und Grundgesetz*, cit., p. 391; Konrad Hesse, *Grundzüge des Verfassungsrecht der Bundesrepublik Deutschland*, cit., p. 28, 142 e s.

96 Cf. Schlink, *Der Grundsatz der Verhältnismässigkeit*, cit., p. 462-463.

Se a norma legal é posterior à Constituição, tem-se um caso típico de inconstitucionalidade (inconstitucionalidade). Se se cuida, porém, de contradição entre a norma constitucional superveniente e o direito ordinário pré-constitucional, indaga-se se seria caso de inconstitucionalidade ou de mera revogação.

Considera-se, igualmente, que lei editada em compatibilidade com a ordem constitucional pode vir a tornar-se com ela incompatível em virtude de mudanças ocorridas nas relações fáticas ou na interpretação constitucional[97].

Essas questões têm enorme relevância prática, pois repercutem diretamente sobre a competência dos órgãos judiciais incumbidos de dirimi-las. Se eventual conflito entre o direito pré-constitucional e o direito constitucional superveniente resolve-se no plano do direito intertemporal, há de se reconhecer a competência de todos os órgãos jurisdicionais para apreciá-lo. Ao revés, se se cuida de questão de inconstitucionalidade, a atribuição deverá ser exercida pelos órgãos jurisdicionais especiais competentes para dirimir controvérsias dessa índole, segundo a forma adequada.

A distinção entre inconstitucionalidade originária e superveniente depende, fundamentalmente, do próprio sistema adotado, podendo entender-se que a superveniência de norma constitucional importa na derrogação do direito anterior com ela incompatível. E, nesse caso, a questão deixa de ser matéria de controle de constitucionalidade e passa a ser considerada com todas as suas implicações, no âmbito de direito intertemporal[98].

Alguns doutrinadores consideram que a situação de incompatibilidade entre uma norma legal e um preceito constitucional superveniente traduz uma valoração negativa da ordem jurídica, devendo, por isso, ser caracterizada como inconstitucionalidade, e não simples revogação[99].

Da controvérsia sobre a caracterização do conflito entre o direito anterior e a Constituição ocupou-se o Tribunal Constitucional italiano, de início, tendo firmado o entendimento "no sentido de que todo contraste entre uma lei anterior e a Constituição produz, antes de uma ab-rogação, uma ilegitimidade constitucional"[100]. Também a Constituição portuguesa, de 1976, consagra o controle de constitucionalidade do direito anterior (art. 282º, n. 4)[101].

Outros ordenamentos constitucionais, como o alemão, de 1919 e de 1949, e o brasileiro, de 1891, de 1934 e de 1937 (arts. 83, 187 e 183), consagraram, de modo expresso,

---

97 Jorge Miranda, *Manual de direito constitucional*, cit., v. 2, p. 274-276; Biscaretti di Ruffia, *Derecho constitucional*, cit., p. 268; Jörn Ipsen, *Rechtsfolgen der Verfassungswidrigkeit von Norm und Einzelakt*, cit., p. 133-137; Christian Pestalozza, "Noch verfassungsmässige" und "bloss verfassungswidrige" Rechtslagen, in Christian Starck, *Bundesverfassungsgericht und Grundgesetz*, cit., v. 1, p. 548-549; José Joaquim Gomes Canotilho, *Direito constitucional*, cit., p. 837, e *Direito constitucional e teoria da Constituição*, cit., p. 1306 e s.

98 Jorge Miranda, *Manual de direito constitucional*, cit., p. 274-276; Celso Ribeiro Bastos, *Curso de direito constitucional*, São Paulo: Celso Bastos, Editor, 2002, p. 119 e s. Cf. ADI 2/DF, rel. Min. Paulo Brossard, *DJ* de 21-11-1997; ADI 718/MA, rel. Min. Sepúlveda Pertence, *DJ* de 18-12-1998.

99 Jorge Miranda, *Manual de direito constitucional*, cit., p. 275. Cf., também, Orlando Bitar, A lei e a Constituição, in *Obras completas de Orlando Bitar*, cit., v. 1, p. 620.

100 Biscaretti di Ruffia, *Derecho constitucional*, cit., p. 268; Gustavo Zagrebelsky, *La giustizia costituzionale*, cit., p. 42; Franco Pierandrei, Corte Costituzionale, in *Enciclopedia del Diritto*, cit., v. 10, p. 908.

101 José Joaquim Gomes Canotilho, *Direito constitucional e teoria da Constituição*, cit., p. 837 e p. 1306 e s.

as chamadas normas de recepção (*Rezeptionsnorm*), que contêm, fundamentalmente, duas disposições: a) o direito vigente antes da promulgação da Constituição deve continuar a vigorar *en bloc*; b) o direito incompatível com a Constituição terá a sua vigência interrompida com a entrada em vigor de novo texto constitucional[102]. Nesse sentido, estabeleceu-se, no art. 178, § 2º, da Constituição de Weimar, que "as demais leis e regulamentos continuam em vigor, desde que não estejam em contradição com a Constituição".

Tais cláusulas de recepção ensejaram o entendimento de que a colisão de normas não haveria de ser considerada em face do princípio da supremacia da Constituição, e sim tendo em vista a força derrogatória da *lex posterior*. O próprio Tribunal Constitucional alemão considera que o dever de suscitar a questão de inconstitucionalidade, no controle concreto de normas, adstringe-se às leis posteriores à Constituição[103]. Em verdade, a Corte Constitucional Alemã parece ter-se valido aqui de uma solução de compromisso para compatibilizar posições antagônicas. O Tribunal entende que a expressão *lei* (*Gesetz*), contida no art. 100, I, que disciplina o controle concreto de normas, refere-se, tão somente, às leis em sentido formal editadas após a promulgação da Constituição (*nachkonstitutionelles Gesetz*)[104].

Dessarte, os juízes e tribunais ordinários não estão compelidos a submeter ao Tribunal Constitucional as questões atinentes à compatibilidade entre o direito anterior e a Lei Fundamental, uma vez que não se vislumbra qualquer risco para a autoridade do legislador constitucional. E essa autoridade não seria afetada em caso de simples constatação de incompatibilidade segundo o princípio *lex posterior derogat priori*[105]. Ao revés, o controle abstrato de normas, previsto no art. 93, par. 1º, n. 2, da Lei Fundamental, que pressupõe divergência ou dúvida sobre a compatibilidade formal ou material de direito federal ou estadual com a Lei Fundamental, pode ter como objeto direito anterior ou superveniente à Constituição[106].

Como se vê, a questão transcende o âmbito meramente acadêmico, assumindo nítido interesse prático. Se se trata de matéria de direito intertemporal, dispensável se afigura a adoção dos procedimentos aplicáveis à declaração de inconstitucionalidade, podendo qualquer juiz, ao apreciar um caso concreto, deixar de aplicar a lei anterior. A matéria refugirá, pois, ao âmbito de juízo de constitucionalidade, situando-se na esfera da simples aplicação do direito (*Rechtsanwendungsrecht*)[107].

---

102 Jörn Ipsen, *Rechtsfolgen der Verfassungswidrigkeit von Norm und Einzelakt*, cit., p. 162.

103 Decisão do Tribunal Constitucional alemão (*BVerfGE*, 2:124); Jörn Ipsen, *Rechtsfolgen der Verfassungswidrigkeit von Norm und Einzelakt*, cit., p. 162.

104 Decisões do Tribunal Constitucional alemão (*BVerfGE*, 2:124-8); Jörn Ipsen, *Rechtsfolgen der Verfassungswidrigkeit von Norm und Einzelakt*, cit., p. 162.

105 *BVerfGE*, 2:124(130-1).

106 *BVerfGE*, 2:124(130); cf. também Otto Bachof, *Zur Auslegung des art, 100*, Abs. 1 GG, Deutsches Verwaltungsblatt, 1951, p. 14. Deve-se observar que o Tribunal admite apreciar, no processo de controle concreto de normas, as leis pré-constitucionais que foram modificadas ou confirmadas, isto é, *assumidas* pelo legislador pós-constitucional (cf. *BVerfGE*, 63:181(188 e s.); *v.* ainda Wolfgang Zeidler, Die Verfassungsrechtsprechung im Rahmen der staatlichen Funktionen, *Europäische Grundrechte Zeitschrift*, Heft 8/9, 6 maio 1988, p. 208.

107 Jörn Ipsen, *Rechtsfolgen der Verfassungswidrigkeit von Norm und Einzelakt*, cit., p. 162; Victor Nunes Leal, Leis

Se, ao revés, a incompatibilidade entre uma disposição legal e uma norma constitucional caracteriza uma inconstitucionalidade, o tema há de ser apreciado pelas Cortes Constitucionais, se for o caso, tomando-se todas as cautelas inerentes ao processo de declaração de inconstitucionalidade. Daí asseverar Victor Nunes Leal que "o problema não é bizantino, porque a Constituição exige maioria qualificada para a declaração de inconstitucionalidade pelos tribunais (art. 200) e permite que o Senado suspenda, no todo ou em parte, a execução da lei ou decreto declarados inconstitucionais por decisão definitiva do Supremo Tribunal Federal (art. 64)"[108].

A orientação jurisprudencial do Supremo Tribunal, sob a Constituição de 1967/69, não deixava dúvida de que a compatibilidade do direito anterior com norma constitucional superveniente haveria de ser aferida no âmbito do direito intertemporal[109]. Assim, na Rp. 946, o Supremo Tribunal reconheceu que o art. 902, § 1º, da Consolidação das Leis do Trabalho havia sido revogado pela Carta Magna de 1946[110]. Também na Rp. 969, constatou o Tribunal a derrogação dos arts. 75, § 1º, da Lei n. 1.341, de 30-1-1951, e 27, § 1º, da Lei n. 4.737, de 15-7-1965, pelo art. 125 da Constituição Federal de 1967[111]. E, na Rp. 1.012, não se conheceu da arguição de inconstitucionalidade relativa à Lei n. 5.048, de 22-12-1958, do Estado de São Paulo, tendo o Ministro Moreira Alves ressaltado que "a lei ordinária anterior, ainda que em choque com a Constituição vigorante quando de sua promulgação, ou está em conformidade com a Constituição atual, e, portanto, não está em desarmonia com a ordem jurídica vigente, ou se encontra revogada pela Constituição em vigor, se com ela incompatível"[112].

Não parecia subsistir dúvida, pois, quanto ao efeito derrogatório, no processo de contrariedade entre norma constitucional superveniente e o direito ordinário em vigor no regime de 1967/69.

A Constituição brasileira de 1988 não tratou expressamente da questão relativa à constitucionalidade do direito pré-constitucional. A jurisprudência do Supremo Tribunal Federal, que se desenvolveu sob a vigência da Constituição de 1967/69, tratava dessa colisão, tal como já mencionado, com base no princípio da *lex posterior derogat priori*.

Já sob o império da nova Constituição teve o Supremo Tribunal Federal oportunidade de discutir amplamente a questão na ADIn 2, da relatoria do Ministro Paulo Brossard. Embora o tema tenha suscitado controvérsia, provocada pela clara manifestação do Ministro Sepúlveda Pertence em favor da revisão da jurisprudência consolidada do Tribunal[113], prevaleceu a tese tradicional, esposada pelo Ministro Paulo Brossard.

---

complementares da Constituição, *RDA*, 7/389-91; Kelsen, La garanzia giurisdizionale della costituzione, in *La giustizia costituzionale*, cit., p. 183-184, e A garantia jurisdicional da Constituição, in *Jurisdição constitucional*, cit., p. 162-163.

108 Victor Nunes Leal, Leis complementares da Constituição, *RDA*, cit., p. 389.

109 Rp. 946/DF, rel. Min. Xavier de Albuquerque, *RTJ*, 82 (1)/44; Rp. 969/DF, rel. Min. Antonio Neder, *RTJ*, 99 (2)/544.

110 Rp. 946/DF, rel. Min. Xavier de Albuquerque, *RTJ* 82 (1)/46.

111 Rp. 969/DF, rel. Min. Antonio Neder, *RTJ*, 99 (2)/544.

112 Rp. 1.012/SP, rel. Min. Moreira Alves, *RTJ*, 95 (39)/980-981.

113 Voto do Ministro Sepúlveda Pertence na ADI 2/DF, *DJ* de 21-11-1997.

Em síntese, são os seguintes os argumentos expendidos pelo Ministro Brossard:

> "Disse-se que a Constituição é a lei maior, ou a lei suprema, ou a lei fundamental, e assim se diz porque ela é superior à lei elaborada pelo poder constituído. Não fora assim e a lei a ela contrária, obviamente posterior, revogaria a Constituição sem a observância dos preceitos constitucionais que regulam sua alteração.
>
> Decorre daí que a lei só poderá ser inconstitucional se estiver em litígio com a Constituição sob cujo pálio agiu o legislador. A correção do ato legislativo, ou sua incompatibilidade com a lei maior, que o macula, há de ser conferida com a Constituição que delimita os poderes do Poder Legislativo que elabora a lei, e a cujo império o legislador será sujeito. E em relação a nenhuma outra.
>
> O legislador não deve obediência à Constituição antiga, já revogada, pois ela não existe mais. Existiu, deixou de existir. Muito menos a Constituição futura, inexistente, por conseguinte, por não existir ainda. De resto, só por adivinhação poderia obedecê-la, uma vez que futura e, por conseguinte, ainda inexistente.
>
> É por esta singelíssima razão que as leis anteriores à Constituição não podem ser inconstitucionais em relação a ela, que veio a ter existência mais tarde. Se entre ambas houver inconciliabilidade, ocorrerá revogação, dado que, por outro princípio elementar, a lei posterior revoga a lei anterior com ela incompatível e a lei constitucional, como lei que é, revoga as leis anteriores que se lhe oponham"[114].

A despeito das objeções bem fundamentadas suscitadas pelo Ministro Pertence – firme na convicção de que recusar a via da ação direta para aferir a constitucionalidade das normas anteriores à Constituição é expurgar do STF missão e responsabilidade que são suas, bem como de que qualificar de revogação o fenômeno de comparação da compatibilidade entre uma norma e a Constituição não exclui a possibilidade de também entendê-lo como controle de constitucionalidade, portanto, sindicável pela via da ação direta perante a Corte Constitucional –, a jurisprudência do Supremo Tribunal Federal continua a entender que a questão da inconstitucionalidade somente se põe quando se cuida de lei posterior à Constituição.

Anote-se, todavia, que, em julgamento realizado em 1º-8-2006, o Tribunal rejeitou a preliminar de não conhecimento da ADI 3.619[115], proposta contra os arts. 34, § 1º, e 170, I, da Consolidação do Regimento Interno da Assembleia Legislativa do Estado de São Paulo. Ressaltou o relator, Ministro Eros Grau, que os preceitos impugnados, embora reproduzissem normas assemelhadas veiculadas originalmente na Resolução n. 576/70, estavam inseridos no Ato n. 1, de 2005, que consolidou, em texto único, diversas resoluções anteriores. É, portanto, afirma, "posterior à vigente Constituição do Brasil, sendo revestido de autonomia suficiente para ser submetido ao controle concentrado de constitucionalidade". Nas palavras de Pertence, proferidas no mencionado julgamento "uma norma pré-constitucional, ao se incorporar a um diploma pós-constitucional, que

114 Cf. Paulo Brossard, A Constituição e as leis anteriores, in *Arquivos do Ministério da Justiça*, n. 180 (1992), p. 125 (126-7).

115 Rel. Min. Eros Grau, julgada em 1º-8-2006, *DJ* de 20-4-2007.

a poderia alterar, transforma-se em norma pós-constitucional, de modo a admitir, conforme a jurisprudência do Supremo, o controle abstrato".

Observe-se, ainda, que, ao apreciar a ADI 3.833[116], que impugnou o Decreto Legislativo n. 444/2003 em face da EC n. 41/2003, o Tribunal houve por bem afirmar que, a despeito de se cuidar de direito pré-constitucional, poderia a Corte reexaminar incidentalmente, em controle abstrato, a revogação ou não recepção do direito anterior.

Trata-se de uma reorientação jurisprudencial quanto ao tema.

O tema, porém, perde a relevância prática, com o advento da Lei n. 9.982/99, que, ao regulamentar a ADPF, admitiu o exame direto da legitimidade do direito pré-constitucional em face da norma constitucional superveniente[117].

3.3.3.2. *Vício formal: inconstitucionalidade originária*

Se a controvérsia relativa aos aspectos materiais do ato assume o caráter de uma autêntica *vexata quaestio*, parece dominar maior uniformidade, na doutrina, no que tange aos aspectos formais. Assenta-se que, no tocante aos pressupostos de índole formal, há de prevalecer o princípio do *tempus regit actum*[118].

No mesmo sentido, assevera García de Enterría que "essa inconstitucionalidade superveniente há de referir-se precisamente à contradição dos princípios materiais da Constituição, e, não, às regras formais da elaboração das leis que a Constituição estabelece no momento presente"[119].

No Direito português, não se coloca em dúvida, igualmente, a intangibilidade dos pressupostos dos atos legislativos adotados em face de lei constitucional superveniente[120]. Ressalta Canotilho que "a inconstitúcionalidade superveniente refere-se, em princípio, à contradição dos actos normativos com as normas e princípios materiais da Constituição e não à contradição com as regras formais ou processuais do tempo da sua elaboração"[121].

Da mesma forma, a matéria parece isenta de maiores controvérsias entre nós. Sepúlveda Pertence, ainda como Procurador-Geral da República, enfatizou, em parecer de 10-3-1987, que a aferição originária do vício formal "*é verdade tão axiomática que poucos autores se preocupam em explicitá-la*"[122].

---

116 Rel. Min. Marco Aurélio, julgada em 19-12-2006.

117 Cf. o item sobre *Ação de descumprimento de preceito fundamental*.

118 Franco Pierandrei, Corte Costituzionale, in *Enciclopedia del Diritto*, cit., v. 10, p. 908; cf., também, Hans Kelsen, La garanzia giurisdizionale della costituzione, in *La giustizia costituzionale*, cit., p. 184.

119 Eduardo García de Enterría, *La Constitución como norma y el Tribunal Constitucional*, Madrid: Civitas, 1981, p. 257. Tradução livre de Valéria Porto, do texto original: "esa inconstitucionalidad sobrevenida ha de referirse precisamente a la contradicción con los principios materiales de la Constitución, no a las reglas formales de elaboración de las leyes que ésta establece hoy".

120 Jorge Miranda, *Manual de direito constitucional*, cit., v. 2, p. 283; José Joaquim Gomes Canotilho, *Direito constitucional e teoria da Constituição*, cit., p. 1306 e s.

121 José Joaquim Gomes Canotilho, *Direito constitucional*, cit., p. 838; e *Direito constitucional e teoria da Constituição*, cit., p. 1306-1307.

122 Procuradoria-Geral da República, Pareceres 08100.00/2813/86 e 08100.00/2881/86, *DJ* de 10-3-1987, p. 3523 (cf. *RDP*, 82/100-110).

Concluiu Sepúlveda Pertence:

"Assim, ninguém discute, o Código Comercial, de 1850, sobrevive incólume à queda do Império, a cuja Constituição se submetera a sua elaboração legislativa.

Assim, também, o advento da Constituição de 1946, que não admitia decretos-leis, não prejudicou a constitucionalidade formal dos que se haviam editado sob o Estado Novo.

De igual modo, é óbvio, a EC 6/63, abolindo a delegação legislativa, não afetou a validade formal da questionada LD 4/62, editada no exercício de delegação, ao seu tempo, permitida"[123].

Não deixa, todavia, de provocar dúvida a caracterização da *incompetência superveniente* do órgão legiferante, mormente nos regimes de índole federativa[124]. Cuidar-se-ia aqui de defeito formal ou material?

A Corte Constitucional italiana tem reconhecido a vigência das leis estatais anteriores que disciplinam matéria agora reservada à legislação regional, admitindo a sua integração no ordenamento regional até a promulgação de lei nova (princípio da continuidade)[125].

No Direito alemão, a matéria mereceu especial atenção do constituinte (Lei Fundamental, arts. 124 a 126), que outorgou ao Tribunal Constitucional a competência para dirimir eventuais dúvidas sobre a vigência de lei como direito federal (art. 126). Portanto, cabe à Corte Constitucional aferir, no âmbito do controle concreto ou abstrato de normas, a vigência de lei pré-constitucional como direito federal. Não se trata, pois, de verificar a validade, mas a qualidade da norma. "A validade da norma – diz Pestalozza – pode constituir uma questão preliminar, mas não o objeto principal do processo"[126].

Assim, tanto pode o Tribunal concluir que a lei foi revogada por contrariar dispositivo constitucional quanto reconhecer a sua insubsistência como direito federal, ou constatar a vigência enquanto direito federal[127].

Entre nós, a referência ao tema parece limitada aos estudos de Pontes de Miranda, que formula as seguintes proposições:

"Sempre que a Constituição dá à União a competência sobre certa matéria e havia legislação anterior, federal e local, em contradição, a Constituição ab-rogou ou derrogou a

---

123 Idem, *DJ* de 10-3-1987, p. 3522. Deve-se registrar, porém, que, não obstante a ampla aceitação desse entendimento, nos diversos sistemas constitucionais, a Professora Ada Pellegrini Grinover sustentou, em Parecer recente, que a Lei Delegada n. 4, de 1961, teria sido revogada pela emenda constitucional derrogatória do regime de gabinete (*RDA*, 166/267 e s.). O pronunciamento da ilustre professora há de ser considerado como manifestação episódica e isolada, no Direito brasileiro e alienígena.

124 José Joaquim Gomes Canotilho, *Direito constitucional*, cit., p. 838; e *Direito constitucional e teoria da Constituição*, cit., p. 1306 e s.

125 Zagrebelsky, *La giustizia costituzionale*, cit., p. 48.

126 Christian Pestalozza, *Verfassungsprozessrecht: die verfassungsgerichtsbarkeit des Bundes und der Länder*, cit., p. 160.

127 Theodor Maunz et al., *Bundesverfassungsgerichtsgesetz:* Komentar, München: C. H. Beck, 1985, § 86, n. 3 e 4, § 89, n. 3 e 4.

legislação federal ou local, em choque com a regra jurídica de competência. Não se precisa, para se decidir em tal sentido, que se componha a maioria absoluta do art. 116.

Se a legislação, que existia, era só estadual, ou municipal, e a Constituição tornou de competência legislativa federal a matéria, a superveniência da Constituição faz contrário à Constituição qualquer ato de aplicação dessa legislação, no que ela, com a nova regra jurídica de competência, seria sem sentido. A maioria do art. 116 não é necessária. *Aliter*, se só há a ab-rogação ou a derrogação, se inconstitucional a continuação da incidência; e. g., se antes de ser estadual, ou municipal, fora federal (discute-se se há repristinação ou inconstitucionalidade).

Se havia legislação federal e estadual e a competência passou a ser, tão só, do Estado-membro, ou do Município, a legislação federal persiste, estadualizada, ou municipalizada, respectivamente, até que o Estado-membro ou o Município a ab-rogue, ou derrogue"[128].

Evidentemente, não há cogitar de uma federalização de normas estaduais ou municipais, por força de alteração na regra de competência. Nesse caso, há de se reconhecer eficácia derrogatória à norma constitucional que tornou de competência legislativa federal matéria anteriormente afeta ao âmbito estadual ou municipal.

Todavia, se havia legislação federal, e a matéria passou à esfera de competência estadual ou municipal, o complexo normativo promulgado pela União subsiste estadualizado ou municipalizado, até que se proceda à sua derrogação por lei estadual ou municipal. É o que parece autorizar o próprio princípio da continuidade do ordenamento jurídico[129].

3.3.3.3. *Configuração da inconstitucionalidade e mudança nas relações fáticas ou jurídicas*

A doutrina admite a caracterização da inconstitucionalidade da lei tendo em vista significativa alteração das relações fáticas.

Assim, a norma legal que não podia ser acoimada de inconstitucional, ao tempo de sua edição, torna-se suscetível de censura judicial em virtude de uma profunda mudança nas relações fáticas, configurando o processo de inconstitucionalização (*der Prozess des Verfassungswidrigwerdens*)[130].

---

128 Pontes de Miranda, *Comentários ao Código de Processo Civil*, Rio de Janeiro: Forense, 1975, v. 6, p. 66-7.

129 Cf. ADI 192/RS, rel. Min. Moreira Alves, *DJ* de 6-9-2001 (Criação de município. Discussão sobre estadualização. LCP 1/1967).

130 Jörn Ipsen, *Rechtsfolgen der Verfassungswidrigkeit von Norm und Einzelakt*, cit., p. 133; Thilo Krause-Palfner, *Das Verfassungswidrigwerden von Gesetzen*, Frankfurt am Main, Diss., 1973, p. 28 e s.; Christian Pestalozza, "Noch verfassungsmässige" und "bloss verfassungswidrige" Rechtslagen, in Christian Starck, *Bundesverfassungsgericht und Grundgesetz*, cit., v. 1, p. 556; Klaus Schlaich, *Das Bundesverfassungsgericht: Stellung Verfahren, Entscheidungen*, cit., p. 181-183. A edição de uma norma – anota Grimm (Verfassungsgerichtsbarkeit Funktion und Funktionsgrenzen im demokratischen Staat, in Wolfgang Hoffmann-Riem (org.), *Sozialwissenschaften im Studium des Rechts*, München: C. H. Beck, 1977, p. 89) – tem em vista uma determinada realidade ou uma determinada concepção da realidade. E, não raras vezes, as proposições normativas consagram, diretamente, no seu *Tatbestand* esses fragmentos de realidade (*Wirklichkeitsausschnitte*). Assim, uma mudança dessa *realidade* pode afetar a legitimidade da proposição normativa. De resto, parece certo que o juiz não afere, simplesmente, a constitucionalidade da lei, mas, como enfatiza Ehmke, "a relação da lei com o problema que lhe é apresentado em face do parâmetro constitucional"

A dogmática jurídica limita-se a distinguir os atos constitucionais dos atos inconstitucionais. A declaração de inconstitucionalidade supõe a simples declaração ou o singelo reconhecimento de uma situação preexistente. O processo de inconstitucionalização (*Verfassungswidrigwerden*) não se coloca como alternativa dogmática, salvo quando resultante de uma mudança das relações fáticas. Eventual alteração no entendimento jurisprudencial, com a consequente afirmação da inconstitucionalidade de uma situação, até então considerada constitucional, não autoriza a caracterização da inconstitucionalidade superveniente[131]. Esforça-se por contornar o inevitável embaraço decorrente desse modelo, afirmando que a mudança no entendimento jurisprudencial ensejou apenas o reconhecimento da inconstitucionalidade, anteriormente configurada[132].

Talvez um dos temas mais ricos da teoria do direito e da moderna teoria constitucional seja aquele relativo à evolução da jurisprudência e, especialmente, a possível mutação constitucional, decorrente de uma nova interpretação da Constituição. Como esclarece Carlos Blanco de Morais, novas interpretações surgem a partir de alterações tácitas ou implícitas no texto constitucional, sem prejuízo de se manterem intocadas as letras dos preceitos. Segundo o autor, "a mutação informal não é um instituto, mas um fenômeno. E um fenômeno difícil de definir, de limitar e de qualificar quanto à sua natureza, pese o fato de, como realidade fática e jurídica, produzir impactos incontornáveis no plano da metódica da interpretação constitucional, da legitimidade democrática e da separação de poderes"[133].

Se as repercussões das mutações constitucionais no plano material são inegáveis, são inúmeros também os desafios no plano do processo em geral e, sobretudo, do processo constitucional.

Nesse sentido, vale registrar a douta observação de Larenz:

> "De entre os factores que dão motivo a uma revisão e, com isso, frequentemente, a uma modificação da interpretação anterior, cabe uma importância proeminente à alteração da situação normativa. Trata-se a este propósito de que as relações fácticas ou usos que o legislador histórico tinha perante si e em conformidade aos quais projectou a sua regulação, para os quais a tinha pensado, variaram de tal modo que a norma dada deixou de se 'ajustar' às novas relações. É o factor temporal que se faz notar aqui. Qualquer lei está, como facto histórico, em relação actuante com o seu tempo. Mas o tempo também não está em quietude; o que no momento da gênese da lei actuava de modo determinado, desejado pelo legislador, pode posteriormente actuar de um modo que nem sequer o legislador previu, nem, se o pudesse ter previsto, estaria disposto a aprovar. Mas, uma vez que a lei, dado que pretende ter também validade para uma multiplicidade de casos futuros, procura também

(*Denn im Grunde pruft das Gericht nie, wie vereinfachend gesagt wird, das Gesetz, sondern immer nur das Verhältnis des Gesetzes zu dem ihm vorgegebenen Problem am Massstab der Verfassung*) (Horst Ehmke, Prinzipien der Verfassungsinterpretation, in Ralf Dreier e Friedrich Schwegmann, *Probleme der Verfassungsinterpretation*: Dokumentation einer Kontroverse, 1. Aufl., Baden-Baden: Nomos Verlagsgesellschaft, 1976, p. 204).

131 Jörn Ipsen, *Rechtsfolgen der Verfassungswidrigkeit von Norm und Einzelakt*, cit., p. 136-137.

132 Jörn Ipsen, *Rechtsfolgen der Verfassungswidrigkeit von Norm und Einzelakt*, cit., p. 137.

133 Carlos Blanco de Morais, *Curso de direito constitucional*: teoria da Constituição em tempos de crise do Estado Social, cit., p. 243.

garantir uma certa constância nas relações inter-humanas, a qual é, por seu lado, pressuposto de muitas disposições orientadas para o futuro, nem toda a modificação de relações acarreta por si só, de imediato, uma alteração do conteúdo da norma. Existe a princípio, ao invés, uma relação de tensão que só impele a uma solução – por via de uma interpretação modificada ou de um desenvolvimento judicial do Direito – quando a insuficiência do entendimento anterior da lei passou a ser 'evidente'"[134].

Nesses casos, fica evidente que o Tribunal não poderá "fingir" que sempre pensara dessa forma. Daí a necessidade de, em tais casos, fazer o ajuste do resultado, adotando técnica de decisão que, tanto quanto possível, traduza a mudança de valoração. No plano constitucional, esses casos de mudança na concepção jurídica podem produzir uma mutação normativa ou a evolução na interpretação, permitindo que venha a ser reconhecida a inconstitucionalidade de situações anteriormente consideradas legítimas.

A relevância da evolução interpretativa no âmbito do controle de constitucionalidade está a demonstrar que o tema comporta inevitáveis desdobramentos. A eventual mudança no significado de parâmetro normativo pode acarretar a censurabilidade de preceitos até então considerados compatíveis com a ordem constitucional. Introduz-se, assim, a discussão sobre os efeitos da declaração de inconstitucionalidade, na espécie. Não é de excluir, igualmente, a possibilidade de que uma norma declarada constitucional pelo Judiciário venha a ter a sua validade infirmada em virtude da evolução hermenêutica. E, nesse caso, lícito será indagar sobre os efeitos e limites da coisa julgada no juízo de constitucionalidade.

Cumpre assinalar, tão somente, a inegável importância assumida pela interpretação no controle de constitucionalidade, afigurando-se possível a caracterização da inconstitucionalidade superveniente como decorrência da mudança de significado do parâmetro normativo constitucional, ou do próprio ato legislativo submetido à censura judicial.

Nesses casos, além de um eventual processo de inconstitucionalização (situação de transição), pode-se ter a própria declaração de inconstitucionalidade da lei anteriormente considerada constitucional. Impõe-se, por isso, muitas vezes, a adaptação da técnica de decisão, abandonando-se uma simples e pura declaração de nulidade[135].

3.3.4. Inconstitucionalidade por ação e inconstitucionalidade por omissão

A inconstitucionalidade por ação é aquela que resulta da incompatibilidade de um ato normativo com a Constituição. A garantia jurisdicional da Constituição constitui elemento do sistema de medidas técnicas cujo objetivo é assegurar o exercício regular

---

134 Karl Larenz, *Metodologia da ciência do direito*, 3. ed., Lisboa, 1997, p. 495.

135 Nesse sentido, registra-se o julgamento da norma que vedava a progressão de regime prisional no caso de condenação pela prática de crime hediondo, bem como o julgamento em que se considerou inconstitucional, sem pronúncia de nulidade, benefício previsto na Lei Orgânica de Assistência Social (LOAS). Cf., *infra*, Cap. 4, n. V, 6.5 – Individualização da pena e progressão de regime penal e Cap. 10, n. IV, 3.2.3 – Casos relevantes de omissão legislativa na jurisprudência do STF.

das funções estatais, as quais possuem caráter jurídico inerente: consistem em atos jurídicos. São eles atos de criação de normas jurídicas ou atos de execução de Direito já criado, ou seja, de normas jurídicas já estatuídas[136].

A ideia de controle de constitucionalidade advém do fato de a Constituição apresentar-se como a base indispensável das demais normas jurídicas, que, na lição de Kelsen, "regem a conduta recíproca dos membros da coletividade estatal, assim como das que determinam os órgãos necessários para aplicá-las e impô-las, e a maneira como devem proceder, isto é, em suma, o fundamento da ordem estatal"[137].

Se do afazer legislativo resulta uma norma contrária ou incongruente com o texto constitucional, seja no plano da regularidade do processo legislativo, seja no plano do direito material regulado, o ordenamento jurídico oferece mecanismos de proteção à regularidade e estabilidade da Constituição.

Os mecanismos de controle de constitucionalidade variam de acordo com os modelos e sistemas, mas todos têm o mesmo objetivo de expurgar do ordenamento jurídico as normas que são incompatíveis com a Constituição.

Já o reconhecimento de inconstitucionalidade por omissão é relativamente recente. Antes, a inconstitucionalidade da lei configurava sempre caso de inconstitucionalidade por ação, ou seja, resultante de um afazer positivo do legislador.

A omissão legislativa inconstitucional pressupõe a inobservância de um dever constitucional de legislar, que resulta tanto de comandos explícitos da Lei Magna[138] como de decisões fundamentais da Constituição identificadas no processo de interpretação[139].

Tem-se *omissão absoluta ou total* quando o legislador não empreende a providência legislativa reclamada. Já a omissão parcial ocorre quando um ato normativo atende apenas parcialmente ou de modo insuficiente a vontade constitucional[140]. É possível que a problemática atinente à inconstitucionalidade por omissão constitua um dos mais tormentosos e, ao mesmo tempo, um dos mais fascinantes temas do direito constitucional moderno, envolvendo não só o problema concernente à concretização da Constituição pelo legislador e todas as questões atinentes à eficácia das normas constitucionais, mas também a argúcia do jurista na solução do problema sob uma perspectiva estrita do processo constitucional.

O constituinte brasileiro de 1988 emprestou significado ímpar ao controle de constitucionalidade da omissão com a instituição dos processos de mandado de injun-

136 Hans Kelsen, *Jurisdição constitucional*, São Paulo: Martins Fontes, 2003, p. 130.

137 Hans Kelsen, *Jurisdição constitucional*, São Paulo: Martins Fontes, 2003, p. 131.

138 *BVerfGE*, 6, 257 (264); Vgl auch Christian Pestalozza, "Noch verfassungsmässige" und "bloss verfassungswidrige" Rechtslagen, in Christian Starck, *Bundesverfassungsgericht und Grundgesetz*, cit., v. 1, p. 526; cf., Friedrich Julicher, *Die Verfassungsbeschwerde gegen Urteile bei gesetzgeberischem Unterlassen*, Berlin, 1972, p. 13.

139 *BVerfGE*, 56, 54 (70 s.); 55, 37 (53); Peter Hein, *Die Unvereinbarerklärung verfassungswidriger Gesetze durch das Bundesverfassungsgericht*, Baden-Baden, 1988, p. 57; *BVerfGE*, Vorprufungsausschuss *NJW*, 1983, 2931 (Waldsterben).

140 Peter Lerche, Das Bundesverfassungsgericht und die Verfassungsdirektiven, Zu den "nicht erfulten Gesetzgebungsauftragen", *AöR*, 90 (1965), p. 341 (352); Friedrich Julicher, *Die Verfassungsbeschwerde gegen Urteile bei gesetzgeberischem Unterlassen*, cit., p. 33; Stern, *Bonner Kommentar*. art. 93, *RdNr.*, 285; Lechner, *NJW*, 1955, p. 181 e s.; Schmidt-Bleibtreau, in Maunz et al. *BVerfGG*, § 90, *RdNr.*, 121.

ção e da ação direta da inconstitucionalidade da omissão. Como essas inovações não foram precedidas de estudos criteriosos e de reflexões mais aprofundadas, afigura-se compreensível o clima de insegurança e perplexidade que acabaram por suscitar nos primeiros tempos.

Caso clássico de omissão parcial é a chamada exclusão de benefício incompatível com o princípio da igualdade. Tem-se a "exclusão de benefício incompatível com o princípio da igualdade" se a norma afronta o princípio da isonomia, concedendo vantagens ou benefícios a determinados segmentos ou grupos sem contemplar outros que se encontram em condições idênticas.

Essa exclusão pode verificar-se de forma concludente ou explícita. É concludente se a lei concede benefícios apenas a determinado grupo[141]; *a exclusão de benefícios* é explícita[142] se a lei geral que outorga determinados benefícios a certo grupo exclui sua aplicação a outros segmentos[143].

O postulado da igualdade pressupõe a existência de, pelo menos, duas situações que se encontram numa relação de comparação[144]. Essa relatividade do postulado da isonomia leva, segundo Maurer, a uma inconstitucionalidade relativa (*relative Verfassungswidrigkeit*) não no sentido de uma inconstitucionalidade menos grave. É que inconstitucional não se afigura a norma "A" ou "B", mas a disciplina diferenciada das situações (*die Unterschiedlichkeit der Regelung*)[145].

Essa peculiaridade do princípio da isonomia causa embaraços, uma vez que a técnica convencional de superação da ofensa (cassação; declaração de nulidade) não parece adequada na hipótese, podendo inclusive suprimir o fundamento em que assenta a pretensão de eventual lesado[146]. Assim, se a lei concede um benefício a um grupo de pessoas e silencia em relação a outro em situação idêntica, provoca situação que dificilmente poderia ser resolvida com o caso da declaração de nulidade.

Para solucionar inconstitucionalidade decorrente de omissão, é imperiosa a adoção de novas técnicas de decisão de inconstitucionalidade, como as sentenças manipulativas de efeitos aditivos e a declaração de inconstitucionalidade sem pronúncia de nulidade[147].

3.3.5. **Inconstitucionalidade de normas constitucionais**

3.3.5.1. ***O controle de constitucionalidade da reforma constitucional e as "cláusulas pétreas"***

O controle de constitucionalidade contempla o próprio direito de revisão reconhecido ao poder constituinte derivado.

141 Cf. *BVerfGE*, 18, 288 (301); 22, 349 (360).

142 Cf. *BVerfGE*, 25, 101.

143 Cf., a propósito, Hartmut Maurer, Zur Verfassungswidrigerklärung von Gesetzen, in *Festschrift fur Werner Weber*, Berlin, 1974, p. 345 (349); Jörn Ipsen, *Rechtsfolgen der Verfassungswidrigkeit von Norm und Einzelakt*, cit., p. 109; Friedrich Julicher, *Die Verfassungsbeschwerde gegen Urteile bei gesetzgeberischem Unterlassen*, cit., p. 51 e s.

144 Hartmut Maurer, Zur Verfassungswidrigerklärung von Gesetzen, in *Festschrift fur Werner Weber*, cit., p. 345 (354).

145 Hartmut Maurer, Zur Verfassungswidrigerklärung von Gesetzen, in *Festschrift fur Werner Weber*, cit., p. 345 (354).

146 Hartmut Maurer, Zur Verfassungswidrigerklärung von Gesetzen, in *Festschrift fur Werner Weber*, cit., p. 347 (354).

147 Cf., *infra*, Cap. 10, n. X – As decisões no controle de constitucionalidade de normas e seus efeitos.

Parece axiomático que as Constituições rígidas somente podem ser revistas com a observância dos ritos nelas prescritos. São exigências quanto ao quórum, à forma de votação, à imposição de *referendum* popular, ou de ratificação[148]. Alguns textos consagram, igualmente, *vedações circunstanciais* à reforma da ordem constitucional. É o que estabelece, v. g., a Carta brasileira de 1967/69, ao prever que "a Constituição não poderá ser emendada na vigência de estado de sítio ou estado de emergência"[149]. A Constituição imperial de 1824 vedava qualquer reforma antes de completados quatro anos de vigência (art. 174)[150].

Não raras vezes, impõe o constituinte limites materiais expressos à eventual reforma da Lei Maior. Cuida-se das chamadas *cláusulas pétreas* ou da garantia de eternidade (*Ewigkeitsgarantie*), que limitam o poder de reforma sobre determinados objetos. Assim, a Constituição de 1891 vedava projetos tendentes a abolir a forma republicana federativa ou a igualdade de representação dos Estados no Senado (art. 90, § 4º). A Constituição de 1934 consagrava a imutabilidade do regime republicano (art. 178, § 5º), e a Carta Magna de 1946 reproduziu a cláusula pétrea adotada pelo Constituinte de 1891 (art. 217, § 6º). O texto de 1967/69 não inovou na matéria (art. 47, § 1º). A Constituição de 1988 elegeu como cláusulas pétreas a forma federativa de Estado, o voto direto, secreto, universal e periódico, a separação dos Poderes e os direitos e garantias individuais (art. 60, § 4º).

A Constituição americana contém cláusula que impõe a representação paritária dos Estados no Senado Federal (art. 5º). Todavia, segundo Loewenstein, nada impede a eliminação desse preceito[151].

A Lei Fundamental de Bonn, de 1949, veda, expressamente, qualquer reforma constitucional que introduza alteração na ordem federativa, modifique a participação dos Estados no processo legislativo, ou suprima os princípios estabelecidos nos seus arts. 1º (intangibilidade da dignidade humana) e 20 (estado republicano, federal, democrático e social, divisão de Poderes, regime representativo, princípio da legalidade)[152].

Tais *cláusulas de garantia* traduzem, em verdade, um esforço do constituinte para assegurar a integridade da Constituição, obstando a que eventuais reformas provoquem a destruição, o enfraquecimento ou impliquem profunda mudança de identidade[153]. É que, como ensina Hesse, a Constituição contribui para a continuidade da ordem jurídi-

---

148 Orlando Bitar, A lei e a Constituição, in *Obras completas de Orlando Bitar,* cit., p. 490. Cf. Paulo Bonavides, *Curso de direito constitucional*, cit., p. 198.

149 Michel Temer, *Elementos de direito constitucional,* São Paulo: Malheiros, 2005, p. 36.

150 Cf., sobre o assunto, Karl Loewenstein, *Teoría de la Constitución,* trad. y estúdio sobre la obra por Alfredo Gallego Anabitarte, 2. ed., Barcelona: Ariel, 1976, p. 619; Canotilho, *Direito constitucional*, cit., p. 757-759; e *Direito constitucional e teoria da Constituição,* cit., p. 1059 e s.

151 Karl Loewenstein, *Teoría de la Constitución*, cit., p. 190.

152 O direito de resistência (art. 20, par. 4º), introduzido por emenda constitucional, não está coberto pela cláusula de intangibilidade (cf. Bodo Pieroth e Bernhard Schlinck, *Grundrechte – Staatsrecht,* Heidelberg: C. F., Muller, 1987, p. 263).

153 Orlando Bitar, A lei e a Constituição, in *Obras completas de Orlando Bitar*, cit., p. 490-491; Segundo V. Linares Quintana, *Tratado de la ciencia del derecho constitucional argentino y comparado,* Buenos Aires: Ed. Alta, 1953, v. 2, p. 108-109; Karl Loewenstein, *Teoría de la Constitución,* cit., p. 189-192; Hans Kelsen, *Teoría general del Estado,* tradução de Luis Legaz Lacambra, Barcelona: Labor, 1934, p. 331-332; Konrad Hesse, *Grundzüge des Verfassungsrechts der Bundesrepublik Deustschland*, cit., p. 261-264; Michel Temer, *Elementos de direito constitucional,* cit., p. 36.

ca fundamental, na medida em que impede a efetivação de um suicídio do Estado de Direito Democrático sob a forma da legalidade[154]. Nesse sentido pronunciou-se o Tribunal Constitucional alemão, asseverando que o constituinte não dispõe de poderes para suspender ou suprimir a Constituição[155].

Daí falar-se de inconstitucionalidade de normas constitucionais, seja em razão de afronta ao processo de reforma da Constituição, seja em razão de afronta às chamadas cláusulas pétreas.

Na experiência brasileira pós-1988 registram-se diversos casos de declaração de constitucionalidade e de inconstitucionalidade de Emenda Constitucional[156]. A propósito, o Ministro Sepúlveda Pertence abordou o tema, ponderando que a Constituição de 1988 havia operado extensa ampliação das limitações materiais do poder de reforma constitucional, atestando, ainda, que "no campo das ações diretas", verificou-se "inevitável que praticamente a cada emenda constitucional siga-se uma ação direta, com a qual as forças políticas vencidas no processo de elaboração da emenda constitucional, suscitem perante o Supremo Tribunal, dada a amplitude das cláusulas pétreas do art. 60, a existência ou não de violação dos limites materiais, ou mesmo dos limites formais ao poder de reforma constitucional"[157].

Registre-se, a propósito, que entre os anos de 1988 e 2015, o STF declarou inconstitucionais, total ou parcialmente, as seguintes normas constitucionais: EC n. 3/93; EC n. 19/98; EC n. 20/98; EC n. 21/99; EC n. 41/2003; EC n. 45/2004; EC n. 52/2006 e EC n. 62/2009.

É importante ressaltar ainda que a declaração de inconstitucionalidade de emendas tem dado ensejo a polêmicas quanto à eficácia temporal das decisões do Supremo. Nesse sentido, no julgamento das ADI 4.357 e 4.425, em que se declarou a inconstitucionalidade da EC n. 62/2009, suscitou-se a necessidade de modulação de efeitos da decisão da Corte, uma vez que a referida emenda já vinha sendo aplicada desde a sua promulgação. Em março de 2015, o Plenário do STF concluiu o julgamento dessa modulação de efeitos, estabelecendo que o regime especial de precatórios previsto pela EC n. 62/2009 continuaria válido por mais 5 (cinco) exercícios financeiros, a contar de primeiro de janeiro de 2016[158].

---

154 Konrad Hesse, *Grundzüge des Verfassungsrechts der Bundesrepublik Deustschland*, cit., p. 261-262.

155 Konrad Hesse, *Grundzüge des Verfassungsrechts der Bundesrepublik Deustschland*, cit., p. 262; *BVerfGE*, 30:1(20).

156 ADI 3.367/DF, rel. Min. Cezar Peluso, *DJ* de 17-3-2006; ADI 3.685/DF, rel. Min. Ellen Gracie, *DJ* de 10-8-2006; ADI 3.128/DF, rel. para acórdão Min. Cezar Peluso, *DJ* de 18-2-2005; ADI 3.105/DF, rel. Min. Cezar Peluso, *DJ* de 18-2-2005; MS 24.642/DF, rel. Min. Carlos Velloso, *DJ* de 18-6-2004; ADI 1.946/DF, rel. Min. Sydney Sanches, *DJ* de 16-5-2003; ADI-MC 1.946/DF, rel. Min. Sydney Sanches, *DJ* de 14-9-2001; ADI-MC 1.805/DF, rel. Min. Néri da Silveira, *DJ* de 14-11-2003; ADI-MC 1.497/DF, rel. Min. Marco Aurélio, *DJ* de 13-12-2002; ADI-MC 1.420/DF, rel. Min. Néri da Silveira, *DJ* de 19-12-1997; ADI 997/RS, rel. Min. Moreira Alves, *DJ* de 30-8-1996; ADI 815/DF, rel. Min. Moreira Alves, *DJ* de 10-5-1996; ADI 939/DF, rel. Min. Sydney Sanches, *DJ* de 18-3-1994; ADI-MC 926/DF, rel. Min. Sydney Sanches, *DJ* de 6-5-1994; ADI 830/DF, rel. Min. Moreira Alves, *DJ* de 16-9-1994; ADI 466/DF, rel. Min. Celso de Mello, *DJ* de 10-5-1991.

157 José Paulo Sepúlveda Pertence, O controle de Constitucionalidade das Emendas Constitucionais pelo Supremo Tribunal Federal: crônica de jurisprudência, *Revista Eletrônica de Direito do Estado* (*REDE*), Salvador, Instituto Brasileiro de Direito Público, n. 9, jan./fev./mar. 2007.

158 ADI 4.425 QO, rel. Min. Luiz Fux, Tribunal Pleno, *DJe* de 4-8-2015. A esse respeito, cf. item 2.1 do Capítulo III desta obra.

3.3.5.2. *Limites imanentes ao poder constituinte*

Muito mais complexa se afigura a questão dos limites imanentes ao poder constituinte. Ninguém ignora que o constitucionalismo moderno se caracteriza, dentre outros aspectos, pelo esforço desenvolvido no sentido de positivar o direito natural. A ideia de princípios superiores ou naturais, a concepção de direitos inatos, é antiga. Todavia, a consolidação desses postulados em um documento escrito (*Urkunde*), de índole duradoura ou permanente, e, por isso mesmo, superior às providências ordinárias, marcadas pela transitoriedade, constitui traço característico do conceito de Constituição, inaugurado com a Carta Magna americana, de 1787[159].

Assim, os chamados direitos fundamentais, consagrados nas diferentes Declarações de Direitos, lograram obter a sua constitucionalização. O próprio *direito de resistência* encontrou abrigo no direito constitucional positivado (Constituição americana, art. II da Primeira Emenda; Lei Fundamental de Bonn, art. 20, par. 4º)[160].

E, se as ideias jusnaturalistas formavam a base da Constituição, consolidando uma elevada ideia de justiça, competia aos tribunais revelar essa concepção. Daí observar Carl Swisher que "aquilo que for justo será constitucional e aquilo que for injusto será inconstitucional"[161]. A existência de uma justiça natural superior[162], a valoração dos princípios eternos de justiça e o sentimento de que "as limitações definidas oriundas da justiça natural cerceavam a autoridade legislativa, independentemente das restrições constitucionais expressas", parecem permear, inicialmente, todo o direito constitucional americano[163]. A introdução da *due process clause,* pela 14ª Emenda, realiza, segundo o *justice Field*, a Declaração de Independência dos direitos inalienáveis do homem, direitos que são um dom do Criador, que a lei apenas reconhece, não confere[164]. A referência de Field traduz a concepção jusnaturalista da "lei recebida" (*found law*), segundo a qual constituía atribuição dos legisladores e juízes *descobrir* e não *fazer* as leis[165].

Embora a teoria das limitações implícitas tenha encontrado excepcional desenvolvimento doutrinário e jurisprudencial nos Estados Unidos, conforme comprovam os

---

159 Mauro Cappelletti, *O controle judicial de constitucionalidade das leis no direito comparado,* tradução de Aroldo Plínio Gonçalves, Porto Alegre: Sérgio A. Fabris, Editor, 1984, p. 56-57. Cf. Ernest Bloch, *Naturrecht und menschliche Wurde,* 2. Aufl., Frankfurt am Main: Suhrkamp, 1980, p. 76-81.

160 Cf., a propósito, Karl-Heinz Seifert e Dieter Hömig (org.), *Grundgesetz fur die Bundesrepublik Deutschland,* 2. Aufl., Baden-Baden: Nomos, 1985, p. 188; *v.* também Orlando Bitar, A lei e a Constituição, in *Obras completas de Orlando Bitar,* cit., p. 579; Otto Bachof, *Normas constitucionais inconstitucionais?*, cit., p. 43.

161 Carl Brent Swisher, *The growth of constitutional power in the United States,* The University of Chicago Press, 1945, p. 12-13, apud Orlando Bitar, A lei e a Constituição, in *Obras completas de Orlando Bitar*, cit., p. 579.

162 Orlando Bitar, A lei e a Constituição, in *Obras completas de Orlando Bitar*, cit., p. 581-582.

163 Cf., a propósito, Thomas M. Cooley, *A treatise on the constitutional limitations;* which rest upon the legislative power of the States of the American Union, 7. ed., Boston: Little, Brown, and Company, 1903, p. 182 e s.; *v.* também, Orlando Bitar, A lei e a Constituição, in *Obras completas de Orlando Bitar*, cit., p. 579-580.

164 Orlando Bitar, A lei e a Constituição, in *Obras completas de Orlando Bitar*, cit., p. 584.

165 Orlando Bitar, A lei e a Constituição, in *Obras completas de Orlando Bitar*, cit., p. 594; *v.*, também, Otto Bachof, *Normas constitucionais inconstitucionais?*, cit., p. 41.

escritos de Cooley e Story[166], e, a despeito de se reconhecer a base jusnaturalista dos direitos fundamentais, a sua aplicação ao poder constituinte não parece ter merecido grande acolhida da doutrina e jurisprudência americanas[167]. Nesse sentido, assevera Loewenstein que a doutrina da posição preferencial (*preferred opinion*) dos quatro direitos fundamentais contidos na 1ª Emenda (liberdade de confissão, de opinião e imprensa, de reunião e de petição) vem-se consolidando na jurisprudência da Suprema Corte[168]. Não obstante, a controvérsia sobre a inconstitucionalidade de normas constitucionais não foi arrostada pela *Supreme Court*. E, segundo o jurista, isso se deve não só ao fato de as alterações constitucionais se mostrarem raras, mas também por se considerar estranha ao pensamento jurídico americano a ideia de uma limitação imposta ao legislador constituinte[169].

Ao revés, a jurisprudência constitucional alemã do pós-guerra admite o controle da reforma constitucional e reconhece a existência de princípios suprapositivos, cuja observância se afigura obrigatória para o próprio constituinte.

Em decisão proferida no segundo semestre de 1951, a Corte Constitucional alemã consagrou, expressamente, que os princípios de direito suprapositivo vinculavam o constituinte:

> "Uma assembleia constituinte é hierarquicamente superior à representação parlamentar eleita com base na Constituição. Ela detém o *pouvoir constituant*.
>
> Ela restaura uma nova ordem constitucional, dotada de especial eficácia, para o Estado em formação.
>
> Esse *status* peculiar torna a Assembleia Constituinte imune a limitações de ordem externa. Ela está vinculada, tão somente, ao Direito anterior de índole suprapositiva (...)"[170].

O Tribunal Constitucional admitiu, portanto, a existência de postulados de direito suprapositivo, cuja observância se afigurava imperativa, inclusive para o legislador constituinte. A Corte reconheceu, ademais, a sua competência para aferir a compatibilidade do direito positivo com os postulados do direito suprapositivo[171].

---

166 Thomas M. Cooley, *A treatise on the constitucional limitations;* which rest upon the legislative power of the States of the American Union, cit., p. 182 e s.; Edward S. Corwin, The "Higher Law" background of American constitutional law, *Harvard Law Review*, 42(2):1928-29.

167 Karl Loewenstein, *Teoria de la Constitución*, cit., p. 194-195; Segundo V. Linares Quintana, *Tratado de ciencia del derecho constitucional argentino y comparado*, cit., p. 152-158.

168 Karl Loewenstein, *Teoria de la Constitución*, cit., p. 194.

169 Karl Loewenstein, *Teoría de la Constitución*, cit., p. 195; *v.*, também, Segundo V. Linares Quintana, *Tratado de ciencia del derecho constitucional argentino y comparado*, cit., v. 2, p. 152.

170 *BVerfGE*, 1:14(61): "Eine verfassungsgebende Versammlung hat einen höheren Rang als die auf Grund der erlassenen Verfassung gewählte Volksvertretung. Sie ist im Besitz des 'pouvouir constituant'. Sie schafft die neue, fur werdenden Staat verbindliche, mit besonderer Kraft ausgestattete Verfassungsordnung. Mit dieser besonderen Stellung ist es unverträglich, dass ihr von aussen Beschränkungen auferlegt werden. Sie ist nur gebunden an die jedem geschriebenen Recht vorausliegenden uberpositiven Retsgrundsätze (...)".

171 *BVerfGE*, 1:14(18). A decisão do *Bundesverfassungsgericht* está a demonstrar o conteúdo jusnaturalista do próprio controle judicial de constitucionalidade, como sustentado por Bitar, nas brilhantes páginas de A lei e a Constituição, in *Obras completas de Orlando Bitar*, cit., p. 136-137.

Essa afirmação não passava, porém, de um *obiter dictum*, que jamais assumiu relevância jurídica.

4. TÓPICOS ESPECIAIS EM CONTROLE DE CONSTITUCIONALIDADE

4.1. Apreciação e revisão de fatos e prognoses legislativos

4.1.1. Considerações gerais

Questão de importância capital para o exercício das atividades jurisdicionais das Cortes Constitucionais diz respeito à possibilidade de exame de fatos legislativos ou prognoses legislativas aceitos ou adotados pelo legislador ao promulgar uma dada norma. Em muitos casos, as dificuldades acentuam-se em razão de não ser admissível, em variados processos especiais, a produção adicional de provas ou a realização de perícias. De qualquer sorte, ainda que se aceite uma instrução processual ampla, coloca-se sempre a indagação sobre os limites dos poderes de que se encontra investido o Tribunal para rever os fatos e prognoses legislativos adotados e, assim, chegar à conclusão de que a norma não se mostra compatível com a Constituição.

No que concerne à relação da Corte Constitucional com os tribunais ordinários, especialmente no contexto do recurso constitucional (*Verfassungsbeschwerde*), reitera-se a orientação segundo a qual a verificação e a apreciação de fatos (*Tatbestand*) são da competência da jurisdição ordinária. Enfatiza-se, nessa linha, que o Tribunal não é uma simples Corte de Revisão. Na prática, identificam-se, porém, vários casos em que o Tribunal Constitucional relativiza esse postulado, procedendo a uma reavaliação ou a uma nova avaliação dos fatos apreciados pelas instâncias ordinárias[172]. Tal prática tem gerado algumas críticas por parte da doutrina, que vislumbra nesse aspecto uma tendência de usurpação das atribuições da justiça criminal e da justiça cível[173].

É verdade, entretanto, que essa crítica é mitigada, como observa Bryde, caso se aceite que, no tocante à (re)avaliação dos elementos fáticos, cuida-se de um critério de divisão de trabalho com o fito de proteção dos direitos fundamentais. Tal postulado poderá ser afastado se assim o exigir a defesa dos direitos fundamentais[174].

Em estudo empírico desenvolvido por Klaus Jürgen Philippi, com base nas decisões publicadas nos primeiros 25 volumes da revista da Corte Constitucional alemã (até 1969), foi demonstrado que, em 208 decisões, o Tribunal identificou 269 fatos legislativos, e desses pelo menos um quarto (75 decisões) referia-se a prognoses[175].

---

172 Brun-Otto Bryde, *Verfassungsengsentwicklung, Stabilität und Dynamik im Verfassungsrecht der Bundesrepublik Deutschland*, Baden-Baden, 1982, p. 547-548.

173 Brun-Otto Bryde, Tatsachenfesstellungen und soziale Wirklichkeit in der Rechtsprechung des BVerfG, in: Badura/Dreier, SF 50 Jahre BverfG, Baden-Baden, 2001, p. 547-548.

174 Bryde, Tatsachenfesstellungen und soziale Wirklichkeit, cit., p. 548.

175 Klaus Jürgen Philippi, *Tatsachenfeststellungen des Bundesverfassungsgerichts*, Colônia, 1971, p. 2 s.; Fritz Ossenbühl, Kontrolle von Tatsachenfeststellungen und Prognosenentscheidungen durch das Bundesverfassungsgericht. In: Christian Starck (Org.), *Bundesverfassungsgericht und Grundgesetz*, v. I, p. 461.

Evidentemente, a ideia de fatos legislativos não é precisa e, até intuitivamente, revela-se mais ampla do que o conceito jurídico-processual de "questão de fato", entendendo-se como tal todo e qualquer *"fato real" (realer Sachverhalt)* que tenha relevo para a aplicação de uma norma[176-177].

Em tese de doutorado que se converteu em estudo clássico sobre a matéria, Philippi procede à classificação dos fatos legislativos em *"fatos históricos"* (*historische Tatsache*), *"fatos atuais"* (*gegenwartige Tatsachen*) e *"eventos futuros"* (*zukünftige Tatsachen*).

Enquanto os "fatos históricos" referem-se a análises de "fatos legislativos históricos" que ensejaram determinadas decisões, a investigação sobre "fatos legislativos atuais" abrange um variado elenco de temas, que envolve não só o objetivo de determinadas organizações (partidos políticos cuja atividade seja censurada como possivelmente inconstitucional), a verificação de tratamento equiparatório ou desequiparatório (eventual violação ao princípio da igualdade), o exame de possível desigualdade eleitoral (*Wahlrechtsungleichheit*), como também a aferição dos efeitos radioativos de determinados medicamentos – que poderiam legitimar a sua prescrição apenas por médicos estabelecidos em hospitais e instituições de pesquisa –, a alteração de estruturas econômicas e sociais que poderiam levar ou consolidar um processo de inconstitucionalização de uma lei, e as questões de caráter fundamental a respeito de concepções políticas, religiosas e filosóficas (criminalização do homossexualismo, descriminalização do aborto)[178].

Philippi observa que o Tribunal procura basear as suas investigações sobre os fatos legislativos em análises das mais diversas, muitas vezes de índole empírica. Em alguns casos, o Tribunal socorre-se de argumentos relacionados com a experiência comum (não empírico).

Na verificação desses fatos, o Tribunal utiliza documentos históricos, literatura especializada, dados estatísticos e análises de peritos ou *experts*.

Consoante apontado por Philippi, a Corte apoia-se com frequência em pareceres de peritos ou de grêmio de peritos, privilegiando, nesse caso, uma composição pluralista[179].

Assim, na decisão sobre a liberdade para a instalação de farmácias *(Apothekenurteü)*, o Tribunal alemão utilizou-se de literatura medieval. No julgamento sobre a constitucionalidade da lei que criminalizava a homossexualidade masculina, o Tribunal nomeou um grupo internacional de peritos, composto por um sexólogo, um médico judicial, um psiquiatra, um psicólogo, um sociólogo, um diretor de instituição governamental de caráter social, o Chefe da Polícia Criminal de Colônia e um criminólogo[180].

Até mesmo quando se discutem questões de princípio, relacionadas a concepções filosóficas ou de convicção, procura o Tribunal proceder a uma análise racional da controvérsia, evitando uma abordagem excessivamente abstrata da matéria. Temas relativos à recusa de prestação do serviço militar, à opção homossexual ou à pena de morte foram tratados com base na experiência aferível e em verificações de índole fática[181].

---

176 Philippi, *Tatsachenfeststellungen*, cit., p. 4.

177 Philippi, *Tatsachenfeststellungen*, cit., p. 15 e s.

178 Philippi, *Tatsachenfeststellungen*, cit., p. 27 e s.

179 Philippi, *Tatsachenfeststellungen*, cit., p. 105-106.

180 Philippi, *Tatsachenfeststellungen*, cit., p. 48-9.

181 Philippi, *Tatsachenfeststellungen*, cit., p. 54-55; cf., também, Bryde, Tatsachenfesstellungen und soziale Wirklichkeit, cit., p. 540.

Na Alemanha, o deputado Dichgan propôs, em 1968, que se alterasse a lei de organização da Corte Constitucional para assentar que o *Bundesverfassungsgericht*, o Tribunal Federal Constitucional alemão, estava vinculado aos fatos e prognoses estabelecidos pelo legislador, salvo no caso de falsa constatação.

Essa proposta provocou uma intensa discussão no Parlamento alemão, tendo sido retirada pelo próprio autor, após a verificação de que a sua aprovação ameaçava a existência da Corte Constitucional e que, por isso, teria a sua inconstitucionalidade declarada.

Restou demonstrado, então, que até mesmo no chamado controle abstrato de normas não se procede a um simples contraste entre disposição do direito ordinário e os princípios constitucionais. Ao revés, também aqui fica evidente que se aprecia a relação entre a lei e o problema que se lhe apresenta em face do parâmetro constitucional[182].

Em outros termos, a aferição dos chamados fatos legislativos constitui parte essencial do chamado controle de constitucionalidade, de modo que a verificação desses fatos relaciona-se íntima e indissociavelmente com a própria competência do Tribunal.

Cumpre indagar sobre quando eventual *deficit* na análise dos fatos verificados por parte do órgão legislativo acarreta a ilegitimidade da lei.

Se se constata que a verificação dos fatos levada a efeito pelo legislador é incorreta numa decisão de caráter restritivo, então o Tribunal deverá declarar a inconstitucionalidade da medida questionada[183].

Assim, houve por bem a Corte Constitucional declarar a inconstitucionalidade da lei sobre proteção de animais, por lesão ao art. 12, I, da Lei Fundamental (liberdade de profissão), que, no § 13, n. 9, proibia o transporte de animais sob o sistema de reembolso *(Nachnahme)*, com o fundamento de que essa forma de remessa possibilitava, não raras vezes, a recusa por parte do destinatário, o que ocasionaria um tratamento inadequado dos animais e um tempo de transporte acima do tolerável.

Após verificar que grande parte do transporte de animais se operava sob o regime de reembolso, tanto pelos correios como pela empresa ferroviária, a Corte Constitucional constatou que os registros fornecidos pelo Ministério da Agricultura indicavam um número quase inexpressivo de devoluções ou de qualquer outro obstáculo na entrega dos animais a seus destinatários[184]. A lei estabelecia, assim, restrição incompatível com a liberdade de profissão.

Considera-se problemática a situação jurídica quando a avaliação dos fatos pelo legislador revela-se incompleta ou ausente[185]. Ossenbühl anota, a propósito, que, na decisão sobre atividade do comércio varejista (*Einzelhandelbschluss*) (BVerfGE 19, 330 (340),

---

182 Horst Ehmke, *Prinzipien der Verfassungsinterpretation*, cit., p. 164 (172). In: Ralf Dreierf; Friedrich Schwegmann, *Probleme der Verfassungsinterpretion*, Baden-Baden, 1976.

183 Fritz Ossenbühl, Kontrolle von Tatsachenfeststellungen und Prognosenentscheidungen durch das Bundesverfassungsgericht. In: Christian Starck (Org.), *Bundesverfassungsgericht und Grundgesetz*, v. I, p. 487.

184 *BVerfGE* 36, 47: "Embora inexista um levantamento estatístico confiável, um levantamento relativo ao mês de setembro de 1972 indica, no transporte ferroviário, que, das 13.204 remessas de animais levadas a efeito, verificaram-se 22 casos de obstáculos na entrega. Superados esses obstáculos, somente 10 remessas foram devolvidas ao remetente".

185 Ossenbühl, Kontrolle von Tatsachenfeststellungen, cit., p. 487.

a Corte declarou a inconstitucionalidade da lei questionada por considerar que o perigo que ela pretendia evitar não se indicava singularmente nem se revelava provável[186].

Embora não haja dúvida de que a análise de fatos legislativos pelo Tribunal contribui para uma adequada proteção dos direitos fundamentais, afigura-se possível que, mediante inventário rigoroso dos elementos fáticos envolvidos, venha o Tribunal *criar* uma base fática confiável para a lei cuja constitucionalidade se questiona[187]. Ossenbühl critica tal possibilidade, tendo em vista especialmente que a complementação de fundamentação (*Nachschieben von Gründen*) revelar-se-ia, em princípio, inadmissível[188].

Em razão das singularidades das espécies processuais – algumas delas submetidas à Corte Constitucional após decisão de diversas instâncias judiciais, outros processos apresentados diretamente ao Tribunal –, poder-se-ia cogitar, em alguns casos, de cassação de decisão impugnada, com devolução dos autos às instâncias inferiores[189].

Com relação aos *eventos futuros,* entende-se que a decisão sobre a legitimidade ou a ilegitimidade de uma dada lei depende da confirmação de um prognóstico fixado pelo legislador ou da provável verificação de um determinado evento.

Segundo Philippi, a Corte Constitucional alemã utilizar-se-ia de diversos procedimentos racionais para a realização de prognósticos:

a) o *processo-modelo* (*Modellverfahren*), que se refere a um procedimento das ciências sociais destinado a antever desenvolvimentos futuros a partir de uma análise causal-analítica de diversos fatores estáveis ou variáveis;

b) a *análise de tendências* (*Trendverfahren*), no qual se analisam determinadas tendências de desenvolvimento em função do tempo;

c) o *processo de teste* (*Testverfahren*), que propicia a generalização de resultados de experiências ou testes para o futuro;

d) o processo de indagação (*Befragungsverfahren*), no qual se indaga sobre a intenção

e) dos partícipes envolvidos no processo[190].

Esses processos seriam, em geral, utilizados de forma isolada ou combinada, predominando, segundo Philippi, o *Modellverfahren*. A utilização desses procedimentos não exclui as formulações intuitivas, ainda que estas, para terem algum poder de convicção de terceiros, devam ser traduzidas para um processo racional[191].

Bryde observa que, em sua prática, a Corte Constitucional realiza muito raramente uma pesquisa social própria. O Tribunal confia no amplo diálogo aberto com os interessados e afetados pela decisão questionada e nas informações adicionais que possa requisitar dos participantes do processo[192].

186 Ossenbühl, Kontrolle von Tatsachenfeststellungen, cit., p. 487.

187 Ossenbühl, Kontrolle von Tatsachenfeststellungen, cit., p. 487-488.

188 Ossenbühl, Kontrolle von Tatsachenfeststellungen, cit., p. 488.

189 Ossenbühl, Kontrolle von Tatsachenfeststellungen, cit., p. 474.

190 Philippi, *Tatsachenfeststellungen*, cit., p. 56.

191 Philippi, *Tatsachenfeststellungen*, cit., p. 153.

192 Bryde, Tatsachenfesstellungen undsoziale Wirklichkeit, cit., p. 537.

Em aparente divergência com a posição de Philippi, assevera Bryde que a apreciação dos fatos legislativos gerais de forma sistemática e organizada não parece ser a regra, mas revela exceções exemplares.

Cita Bryde, entre outros precedentes relevantes, a valoração de pareceres de peritos (psicólogos) na decisão sobre guarda compartilhada (*gemeinsame Sorge*) (*BVerfGE* 61, 358 – 374 s.), a análise dos fatos na decisão sobre a paridade nos dissídios coletivos trabalhistas (*Arbeitskampfparität* – BVerfGE 92, 365 (398), a análise dos estudos médicos e criminológicos realizados na decisão sobre a criminalização da maconha (*Cannabis-Entscheidung*) (*BVerfGE* 90, 145 (179 s.) e alguns julgados sobre igualdade de gênero (BVerfGE 85, 191 (207 s.); *BVerfGE* 71, 364 (390 s.); *BVerfGE* 87, 363 (383); *BVerfGE* 88, 87 (101 s). Segundo Bryde, foram, muito provavelmente, casos como esses que levaram Philippi a afirmar que a análise dos fatos pelo Tribunal seria superior àquela realizada pelo legislador, afirmação que continuadamente tem sido repetida pela literatura jurídica[193]. Bryde reconhece que, muitas vezes, o Tribunal lança mão de informações constantes do próprio material legislativo (estudos, propostas) para chegar a uma conclusão contrária à seguida pelo legislador (*BVerfGE* 88, 5 (13). Também em caso em que o Tribunal procedeu a uma análise fortemente interventiva no âmbito do afazer legislativo, como ocorreu na decisão sobre direito tributário e o equilíbrio das despesas familiares (*Steuerrecht zum Familienlastausgleich)*, a Corte valeu-se de informação técnica e de dados fornecidos por órgãos públicos e pelos terceiros interessados (*BVerfGE* 87, 153 – 173 / 174 s.)[194].

Vale analisar, com maior profundidade, alguns casos apreciados pela Corte Constitucional alemã.

Clássico exemplo de um controle do prognóstico do legislador pela Corte Constitucional consta do chamado *Apotheken-Urteil*, no qual se discutiu a legitimidade de lei do Estado da Baviera que condicionava a instalação de novas farmácias a uma especial permissão da autoridade administrativa[195].

Arguiu-se, no processo, que a Corte Constitucional não estaria legitimada a proceder ao exame sobre a adequação de uma dada medida legislativa, porquanto ela não estaria em condições de verificar a existência de outro meio igualmente eficaz e, ainda que isto fosse possível, de confirmar se esse exame seria realizável por parte do legislador[196].

A Corte recusou o argumento formal quanto à sua incompetência para proceder à aferição dos fatos legislativos, observando que a Constituição confiou-lhe a guarda dos direitos fundamentais em face do legislador e que, portanto, se da interpretação desses direitos decorre limitação para o legislador, deve o Tribunal dispor de condições para exercer essa fiscalização[197].

Também a questão relativa à *"liberdade de utilização de meios igualmente adequados" (Wahl zwischen mehreren gleichgeeigneten Mitteln)* por parte do legislador haveria de levar

---

193 Cf., nesse sentido, Bryde, Tatsachenfesstellungen und soziale Wirklichkeit, cit., p. 538; Ossenbühl, Die Kontrolle von Tatsachenfeststellungen, cit., p. 518; e W. Kluth, Beweiserhebung und Beweiswürdigung durch das Bundesverfassungsgericht, NJW, 1999, p. 3515-3516.

194 Bryde, Tatsachenfesstellungen und soziale Wirklichkeit, cit., p. 553.

195 *BVerfGE* 7, 377 (415 s.).

196 *BVerfGE* 7, 377 (408).

197 *BVerfGE* 7, 377 (410).

em conta os planos ou níveis (*Stufen*) de exigência de proteção dimanados dos próprios direitos fundamentais.

Após examinar as razões que levaram o legislador a adotar a solução questionada, concluiu a Corte que:

a) a liberdade de instalação de farmácias, em outros países com o mesmo *standard* civilizatório da Alemanha, não levou a uma efetiva ameaça à saúde pública (examinou-se em particular a situação existente na Suíça com base nos laudos apresentados pelos peritos designados)[198];

b) a liberdade de instalação de farmácias não levaria, necessariamente, a uma multiplicação ilimitada desses estabelecimentos, porquanto a decisão sobre a sua instalação, ou não, tendo em vista os elevados custos financeiros, passa por inevitáveis considerações de ordem econômica e análise de mercado[199];

c) o temor revelado pelo legislador quanto à eventual impossibilidade de os farmacêuticos cumprirem seus deveres legais em razão da queda de sua capacidade financeira revelava-se igualmente infundado, uma vez que uma decisão pessoal economicamente equivocada não poderia servir de base para a decisão legislativa em apreço. Ademais, a tendência revelada no sentido da superação do modelo de farmácia de fabricação pelo de simples entrega de produtos acabados reduz a responsabilidade do farmacêutico e aumenta o seu tempo livre[200];

d) a maior procura de medicamentos decorreria, segundo a opinião dos *experts*, fundamentalmente, das mudanças ocorridas nas condições de vida durante a guerra – subnutrição, estresses físico-emocionais –, não estando relacionada com a existência de múltiplos locais de venda de produtos farmacêuticos[201].

Assim, embora tenha ressaltado que não poderia decidir sobre o sistema jurídico mais adequado para regular a matéria, concluiu o Tribunal que o modelo adotado pelo Estado da Baviera revelava-se incompatível com a liberdade de exercício profissional estabelecida na Lei Fundamental.

Mostra-se evidente que, para afirmar a inconstitucionalidade do modelo legislativo consagrado, o Tribunal teve de colocar em xeque prognose estabelecida pelo legislador, quanto à possibilidade de uma multiplicação dos estabelecimentos farmacêuticos, em razão da ausência de uma regulação restritiva. A manifesta inconsistência do prognóstico estabelecido pelo legislador ressaltava que a decisão adotada criava restrição incompatível com o livre exercício de atividade profissional, sem qualquer justificativa plausível no que concerne ao interesse público.

É interessante notar que, com a ressalva de que a matéria era da competência exclusiva do legislador, o Tribunal permitiu-se apontar fórmulas que poderiam ser positivadas sem maiores prejuízos para os direitos fundamentais[202].

---

198 *BVerfGE* 7, 377 (415).

199 *BVerfGE* 7, 377 (419 s.).

200 *BVerfGE* 7, 377 (427).

201 *BVerfGE* 7, 377 (435).

202 *BVerfGE* 7, 377 (440).

O Tribunal adotou decisão semelhante no chamado *Kassenzahnarzt-Urteil*, no qual se discutiu a legitimidade de norma que estabelecia um processo de admissão, com *numerus clausus*, para os dentistas das caixas de assistência, o que equivaleria, praticamente, a uma proibição de exercício profissional.

O Governo Federal observava que a disciplina normativa assentava-se em um prognóstico indicador do perigo de que a habilitação ilimitada dos dentistas vinculados às caixas de assistência acabaria por encetar uma concorrência desenfreada entre os profissionais, com a inevitável redução de seus rendimentos. Se se confirmasse esse prognóstico, a própria existência das caixas de assistência restaria ameaçada.

A Corte Constitucional acabou por invalidar o prognóstico do legislador, observando que a liberação da inscrição de dentistas nas caixas de assistência provocaria um aumento de odontólogos, não superior a 12%, vinculados às caixas, o que não seria suficiente para afetar substancialmente os ganhos desses profissionais.

Na sua análise, anotou a Corte que 50% da população estava vinculada aos seguros de saúde. Se considerados os membros da família, cerca de 80% da população estaria submetida ao regime de seguro de assistência. Por isso, os dentistas, assim como os médicos, dependiam da vinculação às caixas de assistência[203].

Por outro lado, os números existentes em janeiro de 1959 demonstravam que existiam 28.742 dentistas estabelecidos como profissionais liberais. Desses, 24.286 estavam vinculados diretamente às caixas de assistência e 3.786 apenas às caixas complementares. Portanto, 84% dos consultórios estavam vinculados às caixas de assistência e 14% às caixas complementares. Em síntese, somente 2% dos profissionais liberais dessa categoria não estavam vinculados ao sistema de assistência direta ou complementar.

Em face desses números, a Corte concluiu que o livre acesso às caixas de assistência poderia, quando muito, elevar – na mais drástica das hipóteses – o número de profissionais vinculados a essas instituições em não mais do que 4.500, o que não seria suficiente para causar uma redução significativa dos ganhos médios auferidos pela categoria ou um aumento significativo das despesas das caixas de assistência[204].

Assim, não se vislumbravam razões de interesse público suficientes para restringir a liberdade de exercício profissional dos dentistas. Com esses fundamentos, a Corte entendeu que a restrição era incompatível com o princípio da liberdade de exercício profissional[205].

Tal como visto, a aferição dos fatos e prognoses legislativos pela Corte Constitucional é um controle de resultado *(Ergebniskontrolle)* e não do processo *(Verfahrenskontrolle)*, até porque para isso faltaria qualquer parâmetro de controle ou uma específica autorização constitucional[206]. Em outros termos, não se cuida, no juízo de constitucionalidade, de analisar *como* o Legislativo examinou os fatos legislativos, mas *o que*, efetivamente, ele constatou[207].

---

203 *BVerfGE* 12, 144 (148).

204 *BVerfGE* 12, 144 (149).

205 *BVerfGE* 12, 144 (150-1).

206 Fritz Ossenbühl, Kontrolle von Tatsachenfeststellungen und Prognosenentscheidungen durch das Bundesverfassungsgericht. In: Starck, Christian (org.), *Bundesverfassungsgericht und Grundgesetz*, v. I, p. 458 (483).

207 Ossenbühl. Kontrolle von Tatsachenfeststellungen, cit., p. 483.

Na análise de Philippi, a Corte Constitucional tem revelado uma grande capacidade de estabelecer prognósticos corretos, capacidade essa que se mostra muito superior à do próprio Legislativo. Segundo sua opinião, a Corte utiliza-se de métodos de análise que se revelam superiores àqueles eventualmente adotados pelo Parlamento, permitindo que as decisões judiciais sejam racionalmente mais fundamentadas que as do legislador[208]. Conforme já anotado, Bryde coloca em dúvida, porém, a correção dessa assertiva por estar baseada em um número restrito de casos[209]. Destaca, ainda, que por se pronunciar depois da aplicação da lei, pode a Corte, às mais das vezes, confrontar o legislador com o resultado de sua obra[210].

No tocante a falhas de prognósticos, a Corte adota uma solução diferenciada, avaliando se a prognose legislativa se revela falha de início ("im *Ansatz verfehlt*") ou se se cuida de um erro de prognóstico que somente pode ser constatado *a posteriori*, depois de uma continuada aplicação da lei.

No primeiro caso, o *deficit* de prognose há de ensejar a nulidade da lei[211].

Na segunda hipótese, quando se verifica a falha na prognose legislativa após o decurso de certo tempo, o Tribunal considera irrelevante, do prisma constitucional, o erro de prognóstico cometido, desde que seja parte integrante de uma decisão tomada de forma regular ou obrigatória. No chamado "Mühlen-Beschluss", deixou assente o Tribunal que "erros sobre a evolução do desenvolvimento econômico devem ser admitidos, até porque o legislador está obrigado no limite do possível, para evitar perigos futuros, a tomar decisões cuja eficácia depende de fatores variados e que, por isso, podem ter desenvolvimentos não desejados (ou diversos daqueles desejados)"[212].

Nesse caso, deverá o legislador, todavia, empreender os esforços necessários para superar o estado de inconstitucionalidade com a presteza necessária[213].

4.1.2. Análise dos fatos legislativos em matéria penal

O direito penal é certamente o instrumento mais contundente de que se vale o Estado para disciplinar a conduta dos indivíduos.

Na medida em que a pena constitui a forma de intervenção estatal mais severa no âmbito da liberdade individual, e em que, portanto, o direito penal e o processual penal devem revestir-se de maiores garantias materiais e processuais, o controle de constitucionalidade em matéria penal deve ser realizado de forma ainda mais rigorosa do que

208 Philippi, *Tatsachenfeststellungen*, cit., p. 166-183; cf. também Ossenbühl, Kontrolle von Tatsachenfeststellungen, cit., p. 518.

209 Bryde, Tatsachenfeststellungen und Wirklichkeit..., cit. p. 538.

210 Bryde, Tatsachenfeststellungen und Wirklichkeit..., cit. p. 554. Observa o autor que tal situação poderia ficar prejudicada no processo de controle abstrato de normas e no controle realizado mediante recurso constitucional contra a lei, já que, nesses casos, o Tribunal possuiria – ao menos em princípio – as mesmas perspectivas e prognoses que o legislador tivera.

211 Ossenbühl, Kontrolle von Tatsachenfeststellungen, cit., p. 487.

212 *BVerfGE* 16, 147 (181 s.) e 18/315 (332).

213 Ossenbühl, Kontrolle von Tatsachenfeststellungen, cit., p. 518.

aquele destinado a averiguar a legitimidade constitucional de outros tipos de intervenção legislativa em direitos fundamentais dotados de menor potencial ofensivo.

Em outros termos, se a atividade legislativa de definição de tipos e cominação de penas constitui, *prima facie*, uma intervenção de alta intensidade em direitos fundamentais, a fiscalização jurisdicional da adequação constitucional dessa atividade deve ser tanto mais exigente e rigorosa por parte do órgão que tem em seu encargo o controle da constitucionalidade das leis.

Esse entendimento pode ser traduzido segundo o postulado do princípio da proporcionalidade em sentido estrito, o qual, como ensina Alexy, "pode ser formulado como uma lei de ponderação cuja fórmula mais simples voltada para os direitos fundamentais diz: quanto mais intensa se revelar a intervenção em um dado direito fundamental, maiores hão de se revelar os fundamentos justificadores dessa intervenção"[214].

A tarefa do Tribunal Constitucional é, portanto, fiscalizar a legitimidade constitucional da atividade legislativa em matéria penal, lastreado pelo princípio da proporcionalidade, seguindo, dessa forma, a seguinte máxima: quanto mais intensa a intervenção legislativa penal em um direito fundamental, mais intenso deve ser o controle de sua constitucionalidade realizado pelo Tribunal Constitucional.

Essas são as premissas para a construção de um modelo exigente de controle de constitucionalidade das leis em matéria penal, baseado em níveis de intensidade[215], os quais podem ser distinguidos três níveis ou graus de intensidade, consoante as diretrizes elaboradas pela doutrina e jurisprudência constitucional alemã.

Na famosa decisão (*Urteil*) *Mitbestimmungsgesetz*, do Primeiro Senado de 1º de março de 1979, prolatada nas audiências de 28, 29 e 30 de novembro e 1º de dezembro de 1978 – *BVerfGE* 50, 290 –, o Tribunal Constitucional alemão distinguiu os seguintes graus de intensidade do controle de constitucionalidade das leis: a) controle de evidência (*Evidenzkontrolle*); b) controle de sustentabilidade ou justificabilidade (*Vertretbarkeitskontrolle*); *c) controle material de intensidade (intensivierten inhaltlichen Kontrolle).*

No primeiro nível, o controle de constitucionalidade realizado pelo Tribunal deve reconhecer ao legislador uma ampla margem de avaliação, valoração e conformação quanto às medidas eficazes e suficientes para a proteção do bem jurídico. A norma somente poderá ser declarada inconstitucional quando as medidas adotadas pelo legislador forem inidôneas para a efetiva proteção desse bem jurídico.

Não obstante, o Tribunal deixa ressaltado que "a observância da margem de configuração do legislador não pode levar a uma redução do que, a despeito de quaisquer transformações, a Constituição pretende garantir de maneira imutável, ou seja, ela não pode levar a uma redução das liberdades individuais que são garantidas nos direitos fundamentais individuais, sem as quais uma vida com dignidade humana não é possível, segundo a concepção da *Grundgesetz*" (*BVerfGE* 50, 290).

Assim, conclui-se que "a tarefa (do controle de constitucionalidade) consiste, portanto, em unir a liberdade fundamental própria da configuração político-econômica e

214 Robert Alexy, Colisão e ponderação como problema fundamental da dogmática dos direitos fundamentais, palestra proferida na Fundação Casa de Rui Barbosa, Rio de Janeiro, em 10-12-1998, tradução informal de Gilmar Ferreira Mendes.

215 Gloria Patricia Lopera Mesa, *Principio de proporcionalidad y ley penal*. Bases para un modelo de control de constitucionalidad de leyes penales, Madrid: Centro de Estudios Políticos y Constitucionales, 2006.

político-social" – ou político-criminal, se quisermos contextualizar essa afirmação – "que devem permanecer reservadas ao legislador, com a proteção da liberdade, à qual o indivíduo tem direito justamente também em face do legislador" (*BVerfGE* 50, 290).

Esse controle de evidência foi delineado também na decisão *BVerfGE* 77,170 (*Lagerung Chemischer Waffen*), na qual o Tribunal deixou assentado o seguinte:

> "Para o cumprimento dos deveres de tutela (*Schutzpflichten*) derivados do Art. 2, II, 1 GG, cabe ao Legislativo, assim como ao Executivo, uma ampla margem de avaliação, valoração e conformação (poder discricionário), que também deixa espaço para, por exemplo, dar atenção a interesses públicos e privados concorrentes. Essa ampla liberdade de conformação pode ser controlada pelos tribunais tão somente de maneira restrita, dependendo da peculiaridade da matéria em questão, das possibilidades de formação de um juízo suficientemente seguro e do significado dos bens jurídicos em jogo".

Em outros termos, o Tribunal fixou o entendimento de que a admissão de um recurso constitucional *(Verfassungsbeschwerde)* pressupõe a demonstração, "de maneira concludente, de que o Poder Público não adotou medidas preventivas de proteção, ou que evidentemente as regulamentações e medidas adotadas são totalmente inadequadas ou completamente insuficientes para o alcance do objetivo de proteção".

Assim, um controle de evidência em matéria penal será exercido pelo Tribunal com observância da ampla margem de avaliação, valoração e conformação conferida constitucionalmente ao legislador quanto à adoção das medidas mais adequadas para a proteção do bem jurídico penal. Uma eventual declaração de inconstitucionalidade deve basear-se na patente inidoneidade das medidas escolhidas pelo legislador para os objetivos perseguidos pela política criminal.

No segundo nível, o controle de sustentabilidade ou de justificabilidade *(Vertretbarkeitskontrolle)* está orientado a verificar se a decisão legislativa foi tomada após uma apreciação objetiva e justificável de todas as fontes de conhecimento disponíveis no momento da promulgação da lei (*BVerfGE* 50, 290).

Também na decisão *Mühlenstrukturgesetz* (*BVerfGE* 39, 210), o Tribunal Constitucional alemão fixou esse entendimento, nos seguintes termos:

> "O exame de constitucionalidade compreende primeiramente a verificação de se o legislador buscou inteirar-se, correta e suficientemente, da situação fática existente à época da promulgação da lei. O legislador tem uma ampla margem de avaliação (discricionariedade) na avaliação dos perigos que ameaçam a coletividade. Mesmo quando, no momento da atividade legislativa, parece remota a possibilidade da ocorrência de perigos para um bem coletivo, não é defeso ao legislador que tome medidas preventivas tempestivamente, contanto que suas concepções sobre o possível desenvolvimento perigoso, no caso de sua omissão, não se choquem de tal sorte com as leis da ciência econômica ou da experiência prática, que elas não possam mais representar uma base racional para as medidas legislativas [*BVerfGE* 25, 1 (17); 38, 61 (87)]. Nesse caso, deve-se partir fundamentalmente de uma avaliação de relações (dados da realidade social) possível ao legislador quando da elaboração da lei [*BVerfGE* 25, 1 (12 s.)]. Contanto que ele tenha usado os meios de estudo que lhe estavam à disposição, os (eventuais) erros (que vierem a se revelar no futuro, n. org.) sobre o desenvolvimento econômico devem ser tolerados".

Nesse segundo nível, portanto, o controle de constitucionalidade estende-se à questão de se o legislador levantou e considerou diligente e suficientemente todas as informações disponíveis e se realizou prognósticos sobre as consequências da aplicação da norma; enfim, se o legislador valeu-se de sua margem de ação de "maneira sustentável".

Nesse sentido, uma das decisões mais importantes da Corte alemã pode ser encontrada no famoso caso *Cannabis* (*BVerfGE* 90, 145), em que o Tribunal confirmou a constitucionalidade da tipificação penal da aquisição e do porte para consumo de produtos derivados da planta *cannabis sativa*. Ao analisar o caso sob o ângulo do princípio da proporcionalidade, que incide com maior rigor no exame de um dispositivo penal, a Corte enfatizou que cabe ao legislador uma ampla margem de avaliação no tocante à adequação e necessidade de certa medida para o alcance do fim almejado, o que pressupõe também a discricionariedade para a realização de prognósticos quanto às consequências da medida adotada. Os argumentos utilizados estão bem representados no seguinte trecho da decisão:

> "Sob o ponto de vista material, ressalvadas as garantias constitucionais especiais, o princípio da proporcionalidade oferece o parâmetro geral constitucional, segundo o qual a liberdade de ação pode ser restringida [cf. *BVerfGE* 75, 108 (154 s.); 80, 137 (153)]. Esse princípio tem um significado mais intenso no exame de um dispositivo penal, que, enquanto sanção mais forte à disposição do Estado, expressa um juízo de valor ético-social negativo sobre uma determinada ação do cidadão [cf. *BVerfGE* 25, 269 (286); 88, 203 (258)].
>
> Se há previsão de pena privativa de liberdade, isso possibilita uma intervenção no direito fundamental da liberdade da pessoa, protegido pelo Art. 2 II 2 GG. A liberdade da pessoa, que a *Grundgesetz* caracteriza como 'inviolável', é um bem jurídico tão elevado que nele somente se pode intervir com base na reserva legal do Art. 2 II 3 GG, por motivos especialmente graves. Independentemente do fato de que tais intervenções também podem ser cogitadas sob determinados pressupostos, quando servirem para impedir que o atingido promova contra si próprio um dano pessoal maior [*BVerfGE* 22, 180 (219); 58, 208 (224 et seg.); 59, 275 (278); 60, 123 (132)], elas, em geral, somente são permitidas se a proteção de outros ou da comunidade assim o exigir, observando-se o princípio da proporcionalidade.
>
> Segundo esse princípio, uma lei que restringe o direito fundamental deve ser adequada e necessária para o alcance almejado. Uma lei é adequada se o propósito almejado puder ser promovido com o seu auxílio; é necessária se o legislador não puder selecionar um outro meio de igual eficácia, mas que não restrinja, ou que restrinja menos, o direito fundamental [cf. *BVerfGE* 30, 292 (316); 63, 88 (115); 67, 157 (173, 176)].
>
> Na avaliação da adequação e da necessidade do meio escolhido para o alcance dos objetivos buscados, como na avaliação e prognóstico a serem feitos, neste contexto, dos perigos que ameaçam o indivíduo ou a comunidade, cabe ao legislador uma margem (discricionária) de avaliação, a qual o Tribunal Constitucional Federal – dependendo da particularidade do assunto em questão, das possibilidades de formar um julgamento suficientemente seguro e dos bens jurídicos que estão em jogo – poderá revisar somente em extensão limitada [cf. *BVerfGE* 77, 170 (215); 88, 203 (262)].
>
> Além disso, numa ponderação geral entre a gravidade da intervenção e o peso, bem como da urgência dos motivos justificadores, deve ser respeitado o limite da exigibilidade para os destinatários da proibição [cf. *BVerfGE* 30, 292 (316); 67, 157 (178); 81, 70 (92)]. A

medida não deve, portanto, onerá-lo excessivamente (proibição de excesso ou proporcionalidade em sentido estrito: cf. *BVerfGE* 48, 396 (402); 83, 1 (19). No âmbito da punibilidade estatal, deriva do princípio da culpa, que tem a sua base no Art. 1 I GG [cf. *BVerfGE* 45, 187 (228)], e do princípio da proporcionalidade, que deve ser deduzido do princípio do Estado de direito e dos direitos de liberdade, que a gravidade de um delito e a culpa do autor devem estar numa proporção justa em relação à pena. Uma previsão de pena não pode, quanto ao seu tipo e à sua extensão, ser inadequada em relação ao comportamento sujeito à aplicação da pena. O tipo penal e a consequência jurídica devem estar racionalmente correlacionados [cf. *BVerfGE* 54, 100 (108)].

É, em princípio, tarefa do legislador determinar de maneira vinculante o âmbito da ação punível, observando a respectiva situação em seus pormenores. O Tribunal Constitucional Federal não pode examinar a decisão do legislador no sentido de se verificar se foi escolhida a solução mais adequada, mais sensata ou mais justa. Tem apenas de zelar para que o dispositivo penal esteja materialmente em sintonia com as determinações da Constituição e com os princípios constitucionais não escritos, bem como para que corresponda às decisões fundamentais da *Grundgesetz* [cf. *BVerfGE* 80, 244 (255)]".

No caso, a Corte Constitucional, após analisar uma grande quantidade de dados sobre o tema, reconhece que ainda não estaria concluída, à época, a discussão político-criminal sobre se a redução do consumo de *cannabis* poderia ser mais bem alcançada por meio da penalização ou da liberação da conduta.

E, justamente em razão da incerteza quanto ao efetivo grau de periculosidade social do consumo da *cannabis* e à polêmica existente, tanto no plano científico como no político-social, em torno da eficácia da intervenção por meio do direito penal, é que não se poderia reprovar, do ponto de vista de sua constitucionalidade, a avaliação realizada pelo legislador, naquele estágio do conhecimento, a respeito da adequação e necessidade da medida penal.

Assim, admite o Tribunal que, "se o legislador nesse contexto se fixa na interpretação de que a proibição geral de *cannabis* sancionada criminalmente afastaria um número maior de consumidores em potencial do que a suspensão da previsão de pena e que, portanto, seria mais adequada para a proteção dos bens jurídicos, isso deve ser tolerado constitucionalmente, pois o legislador tem a prerrogativa de avaliação e de decisão na escolha entre diversos caminhos potencialmente apropriados para o alcance do objetivo de uma lei".

Dessa forma, não se pode deixar de considerar que, no âmbito desse denominado controle de sustentabilidade ou de justificabilidade (*Vertretbarkeitskontrolle*), assumem especial relevo as técnicas procedimentais postas à disposição do Tribunal e destinadas à verificação dos fatos e prognoses legislativos, como a admissão de *amicus curiae* e a realização de audiências públicas, previstas em nosso ordenamento jurídico pela Lei n. 9.868/99.

Em verdade, no controle abstrato de normas não se procede apenas a um simples contraste entre a disposição do direito ordinário e os princípios constitucionais. Ao revés, também aqui fica evidente que se aprecia a relação entre a lei e o problema que se lhe apresenta em face do parâmetro constitucional. Em outros termos, a aferição dos chamados fatos legislativos constitui parte essencial do chamado controle de constitucionalidade, de modo que a verificação desses fatos relaciona-se íntima e indissociavelmente com a própria competência do Tribunal.

No âmbito do controle de constitucionalidade em matéria penal, deve o Tribunal, na maior medida possível, inteirar-se dos diagnósticos e prognósticos realizados pelo legislador para a confecção de determinada política criminal, pois é esse conhecimento dos dados da realidade – que serviram de pressuposto da atividade legislativa – que lhe permitirá averiguar se o órgão legislador utilizou-se de sua margem de ação de maneira sustentável e justificada.

No terceiro nível, o controle material intensivo (*intensivierten inhaltlichen Kontrolle*) se aplica às intervenções legislativas que, por afetarem intensamente bens jurídicos de extraordinária importância, como a vida e a liberdade individual, devem ser submetidas a um controle mais rígido por parte do Tribunal, com base no princípio da proporcionalidade em sentido estrito. Assim, quando esteja evidente a grave afetação de bens jurídicos fundamentais de suma relevância, poderá o Tribunal desconsiderar as avaliações e valorações fáticas realizadas pelo legislador para então fiscalizar se a intervenção no direito fundamental em causa está devidamente justificada por razões de extraordinária importância.

Essa fase do controle foi efetivamente definida na citada decisão *Mitbestimmungsgesetz* (*BVerfGE* 50, 290), mas já havia ficado explicitada na célebre decisão *Apothekenurteil* (*BVerfGE* 7, 377, 1958), na qual se discutiu o âmbito de proteção do direito fundamental à liberdade de profissão. Na ocasião, o Tribunal assim fixou seu entendimento:

> "As limitações ao poder regulamentar, que são derivadas da observância do direito fundamental, são mandamentos constitucionais materiais que são endereçados, em primeira linha, ao próprio legislador. Sua observância deve ser, entretanto, fiscalizada pelo Tribunal Constitucional Federal. Se uma restrição da livre escolha profissional estiver no 'último degrau' (dos pressupostos objetivos de sua admissão), o Tribunal Constitucional Federal deve primeiro examinar se um bem jurídico coletivo prevalecente está ameaçado e se a regulamentação legislativa pode mesmo servir à defesa contra esse perigo. Ele deve, além disso, também examinar se justamente a intervenção perpetrada é inevitavelmente ordenada para a proteção do referido bem; em outras palavras, se o legislador não poderia ter efetivado a proteção com regulamentações de um 'degrau' anterior. Contra um exame no último sentido supradeclinado objetou-se que ele ultrapassaria a competência de um tribunal, pois um tribunal não poderia avaliar se uma medida legislativa certa seria ordenada, uma vez que ele não poderia saber se haveria outros meios igualmente eficazes e se eles poderiam ser realizados pelo legislador. Isso só poderia ser feito quando se conhecem não somente todas as relações sociais a serem ordenadas, como também as possibilidades da legislação. Essa concepção, que pretende, principalmente a partir de considerações pragmáticas, limitar a competência do Tribunal Constitucional Federal é, por vezes, teoricamente fundamentada com a informação de que o Tribunal, por causa da utilização de uma ampla competência de exame, interferiria na esfera do legislador, e com isso se chocaria contra o princípio da divisão de poderes. O Tribunal Constitucional não pode concordar com essa posição.
>
> Ao Tribunal foi atribuída a proteção dos direitos fundamentais em face do legislador. Quando da interpretação de um direito fundamental resultarem limites ao legislador, o tribunal deve poder fiscalizar a observância deles por parte dele, legislador. Ele não pode subtrair-se a esta tarefa se não quiser, na prática, desvalorizar em grande parte os direitos fundamentais e acabar com a sua função atribuída pela *Grundgesetz*.

A exigência frequentemente feita nesse contexto segundo o qual o legislador deveria, entre vários meios igualmente adequados, livremente decidir, não resolveria o problema ora em pauta. Tal exigência tem em vista o caso (normal) de um direito fundamental que não se constitui de uma área de proteção gradual (como, p. ex., na decisão *BVerfGE* 2, 266). Nesse caso, o legislador encontra- se, entretanto, dentro de determinados limites, livre para a escolha entre várias medidas legislativas igualmente adequadas, uma vez que elas todas atingem o mesmo direito fundamental em seu conteúdo único e não diferenciado. Não obstante, em se tratando de um direito fundamental que encerra em si zonas mais fortes e mais fracas de proteção da liberdade, torna-se necessário que a jurisdição constitucional verifique se os pressupostos para uma regulamentação estão presentes no degrau onde a liberdade é protegida ao máximo. Em outras palavras, necessário se faz que se possa avaliar se medidas legislativas no degrau inferior não teriam sido suficientes, ou seja, se deste modo a intervenção perpetrada fosse 'inexoravelmente obrigatória'. Se se quisesse deixar ao legislador também a escolha entre os 'meios igualmente adequados', que correspondessem a degraus diferentes uns dos outros, isso acarretaria que justamente intervenções que limitem ao máximo o direito fundamental seriam, em razão de seu efeito muito eficaz para o alcance da meta almejada, as mais frequentes escolhidas e seriam aceitas sem exame. Uma proteção efetiva da área de liberdade, que o Art. 12 I GG pretende proteger com mais ênfase, não seria, destarte, mais garantida".

Nesse terceiro nível, portanto, o Tribunal examina se a medida legislativa interventiva em dado bem jurídico é necessariamente obrigatória, do ponto de vista da Constituição, para a proteção de outros bens jurídicos igualmente relevantes. O controle é mais rígido, pois o Tribunal adentra o próprio exame da ponderação de bens e valores realizada pelo legislador.

Assim, no exercício do controle material intensivo, o Tribunal verifica se a medida penal – que *prima facie* constitui uma intervenção em direitos fundamentais – mantém uma relação de proporcionalidade com as metas fixadas pela política criminal, destinadas, ao fim e ao cabo, à promoção da segurança e da incolumidade públicas, enfim, da paz social.

No Direito brasileiro, aplicação idêntica do princípio da proporcionalidade foi realizada pelo Supremo Tribunal Federal, por ocasião do julgamento da ADI 3.112, da Relatoria do Ministro Ricardo Lewandowski, em que se discutia a legitimidade constitucional da Lei n. 10.826, de 22 de dezembro de 2003 (Estatuto do Desarmamento). O diploma foi contestado ao argumento de que havia ferido o direito constitucional à segurança individual e ao exercício da legítima defesa (CF, art. 5º, *caput,* e art. 20, § 4º, IV), lesionado o direito de propriedade (CF, art. 5º, *caput),* desatendido o princípio da razoabilidade e vulnerado o devido processo legal (CF, art. 5º, LIV).

Entre os vários dispositivos acoimados inconstitucionais pela petição inicial, estava aquele referente ao aumento de 21 para 25 anos da idade mínima para se adquirir uma arma de fogo.

Quanto a esse ponto, realizando verdadeiro cotejo entre a medida legislativa penal e a realidade a que se dirigia, o Tribunal, baseado em certos diagnósticos e prognósticos – os quais estavam bem explicitados nas informações prestadas pelo Congresso Nacional, como a demonstração das estatísticas de que a violência por meio de armas de fogo atinge principalmente os homens com até 24 anos de idade –, entendeu que a medida afigurava-se adequada e necessária, para atingir os fins almejados no bojo da política criminal de desarmamento[216].

Com relação ao art. 21 do Estatuto do Desarmamento, aduziu-se que, ao estabelecer que os delitos capitulados nos arts. 16, 17 e 18 são insuscetíveis de liberdade provisória, o dispositivo haveria violado os princípios da presunção de não culpabilidade e do devido processo legal.

O Tribunal considerou que a norma do art. 21 do Estatuto partia do pressuposto de que a prisão é sempre necessária, sem levar em consideração, na análise das razões acautelatórias, as especificidades fáticas do caso concreto.

A necessidade da prisão decorreria diretamente da imposição legal, retirando-se do juiz o poder de, em face das circunstâncias específicas do caso, avaliar a presença dos requisitos do art. 312 do Código de Processo Penal: necessidade de garantir a ordem pública, a ordem econômica, por conveniência da instrução criminal, ou assegurar a aplicação da lei penal, havendo prova da existência do crime e indício suficiente de autoria.

Considerou-se, ademais, que o legislador viola o princípio da presunção de não culpabilidade quando, no âmbito de uma política criminal de enrijecimento do controle de certas atividades (como o uso e comércio das armas de fogo e munições), proíbe a liberdade provisória, com ou sem fiança, tornando obrigatória a prisão cautelar do acusado pelos crimes nela definidos. Tratava-se de um excesso legislativo e, portanto, de uma violação ao princípio da proporcionalidade como proibição de excesso (*Übermassverbot*), que exige a atuação do Tribunal concernente ao controle de sua constitucionalidade[217].

4.1.3. Análise de fatos e prognoses legislativos pelo Supremo Tribunal Federal

A exemplo da experiência alemã, o Supremo Tribunal Federal empreende a análise de elementos da realidade envolvendo tanto as normas constitucionais quanto as normas infraconstitucionais submetidas ao controle de constitucionalidade.

É notória essa análise nos casos de aplicação do princípio da proporcionalidade como vedação ao excesso de Poder Legislativo, ou, ainda, sob a forma de proibição de proteção insuficiente. Da mesma forma, afigura-se inevitável esse juízo sobre a realidade ou contexto social na apreciação das alegadas ofensas ao princípio da igualdade[218].

É verdade que o Supremo Tribunal limita-se, inicialmente, a apreciar as questões jurídicas com base nas provas coligidas e devidamente apreciadas pelas instâncias ordinárias. Isso se dá, ainda, fundamentalmente, no âmbito do recurso extraordinário, no qual se enfatiza que ao Tribunal não compete refazer a coleta de provas efetuada nas instâncias originárias. Ressalva-se, porém, também aqui, que ao Supremo não é vedado

216 ADI 3.112, rel. Min. Ricardo Lewandowski, *DJ* de 26-10-2007.

217 Cf., exemplificativamente, ADI 3.112, rel. Min. Ricardo Lewandowski, *DJ* de 26-10-2007, e ADI 1.194, Redator(a) para o acórdão Min. Cármen Lúcia, *DJ* de 11-9-2009.

218 Cf. ADI 3.583, rel. Min. Cezar Peluso, *DJ* de 14-3-2008.

fazer uma (nova) valoração das provas existentes nos autos[219]. Da mesma forma, ressalta-se, nos processos de *habeas corpus* e de mandado de segurança, que o Tribunal há de se limitar a apreciar questão jurídica posta com base nas provas pré-constituídas.

Atento aos limites que a instrução probatória encontra em tais ações, o Tribunal tem traçado a distinção entre a revaloração da prova e o seu simples reexame em sede de recurso extraordinário e de *habeas corpus*.

A jurisprudência da Suprema Corte é constante ao afirmar que a valoração da prova consubstancia questão de direito, condizente com o valor jurídico da prova ou com sua admissão em face da legislação[220]. Distingue-se, portanto, do reexame da prova, que implica, necessariamente, a reapreciação do conjunto probatório com vistas a concluir-se se foram os fatos bem ou mal analisados. A esse respeito, ressalte-se o julgamento do HC 99.344, ocasião em que o Tribunal deixou assentado que "concluir se a decisão é ou não manifestamente contrária à prova dos autos importa valoração, e não reexame de provas"[221].

A mesma orientação prevaleceu em outros precedentes[222], entre os quais merece destaque o HC 82.219, indeferido, por unanimidade, ao argumento de que "nova valoração de elementos fático-jurídicos não se confunde com reapreciação de matéria probatória"[223].

Sob a antiga disciplina do controle abstrato de normas, enfatizava-se que o Tribunal fazia o contraste entre a norma legal e a norma constitucional[224]. Os fatos objeto da demanda deveriam constar de provas previamente carreadas aos autos. Se houvesse necessidade de exame de matéria de fato controvertida ou de produção de provas adicionais, dizia-se tratar-se de questão que não poderia ser apreciada no âmbito desse processo especial.

A Lei n. 9.868/99, alterou essa orientação ao admitir a designação de peritos e a realização de audiência pública no âmbito do processo de controle abstrato de normas – ADI (art. 9º, § 1º) e ADC (art. 20, § 1º). No mesmo sentido, estabelece a Lei n. 9.882/99, quanto ao procedimento da ADPF (art. 6º, § 1º).

A despeito das limitações procedimentais, a análise de elementos de realidade por parte do Tribunal manifesta-se, de forma evidente, em diversos precedentes.

Por ocasião do julgamento da Rp. 930, v. g., o Supremo Tribunal Federal teve oportunidade de ressaltar a importância do princípio da proporcionalidade no controle das leis restritivas. No voto do Ministro Rodrigues Alckmin restou consignado que, no tocante às condições de capacidade para o exercício de profissão, não cabe ao legislador estabelecê-las "sem atender ao critério da razoabilidade, cabendo ao Poder Judiciário

219 RHC 91.691, rel. Min. Menezes Direito, *DJ* de 25-4-2008.

220 RE 122.011, rel. Min. Moreira Alves, *DJ* de 17-8-1990, e RE 99.590, rel. Min. Alfredo Buzaid, *DJ* de 6-4-1984.

221 RE 99.344, rel. Min. Oscar Corrêa, *DJ* de 6-4-1984.

222 Cf. RE 78.036-ED, rel. Min. Aliomar Baleeiro, *DJ* de 11-12-1974, e RHC 91.691, rel. Min. Menezes Direito, *DJ* de 25-4-2008.

223 HC 82.219, rel. Min. Gilmar Mendes, *DJ* de 19-12-2002.

224 Cf., a propósito, a Rp 1.418, rel. Min. Néri da Silveira, *DJ* de 25-3-1988, e o despacho do Ministro Celso de Mello prolatado na ADI 1.372, *DJ* de 17-11-1995.

apreciar se as restrições são adequadas e justificadas pelo interesse público, para julgá-las legítimas ou não"[225].

No caso, questionava-se a constitucionalidade da Lei n. 4.116/62, que regulamentou a profissão dos corretores de imóveis, com o principal argumento de que esta limitaria o exercício da liberdade de profissão. O art. 7º dessa lei, que dispunha que "somente os corretores de imóveis e as pessoas jurídicas, legalmente habilitadas, poderão receber remuneração como mediadores na venda, compra, permuta ou locação de imóveis, sendo, para isso, obrigados a manterem escrituração dos negócios a seu cargo", já fora declarado inconstitucional em recurso extraordinário. Na representação, foi arguido que a declaração de inconstitucionalidade desse artigo implicaria a invalidade de toda a lei.

A maioria do Tribunal acompanhou a fundamentação do Ministro Rodrigues Alckmin e entendeu que o exercício da profissão de corretor não exige nenhuma capacitação profissional especial. Logo, não seria possível impor nenhuma espécie de limitação ao seu exercício.

Na ADI-MC 855, em que se controvertia sobre a constitucionalidade de lei estadual que estabelecia a pesagem obrigatória, à vista do consumidor, dos botijões de gás liquefeito de petróleo, tornou-se manifesta a necessidade de o Tribunal empreender a análise dos fatos legislativos, pois se argumentava que a colocação de balanças em todos os caminhões de distribuição e a mão de obra necessária à medição individual agravariam o custo do serviço e, logo, a fixação do preço cobrado pelo produto.

A decisão concessiva da cautelar, da relatoria do Ministro Sepúlveda Pertence, bem demonstra a relevância do controle judicial dos fatos legislativos (prognose) que fundamentam a opção legislativa:

> "De sua vez, os esclarecimentos de fato – particularmente a manifestação do Instituto Nacional de Metrologia, Normatização e Qualidade Industrial – INMETRO, do Ministério da Justiça, são de múltipla relevância para este julgamento liminar. Eles servem, de um lado – como proficientemente explorados na petição –, não só para lastrear o questionamento da proporcionalidade ou da razoabilidade da disciplina legal impugnada, mas também para indicar a conveniência de sustar – ao menos, provisoriamente – as inovações por ela impostas, as quais, onerosas e de duvidosos efeitos úteis – acarretariam danos de incerta reparação para a economia do setor, na hipótese – que não é de afastar – de que se venha ao final a declarar a inconstitucionalidade da lei. Finalmente, à primeira vista, os mesmos esclarecimentos especializados, que instruem a petição, permitem duvidar que, dadas as contingências técnicas a que tem de submeter-se, o mecanismo de distribuição do gás liquefeito, até hoje submetido a um regramento uniforme em todo o país, possa admitir variações regionais, impostas em nome da proteção do consumidor, cujos problemas, parece, hão de ter, no setor de que se cuida, soluções nacionais"[226].

Essa decisão foi, posteriormente, referendada no julgamento de mérito, ocorrido em 6 de março de 2008[227].

---

225 Rp 930, redator para o acórdão Min. Rodrigues Alckmin, *DJ* de 2-9-1977.

226 ADI-MC 855, rel. Min. Sepúlveda Pertence, *DJ* de 1º-10-1993.

227 ADI 855, rel. Min. Octávio Gallotti, *DJ* de 27-3-2009.

Cumpre referir, igualmente, o julgamento da ADI 3.034, de Relatoria do Ministro Ricardo Lewandowski[228], em que se controvertia acerca da constitucionalidade de lei complementar do Estado do Espírito Santo que autorizava o Poder Executivo a celebrar contrato administrativo de prestação de serviços com particulares, para atender a necessidade de excepcional interesse público no sistema constituído pela Secretaria de Estado da Saúde, ao argumento de que o diploma normativo complementar afrontava os incisos II e IX do art. 37 da Constituição da República.

Embora tenha declarado a inconstitucionalidade do diploma estadual, por considerá-lo não conforme à regra excepcional prevista no inciso IX do art. 37 da Constituição, o Tribunal houve por bem modular os efeitos da decisão, atendendo, especialmente, à circunstância fática de encontrar-se o país em meio ao surto da assim denominada gripe suína, o que tornava a dispensa imediata dos servidores contratados sem a observância da exigência constitucional do concurso público, materialmente contrária ao dever do Estado de prestar serviços adequados e suficientes no âmbito da saúde.

A decisão do Supremo Tribunal Federal expôs a situação aqui destacada:

> "O Tribunal, por absoluta unanimidade e nos termos do voto do Relator, julgou procedente a ação e, por maioria, nos termos do artigo 27, da Lei n. 9.868/99, modulou os efeitos da decisão para que tenha eficácia a partir de 60 dias da data de sua comunicação, tendo em conta a situação excepcional pela qual passa o país, em virtude do surto da denominada gripe suína".

4.2. O Poder Executivo e o Poder Legislativo no controle de constitucionalidade das leis

4.2.1. Considerações preliminares

O tema relativo ao papel do Legislativo e do Executivo no controle de constitucionalidade suscita um número elevado de indagações. Evidentemente, essas questões passam pelo próprio controle de legitimidade dos atos normativos no âmbito dos Poderes Executivo e Legislativo, envolvendo até mesmo a atuação de órgãos superiores desses Poderes no controle direto de constitucionalidade.

Os Poderes Executivo e Legislativo têm um papel marcante em algumas questões relacionadas com o controle de legitimidade dos atos do Poder Público:

1) o exercício do poder de veto com fundamento na inconstitucionalidade da lei, típica atribuição do Executivo, entre nós;

2) a possibilidade de suspensão de atos normativos que exorbitem dos limites estabelecidos em lei (art. 49, V);

3) a correção de decisões judiciais pelo Poder Legislativo;

4) a possibilidade de anulação de atos normativos pelo Legislativo;

5) a possibilidade de que o Executivo se negue a aplicar a lei com fundamento no argumento da inconstitucionalidade;

228 ADI 3.034, rel. Min. Ricardo Lewandowski, *DJ* de 22-10-2009.

6) a possibilidade de que se declare a nulidade de lei mediante ato de natureza legislativa.

4.2.2. O poder de veto sob o argumento da inconstitucionalidade do projeto de lei

É fácil ver que o veto de um projeto de lei, sob o argumento da inconstitucionalidade, outorga ao Executivo uma faculdade de enorme significado num sistema constitucional que, como visto, privilegia o controle judicial de constitucionalidade das leis.

Não são raros os autores que identificam aqui a configuração de um modelo preventivo de controle de constitucionalidade.

É verdade que esse poder há de ser exercido *cum grano salis*, não se confundindo com aqueloutro, que autoriza o Chefe do Executivo a negar a sanção a projetos de lei manifestamente contrários ao interesse público.

Evidentemente, a vinculação de todos os órgãos públicos à Constituição não permite que o Chefe do Poder Público se valha do veto com fundamento na inconstitucionalidade com a mesma liberdade com que poderá utilizar o veto com base no interesse público.

Dir-se-á, porém, que eventual utilização abusiva do veto com fundamento na suposta inconstitucionalidade da proposição poderia ser sempre reparada, pois estaria sujeita a apreciação e, portanto, ao controle do organismo parlamentar competente.

Essa resposta é evidentemente insatisfatória, porque admite que um órgão público invoque eventual inconstitucionalidade sem que esteja exatamente convencido da sua procedência. Isso relativiza, de forma inaceitável, a vinculação dos Poderes Públicos à Constituição. Por outro lado, parece inequívoco que a apreciação do veto pela Casa Legislativa não se inspira exatamente em razões de legitimidade. A ausência de maioria qualificada fundada em razões meramente políticas implicará a manutenção do veto, ainda que lastreado em uma razão de inconstitucionalidade absolutamente despropositada.

A indagação que subsiste diz respeito à possibilidade de que se pudesse judicializar a questão constitucional, tendo em vista a aferição da legitimidade ou não do fundamento invocado.

Em um sistema de rígida vinculação à Constituição, parece plausível admitir, pelo menos, que a maioria que garantiu a aprovação da lei deveria ter a possibilidade de instaurar tal controvérsia. Quanto ao instrumento processual adequado, deve-se mencionar que o Supremo Tribunal Federal tem admitido a utilização do mandado de segurança em situações típicas de conflito entre órgãos[229].

Assim, esse controle político de legitimidade[230] também estaria submetido ao controle judicial.

229 MS 20.257, rel. Min. Moreira Alves, *Revista Trimestral de Jurisprudência*, n. 99, p. 1031-1041.

230 Anna Cândida da Cunha Ferraz, *Conflito entre poderes*, São Paulo, 1994, p. 204.

4.2.3. A sustação de atos de delegação e dos atos regulamentares pelo Poder Legislativo

O art. 49, V, da Constituição de 1988 restabeleceu, parcialmente, na ordem constitucional brasileira instituto que havia sido introduzido entre nós na Constituição de 1934 (CF, art. 91, II), autorizando o Congresso Nacional a sustar os atos legislativos que ultrapassem os limites da delegação outorgada (lei delegada) ou os atos normativos que exorbitem do poder regulamentar ou dos limites de delegação legislativa.

Trata-se de fórmula excepcional no sistema constitucional brasileiro, que, por isso mesmo, há de merecer uma interpretação estrita.

Nas suas anotações à Constituição de 1934, observou Pontes de Miranda a propósito:

> "(...) o inciso II do art. 91 constitui atribuição importantíssima. É a primeira vez que adotamos exame dos regulamentos sem o caso concreto, exame da lei em si mesma, em sua existência (...). A Constituição brasileira vai além, posto que só se exerça o poder de exame depois de emitidos. Um pouco função de Alta Corte constitucional, como preconizamos em 1932.
>
> O poder do Senado Federal, no caso do inciso II, é total e definitivo. Pode refugar parte ou todo o regulamento. É um intérprete da Constituição e das leis, a respeito de regulamentos do Poder Executivo"[231].

Evidentemente, essa competência excepcional – um autêntico controle político de legitimidade – é suscetível de contraste na via judicial.

O próprio Supremo Tribunal Federal tem entendido ser admissível a ação direta de inconstitucionalidade contra resolução de órgão legislativo que suste a eficácia de ato regulamentar. Nesse sentido, registre-se que aquela Corte já acolheu ação direta proposta com o objetivo de impugnar a legitimidade de Decreto Legislativo estadual que suspendeu os efeitos de ato do Poder Executivo sem a observância dos limites estabelecidos no art. 49, V, da Constituição[232].

Deve-se registrar que, salvo melhor juízo, esse instituto não se mostra apto a propiciar um efetivo instrumento de controle contra abusos perpetrados pelo Executivo no exercício do Poder Regulamentar. Já a dificuldade de colher maiorias nas Casas Parlamentares para lograr uma decisão clara sobre a legitimidade do ato normativo questionado demonstra a insuficiência desse instituto como instrumento de aferição de legitimidade do ato normativo. Por isso, ninguém poderá, em sã consciência, sustentar que a falta de uma decisão da Casa Legislativa sobre a observância ou não pelo Poder Executivo dos limites do Poder Regulamentar corresponderia a uma decisão de improcedência.

A importância que assume o regulamento na ordem jurídica parece sugerir a necessidade de que, ao lado desse instrumento, desenvolva-se forma mais expedita de controle de legitimidade dos atos regulamentares.

Kelsen já havia assinalado que qualquer ofensa contra o direito ordinário configuraria uma ofensa indireta contra a própria Constituição, desde que esta contivesse o princí-

231 *Comentários à Constituição da República dos Estados Unidos do Brasil*, t. 1, p. 770-771.

232 ADIn 748, rel. Min. Celso de Mello, *Diário da Justiça*, 6 nov. 1992, p. 20105.

pio da legalidade da Administração[233]. Não obstante, enquanto a inconstitucionalidade *direta* poderia ser aferida pela via abstrata, a inconstitucionalidade *indireta* somente poderia ser examinada dentro de um sistema de controle da legalidade. Com a diferenciação entre a *inconstitucionalidade direta* e a *indireta*, esforçava-se Kelsen para superar as dificuldades práticas decorrentes da ampliação desse conceito de inconstitucionalidade[234]. Reconhecia-se, porém, a dificuldade de se traçar uma linha precisa entre a inconstitucionalidade *direta* e a *indireta*[235].

Sem fazer qualquer distinção entre a inconstitucionalidade *direta* e a *indireta*, a doutrina brasileira enfatiza que qualquer regulamento que deixe de observar os limites estabelecidos em lei é inconstitucional.

A Constituição de 1988, tal como já fizera a Constituição de 1967/1969 (art. 153, § 2º, c/c o art. 81, III), consagra, no art. 5º, II, os princípios da supremacia da lei e da reserva legal como elementos fundamentais do Estado de Direito, exigindo que o poder regulamentar do Executivo seja exercido apenas para *fiel execução da lei* (CF, art. 84, IV).

Disso resulta diretamente, pelo menos no que concerne aos direitos individuais, que a ilegalidade de um regulamento equivale a uma inconstitucionalidade, em virtude da legalidade das normas secundárias expressa no princípio do Direito Constitucional objetivo[236] ("Ninguém está obrigado a fazer ou deixar de fazer alguma coisa senão em virtude de lei" – CF, art. 5º, II).

Entendimento contrário levaria a uma completa ruptura com a necessária vinculação da Administração à Constituição, uma vez que ela poderia editar qualquer ato regulamentar, ainda que em contradição com os direitos individuais, sem observância do princípio da reserva legal[237]. Nesse caso, tal como já ressaltado por Papier, *a legalidade da restrição configura condição de sua constitucionalidade*. A contrariedade à lei representa sempre um caso de ofensa a direito individual[238].

É certo que a inexistência de um sistema de controle judicial que permita aferir a legitimidade da atividade regulamentar pode levar a uma *desvalorização* do postulado da supremacia da lei e da reserva legal[239]. Outrossim, a falta de controle judicial, nesses casos, pode flexibilizar excessivamente o princípio da divisão dos poderes, afetando, assim, uma decisão fundamental do constituinte (Constituição, art. 2º).

---

233 Hans Kelsen, Wesen und entwicklung der staatsgerichtsbarkeit, *VVDStRL* 5 (1929), p. 41.

234 Como observado por Ipsen (*Rechtsfolgen der Verfassungswidrigkeit von Norm und Einzelakt*, p. 147), o ponto central do problema residia, para Kelsen, na diferenciação entre a competência da jurisdição constitucional e a da jurisdição administrativa.

235 Hans Kelsen, Wesen und entwicklung der staatsgerichtsbarkeit, *VVDStRL 5* (1929), p. 39.

236 Geraldo Ataliba, Poder regulamentar do Executivo, *Revista de Direito Público*, n. 57-58, p. 197-198.

237 No direito alemão cf., Erichsen, *Staatsrecht und verfassungsgerichtsbarkeit*, v. 1, p. 20.

238 Hans-Jürgen Papier, *Bundesverfassungs- gericht und Grundgesetz*, v. 1, p. 432-434: "Spezifisches verfassungsrecht" und "einfaches recht" als argumentationsformel des bundesverfassungsgerichts.

239 Osvaldo Aranha Bandeira de Melo, *Princípios gerais de direito administrativo*, v. 1, p. 314-316; Geraldo Ataliba, Poder regulamentar do Executivo, *Revista de Direito Público*, n. 57-58, p. 196; Ruy Cirne Lima, *Princípios de direito administrativo*, p. 37; Pontes de Miranda, *Comentários à Constituição de 1967, com a Emenda n. 1, de 1969*, v. 3, p. 312-314.

Por outro lado, a proximidade – às vezes, a quase confusão – entre a questão constitucional e a questão legal na relação entre lei e regulamento não recomenda que a competência para conhecer dessa questão seja deferida a outra Corte de Justiça, como já se cogitou entre nós, uma vez que, muito possivelmente, surgiriam conflitos de interpretação praticamente insolúveis.

Assim, poder-se-ia cogitar da criação de instituto especial, nos moldes estabelecidos pelo art. 139 da Constituição austríaca, conferindo também o controle abstrato da legitimidade dos atos regulamentares ao Supremo Tribunal Federal, mediante iniciativa de órgãos do Poder Legislativo (eventualmente, as Mesas da Câmara e do Senado Federal) e do Procurador-Geral da República[240].

Destaca-se que, na vigência da Constituição Federal de 1988, foram expedidos, até novembro de 2019, apenas 7 (sete) decretos legislativos com fundamento no art. 49, inciso X, da CF[241]. Trata-se, portanto, de mecanismo relativamente pouco utilizado para a contenção dos efeitos de atos normativos do Poder Executivo que tendem a exorbitar do poder regulamentar.

4.2.4. A "correção" de decisões judiciais pelo Poder Legislativo

Na Constituição de 1937, criou-se a possibilidade de se suspender, mediante ato legislativo, decisão judicial que declarasse inconstitucionalidade do ato normativo. Isso deveria ocorrer por meio de uma resolução do Parlamento Nacional, aprovada por uma maioria qualificada de dois terços dos votos (art. 96). Esse instituto deveria cumprir dupla função: *confirmar a validade da lei e cassar a decisão judicial questionada*[242]. A lei *confirmada* ganhava, assim, a força de uma Emenda Constitucional[243].

A necessidade desse instituto foi justificada com o caráter pretensamente *antidemocrático* da jurisdição, o que acabava por permitir a utilização do controle de normas como instrumento aristocrático de preservação do poder ou como expressão de um *Poder Moderador*[244].

Deveria ser criada, sobretudo em virtude da *abertura* das normas constitucionais, uma instância especial, que estivesse em condições de corrigir eventuais desvios da Constituição[245]. A faculdade confiada ao Parlamento de suspender decisões judiciais acabou

---

240 Proposta de emenda revisional do Deputado Adroaldo Streck (Proposta n. 3.342), que recomendava também a supressão do art. 49, X (competência do Congresso Nacional para sustar atos do Poder Executivo que exorbitem do poder regulamentar ou dos limites de delegação legislativa).

241 São eles: (i) o DL 3/89, que sustou o artigo 1º e incisos do Decreto n. 97.455, de 15 de janeiro de 1989; (ii) o DL 3/1992, que sustou o Decreto n. 430, de 20 de janeiro de 1992, (iii) o DL 207/2002, que suspendeu os efeitos da Nota Conjur-Minfra n. 24, de 11 de fevereiro de 1992, (iv) o DL 273/2014, que suspendeu a Resolução RDC n. 52, de 6 de outubro de 2011, da Agência Nacional de Vigilância Sanitária – ANVISA, (v) o DL 293/2015, que suspendeu a Portaria Interministerial n. 192, de 5 de outubro de 2015, do Ministério da Agricultura, Pecuária e Abastecimento e do Ministério do Meio Ambiente, (vi) o DL 177/2017, que suspendeu o art. 1º e o parágrafo único do art. 2º da Portaria n. 1.253 de 12 de novembro de 2013 do Ministério da Saúde e (vii) o DL 170/2018, que suspendeu a Portaria Interministerial MDIC-MMA n. 78, de 29 de dezembro de 2017.

242 José de Castro Nunes, *Teoria e prática do Poder Judiciário*, Rio de Janeiro, 1943, p. 593.

243 Celso Bastos, *Curso de direito constitucional*, p. 63.

244 Francisco Campos, Diretrizes constitucionais do novo Estado brasileiro, *Revista Forense*, v. 73, n. 415/417, p. 229, jan./mar. 1938.

245 Francisco Campos, Diretrizes constitucionais do novo Estado brasileiro, *Revista Forense*, v. 73, n. 415/417, p. 229, jan./mar. 1938.

por ser exercida diretamente pelo ditador mediante a edição de decretos-leis (Constituição de 1937, art. 180)[246]. Confirmada a constitucionalidade da lei, passava o Supremo Tribunal Federal a reconhecer *ipso jure* a sua validade[247].

Embora a doutrina não tenha logrado explicitar a origem ou a fonte de inspiração imediata desse instituto, é certo que ele não estava previsto, nem implicitamente, na Constituição polonesa de 23 de abril de 1935, uma vez que esse texto sequer previa o controle de constitucionalidade. Parece mais correto concluir que esse instituto possui referência na própria experiência constitucional norte-americana. É o que se lê na seguinte passagem da obra de Karl Loewenstein sobre o direito constitucional americano, especialmente sobre a prática da correção de decisões judiciais mediante ato legislativo ou até mesmo mediante emenda constitucional:

> "Um outro mecanismo de limitação do poder da Corte Suprema assenta-se na possibilidade de nulificação dos efeitos da decisão mediante lei de caráter corretivo *(korrigierendes Gesetz)*. Trata-se apenas de casos em que o Congresso manifesta divergência com interpretação conferida à norma pela Corte Suprema. Esse mecanismo não se aplica às hipóteses de declaração de inconstitucionalidade de índole formal ou material. *Nesses casos, apenas uma reforma constitucional pode mostrar-se apta a solver o conflito,* como já ocorreu após a declaração de inconstitucionalidade da lei de imposto de renda (*Bundeseinkommens-teuer) (Pollock v. Farmers' Loan & Trust. Co.,* 158 U.S. 601, 1898) através da promulgação da XVI Emenda (1913). Esses casos são raros, uma vez que o Congresso apenas consegue utilizar-se do poder de emenda contra decisão da Suprema Corte em hipóteses de inequívoco relevo. A correção de decisões judiciais mediante lei superveniente é, todavia, frequente, podendo-se falar de um permanente jogo de xadrez entre Congresso e Suprema Corte, no qual aquele logra dar sempre o xeque-mate"[248].

De fato, a Emenda XVI à Constituição americana foi consequência direta da decisão da Suprema Corte no caso *Pollock v. Farmers' Loan & Trust Co.,* 157 U.S., 429 (1895); 158 U.S. 601 (1895), como anotado por Edward Corwin:

> "A ratificação desta emenda foi consequência direta da decisão de 1895, pela qual uma Corte Suprema muito dividida julgou inconstitucional a tentativa do Congresso, do ano anterior, de tributar uniformemente os rendimentos em todo os Estados Unidos. Um imposto de renda derivado da propriedade, declarou a Corte, era 'imposto indireto' que o Congresso, de acordo com os termos do Artigo I, Secção 2, cláusula 3, e Secção 9, cláusula 4, só podia lançar obedecendo à regra da proporcionalidade, segundo a população"[249].

Contudo, como bem observa Loewenstein, não se cuidou propriamente de "rejeição" da decisão da Corte Suprema (o que representaria a supressão da independência

246 Cf., a propósito, Decreto-Lei n. 1.564, de 5-9-1939.

247 A propósito, cf. voto do Ministro Carlos Maximiliano, quando se discutiu, no Mandado de Segurança n. 623, a eficácia da decisão confirmatória baixada pelo Presidente da República em relação às questões ainda não apreciadas pelo Supremo Tribunal Federal.

248 Karl Loewenstein, *Verfassungsrecht und verfassungspraxis der vereinigten staaten,* 1959, p. 429.

249 Edward S. Corwin, *A Constituição norte-americana,* Rio de Janeiro, 1986, p. 336.

do Poder Judiciário), mas de posterior reforma constitucional, resguardando-se íntegra a decisão da Corte Suprema.

Em verdade, a exigência de Emenda Constitucional apontada por Loewenstein para que a Suprema Corte, em decisão posterior, venha a fixar entendimento diverso, configurando-se novo precedente, subsiste até nossos dias.

Em 1989, relativamente ao caso *Texas v. Johnson,* no qual se apreciava o episódio de queima da bandeira nacional, deu-se a tentativa de nulificação da decisão da Corte Suprema pela edição de lei pelo Congresso. Posteriormente, o próprio diploma congressual veio a ser declarado inconstitucional pela Suprema Corte. Empreendeu-se então o oferecimento de Emenda Constitucional – sem que se lograsse aprovação – como possibilidade única de vir a superar-se a orientação da Corte. Ilustra o fato a seguinte passagem de Akhil Reed Amar:

> "(...) Quando anunciada, a decisão foi recebida por uma tempestade de protestos, incluindo-se uma lei do Congresso elaborada para evitar, senão esvaziar, seu conteúdo. Quando a Corte fulminou tal diploma pela mesma maioria de 5 a 4 (sem que qualquer dos originariamente vencidos tencionasse retificar seu voto em nome do *stare decisis*), líderes do Congresso propuseram uma emenda constitucional para desautorizar a Corte e não obtiveram mais de trinta e quatro votos dos necessários dois terços da Câmara e nove votos no Senado"[250].

Assinale-se que a questão poderia assumir outros contornos nos Estados Unidos se a Constituição americana contivesse disposição com força de cláusula pétrea, pois, nesse caso, eventual revisão, nessa parte, acabaria por marcar uma ruptura da própria ordem constitucional. Embora a Constituição americana contenha cláusula que impõe a representação paritária dos Estados no Senado Federal (art. 5º), nada obsta, segundo o entendimento dominante, a eliminação desse preceito[251].

De qualquer forma, pode-se afirmar, com relativa segurança, que não só toda fundamentação doutrinária, mas também a própria conformação conferida ao instituto previsto no art. 96, parágrafo único, da Constituição de 1934 parecem indicar que a sua origem histórica reside mesmo na prática político-jurídica norte-americana.

É de se observar, porém, que, como assinalado, diferentemente da práxis desenvolvida nos Estados Unidos, a fórmula consagrada pela Carta de 1937 não apenas permitia a constitucionalização de normas consideradas até então inconstitucionais, como também ensejava a cassação da declaração de inconstitucionalidade proferida pelo Supremo Tribunal Federal. A possibilidade de alteração do texto constitucional para permitir que determinada conduta ou norma, considerada inconstitucional, passasse a ser compatível com a Constituição não apresenta maiores novidades. A cassação da decisão judicial com eficácia retroativa e a preservação da lei inconstitucional outorgam ao modelo de 1937 uma configuração peculiar e, provavelmente, sem paradigma no direito comparado.

Feitas essas considerações, caberia indagar se instituto semelhante ao concebido pelo constituinte de 1937 – ainda que não idêntico – poderia ser introduzido entre nós mediante proposta de Emenda de Revisão. Mais precisamente, deve-se contemplar a possibilidade de se superar o núcleo de cláusulas imantadas com a garantia da imutabilidade

---

250 The case of the misssing amendments: R. A. V. v. City of St. Paul. *Harvard Law Review,* v. 106, n. 1, p. 124, nov. 1992.

251 Karl Loewenstein, *Teoría de la Constitución*. Traducción y estudio sobre la obra por Alfredo Gallego Anabitarte, 2. ed. Barcelona: Ariel, 1976, p. 190.

mediante decisão do legislador constituinte, ainda que a deliberação seja tomada por uma maioria qualificada.

Parece que, diante de um modelo constitucional que consagra as chamadas "garantias de eternidade", tal fórmula não poderia jamais ser estabelecida.

4.2.5. Controle de constitucionalidade direto e a inexecução da lei pelo Executivo

Um dos temas mais tormentosos no âmbito da discussão sobre a atuação do Executivo no controle de constitucionalidade refere-se, certamente, à possibilidade de que, sob o argumento da inconstitucionalidade, negue-se a Administração a dar cumprimento a uma dada decisão legislativa.

Pode-se afirmar que, até o advento constitucional da Emenda Constitucional n. 16, de 1965, que introduziu o controle abstrato de normas no nosso sistema, era plenamente majoritária a posição que sustentava a legitimidade da recusa à aplicação da lei considerada inconstitucional[252].

Na vigência da Constituição de 1967/1969, firmou o Supremo Tribunal Federal entendimento no sentido de que seria constitucional decreto de Chefe de Poder Executivo estadual que determinasse aos órgãos a ele subordinados que se abstivessem da prática de atos que implicassem a execução de dispositivos legais vetados por falta de iniciativa exclusiva do Poder Executivo[253].

Tal como anotou o Supremo Tribunal Federal, cuidava-se de hipótese inequívoca de inconstitucionalidade e que, por isso, não se baseava em inconformismo de um Poder em face do outro. Ao contrário, a Corte vislumbrou aqui uma situação de autodefesa de prerrogativa que a Constituição conferia ao Executivo para melhor atender ao interesse público[254].

Tal como demonstra Ruy Carlos de Barros Monteiro em minucioso estudo[255], a questão sobre eventual descumprimento de lei considerada inconstitucional pelo Poder Executivo deu ensejo a intensa controvérsia doutrinária e jurisprudencial.

É certo que a questão perdeu muito do seu apelo em face da Constituição de 1988, que outorgou aos órgãos do Executivo, no plano estadual e federal, o direito de instau-

---

252 Carlos Maximiliano, *Comentários à Constituição de 1891*, Porto Alegre, 1929, n. 226, p. 311; Miguel Reale, *Revogação e anulamento do Ato Administrativo*, Rio de Janeiro, 1968, p. 47; Themistocles Brandão Cavalcanti, Arquivamento de Representação por inconstitucionalidade da lei, *Revista de Direito Público*, n. 16, p. 169; Caio Mário da Silva Pereira, Parecer D-24 do Consultor-Geral da República, *Diário Oficial da União*, 22 jun. 1965; Ver também as decisões do Supremo Tribunal: RMS n. 4.211, rel. Min. Cândido Motta Filho, *Revista Trimestral de Jurisprudência*, n. 2, p. 386-7; RMS n. 5.860, rel. Min. Vilas Bôas, Acórdão publicado em audiência de 23 fev. 1959; Rp n. 512, rel. Min. Pedro Chaves, *Revista de Direito Administrativo*, n. 76, p. 308-9, 1964; RE n. 55.718-SP, rel. Min. Hermes Lima, *Revista Trimestral de Jurisprudência*, n. 32, p. 143-47; RMS n. 14.557, rel. Min. Cândido Motta Filho, *Revista Trimestral de Jurisprudência*, n. 33, p. 330-8; RMS n. 13.950, rel. Min. Amaral Santos, *Revista de Direito Administrativo*, n. 97, p. 116-120, 1969.

253 Rp n. 980, rel. Min. Moreira Alves, *Revista Trimestral de Jurisprudência*, n. 96, p. 496.

254 Rp n. 980, rel. Min. Moreira Alves, *Revista Trimestral de Jurisprudência*, n. 96, p. 496.

255 O argumento de inconstitucionalidade e o repúdio da Lei pelo Poder Executivo, *Revista Forense*, v. 79, n. 284, p. 101, out./dez. 1983.

rar o controle abstrato de normas. A possibilidade de se requerer liminar que suspende imediatamente o diploma questionado reforça ainda mais esse entendimento. Portanto, a justificativa que embasava aquela orientação de enfrentamento ou de quase desforço perdeu razão de ser na maioria dos casos.

Assinale-se, porém, que, ao apreciar ação direta de inconstitucionalidade, já sob o império da Constituição de 1988, teve o Supremo Tribunal Federal a oportunidade de enfatizar que "os Poderes Executivo e Legislativo, por sua Chefia – e isso mesmo tem sido questionado com o alargamento da legitimação ativa na ação direta de inconstitucionalidade –, podem tão só determinar aos seus órgãos subordinados que deixem de aplicar administrativamente as leis ou atos com força de lei que considerem inconstitucionais"[256].

Se se entender – como parece razoável – que o Executivo, pelo menos no plano estadual e federal, não mais pode negar-se a cumprir uma lei com base no argumento de inconstitucionalidade, subsistem ainda algumas questões que poderiam legitimar uma conduta de repúdio.

Como o controle abstrato de normas não abrange as leis pré-constitucionais[257], não seria razoável que o Executivo se visse compelido a aplicar a lei que considerasse incompatível com nova ordem constitucional, se não dispusesse de outra possibilidade de provocar um pronunciamento jurisdicional sobre a matéria.

Da mesma forma, no plano do Município, inexiste a possibilidade de se provocar, de forma direta, um pronunciamento definitivo do Supremo Tribunal Federal sobre a incompatibilidade entre lei municipal e a Constituição Federal. Também aqui, seguindo a orientação fixada pelo Supremo Tribunal, poder-se-ia admitir que a autoridade administrativa negasse aplicação ao direito municipal sob o argumento da inconstitucionalidade.

Outra questão igualmente relevante diz respeito à possibilidade de o Executivo negar-se a implementar determinada vantagem concedida pelo legislador a servidores sob o argumento de falta de previsão na Lei de Diretrizes Orçamentárias ou de falta de previsão orçamentária.

O Supremo Tribunal Federal entende que a falta de autorização específica não implica nulidade da lei concessiva da vantagem, impedindo, porém, a sua execução.

Nesse sentido, convém registrar passagem de voto do eminente Ministro Ilmar Galvão na ADIn n. 1.292:

> "É, portanto, inegável que, segundo o regime instituído pelo art. 169 da CF, não basta a existência de recursos orçamentários para autorizar o pagamento de vantagem funcional, sendo, ao revés, ato afrontoso ao princípio da moralidade administrativa e suscetível de constituir grave irregularidade, que pode chegar às raias do ilícito penal, o pagamento de despesa dessa natureza que não tenha sido objeto de autorização específica na lei de diretrizes orçamentárias"[258].

256 ADIn n. 221, rel. Min. Moreira Alves, *DJ* de 22-10-1993.

257 ADIn n. 2, rel. Min. Paulo Brossard, *DJ* de 12-2-1992.

258 ADIn n. 1.292, rel. Min. Ilmar Galvão, *DJ* de 15-9-1995.

Essa decisão autoriza o Executivo a negar aplicação à lei concessiva de vantagem não prevista na Lei de Diretrizes Orçamentárias e na Lei Orçamentária.

4.2.6. Sobre a possibilidade de anulação da lei inconstitucional pelo Poder Legislativo

Tendo em vista o argumento da nulidade da lei inconstitucional, poder-se-ia indagar se ao Legislativo seria legítimo declarar a nulidade de uma dada lei por considerá-la incompatível com a Constituição.

Apreciando a questão suscitada por Medida Provisória que anulava ato normativo anterior, fixou o Supremo Tribunal Federal o entendimento de que a declaração de inconstitucionalidade não poderá ser levada a efeito mediante a utilização de ato normativo. Nesse sentido, convém registrar a seguinte passagem do voto emitido pelo eminente Ministro Moreira Alves:

> "Em nosso sistema jurídico, não se admite declaração de inconstitucionalidade de lei ou de ato normativo com força de lei por lei ou por ato normativo com força de lei posteriores. O controle de constitucionalidade da lei ou dos atos normativos é da competência exclusiva do Poder Judiciário. Os Poderes Executivo e Legislativo, por sua Chefia – e isso mesmo tem sido questionado com o alargamento da legitimação ativa na ação direta de inconstitucionalidade –, podem tão só determinar aos seus órgãos subordinados que deixem de aplicar administrativamente as leis ou atos com força de lei que considerem inconstitucionais"[259].

A decisão deixou evidente que a pretensão anulatória manifestada em ato normativo haveria de ser interpretada como ato de ab-rogação da disposição considerada inconstitucional[260].

4.3. O controle de constitucionalidade exercido pelo Tribunal de Contas da União (TCU) e pelo Conselho Nacional de Justiça (CNJ)

Controvérsia digna de destaque diz respeito à possibilidade de o Tribunal de Contas da União – e, por simetria, os Tribunais de Contas estaduais – realizarem controle de constitucionalidade das leis.

Entre nós, a jurisprudência antiga, encartada na Súmula 347 do Supremo Tribunal Federal, abria ensejo para que o Tribunal de Contas afastasse a aplicação de uma lei a um caso sob o seu exame, por julgá-la inconstitucional:

> O Tribunal de Contas, no exercício de suas atribuições, pode apreciar a constitucionalidade das leis e dos atos do poder público.

259 ADIn n. 221, rel. Min. Moreira Alves, *DJ* de 22-10-1993.

260 ADIn n. 221, rel. Min. Moreira Alves, *DJ* de 22-10-1993.

Ocorre que o referido Enunciado foi aprovado em Sessão Plenária de 13-12-1963, em contexto constitucional totalmente diferente do atual.

Com efeito, até o advento da Emenda Constitucional n. 16, de 1965, que introduziu em nosso sistema o controle abstrato de normas, admitia-se como legítima a recusa, por parte de órgãos não jurisdicionais, da aplicação de lei considerada inconstitucional.

Especificamente quanto ao Tribunal de Contas da União, essa controvérsia chegou ao STF em mandados de segurança, nos quais se impugnam decisões do TCU que consideram inconstitucional o Decreto n. 2.745/98, que aprova o Regulamento do Procedimento Licitatório Simplificado da Petrobras. O Supremo ainda não apreciou o mérito dos mandados. Contudo, nos últimos anos, o Tribunal tem deferido liminares suspendendo as referidas decisões da Corte de Contas[261].

Na liminar deferida no âmbito do MS 29.123-MC/DF, o Ministro Gilmar Mendes considerou que, diante da ampliação do rol de legitimados para a propositura de ação direta de inconstitucionalidade operada na Constituição de 1988, seria questionável a sobrevida da súmula na nova ordem constitucional. Em sua decisão, considerou o ministro que:

> "Parece quase intuitivo que, ao ampliar, de forma significativa, o círculo de entes e órgãos legitimados a provocar o Supremo Tribunal Federal, no processo de controle abstrato de normas, acabou o constituinte por restringir, de maneira radical, a amplitude do controle difuso de constitucionalidade. A amplitude do direito de propositura faz com que até mesmo pleitos tipicamente individuais sejam submetidos ao Supremo Tribunal Federal mediante ação direta de inconstitucionalidade. Assim, o processo de controle abstrato de normas cumpre entre nós uma dupla função: atua tanto como instrumento de defesa da ordem objetiva, quanto como instrumento de defesa de posições subjetivas. Assim, a própria evolução do sistema de controle de constitucionalidade no Brasil, verificada desde então, está a demonstrar a necessidade de se reavaliar a subsistência da Súmula 347 em face da ordem constitucional instaurada com a Constituição de 1988"[262].

Semelhante divergência também envolve a possibilidade de o Conselho Nacional de Justiça (CNJ), com fundamento no art. 103-B, § 4º, da Constituição de 1988, avaliar a compatibilidade de leis com o texto constitucional.

Embora o Supremo Tribunal Federal ainda não se tenha manifestado de forma terminativa sobre a matéria, em pelo menos duas oportunidades o tema foi enfrentado pelo Plenário do Tribunal.

---

261 Nesse sentido, conferem-se as seguintes decisões monocráticas: MS 29.123-MC/DF, rel. Min. Gilmar Mendes, *DJe* de 8-9-2010; MS 28.745-MC/DF, rel. Min. Ellen Gracie, *DJ* de 13-5-2010; MS 28.626-MC/DF, rel. Min. Dias Toffoli, *DJ* de 5-3-2010; MS 28.252-MC/DF, rel. Min. Eros Grau, *DJ* de 29-9-2009; MS 27.796-MC/DF, rel. Min. Ayres Britto, *DJ* de 9-2-2009; MS 27.344-MC/DF, rel. Min. Eros Grau, *DJ* de 2-6-2008; MS 27.337-MC/DF, rel. Min. Eros Grau, *DJ* de 28-5-2008; MS 27.232-MC/DF, rel. Min. Eros Grau, *DJ* de 20-5-2008; MS 26.808-MC/DF, rel. Min. Ellen Gracie, *DJ* de 2-8-2007; MS 26.783-MC/DF, rel. Min. Marco Aurélio, *DJ* de 1º-8-2007; MS 25.986-ED-MC/DF, rel. Min. Celso de Mello, *DJ* de 30-6-2006; MS 27.743-MC/DF, rel. Min. Cármen Lúcia, *DJe* de 15-12-2008; MS 28.897-MC/DF, rel. Min. Cármen Lúcia, *DJe* de 2-8-2010.

262 MS 29.123-MC/DF, rel. Min. Gilmar Mendes, *DJe* de 8-9-2010.

Em sessão realizada no dia 19 de agosto de 2010, a Corte desconstituiu decisão do CNJ que determinara que o Tribunal de Justiça da Paraíba exonerasse servidores recém-nomeados para cargos em comissão, diante de "indícios de inconstitucionalidade material" na lei que criou referidos cargos. O acórdão firmou o entendimento de que "a Lei n. 8.223/2007, decretada e sancionada pelos Poderes Legislativo e Executivo do Estado da Paraíba, não pode ter o controle de constitucionalidade realizado pelo Conselho Nacional de Justiça, pois a Constituição da República confere essa competência, com exclusividade, ao Supremo Tribunal Federal"[263].

No mesmo sentido, em 24 de fevereiro de 2011, o Tribunal manteve decisão do CNJ, impugnada em sede de Mandado de Segurança, destacando que "o Conselho Nacional de Justiça, embora seja órgão do Poder Judiciário, nos termos do art. 103-B, § 4º, II, da Constituição Federal, possui, tão somente, atribuições de natureza administrativa e, nesse sentido, não lhe é permitido apreciar a constitucionalidade dos atos administrativos, mas somente sua legalidade"[264].

Ressalta-se ainda que, em 4 de fevereiro de 2014, o Min. Celso de Mello deferiu pedido de Medida Cautelar em sede de Mandado de Segurança, a fim de suspender decisão do CNJ que determinara que o Presidente do Tribunal de Justiça do Estado do Amazonas se abstivesse de adotar providências necessárias à execução da Lei Complementar amazonense n. 126/2013, tendo em vista aparente vício de inconstitucionalidade no referido diploma legislativo. Essa decisão, mais uma vez, reforçou a tese de que a competência constitucional do CNJ assume perfil estrita e exclusivamente administrativo, não sendo, por isso, possível que este ente realize controle de constitucionalidade das leis[265].

Ao julgar o MS 26.739/DF, o Supremo Tribunal Federal discutiu a possibilidade de o Conselho Nacional de Justiça afastar a aplicação de determinado ato normativo tido por inconstitucional, quando existir jurisprudência pacífica do STF que ateste a referida inconstitucionalidade.

O caso versava sobre o afastamento, pelo CNJ, da aplicação de ato do Tribunal de Justiça de Minas Gerais (TJMG) tido por inconstitucional pelo Conselho, que fixara férias em 60 dias para servidores de segunda instância da Justiça estadual mineira. A edição do ato impugnado, com efeito, contrariava frontalmente a jurisprudência do Supremo Tribunal Federal – que reconhece, de forma pacífica, a inconstitucionalidade da ocorrência de férias coletivas nos juízos e tribunais de segundo grau – o que motivou o afastamento de sua aplicação pelo CNJ.

Em face do afastamento pelo Conselho da aplicação do ato do TJMG, o Sindicato dos Servidores da Justiça de Segunda Instância de Minas Gerais (SINJUS/MG) impetrou mandado de segurança coletivo, com pedido liminar, sob o argumento de suposta incompetência do CNJ para prolação de decisão daquela natureza. Defendeu o SINJUS/MG ser atribuição exclusiva do STF a análise de compatibilidade entre norma que prevê o direito a férias dos servidores mineiros e a Constituição Federal, razão pela qual deveria ser anulada a decisão do CNJ que afastara o ato editado pelo TJMG.

---

263 AC 2390 MC-REF, rel. Min. Cármen Lúcia, Tribunal Pleno, *DJe* de 2-5-2011.

264 MS 28872 AgR, rel. Min. Ricardo Lewandowski, Tribunal Pleno, *DJe* de 18-3-2011.

265 MS 32582 MC, rel. Min. Celso de Mello, *DJe* de 11-2-2014.

Todavia, no julgamento da demanda, prevaleceu, entre os membros da Segunda Turma do STF, o entendimento no sentido de que o Conselho Nacional de Justiça não era incompetente para a prolação da decisão então impugnada, não havendo, portanto, qualquer usurpação de competência da Corte Constitucional pelo CNJ. Entenderam os magistrados que é possível que órgãos autônomos – como o CNJ, CNMP, Conselho dos Contribuintes, dentre outros – profiram decisão no sentido de afastar a aplicação de determinado ato normativo por vício de inconstitucionalidade, desde que a jurisprudência do Supremo Tribunal Federal seja pacífica em já reconhecer a inconstitucionalidade da matéria.

Desse modo, vale salientar que a decisão proferida no julgamento do MS 26.739/DF não autoriza a realização de controle difuso de constitucionalidade por órgãos não jurisdicionais. Na verdade, nas hipóteses como a que se verificava no referido processo, a jurisprudência do STF deve ser pacífica no sentido de reconhecer a inconstitucionalidade de um tema, para que os órgãos não jurisdicionais possam decidir afastar a aplicação de determinado ato normativo que diga respeito àquele assunto, por inconstitucionalidade. Em conformidade com a decisão, os órgãos não jurisdicionais podem aplicar a jurisprudência uniforme da Corte Constitucional ao caso concreto e concluir pelo afastamento ou pela aplicação de determinado ato normativo, tendo em vista a sua (in)compatibilidade com o texto constitucional, segundo a interpretação do próprio Supremo Tribunal Federal.

Com as devidas vênias aos entendimentos jurisprudenciais destacados, pensamos que, tanto em relação ao controle de constitucionalidade exercido pelo TCU quanto pelo CNJ, cabe fazer um *distinguishing* das situações enfrentadas. Não parece desarrazoado entender pela possibilidade de essas entidades negarem aplicação a determinada lei no caso concreto, quando já houver entendimento pacificado do STF acerca da inconstitucionalidade chapada, notória ou evidente, do ato normativo em questão.

É bem verdade que, ao ampliar o círculo de entes e órgãos legitimados a provocar o Supremo Tribunal Federal, nos processos de controle abstrato de normas, bem como daqueles que podem participar efetivamente do processo constitucional, por meio de audiências públicas e intervenções como *amicus curiae*, acabou o Constituinte de 87/88 por, em certa medida, restringir a amplitude do controle difuso de constitucionalidade de leis e atos normativos. Além disso, a própria criação da ação declaratória de constitucionalidade revela a preocupação da Carta Magna em prestigiar a presunção de constitucionalidade de leis e atos normativos.

Todavia, também é inegável que o ordenamento jurídico vigente confere eficácia ampla e expansiva às decisões proferidas pelo Supremo Tribunal Federal, mesmo em sede de controle incidental de constitucionalidade. A esse respeito, destaca-se a nossa tese, adotada no julgamento das ADIs 3.406/RJ e 3.470/RJ[266], no sentido de que a fórmula relativa à suspensão de execução da lei pelo Senado há de ter simples efeito de publicidade. Ou seja, se o Supremo, em sede de controle incidental, declarar definitivamente que determinada lei é inconstitucional, essa decisão terá eficácia *erga omnes*,

266 O julgamento das ADIs 3.406/RJ e 3.470/RJ será mais bem examinado no item 3.4.3, da Seção III, deste Capítulo 10.

fazendo-se a comunicação àquela Casa legislativa apenas para que publique a decisão no *Diário do Congresso*.

Admitida a possibilidade de as decisões do Supremo, ainda que proferidas na via incidental, ostentarem força cogente, é possível defender que mesmo órgãos administrativos podem, ou mesmo devem, vincular-se ao entendimento jurisprudencial da Corte quanto à inconstitucionalidade de dado ato normativo[267]. Como dito, sobretudo nas hipóteses de inconstitucionalidade chapada – reconhecida com uniformidade pela jurisprudência do STF –, o entendimento da impossibilidade de entidades como TCU ou CNJ declararem lei inconstitucional no caso concreto apenas conduzirá a sucessivas reformas judiciais das suas decisões administrativas, em sede de Mandado de Segurança.

Diante de todos esses argumentos, reconhece-se que a questão ainda permanece em aberto, sendo inegável a complexidade que envolve a matéria.

4.4. Controle de constitucionalidade e direitos digitais[268]

Iniciativas políticas e jurídicas voltadas à articulação de direitos, normas de governança e regras de limitação do poder na internet têm assumido centralidade como objetos de pesquisa do Direito Constitucional contemporâneo. A atuação dos Tribunais em geral e das Cortes Constitucionais em particular tem sido determinante para a conformação de direitos digitais básicos. Nos últimos anos, diversos países optaram por estruturar sistemas de proteção de direitos na internet a partir da edição de legislações formais que são constantemente submetidas à jurisdição constitucional.

O controle de constitucionalidade das legislações que definem direitos na internet exige do intérprete uma compreensão prévia do fenômeno do Constitucionalismo Digital[269]. A expansão das relações sociais em meio digital relaciona-se de forma ambivalente com a teoria constitucional dos direitos fundamentais. Se por um lado a internet emerge como uma ferramenta social que pode ser instrumentalizada para a realização dos objetivos do constitucionalismo, notadamente o controle e a regulação do poder político, por outro, ela também está a exigir novas conformações protetivas de direitos fundamentais[270].

No âmbito dessa relação dupla, a internet claramente amplia as possibilidades de realização de garantias individuais. Em diversos cenários, o seu uso torna-se de certo modo condição necessária para a realização de direitos básicos. Esse diagnóstico se faz evidente no campo da liberdade de expressão, de manifestação política e de liberdade

---

267 Nesse sentido, exemplo de vinculação expressa da Administração Pública às decisões proferidas pelo Tribunal encontra-se no art. 103-A da CF/88, nas hipóteses de edição de Súmulas Vinculantes.

268 A presente seção incorpora trechos de Gilmar Ferreira Mendes e Victor Oliveira Fernandes, Constitucionalismo digital e jurisdição constitucional: uma agenda de pesquisa para o caso brasileiro. *Revista Brasileira de Direito*, Passo Fundo, v. 16, n. 1, p. 1-33, out. 2020.

269 Para uma compreensão desse fenômeno, cf. Gilmar Ferreira Mendes e Victor Oliveira Fernandes, Constitucionalismo digital e jurisdição constitucional, cit.

270 Andrea Simoncini, The constitutional dimension of the internet: some research paths. *EUI Working Paper LAW*, 2016/16, 2016. p. 4.

religiosa[271], mas também atinge outras classes de direitos fundamentais, tais como os direitos de propriedade, de livre associação, de participação política e mesmo direitos de segunda geração relacionados ao trabalho, cultura e saúde[272]. A relevância do processo constitucional do processamento e da utilização da informação acaba por afetar o sistema de proteção de garantias individuais como um todo[273].

Esses mesmos avanços tecnológicos que proporcionam novas possibilidades de concretização de direitos fundamentais, todavia, também suscitam novos riscos de sua violação. No que se refere aos direitos de liberdade de expressão, a ampliação dos espaços digitais de manifestação pública torna a internet um campo fértil para diversas formas de abusos, o que pode ser percebido na disseminação de discursos odiosos, *cyberbullying*, pornografia infantil e mesmo na difusão em massa de notícias falsas (*fake news*).

Além disso, considerando que os espaços digitais em geral são controlados por agentes econômicos dotados de alta capacidade de coleta, armazenamento e processamento de dados pessoais, a intensificação do fluxo comunicacional na internet aumenta as possibilidades de violação de direitos de personalidade e de privacidade. Mesmo direitos fundamentais de igualdade e isonomia são colocados em risco pelo uso de algoritmos e de ferramentas de *data analytics*, que, promovendo a classificação e esteriotipação discriminatória de grupos sociais, são utilizados por empresas e governos para automatizar decisões estratégicas para a vida social, como a alocação de oportunidades de acesso a emprego, negócios e outros bens sociais[274].

As possibilidades de diálogo entre o constitucionalismo digital e a jurisdição constitucional descritas se apresentam como decorrências das próprias transformações que marcam a Teoria Constitucional contemporânea. A consagração do constitucionalismo enquanto modelo universal de organização e legitimação do poder político ocorreu no século passado graças a um conjunto de pré-condições da relação entre Estado e Sociedade que hoje se encontram em mutação. Nesse aspecto, a identificação das relações sociais na internet coloca em tensão duas fronteiras que definem o Estado Constitucional moderno: (i) a separação entre os poderes público e privado e (ii) a demarcação dos espaços das ordens jurídicas nacionais e transnacionais[275].

Nas duas últimas décadas, tanto na experiência norte-americana quanto na europeia, as Cortes Constitucionais têm tomado importantes decisões sobre o alcance de garantias constitucionais na internet, como se observa, por exemplo, nos debates do direito norte-americano sobre o regime de liberdade de expressão no meio digital[276] e,

271 Jack M. Balkin, Digital speech and democratic culture: a theory of freedom of expression for the information society. *New York University Law Review*, v. 79, n. 1, p. 1-55, 2004.

272 Giovanni Sartor, Human rights and information technologies. In: *The Oxford handbook of law, regulation and technology*. Oxford: Oxford University Press, 2017, p. 444.

273 Laura Schertel Mendes, *Privacidade, proteção de dados e defesa do consumidor*: linhas gerais de um novo direito fundamental, São Paulo: IDP/Saraiva, 2014, p. 163.

274 Giovanni Sartor, Human rights and information technologies. In: *The Oxford handbook of law, regulation and technology*, Oxford: Oxford University Press, 2017, p. 423.

275 Dieter Grimm, The achievement of constitutionalism and its prospects in a changed world. In: *The twilight of constitutionalism?*, New York: Oxford University Press, 2010, p. 13–14.

276 Molly K. Land, A human rights perspective on US constitutional protection of the internet. In: *The internet*

no contexto europeu, nas discussões sobre autodeterminação informacional e proteção de dados[277].

Entre nós, a Lei n. 12.965/2014, o Marco Civil da Internet (MCI), contemplou cláusulas gerais e princípios de conformação de direitos individuais no ciberespaço que servem de baliza hermenêutica para o Judiciário. A natural abertura de seu texto normativo e a incapacidade de antecipação legislativa dos problemas relacionados ao uso das novas tecnologias têm se traduzido em questionamentos sobre a constitucionalidade dos dispositivos do MCI perante os órgãos judiciários em geral e o Supremo Tribunal Federal (STF) em particular.

Notável exemplo nesse sentido diz respeito ao debate sobre a responsabilidade de intermediários *on-line* por conteúdos de terceiros no meio digital. A matéria foi disciplinada pelo art. 19 do Marco Civil da Internet, embora decisões judiciais anteriores já tivessem enfrentado o tema. O dispositivo legal prevê que, em regra, o provedor de aplicações de internet "somente poderá ser responsabilizado civilmente por danos decorrentes de conteúdo gerado por terceiros se, após ordem judicial específica, não tomar as providências para tornar indisponível o conteúdo apontado como infringente".

A jurisprudência do Superior Tribunal de Justiça (STJ) estabilizou um regime de irresponsabilidade moderada, sendo possível colher das suas decisões que os intermediários (i) não são diretamente responsáveis pelo conteúdo ilegal produzido pelos seus usuários; (ii) não podem ser compelidos a ter de verificar *a priori* os conteúdos a serem postados; (iii) devem remover qualquer conteúdo ilegal das plataformas assim que tiverem conhecimento disso e (iv) devem desenvolver e manter mecanismos minimamente efetivos de identificação dos usuários[278].

A resposta definitiva sobre o tema, no entanto, será dada pela via da jurisdição constitucional, quando do julgamento, pelo STF, do Recurso Extraordinário n. 1.037.396, representativo do Tema 987 da sistemática da Repercussão Geral. O debate a ser enfrentado pela Corte consiste em saber se é constitucional ter de se exigir uma ordem judicial para compelir o provedor a remover determinado conteúdo ou se o simples descumprimento de uma notificação extrajudicial do usuário bastaria para caracterizar a responsabilidade do provedor perante a legislação consumerista.

No caso concreto que deu ensejo à repercussão geral, uma usuária do Facebook ajuizou ação contra a plataforma pela criação de um perfil falso que utilizava o nome da autora da ação. No julgamento do recurso inominado, a Segunda Turma Recursal Cível de Piracicaba/SP determinou não só a remoção do conteúdo mas também que o Facebook fosse condenado a pagar danos morais por não ter retirado o conteúdo logo após a notificação da usuária.

---

and constitutional law: the protection of fundamental rights and constitutional adjudication in Europe, London; New York: Routledge Taylor and Francis Group, 2016, p. 48-70.

277 András Jóri, Protection of fundamental rights and the internet: a comparative appraisal of German and Central European constitutional case law. In: *The internet and constitutional law*: the protection of fundamental rights and constitutional adjudication in Europe, London-New York: Routledge Taylor and Francis Group, 2016, p. 166-176.

278 A respeito, cf. Luiz Fernando Marrey Moncau e Diego Werneck Arguelhes, The Marco Civil da Internet and digital constitutionalism. In: *The Oxford handbook of online intermediary liability*, Oxford: Oxford University Press, 2020.

Independentemente da interpretação que poderá vir a ser conferida pelo STF em relação ao MCI nesse ponto, reconhece-se que o problema da responsabilidade de intermediários pelo conteúdo de terceiros dificilmente se resolve pela formulação, em termos abstratos, de uma aferição do cumprimento do dever de proteção dos direitos fundamentais pelo legislador.

A partir da incorporação dos valores do constitucionalismo digital, o exercício do controle de constitucionalidade do art. 19 do MCI deve materialmente levar em conta, em uma dimensão de facticidade, o grau de comprometimento dos atores privados com o preceito constitucional de liberdade de expressão (art. 5º, inciso IV, da CF/88). Isso pode significar eventualmente uma abertura da jurisdição constitucional à avaliação em concreto das práticas de conformação de direitos de personalidade pelas plataformas digitais. A experiência acumulada do Poder Judiciário no tratamento dessas questões certamente pode contribuir para uma aferição dos riscos e benefícios do regime de responsabilidade subjetiva dos provedores de internet.

II EVOLUÇÃO DO CONTROLE DE CONSTITUCIONALIDADE NO DIREITO BRASILEIRO

1. INTRODUÇÃO

O controle judicial de constitucionalidade das leis tem-se revelado uma das mais eminentes criações do direito constitucional e da ciência política do mundo moderno. A adoção de formas variadas nos diversos sistemas constitucionais mostra, por outro lado, a flexibilidade e a capacidade de adaptação desse instituto aos mais diversos sistemas políticos.

É interessante observar que o sistema de controle de constitucionalidade sofreu incrível expansão na ordem jurídica moderna.

Afigura-se inquestionável a ampla predominância do controle judicial de constitucionalidade e, particularmente, do modelo de controle concentrado. Cuida-se mesmo de uma nova divisão de Poderes com a instituição de uma Corte com nítido poder normativo e cujas decisões têm o atributo da definitividade.

Deve assinalar-se que o sistema de controle de constitucionalidade no Brasil sofreu substancial reforma com o advento da Constituição de 1988. A ruptura do chamado "monopólio da ação direta" outorgado ao Procurador-Geral da República e a substituição daquele modelo exclusivista por um amplíssimo direito de propositura configuram fatores que sinalizam para a introdução de uma mudança radical em todo o sistema de controle de constitucionalidade.

Embora o novo texto constitucional tenha preservado o modelo tradicional de controle de constitucionalidade "incidental" ou "difuso", é certo que a adoção de outros instrumentos, como o mandado de injunção, a ação direta de inconstitucionalidade por omissão, o mandado de segurança coletivo e, sobretudo, a ação direta de inconstitucionalidade, conferiu um novo perfil ao nosso sistema de controle de constitucionalidade.

2. CONSIDERAÇÕES PRELIMINARES: A CONSTITUIÇÃO IMPERIAL

A Constituição de 1824 não contemplava qualquer sistema assemelhado aos modelos hodiernos de controle de constitucionalidade. A influência francesa ensejou que se outorgasse ao Poder Legislativo a atribuição de "fazer leis, interpretá-las, suspendê-las e revogá-las", bem como "velar na guarda da Constituição" (art. 15, n. 8º e 9º).

Nessa linha de raciocínio, o insigne Pimenta Bueno lecionava, com segurança, que o conteúdo da lei somente poderia ser definido pelo órgão legiferante:

> "Só o poder que faz a lei é o único competente para declarar por via de autoridade ou por disposição geral obrigatória o pensamento, o preceito dela. Só ele e exclusivamente ele é quem tem o direito de interpretar o seu próprio ato, suas próprias vistas, sua vontade e seus fins. Nenhum outro poder tem o direito de interpretar por igual modo, já porque nenhuma lei lhe deu essa faculdade, já porque seria absurda a que lhe desse"[1].

---

1 José Antonio Pimenta Bueno, *Direito público brasileiro e análise da Constituição do Império*, Brasília: Senado Federal, 1978, p. 69.

Era a consagração de dogma da soberania do Parlamento.

Por outro lado, a instituição do Poder Moderador assegurava ao Chefe de Estado o elevado mister de velar para "a manutenção da independência, equilíbrio e harmonia dos mais poderes" (art. 98). "É a faculdade (...) – dizia Pimenta Bueno – de fazer com que cada um deles se conserve em sua órbita, e concorra harmoniosamente com outros para o fim social, o bem-estar nacional: é quem mantém seu equilíbrio, impede seus abusos, conserva-os na direção de sua alta missão (...)"[2].

Não havia lugar, pois, nesse sistema, para o mais incipiente modelo de controle *judicial* de constitucionalidade[3].

3. O CONTROLE DE CONSTITUCIONALIDADE NA CONSTITUIÇÃO DE 1891

O regime republicano inaugura uma nova concepção. A influência do direito norte-americano sobre personalidades marcantes, como a de Rui Barbosa, parece ter sido decisiva para a consolidação do modelo difuso, consagrado já na chamada Constituição provisória de 1890 (art. 58, § 1º, *a* e *b*).

O Decreto n. 848, de 11-10-1890, estabeleceu, no seu art. 3º, que, na guarda e aplicação da Constituição e das leis nacionais, a magistratura federal só intervirá em espécie e por provocação da parte. "Esse dispositivo (...) – afirma Agrícola Barbi – consagra o sistema de controle por via de exceção, ao determinar que a intervenção da magistratura só se fizesse em espécie e por provocação de parte"[4]. Estabelecia-se, assim, o julgamento incidental da inconstitucionalidade, mediante provocação dos litigantes. E, tal qual prescrito na Constituição provisória, o art. 9º, parágrafo único, *a* e *b*, do Decreto n. 848, de 1890, assentava o controle de constitucionalidade das leis estaduais ou federais.

A Constituição de 1891 incorporou essas disposições, reconhecendo a competência do Supremo Tribunal Federal para rever as sentenças das Justiças dos Estados, em última instância, quando se questionasse a validade ou a aplicação de tratados e leis federais e a decisão do Tribunal fosse contra ela, ou quando se contestasse a validade de leis ou de atos dos governos locais, em face da Constituição ou das leis federais, e a decisão do Tribunal considerasse válidos esses atos ou leis impugnadas (art. 59, § 1º, *a* e *b*).

Não obstante a clareza dos preceitos, imperou alguma perplexidade diante da inovação. E o gênio de Rui destacou, com peculiar proficiência, a amplitude do instituto adotado pelo regime republicano, como se vê na seguinte passagem de seu trabalho elaborado em 1893:

---

2 José Antonio Pimenta Bueno, *Direito público brasileiro e análise da Constituição do Império*, cit., p. 203.

3 Cf., a propósito, Carlos Alberto Lúcio Bittencourt, *O controle jurisdicional da constitucionalidade das leis,* 2. ed., Rio de Janeiro: Forense, 1968, p. 27-28; Celso Agrícola Barbi, Evolução do controle de constitucionalidade das leis no Brasil, *RDP*, 4/36, 1968; Oswaldo Aranha Bandeira de Mello, *Teoria das Constituições rígidas,* 2. ed., São Paulo: Bushatsky, 1980, p. 155. Sobre modelo adotado pela Seção de Justiça do Conselho de Estado, conferir pesquisa feita por José Reinaldo de Lima Lopes (*O Oráculo de Delfos*. O Conselho de Estado no Brasil-Império. São Paulo: Saraiva, 2010).

4 Celso Agrícola Barbi, Evolução do controle de constitucionalidade das leis no Brasil, *RDP*, cit., p. 37; Oswaldo Aranha Bandeira de Mello, *Teoria das Constituições rígidas,* cit., p. 156.

"O único lance da Constituição americana, onde se estriba ilativamente o juízo, que lhe atribui essa intenção, é o do art. III, seç. 2ª, cujo teor reza assim: 'O poder judiciário estender-se-á a todas as causas, de direito e equidade, que nasceram desta Constituição, ou das leis dos Estados Unidos'.

Não se diz aí que os tribunais sentenciarão sobre a validade, ou invalidade, das leis. Apenas se estatui que conhecerão das causas regidas pela Constituição, como conformes ou contrárias a ela.

Muito mais concludente é a Constituição brasileira. Nela não só se prescreve que

'Compete aos juízes ou tribunais federais processar e julgar as causas, em que alguma das partes fundar a ação, ou a defesa, em disposição da Constituição Federal' (art. 60, *a*);

como, ainda, que

'Das sentenças das justiças dos Estados em última instância haverá recurso para o Supremo Tribunal Federal, quando se questionar sobre a validade de tratados e leis federais, e a decisão do tribunal do Estado for contrária (art. 59, § 1º, *a*)'.

A redação é claríssima. Nela se reconhece, não só a competência das justiças da União, como a das justiças dos Estados, para conhecer da legitimidade das leis perante a Constituição. Somente se estabelece, a favor das leis federais, a garantia de que, sendo contrária à subsistência delas a decisão do tribunal do Estado, o feito pode passar, por via de recurso, para o Supremo Tribunal Federal. Este ou revogará a sentença, por não procederem as razões de nulidade, ou a confirmará pelo motivo oposto. Mas, numa ou noutra hipótese, o princípio fundamental é a autoridade reconhecida expressamente no texto constitucional, a todos os tribunais, federais, ou locais, de discutir a constitucionalidade das leis da União, e aplicá-las, ou desaplicá-las, segundo esse critério.

É o que se dá, por efeito do espírito do sistema, nos Estados Unidos, onde a letra constitucional, diversamente do que ocorre entre nós, é muda a este propósito"[5].

A Lei de n. 221, de 20-11-1894, veio a explicitar, ainda mais, o sistema judicial de controle de constitucionalidade, consagrando no art. 13, § 10, a seguinte cláusula:

"Os juízes e tribunais apreciarão a validade das leis e regulamentos e deixarão de aplicar aos casos ocorrentes as leis manifestamente inconstitucionais e os regulamentos manifestamente incompatíveis com as leis ou com a Constituição".

Não havia mais dúvida quanto ao poder outorgado aos órgãos jurisdicionais para exercer o controle de constitucionalidade.

Em voto em *habeas corpus* apreciado pela 2ª Turma do Supremo Tribunal Federal, Min. Celso de Mello apresentou breve registro histórico relativo à forma de tratamento concedido pela Corte a esse remédio constitucional durante a vigência da primeira Constituição republicana:

"*Foi* no Supremo Tribunal Federal *que se iniciou, sob a égide* da Constituição republicana de 1891, *o processo* de *construção jurisprudencial da doutrina brasileira* do *'habeas corpus', que*

5 Rui Barbosa, Os atos inconstitucionais do Congresso e do Executivo, in *Trabalhos jurídicos,* Rio de Janeiro: Casa de Rui Barbosa, 1962, p. 54-55.

teve, nesta Corte, como seus principais formuladores, *os eminentes* Ministros Pedro Lessa e Enéas Galvão.

A origem dessa formulação doutrinária *reside* nos *julgamentos*, que, *proferidos no célebre Caso do Conselho Municipal do Distrito Federal*, ampliaram, de modo significativo, *o âmbito* de incidência protetiva do remédio constitucional do *habeas corpus*[6].

As *decisões* proferidas *em mencionados* julgamentos *revestem-se de aspecto seminal* no que concerne *ao próprio 'corpus'* doutrinário *que se elaborou*, naquele particular momento histórico, *no âmbito do Supremo Tribunal Federal, no contexto* da teoria brasileira do *habeas corpus, cuja incidência permitia*, como já assinalado, *o amparo jurisdicional de outros* direitos, *que não apenas* o direito de ir, vir e permanecer, *desde* que aqueles outros direitos *guardassem* relação de dependência *ou tivessem* por fundamento ou pressuposto *a prática* da liberdade de locomoção física do indivíduo, *tal como claramente expôs*, em clássica monografia (*Do Poder Judiciário*, p. 285/287, § 61, 1915, Francisco Alves), *o eminente Ministro Pedro Lessa*:

'Algumas vezes, entretanto, *a ilegalidade* de que se queixa o paciente não importa a completa privação da liberdade individual. *Limita-se, a coação ilegal* a ser vedada, *unicamente* à liberdade individual, *'quando esta* tem por fim próximo o exercício de um determinado direito'. *Não está* o paciente preso, *nem* detido, *nem* exilado, *nem* ameaçado de imediatamente o ser. *Apenas o impedem de ir*, por exemplo, a uma praça pública, onde se deve realizar uma reunião com intuitos políticos; a uma casa comercial, ou a uma fábrica, na qual é empregado; a uma repartição pública, onde tem de desempenhar uma função, ou promover um interesse; à casa em que reside, ao seu domicílio.

[...]

Pouco importa a espécie de direitos que o paciente precisa ou deseja exercer. *Seja-lhe necessária* a liberdade de locomoção *para pôr em prática* um direito de ordem civil, *ou* de ordem comercial, *ou* de ordem constitucional, *ou* de ordem administrativa, *deve ser-lhe concedido* o 'habeas-corpus', *sob a cláusula exclusiva* de ser juridicamente indiscutível *este último* direito, *o direito escopo. Para recolher* à casa paterna o impúbere transviado, *para fazer* um contrato ou um testamento, *para receber* um laudêmio, *ou para constituir* uma hipoteca; *para exercitar* a indústria de transporte, *ou para protestar* uma letra; *para ir votar, ou para desempenhar* uma função política eletiva; *para avaliar* um prédio e coletá-lo, *ou para proceder* ao expurgo higiênico de qualquer habitação; *se é necessário garantir* a um indivíduo a liberdade de locomoção, *porque* uma ofensa, *ou* uma ameaça, a essa liberdade foi embaraço a que exercesse qualquer desses direitos, *não lhe pode* ser negado 'habeas-corpus'. (...)'. (grifos do Min. Celso de Mello)"[7].

Em seguida, acrescentou o Min. Celso de Mello:

---

6 Nesse sentido, destacam-se os julgamentos que o Plenário do STF proferiu em 8-12-1909 (RHC 2.793/DF, rel. Min. Canuto Saraiva), em 11-12-1909 (HC 2.794/DF, rel. Min. Godofredo Cunha), e em 15-12-1909 (HC 2.797/DF, rel. Min. Oliveira Ribeiro, e RHC 2.799/DF, rel. Min. Amaro Cavalcanti), além daquele que resultou na concessão, em 25-1-1911, do HC 2.990/DF, rel. Min. Pedro Lessa.

7 HC 83238/RJ, rel. Min. Celso de Mello, j. em 25-11-2003, 2ª Turma.

"*Como salientado*, a jurisprudência *que se consolidou* no Supremo Tribunal Federal, *ao longo* da Constituição de 1891, *até* a Reforma de 1926, *contemplava a possibilidade* de utilização do remédio constitucional do *habeas corpus*, *mesmo* naqueles casos em que a liberdade de ir, vir e permanecer *pudesse ser afetada*, *ainda* que de modo *meramente* reflexo, por atos estatais *supostamente* abusivos ou ilegais (*Revista Forense* 34/505 – *RF* 36/192 – *RF* 38/213 – *RF* 45/183, v. g.):

'O *habeas-corpus* é *remédio legal* para garantir a cidadão *membro* do poder legislativo municipal *o livre exercício* dos seus cargos políticos' (RF 22/306, rel. Min. Manoel Murtinho – grifos do Min. Celso de Mello).

Vale mencionar, neste ponto, *como registro histórico*, que o Ministro Enéas Galvão, *tal como relembrado* por Lêda Boechat Rodrigues (*História do Supremo Tribunal Federal*, vol. III/33-35, 1991, Civilização Brasileira), *aprofundou*, ainda mais, a discussão *em torno do alcance* do *habeas corpus*, *sustentando – para além* do que preconizava Pedro Lessa – que esse remédio constitucional deveria ter campo de incidência *muito* mais abrangente, *em ordem* a proteger *outros* direitos, *mesmo* que estes não tivessem por fundamento o exercício da liberdade de locomoção física, *tal como o evidencia* decisão *emanada* desta Corte Suprema *consubstanciada* em acórdão assim ementado:

'O *habeas-corpus*, conforme o preceito constitucional, *não se restringe a garantir* a liberdade individual, *contra a prisão ou ameaça de prisão ilegais, ampara, também, outros direitos individuais* contra o abuso *ou* violência da autoridade. *Em casos semelhantes* ao atual, o Tribunal *tem concedido* o *'habeas-corpus' para garantir* a posse e exercício de Vereador eleito, *impedido* pela autoridade *de exercitar* o cargo (...) (HC 3.983/MG, rel. Min. Canuto Saraiva – grifos do Min. Celso de Mello).

É importante relembrar, ainda, *a decisiva participação* de Rui Barbosa nesse processo de construção hermenêutica *que resultou* na elaboração *da doutrina brasileira* do *habeas corpus*"[8].

A reforma constitucional de 1926 procedeu a algumas alterações, sem modificar, no entanto, a substância do modelo de controle incidental.

A garantia do *habeas corpus* foi então reduzida, passando este a proteger apenas a liberdade de ir e vir ("Dar-se-á *habeas corpus* sempre que alguém sofre violência por meio de prisão ou constrangimento ilegal em sua liberdade de comoção."), além de ter sido introduzido o elenco de princípios que hoje reconhecemos como "princípios sensíveis".

Consolidava-se, assim, o amplo sistema de controle difuso de constitucionalidade do Direito brasileiro. Convém observar que era inequívoca a consciência de que o controle de constitucionalidade não se havia de fazer *in abstracto*. "Os tribunais – dizia Rui – não intervêm na elaboração da lei, nem na sua aplicação geral. Não são órgãos consultivos nem para o legislador, nem para a administração (...)"[9]. E sintetizava, ressaltando que a *judicial review* "é um poder de hermenêutica, e não um poder de legislação"[10].

---

8 HC 83238/RJ, rel. Min. Celso de Mello, j. em 25-11-2003, 2ª Turma.

9 Rui Barbosa, Os atos inconstitucionais do Congresso e do Executivo, in *Trabalhos jurídicos*, cit., p. 83.

10 Rui Barbosa, Os atos inconstitucionais do Congresso e do Executivo, in *Trabalhos jurídicos*, cit., p. 83.

4. A CONSTITUIÇÃO DE 1934 E O CONTROLE DE CONSTITUCIONALIDADE

A Constituição de 1934 introduziu profundas e significativas alterações no nosso sistema de controle de constitucionalidade. A par de manter, no art. 76, III, *b* e *c*, as disposições contidas na Constituição de 1891, o constituinte determinou que a declaração de inconstitucionalidade somente poderia ser realizada pela maioria da totalidade de membros dos tribunais. Evitava-se a insegurança jurídica decorrente das contínuas flutuações de entendimento nos tribunais (art. 179)[11].

Por outro lado, a Constituição consagrava a competência do Senado Federal para "suspender a execução, no todo ou em parte, de qualquer lei ou ato, deliberação ou regulamento, quando hajam sido declarados inconstitucionais pelo Poder Judiciário", emprestando efeito *erga omnes* à decisão proferida pelo Supremo Tribunal Federal (arts. 91, IV, e 96)[12].

A fórmula inovadora buscava resolver o problema relativo à falta de eficácia geral das decisões tomadas pelo Supremo em sede de controle de constitucionalidade. É possível, porém, que, inspirado no direito comparado, tenha o constituinte conferido ao Senado um poder excessivo, que acabaria por convolar solução em problema, com a cisão de competências entre o Supremo Tribunal e o Senado[13]. É certo, por outro lado, que, coerente com o espírito da época, a intervenção do Senado limitava-se à declaração de inconstitucionalidade, não se conferindo eficácia ampliada à declaração de constitucionalidade.

Talvez a mais fecunda e inovadora alteração introduzida pelo Texto Magno de 1934 se refira à "declaração de inconstitucionalidade para evitar a intervenção federal", tal como a denominou Bandeira de Mello[14], isto é, a representação interventiva, confiada ao Procurador-Geral da República, nas hipóteses de ofensa aos princípios consagrados no art. 7º, I, *a* a *h*, da Constituição. Cuidava-se de fórmula peculiar de composição judicial dos conflitos federativos, que condicionava a eficácia da lei interventiva, de iniciativa do Senado (art. 41, § 3º), à declaração de sua constitucionalidade pelo Supremo Tribunal (art. 12, § 2º). Assinale-se, por oportuno, que, na Assembleia Constituinte, o Deputado Pereira Lyra apresentou emenda destinada a substituir, no art. 12, § 2º, a expressão *tomar conhecimento da lei que a decretar e lhe declarar a constitucionalidade* por *tomar conhecimento da lei local arguida de infringente desta Constituição e lhe declarar a inconstitucionalidade*[15].

Esse controle judicial configurava, segundo Pedro Calmon, um sucedâneo do direito de veto, atribuindo-se à Suprema Corte o poder de declarar a constitucionalidade da lei de intervenção e afirmar, *ipso facto,* a inconstitucionalidade da lei ou ato esta-

---

11 João Mangabeira, *Em torno da Constituição,* São Paulo: Ed. Nacional, 1934, p. 115-117; Oswaldo Aranha Bandeira de Mello, *Teoria das Constituições rígidas*, cit., p. 159-165.

12 Oswaldo Aranha Bandeira de Mello, *Teoria das Constituições rígidas*, cit., p. 170; Araújo Castro, *A nova Constituição brasileira,* Rio de Janeiro: Freitas Bastos, 1935, p. 246-247.

13 Cf., a propósito, Gilmar Ferreira Mendes, O papel do Senado Federal no controle de constitucionalidade: um caso clássico de mutação constitucional (Estudos em homenagem a Anna Maria Villela), *Revista de Informação Legislativa*, ano 41, n. 162, p. 149-168, abr./jun. 2004.

14 Oswaldo Aranha Bandeira de Mello, *Teoria das Constituições rígidas*, cit., p. 170.

15 Araújo Castro, *A nova Constituição brasileira*, cit., p. 107-108.

dual[16]. Advirta-se, porém, que não se tratava de formulação de um juízo político, exclusivo do Poder Legislativo, mas de exame puramente jurídico[17].

Não obstante a breve vigência do Texto Magno, ceifado pelas vicissitudes políticas que marcaram aquele momento histórico, não se pode olvidar o transcendental significado desse sistema para todo o desenvolvimento do controle de constitucionalidade mediante ação direta no Direito brasileiro[18].

Não se deve omitir, ainda, que a Constituição de 1934 continha expressa ressalva à judicialização das questões políticas, dispondo o art. 68 que "é vedado ao Poder Judiciário conhecer das questões exclusivamente políticas".

Manifesta-se digna de menção a competência atribuída ao Senado Federal para "examinar, em confronto com as respectivas leis, os regulamentos expedidos pelo Poder Executivo, e suspender a execução dos dispositivos ilegais" (art. 91, II). Em escólio ao art. 91, II, da Constituição de 1934, Pontes de Miranda destacava que "tal atribuição outorgava ao Senado Federal um pouco da função de Alta Corte Constitucional (...)"[19]. A disposição não foi incorporada, todavia, pelas Constituições que sucederam o Texto Magno de 1934.

Finalmente, afigura-se relevante observar que, na Constituinte de 1934, foi apresentado projeto de instituição de uma Corte Constitucional inspirada no modelo austríaco. Na fundamentação da proposta referia-se diretamente à conferência de Kelsen sobre a essência e o desenvolvimento da jurisdição constitucional *(Wesen und Entwicklung der Staatsgerichtsbarkeit)*[20].

5. O CONTROLE DE CONSTITUCIONALIDADE NA CONSTITUIÇÃO DE 1937

A Carta de 1937 traduz um inequívoco retrocesso no sistema de controle de constitucionalidade. Embora não tenha introduzido qualquer modificação no modelo difuso de controle (art. 101, III, *b* e *c*), preservando, inclusive, a exigência de quórum especial para a declaração de inconstitucionalidade (art. 96), o constituinte rompeu com a tradição jurídica brasileira, consagrando, no art. 96, parágrafo único, princípio segundo o qual, no caso de ser declarada a inconstitucionalidade de uma lei que, a juízo do Pre-

16 Pedro Calmon, *Intervenção federal*: o art. 12 da Constituição de 1934, Rio de Janeiro: Freitas Bastos, 1936, p. 109.

17 Pontes de Miranda, *Comentários à Constituição da República dos Estados Unidos do Brasil*, Rio de Janeiro: Ed. Guanabara, 1938, v. 1, p. 364.

18 Ronaldo Rebello de Britto Polletti, *Controle da constitucionalidade das leis*, Rio de Janeiro: Forense, 1985, p. 93. Afigura-se relevante observar que, na Constituinte de 1934, foi apresentada proposta de instituição de um Tribunal especial, dotado de competência para apreciar questões constitucionais suscitadas no curso dos processos ordinários, bem como para julgar pedido de arguição de inconstitucionalidade formulado por "qualquer pessoa de direito público ou privado, individual ou coletivamente, ainda mesmo quando não tenha interesse direto (...)". O projeto de autoria do Deputado Nilo Alvarenga criava uma Corte Constitucional, inspirada na proposta de Kelsen, e confiava a sua provocação a qualquer sujeito de direito (cf. Ana Valderez Ayres Neves de Alencar, A competência do Senado Federal para suspender a execução dos atos declarados inconstitucionais, *Revista de Informação Legislativa*, 15(57)/237-245, 1978).

19 Pontes de Miranda, *Comentários à Constituição da República dos Estados Unidos do Brasil*, cit., p. 770.

20 Projeto do Deputado Nilo Alvarenga, de 20-12-1933 (*Annaes da Assembleia Nacional Constituinte*, Rio de Janeiro, 1935, v. 3, p. 33-35).

sidente da República, seja necessária ao bem-estar do povo, à promoção ou defesa de interesse nacional de alta monta, poderia o Chefe do Executivo submetê-la novamente ao Parlamento. Confirmada a validade da lei por 2/3 de votos em cada uma das Câmaras, tornava-se insubsistente a decisão do Tribunal.

Instituía-se, assim, uma peculiar modalidade de revisão constitucional, pois, como observado por Celso Bastos, a lei confirmada passa a ter, na verdade, a força de uma emenda à Constituição[21].

É bem verdade que o novo instituto não colheu manifestações unânimes de repulsa. Cândido Motta Filho, por exemplo, saudava a inovação, ressaltando que: "A subordinação do julgado sobre a inconstitucionalidade da lei à deliberação do Parlamento coloca o problema da elaboração democrática da vida legislativa em seus verdadeiros termos, impedindo, em nosso meio, a continuação de um preceito artificioso, sem realidade histórica para nós e que, hoje, os próprios americanos, por muitos de seus representantes doutíssimos, reconhecem despido de caráter de universalidade e só explicável em países que não possuem o sentido orgânico do direito administrativo. Leone, em sua *Teoría de la política*, mostra com surpreendente clareza, como a tendência para controlar a constitucionalidade das leis é um campo aberto para a política, porque a Constituição, em si mesma, é uma lei *sui generis*, de feição nitidamente política, que distribui poderes e competências fundamentais"[22].

No mesmo sentido, pronunciaram-se Francisco Campos[23], Alfredo Buzaid[24] e Genésio de Almeida Moura[25].

Assinale-se que, do ponto de vista doutrinário, a inovação parecia despida de significado, uma vez que, como assinalou Castro Nunes, "podendo ser emendada a Constituição pelo voto da maioria nas duas casas do Parlamento (art. 174), estaria ao alcance deste elidir, por emenda constitucional, votada como qualquer lei ordinária, a controvérsia sobre a lei que se houvesse por indispensável"[26]. Mas, em verdade, buscava-se, a um só tempo, "validar a lei e cassar os julgados"[27].

Em 1939, o Presidente Getúlio Vargas editou o Decreto-Lei n. 1.564, surtindo o efeito de decisões do STF que haviam declarado inconstitucional lei que dispunha sobre imposto de renda. A reação nos meios judiciários foi intensa[28]. Considerou Lúcio Bittencourt, contudo, que as críticas ao ato presidencial não tinham procedência, porque, no seu entendimento, o Presidente nada mais fizera do que "cumprir, como era de seu

21 Celso Ribeiro Bastos, *Curso de direito constitucional*, 22. ed. atual., São Paulo: Saraiva, 2001, p. 412; cf. Francisco Luiz da Silva Campos, Diretrizes constitucionais do novo Estado brasileiro, *RF*, 73/246-249.

22 Cândido Motta Filho, A evolução do controle da constitucionalidade das leis no Brasil, *RF*, 86/277.

23 Francisco Luiz da Silva Campos, Diretrizes constitucionais do novo Estado brasileiro, *RF*, cit., p. 246 e s.

24 Alfredo Buzaid, *Da ação direta de declaração de inconstitucionalidade no direito brasileiro*, São Paulo: Saraiva, 1958, p. 32.

25 Genésio de Almeida Moura, Inconstitucionalidade das leis, *Revista da Faculdade de Direito da Universidade de São Paulo*, 37/161.

26 José de Castro Nunes, *Teoria e prática do Poder Judiciário*, Rio de Janeiro: Forense, 1943, p. 593, nota 25.

27 José de Castro Nunes, *Teoria e prática do Poder Judiciário*, cit., p. 593, nota 25.

28 Carlos Alberto Lúcio Bittencourt, *O controle jurisdicional da constitucionalidade das leis*, cit., p. 139-140.

dever, o prescrito no art. 96 da Carta Constitucional"[29]. Concede, porém, o insigne publicista que a celeuma suscitada nas oportunidades em que atos judiciais foram desautorizados, entre nós, "está a demonstrar como se encontra arraigado em nosso pensamento jurídico o princípio que confere à declaração judicial caráter incontrastável, em relação ao caso concreto"[30].

Por outro lado, cumpre notar que a Carta de 1937 vedou, expressamente, ao Judiciário conhecer das questões exclusivamente políticas (art. 94), e o mandado de segurança perdeu a qualidade de garantia constitucional, passando a ser disciplinado pela legislação ordinária. E o Código de Processo Civil, de 1939, excluiu da apreciação judicial, na via mandamental, os atos do Presidente da República, dos ministros de Estado, dos governadores e interventores dos Estados (art. 319).

6. A CONSTITUIÇÃO DE 1946 E O SISTEMA DE CONTROLE DE CONSTITUCIONALIDADE

O Texto Magno de 1946 restaura a tradição do controle judicial no Direito brasileiro. A par da competência de julgar os recursos ordinários (art. 101, II, *a*, *b* e *c*), disciplinou-se a apreciação dos recursos extraordinários: "*a)* quando a decisão for contrária a dispositivo desta Constituição ou à letra de tratado ou lei federal; *b)* quando se questionar sobre a validade de lei federal em face desta Constituição, e a decisão recorrida negar aplicação à lei impugnada; e *c)* quando se contestar a validade de lei ou ato de governo local em face desta Constituição ou de lei federal, e a decisão recorrida julgar válida a lei ou o ato". Preservou-se a exigência da maioria absoluta dos membros do Tribunal para a eficácia da decisão declaratória de inconstitucionalidade (art. 200). Manteve-se, também, a atribuição do Senado Federal para *suspender* a *execução* da lei declarada inconstitucional pelo Supremo Tribunal (art. 64), prevista, inicialmente, na Constituição de 1934.

6.1. A representação interventiva

A Constituição de 1946 emprestou nova conformação à ação direta de inconstitucionalidade, introduzida, inicialmente, no Texto Magno de 1934. Atribuiu-se ao Procurador-Geral da República a titularidade da representação de inconstitucionalidade, para os efeitos de intervenção federal, nos casos de violação dos seguintes princípios: a) forma republicana representativa; b) independência e harmonia entre os Poderes; c) temporariedade das funções eletivas, limitada a duração destas à das funções federais correspondentes; d) proibição da reeleição de governadores e prefeitos para o período imediato; e) autonomia municipal; f) prestação de contas da Administração; g) garantias do Poder Judiciário (art. 8º, parágrafo único, c/c o art. 7º, VII).

---

29 Carlos Alberto Lúcio Bittencourt, *O controle jurisdicional da constitucionalidade das leis*, cit., p. 139.

30 Carlos Alberto Lúcio Bittencourt, *O controle jurisdicional da constitucionalidade das leis*, cit., p. 139-140.

A intervenção federal subordinava-se, nesse caso, à declaração de inconstitucionalidade do ato pelo Supremo Tribunal Federal (art. 8º, parágrafo único).

Deve-se ressaltar que, embora o constituinte tenha outorgado a titularidade da ação direta ao Procurador-Geral da República, a disciplina da chamada representação interventiva configurava, já na Constituição de 1934, peculiar modalidade de composição de conflito entre a União e o Estado. Cuidava-se de aferir eventual violação de deveres constitucionalmente impostos ao ente federado. E o poder atribuído ao Procurador-Geral da República, que, na Constituição de 1946, exercia a função de chefe do Ministério Público Federal – a quem competia a defesa dos interesses da União (art. 126) –, deve ser considerado, assim, uma simples representação processual[31].

A arguição de inconstitucionalidade direta teve ampla utilização no regime constitucional instituído em 1946. A primeira ação direta, formulada pelo Procurador-Geral da República, na qual se arguia a inconstitucionalidade de disposições de índole parlamentarista contidas na Constituição do Ceará, tomou o n. 93[32]. A denominação emprestada ao novo instituto – representação –, segundo esclarece Themístocles Cavalcanti, deveu-se a uma escolha entre a reclamação e a representação, "processos conhecidos pelo Supremo Tribunal Federal"[33]. A análise do sentido de cada um teria conduzido à escolha do termo *representação*, "já porque tinha de se originar de uma representação feita ao Procurador-Geral, já porque a função deste era o seu encaminhamento ao Tribunal, com o seu parecer"[34].

A ausência inicial de regras processuais permitiu que o Supremo Tribunal Federal desenvolvesse os mecanismos procedimentais que viriam a ser consolidados, posteriormente, pela legislação processual e pela práxis da Corte[35]. E, por isso, colocaram-se, de plano, questões relativas à forma da arguição e à sua própria caracterização processual. Questionava-se, igualmente, sobre a função do Procurador-Geral da República e sobre os limites constitucionais da arguição.

Na Representação n. 94, que arguia a inconstitucionalidade dos preceitos consagradores do regime parlamentarista na Constituição do Estado do Rio Grande do Sul, indagou-se sobre a necessidade de se formular requerimento ao Procurador-Geral. E esse entendimento foi acolhido, tendo o chefe do Ministério Público Federal solicitado "que a medida fosse provocada, o que foi feito através de pedido devidamente justificado"[36].

Na opinião do insigne publicista, que exercia o cargo de Procurador-Geral da República, a arguição de inconstitucionalidade não poderia ser arquivada, mas, ao revés, deveria ser submetida ao Supremo Tribunal, ainda que com parecer contrário do Ministério Público[37].

---

31 Oswaldo Aranha Bandeira de Mello, *Teoria das Constituições rígidas*, cit., p. 192.

32 Rp. 93, de 16-7-1947, rel. Min. Annibal Freire, *AJ*, 85/3; Themístocles Brandão Cavalcanti, *Do controle da constitucionalidade*, Rio de Janeiro: Forense, 1966, p. 110.

33 Themístocles Brandão Cavalcanti, *Do controle da constitucionalidade*, cit., p. 112.

34 Themístocles Brandão Cavalcanti, *Do controle da constitucionalidade*, cit., p. 112; cf., também, Rp. 94, de 17-7-1947, rel. Min. Castro Nunes, *AJ*, 85/31.

35 Themístocles Brandão Cavalcanti, *Do controle da constitucionalidade*, cit., p. 111-112.

36 Themístocles Brandão Cavalcanti, *Do controle da constitucionalidade*, cit., p. 110.

37 Themístocles Brandão Cavalcanti, *Do controle da constitucionalidade*, cit., p. 111.

O Supremo Tribunal Federal exercia, pois, a função de "árbitro final do contencioso da inconstitucionalidade". Não se tratava, porém, de afastar, simplesmente, a aplicação da lei inconstitucional. A pronúncia da inconstitucionalidade, nesse processo, tinha dimensão diferenciada, como se pode ler no voto de Castro Nunes, ao enfatizar que "atribuição nova, que o Supremo Tribunal é chamado a exercer pela primeira vez e cuja eficácia está confiada, pela Constituição, em primeira mão, ao patriotismo do próprio legislador estadual no cumprir, de pronto, a decisão e, se necessário, ao Congresso Nacional, na compreensão esclarecida da sua função coordenada com a do Tribunal, não será inútil o exame desses aspectos, visando delimitar a extensão, a executoriedade e a conclusividade do julgado"[38].

Com essa colocação, o jurista e magistrado logrou fixar princípios do próprio controle abstrato de normas, que viria a ser introduzido, entre nós, pela Emenda n. 16, de 1965.

Os limites constitucionais da ação direta também mereceram a precisa reflexão de Castro Nunes. Na Rp. 94, enfatizou-se o caráter excepcional desse instrumento. "Outro aspecto, e condizente com a atitude mental do intérprete, em se tratando de intervenção – ensinava –, é o relativo ao caráter excepcional dessa medida, pressuposta neste regímen a autonomia constituinte, legislativa e administrativa dos Estados-membros, e, portanto, a preservação dessa autonomia ante o risco de ser elidida pelos Poderes da União"[39]. E Castro Nunes aduzia que a enumeração contida no art. 7º, VII, da Constituição de 1946 "é taxativa, é limitativa, é restritiva e não pode ser ampliada a outros casos pelo Supremo Tribunal Federal"[40].

6.2. A Emenda n. 16, de 1965, e o controle de constitucionalidade abstrato

A Emenda n. 16, de 26-11-1965, instituiu, ao lado da representação interventiva, e nos mesmos moldes, o controle abstrato de normas estaduais e federais[41]. Parte das mudanças recomendadas já havia sido introduzida pelo Ato Institucional n. 2, de 27-10-1965. A Exposição de Motivos encaminhada pelo Ministro da Justiça, Dr. Juracy Magalhães, ao Presidente da República ressaltava que "a atenção dos reformadores tem-se detido enfaticamente na sobrecarga imposta ao Supremo Tribunal e ao Tribunal de Recursos". Não obstante, o próprio Supremo Tribunal Federal houve por bem sugerir a adoção de dois novos institutos de legitimidade constitucional, tal como descrito na referida Exposição de Motivos:

> "a) uma representação de inconstitucionalidade de lei federal, em tese, de exclusiva iniciativa do Procurador-Geral da República, à semelhança do que existe para o direito estadual (art. 8º, parágrafo único, da Constituição Federal);

38 Rp. 94, de 17-7-1947, *AJ*, 85/33.
39 *AJ*, 85/34.
40 Rp. 94, de 17-7-1947, *AJ*, 85/34.

41 A reforma realizada, fruto dos estudos desenvolvidos na Comissão composta por Orozimbo Nonato, Prado Kelly (relator), Dario de Almeida Magalhães, Frederico Marques e Colombo de Souza, visava imprimir novos rumos à estrutura do Poder Judiciário.

b) uma prejudicial de inconstitucionalidade, a ser suscitada, exclusivamente, pelo próprio Supremo Tribunal Federal ou pelo Procurador-Geral da República, em qualquer processo em curso perante outro juízo".

Nos termos do Projeto de Emenda à Constituição, o art. 101, I, *k*, passava a ter a seguinte redação:

"k) a representação de inconstitucionalidade de lei ou ato de natureza normativa, federal ou estadual, encaminhada pelo Procurador-Geral da República".

E o art. 5º do Projeto acrescentava os seguintes parágrafos ao art. 101:

"§ 1º Incumbe ao Tribunal Pleno o julgamento das causas de competência originária (inciso I), das prejudiciais de inconstitucionalidade suscitadas pelas Turmas, dos recursos interpostos de decisões delas, se divergirem entre si na interpretação do direito federal, bem como dos recursos ordinários nos crimes políticos (inciso II, *c*) e das revisões criminais (inciso IV).

§ 2º Incumbe às Turmas o julgamento definitivo das matérias enumeradas nos incisos II, *a* e *b*, e III deste artigo.

§ 3º As disposições de lei ou ato de natureza normativa, consideradas inconstitucionais em decisão definitiva, perderão eficácia, a partir da declaração do Presidente do Supremo Tribunal Federal publicada no órgão oficial da União".

E o art. 64 da Constituição passava a ter a seguinte redação:

"Art. 64. Incumbe ao Presidente do Senado Federal, perdida a eficácia de lei ou ato de natureza normativa (art. 101, § 3º), fazer publicar no Diário Oficial e na Coleção das leis, a conclusão do julgado que lhe for comunicado".

O parecer aprovado pela Comissão Mista, da lavra do Deputado Tarso Dutra, referiu-se, especificamente, ao novo instituto de controle de constitucionalidade:

"A letra 'k', propondo a representação a cargo da Procuradoria-Geral da República, contra a inconstitucionalidade em tese da lei, constitui uma ampliação da faculdade consignada no parágrafo único do art. 8º, para tornar igualmente vulneráveis as leis federais por essa medida. Ao anotar-se a conveniência da modificação alvitrada na espécie, que assegurará, com a rapidez dos julgamentos sumários, uma maior inspeção jurisdicional da constitucionalidade das leis, não será inútil configurar o impróprio de uma redação, que devia conferir à representação a ideia nítida de oposição à inconstitucionalidade e o impreciso de uma referência a atos de natureza normativa de que o nosso sistema de poderes indelegáveis (art. 36, §§ 1º e 2º) conhece apenas uma exceção no § 2º do art. 123 da Constituição"[42].

A proposta de alteração do disposto no art. 64 da Constituição, com a atribuição de eficácia *erga omnes* à declaração de inconstitucionalidade proferida pelo Supremo

42 Constituição de 1946, p. 67.

Tribunal Federal, foi rejeitada[43]. Consagrou-se, todavia, o modelo abstrato de controle de constitucionalidade sob a forma de uma representação que haveria de ser proposta pelo Procurador-Geral da República.

A implantação do sistema de controle de constitucionalidade, com o objetivo precípuo de "preservar o ordenamento jurídico da intromissão de leis com ele inconvenientes"[44], veio somar aos mecanismos já existentes um instrumento destinado a defender diretamente o sistema jurídico objetivo.

Finalmente, não se deve olvidar que, no tocante ao controle de constitucionalidade da lei municipal, a Emenda n. 16 consagrou, no art. 124, XIII, regra que outorgava ao legislador a faculdade para "estabelecer processo de competência originária do Tribunal de Justiça, para declaração de inconstitucionalidade de lei ou ato do Município em conflito com a Constituição do Estado".

7. O CONTROLE DE CONSTITUCIONALIDADE NA CONSTITUIÇÃO DE 1967/69

A Constituição de 1967 não trouxe grandes inovações ao sistema de controle de constitucionalidade. Manteve-se incólume o controle difuso. A ação direta de inconstitucionalidade subsistiu, tal como prevista na Constituição de 1946, com a Emenda n. 16/65.

A representação para fins de intervenção, confiada ao Procurador-Geral da República, foi ampliada, com o objetivo de assegurar não só a observância dos chamados princípios sensíveis (art. 10, VII), mas também prover a execução de lei federal (art. 10, VI, 1ª parte). A competência para suspender o ato estadual foi transferida para o Presidente da República (art. 11, § 2º). Preservou-se o controle de constitucionalidade *in abstracto*, tal como estabelecido pela Emenda n. 16/65 (art. 119, I, *l*).

A Constituição de 1967 não incorporou a disposição da Emenda n. 16/65, que permitia a criação do processo de competência originária dos Tribunais de Justiça dos Estados, para declaração de lei ou ato dos Municípios que contrariassem as Constituições dos Estados. A Emenda n. 1/69 previu, expressamente, o controle de constitucionalidade de lei municipal, em face da Constituição estadual, para fins de intervenção no Município (art. 15, § 3º, *d*).

A Emenda n. 7/77 introduziu, ao lado da representação de inconstitucionalidade, a representação para fins de interpretação de lei ou ato normativo federal ou estadual, outorgando ao Procurador-Geral da República a legitimidade para provocar o pronunciamento do Supremo Tribunal Federal (art. 119, I, *e*). E, segundo a Exposição de Motivos apresentada ao Congresso Nacional, esse instituto deveria evitar a proliferação de demandas, com a fixação imediata da correta exegese da lei[45].

Finalmente, deve-se assentar que a Emenda n. 7/77 pôs termo à controvérsia sobre a utilização de liminar em representação de inconstitucionalidade, reconhecendo,

---

43 Constituição de 1946, p. 88-90.

44 Celso Ribeiro Bastos, *Curso de direito constitucional*, cit., p. 413.

45 Mensagem n. 81, de 1976, *Diário do Congresso Nacional*. O Texto Magno de 1988 não manteve esse instituto no ordenamento constitucional brasileiro.

expressamente, a competência do Supremo Tribunal para deferir pedido de cautelar, formulado pelo Procurador-Geral da República (CF de 1967/69, art. 119, I, *p*)[46].

7.1. Considerações sobre o papel do Procurador-Geral da República no controle abstrato de normas sob a Constituição de 1967/69: proposta de releitura

Em 1970, o MDB, único partido da oposição representado no Congresso Nacional, solicitou ao Procurador-Geral da República a instauração do controle abstrato de normas contra o decreto-lei que legitimava a censura prévia de livros, jornais e periódicos. Este se negou a submeter a questão ao Supremo Tribunal Federal, uma vez que, na sua opinião, não estava constitucionalmente obrigado a fazê-lo[47].

O Supremo Tribunal Federal rejeitou a reclamação proposta com o argumento de que apenas o Procurador-Geral poderia decidir *se e quando* deveria ser oferecida representação para a aferição da constitucionalidade de lei[48]. Esse entendimento foi reiterado pelo Tribunal em diversos arestos[49].

Poucas questões suscitaram tantas e tão intensas discussões quanto a da eventual discricionariedade do Procurador-Geral da República para oferecer ou não a representação de inconstitucionalidade ao Supremo Tribunal Federal.

Autores de renome, como Pontes de Miranda (*Comentários à Constituição de 1967, com a Emenda n. 1, de 1969*, 2. ed., Revista dos Tribunais, t. 4, p. 44), Josaphat Marinho (Inconstitucionalidade de lei – representação ao STF, *RDP*, 12/150), Caio Mário da Silva Pereira (voto proferido no Conselho Federal da OAB, *Arquivos*, 118/25), Themístocles Cavalcanti (Arquivamento de representação por inconstitucionalidade da lei, *RDP*, 16/169) e Adaucto Lúcio Cardoso (voto na Rcl. 849, *RTJ*, 50/347-348), manifestaram-se pela obrigatoriedade de o Procurador-Geral da República submeter a questão constitucional ao Supremo Tribunal Federal, ressaltando-se, univocamente, a impossibilidade de se alçar o chefe do Ministério Público à posição de juiz último da constitucionalidade das leis[50].

Outros, não menos ilustres, como Celso Agrícola Barbi (Evolução do controle de constitucionalidade das leis no Brasil, *RDP*, 4/40), José Carlos Barbosa Moreira (As partes na ação declaratória de inconstitucionalidade, *Revista de Direito da Procuradoria-Geral do Estado da Guanabara*, 13/67), José Luiz de Anhaia Mello (*Os princípios constitucionais e sua proteção*, São Paulo, 1966, p. 24), Sérgio Ferraz (Contencioso constitucional, comentário a acórdão, *Revista de Direito*, 20/218) e Raimundo Faoro (voto no Conselho Federal da OAB, *Arquivos*, 118/47), reconheceram a faculdade do exercício da ação pelo Procurador-Geral da República.

---

46 A Constituição de 1988 manteve a competência do Supremo Tribunal para conceder liminar na *ação de inconstitucionalidade* (art. 102, I, *p*).

47 Transcrito na Rcl. 849, rel. Min. Adalício Nogueira, *RTJ*, 59 (2)/333.

48 Rcl. 849, rel. Min. Adalício Nogueira, *RTJ*, 59 (2)/333.

49 Rcl. 121, rel. Min. Djaci Falcão, *RTJ*, 100 (3)/954; Rcl.-AgRg 128, rel. Min. Cordeiro Guerra, *RTJ*, 98 (1)/3; Rcl. 152, rel. Min. Djaci Falcão, *DJ* de 11-5-1983, p. 6292.

50 Celso Ribeiro Bastos, *Curso de direito constitucional*, cit., p. 414; cf., no mesmo sentido, voto do Ministro Goulart de Oliveira, Rp. 96, de 3-10-1947, *AJ*, 85/100-101.

Alguns juristas procuraram deslocar a controvérsia para o plano legal, tendo Arnoldo Wald propugnado por fórmula que emprestava a seguinte redação ao art. 2º da Lei n. 4.337, de 1964[51]:

> "Art. 2º Se o conhecimento da inconstitucionalidade resultar de representação que lhe seja dirigida por qualquer interessado, o Procurador-Geral da República terá o prazo de trinta dias, a contar do recebimento da representação, para apresentar a arguição perante o Supremo Tribunal Federal.
>
> § 1º Se a representação for oriunda de pessoa jurídica de direito público, não poderá o Procurador-Geral deixar de encaminhá-la, sob pena de responsabilidade.
>
> § 2º Se a representação for oriunda de pessoa física ou de pessoa jurídica de direito privado, o Procurador-Geral deverá, no prazo de trinta dias, encaminhá-la com parecer ao Supremo Tribunal Federal ou arquivá-la. No caso de arquivamento, caberá reclamação ao plenário do Supremo Tribunal Federal, que deverá conhecer da mesma se a representação tiver fundamentação jurídica válida, avocando, em tal hipótese, o processo para julgamento na forma da presente lei".

Enquanto importantes vozes na doutrina reconheceram o direito de o Procurador-Geral submeter ou não a questão ao Supremo Tribunal Federal, consoante a sua própria avaliação e discricionariedade, uma vez que somente ele dispunha de competência constitucional para propor essa ação[52], sustentavam outros a opinião de que estaria obrigado a oferecer a arguição ao Supremo Tribunal Federal se houvesse pelo menos sérias dúvidas sobre a constitucionalidade da lei[53].

Posição intermediária foi sustentada por Celso Bastos, segundo a qual o Procurador-Geral da República não poderia negar-se a formular a representação se o requerimento lhe fosse encaminhado por algum órgão público, uma vez que, nesse caso, não se poderia ter dúvida quanto ao interesse público na aferição da constitucionalidade da lei ou do ato normativo[54].

7.2. O caráter dúplice ou ambivalente da representação de inconstitucionalidade

Deve-se registrar que, a despeito do esforço despendido, o incidente não contribuiu – infelizmente, ressalte-se – para que a doutrina constitucional brasileira precisasse a natureza jurídica do instituto.

---

51 Voto de Arnoldo Wald, *Arquivos do Ministério da Justiça*, 29 (118)/46-47.

52 Celso Agrícola Barbi, Evolução do controle de constitucionalidade das leis no Brasil, *RDP*, cit., p. 40; José Luiz de Anhaia Mello, *Os princípios constitucionais e sua proteção*, São Paulo, 1966, p. 24.

53 Pontes de Miranda, *Comentários à Constituição de 1967, com a Emenda n. 1, de 1969*, Rio de Janeiro, 1987, t. 4, p. 44; Josaphat Marinho, Inconstitucionalidade de lei – representação ao STF, *RDP*, 12/50 e s.; Caio Mário da Silva Pereira, Voto proferido no Conselho Federal da OAB, *Arquivos do Ministério da Justiça*, 118/25; Themístocles Brandão Cavalcanti, *Do controle da constitucionalidade*, cit., p. 118; Rcl. 849, rel. Min. Adaucto Lucio Cardoso, voto vencido, *RTJ*, 59 (2)/347-348; cf., também, Rp.-embargos 1.092, rel. Min. Djaci Falcão, *RTJ*, 117 (3)/921.

54 Celso Ribeiro Bastos, *Curso de direito constitucional*, 5. ed., São Paulo: Saraiva, 1982, p. 74-75.

Não restou assente sequer a distinção necessária e adequada entre o controle abstrato de normas (representação de inconstitucionalidade) e a representação interventiva. Alguns doutrinadores chegaram mesmo a recomendar a alteração da Lei n. 4.337, de 1964, que disciplina a representação interventiva, para que se explicitasse a obrigatoriedade da propositura da ação pelo Procurador-Geral, desde que isso lhe fosse requerido por determinados entes.

Não se percebeu, igualmente, que, tal como concebida, a chamada representação de inconstitucionalidade tinha, em verdade, *caráter dúplice* ou *natureza ambivalente*, permitindo ao Procurador-Geral submeter a questão constitucional ao Supremo Tribunal quando estivesse convencido da inconstitucionalidade da norma ou, mesmo quando convencido da higidez da situação jurídica, surgissem controvérsias relevantes sobre sua legitimidade.

A imprecisão da fórmula adotada na Emenda n. 16 – *representação contra inconstitucionalidade de lei ou ato de natureza normativa, federal ou estadual, encaminhada pelo Procurador-Geral* – não consegue esconder o propósito inequívoco do legislador constituinte, que era permitir, "desde logo, a definição da 'controvérsia constitucional' sobre leis novas".

Não se pretendia, pois, que o Procurador-Geral instaurasse o processo de controle abstrato com o propósito exclusivo de ver declarada a inconstitucionalidade da lei, até porque ele poderia não tomar parte na controvérsia constitucional ou, se dela participasse, estar entre aqueles que consideravam válida a lei.

Não se fazia mister, portanto, que o Procurador-Geral estivesse convencido da inconstitucionalidade da norma. Era suficiente o requisito objetivo relativo à existência de "controvérsia constitucional". Daí ter o constituinte utilizado a fórmula equívoca – *representação contra a inconstitucionalidade da lei, encaminhada pelo Procurador-Geral da República* –, que explicitava, pelo menos, que a dúvida ou a eventual convicção sobre a inconstitucionalidade não precisava ser por ele perfilhada.

Se correta essa orientação, parece legítimo admitir que o Procurador-Geral da República tanto poderia instaurar o controle abstrato de normas, com o objetivo precípuo de ver declarada a inconstitucionalidade da lei ou ato normativo (*ação declaratória de inconstitucionalidade ou representação de inconstitucionalidade*), como poderia postular, expressa ou tacitamente, a declaração de constitucionalidade da norma questionada (*ação declaratória de constitucionalidade*).

A cláusula sofreu pequena alteração na Constituição de 1967 e na de 1967/69 (*representação do Procurador-Geral da República, por inconstitucionalidade de lei ou ato normativo federal ou estadual* – CF de 1967, art. 115, I, *l*; CF de 1967/69, art. 119, I, *l*).

O Regimento Interno do Supremo Tribunal Federal, na versão de 1970[55], consagrou expressamente essa ideia:

> "Art. 174. (...)
>
> § 1º Provocado por autoridade ou por terceiro para exercitar a iniciativa prevista neste artigo, o Procurador-Geral, entendendo improcedente a fundamentação da súplica, poderá encaminhá-la com parecer contrário".

55 *DJ* de 4-9-1970, p. 3971 e s.

Essa disposição, que, como visto, consolidava tradição já velha no Tribunal, permitia ao titular da ação encaminhar a postulação que lhe fora dirigida por terceiros, manifestando-se, porém, em sentido contrário.

Não é preciso maior esforço de argumentação para demonstrar que, do ponto de vista dogmático, nada mais fez o Regimento Interno que positivar, no plano processual, a orientação que balizara a instituição da representação de inconstitucionalidade (controle abstrato) entre nós.

Ela se destinava não apenas a eliminar a lei declarada inconstitucional da ordem jurídica (*pedido de declaração de inconstitucionalidade*), mas também a elidir controvérsias que se instaurassem sobre a legitimidade de determinada norma (*pedido de declaração de constitucionalidade*).

Assim, se o Procurador-Geral encaminhava súplica ou representação de autoridade ou de terceiro, com parecer contrário, estava simplesmente a postular uma declaração (*positiva*) de constitucionalidade. O pedido de representação, formulado por terceiro e encaminhado ao Supremo, materializava, apenas, a existência da *controvérsia constitucional*, apta a fundamentar uma *necessidade pública de controle*.

Tal cláusula foi alterada em 1980, passando o Regimento Interno a conter as seguintes disposições:

> "Art. 169. O Procurador-Geral da República poderá submeter ao Tribunal, mediante representação, o exame de lei ou ato normativo federal ou estadual, para que seja declarada a sua inconstitucionalidade.
>
> § 1º Proposta a representação, não se admitirá desistência, ainda que afinal o Procurador-Geral se manifeste pela sua improcedência".

Parece legítimo supor que tal modificação não alterou, substancialmente, a ideia básica que norteava a aplicação desse instituto. Se o titular da iniciativa manifestava-se, afinal, pela constitucionalidade da norma impugnada, é porque estava a defender a declaração de constitucionalidade.

Na prática, continuou o Procurador-Geral a oferecer *representações de inconstitucionalidade*, ressaltando a relevância da questão e opinando, muitas vezes, em favor da constitucionalidade da norma.

A falta de maior desenvolvimento doutrinário e a própria balbúrdia conceitual instaurada em torno da *representação interventiva*[56] – confusão essa que contaminou os estudos do novo instituto – não permitiram que essas ideias fossem formuladas com a necessária clareza.

A própria disposição regimental é equívoca, pois, se interpretada literalmente, reduziria o papel do titular da iniciativa, o Procurador-Geral da República, ao de um *despachante autorizado*, que poderia encaminhar os pleitos que lhe fossem dirigidos, ainda que com parecer contrário.

56 Alfredo Buzaid, *Da ação direta de declaração de inconstitucionalidade no direito brasileiro*, cit., p. 107; José Carlos Barbosa Moreira, As partes na ação declaratória de inconstitucionalidade, *Revista de Direito da Procuradoria-Geral do Estado da Guanabara*, n. 13, p. 67(75-6), 1964; Themístocles Brandão Cavalcanti, *Do controle da constitucionalidade*, cit., p. 115 e s.

Embora o Supremo Tribunal Federal tenha considerado inadmissível representação na qual o Procurador-Geral da República afirma, de plano, a constitucionalidade da norma[57], é certo que essa orientação, calcada numa interpretação literal do texto constitucional, não parece condizente, tal como demonstrado, com a natureza do instituto e com a práxis desde a sua adoção pela Emenda n. 16/65.

Todavia, a Corte continuou a admitir as representações e, mesmo após o advento da Constituição de 1988, as ações diretas de inconstitucionalidade nas quais o Procurador-Geral se limitava a ressaltar a relevância da questão constitucional, pronunciando-se, afinal, pela sua improcedência[58].

Em substância, era indiferente, tal como percebido por Victor Nunes Leal, que o Procurador-Geral sustentasse, desde logo, a constitucionalidade da norma, ou que encaminhasse o pedido, para, posteriormente, manifestar-se pela sua improcedência.

Essa análise demonstra claramente que, a despeito da utilização do termo *representação de inconstitucionalidade*, o controle abstrato de normas foi concebido e desenvolvido como processo de *natureza dúplice ou ambivalente*.

Daí ter Victor Nunes Leal observado em palestra proferida na Conferência Nacional da OAB de 1978 (Curitiba) que, "em caso de representação com parecer contrário, o que se tem, na realidade, sendo privativa a iniciativa do Procurador-Geral, é uma representação de constitucionalidade"[59].

A propósito, acrescentou, ainda, o notável jurisconsulto:

> "Relembro, aliás, que o ilustre Professor Haroldo Valladão, quando Procurador-Geral da República[60], sugeriu ao signatário (não sei se chegou a registrá-lo por escrito) a conveniência de deixar expressa no Regimento a representação destinada a afirmar a constitucionalidade, para solver dúvidas, ainda que não houvesse pedido formal de terceiros no sentido da inconstitucionalidade"[61].

A identificação da natureza dúplice do instituto retiraria um dos fortes argumentos do Procurador-Geral, que se referia à sua condição de titular da ação para fazer atuar a jurisdição constitucional com o escopo de ver declarada a inconstitucionalidade da norma. A possibilidade de pedir a declaração de constitucionalidade deitaria por terra essa assertiva, convertendo o pretenso "*direito*" de propor a ação de inconstitucionalidade num "*poder-dever*" de submeter a questão constitucional relevante ao Supremo, sob a forma de representação de inconstitucionalidade ou de constitucionalidade.

---

57 Rp. 1.349, rel. Min. Aldir Passarinho, *RTJ*, 129 (1)/41. O Tribunal considerou inepta a representação, entendendo que, como a Constituição previa uma ação de inconstitucionalidade, não poderia o titular da ação demonstrar, de maneira insofismável, que perseguia outros desideratos.

58 Cf., dentre outras, ADI 716/RN, rel. Min. Carlos Velloso, *DJ* de 29-4-1992, p. 5606.

59 Victor Nunes Leal, Representação de inconstitucionalidade perante o Supremo Tribunal Federal: um aspecto inexplorado, *RDP*, 53-54/25 (33).

60 O Professor Haroldo Valladão exerceu o cargo de Procurador-Geral da República no período de 19-4-1967 a 13-11-1967.

61 Victor Nunes Leal, Representação de inconstitucionalidade perante o Supremo Tribunal Federal: um aspecto inexplorado, *RDP*, cit., p. 25 (33).

A existência de controvérsia constitucional relevante configurava a objetivação da necessidade de o Procurador-Geral da República submeter a arguição ao Supremo Tribunal, ainda quando estivesse convencido da sua improcedência. Em outros termos, configurada controvérsia constitucional relevante, não poderia o Procurador-Geral da República furtar-se ao dever de submetê-la ao Supremo Tribunal Federal, ainda que se manifestando pela improcedência do requerimento (pedido de declaração de constitucionalidade).

Portanto, uma análise mais detida da natureza do instituto da representação de inconstitucionalidade permite reforçar a censura ao entendimento dominante na doutrina e na jurisprudência do Supremo Tribunal Federal, propiciando-se, assim, uma nova leitura – ainda que apenas com valor de crítica histórica – da orientação sustentada pela Procuradoria-Geral da República e avalizada pelo Supremo Tribunal Federal[62].

8. O CONTROLE DE CONSTITUCIONALIDADE NA CONSTITUIÇÃO DE 1988

8.1. Considerações preliminares

A Constituição de 1988 amplia significativamente os mecanismos de proteção judicial, e assim também o controle de constitucionalidade das leis.

A Constituição preservou *a representação interventiva*, destinada à aferição da compatibilidade de direito estadual com os chamados *princípios sensíveis*[63] (CF, art. 34, VII, c/c o art. 36, III). Esse processo constitui pressuposto da intervenção federal, que, nos termos do art. 36, III, e § 1º, da Constituição, há de ser executada pelo Presidente da República. Tradicionalmente, é o Supremo Tribunal Federal competente para conhecer as causas e conflitos entre a União e os Estados, entre a União e o Distrito Federal ou entre os Estados entre si (art. 102, I, *f*). Tal como outros países da América Latina, não dispõe a ordem jurídica brasileira de instrumento único para defesa de direitos subjetivos públicos[64]. A Constituição consagra o *habeas corpus* como instrumento processual destinado a proteger o indivíduo contra atos arbitrários do Poder Público que impli-

62 Ver Celso Agrícola Barbi, Evolução do controle de constitucionalidade das leis no Brasil, *RDP*, cit., p. 40; José Carlos Barbosa Moreira, As partes na ação declaratória de inconstitucionalidade, *Revista de Direito da Procuradoria-Geral do Estado da Guanabara*, cit., p. 67; Alfredo Buzaid, *Da ação direta de declaração de inconstitucionalidade no direito brasileiro*, cit., p. 101-110; Themístocles Brandão Cavalcanti, *Do controle da constitucionalidade*, cit., p. 115-118; e Arquivamento de representação por inconstitucionalidade da lei, *RDP*, 16/169; Victor Nunes Leal, Representação de inconstitucionalidade perante o Supremo Tribunal Federal, *RDP*, cit., p. 25; Josaphat Marinho, Inconstitucionalidade de lei – representação ao STF, *RDP*, cit., p. 50; José Luiz de Anhaia Mello, *Os princípios constitucionais e sua proteção*, cit., p. 22-28; Pontes de Miranda, *Comentários à Constituição de 1967, com a Emenda n. 1, de 1969*, cit., p. 43-44; Caio Mário da Silva Pereira, Voto proferido no Conselho Federal da OAB, *Arquivos do Ministério da Justiça*, cit., p. 25; Arnoldo Wald, Voto, *Arquivos do Ministério da Justiça*, 118/46-47.

63 A Constituição de 1988 introduziu modificações nos chamados "princípios sensíveis". Em vez da longa enumeração constante da Constituição de 1967/69, limitou-se o constituinte a enunciar expressamente os seguintes princípios: a) forma republicana, sistema representativo e regime democrático; b) direitos da pessoa humana; c) autonomia municipal; d) prestação de contas da Administração Pública, direta e indireta (CF, art. 34, VII, *a* a *d*).

64 Única exceção pode ser verificada no México, onde o "recurso de amparo" permitiu, sob a aparência de unidade, o desenvolvimento de diferentes institutos [cf., a propósito, Héctor Fix-Zamudio, Das Problem der Verfassungskontrolle, *JöR*, n. 25, p. 649 (663), 1976].

quem restrições ao direito de ir e vir (art. 5º, LXVIII). Ao lado do *habeas corpus*, dispõe a ordem jurídica brasileira, desde 1934, do mandado de segurança, destinado, hodiernamente, a garantir direito líquido e certo não protegido por *habeas data* ou *habeas corpus* (CF, art. 5º, LXIX, *a*)[65]. O mandado de segurança pode ser, igualmente, utilizado por partido político com representação no Congresso Nacional, organização sindical, entidade de classe ou associação em funcionamento há pelo menos um ano, em defesa dos interesses dos seus membros (*mandado de segurança coletivo*).

A Constituição de 1988 criou, ao lado do *habeas data*, que se destina à garantia do *direito de autodeterminação sobre informações*[66] (art. 5º, LXXII), o mandado de injunção, remédio especial que pode ser utilizado contra a omissão de órgão com poder normativo que impeça o exercício de direito constitucionalmente assegurado (art. 5º, LXXI).

Até a entrada em vigor da Constituição de 1988 era o recurso extraordinário – também quanto ao critério de quantidade – o mais importante processo da competência do Supremo Tribunal Federal[67]. Esse remédio excepcional, desenvolvido segundo o modelo do *writ of error* americano[68] e introduzido na ordem constitucional brasileira pela Constituição de 1891, pode ser interposto pela parte vencida[69], quando a decisão recorrida contrariar dispositivo da Constituição, declarar a inconstitucionalidade de tratado ou lei federal, julgar válida lei ou ato de governo local contestado em face da Constituição e julgar válida lei local contestada em face de lei federal (CF, art. 102, III, *a* a *d*). A Constituição de 1988 reduziu o âmbito de aplicação do recurso extraordinário[70], confiando ao Superior Tribunal de Justiça a decisão sobre os casos de colisão direta entre o direito estadual e o direito federal ordinário.

Particular atenção dedicou o constituinte de 1988 à chamada "omissão do legislador".

Ao lado do mandado de injunção, previsto no art. 5º, LXXI, c/c o art. 102, I, *q*, destinado à defesa de direitos subjetivos afetados pela omissão legislativa ou administrativa, introduziu a Constituição, no art. 103, § 2º, o processo de controle abstrato da omissão. Tal como o controle abstrato de normas, pode o controle abstrato da omissão ser instaurado pelo Presidente da República, pela Mesa da Câmara dos Deputados, Se-

65 Cf., a propósito, Héctor Fix-Zamudio, Das Problem der Verfassungskontrolle, *JöR*, cit., p. 652 (672); e Die Verfassungskontrolle in Lateinamerika, in Hans-Rudolf Horn e Albrecht Weber, *Richterliche Verfassungskontrolle in Lateinamerika, Spanien und Portugal,* Baden-Baden, 1989, p. 129 (159).

66 Embora formulado de maneira pouco clara, é certo que o *habeas data* destina-se a proteger aspecto autônomo do direito de personalidade, o chamado direito de autodeterminação sobre informações – *Recht auf informationelle Selbstbestimmung* –, que assegura a cada indivíduo o poder de decidir quando e em que medida informações de índole pessoal podem ser fornecidas ou utilizadas por terceiros (cf., sobre o assunto, no Direito alemão, Bodo Pieroth e Bernhard Schlink, *Grundrechte – Staatsrecht II,* 11. ed., Heidelberg, 1995, p. 97).

67 Apenas em 1986 foram interpostos 4.124 recursos extraordinários (cf., a propósito, Oscar Corrêa, *O Supremo Tribunal Federal – Corte Constitucional do Brasil*, p. 38-39).

68 O *writ of error* foi substituído no Direito americano pelo *appeal* (cf., a propósito, Walter Haller, Supreme Court und Politik in den USA, *The American Political Science Review,* v. 70, n. 2, p. 105, june/1976).

69 O recurso extraordinário, assim como outros recursos, pode ser proposto também pelo terceiro prejudicado (CPC, art. 499); Novo CPC, art. 996, *caput*.

70 Essa alteração não trouxe qualquer mudança positiva no número de recursos extraordinários propostos. Enquanto em 1988, ainda sob a vigência da Constituição de 1967/69, foram propostos 2.342 recursos extraordinários, em 1989, já sob o império da Constituição de 1988, foram distribuídos 3.060 recursos dessa índole. Essa tendência acentuou-se nos anos seguintes: 1990 – 10.833 recursos extraordinários; 1991 – 10.247 (cf. dados dos Relatórios do STF).

nado Federal, Mesa de uma Assembleia Legislativa, Governador do Estado, Procurador-Geral da República, Conselho Federal da Ordem dos Advogados do Brasil, partido político com representação no Congresso Nacional, confederação sindical ou entidade de classe de âmbito nacional[71].

A grande mudança vai-se verificar no âmbito do controle abstrato de normas, com a criação da ação direta de inconstitucionalidade de lei ou ato normativo estadual ou federal (CF, art. 102, I, *a*, c/c o art. 103).

Se a intensa discussão sobre o monopólio da ação por parte do Procurador-Geral da República não levou a uma mudança na jurisprudência consolidada sobre o assunto, é fácil constatar que ela foi decisiva para a alteração introduzida pelo constituinte de 1988, com a significativa ampliação do direito de propositura da ação direta.

O constituinte assegurou o direito do Procurador-Geral da República de propor a ação de inconstitucionalidade. Este é, todavia, apenas um dentre os diversos órgãos ou entes legitimados a propor a ação direta de inconstitucionalidade.

Nos termos do art. 103 da Constituição de 1988, dispõem de legitimidade para propor a ação de inconstitucionalidade o Presidente da República, a Mesa do Senado Federal, a Mesa da Câmara dos Deputados, a Mesa de uma Assembleia Legislativa, o Governador do Estado, o Procurador-Geral da República, o Conselho Federal da Ordem dos Advogados do Brasil, partido político com representação no Congresso Nacional, as confederações sindicais ou entidades de classe de âmbito nacional.

Tal fato fortalece a impressão de que, com a introdução desse sistema de controle abstrato de normas, com ampla legitimação, e, particularmente, a outorga do direito de propositura a diferentes órgãos da sociedade, pretendeu o constituinte reforçar o controle abstrato de normas no ordenamento jurídico brasileiro como peculiar instrumento *de correção* do sistema geral incidente.

Não é menos certo, por outro lado, que a ampla legitimação conferida ao controle abstrato, com a inevitável possibilidade de submeter qualquer questão constitucional ao Supremo Tribunal Federal, operou uma mudança substancial – ainda que não desejada – no modelo de controle de constitucionalidade até então vigente no Brasil.

O monopólio de ação outorgado ao Procurador-Geral da República no sistema de 1967/69 não provocou alteração profunda no modelo incidente ou difuso. Este continuou predominante, integrando-se a representação de inconstitucionalidade a ele como um elemento ancilar, que contribuía muito pouco para diferençá-lo dos demais sistemas *"difusos"* ou *"incidentes"* de controle de constitucionalidade.

A Constituição de 1988 reduziu o significado do controle de constitucionalidade incidental ou difuso ao ampliar, de forma marcante, a legitimação para propositura da ação direta de inconstitucionalidade (art. 103), permitindo que, praticamente, todas as

---

71 Essa disposição foi desenvolvida segundo modelo do art. 283º da Constituição portuguesa:

"A requerimento do Presidente da República, do Provedor de Justiça ou, com fundamento em violação de direitos das regiões autónomas, dos presidentes das assembleias legislativas regionais, o Tribunal Constitucional aprecia e verifica o não cumprimento da Constituição por omissão das medidas legislativas necessárias para tornar exequíveis as normas constitucionais.

(...)

(2) Quando o Tribunal Constitucional verificar a existência de inconstitucionalidade por omissão, dará disso conhecimento ao órgão legislativo competente".

controvérsias constitucionais relevantes sejam submetidas ao Supremo Tribunal Federal mediante processo de controle abstrato de normas.

A instituição da ação declaratória (1993) e seu aperfeiçoamento pela EC 45/2004 contribuíram para consolidar o controle abstrato de normas.

Decisões do Supremo Tribunal Federal, ademais, vêm reconhecendo uma certa fungibilidade entre a ação direta de inconstitucionalidade e a ação direta de inconstitucionalidade por omissão e a possibilidade de utilização simultânea dos dois instrumentos.

Destaque-se, a esse respeito, a decisão proferida pela Corte, em 24 de fevereiro de 2010, no julgamento conjunto das ADIs 875, 1.987, 2.727 e 3.243, que contestavam a constitucionalidade da Lei Complementar n. 62, de 28 de dezembro de 1989, a qual estabelece normas sobre o cálculo, a entrega e o controle das liberações dos recursos dos Fundos de Participação dos Estados (FPE).

Quanto às ADIs 1.987 e 3.243, de autoria do Estado do Mato Grosso, verificava-se que, na primeira, requeria-se a declaração de inconstitucionalidade por omissão da Lei Complementar n. 62/89, ao argumento de que estaria em mora o Legislativo federal em cumprir com regularidade o disposto no art. 161, inc. II, da Constituição, por não estabelecer critérios bastantes para a repartição dos recursos componentes do FPE. Na segunda, com objeto e parâmetro de controle idênticos, pedia o arguente a declaração de inconstitucionalidade total da lei complementar, fundado na mesma causa de pedir[72], ou seja, na inexistência de parâmetros adequados para a operação da partição de recursos do fundo.

O pedido de declaração de inconstitucionalidade contido na ADI 875, por sua vez, parecia fundar-se, igualmente, na alegada ausência de critérios constitucionalmente adequados para a partição tributária em questão.

Refira-se, ainda, que, ao analisar o pedido veiculado pelo Governador do Mato Grosso do Sul mediante a propositura da ADI 2.727, a Procuradoria-Geral da Fazenda Nacional, em parecer trazido aos autos, assentou que a questão aduzida fundava-se na omissão inconstitucional consubstanciada na ausência de legislação específica para fixação dos critérios de rateio dos fundos de participação (fl. 107).

Diante desse quadro, a sobreposição entre pedidos e causas de pedir tornava impossível a distinção das questões constitucionais, uma vez que a afirmação segundo a qual o legislador não havia cumprido o mandamento do art. 161, inc. II da Constituição trazia, em seu bojo, a afirmação de que a Lei Complementar n. 62/89 era inconstitucional.

As quatro ações diretas acabavam por ter o mesmo objeto, formal e materialmente, a inconstitucionalidade da norma em razão de sua incompletude.

Com apoio nessas constatações, o Plenário do Supremo Tribunal, acompanhando a manifestação do Relator das ADIs, Ministro Gilmar Mendes, assentou a fungibilidade entre as ações de inconstitucionalidade por ação e omissão, superando, à unanimidade, o anterior entendimento jurisprudencial da Corte[73].

---

72 Refira-se, ademais, que os fundamentos das duas ações diretas compunham-se de trechos, muitas vezes, exatamente iguais.

73 Cf., nesse sentido, ADI 986, rel. Min. Néri da Silveira, *DJ* de 8-4-1994 e ADI 1.442, rel. Min. Celso de Mello, *DJ* de 24-4-2005.

Assinale-se, ainda, que a disciplina conferida à ADPF pela Lei n. 9.868/99 ampliou o significado do controle concentrado que, doravante, passa a abranger também o direito pré-constitucional, as normas revogadas e o direito municipal.

8.2. Criação e desenvolvimento da ação declaratória de constitucionalidade

A Emenda Constitucional n. 3, de 17-3-1993, disciplinou o instituto da *ação declaratória de constitucionalidade*, introduzido no sistema brasileiro de controle de constitucionalidade, no bojo de reforma tributária de emergência. A Emenda Constitucional n. 3 firmou a competência do STF para conhecer e julgar a ação declaratória de constitucionalidade de lei ou ato normativo federal, processo cuja decisão definitiva de mérito possuirá eficácia contra todos e efeito vinculante relativamente aos demais órgãos do Executivo e do Judiciário. Conferiu-se legitimidade ativa ao Presidente da República, à Mesa do Senado Federal, à Mesa da Câmara dos Deputados e ao Procurador-Geral da República.

Acolhendo sugestão contida em estudo que elaboramos juntamente com o Professor Ives Gandra, o Deputado Roberto Campos apresentou proposta de Emenda Constitucional que instituía a ação declaratória de constitucionalidade[74].

Parte dessa proposição, com algumas alterações, foi incorporada à Emenda que deu nova redação a alguns dispositivos da ordem constitucional tributária e autorizou a instituição do imposto sobre movimentação ou transmissão de valores e de créditos e direitos de natureza financeira, mediante iniciativa do Deputado Luiz Carlos Hauly[75].

A ação declaratória foi aprovada, embora com ressalvas, quanto à legitimação, restrita ao Presidente da República, Mesa da Câmara, Mesa do Senado Federal e Procurador-Geral da República, e quanto ao objeto, que se limitou ao direito federal[76].

---

74 A proposta tinha o seguinte teor:

"Art. 1º Suprima-se o inciso X do art. 52, renumerando-se os demais.

Art. 2º Os arts. 102 e 103 da Constituição passam a vigorar com a seguinte redação:

'Art. 102. (...)

§ 1º A arguição de descumprimento de preceito fundamental decorrente desta Constituição será apreciada pelo Supremo Tribunal Federal, na forma desta lei.

§ 2º As decisões definitivas proferidas pelo Supremo Tribunal, nos processos de controle de constitucionalidade de leis e atos normativos e no controle de constitucionalidade da omissão, têm eficácia erga omnes *e efeito vinculante para os órgãos e agentes públicos.*

§ 3º Lei complementar poderá outorgar a outras decisões do Supremo Tribunal Federal eficácia erga omnes, *bem como dispor sobre o efeito vinculante dessas decisões para os órgãos e agentes públicos'.*

'Art. 103. (...)

§ 1º (...)

§ 2º (...)

§ 3º (...)

§ 4º Os órgãos ou entes referidos nos incisos I a X deste artigo podem propor ação declaratória de constitucionalidade, que vinculará as instâncias inferiores, quando decidida no mérito'".

75 Cf., a propósito, os dois substitutivos apresentados pelo Deputado Benito Gama, relator da Comissão Especial destinada a examinar a Proposta de Emenda à Constituição n. 48-a, de 1991.

76 A Emenda n. 3, de 1993, assim disciplinou o instituto:

A discussão sobre a constitucionalidade da Emenda, suscitada pela Associação dos Magistrados do Brasil, foi pacificada no julgamento da ADC 1[77].

A Emenda Constitucional n. 45, de 2004, corrigiu em parte o modelo restritivo da EC n. 3/93, estabelecendo que estariam legitimados para a ADC os mesmos legitimados para a ADI. Subsiste, porém, a limitação quanto ao objeto, restrito ao direito federal, objeto agora de projeto de emenda constitucional que tramita no Congresso Nacional.

De qualquer sorte, o controle abstrato de normas passa agora a ser exercido tanto pela ação direta de inconstitucionalidade, de longe a ação mais relevante no sistema de controle de constitucionalidade de normas[78], como pela ação declaratória de constitucionalidade.

8.3. Desenvolvimento da arguição de descumprimento de preceito fundamental

8.3.1. Considerações preliminares

Tal como assinalado[79], as mudanças ocorridas no sistema de controle de constitucionalidade brasileiro alteraram radicalmente a relação que havia entre os controles concentrado e difuso. A ampliação do direito de propositura da ação direta e a criação da ação declaratória de constitucionalidade vieram reforçar o controle concentrado em detrimento do difuso.

Não obstante, subsistiu um espaço residual expressivo para o controle difuso relativo às matérias não suscetíveis de exame no controle concentrado (interpretação direta de cláusulas constitucionais pelos juízes e tribunais, direito pré-constitucional, controvérsia constitucional sobre normas revogadas, controle de constitucionalidade do direito municipal em face da Constituição Federal). Essas questões somente poderiam ser tratadas no âmbito do recurso extraordinário, o que explica a pletora de processos desse tipo ajuizados perante o Supremo Tribunal Federal.

É exatamente esse espaço, imune à aplicação do sistema direto de controle de constitucionalidade, que tem sido responsável pela repetição de processos, pela demora

---

"Art. 102. (...)

I – (...)

a) a ação direta de inconstitucionalidade de lei ou ato normativo federal ou estadual e a ação declaratória de constitucionalidade de lei ou ato normativo federal;

(...)

§ 1º A arguição de descumprimento de preceito fundamental, decorrente desta Constituição, será apreciada pelo Supremo Tribunal Federal, na forma da lei.

§ 2º As decisões definitivas de mérito, proferidas pelo Supremo Tribunal Federal, nas ações declaratórias de constitucionalidade de lei ou ato normativo federal, produzirão eficácia contra todos e efeito vinculante, relativamente aos demais órgãos do Poder Judiciário e ao Poder Executivo".

"Art. 103. (...)

§ 4º A ação declaratória da constitucionalidade poderá ser proposta pelo Presidente da República, pela Mesa do Senado Federal, pela Mesa da Câmara dos Deputados ou pelo Procurador-Geral da República."

77 Cf. ADC 1/DF, rel. Min. Moreira Alves, Pleno, *DJ* de 16-6-1995.

78 Em 16-8-2006, a autuação do Supremo Tribunal Federal registrava a ADI 3.777.

79 Cf. item 8, *supra, O controle de constitucionalidade na Constituição de 1988.*

na definição das decisões sobre importantes controvérsias constitucionais e pelo fenômeno social e jurídico da chamada "guerra de liminares".

Foi em resposta ao quadro de incompletude de sistema de controle direto que surgiu a ideia de desenvolvimento do chamado "incidente de inconstitucionalidade", que pretendia assegurar aos entes legitimados do art. 103 a possibilidade de provocar o pronunciamento do Supremo Tribunal Federal sobre outras controvérsias constitucionais suscitadas nas ações judiciais em curso[80]. Tal instituto, porém, não vingou.

A arguição de descumprimento de preceito fundamental veio prevista na Lei Maior de forma bastante singela: "a arguição de descumprimento de preceito fundamental, decorrente desta Constituição, será apreciada pelo Supremo Tribunal Federal, na forma da lei" (art. 102, § 1º). A ausência de qualquer antecedente histórico significativo dificultava enormemente a disciplina infraconstitucional do instituto. Sepúlveda Pertence chegou a chamá-lo de autêntica "esfinge" do Direito brasileiro[81].

Nesse contexto, o Professor Celso Bastos e o autor deste estudo indagaram se a chamada "arguição de descumprimento de preceito fundamental", prevista no art. 102, § 1º, da Constituição, não teria o escopo de colmatar importantes lacunas identificadas no quadro de competências do Supremo Tribunal Federal.

O Professor Celso Bastos elaborou o primeiro esboço do anteprojeto que haveria de regular a arguição de descumprimento de preceito fundamental. Tomando por base o texto inaugural, cuidamos nós de elaborar uma segunda versão, introduzindo-se o incidente de inconstitucionalidade. Essa proposta traduziu-se num amálgama consciente das concepções constantes do Projeto Celso Bastos, do Projeto da Comissão Caio Tácito[82] e do incidente de inconstitucionalidade, contemplado em várias propostas de emenda constitucional sobre o Judiciário[83].

Afigurava-se recomendável que o tema fosse submetido a uma comissão de especialistas. A sugestão foi elevada à consideração do Ministro Iris Resende, da Justiça, que, em 4-7-1997, editou a Portaria n. 572, publicada no *DOU* de 7-7-1997, instituindo comissão destinada a elaborar estudos e anteprojeto de lei que disciplinasse a arguição de descumprimento de preceito fundamental. Foram designados, para compor a comissão, o Prof. Celso Ribeiro Bastos (presidente), o Prof. Arnoldo Wald, o Prof. Ives Gandra Martins, o Prof. Oscar Dias Corrêa e o autor deste estudo. Após intensos debates realizados em São Paulo, a comissão chegou ao texto final do anteprojeto, que foi enca-

---

80 Ver referência ao incidente de inconstitucionalidade, *infra*, n. 8.3.2.

81 ADPF-QO 1/RJ, voto do Ministro Sepúlveda Pertence, *DJ* de 7-11-2003.

82 Projeto de Lei n. 2.960, de 1997 (PLC n. 10, no Senado Federal) sobre ADI e ADC, convertido na Lei n. 9.868, de 10-11-1999.

83 Substitutivo do Deputado Aloysio Nunes Ferreira à PEC n. 96-A/92:

"Art. 103. (...)

§ 5º O Supremo Tribunal Federal, a pedido das pessoas e entidades mencionadas no art. 103, de qualquer tribunal, de Procurador-Geral de Justiça, de Procurador-Geral ou Advogado-Geral do Estado, quando for relevante o fundamento de controvérsia judicial sobre a constitucionalidade de lei, ato normativo federal ou de outra questão constitucional, federal, estadual ou municipal, poderá, acolhendo incidente de inconstitucionalidade, determinar a suspensão, salvo para medidas urgentes, de processos em curso perante qualquer juízo ou tribunal, para proferir decisão exclusivamente sobre matéria constitucional suscitada, ouvido o Procurador-Geral da República".

minhado pelo Prof. Celso Bastos, acompanhado de relatório, ao Ministro da Justiça, em 20-11-1997.

A proposta de anteprojeto de lei cuidou dos principais aspectos do processo e julgamento da arguição de descumprimento de preceito fundamental, nos termos e para os efeitos do disposto no § 1º do art. 102 da Constituição Federal. Estabeleceram-se o rito perante o STF, o elenco dos entes com legitimidade ativa, os pressupostos para suscitar o incidente e os efeitos da decisão proferida e sua irrecorribilidade.

Tendo em vista que o disciplinamento do instituto da arguição de descumprimento de preceito fundamental afetava as atribuições do STF, resolveu-se, ainda, colher a opinião daquela Corte (Aviso/MJ n. 624, de 4-5-1998). Em 7-5-1998, Celso de Mello informou ter encaminhado cópia do texto do anteprojeto para todos os Ministros do Supremo Tribunal Federal (Ofício n. 076/98). Em 30-6-1998, o trabalho realizado pela Comissão Celso Bastos foi divulgado em artigo publicado na *Revista Consulex* (ano 2, n. 18, v. 1, p. 18-21), sob o título "Preceito fundamental: arguição de descumprimento".

É necessário observar, todavia, que, desde março de 1997, tramitava no Congresso Nacional o Projeto de Lei n. 2.872, de autoria da ilustre Deputada Sandra Starling, objetivando, também, disciplinar o instituto da arguição de descumprimento de preceito fundamental, sob o *nomen juris* de "reclamação". A reclamação restringia-se aos casos em que a contrariedade ao texto da Lei Maior fosse resultante de interpretação ou de aplicação dos Regimentos Internos das Casas do Congresso Nacional, ou do Regimento Comum, no processo legislativo de elaboração das normas previstas no art. 59 da Constituição Federal. Aludida reclamação haveria de ser formulada ao Supremo Tribunal Federal por 1/10 dos deputados ou dos senadores, devendo observar as regras e os procedimentos instituídos pela Lei n. 8.038, de 28-5-1990.

Em 4-5-1998, o projeto de lei da Deputada Sandra Starling recebeu parecer favorável do relator, o ilustre Deputado Prisco Viana, pela aprovação do projeto na forma de substitutivo de sua autoria. Como então se verificou, o Substitutivo Prisco Viana ofereceu disciplina que muito se aproximava daquela contida no Anteprojeto de Lei da Comissão Celso Bastos.

Aludido substitutivo, aprovado na Comissão de Constituição e Justiça e de Redação da Câmara dos Deputados, foi referendado pelo Plenário da Câmara dos Deputados e pelo Senado Federal, tendo sido submetido ao Presidente da República, que o sancionou[84], com veto ao inciso II do parágrafo único do art. 1º, ao inciso II do art. 2º, ao § 2º do art. 2º, ao § 4º do art. 5º, aos §§ 1º e 2º do art. 8º, e ao art. 9º.

8.3.2. Incidente de inconstitucionalidade e arguição de descumprimento

A discussão sobre a introdução no ordenamento jurídico brasileiro do chamado "incidente de inconstitucionalidade" não é nova. Já na Revisão Constitucional de 1994 cogitou-se de um instrumento que permitiria fosse apreciada controvérsia sobre a cons-

84 Lei n. 9.882, de 3 de dezembro de 1999.

titucionalidade de lei ou ato normativo federal, estadual ou municipal diretamente pelo STF, incluindo-se nesse rol, inclusive, os atos anteriores à Constituição. A ideia era que o Supremo Tribunal poderia, ao acolher o incidente de inconstitucionalidade, determinar a suspensão de processo em curso perante qualquer juízo ou tribunal para proferir decisão exclusivamente sobre a questão constitucional suscitada[85].

Tal instituto, entretanto, não ingressou no ordenamento jurídico naquela ocasião, tendo sido ressuscitada a discussão a seu respeito quando da entrada em vigor da Lei n. 9.882, de 1999, que regulamentou a arguição de descumprimento de preceito fundamental. Aqueles que se dispuseram a observar com mais atenção a conformação dada pela referida legislação à ADPF notaram que, afora os problemas decorrentes da limitação dos parâmetros de controle, o instituto, tal qual restou regulamentado, guarda estrita vinculação com as propostas relacionadas ao incidente de inconstitucionalidade.

A estrutura de legitimação, a exigência de configuração de controvérsia judicial ou jurídica para a instauração do processo, a possibilidade de sua utilização em relação ao direito municipal e ao direito pré-constitucional e o efeito vinculante das decisões, tudo reforça a semelhança entre os institutos. É certo, por outro lado, que, diferentemente do incidente de inconstitucionalidade, a arguição de descumprimento tem como parâmetro de controle os preceitos fundamentais identificados ou identificáveis na Constituição. Trata-se de elemento menos preciso do que o parâmetro de controle do incidente de inconstitucionalidade (toda a Constituição).

Assim, até que o Supremo Tribunal Federal se pronuncie acerca do efetivo alcance da expressão *preceitos fundamentais*[86], ter-se-á de assistir ao debate entre os cultores de uma interpretação ampla e aberta e os defensores de uma leitura restritiva e fechada do texto constitucional. Assinale-se, outrossim, que, diversamente do incidente, a arguição de descumprimento, tal como formulada na Lei n. 9.882/99, poderá ser utilizada, em casos excepcionais, também de forma principal, assumindo a feição de um recurso de amparo ou de uma reclamação constitucional (*Verfassungsbeschwerde*) autônoma no Direito brasileiro.

Dessa forma, não se pode deixar de registrar que a arguição de descumprimento de preceito fundamental, a par das questões suscitadas, ainda em aberto, já trouxe significativas mudanças no sistema de controle de constitucionalidade brasileiro.

Em primeiro lugar, porque permite a antecipação de decisões sobre controvérsias constitucionais relevantes, evitando que elas venham a ter um desfecho definitivo após longos anos, quando muitas situações já se consolidaram ao arrepio da "interpretação autêntica" do Supremo Tribunal Federal.

Em segundo lugar, porque poderá ser utilizado para – de forma definitiva e com eficácia geral – solver controvérsia relevante sobre a legitimidade do direito ordinário pré-constitucional em face da nova Constituição que, até o momento, somente poderia ser veiculada mediante a utilização do recurso extraordinário.

Em terceiro, porque as decisões proferidas pelo Supremo Tribunal Federal nesses processos, haja vista a eficácia *erga omnes* e o efeito vinculante, fornecerão a diretriz se-

---

85 Cf. Relatoria da Revisão Constitucional, 1994, t. 1, p. 317.

86 Cf. a discussão sobre o assunto na ADPF 33, rel. Min. Gilmar Mendes, medida cautelar julgada em 29-10-2003 (*DJ* de 6-8-2004) e mérito julgada em 7-12-2005 (*DJ* de 27-10-2006).

gura para o juízo sobre a legitimidade ou a ilegitimidade de atos de teor idêntico, editados pelas diversas entidades municipais.

Finalmente, deve-se observar que o novo instituto pode oferecer respostas adequadas para dois problemas básicos do controle de constitucionalidade no Brasil: o controle da omissão inconstitucional e a ação declaratória nos planos estadual e municipal.

Todas essas peculiaridades realçam que, no que respeita à diversidade e amplitude de utilização, a arguição de descumprimento de preceito fundamental revela-se superior à fórmula do incidente de inconstitucionalidade.

Nesse contexto, cabe enfatizar que a ADPF vem completar o sistema de controle de constitucionalidade de perfil relativamente concentrado no Supremo Tribunal Federal, uma vez que as questões, até então excluídas de apreciação no âmbito do controle abstrato de normas e de outras ações diretas, podem ser objeto de exame no âmbito do novo instituto.

É esse o contexto institucional do controle de constitucionalidade no ordenamento brasileiro, que busca combinar o modelo tradicional de controle incidental de normas, os vários instrumentos de defesa de direitos individuais, como o *habeas corpus*, mandado de segurança, *habeas data*, mandado de injunção, com as ações diretas de inconstitucionalidade e de constitucionalidade, a ação direta por omissão e a arguição de descumprimento de preceito fundamental.

8.4. O desenvolvimento da ação direta de inconstitucionalidade por omissão e do mandado de injunção

O constituinte de 1988 emprestou significado ímpar ao controle de constitucionalidade da omissão com a instituição dos processos de mandado de injunção e da ação direta da inconstitucionalidade da omissão. Como essas inovações não foram precedidas de estudos criteriosos e de reflexões mais aprofundadas, afigura-se compreensível o clima de insegurança e perplexidade que elas acabaram por suscitar nos primeiros tempos.

É, todavia, salutar o esforço que se vem desenvolvendo, no Brasil, para descobrir o significado, o conteúdo, a natureza desses institutos. Todos os que, tópica ou sistematicamente, já se depararam com uma ou outra questão atinente à omissão inconstitucional, hão de ter percebido que a problemática é de transcendental importância não apenas para a realização de diferenciadas e legítimas pretensões individuais.

Ela é fundamental sobretudo para a concretização da Constituição como um todo, isto é, para a realização do próprio Estado de Direito democrático, fundado na soberania, na cidadania, na dignidade da pessoa humana, nos valores sociais do trabalho, da iniciativa privada, e no pluralismo político, tal como estabelecido no art. 1º da Carta Magna. Assinale-se, outrossim, que o estudo da omissão inconstitucional é indissociável do estudo sobre a força normativa da Constituição.

Não obstante o hercúleo esforço da doutrina e da jurisprudência, muitas questões sobre a omissão inconstitucional continuam em aberto, ou parecem não ter encontrado, ainda, uma resposta adequada. Sem querer arriscar uma profecia, pode-se afirmar, com certa margem de segurança, que elas hão de continuar sem uma resposta satisfatória ainda por algum tempo!

Esse estado de incerteza decorre, em parte, do desenvolvimento relativamente recente de uma "Teoria da omissão inconstitucional". Aqueles que quiserem se aprofundar no exame do tema perceberão que o seu estudo sistemático constituía, até muito pouco tempo, monopólio da dogmática constitucional alemã. Esse aspecto contribuiu, sem dúvida, para que a questão fosse tratada, inicialmente, como quase uma excentricidade do modelo constitucional desenvolvido a partir da promulgação da Lei Fundamental de Bonn.

Esse estado de coisas parece ter sido superado, e a consciência da importância do estudo dos instrumentos constitucionais de superação da omissão legislativa está definitivamente instaurada[87].

Interessante notar, ademais, que os estudos contemporaneamente produzidos, no Brasil, sobre a problemática da omissão legislativa denotam preocupação marcante com os instrumentos utilizados no direito comparado para lidar com a relevante questão.

Em acurada síntese, já foi dito acerca da necessidade dos instrumentos de controle da omissão que a Constituição inicia, dirige e limita a atividade do legislador ordinário, mas não a consuma[88].

Dignos de registro afiguram-se os avanços obtidos nos últimos anos pela jurisprudência do STF no que concerne à nova configuração do mandado de injunção (possibilidade de sentença manipulativa de efeito aditivo) e ao reconhecimento da relativa fungibilidade entre ADI e ADIO. Mencione-se, ainda, a disciplina uniformizadora levada a efeito pela Lei n. 12.063/2009, que acabou por conferir à ADIO procedimento semelhante ao adotado para a ADIN/ADC.

8.5. **Representação interventiva: ressurgimento e ressignificação**

Após a Emenda Constitucional n. 16/65, a representação interventiva, enquanto instrumento de controle de constitucionalidade, entrou em declínio, tornando-se praticamente obsoleta.

Após o julgamento da Intervenção Federal n. 114[89], referente ao chamado "caso Matupá", passou o STF a considerar que o objeto da representação poderia ser não apenas lei ou ato normativo que emana do Estado-Membro, mas também outras condutas e omissões a ele imputáveis.

Ressalte-se, nesse sentido, que está sendo processado, no Supremo Tribunal Federal, o Pedido de Intervenção Federal n. 5.129, formulado pelo Procurador-Geral da Re-

---

87 Cf., exemplificativamente, Vanice Regina Lírio do Valle, *Sindicar a omissão legislativa: real desafio à harmonia entre os poderes*, Belo Horizonte: Fórum, 2007 e André Vicente Pires Rosa, *Las omisiones legislativas y su control constitucional*, Rio de Janeiro: Renovar, 2006.

88 Cf. Jose Julio Fernando Rodriguez, *La inconstitucionalidad por omisión*, Madrid: Civitas, 1998, p. 32.

89 IF 114, rel. Min. Néri da Silveira, *DJ* de 27-9-1996, *RTJ* 160 (1)/3.

pública em desfavor do Estado de Rondônia. O pedido funda-se em situação grave de ofensa à dignidade da pessoa humana ocorrida na unidade prisional denominada Urso Branco.

Nesse contexto, também é relevante citar a Intervenção Federal n. 5.179, o "caso Arruda", em que o Procurador-Geral da República sustentou que os poderes Executivo e Legislativo do Distrito Federal envolveram-se em forte esquema de corrupção, razão pela qual comprometeram o funcionamento das instituições no Distrito Federal, além de ofender a forma republicana, o sistema representativo e o regime democrático.

Em dezembro de 2011, foi publicada a Lei n. 12.562/2011, que estabelece a nova disciplina processual da representação interventiva[90].

O tema é tratado de forma mais analítica no Capítulo 10, n. VIII – A Representação Interventiva, deste curso.

90 O projeto de lei é de autoria do Senador José Jorge, que se inspirou em sugestão do Ministro Gilmar Mendes, do STF, por quem o projeto foi minutado, resgatando-se as normas de procedimento corriqueiro naquele tribunal.

III CONTROLE INCIDENTAL OU CONCRETO

1. INTRODUÇÃO

Consagrou-se com o advento da República o modelo difuso do controle de constitucionalidade. Em 1934 introduziu-se a ação direta, como procedimento preliminar do processo de intervenção (CF/34, art. 12). Em 1946, consolidou-se o desenvolvimento da representação para efeitos de intervenção, contra lei ou ato normativo estadual (CF/46, art. 8º, parágrafo único). E, somente em 1965, com a adoção da representação de inconstitucionalidade, passou a integrar nosso sistema o controle abstrato de normas (Emenda n. 16/65 à Constituição de 1946). No âmbito da unidade federada, a Constituição de 1967/69, além de propor a representação interventiva em face do direito estadual (art. 11, § 1º, *c*), estabeleceu a representação de lei municipal, pelo chefe do Ministério Público local, tendo em vista a intervenção estadual (art. 15, § 3º, *d*). Finalmente, a Emenda n. 7, de 1977, outorgou ao Supremo Tribunal Federal a competência para apreciar representação do Procurador-Geral da República para interpretação de lei ou ato normativo federal ou estadual, completando, assim, o conjunto normativo do controle de constitucionalidade no Direito brasileiro.

Ao final dos anos oitenta, conviviam no sistema de controle de constitucionalidade elementos do sistema difuso e do sistema concentrado de constitucionalidade, ensejando-se *modelo híbrido* ou *misto* de controle. Não obstante, o monopólio da ação direta exercido pelo Procurador-Geral da República, que, em grande medida, realizava a ideia de designação de um advogado da Constituição, defendida por Kelsen em 1928[1], não produziu alteração substancial em todo o sistema de controle. A ação direta subsistiu como elemento acidental no âmbito de um sistema difuso predominante.

Se a intensa discussão sobre o monopólio da ação por parte do Procurador-Geral da República não levou a uma mudança na jurisprudência consolidada sobre o assunto, é fácil constatar que foi decisiva para a alteração introduzida pelo constituinte de 1988, com a significativa ampliação do direito de propositura da ação direta (CF, art. 103)[2].

O constituinte manteve o direito de o Procurador-Geral da República propor a ação de inconstitucionalidade. Este é, todavia, apenas um dentre os diversos órgãos ou entes legitimados a tomar essa iniciativa (CF, art. 103).

A Constituição de 1988 conferiu ênfase, portanto, não mais ao sistema *difuso* ou *incidente*, mas ao modelo *concentrado*, uma vez que, praticamente, todas as controvérsias constitucionais relevantes passaram a ser submetidas ao Supremo Tribunal Federal, mediante processo de controle abstrato de normas. A ampla legitimação, a presteza e a celeridade desse modelo processual, dotado inclusive da possibilidade de suspender imediatamente a eficácia do ato normativo questionado, mediante pedido de cautelar, constituem elemento explicativo de tal tendência.

---

1 Hans Kelsen, Wesen und Entwicklung der Staatsgerichtsbarkeit, *VVDStRL*, Caderno 5, 1929, p. 75.

2 Cf. *supra*, n. II – *Evolução do controle de constitucionalidade no Direito brasileiro,* item 8.

Assim, ao lado do amplo sistema difuso, que outorga aos juízes e tribunais o poder de afastar a aplicação da lei *in concreto* (CF de 1988, arts. 97, 102, III, *a* a *d*, e 105, II, *a* e *b*) e dos novos institutos do mandado de segurança coletivo, do mandado de injunção, do *habeas data* e da ação civil pública, consagra-se, no sistema constitucional brasileiro: a) a ação direta de inconstitucionalidade do direito federal e do direito estadual em face da Constituição, mediante provocação dos entes e órgãos referidos no art. 103 da Constituição; b) a ação declaratória de constitucionalidade de lei ou ato normativo federal em face da Constituição Federal, mediante provocação dos entes e órgãos referidos no art. 103 da Constituição; c) a representação interventiva, formulada pelo Procurador-Geral da República, contra ato estadual considerado afrontoso aos chamados princípios sensíveis ou, ainda, para assegurar a execução de lei federal; d) a ação direta por omissão, mediante provocação dos entes e órgãos referidos no art. 103 da Constituição. É, portanto, nesse novo contexto que se aprecia o controle incidental ou concreto de normas.

Como se sabe, adotou-se, entre nós, de início, o modelo difuso de declaração de inconstitucionalidade[3]. O Decreto n. 848, de 11-10-1890, previa que "na guarda e aplicação da Constituição e das leis nacionais, a magistratura só intervirá em espécie e por provocação da parte". O desenvolvimento superveniente consolidou tal tendência, como se depreende do disposto nos arts. 59, § 1º, *a* e *b*, e 60 da Constituição de 1891, e no art. 13, § 10, da Lei de Organização da Justiça Federal (Lei n. 221, de 20-11-1894). A reforma de 1926 não introduziu modificação significativa, limitando-se a restringir o acesso ao Judiciário nas questões políticas[4].

A matéria não sofreu alterações profundas nos textos subsequentes.

A declaração de inconstitucionalidade por via de exceção se erigiu, inicialmente, em dogma do regime republicano. A "inconstitucionalidade – ensinava Rui – não se aduz como alvo da ação, mas apenas como subsídio à justificação do direito, cuja reivindicação se discute"[5], uma vez que "o remédio judicial contra os atos inconstitucionais, ou ilegais, da autoridade política não se deve pleitear por ação direta ou principal"[6]. E, dentre os requisitos ao exercício do controle de constitucionalidade, no Direito brasileiro, reputava imprescindível "que a ação não tenha por objeto diretamente o ato inconstitucional do poder legislativo, ou executivo, mas se refira à inconstitucionalidade dele apenas como fundamento, e não alvo, do libelo"[7].

---

3 Carlos Alberto Lúcio Bittencourt, *O controle jurisdicional da constitucionalidade das leis*, 2. ed., Rio de Janeiro: Forense, 1968, p. 99; Celso Agrícola Barbi, Evolução do controle da constitucionalidade das leis no Brasil, *RDP* 1(4):37; Oswaldo Aranha Bandeira de Mello, *Teoria das Constituições rígidas*, 2. ed., São Paulo: Bushatsky, 1980, p. 156.

4 O art. 60 da Constituição recebeu nova redação, estabelecendo, no seu § 5º que "nenhum recurso judiciário é permitido para a justiça federal, ou local, contra a intervenção nos Estados, a declaração de estado de sítio e a verificação de poderes, o reconhecimento, a posse, a legitimidade, a perda de mandato aos membros do Poder Legislativo ou Executivo, federal ou estadual; assim como, na vigência do estado de sítio, não poderão os tribunais conhecer dos atos praticados em virtude dele pelo Poder Legislativo ou Executivo".

5 Rui Barbosa, Os atos inconstitucionais do Congresso e do Executivo, in *Trabalhos jurídicos*, Rio de Janeiro: Casa de Rui Barbosa, 1962, p. 82.

6 Rui Barbosa, Os atos inconstitucionais do Congresso e do Executivo, in *Trabalhos jurídicos*, cit., p. 81.

7 Rui Barbosa, Os atos inconstitucionais do Congresso e do Executivo, in *Trabalhos jurídicos*, cit., p. 95, e *O direito do Amazonas ao Acre Septentrional*, Rio de Janeiro: Tipografia do Jornal do Commercio, 1910, v. 1, p. 103.

Essa concepção ortodoxa sofreu profunda modificação na sua própria matriz, conforme demonstra George Jaffin no artigo intitulado "Evolução do controle jurisdicional de constitucionalidade das leis nos Estados Unidos"[8]. A ampla utilização da *injunction* como técnica do controle de constitucionalidade permitiu que se atenuassem, significativamente, as exigências para obter "uma declaração judicial sobre a validade da lei", ensejando a propositura de ações visando a impedir que determinado agente oficial desse execução a uma lei inconstitucional[9]. Admitia-se, como observado por Benjamin Cardozo, "que o prejudicado chorasse antes de sentir dor"[10]. O reconhecimento da legitimidade da ação declaratória como instrumento de controle de constitucionalidade outorgou maior flexibilidade ao sistema, superando a exigência de uma controvérsia ou de um contraditório rígido e nem sempre autêntico[11].

Entre nós, a instituição das garantias constitucionais do *habeas corpus* e do mandado de segurança individual e coletivo ampliou, significativamente, a via de defesa ou de exceção contra ato ou omissão inconstitucionais, admitindo-se, inclusive, a utilização desses remédios em caráter preventivo[12]. Reconheceu-se, igualmente, a legitimidade da ação declaratória ordinária como instrumento processual hábil para obter a pronúncia de inconstitucionalidade de lei ou ato desconforme com a ordem constitucional[13]. A ação popular passa a constituir, também, forma judicial idônea para provocar o controle jurisdicional da constitucionalidade[14].

Não se cuida mais, ou exclusivamente, de simples defesa contra a aplicação de um ato inconstitucional, tal como inicialmente definido por Lúcio Bittencourt[15], ou de alegação de inconstitucionalidade emanada de pessoa cujos direitos tenham sido ofendidos pela lei, como preconizado por Buzaid[16].

---

8 George H. Jaffin, Evolução do controle jurisdicional de constitucionalidade das leis nos Estados Unidos, *RF*, Rio de Janeiro, ano 38, v. 86, p. 285 e s., abr. 1941.

9 George H. Jaffin, Evolução do controle jurisdicional de constitucionalidade das leis nos Estados Unidos, *RF*, cit., p. 279-292 (287 e 281); Carlos Alberto Lúcio Bittencourt, *O controle jurisdicional da constitucionalidade das leis*, cit., p. 101; Alfredo Buzaid, *Da ação direta de declaração de inconstitucionalidade no direito brasileiro*, São Paulo: Saraiva, 1958, p. 24-26.

10 Benjamin Cardozo, apud Carlos Alberto Lúcio Bittencourt, *O controle jurisdicional da constitucionalidade das leis*, cit., p. 101.

11 Nashville, Chattanooga and St. Louis Railway vs. Wallace 288 U.S. 249; Carlos Alberto Lúcio Bittencourt, *O controle jurisdicional da constitucionalidade das leis*, cit., p. 101; Alfredo Buzaid, *Da ação direta de declaração de inconstitucionalidade no direito brasileiro*, cit., p. 27-29; George H. Jaffin, Evolução do controle jurisdicional de constitucionalidade das leis nos Estados Unidos, *RF*, cit., p. 290-291; Eduardo Jiménez Arechaga, A ação declaratória de inconstitucionalidade na Constituição uruguaia de 1934, *RF*, cit., p. 293-300.

12 Carlos Alberto Lúcio Bittencourt, *O controle jurisdicional da constitucionalidade das leis*, cit., p. 101 e 105-110; Alfredo Buzaid, "Juicio de amparo" e mandado de segurança, *Revista de Direito Processual Civil*, São Paulo, v. 5, p. 69, jan./jun. 1962; Celso Ribeiro Bastos, *Curso de direito constitucional*, 5. ed., São Paulo: Saraiva, 1982, p. 58-60.

13 Carlos Alberto Lúcio Bittencourt, *O controle jurisdicional da constitucionalidade das leis*, cit., p. 102-105.

14 Cf., a propósito, José Afonso da Silva, *Ação popular constitucional. Doutrina e processo*, São Paulo: Revista dos Tribunais, 1968, p. 125-130.

15 Carlos Alberto Lúcio Bittencourt, *O controle jurisdicional da constitucionalidade das leis*, cit., p. 97; cf., a propósito, Celso Ribeiro Bastos, *Curso de direito constitucional*, cit., p. 58.

16 Alfredo Buzaid, *Da ação direta de declaração de inconstitucionalidade no direito brasileiro*, cit., p. 24.

Ao revés, o controle de constitucionalidade difuso, concreto, ou incidental, caracteriza-se, fundamentalmente, também no Direito brasileiro, pela verificação de uma questão concreta de inconstitucionalidade, ou seja, de dúvida quanto à constitucionalidade de ato normativo a ser aplicado num caso submetido à apreciação do Poder Judiciário. "É mister – diz Lúcio Bittencourt – que se trate de uma controvérsia real, decorrente de uma situação jurídica objetiva"[17].

Anote-se que não se faz imprescindível a alegação dos litigantes, podendo o juiz ou o tribunal recusar-lhe aplicação, a despeito do silêncio das partes[18].

Ressalte-se que a distinção consagrada na doutrina entre controles *"abstrato"* e *"concreto"*, ou entre controle por via de ação e controle por via de exceção, não tem a relevância teórica que, normalmente, se lhe atribui.

Nos modelos concentrados, a diferenciação entre controle concreto e abstrato assenta-se, basicamente, nos pressupostos de admissibilidade. O controle concreto de normas tem origem em uma relação processual concreta, constituindo a relevância da decisão pressuposto de admissibilidade[19]. O chamado controle abstrato, por seu turno, não está vinculado a uma situação subjetiva ou a qualquer outro evento do cotidiano[20]. Schlaich ressalta a equivocidade desses conceitos, porquanto o controle realizado, a decisão proferida e as consequências jurídicas são verdadeiramente abstratas, na medida em que se processam independentemente do feito originário. Em outros termos, o controle e o julgamento levados a efeito pelo tribunal estão plenamente desvinculados do processo originário, tendo, por isso, consequências jurídicas idênticas[21].

Assim, a característica fundamental do controle concreto ou incidental de normas parece ser o seu desenvolvimento inicial no curso de um processo, no qual a questão constitucional configura "antecedente lógico e necessário à declaração judicial que há de versar sobre a existência ou inexistência de relação jurídica"[22].

Como observado, a Constituição de 1934 consagrou a competência do Senado Federal para suspender a execução de qualquer lei ou ato declarado inconstitucional

---

17 Carlos Alberto Lúcio Bittencourt, *O controle jurisdicional da constitucionalidade das leis*, cit., p. 111-112; cf., sobre o tema, José Joaquim Gomes Canotilho, *Direito constitucional*, 4. ed., Coimbra: Almedina, 1986, p. 795.

18 Carlos Alberto Lúcio Bittencourt, *O controle jurisdicional da constitucionalidade das leis*, cit., p. 113.

19 Klaus Schlaich, *Das Bundesverfassungsgericht; Stellung Verfahren, Entscheidungen*, 3. ed., München: C. H. Beck, 1994, p. 92; Christian Pestalozza, *Verfassungsprozessßrecht; die Verfassungsgerichtsbarkeit des Bundes und der Länder*, 3. ed., München: C. H. Beck, 1991, p. 202; cf., também, Mauro Cappelletti, *La pregiudizialità costituzionale nel processo civile*, 2. ed., Milano: Giuffrè, 1972, p. 4-10; Piero Calamandrei, La illegittimità costituzionale delle leggi nel processo civile, in *Opere giuridiche*, Napoli: Morano, 1968, v. 3, p. 373 e s.; Gustavo Zagrebelsky, *La giustizia costituzionale*, Bologna: Mulino, 1979, p. 84 e s.

20 Klaus Schlaich, *Das Bundesverfassungsgericht; Stellung Verfahren, Entscheidungen*, cit., p. 92; Pestalozza, *Verfassungsprozessßrecht, die Verfassungsgerichtsbarkeit des Bundes und der Länder*, cit., p. 202; Hartmut Söhn, Die abstrakte Normenkontrolle, in Christian Starck (org.), *Bundesverfassungsgericht und Grundgesetz*, 1. Aufl., Tübingen: Mohr, 1970, v. 1, p. 296; Theodor Maunz et al., *Bundesverfassungsgerichtsgesetz:* Kommentar, München: C. H. Beck, Okt. 1985, § 13, n. 58.

21 Klaus Schlaich, *Das Bundesverfassungsgericht; Stellung Verfahren, Entscheidungen*, cit., p. 91-92; cf. Lei do *Bundesverfassungsgericht*, §§ 31, (1) e (2) (efeito vinculante e geral), e 78 (nulidade).

22 Alfredo Buzaid, "Juicio de amparo" e mandado de segurança, *Revista de Direito Processual Civil*, cit., p. 69. Cf., também, Gustavo Zagrebelsky, *La giustizia costituzionale*, cit., p. 84; Mauro Cappelletti, *La pregiudizialità costituzionale nel processo civile*, cit., p. 4-10.

pelo Supremo Tribunal (art. 91, IV, c/c o art. 96). E, no art. 179, condicionou a declaração de inconstitucionalidade pelos tribunais ao sufrágio da maioria absoluta.

Tais modificações são reveladoras de uma nítida diferenciação no âmbito do controle incidental de constitucionalidade.

Embora preservasse a competência do juiz singular para apreciar a questão constitucional, o constituinte estabelecia pressupostos para a declaração de inconstitucionalidade das leis pelos tribunais. O anteprojeto da comissão constitucional atenuava ou até retirava o caráter difuso da declaração de inconstitucionalidade da lei federal, concentrando no Supremo Tribunal a decisão final[23].

A proposta foi rejeitada, introduzindo-se, em seu lugar, a exigência do quórum especial para a declaração de inconstitucionalidade.

Subordinou-se a eficácia *erga omnes* da decisão do Supremo Tribunal que declarasse a inconstitucionalidade da lei ou ato à resolução do Senado Federal (art. 91, IV).

Essa atribuição reconhecida ao Senado mereceu crítica de Araújo Castro, que entendia indevido o deslocamento da matéria da esfera judiciária[24]. Ressalte-se que, na Assembleia Constituinte, o Deputado Godofredo Vianna apresentou emenda do seguinte teor:

> "Sempre que o Supremo Tribunal declarar, em mais de um aresto, a inconstitucionalidade de uma lei, esta será considerada como inexistente. O Procurador-Geral da República fará publicar a última decisão no órgão oficial da União e no Estado, a fim de que comece a obrigar nos prazos estabelecidos pela lei civil"[25].

Não obstante, o sistema de declaração de inconstitucionalidade por todos os juízes e tribunais, exigida, no caso destes, a observância do quórum especial, e a suspensão pelo Senado Federal do ato declarado inconstitucional, pelo Supremo Tribunal, foram incorporados pela Constituição de 1946 (arts. 101, III, *b* e *c*, 200 e 64), pela Constituição de 1967/69 (arts. 119, III, *a, b, c,* 116, e 42, VII) e pela Constituição de 1988 (arts. 97 e 52, X).

2. PRESSUPOSTOS DE ADMISSIBILIDADE DO CONTROLE INCIDENTAL

2.1. Requisitos subjetivos

O controle de constitucionalidade concreto ou incidental, tal como desenvolvido no Direito brasileiro, é exercido por qualquer órgão judicial, no curso de processo de sua competência[26]. A decisão, "que não é feita sobre o objeto principal da lide, mas sim sobre questão prévia, indispensável ao julgamento do mérito"[27], tem o condão, apenas,

---

23 Cf. Aldemário Araújo Castro, *A nova Constituição brasileira,* Rio de Janeiro: Freitas Bastos, 1935, p. 249.

24 Aldemário Araújo Castro, *A nova Constituição brasileira,* cit., p. 247.

25 Aldemário Araújo Castro, *A nova Constituição brasileira,* cit., p. 247.

26 Carlos Alberto Lúcio Bittencourt, *O controle jurisdicional da constitucionalidade das leis,* cit., p. 36-37 e 46.

27 Celso Ribeiro Bastos, *Curso de direito constitucional,* cit., p. 59; Alfredo Buzaid, "Juicio de amparo" e mandado de segurança, *Revista de Direito Processual Civil,* cit., p. 69.

de afastar a incidência da norma viciada. Daí recorrer-se à suspensão de execução pelo Senado de leis ou decretos declarados inconstitucionais pelo Supremo Tribunal Federal (CF de 1988, art. 52, X)[28].

A questão de constitucionalidade deve ser suscitada pelas partes ou pelo Ministério Público, podendo vir a ser reconhecida *ex officio* pelo juiz ou tribunal[29]. Perante o tribunal a declaração de inconstitucionalidade somente poderá ser pronunciada "pelo voto da maioria absoluta de seus membros ou dos membros do órgão especial", como disciplinado no art. 144, V, da Constituição de 1967/69[30].

A exigência de maioria absoluta dos votos para a declaração de inconstitucionalidade de leis pelos tribunais, introduzida pela Carta de 1934 (art. 179) e reproduzida nas subsequentes (CF de 1937, art. 96; CF de 1946, art. 200; CF de 1967/69, art. 116; CF de 1988, art. 97), ensejou polêmica sobre a possibilidade de o juiz singular pronunciar-se sobre a inconstitucionalidade[31]. Prevaleceu, todavia, o entendimento que afirmava a competência do juiz singular para apreciar a controvérsia constitucional[32].

2.2. Requisitos objetivos

Não há disciplina minudente da questão constitucional, no controle *incidenter tantum*. O Decreto n. 848, de 1890, consagrou fórmula segundo a qual, "na guarda e aplicação da Constituição e leis federais, a magistratura federal só intervirá em espécie e por provocação da parte". A Lei de Organização da Justiça Federal estabeleceu, no art. 13, § 10, que "os juízes e tribunais não aplicarão aos casos ocorrentes as leis e regulamentos manifestamente inconstitucionais".

Textos constitucionais a partir de 1934 estabeleceram que a declaração de inconstitucionalidade, nos tribunais, somente poderia ser proferida pelo voto da maioria absoluta dos juízes.

A exigência quanto à declaração de inconstitucionalidade dos atos manifestamente inconstitucionais não foi recebida pela legislação subsequente, tendo-se assentado,

---

28 O ordenamento constitucional de 1988 manteve inalterada essa orientação, que remonta à Constituição de 1934. A amplitude emprestada ao controle abstrato de normas e a adoção de novos institutos, como o mandado de injunção, permitem indagar se não seria mais coerente reconhecer eficácia *erga omnes* à pronúncia de inconstitucionalidade proferida, incidentalmente, pelo Supremo Tribunal Federal. Não há dúvida de que já não subsistem as razões que determinaram a adoção desse instituto pelo direito constitucional brasileiro.

29 Carlos Alberto Lúcio Bittencourt, *O controle jurisdicional da constitucionalidade das leis*, cit., p. 113.

30 Esse princípio foi mantido na Constituição de 1988 (art. 97).

31 Martins de Oliveira, Inconstitucionalidade das leis – competência privativa dos tribunais colegiados para pronunciá-la – posição do juiz singular em face da alegação de inconstitucionalidade – regímen antigo. Juízo de Direito da Comarca de Patrocínio/MG, *RF*, *65*/170-171; Vicente Chermont de Miranda, Inconstitucionalidade e incompetência do juiz singular, *RF*, *92*/582; Alcides de Mendonça Lima, Competência para declarar a inconstitucionalidade das leis, *RF*, 123/347 e 352.

32 Carlos Alberto Lúcio Bittencourt, *O controle jurisdicional da constitucionalidade das leis*, cit., p. 36-38; Oswaldo Aranha Bandeira de Mello, *Teoria das Constituições rígidas*, cit., p. 161-162.

entre nós, como regra, a recomendação de um certo *self-restraint*[33], por parte do magistrado. Esse postulado conjuga-se, normalmente, com a máxima segundo a qual "o juiz deve abster-se de se manifestar sobre a inconstitucionalidade, toda vez que, sem isso, possa julgar a causa e restaurar o direito violado"[34]. Sem infirmar a validade desse princípio como referencial de autolimitação para o juiz, deve-se reconhecer que o Supremo Tribunal Federal já não lhe outorga tanta importância, conforme se alcança do disposto no art. 176 do Regimento Interno. Anteriormente, já havia sustentado Lúcio Bittencourt que, "sempre que, legitimamente, o exame da constitucionalidade se apresente útil ou conveniente para a decisão da causa, não devem os tribunais fugir à tese"[35].

O Código de Processo Civil de 1939 não continha disciplina específica sobre controle de constitucionalidade. O Código de Processo Civil de 1973 introduziu, nos arts. 480 a 482, breve disciplina do controle *incidenter tantum,* exercido por órgãos fracionários dos tribunais[36]. Arguida a questão a qualquer tempo, o relator deverá submetê-la à Turma ou à Câmara competente para julgar o processo, após a audiência do órgão do Ministério Público (art. 480). Rejeitada a questão, terá prosseguimento o feito; acolhida, há de ser lavrado o acórdão a fim de ser submetida ao Tribunal Pleno (art. 481).

A arguição de inconstitucionalidade poderá ser rejeitada, no órgão fracionário, por *inadmissível* ou *improcedente*, nos termos seguintes:

a) a questão há de envolver ato de natureza normativa a ser aplicado à decisão da causa, devendo ser rejeitada a arguição de inconstitucionalidade de ato que não tenha natureza normativa ou não seja oriundo do Poder Público[37];

b) a questão de inconstitucionalidade há de ser relevante para o julgamento da causa, afigurando-se "inadmissível a arguição impertinente, relativa a lei ou a outro ato normativo de que não dependa a decisão sobre o recurso ou a causa"[38];

c) a arguição será improcedente se o órgão fracionário, pela maioria de seus membros, rejeitar a alegação de desconformidade da lei com a norma constitucional.

O pronunciamento do órgão fracionário, pela rejeição ou acolhimento da arguição de inconstitucionalidade, é irrecorrível[39]. Rejeitada a arguição, "prosseguirá o julgamento", podendo o órgão fracionário aplicar à espécie a lei ou ato normativo acoimado de inconstitucional. Acolhida a arguição, que poderá ser por maioria simples, "será lavrado o acórdão, a fim de ser submetida a questão ao tribunal pleno" (art. 481), ou ao órgão especial (CF/88, art. 97)[40]. Dá-se "a cisão funcional da competência: ao Plenário

33 Carlos Alberto Lúcio Bittencourt, *O controle jurisdicional da constitucionalidade das leis*, cit., p. 115-116; Themístocles Brandão Cavalcanti, *Do controle da constitucionalidade,* Rio de Janeiro: Forense, 1966, p. 81-84; cf., também, a crítica de José de Castro Nunes, *Teoria e prática do Poder Judiciário,* Rio de Janeiro: Forense, 1943, p. 591.

34 Carlos Alberto Lúcio Bittencourt, *O controle jurisdicional da constitucionalidade das leis*, cit., p. 116-118.

35 Carlos Alberto Lúcio Bittencourt, *O controle jurisdicional da constitucionalidade das leis*, cit., p. 118.

36 José Carlos Barbosa Moreira, *Comentários ao Código de Processo Civil,* Rio de Janeiro: Forense, 1973, v. 5, p. 41; Pontes de Miranda, *Comentários ao Código de Processo Civil,* Rio de Janeiro: Forense, 1975, v. 6, p. 79 e s.

37 José Carlos Barbosa Moreira, *Comentários ao Código de Processo Civil,* cit., p. 48.

38 José Carlos Barbosa Moreira, *Comentários ao Código de Processo Civil,* cit., p. 46; Pontes de Miranda, *Comentários ao Código de Processo Civil,* cit., p. 82.

39 Cf. Súmulas 293 e 513 do STF.

40 Pontes de Miranda, *Comentários ao Código de Processo Civil,* cit., p. 82.

caberá pronunciar-se sobre a constitucionalidade ou a inconstitucionalidade, e ao órgão fracionário, depois, à vista do que houver assentado o plenário, decidir a espécie"[41].

No Novo Código de Processo Civil (Lei n. 13.105/2015), em vigor desde março de 2016, a disciplina é basicamente a mesma (arts. 948 a 950). Apenas não se prevê mais a necessidade de o órgão fracionário lavrar acórdão para remeter a questão ao Plenário caso entenda procedente a alegação de inconstitucionalidade.

Assente-se que o Plenário somente pode pronunciar-se sobre o que, efetivamente, foi acolhido pelo órgão fracionário, sendo-lhe defeso emitir juízo sobre questão julgada inadmissível ou rejeitada pela Turma ou Câmara. A arguição de inconstitucionalidade será acolhida se conseguir reunir a *maioria absoluta dos votos*, pelo menos em relação a um dos vários fundamentos. Do contrário, independentemente do resultado da votação, as consequências são as mesmas[42].

A decisão do Plenário, que é irrecorrível[43], vincula o órgão fracionário, no caso concreto, incorporando-se ao "julgamento do recurso ou da causa, como premissa inafastável"[44]. Publicado o acórdão, reinicia-se o julgamento da *questão concreta* perante o órgão fracionário. Acentue-se que a aplicação do art. 97 da Constituição de 1988 obriga que se proceda à juntada do acórdão proferido no Pleno ou no órgão especial sobre a inconstitucionalidade da lei, sob pena de, no caso de interposição de recurso extraordinário, entender o Supremo Tribunal Federal que não pode conhecer do apelo extremo por ausência de peça essencial para o julgamento definitivo. É o que se lê, v. g., no AgRgRE 158.540, da relatoria do Ministro Celso de Mello, no qual se acentua que "a ausência do acórdão plenário que reconheceu a ilegitimidade constitucional de atos normativos emanados do Poder Público impede – ante a essencialidade de que se reveste essa peça processual – que o Supremo Tribunal Federal aprecie, de modo adequado, a controvérsia jurídica suscitada"[45]. A jurisprudência do Tribunal enfatiza não ser suficiente a transcrição do decidido pelo órgão especial ou pelo Plenário ou a juntada do voto condutor, porquanto "é no acórdão do Plenário que se há de buscar a motivação da decisão recorrida, com respeito à arguição de inconstitucionalidade"[46].

Ao contrário, em caso de declaração incidente de constitucionalidade – e não de inconstitucionalidade – "o acórdão do Plenário que, decidindo incidente suscitado em outro processo, já houver resolvido no mesmo sentido a prejudicial de inconstitucionalidade é mero precedente de jurisprudência, que não integra, formalmente, porém, a decisão da Câmara ou da Turma"[47].

É que a competência para decidir pela *constitucionalidade* de lei é da Turma[48]. Ressalte-se que, segundo a jurisprudência do Supremo Tribunal, a declaração de incons-

41 José Carlos Barbosa Moreira, *Comentários ao Código de Processo Civil*, cit., p. 50.

42 José Carlos Barbosa Moreira, *Comentários ao Código de Processo Civil*, cit., p. 53.

43 Súmula 513 do STF; cf., também, Súmula 293.

44 José Carlos Barbosa Moreira, *Comentários ao Código de Processo Civil*, cit., p. 54.

45 RE-AgRg 158.540, rel. Min. Celso de Mello, *DJ* de 23-5-1997, p. 21375.

46 RE-AgRg 164.569, rel. Min. Sepúlveda Pertence, *DJ* de 4-2-1994, p. 923.

47 RE-AgRg 149.478, rel. Min. Sepúlveda Pertence, *DJ* de 23-4-1993, p. 6926.

48 RE-AgRg 161.475, rel. Min. Carlos Velloso, *DJ* de 11-2-1994, p. 1496.

titucionalidade tanto poderá dar-se de forma explícita como de forma implícita, quando, v. g., "afasta a incidência da norma ordinária pertinente à lide para decidi-la sob critérios diversos alegadamente extraídos da Constituição"[49]. Nesses casos, a questão que se põe refere-se à validade ou não da decisão de inconstitucionalidade, sendo muito comuns decisões que dão provimento ao recurso extraordinário para anular o julgamento e determinar que outro se profira pelo órgão competente.

Tema também importante relaciona-se à necessidade – ou não – de se observar a regra do art. 97 da Constituição no caso de não aplicação de uma dada norma ou de não adoção de determinada interpretação sem afetar a expressão literal (declaração de inconstitucionalidade sem redução de texto). Entendemos que também nesse caso tem-se inequívoca declaração de inconstitucionalidade e, por isso, obrigatória se afigura a observância do disposto no art. 97 da Constituição Federal.

Sobre esse ponto, o Supremo Tribunal Federal editou a Súmula Vinculante 10, segundo a qual "viola a cláusula de reserva de plenário (CF, artigo 97) a decisão de órgão fracionário de tribunal que, embora não declare expressamente a inconstitucionalidade de lei ou ato normativo do poder público, afasta sua incidência, no todo ou em parte".

Outro ponto importante, no que se refere à interpretação do art. 97 da Constituição, tem por base a necessidade, ou não, de se provocar o Plenário ou o órgão especial do Tribunal toda vez que se renovar, em outro caso, discussão sobre a constitucionalidade de lei que já teve sua legitimidade discutida no âmbito do Tribunal.

O Supremo Tribunal Federal tem entendido que, fixada a orientação do Pleno ou do órgão especial, nos termos do art. 97 da Constituição, em um caso qualquer, poderá o órgão fracionário decidir como de direito, devendo guardar observância da decisão adotada sobre a questão constitucional[50]. Em outros termos, um novo procedimento na forma do art. 97 da Constituição somente seria necessário no caso de mudança de orientação por parte do próprio Tribunal.

Questão interessante apreciada pela jurisprudência do Supremo Tribunal Federal diz respeito à necessidade de se utilizar o procedimento previsto no art. 97 da Constituição na hipótese de existir pronunciamento da Suprema Corte que afirme a inconstitucionalidade da lei ou do ato normativo. Em acórdão proferido no RE 190.728, teve a 1ª Turma do Supremo Tribunal Federal a oportunidade de, por maioria de votos, vencido o Ministro Celso de Mello, afirmar a dispensabilidade de se encaminhar o tema constitucional ao Plenário do Tribunal *a quo*, desde que o Supremo Tribunal já se tenha pronunciado sobre a constitucionalidade ou a inconstitucionalidade da lei questionada.

Orientação semelhante foi reafirmada em decisão na qual se explicitou que "o acórdão recorrido deu aplicação ao decidido pelo S.T.F nos RREE 150.755-PE e 150.764--PE", não havendo necessidade, por isso, de a questão ser submetida ao Plenário do Tribunal. O Tribunal firmou entendimento no sentido de que a reserva de plenário da declaração de inconstitucionalidade de lei ou ato normativo funda-se na presunção de constitucionalidade que os protege, somada a razões de segurança jurídica. Assim sen-

---

49 RE 240.096, 1ª T., rel. Min. Sepúlveda Pertence, *DJ* de 21-5-1999.

50 RE 190.728, rel. Min. Ilmar Galvão, *DJ* de 30-5-1997; RE 191.896, rel. Min. Sepúlveda Pertence, *DJ* de 29-8-1997, RE-AgRg 433.806, rel. Min. Sepúlveda Pertence, *DJ* de 1º-4-2005.

do, "a decisão plenária do Supremo Tribunal declaratória de inconstitucionalidade de norma, posto que incidente, sendo pressuposto necessário e suficiente a que o Senado lhe confira efeitos *erga omnes*, elide a presunção de sua constitucionalidade; a partir daí, podem os órgãos parciais dos outros tribunais acolhê-la para fundar a decisão de casos concretos ulteriores, prescindindo de submeter a questão de constitucionalidade ao seu próprio plenário"[51].

Tal posição sinaliza, ainda que timidamente, a equiparação dos efeitos da declaração de inconstitucionalidade em sede de controle incidental com os efeitos da declaração em controle concentrado. Decide-se autonomamente com fundamento na declaração de inconstitucionalidade (ou de constitucionalidade) do Supremo Tribunal Federal proferida *incidenter tantum*.

A Lei n. 9.756, de 17-12-1998, introduziu parágrafo único no art. 481 da Lei n. 5.869, de 11-1-1973 (Código de Processo Civil), que positiva a orientação jurisprudencial acima referida[52]. Essa disposição foi integralmente incorporada ao Novo Código de Processo Civil, no parágrafo único do art. 949.

A fórmula adotada consagra a jurisprudência do Supremo Tribunal Federal, assentando a dispensabilidade da submissão da questão constitucional ao tribunal pleno ou ao órgão especial, na hipótese de o próprio Tribunal já ter adotado posição semelhante ou, ainda, no caso de o plenário do Supremo Tribunal Federal já se ter pronunciado sobre a controvérsia (declaração de inconstitucionalidade).

No caso de declaração de inconstitucionalidade de lei pelo Plenário ou órgão especial (art. 97 da CF), impõe-se a juntada do acórdão da decisão do Plenário ou do órgão especial no julgamento do órgão fracionário, a fim de que o STF possa julgar eventual recurso extraordinário interposto (Súmula 513 do STF)[53].

E se o Supremo Tribunal tiver se manifestado no sentido da constitucionalidade da norma declarada inconstitucional pelo Tribunal *a quo* haverá necessidade da juntada do acórdão (da declaração de inconstitucionalidade) para que o recurso extraordinário seja conhecido? No RE 196.752 indagou-se sobre a possibilidade de cognição do Recurso Extraordinário interposto contra acórdão que declarou inconstitucionalidade de lei sem que houvesse a juntada do acórdão do incidente de inconstitucionalidade. Tratava-se de declaração de inconstitucionalidade pelo Tribunal *a quo* de norma reconhecida como constitucional pelo Supremo Tribunal Federal. O Ministro Pertence, no seu voto, sustentou que, nesse caso, o recurso extraordinário não deveria ser conhecido[54].

---

51 RE 191.898, rel. Min. Sepúlveda Pertence, *DJ* de 22-8-1997, p. 38781; AI-AgRg 167.444, rel. Min. Carlos Velloso, *DJ* de 15-9-1995, p. 29537.

52 Código de Processo Civil, art. 481, parágrafo único.

"Art. 481. (...)

Parágrafo único. Os órgãos fracionários dos tribunais não submeterão ao plenário, ou ao órgão especial, a arguição de inconstitucionalidade, quando já houver pronunciamento destes ou do plenário do Supremo Tribunal Federal sobre a questão".

53 RE-AgRg 158.540, rel. Min. Celso de Mello, *DJ* de 23-5-1997.

54 Voto do Ministro Sepúlveda Pertence no RE-AgRg 196.752, na sessão plenária de 6-5-2004. Julgamento ainda não concluído devido a pedido de vista, solicitado pelo Ministro Gilmar Mendes. Autos devolvidos para julgamento em 16-6-2004, aguardando disponibilidade no calendário de julgamentos da presidência do Tribunal.

Não parece que assim deva ser.

Se é permitido que o órgão fracionário não submeta ao plenário do Tribunal a questão de constitucionalidade quando já houver pronunciamento do Supremo Tribunal Federal sobre a questão no sentido de inconstitucionalidade (Novo CPC, parágrafo único do art. 949) – numa clara demonstração da força do entendimento emanado pela Corte no exercício da sua competência constitucional –, manter a citada exigência quando o Supremo Tribunal Federal já se pronunciou pela constitucionalidade da lei parece configurar desmedido formalismo.

Ressalte-se que, após o exame da constitucionalidade da norma pelo Pleno, não mais se espera qualquer modificação desse entendimento. Tanto é assim que, quando se tratar de declaração de inconstitucionalidade, a partir desse momento é efetivada a comunicação ao Senado Federal. E, tratando-se de juízo de constitucionalidade ou de inconstitucionalidade, dá-se início à aplicação do disposto no art. 932, IV e suas alíneas, no Novo Código de Processo Civil[55], que, queiramos ou não, é uma forma brasileira de atribuição de efeito vinculante às decisões do Tribunal.

É que a fixação de tese pelo Plenário do Supremo Tribunal Federal, no julgamento de recurso extraordinário, no sentido da constitucionalidade, ou não, de determinada norma legal, antecipa o efeito jurídico de seus julgados em sede de controle de constitucionalidade incidental. Ora, se a decisão de inconstitucionalidade ainda depende da intervenção do Senado, para ter eficácia *erga omnes*, a declaração de constitucionalidade proferida em sede de controle incidental pelo Plenário vale *per se*, independentemente de qualquer providência adicional.

Se ao Supremo Tribunal Federal compete, precipuamente, a guarda da Constituição Federal, é certo que a interpretação do texto constitucional por ele fixada deve ser acompanhada pelos demais Tribunais e Turmas dos Juizados Especiais[56], em decorrência do efeito definitivo outorgado à sua decisão. Pouco importa que a decisão do Tribunal de origem tenha sido proferida antes daquela do Supremo Tribunal Federal no *leading case*, pois, inexistindo o trânsito em julgado e estando a controvérsia constitucional submetida à análise deste Tribunal, não há qualquer óbice para aplicação do entendimento fixado pelo órgão responsável pela guarda da Constituição da República.

Segundo essa orientação, que encontra respaldo no parágrafo único do art. 949 do Novo CPC, se o Tribunal já houvesse analisado controvérsia sobre a constitucionalidade de determinada norma, bastaria que o acórdão recorrido extraordinariamente contivesse elementos suficientes para a verificação da identidade entre a matéria debatida no Tribunal de origem e a apreciada pela Corte Suprema.

---

55 Art. 932, IV e suas alíneas, no Novo Código de Processo Civil (Lei n. 13.105/2015).

56 Cf. RE 384.866, rel. Min. Marco Aurélio, j. 10-8-2006, ocasião em que o Tribunal iniciou julgamento do recurso "com base na alínea *b* do inciso III do art. 102 da CF, contra decisão de Turma Recursal de Juizado Especial Federal que, ao desprover apelação interposta pela Caixa Econômica Federal – CEF, declarara a inconstitucionalidade do art. 29-C da Lei 8.036/90 – que dispõe que, nas ações entre o FGTS e os titulares de contas vinculadas, não são devidos honorários advocatícios" (...) "No mérito, o relator negou provimento ao recurso, assentando a inconstitucionalidade do art. 29-C da Lei 8.036/90. Esclareceu que a Lei 9.099/95, nos termos dos seus artigos 9º e 41, § 2º, viabiliza, na 1ª instância dos juizados especiais, a propositura da ação diretamente pela parte, mas exige, na fase recursal, a assistência por profissional da advocacia, e que a Lei 10.259/2001, também possibilita, em seu art. 10, a contratação de advogado".

2.3. **Participação de *amicus curiae*, do Ministério Público e de outros interessados no incidente de inconstitucionalidade perante os tribunais**

Diante dos múltiplos aspectos que envolvem a própria argumentação relacionada com os fundamentos da inconstitucionalidade, sustentamos a razoabilidade, se não a obrigatoriedade, de que se reconhecesse a todos aqueles que participam de demandas semelhantes no âmbito do primeiro grau, o direito de participação no julgamento a ser levado a efeito pelo Pleno ou pelo órgão especial do Tribunal. Idêntica participação deveria ser deferida ao Ministério Público e à pessoa jurídica de direito público responsável pela edição do ato normativo.

Essa proposta acabou sendo incorporada ao texto da Lei n. 9.868/99 (art. 29)[57]. Vê-se, pois, que a alteração introduzida pela Lei n. 9.868/99 admite a manifestação, no incidente de inconstitucionalidade, do Ministério Público, das pessoas jurídicas responsáveis pela edição do ato e dos titulares do direito de propositura na ação direta de inconstitucionalidade. Dentro dessa estrutura plural, facultou-se ao relator a possibilidade de admitir, por despacho irrecorrível, a manifestação de outros órgãos ou entidades. Tem-se, assim, oportunidade para a efetiva abertura do processo de controle de constitucionalidade incidental, que passa, nesse ponto, a ter estrutura semelhante à dos processos de índole estritamente objetiva (ADI, ADO, ADC e ADPF).

Posteriormente, a norma foi reproduzida em dispositivo legal que disciplina especificamente instituto do controle difuso de constitucionalidade, como é o caso do recurso extraordinário. O Código de Processo Civil de 1973 estabeleceu que o Relator poderia admitir, na análise da repercussão geral, a manifestação de terceiros, subscrita por procurador habilitado (art. 543-A, § 6º). No Novo CPC, disposição em sentido idêntico é encontrada no § 4º do art. 1.035.

Embora a legislação tenha consagrado a irrecorribilidade da decisão, tal como nos casos de admissão de *amicus curiae* no controle abstrato de normas, afigura-se inequívoco que se deu passo significativo na estrutura de um processo de controle incidental aberto e plural, no qual as diferentes visões sobre a questão constitucional posta poderão revelar-se de forma integral.

Essa opção legislativa parece coerente com a orientação adotada pelo STF segundo a qual, decidido o incidente pelo Órgão Especial ou pelo Plenário, ficarão os órgãos fracionários dispensados de submeter a controvérsia a novo exame (CPC, art. 481, parágrafo único; Novo CPC, art. 949, parágrafo único).

---

57 Código de Processo Civil:

"Art. 482. (...)

§ 1º O Ministério Público e as pessoas jurídicas de direito público responsáveis pela edição do ato questionado, se assim o requererem, poderão manifestar-se no incidente de inconstitucionalidade, observados os prazos e condições fixados no Regimento Interno do Tribunal.

§ 2º Os titulares do direito de propositura referidos no art. 103 da Constituição poderão manifestar-se, por escrito, sobre a questão constitucional objeto da apreciação pelo órgão especial ou pelo Pleno do Tribunal, no prazo fixado em Regimento, sendo-lhes assegurado o direito de apresentar memoriais ou de pedir a juntada de documentos.

§ 3º O relator, considerando a relevância da matéria e representatividade dos postulantes, poderá admitir, por despacho irrecorrível, a manifestação de outros órgãos ou entidades".

Tal entendimento acaba por fixar um *efeito vinculante **interna corporis*** (limitado ao âmbito do próprio Tribunal). Assim sendo, afigura-se fundamental que os diversos contendores interessados na controvérsia constitucional possam participar do debate por ocasião da apreciação do tema no âmbito do Plenário ou do Órgão Especial.

Tem-se, assim, oportunidade para uma efetiva abertura do processo de controle de constitucionalidade incidental, que passa, nesse ponto, a ter uma estrutura semelhante à dos processos de índole estritamente objetiva (ação direta de inconstitucionalidade, ação direta de inconstitucionalidade por omissão, ação declaratória de constitucionalidade e arguição de descumprimento de preceito fundamental).

O Regimento Interno do Supremo Tribunal Federal, na redação dada pela Emenda Regimental n. 29/2009, ainda prevê para o Presidente ou Relator, em relação aos processos de sua competência, atribuição de convocar audiência pública para ouvir o depoimento de pessoas com experiência e autoridade em determinada matéria, sempre que entender necessário o esclarecimento de questões ou circunstâncias de fato, com repercussão geral e de interesse público relevante, debatidas no âmbito do Tribunal (arts. 13, XVII e XVIII, e 21, XVII e XVIII, do RISTF).

Consigne-se que participação de *amicus curiae* no controle incidental de constitucionalidade foi definida pelo Supremo Tribunal Federal no julgamento do RE 415.454, que foi julgado conjuntamente com o RE 416.827, ambos da relatoria do Min. Gilmar Mendes, e versam sobre o benefício previdenciário da pensão por morte. Nos dois processos o Relator levantou questão de ordem quanto à possibilidade de sustentação oral por *amicus curiae* em sede de recurso extraordinário, deferindo o pedido das requerentes para admiti-las nos feitos na condição de *amici curiae* e para realizarem sustentação oral.

Acompanharam o Relator os Ministros Carlos Britto, Carlos Velloso, Ellen Gracie e Sepúlveda Pertence, que ressaltou a necessidade de exame caso a caso. Divergiram os Ministros Marco Aurélio, Eros Grau e Cezar Peluso (julgamento realizado em 21-9-2005)[58].

Ressalte-se que o CPC de 2015 ampliou a figura do *amicus curiae*, passando a serem admitidos, nessa qualidade, até mesmo pessoas naturais (CPC, art. 138, *caput*)[59].

Por fim, interessante precedente acerca da atuação dos *amici curiae* no âmbito do Supremo Tribunal Federal foi formalizado na ADPF 347, rel. Min. Marco Aurélio. No caso, diante da pandemia de covid-19, o Instituto de Defesa do Direito de Defesa – Márcio Thomaz Bastos (IDDD) formulou pedido de medida cautelar, na qualidade de amigo da corte, objetivando a concessão de livramento condicional a presos com 60 anos ou mais e a autorização para que detentos com HIV, tuberculose, câncer, diabetes e doenças

---

58 RE-QO 415.454, rel. Min. Gilmar Mendes.

59 Novo Código de Processo Civil:

"Art. 138. O juiz ou o relator, considerando a relevância da matéria, a especificidade do tema objeto da demanda ou a repercussão social da controvérsia, poderá, por decisão irrecorrível, de ofício ou a requerimento das partes ou de quem pretenda manifestar-se, solicitar ou admitir a participação de pessoa natural ou jurídica, órgão ou entidade especializada, com representatividade adequada, no prazo de 15 (quinze) dias de sua intimação.

§ 1º A intervenção de que trata o *caput* não implica alteração de competência nem autoriza a interposição de recursos, ressalvadas a oposição de embargos de declaração e a hipótese do § 3º.

§ 2º Caberá ao juiz ou ao relator, na decisão que solicitar ou admitir a intervenção, definir os poderes do *amicus curiae*.

§ 3º O *amicus curiae* pode recorrer da decisão que julgar o incidente de resolução de demandas repetitivas."

respiratórias, cardíacas e imunodepressoras cumpram regime domiciliar. Por unanimidade, a Corte assentou a ilegitimidade de *amicus curiae* para requerer medida cautelar.

2.4. Controle de constitucionalidade de lei tendo como parâmetro a Constituição em face da qual foi editada

De modo diverso do que se verifica com o controle abstrato de normas, que tem como parâmetro de controle a Constituição vigente, o controle incidental realiza-se em face da Constituição sob cujo império foi editada a lei ou ato normativo. Assim, não é raro constatar a declaração de inconstitucionalidade de uma norma editada sob a vigência e em face da Constituição de 1967/1969[60].

No julgamento do Recurso Extraordinário 148.754[61], rel. Min. Francisco Rezek, *DJ* de 4-3-1994, o Supremo Tribunal Federal reafirmou entendimento no sentido de que a constitucionalidade de normas jurídicas que foram promulgadas antes da entrada em vigor da Constituição de 1988 deve ser aferida, na via de controle difuso, de acordo com a Constituição vigente à sua época. No julgamento do RE 145.018, o Min. Moreira Alves destacou que, em se tratando de lei que entrou em vigor antes da promulgação da Constituição de 1988 e que é atacada em face da Emenda Constitucional n. 1/69 e da atual Carta Magna, impõe-se que se examine, primeiro, a alegação de inconstitucionalidade em face da referida Emenda, e, se repelida, a de que não foi ela recebida pela atual Constituição, tendo sido, pois, revogada.

No julgamento do RE 145.018, o Min. Moreira Alves destacou que, em se tratando de lei que entrou em vigor antes da promulgação da Constituição de 1988 e que é atacada em face da Emenda Constitucional n. 1/69 e da atual Carta Magna, impõe-se que se examine, primeiro, a alegação de inconstitucionalidade em face da referida Emenda, e, se repelida, a de que não foi ela recepcionada pela atual Constituição, tendo sido, portanto, revogada.

Registre-se, finalmente, que se aplicam a exigência quanto ao *quorum* especial (CF, art. 97) e as regras sobre a suspensão de execução da lei (CF, art. 52, X).

2.5. Controle de legitimidade do direito pré-constitucional: recepção ou revogação

Eventual colisão entre o direito pré-constitucional e a nova Constituição deve ser simplesmente resolvida segundo os princípios de direito intertemporal[62]. Assim, caberia à jurisdição ordinária, tanto quanto ao STF, examinar a vigência do direito pré-constitucional no âmbito do controle incidental de normas, uma vez que, nesse caso, cuidar-se-ia, na terminologia civilista, de simples aplicação do princípio *lex posterior derogat priori*, e não propriamente de um exame de constitucionalidade.

60 Cf. o RE 148.754, rel. Min. Francisco Rezek, *DJ* de 4-3-1994; RE 290.079, rel. Min. Ilmar Galvão, *DJ* de 4-4-2003; e RE 269.700, rel. Min. Ilmar Galvão, *DJ* de 23-5-2003.

61 Recurso Extraordinário 148.754, rel. Min. Francisco Rezek, *DJ* de 4-3-1994.

62 Repr. 1.012-SP, rel. Min. Moreira Alves, *RTJ* 95/990.

Registrem-se duas peculiaridades dessa análise de vigência de normas no tempo: não aplicação da cláusula de reserva de plenário (art. 97, CF) e da fórmula de comunicação ao Senado (art. 52, X, CF). Esses procedimentos são específicos do controle de constitucionalidade, e a nova ordem constitucional revoga a norma por ela não recebida por motivo de incompatibilidade material.

No julgamento da Ação Direta de Inconstitucionalidade 2, rel. Min. Paulo Brossard, Tribunal Pleno, *DJ* de 21-11-1997, o Supremo Tribunal Federal não conheceu da ação por impossibilidade jurídica do pedido e assentou que o vício da inconstitucionalidade é congênito à lei e há de ser apurado em face da Constituição vigente ao tempo de sua elaboração. Assim, lei anterior não pode ser inconstitucional em relação à Constituição superveniente, nem o legislador poderia infringir Constituição futura, pois a Constituição sobrevinda não torna inconstitucionais leis anteriores com ela conflitantes, mas as revoga.

Nesse contexto, entretanto, é importante consignar a arguição de descumprimento de preceito fundamental, prevista no § 1º do art. 102 da Constituição Federal, como meio de acionar o controle concreto de legitimidade perante o Supremo Tribunal Federal.

A ação foi regulamentada pela Lei n. 9.882/99 – Lei da Arguição de Descumprimento de Preceito Fundamental (ADPF) – segundo a qual ela poderá ser utilizada para, de forma definitiva e com eficácia geral, solver controvérsia relevante sobre a legitimidade do direito ordinário pré-constitucional em face da nova Constituição.

Com isso, surge uma expressa previsão legal de controle concentrado (de legitimidade e recepção pela nova ordem) para as normas pré-constitucionais, que não podem ser apreciadas por via de ação direta de inconstitucionalidade, conforme a jurisprudência do STF.

3. O CONTROLE INCIDENTAL DE NORMAS NO SUPREMO TRIBUNAL FEDERAL

3.1. Considerações preliminares

A disciplina do controle incidental de constitucionalidade perante o Supremo Tribunal Federal sofreu significativa mudança. Traduzindo as concepções então vigentes, o Regimento Interno do Supremo Tribunal Federal, de 1940, consagrava, no art. 85, parágrafo único, que,

> "se por ocasião do julgamento de qualquer feito se verificar que é imprescindível decidir-se sobre a constitucionalidade ou não de alguma lei, ou de certa e determinada disposição nela contida, ou de ato do Presidente da República, o Tribunal, por proposta do Relator, ou de qualquer de seus membros, ou a requerimento do Procurador-Geral, depois de findo o relatório, suspenderá o julgamento para deliberar na sessão seguinte, preliminarmente, sobre a arguida inconstitucionalidade, como prejudicial".

O art. 86 do Regimento previa que, se a arguição de inconstitucionalidade ocorresse perante qualquer das Turmas, competia ao Tribunal Pleno julgar a prejudicial de inconstitucionalidade da lei ou ato impugnado. O Regimento do Supremo Tribunal Federal vigente consagra, no art. 176:

"Arguida a inconstitucionalidade de lei ou ato normativo federal, estadual ou municipal, em qualquer outro processo submetido ao Plenário, será ela julgada em conformidade com o disposto nos arts. 172 a 174, depois de ouvido o Procurador-Geral".

Não mais se enfatiza a imprescindibilidade do julgamento da questão para a decisão do caso concreto, afigurando-se suficiente a arguição de inconstitucionalidade. Nos processos de competência das Turmas, dar-se-á a remessa do feito ao julgamento do Plenário, em caso de relevante arguição de inconstitucionalidade (RISTF, art. 176, § 1º, c/c o art. 6º, II, *a*).

O julgamento da matéria exige quórum de oito ministros (RISTF, art. 143, parágrafo único), somente podendo ser proclamada a constitucionalidade ou a inconstitucionalidade do preceito ou ato impugnado se, num ou noutro sentido, se tiverem manifestado seis ministros (RISTF, art. 173, *caput*, c/c o art. 143). Para completar o quórum no Plenário, em razão de impedimento ou licença superior a trinta dias, o Presidente do STF convocará o Ministro licenciado[63].

Consigne-se que, diante das dificuldades para o julgamento de ações de controle abstrato em razão do quórum especial, o Supremo Tribunal Federal fixou tese segundo a qual "Não há impedimento nem suspeição nos julgamentos de ações de controle concentrado, exceto se o próprio ministro firmar, por razões de foro íntimo, a sua não participação". Essa orientação foi inicialmente firmada no julgamento da Ação Direta de Inconstitucionalidade n. 2.238, rel. Min. Alexandre de Moraes. Posteriormente, o entendimento foi consolidado no julgamento da ADI 6.362, rel. Min. Ricardo Lewandowski.

Não será declarada a inconstitucionalidade se não for alcançada a maioria de seis votos (RISTF, art. 173 c/c o art. 174). Declarada, porém, a inconstitucionalidade, no todo ou em parte, serão comunicados os órgãos interessados, remetendo-se cópia autêntica da decisão ao Presidente do Senado Federal, para os fins do disposto no art. 52, X, da Constituição Federal. A declaração de constitucionalidade ou de inconstitucionalidade, firmada nos termos do art. 178 do Regimento Interno, aplica-se a todos os casos submetidos às Turmas ou ao Plenário (RISTF, art. 103 c/c o art. 11, I e II), assegurando-se, porém, a qualquer ministro o direito de propor, em novos feitos, a revisão do entendimento assentado.

Evidentemente, no caso de declaração de inconstitucionalidade, essa revisão não mais deverá ocorrer após a comunicação da decisão ao Senado Federal. Ou, ainda que isso seja possível, em hipóteses excepcionais, não produzirá nenhum efeito a revisão da jurisprudência após a publicação da resolução suspensiva pelo Senado Federal. É este ato que, segundo a concepção dominante, atribui eficácia geral à declaração de inconstitucionalidade no modelo incidental.

3.2. Os meios de acesso à Jurisdição Constitucional difusa do Supremo Tribunal Federal

O Supremo Tribunal Federal, como guardião da Constituição e instância máxima da jurisdição brasileira, pode ser instigado a resolver demandas por meio da interposição de recursos nas causas que já foram decididas em última ou única instância

63 Redação atualizada pela Emenda Regimental n. 35/2009.

por outras cortes, ou pela propositura de ações constitucionais de sua competência originária.

A Constituição Federal, ao estabelecer a competência originária da Suprema Corte, estabeleceu uma série de ações e recursos constitucionais que devem ser apreciados pela Corte Maior.

Compete ao Supremo Tribunal Federal apreciar mandados de segurança e *habeas corpus*, desde que a autoridade indicada como coatora ou o paciente, no caso do *habeas corpus*, possua prerrogativa de foro. Questões criminais relevantes são discutidas no âmbito do STF, após as sucessivas impugnações perante os tribunais inferiores.

A respeito do mandado de segurança, ainda sob a Constituição de 1967/69, o Supremo Tribunal Federal, no MS 20.257[64], entendeu admissível a impetração de mandado de segurança contra ato da Mesa da Câmara ou do Senado Federal, asseverando que, quando "a vedação constitucional se dirige ao próprio processamento da lei ou da emenda (...), a inconstitucionalidade (...) já existe antes de o projeto ou de a proposta se transformarem em lei ou em emenda constitucional, porque o próprio processamento já desrespeita, frontalmente, a Constituição"[65].

Esse entendimento vem sendo seguido pelo Tribunal em diversos precedentes[66], o que demonstra que se aceita controle preventivo de constitucionalidade, na modalidade incidental ou concreta. Trata-se de uma situação excepcional de controle preventivo de caráter judicial. Não são raros os casos de declaração de inconstitucionalidade em ações de mandado de segurança[67]. Mais recentemente, a Corte adotou leitura mais restritiva das hipóteses dessa intervenção judicial preventiva, ao julgar o MS 32.033/DF. Isso porque, embora o STF tenha continuado a admitir tal ferramenta como forma de provocação ao exercício da jurisdição constitucional, não a acolheu para fins de controle de constitucionalidade material de projetos de lei[68].

Além dessas clássicas ações constitucionais, o Supremo Tribunal Federal também tem competência originária para apreciar as ações rescisórias e revisões criminais de seus julgados, a extradição solicitada por estado estrangeiro, a reclamação para a preservação de sua competência e garantia da autoridade de suas decisões, além de *habeas datas*, infrações criminais e mandados de injunção, em determinadas situações, e outras ações previstas no art. 102, I, CF.

Também é possível provocar a atuação da Corte Suprema por meio da interposição de recurso ordinário constitucional – restrito às hipóteses de *habeas corpus*, mandado de segurança, *habeas data* e o mandado de injunção decididos em única instância pelos Tribunais Superiores, se denegatória a decisão; e processos que versam sobre o

---

64 MS 20.257, rel. Min. Moreira Alves, *RTJ*, 99 (3)/1040.

65 MS 20.257, rel. Min. Moreira Alves, *RTJ*, 99 (3)/1040.

66 Cf. MS 20.257, rel. Min. Moreira Alves, *DJ* de 8-10-1980 (*leading case*); MS-AgRg 21.303, rel. Min. Octavio Gallotti, *DJ* de 2-8-1991; MS 24.356, rel. Min. Carlos Velloso, *DJ* de 12-9-2003; MS 20.452, rel. Min. Aldir Passarinho, *DJ* de 11-10-1985; MS 24.645, rel. Min. Celso de Mello, *DJ* de 15-9-2003; MS 24.593/DF, rel. Min. Maurício Corrêa, *DJ* de 8-8-2003; MS 24.576, rel. Min. Ellen Gracie, *DJ* de 12-9-2003; MS-AgRg 24.670, rel. Min. Carlos Velloso, *DJ* de 23-4-2004; MS-QO 24.430, rel. Min. Sepúlveda Pertence, *DJ* de 9-5-2003.

67 MS 20.257/DF, rel. Min. Décio Miranda, *DJ* de 8-10-1980; MS 24.138, rel. Min. Gilmar Mendes, *DJ* de 28-11-2002.

68 MS 32.033/DF, rel. p/ acórdão Min. Teori Zavascki, *DJe* de 18-2-2014.

crime político – e do recurso extraordinário, que é o principal meio de acesso à jurisdição constitucional do STF[69], viabilizado a impugnar as decisões das instâncias inferiores.

Diante da importância do instituto e das mudanças significativas que tem sofrido, principalmente após a implementação da sistemática da repercussão geral, o recurso extraordinário merece ser abordado em um tópico específico.

3.3. Aspectos relevantes do recurso extraordinário e da repercussão geral

O recurso extraordinário, instrumento de singular importância no âmbito da jurisdição constitucional brasileira, tem como finalidade "assegurar: a inteireza positiva; a validade; a autoridade e a uniformidade de interpretação da Constituição"[70].

Esse recurso foi instituído, inicialmente, por meio do Decreto n. 848, de 1890, e introduzido na ordem constitucional republicana[71], por inspiração no *writ of error* do direito norte-americano, cujo pedido consistia em revisão ampla de decisões de tribunais inferiores pela Suprema Corte americana.

No Brasil, o apelo foi concebido como recurso tendente a possibilitar revisão extraordinária de julgados de última instância, em caso de violação ao direito federal ordinário ou de ofensa à Constituição.

A Constituição de 1988 criou o Superior Tribunal de Justiça, cuja finalidade precípua é a uniformização do direito federal infraconstitucional. Essa inovação teve impacto no recurso extraordinário, que passou a ser cabível apenas para reapreciação de matéria constitucional.

Atualmente, a disciplina geral do instituto está insculpida no art. 102, III, da Constituição, o qual estabelece que compete ao Supremo Tribunal Federal julgar, mediante recurso extraordinário, as causas decididas em única ou última instância, quando a decisão recorrida: a) contrariar dispositivo da Constituição; b) declarar a inconstitucionalidade de tratado ou lei federal; c) julgar válida lei ou ato de governo local contestado em face desta Constituição; e d) julgar válida lei local contestada em face de lei federal.

Registre-se que a única hipótese de cabimento do recurso extraordinário em que a violação à Constituição não é explícita ocorre quando a decisão recorrida julga válida lei local contestada em face de lei federal. Entretanto, como é a Constituição Federal que disciplina a competência legislativa dos entes federativos, o cabimento do extraordinário se justifica pela não observância das regras constitucionais.

Um dos objetivos da Constituição ao criar o Superior Tribunal de Justiça foi o de conferir feição de Corte constitucional ao Supremo Tribunal Federal. Quando era cabível o apelo extremo tanto por violação à Constituição como por desrespeito a leis fede-

---

69 O acesso à estatística de distribuição de recursos extraordinários no Supremo Tribunal Federal está disponível em: <http://www.stf.jus.br/portal/cms/verTexto.asp?servico=estatistica&pagina=REAIProcessoDistribuido>.

70 Pontes de Miranda, *Comentários ao Código de Processo Civil, tomo VIII: arts. 539 a 565*. Rio de Janeiro: Forense, 2002, p. 39.

71 Para a evolução legislativa do recurso extraordinário no ordenamento jurídico brasileiro ver compilação em: Moacyr Amaral Santos, *Primeiras linhas de direito processual civil*, São Paulo: Saraiva, 1995, v. 3, p. 152-157.

rais, além de o Supremo ocupar a função de corte revisional, o volume de processos era tão grande que comprometia a eficiência da prestação jurisdicional.

O que se percebeu, entretanto, foi que mesmo a retirada da competência revisional da aplicação das leis federais pelo Supremo não foi capaz de conter o elevado número de processos anualmente distribuídos na Corte.

A expressividade do recurso extraordinário no universo da atividade judicante do STF é gigantesca. Não é por acaso que o sítio do Tribunal dedica uma área à divulgação do volume de recursos extraordinários e agravos distribuídos, destacada de outra em que são mostradas as participações de cada classe de feito no percentual total de processos.

Em síntese, os recursos extraordinários com agravo e os recursos extraordinários têm a mesma finalidade, qual seja, acionar a jurisdição extraordinária difusa do Supremo Tribunal Federal.

O agravo contra a inadmissibilidade de recurso extraordinário é uma insurgência contra a decisão do tribunal de origem que nega processamento ao apelo extremo, e sua função precípua é fazer com que este recurso seja levado ao STF.

Percebe-se, pois, que o recurso extraordinário pode chegar diretamente ao Supremo, quando admitido na origem, ou indiretamente, por meio da interposição de agravo. Isso se dá porque o juízo de admissibilidade do recurso extraordinário, para aferir a presença dos pressupostos recursais, é exercido tanto pelo tribunal *a quo* como pela Corte Suprema.

Dados estatísticos disponibilizados no sítio do Supremo Tribunal Federal revelam, que entre 1991 e o ano de 2007, o total da soma de recursos extraordinários e agravos de instrumento distribuídos anualmente na Suprema Corte sempre superou 90% do total de processos distribuídos[72].

Os dados também demonstram que o volume de processos total distribuídos aumentou de 16.226, em 1990, para 90.839, em 2000, atingindo o patamar de 116.216 processos distribuídos em 2006[73], último ano antes da implementação efetiva da repercussão geral.

O acúmulo de processos na Corte Suprema obrigou-a a adotar uma série de posicionamentos formalistas, definidos como "jurisprudência defensiva", com o intuito de barrar o processamento dos recursos extraordinários e respectivos agravos. Nesse sentido, pode-se citar as Súmulas 280, 281, 282, 283, 284, 288, 291 e 400, entre outras.

Um exemplo dessa prática era o indeferimento liminar de agravos de instrumento cuja cópia da petição de interposição do recurso extraordinário tivesse protocolo ilegível, aplicando-se interpretação extensiva à sua Súmula 288.

Os números revelam a crise numérica que o Supremo Tribunal Federal enfrentou e a necessidade de racionalização do modo de prestação jurisdicional pela Corte.

Não há dúvida de que já houve avanços na concepção vetusta que tem caracterizado o recurso extraordinário entre nós. A Lei n. 10.259/2001, que retirou o caráter

---

72 Percentagem de RE e AI em relação aos processos distribuídos – 1990 a 2010. Disponível em: <http://www.stf.jus.br/portal/cms/verTexto.asp?servico=estatistica&pagina=REAIProcessoDistribuido>, acesso em: 15 nov. 2010.

73 Percentagem de RE e AI em relação aos processos distribuídos – 1990 a 2010. Disponível em: <http://www.stf.jus.br/portal/cms/verTexto.asp?servico=estatistica&pagina=REAIProcessoDistribuido>, acesso em: 15 nov. 2010.

marcadamente subjetivo do recurso extraordinário no âmbito dos juizados especiais federais, deu ao recurso extraordinário características de defesa da ordem constitucional objetiva. Trata-se, na verdade, de orientação que os modernos sistemas de Corte Constitucional vêm conferindo ao recurso de amparo e ao recurso constitucional (*Verfassungsbeschwerde*). Nesse sentido, destaca-se a observação de Häberle segundo a qual "a função da Constituição na proteção dos direitos individuais (subjectivos) é apenas uma faceta do recurso de amparo", dotado de uma "dupla função", subjetiva e objetiva, "consistindo esta última em assegurar o Direito Constitucional objetivo.

Nesse contexto, a Emenda Constitucional n. 45 instituiu a repercussão geral como forma de resgate da feição do recurso extraordinário como elemento de uniformização, buscando, com isso, contornar o problema da crise numérica.

A disciplina legislativa veio com a promulgação da Lei n. 11.418/2006, que dispõe que o Supremo Tribunal Federal só conhecerá o recurso extraordinário quando a questão constitucional[74] oferecer repercussão geral, ou seja, quando discutir questões relevantes do ponto de vista econômico, político, social ou jurídico. Vale registrar que, segundo o Código de Processo Civil (art. 1.035, § 3º), há repercussão geral presumida quando a decisão recorrida for contrária a súmula ou jurisprudência dominante do STF, ou reconhecer a inconstitucionalidade de tratado ou lei federal.

A repercussão geral, tal qual está proposta na Lei, deverá ser demonstrada, como preliminar do recurso extraordinário, para apreciação exclusiva do Supremo Tribunal Federal. Há regra explícita de que será reconhecida a existência de repercussão geral sempre que o recurso impugnar decisão contrária à súmula ou jurisprudência dominante do Supremo Tribunal Federal, mas ainda nesses casos deve ser apresentada a preliminar formal como requisito de admissibilidade do recurso.

Segundo o art. 323 do Regimento Interno do Supremo Tribunal Federal, a análise da existência de repercussão geral é realizada no Plenário Virtual, um sistema eletrônico por meio do qual o ministro relator ou o presidente[75] submete um tema à votação em sessão eletrônica, manifestando-se pelo reconhecimento ou rejeição da repercussão geral.

A partir da inclusão da matéria no Plenário Virtual, os demais Ministros dispõem do prazo de vinte dias para se pronunciar. Na sistemática anterior, vale destacar, a ausência de manifestação dos Ministros nesse prazo era computada de forma favorável à existência de repercussão geral ou, de forma contrária, se a manifestação do relator fosse no sentido de tratar-se de matéria infraconstitucional.

Com o advento da Emenda Regimental n. 54/2020, no entanto, a sistemática foi alterada de forma sensível. Em primeiro lugar, o Regimento Interno, pela nova redação

74 A exigência de questão constitucional autorizou o Supremo Tribunal Federal a rejeitar repercussão geral sobre temas cuja discussão seja infraconstitucional e a ofensa à Constituição reflexa ou indireta. A Emenda Regimental n. 31/2009 do RISTF expressamente prevê que o relator poderá rejeitar a repercussão geral, declarando que a matéria é infraconstitucional (art. 324, § 2º, RISTF).

75 O art. 323, § 1º, do Regimento Interno do Supremo Tribunal Federal autoriza o Presidente a atuar como relator e submeter temas à análise de repercussão geral, por meio do Plenário Virtual. Nesse caso, se a repercussão geral for reconhecida, o processo será livremente distribuído para um dos outros ministros que compõem a Corte, que será o relator do mérito do processo-paradigma.

de seu art. 323, § 1º, passou a exigir a manifestação expressa da maioria absoluta dos membros da Corte quanto à existência de matéria constitucional para, então, proceder-se à análise da repercussão geral. Além disso, a ausência de manifestação de qualquer dos Ministros passou a não ser mais contabilizada para o resultado, apenas se consignando em ata a sua não participação do julgamento (art. 324, § 3º, do RISTF). Nessa hipótese, caso não alcançado o quórum – seja para o reconhecimento de questão constitucional, seja para a análise da repercussão geral –, o § 4º do referido artigo determina a suspensão do julgamento e a sua retomada na sessão eletrônica seguinte.

Ao Relator do processo cabe decidir sobre a admissão, na análise da repercussão geral, da manifestação de terceiros, desde que subscrita por procurador legalmente habilitado, nos termos do Regimento Interno do Supremo Tribunal Federal. Da mesma forma, a revisão da decisão sobre a inexistência de repercussão geral deve ocorrer nos termos em que for regulamentada pelo Regimento Interno da Corte.

Há também a determinação de uma cooperação entre as instâncias ordinárias e extraordinárias para aquelas hipóteses em que se verificar multiplicidade de recursos com fundamento em idêntica controvérsia; nessas situações, caberá ao Tribunal de origem selecionar um ou mais recursos representativos da controvérsia, encaminhá-los ao Supremo Tribunal Federal e sobrestar os demais apelos, até pronunciamento definitivo da Corte.

O Código de Processo Civil de 2015 consolidou a regulamentação até então existente sobre a repercussão geral e reforçou a disciplina legal do instituto, especialmente no art. 1.035.

Consigne-se, entretanto, que atos normativos têm sido insuficientes para abranger todos os fenômenos da sistemática da repercussão geral de forma exaustiva, motivo pelo qual, na prática, muitas questões são definidas em julgamentos da Corte Suprema, por meio de questão de ordem ou no julgamento de processos-paradigmas, quando surge a necessidade de alguma inovação.

3.3.1. O recurso extraordinário e a causa de pedir aberta

Registre-se que a sistemática da repercussão geral faz com que as decisões proferidas nos processos-paradigmas espraiem seus efeitos para uma série de demandas sobre igual tema, antes mesmo da conversão do entendimento em súmula vinculante. É mais uma fase do fenômeno de "objetivação" do recurso extraordinário.

Ocorre que, mesmo antes da adoção do instituto da repercussão geral, o Supremo Tribunal Federal – ao contrário do que se verifica adequado nas demais instâncias, que só poderão declarar a inconstitucionalidade de norma que deva ser aplicada à causa – emitia juízo quanto à validade de norma, ainda que esta se mostrasse dispensável à solução da controvérsia.

No julgamento do MS 20.505, rel. Min. Néri da Silveira, *DJ* de 8-11-1991, alegou-se direito líquido e certo em face de ato do Presidente da República que designou prefeito *pro tempore*. A autoridade coatora fundamentou o ato com base na descaracterização do Município de Osório/RS enquanto "Município de interesse da segurança nacional", nos termos do Decreto-Lei n. 2.183/84.

O Ministro Néri da Silveira votou no sentido de que, tendo em vista a ilegalidade do ato presidencial, não haveria necessidade de se examinar sua inconstitucionalidade, por ser a questão irrelevante para a resolução do caso concreto.

Na espécie, porém, o Tribunal abandonou o entendimento clássico da teoria estadunidense do controle difuso (conforme sustentava o Relator), ao interpretar que, uma vez suscitada a inconstitucionalidade de "lei federal" (em sentido amplo), a questão deveria ser apreciada, em razão da tarefa institucional de guardião da Constituição. A demanda foi resolvida, portanto, no sentido de se reconhecer o direito líquido e certo do impetrante, sob duplo fundamento: o da ilegalidade e o da inconstitucionalidade.

Nessa mesma linha, no julgamento do RE 102.553, rel. Min. Francisco Rezek, *DJ* de 13-2-1987, o Tribunal assumiu a condição de titular da guarda da Constituição, para examinar a constitucionalidade de outras normas, ainda que não interessasse ao recorrente. Tratava-se da apreciação de uma resolução do Senado Federal que versava matéria de alíquota de ICMS. No caso, na terminologia adotada à época, o Tribunal conheceu do recurso extraordinário do contribuinte e negou-lhe provimento, declarando, porém, a inconstitucionalidade da resolução questionada.

Outro precedente interessante foi a decisão na SE-AgR 5.206, rel. Min. Sepúlveda Pertence, *DJ* de 30-4-2004, originária do Reino da Espanha. No caso concreto, apesar de a Corte, por unanimidade, ter homologado a referida sentença, entendeu-se que se impunha o exame, pelo Tribunal, da constitucionalidade de disposições da Lei de Arbitragem.

Mencione-se, ainda, o julgamento da Ação Originária 499, rel. Min. Maurício Corrêa, *DJ* de 1º-8-2003. Tratava-se, na espécie, de mandado de segurança impetrado por Ministro do STM, que, fundado no princípio da isonomia, pleiteava a concessão do auxílio-alimentação que lhe fora negado pelo Conselho de Administração daquele Tribunal. Tendo em vista que a Lei Orgânica da Magistratura Nacional – LOMAN (Lei Complementar n. 35/79) não inclui o direito ao auxílio-alimentação entre aqueles direitos e vantagens dos magistrados, enumerados, de forma exaustiva, na referida lei, o Tribunal declarou, de ofício, a inconstitucionalidade do Ato n. 274 do STM, que concedera aos Juízes Auditores da Justiça Militar da União o direito ao auxílio-alimentação.

O Tribunal, considerando que os juízes auditores foram contemplados indevidamente com o auxílio-alimentação, entendeu que não seria possível, a título de isonomia, invocar tal situação ilegítima para justificar nova ilegalidade.

Não se pode olvidar também o RE 298.695, rel. Min. Sepúlveda Pertence, *DJ* de 24-10-2003, no julgamento do qual a Corte concluiu pela possibilidade de confirmação da decisão recorrida por fundamento constitucional diverso daquele em que se alicerçou o acórdão recorrido e em cuja inaplicabilidade ao caso se baseia o recuso extraordinário.

Nesse precedente, o STF entendeu necessário diferenciar juízo de admissibilidade do recurso extraordinário de juízo de mérito, a fim de adequar essa orientação à sua jurisprudência sobre prequestionamento. Assim, o Tribunal afirmou que o juízo positivo de admissibilidade requer que o recorrente alegue adequadamente a contrariedade pelo acórdão recorrido de dispositivos da Constituição nele prequestionados, ao passo que o mérito envolve a verificação da compatibilidade entre a decisão recorrida e a Constituição, ainda que sob prisma diverso daquele em que se hajam baseado o Tribunal *a quo* e o recurso extraordinário.

Todos esses julgamentos revelam também um *quid* de "objetivação" do processo de controle incidental no âmbito do STF.

3.4. O papel do Senado Federal em caso de declaração de inconstitucionalidade incidental

A *suspensão da execução* pelo Senado Federal do ato declarado *inconstitucional* pela Excelsa Corte foi a forma definida pelo *constituinte* para emprestar eficácia *erga omnes* às decisões definitivas sobre inconstitucionalidade nos recursos extraordinários. A aparente originalidade da fórmula tem dificultado o seu enquadramento dogmático. Discute-se, assim, sobre os efeitos e natureza da resolução do Senado Federal que declare suspensa a execução de lei ou ato normativo. Questiona-se, igualmente, sobre o caráter vinculado ou discricionário do ato praticado pelo Senado e sobre a abrangência das leis estaduais e municipais. Indaga-se, ainda, sobre a pertinência da suspensão ao pronunciamento de inconstitucionalidade *incidenter tantum*, ou sobre a sua aplicação às decisões proferidas em ação direta.

Embora a doutrina reiterasse os ensinamentos teóricos e jurisprudenciais americanos, no sentido da *inexistência jurídica* ou da *ampla ineficácia* da lei declarada inconstitucional, não se indicava a razão ou o fundamento desse efeito amplo[76]. Diversamente, a não aplicação da lei, no direito norte-americano, constitui expressão do *stare decisis*, que empresta efeitos vinculantes às decisões das Cortes Superiores. Daí ter-se adotado, em 1934, a suspensão de execução pelo Senado como mecanismo destinado a outorgar eficácia geral à declaração de inconstitucionalidade. A fórmula mereceu reparos na própria Assembleia Constituinte. O Deputado Godofredo Vianna, como já se viu, pretendeu que se reconhecesse, v. g., a inexistência jurídica da lei após o segundo pronunciamento do Supremo Tribunal sobre a inconstitucionalidade do diploma[77].

Mas, que efeitos hão de se reconhecer ao ato do Senado que suspende a execução da lei inconstitucional? Lúcio Bittencourt afirma que "o objetivo do art. 45, n. IV – a referência diz respeito à Constituição de 1967 – é apenas tornar pública a decisão do tribunal, levando-a ao conhecimento de todos os cidadãos"[78]. Outros reconhecem que o Senado Federal pratica ato político que "confere efeito geral ao que era particular (...), generaliza os efeitos da decisão"[79].

O Supremo Tribunal Federal parece ter admitido que o ato do Senado outorga eficácia genérica à decisão definitiva. Assim, a suspensão teria o condão de dar alcance

---

76 Carlos Alberto Lúcio Bittencourt, *O controle jurisdicional da constitucionalidade das leis*, cit., p. 141.

77 Aldemário Araújo Castro, *A nova Constituição brasileira*, cit., p. 247; cf. Ana Valderez Ayres Neves de Alencar, A competência do Senado Federal para suspender a execução dos atos declarados inconstitucionais, in *Revista de Informação Legislativa*, 15(57)/234-237, jan./mar. 1978.

78 Carlos Alberto Lúcio Bittencourt, *O controle jurisdicional da constitucionalidade das leis*, cit., p. 145.

79 Paulo Brossard, O Senado e as leis inconstitucionais, *Revista de Informação Legislativa* 13(50)/61; cf. Josaphat Marinho, O art. 64 da Constituição e o papel do Senado, *Revista de Informação Legislativa*, 1(2); Alfredo Buzaid, *Da ação direta de declaração de inconstitucionalidade no direito brasileiro*, cit., p. 89-90; Themístocles Brandão Cavalcanti, *Do controle de constitucionalidade*, cit., p. 162-166; Oswaldo Aranha Bandeira de Mello, *Teoria das Constituições rígidas*, cit., p. 210; Celso Ribeiro Bastos, *Curso de direito constitucional*, cit., p. 84.

normativo ao julgado da Excelsa Corte[80]. E qual seria a dimensão dessa eficácia ampla? Seria a de reconhecer efeito retroativo ao ato do Senado Federal? Não há entendimento unânime.

Themístocles Cavalcanti respondeu negativamente, sustentando que a "única solução que atende aos interesses de ordem pública é que a suspensão produzirá os seus efeitos desde a sua efetivação, não atingindo as situações jurídicas criadas sob a sua vigência"[81]. Da mesma forma, Bandeira de Mello ensinou que "a suspensão da lei corresponde à revogação da lei", devendo "ser respeitadas as situações anteriores definitivamente constituídas, porquanto a revogação tem efeito *ex nunc*"[82]. Enfatizou que a suspensão "não alcança os atos jurídicos formalmente perfeitos, praticados no passado, e os fatos consumados, ante sua irretroatividade, e mesmo os efeitos futuros dos direitos regularmente adquiridos". "O Senado Federal – asseverou Bandeira de Mello – apenas cassa a lei, que deixa de obrigar, e, assim, perde a sua executoriedade porque, dessa data em diante, a revoga simplesmente"[83].

A doutrina majoritária afirma que a pronúncia da inconstitucionalidade tem efeito *ex tunc*, contendo a decisão judicial caráter eminentemente declaratório[84]. Se assim fosse, afigurava-se inconcebível cogitar de "situações juridicamente criadas", de "atos jurídicos formalmente perfeitos" ou de "efeitos futuros dos direitos regularmente adquiridos", com fundamento em lei inconstitucional. É fácil ver que a constitucionalidade da lei parece constituir pressuposto inarredável de categorias como direito adquirido e ato jurídico perfeito.

É verdade que a expressão utilizada pelo constituinte de 1934 (art. 91, IV), e reiterada nos textos de 1946 (art. 64) de 1967/69 (art. 42, VII) e de 1988 (art. 52, X) – *suspender* a execução de lei ou decreto – não é isenta de dúvida. Originariamente, o substitutivo da Comissão Constitucional chegou a referir-se à "revogação ou suspensão da lei ou ato"[85]. Mas a própria *ratio* do dispositivo não autoriza a equiparação do ato do Senado a uma *declaração de ineficácia* de caráter prospectivo. A proposta de Godofredo Vianna reconhecia a inexistência jurídica da lei, desde que fosse declarada a sua inconstitucionalidade "em mais de um aresto" do Supremo Tribunal Federal. Nos debates realizados preponderou, porém, a ideia de outorgar ao Senado, erigido, então, ao papel de coordenador dos Poderes, a suspensão da lei declarada inconstitucional pelo Supremo Tribunal.

Assim, verificada a suspensão de execução da lei pelo Senado Federal, ela tanto afetará a aplicação prospectiva de norma (cessação da ultra-atividade), como também

80 MS 16.512, rel. Min. Oswaldo Trigueiro, *RTJ*, 38 (1)/20, 21, 23 e 28.

81 Themístocles Brandão Cavalcanti, *Do controle de constitucionalidade*, cit., p. 164.

82 Oswaldo Aranha Bandeira de Mello, *Teoria das Constituições rígidas*, cit., p. 211.

83 Oswaldo Aranha Bandeira de Mello, *Teoria das Constituições rígidas*, cit., p. 211.

84 Rui Barbosa, *Os atos inconstitucionais do Congresso e do Executivo*, cit., p. 49; e *O direito do Amazonas ao Acre Septentrional*, cit., p. 51-52; José de Castro Nunes, *Teoria e prática do Poder Judiciário*, cit., p. 588; Alfredo Buzaid, *Da ação direta de declaração de inconstitucionalidade no direito brasileiro*, cit., p. 128; Francisco Luiz da Silva Campos, *Direito constitucional*, Rio de Janeiro: Freitas Bastos, 1956, v. 1, p. 460-461.

85 Ana Valderez Ayres Neves de Alencar, A competência do Senado Federal para suspender a execução dos atos declarados inconstitucionais, *Revista de Informação Legislativa*, cit., p. 247.

permitirá, a princípio, a revisão dos atos praticados com base na lei inconstitucional (eficácia *ex tunc*).

No MS 16.512 (Rel. Oswaldo Trigueiro), de 25-5-1966, o Supremo Tribunal Federal teve a oportunidade de discutir a natureza do instituto, negando a possibilidade de o Senado Federal revogar o ato de suspensão anteriormente editado, ou de restringir o alcance da decisão proferida pelo Supremo Tribunal Federal. Cuidava-se de mandado de segurança impetrado contra a Resolução n. 93, de 14-10-1965, que revogou a Resolução anterior (n. 32, de 25-3-1965), pela qual o Senado suspendera a execução de preceito do Código Paulista de Impostos e Taxas.

O Supremo Tribunal Federal pronunciou a inconstitucionalidade da resolução revogadora, contra os votos dos Ministros Aliomar Baleeiro e Hermes Lima, conhecendo do mandado de segurança como *representação*, tal como proposto pelo Procurador-Geral da República, Dr. Alcino Salazar[86]. Reconheceu, ainda, a Suprema Corte que o Senado não estava obrigado a proceder à suspensão do ato declarado inconstitucional. Nessa linha de entendimento, o Ministro Victor Nunes:

> "(...) o Senado terá seu próprio critério de conveniência e oportunidade para praticar o ato de suspensão. Se uma questão foi aqui decidida por maioria escassa e novos Ministros são nomeados, como há pouco aconteceu, é de todo razoável que o Senado aguarde novo pronunciamento antes de suspender a lei. Mesmo porque não há sanção específica nem prazo certo para o Senado se manifestar"[87].

Todavia, em se procedendo à suspensão do ato que teve a inconstitucionalidade pronunciada pelo Supremo Tribunal Federal, não poderia aquela Alta Casa do Congresso revogar o ato anterior[88]. Da mesma forma, o ato do Senado haveria de ater-se à "extensão do julgado do Supremo Tribunal"[89], não tendo "competência para examinar o mérito da decisão (...), para interpretá-la, para ampliá-la ou restringi-la"[90]. Vê-se, pois, que, tal como assentado no acórdão do Supremo Tribunal Federal, o ato do Senado tinha o condão de outorgar eficácia ampla à decisão judicial, vinculativa, inicialmente, apenas para os litigantes. Ressalte-se que a inércia do Senado não afeta a relação entre os Poderes, não se podendo vislumbrar qualquer violação constitucional na eventual recusa à pretendida extensão de efeitos. Evidentemente, se pretendesse outorgar efeito genérico à decisão do Supremo Tribunal, não precisaria o constituinte valer-se dessa fórmula complexa.

Caberia indagar se o Supremo Tribunal Federal poderia vir a reconhecer a constitucionalidade de lei anteriormente declarada inconstitucional, mesmo após a regular comunicação ao Senado. Considerando o lapso de tempo decorrido entre a comunicação e

---

86 *RTJ*, 38 (1)/8-9.

87 MS 16.512, voto do Ministro Victor Nunes Leal, *RTJ*, 38 (1)/23.

88 Nesse sentido, cf. votos proferidos pelos Ministros Gonçalves de Oliveira e Cândido Motta Filho, *RTJ*, 38 (1)/26.

89 MS 16.512, voto do Ministro Victor Nunes Leal, *RTJ*, 38 (1)/23.

90 MS 16.512, voto do Ministro Pedro Chaves, *RTJ*, 38 (1)/12.

o novo julgado, a resposta poderá ser afirmativa. Assim como o Senado não está obrigado a suspender imediatamente o ato declarado inconstitucional pelo Supremo Tribunal Federal, nada obsta a que o Tribunal reveja a orientação anteriormente firmada. Neste caso, a suspensão superveniente não deverá produzir consequência juridicamente relevante.

Finalmente, deve-se observar que "a função política exercida pelo Senado é abrangente dos atos estaduais e municipais". E não se restringe a *lei* ou *decreto*, tal como prescrito no texto constitucional, contemplando as várias modalidades normativas, de diferentes denominações, "que de decretos fazem as vezes"[91]. O Senado Federal não revoga o ato declarado inconstitucional, até porque lhe falece competência para tanto[92]. Cuida-se de ato político que empresta eficácia *erga omnes* à decisão do Supremo Tribunal proferida em caso concreto. Não se obriga o Senado Federal a expedir o ato de suspensão, não configurando eventual omissão qualquer infração a princípio de ordem constitucional. Não pode a Alta Casa do Congresso, todavia, restringir ou ampliar a extensão do julgado proferido pela Excelsa Corte.

A propósito, registre-se caso em que resolução do Senado Federal suspendeu a aplicação de lei com base em precedente do Supremo Tribunal Federal, mas extrapolou os limites da declaração de inconstitucionalidade. O Senado Federal, por meio da Resolução n. 7/2007, suspendeu a execução de leis paulistas relativas ao ICMS, embora os precedentes que antecederam o processo de resolução, com base no art. 52, X, da CF, tenham se cingido à declaração de inconstitucionalidade da vinculação de renda obtida por meio da majoração de alíquota do ICMS ao financiamento de programa habitacional[93]. A resolução do Senado suspendeu irregularmente a execução de leis que não foram efetivamente declaradas inconstitucionais pelo Supremo Tribunal Federal, e isso acarretou forte impacto na arrecadação do Estado de São Paulo, em relação ao ICMS. Esse problema decorreu de falha de comunicação entre o Supremo Tribunal Federal e o Senado acerca do conteúdo da decisão de inconstitucionalidade. Parece claro o cabimento de ação direta de inconstitucionalidade em situações dessa natureza, com vistas a impugnar a resolução irregularmente aprovada.

3.4.1. A suspensão pelo Senado Federal da execução de lei declarada inconstitucional pelo Supremo Tribunal Federal na Constituição de 1988

A exigência de que a eficácia geral da declaração de inconstitucionalidade proferida pelo Supremo Tribunal Federal em casos concretos dependa de decisão do Senado Federal, introduzida entre nós com a Constituição de 1934 e preservada na Constituição de 1988 (art. 52, X), perdeu parte do seu significado com a ampliação do controle abstrato de normas, sofrendo mesmo um processo de obsolescência. A amplitude conferida ao controle abstrato de normas e a possibilidade de que se suspenda, liminarmente,

91 Ana Valderez Ayres Neves de Alencar, A competência do Senado Federal para suspender a execução dos atos declarados inconstitucionais, *Revista de Informação Legislativa*, cit., p. 304; *RISTF*, art. 178 c/c o art. 176.

92 MS 16.512, voto do Ministro Prado Kelly, *RTJ*, 38 (1)/16.

93 Cf. ADI 3.929, Tribunal Pleno, rel. Min. Ellen Gracie, *DJe* de 11-10-2007.

a eficácia de leis ou atos normativos, com eficácia geral, contribuíram, certamente, para que se mitigasse a crença na própria justificativa desse instituto, que se inspirava diretamente numa concepção de separação de Poderes – hoje necessária e inevitavelmente ultrapassada. Se o Supremo Tribunal pode, em ação direta de inconstitucionalidade, suspender, liminarmente, a eficácia de uma lei, até mesmo de emenda constitucional, por que haveria a declaração de inconstitucionalidade, proferida no controle incidental, valer tão somente para as partes?

A única resposta plausível nos leva a acreditar que o instituto da suspensão pelo Senado assenta-se hoje em razão exclusivamente histórica. Observe-se que o instituto da suspensão da execução da lei pelo Senado mostra-se inadequado para assegurar eficácia geral ou efeito vinculante às decisões do Supremo Tribunal que não declaram a inconstitucionalidade de lei, limitando-se a fixar a orientação constitucionalmente adequada ou correta. Isso se verifica quando o Supremo Tribunal afirma que dada disposição há de ser interpretada desta ou daquela forma, superando, assim, entendimento adotado pelos tribunais ordinários ou pela própria Administração. A decisão do Supremo Tribunal não tem efeito vinculante, valendo nos estritos limites da relação processual subjetiva. Como não se cuida de declaração de inconstitucionalidade de lei, não há cogitar aqui de qualquer intervenção do Senado, restando o tema aberto para inúmeras controvérsias.

Situação semelhante ocorre quando o Supremo Tribunal Federal adota interpretação conforme a Constituição, restringindo o significado de dada expressão literal ou colmatando lacuna contida no regramento ordinário. O Supremo Tribunal não afirmaria propriamente a ilegitimidade da lei, limitando-se a ressaltar que certa interpretação seja compatível com a Constituição ou, ainda, que, para ser considerada constitucional, determinada norma necessita de complemento (lacuna aberta) ou restrição (lacuna oculta – redução teleológica). Todos esses casos de decisão com base em interpretação conforme a Constituição, já de si amplos, por natureza, não podem ter a sua eficácia ampliada com o recurso ao instituto da suspensão de execução da lei pelo Senado Federal.

Mencionem-se, ainda, os casos de *declaração de inconstitucionalidade parcial sem redução de texto*, nos quais se explicita que um significado normativo é inconstitucional sem que a expressão literal sofra qualquer alteração. Também nessas hipóteses, a suspensão de execução da lei ou do ato normativo pelo Senado é problemática, para não dizer inviável, porque não se cuida de afastar a incidência de disposições do ato impugnado, mas tão somente de um de seus significados normativos.

Não é preciso dizer que a suspensão de execução pelo Senado não tem qualquer aplicação naqueles casos nos quais o Tribunal limita-se a rejeitar a arguição de inconstitucionalidade. Nessas hipóteses, a decisão vale *per se*. A lei é constitucional e continua a ser. Da mesma forma, o antigo instituto não tem nenhuma importância para reforçar ou ampliar os efeitos da decisão do Tribunal naquelas matérias nas quais a Corte, ao prover ou não dado recurso, fixa uma interpretação da Constituição. Da mesma forma, a suspensão da execução da lei inconstitucional não se aplica à declaração de não recepção da lei pré-constitucional levada a efeito pelo Supremo Tribunal. Portanto, das decisões possíveis em sede de controle, a suspensão de execução pelo Senado está restrita aos casos de declaração de inconstitucionalidade da lei ou do ato normativo.

É certo que a admissão da pronúncia de inconstitucionalidade com efeito limitado no controle incidental ou difuso (declaração de inconstitucionalidade com efeito *ex nunc*), cuja necessidade já vem sendo reconhecida no âmbito do STF, parece debilitar, fortemente, a intervenção do Senado Federal – pelo menos aquela de conotação substantiva[94]. É que a "decisão de calibragem" tomada pelo Tribunal parece avançar também sobre a atividade inicial da Alta Casa do Congresso. Não resta dúvida de que o Tribunal assume aqui posição que parte da doutrina atribuía, anteriormente, ao Senado Federal. Em outros termos, se o STF declara, em caráter incidental, a inconstitucionalidade de norma em dado processo e, ao mesmo tempo, afirma que aquela decisão repercutirá ou será aplicada de determinada forma em outras situações, está a reconhecer a eficácia transcendente de sua decisão independentemente de intervenção do Senado.

Assim, no julgamento do HC 82.959, declarou a inconstitucionalidade do § 1º do art. 2º da Lei n. 8.072/90 (proibição de progressão de regime nos crimes hediondos), assentando que a decisão de inconstitucionalidade não legitimaria qualquer pretensão à indenização daqueles que, em razão da proibição legal, tiveram que cumprir penas restritivas de liberdade em regime fechado.

Ao declarar a inconstitucionalidade da lei do Município de Mira Estrela, que estabelecia um número de vereadores considerado desproporcional ao número de habitantes, anotou que a decisão teria eficácia a partir da próxima legislatura. Ademais, assentou-se que o Tribunal Superior Eleitoral haveria de editar resolução que explicitasse o número de vereadores que deveria compor cada câmara municipal[95].

Em outra decisão[96], o STF declarou a inconstitucionalidade formal dos arts. 45 e 46 da Lei n. 8.212/91, em face do art. 143, III, *b*, da Constituição Federal, estabelecendo que o efeito *ex tunc* da decisão ficaria limitado aos casos concretos suscitados antes da conclusão do julgamento, diante da repercussão e da insegurança jurídica que poderiam surgir, caso se admitisse possibilidade irrestrita de repetição de indébito de valores já recolhidos.

Todos esses fundamentos demonstram o novo significado do instituto da suspensão de execução pelo Senado, no contexto da Constituição de 1988 e a imperiosidade de revisão do entendimento até aqui dominante.

3.4.2. A repercussão da declaração de inconstitucionalidade proferida pelo Supremo Tribunal sobre as decisões de outros tribunais

Questão interessante apreciada pela jurisprudência do Supremo Tribunal Federal, como já se viu, diz respeito à necessidade de utilizar o procedimento previsto no art. 97

---

94 Cf. RE 197.917 (ação civil pública contra lei municipal que fixa o número de vereadores), rel. Min. Maurício Corrêa, *DJ* de 31-3-2004.

95 Em 2004, o Tribunal Superior Eleitoral editou a Resolução 21.702, a qual dispõe sobre o número de vereadores proporcional aos habitantes de cada município.

96 Julgamento conjunto dos Recursos Extraordinários 560.626, 556.664 e 559.882, rel. Min. Gilmar Mendes, bem como do 559.943, rel. Min. Cármen Lúcia.

da Constituição na hipótese de existir pronunciamento da Suprema Corte que afirme a inconstitucionalidade da lei ou do ato normativo. Em acórdão proferido no RE 190.728, teve a 1ª Turma do Supremo Tribunal Federal a oportunidade de, por maioria de votos, vencido o Ministro Celso de Mello, afirmar a dispensabilidade de se encaminhar o tema constitucional ao Plenário do Tribunal, desde que o Supremo Tribunal já se tenha pronunciado sobre a inconstitucionalidade da lei questionada[97]. Observou-se, então, que semelhante orientação fora adotada pela 2ª Turma, como consta da ementa do acórdão proferido no AgRgAI 168.149, da relatoria do Ministro Marco Aurélio[98]. Orientação idêntica foi reiterada, em outra decisão, na qual se explicitou que "o acórdão recorrido deu aplicação ao decidido pelo STF nos RREE 150.755-PE e 150.764-PE", não havendo necessidade, por isso, de a questão ser submetida ao Plenário do Tribunal[99]. Idêntico entendimento foi sufragado em acórdão de 22 de agosto de 1997[100].

Esse entendimento marca evolução no sistema de controle de constitucionalidade brasileiro, que passa a equiparar, praticamente, os efeitos das decisões proferidas nos processos de controle abstrato e concreto. A decisão do Supremo Tribunal Federal, tal como colocada, antecipa o efeito vinculante de seus julgados em matéria de controle de constitucionalidade incidental, permitindo que o órgão fracionário se desvincule do dever de observância da decisão do Pleno ou do Órgão Especial do Tribunal a que se encontra vinculado. Decide-se autonomamente, com fundamento na declaração de inconstitucionalidade (ou de constitucionalidade) do Supremo Tribunal Federal, proferida *incidenter tantum*.

3.4.3. A suspensão de execução da lei pelo Senado e mutação constitucional

Todas essas reflexões e práticas recomendam a releitura do papel do Senado no processo de controle de constitucionalidade. Quando o instituto foi concebido no Brasil, em 1934, medrava certa concepção da divisão de Poderes, há muito superada. Quando da promulgação do texto de 1934 outros países já atribuíam eficácia geral às decisões proferidas em sede de controle abstrato de normas, tais como o previsto na Constituição de Weimar de 1919 e no modelo austríaco de 1920.

A suspensão de execução da lei declarada inconstitucional teve o seu significado normativo fortemente abalado com a ampliação do controle abstrato de normas na Constituição Federal de 1988. Se a intensa discussão sobre o monopólio da ação por parte do Procurador-Geral da República não levou a uma mudança na jurisprudência consolidada sobre o assunto, é fácil constatar que foi decisiva para a alteração introduzida pelo constituinte de 1988, com a significativa ampliação do direito de propositura da ação direta.

---

97 RE 190.728, rel. Min. Ilmar Galvão, *DJ* de 30-5-1997.

98 AI-AgRg 168.149, rel. Min. Marco Aurélio, *DJ* de 4-8-1995, p. 22520.

99 AI-AgRg 167.444, rel. Min. Carlos Velloso, *DJ* de 15-9-1995, p. 29537.

100 RE 191.898, rel. Min. Sepúlveda Pertence, *DJ* de 22-8-1997, p. 38781.

A Constituição de 1988 reduziu o significado do controle de constitucionalidade incidental ou difuso, ao ampliar, de forma marcante, a legitimação para propositura da ação direta de inconstitucionalidade (art. 103), permitindo que, praticamente, as controvérsias constitucionais mais relevantes sejam submetidas ao Supremo Tribunal Federal mediante processo de controle abstrato de normas. A ampla legitimação, a presteza e a celeridade desse modelo processual, dotado inclusive da possibilidade de se suspender imediatamente a eficácia do ato normativo questionado, mediante pedido de cautelar, fazem com que as grandes questões constitucionais sejam solvidas, na sua maioria, mediante a utilização da ação direta, típico instrumento do controle concentrado. Assim, se continuamos a ter um modelo misto de controle de constitucionalidade, a ênfase passou a residir não mais no sistema difuso, mas no de perfil concentrado.

A interpretação que se deu à suspensão de execução da lei pela doutrina majoritária e pela própria jurisprudência do Supremo Tribunal Federal contribuiu decisivamente para que a afirmação sobre a teoria da nulidade da lei inconstitucional restasse sem concretização entre nós. Nesse sentido, constatou Lúcio Bittencourt que os constitucionalistas brasileiros não lograram fundamentar nem a eficácia *erga omnes,* nem a chamada retroatividade *ex tunc* da declaração de inconstitucionalidade proferida pelo Supremo Tribunal Federal[101].

Ainda que não pertencente ao universo específico da *judicial review,* o instituto do *stare decisis* desonerava os constitucionalistas americanos, pelo menos em parte, de um dever mais aprofundado de fundamentação na espécie. Como esse mecanismo assegura efeito vinculante às decisões das Cortes Superiores, em caso de declaração de inconstitucionalidade pela Suprema Corte tinha-se a segurança de que, em princípio, nenhum tribunal haveria de conferir eficácia à norma objeto de censura. Assim, a ausência de mecanismo processual assemelhado à "força de lei" (*Gesetzeskraft*) do Direito alemão não impediu que os autores americanos sustentassem a nulidade da lei inconstitucional.

Sem dispor de um mecanismo que emprestasse *força de lei* ou que, pelo menos, conferisse caráter vinculante às decisões do Supremo Tribunal Federal para os demais tribunais, tal como o *stare decisis* americano[102], contentava-se a doutrina brasileira em ressaltar a evidência da nulidade da lei inconstitucional[103] e a obrigação dos órgãos estatais de se absterem de aplicar disposição que teve a sua inconstitucionalidade declarada pelo Supremo Tribunal Federal[104]. A suspensão da execução pelo Senado não se mostrou apta para superar essa incongruência, especialmente porque se emprestou a ela

101 Carlos Alberto Lúcio Bittencourt, *O controle jurisdicional da constitucionalidade das leis*, cit., p. 140-141.

102 Cf., sobre o assunto, a observação de Rui Barbosa a propósito do direito americano: "(...) se o julgamento foi pronunciado pelos mais altos tribunais de recurso, a todos os cidadãos se estende, imperativo e sem apelo, no tocante aos princípios constitucionais sobre o que versa". Nem a legislação "tentará contrariá-lo, porquanto a regra *stare decisis* exige que todos os tribunais daí em diante o respeitem como *res judicata* (...)" (cf. *Comentários à Constituição Federal brasileira,* coligidos por Homero Pires, v. 4, p. 268). A propósito, anotou Lúcio Bittencourt que a regra *stare decisis* não tinha o poder que lhe atribuíra Rui, muito menos o de eliminar a lei do ordenamento jurídico (*O controle jurisdicional da constitucionalidade das leis,* cit., p. 143, nota 17).

103 Cf., a propósito, Carlos Alberto Lúcio Bittencourt, *O controle jurisdicional da constitucionalidade das leis*, cit., p. 140-141.

104 Carlos Alberto Lúcio Bittencourt, *O controle jurisdicional da constitucionalidade das leis*, cit., p. 144; José de Castro Nunes, *Teoria e prática do Poder Judiciário*, cit., p. 592.

um sentido substantivo que talvez não devesse ter. Segundo entendimento amplamente aceito[105], esse ato do Senado Federal conferia eficácia *erga omnes* à declaração de inconstitucionalidade proferida no caso concreto[106].

Ainda que se aceite, em princípio, que a suspensão da execução da lei pelo Senado retira a lei do ordenamento jurídico com eficácia *ex tunc*, esse instituto, tal como foi interpretado e praticado, entre nós, configura antes a negação do que a afirmação da teoria da nulidade da lei inconstitucional. A não aplicação geral da lei depende exclusivamente da vontade de um órgão eminentemente político e não dos órgãos judiciais incumbidos da aplicação cotidiana do direito. Tal fato reforça a ideia de que, embora tecêssemos loas à teoria da nulidade da lei inconstitucional, consolidávamos institutos que iam de encontro à sua implementação. Assinale-se que se a doutrina e a jurisprudência entendiam que lei inconstitucional era *ipso jure* nula, deveriam ter defendido, de forma coerente, que o ato de suspensão a ser praticado pelo Senado destinava-se exclusivamente a conferir publicidade à decisão do STF.

Essa foi a posição sustentada, isoladamente, por Lúcio Bittencourt:

> "Se o Senado não agir, nem por isso ficará afetada a eficácia da decisão, a qual continuará a produzir todos os seus efeitos regulares que, de fato, independem de qualquer dos poderes. O objetivo do art. 45, IV da Constituição é apenas tornar pública a decisão do tribunal, levando-a ao conhecimento de todos os cidadãos. Dizer que o Senado 'suspende a execução' da lei inconstitucional é, positivamente, impropriedade técnica, uma vez que o ato, sendo 'inexistente' ou 'ineficaz', não pode ter suspensa a sua execução"[107].

Tal concepção afigurava-se absolutamente coerente com o fundamento da nulidade da lei inconstitucional. Uma orientação dogmática consistente haveria de encaminhar-se nesse sentido, até porque a atribuição de funções substantivas ao Senado Federal configurava a própria negação da ideia de nulidade da lei devidamente declarada pelo órgão máximo do Poder Judiciário. Não foi o que se viu inicialmente. A jurisprudência e a doutrina acabaram por conferir significado substancial à decisão do Senado, entendendo que somente o ato de suspensão do Senado mostrava-se apto a conferir efeitos gerais à declaração de inconstitucionalidade proferida pelo Supremo Tribunal Federal, cuja eficácia estaria limitada às partes envolvidas no processo.

A ampliação do controle abstrato de normas, inicialmente realizada nos termos do art. 103 e, posteriormente, com o advento da ADC, alterou significativamente a relação entre o modelo difuso e o modelo concentrado. Assim, passou a dominar a eficácia geral das decisões proferidas em sede de controle abstrato (ADI e ADC).

A disciplina processual conferida à arguição de descumprimento de preceito fundamental – ADPF, que constitui instrumento subsidiário para solver questões não contempladas pelo modelo concentrado – ADI e ADC –, revela, igualmente, a inconsistência do

---

105 Cf., *supra*, item 3.1 – Considerações preliminares.

106 Manoel Gonçalves Ferreira Filho, *Curso de direito constitucional*, 30. ed. rev. e atual., São Paulo: Saraiva, 2003, p. 35; José Afonso da Silva, *Curso de direito constitucional positivo*, 22. ed., São Paulo: Malheiros, 2003, p. 52.

107 Carlos Alberto Lúcio Bittencourt, *O controle jurisdicional da constitucionalidade das leis*, cit., p. 145-146.

atual modelo. A decisão do caso concreto proferida em ADPF, por se tratar de processo objetivo, será dotada de eficácia *erga omnes;* a mesma questão resolvida no processo de controle incidental terá eficácia *inter partes.*

No que se refere aos recursos especial e extraordinário, a Lei n. 8.038, de 1990, havia concedido ao relator a faculdade de negar seguimento a recurso manifestamente intempestivo, incabível, improcedente ou prejudicado, ou, ainda, que contrariasse súmula do Supremo Tribunal Federal ou do Superior Tribunal de Justiça. O Código de Processo Civil, por sua vez, em caráter ampliativo, incorporou disposição que autoriza o relator a dar provimento ao recurso se a decisão recorrida estiver em manifesto confronto com súmula ou com a jurisprudência dominante do respectivo tribunal, do Supremo Tribunal Federal, ou de Tribunal Superior (art. 557, § 1º-A, acrescentado pela Lei n. 9.756/98[108]).

Com o advento dessa nova fórmula, passou-se a admitir não só a negativa de seguimento de recurso extraordinário, nas hipóteses referidas, mas também o provimento do aludido recurso nos casos de manifesto confronto com a jurisprudência do Supremo Tribunal, mediante decisão unipessoal do relator. Também aqui parece evidente que o legislador entendeu possível estender de forma geral os efeitos da decisão adotada pelo Tribunal, tanto nas hipóteses de declaração de inconstitucionalidade incidental de determinada lei federal, estadual ou municipal – hipótese que estaria submetida à intervenção do Senado –, quanto nos casos de fixação de uma dada interpretação constitucional pelo Tribunal.

Ainda que a questão pudesse comportar outras leituras, é certo que o legislador ordinário, com base na jurisprudência do Supremo Tribunal Federal, considerou legítima a atribuição de efeitos ampliados à decisão proferida pelo Tribunal, até mesmo em sede de controle de constitucionalidade incidental. Nas hipóteses de declaração de inconstitucionalidade de leis municipais, o Supremo Tribunal Federal tem adotado uma postura significativamente ousada, conferindo efeito vinculante não só à parte dispositiva da decisão de inconstitucionalidade, mas também aos próprios fundamentos determinantes. É que são numericamente expressivos os casos em que o Supremo Tribunal tem estendido, com base no art. 557, *caput,* e § 1º-A, do Código de Processo Civil, a decisão do plenário que declara a inconstitucionalidade de norma municipal a outras situações idênticas, oriundas de Municípios diversos. Em suma, tem-se considerado dispensável, no caso de modelos legais idênticos, a submissão da questão ao Plenário[109].

Tal orientação evidencia, ainda que de forma tímida, o efeito vinculante dos fundamentos determinantes da decisão exarada pelo Supremo Tribunal Federal no controle de constitucionalidade do direito municipal. Evidentemente, semelhante orientação só pode vicejar caso se admita que a decisão tomada pelo Plenário seja dotada de eficácia transcendente, sendo, por isso, dispensável a manifestação do Senado Federal.

108 Art. 932, IV e suas alíneas, do Novo Código de Processo Civil (Lei n. 13.105/2015).

109 RE 228.844/SP, rel. Min. Maurício Corrêa, *DJ* de 16-6-1999; RE 221.795, rel. Min. Nelson Jobim, *DJ* de 16-11-2000; RE 364.160, rel. Min. Ellen Gracie, *DJ* de 7-2-2003; AI 423.252, rel. Min. Carlos Velloso, *DJ* de 15-4-2003; RE 345.048, rel. Min. Sepúlveda Pertence, *DJ* de 8-4-2003; RE 384.521, rel. Min. Celso de Mello, *DJ* de 30-5-2003.

Outro argumento, igualmente relevante, relaciona-se ao controle de constitucionalidade nas ações coletivas. Aqui, somente por força de uma compreensão ampliada ou do uso de uma figura de linguagem, pode-se falar em decisão com eficácia *inter partes*. Como sustentar que decisão proferida em ação coletiva, em ação civil pública ou em mandado de segurança coletivo, que declare a inconstitucionalidade de determinada lei, teria eficácia apenas entre as partes?

Nesses casos, a suspensão de execução da lei pelo Senado, tal como vinha sendo entendida até aqui, revela-se completamente inútil, caso se entenda que tem outra função que não a de atribuir publicidade à decisão declaratória de ilegitimidade. Recorde-se, a propósito, que o Supremo Tribunal Federal, em decisão unânime de 7-4-2003, julgou prejudicada a Ação Direta de Inconstitucionalidade n. 1.919 (rel. Min. Ellen Gracie), proposta contra o Provimento n. 556/97, editado pelo Conselho Superior da Magistratura paulista. A referida resolução previa a destruição física dos autos transitados em julgado e arquivados há mais de cinco anos em primeira instância. A decisão pela prejudicialidade decorreu do fato de o Superior Tribunal de Justiça, em mandado de segurança coletivo[110], impetrado pela Associação dos Advogados de São Paulo (AASP), ter declarado a nulidade daquele ato.

No julgamento da ADI 4.071, o Relator, Min. Menezes Direito, negou seguimento à ação direta de inconstitucionalidade por entender que a Corte já se havia manifestado no sentido da constitucionalidade da norma impugnada em um recurso extraordinário. Essa decisão foi posteriormente confirmada pelo Plenário do STF.

Observe-se, ainda, que, nas hipóteses de declaração de inconstitucionalidade de leis municipais, o STF tem adotado postura significativamente ousada, conferindo efeito vinculante não só à parte dispositiva da decisão de inconstitucionalidade, mas também aos próprios fundamentos determinantes. É que são numericamente expressivos os casos em que o STF tem estendido, com base no art. 557, *caput* e § 1º-A, do CPC, a decisão do Plenário que declara a inconstitucionalidade de norma municipal a outras situações idênticas, oriundas de Municípios diversos. Em suma, tem-se considerado dispensável, no caso de modelos legais idênticos, a submissão da questão ao Plenário.

Nesse sentido, Maurício Corrêa, ao julgar o RE 228.844-SP – no qual se discutia a ilegitimidade do IPTU progressivo cobrado pelo Município de São José do Rio Preto, no Estado de São Paulo –, valeu-se de fundamento fixado pelo Plenário do Tribunal em precedente oriundo do Estado de Minas Gerais no sentido da inconstitucionalidade de lei do Município de Belo Horizonte que instituiu alíquota progressiva do IPTU.

Também Nelson Jobim, no exame da mesma matéria (progressividade do IPTU) em recurso extraordinário interposto contra lei do Município de São Bernardo do Campo, aplicou tese fixada em julgamentos que apreciaram a inconstitucionalidade de lei do Município de São Paulo.

Ellen Gracie utilizou-se de precedente oriundo do Município de Niterói, Estado do Rio de Janeiro, para dar provimento a recurso extraordinário no qual se discutia a ilegitimidade de taxa de iluminação pública instituída pelo Município de Cabo Verde, no Estado de Minas Gerais.

110 RMS 11.824, rel. Min. Francisco Peçanha Martins, *DJ* de 27-5-2002.

Carlos Velloso aplicou jurisprudência de recurso proveniente do Estado de São Paulo para fundamentar sua decisão no AI 423.252, em que se discutia a inconstitucionalidade de taxa de coleta e limpeza pública do Município do Rio de Janeiro, convertendo-o em recurso extraordinário (art. 544, §§ 3º e 4º, do CPC) e dando-lhe provimento.

Sepúlveda Pertence lançou mão de precedentes originários do Estado de São Paulo para dar provimento ao RE 345.048, no qual se arguia a inconstitucionalidade de taxa de limpeza pública do Município de Belo Horizonte.

Celso de Mello, ao apreciar matéria relativa à progressividade do IPTU do Município de Belo Horizonte, conheceu e deu provimento a recurso extraordinário tendo em conta diversos precedentes oriundos do Estado de São Paulo.

Ademais, no AI 712.743 (rel. Min. Ellen Gracie), o Tribunal reconheceu a repercussão geral e reafirmou a jurisprudência da Corte sobre a inconstitucionalidade da cobrança do IPTU com alíquota progressiva, instituída por lei municipal, antes da Emenda Constitucional n. 29/2001. Ocorre que, embora o processo-paradigma seja do Município de Santos/SP, os ministros do STF têm determinado a devolução de processos oriundos de diversos entes federativos aos Tribunais de origem, para fins de aplicação do art. 543-B do CPC.

No AI 789.900 o Min. Ricardo Lewandowski aplicou o precedente a caso do Município de Caxias do Sul/RS; no RE 535.096 o Min. Cézar Peluso vinculou processo do Município do Rio de Janeiro/RJ ao paradigma citado; e no RE 414.965 o Min. Joaquim Barbosa adotou igual procedimento em processo do Município de Porto Alegre/RS.

Também houve invocação desse paradigma nas decisões monocráticas dos seguintes processos oriundos de outros Municípios: RE 572.654 (rel. Min. Ayres Britto), do Município de Guarulhos/SP; RE 542.503 (rel. Min. Joaquim Barbosa), do Município de Campinas/SP; e RE 584.631 (rel. Min. Cármen Lúcia), do Município de Tupã/SP.

Essa mesma circunstância ocorre em relação ao RE 591.033 (rel. Min. Ellen Gracie), oriundo do Município de Votorantim/SP –, em que se debate a possibilidade de o Poder Judiciário determinar a extinção do processo sem julgamento de mérito em face da falta de interesse de agir do Município, tendo em vista o pequeno valor da execução fiscal. No caso, alega-se a impossibilidade de aplicação da Lei estadual n. 4.468/84 do Estado de São Paulo – a qual autoriza a não inscrição em Dívida Ativa e o não ajuizamento de débitos de pequeno valor – ao Município de Votorantim.

Dentre outros, os seguintes processos de outros Municípios que já foram vinculados ao paradigma indicado: AI 751.057 (rel. Min. Ellen Gracie), do Município de Santo André/SP; RE 632.353 (rel. Min. Joaquim Barbosa), do Município de Dois Córregos/SP; AI 713.212 (rel. Min. Ayres Britto), do Município de Pederneiras/SP; AI 727.615 (rel. Min. Cármen Lúcia), do Município de Santo André/SP; e AI 729.722 (rel. Min. Eros Grau), também do Município de Santo André/SP.

Em outros termos, o Supremo Tribunal Federal acabou por reconhecer eficácia *erga omnes* à declaração de ilegitimidade do ato normativo proferida em mandado de segurança pelo STJ. *Quid juris*, então, se a declaração de inconstitucionalidade for proferida pelo próprio Supremo Tribunal Federal em sede de ação civil pública? Se a decisão proferida nesses processos tem eficácia *erga omnes* (Lei n. 7.347, de 24-7-1985, art. 16), é difícil justificar a necessidade de comunicação ao Senado Federal. Recorde-se que, em alguns casos, há uma quase confusão entre o objeto da ação civil pública e o pedido de declaração de inconstitucionalidade. Nessa hipótese, não há cogitar de uma típica decisão com eficácia *inter partes*[111].

Outra situação decorre de adoção de súmula vinculante (art. 103-A da CF, introduzido pela EC n. 45/2004), na qual se afirma que determinada conduta, dada prática ou uma interpretação é inconstitucional. Nesse caso, a súmula acabará por dotar a declaração de inconstitucionalidade proferida em sede incidental de efeito vinculante. A súmula vinculante, ao contrário do que ocorre no processo objetivo, decorre de decisões tomadas em casos concretos, no modelo incidental, no qual também existe, não raras vezes, reclamo por solução geral. Ela só pode ser editada depois de decisão do Plenário do Supremo Tribunal Federal ou de decisões repetidas das Turmas.

Desde já, afigura-se inequívoco que a referida súmula conferirá eficácia geral e vinculante às decisões proferidas pelo Supremo Tribunal Federal sem afetar diretamente a vigência de leis declaradas inconstitucionais no processo de controle incidental. E isso em função de não ter sido alterada a cláusula clássica, constante do art. 52, X, da Constituição, que outorga ao Senado a atribuição para suspender a execução de lei ou ato normativo declarado inconstitucional pelo Supremo Tribunal Federal.

Não resta dúvida de que a adoção de súmula vinculante em situação que envolva a declaração de inconstitucionalidade de lei ou ato normativo enfraquecerá ainda mais o já debilitado instituto da suspensão de execução pelo Senado. É que essa súmula conferirá interpretação vinculante à decisão que declara a inconstitucionalidade sem que a lei declarada inconstitucional tenha sido eliminada formalmente do ordenamento jurídico (falta de eficácia geral da decisão declaratória de inconstitucionalidade). Tem-se efeito vinculante da súmula, que obrigará a Administração a não mais aplicar a lei objeto da declaração de inconstitucionalidade (nem a orientação que dela se dessume), sem que se reconheça eficácia *erga omnes* da declaração de inconstitucionalidade.

Parece legítimo entender que a fórmula relativa à suspensão de execução da lei pelo Senado Federal há de ter simples efeito de publicidade. Dessa forma, se o Supremo Tribunal Federal, em sede de controle incidental, chegar à conclusão, de modo definitivo, de que a lei é inconstitucional, essa decisão terá efeitos gerais, fazendo-se a comunicação ao Senado Federal para que publique a decisão no Diário do Congresso. Tal como assente, não é (mais) a decisão do Senado que confere eficácia geral ao julgamento do Supremo. A própria decisão da Corte contém essa *força normativa*. Parece evidente ser essa a orientação implícita nas diversas decisões judiciais e legislativas acima referidas. Assim, o Senado não terá a faculdade de publicar ou não a decisão, uma vez que não cuida de decisão substantiva, mas de simples dever de publicação, tal como reconhecido a outros órgãos políticos em alguns sistemas constitucionais (Constituição austríaca, art. 140, 5, publicação a cargo do Chanceler Federal, e Lei Orgânica da Corte Constitucional Alemã, art. 31, 2, publicação a cargo do Ministro da Justiça). A não publicação não terá o condão de impedir que a decisão do Supremo assuma a sua real eficácia.

---

111 RE 197.917, rel. Min. Maurício Corrêa, *DJ* de 31-3-2004 (inconstitucionalidade de lei municipal que fixa número de vereadores) e Rcl.-MC 2.537, rel. Min. Cezar Peluso, decisão de 29-12-2003, *DJ* de 2-2-2004, a propósito da legitimidade de lei estadual sobre loterias, atacada, simultaneamente, mediante ação civil pública, nas instâncias ordinárias, e ADI, perante o STF.

Essa solução resolve de forma superior uma das tormentosas questões da nossa jurisdição constitucional. Superam-se, assim, também as incongruências, cada vez maiores, entre a jurisprudência do Supremo Tribunal Federal e a orientação dominante na legislação processual, de um lado, e, de outro, a visão doutrinária ortodoxa e – permita-nos dizer – ultrapassada do disposto no art. 52, X, da Constituição de 1988.

Ressalte-se que a adoção da súmula vinculante reforça a ideia de superação do art. 52, X, da CF, na medida em que permite aferir a inconstitucionalidade de determinada orientação pelo próprio Tribunal sem qualquer interferência do Senado Federal. Em verdade, a súmula vinculante permite conferir efeito vinculante aos próprios fundamentos determinantes das decisões adotadas, como referência do enunciado.

Por último, observe-se que a adoção da técnica da declaração de inconstitucionalidade com limitação de efeitos[112] parece sinalizar que o Tribunal entende estar desvinculado de qualquer ato do Senado Federal, cabendo tão somente a ele – Tribunal – definir os efeitos da decisão.

O tema foi decidido pelo Plenário do Supremo Tribunal Federal, em março de 2014, com o julgamento da Rcl. 4.335, ajuizada pela Defensoria Pública da União, em face de ato de juiz do Estado do Acre. A reclamante alegou o descumprimento da decisão do Supremo Tribunal Federal no HC 82.959[113], da relatoria do Ministro Marco Aurélio, quando a Corte afastou a vedação de progressão de regime aos condenados pela prática de crimes hediondos, ao considerar inconstitucional o art. 2º, § 1º, da Lei n. 8.072/1990 (Lei dos Crimes Hediondos).

Com base nesse julgamento, a Defensoria solicitou fosse concedida progressão de regime a determinados apenados, tendo o juiz de direito da Vara de Execuções Penais indeferido o pedido, fazendo afixar, nas dependências do fórum, aviso do seguinte teor: "Comunico aos senhores reeducandos, familiares, advogados e comunidade em geral que a recente decisão Plenária do Supremo Tribunal Federal proferida nos autos do 'Habeas Corpus' n. 82.959, a qual declarou a inconstitucionalidade do dispositivo da Lei dos Crimes Hediondos que vedava a progressão de regime prisional (art. 2º, § 1º, da Lei 8.072/90), somente terá eficácia a favor de todos os condenados por crimes hediondos ou a eles equiparados que estejam cumprindo pena, a partir da expedição, pelo Senado Federal, de Resolução suspendendo a eficácia do dispositivo de lei declarado inconstitucional pelo Supremo Tribunal Federal, nos termos do art. 52, inciso X, da Constituição Federal".

O Ministro Gilmar Mendes reafirmou posição no sentido de que a fórmula relativa à suspensão de execução da lei pelo Senado há de ter simples efeito de publicidade, ou seja, se o Supremo, em sede de controle incidental, declarar, definitivamente, que a lei é inconstitucional, essa decisão terá eficácia *erga omnes*, fazendo-se a comunicação àquela Casa legislativa para que publique a decisão no *Diário do Congresso*. Dessa forma, o ministro votou pela procedência da Reclamação, por entender que foi desrespeitada a eficácia *erga omnes* da decisão proferida no HC 82.959, no que foi acompanhado por Eros Grau. Divergiram dessa posição os Ministros Sepúlveda Pertence, Joaquim Barbosa, Ricardo Lewandowski e Marco Aurélio. Já os Ministros Teori Zavascki e Roberto Barroso acompanharam o relator quanto à procedência da recla-

112 Cf. Gilmar Mendes, *Jurisdição constitucional*, 5. ed., São Paulo: Saraiva, 2005, p. 387-413.

113 Julgado pelo Pleno em 23-2-2006, *DJ* de 1º-9-2006.

mação, embora dele discordassem em alguns aspectos relacionados à atribuição de efeitos *erga omnes* à decisão em HC (calcaram-se, para o juízo de procedência, na superveniência da Súmula Vinculante 26).

Como se vê, embora a Reclamação tenha sido julgada procedente pela maioria dos Ministros, a divisão quanto aos fundamentos desse aresto, e a própria alteração na composição da Corte, após alguns votos já terem sido prolatados, estão a indicar que outros julgados ainda poderão lançar mais luz sobre a controvérsia.

O julgamento foi concluído quando o Supremo Tribunal Federal, por fim, conheceu da Rcl 4.335, após o voto-vista do Ministro Teori Zavascki, seguido pelos Ministros Celso de Mello, Rosa Weber e Luís Barroso. O Ministro acolheu o entendimento do Ministro Gilmar Mendes, no sentido de que as decisões do Supremo Tribunal Federal, mesmo em sede de controle concreto, em anos recentes têm sido investidas de eficácia expansiva. Ademais, aferiu que a edição da Súmula Vinculante 26 pela Corte, apesar de superveniente à propositura da ação, não pode ser ignorada e torna flagrante o desrespeito à jurisprudência que enseja a reclamação constitucional.

Também merece destaque, nessa esteira, o julgamento das ADIs 3.406/RJ e 3.470/RJ. Naquela ocasião, o Supremo Tribunal Federal declarou ser constitucional a Lei n. 3.579/2001 do Estado do Rio de Janeiro, a qual proíbe a fabricação e comercialização de materiais feitos com amianto, bem como a extração do referido minério.

À decisão, proferida em sede de controle abstrato de constitucionalidade, foram reconhecidos eficácia *erga omnes* e efeito vinculante, proibindo-se, assim, que as demais unidades da Federação adotem leis que permitam o uso de amianto na fabricação de produtos. No julgamento, ademais, a Corte declarou incidentalmente a inconstitucionalidade do art. 2º da Lei Federal n. 9.055/95, que regulava a utilização e comercialização da variedade *crisotila* do amianto. Essa Lei Federal, portanto, permitia expressamente a produção de materiais com amianto em suas composições e contrariava o que estava disposto na lei estadual do Rio de Janeiro.

Entendeu o Plenário do STF que, ao se valorizar a proteção à vida, deveria ser declarado inconstitucional o art. 2º da Lei Federal n. 9.055/95, uma vez que as pesquisas científicas mostram-se uníssonas quanto à nocividade desse insumo. Com efeito, o amianto é comprovadamente cancerígeno, e, assim como salientado pelo Ministro Dias Toffoli, o dispositivo que permitia sua extração passou a ser inconstitucional, à luz do consenso científico firmado.

Ocorre que a declaração de inconstitucionalidade do art. 2º da Lei n. 9.055/95 se deu de forma incidental, hipótese na qual, em regra, não se confere eficácia *erga omnes* automática à decisão, sendo necessário que o Senado Federal edite resolução para determinar a suspensão da execução da lei, nos termos do art. 52, X, da Constituição Federal. No entanto, o STF dispensou a referida exigência da suspensão senatorial e, de maneira expressa, declarou incidentalmente a inconstitucionalidade do art. 2º da Lei n. 9.055/95, com eficácia *erga omnes* e efeito vinculante.

Com essa decisão, torna-se perceptível que a tese há muito defendida por nós – no sentido de que, caso o Supremo, em sede de controle incidental, declare definitivamente que determinada lei é inconstitucional, essa decisão deverá ter eficácia *erga omnes*, devendo ser feita a comunicação ao Senado Federal apenas para que publique a decisão no *Diário do Congresso* – passa a ganhar contornos concretos e a ser adotada inclusive em decisões do Supremo Tribunal Federal.

Não obstante, mesmo após essas decisões, a Segunda do Turma do Supremo Tribunal Federal não conheceu da Rcl 25.483, ao fundamento de que o autor invocou, como paradigmas, decisões proferidas em face de situações concretas a que era completamente estranha a parte reclamante. Naquela ocasião, estava-se diante de questão em que o tribunal de origem negou a substituição da pena privativa de liberdade por sanção restritiva de direito, ao fundamento de que o crime praticado era tráfico de entorpecentes. Nesse contexto, o Min. Gilmar Mendes entendeu que a decisão paradigmática proferida no *Habeas Corpus* 97.256, rel. Min. Ayres Britto, seria razão suficiente, por si só, para o conhecimento da reclamação, mas observou que havia ainda a edição de uma Resolução pelo Senado e a reafirmação de jurisprudência sobre o tema pela sistemática da repercussão geral. A despeito desse voto, a Turma não enfrentou a questão e concluiu pela perda de objeto da reclamação, em razão do cumprimento integral da pena pelo réu[114].

4. PECULIARIDADES DO CONTROLE INCIDENTAL NA CONSTITUIÇÃO DE 1988

4.1. Considerações preliminares

O sistema de controle de constitucionalidade encontra-se em fase de transição, reclamando aperfeiçoamentos no plano do direito positivo e no seu âmbito exclusivamente jurisprudencial. A adoção da ação civil pública, por exemplo, e sua eventual utilização como instrumento de controle de constitucionalidade tem ensejado intensa discussão sobre a adequação desse instrumento como mecanismo de controle incidental de normas.

Tendo em vista a sucessão de normas constitucionais na experiência histórica brasileira, desenvolveu-se orientação segundo a qual a lei editada sob a vigência de determinada Constituição poderia ter a sua constitucionalidade aferida em face dessa Constituição, no controle incidental de normas, a despeito da superação da ordem constitucional, por uma outra. Assim, é comum verificar-se a aferição de constitucionalidade de um decreto-lei editado sob a vigência da Constituição de 1967/69 em face daquela Constituição[115].

A amplitude conferida pela Constituição de 1988 ao controle abstrato de normas contribuiu para tornar visíveis as inadequações ou insuficiências do modelo difuso de controle de constitucionalidade. Não só a notória superação do instituto da suspensão de execução da lei pelo Senado Federal, mas também a complexidade e a demora na obtenção de julgamento definitivo da questão constitucional pelo Supremo Tribunal, na via incidental, exige reforma radical do sistema difuso de controle de constitucionalidade entre nós.

114 Rcl 25.483, rel. Min. Celso de Mello, Segunda Turma, j. em 15-5-2019.

115 Cf. RE 408.830, rel. Min. Carlos Velloso, *DJ* de 4-6-2004; AI-AgRg.-ED 435.386, rel. Min. Nelson Jobim, *DJ* de 25-5-2004.

4.2. A ação civil pública como instrumento de controle de constitucionalidade

A Lei n. 7.347, de 24-7-1985, consagrou a ação civil pública como instrumento de defesa dos chamados "interesses difusos e coletivos". A ação civil pública poderá ter por objeto a condenação ou o cumprimento de obrigação de fazer ou de não fazer. Seu objeto é muito amplo, e sua utilização é condicionada à própria definição do conceito jurídico indeterminado relativo aos "interesses difusos e coletivos".

A pergunta básica que se introduz é a seguinte: seria legítima a utilização da ação civil pública na ordem jurídica brasileira para obtenção de declaração de inconstitucionalidade de lei ou ato normativo? A questão sugere desdobramentos. Em face de especificidades processuais que caracterizam a ação civil pública, poder-se-ia cogitar de controle meramente incidental ou concreto de constitucionalidade cuja eficácia restaria limitada às partes envolvidas na controvérsia? Ou, de fato, estaríamos diante de processo especialíssimo, de característica notoriamente objetiva, isto é, sem partes, no qual o requerente atua na defesa genérica do interesse público?

Por causa das características da ação civil pública, seria lícito indagar sobre sua adequação para o controle de constitucionalidade das leis na modalidade de controle incidental ou concreto. Em outros termos, seria possível que o juiz, ao apreciar pedido formulado em ação civil pública, afastasse topicamente a incidência ou a aplicação de dada norma federal ou estadual em face da Constituição Federal? Qual seria a eficácia dessa decisão?

É fácil ver, desde logo, que a ação civil pública não se confunde, pela própria forma e natureza, com processos cognominados de "processos subjetivos". A parte ativa nesse processo não atua na defesa de interesse próprio, mas procura defender interesse público devidamente caracterizado. Afigura-se difícil, se não impossível, sustentar que a decisão que, eventualmente, afastasse a incidência de uma lei considerada inconstitucional, em ação civil pública, teria efeito limitado às partes processualmente legitimadas.

Como observado, a ação civil pública aproxima-se muito de processo sem partes ou de processo objetivo, no qual a parte autora atua não na defesa de situações subjetivas, agindo, fundamentalmente, com o escopo de garantir a tutela do interesse público[116]. Não foi por outra razão que o legislador, ao disciplinar a eficácia da decisão proferida na ação civil, viu-se compelido a estabelecer que "a sentença civil fará coisa julgada *erga omnes*". Isso significa que, se utilizada com o propósito de proceder ao controle de constitucionalidade, a decisão que, em ação civil pública, afastar a incidência de dada norma por eventual incompatibilidade com a ordem constitucional, acabará por ter eficácia semelhante à das ações diretas de inconstitucionalidade, isto é, eficácia geral e irrestrita.

Já o entendimento do Supremo Tribunal Federal no sentido de que essa espécie de controle genérico da constitucionalidade das leis constituiria atividade política de determinadas Cortes realça a impossibilidade de utilização da ação civil pública com esse objetivo. Ainda que se pudesse acrescentar algum outro desiderato adicional a uma ação civil pública destinada a afastar a incidência de dada norma infraconstitucional, é certo que o seu objetivo precípuo haveria de ser a impugnação direta e frontal da legitimidade de ato normativo. Não se trataria de discussão sobre aplicação de lei a caso

116 Harald Koch, *Prozessführung im öffentlichen Interesse,* Frankfurt am Main, 1983, p. 1 e s.

concreto, porque de caso concreto não se cuida. Pelo contrário, a própria parte autora ou requerente legitima-se não em razão da necessidade de proteção de interesse específico, mas exatamente de interesse genérico amplíssimo, de interesse público. Ter-se-ia, pois, uma decisão (direta) sobre a legitimidade da norma.

Deve-se acrescentar que o julgamento desse tipo de questão pela jurisdição ordinária de primeiro grau suscita outro problema, igualmente grave, no âmbito da sistemática de controle de constitucionalidade adotada no Brasil. Diferentemente da decisão *incidenter tantum* proferida nos casos concretos, inclusive pelo Supremo Tribunal Federal, cuja eficácia fica adstrita às partes do processo, a decisão sobre a constitucionalidade de lei proferida pelo juiz de primeiro grau haveria de ser dotada de eficácia geral e abstrata. Nem poderia ser diferente: como as partes na ação civil pública atuam não na defesa de interesse jurídico específico, mas, propriamente, na proteção do interesse público, qualquer pretensão no sentido de limitar a eficácia das decisões apenas às partes formais do processo redundaria na sua completa nulificação.

Admitida a utilização da ação civil pública como instrumento adequado de controle de constitucionalidade, tem-se *ipso jure* a outorga à jurisdição ordinária de primeiro grau de poderes que a Constituição não assegura sequer ao Supremo Tribunal Federal. É que, como visto, a decisão sobre a constitucionalidade de lei proferida pela Excelsa Corte no caso concreto tem, inevitavelmente, eficácia *inter partes*[117].

É certo, ademais, que, ainda que se desenvolvam esforços no sentido de formular pretensão diversa, toda vez que na ação civil pública ficar evidente que a medida ou providência que se pretende questionar é a própria lei ou ato normativo, restará inequívoco que se trata mesmo é de impugnação direta de lei. Nessas condições, para que se não chegue a um resultado que subverta todo o sistema de controle de constitucionalidade adotado no Brasil, tem-se de admitir a completa inidoneidade da ação civil pública como instrumento de controle de constitucionalidade, seja porque ela acabaria por instaurar um controle direto e abstrato no plano da jurisdição de primeiro grau, seja porque a decisão haveria de ter, necessariamente, eficácia transcendente das partes formais.

Afigura-se digno de referência acórdão no qual o Supremo Tribunal Federal acolheu reclamação que lhe foi submetida pelo Procurador-Geral da República, determinando o arquivamento de ações ajuizadas nas 2ª e 3ª Varas da Fazenda Pública da Comarca de São Paulo, por entender caracterizada a usurpação de competência da Corte, uma vez que a pretensão nelas veiculada não visava ao julgamento de uma relação jurídica concreta, mas ao da validade de lei em tese[118].

Essa orientação da Suprema Corte reforçava, aparentemente, a ideia desenvolvida de que eventual esforço dissimulatório por parte do requerente da ação civil pública ficaria ainda mais evidente, porquanto, diversamente da situação aludida no precedente referido, o autor requer tutela genérica do interesse público, devendo, por isso, a decisão proferida ter eficácia *erga omnes*. Assim, eventual pronúncia de inconstitucionalidade da lei levada a efeito pelo juízo monocrático teria força idêntica à da decisão proferida pelo Supremo

117 Observa-se, neste ponto, o que se disse no item 3.5, a respeito da eficácia das declarações de inconstitucionalidade pelo Supremo Tribunal Federal, em sede de controle difuso, cuja eficácia pode ter extensão geral, mesmo antes da suspensão de execução pelo Senado Federal (art. 52, X, da Constituição).

118 Rcl. 434, rel. Min. Francisco Rezek, *DJ* de 9-12-1994.

Tribunal Federal no controle direto de inconstitucionalidade. Todavia, o Supremo Tribunal Federal julgou improcedente a Reclamação n. 602-6/SP, de que foi relator o Ministro Ilmar Galvão, em data de 3-9-1997, cujo acórdão está assim ementado:

> "Reclamação. Decisão que, em Ação Civil Pública, condenou instituição bancária a complementar os rendimentos de caderneta de poupança de seus correntistas, com base em índice até então vigente, após afastar a aplicação da norma que o havia reduzido, por considerá-la incompatível com a Constituição. Alegada usurpação da competência do Supremo Tribunal Federal, prevista no art. 102, I, *a*, da CF. Improcedência da alegação, tendo em vista tratar-se de ação ajuizada, entre partes contratantes, na persecução de bem jurídico concreto, individual e perfeitamente definido, de ordem patrimonial, objetivo que jamais poderia ser alcançado pelo Reclamado em sede de controle *in abstracto* de ato normativo. Quadro em que não sobra espaço para falar em invasão, pela corte reclamada, da jurisdição concentrada privativa do Supremo Tribunal Federal. Improcedência da Reclamação".

No mesmo dia (3-9-1997) e no mesmo sentido, o julgamento da Reclamação n. 600-0/SP, relatada pelo Ministro Néri da Silveira. Essa orientação do Supremo Tribunal Federal permite, aparentemente, distinguir a ação civil pública que tenha por objeto, propriamente, a declaração de inconstitucionalidade da lei ou do ato normativo de outra na qual a questão constitucional configura simples prejudicial da postulação principal. É o que foi afirmado na Rcl. 2.224, da relatoria de Sepúlveda Pertence, na qual se enfatizou que "ação civil pública em que a declaração de inconstitucionalidade com efeitos *erga omnes* não é posta como causa de pedir, mas, sim, como o próprio objeto do pedido, configurando hipótese reservada à ação direta de inconstitucionalidade"[119]. Não se pode negar que a abrangência que se empresta – e que se há de emprestar à decisão proferida em ação civil pública – permite que com uma simples decisão de caráter prejudicial se retire qualquer efeito útil da lei, o que acaba por se constituir, indiretamente, numa absorção de funções que a Constituição quis deferir ao Supremo Tribunal Federal.

Colocado novamente diante desse tema no julgamento da Rcl. 2.460/RJ, o Tribunal arrostou a questão da existência, ou não, de usurpação de sua competência constitucional (CF, art. 102, I, *a*), em virtude da pendência do julgamento da ADI 2.950/RJ e o deferimento de liminares em diversas ações civis públicas ajuizadas perante juízes federais e estaduais das instâncias ordinárias, sob o fundamento de inconstitucionalidade da mesma norma impugnada em sede direta[120]. Entendeu-se que, ainda que se preservassem os atos acautelatórios adotados pela justiça local, seria recomendável determinar a suspensão de todas as ações civis até a decisão definitiva em sede da ação direta. Ressaltou-se, no ponto, que a suspensão das ações decorria não da sustentada usurpação da competência[121], mas sim do objetivo de coibir eventual trânsito em julgado nas refe-

119 Rcl. 2.224, rel. Min. Sepúlveda Pertence, *DJ* de 10-2-2006, p. 76.

120 Cf. Decreto n. 25.723/99-RJ, que regulamenta a exploração da atividade de loterias pelo Estado do Rio de Janeiro.

121 Rcl.-MC 2.460, rel. Min. Marco Aurélio, decisão de 21-10-2003, *DJ* de 28-10-2003.

ridas ações, com o consequente esvaziamento da decisão a ser proferida nos autos da ação direta[122].

Essa decisão revela a necessidade de abertura de um *diálogo* ou de uma *interlocução* entre os modelos difuso e abstrato, especialmente nos casos em que a decisão no modelo difuso, como é o caso da decisão de controle de constitucionalidade em ação civil pública, acaba por ser dotada de eficácia ampla ou geral. As especificidades desse modelo de controle, o seu caráter excepcional, o restrito deferimento dessa prerrogativa no que se refere à aferição de constitucionalidade de lei ou ato normativo estadual ou federal em face da Constituição Federal apenas ao Supremo, a legitimação restrita para provocação do Supremo – somente os órgãos e entes referidos no art. 103 da Constituição estão autorizados a instaurar o processo de controle –, a dimensão política inegável dessa modalidade, enfim, tudo leva a não se admitir o controle de legitimidade de lei ou ato normativo federal ou estadual em face da Constituição, no âmbito da ação civil pública.

No quadro normativo atual, poder-se-ia cogitar, nos casos de controle de constitucionalidade em ação civil pública, de suspensão do processo e remessa da questão constitucional ao Supremo Tribunal Federal, via arguição de descumprimento de preceito fundamental, mediante provocação do juiz ou tribunal competente para a causa. Simples alteração da Lei n. 9.882/99 e da Lei n. 7.347/85 poderia permitir a mudança proposta, elidindo a possibilidade de decisões conflitantes, no âmbito das instâncias ordinárias e do Supremo Tribunal Federal, com sérios prejuízos para a coerência do sistema e para a segurança jurídica.

4.3. O controle incidental e a aplicação do art. 27 da Lei n. 9.868/99

Embora a Lei n. 9.868, de 10-11-1999, tenha autorizado o Supremo Tribunal Federal a declarar a inconstitucionalidade com efeitos limitados, é lícito indagar sobre a admissibilidade do uso dessa técnica de decisão no controle difuso. Ressalte-se que não se está a discutir a constitucionalidade do art. 27 da Lei n. 9.868/99. Cuida-se aqui tão somente de examinar a possibilidade de aplicação da orientação nele contida ao controle incidental de constitucionalidade.

Necessária uma prévia análise da questão no Direito americano, que é a matriz do sistema brasileiro de controle. Vale ressaltar que nos próprios Estados Unidos da América, onde a doutrina acentuara que *"the unconstitutional statute is not law at all"*[123], passou-se a admitir, após a Grande Depressão, a necessidade de se estabelecerem limites à declaração de inconstitucionalidade[124].

---

122 Em julgamento da Rcl.-MC 2.460, de 10-3-2004, *DJ* de 6-8-2004, o Tribunal, por maioria, negou referendo à decisão concessiva de liminar e determinou a suspensão, com eficácia *ex nunc*, das ações civis públicas em curso. Restou mantida a tutela antecipada nelas deferida, tendo em vista a existência de tramitação de ação direta de inconstitucionalidade perante o STF.

123 Westel Woodbury Willoughby, *The constitutional law of the United State*, New York, 1910, v. 1, p. 9-10; cf. Thomas M. Cooley, *A treaties on the constitutional limitations:* wich ret upon the legislative power of the States of American Union, 4. ed., Boston, 1878, p. 227.

124 Laurence H. Tribe, *American constitutional law*, Mineola – New York: The Foundation Press, 1988, p. 30.

A jurisprudência americana evoluiu para admitir, ao lado da decisão de inconstitucionalidade com efeitos retroativos amplos ou limitados (*limited retrospectivity*), a superação prospectiva (*prospective overruling*), que tanto pode ser limitada (*limited prospectivity*), aplicável aos processos iniciados após a decisão, inclusive ao processo originário, como ilimitada (*pure prospectivity*), que nem sequer se aplica ao processo que lhe deu origem[125]. O sistema difuso ou incidental mais tradicional do mundo passou a admitir a mitigação dos efeitos da declaração de inconstitucionalidade e, em casos determinados, acolheu até mesmo a pura declaração de inconstitucionalidade com efeito exclusivamente *pro futuro*[126].

Assinale-se que, antes do advento da Lei n. 9.868, de 1999, talvez fosse o STF, muito provavelmente, o único órgão importante de jurisdição constitucional a não fazer uso, de modo expresso, da limitação de efeitos na declaração de inconstitucionalidade. Não só a Suprema Corte americana (caso *Linkletter v. Walker*), mas também uma série expressiva de Cortes Constitucionais e Cortes Supremas adota a técnica da limitação de efeitos[127].

Ressalte-se que o modelo difuso não se mostra incompatível com a doutrina da limitação dos efeitos. Sem dúvida, afigura-se relevante no sistema misto brasileiro o significado da decisão limitadora tomada pelo Supremo Tribunal Federal no controle abstrato de normas sobre os julgados proferidos pelos demais juízes e tribunais no sistema difuso. O tema relativo à compatibilização de decisões nos modelos concreto e abstrato não é exatamente novo e foi suscitado, inicialmente, na Áustria, tendo em vista os reflexos da decisão da Corte Constitucional sobre os casos concretos que deram origem ao incidente de inconstitucionalidade (1920-1929). Optou-se ali por atribuir efeito *ex tunc* excepcional à repercussão da decisão de inconstitucionalidade sobre o caso concreto (Constituição austríaca, art. 140, n. 7, 2ª parte).

O assunto suscita problemas, dada a inevitável convivência entre os modelos difuso e direto. Quais serão, assim, os efeitos da decisão *ex nunc* do Supremo Tribunal Federal, proferida *in abstracto*, sobre as decisões já proferidas pelas instâncias afirmadoras da inconstitucionalidade com eficácia *ex tunc*? Um argumento que pode ser suscitado diz respeito ao direito fundamental de acesso à justiça, tal como já arguido no Direito português, afirmando-se que haveria a frustração da expectativa daqueles que obtiveram o reconhecimento jurisdicional do fundamento de sua pretensão.

A declaração de inconstitucionalidade *in concreto* também se mostra passível de limitação de efeitos. A base constitucional dessa limitação – necessidade de um

---

125 Oswaldo Luiz Palu, *Controle de constitucionalidade*, 2. ed., São Paulo: Revista dos Tribunais, 2001, p. 173; Rui Medeiros, *A decisão de inconstitucionalidade*, Lisboa: Universidade Católica, 1999.

126 Cf., a propósito, Victoria Iturralde Sesma, *El precedente en el common law*, Madrid: Civitas, 1995, p. 174 e s.

127 Cf., v. g., a Corte Constitucional austríaca (Constituição, art. 140), a Corte Constitucional alemã (Lei Orgânica, § 31, 2 e 79, 1), a Corte Constitucional espanhola (embora não expressa na Constituição, adotou, desde 1989, a técnica da *declaração de inconstitucionalidade sem a pronúncia da nulidade;* cf. Eduardo García de Enterría, Justicia constitucional, la doctrina prospectiva en la declaración de ineficacia de las leyes inconstitucionales, *RDP*, 22 (92)/5, out./dez.), a Corte Constitucional portuguesa (Constituição, art. 282, n. 4), o Tribunal de Justiça da Comunidade Europeia (art. 174, 2, do Tratado de Roma), o Tribunal Europeu de Direitos Humanos (caso *Markx*, de 13-6-1979); cf. ainda Carlos Roberto Siqueira Castro, Da declaração de inconstitucionalidade e seus efeitos em face das Leis n. 9.868 e 9.882/99, in Daniel Sarmento (org.), *O controle de constitucionalidade e a Lei 9.868/99*, Rio de Janeiro, 2001.

outro princípio que justifique a não aplicação do princípio da nulidade – parece sugerir que, se aplicável, a declaração de inconstitucionalidade restrita revela-se abrangente do modelo de controle de constitucionalidade como um todo. É que, nesses casos, tal como já argumentado, o afastamento do princípio da nulidade da lei assenta-se em fundamentos constitucionais e não em razões de conveniência. Se o sistema constitucional legitima a declaração de inconstitucionalidade restrita no controle abstrato, essa decisão poderá afetar, igualmente, os processos do modelo concreto ou incidental de normas. Do contrário, poder-se-ia ter inclusive um esvaziamento ou uma perda de significado da própria declaração de inconstitucionalidade restrita ou limitada.

Nesse contexto, tendo em vista os próprios fundamentos legitimadores da restrição de efeitos, poderá o Tribunal declarar a inconstitucionalidade com efeitos limitados, fazendo, porém, a ressalva dos casos já decididos ou dos casos pendentes até determinado momento (v. g., até a decisão *in abstracto*). É o que ocorre no sistema português, em que o Tribunal Constitucional ressalva, frequentemente, os efeitos produzidos até a data da publicação da declaração de inconstitucionalidade no Diário da República ou, ainda, acrescenta no dispositivo que são excetuadas aquelas situações que estejam pendentes de impugnação contenciosa[128]. Essa orientação afigura-se integralmente aplicável ao sistema brasileiro.

Pode-se entender que se o STF declarar a inconstitucionalidade restrita, sem qualquer ressalva, essa decisão afeta os demais processos com pedidos idênticos pendentes de decisão nas diversas instâncias. Os próprios fundamentos constitucionais legitimadores da restrição embasam a declaração de inconstitucionalidade com eficácia *ex nunc* nos casos concretos. A inconstitucionalidade da lei há de ser reconhecida a partir do trânsito em julgado da decisão. Os casos concretos ainda não transitados terão o mesmo tratamento (decisões com eficácia *ex nunc*) se e quando submetidos ao STF.

Tendo-se em vista a autonomia dos processos de controle incidental ou concreto e de controle abstrato, mostra-se possível distanciamento temporal entre decisões proferidas nos dois sistemas (decisões anteriores, no sistema incidental, com eficácia *ex tunc* e decisão posterior, no sistema abstrato, com eficácia *ex nunc*). Pode-se ensejar a insegurança jurídica. É razoável que o próprio STF declare, nesses casos, a inconstitucionalidade com eficácia *ex nunc* na ação direta, ressalvando, porém, os casos concretos já julgados ou, em determinadas situações, até mesmo os casos *sub judice*, até a data de ajuizamento da ação direta de inconstitucionalidade. Ressalte-se aqui que, além da ponderação central entre o princípio da nulidade e outro princípio constitucional, com a finalidade de definir a dimensão básica da limitação, deverá a Corte fazer outras ponderações, tendo em vista a repercussão da decisão tomada no processo de controle *in abstracto* nos diversos processos de controle concreto.

Tem-se, a nosso ver, adequada solução para o difícil problema da convivência entre os dois modelos de controle de constitucionalidade existentes no Direito brasileiro, também no que diz respeito à técnica de decisão. Aludida abordagem responde a outra questão intimamente vinculada a esta.

128 Cf. Rui Medeiros, *A decisão de inconstitucionalidade*, cit., p. 748.

Trata-se de saber se o STF poderia, ao apreciar recurso extraordinário, declarar a inconstitucionalidade com efeitos limitados.

Não parece haver dúvida de que, tal como já exposto, a limitação de efeito é decorrência do controle judicial de constitucionalidade, podendo ser aplicado tanto no controle direto quanto no controle incidental. O Supremo Tribunal Federal já teve a oportunidade de discutir a aplicação do art. 27 da Lei n. 9.868/99 em alguns casos. No primeiro, controvertia-se sobre a constitucionalidade do parágrafo único do art. 6º da Lei Orgânica n. 222, de 31-3-1990, do Município de Mira-Estrela (SP), que teria fixado seu número de vereadores em afronta ao disposto no art. 29, IV, da Constituição. É que tal disposição prevê que o número de vereadores seja fixado proporcionalmente à população local, observando-se, nos Municípios de até um milhão de habitantes, a relação de um mínimo de nove e um máximo de vinte e um. Acolhendo proposta formulada em voto vista proferido pelo Ministro Gilmar Mendes, o Tribunal consagrou que a decisão de inconstitucionalidade seria dotada de efeito *pro futuro*[129].

O segundo caso diz respeito à exigência de recolhimento à prisão para que o acusado pudesse apelar, discutida na Reclamação n. 2.391. Embora a referida reclamação tenha sido declarada prejudicada, por perda de objeto, o debate demonstrou que tais casos de revisão da jurisprudência amplamente consolidada no âmbito do Tribunal tornam relevante a discussão em torno dos efeitos da decisão. No caso, o Tribunal encaminhava-se para reconhecer que eventual declaração de inconstitucionalidade haveria de ser declarada com efeitos *ex nunc*[130]. O terceiro caso refere-se à decisão proferida na ADI 3.022, de 18-8-2004, na qual declarou o Tribunal a inconstitucionalidade de lei do Rio Grande do Sul, reconhecendo-se, pela primeira vez, que a decisão teria eficácia *pro futuro*[131].

Mencione-se, também, o julgamento do HC 82.959, de 23-2-2006, quando o Tribunal, por maioria, deferiu o pedido de *habeas corpus* e declarou, *incidenter tantum*, a inconstitucionalidade do § 1º do art. 2º da Lei n. 8.072/90, que veda a possibilidade de progressão do regime de cumprimento da pena nos crimes hediondos definidos no art. 1º do mesmo diploma legal. Entendeu-se, no caso, que a vedação de progressão de regime, prevista na norma impugnada, afronta o direito à individualização da pena (CF, art. 5º, LXVI), já que, ao não permitir que se considerem as particularidades de cada pessoa, a sua capacidade de reintegração social e os esforços aplicados com vistas à ressocialização, acaba tornando inócua a garantia constitucional. Ressaltou-se, também, que o dispositivo impugnado deteria certa incoerência, porquanto impede a progressividade, mas admite o livramento condicional após o cumprimento de 2/3 da pena (Lei n. 8.072/90, art. 5º). No entanto, explicitou o Tribunal que a declaração incidental de inconstitucionalidade do preceito legal em questão não gerará consequências jurídicas com relação às penas já extintas na data do julgamento, esclarecendo que a decisão

---

129 Cf. RE 197.917, rel. Min. Maurício Corrêa, *DJ* de 7-5-2004; cf., ainda, Capítulo 6, *supra*, subitem sobre as decisões com limitação de efeitos.

130 Rcl. 2.391, rel. Min. Marco Aurélio. Declarada prejudicada por perda de objeto (*DJ* de 12-2-2007); cf. item sobre a eficácia limitada na ADI e na ADC.

131 ADI 3.022, rel. Min. Joaquim Barbosa, *DJ* de 18-8-2004.

plenária envolve, unicamente, o afastamento do óbice representado pela norma ora declarada inconstitucional, sem prejuízo da apreciação, caso a caso, pelo magistrado competente, dos demais requisitos pertinentes ao reconhecimento da possibilidade de progressão. Mais uma vez, portanto, conferiu o Tribunal efeitos restritivos às suas declarações de inconstitucionalidade[132].

Por fim, registre-se o julgamento conjunto dos Recursos Extraordinários 560.626, 556.664 e 559.882, rel. Min. Gilmar Mendes, bem como do 559.943, rel. Min. Cármen Lúcia, nos quais se discutiu a constitucionalidade formal dos arts. 45 e 46 da Lei n. 8.212/91, em face do art. 143, III, *b*, da Constituição Federal, diante da alegação de que os dispositivos questionados tratavam de prescrição e decadência de crédito tributário, matérias reservadas à lei complementar.

O Supremo Tribunal Federal declarou a inconstitucionalidade dos dispositivos, mas, diante da repercussão e da insegurança jurídica que se poderia ter no caso, modulou os efeitos da decisão, para afastar a possibilidade de repetição de indébito de valores já recolhidos, ressalvadas as ações de repetição propostas antes da conclusão do julgamento.

A convivência do modelo incidental difuso tradicional com um sistema de múltiplas ações diretas – ADI, ADC, ADIo, ADPF e representação interventiva – operou significativa mudança no controle de constitucionalidade brasileiro. Uma observação trivial revela tendência de *dessubjetivização* das formas processuais, especialmente daquelas aplicáveis ao modelo de controle incidental, antes dotadas de ampla feição subjetiva, com simples eficácia *inter partes*.

A adoção de estrutura procedimental aberta para o processo de controle difuso (participação de *amicus curiae* e outros interessados), a concepção de recurso extraordinário de feição especial para os juizados especiais, o reconhecimento de efeito transcendente para a declaração de inconstitucionalidade incidental, a lenta e gradual superação da fórmula do Senado (art. 52, X), a incorporação do instituto da repercussão geral no âmbito do recurso extraordinário e a *desformalização* do recurso extraordinário com o reconhecimento de uma possível *causa petendi* aberta são demonstrações das mudanças verificadas a partir desse *diálogo* e *intercâmbio* entre os modelos de controle de constitucionalidade positivados no Direito brasileiro. Pode-se apontar, dentre as diversas transformações detectadas, inequívoca tendência para ampliar a feição objetiva do processo de controle incidental entre nós.

Consigne-se que o Código de Processo Civil de 2015 passou a prever genericamente a possibilidade de modulação de efeitos, sem restringir o uso da técnica a processos de controle abstrato de constitucionalidade. A previsão consta do art. 927, § 3º, segundo o qual, "na hipótese de alteração de jurisprudência dominante do Supremo Tribunal Federal e dos tribunais superiores ou daquela oriunda de julgamento de casos repetitivos, pode haver modulação dos efeitos da alteração no interesse social e no da segurança jurídica". Com isso, a controvérsia acerca do cabimento de modulação de efeitos em processos subjetivos resta superada.

Finalmente, o Supremo Tribunal Federal, ao julgar embargos de declaração no Recurso Extraordinário n. 638.115, rel. Min. Gilmar Mendes, decidiu que a modulação

---

132 Cf. HC 82.959, rel. Min. Marco Aurélio, *DJ* de 13-3-2006.

de efeitos em sede de recurso extraordinário pressupõe quórum de maioria absoluta, flexibilizando, portanto, o quórum de 2/3 previsto no art. 27 da Lei n. 9.868/99, que permanece aplicável apenas aos processos de controle abstrato de constitucionalidade.

4.4. O controle de constitucionalidade incidental realizado por órgãos não jurisdicionais

No tocante à alegação de incompetência do Tribunal de Contas da União para realizar controle difuso de constitucionalidade, é interessante notar que, entre nós, a jurisprudência antiga, encartada na Súmula 347 do Supremo Tribunal Federal, abre ensejo para que o Tribunal de Contas afaste a aplicação de uma lei a um caso sob o seu exame, por julgá-la inconstitucional.

Ocorre que o referido Enunciado foi aprovado em Sessão Plenária de 13-12-1963, em contexto constitucional diverso do atual.

Com efeito, até o advento da Emenda Constitucional n. 16/65, que introduziu em nosso sistema o controle abstrato de normas, admitia-se como legítima a recusa, por parte de órgãos não jurisdicionais, da aplicação de lei considerada inconstitucional.

Na vigência da Constituição de 1967/69, o Supremo Tribunal Federal firmou o entendimento de que seria constitucional decreto de chefe de Poder Executivo estadual que determinasse aos órgãos a ele subordinados que se abstivessem da prática de atos que implicassem a execução de dispositivos legais vetados por falta de iniciativa exclusiva do Poder Executivo. O precedente, de relatoria do Ministro Moreira Alves, ficou assim ementado:

> "É constitucional decreto de Chefe de Poder Executivo Estadual que determina aos órgãos a ele subordinados que se abstenham da prática de atos que impliquem a execução de dispositivos legais vetados por falta de iniciativa exclusiva do Poder Executivo. Constitucionalidade do Decreto n. 7.864, de 30 de abril de 1976, do Governador do Estado de São Paulo. Representação julgada improcedente"[133].

Cuidava-se de hipótese de inequívoca inconstitucionalidade e que, por isso, não se baseava em inconformismo de um Poder em face de outro. Ao contrário, a Corte vislumbrou no ato uma situação de autodefesa de prerrogativa que a Constituição conferia ao Executivo para melhor atender ao interesse público.

Tal como demonstra Ruy Carlos de Barros Monteiro em minucioso estudo sobre o tema, a questão de um eventual descumprimento de lei considerada inconstitucional pelo Poder Executivo deu ensejo à intensa controvérsia doutrinária e jurisprudencial[134]. O autor, inicialmente, noticia a existência de três correntes doutrinárias relativas à possibilidade de o Poder Executivo deixar de aplicar a legislação, por entendê-la inconstitucional. A primeira, capitaneada por Miguel Reale, defende que o Executivo pode deixar

133 Rp 980, rel. Min. Moreira Alves, Tribunal Pleno, *DJ* de 19-9-1980.

134 MONTEIRO, Ruy Carlos de Barros. O argumento de inconstitucionalidade e o repúdio da lei pelo Poder Executivo. *Revista Forense*, v. 79, n. 284 e ss., p. 119, out./dez. 1983.

de aplicar determinada lei quando entender que ela estaria em desacordo com os comandos constitucionais. A segunda, representada, entre outros, por Alfredo Buzaid, entende que apenas o Poder Judiciário detém competência para apreciar a constitucionalidade das leis, sendo vedado ao Legislativo e Executivo deixar de aplicá-las, sob pena de violação ao princípio da separação de poderes. E a última, assumindo um viés intermediário e tendo como principal representante Victor Leal Nunes, consigna que apenas até a edição da EC n. 16/65 se apresentava autêntica a recusa do Poder Executivo de cumprir lei supostamente inconstitucional. Em seguida, Ruy Carlos de Barros Monteiro manifesta-se no sentido de que compete exclusivamente ao Poder Judiciário apreciar a constitucionalidade das leis. Na ocasião, o autor afirmou que, ao se conferir essa prerrogativa ao Poder Executivo, destruir-se-ia, em termos definitivos, a independência e a harmonia entre os poderes. Nesse sentido, afirma o seguinte:

> "Por isso, antes de quase institucionalizar a conduta, cumpre tratá-la diante de indagação imperiosa: conferindo essa atribuição ao Poder Executivo, como querem a doutrina e a jurisprudência, não se estaria destruindo a independência e a harmonia entre os poderes, numa real perda do equilíbrio no cumprimento das funções plasmadas pela Constituição?
>
> Da resposta afirmativa sobressai, data vênia, patente fraude ao consagrado princípio, concebido que foi, como é cediço, para que o poder pudesse conter o poder: que aquele que faz as leis não seja o encarregado de aplicá-las e nem de executá-las; que o que execute não possa fazê-las nem julgar de sua aplicação; que o que julgue não as faça e nem as execute"[135].

Não resta dúvida de que a introdução do controle abstrato entre nós, em 1965, representou relevante alteração de nosso sistema de controle de constitucionalidade. Ademais, afigura-se conveniente, senão necessário, assentar que a Constituição de 1988 introduziu uma mudança radical no nosso sistema de controle de constitucionalidade.

A ampla legitimação conferida ao controle abstrato, com a inevitável possibilidade de se submeter qualquer questão constitucional ao Supremo Tribunal Federal, operou uma mudança substancial no modelo de controle de constitucionalidade até então vigente no Brasil.

O monopólio de ação outorgado ao Procurador-Geral da República no sistema de 1967/69 não provocou alteração profunda no modelo incidente ou difuso. Este continuou predominante, integrando-se a representação de inconstitucionalidade a ele como um elemento ancilar, que pouco contribuía para diferenciá-lo dos demais sistemas "difusos" ou "incidentes" de controle de constitucionalidade.

A Constituição de 1988 reduziu o significado do controle de constitucionalidade incidental ou difuso ao ampliar, de forma marcante, a legitimação para propositura da ação direta de inconstitucionalidade (CF, art. 103), permitindo que, praticamente, todas as controvérsias constitucionais relevantes sejam passíveis de submissão ao Supremo Tribunal Federal mediante processo de controle abstrato de normas.

---

135 MONTEIRO, Ruy Carlos de Barros. O argumento de inconstitucionalidade e o repúdio da lei pelo Poder Executivo. *Revista Forense*, v. 79, n. 284 e ss., p. 119, out./dez. 1983.

Convém assinalar que, tal como já observado por Anschütz ainda no regime de Weimar, toda vez que se outorga a um Tribunal especial atribuição para decidir questões constitucionais, limita-se, explícita ou implicitamente, a competência da jurisdição ordinária para apreciar tais controvérsias[136].

Portanto, parece quase intuitivo que, ao ampliar, de forma significativa, o círculo de entes e órgãos legitimados a provocar o Supremo Tribunal Federal no processo de controle abstrato de normas, acabou o constituinte por restringir, de maneira radical, a amplitude do controle difuso de constitucionalidade.

Assim, se se cogitava, no período anterior a 1988, um modelo misto de controle de constitucionalidade, é certo que o forte acento residia, ainda, no amplo e dominante sistema difuso de controle. O controle direto continuava a ser algo acidental e episódico dentro do sistema difuso.

Ressalte-se que essa alteração se operou de forma ainda mais profunda com a regulamentação da Arguição de Descumprimento de Preceito Fundamental, pela Lei n. 9.882/98. Isso porque, desde então, admite-se o ajuizamento de ação de controle abstrato contra direito pré-constitucional em face da nova Constituição e também a verificação de compatibilidade entre esta última e o direito municipal.

A ampla legitimação, a presteza e a celeridade desse modelo processual, dotado inclusive da possibilidade de se suspender imediatamente a eficácia do ato normativo questionado, mediante pedido de cautelar, fazem com que as grandes questões constitucionais sejam solvidas, na sua maioria, mediante a utilização da ação direta, típico instrumento do controle concentrado.

A particular conformação do processo de controle abstrato de normas confere-lhe, também, novo significado como instrumento federativo, permitindo a aferição da constitucionalidade das leis federais mediante requerimento de um Governador de Estado e a aferição da constitucionalidade das leis estaduais mediante requerimento do Presidente da República.

Conferir o direito de propositura da ação direta de inconstitucionalidade aos partidos políticos com representação no Congresso Nacional concretiza, por outro lado, a ideia de defesa das minorias, uma vez que se assegura até às frações parlamentares menos representativas a possibilidade de arguir a inconstitucionalidade de lei. Com efeito, a outorga desse direito aos partidos políticos com representação no Congresso Nacional realiza, de forma radical, a ideia, exposta inicialmente por Kelsen, da utilização da jurisdição constitucional, especialmente do controle abstrato de normas, para a defesa das minorias[137].

De mais a mais, o constitucionalismo brasileiro permite atualmente ampla participação de órgãos estatais, instituições públicas e privadas, cidadãos e grupos no processo de interpretação da Constituição. Trata-se da concretização do que o jurista alemão Peter Häberle define como Sociedade Aberta dos Intérpretes da Constituição[138].

---

136 ANSCHÜTZ, Gerhard. *Verhandlungen des 34.* juristentags. Berlim, 1927. v. 2, p. 208.

137 KELSEN, Hans. *Entwicklung der staatsgerichtsbarkeit*. VVDStRL 5 (1929), p. 30.

138 HÄBERLE, Peter. *Hermenêutica constitucional*: a sociedade aberta dos intérpretes da constituição; contribuição para a interpretação pluralista e procedimental da constituição. Trad. Gilmar Ferreira Mendes. Porto Alegre: Sergio Antonio Fabris Editor, 1997.

A propósito, é oportuno consignar que a Lei n. 9.868/98 prevê a possibilidade de designação, no curso do contencioso constitucional, de audiências públicas, para ouvir pessoas com experiência e autoridade na matéria analisada (art. 20, § 1º). No mesmo sentido, o Regimento Interno do Supremo Tribunal Federal, na redação dada pela Emenda Regimental n. 29/2009, ainda prevê para o Presidente ou Relator, em relação aos processos de sua competência, atribuição de convocar audiência pública para ouvir o depoimento de pessoas com experiência e autoridade em determinada matéria, sempre que entender necessário o esclarecimento de questões ou circunstâncias de fato, com repercussão geral e de interesse público relevante, debatidas no âmbito do Tribunal (arts. 13, XVII e XVIII, e 21, XVII e XVIII, do RISTF).

Além disso, a Lei n. 9.868/98 estabelece a possibilidade de manifestação, na qualidade de *amicus curiae*, de órgãos e entidades diversos, desde que haja relevância do tema analisado e representatividade dos postulantes (art. 7, § 2º).

Ao ampliar o círculo de entes e órgãos legitimados a provocar o Supremo Tribunal Federal, nos processos de controle abstrato de normas, bem como daqueles que podem participar efetivamente do processo constitucional, por meio de audiências públicas e intervenções como *amicus curiae*, acabou o constituinte de 87/88 por restringir a amplitude do controle difuso de constitucionalidade de leis e atos normativos, limitando-os aos órgãos jurisdicionais. Além disso, a própria criação da ação declaratória de constitucionalidade revela a preocupação da Carta Magna em prestigiar a presunção de constitucionalidade de leis e atos normativos.

De fato, esse sensível incremento do controle abstrato de constitucionalidade, inclusive com efeito vinculante e eficácia contra todos, implica a desnecessidade de que o sistema de controle difuso de constitucionalidade extrapole a esfera do Judiciário.

Nesse contexto, é relevante reafirmar que a possibilidade de o Executivo deixar de cumprir decisão legislativa, com fundamento em uma alegada inconstitucionalidade, é controvérsia que, sob o regime constitucional anterior, ganhou alguma densidade doutrinária e jurisprudencial, mas certamente já perdeu muito do seu significado prático, em face da nova disciplina conferida à ação direta de inconstitucionalidade. A outorga do direito para propor a ação direta aos chefes do Executivo federal e estadual retira, senão a legitimidade desse tipo de conduta, pelo menos, na maioria dos casos, a motivação para a adoção dessa conduta de quase desforço no âmbito do Estado de Direito. Nessa linha, é coerente com nosso sistema constitucional que a presunção de constitucionalidade das normas somente possa ser afastada por órgãos jurisdicionais competentes.

Nesse sentido, a própria evolução do sistema de controle de constitucionalidade no Brasil demonstra a necessidade de reavaliar a subsistência da Súmula 347 do STF em face da ordem jurídica instaurada com a Constituição de 1988.

Órgãos administrativos, como o Tribunal de Contas da União, não encontram esteio no novo texto constitucional para o exercício do controle de constitucionalidade, dados o franco acesso ao Poder Judiciário e a existência de instrumental seguro e célere no controle abstrato de constitucionalidade, dirigido diretamente ao STF.

Especificamente quanto ao Tribunal de Contas da União, essa controvérsia chegou ao STF em mandados de segurança, nos quais se impugnam decisões do TCU que consideram inconstitucional o Decreto n. 2.745/98, que aprova o Regulamento do Procedimento Licitatório Simplificado da Petrobras. O Supremo ainda não apreciou o mérito dos mandados. Contudo, nos últimos anos, o Tribunal tem deferido liminares suspendendo as referidas decisões da Corte de Contas[139].

Na liminar deferida no âmbito do MS 29.123-MC/DF, o Ministro Gilmar Mendes considerou que, diante da ampliação do rol de legitimados para a propositura de ação direta de inconstitucionalidade operada na Constituição de 1988, seria questionável a sobrevida da súmula na nova ordem constitucional. Em sua decisão, considerou o ministro que:

> "Parece quase intuitivo que, ao ampliar, de forma significativa, o círculo de entes e órgãos legitimados a provocar o Supremo Tribunal Federal, no processo de controle abstrato de normas, acabou o constituinte por restringir, de maneira radical, a amplitude do controle difuso de constitucionalidade. A amplitude do direito de propositura faz com que até mesmo pleitos tipicamente individuais sejam submetidos ao Supremo Tribunal Federal mediante ação direta de inconstitucionalidade. Assim, o processo de controle abstrato de normas cumpre entre nós uma dupla função: atua tanto como instrumento de defesa da ordem objetiva, quanto como instrumento de defesa de posições subjetivas. Assim, a própria evolução do sistema de controle de constitucionalidade no Brasil, verificada desde então, está a demonstrar a necessidade de se reavaliar a subsistência da Súmula 347 em face da ordem constitucional instaurada com a Constituição de 1988"[140].

Merece ser rememorado, no entanto, que se entende possível que entidades não jurisdicionais – a exemplo do TCU e do CNJ – neguem aplicação a determinada lei no caso concreto, quando já houver entendimento pacificado do STF acerca da inconstitucionalidade chapada, notória ou evidente do ato normativo em questão, assim como restou decidido no julgamento do MS 26.739/DF, pela Segunda Turma do Supremo Tribunal Federal[141].

---

139 Nesse sentido, conferem-se as seguintes decisões monocráticas: MS 29.123-MC/DF, rel. Min. Gilmar Mendes, *DJe* de 8-9-2010; MS 28.745-MC/DF, rel. Min. Ellen Gracie, *DJ* de 13-5-2010; MS 28.626-MC/DF, rel. Min. Dias Toffoli, *DJ* de 5-3-2010; MS 28.252-MC/DF. rel. Min. Eros Grau, *DJ* de 29-9-2009; MS 27.796-MC/DF, rel. Min. Ayres Britto, *DJ* de 9-2-2009; MS 27.344-MC/DF, rel. Min. Eros Grau, *DJ* de 2-6-2008; MS 27.337-MC/DF, rel. Min. Eros Grau, *DJ* de 28-5-2008; MS 27.232-MC/DF, rel. Min. Eros Grau, *DJ* de 20-5-2008; MS 26.808-MC/DF, rel. Min. Ellen Gracie, *DJ* de 2-8-2007; MS 26.783-MC/DF, rel. Min. Marco Aurélio, *DJ* de 1º-8-2007; e MS 25.986-ED-MC/DF, rel. Min. Celso de Mello, *DJ* de 30-6-2006, MS 29.326/DF, 27.743-MC/DF, rel. Min. Cármen Lúcia, *DJe* de 15-12-2008, 28.897-MC/DF, rel. Min. Cármen Lúcia, *DJe* de 2-8-2010, rel. Min. Cármen Lúcia, *DJ* de 22-8-2011.

140 MS 29.123-MC/DF, rel. Min. Gilmar Mendes, *DJe* de 8-9-2010.

141 O tema foi mais bem examinado no item 4.3, da Seção I, deste Capítulo 10.

IV AÇÃO DIRETA DE INCONSTITUCIONALIDADE

1. CONSIDERAÇÕES PRELIMINARES

O monopólio de ação outorgado ao Procurador-Geral da República no sistema de 1967/69 não provocou uma alteração profunda no modelo incidente ou difuso. Este continuou predominante, integrando-se a representação de inconstitucionalidade a ele como um elemento ancilar, que contribuía muito pouco para diferençá-lo dos demais sistemas "difusos" ou "incidentes" de controle de constitucionalidade[1].

Nos termos do art. 103 da Constituição de 1988, dispõem de legitimidade para propor a ação de inconstitucionalidade o Presidente da República, a Mesa do Senado Federal, a Mesa da Câmara dos Deputados, a Mesa da Assembleia Legislativa ou da Câmara Legislativa, o Governador de Estado ou do Distrito Federal, o Procurador-Geral da República, o Conselho Federal da Ordem dos Advogados do Brasil, partido político com representação no Congresso Nacional, as confederações sindicais ou entidades de classe de âmbito nacional.

Com a introdução desse sistema de controle abstrato de normas, dotado de ampla legitimação e, particularmente, com a outorga do direito de propositura a diferentes órgãos da sociedade, pretendeu o constituinte reforçar o controle abstrato de normas no ordenamento jurídico brasileiro como peculiar instrumento de *correção* do sistema geral incidente.

Assim, se se cogitava, já no sistema da Constituição de 1967/69, de um *modelo misto* de controle de constitucionalidade, é certo que o forte acento residia, ainda, no amplo e dominante sistema difuso de controle. O *controle direto* ou *abstrato* continuava a ser algo acidental e episódico dentro do sistema difuso.

Não é menos certo, por outro lado, que a ampla legitimação conferida ao controle abstrato, com a inevitável possibilidade de se submeter qualquer questão constitucional ao Supremo Tribunal Federal, operou uma mudança substancial – ainda que não desejada – no modelo de controle de constitucionalidade até então vigente no Brasil.

A Constituição de 1988 reduziu o significado do controle de constitucionalidade incidental ou difuso, ao ampliar, de forma marcante, a legitimação para propositura da ação direta de inconstitucionalidade (art. 103), permitindo que muitas controvérsias constitucionais relevantes sejam submetidas ao Supremo Tribunal Federal mediante processo de controle abstrato de normas.

Portanto, parece quase intuitivo que, por essa forma, acabou o constituinte por restringir, de maneira radical, a amplitude do controle difuso de constitucionalidade.

A ampla legitimação, a presteza e a celeridade processual do modelo abstrato, dotado inclusive da possibilidade de suspender imediatamente a eficácia do ato normativo questionado, mediante pedido de cautelar, fazem com que as grandes questões constitucionais sejam solvidas, na sua maioria, mediante a utilização da ação direta, típico instrumento do controle concentrado.

---

1 Cf., neste capítulo, o n. II – *Evolução do controle de constitucionalidade no direito brasileiro*.

2. PRESSUPOSTOS DE ADMISSIBILIDADE DA AÇÃO DIRETA DE INCONSTITUCIONALIDADE

2.1. Legitimação para agir e capacidade postulatória

Tal como assinalado, nos termos do art. 103 da CF de 1988, dispõem de legitimidade para propor a ação direta de inconstitucionalidade o Presidente da República, a Mesa do Senado Federal, a Mesa da Câmara dos Deputados, a Mesa de uma Assembleia Legislativa, o Governador de Estado, o Governador do Distrito Federal, o Procurador-Geral da República, o Conselho Federal da OAB, partido político com representação no Congresso Nacional e as confederações sindicais ou entidades de classe de âmbito nacional.

A extensa lista de legitimados presentes no texto constitucional fortalece a impressão de que o constituinte pretendeu reforçar o controle abstrato de normas no ordenamento jurídico brasileiro, como peculiar instrumento de *correção* do sistema geral incidente.

Quanto à capacidade postulatória, entende o Supremo Tribunal Federal que "o Governador do Estado e as demais autoridades e entidades referidas no art. 103, incisos I a VII, da Constituição Federal, além de ativamente legitimados à instauração do controle concentrado de constitucionalidade das leis e atos normativos, federais e estaduais, mediante ajuizamento da ação direta perante o Supremo Tribunal Federal, possuem capacidade processual plena e dispõem, *ex vi* da própria norma constitucional, de "capacidade postulatória", podendo subscrever a peça inicial sem auxílio de advogado. Os partidos políticos e as confederações sindicais e entidades de classe não dispõem, segundo esse entendimento, de capacidade postulatória, devendo estar representados no processo por profissional da advocacia.

Advirta-se, ademais, que, segundo orientação dominante no Tribunal, da procuração outorgada a advogado para propositura da ADI devem constar, expressamente, a indicação das normas a serem impugnadas[2].

Assim, com exceção das confederações sindicais e entidades de classe de âmbito nacional e dos partidos políticos (CF/88, art. 103, VIII e IX), todos os demais legitimados para a ADI dispõem de capacidade postulatória especial.

A propósito desse tema, interessante controvérsia ocorreu no julgamento do Recurso Extraordinário com Agravo n. 819.771, rel. Min. Roberto Barroso, em que a Corte decidiu que Procuradores de Assembleias Legislativas ou de Estados não têm legitimidade ativa ou capacidade postulatória para interpor recurso extraordinário ou agravo em recurso extraordinário ao Supremo Tribunal Federal se, na instância de origem, a demanda envolver ação de controle de constitucionalidade. Essa orientação, contudo, foi superada no julgamento do Recurso Extraordinário n. 1.068.600, oportunidade em que o Tribunal passou a admitir que a legitimidade para a interposição de recursos em ação direta de inconstitucionalidade estadual pode ser reconhecida de forma implícita.

---

2 Nesse sentido, cf. ADI 2.552/PR, rel. Min. Maurício Corrêa, *DJ* de 19-12-2001 e ADI 2.187, rel. Min. Octavio Gallotti, *DJ* de 12-12-2003.

2.1.1. Legitimação de confederação sindical e entidade de classe de âmbito nacional

Merece especial menção a controvérsia sobre a legitimação das confederações sindicais e das entidades de classe de âmbito nacional, tendo em vista os problemas suscitados na jurisprudência do Supremo Tribunal Federal.

O direito de propositura das confederações sindicais e das organizações de classe de âmbito nacional prepara significativas dificuldades práticas.

A existência de diferentes organizações destinadas à representação de determinadas profissões ou atividades e a não existência de disciplina legal sobre o assunto tornam indispensável que se examine, em cada caso, a legitimação dessas diferentes organizações.

Causam dificuldade, sobretudo, *a definição e a identificação das chamadas entidades de classe*, uma vez que, até então, inexistia critério preciso que as diferençasse de outras organizações de defesa de diversos interesses. Por isso, está o Tribunal obrigado a verificar especificamente a qualificação dessa confederação sindical ou organização de classe instituída em âmbito nacional[3].

Nesse sentido, merece especial referência a controvérsia sobre a legitimação das confederações sindicais e das entidades de classe de âmbito nacional, tendo em vista os problemas suscitados, desde então, pela jurisprudência do Supremo Tribunal Federal.

Definição de entidade de classe: a noção de *entidade de classe* abarca grupo amplo e diferenciado de associações, que não podem ser distinguidas de maneira simples[4]. Essa questão tem ocupado o Tribunal praticamente desde a promulgação da Constituição de 1988[5].

Em decisão de 5-4-1989 (ADIn-MC 34-DF) tentou o Tribunal definir a noção de *entidade de classe*, ao explicitar que é apenas a associação de pessoas que representa o interesse comum de uma determinada categoria "intrinsecamente distinta das demais"[6]. Nesse mesmo julgamento, firmou-se a tese de que os grupos formados circunstancialmente – como a associação de empregados de uma empresa – não poderiam ser classificados como organizações de classe, nos termos do art. 103, IX, da CF.

Não obstante, o Supremo Tribunal Federal reconheceu a legitimidade da Associação Nacional dos Magistrados da Justiça do Trabalho (Anamatra) e da Associação Nacional dos Procuradores do Trabalho (ANPT) para questionar, por meio de Ação Direta de Inconstitucionalidade, dispositivos da Lei 11.442/2007 (Lei dos Motoristas), que dispõe sobre o transporte rodoviário de cargas[7].

A ideia de um *interesse comum essencial de diferentes categorias* fornece base para distinção entre a organização de classe, nos termos do art. 103, IX, da Constituição, e outras associações ou organizações sociais. Dessa forma, deixou assente o Supremo Tribunal Federal que o constituinte decidiu por uma *legitimação limitada*, não permitindo que se convertesse o direito de propositura dessas organizações de classe em autêntica ação popular[8].

---

3 Cf. ADI 34/DF, rel. Min. Octavio Gallotti, *RTJ*, 128/481; ADI 43/DF, rel. Min. Sydney Sanches, *RTJ*, 129(3)/959.

4 Cf. ADI 433/DF, rel. Min. Moreira Alves, *DJ* de 20-3-1992.

5 ADI 34/DF, rel. Min. Octavio Gallotti, *RTJ*, 128/481; ADI 39/RJ, rel. Min. Moreira Alves, *DJ* de 19-5-1989.

6 Cf. ADI 34/DF, rel. Min. Octavio Gallotti, *RTJ*, 128/481.

7 ADI 3.961, rel. Min. Roberto Barroso, Red. p/ acórdão Min. Rosa Weber, Tribunal Pleno, j. em 7-2-2019.

8 Cf. ADI 79/DF, rel. Min. Celso de Mello, *DJ* de 10-9-1989, *RDA*, 188/144 (146), 1992.

Em outras decisões, o STF deu continuidade ao esforço de desdobrar a definição de *entidade de classe de âmbito nacional*.

Segundo a orientação firmada pelo Supremo Tribunal Federal, não configuraria entidade de classe de âmbito nacional, para os efeitos do art. 103, IX, organização formada por associados pertencentes a categorias diversas[9]. Ou, tal como formulado, "não se configuram como entidades de classe aquelas instituições que são integradas por membros vinculados a extratos sociais, profissionais ou econômicos diversificados, cujos objetivos, individualmente considerados, revelam-se contrastantes"[10]. O permissivo constitucional também não atribui legitimidade ativa às associações que congregam somente parcela ou fração da categoria profissional cujo interesse se busca tutelar no controle abstrato de constitucionalidade[11]. Tampouco se compatibilizam com essa noção as entidades associativas de outros segmentos da sociedade civil, por exemplo, a União Nacional dos Estudantes – UNE[12].

Não se admite, igualmente, a legitimidade de pessoas jurídicas de direito privado, que reúnam, como membros integrantes, associações de natureza civil e organismos de caráter sindical, exatamente em decorrência desse hibridismo, porquanto "noção conceitual (de instituições de classe) reclama a participação, nelas, dos próprios indivíduos integrantes de determinada categoria, e não apenas das entidades privadas constituídas para representá-los"[13].

Da mesma forma, como regra geral, não se reconhece natureza de entidade de classe àquelas organizações que, "congregando pessoas jurídicas, apresentam-se como verdadeiras associações de associações", uma vez que, nesse caso, faltar-lhes-ia exatamente a qualidade de entidade de classe[14].

Também a distinção entre confederação sindical e central sindical mostra-se relevante para a definição da legitimidade para a propositura de ação direta de inconstitucionalidade. A esse respeito, cumpre referir a ADI 1.442, da relatoria do Ministro Celso de Mello, ocasião em que o Supremo Tribunal deu por ilegítima a Central Única dos Trabalhadores, assentando que, na "organização sindical brasileira, somente as confederações sindicais dispõem de legitimidade ativa 'ad causam' para o ajuizamento da ação direta de inconstitucionalidade (CF, art. 103, IX), falecendo às centrais sindicais, em consequência, o poder para fazer instaurar, perante o Supremo Tribunal Federal, o concernente processo de fiscalização normativa abstrata"[15].

---

9 ADI 57/DF, rel. Min. Ilmar Galvão, *DJ* de 13-12-1991, p. 18353; ADI 108/DF, rel. Min. Celso de Mello, *DJ* de 5-6-1992, p. 8426.

10 ADI 108/DF, rel. Min. Celso de Mello, *DJ* de 5-6-1992, p. 8426.

11 Nesse sentido, destaca-se decisão do Tribunal que reconheceu a ilegitimidade ativa da Associação Nacional dos Magistrados Estaduais (Anamages), cf. ADPF 254 AgR/DF, rel. Min. Luiz Fux, julgado em 18-5-2016.

12 Cf. ADI 894/DF, rel. Min. Néri da Silveira, *DJ* de 20-4-1995, p. 9945.

13 ADI 79/DF, rel. Min. Celso de Mello, *DJ* de 10-9-1989, *RDA*, 188/144 (146), 1992; ADI 505/DF, rel. Min. Moreira Alves, *DJ* de 2-8-1991, p. 9916; ADI 530/DF, rel. Min. Moreira Alves, *DJ* de 22-11-1991, p. 16845; ADI 433/DF, rel. Min. Moreira Alves, *DJ* de 22-11-1991, p. 16842; ADI 705/SC, rel. Min. Celso de Mello, *DJ* de 6-4-1992, p. 4442; ADI 511/DF, rel. Min. Paulo Brossard, *DJ* de 15-5-1992, p. 6781; ADI 108/DF, rel. Min. Celso de Mello, *DJ* de 5-6-1992, p. 8426; ADI 704/PR, rel. Min. Carlos Velloso, *DJ* de 4-9-1992, p. 14089; e ADI-AgRg 706/MG, rel. Min. Carlos Velloso, *DJ* de 4-9-1992.

14 ADI 79/DF, rel. Min. Celso de Mello, *DJ* de 10-9-1989, *RDA*, 188/144 (146), 1992 e ADI 914/DF, rel. Min. Sydney Sanches, *DJ* de 11-3-1994.

15 ADI 1.442, rel. Min. Celso de Mello, *DJ* de 29-4-2005.

Entretanto, em decisão de 12-8-2004, o STF proveu o Agravo Regimental na ADIn n. 3.153-DF para dar seguimento à ação direta de inconstitucionalidade ajuizada pela Federação Nacional das Associações dos Produtores de Cachaça de Alambique (FENACA). Por oito votos a dois, o Plenário do Tribunal entendeu que a Federação teria legitimidade para a propositura da ação direta, porque, apesar de composta por associações estaduais, poderia ser equiparada a uma entidade de classe. Desse modo, com base na peculiaridade de que a FENACA é entidade de classe que atua na defesa de categoria social, a Corte reconheceu a legitimação excepcional dessa forma de associação[16].

Configura-se orientação pacífica do Tribunal não constituir "entidade de classe, para legitimar-se à ação direta de inconstitucionalidade (CF, art. 103, IX), associação civil (Associação Brasileira de Defesa do Cidadão), voltada à finalidade altruísta de promoção e defesa de aspirações cívicas de toda a cidadania"[17].

Na noção de *entidade de classe* na jurisprudência do Tribunal não se enquadra, igualmente, a associação que reúne, como associados, órgãos públicos, sem personalidade jurídica e categorias diferenciadas de servidores públicos (v. g., Associação Brasileira de Conselhos de Tribunal de Contas dos Municípios – ABRACCOM)[18].

Quanto ao caráter nacional da entidade, enfatiza-se que não basta simples declaração formal ou manifestação de intenção constante de seus atos constitutivos. Faz-se mister que, além de uma atuação transregional, tenha a entidade membros em pelo menos um terço das Unidades da Federação, ou seja, em 9 dessas unidades (Estados-membros e Distrito Federal) – número que resulta da aplicação analógica da "Lei Orgânica dos Partidos Políticos" (Lei n. 9.096/95, art. 7º, § 1º)[19].

Na ausência de disciplina constitucional ou legal expressa acerca dos critérios definidores do caráter nacional das entidades de classe, o STF optou por fixar idêntico parâmetro ao estabelecido na Lei dos Partidos Políticos[20] no pertinente à legitimidade para a propositura de ADI.

Esse critério foi proposto por Moreira Alves, quando da apreciação da Medida Liminar na ADI 386/ES[21]. Porém, nesse mesmo precedente, Moreira Alves preconizou que *esse critério cederia nos casos em que houvesse a comprovação de que a categoria dos associados só*

---

16 ADI-AgRg 3.153/DF, rel. Min. Celso de Mello, Redator para acórdão Min. Sepúlveda Pertence, julgada em 12-8-2004, vencidos os Ministros Celso de Mello (relator) e Carlos Britto, a propósito de ação proposta pela Federação Nacional de Produtores de Cachaça de Alambique (FENACA).

17 ADI 61/DF, rel. Min. Sepúlveda Pertence, *DJ* de 28-9-1990, p. 10222.

18 ADI 67/DF, rel. Min. Moreira Alves, *DJ* de 15-6-1990, p. 5499.

19 ADI 386/ES, rel. Min. Sydney Sanches, *DJ* de 28-6-1991, p. 8904; ADI 108/DF, rel. Min. Celso de Mello, *DJ* de 5-6-1992, p. 8427.

20 Observem-se os seguintes termos da Lei n. 9.096, de 19-9-1995:

"Art. 7º O partido político, após adquirir personalidade jurídica na forma da lei civil, registra seu estatuto no Tribunal Superior Eleitoral.

§ 1º Só é admitido o registro do estatuto de partido político que tenha *caráter nacional*, considerando-se como tal aquele que comprove o apoiamento de eleitores correspondente a, pelo menos, meio por cento dos votos dados na última eleição geral para a Câmara dos Deputados, não computados os votos em branco e os nulos, *distribuídos por um terço, ou mais, dos Estados*, com um mínimo de um décimo por cento do eleitorado que haja votado em cada um deles" (grifo nosso).

21 Rel. Min. Sydney Sanches.

existisse em menos de nove estados[22]. Foi com base em tal argumento que, no julgamento da ADI 2.866/RN, o Tribunal reconheceu a legitimidade ativa da Associação Brasileira dos Extratores e Refinadores de Sal/Abersal[23], a qual se enquadrou nessa situação excepcional. Na espécie, constatou-se que, além de a produção de sal ocorrer em apenas alguns Estados da Federação, cuidava-se de atividade econômica de patente relevância nacional, haja vista ser notório que o consumo de sal ocorre em todas as unidades da Federação.

De qualquer sorte, é difícil admitir a juridicidade da exigência quanto à representação da entidade em pelo menos nove Estados da Federação, como resultado decorrente da aplicação analógica da Lei Orgânica dos Partidos Políticos.

Anote-se que, inicialmente, admitia-se a legitimação ativa das federações sindicais, porquanto "entidades nacionais de classe"[24].

Essa orientação foi superada por outra, mais restritiva, passando-se a considerar que apenas as organizações sindicais, cuja estrutura vem disciplinada no art. 535 da Consolidação das Leis do Trabalho (CLT – Decreto-Lei n. 5.452/43), são dotadas de direito de propositura[25]. Afasta-se, assim, a possibilidade de que associações, federações ou outras organizações de índole sindical assumam o lugar das confederações para os fins do art. 103, IX, da CF, que, segundo os termos dos arts. 533 e s. do texto consolidado, devem estar organizadas com um mínimo de três federações e que, nos termos do § 3º do art. 537 da CLT, somente assumem tal condição após reconhecidas por decreto do Presidente da República.

Assim, tal como assentado na jurisprudência pacífica do Supremo Tribunal Federal[26], "a legitimação para ação direta de inconstitucionalidade é privativa das confederações cuja inclusão expressa no art. 103, IX, é excludente das entidades sindicais de menor hierarquia, quais as federações e sindicatos ainda que de âmbito nacional"[27].

Simples associação sindical – Federação nacional que reúne sindicatos em cinco Estados, por exemplo, não teria legitimidade, segundo essa orientação, para propor ação direta de inconstitucionalidade[28].

Ainda que se possa reclamar a fixação de um critério preciso sobre tais noções – "entidade de classe de âmbito nacional" e "confederação sindical" –, não há dúvida de

---

22 ADI 38/ES, rel. Min. Sydney Sanches, *DJ* de 28-6-1991, p. 8904; cf. também ADI 2.866/RN, rel. Min. Gilmar Mendes, *DJ* de 17-10-2003.

23 ADI 2.866/RN, rel. Min. Gilmar Mendes, *DJ* de 17-10-2003.

24 ADI 209/DF, rel. Min. Sepúlveda Pertence, *DJ* de 7-3-1991, p. 2132.

25 Cf. ADIn 505-DF, rel. Min. Moreira Alves, *DJU* de 2-8-1991, p. 9916. *V*., também, ADIn 569-DF, rel. Min. Sepúlveda Pertence, *DJU* de 3-9-1991, p. 11866; ADIn 713-RJ, rel. Min. Octavio Gallotti, *DJU* de 10-4-1992, p. 4801; ADIn 731-DF, rel. Min. Ilmar Galvão, *DJU* de 8-5-1992, p. 6270; ADIn 745-PE, rel. Min. Carlos Velloso, *DJU* de 4-8-1992, p. 11417; ADIn 746-DF, rel. Min. Néri da Silveira, *DJU* de 17-8-1992, p. 12446; ADIn 744-PE, rel. Min. Sepúlveda Pertence, *DJU* de 8-9-1992, p. 14293-14294; ADIn 772-DF, rel. Min. Moreira Alves, *DJU* de 23-10-1992, p. 18780.

26 ADI-QO 1.562/DF, rel. Min. Moreira Alves, *DJ* de 9-5-1997; ADI 1.795/PA, rel. Min. Moreira Alves, *DJ* de 30-4-1998; ADI 797/DF, rel. Min. Marco Aurélio, *DJ* de 7-8-1998; ADI 1.785/RJ, rel. Min. Nelson Jobim, *DJ* de 7-8--1998; ADI-MC 1.003/DF, rel. Min. Celso de Mello, *DJ* de 10-9-1999; ADI 2.557/MT, rel. Min. Ilmar Galvão, *DJ* de 12-12-2001; ADI 2.152/MS, rel. Min. Gilmar Mendes, *DJ* de 8-8-2003, no mesmo sentido, vale citar, ainda, a decisão do Min. Menezes Direito, na ADI 4.036, *DJ* de 22-5-2009.

27 ADI-QO 1.006/PE, rel. Min. Sepúlveda Pertence, *DJ* de 25-3-1994.

28 ADI 398/DF, rel. Min. Sydney Sanches, *DJ* de 28-6-1991, p. 8904.

que eles devem ser fixados pelo legislador, e não pelo Tribunal, no exercício de sua atividade jurisdicional. O recurso à analogia, aqui, é de duvidosa exatidão.

Por fim, merece destaque inovação trazida pela Lei n. 11.648, de 31-3-2008, que alterou a CLT para reconhecer formalmente as "centrais sindicais" e considerá-las entidades de representação geral dos trabalhadores, constituídas em âmbito nacional (art. 1º).

Ainda assim, após essa alteração legislativa, no julgamento do Agravo Regimental na ADI 4.224/DF, o Plenário do STF manteve a jurisprudência anterior sobre a ilegitimidade ativa das centrais sindicais, afirmando que a Lei n. 11.648/2008 "não teve o condão de equipará-las às confederações, de modo a sobrelevá-las a um patamar hierárquico superior na estrutura sindical".

2.1.2. Pertinência temática

Segundo a jurisprudência do Supremo Tribunal, há de se exigir, também, que o objeto da ação de inconstitucionalidade guarde *relação de pertinência* com a atividade de representação da confederação sindical ou da entidade de classe de âmbito nacional[29].

A jurisprudência do STF, se, de um lado, revela o salutar propósito de concretizar as noções de "entidade de classe de âmbito nacional" e de "confederação sindical" para os efeitos do art. 103, IX, da CF/88, deixa entrever, de outro, uma concepção assaz restritiva do direito de propositura dessas organizações.

Afigura-se excessiva, portanto, a exigência de que haja uma *relação de pertinência* entre o objeto da ação e a atividade de representação da entidade de classe ou da confederação sindical.

A relação de pertinência envolve inequívoca restrição ao direito de propositura, que, tratando-se de processo de natureza objetiva, dificilmente poderia ser formulada até mesmo pelo legislador ordinário. A *relação de pertinência* assemelha-se muito ao estabelecimento de uma condição de ação – análoga, talvez, ao interesse de agir do processo civil –, que não decorre dos expressos termos da Constituição e parece ser estranha à natureza do sistema de fiscalização abstrata de normas.

Por isso, a fixação de tal exigência parece ser defesa ao legislador ordinário federal, no uso de sua competência específica.

Assinale-se que a necessidade de que se desenvolvam critérios que permitam identificar, precisamente, as entidades de classe de âmbito nacional não deve condicionar o exercício do direito de propositura da ação por parte das organizações de classe à demonstração de um interesse de proteção específico, nem levar a uma radical adulteração do modelo de controle abstrato de normas. Consideração semelhante já seria defeituosa porque, em relação à proteção jurídica dessas organizações e à defesa dos interesses de seus membros, a Constituição assegura o mandado de segurança coletivo (art. 5º, LXX, *b*), o qual pode ser utilizado pelos sindicatos ou organizações de classe, ou, ainda, associações devidamente constituídas há pelo menos um ano.

29 Cf. ADI 202/BA, rel. Min. Sepúlveda Pertence, *DJ* de 2-4-1993, p. 5612; ADI 159/PA, rel. Min. Octavio Gallotti, *DJ* de 2-4-1993, p. 5611; ADI 893/PR, rel. Min. Carlos Velloso, *DJ* de 3-9-1993, p. 17743.

Tal restrição ao direito de propositura não se deixa compatibilizar, igualmente, com a natureza do controle abstrato de normas, e criaria uma injustificada diferenciação entre os entes ou órgãos autorizados a propor a ação – distinção esta que não encontra respaldo na Constituição de 1988.

2.1.3. Governador de Estado/Assembleia Legislativa e relação de pertinência

Consoante o disposto no art. 103 da CF, podem propor ADI os Governadores de Estado e do Distrito Federal, bem como as Assembleias Legislativas e a Câmara Legislativa Distrital.

A jurisprudência do Supremo Tribunal Federal tem identificado a necessidade de que o Governador de um Estado ou a Assembleia Legislativa que impugna ato normativo de outro demonstre a relevância, isto é, a *relação de pertinência* da pretensão formulada – da pretendida declaração de inconstitucionalidade da lei[30].

Tendo em vista a natureza objetiva do processo de controle abstrato de normas, seria mais ortodoxo que, na espécie, fosse admitida a ADI independentemente de qualquer juízo sobre a configuração ou não de uma relação de pertinência.

Outra questão relevante a respeito do direito de propositura do Governador afeta a sua *capacidade postulatória*.

Conforme já referido, o Supremo Tribunal Federal entende que cabe ao próprio Governador firmar a petição inicial, isoladamente, ou, se for o caso, juntamente com o Procurador-Geral do Estado ou outro advogado. Entende o STF que o direito de propositura é atribuído ao Governador do Estado e não à unidade federada. Também seriam ineptas as ações diretas propostas, em nome do Governador, firmadas exclusivamente pelo Procurador-Geral do Estado[31].

2.1.4. Direito de propositura dos partidos políticos

O constituinte de 1988 preferiu conceder o direito de propositura da ação direta de inconstitucionalidade aos partidos políticos com representação no Congresso Nacional, rejeitando, expressamente, o modelo largamente adotado no direito constitucional de outros países, que outorga legitimação para instaurar o controle abstrato de normas a determinado número de parlamentares[32].

A exigência de que o partido esteja representado no Congresso Nacional acaba por não conter qualquer restrição, uma vez que suficiente se afigura a presença de uma representação singular[33] para que se satisfaça a exigência constitucional.

30 ADI 902, rel. Min. Marco Aurélio, *DJ* de 22-4-1994, p. 8946.

31 ADI 1.814/DF, rel. Min. Maurício Corrêa, *DJ* de 12-12-2001.

32 Lei Fundamental de Bonn, art. 93, I, n. 2: 1/3 dos membros do Parlamento; Constituição austríaca, art. 140, (1): a requerimento de 1/3 dos membros do Parlamento (*Nationalrat*) ou 1/3 dos membros do Conselho Federal (*Bundesrat*); Constituição de Portugal, de 1976: art. 281, a 1/10 dos membros da Assembleia da República; Constituição da Espanha de 1978, art. 162, cinquenta deputados ou cinquenta senadores.

33 Tal como observado, em abril de 1994 havia dezoito partidos representados no Congresso Nacional. Três

Tem-se aqui, pois, uma amplíssima compreensão da chamada defesa da minoria no âmbito da jurisdição constitucional.

O Supremo Tribunal Federal entende que, para propor ação direta, suficiente se afigura a decisão do presidente do partido, dispensando, assim, a intervenção do diretório partidário. A orientação jurisprudencial encaminhou-se, todavia, no sentido de exigir que da procuração outorgada pelo órgão partidário conste a lei ou os dispositivos a ser impugnados[34].

Caso o partido perdesse a representação no Congresso Nacional após a propositura da ação, o Tribunal vinha considerando que a ação havia de ser declarada prejudicada, ressalvando-se apenas a hipótese de já se ter iniciado o julgamento[35]. Entretanto, em decisão de 24-8-2004, reconheceu o Supremo Tribunal Federal que a perda superveniente de representação parlamentar não afeta a ação direta de inconstitucionalidade já proposta em reconhecimento ao caráter eminentemente objetivo do processo[36]. *O momento de aferição da legitimação passa a ser, assim, o momento da propositura da ação.*

2.2. Objeto da ação direta de inconstitucionalidade

Podem ser impugnados por ação direta de inconstitucionalidade, nos termos do art. 102, I, *a*, primeira parte, da CF, leis ou atos normativos federais ou estaduais. Com isso, utilizou-se o constituinte de formulação consideravelmente abrangente de todos dos *atos normativos primários* da União ou dos Estados (CF/88, art. 102, I, *a*).

Tal abrangência, contudo, merece duas considerações preliminares. A primeira diz respeito ao controle do direito pré-constitucional. A segunda, por seu turno, refere-se ao tema da fiscalização do direito municipal em face da Constituição de 1988.

Com relação à primeira consideração, no julgamento da ADIn n. 2/DF[37], o Supremo Tribunal Federal promoveu restrição temporal quanto à abrangência dos atos federais e estaduais passíveis de controle por meio da ação direta. A Corte estabeleceu o critério segundo o qual, pela via dessa ação específica, somente seria possível o controle de atos normativos posteriores à promulgação da atual Constituição Federal (5-10-1988).

---

deles com apenas um representante (Partido Verde, PSTU, PRONA).

34 ADI 2.552/PR, rel. Min. Maurício Corrêa, *DJ* de 19-12-2001.

35 Cf. Questão de Ordem suscitada pelo Ministro Sepúlveda Pertence na ADI 2.054/DF, rel. Min. Ilmar Galvão, *DJ* de 9-4-2003; e Agravo Regimental nas ADIs 2.202/DF, 2.465/RJ e 2.723/RJ, rel. Min. Celso de Mello, *DJ* de 13-3-2003.

36 Cf. ADIs 2.159 e 2.618, rel. Min. Carlos Velloso, *DJ* de 24-8-2004. Os ministros deram provimento a recursos nas duas ações requeridas pelo Partido Social Liberal (PSL) que, na época do ajuizamento, tinha representação no Congresso Nacional. O Ministro Carlos Velloso, relator das duas ações, determinou o arquivamento delas, pois, na época em que examinou a questão, em fevereiro de 2003, o PSL não possuía mais representação parlamentar no Congresso, o que implicaria a perda da legitimidade ativa para propor ADI, de acordo com o art. 103, VIII, da Constituição Federal. Ao examinar o recurso, entretanto, a maioria do Plenário, vencidos os Ministros Carlos Velloso e Celso de Mello, entendeu que a ação não fica prejudicada no caso de perda de representação parlamentar.

37 Cf. ADIn 2-DF, rel. Min. Paulo Brossard, *DJU* de 21-11-1997.

Na espécie, impugnava-se a constitucionalidade de normas de custeio do sistema educacional – Decreto-Lei n. 532, de 16-4-1969, e Decreto n. 95.921, de 14-4-1988. Sustentou-se como fundamento dessa posição a ideia de que "o vício da inconstitucionalidade é congênito à lei e há de ser apurado em face da Constituição vigente ao tempo de sua elaboração"[38].

Em razão, portanto, dessa posição firmada pelo STF, como regra geral, deve-se conceber que, para fins da propositura da ADIn, devem ser compreendidos dentre os atos normativos federais e estaduais somente aqueles posteriores à promulgação da Constituição de 1988. Isto é, os atos pré-constitucionais (sejam eles federais ou estaduais) não são passíveis de controle por intermédio da ação direta de inconstitucionalidade[39].

O outro tema bastante debatido antes da entrada em vigor da atual Constituição foi a possibilidade de se submeter a lei municipal ao juízo de constitucionalidade abstrato. Enquanto algumas vozes na doutrina admitiam que a Constituição teria uma *lacuna de formulação* – e, por isso, a referência à *lei estadual* deveria contemplar também as leis municipais[40] –, sustentavam outras opiniões autorizadas que os Estados poderiam, com base na autonomia estadual, instituir o modelo de ação direta com o objetivo de aferir a constitucionalidade da lei municipal[41]. Inicialmente, o STF afastou não só a possibilidade de aferição da constitucionalidade das leis municipais na via direta perante um tribunal estadual[42], como recusou expressamente a ampliação de sua competência para aferir diretamente a constitucionalidade dessas leis[43], entendendo que tal faculdade para o controle fora confiada estritamente e destinava-se apenas à aferição de constitucionalidade de *leis federais* ou *estaduais*. A ampliação dessa competência por via de interpretação traduziria uma ruptura com o sistema[44]. A CF de 1988, entretanto, introduziu no art. 125, § 2º, a previsão expressa para que o constituinte estadual pudesse adotar o controle abstrato de normas destinado à aferição da constitucionalidade de leis estaduais ou municipais em face da Constituição estadual, desde que assegurada a legitimidade de propositura a mais de um órgão[45].

---

38 ADIn 2-DF, rel. Min. Paulo Brossard, *DJU* de 21-11-1997.

39 Para maiores considerações acerca do direito pré-constitucional, com destaque para os impasses advindos dessa interpretação do STF quanto à análise da constitucionalidade por mudança superveniente do parâmetro de controle (edição de emendas constitucionais), e também em relação ao cabimento da ADPF, cf. *infra,* tópico "Direito pré-constitucional".

40 Votos vencidos dos Mins. Cunha Peixoto e Rafael Mayer no RE 92.169, *RTJ* 103/1085.

41 Ada Pellegrini Grinover, "A ação direta de controle da constitucionalidade na Constituição paulista" (p. 55-56), Celso Bastos, "O controle judicial da constitucionalidade das leis e atos normativos municipais" (p. 72), José Afonso da Silva, "Ação direta de declaração de inconstitucionalidade de lei municipal" (p. 85), e Dalmo de Abreu Dallari, "Lei municipal inconstitucional" (p. 120), todos in *Ação direta de controle de constitucionalidade de leis municipais*, 1979.

42 RE 91.740-RS, rel. Min. Xavier de Albuquerque, *RTJ* 93(1)/455.

43 Repr. 1.405-AC, rel. Min. Moreira Alves, *RTJ* 127/394.

44 Repr. 1.405-AC, rel. Min. Moreira Alves, *RTJ* 127/394.

45 Art. 125, § 2º, da CF/88: "Cabe aos Estados a instituição de representação de inconstitucionalidade de leis ou atos normativos estaduais ou municipais em face da Constituição estadual, vedada a atribuição da legitimação para agir a um único órgão".

Com a entrada em vigor da Lei n. 9.882/99 – que disciplina a Arguição de Descumprimento de Preceito Fundamental (ADPF) – ambas as questões – a do direito pré-constitucional e o do direito municipal – ganharam novos contornos. Consoante o inciso I do parágrafo único do art. 1º da citada lei, a arguição de descumprimento pode ser utilizada para – de forma definitiva e com eficácia geral – avaliar a legitimidade de tais disposições "quando for relevante o fundamento da controvérsia constitucional sobre lei ou ato normativo federal, estadual ou municipal, incluídos os anteriores à Constituição".

2.2.1. Leis e atos normativos federais

Devemos entender como leis e atos normativos federais passíveis de ser objetos de ação direta de inconstitucionalidade:

1. Disposições da Constituição propriamente ditas.

É admissível a aferição de constitucionalidade do chamado *Direito Constitucional secundário* (correspondente ao exercício do denominado poder constituinte derivado), uma vez que, segundo a doutrina e a jurisprudência dominantes, a reforma constitucional deve observar não apenas as exigências formais do art. 60, I, II e III, e §§ 1º, 2º e 3º, da CF/88 (reforma constitucional em sentido estrito) e do art. 3º do Ato das Disposições Constitucionais Transitórias (ADCT, regramento da revisão constitucional), como também as *cláusulas pétreas* (art. 60, § 4º). O cabimento da aferição da constitucionalidade de uma emenda constitucional, em sentido formal e material, foi reconhecido já em 1926[46]. A jurisprudência posterior admitiu a possibilidade de se examinar a constitucionalidade de proposta de emenda constitucional antes mesmo de sua promulgação[47]. Sob o império da Constituição de 1988 foram propostas ações diretas contra normas constitucionais constantes do texto originário[48], contra a EC n. 2, que antecipou a data do plebiscito previsto no art. 2º do ADCT[49], contra as disposições da EC n. 3/93, que instituíram a ação declaratória de constitucionalidade[50], o imposto provisório sobre movimentações financeiras (IPMF)[51], a outorga de competência à União para instituir contribuição provisória sobre movimentação ou transmissão de valores e de créditos e direitos de natureza financeira (EC n. 12/96)[52], proteção à gestante (art. 14 da EC n. 20/98, que modifica o sistema de previdência social)[53], segu-

46 HC 18.178, julgado em 27-9-1926, *RF*, 47/748-827.

47 MS 20.257, rel. Min. Moreira Alves, *RTJ*, 99(3)/1040.

48 ADI 815, rel. Min. Moreira Alves, proposta pelo Governador do Estado do Rio Grande do Sul, que foi inadmitida por impossibilidade jurídica do pedido.

49 Cf., também, ADIs 829, 830 e 833, rel. Min. Moreira Alves, sobre a constitucionalidade da antecipação do plebiscito (EC n. 2, de 25-8-1992).

50 ADI 913, rel. Min. Moreira Alves, *DJ* de 23-8-1993, p. 16457.

51 ADI 939, rel. Min. Sydney Sanches, *DJ* de 18-3-1994, p. 5165.

52 ADI-MC 1.497/DF, rel. Min. Marco Aurélio, *DJ* de 13-12-2002.

53 ADI-MC 1.946/DF, rel. Min. Sydney Sanches, *DJ* de 14-9-2001.

ridade social (EC n. 41/2003)[54], reforma do Judiciário (EC n. 45/2004)[55], coligações eleitorais (EC n. 52/2006)[56].

2. Leis de todas as formas e conteúdos (observada a especificidade dos atos de efeito concreto), uma vez que o constituinte se vinculou à forma legal. Nesse contexto hão de ser contempladas as leis formais e materiais:

2.1. as leis formais ou atos normativos federais, dentre outros;

Destaca-se que, em 10 de março de 2016, o Plenário do Supremo Tribunal Federal reconheceu a possibilidade de se impugnar, em Ação Direta de Inconstitucionalidade, lei orçamentária que materializa atos de aplicação primária da Constituição Federal. No caso, o Tribunal entendeu que violava o art. 169, *caput*, da CF/88 lei estadual que fixava limite de gastos com pessoal ativo e inativo em patamar superior ao autorizado pela Lei de Responsabilidade Fiscal[57].

2.2. as medidas provisórias, expedidas pelo Presidente da República em caso de relevância ou urgência, com força de lei (art. 62 c/c o art. 84, XXVI). Essas medidas perdem a eficácia se não aprovadas pelo Congresso Nacional no prazo de sessenta dias, podendo ser prorrogadas uma única vez, por igual período (CF, art. 62, § 7º). Nenhuma dúvida subsiste sobre a admissibilidade do controle abstrato em relação às medidas provisórias[58]. O Supremo Tribunal Federal tem concedido inúmeras liminares com o propósito de suspender a eficácia dessas medidas como ato dotado de força normativa, ressalvando, porém, a sua validade enquanto proposição legislativa suscetível de ser convertida ou não em lei[59].

No que diz respeito ao cabimento da ação direta de inconstitucionalidade em face de medida provisória, merece destaque o julgamento da ADI 1.055/DF. Naquela oportunidade, o Supremo Tribunal Federal reiterou o entendimento de que, caso se impugne medida provisória por meio de ação direta e esta venha a ser convertida em lei, antes do julgamento pelo STF, com o mesmo texto que fora atacado, a ação não perde o objeto, podendo ser conhecida, processada e julgada normalmente, sendo devido, apenas, o aditamento da petição inicial para fins de adequação[60].

Por outro lado, não se questiona, diante da jurisprudência tradicional do Tribunal, que, rejeitada expressamente a medida provisória ou decorrido *in albis* o prazo constitucional para sua apreciação pelo Congresso Nacional, há de se ter por prejudicada a ação direta de inconstitucionalidade[61].

54 ADI 3.105/DF, rel. Min. Cezar Peluso, *DJ* de 18-2-2005; ADI 3.128/DF, rel. Cezar Peluso, *DJ* de 18-2-2005.

55 ADI 3.367/DF, rel. Min. Cezar Peluso, *DJ* de 17-3-2006.

56 ADI 3.685/DF, rel. Min. Ellen Gracie, julgada em 23-3-2006.

57 ADI 5.449 MC-Ref, rel. Min. Teori Zavascki, Tribunal Pleno, *DJe* de 22-4-2016.

58 Em 1990, o Ministro Marco Aurélio, no julgamento da ADI 295, chegou a sustentar que não se deveria fazer o controle de constitucionalidade de medida provisória antes de uma deliberação definitiva do Congresso Nacional (ADI 295, rel. Min. Marco Aurélio, *DJ* de 22-8-1997). Essa preliminar foi rejeitada categoricamente pelo Tribunal.

59 ADI 293, rel. Min. Celso de Mello, *DJ* de 16-4-1993, p. 6429; ADI 427, rel. Min. Sepúlveda Pertence, *DJ* de 1º-2-1991, p. 351.

60 ADI 1.055/DF, rel. Min. Gilmar Mendes, *DJe* de 1-8-2017. No mesmo sentido, *vide* ADI 1.922, rel. Min. Joaquim Barbosa, *DJ* de 18-5-2007; ADI 3.849, rel. Min. Min. Celso de Mello, decisão monocrática, *DJ* de 14-9-2007; ADI 3.957, rel. Min. Min. Ricardo Lewandowski, decisão monocrática, *DJ* de 8-5-2008.

61 ADI 525, rel. Min. Sepúlveda Pertence, *DJ* de 4-9-1991, p. 11929; ADI 529, rel. Min. Sepúlveda Pertence, *DJ* de

Sobre o assunto, destaca-se que, em 15 de outubro de 2015, o Plenário do STF julgou a questão da inserção de matéria estranha ao objeto inicial de medida provisória, ao apreciar a ADI 5.127/DF. No julgamento, discutia-se a inclusão, por meio de emenda parlamentar, de temas alheios ao assunto originalmente tratado na MP – prática conhecida como "contrabando legislativo" ou "jabuti".

O voto da relatora, Ministra Rosa Weber, julgava procedente a ação, para declarar a inconstitucionalidade das normas incluídas pelo Congresso Nacional, por violação à iniciativa privativa do Presidente da República para editar a MP, além de desrespeito ao princípio do devido processo legislativo, por ausência de pertinência temática com a proposição inicial.

Restou vencedora, contudo, a tese do Ministro Edson Fachin, que julgou a ação improcedente, mas com a sinalização ao Poder Legislativo de que a Corte declarará futuramente inconstitucionais casos futuros de "contrabando legislativo". Decidiu-se ser lícito ao Legislativo emendar a MP, aprovando-a na forma de projeto de lei de conversão, mas apenas se houvesse pertinência ao objeto da proposição legislativa principal.

Assim se decidiu em virtude do necessário respeito ao princípio da segurança jurídica, uma vez que a própria Corte levou em consideração tratar-se de prática arraigada na tramitação de MPs e que não poderia ser completamente desconstituída, sem risco de grave instabilidade das relações jurídicas. Ressaltou-se, ademais, a necessidade de sinalizar ao Congresso Nacional que essa prática, muito embora mantidos os atos praticados até o momento, não poderia se repetir doravante.

3. Decreto legislativo que contém a aprovação do Congresso aos tratados e autoriza o Presidente da República a ratificá-los em nome do Brasil (CF, art. 49, I).

O decreto legislativo apenas formaliza, na ordem jurídica brasileira, a concordância definitiva do Parlamento em relação ao tratado[62]. A autorização para aplicação imperativa somente ocorre, após a sua ratificação, com a promulgação através de decreto[63]. O processo do controle abstrato de normas poderia, todavia, ser instaurado após a promulgação do decreto legislativo, uma vez que se trata de ato legislativo que produz consequências para a ordem jurídica[64].

4. O decreto do Chefe do Executivo que promulga os tratados e convenções.

5. O decreto legislativo do Congresso Nacional que suspende a execução de ato do Executivo, em virtude de incompatibilidade com a lei regulamentada (CF, art. 49, V)[65].

6. Os atos normativos editados por pessoas jurídicas de direito público criadas pela União, bem como os regimentos dos Tribunais Superiores, podem ser objeto do controle abstrato de normas se configurado seu caráter autônomo, não meramente ancilar.

4-9-1991, p. 11930; ADI 298, rel. Min. Celso de Mello, *DJ* de 21-11-1990, p. 13427; ADI 300, rel. Min. Celso de Mello, *DJ* de 21-11-1990, p. 13427; ADI 292, rel. Min. Paulo Brossard, *DJ* de 16-4-1993, p. 6428.

62 José Francisco Rezek, *Direito dos tratados*, Rio de Janeiro: Forense, 1984, p. 382-385.

63 José Francisco Rezek, *Direito dos tratados*, cit., p. 333.

64 Existe pelo menos um processo no qual o controle abstrato de normas foi instaurado após a entrada em vigor do Tratado: Rp. 803, rel. Min. Djaci Falcão, *RTJ*, 84/724 e s.

65 A Constituição de 1988 incorporou disposição da Constituição que outorgava essa atribuição ao Senado Federal. Tal como reconhecido por Pontes de Miranda, essa competência outorgava ao Senado, ainda que parcialmente, poderes de uma Corte Constitucional (cf. *Comentários à Constituição da República dos Estados Unidos do Brasil*, Rio de Janeiro: Ed. Guanabara, 1936-37, v. 1, p. 364). Cf., também, ADI 748, rel. Min. Celso de Mello, *DJ* de 6-11-1992, p. 20105-20106.

7. O decreto legislativo aprovado pelo Congresso Nacional com o escopo de sustar os atos normativos do Poder Executivo que exorbitem do poder regulamentar ou dos limites de delegação legislativa (CF, art. 49, V)[66].

8. Também outros atos do Poder Executivo com força normativa, como os pareceres da Consultoria-Geral da República, devidamente aprovados pelo Presidente da República (Dec. n. 92.889, de 7-7-1986)[67] ou Decreto que assuma perfil autônomo ou exorbite flagrantemente do âmbito do Poder Regulamentar[68]. Observe-se que, se o decreto tiver natureza secundária, o controle da constitucionalidade, em abstrato, é inviável[69].

9. Resoluções do TSE, as quais configuram ato normativo que encerram, em seu conteúdo material, norma de decisão de natureza abstrata, geral e autônoma[70].

10. As súmulas vinculantes do STF são dotadas de inequívoco caráter normativo, razão pela qual também poderão ser objeto de ADI. Contudo, é necessário esclarecer que a doutrina majoritária tem entendido que não cabe o ajuizamento de ADI contra súmula vinculante tendo em vista a existência de processo específico de revisão e cancelamento dessa espécie sumular, previsto na Lei n. 11.417/2006. Ademais, a jurisprudência do Tribunal recusou o cabimento de ADI contra súmula de tribunal com base no argumento de que não seria dotada de força normativa[71].

11. Resoluções de tribunais que deferem reajuste de vencimentos[72].

12. Resoluções do CNMP[73].

2.2.2. Leis e atos normativos estaduais

Devem ser considerados leis ou atos normativos estaduais, podendo ser objeto somente de ação direta de inconstitucionalidade:

1. Disposições das Constituições estaduais, que, embora tenham a mesma natureza das normas da Constituição Federal, devem ser compatíveis com princípios específicos e regras gerais constantes do texto fundamental (CF, art. 25 c/c o art. 34, VII, princípios sensíveis);

2. Leis estaduais de qualquer espécie ou natureza, independentemente de seu conteúdo;

3. Leis estaduais editadas para regulamentar matéria de competência exclusiva da União (CF, art. 22, parágrafo único);

4. Decreto editado com força de lei[74];

---

66 Cf., sobre o assunto, ADI 748, rel. Min. Celso de Mello, *DJ* de 6-11-1992, p. 20105.

67 Cf. ADI 4, rel. Min. Sydney Sanches, *DJ* de 25-6-1993, p. 12637.

68 ADI-MC 2.155/PR, rel. Min. Sydney Sanches, *DJ* de 1º-6-2001; ADI-MC 1.435/DF, rel. Min. Francisco Rezek, *DJ* de 6-8-1999.

69 ADI 4.176, rel. Min. Menezes Direito, *DJ* de 12-3-2009.

70 ADI 5.122, rel. Min. Edson Fachin, julgamento em 3-5-2018; ADI 3.345, rel. Min. Marco Aurélio, *Informativo STF* 398, 31-8-2005.

71 ADI 594-DF, rel. Min. Carlos Velloso, *DJ* de 15-6-1994.

72 ADI 662, rel. Min. Eros Grau, *DJ* de 10-11-2006.

73 ADI 5.434-DF, rel. Min. Alexandre de Moraes, red. p/ o acórdão Min. Edson Fachin, julgamento em 26-4-2018.

74 Cf. ADI 460/DF, rel. Min. Sepúlveda Pertence, *DJ* de 10-5-1991, p. 5929; ADI 519/DF, rel. Min. Moreira Alves, *DJ* de 11-10-1991, p. 14248.

5. Regimentos internos dos tribunais estaduais, assim como os Regimentos das Assembleias Legislativas;

6. Atos normativos expedidos por pessoas jurídicas de direito público estadual podem, igualmente, ser objeto de controle abstrato de normas.

2.2.3. Leis e atos normativos distritais

Não existia razão jurídica para afastar do controle abstrato de constitucionalidade os órgãos superiores do Distrito Federal. Com a edição da EC n. 45/2004, a questão ficou definitivamente superada. A nova redação conferida ao art. 103 da CF incluiu o Governador do Distrito Federal e a Mesa da Câmara Legislativa Distrital no elenco dos entes e órgãos autorizados a propor a ação direta de inconstitucionalidade e a ação declaratória de constitucionalidade.

Razões semelhantes já militavam em favor do controle de constitucionalidade na jurisprudência do STF, por via de ação direta de inconstitucionalidade, de ato aprovado pelos Poderes distritais *no exercício da competência tipicamente estadual*[75].

É que, não obstante as peculiaridades que marcam o Distrito Federal, os atos normativos distritais – leis, decretos etc. – podem ser substancialmente idênticos aos atos normativos estaduais, tal como deflui diretamente do art. 32, § 1º, da Constituição, em especial na parte em que atribui ao Distrito Federal as competências legislativas reservadas aos Estados[76].

Assinale-se, porém, que a própria fórmula constante do art. 32, § 1º, da Constituição está a indicar que o Distrito Federal exerce competências legislativas municipais, editando, por isso, leis e atos normativos materialmente idênticos àqueles editados pelos demais entes comunais.

Nessa hipótese, diante da impossibilidade de se proceder ao exame direto de constitucionalidade da lei municipal, perante o Supremo Tribunal Federal, em face da Constituição, tem-se de admitir que não é cabível "ação direta de inconstitucionalidade, cujo objeto seja ato normativo editado pelo Distrito Federal, no exercício de competência que a Lei Fundamental reserva aos Municípios"[77], tal como, por exemplo, "a disciplina e polícia do parcelamento do solo"[78].

2.2.4. Atos legislativos de efeito concreto

A jurisprudência do STF tem considerado inadmissível a propositura de ação direta de inconstitucionalidade contra atos de efeito concreto. Assim, tem-se afirmado que a ação direta é o meio pelo qual se procede ao controle de constitucionalidade das normas jurídicas *in abstracto*, não se prestando ela "ao controle de atos administrativos que têm objeto determinado e destinatários certos, ainda que esses atos sejam editados sob

75 Cf. ADI 611, rel. Min. Sepúlveda Pertence, *DJ* de 11-12-1992; ADI 1.375, rel. Min. Moreira Alves, *DJ* de 23-2-1996.

76 ADI 665, rel. Min. Octavio Gallotti, *DJ* de 24-4-1992, p. 5376.

77 ADI-MC 1.750/DF, rel. Min. Nelson Jobim, *DJ* de 14-6-2002; ADI-MC 2.448/DF, rel. Min. Sydney Sanches, *DJ* de 13-6-2003; ADI-MC 1.706/DF, rel. Min. Nelson Jobim, *DJ* de 1º-8-2003.

78 ADI 611/DF, rel. Min. Sepúlveda Pertence, *DJ* de 11-12-1992, p. 23662.

a forma de lei – as leis meramente formais, porque têm forma de lei, mas seu conteúdo não encerra normas que disciplinam relações em abstrato"[79]. Na mesma linha de orientação, afirma-se que "atos estatais de efeitos concretos, ainda que veiculados em texto de lei formal, não se expõem, em sede de ação direta, à jurisdição constitucional abstrata do Supremo Tribunal Federal", porquanto "a ausência de densidade normativa no conteúdo do preceito legal impugnado desqualifica-o – enquanto objeto juridicamente inidôneo – para o controle normativo abstrato"[80].

Em outro julgado afirmou-se que disposição constante da lei orçamentária que fixava determinada dotação configuraria ato de efeito concreto, insuscetível de controle jurisdicional de constitucionalidade por via de ação ("Os atos estatais de efeitos concretos – porque despojados de qualquer coeficiente de normatividade ou de generalidade abstrata – não são passíveis de fiscalização, em tese, quanto à sua legitimidade constitucional")[81].

Identifica-se esforço no sentido de precisar a distinção entre *normas gerais* e *normas de efeito concreto* na seguinte reflexão de Pertence:

> "É expressiva dessa orientação jurisprudencial a decisão que não conheceu da ADIn n. 2.100, 17-12-1999, Jobim, *DJ* de 1º-6-2001: 'Constitucional – Lei de Diretrizes Orçamentárias – Vinculação de percentuais a programas – Previsão da inclusão obrigatória de investimentos não executados do orçamento anterior no novo – Efeitos concretos – Não se conhece de ação quanto a lei desta natureza – Salvo quando estabelecer norma geral e abstrata – Ação não conhecida'.
>
> 'A contraposição, no precedente, da disposição legal de efeitos concretos à regra geral e abstrata amolda-se à distinção, na obra póstuma de Hans Kelsen, entre a norma de caráter individual – quando se torna individualmente obrigatória uma conduta única – e a norma de caráter geral – na qual 'uma certa conduta é universalmente posta como devida' (Hans Kelsen, *Teoria Geral das Normas*, trad. de G. Florentino Duarte, Fabris Editor, 1986, p. 11). 'O caráter individual de uma norma' – explica o Mestre da Escola de Viena – 'não depende de se a norma é dirigida a um ser humano individualmente determinado ou a várias pessoas individualmente certas ou a uma categoria de homens, ou seja, a uma maioria não individualmente, mas apenas de certas pessoas de modo geral. Também pode ter caráter geral uma norma que fixa como devida a conduta de uma pessoa individualmente designada, não apenas uma conduta única, individualmente determinada, é posta como devida, mas uma conduta dessa pessoa estabelecida em geral. Assim quando, p.ex., por uma norma moral válida – ordem dirigida a seus filhos –, um pai autoritário ordena a seu filho Paul ir à igreja todos os domingos ou não mentir. Essas normas gerais são estabelecidas pela autoridade autorizada pela norma moral válida; para os destinatários das normas, são normas obrigatórias, se bem que elas apenas sejam dirigidas a uma pessoa individualmente determinada. Se pela autoridade para tanto autorizada por uma norma moral válida é dirigido um mandamento a uma maioria de sujeitos individualmente determinados e

79 ADI 647, rel. Min. Moreira Alves, *DJ* de 27-3-1992, p. 3801.

80 ADI 842, rel. Min. Celso de Mello, *DJ* de 14-5-1993, p. 9002; cf., também, ADI 647, rel. Min. Moreira Alves, *DJ* de 27-3-1992, p. 3801; e ADI 767, rel. Min. Carlos Velloso, *DJ* de 18-6-1993, p. 12110.

81 ADIn 283-DF, rel. Min. Celso de Mello, *DJU* de 12-3-1990, p. 1691.

apenas é imposta uma certa conduta individualmente – como, porventura, no fato de um pai que ordenou a seus filhos Paul, Jugo e Friedrich felicitarem seu professor Mayer pelo 50º aniversário –, então, há tantas normas individuais quantos os destinatários da norma. O que é devido numa norma – ou ordenado num imperativo – é uma conduta definida. Esta pode ser uma conduta única, individualmente certa, conduta de uma ou de várias pessoas individualmente; pode, por sua vez, de antemão, ser um número indeterminado de ações ou omissões de uma pessoa individualmente certa ou de uma determinada categoria de pessoas. Esta é a decisiva distinção'"[82].

A extensão da jurisprudência sobre o ato de efeito concreto – desenvolvida para afastar do controle abstrato de normas os atos administrativos de efeito concreto –, às chamadas *leis formais* suscita, sem dúvida, alguma insegurança, porque coloca a salvo do controle de constitucionalidade um sem-número de leis.

Não se discute que os atos do Poder Público sem caráter de generalidade não se prestam ao controle abstrato de normas, porquanto a própria Constituição elegeu como objeto desse processo os atos tipicamente normativos, entendidos como aqueles dotados de um mínimo de generalidade e abstração.

Ademais, não fosse assim, haveria uma superposição entre a típica jurisdição constitucional e a jurisdição ordinária.

Outra há de ser, todavia, a interpretação, se se cuida de atos editados *sob a forma de lei*. Nesse caso, houve por bem o constituinte não distinguir entre leis dotadas de generalidade e aqueloutras, conformadas sem o atributo da generalidade e abstração. Essas leis formais decorrem ou da vontade do legislador ou do desiderato do próprio constituinte, que exige que determinados atos, ainda que de efeito concreto, sejam editados sob a forma de lei (v. g., lei de orçamento, lei que institui empresa pública, sociedade de economia mista, autarquia e fundação pública).

Ora, se a Constituição submete a lei ao processo de controle abstrato, até por ser este o meio próprio de inovação na ordem jurídica e o instrumento adequado de concretização da ordem constitucional, não parece admissível que o intérprete debilite essa garantia da Constituição, isentando um número elevado de atos aprovados sob a forma de lei do controle abstrato de normas e, muito provavelmente, de qualquer forma de controle. É que muitos desses atos, por não envolverem situações subjetivas, dificilmente poderão ser submetidos a um controle de legitimidade no âmbito da jurisdição ordinária.

Ressalte-se que não se vislumbram razões de índole lógica ou jurídica contra a aferição da legitimidade das leis formais no controle abstrato de normas, até porque *abstrato* – isto é, não vinculado ao caso concreto – há de ser o processo e não o ato legislativo submetido ao controle de constitucionalidade.

Por derradeiro, cumpre observar que o entendimento acima referido do Supremo Tribunal acaba, em muitos casos, por emprestar significado substancial a elementos

---

82 ADIn 2.535/MT, rel. Min. Sepúlveda Pertence, *DJU* de 21-11-2003. Por vezes a análise da abstração e generalidade das normas suscita dúvida entre os próprios Ministros do STF. Cf. ADIn 2.980/DF, rel. Min. Marco Aurélio *DJe* de 7-8-2009; ADIn 1.729/RN, rel. Min. Eros Grau, *DJU* de 2-2-2007; ADIn-QO 1.937-PI, rel. Min. Sepúlveda Pertence, *DJU* de 31-8-2007.

muitas vezes acidentais: a suposta generalidade, impessoalidade e abstração ou a pretensa concretude e singularidade do ato do Poder Público.

Os estudos e análises no plano da teoria do direito indicam que tanto se afigura possível formular uma lei de efeito concreto – *lei casuística* – de forma genérica e abstrata quanto seria admissível apresentar como lei de efeito concreto regulação abrangente de um complexo mais ou menos amplo de situações[83].

Todas essas considerações parecem demonstrar que a jurisprudência do Supremo Tribunal Federal não andou bem ao considerar as leis de efeito concreto inidôneas para o controle abstrato de normas.

Em boa hora, ao apreciar a ADI 4.048, o Plenário do STF promoveu revisão de sua jurisprudência, ao conceder medida liminar no sentido de reconhecer que as leis orçamentárias também poderiam ser objeto de controle concentrado de constitucionalidade, no entendimento de que "o Supremo Tribunal Federal deve exercer sua função precípua de fiscalização da constitucionalidade das leis e dos atos normativos quando houver um tema ou uma controvérsia constitucional suscitada em abstrato, independente do caráter geral ou específico, concreto ou abstrato de seu objeto"[84].

2.2.5. Direito pré-constitucional

Conforme destacado acima[85], no julgamento da ADIn 2/DF[86], o Supremo Tribunal Federal definiu critério cronológico por meio do qual, pela via da ação direta de inconstitucionalidade, somente seria cabível o controle quanto a atos normativos (federais ou estaduais) posteriores à CF/88.

Anote-se, todavia, que, apesar da manutenção desse critério cronológico (ADI 2-DF), em julgamento realizado em 1º-8-2006, o Tribunal pareceu acenar com novas perspectivas para o tema, ao rejeitar a preliminar de não conhecimento da ADI 3.619-SP[87], proposta contra os arts. 34, § 1º, e 170, I, da Consolidação do Regimento Interno da Assembleia Legislativa do Estado de São Paulo. Ressaltou o relator, Ministro Eros Grau, que os preceitos impugnados, embora reproduzissem normas assemelhadas veiculadas originalmente na Resolução n. 576/70, estavam inseridos no Ato n. 1, de 2005, que consolidou, em texto único, diversas resoluções anteriores. É, portanto, afirma, "posterior à vigente Constituição do Brasil, sendo revestido de autonomia suficiente para ser submetido ao controle concentrado de constitucionalidade". Nas palavras de Pertence, proferidas no mencionado julgamento, "uma norma pré-constitucional, ao se incorporar a um diploma pós-constitucional, que a poderia alterar, transforma-se em norma

---

83 Cf. José Joaquim Gomes Canotilho, *Direito constitucional*, 5. ed., Coimbra: Almedina, 1992, p. 625-626; Bodo Pieroth e Bernard Schlink, *Grundrechte – Staatsrecht II*, 4. ed. atual. Heidelberg, 1988, p. 78.

84 ADI 4.048, rel. Min. Gilmar Mendes, *DJ* de 21-8-2008 e no mesmo sentido: ADI 4.049-MC, rel. Min. Carlos Britto, *DJ* de 8-5-2009.

85 Cf. parte introdutória item 2, *supra* ("Objeto").

86 Cf. ADIn 2-DF, rel. Min. Paulo Brossard, *DJU* de 21-11-1997.

87 Rel. Min. Eros Grau, julgada em 1º-8-2006, *DJU* de 20-4-2007.

pós-constitucional, de modo a admitir, conforme a jurisprudência do Supremo, o controle abstrato"[88].

2.2.6. Projeto de lei e lei aprovada mas ainda não promulgada

O controle abstrato de normas pressupõe, também na ordem jurídica brasileira, a existência formal da lei ou do ato normativo após a conclusão definitiva do processo legislativo. Não se faz mister, porém, que a lei esteja em vigor[89]. Essa orientação exclui a possibilidade de se propor ação direta de inconstitucionalidade ou ação declaratória de constitucionalidade de caráter preventivo[90].

Entretanto, no julgamento da ADI 3.367, o Tribunal, por unanimidade, afastou o vício processual suscitado pela Advocacia-Geral da União – que demandava a extinção do processo pelo fato de a norma impugnada (EC n. 45/2004) ter sido publicada após a propositura da ADI – e entendeu que a publicação superveniente da mesma corrigiu a carência original da ação[91].

Nesse caso, entretanto, não se discutia vício relativo ao processo legislativo de edição da EC em si, ou ainda especificamente quanto à submissão da proposição legislativa em exame – uma PEC – à deliberação parlamentar tendente a abolir cláusula pétrea (CF/88, art. 60, § 4º).

2.2.7. Ato normativo revogado

A jurisprudência do STF considera inadmissível a propositura da ação direta de inconstitucionalidade contra lei ou ato normativo já revogado[92]. Sob o império da Constituição de 1967/69, entendia-se que se a revogação ocorresse após a propositura da ação era possível que o Tribunal procedesse à aferição da constitucionalidade da lei questionada, desde que a norma tivesse produzido algum efeito no passado. Caso contrário, proceder-se-ia à extinção do processo por falta de objeto[93]. Elidia-se, assim, a possibilidade de que o legislador viesse a prejudicar o exame da questão pelo Tribunal através da simples revogação. Esse entendimento dominante subsistiu, ainda, sob o regime da Constituição de 1988[94].

---

88 ADI 3.619/SP, Voto do Min. Sepúlveda Pertence, *DJU* de 20-4-2007.

89 ADI 466, rel. Min. Celso de Mello, *DJ* de 10-5-1991, p. 5929-5930.

90 ADI 466, rel. Min. Celso de Mello, *DJ* de 10-5-1991, p. 5929; *v.*, também, Gilmar Ferreira Mendes, Controle de constitucionalidade: hermenêutica constitucional e revisão de fatos e prognoses legislativos pelo órgão judicial, in *Direitos fundamentais e controle de constitucionalidade*, 3. ed., São Paulo: Saraiva, 2004, p. 264.

91 Cf. ADI 3.367, rel. Min. Cezar Peluso, julgada em 13-4-2005, *DJ* de 25-4-2005.

92 Rp. 1.034, rel. Min. Soares Muñoz, *RTJ*, 111(2)/546; Rp. 1.120, rel. Min. Décio Miranda, *RTJ*, 107(3)/928-930; Rp. 1.110, rel. Min. Néri da Silveira, *DJ* de 25-3-1983.

93 Rp. 876, rel. Min. Bilac Pinto, *DJ* de 15-6-1973; Rp. 974, rel. Min. Cunha Peixoto, *RTJ*, 84(1)/39; Rp. 1.161, rel. Min. Néri da Silveira, *RTJ*, 115(2)/576-589.

94 ADI 434, rel. Min. Octavio Gallotti, *DJ* de 17-6-1991, p. 8171; ADI 502, rel. Min. Paulo Brossard, *DJ* de 27-5-1991, p. 6906.

Tal orientação sofreu mudança a partir do julgamento da ADI 709 (questão de ordem), quando o STF passou a admitir que a revogação superveniente da norma impugnada, independentemente da existência ou não de efeitos residuais e concretos, prejudica o andamento da ação direta[95].

Essa posição do Tribunal, que obstava o prosseguimento da ação após a revogação da lei, ocasionava, seguramente, resultados insatisfatórios[96]. Se o Tribunal não examinasse a constitucionalidade das leis já revogadas, tornava-se possível que o legislador conseguisse isentar do controle abstrato lei de constitucionalidade duvidosa, sem estar obrigado a eliminar suas consequências inconstitucionais. É que mesmo uma lei revogada configura parâmetro e base legal para os atos de execução praticados durante o período de sua vigência[97].

Preocupado com essa dimensão potencialmente prejudicial a direitos fundamentais, o STF, ao apreciar questão de ordem na ADI 3.232-TO, reviu, por unanimidade de votos, tal posição para assentar que o fato de a lei objeto de impugnação ter sido revogada no curso do processo abstrato de controle de constitucionalidade não exclui a possibilidade de análise de sua legitimidade constitucional[98]. Com a regulamentação da arguição de descumprimento de preceito fundamental pela Lei n. 9.882/99, o tema do controle abstrato de constitucionalidade dos atos normativos revogados ganha outro contorno. É que, conforme estabelece o art. 1º, parágrafo único, I, da lei citada, a arguição de descumprimento de preceito fundamental – ação destinada, basicamente, ao controle abstrato de normas – é cabível em qualquer controvérsia constitucional relevante sobre ato normativo federal, estadual ou municipal.

2.2.8. A problemática dos tratados

O Congresso Nacional aprova o tratado mediante a edição de decreto legislativo (CF, art. 49, I), ato que dispensa sanção ou promulgação por parte do Presidente da República. Tal como observado, o decreto legislativo contém a aprovação do Congresso Nacional ao tratado e simultaneamente a autorização para que o Presidente da República o ratifique em nome da República Federativa do Brasil[99]. Esse ato não contém, todavia, uma ordem de execução do tratado no território nacional, uma vez que somente ao Presidente da República cabe decidir sobre sua ratificação. Com a promulgação do tratado por meio de decreto do Chefe do Executivo, recebe aquele ato a ordem de execução, passando, assim, a ser aplicado de forma geral e obrigatória[100].

Esse modelo permite a propositura da ação direta para aferição da constitucionalidade do decreto legislativo, possibilitando que a ratificação e, portanto, a recepção do

95 ADI 709, rel. Min. Paulo Brossard, *DJ* de 20-5-1992, p. 12248; ADI 262, rel. Min. Celso de Mello, *DJ* de 8-3-1993; ADI 712, rel. Min. Celso de Mello, *DJ* de 25-2-1993, p. 2287.

96 Tal posição era sustentada nesta obra antes mesmo da modificação do tema na ADIn 3.232-TO.

97 Hans-Justus Rinck, *"Initiative für die Verfassungsmässige Prüfung von Rechtsnormen"*, *EuGRZ* 1974, p. 91 (96).

98 Cf. ADI 3.232-TO, rel. Min. Cezar Peluso, *DJe* de 3-10-2008.

99 José Francisco Rezek, *Direito dos tratados,* cit., p. 332.

100 José Francisco Rezek, *Direito dos tratados,* cit., p. 383.

tratado na ordem jurídica interna ainda sejam obstadas. É dispensável, pois, qualquer esforço com vistas a conferir caráter preventivo ao controle abstrato de normas na hipótese. É possível, igualmente, utilizar-se da medida cautelar para retardar ou suspender a ratificação dos tratados até a decisão final (art. 102, I, *p*, da CF)[101].

Em 1997, o Tribunal teve a oportunidade de apreciar, na ADI 1.480, a constitucionalidade dos atos de incorporação, no Direito brasileiro, da Convenção n. 158 da OIT. A orientação perfilhada pela Corte é a de que é na Constituição que se deve buscar a solução normativa para a questão da incorporação dos atos internacionais ao sistema de direito positivo interno brasileiro, pois o primado da Constituição, em nosso sistema jurídico, é oponível ao princípio do *pacta sunt servanda*, inexistindo, portanto, em nosso direito positivo, o problema da concorrência entre tratados internacionais e a Lei Fundamental da República, "cuja suprema autoridade normativa deverá sempre prevalecer sobre os atos de direito internacional público"[102].

Nos termos do art. 5º, § 3º, da CF, na versão da EC n. 45/2004 ("Reforma do Judiciário"), "os tratados e convenções internacionais sobre direitos humanos que forem aprovados, em cada Casa do Congresso Nacional, em dois turnos, por três quintos dos votos dos respectivos membros, serão equivalentes às emendas constitucionais". Independentemente de qualquer outra discussão sobre o tema, afigura-se inequívoco que o tratado de direitos humanos que vier a ser submetido a esse procedimento especial de aprovação configurará, para todos os efeitos, parâmetro de controle das normas infraconstitucionais.

É certo que a declaração de inconstitucionalidade de atos de aprovação e de promulgação de Tratado provoca uma situação política assaz complicada no plano internacional. Daí a necessidade de alguma reflexão sobre o tema.

Por fim, cabe registrar o encerramento do julgamento do Recurso Extraordinário n. 466.343/SP, rel. Min. Cezar Peluso, em 3-12-2008. Nesse julgado, o STF definiu a tese da supralegalidade dos tratados internacionais sobre direitos humanos que sejam internalizados pelo direito pátrio. Ou seja, foi superado o entendimento anterior – no sentido de que os tratados, ainda que versassem sobre direitos humanos, teriam a mesma estatura normativa das leis ordinárias – e prevaleceu, por maioria de votos, a tese de que os tratados internacionais de direitos humanos subscritos pelo Brasil possuem *status* supralegal, o que torna inaplicável a legislação infraconstitucional com eles conflitantes, seja ela anterior ou posterior ao ato de ratificação e que, desde a ratificação, pelo Brasil, sem qualquer reserva, do Pacto Internacional dos Direitos Civis e Políticos (art. 11) e da Convenção Americana sobre Direitos Humanos – Pacto de San José da Costa Rica (art. 7º, 7).

Desse modo, fixou-se que não há mais base legal para a prisão civil do depositário infiel. A Corte asseverou, ainda, que a prisão civil do devedor-fiduciante viola o princípio da proporcionalidade, porque o ordenamento jurídico prevê outros meios processuais-executórios postos à disposição do credor-fiduciário para a garantia do cré-

---

101 Não há clareza na jurisprudência do Tribunal sobre o significado da medida liminar no controle abstrato de normas. Às vezes se cogita de *suspensão de vigência* ou de *suspensão de eficácia*, ou, ainda, de uma *suspensão de execução* (Rp. 933, rel. Min. Thompson Flores, *RTJ*, 76(1)/342; Rp. 1.391, rel. Min. Moreira Alves).

102 Cf. ADI-MC 1.480, rel. Min. Celso de Mello, *DJ* de 26-6-2001.

dito, bem como em razão de o DL 911/69, na linha do que já considerado pelo relator, ter instituído uma ficção jurídica ao equiparar o devedor-fiduciante ao depositário, em ofensa ao princípio da reserva legal proporcional[103].

Tal precedente oferece, portanto, novos contornos à sistemática dos tratados internacionais que versem sobre direitos humanos, independentemente do procedimento previsto no § 3º do art. 5º da CF/88. Para os demais tratados internacionais, ainda permanece a tese do *status* legal ordinário desses documentos.

2.2.9. Lei estadual e concorrência de parâmetros de controle

Convém alertar que a competência concorrente de tribunais constitucionais estaduais e federal envolve algumas cautelas[104].

Evidentemente, a sentença de rejeição de inconstitucionalidade proferida por uma Corte não afeta o outro processo, pendente perante outro tribunal, que há de decidir com fundamento em parâmetro de controle autônomo[105].

Todavia, declarada a inconstitucionalidade de direito local em face da Constituição estadual, com efeito *erga omnes*, há de se reconhecer a *insubsistência* de qualquer processo eventualmente ajuizado perante o Supremo Tribunal Federal que tenha por objeto a mesma disposição.

Assim também a declaração de inconstitucionalidade da lei estadual em face da Constituição Federal torna insubsistente ou sem objeto eventual arguição, pertinente à mesma norma, requerida perante Corte estadual[106].

Ao contrário, a suspensão cautelar da eficácia de uma norma no juízo abstrato, perante o Tribunal de Justiça ou perante o Supremo Tribunal Federal, não torna inadmissível a instauração de processo de controle abstrato em relação ao mesmo objeto, nem afeta o desenvolvimento válido de processo já instaurado perante outra Corte[107].

Problemática há de se revelar a questão referente aos processos instaurados simultaneamente perante Tribunal de Justiça estadual e perante o Supremo Tribunal Federal no caso de ações diretas contra determinado ato normativo estadual em face de parâmetros estadual e federal de conteúdo idêntico. Se a Corte federal afirmar a constitucionalidade do ato impugnado em face do parâmetro federal, poderá o tribunal estadual considerá-lo inconstitucional em face de parâmetro estadual de conteúdo idêntico?

Essa questão dificilmente pode ser solvida com recurso às consequências da coisa julgada e da eficácia *erga omnes*, uma vez que esses institutos, aplicáveis ao juízo abstrato de normas, garantem a eficácia do julgado enquanto tal, isto é, com base no parâmetro constitucional utilizado. Pretensão no sentido de se outorgar eficácia transcendente à decisão equivaleria a atribuir força de interpretação autêntica à decisão do Tribunal Federal.

---

103 RE 466.343-SP, rel. Min. Cezar Peluso, *DJe* de 5-6-2009.

104 Cf., *infra*, item sobre controle de constitucionalidade estadual.

105 *BVerfGE*, 34:52(58); Christian Pestalozza, *Verfassungsprozessrecht: die verfassungsgerichtsbarkeit des Bundes und der Länder*, 2. Aufl., München: C. H. Beck, 1982, p. 376-7; Klaus Stern, *Bonner Kommentar*, 2. tir., art. 100, n. 49.

106 Cf. Christian Pestalozza, *Verfassungsprozessrecht*, cit., p. 376; Stern, *Bonner Kommentar*, cit., art. 100, n. 49.

107 Parece evidente que, deferida a suspensão cautelar perante uma Corte, inadmissível é a concessão de liminar por outra, uma vez que manifesta a ausência dos pressupostos processuais.

No plano dogmático, pode-se reconhecer essa consequência se se admitir que as decisões do Supremo Tribunal Federal são dotadas de *efeito vinculante* (*Bindungswirkung*), que não se limita à parte dispositiva, mas se estende aos fundamentos determinantes da decisão.

Assim, pelo menos no que se refere às ações diretas de inconstitucionalidade julgadas pelo Supremo Tribunal Federal, poder-se-ia cogitar de um efeito transcendente se a questão estadual versasse também sobre a norma de reprodução obrigatória pelo Estado-membro.

O Supremo Tribunal tem entendido que, em caso de propositura de ADI perante o STF e perante o TJ contra uma dada lei estadual, com base em direito constitucional federal de reprodução obrigatória pelos Estados-membros, há de se suspender o processo no âmbito da Justiça estadual até a deliberação definitiva da Suprema Corte[108].

O Tribunal acabou, portanto, por consagrar uma causa especial de suspensão do processo no âmbito da Justiça local, nos casos de tramitação paralela de ações diretas perante o Tribunal de Justiça e perante a própria Corte relativamente ao mesmo objeto, e com fundamento em norma constitucional de reprodução obrigatória por parte do Estado-membro.

2.3. Parâmetro de controle

Nos termos do art. 102, I, *a*, da Constituição, parâmetro do processo de controle abstrato de normas é, exclusivamente, a Constituição vigente.

A ofensa arguida no controle concentrado deve ser direta ao texto constitucional; a inconstitucionalidade reflexa, em que a análise da conformação com o ordenamento exige a prévia análise da legislação infraconstitucional, não é caso de ação direta[109].

Ademais, as constantes mudanças ou revogações de textos constitucionais levaram o Supremo Tribunal Federal a reconhecer a inadmissibilidade do controle abstrato de normas, se se cuida de aferição de legitimidade de ato em face de norma constitucional já revogada[110]. Enquanto instrumento especial de defesa da ordem jurídica, em princípio, não seria o controle abstrato de normas o instrumento adequado para a aferição de legitimidade de lei em face de norma constitucional já revogada. Nesse caso, o controle somente seria possível na via incidental. Da mesma forma, infirma-se a possibilidade de exame da constitucionalidade de uma lei se o parâmetro de controle foi modificado após a propositura da ação[111].

Assim, reiteradas as considerações já realizadas sobre o tema do direito pré-constitucional, a única distinção relevante a ser alçada entre as duas situações, do prisma dogmático, dizia respeito à forma de extinção do processo:

---

108 Cf. ADI-MC 1.423, rel. Min. Moreira Alves, *DJ* de 22-11-1996; sobre a possibilidade de suspensão do processo, cf. ainda Rcl.-AgRg 425, rel. Min. Néri da Silveira, *DJ* de 22-10-1993; ADI 3.482, rel. Min. Celso de Mello, decisão de 8-3-2006, *DJ* de 17-3-2006.

109 Cf. ADI 2.862, rel. Min. Cármen Lúcia, julgamento em 26-3-2008, *DJE* de 9-5-2008.

110 Rp. 1.016, rel. Min. Moreira Alves, *RTJ*, 95(3)/993.

111 Rp. 765, rel. Min. Soares Muñoz, *RTJ*, 98(3)/962.

a) em caso de ação proposta com objetivo de aferir a constitucionalidade de uma lei em face de parâmetros constitucionais já revogados, reconhecia o Tribunal a inadmissibilidade da ação[112];

b) em caso de revogação superveniente de parâmetro de controle, julgava-se prejudicada a ação[113]. Em decisão de 1º-8-2008 o Tribunal acolheu questão de ordem para afirmar que a revogação ou alteração superveniente de parâmetro de controle não impede o conhecimento da ação em relação à norma constitucional em vigor quando da propositura da ação. Caso a norma ordinária impugnada venha a ser declarada inconstitucional, o processo estaria integralmente concluído. Se, porém, a lei questionada viesse a ser reconhecida como constitucional, tem-se indagação relevante: a) prossegue-se no julgamento da ADI em face do parâmetro de controle superveniente?; b) encerra-se o processo de controle abstrato por impossibilidade de exame da questão de ordem pré-constitucional em face de norma constitucional superveniente?; ou c) examina-se a questão em sede de ADI, mas com características de controle incidental, para averbar a recepção ou não do direito ordinário? Nossa tendência é favorecer a adoção da terceira solução[114].

No julgamento da ADI 145/CE, em 20-7-2018, a Corte reiterou a sua orientação já estabelecida, no sentido de que a alteração do parâmetro constitucional, quando o processo já está em curso, não prejudica o conhecimento da ação direta, momento em que conheceu de ADI proposta em 1989, ainda que algumas disposições constitucionais apontadas como parâmetro de controle houvessem sido alteradas desde o ajuizamento da demanda e até o seu julgamento.

É de indagar, todavia, se a cláusula constante do art. 5º, § 2º, da Constituição, como norma de remissão, permitiria que fossem incorporados ao texto constitucional princípios de direito suprapositivo. Acentue-se que a dimensão do catálogo dos direitos fundamentais previsto na Constituição brasileira torna difícil imaginar um direito fundamental que pudesse ser adicionalmente colocado entre esses direitos basilares com fundamento nessa norma de remissão.

A EC n. 45/2004 acrescentou o § 3º, segundo o qual "os tratados e convenções internacionais sobre direitos humanos que forem aprovados, em cada Casa do Congresso Nacional, em dois turnos, por três quintos dos votos dos respectivos membros, serão equivalentes às emendas constitucionais".

Assim, caso mereça o Tratado de Direitos Humanos aprovação por esse quórum qualificado, será ele parâmetro de controle de constitucionalidade com força de emenda constitucional.

---

112 Rp. 1.016, rel. Min. Moreira Alves, *RTJ*, 95(3)/993.

113 Rp. 765, rel. Min. Soares Muñoz, *RTJ*, 98(3)/962.

114 Cf. ADI 509, rel. Min. Menezes Direito, decisão de 1º-8-2008, *DJ* de 8-9-2008, que, por proposta do Ministro Marco Aurélio, adiou o julgamento da referida ADI. Cf., ainda, sobre a revogação superveniente de parâmetro de controle, a ADI 3.833, rel. Min. Carlos Britto, julgamento em 19-12-2006, *DJ* de 13-2-2007, em que o Tribunal, por maioria, não conheceu da ação, averbando, todavia, a não recepção de direito anterior, ao declarar o exaurimento da norma contida no Decreto-Lei n. 444/2002, questionada na referida ação, no entendimento de que a fixação dos subsídios para os Congressistas, Senadores e Deputados deverá se fazer mediante decreto legislativo específico a ser aprovado por ambas as Casas do Congresso.

2.4. Procedimento

As regras destinadas à disciplina da ação direta de inconstitucionalidade estavam previstas no texto constitucional e no Regimento Interno do STF.

Com a entrada em vigor da Lei n. 9.868, de 10-11-1999, esse quadro sofreu significativa alteração. O procedimento da ação direta de inconstitucionalidade passou a ser disciplinado, integralmente, pela referida lei.

2.4.1. Requisitos da petição inicial e admissibilidade da ação

A Lei n. 9.868/99 trata, em capítulo destacado, da admissibilidade do procedimento da ação direta de inconstitucionalidade (Cap. II).

A petição inicial não está vinculada a qualquer prazo. Porém, os seus requisitos são disciplinados pelo art. 3º da Lei n. 9.868/99.

O primeiro requisito indispensável à petição inicial é a indicação do dispositivo ou dispositivos sobre os quais versa a ação, bem como dos fundamentos jurídicos do pedido, em relação a cada um deles (art. 3º, I).

A exigência em questão já constava da jurisprudência do STF. Nesse sentido, decidiu o Tribunal ser "necessário, em ação direta de inconstitucionalidade, que venham expostos os fundamentos jurídicos do pedido com relação às normas impugnadas, não sendo de admitir-se alegação genérica sem qualquer demonstração razoável, nem ataque a quase duas dezenas de medidas provisórias em sua totalidade com alegações por amostragem"[115].

É interessante notar que, a despeito da necessidade legal da indicação dos fundamentos jurídicos na petição inicial, não fica o STF adstrito a eles na apreciação que faz da constitucionalidade dos dispositivos questionados. É dominante no âmbito do Tribunal que na ADI (e na ADC) prevalece o princípio da *causa petendi* aberta[116].

Sobre o tema vale dizer, ainda, que já se determinou o desmembramento de ação proposta contra vinte e uma leis de diferentes Estados, entendendo o Tribunal não ser suficiente a identidade de fundamento jurídico para justificar a cumulação, uma vez que o Tribunal não está vinculado ao fundamento jurídico[117].

O segundo requisito indispensável à petição inicial presente na lei é a formulação, pelo legitimado, do pedido com suas especificações (art. 3º, II). A determinação em questão é fundamental, haja vista que com ela se consagra de forma expressa, entre nós, o princípio do pedido.

Tal princípio é essencial para a jurisdição constitucional, uma vez que dele depende, em determinada medida, a qualificação do órgão decisório como um tribunal. A *forma judicial* constitui característica peculiar que permite distinguir a atuação da jurisdição constitucional de outras atividades, de cunho meramente político.

---

115 ADI 259, rel. Min. Moreira Alves, *DJ* de 19-2-1992, p. 2030.

116 ADI 2.728/AM, rel. Min. Maurício Corrêa, *DJ* de 20-2-2004.

117 ADI 28, rel. Min. Octavio Gallotti, *DJ* de 25-10-1991.

É de ressaltar que o pedido poderá abranger, além da emissão de um juízo definitivo sobre a constitucionalidade da norma questionada, a emissão de um juízo provisório sobre o tema, mediante a concessão de medida cautelar[118].

O parágrafo único do art. 3º da Lei n. 9.868/99 determina que ao autor da ação direta de inconstitucionalidade cabe apresentar, juntamente com a petição inicial em duas vias, cópias da lei ou ato normativo que contenham os dispositivos sobre os quais versa a ação proposta. O mesmo dispositivo estabelece, ainda, a necessidade de as petições serem acompanhadas, quando subscritas por advogado, de instrumento de procuração. No julgamento da ADI 2.187-BA, por exemplo, estabeleceu o STF que a procuração na ação direta de inconstitucionalidade deve conter *poderes específicos* quanto à impugnação da norma a ser levada a efeito na ADI[119].

Por fim, atenta à necessidade de conferir certa celeridade aos processos da ação direta de inconstitucionalidade, houve por bem a Lei n. 9.868/99 conceder ao relator a possibilidade de indeferir liminarmente as petições ineptas, as não fundamentadas e aquelas manifestamente improcedentes (art. 4º). Da decisão de indeferimento caberá agravo regimental no prazo de cinco dias (art. 4º, parágrafo único).

Acrescente-se que, antes do pedido de informações, é possível ao autor aditar a petição inicial[120].

Há ainda de ressaltar que, regularmente proposta a ação direta de inconstitucionalidade, *não será admissível a desistência* (art. 5º). Tal aspecto reforça o caráter do procedimento da ação direta de inconstitucionalidade se configurar, entre nós, como típico desdobramento de processo objetivo da fiscalização da legitimidade de atos normativos.

2.4.2. Intervenção de terceiros e *amicus curiae*

A Lei n. 9.868/99 preserva a orientação contida no Regimento Interno do STF que veda a intervenção de terceiros no processo de ação direta de inconstitucionalidade (art. 7º).

Constitui, todavia, inovação significativa no âmbito da ação direta de inconstitucionalidade a autorização para que o relator, considerando a relevância da matéria e a representatividade dos postulantes, admita a manifestação de outros órgãos ou entidades (art. 7º, § 2º). Positiva-se, assim, a figura do *amicus curiae* no processo de controle de constitucionalidade, ensejando a possibilidade de o Tribunal decidir as causas com pleno conhecimento de todas as suas implicações ou repercussões.

Trata-se de providência que confere caráter pluralista e democrático (CF/88, art. 1º, parágrafo único) ao processo objetivo de controle abstrato de constitucionalidade.

Em vista do veto presidencial oposto ao § 1º do art. 7º, surge a indagação sobre qual o momento para o exercício do direito de manifestação por parte do *amicus curiae*.

No que concerne ao prazo para o exercício do direito de manifestação (art. 7º), parece que tal postulação há de se fazer dentro do lapso temporal fixado para apresentação das informações por parte das autoridades responsáveis pela edição do ato.

---

118 Cf., *infra*, item sobre as medidas cautelares.

119 ADI 2.187, rel. Min. Octavio Gallotti, *DJ* de 12-12-2003.

120 Cf. ADI 3.867, rel. Min. Cármen Lúcia, decisão monocrática, *DJ* de 29-2-2008.

É possível, porém, cogitar de hipóteses de admissão de *amicus curiae* fora do prazo das informações[121] na ADI (art. 9º, § 1º), especialmente diante da relevância do caso ou, ainda, em face da notória contribuição que a manifestação possa trazer para o julgamento da causa[122].

Observa-se, por outro lado, que o requisito da pertinência temática também deve ser observado para o fim de admissão de *amicus curiae*[123].

Quanto à atuação do *amicus curiae*, após ter entendido que ela haveria de limitar-se à manifestação escrita[124], houve por bem o Tribunal admitir a sustentação oral por parte desses peculiares partícipes do processo constitucional[125]. Em 30-3-2004, foi editada Emenda Regimental[126], que assegurou aos *amici curiae*, no processo de ADI, o direito de sustentar oralmente pelo tempo máximo de quinze minutos, e, ainda, quando houver litisconsortes não representados pelo mesmo advogado, pelo prazo contado em dobro.

Essa nova orientação parece acertada, pois permite, em casos específicos, que a decisão na ação direta de inconstitucionalidade seja subsidiada por novos argumentos e diferentes alternativas de interpretação da Constituição.

Finalmente, registre-se que a jurisprudência do Supremo Tribunal Federal se fixou no sentido segundo o qual é irrecorrível a decisão denegatória de ingresso no feito como *amicus curiae*. Assim, tanto a decisão do Relator que admite como a que inadmite o ingresso do *amicus curiae* é irrecorrível [127].

2.4.3. Informações das autoridades das quais emanou o ato normativo e manifestações do Advogado-Geral da União[128] e do Procurador-Geral da República

No caso da ação direta de inconstitucionalidade, há duas possibilidades regulares de desenvolvimento do *iter* procedimental, que assumirá a feição de um *procedimento ordinário*.

Na primeira, *não há pedido de medida cautelar*.

---

121 Essa possibilidade, entretanto, não é majoritária na jurisprudência do STF. A esse respeito, cf. ADI 2.238/DF, rel. Min. Ilmar Galvão – hipótese em que a Associação Paulista dos Magistrados formulou pedido de admissão no feito depois de já iniciado o julgamento da medida liminar. Na espécie, considerou-se que a manifestação do *amicus curiae* é destinada a instruir a ADI, não sendo possível, portanto, admiti-la quando já em andamento o julgamento do feito. Restaram vencidos os Ministros Ilmar Galvão (relator) e Carlos Velloso, que referendavam a decisão monocrática.

122 ADI 2.690/RN, rel. Min. Gilmar Mendes.

123 ADI 3.931, rel. Min. Cármen Lúcia, decisão monocrática, *DJ* de 19-8-2008.

124 ADI-MC-QO 2.223/DF, rel. Min. Marco Aurélio, *DJ* de 18-10-2001.

125 ADI-QO 2.675, rel. Min. Carlos Velloso, e ADI-QO 2.777, rel. Min. Cezar Peluso. O Tribunal, por maioria, em 26-11-2003, resolvendo questão de ordem, admitiu a sustentação oral dos *amicus curiae* na ação direta de inconstitucionalidade.

126 A Emenda Regimental n. 15, do Supremo Tribunal Federal, de 30-3-2004 (*DJ* de 1º-4-2004), acrescentou o § 3º ao art. 131 do Regimento Interno, para admitir a intervenção de terceiros no processo de controle concentrado de constitucionalidade, facultando-se-lhes a produção de sustentação oral.

127 Tema 510 da Repercussão Geral. RE-AgR 602.584 AgR, rel. Min. Marco Aurélio, red. p/ o ac. Min. Luiz Fux, Tribunal Pleno, j. 17-10-2018.

128 Registre-se que a jurisprudência do STF foi alterada para assentar que a manifestação prévia, na qualidade de AGU, não acarreta impedimento de Ministro nas ações de controle abstrato de constitucionalidade (Cf. ADI 2.238, rel. Min. Alexandre de Moraes).

Neste caso, o relator pedirá informações aos órgãos ou às autoridades das quais emanou a lei ou ato normativo impugnado na petição inicial, conforme determina o art. 6º. Os órgãos e as autoridades responsáveis pela edição do ato deverão responder ao pedido de informações no prazo de trinta dias, contados do recebimento do pedido (art. 6º, parágrafo único).

Na segunda hipótese, *há pedido de concessão de medida cautelar*.

É de notar que, nesse caso, os órgãos ou autoridades dos quais emanou a lei ou o ato impugnado disporão de cinco dias para manifestar-se sobre o pedido de liminar (art. 10). Após o julgamento da cautelar deve, então, o relator pedir as informações a que se refere o art. 6º.

Nas duas hipóteses (*procedimento com ou sem pedido de liminar*), decorrido o prazo das informações, serão ouvidos, sucessivamente, o Advogado-Geral da União[129] e o Procurador-Geral da República, que deverão manifestar-se, cada qual, no prazo de quinze dias[130] (Lei n. 9.868/99, art. 8º).

Deve-se observar, ainda, que a lei contém disposição (art. 12) que autoriza o relator, em face da relevância da matéria e de seu especial significado para a ordem social e a segurança jurídica, a submeter o processo diretamente ao Tribunal, que terá a faculdade de julgar definitivamente a ação, após a prestação das informações, no prazo de dez dias, e a manifestação do Advogado-Geral da União e do Procurador-Geral da República, sucessivamente, no prazo de cinco dias.

Tem-se aqui um *procedimento sumário* para a ação direta de inconstitucionalidade. Essa providência, além de viabilizar uma decisão definitiva da controvérsia constitucional em curto espaço de tempo, permite que o Tribunal delibere, de forma igualmente definitiva, sobre a legitimidade de medidas provisórias antes mesmo que se convertam em lei.

Assinale-se, ainda, quanto à manifestação do Advogado-Geral da União, que, diferentemente do que decorre da literalidade do art. 103, § 3º – citação para defesa do ato impugnado –, não está ele obrigado a fazer defesa do ato questionado, especialmente se o Supremo Tribunal Federal já se tiver manifestado em caso semelhante pela inconstitucionalidade[131].

2.4.4. Apuração de questões fáticas no controle de constitucionalidade[132]

Importante inovação consta do art. 9º, § 1º, da Lei n. 9.868/99, que autoriza o relator, após as manifestações do Advogado-Geral da União e do Procurador-Geral da

---

129 Cf. ADI-QO 97/RO, rel. Min. Moreira Alves, julgada em 22-11-1989, *DJ* de 30-3-1990; ADI-MC 1.254/RJ, rel. Min. Celso de Mello, julgada em 14-8-1996, *DJ* de 19-9-1997; ADI-QO 72/ES, rel. Min. Sepúlveda Pertence, julgada em 22-3-2001, *DJ* de 25-5-1990.

130 Cf., *supra*, n. II – *Evolução do controle de constitucionalidade no direito brasileiro*.

131 ADI 1.616/PE, rel. Min. Maurício Corrêa, *DJ* de 24-8-2001. Em orientação idêntica cf. ADI 2.687/PA, rel. Min. Nelson Jobim, *DJ* de 6-6-2003, p. 30.

132 Cf. Gilmar Ferreira Mendes, Controle de constitucionalidade: hermenêutica constitucional e revisão de fatos e prognoses legislativos pelo órgão judicial, in *Direitos fundamentais e controle de constitucionalidade*, cit., p. 461-483.

República, em caso de necessidade de esclarecimento de matéria ou circunstância de fato ou de notória insuficiência das informações existentes nos autos, requisitar informações adicionais, designar perito ou comissão de peritos para emitir parecer sobre a questão ou fixar data para, em audiência pública, ouvir depoimentos e pessoas com experiência e autoridade na matéria.

O legislador afastou-se de uma leitura radical do modelo hermenêutico clássico, a qual sugere que o controle de normas há de se fazer com o simples contraste entre a norma questionada e a norma constitucional superior. Essa abordagem simplificadora tinha levado o STF a afirmar, às vezes, que fatos controvertidos ou que demandam alguma dilação probatória não poderiam ser apreciados em ação direta de inconstitucionalidade[133].

Essa abordagem conferia, equivocadamente, maior importância a uma pré-compreensão do instrumento processual do que à própria decisão do constituinte de lhe atribuir competência para dirimir a controvérsia constitucional.

Não há como negar a "comunicação entre norma e fato", que constitui condição da própria interpretação constitucional[134]. É que o processo de conhecimento, aqui, envolve a investigação integrada de elementos fáticos e jurídicos[135].

2.4.5. Medida cautelar

No que se refere ao pedido de cautelar na ação direta de inconstitucionalidade, optou a Lei n. 9.868/99 por estabelecer que, salvo em caso de excepcional urgência, o Tribunal somente concederá a liminar, consistente na suspensão da vigência da norma impugnada[136], por decisão da maioria absoluta de seus membros, após a audiência dos órgãos ou das autoridades das quais emanou a lei ou o ato normativo impugnado (art. 10). Em caso de excepcional urgência poderá ser dispensada a audiência dos órgãos dos quais emanou o ato (art. 10, § 3º). A lei explicita (art. 11), ainda, que a decisão concessiva de cautelar terá eficácia *erga omnes*, devendo a sua parte dispositiva ser publicada em seção especial do Diário Oficial no prazo de dez dias, a contar do julgamento.

Ainda no que tange à medida cautelar no âmbito da ação direta de inconstitucionalidade, o art. 11, § 1º, da Lei n. 9.868/99 dispõe, em consonância com a jurisprudência do STF, que a cautelar será concedida, regularmente, com eficácia *ex nunc*, salvo se o Tribunal entender que deva conceder-lhe eficácia retroativa. Da mesma forma, prevê-se que a medida cautelar torna aplicável a legislação anterior acaso existente, salvo expressa manifestação do Tribunal em sentido contrário (art. 11, § 2º). Tal situação tem sido denominada como atribuição de efeitos repristinatórios à legislação revogada pelo ato normativo cuja vigência for suspensa pelo Tribunal. A rigor, essa circunstância é dife-

---

133 Cf., a propósito, despacho do Ministro Celso de Mello prolatado na ADI 1.372, *DJ* de 17-11-1995.

134 Cf. Ernst Gottfried Marenholz, Verfassungsinterpretation aus praktischer Sicht, in *Verfassungsrecht zwischen Wissenschaft und Richterkunst:* homenagem aos 70 anos de Konrad Hesse, Heidelberg, 1990, p. 53 (54).

135 Ernst Gottfried Marenholz, Verfassungsinterpretation aus praktischer Sicht, in *Verfassungsrecht zwischen Wissenschaft und Richterkunst:* homenagem aos 70 anos de Konrad Hesse, cit., p. 54.

136 Cf. ADI-MC 2.866/RN, rel. Min. Gilmar Mendes, *DJ* de 17-10-2003.

rente do fenômeno da "repristinação", que, nos termos da doutrina civilista, corresponde a uma das possibilidades de aplicação da lei no tempo.

Deve-se registrar, ainda acerca do julgamento da medida cautelar em ação direta de inconstitucionalidade, a extensão que em nosso ordenamento tem o princípio da reserva de plenário.

A reserva de plenário para a decisão cautelar admite uma única exceção, precisamente definida no art. 10, *caput*, da Lei n. 9.868/99, a qual decorre não do caráter urgente de eventual medida, mas da impossibilidade de reunião de todos os membros do Tribunal nos períodos de recesso. Assim, obviamente, ante a impraticável reunião dos magistrados em sessão plenária nos períodos de recesso do Tribunal, o Regimento Interno da Corte confere poderes ao Ministro Presidente para decidir sobre questões urgentes (art. 13, VIII), o que envolve também os pedidos de medida cautelar nas ações diretas de inconstitucionalidade. E ressalte-se que, apesar de a Lei n. 9.868/99 mencionar apenas a palavra "recesso", ela aplica-se também aos períodos de "férias" do Tribunal.

A palavra "recesso" foi empregada na Lei n. 9.868/99 (art. 10, *caput*) com sentido amplo, abarcando tanto o recesso propriamente dito como as férias forenses. Ademais, é preciso reconhecer que a distinção entre o recesso e as férias é realizada no Regimento Interno do STF para fins administrativos internos (art. 78 do RISTF).

Portanto, a única exceção à reserva de plenário prevista pela lei encontra-se no excepcional poder conferido ao Presidente do Supremo Tribunal Federal para decidir cautelarmente nos períodos de recesso e de férias. De toda forma, mesmo nessa hipótese excepcional, deverá a medida cautelar ser levada a referendo do Tribunal Pleno tão logo termine o período de recesso ou de férias (art. 21, IV e V, do RISTF). Caberá ao Relator do processo (designado com a regular distribuição da ação, após o término do período de férias) levar a referendo do Plenário a medida cautelar decidida pela Presidência. Em hipóteses excepcionais, poderá o próprio Presidente levar sua decisão ao referendo do Pleno, tal como já ocorreu no julgamento da ADI 3.929-MCQO, rel. Min. Ellen Gracie (julgada em 29-8-2007, *DJ* de 11-10-2007[137]).

É claro que a lei não pode prever todas as possíveis hipóteses que possam configurar a urgência da pretensão cautelar. Podem naturalmente ocorrer casos em que a espera pelo julgamento da Sessão Plenária seguinte ao pedido de medida cautelar leve à

---

137 "Questão de ordem. Ação direta de inconstitucionalidade. Pedido de medida cautelar. Deferimento, pela presidência, no período de férias forenses do tribunal. Artigos 10, *caput*, da Lei 9.868/99, e 13, VIII, do RISTF. Relatoria do referendo plenário atribuída à própria Presidente, por força da excepcionalidade do caso concreto. Possibilidade. O *caput* do art. 10 da Lei 9.868/99 autoriza, nos períodos de recesso da Corte, a excepcional concessão monocrática da medida cautelar em ação direta de inconstitucionalidade. Por imposição do artigo 21, incisos IV e V, do Regimento Interno, as decisões liminares concedidas pela Presidência nessas circunstâncias são depois submetidas à referendo do Colegiado, normalmente após a distribuição dos autos da ação direta a um determinado relator superveniente. Peculiaridades presentes que recomendam a exposição do caso pelo próprio órgão prolator da decisão trazida a referendo do Plenário do Supremo Tribunal Federal. Questão de ordem resolvida no sentido de autorizar a Presidência, excepcionalmente, a relatar o referendo da decisão cautelar monocrática proferida nos autos da presente ação direta." (ADI 3.929-MC-QO, rel. Min. Ellen Gracie, julgamento em 29-8-2007, *DJ* de 11-10-2007.)

completa perda de sua utilidade. Assim, parece legítimo admitir a concessão da liminar por decisão monocrática do Relator, no exercício do poder geral de cautela. Aqui, poder-se-ia considerar, igualmente, a possibilidade de aplicação analógica do § 1º do art. 5º da Lei n. 9.882/99, referente à arguição de descumprimento de preceito fundamental, que permite a decisão cautelar monocrática "em caso de extrema urgência ou perigo de lesão grave". Nessa hipótese, é imprescindível a submissão imediata, na Sessão Plenária seguinte, da decisão cautelar ao referendo do Tribunal (art. 21, V, do RISTF).

Observe-se que a decisão cautelar monocrática em ação direta, fora dos períodos de recesso e férias, é fato raro no Supremo Tribunal Federal, o que atesta ainda mais a sua excepcionalidade[138].

Outra questão surgida no âmbito do processamento e julgamento das medidas cautelares em ação direta diz com a sua possível conversão em julgamento de mérito, quando presentes os elementos indispensáveis ao juízo da Corte.

No julgamento da medida cautelar na ADI 4.638 (rel. Min. Marco Aurélio, julgada em 8-2-2012), o Plenário do Supremo Tribunal Federal suscitou importante questão sobre a possibilidade de conversão do julgamento de medida cautelar em julgamento definitivo de mérito. O tema foi levantado em momento oportuno. Na ocasião, o Tribunal encontrava-se, na terceira Sessão Plenária seguida, envolvido com o julgamento da referida medida cautelar, na qual se discutia a respeito dos poderes disciplinar e correcional do Conselho Nacional de Justiça (CNJ), especificamente sobre a constitucionalidade da Resolução-CNJ n. 135/2011, que regulamenta os procedimentos administrativos disciplinares aplicáveis aos magistrados. A extensão e a profundidade dos votos proferidos e dos debates ocorridos nas três sessões deixaram patente tratar-se praticamente de julgamento de cognição exauriente sobre o mérito das questões constitucionais suscitadas na ação. Ao final das longas horas de deliberação, a sensação de todos era de que o futuro julgamento definitivo de mérito pouco poderia acrescentar aos entendimentos ali assentados. Apesar de não realizar efetivamente a conversão do julgamento cautelar em definitivo de mérito, o Tribunal deixou ali evidenciada a necessidade da adoção desse procedimento em casos futuros.

Passadas poucas semanas do referido julgamento, o Tribunal voltou a se deparar com a necessidade prática da conversão do julgamento cautelar em definitivo de mérito. Na ADI 4.163 (rel. Min. Cezar Peluso, julgada em 29-2-2012) – na qual se discutia a

138 Nesse sentido, cf. ADI-MC 2.849, rel. Min. Sepúlveda Pertence, *DJ* de 3-4-2003; ADI-MC 4.232, rel. Min. Dias Toffoli, *DJe* de 25-5-2009; ADI 4.190-MC, rel. Min. Celso de Mello, decisão monocrática, julgamento em 1º-7-2009, *DJE* de 4-8-2009; ADI 4.307-MC, rel. Min. Cármen Lúcia, decisão monocrática, julgamento em 2-10-2009, *DJE* de 8-10-2009; ADI-MC 4.451, rel. Min. Carlos Britto, *DJe* de 1º-9-2010; ADI-MC 4.598, rel. Min. Luiz Fux, *DJe* de 2-8-2011 e ADI 3.273-MC, rel. Min. Carlos Britto, julgamento em 16-8-2004, *DJ* de 23-8-2004. Ressalte-se que essa última decisão foi logo suspensa por decisão do Presidente, Ministro Nelson Jobim, no MS 25.024. Naquela ocasião, considerou-se que a decisão monocrática violava a reserva de plenário estabelecida pelo art. 10 da Lei 9.868/99 (MS 25.024-MC, rel. Min. Eros Grau, decisão monocrática proferida pelo presidente Min. Nelson Jobim, julgamento em 17-8-2004, *DJ* de 23-8-2004). Registre-se, ademais, a decisão proferida em 15 de dezembro de 2011 pelo Min. Luiz Fux na ADI 4.663, a qual foi trazida à apreciação do Plenário em 7 de março de 2012; a decisão proferida em 19 de dezembro de 2011 pelo Ministro Marco Aurélio na ADI 4.638, trazida ao referendo do Plenário do Tribunal em 1º de fevereiro de 2012, e, por fim, a decisão proferida em 19 de dezembro de 2011 pelo Ministro Joaquim Barbosa na ADI 4.705, referendada na Sessão Plenária de 23 de fevereiro de 2012.

importante questão dos convênios firmados pela Defensoria Pública para prestação adequada da assistência judiciária gratuita –, verificou-se que o processo, apesar de ter tramitado pelo rito do art. 10, *caput*, da Lei n. 9.868/99, estava completamente instruído com as informações dos órgãos legislativos, a manifestação do Advogado-Geral da União e o parecer do Procurador-Geral da República, todos contendo análises não apenas voltadas para o julgamento da medida cautelar, mas com incursões sobre o mérito da ação direta. Levantada a questão, o Plenário, rememorando o julgamento da ADI 4.638, e constatando a relevância prática da medida, decidiu converter o julgamento da cautelar em definitivo de mérito, considerando suficientes, para tanto, os documentos, manifestações e pareceres presentes nos autos.

A nova medida adotada no julgamento da ADI 4.163 constitui, indubitavelmente, um importante avanço quanto às técnicas de decisão e aos procedimentos próprios das ações do controle abstrato de constitucionalidade.

3. DECISÃO

No que se refere à decisão na ação direta de inconstitucionalidade e na ação declaratória de constitucionalidade, tratada em um único capítulo, nesta obra, a Lei n. 9.868/99 preservou a orientação constante de norma regimental do STF que estabelece que o julgamento dessas ações somente será efetuado se presentes na sessão pelo menos oito ministros, devendo-se proclamar a constitucionalidade ou a inconstitucionalidade da lei ou do ato normativo questionado se num ou noutro sentido se tiverem manifestado pelo menos seis (arts. 22 e 23).

Destaque-se que, existindo duas ações diretas de inconstitucionalidade impugnando o mesmo dispositivo legal, estas serão julgadas em conjunto[139].

A teor do que preceitua o art. 21, § 1º, do RISTF e o art. 543-B do CPC, ao relator é permitido "negar seguimento a pedido ou recurso manifestamente inadmissível, improcedente ou contrário à jurisprudência dominante ou a Súmula do Tribunal, deles não conhecer em caso de incompetência manifesta, encaminhando os autos ao órgão que repute competente, bem como cassar ou reformar, liminarmente, acórdão contrário à orientação firmada"[140]. Importante ressaltar que tal entendimento é aplicável também aos procedimentos da ADI e da ADC[141].

O art. 24 acentua o caráter "dúplice" ou "ambivalente" da ação direta de inconstitucionalidade ou da ação declaratória de constitucionalidade, estabelecendo que, proclamada a constitucionalidade, julgar-se-á improcedente a ação direta ou procedente

---

139 Cf. ADI 4.063, rel. Min. Eros Grau, decisão monocrática, julgamento em 7-4-2008, *DJ* de 16-4-2008.

140 O Novo CPC não possui dispositivo semelhante, que atribua tal poder ao Regimento Interno do STF, mas a previsão regimental continuará válida, por ser compatível com outros dispositivos do estatuto processual civil.

141 Cf. ADI 2.440, rel. Min. Ricardo Lewandowski, decisão monocrática, julgamento em 17-3-2008, *DJE* de 27-3-2008. No mesmo sentido: ADI 514, rel. Min. Celso de Mello, decisão monocrática, julgamento em 24-3-2008, *DJE* de 31-3-2008.

eventual ação declaratória; e, proclamada a inconstitucionalidade, julgar-se-á procedente a ação direta ou improcedente eventual ação declaratória.

Nessa linha de raciocínio, o não conhecimento da ADI, por lhe faltar algum dos pressupostos de admissibilidade, não gera a declaração de constitucionalidade da norma impugnada[142].

A Lei n. 9.868/99 assume posição clara em relação à irrecorribilidade e à não rescindibilidade da decisão proferida na ação direta de inconstitucionalidade ou na ação declaratória de constitucionalidade (art. 26). Além de ser plenamente condizente com a atuação da jurisdição constitucional, tal providência rende homenagem à segurança jurídica e à economia processual, permitindo o imediato encerramento do processo e evitando a interposição de recursos de caráter notadamente protelatório.

Dentro do prazo de dez dias após o trânsito em julgado, o STF fará publicar a parte dispositiva do acórdão proferido, em seção especial do Diário Oficial da União e do Diário da Justiça (art. 28).

O Tribunal tanto poderá declarar a constitucionalidade da lei como a sua inconstitucionalidade. Neste caso, entende-se que a declaração de inconstitucionalidade corresponde a uma declaração de nulidade da lei. À decisão de inconstitucionalidade atribui-se eficácia *ex tunc*.

É importante destacar que, nas ações diretas de inconstitucionalidade, a causa de pedir é aberta. Isso significa que a Corte Constitucional, ao julgar essas ações, não se vincula aos fundamentos jurídicos invocados pelo autor da ação para respaldar os seus pedidos. Ou seja, para declarar inconstitucional uma lei ou ato normativo, o STF pode utilizar como parâmetro de controle todo e qualquer dispositivo da Constituição Federal, e não apenas aqueles aduzidos pelo autor da ação direta.[143]

O Tribunal poderá, porém, por maioria de 2/3 dos juízes, restringir os efeitos da declaração de inconstitucionalidade ou decidir que ela só tenha eficácia a partir de seu trânsito em julgado ou de outro momento que venha a ser fixado (Lei n. 9.868/99, art. 27)[144].

As múltiplas variantes em torno das técnicas da decisão e a sua utilização nos diversos processos de controle recomendam que o tema seja tratado em capítulo autônomo sobre as técnicas de decisão[145].

142 Cf. Rcl 5.914-AgR, rel. Min. Ricardo Lewandowski, julgamento em 25-6-2008, *DJE* de 15-8-2008.

143 ADI 3.796/PR, rel. Min. Gilmar Mendes, *DJe* de 1º-8-2017.

144 Cf. AI 636.023, rel. Min. Gilmar Mendes, decisão monocrática, *DJE* de 13-2-2008; RE 353.657, rel. Min. Marco Aurélio, *DJE* de 7-3-2008.

145 Cf., neste capítulo, o n. X, sobre técnicas de decisão.

V AÇÃO DECLARATÓRIA DE CONSTITUCIONALIDADE

1. CRIAÇÃO DA AÇÃO DECLARATÓRIA DE CONSTITUCIONALIDADE

Em 1992, o Deputado Roberto Campos acolheu sugestão contida em estudo que elaboramos juntamente com o Professor Ives Gandra e apresentou proposta de emenda constitucional[1] com o seguinte teor:

> "Art. 102. (...)
>
> I – (...)
>
> *a)* a ação direta de inconstitucionalidade de lei ou ato normativo federal ou estadual e a ação declaratória de constitucionalidade de lei ou ato normativo federal.
>
> § 1º A arguição de descumprimento de preceito fundamental, decorrente desta Constituição, será apreciada pelo Supremo Tribunal Federal, na forma da lei.
>
> § 2º As decisões definitivas de mérito, proferidas pelo Supremo Tribunal Federal, nas ações declaratórias de constitucionalidade de lei ou ato normativo federal, produzirão eficácia contra todos e efeito vinculante, relativamente aos demais órgãos do Poder Judiciário e ao Poder Executivo.
>
> Art. 103. (...)
>
> § 4º A ação declaratória de constitucionalidade poderá ser proposta pelo Presidente da República, pela Mesa do Senado Federal, pela Mesa da Câmara dos Deputados ou pelo Procurador-Geral da República".

Parte dessa proposição, com algumas alterações, foi incorporada à Emenda que deu nova redação a alguns dispositivos da ordem constitucional tributária e autorizou a instituição do imposto sobre movimentação ou transmissão de valores e de créditos e direitos de natureza financeira, mediante iniciativa do Deputado Luiz Carlos Hauly[2].

A EC n. 3, de 17-3-1993, disciplinou o instituto, firmando a competência do STF para conhecer e julgar a ação declaratória de constitucionalidade de lei ou ato normativo federal, processo cuja decisão definitiva de mérito possuirá eficácia contra todos e efeito vinculante relativamente aos demais órgãos do Judiciário e ao Poder Executivo. Conferiu-se, inicialmente, legitimidade ativa ao Presidente da República, à Mesa do Senado Federal, à Mesa da Câmara dos Deputados e ao Procurador-Geral da República. A EC n. 45/2004 ampliou a legitimação da ADC, que passa a ser a mesma da ADI (art. 103 da CF/88).

A despeito de sua repercussão na ordem jurídica, a ADC não parece representar um *novum* no modelo brasileiro de controle de constitucionalidade. Em verdade, o dispositivo não inova. A imprecisão da fórmula adotada na EC n. 16/65 – *representação contra inconstitucionalidade de lei ou ato de natureza normativa, federal ou estadual, encami-*

---

1 Proposta de emenda à Constituição n. 130, de 1992, conforme elaborada por Ives Gandra, Gilmar Mendes e pelo Deputado Roberto Campos.

2 Cf., a propósito, os dois substitutivos apresentados pelo Deputado Benito Gama, relator da Comissão Especial destinada a examinar a Proposta de Emenda à Constituição n. 48-a, de 1991.

nhada pelo Procurador-Geral – não conseguia esconder o propósito inequívoco do legislador constituinte, que era o de permitir, "desde logo, a definição da controvérsia constitucional sobre leis novas".

Não se fazia mister, portanto, que o Procurador-Geral estivesse convencido da inconstitucionalidade da norma. Era suficiente o requisito objetivo relativo à existência de "controvérsia constitucional". Daí ter o constituinte utilizado a fórmula equívoca – *representação contra a inconstitucionalidade da lei, encaminhada pelo Procurador-Geral da República* –, que explicitava, pelo menos, que a dúvida ou a eventual convicção sobre a inconstitucionalidade não precisavam ser por ele perfilhadas.

Se correta essa orientação, parece legítimo admitir que o Procurador-Geral da República tanto poderia instaurar o controle abstrato de normas, com o objetivo precípuo de ver declarada a inconstitucionalidade da lei ou ato normativo (*ação direta de inconstitucionalidade* ou *representação de inconstitucionalidade*), como poderia postular, expressa ou tacitamente, a declaração de constitucionalidade da norma questionada (*ação declaratória de constitucionalidade*).

Entendida a *representação de inconstitucionalidade* como instituto de *conteúdo dúplice* ou de *caráter ambivalente*, mediante o qual o Procurador-Geral da República tanto poderia postular a declaração de inconstitucionalidade da norma como defender a sua constitucionalidade, afigurar-se-ia legítimo sustentar, com maior ênfase e razoabilidade, a tese relativa à obrigatoriedade de o Procurador-Geral submeter a questão constitucional ao STF quando isso lhe fosse solicitado.

Essa análise demonstra claramente que, a despeito da utilização da expressão *representação de inconstitucionalidade*, o controle abstrato de normas foi concebido e desenvolvido como processo de *natureza dúplice* ou *ambivalente*.

2. LEGITIMIDADE PARA PROPOSITURA DA AÇÃO DECLARATÓRIA[3]

2.1. Considerações preliminares

No que se refere à ação declaratória de constitucionalidade, o art. 103, § 4º, estabelecia, tal como observado, que poderiam propô-la o Presidente da República, a Mesa do Senado Federal, a Mesa da Câmara dos Deputados ou o Procurador-Geral da República (EC n. 3/93).

3 Esta a disciplina constitucional após a Emenda à Constituição n. 45/2004: "Art. 103. Podem propor a ação direta de inconstitucionalidade e a ação declaratória de constitucionalidade: I – o Presidente da República; II – a Mesa do Senado Federal; III – a Mesa da Câmara dos Deputados; IV – a Mesa de Assembleia Legislativa; V – o Governador de Estado; IV – a Mesa de Assembleia Legislativa ou da Câmara Legislativa do Distrito Federal; V – o Governador de Estado ou do Distrito Federal; VI – o Procurador-Geral da República; VII – o Conselho Federal da Ordem dos Advogados do Brasil; VIII – partido político com representação no Congresso Nacional; IX – confederação sindical ou entidade de classe de âmbito nacional. § 1º O Procurador-Geral da República deverá ser previamente ouvido nas ações de inconstitucionalidade e em todos os processos de competência do Supremo Tribunal Federal. § 2º Declarada a inconstitucionalidade por omissão de medida para tornar efetiva norma constitucional, será dada ciência ao Poder competente para a adoção das providências necessárias e, em se tratando de órgão administrativo, para fazê-lo em trinta dias. § 3º Quando o Supremo Tribunal Federal apreciar a inconstitucionalidade, em tese, de norma legal ou ato normativo, citará, previamente, o Advogado-Geral da União, que defenderá o ato ou texto impugnado".

A EC n. 45/2004 (Reforma do Judiciário) conferiu nova disciplina à matéria e outorgou a todos os legitimados para a ADI a legitimidade para a propositura da ADC.

2.2. Demonstração da existência de controvérsia judicial na ação declaratória de constitucionalidade

Ao lado do direito de propositura da ação declaratória de constitucionalidade – e, aqui, assinale-se, estamos a falar tão somente da ADC e não da ADI – há de se cogitar também de uma legitimação para agir *in concreto*, que se relaciona com a existência de um estado de incerteza gerado por dúvidas ou controvérsias sobre a legitimidade da lei[4]. Há de se configurar, portanto, situação hábil a afetar a presunção de constitucionalidade, que é apanágio da lei.

Embora o texto constitucional não tenha contemplado expressamente esse pressuposto, é certo que ele é inerente às ações declaratórias, mormente às ações declaratórias de conteúdo positivo.

Assim, não se afigura admissível a propositura de ação declaratória de constitucionalidade se não houver *controvérsia* ou *dúvida* relevante quanto à legitimidade da norma.

Evidentemente, são múltiplas as formas de manifestação desse estado de incerteza quanto à legitimidade da norma.

A insegurança poderá resultar de pronunciamentos contraditórios da jurisdição ordinária sobre a constitucionalidade de determinada disposição.

Assim, se a jurisdição ordinária, através de diferentes órgãos, passar a afirmar a inconstitucionalidade de determinada lei, poderão os órgãos legitimados, se estiverem convencidos de sua constitucionalidade, provocar o STF para que ponha termo à controvérsia instaurada.

Da mesma forma, pronunciamentos contraditórios de órgãos jurisdicionais diversos sobre a legitimidade da norma poderão criar o estado de incerteza imprescindível para a instauração da ação declaratória de constitucionalidade.

Embora as decisões judiciais sejam provocadas ou mesmo estimuladas pelo debate doutrinário, é certo que simples controvérsia doutrinária não se afigura suficiente para objetivar o estado de incerteza apto a legitimar a propositura da ação, uma vez que, por si só, ela não obsta à plena aplicação da lei.

Assim, não configurada *dúvida* ou *controvérsia* relevante sobre a legitimidade da norma, o STF não deverá conhecer da ação proposta.

Essa questão foi tratada no voto condutor proferido pelo Ministro Moreira Alves na Questão de Ordem na ADC n. 1, no qual se afirmou que, da "controvérsia, que deverá ser demonstrada na inicial, afluem, inclusive, os argumentos pró e contra a constitucionalidade, ou não, do ato normativo em causa, possibilitando ao STF o conhecimento deles e de como têm sido eles apreciados judicialmente. Portanto, por meio dessa ação, o Supremo Tribunal Federal uniformizará o entendimento judicial sobre a

4 Cf. Gilmar Ferreira Mendes, *Jurisdição constitucional*, 5. ed., São Paulo: Saraiva, 2005.

constitucionalidade, ou não, de um ato normativo federal em face da Carta Magna, sem qualquer caráter, pois, de órgão consultivo de outro Poder, e sem que, portanto, atue, de qualquer modo, como órgão de certa forma participante do processo legislativo"[5].

Consagrou-se, portanto, na jurisprudência do Tribunal a exigência quanto à necessidade de demonstração da *controvérsia judicial* sobre a legitimidade da norma a fim de que se possa instaurar o controle abstrato de declaração de constitucionalidade.

Também na Lei n. 9.868/99 foi positivada a exigência quanto "à existência de controvérsia judicial relevante sobre a aplicação da disposição objeto da ação declaratória" (art. 14, III).

Convém observar que a exigência quanto à configuração de controvérsia judicial para que se possa, validamente, propor a ação declaratória de constitucionalidade enseja, às vezes, aplicação assaz restritiva.

Assim, na ADC 8, relativa à contribuição de previdência de inativos e pensionistas, manifestou-se o Ministro Celso de Mello em favor de uma valoração numérica da controvérsia judicial, enfatizando a necessidade de que "o autor desde logo demonstre que se estabeleceu, em termos numericamente relevantes, ampla controvérsia judicial em torno da validade jurídica da norma federal (...)", ou que seria "preciso – mais do que a mera ocorrência de dissídio pretoriano – que a situação de divergência jurisdicional, caracterizada pela existência de um volume expressivo de decisões conflitantes, faça instaurar, ante o elevado coeficiente de pronunciamentos judiciais colidentes, verdadeiro estado de insegurança jurídica, capaz de gerar um cenário de perplexidade social e de grave comprometimento da estabilidade do sistema de Direito Positivo vigente no país"[6]. Essa mesma orientação foi adotada, mais recentemente, no julgamento da ADC 60, rel. Min. Alexandre de Moraes, a qual não foi conhecida, diante da ausência de controvérsia constitucional relevante.

A questão parece estar a merecer um outro enfoque.

A exigência quanto à configuração de controvérsia judicial ou de controvérsia jurídica associa-se não só à ameaça ao princípio da presunção de constitucionalidade – esta independe de um número quantitativamente relevante de decisões de um e de outro lado –, mas também, e sobretudo, à invalidação prévia de uma decisão tomada por segmentos expressivos do modelo representativo. A generalização de decisões contrárias a uma decisão legislativa não inviabiliza – antes recomenda – a propositura da ação declaratória de constitucionalidade. É que a situação de incerteza, na espécie, decorre não da leitura e da aplicação contraditória de normas legais pelos vários órgãos judiciais, mas da controvérsia ou dúvida que se instaura entre os órgãos judiciais, que de forma quase unívoca adotam uma dada interpretação, e os órgãos políticos responsáveis pela edição do texto normativo.

É fácil ver, pois, que o estabelecimento de uma comparação quantitativa entre o número de decisões judiciais num ou noutro sentido, com o objetivo de qualificar o pressuposto de admissibilidade da ação declaratória de constitucionalidade, contém uma leitura redutora e equivocada do sistema de controle abstrato na sua dimensão positiva.

---

5 *RTJ*, 157 (1)/371, voto do Ministro Moreira Alves, p. 385-386.

6 Despacho na ADC-MC 8/DF, rel. Min. Celso de Mello, julgada em 4-8-1999, *DJ* de 12-8-1999, p. 1076.

Parece elementar que se comprove a existência de controvérsia sobre a aplicação da norma em sede de ação declaratória de constitucionalidade, até mesmo para evitar a instauração de processos de controle de constitucionalidade antes mesmo de qualquer discussão sobre eventual aplicação da lei.

A questão afeta a aplicação do princípio de separação dos Poderes em sua acepção mais ampla. A generalização de medidas judiciais contra uma dada lei nulifica completamente a presunção de constitucionalidade do ato normativo questionado e coloca em xeque a eficácia da decisão legislativa. A ação declaratória seria o instrumento adequado para a solução desse impasse jurídico-político, permitindo que os órgãos legitimados provoquem o STF com base em dados concretos, e não em simples disputa teórica.

Assim, a exigência de *demonstração de controvérsia judicial* há de ser entendida, nesse contexto, como atinente à *existência de controvérsia jurídica* relevante, capaz de afetar a presunção de legitimidade da lei e, por conseguinte, a eficácia da decisão legislativa.

3. OBJETO

Com exceção das normas estaduais, o objeto da ADC segue o mesmo paradigma da ADI para o direito federal: lei ou ato normativo federal autônomo (não regulamentar) devidamente promulgado, ainda que não esteja em vigor. Assim, caberia ADC em face de emenda constitucional, lei complementar, lei ordinária, medida provisória, decreto legislativo, tratado internacional devidamente promulgado, decreto do Executivo de perfil autônomo, resolução de órgão do Poder Judiciário, do Conselho Nacional de Justiça. Tal como sucede em relação à ADI, a ADC não pode ter por objeto ato normativo revogado.

4. PARÂMETRO DE CONTROLE

No que toca ao parâmetro de controle da ADC não há distinção relevante a seu equivalente no controle da ADI. Alcança-se todo o texto constitucional, aqui abrangidas normas de caráter formal ou material. O parâmetro também atinge princípios constitucionais materiais, mesmo que não indicados explicitamente no texto da Constituição. De igual modo, reporta-se a tratados internacionais de direitos humanos com força de emenda constitucional, nos termos do art. 5º, § 3º, da Constituição da República.

5. PROCEDIMENTO

5.1. Considerações preliminares

As regras destinadas à disciplina da ação direta de inconstitucionalidade estavam previstas no texto constitucional e no Regimento Interno do STF. A ação declaratória de constitucionalidade foi aplicada, inicialmente, com base em normas constitucionais e em construção jurisprudencial (ADC 1, *DJ* de 16-6-1995).

Com a entrada em vigor da Lei n. 9.868, de 10-11-1999, esse quadro sofreu significativa alteração, passando a matéria a ser disciplinada no referido diploma.

No que concerne à ação declaratória de constitucionalidade o *iter* procedimental é bastante simplificado, sendo normativamente prevista apenas a manifestação do Procurador-Geral da República no prazo de quinze dias (art. 19). Havendo pedido de cautelar, poderá haver decisão sobre a liminar antes da manifestação do Procurador-Geral da República[7].

Na prática, é muito pouco provável que se verifique o julgamento da ADC de forma isolada, sem que tenha havido a propositura de uma ADI. E, nessa hipótese, procede-se a um julgamento conjunto das duas ações.

Igualmente relevantes afiguram-se os dispositivos contidos na Lei n. 9.868/99 que permitem que o relator solicite, na ação declaratória de constitucionalidade, informações aos Tribunais Superiores, aos Tribunais federais e aos Tribunais estaduais acerca da aplicação da norma impugnada no âmbito de sua jurisdição (arts. 9º, § 2º, e 20, § 2º). Trata-se de providência que, além de aperfeiçoar os mecanismos de informação do Tribunal, permite maior integração entre a Corte Suprema e as demais Cortes federais e estaduais.

Após a manifestação do Procurador-Geral da República, poderá o relator solicitar dia para o julgamento da ação direta de inconstitucionalidade (Lei n. 9.868/99, art. 9º, *caput*) ou da ação declaratória de constitucionalidade (art. 20, *caput*).

5.2. Requisitos da petição inicial e admissibilidade da ação

A Lei n. 9.868/99 trata, em capítulo destacado, da admissibilidade e do procedimento da ação declaratória de constitucionalidade, instituída pela EC n. 3/93 (Cap. III). Tendo em vista o caráter "dúplice" ou "ambivalente" das ações diretas e das ações declaratórias, as regras de admissibilidade e de procedimento aplicáveis à ADI são, na sua essência, extensíveis à ADC.

A petição inicial não está vinculada a qualquer prazo. Porém, os seus requisitos são disciplinados pelo art. 14 da Lei n. 9.868/99.

O primeiro requisito indispensável à petição inicial é a indicação do dispositivo ou dispositivos sobre os quais versa a ação, bem como dos fundamentos jurídicos do pedido, em relação a cada um deles (art. 14, I).

O segundo requisito indispensável à petição inicial presente na lei é a formulação, pelo legitimado, do pedido com suas especificações (art. 14, II). A determinação em questão é fundamental, haja vista que com ela se consagra de forma expressa, entre nós, o princípio do pedido.

Tal princípio é essencial para a jurisdição constitucional, uma vez que dele depende, em determinada medida, a qualificação do órgão decisório como um tribunal. A *forma judicial* constitui característica peculiar que permite distinguir a atuação da jurisdição constitucional de outras atividades, de cunho meramente político.

7 Cf. ADC-MC 9, rel. Min. Néri da Silveira, julgada em 28-6-2002, *DJ* de 8-8-2001, vista ao PGR em 20-11-2001.

É de ressaltar que o pedido poderá abranger, além da emissão de um juízo definitivo sobre a constitucionalidade da norma questionada, a emissão de um juízo provisório sobre o tema, mediante a concessão de medida cautelar[8].

Há, ainda, legalmente estabelecido, um terceiro requisito: a indicação da existência de controvérsia judicial relevante sobre a aplicação da disposição objeto da ação declaratória (art. 14, III). A propósito dessa questão, considere-se a reflexão desenvolvida sobre o requisito de admissibilidade pertinente à *demonstração da existência de controvérsia judicial*[9].

A Lei n. 9.868/99 (art. 14, parágrafo único) determina que ao autor da ação declaratória de constitucionalidade cabe apresentar, juntamente com a petição inicial em duas vias, cópias da lei ou ato normativo que contenham os dispositivos sobre os quais versa a ação proposta. O mesmo dispositivo em questão estabelece, ainda, a necessidade de as petições serem acompanhadas, quando subscritas por advogado, de instrumento de procuração.

Por fim, semelhantemente ao que se verifica na ADI, o relator pode indeferir liminarmente as petições ineptas, as não fundamentadas e aquelas manifestamente improcedentes (art. 15). Cabe, de toda maneira, agravo da decisão de indeferimento (art. 15, parágrafo único), no prazo de cinco dias.

Ressalte-se ainda que, regularmente proposta a ação declaratória de constitucionalidade, não será admissível a desistência (art. 16).

5.3. Intervenção de terceiros e *amicus curiae*

A Lei n. 9.868/99 preserva a orientação contida no Regimento Interno do STF que veda a intervenção de terceiros no processo de ação direta de inconstitucionalidade e, agora, também na ação declaratória de constitucionalidade (art. 18).

Constitui, todavia, inovação significativa a autorização para que o relator, considerando a relevância da matéria e a representatividade dos postulantes, admita a manifestação de outros órgãos ou entidades (art. 7º, § 2º). Positiva-se, assim, a figura do *amicus curiae* no processo de controle de constitucionalidade, ensejando a possibilidade de o Tribunal decidir as causas com pleno conhecimento de todas as suas implicações ou repercussões.

Trata-se de providência que confere caráter pluralista ao processo objetivo de controle abstrato de constitucionalidade.

Em vista do veto oposto aos §§ 1º e 2º do art. 18, surgem duas questões: (a) se o direito de manifestação assegurado a eventuais interessados aplica-se à ação declaratória de constitucionalidade e (b) qual o momento para o exercício do direito de manifestação por parte do *amicus curiae* nessas ações.

Tendo em vista a idêntica natureza das ações declaratória de constitucionalidade e direta de inconstitucionalidade, não parece razoável qualquer conclusão que elimine o

---

8 Cf., *infra*, item sobre as medidas cautelares.

9 Cf., *supra*, item sobre a demonstração da existência de controvérsia judicial na ação declaratória de constitucionalidade.

direito de manifestação na ação declaratória de constitucionalidade. O perfil objetivo desse processo recomenda igualmente a adoção do instituto apto a lhe conferir um caráter plural e aberto. Assim, a despeito do veto aos parágrafos do art. 18 da Lei n. 9.868/99, é de se considerar aplicável à ação declaratória de constitucionalidade a regra do art. 7º, § 2º, da Lei n. 9.868/99, que admite o direito de manifestação de entidades representativas na ação direta de inconstitucionalidade[10].

Também no que diz respeito ao *momento para o exercício do direito de manifestação* há de se operar, em princípio, antes que os autos sejam conclusos ao relator, para julgamento definitivo. Assim, o direito de manifestação na ação declaratória de constitucionalidade será exercido, regularmente, antes da manifestação do Procurador-Geral da República. Parece ser esse pelo menos o espírito da norma constante da parte final do art. 7º, § 2º, da Lei n. 9.868/99. É verdade que essa disposição remete ao parágrafo anterior – § 1º[11] –, que restou vetado pelo Presidente da República[12].

É possível, porém, cogitar de hipóteses de admissão de *amicus curiae* fora do prazo das informações[13] na ADI (art. 9º, § 1º) ou depois da audiência do PGR, na ADC (art. 20, § 1º), especialmente diante da relevância do caso ou, ainda, em face da notória contribuição que a manifestação possa trazer para o julgamento da causa. Na ADI 2.690/RN[14], o Relator admitiu a participação do Distrito Federal, dos Estados de Goiás, Pernambuco e Rio de Janeiro, da Associação Brasileira de Loterias Estaduais (ABLE) e, ainda, determinou uma nova audiência da Procuradoria-Geral da República.

Quanto à atuação do *amicus curiae*, após ter entendido que ela haveria de limitar-se à manifestação escrita[15], houve por bem o Tribunal admitir a sustentação oral por parte desses peculiares partícipes do processo constitucional[16]. Em 30-3-2004 foi editada

10 Foi esse o entendimento perfilado pelo Tribunal no julgamento da ADC 24/DF, rel. Min. Cármen Lúcia, em que a Relatora admitiu a participação de entidade representativa na condição *amicus curiae*, mesmo em sede de ação declaratória de constitucionalidade. O mesmo ocorreu na ADC 12/DF, rel. Min. Carlos Brito.

11 O § 1º do art. 7º da Lei n. 9.868/99 dispunha: "Os demais titulares referidos no art. 2º poderão manifestar-se, por escrito, sobre o objeto da ação e pedir a juntada de documentos reputados úteis para o exame da matéria, no prazo das informações, bem como apresentar memoriais".

12 Cabe ressaltar que a jurisprudência do STF consolidou-se no sentido de que o *amicus curiae* somente pode demandar a sua intervenção no feito até a data de inclusão do processo em pauta, conforme decidido na ADI 4.071-AgR/DF, rel. Min. Menezes Direito, *DJe* de 16-10-2009.

13 A manifestação de *amicus curiae* após transcorrido o prazo de informações foi admitida em decisões monocráticas na ADI 3.614/PR, rel. Min. Gilmar Mendes, e, mais recentemente, na ADI 4.173/DF, rel. Min. Cezar Peluso. Essa possibilidade, entretanto, não é majoritária na jurisprudência do STF. A esse respeito, cf. ADI 2.238/DF, rel. Min. Ilmar Galvão, hipótese em que a Associação Paulista dos Magistrados formulou pedido de admissão no feito depois de já iniciado o julgamento da medida liminar. Na espécie, considerou-se que a manifestação do *amicus curiae* é destinada a instruir a ADI, não sendo possível, portanto, admiti-la quando já em andamento o julgamento do feito. Restaram vencidos os Ministros Ilmar Galvão (relator) e Carlos Velloso, que referendavam a decisão monocrática.

14 ADI 2.690/RN, rel. Min. Gilmar Mendes, pedido de medida cautelar ainda não apreciada pelo Tribunal Pleno.

15 ADI-MC-QO 2.223/DF, rel. Min. Marco Aurélio, *DJ* de 18-10-2001.

16 ADI-QO 2.675, rel. Min. Carlos Velloso, e ADI-QO 2.777, rel. Min. Cezar Peluso. O Tribunal, por maioria, em 26-11-2003, resolvendo questão de ordem, admitiu a sustentação oral dos *amicus curiae* na ação direta de inconstitucionalidade. A Corte também já admitiu a sustentação oral de *amicus curiae* em sede de ação direta de constitucionalidade no julgamento da ADC 12, rel. Min. Carlos Brito.

Emenda Regimental[17], que assegurou aos *amici curiae*, no processo de ADI, o direito de sustentar oralmente pelo tempo máximo de quinze minutos, e, ainda, quando houver litisconsortes não representados pelo mesmo advogado, pelo prazo contado em dobro.

Essa nova orientação parece acertada, pois permite, em casos específicos, que a decisão na ação direta de inconstitucionalidade – e essa orientação parece de todo aplicável à ação declaratória de constitucionalidade – seja subsidiada por novos argumentos e diferentes alternativas de interpretação da Constituição.

5.4. Apuração de questões fáticas no controle de constitucionalidade[18]

Tal como apontado no capítulo referente à ação direta de inconstitucionalidade, importante inovação consta dos arts. 9º, § 1º, e 20, § 1º, da Lei n. 9.868/99, que autorizam o relator, após as manifestações do Advogado-Geral da União e do Procurador-Geral da República, em caso de necessidade de esclarecimento de matéria ou circunstância de fato ou de notória insuficiência das informações existentes nos autos, a requisitar informações adicionais, designar perito ou comissão de peritos para emitir parecer sobre a questão ou fixar data para, em audiência pública, ouvir depoimentos e pessoas com experiência e autoridade na matéria (cf. as considerações pertinentes no capítulo sobre a ação direta de inconstitucionalidade).

6. MEDIDA CAUTELAR

A medida cautelar em ação declaratória de constitucionalidade, hoje positivada (art. 21 da Lei n. 9.868/99), decorre originariamente de construção jurisprudencial do STF, que a admitiu na ADC 4[19].

Com a Lei n. 9.868, de 1999, a questão ganhou foros de previsão legal. Trata-se de determinação, por parte da maioria absoluta do STF, de que juízes e tribunais suspendam o julgamento dos processos que envolvam a aplicação da lei ou do ato normativo objeto da ação até o seu julgamento definitivo que, de qualquer sorte, há de se verificar no prazo de cento e oitenta dias (art. 21)[20].

Considerando a natureza e o escopo da ação declaratória de constitucionalidade, a eficácia *erga omnes* e o efeito vinculante das decisões proferidas nesse processo, parece ter sido acertada a admissão por parte do legislador, de maneira explícita, da concessão

---

17 A Emenda Regimental n. 15, do Supremo Tribunal Federal, de 30-3-2004 (*DJ* de 1º-4-2004) acrescentou o § 3º ao art. 131 do Regimento Interno, para admitir a intervenção de terceiros no processo de controle concentrado de constitucionalidade, facultando-se-lhes a produção de sustentação oral.

18 Cf. Gilmar Ferreira Mendes, Controle de constitucionalidade: hermenêutica constitucional e revisão de fatos e prognoses legislativos pelo órgão judicial, in: *Direitos fundamentais e controle de constitucionalidade*, 3. ed., São Paulo: Saraiva, 2004, p. 461-483.

19 Cf. ADC 4, rel. Min. Sydney Sanches, *DJ* de 21-5-1999.

20 A Lei n. 9.868 (art. 21) não prevê a prorrogação do prazo da cautelar. Parece-nos, todavia, que, caso a questão não tenha sido decidida no prazo prefixado, poderá o Tribunal autorizar a prorrogação do prazo (cf. Gilmar Ferreira Mendes e Ives Gandra da Silva Martins, *Controle concentrado de constitucionalidade*, 2. ed., São Paulo: Saraiva, 2005, p. 371-383).

de medida cautelar, a fim de evitar o agravamento do estado de insegurança ou de incerteza jurídica que se pretendia eliminar[21].

Observe-se que, na ADC 9 (racionamento), o STF, por maioria de votos, deferiu o pedido cautelar para suspender, com eficácia *ex tunc* e com efeito vinculante, até o final do julgamento da ação, a prolação de qualquer decisão que tivesse por pressuposto a constitucionalidade ou a inconstitucionalidade dos arts. 14 a 18 da MP n. 2.152/2001[22].

Na ADC 12 (nepotismo), o Tribunal também concedeu cautelar, com eficácia *ex tunc* e efeitos vinculante e *erga omnes*, para suspender, até o exame de mérito da ação, o julgamento dos processos que têm por objeto questionar a constitucionalidade da Resolução n. 7 do CNJ; ademais, essa medida tem por objetivo impedir que juízes e tribunais venham a proferir decisões que impeçam ou afastem a aplicabilidade da mesma resolução e suspender, com eficácia *ex tunc*, os efeitos das decisões já proferidas no sentido de afastar ou impedir a aplicação da referida Resolução[23].

7. DECISÃO

Tendo em vista o caráter dúplice da ADC e da ADI, as observações lançadas a propósito desta última prestam-se para caracterizar os pontos fundamentais daquela primeira, aqui tratada. A decisão em ação direta de constitucionalidade da lei ou ato normativo deve contar com a presença de pelo menos oito ministros no julgamento (art. 22). A declaração de constitucionalidade da norma questionada, a exemplo do que ocorre na ADI, reclama manifestação, nesse sentido, de pelo menos seis ministros (art. 23).

E também a exemplo do que ocorre na ADI, na inexistência de composição da maioria prevista, *estando ausentes Ministros em número que possa influir no julgamento*, suspende-se este, até que a referida maioria seja alcançada (parágrafo único do art. 23). Preservou-se orientação de norma regimental do STF, arts. 143 e 173, no que se refere à composição do colegiado para instauração dos trabalhos, bem como para fixação de maioria, para efeitos de decisão[24].

A proclamação da constitucionalidade materializa julgamento que dá pela procedência de ação declaratória, bem como a proclamação de inconstitucionalidade, por outro lado, substancializa a improcedência de ação declaratória (art. 24). De qualquer modo, o julgamento da ação desdobra-se na comunicação à autoridade ou ao órgão responsável pela expedição do ato (art. 25).

21 Na ADC 9, rel. Min. Néri da Silveira, concedeu-se a cautelar solicitada, com eficácia *ex tunc*, para suspender qualquer decisão que tenha por pressuposto a constitucionalidade dos arts. 14 a 18 da MP n. 2.152/2001. Suspensos ainda, com a mesma eficácia, os efeitos futuros das decisões liminares já proferidas.

22 ADC 9, rel. Min. Ellen Gracie, julgada em 13-12-2001, *DJ* de 6-2-2002.

23 ADC 12, rel. Min. Carlos Britto, liminar julgada em 16-2-2006, *DJ* de 17-2-2006.

24 Cf. Gilmar Ferreira Mendes e Ives Gandra da Silva Martins, *Controle concentrado de constitucionalidade*, cit., p. 400.

VI A AÇÃO DIRETA DE INCONSTITUCIONALIDADE POR OMISSÃO

1. INTRODUÇÃO

É possível que a problemática atinente à inconstitucionalidade por omissão constitua um dos mais tormentosos e, ao mesmo tempo, um dos mais fascinantes temas do direito constitucional moderno. Ela envolve não só a questão concernente à concretização da Constituição pelo legislador e à eficácia das normas constitucionais. A ADO desafia também a argúcia do jurista na solução do problema sob uma perspectiva estrita do processo constitucional. Quando se pode afirmar a caracterização de uma lacuna inconstitucional? Quais as possibilidades de colmatação dessa lacuna? Qual a eficácia do pronunciamento da Corte Constitucional que afirma a inconstitucionalidade por omissão do legislador? Quais as consequências jurídicas da sentença que afirma a inconstitucionalidade por omissão?

O constituinte de 1988 emprestou significado ímpar ao controle de constitucionalidade da omissão com a instituição dos processos de mandado de injunção e da ação direta da inconstitucionalidade por omissão. Como essas inovações não foram precedidas de estudos criteriosos e de reflexões mais aprofundadas, afigura-se compreensível o clima de insegurança e perplexidade que elas acabaram por suscitar nos primeiros tempos.

É, todavia, salutar o esforço que se vem desenvolvendo, no Brasil, para definir o significado, o conteúdo, a natureza desses institutos. Todos os que, tópica ou sistematicamente, já se depararam com uma ou outra questão atinente à omissão inconstitucional, hão de ter percebido que a problemática é de transcendental importância não apenas para a realização de diferenciadas e legítimas pretensões individuais. Ela é fundamental sobretudo para a concretização da Constituição como um todo, isto é, para a realização do próprio Estado de Direito democrático, fundado na soberania, na cidadania, na dignidade da pessoa humana, nos valores sociais do trabalho, da iniciativa privada, e no pluralismo político, tal como estabelecido no art. 1º da Carta Magna. Assinale-se, outrossim, que o estudo da omissão inconstitucional é indissociável do estudo sobre a força normativa da Constituição.

Não obstante o hercúleo esforço da doutrina e da jurisprudência, muitas questões sobre a omissão inconstitucional continuam em aberto, ou parecem não ter encontrado, ainda, uma resposta adequada.

Esse estado de incerteza decorre, em parte, do desenvolvimento de uma "teoria da omissão inconstitucional". Aqueles que quiserem se aprofundar no exame do tema perceberão que seu estudo sistemático constituía, até muito pouco tempo, monopólio da dogmática constitucional alemã. Esse aspecto contribuiu, sem dúvida, para que a questão fosse tratada, inicialmente, como quase uma excentricidade do modelo constitucional desenvolvido a partir da promulgação da Lei Fundamental de Bonn.

Observe-se, contudo, que o reconhecimento da inconstitucionalidade por omissão configura fenômeno relativamente recente também na dogmática jurídica alemã.

Em 1911, ressaltava Kelsen que a configuração de um dever do Estado de editar determinada lei afigurava-se inadmissível[1]. Anteriormente, reconhecera Georg Jellinek

1 Hans Kelsen, *Hauptprobleme de Staatsrechtslehre,* Tübingen: JCB Mohr, 1911, p. 410.

que a impossibilidade de formular pretensão em face do legislador constituía *communis opinio*[2]. Sob o império da Constituição de Weimar (1919) negava-se, igualmente, a possibilidade de se formular qualquer pretensão contra o legislador. Esse entendimento assentava-se, de um lado, na ideia de uma irrestrita liberdade legislativa e, de outro, na convicção de que o legislador somente atuava no interesse da coletividade[3].

Essa questão sofreu significativa mudança com o advento da Lei Fundamental de 1949. A expressa vinculação do legislador aos direitos fundamentais (art. 1º, par. 3º) e à Constituição como um todo (art. 20, III) estava a exigir o desenvolvimento de uma nova concepção. Já em 1951 passou a doutrina a admitir, pela voz eloquente de Bachof, a possibilidade de responsabilização do Estado em virtude de ato de índole normativa[4], caracterizando uma ruptura com o entendimento até então vigente, baseado na própria jurisprudência do *Reichsgericht*[5]. Bachof rejeitava, porém, uma pretensão à edição de uma lei por entender que isso seria incompatível com o princípio da divisão de Poderes[6].

A Corte Constitucional alemã viu-se compelida a arrostar questão atinente à omissão do legislador logo no seu primeiro ano de atividade.

Na decisão de 19-12-1951, o Tribunal negou a admissibilidade de recurso constitucional contra omissão do legislador, que, segundo alegado, *fixara a pensão previdenciária em valor insuficiente para a satisfação das necessidades básicas de uma família*. Segundo o entendimento então esposado pela Corte, os postulados contidos na Lei Fundamental não asseguravam ao cidadão, em princípio, qualquer pretensão a uma atividade legislativa suscetível de ser perseguida mediante *recurso constitucional*[7].

As decisões proferidas em 20-2-1957 e em 11-6-1958 estavam a sinalizar a evolução jurisprudencial que haveria de ocorrer. Na primeira decisão, proferida em processo de recurso constitucional, a Corte Constitucional alemã admitiu, expressamente, o cabimento de medida judicial contra omissão parcial do legislador, reconhecendo que, ao contemplar determinado grupo ou segmento no âmbito de aplicação de uma norma, o legislador poderia atentar contra o princípio da isonomia, cumprindo, de forma defeituosa, dever constitucional de legislar[8]. Na decisão de 11-6-1958, também proferida em recurso constitucional[9] impetrado contra lei federal que fixava a remuneração de fun-

---

2 Georg Jellinek, *System der subjektiven öffentlichen Rechte*, 2. Aufl., Tübingen, 1905, p. 80, nota 1.

3 Gerhard Anschutz e Richard Thoma (Hrsg.), *Handbuch des Deutschen Staatsrechts*, Tübingen: Mohr, 1932, t. 2, p. 608; Felix Genzmer, *Die Verwaltungsgerichtsbarkeit, Handbuch des Deutschen Staatsrechts*, 1932, t. 2, p. 506 e s.

4 Otto Bachof, *Die verwaltungsgerichtliche Klage auf Vornahme einer Amtshandlung*, 2. Aufl., Tübingen: Mohr, 1968, p. 18.

5 Cf. acórdão do Reichsgericht in *RGZ*, 125, 282, no qual se assentou, expressamente, a impossibilidade de responsabilização do Estado por ato legislativo.

6 Otto Bachof, *Die verwaltungsgerichtliche Klage auf Vornahme einer Amtshandlung*, cit., p. 18.

7 *BVerfGE*, 1, 97 (100).

8 *BVerfGE*, 6, 257.

9 Acentue-se que o ordenamento alemão não dispõe de instrumentos especiais para o controle judicial da omissão. O recurso constitucional – *Verfassungsbeschwerde* – constitui, na esfera do *Bundesverfassungsgericht*, o único instrumento processual autônomo de que o cidadão dispõe para atacar diretamente a omissão do legislador, desde que logre demonstrar eventual ofensa a um dos direitos fundamentais. Na maioria dos casos, cuida-se de *Verfassungs-*

cionários públicos, a Corte declarou que, embora não estivesse legitimada a fixar os vencimentos de funcionários públicos, dispunha ela de elementos suficientes para constatar que, em virtude da alteração do custo de vida, os valores estabelecidos na referida lei não mais correspondiam aos parâmetros mínimos exigidos pelo art. 33 (5) da Lei Fundamental[10]. Não se declarou aqui a nulidade do ato normativo, ***até porque uma cassação agravaria ainda mais o estado de inconstitucionalidade***. O Tribunal limitou-se a constatar a ofensa a direito constitucional dos impetrantes, em virtude da omissão legislativa.

Portanto, a jurisprudência da Corte Constitucional alemã identificou, muito cedo, que configura omissão inconstitucional não só o *inadimplemento absoluto* de um dever de legislar (***omissão total***), mas também a execução falha, defeituosa ou incompleta desse mesmo dever (***omissão parcial***). Assentou-se, igualmente, que a lacuna inconstitucional poderia decorrer de uma mudança nas relações fáticas, configurando para o legislador imediato dever de adequação.

A identificação da omissão inconstitucional do legislador, no juízo de constitucionalidade, tornava imperioso o desenvolvimento de novas técnicas de decisão, que se afigurassem adequadas a eliminar do ordenamento jurídico essa peculiar forma de afronta à Constituição, sem violentar a própria sistemática constitucional consagrada na Lei Fundamental. A Corte Constitucional recusou, de plano, a possibilidade de substituir-se ao legislador na colmatação das lacunas eventualmente identificadas, entendendo que a tarefa de concretização da Constituição foi confiada, primordialmente, ao legislador. Assim, tanto o princípio da divisão de Poderes, quanto o postulado da democracia obstavam a que os Tribunais se arrogassem ao direito de suprir lacunas eventualmente identificadas.

Essa orientação fez com que o Tribunal desenvolvesse, como técnica de decisão aplicável aos casos de lacuna inconstitucional, a declaração de inconstitucionalidade sem a pronúncia da nulidade (*Unvereinbarerklärung*). Trata-se de decisão de caráter mandamental, que obriga o legislador a suprimir, com a possível presteza, o estado de inconstitucionalidade decorrente da omissão[11]. Essa forma de decisão, construída pela jurisprudência, foi incorporada à lei que disciplina o processo perante a Corte Constitucional.

Outra técnica de decisão, desenvolvida sobretudo para os casos de omissão inconstitucional, é o apelo ao legislador (*Appellentscheidung*), decisão na qual se afirma que a situação jurídica em apreço ainda se afigura constitucional, devendo o legislador empreender as medidas requeridas para evitar a consolidação de um estado de incons-

---

beschwerde dirigida contra ato normativo, nos casos em que se admite que o legislador satisfez, de forma incompleta, o dever de proteção (*Schutzpflicht*) dimanado de um ou de outro direito fundamental. A maioria dos casos refere-se, porém, não às *Verfassungsbeschwerde* propostas diretamente contra a omissão legislativa, seja ela parcial ou total, mas àquelas dirigidas contra decisão da última instância da jurisdição ordinária (chamadas *Urteils-Verfassungsbeschwerde*). A *Urteil-Verfassungsbeschwerde* cumpre, em determinada medida, função semelhante à do nosso recurso extraordinário pertinente à ofensa constitucional, podendo ser interposta nos casos de lesão aos direitos fundamentais mediante erro do juiz ou tribunal na interpretação e aplicação do direito.

10 *BVerfGE*, 8, 1 (28).

11 Jörn Ipsen, *Rechtsfolgen der Verfassungswidrigkeit von Norm und Einzelakt*, Baden-Baden, 1980, p. 268-269.

titucionalidade. Essa técnica de decisão assumiu relevância ímpar nos casos da legislação pré-constitucional incompatível com a Lei Fundamental. A cassação dessas leis pré-constitucionais poderia levar, em muitos casos, a uma situação de autêntico caos jurídico. Daí ter a Corte Constitucional reconhecido que o legislador haveria de dispor de um prazo razoável para adaptar o direito ordinário à nova ordem constitucional, reconhecendo como *ainda constitucional* o direito anterior, que deveria ser aplicado nessa fase de transição. A doutrina constitucional mais moderna considera que o apelo ao legislador configura apenas uma decisão de rejeição de inconstitucionalidade, caracterizando-se essa recomendação dirigida ao legislador como simples *obiter dictum*[12]. Essa qualificação não retira a eficácia desse pronunciamento, não havendo, até agora, registro de qualquer caso de recalcitrância ou de recusa do legislador no cumprimento de dever constitucional de legislar atestado pela Corte Constitucional.

No Brasil, a ação direta por omissão teve até agora uma aplicação restrita. Pouco mais de uma centena de ações diretas de inconstitucionalidade por omissão foram propostas perante o Supremo Tribunal Federal[13].

2. PRESSUPOSTOS DE ADMISSIBILIDADE DA AÇÃO DIRETA DE INCONSTITUCIONALIDADE POR OMISSÃO

2.1. Considerações preliminares

A adoção de instrumentos especiais, destinados à defesa de direitos subjetivos constitucionalmente assegurados e à proteção da ordem constitucional contra omissão hábil a afetar a efetividade de norma constitucional, está a indicar a existência, em muitos casos, de uma pretensão individual a uma atividade legislativa, emprestando forma jurídica a uma questão até há pouco tratada tradicionalmente como típica questão política.

Tal como a ação direta de inconstitucionalidade (ADI), o processo de controle abstrato da omissão (ADO) não tem outro escopo senão o da defesa da ordem fundamental contra condutas com ela incompatíveis. Não se destina, pela própria índole, à proteção de situações individuais ou de relações subjetivadas, mas visa, precipuamente, à defesa da ordem jurídica. Não se pressupõe, portanto, aqui, a configuração de um interesse jurídico específico ou de um interesse de agir. Os órgãos ou entes incumbidos de instaurar esse processo de defesa da ordem jurídica agem não como autor, no sentido estritamente processual, mas como um Advogado do Interesse Público ou, para usar a

---

12 Cf., a propósito, Brun-Otto Bryde, *Verfassungsentwicklung, Stabilität und Dynamik im Verfassungsrecht der Bundesrepublik Deutschland*, Baden-Baden, 1982, p. 397 e s.; Jörn Ipsen, *Rechtsfolgen der Verfassungswidrigkeit von Norm und Einzelakt*, cit., p. 125. Sobre a diferenciação entre *ratio decidendi* e *obiter dictum*, "coisa dita de passagem" (acessoriamente, *v.* Paulo Rónai, *Não perca o seu latim*, Rio de Janeiro: Nova Fronteira, 1984), isto é, entre os fundamentos essenciais à prolação do julgado e aquelas considerações que integram os fundamentos da decisão, mas que são perfeitamente dispensáveis, *v.* Wilfried Schluter, *Das Obiter Dictum*, München, 1973, p. 77 e s.

13 Números disponibilizados pela Assessoria de Gestão Estratégica dão conta que, entre 5 de outubro de 1988 e 19 de junho de 2008, foram protocoladas noventa e oito ações diretas que tinham por objeto omissão normativa inconstitucional. Ao total já foram protocoladas 27 ações de inconstitucionalidade por omissão (dados de 23-9-2013).

expressão de Kelsen, como um advogado da Constituição[14]. O direito de instaurar o processo de controle não lhes foi outorgado tendo em vista a defesa de posições subjetivas. Afigura-se suficiente, portanto, a configuração de um interesse público de controle. Tem-se aqui, pois, para usarmos a denominação usada por Triepel[15] e adotada pela Corte Constitucional alemã, típico processo objetivo[16].

Ressalte-se que, a despeito do entendimento quanto à natureza diversa da ação direta de inconstitucionalidade e da ação direta por omissão, pelo menos quanto ao resultado, o Supremo Tribunal Federal não distinguia, até outubro de 2008, os institutos no que concerne à sua autonomia processual, contemplando a ação direta por omissão na mesma lista numérica das ações diretas em geral (cf. art. 102, I, *a*, da CF/88 e Resolução n. 230/2002 do STF). Daí a dificuldade para o estudioso de identificar até mesmo número de ações diretas por omissão já propostas.

Ocorre aqui fenômeno assemelhado ao verificado com a representação interventiva e a representação por inconstitucionalidade (controle abstrato) sob a Constituição de 1967/69, que acabou por não distinguir a representação de inconstitucionalidade da representação interventiva.

2.2. Legitimação para agir

Todos hão de concordar que, no tocante à ação direta de inconstitucionalidade por omissão, a fórmula escolhida pelo constituinte, já do ponto de vista estritamente formal, não se afigura isenta de críticas. O art. 102 da Constituição, que contém o elenco das competências do Supremo Tribunal Federal, não contempla a ação direta por omissão, limitando-se a mencionar a ação direta de inconstitucionalidade de lei ou ato normativo federal ou estadual e a ação declaratória de constitucionalidade de lei ou ato normativo federal (art. 102, I, *a*, com redação da EC n. 3/93).

No art. 103, *caput*, fixam-se os entes ou órgãos legitimados a propor a ação direta de inconstitucionalidade. Parece evidente que essa disposição refere-se à ação direta de inconstitucionalidade de lei ou ato normativo estadual ou federal, prevista no art. 102, I, *a*, já mencionado.

Se tivermos o cuidado de investigar o direito comparado, haveremos de perceber que o constituinte português de 1976 tratou de forma diversa os processos de controle abstrato da ação e da omissão, também no que concerne ao direito de propositura. Enquanto o processo de controle abstrato de normas pode ser instaurado mediante requerimento do Presidente da República, do Presidente da Assembleia, do Primeiro-Ministro, do Provedor da República, de 1/10 dos Deputados à Assembleia da República (art. 201, 1, (a)), o processo de controle abstrato de omissão, propriamente dito, somente pode ser instaurado a requerimento do Presidente da República e do Provedor de Justiça (art. 283).

---

14 Nesse sentido verificar: Hans Kelsen, *Jurisdição constitucional*, São Paulo: Martins Fontes, 2003, p. 175-176.

15 O art. 13, § 2º, da Constituição de Weimar previa, expressamente, a aferição abstrata da validade de uma norma na relação entre o direito federal (*Reichsrecht*) e o direito estadual (*Landesrecht*).

16 Cf. também Gilmar Ferreira Mendes, *Controle de constitucionalidade:* aspectos jurídicos e políticos, São Paulo: Saraiva, 1990, p. 249 e s.

Ressalte-se que a afirmação segundo a qual os órgãos e entes legitimados para propor a ação direta de inconstitucionalidade de lei ou ato normativo, nos termos do art. 103, *caput*, estariam legitimados, igualmente, a propor a ação direta de inconstitucionalidade por omissão prepara algumas dificuldades. Deve-se notar que, naquele elenco, dispõem de direito de iniciativa legislativa, no plano federal, tanto o Presidente da República, como os integrantes da Mesa do Senado Federal e da Mesa da Câmara dos Deputados (CF, art. 61).

Assim, salvo nos casos de iniciativa privativa de órgãos de outros poderes, como é o caso do Supremo Tribunal Federal em relação ao Estatuto da Magistratura (art. 93, *caput*, CF/88), esses órgãos constitucionais não poderiam propor ação de inconstitucionalidade, porque, enquanto responsáveis ou corresponsáveis pelo eventual estado de inconstitucionalidade, seriam eles os destinatários primeiros da ordem judicial de fazer, em caso de procedência da ação.

Todavia, diante da indefinição então existente, afigurava-se possível admitir, com base no princípio da hermenêutica, que recomenda a adoção da interpretação que assegure maior eficácia possível à norma constitucional, que os entes ou órgãos legitimados a propor a ação direta contra ato normativo – desde que fossem contempladas as peculiaridades e restrições mencionadas – pudessem instaurar o controle abstrato da omissão.

A questão foi pacificada com promulgação da Lei n. 12.063/2009, que, no art. 12-A, introduzido na Lei n. 9.868/99, estabeleceu que "podem propor a ação direta de inconstitucionalidade por omissão os legitimados à propositura da ação direta de inconstitucionalidade e da ação declaratória de constitucionalidade"[17].

3. OBJETO DA AÇÃO DIRETA DE INCONSTITUCIONALIDADE POR OMISSÃO

3.1. Considerações preliminares

Nos termos do art. 103, § 2º, da Constituição Federal, a ação direta de inconstitucionalidade por omissão visa a tornar efetiva norma constitucional, devendo ser dada ciência ao Poder competente para adoção das providências necessárias. Em se tratando de órgão administrativo, será determinado que empreenda as medidas reclamadas no prazo de trinta dias.

Objeto desse controle abstrato da inconstitucionalidade é a mera inconstitucionalidade morosa dos órgãos competentes para a concretização da norma constitucional. A própria formulação empregada pelo constituinte não deixa dúvida de que se teve em vista aqui não só a atividade legislativa, mas também a atividade tipicamente administrativa que pudesse, de alguma maneira, afetar a efetividade de norma constitucional.

Questão relevante diz respeito à competência do Supremo Tribunal para apreciar eventual inconstitucionalidade por omissão de órgãos estaduais.

17 Referida lei resultou de projeto de lei apresentado pelo então Deputado Federal Flávio Dino de Castro e Costa, com base em anteprojeto elaborado pelo Ministro Gilmar Ferreira Mendes.

O texto constitucional outorgou ao Supremo Tribunal Federal a competência para julgar a ação direta de inconstitucionalidade de lei ou ato normativo federal ou estadual (art. 102, I, *a*). A função de guardião da Constituição que lhe foi expressamente deferida e a ideia subjacente a inúmeros institutos de controle, visando concentrar a competência das questões constitucionais na Excelsa Corte, parecem favorecer entendimento que estende ao Supremo Tribunal a competência para conhecer de eventuais omissões de órgãos legislativos estaduais em face da Constituição Federal no âmbito dessa peculiar ação direta.

Nos termos do art. 12-B da Lei n. 12.063/2009, a petição inicial indicará "a omissão inconstitucional total ou parcial quanto ao cumprimento de dever constitucional de legislar ou quanto à adoção de presidência de índole administrativa".

Resta evidente, assim, que o objeto da ADO poderá ser omissão legislativa federal ou estadual, ou ainda omissões administrativas que afetem a efetividade da Constituição.

3.2. Omissão legislativa

3.2.1. Considerações preliminares

Não parece subsistir dúvida de que a concretização da Constituição há de ser efetivada, fundamentalmente, mediante a promulgação de lei. Os princípios da democracia e do Estado de Direito (art. 1º) têm na lei instrumento essencial. Não se trata aqui apenas de editar normas reguladoras das mais diversas relações, mas de assegurar a sua legitimidade mediante a aprovação por órgãos democraticamente eleitos.

A Administração Pública está vinculada expressamente, dentre outros, ao princípio da legalidade (art. 37). Toda a organização político-administrativa fundamental, no âmbito federal, estadual e municipal, há de ser realizada mediante lei (cf., v. g., arts. 18, §§ 2º a 4º, 25, *caput*, e § 3º, 29, 32 e 33, 39, 43, 93, 128, § 5º, 131, 142, § 1º, 146). O sistema tributário nacional, o sistema das finanças públicas e o sistema financeiro nacional dependem de lei para sua organização e funcionamento (arts. 146, 163, 165).

O art. 5º, II, reproduz a clássica formulação do Direito Constitucional brasileiro segundo a qual "ninguém será obrigado a fazer ou deixar de fazer alguma coisa senão em virtude de lei", consagrando, de forma ampla, o princípio da reserva legal. O princípio da reserva legal e da anterioridade da lei definidora de crime está constitucionalmente assegurado (art. 5º, XXXIX). As diversas restrições aos direitos fundamentais somente poderão ser estabelecidas mediante lei, que não pode afetar o seu núcleo essencial, como expressão da cláusula pétrea consagrada no art. 60, § 4º, da Constituição.

Todas essas considerações estão a demonstrar que a concretização da ordem fundamental estabelecida na Constituição de 1988 carece, nas linhas essenciais, de lei. Compete às instâncias políticas e, precipuamente, ao legislador, a tarefa de construção do Estado constitucional. Como a Constituição não basta em si mesma, têm os órgãos legislativos o poder e o dever de emprestar conformação à realidade social. A omissão legislativa constitui, portanto, objeto fundamental da ação direta de inconstitucionalidade em apreço.

Esta pode ter como objeto todo o ato complexo que forma o processo legislativo, nas suas diferentes fases. Destinatário principal da ordem a ser emanada pelo órgão judiciário é o Poder Legislativo. O sistema de iniciativa reservada, estabelecido na Constituição Federal, faz com que a omissão de outros órgãos, que têm competência para desencadear o processo legislativo, seja também objeto dessa ação direta de inconstitucionalidade[18].

Nos casos de iniciativa reservada, não há dúvida de que a ação direta de inconstitucionalidade por omissão buscará, em primeira linha, desencadear o processo legislativo.

Questão que ainda está a merecer melhor exame diz respeito à *inertia deliberandi* (discussão e votação) no âmbito das Casas Legislativas[19]. Enquanto a sanção e o veto estão disciplinados, de forma relativamente precisa, no texto constitucional, inclusive no que concerne a prazos (art. 66), a deliberação não mereceu do constituinte, no tocante a esse aspecto, uma disciplina mais minuciosa. Ressalvada a hipótese de utilização do procedimento abreviado previsto no art. 64, §§ 1º e 2º, da Constituição, não se estabeleceram prazos para a apreciação dos projetos de lei. Observe-se que, mesmo nos casos desse procedimento abreviado, não há garantia quanto à aprovação dentro de determinado prazo, uma vez que o modelo de processo legislativo estabelecido pela Constituição não contempla a aprovação por decurso de prazo.

Quid juris, então, se os órgãos legislativos não deliberarem dentro de um prazo razoável sobre projeto de lei em tramitação? Ter-se-ia aqui uma omissão passível de vir a ser considerada morosa no processo de controle abstrato da omissão?

O Supremo Tribunal Federal vinha considerando que, desencadeado o processo legislativo, não havia que se cogitar de omissão inconstitucional do legislador[20].

Essa orientação haverá de ser adotada com temperamento.

A complexidade de algumas obras legislativas não permite que elas sejam concluídas em prazo exíguo. O próprio constituinte houve por bem excluir do procedimento abreviado os projetos de código (CF, art. 64, § 4º), reconhecendo expressamente que obra dessa envergadura não poderia ser realizada de afogadilho. Haverá trabalhos legislativos de igual ou maior complexidade. Não se deve olvidar, outrossim, que as atividades parlamentares são caracterizadas por veementes discussões e difíceis negociações, que decor-

---

18 Nos termos do art. 61, § 1º, da Constituição, são de iniciativa do Presidente da República as leis que: (a) fixem efetivos das Forças Armadas; (b) disponham sobre (1) criação de cargos, funções ou empregos públicos na Administração direta e autárquica ou aumento de sua remuneração; (2) organização administrativa e judiciária, matéria tributária, orçamentária, serviços públicos e pessoal da administração dos Territórios; (3) servidores públicos da União e Territórios, seu regime jurídico, provimento de cargos, estabilidade e aposentadoria de civis, reforma e transferência de militares para a inatividade; (4) organização do Ministério Público e da Defensoria Pública da União, bem como normas gerais para organização do Ministério Público e da Defensoria Pública dos Estados, do Distrito Federal e dos Territórios; (5) criação, estruturação e atribuições dos Ministérios e órgãos da Administração Pública. Da mesma forma, é da iniciativa exclusiva do Supremo Tribunal Federal a lei complementar dispondo sobre o Estatuto da Magistratura (art. 93), das leis que preveem a criação e a extinção de cargos de seus serviços auxiliares e a fixação de vencimentos de seus membros e servidores (art. 99, I). Também os Tribunais Superiores dispõem de iniciativa reservada para as leis de alteração do número dos membros dos tribunais inferiores, da criação e extinção dos cargos e fixação dos vencimentos de seus membros, dos juízes, inclusive dos tribunais inferiores, onde houver, e dos serviços auxiliares e os dos juízos que lhe forem vinculados (art. 99, I).

19 A referência aqui diz respeito às fases de discussão e deliberação do processo legislativo.

20 Cf. nesse sentido: ADI 2.495, rel. Min. Ilmar Galvão, julgada em 2-5-2002, *DJ* de 2-8-2002.

rem mesmo do processo democrático e do pluralismo político reconhecido e consagrado pela ordem constitucional (art. 1º, *caput*, e inciso I). Orlando Bittar, distinguindo os Poderes, dizia que o Legislativo é *intermitente*, o Executivo, *permanente* e o Judiciário só age *provocado*. Ou seja, o Legislativo pode parar por algum tempo, isto é, entrar em recesso.

Essas peculiaridades da atividade parlamentar, que afetam, inexoravelmente, o processo legislativo, não justificam, todavia, uma conduta manifestamente negligente ou desidiosa das Casas Legislativas, conduta esta que pode pôr em risco a própria ordem constitucional.

Não temos dúvida, portanto, em admitir que também a *inertia deliberandi* das Casas Legislativas pode ser objeto da ação direta de inconstitucionalidade por omissão. Assim, pode o Supremo Tribunal Federal reconhecer a mora do legislador em deliberar sobre questão, declarando, assim, a inconstitucionalidade da omissão.

Esse entendimento mais amplo da omissão inconstitucional parece ter prevalecido em 9 de maio de 2007, quando o STF, por unanimidade, julgou procedente a ADI 3.682, rel. Min. Gilmar Mendes, ajuizada pela Assembleia Legislativa do Estado de Mato Grosso contra o Congresso Nacional, em razão da mora na elaboração da lei complementar federal a que se refere o art. 18, § 4º, da CF, na redação da EC n. 15/96 ("A criação, a incorporação, a fusão e o desmembramento de Municípios far-se-ão por lei estadual, dentro do período determinado por lei complementar federal..."). Não obstante os vários projetos de lei complementar apresentados e discutidos no âmbito das duas Casas Legislativas, entendeu-se que a inércia legislativa também poderia configurar omissão passível de vir a ser reputada inconstitucional, na hipótese de os órgãos legislativos não deliberarem dentro de prazo razoável sobre o projeto de lei em tramitação. No caso, o lapso temporal de mais de dez anos desde a data da publicação da EC n. 15/96 evidenciou a inatividade do legislador. Ademais, a omissão legislativa produziu incontestáveis efeitos durante o longo tempo transcorrido, no qual vários Estados-membros legislaram sobre o tema e diversos municípios foram efetivamente criados com base em requisitos definidos em antigas legislações estaduais, alguns, inclusive, declarados inconstitucionais pelo STF[21].

A omissão inconstitucional pressupõe a inobservância de um dever constitucional de legislar, que resulta tanto de comandos explícitos da Lei Magna[22] como de decisões fundamentais da Constituição identificadas no processo de interpretação[23].

Tem-se *omissão absoluta* quando o legislador não empreende a providência legislativa reclamada. Constatam-se semelhanças com a *omissão total* ou *absoluta* nos casos em que existe um ato normativo, que, todavia, atende parcialmente a vontade constitucional[24]. Trata-se de omissão parcial.

---

21 ADI 3.682, rel. Min. Gilmar Mendes, *DJ* de 6-9-2007.

22 *BVerfGE*, 6, 257 (264); Vgl auch Christian Pestalozza, "Noch verfassungsmässige" und "bloss verfassungswidrige" Rechtslagen, in *Bundesverfassungsgericht und Grundgesetz*, Tübingen, 1976, v. 1, p. 526; cf., Friedrich Julicher, *Die Verfassungsbeschwerde gegen Urteile bei gesetzgeberischen Unterlassen*, Berlin, 1972, p. 13.

23 *BVerfGE*, 56, 54 (70 e s.); 55, 37 (53); Peter Hein, *Die Unvereinbarerklärung verfassungswidrige Gesetze durch das Bundesverfassungsgericht*, Baden-Baden, 1988, p. 57; *BVerfGG*, Vorprufungsausschuss *NJW*, 1983, 2931 (Waldsterben).

24 Peter Lerche, Das Bundesverfassungsgericht und die Verfassungsdirektiven, Zu den "nicht erfullten Gesetzgebungsaufträgen", *AöR*, 90 (1965), p. 341 (352); Friedrich Julicher, *Die Verfassungsbeschwerde gegen Urteile bei gesetzge-*

Entretanto, como ressaltado, a jurisprudência do STF somente reconhece a omissão inconstitucional se se verifica o inadimplemento do dever constitucional de legislar. Todavia, é de se indagar sobre as normas constitucionais que impõem um dever constitucional de legislar de conteúdo definido hábil a ser aferido nos processos especiais de controle da omissão. Daí parecer coerente um levantamento de algumas questões decorrentes da aplicação dos direitos fundamentais.

3.2.2. A omissão parcial

Tanto a introdução de uma especial garantia processual para a proteção de direitos subjetivos constitucionalmente assegurados quanto a adoção de um processo abstrato para o controle da inconstitucionalidade por omissão legislativa estão a demonstrar que o constituinte brasileiro partiu de uma nítida diferenciação entre a inconstitucionalidade por ação e a inconstitucionalidade por omissão.

A tentativa de proceder a essa clara diferenciação não se afigura isenta de dificuldades[25]. Se se considera que, atendida a maioria das exigências constitucionais de legislar, não restarão senão os casos de omissão parcial, seja porque o legislador promulgou norma que não corresponde, plenamente, ao dever constitucional de legislar, seja porque uma mudança das relações jurídicas ou fáticas impõe-lhe um dever de adequação do complexo existente[26].

Dessarte, decorrido algum tempo da promulgação da Lei Magna, não se logrará identificar, com a ressalva de uma ou de outra exceção, uma omissão pura do legislador. O atendimento insatisfatório ou incompleto de exigência constitucional de legislar configura, sem dúvida, afronta à Constituição[27]. A afirmação de que o legislador não cumpriu, integralmente, dever constitucional de legislar[28] contém, implícita, uma censura da própria normação positiva[29].

A declaração de inconstitucionalidade da omissão parcial do legislador – mesmo nesses mecanismos especiais como o mandado de injunção e na ação direta de inconstitucionalidade da omissão – contém, portanto, a declaração da inconstitucionalidade da lei[30].

---

berischen Unterlassen, cit., p. 33; Stern, *Bonner Kommentar*, 2. tir., art. 93, *RdNr.*, 285; Hans Lechner, Zur Zulässigkeit der Verfassungsbeschwerde gegen Unterlassungen des Gesetzgebers, *NJW*, 1955, p. 181 e s.; Schmidt-Bleibtreu, in Maunz et al., *BVerfGG*, § 90, *RdNr.*, 121.

25 Hans-Uwe Erichsen, *Staatsrecht und Verfassungsgerichtsbarkeit*, 2. ed., München, 1979, v. 2, p. 169-170.

26 Cf., a propósito, Friedrich Julicher, *Die Verfassungsbeschwerde gegen Urteile bei gesetzgeberischem Unterlassen*, cit., p. 33; Peter Lerche, *AöR*, cit., p. 341 (352).

27 Wolf-Rudiger Schenke, *Rechtsschutz bei normativem Unrecht*, Berlin, 1979, p. 169; Christoph Gusy, *Parlamentarischer Gesetzgeber und Bundesverfassungsgericht*, Berlin, 1985, p. 152; Bernd Jürgen Schneider, *Die Funktion der Normenkontrolle und des richterlichen Prufungsrechts im Rahmen der Rechtsfolgenbestimmung verfassungsswidriger Gesetze*, Frankfurt am Main, 1988, p. 148.

28 Cf. Gilmar Ferreira Mendes, *Die abstrakte Normenkontrolle vor dem Bundesverfassungsgerichts und vor dem brasilianischen Supremo Tribunal Federal*, Berlin, 1991.

29 Peter Lerche, *AöR*, cit., p. 341 (352); Gerhard Ulsamer, in Maunz et al., *BVerfGG*, § 78, *RdNr.* 22, Fn. 3; cf. a propósito *BverfGE*, 1, 101; 6, 257 (264), 8, 1 (10).

30 Vgl. *BVerfGE*, 8, 1 (10); 22, 349 (360).

A imprecisa distinção entre ofensa constitucional por ação ou por omissão[31] leva a uma relativização do significado processual-constitucional desses instrumentos especiais destinados à defesa da ordem constitucional ou de direitos individuais contra a omissão legislativa. De uma perspectiva processual, a principal problemática assenta-se, portanto, menos na necessidade de instituição de determinados processos destinados a controlar essa forma de ofensa constitucional do que na superação do estado de inconstitucionalidade decorrente da omissão legislativa.

Embora a omissão do legislador não possa ser, enquanto tal, objeto do controle abstrato de normas[32], não se deve excluir a possibilidade de que, como já mencionado[33], essa omissão venha a ser examinada no controle de normas.

Dado que no caso de uma omissão parcial existe uma conduta positiva, não há como deixar de reconhecer a admissibilidade, em princípio, da aferição da legitimidade do ato defeituoso ou incompleto no processo de controle de normas, ainda que abstrato[34]. Tem-se, pois, aqui, uma relativa, mas inequívoca fungibilidade entre a ação direta de inconstitucionalidade (da lei ou ato normativo) e o processo de controle abstrato da omissão, uma vez que os dois processos – o de controle de normas e o de controle da omissão – acabam por ter – formal e substancialmente – o mesmo objeto, isto é, a inconstitucionalidade da norma em razão de sua incompletude[35].

É certo que a declaração de nulidade não configura técnica adequada para a eliminação da situação inconstitucional nesses casos de omissão inconstitucional. Uma cassação aprofundaria o estado de inconstitucionalidade, tal como já admitido pela Corte Constitucional alemã em algumas decisões.

O Supremo Tribunal Federal, em julgado relativo à suposta exclusão de benefício incompatível com o princípio da igualdade, afirmou que não caberia à Corte converter a ação direta de inconstitucionalidade em ação de inconstitucionalidade por omissão. Tratava-se de arguição na qual se sustentava que o ato da Receita Federal, "ao não reconhecer a não incidência do imposto (IPMF) apenas quanto à movimentação bancária ocorrida nas aquisições de papel destinado à impressão de livros, jornais e periódicos promovidas pelas empresas jornalísticas", estaria "impondo a exigência do imposto relativamente às demais operações financeiras de movimentação e transferência praticadas por essas empresas, em operações vinculadas à feitura do jornal, livros e periódicos, tais como pagamentos a fornecedores de outros insumos, pagamentos de mão de obra e serviços necessários à confecção do jornal (...)"[36].

---

31 Hans-Uwe Erichsen, *Staatsrecht und Verfassungsgerichtsbarkeit*, cit., p. 129-170; Christian Pestalozza, "Noch verfassungsmässige" und "bloss verfassungswidrige" Rechtslagen, in *Bundesverfassungsgericht und Grundgesetz*, cit., p. 519 (526, 530).

32 Ernst Friesenhahn, *Die Verfassungsgerichtsbarkeit in der Bundesrepublik Deutschland*, Köln-Berlin-Bonn-München, 1963, p. 65.

33 Cf., *supra*, n. I, item 3.3.4.

34 Christoph Gusy, *Parlamentarischer Gesetzgeber und Bundesverfassungsgericht*, cit., p. 152.

35 Sobre o tema, *vide* voto do Ministro Sepúlveda Pertence no julgamento do pedido de concessão de medida cautelar na ADI 526, contra a Medida Provisória n. 296, de 1991.

36 ADI 986, rel. Min. Néri da Silveira, *DJ* de 8-4-1994.

E fundamenta a Corte:

"Configurada hipótese de ação de inconstitucionalidade por omissão, em face dos termos do pedido, com base no § 2º do art. 103 da Lei Magna, o que incumbe ao Tribunal – afirma o Relator, Ministro Néri da Silveira – é negar curso à ação direta de inconstitucionalidade 'ut' art. 102, I, letra 'a', do Estatuto Supremo". Na mesma linha de argumentação, concluiu o Ministro Sepúlveda Pertence que "o pedido da ação direta de inconstitucionalidade de norma é de todo diverso do pedido da ação de inconstitucionalidade por omissão", o que tornaria "inadmissível a conversão da ação de inconstitucionalidade positiva, que se propôs, em ação de inconstitucionalidade por omissão de normas"[37].

Ao contrário do afirmado na referida decisão, o problema não decorre propriamente do pedido, até porque, em um ou em outro caso, tem-se sempre um pedido de declaração de inconstitucionalidade. Em se tratando de omissão, a própria norma incompleta ou defeituosa há de ser suscetível de impugnação na ação direta de inconstitucionalidade, porque é de uma norma alegadamente inconstitucional que se cuida, ainda que a causa da inconstitucionalidade possa residir na sua incompletude.

Evidentemente, a cassação da norma inconstitucional (declaração de nulidade) não se mostra apta, as mais das vezes, para solver os problemas decorrentes da omissão parcial, mormente da chamada exclusão de benefício incompatível com o princípio da igualdade. É que ela haveria de suprimir o benefício concedido, em princípio licitamente, a certos setores, sem permitir a extensão da vantagem aos segmentos discriminados.

A técnica da declaração de nulidade, concebida para eliminar a inconstitucionalidade causada pela intervenção indevida no âmbito de proteção dos direitos individuais, mostra-se insuficiente como meio de superação da inconstitucionalidade decorrente da omissão legislativa.

Portanto, a questão fundamental reside menos na escolha de um processo especial do que na adoção de uma técnica de decisão apropriada para superar as situações inconstitucionais propiciadas pela chamada omissão legislativa.

É fácil ver, assim, que a introdução de um sistema peculiar para o controle da omissão e o entendimento de que, em caso de constatação de uma ofensa constitucional em virtude da omissão do legislador, independentemente do processo em que for verificada, a falha deve ser superada mediante ação do órgão legiferante, colocaram os pressupostos para o desenvolvimento de uma declaração de inconstitucionalidade sem a pronúncia da nulidade, também no Direito brasileiro.

3.2.3. Casos relevantes de omissão legislativa na jurisprudência do STF

Já em 1989, o Supremo Tribunal Federal firmou tese, no julgamento da ADI 19, relator Aldir Passarinho, no sentido de que não cabe a ação direta por omissão para

37 ADI 986, rel. Min. Néri da Silveira, *DJ* de 8-4-1994.

determinar a prática de ato administrativo, uma vez que essa ação destina-se ao tratamento da inconstitucionalidade por omissão de cunho normativo. Também na ADI 130, relator Sepúlveda Pertence, a Corte concluiu pela perda de objeto de ação direta por omissão quando dirigida exclusivamente contra ausência de iniciativa do Chefe do Poder Executivo Federal, quando o projeto de lei já tinha sido encaminhado ao Congresso Nacional (j. em 14-12-1989).

Na liminar referente à ADI 336, concedida parcialmente para suspender os efeitos de dispositivos específicos da Constituição do Estado de Sergipe, até o julgamento final da ação, o Supremo Tribunal Federal inaugurou jurisprudência no sentido de que a concessão da liminar pode ocorrer nos casos de omissão parcial (liminar julgada em 24-9-1990). Nesse mesmo sentido: ADI 652 (18-12-1991) e ADI 2.040 (15-12-1999).

Nas ADIs 529 e 525, julgadas em 1991, o Supremo Tribunal Federal enfrentou o dilema entre a declaração de inconstitucionalidade por ação de uma norma e a inconstitucionalidade por omissão da mesma norma. Também, nesses precedentes, firmou posicionamento no sentido de que, quando se trata de omissão total, não cabe a liminar. No mesmo sentido as ADIs 361(3-8-1998) e 267 (8-8-2002).

Em 1992, no julgamento do MI 395, relator Moreira Alves, o STF firmou tese de que não são fungíveis o mandado de injunção e a ação direta por omissão. A impossibilidade de conversão da ADI em ADI por omissão ficou consignada nas ADI-MC 986, relator Néri da Silveira, ADI 1.439, relator Min. Celso de Mello, e ADI-QO 1.442, também da relatoria do Ministro Celso de Mello[38].

A Corte Suprema registrou a mora do chefe do Poder Executivo para enviar projeto de lei ao Congresso Nacional na ADI 2.061 (29-6-2001). Considerou, todavia, o Tribunal, que, não sendo a providência requerida de natureza administrativa, não haveria "cogitar da aplicação do art. 103, § 2º, *in fine*, que prevê a fixação de prazo para o mister".

Em 2005, o STF julgou procedente a ADI 3.276 (2-6-2005) para declarar a inconstitucionalidade por omissão em relação à criação das carreiras de auditores e de membros do MP Especial junto ao TCE (Ceará).

Em 9 de maio de 2007, julgando a ADI 2.240, declarou a inconstitucionalidade sem pronúncia da nulidade, em razão de situação fática consolidada, da Lei n. 7.619/2000, do Estado da Bahia, que criou o Município de Luís Eduardo Magalhães. Ao não pronunciar a nulidade do ato impugnado, manteve sua vigência pelo prazo de 24 (vinte e quatro) meses, lapso temporal razoável para o legislador estadual reapreciar o tema, tendo como base os parâmetros da lei complementar federal a ser editada[39].

Na mesma data, julgando a ADI 3.682, entendeu o STF que a *inertia deliberandi* também configura omissão passível de vir a ser reputada inconstitucional, se os órgãos legislativos não deliberarem dentro de um prazo razoável sobre projeto de lei em tramitação. No caso, fixou-se prazo de dezoito meses para o Congresso Nacional adotar todas

---

38 Essa visão afigura-se-nos equivocada. Cf., *supra*, *Omissão de providência de índole administrativa*, e, *infra*, *Cautelar em ação direta de inconstitucionalidade por omissão*.

39 No mesmo sentido as ADIs 3.616 e 3.689, *DJ* de 29-6-2007, e ADI 3.489, *DJ* de 3-8-2007, todas da relatoria do Ministro Eros Grau.

as providências legislativas necessárias ao cumprimento do dever constitucional imposto pelo art. 18, § 4º, da Constituição (EC n. 15/1996), devendo contemplar as situações imperfeitas decorrentes do estado de inconstitucionalidade gerado pela omissão.

Registre-se que as decisões adotadas a propósito da revisão salarial anual (as quais ocupam boa parte das ações diretas por omissão ajuizadas nos últimos anos) parecem ter dado ensejo a iniciativas legislativas no âmbito federal e estadual, o que pode revelar alguma vitalidade para um instituto até então condenado a uma certa letargia ou ineficácia, se for considerada a sua história no âmbito da jurisprudência do Supremo Tribunal Federal.

Em decisão de 24 de janeiro de 2013, o Min. Ricardo Lewandowski, no exercício da Presidência da Corte, concedeu parcialmente liminar na ADO 23[40] para determinar que as regras do Fundo de Participação dos Estados e do Distrito Federal (FPE) continuassem em vigor por mais 150 dias ou "desde que não sobrevenha nova disciplina". Os critérios de repartição elencados na LC n. 62/89 haviam sido declarados inconstitucionais pelo Supremo Tribunal Federal em 24 de fevereiro de 2010, mas sua vigência fora mantida até 31 de dezembro de 2012, prazo esperado para que o Congresso elaborasse nova formulação[41].

Outro julgado paradigmático do Tribunal em matéria de omissão constitucional foi a Rcl 4.374/PE. No caso, declarou-se inconstitucional, sem pronúncia de nulidade, o art. 20, § 3º, da Lei n. 8.472/93 (Lei de Organização da Assistência Social). O dispositivo estabelecia que portadores de deficiência e idosos só fariam jus a determinado benefício social se demonstrassem auferir, na família renda, mensal *per capita* inferior a um quarto do salário mínimo. O Plenário considerou que a norma – que, a propósito, já havia sido declarada constitucional pelo Supremo na ADI 1.232-1/DF, em 1998 – havia passado por um processo de inconstitucionalização, já que contemporaneamente o limite fixado não serviria mais para avaliar o real estado de miserabilidade social das famílias. No caso, reconheceu-se que a declaração de nulidade do dispositivo poderia agravar ainda mais o estado de inconstitucionalidade e, por isso, teve-se por necessária a modulação dos efeitos da decisão, com base no art. 27 da Lei n. 9.868/99[42].

Finalmente, é importante registrar o julgamento relativo à criminalização da homofobia e da transfobia. O Supremo Tribunal Federal, ao julgar a Ação Direta de Inconstitucionalidade por Omissão 26, rel. Min. Celso de Mello, e o Mandado de Injunção 4.733, rel. Min. Edson Fachin, decidiu que, até que sobrevenha lei emanada do Congresso Nacional destinada a implementar os mandados de criminalização definidos nos incisos XLI e XLII do art. 5º da Constituição da República, as condutas homofóbicas e transfóbicas, reais ou supostas, que envolvem aversão odiosa à orientação sexual ou à identidade de gênero de alguém, por traduzirem expressões de racismo, compreendido este em sua dimensão social, ajustam-se, por identidade de razão e mediante adequação típica, aos preceitos primários de incriminação definidos na Lei de Racismo (Lei nº 7.716, de 08.01.1989), constituindo, também, na hipótese de homicídio doloso, circunstância que o qualifica, por configurar motivo torpe (Código Penal, art. 121, § 2º, I)[43].

---

40 ADO 23/DF, rel. Min. Dias Toffoli.

41 A LC n. 143, de 17 de julho de 2013, estabeleceu novos critérios de rateio.

42 Rcl 4374, rel. Min. Gilmar Mendes, Tribunal Pleno, *DJe* de 4-9-2013.

43 ADO 26, rel. Min. Celso de Mello; MI 4.733, rel. Min. Edson Fachin, julgadas em 13-6-2019.

3.3. Omissão de providência de índole administrativa

3.3.1. Exercício de poder regulamentar

Embora as omissões de providências de índole administrativa não se afigurem adequadas, em princípio, para afetar, primariamente, a efetividade de uma norma constitucional, até porque, como resulta da própria estrutura constitucional, essa tarefa foi confiada, primordialmente, ao legislador, não se pode negar que o constituinte contemplou eventual omissão das autoridades administrativas como objeto dessa modalidade de controle direto de inconstitucionalidade.

É possível que a omissão de ato ou providência administrativa mais relevante, nesse âmbito, se refira ao exercício do poder regulamentar. Não raras vezes fixa a lei prazo para edição de ato regulamentar, fixando uma *conditio* para a sua execução. Nesse caso, cumpre ao Executivo diligenciar a regulamentação no prazo estabelecido ou, se julgá-lo exíguo, postular na Justiça contra a violação do seu direito-função[44]. A sua omissão não tem o condão de paralisar a eficácia do comando legal, devendo ser entendido que, decorrido o lapso de tempo estabelecido pelo legislador para a regulamentação da lei, esta será eficaz em tudo que não depender do regulamento[45].

Todavia, a omissão do regulamento pode assumir relevância para o controle abstrato da omissão inconstitucional, se, no caso dos chamados regulamentos autorizados, a lei não contiver os elementos mínimos que assegurem a sua plena aplicabilidade. Nessas hipóteses, a ação direta terá por objeto a omissão do poder regulamentar.

3.3.2. Omissão de medidas ou atos administrativos

Finalmente, cumpre indagar se a omissão na prática de atos administrativos propriamente ditos – de índole não normativa – poderia ser objeto da ação direta de inconstitucionalidade por omissão.

A exegese literal do disposto no art. 103, § 2º, da CF parece sugerir resposta afirmativa, uma vez que ali se refere a "medidas", "providências necessárias" e a "órgãos administrativos". Por força do próprio princípio do Estado de Direito e de um dos seus postulados básicos – o princípio da legalidade da Administração –, é difícil imaginar ato administrativo indispensável, primariamente, para tornar efetiva norma constitucional. Até mesmo as medidas estatais de índole organizatória, que, na moderna dogmática dos Direitos Fundamentais, são abrangidas pela ampla designação de "direito à organização e ao processo" (*Recht auf Organisation und auf Verfahren*), pressupõem a existência de lei autorizadora.

---

44 Pontes de Miranda, *Comentário à Constituição de 1967, com a Emenda n. 1, de 1969*, São Paulo: Revista dos Tribunais, 1973, t. 3, p. 319.

45 Pontes de Miranda, *Comentário à Constituição de 1967, com a Emenda n. 1, de 1969*, cit., p. 318; Oswaldo Aranha Bandeira de Mello, *Princípios gerais de direito administrativo*, Rio de Janeiro: Forense, 1969, p. 320; Hely Lopes Meirelles, *Direito administrativo brasileiro*, 26. ed., São Paulo: Malheiros, 2001, p. 121; Carlos Medeiros Silva, Parecer, *RDA*, 34/408-410, out./dez. 1953; Homero Freire, Parecer, *RDA*, 96/291-294, abr./jun. 1969; Inocêncio Martins Coelho, Parecer, *RDA*, 125/399-404, jul./set. 1976; Roque Antonio Carrazza, *O regulamento no direito tributário brasileiro*, São Paulo: Revista dos Tribunais, 1981, p. 112; Diógenes Gasparini, *Poder regulamentar*, 2. ed., São Paulo: Revista dos Tribunais, 1982, p. 60.

De qualquer forma, não há como deixar de admitir que, a despeito da existência de lei, a omissão das autoridades na adoção de diferentes providências administrativas pode dificultar ou impedir a concretização da vontade constitucional.

Alguns exemplos poderiam ser mencionados: 1) a organização do Poder Judiciário, sem a qual não se pode assegurar a própria garantia da proteção judiciária (art. 5º, XXXV); 2) a organização dos serviços de defensoria pública, imprescindível para assegurar o direito à assistência jurídica dos necessitados (art. 5º, LXXIV, c/c o art. 134); 3) a organização e estruturação dos serviços de assistência social (art. 203); e 4) a organização e estruturação do sistema de ensino (arts. 205 e s.).

No direito comparado, tem-se o clássico exemplo do caso *Brown v. Board of Education of Topeka*, da Suprema Corte americana, de 1955, quando se reiterou a inconstitucionalidade da discriminação racial nas escolas públicas e determinou-se que as leis federais, estaduais e municipais fossem ajustadas a essa orientação. Confiou-se a execução do julgado aos tribunais de distrito que deveriam guiar-se por princípios de equidade, tradicionalmente caracterizados "pela flexibilidade prática na determinação de remédios e pela facilidade de ajustar e conciliar as necessidades públicas e privadas". Todavia, esses tribunais deveriam exigir das autoridades escolares "um pronto e razoável" início da execução, competindo-lhes verificar a necessidade de que se outorgasse um prazo adicional para a conclusão das reformas exigidas[46]. Essa jurisprudência teve continuidade em outras decisões que exigiam ou determinavam a concretização de reformas em presídios e instituições psiquiátricas[47].

Na ADI 19, da relatoria do Ministro Aldir Passarinho, asseverou o Supremo Tribunal Federal que a ação direta por omissão "não é de ser proposta para que seja praticado determinado ato administrativo em caráter concreto, mas sim visa a que seja expedido ato normativo que se torne necessário para o cumprimento de preceito constitucional que, sem ele, não poderia ser aplicado"[48].

Não se pode, portanto, excluir de plano a possibilidade de que a ação direta de inconstitucionalidade por omissão tenha por objeto a organização de determinado serviço ou a adoção de determinada providência de índole administrativa.

4. PROCEDIMENTO

4.1. Considerações gerais

Por mais de vinte anos, o procedimento da ação direta de inconstitucionalidade resultou de uma bem urdida práxis jurisprudencial. A Lei n. 12.063, de 27 de outubro de

46 Cf., a propósito, Leda Boechat Rodrigues, *A Corte Suprema e o direito constitucional americano*, Rio de Janeiro: Forense, 1958, p. 303-304.

47 Cf. Bounds et al. *v.* Smith et al., 430 US 817; reproduzido, parcialmente, in *Europäischen Grundrechtszeitschrift*, 1977, p. 5099 e s. Cf., a propósito, Helga Seibert, Der Supreme Court und sein Verhältnis zu den anderen Staatsgewalten, Bericht uber Vortrags- und Diskussionsabend der Deutsch-amerikanischen Juristenvereinigung, in *Europäische Grundrechtszeitschrift*, 1978, p. 384 (386).

48 ADI 19/AL, rel. Min. Aldir Passarinho, *DJ* de 14-4-1989.

2009, houve por bem disciplinar o tema, inserindo a ação direta por omissão como novo capítulo (Capítulo II-A) da Lei n. 9.868/99, que, em seu texto original, disciplinava a ADI e a ADC. Referida Lei resultou de Projeto apresentado à Câmara dos Deputados pelo Deputado Flávio Dino, baseado em estudos (anteprojeto) desenvolvido pelo Ministro Gilmar Mendes (Projeto de Lei n. 2.227, de 2007).

Tal como assentado na jurisprudência do Supremo Tribunal Federal[49], podem ajuizar a ADO os mesmos legitimados para propositura da ADI e da ADC (art. 12-A).

A petição inicial deverá indicar a omissão inconstitucional total ou parcial quanto ao cumprimento de dever constitucional de legislar ou quanto à adoção de providência de índole administrativa e o pedido, com suas especificações. A inicial deverá ser acompanhada do instrumento de procuração, se for o caso[50], a ser apresentado em duas vias, com os documentos necessários à comprovação da alegada omissão (art. 12-B e parágrafo único).

O relator poderá indeferir liminarmente a petição inicial inepta, não fundamentada ou manifestamente improcedente. A decisão monocrática que indeferir a inicial estará sujeita ao recurso de agravo (Lei n. 9.868/99, art. 12-C e parágrafo único).

A objetividade do processo faz com que se não admita desistência da ADO (Lei n. 9.868/99, art. 12-D).

Proposta a ação, deverá o relator solicitar informações às autoridades apontadas como responsáveis pela omissão no prazo de 30 dias, contado do recebimento do pedido (Lei n. 9.868/99, art. 12-E, *caput,* c/c art. 6º, parágrafo único). Caso haja pedido de medida cautelar, o procedimento deverá observar as regras previstas no art. 12-G (cf. item abaixo sobre cautelar).

A disciplina introduzida pelo legislador admite expressamente a participação, na condição de *amici curiae*, dos demais titulares do direito de propositura da ADO. Poderão, assim, apresentar manifestação escrita e apresentar memoriais. Embora o texto legal não seja expresso, é razoável admitir que dentre as faculdades asseguradas aos *amici curiae* está, igualmente, o direito de efetivar a sustentação oral[51]. Ressalte-se que a decisão legislativa em apreço resgatou, agora para ADO, proposição constante do art. 7º, § 1º, do Projeto de Lei que resultou na Lei n. 9.868/99 e que acabou vetada pelo Chefe do Executivo.

Por força da norma de remissão contida no art. 12-E, afigura-se razoável admitir que se aplica, igualmente, à ADO a cláusula contida no art. 7º, § 2º, da Lei n. 9.868/99, segundo a qual o relator, considerando a relevância da matéria e a representatividade do postulante, poderá, por despacho irrecorrível, acolher manifestação de outros órgãos ou entidades.

---

49 ADI 3.682/MT, rel. Min. Gilmar Mendes, j. em 9-5-2007, *DJ* de 6-9-2007.

50 Segundo a Jurisprudência do STF, dispõem de capacidade postulatória especial os legitimados para a ação direta referidos nos incisos I a VII do art. 103, podendo atuar independentemente da intermediação de advogado. Os partidos políticos, as confederações sindicais e as entidades de classe de âmbito nacional somente podem propor ação mediante a atuação de advogado (Cf. ADI 127 rel. Min. Celso de Mello, *DJ* de 4-12-1992, ADI 96, rel. Min. Celso de Mello. *DJ* de 10-11-1989).

51 ADI-QO 2.675, rel. Min. Carlos Velloso, e ADI-QO 2.777, rel. Min. Cezar Peluso, julgadas em 26-11-2003 (*Informativo STF* n. 331, 24 a 28-11-2003).

O novo dispositivo contribui, ademais, para sanar a incerteza acerca do prazo de manifestação dos *amici curiae*[52]. Dispõe, agora, o § 1º do art. 12-E que o prazo para a juntada de documentos pelos legitimados do art. 2º é aquele das informações. Não há razão para que outro seja o prazo para os demais partícipes do processo, admitidos eventualmente com fundamento no art. 7º, § 2º, da Lei n. 9.868/99.

Da mesma forma, a aplicação subsidiária das normas que balizam o procedimento da ADI e da ADC autoriza a designação de peritos ou a realização de audiência pública para ouvir pessoas com experiência e autoridade na matéria, também na ação direta por omissão (art. 12-E c/c art. 9º, § 1º).

Diferentemente da orientação dominante na jurisprudência do STF até então, que dispensava a participação do Advogado-Geral da União no processo ADO[53], a Lei previu que o Relator poderá solicitar a manifestação do chefe da Advocacia-Geral (art. 12-E, § 2º). Esta deverá ocorrer, quando for o caso, após apresentação das informações pelas autoridades responsáveis pela eventual omissão, no prazo de 15 dias.

A aproximação entre os processos de ADI e de ADO e a possibilidade de que nesta se aprecie também a omissão parcial parecem justificar a fórmula adotada.

O Procurador-Geral da República será ouvido, nas ações em que não for o autor, após as informações, devendo fazê-lo no prazo de 15 dias.

Essa opção legislativa, que vem se somar a disposições semelhantes presentes nas leis n. 9.882/99 (art. 7º, parágrafo único) e n. 11.417/2006 (art. 2º, § 2º), justifica-se na medida em que apenas muito raramente o parecer do Procurador-Geral, quando for ele o autor da ação direta, será contrário à procedência do pedido formulado na inicial.

Ouvido o Procurador-Geral da República, devem os autos, em seguida, ser submetidos ao Relator, que, tão logo conclua sua análise, pedirá dia para o julgamento e fará distribuir o relatório.

Cumpre observar que a cláusula de remissão contida no art. 12-E, *caput* – "Aplica-se ao procedimento da ação direta por omissão, no que couber, as disposições constantes da Seção I, Capítulo II, desta Lei" –, efetiva uma forte aproximação entre a ação direta de inconstitucionalidade e a ação direta por omissão. Determina-se aqui a aplicação à ação direta por omissão do procedimento aplicável à ação direta de inconstitucionalidade. Assim, tal como já apontado, as regras sobre participação de *amicus curiae* (art. 7º, § 2º), sobre designação de peritos, realização de audiência pública e solicitação de informações adicionais (art. 9º, §§ 1º, 2º e 3º).

4.2. Cautelar em ação direta de inconstitucionalidade por omissão

4.2.1. Considerações gerais

O Supremo Tribunal Federal entendia que não cabia cautelar em sede da ação direta de inconstitucionalidade por omissão, tendo em vista que, no mérito, a decisão que

52 Cumpre notar que o Supremo Tribunal Federal, por ocasião do julgamento da ADI 4.071-AgR, rel. Min. Menezes Direito, *DJ* de 16-10-2009, assentou que intervenção do *amicus curiae* é admissível até que o processo seja liberado pelo relator, para pauta.

53 ADI 480 DF, rel. Min. Paulo Brossard, julgada em 13-10-1994, *DJ* de 25-11-1994, p. 32298.

declara a inconstitucionalidade por omissão autorizaria o Tribunal apenas a cientificar o órgão inadimplente para que este adotasse as providências necessárias à superação do estado de omissão inconstitucional[54].

Essa orientação foi inicialmente firmada na ADI 267, da relatoria de Celso de Mello, enfatizando-se que "a suspensão liminar de eficácia de atos normativos, questionados em sede de controle concentrado, não se revela compatível com a natureza e finalidade da ação direta de inconstitucionalidade por omissão, eis que, nesta, a única consequência político-jurídica possível, traduz-se na mera comunicação formal, ao órgão estatal inadimplente, de que está em mora constitucional"[55].

Na ADI 1.458, deixou assente o Tribunal:

> "Não assiste ao Supremo Tribunal Federal, contudo, em face dos próprios limites fixados pela Carta Política em tema de inconstitucionalidade por omissão (CF, art. 103, § 2º), a prerrogativa de expedir provimentos normativos com o objetivo de suprir a inatividade do órgão legislativo inadimplente"[56].

Essa orientação partia de uma premissa segundo a qual a decisão proferida em sede de ADI por omissão limita-se a reconhecer a inadimplência de dever constitucional de legislar. Parece que essa posição não corresponde à natureza complexa da omissão, especialmente nos casos de omissão parcial.

Se se admite que um dos possíveis efeitos da declaração de inconstitucionalidade sem a pronúncia da nulidade a ser proferida em relação à omissão parcial, no processo de controle abstrato de normas ou na ação direta por omissão, seja a suspensão de aplicação da lei inconstitucional até a deliberação do órgão legislativo, não se afigura despropositado cogitar-se da suspensão prévia da aplicação da norma, em sede de cautelar, permitindo que o Tribunal, desde logo, advirta o legislador sobre os riscos quanto à aplicação da disposição questionada.

Ao revés, tudo está a indicar que sempre que a Corte puder constatar que, no caso de eventual declaração de inconstitucionalidade sem a pronúncia da nulidade, se afigura recomendável a suspensão de aplicação da lei inconstitucional, poderá ela, presentes os requisitos para concessão da cautelar, deferir a medida solicitada.

Portanto, aceita a tese concernente à fungibilidade (relativa) entre a ação direta de inconstitucionalidade e a ação direta por omissão, especialmente no que se relaciona com a chamada "omissão parcial", e admitida a necessidade de adoção de uma técnica de decisão diferenciada (declaração de inconstitucionalidade sem a pronúncia da nulidade[57]), parece que se haverá de admitir, igualmente, a possibilidade de que o Tribunal possa deferir

---

54 Cf., a propósito, ADI-MC 267/DF, rel. Min. Celso de Mello, *DJ* de 19-5-1995; ADI-MC 361/DF, rel. Min. Marco Aurélio, *DJ* de 20-10-1990; ADI-MC 1.387/DF, rel. Min. Carlos Velloso, *DJ* de 29-3-1996; ADI-MC 1.458/DF, rel. Min. Celso de Mello, *DJ* de 20-9-1996.

55 ADI-MC 267/DF, rel. Min. Celso de Mello, *DJ* de 19-5-1995; cf. também ADI-MC 361, rel. Min. Marco Aurélio, *DJ* de 26-10-1990.

56 ADI-MC 1.458/DF, rel. Min. Celso de Mello, julgada em 23-5-1996, *DJ* de 20-9-1996, p. 34531.

57 Na ADI 2.240, rel. Min. Eros Grau, julgada em 9-5-2007, *DJ* de 3-8-2007, o Tribunal declarou a inconstitucionalidade de lei estadual sem pronunciar a sua nulidade.

providências cautelares, desde que essa decisão seja compatível com o pronunciamento que venha eventualmente a proferir (declaração de inconstitucionalidade sem a pronúncia da nulidade, com a suspensão de aplicação da norma, se for o caso).

A Lei n. 12.063, de 27 de outubro de 2009, que regulou a ação direta de inconstitucionalidade por omissão, parece ter superado o entendimento jurisprudencial adotado anteriormente pela Corte.

4.2.2. Procedimento da cautelar na ADO

A Lei n. 12.063/2009 previu expressamente a possibilidade de deferimento de cautelar em ADO, em caso de excepcional urgência e relevância da matéria, após a audiência dos órgãos ou autoridades responsáveis pela omissão inconstitucional, que deverão se manifestar no prazo de cinco dias (art. 12-F, *caput*). Julgando indispensável, poderá o relator solicitar a manifestação do Procurador-Geral da República no prazo de três dias (art. 12-F, § 2º). Faculta aos representantes judiciais do requerente e dos órgãos responsáveis pela omissão acoimada de inconstitucional a sustentação oral do julgamento da cautelar (art. 12-F, § 3º).

A cautelar somente poderá deferida, presentes na sessão pelo menos oito ministros (art. 22), por decisão da maioria absoluta dos membros do Tribunal (art. 12-F, *caput*).

Nos termos da nova disciplina, a medida cautelar poderá consistir (1) na suspensão de aplicação da norma questionada, nos casos de omissão parcial, (2) na suspensão dos processos judiciais ou dos procedimentos administrativos ou, ainda, (3) em qualquer outra providência a ser fixada pelo Tribunal.

É certo que, em muitos casos, a suspensão de aplicação das normas, em sede da cautelar, acarretará, inevitavelmente, a suspensão de processos judiciais ou administrativos que demandem aplicação da norma controvertida. Em alguns casos, é provável que a medida cautelar acabe por adquirir o significado especial de uma tutela antecipada em relação à decisão de mérito, que poderá se revestir de uma declaração de inconstitucionalidade sem pronúncia da nulidade; em outros casos, poderá o Tribunal determinar a suspensão de processos judiciais ou administrativos sem que haja a suspensão de uma norma. A possibilidade de que o Congresso venha a aprovar lei sobre o tema pode justificar tal suspensão.

Por outro lado, é certo que a complexidade das questões afetas à omissão inconstitucional parece justificar a fórmula genérica utilizada pelo legislador, confiando ao Supremo Tribunal a tarefa de conceber providência adequada a tutelar a situação jurídica controvertida.

Concedida a medida cautelar, deverá o Tribunal diligenciar a publicação da parte dispositiva da decisão, no prazo de 10 dias, no *Diário Oficial da União* e no *Diário da Justiça* (art. 12-G).

Dessa forma, cuidou o legislador para que a decisão, que é dotada de efeito vinculante e de eficácia *erga omnes*, seja de conhecimento geral.

Havendo decisão cautelar, o pedido de informações às autoridades responsáveis pela omissão, quanto ao mérito da ação, somente será solicitado após a publicação acima referida.

A *duplicidade* do pedido de informações, para a cautelar e para a decisão definitiva, pode permitir que o relator dispense o segundo pedido, se suficientes aquelas prestadas com o fito de informar o julgamento da liminar. Essa orientação vem sendo adotada também em alguns processos de ação direta de inconstitucionalidade.

5. A DECISÃO NA AÇÃO DIRETA DE INCONSTITUCIONALIDADE POR OMISSÃO

O Supremo Tribunal Federal deixou assente, na decisão proferida no Mandado de Injunção n. 107, da relatoria do Ministro Moreira Alves, que a Corte deve limitar-se, nesses processos, a declarar a configuração da omissão inconstitucional, determinando, assim, que o legislador empreenda a colmatação da lacuna. Tal como a decisão proferida na ação direta por omissão, a decisão tem, para o legislador, caráter obrigatório. Ambos os instrumentos buscam a expedição de uma ordem judicial ao legislador, configurando o chamado *Anordnungsklagerecht* ("ação mandamental")[58] de que falava Goldschmidt[59]. Assim, abstraídos os casos de construção jurisprudencial admissível[60] e de pronúncia de nulidade parcial que amplie o âmbito de aplicação da norma[61], deveria o Tribunal limitar-se, por razões de ordem jurídico-funcional, a constatar a declaração de inconstitucionalidade da omissão do legislador[62].

No mesmo sentido, afirmou a Corte Constitucional alemã, já no começo de sua judicatura, que não estava autorizada a proferir, fora do âmbito da regra geral, uma decisão para o caso concreto, ou de determinar qual norma geral haveria de ser editada pelo legislador[63]. Também o Supremo Tribunal Federal deixou assente, na decisão proferida no Mandado de Injunção n. 107, que a Corte não está autorizada a expedir uma norma para o caso concreto ou a editar norma geral e abstrata, uma vez que tal conduta não se compatibiliza com os princípios constitucionais da democracia e da divisão de Poderes[64].

Como ressaltado, a ação direta de inconstitucionalidade por omissão – assim como o mandado de injunção – pode ter como objeto tanto a omissão total, absoluta, do legislador, quanto a omissão parcial, ou o cumprimento incompleto ou defeituoso de dever constitucional de legislar. Caso reconheça a existência de omissão morosa do legislador, o Tribunal haverá de declarar a inconstitucionalidade da omissão, devendo, nos termos da Constituição (art. 103, § 2º), dar ciência da decisão ao órgão ou aos órgãos cujo comportamento moroso se censura para que empreendam as medidas necessárias.

Nos casos de omissão dos órgãos administrativos que interfira na efetividade de norma constitucional, determinar-se-á que a Administração empreenda as medidas necessárias ao cumprimento da vontade constitucional, devendo verificar-se a execução da ordem judicial no prazo de trinta dias.

---

58 MI 107, rel. Min. Moreira Alves, *DJ* de 28-11-1989.

59 James Goldschmidt, *Zivilprozessrecht*, 2. ed., Berlin, 1932, § 15a, p. 61.

60 Cf., a propósito, Friedrich Julicher, *Die Verfassungsbeschwerde gegen Urteile bei gesetz- geberischem Unterlassen*, cit., p. 22; Wolf-Rudiger Schenke, *Rechtsschutz bei normativem Unrecht*, cit., p. 178; Christian Pestalozza, "Noch verfassungsmässige" und "bloss verfassungswidrige" Rechtslagen, in *Bundesverfassungsgericht und Grundgesetz*, cit., p. 519 (526).

61 *BVerfGE*, 8,1 (36); 22, 349 (360); 22, 156 (174).

62 Cf., a propósito, MI 107, rel. Min. Moreira Alves, *DJ* de 28-11-1989.

63 *BVerfGE*, 6, 257 (264), 8, 1 (19); Dazu p. auch Herzog, in Maunz-Dürig-Herzog-Scholz, art. 20 III, *RdNr.*, 13.

64 MI 107, rel. Min. Moreira Alves, *DJ* de 28-11-1989.

As formas expressas de decisão, seja no caso de omissão legislativa, seja no caso de omissão administrativa, prevista no art. 103, § 2º, da Constituição, parecem insuficientes para abarcar o complexo fenômeno da omissão inconstitucional.

No que concerne à omissão administrativa, deverá o órgão administrativo ser cientificado para atuar em trinta dias. Considerando o quadro diferenciado que envolve a omissão de ato administrativo, afigura-se algo ilusório o prazo fixado.

Se se tratar de edição de ato administrativo de caráter regulamentar, muito provavelmente esse prazo há de revelar-se extremamente exíguo. Em outros casos, que demandem realização de medidas administrativas concretas (construção de escolas, hospitais, presídios, adoção de determinadas políticas complexas etc.), esse prazo mostra-se ainda mais inadequado.

Um dos problemas relevantes da dogmática constitucional refere-se aos efeitos de eventual declaração de inconstitucionalidade da omissão.

Não se pode afirmar, simplesmente, que a decisão que constata a existência da omissão inconstitucional e determina ao legislador que empreenda as medidas necessárias à colmatação da lacuna inconstitucional não produz maiores alterações na ordem jurídica. Em verdade, tem-se aqui sentença de caráter nitidamente mandamental que impõe ao legislador em mora o dever de, dentro de um prazo razoável, proceder à eliminação do estado de inconstitucionalidade.

O dever dos Poderes Constitucionais ou dos órgãos administrativos de proceder à imediata eliminação do estado de inconstitucionalidade parece ser uma das consequências menos controvertidas da decisão que porventura venha a declarar a inconstitucionalidade de uma omissão que afete a efetividade de norma constitucional[65]. O princípio do Estado de Direito (art. 1º), a cláusula que assegura a imediata aplicação dos direitos fundamentais (art. 5º, § 1º) e o disposto no art. 5º, LXXI, que, ao conceder o mandado de injunção para garantir os direitos e liberdades constitucionais, impõe ao legislador o dever de agir para a concretização desses direitos, exigem ação imediata para eliminar o estado de inconstitucionalidade.

Considerando que o estado de inconstitucionalidade decorrente da omissão pode ter produzido efeitos no passado – sobretudo se se tratar de omissão legislativa –, faz-se mister, muitas vezes, que o ato destinado a corrigir a omissão inconstitucional tenha caráter retroativo.

Evidentemente, a amplitude dessa eventual retroatividade somente poderá ser aferida em cada caso. Parece certo, todavia, que, em regra, deve a lei retroagir, pelo menos até a data da decisão judicial em que restou caracterizada a omissão indevida do legislador.

---

65 Cf. *BVerfGE*, 6, 257 (265 e s.) *BVerfGE*, 37, 217 (262); 51, 1 (28); *BVerfGE*, 57, 361 (388); cf., também, Jörn Ipsen, *Rechtsfolgen der Verfassungswidrigkeit von Norm und Einzelakt*, cit., p. 211-213; Klaus Schlaich, *Das Bundesverfassungsgericht, Stellung, Verfahren, Entscheidungen*, München, 1985, p. 172; Christoph Gusy, *Parlamentarischer Gesetzgeber und Bundesverfassungsgericht*, cit., p. 191; Peter Hein, *Die Unvereinbarerklärung verfassungswidriger Gesetze durch das Bundesverfassungsgericht*, Baden-Baden, 1988, p. 168 e s.; Heyde, Gesetzgeberische Konsequenzen aus der Verfassungswidrig-Erklärung von Normen, *FS Faller*, p. 53 (54 e s.); Apostolo Gerontas, Die Appellentscheidungen, Sondervotumsappelle und die bloBe unvereinbarkeitsfeststellung als Ausdruck der funktionellen Grenzen der Verfassungsgerichtsbarkeit, *DVBl.* 1982, p. 486 (488); Hermann Heußner, *Folgen der Verfassungswidrigkeit eines Gesetzes ohne Nichtigerklärung, NJW*, 1982, p. 257; Hartmut Maurer, Zur Verfassungswidrigerklärung von Gesetzen, in *FS W. Weber*, Berlin, 1974, p. 362; Bernd Jürgen Schneider, *Die Funktion der Normenkontrolle und des richterlichen Prufungsrechts im Rahmen der Rechtsfolgenbestimmung verfassungsswidriger Gesetze*, cit., p. 162.

Na ADI 3.682, o Tribunal houve por bem estipular o prazo de dezoito meses para que o Congresso Nacional conferisse disciplina legislativa ao tema, contemplando as situações imperfeitas verificadas em razão da omissão legislativa.

Eis a parte final da decisão:

"Um dos problemas relevantes da dogmática constitucional refere-se aos efeitos de eventual declaração de inconstitucionalidade da omissão.

Não se pode afirmar, simplesmente, que a decisão que constata a existência da omissão inconstitucional e determina ao legislador que empreenda as medidas necessárias à colmatação da lacuna inconstitucional não produz maiores alterações na ordem jurídica. Em verdade, tem-se aqui sentença de caráter nitidamente mandamental, que impõe ao legislador em mora o dever, dentro de um prazo razoável, de proceder à eliminação do estado de inconstitucionalidade.

O dever dos Poderes Constitucionais ou dos órgãos administrativos de proceder à imediata eliminação do estado de inconstitucionalidade parece ser uma das consequências menos controvertidas da decisão que porventura venha a declarar a inconstitucionalidade de uma omissão que afete a efetividade de norma constitucional[66].

O princípio do Estado de Direito (art. 1º), a cláusula que assegura a imediata aplicação dos direitos fundamentais (art. 5º, § 1º) e o disposto no art. 5º, LXXI, que, ao conceder o mandado de injunção para garantir os direitos e liberdades constitucionais, impõe ao legislador o dever de agir para a concretização desses direitos, exigem ação imediata para eliminar o estado de inconstitucionalidade.

Considerando que o estado de inconstitucionalidade decorrente da omissão pode ter produzido efeitos no passado – sobretudo se se tratar de omissão legislativa –, faz-se mister, muitas vezes, que o ato destinado a corrigir a omissão inconstitucional tenha caráter retroativo.

Evidentemente, a amplitude dessa eventual retroatividade somente poderá ser aferida em cada caso. Parece certo, todavia, que, em regra, deve a lei retroagir, pelo menos até à data da decisão judicial em que restou caracterizada a omissão indevida do legislador.

No caso em questão, a omissão legislativa inconstitucional produziu evidentes efeitos durante esse longo período transcorrido desde o advento da EC n. 15/96. Diante da inexistência da lei complementar federal, vários Estados da federação legislaram sobre o tema e diversos municípios foram efetivamente criados ao longo de todo o país.

Municípios criados, eleições realizadas, poderes municipais devidamente estruturados, tributos municipais recolhidos, domicílios fixados para todos os efeitos da lei, etc.; enfim, toda uma realidade fática e jurídica criada sem qualquer base legal ou constitucional. É evidente

66 Cf. *BVerfGE*, 6, 257 (265 s.), *BVerfGE*, 37, 217 (262); 51, 1 (28); *BVerfGE*, 57, 361 (388); cf., também, Jörn Ipsen, *Rechtsfolgen der Verfassungswidrigkeit von Norm und Einzelakt*, cit., p. 211-213; Klaus Schlaich, *Das Bundesverfassungsgericht, Stellung, Verfahren, Entscheidungen*, Munique, 1985, p. 172; Christoph Gusy, *Parlamentarischer Gesetzgeber und Bundesverfassungsgericht*, Berlin, 1985, p. 191; Peter Hein, *Die Unvereinbarerklärung verfassungswidriger Gesetze durch das Bundesverfassungsgericht*, Baden-Baden, 1988, p. 168 e s.; Heyde, Gesetzgeberische Konsequenzen aus der Verfassungswidrig-Erklärung von Normen, *FS Faller*, 1984, p. 53 (54 e s.); Apostolo Gerontas, Die Appellentscheidungen, Sondervotumsappelle und die bloBe unvereinbarkeitsfeststellung als Ausdruck der funktionellen Grenzen der Verfassungsgerichtsbarkeit, *DVBl.*, 1982, p. 486 (488); Hermann Heußner, *Folgen der Verfassungswidrigkeit eines Gesetzes ohne Nichtigerklärung, NJW*, 1982, p. 257; Hartmut Maurer, Zur Verfassungswidrigerklärung von Gesetzen, in *FS W. Weber*, Berlin, 1974, p. 362; Bernd Jürgen Schneider, *Die Funktion der Normenkontrolle und des richterlichen Prufungsrechts im Rahmen der Rechtsfolgenbestimmung verfassungsswidriger Gesetze*, Frankfurt am Main, 1988, p. 162.

que a omissão legislativa em relação à regulamentação do art. 18, § 4º, da Constituição acabou dando ensejo à conformação e à consolidação de estados de inconstitucionalidade que não podem ser ignorados pelo legislador na elaboração da lei complementar federal.

Assim sendo, voto no sentido de declarar o estado de mora em que se encontra o Congresso Nacional, a fim de que, em prazo razoável de 18 (dezoito) meses, adote ele todas as providências legislativas necessárias ao cumprimento do dever constitucional imposto pelo art. 18, § 4º, da Constituição, devendo ser contempladas as situações imperfeitas decorrentes do estado de inconstitucionalidade gerado pela omissão.

Não se trata de impor um prazo para a atuação legislativa do Congresso Nacional, mas apenas da fixação de um parâmetro temporal razoável, tendo em vista o prazo de 24 meses determinado pelo Tribunal nas ADI n. 2.240, 3.316, 3.489 e 3.689 para que as leis estaduais que criam municípios ou alteram seus limites territoriais continuem vigendo, até que a lei complementar federal seja promulgada contemplando as realidades desses municípios".

A solução alvitrada acabou por ensejar variante de decisão que estabelece prazo para superação do *estado de inconstitucionalidade* decorrente da omissão.

5.1. Procedimento de tomada da decisão

Nos termos do art. 12-H, a inconstitucionalidade por omissão somente poderá ser declarada com observância do disposto no art. 22 (presença de oito ministros na sessão). A constitucionalidade ou inconstitucionalidade da omissão será declarada se, num ou noutro sentido, se tiverem manifestado pelo menos seis Ministros (art. 12-H, § 2º, c/c art. 23). Não alcançada a maioria necessária à declaração de constitucionalidade ou de inconstitucionalidade, estando ausente Ministros em número que possa influir no julgamento, deverá este ser suspenso a fim de aguardar o comparecimento dos juízes ausentes, até que se atinja o número necessário para a tomada de decisão (art. 12-H, § 2º, c/c art. 23, parágrafo único).

Declarada a inconstitucionalidade por omissão, será dada a ciência ao poder competente para a adoção das providências necessárias.

Em caso de omissão imputável a órgão administrativo, as providências deverão ser adotadas no prazo de 30 dias, tal como previstos no texto constitucional (103, § 2º), ou em prazo razoável a ser estipulado excepcionalmente pelo Tribunal, tendo em vista circunstâncias específicas do caso e o interesse público envolvido (art. 12-H, § 1º). Dessa forma o legislador abriu a possibilidade de que o prazo para adoção de providências, no caso de omissão de órgão administrativo, ultrapasse o prazo estabelecido.

5.2. Suspensão de aplicação da norma eivada de inconstitucionalidade por omissão parcial e/ou aplicação excepcional

Como ressaltado, abstraídos os casos de omissão absoluta, que devem ser cada vez mais raros, com a promulgação da maioria das leis expressamente reclamadas pelo texto constitucional, hão de assumir relevância os casos de omissão parcial, seja porque o legislador atendeu, de forma incompleta, o dever constitucional de legislar, seja porque se identifica a concessão de benefício ao arrepio do princípio da isonomia[67].

Cumpre indagar se a regra que é considerada inconstitucional, em virtude de sua incompletude, deve continuar a ser aplicada até a implementação das correções reclamadas, ou se ela deve ter a sua aplicação suspensa até a deliberação do legislador.

Como não se verifica aqui a eliminação da norma defeituosa do ordenamento jurídico, poder-se-ia sustentar que a situação jurídica em questão subsiste integralmente. Poder-se-ia invocar, em favor desse entendimento, que, na ação direta de inconstitucionalidade – assim como no mandado de injunção –, limita-se o Tribunal a constatar a inconstitucionalidade da situação jurídica, sem pronunciar a sua cassação. A norma antiga deveria preservar a sua força normativa até a edição da nova disposição[68].

A concepção que advoga a subsistência da norma inconstitucional até a sua revogação pelo direito superveniente, sob o argumento de que o Supremo Tribunal Federal somente poderia identificar, nesses processos especiais de controle da omissão, a declaração de inconstitucionalidade sem a pronúncia de sua nulidade, não parece compatibilizar-se com o princípio da nulidade da lei inconstitucional dominante entre nós.

Acentue-se que esse entendimento encontra base na própria Constituição. Tanto o princípio do Estado de Direito, constitucionalmente consagrado (art. 1º), a vinculação de todos os órgãos estatais à Constituição, como derivação imediata e inevitável, quanto o processo especial de revisão constitucional (art. 60) e a cláusula pétrea consagrada no art. 60, § 4º, que assegura a intangibilidade dos direitos fundamentais, consagram a pretensão de eficácia e a supremacia da Constituição. A cláusula prevista no art. 5º, LXXI, que assegura o mandado de injunção "sempre que a falta de norma regulamentadora torne inviável o exercício dos direitos e liberdades constitucionais", contém, além de uma garantia processual, princípio de direito material que vincula os órgãos estatais não só aos direitos fundamentais (art. 5º, § 1º), mas a todos os direitos constitucionalmente assegurados[69].

A faculdade reconhecida a todo juiz de afastar a aplicação da lei inconstitucional, no caso concreto (arts. 97 e 102, III, *a, b, c* e *d*) pressupõe a invalidade da lei e, com isso, a sua nulidade. A competência do juiz para negar aplicação à norma incompatível com a Constituição encontra correspondência no direito do indivíduo de não se submeter a uma norma inconstitucional, o que lhe é assegurado até com a possibilidade de interpor recurso extraordinário contra decisão de última instância que, de alguma forma, contrarie a Constituição (CF, art. 102, III, *a*)[70]. Tanto a competência do juiz singular para negar aplicação à norma inconstitucional quanto o direito do indivíduo de não se submeter a uma norma incompatível com a Constituição demonstram que o constituinte pressupôs a nulidade da lei inconstitucional.

O princípio do Estado de Direito, consagrado no art. 1º da Constituição, e a vinculação dos órgãos estatais aos direitos fundamentais, como uma decorrência do disposto no art. 5º, § 1º, não podem ser atendidos com a simples promulgação da lei. Tal como afirma Ipsen[71] para o direito alemão, a lei exigida não é qualquer lei, mas uma lei

67 Jörn Ipsen, *Rechtsfolgen der Verfassungswidrigkeit von Norm und Einzelakt*, cit., p. 214.

68 Jörn Ipsen, *Rechtsfolgen der Verfassungswidrigkeit von Norm und Einzelakt*, cit., p. 214.

69 Cf., a propósito, MI 107, rel. Min. Moreira Alves, *DJ* de 28-11-1989.

70 Rp. 980, rel. Min. Moreira Alves, *RTJ*, 96 (2)/496.

71 Jörn Ipsen, *Rechtsfolgen der Verfassungswidrigkeit von Norm und Einzelakt*, cit., p. 214.

compatível com a Constituição. O princípio do Estado de Direito (art. 1º), a vinculação dos Poderes do Estado aos direitos fundamentais (art. 5, § 1º), a proteção aos direitos fundamentais contra a revisão constitucional (art. 60, § 4º), bem como o processo especial de revisão constitucional (art. 60), consagram não só a diferença hierárquica entre a Constituição e a Lei e o princípio da supremacia constitucional, mas também as condições de validade que devem ser satisfeitas na promulgação da lei[72].

A aplicação irrestrita da lei declarada inconstitucional somente poderia legitimar-se, enquanto regra geral, se se pudesse identificar, no Direito brasileiro, alternativa normativa que, à semelhança do disposto no art. 140, §§ 5 e 7 da Constituição austríaca, legitimasse a continuada aplicação do direito incompatível com a Constituição. A simples afirmação de que, consoante a sistemática consagrada para o controle da omissão, o Tribunal deve limitar-se a *constatar* o estado de inconstitucionalidade não se afigura suficiente para legitimar a aplicação da lei após a declaração de sua inconstitucionalidade. Como se pode depreender da jurisprudência do *Bundesverfassungsgericht*[73], a declaração de inconstitucionalidade sem a pronúncia da nulidade resulta, nos casos de omissão legislativa, da especialidade dessa forma de inconstitucionalidade, o que exige técnica especial de decisão para sua eliminação[74], e não do tipo de processo em que é proferida[75]. A simples declaração de inconstitucionalidade sem a pronúncia da nulidade não autoriza a aplicação continuada da lei inconstitucional.

A única conduta condizente com a ordem constitucional é aquela que, no caso da declaração de inconstitucionalidade sem a pronúncia da nulidade no processo de controle abstrato da omissão, admite a suspensão de aplicação da lei censurada. A aplicação geral e irrestrita da lei declarada inconstitucional configuraria ruptura com o princípio da supremacia da Constituição.

Se se deve admitir que a suspensão da aplicação da lei constitui consequência jurídica da decisão que dá pela procedência da ação direta de inconstitucionalidade, nos casos de omissão parcial, afigura-se inevitável considerar que a ordem constitucional exige, em muitos casos, a aplicação do direito anterior. Uma suspensão geral de aplicação – tal como eventual cassação da norma nos processos de controle de norma – haveria de emprestar maior gravidade à ofensa constitucional.

Tal fato poderia ser demonstrado com base no exame de algumas normas constitucionais que requerem, expressamente, a promulgação. Um único exemplo há de explicitar esse entendimento. Nos termos do art. 7º, IV, da Constituição, o trabalhador faz jus a "salário mínimo, fixado em lei, nacionalmente unificado, capaz de atender a suas necessidades vitais básicas e às de sua família, com moradia, alimentação, educação, saúde, vestuário, higiene, transporte e previdência social, com reajustes periódicos que lhe preservem o poder aquisitivo (...)". Essa norma contém expresso dever constitucional de legislar, que obriga o legislador a fixar, legal-

72 Alfredo Buzaid, *Da ação direta de declaração de inconstitucionalidade no direito brasileiro,* São Paulo: Saraiva, 1958, p. 131; Rui Barbosa, *Os atos inconstitucionais do Congresso e do Executivo* (reimpr.), Rio de Janeiro, 1962, p. 70-71; Francisco Luiz da Silva Campos, *Direito constitucional,* Rio de Janeiro, 1956, v. 1, p. 430-431.

73 *BVerfGE,* 6, 257 (264); 8, 1 (19); 30, 292.

74 Cf., a propósito, Hartmut Maurer, Zur Verfassungswidrigerklärung von Gesetzen, in *FS W. Weber*, cit., p. 345 (353, 360, 368).

75 Vgl. in der Rechtsprechung des *BVerfGGs* zum Normenkontrollverfahren: *BVerfGE,* 17, 210 (215); 44, 70 (88); 45, 376 (384); 47, 55; 48, 281; 63, 152 (166); 64, 158 (168), 64, 243 (247); *BVerfGE,* 43, 154 (167).

mente, salário mínimo que corresponda às necessidades básicas dos trabalhadores. Se o Supremo Tribunal Federal chegasse à conclusão, em processo de controle abstrato da omissão – tal como ocorreu com a Corte Constitucional alemã, a propósito da lei de retribuição dos funcionários públicos em processo de recurso constitucional[76] –, que a lei que fixa o salário mínimo não corresponde às exigências estabelecidas pelo constituinte, configurando-se, assim, típica inconstitucionalidade em virtude de omissão parcial, a eventual suspensão de aplicação da lei inconstitucional – assim como sua eventual cassação – acabaria por agravar o estado de inconstitucionalidade, uma vez que não haveria lei aplicável à espécie.

Portanto, a suspensão de aplicação da norma constitui consequência fundamental da decisão que, em processo de controle abstrato da inconstitucionalidade por omissão, reconhece a existência de omissão parcial. Todavia, ter-se-á de reconhecer, inevitavelmente, que a aplicação da lei – mesmo após a pronúncia de sua inconstitucionalidade – pode-se justificar inteiramente do prisma constitucional. Trata-se daqueles casos em que a aplicação da lei mostra-se indispensável no período de transição, até a promulgação da nova lei.

Dessarte, se o Tribunal declara a inconstitucionalidade da omissão legislativa, por cumprimento defeituoso ou incompleto de dever constitucional de legislar, pronuncia ele a inconstitucionalidade de todo o complexo normativo em questão com eficácia geral. Com a pronúncia da inconstitucionalidade da lei, por incompleta ou defeituosa, no processo de controle abstrato da omissão fica vedado aos órgãos estatais, por força dos princípios do Estado de Direito e da vinculação dos Poderes Públicos aos direitos fundamentais, a prática de qualquer ato fundado na lei inconstitucional. Vê-se, assim, que, nesse caso, a declaração de inconstitucionalidade sem a pronúncia da nulidade importa, também no Direito brasileiro, na suspensão de aplicação da norma defeituosa ou incompleta.

A pronúncia da inconstitucionalidade da omissão parcial com eficácia *erga omnes* retira o caráter de obrigatoriedade da lei, não estando ninguém compelido a lhe prestar obediência ou a requerer a sua aplicação. Os órgãos estatais e a Administração não podem continuar a aplicar as normas consideradas inconstitucionais, uma vez que eles estão submetidos ao princípio do Estado de Direito, somente podendo agir de forma legítima.

5.3. Suspensão dos processos

Da suspensão de aplicação da lei impõe-se o dever de suspender os respectivos processos judiciais ou administrativos pendentes, uma vez que a lei anterior não mais deve ser aplicada até a decisão final dos órgãos legislativos[77]. Dessarte, propicia-se ao eventual interessado a possibilidade de beneficiar-se da nova situação jurídica, sem que contra ele se levantem as fórmulas de preclusão, como, v. g., a coisa julgada[78]. A suspensão dos processos administrativos pode-se afigurar recomendável, igualmente, nos casos de omissão absoluta, mormente se se discute ou se se pretende evitar a aplicação de direito ordinário pré-constitucional, considerado incompatível com o novo ordenamento.

76 *BVerfGE*, 8, 1 (19).

77 Vgl. *BVerfGE*, 28, 324 (363); 29, 71 (83); 31, 1 (7); 37, 217 (261).

78 Klaus Schlaich, *Das Bundesverfassungsgericht, Stellung, Verfahren, Entscheidungen*, München, 1985, p. 173.

VII MANDADO DE INJUNÇÃO

1. CONSIDERAÇÕES GERAIS

A Constituição de 1988 abriu a possibilidade para o desenvolvimento sistemático da *declaração de inconstitucionalidade sem a pronúncia da nulidade*, na medida em que atribuiu particular significado ao controle de constitucionalidade da chamada *omissão do legislador*.

O art. 5º, LXXI, da Constituição previu, expressamente, a concessão do mandado de injunção sempre que a falta de norma regulamentadora tornar inviável o exercício dos direitos e liberdades constitucionais e das prerrogativas inerentes à nacionalidade, à soberania e à cidadania. Como bem revela estudo sobre a origem do mandado de injunção, o instituto foi criado com vistas a sanar o problema da ineficácia das disposições constitucionais que concediam direitos sociais, em particular daquelas definidoras das obrigações estatais no plano da educação pública. Daí ser correto afirmar que o mandado de injunção surgiu "a partir da necessidade de elaborar-se instituto jurídico-processual, com assento na Constituição, para a defesa do direito à Educação"[1]. A regulamentação do permissivo constitucional se deu com a edição da Lei n. 13.300, de 23 de junho de 2016, que disciplinou o processamento e o julgamento dos mandados de injunção individual e coletivo.

Ao lado desse instrumento destinado, fundamentalmente, à defesa de direitos individuais contra a omissão do ente legiferante, introduziu o constituinte, no art. 103, § 2º, um sistema de controle abstrato da omissão.

Assim, reconhecida a procedência da ação, deve o órgão legislativo competente ser informado da decisão, para as providências cabíveis. Se se tratar de órgão administrativo, está ele obrigado a colmatar a lacuna dentro do prazo de trinta dias.

2. NOÇÕES PRELIMINARES

A adoção do mandado de injunção e do processo de controle abstrato da omissão tem dado ensejo a intensas controvérsias na doutrina. O conteúdo, o significado e a amplitude das decisões proferidas nesses processos vêm sendo analisados de forma diferenciada pela doutrina e jurisprudência.

Alguns nomes da literatura jurídica sustentam que, como as regras constantes do preceito constitucional que instituiu o mandado de injunção não se afiguravam suficientes para possibilitar a sua aplicação, ficava sua utilização condicionada à promulgação das regras processuais regulamentadoras[2]. Outros doutrinadores afirmam que, sendo o mandado de injunção instrumento dirigido contra omissão impeditiva do exercício de

1 Herzeleide Maria Fernandes de Oliveira, O mandado de injunção, *Revista de Informação Legislativa*, ano 25, n. 100, out./dez. 1988, p. 49.

2 Manoel Antonio Teixeira Filho, Mandado de injunção e direitos sociais, *LTr*, n. 53, 1989, p. 323; Barroso chega a afirmar que "No contexto atual do constitucionalismo brasileiro, o mandado de injunção tornou-se uma desnecessidade, havendo alternativa teórica e prática de muito maior eficiência" (Luís Roberto Barroso, *O controle de constitucionalidade no direito brasileiro*, 2. ed., São Paulo: Saraiva, 2006, p. 112).

direitos constitucionalmente assegurados, competiria ao juiz proferir decisão que contivesse regra concreta destinada a possibilitar o exercício do direito subjetivo em questão[3]. Uma variante dessa corrente acentua que a decisão judicial há de conter uma regra geral, aplicável não apenas à questão submetida ao Tribunal, mas também aos demais casos semelhantes[4].

Segundo essa concepção, o constituinte teria dotado o Tribunal, excepcionalmente, do poder de editar normas abstratas, de modo que essa atividade judicial apresentaria fortes semelhanças com a atividade legislativa[5]. Para superar as dificuldades que decorrem dessa concepção, procura-se restringi-la, afirmando-se que se o direito subjetivo depender da organização de determinada atividade ou de determinado serviço público ou, ainda, da disposição de recursos públicos, então deverá ser reconhecida a inadmissibilidade do mandado de injunção[6]. Assim, não poderia o mandado de injunção ser proposto com vistas a garantir, v. g., o pagamento do seguro-desemprego[7].

É interessante registrar a manifestação de Calmon de Passos a propósito do tema:

> "Entendemos, entretanto, descaber o mandado de injunção quando o adimplemento, seja pelo particular, seja pelo Estado, envolve a organização prévia de determinados serviços ou a alocação específica de recursos, porque nessas circunstâncias se faz inviável a tutela, inexistentes os recursos ou o serviço, e construir-se o mandado de injunção como direito de impor ao Estado a organização de serviços constitucionalmente reclamados teria implicações de tal monta que, inclusive constitucionalmente, obstam, de modo decisivo, a pertinência do *mandamus* na espécie. Tentarei um exemplo. O seguro-desemprego. Impossível deferi-lo mediante o mandado de injunção, visto como ele é insuscetível de atribuição individual, sem todo um sistema (técnico) instalado e funcionando devidamente. Também seria inexigível do sujeito privado uma prestação inapta a revestir-se do caráter de pessoalidade reclamada na injunção, como, por exemplo, a participação nos lucros da empresa. A competência deferida ao Judiciário, de substituir-se ao Legislativo para edição da norma regulamentadora, não derroga todos os preceitos que disciplinam a organização política do Estado, sua administração financeira, as garantias orçamentárias e a definição de políticas e de estratégias de melhor aplicação dos dinheiros públicos alocados para atendimento das necessidades de caráter geral"[8].

3 José Afonso da Silva, *Curso de direito constitucional positivo*, 25. ed., São Paulo: Malheiros, 2006, p. 450-452; Luís Roberto Barroso, *O controle de constitucionalidade no direito brasileiro*, cit., p. 123-124.

4 J. J. Calmon de Passos, *Mandado de segurança coletivo, mandado de injunção, "habeas data", Constituição e processo*, Rio de Janeiro: Forense, 1989, p. 123.

5 J. J. Calmon de Passos, *Mandado de segurança coletivo, mandado de injunção, "habeas data", Constituição e processo*, cit., p. 123.

6 J. J. Calmon de Passos, *Mandado de segurança coletivo, mandado de injunção, "habeas data", Constituição e processo*, cit., p. 112-113.

7 J. J. Calmon de Passos, *Mandado de segurança coletivo, mandado de injunção, "habeas data", Constituição e processo*, cit., p. 112-113.

8 J. J. Calmon de Passos, *Mandado de segurança coletivo, mandado de injunção, "habeas data", Constituição e processo*, cit., p. 112.

Uma corrente diversa entende que o mandado de injunção destina-se, tão somente, a aferir a existência de omissão que impede o exercício de um direito constitucionalmente assegurado[9]. A pronúncia de sentença de conteúdo normativo revelar-se-ia, por isso, inadmissível[10]. Segundo esse entendimento, as decisões que o Supremo Tribunal Federal profere na ação de mandado de injunção e no processo de controle abstrato da omissão têm caráter *obrigatório* ou *mandamental*[11].

A expectativa criada com a adoção desse instituto no ordenamento constitucional brasileiro levou à propositura de inúmeras ações de mandado de injunção perante o Supremo Tribunal Federal[12], o que acabou por obrigá-lo, num curto espaço de tempo, a apreciar não só a questão relativa à imediata aplicação desse instituto, independentemente da promulgação de regras processuais próprias, como também a decidir sobre o significado e a natureza desse instituto na ordem constitucional brasileira.

Algumas das controvérsias relacionadas ao instituto encontram-se superadas com o advento da Lei n. 13.300, de 23 de junho de 2016.

Quanto ao seu âmbito de proteção, o art. 2º do diploma legal dispôs que o mandado de injunção – individual ou coletivo – será cabível sempre que a falta total ou parcial de norma regulamentadora torne inviável o exercício dos direitos e liberdades constitucionais e das prerrogativas inerentes à nacionalidade, à soberania e à cidadania. Consagrou-se, portanto, a adequação dessa via para impugnar o não cumprimento de dever constitucional de legislar que, de alguma forma, afete direitos constitucionalmente assegurados.

O diploma legislativo também repisou que a mora do legislador pode se traduzir tanto em omissão absoluta ou total quanto em omissão parcial[13]. Na primeira hipótese, que se revela cada vez mais rara, tendo em vista o implemento gradual da ordem constitucional, tem-se a inércia do legislador que pode impedir totalmente a implementação da norma constitucional. A omissão parcial envolve, por sua vez, a execução parcial ou incompleta de um dever constitucional de legislar, que se manifesta seja em razão do atendimento incompleto do estabelecido na norma constitucional, seja em razão do processo de mudança nas circunstâncias fático-jurídicas que venha a afetar a legitimidade da norma (inconstitucionalidade superveniente), seja, ainda, em razão de concessão de benefício de forma incompatível com o princípio da igualdade (exclusão de benefício incompatível com o princípio da igualdade).

A legitimidade ativa para impetração do mandado de injunção individual foi conferida às pessoas naturais ou jurídicas que se afirmam titulares dos direitos, das liberdades ou das prerrogativas cuja fruição encontra-se obstada pela mora legislativa impugnada, nos termos do art. 3º da lei. O mandado de injunção coletivo, por sua vez, poderá

---

9 Manoel Gonçalves Ferreira Filho, *Curso de direito constitucional*, 32. ed., São Paulo: Saraiva, 2006, p. 321-322.

10 Hely Lopes Meirelles, *Mandado de segurança*, 29. ed., São Paulo: Malheiros, 2006, p. 277; Celso Ribeiro Bastos e Ives Gandra Martins, *Comentários à Constituição do Brasil*, 3. ed., São Paulo: Saraiva, 2004, v. 2, p. 385-386.

11 Hely Lopes Meirelles, *Mandado de segurança*, cit., p. 283.

12 Em 1990 e 1991 o STF julgou 203 MIs (dados do BNDPJ). Até 11-9-2009 o STF autuou 1.868 MIs (dados da Secretaria Judiciária).

13 MI 542/SP, rel. Min. Celso de Mello, *DJ* de 28-6-2002.

ser promovido pelo Ministério Público, por partido político com representação no Congresso Nacional, por organização sindical, entidade de classe ou associação legalmente constituída e em funcionamento há pelo menos 1 (um) ano, ou ainda pela Defensoria Pública, nas condições previstas no art. 12, incisos I a IV, do diploma legal.

Quanto à eficácia das decisões, o art. 8º da Lei n. 13.300, de 23 de junho de 2016, previu que o reconhecimento da mora legislativa pelo Poder Judiciário pode ensejar a fixação de prazo razoável para que o impetrado realize a edição da norma regulamentadora cuja omissão está sendo impugnada. A lei também autoriza o juiz a estabelecer as condições em que se dará o exercício dos direitos, das liberdades ou das prerrogativas reclamados ou, se for o caso, as condições em que poderá o interessado promover ação própria visando a exercê-los, caso não seja suprida a mora legislativa no prazo determinado.

O art. 9º do diploma legal trouxe importantes disposições acerca da eficácia das decisões proferidas em sede de mandado de injunção. Em alinho à evolução jurisprudencial do instituto, a Lei n. 13.300, de 23 de junho de 2016, consagrou que as sentenças poderão ter efeito restrito ou mesmo efeito geral. Na primeira hipótese, a decisão terá eficácia subjetiva limitada às partes e produzirá efeitos até o advento da norma regulamentadora. Já na segunda hipótese, a decisão produzirá efeitos mesmo em relação a terceiros não diretamente envolvidos na controvérsia judicial. Isso poderá se dar, segundo o § 1º do art. 9º da lei, nos casos em que a omissão legislativa impugnada comprometer o exercício do direito, liberdade ou prerrogativa objeto da impetração, permitindo-se, nesses casos, que seja atribuída eficácia *ultra partes* ou *erga omnes* à decisão. Adicionalmente, com o trânsito em julgado da sentença, o § 2º do art. 9º permite que o relator estenda os efeitos da decisão a casos análogos por decisão monocrática. Por fim, o § 3º do art. 9º garante que as decisões terminativas fundadas em insuficiência de prova não obstam nova impetração de mandado de injunção lastreado em outros elementos probatórios.

Ainda em relação à eficácia das decisões, o art. 10 da Lei n. 13.300, de 23 de junho de 2016, institui o cabimento de ação revisional destinada à desconstituição de sentença em mandado de injunção, que poderá ser ajuizada por qualquer interessado quando sobrevierem relevantes modificações das circunstâncias fáticas ou jurídicas.

3. O MANDADO DE INJUNÇÃO NA JURISPRUDÊNCIA DO SUPREMO TRIBUNAL FEDERAL

O Supremo Tribunal Federal teve oportunidade de apreciar pela primeira vez as questões suscitadas pelo controle de constitucionalidade da omissão na decisão de 23 de novembro de 1989[14].

O mandado de injunção havia sido proposto por Oficial do Exército contra o Presidente da República que, segundo se alegava, não teria encaminhado, tempestivamente, ao Congresso Nacional, projeto de lei disciplinando a duração dos serviços temporários, tal como expressamente exigido pela Constituição (art. 42, § 9º). O impetrante havia prestado serviço por nove anos e seria compelido a passar para a reserva ao imple-

14 MI 107, rel. Min. Min. Moreira Alves, *RTJ*, 133.

mentar o décimo ano, se fosse aplicada a legislação pré-constitucional. Daí ter requerido a promulgação da norma prevista constitucionalmente. Ao lado desse pleito principal, requereu ele, igualmente, a concessão de liminar que garantisse o seu *status* funcional até a pronúncia da decisão definitiva.

A inexistência de regras processuais específicas exigia, tal como já enunciado, que o Tribunal examinasse, como questão preliminar, a possibilidade de se aplicar esse instituto com base, tão somente, nas disposições constitucionais. A resposta a essa questão dependia, porém, da definição da natureza e do significado desse novo instituto.

A Corte partiu do princípio de que a solução que recomendava a expedição da norma geral ou concreta haveria de ser desde logo afastada. A regra concreta deveria ser excluída em determinados casos, como decorrência da natureza especial de determinadas pretensões, v. g., daquelas eventualmente derivadas dos postulados de direito eleitoral[15]. Tanto em relação a uma norma concreta quanto em relação a normas gerais proíbe-se que a coisa julgada possa vir a ser afetada mediante lei posterior (art. 5º, XXXVI). Como essas decisões judiciais haveriam de transitar em julgado, não poderia a lei, posteriormente editada, contemplar questões que foram objeto do pronunciamento transitado em julgado[16].

A opinião que sustentava a possibilidade de o Tribunal editar uma regra geral, ao proferir a decisão sobre mandado de injunção, encontraria insuperáveis obstáculos constitucionais. Tal prática não se deixaria compatibilizar com o princípio da divisão de Poderes e com o princípio da democracia. Além do mais, o modelo constitucional não continha norma autorizadora para a edição de regras autônomas pelo juizado, em substituição à atividade do legislador, ainda que com vigência provisória, como indicado pela doutrina. Portanto, essa posição revela-se incompatível com a Constituição[17].

Contra esse entendimento colocar-se-ia, igualmente, o princípio da reserva legal, constante do art. 5º, II, da Constituição, uma vez que essas regras gerais, que deveriam ser editadas pelos Tribunais, haveriam de impor obrigações a terceiros, que, nos termos da Constituição, somente podem ser criadas por lei ou com fundamento em uma lei.

Por outro lado, a opinião dos representantes dessa corrente, que sustentavam a inadmissibilidade do mandado de injunção nos casos em que o exercício do direito subjetivo exigisse a organização de determinada atividade, instituição técnica ou em que fosse imprescindível a disposição de recursos públicos, acabaria por tornar quase dispensável[18] a garantia constitucional do mandado de injunção.

Após essas considerações, deixou assente o Supremo Tribunal Federal que, consoante a sua própria natureza, o mandado de injunção destinava-se a garantir os direitos constitucionalmente assegurados, inclusive aqueles derivados da soberania popular, como o direito ao plebiscito, o direito ao sufrágio, a iniciativa legislativa popular (CF, art. 14, I, III), bem como os chamados direitos sociais (CF, art. 6º), des-

15 MI 107, rel. Min. Moreira Alves, *RTJ*, 133/11 e s.

16 MI 107, rel. Min. Moreira Alves, *RTJ*, 133/11 (33).

17 MI 107, rel. Min. Moreira Alves, *RTJ*, 133/11 (34-35).

18 MI 107, rel. Min. Moreira Alves, *RTJ*, 133/11 (32-33).

de que o impetrante estivesse impedido de exercê-los em virtude da omissão do órgão legiferante.

Como *omissão* deveria ser entendida não só a chamada *omissão absoluta* do legislador, isto é, a total ausência de normas, como também a *omissão parcial*, na hipótese de cumprimento imperfeito ou insatisfatório de dever constitucional de legislar[19].

Ao contrário da orientação sustentada por uma das correntes doutrinárias[20], o mandado de injunção afigurava-se adequado à realização de direitos constitucionais que dependiam da edição de normas de organização, pois, do contrário, esses direitos não ganhariam qualquer significado[21].

Todavia, o Tribunal entendeu, e assim firmou sua jurisprudência, no sentido de que deveria limitar-se a constatar a inconstitucionalidade da omissão e a determinar que o legislador empreendesse as providências requeridas[22].

Após o Mandado de Injunção n. 107, *"leading case" na matéria relativa à omissão*, a Corte passou a promover alterações significativas no instituto do mandado de injunção, conferindo-lhe, por conseguinte, conformação mais ampla do que a até então admitida.

No Mandado de Injunção n. 283, de relatoria do Ministro Sepúlveda Pertence, o Tribunal, pela primeira vez, estipulou prazo para que fosse colmatada a lacuna relativa à mora legislativa, sob pena de assegurar ao prejudicado a satisfação dos direitos negligenciados. Explicita a ementa do acórdão:

> "Mandado de injunção: mora legislativa na edição da lei necessária ao gozo do direito à reparação econômica contra a União, outorgado pelo art. 8º, § 3º, ADCT: deferimento parcial, com estabelecimento de prazo para a purgação da mora e, caso subsista a lacuna, facultando o titular do direito obstado a obter, em juízo, contra a União, sentença líquida de indenização por perdas e danos.
>
> 1. O STF admite – não obstante a natureza mandamental do mandado de injunção (MI 107-QO) – que no pedido constitutivo ou condenatório, formulado pelo impetrante, mas de atendimento impossível, se contém o pedido, de atendimento possível, de declaração de inconstitucionalidade da omissão normativa, com ciência ao órgão competente para que a supra (cf. Mandados de Injunção 168, 107 e 232).
>
> 2. A norma constitucional invocada (ADCT, art. 8º, § 3º – 'Aos cidadãos que foram impedidos de exercer, na vida civil, atividade profissional específica, em decorrência das Portarias Reservadas do Ministério da Aeronáutica n. S-50-GM5, de 19 de junho de 1964, e n. S-285-GM5 será concedida reparação econômica, na forma que dispuser lei de iniciativa do Congresso Nacional e a entrar em vigor no prazo de doze meses a contar da promulgação da Constituição' – vencido o prazo nela previsto, legitima o beneficiário da reparação mandada conceder a impetrar mandado de injunção, dada a existência, no caso, de um direito subjetivo constitucional de exercício obstado pela omissão legislativa denunciada.

19 MI 542/SP, rel. Min. Celso de Mello, *DJ* de 28-6-2002.

20 MI 107, rel. Min. Moreira Alves, *RTJ*, 133/11-31.

21 MI 107, rel. Min. Moreira Alves, *RTJ*, 133/33.

22 Hely Lopes Meirelles, *Mandado de segurança*, cit., p. 277.

3. Se o sujeito passivo do direito constitucional obstado é a entidade estatal à qual igualmente se deva imputar a mora legislativa que obsta ao seu exercício, é dado ao Judiciário, ao deferir a injunção, somar, aos seus efeitos mandamentais típicos, o provimento necessário a acautelar o interessado contra a eventualidade de não se ultimar o processo legislativo, no prazo razoável que fixar, de modo a facultar-lhe, quanto possível, a satisfação provisória do seu direito.

4. Premissas, de que resultam, na espécie, o deferimento do mandado de injunção para:

a) declarar em mora o legislador com relação à ordem de legislar contida no art. 8º, § 3º, ADCT, comunicando-o ao Congresso Nacional e à Presidência da República;

b) assinar o prazo de 45 dias, mais 15 dias para a sanção presidencial, a fim de que se ultime o processo legislativo da lei reclamada;

c) se ultrapassado o prazo acima, sem que esteja promulgada a lei, reconhecer ao impetrante a faculdade de obter, contra a União, pela via processual adequada, sentença líquida de condenação à reparação constitucional devida, pelas perdas e danos que se arbitrem;

d) declarar que, prolatada a condenação, a superveniência de lei não prejudicará a coisa julgada, que, entretanto, não impedirá o impetrante de obter os benefícios da lei posterior, nos pontos em que lhe for mais favorável" (MI 283, Rel. Sepúlveda Pertence, *DJ* de 14-11-1991).

No Mandado de Injunção n. 232, de relatoria do Ministro Moreira Alves, o Tribunal reconheceu que, passados seis meses sem que o Congresso Nacional editasse a lei referida no art. 195, § 7º, da Constituição Federal, o requerente passaria a gozar a imunidade requerida. Consta da ementa desse julgado:

"Mandado de injunção. Legitimidade ativa da requerente para impetrar mandado de injunção por falta de regulamentação do disposto no § 7º do artigo 195 da Constituição Federal. Ocorrência, no caso, em face do disposto no artigo 59 do ADCT, de mora, por parte do Congresso, na regulamentação daquele preceito constitucional. Mandado de injunção conhecido, em parte, e, nessa parte, deferido para declarar-se o estado de mora em que se encontra o Congresso Nacional, a fim de que, no prazo de seis meses, adote ele as providências legislativas que se impõem para o cumprimento da obrigação de legislar decorrente do artigo 195, § 7º, da Constituição, sob pena de, vencido esse prazo sem que essa obrigação se cumpra, passar o requerente a gozar da imunidade requerida" (MI 232, Rel. Moreira Alves, *DJ* de 27-3-1992).

Ainda, nessa mesma orientação, registra a ementa da decisão proferida no Mandado de Injunção n. 284, de relatoria do Ministro Marco Aurélio (Red. p/acórdão Ministro Celso de Mello):

"Mandado de injunção – natureza jurídica – função processual – ADCT, art. 8º, § 3º (Portarias Reservadas do Ministério da Aeronáutica) – a questão do sigilo – mora inconstitucional do Poder Legislativo – exclusão da União Federal da relação processual – ilegitimidade passiva 'ad causam' – 'writ' deferido.

– O caráter essencialmente mandamental da ação injuncional – consoante tem proclamado a jurisprudência do Supremo Tribunal Federal – impõe que se defina, como passivamente legitimado 'ad causam', na relação processual instaurada, o órgão público inadimplente, em situação de inércia inconstitucional, ao qual é imputável a omissão causalmente inviabilizadora do exercício de direito, liberdade e prerrogativa de índole constitucional.

– No caso, 'ex vi' do § 3º do art. 8º do Ato das Disposições Constitucionais Transitórias, a inatividade inconstitucional é somente atribuível ao Congresso Nacional, a cuja iniciativa se reservou, com exclusividade, o poder de instaurar o processo legislativo reclamado pela norma constitucional transitória.

– Alguns dos muitos abusos cometidos pelo regime de exceção instituído no Brasil em 1964 traduziram-se, dentre os vários atos de arbítrio puro que o caracterizaram, na concepção e formulação teórica de um sistema claramente inconvivente com a prática das liberdades públicas. Esse sistema, fortemente estimulado pelo 'perigoso fascínio do absoluto' (Pe. Joseph Comblin, 'A Ideologia da Segurança Nacional – O Poder Militar na América Latina', p. 225, 3ª ed., 1980; trad. de A. Veiga Fialho, Civilização Brasileira), ao privilegiar e cultivar o sigilo, transformando-o em 'praxis' governamental institucionalizada, frontalmente ofendeu o princípio democrático, pois, consoante adverte NORBERTO BOBBIO, em lição magistral sobre o tema ('O Futuro da Democracia', 1986, Paz e Terra), não há, nos modelos políticos que consagram a democracia, espaço possível reservado ao mistério.

O novo estatuto político brasileiro – que rejeita o poder que oculta e não tolera o poder que se oculta – consagrou a publicidade dos atos e das atividades estatais como valor constitucionalmente assegurado, disciplinando-o, com expressa ressalva para as situações de interesse público, entre os direitos e garantias fundamentais.

A Carta Federal, ao proclamar os direitos e deveres individuais e coletivos (art. 5º), enunciou preceitos básicos, cuja compreensão é essencial à caracterização da ordem democrática como um regime do poder visível, ou, na lição expressiva de Bobbio, como 'um modelo ideal do governo público em público'.

– O novo 'writ' constitucional, consagrado pelo art. 5º, LXXI, da Carta Federal, não se destina a constituir direito novo, nem a ensejar ao Poder Judiciário o anômalo desempenho de funções normativas que lhe são institucionalmente estranhas. O mandado de injunção não é o sucedâneo constitucional das funções político-jurídicas atribuídas aos órgãos estatais inadimplentes. A própria excepcionalidade desse novo instrumento jurídico *impõe* ao Judiciário o dever de estrita observância do princípio constitucional da divisão funcional do Poder.

– Reconhecido o estado de mora inconstitucional do Congresso Nacional – único destinatário do comando para satisfazer, no caso, a prestação legislativa reclamada – e considerando que, embora previamente cientificado no Mandado de Injunção n. 283, Relator Ministro Sepúlveda Pertence, absteve-se de adimplir a obrigação que lhe foi constitucionalmente imposta, torna-se *prescindível* nova comunicação à instituição parlamentar, assegurando-se aos impetrantes, *desde logo*, a possibilidade de ajuizarem, *imediatamente*, nos termos do direito comum ou ordinário, a ação de reparação de natureza econômica instituída em seu favor pelo preceito transitório" (MI 284, Rel. Marco Aurélio, *DJ* de 26-6-1991).

Percebe-se que, sem assumir compromisso com o exercício de uma típica função legislativa, o Supremo Tribunal Federal afastou-se da orientação inicialmente perfilhada, no que diz respeito ao mandado de injunção.

As decisões proferidas nos Mandados de Injunção n. 283 (Rel. Sepúlveda Pertence), 232 (Rel. Moreira Alves) e 284 (Rel. Celso de Mello) sinalizam para uma nova compreensão do instituto e a admissão de uma solução "normativa" para a decisão judicial.

Assim, no caso relativo à omissão legislativa quanto aos critérios de indenização devida aos anistiados (art. 8º do ADCT), o Tribunal entendeu que, em face da omissão, os eventuais afetados poderiam dirigir-se diretamente ao juiz competente que haveria de fixar o montante na forma do direito comum[23]. Em outro precedente relevante, considerou-se que a falta de lei não impedia que a entidade beneficente gozasse da imunidade constitucional expressamente reconhecida[24].

Ressalte-se, por fim, o julgamento do MI 758, quando o Supremo Tribunal assentou, por unanimidade, o cabimento da aplicação analógica do art. 57, § 1º, da Lei n. 8.213/91, visando regular o quanto disposto no § 4º do art. 40 da Constituição Federal. A decisão recebeu a seguinte ementa:

> "Mandado de injunção – Natureza. Conforme disposto no inciso LXXI do artigo 5º da Constituição Federal, conceder-se-á mandado de injunção quando necessário ao exercício dos direitos e liberdades constitucionais e das prerrogativas inerentes à nacionalidade, à soberania e à cidadania. Há ação mandamental e não simplesmente declaratória de omissão. A carga de declaração não é objeto da impetração, mas premissa da ordem a ser formalizada. Mandado de injunção – Decisão – Balizas. Tratando-se de processo subjetivo, a decisão possui eficácia considerada a relação jurídica nele revelada. Aposentadoria – Trabalho em condições especiais – Prejuízo à saúde do trabalhador – Inexistência de lei complementar – Artigo 40, § 4º, da Constituição Federal. Inexistente a disciplina específica da aposentadoria especial do servidor, impõe-se a adoção, via pronunciamento judicial, daquela própria aos trabalhadores em geral – art. 57, § 1º, da Lei n. 8.213/91"[25].

As decisões acima referidas indicam que o Supremo Tribunal Federal aceitou a possibilidade de uma regulação provisória pelo próprio Judiciário, uma espécie de sentença aditiva, se se utilizar a denominação do direito italiano.

Ademais, no julgamento conjunto dos Mandados de Injunção 943, 1.010, 1.074 e 1.090, todos de relatoria do Ministro Gilmar Mendes, o Supremo Tribunal Federal deparou-se com questão relevante para o procedimento do mandado de injunção. Os referidos mandados de injunção foram impetrados por trabalhadores que, demitidos sem justa causa após vários anos de serviço, pleiteavam o direito ao aviso prévio proporcional ao tempo de serviço, inserto no art. 7º, XXI, da Constituição Federal.

Inicialmente, consignou-se que se revelou inócua a simples declaração de omissão inconstitucional, cabendo ao Supremo Tribunal Federal concretizar o direito constitucional assegurado desde 1988, mas pendente de regulamentação pelo legislador ordinário.

---

23 Nesse sentido, verificar MI 562, rel. Min. Ellen Gracie, *DJ* de 20-6-2003; *v.* também: MI 543/DF, rel. Min. Octavio Gallotti, *DJ* de 24-5-2002.

24 Cf. MI 679, rel. Min. Celso de Mello, *DJ* de 17-12-2002.

25 MI 758, rel. Min. Marco Aurélio, *DJ* de 26-9-2008. No mesmo sentido, cf., MI 788, rel. Min. Carlos Britto, *DJ* de 8-5-2009 e MI 795, rel. Min. Cármen Lúcia, *DJ* de 22-5-2009.

No entanto, a Corte se deparou com obstáculo diverso dos verificados nos julgamentos dos mandados de injunção referentes ao direito de greve e aposentadoria especial, consubstanciado na inexistência de parâmetro normativo preestabelecido ou outro critério para ser utilizado provisoriamente na integração do vácuo normativo.

Nesse contexto, após calorosos debates e tendo em vista a quantidade e a diversidade de sugestões oferecidas pelos Ministros, o julgamento foi adiado para consolidar as propostas apresentadas e formular solução conciliatória quanto à forma de concretização do aviso prévio proporcional.

Ocorre que, nesse interregno, em 11-10-2011, foi publicada a Lei n. 12.506, que finalmente apresentou a regulamentação do instituto do aviso prévio proporcional ao tempo de serviço, previsto no art. 7º, XXI, da Constituição Federal.

Diante da publicação do referido ato normativo, uma das Impetradas peticionou requerendo a extinção do processo, por perda superveniente de objeto, nos termos de decisões monocráticas de Ministros do Supremo Tribunal Federal MI 1.954, MI 1.013 e MI 1.020, rel. Min. Luiz Fux; MI 945, rel. Min. Celso de Mello; MI 4.131, rel. Min. Ricardo Lewandowski, MI 2.149, rel. Min. Joaquim Barbosa, MI 1.022, rel. Min. Ricardo Lewandowski.

Todavia, o Plenário do Supremo Tribunal Federal modificou o entendimento tradicional de perda de objeto do mandado de injunção em razão da superveniência de lei regulamentadora, porquanto não foi resolvida a situação dos trabalhadores que foram demitidos anteriormente à sua edição e cujos mandados de injunção impetrados tiveram o julgamento interrompido apenas para a consolidação da proposta de regulamentação provisória a ser apresentada no acórdão.

Com efeito, malgrado a publicação de parâmetro normativo solucione as situações fáticas posteriores ao seu advento, é necessário reconhecer que existem direitos fundamentais, referentes a cenários anteriores à nova regulamentação, que permanecem sem a concretude que se pretendeu conferir com o mandado de injunção.

Nesse sentido, o Supremo Tribunal Federal entendeu não haver perda de objeto dos mandados de injunção com a superveniência de lei regulamentadora, determinando, no caso concreto, a aplicação de parâmetros idênticos ao da Lei n. 12.506/2011 às hipóteses de impetração de mandado de injunção, anteriormente à edição da referida lei regulamentadora, e cujos julgamentos, muito embora iniciados, foram interrompidos para a apresentação, pelo relator, de proposta de regulamentação conciliatória a integrar a decisão pela procedência dos respectivos mandados de injunção. Esse entendimento foi mantido, inclusive, no julgamento dos embargos de declaração, cujo acórdão restou assim ementado:

> "Embargos de declaração nos mandados de injunção 943, 1.010, 1.074 e 1.090. 2. Aviso prévio proporcional ao tempo de serviço. 3. Advento da Lei 12.506/2011 no curso do julgamento. 4. Aplicação de parâmetros similares aos da referida lei. 5. Alegação de omissão quanto ao pedido de exclusão da embargante, Companhia Vale do Rio Doce, do polo passivo dos *writs*. 6. Argumentação de perda superveniente do objeto das impetrações em razão do advento da norma regulamentadora. Rejeição da tese pelo Plenário, que decidiu dar continuidade no julgamento dos MI impetrados antes da publicação da Lei 12.506/2011.

7. Embargos parcialmente acolhidos (ED 943, 1.010, 1.074 e 1.090), apenas para reconhecer a ilegitimidade passiva da Companhia Vale do Rio Doce, todavia a manter no feito na qualidade de interessada. Embargos de declaração dos impetrantes nos MI 1.010 e 1.074 rejeitados"[26].

Dessa forma, é forçoso reconhecer, na linha do entendimento do Supremo Tribunal Federal, que a edição de lei regulamentadora não conduz necessariamente à perda de objeto dos mandados de injunção, especialmente quando verificadas nos autos situações cujo vácuo normativo não é solucionado pelo advento do ato normativo, exigindo o prosseguimento do julgamento para efetivamente conferir concretude ao direito fundamental.

Ressalta-se que o art. 11 da Lei n. 13.300, de 23 de junho de 2016, disciplinou a matéria ao estabelecer que a norma regulamentadora superveniente produzirá efeitos *ex nunc* em relação aos beneficiados por decisão transitada em julgado, salvo se a aplicação da norma editada lhes for mais favorável.

4. O DIREITO DE GREVE DO SERVIDOR E A VIRAGEM DA JURISPRUDÊNCIA

No Mandado de Injunção n. 20 (Rel. Celso de Mello, *DJ* de 22-11-1996), firmou-se entendimento no sentido de que o direito de greve dos servidores públicos não poderia ser exercido antes da edição da lei complementar respectiva, sob o argumento de que o preceito constitucional que reconheceu o direito de greve constituía norma de eficácia limitada, desprovida de autoaplicabilidade.

Na mesma linha, foram as decisões proferidas nos MI 485 (Rel. Maurício Corrêa, *DJ* de 23-8-2002) e MI 585 / TO (Rel. Ilmar Galvão, *DJ* de 2-8-2002).

Portanto, nas diversas oportunidades em que o Tribunal se manifestou sobre a matéria, tem-se reconhecido unicamente a necessidade de se editar a reclamada legislação, sem admitir uma concretização direta da norma constitucional.

Nesse particular, deve-se observar que, diferentemente das relativizações efetivadas quanto ao decidido no Mandado de Injunção n. 107 / DF (*DJ* de 2-8-1991), nos casos em que se apreciaram as possibilidades e condições para o exercício do direito de greve por servidores públicos civis, a Corte ficou adstrita tão somente à declaração da existência da mora legislativa para a edição de norma reguladora específica.

Nessas ocasiões, entretanto, o Ministro Carlos Velloso destacava a necessidade de que, em hipóteses como a dos autos, se aplicasse, provisoriamente, aos servidores públicos a lei de greve relativa aos trabalhadores em geral. Registre-se, a propósito, trecho de seu voto no MI 631 / MS (Rel. Ilmar Galvão, *DJ* de 2-8-2002):

"Assim, Sr. Presidente, passo a fazer aquilo que a Constituição determina que eu faça, como juiz: elaborar a norma para o caso concreto, a norma que viabilizará, na forma do disposto no art. 5º, LXXI, da Lei Maior, o exercício do direito de greve do servidor público.

26 MI 943-ED, rel. Min. Gilmar Mendes, Tribunal Pleno, j. em 27-2-2014, *DJe* de 23-6-2014.

A norma para o caso concreto será a lei de greve dos trabalhadores, a Lei 7.783, de 28.6.89. É dizer, determino que seja aplicada, no caso concreto, a lei que dispõe sobre o exercício do direito de greve dos trabalhadores em geral, que define as atividades essenciais e que regula o atendimento das necessidades inadiáveis da comunidade.

Sei que na Lei 7.783 está disposto que ela não se aplicará aos servidores públicos. Todavia, como devo fixar a norma para o caso concreto, penso que devo e posso estender aos servidores públicos a norma já existente, que dispõe a respeito do direito de greve" (MI 631/MS, Rel. Ilmar Galvão, *DJ* de 2-8-2002).

Vê-se, assim, que, observados os parâmetros constitucionais quanto à atuação da Corte como eventual legislador positivo, o Ministro Carlos Velloso entendia ser o caso de determinar a aplicação aos servidores públicos da lei que disciplina os movimentos grevistas no âmbito do setor privado.

Na sessão de 7-6-2006, foi proposta a revisão parcial do entendimento até então adotado pelo Tribunal. Assim, os Ministros Eros Grau (MI 712/PA) e Gilmar Mendes (MI 670/ES) apresentaram votos que recomendam a adoção de uma "solução normativa e concretizadora" para a omissão verificada.

São as seguintes as razões apresentadas no MI 670:

"Assim como na interessante solução sugerida pelo Ministro Velloso, creio parecer justo fundar uma intervenção mais decisiva desta Corte para o caso da regulamentação do direito de greve dos servidores públicos (CF, art. 37, VII).

Entretanto, avento essa possibilidade por fundamentos diversos, os quais passarei a desenvolver em breve exposição sobre o direito de greve no Brasil e no direito comparado.

O direito de greve dos servidores públicos tem sido objeto de sucessivas dilações desde 1988. A Emenda Constitucional n. 19/1998 retirou o caráter complementar da Lei regulamentadora, a qual passou a demandar, unicamente, lei ordinária e específica para a matéria. Não obstante subsistam as resistências, é bem possível que as partes envolvidas na questão partam de premissas que favoreçam o estado de omissão ou de inércia legislativa.

A representação de servidores não vê com bons olhos a regulamentação do tema, porque visa a disciplinar uma seara que hoje está submetida a um tipo de lei da selva. Os representantes governamentais entendem que a regulamentação acabaria por *criar* o direito de greve dos servidores públicos. Essas visões parcialmente coincidentes têm contribuído para que as greves no âmbito do serviço público se realizem sem qualquer controle jurídico, dando ensejo a negociações heterodoxas, ou a ausências que comprometem a própria prestação do serviço público, sem qualquer base legal.

Mencionem-se, a propósito, episódios como os relativos à greve dos servidores do Judiciário do Estado de São Paulo e à greve dos peritos do Instituto Nacional de Seguridade Social (INSS), que trouxeram prejuízos irreparáveis a parcela significativa da população dependente desses serviços públicos.

A não regulação do direito de greve acabou por propiciar um quadro de selvageria com sérias consequências para o Estado de Direito. Estou a lembrar que Estado de Direito é aquele no qual não existem soberanos.

Nesse quadro, não vejo mais como justificar a inércia legislativa e a inoperância das decisões desta Corte.

Comungo das preocupações quanto à não assunção pelo Tribunal de um protagonismo *legislativo*. Entretanto, parece-me que a não atuação no presente momento já se configuraria quase como uma espécie de 'omissão judicial'.

Assim, tanto quanto no caso da anistia, essa situação parece impelir intervenção mais decisiva desta Corte.

Ademais, assevero que, apesar da persistência da omissão quanto à matéria, são recorrentes os debates legislativos sobre os requisitos para o exercício do direito de greve.

A esse respeito, em apêndice ao meu voto, elaborei documento comparativo da Lei n. 7.783/1989 e o texto do Projeto de Lei n. 6.032/2002 (que 'Disciplina o exercício do direito de greve dos servidores públicos dos Poderes da União, dos Estados, do Distrito Federal e dos Municípios, previsto no art. 37, inciso VII, da Constituição Federal e dá outras providências').

Nesse contexto, é de se concluir que não se pode considerar simplesmente que a satisfação do exercício do direito de greve pelos servidores públicos civis deva ficar a bel-prazer do juízo de oportunidade e conveniência do Poder Legislativo.

Estamos diante de uma situação jurídica que, desde a promulgação da Carta Federal de 1988 (ou seja, há mais de 17 anos), remanesce sem qualquer alteração. Isto é, mesmo com as modificações implementadas pela Emenda n. 19/1998 quanto à exigência de lei ordinária específica, o direito de greve dos servidores públicos ainda não recebeu o tratamento legislativo minimamente satisfatório para garantir o exercício dessa prerrogativa em consonância com imperativos constitucionais.

Por essa razão, não estou a defender aqui a assunção do papel de legislador positivo pelo Supremo Tribunal Federal.

Pelo contrário, enfatizo tão somente que, tendo em vista as imperiosas balizas constitucionais que demandam a concretização do direito de greve a todos os trabalhadores, este Tribunal não pode se abster de reconhecer que, assim como se estabelece o controle judicial sobre a atividade do legislador, é possível atuar também nos casos de inatividade ou omissão do Legislativo".

Tendo em vista essa situação peculiar, entendi devesse recomendar a adoção explícita de um modelo de sentença de perfil aditivo, tal como amplamente desenvolvido na Itália.

Fizeram-se referências às observações de Rui Medeiros sobre o tema da chamada legislação positiva efetivada pelos Tribunais, especialmente quanto ao seguinte aspecto:

"A atribuição de uma função positiva ao juiz constitucional harmoniza-se, desde logo, com a tendência hodierna para a acentuação da importância e da criatividade da função jurisdicional: as decisões modificativas integram-se, coerentemente, no movimento de valorização do momento jurisprudencial do direito.

O alargamento dos poderes normativos do Tribunal Constitucional constitui, outrossim, uma resposta à crise das instituições democráticas.

Enfim, e este terceiro aspecto é particularmente importante, a reivindicação de um papel positivo para o Tribunal Constitucional é um corolário da falência do Estado Liberal. Se na época liberal bastava cassar a lei, no período do Estado Social, em que se reconhece que a própria omissão de medidas soberanas pode pôr em causa o ordenamento constitucional, torna-se necessário a intervenção activa do Tribunal Constitucional.

Efectivamente, enquanto para eliminar um limite normativo (*v. g.* uma proibição ou um ônus) e restabelecer plenamente uma liberdade, basta invalidar a norma em causa, o mesmo não se pode dizer quando se trata de afastar uma omissão legislativa inconstitucional. Neste segundo caso, se seguir o modelo clássico de justiça constitucional, a capacidade de intervenção do juiz das leis será muito reduzida. Urge, por isso, criar um sistema de justiça constitucional adequado ao moderno Estado Social. Numa palavra: 'a configuração actual das constituições não permite qualquer veleidade aos tribunais constitucionais em actuarem de forma meramente negativa, antes lhes exige uma esforçada actividade que muitas vezes se pode confundir com um indirizzo político na efectiva concretização e desenvolvimento do programa constitucional. Daí o falhanço de todas as teses que pretendiam arrumar os tribunais constitucionais numa atitude meramente contemplativa perante as tarefas constitucionais' e o esbatimento, claro em Itália, dos limites à admissibilidade de decisões modificativas"[27].

Especialmente no que concerne à aceitação das sentenças aditivas ou modificativas, esclarece Rui Medeiros que elas são em geral aceitas quando integram ou completam um regime previamente adotado pelo legislador ou ainda quando a solução adotada pelo Tribunal incorpora "solução constitucionalmente obrigatória"[28].

No caso do direito de greve dos servidores públicos, afigura-se inegável o conflito existente entre as necessidades mínimas de legislação para o exercício do direito de greve dos servidores públicos (CF, art. 9º, *caput*, c/c o art. 37, VII), de um lado, e o direito a serviços públicos adequados e prestados de forma contínua (CF, art. 9º, § 1º), de outro. Evidentemente, não se outorga ao legislador qualquer poder discricionário quanto à edição ou não da lei disciplinadora do direito de greve. O legislador poderá adotar um modelo mais ou menos rígido, mais ou menos restritivo do direito de greve no âmbito do serviço público, mas não poderá deixar de reconhecer o direito previamente definido na Constituição.

Identifica-se, pois, aqui a necessidade de uma solução obrigatória da perspectiva constitucional, uma vez que ao legislador não é dado escolher se concede ou não o direito de greve, podendo tão somente dispor sobre a adequada configuração da sua disciplina.

A partir da experiência do direito alemão sobre a declaração de inconstitucionalidade sem pronúncia da nulidade, tendo em vista especialmente as omissões legislativas parciais, e das sentenças aditivas no direito italiano, denota-se que se está, no caso do direito de greve dos servidores, diante de hipótese em que há omissão constitucional que reclama uma solução diferenciada.

De resto, uma sistemática conduta omissiva do Legislativo pode e deve ser submetida à apreciação do Judiciário (e por ele deve ser censurada) de forma a garantir, minimamente, direitos constitucionais reconhecidos (CF, art. 5º, XXXV). Trata-se de uma garantia de proteção judicial efetiva que não pode ser negligenciada na vivência democrática de um Estado de Direito (CF, art. 1º).

---

27 Rui Medeiros, *A decisão de inconstitucionalidade,* Lisboa: Universidade Católica, 1999, p. 493-494.

28 Rui Medeiros, *A decisão de inconstitucionalidade,* cit., p. 504.

Tal função confunde-se com o conceito mesmo do Mandado de Injunção, enquanto instituto que oferece "a qualquer pessoa que tenha um interesse legítimo a possibilidade de buscar viabilizar o gozo de seu direito, instando o órgão judicial competente a que integre a norma constitucional que declara ou reconhece um direito, cujo exercício se persegue, vendo-se afetado pela ausência de uma disposição que lhe assegure uma aplicação plena, tudo isso no caso concreto"[29].

Sobre a necessidade de decisões adequadas para esse estado de inconstitucionalidade omissiva, afiguram-se pertinentes as lições de Augusto Martin de La Vega na seguinte passagem de sua obra:

> "Partiendo de que cada sistema de justicia constitucional tiende a configurarse como un modelo particular en función de sus relaciones con el ordenamiento constitucional en el que opera, es difícil entender la proliferación de las sentencias manipulativas sin tener en cuenta la combinación de tres factores determinantes en el caso italiano: la existencia de una Constitución con una fuerte carga programática y 'avocada' a un desarrollo progresivo, la continuidad básica de un ordenamiento legal con fuertes resquicios no sólo protoliberales sino incluso autoritarios, y la simultánea ineficacia del Parlamento para dar una resposta en el tiempo socialmente requerido tanto a las demandas de actuación de la Constitución, como a la necesaria adecuación del preexistente ordenamiento legal al orden constitucional"[30].

A situação descrita a propósito do sistema italiano mostra fortes semelhanças com o quadro institucional brasileiro, especialmente no que concerne à omissão legislativa quanto ao direito de greve dos servidores públicos.

Daí a necessidade de mudança de perspectiva quanto às possibilidades jurisdicionais de controle de constitucionalidade das omissões legislativas.

Nos dizeres de Joaquín Brage Camazano:

> "La raíz esencialmente pragmática de estas modalidades atípicas de sentencias de la constitucionalidad hace suponer que su uso es prácticamente inevitable, con una u otra denominación y con unas u otras particularidades, por cualquier órgano de la constitucionalidad consolidado que goce de una amplia jurisdicción, en especial si no seguimos condicionados inercialmente por la majestuosa, pero hoy ampliamente superada, concepción de Kelsen del TC como una suerte de 'legislador negativo'. Si alguna vez los tribunales constitucionales fueron legisladores negativos, sea como sea, hoy es obvio que ya no lo son; y justamente el rico 'arsenal' sentenciador de que disponen para fiscalizar la constitucionalidad de la Ley, más allá del planteamiento demasiado simple 'constitucionalidad/inconstitucionalidad', es un elemento más, y de importancia, que viene a poner de relieve hasta qué punto es así. Y es que, como Fernández Segado destaca, 'la praxis de los tribunales constitucionales no ha hecho sino avanzar en esta dirección' de la superación de la idea de

29 Francisco Fernández Segado, *La justicia constitucional: una visión de derecho comparado*. Tomo I, Madrid: Dykinson, 2009, p. 1022.

30 Augusto Martín de La Vega, *La sentencia constitucional en Italia,* Madrid: 2003, p. 229-230.

los mismos como legisladores negativos, certificando [así] la quiebra del modelo kelseniano del legislador negativo"[31].

É certo, igualmente, que a solução alvitrada por essa posição doutrinária não desborda do critério da vontade hipotética do legislador, uma vez que se cuida de adotar, provisoriamente, para o âmbito da greve no serviço público, as regras aplicáveis às greves no âmbito privado.

Tendo em vistas essas considerações, propusemos que se adotasse, de forma explícita, uma sentença aditiva com eficácia *erga omnes* nos seguintes termos:

> "(...) acolho a pretensão tão somente no sentido de que se aplique a Lei n. 7.783/1989 enquanto a omissão não seja devidamente regulamentada por Lei específica para os servidores públicos.
>
> Nesse particular, ressalto ainda que, em razão dos imperativos da continuidade dos serviços públicos, não estou por afastar que, de acordo com as peculiaridades de cada caso concreto e mediante solicitação de órgão competente, seja facultado ao juízo competente impor a observância a regime de greve mais severo em razão de tratar-se de 'serviços ou atividades essenciais', nos termos dos arts. 10 e 11 da Lei n. 7.783/1989.
>
> Creio que essa ressalva na parte dispositiva de meu voto é indispensável porque, na linha do raciocínio desenvolvido, não se pode deixar de cogitar dos riscos decorrentes das possibilidades de que a regulação dos *serviços públicos* que tenham características afins a esses 'serviços ou atividades essenciais' seja menos severa que a disciplina dispensada aos *serviços privados* ditos 'essenciais'.
>
> Isto é, mesmo provisoriamente, há de se considerar, ao menos, idêntica conformação legislativa quanto ao atendimento das necessidades inadiáveis da comunidade que, se não atendidas, coloquem 'em perigo iminente a sobrevivência, a saúde ou a segurança da população' (Lei n. 7.783/1989, parágrafo único, art. 11)"[32].

Proposta semelhante foi alvitrada pelo Ministro Eros Grau no MI 712, em voto proferido na mesma sessão de 7-6-2006.

Posteriormente, no MI 708, sobre o mesmo tema, para o qual sugerimos a mesma solução proposta para o MI 670, assim nos pronunciamos:

> "Nessa extensão do acolhimento, porém, creio serem necessárias outras considerações com relação à recente decisão tomada por esta Corte no julgamento da medida liminar na ADI n. 3.395-DF, rel. Min. Cezar Peluso. Eis o teor da ementa do julgado:
>
> 'EMENTA: INCONSTITUCIONALIDADE. Ação direta. Competência. Justiça do Trabalho. Incompetência reconhecida. Causas entre o Poder Público e seus servidores estatutários. Ações que não se reputam oriundas de relação de trabalho. Conceito estrito desta

31 Joaquín Brage Camazano, *Interpretación constitucional, declaraciones de inconstitucionalidad y arsenal sentenciador* (un sucinto inventario de algunas sentencias "atípicas"), disponível em: <www.geocities.com/derechoconstitucional/publicaciones.htm>. Cf. também em: Eduardo Ferrer Mac-Gregor (ed.), *La interpretación constitucional*, México: Porrúa, 2005.

32 MI 670/ES, rel. Min. Maurício Corrêa, Redator para acórdão Min. Gilmar Mendes, julgado em 25-10-2007.

relação. Feitos da competência da Justiça Comum. Interpretação do art. 114, inc. I, da CF, introduzido pela EC 45/2004. Precedentes. Liminar deferida para excluir outra interpretação. O disposto no art. 114, I, da Constituição da República não abrange as causas instauradas entre o Poder Público e servidor que lhe seja vinculado por relação jurídico-estatutária' (ADI n. 3.395-DF, Pleno, maioria, rel. Min. Cezar Peluso, vencido o Min. Marco Aurélio, *DJ* 10.11.2006).

Assim, sob pena de injustificada e inadmissível negativa de prestação jurisdicional nos âmbitos federal, estadual e municipal, é necessário que, na decisão deste MI, fixemos os parâmetros institucionais e constitucionais de definição de competência, provisória e ampliativa, para a apreciação de dissídios de greve instaurados entre o Poder Público e os servidores com vínculo estatutário.

Nesse particular, assim como argumentei com relação à Lei Geral de Greve, creio ser necessário e adequado que fixemos balizas procedimentais mínimas para a apreciação e julgamento dessas demandas coletivas.

A esse respeito, no plano procedimental, vislumbro a possibilidade de aplicação da Lei n. 7.701/1988 (que cuida da especialização das turmas dos Tribunais do Trabalho em processos coletivos), no que tange à competência para apreciar e julgar eventuais conflitos judiciais referentes à greve de servidores públicos que sejam suscitados até o momento de colmatação legislativa da lacuna ora declarada.

Ao desenvolver mecanismos para a apreciação dessa proposta constitucional para a omissão legislativa, creio não ser possível argumentar pela impossibilidade de se proceder a uma interpretação ampliativa do texto constitucional nesta seara, pois é certo que, antes de se cogitar de uma interpretação restritiva ou ampliativa da Constituição, é dever do intérprete verificar se, mediante fórmulas pretensamente alternativas, não se está a violar a própria decisão fundamental do constituinte. No caso em questão, estou convencido de que não se está a afrontar qualquer opção constituinte, mas, muito pelo contrário, se está a engendrar esforços em busca de uma maior efetividade da Constituição como um todo."

Relembre-se a afirmação de Pertence, no voto proferido na Questão de Ordem no Inquérito n. 687/SP, Rel. Sydney Sanches, *DJ* de 9-11-2001, ocasião em que se discutia a competência do Supremo Tribunal Federal no contexto da prerrogativa de foro por exercício de função. Pertence afirmou que: "Se nossa função é realizar a Constituição e nela a largueza do campo do foro por prerrogativa de função mal permite caracterizá-lo como excepcional, nem cabe restringi-lo nem cabe negar-lhe a expansão sistemática necessária a dar efetividade às inspirações da Lei Fundamental".

Sobre essa questão também nos ensina Canotilho:

"A força normativa da Constituição é incompatível com a existência de competências não escritas salvo nos casos de a própria Constituição autorizar o legislador a alargar o leque de competências normativo-constitucionalmente especificado. No plano metódico, deve também afastar-se a invocação de 'poderes implícitos', de 'poderes resultantes' ou de 'poderes inerentes' como formas autônomas de competência. É admissível, porém, uma complementação de competências constitucionais através do manejo de instrumentos metódicos de interpretação (sobretudo de interpretação sistemática ou teleológica). Por esta via, chegar-se-á a duas hipóteses de competência complementares implícitas: (1)

competências implícitas complementares, enquadráveis no programa normativo--constitucional de uma competência explícita e justificáveis porque não se trata tanto de alargar competências mas de aprofundar competências (ex.: quem tem competência para tomar uma decisão deve, em princípio, ter competência para a preparação e formação de decisão); (2) competências implícitas complementares, necessárias para preencher lacunas constitucionais patentes através da leitura sistemática e analógica de preceitos constitucionais"[33].

Nesse contexto, conforme já tivemos oportunidade de sustentar algumas vezes, não há como, também em Constituição tão detalhada como a nossa, deixar de fazer uma interpretação compreensiva do texto constitucional. Principalmente levando em consideração a análise do exercício do direito de greve por servidores públicos, resulta impossível não empreender esse tipo de compreensão.

Vê-se, pois, que o sistema constitucional não repudia a ideia de competências implícitas complementares, desde que necessárias para colmatar lacunas constitucionais evidentes. Por isso, consideramos viável a possibilidade de aplicação das regras de competência insculpidas na Lei n. 7.701/88 para garantir efetividade a uma prestação jurisdicional efetiva na área de conflitos paredistas instaurados entre o Poder Público e os servidores públicos estatutários (CF, arts. 5º, XXXV, e 93, IX).

A propósito, registre-se passagem do voto proferido acerca da matéria:

"Nesse contexto, é imprescindível que este Plenário densifique as situações provisórias de competência constitucional para a apreciação desses dissídios no contexto nacional, regional, estadual e municipal.

Assim, nas condições acima especificadas, se a paralisação for de âmbito nacional, ou abranger mais de uma Região da Justiça Federal, ou, ainda, abranger mais de uma unidade da federação, entendo que a competência para o dissídio de greve será do Superior Tribunal de Justiça (por aplicação analógica do art. 2º, I, 'a', da Lei n. 7.701/1988).

Ainda no âmbito federal, se a controvérsia estiver adstrita a uma única Região da Justiça Federal, a competência será dos Tribunais Regionais Federais (aplicação analógica do art. 6º, da Lei n. 7.701/1988).

Para o caso da jurisdição no contexto estadual ou municipal, se a controvérsia estiver adstrita a uma Unidade da Federação, a competência será do respectivo Tribunal de Justiça (também, por aplicação analógica, do art. 6º, da Lei n. 7.701/1988).

Revela-se importante, nesse particular, ressaltar que a par da competência para o dissídio de greve em si – discutindo a abusividade, ou não, da greve – também os referidos tribunais, nos seus respectivos âmbitos, serão competentes para decidir acerca do mérito do pagamento, ou não, dos dias de paralisação, assim como das medidas cautelares eventualmente incidentes, tais como:

i) aquelas nas quais se postule a preservação do objeto da querela judicial, qual seja, o percentual mínimo de servidores públicos que devem continuar trabalhando durante o movimento paredista, ou mesmo a proibição de qualquer tipo de paralisação;

33 J. J. Gomes Canotilho, *Direito constitucional e teoria da Constituição*, 5. ed., Coimbra: Almedina, p. 543.

ii) os interditos possessórios para a desocupação de dependências dos órgãos públicos eventualmente tomados por grevistas; e

iii) demais medidas cautelares que apresentem conexão direta com o dissídio coletivo de greve.

Em última instância, a adequação e necessidade da definição dessas questões de organização e procedimento dizem respeito a questões de fixação de competência constitucional de modo a assegurar, a um só tempo, a possibilidade e, sobretudo, os limites ao exercício do direito constitucional de greve dos servidores públicos; e a continuidade na prestação dos serviços públicos.

Ao adotar essa medida, este Tribunal estaria a assegurar o direito de greve constitucionalmente garantido no art. 37, VII, da Constituição Federal, sem desconsiderar a garantia da continuidade de prestação de serviços públicos – um elemento fundamental para a preservação do interesse público em áreas que são extremamente demandadas para o benefício da sociedade brasileira".

Em 25 de outubro de 2007, o Tribunal, por maioria, conheceu dos mandados de injunção[34] e, reconhecendo o conflito existente entre as necessidades mínimas de legislação para o exercício do direito de greve dos servidores públicos, de um lado, com o direito a serviços públicos adequados e prestados de forma contínua, de outro, bem assim, tendo em conta que ao legislador não é dado escolher se concede ou não o direito de greve, podendo tão somente dispor sobre a adequada configuração da sua disciplina, reconheceu a necessidade de uma solução obrigatória da perspectiva constitucional e propôs a solução para a omissão legislativa com a aplicação, no que couber, da Lei n. 7.783/89, que dispõe sobre o exercício do direito de greve na iniciativa privada[35].

Assim, o Tribunal, afastando-se da orientação inicialmente perfilhada no sentido de estar limitada à declaração da existência da mora legislativa para a edição de norma regulamentadora específica, passou, sem assumir compromisso com o exercício de uma típica função legislativa, a aceitar a possibilidade de uma regulação provisória pelo próprio Judiciário.

O Tribunal adotou, portanto, uma moderada sentença de perfil aditivo[36], introduzindo modificação substancial na técnica de decisão do mandado de injunção.

Foram fixados, ainda, os parâmetros institucionais e constitucionais de definição de competência, provisória e ampliativa, para os âmbitos federal, estadual e municipal. No plano procedimental, vislumbrou-se a possibilidade de aplicação da Lei n. 7.701/88, que cuida da especialização das turmas dos Tribunais do Trabalho em processos coleti-

34 MI 670, rel. Min. Maurício Corrêa, Redator para acórdão Gilmar Mendes; MI 708, rel. Min. Gilmar Mendes, e MI 712, rel. Min. Eros Grau.

35 Os Ministros Ricardo Lewandowski, Joaquim Barbosa e Marco Aurélio limitavam a decisão à categoria representada pelos respectivos sindicatos e estabeleciam condições específicas para o exercício das paralisações.

36 As sentenças aditivas ou modificativas são aceitas, em geral, quando integram ou completam um regime previamente adotado pelo legislador ou, ainda, quando a solução adotada pelo Tribunal incorpora solução constitucionalmente obrigatória.

vos, para apreciação de dissídios de greve instaurados entre o Poder Público e os servidores com vínculo estatutário.

Digna de nota afigura-se a identificação de lacuna ou incompletude quanto aos órgãos judiciais competentes para dirimir tais dissídios.

Interessante ressaltar, ainda, a extensão possível dos efeitos advindos de decisão em mandado de injunção. O que se evidencia é a possibilidade de as decisões nos mandados de injunção surtirem efeitos não somente para os impetrantes, mas também para os casos idênticos ou semelhantes. Assim, em regra, a decisão em mandado de injunção, ainda que dotada de caráter subjetivo, comporta uma dimensão objetiva, com eficácia *erga omnes*, que serve para tantos quantos forem os casos que demandem a superação de uma omissão geral do Poder Público, seja em relação a uma determinada conduta, seja em relação a uma determinada lei[37].

37 No julgamento da medida liminar da Reclamação Constitucional n. 6.200-0/RN, por exemplo, a Presidência do Supremo Tribunal Federal, ao deferir parcialmente o pedido da União Federal, reforçou o entendimento dos efeitos *erga omnes* decorrentes da dimensão objetiva das decisões proferidas nos Mandados de Injunção 670/ES, 708/DF e 712/PA (para sua aplicação direta em casos semelhantes em que se discuta o exercício do direito de greve pelos servidores públicos). Nesse sentido, buscou-se ressaltar que a ordem constitucional necessita de proteção por mecanismos processuais céleres e eficazes. Esse é o mandamento constitucional, que fica bastante claro quando se observa o elenco de ações constitucionais voltadas a esse mister, como o *habeas corpus*, o mandado de segurança, a ação popular, o *habeas data*, o mandado de injunção, a ação civil pública, a ação direta de inconstitucionalidade, a ação declaratória de constitucionalidade e a arguição de descumprimento de preceito fundamental.

VIII A REPRESENTAÇÃO INTERVENTIVA

1. INTRODUÇÃO

A ação direta de inconstitucionalidade foi introduzida, entre nós, como elemento do processo interventivo, nos casos de ofensa aos chamados *princípios constitucionais sensíveis* (CF de 1934, art. 12, § 2º; CF de 1946, art. 8º, parágrafo único; CF de 1967/69, art. 11, § 1º, *c*; CF de 1988, art. 34, VII, c/c o art. 36, III). Inicialmente provocava-se o STF com o objetivo de obter a declaração de constitucionalidade da lei interventiva (CF de 1934, art. 12, § 2º)[1]. A Constituição de 1946 consagrou, porém, a *ação direta de inconstitucionalidade* nos casos de lesão aos princípios estabelecidos no art. 7º, VII. Imprimiu-se, assim, traço próprio ao nosso modelo de controle de constitucionalidade, afastando-o do sistema norte-americano[2].

Não se cuidava de fórmula consultiva, mas de um *litígio constitucional*, que poderia dar ensejo à intervenção federal[3]. Outorgou-se a titularidade da ação ao Procurador-Geral da República, a quem, como chefe do Ministério Público Federal, competia defender os interesses da União (art. 126). Esse mecanismo não descaracteriza a *representação interventiva* como peculiar modalidade de composição de conflitos entre a União e os Estados-membros. A fórmula adotada parece revelar que na ação direta interventiva, menos que um *substituto processual*[4], ou *parte*[5], o Procurador-Geral exerce o mister de representante judicial da União[6].

No Estado Federal a Constituição impõe deveres aos Estados-membros, cuja inobservância pode acarretar providências de índole interventiva, visando a assegurar a integridade do ordenamento constitucional ou – como pretende Kelsen – da Constituição total (*Gesamtverfassung*). Assim, a violação de um dever pelo Estado-membro é condição da intervenção federal[7]. "O fato ilícito é imputado ao Estado *enquanto tal*, assim como a intervenção federal se dirige contra o Estado *enquanto tal*, e não contra o indivíduo"[8].

---

1 A CF de 1934 previa, no § 1º do art. 12, que, "na hipótese do n. VI (*reorganização das finanças dos Estados que, sem motivo de força maior, suspenderem, por mais de dois anos consecutivos, o serviço de sua dívida fundada*) assim como para assegurar a observância dos princípios constitucionais (art. 7º, I) a intervenção será decretada por lei federal, que lhe fixará a amplitude e a duração, prorrogável por nova lei". O § 2º do art. 12 estabelecia também que, "ocorrendo o primeiro caso do n. V (*assegurar a observância dos princípios constitucionais especificados nas letras 'a' a 'h' do art. 7º, I*) a intervenção só se efetuará depois que a Corte Suprema, mediante provocação do Procurador-Geral da República, tomar conhecimento da lei que a tenha decretado e lhe declarar a constitucionalidade".

2 Alfredo Buzaid, *Da ação direta de declaração de inconstitucionalidade no direito brasileiro,* São Paulo: Saraiva, 1958, p. 100.

3 Alfredo Buzaid, *Da ação direta de declaração de inconstitucionalidade no direito brasileiro,* cit., p. 100-107.

4 Alfredo Buzaid, *Da ação direta de declaração de inconstitucionalidade no direito brasileiro,* cit., p. 107.

5 José Carlos Barbosa Moreira, As partes na ação declaratória de inconstitucionalidade, *Revista de Direito da Procuradoria-Geral do Estado da Guanabara,* 13/75-76.

6 Oswaldo Aranha Bandeira de Mello, *Teoria das Constituições rígidas,* 2. ed., São Paulo: Bushatsky, 1980, p. 192.

7 Hans Kelsen, L'esecuzione federale, in *La giustizia costituzionale,* Milano: Giuffrè, 1981, p. 87.

8 Hans Kelsen, L'esecuzione federale, in *La giustizia costituzionale,* cit., p. 87 (no original: "La fattispecie illectita

Na Constituinte de 1891 já se esboçara tendência no sentido de judicializar os conflitos federativos para fins de intervenção, tal como ficou assente nas propostas formuladas por João Pinheiro e Júlio de Castilhos[9]. A reforma constitucional de 1926 consagrou expressamente os princípios constitucionais da União (art. 6º, II), outorgando ao Congresso Nacional competência privativa para decretar a intervenção (art. 6º, § 1º). Reconheceu-se, assim, ao Parlamento a faculdade de caracterizar, preliminarmente, a ofensa aos princípios constitucionais sensíveis, atribuindo-se-lhe, ainda que de forma limitada e *ad hoc*, uma função de controle de constitucionalidade[10]. A Constituição de 1934 e, posteriormente, as Constituições de 1946 e de 1967/69 consolidaram a *forma judicial* como modalidade de *verificação prévia* de ofensa constitucional no caso de controvérsia sobre a observância dos princípios constitucionais da União, ou para prover à execução de lei federal (CF de 1967/69, art. 10, VI).

Em verdade, o Procurador-Geral da República representava sob a Constituição de 1946 – e essa orientação subsistiu nos textos posteriores – os interesses da União nessa relação processual atinente à observância de determinados deveres federativos. E esta orientação afigura-se tanto mais plausível se se considerar que nas Constituições, desde 1891, cumpria ao Procurador-Geral da República desempenhar, a um tempo, as funções de chefe do Ministério Público Federal e de representante judicial da União[11].

Tem-se, pois, uma relação conflitiva, decorrente de eventual violação de deveres constitucionais, competindo ao órgão especial, ou ao próprio órgão encarregado de intervenção, verificar a configuração do ilícito[12]. Tal colocação demonstra, inequivocamente, a existência de uma relação contenciosa, consistente na eventual inobservância de deveres constitucionais, que há de ser aferida como antecedente necessário de qualquer providência interventiva. "Ainda quando não se estabeleça para tal investigação um procedimento particular – ensina Kelsen – está prevista a intervenção federal para o caso de ilícito – ela não pode ser entendida coerentemente de outra forma, se aceitamos que, ao menos, quando se confia a decisão sobre a intervenção a um determinado órgão, há de se autorizá-lo a apurar, de modo autêntico, a ocorrência do ilícito"[13].

– afirma Kelsen – viene imputata allo Stato in quanto tale e cosi pure l'esecuzione federale si dirige contro lo Stato in quanto tale e non già contro il singolo individuo").

9 Brasil, Assembleia Constituinte (1891), *Annaes do Congresso Constituinte da República,* 2. ed., Rio de Janeiro: Imprensa Nacional, 1924, 3 v., v. 1, p. 432; cf., também, Ernesto Leme, *A intervenção federal nos Estados,* 2. ed., São Paulo, 1930, p. 90-91.

10 "O desrespeito aos princípios constitucionaes da União pode ser de facto e de direito. De facto, 'se o Estado embaraça, por atos materiaes, o exercicio desses direitos'. De direito, 'se o Estado elabora leis contrarias a essas disposições, negando em leis locaes esses direitos affirmados pela Constituição Federal" (Herculano Freitas, Intervenção federal nos Estados, *RT,* 47/73).

11 Oswaldo Aranha Bandeira de Mello, *Teoria das Constituições rígidas,* cit., p. 192.

12 Hans Kelsen, L'esecuzione federale, in *La giustizia costituzionale,* cit., p. 113 ("La differenza decisiva tra guerra nel senso del diritto internazionale ed esecuzione federale non consiste tanto nella loro fattispecie esterna, rispetto alla quale sono uguali, ma – com'è statto già accennato – nel fatto che, prevedendo la Costituzione, in caso d'illeciti compiuti da uno Stato-membro, l'esecuzione federale, essa deve prevedere l'accertamento della fattispecie illecita o da parte di un organo specifico o da parte dell'organo incaricato di tale esecuzione").

13 Hans Kelsen, L'esecuzione federale, in *La giustizia costituzionale,* cit., p. 113 (no original: "Anche quando non stabilisce per tale accertamento una particolare procedura essa se prevede l'esecuzione per il caso d'illecito – non

A Constituição de 1988 manteve o sistema anterior de controle de legitimidade dos atos estaduais em face dos princípios sensíveis perante o STF (art. 34, VII, c/c o art. 36, III). Outorgou-se, porém, ao STJ a competência para julgar a representação do Procurador-Geral da República no caso de recusa à execução da lei federal (CF, art. 34, VI, 1ª parte, c/c o art. 36, IV). Essa fórmula sofreu alteração com o advento da Reforma do Judiciário (EC n. 45/2004), que devolveu ao STF a competência para processar e julgar a representação nos casos de recusa à execução de lei federal (CF, art. 36, III).

A fórmula adotada parece traduzir aquilo que Kelsen houve por bem denominar "accertamento giudiziale dell'illecito (...) che condiziona l'esecuzione federale"[14]. Evidentemente, esse *accertamento giudiziale* – ou o contencioso da inconstitucionalidade, como referido por Castro Nunes[15] – diz respeito ao próprio conflito de interesses, potencial ou efetivo, entre União e Estado, no tocante à observância de determinados princípios federativos. Portanto, o Procurador-Geral da República instaura o contencioso de inconstitucionalidade não como parte autônoma, mas como representante judicial da União Federal, que "tem interesse na integridade da ordem jurídica, por parte dos Estados-membros"[16].

Esta colocação empresta adequado enquadramento dogmático à chamada *representação interventiva*, diferenciando-a do controle abstrato de normas, propriamente dito, no qual se manifesta o interesse público genérico na preservação da ordem jurídica.

2. PRESSUPOSTOS DE ADMISSIBILIDADE DA REPRESENTAÇÃO INTERVENTIVA

2.1. Considerações preliminares

Caracterizada a questão constitucional sobre a observância dos princípios sensíveis ou a execução de lei federal pelo Estado-membro como uma controvérsia entre a União e Estado, não se vislumbram maiores dificuldades em se afirmar a existência, na representação interventiva, de uma relação processual contraditória, instaurada pelo Poder Central com o escopo de assegurar a observância de princípios fundamentais do sistema federativo (CF de 1967/69, art. 10, VII e VI, 1ª parte, c/c o art. 11, § 1º, *c*).

Embora tenha preservado a sistemática consagrada pela Constituição de 1967/69 (representação do Procurador-Geral da República, agora dirigida ao STF, se se tratar de ofensa aos princípios constantes do art. 34, VII; ou ao STJ, no caso de recusa à execução de lei federal – art. 34, VI), o constituinte de 1988 fixou como princípios básicos, cuja lesão pelo Estado-membro poderá dar ensejo à intervenção federal: a) forma republica-

---

può evidentemente essere intesa se non nel senso, quanto meno, che quando affida la decisione sull'esecuzione federale ad un determinato organo, lo autorizza, con ciò stesso, ad accertare in modo autentico che è stato compiuto un illecito").

14 Hans Kelsen, L'esecuzione federale, in *La giustizia costituzionale*, cit., p. 114 e s.

15 Rp. 94/DF, *Arquivo Judiciário (AJ)*, 85/33.

16 Pontes de Miranda, *Comentários à Constituição de 1967, com a Emenda n. 1, de 1969*, 2. ed., São Paulo: Revista dos Tribunais, 1970, t. 2 (arts. 8º-31), p. 253; cf., também, Oswaldo Aranha Bandeira de Mello, *Teoria das Constituições rígidas*, cit., p. 186 e s.

na, sistema representativo e regime democrático; b) direitos da pessoa humana[17]; c) autonomia municipal; e d) prestação de contas da Administração Pública, direta e indireta (art. 34, VII).

A alteração adotada pela versão primeira da Constituição de 1988 parece resultar de um equívoco produzido pelo literalismo, que levou o constituinte a atribuir ao STJ matéria que envolvesse a aplicação de lei federal.

De qualquer sorte, cumpre ressaltar que o STF entendeu, em alguns julgados, que se cuidava de um conflito federativo, tendo assentado na Rp. 94/DF (Rel. Castro Nunes) que a decisão proferida punha fim ao contencioso de inconstitucionalidade[18]. Na Rp. 95 (Rel. Orozimbo Nonato) esse entendimento foi reafirmado de forma ainda mais inequívoca. Embora o Procurador-Geral da República tivesse proposto a representação em forma de consulta, antecipando sua opinião quanto à constitucionalidade do art. 2º do Ato das Disposições Transitórias da Constituição de Pernambuco, o STF houve por bem conhecer do pedido, admitindo a caracterização da controvérsia constitucional, na medida em que o interventor federal se recusava a transferir a chefia do Executivo ao Presidente da Assembleia Legislativa, tal como previsto na Carta estadual[19].

Assumia relevância não a manifestação do Procurador-Geral da República, por si só, mas a caracterização da *controvérsia constitucional*, consistente no juízo dos agentes federais – no caso, representados pelo Interventor e pelo Ministro da Justiça – quanto à inconstitucionalidade do preceito em discussão.

2.2. Legitimação ativa *ad causam*

Embora a doutrina não o tenha afirmado expressamente[20], é certo que, se o titular da ação encaminhava ao STF um pedido de arguição de inconstitucionalidade com manifestação em sentido contrário *era porque estava postulando não a declaração de inconstitucionalidade, mas sim a declaração de constitucionalidade da norma questionada*.

A representação interventiva não se confundia com um processo de controle abstrato de normas. Ao contrário, cuidava-se propriamente da judicialização de um conflito entre União e Estado no tocante à observância dos princípios sensíveis. O Procurador-Geral da República, nesse processo, não era o substituto processual da sociedade, como pretendeu Buzaid[21]; nem atuava nesse processo como *custos legis*[22], mas sim como re-

17 Ressalte-se, nesse sentido, que está sendo processado, no Supremo Tribunal Federal, o Pedido de Intervenção Federal n. 5.129, formulado pelo Procurador-Geral da República em desfavor do Estado de Rondônia. O pedido funda-se em situação grave de ofensa à dignidade da pessoa humana ocorrida na unidade prisional denominada Urso Branco.

18 *AJ*, 85/33.

19 Rp. 95/DF, *AJ*, 85/58-59.

20 Única exceção parece ser Victor Nunes Leal, que, em palestra proferida na VII Conferência Nacional da OAB/Curitiba, em 1978, reconheceu expressamente que, "em caso de representação com parecer contrário, o que se tem, na realidade (...) é uma representação de constitucionalidade" (cf. Victor Nunes Leal, Representação de inconstitucionalidade perante o Supremo Tribunal Federal: um aspecto inexplorado, *RDP*, 53-54/25 – p. 33).

21 Alfredo Buzaid, *Da ação direta de declaração de inconstitucionalidade no direito brasileiro*, cit., p. 107.

22 Themístocles Brandão Cavalcanti, *Do controle da constitucionalidade*, Rio de Janeiro: Forense, 1966, p. 115-118.

presentante judicial da União. A atuação do Procurador-Geral da República não dependia de provocação de terceiros, como imaginado inicialmente, porquanto a matéria relativa à observância dos princípios sensíveis dizia respeito exclusivamente ao interesse da União na observância destes.

Toda essa confusão conceitual, se não teve outra virtude, serviu, pelo menos, para aplainar o caminho que haveria de levar à instituição do controle abstrato de normas no Direito Constitucional brasileiro.

Deve-se ressaltar, pois, que na prática distorcida do instituto da *representação interventiva* está o embrião da representação de inconstitucionalidade em tese, da ação direta de inconstitucionalidade e, naturalmente, da ação declaratória de constitucionalidade[23], positivada agora no art. 102, I, *a*, da CF.

A instauração do processo de controle de constitucionalidade, para fins de intervenção, é privativa do Procurador-Geral da República. Têm legitimidade passiva os órgãos estaduais que editaram o ato questionado. Como assentado, diversamente do que ocorre no processo de controle abstrato de normas, que é um processo objetivo, tem-se, na representação interventiva, uma relação processual contraditória entre União e Estado-membro atinente à observância de deveres constitucionalmente impostos ao ente federado (Lei n. 12.562/2011, art. 2º).

Como enfaticamente acentuado, a representação interventiva pressupõe a configuração de controvérsia constitucional entre a União, que "tem interesse na integridade da ordem jurídica, por parte dos Estados-membros", e o Estado-membro.

Identifica-se aqui, pois, nitidamente, o interesse jurídico da União, como guardiã dos postulados federativos, na observância dos princípios constitucionais sensíveis. E mesmo a outorga da representação processual ao Procurador-Geral da República (CF de 1988, art. 36, III) – acentue-se que, tal como nos modelos constitucionais de 1946 e de 1967/69, o Procurador-Geral da República atua nesse processo, hoje em caráter excepcionalíssimo, como representante judicial da União – não se mostra hábil a descaracterizar a representação interventiva como peculiar modalidade de composição judicial de conflitos entre a União e a unidade federada.

A propósito, relembre-se que Pontes de Miranda chegou a sustentar que, "se foi o Presidente da República que remeteu a espécie ao Procurador-Geral da República, para exame pelo Supremo Tribunal Federal, o Supremo Tribunal Federal declara, não desconstitui, e o Procurador-Geral da República não tem arbítrio para representar ou não"[24].

2.3. Objeto da controvérsia

2.3.1. Considerações preliminares

A controvérsia envolve os deveres do Estado-membro quanto à observância dos princípios constitucionais sensíveis (CF de 1988, art. 34, VII; CF de 1969, arts. 13, I, e 10,

23 No art. 12, § 2º, da CF de 1934 formulava-se pretensão de *mera declaração de constitucionalidade* da lei federal que decretava a intervenção.

24 Pontes de Miranda, *Comentários à Constituição de 1967, com a Emenda n. 1, de 1969*, cit., p. 257.

VII) e à aplicação da lei federal (CF de 1988, art. 34, VI; CF de 1967/69, art. 10, VI, 1ª parte).

Essa violação de deveres consiste, fundamentalmente, na edição de atos normativos infringentes dos princípios federativos previstos no art. 34, VII, da CF de 1988[25]. "O legislador constituinte usou da palavra ato – lecionava Castro Nunes – na sua acepção mais ampla e compreensiva, para abranger no plano legislativo as normas de qualquer hierarquia que comprometam algum dos princípios enumerados"[26].

Na mesma linha de entendimento, ressalta Pontes de Miranda: "(...) a regra jurídica referente à intervenção por infração de princípios sensíveis (art. 10, VII) assegura o respeito do Direito escrito, ou não escrito, da Constituição estadual e das leis estaduais ou municipais àqueles princípios; o inciso IV diz que se atenda ao reclamo dos Estados-membros, ainda quando, existindo Constituição ou lei perfeitamente acorde com os princípios enumerados como sensíveis, se não esteja a realizar, como fora de mister, a vida das instituições estaduais"[27].

Vê-se, pois, que a afronta aos princípios contidos no art. 10, VII, da CF de 1967/69 haveria de provir, basicamente, de atos normativos dos poderes estaduais, não se afigurando suficiente, em princípio, a alegação da ofensa, em concreto. "A violação, em concreto, por parte do Estado Federado – ensinava Bandeira de Mello –, não diz respeito aos princípios constitucionais propriamente ditos, a que devia observar, mas ao exercício da ação dos poderes federais, de execução das leis federais (...)"[28].

A Constituição de 1967/69 manteve essa orientação ao condicionar a intervenção, no caso de execução de lei federal, ao provimento, pelo STF, de representação do Procurador-Geral da República (art. 10, VI, 1ª parte, c/c o art. 11, § 1º, *c*). Daí assentar Pontes de Miranda que, "enquanto a intervenção federal para assegurar a observância dos princípios constitucionais inerentes à forma republicana, à independência dos Poderes e outros cânons, consignados na Constituição de 1967, concerne no respeito, ainda em geral, e *in abstracto*, das regras jurídicas principais, a do art. 10, VI, é tipicamente referente a casos concretos (...)"[29]

Sem dúvida, a execução de lei federal pode ser obstada pela promulgação de ato normativo estadual, em desrespeito à competência legislativa da União. Nesse caso, afirmada, preliminarmente, a validade da lei federal, há de se proferir a declaração de inconstitucionalidade do diploma estadual.

---

25 Oswaldo Aranha Bandeira de Mello, *Teoria das Constituições rígidas*, cit., p. 189.

26 Rp. 94/DF, *AJ*, 85/32.

27 Pontes de Miranda, *Comentários à Constituição de 1967, com a Emenda n. 1, de 1969*, cit., p. 219 e 223.

28 Sobre a Constituição de 1967/69, *v.* Oswaldo Aranha Bandeira de Mello, *Teoria das Constituições rígidas*, cit., p. 189. Em verdade, temos de reconhecer que não se mostra imune à crítica a afirmação segundo a qual a lesão aos *princípios sensíveis* há de provir, exclusivamente, de atos normativos. Evidentemente, a Constituição do Estado-membro pode não incorporar princípios basilares estabelecidos na Constituição Federal. Nesse caso, a lesão decorrerá não do ato normativo propriamente dito, mas da omissão do constituinte estadual, que deixou de atender às exigências expressas da Constituição Federal.

29 Pontes de Miranda, *Comentários à Constituição de 1967, com a Emenda n. 1, de 1969*, cit., p. 223.

Todavia, a execução da lei federal envolve, igualmente, a edição de atos administrativos e a criação de pressupostos e condições necessários à realização da vontade do legislador federal. Assim, tanto a ação quanto a omissão do Poder Público estadual podem exigir que se proveja à execução da lei federal, submetendo-se a questão, previamente, à Excelsa Corte (CF de 1967/69, art. 10, VI).

2.3.2. Representação interventiva e atos concretos

Indagação que se colocou, já sob a vigência da Constituição de 1988, diz respeito à utilização da representação interventiva não apenas para atos normativos que se revelassem afrontosos aos princípios, mas também aos atos concretos ou às omissões atribuíveis a autoridades do Estado-membro que se mostrassem incompatíveis com os aludidos postulados. Discutia-se, na espécie, representação interventiva proposta pelo Procurador-Geral da República sob o fundamento de lesão aos direitos da pessoa humana que teria sido perpetrada pelo Estado de Mato Grosso. Alegava-se que, ao não oferecer proteção adequada a presos, que foram arrancados, por populares exaltados, das mãos de policiais e assassinados em praça pública (linchamento), o Estado teria lesado os direitos da pessoa humana inscritos no art. 34, VII, *b*, da CF[30].

O Ministro Celso de Mello manifestou-se pelo não conhecimento da representação interventiva por entender que "o desrespeito concreto aos direitos da pessoa humana, mesmo que lamentavelmente traduzidos em atos tão desprezíveis quão inaceitáveis, como estes, decorrentes do tríplice linchamento ocorrido em Matupá/MT, não tem o condão de justificar a cognoscibilidade desta representação interventiva, cujo objeto – reitero – só pode ser ato estatal, de caráter normativo, apto a ofender, de modo efetivo ou potencial, qualquer dos princípios sensíveis elencados no inciso VII do art. 34 da Constituição Federal"[31]. Posição idêntica foi sustentada pelo Ministro Moreira Alves[32].

Por maioria de votos, o Tribunal entendeu de conhecer da ação. Os argumentos em favor da cognoscibilidade da ação foram expendidos no voto do Ministro Pertence, ao observar que, a despeito de não ignorar a própria disposição do texto constitucional, que cogita de suspensão do ato impugnado por decreto do Poder Executivo (CF, art. 36, § 3º), não poderia ignorar a parte final do dispositivo, concebida de forma condicional ("...o decreto limitar-se-á a suspender a execução do ato impugnado, *se essa medida bastar ao restabelecimento da normalidade*"). Acrescentou, ainda, Pertence que, ao contrário dos textos de 1934 – "A intervenção só se efetivará depois de o Supremo Tribunal Federal declarar a constitucionalidade da lei que a decretar" – e de 1946 – "(...) depois que o Supremo Tribunal Federal, mediante representação do Procurador-Geral da República, julgar inconstitucional o ato impugnado" –, nos textos constitucionais seguintes afirma-se, tão somente, que, em tais hipóteses, a intervenção dependerá de provimento pelo

30 IF 114, rel. Min. Néri da Silveira, *DJ* de 27-9-1996, *RTJ*, 160 (1)/3.

31 IF 114, rel. Min. Néri da Silveira, *DJ* de 27-9-1996, *RTJ*, 160 (1)/3.

32 IF 114, rel. Min. Néri da Silveira, *DJ* de 27-9-1996, *RTJ*, 160 (1)/3.

STF de representação do Procurador-Geral da República, "se for o caso, representação fundada na violação dos princípios constitucionais sensíveis, violação que (...) tanto pode dar-se por atos formais, normativos ou não, quanto por ação material, ou omissão de autoridade estadual"[33].

Daí ter concluído Pertence: "(...) já não há agora o obstáculo, que a literalidade das Constituições de 1934 e de 1946 representavam, para que a representação interventiva, que, no passado, era exclusivamente uma representação por inconstitucionalidade de atos sirva, hoje, à verificação de situações de fato. É claro que isso imporá adequações, se for o caso, do procedimento desta representação à necessidade da verificação, não da constitucionalidade de um ato formal, mas da existência de uma grave situação de fato atentatória à efetividade dos princípios constitucionais, particularmente, aos direitos humanos fundamentais"[34].

Dessarte, restou assentado – com boas razões –, na jurisprudência do STF (e, posteriormente, na Lei n. 12.562/2011, art. 3º, II), que não só os atos normativos estaduais, mas também atos administrativos, atos concretos ou até omissões poderiam dar ensejo à representação interventiva no contexto da Constituição de 1988[35].

2.3.3. Representação interventiva e recusa à execução de lei federal

No caso de recusa à execução de lei federal – talvez seja mais indicado falar-se em *recusa à execução do direito federal* – atribuiu-se, inicialmente, ao STJ a competência para julgar a representação (CF, art. 34, VI, 1ª parte, c/c o art. 36, VI).

Cuida-se de equívoco cometido a partir da análise errônea de que a aplicação da lei federal envolveria, naturalmente, a competência do STJ. Na Reforma do Judiciário aprovada em dezembro de 2004 (EC n. 45/2004) essa confusão foi superada, passando-se ao STF também a competência para processar e julgar a representação no caso de recusa à execução da lei federal por parte do Estado-membro (CF – com a redação da EC n. 45/2004 –, art. 36, III). Na verdade, sendo um *conflito* entre União e Estado, o art. 102, I, *f*, da Constituição de 1988 atribuiu ao STF a competência para julgá-lo.

Portanto, o STF assume, de direito, a competência para processar e julgar a representação interventiva não apenas nos casos de violação dos princípios sensíveis, mas também naqueles vinculados à recusa de aplicação da lei federal.

Em geral, identifica-se nesses casos negativa de vigência do direito federal por parte da autoridade local, com base na afirmação de que há conflito entre o direito federal e o direito estadual, devendo-se reconhecer a legitimidade deste.

---

33 IF 114, rel. Min. Néri da Silveira, *DJ* de 27-9-1996, *RTJ*, 160 (1)/3.

34 IF 114, rel. Min. Néri da Silveira, *DJ* de 27-9-1996, *RTJ*, 160 (1)/3. Cf., também, IF 5.129/RO (a propósito de violação de direitos humanos no presídio de Urso Branco, Rondônia) e IF 5.179/DF (esquema de corrupção no Distrito Federal).

35 Em trabalho desenvolvido em 1987 para o Mestrado em Direito da Universidade de Brasília, posteriormente publicado sob o título *Controle de constitucionalidade:* aspectos jurídicos e políticos (São Paulo, Saraiva, 1990), sustentei que a representação interventiva seria voltada, fundamentalmente, para o ato normativo estadual. Parece-me, porém, que essa orientação, fortemente calcada na jurisprudência do STF, desenvolvida sob a Constituição de 1946, já não se sustenta.

Pode ocorrer, igualmente, que a autoridade estadual se recuse a dar cumprimento à lei federal independentemente da invocação de legitimidade do direito local.

Em todas essas hipóteses caberá a representação interventiva perante o STF.

2.4. Parâmetro de controle

Nos termos da Constituição de 1988, são os seguintes os princípios sensíveis cuja violação pode dar ensejo à propositura da representação interventiva: a) forma republicana, sistema representativo e regime democrático; b) direitos da pessoa humana; c) autonomia municipal; d) prestação de contas da Administração Pública, direta e indireta; e) aplicação do mínimo exigido da receita resultante de impostos estaduais, compreendida a proveniente de transferências, na manutenção e desenvolvimento do ensino e nas ações e serviços públicos de saúde (art. 34, VII).

Tem-se, como se pode constatar, uma alteração substancial, pelo menos quanto ao aspecto nominal, em relação ao elenco de princípios constante da Constituição Federal de 1967/69 (art. 10, VII): a) forma republicana representativa; b) temporariedade dos mandatos eletivos, cuja duração não excederá a dos mandatos federais correspondentes; c) independência e harmonia entre os Poderes; d) garantias do Poder Judiciário; e) autonomia municipal; f) prestação de contas da Administração; e g) proibição ao deputado estadual da prática de ato ou do exercício de cargo, função ou emprego mencionados nos incisos I e II do art. 34, salvo o de Secretário de Estado.

O caráter aberto dos chamados *princípios sensíveis* exige um significativo esforço hermenêutico.

Quando se terá como caracterizada uma lesão ao princípio da forma republicana? Em que caso se pode afirmar que a unidade federada feriu o princípio representativo ou o regime democrático?

Essas indagações somente podem ser respondidas, adequadamente, no contexto de determinado sistema constitucional. É o exame sistemático das disposições constitucionais integrantes do modelo constitucional que permitirá explicitar o conteúdo de determinado princípio.

Ao se deparar com alegação de afronta ao princípio da divisão de Poderes de Constituição estadual em face dos chamados *princípios sensíveis* (representação interventiva), assentou o notável Castro Nunes lição que continua prenhe de atualidade ao afirmar que "a enumeração é taxativa, é limitativa, é restritiva, e não pode ser ampliada a outros casos pelo Supremo Tribunal", mas (...) "cada um desses princípios é dado doutrinário que tem de ser examinado no seu conteúdo e delimitado na sua extensão"[36].

Assim, o elenco do art. 34, VII, da CF é fixado de forma taxativa, ou em *numerus clausus*, mas a sua leitura comporta abertura de entendimento.

Sobre o significado da forma republicana, anota Magnus Cavalcanti de Albuquerque, em dissertação de Mestrado apresentada à UnB, que "Da ideia de República, pela quase unanimidade doutrinal, infere-se a noção de temporariedade e eletividade da Che-

---

36 Rp. 94, rel. Min. Castro Nunes, *AJ*, 85/31 (34-35), 1947.

fia de Estado, o que a singulariza em relação a outras espécies de organização governamental. Sampaio Dória, porém, acena com mais seis outros princípios por ele considerados corolários do regime republicano: a inelegibilidade continuada do chefe do Executivo, o alheamento do Presidente na escolha do seu sucessor, a responsabilidade dos funcionários, a representação das minorias, a seleção do eleitorado e a liberdade política"[37].

É ainda Magnus Albuquerque quem recorda ter o STF afirmado que a dualidade de governos em uma unidade federada configura grave perturbação da ordem republicana[38]. Convém registrar a seguinte passagem do acórdão proferido no HC 6.008, de 1920:

> "A dualidade de governos em um Estado da Federação importa grave perturbação da forma republicana federativa, o que autoriza a intervenção do Governo Federal para assegurá-la. O preceito constitucional que rege a intervenção federal quando se referiu à 'forma republicana federativa' não pôs a vista exclusivamente no Governo Nacional; preocupou-se, ao contrário, e principalmente, com a organização governamental dos Estados"[39].

No MS 20.257[40] o STF entendeu que a prorrogação de mandato de prefeitos, para fazê-los coincidir com os mandatos estaduais e federais, não configurava afronta ao princípio republicano, uma vez que não se cuidava de um projeto que traduzisse continuidade ou permanência dos mandatos, mas simples prorrogação por razões técnico-políticas (coincidência das eleições nos planos federal, estaduais e municipais).

Alerte-se que o conceito de "República" envolve também a não patrimonialização do Poder e sua não colocação a serviço de grupos ou pessoas[41].

Quanto ao sistema representativo e democrático, o texto constitucional prevê que "a soberania popular será exercida pelo sufrágio universal e pelo voto direto e secreto, com valor igual para todos, e, nos termos da lei, mediante: I – plebiscito; II – referendo; III – iniciativa popular" (CF, art. 14). As normas sobre elegibilidade e inelegibilidade estão fixadas na Constituição, podendo lei complementar federal estabelecer outros casos de inelegibilidade e os prazos de sua cessação (CF, art. 14, § 9º).

Convém observar que, tendo em vista as claras prescrições constitucionais federais sobre os direitos políticos (art. 14), o número de deputados, o sistema eleitoral, eleição de governador e de vice-governador, inviolabilidade e imunidade, remuneração, perda de mandato, licenças e impedimentos (arts. 27 e 28), dificilmente o Estado-membro terá condições de atentar contra o regime democrático representativo formal mediante ato normativo sem que incorra em flagrante inconstitucio-

37 Magnus Augustus Cavalcanti de Albuquerque, *Aspectos da intervenção federal no Brasil, segundo disciplina a Constituição de 1967, com a redação dada pela Emenda Constitucional n. 1, de 1969*. Dissertação de Mestrado, Brasília: UnB, 1985, p. 135.

38 Magnus Augustus Cavalcanti de Albuquerque, *Aspectos da intervenção federal no Brasil*, cit., p. 135.

39 Cf. transcrição em Magnus Augustus Cavalcanti de Albuquerque, *Aspectos da intervenção federal no Brasil*, cit., p. 135.

40 MS 20.257, rel. Min. Moreira Alves, *DJ* de 27-2-1981, *RTJ*, 99 (3)/1031.

41 Cf. José Afonso da Silva, *Curso de direito constitucional positivo*, 24. ed. rev. e atual., São Paulo: Malheiros, 2005, p. 103-104.

nalidade. De mais a mais, a própria legislação eleitoral é de competência privativa da União (art. 22, I).

Assim, é possível que eventual lesão ao regime representativo e democrático, se vier a se verificar, derive de atos concretos.

Questão interessante envolve saber se no conceito de *regime democrático* (CF, art. 34, VII, *a*) estariam presentes os princípios relativos à independência e harmonia entre os Poderes e às garantias do Poder Judiciário, constantes dos textos constitucionais anteriores.

Desde logo pode-se afirmar que o regime democrático de que cuida o art. 34, VII, *in fine*, somente poderá ser o regime do Estado Democrático de Direito, tal como enunciado no art. 1º da CF. Nesse contexto, afigura-se igualmente inequívoco que a independência e harmonia entre os Poderes são inseparáveis da própria ideia de Estado de Direito Democrático. Nesse sentido, anota Canotilho que o princípio do Estado de Direito é informado por duas ideias ordenadoras: "(1) ideia de *ordenação subjectiva*, garantindo um *status* jurídico aos indivíduos essencialmente ancorado nos direitos fundamentais; (2) ideia de *ordenação objectiva*, assente no princípio estruturante da divisão de Poderes"[42].

Da mesma forma, o próprio conceito de Estado Democrático de Direito pressupõe, como demonstrado, o respeito aos direitos fundamentais e à independência dos Poderes, assumindo a independência do Poder Judiciário papel central no funcionamento desse sistema. Em verdade, como anota Martin Kriele, um catálogo de direitos fundamentais é perfeitamente compatível com o absolutismo, com a ditadura e com o totalitarismo. A Inglaterra garantiu, porém, os direitos humanos sem necessidade de uma Constituição escrita[43]. É que a independência judicial – conclui ele – é mais importante que o catálogo de direitos fundamentais contidos na Constituição[44].

Parece inquestionável que também entre nós as garantias do Poder Judiciário integram o próprio conceito de Estado de Direito Democrático e, para os fins de intervenção, o conceito de *regime democrático*.

No texto de 1988 a inclusão dos "direitos da pessoa humana" no elenco dos princípios sensíveis amplia a perplexidade ou a insegurança, na medida em que se exige do Tribunal a identificação não do conteúdo de um dado princípio, mas de todos os possíveis conteúdos dos princípios relacionados com os direitos da pessoa humana.

Ainda que se busque fundamento na própria ordem constitucional para explicitar o conteúdo desse *princípio sensível*, é certo que não se poderá fazer abstração do princípio da dignidade humana, previsto no art. 1º, III, e dos postulados constantes do catálogo de direitos e garantias individuais (CF, art. 5º e §§ 1º e 2º). Evidentemente, o Tribunal terá que desenvolver critério relativo ao significado amplo e à intensidade da lesão, tendo em vista a necessária compatibilização do processo interventivo – marcadamente excepcional – com a autonomia do ente federado[45].

---

42 Cf. José Joaquim Gomes Canotilho, *Direito constitucional*, 5. ed., Coimbra: Almedina, 1992.

43 Cf. Martin Kriele, *Introducción a la teoría del Estado*, Buenos Aires: Depalma, 1980, p. 160.

44 Martin Kriele, *Introducción a la teoría del Estado*, cit., p. 159-160.

45 Cf., sobre o tema, decisão proferida na IF 114/MT, rel. Min. Néri da Silveira, *DJ* de 27-9-1996.

Daí por que o Tribunal, na IF 114/MT, embora tenha considerado deploráveis os fatos (linchamento de presos arrancados das mãos da Polícia)[46], houve por bem julgar improcedente a representação interventiva formulada pelo Procurador-Geral da República.

Embora o STF tenha considerado admissível a representação interventiva contra ato concreto ou omissão administrativa do Estado-membro, cuidou de estabelecer que tal ação judicial não há de ser aceita para questionar fatos isolados, episódicos, que não sejam aptos a indicar uma sistemática violação dos direitos da pessoa humana. Enfatizou-se que orientação contrária poderia afetar gravemente o próprio princípio federativo. Nesse sentido, observou Sepúlveda Pertence ser necessário que "haja uma situação de fato de insegurança global de direitos humanos, desde que imputável não apenas a atos jurídicos estatais, mas à ação material ou à omissão por conivência, por negligência ou por impotência dos poderes estaduais responsáveis"[47].

Na oportunidade anotou Pertence que, se se cuidasse de fato isolado, apto a comprometer gravemente a ordem pública no Estado, estar-se-ia em face de outra hipótese de intervenção federal, não dependente da representação do Procurador-Geral, mas da iniciativa privativa do Presidente da República[48] (CF, art. 34, III).

Na linha da tradição brasileira (CF de 1946, art. 7º, VII, *e*; CF de 1967/69, art. 10, VII, *e*), manteve-se a autonomia municipal como princípio sensível (CF, art. 34, VII, *c*). Observe-se que o texto constitucional de 1988 conferiu ênfase ao Município no sistema constitucional federativo, referindo-se a ele até mesmo como integrante do sistema federativo (art. 1º).

Reconheceu-se ao Município competência para legislar sobre assuntos de interesse local, suplementar a legislação federal e estadual no que couber, instituir e arrecadar os tributos de sua competência (taxas, imposto predial e territorial urbano, transmissão *inter vivos*, por ato oneroso, de bens imóveis, serviços de qualquer natureza) (arts. 30 e 156), e previu-se a aprovação de uma lei orgânica municipal, com a observância dos princípios estabelecidos na Constituição (eleição de prefeito, vice-prefeito e vereadores, número de vereadores, sistema remuneratório dos agentes políticos, iniciativa popular, inviolabilidade dos vereadores por suas opiniões, palavras e votos no exercício do mandato e na circunscrição do Município, limites de gastos do Poder Legislativo Municipal, sistema de prestação de contas e de controle externo (arts. 28 e 29). Em reforço à autonomia municipal, estabelece a Constituição um sistema de transferência de recursos do Estado-membro e da União para os Municípios (arts. 158, IV, e 159, I, *a*).

Esses contornos institucionais permitem fornecer alguma densidade para o parâmetro de controle da *autonomia municipal*. Atos normativos ou administrativos ou até mesmo atos concretos que violem essa garantia poderão ser atacados em sede de representação interventiva.

A Constituição de 1988 consagra ainda, como *princípio sensível*, a prestação de contas da Administração Pública, direta e indireta (CF, art. 34, VI, *d*). Trata-se da especificação do princípio republicano, que impõe ao administrador o dever de prestar contas relativas à *res publica*.

46 Cf. considerações acima desenvolvidas sobre o objeto da representação interventiva.

47 IF 114, rel. Min. Néri da Silveira, *DJ* de 27-9-1996; cf. voto do Ministro Sepúlveda Pertence, *RTJ*, 160 (1)/3.

48 IF 114, cit.; cf. voto do Ministro Sepúlveda Pertence (*RTJ*, cit., p. 3).

Finalmente, o texto constitucional prevê, enquanto princípio de observância obrigatória por parte do Estado-membro, sob pena de intervenção, a "aplicação do mínimo exigido da receita resultante de impostos estaduais, compreendida a proveniente de transferências, na manutenção e desenvolvimento do ensino e nas ações e serviços públicos de saúde" (CF, art. 34, VII, *e*).

O art. 212 da CF estabelece que a União aplicará, anualmente, nunca menos de 18%, e os Estados, o Distrito Federal e os Municípios 25%, "no mínimo, da receita resultante de impostos, compreendida a proveniente de transferências, na manutenção e desenvolvimento do ensino". No caso das ações e serviços de saúde prevê a Constituição que a União, os Estados, o Distrito Federal e os Municípios aplicarão, anualmente, recursos mínimos derivados da aplicação de percentuais calculados sobre o produto de arrecadação de impostos e outros recursos, na forma prevista em lei complementar (CF, art. 198, §§ 2º e 3º). Enquanto não for editada a lei complementar de que trata o art. 198, § 2º, da CF aplicam-se as regras constantes do art. 77 do ADCT.

3. PROCEDIMENTO

3.1. Considerações preliminares

Os limites constitucionais da representação interventiva mereceram a precisa reflexão de Castro Nunes.

Na Rp. 94 enfatizou-se o caráter excepcional desse instrumento:

> "Outro aspecto, e condizente com a atitude mental do intérprete, em se tratando de intervenção – ensinava – é o relativo ao caráter excepcional dessa medida, pressuposta neste regímen a autonomia constituinte, legislativa e administrativa dos Estados-membros, e, portanto, a preservação dessa autonomia ante o risco de ser elidida pelos Poderes da União. Castro Nunes aduzia que a enumeração contida no art. 7º, VII, da Constituição de 1946 'é taxativa, é limitativa, é restritiva e não pode ser ampliada a outros casos pelo Supremo Tribunal Federal'"[49].

A Lei n. 2.271, de 22-7-1954, determinou que se aplicasse à arguição de inconstitucionalidade o processo do mandado de segurança (art. 4º). A primeira fase continuou a ser processada, porém, na Procuradoria-Geral da República, tal como no período anterior ao advento da disciplina legal (art. 2º). "Era o Procurador-Geral – diz Themístocles Cavalcanti – quem recebia a representação da parte e, no prazo de 45 dias improrrogáveis, contados da comunicação da respectiva assinatura, ouvia, sobre as razões da impugnação do ato, os órgãos que o tivessem elaborado ou praticado"[50]. A Lei n. 4.337/64 modificou o procedimento então adotado, determinando que, após a arguição, o relator ouvisse sobre as razões de impugnação do ato, no prazo de trinta dias, os órgãos que o tivessem elaborado ou expedido. Admitia-se, contudo, o julgamento imediato do fei-

49 Rp. 94, rel. Min. Castro Nunes, julgada em 17-7-1947, *AJ*, 85/31.

50 Themístocles Brandão Cavalcanti, *Do controle da constitucionalidade*, cit., p. 127.

to em caso de urgência e relevante interesse de ordem pública, dando-se ciência da supressão do prazo às partes. Esse procedimento foi substituído pelo da Lei n. 4.337/64.

3.2. Procedimento da representação interventiva

O Regimento Interno do STF (RISTF), que passou a disciplinar a matéria por força do disposto no art. 119, § 3º, da CF de 1967/69, fixou procedimento único para a representação interventiva e para a representação de inconstitucionalidade *in abstracto* (arts. 169 a 175).

Com a edição da Lei n. 9.868/99 as disposições regimentais referidas passaram a ser aplicáveis exclusivamente ao processo da representação interventiva. Após a promulgação da Lei n. 12.562/2011 as disposições do RISTF passaram a ser aplicáveis apenas subsidiariamente à representação interventiva (Lei n. 12.562/2011, art. 6º, § 2º).

A ação há de ser proposta pelo Procurador-Geral da República e a petição inicial deverá conter (i) a indicação do princípio constitucional sensível que se considera violado ou das disposições questionadas, se for o caso de recusa à aplicação de legislação federal; (ii) a indicação do ato normativo, do ato administrativo, do ato concreto ou da omissão questionados; (iii) a prova da violação do princípio constitucional ou da recusa de execução de lei federal; e (iv) o pedido, com as suas especificações (Lei n. 12.562/2011, arts. 1º e 3º). Será cabível agravo, no prazo de cinco dias, contra a decisão que indeferir liminarmente a petição inicial (Lei n. 12.562/2011, art. 4º, parágrafo único). Compete ao Relator designado solicitar informações à autoridade da qual tiver emanado o ato, que deverão ser prestadas no prazo de dez dias (Lei n. 12.562/2011, art. 6º). Decorrido o prazo para a prestação das informações, serão ouvidos, sucessivamente, o Advogado-Geral da União e o Procurador-Geral da República, que deverão manifestar-se, cada qual, no prazo de dez dias (Lei n. 12.562/2011, art. 6º, § 1º). Caso haja pedido de liminar, o relator poderá ouvir os órgãos ou autoridades responsáveis pelo ato questionado, bem como o Advogado-Geral da União e o Procurador-Geral da República, no prazo comum de cinco dias (Lei n. 12.562/2011, art. 5º, § 1º). Em seguida, o relator deverá submeter o pedido de liminar à apreciação do Plenário, o qual poderá, por decisão da maioria absoluta dos seus membros, deferir o pedido (Lei n. 12.562/2011, art. 5º).

Decorrido o prazo fixado no art. 6º da Lei n. 12.562, o relator, se entender necessário, poderá requisitar informações adicionais, designar perito ou comissão de peritos para que elabore laudo sobre a questão ou, ainda, fixar data para declarações, em audiência pública, de pessoas com experiência e autoridade na matéria (Lei n. 12.562/2011, art. 7º). Poderão, ainda, ser autorizadas, a critério do relator, a manifestação e a juntada de documentos por parte de interessados no processo (Lei n. 12.562/2011, art. 7º, parágrafo único). Em seguida, será lançado o relatório, do qual a Secretaria remeterá cópia a todos os Ministros, e solicitado dia para julgamento (Lei n. 12.562/2011, art. 8º).

3.3. Cautelar na representação interventiva

O STF viu-se confrontado com pedido de suspensão provisória de ato normativo no julgamento da Rp. 94, de 17-7-1947, atinente às disposições parlamentaristas constantes da Constituição do Estado do Rio Grande do Sul.

Naquela oportunidade, deixou assente o relator, Ministro Castro Nunes, *verbis*:

"Devo informar ao Tribunal que o Exmo. Sr. Procurador encaminhou-me (...) o pedido formulado pelo Governador do Estado para que fosse suspensa provisoriamente a Constituição, até o pronunciamento provocado. Mandei juntar aos autos a petição, sem despachar. O pedido de suspensão provisória não poderia ser deferido por analogia com o que se prescreve no processamento do mandado de segurança. A atribuição ora conferida ao Supremo Tribunal é *sui generis*, não tem por objeto ato governamental ou administrativo, senão ato constituinte ou legislativo; não está regulada em lei, que, aliás, não poderia dispor para estabelecer uma tramitação que entorpecesse a solução, de seu natural expedita, da crise institucional prefigurada. Acresce por sobre tudo isso que o poder de suspender o ato arguido de inconstitucional pertence ao Congresso, nos termos expressos do art. 13, como sanção articulada com a declaração da inconstitucionalidade"[51].

Entendeu-se, então, que não era admissível a cautelar em sede de representação interventiva, dadas as singularidades do processo político em que se encontrava inserida aquela ação.

A Lei n. 2.271/54, que regulamentou o processo da representação interventiva previsto no art. 13, parágrafo único, da CF de 1946, fixou, no art. 4º, a seguinte regra: "Aplica-se ao Supremo Tribunal Federal o rito do processo do mandado de segurança, de cuja decisão caberão embargos caso não haja unanimidade".

Essa disposição permitiu que o STF, ainda que com alguma resistência, passasse a deferir o pedido de liminar, suspendendo a eficácia do ato normativo impugnado, em consonância com a orientação consagrada na Lei do Mandado de Segurança[52].

A Lei n. 4.337/64 não previu expressamente a concessão de cautelar, estabelecendo, no art. 5º, que, "se, ao receber os autos, ou no curso do Processo, o Ministro Relator entender que a decisão da espécie é urgente em face de relevante interesse de ordem pública, poderá requerer, com prévia ciência das partes, a imediata convocação do Tribunal, e este, sentindo-se esclarecido, poderá suprimir os prazos do art. 3º desta Lei [*30 dias para informações e 30 dias para apresentação de relatório*] e proferir seu pronunciamento, com as cautelas do art. 200 da Constituição Federal" [*maioria absoluta*].

A Lei n. 5.778/72, que disciplina a representação interventiva no âmbito municipal (CF de 1967/69, art. 15, § 3º, *d*), estabelece que poderá o relator, a requerimento do chefe do Ministério Público estadual, mediante despacho fundamentado, suspender liminarmente o ato impugnado.

A Lei n. 12.562/2011, por seu turno, trata expressamente da concessão de medida liminar em representação interventiva, que somente poderá ser deferida pela maioria absoluta dos membros do STF e deverá consistir na determinação de que se suspenda o andamento de processo ou os efeitos de decisões judiciais ou administrativas ou de qualquer outra medida que apresente relação com a matéria objeto da representação interventiva (Lei n. 12.562/2011, art. 5º, § 2º).

---

51 Rp. 96, rel. Min. Castro Nunes, *AJ*, 85/31 (32).

52 Rp. 466, rel. Min. Ari Franco, *RTJ*, 23 (1)/8; Rp. 467, rel. Min. Victor Nunes, *RTJ*, 19 (1)/5.

4. DECISÃO

O julgamento há de efetuar-se com o quórum de oito Ministros, devendo-se declarar a inconstitucionalidade ou constitucionalidade da norma impugnada se num ou noutro sentido se tiverem manifestado seis Ministros (Lei n. 12.562/2011, arts. 9º e 10). Não alcançada a maioria necessária, estando licenciados ou ausentes Ministros em número que possa influir no julgamento, este será suspenso a fim de aguardar-se o comparecimento de Ministros ausentes (Lei n. 12.562/2011, art. 10, parágrafo único).

Na representação interventiva, se o Tribunal julgar improcedente a ação, haverá de reconhecer a constitucionalidade da medida questionada em face dos chamados *princípios sensíveis* (CF, art. 34, VII) ou a não configuração de indevida recusa à execução de lei federal (CF, art. 34, VI).

Como ressaltado, a preocupação com uma modalidade de *accertamento giudiziale dell'illecito* nos casos de intervenção federal remonta à Constituinte de 1891, quando João Pinheiro e Júlio de Castilhos formularam propostas com o objetivo de submeter à apreciação do STF as controvérsias relativas à ofensa a princípio cardeal da Constituição pelo Estado-membro[53]. A disciplina da matéria, incorporada ao texto constitucional de 1934, ganhou forma definitiva na Constituição de 1946 (art. 7º, VII, c/c o art. 8º, parágrafo único).

Nos termos do art. 8º, *caput,* e parágrafo único, da CF de 1946, a intervenção haveria de ser decretada por lei federal, após a declaração de inconstitucionalidade do ato estadual pelo STF, em representação formulada pelo Procurador-Geral da República. A medida interventiva limitar-se-ia a suspender a execução do ato arguido de inconstitucionalidade, se isso bastasse para o restabelecimento da normalidade no Estado (art. 13). Essa mesma orientação foi preservada na Constituição de 1967/69, atribuindo-se ao Presidente da República a função anteriormente deferida ao Congresso Nacional (art. 10, VII e VI, 1ª parte, c/c o art. 11, §§ 1º, *c*, e 2º).

Na CF de 1988, o art. 34, § 3º, também estabelece que, nos casos dos arts. 34, VI (recusa à execução de lei federal), e 34, VII (ofensa aos princípios sensíveis), dispensada a apreciação pelo Congresso Nacional, o decreto há de limitar-se a suspender a execução do ato impugnado, se a medida for suficiente para a superação do estado de anormalidade.

Não se cuida aqui, obviamente, de aferir a constitucionalidade *in abstracto* da norma estadual, mas de verificar, para fins de intervenção e no contexto de um conflito federativo, se determinado ato, editado pelo ente federado, afronta princípios basilares da ordem federativa, ou se determinada ação ou omissão do Poder Público estadual impede a execução da lei federal.

Não se declara a nulidade ou a ineficácia do ato questionado, limitando-se a afirmar a violação do texto constitucional no âmbito de um procedimento complexo que poderá levar à decretação da intervenção federal.

Nesse sentido ensinava Pontes de Miranda que: "[...] a decisão do Supremo Tribunal Federal é para a intervenção federal, a carga preponderável é só declarativa, pois a suspensão pelo Presidente da República é que desconstitui. Se a decisão não é para a finalidade da intervenção federal, não: desconstitui-se o ato estadual, inclusive a lei, *in casu*"[54].

53 Brasil, Assembleia Constituinte (1891), *Annaes do Congresso Constituinte da República*, cit., p. 432.

54 Pontes de Miranda, *Comentários à Constituição de 1967, com a Emenda n. 1, de 1969*, cit., p. 257.

É o que entende o STF, conforme se depreende de voto proferido por Moreira Alves: "A representação interventiva é instrumento jurídico que se integra num processo político – a intervenção – para legitimá-lo. Embora diga respeito à lei em tese, não se apresenta, propriamente, como instrumento de controle concentrado de constitucionalidade, uma vez que a declaração de inconstitucionalidade nela obtida não opera *erga omnes*, mas apenas possibilita (como elo de uma cadeia em que se conjugam poderes diversos) ao Presidente da República (ou ao governador, ser for o caso) suspender a execução do ato impugnado"[55].

Vê-se, pois, que o STF limita-se, em princípio, a *constatar* ou a *declarar* a ofensa aos princípios sensíveis ou a recusa à execução da lei federal.

A decisão configura, portanto, aquilo que a doutrina constitucional alemã denomina *Feststellungsurteil* (sentença meramente declaratória)[56]. Do ponto de vista estritamente formal, o julgado não elimina a lei eventualmente declarada inconstitucional do ordenamento jurídico e não obriga, *per se*, o ente federado, nem o condena, *expressamente*, a fazer ou deixar de fazer alguma coisa. A decisão insere-se no contexto do processo político de intervenção como um elemento essencial à decisão a ser adotada pelo Presidente da República.

Tal como estabelecido no ordenamento constitucional brasileiro, a decisão do STF constitui *conditio juris* das medidas interventivas, que não poderão ser empreendidas sem a prévia declaração judicial de inconstitucionalidade. Todavia, o julgado não tem o condão de anular ou de retirar a eficácia do ato impugnado. Tanto é assim que os constituintes de 1946, de 1967/69 e de 1988 referiram-se à *suspensão do ato* (CF de 1946, art. 13; CF de 1967/69, art. 11, § 2º; CF de 1988, art. 34, § 3º), pressupondo, pois, sua subsistência mesmo após a pronúncia de ilegitimidade. Esse mecanismo foi incorporado à Constituição de 1988, conforme se pode depreender da leitura do art. 36, § 3º ("Nos casos do art. 34, VI e VII, ou do art. 35, IV, dispensada a apreciação pelo Congresso Nacional, o decreto limitar-se-á a suspender a execução do ato impugnado, se essa medida bastar ao restabelecimento da normalidade"). Portanto, também no atual Texto Magno limita-se o STF a declarar a inconstitucionalidade da providência ou do ato normativo estadual, sem lhe retirar a eficácia.

Tal como no chamado *Feststellungsurteil*, que o *Bundesverfassungsgericht* pronuncia no conflito entre órgãos (*Organstreitigkeiten*) e na controvérsia entre União e Estado

55 RE 92.169/SP, *RTJ*, 103 (3)/1112-1113.

56 Christian Pestalozza, *Verfassungsprozessrecht*, 2. ed., München: C. H. Beck, 1982, p. 65-66; Klaus Schlaich, *Das Bundesverfassungsgericht, Stellung Verfahren, Entscheidungen*, 1. ed., München: C. H. Beck, 1985, p. 158 e 47-48; Klaus Vogel, Rechtskraft und Gesetzeskraft der Entscheidungen des Bundesverfassungsgerichts, in Christian Starck (org.), *Bundesverfassungsgericht und Grundgesetz*, 1. ed., Tübingen: Mohr, 1976, v. 1, p. 587-588; Theo Ritterspach, *Legge sul Tribunale Costituzionale della Repubblica Federale di Germania*, Firenze: Cedeur, 1982, p. 115-116: "La sentenza riguardante la richiesta del ricorrente stabilisce soltanto che un determinato comportamento (azione od omissione) del convenuto ha violato una specifica disposizione costituzionale (vedi in proposito E 20, 120, 44, 127; 45, 3 s.). La sentenza non stabilisce nessuna sanzione per la condotta errata e riserva agli organi costituzionali interessati la facoltà di trarre le conclusioni del caso (eventualmente politiche). L'interpretazione della Costituzione che conduce al dispositivo della sentenza è esposta solo nella motivazione. In un procedimento relativo alla controversia tra organi non può essere nè accertata l'inefficacia di una disposizione, nè dichiarata nulla una legge (E 1, 351[371]; 20, 119, 129). Al contrario è ammesso aggiungere ad una sentenza che respinge l'instanza, un 'capoverso esplicativo' (E 1, 351[352, 371 e s.])".

(*föderative Streitigkeiten*), a decisão proferida pelo STF na representação interventiva constata a existência ou inexistência de violação à ordem federativa, vinculando as partes representadas na relação processual. Não se tem aqui, propriamente, uma declaração de nulidade ou de ineficácia do ato estadual, mas uma declaração de que determinado ato, provimento, ou medida promulgados pelos Poderes Públicos estaduais afrontam princípios fundamentais da Federação ou obstam à execução de lei federal.

Não obstante a aparente sutileza, a distinção assume relevância na sistemática do controle de constitucionalidade.

Se se cuidar de recusa à execução de lei federal, esta poderá decorrer tanto de norma ou ato editado pelo Estado-membro como de conduta administrativa calcada em interpretação que se faz da Constituição e da competência do Estado-membro. Na primeira hipótese (eventual incompatibilidade entre o Direito federal e o Direito estadual) o Tribunal poderá julgar procedente a representação interventiva e declarar a inconstitucionalidade da norma estadual. Se, porém, o Tribunal entender que a lei estadual não extravasa a competência da unidade federada, pode-se estar diante de aplicação da lei federal em desconformidade com a Constituição. Aqui, a lei federal poderá reclamar interpretação conforme ou até mesmo ensejar uma declaração incidental de inconstitucionalidade (julga-se improcedente a representação e declara-se, incidentalmente, a inconstitucionalidade da lei federal cuja execução se reclamava).

Finalmente, cumpriria indagar sobre os efeitos da decisão proferida em sede de representação interventiva.

Tal como já ressaltado, a decisão que se profere aqui limita-se a constatar a eventual lesão a um *princípio sensível* ou a possível recusa à execução da lei federal. A decisão que constata ou declara a eventual inconstitucionalidade não elimina a lei do ordenamento jurídico; não tem, pois, eficácia *erga omnes*.

Todavia, tal decisão é dotada de efeito vinculante, de modo que, se a decisão final for pela procedência do pedido formulado na representação interventiva, o Presidente do STF levará o acórdão ao conhecimento do Presidente da República para, no prazo improrrogável de quinze dias, dar cumprimento aos §§ 1º e 3º do art. 36 da Constituição Federal (Lei n. 12.562/2011, art. 11). Não caberá recurso nem impugnação por ação rescisória da decisão que julgar procedente ou improcedente o pedido de representação interventiva (Lei n. 12.562/2011, art. 12).

IX ARGUIÇÃO DE DESCUMPRIMENTO DE PRECEITO FUNDAMENTAL

1. INTRODUÇÃO

1.1. Origens da lei sobre a arguição de descumprimento de preceito fundamental

As mudanças ocorridas no sistema de controle de constitucionalidade brasileiro a partir de 1988 alteraram radicalmente a relação que havia entre os controles *concentrado* e *difuso*. A ampliação do direito de propositura da ação direta de inconstitucionalidade e a criação da ação declaratória de constitucionalidade vieram reforçar o controle concentrado em detrimento do difuso. Não obstante, subsistiu um espaço residual expressivo para o controle difuso relativo às matérias não suscetíveis de exame no controle concentrado, tais como interpretação direta de cláusulas constitucionais pelos juízes e tribunais, direito pré-constitucional, controvérsia constitucional sobre normas revogadas, controle de constitucionalidade do direito municipal em face da Constituição. É exatamente esse espaço, imune à aplicação do sistema direto de controle de constitucionalidade, que tem sido responsável pela repetição de processos, pela demora na definição das decisões sobre importantes controvérsias constitucionais e pelo fenômeno social e jurídico da chamada "guerra de liminares".

Foi em resposta a esse quadro de incompletude que surgiu a ideia de desenvolvimento do chamado "incidente de inconstitucionalidade" (cf., *infra, Incidente de inconstitucionalidade e arguição de descumprimento*). Também foi nesse contexto que, juntamente com o Professor Celso Bastos, passamos a nos indagar se a chamada "arguição de descumprimento de preceito fundamental", prevista no art. 102, § 1º, da CF, não teria o escopo de colmatar importantes lacunas identificadas no quadro de competências do STF.

O Professor Celso Bastos elaborou o primeiro esboço do anteprojeto que haveria de regular a arguição de descumprimento de preceito fundamental. Tomando por base o texto inaugural, cuidamos de elaborar uma segunda versão, introduzindo-se o incidente de inconstitucionalidade. Essa proposta traduziu-se num amálgama consciente das concepções constantes do Projeto Celso Bastos, do Projeto da Comissão Caio Tácito[1] e do incidente de inconstitucionalidade, contemplado em várias propostas de emenda constitucional sobre o Judiciário[2] (cf., *infra, Incidente de inconstitucionalidade e arguição de descumprimento*).

---

1 Projeto de Lei n. 2.960, de 1997 (PLC n. 10, no Senado Federal), sobre ação direta de inconstitucionalidade e ação declaratória de constitucionalidade, convertido na Lei n. 9.868, de 10-11-1999.

2 Substitutivo do Deputado Aloysio Nunes Ferreira ao PEC n. 96-A/92:

"Art. 103. (...)

(...)

"§ 5º O Supremo Tribunal Federal, a pedido das pessoas e entidades mencionadas no art. 103, de qualquer tribunal, de Procurador-Geral de Justiça, de Procurador-Geral ou Advogado-Geral do Estado, quando for relevante o fundamento de controvérsia judicial sobre a constitucionalidade de lei, ato normativo federal ou de outra questão constitucional, federal, estadual ou municipal, poderá, acolhendo incidente de inconstitucionalidade, determinar a suspensão, salvo para medidas urgentes, de processos em curso perante qualquer juízo ou tribunal, para proferir decisão exclusivamente sobre matéria constitucional suscitada, ouvido o Procurador-Geral da República".

Afigurava-se recomendável que o tema fosse submetido a uma Comissão de especialistas. A sugestão foi levada à consideração do Ministro Iris Rezende, da Justiça, que, em 4-7-1997, editou a Portaria n. 572, publicada no *DOU* de 7-7-1997, instituindo Comissão destinada a elaborar estudos e anteprojeto de lei que disciplinasse a arguição de descumprimento de preceito fundamental. Foram designados para compor a Comissão os Professores Celso Ribeiro Bastos (presidente), Arnoldo Wald, Ives Gandra Martins, Oscar Dias Corrêa e o autor desta obra. Após intensos debates realizados em São Paulo, a Comissão chegou ao texto final do anteprojeto, que foi encaminhado pelo Professor Celso Bastos, acompanhado de relatório, ao Ministro da Justiça, em 20-11-1997.

A proposta de anteprojeto de lei cuidou dos principais aspectos do processo e julgamento da arguição de descumprimento de preceito fundamental, nos termos e para os efeitos do disposto no § 1º do art. 102 da CF. Estabeleceram-se o rito perante o STF, o elenco dos entes com legitimidade ativa, os pressupostos para suscitar o incidente e os efeitos da decisão proferida e sua irrecorribilidade.

Tendo em vista que a ADPF afetava as atribuições do Supremo Tribunal Federal, resolveu-se, ainda, colher a opinião daquela Corte (Aviso/MJ n. 624, de 4-5-1998). Em 7-5-1998 o Ministro Celso de Mello informou ter encaminhado cópia do texto do anteprojeto para todos os Ministros do STF (Ofício n. 076/98). Em 30-6-1998 o trabalho realizado pela Comissão Celso Bastos foi divulgado em artigo publicado na revista *Consulex,* 18/18-21, ano 2, v. 1, sob o título "Preceito fundamental: arguição de descumprimento".

É necessário observar, todavia, que desde março de 1997 tramitava no Congresso Nacional o Projeto de Lei n. 2.872, de autoria da ilustre Deputada Sandra Starling, objetivando, também, disciplinar o instituto da arguição de descumprimento de preceito fundamental, sob o *nomen juris* de "reclamação". A reclamação restringia-se aos casos em que a contrariedade ao texto da Lei Maior fosse resultante de interpretação ou de aplicação dos Regimentos Internos das Casas do Congresso Nacional, ou do Regimento Comum, no processo legislativo de elaboração das normas previstas no art. 59 da CF. Aludida reclamação haveria de ser formulada ao STF por 1/10 dos deputados ou dos senadores, devendo observar as regras e os procedimentos instituídos pela Lei n. 8.038, de 28-5-1990.

Em 4-5-1998, o projeto de lei da Deputada Sandra Starling recebeu parecer favorável do relator, o ilustre Deputado Prisco Viana, pela aprovação na forma de substitutivo de sua autoria. Como então se verificou, o substitutivo Prisco Viana ofereceu disciplina que muito se aproximava daquela contida no anteprojeto de lei da Comissão Celso Bastos.

Aludido substitutivo, aprovado na Comissão de Constituição e Justiça e de Redação da Câmara dos Deputados, foi referendado pelo Plenário da Câmara dos Deputados e pelo Senado Federal, tendo sido submetido ao Presidente da República, que o sancionou[3], com veto ao inciso II do parágrafo único do art. 1º, ao inciso II do art. 2º, ao § 2º do art. 2º, ao § 4º do art. 5º, aos §§ 1º e 2º do art. 8º e ao art. 9º.

---

3 Lei n. 9.882, de 3 de dezembro de 1999.

1.2. A controvérsia sobre a constitucionalidade da Lei n. 9.882/99

A OAB propôs a ADI 2.231 contra a íntegra da Lei n. 9.882/99, distribuída ao Ministro Néri da Silveira, na qual se alegava, em síntese, a inconstitucionalidade do parágrafo único, I, do art. 1º, do § 3º do art. 5º, do art. 10, *caput* e § 3º, e do art. 11, todos da mesma Lei.

O Ministro Néri da Silveira, na sessão do dia 5-12-2001, acolheu em parte a arguição, para suspender, com eficácia *ex nunc* e até o julgamento final da ação, a vigência do § 3º do art. 5º da referida Lei, por estar relacionado com a arguição incidental em processos em concreto, e conferir interpretação conforme a Constituição ao inciso I do parágrafo único do art. 1º, excluindo de sua aplicação controvérsia constitucional concretamente já deduzida em processo judicial em curso.

Nas palavras do Ministro Néri da Silveira:

> "[...] a Lei n. 9.882/99, com a suspensão do art. 5º, § 3º, e com a interpretação conforme do inciso I, do parágrafo único, do art. 1º, não se esvazia, à evidência, permanecendo com as condições para regular, de forma completa, o processo e julgamento da arguição de descumprimento de preceito fundamental prevista no art. 102, § 1º, da Constituição"[4].

A discussão foi interrompida em razão de pedido de vista do Ministro Sepúlveda Pertence e aguarda julgamento desde novembro de 2008.

Embora ainda penda de decisão a ADI 2.231, o julgado do STF sobre a admissibilidade da ADPF 54[5] parece ter superado o debate sobre a constitucionalidade da Lei n. 9.882/99. Também no julgamento do mérito da ADPF 33 (sessão de 7-12-2005)[6], o Tribunal, por unanimidade, rejeitou pedido formulado por *amicus curiae,* com o objetivo de suspender o julgamento da ação até o pronunciamento definitivo sobre a constitucionalidade do instituto[7].

Além de permitir a antecipação das decisões sobre controvérsias constitucionais relevantes, a ADPF poderá ser utilizada para solver controvérsia sobre a legitimidade do direito ordinário pré-constitucional em face da Constituição que, anteriormente, somente poderia ser veiculada mediante a utilização do recurso extraordinário. Ademais, as decisões proferidas pelo STF nesses processos, haja vista a eficácia *erga omnes* e o efeito vinculante, fornecerão a diretriz segura para o juízo sobre a legitimidade ou a ilegitimidade de atos de teor idêntico, editados pelas diversas entidades municipais.

---

4 Voto do Ministro Néri da Silveira na ADI 2.231, da qual era relator, *DJ* de 17-12-2001, julgamento pendente.

5 ADPF 54, rel. Min. Marco Aurélio. Em sessão de 27-4-2005, suscitada questão de ordem, o Tribunal, por maioria, admitiu o cabimento da ADPF. O mérito da ADPF foi apreciado em 12-4-2012.

6 ADPF 33, rel. Min. Gilmar Mendes, julgada em 7-12-2005.

7 De qualquer sorte, convém assinalar, tal como apontado em razões apresentadas pela AGU, que a ADPF amplia o controle de constitucionalidade, dando a necessária ênfase à defesa dos preceitos fundamentais, especialmente nos casos ainda não amparados pelos outros meios de controle concentrado de constitucionalidade.

1.3. Incidente de inconstitucionalidade e arguição de descumprimento

Na Revisão Constitucional de 1994 afigurou-se acertado introduzir o chamado "incidente de inconstitucionalidade", que permitiria fosse apreciada *diretamente* pelo STF *controvérsia sobre a constitucionalidade de lei ou ato normativo federal, estadual ou municipal*, inclusive os atos anteriores à Constituição, a pedido do Procurador-Geral da República, do Advogado-Geral da União, do Procurador-Geral de Justiça ou do Procurador-Geral do Estado, sempre que houvesse perigo de lesão à segurança jurídica, à ordem ou às finanças públicas. A Suprema Corte poderia, acolhendo incidente de inconstitucionalidade, determinar a suspensão de processo em curso perante qualquer juízo ou tribunal para proferir decisão exclusivamente sobre a questão constitucional suscitada[8].

Referido instituto destinava-se a completar o complexo sistema de controle de constitucionalidade brasileiro, permitindo que o STF pudesse dirimir, *desde logo*, controvérsia que, do contrário, daria ensejo certamente a um sem-número de demandas, com prejuízos para as partes e para a própria segurança jurídica. A proposta não foi, entretanto, recepcionada.

No substitutivo apresentado pelo Deputado Jairo Carneiro ao Projeto de Emenda Constitucional n. 96/92 ("Emenda do Judiciário") propunha-se a adoção do incidente de inconstitucionalidade[9].

Assim, mediante provocação de qualificados autores do processo judicial, a Corte Suprema ficaria autorizada a *suspender o processo em curso e proferir decisão exclusivamente sobre a questão constitucional*.

Na versão do *Relatório sobre a Reforma do Judiciário* apresentada pelo Deputado Aloysio Nunes Ferreira reiterou-se a ideia do incidente de inconstitucionalidade[10].

Ressalte-se de imediato que, a despeito da aparente novidade, técnica semelhante já se adota entre nós desde 1934, com a chamada "cisão funcional" da competência, que permite, no julgamento da inconstitucionalidade de norma perante tribunais, ao Plenário ou ao Órgão Especial julgar a inconstitucionalidade ou a constitucionalidade da norma, cabendo ao órgão *fracionário* decidir a espécie à vista do que restar *assentado* no julgamento da questão constitucional.

Sem dúvida, o incidente poderia ensejar a separação da questão constitucional para o seu julgamento não pelo Pleno do Tribunal ou por seu Órgão Especial, mas, di-

---

8 Cf. Relatoria da Revisão Constitucional, 1994. Pareceres produzidos (Histórico), t. 1, p. 317.

9 "Art. 107. (...) § 5º Suscitada, em determinado processo, questão relevante sobre a constitucionalidade de lei ou ato normativo federal, estadual ou municipal, incluídos os anteriores à Constituição, e concorrendo os pressupostos do art. 98, § 1º, o Supremo Tribunal Federal, a requerimento dos órgãos ou entes referidos no *caput* deste artigo, poderá processar o incidente e determinar a suspensão do processo, a fim de proferir decisão com efeito vinculante exclusivamente sobre a matéria constitucional".

10 "Art. 103. (...) § 5º O Supremo Tribunal Federal, a pedido das pessoas e entidades mencionadas no art. 103, de qualquer tribunal, de Procurador-Geral de Justiça, de Procurador-Geral ou Advogado-Geral do Estado, quando for relevante o fundamento de controvérsia judicial sobre constitucionalidade de lei, de ato normativo federal ou de outra questão constitucional, federal, estadual ou municipal, poderá, acolhendo incidente de inconstitucionalidade, determinar a suspensão, salvo para medidas urgentes, de processos em curso perante qualquer juízo ou tribunal, para proferir decisão exclusivamente sobre a matéria constitucional suscitada, ouvido o Procurador-Geral da República".

retamente, pelo STF. Em vez de cisão funcional no plano horizontal, tal como prevista no art. 97 da CF, ter-se-ia uma cisão funcional no plano vertical.

Daí o inevitável símile com a técnica consagrada nos modelos de *controle concentrado de normas*, que determina seja a questão submetida diretamente à Corte Constitucional toda vez que a norma for relevante para o julgamento do caso concreto e o juiz ou tribunal considerá-la inconstitucional (cf., v. g., Constituição Austríaca, art. 140 (1); Lei Fundamental de Bonn, art. 100, I, e Lei Orgânica da Corte Constitucional, §§ 13, n. 11, e 80 e s.).

Todavia, as diferenças eram evidentes.

Ao contrário do que ocorre nos modelos concentrados de controle de constitucionalidade, nos quais a Corte Constitucional detém o *monopólio da decisão* sobre a constitucionalidade ou a inconstitucionalidade da lei, o incidente de inconstitucionalidade não alteraria, em seus fundamentos, o *sistema difuso* de controle de constitucionalidade, introduzido entre nós pela Constituição de 1891. Juízes e tribunais continuariam a decidir também a questão constitucional, tal como faziam anteriormente, cumprindo ao STF, enquanto guardião da Constituição, a uniformização da interpretação do Texto Magno, mediante o julgamento de recursos extraordinários contra decisões judiciais de única ou última instância.

A proposta apresentada pelo Deputado Aloysio Nunes Ferreira continha uma novidade específica em relação às propostas anteriores, pois permitia que o próprio tribunal encarregado de julgar a questão constitucional provocasse o pronunciamento uniformizador do STF.

Nesse caso, em vez de decidir a questão constitucional, na forma do art. 97, a Corte *a qua* poderia provocar um pronunciamento definitivo do STF sobre a questão. Introduzir-se-ia, assim, modificação significativa no chamado "modelo incidental" de controle de constitucionalidade. Ao lado da possibilidade de declarar a inconstitucionalidade da lei, na forma do art. 97, poderia o tribunal submeter a questão, diretamente, ao STF.

É fácil ver, pois, aqui, uma aproximação maior entre o incidente de inconstitucionalidade e o chamado "processo de controle concreto" do sistema concentrado europeu. Observe-se que, ao contrário do que ocorre no sistema europeu, que confere o monopólio de censura ao Tribunal Constitucional – e, portanto, obriga o juiz ou o Tribunal a encaminhar a questão constitucional à Corte especializada –, o modelo proposto no relatório Aloysio Nunes limitava-se a facultar a submissão da controvérsia constitucional ao STF.

Um exame acurado da arguição de descumprimento de preceito fundamental, tal como regulada na Lei n. 9.882, de 1999, há de demonstrar que, afora os problemas decorrentes da limitação do parâmetro de controle, o texto normativo guarda estrita vinculação com as propostas de desenvolvimento do incidente de inconstitucionalidade. A estrutura de legitimação, a exigência de configuração de controvérsia judicial ou jurídica para a instauração do processo, a possibilidade de sua utilização em relação ao direito municipal e ao direito pré-constitucional e o efeito vinculante das decisões, tudo reforça a semelhança entre os institutos.

É certo, por outro lado, que, diferentemente do incidente de inconstitucionalidade, a arguição de descumprimento tem como parâmetro de controle os preceitos fundamentais identificáveis na Constituição. Trata-se de elemento menos preciso do que o parâmetro de controle do incidente de inconstitucionalidade (toda a Constituição). Assim, até que o STF se pronuncie acerca do efetivo alcance da expressão *preceitos fundamentais*, ter-se-á de assistir ao debate entre os defensores de uma interpretação ampla e aberta e os defensores de uma leitura restritiva e fechada do texto constitucional.

Assinale-se, outrossim, que, diversamente do incidente, a arguição de descumprimento, tal como formulada na Lei n. 9.882, de 1999, poderá ser utilizada, em casos excepcionais, também de forma principal, assumindo a feição de um recurso de amparo ou de uma *Verfassungsbeschwerde* (reclamação constitucional) autônoma no Direito brasileiro.

Como se pode ver, o novo instituto introduziu profundas alterações no sistema brasileiro de controle de constitucionalidade de leis ou atos concretos.

1.4. Características processuais: caráter principal ou incidental

Como típico instrumento do modelo concentrado de controle de constitucionalidade, a ADPF tanto pode dar ensejo à impugnação ou questionamento direto de lei ou ato normativo federal, estadual ou municipal, como pode acarretar uma provocação a partir de situações concretas, que levem à impugnação de lei ou ato normativo.

No primeiro caso, tem-se um tipo de controle de normas em *caráter principal*, opera-se de forma direta e imediata em relação à lei ou ao ato normativo.

No segundo, questiona-se a legitimidade da lei tendo em vista a sua aplicação em uma dada situação concreta (*caráter incidental*). Aqui a instauração do controle de legitimidade da norma na ADPF repercutirá diretamente sobre os casos submetidos à jurisdição ordinária, uma vez que a questão prejudicial a ser dirimida nesses processos será elevada à apreciação do Supremo Tribunal. No que concerne à prática, esse controle assemelha-se ao controle concreto do Direito europeu (suspensão dos processos em que a controvérsia constitucional foi suscitada e remessa da questão prejudicial à Corte Constitucional) ou à cisão funcional que se realiza, entre nós, no controle de constitucionalidade incidental (art. 97), com o destaque da questão prejudicial surgida perante o órgão fracionário para ser apreciada pelo Plenário do Tribunal. Diferentemente do que se verifica no controle incidental, em que se realiza uma cisão funcional no plano horizontal (do órgão fracionário para o Plenário ou para o órgão especial), tem-se, na ADPF, uma cisão funcional no plano vertical (de órgãos das instâncias ordinárias para o STF). Daí por que haverá de se cogitar, normalmente, nesses casos, de suspensão cautelar dos processos ou de julgamento dos feitos até a deliberação definitiva do Supremo Tribunal Federal (Lei n. 9.882/99, art. 5º, § 3º).

1.5. A arguição de descumprimento de preceito fundamental na jurisprudência do Supremo Tribunal Federal

Desde a aprovação da Lei n. 9.882/99 até agosto de 2014 foram propostas, perante o STF, 325 ADPFs. A primeira ADPF admitida pelo Tribunal foi a de n. 4, na qual se procurava evitar lesão a preceito fundamental e dirimir controvérsia sobre ato normativo efetivado pelo Presidente da República quando da fixação do salário mínimo por meio da MP n. 2.019, de 20 de abril de 2000[11].

Posteriormente, em 25 de novembro de 2002[12], por decisão monocrática, foi concedida liminar na ADPF 33. Nesse caso, sobre a vinculação do quadro de salários das autarquias ao salário mínimo – o Governador do Estado do Pará apresentou arguição de descumprimento de preceito fundamental que tinha por objeto impugnar o art. 34 do Regulamento de Pessoal do Instituto de Desenvolvimento Econômico-Social do Pará (IDESP), com o fim de fazer cessar lesão ao princípio federativo e ao direito social ao salário mínimo. A liminar foi concedida para determinar a suspensão dos julgamentos com base no ato normativo impugnado, bem como os efeitos das decisões judiciais proferidas sobre a matéria. Por unanimidade, o plenário do Tribunal referendou a decisão referida[13]. A decisão de mérito julgou procedente o pedido da arguição, para declarar a ilegitimidade do ato impugnado[14].

Na ADPF 54 – caso do aborto de feto anencéfalo – foi concedida, em 2-8-2004, monocraticamente, liminar requerida para, além de determinar o sobrestamento dos processos e decisões não transitadas em julgado, reconhecer o direito constitucional da gestante de submeter-se à operação terapêutica de parto de fetos anencéfalos. Na sessão de 20-10-2004, o Tribunal negou referendo à liminar concedida[15].

Mencione-se, ainda, a liminar deferida pelo Presidente da Corte na ADPF 79, em 29 de julho de 2005, *ad referendum* do plenário, para, nos termos do § 3º do art. 5º da Lei n. 9.882/99, determinar a suspensão de todos os processos em curso, inclusive as eventuais execuções, e dos efeitos de decisões judiciais que tratassem da elevação dos vencimentos de professores do Estado de Pernambuco, com base no princípio da isonomia[16].

Vale referir, igualmente, o julgamento da ADPF 144. Entendeu-se que ofenderia o princípio de presunção de não culpabilidade a aplicação da sanção de inelegibilidade, gravíssimo ônus político e civil, sem que houvesse contra o cidadão sentença condenatória transitada em julgado. O Supremo Tribunal Federal afirmou, na ocasião, que, embora se reconheça a alta importância cívica da vida pregressa dos candidatos, o respeito ao valor da moralidade administrativa, "cuja integridade há de ser preservada, encontra-se presente na própria LC 64/90, haja vista que esse diploma legislativo, em

11 *DOU* de 22-4-2000, seção 1.

12 *DJ* de 2-12-2002.

13 ADPF 33, rel. Min. Gilmar Mendes, julgada em 7-12-2005.

14 ADPF 33, rel. Min. Gilmar Mendes, Pleno, *DJ* de 16-12-2005. A decisão foi proferida nos seguintes termos: "No mérito, por unanimidade, julgou-a procedente, nos termos do voto do relator, para declarar a ilegitimidade do decreto questionado, a partir da Constituição de 1988, sem se pronunciar sobre o período anterior. Votou o Presidente. Falaram, pelo arguente, o Dr. Aloysio Campos, Procurador-Geral do Estado, e, pelo *amicus curiae*, o Dr. Alexandre Lindoso. Ausentes, justificadamente, a Senhora Ministra Ellen Gracie e o Senhor Ministro Nelson Jobim (Presidente). Presidiu o julgamento o Senhor Ministro Sepúlveda Pertence (art. 37, I, do RISTF). Plenário, 7-12-2005".

15 ADPF 54, rel. Min. Marco Aurélio, cit. Em sessão de 27-4-2005, suscitada questão de ordem, o Tribunal, por maioria, admitiu o cabimento da ADPF. Em 12-4-2012, o Tribunal julgou o mérito da ação para determinar a aplicação de interpretação conforme a Constituição aos arts. 124, 126 e 128, I e II, do CP, de modo que a interrupção da gravidez de feto anencefálico, devidamente atestada por profissional especializado, não mais configure a conduta típica disposta nos referidos artigos.

16 ADPF 79, rel. Min. Cezar Peluso, liminar deferida pelo Presidente, *ad referendum* do Pleno, em 29-7-2005, *DJ* de 4-8-2005.

prescrições harmônicas com a CF, e com tais preceitos fundamentais, afasta do processo eleitoral pessoas desprovidas de idoneidade moral, condicionando, entretanto, o reconhecimento da inelegibilidade ao trânsito em julgado das decisões, não podendo o valor constitucional da coisa julgada ser desprezado por esta Corte"[17].

Ressalte-se, ainda, o julgamento da ADPF 101. Indagou-se, então, se decisões judiciais que autorizavam a importação de pneus usados feriam os preceitos constitucionais garantidores da saúde e do meio ambiente. O Supremo Tribunal Federal, depois de deixar assentado o histórico de graves consequências para a saúde e para o meio ambiente advindas da reciclagem do material, assentou que, se muitos são os benefícios econômicos gerados pela atividade de aproveitamento "na produção do asfalto borracha ou na indústria cimenteira, haveria de se ter em conta que o preço industrial a menor não poderia se converter em preço social a maior, a ser pago com a saúde das pessoas e com a contaminação do meio ambiente"[18].

Na ADPF 187, foi questionada a interpretação do art. 287 do CP, cuja interpretação enquadrava as marchas pró-legalização da maconha como forma de apologia ao crime. Com fundamento nos direitos fundamentais de reunião e de livre manifestação do pensamento, o Supremo Tribunal Federal julgou procedente a ação, para conferir ao referido art. 287 interpretação conforme a Constituição, excluindo de sua tipificação as ações populares voltadas à legalização das drogas[19].

Por fim, destaca-se o julgamento da ADPF 186, no qual se questionou o sistema de reserva de vagas no processo de seleção para ingresso de estudantes em universidades públicas com base em critério étnico-racial. O Supremo Tribunal Federal, por unanimidade, julgou improcedente a ação, reputando a constitucionalidade de tais medidas de ação afirmativa, as quais se enquadrariam na proteção do princípio constitucional da igualdade, não configurando assim meras concessões do Estado, mas deveres extraídos da Constituição[20].

2. LEGITIMIDADE PARA ARGUIR O DESCUMPRIMENTO DE PRECEITO FUNDAMENTAL

2.1. Considerações preliminares

Nos termos da Lei n. 9.882, de 3-12-1999, podem propor a arguição de descumprimento de preceito fundamental todos os legitimados para a ação direta de inconstitucionalidade (CF, art. 103).

A versão aprovada pelo Congresso Nacional admitia expressamente a legitimidade processual de qualquer cidadão. A falta de disciplina ou limitação ao exercício do direito de propositura levou o Chefe do Poder Executivo a vetar o aludido dispositivo[21].

17 *Informativo STF* n. 514, 1º a 8-8-2008 (ADPF 144, rel. Min. Celso de Mello).

18 *Informativo STF* n. 538, 9 a 13-3-2009 (ADPF-101, rel. Min. Cármen Lúcia).

19 *Informativo STF* n. 631, 13 a 17-6-2011 (ADPF-187, rel. Min. Celso de Mello).

20 *Informativo STF* n. 665, 23 a 27-4-2012 (ADPF-186, rel. Min. Ricardo Lewandowski).

21 Veto presidencial ao art. 2º, II, Mensagem n. 1.807 de 3 de dezembro de 1999, nos seguintes termos: "A disposição insere um mecanismo de acesso direto, irrestrito e individual ao Supremo Tribunal Federal sob a alegação de descumprimento de preceito fundamental por "qualquer pessoa lesada ou ameaçada por ato do Poder Público.

Não se há de negar, porém, que o reconhecimento do direito de propositura aos cidadãos em geral afigura-se recomendável e até mesmo inevitável em muitos casos[22]. É que a defesa de preceito fundamental confunde-se, em certa medida, com a própria proteção de direitos e garantias fundamentais. Nessa hipótese a matéria está a reclamar uma disciplina normativa que, a um só tempo, permita ao cidadão a possibilidade de levar o seu pleito ao STF sem afetar o funcionamento da Corte, pelo excesso de demandas.

Não há dúvida de que, na ausência de mecanismo específico, poderá o cidadão representar ao Procurador-Geral da República. Este não está obrigado, porém, a encaminhar o pedido formulado.

De lege ferenda[23] poder-se-ia conceber fórmula que associasse o uso da arguição de descumprimento ao manejo do recurso extraordinário. Assim, qualquer um dos legitimados para propor a arguição poderia, v. g., solicitar que o STF convertesse o julgamento de um recurso extraordinário em julgamento de eventual arguição de descumprimento. Ou, ainda, seria legítimo cogitar da possibilidade de interpor o recurso extraordinário juntamente com a arguição de descumprimento, facultando ao STF a discricionariedade necessária para apreciar a controvérsia constitucional posta no recurso individual ou na ação de caráter objetivo[24].

A admissão de um acesso individual e irrestrito é incompatível com o controle concentrado de legitimidade dos atos estatais – modalidade em que se insere o instituto regulado pelo projeto de lei sob exame. A inexistência de qualquer requisito específico a ser ostentado pelo proponente da arguição e a generalidade do objeto da impugnação fazem presumir a elevação excessiva do número de feitos a reclamar apreciação pelo Supremo Tribunal Federal, sem a correlata exigência de relevância social e consistência jurídica das arguições propostas. Dúvida não há de que a viabilidade funcional do Supremo Tribunal Federal consubstancia um objetivo ou princípio implícito da ordem constitucional, para cuja máxima eficácia devem zelar os demais poderes e as normas infraconstitucionais. De resto, o amplo rol de entes legitimados para a promoção do controle abstrato de normas inscrito no art. 103 da Constituição Federal assegura a veiculação e a seleção qualificada das questões constitucionais de maior relevância e consistência, atuando como verdadeiros agentes de representação social e de assistência à cidadania. Cabe igualmente ao Procurador-Geral da República, em sua função precípua de Advogado da Constituição, a formalização das questões constitucionais carentes de decisão e socialmente relevantes. Afigura-se correto supor, portanto, que a existência de uma pluralidade de entes social e juridicamente legitimados para a promoção de controle de constitucionalidade – sem prejuízo do acesso individual ao controle difuso – torna desnecessário e pouco eficiente admitir-se o excesso de feitos a processar e julgar certamente decorrentes de um acesso irrestrito e individual ao Supremo Tribunal Federal. Na medida em que se multiplicam os feitos a examinar sem que se assegure sua relevância e transcendência social, o comprometimento adicional da capacidade funcional do Supremo Tribunal Federal constitui inequívoca ofensa ao interesse público. Impõe-se, portanto, seja vetada a disposição em comento". A jurisprudência do STF reforça que o cidadão não possui legitimidade ativa *ad causam* para arguir o descumprimento de preceito fundamental, em razão da inexistência de norma autorizadora para tanto. Nesse sentido, cf. ADPF 138-MC, rel. Min. Celso de Mello, *DJ* de 7-5-2008.

22 O Projeto de Lei n. 6.543 de 2006, que tramita na Câmara dos Deputados, e busca superar o veto presidencial, dispõe: "Art. 1º O art. 2º da Lei n. 9.882, de 3 de dezembro de 1999, passa a viger acrescido do seguinte inciso III e § 3º: III – qualquer pessoa lesada ou ameaçada de lesão por ato do Poder Público. § 3º A propositura da arguição pelas pessoas referidas no inciso III do *caput* deste artigo deverá observar os requisitos fixados no Regimento Interno do Supremo Tribunal Federal, exigindo-se que a questão constitucional discutida no caso atenda aos mesmos requisitos exigidos para a caracterização da repercussão geral a que se refere o § 3º do art. 102 da Constituição".

23 A jurisprudência do STF reforça que o cidadão não possui legitimidade ativa *ad causam* para arguir o descumprimento de preceito fundamental, em razão da inexistência de norma autorizadora para tanto. Nesse sentido, cf. ADPF 138-MC, rel. Min. Celso de Mello, decisão monocrática, julgamento em 30-4-2008, *DJ* de 7-5-2008.

24 O tema foi tratado em palestra proferida sobre a "Ação Civil Pública", na Universidade Federal do Rio Grande do Sul, em Porto Alegre, no dia 7 de junho de 2005.

Observe-se que está em tramitação no Congresso Nacional o Projeto de Lei n. 6.543/2006, da Comissão Especial Mista "Regulamentação da Emenda n. 45", que visa alterar a Lei n. 9.882/99, com vistas a possibilitar a propositura de arguição de descumprimento de preceito fundamental às pessoas lesadas ou ameaçadas de lesão por ato do Poder Público. A exigência para tal legitimação, segundo o projeto, é de que a questão constitucional discutida atenda aos mesmos requisitos exigidos para a caracterização da repercussão geral a que se refere o § 3º do art. 102 da Constituição[25].

Ademais, poder-se-ia também considerar, nos casos de controle de constitucionalidade em ação civil pública, a suspensão do processo e posterior remessa da questão constitucional ao STF, via arguição de descumprimento de preceito fundamental. Tal mudança poderia ser concretizada por simples alteração nas Leis n. 9.882/99 (ADPF) e n. 7.347/85 (ACP), o que evitaria que decisões conflitantes fossem exaradas no âmbito dos tribunais *a quo* e no âmbito do STF, preservando, assim, o princípio da segurança jurídica e a coerência do sistema de controle de constitucionalidade.

Essas breves digressões demonstram que o instituto da arguição de descumprimento parece dotado de grande flexibilidade, o que pode permitir desenvolvimento de soluções criativas para a adequação do modelo jurídico-institucional às demandas dos novos tempos.

2.1.1. Capacidade postulatória

Quanto à capacidade postulatória, parece correto aplicar à ADPF o mesmo entendimento assentado pelo Supremo Tribunal Federal quanto ao processamento da ADI. Entende o Supremo Tribunal Federal que "o Governador do Estado e as demais autoridades e entidades referidas no art. 103, incisos I a VII, da Constituição Federal, além de ativamente legitimados à instauração do controle concentrado de constitucionalidade das leis e atos normativos, federais e estaduais, mediante ajuizamento da ação direta perante o Supremo Tribunal Federal, possuem capacidade processual plena e dispõem, *ex vi* da própria norma constitucional, de capacidade postulatória", estando autorizados, em consequência, enquanto ostentarem aquela condição, a praticar, no processo de ação direta de inconstitucionalidade, quaisquer atos ordinariamente privativos de advogado[26].

Assim, com exceção das confederações sindicais e entidades de classe de âmbito nacional e dos partidos políticos, pode-se afirmar que todos os demais legitimados para a ADPF dispõem de capacidade postulatória especial.

2.2. Legitimação ativa

Poderão propor arguição de descumprimento de preceito fundamental o Presidente da República, as Mesas da Câmara e do Senado Federal, os Governadores dos

25 Cf. também a Lei n. 11.418/2006, que trata da repercussão geral em recurso extraordinário.

26 Cf. ADI 127, rel. Min. Celso de Mello, *DJ* de 4-12-1992, ADI 96, rel. Min. Celso de Mello, *DJ* de 10-11-1989.

Estados e o Governador do Distrito Federal, as Mesas das Assembleias Legislativas e a Mesa da Câmara Distrital, o Procurador-Geral da República, o Conselho Federal da OAB, partido político com representação no Congresso Nacional[27], as confederações sindicais e entidades de classe de âmbito nacional. Aplicam-se, aqui, fundamentalmente, as orientações desenvolvidas a propósito da ação direta de inconstitucionalidade[28].

Ressalte-se, apenas, que tal conformação legislativa da disciplina sobre a legitimidade ativa da ADPF deve-se ao veto presidencial que obstou a extensão da legitimidade a tantos quantos fossem os cidadãos que tivessem seus direitos individuais afetados por atos do poder público.

2.3. Controvérsia judicial ou jurídica nas ações de caráter incidental

Tal como a Lei n. 9.868/99, na parte que disciplinou os pressupostos da ação declaratória de constitucionalidade (arts. 13 a 20), a Lei n. 9.882/99 pressupõe, basicamente, a existência de controvérsia judicial ou jurídica relativa à constitucionalidade da lei ou à legitimidade do ato para a instauração da arguição de inconstitucionalidade. Portanto, também na arguição de descumprimento de preceito fundamental há de se cogitar de uma legitimação para agir *in concreto*, tal como consagrada no Direito alemão, que se relaciona com a existência de um estado de incerteza, gerado por dúvidas ou controvérsias sobre a legitimidade da lei. É necessário que se configure, portanto, situação hábil a afetar a presunção de constitucionalidade ou de legitimidade do ato questionado.

Evidentemente, são múltiplas as formas de manifestação desse estado de incerteza quanto à legitimidade de norma. A insegurança poderá resultar de pronunciamentos contraditórios da jurisdição ordinária sobre a constitucionalidade de determinada disposição.

Assim, se a jurisdição ordinária, pela voz de diferentes órgãos, passar a afirmar a inconstitucionalidade de determinada lei, poderão os órgãos legitimados, se estiverem convencidos de sua constitucionalidade, provocar o STF para que ponha termo à controvérsia instaurada.

Da mesma forma, pronunciamentos contraditórios de órgãos jurisdicionais diversos sobre a legitimidade da norma poderão criar o estado de incerteza imprescindível para a instauração da ação declaratória de constitucionalidade.

Embora, como já acentuamos, as decisões judiciais sejam provocadas ou mesmo estimuladas pelo debate doutrinário, é certo que simples controvérsia doutrinária não se afigura suficiente para objetivar o estado de incerteza apto a legitimar a propositura da ação, uma vez que, por si só, ela não obsta à plena aplicação da lei.

A controvérsia diz respeito à aplicação do princípio da separação dos Poderes. A generalização de medidas judiciais contra uma dada lei nulifica completamente a presunção de constitucionalidade do ato normativo questionado e coloca em xeque a eficácia da decisão legislativa. A arguição de descumprimento seria o instrumento adequa-

27 Cf. ADPF 126-MC, rel. Min. Celso de Mello, decisão monocrática, julgamento em 19-12-2007, *DJ* de 1º-2-2008.
28 Cf., *supra*, capítulos específicos sobre a ADI e a ADC.

do para a solução desse impasse jurídico-político, permitindo que os órgãos legitimados provoquem o STF com base em dados concretos, e não em simples disputa teórica.

Assim, tal como na ação declaratória, também na arguição de descumprimento de preceito fundamental a exigência de demonstração de controvérsia judicial há de ser entendida como atinente à existência de controvérsia jurídica relevante, capaz de afetar a presunção de legitimidade da lei ou da interpretação judicial adotada e, por conseguinte, a eficácia da decisão legislativa.

A definição do que seria controvérsia apta a ensejar o cabimento de ADPF voltou ao Tribunal por ocasião do referendo da liminar concedida na ADPF 167, rel. Min. Eros Grau. Na ocasião, proferiu-se voto para assentar que "pode ocorrer lesão a preceito fundamental fundada em simples interpretação judicial do texto constitucional. Nesses casos, a controvérsia não tem por base a legitimidade ou não de uma lei ou de um ato normativo, mas se assenta simplesmente na legitimidade ou não de uma dada interpretação constitucional"[29].

2.4. Inexistência de outro meio eficaz: princípio da subsidiariedade

O desenvolvimento desse instituto dependerá da interpretação que o STF venha a dar à lei. A esse respeito, destaque-se que a Lei n. 9.882/99 impõe que a arguição de descumprimento de preceito fundamental somente será admitida se não houver outro meio eficaz de sanar a lesividade (art. 4º, § 1º)[30].

À primeira vista poderia parecer que somente na hipótese de absoluta inexistência de qualquer outro meio eficaz para afastar a eventual lesão poder-se-ia manejar, de forma útil, a arguição de descumprimento de preceito fundamental. É fácil ver que uma leitura excessivamente literal dessa disposição, que tenta introduzir entre nós o princípio da subsidiariedade vigente no Direito alemão (recurso constitucional) e no Direito espanhol (recurso de amparo), acabaria por retirar desse instituto qualquer significado prático.

De uma perspectiva estritamente subjetiva, a ação somente poderia ser proposta se já se tivesse verificado a exaustão de todos os meios eficazes de afastar a lesão no âmbito judicial. Uma leitura mais cuidadosa há de revelar, porém, que na análise sobre a eficácia da proteção de preceito fundamental nesse processo deve predominar um enfoque objetivo ou de proteção da ordem constitucional objetiva. Em outros termos, o princípio da subsidiariedade – inexistência de outro meio eficaz de sanar a lesão –, contido no § 1º do art. 4º da Lei n. 9.882/99, há de ser compreendido no contexto da ordem constitucional global.

---

29 *Informativo STF* n. 561, 28-9 a 2-10-2009.

30 A par da ilegitimidade *ad causam*, o art. 4º, § 1º, da Lei n. 9.882/99 converteu-se na maior causa de negativa de seguimento de arguições de descumprimento de preceito fundamental. Exemplificativamente, cf., ADPF 12, rel. Min. Ilmar Galvão, *DJ* de 26-3-2001; ADPF 17, rel. Min. Celso de Mello, *DJ* de 28-9-2001; ADPF 39, rel. Min. Sepúlveda Pertence, *DJ* de 6-3-2003; ADPF 64, rel. Min. Carlos Velloso, *DJ* de 13-6-2005; ADPF 15, rel. Min. Joaquim Barbosa, *DJ* de 2-3-2006; ADPF 76, rel. Min. Gilmar Mendes, *DJ* de 20-2-2006; ADPF 74, rel. Min. Celso de Mello, *DJ* de 1º-2-2007; ADPF 78, rel. Min. Carlos Britto, *DJ* de 14-9-2005; e, posteriormente, ADPF 128, rel. Min. Cezar Peluso, *DJ* de 23-4-2008.

Nesse sentido, se se considera o caráter enfaticamente objetivo do instituto (o que resulta, inclusive, da legitimação ativa), meio eficaz de sanar a lesão parece ser aquele apto a solver a controvérsia constitucional relevante de forma ampla, geral e imediata.

No direito alemão a *Verfassungsbeschwerde* (recurso constitucional) está submetida ao dever de exaurimento das instâncias ordinárias. Todavia, a Corte Constitucional pode decidir de imediato um recurso constitucional se se mostrar que a questão é de interesse geral ou se demonstrado que o requerente poderia sofrer grave lesão caso recorresse à via ordinária (Lei Orgânica do Tribunal, § 90, II).

Como se vê, a ressalva constante da parte final do § 90, II, da Lei Orgânica da Corte Constitucional alemã confere ampla discricionariedade tanto para conhecer das questões fundadas no interesse geral (*allgemeine Bedeutung*) quanto daquelas controvérsias baseadas no perigo iminente de grave lesão (*schwerer Nachteil*).

Assim, tem o Tribunal Constitucional admitido o recurso constitucional, na forma antecipada, em matéria tributária, tendo em vista o reflexo direto da decisão sobre inúmeras situações homogêneas[31]. A Corte considerou igualmente relevante a apreciação de controvérsia sobre publicidade oficial, tendo em vista o seu significado para todos os partícipes, ativos e passivos, do processo eleitoral[32]. No que concerne ao controle de constitucionalidade de normas, a posição da Corte tem-se revelado enfática: "apresenta-se, regularmente, como de interesse geral a verificação sobre se uma norma legal relevante para uma decisão judicial é inconstitucional"[33].

No Direito espanhol explicita-se que cabe o recurso de amparo contra ato judicial desde que "tenham sido esgotados todos os recursos utilizáveis dentro da via recursal" (Lei Orgânica do Tribunal Constitucional, art. 44, I). Não obstante, a jurisprudência e a doutrina têm entendido que, para os fins da exaustão das instâncias ordinárias, "não é necessária a interposição de todos os recursos possíveis, senão de todos os recursos razoavelmente úteis"[34].

Nessa linha de entendimento anotou o Tribunal Constitucional espanhol:

> "ao se manifestar neste caso a vontade do órgão jurisdicional sobre o fundo da questão controvertida, deve-se entender que a finalidade do requisito exigido no art. 44, 1, 'a', da LOTC foi observado, pois o recurso seria, em qualquer caso, ineficaz para reparar a suposta vulneração do direito constitucional em tela" (auto de 11-2-81, n. 19)[35].

Vê-se, assim, que também no Direito espanhol tem-se atenuado o significado literal do princípio da subsidiariedade ou do exaurimento das instâncias ordinárias, até porque, em muitos casos, o prosseguimento nas vias ordinárias não teria efeitos úteis para afastar a lesão a direitos fundamentais.

---

31 Cf. *BVerfGE*, 19/268 (273); *BVerfGE*, 62/338 (342); *v.* também Klaus Schlaich, *Das Bundesverfassungsgericht*, 4. ed., München, 1997, p. 162.

32 Cf. *BVerfGE*, 62/230 (232); *BVerfGE*, 62/117 (144); Klaus Schlaich, *Das Bundesverfassungsgericht*, cit., p. 162.

33 Cf. *BVerfGE*, 91/93 (106).

34 Cf. José Almagro, Justicia constitucional: comentarios a la Ley Orgánica del Tribunal Constitucional, 2. ed., Valencia, 1989, p. 324.

35 Cf. José Almagro, *Justicia constitucional*: comentarios a la Ley Orgánica del Tribunal Constitucional, cit., p. 325. Anote-se que, na espécie, os recorrentes haviam interposto o recurso fora do prazo.

Observe-se, ainda, que a legitimação outorgada ao Ministério Público e ao Defensor do Povo para manejar o recurso de amparo reforça, no sistema espanhol, o caráter objetivo desse processo.

Tendo em vista o Direito alemão, Schlaich transcreve observação de antigo Ministro da Justiça da Prússia segundo a qual "o recurso de nulidade era proposto pelas partes, porém com objetivo de evitar o surgimento ou a aplicação de princípios jurídicos incorretos"[36]. Em relação ao recurso constitucional moderno, movido contra decisões judiciais, anota Schlaich: "essa deve ser também a tarefa principal da Corte Constitucional com referência aos direitos fundamentais, tendo em vista os numerosos e relevantes recursos constitucionais propostos contra decisões judiciais: contribuir para que outros tribunais logrem uma realização ótima dos direitos fundamentais"[37].

Em verdade, o princípio da subsidiariedade, ou do exaurimento das instâncias, atua também nos sistemas que conferem ao indivíduo afetado o direito de impugnar a decisão judicial, como um pressuposto de admissibilidade de índole objetiva, destinado, fundamentalmente, a impedir a banalização da atividade de jurisdição constitucional[38].

No caso brasileiro, o pleito a ser formulado pelos órgãos ou entes legitimados dificilmente versará – pelo menos de forma direta – sobre a proteção judicial efetiva de posições específicas por eles defendidas. A exceção mais expressiva reside, talvez, na possibilidade de o Procurador-Geral da República, como previsto expressamente no texto legal, ou qualquer outro ente legitimado, propor a arguição de descumprimento a pedido de terceiro interessado, tendo em vista a proteção de situação específica. Ainda assim o ajuizamento da ação e a sua admissão estarão vinculados, muito provavelmente, ao significado da solução da controvérsia para o ordenamento constitucional objetivo, e não à proteção judicial efetiva de uma situação singular.

Assim, tendo em vista o caráter acentuadamente objetivo da arguição de descumprimento, o juízo de subsidiariedade há de ter em vista, especialmente, os demais processos objetivos já consolidados no sistema constitucional[39].

---

36 Klaus Schlaich, *Das Bundesverfassungsgericht*, cit., p. 184.

37 Klaus Schlaich, *Das Bundesverfassungsgericht*, cit., p. 184.

38 Cf., a propósito, Rudiger Zuck, *Das Recht der Verfassungsbeschwerde*, 2. ed., München, 1988, p. 13 e s.

39 Cf., a propósito, a ADPF 126-MC, rel. Min. Celso de Mello, decisão monocrática, julgamento em 19-12-2007, *DJE* de 1º-2-2008: "O diploma legislativo em questão – tal como tem sido reconhecido por esta Suprema Corte (*RTJ*, 189/395-397, *v. g.*) – consagra o princípio da subsidiariedade, que rege a instauração do processo objetivo de arguição de descumprimento de preceito fundamental, condicionando o ajuizamento dessa especial ação de índole constitucional à ausência de qualquer outro meio processual apto a sanar, de modo eficaz, a situação de lesividade indicada pelo autor: (...) O exame do precedente que venho de referir (*RTJ* 184/373-374, rel. Min. Celso de Mello) revela que o princípio da subsidiariedade não pode – nem deve – ser invocado para impedir o exercício da ação constitucional de arguição de descumprimento de preceito fundamental, eis que esse instrumento está vocacionado a viabilizar, numa dimensão estritamente objetiva, a realização jurisdicional de direitos básicos, de valores essenciais e de preceitos fundamentais contemplados no texto da Constituição da República. (...) Daí a prudência com que o Supremo Tribunal Federal deve interpretar a regra inscrita no art. 4º, § 1º, da Lei n. 9.882/99, em ordem a permitir que a utilização dessa nova ação constitucional possa efetivamente prevenir ou reparar lesão a preceito fundamental causada por ato do Poder Público. Não é por outra razão que esta Suprema Corte vem entendendo que a invocação do princípio da subsidiariedade, para não conflitar com o caráter objetivo de que se reveste a arguição de descumprimento de preceito fundamental, supõe a impossibilidade de utilização, em cada caso, dos demais instrumentos de controle normativo abstrato: (...) A pretensão ora deduzida nesta sede processual, que tem por objeto normas legais de caráter pré-constitucional, exatamente por se revelar insuscetível de

Nesse caso, cabível a ação direta de inconstitucionalidade ou de constitucionalidade, não será admissível a arguição de descumprimento. Em sentido contrário, não sendo admitida a utilização de ações diretas de constitucionalidade ou de inconstitucionalidade – isto é, não se verificando a existência de meio apto para solver a controvérsia constitucional relevante de forma ampla, geral e imediata – há de se entender possível a utilização da arguição de descumprimento de preceito fundamental.

É o que ocorre, fundamentalmente, nas hipóteses relativas ao controle de legitimidade do direito pré-constitucional, do direito municipal em face da Constituição Federal e nas controvérsias sobre direito pós-constitucional já revogado ou cujos efeitos já se exauriram. Nesses casos, em face do não cabimento da ação direta de inconstitucionalidade, não há como deixar de reconhecer a admissibilidade da arguição de descumprimento.

Também é possível que se apresente arguição de descumprimento com pretensão de ver declarada a constitucionalidade de lei estadual ou municipal que tenha sua legitimidade questionada nas instâncias inferiores. Tendo em vista o objeto restrito da ação declaratória de constitucionalidade, não se vislumbra aqui meio eficaz para solver, de forma ampla, geral e imediata, eventual controvérsia instaurada (cf., *infra, Pedido de declaração de constitucionalidade (ação declaratória) do direito estadual e municipal e arguição de descumprimento*).

Afigura-se igualmente legítimo cogitar de utilização da arguição de descumprimento nas controvérsias relacionadas com o princípio da legalidade (lei e regulamento), uma vez que, assim como assente na jurisprudência, tal hipótese não pode ser veiculada em sede de controle direto de constitucionalidade (cf., *infra*, item 4.2 – *Preceito fundamental e princípio da legalidade: a lesão a preceito fundamental decorrente de ato regulamentar*).

A própria aplicação do princípio da subsidiariedade está a indicar que a arguição de descumprimento há de ser aceita nos casos que envolvam a aplicação direta da Constituição – alegação de contrariedade à Constituição decorrente de decisão judicial ou controvérsia sobre interpretação adotada pelo Judiciário que não cuide de simples aplicação de lei ou normativo infraconstitucional.

Da mesma forma, controvérsias concretas fundadas na eventual inconstitucionalidade de lei ou ato normativo podem dar ensejo a uma pletora de demandas, insolúveis no âmbito dos processos objetivos.

Não se pode admitir que a existência de processos ordinários e recursos extraordinários deva excluir, *a priori*, a utilização da arguição de descumprimento de preceito fundamental. Até porque, tal como assinalado, o instituto assume, entre nós, feição marcadamente objetiva.

---

conhecimento em sede de ação direta de inconstitucionalidade (*RTJ* 145/339, rel. Min. Celso de Mello – *RTJ*, 169/763, rel. Min. Paulo Brossard – ADI 129/SP, rel. p/ o acórdão Min. Celso de Mello, *v. g.*), não encontra obstáculo na regra inscrita no art. 4º, § 1º, da Lei n. 9.882/99, o que permite – satisfeita a exigência imposta pelo postulado da subsidiariedade – a instauração deste processo objetivo de controle normativo concentrado. Reconheço admissível, pois, sob a perspectiva do postulado da subsidiariedade, a utilização do instrumento processual da arguição de descumprimento de preceito fundamental".

A propósito, assinalou o Ministro Sepúlveda Pertence, na ADC 1[40], que a convivência entre o sistema difuso e o sistema concentrado "não se faz sem uma permanente tensão dialética na qual, a meu ver, a experiência tem demonstrado que será inevitável o reforço do sistema concentrado, sobretudo nos processos de massa; na multiplicidade de processos a que inevitavelmente, a cada ano, na dinâmica da legislação, sobretudo da legislação tributária e matérias próximas, levará se não se criam mecanismos eficazes de decisão relativamente rápida e uniforme; ao estrangulamento da máquina judiciária, acima de qualquer possibilidade de sua ampliação e, progressivamente, ao maior descrédito da Justiça, pela sua total incapacidade de responder à demanda de centenas de milhares de processos rigorosamente idênticos, porque reduzidos a uma só questão de direito".

A possibilidade de incongruências hermenêuticas e confusões jurisprudenciais decorrentes dos pronunciamentos de múltiplos órgãos pode configurar uma ameaça a preceito fundamental (pelo menos, ao da segurança jurídica), o que também está a recomendar uma leitura compreensiva da exigência aposta à lei da arguição, de modo a admitir a propositura da ação especial toda vez que uma definição imediata da controvérsia mostrar-se necessária para afastar aplicações erráticas, tumultuárias ou incongruentes, que comprometam gravemente o princípio da segurança jurídica e a própria ideia de prestação judicial efetiva.

Ademais, a ausência de definição da controvérsia – ou a própria decisão prolatada pelas instâncias judiciais – poderá ser a concretização da lesão a preceito fundamental. Em um sistema dotado de órgão de cúpula que tem missão de guarda da Constituição, a multiplicidade ou a diversidade de soluções pode constituir-se, por si só, em ameaça ao princípio constitucional da segurança jurídica e, por conseguinte, em autêntica lesão a preceito fundamental.

Assim, tendo em vista o perfil objetivo da arguição de descumprimento, com legitimação diversa, dificilmente poder-se-á vislumbrar uma autêntica relação de subsidiariedade entre o novel instituto e as formas ordinárias ou convencionais de controle de constitucionalidade do sistema difuso, expressas, fundamentalmente, no uso do recurso extraordinário.

Como se vê, ainda que aparentemente pudesse ser o recurso extraordinário o meio hábil para superar eventual lesão a preceito fundamental nessas situações, na prática, especialmente nos processos de massa, a utilização desse instituto do sistema difuso de controle de constitucionalidade não se revela plenamente eficaz, em razão do limitado efeito do julgado nele proferido (decisão com efeito entre as partes).

Assim sendo, é possível concluir que a simples existência de ações ou de outros recursos processuais – vias processuais ordinárias – não poderá servir de óbice à formulação da arguição de descumprimento. Ao contrário, tal como explicitado, a multiplicação de processos e decisões sobre um dado tema constitucional reclama, as mais das vezes, a utilização de um instrumento de feição concentrada, que permita a solução definitiva e abrangente da controvérsia.

---

40 ADC 1/DF, rel. Min. Moreira Alves, julgada em 1º-12-1993, *DJ* de 16-6-1995.

No julgamento da liminar na ADPF 33, o Tribunal acolheu, em linhas gerais, a orientação acima sustentada, tendo considerado cabível, em princípio, ADPF movida em relação à lei estadual pré-constitucional, que indexava o reajuste dos vencimentos de determinado grupo de funcionários ao valor do salário mínimo. Essa orientação foi reafirmada na decisão de mérito, proferida em 7-12-2005[41].

Nessas hipóteses, ante a inexistência de processo de índole objetiva apto a solver, de uma vez por todas, a controvérsia constitucional, afigura-se integralmente aplicável a arguição de descumprimento de preceito fundamental. É que as ações originárias e o próprio recurso extraordinário não parecem, as mais das vezes, capazes de resolver a controvérsia constitucional de forma geral, definitiva e imediata[42]. A necessidade de interposição de uma pletora de recursos extraordinários idênticos poderá, em verdade, constituir-se em ameaça ao livre funcionamento do STF e das próprias Cortes ordinárias.

Dessa forma, o Tribunal poderá conhecer da arguição de descumprimento toda vez que o princípio da segurança jurídica restar seriamente ameaçado, especialmente em razão de conflitos de interpretação ou de incongruências hermenêuticas causadas pelo modelo pluralista de jurisdição constitucional, desde que presentes os demais pressupostos de admissibilidade.

É fácil ver também que a fórmula da relevância do interesse público para justificar a admissão da arguição de descumprimento (explícita no modelo alemão) está implícita no sistema criado pelo legislador brasileiro, tendo em vista especialmente o caráter marcadamente objetivo que se conferiu ao instituto.

Assim, o Supremo Tribunal Federal poderá, ao lado de outros requisitos de admissibilidade, emitir juízo sobre a relevância e o interesse público contido na controvérsia constitucional, podendo recusar a admissibilidade da ADPF sempre que não vislumbrar relevância jurídica na sua propositura.

---

41 ADPF 33, rel. Min. Gilmar Mendes, julgada em 7-12-2005; cf. também ADPF 46, rel. Min. Marco Aurélio, julgamento não concluído, e ADPF 54 (QO), rel. Min. Marco Aurélio, julgada em 20-10-2004 – julgamento de mérito não concluído.

42 O julgamento da ADPF 111, rel. Min. Carlos Britto, *DJ* de 4-10-2007, destacou hipótese excepcional. Na ocasião, teve-se por não atendido o requisito da subsidiariedade, pois a arguição atacava decisão do Tribunal de Justiça estadual que julgou ação de inconstitucionalidade. Ponderou o Relator: "A jurisprudência deste Supremo Tribunal vem admitindo o manejo de recurso extraordinário contra decisão que julga representação de inconstitucionalidade (a ADI estadual, prosaicamente falando) quando os dispositivos da Constituição Estadual, apontados como violados, são de repetição obrigatória da Constituição Federal (RE 302.803-AgR, rel. Min. Ellen Gracie; AI 486.965--AgR, rel. Min. Eros Grau; entre outros). E o fato é que, no caso, a Corte local declarou inválida a Lei blumenauense n. 5.824/2001, por divisar ofensa a normas da Constituição Estadual que foram compulsoriamente absorvidas da Lei Maior da República. Nesse fluxo de ideias, infere-se que a decisão a ser tomada pelo Supremo Tribunal Federal, ao julgar um eventual recurso extraordinário contra o pronunciamento do TJ/SC, não terá os normais efeitos *inter partes*, inerentes a qualquer processo de índole subjetiva. Terá, isto sim, a mesma eficácia do acórdão prolatado pelo Tribunal de Justiça quando do julgamento da representação de inconstitucionalidade (...) Por outro lado, não se pode olvidar que, uma vez interposto o recurso extraordinário contra a decisão do TJ/SC que julgou a ADI estadual n. 2002.020438-8, poderá ainda o recorrente manejar as medidas judiciais pertinentes, com o fito de atribuir eficácia suspensiva à decisão objeto do apelo extremo. Tudo a atestar que, no caso dos autos, há outro meio eficaz de sanar a lesividade apontada, não importando – ante a natureza objetiva da arguição de descumprimento de preceito fundamental –, por quem tal medida haja de ser deflagrada. Nessa moldura, nego seguimento ao pedido (§ 1º do art. 21 do RI/STF)".

Essa leitura compreensiva da cláusula da subsidiariedade contida no art. 4º, § 1º, da Lei n. 9.882/99, parece solver, com superioridade, a controvérsia em torno da aplicação do princípio do exaurimento das instâncias.

Destaque-se, por fim, a prática da fungibilidade entre ADPF e ADI. Na ADPF 72, por exemplo, entendeu o Tribunal que, como se cuidava de impugnação de preceito autônomo por ofensa a dispositivos constitucionais, cabível seria a ADI. Daí ter-se convertido a ADPF em ação direta[43].

3. OBJETO DA ARGUIÇÃO DE DESCUMPRIMENTO DE PRECEITO FUNDAMENTAL

3.1. Considerações preliminares

Nos termos da Lei n. 9.882/99, cabe a arguição de descumprimento de preceito fundamental para evitar ou reparar lesão a preceito fundamental, resultante de ato do Poder Público (art. 1º, *caput*).

O parágrafo único do art. 1º explicita que caberá também a arguição de descumprimento quando for relevante o fundamento da controvérsia constitucional sobre lei ou ato normativo federal, estadual ou municipal, inclusive anteriores à Constituição (leis pré-constitucionais).

Vê-se, assim, que a arguição de descumprimento poderá ser utilizada para solver controvérsias sobre a constitucionalidade do direito federal, do direito estadual e também do direito municipal.

Tal como já observado, a arguição de descumprimento vem completar o sistema de controle de constitucionalidade de perfil relativamente concentrado no STF, uma vez que as questões até então não apreciadas no âmbito do controle abstrato de constitucionalidade (ação direta de inconstitucionalidade, ação direta de inconstitucionalidade por omissão e ação declaratória de constitucionalidade) poderão ser objeto de exame no âmbito do novo procedimento[44].

---

43 Cf. ADPF-QO 72, rel. Min. Ellen Gracie, *DJ* de 1º-6-2005. Em sentido análogo, cf., ADPF 121, rel. Min. Cezar Peluso, j. 26-6-2008 e ADPF 39, rel. Min. Menezes Direito, julgada em 26-2-2003, quando, em decisão monocrática, o Relator considerou que a "admissibilidade em tese da ação direta basta a inviabilizar a arguição, ainda para os que – na trilha do em. Ministro Gilmar Mendes – restringem a incidência da regra de subsidiariedade da ADPF à hipótese de haver outro processo objetivo de controle abstrato de normas. Esse o quadro, indefiro a inicial, sem prejuízo de que o requerente possa convertê-la em ação direta de inconstitucionalidade".

44 Assinale-se, porém, que o caráter supletivo da ação não autoriza seja ampliado, sem limites, o âmbito objetivo do controle concentrado. Cf. ADPF 80, rel. Min. Eros Grau, julgada em 17-8-2005, em que se atacava a Súmula n. 666 do STF, quando assentou-se que "os enunciados de Súmula nada mais são senão expressões sintetizadas de entendimentos consolidados na Corte. Não se confundem com a súmula vinculante do artigo 103-A da Constituição do Brasil. Esta consubstancia texto normativo, aqueles enunciados não. Por isso não podem ser concebidos como ato do poder público lesivo a preceito fundamental. Esta circunstância afasta irretorquivelmente o cabimento da presente arguição. 5. A arguente pretende, em verdade, a revisão do entendimento desta Corte – que lhe é desfavorável –, emitido no exercício da competência atribuída pelo artigo 102 da Constituição do Brasil. Ante o exposto, nego seguimento a esta arguição de descumprimento de preceito fundamental [RISTF, art. 21, § 1º] e determino o seu arquivamento".

3.2. Direito pré-constitucional

A lei que disciplina a arguição de descumprimento de preceito fundamental estabeleceu, expressamente, a possibilidade de exame da compatibilidade do direito pré-constitucional com norma da Constituição da República.

Assim, toda vez que se configurar controvérsia relevante sobre a legitimidade do direito federal, estadual ou municipal anteriores à Constituição, em face de preceito fundamental da Constituição, poderá qualquer dos legitimados para a ação direta de inconstitucionalidade formular a arguição de descumprimento.

Também essa solução vem colmatar uma lacuna importante no sistema constitucional brasileiro, permitindo que controvérsias relevantes afetas ao direito pré-constitucional sejam solvidas pelo STF com eficácia geral e efeito vinculante no âmbito de um processo objetivo.

3.3. Lei pré-constitucional e alteração de regra constitucional de competência legislativa

A admissibilidade do controle de legitimidade do direito pré-constitucional em sede de ADPF permite solver outra questão grave concernente às *competências legislativas* e de órgãos integrantes da estrutura federal no âmbito do controle concentrado. Trata-se da sensível questão da chamada incompetência legislativa superveniente.

A Corte Constitucional italiana tem reconhecido a vigência das leis estatais anteriores que disciplinam matéria agora reservada à legislação regional, admitindo a sua integração no ordenamento regional até a promulgação de lei nova (princípio da continuidade)[45]. Enfatiza Zagrebelsky que "a prova de que não se cuida de invalidade é que a lei estatal que deixa de ser aplicada na região que tenha utilizado sua competência legislativa, continua a ser validamente utilizada em outra região que não a tenha exercido"[46].

No Direito alemão, a matéria mereceu especial atenção do constituinte (Lei Fundamental, arts. 124 a 126), que outorgou ao Tribunal Constitucional (*Bundesverfassungsgericht*) a competência para dirimir eventuais dúvidas sobre a vigência de lei como direito federal (art. 126). Portanto, cabe à Corte Constitucional aferir, no âmbito do controle concreto ou abstrato de normas, a vigência de lei pré-constitucional como direito federal. Não se trata, pois, de verificar a validade (*Geltung*), mas a qualidade da norma (*Rang der Norm*). "A validade da norma – diz Pestalozza – pode constituir uma questão preliminar, mas não o objeto principal do processo"[47].

Assim, pode o Tribunal concluir que a lei foi revogada por contrariar dispositivo constitucional (*das Gesetz nicht mehr gilt*), reconhecer a sua insubsistência como direito

45 Gustavo Zagrebelski, *La giustizia costituzionale*, Bologna: Mulino, 1979, p. 48.

46 Cf. Gustavo Zagrebelski, *La giustizia costituzionale*, cit., p. 48: "a riprova del fatto che di invalidità non sis tratta si può osservare che la legge statale, non più operativa nella regione che abbia esercitato la propria potestà legislativa, continua validamente a trovare applicazione nelle regione che, viceversa, non l'abbiano (ancora) esercitata".

47 Christian Pestalozza, *Verfassungsprozessrecht*, 2. ed., München, 1982, p. 160.

federal (*das Gesetz nicht als Bundesrecht fortgilt*) ou constatar a vigência enquanto direito federal (*das Gesetz als Bundesrecht fortgilt*)[48].

Entre nós, a referência ao tema parece limitada aos estudos de Pontes de Miranda, que formula as seguintes proposições sobre o assunto:

> "Sempre que a Constituição dá à União a competência sobre certa matéria e havia legislação anterior, federal e local, em contradição, a Constituição ab-rogou ou derrogou a legislação federal ou local, em choque com a regra jurídica de competência. Não se precisa, para se decidir em tal sentido, que se componha a maioria absoluta do art. 116.
>
> Se a legislação, que existia, era só estadual, ou municipal, e a Constituição tornou de competência legislativa federal a matéria, a superveniência da Constituição faz contrário à Constituição qualquer ato de aplicação dessa legislação, no que ela, com a nova regra jurídica de competência, seria sem sentido. A maioria do art. 116 não é necessária. *Aliter*, se só há a ab-rogação ou a derrogação, se inconstitucional a continuação da incidência; e. g., se antes de ser estadual, ou municipal, fora federal (discute-se se há repristinação ou inconstitucionalidade).
>
> Se havia legislação federal e estadual e a competência passou a ser, tão só, do Estado-membro, ou do Município, a legislação federal persiste, estadualizada, ou municipalizada, respectivamente, até que o Estado-membro ou o Município a ab-rogue, ou derrogue"[49].

Evidentemente, não há cogitar de uma federalização de normas estaduais ou municipais, por força de alteração na regra de competência.

Nesse caso, há de se reconhecer eficácia derrogatória à norma constitucional que tornou de competência legislativa federal matéria anteriormente afeta ao âmbito estadual ou municipal.

Todavia, se havia legislação federal, e a matéria passou à esfera de competência estadual ou municipal, o complexo normativo promulgado pela União subsiste estadualizado ou municipalizado, até que se proceda à sua derrogação por lei estadual ou municipal. É o que parece autorizar o próprio princípio da continuidade do ordenamento jurídico[50].

Tem-se aqui, pois, mais uma aplicação de grande significado para a ADPF.

3.4. O controle direto de constitucionalidade do direito municipal em face da Constituição Federal

A Constituição de 1988 autorizou o constituinte estadual a instituir o controle abstrato de normas do direito estadual e municipal em face da Constituição estadual. Subsistia, porém, ampla insegurança, em razão da falta de um mecanismo expedito de controle de constitucionalidade do direito municipal perante a Constituição Federal.

---

48 Theodor Maunz et al, *Bundesverfassungsgerichtsgesetz:* Kommentar, München: C. H. Beck, 1985, § 86, n. 3 e 4, § 89, n. 3 e 4.

49 Pontes de Miranda, *Comentários ao Código de Processo Civil*, Rio de Janeiro: Forense, 1975, v. 6, p. 66-67.

50 Nesse sentido cf. RE 218.160, rel. Min. Moreira Alves, 1ª Turma, *DJ* de 6-3-1998.

Deve-se observar, outrossim, que, dada a estrutura diferenciada da Federação brasileira, algumas entidades comunais têm importância idêntica, pelo menos do prisma econômico e social, à de muitas unidades federadas, o que conferia gravidade à ausência de controle normativo eficaz.

No contexto da Revisão Constitucional de 1994 esforçou-se para superar, ainda que parcialmente, essa situação, adotando-se o chamado "incidente de inconstitucionalidade", que haveria de ser suscitado perante o STF, em caso de dúvida ou controvérsia sobre a constitucionalidade de leis ou atos normativos federais, estaduais e municipais[51].

A Lei n. 9.882/99 veio, em boa hora, contribuir para a superação dessa lacuna, contemplando expressamente a possibilidade de controle de constitucionalidade do direito municipal no âmbito desse processo especial.

Ao contrário do imaginado por alguns, não será necessário que o STF aprecie as questões constitucionais relativas ao direito de todos os Municípios. Nos casos relevantes, bastará que decida uma questão-padrão com força vinculante.

Se entendermos que o efeito vinculante abrange também os fundamentos determinantes da decisão[52], poderemos dizer, com tranquilidade, que não apenas a lei objeto da declaração de inconstitucionalidade no Município "A", mas toda e qualquer lei municipal de idêntico teor não mais poderá ser aplicada.

Em outras palavras, se o STF afirmar, em um processo de arguição de descumprimento, que a Lei n. "X", do Município de São Paulo, que prevê a instituição do IPTU, é inconstitucional, essa decisão terá efeito não apenas em relação a esse texto normativo, mas também em relação aos textos normativos de teor idêntico editados por todos os demais entes comunais[53].

Quanto ao direito estadual, tem-se pronunciado pela necessidade de declaração de inconstitucionalidade de norma de teor idêntico.

De qualquer forma, será sempre admissível a propositura de reclamação sob a alegação de não observância da decisão do STF, no caso originário, com pedido de declaração de inconstitucionalidade incidental da norma de teor idêntico que foi objeto da declaração de inconstitucionalidade em ADPF[54].

3.5. Pedido de declaração de constitucionalidade (ação declaratória) do direito estadual e municipal e arguição de descumprimento

A Lei n. 9.882/99 previu, expressamente, a possibilidade de controle de constitucionalidade do direito estadual e do direito municipal no processo de arguição de descumprimento de preceito fundamental.

51 *V.* Relatoria da Revisão Constitucional, 1994, Pareceres Produzidos (Histórico), t. I, Parecer n. 27, p. 312 e s.

52 Cf., quanto ao efeito vinculante, item sobre o incidente de inconstitucionalidade e arguição de descumprimento, acima desenvolvido.

53 Cf., *supra*, n. III, *Controle incidental ou concreto,* item sobre a suspensão de execução da lei pelo Senado e mutação constitucional.

54 Cf. Rcl. 595, rel. Min. Sydney Sanches, *DJ* de 23-5-2003. A tese foi rediscutida na Rcl 3.014, julgada pelo Supremo Tribunal em 10-3-2010 (*DJ* de 21-5-2010).

Poderá ocorrer, assim, a formulação de pleitos com o objetivo de obter a declaração de constitucionalidade ou de inconstitucionalidade toda vez que da controvérsia judicial instaurada possa resultar sério prejuízo à aplicação da norma, com possível lesão a preceito fundamental da Constituição.

De certa forma, a instituição da arguição de descumprimento de preceito fundamental completa o quadro das "ações declaratórias", ao permitir que não apenas o direito federal, mas também o direito estadual e municipal possam ser objeto de pedido de declaração de constitucionalidade[55].

3.6. A lesão a preceito decorrente de mera interpretação judicial

Pode ocorrer lesão a preceito fundamental fundada em simples interpretação judicial do texto constitucional. Nesses casos a controvérsia não tem por base a legitimidade ou não de uma lei ou de um ato normativo, mas se assenta simplesmente na legitimidade ou não de uma dada interpretação constitucional. No âmbito do recurso extraordinário essa situação apresenta-se como um caso de decisão judicial que contraria diretamente a Constituição (art. 102, III, *a*).

Não parece haver dúvida de que, diante dos termos amplos do art. 1º da Lei n. 9.882/99, essa hipótese poderá ser objeto de arguição de descumprimento – lesão a preceito fundamental resultante de ato do Poder Público –, até porque se cuida de uma situação trivial no âmbito de controle de constitucionalidade difuso.

Assim, o ato judicial de interpretação direta de um preceito fundamental poderá conter uma violação da norma constitucional. Nessa hipótese caberá a propositura da arguição de descumprimento para afastar a lesão a preceito fundamental resultante desse ato judicial do Poder Público, nos termos do art. 1º da Lei n. 9.882/99.

Exemplo de utilização da arguição de descumprimento de preceito fundamental como instrumento de controle de decisões judiciais foi o julgamento da ADPF 101.

Ajuizada pelo Presidente da República, a arguição não se dirigia contra lei ou ato normativo, tendo como objeto "decisões judiciais que autorizam a importação de pneus usados"[56], ao argumento de que violavam os preceitos fundamentais inscritos nos arts. 196 e 225 da Constituição da República. Requeria o arguente, ainda, fosse declarada a constitucionalidade do conjunto de normas (portarias e decretos) editados por diferentes órgãos da administração pública com vistas a vedar a importação de pneus usados.

Sustentava o arguente que numerosas decisões judiciais estavam sendo proferidas em desconformidade com portarias e decretos de órgãos do Executivo federal que expressamente vedavam a importação de pneus usados.

Em preliminar, o Tribunal afastou a alegação de que a arguição não poderia ser admitida por não cumprir a exigência do art. 4º, § 1º, da Lei n. 9.882/99. Por maioria, a Corte rejeitou a preliminar "tendo em conta a pendência de múltiplas ações judiciais,

55 Na Reforma do Judiciário, o Senado Federal aprovou proposta que amplia o objeto da ADC, contemplando também o direito estadual (PEC 358-A).

56 ADPF 101, rel. Min. Cármen Lúcia, julgada em 11-3-2009, *Informativo STF* n. 538.

nos diversos graus de jurisdição, inclusive no Supremo, nas quais há interpretações e decisões divergentes sobre a matéria, o que tem gerado situação de insegurança jurídica, não havendo outro meio hábil a solucionar a polêmica sob exame"[57].

No julgamento de mérito, o Tribunal, vencido o Ministro Marco Aurélio, "declarou inconstitucionais, com efeitos *ex tunc*, as interpretações, incluídas as judicialmente acolhidas, que permitiram ou permitem a importação de pneus usados de qualquer espécie, aí insertos os remoldados. Ficaram ressalvados os provimentos judiciais transitados em julgado, com teor já executado e objeto completamente exaurido"[58].

Também nessa esteira, é de se destacar o julgamento da ADPF 405 MC/RJ, pelo Supremo Tribunal Federal. Como consequência da grave situação de calamidade financeira enfrentada pelo Rio de Janeiro desde o ano de 2016, a administração pública estadual, em 2017, encontrava-se em débito com o pagamento de fornecedores, e em atraso no que diz respeito ao pagamento da remuneração dos próprios servidores públicos.

Em função da crise econômica, diversas ações foram propostas perante o Poder Judiciário, com o intuito de que fossem realizados os pagamentos devidos pelo Estado do Rio de Janeiro. Ao se apreciarem as ações judiciais, muitas tiveram seus pedidos julgados procedentes pelos magistrados, com a determinação de apreensão dos valores nas contas do Estado, para que se concretizassem, assim, os pagamentos.

Diante desse quadro, o Governador do Rio de Janeiro propôs a ADPF 405/RJ, perante o Supremo Tribunal Federal, com o objetivo de suspender liminarmente os efeitos das decisões do TJ/RJ e do TRT da 1ª Região que houvessem determinado a incidência de medidas constritivas sobre valores das contas do Estado, a fim de concretizar os pagamentos devidos pela administração estadual.

Ao apreciar a demanda, o Tribunal considerou que o conjunto de decisões impugnadas naquela ação configurava atos típicos do poder público passíveis de serem impugnados por via de ADPF. No mérito, a Corte deferiu parcialmente a medida cautelar para suspender, até o julgamento final dos pedidos, os efeitos de todas as decisões judiciais do Tribunal de Justiça do Estado do Rio de Janeiro, bem como do Tribunal Regional do Trabalho da 1ª Região que houvessem determinado arresto, sequestro, bloqueio, penhora ou a liberação de valores das contas administradas pelo Estado do Rio de Janeiro, para atender a demandas relativas a pagamento de salários, a satisfação imediata de créditos dos prestadores de serviços, e tutelas provisórias definidoras de prioridades na aplicação de recursos públicos, exclusivamente nos casos em que estas determinações houvessem recaído sobre recursos escriturados com vinculação orçamentária específica ou vinculados a convênios e operações de crédito, valores de terceiros sob a administração do Poder Executivo e valores constitucionalmente destinados a municípios.

Cumpre ressaltar, ainda com referência à ADPF enquanto instrumento de controle de interpretações judiciais, o julgamento da ADPF 144, ocasião em que se questionava a interpretação judicial do TSE que afirmou não ser autoaplicável o § 9º do art. 14 da Constituição, como forma de impedir a candidatura dos chamados "fichas sujas"[59].

57 ADPF 101, rel. Min. Cármen Lúcia, j. em 11-3-2009, *Informativo STF* n. 538.

58 ADPF 101, rel. Min. Cármen Lúcia, j. em 24-6-2009, *Informativo STF* n. 552.

59 ADPF 144, rel. Min. Celso de Mello, *DJ* de 26-2-2010.

Neste passo, vislumbra-se, *de lege ferenda*, a possibilidade de conjugação dos institutos da arguição de descumprimento e do recurso extraordinário[60].

Assim, o legislador poderia atribuir ao recorrente no recurso extraordinário o direito de propor simultaneamente a arguição, assegurando ao STF a possibilidade de apreciar a controvérsia posta exclusivamente no recurso ou, também, na ação especial.

Conforme proposta do Senador José Jorge, no Projeto de Lei n. 6.543, de 2006, ora em tramitação no Congresso Nacional, o art. 2º da Lei n. 9.882/99 passaria a viger acrescido dos seguintes inciso III e § 3º: "Art. 2º [...] III – qualquer pessoa lesada ou ameaçada de lesão por ato do Poder Público. [...] § 3º A propositura da arguição pelas pessoas referidas no inciso III do *caput* deste artigo deverá observar os requisitos fixados no Regimento Interno do Supremo Tribunal Federal, exigindo-se que a questão constitucional discutida no caso atenda aos mesmos requisitos exigidos para a caracterização da repercussão geral a que se refere o § 3º do art. 102 da Constituição".

Essa ADPF destinada à impugnação de decisão judicial assume características de uma ação especial de impugnação de decisões judiciais, tal como a *Verfassungsbeschwerde* alemã e o recurso de amparo espanhol.

3.7. Contrariedade à Constituição decorrente de decisão judicial sem base legal (ou fundada em falsa base legal)

Problema igualmente relevante coloca-se em relação às decisões de única ou de última instância que, por falta de fundamento legal, acabam por lesar relevantes princípios da ordem constitucional.

---

60 Como observado acima, está em tramitação no Congresso Nacional o Projeto de Lei n. 6.543, de 2006, que altera a Lei n. 9.882/99, para legitimar, para a propositura de arguição de preceito fundamental, as pessoas lesadas ou ameaçadas de lesão por ato do Poder Público, e dá outras providências:

"O CONGRESSO NACIONAL decreta:

Art. 1º O art. 2º da Lei n. 9.882, de 3 de dezembro de 1999, passa a viger acrescido dos seguintes inciso III e § 3º.

'Art. 2º (...)

(...)

III – qualquer pessoa lesada ou ameaçada de lesão por ato do Poder Público.

(...)

§ 3º A propositura da arguição pelas pessoas referidas no inciso III do *caput* deste artigo deverá observar os requisitos fixados no Regimento Interno do Supremo Tribunal Federal, exigindo-se que a questão constitucional discutida no caso atenda aos mesmos requisitos exigidos para a caracterização da repercussão geral a que se refere o § 3º do art. 102 da Constituição (NR)'.

Art. 2º O art. 3º da Lei n. 9.882, de 3 de dezembro de 1999, passa a vigorar acrescido do seguinte inciso VI:

'Art. 3º (...)

(...)

VI – no caso da propositura da arguição pelas pessoas referidas no inciso III do art. 2º, a comprovação dos requisitos a que se refere o § 3º do mesmo artigo.

(...) (NR)'.

Art. 3º Esta Lei entra em vigor noventa dias após a sua publicação".

Uma decisão judicial que, sem fundamento legal, afete situação individual revela-se igualmente contrária à ordem constitucional, pelo menos ao direito subsidiário da liberdade de ação (*Auffangrundrecht*)[61].

Se se admite, como expressamente estabelecido na Constituição, que os direitos fundamentais vinculam todos os Poderes e que a decisão judicial deve observar a Constituição e a lei, não é difícil compreender que a decisão judicial que se revele desprovida de base legal afronta algum direito individual específico, pelo menos na vertente do princípio da legalidade.

A propósito, assinalou a Corte Constitucional alemã: "na interpretação do direito ordinário, especialmente dos conceitos gerais indeterminados (*Generalklausel*), devem os tribunais levar em conta os parâmetros fixados na Lei Fundamental. Se o tribunal não observa esses parâmetros, então ele acaba por ferir a norma fundamental que deixou de observar; nesse caso, o julgado deve ser cassado no processo de recurso constitucional"[62].

Não há dúvida de que essa orientação prepara algumas dificuldades, podendo converter a Corte Constitucional em autêntico tribunal de revisão. É que, se a lei deve ser aferida em face de toda a Constituição, as decisões hão de ter sua legitimidade verificada em face da Constituição e de toda a ordem jurídica. Se se admitisse que toda decisão contrária ao direito ordinário é uma decisão inconstitucional, ter-se-ia de acolher, igualmente, todo e qualquer recurso constitucional interposto contra decisão judicial ilegal[63].

Enquanto essa orientação prevalece em relação às leis inconstitucionais, não se adota o mesmo entendimento no que concerne às decisões judiciais.

Por essas razões, procura o Tribunal formular um critério que limita a impugnação das decisões judiciais mediante recurso constitucional. Sua admissibilidade dependeria, fundamentalmente, da demonstração de que, na interpretação e aplicação do Direito, o juiz desconsiderou por completo ou essencialmente a influência dos direitos fundamentais, de que a decisão se revela grosseira e manifestamente arbitrária na interpretação e aplicação do direito ordinário ou, ainda, de que se ultrapassaram os limites da construção jurisprudencial[64]. Não raras vezes observa a Corte Constitucional que determinada decisão judicial afigura-se insustentável porque assente em interpretação objetivamente arbitrária da norma legal[65].

Assim, uma decisão que, v. g., amplia o sentido de um texto normativo penal para abranger uma dada conduta é considerada inconstitucional, por afronta ao princípio *nullum crimen nulla poena sine lege* (Lei Fundamental alemã, art. 103, II).

Essa concepção da Corte Constitucional levou à formulação de uma teoria sobre os graus ou sobre a intensidade da restrição imposta aos direitos fundamentais

61 Klaus Schlaich, *Das Bundesverfassungsgericht*, cit., p. 108.

62 *Verfassungsbeschwerde* (*BVerfGE*, 7/198 (207); 12/113 (124); 13/318 (325); 18/85 (92 e s.); cf., também, Rudiger Zuck, *Das Recht der Verfassungsbeschwerde*, cit., p. 220.

63 Klaus Schlaich, *Das Bundesverfassungsgericht*, cit., p. 109.

64 Cf., sobre o assunto, Klaus Schlaich, *Das Bundesverfassungsgericht*, cit., p. 109.

65 *BVerfGE*, 64/389 (394).

(*Stufentheorie*), que admite uma aferição de constitucionalidade tanto mais intensa quanto maior for o grau de intervenção no âmbito de proteção dos direitos fundamentais[66].

Embora o modelo de controle de constitucionalidade exercido pelo *Bundesverfassungsgericht* revele especificidades decorrentes sobretudo do sistema concentrado, é certo que a ideia de que a não observância do direito ordinário pode configurar uma afronta ao próprio direito constitucional tem aplicação também entre nós.

Essa conclusão revela-se tanto mais plausível se se considera que, tal como a Administração, o Poder Judiciário está vinculado à Constituição e às leis (CF, art. 5º, § 1º).

Certamente afigurava-se extremamente difícil a aplicação desse entendimento, entre nós, no âmbito do recurso extraordinário. O caráter marcadamente individual da impugnação, a fragmentariedade das teses apresentadas nesse processo, a exigência estrita de prequestionamento, contribuíam para dificultar a aplicação da orientação acima desenvolvida no âmbito do recurso extraordinário.

A arguição de descumprimento de preceito fundamental vem libertar dessas amarras o questionamento da decisão judicial concreta.

3.8. Omissão legislativa no processo de controle abstrato de normas e na arguição de descumprimento de preceito fundamental

Tal como vem sendo amplamente reconhecido, configura-se omissão legislativa não apenas quando o órgão legislativo não cumpre o seu dever, mas também nas hipóteses de o satisfazer de modo incompleto. Nesses casos – que configuram, em termos numéricos, a mais significativa categoria de omissão na jurisprudência da Corte Constitucional alemã[67] – é de admitir tanto um controle principal, ou direto, como um controle incidental, uma vez que existe, aqui, norma que pode ser objeto de exame judicial[68].

Embora a omissão do legislador não possa, enquanto tal, ser objeto do controle abstrato de normas[69], não se deve excluir a possibilidade de que, especialmente a omissão parcial, venha a ser examinada no processo.

Dado que no caso de uma omissão parcial há uma conduta positiva, não há como deixar de reconhecer a admissibilidade, em princípio, da aferição da legitimidade do ato defeituoso ou incompleto no processo de controle de normas, ainda que abstrato[70].

Tem-se, pois, aqui, uma *relativa* mas inequívoca *fungibilidade* entre a ação de inconstitucionalidade – direta ou no contexto da arguição de descumprimento – e o processo de controle abstrato da omissão, uma vez que as duas espécies – o controle de normas e o controle da omissão – acabam por ter, formal e substancialmente, o mesmo objeto, isto é, a inconstitucionalidade da norma em razão de sua incompletude.

---

66 Rudiger Zuck, *Das Recht der Verfassungsbeschwerde*, cit., p. 221.

67 *BVerfGE*, 15/46 (76); 22/329 (362); 23/1 (10); 25/101 (110); 32/365 (372); 47/1 (33); 52/369 (379).

68 Cf., a propósito, Christoph Gusy, *Parlamentarischer Gesetzgeber und Bundesverfassungsgericht*, Berlin, 1985, p. 152, nota 34.

69 Ernst Friesenhahn, *Die Verfassungsgerichtsbarkeit in der Bundesrepublik Deutschland*, Köln, 1963, p. 65.

70 Christoph Gusy, *Parlamentarischer Gesetzgeber und Bundesverfassungsgericht*, cit., p. 152.

Ressalte-se que o problema do controle da omissão não decorre propriamente do pedido, até porque, em um ou em outro caso, tem-se sempre um pedido de declaração de inconstitucionalidade. Tratando-se de omissão, a própria norma incompleta ou defeituosa há de ser suscetível de impugnação na ação direta de inconstitucionalidade, porque é de uma norma alegadamente inconstitucional que se cuida, ainda que a causa da inconstitucionalidade possa residir na sua incompletude.

O art. 10 da Lei n. 9.882/99, ao estatuir que o STF fixará as condições e o modo de interpretação e aplicação do preceito fundamental vulnerado, abre uma nova perspectiva, não por criar uma nova via processual própria, mas justamente por fornecer suporte legal direto ao desenvolvimento de técnicas que permitam superar o estado de inconstitucionalidade decorrente da omissão.

Nesse sentido, o STF dividiu-se, literalmente, a propósito do conhecimento ou não da ADPF 4, movida contra a MP n. 2.019, de 2000, que fixou o valor do salário mínimo: cinco Ministros entenderam admissível a ação (Sepúlveda Pertence, Celso de Mello, Marco Aurélio, Ilmar Galvão e Carlos Velloso) e cinco consideraram-na inadmissível (Octavio Gallotti, Nelson Jobim, Maurício Corrêa, Sydney Sanches e Moreira Alves), ficando o desenlace da controvérsia confiado ao voto do Ministro Néri da Silveira, que, em assentada posterior, admitiu a arguição[71].

3.9. O controle do ato regulamentar

Sobre o ato regulamentar objeto da arguição de descumprimento, examinar as considerações a propósito do preceito fundamental e princípio da legalidade[72].

3.10. Norma revogada

Diferentemente do que se verifica no âmbito do controle abstrato de normas (ADI/ADC), a arguição de descumprimento de preceito fundamental poderá ser proposta contra ato normativo já revogado, tendo em vista o interesse jurídico da solução quanto à legitimidade de sua aplicação no passado. Essa foi a orientação perfilhada pelo

71 Em sessão plenária de 2-8-2006, o Supremo Tribunal Federal, por unanimidade, julgou prejudicada a ADPF 4, por perda de objeto, tendo em vista ter havido inúmeros outros atos legislativos a estabelecer o salário mínimo depois de 2000, ano de edição da Medida Provisória n. 2.019, objeto da referida ADPF (ADPF-MC 4/DF, rel. Min. Ellen Gracie, *DJ* de 9-8-2006).

72 Verificar, *supra, Preceito fundamental e princípio da legalidade: a lesão a preceito fundamental decorrente de ato regulamentar*, (item 4.2). Cf. decisão na ADPF 87 (ANOREG), rel. Min. Gilmar Mendes, que, ao reconhecer a inexistência de óbice para que se analise, em condições especiais, a constitucionalidade de atos regulamentares em face da Constituição, haja vista que a questão constitucional muitas vezes é posta de forma tal que se afigura possível a ofensa aos postulados da legalidade e da independência e separação de Poderes, indeferiu a liminar por considerar o tema complexo, especialmente em face dos limites ainda não precisamente definidos da ADPF. Nesse caso, considerou o relator que a concessão da liminar poderia trazer maiores prejuízos a todo o sistema jurídico institucional.

Tribunal na ADPF 33, na qual se discutiu eventual incompatibilidade com a Constituição de 1988 de norma estadual revogada em 1999[73].

3.11. Veto do chefe do Poder Executivo

Ainda quanto ao objeto da arguição de descumprimento de preceito fundamental, cumpre referir indagações no sentido de se estariam o veto do Presidente da República, proposta de emenda à Constituição ou a lei já declarada recepcionada pelo Supremo Tribunal sujeitos a escrutínio por meio dessa ação.

Acerca da admissibilidade de arguições de descumprimento de preceito fundamental que tenham como objeto veto do Presidente da República, a jurisprudência do Supremo Tribunal Federal não está absolutamente pacificada.

O Tribunal, em questão de ordem suscitada pelo relator, Ministro Néri da Silveira, durante o processamento da ADPF 1, enfrentou a questão de se se poderia considerar veto por parte do Poder Executivo Municipal, oposto a dispositivo constante de projeto de lei aprovado pela Câmara Municipal do Rio de Janeiro, relativo a IPTU, como "ato do poder público" a ensejar a interposição de arguição de descumprimento de preceito fundamental.

O Ministro Néri da Silveira, no que foi acompanhado à unanimidade[74], assentou a inadmissibilidade da ação por força da natureza do ato do poder público impugnado:

> "No processo legislativo, o ato de vetar, por motivo de inconstitucionalidade ou de contrariedade ao interesse público, e a deliberação legislativa de manter ou recusar o veto, qualquer seja o motivo desse juízo, compõem procedimentos que se hão de reservar à esfera de independência dos Poderes Políticos em apreço. [...] – Impossibilidade de intervenção antecipada do Judiciário, – eis que o projeto de lei, na parte vetada, não é lei, nem ato normativo, – poder que a ordem jurídica, na espécie, não confere ao Supremo Tribunal Federal, em via de controle concentrado. – Arguição de descumprimento de preceito fundamental não conhecida, porque não admissível, no caso concreto, em face da natureza do ato do Poder Público impugnado"[75].

Outro foi o entendimento do Ministro Celso de Mello ao conhecer da ADPF 45. A ação tinha por objeto veto, emanado do Presidente da República, incidente sobre o § 2º do art. 55 do projeto de lei que se converteu na Lei n. 10.707/2003, que tinha como finalidade fixar diretrizes para a elaboração da lei orçamentária anual de 2004.

---

73 Cf. ADPF 33, rel. Min. Gilmar Mendes, julgada em 7-12-2005. Decisões houve, posteriores, que, atendendo a circunstâncias específicas, afastaram-se dessa orientação, tendo em vista que a revogação da norma teria repercussão sobre a relevância da questão constitucional. Cf., a propósito, a ADPF 49, rel. Min. Menezes Direito, *DJ* de 8-2-2008 e ADPF 134, rel. Min. Ricardo Lewandowski, *DJ* de 1º-8-2008.

74 Ausente o Min. Celso de Mello.

75 ADPF 1-QO, rel. Min. Néri da Silveira, j. em 3-2-2000.

O arguente sustentava que o veto presidencial afrontava preceito fundamental decorrente da EC n. 29/2000, publicada com vistas a garantir recursos financeiros mínimos a serem investidos em ações e serviços públicos de saúde.

A questão não chegou ao Plenário do Tribunal, pois, logo após o veto parcial objeto daquela ADPF, o Presidente da República enviou ao Congresso Nacional projeto de lei, posteriormente transformado na Lei n. 10.777/2003, em que restaurou, integralmente, o aludido § 2º. A prejudicialidade superveniente não impediu, contudo, que o Relator enfrentasse a questão que aqui se estuda:

> "Não obstante a superveniência desse fato juridicamente relevante, capaz de fazer instaurar situação de prejudicialidade da presente arguição de descumprimento de preceito fundamental, não posso deixar de reconhecer que a ação constitucional em referência, considerado o contexto em exame, qualifica-se como instrumento idôneo e apto a viabilizar a concretização de políticas públicas, quando, previstas no texto da Carta Política, tal como sucede no caso (EC 29/2000), venham a ser descumpridas, total ou parcialmente, pelas instâncias governamentais destinatárias do comando inscrito na própria Constituição da República"[76].

A solução preconizada pelo Ministro Celso de Mello parece atender, com superioridade, à exigência de normatividade da Constituição, contudo, fácil é ver que, por sua relevância jurídica e institucional, a questão merece renovada reflexão por parte do Supremo Tribunal, momento em que se deverá levar em conta a hipótese de o veto do Chefe do Executivo, objeto de ADPF, aduzir a inconstitucionalidade do dispositivo vetado.

Ressalte-se, a esse respeito, que o veto de um projeto de lei sob o argumento da inconstitucionalidade outorga ao Executivo uma faculdade de enorme significado num sistema constitucional, que, como visto, privilegia o controle judicial de constitucionalidade das leis.

Não são raros os autores que identificam aqui configuração de um modelo preventivo de controle de constitucionalidade.

É verdade que esse poder há de ser exercido *cum grano salis*, não se confundindo com aqueloutro, que autoriza o Chefe do Executivo a negar a sanção a projetos de lei manifestamente contrários ao interesse público.

Evidentemente, a vinculação de todos os órgãos públicos à Constituição não permite que o Chefe do Poder Público se valha do veto com fundamento na inconstitucionalidade com a mesma liberdade com que poderá utilizar o veto com base no interesse público.

Dir-se-á, porém, que eventual utilização abusiva do veto com fundamento na suposta inconstitucionalidade da proposição poderia ser sempre reparada, pois estaria sujeita a apreciação e, portanto, ao controle do organismo parlamentar competente.

Essa resposta é evidentemente insatisfatória, porque admite que um órgão público invoque eventual inconstitucionalidade sem que esteja exatamente convencido da

76 ADPF 45, rel. Min. Celso de Mello, julgada em 22-4-2004, *Informativo STF* n. 345.

sua procedência. Isto relativiza, de forma inaceitável, a vinculação dos Poderes Públicos à Constituição. Por outro lado, parece inequívoco que a apreciação do veto pela Casa Legislativa não se inspira exatamente em razões de legitimidade. A ausência de maioria qualificada fundada em razões meramente políticas implicará a manutenção do veto ainda que lastreado em uma razão de inconstitucionalidade absolutamente despropositada.

Daí ponderar-se a possibilidade de utilizar a ADPF como via apta a judicializar a questão constitucional, tendo em vista a aferição da legitimidade ou não do fundamento invocado.

Em um sistema de rígida vinculação à Constituição, parece plausível admitir, pelo menos, que a maioria que garantiu a aprovação da lei deveria ter a possibilidade de instaurar tal controvérsia.

Assim, esse controle político de legitimidade também estaria submetido ao controle judicial.

3.12. Proposta de emenda à Constituição

Outra questão que suscita alguma controvérsia é a possibilidade de se impugnar, via arguição de descumprimento de preceito fundamental, proposta de emenda à Constituição.

Em agravo regimental julgado em novembro de 2003, interposto contra decisão que negou seguimento à ADPF 43, o Supremo Tribunal assentou não ser cabível arguição de descumprimento de preceito fundamental contra proposta de emenda à Constituição[77]. Indaga-se, contudo, se será essa a melhor orientação.

Como é de todos sabido, o controle de constitucionalidade de projeto de emenda à Constituição pode ser realizado, hoje, por meio de mandado de segurança.

Ainda sob a Constituição de 1967/1969, o Supremo Tribunal Federal, no MS 20.257[78], entendeu admissível a impetração de mandado de segurança contra ato da Mesa da Câmara ou do Senado Federal, asseverando-se que quando "a vedação constitucional se dirige ao próprio processamento da lei ou da emenda (...), a inconstitucionalidade (...) já existe antes de o projeto ou de a proposta se transformarem em lei ou em emenda constitucional, porque o próprio processamento já desrespeita, frontalmente, a Constituição"[79]

---

77 ADPF-AgR 43, rel. Min. Carlos Britto, *DJ* de 19-12-2003, nestes termos ementada: "Agravo regimental adversando decisão que negou seguimento a arguição de descumprimento de preceito fundamental, uma vez que, à luz da Lei n. 9.882/99, esta deve recair sobre ato do poder público não mais suscetível de alterações. A proposta de emenda à constituição não se insere na condição de ato do poder público pronto e acabado, porque ainda não ultimado o seu ciclo de formação. Ademais, o Supremo Tribunal Federal tem sinalizado no sentido de que a arguição de descumprimento de preceito fundamental veio a completar o sistema de controle objetivo de constitucionalidade. Assim, a impugnação de ato com tramitação ainda em aberto possui nítida feição de controle preventivo e abstrato de constitucionalidade, o qual não encontra suporte em norma constitucional-positiva".

78 MS 20.257, rel. Min. Moreira Alves, *RTJ*, 99 (3)/1040.

79 MS 20.257, rel. Min. Moreira Alves, *RTJ*, 99 (3)/1040.

Esse entendimento vem sendo seguido pelo Tribunal em diversos precedentes[80], o que demonstra que se adota aqui controle preventivo de constitucionalidade.

É lícito indagar, não obstante, se a via estreita do mandado de segurança é a mais adequada para solver os questionamentos acerca da legitimidade constitucional de uma proposta de emenda à Constituição.

Duas razões, ligadas à legitimidade ativa e ao procedimento, podem ser aduzidas em apoio à tese que postula a admissibilidade de arguições de descumprimento de preceito fundamental que tenham como objeto uma proposta de emenda à Constituição.

Mediante utilização da via processual oferecida pela arguição de descumprimento de preceito fundamental, a proposta de emenda à Constituição sofrerá escrutínio judicial mais adequado à importância sistemática dessa espécie de ato normativo.

E isso porque a disciplina estabelecida pela Lei n. 9.882/99 autoriza a ampliação do debate constitucional por meio da possibilidade, inscrita em seu art. 6º, § 1º, de ouvir pessoas com experiência na matéria, seja pela via dos *amici curiae*, seja em audiência pública realizada para esse fim.

A isso soma-se a ampla legitimidade ativa da arguição de descumprimento de preceito fundamental, que autorizaria não apenas o parlamento, por meio de seus integrantes, mas também os órgãos de representação da sociedade, tais como as associações, a participar do processo de controle de constitucionalidade das propostas de emenda à Constituição.

3.13. Tratado internacional antes da aprovação pelo Congresso Nacional ou antes de sua integração definitiva à ordem jurídica interna

Aduza-se, ademais, a problemática do controle dos tratados internacionais.

No Brasil, o Congresso Nacional aprova o tratado mediante a edição de decreto legislativo (CF, art. 49, I), ato que dispensa sanção ou promulgação por parte do Presidente da República. O decreto legislativo contém a aprovação do Congresso Nacional ao tratado e simultaneamente a autorização para que o Presidente da República o ratifique em nome da República Federativa do Brasil[81]. Esse ato não contém, todavia, uma ordem de execução do tratado no território nacional, uma vez que somente ao Presidente da República cabe decidir sobre sua ratificação. Com a promulgação do tratado por meio do decreto do Chefe do Executivo, recebe aquele ato a ordem de execução, passando, assim, a ser aplicado de forma geral e obrigatória[82].

---

80 Cf. MS 20.257, rel. Min. Moreira Alves, *DJ* de 8-10-1980 (*leading case*); MS-AgRg 21.303, rel. Min. Octavio Gallotti, *DJ* de 2-8-1991; MS 24.356, rel. Min. Carlos Velloso, *DJ* de 12-9-2003; MS 20.452, rel. Min. Aldir Passarinho, *DJ* de 11-10-1985; MS 24.645, rel. Min. Celso de Mello, *DJ* de 15-9-2003; MS 24.593/DF, rel. Min. Maurício Corrêa, *DJ* de 8-8-2003; MS 24.576, rel. Min. Ellen Gracie, *DJ* de 12-9-2003; MS-AgRg 24.670, rel. Min. Carlos Velloso, *DJ* de 23-4-2004; MS-QO 24.430, rel. Min. Sepúlveda Pertence, *DJ* de 9-5-2003.

81 J. F. Rezek, *Direito dos tratados*, Rio de Janeiro: Forense, 1984, p. 332.

82 J. F. Rezek, *Direito dos tratados*, p. 383.

Esse modelo permite a propositura da ação direta para aferição da constitucionalidade do decreto legislativo, possibilitando que a ratificação e, portanto, a recepção do tratado na ordem jurídica interna ainda sejam obstadas. É dispensável, pois, qualquer esforço com vistas a conferir caráter preventivo ao controle abstrato de normas na hipótese.

Em 1997, o Tribunal teve a oportunidade de apreciar, na ADIn 1.480, a constitucionalidade dos atos de incorporação, no direito brasileiro, da Convenção n. 158 da OIT. A orientação perfilhada pela Corte é a de que é na Constituição da República que se deve buscar a solução normativa para a questão da incorporação dos atos internacionais ao sistema de direito positivo interno brasileiro, pois o primado da Constituição, em nosso sistema jurídico, é oponível ao princípio do *pacta sunt servanda*, inexistindo, portanto, em nosso direito positivo, o problema da concorrência entre tratados internacionais e a Lei Fundamental da República, "cuja suprema autoridade normativa deverá sempre prevalecer sobre os atos de direito internacional público"[83].

No âmbito do constitucionalismo alemão, pode-se afirmar que da expressão literal do texto constitucional resulta que o controle abstrato de normas não constitui mecanismo de controle preventivo[84]. O processo não poderia ser instaurado porque, em caso de processo legislativo inconcluso, faltaria uma norma de direito positivo[85].

A jurisprudência do Tribunal Constitucional alemão abre uma exceção, todavia, para as leis que aprovam tratados internacionais, permitindo a aferição de constitucionalidade desses atos, antes de sua promulgação e publicação[86]. Em favor dessa tese, enfatiza o Tribunal o perigo de que se desenvolvam obrigações internacionais que somente possam ser cumpridas em desobediência à Constituição[87]. O temor do *Bundesverfassungsgericht* parece, em certa medida, justificado, uma vez que poderia não haver tempo suficiente para a instauração do processo do controle[88] até a ratificação do tratado.

É possível que a ADPF possa cumprir função semelhante no sistema brasileiro, permitindo o controle do conteúdo do Tratado antes de sua integração definitiva ao ordenamento jurídico. Assim, desde a sua submissão ao Congresso Nacional, para aprovação, até a edição do ato do Executivo relativo à promulgação, poderiam os legitimados impugná-lo mediante Arguição de Descumprimento de Preceito Fundamental.

---

83 Cf. ADInMC 1.480, rel. Min. Celso de Mello, *DJ* de 26-6-2001.

84 Cf. L. Adamovich e Hans Spanner, *Handbuch des österreichischen Verfassungsrechts*, p. 456.

85 Cf. L. Adamovich e Hans Spanner, *Handbuch des österreichischen Verfassungsrechts*, p. 456.

86 L. Adamovich e Hans Spanner, *Handbuch des österreichischen Verfassungsrechts*, p. 456. Adamovich recomendou que se dotasse a Corte Constitucional austríaca de competência para decidir, com eficácia *erga omnes*, as questões de derrogação (cf. *Handbuch des österreichischen Verfassungsrechts*, 5. ed., Viena-Nova York, 1957, p. 398).

87 *BVerfGE* 2, 124 (130); 2, 138, 218; 3, 48; 4, 339; 6, 64; 7, 335; 10, 58, 127, 131, 159; 11, 129; 12, 353; 14, 65; 15, 183; 16, 231; 17, 162; 18, 252. Crítico, a propósito, Ipsen, *Rechtsfolgen der Verfassungswidrigkeit von Norm und Einzelakt*, p. 164.

88 Paolo Biscaretti di Ruffia, *Derecho constitucional*, p. 268; Gustavo Zagrebelsky, *La giustizia costituzionale*, p. 42; Franco Pierandrei, Corte Costituzionale, in *Enciclopedia del Diritto*, Milão, 1962, v. 10, p. 908. Cf. a propósito T. Ritterspach, Probleme der italienischen Verfassungsgerichtsbarkeit: 20 Jahre Corte Costituzionale, *AöR* 104 (1979), p. 137 (138); Aldo Sanduli, *Die Verfassungsgerichtbarkeit in Italien*, in Mosler, *Verfassungsgerichtsbarkeit in der Gegenwart*, p. 292 (306-7).

4. PARÂMETRO DE CONTROLE

4.1. Considerações preliminares

É muito difícil indicar, a *priori*, os preceitos fundamentais da Constituição passíveis de lesão tão grave que justifique o processo e julgamento da arguição de descumprimento.

Não há dúvida de que alguns desses preceitos estão enunciados, de forma explícita, no texto constitucional.

Assim, ninguém poderá negar a qualidade de preceitos fundamentais da ordem constitucional aos direitos e garantias fundamentais (art. 5º, dentre outros). Da mesma forma, não se poderá deixar de atribuir essa qualificação aos demais princípios protegidos pela cláusula pétrea do art. 60, § 4º, da CF: o princípio federativo, a separação de Poderes e o voto direto, secreto, universal e periódico.

Por outro lado, a própria Constituição explicita os chamados "princípios sensíveis", cuja violação pode dar ensejo à decretação de intervenção federal nos Estados-membros (art. 34, VII).

É fácil de ver que a amplitude conferida às cláusulas pétreas e a ideia de *unidade da Constituição* (*Einheit der Verfassung*) acabam por colocar parte significativa da Constituição sob a proteção dessas garantias. Tal tendência não exclui a possibilidade de um *engessamento* da ordem constitucional, obstando a introdução de qualquer mudança de maior significado[89].

Daí afirmar-se, correntemente, que tais cláusulas hão de ser interpretadas de forma restritiva.

Essa afirmação simplista, ao invés de solver o problema, pode agravá-lo, pois a tendência detectada atua no sentido não de uma interpretação restritiva das cláusulas pétreas, mas de uma interpretação restritiva dos próprios princípios por elas protegidos.

Essa via, ao invés de permitir um fortalecimento dos princípios constitucionais contemplados nas *garantias de eternidade*, como pretendido pelo constituinte, acarreta, efetivamente, seu enfraquecimento.

Assim, parece recomendável que eventual interpretação restritiva se refira à própria garantia de eternidade sem afetar os princípios por ela protegidos[90].

Por isso, após reconhecer a possibilidade de que se confira uma interpretação ao art. 79, III, da Lei Fundamental alemã que não leve nem ao engessamento da ordem constitucional, nem à completa nulificação de sua força normativa, afirma Bryde que essa tarefa é prenhe de dificuldades:

> "Essas dificuldades residem não apenas na natureza assaz aberta e dependente de concretização dos princípios constitucionais, mas também na relação desses princípios com as

89 Cf. Brun-Otto Bryde, *Verfassungsentwicklung, Stabilität und Dynamik im Verfassungsrecht der Bundesrepublik Deutschland*, Baden-Baden, 1982, p. 244.

90 Brun-Otto Bryde, *Verfassungsentwicklung, Stabilität und Dynamik im Verfassungsrecht der Bundesrepublik Deutschland*, cit., p. 244.

concretizações que eles acabaram por encontrar na Constituição. Se parece obrigatória a conclusão de que o art. 79, III, da Lei Fundamental não abarcou todas as possíveis concretizações no seu âmbito normativo, não se afigura menos certo que esses princípios seriam despidos de conteúdo se não levassem em conta essas concretizações. Isso se aplica sobretudo porque o constituinte se esforçou por realizar, ele próprio, os princípios básicos de sua obra. O princípio da dignidade humana está protegido tão amplamente fora do âmbito do art. 1º, que o significado da disposição nele contida acabou reduzido a uma questão secundária (defesa da honra), que, obviamente, não é objeto da garantia de eternidade prevista no art. 79, III. Ainda que a referência ao 1º não se estenda, por força do disposto no art. 1º, III, a toda a ordem constitucional, tem-se de admitir que o postulado da dignidade humana protegido no art. 79, III, não se realiza sem contemplar outros direitos fundamentais. Idêntico raciocínio há de se desenvolver em relação a outros princípios referidos no art. 79, III. Para o Estado de Direito da República Federal da Alemanha afigura-se mais relevante o art. 19, IV (garantia da proteção judiciária), do que o princípio da proibição de lei retroativa que a Corte Constitucional extraiu do art. 20. E, fora do âmbito do direito eleitoral, dos direitos dos partidos políticos e dos chamados direitos fundamentais de índole política, não há limite para a revisão constitucional do princípio da democracia"[91].

Essas assertivas têm a virtude de demonstrar que o efetivo conteúdo das *garantias de eternidade* só será obtido mediante esforço hermenêutico. Somente essa atividade poderá revelar os princípios constitucionais que, ainda que não contemplados expressamente nas cláusulas pétreas, guardam estreita vinculação com os princípios por elas protegidos e estão, por isso, cobertos pela garantia de imutabilidade que delas dimana.

Tal como enunciado normalmente nas chamadas "cláusulas pétreas", os princípios merecedores de proteção parecem despidos de conteúdo específico.

Que significa, efetivamente, "separação de Poderes" ou "forma federativa"? Que é um "Estado Democrático de Direito"? Que significa "proteção da dignidade humana"?

Essas indagações somente podem ser respondidas, adequadamente, no contexto de determinado sistema constitucional. É o exame sistemático das disposições constitucionais integrantes do modelo constitucional que permitirá explicitar o conteúdo de determinado princípio e sempre à luz de um caso concreto.

Ao se deparar com alegação de afronta ao princípio da divisão de Poderes de Constituição estadual em face dos chamados "princípios sensíveis" (representação interventiva), assentou o notável Castro Nunes em lição que, certamente, se aplica à interpretação das cláusulas pétreas: "(...). Os casos de intervenção prefigurados nessa enumeração se enunciam por declarações de princípios, comportando o que possa comportar cada um desses princípios como dados doutrinários, que são conhecidos na exposição do direito público. E por isso mesmo ficou reservado o seu exame, do ponto de vista do conteúdo e da extensão e da sua correlação com outras disposições constitucionais, ao

91 Brun-Otto Bryde, *Verfassungsentwicklung, Stabilität und Dynamik im Verfassungsrecht der Bundesrepublik Deutschland,* cit., p. 245.

controle judicial a cargo do Supremo Tribunal Federal. Quero dizer com estas palavras que a enumeração é limitativa como enumeração (...). A enumeração é taxativa, é limitativa, é restritiva, e não pode ser ampliada a outros casos pelo Supremo Tribunal. Mas cada um desses princípios é dado doutrinário que tem de ser examinado no seu conteúdo e delimitado na sua extensão. Daí decorre que a interpretação é restritiva apenas no sentido de limitada aos princípios enumerados; não o exame de cada um, que não está nem poderá estar limitado, comportando necessariamente a exploração do conteúdo e fixação das características pelas quais se defina cada qual deles, nisso consistindo a delimitação do que possa ser consentido ou proibido aos Estados"[92].

Essa orientação, consagrada pelo STF para os chamados "princípios sensíveis", há de se aplicar à concretização das cláusulas pétreas e, também, dos chamados "preceitos fundamentais".

É o estudo da ordem constitucional no seu contexto normativo e nas suas relações de interdependência que permite identificar as disposições essenciais para a preservação dos princípios basilares e dos preceitos fundamentais em um determinado sistema. Tal como ensina J. J. Gomes Canotilho em relação à limitação do poder de revisão, a identificação do preceito fundamental não pode divorciar-se das conexões de sentido captadas do texto constitucional, fazendo-se mister que os limites materiais operem como verdadeiros *limites textuais implícitos*[93].

Dessarte, um juízo mais ou menos seguro sobre a lesão de preceito fundamental consistente nos princípios da divisão de Poderes, da forma federativa do Estado ou dos direitos e garantias fundamentais exige, preliminarmente, a identificação do conteúdo dessas categorias na ordem constitucional e, especialmente, das suas relações de interdependência.

Nessa linha de entendimento, a lesão a preceito fundamental não se configurará apenas quando se verificar possível afronta a um princípio fundamental, tal como assente na ordem constitucional, mas também a disposições que confiram densidade normativa ou significado específico a esse princípio.

Tendo em vista as interconexões e interdependências dos princípios e regras, talvez não seja recomendável proceder a uma distinção entre essas duas categorias, fixando um conceito extensivo de preceito fundamental, abrangente das normas básicas contidas no texto constitucional[94].

4.2. Preceito fundamental e princípio da legalidade: a lesão a preceito fundamental decorrente de ato regulamentar

A Constituição Federal de 1988 estabelece ser admissível recurso extraordinário quando a decisão recorrida contrariar dispositivo nela contido, declarar a inconstitucio-

92 Rp. 94, rel. Min. Castro Nunes, *Archivo Judiciario*, 85/31 (34-35), 1947.

93 José Joaquim Gomes Canotilho, *Direito constitucional*, 4. ed., Coimbra: Almedina, 1986, p. 1136.

94 Cf., sobre o assunto, a discussão desenvolvida no julgamento da ADPF 33, rel. Min. Gilmar Mendes, julgada em 7-12-2005.

nalidade de tratado ou lei federal ou julgar válida lei ou ato do governo local contestado em face do texto constitucional.

Assim, ao contrário do que se verifica em outras ordens constitucionais, que limitam, muitas vezes, o *recurso constitucional* aos casos de afronta aos direitos fundamentais, optou o constituinte brasileiro por admitir o cabimento do recurso extraordinário contra qualquer decisão que, em única ou última instância, contrariar a Constituição.

Portanto, a admissibilidade do recurso constitucional não está limitada, em tese, a determinados parâmetros constitucionais, como é o caso da *Verfassungsbeschwerde* na Alemanha (Lei Fundamental, art. 93, n. 4), destinada, basicamente, à defesa dos direitos fundamentais.

Assinale-se, porém, que mesmo nos sistemas que admitem o recurso constitucional apenas com base na alegação de ofensa aos direitos fundamentais surgem mecanismos ou técnicas que acabam por estabelecer uma ponte entre os direitos fundamentais e todo o sistema constitucional, reconhecendo-se que a lei ou ato normativo que afronta determinada disposição do direito constitucional objetivo ofende, *ipso jure*, os direitos individuais, seja no que se refere à liberdade de ação, seja no que diz respeito ao princípio da reserva legal.

A Corte Constitucional alemã apreciou pela primeira vez a questão no chamado *Elfes-Urteil*, de 16-1-1957, deixando assente que uma norma jurídica lesa a liberdade de ação (*Handlungsfreiheit*) se contraria disposições ou princípios constitucionais, tanto no que se refere ao aspecto formal quanto no que diz respeito ao aspecto material[95].

No referido julgado explicitou a Corte alemã orientação que seria repetida e aperfeiçoada em decisões posteriores: "De tudo o que se afirmou, resulta que uma norma jurídica somente pode restringir, eficazmente, o âmbito da liberdade individual se corresponder às exigências estabelecidas pela ordem constitucional. Do prisma processual, significa dizer: todos podem sustentar, na via do recurso constitucional, que uma lei que estabelece restrição à liberdade individual não integra a ordem constitucional, porque afronta, formal ou materialmente, disposições ou princípios constitucionais; (...)" (Lei Fundamental alemã, art. 2, I)[96].

Essa decisão permitiu que o *Bundesverfassungsgericht* apreciasse na via excepcional da *Verfassungsbeschwerde* (recurso constitucional) a alegação de afronta não apenas aos direitos fundamentais, mas a qualquer norma ou princípio constitucional.

É que, como observa Hans-Jürgen Papier, qualquer inconstitucionalidade de lei restritiva de direito configura, também, afronta aos direitos fundamentais: "O significado dos direitos fundamentais nos termos da Lei Fundamental não se limita mais exclusivamente a garantir a legalidade (*Gesetzmässigkeit*) das restrições impostas à liberdade individual pelo Executivo e pelo Judiciário. Mediante a vinculação do Poder Legislativo aos direitos fundamentais não se suprime, mas se reforça e se completa a função de proteção dos direitos fundamentais. Administração e Justiça necessitam para a intervenção nos direitos fundamentais de uma dupla autorização. Além da autorização legal (*gesetzliche Ermächtigung*) para a intervenção, deve-se exigir também uma autorização

95 *BVerfGE*, 6/32 (36 e s.; 41).

96 *BVerfGE*, 6/32 (33).

constitucional para a limitação dos direitos fundamentais. Se os direitos fundamentais da Lei Fundamental não se exaurem na legalidade do segundo e do terceiro Poder, surge, ao lado da reserva legal, a ideia de uma reserva da Constituição. Então afigura-se lícito admitir que, de uma perspectiva jurídico-material, os direitos fundamentais protegem contra restrições ilegais ou contra limitações sem fundamento legal levadas a efeito pelo Poder Executivo ou pelo Poder Judiciário. A legalidade da restrição ao direito de liberdade é uma condição de sua constitucionalidade; a violação à lei constitui uma afronta aos próprios direitos fundamentais"[97].

Orientação semelhante é enfatizada por Klaus Schlaich, ressaltando que também a incompatibilidade entre as normas regulamentares e a lei formal enseja a interposição de recurso constitucional sob alegação de afronta a um direito geral de liberdade[98].

Tal como enunciado por Christian Pestalozza[99], configuram-se hipóteses de afronta ao direito geral de liberdade (Lei Fundamental alemã, art. 2º, I), ou a outra garantia constitucional expressa:

– a não observância pelo regulamento dos limites estabelecidos em lei (Lei Fundamental, art. 80, I)[100];

– a lei promulgada com inobservância das regras constitucionais de competência[101];

– a lei que estabelece restrições incompatíveis com o princípio da proporcionalidade[102].

Embora essa orientação pudesse suscitar alguma dúvida, especialmente no que se refere à conversão da relação lei/regulamento numa questão constitucional, é certo que tal entendimento parece ser o único adequado a evitar a *flexibilização* do princípio da legalidade, tanto sob a forma de postulado da supremacia da lei quanto sob a modalidade de princípio da reserva legal.

Do contrário restaria praticamente esvaziado o significado do princípio da legalidade, enquanto princípio constitucional em relação à atividade regulamentar do Executivo. De fato, a Corte Constitucional estaria impedida de conhecer de eventual alegação de afronta, sob o argumento da falta de uma ofensa direta à Constituição. Especialmente no que diz respeito aos direitos individuais, não há como deixar de reconhecer que *a legalidade da restrição aos direitos de liberdade é uma condição de sua constitucionalidade*.

Não há dúvida, igualmente, de que esse entendimento aplica-se ao nosso modelo constitucional, que consagra não apenas a legalidade como princípio fundamental (art. 5º, II), mas exige também que os regulamentos observem os limites estabelecidos pela lei (CF, art. 84, IV).

---

97 Hans-Jürgen Papier, "Spezifisches Verfassungsrecht" und "Einfaches Recht" als Argumentationsformel des Bundesverfassungsgerichts, in *Bundesverfassungsgericht und Gundgesetz*, Tübingen, 1976, v. 1, p. 432 (433-434).

98 Klaus Schlaich, *Das Bundesverfassungsgericht*, cit., p. 108.

99 Christian Pestalozza, *Verfassungsprozessrecht*, cit., p. 105-106.

100 *BVerfGE*, 41/88 (116); 42/374 (385).

101 *BVerfGE*, 38/288 (298 e s.); 40/56 (60); 42/20 (27).

102 *BVerfGE*, 38/288 (298).

5. PROCEDIMENTO

Em suas linhas gerais, a Lei n. 9.882/99 adotou procedimento similar às consagradas pela Lei n. 9.868/99.

5.1. Requisitos da petição inicial e admissibilidade das ações

Tal como a Lei n. 9.868/99, a Lei n. 9.882/99 estabelece que a petição inicial deverá conter (a) a indicação do preceito fundamental que se considera violado, (b) a indicação do ato questionado, (c) a prova da violação do preceito fundamental, (d) o pedido com suas especificações e, se for o caso, (e) a demonstração da controvérsia judicial relevante sobre a aplicação do preceito fundamental questionado.

5.1.1. Indicação de preceito fundamental e formulação do pedido

Mais ainda do que nas ações diretas de inconstitucionalidade, a indicação do preceito fundamental violado assume peculiar significado na arguição de descumprimento. Não será suficiente a simples indicação de possível afronta à Constituição, devendo caracterizar-se, fundamentadamente, a violação de um princípio ou elemento básico (sobre o assunto cf., *supra, Parâmetro de controle*). Também aqui se faz indispensável fundamentar o pedido em relação a cada uma das impugnações.

De qualquer sorte, a despeito da exigência quanto à fundamentação do pedido, não está o Tribunal vinculado aos fundamentos porventura expendidos pelo requerente, devendo a ADPF em razão de seu caráter objetivo submeter-se ao postulado da *causa petendi aberta* pelo menos no que concerne aos demais preceitos fundamentais.

Igualmente às ações diretas de constitucionalidade ou de inconstitucionalidade, deverá o legitimado formular precisamente o pedido, fazendo as devidas especificações[103].

5.1.2. Configuração de controvérsia judicial e controvérsia jurídica

Nas ações propostas em razão de processos que tramitam nas diversas instâncias – estes deverão ser os mais relevantes –, o requerente deverá demonstrar a existência de controvérsia judicial ou controvérsia jurídica relevante (cf., *supra, Controvérsia judicial ou jurídica nas ações de caráter incidental*). Sobre o assunto aplicam-se as considerações desenvolvidas a propósito de semelhante exigência quanto ao procedimento da ação declaratória (cf., *supra,* itens relativos à ação direta de inconstitucionalidade e à ação declaratória de constitucionalidade).

O parágrafo único do art. 3º da Lei n. 9.882/99 estabelece que ao autor da arguição de descumprimento de preceito fundamental cabe apresentar, com a petição inicial

---

103 Cf., neste capítulo, n. IV – *Ação direta de inconstitucionalidade* e n. V – *Ação declaratória de constitucionalidade,* itens relativos aos *Requisitos da petição inicial e admissibilidade da ação.*

em duas vias, cópias do ato questionado e documentos necessários à comprovação do alegado. Aludida disposição prevê, também, a necessidade de serem as petições acompanhadas, quando subscritas por advogado, de instrumento de procuração. Tal como já foi destacado em relação à ação direta de inconstitucionalidade, afigura-se recomendável que a procuração contemple poderes específicos para impugnar as normas atacadas na inicial[104].

Nos termos da Lei n. 9.882/99, a petição inicial será indeferida liminarmente, pelo relator, em caso de manifesta inadequação da ação, na hipótese de não atendimento de qualquer dos requisitos legais ou, ainda, em caso de inépcia da inicial (art. 4º, *caput*). Da decisão de indeferimento caberá agravo no prazo de cinco dias (art. 4º, § 2º).

Ao contrário da Lei n. 9.868/99 (arts. 5º e 16), não se prevê na disciplina da ação de descumprimento de preceito fundamental proibição expressa de desistência. Tendo em vista, porém, o caráter igualmente objetivo desse processo e seu manejo na defesa de interesse público geral, é provável que o STF venha a adotar entendimento semelhante em relação a essa ação especial.

5.2. Informações e manifestações do Advogado-Geral da União e do Procurador-Geral da República

O desenvolvimento do processo da ação de descumprimento de preceito fundamental está vinculado à existência ou não de pedido de liminar[105].

Se não houver pedido de liminar, deverá o relator solicitar informações às autoridades responsáveis pelo ato questionado, que disporão do prazo de dez dias para oferecê-las (art. 6º, *caput*).

Havendo pedido de liminar, poderá o relator ouvir as autoridades responsáveis pelo ato questionado, bem como o Advogado-Geral da União e o Procurador-Geral da República, no prazo comum de cinco dias (art. 5º, § 2º). Após a decisão formular-se-á pedido de informações, desta feita relativas à própria controvérsia material (art. 6º).

A Lei n. 9.882/99 não exige a audiência do Advogado-Geral da União acerca do ato impugnado, prevendo apenas, caso o relator entenda oportuno, a possibilidade de sua audiência em sede de liminar.

A audiência do Ministério Público (Procurador-Geral da República) somente será obrigatória, após as informações, nas arguições que não forem por ele formuladas (art. 7º, parágrafo único).

5.3. Intervenção de terceiros e *amicus curiae*

A Lei n. 9.882/99 faculta ao relator a possibilidade de ouvir as partes nos processos que ensejaram a arguição (art. 6º, § 1º). Outorga-se, assim, às partes nos processos sub-

104 Cf., sobre o assunto, a ADI 2.187, rel. Min. Octavio Gallotti, *Informativo STF* n. 190.

105 Sobre a ação direta de inconstitucionalidade, cf., neste capítulo, n. IV, o item sobre *Informações das autoridades das quais emanou o ato normativo e manifestações do Advogado-Geral da União e do Procurador-Geral da República.*

jetivos um *limitado* direito de participação no processo objetivo submetido à apreciação do STF. É que, talvez em decorrência do universo demasiado amplo dos possíveis interessados, tenha pretendido o legislador ordinário outorgar ao relator alguma forma de controle quanto ao direito de participação dos milhares de interessados no processo.

Em face do caráter objetivo do processo, é fundamental que possam exercer direito de manifestação não só os representantes de potenciais interessados nos processos que deram origem à ação de descumprimento de preceito fundamental, mas também os legitimados para propor a ação. Independentemente das cautelas que hão de ser tomadas para não inviabilizar o processo, deve-se anotar que tudo recomenda que, tal como na ação direta de inconstitucionalidade e na ação declaratória de constitucionalidade, a arguição de descumprimento de preceito fundamental assuma, igualmente, uma feição pluralista, com a participação de *amicus curiae*.

Tal como na ADI e na ADC, os *amici curiae* tanto podem apresentar manifestação escrita como fazer sustentação oral (art. 6º, §§ 1º e 2º, da Lei n. 9.882/99)[106].

Em princípio, o pedido para a habilitação há de se fazer no prazo das informações.

Na ADPF 33, entretanto, foram admitidas como *amici curiae* as partes dos processos originários, a despeito de o pedido de participação ter-se verificado após o parecer da Procuradoria-Geral da República[107].

5.4. Apuração de questões fáticas e densificação de informações na ação de descumprimento de preceito fundamental

Na linha do estabelecido nos arts. 9º, § 1º, e 20, § 1º, da Lei n. 9.868/99 – que autorizam o relator, após as manifestações do Advogado-Geral da União e do Procurador-Geral da República, em caso de necessidade de esclarecimento de matéria ou circunstância de fato ou de notória insuficiência das informações existentes nos autos, a requisitar informações adicionais, designar perito ou comissão de peritos para que emita parecer sobre a questão ou fixar data para, em audiência pública, ouvir depoimentos e pessoas com experiência e autoridade na matéria –, a Lei n. 9.882/99 prevê, igualmente, a possibilidade de o relator autorizar a audiência das partes nos processos que ensejaram a arguição, requisitar informações adicionais, designar perito ou comissão de peritos e determinar a realização de audiências públicas com *experts* (art. 6º, § 1º).

106 Por ocasião do julgamento da ADPF 187, o Supremo Tribunal Federal estabeleceu algumas limitações à atuação do *amicus curiae* no processo. Uma das entidades admitidas como *amici curiae* – a ABESUP (Associação Brasileira de Estudos Sociais do Uso de Psicoativos) – postulou o reconhecimento da legitimidade jurídica de determinadas condutas ligadas ao uso da maconha, inclusive sua utilização para fins medicinais e no âmbito de pesquisas médicas. O Supremo Tribunal Federal decidiu manter o objeto da demanda conforme estabelecido na inicial, aduzindo que a participação do *amicus curiae* como terceiro interveniente no processo não lhe conferia poderes processuais inerentes às partes, como a delimitação do objeto da demanda. Determinou-se que o *amicus curiae* goza da faculdade de fazer sustentações orais, submeter propostas de requisição de informações adicionais, de designação de peritos, de convocação de audiências públicas e de recorrer da decisão que haja denegado seu pedido de admissão no processo, atuando com o objetivo de instruir a demanda, pluralizar o debate e conferir maior legitimidade às decisões proferidas pela Corte em sede de ADPF (*Informativo STF* n. 631, 13 a 17-6-2011. ADPF 187, rel. Min. Celso de Mello).

107 ADPF 33, rel. Min. Gilmar Mendes, julgada em 7-12-2005.

Tem-se também aqui um processo estruturalmente aberto, que permitirá não só a participação dos interessados nas causas que, eventualmente, tenham dado ensejo à propositura da ação de descumprimento de preceito fundamental, mas também a manifestação de peritos e especialistas no tema. Aplica-se, fundamentalmente, a orientação adotada no processo de ação direta de inconstitucionalidade e ação declaratória de constitucionalidade (cf., no n. IV, item 2.4.4 – *Apuração de questões fáticas no controle de constitucionalidade*).

5.5. Celebração de acordo em ADPF

Em 1º de março de 2018, o Supremo Tribunal Federal, por decisão unânime, tomada no julgamento da ADPF 165, estabeleceu ser possível a celebração de acordo para a resolução de processos de controle de constitucionalidade de índole objetiva[108].

Naquele caso, o ajuste fora celebrado entre instituições financeiras e poupadores, e objetivava o encerramento dos processos relacionados aos planos econômicos das décadas de 1980 e 1990 por meio do pagamento de indenização aos autores de ações individuais e aos subscritores dessas.

Entendeu-se, na oportunidade, que aquela ADPF apresentava notável conflito de ordem patrimonial subjetiva, fato que oportunizaria solução consensual por meio de acordo, em prol de se conferir maior efetividade à prestação jurisdicional.

Quanto aos legitimados para a celebração de acordos dessa natureza, a Corte reconheceu a possibilidade de os ajustes serem firmados inclusive por legitimados coletivos privados – a exemplo das associações que representavam os poupadores, naquela ocasião –, ainda que não haja autorização legal expressa para tanto, visto que aos entes privados é permitido fazer tudo que a lei não proíbe, conforme preconiza o princípio da legalidade.

6. MEDIDA CAUTELAR

6.1. Medida cautelar (art. 5º)

A Lei n. 9.882/99 prevê a possibilidade de concessão de medida liminar na arguição de descumprimento, mediante decisão da maioria absoluta dos membros do Tribunal. Em caso de extrema urgência ou de perigo de lesão grave, ou ainda durante o período de recesso, a liminar poderá ser concedida pelo relator *ad referendum* do Tribunal Pleno (art. 5º e § 1º).

6.2. Desenvolvimento histórico da cautelar no controle de normas

O Supremo Tribunal Federal viu-se confrontado com pedido de suspensão provisória de ato normativo já no julgamento da Representação n. 94, de 17 de julho de 1946, atinente às disposições parlamentaristas constantes da Constituição do Estado do Rio

---

108 ADPF 165, rel. Min. Ricardo Lewandowski, julgada em 1º-3-2018.

Grande do Sul. Naquela oportunidade, deixou assente o eminente Relator, Ministro Castro Nunes, *verbis*:

> "Devo informar ao Tribunal que o Exmo. Sr. Procurador encaminhou-me petição com pedido formulado pelo Governador do Estado para que fosse suspensa provisoriamente a Constituição, até o pronunciamento provocado. Mandei juntar aos autos a petição, sem despachar. O pedido de suspensão provisória não poderia ser deferido por analogia com o que se prescreve no processamento do mandado de segurança. A atribuição ora conferida ao Supremo Tribunal é *sui generis*, não tem por objeto ato governamental ou administrativo, senão ato constituinte ou legislativo; não está regulada em lei, que, aliás, não poderia dispor para estabelecer uma tramitação que entorpecesse a solução, de seu *natural* expedita, da crise institucional prefigurada. Acresce por sobre tudo isso que o poder de suspender o ato arguido de inconstitucional pertence ao Congresso, nos termos expressos do art. 13, como sanção articulada com a declaração da inconstitucionalidade"[109].

A Lei n. 2.271, de 1954, que regulamentou o processo da representação interventiva, previsto no art. 8º, parágrafo único, da Constituição de 1946, fixou, no art. 4º, a seguinte regra: *"Aplica-se ao Supremo Tribunal Federal o rito do processo do mandado de segurança, de cuja decisão caberão embargos caso não haja unanimidade"*.

Essa disposição permitiu que o Supremo Tribunal, ainda que com alguma resistência, passasse a deferir o pedido de liminar, suspendendo a eficácia do ato normativo impugnado, em consonância com a orientação consagrada na Lei do Mandado de Segurança[110].

Na Rp 933/RJ, de 5 de junho de 1975, o Supremo Tribunal reafirmou essa orientação, desta feita em controle abstrato de normas, deferindo pedido de medida cautelar requerido pelo Procurador-Geral da República, nos termos do art. 175 c/c o art. 22, inciso IV, do Regimento Interno[111].

A controvérsia sobre a admissibilidade de medidas cautelares em representação de inconstitucionalidade ficou superada com o advento da Emenda n. 7, de 1977, que acrescentou ao elenco das competências originárias do Supremo Tribunal o julgamento do *"pedido de medida cautelar nas representações oferecidas pelo Procurador-Geral da República"* (CF 1967/69, art. 119, I, *p*).

A Constituição de 1988 manteve inalterada essa orientação, prevendo, no art. 102, I, *p*, a competência originária do Supremo Tribunal para julgar *"o pedido de medida cautelar das ações diretas de inconstitucionalidade"*.

A Emenda Constitucional n. 3, de 1993, introduziu a ação declaratória de constitucionalidade, não tendo disciplinado, porém, o cabimento da medida cautelar.

---

109 Rp 94, rel. Min. Castro Nunes, *Archivo Judiciario* 85:31 (32).

110 Rp 466, rel. Min. Ari Franco, *RTJ* 23, p. 1 (8); Rp 467, rel. Min. Victor Nunes, *RTJ* 19, p. 5.

111 Cuidava-se de pedido de ***suspensão de execução*** formulado pelo então Procurador-Geral da República Ministro Moreira Alves assim fundamentado: *"Tendo em vista a faculdade contida no art. 175, combinado com o art. 22, inciso IV, do Regimento Interno, e por se cuidar de acesso aos Tribunais e promoções, remoções e permutas na Magistratura, o representante requer, para garantir a eficácia da ulterior decisão da causa, que seja suspensa a execução dos artigos que são objeto da presente representação"* (*RTJ* 76: 343).

6.3. Do cabimento de cautelar em ação direta de inconstitucionalidade e em ação declaratória de constitucionalidade

No que se refere ao pedido de cautelar na ação direta de inconstitucionalidade, optou a Lei n. 9.868/99 por estabelecer que, salvo em caso de excepcional urgência, o Tribunal somente concederá a liminar, por decisão da maioria absoluta de seus membros, após a audiência dos órgãos ou das autoridades das quais emanou a lei ou o ato normativo impugnado (art. 10). Em caso de excepcional urgência poderá ser dispensada a audiência dos órgãos dos quais emanou o ato (art. 10, § 3º). A lei explicita (art. 11), ainda, que a decisão concessiva de cautelar terá eficácia *erga omnes*, devendo a sua parte dispositiva ser publicada em seção especial do *Diário Oficial* no prazo de dez dias a contar do julgamento.

Ainda no que tange à medida cautelar no âmbito da ação direta de inconstitucionalidade, o art. 11, § 1º, da Lei n. 9.868 dispõe, em consonância com a jurisprudência do STF, que a cautelar será concedida, regularmente, com eficácia *ex nunc*, salvo se o Tribunal entender que deva conceder-lhe eficácia retroativa. Da mesma forma, prevê-se que a medida cautelar torna aplicável a legislação anterior acaso existente, salvo expressa manifestação do Tribunal em sentido contrário (art. 11, § 2º).

Também nesta matéria deve-se observar que a já citada lei contém disposição (art. 12) que autoriza ao relator, em face da relevância da matéria e de seu especial significado para a ordem social e a segurança jurídica, submeter o processo diretamente ao Tribunal, que terá a faculdade de julgar definitivamente a ação, após a prestação das informações, no prazo de dez dias, e a manifestação do Advogado-Geral da União e do Procurador-Geral da República, sucessivamente, no prazo de cinco dias.

Essa providência, além de viabilizar uma decisão definitiva da controvérsia constitucional em curto espaço de tempo, permite que o Tribunal delibere, de forma igualmente definitiva, sobre a legitimidade de medidas provisórias antes mesmo que se convertam em lei.

Tal como referido, a Emenda n. 3, de 1993, introduziu, ao lado da ação direta de inconstitucionalidade, a ação declaratória de constitucionalidade, destinada a dirimir controvérsias relacionadas com a legitimidade de lei ou ato normativo federal.

Caberia indagar, assim, se seria legítima a concessão de medida cautelar no âmbito da ação declaratória de constitucionalidade.

Seria fácil sustentar que, não tendo o texto constitucional contemplado expressamente essa possibilidade – tal como ocorre com a ação direta de inconstitucionalidade –, não deveria admitir-se a liminar nesse processo especial de controle de normas.

Convém ressaltar, de imediato, que, tal como já referido, o Supremo Tribunal Federal admitiu a utilização de liminar no processo de controle abstrato de normas, mesmo na ausência de norma autorizativa, por entender, fundamentalmente, que o poder de cautela seria inerente à própria atividade jurisdicional (RISTF, art. 175 c/c art. 22, IX)[112].

---

112 Rp 933 (liminar), rel. Min. Thompson Flores, *RTJ* 76:342 (343). Cf., também, voto divergente do Ministro Xavier de Albuquerque, *RTJ* 76, 345-346. Anteriormente já haviam sido deferidas medidas cautelares nas Representações Interventivas 467 (*RTJ* 19, p. 5) e 466 (*RTJ* 23, p. 1 (8)).

Esse argumento tem aplicação também na ação declaratória de constitucionalidade.

Como se sabe, no julgamento da Questão de Ordem suscitada na Ação Declaratória n. 1, enfatizou-se a natureza idêntica dos processos de ação direta de inconstitucionalidade e de ação declaratória de constitucionalidade, como se pode ler na seguinte passagem do voto proferido pelo Ministro Moreira Alves, *verbis:*

> "A Emenda Constitucional n. 3, de 1993, ao instituir a ação declaratória de constitucionalidade, já estabeleceu quais são os legitimados para propô-la e quais são os efeitos de sua decisão definitiva de mérito. Silenciou, porém, quanto aos demais aspectos processuais a serem observados com referência a essa ação.
>
> Tendo em vista, porém, que a natureza do processo relativo a essa ação é a mesma da ação direta de inconstitucionalidade, é de adotar-se a disciplina desta nesse particular, exceto no que se diferenciam pelo seu fim imediato, que é oposto – a ação direta de inconstitucionalidade visa diretamente à declaração de inconstitucionalidade do ato normativo, ao passo que a ação declaratória de constitucionalidade visa diretamente à declaração de constitucionalidade do ato normativo –, e que acarreta a impossibilidade da aplicação de toda a referida disciplina".

Na oportunidade, assentou o Supremo Tribunal Federal que a sentença de rejeição de constitucionalidade proferida no referido processo tem valor específico, afirmando-se que, no caso de improcedência da ação, terá o Tribunal de declarar a inconstitucionalidade da norma.

Como se sabe, a Emenda Constitucional n. 3, de 1993, ao criar a ação declaratória de constitucionalidade de lei federal, estabeleceu que a decisão definitiva de mérito nela proferida – incluída aqui, pois, aquela que, julgando improcedente a ação, proclamar a inconstitucionalidade da norma questionada ("...produzirá eficácia contra todos e efeito vinculante, relativamente aos demais órgãos do Poder Judiciário e do Poder Executivo..."). Por essa razão, eminentes membros do Supremo Tribunal Federal, como o Ministro Sepúlveda Pertence, têm sustentado que, "quando cabível em tese a ação declaratória de constitucionalidade, a mesma força vinculante haverá de ser atribuída à decisão definitiva da ação direta de inconstitucionalidade"[113].

Todos esses elementos reforçam o caráter ***dúplice ou ambivalente*** que marca também a ação declaratória no plano federal.

Assim, não parece subsistir dúvida de que a ação declaratória de constitucionalidade tem a mesma natureza da ação direta de inconstitucionalidade, podendo-se afirmar até que aquela nada mais é do que uma ADIn com sinal trocado[114].

Considerando a natureza e o escopo da ação declaratória de constitucionalidade, a eficácia *erga omnes* e o efeito vinculante das decisões proferidas nesse processo, parece,

---

113 Rcl 167, despacho, *RDA* 206, p. 246 (247).

114 Cf., a propósito, Gilmar Ferreira Mendes, *Ação declaratória de constitucionalidade*: a inovação da Emenda n. 3, de 1993, in Ives Gandra da Silva Martins e Gilmar Ferreira Mendes (Org.). *Ação declaratória de constitucionalidade.* São Paulo, 1994, p. 56.

igualmente, plausível admitir a concessão de medida cautelar, a fim de evitar o agravamento do estado de insegurança ou de incerteza jurídica que se pretende eliminar.

Daí afigurar-se-nos possível a concessão de liminar que assegure a plena aplicação da lei controvertida até a pronúncia da decisão definitiva pelo Supremo Tribunal Federal[115].

A providência cautelar poderia consistir, igualmente, na suspensão dos processos ou do julgamento das ações que envolvessem a aplicação da norma questionada até a decisão final da ação declaratória.

Essa última solução foi adotada pela Lei n. 9.868/99, sobre o processo e julgamento da ação direta de inconstitucionalidade e da ação declaratória, tendo-se consagrado que a cautelar há de consistir na determinação de que os juízes e tribunais suspendam o julgamento dos processos que envolvam a aplicação da lei ou do ato normativo objeto da ação até o seu julgamento definitivo, que, de qualquer sorte, há de se verificar dentro do prazo de 180 dias. É o que dispõe o art. 21 da Lei, *verbis*:

> "Art. 21. O Supremo Tribunal Federal, por decisão da maioria absoluta de seus membros, poderá deferir pedido de medida cautelar na ação declaratória de constitucionalidade, consistente na determinação de que os juízes e os Tribunais suspendam o julgamento dos processos que envolvam a aplicação de lei ou do ato normativo objeto da ação até seu julgamento definitivo.
>
> Parágrafo único. Concedida a medida cautelar, o Supremo Tribunal Federal fará publicar em seção especial do Diário Oficial da União a parte dispositiva da decisão, no prazo de dez dias, devendo o Tribunal proceder ao julgamento da ação no prazo de 180 dias, sob pena de perda de sua eficácia".

Há de se entender, portanto, que da própria competência que se outorga ao Supremo Tribunal Federal para decidir, com eficácia *erga omnes* e efeito vinculante, a ação declaratória de constitucionalidade, tendo em vista a necessidade de definição de uma controvérsia constitucional, decorre também a atribuição para conceder cautelar que, pelo menos, suspenda o julgamento dos processos ou seus efeitos até a prolação de sua decisão definitiva.

6.4. A cautelar na ADPF

Nos termos do art. 5º, *caput*, da Lei n. 9.882/99, o Supremo Tribunal Federal poderá deferir cautelar na ADPF, mediante decisão tomada pela maioria absoluta de seus membros (6 votos). Resta assente, assim, que a cautelar em ADPF será deferida por decisão do colegiado.

O § 1º do art. 5º estabelece, porém, ***a possibilidade de concessão de cautelar pelo relator***, em caso de extrema urgência ou perigo de lesão grave, ou, ainda, em período de recesso, *ad referendum* do Tribunal Pleno.

---

115 Cf. Gilmar Ferreira Mendes, *Ação declaratória de constitucionalidade:* a inovação da Emenda n. 3, de 1993, cit., p. 88.

6.4.1. Cautelar e audiência da autoridade responsável pela edição do ato

Diferentemente do estabelecido na Lei n. 9.868, de 1999 (art. 10), não se revela obrigatória a audiência da autoridade responsável pela edição do ato antes da concessão da liminar em arguição de descumprimento. A Lei autoriza, porém, o relator a deferir a audiência tanto da autoridade responsável pela edição do ato quanto do Procurador-Geral da República e do Advogado-Geral da União (art. 5º, § 2º).

Talvez fosse recomendável, tendo em vista a semelhança de situações, que o relator adotasse condutas idênticas nas duas espécies de procedimento, determinando, obrigatoriamente, a audiência dos responsáveis pela edição do ato impugnado antes da decisão sobre a liminar requerida, também no âmbito da ADPF.

Como já mencionado[116], foi concedida liminar na ADPF 33 em 25-11-2002[117], por decisão monocrática, referendada por unanimidade pelo plenário do STF, em 29-10-2003[118]. Em sessão plenária de 7-12-2005, o Tribunal, por unanimidade, julgou procedente a ADPF[119]. Também na ADPF 54 foi concedida liminar em 2-8-2004, tendo o Tribunal, na sessão de 20-10-2004, negado referendo à referida liminar concedida, reconhecendo, porém, sua admissibilidade[120]. Medidas cautelares também foram concedidas na ADPF 47, da relatoria do Ministro Eros Grau, e na ADPF 79, deferida pelo Presidente do STF, em 29-7-2005, *ad referendum* do plenário[121].

6.4.2. Cautelar: suspensão do ato impugnado, suspensão de processos e da eficácia de decisões

Além da possibilidade de decretar a suspensão direta do ato impugnado, admite-se na cautelar prevista para a arguição de descumprimento a determinação de que os juízes e tribunais suspendam o andamento de processo ou os efeitos de decisões judiciais ou de qualquer outra medida que guarde relação com a matéria discutida na ação (art. 5º, § 3º), exceto aqueles decorrentes da coisa julgada[122].

---

116 Cf., *supra*, Introdução, 4. A ADPF na jurisprudência do STF.

117 ADPF 33-MC, decisão monocrática, *DJ* de 2-12-2002.

118 ADPF 33-MC, referendada pelo Plenário, *DJ* de 6-11-2003.

119 ADPF 33, rel. Min. Gilmar Mendes, julgada em 7-12-2005.

120 ADPF 54, rel. Min. Marco Aurélio, cit. em sessão de 27-4-2005, suscitada questão de ordem, o Tribunal, por maioria, admitiu o cabimento da ADPF. A apreciação do mérito da ADPF, entretanto, ainda está pendente.

121 ADPF 79, rel. Min. Cezar Peluso, liminar deferida pelo Presidente, *ad referendum* do Pleno, em 29-7-2005, *DJ* de 4-8-2005.

122 Ressalte-se, nesse sentido, a concessão de liminar, em 21-2-2008, na ADPF 130, rel. Min. Carlos Britto: "Valho-me, pois, do § 3º do art. 5º da Lei 9.882/99 para, sem tardança, deferir parcialmente a liminar requestada para o efeito de determinar que juízes e tribunais suspendam o andamento de processos e os efeitos de decisões judiciais, ou de qualquer outra medida que versem sobre os seguintes dispositivos da Lei n. 5.250/67: a) a parte inicial do § 2º do art. 1º (...); b) o § 2º do art. 2º; c) a íntegra dos arts. 3º, 4º, 5º, 6º, 20, 21, 22, 23, 51 e 52; d) a parte final do art. 56 (...) e) os §§ 3º e 6º do art. 57; f) os §§ 1º e 2º do art. 60; g) a íntegra dos arts. 61, 62, 63, 64 e 65. Decisão que tomo *ad referendum* do Plenário deste STF". O Tribunal, por maioria, apenas uma semana depois, referendou a liminar.

Em 18-6-2009, a ação voltou ao Plenário por força da interposição de agravo regimental contra o deferimento de liminar (ADPF-AgR 79, rel. Min. Cezar Peluso, *DJ* de 17-8-2007). Então, o Tribunal, por maioria, deu parcial provimento ao agravo para excluir da eficácia do art. 5º, § 3º, da Lei n. 9.882/99, "os efeitos de sentenças transitadas em julgado ou convalidados por lei superveniente".

Confere-se, assim, ao Tribunal, um poder cautelar expressivo, destinado a impedir a consolidação de situações contra a possível decisão definitiva que venha a ser proferida. Nesse aspecto, a cautelar da ação de descumprimento de preceito fundamental assemelha-se à medida cautelar da ação declaratória de constitucionalidade (Lei n. 9.868/99, art. 21).

Dessa forma, a liminar passa a ser também um instrumento de economia processual e de uniformização da orientação jurisprudencial.

6.4.3. Cautelar e prazo

Diferentemente do que se verifica com o disposto no art. 21 da Lei n. 9.868/99, que fixa em 180 dias o prazo de eficácia da cautelar em ADC, não há prazo de vigência para a cautelar deferida em ADPF.

Razoável cogitar-se, porém, da adoção de prazo idêntico (180 dias) em caso de deferimento de cautelar em ADPF que importe na suspensão de processo ou de julgamentos pelas instâncias ordinárias.

Essa orientação foi adotada ao ser parcialmente deferida a cautelar requerida na ADPF 130[123], em que se discutia a legitimidade constitucional da Lei de Imprensa. Naquela ocasião, o relator, em decisão posteriormente referendada pelo Plenário, aplicou por analogia o prazo do art. 21 da Lei n. 9.868/99, para assentar a "suspensão da eficácia dos referidos dispositivos, por 180 dias", especificando, ademais, que o deferimento da cautelar não impedia "o curso regular dos processos neles fundamentados, aplicando-se-lhes, contudo, as normas da legislação comum, notadamente, o Código Civil, o Código Penal, o Código de Processo Civil e o Código de Processo Penal"[124].

7. AS DECISÕES DO SUPREMO TRIBUNAL FEDERAL NA ARGUIÇÃO DE DESCUMPRIMENTO

7.1. Procedimento de tomada de decisões

A decisão sobre a arguição de descumprimento somente será tomada se presentes pelo menos 2/3 dos Ministros (8 Ministros). Embora o texto seja silente, também aqui

123 A medida cautelar foi parcialmente concedida para suspender a vigência da expressão "a espetáculos de diversões públicas, que ficarão sujeitos à censura, na forma da lei, nem", contida na parte inicial do § 2º do artigo 1º; do § 2º do artigo 2º; da íntegra dos artigos 3º, 4º, 5º, 6º e 65; da expressão "e sob pena de decadência deverá ser proposta dentro de 3 meses da data da publicação ou transmissão que lhe der causa", constante da parte final do artigo 56; dos §§ 3º e 6º do artigo 57; dos §§ 1º e 2º do artigo 60; da íntegra dos artigos 61, 62, 63 e 64; dos artigos 20, 21, 22 e 23; e dos artigos 51 e 52, todos da Lei n. 5.250, de 9 de fevereiro de 1967.

124 ADPF 130-MC, rel. Min. Carlos Britto, *DJ* de 7-11-2008.

se há de aplicar a regra do art. 23 da Lei n. 9.868/99, segundo a qual a decisão de procedência ou improcedência haverá de ser tomada pela maioria absoluta dos membros do Tribunal. Em reforço desse argumento milita a disposição contida na Lei n. 9.882/99, que exige seja a cautelar deferida por decisão da maioria absoluta dos membros do Tribunal (art. 5º, *caput*). Não se pode adotar para a decisão definitiva critério menos rigoroso do que aquele fixado para a liminar.

Julgada a ação, deverá ser feita comunicação às autoridades responsáveis pela prática dos atos questionados, fixando-se, se for o caso, as condições e o modo de interpretação e aplicação do preceito fundamental.

O Presidente do Tribunal deve determinar o imediato cumprimento da decisão, publicando-se, dentro de dez dias a contar do trânsito em julgado, sua parte dispositiva em seção especial do *Diário de Justiça* e do *Diário Oficial da União* (art. 10, §§ 1º e 2º).

Tal como a Lei n. 9.868/99, também a Lei n. 9.882/99 (art. 12) é clara quanto à irrecorribilidade e à não rescindibilidade da decisão proferida na arguição de descumprimento.

7.2. Técnicas de decisão, efeitos da declaração de inconstitucionalidade, segurança e estabilidade das decisões

Tendo em vista o amplo objeto de impugnação no âmbito da arguição de descumprimento, o Tribunal, reconhecendo sua procedência ou improcedência, poderá declarar a legitimidade ou ilegitimidade do ato questionado. Se incidir sobre ato normativo, adotar-se-ão as técnicas de decisão do controle de constitucionalidade abstrato. Nesse caso aplicam-se integralmente as considerações desenvolvidas neste estudo a propósito das técnicas de decisão no controle de constitucionalidade da ação direta de inconstitucionalidade e da ação declaratória de constitucionalidade.

Tendo por objeto o direito pré-constitucional, deverá o Tribunal limitar-se a reconhecer a legitimidade (recepção) ou não da lei, em face da norma constitucional superveniente[125].

Incidindo, porém, sobre ato de efeito concreto (ato administrativo singular, sentença), o tribunal afirmará sua ilegitimidade. Pode ser que o ato singular questionado (v. g., uma decisão judicial) afirme a inconstitucionalidade de uma lei ou de uma dada aplicação ou interpretação do próprio texto constitucional. Nessa hipótese, reconhecida a procedência da ação de descumprimento de preceito fundamental, ter-se-á a declaração de ilegitimidade do ato questionado, com a afirmação da constitucionalidade da lei ou da aplicação constitucional discutida[126].

---

125 Cf., sobre o tema, a discussão desenvolvida no julgamento da ADPF 33, rel. Min. Gilmar Mendes, julgada em 7-12-2005.

126 Exemplificativa da submissão de controvérsia constitucional oriunda de ato judicial é a questão posta na ADPF 6-8/800, rel. Min. Celso de Mello, oferecida pelo Presidente da República. Cuida-se de controvérsia fundada na orientação jurisprudencial do TRF da 2ª Região (RJ) que fixou em súmula (n. 17) interpretação do art. 58 do ADCT incompatível com a firme e reiterada jurisprudência do STF sobre o tema – critério de reajuste de benefício previdenciário. Na ação, solicitou-se ao STF a suspensão liminar de todos os processos, sobre a matéria, em curso no TRF da 2ª Região, bem como dos efeitos de decisões ainda não transitadas em julgado, nos termos

A Lei n. 9.882/99 reconhece igualmente a possibilidade de que por maioria de 2/3 se declare a inconstitucionalidade da lei com eficácia *ex nunc* ou, com efeito, a partir do momento que venha a ser estabelecido pelo Tribunal (art. 11). Valem aqui as considerações expendidas sobre o art. 27 da Lei n. 9.868/99.

Assinale-se, ainda, que, nos termos da Lei n. 9.882/99, a decisão (de mérito) proferida na ação de descumprimento de preceito fundamental terá eficácia contra todos e efeito vinculante relativamente aos demais órgãos do Poder Público (art. 10, § 3º)[127]. Quanto à eficácia *erga omnes* da decisão, não parece haver dúvida de que se cuida de um consectário da natureza objetiva do processo[128]. Trata-se de um processo "sem partes", no qual se discute amplamente a tutela do interesse público de forma geral.

Tal como assinalado no n. XI – *Segurança e estabilidade das decisões em controle abstrato de constitucionalidade e a reclamação constitucional*, se concebermos o efeito vinculante como atributo da própria jurisdição constitucional não há dificuldade em reconhecermos legitimidade à decisão legislativa que outorga efeito vinculante a outras decisões constitucionais relevantes tomadas pelo STF.

---

do art. 5º, § 3º, da Lei n. 9.882/99, e, ainda, no mérito, a procedência do pedido, impondo-se ao TRF as condições e o modo de interpretação e aplicação do art. 58 do ADCT, com a decorrente eficácia *erga omnes* e efeito vinculante. Em abril de 2001 o processo ainda pendia do exame da liminar requerida.

127 Na ADI 2.231, o relator, Ministro Néri da Silveira, reconheceu a constitucionalidade do efeito vinculante, previsto na Lei n. 9.882/99, em voto no sentido de indeferir a liminar. A ação, entretanto, pende de julgamento.

128 Cf. Rcl 6.064-MC, rel. Min. Celso de Mello, julgamento em 20-5-2008 e Rcl. 6.465, rel. Min. Eros Grau, decisão monocrática, julgamento em 26-8-2008, *DJ* de 1º-9-2008.

X AS DECISÕES NO CONTROLE DE CONSTITUCIONALIDADE DE NORMAS E SEUS EFEITOS

1. INTRODUÇÃO

A aprovação da Lei n. 9.868, de 10-11-1999, introduziu significativa alteração na técnica de decisão de controle de constitucionalidade brasileiro. Em seu art. 27, a lei consagra a fórmula segundo a qual, "ao declarar a inconstitucionalidade de lei ou ato normativo, e tendo em vista razões de segurança jurídica ou de excepcional interesse social, poderá o Supremo Tribunal Federal, por maioria de dois terços de seus membros, restringir os efeitos daquela declaração ou decidir que ela só tenha eficácia a partir de seu trânsito em julgado ou de outro momento que venha a ser fixado".

Resta notório que o legislador optou conscientemente pela adoção de uma fórmula alternativa à pura e simples declaração de nulidade, que corresponde à tradição brasileira. Tendo em vista as peculiaridades que marcam o sistema misto de controle de constitucionalidade brasileiro, cabe analisar os contornos dessa mudança e quais possibilidades de decisão estão abertas ao Supremo Tribunal Federal no exercício do controle de constitucionalidade das leis.

Com as devidas adequações, as técnicas aqui referidas aplicam-se ao controle incidental e também à representação interventiva, à ação direta de inconstitucionalidade por omissão (especialmente às propostas contra omissão parcial), e à arguição de descumprimento de preceito fundamental.

2. A DECLARAÇÃO DE NULIDADE DA LEI

2.1. Considerações preliminares

O dogma da nulidade da lei inconstitucional pertence à tradição do Direito brasileiro. A teoria da nulidade tem sido sustentada por praticamente todos os nossos importantes constitucionalistas[1]. Fundada na antiga doutrina americana, segundo a qual "the inconstitutional statute is not law at all"[2], significativa parcela da doutrina brasileira posicionou-se em favor da equiparação entre *inconstitucionalidade* e *nulidade*. Afirmava-se, em favor dessa tese, que o reconhecimento de qualquer efeito a uma lei inconstitucional importaria na suspensão provisória ou parcial da Constituição[3].

---

1 Rui Barbosa, Os atos inconstitucionais do Congresso e do Executivo, in *Trabalhos jurídicos,* Rio de Janeiro: Casa de Rui Barbosa, 1962, p. 70-71; e *O direito do Amazonas ao Acre Septentrional,* Rio de Janeiro: Jornal do Commercio, 1910, v. 1, p. 103; Francisco Luiz da Silva Campos, *Direito constitucional,* Rio de Janeiro: Freitas Bastos, 1956, v. 1, p. 430-431; Alfredo Buzaid, *Da ação direta de declaração de inconstitucionalidade no direito brasileiro,* São Paulo: Saraiva, 1958, p. 130-132; José de Castro Nunes, *Teoria e prática do Poder Judiciário,* Rio de Janeiro: Forense, 1943, p. 589.

2 Cf. Westel Woodbury Willoughby, *The Constitutional law of the United States,* New York, 1910, v. 1, p. 9-10. Cf. também Thomas M. Cooley, *A treatise on the constitutional limitations,* 4. ed., Boston, 1878, p. 227.

3 Cf. Alfredo Buzaid, *Da ação direta de declaração de inconstitucionalidade no direito brasileiro,* cit., p. 128-132.

Assim, julgada procedente a ADI ou improcedente a ADC, ter-se-á uma declaração de nulidade da lei inconstitucional. Eventual decisão de caráter restritivo há de ser expressa, nos termos do art. 27 da Lei n. 9.868/99, como adiante será analisado.

A inconstitucionalidade de uma lei pode levar, também no direito brasileiro, a diferentes variantes de declaração de nulidade:

– declaração de nulidade total;

– declaração de nulidade parcial;

– declaração de nulidade parcial sem redução de texto.

2.2. Declaração de nulidade total

2.2.1. Declaração de nulidade total como expressão de unidade técnico-legislativa

A declaração de nulidade total, como o próprio nome indica, ocorre nos casos em que a totalidade da lei ou do ato normativo é invalidada pelo Tribunal.

Defeitos formais, tais como a inobservância das disposições constitucionais atinentes ao processo legislativo – por exemplo, as relativas à iniciativa da lei ou competência legislativa –, levam, normalmente, à declaração de inconstitucionalidade total, uma vez que, nesse caso, não se vislumbra a possibilidade de divisão da lei em partes válidas e inválidas. Trata-se, portanto, de uma *declaração de nulidade total como expressão de unidade técnico-legislativa*.

Assim, já sob a égide da Constituição de 1967/69, o Supremo Tribunal Federal declarou a inconstitucionalidade de emendas às Constituições estaduais relativas a matérias que somente poderiam ser disciplinadas mediante iniciativa do Executivo[4]. O mesmo se deu quando verificada a invasão do Poder Legislativo no âmbito de iniciativa de outros órgãos ou poderes (Tribunais de Justiça ou Tribunal de Contas)[5], e também nos casos em que constatada a inobservância de outras normas fixadas na Constituição sobre o procedimento legislativo[6].

Atualmente, a jurisprudência do Supremo Tribunal Federal conta com um vasto repertório de casos de declaração de inconstitucionalidade total, o que normalmente ocorre nas hipóteses de descumprimento de preceitos constitucionais relativos ao processo legislativo. A maioria dos casos assenta-se na inconstitucionalidade formal por violação às normas constitucionais de repartição de competências entre a União, os Estados e o Distrito Federal[7],

---

4 Rp. 1.318, rel. Min. Carlos Madeira, *RDA*, 169/60-61, jul./set. 1987; Rp. 1.478, rel. Min. Octavio Gallotti, *RDA*, 172/95, abr./jun. 1988; Rp. 1.433, rel. Min. Francisco Rezek, *RDA*, 171/107, jan./mar. 1988.

5 Rp. 1.304, rel. Min. Célio Borja, *RDA*, 171/109-118, jan./mar. 1988.

6 Dentre outras, ADI 3.483, rel. Min. Dias Toffoli, *DJe* de 13-5-2014; ADI 3.708, rel. Min. Dias Toffoli, *DJ* de 9-5-2013; Rp. 980, rel. Min. Moreira Alves, *RTJ*, 96/496 e s.; ADI 574, rel. Min. Ilmar Galvão, *DJ* de 11-3-1994, p. 4111; ADI 89, rel. Min. Ilmar Galvão, *DJ* de 20-8-1993, p. 16316; ADI 805, rel. Min. Celso de Mello, *DJ* de 8-4-1994, p. 7225.

7 Dentre outras, ADI 3.098/SP, rel. Min. Carlos Velloso, *DJ* de 10-3-2006; ADI 3.259/PA, rel. Min. Eros Grau, *DJ* de 24-2-2006; ADI 3.186/DF, rel. Min. Gilmar Mendes, *DJ* de 12-5-2006; ADI 3.035/PR, rel. Min. Gilmar Mendes, *DJ* de 14-10-2005; ADI 3.323/DF, rel. Min. Joaquim Barbosa, *DJ* de 23-9-2005; ADI 1.007/PE, rel. Min. Eros Grau, *DJ* de 24-2-2006; ADI 1.704/MT, rel. Min. Carlos Velloso, *DJ* de 20-9-2002; ADI 532/SP, rel. Min. Marco Aurélio, *DJ* de 11-3-2005; ADI 3.055/PR, rel. Min. Carlos Velloso, *DJ* de 3-2-2006; ADI 1.475/DF, rel. Min. Octavio Gallotti,

assim como por ofensa às regras que asseguram a reserva de iniciativa legislativa a órgãos ou poderes[8].

2.2.2. Declaração de nulidade total em virtude da dependência ou interdependência entre as partes constitucionais e inconstitucionais da lei

O Supremo Tribunal também profere a declaração de inconstitucionalidade total de uma lei se identifica relação de *dependência* ou de *interdependência* entre suas partes constitucionais e inconstitucionais[9]. Se a disposição principal da lei há de ser considerada inconstitucional, pronuncia o Supremo Tribunal Federal a inconstitucionalidade de toda a lei, salvo se algum dispositivo puder subsistir sem a parte considerada inconstitucional. Trata-se aqui de uma *declaração de inconstitucionalidade em virtude de dependência unilateral*[10].

A indivisibilidade da lei pode resultar, igualmente, de uma forte integração entre as suas diferentes partes. Nesse caso, tem-se a *declaração de inconstitucionalidade em virtude da chamada dependência recíproca*[11].

A dependência ou interdependência normativa entre os dispositivos de uma lei pode justificar a extensão da declaração de inconstitucionalidade a dispositivos constitucionais mesmo nos casos em que estes não estejam incluídos no pedido inicial da ação. É o que a doutrina denomina de *declaração de inconstitucionalidade consequente ou por arrastamento*[12].

Assim, mesmo diante do assentado entendimento de que o autor deve impugnar não apenas as partes inconstitucionais da lei, mas todo o sistema normativo no qual elas estejam inseridas, sob pena de a ação não ser conhecida[13], o Supremo Tribunal Federal tem flexibilizado o princípio do pedido para declarar a inconstitucionalidade por arrastamento de outros dispositivos em virtude de sua dependência normativa em relação aos dispositivos inconstitucionais expressamente impugnados[14].

DJ de 4-5-2001; ADI 2.101/MS, rel. Min. Maurício Corrêa, *DJ* de 5-10-2001; ADI 2.847/DF, rel. Min. Carlos Velloso, *DJ* de 26-11-2004.

8 Dentre outras, ADI 3.061/AP, rel. Min. Carlos Britto, *DJ* de 9-6-2006; ADI 2.302/RS, rel. Min. Gilmar Mendes, *DJ* de 24-3-2006; ADI 3.254/ES, rel. Min. Ellen Gracie, *DJ* de 2-12-2005; ADI 2.249/DF, rel. Min. Gilmar Mendes, *DJ* de 17-2-2006; ADI 2.170/SP, rel. Min. Sepúlveda Pertence, *DJ* de 9-9-2005; ADI 3.051/MG, rel. Min. Carlos Britto, *DJ* de 28-10-2005; ADI 2.966/RO, rel. Min. Joaquim Barbosa, *DJ* de 6-5-2005; ADI 3.267/MT, rel. Min. Joaquim Barbosa, *DJ* de 24-6-2005; ADI 2.750/ES, rel. Min. Eros Grau, *DJ* de 26-8-2005.

9 Rp. 1.305, rel. Min. Sydney Sanches, *RDA*, 170/46; Rp. 1.379, rel. Min. Moreira Alves, *DJ* de 11-9-1987.

10 Cf., a propósito, Gilmar Ferreira Mendes, *Controle de constitucionalidade:* aspectos jurídicos e políticos, São Paulo: Saraiva, 1990, p. 284; Carlos Alberto Lúcio Bittencourt, *O controle jurisdicional da constitucionalidade das leis*, 2. ed., Rio de Janeiro: Forense, 1968, p. 127.

11 Rp. 1.379, rel. Min. Moreira Alves, *DJ* de 11-9-1987.

12 Jorge Miranda, *Manual de direito constitucional:* inconstitucionalidade e garantia da Constituição, Coimbra: Coimbra Ed., 2001, t. 6, p. 224; Carlos Blanco de Morais, *Justiça Constitucional:* o contencioso constitucional português entre o modelo misto e a tentação do sistema de reenvio, Coimbra: Coimbra Ed., 2005, t. 2, p. 525.

13 ADI 2.174/DF, rel. Min. Maurício Corrêa, *DJ* de 7-3-2003; ADI 1.187/DF, rel. Min. Ilmar Galvão, *DJ* de 30-5-1997; ADI 2.133/RJ, rel. Min. Ilmar Galvão, *DJ* de 4-5-2001.

14 ADI-QO 2.982/CE, rel. Min. Gilmar Mendes, *DJ* de 16-12-2004; ADI 1.662/SP, rel. Min. Maurício Corrêa, *DJ* de 19-9-2003. Sobre a inconstitucionalidade por arrastamento, ADI 2.895/AL, rel. Min. Carlos Velloso, *DJ* de 20-5-2005 e ADI n. 3.279, rel. Min. Cezar Peluso, *DJ* de 15-2-2012.

3. DECLARAÇÃO DE NULIDADE PARCIAL

A doutrina e a jurisprudência brasileiras admitem plenamente a *teoria da divisibilidade da lei*, de modo que, tal como assente, o Tribunal somente deve proferir a inconstitucionalidade daquelas normas viciadas, não devendo estender o juízo de censura às outras partes da lei, salvo se elas não puderem subsistir de forma autônoma[15]. O mesmo se aplica aos vetos no controle político-preventivo (CF, art. 66, § 2º). Faz-se mister, portanto, verificar se estão presentes as condições objetivas de divisibilidade. Para isso, impõe-se aferir o grau de dependência entre os dispositivos, isto é, examinar se as disposições estão em relação de vinculação que impediria a sua divisibilidade[16].

Não se afigura suficiente, todavia, a existência dessas condições objetivas de divisibilidade. Impõe-se verificar, igualmente, se a norma que há de subsistir após a declaração de inconstitucionalidade parcial corresponderia à vontade do legislador[17].

Portanto, devem ser investigadas não só a existência de uma *relação de dependência* (*unilateral* ou *recíproca*)[18], mas também a possibilidade de intervenção no âmbito da *vontade do legislador*[19]. No exame sobre a *vontade do legislador*, assume peculiar relevo a dimensão e o significado da intervenção que resultará da declaração de nulidade. Se a declaração de inconstitucionalidade tiver como consequência a criação de uma *nova lei*, que não corresponda às concepções que inspiraram o legislador, afigura-se inevitável a declaração de inconstitucionalidade de toda a lei[20].

Ao apreciar a ADI 3.459, Rel. Marco Aurélio (Sessão Plenária de 24-8-2005), o Supremo Tribunal Federal, após longa discussão a respeito dos limites da declaração de inconstitucionalidade parcial, decidiu não conhecer da ação direta tendo em vista que a eliminação da expressão normativa impugnada teria o efeito de fazer surgir nova lei contrária à vontade original do legislador.

4. DECLARAÇÃO DE NULIDADE PARCIAL SEM REDUÇÃO DE TEXTO

Já em 1949, identificara Lúcio Bittencourt os casos de inconstitucionalidade da aplicação da lei a determinado grupo de pessoas ou de situações como hipótese de inconstitucionalidade parcial[21].

Nesse sentido, ensinava o emérito constitucionalista:

---

15 Carlos Alberto Lúcio Bittencourt, *O controle jurisdicional da constitucionalidade das leis*, cit., p. 126-127; ADI 2.895, rel. Min. Carlos Velloso, *DJ* de 2-2-2005; ADI 2.653, rel. Min. Carlos Velloso, *DJ* de 31-10-2003.

16 Carlos Alberto Lúcio Bittencourt, *O controle jurisdicional da constitucionalidade das leis*, cit., p. 127.

17 Carlos Alberto Lúcio Bittencourt, *O controle jurisdicional da constitucionalidade das leis*, cit., p. 125.

18 Rp. 1.305, rel. Min. Sydney Sanches, *RDA*, 170/46-60, out./dez. 1987; Carlos Alberto Lúcio Bittencourt, *O controle jurisdicional da constitucionalidade das leis*, cit., p. 125-127; Gilmar Ferreira Mendes, *Controle de constitucionalidade:* aspectos jurídicos e políticos, cit., p. 269.

19 Rp. 1.379, rel. Min. Moreira Alves, *DJ* de 11-9-1987. Ver, também, Carlos Alberto Lúcio Bittencourt, *O controle jurisdicional da constitucionalidade das leis*, cit., p. 125-127; Gilmar Ferreira Mendes, *Controle de constitucionalidade:* aspectos jurídicos e políticos, cit., p. 269.

20 Rp. 1.379, rel. Min. Moreira Alves, *DJ* de 11-9-1987.

21 Carlos Alberto Lúcio Bittencourt, *O controle jurisdicional da constitucionalidade das leis*, cit., p. 128.

"Ainda no que tange à constitucionalidade parcial, vale considerar a situação paralela em que uma lei pode ser válida em relação a certo número de casos ou pessoas e inválida em relação a outros. É a hipótese, *verbi gratia*, de certos diplomas redigidos em linguagem ampla e que se consideram inaplicáveis a fatos pretéritos, embora perfeitamente válidos em relação às situações futuras. Da mesma forma, a lei que estabelecesse, entre nós, sem qualquer distinção, a obrigatoriedade do pagamento de imposto de renda, incluindo na incidência deste os proventos de qualquer natureza, seria inconstitucional no que tange à remuneração dos jornalistas e professores"[22].

Não raro o Supremo Tribunal Federal constata a inconstitucionalidade da cobrança de tributo sem a observância do princípio da anterioridade (Constituição de 1946, art. 141, § 34; Constituição de 1967/69[23], art. 153, § 29; Constituição de 1988, art. 150, III, *b*)[24]. Dessarte, firmou-se orientação sumulada segundo a qual "é inconstitucional a cobrança de tributo que houver sido criado ou aumentado no mesmo exercício financeiro" (Súmula 67).

Como se vê, essas decisões não levam, necessariamente, à cassação da lei, uma vez que ela poderá ser aplicada, sem nenhuma mácula, já no próximo exercício financeiro.

Em outros casos, considera o Tribunal que a aplicação de leis sobre correção monetária a situações já consolidadas revela-se inconstitucional[25].

É o que se constata, v. g., na seguinte decisão:

"Correção monetária. A fixação da sua incidência a partir do ajuizamento da ação viola o princípio da não retroatividade da Lei (art. 153, § 3º, da Constituição Federal), destoando, inclusive, da jurisprudência do Supremo Tribunal Federal. Aplicação da Lei n. 6.899, de 8-4-81, aos processos pendentes, a partir de sua vigência (art. 3º do Decreto n. 86.649/81). Provimento do recurso extraordinário"[26].

Ou, ainda, na seguinte passagem do voto de Alfredo Buzaid:

"É certo que a Lei n. 6.899 dispõe, no art. 1º, que a correção monetária incide sobre qualquer débito resultante de decisão judicial. E depois de dizer no § 1º que, na execução por título de dívida líquida e certa, se calcularia a correção a contar do respectivo vencimento, estabelece, no § 2º, que nos demais casos se procede ao cálculo a partir do ajuizamento da causa. A locução 'a partir do ajuizamento da causa' há de referir-se à causa

---

22 Carlos Alberto Lúcio Bittencourt, *O controle jurisdicional da constitucionalidade das leis*, cit., p. 128.

23 Essa disposição foi, igualmente, incorporada à Constituição de 1988 (art. 150, II).

24 RMS 11.853, rel. Min. Luiz Gallotti, *DJ* de 17-8-1966; RMS 13.208, rel. Min. Vilas Boas, *DJ* de 11-5-1966; RMS 13.694, rel. Min. Carlos Medeiros da Silva, *DJ* de 10-8-1966; RMS 16.588, rel. Min. Victor Nunes, *DJ* de 12-3-1968; RMS 16.661, rel. Min. Evandro Lins e Silva, *RTJ*, 59 (1)/185; RE 61.102, rel. Min. Oswaldo Trigueiro, *DJ* de 14-2-1968.

25 RMS 16.986, rel. Min. Aliomar Baleeiro, *RTJ*, 43/575; RMS 16.661, rel. Min. Evandro Lins e Silva, *RTJ*, 59/185; RE-EDv 69.749, rel. Min. Bilac Pinto, *RTJ*, 61 (1)/130; RE 63.318, rel. Min. Victor Nunes Leal, *RTJ*, 46 (1)/205; RE 99.180, rel. Min. Djaci Falcão, *RTJ*, 106 (3)/847.

26 RE 97.816, rel. Min. Djaci Falcão, *DJ* de 12-11-1982, p. 11489.

proposta depois que a Lei n. 6.899 entrou em vigor. Interpretação diversa, como a adotada pelo v. acórdão recorrido, importa em atribuir à Lei 6.899 efeito retroativo (...)"[27].

Também aqui se limita o Tribunal a considerar inconstitucional apenas determinada hipótese de aplicação da lei, sem proceder à alteração do seu *programa normativo*.

Em decisão mais moderna, adotou o Supremo Tribunal Federal, expressa e inequivocamente, a técnica da *declaração de inconstitucionalidade sem redução de texto*, tal como se pode depreender da seguinte passagem da ementa, concernente à ADI 319, formulada contra a Lei n. 8.039/90, *verbis*:

> "Exame das inconstitucionalidades alegadas com relação a cada um dos artigos da mencionada Lei. Ofensa ao princípio da irretroatividade com relação à expressão 'março' contida no parágrafo 5º do artigo 2º da referida Lei. Interpretação conforme a Constituição aplicada ao 'caput' do artigo 2º, ao parágrafo 5º desse mesmo artigo e ao artigo 4º, todos da Lei em causa. Ação que se julga procedente em parte, para declarar a inconstitucionalidade da expressão 'março', contida no parágrafo 5º do artigo 2º da Lei n. 8.039/90, e, parcialmente, o 'caput' e o parágrafo 2º do artigo 2º, bem como o artigo 4º, os três em todos os sentidos que não aquele segundo o qual de sua aplicação estão ressalvadas as hipóteses em que, no caso concreto, ocorra direito adquirido, ato jurídico perfeito e coisa julgada"[28].

Uma redução do âmbito da aplicação da lei pode ser operada, igualmente, mediante simples interpretação conforme a Constituição[29].

Assim, ao apreciar a constitucionalidade de dispositivo constante da Lei de Diretrizes e Bases da Educação (Lei n. 5.540/68), houve por bem o Tribunal afirmar que a exigência de lista tríplice para o preenchimento de cargos de direção superior das Universidades somente se aplicava às universidades federais[30], com o fundamento de que essa regra não integrava as linhas básicas do sistema de ensino que deveriam estar disciplinadas na referida lei. Com a utilização da expressão "desde que", acabou o Tribunal por excluir as universidades estaduais do âmbito de aplicação da norma impugnada como se vê da ementa do acórdão:

> "Universidades e estabelecimentos oficiais de nível superior. A determinação do número dos componentes das listas destinadas à escolha dos seus dirigentes, não sendo matéria de diretriz e base, escapa à competência legislativa da União, em relação às entidades oficiais de ensino, situadas fora do âmbito federal (Constituição, art. 8º, XVII, *q*, e art. 177), valendo, apenas, no que concerne às mantidas pela União. Representação julgada improcedente, desde que se interprete o § 1º da Lei n. 5.540/68, com a redação dada pela de n. 6.420/77, como somente aplicável às Universidades e estabelecimentos superiores, no âmbito federal".

---

27 RE 100.317, rel. Min. Xavier de Albuquerque, *RTJ*, 114 (3)/1138 (1140).

28 ADI 319, rel. Min. Moreira Alves, *DJ* de 30-4-1993, p. 7563.

29 Sobre o conceito de interpretação conforme a Constituição e sua relação com a declaração de inconstitucionalidade sem redução do texto, *vide* tópico 5, *infra*.

30 Rp. 1.454, rel. Min. Octavio Gallotti, *RTJ*, 125 (3)/997.

Registre-se que se reconheceu a possibilidade de "explicitação, no campo da liminar, do alcance de dispositivos de uma certa lei, sem afastamento da eficácia no que se mostre consentânea com a Constituição Federal"[31].

5. A INTERPRETAÇÃO CONFORME A CONSTITUIÇÃO

5.1. Introdução

Consoante postulado do direito americano incorporado à doutrina constitucional brasileira, deve o juiz, na dúvida, reconhecer a constitucionalidade da lei. Também no caso de duas interpretações possíveis de uma lei, há de se preferir aquela que se revele compatível com a Constituição. Na doutrina menciona-se, frequentemente, a frase de Cooley: "The court, if possible, must give the statute such a construction as will enable it to have effect"[32].

Os Tribunais devem, portanto, partir do princípio de que o legislador busca positivar uma norma constitucional[33].

Há muito se vale o Supremo Tribunal Federal da interpretação conforme à Constituição. Essa variante de decisão não prepara maiores embaraços no âmbito do controle incidental de normas, uma vez que aqui o Tribunal profere decisão sobre um caso concreto que vincula apenas as partes envolvidas.

A interpretação conforme a Constituição passou a ser utilizada, igualmente, no âmbito do controle abstrato de normas[34]. Consoante a prática vigente, limita-se o Tribunal a declarar a legitimidade do ato questionado desde que interpretado em conformidade com a Constituição[35]. O resultado da interpretação, normalmente, é incorporado, de forma resumida, na parte dispositiva da decisão[36].

5.2. Qualificação da interpretação conforme a Constituição

A interpretação conforme a Constituição levava sempre, no direito brasileiro, à declaração de constitucionalidade da lei[37]. Porém, como já se disse, há hipóteses em que esse tipo de interpretação pode levar a uma declaração de inconstitucionalidade sem redução do texto. Tais casos foram levantados pela primeira vez por ocasião da

31 ADI 1.045, rel. Min. Marco Aurélio, *DJ* de 6-5-1994, p. 10485.

32 Thomas M. Cooley, *A treatise on the constitutional limitations,* cit., p. 228. Cf. também Carlos Alberto Lúcio Bittencourt, *O controle jurisdicional da constitucionalidade das leis,* cit., p. 93.

33 Carlos Alberto Lúcio Bittencourt, *O controle jurisdicional da constitucionalidade das leis,* cit., p. 93.

34 Rp. 948, rel. Min. Moreira Alves, *RTJ,* 82 (1)/55-56; Rp. 1.100, *RTJ,* 115 (3)/993 e s.

35 Cf., a propósito, Rp. 1.454, rel. Min. Octavio Gallotti, *RTJ,* 125 (3)/997.

36 Cf., a propósito, Rp. 1.389, rel. Min. Oscar Corrêa, *RTJ,* 126/514; Rp. 1.454, rel. Min. Octavio Gallotti, *RTJ,* 125 (3)/997; Rp. 1.399, rel. Min. Aldir Passarinho, *DJ* de 9-9-1988.

37 Cf., a propósito, Carlos Alberto Lúcio Bittencourt, *O controle jurisdicional da constitucionalidade das leis,* cit., p. 95.

propositura cumulativa de uma *representação interpretativa*[38] e de uma representação de inconstitucionalidade, suscitando-se a indagação sobre o significado dogmático da interpretação conforme a Constituição[39].

No caso, o Supremo Tribunal, seguindo orientação formulada por Moreira Alves, reconheceu que a *interpretação conforme a Constituição,* quando fixada no juízo abstrato de normas, corresponde a uma pronúncia de inconstitucionalidade. Daí entender incabível a sua aplicação no âmbito da *representação interpretativa*[40].

Não se pode afirmar com segurança se, na jurisprudência do Supremo Tribunal, a interpretação conforme a Constituição há de ser, sempre, equiparada a uma declaração de nulidade sem redução de texto.

Deve-se acentuar, porém, que, em decisão de 9 de novembro de 1987, deixou assente o Supremo Tribunal Federal que a interpretação conforme a Constituição não deve ser vista como simples princípio de interpretação, mas sim como modalidade de decisão do controle de normas, equiparável a uma *declaração de inconstitucionalidade sem redução de texto*[41]. Assinale-se, porém, que o Tribunal não procedeu, inicialmente, a qualquer alteração na parte dispositiva da decisão, que continua a afirmar a *improcedência* da arguição, *desde que* adotada determinada interpretação.

As decisões proferidas nas ADIs 491 e 319, todas da relatoria de Moreira Alves, parecem sinalizar que, pelo menos no controle abstrato de normas, o Tribunal tem procurado, nos casos de exclusão de determinadas hipóteses de aplicação ou hipóteses de interpretação do âmbito normativo, acentuar a equivalência dessas categorias[42].

De nossa parte, cremos que a equiparação pura e simples da declaração de inconstitucionalidade sem redução de texto à interpretação conforme a Constituição prepara dificuldades significativas.

A primeira delas diz respeito à conversão de uma modalidade de interpretação sistemática, utilizada por todos os tribunais e juízes, em técnica de declaração de inconstitucionalidade. Isso já exigiria especial qualificação da interpretação conforme a Constituição, para afirmar que somente teria a característica de uma declaração de inconstitucionalidade sem redução de texto aquela interpretação conforme a Constituição desenvolvida pela Corte Constitucional, ou, em nosso caso, pelo Supremo Tribunal Federal. Até porque, do contrário, também as questões que envolvessem interpretação conforme a Constituição teriam de ser submetidas ao Pleno dos Tribunais ou ao seu órgão especial (CF, art. 97).

---

38 A chamada *representação* interpretativa foi introduzida no Direito brasileiro pela Emenda Constitucional n. 7, de 1977, e deveria contribuir – tal como ressaltado na Exposição de Motivos do Governo – para dirimir controvérsias sobre interpretação de lei ou ato normativo federal ou estadual. O direito de propositura foi confiado exclusivamente ao Procurador-Geral da República (CF de 1967/69, art. 119, I, *l*). A Constituição de 1988 não incorporou esse instituto.

39 Cf. Rp. 1.417, rel. Min. Moreira Alves, *RTJ*, 126 (1)/48 e s.

40 Voto na Rp. 1.417, *DJ* de 15-4-1988.

41 Rp. 1.417, rel. Min. Moreira Alves, *RTJ*, 126 (1)/48.

42 ADI-MC 491, rel. Min. Moreira Alves, *RTJ*, 137 (1)/90; ADI 319, rel. Min. Moreira Alves, *DJ* de 30-4-1993.

Portanto, se essa equiparação parece possível no controle abstrato de normas, já não se afigura isenta de dificuldades a sua extensão ao chamado controle incidental ou concreto, uma vez que, nesse caso, ter-se-ia de conferir, também no âmbito dos tribunais ordinários, tratamento especial à interpretação conforme a Constituição.

Maior dificuldade ainda adviria do fato de que, ao fixar como constitucional dada interpretação e, expressa ou implicitamente, excluir determinada possibilidade de interpretação, por inconstitucionalidade, o Tribunal não declara – até porque seria materialmente impossível fazê-lo – a inconstitucionalidade de todas as possíveis interpretações de certo texto normativo.

Por outro lado, a afirmação de que a interpretação conforme a Constituição e a declaração de inconstitucionalidade são uma e mesma categoria, se parcialmente correta no plano das Cortes Constitucionais e do Supremo Tribunal Federal, é de todo inadequada na esfera da jurisdição ordinária, cujas decisões não são dotadas de força vinculante geral[43].

Ainda que se não possa negar a semelhança dessas categorias e a proximidade do resultado prático de sua utilização, é certo que, enquanto na interpretação conforme a Constituição se tem, dogmaticamente, a declaração de que uma lei é constitucional com a interpretação que lhe é conferida pelo órgão judicial, constata-se, na *declaração de nulidade sem redução de texto*, a expressa exclusão, por inconstitucionalidade, de determinadas *hipóteses de aplicação* do *programa normativo* sem que se produza alteração expressa do texto legal.

Assim, se se pretende realçar que determinada aplicação do texto normativo é inconstitucional, dispõe o Tribunal da *declaração de inconstitucionalidade sem redução de texto*, que, além de mostrar-se tecnicamente adequada para essas situações, tem a virtude de ser dotada de maior clareza e segurança jurídica, expressas na parte dispositiva da decisão (*a lei X é inconstitucional se aplicável a tal hipótese; a lei Y é inconstitucional se autorizativa da cobrança do tributo em determinado exercício financeiro*).

A decisão proferida na ADI 491 parece indicar que o Supremo Tribunal Federal está disposto a afastar-se da orientação anterior, que equiparava a interpretação conforme a Constituição à *declaração de nulidade parcial sem redução de texto*, passando a deixar explícito, no caso de declaração de nulidade sem redução de texto, que determinadas *hipóteses de aplicação*, constantes de programa normativo da lei, são inconstitucionais e, por isso, nulas[44].

Cuidava-se de discussão sobre a constitucionalidade do art. 86, parágrafo único, da Constituição do Estado do Amazonas, que consagra as seguintes normas:

> "Art. 86. Lei Orgânica, de iniciativa facultativa do Procurador-Geral de Justiça, disporá sobre a organização e o funcionamento do Ministério Público, observando em relação aos seus membros:
>
> (...)
>
> Parágrafo único. Aplicam-se, no que couber, aos membros do Ministério Público os princípios estabelecidos no art. 64, I, II e IV a XIII, desta Constituição".

43 Cf. Klaus Schlaich, *Das Bundesverfassungsgericht, Stellung, Verfahren, Entscheidungen*, München: C. H. Beck, 1985, p. 187.

44 ADI-MC 491, rel. Min. Moreira Alves, *RTJ*, 137 (1)/90.

O art. 64 da Constituição estadual, ao qual faz remissão expressa a disposição impugnada, consagra as seguintes regras:

> *"Art. 64. A Magistratura Estadual terá seu regime jurídico estabelecido no Estatuto da Magistratura instituído por lei complementar de iniciativa do Tribunal de Justiça, observados os seguintes princípios:*
>
> *(...)*
>
> *V – os vencimentos dos magistrados serão fixados com diferença não superior a dez por cento de uma para outra das categorias da carreira, não podendo, a título nenhum, exceder os dos Ministros do Supremo Tribunal Federal"*[45].

O Supremo Tribunal, após reconhecer que a inconstitucionalidade arguida visava apenas à extensão de vantagens ao Ministério Público, contida implicitamente na referência aos incisos "IV a XIII" do art. 64, optou por suspender – *sem redução de texto* – a aplicação do parágrafo único do art. 86 da Constituição estadual no que concerne à remissão ao inciso V do art. 64 dela constante.

Também na ADI 939, na qual se questionava a cobrança do IPMF, declarou o Tribunal a inconstitucionalidade sem redução do texto dos arts. 3º, 4º e 8º da Lei Complementar n. 77/93, nos pontos em que determinou a incidência da exação sobre as pessoas jurídicas de Direito Público e as demais entidades ou empresas referidas nas alíneas *a*, *b*, *c* e *d* do inciso VI do art. 150 da Constituição[46].

Esses precedentes estão a denotar que a declaração parcial de inconstitucionalidade sem redução de texto parece ter ganho autonomia como técnica de decisão no âmbito da jurisprudência do Supremo Tribunal Federal.

Tudo indica, pois, que, gradual e positivamente, o Supremo Tribunal afastou-se da posição inicialmente fixada, que equiparava simplesmente a interpretação conforme à Constituição à declaração de inconstitucionalidade sem redução de texto.

Neste tema, parece que o legislador fez, pelo que se depreende do art. 28, parágrafo único, da Lei n. 9.868/99, uma clara opção pela separação das figuras da declaração de inconstitucionalidade sem redução do texto e a interpretação conforme a Constituição.

5.3. Admissibilidade e limites da interpretação conforme a Constituição

Também entre nós utilizam-se, doutrina e jurisprudência, de uma fundamentação diferenciada para justificar o uso da interpretação conforme a Constituição. Ressalta-se, por um lado, que a supremacia da Constituição impõe que todas as normas jurídicas ordinárias sejam interpretadas em consonância com seu texto[47]. Em favor da admissibilidade da interpretação conforme a Constituição milita também a presunção da consti-

45 Cf. transcrição na ADI-MC 491, rel. Min. Moreira Alves, *RTJ*, 137 (1)/90 (93).

46 ADI 939, rel. Min. Sydney Sanches, *DJ* de 18-3-1994, p. 5165-5166.

47 Carlos Alberto Lúcio Bittencourt, *O controle jurisdicional da constitucionalidade das leis*, cit., p. 93-94

tucionalidade da lei, fundada na ideia de que o legislador não poderia ter pretendido votar lei inconstitucional[48].

Segundo a jurisprudência do Supremo Tribunal Federal, a interpretação conforme a Constituição conhece limites. Eles resultam tanto da expressão literal da lei quanto da chamada *vontade do legislador*. A interpretação conforme a Constituição é, por isso, apenas admissível se não configurar violência contra a expressão literal do texto[49] e não alterar o significado do texto normativo, com mudança radical da própria concepção original do legislador[50].

A prática demonstra que o Tribunal não confere maior significado à chamada *intenção do legislador*, ou evita investigá-la, se a interpretação conforme a Constituição se mostra possível dentro dos limites da expressão literal do texto[51].

Muitas vezes, porém, esses limites não se apresentam claros e são difíceis de definir. Como todo tipo de linguagem, os textos normativos normalmente padecem de certa indeterminação semântica, sendo passíveis de múltiplas interpretações. Assim, é possível entender, como o faz Rui Medeiros, que "a problemática dos limites da interpretação conforme a Constituição está indissociavelmente ligada ao tema dos limites da interpretação em geral"[52].

A eliminação ou fixação, pelo Tribunal, de determinados sentidos normativos do texto, quase sempre tem o condão de alterar, ainda que minimamente, o sentido normativo original determinado pelo legislador. Por isso, muitas vezes a interpretação conforme levada a efeito pelo Tribunal pode transformar-se numa decisão modificativa dos sentidos originais do texto.

O Supremo Tribunal Federal, quase sempre imbuído do dogma kelseniano do legislador negativo, costuma adotar uma posição de *self-restraint* ao se deparar com situações em que a interpretação conforme possa descambar para uma decisão interpretativa corretiva da lei[53].

Ao se analisar detidamente a jurisprudência do Tribunal, no entanto, é possível verificar que, em muitos casos, a Corte não atenta para os limites, sempre imprecisos, entre a interpretação conforme delimitada negativamente pelos sentidos literais do texto e a decisão interpretativa modificativa desses sentidos originais postos pelo legislador[54].

No julgamento conjunto das ADIs 1.105 e 1.127, ambas de relatoria do Ministro Marco Aurélio, o Tribunal, ao conferir interpretação conforme a Constituição a vários disposi-

---

48 Carlos Alberto Lúcio Bittencourt, *O controle jurisdicional da constitucionalidade das leis,* cit., p. 95.

49 Carlos Alberto Lúcio Bittencourt, *O controle jurisdicional da constitucionalidade das leis,* cit., p. 95.

50 ADI 2.405/RS, rel. Min. Carlos Britto, *DJ* de 17-2-2006; ADI 1.344/ES, rel. Min. Joaquim Barbosa, *DJ* de 19-4-2006; Rp. 1.417/DF, rel. Min. Moreira Alves, *DJ* de 15-4-1988; ADI 3.046/SP, rel. Min. Sepúlveda Pertence, *DJ* de 28-5-2004.

51 Rp. 1.454, rel. Min. Octavio Gallotti, *RTJ,* 125 (3)/997; Rp. 1.389, rel. Min. Oscar Corrêa, *RTJ,* 126/514; Rp. 1.399, rel. Min. Aldir Passarinho, *DJ* de 9-9-1988.

52 Rui Medeiros, *A decisão de inconstitucionalidade:* os autores, o conteúdo e os efeitos da decisão de inconstitucionalidade da lei, Lisboa: Universidade Católica, 1999, p. 301.

53 ADI 2.405/RS, rel. Min. Carlos Britto, *DJ* de 17-2-2006; ADI 1.344/ES, rel. Min. Moreira Alves, *DJ* de 19-4-1996; Rp. 1.417/DF, rel. Min. Moreira Alves, *DJ* de 15-4-1988.

54 ADI 3.324, ADI 3.046, ADI 2.652, ADI 1.946, ADI 2.209, ADI 2.596, ADI 2.405.

tivos do Estatuto da Advocacia (Lei n. 8.906/94), acabou adicionando-lhes novo conteúdo normativo, convolando a decisão em verdadeira interpretação corretiva da lei[55].

Em outros vários casos mais antigos[56], também é possível verificar que o Tribunal, a pretexto de dar interpretação conforme a Constituição a determinados dispositivos, acabou proferindo o que a doutrina constitucional, amparada na prática da Corte Constitucional italiana, tem denominado de *decisões manipulativas de efeitos aditivos*[57].

No curso do ano de 2012, o Tribunal voltou a se deparar com o problema no julgamento de mérito da ADPF 54, Rel. Marco Aurélio, que discutia a constitucionalidade da criminalização dos abortos de fetos anencéfalos[58].

De fato, ao rejeitar a questão de ordem levantada pelo Procurador-Geral da República quando do julgamento da medida cautelar, o Tribunal já havia admitido a possibilidade de, ao julgar o mérito da ADPF 54, atuar de forma criativa, acrescentando mais uma excludente de punibilidade – no caso do feto padecer de anencefalia – ao crime de aborto.

Ao decidir o mérito da ação assentando a sua procedência e dando interpretação conforme aos arts. 124 a 128 do Código Penal, o Tribunal proferiu uma típica decisão manipulativa com eficácia aditiva em matéria penal.

6. DECISÕES MANIPULATIVAS DE EFEITOS ADITIVOS

A doutrina italiana considera manipulativa a decisão mediante a qual o órgão de jurisdição constitucional modifica ou adita normas submetidas a sua apreciação, a fim de que saiam do juízo constitucional com incidência normativa ou conteúdo distinto do original, mas concordante com a Constituição[59].

Como anota Roberto Romboli, tratando das manipulativas, a "Corte modifica diretamente a norma posta ao seu exame, através de decisões que são definidas como 'autoaplicativas', a indicar o caráter imediato de seus efeitos, que prescindem de qualquer sucessiva intervenção parlamentar"[60]. É fácil ver que se trata de técnica unilateral de supressão da inconstitucionalidade dos atos normativos[61].

Ulterior esforço analítico termina por distinguir as manipulativas de efeitos aditivos das manipulativas com efeito substitutivo. A primeira espécie, mais comum,

---

55 ADI 1.105/DF e ADI 1.127/DF, rel. Min. orig. Marco Aurélio, rel. Min. p/ acórdão Ricardo Lewandowski.

56 ADI 2.332, ADI 2.084, ADI 1.797, ADI 2.087, ADI 1.668, ADI 1.344, ADI 1.105, ADI 1.127.

57 Sobre a difusa terminologia utilizada, *vide:* Carlos Blanco de Morais, *Justiça constitucional:* o contencioso constitucional português entre o modelo misto e a tentação do sistema de reenvio, cit., t. 2, p. 238 e s.; Augusto Martín De La Vega, *La sentencia constitucional en Italia,* Madrid: Centro de Estudios Políticos y Constitucionales, 2003; Francisco Javier Díaz Revorio, *Las sentencias interpretativas del Tribunal Constitucional,* Valladolid: Lex Nova; 2001; Héctor López Bofill, *Decisiones interpretativas en el control de constitucionalidad de la ley,* Valencia: Tirant lo Blanch, 2004.

58 ADPF 54, rel. Min. Marco Aurélio, *Informativo STF* n. 661.

59 Riccardo Guastini, *Lezioni di teoria costituzionale,* Torino: G. Giappichelli, 2001, p. 222.

60 Roberto Romboli et al., *Giustizia costituzionale,* 2. ed., Torino: G. Giappichelli, 2007, p. 304.

61 Cf. Markus González Beilfuss, *Tribunal constitucional y reparación de la discriminación normativa,* Madrid: Centro de Estudios Políticos y Constitucionales, 2000, p. 117-130.

verifica-se quando a corte constitucional declara inconstitucional certo dispositivo legal não pelo que expressa, mas pelo que omite, alargando o texto da lei ou seu âmbito de incidência. As manipulativas com efeitos substitutivos, por sua vez, são aquelas em que o juízo constitucional declara a inconstitucionalidade da parte em que a lei estabelece determinada disciplina ao invés de outra, substituindo a disciplina advinda do poder legislativo por outra, consentânea com o parâmetro constitucional[62].

Como espécies de decisões com alguma eficácia aditiva ainda devem ser referidas as decisões demolitórias com efeitos aditivos (quando é suprimida uma lei inconstitucional constritora de direitos), as aditivas de prestação (que têm impacto orçamentário) e as aditivas de princípio (onde são fixados princípios que o legislador deve observar ao prover a disciplina que se tem por indispensável ao exercício de determinado direito constitucional).

Ressalte-se que, embora os esforços teóricos acerca do tema tenham frutificado principalmente na Itália, a prolação de decisões manipulativas tem sido uma constante também na jurisprudência dos Tribunais espanhol[63] e português[64].

Convém observar que, não obstante manifeste-se de forma singular em cada sistema de jurisdição constitucional, a crescente utilização das decisões manipulativas de efeitos aditivos responde a necessidades comuns. Nesse sentido, em lição perfeitamente adequada ao direito pátrio, Augusto Martín de La Vega ressaltou ser possível compreender a proliferação das decisões manipulativas de efeitos aditivos, levando-se em conta três fatores: a) a existência de uma Carta política de perfil marcadamente programático e destinada a progressivo desenvolvimento; b) a permanência de um ordenamento jurídico-positivo com marcados resquícios autoritários; e c) a ineficácia do Legislativo para responder, em tempo adequado, às exigências de atuação da Constituição e à conformação do ordenamento preexistente ao novo regime constitucional[65].

Acrescente-se que é extremamente difícil excluir tal técnica de decisão de regimes como o brasileiro e o italiano, onde inexiste um recurso como o de amparo espanhol ou

---

62 Entre nós, a técnica manipulativa com efeitos substitutivos foi utilizada no julgamento da ADI-MC 2.332/DF, rel. Min. Moreira Alves, *DJ* de 2-4-2004, ocasião em o Supremo Tribunal Federal, vencido no ponto o Relator, decidiu "deferir a medida liminar para suspender, no art. 15-A do Decreto-Lei n. 3.365, de 21 de junho de 1941, introduzido pelo art. 1º da Medida Provisória n. 2.027-43, de 27 de setembro de 2000, e suas sucessivas reedições, a eficácia da expressão 'de até seis por cento ao ano' (*omissis*) para dar, ao final do *caput* do artigo 15-A, interpretação conforme à Carta da República, de que a base de cálculo dos juros compensatórios será a diferença eventualmente apurada entre 80% do preço ofertado em juízo e o valor do bem fixado na sentença".

63 Joaquín Brage Camazano, *La acción abstracta de inconstitucionalidad*, México: Universidad Nacional Autónoma de México, 2005, p. 409-410: ("La utilización de este tipo de sentencias se plantea especialmente respecto de las hipótesis de desigualdad normativa o trato desigual por parte de una ley, porque la Ley prevé determinadas consecuencias para determinadas hipótesis, pero no para otros supuestos que constitucionalmente hubieran exigido un tratamiento igual. Como dice el TC español, ante tales hipótesis cabe, en principio, *equiparar por arriba*, suprimiendo las restricciones o exclusiones injustificadas establecidas por el legislador con la consiguiente extensión del beneficio a los discriminados").

64 Cf. Carlos Blanco de Morais (Org.), *As sentenças intermédias da justiça constitucional*, Lisboa: AADFL, 2009, p. 113-115.

65 Augusto de la Vega, *La sentencia constitucional en Italia*, Madrid: Centro de Estudios Políticos y Constitucionales, 2003, p. 229-230.

a *Verfassungsbeschwerde* alemã, já que em tais circunstâncias as decisões aditivas tornam-se a via preferencial para a "reinterpretação e tutela dos direitos subjetivos"[66].

Interessante notar que a complexidade de nosso sistema de controle de constitucionalidade emprestou linhas singulares ao fenômeno das decisões manipulativas de efeitos aditivos[67]. O STF pôde chegar ao resultado aditivo, inovando o ordenamento jurídico, tanto por meio das ações do sistema concentrado de controle, como nas ações diretas decididas com uso de interpretação conforme com efeitos aditivos, quanto através dos remédios constitucionais individuais, sendo numerosos os casos em que, por exemplo, o veículo da pretensão aditiva foi o mandado de injunção.

Em decisão de notável relevância doutrinária para o tema em discussão, o Supremo Tribunal Federal determinou a aplicação, aos servidores públicos, da Lei n. 7.783/89, que dispõe sobre o exercício do direito de greve na iniciativa privada, pelo que promoveu extensão aditiva do âmbito de incidência da norma[68].

Outro caso de extensão do âmbito subjetivo de incidência da norma ocorreu no julgamento do RMS 22.307, ocasião em que se discutiu a possibilidade de extensão jurisprudencial da revisão de vencimentos, em percentual de 28,68%, para alcançar categorias de servidores públicos não contempladas na lei que disciplinou a revisão. O Supremo Tribunal, por maioria, entendeu desnecessária lei específica que estendesse a revisão de vencimentos aos servidores não atingidos e, de plano, determinou o reajuste nas folhas de pagamento[69].

A crescente relevância, entre nós, da técnica decisória aditiva, foi exposta com proficiência por Carlos Blanco de Morais:

> "Sensivelmente desde 2004 parecem, também ter começado a emergir com maior pragnância decisões jurisdicionais com efeitos aditivos. Tal parece ter sido o caso de uma acção directa de inconstitucionalidade, a ADIn 3105[70], a qual se afigura como uma sentença demolitória com efeitos aditivos. Esta eliminou, com fundamento na violação do princípio da igualdade, uma norma restritiva que, de acordo com o entendimento do Relator reduziria arbitrariamente para algumas pessoas pertencentes à classe dos servidores públicos, o alcance de um regime de imunidade contributiva que abrangia as demais categorias de servidores públicos. Poderá, igualmente, ter sido o caso no RMS-22.307 (mandado de

66 La Pergola, La Constitución como fuente suprema del Derecho, in Antonio Pina, *División de poderes e interpretación*: hacia una teoría de la praxis constitucional, Madrid: Tecnos, 1987, p. 149.

67 Cf. o voto que proferi na ADPF-QO 54, rel. Min. Marco Aurélio, *DJ* de 31-8-2007, especialmente p. 170-171.

68 MI 670, red. para o acórdão Min. Gilmar Mendes, MI 708, rel. Min. Gilmar Mendes, e MI 712, rel. Min. Eros Grau, julgados em 25-10-2007. Tenha-se presente, ainda, o MI 543, rel. Min. Octavio Gallotti, *DJ* de 24-5-2002, e o MI 283, rel. Min. Sepúlveda Pertence, *DJ* de 14-11-1991, quando restou assentado que "é dado ao Judiciário, ao deferir a injunção, somar, aos seus efeitos mandamentais típicos, o provimento necessário a acautelar o interessado contra a eventualidade de não se ultimar o processo legislativo, no prazo que fixar, de molde a facultar-lhe, quando possível, a satisfação provisória do seu direito".

69 MS 22.307, rel. Min. Marco Aurélio, *DJ* de 13-6-1997.

70 ADI 3.105, rel. Min. Ellen Gracie, *DJ* de 18-2-2005.

segurança) que teria englobado os servidores civis num regime de aumentos legalmente concedido a militares"[71].

Cabe ressaltar, ainda, o julgamento conjunto, pelo Plenário do Supremo Tribunal Federal, dos mandados de segurança n. 26.602/DF, 26.603/DF e 26.604/DF, em que se assentou que o abandono, pelo parlamentar, da legenda pela qual foi eleito tem como consequência jurídica a extinção do mandato.

Também de marcado caráter aditivo, registre-se a decisão proferida na Pet 3.388/RR, rel. Min. Carlos Britto, quando o Tribunal, enfrentando a situação de insegurança geral deflagrada pela demarcação da reserva Raposa Serra do Sol, logrou, mediante a disciplina constante do voto do Ministro Menezes Direito, dar margens nítidas à extensão do usufruto dos indígenas sobre as áreas que lhes são constitucionalmente garantidas[72].

Por fim, mencione-se o RE 405.579, rel. Ministro Joaquim Barbosa. Trata-se de hipótese em que duas empresas, importadoras de um mesmo produto, foram discriminadas por concessão de benefício tributário a apenas uma delas, o que gera evidente desequilíbrio comercial. Em voto-vista da lavra do Ministro Gilmar Mendes, foi proposta a extensão do benefício tributário (redução de imposto de importação) a empresas não contempladas no inciso X do § 1º do art. 5º da Lei n. 10.182/2001, com vistas a sanar violação ao princípio da isonomia e restaurar o equilíbrio do mercado comercial. Na sessão de julgamento de 1º de dezembro de 2010, contudo, o Plenário do Supremo Tribunal Federal, contra os votos dos ministros Gilmar Mendes, Carlos Britto, Marco Aurélio e Ricardo Lewandowski, deu provimento ao recurso extraordinário e manteve a validade da lei referida[73].

7. A DECLARAÇÃO DE CONSTITUCIONALIDADE DAS LEIS E A "LEI AINDA CONSTITUCIONAL"

Em decisão de 23-3-1994, teve o Supremo Tribunal Federal oportunidade de ampliar a já complexa tessitura das técnicas de decisão no controle de constitucionalidade, admitindo que lei que concedia prazo em dobro para a Defensoria Pública era de ser considerada constitucional enquanto esses órgãos não estivessem devidamente habilitados ou estruturados[74].

Assim, o Relator, Ministro Sydney Sanches, ressaltou que a inconstitucionalidade do § 5º do art. 5º da Lei n. 1.060, de 5-2-1950, acrescentado pela Lei n. 7.871, de 8-11-1989, não haveria de ser reconhecida, no ponto em que confere prazo em dobro, para recurso, às Defensorias Públicas, "ao menos até que sua organização, nos Estados, alcance o nível da organização do respectivo Ministério Público".

71 Carlos Blanco de Morais, *Justiça constitucional*: o contencioso constitucional português entre o modelo misto e a tentação do sistema de reenvio, t. 2, cit., p. 257. Cf., ainda, sob coordenação do Professor Blanco de Morais, *As sentenças intermédias da justiça constitucional*, Lisboa: AAFDL, 2009.

72 Pet 3.388, rel. Min. Carlos Britto, *Informativo STF* n. 539, 16 a 20-3-2009.

73 RE 405.579, rel. Min. Joaquim Barbosa, *DJ* de 4-8-2011.

74 HC 70.514, julgamento em 23-3-1994.

Da mesma forma pronunciou-se o Ministro Moreira Alves, como se pode depreender da seguinte passagem de seu voto:

"Assim, a lei em causa será constitucional enquanto a Defensoria Pública, concretamente, não estiver organizada com a estrutura que lhe possibilite atuar em posição de igualdade com o Ministério Público, tornando-se inconstitucional, porém, quando essa circunstância de fato não mais se verificar".

Afigura-se, igualmente, relevante destacar o voto do Ministro Sepúlveda Pertence, que assim feriu a questão:

"No *Habeas Corpus* 67.930, quando o Tribunal afirmou a subsistência, sob a Constituição de 88, da legitimação de qualquer do povo, independentemente de qualificação profissional e capacidade postulatória, para a impetração de *habeas corpus,* tive oportunidade de realçar essa situação de fato da Defensoria Pública.

E, por isso, ao acompanhar o Relator acentuei que, dada essa pobreza dos serviços da Assistência Judiciária, e até que ela venha a ser superada, a afirmação da indispensabilidade do advogado, para requerer *habeas corpus*, que seria o ideal, viria, na verdade, a ser um entrave de fato, à salvaguarda imediata da liberdade.

Agora, em situação inversa, também esse mesmo estado de fato me leva, na linha dos votos até aqui proferidos, com exceção do voto do Ministro Marco Aurélio – a quem peço vênia –, a acompanhar o Relator e rejeitar a prejudicial de inconstitucionalidade *rebus sic stantibus*".

Ressalvou-se, portanto, de forma expressa, a possibilidade de que o Tribunal possa vir a declarar a inconstitucionalidade da disposição em apreço, uma vez que a afirmação sobre a legitimidade da norma assentava-se em uma circunstância de fato que se modifica no tempo.

Posteriormente, no Recurso Extraordinário Criminal n. 147.776, da relatoria do Ministro Sepúlveda Pertence, o tema voltou a ser agitado de forma pertinente. A ementa do acórdão revela, por si só, o significado da decisão para a evolução das técnicas de controle de constitucionalidade:

"2. No contexto da Constituição de 1988, a atribuição anteriormente dada ao Ministério Público pelo art. 68, C. Pr. Penal – constituindo modalidade de assistência judiciária – deve reputar-se transferida para a Defensoria Pública: essa, porém, para esse fim, só se pode considerar existente, onde e quando organizada, de direito e de fato, nos moldes do art. 134 da própria Constituição e da lei complementar por ela ordenada: até que – na União ou em cada Estado considerado –, se implemente essa condição de viabilização da cogitada transferência constitucional de atribuições, o art. 68, C. Pr. Pen. será considerado ainda vigente: é o caso do Estado de São Paulo, como decidiu o plenário no RE 135.328"[75].

75 RE 147.776-8, rel. Min. Sepúlveda Pertence, *Lex-JSTF,* 238/390.

Fica evidente, pois, que o Supremo Tribunal deu um passo significativo rumo à flexibilização das técnicas de decisão no juízo de controle de constitucionalidade, introduzindo, ao lado da declaração de inconstitucionalidade, o reconhecimento de um estado imperfeito, insuficiente para justificar a declaração de ilegitimidade da lei.

8. A DECLARAÇÃO DE INCONSTITUCIONALIDADE SEM A PRONÚNCIA DA NULIDADE E A DECLARAÇÃO DE INCONSTITUCIONALIDADE DE CARÁTER RESTRITIVO OU LIMITATIVO

8.1. Introdução

A *declaração de inconstitucionalidade de caráter restritivo ou sem a pronúncia da nulidade* não expressa, propriamente, um *novum* no Direito Constitucional brasileiro. Já em 1946 adotara o constituinte modalidade de decisão na qual o Tribunal deveria limitar-se, no processo preliminar da intervenção federal, a constatar eventual ofensa aos chamados princípios sensíveis (Constituição de 1946, art. 7º, VII, c/c o art. 13). Disposição idêntica foi incorporada à Constituição de 1967/69 (art. 10, VII, c/c o art. 11, § 2º) e à Constituição de 1988 (art. 34, VII, c/c o art. 36, IV e § 3º), que previram a *representação interventiva* tanto para a preservação dos chamados princípios sensíveis, quanto para a garantia da execução da lei federal.

Tal como estabelecido na Constituição vigente, o Tribunal deve limitar-se a declarar a inconstitucionalidade da providência ou da omissão de determinado Estado-Membro. A providência impugnada não pode ser cassada ou suspensa, uma vez que a suspensão do ato do Governo estadual há de ocorrer mediante providência do Presidente da República dentro de contexto do processo interventivo[76] (CF, art. 36, § 3º; RISTF, art. 175).

Não existe a menor dúvida na doutrina de que essa decisão faz coisa julgada. O próprio Regimento Interno do Supremo Tribunal Federal admite-o expressamente, quando afirma que a comunicação oficial ao Presidente da República sobre a procedência da *representação interventiva* somente há de ocorrer após o trânsito em julgado da decisão (RISTF, art. 175). Essa decisão vincula as partes envolvidas – a União, representada pelo Procurador-Geral da República e o Estado, representado pelo órgão competente. A decisão final não opera efeitos *erga omnes* e permite, como formulado pelo Supremo Tribunal Federal, "(como elo de uma cadeia em que se conjugam poderes diversos) (...) ao Presidente da República suspender a execução do ato impugnado"[77]. A decisão judicial, no caso de ato normativo do Estado, não afeta, portanto, a existência do ato impugnado.

Há de se considerar, pois, que a decisão proferida na *representação interventiva* configura sentença meramente declaratória da existência de violação constitucional, dispondo o Supremo Tribunal Federal aqui de limitado poder de censura. Todavia, o ente federado que teve o ato ou omissão declarado inconstitucional está obrigado a empre-

76 Pontes de Miranda, *Comentários à Constituição de 1967 com a Emenda n. 1, de 1969*, 2. ed. rev., São Paulo: Revista dos Tribunais, 1970, t. 2, p. 257; Gilmar Ferreira Mendes, *Controle de constitucionalidade:* aspectos jurídicos e políticos, cit., p. 222 e s.

77 RE 92.169, rel. Min. Moreira Alves, *RTJ*, 103 (3)/1113.

ender as medidas necessárias para o cumprimento da decisão, seja através da revogação das medidas consideradas inconstitucionais, seja mediante a expedição dos atos necessários à execução das leis federais. A execução da intervenção federal pelo Presidente da República somente deverá ocorrer se o Estado-Membro mostrar-se recalcitrante na execução da decisão[78].

A Constituição de 1988 abriu a possibilidade para o desenvolvimento sistemático de uma *declaração de inconstitucionalidade com limitação de efeitos (sem a pronúncia da nulidade)*, na medida em que atribuiu particular significado ao controle de constitucionalidade da chamada *omissão do legislador*.

O art. 5º, LXXI, da Constituição previu, expressamente, a concessão do mandado de injunção sempre que a falta de norma regulamentadora tornar inviável o exercício dos direitos e liberdades constitucionais e das prerrogativas inerentes à nacionalidade, à soberania e à cidadania. Ao lado desse instrumento, destinado, fundamentalmente, à defesa de direitos individuais contra a omissão do ente legiferante, introduziu o constituinte, no art. 103, § 2º, um sistema de controle abstrato da omissão. Assim, reconhecida a procedência da ação, deve o órgão legislativo competente ser informado da decisão, para as providências cabíveis. Se se tratar de órgão administrativo, está ele obrigado a colmatar a lacuna dentro de um prazo de trinta dias.

Tal como já afirmado, essa questão ganhou nova dimensão prática com a admissão da declaração de inconstitucionalidade com eficácia restrita (art. 27 da Lei n. 9.868/99).

8.2. As decisões proferidas no mandado de injunção e na ação direta de inconstitucionalidade por omissão

O processo de controle da omissão, previsto no art. 103, § 2º, da Constituição, é abstrato, e, consoante a sua própria natureza, deve a decisão nele proferida ser dotada de eficácia *erga omnes*[79]. Segundo a orientação do Supremo Tribunal Federal, o constituinte pretendeu conferir aos dois institutos significado processual semelhante, assegurando idênticas consequências jurídicas às decisões proferidas nesses processos. A garantia do exercício de direitos prevista no art. 5º, LXXI, da Constituição, pertinente ao mandado de injunção, não se diferencia, fundamentalmente, da garantia destinada a tornar efetiva uma norma constitucional referida no art. 103, § 2º, da Constituição, concernente ao controle abstrato da omissão[80].

As decisões proferidas nesses processos declaram a mora do órgão legiferante em cumprir dever constitucional de legislar, compelindo-o a editar a providência requerida. Dessarte, a diferença fundamental entre o mandado de injunção e a ação direta de controle da omissão residiria no fato de que, enquanto o primeiro destina-se à proteção de direitos subjetivos e pressupõe, por isso, a configuração de um interesse jurídico concre-

78 Cf., a propósito, Cláudio Pacheco, *Tratado das Constituições brasileiras*, Rio de Janeiro: Freitas Bastos, 1965, v. 3, p. 78-79; José Afonso da Silva, *Curso de direito constitucional positivo*, 6. ed., São Paulo: Revista dos Tribunais, 1990, p. 53.

79 MI 107, rel. Min. Moreira Alves, *RTJ*, 133 (1)/11 (38-39).

80 MI 107, rel. Min. Moreira Alves, *RTJ*, 133 (1)/11 (38-39).

to, o processo de controle abstrato da omissão, enquanto processo objetivo, pode ser instaurado independentemente da existência de um interesse jurídico específico[81].

O Tribunal deixou assente que de sua competência para apreciar a omissão do legislador, no mandado de injunção, decorria, igualmente, a faculdade de determinar a suspensão dos processos administrativos ou judiciais e de suspender determinadas medidas ou atos administrativos. Poder-se-ia assegurar, assim, ao impetrante a possibilidade de ser beneficiado pela norma que viesse a ser editada.

A equiparação dos efeitos das decisões proferidas no mandado de injunção e no controle abstrato da omissão configura um elemento essencial da construção desenvolvida pelo Tribunal. Até porque a simples constatação de que a decisão proferida nesse processo tem caráter obrigatório para os órgãos legiferantes não legitima, necessariamente, outras consequências jurídicas consideradas pelo acórdão como simples consectário desse caráter obrigatório, tais como a obrigação de suspender os processos que tramitam perante autoridades administrativas ou Tribunais. Esses efeitos somente se mostram compreensíveis em face da suposição de que a decisão proferida no controle abstrato da omissão, por se tratar de um processo objetivo, deve ser dotada de eficácia *erga omnes*.

O Tribunal parte da ideia de que o constituinte pretendeu atribuir aos processos de controle da omissão idênticas consequências jurídicas. Isso está a indicar que, segundo seu entendimento, também a decisão proferida no mandado de injunção é dotada de eficácia *erga omnes*. Dessa forma, pôde o Tribunal fundamentar a ampliação dos efeitos da decisão proferida no mandado de injunção.

Essa construção permitiu ao Tribunal afirmar a imediata aplicação do mandado de injunção, independentemente da edição das normas processuais específicas. A natureza jurídica semelhante do mandado de injunção e do mandado de segurança, enquanto ações destinadas a obrigar os agentes públicos a empreenderem determinadas providências, autorizava, segundo o Tribunal, que, na ausência de regras processuais próprias, fossem aplicadas aquelas pertinentes ao mandado de segurança[82].

Em resumo, pode-se afirmar que:

1) os direitos constitucionalmente garantidos apresentam-se como direitos à expedição de um ato normativo e não podem ser satisfeitos através de eventual execução direta por parte do Tribunal; a decisão judicial que declara a existência de uma omissão inconstitucional constata, igualmente, a mora do órgão ou poder legiferante, condenando-o a editar a norma requerida;

2) a omissão inconstitucional tanto pode referir-se a uma omissão total do legislador quanto a uma omissão parcial;

3) a decisão proferida no controle abstrato da omissão tem eficácia *erga omnes*, não tendo diferença fundamental da decisão prolatada no mandado de injunção;

4) é possível que o Supremo Tribunal Federal determine, na ação de mandado de injunção, a suspensão de processos administrativos ou judiciais, com vistas a assegurar ao interessado a possibilidade de ser contemplado pela norma mais benéfica. Essa faculdade legitima, igualmente, a edição de outras medidas que garantam a posição do impetrante até a expedição das normas pelo legislador.

81 MI 107, rel. Min. Moreira Alves, *RTJ*, 133 (1)/11 (38-39).

82 MI 107, rel. Min. Moreira Alves, *RTJ*, 133 (1)/11 (39).

8.3. Reflexões conceptuais

8.3.1. Considerações preliminares

Abstraídos os casos de omissão absoluta do legislador, que devem tornar-se cada vez mais raros, trata-se, na maioria das hipóteses, de omissão parcial do legislador, isto é, de uma *lacuna da lei* ou, especialmente, de uma *exclusão de benefício incompatível com o princípio da igualdade*[83].

É de indagar, ainda, se a regra que, por incompleta, é considerada inconstitucional, deve continuar a ser aplicada. Essa questão não foi contemplada na decisão proferida pelo Supremo Tribunal Federal no MI 107. Como ressaltado, o Tribunal limitou-se a constatar que de sua competência para julgar o mandado de injunção derivava também a faculdade para suspender os processos judiciais ou administrativos que, de alguma forma, afetassem a posição do impetrante. O dever das autoridades administrativas ou dos tribunais cujos atos não foram diretamente impugnados pelo mandado de injunção, de suspender os processos de sua competência, foi fundamentado pelo Tribunal, tanto quanto é possível inferir das considerações constantes do acórdão, com base na eficácia *erga omnes* de sua decisão[84].

Embora o Tribunal tenha reconhecido expressamente que *o conceito de omissão envolvia não só a omissão total* do legislador, mas também a *omissão parcial*, não se posicionou sobre a situação jurídica que haveria de subsistir após a declaração da inconstitucionalidade. É provável mesmo que tenha deixado essa questão em aberto de forma consciente, porque, do contrário, teria dificuldades para sustentar a tese da aplicabilidade do mandado de injunção independentemente da edição de regras processuais adequadas.

Como não se cogita da cassação da lei defeituosa ou imperfeita, nos casos de omissão parcial, poder-se-ia afirmar que a situação anterior deveria subsistir até a edição das novas regras. Em favor dessa tese militaria o fato de que, tanto no mandado de injunção quanto no processo do controle abstrato da omissão, se limita o Tribunal a declarar a inconstitucionalidade de determinada situação jurídica. Poder-se-ia, portanto, sustentar que as normas antigas preservariam a sua força até a promulgação das novas disposições requeridas expressamente pelo acórdão que deu pela procedência da ação.

A tese segundo a qual, não obstante a declaração de inconstitucionalidade, a lei haveria de preservar a sua validade até a promulgação das novas regras, porque o Supre-

---

83 Embora na doutrina os casos de exclusão de benefício incompatível com o princípio da igualdade sejam considerados exemplos típicos de lacuna da lei [Karl Larenz, *Methodenlehre der Rechtswissenschaft*, 5. ed., Berlin-Heidelberg-New York, 1983, p. 359; Claus-Wilhelm Canaris, *Die Feststellung von Lucken im Gesetz*, Berlin, 1964, p. 81; Friedrich Julicher, *Die Verfassungsbeschwerde gegen Urteile bei gesetzgeberischem Unterlassen*, Berlin, 1972, p. 29; Hartmut Maurer, Zur Verfassungswidrigerklärung von Gesetzen, in *Festschrift fur Werner Weber*, Berlin, 1974, p. 345 (352)], vem-se ressaltando, há algum tempo, que, nessas hipóteses, tem-se uma relação normativa inconstitucional (*Verfassungswidrige Normrelation*) (Jörn Ipsen, *Rechtsfolgen der Verfassungswidrigkeit von Norm und Einzelakt*, Baden-Baden, 1980, p. 214). Entre nós, ver ação direta de inconstitucionalidade por omissão proposta pelo Procurador-Geral da República relativa à Lei n. 7.719, de 6-1-1989 (ADI 799, rel. Min. Néri da Silveira), na qual se afirma possível afronta ao art. 39, § 1º, da Constituição.

84 MI 107, rel. Min. Moreira Alves, *RTJ*, 133 (1)/11 e s.

mo Tribunal Federal, nos processos de controle de omissão, limita-se a declarar a inconstitucionalidade de determinadas situações jurídicas, não se compatibiliza com a ideia assente no Direito brasileiro que considera nula a lei inconstitucional[85]. A Constituição de 1988 não parece fornecer qualquer fundamento para a aplicação indiscriminada da lei inconstitucional. O princípio do Estado de Direito e a vinculação dos poderes estatais aos direitos fundamentais, estabelecida no art. 5º, § 1º, da Constituição, estão a indicar que não basta a promulgação de uma lei. A lei exigida pela Constituição, tal como ocorre no Direito alemão[86], não pode ser qualquer lei, mas *lei compatível com a Constituição*.

O princípio do Estado de Direito (art. 1º), a vinculação dos poderes estatais aos direitos fundamentais (art. 5º, § 1º), a proteção dos direitos fundamentais contra eventual mudança da Constituição (art. 60, § 4º), bem como o processo especial para a revisão constitucional (art. 60), não só ressaltam a diferença entre *lei* e *Constituição* e estabelecem a supremacia desta sobre aquela, como também fixam as condições que devem ser observadas na promulgação das leis ordinárias[87].

Atribui-se, portanto, *hierarquia de norma constitucional*, também no Direito brasileiro, ao postulado da nulidade das leis inconstitucionais[88].

Tal como já referido[89], a aplicação continuada da lei declarada inconstitucional somente poderia justificar-se com fundamento em uma *alternativa normativa* de hierarquia constitucional[90], disposição inexistente no Direito brasileiro. Não se pode fundamentar a aplicação indiscriminada da lei apenas com a afirmação de que, na sistemática do controle da omissão, o Tribunal limita-se a declarar a inconstitucionalidade de uma dada situação jurídica e a simples constatação da inconstitucionalidade, nos casos de omissão legislativa, resulta, como se pode depreender da firme jurisprudência do *Bundesverfassungsgericht*[91], das peculiaridades inerentes às formas de superação da situação inconstitucional[92], independentemente da modalidade de processo no qual se afere a ofensa à Constituição[93]. Assim, a ausência de uma declaração de nulidade, no controle da omissão, não autoriza a continuada aplicação da norma defeituosa.

A única concepção que parece coadunar-se com a Constituição, no caso de simples declaração de inconstitucionalidade da omissão parcial, na via do mandado de injunção ou do controle abstrato da omissão, é aquela que defende a imediata suspensão

---

85 Rp. 971, rel. Min. Djaci Falcão, *RTJ*, 87 (2)/758; Rp. 1.016, rel. Min. Moreira Alves, *RTJ*, 95 (3)/998.

86 Jörn Ipsen, *Rechtsfolgen der Verfassungswidrigkeit von Norm und Einzelakt*, cit., p. 216.

87 Alfredo Buzaid, *Da ação direta de declaração de inconstitucionalidade no direito brasileiro*, cit., p. 131; Francisco Luiz da Silva Campos, *Direito constitucional*, cit., p. 430-431.

88 Cf., *supra*, Título IV, Capítulo III, II, 2.

89 Conforme capítulo sobre ADI por omissão *supra*.

90 Cf. Título IV, Capítulo II, II, 1. Exemplo de *alternativa normativa* de índole constitucional consta do art. 140, parágrafos 5 e 7, da Constituição austríaca.

91 *BVerfGE*, 6, 257 (264); 8, 1 (19); 30, 292.

92 Cf., a propósito, Hartmut Maurer, Zur Verfassungswidrigerklärung von Gesetzen, in *Festschrift fur Werner Weber*, cit., p. 345 (353, 360, 368).

93 Cf., na jurisprudência da Corte Constitucional alemã sobre controle de normas: *BVerfGE*, 17, 210 (215); 44, 70 (88); 45, 376 (384); 47, 55; 48, 281; 63, 152 (166); 64, 158 (168); 64, 243 (247); *BVerfGE*, 43, 154 (167).

da aplicação do complexo normativo defeituoso ou ilegítimo. A aplicação geral e continuada da lei considerada inconstitucional representaria uma ruptura com o princípio da supremacia da Constituição.

Contra a suspensão geral da aplicação da norma considerada inconstitucional poder-se-ia argumentar que o Tribunal somente está autorizado a aferir, no mandado de injunção, a inconstitucionalidade da omissão parcial que, de alguma forma, revelar-se afrontosa a um direito subjetivo constitucionalmente assegurado. Poder-se-ia dizer, ademais, que dessa decisão, que produz efeitos apenas entre as partes, não se pode extrair ou derivar uma suspensão geral da norma.

O Supremo Tribunal Federal, ao equiparar os efeitos da decisão proferida no controle abstrato da omissão e no processo de mandado de injunção, esforçou-se para fundamentar efeito vinculante que transcendesse as partes propriamente envolvidas.

A decisão proferida no processo de controle abstrato da omissão, típico *processo objetivo*, destinado, precipuamente, à preservação da Constituição, deveria ter, por sua própria natureza, eficácia *erga omnes*.

A posição do Supremo Tribunal Federal, que reconhece ter a decisão proferida no controle abstrato da omissão eficácia *erga omnes,* merece ser acolhida. É de excluir, de plano, a ideia de que a decisão proferida no controle abstrato da omissão deva ter eficácia vinculante *inter partes*, porque tais processos de garantia da Constituição, enquanto *processos objetivos*, não conhecem partes. As decisões proferidas nesses processos, tal como admitido pelo Tribunal[94], devem ser dotadas, necessariamente, de eficácia geral[95]. Se o Tribunal constata, nesse processo, a *omissão parcial* do legislador em virtude da satisfação defeituosa ou incompleta de dever constitucional de legislar, reconhece ele também a inconstitucionalidade de todo o complexo normativo impugnado, com eficácia *erga omnes*. Definida a inconstitucionalidade, estão todos os órgãos estatais impedidos de praticar atos com base na regra considerada inconstitucional (CF, arts. 1º e 5º, § 1º).

Verifica-se, assim, que a constatação da inconstitucionalidade parcial, no processo de controle abstrato da omissão, deve ter como consequência, também no direito brasileiro, a *suspensão da aplicação* de todo o complexo normativo questionado.

Se se constata, com eficácia *erga omnes*, a omissão parcial, seja através da declaração da inconstitucionalidade, no controle abstrato da omissão, seja porque se empresta *força normativa* à decisão proferida no processo de mandado de injunção, fica o cidadão desobrigado de prestar obediência à norma, estando, por outro lado, impedido de reivindicar a sua aplicação em proveito próprio. Os órgãos estatais e a administração estão, igualmente, impedidos de aplicar a disposição, uma vez vinculados ao princípio do Estado de Direito (CF, arts. 1º e 5º, § 1º) e, por isso, obrigados a agir de forma legítima.

---

94 Parecer do Ministro Rodrigues Alckmin, de 19-6-1974, *DJ* de 16-5-1977, p. 3124; Parecer do Ministro Moreira Alves, de 11-11-1975, *DJ* de 16-5-1977, p. 3124; MI 107, rel. Min. Moreira Alves, *RTJ*, 133 (1)/11 (38-39).

95 Sobre a problemática no Direito alemão, cf. Manfred Goessi, *Organstreitigkeiten innerhalb des Bundes,* Berlin, 1961, p. 45; Ernst Friesenhahn, *Die Verfassungsgerichtsbarkeit in der Bundesrepublik Deutschland,* Köln-Berlin-Bonn-München, 1963, p. 105.

8.4. Aplicação da lei inconstitucional

Aceita a ideia geral de que a declaração de inconstitucionalidade da omissão parcial exige a *suspensão de aplicação* dos dispositivos impugnados, não se deve perder de vista que, em determinados casos, a aplicação excepcional da lei inconstitucional traduz exigência do próprio ordenamento constitucional[96].

Isto poderia ser demonstrado com base no exame de algumas normas constitucionais que requerem, expressamente, a promulgação de leis. Um único exemplo há de explicitar esse entendimento. Nos termos do art. 7º, IV, da Constituição, o trabalhador faz jus a "salário mínimo, fixado em lei, nacionalmente unificado, capaz de atender a suas necessidades vitais básicas e às de sua família, com moradia, alimentação, educação, saúde, vestuário, higiene, transporte e previdência social, com reajustes periódicos que lhe preservem o poder aquisitivo (...)". Essa norma contém expresso dever constitucional de legislar, obrigando o legislador a fixar salário mínimo que corresponda às necessidades básicas dos trabalhadores.

Se o Supremo Tribunal Federal chegasse à conclusão, em processo de controle abstrato da omissão ou mesmo em processo de controle abstrato de normas[97] – tal como ocorreu com o *Bundesverfassungsgericht*, a propósito da lei de retribuição dos funcionários públicos, em processo de *recurso constitucional* (*Verfassungsbeschwerde*)[98] –, de que a lei que fixa o salário mínimo não corresponde às exigências estabelecidas pelo constituinte, configurando-se, assim, típica inconstitucionalidade em virtude de omissão parcial, a *suspensão de aplicação* da lei inconstitucional – assim como sua eventual cassação – acabaria por agravar o estado de inconstitucionalidade. É que, nesse caso, não haveria lei aplicável à espécie.

Portanto, a *suspensão de aplicação* da norma constitui consequência fundamental da decisão que, em processo de controle abstrato da inconstitucionalidade por omissão e no mandado de injunção, reconhece a existência de omissão parcial. Todavia, ter-se-á de reconhecer, inevitavelmente, que a *aplicação da lei*, mesmo após a pronúncia de sua inconstitucionalidade, pode ser exigida pela própria Constituição. Trata-se daqueles casos em que a aplicação da lei mostra-se, do prisma constitucional, indispensável no período de transição, até a promulgação da nova lei.

Como a Constituição não contém qualquer decisão a respeito, devem ser regulamentadas por lei as importantes questões relacionadas com a superação desse estado de inconstitucionalidade. No interesse da segurança, da clareza e determinação jurídicas, deveria o legislador editar uma regra sobre suspensão de aplicação e legitimar o Supremo Tribunal Federal a, sob determinadas condições, autorizar a aplicação do direito inconstitucional, nos casos constitucionalmente exigidos. *De lege ferenda*, poder-se-ia co-

---

96 Cf., sobre a problemática, no Direito alemão, Título IV, Capítulo II, III, 3, 3.4.

97 A questão deixou de ser meramente acadêmica, uma vez que o PDT formulou ação direta de inconstitucionalidade contra a Lei n. 8.419, de 7-5-1992, que fixava o salário mínimo em Cr$ 230.000,00 (ADI 737, rel. Min. Moreira Alves).

98 *BVerfGE*, 8, 1 (19).

gitar do estabelecimento de prazos dentro dos quais seria admissível a aplicação da lei inconstitucional[99].

Deve-se admitir, assim, que, com a adoção desses peculiares mecanismos de controle da omissão do legislador, criou-se a possibilidade de se desenvolver nova modalidade de decisão no processo constitucional brasileiro. Se se partir do princípio de que a decisão proferida pelo Supremo Tribunal Federal, no processo de mandado de injunção e no controle abstrato da omissão, tem conteúdo obrigatório ou mandamental para o legislador e que a decisão que reconhece a subsistência de uma omissão parcial contém, ainda que implicitamente, a declaração de inconstitucionalidade da regra defeituosa, há de se concluir, inevitavelmente, que a superação da situação inconstitucional deve ocorrer em duas etapas (*Zweiaktverfahren*)[100].

8.5. A declaração de inconstitucionalidade de caráter limitativo ou restritivo

8.5.1. Considerações preliminares

A disposição contida no art. 27 da Lei n. 9.868/99 introduziu expressamente uma nova modalidade de decisão no direito brasileiro, à semelhança do modelo consagrado no direito português, que, no art. 282 (4), da Constituição, estabelece fórmula que autoriza o Tribunal Constitucional a limitar os efeitos das decisões de inconstitucionalidade com fundamento no princípio da segurança jurídica e no interesse público de excepcional relevo.

A fórmula consagrada na Constituição portuguesa e, agora, reproduzida parcialmente no art. 27 da Lei n. 9.868/99 não constitui modelo isolado. Ao revés, trata-se de sistema que, positiva ou jurisprudencialmente, vem sendo adotado pelos vários sistemas de controle de constitucionalidade. Além das especificidades do modelo alemão, já largamente referidas, anote-se que também os sistemas austríaco, italiano, espanhol e o próprio direito comunitário têm adotado modalidades assemelhadas quanto à restrição de efeitos da declaração de nulidade. Também a jurisprudência americana acabou por consagrar modelo mitigador da nulidade absoluta.

Tal como observado, o princípio da nulidade continua a ser a regra também no direito brasileiro. O afastamento de sua incidência dependerá de um severo juízo de ponderação que, tendo em vista análise fundada no princípio da proporcionalidade, faça prevalecer a ideia de segurança jurídica ou outro princípio constitucionalmente importante, manifestado sob a forma de interesse social relevante. Assim, aqui, como no direito português, a não aplicação do princípio da nulidade não se há de basear em consideração de política judiciária, mas em fundamento constitucional próprio.

O princípio da nulidade somente há de ser afastado se se puder demonstrar, com base numa ponderação concreta, que a declaração de inconstitucionalidade ortodoxa

---

99 De certa forma, o disposto no art. 27 da Lei n. 9.868, de 1999, veio regular a matéria, prevendo, expressamente, a possibilidade de o Tribunal limitar os efeitos da decisão ou de declarar a inconstitucionalidade com eficácia *pro futuro*.

100 Sobre esse conceito, cf. Wolfgang Hoffmann-Riem, Die Beseitigung verfassungswidriger Rechtslagen im Zweiaktenverfahren, *DVBl.* 1971, p. 842.

envolveria o sacrifício da segurança jurídica ou de outro valor constitucional materializável sob a forma de interesse social[101]. Entre nós, cuidou o legislador de conceber um modelo restritivo também no aspecto procedimental, consagrando a necessidade de um *quorum* especial (dois terços dos votos) para a declaração de inconstitucionalidade com efeitos limitados.

Vê-se, pois, que, também entre nós, terá significado especial o princípio da proporcionalidade, especialmente a proporcionalidade em sentido estrito, como instrumento de aferição da justeza da declaração de inconstitucionalidade (com efeito da nulidade), tendo em vista o confronto entre os interesses afetados pela lei inconstitucional e aqueles que seriam eventualmente sacrificados em consequência da declaração de inconstitucionalidade[102].

Nos termos do art. 27 da Lei n. 9.868/99, o Supremo Tribunal poderá proferir, em tese, uma das seguintes decisões:

a) declarar a inconstitucionalidade apenas a partir do trânsito em julgado da decisão (declaração de inconstitucionalidade *ex nunc*);

b) declarar a inconstitucionalidade, com a suspensão dos efeitos por algum tempo a ser fixado na sentença (declaração de inconstitucionalidade com efeito *pro futuro*); e, eventualmente,

c) declarar a inconstitucionalidade sem a pronúncia da nulidade, permitindo que se operem a suspensão de aplicação da lei e dos processos em curso até que o legislador, dentro de prazo razoável, venha a se manifestar sobre situação inconstitucional (declaração de inconstitucionalidade sem pronúncia da nulidade = restrição de efeitos).

Assim, tendo em vista razões de segurança jurídica, o Tribunal poderá afirmar a inconstitucionalidade com eficácia *ex nunc*. Nessa hipótese, a decisão de inconstitucionalidade eliminará a lei do ordenamento jurídico a partir do trânsito em julgado da decisão (cessação da ultra-atividade da lei) (*hipótese "a"*).

Outra hipótese (*hipótese "b"*) expressamente prevista no art. 27 diz respeito à declaração de inconstitucionalidade com eficácia a partir de um dado momento no futuro (declaração de inconstitucionalidade com efeito *pro futuro*). Nesse caso, a lei reconhecida como inconstitucional, tendo em vista fortes razões de segurança jurídica ou de interesse social, continuará a ser aplicada dentro do prazo fixado pelo Tribunal. A eliminação da lei declarada inconstitucional do ordenamento submete-se a um termo pré-fixo. Considerando que o legislador não fixou o limite temporal para a aplicação excepcional da lei inconstitucional, caberá ao próprio Tribunal essa definição[103].

Como se sabe, o modelo austríaco consagra fórmula que permite ao Tribunal assegurar a aplicação da lei por período que não exceda dezoito meses. Ressalte-se que o prazo a que se refere o art. 27 tem em vista assegurar ao legislador um tempo adequado

---

101 Cf., a propósito do Direito português, Rui Medeiros, *A decisão de inconstitucionalidade:* os autores, o conteúdo e os efeitos da decisão de inconstitucionalidade da lei, cit., p. 716.

102 Cf., sobre o assunto, Rui Medeiros, *A decisão de inconstitucionalidade:* os autores, o conteúdo e os efeitos da decisão de inconstitucionalidade da lei, cit., p. 703-704.

103 Dentre outros, ver a ADI 3.430, rel. Min. Ricardo Lewandowski, *DJ* de 23-10-2009, no qual modularam-se os efeitos da declaração de inconstitucionalidade para atender a excepcional situação de saúde pública causada pela gripe suína.

para a superação do modelo jurídico-legislativo considerado inconstitucional. Assim, ao decidir pela fixação de prazo, deverá o Tribunal estar atento a essa peculiaridade.

Finalmente, poderão surgir casos que recomendem a adoção de uma pura declaração de inconstitucionalidade sem pronúncia da nulidade (suspensão de aplicação da lei e suspensão dos processos em curso) (*hipótese "c"*). Poderá ser o caso de determinadas lesões ao princípio da isonomia (exclusão de benefício incompatível com o princípio da igualdade). Nessas situações, muitas vezes não pode o Tribunal eliminar a lei do ordenamento jurídico sob pena de suprimir uma vantagem ou avanço considerável. A preservação dessa situação sem qualquer ressalva poderá importar, outrossim, no agravamento do quadro de desigualdade verificado. Assim, um juízo rigoroso de proporcionalidade poderá recomendar que se declare a inconstitucionalidade sem nulidade, *congelando* a situação jurídica existente até o pronunciamento do legislador sobre a superação da situação inconstitucional.

8.5.2. A declaração de inconstitucionalidade restritiva, sua repercussão sobre as decisões proferidas nos casos concretos e admissão da limitação de efeitos no sistema difuso

Questão relevantíssima no sistema misto brasileiro diz respeito à repercussão da decisão limitadora tomada pelo Supremo Tribunal no controle abstrato de normas sobre os julgados proferidos pelos demais juízes e tribunais no sistema difuso.

Embora a Lei n. 9.868, de 10-11-1999 tenha autorizado o Supremo Tribunal Federal a declarar a inconstitucionalidade com efeitos limitados no controle abstrato, é lícito indagar sobre a admissibilidade do uso dessa técnica de decisão no âmbito do controle difuso.

Assinale-se que, antes do advento da Lei n. 9.868/99, talvez fosse o STF, muito provavelmente, o único órgão importante de jurisdição constitucional a não fazer uso, de modo expresso, da limitação de efeitos na declaração de inconstitucionalidade. Não só a Suprema Corte americana (caso *Linkletter v. Walker*), mas também uma série expressiva de Cortes Constitucionais e Cortes Supremas adotam a técnica da limitação de efeitos (cf., v. g., a Corte Constitucional austríaca (Constituição, art. 140), a Corte Constitucional alemã (Lei Orgânica, §§ 31, 2 e 79, 1), a Corte Constitucional espanhola (embora não expressa na Constituição, adotou, desde 1989, a técnica da *declaração de inconstitucionalidade sem a pronúncia da nulidade* – cf. García de Enterría, *Justicia constitucional*, cit., p. 5), a Corte Constitucional portuguesa (Constituição, art. 282, n. 4), o Tribunal de Justiça da Comunidade Europeia (art. 174, 2, do Tratado de Roma) e o Tribunal Europeu de Direitos Humanos (caso *Markx*, de 13-6-1979)[104].

No que interessa para a discussão da questão em apreço, ressalte-se que o modelo difuso não se mostra incompatível com a doutrina da limitação dos efeitos.

Sem dúvida, afigura-se relevante no sistema misto brasileiro o significado da decisão limitadora tomada pelo Supremo Tribunal Federal no controle abstrato de normas sobre os julgados proferidos pelos demais juízes e tribunais no sistema difuso.

---

104 Cf. Carlos Roberto Siqueira Castro, Da declaração de inconstitucionalidade e seus efeitos em face das Leis n. 9.868 e 9.882/99, in Daniel Sarmento (Org.), *O controle de constitucionalidade e a Lei 9.868/99*, Rio de Janeiro: Lumen Juris, 2001.

O tema relativo à compatibilização de decisões nos modelos concreto e abstrato não é exatamente novo e foi suscitado, inicialmente, na Áustria, tendo em vista os reflexos da decisão da Corte Constitucional sobre os casos concretos que deram origem ao incidente de inconstitucionalidade (1920-1929). Optou-se ali por atribuir efeito *ex tunc* excepcional à repercussão da decisão de inconstitucionalidade sobre o caso concreto (Constituição austríaca, art. 140, n. 7, 2ª parte).

No direito americano, como já vimos, o tema poderia assumir feição delicada diante do caráter incidental ou difuso do sistema, isto é, modelo marcadamente voltado para a defesa de posições subjetivas. Todavia, ao contrário do que se poderia imaginar, não é rara a pronúncia de inconstitucionalidade sem atribuição de eficácia retroativa, especialmente nas decisões judiciais que introduzem alteração de jurisprudência (*prospective overruling*). Em alguns casos, a nova regra afirmada para decisão aplica-se aos processos pendentes (*limited prospectivity*); em outros, a eficácia *ex tunc* exclui-se de forma absoluta (*pure prospectivity*). Embora tenham surgido no contexto das alterações jurisprudenciais de precedentes, as *prospectivities* têm integral aplicação às hipóteses de mudança de orientação que leve à declaração de inconstitucionalidade de uma lei antes considerada constitucional[105].

A prática da *prospectivity,* em qualquer de suas versões, no sistema de controle americano, demonstra, pelo menos, que o controle incidental não é incompatível com a ideia da limitação de efeitos na decisão de inconstitucionalidade.

Há de se reconhecer que o tema assume entre nós peculiar complexidade tendo em vista a inevitável convivência entre os modelos difuso e direto. Quais serão, assim, os efeitos da decisão *ex nunc* do Supremo Tribunal Federal, proferida *in abstracto*, sobre as decisões já proferidas pelas instâncias afirmadoras da inconstitucionalidade com eficácia *ex tunc*?

Essas colocações têm a virtude de demonstrar que a declaração de inconstitucionalidade *in concreto* também se mostra passível de limitação de efeitos. A base constitucional dessa limitação – necessidade de um outro princípio que justifique a não aplicação do princípio da nulidade – parece sugerir que, se aplicável, a declaração de inconstitucionalidade restrita revela-se abrangente do modelo de controle de constitucionalidade como um todo. É que, nesses casos, tal como já argumentado, o afastamento do princípio da nulidade da lei assenta-se em fundamentos constitucionais e não em razões de conveniência. Se o sistema constitucional legitima a declaração de inconstitucionalidade restrita no controle abstrato, esta decisão poderá afetar, igualmente, os processos do modelo concreto ou incidental de normas. Do contrário, poder-se-ia ter inclusive um esvaziamento ou uma perda de significado da própria declaração de inconstitucionalidade restrita ou limitada.

A questão tem relevância especial no direito português, porque, ao lado do modelo abstrato de controle, de perfil concentrado, adota a Constituição um modelo concreto de perfil incidental à semelhança do sistema americano ou brasileiro. Trata-se de herança do sistema adotado pela Constituição portuguesa de 1911.

---

105 Cf. Rui Medeiros, *A decisão de inconstitucionalidade:* os autores, o conteúdo e os efeitos da decisão de inconstitucionalidade da lei, cit., p. 743.

É claro que, nesse contexto, tendo em vista os próprios fundamentos legitimadores da restrição de efeitos, poderá o Tribunal declarar a inconstitucionalidade com efeitos limitados, fazendo, porém, a ressalva dos casos já decididos ou dos casos pendentes até um determinado momento (v. g., até a decisão *in abstracto*). É o que ocorre no sistema português, onde o Tribunal Constitucional ressalva, frequentemente, os efeitos produzidos até a data da publicação da declaração de inconstitucionalidade no Diário da República ou, ainda, acrescenta no dispositivo que são excetuadas aquelas situações que estejam pendentes de impugnação contenciosa[106].

Essa orientação afigura-se integralmente aplicável ao sistema brasileiro.

Assim, pode-se entender que se o STF declarar a inconstitucionalidade restrita, sem qualquer ressalva, essa decisão afeta os demais processos com pedidos idênticos pendentes de decisão nas diversas instâncias. Os próprios fundamentos constitucionais legitimadores da restrição embasam a declaração de inconstitucionalidade com eficácia *ex nunc* nos casos concretos. A inconstitucionalidade da lei há de ser reconhecida a partir do trânsito em julgado. Os casos concretos ainda não transitados em julgado hão de ter o mesmo tratamento (decisões com eficácia *ex nunc*) se e quando submetidos ao STF.

É verdade que, tendo em vista a autonomia dos processos de controle incidental ou concreto e de controle abstrato, entre nós, mostra-se possível um distanciamento temporal entre as decisões proferidas nos dois sistemas (decisões anteriores, no sistema incidental, com eficácia *ex tunc* e decisão posterior, no sistema abstrato, com eficácia *ex nunc*). Esse fato poderá ensejar uma grande insegurança jurídica. Daí parecer razoável que o próprio STF declare, nesses casos, a inconstitucionalidade com eficácia *ex nunc* na ação direta, ressalvando, porém, os casos concretos já julgados ou, em determinadas situações, até mesmo os casos *sub judice*, até a data de ajuizamento da ação direta de inconstitucionalidade. Essa ressalva assenta-se em razões de índole constitucional, especialmente no princípio da segurança jurídica. Ressalte-se aqui que, além da ponderação central entre o princípio da nulidade e outro princípio constitucional, com a finalidade de definir a dimensão básica da limitação, deverá a Corte fazer outras ponderações, tendo em vista a repercussão da decisão tomada no processo de controle *in abstracto* nos diversos processos de controle concreto.

Dessa forma, tem-se, a nosso ver, uma adequada solução para o difícil problema da convivência entre os dois modelos de controle de constitucionalidade existentes no direito brasileiro, também no que diz respeito à técnica de decisão.

Aludida abordagem responde a uma outra questão intimamente vinculada a esta. Trata-se de saber se o STF poderia, ao apreciar recurso extraordinário, declarar a inconstitucionalidade com efeitos limitados.

Não parece haver dúvida de que, tal como já exposto, a limitação de efeito é apanágio do controle judicial de constitucionalidade como um todo, podendo ser aplicado tanto no controle direto quanto no controle incidental.

---

106 Cf. Rui Medeiros, *A decisão de inconstitucionalidade:* os autores, o conteúdo e os efeitos da decisão de inconstitucionalidade da lei, cit., p. 748.

XI SEGURANÇA E ESTABILIDADE DAS DECISÕES EM CONTROLE ABSTRATO DE CONSTITUCIONALIDADE E A RECLAMAÇÃO CONSTITUCIONAL

1. CONSIDERAÇÕES PRELIMINARES

O art. 102, § 2º, da CF e o art. 28, parágrafo único, da Lei n. 9.868/99 preveem que as decisões declaratórias de constitucionalidade ou de inconstitucionalidade têm eficácia *erga omnes*.

Também a jurisprudência utiliza-se largamente do conceito de "eficácia *erga omnes*". Não obstante, não cuidou a doutrina brasileira, até aqui, de conferir ao termo em questão maior densidade teórica.

Parece assente entre nós orientação segundo a qual a eficácia *erga omnes* da decisão do STF refere-se à *parte dispositiva* do julgado.

Se o STF chegar à conclusão de que a lei questionada é constitucional, haverá de afirmar expressamente a sua constitucionalidade, julgando procedente a ação declaratória de constitucionalidade proposta.

Da mesma forma, se afirmar a improcedência da ação direta de inconstitucionalidade, deverá o Tribunal declarar a constitucionalidade da lei que se queria fosse julgada inconstitucional.

O texto constitucional consagra, igualmente, o efeito vinculante das decisões proferidas em ADI e ADC relativamente aos demais órgãos do Poder Judiciário e à Administração Pública direta e indireta, nas esferas federal, estadual e municipal (CF, art. 102, § 2º).

Também o art. 28, parágrafo único, da Lei n. 9.868/99 estabelece o efeito vinculante da declaração de constitucionalidade, da declaração de inconstitucionalidade, inclusive da interpretação conforme a Constituição, e da declaração parcial de inconstitucionalidade sem redução de texto.

2. EFICÁCIA *ERGA OMNES* E DECLARAÇÃO DE CONSTITUCIONALIDADE

Questão que tem ocupado os doutrinadores diz respeito, todavia, à eventual vinculação do Tribunal no caso da declaração de constitucionalidade.

Poderia ele vir a declarar, posteriormente, a inconstitucionalidade da norma declarada constitucional? Estaria ele vinculado à decisão anterior?

O tema suscitou controvérsias na Alemanha.

A *força de lei* da decisão da Corte Constitucional que confirma a constitucionalidade revelar-se-ia problemática se o efeito vinculante geral, que se lhe reconhece, impedisse que o Tribunal se ocupasse novamente da questão[1].

---

1 Cf., a propósito: *BVerfGE*, 33/199 (203 e s.); Hans Brox, Zur Zulässigkeit der erneuten Uberprufung einer Norm durch das Bundesverfassungsgericht, in *Festschrift fur Willi Geiger*, Tübingen, 1974, p. 810 (825); Klaus Lange, Rechtskraft, Bindungswirkung und Gesetzeskraft der Entscheidung des Bundesverfassungsgerichts, *JuS*, 1978, p. 1 (6 e s.).

Por isso, sustenta Vogel que a aplicação do disposto no § 31-2 da Lei Orgânica do Tribunal às decisões confirmatórias somente tem significado para o dever de publicação, uma vez que a lei não pode atribuir efeitos que não foram previstos pela própria Constituição.

Do contrário ter-se-ia a possibilidade de que outras pessoas não vinculadas pela coisa julgada ficassem impedidas de questionar a constitucionalidade da lei, o que acabaria por atribuir à chamada eficácia *erga omnes* (*força de lei*) o significado de autêntica norma constitucional[2].

É o que afirma na seguinte passagem de seu estudo sobre a eficácia das decisões da Corte Constitucional:

> "A proteção para as decisões confirmatórias da Corte Constitucional que transcendesse a própria coisa julgada não encontraria respaldo no art. 94, II, da Lei Fundamental. Semelhante proteção, que acabaria por impedir que pessoas não atingidas pela coisa julgada sustentassem que a decisão estaria equivocada e que, em verdade, a lei confirmada seria inconstitucional, importaria na conversão da força de lei em força de Constituição. (...). O § 31, II, da Lei Orgânica da Corte Constitucional faz com que a força de lei alcance também as decisões confirmatórias de constitucionalidade. Essa ampliação somente se aplica, porém, ao dever de publicação, porque a lei não pode conferir efeito que a Constituição não prevê (...)"[3].

A Lei Fundamental alemã e a Lei Orgânica da Corte Constitucional não legitimam essa conclusão, seja porque a norma constitucional autoriza expressamente o legislador a definir as decisões da Corte Constitucional que devem ser dotadas de força de lei, seja porque o legislador não restringiu a eficácia *erga omnes* apenas às decisões de índole cassatória.

É certo, por outro lado, que a conclusão de Vogel afigurar-se-ia obrigatória se, tal como ressaltado por Bryde, se conferisse caráter material à *força de lei* prevista no § 31-2 da Lei Orgânica da Corte Constitucional[4].

Se, todavia, se considera a *força de lei*, tal como a doutrina dominante, como *instituto especial de controle de normas* – e, por isso, como um *instituto de índole processual*[5] –, não expressa esse conceito outra ideia senão a de que não pode o Tribunal, num novo processo, proferir decisão discrepante da anteriormente proferida[6].

---

2 Klaus Vogel, Rechtskraft und Gesetzeskraft der Entscheidungen des Bundesverfassungsgerichts, in Christian Starck (org.), *Bundesverfassungsgericht und Grundgesetz*, 1. Aufl., Tübingen: Mohr, v. 1, 1976, p. 568 (613).

3 Klaus Vogel, Rechtskraft und Gesetzeskraft der Entscheidungen des Bundesverfassungsgerichts, in Christian Starck (org.), *Bundesverfassungsgericht und Grundgesetz*, cit., p. 568 (613).

4 Brun-Otto Bryde, *Verfassungsengsentwicklung, Stabilität und Dynamik im Verfassungsrechf der Bundesrepublik Deutschland*, Baden-Baden, 1982, p. 408.

5 Hans Brox, Zur Zulässigkeit der erneuten Uberprufung einer Norm durch das Bundesverfassungsgericht, in *Festschrift fur Willi Geiger*, cit., p. 809 (818); Theodor Maunz et al., *Bundesverfassungsgerichtsgesetz:* Kommentar, München: C. H. Beck, n. 42, Okt. 1985; Brun-Otto Bryde, *Verfassungsengsentwicklung, Stabilität und Dynamik im Verfassungsrechf der Bundesrepublik Deutschland*, cit., p. 409.

6 Klaus Lange, Rechtskraft, Bindungswirkung und Gesetzeskraft der Entscheidung des Bundesverfassungsgerichts, cit., p. 1 (6 e s.); Brun-Otto Bryde, *Verfassungsengsentwicklung, Stabilität und Dynamik im Verfassungsrechf der Bundesrepublik Deutschland*, cit., p. 408.

Convém registrar, a propósito, o pensamento de Bryde:

> "Essa ideia (que reduz a força de lei, nos casos de declaração de constitucionalidade, ao simples dever de publicação) somente se afigura obrigatória se se considerar a força de lei nos termos do § 31, II, da Lei Orgânica da Corte constitucional como um instituto de caráter material. Efetivamente, uma decisão da Corte Constitucional não pode transformar uma lei inconstitucional em uma lei conforme a Constituição. Todavia, se se contempla a força de lei como instituto de coisa julgada específico para o controle de normas, então a vinculação *erga omnes* não significa uma convalidação de eventual inconstitucionalidade da lei confirmada, mas, tão somente, que essa questão já não mais poderá ser suscitada no processo constitucional. Contra essa concepção não se levantam objeções de índole constitucional. A ideia de Estado de Direito (mais exatamente, a vinculação constitucional da atividade legislativa, art. 20) exige a possibilidade de controle de normas, mas não impõe a abertura de incontáveis vias para esse fim"[7].

Não se pode cogitar, portanto, de superação ou de convalidação de eventual inconstitucionalidade da lei que não teve a sua impugnação acolhida pelo Tribunal[8].

A fórmula adotada pelo constituinte brasileiro, e agora pelo legislador ordinário, não deixa dúvida, também, de que a decisão de mérito proferida na ação declaratória de constitucionalidade tem eficácia contra todos (eficácia *erga omnes*) e efeito vinculante para os órgãos do Poder Executivo e do Poder Judiciário.

Do prisma estritamente processual a eficácia geral ou a eficácia *erga omnes* obsta, em primeiro plano, a que a questão seja submetida uma vez mais ao STF.

Portanto, não se tem uma *mudança qualitativa* da situação jurídica. Enquanto a declaração de nulidade importa a cassação da lei, não dispõe a declaração de constitucionalidade de efeito análogo.

A validade da lei não depende da declaração judicial e a lei vige, após a decisão, tal como vigorava anteriormente[9]. Não fica o legislador, igualmente, impedido de alterar ou, mesmo, de revogar a norma em apreço.

É certo, pois, que, declarada a constitucionalidade de uma norma pelo Supremo Tribunal, ficam os órgãos do Poder Judiciário obrigados a seguir essa orientação, uma vez que a questão estaria definitivamente decidida pelo STF.

3. LIMITES OBJETIVOS DA EFICÁCIA *ERGA OMNES*: A DECLARAÇÃO DE CONSTITUCIONALIDADE DA NORMA E A REAPRECIAÇÃO DA QUESTÃO PELO STF

Se o instituto da eficácia *erga omnes* entre nós, tal como a *força de lei* no Direito tedesco, constitui categoria de Direito processual específica, afigura-se lícito indagar se

---

7 Brun-Otto Bryde, *Verfassungsengsentwicklung, Stabilität und Dynamik im Verfassungsrechf der Bundesrepublik Deutschland*, cit., p. 408-409.

8 Brun-Otto Bryde, *Verfassungsengsentwicklung, Stabilität und Dynamik im Verfassungsrechf der Bundesrepublik Deutschland*, cit., p. 408; Theodor Maunz et al., *Bundesverfassungsgerichtsgesetz:* Kommentar, cit., n. 37.

9 Theodor Maunz et al., *Bundesverfassungsgerichtsgesetz:* Kommentar, cit., n. 42; Christoph Gusy, *Parlamentarischer Gesetzgeber und Bundesverfassungsgericht*, Berlin, 1985, p. 223.

seria admissível a submissão de lei que teve a sua constitucionalidade reconhecida a um novo juízo de constitucionalidade do STF.

Analisando especificamente o problema da admissibilidade de uma nova aferição de constitucionalidade de norma declarada constitucional pelo *Bundesverfassungsgericht*, Hans Brox a considera possível desde que satisfeitos alguns pressupostos. É o que anota na seguinte passagem de seu ensaio sobre o tema: "Se se declarou, na parte dispositiva da decisão, a constitucionalidade da norma, então se admite a instauração de um novo processo para aferição de sua constitucionalidade se o requerente, o tribunal suscitante (controle concreto) ou o recorrente (recurso constitucional = *Verfassungsbeschwerde*) demonstrar que se cuida de uma nova questão. Tem-se tal situação se, após a publicação da decisão, se verificar uma mudança do conteúdo da Constituição ou da norma objeto do controle, de modo a permitir supor que outra poderá ser a conclusão do processo de subsunção. Uma mudança substancial das relações fáticas ou da concepção jurídica geral pode levar a essa alteração"[10].

Na mesma linha de entendimento, fornece Bryde resposta afirmativa à indagação formulada:

> "Se se considera que o Direito e a própria Constituição estão sujeitos a mutação e, portanto, que uma lei declarada constitucional pode vir a tornar-se inconstitucional, tem-se de admitir a possibilidade da questão já decidida poder ser submetida novamente à Corte Constitucional. Se se pretendesse excluir tal possibilidade, ter-se-ia a exclusão dessas situações, sobretudo das leis que tiveram sua constitucionalidade reconhecida pela Corte Constitucional, do processo de desenvolvimento constitucional, ficando elas congeladas no estágio do parâmetro de controle à época da aferição. O objetivo deve ser uma ordem jurídica que corresponda ao respectivo estágio do Direito Constitucional, e não uma ordem formada por diferentes níveis de desenvolvimento, de acordo com o momento da eventual aferição de legitimidade da norma a parâmetros constitucionais diversos. Embora tais situações não possam ser eliminadas faticamente, é certo que a ordem processual-constitucional deve procurar evitar o surgimento dessas distorções.
>
> "A aferição da constitucionalidade de uma lei que teve a sua legitimidade reconhecida deve ser admitida com base no argumento de que a lei pode ter-se tornado inconstitucional após a decisão da Corte. (...) Embora não se compatibilize com a doutrina geral da coisa julgada, essa orientação sobre os limites da coisa julgada no âmbito das decisões da Corte Constitucional é amplamente reconhecida pela doutrina e pela jurisprudência. Não se controverte, pois, sobre a necessidade de que se considere eventual mudança das 'relações fáticas'. Nossos conhecimentos sobre o processo de mutação constitucional exigem, igualmente, que se admita nova aferição da constitucionalidade da lei no caso de mudança da concepção constitucional"[11].

---

10 Hans Brox, Zur Zulässigkeit der erneuten Uberprufung einer Norm durch das Bundesverfassungsgericht, in *Festschrift fur Willi Geiger*, cit., p. 809 (826).

11 Brun-Otto Bryde, *Verfassungsengsentwicklung, Stabilität und Dynamik im Verfassungsrechf der Bundesrepublik Deutschland*, cit., p. 412-413.

Em síntese, declarada a constitucionalidade de uma lei, ter-se-á de concluir pela inadmissibilidade de que o Tribunal se ocupe uma vez mais da aferição de sua legitimidade, salvo no caso de significativa mudança das circunstâncias fáticas[12] ou de relevante alteração das concepções jurídicas dominantes[13].

Também entre nós se reconhece, tal como ensinado por Liebman com arrimo em Savigny[14], que as sentenças contêm implicitamente a cláusula *rebus sic stantibus*[15], de modo que as alterações posteriores que alterem a realidade normativa bem como eventual modificação da orientação jurídica sobre a matéria podem tornar inconstitucional norma anteriormente considerada legítima (*inconstitucionalidade superveniente*)[16].

Daí parecer-nos plenamente legítimo que se suscite perante o STF[17] a inconstitucionalidade de norma já declarada constitucional, em ação direta ou em ação declaratória de constitucionalidade.

4. EFICÁCIA *ERGA OMNES* NA DECLARAÇÃO DE INCONSTITUCIONALIDADE PROFERIDA EM AÇÃO DECLARATÓRIA DE CONSTITUCIONALIDADE OU EM AÇÃO DIRETA DE INCONSTITUCIONALIDADE

É possível que o STF venha a reconhecer a improcedência da ação declaratória de constitucionalidade ou a procedência da ação direta de inconstitucionalidade. Nesses casos haverá de declarar a inconstitucionalidade da lei questionada.

Em face dos termos expressos do texto constitucional e da Lei n. 9.868/99 não subsiste dúvida de que a decisão de mérito sobre a constitucionalidade ou a inconstitucionalidade é dotada de *eficácia contra todos*.

Significa dizer que, declarada a inconstitucionalidade de uma norma na ação declaratória de constitucionalidade, deve-se reconhecer, *ipso jure*, a sua imediata elimina-

---

12 *BVerfGE* 33/199 e 39/169.

13 Brun-Otto Bryde, *Verfassungsengsentwicklung, Stabilität und Dynamik im Verfassungsrechf der Bundesrepublik Deutschland*, cit., p. 409; Hans Brox, Zur Zulässigkeit der erneuten Uberprufung einer Norm durch das Bundesverfassungsgericht, in *Festschrift fur Willi Geiger*, cit., p. 809 (818); Stern, *Bonner Kommentar*, 2. tir., art. 100, n. 139; Christoph Gusy, *Parlamentarischer Gesetzgeber und Bundesverfassungsgericht*, cit., p. 228.

14 Cf. Enrico Tullio Liebman, *Eficácia e autoridade da sentença e outros escritos sobre a coisa julgada*, Rio de Janeiro: Forense, 1984, p. 25-26: "De certo modo, todas as sentenças contêm implicitamente a cláusula *rebus sic stantibus* (Savigny, *Sistema* (trad. it.), VI, p. 378), enquanto a coisa julgada não impede absolutamente que se tenham em conta os fatos que intervierem sucessivamente à emanação da sentença (...). O que há de diverso nestes casos – refere-se às chamadas sentenças determinativas ou dispositivas – não é a rigidez menor da coisa julgada, mas a natureza da relação jurídica, que continua a viver no tempo com conteúdo ou medida determinados por elementos essencialmente variáveis, de maneira que os fatos que sobrevenham podem influir nela, não só no sentido de extingui-la, fazendo, por isso, extinguir o valor da sentença, mas também no sentido de exigir mudança na determinação dela, feita anteriormente".

15 Cf., também, dentre outros, Adolf Schönke, *Derecho procesal civil*, tradução da 5. ed. alemã. Barcelona, 1950, p. 273 e s.

16 Gilmar Ferreira Mendes, *Controle de constitucionalidade:* aspectos jurídicos e políticos, São Paulo: Saraiva, 1990, p. 73.

17 O STF reconhece expressamente a possibilidade de alteração da coisa julgada provocada por mudança nas circunstâncias fáticas (cf., a propósito, RE 105.012, rel. Min. Néri da Silveira, *DJ* de 1º-7-1988).

ção do ordenamento jurídico, salvo se, por algum fundamento específico, puder o Tribunal restringir os efeitos da declaração de inconstitucionalidade (v. g., declaração de inconstitucionalidade com efeito a partir de um dado momento no futuro).

Aceita a ideia de nulidade da lei inconstitucional, sua eventual aplicação após a declaração de inconstitucionalidade equivaleria à aplicação de cláusula juridicamente inexistente.

Efeito necessário e imediato da declaração de nulidade há de ser, pois, a exclusão de toda ultra-atividade da lei inconstitucional.

A eventual eliminação dos atos praticados com fundamento na lei inconstitucional há de ser considerada em face de todo o sistema jurídico, especialmente das chamadas "fórmulas de preclusão".

5. A EFICÁCIA *ERGA OMNES* DA DECLARAÇÃO DE NULIDADE E OS ATOS SINGULARES PRATICADOS COM BASE NO ATO NORMATIVO DECLARADO INCONSTITUCIONAL

A ordem jurídica brasileira não dispõe de preceitos semelhantes aos constantes do § 79 da Lei da Corte Constitucional, que prescreve a intangibilidade dos atos não mais suscetíveis de impugnação[18]. Não se deve supor, todavia, que a declaração de inconstitucionalidade afeta todos os atos praticados com fundamento na lei inconstitucional.

Embora a ordem jurídica brasileira não contenha regra expressa sobre o assunto e se aceite, genericamente, a ideia de que o ato fundado em lei inconstitucional está eivado, igualmente, de iliceidade[19], concede-se proteção ao *ato singular*, procedendo-se à diferenciação entre o efeito da decisão no *plano normativo* e no *plano do ato singular* mediante a utilização das *fórmulas de preclusão*[20].

Os atos praticados com base na lei inconstitucional que não mais se afigurem suscetíveis de revisão não são afetados pela declaração de inconstitucionalidade[21].

Em outros termos, somente serão afetados pela declaração de inconstitucionalidade com eficácia geral os atos ainda suscetíveis de revisão ou impugnação[22].

---

18 § 79 da Lei do *Bundesverfassungsgericht*:

"(1) É legítimo o pedido de revisão criminal nos termos do Código de Processo Penal contra a sentença condenatória penal que se baseia em uma norma declarada inconstitucional (sem a pronúncia da nulidade) ou nula, ou que se assenta em uma interpretação que o *Bundesverfassungsgericht* considerou incompatível com a Lei Fundamental.

(2) No mais, ressalvado o disposto no § 92 (2), da Lei do *Bundesverfassungsgericht* ou uma disciplina legal específica, subsistem íntegras as decisões proferidas com base em uma lei declarada nula, nos termos do § 78. É ilegítima a execução de semelhante decisão. Se a execução forçada tiver de ser realizada nos termos das disposições do Código de Processo Civil, aplica-se o disposto no § 767 do Código de Processo Civil. Excluem pretensões fundadas em enriquecimento sem causa".

19 Cf., a propósito, RMS 17.976, rel. Min. Amaral Santos, *RTJ*, 55/744.

20 Jörn Ipsen, *Rechtsfolgen der Verfassungswidrigkeit von Norm und Einzelakt*, Baden-Baden, 1980, p. 174 e s.

21 Cf. RE 86.056, rel. Min. Rodrigues Alckmin, *DJ* de 1º-7-1977.

22 Frise-se, por oportuno, que, a teor do parágrafo único do art. 741 do CPC – na redação da MP n. 2.180-35, de 24-8-2001, transformada na Lei n. 11.232/2005 – considera-se inexigível o título judicial fundado em lei ou

Importa, portanto, assinalar que a eficácia *erga omnes* da declaração de inconstitucionalidade não opera uma depuração total do ordenamento jurídico. Ela cria, porém, as condições para a eliminação dos atos singulares suscetíveis de revisão ou de impugnação.

6. A EFICÁCIA *ERGA OMNES* DA DECLARAÇÃO DE INCONSTITUCIONALIDADE E A SUPERVENIÊNCIA DE LEI DE TEOR IDÊNTICO

Poder-se-ia indagar se a eficácia *erga omnes* teria o condão de vincular o legislador, de modo a impedi-lo de editar norma de teor idêntico àquela que foi objeto de declaração de inconstitucionalidade.

A doutrina tedesca, firme na orientação segundo a qual a eficácia *erga omnes* – tal como a coisa julgada – abrange exclusivamente a parte dispositiva da decisão, responde negativamente à indagação[23]. Uma nova lei, ainda que de teor idêntico ao do texto normativo declarado inconstitucional, não estaria abrangida pela *força de lei*.

Também o STF tem entendido que a declaração de inconstitucionalidade não impede o legislador de promulgar lei de conteúdo idêntico ao do texto anteriormente censurado[24].

Tanto é assim que, nessas hipóteses, tem o Tribunal processado e julgado nova ação direta, entendendo legítima a propositura de uma nova ação direta de inconstitucionalidade.

7. CONCEITO DE EFEITO VINCULANTE

A expressão efeito vinculante não era de uso comum entre nós. O Regimento Interno do STF, ao disciplinar a chamada representação interpretativa, introduzida pela EC n. 7/77[25], estabeleceu que a decisão proferida na representação interpretativa seria dotada de efeito vinculante (art. 187 do RISTF[26]). Em 1992 o efeito vinculante das de-

---

ato normativo declarados inconstitucionais pelo Supremo Tribunal Federal, ou fundado em aplicação ou interpretação da lei ou ato normativo tidas pelo Supremo Tribunal Federal como incompatíveis com a Constituição Federal. Isso para efeito de embargos à execução contra a Fazenda Pública, que verse sobre inexigibilidade de título. No Novo CPC, disposição semelhante está contida no § 12 do art. 525 – que tem a vantagem redacional de deixar claro que a decisão do STF pode ter sido proferida em sede de controle concentrado ou difuso.

23 Cf. Christian Pestalozza, *Verfassungsprozessrecht*, 3. ed., Berlin, 1991, p. 333; Brun-Otto Bryde, *Verfassungsengsentwicklung, Stabilität und Dynamik im Verfassungsrechf der Bundesrepublik Deutschland*, cit., p. 407.

24 ADI 907, rel. Min. Ilmar Galvão, *RTJ*, 150 (2)/726; ADI 864, rel. Min. Moreira Alves, *RTJ*, 151/416.

25 Cf. EC n. 7/77, art. 9º: "A partir da data da publicação da ementa do acórdão no *Diário Oficial da União*, a interpretação nele fixada terá força vinculante, implicando sua não observância negativa de vigência do texto interpretado".

26 Eis o teor do art. 187 do Regimento Interno do STF: "A partir da publicação do acórdão, por suas conclusões e ementa, no *Diário da Justiça da União*, a interpretação nele fixada terá força vinculante para todos os efeitos".

cisões proferidas em sede de controle abstrato de normas foi referido em Projeto de Emenda Constitucional apresentado pelo deputado Roberto Campos (PEC n. 130/92).

No aludido Projeto distinguia-se nitidamente a *eficácia geral* (*erga omnes*) do *efeito vinculante*[27].

Tal como assente em estudo que produzimos sobre este assunto, e que foi incorporado às justificações apresentadas no aludido Projeto, a *eficácia "erga omnes"* e o *efeito vinculante* deveriam ser tratados como institutos afins, mas distintos[28].

A EC n. 3, promulgada em 16-3-1993, que, no que diz respeito à ação declaratória de constitucionalidade, inspirou-se direta e imediatamente na Emenda Roberto Campos, consagra que "as decisões definitivas de mérito, proferidas pelo Supremo Tribunal Federal, nas ações declaratórias de constitucionalidade de lei ou ato normativo federal, produzirão eficácia contra todos e efeito vinculante, relativamente aos demais órgãos do Poder Judiciário e do Poder Executivo" (art. 102, § 2º).

Embora o texto inicialmente aprovado revelasse algumas deficiências técnicas[29], não parecia subsistir dúvida de que também o legislador constituinte, tal como fizera a Emenda Roberto Campos, procurava distinguir a *eficácia "erga omnes"* (eficácia contra todos) do *efeito vinculante*, pelo menos no que concerne à ação declaratória de constitucionalidade.

A Lei n. 9.868/99, por sua vez, em seu art. 28, parágrafo único, conferiu tratamento uniforme e coerente à matéria, prevendo que as declarações de constitucionalidade ou de inconstitucionalidade, inclusive a interpretação conforme a Constituição e a declaração parcial de inconstitucionalidade sem redução de texto, têm eficácia contra todos e efeito vinculante em relação aos demais órgãos do Poder Judiciário e da Administração Pública federal, estadual e municipal.

---

27 A Proposta de Emenda n. 130/92, apresentada pelo Deputado Roberto Campos, tinha o seguinte teor:

"Art. 1º Suprima-se o inciso X do art. 52, renumerando-se os demais.

Art. 2º Os arts. 102 e 103 da Constituição passam a vigorar com a seguinte redação:

'Art. 102. (...)

§ 1º A arguição de descumprimento de preceito fundamental decorrente desta Constituição será apreciada pelo Supremo Tribunal Federal, na forma desta Lei.

§ 2º As decisões definitivas proferidas pelo Supremo Tribunal, nos processos de controle de constitucionalidade de leis e atos normativos e no controle de constitucionalidade da omissão, têm eficácia *erga omnes* e efeito vinculante para os órgãos e agentes públicos.

§ 3º Lei complementar poderá outorgar a outras decisões do Supremo Tribunal Federal eficácia *erga omnes*, bem como dispor sobre o efeito vinculante dessas decisões para os órgãos e agentes públicos'.

'Art. 103. (...)

(...)

§ 4º Os órgãos ou entes referidos nos incisos I a X deste artigo podem propor ação declaratória de constitucionalidade, que vinculará as instâncias inferiores, quando decidida no mérito'".

28 Cf. Proposta de Emenda Constitucional n. 130/92, *DCN*-1, de 2-9-1992, p. 19956, col. 1.

29 O tratamento diferenciado conferido à ação declaratória suscita inúmeros problemas. Por que conferir legitimação específica a determinados órgãos? Qual a razão de se limitar o objeto da ação declaratória apenas ao direito federal? Ademais, a atribuição expressa de efeito vinculante à decisão definitiva proferida em ação declaratória permite indagar, inevitavelmente, sobre a *qualidade* da decisão proferida em ação direta de inconstitucionalidade.

7.1. Limites objetivos do efeito vinculante

A concepção de *efeito vinculante* consagrada pela EC n. 3/93 está estritamente vinculada ao modelo germânico disciplinado no § 31-2 da Lei Orgânica da Corte Constitucional. A própria justificativa da proposta apresentada pelo deputado Roberto Campos não deixa dúvida de que se pretendia outorgar não só eficácia *erga omnes*, mas também efeito vinculante à decisão, deixando claro que estes não estariam limitados apenas à parte dispositiva. Embora a EC n. 3/93 não tenha incorporado a proposta na sua inteireza, é certo que o *efeito vinculante*, na parte que foi positivada, deve ser estudado à luz dos elementos contidos na proposta original.

Assim, parece legítimo que se recorra à literatura alemã para explicitar o significado efetivo do instituto.

A primeira indagação, na espécie, refere-se às decisões que seriam aptas a produzir o efeito vinculante. Afirma-se que, fundamentalmente, são vinculantes as decisões capazes de transitar em julgado[30]. Tal como a coisa julgada, o efeito vinculante refere-se ao momento da decisão. Alterações posteriores não são alcançadas[31].

Problema de inegável relevo diz respeito aos limites objetivos do *efeito vinculante*, isto é, à parte da decisão que tem efeito vinculante para os órgãos constitucionais, tribunais e autoridades administrativas. Em suma, indaga-se, tal como em relação à coisa julgada e à força de lei, se o efeito vinculante está adstrito à parte dispositiva da decisão ou se ele se estende também aos chamados "fundamentos determinantes", ou, ainda, se o efeito vinculante abrange também as considerações marginais, as *coisas ditas de passagem*, isto é, os chamados *obiter dicta*[32].

Enquanto em relação à coisa julgada e à força de lei domina a ideia de que elas hão de se limitar à parte dispositiva da decisão, sustenta o Tribunal Constitucional alemão que o efeito vinculante se estende, igualmente, aos fundamentos determinantes da decisão[33].

Segundo esse entendimento, a eficácia da decisão do Tribunal transcende o caso singular, de modo que os princípios dimanados da parte dispositiva e dos fundamentos determinantes sobre a interpretação da Constituição devem ser observados por todos os tribunais e autoridades nos casos futuros[34].

Outras correntes doutrinárias sustentam que, tal como a coisa julgada, o efeito vinculante limita-se à parte dispositiva da decisão, de modo que, do prisma objetivo, não haveria distinção entre a coisa julgada e o efeito vinculante[35].

30 Christian Pestalozza, *Verfassungsprozessrecht*, cit., p. 324.

31 Cf. Christian Pestalozza, *Verfassungsprozessrecht*, cit., p. 325.

32 Cf. Theodor Maunz et al., *Bundesverfassungsgerichtsgesetz:* Kommentar, cit., § 31, I, n. 16.

33 *BVerfGE*, 1/14 (37), 4/31 (38), 5/34 (37), 19/377 (392), 20/56 (86), 24/289 (294), 33/199 (203) e 40/88 (93). Cf., também: Theodor Maunz et al., *Bundesverfassungsgerichtsgesetz:* Kommentar, cit., § 31, I, n. 16; Norbert Wischermann, *Rechtskraft und Bindungswirkung*, Berlin, 1979, p. 42.

34 *BVerfGE*, 19/377.

35 Cf., sobre o assunto, Norbert Wischermann, *Rechtskraft und Bindungswirkung*, cit., p. 42.

A diferença entre as duas posições extremadas não é meramente semântica ou teórica[36], apresentando profundas consequências também no plano prático.

Enquanto no entendimento esposado pelo Tribunal Constitucional alemão importa não só a proibição de que se contrarie a decisão proferida no caso concreto em toda a sua dimensão, mas também a obrigação de todos os órgãos constitucionais de adequarem sua conduta, nas situações futuras, à orientação dimanada da decisão[37], considera a concepção que defende uma interpretação restritiva do § 31-I, da Lei Orgânica do Tribunal Constitucional, que o efeito vinculante há de ficar limitado à parte dispositiva da decisão, realçando, assim, sua qualidade judicial[38].

A aproximação dessas duas posições extremadas é feita mediante o desenvolvimento de orientações mediadoras que acabam por fundir elementos das concepções principais.

Assim, propõe Vogel que a coisa julgada ultrapasse os estritos limites da parte dispositiva, abrangendo também a *norma decisória concreta*[39]. A norma decisória concreta seria aquela "ideia jurídica subjacente à formulação contida na parte dispositiva, que, concebida de forma geral, permite não só a decisão do caso concreto, mas também a decisão de casos semelhantes"[40]. Por seu lado, sustenta Martin Kriele que a força dos precedentes, que presumivelmente vincula os tribunais, é reforçada no Direito alemão pelo disposto no § 31-I da Lei do Tribunal Constitucional alemão[41]. A semelhante resultado chegam as reflexões de Otto Bachof, segundo o qual o papel fundamental do Tribunal Constitucional alemão consiste na extensão de suas decisões aos casos ou situações paralelas[42].

Tal como já anotado, parecia inequívoco o propósito do legislador alemão, ao formular o § 31 da Lei Orgânica do Tribunal, de dotar a decisão de uma eficácia transcendente[43].

É certo, por outro lado, que a limitação do efeito vinculante à parte dispositiva da decisão tornaria de todo despiciendo esse instituto, uma vez que ele pouco acrescentaria aos institutos da *coisa julgada* e da *força de lei*. Ademais, tal redução diminuiria significativamente a contribuição do Tribunal para a preservação e desenvolvimento da ordem constitucional[44].

---

36 Subjacente à discussão sobre a amplitude do **efeito vinculante** reside uma questão mais profunda, relativa à própria ideia de **jurisdição constitucional** (*Verfassungsgerichtsbarkeit*) (Norbert Wischermann, *Rechtskraft und Bindungswirkung*, cit., p. 43).

37 Norbert Wischermann, *Rechtskraft und Bindungswirkung*, cit., p. 45.

38 Norbert Wischermann, *Rechtskraft und Bindungswirkung*, cit., p. 43.

39 Klaus Vogel, Rechtskraft und Gesetzeskraft der Entscheidungen des Bundesverfassungsgerichts, cit., in *BVerfGE und GG* I/568 (589).

40 Klaus Vogel, Rechtskraft und Gesetzeskraft der Entscheidungen des Bundesverfassungsgerichts, cit., in *BVerfGE und GG* I/568 (599).

41 Martin Kriele, *Theorie der Rechtsgewinnung*, 2. ed., Berlin, 1976, p. 291 e 312-313.

42 Otto Bachof, Die Prufungs und Verwerfungskompetenz der Verwaltung gegenuber dem verfassungswidrigen und bundesrechtswidrigen Gesetz, *AöR*, 87/25, 1962.

43 Cf. Brun-Otto Bryde, *Verfassungsengsentwicklung, Stabilität und Dynamik im Verfassungsrechf der Bundesrepublik Deutschland*, cit., p. 420.

44 Brun-Otto Bryde, *Verfassungsengsentwicklung, Stabilität und Dynamik im Verfassungsrechf der Bundesrepublik Deutschland*, cit., p. 420.

Aceita a ideia de uma eficácia transcendente à própria coisa julgada, afigura-se legítimo indagar sobre o significado do *efeito vinculante* para os órgãos estatais que não são partes no processo.

Segundo a doutrina dominante, são as seguintes as consequências do efeito vinculante para os não partícipes do processo:

> "(1) ainda que não tenham integrado o processo os órgãos constitucionais estão obrigados, na medida de suas responsabilidades e atribuições, a tomar as necessárias providências para o desfazimento do estado de ilegitimidade;
>
> "(2) assim, declarada a inconstitucionalidade de uma lei estadual, ficam os órgãos constitucionais de outros Estados, nos quais vigem leis de teor idêntico, obrigados a revogar ou a modificar os referidos textos legislativos[45];
>
> "(3) também os órgãos não partícipes do processo ficam obrigados a observar, nos limites de suas atribuições, a decisão proferida, sendo-lhes vedado adotar conduta ou praticar ato de teor semelhante àquele declarado inconstitucional pelo *Bundesverfassungsgericht* (proibição de reiteração em sentido lato: *Wiederholungsverbot im weiteren Sinne oder Nachahmungsverbot*)[46]. A Lei do Tribunal Constitucional alemão autoriza o Tribunal, no processo de recurso constitucional (*Verfassungsbeschwerde*), a incorporar a proibição de reiteração da medida considerada inconstitucional na parte dispositiva da decisão (§ 95, I, 2)"[47].

A posição do STF sobre o tema está bem sintetizada na seguinte passagem do voto do Ministro Maurício Corrêa, relator da Rcl. 1.987 (*DJU* de 21-5-2004):

> "Não há dúvida, portanto, de que o Tribunal, no julgamento de mérito da ADI 1.662-SP, *decidiu* que a superveniência da EC 30/00 não trouxe qualquer alteração à disciplina dos sequestros no âmbito dos precatórios trabalhistas, reiterando a cautelar que o saque forçado de verbas públicas somente está autorizado pela Constituição Federal no caso de preterição do direito de precedência do credor, sendo inadmissíveis quaisquer outras modalidades.
>
> Se assim é, qualquer ato, administrativo ou judicial, que determine o sequestro de verbas públicas, em desacordo com a única hipótese prevista no artigo 100 da Constituição, revela-se contrário ao julgado e desafia a autoridade da *decisão* de mérito tomada na ação direta em referência, sendo passível, pois, de ser impugnado pela via da reclamação. Não vejo como possa o Tribunal afastar-se dessa premissa. No caso, a medida foi proposta por parte legítima e o ato impugnado afronta o que decidido de forma definitiva pela Corte, razão pela qual deve ser conhecida e provida, sob pena de incentivo ao descumprimento sistemático das decisões da mais alta Corte do País, em especial essas que detêm eficácia vinculante, o que é inaceitável.

---

45 Cf. *BVerfGE*, 40/88; *v.*, também, Theodor Maunz et al., *Bundesverfassungsgerichtsgesetz:* Kommentar, cit., § 31, I, n. 25.

46 Cf. Christian Pestalozza, *Verfassungsprozessrecht*, cit., p. 323.

47 O *Bundesverfassungsgericht* pode estabelecer também que qualquer repetição da providência questionada configura lesão à Lei Fundamental ("...Das Bundesverfassungsgericht kann zugleich aussprechen, dass auch jede Wiederholung der beanstandeten Massnahme das Grundgesetz verletzt").

(...)

A questão fundamental é que o ato impugnado não apenas contrastou a decisão definitiva proferida na ADI 1.662, como, essencialmente, está em confronto com seus motivos determinantes. A propósito, reporto-me à recente decisão do Ministro Gilmar Mendes (RCL 2.126, *DJ* de 19/08/02), sendo relevante a consideração de importante corrente doutrinária, segunda a qual a 'eficácia da decisão do Tribunal transcende o caso singular, de modo que os princípios dimanados da parte dispositiva e dos fundamentos determinantes sobre a interpretação da Constituição devem ser observados por todos os Tribunais e autoridades nos casos futuros', exegese que fortalece a contribuição do Tribunal para preservação e desenvolvimento da ordem constitucional"[48].

Nesses termos, resta evidente que o efeito vinculante da decisão não está restrito à parte dispositiva, mas abrange também os próprios fundamentos determinantes.

Como se vê, com o *efeito vinculante* pretendeu-se conferir eficácia adicional à decisão do STF, outorgando-lhe amplitude transcendente ao caso concreto. Os órgãos estatais abrangidos pelo efeito vinculante devem observar, pois, não apenas o conteúdo da parte dispositiva da decisão, mas a norma abstrata que dela se extrai, isto é, que determinado tipo de situação, conduta ou regulação – e não apenas aquela objeto do pronunciamento jurisdicional – é constitucional ou inconstitucional e deve, por isso, ser preservado ou eliminado.

Cabe ressaltar ainda a decisão na Rcl. 1.880 (AgRg e QO), da relatoria de Maurício Corrêa, que decidiu que todos aqueles que fossem atingidos por decisões contrárias ao entendimento firmado pelo STF no julgamento de mérito proferido em ação direta de inconstitucionalidade seriam considerados partes legítimas para a propositura de reclamação e declarou a constitucionalidade do parágrafo único do art. 28 da Lei n. 9.868/99[49].

Com a positivação dos institutos da eficácia *erga omnes* e do efeito vinculante das decisões proferidas pelo STF na ação declaratória de constitucionalidade e na ação direta de inconstitucionalidade deu-se um passo significativo no rumo da modernização e racionalização da atividade da jurisdição constitucional entre nós.

7.2. Limites subjetivos

A primeira questão relevante no que concerne à dimensão subjetiva do efeito vinculante refere-se à possibilidade de a decisão proferida vincular ou não o próprio STF.

Embora a Lei Orgânica do Tribunal Constitucional alemão não seja explícita a propósito, entende a Corte Constitucional ser inadmissível construir-se, ali, uma autovinculação. Essa orientação conta com o aplauso de parcela significativa da doutrina, pois, além de contribuir para o congelamento do Direito Constitucional,

48 Rcl. 1.987, rel. Min. Maurício Corrêa, *DJ* de 21-5-2004.

49 Rcl.-AgRg-QO 1.880, rel. Min. Maurício Corrêa, *DJ* de 19-3-2004.

tal solução obrigaria o Tribunal a sustentar teses que considerasse errôneas ou já superadas[50].

A fórmula adotada pela EC n. 3/93, e repetida pela Lei n. 9.868/99, parece excluir também o STF do âmbito de aplicação do efeito vinculante. A expressa referência ao efeito vinculante em relação "aos demais órgãos do Poder Judiciário" legitima esse entendimento.

De um ponto de vista estritamente material também é de se excluir uma autovinculação do STF aos fundamentos determinantes de uma decisão anterior, pois isto poderia significar uma renúncia ao próprio desenvolvimento da Constituição, tarefa imanente aos órgãos de jurisdição constitucional.

Todavia, parece importante, tal como assinalado por Bryde, que o Tribunal não se limite a mudar uma orientação eventualmente fixada, mas que o faça com base em uma crítica fundada do entendimento anterior, que explicite e justifique a mudança[51]. Quem se dispõe a enfrentar um precedente, fica *duplamente* onerado pelo dever de justificar-se.

Ao contrário do estabelecido na proposta original, que se referia à vinculação dos órgãos e agentes públicos, o efeito vinculante consagrado na EC n. 3/93 ficou reduzido, no plano subjetivo, aos órgãos do Poder Judiciário e do Poder Executivo[52].

Proferida a declaração de constitucionalidade ou inconstitucionalidade de lei objeto da ação declaratória, ficam os tribunais e órgãos do Poder Executivo obrigados a guardar-lhe plena obediência. Tal como acentuado, o *caráter transcendente* do efeito vinculante impõe que sejam considerados não apenas o conteúdo da parte dispositiva da decisão mas também a norma abstrata que dela se extrai, isto é, a proposição de que determinado tipo de situação, conduta ou regulação – e não apenas aquela objeto do pronunciamento jurisdicional – é constitucional ou inconstitucional e deve, por isso, ser preservado ou eliminado[53].

É certo, pois, que a não observância da decisão caracteriza grave violação de dever funcional, seja por parte das autoridades administrativas, seja por parte do magistrado (cf., também, CPC, art. 133, I; Novo CPC, art. 143, I).

Em relação aos órgãos do Poder Judiciário convém observar que eventual desrespeito a decisão do STF legitima a propositura de reclamação, pois estará caracterizada, nesse caso, inequívoca lesão à autoridade de seu julgado (CF, art. 102, I, *l*).

7.3. Efeito vinculante da cautelar em ação declaratória de constitucionalidade

O silêncio do texto constitucional quanto à possibilidade de concessão de cautelar em sede de ação declaratória deu ensejo a significativa polêmica quando o Presidente

---

50 Cf., a propósito: Brun-Otto Bryde, *Verfassungsengsentwicklung, Stabilität und Dynamik im Verfassungsrechf der Bundesrepublik Deutschland*, cit., p. 426; Theodor Maunz et al., *Bundesverfassungsgerichtsgesetz:* Kommentar, cit., § 31, I, n. 20.

51 Brun-Otto Bryde, *Verfassungsengsentwicklung, Stabilität und Dynamik im Verfassungsrechf der Bundesrepublik Deutschland*, cit., p. 426.

52 A EC n. 45/2004 conferiu nova redação ao § 2º do art. 102 da CF/88, que estabeleceu que "as decisões definitivas de mérito, proferidas pelo Supremo Tribunal Federal, nas ações diretas de inconstitucionalidade e nas ações declaratórias de constitucionalidade produzirão eficácia contra todos e efeito vinculante, relativamente aos demais órgãos do Poder Judiciário e à administração pública direta e indireta, nas esferas federal, estadual e municipal".

53 Cf., a propósito, Brun-Otto Bryde, *Verfassungsengsentwicklung, Stabilität und Dynamik im Verfassungsrechf der Bundesrepublik Deutschland*, cit., p. 428.

da República e as Mesas da Câmara dos Deputados e do Senado Federal intentaram ação declaratória com objetivo de ver confirmada a constitucionalidade da Lei n. 9.494/97, que proibia a concessão de tutela antecipada para assegurar o pagamento de vantagens ou vencimentos a servidores públicos[54].

Na Ação Declaratória n. 4, da relatoria do Ministro Sydney Sanches, o Supremo Tribunal considerou cabível a medida cautelar em sede de ação declaratória. Entendeu-se admissível que o Supremo Tribunal Federal exerça, em sede de ação declaratória de constitucionalidade, o poder cautelar que lhe é inerente, "*enfatizando*, então, *no contexto daquele julgamento*, que a prática da jurisdição cautelar acha-se essencialmente vocacionada a conferir tutela efetiva e garantia plena ao resultado que deverá emanar da decisão final a ser proferida naquele processo objetivo de controle abstrato".

É que, como bem observado pelo Ministro Celso de Mello, o Plenário do Supremo Tribunal Federal, ao deferir o pedido de medida cautelar na ADC 4, expressamente atribuiu à sua decisão eficácia vinculante e subordinante, com todas as consequências jurídicas daí decorrentes[55].

Portanto, o Supremo Tribunal Federal entendeu que a decisão concessiva da cautelar afetava não apenas os pedidos de tutela antecipada ainda não decididos, mas todo e qualquer efeito futuro da decisão proferida nesse tipo de procedimento.

Segundo essa orientação, o efeito vinculante da decisão concessiva da medida cautelar em ação declaratória de constitucionalidade não apenas suspende o julgamento de qualquer processo que envolva a aplicação da lei questionada (suspensão dos processos), mas também retira toda ultra-atividade (suspensão de execução dos efeitos futuros) das decisões judiciais proferidas em desacordo com o entendimento preliminar esposado pelo Supremo Tribunal.

7.4. Efeito vinculante da decisão concessiva de cautelar em ação direta de inconstitucionalidade

No quadro de evolução da nossa jurisdição constitucional, parece difícil aceitar o efeito vinculante em relação à cautelar na ação declaratória de constitucionalidade e deixar de admiti-lo em relação à liminar na ação direta de inconstitucionalidade.

Na primeira hipótese, tal como resulta do art. 21 da Lei n. 9.868/99, tem-se a suspensão do julgamento dos processos que envolvam a aplicação da lei ou ato normativo objeto da ação declaratória, até seu término; na segunda, tem-se a suspensão de vigência da lei questionada na ação direta e, por isso, do julgamento de todos os processos que envolvam a aplicação da lei discutida.

Assim, o sobrestamento dos processos, ou pelo menos das decisões ou julgamentos que envolvam a aplicação da lei que teve a sua vigência suspensa em sede de ação direta de inconstitucionalidade, haverá de ser uma das consequências inevitáveis da liminar em ação direta. Em outras palavras, a suspensão cautelar da norma afeta sua vigência provisória, o que impede que os tribunais, a administração e outros órgãos estatais apliquem a disposição que restou suspensa.

---

54 Cf. ADC 4, rel. Min. Sydney Sanches, *DJ* de 16-2-1998.

55 Cf. Pet.-MC 1.416/SP, rel. Min. Celso de Mello, *DJ* de 1º-4-1998.

Esse foi o entendimento firmado pelo STF no julgamento do RE 168.277[56].

Estando assente que a liminar deferida opera no plano da vigência da lei, podendo ter o condão até mesmo de restaurar provisoriamente a vigência de norma eventualmente revogada, não há como deixar de reconhecer que a aplicação da norma suspensa pelos órgãos ordinários da jurisdição implica afronta à decisão do STF.

Em absoluta coerência com essa orientação mostra-se a decisão tomada também em Questão de Ordem, na qual se determinou a suspensão de todos os processos que envolvessem a aplicação de determinada vantagem a servidores do TRT da 15ª Região, tendo em vista a liminar concedida na ADI 1.244/SP, contra resolução daquela Corte que havia autorizado o pagamento do benefício.

É o que foi afirmado pela Corte na ADI 1.244/SP (Questão de Ordem) (Rel. Néri da Silveira, *DJ* de 28-5-1999).

Vê-se, pois, que a decisão concessiva de cautelar em ação direta de inconstitucionalidade é também dotada de efeito vinculante. A concessão da liminar acarreta a necessidade de suspensão dos julgamentos que envolvam a aplicação ou a desaplicação da lei cuja vigência restou suspensa[57].

7.5. Efeito vinculante de decisão indeferitória de cautelar em ação direta de inconstitucionalidade

Com alguma frequência apresenta-se ao Tribunal pedido de reclamação contra decisões tomadas pelas instâncias ordinárias que afirmam a inconstitucionalidade de uma ou outra lei federal ou estadual em face da Constituição Federal. Essas reclamações alegam que a competência pode estar sendo usurpada exatamente porque o Supremo Tribunal Federal indeferiu pedido de liminar formulado com objetivo de se suspender a norma impugnada em sede de ADI. Outras vezes alega-se que a matéria pende de apreciação no âmbito do controle abstrato de normas perante o Supremo Tribunal, cabendo a ele conferir orientação uniforme ao tema.

Na primeira hipótese, alega-se que já no julgamento da liminar na ADI, o Supremo, ainda que em um juízo preliminar, afastou a inconstitucionalidade da lei. Assim, não poderiam as instâncias ordinárias deliberar em sentido contrário.

Esse era o caso da Reclamação n. 2.121, da relatoria de Nelson Jobim[58], a qual, no entanto, foi julgada prejudicada em razão da perda superveniente do objeto da ação.

A questão posta na referida reclamação mostra uma nova faceta da relação entre os dois sistemas de controle de constitucionalidade, agora no que concerne a decisão do Supremo Tribunal Federal que indefere o pedido de cautelar em ADI. Como acentuado na decisão da relatoria de Jobim, há casos em que, ao indeferir a cautelar, o Tribunal enfatiza, ou quase, a não plausibilidade da impugnação. Em outras hipóteses, o indeferimento assenta-se em razões formais, como o tempo decorrido da edição da lei ou não configuração de urgência.

56 RE-QO 168.277/RS, Plenário, rel. Min. Ilmar Galvão, *DJ* de 29-5-1998.

57 Cf. Rcl. 2.256, rel. Min. Gilmar Mendes, *DJ* de 30-4-2004.

58 Rcl 2.121, rel. Min. Eros Grau, *DJe* de 18-9-2008.

Na primeira hipótese, não se afigura impossível justificar a reclamação sob o argumento de violação da autoridade da decisão do Supremo Tribunal. Na segunda, o argumento é mais tênue, uma vez que sequer houve uma manifestação substancial do Tribunal sobre o assunto.

É verdade, porém, que em ambas as situações podem ocorrer conflitos negativos para a segurança jurídica, com pronunciamentos contraditórios por parte de instâncias judiciais diversas.

Assim, talvez se pudesse cogitar, em semelhantes casos (indeferimento de liminar na ADI com possibilidade de repercussão nas instâncias ordinárias), de se adotar fórmula semelhante à prevista no art. 21 da Lei 9.868/99, para a ação declaratória de constitucionalidade: determina-se a suspensão dos julgamentos que envolvam a aplicação da lei até a decisão final do Supremo Tribunal sobre a controvérsia constitucional. A vantagem técnica dessa fórmula é a de que ela alcança resultado semelhante, no que concerne à segurança jurídica, sem afirmar, *a priori*, o efeito vinculante da decisão provisória adotada pelo Tribunal em sede de cautelar.

Todavia, do ponto de vista jurisprudencial, a questão restou sem decisão definitiva no STF, porque a Rcl. 2.121 foi julgada prejudicada em 13 de fevereiro de 2008, em face da revogação da Lei Distrital 464/1993, que era o objeto da ADI 1.104 MC/DF (*DJU* de 12-5-1995), tida por vulnerada na citada reclamação.

7.6. Efeito vinculante de decisão proferida em ação direta de inconstitucionalidade

Questão interessante dizia respeito à possível extensão do efeito vinculante à decisão proferida em ação direta de inconstitucionalidade.

Aceita a ideia de que a ação declaratória configura uma ação direta de inconstitucionalidade com sinal trocado, tendo ambas caráter dúplice ou ambivalente, afigurava-se difícil admitir que a decisão proferida em sede de ação direta de inconstitucionalidade tenha efeitos ou consequências diversos daqueles reconhecidos para a ação declaratória de constitucionalidade.

Argumentava-se que ao criar a ação declaratória de constitucionalidade de lei federal estabeleceu o constituinte que a decisão definitiva de mérito nela proferida – incluída aqui, pois, aquela que, julgando improcedente a ação, proclamar a inconstitucionalidade da norma questionada – "produzirá eficácia contra todos e efeito vinculante, relativamente aos demais órgãos do Poder Judiciário e do Poder Executivo"[59].

Portanto, afigurava-se correta a posição de vozes autorizadas do STF, como a do Ministro Sepúlveda Pertence, segundo o qual, "quando cabível em tese a ação declaratória de constitucionalidade, a mesma força vinculante haverá de ser atribuída à decisão definitiva da ação direta de inconstitucionalidade"[60].

De certa forma, esse foi o entendimento adotado pelo STF na ADC 4, ao reconhecer efeito vinculante à decisão proferida em sede de cautelar, a despeito do silêncio do texto constitucional.

59 Art. 102, § 2º, da CF de 1988.

60 Despacho na Rcl. 167, *RDA*, 206/246 (247).

Nos termos dessa orientação, a decisão proferida em ação direta de inconstitucionalidade contra lei ou ato normativo federal haveria de ser dotada de efeito vinculante, tal como ocorre com aquela proferida na ação declaratória de constitucionalidade.

Observe-se, ademais, que, se entendermos que o efeito vinculante da decisão está intimamente ligado à própria natureza da jurisdição constitucional em um dado Estado Democrático e à função de guardião da Constituição desempenhada pelo tribunal, temos de admitir, igualmente, que o legislador ordinário não está impedido de atribuir, como, aliás, o fez por meio do art. 28, parágrafo único, da Lei n. 9.868/99, essa proteção processual especial a outras decisões de controvérsias constitucionais proferidas pela Corte.

Em verdade, o efeito vinculante decorre do particular papel político-institucional desempenhado pela Corte ou pelo Tribunal Constitucional, que deve zelar pela observância estrita da Constituição nos processos especiais concebidos para solver determinadas e específicas controvérsias constitucionais.

Na sessão de 7-11-2002, o STF pacificou a discussão sobre a legitimidade da norma contida no parágrafo único do art. 28 da Lei n. 9.868/99, que reconhecia efeito vinculante às decisões de mérito proferidas em sede de ADI. O Tribunal entendeu que "todos aqueles que forem atingidos por decisões contrárias ao entendimento firmado pelo STF, no julgamento do mérito proferido em ação direta de inconstitucionalidade, sejam considerados como parte legítima para a propositura de reclamação"[61].

O tema está superado em razão do advento da EC 45/2004, que conferiu nova redação ao art. 102, § 2º, da Constituição.

8. EFICÁCIA *ERGA OMNES*, EFEITO VINCULANTE DA DECISÃO E RECLAMAÇÃO

8.1. Considerações preliminares

A reclamação para preservar a competência do Supremo Tribunal Federal ou garantir a autoridade de suas decisões é fruto de criação jurisprudencial. Afirmava-se que ela decorreria da ideia dos *implied powers* deferidos ao Tribunal. O Supremo Tribunal Federal passou a adotar essa doutrina para a solução de problemas operacionais diversos. A falta de contornos definidos sobre o instituto da reclamação fez, portanto, com que a sua construção inicial repousasse sobre a teoria dos poderes implícitos.

É o que se deduz da lição do Ministro Rocha Lagoa na Rcl. 141, de 1952, assim ementada:

> "A competência não expressa dos tribunais federais pode ser ampliada por construção constitucional. Vão seria o poder, outorgado ao Supremo Tribunal Federal de julgar em recurso extraordinário as causas decididas por outros tribunais, se lhe não fora possível fazer prevalecer os seus próprios pronunciamentos, acaso desatendidos pelas justiças locais. A criação dum remédio de direito para vindicar o cumprimento fiel das suas sentenças, está

61 *Informativo STF* n. 289, 4 a 8-11-2002 (Rcl.-AgRg-QO 1.880/SP, rel. Min. Maurício Corrêa).

na vocação do Supremo Tribunal Federal e na amplitude constitucional e natural de seus poderes. Necessária e legítima é assim a admissão do processo de Reclamação, como o Supremo Tribunal tem feito. É de ser julgada procedente a Reclamação quando a justiça local deixa de atender a decisão do Supremo Tribunal Federal"[62].

Em 1957 aprovou-se a incorporação da reclamação no Regimento Interno do Supremo Tribunal Federal[63].

A Constituição Federal de 1967[64], que autorizou o STF a estabelecer a disciplina processual dos feitos sob sua competência, conferindo força de lei federal às disposições do Regimento Interno sobre seus processos, acabou por legitimar definitivamente o instituto da reclamação, agora fundamentada em dispositivo constitucional.

Com o advento da Carta de 1988, o instituto adquiriu, finalmente, *status* de competência constitucional (art. 102, I, *l*). A Constituição consignou ainda o cabimento da reclamação perante o Superior Tribunal de Justiça (art. 105, I, *f*), igualmente destinada à preservação da competência da Corte e à garantia da autoridade das decisões por ela exaradas.

Numa tentativa de sistematizar a evolução do instituto no Supremo Tribunal Federal, José da Silva Pacheco, em excelente artigo sobre a reclamação no STF e no STJ, identificou quatro fases distintas da reclamação: "1º) a primeira vai desde a criação do STF até 1957; 2º) a segunda começa em 1957, com a inserção da medida no RISTF, até 1967; 3º) a terceira, a partir do disposto na CF de 1967, art. 115, parágrafo único, *c*, que foi reproduzido na EC 1/69, art. 120, parágrafo único, *c* e, posteriormente, após a EC 7, de 13.4.77, com o disposto no art. 119, I, *o*, sobre a avocatória, e no § 3º, *c*, autorizando que o RISTF estabelecesse 'o processo e o julgamento dos feitos de sua competência originária ou recursal e da arguição de relevância da questão federal'; 4º) a quarta, com o advento da CF de 5.10.88, cujos arts. 102, I, *l* e 105, I, *f*, preveem, expressamente, a reclamação como da competência originária do STF e do STJ"[65].

Importante discussão reside na natureza da reclamação tal como se vê no inventário feito por Celso de Mello na Reclamação n. 336:

> "A reclamação, qualquer que seja a qualificação que se lhe dê – ação (Pontes de Miranda, 'Comentários ao Código de Processo Civil', tomo V/384, Forense), recurso ou sucedâneo recursal (Moacyr Amaral Santos, RTJ 56/546-548; Alcides de Mendonça Lima, 'O

62 Rcl. 141, rel. Min. Rocha Lagoa, *DJ* de 25-1-1952.

63 A Reclamação foi adotada pelo Regimento Interno do STF em 2-10-1957, dentro da competência que lhe dava a Constituição de 1946, em seu art. 97, II, quando foi aprovada proposta dos Ministros Lafayette de Andrada e Ribeiro da Costa, no sentido de incluir o instituto no RISTF, em seu Título II, Capítulo V-"A", intitulado "Da Reclamação".

64 Cf. CF de 1967, art. 115, parágrafo único, *c*, e EC n. 1/69, art. 120, parágrafo único, *c*. Posteriormente, a EC n. 7, de 13-4-1977, em seu art. 119, I, *o*, sobre a avocatória, e no § 3º, *c*, do mesmo dispositivo, que autorizou o RISTF estabelecer "o processo e o julgamento dos feitos de sua competência originária ou recursal e da arguição de relevância da questão federal".

65 José da Silva Pacheco, *O mandado de segurança e outras ações constitucionais típicas*, 4. ed., São Paulo: Revista dos Tribunais, 2002, Capítulo Único, p. 601-635.

Poder Judiciário e a Nova Constituição', p. 80, 1989, Aide), remédio incomum (Orosimbo Nonato, apud Cordeiro de Mello, 'O processo no Supremo Tribunal Federal', vol. 1/280), incidente processual (Moniz de Aragão, 'A Correição Parcial', p. 110, 1969), medida de Direito Processual Constitucional (José Frederico Marques, 'Manual de Direito Processual Civil', vol. 3º, 2ª parte, p. 199, item n. 653, 9ª ed., 1987, Saraiva) ou medida processual de caráter excepcional (Ministro Djaci Falcão, RTJ 112/518-522) – configura, modernamente, instrumento de extração constitucional, inobstante a origem pretoriana de sua criação (RTJ 112/504), destinado a viabilizar, na concretização de sua dupla função de ordem político-jurídica, a preservação da competência e a garantia da autoridade das decisões do Supremo Tribunal Federal (CF, art. 102, I, *l*) e do Superior Tribunal de Justiça (CF, art. 105, I, *f*)[66].

Como se vê, a definição de sua natureza jurídica não constitui tarefa fácil, por inexistir consenso na doutrina e na jurisprudência. Pacificado está somente o entendimento de se tratar a reclamação de medida jurisdicional, pondo fim à antiga discussão de que a reclamação constituiria mera medida administrativa. Tal entendimento se deu quando o instituto era identificado com a correição parcial, mas, como explicita Marcelo Navarro Dantas, o fato de a jurisprudência do STF reconhecer, na reclamação, seu poder de produzir alterações em decisões tomadas em processo jurisdicional e da decisão em reclamação produzir coisa julgada confirmam seu caráter jurisdicional[67].

No tocante à natureza jurídica, a posição dominante parece ser aquela que atribui à reclamação natureza de ação propriamente dita[68], a despeito de outras vozes autorizadas da doutrina identificarem natureza diversa para o instituto, como já referido, seja como remédio processual[69], incidente processual[70] ou recurso[71].

Tal entendimento justifica-se pelo fato de, por meio da reclamação, ser possível a provocação da jurisdição e a formulação de pedido de tutela jurisdicional, além de conter em seu bojo uma lide a ser solvida, decorrente do conflito entre aqueles que persistem na invasão de competência ou no desrespeito das decisões do Tribunal e, por outro lado, aqueles que pretendem ver preservada a competência e a eficácia das decisões exaradas pela Corte.

Anote-se ainda que, com o desenvolvimento dos processos de índole objetiva em sede de controle de constitucionalidade no plano federal e estadual (inicialmente repre-

---

66 Rcl. 336, rel. Min. Celso de Mello, julgada em 19-12-1990, *DJ* de 15-3-1991.

67 Cf. Marcelo Navarro Ribeiro Dantas, *Reclamação constitucional no direito brasileiro*, Porto Alegre: Sérgio A. Fabris, Editor, 2000, p. 438-439.

68 Cf. Pontes de Miranda, *Comentários ao Código de Processo Civil*, São Paulo: Forense, t. 5, p. 384.

69 Cf. Cândido Rangel Dinamarco, A reclamação no processo civil brasileiro, in Nelson Nery Junior e Teresa Arruda Alvim Wambier, *Aspectos polêmicos e atuais dos recursos cíveis e de outros meios de impugnação às decisões judiciais*, São Paulo: Revista dos Tribunais, 2002, v. 6, p. 100-101. Cf., ainda, Ada Pellegrini Grinover, Antônio Magalhães Gomes Filho e Antonio Scarance Fernandes, *Recursos no processo penal*, 3. ed., São Paulo: Revista dos Tribunais, 2001, p. 423. Veja também voto vista do Ministro Rafael Mayer na Rp. 1.092, rel. Min. Djaci Falcão, *DJ* de 19-12-1984; Orozimbo Nonato, apud Cordeiro de Mello, *O processo no Supremo Tribunal Federal*, v. 1, p. 280.

70 Cf. Egas Dirceu Moniz de Aragão, *A correição parcial*, São Paulo: Bushatsky, 1969, p. 106.

71 Cf. Moacyr Amaral Santos, *RTJ*, 56/546-548; Alcides de Mendonça Lima, *O Poder Judiciário e a nova Constituição*, Rio de Janeiro: Aide, 1989, p. 80.

sentação de inconstitucionalidade e, posteriormente, ADI, ADIo, ADC e ADPF), a reclamação, enquanto ação especial, acabou por adquirir, como se verá no presente estudo, contornos diferenciados na garantia da autoridade das decisões do Supremo Tribunal Federal ou na preservação de sua competência.

A EC n. 45/2004 consagrou a súmula vinculante, no âmbito da competência do Supremo Tribunal, e previu que a sua observância seria assegurada pela reclamação (art. 103-A, § 3º: "Do ato administrativo ou decisão judicial que contrariar a súmula aplicável ou que indevidamente a aplicar, caberá reclamação ao Supremo Tribunal Federal que, julgando-a procedente, anulará o ato administrativo ou cassará a decisão judicial reclamada, e determinará que outra seja proferida com ou sem aplicação da súmula, conforme o caso").

Finalmente, com a entrada em vigor da Lei n. 13.105/2015, que instituiu o Novo Código de Processo Civil, a reclamação passou a ser cabível também para resguardar a autoridade das decisões proferidas pelo Supremo Tribunal Federal na sistemática da repercussão geral (art. 988, IV), desde que esgotadas as instâncias ordinárias (art. 988, § 5º, II).

8.2. Objeto da reclamação

Tal como observado, a reclamação destina-se (a) a preservar a competência do Supremo Tribunal Federal ou (b) a garantir a autoridade de suas decisões.

A competência do Supremo Tribunal Federal está hoje fixada claramente no art. 102 da Constituição, desdobrando-se em competência originária e recursal. E esta, por sua vez, em ordinária e extraordinária.

8.2.1. A reclamação para assegurar a autoridade das decisões do Supremo Tribunal – considerações gerais

Trata-se de expressiva novidade que trouxe a Reforma do Judiciário quanto à reclamação, para garantir a autoridade de decisão do Supremo Tribunal, expressa em súmula vinculante.

O modelo constitucional adotado consagra, portanto, a admissibilidade de reclamação contra ato da Administração ou contra ato judicial em desconformidade com súmula dotada de efeito vinculante.

Configura, certamente, uma grande inovação do sistema, de vez que a reclamação contra atos judiciais contrários à orientação com força vinculante já era largamente praticada[72]. É certo que, excetuados os casos de usurpação de competência do Tribunal e de flagrante descumprimento de decisão por ele proferida, a reclamação estava (quase que) limitada às decisões dotadas de efeito vinculante nos processos objetivos.

72 Assinale-se que na Rcl. 1.507 observou Sepúlveda Pertence que era "a primeira vez em que o Tribunal estava a aplicar o efeito vinculante da decisão anterior, em ação direta de inconstitucionalidade, de modo a cassar decisão administrativa de um Governador de Estado" (Questão de Ordem na Rcl. 1.507/RJ, rel. Min. Néri da Silveira, *DJ* de 1º-3-2002).

De qualquer sorte, tem-se aqui a clara convicção de que a Administração Pública contribui, decisivamente, para o incremento das demandas judiciais de caráter homogêneo. Daí situar-se na seara da Administração Pública o grande desafio na implementação do efeito vinculante em toda a sua amplitude.

A adoção da súmula vinculante para a Administração Pública vai exigir a promulgação de normas de organização e procedimento que permitam assegurar a observância por parte desta dos ditames contidos na Súmula, sem que se verifique uma nova e adicional sobrecarga de processos – agora de reclamações – para o Supremo Tribunal Federal.

Daí, talvez, a necessidade de que a lei preveja procedimento administrativo adequado de modo a permitir, tanto quanto possível, que as questões eventualmente suscitadas possam ser resolvidas na própria esfera da Administração. Não parece abusivo, nesse contexto, que se reconheça o direito de propositura da reclamação sem que se envidem esforços para a solução da controvérsia no âmbito administrativo. Aqui reside um dos pontos mais delicados e mais relevantes do novo sistema inaugurado pela Emenda Constitucional n. 45/2004. É que não se pode substituir a crise numérica ocorrente do recurso extraordinário pela multiplicação de reclamações formuladas diretamente contra a Administração perante o Supremo Tribunal Federal.

8.2.2. A reclamação para assegurar o cumprimento de decisão de mérito em ação direta de inconstitucionalidade e em ação declaratória de constitucionalidade

O Supremo Tribunal Federal considerava, inicialmente, inadmissível a reclamação em sede de controle abstrato de normas[73].

Em diversas oportunidades, o Tribunal manifestou-se no sentido do não cabimento da reclamação, como confirma a decisão da Rcl.-AgRg 354, da relatoria do Ministro Celso de Mello[74].

Posteriormente, passou o Tribunal a admitir o cabimento da reclamação em sede de ADI, desde que ajuizada por legitimado para a propositura da própria ação direta e que tivesse o mesmo objeto[75].

Em julgado de 25-11-1992, o Ministro Celso de Mello expressou a necessidade de que o entendimento jurisprudencial no sentido do não cabimento da reclamação em tal sede fosse revisto, abrindo caminho para a possibilidade de se admitir a reclamação para atacar desobediência às decisões do Supremo Tribunal Federal em sede de controle concentrado. Nesse caso reconheceu o Tribunal que estariam legitimados aqueles entes e órgãos, que, apesar de não terem sido parte na ADI em cuja decisão se fundamenta a reclamação, fossem titulares de legitimidade concorrente para requerer ação idêntica[76].

---

73 Cf. MS-QO 20.875, rel. Min. Aldir Passarinho, *DJ* de 28-4-1989; Rcl. 136, rel. Min. Oscar Corrêa, *DJ* de 1º-11-1982; Rcl. 224, rel. Min. Célio Borja, *DJ* de 18-9-1987; Rcl. 208, rel. Min. Moreira Alves, *DJ* de 6-12-1991; Rcl.-QO 235, rel. Min. Néri da Silveira, *DJ* de 29-11-1991.

74 Rcl. 354, rel. Min. Celso de Mello, *DJ* de 28-6-1991.

75 Rcl.-QO 385, rel. Min. Celso de Mello, julgada em 26-3-1992, *DJ* de 18-6-1993.

76 Rcl.-QO MC 397, rel. Min. Celso de Mello, *DJ* de 21-5-1993.

Também o julgamento da Rcl. 399, em 7-10-1993, representou importante avanço no uso da reclamação em sede de controle concentrado de constitucionalidade, ao admiti-la sob determinadas condições. É o que lê na ementa do acórdão, *verbis*:

"Reclamação: hipótese de admissibilidade e procedência para salvaguarda da autoridade de decisão cautelar ou definitiva em ação de inconstitucionalidade. A jurisprudência do Supremo Tribunal admite a reclamação para assegurar a autoridade de suas decisões positivas em ação direta de inconstitucionalidade, quando o mesmo órgão de que emanara a norma declarada inconstitucional persiste na prática de atos concretos que lhe pressuporiam a validade (cf. Recls. 389, 390 e 393) [...]"[77].

Reconheceu-se, assim, o cabimento de reclamação, quando o próprio órgão responsável pela edição da lei declarada inconstitucional persistisse em prática de atos concretos que pressuporiam a validade da norma declarada inconstitucional[78].

Com o advento da Emenda Constitucional n. 3/93, que introduziu a ação declaratória de constitucionalidade em nosso ordenamento jurídico, admitiu-se, expressamente, a reclamação para preservar a autoridade da decisão do Supremo Tribunal no julgamento de mérito na ação declaratória.

O Ministro Moreira Alves, no julgamento da ADC 1, destacou as singularidades do novo instituto nos termos seguintes:

"É um *plus* com relação à ação direta de inconstitucionalidade, graças ao qual se dá ao novo instrumento de controle de constitucionalidade a eficácia necessária para enfrentar o problema – como salientado anteriormente – que deu margem à sua criação. De feito, se a eficácia *erga omnes* que também possuem suas decisões de mérito lhe dá a mesma eficácia que têm as decisões de mérito das ações diretas de inconstitucionalidade (e – note-se – é em virtude dessa eficácia *erga omnes* que esta Corte, por ser alcançada igualmente por ela, não pode voltar atrás na declaração que nela fez anteriormente), do efeito vinculante que lhe é próprio resulta:

a) se os demais órgãos do Poder Judiciário, nos casos concretos sob seu julgamento, não respeitarem a decisão prolatada nessa ação, *a parte prejudicada poderá valer-se do instituto da reclamação para o Supremo Tribunal Federal, a fim de que este garanta a autoridade dessa decisão; e (g. n.)*

b) essa decisão (e isso se restringe ao dispositivo dela, não abrangendo – como sucede na Alemanha – os seus fundamentos determinantes, até porque a Emenda Constitucional n. 3 só atribui efeito vinculante à própria decisão definitiva de mérito), essa decisão, repito, alcança os atos normativos de igual conteúdo daquele que deu origem a ela mas que não foi seu objeto, para o fim de, independentemente de nova ação, serem tidos como constitucionais ou inconstitucionais, adstrita essa eficácia aos atos normativos emanados dos demais órgãos do Poder Judiciário e do Poder Executivo, uma vez que ela não alcança os atos editados pelo Poder Legislativo"[79].

77 Rcl. 399, rel. Min. Sepúlveda Pertence, julgada em 7-10-1993, *DJ* de 24-3-1995.

78 Cf. julgamentos na Rcl. 399, rel. Min. Sepúlveda Pertence, julgada em 7-10-1993, *DJ* de 24-3-1995 e Rcl. 556, rel. Min. Maurício Corrêa, julgada em 11-11-1996, *DJ* de 3-10-1997.

79 Cf. ADC-QO 1, rel. Min. Moreira Alves, *DJ* de 27-10-1993.

Assim, se havia dúvida sobre o cabimento da reclamação no processo de controle abstrato de normas[80], a Emenda Constitucional n. 3/93 encarregou-se de espancá-la, pelo menos no que concerne à ADC.

Subsistiu, porém, a controvérsia sobre o cabimento de reclamação em sede de ação direta de inconstitucionalidade.

Eram minoritárias as vozes que sustentavam, como a de Sepúlveda Pertence, que, "quando cabível em tese a ação declaratória de constitucionalidade, a mesma força vinculante haverá de ser atribuída à decisão definitiva da ação direta de inconstitucionalidade"[81].

A jurisprudência do Supremo Tribunal, no tocante à utilização do instituto da reclamação em sede de controle concentrado de normas, deu sinais de grande evolução no julgamento da questão de ordem em agravo regimental na Rcl. 1.880, em 23-5-2002, quando na Corte restou assente o cabimento da reclamação para todos aqueles que comprovarem prejuízo resultante de decisões contrárias às teses do STF, em reconhecimento à eficácia vinculante *erga omnes* das decisões de mérito proferidas em sede de controle concentrado.

Tal decisão foi assim ementada:

> "Questão de ordem. Ação Direta de Inconstitucionalidade. Julgamento de mérito. Parágrafo único do artigo 28 da Lei 9868/99: constitucionalidade. Eficácia vinculante da decisão. Reflexos. Reclamação. Legitimidade ativa.
>
> [...]
>
> 4. Reclamação. Reconhecimento de legitimidade ativa *ad causam* de todos que comprovem prejuízo oriundo de decisões dos órgãos do Poder Judiciário, bem como da Administração Pública de todos os níveis, contrárias ao julgado do Tribunal. Ampliação do conceito de parte interessada (Lei 8038/90, artigo 13). Reflexos processuais da eficácia vinculante do acórdão a ser preservado.
>
> [...]"[82].

É certo, portanto, que qualquer pessoa afetada ou atingida pelo ato contrário à orientação fixada pelo Supremo Tribunal Federal disporá de legitimidade para promover a reclamação.

A controvérsia restou definitivamente superada com o advento da EC n. 45/2004, que, expressamente, estabeleceu que "as decisões definitivas de mérito, proferidas pelo Supremo Tribunal Federal, nas ações diretas de inconstitucionalidade e nas ações declaratórias de constitucionalidade produzirão eficácia contra todos e efeito vinculante, relativamente aos demais órgãos do Poder Judiciário e à administração pública direta e indireta, nas esferas federal, estadual e municipal"[83].

---

80 Cf., sobre o assunto, Rcl. 397, rel. Min. Celso de Mello, *DJ* de 21-5-1993.

81 Rcl. 167, despacho, *RDA*, 206/246 (247).

82 Rcl.-AgRg 1.880, rel. Min. Maurício Corrêa, *DJ* de 19-3-2004.

83 Redação dada pela EC n. 45/2004 ao art. 102, § 2º, da CF/88.

8.2.3. Cabimento da reclamação para preservar a autoridade de decisão do Supremo Tribunal Federal em cautelar concedida em ação direta de inconstitucionalidade e em ação declaratória de constitucionalidade

Consagrando o texto constitucional de 1988 a possibilidade de concessão de cautelar em ação direta de inconstitucionalidade (CF, art. 102, I, *p*), parece que também essa decisão há de ser dotada de *eficácia geral*. É que se cuida de suspender a vigência de uma norma até o pronunciamento definitivo do Supremo Tribunal Federal. Como consequência direta da natureza objetiva do processo, a decisão concessiva de liminar em sede de ação direta de inconstitucionalidade produz eficácia com relação a todos.

Se não subsiste dúvida relativamente à eficácia *erga omnes* da decisão concessiva proferida em sede de cautelar na ação direta de inconstitucionalidade, é lícito indagar se essa decisão seria, igualmente, dotada de efeito vinculante.

Essa indagação tem relevância especialmente porque, como se viu, da qualidade especial do efeito vinculante decorre, no nosso sistema de controle direto, a possibilidade de propositura de reclamação[84].

Aceita a ideia de que a ação declaratória configura uma "ADI com sinal trocado", tendo ambas caráter dúplice ou ambivalente, afigura-se difícil admitir que a decisão proferida em sede de ação direta de inconstitucionalidade seria dotada de efeitos ou consequências diversos daqueles reconhecidos para a ação declaratória de constitucionalidade.

Na Ação Declaratória de Constitucionalidade n. 4, relator Sydney Sanches, *DJ* de 21-5-1999, o Supremo Tribunal acabou por consagrar o cabimento da medida cautelar em sede de ação declaratória, para que os juízes e os Tribunais suspendam o julgamento dos processos que envolvam a aplicação do ato normativo impugnado.

Entendeu-se admissível que o Tribunal passasse a exercer, em sede de ação declaratória de constitucionalidade, o poder cautelar que lhe é inerente, "enfatizando-se que a prática da jurisdição cautelar acha-se essencialmente vocacionada a conferir tutela efetiva e garantia plena ao resultado que deverá emanar da decisão final a ser proferida naquele processo objetivo de controle abstrato".

É que, como bem observado por Celso de Mello, o Plenário do Supremo Tribunal Federal, ao deferir o pedido de Medida Cautelar na ADC n. 4/DF, expressamente atribuiu, à sua decisão, eficácia vinculante e subordinante, com todas as consequências jurídicas daí decorrentes.

O Supremo Tribunal Federal, ao conceder o provimento cautelar requerido na ADC 4/DF, proferiu, por maioria de nove votos a dois, a seguinte decisão:

> "O Tribunal, por votação majoritária, deferiu, em parte, o pedido de medida cautelar, para suspender, com eficácia *ex nunc* e com efeito vinculante, até final julgamento da ação, a prolação de qualquer decisão sobre pedido de tutela antecipada, contra a Fazenda Pública, que tenha por pressuposto a constitucionalidade ou a inconstitucionalidade do art.

---

84 Cf. ADC-QO 1, rel. Min. Moreira Alves, *DJ* de 27-10-1993.

1º da Lei n. 9.494, de 10/9/97, sustando, ainda, com a mesma eficácia, os efeitos futuros dessas decisões antecipatórias de tutela já proferidas contra a Fazenda Pública, vencidos, em parte, o Ministro Néri da Silveira, que deferia a medida cautelar em menor extensão, e, integralmente, os Ministros Ilmar Galvão e Marco Aurélio, que a indeferiam" (*DJ* de 21-5-1999).

Portanto, considerou o Tribunal que a decisão concessiva da cautelar afetava não apenas os pedidos de tutela antecipada ainda não decididos, mas todo e qualquer efeito futuro da decisão já proferida nesse tipo de procedimento. Em outros termos, o Poder Público Federal ficava desobrigado de observar as decisões judiciais concessivas de tutela fundadas na eventual inconstitucionalidade da Lei n. 9.494/97, a partir da data da decisão concessiva da cautelar em ação declaratória, independentemente de a decisão judicial singular ter sido proferida em período anterior. E, mais, que, em caso de não observância por parte dos órgãos jurisdicionais ordinários, o remédio adequado haveria de ser a reclamação.

Assim, aceita-se hoje a reclamação para assegurar a autoridade da decisão concessiva de cautelar em ação direta de inconstitucionalidade ou ação declaratória de constitucionalidade.

8.2.4. Decisão em mandado de injunção e reclamação constitucional

O instituto da reclamação pode conferir novos contornos às decisões proferidas em mandados de injunção. Interessante ressaltar, nesse sentido, o reconhecimento de possíveis efeitos advindos de decisão em mandado de injunção para além das partes que nele figuram.

O que se evidencia é a possibilidade de as decisões nos mandados de injunção surtirem efeitos não somente em razão do interesse jurídico de seus impetrantes, estendendo também sua eficácia para alcançar os demais casos que guardem similitude. Assim, em regra, a decisão em mandado de injunção, ainda que dotada de caráter subjetivo, comporta uma dimensão objetiva, com eficácia *erga omnes*, que serve para tantos quantos forem os casos que demandem a concretização de uma omissão geral do Poder Público, seja em relação a uma determinada conduta, seja em relação a uma determinada lei.

No julgamento da medida liminar da Reclamação Constitucional n. 6.200-0/RN, por exemplo, a Presidência do Supremo Tribunal Federal, ao deferir parcialmente o pedido da União Federal, reforçou o entendimento dos efeitos *erga omnes* decorrentes da dimensão objetiva das decisões proferidas nos Mandados de Injunção n. 670/ES, 708/DF e 712/PA (para sua aplicação direta em casos semelhantes em que se discuta o exercício do direito de greve pelos servidores públicos).

Por ocasião do julgamento da Reclamação Constitucional n. 6.568[85], o Plenário do Supremo Tribunal Federal, de certa forma e à unanimidade, emprestou eficácia objetiva ao quanto decidido nos Mandados de Injunção n. 670/ES, 708/DF e 712/PA.

85 Rcl n. 6.568, rel. Min. Eros Grau, *DJ* de 25-9-2009.

Tratava-se de reclamação ajuizada pelo Estado de São Paulo, com a finalidade de resguardar a autoridade da decisão do Supremo Tribunal na ADI-MC 3.395, da relatoria do Ministro Cezar Peluso, em que restou assentada a competência da Justiça Comum para a apreciação de todo e qualquer litígio que envolvesse servidores públicos estatutários[86].

Esse entendimento teria sido afrontado por decisões do Vice-Presidente do TRT da 2ª Região e de desembargador do TJSP, que fixaram a competência da justiça trabalhista para dirimir conflito relativo a movimento paredista iniciado pelos policiais civis do Estado de São Paulo.

O Tribunal reconheceu a ofensa à decisão na ADI supramencionada e julgou procedente a reclamação ao argumento de que as decisões reclamadas afrontaram o entendimento fixado pelo Supremo Tribunal Federal nos mandados de injunção acerca do direito de greve dos funcionários públicos, porquanto naquela oportunidade se havia assentado claramente que se a controvérsia estiver "adstrita a uma unidade da federação, a competência será do respectivo Tribunal de Justiça (também, por aplicação analógica do art. 6º, da Lei n. 7.701/1988)"[87].

Nesse ponto, a ementa do julgado assentou: "amplitude da decisão proferida no julgamento do mandado de injunção 712, art. 142, § 3º, inc. IV, da Constituição do Brasil. Interpretação da Constituição. Afronta ao decidido na ADI 3.395. Incompetência da Justiça do Trabalho para dirimir conflitos entre servidores públicos e entes da administração às quais estão vinculados. Reclamação julgada procedente".

Nesse sentido, buscou-se ressaltar que a ordem constitucional necessita de proteção por mecanismos processuais céleres e eficazes. Esse é o mandamento constitucional, que fica bastante claro quando se observa o elenco de ações constitucionais voltadas a esse mister, como o *habeas corpus*, o mandado de segurança, a ação popular, o *habeas data*, o mandado de injunção, a ação civil pública, a ação direta de inconstitucionalidade, a ação declaratória de constitucionalidade e a arguição de descumprimento de preceito fundamental.

8.3. Decisão em arguição de descumprimento de preceito fundamental e reclamação

Os vários óbices à aceitação do instituto da reclamação em sede de controle concentrado parecem ter sido superados, estando agora o Supremo Tribunal Federal em condições de ampliar o uso desse importante e singular instrumento da jurisdição constitucional brasileira.

Com o advento da Lei n. 9.882/99, que estendeu o reconhecimento do efeito vinculante aos demais órgãos do Poder Público, a questão assume relevo prático, em razão, especialmente, do objeto amplo da ADPF, que envolve até mesmo o direito municipal.

Não há dúvida de que a decisão de mérito proferida em ADPF será dotada de efeito vinculante, dando azo, por isso, à reclamação para assegurar a autoridade da decisão do Supremo Tribunal Federal.

86 ADI-MC n. 3.395, rel. Min. Cezar Peluso, *DJ* de 10-11-2006.

87 MI 708, rel. Min. Gilmar Mendes, *DJ* de 31-10-2008.

Não impressiona, igualmente, o fato de o efeito vinculante ter sido estabelecido em lei (e não estar expressamente previsto na Constituição). É que, como observado acima, o efeito vinculante configura apanágio da jurisdição constitucional e não depende, por isso, de regra expressa na Constituição[88].

Nesse sentido foi também a manifestação do Ministro Néri da Silveira, na ADI 2.231, que questionava a constitucionalidade, dentre outros, do § 3º do art. 10, da Lei n. 9.882/99, deixando assente que "neste juízo de cautelar, nada está, assim, a justificar a suspensão da vigência, no § 3º do art. 10, da Lei n. 9.882/99, das expressões: 'e efeito vinculante relativamente aos demais órgãos do Poder Público'. Indefiro, assim, a cautelar, quanto ao art. 10, *caput*, e § 3º, da Lei n. 9.882/99"[89].

Da mesma forma, cabível a reclamação para assegurar a autoridade da decisão proferida em ADPF, não há razão para não reconhecer também o efeito vinculante da decisão proferida em cautelar na ADPF (art. 5º, § 3º, da Lei n. 9.882/99), o que importa, igualmente, na admissão da reclamação para garantir o cumprimento de decisão adotada pelo Tribunal em sede de cautelar.

Se não parece haver dúvida quanto à legitimidade do efeito vinculante e, portanto, sobre o cabimento de reclamação em sede de decisão de mérito em ADPF, a fórmula um tanto abrangente utilizada pelo legislador no § 3º do art. 10 da Lei n. 9.882/99[90] pode suscitar alguma apreensão.

É que, levada às últimas consequências, ter-se-ia que admitir também uma vinculação do legislador à decisão proferida em ADPF.

Como se sabe, cuida-se de um tema assaz difícil no âmbito da teoria da jurisdição constitucional, tendo em vista o perigo de um engessamento da ordem jurídica objetiva. Ademais, caberia indagar se a fórmula adotada pelo legislador, no § 3º do art. 10 da Lei n. 9.882/99, importaria na possibilidade de abarcar, com efeito vinculante, as leis de teor idêntico àquela declarada inconstitucional.

Em geral, tem-se dado resposta negativa a essa pergunta, com base no argumento relativo a não aplicação do efeito vinculante à atividade legislativa.

Assim, lei de teor idêntico àquela declarada inconstitucional somente poderia ser atacada por uma ação autônoma.

É possível, porém, que essa controvérsia tenha perfil hoje acentuadamente acadêmico. É que, ainda que não se empreste *eficácia transcendente* (efeito vinculante dos fundamentos determinantes) à decisão[91], o Tribunal, em sede de reclamação *contra aplicação de lei idêntica àquela declarada inconstitucional*, poderá declarar, incidentalmente, a inconstitucionalidade da lei ainda não atingida pelo juízo de inconstitucionalidade[92].

Nesse sentido, refira-se uma vez mais à Rcl. 595 (Rel. Sydney Sanches), na qual a Corte declarou a inconstitucionalidade de expressão contida na alínea *c* do inciso I do

---

88 Cf., sobre o assunto, acima, item 8.2.1 – *A reclamação para assegurar a autoridade das decisões do Supremo Tribunal.*

89 ADI-MC 2.231, rel. Min. Néri da Silveira, julgada em 5-12-2001, *DJ* de 17-12-2001. Julgamento não concluído em virtude de pedido de vista do Ministro Sepúlveda Pertence.

90 Lei n. 9.882/99, art. 10, § 3º: "A decisão terá eficácia contra todos e efeito vinculante relativamente aos demais órgãos do Poder Público".

91 Cf. Rcl. 1.987, rel. Min. Maurício Corrêa, *DJ* de 21-5-2004.

92 Cf., *supra*, neste capítulo, n. XI, item 5 – *A eficácia "erga omnes" da declaração de inconstitucionalidade e a superveniência de lei de teor idêntico.*

art. 106 da Constituição do Estado de Sergipe, que outorgava competência ao respectivo Tribunal de Justiça para processar e julgar ação direta de inconstitucionalidade de normas municipais em face da Constituição Federal.

Cumpre referir, por fim, que merece destaque a questão debatida por ocasião do julgamento da Recl. n. 3.014, em que se pretendia analisar, em sede de reclamação, a constitucionalidade de lei de teor idêntico ou semelhante ao da lei que foi objeto da fiscalização abstrata de constitucionalidade perante o STF.

Em sessão de julgamento realizada no dia 10 de março de 2010[93], assentou-se a admissibilidade da reclamação para esse fim, entendimento que segue a tendência da evolução da reclamação como ação constitucional voltada à garantia da autoridade das decisões e da competência do Supremo Tribunal Federal.

Assim, em relação à lei de teor idêntico àquela declarada inconstitucional – ainda que se afirme o não cabimento de reclamação – poder-se-á impugnar a sua aplicação por parte da Administração ou do Judiciário, requerendo-se a declaração incidental de inconstitucionalidade.

Essa solução terá um inegável efeito prático, na medida em que dispensará a utilização da via específica do processo objetivo para (re)afirmar a constitucionalidade de norma já apreciada pela Corte.

De fato, não faria muito sentido se o Tribunal tergiversasse, não conhecendo de reclamação por questões meramente formais, e exigisse do interessado a propositura da arguição de descumprimento de preceito fundamental para atestar a constitucionalidade de lei municipal ou estadual de teor idêntico a outra que já teve a legitimidade constitucional reconhecida pela própria Corte.

Nessa perspectiva, parece bastante lógica a possibilidade de que, em sede de reclamação, o Tribunal analise a constitucionalidade de leis cujo teor é idêntico, ou mesmo semelhante, a outras leis que já foram objeto do controle concentrado de constitucionalidade perante o Supremo Tribunal Federal.

A reclamação constitucional – sua própria evolução o demonstra – não mais se destina apenas a assegurar a competência e a autoridade de decisões específicas e bem delimitadas do Supremo Tribunal Federal, mas também constitui-se como ação voltada à proteção da ordem constitucional como um todo.

A tendência hodierna é, pois, que a reclamação assuma cada vez mais o papel de ação constitucional voltada à proteção da ordem constitucional como um todo. Os vários óbices à aceitação da reclamação em sede de controle concentrado já foram superados, estando agora o Supremo Tribunal Federal em condições de ampliar o uso desse importante e singular instrumento da jurisdição constitucional brasileira.

Tal como já explicitado em relação à ADI e à ADC[94], a não observância de decisão concessiva de cautelar em ADPF poderá dar ensejo também à reclamação nos expressos termos do art. 13 da Lei n. 9.882/99.

É que a decisão concessiva de liminar na ADPF será, igualmente, dotada de efeito vinculante.

---

93 Recl. n. 3.014, rel. Min. Carlos Britto. Votaram pela improcedência, acompanhando o relator, os Ministros Sepúlveda Pertence, Cármen Lúcia, Ellen Gracie, Joaquim Barbosa e Marco Aurélio, e pela procedência da reclamação os Ministros Gilmar Mendes, Ricardo Lewandowski, Eros Grau, Cezar Peluso e Celso de Mello.

94 Cf., *supra*, tópicos sobre a ADI e a ADC.

8.4. Decisão em repercussão geral e reclamação

O novo Código de Processo Civil (Lei n. 13.105/2015) altera substancialmente o regime da reclamação constitucional. De acordo com o art. 988 do Código, caberá reclamação da parte interessada ou do Ministério Público para: I – preservar a competência do tribunal; II – garantir a autoridade das decisões do tribunal; III – garantir a observância de enunciado de súmula vinculante e de decisão do Supremo Tribunal Federal em controle concentrado de constitucionalidade; e IV – garantir a observância de acórdão proferido em julgamento de incidente de resolução de demandas repetitivas ou de incidente de assunção de competência. Nesse último caso, o cabimento da reclamação fica condicionado ao esgotamento das instâncias ordinárias (art. 988, § 5º, II).

Registre-se que essas disposições atuais superaram parcialmente a jurisprudência do Supremo Tribunal Federal quanto ao não cabimento de reclamação contra decisão de juízos de origem que aplicam a sistemática da repercussão geral.

Com efeito, ao julgar questões de ordem nas Reclamações 7.569 e 7.547, rel. Min. Ellen Gracie, *DJe* de 11-12-2009, o STF firmou-se no sentido de não conhecer de reclamação contra decisões que aplicam a sistemática da repercussão geral na origem. Naquela ocasião, a Corte decidiu remeter os feitos aos tribunais de origem e turmas recursais, para que fossem processados como agravos regimentais. Assim, a Corte firmou orientação segundo a qual não cabe reclamação contra decisões que aplicam a sistemática da repercussão geral na origem, ainda que se pretenda corrigir supostos equívocos cometidos por essas decisões.

O escopo dessa tese foi evitar que, a pretexto de correção de equívocos, as questões jurídicas continuassem chegando à Suprema Corte, por meio dessas classes processuais, o que frustraria o instituto da repercussão geral.

Não obstante, a redação originária do art. 988 da Lei n. 13.105/2015 previa o cabimento de reclamação para garantir a observância de acórdão de recurso extraordinário com repercussão geral. Ocorre que essa hipótese de cabimento excessivamente abrangente poderia comprometer o funcionamento do Supremo Tribunal Federal e transformar a crise numérica do recurso extraordinário, a qual veio a ser controlada pela repercussão geral, em uma crise numérica decorrente do elevado número de reclamações.

Nesse contexto, antes mesmo de sua entrada em vigor, o novo diploma processual foi alterado pela Lei n. 13.256/2016, que restringiu o cabimento da reclamação para garantir a observância de acórdão de recurso extraordinário com repercussão geral às hipóteses em que haja prévio esgotamento das instâncias ordinárias.

Em síntese, essa nova hipótese de cabimento de reclamação constitucional resultou de construção dialógica conformadora da antiga jurisprudência do Supremo Tribunal Federal com vontade do legislador de resguardar a autoridade das decisões da Corte em casos de abuso, como a má aplicação da tese fixada na repercussão geral.

9. PROCEDIMENTO: LINHAS GERAIS

A estrutura procedimental da reclamação é bastante singela e coincide, basicamente, com o procedimento adotado para o mandado de segurança. As regras básicas estão previstas nos arts. 156-162 do RISTF e nos arts. 13 a 18 da Lei n. 8.038/90. O novo

Código de Processo Civil (Lei n. 13.105/2016) disciplinou de forma mais detalhada e introduziu algumas modificações no procedimento da reclamação.

A ação poderá ser proposta pelo Procurador-Geral da República ou por qualquer interessado, devendo estar instruída com prova documental (RISTF, art. 156 e parágrafo único; Lei n. 8.038/90, art. 13 e parágrafo único. CPC, art. 988). Ressalte-se que a expansão do efeito vinculante no controle concentrado (ADI, ADC, ADPF) e, ainda, a adoção da súmula vinculante e da repercussão geral, contribuíram (e ainda hão de contribuir) para ampliar a legitimação para propositura da reclamação. É que, nos termos do entendimento hoje dominante, especialmente a partir da Rcl. 1.880[95], toda e qualquer pessoa afetada pela decisão contrária à orientação com efeito vinculante ou à tese da repercussão geral poderá questionar esse ato em reclamação perante o Supremo Tribunal Federal.

A autoridade reclamada deverá prestar informações no prazo de dez dias (CPC, art. 989, I). O pedido do reclamante poderá ser impugnado por qualquer interessado (CPC, art. 990).

Relevante inovação da Lei n. 13.105/2016 é a imposição do dever de citação do beneficiário do ato atacado por meio da reclamação, de modo a integrá-lo no processo. Com efeito, o art. 989, III, determina que o relator, ao despachar a reclamação, determinará a citação do beneficiário da decisão impugnada, que terá prazo de 15 (quinze) dias para apresentar a sua contestação.

Nos termos do Regimento Interno do Supremo Tribunal, poderá o relator determinar a suspensão do curso do processo em que se tenha verificado o ato reclamado ou a remessa dos respectivos autos ao Tribunal (RISTF, art. 158; CPC, art. 989, II).

Nas reclamações não formuladas pelo Procurador-Geral da República, será concedida vista ao chefe do Ministério Público, após as informações (RISTF, art. 160; CPC, art. 991).

Das decisões adotadas pelo relator, caberá agravo regimental.

Se julgada procedente a reclamação, poderá o Tribunal ou a Turma, se for o caso (RISTF, art. 161):

a) avocar o conhecimento do processo em que se verifique usurpação de sua competência;

b) ordenar que lhe sejam remetidos, com urgência, os autos do recurso para ele interposto;

c) cassar a decisão exorbitante de seu julgado ou determinar medida adequada à observância de sua jurisdição.

A Emenda Regimental n. 13/2004, autorizou o relator a decidir monocraticamente, em caso de situações repetitivas ou idênticas, objeto de jurisprudência consolidada do Tribunal (art. 161, parágrafo único, do RISTF).

A ampla legitimação e o rito simples e célere, como características da reclamação, podem consagrá-la, portanto, como mecanismo processual de eficaz proteção da ordem constitucional, tal como interpretada pelo Supremo Tribunal Federal.

---

95 Rcl.-AgRg 1.880, rel. Min. Maurício Corrêa, *DJ* de 19-3-2004.

XII O CONTROLE ABSTRATO DE CONSTITUCIONALIDADE DO DIREITO ESTADUAL E DO DIREITO MUNICIPAL

1. CONSIDERAÇÕES PRELIMINARES

O texto constitucional de 1988 contemplou expressamente a questão relativa ao controle abstrato de normas nos âmbitos estadual e municipal em face da respectiva Constituição, consagrando no art. 125, § 2º, que compete "ao Estado a instituição de representação de inconstitucionalidade de leis ou atos normativos estaduais ou municipais em face da Constituição estadual, vedada a atribuição da legitimação para agir a um único órgão".

Todas as Constituições estaduais, sem exceção, disciplinaram o instituto, com maior ou menor legitimação.

Algumas unidades federadas não se limitaram, porém, a consagrar o controle abstrato de normas dos atos normativos estaduais e municipais em face da Constituição estadual, instituindo, igualmente, a ação direta por omissão[1].

A ausência de menção expressa ao Distrito Federal, no art. 125, § 2º, tem dado ensejo a certa insegurança jurídica quanto ao controle de constitucionalidade do direito distrital em face da Lei Orgânica.

A instituição da ação declaratória de constitucionalidade no plano federal (EC n. 3/93) introduz a indagação sobre a possibilidade de adoção desse novo instrumento no âmbito estadual.

Como se sabe, o controle de constitucionalidade da lei municipal, em tese, suscitou amplo debate nos meios acadêmicos e nos tribunais. A controvérsia assumiu maior realce em face do silêncio da Carta Magna de 1967/69, que contemplou, tão somente, a representação do chefe do Ministério Público local para assegurar a observância dos princípios indicados na Constituição estadual, bem como para prover a execução da lei (CF 1967/69, art. 15, § 3º, *d – representação interventiva*).

Admitindo a existência de um "campo deixado em branco pela Constituição Federal", houve por bem a Assembleia Legislativa do Estado de São Paulo consagrar, na Constituição de 1967, modalidade genérica de controle abstrato de constitucionalidade, cuja iniciativa ficou a cargo do Procurador-Geral do Estado (art. 51, parágrafo único, da Constituição estadual).

O STF entendeu, porém, que o Estado-membro não poderia instituir representação de inconstitucionalidade para aferir a legitimidade do direito municipal em face da Constituição estadual[2].

---

1 Cf., v. g., Constituição do Estado do Acre, art. 104, § 3º; Constituição do Estado do Amazonas, art. 75, § 3º; Constituição do Estado da Bahia, art. 134, § 4º; Constituição do Estado do Rio Grande do Sul, art. 95, XII, *d*; Constituição do Estado do Rio de Janeiro, art. 159, § 2º; Constituição do Estado de Rondônia, art. 88, § 3º; Constituição do Estado de Santa Catarina, art. 84, § 3º, e Constituição do Estado de São Paulo, art. 90 (*caput*).

2 RE 91.740, rel. Min. Xavier de Albuquerque, *RTJ*, 93/460-466; RE 96.169, rel. Min. Cunha Peixoto, *RTJ*, 103/1085.

2. CONTROLE DO DIREITO ESTADUAL E MUNICIPAL NA CONSTITUIÇÃO DE 1988 E A COEXISTÊNCIA DE JURISDIÇÕES CONSTITUCIONAIS ESTADUAIS E FEDERAL

Pondo termo à discussão, a Constituição de 1988 previu a representação interventiva a ser proposta pelo Procurador Geral de Justiça em face de normas ou atos estaduais infringentes de princípios baseados no direito estadual (CF, art. 125, § 2º).

Surgem agora outras questões.

Indaga-se, v. g., sobre os efeitos das decisões proferidas pelos Tribunais de Justiça com base em normas constitucionais estaduais cuja reprodução é expressamente exigida ou determinada pelo constituinte federal. Pergunta-se sobre o cabimento do recurso extraordinário contra decisão proferida pelo Tribunal estadual em sede de ação direta. A introdução da ação declaratória no âmbito federal permite que se suscite indagação sobre a possibilidade de criação de ação análoga no âmbito estadual. Da mesma forma, afigura-se legítimo indagar-se sobre a admissibilidade do controle abstrato no plano do Distrito Federal.

A amplitude da jurisdição constitucional no Estado federal suscita inúmeras questões. A inexistência de regras de colisão – como é o caso da Alemanha e do Brasil – enseja insegurança, em determinadas situações, quanto à competência da jurisdição estadual ou federal[3].

Como os atos do poder estadual estão submetidos às jurisdições constitucionais estaduais e federal, torna-se evidente, em certos casos, a concorrência de competências[4], afigurando-se possível submeter uma questão tanto à Corte estadual quanto à Corte Constitucional, nos casos de dupla ofensa.

Todavia, como enunciado, os parâmetros para o exercício do controle de constitucionalidade pela Corte Constitucional alemã hão de ser, fundamentalmente, a Constituição e as leis federais[5]. Da mesma forma, parâmetro para o controle de constitucionalidade exercido por uma Corte Constitucional estadual é a Constituição estadual, e não a Lei Fundamental ou as leis federais[6].

Situação semelhante verifica-se entre nós. Parâmetro de controle do juízo abstrato perante o Supremo Tribunal Federal haverá de ser apenas a Constituição Federal. O controle abstrato de normas perante o Tribunal de Justiça estadual será apenas e tão somente a Constituição estadual.

Tais afirmações não logram afastar toda a problemática que envolve o tema. Observe-se que a Lei Fundamental outorga uma ampla competência à União (arts. 73, 74, 74a, 75, 104a, 105 e 107). Algumas disposições contidas na Lei Fundamental, como as que disciplinam os direitos fundamentais, integram, obrigatoriamente, o direito estadual[7].

---

3 Christian Pestalozza, *Verfassungsprozessrecht*, 3. ed., München, 1991, p. 374-375.

4 Christian Pestalozza, *Verfassungsprozessrecht*, cit., p. 374-375.

5 *BVerfGE, 6*:382; *BVerfGE, 11*:94; Ernst Friesenhahn, Zur Zuständigkeitsabgrenzung zwischen Bundesverfassungsgerichtsbarkeit und Landesverfassungsgerichtsbarkeit, in Christian Starck, *Bundesverfassungsgericht und Grundgesetz*, Tübingen, 1976, v. I, p. 754.

6 Ernst Friesenhahn, Zur Zuständigkeitsabgrenzung zwischen Bundesverfassungsgerichtsbarkeit und Landesverfassungsgerichtsbarkeit, in Christian Starck, *Bundesverfassungsgericht und Grundgesetz*, cit., p. 754.

7 Christian Pestalozza, *Verfassungsprozessrecht*, cit., p. 17.

Não obstante a existência de esferas normativas diferenciadas, afigura-se legítima a conclusão de Pestalozza, segundo a qual a existência das jurisdições estaduais e federal outorga ao lesado uma dupla proteção, seja quando o ato se afigure incompatível com disposições federais e estaduais materialmente diversas, seja quando malfira preceitos concordantes da Constituição Federal ou da Carta estadual.

Como observado, a coexistência de jurisdições constitucionais federal e estadual enseja dúplice proteção judicial, independentemente da coincidência ou divergência das disposições contidas na Carta Magna e na Constituição estadual. A ampla autonomia de que gozam os Estados-membros em alguns modelos federativos milita em favor da concorrência de jurisdições constitucionais.

Portanto, uma mesma lei estadual pode ser compatível com a Lei Maior e incompatível com a Carta estadual. Daí abster-se a Corte Constitucional alemã de se pronunciar sobre a validade da lei estadual, limitando-se a declarar a sua compatibilidade com a Lei Fundamental ou com o direito federal[8]. E, às objeções quanto à inexistência de objeto no controle de constitucionalidade em face da Lei Fundamental, no caso de inconstitucionalidade diante da Carta estadual, responde Friesenhahn, com proficiência: "Tal restrição não leva em conta que, no Direito Constitucional, há que se distinguir o juízo sobre a validade da competência para apreciar essa validade ou declarar a invalidade".

Não se deve olvidar, outrossim, que pronunciamento genérico de Corte estadual quanto à inconstitucionalidade de lei ou ato normativo estadual ou municipal, em face do Texto Magno, pareceria totalmente incompatível com o exercício do controle concentrado de constitucionalidade pela Corte Constitucional Federal.

Esta questão foi suscitada, entre nós, pelo Ministro Moreira Alves, no RE 92.169/SP nos termos seguintes:

> "(...) se fosse possível aos Tribunais de Justiça dos Estados o julgamento de representações dessa natureza, com relação a leis municipais em conflito com a Constituição Federal, poderia ocorrer a seguinte situação esdrúxula. É da índole dessa representação – e isso hoje é matéria pacífica nesta Corte – que ela, transitando em julgado, tem eficácia *erga omnes*, independentemente da participação do Senado Federal, o que só se exige para a declaração *incidenter tantum*. O que implica dizer que se transitasse em julgado a decisão nela proferida por Tribunal de Justiça, esta Corte Suprema estaria vinculada à declaração de inconstitucionalidade de Tribunal que lhe é inferior; mesmo nos casos concretos futuros que lhe chegassem por via de recurso extraordinário. O absurdo da consequência, que é da índole do instrumento, demonstra o absurdo da premissa"[9].

As considerações então expendidas faziam referência à instituição de mecanismo de controle de constitucionalidade, no âmbito da unidade federada, tendo em vista as especificidades do direito constitucional positivo brasileiro. Todavia, parece lícito enfa-

8 Hartmut Söhn, Die abstrakte Normenkontrolle, in Christian Starck, *Bundesverfassungsgericht und Grundgesetz*, cit., p. 318-319.

9 *RTJ*, 103 (3)/1115.

tizar que a possibilidade de coexistência de jurisdições constitucionais federal e estadual pressupõe, em uma estrutura federativa, expressa previsão constitucional e uma definição dos "parâmetros de controle". Dessarte, mesmo quando as disposições dos textos constitucionais federal e estadual tiverem idêntico conteúdo, há de se admitir a autonomia dos pronunciamentos jurisdicionais da Corte Federal ou de tribunal estadual.

A Corte Constitucional alemã firmou entendimento no sentido de que a adoção pela Constituição estadual de normas com conteúdo idêntico a preceitos constitucionais federais dilarga a dúplice garantia jurisdicional, permitindo que os recursos constitucionais e o controle de normas possam ser instaurados perante o Tribunal Constitucional estadual, nos termos da Constituição estadual, ou perante a Corte Constitucional federal, tendo como parâmetro a Lei Fundamental[10].

Em caso de dissídio jurisprudencial específico entre a Corte Constitucional alemã e a Corte Constitucional estadual, há de prevalecer a orientação consolidada pelo órgão federal[11].

Embora na Alemanha se consagre o princípio de que *Bundesrecht bricht Landesrecht* (o direito federal rompe o direito estadual) (LF, art. 31) e a Lei Fundamental outorgue ampla competência legislativa à União, não há dúvida de que o texto da Lei Fundamental – muito menos analítico do que as Constituições brasileiras em geral, especialmente a de 1988 – deixa ainda significativo espaço para o constituinte estadual, sobretudo no que concerne à organização político-administrativa e à política educacional.

O próprio princípio de homogeneidade (*Homogenitätsgebot*), previsto no art. 28 da Lei Fundamental, é suficientemente impreciso para permitir aos Estados-membros alguma liberdade na concretização dos postulados da república, democracia, e Estado de Direito social.

Por outro lado, a própria Corte Constitucional firmou orientação no sentido de que disposições constitucionais estaduais de conteúdo idêntico às do direito constitucional federal não são atingidas pela cláusula do art. 31[12]. Argumenta-se que o princípio do prevalecimento do Direito Federal sobre o Direito Estadual (*Bundersrecht bricht Landesrecht)* disciplina a colisão (entre normas contraditórias), não sendo aplicável, por isso, às situações jurídicas análogas ou semelhantes instituídas pelos Estados. Assim, muitos Estados reproduzem ou até mesmo ampliam o catálogo de direitos fundamentais previstos na Lei Fundamental.

Sob o império da Constituição de 1988, suscitou-se, entre nós, questão relativa à competência de Tribunal estadual para conhecer de ação direta de inconstitucionalida-

10 *BVerfGE, 36*:342(368); cf., também, Christian Pestalozza, *Verfassungsprozessrecht*, cit., p. 375. Nesse caso, não seria de aplicar o princípio *Bundesrecht bricht Landesrecht*, constante do art. 31 da Lei Fundamental, uma vez que, segundo o *Bundesverfassungsgericht*, "direito constitucional federal não quebra direito constitucional estadual de conteúdo idêntico" [*Bundesverfassungsrecht bricht inhaltsgleiches Landesverfassungsrecht nicht – BVerfGE, 36*:342(343)]. Ademais, no tocante aos direitos fundamentais, é de admitir que o princípio constante do art. 131 sofre restrições decorrentes da aplicação do disposto no art. 142, que admite a subsistência do direito constitucional estadual pertinente às garantias individuais.

11 *BVerfGE, 36*:342(368-9). Klaus Stern, *Kommentar zum Grundgesetz (Zweitbearbeitung)*. Art. 100, n. 268-74, anota que, assim como o *Bundesverfassungsgericht* vê-se compelido a aplicar, incidentemente, direito estadual, devem as Cortes estaduais aplicar, muitas vezes, de forma incidental ou *principaliter*, o direito federal.

12 *BVerfGE*, 36, 366.

de, formulada contra lei municipal em face de parâmetro constitucional estadual, que, na sua essência, reproduzia disposição constitucional federal. Cuidava-se de controvérsia sobre a legitimidade do IPTU instituído por lei municipal de São Paulo, Capital (Lei municipal n. 11.152, de 30-12-1991). Concedida a liminar pelo Tribunal de Justiça de São Paulo, opôs a Prefeitura Municipal de São Paulo reclamação perante o Supremo Tribunal Federal, sustentando que, embora fundada em inobservância de preceitos constitucionais estaduais, a ação direta acabava por submeter à apreciação do Tribunal de Justiça do Estado o contraste entre a lei municipal e normas da Constituição Federal (Rcl. 383, Rel. Moreira Alves).

Anteriormente, julgando a Reclamação n. 370, afirmara o Supremo Tribunal Federal que faleceria aos Tribunais de Justiça estaduais competência para conhecer de representação de inconstitucionalidade de lei estadual ou municipal em face de parâmetros – formalmente – estaduais, mas substancialmente integrantes da ordem constitucional federal. Considerou-se então que a reprodução na Constituição estadual de normas constitucionais obrigatórias em todos os níveis da federação "em termos estritamente jurídicos" seria "ociosa"[13]. Asseverou-se que o texto local de reprodução formal ou material, "não obstante a forma de proposição normativa do seu enunciado, vale por simples explicitação da absorção compulsória do preceito federal, essa, a norma verdadeira, que extrai força de sua recepção pelo ordenamento local, exclusivamente, da supremacia hierárquica absoluta da Constituição Federal"[14].

A tese concernente à ociosidade da reprodução de normas constitucionais federais obrigatórias no texto constitucional estadual esbarra já nos chamados princípios sensíveis, que impõem, inequivocamente, aos Estados-membros a rigorosa observância daquele estatuto mínimo (CF, art. 34, VII). Nenhuma dúvida subsiste de que a simples omissão da Constituição estadual, quanto à inadequada positivação de um desses postulados, no texto magno estadual, já configuraria ofensa suscetível de provocar a instauração da representação interventiva.

Não é menos certo, por outro lado, que o Estado-membro está obrigado a observar outras disposições constitucionais estaduais, de modo que, adotada a orientação esposada inicialmente pelo Supremo Tribunal Federal, ficaria o direito constitucional estadual – substancial – reduzido, talvez, ao preâmbulo e às cláusulas derrogatórias. Até porque, pelo modelo analítico de Constituição adotado entre nós, nem mesmo o direito tributário estadual pode ser considerado, segundo uma orientação ortodoxa, um direito substancialmente estadual, já que, além dos princípios gerais, aplicáveis à União, aos Estados e Municípios (arts. 145 a 149), das limitações ao poder de tributar (arts. 150 a 152), contempla o texto constitucional federal, em seções autônomas, os impostos dos Estados e do Distrito Federal (Seção IV – art. 155) e os impostos municipais (Seção V – art. 156). Como se vê, é por demais estreito o espaço efetivamente vago deixado ao alvedrio do constituinte estadual.

São elucidativas, a propósito, as seguintes passagens dos votos do Ministro Moreira Alves:

13 Rcl. 370, rel. Min. Octavio Gallotti, *DJ* de 29-6-2001.

14 Rcl. 370, rel. Min. Octavio Gallotti, *DJ* de 29-6-2001.

"É petição de princípio dizer-se que as normas das Constituições estaduais que reproduzem, formal ou materialmente, princípios constitucionais federais obrigatórios para todos os níveis de governo na federação são inócuas, e, por isso mesmo, não são normas jurídicas estaduais, até por não serem jurídicas, já que jurídicas, e por isso eficazes, são as normas da Constituição Federal reproduzidas, razão por que não se pode julgar, com base nelas, no âmbito estadual, ação direta de inconstitucionalidade, inclusive, por identidade de razão, que tenha finalidade interventiva." (...)

"Essas observações todas servem para mostrar, pela inadmissibilidade das consequências da tese que se examina, que não é exato pretender-se que as normas constitucionais estaduais que reproduzem as normas centrais da Constituição Federal (e o mesmo ocorre com as leis federais ou até estaduais que fazem a mesma reprodução) sejam inócuas e, por isso, não possam ser consideradas normas jurídicas. Essas normas são normas jurídicas, e têm eficácia no seu âmbito de atuação, até para permitir a utilização dos meios processuais de tutela desse âmbito (como o recurso especial, no tocante ao artigo 6º da Lei de Introdução ao Código Civil, e as ações diretas de inconstitucionalidade em face da Constituição Estadual). Elas não são normas secundárias que correm necessariamente a sorte das normas primárias, como sucede com o regulamento, que caduca quando a lei regulamentada é revogada. Em se tratando de norma ordinária de reprodução ou de norma constitucional estadual da mesma natureza, por terem eficácia no seu âmbito de atuação, se a norma constitucional federal reproduzida for revogada, elas, por terem eficácia no seu âmbito de atuação, persistem como normas jurídicas que nunca deixaram de ser. Os princípios reproduzidos, que, enquanto vigentes, se impunham obrigatoriamente por força apenas da Constituição Federal, quando revogados, permanecem, no âmbito de aplicação das leis ordinárias federais ou constitucionais estaduais, graças à eficácia delas resultante".

A prevalecer tal orientação advogada na Reclamação n. 370, restaria completamente esvaziada a cláusula contida no art. 125, § 2º, da Constituição, uma vez que, antes de qualquer decisão, deveria o Tribunal de Justiça verificar, como questão preliminar, se a norma constitucional estadual não era mera reprodução do direito constitucional federal.

De resto, não estaria afastada a possibilidade de que, em qualquer hipótese, fosse chamado o Supremo Tribunal Federal, em reclamação, para dirimir controvérsia sobre o caráter federal ou estadual do parâmetro de controle.

A propósito, observou o Ministro Moreira Alves:

"(....) em nosso sistema jurídico de controle constitucional, a ação direta de inconstitucionalidade tem como *causa petendi*, não a inconstitucionalidade em face dos dispositivos invocados na inicial como violados, mas a inconstitucionalidade em face de qualquer dispositivo do parâmetro adotado (a Constituição Federal ou a Constituição Estadual). Por isso é que não há necessidade, para a declaração de inconstitucionalidade do ato normativo impugnado, que se forme maioria absoluta quanto ao dispositivo constitucional que leve cada juiz da Corte a declarar a inconstitucionalidade do ato. Ora, para se concluir, em reclamação, que a inconstitucionalidade arguida em face da Constituição Estadual seria uma arguição só admissível em face de princípio de reprodução estadual que, em verdade, seria princípio constitucional federal, mister se faria que se examinasse a arguição formulada perante o Tribunal local não apenas – como o parecer da Procuradoria-Geral da República fez no caso presente, no que foi acompanhado pelo Ministro Velloso no voto que proferiu – em face dos preceitos constitucionais indicados na inicial, mas também, de todos o da Constituição Estadual. E mais, julgada procedente a reclamação, estar-se-ia reconhecendo que a lei municipal ou estadual impugnada não feriria nenhum preceito constitucional estritamente estadual, o que impossibilitaria nova arguição de inconstitucionalidade em face de qualquer desses preceitos, se, na conversão feita por meio da reclamação, a ação direta estadual em face da Constituição Federal fosse julgada improcedente, por não violação de qualquer preceito constitucional federal que não apenas os invocados na inicial. E como, com essa transformação, o Supremo Tribunal Federal não estaria sujeito ao exame da inconstitucionalidade da lei estadual ou municipal em face dos preceitos constitucionais invocados na inicial perante o Tribunal de Justiça, e tidos, na reclamação, como preceitos verdadeiramente federais, mudar-se-ia a *causa petendi* da ação: de inconstitucionalidade em face da Constituição Estadual para inconstitucionalidade em face da Constituição Federal, sem limitação, evidentemente, aos preceitos invocados na inicial"[15].

Não se deve olvidar que o chamado *poder constituinte decorrente* do Estado-membro é, por sua natureza, um poder constituinte limitado, ou, como ensina, Anna Cândida da Cunha Ferraz, é um poder que "nasce, vive e atua com fundamento na Constituição Federal que lhe dá supedâneo; é um poder, portanto sujeito a limites jurídicos, impostos pela Constituição Maior"[16]. Essas limitações são de duas ordens: as Constituições estaduais não podem contrariar a Constituição Federal (*limitação negativa*); as Constituições estaduais devem concretizar no âmbito territorial de sua vigência os preceitos, o espírito e os fins da Constituição Federal (*limitação positiva*)[17].

A ideia de limitação material (*positiva ou negativa*) do poder constituinte decorrente remonta, no Direito Constitucional brasileiro, à Constituição de 1891, que, no art. 63, previa que cada Estado seria regido "pela Constituição e pelas leis" que adotasse, "respeitados os princípios constitucionais da União". Embora o texto não explicitasse quais eram esses princípios, havia certo consenso na doutrina sobre o conteúdo dessa cláusula. As controvérsias político-constitucionais instauradas levaram o constituinte derivado, na Reforma de 1926, a elencar, expressamente, esses princípios[18]. Essa tendência foi preservada pelas Constituições que a sucederam[19].

---

15 Rcl. 383, rel. Min. Moreira Alves, *RTJ*, 147 (2)/404.

16 Anna Cândida da Cunha Ferraz, *Poder constituinte do Estado-membro*, São Paulo: Revista dos Tribunais, 1979, p. 130.

17 Anna Cândida da Cunha Ferraz, *Poder constituinte do Estado-membro*, cit., p. 133.

18 Cf. Emenda Constitucional de 1926, art. 6º: "O Governo Federal não poderá intervir em negócios peculiares aos Estados, salvo: I) para repelir invasão estrangeira, ou de um Estado em outro; II) para assegurar a integridade nacional e o respeito aos seguintes princípios constitucionais: *a)* forma republicana; *b)* o regime representativo; *c)* o governo presidencial; *d)* a independência e a harmonia dos Poderes; *e)* a temporariedade das funções eletivas e a responsabilidade dos funcionários; *f)* a autonomia dos municípios; *g)* a capacidade para ser eleitor ou elegível nos termos da Constituição; *h)* um regime eleitoral que permita a representação das minorias; *i)* a inamovibilidade e vitaliciedade dos magistrados e a irredutibilidade dos seus vencimentos; *j)* os direitos políticos e individuais assegurados pela Constituição; *k)* a não reeleição dos Presidentes e Governadores; a possibilidade de reforma constitucional e a competência do Poder Legislativo para decretá-la".

19 Constituição de 1934 (arts. 7º e 12, V); Constituição de 1937 (arts. 21, I, e 9º, *e*); Constituição de 1946 (arts. 18 e 7º, VII); Constituição de 1967/69 (arts. 10, VII, e 13); Constituição de 1988 (arts. 25 e 34, VII).

A doutrina brasileira tem-se esforçado para classificar esses princípios constitucionais federais que integram, obrigatoriamente, o direito constitucional estadual. Na conhecida classificação de José Afonso da Silva, esses postulados podem ser denominados *princípios constitucionais sensíveis*, *extensíveis* e *estabelecidos*. Os *princípios constitucionais sensíveis* são aqueles cuja observância é obrigatória, sob pena de intervenção federal (CF de 1988, art. 34, VII). Os *princípios constitucionais extensíveis* consistem nas regras de organização que a Constituição estendeu aos Estados-membros (*v. g.*, CF, art. 25). Os *princípios constitucionais estabelecidos* seriam aqueles princípios que limitam a autonomia organizatória do Estado.

A Constituição de 1988 foi moderada na fixação dos chamados *princípios sensíveis*.

Nos termos do art. 34, VII, devem ser observados pelo Estado-membro, sob pena de intervenção: a) forma republicana, sistema representativo e regime democrático; b) direitos da pessoa humana; c) autonomia municipal; d) prestação de contas da Administração Pública direta e indireta.

O texto constitucional contém, todavia, uma pletora de disposições que afetam a organização da unidade federada, como um todo. Pretender que a reprodução dessas normas federais no texto constitucional estadual implica a sua descaracterização como parâmetro de controle estadual revela-se assaz perigoso para a própria segurança jurídica. Até porque haveria imensa dificuldade de se identificar, com precisão, uma norma ontologicamente estadual. Não é preciso dizer que adoção do critério proposto na Reclamação n. 370 importaria, na sua essência, no completo esvaziamento da jurisdição constitucional estadual.

Portanto, a decisão proferida pelo Supremo Tribunal Federal na Reclamação n. 383 veio restabelecer a melhor doutrina[20], assentando que, posta a questão da constitucionalidade da lei municipal (ou da lei estadual) em face da Constituição estadual, tem-se uma questão constitucional estadual.

Merecem destaque, também, as situações inversas que se colocam sob a apreciação do Poder Judiciário. Com efeito, pode surgir dúvida sobre a competência dos Tribunais de Justiça para exercer controle abstrato de constitucionalidade de leis municipais, utilizando como parâmetro dispositivos da Constituição Federal de 1988 que consistam em normas de reprodução obrigatória nas constituições estaduais.

Como se viu, as ADIs Estaduais, propostas perante os Tribunais de Justiça, em regra, discutem a constitucionalidade de leis ou atos normativos estaduais ou municipais em face das normas das constituições dos estados, de acordo com o art. 125, § 2º, da CF/88. Por tal sorte, é reiterada a jurisprudência do Supremo Tribunal Federal no sentido de que, de maneira geral, "não cabe a tribunais de justiça estaduais exercer o controle de constitucionalidade de leis e demais atos normativos municipais em face da Constituição Federal"[21].

Todavia, entende o STF que a orientação jurisprudencial acima explanada comporta uma exceção. Ao julgar o RE n. 650.898/RS sob a sistemática da repercussão geral, a

20 Cf., sobre o assunto, Gilmar Ferreira Mendes, *Controle de constitucionalidade:* aspectos jurídicos e políticos, São Paulo: Saraiva, 1990.

21 ADI 347, rel. Min. Joaquim Barbosa, *DJ* de 20-10-2006.

Corte fixou a seguinte tese: "Tribunais de Justiça podem exercer controle abstrato de constitucionalidade de leis municipais utilizando como parâmetro normas da Constituição Federal, desde que se trate de normas de reprodução obrigatória pelos estados"[22].

As normas de reprodução obrigatória – ou de observância obrigatória, como também são denominadas – consistem em dispositivos da Constituição Federal de 1988 que devem ser reproduzidos nas constituições dos estados brasileiros. Apesar de tais normas não estarem expressamente elencadas na Carta de 1988, a jurisprudência do STF indica, de forma não taxativa, algumas normas dessa qualidade. Pode-se mencionar, como exemplos delas, as regras que disciplinam o processo legislativo, o processo eleitoral, a separação dos poderes e a forma republicana de governo.

É importante salientar a desnecessidade de as normas de reprodução obrigatória estarem literalmente positivadas nas constituições estaduais, de modo que, ainda que as cartas sejam silentes quanto a elas, presumem-se presentes essas regras nos textos constitucionais estaduais.

No julgamento do RE 650.898/RS, o Supremo Tribunal Federal decidiu que os Tribunais de Justiça podem exercer controle abstrato de constitucionalidade de leis municipais utilizando como parâmetro normas da Constituição Federal, desde que se trate de normas de reprodução obrigatória pelos estados, sendo desnecessário, para tanto, que as normas sejam literalmente transcritas nas constituições estaduais.

Vê-se que, dado o caráter vinculativo e a índole genérica inerentes ao modelo concentrado de controle de constitucionalidade, a possibilidade de coexistência entre jurisdições constitucionais federal e estadual, em uma ordem federativa, exige, igualmente, a definição de "parâmetros de controle" autônomos e diferenciados[23].

3. CONCORRÊNCIA DE PARÂMETROS DE CONTROLE

Convém alertar que a competência concorrente de Tribunais constitucionais estaduais e federal envolve algumas cautelas.

Evidentemente, a sentença de rejeição de inconstitucionalidade proferida por uma Corte não afeta o outro processo, pendente perante outro tribunal, que há de decidir com fundamento em parâmetro de controle autônomo[24].

Todavia, declarada a inconstitucionalidade de direito local em face da Constituição estadual, com efeito *erga omnes*, há de se reconhecer a *insubsistência* de qualquer processo eventualmente ajuizado perante o Supremo Tribunal Federal que tenha por objeto a mesma disposição.

Assim também a declaração pelo STF de inconstitucionalidade da lei estadual em face da Constituição Federal torna insubsistente (*gegenstandslos*) ou sem objeto eventual arguição, pertinente à mesma norma, requerida perante Corte estadual[25].

22 RE 650.898, rel. Min. Marco Aurélio, rel. p/ acórdão Min. Roberto Barroso, *DJe* de 24-8-2017.

23 RE 92.169/SP, rel. Min. Cunha Peixoto, *RTJ*, 103 (3)/1115.

24 *BVerfGE, 34*:52(58); Christian Pestalozza, *Verfassungsprozessrecht*, cit., p. 376-377; Klaus Stern, *Kommentar zum Grundgesetz (Bonner Kommentar)*, cit., art. 100, n. 49.

25 Cf. Christian Pestalozza, *Verfassungsprozessrecht*, cit., p. 376; Klaus Stern, *Kommentar zum Grundgesetz (Bonner Kommentar)*, cit., art. 100, n. 149.

Ao contrário, a suspensão cautelar da eficácia de uma norma no juízo abstrato, perante o Tribunal de Justiça ou perante o Supremo Tribunal Federal, não torna inadmissível a instauração de processo de controle abstrato em relação ao mesmo objeto, nem afeta o desenvolvimento válido de processo já instaurado perante outra Corte[26].

Problemática há de se revelar a questão referente aos processos instaurados simultaneamente perante Tribunal de Justiça estadual e perante o Supremo Tribunal Federal no caso de ações diretas contra determinado ato normativo estadual em face de parâmetros estadual e federal de conteúdo idêntico. Se a Corte federal afirmar a constitucionalidade do ato impugnado em face do parâmetro federal, poderá o Tribunal estadual considerá-lo inconstitucional em face de parâmetro estadual de conteúdo idêntico?

Essa questão dificilmente pode ser resolvida com recurso às consequências da coisa julgada e da eficácia *erga omnes*, uma vez que esses institutos, aplicáveis ao juízo abstrato de normas, garantem a eficácia do julgado enquanto tal, isto é, com base no parâmetro constitucional utilizado. Pretensão no sentido de se outorgar eficácia transcendente à decisão equivaleria a atribuir força de interpretação autêntica à decisão do Tribunal federal.

No plano dogmático, pode-se reconhecer essa consequência se se admitir que as decisões do Supremo Tribunal Federal são dotadas de *efeito vinculante* (*Bindungswirkung*), que não se limita à parte dispositiva, mas se estende aos fundamentos determinantes da decisão.

Assim, pelo menos no que se refere às ações diretas de inconstitucionalidade julgadas pelo Supremo Tribunal Federal, poder-se-ia cogitar de um efeito transcendente se a questão estadual versasse também sobre a norma de reprodução obrigatória pelo Estado-membro.

Observe-se, outrossim, que o Tribunal tem entendido que, em caso de propositura de ADI perante o STF e perante o TJ contra uma dada lei estadual, com base em direito constitucional federal de reprodução obrigatória pelos Estados-membros, há de se suspender o processo no âmbito da Justiça Estadual até a deliberação definitiva da Suprema Corte. É o que resulta da orientação manifestada na medida cautelar na ADI-MC 1.423, *verbis:*

> "(...)
>
> Rejeição das preliminares de litispendência e de continência, porquanto, quando tramitam paralelamente duas ações diretas de inconstitucionalidade, uma no Tribunal de Justiça local e outra no Supremo Tribunal Federal, contra a mesma lei estadual impugnada em face de princípios constitucionais estaduais que são reprodução de princípios da Constituição Federal, suspende-se o curso da ação direta proposta perante o Tribunal estadual até o julgamento final da ação direta proposta perante o Supremo Tribunal Federal, conforme sustentou o relator da presente ação direta de inconstitucionalidade em voto que proferiu, em pedido de vista, na Reclamação 425" (ADI-MC 1.423/SP, Rel. Moreira Alves, *DJ* de 22-11-1996).

26 Parece evidente que, deferida a suspensão cautelar perante uma Corte, inadmissível é a concessão de liminar por outra, uma vez que manifesta a ausência dos pressupostos processuais.

Da aludida Reclamação (AgRg-Rcl.) 425 / RJ, Rel. Néri da Silveira (*DJ* de 22-10-1993), examine-se parte da ementa que trata da possibilidade de suspensão do processo:

> "(...) Em se tratando, no caso, de lei estadual, esta poderá, também, ser, simultaneamente, impugnada no STF, em ação direta de inconstitucionalidade, com base no art. 102, I, letra 'a', da Lei Magna federal. Se isso ocorrer, dar-se-á *a suspensão do processo* de representação no Tribunal de Justiça, até a decisão final do STF (...)" (grifos nossos).

Portanto, o Supremo Tribunal Federal acabou por consagrar uma causa especial de suspensão do processo no âmbito da Justiça local, nos casos de tramitação paralela de ações diretas perante o Tribunal de Justiça e perante a própria Corte relativamente ao mesmo objeto, e com fundamento em norma constitucional de reprodução obrigatória por parte do Estado-membro.

4. PARÂMETRO DE CONTROLE ESTADUAL E QUESTÃO CONSTITUCIONAL FEDERAL

4.1. Considerações preliminares

Essas colocações não devem levar à ideia de que o controle de constitucionalidade da lei estadual ou municipal em face da Constituição estadual não se mostra apto a suscitar *questão federal* que deva, eventualmente, ser dirimida pelo Supremo Tribunal Federal.

Pode ocorrer que o Tribunal estadual considere inconstitucional o próprio parâmetro de controle estadual, por ofensivo à Constituição Federal. No sistema concentrado clássico, o Tribunal submeteria a questão, no âmbito do controle concreto de normas, ao Tribunal Constitucional Federal[27].

Todavia, como haverá de proceder, entre nós, o Tribunal de Justiça que identificar a inconstitucionalidade do próprio parâmetro de controle estadual?

Nada obsta a que o Tribunal de Justiça competente para conhecer da ação direta de inconstitucionalidade em face da Constituição estadual suscite *ex officio* a questão constitucional – inconstitucionalidade do parâmetro estadual em face da Constituição Federal –, declarando, incidentalmente, a inconstitucionalidade da norma constitucional estadual em face da Constituição Federal e extinguindo, por conseguinte, o processo, ante a impossibilidade jurídica do pedido (declaração de inconstitucionalidade em face de parâmetro constitucional estadual violador da Constituição Federal).

Portanto, da decisão que reconhecesse ou não a inconstitucionalidade do parâmetro de controle estadual seria admissível recurso extraordinário para o Supremo Tribunal Federal, que tanto poderia reconhecer a legitimidade da decisão, confirmando a declaração de inconstitucionalidade, como revê-la, para admitir a constitucionalidade de norma estadual, o que implicaria a necessidade de o Tribunal de Justiça prosseguir no julgamento da ação direta proposta.

---

27 Christian Pestalozza, *Verfassungsprozessrecht*, cit., p. 377.

Isso já demonstra que não se pode cogitar de uma separação absoluta entre as jurisdições constitucionais estaduais e federal.

4.2. Recurso extraordinário e norma de reprodução obrigatória

Mais séria e complexa revela-se a indagação sobre o cabimento de recurso extraordinário na hipótese de o Tribunal de Justiça, em ação direta de inconstitucionalidade, adotar interpretação de norma estadual de reprodução obrigatória que, por qualquer razão, se revele incompatível com a Constituição Federal.

Ora, se existem princípios de reprodução obrigatória pelo Estado-membro, não só a sua positivação no âmbito do ordenamento jurídico estadual, como também a sua aplicação por parte da Administração ou do Judiciário estadual pode-se revelar inadequada, desajustada ou incompatível com a ordem constitucional federal.

Nesse caso, não há como deixar de reconhecer a possibilidade de que se submeta a controvérsia constitucional estadual ao Supremo Tribunal Federal, mediante recurso extraordinário.

Essa questão foi contemplada pelo Ministro Moreira Alves na Reclamação n. 383:

> "(...) nas ações diretas de inconstitucionalidade estaduais, em que lei municipal ou estadual seja considerada inconstitucional em face de preceito da Constituição estadual que reproduza preceito central da Constituição Federal, nada impede que nessa ação se impugne, como inconstitucional, a interpretação que se dê ao preceito de reprodução existente na Constituição do Estado por ser ela violadora da norma reproduzida, que não pode ser desrespeitada, na federação, pelos diversos níveis de governo. E a questão virá a esta Corte, como, aliás, tem vindo, nos vários recursos extraordinários interpostos em ações diretas de inconstitucionalidade de leis locais em face da Constituição Federal ajuizadas nas Cortes locais, a questão da impossibilidade jurídica dessas arguições (RE 91740, 93088 e 92169, que foram todos conhecidos e providos)"[28].

Não há dúvida, pois, de que será cabível o recurso extraordinário contra decisão do Tribunal de Justiça que, sob pretexto de aplicar o direito constitucional estadual, deixar de aplicar devidamente a norma de reprodução obrigatória por parte do Estado-membro.

É interessante notar que a decisão proferida em sede de recurso extraordinário no Supremo Tribunal que implique o reconhecimento da procedência ou improcedência da ação direta proposta no âmbito estadual será igualmente dotada de eficácia *erga omnes*, o que ressalta outra peculiaridade dessa situação de inevitável convivência entre os sistemas difuso e concentrado de controle de constitucionalidade no direito brasileiro.

E se não houver a interposição do recurso extraordinário? A decisão transitará em julgado para o Supremo Tribunal Federal?

---

28 Rcl. 383, rel. Min. Moreira Alves, *RTJ*, 147/404 (451/452).

Tal como já apontado, duas são as situações possíveis:

a) o Tribunal afirmará a improcedência da arguição de inconstitucionalidade, declarando, com eficácia *erga omnes,* que a lei estadual ou municipal é compatível com a Constituição estadual;

b) o Tribunal afirmará a procedência da arguição, reconhecendo a inconstitucionalidade da lei estadual ou municipal, com eficácia geral.

Na primeira hipótese, não há de se cogitar de eficácia de decisão em relação ao Supremo Tribunal Federal, podendo vir a conhecer da questão no processo de controle difuso ou direto de constitucionalidade. No caso de declaração de inconstitucionalidade da lei ou ato normativo estadual ou municipal, com trânsito em julgado, não haverá objeto para a arguição de inconstitucionalidade no âmbito do Supremo Tribunal Federal.

É o que também sustenta o Ministro Moreira Alves, na seguinte passagem do voto proferido na Reclamação n. 383:

> "(...) na hipótese de não interposição de recurso extraordinário (ou de não oferecimento de reclamação com acima observei), se a decisão do Tribunal de Justiça, na ação direta, for pela sua improcedência – o que vale dizer que a lei municipal ou estadual foi tida como constitucional –, embora tenha ela também eficácia *erga omnes,* essa eficácia se restringe ao âmbito da Constituição estadual, ou seja, a lei então impugnada, aí, não poderá mais ter sua constitucionalidade discutida em face da Constituição estadual, o que não implicará que não possa ter sua inconstitucionalidade declarada, em controle difuso ou em controle concentrado (perante esta Corte, se se tratar de lei estadual), em face da Constituição federal, inclusive com base nos mesmos princípios que serviram para a reprodução. E isso se explica, não só porque a *causa petendi* (inconstitucionalidade em face da Constituição federal, e não da Constituição estadual) é outra, como também por ter a decisão desta Corte eficácia *erga omnes* nacional, impondo-se, portanto, aos Estados.
>
> Se, porém, a decisão do Tribunal de Justiça, na ação direta, for pela procedência – o que implica a declaração de nulidade da norma municipal ou estadual impugnada –, a sua retirada do mundo jurídico, com eficácia retroativa à data do início de sua vigência, se faz no âmbito mesmo em que ela surgiu e atua – o estadual –, o que impede que, por haver a norma deixado de existir na esfera do ordenamento que integrava, seja reavivada, em face da Carta Magna federal, questão cujo objeto não mais existe"[29].

Essa decisão forneceu as novas bases do sistema de controle direto de constitucionalidade do direito estadual e municipal perante o Tribunal de Justiça, assentando a autonomia dos parâmetros de controle e a possibilidade de que a questão suscitada perante o Tribunal local se converta numa questão constitucional federal, especialmente nos casos de aplicação das chamadas normas de reprodução obrigatória por parte do Estado-membro.

---

29 Rcl. 383, rel. Min. Moreira Alves, *RTJ,* 147/404 (452).

Assinale-se, por último, uma outra singularidade processual. A decisão que se profere neste peculiar recurso extraordinário será dotada de eficácia *erga omnes* porque prolatada em processo de índole objetiva[30].

5. AÇÃO DECLARATÓRIA DE CONSTITUCIONALIDADE NO ÂMBITO ESTADUAL[31]

Em face do silêncio do texto constitucional na versão da Emenda n. 3, de 1993, cabe indagar se os Estados-membros poderiam instituir a ação declaratória de constitucionalidade no âmbito da unidade federada, com o objetivo de afirmar a legitimidade de atos normativos estaduais e municipais em face da Constituição estadual.

A imprecisão da fórmula adotada na Emenda n. 16, de 1965, que introduziu o controle abstrato de normas no Brasil – *representação contra inconstitucionalidade de lei ou ato de natureza normativa, federal ou estadual, encaminhada pelo Procurador-Geral* –, não conseguia esconder o propósito inequívoco do legislador constituinte, que era o de permitir, "desde logo, a definição da controvérsia constitucional sobre leis novas".

E entendida a *representação de inconstitucionalidade* como instituto de conteúdo *dúplice* ou de *caráter ambivalente*, mediante o qual o Procurador-Geral da República poderia tanto postular a declaração de inconstitucionalidade da norma como defender a declaração de sua constitucionalidade.

Assinale-se que no julgamento da Questão de Ordem suscitada na Ação Declaratória n. 1 enfatizou-se a natureza idêntica dos processos de ação direta de inconstitucionalidade e de ação declaratória de constitucionalidade, como se pode ler na seguinte passagem do voto proferido pelo Ministro Moreira Alves:

> "A Emenda Constitucional n. 3, de 1993, ao instituir a ação declaratória de constitucionalidade, já estabeleceu quais são os legitimados para propô-la e quais são os efeitos de sua decisão definitiva de mérito. Silenciou, porém, quanto aos demais aspectos processuais a serem observados com referência a essa ação. Tendo em vista, porém, que a natureza do processo relativo a essa ação é a mesma da ação direta de inconstitucionalidade, é de adotar-se a disciplina desta nesse particular, exceto no que se diferenciam pelo seu fim imediato, que é oposto – a ação direta de inconstitucionalidade visa diretamente à declaração de inconstitucionalidade do ato normativo, ao passo que a ação declaratória de constitucionalidade visa diretamente à declaração de constitucionalidade do ato normativo –, e que acarreta a impossibilidade da aplicação de toda a referida disciplina".

Na oportunidade, assentou o Supremo Tribunal Federal que a sentença de rejeição de inconstitucionalidade proferida no referido processo tem valor específico,

30 Cf. RE 199.281, rel. Min. Moreira Alves, *DJ* de 12-3-1999.

31 Cf. a análise do texto *Considerações sobre o papel do Procurador-Geral da República no controle abstrato de normas*, nesta obra (Cap. 10, n. II), que demonstra claramente que, a despeito da utilização do termo *representação de inconstitucionalidade*, o controle abstrato de normas foi concebido e desenvolvido como processo de natureza dúplice ou ambivalente.

afirmando-se que, no caso de improcedência da ação, terá o Tribunal de declarar a inconstitucionalidade da norma.

Como se sabe, a Emenda Constitucional n. 3, de 1993, ao criar a ação declaratória de constitucionalidade de lei federal, estabeleceu que a decisão definitiva de mérito nela proferida – incluída aqui, pois, aquela que, julgando improcedente a ação, proclamar a inconstitucionalidade da norma questionada "...produzirá eficácia contra todos e efeito vinculante, relativamente aos demais órgãos do Poder Judiciário e do Poder Executivo...". Por essa razão, eminentes membros do Supremo Tribunal Federal, como o Ministro Sepúlveda Pertence, têm sustentado que, "quando cabível em tese a ação declaratória de constitucionalidade, a mesma força vinculante haverá de ser atribuída à decisão definitiva da ação direta de inconstitucionalidade"[32].

Todos esses elementos reforçam o caráter *dúplice ou ambivalente* que marca também a ação declaratória no plano federal.

Assim, não parece subsistir dúvida de que a ação declaratória de constitucionalidade tem a mesma natureza da ação direta de inconstitucionalidade, podendo-se afirmar até que aquela nada mais é do que uma ADI com sinal trocado[33].

Ora, tendo a Constituição de 1988 autorizado o constituinte estadual a criar a representação de inconstitucionalidade de lei ou ato normativo estadual ou municipal em face da Carta Magna estadual (CF, art. 125, § 2º) e restando evidente que tanto a representação de inconstitucionalidade, no modelo da Emenda n. 16, de 1965, e da Constituição de 1967/69, quanto a ação declaratória de constitucionalidade prevista na Emenda Constitucional n. 3, de 1993, possuem *caráter dúplice ou ambivalente*, parece legítimo concluir que, independentemente de qualquer autorização expressa do legislador constituinte federal, estão os Estados-membros legitimados a instituir a ação declaratória de constitucionalidade.

É que, como afirmado, na autorização para que os Estados instituam a representação de inconstitucionalidade, resta implícita a possibilidade de criação da própria ação declaratória de constitucionalidade.

6. A ARGUIÇÃO DE DESCUMPRIMENTO DE PRECEITO FUNDAMENTAL E O CONTROLE DE ATOS MUNICIPAIS EM FACE DA CONSTITUIÇÃO FEDERAL

6.1. Considerações gerais

Nos termos da Lei n. 9.882, de 1999, cabe a arguição de descumprimento de preceito fundamental para evitar ou reparar lesão a preceito fundamental, resultante de ato do Poder Público (art. 1º, *caput*).

O parágrafo único do art. 1º explicita que caberá também a arguição de descumprimento quando for relevante o fundamento da controvérsia constitucional sobre lei

---

32 Rcl. 167, despacho, *RDA*, 206/246-247.

33 Cf., a propósito, Gilmar Ferreira Mendes, A ação declaratória de constitucionalidade: a inovação da Emenda Constitucional n. 3, de 1993, in Ives Gandra da Silva Martins e Gilmar Ferreira Mendes (orgs.), *Ação declaratória de constitucionalidade*, São Paulo, 1994, p. 56.

ou ato normativo federal, estadual ou municipal, inclusive anteriores à Constituição (leis pré-constitucionais).

Vê-se, assim, que a arguição de descumprimento poderá ser manejada para solver controvérsias constitucionais sobre a constitucionalidade do direito federal, do direito estadual e também do direito municipal.

Poderá ocorrer, assim, a formulação de pleitos com objetivo de obter a declaração de constitucionalidade ou de inconstitucionalidade toda vez que da controvérsia judicial instaurada possa resultar sério prejuízo à aplicação da norma, com possível lesão a preceito fundamental da Constituição.

De certa forma, a instituição da arguição de descumprimento de preceito fundamental completa o quadro das "ações declaratórias", ao permitir que não apenas o direito federal mas também o direito estadual e municipal possam ser objeto de pedido de declaração de constitucionalidade.

7. O CONTROLE DA OMISSÃO LEGISLATIVA NO PLANO ESTADUAL

Muitas Constituições estaduais consagraram, ao lado do controle abstrato de normas, a ação direta por omissão[34]. Assim sendo, é de se indagar se as unidades federadas estariam autorizadas a instituir o procedimento de controle da omissão, tendo em vista especialmente o disposto no art. 125, § 2º, da Constituição Federal.

Tal como reconhecido pela própria jurisprudência do Supremo Tribunal Federal, configura-se omissão legislativa não apenas quando o órgão legislativo não cumpre o seu dever, mas, também, quando o satisfaz de forma incompleta.

Nesses casos, que configuram, em termos numéricos, a mais significativa categoria de omissão na jurisprudência da Corte Constitucional alemã[35], é de se admitir tanto um controle principal ou direto como um controle incidental, já que existe aqui norma que pode ser objeto de exame judicial.

Embora a omissão do legislador não possa ser, enquanto tal, objeto do controle abstrato de normas[36], não se deve excluir a possibilidade de que essa omissão venha ser examinada no controle concreto de normas.

Dado que no caso de omissão parcial há uma conduta positiva, não há como deixar de reconhecer a admissibilidade, em princípio, da aferição da legitimidade do ato defeituoso ou incompleto no processo de controle de normas, ainda que abstrato[37].

Tem-se, pois, aqui uma *relativa, mas* inequívoca *fungibilidade* entre a ação direta de inconstitucionalidade e o processo de controle abstrato da omissão, uma vez que os dois processos – o de controle de normas e o de controle da falta de normas – acabam

---

34 Cf. nota n. 1, *supra*.

35 *BVerfGE*, 15, 46 (76); 22, 329 (362); 23, 1 (10); 25, 101 (110); 32, 365 (372); 47, 1 (33); 52, 369 (379).

36 Ernst Friesenhahn, *Die Verfassungsgerichtsbarkeit in der Bundesrepublik Deutschland*, Köln-Berlin-Bonn-München, 1963, p. 65.

37 Christoph Gusy, *Parlamentarischer Gesetzgeber und Bundesverfassungsgericht*, Berlin, 1985, p. 152.

por ter – formal e substancialmente – o mesmo objeto, isto é, a inconstitucionalidade da norma em razão de sua incompletude.

Essa peculiaridade restou evidenciada na ADI 526, oferecida contra a Medida Provisória n. 296, de 29-5-1991, que concedia aumento de remuneração a segmento expressivo do funcionalismo público, em alegado desrespeito ao disposto no art. 37, X, da Constituição[38].

É certo que a declaração de nulidade não configura técnica adequada para a eliminação da situação inconstitucional nesses casos de omissão inconstitucional. Uma cassação aprofundaria o estado de inconstitucionalidade, tal como já admitido pelo *Bundesverfassungsgericht* em algumas decisões, mencionadas páginas atrás.

Portanto, a principal problemática da omissão do legislador situa-se menos na necessidade da instituição de determinados processos para o controle da omissão legislativa do que no desenvolvimento de fórmulas que permitam superar, de modo satisfatório, o estado de inconstitucionalidade.

Em outro julgado, também relativo à suposta exclusão de benefício incompatível com o princípio da igualdade, o Supremo Tribunal Federal vem de afirmar que não caberia à Corte converter a ação direta de inconstitucionalidade em ação de inconstitucionalidade por omissão. Tratava-se de arguição na qual se sustentava que o ato da Receita Federal, *ao não reconhecer a não incidência do imposto (IPMF) apenas quanto a movimentação bancária ocorrida nas aquisições de papel destinado à impressão de livros, jornais e periódicos promovidas pelas empresas jornalísticas*, estaria *impondo a exigência do imposto relativamente às demais operações financeiras de movimentação e transferência praticadas por essas empresas, em operações vinculadas à feitura do jornal, livros e periódicos, tais como pagamentos a fornecedores de outros insumos, pagamentos de mão de obra e serviços necessários à confecção do jornal (...)*[39]. "Configurada hipótese de ação de inconstitucionalidade por omissão, em face dos termos do pedido, com base no § 2º do art. 103 da Lei Magna, o que incumbe ao Tribunal – afirma o Relator, Ministro Néri da Silveira – é negar curso à ação direta de inconstitucionalidade *'ut'* art. 102, I, letra *'a'*, do Estatuto Supremo". Na mesma linha de argumentação, concluiu o Ministro Sepúlveda Pertence que "o pedido da ação direta de inconstitucionalidade de norma é de todo diverso do pedido da ação de inconstitucionalidade por omissão o que tornaria inadmissível a conversão da ação de inconstitucionalidade positiva, que se propôs, em ação de inconstitucionalidade por omissão de normas[40].

Também na ADI 1.458, da relatoria do Ministro Celso de Mello, reiterou o Supremo Tribunal Federal essa orientação[41].

Ao contrário do afirmado nas referidas decisões, o problema, tal como já amplamente enfatizado, não decorre propriamente do pedido, até porque, em um ou em outro caso (impugnação de ato normativo ou de omissão parcial), tem-se sempre um pedido de declaração de inconstitucionalidade de uma dada situação normativa.

38 ADI 526, rel. Min. Sepúlveda Pertence, *RTJ*, 145 (1)/101 (112-113).

39 ADI 986, rel. Min. Néri da Silveira, *DJ* de 8-4-1994.

40 ADI 986, rel. Min. Néri da Silveira, *DJ* de 8-4-1994.

41 ADI 1.458, rel. Min. Celso de Mello, *DJ* de 20-9-1996.

Em se tratando de omissão, a própria norma incompleta ou defeituosa há de ser suscetível de impugnação na ação direta de inconstitucionalidade, porque é de uma norma alegadamente inconstitucional que se cuida, ainda que a causa da ilegitimidade possa residir na sua incompletude.

Portanto, a questão fundamental reside menos na escolha de um processo especial do que na adoção de uma técnica de decisão apropriada para superar as situações inconstitucionais propiciadas pela chamada omissão legislativa.

Se se entender que, na verdade, a ação direta por inconstitucionalidade de lei ou ato normativo e a ação direta de inconstitucionalidade por omissão têm, em grande parte, um objeto comum – a omissão parcial –, então parece correto admitir que a autorização contida na Constituição Federal para a instituição da representação de inconstitucionalidade no plano estadual é abrangente tanto da ação direta de inconstitucionalidade em razão de ação como da ação direta por omissão.

Esse entendimento foi confirmado em julgamento do Tribunal de Justiça do Distrito Federal e Territórios[42], em que se declarou a omissão legislativa e se determinou ao Chefe do Poder Executivo local que, no prazo de 18 meses, elaborasse e encaminhasse à Câmara Legislativa do Distrito Federal projeto de lei regulamentando a forma de participação popular no processo de escolha dos administradores regionais, bem como a criação e estruturação dos Conselhos de Representantes Comunitários das Regiões Administrativas do DF, como se pode ler da ementa:

> "AÇÃO DIRETA DE INCONSTITUCIONALIDADE POR OMISSÃO. ARTIGOS 10, § 1º, E 12 DA LEI ORGÂNICA DO DISTRITO FEDERAL. PARTICIPAÇÃO POPULAR NA ESCOLHA DE ADMINISTRADORES REGIONAIS E IMPLANTAÇÃO DE CONSELHOS DE REPRESENTANTES COMUNITÁRIOS. COMPETÊNCIA PRIVATIVA DO CHEFE DO PODER EXECUTIVO PARA DEFLAGRAÇÃO DO PROCESSO LEGISLATIVO. INCONSTITUCIONALIDADE DECLARADA.
>
> 1 Ações Diretas de Inconstitucionalidade visando sanar a falta de iniciativa do Governador do Distrito Federal em desencadear processo legislativo para regulamentar os artigos 10, § 1º, e 12 da Lei Orgânica do Distrito Federal, que determinam participação popular no processo de escolha de Administradores Regionais, e a formação de Conselho de Representantes Comunitários em cada Região Administrativa.
>
> 2 O artigo 71, § 1º, incisos II e IV, da Lei Orgânica do Distrito Federal estabelece a iniciativa privativa do Governador do Distrito Federal para propor leis dispondo sobre estruturação dos órgãos e entidades da administração pública, bem como a forma de provimento nos cargos e funções. Trata-se de 'reserva de administração', sendo vedada a ingerência normativa do Poder Legislativo em matérias sujeitas à exclusiva competência administrativa do Poder Executivo.
>
> 3 Disposições da Lei Orgânica pendentes de regulamentação são normas que traçam esquemas gerais de organização e estruturação de órgãos, entidades, ou instituições do Estado, mas não produzem todos os seus efeitos automaticamente, precisam de uma lei integrativa infraconstitucional. Sendo normas peremptórias, o legislador está obrigado a

42 ADI 2013.00.2.016227-6 e ADI 2013.00.2.016865-3, rel. Des. George Lopes Leite, *DJe* de 9-5-2014.

emitir a lei integrativa, não se tratando de mera faculdade. Se ainda não há lei disciplinando a questão, é dever do Chefe do Executivo Distrital deflagrar o processo legislativo.

4 A participação popular na escolha de Administradores Regionais e a instituição de Conselho Comunitário consagram o Estado Democrático de Direito não apenas em seu aspecto clássico, mas principalmente na moderna versão da democracia deliberativa e participativa, devendo ser suprida uma omissão que inexplicavelmente perdura há vinte anos, desde a edição da Lei Orgânica do Distrito Federal, em 1993.

5 Declarada a inconstitucionalidade por omissão, com determinação ao Excelentíssimo Senhor Governador para o encaminhamento do projeto de lei regulamentadora dos artigos 10, § 1º, e 12 da Lei Orgânica do Distrito Federal".

Assim sendo, as Constituições estaduais que optaram por disciplinar, diretamente, o controle abstrato da omissão acabaram por consagrar fórmula plenamente compatível com a ordem constitucional vigente.

8. O CONTROLE DE CONSTITUCIONALIDADE NO ÂMBITO DO DISTRITO FEDERAL

8.1. Considerações preliminares

A Constituição não contemplou expressamente o direito de propositura da ação direta de inconstitucionalidade pelo Governador do Distrito Federal. O texto constitucional também não esclarece sobre a aplicação do art. 125, § 2º, no âmbito do Distrito Federal.

Embora o *status* do Distrito Federal no texto constitucional de 1988 seja fundamentalmente diverso dos modelos fixados nas Constituições anteriores, não se pode afirmar, de forma apodítica, que a sua situação jurídica é equivalente à de um Estado-membro.

Não seria lícito sustentar, porém, que se estaria diante de modelos tão diversos que, no caso, menos do que uma omissão, haveria um exemplo de *silêncio eloquente*, que obstaria à extensão do direito de propositura aos órgãos do Distrito Federal em ação direta de inconstitucionalidade, no plano do Supremo Tribunal Federal, bem como a adoção do controle abstrato de direito distrital perante o Tribunal de Justiça do Distrito Federal e dos Territórios.

Assinale-se que se afigura decisivo para o desate da questão a disciplina contida no art. 32 da Constituição, que outorga ao Distrito Federal poder de auto-organização, atribui-lhe as competências legislativas dos Estados e Municípios e define regras para a eleição de Governador, Vice-Governador e Deputados Distritais, que em nada diferem do sistema consagrado para os Estados-membros. O mesmo é de dizer no tocante à intervenção federal – art. 34 – cujo regime é o mesmo para os Estados e o Distrito Federal.

Dessarte, para os efeitos exclusivos do sistema de controle de constitucionalidade, as posições jurídicas do Governador e da Câmara Legislativa do Distrito Federal em nada diferem das situações jurídicas dos Governadores de Estado e das Assembleias Legislativas.

O eventual interesse na preservação da autonomia de suas unidades contra eventual intromissão por parte do legislador federal é em tudo semelhante. Também o interesse genérico na defesa das atribuições específicas dos Poderes Executivo e Legislativo é idêntico.

Portanto, ainda que se possam identificar dessemelhanças significativas entre o Estado-membro e o Distrito Federal e, por isso, também entre os seus órgãos executivos e legislativos, é lícito concluir que, para os fins do controle de constitucionalidade abstrato, as suas posições jurídicas são, fundamentalmente, idênticas.

Não haveria razão, assim, para deixar de reconhecer o direito de propositura da ação direta de inconstitucionalidade ao Governador do Distrito Federal e à Mesa da Câmara Legislativa, a despeito do silêncio do texto constitucional.

O direito de propositura do Governador do Distrito Federal foi contemplado expressamente pelo Supremo Tribunal Federal na ADI 645, reconhecendo-se a sua legitimidade ativa "por via de interpretação compreensiva do texto do art. 103, V, da CF/88, c/c o art. 32, § 1º, da mesma Carta"[43].

Assim, não existe razão jurídica para afastar do controle abstrato de constitucionalidade os órgãos superiores do Distrito Federal.

Razões semelhantes militam em favor do controle de constitucionalidade de ato aprovado pelos Poderes distritais no exercício da competência tipicamente estadual.

É que, não obstante as peculiaridades que marcam o Distrito Federal, os atos normativos distritais – leis, decretos etc. – são substancialmente idênticos aos atos normativos estaduais, tal como deflui diretamente do art. 32, § 1º, na parte em que atribui ao Distrito Federal as competências legislativas reservadas aos Estados[44].

Assinale-se, porém, que a própria fórmula constante do art. 32, § 1º, da Constituição está a indicar que o Distrito Federal exerce competências legislativas municipais, editando, por isso, leis e atos normativos materialmente idênticos àqueles editados pelos demais entes comunais.

Nessa hipótese, diante da impossibilidade de se proceder ao exame direto de constitucionalidade da lei municipal em face da Constituição Federal perante o Supremo Tribunal, tem-se de admitir, com o Supremo Tribunal Federal, que descabe "ação direta de inconstitucionalidade, cujo objeto seja ato normativo editado pelo Distrito Federal, no exercício de competência que a Lei Fundamental reserva aos Municípios", tal como "a disciplina e polícia do parcelamento do solo"[45].

Vê-se, assim, que o Supremo Tribunal Federal levou em conta o propósito ampliativo do constituinte em relação ao controle de constitucionalidade no âmbito estadual para reconhecer que também o Distrito Federal deveria ser compreensivamente abrangido pelas normas dos arts. 102 e 103 da Constituição, a respeito do controle direto de constitucionalidade.

---

43 ADI 645, rel. Min. Ilmar Galvão, *DJ* de 21-2-1992, p. 1693. Ver, também, ADI 665, rel. Min. Octavio Gallotti, *DJ* de 24-4-1992, p. 5376.

44 ADI 665, rel. Min. Octavio Gallotti, *DJ* de 24-4-1992, p. 5376.

45 ADI 611, rel. Min. Sepúlveda Pertence, *DJ* de 11-12-1992, p. 23662.

8.2. A possibilidade de instituição de ação direta no âmbito do Distrito Federal

Tal como observado, a Constituição dotou o Distrito Federal de autonomia política, outorgando-lhe competências legislativas específicas dos Estados-membros e dos Municípios e atribuindo-lhe poder para votar uma Lei Orgânica. Cumpre indagar ainda se ao Distrito Federal seria lícito, igualmente, definir um modelo de controle de constitucionalidade, tal como previsto no art. 125, § 2º, da Carta Magna.

A pergunta pode ser assim formulada: estamos diante de uma lacuna que pode ser superada por analogia ou, ao revés, diante de inequívoco silêncio eloquente do texto constitucional?

Não subsiste dúvida de que, ao contrário da Constituição de 1967/69, o texto constitucional de 1988 fez uma opção deliberada em favor de duplo sistema de controle direto do direito estadual e de um sistema de controle direto do direito municipal em face da Constituição estadual (CF, art. 125, § 2º).

Tendo o Distrito Federal personalidade jurídica de direito público e autonomia política, que lhe resguarda contra intervenção fora das hipóteses do art. 34 da CF e lhe permite não só editar uma Lei Orgânica, a título de Constituição local, mas também legislar, no âmbito de seu território, sobre todas as matérias de competência dos Estados e Municípios, parece estranho que se lhe negue aquilo que se assegura a todos os entes federados.

É bem verdade que se afigura complexa uma leitura ampliativa do texto constitucional, no art. 125, § 2º, para admitir que a própria Câmara Legislativa do Distrito Federal possa disciplinar a instituição da ação direta perante o Tribunal de Justiça do Distrito Federal e dos Territórios.

É que, como se sabe, o Tribunal de Justiça do Distrito Federal e dos Territórios é um órgão federal, competindo à União dispor sobre a organização do Poder Judiciário do Distrito Federal (CF, art. 21, XII).

Ainda que haja boas razões para justificar a extensão ao Distrito Federal do tratamento constitucional que, na matéria, se conferiu aos Estados-membros, há de se ter por inquestionável que se o Tribunal de Justiça não é um órgão integrante do Distrito Federal, não pode ele ter suas competências acrescidas por decisão do órgão legislativo distrital.

Essa observação parece obstar que a própria Câmara Legislativa do Distrito Federal venha a instituir a ação direta de inconstitucionalidade.

Todavia, se se entende – como estamos a fazê-lo – que, em verdade, o texto constitucional não proíbe – antes recomenda – a instituição de um modelo duplo de controle direto de constitucionalidade do direito de índole estadual, então afigura-se legítimo indagar se a própria União não poderia, com fundamento em sua competência para legislar sobre direito processual federal e para dispor sobre organização do Judiciário local, disciplinar a ação direta do direito distrital em face da Lei Orgânica do Distrito Federal.

Poder-se-ia sustentar, reitere-se, que o silêncio do texto constitucional, na espécie, é um silêncio eloquente, não se podendo superar a lacuna verificada senão mediante emenda constitucional.

Embora não se possa negar que eventual emenda constitucional daria solução definitiva à questão[46], é certo que a sistemática vigente sugere a possibilidade de disciplina do tema mediante decisão legislativa ordinária, desde que exercida pelos órgãos competentes.

Forte nesse entendimento, a Comissão de Juristas[47] encarregada de formular um anteprojeto de lei sobre o processo e julgamento da ação direta de inconstitucionalidade e da ação declaratória de constitucionalidade apresentou proposta que conferiu disciplina ao tema[48].

Tal como assente no Relatório que explicita as razões das propostas formuladas, o anteprojeto propôs que se alterasse a legislação ordinária federal (Lei de Organização Judiciária do Distrito Federal) para admitir, expressamente, o controle abstrato de normas e o controle abstrato da omissão no âmbito do Distrito Federal com o propósito inequívoco de "colmatar significativa lacuna no sistema de controle de normas, uma vez que o texto constitucional não cuidou diretamente do tema".

Essa proposta foi convertida na Lei n. 9.868, de 10-11-1999.

---

46 Cf. Relatoria da Revisão Constitucional (Pareceres produzidos), Brasília, 1994, t. 2, p. 60 e s.

47 A Comissão foi composta pelos Professores Caio Tácito (Presidente), Arnoldo Wald, Ada Pellegrini Grinover, Álvaro Villaça Azevedo, Antonio Janyr Dall'Agnol, Luís Roberto Barroso, Roberto Rosas, Carlos Alberto Direito, Gilmar Ferreira Mendes (Relator do Anteprojeto), Manoel André da Rocha, Ruy Rosado de Aguiar Júnior. O anteprojeto referido foi convertido no Projeto de Lei n. 2.960, encaminhado pelo Executivo ao Congresso Nacional em abril de 1997.

48 "Art. 30. Acrescentem-se ao art. 8º da Lei n. 8.185, de 14 de maio de 1991, as seguintes disposições:

'Art. 8º (...)

n) a ação direta de inconstitucionalidade de lei ou ato normativo do Distrito Federal em face da sua Lei Orgânica;

(...)

§ 3º São partes legítimas para propor a ação direta de inconstitucionalidade:

a) o Governador do Distrito Federal;

b) a Mesa da Câmara Legislativa;

c) o Procurador-Geral de Justiça;

d) a Ordem dos Advogados do Brasil, seção do Distrito Federal;

e) as entidades sindicais ou de classe, de atuação no Distrito Federal, demonstrando que a pretensão por elas deduzida guarda relação de pertinência direta com os seus objetivos institucionais;

f) os partidos políticos com representação na Câmara Legislativa.

§ 4º Aplicam-se ao processo e julgamento da ação direta de inconstitucionalidade perante o Tribunal de Justiça do Distrito Federal e Territórios as seguintes disposições:

a) o Procurador-Geral de Justiça será sempre ouvido nas ações diretas de constitucionalidade ou de inconstitucionalidade;

b) declarada a inconstitucionalidade por omissão de medida para tornar efetiva norma da Lei Orgânica do Distrito Federal, a decisão será comunicada ao Poder competente para adoção das providências necessárias, e, em se tratando de órgão administrativo, para fazê-lo em trinta dias;

c) somente pelo voto da maioria absoluta de seus membros ou de seu órgão especial, poderá o Tribunal de Justiça declarar a inconstitucionalidade de lei ou de ato normativo do Distrito Federal ou suspender a sua vigência em decisão de medida cautelar.

§ 5º Aplicam-se, no que couber, ao processo de julgamento da ação direta de inconstitucionalidade de lei ou ato normativo do Distrito Federal em face da sua Lei Orgânica, as normas sobre o processo e o julgamento da ação direta de inconstitucionalidade e da ação declaratória de constitucionalidade perante o Supremo Tribunal Federal'".

Como se pode ver, aludida Lei adota os lineamentos básicos do controle de constitucionalidade direto aplicáveis no âmbito do Supremo Tribunal Federal, determinando que as normas sobre o processo e julgamento da ação direta de inconstitucionalidade e da ação declaratória de constitucionalidade perante o Supremo Tribunal Federal são aplicáveis, no que couber, ao processo e julgamento do controle de constitucionalidade no âmbito do Distrito Federal.

Tal solução parece inteiramente compatível com o ordenamento constitucional brasileiro, que reconhece hoje o processo abstrato de normas como instrumento regular de controle de constitucionalidade, no âmbito das unidades federadas.

Por fim, cumpre consignar que o tratamento da matéria no âmbito do Distrito Federal hoje é realizado por intermédio da Lei Federal n. 11.697, de 13-7-2008, especificamente do art. 8º, *n* e *m*, e dos seus §§ 1º, 2º, 3º, 4º e 5º.

9. EFICÁCIA *ERGA OMNES* DAS DECISÕES PROFERIDAS EM SEDE DE CONTROLE ABSTRATO NO ÂMBITO ESTADUAL

9.1. Considerações preliminares

Diversas constituições estaduais têm estabelecido que, declarada a inconstitucionalidade incidental ou *in abstracto*, o Tribunal de Justiça estadual deverá comunicar a decisão à Assembleia Legislativa ou à Câmara Municipal para a suspensão, no todo ou em parte, da lei ou do ato impugnado.

Trata-se de fórmula que reproduz a vetusta suspensão de execução pelo Senado Federal, introduzida no sistema constitucional brasileiro pela Constituição de 1934 (art. 91, IV), e que consta hoje do art. 52, X, da Constituição de 1988, aplicando-se, porém, tão somente, às declarações de inconstitucionalidade proferidas *incidenter tantum*.

Ressalte-se que a própria suspensão de execução pelo Senado, tal como compreendida e praticada no âmbito federal, dá sinais evidentes de superação ou obsolescência, como registramos anteriormente.

A amplitude conferida ao controle abstrato de normas e a possibilidade de que se suspenda, liminarmente, a eficácia de leis ou atos normativos, com eficácia geral, contribuíram, certamente, para que se quebrantasse a crença na própria justificativa desse instituto, que se inspirava diretamente numa concepção de separação de poderes – hoje necessária e inevitavelmente ultrapassada. Se o Supremo Tribunal pode, em ação direta de inconstitucionalidade, suspender, liminarmente, a eficácia de uma lei, até mesmo de uma Emenda Constitucional, por que haveria a declaração de inconstitucionalidade, proferida no controle incidental, valer tão somente para as partes?

A única resposta plausível indica que o instituto da suspensão pelo Senado de execução da lei declarada inconstitucional pelo Supremo assenta-se hoje em razão de índole exclusivamente histórica.

Deve-se observar, outrossim, que o instituto da suspensão da execução da lei pelo Senado mostra-se inadequado para assegurar eficácia geral ou efeito vinculante às decisões do Supremo Tribunal que não declaram a inconstitucionalidade de uma lei, limitando-se a fixar a orientação constitucionalmente adequada ou correta. Isso se verifica quando o Supremo Tribunal afirma que dada disposição há de ser interpretada desta ou daquela forma, superando, assim, entendimento adotado pelos Tribunais ordinários ou pela própria Administração. A decisão do Supremo Tribunal não tem efeito vinculante, valendo nos estritos limites da relação processual subjetiva. Como não se cuida de declaração de inconstitucionalidade de lei, não há de se cogitar aqui de qualquer intervenção do Senado, restando o tema aberto para inúmeras controvérsias.

Situação semelhante ocorre quando o Supremo Tribunal Federal adota uma interpretação conforme a Constituição, restringindo o significado de dada expressão literal ou colmatando uma lacuna contida no regramento ordinário. Aqui o Supremo Tribunal não afirma propriamente a ilegitimidade da lei, limitando-se a ressaltar que uma dada interpretação é compatível com a Constituição, ou, ainda, que, para ser considerada constitucional, determinada norma necessita de um complemento (lacuna aberta) ou restrição (lacuna oculta – redução teleológica). Todos esses casos de decisão com base em uma interpretação conforme a Constituição não podem ter a sua eficácia ampliada com o recurso ao instituto da suspensão de execução da lei pelo Senado Federal.

Finalmente, mencionem-se os casos de **declaração de inconstitucionalidade parcial sem redução de texto**, nos quais se explicita que um dado significado normativo é inconstitucional sem que a expressão literal sofra qualquer alteração.

Também nesses casos, a suspensão de execução da lei ou do ato normativo pelo Senado revela-se problemática, porque não se cuida de afastar a incidência de disposições do ato impugnado, mas tão somente de um de seus significados normativos. E significados não são textos.

Todas essas razões demonstram a inadequação, o caráter obsoleto mesmo, do instituto da suspensão de execução pelo Senado no atual estágio do nosso sistema de controle de constitucionalidade.

Tais processos "sem partes formais" somente têm sentido se as decisões mais relevantes neles proferidas forem dotadas de eficácia contra todos.

Alguns autores chegam a sustentar que a eficácia *erga omnes* constitui apanágio dos processos objetivos.

Esse parece ser, também, o entendimento do Supremo Tribunal Federal que, desde 1977, vem afirmando a eficácia geral da decisão proferida em representação de inconstitucionalidade, como autêntico apanágio do seu caráter objetivo.

Somente nos anos de 1974/75 começou o Supremo Tribunal Federal a definir a sua doutrina da eficácia *erga omnes* da declaração de inconstitucionalidade proferida no processo de controle abstrato de normas[49].

O parecer do Ministro Rodrigues Alckmin foi emitido em consulta formulada pelo Diretor-Geral da Secretaria do Supremo que manifestava dúvida sobre a execução da sentença proferida na Representação n. 878, relativa à Lei n. 7.214, de 13-11-1968, do

49 Parecer do Ministro Rodrigues Alckmin, de 19-6-1975, *DJ* de 16-5-1977, p. 3124; Parecer do Ministro Moreira Alves, de 11-11-1975, *DJ* de 16-5-1977, p. 3123. Ver, também, Oswaldo Aranha Bandeira de Mello, *Teoria das Constituições rígidas*, 2. ed., São Paulo, 1980, p. 213.

Estado de Goiás, declarada inconstitucional por infringência de *princípio sensível* (CF 1967/69, art. 10, VII, *e*).

A orientação adotada, que reconhecia eficácia *erga omnes* à pronúncia de inconstitucionalidade no processo de controle abstrato de normas, foi aprovada pelo Presidente da Comissão de Regimento do Supremo, Ministro Luiz Gallotti (5-8-1974), e, posteriormente, pelo Presidente do Tribunal, Ministro Eloy da Rocha (19-12-1974)[50].

Àquela época já tramitava no Supremo Tribunal Federal consulta formulada pelo Senado com vistas a esclarecer o papel que haveria de desempenhar no controle de constitucionalidade, mormente se haveria de suspender todos os atos declarados inconstitucionais ou se a atribuição estava adstrita à suspensão de execução de leis e decretos, tal como expresso no art. 42, VII, da Constituição[51].

Submetida a questão à Mesa de Matéria Constitucional do Supremo Tribunal, sustentou o Ministro Moreira Alves, em parecer datado de 11-11-1975, que:

> "10. Em conclusão, e circunscrevendo-me apenas ao objeto da consulta (sou dos que entendem que a comunicação ao Senado só se faz em se tratando de declaração de inconstitucionalidade incidente e, não, quando decorrente da ação direta, caso em que, se relativa a intervenção federal, a suspensão do ato é da competência do Presidente da República, e, se referente a declaração de inconstitucionalidade em tese, não há que se falar em suspensão, pois, passando em julgado o acórdão desta Corte, tem ele eficácia *erga omnes* e não há que se suspender lei ou ato normativo nulo com relação a todos), em conclusão – repito – e circunscrevendo-me ao objeto da consulta, sou de parecer de que só se deverá fazer a comunicação, a que alude a parte final do art. 180 do Regimento Interno, quando se tratar de declaração de inconstitucionalidade de lei (que abrange o elenco das figuras compreendidas no art. 46 da Emenda n. 1/69) ou de decreto e, não de quaisquer outros atos normativos"[52].

A maioria da Mesa de Matéria Constitucional inclinou-se, porém, para considerar que os demais atos normativos declarados inconstitucionais, incidentalmente, pelo Supremo Tribunal Federal deveriam ter, igualmente, a suspensão de sua execução declarada pelo Senado Federal. Em 18-6-1977, o Presidente do Supremo Tribunal Federal, Ministro Thompson Flores, determinou que as comunicações ao Senado Federal, para os fins do art. 42, VII, da Constituição de 1967/69, se restringissem às declarações de inconstitucionalidade proferidas *incidenter tantum*[53].

---

50 Cf. Ana Valderez Ayres Neves de Alencar, A competência do Senado Federal para suspender a execução dos atos declarados inconstitucionais, *Revista de Informação Legislativa*, n. 57, p. 260 (293), 1978.

51 Cf. Parecer da Comissão de Constituição e Justiça, Relator Senador Accioly Filho, in Ana Valderez Ayres Neves de Alencar, A competência do Senado Federal para suspender a execução dos atos inconstitucionais, *Revista de Informação Legislativa*, cit., p. 260 (297).

52 Parecer do Ministro Moreira Alves, de 11-11-1975, *DJ* de 16-5-1977, p. 3123; cf., também, Ana Valderez Ayres Neves de Alencar, A competência do Senado Federal para suspender a execução dos atos inconstitucionais, *Revista de Informação Legislativa*, cit., p. 260 (303-304).

53 Cf. Ana Valderez Ayres Neves de Alencar, A competência do Senado Federal para suspender a execução dos atos inconstitucionais, *Revista de Informação Legislativa*, cit., p. 260 (305).

Reconheceu-se, portanto, que a decisão proferida no processo objetivo do controle abstrato de normas tinha eficácia *erga omnes*, independentemente da intervenção do Senado Federal.

Entendimento idêntico há de ser adotado no que se refere ao controle abstrato de normas no plano estadual. Até porque, como observado, no controle incidental, o instituto da suspensão de execução da lei tem por escopo tão somente imprimir eficácia geral a uma decisão com efeitos *inter partes*. A sua extensão ao controle abstrato implica retirar do órgão jurisdicional qualquer capacidade de decisão definitiva sobre a matéria, porque nesse processo não existe nenhum vínculo subjetivo entre as partes. Assim sendo, admitir em processo objetivo e, portanto, sem partes formais, que a eficácia da decisão sobre a constitucionalidade depende da aprovação de um órgão político é submeter a eficácia da própria decisão judicial proferida nesse processo a uma deliberação tipicamente política.

É fácil perceber, pois, que não se está diante de uma alternativa de política legislativa mais ou menos aceitável dependendo da perspectiva acadêmica ou dogmática que se adote.

Trata-se de reconhecer que o controle abstrato de normas do direito estadual e municipal em face da Constituição, tal como autorizado no art. 125, § 2º, da Constituição Federal e disciplinado em diversas Constituições estaduais, não se compatibiliza com fórmulas limitadoras da eficácia da decisão, como a prevista no art. 52, X, da Constituição. A decisão proferida em controle abstrato há de ter eficácia *erga omnes*, sob pena de se subverter ou de se descaracterizar por completo o próprio sistema judicial de controle de constitucionalidade, subordinando-se a eficácia do pronunciamento judicial definitivo a uma decisão, reitere-se, tipicamente política de um órgão legislativo.

Não há dúvida, pois, de que as disposições contidas nas diversas Constituições que condicionam a eficácia da decisão proferida em sede de controle abstrato, no âmbito estadual, à decisão de um órgão político estadual ou municipal parecem afrontar a própria Constituição Federal, que autoriza a instituição de um controle de constitucionalidade exercido por órgão jurisdicional, e não por órgão político.

CAPÍTULO 11

TRIBUTAÇÃO, FINANÇAS PÚBLICAS E CONTROLE DA ATIVIDADE FINANCEIRA NA CONSTITUIÇÃO FEDERAL DE 1988

Gilmar Ferreira Mendes

1. A CONSTITUIÇÃO, AS FINANÇAS E OS TRIBUTOS

O título atinente à tributação e ao orçamento na Constituição Federal representa parcela fundamental do modelo de Estado desenhado no texto constitucional. A atividade financeira definida como "arrecadação de receitas, sua gestão e a realização do gasto, a fim de atender às necessidades públicas"[1], está na base de toda e qualquer atividade estatal.

A construção do Estado Democrático de Direito, anunciado pelo art. 1º, passa por custos e estratégias que vão além da declaração de direitos. Não há Estado Social sem que haja também Estado fiscal, são como duas faces da mesma moeda. Se todos os direitos fundamentais têm, em alguma medida, uma dimensão positiva, todos implicam custos. Conforme salientam Holmes e Sunstein, nenhum direito é apenas o direito de ser deixado só pelo poder público. Todos os direitos reivindicam uma postura positiva do governo[2]. Logo, levar direitos a sério exige que seus custos também sejam levados a sério.

Há sempre uma decisão financeira detrás de cada atuação estatal que demande recursos, esta é, por sua vez, precedida de uma atividade de arrecadação, que torna a decisão de gastar possível. Por esse motivo, as finanças públicas, bem como as normas que as regulam, além de sua função instrumental, são um saber ético: "forçam a levar em conta, de modo público, os sacrifícios que nós, como comunidade, decidimos fazer, a explicar do que pretendemos abrir mão em favor de objetivos mais importantes"[3]. Orientam escolhas, portanto.

---

1 Regis Fernandes de Oliveira, *Curso de direito financeiro*, São Paulo: Revista dos Tribunais, 2006, p. 59.

2 Stephen Holmes, Cass R. Sunstein, *The cost of rights: why liberty depends on taxes*, New York: W. W. Norton & Company, 1999, p. 44.

3 Gustavo Amaral, *Direito, escassez & escolha*: critérios jurídicos para lidar com a escassez de recursos e as decisões trágicas, 2. ed., Rio de Janeiro: Lumen Juris, 2010, p. 42.

O tributo, principal forma de receita pública do Estado Moderno, revela-se componente fundamental de sua estrutura, bem como do modelo econômico adotado no país. A efetivação dos direitos fundamentais, declarados e assegurados na Constituição, não se faz sem o dispêndio de recursos, fato que não se limita aos direitos prestacionais. Dessa forma, o tema de tributação conecta-se com o próprio cerne da Constituição, os direitos e as garantias fundamentais.

Com um desses direitos – o direito à propriedade – a ligação é particularmente forte e evidente. Afirmar que o tributo é elemento do modelo econômico acolhido no texto constitucional significa compreendê-lo como reflexo da constituição econômica, isto é, do "conjunto de normas que define, institucionalmente, um determinado modo de produção econômica"[4]. A tributação pressupõe a propriedade privada, já que nela incide e dela se nutre. Por isso, não pode ser tão exacerbada, que venha a destruí-la, nem tão baixa, que não possa gerar as receitas necessárias para protegê-la, pois "Estado fiscal e economia de mercado implicam-se mutuamente"[5]. Um Estado lastreado no tributo é, portanto, um Estado que necessariamente deve assegurar a propriedade privada.

A predominância do tributo como padrão de custeio do gasto público, por sua vez, pressupõe a liberdade de iniciativa e o princípio da subsidiariedade como diretriz fundamental da intervenção do Estado na seara econômica. Um Estado baseado nesse conceito pressupõe atuação restrita do Poder Público no domínio econômico, uma vez que o custeio de sua atividade financeira não depende de receitas empresariais ou patrimoniais. Assim, o Estado Fiscal limita a atividade econômica dos entes públicos, que não pode se justificar pelo escopo de captação de receitas[6], já que essa é a função constitucionalmente designada aos tributos.

A centralidade do tributo tem ainda repercussão na estrutura do federalismo. Como principal fonte de recursos públicos, a partilha de recursos tributários faz-se pressuposto da própria autonomia de União, Estados e Municípios. A descentralização caracterizadora do Estado Federal não se completa sem a atribuição de rendas; e estas são predominantemente tributárias, no caso do Estado Fiscal. Seja pela repartição de competência para tributar, pela repartição do produto da arrecadação de certos tributos ou pela combinação de ambos os modelos, como é o caso da Constituição brasileira de 1988, a discriminação de receitas tributárias é condição da autonomia política e administrativa dos entes federados. Afinal, partilhar atribuições (competências administrativas e legislativas) sem partilhar recursos é transformá-las em promessas vazias, obrigações inexequíveis[7].

---

4 Eros Roberto Grau, *A ordem econômica na Constituição de 1988 (Interpretação e crítica)*, 9. ed., São Paulo: Malheiros, 2004, p. 63.

5 Juan Manuel Barquero Estevan, *La función del tributo en el estado social y democrático de derecho*, Madrid: Centro de Estudios Políticos e Constitucionales, 2002, p. 39 *et passim*.

6 Juan Manuel Barquero Estevan, *La función del tributo en el estado social y democrático de derecho*, p. 32 e s.

7 Gabriel Ivo, *Constituição estadual*: competência para elaboração da Constituição do estado-membro, São Paulo: Max Limonad, 1997, p. 89.

2. O TRIBUTO NA CONSTITUIÇÃO DE 1988

Uma das mais angustiantes questões do Estado contemporâneo consiste na eleição de uma forma adequada e sustentada para seu financiamento. Há diferentes formas historicamente verificadas: (1) a atividade empresarial do próprio Estado; (2) a receita de senhoriagem por meio da emissão de moeda; (3) a emissão de títulos; e (4) a tributação.

A primeira dessas formas encontra-se em manifesto processo de restrição, em conformidade com a ideia de subsidiariedade que caracteriza as atuais relações entre Estado e sociedade. A obtenção de receita de senhoriagem por meio da emissão de moeda, a seu turno, encontra-se igualmente sujeita a evidentes limites materiais e já também jurídicos, de modo a evitar as disfuncionalidades experimentadas em regimes hiperinflacionários. A emissão de títulos, do mesmo modo, encontra limitações na capacidade de endividamento estatal e em seus impactos igualmente indesejados sobre a política monetária.

A esse respeito, escreveu Paul Kirchhof que o poder de imposição tributária decorreria não da mera existência do Estado e de suas necessidades financeiras, mas antes da própria concepção de Estado liberal, pois "se o Estado garante ao indivíduo a liberdade para sua esfera profissional ou de propriedade, tolerando as bases e os meios para o enriquecimento privado, deve negar que o sistema financeiro se baseie na economia estatal, no planejamento econômico ou, de modo principal, na expropriação ou na emissão de moeda". A isso, acrescenta Kirchhof: "enquanto a Constituição deixa em poder dos particulares o domínio individual sobre os bens econômicos [...], o Estado só pode financiar-se por meio da participação no êxito da economia privada"[8].

A gestão fiscal responsável encontra, portanto, na tributação o principal instrumento para o financiamento do Estado. E foi esse o instrumento adotado primordialmente para o financiamento do Estado brasileiro na Constituição de 1988. Essa constatação revela a importância assumida pela tributação no Estado moderno.

O Estado brasileiro baseia-se em receitas tributárias. Um texto constitucional como o nosso, pródigo na concessão de direitos sociais e na promessa de prestações estatais aos cidadãos, deve oferecer ao Estado instrumentos suficientes para que possa fazer frente às inevitáveis despesas que a efetivação dos direitos sociais requer. O tributo é esse instrumento.

Considera-se, portanto, a existência de um dever fundamental de pagar impostos, tal como proposto por José Casalta Nabais[9]. No caso da Constituição Federal de 1988, tal dever viria expresso no § 1º do art. 145, da Constituição, em que se lê: "§ 1º Sempre que possível, os impostos terão caráter pessoal e serão graduados segundo a capacidade econômica do contribuinte, facultado à administração tributária, especialmente para conferir efetividade a esses objetivos, identificar, respeitados os direitos individuais e nos termos da lei, o patrimônio, os rendimentos e as atividades econômicas do contribuinte". Sob esse marco constitucional, parece possível partir da colmatação da lacuna ini-

8 Paul Kirchhof, La influencia de la constitución alemana en su legislación tributaria, in *Garantías constitucionales del contribuyente*, Valencia: Tirant lo Blanch, 1998, p. 26.

9 José Casalta Nabais, *O dever fundamental de pagar impostos*, Coimbra: Almedina, 1998.

cial relativa à explicitação de um óbvio dever fundamental de pagar impostos à superação da lacuna ainda mais grave consistente em haver-se obscurecido o imperativo de equidade e isonomia na distribuição dos ônus da tributação.

Esse último ponto é decisivo e elimina, por completo, a descrição individualista da oposição supostamente aporética entre cidadão e Estado. Cuida-se da circunstância de que o imperativo normativo e mesmo factual de financiamento do Estado fiscalmente responsável pela via central da tributação instaura entre os agentes privados um conflito ineliminável: a disputa acerca do modelo institucional de distribuição dos custos de financiamento das políticas públicas. Existe inegável conflito entre os cidadãos e agentes privados no sentido de transferir para os demais concidadãos o ônus da tributação, furtando-se, tanto quanto possível, a tal encargo. Ao disciplinar de maneira isonômica, segundo a capacidade econômica do contribuinte, a distribuição dos ônus tributários e operar por meio da fiscalização tributária para conferir efetividade a esse objetivo, o Estado está verdadeiramente a prestar aos cidadãos a função de árbitro de um conflito ineliminável entre agentes privados.

3. O PODER DE TRIBUTAR E SEUS LIMITES: DIREITOS FUNDAMENTAIS DOS CONTRIBUINTES

As denominadas "limitações constitucionais ao poder de tributar" representam uma das primeiras esferas de restrição da intervenção estatal junto aos cidadãos. Com efeito, o financiamento do Estado por meio da tributação é coercitivo, o que torna absolutamente imprescindível a definição da extensão e da intensidade em que se autoriza a intervenção cogente da autoridade estatal.

Os direitos e garantias constitucionais relativos à tributação cuidam exatamente de introduzir um núcleo essencial e incoercível de liberdades individuais a preservar em face da organização burocrática[10]. A densidade da disciplina constitucional da matéria é, destarte, índice inequívoco e definitivo de sua relevância para nossa organização social.

Nos itens que seguem, abordaremos alguns dos princípios tributários ou limitações ao poder de tributar que têm assento na Constituição Federal de 1988. A exposição concentra-se em cinco princípios ou limites constitucionais tributários que formam o contorno essencial da competência tributária: legalidade, capacidade contributiva, não confisco, irretroatividade e anterioridade. Em última análise, é com base nesses cinco pilares que se estrutura todo o sistema tributário vigente.

3.1. Legalidade

O princípio da legalidade, em matéria tributária, apresenta-se com diferentes dimensões e implicações. Em primeiro lugar, a legalidade está consubstanciada na pura e simples exigência de lei: não há tributo sem lei que o institua. O princípio determina

10 Ressalte-se que as garantias do contribuinte são consideradas cláusulas pétreas, conforme entendimento inaugurado pelo STF no julgamento da ADI 939 (rel. Min. Sydney Sanches, *DJ* de 18-3-1994).

que a lei, em sentido formal, seja o veículo necessário à criação e modificação dos tributos. Em regra, lei ordinária. Veda-se, por conseguinte, a delegação de competência tributária ao Executivo. A tarefa de instituir tributos é própria da atividade legislativa.

E mais, todos os elementos da matriz de incidência tributária devem ser veiculados por lei, quais sejam, os critérios material, espacial temporal, pessoal e quantitavo[11]. Há, decerto, exceções: e. g., as hipóteses em que é dado ao Executivo alterar alíquotas fixadas por lei, como nos arts. 153, § 1º, 177, § 4º, *b*, e 155, § 4º, todos da Constituição Federal em vigor.

A legalidade não afasta a possibilidade, em alguns casos, de remeter a definição de alguns conceitos para o plano infralegal, desde que tais definições não sejam essenciais para definição do tributo. Foi esse o caso julgado no RE 343.446[12], de 2003. "As Leis 7.787/1989, art. 3º, II, e 8.212/1991, art. 22, II, definem, satisfatoriamente, todos os elementos capazes de fazer nascer a obrigação tributária válida. O fato de a lei deixar para o regulamento a complementação dos conceitos de 'atividade preponderante' e 'grau de risco leve, médio e grave', não implica ofensa ao princípio da legalidade genérica, CF, art. 5º, II, e da legalidade tributária, CF, art. 150, I." Há ainda outras decisões no mesmo sentido[13]. Ademais, conforme entendimento do STF, a definição tanto do prazo para pagamento do tributo[14] quanto dos índices de correção monetária[15] não se submete ao princípio da legalidade.

Em princípio, a exigência de lei para instituição de tributos satisfaz-se com a edição de lei ordinária. Para algumas hipóteses, no entanto, o constituinte exigiu a edição de lei complementar. É o caso do art. 154, I, da Constituição, que exige lei complementar para o exercício pela União da competência tributária residual. A mesma exigência se aplica às contribuições sociais incidentes sobre outras bases econômicas que não as previstas nos incisos I, II, III e IV do art. 195, como determina o § 4º, do mesmo artigo.

Nos casos em que a instituição ou majoração de tributos faz-se por meio de lei ordinária, é cabível o uso de medida provisória. O instrumento, no entanto, não pode ser usado validamente para instituição de tributos que dependam de lei complementar.

De resto, cumpre destacar que a Emenda Constitucional n. 32/2001 não incluiu a instituição de tributos entre as matérias em que se proíbe a edição de medida provisória, mas a eficácia do tributo submete-se ao princípio da anterioridade. O § 2º do art. 62 determina que a "medida provisória que implique instituição ou majoração de impostos, exceto os previstos nos arts. 153, I, II, IV, V, e 154, II, só produzirá efeitos no exercício financeiro seguinte se houver sido convertida em lei até o último dia daquele em que foi editada".

Em verdade, mesmo antes da emenda referida, o STF já havia assentado o entendimento de ser legítima a disciplina de matéria de natureza tributária por meio de me-

---

11 Paulo de Barros Carvalho, *Curso de direito tributário*, 22. ed., São Paulo: Saraiva, 2010, p. 295.

12 RE 343.446, rel. Min. Carlos Velloso, julgamento em 20-3-2003, Plenário, *DJ* de 4-4-2003.

13 No mesmo sentido: AI 744.295-AgR, rel. Min. Cármen Lúcia, julgamento em 27-10-2009, Primeira Turma, *DJe* de 27-11-2009; RE 567.544-AgR, rel. Min. Ayres Britto, julgamento em 28-10-2008, Primeira Turma, *DJe* de 27-2-2009.

14 RE 182.971, rel. Min. Ilmar Galvão, j. 5-8-1997, Primeira Turma, *DJ* de 31-10-1997.

15 RE 648.245, rel. Min. Gilmar Mendes, j. 1º-8-2013, Plenário, *DJe* de 24-2-2014, Tema 211.

dida provisória, instrumento a que a Constituição confere força de lei[16]. A medida provisória é, portanto, meio hábil para instituir tributo, bem como contribuição social (RE 234.463-7/MG).

3.2. Capacidade contributiva[17]

Possivelmente, legalidade e capacidade contributiva formam o binômio constitutivo do Direito Tributário. A tributação pressupõe a existência de propriedade, e deve sobre ela recair, tanto quanto possível, na medida desta.

A afirmação desse princípio traz pelo menos duas implicações, afora servir de base para o estabelecimento do dever fundamental de pagar impostos no ordenamento brasileiro. A capacidade contributiva, em primeiro lugar, determina que só fatos que denotem riqueza podem compor o critério material da hipótese da regra matriz de incidência tributária. Em segundo lugar, funciona como critério para graduação das exações, ao determinar que os tributos sejam fixados de acordo o potencial econômico dos contribuintes.

O art. 145, § 1º, da Constituição Federal determina que "sempre que possível, os impostos terão caráter pessoal e serão graduados segundo a capacidade econômica do contribuinte, facultado à administração tributária, especialmente para conferir efetividade a esses objetivos, identificar, respeitados os direitos individuais e nos termos da lei, o patrimônio, os rendimentos e as atividades econômicas do contribuinte". A norma é semelhante à que se encontrava no art. 202 da Constituição Federal de 1946: "Os tributos terão caráter pessoal sempre que isso for possível, e serão graduados conforme a capacidade econômica do contribuinte". Com a Emenda Constitucional n. 18, de 1º-12-1965, a menção à capacidade econômica foi suprimida da dicção constitucional e o princípio passou a figurar como norma implícita na Constituição.

Já na vigência da Constituição de 1946, a menção à "capacidade econômica", como medida para a graduação dos tributos, sem qualquer outra definição, era objeto de ácidas críticas. Para Alfredo Augusto Becker, inseri-la no texto da Constituição seria constitucionalizar o equívoco, por se tratar de expressão sem conteúdo próprio, vazia em si mesma. "As palavras 'capacidade e contributiva', sem alguma outra especificação, não constituem um conceito científico", dizia Becker. "Elas nem oferecem um metro para determinar a prestação do contribuinte e para adequá-la às prestações dos demais; nem dizem se existe e qual seja o limite dos tributos. Esta expressão, por si mesma, é recipiente vazio que pode ser preenchido pelos mais diversos conteúdos; trata-se de locução ambígua que se presta às mais variadas interpretações"[18].

Comparando o texto de 1946 com o atual, algumas mudanças redacionais chamam a atenção. Primeiro, a substituição da palavra "tributos" por "impostos", reduzindo, aparentemente, o campo de aplicação da norma – ainda que se possa defender sua aplicação

16 Nesse sentido, vale conferir a ADI 1.417-MC e a ADI 1.667-MC.

17 Sobre a relação entre capacidade contributiva e direitos fundamentais, cf. Micaela Dominguez Dutra, *Capacidade contributiva*: análise dos direitos humanos e fundamentais, São Paulo: Saraiva, 2010.

18 Alfredo Augusto Becker, *Teoria geral do direito tributário*, 2. ed., São Paulo: Saraiva, 1972, p. 439.

também aos tributos não vinculados. Segundo a menção ao "patrimônio", aos "rendimentos" e às "atividades econômicas" do contribuinte como índices de riqueza a ser aferida pelo fisco. Terceiro, a referência aos poderes fiscalizatórios expressamente concedidos à Administração: "facultado à administração tributária, especialmente para conferir efetividade a esses objetivos, identificar, respeitados os direitos individuais e nos termos da lei, o patrimônio, os rendimentos e as atividades econômicas do contribuinte".

Manteve-se, no texto de 1998, a expressão "sempre que possível", como que limitando ou atenuando a eficácia do princípio, quando incompatível com a feição constitucional do tributo legislado, seja nos impostos ditos "indiretos", cujo peso econômico é suportado por terceiros, seja nos de extrafiscalidade, nos quais a graduação da exação se faz por outros critérios.

Entre os instrumentos a serviço da efetivação do princípio da capacidade contributiva destaca-se o estabelecimento da progressividade de alíquotas. Sobre o tema, o STF editou as súmulas 656 e 668, que merecem aqui referência. A primeira determina que "É inconstitucional a lei que estabelece alíquotas progressivas para o imposto de transmissão inter vivos de bens imóveis – ITBI com base no valor venal do imóvel". A súmula 668, por sua vez, dispõe: "É inconstitucional a lei municipal que tenha estabelecido, antes da EC 29/2000, alíquotas progressivas para o IPTU, salvo se destinada a assegurar o cumprimento da função social da propriedade urbana". Em ambos os casos, nota-se a tendência a enxergar de forma restritiva a possibilidade de utilização do instituto da progressividade.

No RE 423.768, decidido em 1º-12-2010, o Supremo Tribunal Federal julgou constitucional a Lei paulistana n. 13.250/2001, que instituiu IPTU progressivo com base no valor venal do imóvel, que considera os critérios de metragem, localização, destinação e tipo de imóvel. Em disputa, no caso, a interpretação do art. 156, § 1º, incisos I e II, da Constituição Federal, com redação dada pela Emenda Constitucional n. 29/2000. Antes da emenda, o § 1º dispunha que o IPTU poderia ser "progressivo, nos termos de lei municipal, de forma a assegurar o cumprimento da função social da propriedade". A redação atual prevê duas espécies de progressividade: em razão do valor do imóvel e em razão da localização e do uso do imóvel. Na decisão do RE 423.768, o STF confirmou a constitucionalidade de ambas as modalidades de graduação do IPTU.

É importante salientar que nem sempre a progressividade vem a título de homenagear o princípio da capacidade contributiva. É o que se observa, por exemplo, no julgamento do RE 414.259-AgR, com relatoria do Ministro Eros Grau, julgado em 2008: "Lei estadual. Alíquotas diferenciadas em razão do tipo do veículo. Os Estados-membros estão legitimados a editar normas gerais referentes ao IPVA, no exercício da competência concorrente prevista no art. 24, § 3º, da Constituição do Brasil. Não há tributo progressivo quando as alíquotas são diferenciadas segundo critérios que não levam em consideração a capacidade contributiva".

3.3. Vedação ao confisco

Numa leitura simplista, a vedação do confisco representa a proibição de absorver a propriedade tributada por inteiro, eliminando-a. Dessa maneira, o princípio comporia a estrutura basilar do sistema tributário e do Estado fiscal. Afinal, se o Estado é financiado por tributos incidentes sobre a propriedade privada, eliminá-la equivaleria a destruir sua própria fonte de recursos.

Além de determinado limite, ter-se-ia uma tributação confiscatória e, por conseguinte, contrária à Constituição. Mas definir o que vem a ser efetivamente esse limite não é algo que se possa fazer *a priori*. O que se proíbe é o efeito de confisco, que só pode ser verificado caso a caso, considerando-se a espécie tributária em questão e o substrato econômico sobre o qual incide. A alíquota que, em tese, pode ser considerada confiscatória para tributação da propriedade poderá não merecer a mesma qualificação se incidente sobre consumo.

Não obstante, jurisprudência do Supremo Tribunal Federal admite o exame, pela via do controle de constitucionalidade abstrato, do caráter confiscatório ou não de determinada exação fiscal. Ou seja, não é necessária apreciação de caso concreto para avaliação de ocorrência ou não de efeito confiscatório em tributo. "A proibição constitucional do confisco em matéria tributária – ainda que se trate de multa fiscal resultante do inadimplemento, pelo contribuinte, de suas obrigações tributárias – nada mais representa senão a interdição, pela Carta Política, de qualquer pretensão governamental que possa conduzir, no campo da fiscalidade, à injusta apropriação estatal, no todo ou em parte, do patrimônio ou dos rendimentos dos contribuintes, comprometendo-lhes, pela insuportabilidade da carga tributária, o exercício do direito a uma existência digna, ou a prática de atividade profissional lícita ou, ainda, a regular satisfação de suas necessidades vitais básicas", decidiu-se na ADI 1.075.

Ainda que o art. 150, IV, mencione apenas tributo e não sanção, em numerosos casos, o Supremo Tribunal Federal aplica o princípio também às multas moratórias, quer para justificar sua cobrança, quer para afastá-la[19]. Essa orientação é posta de forma clara no RE 523.471-AgR, no qual se afirma: "Conforme orientação fixada pelo STF, o princípio da vedação ao efeito de confisco aplica-se às multas. Esta Corte já teve a oportunidade de considerar multas de 20% a 30% do valor do débito como adequadas à luz do princípio da vedação do confisco. Caso em que o Tribunal de origem reduziu a multa de 60% para 30%. A mera alusão à mora, pontual e isoladamente considerada, é insuficiente para estabelecer a relação de calibração e ponderação necessárias entre a gravidade da conduta e o peso da punição. É ônus da parte interessada apontar peculiaridades e idiossincrasias do quadro que permitiriam sustentar a proporcionalidade da pena almejada". Na mesma linha, vale citar também o RE 582.461, decidido em sede de repercussão geral, em que restou fixada a seguinte tese: "não é confiscatória a multa moratória no patamar de 20%"[20]. A fim de uniformizar o assunto, foi reconhecida a repercussão geral sobre o tema "limites para a fixação da multa fiscal moratória, tendo em vista a vedação constitucional ao efeito confiscatório" nos autos do RE 882.461, tema 816, o qual se encontra pendente de julgamento de mérito.

---

19 Sobre o tema, vale conferir AI 755.741-AgR, rel. Min. Cezar Peluso, julgamento em 29-9-2009, Segunda Turma, *DJe* de 29-10-2009.

20 RE 582.461, rel. Min. Gilmar Mendes, julgamento em 18-5-2011, Tribunal Pleno, *DJe* 18-8-2011.

4. IMUNIDADES

Tradicionalmente, as imunidades têm sido compreendidas, ao lado dos princípios, como espécies de "limitações ao poder de tributar", na clássica terminologia de Aliomar Baleeiro. A diferença é que, enquanto estes disciplinam a forma de exercício da competência tributária, aquelas estabelecem hipóteses em que a competência não pode ser exercida de forma alguma. As imunidades estabeleceriam verdadeiros limites ou proibições ao exercício do poder de tributar. Em certo sentido, é possível reconhecer nelas meios de demarcar a competência tributária, isto é, diretrizes que compõem o próprio limite daquilo que é demarcado. A competência já nasce delimitada.

A Constituição alberga imunidades genéricas no tocante a todos os impostos, em princípio, além de outras específicas que só se aplicam a determinados impostos. O STF já decidiu, na ADI 939, que algumas imunidades configuram verdadeiras garantias constitucionais em defesa de liberdades públicas consagradas no texto constitucional, tais como liberdade sindical, liberdade de culto, liberdade de organização partidária, liberdade de expressão intelectual e liberdade de informação. Em outras palavras, "A imunidade tributária não constitui um fim em si mesma. Antes, representa um poderoso fato de contensão do arbítrio do Estado na medida em que esse postulado da Constituição, inibindo o exercício da competência impositiva pelo Poder Público, prestigia, favorece e tutela o espaço em que florescem aquelas liberdades públicas".

Entre as imunidades genéricas, está a imunidade recíproca. Trata-se de decorrência do princípio federativo, do princípio da isonomia das pessoas políticas e da autonomia municipal. É regra de imunidade que existiria ainda que não fosse prevista expressamente, já que a tributação, sobretudo por meio de impostos, pressupõe a supremacia daquele que cobra a exação em relação a quem a paga.

Não é dado a uma pessoa política criar embaraços à atuação de outra por meio de impostos. A imunidade recíproca seria, de certo modo, garantia da própria federação. Foi esse o sentido dado à imunidade, no julgamento da ADI 939, ajuizada contra a lei que instituiu o IPMF. Decidiu-se, no caso, que o constituinte derivado não poderia afastar a aplicação da imunidade recíproca, por tratar-se de norma imutável na Constituição, isto é, cláusula pétrea.

A imunidade seria aplicável, sem distinção, também aos impostos cujo ônus econômico se pode transferir a terceiro, como é o caso do IPI e do ICMS. No entanto, não protegeria os entes políticos quando estes é que se situam como contribuintes de fato. É esse o teor da decisão proferida no AI 671.412-AgR: "A jurisprudência do Supremo firmou-se no sentido de que a imunidade de que trata o art. 150, VI, *a*, da CF/1988, somente se aplica a imposto incidente sobre serviço, patrimônio ou renda do próprio Município. O STF firmou entendimento no sentido de que o Município não é contribuinte de direito do ICMS, descabendo confundi-lo com a figura do contribuinte de fato e a imunidade recíproca não beneficia o contribuinte de fato". Quanto às empresas públicas e sociedades de economia mista prestadoras de serviços, a orientação da corte vem no sentido de reconhecer a imunidade a tais entidades, desde que o serviço seja prestado de forma exclusiva e que não haja intuito lucrativo. Assim se fixou a tese no Tema 508 da sistemática de repercussão geral, nos autos do RE 600.867, red. p/ acórdão Min. Luiz Fux, durante a sessão virtual de 14-8-2020 a 21-8-2020: "Sociedade de economia mista, cuja participação acionária é negociada em Bolsas de Valores, e que, inequivocamente, está voltada à remuneração do capital de seus controladores ou acionistas, não está abrangida pela regra de imunidade tributária prevista no art. 150, VI, 'a', da Constituição, unicamente em razão das atividades desempenhadas".

Outra imunidade prevista, no art. 150 da Constituição Federal, é a que beneficia templos de qualquer culto. A palavra "templo", no dispositivo, designa o local onde se pratica toda manifestação organizada de religiosidade, ainda que não seja um prédio. A proteção é válida para qualquer religião licitamente praticada. O Estado é laico: nenhuma religião é acolhida, mas todas são respeitadas. Protege-se aqui a livre manifestação de religiosidade.

Quanto à extensão, a imunidade prevista no art. 150, VI, *b*, CF, abrange não apenas os prédios destinados ao culto, também, o patrimônio, a renda e os serviços relacionados com as finalidades essenciais das entidades nelas mencionadas. O § 4º do dispositivo constitucional serve de vetor interpretativo das alíneas *b* e *c* do inciso VI do art. 150 da CF, como se decidiu no RE 325.822, julgado em 2002.

São também imunes à tributação os partidos políticos e suas fundações, as entidades dos trabalhadores e as instituições de educação e assistência social, atendidos os requisitos da lei. Os partidos devem ser devidamente constituídos na forma de legislação específica, não se considerando como tal os que se destinem a finalidades ilícitas (*v. g.* partido nazista brasileiro). As entidades sindicais imunes restringem-se às dos trabalhadores – não às patronais – e inclui também os sindicatos, federações, confederações e Centrais Sindicais.

Quando o constituinte usa da expressão "instituições de educação e de assistência social", toma-a em sentido amplo para abranger entidades que atuem no campo educacional ou assistencial, sem finalidades lucrativas. No caso desta imunidade, tem-se norma não bastante em si, como diria Pontes de Miranda, ficando a depender de requisitos postos em lei complementar.

Cumpre destacar que o STF firmou entendimento no sentido de que "os requisitos para o gozo de imunidade hão de estar previstos em lei complementar". Trata-se do Tema 32 da sistemática de repercussão geral (RE 566.622. rel. Min. Marco Aurélio, Tribunal Pleno, *DJe* de 23-8-2017). Nessa assentada, a Corte declarou a inconstitucionalidade do art. 55 da Lei n. 8.212/91, que versava sobre requisitos para a imunidade de entidades beneficentes de assistência social, consignado que a lei a que se refere o art. 195, § 7º, do texto constitucional (*"São isentas de contribuição para a seguridade social as entidades beneficentes de assistência social que atendam às exigências estabelecidas em lei"*) é lei complementar e não lei ordinária. Trata-se, portanto, de hipótese de imunidade e não de isenção, tendo em vista estar prevista diretamente na Constituição Federal.

No caso das referidas instituições, faz as vezes de lei complementar, o Código Tributário Nacional, que estabelece no art. 14 os requisitos necessários ao reconhecimento da imunidade: 1) escrituração contábil regular; 2) não distribuição de parcela do seu patrimônio ou renda e 3) não remeter renda ou bens ao exterior.

Nesse caso, "o fato de os imóveis estarem sendo utilizados como escritório e residência de membros da entidade não afasta a imunidade prevista no art. 150, VI, alínea *c*, § 4º, da CF" (RE 221.395). O importante é que não se perca a vinculação entre o uso do bem e as finalidades essenciais à instituição. Já se decidiu inclusive que "eventual renda obtida pela instituição de assistência social mediante cobrança de estacionamento de veículos em área interna da entidade, destinada ao custeio das atividades desta, está abrangida pela imunidade prevista no dispositivo sob destaque" (RE 144.900). Os cemitérios, entendidos como extensões de entidades de cunho religioso, estão abrangidos pela garantia contemplada no art. 150 da Constituição do Brasil (RE 578.562).

No julgamento dos Embargos de Divergência no RE 210.251/SP, o STF firmou precedente estendendo o alcance da imunidade prevista no art. 150, VI, *c*, da Constituição Federal para alcançar inclusive tributos ditos "indiretos", desde que situada a entidade imune como contribuinte de direito. O caso tratava de instituição beneficente que buscava imunidade em relação ao ICMS cobrado pelo fisco paulista sobre o comércio de pães por ela produzido. Decidiu-se que a referida atividade estava abrangida pela imunidade mencionada, ainda que o ônus econômico pudesse ser transferido ao consumidor final. A imunidade viria a título de incentivar e incrementar a eficiência dos serviços prestados pela entidade imune, justificando-se, dessa forma, a vantagem concorrencial eventualmente ensejada pela regra imunizante.

A Constituição traz ainda a imunidade dos livros, jornais, periódicos e papel destinado à sua impressão. Protege-se aqui a liberdade de expressão e pensamento, bem como o direito à educação e à cultura, dando-lhes meios materiais para que se realizem. Nos termos da jurisprudência atual do STF, "além do próprio papel de impressão, a imunidade tributária conferida aos livros, jornais e periódicos também alcança o chamado papel fotográfico – filmes não impressionados" (RE 203.859, rel. Min. Carlos Velloso, julgamento em 11-12-2006, Plenário, *DJ* de 24-8-2001). Não se estende, porém, a ponto de alcançar "outros insumos não compreendidos no significado da expressão 'papel destinado à sua impressão'" (RE 324.600-AgR, rel. Min. Ellen Gracie, julgamento em 3-9-2002, Primeira Turma, *DJ* de 25-10-2002), ou seja, não "há de ser estendida a imunidade de impostos prevista no dispositivo constitucional sob referência, concedida ao papel destinado exclusivamente à impressão de livros, jornais e periódicos, aos serviços de composição gráfica necessários à confecção do produto final" (RE 230.782, rel. Min. Ilmar Galvão, julgamento em 13-6-2000, Primeira Turma, *DJ* de 10-11-2000).

O tema da imunidade do chamado "livro eletrônico" teve repercussão geral reconhecida pelo Tribunal, tendo como processo-paradigma o RE 330.817, de relatoria do Ministro Dias Toffoli. No julgamento do mérito, a Corte fixou tese no sentido de que: "*a imunidade tributária constante do art. 150, VI,* d, *da CF/88 aplica-se ao livro eletrônico* (e-book)*, inclusive aos suportes exclusivamente utilizados para fixá-lo.*" Na assentada, a Corte entendeu que a interpretação das imunidades tributárias deve levar em conta os novos fenômenos sociais, culturais e tecnológicos, sob pena de esvaziamento das normas imunizantes pelo mero decurso do lapso temporal. Durante a sessão plenária de 15-4-2020, foi aprovada a Súmula Vinculante 57, com o seguinte teor: "*A imunidade tributária constante do art. 150, VI,* d, *da CF/88 aplica-se à importação e comercialização, no mercado interno, do livro eletrônico* (e-book) *e dos suportes exclusivamente utilizados para fixá-los, como leitores de livros eletrônicos* (e-readers)*, ainda que possuam funcionalidades acessórias*".

Também submetido à sistemática da repercussão geral, vale mencionar o RE 595.676, de relatoria do Ministro Marco Aurélio, no qual se pretende definir o alcance da regra de imunidade prevista no art. 150, VI, *d* – "livros, jornais, periódicos e o papel destinado a sua impressão" –, a fim de estabelecer se itens – materiais complementares (ex.: peças, ferramentas, CDs e DVDs) – que acompanham material didático e não configurem papel nem insumo de livro podem ser abarcados pela regra de imunidade constitucional.

Em 8-3-2017, a Corte julgou o mérito do referido recurso, fixando a tese no sentido de que "a imunidade da alínea *d* do inciso VI do artigo 150 da Constituição Federal alcança componentes eletrônicos destinados, exclusivamente, a integrar unidade didática com fascículos".

Ainda no campo da imunidade cultural em sentido amplo, a Emenda Constitucional n. 75, de 15 de outubro de 2013, acrescentou a alínea *e* ao inciso VI do art. 150 da Constituição Federal, de forma a conferir imunidade sobre: *"fonogramas e videofonogramas musicais produzidos no Brasil contendo obras musicais ou literomusicais de autores brasileiros e/ou obras em geral interpretadas por artistas brasileiros bem como os suportes materiais ou arquivos digitais que os contenham, salvo na etapa de replicação industrial de mídias ópticas de leitura a* laser". Essa limitação ao poder de tributar ficou conhecida como imunidade musical e busca favorecer a produção musical brasileira. Sobre esse assunto, vale ressaltar que o STF reconheceu, em 3-4-2020, a existência de repercussão geral da seguinte questão: "Alcance da imunidade tributária prevista no artigo 150, inciso VI, alínea *e*, da Constituição Federal, em relação a suportes materiais importados e produzidos fora do Brasil que contenham obras musicais de artistas brasileiros". Trata-se do Tema 1.083, ARE 1244302, que foi distribuído pelo presidente do STF à relatoria do Ministro Gilmar Mendes.

A Constituição traz ainda algumas imunidades que dizem respeito a impostos específicos: 1) imunidade das receitas decorrentes de exportações às contribuições sociais e de intervenção no domínio econômico (art. 149, § 2º, I); 2) em relação ao IPI de produtos destinados à exportação (art. 153, § 3º, III); 3) de pequenas glebas rurais em relação ao ITR, quando o proprietário que as explore não possua outro imóvel (art. 153, § 4º, II); 4) ICMS para exportação (art. 155, § 2º, X, *a*); 5) ICMS sobre operações que destinem petróleo e derivados e energia elétrica a outros estados (art. 155, § 2°, X, *b*); 6) ICMS sobre ouro como ativo financeiro (art. 155, § 2º, X, *c*); 7) imunidade das operações de transferência de imóveis desapropriados para reforma agrária (art. 184, § 5º).

5. ESTATUTO DO CONTRIBUINTE

Como visto, é na Constituição Federal que se encontra o estatuto fundamental do contribuinte. Ao traçar as balizas fundamentais da competência tributária, resguardam-se, direta e independentemente de mediação legislativa, os direitos e garantias fundamentais do contribuinte. Direitos oponíveis ao fisco, decerto.

No julgamento da ADI 939, de relatoria do Ministro Sydney Sanches, no qual se discutia a validade do Imposto sobre Movimentações Financeiras (IPMF), acrescido pela EC n. 3/93, o tribunal reconheceu que os limites ao poder de tributar podem ser tomados como direitos individuais do contribuinte, e, portanto, cláusulas pétreas na ordem constitucional de 1988. Estavam em questão disposições da Emenda Constitucional n. 3, de 17 março de 1993, que afastavam a aplicação do art. 150, III, *b* (anterioridade), e VI (imunidades tributárias), ao novo imposto criado. Entendeu o tribunal que tais limitações consistiam em cláusulas pétreas, declarando por conseguinte a inconstitucionalidade da emenda constitucional em questão. Do ponto de vista do contribuinte, as limitações ao poder de tributar representam, portanto, verdadeiros direitos individuais, protegidos pela cláusula de irrevogabilidade do inciso IV do § 4º do art. 60 da Constituição[21].

Na mesma linha, diversos outros precedentes do Supremo Tribunal Federal já assentaram a existência de um conjunto de direitos e garantias que dão forma ao "Estatuto Constitucional do Contribuinte". Trata-se de limitar o poder estatal de impor tributos em benefícios do direito de propriedade e das liberdades individuais do cidadão-contribuinte. A propósito do tema, vale mencionar manifestação do Ministro Celso de Mello, no julgamento da ADI 4.661-MC/DF:

> "O fundamento do poder de tributar – tal como tem sido reiteradamente enfatizado pela jurisprudência desta Suprema Corte (RTJ 167/661, 675-676) – reside, em essência, no dever jurídico de estrita fidelidade dos entes tributantes ao que imperativamente dispõe a Constituição da República.
>
> Cabe relembrar, neste ponto, consideradas as observações que venho de fazer, a clássica advertência de OROSIMBO NONATO, consubstanciada em decisão proferida pelo Supremo Tribunal Federal (RE 18.331/SP), em acórdão no qual aquele eminente e saudoso Magistrado acentuou, de forma particularmente expressiva, à maneira do que já o fizera o Chief Justice JOHN MARSHALL, quando do julgamento, em 1819, do célebre caso 'McCulloch v. Maryland', que 'o poder de tributar não pode chegar à desmedida do poder de destruir' (RF 145/164 – RDA 34/132), eis que – como relembra BILAC PINTO, em conhecida conferência sobre "Os Limites do Poder Fiscal do Estado" (RF 82/547-562, 552) – essa extraordinária prerrogativa estatal traduz, em essência, 'um poder que somente pode ser exercido dentro dos limites que o tornem compatível com a liberdade de trabalho, de comércio e de indústria e com o direito de propriedade' (grifei).
>
> Daí a necessidade de rememorar, sempre, a função tutelar do Poder Judiciário, investido de competência institucional para neutralizar eventuais abusos das entidades governamentais, que, muitas vezes deslembradas da existência, em nosso sistema jurídico, de um verdadeiro 'estatuto constitucional do contribuinte', consubstanciador de direitos e garantias oponíveis ao poder impositivo do Estado (Pet 1.466/PB, rel. Min. Celso de Mello, "in" Informativo/STF n. 125), culminam por asfixiar, arbitrariamente, o sujeito passivo da obrigação tributária, inviabilizando-lhe, injustamente, o exercício de atividades legítimas, o que só faz conferir permanente atualidade às palavras do Justice Oliver Wendell Holmes, Jr. ('The power to tax is not the power to destroy while this Court sits'), em 'dictum' segundo o qual, em livre tradução, 'o poder de tributar não significa nem envolve o poder de destruir, pelo menos enquanto existir esta Corte Suprema', proferidas, ainda que como 'dissenting opinion', no julgamento, em 1928, do caso 'Panhandle Oil Co. v. State of Mississippi Ex Rel. Knox' (277 U.S. 218).
>
> É por isso que não constitui demasia reiterar a advertência de que a prerrogativa institucional de tributar, que o ordenamento positivo reconhece ao Estado, não lhe outorga o

21 Sobre o tema, ver: Celso de Barros Correia Neto, *Os impostos e o estado de direito*. São Paulo: Almedina, 2017.

poder de suprimir (ou de inviabilizar) direitos de caráter fundamental, constitucionalmente assegurados ao contribuinte, pois este dispõe, nos termos da própria Carta Política, de um sistema de proteção destinado a ampará-lo contra eventuais excessos (ou ilicitudes) cometidos pelo poder tributante ou, ainda, contra exigências irrazoáveis veiculadas em diplomas normativos editados pelas instâncias governamentais".

Nada obstante, observa-se no Brasil, como no exterior, a tendência de se legislar sobre direitos do contribuinte sob a forma de Códigos ou estatutos, disciplinando a atuação de fiscalização, lançamento e cobrança da Administração Tributária. Sobre a possível elaboração de um código de defesa do contribuinte, Everardo Maciel (secretário da Receita Federal do Brasil, no período de 1995 a 2002), opina em sentido negativo. "Muitos países editaram códigos de direitos dos contribuintes. Entendo que, no Brasil, seria preferível incluí-lo como um capítulo do Código Tributário Nacional, para deixar claro que regras gerais de tributação devem se fazer acompanhar daqueles direitos"[22].

Tramitam no Congresso Nacional diferentes iniciativas com esse teor.

Em grande medida, um estatuto do contribuinte é lei que a todos diz respeito, já que a categoria de contribuinte é qualidade que se pode atribuir a todo cidadão, direta ou indiretamente, de fato ou de direito. Iniciativas semelhantes podem ser encontradas, no nível estadual, em Minas Gerais (Lei n. 13.515/2000) e em São Paulo (Lei Complementar n. 939/2003). Ambas as leis, assim como as proposições que tramitam no Congresso Nacional, revelam preocupações semelhantes. Regulamentam a relação Fisco-contribuinte, visando à atuação eficiente e à prevenção e reparação de danos que possam ser eventualmente causados pela Administração Tributária.

Em São Paulo, a Lei Complementar n. 939/2003 instituiu o "Código de Direitos, Garantias e Obrigações do Contribuinte" daquele Estado-membro. Entre os objetivos do diploma legislativo estão: (1) a promoção do bom relacionamento entre o Fisco e o contribuinte; (2) a proteção do contribuinte contra o exercício abusivo dos poderes atribuídos à Administração Tributária, notadamente os de fiscalizar, de lançar e de cobrar tributo instituído em lei; (3) a garantia da ampla defesa dos direitos do contribuinte no âmbito do processo administrativo-fiscal e (4) a prevenção e reparação dos danos que possam decorrer de abuso do Fisco.

Definindo contribuinte de forma ampla, a lei paulista prevê sua aplicação a todos aqueles que, direta ou indiretamente, relacionem-se com a Administração Pública em sua atividade de fiscalização e cobrança de tributos. A qualificação seria aplicável, para efeitos da lei em questão, ainda que rigorosamente não estejam enquadrados no conceito de contribuinte posto no CTN. A abrangência do conceito faz lembrar as preocupações em torno da definição de consumidor, posta no art. 2º, do Código de Defesa do Consumidor, bem como a equiparação procedida pelo art. 17 da mesma lei.

A Lei Complementar paulista n. 939/2003 arrola direitos, garantias e obrigações dos contribuintes. Segundo a referida lei, seriam direitos do contribuinte, entre outros: (1) o adequado, eficaz e isonômico atendimento pelos órgãos e unidades da Secretaria

22 Everardo Maciel, *Direitos humanos e tributação,* O Estado de S. Paulo, 1-11-2010.

da Fazenda; (2) a identificação do servidor nas repartições públicas e nas ações fiscais; (3) o acesso a dados e informações, pessoais e econômicas, que a seu respeito constem em qualquer espécie de registro dos órgãos da Administração Tributária, bem como a eliminação de dados falsos ou obtidos por meios ilícitos; (4) a obtenção de certidão sobre atos, contratos, decisões ou pareceres constantes de registros ou autos de procedimentos de seu interesse em poder da Administração Pública; (5) a apresentação de ordem de fiscalização ou outro ato administrativo autorizando a execução de auditorias fiscais ou procedimentos de outra ordem; (6) a recusa a prestar informações por requisição verbal, se preferir notificação por escrito; (7) a informação sobre os prazos de pagamento e reduções de multa, quando autuado; (8) a preservação do sigilo relativo a documentos, negócios e operações; (9) a representação contra abusos das autoridades; (10) o ressarcimento por danos causados por agente da Administração Tributária, agindo nessa qualidade e (11) convalidação, com efeitos retroativos, de ato praticado pela Administração Fazendária que apresentar defeito sanável ou erro notoriamente escusável, salvo quando dela resultar lesão ao interesse público e desde que haja o pagamento integral do tributo.

A mesma lei inclui ainda garantias do contribuinte contra o fisco, entre as quais se destacam: (1) a presunção relativa da verdade nos lançamentos contidos em seus livros e documentos contábeis ou fiscais, quando fundamentados em documentação hábil e (2) a liquidação antecipada, total ou parcial, do crédito tributário parcelado, com redução proporcional dos juros e demais acréscimos incidentes sobre a parcela remanescente.

Ao menos em parte, é possível afirmar que muitos dos direitos tratados nos mencionados códigos ou estatutos já estão previstos diretamente na Constituição Federal ou no Código Tributário Nacional. Nada obstante, em princípio, não se pode recriminar a iniciativa, se efetivamente vier a contribuir para efetivação dos direitos fundamentais, bem como para a reparação dos danos que decorram de sua violação.

6. TRIBUTAÇÃO E SIGILO BANCÁRIO

Nas preocupações concernentes aos direitos fundamentais do contribuinte, incluem-se as que dizem respeito ao alcance do poder fiscalizatório da Administração Fiscal e suas implicações na esfera individual do cidadão. Uma dessas preocupações refere-se à proteção da intimidade do contribuinte e ao sigilo de operações bancárias. O tema é objeto da Lei Complementar n. 105/2001, que dispõe sobre o sigilo das operações de instituições financeiras.

O art. 6º da Lei Complementar n. 105/2001 permite às autoridades fiscais da União, dos Estados, do Distrito Federal e dos Municípios examinar documentos, livros e registros de instituições financeiras, inclusive os referentes a contas de depósitos e aplicações financeiras, desde que haja processo administrativo instaurado ou procedimento fiscal em curso e tais exames sejam considerados indispensáveis pela autoridade administrativa competente.

Essa prerrogativa atribuída ao Fisco é regulamentada pelo Decreto n. 3.724, de 10 de janeiro de 2001.

Contra a Lei Complementar n. 105/2001, foram ajuizadas as ADIs 2.386, 2.389, 2.390, 2.397 e 2.406. Não obstante, a questão do sigilo bancário foi primeiramente examinada no julgamento da Ação Cautelar n. 33, julgada em 24-11-2011, e no Recurso Extraordinário n. 389.808, julgado em 15-12-2010.

Ambos, a Ação Cautelar n. 33 e o Recurso Extraordinário n. 389.808, versam os limites do direito ao sigilo bancário e a possibilidade de opô-lo ao Fisco. Em questão, a defesa do interesse fiscal, consubstanciada no acesso do Fisco às transações bancárias de contribuinte, em tensão com os valores de proteção da intimidade e do sigilo. No caso, pretendeu a Receita Federal do Brasil obter informações bancárias de contribuinte mediante transferência de sigilo, que passaria do banco para o Fisco. Contra a transferência de seus dados bancários à Receita Federal, o recorrente e autor da ação cautelar impetrou mandado de segurança na Justiça Federal com o objetivo de afastar a aplicação da Lei Complementar n. 105/2001 e do Decreto n. 3.724/2001. O caso veio a julgamento em recurso extraordinário, acompanhado de ação cautelar inominada, pela qual se pleiteava a concessão de efeitos suspensivos ao recurso.

De início, o Ministro Marco Aurélio concedeu a cautelar pleiteada na Ação Cautelar n. 33 para o fim de conceder efeitos suspensivos ao recurso extraordinário interposto. A cautelar, no entanto, não foi referendada pelo Plenário, que entendeu que o acesso da Receita Federal à movimentação bancária não iria de encontro à vedação da exposição da vida privada ao domínio público. Consta da decisão:

> "RECURSO EXTRAORDINÁRIO. TUTELA DE URGÊNCIA (PODER GERAL DE CAUTELA). REQUISITOS. AUSÊNCIA. PROCESSUAL CIVIL. REFERENDO DE DECISÃO MONOCRÁTICA (ART. 21, V, DO RISTF). CONSTITUCIONAL. TRIBUTÁRIO. DADOS BANCÁRIOS PROTEGIDOS POR SIGILO. TRANSFERÊNCIA DE INFORMAÇÕES SIGILOSAS DA ENTIDADE BANCÁRIA AO ÓRGÃO DE FISCALIZAÇÃO TRIBUTÁRIA FEDERAL SEM PRÉVIA AUTORIZAÇÃO JUDICIAL. LEI COMPLEMENTAR 105/2001. LEI 10.174/2001. DECRETO 3.724/2001. A concessão de tutela de urgência ao recurso extraordinário pressupõe a verossimilhança da alegação e o risco do transcurso do tempo normalmente necessário ao processamento do recurso e ao julgamento dos pedidos. Isoladamente considerado, o ajuizamento de ação direta de inconstitucionalidade sobre o tema é insuficiente para justificar a concessão de tutela de urgência a todo e qualquer caso. Ausência do risco da demora, devido ao considerável prazo transcorrido entre a sentença que denegou a ordem e o ajuizamento da ação cautelar, sem a indicação da existência de qualquer efeito lesivo concreto decorrente do ato tido por coator (21-9-2001 – 30-6-2003). Medida liminar não referendada. Decisão por maioria".

Tal orientação, entretanto, foi alterada no julgamento do RE 389.808/PR. No julgamento, a Corte decidiu que a Receita Federal não tem poder de decretar, ela própria, a quebra do sigilo bancário do contribuinte:

> "SIGILO DE DADOS – AFASTAMENTO. Conforme disposto no inciso XII do artigo 5º da Constituição Federal, a regra é a privacidade quanto à correspondência, às comunicações telegráficas, aos dados e às comunicações, ficando a exceção – a quebra do sigilo – submetida ao crivo de órgão equidistante – o Judiciário – e, mesmo assim, para efeito de

investigação criminal ou instrução processual penal. SIGILO DE DADOS BANCÁRIOS – RECEITA FEDERAL. Conflita com a Carta da República norma legal atribuindo à Receita Federal – parte na relação jurídico-tributária – o afastamento do sigilo de dados relativos ao contribuinte".

Em seu voto, o relator, Ministro Marco Aurélio, enfatizou que o art. 5º, XII, da Constituição Federal preserva a inviolabilidade do sigilo das pessoas, salvo duas exceções: quando determinada pelo Poder Judiciário, que deve fundamentar sua decisão e ter como única finalidade a investigação criminal ou instrução processual, ou pelas Comissões Parlamentares de Inquérito. De acordo com o relator, também estava em questão a própria dignidade da pessoa humana, na medida em que a vida em sociedade pressupõe segurança e estabilidade, não a surpresa. E, para tanto, necessário é garantir a inviolabilidade das informações do cidadão.

Em 24 de fevereiro de 2016, todavia, o Supremo Tribunal Federal modificou seu entendimento em relação à matéria, ao apreciar o mérito das ADI 2.390/DF, ADI 2.386/DF, ADI 2.397/DF e ADI 2.859/DF. O Tribunal declarou a constitucionalidade dos arts. 5º e 6º da Lei Complementar n. 105/2001, que, regulamentados pelos Decretos n. 3.724, de 10 de janeiro de 2001, e n. 4.489, de 28 de novembro de 2009, preveem a possibilidade de a Administração Tributária requisitar, de instituições financeiras, informações sigilosas dos contribuintes quando houver processo administrativo instaurado ou procedimento fiscal em curso e tais exames sejam considerados indispensáveis pela autoridade administrativa competente.

A decisão da Corte reconheceu que, desde que devidamente regulamentado, o procedimento previsto na Lei Complementar n. 105/2001 não se traduz em quebra do sigilo bancário, mas sim em mera transferência de dados sigilosos de determinado portador para outro. O voto relator de lavra do Min. Dias Toffoli ressaltou que a regulamentação da matéria no âmbito estadual e municipal deverá obrigatoriamente observar as seguintes garantias:

a) Pertinência temática entre as informações bancárias requeridas na forma do art. 6º da LC 105/2001 e o tributo objeto de cobrança no processo administrativo instaurado;

b) Prévia notificação do contribuinte quanto à instauração do processo (leia-se, o contribuinte deverá ser notificado da existência do processo administrativo previamente à requisição das informações sobre sua movimentação financeira) e relativamente a todos os demais atos;

c) Submissão do pedido de acesso a um superior hierárquico do agente fiscal requerente;

d) Existência de sistemas eletrônicos de segurança que sejam certificados e com registro de acesso, de modo que torne possível identificar as pessoas que tiverem acesso aos dados sigilosos, inclusive para efeito de responsabilização na hipótese de abusos;

e) Estabelecimento de mecanismos efetivos de apuração e correção de desvios;

f) Amplo acesso do contribuinte aos autos, garantindo-lhe a extração de cópias de quaisquer documentos e decisões, de maneira a permitir que possa exercer a todo tempo o controle jurisdicional dos atos da administração, segundo atualmente dispõe a Lei n. 9.784/99.

Ainda sobre esse assunto, cabe esclarecer que, em 4-12-2019, foi fixada tese no Tema 990 da sistemática de repercussão geral (RE 1.055.941, rel. Min. Dias Toffoli), com a seguinte redação:

> "1. É constitucional o compartilhamento dos relatórios de inteligência financeira da UIF e da íntegra do procedimento fiscalizatório da Receita Federal do Brasil, que define o lançamento do tributo, com os órgãos de persecução penal para fins criminais, sem a obrigatoriedade de prévia autorização judicial, devendo ser resguardado o sigilo das informações em procedimentos formalmente instaurados e sujeitos a posterior controle jurisdicional. 2. O compartilhamento pela UIF e pela RFB, referente ao item anterior, deve ser feito unicamente por meio de comunicações formais, com garantia de sigilo, certificação do destinatário e estabelecimento de instrumentos efetivos de apuração e correção de eventuais desvios".

7. PARTILHA DE RECEITAS NA ASSEMBLEIA CONSTITUINTE

A partilha das receitas, especialmente dos impostos, é uma questão fundamental do pacto federativo brasileiro, assim como de qualquer Estado fiscal que se estruture na forma de federação. Como se sabe, o modelo brasileiro caracteriza-se por processo de sístoles e diástoles do poder financeiro, ora concentrando receitas no ente central, ora diluindo-as entre entes regionais ou locais, com o cenário político vigente em cada momento histórico.

A década de 1980 é marcada pelo avanço do poder dos governadores, alterando-se o quadro político que se mantinha desde 1964, período no qual houve forte e crescente concentração de poder político e econômico nas mãos da União. O processo de redemocratização do país e descentralização fiscal, que já vinha em curso anos antes, resultou, anos mais tarde, no movimento pelas eleições presidenciais diretas e na formação da Assembleia Nacional Constituinte que deu origem à Constituição hoje vigente.

Mesmo antes da promulgação da nova Constituição brasileira, o processo de redistribuição institucional de renda já se fazia sentir como consequência natural da redistribuição do poder político. Como afirma José Roberto Afonso, "a descentralização de receita é anterior à Assembleia Constituinte. Na verdade, o que os constituintes promoveram foi a regulamentação, regularização e aprofundamento do processo"[23].

As Emendas Constitucionais n. 17, 23 e 27, desse período, foram um claro exemplo disso. A Emenda Constitucional n. 17/80 aumentou o valor das transferências via fundo de participação. A Emenda Constitucional n. 23/83, Emenda "Passos Porto", como ficou conhecida, ampliou novamente o repasse aos Estados e Municípios. No caso do Fundo de Participação dos Estados, o incremento passou de 11% para 12,5%, em 1984, e para 14% em 1985; no caso do Fundo de Participação dos Municípios, para

23 José Roberto Afonso, Julio César Maciel Raimundo, Erika Amorim Araújo, *Breves notas sobre o federalismo no Brasil*, Mimeo, BNDES – Secretaria para Assuntos Fiscais, 12/1997.

16%. Em 1987, tal percentual subiu para 17%, por força de novo aumento promovido pela Emenda Constitucional n. 27[24].

O rearranjo político promovido pela Constituição Federal de 1988 foi impulsionado por duas grandes forças. De um lado, a luta por descentralização política e garantia de autonomia aos entes subnacionais, especialmente os municípios. De outro, o desejo de ampliação do elenco de direitos fundamentais constitucionalmente assegurados, especialmente os direitos sociais, e de torná-los universais para todos os brasileiros. Esses dois elementos foram componentes preponderantes para o desenho do quadro fiscal ainda hoje vigente na Constituição[25].

A luta por autonomia política por parte de Estados e Municípios iria necessariamente afetar a partilha de recursos públicos. A desejada autonomia política não poderia existir sem que estivesse aliada à autonomia financeira, e esta, no contexto de um Estado fiscal, depende, fundamentalmente, da divisão de competências tributárias e da partilha do produto arrecadação tributária. Para os Estados e Municípios de maior potencial econômico, a autonomia poderia ser, em grande medida, assegurada por meio de suas próprias receitas tributárias, desde que a discriminação de suas competências fosse-lhes favorável. Cuidou-se, então, de ampliar as competências estaduais incluindo no âmbito do ICMS fatos econômicos antes sujeitos exclusivamente à competência tributária federal: combustíveis, energia elétrica e telecomunicações[26].

A partilha do produto da arrecadação dos impostos federais, por sua vez, foi novamente ampliada com a Constituição de 1988, inclusive como forma de promover a autonomia financeira dos entes menos favorecidos economicamente. Estabeleceu-se, para tanto, que 47%[27] do produto da arrecadação do imposto de renda e proventos de qualquer natureza, assim como do imposto sobre produtos industrializados, seriam destinados aos Estados e municípios, por meio dos respectivos Fundos de Participação.

Aos Estados-membros, por meio do FPE, coube 21,5% do IR e do IPI arrecadado pela União. Aos Municípios, por meio do FPM, coube 22,5% do IR e do IPI arrecadados pela União. Em 2007, por força de Emenda Constitucional n. 55, esse percentual foi acrescido de mais 1% a ser entregue aos municípios no primeiro decêndio do mês de dezembro de cada ano. Em 2014, o texto constitucional é alterado outra vez. A Emenda Constitucional n. 84/2014 acrescenta mais um ponto percentual ao FPM, devendo o respectivo montante ser entregue no primeiro decêndio do mês de julho de cada ano. Seriam ainda aplicados 3% em programas de financiamento ao setor produtivo das Re-

24 Francisco Luiz Cazeiro Lopreato, *O colapso das finanças estaduais e a crise da federação*, São Paulo: Editora UNESP, UNICAMP, 2002, p. 102 e 103.

25 Fernando Rezende; Fabrício Oliveira; Erika Araújo, *O dilema fiscal*: remendar ou reformar? Rio de Janeiro: Editora FGV, 2007, p. 11, 12 *et passim*.

26 Constituição da República Federativa do Brasil de 1967: "Art. 22. Compete à União decretar impostos sobre: (...) VII – serviços de transporte e comunicações, salvo os de natureza estritamente municipal; VIII – produção, importação, circulação, distribuição ou consumo de lubrificantes e combustíveis líquidos e gasosos; IX – produção, importação, distribuição ou consumo de energia elétrica; X – extração, circulação, distribuição ou consumo de minerais do País".

27 Este percentual sobe para 48% com a Emenda Constitucional n. 55/2007 e para 49% com a Emenda Constitucional n. 84/2014.

giões Norte, Nordeste e Centro-Oeste, por meio de instituições financeiras de caráter regional, na forma da lei.

Não obstante a significativa descentralização de receitas promovida pela Constituição Federal de 1988, nos anos seguintes, a União, por meio das contribuições (cuja receita não é partilhada com os demais entes), conseguiu reverter o quadro constitucional de partilha de receitas, concentrando em seu poder a maior parte das receitas tributárias arrecadadas.

7.1. O STF e o Fundo de Participação dos Estados

A distribuição de receitas via Fundos de Participação[28] faz-se em duas etapas. Os percentuais previstos na Constituição Federal indicam o quanto da receita arrecadada pela União deve ser repassada aos Estados e Municípios, mas não determina o quanto cada Estado ou Município individualmente considerado deverá receber.

A determinação dos critérios de rateio cabe à lei complementar prevista no art. 161, II, da Constituição Federal, que, na distribuição dos recursos dos fundos de participação, deverá objetivar a promoção do equilíbrio socioeconômico de Estados e Municípios. No caso do Fundo de Participação dos Municípios, os critérios são determinados pelo Código Tributário Nacional (CTN) e pela Lei Complementar n. 62, de 28 de dezembro de 1989, com as modificações decorrentes da legislação superveniente, que considera fatores representativos da população e do inverso da renda *per capita*.

O CTN também era responsável por fixar os critérios para a partilha dos recursos do Fundo de Participação dos Estados (FPE) até a entrada em vigor da Lei Complementar n. 62/89. Inicialmente, os coeficientes de participação dos Estados e do Distrito Federal fixados pela LC 62/89 deveriam vigorar apenas até 1992, ano a partir do qual seriam fixados por lei específica sobre o tema. Contudo, seu prazo de vigência foi sucessivamente prorrogado pelas Leis Complementares n. 71/92, 72/93, e 74/94.

Os critérios de partilha eleitos pela LC 62/89, para o FPE, foram objetos de quatro ADIs (ADI 875/DF, ADI 1.987/DF, ADI 2.727/DF e ADI 3.243/DF), julgadas conjuntamente em 2010. No caso, argumentou-se que a Lei Complementar não possuía critérios para rateio, fato que estaria em desacordo com o art. 161, II, CF, que estabelece a necessidade de sua existência, com objetivo de promover o equilíbrio socioeconômico entre Estados e Municípios.

Essas ações foram julgadas procedentes para declarar a inconstitucionalidade, sem a pronúncia da nulidade, do art. 2º, incs. I e II, §§ 1º, 2º e 3º, e do Anexo Único, da Lei Complementar n. 62/89. Assegurou-se, no entanto, a aplicação dos referidos dispositivos até 31 de dezembro de 2012, data limite para edição de nova lei complementar, dispondo sobre os critérios de rateio do FPE.

Posteriormente, em decisão monocrática proferida na ADO n. 23, o Ministro Ricardo Lewandowski, deferiu em parte a liminar pleiteada, para garantir aos Estados e

28 Cf. José Maurício Conti, *Federalismo fiscal e fundos de participação*. São Paulo: Oliveira Mendes, 2001.

ao Distrito Federal o repasse, pela União, das verbas do fundo a que alude o art. 159, I, *a*, da Constituição da República, em conformidade com os critérios anteriormente vigentes, por mais 150 dias.

Finalmente, em 18 de julho de 2013, foi publicada a Lei Complementar n. 143, para dispor sobre os novos critérios de rateio do Fundo de Participação dos Estados e do Distrito Federal (FPE). A nova lei manteve os coeficientes individuais de participação previstos no Anexo Único da Lei Complementar n. 62/1989, até 31 de dezembro de 2015, e estabeleceu novas diretrizes para a distribuição dos recursos a serem aplicadas a partir de janeiro de 2016, levando em conta combinação de fatores representativos da população e do inverso da renda domiciliar *per capita* da entidade beneficiária, tal como definidos na lei.

Contra a nova lei, tramita atualmente a ADI 5.069, ajuizada pelo Governador do Estado de Alagoas. A ação é de relatoria da Ministra Cármen Lúcia e teve seu julgamento iniciado, no âmbito do Plenário Virtual, em 5 de junho de 2020. Na inicial, afirma-se que LC 143/2013 não está de acordo com o que determina a Constituição Federal, especialmente o disposto nos arts. 3º, III, e 161, II. Os fundamentos são, em grande medida, semelhantes aos que justificaram a declaração de inconstitucionalidade da ADI 875. A relatora, acompanhada pelo Ministro Edson Fachin, votou no sentido de julgar "parcialmente prejudicada a ação direta quanto ao inc. I do art. 2º da Lei Complementar n. 62/1989, alterado pela Lei Complementar n. 143/2013, e ao Anexo Único da Lei Complementar n. 62/1989 e, na parte remanescente, julgavam procedente o pedido para reconhecer a inconstitucionalidade dos incs. II e III e do § 2º do art. 2º da Lei Complementar n. 62/1989, alterados pela Lei Complementar n. 143/2013, sem pronúncia de nulidade, mantendo-se a aplicação desses dispositivos legais até 31.12.2022 ou até a superveniência de nova legislação sobre a matéria". O feito encontra-se pendente de julgamento em razão de pedido de vista do Ministro Gilmar Mendes.

7.2. Competência tributária

Num Estado federal lastreado em tributos, como é o brasileiro, há fundamentalmente duas formas de se assegurar a autonomia financeira das pessoas jurídicas de direito público: partilhar competências tributárias e partilhar o produto da arrecadação. Os dois caminhos foram adotados pelo constituinte brasileiro de 1988, ambos apontando para o mesmo objetivo: a descentralização fiscal.

O desenho da partilha constitucional de receitas fez-se com considerável descentralização em favor de Estados e, sobretudo, Municípios. Os impostos foram divididos pela materialidade de suas hipóteses entre União, Estados e Municípios, cabendo ao Distrito Federal competência para instituir tanto tributos municipais quanto estaduais (art. 147).

A União ficou com a competência para tributar importação, exportação, renda e proventos de qualquer natureza, produtos industrializados, operações de crédito, câmbio e seguro, ou relativas a títulos ou valores mobiliários, propriedade territorial rural e grandes fortunas, de acordo com o que prevê o art. 153 da Constituição Federal. Este último, como se sabe, nunca chegou a ser criado, em que pese as várias proposições legislativas que tramitam no Congresso Nacional sobre o tema[29]. Se, efetivamente, instituído, ter-se-ia mais um imposto a incidir sobre o patrimônio além dos hoje vigentes: IPVA, ITR e IPTU. No caso do imposto sobre grandes fortunas, no entanto, seria necessária a edição de lei complementar para sua instituição, ao contrário do que ocorre com os demais, para os quais basta lei ordinária.

A União também detém competência residual para instituir, por lei complementar, outros impostos, desde que não sejam cumulativos, nem repitam base de cálculo ou fato gerador já previstos na CF (art. 154, I, da CF/88). Vinte por cento do produto da arrecadação do imposto que a União instituir no exercício da competência residual deverá ser repassado aos Estados e ao Distrito Federal, por força do disposto no art. 157, II, da Constituição Federal[30].

Aos Estados cabe a competência para tributar transmissão *causa mortis* e doação, de quaisquer bens ou direitos, operações relativas à circulação de mercadorias e sobre prestações de serviços de transporte interestadual e intermunicipal e de comunicação e propriedade de veículos automotores (art. 155 da CF/88). Na Constituição de 1988, consolidou-se a capacidade de tributação dos Estados-membros, pela ampliação da base econômica tributável pelo ICMS, que chegou a absorver cinco antigos impostos federais, como destacam Serra e Afonso[31].

A previsão de competência para tributação de operações relativas à circulação de mercadorias é particularidade do sistema tributário brasileiro. Não se tem notícia de outro país em que se atribua competência para tributar fato econômico semelhante a estados. E a razão é conhecida: a atribuição dessa competência estimula a competição fiscal intergovernamental predatória e a exportação de tributos, prejudica a arrecadação fiscal e gera distorções econômicas. Bases tributárias móveis, como a do ICMS, devem ser atribuídas ao governo central para que se evitem as falhas que hoje são enfrentadas no Brasil (*v. g.* Guerra fiscal)[32].

Os Municípios têm competência para instituir impostos sobre propriedade predial e territorial urbana, transmissão inter vivos, por ato oneroso, de bens imóveis e de direitos reais sobre imóveis e serviços de qualquer natureza (art. 156 da CF/88). Dentre os impostos de competência municipal, o ISS apresenta-se como aquele de maior potencial arrecadatório. No entanto, a produtividade econômica do imposto, como ocorre com o ICMS, depende da capacidade econômica do próprio ente público. Por essa razão é que apenas os Municípios mais prósperos podem confiar sua autonomia financeira à arrecadação desse imposto.

---

29 Por exemplo, os Projetos de Lei Complementar 277, de 2008, e 26, 62 e 130 de 2012.

30 Sobre a distribuição de competências tributárias na Constituição de 1988, ver: Luís Eduardo Schoueri, Discriminação de competências e competência residual, in Fernando Aurélio Zilveti e Luís Eduardo Schoueri (Org.), *Direito tributário*: estudos em homenagem a Brandão Machado. São Paulo: Quartier Latin, 1998.

31 José Serra e José Roberto Afonso, Federalismo fiscal à brasileira: algumas reflexões, *Revista do BNDES*, Rio de Janeiro, v. 6, n. 12, p. 3-30, 1999.

32 Cf. Marcos Mendes, Federalismo fiscal, in Paulo Roberto Arvate e Ciro Biderman (Org.), *Economia do setor público*, Rio de Janeiro: Campus/Elsevier, 2004, v. 1, p. 421-461.

A Emenda Constitucional n. 39/2002 acrescentou o art. 149-A à Constituição Federal para outorgar aos Municípios e ao Distrito Federal competência para a instituição de contribuição para o custeio do serviço de iluminação pública. Esse tributo representaria uma nova modalidade da contribuição, ao lado das sociais, de intervenção no domínio econômico e de interesse das categorias profissionais e econômicas, como se decidiu no RE 573.540, julgado em 14-4-2010[33]. A constitucionalidade do novo tributo já fora confirmada pelo Supremo Tribunal Federal no julgamento do RE 573.675, no qual foi entendido que

> "Tributo de caráter *sui generis*, que não se confunde com um imposto, porque sua receita se destina a finalidade específica, nem com uma taxa, por não exigir a contraprestação individualizada de um serviço ao contribuinte. Exação que, ademais, se amolda aos princípios da razoabilidade e da proporcionalidade"[34].

Ademais, quando do julgamento do Tema 696 da sistemática de repercussão geral (RE 666.404, rel. Min. Marco Aurélio, red. p/ acórdão Min. Alexandre de Moraes), o STF fixou entendimento de que "é constitucional a aplicação dos recursos arrecadados por meio de contribuição para o custeio da iluminação pública na expansão e aprimoramento da rede".

Por fim, as taxas e contribuições de melhoria podem ser instituídas pela União, Estados e Municípios. A competência para sua instituição fica a cargo do ente político ao qual se vincula.

7.3. ICMS, Guerra Fiscal e o papel do Supremo Tribunal Federal

A outorga de competência aos Estados para instituição do ICMS trouxe uma implicação perversa para a federação brasileira, a chamada "Guerra Fiscal". Com a expressão, queremos designar a situação de concorrência fiscal predatória em que os Estados usam da concessão de benefícios fiscais com o objetivo de atrair investimentos e fomentar o desenvolvimento econômico local. A questão não está na concessão em si do benefício fiscal, que não é vedada, mas em fazê-lo de forma descoordenada, transferindo o custo da desoneração para os demais entes federados. Trata-se, em rigor, de um problema federativo complexo, que impõe a necessidade de coordenar esforços e impedir que um ente federado possa impor sua vontade aos demais, de maneira unilateral e descoordenada.

A guerra fiscal é valorada negativamente tanto do ponto de vista econômico quanto jurídico. Economicamente, a concessão indiscriminada de benefícios fiscais, sob variadas formas, conduz à queda da arrecadação fiscal, além de implicar efeitos concorrenciais perversos. Juridicamente, a situação é de flagrante inconstitucionalidade. Em-

33 RE 573.540, rel. Min. Gilmar Mendes, *DJe* de 11-6-2010.

34 RE 573.675, rel. Min. Ricardo Lewandowski, *DJe* de 22-5-2009.

bora o constituinte tenha conferido aos Estados competência legislativa para instituir o ICMS e as receitas assim geradas serem fundamentais para assegurar sua autonomia financeira, a Constituição também prevê, no art. 155, § 2º, XII, *g*, que cabe à lei complementar "regular a forma como, mediante deliberação dos Estados e do Distrito Federal, isenções, incentivos e benefícios fiscais serão concedidos e revogados". Tal previsão, entre outras, dá caráter nacional ao ICMS, tendendo a conferir certa uniformidade à incidência do imposto e, dessa maneira, coordenar a ação dos diferentes Estados.

Atualmente, a concessão de incentivos fiscais em matéria de ICMS é regulada pela Lei Complementar n. 24, de 1975, que "dispõe sobre os convênios para a concessão de isenções do imposto sobre operações relativas à circulação de mercadorias, e dá outras providências". Na forma do art. 1º, as desonerações a título de incentivo serão concedidas ou revogadas nos termos de convênios celebrados e ratificados pelos Estados e pelo Distrito Federal, que serão celebrados em reuniões para as quais tenham sido convocados representantes de todos os Estados e do Distrito Federal, sob a presidência de representantes do Governo Federal. De acordo com o art. 2º, § 2º, "a concessão de benefícios dependerá sempre de decisão unânime dos Estados representados; a sua revogação total ou parcial dependerá de aprovação de quatro quintos, pelo menos, dos representantes presentes". As deliberações dão-se no âmbito do Conselho Nacional de Política Fazendária – CONFAZ.

A orientação assentada na jurisprudência do Supremo Tribunal Federal é no sentido de que o descumprimento dessa exigência implica a inconstitucionalidade da lei instituidora do benefício, ou seja, não podem ser concedidos benefícios fiscais em matéria de ICMS, sem prévia anuência dos demais Estados e do Distrito Federal[35]. A título de ilustração, vale mencionar a decisão proferida na ADI 3.246, julgada em 2006, onde se lê: "Impugnação do inciso I do art. 5º da Lei 6.489/2002, do Estado do Pará. O dispositivo impugnado previu a possibilidade de concessão de incentivos fiscais aos empreendimentos arrolados no art. 3º do diploma legislativo em causa. Ao fazê-lo, contudo, olvidou o disposto na letra g do inciso XII do § 2º do art. 155 da CF de 1988, o qual exige a prévia celebração, nos termos da LC 24/1975, de convênio entre os Estados-membros e o Distrito Federal. As regras constitucionais que impõem um tratamento federativamente uniforme em matéria de ICMS não representam desrespeito à autonomia dos Estados-membros e do Distrito Federal. Isto porque o próprio artigo constitucional, que veicula o princípio da autonomia dos entes da Federação, de logo aclara que esse princípio da autonomia já nasce balizado por ela própria, Constituição. Ação direta de inconstitucionalidade que se julga procedente para emprestar interpretação conforme

35 Nesse sentido: ADI 286, rel. Min. Maurício Corrêa, julgamento em 22-5-2002, Plenário, *DJ* de 30-8-2002; ADI 1.247, rel. Min. Dias Toffoli, julgamento em 1º-6-2011, Plenário, *DJe* de 17-8-2011; ADI 4.152, rel. Min. Cezar Peluso, julgamento em 1º-6-2011, Plenário, *Informativo* 629; ADI 2.549, rel. Min. Ricardo Lewandowski, julgamento em 1º-6-2011, Plenário, *Informativo* 629; ADI 3.936-MC, rel. Min. Gilmar Mendes, julgamento em 19-9-2007, Plenário, *DJ* de 9-11-2007; ADI 3.410, rel. Min. Joaquim Barbosa, julgamento em 22-11-2006, Plenário, *DJ* de 8-6-2007; ADI 3.429, rel. Min. Ayres Britto, julgamento em 22-11-2006, Plenário, *DJ* de 27-4-2007; ADI 3.312, rel. Min. Eros Grau, julgamento em 16-11-2006, Plenário, *DJ* de 9-3-2007; ADI 2.722, rel. Min. Gilmar Mendes, julgamento em 22-11-2006, Plenário, *DJ* de 19-12-2006.

ao inciso I do art. 5º da Lei 6.489/2002, do Estado do Pará, de modo que se excluam da sua aplicação os créditos relativos ao ICMS que não tenham sido objeto de anterior convênio entre os Estados-membros e o Distrito Federal".

Afastando a ocorrência de guerra fiscal, vale conferir o julgamento da ADI 3.421, em 5-5-2010, com relatoria do Ministro Marco Aurélio: "A disciplina legal em exame apresenta peculiaridades a merecerem reflexão para concluir estar configurada, ou não, a denominada 'guerra fiscal'. (...) Ao lado da imunidade, há a isenção e, quanto ao Imposto sobre Circulação de Mercadorias e Serviços – ICMS, visando a editar verdadeira autofagia, a alínea *g* do inciso XII do § 2º do art. 155 da CF remete a lei complementar regular a forma como, mediante deliberação dos estados e do Distrito Federal, isenções, incentivos e benefícios fiscais serão concedidos e revogados. A lei complementar relativa à disciplina da matéria é a número 24/1975. Nela está disposto que, ante as peculiaridades do ICMS, benefícios fiscais hão de estar previstos em instrumento formalizado por todas as unidades da Federação. Indago: o preceito alcança situação concreta que objetive beneficiar, sem que se possa apontar como alvo a cooptação, não o contribuinte de direito, mas o contribuinte de fato, presentes igrejas e templos de qualquer crença, quanto a serviços públicos estaduais próprios, delegados, terceirizados ou privatizados de água, luz, telefone e gás? A resposta é negativa. A proibição de introduzir-se benefício fiscal, sem o assentimento dos demais estados, tem como móvel evitar competição entre as unidades da Federação e isso não acontece na espécie".

Em razão do grande número de leis estaduais que insistem na concessão de isenções, incentivos, reduções de alíquota ou de base de cálculo, créditos presumidos, dispensa de pagamento ou outros benefícios fiscais relativos ao ICMS, independentemente de aprovação no âmbito do CONFAZ, o Min. Gilmar Mendes apresentou a proposta de Súmula Vinculante n. 69, que está redigida nos seguintes termos: "Qualquer isenção, incentivo, redução de alíquota ou de base de cálculo, crédito presumido, dispensa de pagamento ou outro benefício fiscal relativo ao ICMS, concedido sem prévia aprovação em convênio celebrado no âmbito do CONFAZ, é inconstitucional".

A medida fundamenta-se, como não poderia deixar de ser, no entendimento reiterado no Tribunal quanto à inconstitucionalidade de leis de incentivos concedidos unilateralmente e pretende oferecer importante instrumento no combate à guerra fiscal. Entre as controvérsias suscitadas pela proposição da súmula vinculante está a necessidade de modulação de efeitos da decisão, a fim de evitar interrupção abrupta dos efeitos dos benefícios fiscais anteriormente concedidos em desatenção à Lei Complementar n. 24, de 1975.

Vale salientar que o Supremo Tribunal Federal, nos autos da ADPF 198, de relatoria da Min. Cármen Lúcia, em sessão virtual de 7-8-2020 a 17-8-2020, considerou recepcionadas pela CF/88 a regra da unanimidade nas decisões do Conselho que concedam benefícios fiscais em matéria de ICMS, bem como a regra que prevê a ratificação tácita dos convênios, na hipótese de transcorrido *in albis* o prazo legal, previstas no art. 2º, § 2º, e no art. 4º da LC 24/75. A referida ADPF havia sido proposta pelo Governador do Distrito Federal, ao argumento de ofensa ao preceito fundamental do art. 1º da Constituição Federal e aos princípios democrático, federativo e da proporcionalidade. O mesmo tema também é objeto de debates do âmbito do Congresso Nacional, em que se discute a possibilidade de alterar a legislação para suprimir a exigência de unanimidade[36].

Ainda quanto ao tema guerra fiscal, faz-se importante destacar que foi editada a Lei Complementar n. 160/2017, permitindo a regularização da concessão de benefícios fiscais em desacordo com a LC n. 24/75. A referida lei permitiu a remissão dos créditos tributários, constituídos ou não, decorrentes das isenções, dos incentivos e dos benefícios fiscais ou financeiro-fiscais instituídos em desacordo com o disposto na alínea *g* do inciso XII do § 2º do art. 155 da Constituição Federal e a reinstituição das respectivas isenções, incentivos e benefícios fiscais ou financeiro-fiscais, mediante convênio entre os Estados e o Distrito Federal, não sendo exigida a unanimidade tal como previsto na LC n. 74/75.

Trata-se, entretanto, de normas de natureza temporária, uma vez que o Convênio deve ser celebrado no prazo de 180 dias, a contar da publicação da referida Lei Complementar. A LC n. 160/2017 não revoga a LC n. 24/75 e aplica-se tão somente aos benefícios fiscais instituídos pela legislação estadual publicada até a vigência dessa Lei Complementar.

Por fim, vale a pena mencionar recente julgamento do Supremo Tribunal Federal, finalizado em 17-8-2020, em que se discutia se o Estado de destino poderia glosar unilateralmente crédito fiscal fictício que havia sido concedido pelo Estado de origem, sem autorização do Confaz. A esse respeito, no julgamento do Tema 490 da sistemática de repercussão geral (RE 628.075, rel. Min. Edson Fachin, red. p/ acórdão Min. Gilmar Mendes), o Tribunal fixou tese no sentido de que "o estorno proporcional de crédito de ICMS efetuado pelo Estado de destino, em razão de crédito fiscal presumido concedido pelo Estado de origem sem autorização do Confaz, não viola o princípio constitucional da não cumulatividade".

8. CONTRIBUIÇÕES SOCIAIS E A INVERSÃO DO QUADRO DE PARTILHA CONSTITUCIONAL

As duas décadas que sucederam à promulgação da Carta de 1988 caracterizaram-se pela inversão do quadro de partilha de receitas traçado na Constituinte. Se antes o quadro fiscal na Constituição marcava-se pela forte descentralização de receitas, por meio da divisão de competências tributárias e, sobretudo, pelos elevados percentuais destinados ao FPM e FPE, no correr da década de 1990, assistiu-se ao espantoso avanço das contribuições no financiamento do Estado brasileiro.

Ao que tudo indica, a própria estrutura de partilha de receitas e atribuições firmada em 1988 parece ter sido a causa de sua inversão nos anos seguintes. A crescente

36 Quanto ao tema, vale registrar que a Comissão Especial Externa do Senado Federal criada pelo RQS n. 25, de 2012, com a finalidade de analisar e propor soluções para questões relacionadas ao Sistema Federativo incluiu entre suas propostas sugestão de projeto de lei complementar oferecendo nova disciplina para a forma de concessão de benefícios fiscais em matéria de ICMS. Na proposta da Comissão, mantém-se a exigência de unanimidade para aprovação dos convênios, ressalvados os incentivos fiscais que satisfaçam os requisitos ali indicados (por exemplo, prazo de fruição não superior a 8 anos). Para estes, o quórum exigido é de 2/3 dos Estados.

necessidade de recursos públicos para o custeio dos direitos sociais, associada aos largos percentuais de partilha incidentes sobre os principais impostos federais, inclusive aqueles criados no uso da competência residual (art. 154, I), representou fator de grande estímulo ao emprego de contribuições. Se, de um lado, o constituinte desenhou um quadro fiscal fortemente descentralizado quanto aos impostos; de outro, deixou nas mãos da União, livres de qualquer partilha de arrecadação, outra espécie tributária: as contribuições.

Progressivamente, o governo federal viu-se induzido a lançar mão dessa espécie tributária, quer pelas facilidades de seu regime de instituição, livre da aplicação de boa parte dos princípios tributários, quer pela não obrigatoriedade de partilha das receitas geradas[37], ao contrário do que ocorre com os impostos. Essa tendência, no entanto, deu ensejo a controvérsias econômicas e jurídicas significativas. No plano econômico e fiscal, a ampliação do financiamento do setor público brasileiro por meio de contribuições pode ter sido responsável por efeitos perversos, como o ganho de complexidade do sistema tributário, a centralização fiscal e a elevação da carga tributária.

Com efeito, a importância das contribuições já era crescente desde o início da década de 1980, à medida que aumentavam também os percentuais de partilha incidentes sobre os principais impostos federais. Na década de 1990, com a criação do Plano Real e a consequente estabilização monetária, perdeu-se a possibilidade de utilização da inflação como instrumento de financiamento das contas públicas[38]. O governo viu-se obrigado a reforçar o papel dos tributos e elevar a arrecadação fiscal a fim de garantir a geração de superávit primário nas contas públicas, isto é, de resultados positivos da subtração de despesas e receitas, afora os pagamentos de juros da dívida pública.

A conjuntura jurídica era favorável ao aumento do uso de contribuições, pelas razões já expostas. Havia, no entanto, um obstáculo: as contribuições são tributos com receitas vinculadas, isto é, obrigam a realização de gastos predeterminados. As contribuições especiais (sociais, interventivas e sindicais) caracterizam-se precisamente pelo objetivo de custear ações predeterminadas. Na contribuição social, "a justificação liga-se, ela mesma, a uma atuação estatal na área social"[39]. "A cobrança de contribuição social se justifica (se legítima) pela necessidade de se proverem à União os meios para sua atuação na área social"[40].

Do ponto de vista jurídico, o problema foi contornado pelo estabelecimento de mecanismos de desvinculação de parcela dos recursos arrecadados pela União – Fundo

---

37 Vale destacar que 29% do produto da arrecadação da contribuição de intervenção no domínio econômico a que se refere ao art. 177, § 4º, será destinado a Estados e Distrito Federal, na forma na lei, de acordo com o que estabelece o art. 159, III, da Constituição Federal, modificado pela EC n. 44, de 2004. A partilha, no entanto, fica condicionada à edição da referida lei, consoante determina o art. 93 do ADCT.

38 Cf. Fernando Luiz Abrucio e Valeriano Mendes Ferreira Costa, *Reforma do estado e o contexto federativo brasileiro*, São Paulo: Konrad-Adenauer-Stiftung, 1998, p. 61 e s.

39 Luís Eduardo Schoueri, *Normas tributárias indutoras e intervenção econômica*, Rio de Janeiro: Forense, 2005, p. 194.

40 Luís Eduardo Schoueri, *Normas tributárias indutoras e intervenção econômica*, cit., p. 193.

Social de Emergência (FSE), Fundo de Estabilização Fiscal (FEF) e Desvinculação das Receitas da União (DRU) –, por meio da Emenda Constitucional de Revisão n. 1/94, e das Emendas Constitucionais n. 10/96, 17/97, 27/2000, 42/2003, 56/2007 e 68/2011. As alterações na Constituição permitiram elidir, parcialmente, regras atinentes à vinculação de receitas decorrentes de impostos e contribuições e assim aplicar recursos oriundos desses tributos em objetivos diversos dos inicialmente previstos pela Constituição ou mesmo reter suas receitas em caixa para a formação de saldo positivo.

A Emenda Constitucional de Revisão n. 1 acrescentou os arts. 71, 72 e 73 ao ADCT, para criar o chamado "Fundo Social de Emergência", que teria o propósito de permitir "saneamento financeiro da Fazenda Pública Federal e de estabilização econômica", de acordo a redação do art. 71. Inicialmente, o Fundo deveria vigorar nos exercícios financeiros de 1994 e 1995, mas as emendas constitucionais ulteriores alargaram sua vigência para os períodos de 1º-1-1996 a 30-6-1997 e 1º-7-1997 a 31-12-1999. Os recursos do fundo, de acordo com o *caput* do artigo, deveriam ser aplicados "no custeio das ações dos sistemas de saúde e educação, benefícios previdenciários e auxílios assistenciais de prestação continuada, inclusive liquidação de passivo previdenciário, e outros programas de relevante interesse econômico e social". Entre outras receitas, compunham o fundo vinte por cento do produto da arrecadação de todos os impostos e contribuições da União.

O *caput* do art. 71 é novamente alterado pela Emenda Constitucional n. 10/96. O referido fundo passa a chamar-se, a partir do início do exercício financeiro de 1996, "Fundo de Estabilização Fiscal" e vigorar no período de 1º de janeiro de 1996 a 30 de junho de 1997. Foram mantidas as diretrizes fixadas pela EC de Revisão n. 1 para a composição das receitas do FEF, afastando-se apenas os recursos obtidos por meio do ITR e incluindo impostos e contribuições "já instituídos ou a serem criados". O prazo de existência do fundo foi novamente prorrogado pela EC 17/97, que ampliou sua vigência até 31-12-1999.

Em 2000, a EC n. 27/2000 inseriu nova figura jurídica no ordenamento brasileiro, a Desvinculação das Receitas de União (DRU). Ao contrário dos fundos que a antecederam, no caso da DRU, o constituinte reformador não chegou a mencionar qualquer finalidade, social ou econômica, específica para sua instituição. Houve desvinculação apenas. O texto do art. 76, inserido pela EC n. 27/2000, prescrevia apenas ser desvinculado de órgão, fundo ou despesa, no período de 2000 a 2003, vinte por cento da arrecadação de impostos e contribuições sociais da União, já instituídos ou que vierem a ser criados no referido período, seus adicionais e respectivos acréscimos legais. Inicialmente, a DRU deveria viger no período de 2000 a 2003, mas tal prazo foi ampliado até 2007 pela EC n. 42/2003, novamente estendido até 2011, por força da EC n. 56/2007, mais uma vez prorrogado pela EC n. 68/2011, que previu a desvinculação até 31 de dezembro de 2011, e novamente prorrogado pela EC n. 93/2016, com encerramento previsto para 2023.

Na essência, a DRU e os fundos que têm função similar servem para contornar vinculações orçamentárias relativas a impostos e contribuições e, dessa forma, desvincular e desobrigar seu gasto. Em todo caso, convém anotar a existência de diferenças significativas entre os institutos, quer no que concerne às exclusões, quer no que concerne à sua estrutura normativa, já que a DRU não se estabelece como fundo[41].

Ainda que, juridicamente, os Fundos e a DRU pudessem oferecer uma solução satisfatória para a questão da vinculação constitucional de receitas, do ponto de vista econômico, o uso de contribuições, especialmente contribuições sociais, para elevação do superávit primário nas contas públicas, trouxe consequências perversas. A manutenção de constantes resultados orçamentários positivos exigia o aumento contínuo do valor arrecadado por meio das contribuições. No entanto, "ao aumentar as contribuições [sociais] para gerar os superávits, o governo gerou também o próprio aumento de gastos, visto que os 80% que permanecem vinculados abriram espaço para o crescimento dos gastos abrangidos pela seguridade social, uma vez que só aí podiam ser aplicados"[42].

Fernando Rezende chama de "efeito cremalheira" o ciclo vicioso de elevação da carga tributária decorrente do uso de contribuições socais para promover o ajuste fiscal. "Cada aumento de contribuições sociais corresponde a um acréscimo das despesas de natureza obrigatória, o que implica a necessidade de um novo aumento de arrecadação para sustentar o superávit primário no nível desejado"[43]. E assim sucessivamente, acarretando os já mencionados efeitos de elevação da carga fiscal, engessamento do orçamento e ganho de complexidade do sistema fiscal.

9. CONTRIBUIÇÕES: CONTROVÉRSIAS JURÍDICAS

No plano jurídico, o crescente uso das contribuições, especialmente as sociais, também suscitou questões jurídicas relevantes. As controvérsias tocaram em pontos fundamentais desse tributo, a começar por sua natureza jurídica e sua caracterização como espécie tributária autônoma.

É importante mencionar que as contribuições tributárias não foram novidades da Constituição Federal de 1988. A competência para instituição de contribuições do interesse das categorias profissionais já era prevista na Constituição de 1937, no art. 138, e na Constituição de 1946, no art. 157, XVI. Na Constituição Federal de 1967, a competência é estendida para três subespécies de contribuições especiais: contribuição de intervenção no domínio econômico, art. 157, § 9º, contribuição social (previdenciária), art. 158, XVI e § 2º, e contribuição sindical, art. 159, § 1º. Também o Código Tributário Nacional menciona a espécie tributária. Em que pese a redação do art. 5º não mencionar as contribuições entre as espécies tributárias, o art. 217 da mesma lei cuidou de resguardar a cobrança das contribuições que estavam vigentes à época da instituição do Código. A previsão, que não constava da redação inicial do Código, foi incluída pelo Decreto-lei n. 27, de 14 de novembro de 1966[44], antes de o CTN entrar em vigor.

---

41 O comparativo entre FSE, FEF e DRU pode ser encontrado em Fernando Facury Scaff, A Desvinculação das Receitas da União (DRU) e a supremacia da Constituição, in Fernando Facury Scaff e Antonio G. Moreira Maués, *Jurisdição constitucional e tributação*, São Paulo: Dialética, 2005.

42 Fernando Rezende, Fabrício Oliveira e Erika Araújo, *O dilema fiscal*: remendar ou reformar?, cit., p. 19.

43 Fernando Rezende, Fabrício Oliveira e Erika Araújo, *O dilema fiscal*: remendar ou reformar?, cit., p. 20.

44 A inclusão realizada pelo Decreto-lei n. 27, de 14 de novembro de 1966, teve, declaradamente, o propósito de

As contribuições – ou contribuições especiais – não foram, portanto, uma inovação da Constituição Federal de 1988. A novidade estava no uso cada vez mais frequente e na importância das cifras relativas às receitas públicas assim geradas, uma tendência que, aliás, já se estabelecia no começo da década de 1980, à medida que aumentaram os percentuais de receitas federais decorrentes de impostos partilhadas com Estados e Municípios. Dessa forma, assistiu-se também ao recrudescimento das controvérsias em torno da figura jurídica, inclusive quanto à sua própria caracterização como tributo.

Antes da Constituição Federal de 1988, discutia-se a natureza tributária das contribuições (sociais, interventivas e coorporativas), sem que se pudesse dizer, em grau de certeza, que se tratava de tributos, qualquer que fosse sua espécie. Após a EC 8/77, conforme assentado no RE 100.790, de relatoria do Ministro Francisco Rezek, as contribuições teriam perdido a qualidade de tributos. Ao reformular o primeiro inciso do § 2º do art. 21 da Constituição então em vigor, acrescentando também o inciso X ao art. 43, a emenda teria apartado contribuições e tributos, excluindo, portanto, a natureza fiscal daquelas.

A entrada em vigor da Constituição Federal de 1988 teria posto fim às controvérsias em torno da natureza jurídica da figura. No julgamento do RE 146.733/SP, em 29-6-1992, afirmava o Ministro Moreira Alves, quanto à natureza tributária das contribuições:

> "Perante a Constituição de 1988, não tenho dúvida em manifestar-me positivamente. De feito, a par das três modalidades de tributos (os impostos, as taxas e as contribuições de melhoria) a que se refere o artigo 145 para declarar que são competentes para instituí-los a União, os Estados, o Distrito Federal e os Municípios, os artigos 148 e 149 aludem a duas outras modalidades tributárias, para cuja instituição só a União é competente: o empréstimo compulsório e as contribuições sociais, inclusive as de intervenção no domínio econômico e de interesse das categorias profissionais ou econômicas. No tocante as contribuições sociais [...], não só as referidas no artigo 149 – que se subordina ao capítulo concernente ao sistema tributário nacional – têm natureza tributária, como resulta, igualmente, da observância que devem ao disposto nos artigos 146, III, e 150, I e III, mas também as relativas à seguridade social previstas no artigo 195, que pertence ao título 'Da Ordem Social'".

Expandia-se, dessa forma, o conceito de tributo na Constituição Federal de 1988, e afirmava-se a natureza tributária das contribuições e todas as implicações daí decorrentes no tocante ao regime jurídico aplicável. Não haveria mais dúvidas de que contribuição é tributo; porém, restou o questionamento acerca de sua espécie. No RE 148.331, julgado em 13-10-1992, o STF entendeu que "a qualificação jurídica da exação instituída pela Lei n. 7.689/88 nela permite identificar espécie tributária que, embora não se reduzindo a dimensão conceitual do imposto, traduz típica contribuição social, constitucionalmente vinculada ao financiamento da seguridade social". Em

---

"deixar estreme de dúvidas a continuação da incidência e exigibilidade das contribuições para fins sociais, paralelamente ao Sistema Tributário Nacional, a que se refere a Lei número 5.172, de 25 de outubro de 1966", como consta dos motivos do referido Decreto-lei.

outras palavras, tratava-se de tributo, mas não de imposto: estava-se diante de espécie autônoma de exação.

As diferentes subespécies de contribuição são tratadas no RE 138284, julgado 28-8-1992, de relatoria do Ministro Carlos Velloso. O conceito de contribuição parafiscal, decidiu-se no caso, abrangeria contribuições de intervenção e contribuições corporativas e contribuições sociais. Nestas, por sua vez, estariam abarcadas outras subespécies. Afirmava o Ministro Carlos Velloso em seu voto:

> "As contribuições parafiscais têm caráter tributário. Sustento que constituem essas contribuições uma espécie própria de tributo ao lado dos impostos e das taxas [...]. Quer dizer, as contribuições não são somente as de melhoria. Estas são uma espécie do gênero contribuição; ou uma subespécie da espécie contribuição. [...]
>
> O citado art. 149 institui três tipos de contribuições: a) contribuições sociais, b) de intervenção e c) coorporativas. As primeiras, as contribuições sociais, desdobram-se, por sua vez, em a.1) contribuições de seguridade social, a.2) outras de seguridade social e a.3) contribuições sociais gerais".

As contribuições sociais da primeira subespécie estariam disciplinadas no art. 195, I, II e III, da Constituição Federal, e não se sujeitam ao princípio da anterioridade. A segunda subespécie mencionada no voto estaria prevista no art. 195, § 4º, da Constituição. Seriam contribuições criadas no uso de competência residual, dependentes, portanto, de lei complementar. Ainda segundo o voto condutor, a terceira subespécie seria constituída por FGTS[45], salário-educação e contribuições destinadas aos serviços sociais autônomos (SESC, SENAI, SENAC). Todas sujeitas ao princípio da anterioridade.

Ainda quanto ao tema, vale destacar a recente decisão do Supremo Tribunal Federal que reconheceu a constitucionalidade das disposições da Lei n. 13.467/2017 (Reforma Trabalhista) que conferiram nova redação aos arts. 545, 578, 579, 582, 583, 587 e 602 da Consolidação das Leis do Trabalho, a fim de estabelecer que a cobrança de contribuição sindical é dependente de autorizar prévia e expressamente o recolhimento[46].

Discutia-se, no caso, a transformação da Contribuição Sindical, que antes era obrigatória, e, após a reforma, passou a ser facultativa. A cobrança é disciplinada pelos arts. 578 e seguintes da CLT. É a CLT a lei à qual alude a parte final do inciso IV do art. 8º da Constituição Federal. Não há dúvidas de que, antes da Lei n. 11.467/2017, as contribuições sindicais ostentavam a natureza jurídica de tributo. A reforma trabalhista, no entanto, alterou essa realidade, retirando a obrigatoriedade e eliminando a feição de tributo. Não há, contudo, ofensa alguma à Constituição nessa decisão, como decidiu o Supremo Tribunal Federal.

Retirar a obrigatoriedade da cobrança, aliás, contribui para racionalizar a organização sindical no Brasil, até hoje dispersa em um sem-número de entidades nutridas por

45 No que se refere ao FGTS, cumpre salientar que orientação assentada no Supremo Tribunal Federal é no sentido de que não se trata de tributo.

46 ADI 5794, rel. p/ acórdão Min. Luiz Fux, Tribunal Pleno, julg. em 29-6-2018, *DJe* 23-4-2019.

meio do antigo "imposto sindical". Após a reforma, é de se esperar que os sindicatos se aglutinem, num universo similar ao que ocorre em outros países.

10. REFORMA TRIBUTÁRIA

Há muito se discute no Brasil sobre a necessidade de uma reforma tributária. Pode-se afirmar que, em maior ou menor grau, todos os últimos governos tentaram realizar algum tipo de reforma no sistema tributário brasileiro. Com as eleições de 2018 e a propagada alteração do modelo de gestão do Estado brasileiro, que passaria a ter um viés mais liberal, esse tema entrou definitivamente em pauta.

Ademais, o avanço da tecnologia e da economia digital trazem uma necessidade ainda maior de atualização do sistema tributário brasileiro, o qual tem as suas bases definidas principalmente no Código Tributário Nacional de 1966 e na CF/88. Em sendo assim, a modificação das bases tributáveis, com a criação de novas tecnologias, tem tornado obsoletas clássicas definições utilizadas pelo direito tributário para repartição de competência tributárias. Cite-se, por exemplo, a distinção de mercadorias e serviços para fins de tributação de ICMS, pelos Estados, e de ISS, pelos municípios.

As novas tecnologias, a economia compartilhada, o aumento do *e-commerce*, as criptomoedas, a computação em nuvem, os serviços de *streaming*, entre outros novos negócios, fazem com que os métodos tradicionais de tributação precisem ser adaptados à realidade de tributação sobre os intangíveis[47].

Tramitam no Congresso Nacional propostas de reforma tributária que buscam simplificar a legislação tributária brasileira, diminuir a regressividade da tributação e melhorar o sistema de repartição de receitas. A ideia principal é tornar a tributação no Brasil mais justa, por meio da tributação maior da renda e menor do consumo, além de menos complexa, por meio da diminuição da quantidade de tributos, e com maior distribuição de receitas entre os entes federados, sem que haja aumento da tributação.

A esse respeito, a PEC 45/2019 tramita da Câmara dos Deputados e a PEC 110/2019 tramita no Senado Federal. A primeira proposta tem o objetivo de criar o Imposto sobre Bens e Serviços (IBS), tributo federal que substituiria cinco tributos atualmente vigentes, quais sejam, PIS, Cofins, IPI, ICMS e ISS, com prazo de transição de dez anos. A segunda também busca criar o IBS, de competência estadual, mas de forma ainda mais ampla, uma vez que esse IBS substituiria nove tributos atualmente vigentes, isto é, IPI, IOF, PIS, Pasep, Cofins, CIDE-Combustíveis, Salário-Educação, ICMS e ISS, com prazo de transição de cinquenta anos.

47 Sobre o futuro da tributação em uma economia digital, confira-se: OECD (2015), *Addressing the Tax Challenges of the Digital Economy, Action 1 – 2015 Final Report*. OECD/G20 Base Erosion and Profit Shifting Project, Paris: OECD Publishing, <https://doi.org/10.1787/9789264241046-en>. Veja também: Celso de Barros Correia Neto; José Roberto Rodrigues Afonso; Luciano Felício Fuck, A tributação na Era Digital e os desafios do sistema tributário no Brasil. *Revista Brasileira de Direito*, Passo Fundo, v. 15, n. 1, p. 145-167, set. 2019. Disponível em: <https://seer.imed.edu.br/index.php/revistadedireito/article/view/3356>. Acesso em: 1º out. 2019, doi: <https://doi.org/10.18256/2238-0604.2019.v15i1.3356>.

O governo federal também enviou ao Congresso Nacional proposta pontual de alteração do sistema tributário nacional, o Projeto de Lei n. 3.887/2020, que busca criar a Contribuição Social sobre Operações com Bens e Serviços (CBS), unificando o PIS, o Pasep e a Cofins. Nesse caso, o novo tributo entraria em vigor seis meses após a publicação da nova lei.

No entanto, apesar dos méritos no que se refere à tentativa de simplificação do sistema tributário brasileiro, nenhuma dessas propostas atualmente em trâmite no Congresso Nacional atualiza a realidade brasileira às novas tecnologias que uma economia cada vez mais digital demanda.

Ademais, deve-se reconhecer que o momento de crise econômica na qual o Brasil se encontra em razão dos efeitos da pandemia sanitária decorrente da covid-19 dificulta o debate e a alteração substancial de normas tributárias. Afinal, a realidade tem exigido um dispêndio maior de recursos públicos, enquanto um dos nortes da reforma tributária seria o de não aumentar tributos.

Em sendo assim, apesar de o tema ter ganhado bastante fôlego nos últimos anos, o momento político e econômico parece indicar que reformas substanciais no sistema tributário brasileiro não acontecerão a curto prazo. De qualquer maneira, trata-se de momento bastante oportuno para ampliação das discussões e amadurecimento das propostas de reforma tributária.

11. FINANÇAS PÚBLICAS E ATIVIDADE FINANCEIRA NA CONSTITUIÇÃO FEDERAL DE 1988

A cobrança de tributos representa apenas um dos elementos ou etapas da atividade financeira do Estado. A disciplina jurídica das finanças públicas é mais ampla e traz regras sobre toda a atividade financeira do Estado, que abrange captação de recursos públicos, gestão das contas públicas e realização dos gastos.

"A atividade financeira", segundo a definição clássica de Aliomar Baleeiro, "consiste, portanto, em obter, criar, gerir e despender o dinheiro indispensável às necessidades, cuja satisfação o Estado assumiu ou cometeu àqueloutras pessoas de direito público"[48]. Nele estariam compreendidas de arrecadação, gestão e gasto público, assim como a problemática do crédito público; todas essas seriam etapas de um mesmo processo voltado ao atendimento das necessidades públicas: a atividade financeira.

Há, na Constituição, uma parcela especialmente destinada à regulação dessa atividade, que, em certo sentido, também se pode dizer "econômica", ainda que não vise ao lucro. É dizer, à semelhança da atividade econômica do particular, que tem sua estrutura regulada no texto constitucional, também a atividade financeira do Estado está, nesse plano, estruturada. Ao lado da "constituição econômica", que constitui o modelo de trocas em regime de livre-iniciativa com vistas ao lucro, a Constituição Federal estabelece a "constituição financeira", que dá os parâmetros da atividade financeira dos diferentes entes federados de todos os níveis.

48 Aliomar Baleeiro, *Uma introdução à ciência das finanças e a política fiscal*, 3. ed., Rio de Janeiro: Forense, 1964, p. 2.

Na Constituição estão previstas as necessidades públicas a serem perseguidas, bem como as etapas da atividade a serem desenvolvidas para lográ-las. Em última análise, tais necessidades não constituem senão o conteúdo de direitos fundamentais, tomados em sua dimensão individual e transindividual. Assegurar saúde, educação e segurança, promover a difusão e a preservação cultural, garantir a propriedade privada são tarefas do Estado brasileiro, necessidades públicas eleitas pelo constituinte – direitos fundamentais a efetivar.

Para atingir esse objetivo, o Poder Público, em suas diferentes instâncias normativas, entes e órgãos, desenvolve uma complexa teia de atribuições e procedimentos. A marca republicana dá o tom desses processos, que, na disciplina jurídico-financeira, estruturam-se em torno de alguns conceitos fundamentais: receita pública, fiscalização e controle, orçamento, dívida pública e despesa.

12. ORÇAMENTO PÚBLICO

O afastamento do princípio da anualidade tributária[49], no regime constitucional de 1988, faz com que a temática orçamentária diga respeito quase exclusivamente ao planejamento da gestão patrimonial e à alocação de recursos públicos, pouco ou quase nada cuidando de matéria tributária. Em certo sentido, pode-se mesmo afirmar que o processo orçamentário não passa de um complexo e diferenciado processo legislativo de planejamento e autorização do gasto público, que compreende três grandes etapas: Plano Plurianual (PPA), Lei de Diretrizes Orçamentárias (LDO) e Lei Orçamentária Anual (LOA). O tributo, ou melhor, as receitas tributárias aparecem, nesse contexto, apenas como pressuposto e limite da despesa pública autorizada.

É cediço que a realização de despesa sem autorização legislativa configura ato ilícito, proscrito pelo art. 167, I, da Constituição vigente, e coibido pelas vias processuais ordinárias. As leis orçamentárias (PPA, LDO e LOA), em que pese não terem sido previstas no art. 59, da Constituição de 1988, como espécies legislativas específicas, só a muito custo podem ser equiparadas às leis ordinárias, desconhecendo-se as peculiaridades que as separam. Prazos, conteúdo, iniciativa e procedimento fazem das leis orçamentárias um capítulo à parte no contexto do processo legislativo brasileiro. No tocante ao processo legislativo aplicável ao plano plurianual, às diretrizes orçamentárias e ao orçamento anual, o art. 166 da Constituição Federal estabelece que os respectivos projetos serão examinados pelas duas Casas do Congresso Nacional, na forma do regimento comum. Cada um dos projetos tramitará por Comissão mista permanente de Deputados e Senadores (art. 166, § 1º, da Constituição), à qual compete: (1) examinar e emitir parecer sobre os projetos de PPA, LDO, LOA e crédi-

49 Não se deve confundir o princípio da anualidade tributária, que deixou de viger no ordenamento brasileiro a partir da Emenda Constitucional n. 1, de 1969, com o princípio da anterioridade tributária, que proíbe a aplicação de tributo no mesmo exercício financeiro em que foi criado (art. 150, III, *b*, da Constituição Federal de 1988). Não se exige que a cobrança de tributos seja autorizada, ano a ano, a cada lei orçamentária. Basta que o tributo seja instituído no exercício financeiro anterior àquele em que deve vigorar.

tos adicionais bem como sobre as contas apresentadas anualmente pelo Presidente da República e (2) examinar e emitir parecer sobre os planos e programas nacionais, regionais e setoriais previstos na Constituição. As emendas aos projetos serão apresentadas na Comissão Mista que, na forma do art. 166, § 2º, sobre elas emitirá parecer, cabendo sua apreciação ao plenário das duas Casas do Congresso Nacional.

O art. 166 da Constituição Federal traz ainda restrições ao poder de emenda ao projeto de lei orçamentária anual e a projetos que o modifiquem. Primeiro, é fundamental que as emendas sejam compatíveis com o plano plurianual e com a lei de diretrizes orçamentárias e que guardem pertinência temática em relação ao projeto emendado.

Ademais, as emendas devem ainda indicar os recursos necessários a sua implementação, que devem provir de anulação de despesas, exceto as que incidam sobre: (a) dotações para pessoal e seus encargos, (b) serviços da dívida e (c) transferências tributárias constitucionais para os demais entes federados. Nos termos do que dispõe o § 2º do art. 166, "o Presidente da República poderá enviar mensagem ao Congresso Nacional para propor modificação nos projetos a que se refere este artigo enquanto não iniciada a votação, na Comissão mista, da parte cuja alteração é proposta".

Cada uma das espécies tem prazos específicos de vigência, constitucionalmente determinados, e sua iniciativa fica restrita ao Executivo, devendo os demais poderes encaminhar-lhe suas respectivas propostas parciais. Seu conteúdo é prévia e restritamente delimitado nos §§ 1º, 2º e 3º, do art. 167, da Constituição Federal.

Ao Plano Plurianual cabe dispor sobre as diretrizes, os objetivos e as metas da administração pública para as despesas de capital e outras delas decorrentes e para as relativas aos programas de duração continuada. O PPA dá destaque ao aspecto do planejamento da ação estatal e aponta a mudança do significado orçamento público, que, longe de representar mera projeção de despesas para o Poder Público ou peça contábil, evolui para tornar-se instrumento de controle e planificação da atividade financeira do Estado. O projeto do PPA deve ser encaminhado até quatro meses antes (31 de agosto) do encerramento do primeiro exercício financeiro e devolvido para sanção até o encerramento do primeiro período da sessão legislativa. Seu prazo de vigência é de quatro anos.

A Lei de Diretrizes Orçamentárias trata das metas e prioridades da administração pública, incluindo as despesas de capital para o exercício financeiro subsequente, além de orientar a elaboração da lei orçamentária anual, dispor sobre as alterações na legislação tributária e estabelecer a política de aplicação das agências financeiras oficiais de fomento. Na Constituinte, "a LDO foi objeto de polêmica nas votações da CS [Comissão de Sistematização] quando se discutiu, e se rejeitou, a transformação do Orçamento em uma peça de vigência bianual"[50]. Em verdade, estava em discussão o papel do Legislativo no processo orçamentário e sua maior ou menor atuação na formulação do orçamento anual. Com prazo de vigência de um ano, o projeto da LDO será encaminhado

50 José Roberto Rodrigues Afonso, Memória da Assembleia Constituinte de 1987/88: as Finanças Públicas, *Revista do BNDES*, n. 11, jun. 1999.

até oito meses e meio (15 de abril) antes do fim do exercício financeiro e devolvido para sanção até o encerramento do período da sessão legislativa.

O terceiro elo dessa cadeia legislativa é a Lei Orçamentária Anual, que, apesar de una, compreende três seções: orçamento fiscal, orçamento de investimento das empresas públicas e orçamento da seguridade social. O conteúdo do orçamento é definido no texto constitucional pela negativa: "a lei orçamentária anual não conterá dispositivo estranho à previsão da receita e à fixação da despesa, não se incluindo na proibição a autorização para abertura de créditos suplementares e contratação de operações de crédito, ainda que por antecipação de receita, nos termos da lei" (art. 165, § 8º, da Constituição Federal). O projeto da LOA deve ser encaminhado até 4 meses antes (31 de agosto) do encerramento do exercício financeiro e devolvido para sanção. Trata-se de diploma legislativo subordinado ao PPA e à LDO. Os gastos autorizados na lei orçamentária anual devem estar de acordo com a LDO que, por sua vez, deve estar de acordo com o Plano Plurianual.

A ligação entre os três diplomas mencionados é tão intensa, que se poderia afirmar que nem o PPA, nem a LDO teriam significado algum sem a LOA. Os primeiros existem precipuamente em função da segunda, como instrumentos de planejamento, para regular sua criação e execução. A necessária compatibilidade com a Lei de Diretrizes Orçamentárias é reforçada pela norma do § 4º do art. 166, que estabelece: "As emendas ao projeto de lei de diretrizes orçamentárias não poderão ser aprovadas quando incompatíveis com o plano plurianual".

A Constituição Federal 1988 previu a edição de lei complementar para dispor sobre finanças públicas (art. 163, I). O diploma seria responsável por regulamentar sobretudo a implementação das três leis orçamentárias previstas na Carta Constitucional. *Mutatis mutandis*, a nova lei estaria para os orçamentos, de todos os níveis da federação, assim como o Código Tributário Nacional está para os tributos. Até o momento, contudo, a referida lei não veio a ser editada. Não lhe ocupa o espaço a Lei Complementar n. 101, de 2000, a Lei de Responsabilidade Fiscal, que, embora disponha também sobre normas gerais aplicáveis também à União, aos Estados e Municípios, tem escopo e abrangência diversos e específicos.

À falta dela, permanece em vigor a Lei n. 4.320, de 1964, que faz as vezes de norma geral de Direito Financeiro para elaboração e controle dos orçamentos e balanços de todos os entes federados. No entanto, antiquada como é, não dispõe sobre o Plano Plurianual nem sobre a Lei de Diretrizes Orçamentárias e deixa sem resposta questões concretas e atuais que não se apresentavam ao tempo de sua edição, nos anos 1960. Carece, portanto, o ordenamento brasileiro da edição de uma nova lei geral de finanças públicas, apta a regulamentar as inovações instituídas pela Constituição de 1988 e a enfrentar as questões atuais do processo orçamentário.

12.1. As ECs n. 86/2015, n. 100/2019, n. 105/2019 e o "Orçamento Impositivo"

No dia 17 de março de 2015, o Congresso Nacional promulgou a EC n. 86/2015, que altera substancialmente um aspecto do orçamento brasileiro.

A partir da entrada em vigor dessa norma, que dá nova redação ao art. 166 da CF, a execução financeira e orçamentária de uma parcela do orçamento passará a ser impositiva – e não mais meramente autorizativa.

Apesar de ter ficado conhecida como a "PEC do Orçamento Impositivo", a redação aprovada e promulgada, na verdade, não altera a natureza jurídica de todo o orçamento brasileiro, mas apenas de uma parte: as emendas parlamentares.

Não se adotou, portanto, o modelo norte-americano de orçamento puramente impositivo[51].

De acordo com a EC n. 86/2015, as emendas individuais de parlamentares ao orçamento serão limitadas a 1,2% da Receita Corrente Líquida (RCL), desde que 50% desse percentual (0,6% da RCL, portanto) seja destinado a investimentos em saúde (art. 166, § 9º). Nesse patamar, as emendas parlamentares deverão ser executadas (a não ser que haja impedimentos de ordem técnica – art. 166, § 13), restando restrita, portanto, a discricionariedade do Executivo em realizar ou não as despesas decorrentes dessas emendas.

Em 26 de junho de 2019, foi promulgada a EC n. 100/2019, a fim de determinar que as programações incluídas por todas as emendas de iniciativa de bancada de parlamentares (e não apenas as individuais), no montante de 1% da receita corrente líquida realizada no exercício anterior, também seriam impositivas.

Inequivocamente, foi limitada a discricionariedade do Executivo, mas apenas em parte relativamente pequena do orçamento anual. Resta saber, contudo, quais serão os impactos dessa medida no relacionamento entre os poderes políticos, já que os parlamentares terão, a partir de agora, um patamar mínimo de suas emendas executadas, independentemente de acordos políticos com o Poder Executivo.

Outra importante mudança no regime de emendas parlamentares ocorreu com a aprovação da EC n. 105/2019, em 12 de dezembro de 2019, a qual acrescentou ao texto constitucional o art. 166-A. O dispositivo passou a autorizar a transferência de recursos diretamente a estados, municípios e ao Distrito Federal, por emendas parlamentares individuais ao orçamento, ou seja, sem a necessidade de celebração de convênios. As transferências podem ocorrer de duas maneiras: por meio de transferências especiais, quando os recursos são alocados sem destinação específica, e por meio de transferências com finalidade definida, quando o recurso é vinculado à determinada programação estabelecida na emenda. O dispositivo estabelece ainda que pelo menos 70% das transferências especiais devem ser destinadas a investimentos. O objetivo da norma é ampliar o espaço de discricionariedade política do legislador federal nas transferências dos recursos.

12.2. A EC n. 95/2016 e o "Novo Regime Fiscal"

No dia 15 dezembro de 2016, foi promulgada a EC n. 95, que altera o ADCT para instituir o chamado "Novo Regime Fiscal" no âmbito dos Orçamentos Fiscal e da Seguridade Social da União.

---

51 Charles Tiefer, *Congressional practice and procedure*: a reference, research, and legislative guide. Greenwood Pub Group, 1989.

A emenda estabelece limites individualizados de despesas primárias para os próximos vinte exercícios financeiros no âmbito dos três Poderes, do Ministério Público da União, do Conselho Nacional do Ministério Público, do Tribunal de Contas da União e da Defensoria Pública da União. Em relação ao exercício de 2017, o limite foi fixado de acordo com a despesa primária paga no exercício de 2016, corrigida em 7,2% (sete vírgula dois por cento). Em relação aos exercícios posteriores, os gastos não poderão ultrapassar o limite referente ao exercício imediatamente anterior, corrigido pela variação do Índice Nacional de Preços ao Consumidor Amplo – IPCA. Caso o teto dos gastos seja descumprido, o Poder ou órgão não poderá praticar atos que impliquem aumento de despesa, definidos no art. 109 do ADCT, como o reajuste salarial ou de qualquer benefício dos seus servidores, a criação de cargos públicos ou a realização de concursos públicos.

A fim de garantir o cumprimento desses limites máximos, a Emenda Constitucional veda a abertura de crédito suplementar ou especial que amplie o montante autorizado de despesa primária. O § 6º do art. 107 do ADCT, com a redação dada pela Emenda, por sua vez, excepciona as hipóteses em que o gasto poderá ultrapassar o teto fixado.

A EC n. 95/2016 tem por objetivo reverter o quadro de degeneração das contas públicas nacionais ocasionado pelo exacerbado aumento de despesas nos últimos anos. A implementação do Novo Regime Fiscal tem exigido uma forte mudança no modelo de gestão das instituições públicas, com o objetivo de adaptação à nova realidade financeira do Estado brasileiro.

Entretanto, a entrada em vigor da nova regra parece não ter acabado com as discussões sobre o tema, tendo em vista as restrições que o modelo do teto de gastos acaba gerando à Administração Pública. Exemplo claro disso foi a promulgação da EC n. 102/2019, a qual excepcionou de tal teto os repasses da União aos Estados, Distrito Federal e Municípios referentes à exploração do petróleo. Essa previsão foi essencial para possibilitar o interesse existente à época de transferir parcela dos valores arrecadados com os leilões aos entes da federação, o que seria impossível sem a inclusão expressa desse repasse nas exceções do referido limite.

12.3. Pandemia e "orçamento de guerra"

A preocupação com o aumento do gasto público e com a necessidade de garantir maior agilidade nas contratações e despesas efetuadas pelo Governo em razão da pandemia causada pela covid-19 levou a Câmara dos Deputados a propor a PEC n. 10/2020, que ficou conhecida como "orçamento de guerra". O objetivo dessa PEC foi o de instituir um regime extraordinário fiscal, financeiro e de contratações para enfrentamento da calamidade pública. A referida PEC teve trâmite acelerado e foi promulgada como Emenda Constitucional n. 106, em 7-5-2020.

A ideia foi a de criar uma espécie de orçamento extraordinário, sem todas as amarras previstas na CF e na LRF, de maneira que o combate à pandemia não restasse prejudicado em razão das normas de controle que foram editadas para tempos de normalidade. Trata-se de um orçamento específico, registrado de forma a identificá-lo como de enfrentamento da calamidade pública nacional. Em sendo assim, nos casos em que a urgência da medida se mostre incompatível com o regime regular, a União adotará um regime extraordinário fiscal, financeiro e de contratações, durante a pandemia.

As principais medidas flexibilizadas pela EC n. 106/2020, as quais devem ser utilizadas exclusivamente para o enfrentamento da pandemia, são as seguintes:

> A) Adoção de processos simplificados de contratação de pessoal, em caráter temporário e emergencial, e de obras, serviços e compras, dispensada a observância do § 1º do art. 169 da Constituição Federal na contratação por tempo determinado para atender a necessidade temporária de excepcional interesse público (art. 2º);
>
> B) Afastamento temporário da limitação constante do § 3º do art. 195 da CF, que dispõe que "a pessoa jurídica em débito com o sistema da seguridade social, como estabelecido em lei, não poderá contratar com o Poder Público nem dele receber benefícios ou incentivos fiscais ou creditícios" (art. 3º, parágrafo único), e;
>
> C) Dispensa de observância da chamada "regra de ouro", a qual se encontra prevista no art. 167, III, da CF e veda "a realização de operações de créditos que excedam o montante das despesas de capital, ressalvadas as autorizadas mediante créditos suplementares ou especiais com finalidade precisa, aprovados pelo Poder Legislativo por maioria absoluta" (art. 4º).

A EC 106/2020, em seu art. 9º, prevê ainda que o Congresso Nacional poderá sustar, por meio de decreto legislativo, qualquer decisão do Poder Executivo que descumpra as disposições previstas na referida EC. Ademais, esse regime excepcional finda-se, automaticamente na data do encerramento do estado de calamidade pública reconhecido pelo Congresso Nacional.

13. LEIS ORÇAMENTÁRIAS E CONTROLE DE CONSTITUCIONALIDADE

Há nitidamente três momentos na evolução jurisprudencial do Supremo Tribunal Federal no tocante ao controle abstrato de constitucionalidade de normas orçamentárias: rejeição, admissão excepcional e admissão.

Inicialmente, o STF considerava inadmissível a propositura de ação direta de constitucionalidade contra norma orçamentária – conceito que abrange o PPA, LDO e LOA – sob o argumento de que se tratava de leis de efeito concreto. O Tribunal baseava-se na distinção entre lei formal e lei material para negar a via do controle abstrato das primeiras, grupo no qual se incluíam as leis orçamentárias. Faltariam às leis classificadas como "meramente formais" atributos de generalidade e abstração que seriam intrínsecos ao conceito de "lei" (em sentido material). São exemplos desse posicionamento as decisões proferidas nas ADIs 2.133, de 2003, 2.100, de 2001, e 2.148, de 2004.

Na verdade, esse posicionamento é anterior à Constituição de 1988[52], e não se alterou com a vigência da nova Carta. O STF continuou a entender que o orçamento é

52 O posicionamento antigo da Corte pode ser conferido no RE 17.184, de 1952.

"lei de efeitos concretos", ou seja, é lei apenas formal e, portanto, não passível de controle concentrado de constitucionalidade. A restrição estende-se inclusive ao Plano Plurianual e à Lei de Diretrizes Orçamentárias[53].

Um exemplo dessa orientação pode ser encontrado na ADIn 1.640, de 1998, relatada pelo ministro Sydney Sanches. Na demanda, questionava-se a destinação dada pela Lei Orçamentária Anual, Lei n. 9.438/97, às receitas obtidas com a extinta CPMF, sob o argumento de que teria havido violação do § 3º, do art. 74, do ADCT. A conclusão do Tribunal foi que não se estava diante de uma norma, mas "de uma destinação de recursos, prevista em lei formal, mas de natureza e efeitos político-administrativos concretos, hipótese em que, na conformidade com os precedentes desta Corte, descabe controle concentrado de constitucionalidade"[54].

Solução semelhante foi adotada no julgamento da ADI 2.033-2, proposta contra a Lei n. 11.324, do Rio Grande do Sul (Lei de Diretrizes Orçamentárias). Nesse caso, o requerente defendia a inconstitucionalidade da lei citada, sob o argumento de que teria estabelecido, em seus arts. 25 e 26, hipótese de vinculação de receita de imposto, o que é proibido pelo art. 167, IV, da Constituição Federal. Como no caso anterior, também aqui o STF não conheceu a ação, baseado, mais uma vez, na tese de que a LDO é lei formal apenas[55].

O primeiro sinal significativo de mudança vem com a ADI 2.925. No caso, a orientação tradicional do STF é questionada diante de disposição contida em lei de diretrizes orçamentárias que, no tocante à destinação de recursos decorrentes de CIDE, permitia a abertura de crédito suplementar em rubrica estranha à destinação prevista no art. 177, § 4º, da Constituição Federal. A decisão considerou que, embora contidas em diplomas orçamentários, os dispositivos questionados tinham os atributos de abstração e generalidade exigidos pelo STF e, portanto, seriam passíveis de análise em ADI.

A rigor, não se pode afirmar que tenha havido propriamente mudança completa na orientação da Corte no julgamento da ADI 2.925. No caso, ficou claro que o controle concentrado de constitucionalidade só seria possível quando as normas contidas no diploma financeiro – Plano Plurianual, Lei de Diretrizes Orçamentárias e Lei Orçamentária Anual – não cuidassem propriamente de temas orçamentários, isto é, não fossem propriamente "normas orçamentárias": não versassem nem sobre a previsão de receitas nem sobre a fixação de despesas.

A revisão da orientação jurisprudencial vem apenas com o julgamento de Medida Cautelar na ADI 4.048-DF, julgada em 17-4-2008. A ação fora proposta contra a Medida Provisória n. 405/2007, posteriormente, convertida na Lei n. 11.658/2008, que abriu crédito extraordinário em favor da Justiça Eleitoral e diversos órgãos do Poder Executivo. A abertura de crédito extraordinário teria sido autorizada fora das hipóteses do art. 167, § 3º, da Constituição, em despesas de custeio, o que justificaria a propositura de demanda e o deferimento da cautelar para suspender a vigência da Lei n. 11.658/2008.

---

53 Celso de Barros Correia Neto, Orçamento público: uma visão analítica, *Revista de Direito Tributário*, São Paulo, v. 109, p. 303-326, 2010.

54 ADI 1.640.

55 ADI 2.033.

Em princípio, a decisão sugere uma possibilidade de revisão na orientação do STF, na medida em que supera os antigos fundamentos antes aplicados para se negar o controle abstrato de constitucionalidade das leis orçamentárias. No julgamento da Medida Cautelar na ADI 4.048, ficou assentado que "O Supremo Tribunal Federal deve exercer sua função precípua de fiscalização da constitucionalidade das leis e dos atos normativos quando houver um tema ou uma controvérsia constitucional suscitada em abstrato, independente do caráter geral ou específico, concreto ou abstrato de seu objeto. Possibilidade de submissão das normas orçamentárias ao controle abstrato de constitucionalidade".

Na mesma linha, aplicando o precedente firmado na ADI 4.048, o Ministro Luiz Fux conheceu a ADI 4.663 e deferiu, em parte, a liminar requerida contra a Lei n. 2.507, de 4 de junho de 2012, do Estado de Rondônia, que dispõe sobre as diretrizes para a elaboração da Lei Orçamentária de 2012. A ação foi proposta pelo Governador daquele Estado, ao argumento de que se teria violado o princípio da Separação de Poderes e subvertido a teleologia que informa os §§ 1º e 2º do art. 165 da Constituição. O caso foi julgado prejudicado por perda superveniente de objeto. De qualquer forma, encontra-se consolidada a admissibilidade do controle de constitucionalidade abstrato para leis orçamentárias, qualquer que seja a espécie[56].

É esse o estágio atual da jurisprudência do STF, que alterou seu posicionamento, passando a aceitar o controle de constitucionalidade abstrato em relação a normas orçamentárias. Abre-se, dessa forma, a possibilidade de exercer-se controle jurídico sobre a legislação orçamentária.

14. DÍVIDA PÚBLICA: ASPECTOS CONSTITUCIONAIS

A dívida pública está certamente entre os temas mais sensíveis da Constituição financeira. O constituinte tratou do tema nos arts. 52, 163, 165 e 167 do texto constitucional vigente.

A expressão "dívida pública", no âmbito do Direito Financeiro, como salienta Ricardo Lobo Torres, engloba "os empréstimos captados no mercado financeiro interno ou externo, através dos contratos assinados com os bancos e instituições financeiras ou do oferecimento de títulos ao público em geral" e estende-se também "à concessão de garantia e avais, que potencialmente podem gerar dinheiro"[57].

Percebe-se, na Carta de 1988, a nítida preocupação com o controle de endividamento público em favor do equilíbrio orçamentário, embora essa diretriz não possa ser tomada em termos absolutos. É verdade que não existe no texto em vigor regra semelhante à do art. 66 da Constituição de 1967, que proibia que o montante da despesa autorizada em cada exercício financeiro fosse superior ao total das receitas estimadas para o mesmo período, ressalvadas as hipóteses ali previstas, notadamente

56 ADI 5449-MC.

57 Ricardo Lobo Torres, *Curso de direito financeiro e tributário*, 17. ed., Rio de Janeiro: Renovar, 2010, p. 219.

a execução de "política corretiva de recessão econômica" e abertura de créditos extraordinários[58].

Há, entretanto, na Constituição vigente restrições expressas ao déficit público, como no caso do art. 167, III, que veda "a realização de operações de créditos que excedam o montante das despesas de capital, ressalvadas as autorizadas mediante créditos suplementares ou especiais com finalidade precisa, aprovados pelo Poder Legislativo por maioria absoluta". Trata-se da chamada "regra de ouro", que assegura que a dívida sirva à realização de investimento, não ao custeio da máquina pública. Na mesma linha, proíbe-se também a concessão de empréstimos pelos Governos federal e estaduais e suas instituições de crédito para pagar despesa com pessoal ativo, inativo e pensionistas dos Estados, Distrito Federal e Municípios (art. 167, X).

Cabe papel destacado ao Senado Federal, no tocante ao controle de endividamento. De acordo com o art. 52 da Constituição Federal, compete privativamente ao Senado Federal em relação a todos níveis de governo: (1) autorizar operações externas de natureza financeira, de interesse da União, dos Estados, do Distrito Federal, dos Territórios e dos Municípios; (2) fixar, por proposta do Presidente da República, limites globais para o montante da dívida consolidada; (3) dispor sobre limites globais e condições para as operações de crédito externo e interno; (4) estabelecer limites globais e condições para o montante da dívida mobiliária. Particularmente em relação ao nível federal, cabe-lhe dispor também sobre limites e condições para a concessão de garantia da União em operações de crédito externo e interno.

O endividamento submete-se também rigidamente ao princípio da legalidade. O art. 163 da Constituição Federal determina que lei complementar deverá dispor sobre: dívida pública externa e interna, concessão de garantias por entidades públicas e compatibilização das funções das instituições oficiais de crédito da União. O § 8º do art. 165, excepcionando a proibição das "caudas orçamentárias", permite expressamente a inclusão na lei orçamentária anual de autorização para contratação de operações de crédito, inclusive por antecipação de receita.

Na Lei Complementar n. 101, de 2000, o tema do endividamento assume posição central. A relação entre dívida e responsabilidade fiscal é intrínseca. Além de figurar entre os elementos que definem a gestão fiscal responsável (art. 1º, § 1º), o tema é objeto do disposto nos arts. 29 a 40 da Lei. Se é verdade que o equilíbrio nas contas públicas é o principal objetivo da Lei de Responsabilidade Fiscal, o controle da dívida pública deverá ser certamente um dos principais meios para lográ-lo[59].

15. PUBLICIDADE E TRANSPARÊNCIA FISCAL

O princípio da transparência ou clareza foi estabelecido pela Constituição de 1988 como pedra de toque do Direito Financeiro. Poderia ser considerado mesmo um prin-

58 Cf. Cesar Seijas de Andrade, Orçamento deficitário, in José Maurício Conti; Fernando Facury Scaff (Org.). *Orçamentos públicos e direito financeiro*. São Paulo: Revista dos Tribunais, 2011, p. 1159-1177.

59 Sobre o tema, ver: Ives Gandra da Silva Martins e Carlos Valder do Nascimento, *Comentários à Lei de Responsabilidade Fiscal*, 5. ed., São Paulo: Saraiva, 2011.

cípio constitucional vinculado à ideia de segurança orçamentária[60]. A ideia de transparência possui a importante função de fornecer subsídios para o debate acerca das finanças públicas, o que permite uma maior fiscalização das contas públicas por parte dos órgãos competentes e, mais amplamente, da própria sociedade. A busca pela transparência é também a busca pela legitimidade[61].

O princípio da transparência guarda estreita ligação com o fortalecimento democrático. Aqui, como em relação ao princípio da responsabilidade fiscal, o princípio democrático opera em mão dupla. O acesso às informações governamentais que proporciona o princípio da transparência fortalece a democracia; do mesmo modo, o fortalecimento desta estimula um maior acesso àquelas informações.

> "A transparência informacional é entendida aqui como um território para o qual confluem práticas informacionais do Estado e da sociedade. Território, por sua vez, construído e demarcado por essas mesmas práticas. A opacidade informacional do Estado sinaliza, ao contrário, um hiato entre este e a sociedade, configurando-se como processo e produto das características de geração e uso da informação pelos diversos atores aí envolvidos como o administrador público, o profissional da informação e o cidadão. Trata-se, como tal, de uma arena de tensão e distensão ordenada na base do conflito e do jogo democrático. Qualquer projeto de reforma do Estado inclui, portanto, esta problemática na sua pauta de prioridades"[62].

A transparência fiscal orienta, destarte, a relação entre Estado e sociedade, oferecendo condições fáticas para que o controle social possa operar. Não se resume à publicidade; requer mais do que isso. De fato, "um orçamento não publicado não é orçamento", como salienta António L. de Sousa Franco[63]. Mas disso não decorre a exigência de a transparência se esgotar na mera publicação. Como objetivo positivado implicitamente no texto constitucional de 1988, a transparência fiscal compreende diferentes instrumentos e aspectos.

Por exemplo, a aprovação de "orçamentos rabilongos" – para usar a curiosa terminologia de Rui Barbosa –, isto é, de leis orçamentárias que contenham matéria excrescente. Nesse caso, certamente a lei poderia preencher o requisito de publicidade mesmo quanto à matéria excrescente; no entanto, dificilmente poderia se afirmar que estaria preenchido o requisito da transparência.

Quanto aos instrumentos para efetivação do princípio da transparência fiscal, no plano constitucional-tributário, o art. 150, § 5º, regulamentado pela Lei n. 12.741/2012,

---

60 Ricardo Lobo Torres, *Tratado de direito constitucional financeiro e tributário*: o orçamento na Constituição, 2. ed., Rio de Janeiro: Renovar, 2000, v. 5, p. 258.

61 Sobre o tema, vale conferir: Gilmar Ferreira Mendes e Celso de Barros Correia Neto, Transparência fiscal, in Ives Gandra da Silva Martins, Gilmar Ferreira Mendes e Carlos Valder do Nascimento (Org.), *Tratado de direito financeiro*, São Paulo: Saraiva, 2013, v. 1, p. 177-201.

62 José Maria Jardim, A face oculta do Leviatã: gestão de informação e transparência administrativa, *Revista do Serviço Público, Brasília*, v. 119, n. 1, p. 149, 1995.

63 António L. de Sousa Franco, *Finanças públicas e direito financeiro*, 4. ed., Coimbra: Almedina, 2007, p. 355.

obriga o legislador a promover medidas para esclarecer os consumidores sobre os impostos incidentes sobre mercadorias e serviços. Podem também ser compreendidos como instrumentos de transparência fiscal os dispositivos dos arts. 150, § 6º, e 165, § 8º. À sua maneira, ambos asseguram clareza e visibilidade ao processo legislativo tributário e orçamentário, respectivamente. O primeiro, por exigir a edição de lei específica para concessão de exoneração tributária; o segundo, por proibir a inclusão em lei orçamentária de dispositivo estranho à sua temática própria.

Merece ainda referência a norma do art. 165, § 6º, da Constituição Federal, que determina que "o projeto de lei orçamentária será acompanhado de demonstrativo regionalizado do efeito, sobre as receitas e despesas, decorrente de isenções, anistias, remissões, subsídios e benefícios de natureza financeira, tributária e creditícia". Nesse caso, o que está em jogo não é a visibilidade da própria norma jurídica em discussão – como nos arts. 150, § 6º, e 165, § 8º –, mas os impactos orçamentários e possíveis consequências econômicas.

Na legislação infraconstitucional, o princípio encontrou terreno fértil a sua expansão na Lei Complementar n. 101/2000. No contexto específico da Lei de Responsabilidade Fiscal, a transparência aparece como princípio da gestão orçamentária responsável ou como subprincípio do princípio da responsabilidade[64]. O princípio da gestão orçamentária responsável, no qual se baseia por inteiro a lei, é explicitado no art. 1º. Os seus principais objetivos seriam: a) evitar os déficits; b) reduzir substancialmente a dívida pública; c) adotar uma política tributária racional; d) preservar o patrimônio público; e) promover uma crescente transparência das contas públicas. Em certa medida, trata-se de novidade introduzida pela Lei Complementar n. 101/2000, embora podendo já ser visualizado com o advento da Emenda n. 19, que, em seu art. 30, determinava a apresentação de projeto de lei complementar pelo Executivo ao Legislativo em cento e oitenta dias da promulgação da emenda.

Além dos instrumentos já postos a serviço do princípio da transparência fiscal no texto originário da Lei de Responsabilidade Fiscal, a Lei Complementar n. 131/2009, conhecida como "Lei da Transparência", trouxe novos instrumentos e requisitos com a mesma diretriz. A Lei Complementar n. 131, além do incentivo à participação popular na formulação do orçamento, reitera a prescrição do *caput* do artigo, ao determinar a divulgação das informações sobre execução financeira e orçamentária, em tempo real, por meios eletrônicos de acesso irrestrito. As informações devem ser compartilhadas por meio de sistema integrado de administração e controle das contas públicas, de acordo com padrão a ser definido pela União. A padronização é também um instrumento a serviço da transparência fiscal: sem a definição de requisitos mínimos de qualidade para prestação de contas por parte dos diferentes entes federativos, não é possível comparar os resultados alcançados. A disposição revela duas tendências que podem ser observadas na LRF: o objetivo de criar certa uniformidade nas contas públicas e a atribuição à União da competência para definir qual deve ser o padrão.

Em parte, tal padrão é definido pela regra do art. 48-A, também incluído na LRF pela Lei Complementar n. 131/2009. O dispositivo prescreve que as informações atinen-

64 Ricardo Lobo Torres, *Tratado de direito constitucional financeiro e tributário*, cit., p. 260.

tes à execução orçamentária devem incluir despesas e receitas, as duas faces da atividade financeira. O aspecto da despesa pública deve abarcar todos os atos atribuídos às unidades gestoras nas várias etapas de realização do gasto público – empenho, liquidação e pagamento –, bem com as informações pertinentes ao procedimento licitatório, nos casos em que seja exigível. Também deve estar à disposição da comunidade o acesso a informações referentes à receita pública, mesmo aos recursos ditos "extraordinários", isto é, aqueles cuja realização ocorre de maneira imprevista e não periódica.

16. TRANSPARÊNCIA FISCAL E O PAPEL DO CONSELHO NACIONAL DE JUSTIÇA

Como parte de sua atuação institucional, o Conselho Nacional de Justiça é responsável pelo controle da atuação administrativa e financeira do Poder Judiciário. No cumprimento do seu mister, o CNJ editou as Resoluções n. 68, 79 e 102, que tratam de aspectos da regulamentação da atividade financeira dos tribunais, especialmente no que se refere à efetivação do princípio da transparência fiscal.

A primeira delas, a Resolução n. 68, de 3 de março de 2009, trata apenas indiretamente do tema de transparência fiscal. Estabelece prazos e procedimentos para que os órgãos do Poder Judiciário da União e do Tribunal de Justiça do Distrito Federal e dos Territórios encaminhem ao CNJ as respectivas propostas orçamentárias e solicitações de alterações orçamentárias. Referido diploma federal busca dar cumprimento à exigência contida nas Leis de Diretrizes Orçamentárias da União, que determina que as propostas orçamentárias dos órgãos do Judiciário, bem como os projetos de lei concernentes a créditos especiais e suplementares, sejam acompanhados de parecer no CNJ. Vale destacar, no entanto, o texto do art. 6º, que obriga os órgãos referidos a fornecer ao CNJ informações concernentes às atividades financeiras que desenvolver. Nesse ponto, não se trata ainda da divulgação dos dados à comunidade, mas de intercâmbio entre diferentes órgãos públicos.

A Resolução n. 79, de 9 de junho de 2009, por sua vez, dispõe sobre a transparência na divulgação das atividades do Judiciário, estabelecendo diretrizes para a divulgação das atividades dos órgãos desse Poder. O art. 2º define como subprincípios da transparência: (1) o caráter informativo, educativo ou de orientação social das publicações realizadas; (2) a preferência pela utilização de meios eletrônicos, tendo em vista a preservação do meio ambiente, e pelos insumos de baixo custo financeiro e reduzido impacto ambiental, nos casos em que a impressão de materiais de divulgação seja necessária; e (3) o livre acesso de qualquer pessoa à informação integral, exata e íntegra acerca da gestão administrativa, financeira e orçamentária dos tribunais e conselhos. Afora os princípios enunciados, a Resolução proíbe qualquer comunicação que mencione nomes, símbolos ou imagens a título de promoção pessoal, e exige que os tribunais mantenham serviços de atendimento aos usuários, preferencialmente por meio de ouvidorias, para recebimento de críticas, sugestões e reclamações.

A Resolução n. 102, de 15 de dezembro de 2009, trata da publicação de informações acerca da gestão orçamentária e financeira, do quadro de pessoal e das respectivas estruturas remuneratórias dos tribunais e conselhos. A norma dirige-se aos órgãos indicados no art. 92, II a VII, da Constituição Federal: Superior Tribunal de Justiça, Tribunais Regionais Federais e Juízes Federais, Tribunais e Juízes do Trabalho, Tribunais e Juízes Eleitorais, Tribunais e Juízes Militares, Tribunais e Juízes dos Estados e do Distrito Federal e Territórios. O art. 1º, § 2º, ressalva, no entanto, que os dados relativos à Justiça Federal de 1º grau serão de responsabilidade dos Tribunais Regionais Federais da respectiva secção. O ato determina providências de duas ordens: o encaminhamento ao CNJ e a publicação nos respectivos sítios virtuais de dados referentes à gestão de suas contas, de acordo com as diretrizes estabelecidas pelo próprio Conselho. Criou, com isso, o que foi denominado SIAFI-JUD, o Sistema Integrado de Administração Financeira do Poder Judiciário.

A Resolução n. 102 representa claro esforço de padronização. Define conceitos e estabelece prazos, com o objetivo de conferir uniformidade aos dados fornecidos pelos órgãos a que se dirige[65].

17. CONTROLE DA ATIVIDADE FINANCEIRA E OS TRIBUNAIS DE CONTAS

Controle é, na definição de Hely Lopes Meirelles, "a faculdade de vigilância, orientação e correção que um Poder, órgão ou autoridade exerce sobre a conduta funcional de outro"[66]. O controle é um conceito amplo, que abrange as diversas funções estatais, sob diferentes formas e aspectos.

É uma decorrência do Estado Democrático de Direito. É o controle que assegura, por exemplo, o respeito às regras e princípios jurídicos pela administração pública e seus agentes. Na síntese de Hélio Saul Mileski, "o controle é elemento essencial ao Estado de Direito, sendo sua finalidade assegurar que a Administração atue de acordo com os princípios que lhe são impostos pelo ordenamento jurídico"[67].

A doutrina costuma classificar o controle segundo diversos critérios, merecendo destaque as classificações: segundo o órgão controlador (controle administrativo, legislativo ou judicial), segundo a posição relativa entre o controlador e o controlado (controle externo e controle interno) ou ainda segundo o momento do exercício do controle (controle prévio ou preventivo, controle concomitante ou controle *a posteriori*).

A Constituição Federal de 1988, destacando-se em relação às constituições pretéritas[68], acentuou a importância do controle externo de natureza financeira, dedicando

65 Sobre o tema, vale conferir as alterações efetuadas no Acompanhamento de Cumprimento da Decisão n. 0000342-89.2010.2.00.0000.

66 Hely Lopes Meirelles, *Direito administrativo brasileiro*, 17. ed., São Paulo: Malheiros, 1990.

67 Hélio Saul Mileski, *O controle da gestão pública*, São Paulo: RT, 2003, p. 138.

68 Na Constituição de 1967, por exemplo, os Tribunais de Contas estavam disciplinados nos arts. 71 a 73, destacando-se as funções de apreciação das contas do Presidente da República, de auditoria financeira e orçamentária e o julgamento das contas dos administradores e demais responsáveis por bens e valores públicos. Na Constituição de 1946, o Tribunal de Contas estava disciplinado nos arts. 76 e 77, sendo competente para acompanhar e fiscalizar a execução do orçamento, julgar as contas dos responsáveis por dinheiros e outros bens públicos e as dos administradores das entidades autárquicas, e, ainda, julgar a legalidade dos contratos e das aposentadorias, reformas e pensões.

uma seção específica sobre o tema (arts. 70 a 75), e dispondo sobre a matéria em vários outros dispositivos dispersos pelo texto constitucional (por exemplo, o art. 31, no tocante à fiscalização financeira dos municípios).

O controle de natureza financeira incide sobre a gestão de bens, dinheiros e valores públicos, sob os critérios de legalidade, legitimidade e economicidade. Este controle *lato sensu* abrange a fiscalização financeira, orçamentária, operacional, patrimonial e contábil.

O controle externo é aquele realizado por poder ou órgão diverso do controlado. É o controle *externa corporis*, atuando de forma independente e autônoma em relação a este. Estamos falando aqui do controle exercido pelo Congresso Nacional com o auxílio dos Tribunais de Contas, conforme preconiza o art. 71, *caput*, da CF/88.

No Brasil, tal como em determinados países da Europa ocidental (Portugal, Espanha, Itália, França e Bélgica), adotou-se um sistema de controle externo que tem por base os Tribunais de Contas. O modelo baseado nos Tribunais de Contas contrasta com o das Controladorias ou Auditorias-Gerais, típico dos países de colonização inglesa (Estados Unidos, Austrália, Canadá e Nova Zelândia), incluindo o próprio Reino Unido. O primeiro é exercido por um órgão colegiado com funções de julgamento das contas e de responsabilização dos gestores públicos. O segundo é exercido por um órgão unipessoal que exerce apenas a funções de fiscalização. Existe, ainda, um terceiro modelo, misto, de órgãos colegiados, mas sem funções de julgamentos das contas. Trata-se do modelo presente na Alemanha[69], na Áustria, nos Países Baixos e também na União Europeia (Tribunal de Contas Europeu)[70].

O auxílio exercido pelos Tribunais de Contas ao Parlamento não implica dizer que estas Cortes sejam meros auxiliares ou subordinados ao Poder Legislativo. Convém fazer a distinção entre órgão que exerce auxílio e órgão auxiliar. Com efeito, os Tribunais de Contas exercem competências constitucionais próprias, elencadas nos incisos do art. 71 da Constituição Federal, cujo exercício é feito de forma independente, não estando sujeitas à revisão do parlamento.

Neste sentido, pronunciou-se o STF, na ADI n. 4.190-MC (rel. Min. Celso de Mello), de cuja ementa transcrevo o seguinte excerto:

> "Os Tribunais de Contas ostentam posição eminente na estrutura constitucional brasileira, não se achando subordinados, por qualquer vínculo de ordem hierárquica, ao Poder Legislativo, de que não são órgãos delegatários nem organismos de mero assessoramento técnico. A competência institucional dos Tribunais de Contas não deriva, por isso mesmo, de delegação dos órgãos do Poder Legislativo, mas traduz emanação que resulta, primariamente, da própria Constituição da República".

69 Na Alemanha, a atuação do *Bundesrechnungshof* (Corte de Contas Federal) encontra-se disciplinada no Artigo 114, 2, da Lei Fundamental de Bonn, *verbis*: "O Tribunal Federal de Contas, cujos membros gozam de independência judicial, examina as contas, bem como a rentabilidade e a regularidade da gestão orçamentária e econômica. Ele tem de informar direta e anualmente, ao Governo Federal, e também ao *Bundestag* e ao *Bundesrat*. Ademais, as competências do Tribunal Federal de Contas serão regulamentadas por lei federal" (tradução livre).

70 Reino Unido, National Audit Office, *State Audit in European Union*, Disponível em: <http://www.nao.gov.uk>.

Por outro lado, é necessário salientar também que os Tribunais de Contas não integram o Poder Legislativo, o Poder Executivo ou o Poder Judiciário, ***ex vi*** do disposto nos arts. 44, *caput*; 76 e 92, respectivamente. Nesta linha, o ex-Ministro Carlos Ayres Britto (2001) sustenta que[71]:

> "(...) o Tribunal de Contas da União não é órgão do Congresso Nacional, não é órgão do Poder Legislativo. Quem assim me autoriza a falar é a Constituição Federal, com todas as letras do seu art. 44, *litteris*: 'O Poder Legislativo é exercido pelo Congresso Nacional, que se compõe da Câmara dos Deputados e do Senado Federal". Logo, o Parlamento brasileiro não se compõe do Tribunal de Contas da União. Da sua estrutura orgânica ou formal deixa de fazer parte a Corte Federal de Contas e o mesmo é de se dizer para a dualidade Poder Legislativo/Tribunal de Contas, no âmbito das demais pessoas estatais de base territorial e natureza federada".

Refuta-se, ainda, a **tese do Quarto Poder**. Nessa linha, o Professor José Maurício Conti sustenta que o sistema adotado pela Constituição prevê a tripartição de poderes, cada um exercendo uma função própria e imprescindível à existência do Estado Democrático de Direito.

Em suma, **o Tribunal de Contas é órgão independente e autônomo, cujas funções lhe são atribuídas pela própria Constituição Federal**[72].

17.1. Funções constitucionais dos Tribunais de Contas

A doutrina costuma agrupar as competências constitucionais dos Tribunais de Contas, elencadas nos incisos do art. 71, em funções, tais como, função consultiva, judicante, fiscalizatória, informativa, sancionatória, corretiva e de ouvidoria[73]. Importante mencionar que as competências elencadas nestes incisos referem-se ao Tribunal de Contas da União (esfera federal). Entretanto, aplicam-se, no que couber, às esferas estadual, distrital e municipal, por força do art. 75, *caput*, CF/88.

A **função consultiva** é aquela exercida pelos Tribunais de Contas ao emitir parecer prévio sobre as contas prestadas anualmente pelo Chefe do Poder Executivo (art. 71, I, CF/88). Tal parecer serve de base para o julgamento pelo Parlamento das contas prestadas pelo chefe do Poder Executivo, nos termos do art. 49, IX, da CF/88. Nesta hipótese, o Tribunal de Contas exerce auxílio ao poder legislativo produzindo um parecer técnico, de caráter opinativo. Na esfera municipal, entretanto, o parecer do Tribunal

---

71 Carlos Ayres Britto, O Regime Constitucional dos Tribunais de Contas, *Revista Diálogo Jurídico*, Salvador, CAJ – Centro de Atualização Jurídica, v. I, n. 9, dezembro, 2001. Disponível em: <http://www.direitopublico.com.br>.

72 José Maurício Conti, *Direito financeiro na Constituição de 1988*, São Paulo: Ed. Oliveira Mendes, 1998. p. 21

73 Os autores divergem quanto a esta classificação em funções. José Maurício Conti (cit., p. 23-25), por exemplo, classifica as competências dos Tribunais de Contas em função fiscalizadora, consultiva, informativa, judicante, sancionadora, corretiva, normativa e de ouvidoria. Por sua vez, Eduardo Lobo Botelho Gualazzi (*Regime Jurídico dos Tribunais de Contas*, São Paulo: RT, 1992, p. 218) classifica-as em consultivas, verificadoras, inspetivas, fiscalizatórias, informativas, coercitivas, reformatórias, suspensivas e declaratórias.

de Contas só deixará de prevalecer por decisão de dois terços dos membros da Câmara Municipal (art. 31, § 2º, CF/88).

No RE 729.744, em sede de repercussão geral (tema 157), o STF discutiu a natureza jurídica da deliberação do Tribunal de Contas, no exercício da competência do art. 71, I, da CF/88. Neste recurso, foi debatida, ainda, consequência jurídica da omissão do Poder Legislativo Municipal em julgar as contas do Prefeito, considerando o disposto no art. 31, § 2º, da Constituição Federal[74]. Fixou-se a tese de que o

> "parecer técnico elaborado pelo Tribunal de Contas tem natureza meramente opinativa, competindo exclusivamente à Câmara de Vereadores o julgamento das contas anuais do chefe do Poder Executivo local, sendo incabível o julgamento ficto das contas por decurso de prazo".

A **função judicante** compreende o julgamento das contas dos administradores e demais responsáveis por bens, dinheiros e valores públicos e daqueles que derem causa à perda, extravio ou outra irregularidade de que resulte prejuízo ao erário (art. 71, II, CF/88).

A distinção entre as funções consultiva e judicante ficou evidente na ADI 3.715/TO (rel. Min. Gilmar Mendes, *DJe* de 30-10-2014), que questionava dispositivos acrescidos à Constituição do Estado de Tocantins, que previam a possibilidade de recurso à Assembleia Legislativa, contra decisões tomadas pelo Tribunal de Contas:

> "4. No âmbito das competências institucionais do Tribunal de Contas, o Supremo Tribunal Federal tem reconhecido a clara distinção entre: 1) a competência para apreciar e emitir parecer prévio sobre as contas prestadas anualmente pelo Chefe do Poder Executivo, especificada no art. 71, inciso I, CF/88; 2) e a competência para julgar as contas dos demais administradores e responsáveis, definida no art. 71, inciso II, CF/88. Precedentes. 5. Na segunda hipótese, o exercício da competência de julgamento pelo Tribunal de Contas não fica subordinado ao crivo posterior do Poder Legislativo. Precedentes".

Recentemente, o STF entendeu, ainda, que não cabe aos Tribunais de Contas o julgamento das contas dos prefeitos, tanto as de gestão quanto as de governo, para fins de aplicação do critério de inelegibilidade previsto no art. 1º, inciso I, alínea "g", da LC 64/1990 (alterada pela LC 135/2010). Segundo ficou assentado em sede de repercussão geral (RE 848.826, tema 835), esta competência deve ser exercida pelas Câmaras Municipais, com o auxílio dos Tribunais de Contas Competentes, cujo parecer prévio só deixará de prevalecer por decisão de dois terços dos vereadores.

O STF fixou ainda a tese de que "o Ministério Público de Contas não tem legitimidade para impetrar mandado de segurança em face de acórdão do Tribunal de Contas perante o qual atua", nos autos do RE 1.178.617, rel. Min. Alexandre de Moraes, Tema 1044 da sistemática de repercussão geral.

---

74 Art. 31, § 2º, CF/88: "O parecer prévio, emitido pelo órgão competente sobre as contas que o Prefeito deve anualmente prestar, só deixará de prevalecer por decisão de dois terços dos membros da Câmara Municipal".

A **função fiscalizatória** ou de fiscalização financeira é a mais ampla destas funções e abrange as seguintes competências:

a) apreciar, para fins de registro, a legalidade dos atos de admissão de pessoal, a qualquer título, na administração direta e indireta, excetuadas as nomeações para cargo em comissão, bem como das concessões de aposentadorias, reformas e pensões, ressalvadas as melhorias posteriores que não alterem o fundamento legal do ato concessório (art. 71, III, CF/88);

b) realizar, por iniciativa própria, ou de qualquer uma das casas ou comissões do Poder Legislativo, inspeções e auditorias de natureza contábil, financeira, orçamentária, operacional e patrimonial, nas unidades administrativas dos Poderes Legislativo, Executivo e Judiciário, bem como nas entidades da administração indireta, incluídas as fundações e sociedades instituídas e mantidas pelo Poder Público (art. 71, IV, CF/88);

c) fiscalizar as contas nacionais de empresas supranacionais de cujo capital social a União participe, de forma direta ou indireta, nos termos do tratado constitutivo (art. 71, VI, CF/88);

d) fiscalizar a aplicação de quaisquer recursos repassados pela União, mediante convênio, acordo, ajuste ou outros instrumentos congêneres, a Estado, Distrito Federal ou a Município (art. 71, VIII, CF/88).

Importante destacar que a fiscalização exercida pelas Cortes de Contas, via de regra, não se faz de forma prévia, ou seja, como condição de eficácia do ato, contrato ou negócio jurídico fiscalizado. Nesse sentido, o STF decidiu na ADI 916 (rel. Min. Joaquim Barbosa, Tribunal Pleno, *DJe* de 6-3-2009), ementada nos seguintes termos:

> "EMENTA: CONSTITUCIONAL. ADMINISTRATIVO E FINANCEIRO. TRIBUNAL DE CONTAS. NORMA LOCAL QUE OBRIGA O TRIBUNAL DE CONTAS ESTADUAL A EXAMINAR PREVIAMENTE A VALIDADE DE CONTRATOS FIRMADOS PELA ADMINISTRAÇÃO. REGRA DA SIMETRIA. INEXISTÊNCIA DE OBRIGAÇÃO SEMELHANTE IMPOSTA AO TRIBUNAL DE CONTAS DA UNIÃO. 1. Nos termos do art. 75 da Constituição, as normas relativas à organização e fiscalização do Tribunal de Contas da União se aplicam aos demais tribunais de contas. 2. *O art. 71 da Constituição não insere na competência do TCU a aptidão para examinar, previamente, a validade de contratos administrativos celebrados pelo Poder Público*. Atividade que se insere no acervo de competência da Função Executiva. 3. É inconstitucional norma local que estabeleça a competência do tribunal de contas para realizar exame prévio de validade de contratos firmados com o Poder Público. Ação Direta de Inconstitucionalidade conhecida e julgada procedente. Medida liminar confirmada" (grifo nosso).

A **função informativa** compreende a prestação de informações ao parlamento ou a qualquer uma de suas casas ou comissões sobre a fiscalização contábil, financeira, orçamentária, operacional e patrimonial e sobre os resultados de auditorias e inspeções realizadas (art. 71, VII, CF/88).

O Tribunal de Contas exerce a sua **função sancionatória** quando aplica aos responsáveis, nos casos de ilegalidade da despesa ou irregularidade nas contas, as sanções previstas em lei (art. 71, VIII, CF/88). No elenco de sanções que podem ser aplicadas pelas Cortes de Contas, a Constituição Federal já elenca imputação de débito (art. 71, § 3º) e a aplicação de multa, inclusive a multa proporcional ao dano ao erário (art. 71, VIII c/c § 3º). Ademais, a Constituição Federal também atribui a qualidade de título executivo às decisões que condenem os responsáveis em débito ou lhes aplique multa (art. 71, § 3º, CF/88).

Na legislação e doutrina de Portugal, bem como em alguns países de língua portuguesa, a responsabilidade por violação de normas disciplinadoras da atividade financeira pública, no âmbito do controle exercido pelas Cortes de Contas, é chamada de responsabilidade financeira. Destacam-se duas modalidades de responsabilidade financeira, a reintegratória e a sancionatória. A primeira está relacionada à reposição de recursos públicos, objeto de desvio, pagamento indevido ou falta de cobrança ou liquidação nos termos da lei. Corresponde à imputação de débito. A sancionatória consiste na aplicação de sanção pecuniária aos responsáveis em razão de determinadas condutas previstas em lei[75].

A **função corretiva** é exercida quando o Tribunal de Contas assina prazo para que o órgão ou entidade adote providências necessárias ao exato cumprimento da lei, se verificada ilegalidade (art. 71, IX), e quando susta, se não atendido, a execução do ato impugnado, comunicando a decisão às casas do parlamento (art. 71, X).

No caso de contrato, o ato de sustação deve ser adotado diretamente pelo parlamento, e apenas se este não o fizer no prazo de 90 dias, o Tribunal de Contas decidirá a respeito.

O Supremo Tribunal Federal, entretanto, já decidiu que, embora do TCU não tenha poder para anular ou sustar contratos administrativos, tem competência, conforme o art. 71, IX, para determinar à autoridade administrativa que promova a anulação do contrato e, se for o caso, da licitação de que se originou (MS 23.550, rel. p/ o acórdão Min. Sepúlveda Pertence, *DJ* de 31-10-2001).

Ademais, reconheceu-se ao TCU, com base na teoria dos poderes implícitos, a adoção de medidas cautelares inominadas voltadas a conferir efetividade às suas deliberações finais (MS 24.510, rel. Min. Ellen Gracie, *DJ* de 19-11-2003). Neste *decisum*, destaca-se o voto do Ministro Celso de Mello, *verbis*:

> "Entendo, senhor Presidente, que o poder cautelar também compõe a esfera de atribuições institucionais do Tribunal de Contas, pois se acha instrumentalmente vocacionado a tornar efetivo o exercício, por esta Alta Corte, das múltiplas e relevantes competências que lhe foram diretamente outorgadas pelo próprio texto da Constituição da República. Isso significa que a atribuição de poderes explícitos, ao Tribunal de Contas, tais como enunciados no art. 71 da Lei Fundamental da República, supõe que se lhe reconheça, ainda que por implicitude, a titularidade de meios destinados a viabilizar a adoção de medidas cautelares vocacionadas a conferir real efetividade às suas deliberações finais, permitindo, assim, que se neutralizem situações de lesividade, atual ou iminente, ao erário público.

75 *Vide*, a propósito: António Cluny, *Responsabilidade financeira e Tribunal de Contas – contributos para uma reflexão necessária*, Coimbra: Coimbra Editora, 2011, e Emerson Cesar da Silva Gomes, *Responsabilidade financeira – uma teoria sobre a responsabilidade no âmbito dos tribunais de contas*, Porto Alegre: Núria Fábris, 2012.

(...)

É por isso que entendo revestir-se de integral legitimidade constitucional a atribuição de índole cautelar, que, reconhecida com apoio na teoria dos poderes implícitos, permite ao Tribunal de Contas da União, adotar as medidas necessárias ao fiel cumprimento de suas funções institucionais e ao pleno exercício das competências que lhe foram outorgadas, diretamente, pela própria Constituição da República. Não fora assim, e desde que adotada, na espécie, uma indevida perspectiva reducionista, esvaziar-se-iam, por completo, as atribuições constitucionais expressamente conferidas ao Tribunal de Contas da União".

O Tribunal exerce a **função de ouvidoria** quando recebe denúncias sobre irregularidades ou ilegalidades relativas à gestão de recursos públicos. É parte legítima para denunciar perante o Tribunal de Contas, qualquer cidadão, partido político, associação ou sindicato, nos termos do art. 74, § 2º, da CF/88.

Por fim, cumpre destacar que cabe ao Tribunal de Contas da União calcular os valores das quotas referentes aos Fundos de Participação dos Estados e dos Municípios, nos termos do art. 161, parágrafo único, da Constituição Federal. Atua, neste caso, o TCU visando assegurar o equilíbrio federativo, apurando de forma imparcial as quotas destes fundos que devam ser repartidas entre os entes federados.

Foi levando em conta tal posição singular do TCU que o STF, em Ação Declaratória de Inconstitucionalidade por Omissão (ADO 25, rel. Min. Gilmar Mendes, Tribunal Pleno), decidiu atribuir à Corte de Contas Federal a competência para fixar o valor do montante total a ser transferido aos Estados-membros e ao Distrito Federal e calcular o valor das quotas a que cada um deles fará jus no caso de o Congresso Nacional deixar de editar a lei complementar a que se refere o art. 91 do ADCT/88, relativo à Compensação pela Desoneração do ICMS nas exportações, no prazo de 12 meses[76,77].

76 Naquele julgamento, o voto do ministro Gilmar Mendes foi no sentido de que: "Quanto ao TCU, penso que este é o órgão mais adequado para cumprir temporariamente essa incumbência, na hipótese de permanecer o Congresso Nacional em estado de omissão, após o prazo aqui designado. De fato, a mencionada atribuição não é de todo estranha ao órgão. O art. 161, parágrafo único, da Constituição Federal confere ao Tribunal de Contas da União o papel de efetuar o cálculo das quotas referentes aos fundos de participação dos Estados (FPE) e Municípios (FPM). Na mesma linha, a Lei 8.443, de 16 de junho de 1992 – Lei Orgânica do Tribunal de Contas da União –, prevê, entre as competências do TCU, a de 'efetuar, observada a legislação pertinente, o cálculo das quotas referentes aos fundos de participação a que alude o parágrafo único do art. 161 da Constituição Federal, fiscalizando a entrega dos respectivos recursos' (art. 1º, VI, da Lei 8.443/1992). É certo que, no caso em tela, não se cuida de fundo de participação, como mencionado nos dispositivos, nem a tarefa da Corte de Contas limitar-se-á ao cálculo do valor das quotas a que farão jus os estados-membros beneficiados. Entretanto, penso que a aplicação analógica é cabível como solução mais plausível. Da mesma forma, também é este o órgão eleito pelo legislador para o cálculo da participação de cada estado ou do Distrito Federal na repartição da receita tributária a que se refere o art. 159, II, da Constituição Federal (IPI-Exportação). Por todas essas razões, vejo que é este o órgão mais habilitado, do ponto de vista técnico e institucional, a cumprir o encargo que ora se define".

77 A despeito dessa decisão, o conflito federativo relacionado à Lei Kandir não foi definitivamente solucionado, o que ensejou o desarquivamento da ADO 25, que atualmente tramita no STF com o escopo de conduzir uma conciliação entre os entes políticos.

17.2. Organização e composição

Além de elencar as competências dos Tribunais de Contas, a Constituição disciplina a composição e organização destas Cortes.

A ordem constitucional brasileira admite a existência de diferentes tipos de Tribunais de Contas, de acordo com as diferentes esferas da federação:

a) o **Tribunal de Contas da União**, competente para fiscalizar a aplicação de recursos federais, ainda que descentralizados para Estados, Municípios ou Distrito Federal (art. 71, VIII, CF/88);

b) **Tribunais de Contas dos Estados e do Distrito Federal**, órgão estadual (ou distrital) competente para a fiscalização financeira dos Estados e Distrito Federal e, via de regra, de todos os municípios do Estado;

c) **Tribunais de Contas dos Municípios** (existente em estados como Bahia, Ceará e Goiás): órgão estadual competente para fiscalização financeira de todos os municípios do Estado. Em Estados como Bahia, Ceará e Goiás, coexistem o Tribunal de Contas do Estado e o Tribunal de Contas dos Municípios;

d) **Tribunais de Contas do Município**: órgão municipal competente para a fiscalização financeira do município. Existe apenas nos municípios de São Paulo e Rio de Janeiro.

Nesse contexto, não é a natureza do ente federado, mas sim a origem dos recursos envolvidos, que determinará qual o Tribunal de Contas competente para exercer a fiscalização. Por exemplo, se os recursos são federais, mas aplicados pelo ente estadual, a competência fiscalizatória será do Tribunal de Contas da União e não do Tribunal de Contas do Estado.

Nessa linha, entendeu a Primeira Turma do STF, no MS 24.379 (rel. Min. Dias Toffoli, *DJe* de 8-6-2015), assim ementado:

> "Mandado de segurança. Competência do Tribunal de Contas da União. Inclusão dos impetrantes em processo de tomada de contas especial. Responsabilidade solidária. Ressarcimento ao erário. Ilegalidade e abuso de poder não configurados. Denegação da segurança. 1. Ao auxiliar o Congresso Nacional no exercício do controle externo, compete ao Tribunal de Contas da União a relevante missão de julgar as contas dos administradores e dos demais responsáveis por dinheiros, bens e valores públicos da administração direta e indireta, incluídas as fundações e sociedades instituídas e mantidas pelo Poder Público federal, e as contas daqueles que derem causa a perda, extravio ou outra irregularidade de que resulte prejuízo ao erário (art. 71, II, da Constituição Federal). 2. Compete à Corte de Contas da União aplicar aos responsáveis, em caso de ilegalidade de despesa ou irregularidade de contas, as sanções previstas em lei, que estabelece, entre outras cominações, multa proporcional ao dano causado ao Erário (art. 71, VIII, da Constituição Federal). 3. *Em decorrência da amplitude das competências fiscalizadoras da Corte de Contas, tem-se que não é a natureza do ente envolvido na relação que permite, ou não, a incidência da fiscalização da Corte de Contas, mas sim a origem dos recursos envolvidos, conforme dispõe o art. 71, II, da Constituição Federal*. 4. Denegação da segurança" (grifo nosso).

Importante destacar que o art. 31, § 4º, da CF/88, veda que os municípios criem seus próprios Tribunais, Conselhos ou órgãos de contas municipais, mas isso não implicou a extinção do TCM/SP e do TCM/RJ, criados sob a égide de regime constitucional anterior (Lei Municipal n. 7.213/68 e Lei Municipal n. 183/80, respectivamente).

A vedação também não se aplica à criação de órgãos estaduais, Tribunais de Contas dos Municípios, com competência para fiscalização financeira de todos os municípios. Neste sentido, já decidiu o STF na ADI 445/DF, Min. Néri da Silveira, e na ADI 687, rel. Min. Celso de Mello.

Conforme já mencionado, aos demais Tribunais de Contas, aplica-se o modelo federal, no tocante à organização, composição e fiscalização (art. 75, *caput*, CF/88).

Diferenciam-se, entretanto, em relação ao TCU, porque devem ser integrados por 7 (sete) Conselheiros e não 9 (nove) Ministros, conforme prescreve o parágrafo único do art. 75 da CF/88.

Elencam-se, ainda, os requisitos para ocupar os cargos de Ministros ou Conselheiros das Cortes de Contas (art. 73, § 1º, CF/88):

a) mais de trinta e cinco e menos de sessenta e cinco anos de idade;

b) idoneidade moral e reputação ilibada;

c) notórios conhecimentos jurídicos, contábeis, econômicos e financeiros ou de administração pública;

d) mais de dez anos de exercício de função ou de efetiva atividade profissional que exija os conhecimentos mencionados no inciso anterior.

A escolha dos Ministros do TCU deve ser feita um terço pelo Presidente da República, com aprovação do Senado Federal, sendo dois alternadamente entre auditores e membros do Ministério Público junto ao TCU e dois terços pelo Congresso Nacional.

Na esfera estadual, quatro Conselheiros são eleitos pela Assembleia Legislativa e os três demais escolhidos pelo Chefe do Poder Executivo do Estado-Membro. Sendo que, dos três escolhidos pelo Chefe do Executivo, apenas um será de livre nomeação do Governador de Estado. Os outros dois são nomeados dentre os ocupantes dos cargos de Auditor e de membro do Ministério Público junto à Corte de Contas local. Neste sentido, o STF pronunciou-se na ADI 2.884, rel. Min. Celso de Mello.

Além dos Ministros ou Conselheiros, integra a Corte de Contas o Auditor[78], também denominado Ministro-Substituto, no âmbito federal, ou Conselheiro-Substituto, nas demais esferas.

As funções do Auditor não estão bem definidas pelo texto constitucional, que se limita a estabelecer que aquele substituirá os Ministros ou Conselheiros, hipótese em que terá "as mesmas garantias e impedimentos do titular" (art. 73, § 4º).

Na esfera federal, o art. 78, parágrafo único, da Lei n. 8.443/92, Lei Orgânica do TCU, estabelece que, quando não convocado para substituir Ministro, o Auditor preside a instrução de processos que lhes forem distribuídos, relatando-os com proposta de decisão a ser votada pelos Ministros integrantes do Pleno ou da Câmara, conforme o caso. Ou seja, no TCU, o Auditor é um Relator que não vota.

78 Não há que se confundir com o Auditor de Controle Externo, que é servidor público integrante da Secretaria dos Tribunais de Contas e não um membro da Corte tal como aquele referido pela Constituição.

O provimento do cargo de Auditor deverá ser feito por meio de concurso público, nos termos do art. 37, II, da Constituição Federal. Assim deliberou o STF na ADI 2.208 (rel. Min. Gilmar Mendes, Tribunal Pleno, *DJ* de 25-6-2004), ao declarar a inconstitucionalidade de dispositivos da Constituição Estadual do Paraná, que previa a escolha de Auditores pela Assembleia Legislativa do Estado.

Atua junto às Cortes de Contas o Ministério Público junto ao Tribunal de Contas, também denominado "Ministério Público de Contas", que não integra o Ministério Público comum[79] *ex vi* do art. 128 do texto constitucional.

Nessa linha, o STF entende que não cabe aos membros do Ministério Público Estadual atuarem junto aos Tribunais de Contas. Destaque-se, a propósito, a ADI 3.192 (rel. Min. Eros Grau, Tribunal Pleno, *DJe* de 18-8-2006), na qual foi declarada a inconstitucionalidade de Lei do Estado do Espírito Santo que previa a possibilidade de os Procuradores de Justiça suprirem a não existência do Ministério Público especial:

> "EMENTA: AÇÃO DIRETA DE INCONSTITUCIONALIDADE. IMPUGNAÇÃO DO § 1º, INCISO IV, E DO § 2º, DO ARTIGO 21; DO § 2º DO ARTIGO 33 E DA EXPRESSÃO 'E AO TRIBUNAL DE CONTAS', CONSTANTE DO ARTIGO 186 E DO PARAGRÁFO ÚNICO DO ARTIGO 192, TODOS DA LEI COMPLEMENTAR N. 95 DO ESTADO DO ESPIRÍTO SANTO. MINISTÉRIO PÚBLICO ESTADUAL. ATRIBUIÇÕES DE OFICIAR EM TODOS OS PROCESSOS DO TRIBUNAL DE CONTAS ESTADUAL. VIOLAÇÃO DOS ARTIGOS 75 E 130, DA CONSTITUIÇÃO DO BRASIL. 1. Impossibilidade de Procuradores de Justiça do Estado do Espírito Santo atuarem junto à Corte de Contas estadual, em substituição aos membros do Ministério Público especial. 2. Esta Corte entende que somente o Ministério Público especial tem legitimidade para atuar junto aos Tribunais de Contas dos Estados e que a organização e composição dos Tribunais de Contas estaduais estão sujeitas ao modelo jurídico estabelecido pela Constituição do Brasil [artigo 75]. Precedentes. 3. É inconstitucional o texto normativo que prevê a possibilidade de Procuradores de Justiça suprirem a não existência do Ministério Público especial, de atuação específica no Tribunal de Contas estadual. 4. Pedido julgado procedente, para declarar inconstitucionais o inciso IV do § 1º do artigo 21; o § 2º do artigo 21; o § 2º do artigo 33; a expressão 'e ao Tribunal de Contas' constante do artigo 186; e o parágrafo único do artigo 192, todos da Lei Complementar n. 95, de 28 de janeiro de 1997, do Estado do Espírito Santo" (grifo nosso).

O Ministério Público de Contas não dispõe das garantias institucionais pertinentes ao MP comum, em especial, aquelas prerrogativas atinentes à autonomia administrativa e financeira. Dessa forma, o Ministério Público Especial não dispõe de fisionomia institucional própria, encontrando-se administrativamente vinculado às Cortes de Contas. Nessa linha, entendeu a Corte Suprema, na ADI 2.378, da relatoria do Ministro Maurício Correa, *DJ* de 6-9-2007.

---

79 No mesmo sentido, confira-se também a ADI 3.307, rel. Min. Cármen Lúcia, Tribunal Pleno, *DJe* de 29-5-2009. Nessa oportunidade, ficou assentado que: **"O Ministério Público Especial, cujas atividades funcionais sejam restritas ao âmbito dos Tribunais de Contas, não se confunde nem integra o Ministério Público comum".**

Aplicam-se, entretanto, aos membros do *parquet* especializado as normas relativas aos direitos, vedações e forma de investidura do Ministério Público comum, por força do art. 130 da Constituição.

18. CONTROLE DAS DESPESAS DE PESSOAL

A Lei de Responsabilidade Fiscal (Lei Complementar n. 101/2000) foi um marco no controle das despesas de pessoal, mas a preocupação com esse tipo de despesa remonta aos primórdios do Brasil independente.

De fato, na Constituição Imperial (1824) foi atribuída à Assembleia Geral a competência para criar ou suprimir empregos públicos e estabelecer-lhes os ordenados (art. 15, XVI). Nas Constituições seguintes, foi mantida tal atribuição do Parlamento (por vezes com iniciativa privativa e/ou sanção do Presidente da República), conforme se pode observar nos seguintes dispositivos:

a) art. 34, 25º, da Constituição de 1891 (*"criar e suprimir empregos públicos federais, fixar-lhes as atribuições,* estipular-lhes os vencimentos");

b) art. 39, 6, da Constituição de 1934 (*"criar e extinguir empregos públicos federais, fixar-lhes e* alterar-lhes os vencimentos, sempre por lei especial");

c) art. 65, IV, da Constituição de 1946 (*"criar e extinguir cargos públicos e fixar-lhes os vencimentos, sempre por lei especial;"*);

d) art. 46, IV, da Constituição de 1967 (*"a criação e extinção, de cargos públicos e fixação dos respectivos vencimentos"*);

e) art. 43, V, da Constituição de 1967, com redação da Emenda Constitucional n. 1/69 (*"criação de cargos públicos e fixação dos respectivos vencimentos, ressalvado o disposto no item III do artigo 55"*); e

f) art. 48, X, da Constituição de 1988 (*"criação, transformação e extinção de cargos, empregos e funções públicas"*).

Atribuir ao parlamento a prerrogativa de criar cargos ou empregos e definir vencimentos não deixa de ser uma forma de controle das despesas de pessoal. Ainda que o Poder Executivo ou o Judiciário tivesse iniciativa exclusiva do projeto de lei de criação dos cargos e fixação de vencimentos, era o Legislativo que deveria deliberar a respeito.

Convém mencionar que as despesas de pessoal possuem características que justificam a maior preocupação do legislador e dos órgãos de controle da atividade financeira. Em primeiro lugar, representam parcela relevante do orçamento público. Assim, seu descontrole pode afetar diretamente o equilíbrio das contas públicas. Além disso, são rígidas, ou seja, não podem ser reduzidas facilmente, e apresentam crescimento vegetativo, mesmo que mantido o mesmo quadro de funcionários.

Recentemente, o controle das despesas de pessoal passou a ser realizado também de forma agregada. Melhor dizendo: passou-se a estabelecer limites máximos das despesas de pessoal considerando seu montante global ou agregado.

De fato, o art. 66, § 4º, da Constituição de 1967 dispunha que "A despesa de pessoal da União, Estados ou Municípios não poderá exceder de cinquenta por cento das respectivas receitas correntes". Tal redução deveria ser efetivada até 31-12-1970 (art. 180).

A Emenda Constitucional n. 1/69 previa que caberia à lei complementar o estabelecimento de limites para as despesas de pessoal da União, Estados e dos Municípios (art. 64).

A mesma disposição foi repetida na Constituição Federal de 1988, que ainda condicionou a concessão de qualquer vantagem ou aumento de remuneração à criação de cargos ou admissão de pessoal, à prévia existência de dotação orçamentária suficiente e à autorização específica na Lei de Diretrizes Orçamentárias (LDO). É o que dispõe o art. 169 na sua redação original:

> "Art. 169. A despesa com pessoal ativo e inativo da União, dos Estados, do Distrito Federal e dos Municípios não poderá exceder os limites estabelecidos em lei complementar.
>
> Parágrafo único. A concessão de qualquer vantagem ou aumento de remuneração, a criação de cargos ou alteração de estrutura de carreiras, bem como a admissão de pessoal, a qualquer título, pelos órgãos e entidades da administração direta ou indireta, inclusive fundações instituídas e mantidas pelo Poder Público, só poderão ser feitas:
>
> I – se houver prévia dotação orçamentária suficiente para atender às projeções de despesa de pessoal e aos acréscimos dela decorrentes;
>
> II – se houver autorização específica na lei de diretrizes orçamentárias, ressalvadas as empresas públicas e as sociedades de economia mista".

Nas Disposições Constitucionais Transitórias, enquanto não editada a referida lei complementar, estabeleceu-se para os entes federados o limite em 65% das respectivas receitas correntes, devendo o ente retornar ao limite, reduzindo o excedente à razão de um quinto por ano (art. 38 do ADCT/88).

Entretanto, foi longa a jornada até a consolidação da disciplina dos limites com as despesas de pessoal e a sua efetiva implementação.

Inicialmente, para regulamentar o art. 169 da Constituição, foi editada a Lei Complementar n. 82/95, também chamada Lei Camata I, que estabeleceu os limites globais de 60% da Receita Corrente Líquida (RCL) para a União e 60% para os Estados, Distrito Federal e Municípios. No caso de excesso, as despesas deveriam retornar aos limites no prazo máximo de três exercícios financeiros, à razão de um terço do excedente por exercício.

Posteriormente, foi editada a Lei Complementar n. 96/99, Lei Camata II, que reduziu para 50% da Receita Corrente Líquida para a União, mantendo os limites de 60% para os demais entes. A lei também estabeleceu vedações no caso de superação dos limites fixados, tais como a concessão de vantagens ou aumentos de remuneração a servidores. E, ainda, um critério de adaptação dos limites no prazo de 24 meses (2/3 nos primeiros 12 meses e 1/3 nos 12 meses subsequentes).

Mas foi a Lei de Responsabilidade Fiscal (Lei Complementar n. 101/2000) que obteve maior efetividade no controle das despesas de pessoal. Foram mantidos os limites globais previstos na Lei Camata II (50% da RCL para a União e 60% para os Estados, DF e Municípios), mas esses foram repartidos entre os diversos Poderes (Executivo, Legislativo e Judiciário) e órgãos autônomos como o Ministério Público e o Tribunal de Contas. Talvez tenha sido esse o principal fator a conferir eficácia à LRF, uma vez que antes a "responsabilidade" pelo cumprimento ficava restrita ao Poder Executivo. Atualmente, há uma "responsabilidade" compartilhada entre os diversos órgãos e Poderes dotados de autonomia administrativa e financeira.

Da mesma forma que as Leis Camata I e Camata II, a LRF estabeleceu mecanismos para fazer a despesa com pessoal retornar aos limites, incluindo as vedações.

Outra novidade é a previsão de três limites: limite de alerta, limite prudencial e limite total. À medida que os limites vão sendo atingidos, novas restrições ou vedações são incorporadas. A verificação do cumprimento dos limites ocorre ao final de cada quadrimestre.

O limite de alerta corresponde a 90% do limite total, e, quando atingido, deve ser objeto de alerta do Tribunal de Contas, órgão competente para a fiscalização dos limites (art. 59, § 1º, II). O limite prudencial corresponde a 95% do limite total. Atingido esse limite prudencial, aplicam-se as vedações do art. 22, parágrafo único, da LRF, tais como a concessão de vantagem ou aumento de remuneração, bem como a criação ou provimento de cargos públicos. Por fim, o limite total implica, além das medidas anteriores, a redução do percentual excedente no prazo de dois quadrimestres seguintes, sendo pelo menos um terço no primeiro (art. 23, *caput*), facultada a adoção de providências como a redução de cargos em comissão e funções de confiança, a exoneração dos servidores não estáveis e, até mesmo, do servidor estável, nos termos do art. 169, §§ 3º e 4º, da Constituição Federal.

Caso não atingida a redução no prazo estabelecido, e enquanto perdurar o excesso, o ente federado não poderá receber transferências voluntárias, obter garantia de outro ente ou contratar operações de crédito, nos termos do art. 23, § 3º. São as chamadas "sanções institucionais".

Havia a possibilidade de, em caso de descumprimento dos limites por um órgão ou poder, o ente federado como um todo sofrer tais sanções. Nada obstante, o STF vem rechaçando tal possibilidade com base no princípio da intranscendência das medidas restritivas de direitos, entendendo que o *"Estado só pode sofrer restrições* [para a realização de operações de crédito] *nos cadastros de devedores da União por atos praticados pelo Executivo. Em consequência, atos do Legislativo, Judiciário, Ministério Público e dos entes da Administração Pública indireta (como as autarquias e as empresas públicas) não podem gerar sanções da União contra ao Estado, diante da ausência de ingerência direta do Executivo sobre eles"* (ACO 1.612-AgR, rel. Min. Celso de Mello, Pleno, *DJe* de 13-2-2015). A esse respeito, foi fixada tese no Tema 743 da sistemática de repercussão geral, nos autos do RE 770.149, no sentido de que "é possível ao Município obter certidão positiva de débitos com efeito de negativa quando a Câmara Municipal do mesmo ente possui débitos com a Fazenda Nacional, tendo em conta o princípio da intranscendência subjetiva das sanções financeiras".

A Lei de Responsabilidade Fiscal foi objeto de ações diretas de inconstitucionalidade, nas quais foi contestada a constitucionalidade dos dispositivos atinentes ao controle das despesas de pessoal. Na ADI 2.238-MC (rel. Min. Ilmar Galvão, Tribunal Pleno, *DJe* de 12-9-2008), o STF deliberou, em sede de medida cautelar, que *"o art. 169 da Carta Magna não veda que se faça uma distribuição entre os Poderes dos limites de despesa com pessoal; ao contrário, para tornar eficaz o limite, há de se dividir internamente as responsabilidades"*. Considerou, portanto, constitucional a repartição dos limites globais de cada um dos entes entre os diversos órgãos e poderes dotados de autonomia financeira, providência que, conforme já mencionado, foi essencial para o efetivo cumprimento dos limites.

Quando do julgamento da referida medida cautelar, o STF suspendeu a eficácia do § 3º do art. 9º da LRF, por entender que a norma trazia hipótese de interferência indevida do Poder Executivo nos demais Poderes e no Ministério Público. Confira-se o que diz a norma:

> "Art. 9º Se verificado, ao final de um bimestre, que a realização da receita poderá não comportar o cumprimento das metas de resultado primário ou nominal estabelecidas no Anexo de Metas Fiscais, os Poderes e o Ministério Público promoverão, por ato próprio e nos montantes necessários, nos trinta dias subsequentes, limitação de empenho e movimentação financeira, segundo os critérios fixados pela lei de diretrizes orçamentárias.
>
> (...)
>
> § 3º No caso de os Poderes Legislativo e Judiciário e o Ministério Público não promoverem a limitação no prazo estabelecido no caput, é o Poder Executivo autorizado a limitar os valores financeiros segundo os critérios fixados pela lei de diretrizes orçamentárias".

O dispositivo em tela encontra-se no Capítulo da LRF destinado ao Planejamento da gestão fiscal e diz respeito à execução orçamentária e ao cumprimento das metas previamente estabelecidas. Tem importância destacada em situações como as que vêm ocorrendo de forma sistemática nos últimos anos, em que os Estados sofrem uma realidade de frustração de receita e necessitam efetivar cortes orçamentários que envolvem seus poderes e órgãos autônomos.

Resta claro que, em período de normalidade financeira, há a obrigatoriedade do repasse orçamentário integral aos poderes e órgãos autônomos, de modo que eventuais contingenciamentos somente se legitimariam por ato próprio de cada Poder.

Nesse sentido, a Constituição Federal estabelece a obrigatoriedade de repasse dos recursos financeiros correspondentes às dotações orçamentárias, compreendidos os créditos suplementares e especiais, destinados aos órgãos dos Poderes Legislativo e Judiciário, do Ministério Público e da Defensoria Pública até o dia 20 de cada mês, na forma de duodécimos, ou seja, 1/12 da dotação anual prevista, na forma estabelecida em lei complementar, tal como citado no art. 168 da CF.

Trata-se de mecanismo, entre muitos, voltado a assegurar a independência financeira dos órgãos e Poderes aos quais a Constituição conferiu autonomia funcional, evitando que fiquem à mercê do Poder Executivo, responsável pela arrecadação dos recursos financeiros.

A título de esclarecimento, sublinho as lições do Professor José Maurício Conti, ao tratar da essencialidade do instituto da autonomia financeira para o regular funcionamento do Poder Judiciário:

> "A autonomia financeira existe quando o ente dispõe de recursos financeiros para as suas necessidades, sem depender de terceiros. A autonomia financeira é de fundamental importância. Não é exagero dizer que, sem ela, não há autonomia alguma. Sem recursos para se manter, as entidades estão fadadas ao fracasso. Não poderão exercer as funções que lhes competem e passarão a depender de terceiros para financiar suas atividades, circunstância que aniquila todo e qualquer poder autônomo que se lhes atribua. (...) No Brasil, a autonomia financeira do Poder Judiciário exige compatibilidade entre as receitas que lhe

são destinadas e as necessárias para cumprir adequadamente as atribuições que a Constituição lhe destina. Pressupõe, ainda, a capacidade para elaborar sua proposta orçamentária nos termos do art. 99 da CF, bem como a observância dos valores que lhe foram destinados no orçamento, sem possibilidade de redução durante sua execução. Os recursos que cabem ao Poder Judiciário devem ser entregues tempestivamente, na forma do art. 168 da CF, devendo ter liberdade para administrá-los, observadas as disposições constitucionais"[80].

Embora o trecho citado se refira à dotação orçamentária do Poder Judiciário, suas lições também são aplicadas aos demais Poderes e órgãos autônomos, tendo em vista que a Constituição lhes assegura a iniciativa de sua proposta orçamentária dentro dos limites estabelecidos na LDO.

Nesse contexto, não basta que o Poder ou órgão autônomo disponha de créditos orçamentários, deve também dispor dos recursos financeiros para fazer face às obrigações contraídas. Ou seja, a execução orçamentária deve ocorrer de forma paralela à execução financeira.

A autonomia financeira, entretanto, não tem caráter absoluto. A gestão dos recursos pelo órgão ou Poder dotado de autonomia está sujeita às normas e princípios de direito financeiro, inclusive, aqueles atinentes à responsabilidade na gestão fiscal, a saber: planejamento, transparência e prevenção de riscos e desvios que possam afetar o equilíbrio das contas públicas (art. 1º, §1º, da Lei Complementar 101/2000), além de se sujeitarem à fiscalização financeira nos termos do art. 70 do texto constitucional.

Cumpre observar que a LRF criou diversos mecanismos para prevenir e corrigir os riscos que afetem o equilíbrio fiscal, cabíveis aos próprios órgãos e poderes autônomos.

Cite-se, em primeiro lugar, a limitação de empenho de que trata o art. 9º da LRF, que busca compatibilizar a execução orçamentária à financeira, quando prevê que o contingenciamento deve ser realizado quando se verificar que, ao final de um bimestre, a realização de receita possa comprometer o cumprimento das metas fiscais descritas na Lei de Diretrizes Orçamentárias (LDO).

Desta forma, havendo frustração na arrecadação de receita pública, caberá aos órgãos e poderes autônomos promover, por ato próprio, a limitação de empenho e movimentação financeira. Deixar de fazê-lo constitui, inclusive, infração administrativa, sujeitando o dirigente do órgão ou poder à penalidade de multa, nos termos do art. 5º, III, da Lei 10.028/2000, a ser apreciada pelo Tribunal de Contas a que competir a fiscalização contábil, financeira e orçamentária da pessoa jurídica de direito público envolvida.

Nesse contexto, o art. 9º, *caput* e § 3º, da LRF vieram para solucionar tal impasse. No entanto, o julgamento de mérito da constitucionalidade do referido dispositivo findou-se em 24 de junho de 2020, nos autos da ADI 2.238, ocasião em que o Supremo Tribunal Federal, por maioria, decidiu declarar a inconstitucionalidade do art. 9º, § 3º, da LRF.

Em complemento ao art. 169 Constituição, a LRF dispôs ainda sobre as medidas de redução de despesa com pessoal no art. 23. Em relação ao texto constitucional e com

80 CONTI, José Maurício. A Autonomia Financeira do Poder Judiciário. São Paulo: MP, 2006. p. 142-145.

o escopo de se enquadrar nos limites com gasto de pessoal, a lei prevê a possibilidade de que a redução das despesas com cargos em comissão e funções de confiança "poderá ser alcançada tanto pela extinção de cargos e funções quanto pela redução dos valores a eles atribuídos" (parágrafo 1º). Além disso, estabelece também o enquadramento por se operar por meio de "redução temporária da jornada de trabalho com adequação dos vencimentos à nova carga horária" (parágrafo 2º).

Ocorre que o STF deferiu a medida cautelar na ADI-MC 2.238, rel. Min. Ilmar Galvão, *DJe* de 12-9-2008, para suspender a eficácia da expressão "quanto pela redução dos valores a eles atribuídos", contida no § 1º do art. 23, bem como a integralidade do § 2º, de sorte que apenas a possibilidade de extinção de cargos ou funções remanesce entre as elencadas no art. 23 da LRF. Entendeu o Supremo Tribunal Federal que os dispositivos em questão, ao facultarem ao poder público a redução da jornada de trabalho com adequação da remuneração à nova carga horária do servidor, violariam o princípio da irredutibilidade de vencimentos, bem como ultrapassariam as medidas listadas pelo § 3º do art. 169 da Constituição, compreendido como rol taxativo no que tange à adequação de despesas de pessoal.

Em relação a esse dispositivo, também foi finalizado o julgamento de mérito em 24 de junho de 2020, confirmando-se, por maioria, a cautelar anteriormente concedida e declarando-se, parcialmente, a inconstitucionalidade, sem redução de texto, do art. 23, § 1º, da LRF, de modo a obstar interpretação segundo a qual é possível reduzir valores de função ou cargo que estiver provido, e, quanto ao § 2º do art. 23, declarou-se a sua inconstitucionalidade.

Como se percebe, não são poucas as controvérsias relativas à interpretação dos dispositivos da LRF e as tentativas, especialmente dos Estados e dos Municípios, de driblar os limites com as despesas de pessoal e não sofrer as "sanções institucionais" previstas no art. 23, § 3º, da LRF. Algumas dessas interpretações contam, ainda, com a aquiescência dos respectivos Tribunais de Contas.

Fernando Álvares Correia Dias[81] afirma, nesse sentido, que, apesar de o legislador complementar procurar definir os conceitos de forma clara e mais abrangente possível, os Estados têm se valido de interpretações ou contestações buscando driblar esses limites. Dentre essas interpretações, o autor elenca as seguintes:

> "a) exclusão das despesas com pensionistas: considerando que o art. 169 faz referência, tão somente, à despesa com pessoal ativo e inativo;
>
> b) exclusão das despesas com inativos;
>
> c) exclusão do imposto de renda retido na fonte, relativo à folha de pagamento dos servidores; e
>
> d)expansão de rubricas de despesa como diárias, auxílio-alimentação, auxílio-transporte, serviços de terceiros, serviços de consultoria e locação de mão-de-obra, gastos classificados como 'outras despesas correntes'".

81 *O controle institucional das despesas com pessoal*, Brasília: Senado Federal, Consultoria Legislativa, 2009. Disponível em: <http://www2.senado.leg.br/bdsf/handle/id/150158>.

A tese da exclusão do Imposto de Renda retido na fonte esbarra no "princípio" orçamentário do orçamento bruto, constante do art. 6º da Lei n. 4.320/64. Segundo tal princípio, todas as receitas e despesas devem constar no orçamento em seus valores brutos, vedadas quaisquer deduções. Com base nessa disposição, empenha-se a folha de pagamento bruta e não a líquida. De fato, o IRRF integra o salário bruto dos servidores públicos. O mesmo raciocínio aplica-se ao cômputo das despesas de pessoal para fins de verificação do atendimento aos limites, vedando a exclusão do IRRF.

A propósito, o art. 19, § 1º, da LRF é taxativo ao dispor sobre as despesas não computadas para fins de verificação dos limites, quais sejam, as de indenização por demissão de servidores ou empregados, as relativas a incentivos à demissão voluntária (Programas de Demissão Voluntária, tais como os previstos na Medida Provisória n. 792/2017), as decorrentes de decisão judicial e da competência de período anterior ao período de apuração, dentre outras.

Uma questão interessante diz respeito à contabilização dos pagamentos às Organizações Sociais para fins de cômputo dos limites de gastos previstos na LRF. O Tribunal de Contas da União (TCU) pronunciou-se acerca da questão no Acórdão n. 2.444/2016 – Plenário, oriundo de solicitação do Congresso Nacional.

Afirmou-se que não há, no âmbito da jurisprudência do Tribunal de Contas da União, deliberações que reconheçam como obrigatória a inclusão de despesas pagas a organizações sociais que celebram contrato de gestão financiado com fontes federais para fins de verificação do atendimento aos limites com gastos de pessoal estabelecidos pela Lei de Responsabilidade Fiscal (item 9.1.1 do Acórdão 2.444/2016 – Plenário).

Ademais, apontou que os contratos de gestão celebrados com organizações sociais não consistem em contratação de terceirizados. Embora, na prática, a Corte de Contas tenha observado, em várias situações, a contratação de organizações sociais apenas para servirem de intermediárias de mão de obra, considerou que tal fato não é motivo legítimo para que o instrumento seja tratado como se terceirização fosse (item 9.1.2 do Acórdão 2.444/2016 – Plenário).

No entendimento do TCU, o art. 18, § 1º, da LRF exige apenas a contabilização dos gastos com contratos de terceirização de mão de obra que se referem à substituição de servidores e empregados públicos e à contratação de pessoal por tempo determinado. Assim sendo, nem todo gasto com terceirização de mão de obra o legislador elegeu para fazer parte do cálculo do limite de despesa com pessoal (item 9.1.3 do Acórdão 2.444/2016 – Plenário). A esse respeito, vale mencionar que o STF julgou constitucional o art. 18, § 1º, da LRF, que determina o cômputo dos valores dos contratos de terceirização de mão de obra referentes à substituição de servidores ou empregados públicos na despesa total de pessoal a ser considerada para fins de apuração dos limites, nos autos da ADI 2.238. Entendeu o STF que o referido dispositivo *"impede apenas expedientes de substituição de servidores via contratação terceirizada em contorno ao teto de gastos com pessoal"*.

Por fim, é importante mencionar que questões como essas, de interesse de todos os entes federados, deveriam ser tratadas pelo Conselho de Gestão Fiscal – CGF, *"constituído por representantes de todos os Poderes e esferas de Governo, do Ministério Público e de entidades técnicas representativas da sociedade"*, conforme previsto no art. 67 da LRF, a quem cabe a harmonização e a coordenação entre os entes federados. Nada obstante a previsão legal, tal Conselho nunca foi instituído.

REFERÊNCIAS

AARNIO, Aulis. *Derecho, racionalidad y comunicación social*. Tradução de Pablo Larrañaga. México: Fontanara, 1995.

_______. *Lo racional como razonable*. Madrid: Centro de Estudios Constitucionales, 1991.

_______. *Constitución:* problemas filosóficos. Madrid: Centro de Estudios Políticos y Constitucionales, 2003.

ABELLÁN, Marina Gascón. *La técnica del precedente y la argumentación racional*. Madrid: Tecnos, 1993.

_______. Los límites de la justicia constitucional: el Tribunal Constitucional entre jurisdicción y legislación. In: *Constitución:* problemas filosóficos. Madrid: Centro de Estudios Políticos y Constitucionales, 2003.

ABENDROTH, Wolfgang; FORSTHOFF, Ernst; DOEHRING, Karl. *El Estado social*. Madrid: Centro de Estudios Constitucionales, 1986.

ABRAMOVICH, Victor; COURTS, Christian. *Los derechos sociales como derechos exigibles*. Trotta, 2004.

ABRANCHES, Sérgio Henrique. Presidencialismo de coalizão: o dilema institucional brasileiro, *Revista de Ciências Sociais* 31, Rio de Janeiro, (1988).

ADORNO, Sérgio. *Os aprendizes do poder*. São Paulo: Paz e Terra, 1998.

ADORNO, Theodor; HORKHEIMER, Max. *Dialética do esclarecimento*. Rio de Janeiro: Zahar, 1986.

AFTALIÓN, Enrique R. *Crítica del saber de los juristas*. Mandolin: La Plata, 1951.

AGAMBEN, Giorgio. *Estado de exceção*. São Paulo: Boitempo, 2004.

AGUILAR, Juan Fernando López. *Lo constitucional en el derecho:* sobre la idea e ideas de Constitución y orden jurídico. Madrid: Centro de Estudios Políticos y Constitucionales, 1998.

ALBUQUERQUE, Magnus Augustus Cavalcanti de. *Aspectos da intervenção federal no Brasil, segundo disciplina a Constituição de 1967, com a redação dada pela Emenda Constitucional n. 1, de 1969*. Dissertação de Mestrado. Brasília: UnB, 1985.

ALBUQUERQUE, Xavier de; ABREU, Leitão de; BONAVIDES, Paulo; COSTA, Tito. *Estudos Eleitorais*, TSE n. 2, maio / ago. 1997.

ALCHOURRÓN, Carlos E.; BULYGIN, Eugenio. *Introducción a la metodología de las ciencias sociales*. Buenos Aires: Astrea, 1998.

ALENCAR, Ana Valderez Ayres Neves de. A competência do Senado Federal para suspender a execução dos atos declarados inconstitucionais. *Revista de Informação Legislativa*, n. 57, 1978.

ALEXY, Robert. *Derecho y razón práctica*. México: Fontanara, 1993.

_______. *El concepto de validez en el derecho*. Barcelona: Gedisa, 1997.

_______. *Epílogo a la teoría de los derechos fundamentales*. Madrid: [s. n.], 2004.

_______. *Kollision und Abwägung als Grundproblem der Grundrechtsdogmatik*. Palestra proferida na Fundação Casa de Rui Barbosa, Rio de Janeiro, 1998.

_______. *Teoria da argumentação jurídica*. São Paulo: Landy, 2001.

_______. *Teoría de la argumentación jurídica*. Tradução de Manuel Atienza e Izabel Espejo. Madrid: Centro de Estudios Constitucionales, 1989.

_______. *Teoría del discurso y derechos humanos*. Bogotá: Universidad Externado de Colombia, 2000.

______. *Teoría de los derechos fundamentales*. Madrid: Centro de Estudios Constitucionales, 1993.

______. *Theorie der Grundrechte*. Frankfurt am Main: [s. n.], 1986.

______. *Teoria dos direitos fundamentais*. Tradução de Virgílio Afonso da Silva. São Paulo: Malheiros, 2008.

ALMAGRO, José. *Justicia constitucional:* comentarios a la Ley Orgánica del Tribunal Constitucional. 2. ed. Valencia: [s. n.], 1989.

ALMEIDA, Fernanda Dias Menezes de. *Competências na Constituição de 1988*. São Paulo: Atlas, 1991.

ALMEIDA, Fernando Henrique Mendes de. Observações sobre o poder regulamentar e seus abusos. *RT*, v. 279.

ALMEIDA JÚNIOR, João Mendes de. *O processo criminal brasileiro*. Rio de Janeiro – São Paulo: Freitas Bastos, 1959. v. 2.

ALONSO, Clara Álvarez. *Lecciones de historia del constitucionalismo*. Madrid: Marcial Pons, 1999.

ALVARENGA, Aristides Junqueira. Ministro de Estado-Crime comum-Autorização legislativa. *Revista de Direito Administrativo*, v. 194.

ALVES, João Luís. *Código Civil anotado*. Rio de Janeiro: [s. n.], 1917.

ALVES, José Carlos Moreira. *Da alienação fiduciária em garantia*. São Paulo: Saraiva; 1973.

______. Poder Judiciário. *RT*, ano 5, n. 18, p. 269, jan./mar. 1997.

______. *Direito romano*. Rio de Janeiro: Forense, 1978. 2. ed. 1972, v. 2.

ALVES, Márcio Moreira. *68 mudou o mundo*. Rio de Janeiro: Nova Fronteira, 1993.

ALVIM, José Eduardo Carreira. *Habeas data*. Rio de Janeiro: Forense, 2001.

AMADO, Juan A. G. *Hans Kelsen y la norma fundamental*. Madrid: Marcial Pons, 1996.

______. *Teorias de la tópica jurídica*. Madrid: Civitas, 1988.

AMARAL, Antonio Carlos Rodrigues do (Coord.). *Tratados internacionais na ordem jurídica brasileira*. São Paulo: Lex, 2005.

AMARAL, Gustavo. *Direito, escassez e escolha*. Rio de Janeiro: Renovar, 2001.

AMARAL JÚNIOR, José Levi Mello do. *Medida provisória e a sua conversão em lei*. São Paulo: Revista dos Tribunais, 2004.

AMARAL SANTOS, Aricê. *O estado de emergência*. São Paulo: Sugestões Literárias, 1981.

ANASTÁCIO, Rachel Bruno. *Mandado de injunção:* em busca da efetividade da Constituição. Rio de Janeiro: Lumen Juris, 2003.

ANDRADE, Cesar Seijas de. Orçamento deficitário. In: CONTI, José Maurício; SCAFF, Fernando Facury. (Org.). *Orçamentos públicos e Direito Financeiro*. São Paulo: Revista dos Tribunais, 2011.

ANDRADE, Christiano José de. *O problema dos métodos da interpretação jurídica*. São Paulo: Revista dos Tribunais, 1992.

ANDRADE, Flávio da S. A dissonância cognitiva e seus reflexos na tomada da decisão judicial criminal. *Revista Brasileira de Direito Processual Penal*, v. 5, n. 3, p. 1651-1677, set./dez. 2019.

ANDRADE, José Carlos Vieira de. *Os direitos fundamentais na Constituição portuguesa de 1976*. Coimbra: Almedina, 1987.

______. *Os direitos individuais na Constituição portuguesa de 1976*. Coimbra: Almedina, 1983; 2. ed. 2001.

ANDRADE, Manuel da Costa. *Sobre as proibições de prova em processo penal*. Coimbra: Coimbra Ed., 1992.

ANDRADE, Ricardo Barretto de; ZÚÑIGA, Jaime Gallegos. El derecho a la salud en Chile: hacia un rol más activo y estructural del Estado en el aseguramiento de este derecho fundamental, *Gaceta Jurídica*, v. 373, 2011.

ANDRÉ, Adélio Pereira. *Defesa dos direitos e acesso aos tribunais*. Lisboa: Livros Horizontes, 1980.

ANIELLO, Aufiero. *Prisão, Medidas cautelares e liberdade provisória*. Manaus: Editora Aufiero, 2011.

ANSCHUTZ, Gerhard. *Die Verfassung des Deutschen Reichs vom 11 August 1919*. 14. ed. Berlin-Leipzig, 1933.

______. *Verhandlungen des 34*. juristentags. Berlim, 1927. v. 2, p. 208.

______; THOMA, Richard (Hrsg.). *Handbuch des Deutschen Staatsrechts*. Tübingen: Mohr, 1932. t. 2.

ANZON, Adele et al. *Il principio di ragionevolezza nella giurisprudenza della Corte Costituzionale*: riferimenti comparatistici. Milano: Giuffrè, 1994.

APOSTOLOVA, Bistra Stefanova. *Poder Judiciário:* do moderno ao contemporâneo. Porto Alegre: Sérgio A. Fabris, Editor, 1998.

ARAGÃO, Egas Dirceu Moniz de. *A correição parcial*. São Paulo: Bushatsky, 1969.

ARANHA, Márcio Iorio. *Interpretação constitucional e as garantias institucionais dos direitos fundamentais*. São Paulo: Atlas, 1999.

ARANTES, Rogério Bastos. Judiciário: entre a justiça e a política. In: AVELAR, Lúcia; CINTRA, Antônio Octavio. *Sistema político brasileiro:* uma introdução. Rio de Janeiro: Fundação Konrad-Adenauer-Stiftung; São Paulo: Fundação Unesp, 2004.

ARECCO, Italo Merello et al. *Interpretación, integración y razonamiento jurídico*. Santiago: Ed. Jurídica de Chile, 1992.

ARECHAGA, Eduardo Jiménez. A ação declaratória de inconstitucionalidade na Constituição uruguaia de 1934. *RF*, v. 86.

ARNAUD, André-Jean. *Entre modernité et mondialisation*: Cinq leçons d'histoire de la philosophie du droit et de l'État. Paris: LGDJ, 1998.

_______ et al. *Dicionário enciclopédico de teoria e de sociologia do direito*. Rio de Janeiro: Renovar, 1999.

ASSIS BRASIL, Joaquim Francisco. *Democracia representativa*: do voto e do modo de votar. 4. ed. Rio de Janeiro: Imprensa Nacional, 1931.

ATALIBA, Geraldo. *Hipótese de incidência tributária*. 5. ed. São Paulo: Malheiros, 1996.

_______. Poder regulamentar do Executivo. *RDP*, v. 57.

ATIENZA, Manuel. *As razões do direito:* teorias da argumentação jurídica. São Paulo: Landy, 2003.

_______. Contribución a una teoría de la legislación. Madrid: Civitas, 1997.

_______. *Las razones del derecho:* teorías de la argumentación jurídica. Madrid: Centro de Estudios Constitucionales, 1997.

_______. *Tras la justicia*: una introducción al derecho y al razonamiento jurídico. Barcelona: Ariel, 2000.

_______; MANERO, Juan Ruiz. La regla de reconocimiento. In: *Las piezas del derecho*. Barcelona: Ariel, 1996.

AUGER, Pierre et al. *Los derechos del hombre*. México: FCE, 1949.

AVELAR, Lúcia; CINTRA, Antônio Octavio (Orgs.). *Sistema político brasileiro:* uma introdução. Rio de Janeiro: Fundação Konrad-Adenauer-Stiftung; São Paulo: Fundação Unesp, 2004.

ÁVILA, Humberto Bergmann. *Teoria dos princípios*. São Paulo: Malheiros, 2003.

_______. A distinção entre princípios e regras e a redefinição do dever de proporcionalidade. *Revista de Direito Administrativo*, Rio de Janeiro, jan./mar. 1999.

ÁVILA, Thiago André Pierobom de. *Provas ilícitas e proporcionalidade*. Rio de Janeiro: Lumen Juris, 2006.

AYER, A. J. *O problema do conhecimento*. Lisboa: Ulisseia, [s. d.].

BACHELARD, Gaston. *A epistemologia*. Lisboa: Edições 70, 1984.

_______. *La formación del espíritu científico*. Buenos Aires: Siglo XXI, 1972.

BACHOF, Otto. *Zur Auslegung des art. 100*, Abs. 1 GG, Deutsches Verwaltungsblatt, 1951.

_______. Die Prufungs und Verwerfungskompetenz der Verwaltung gegenuber dem verfassungswidrigen und bundesrechtswidrigen Gesetz. *AöR*, 87, 1962.

_______. *Die verwaltungsgerichtliche Klage auf Vornahme einer Amtshandlung*. 2. Aufl. Tübingen: Mohr, 1968.

_______. Freiheit des Berufs. In: *Die Grundrechte*. Berlin: [s. n.], 1958. v. 3.

_______. *Normas constitucionais inconstitucionais?* Tradução de José Manuel M. Cardoso da Costa. Coimbra: Atlântida, 1977.

BADURA, Peter; DREIER, Horst. *Festschrift 50 Jahre Bundesverfassungsgericht*. Tübingen: Mohr-Siebeck, 2001.

BAKKER, Gerald; CLARK, Len. *La explicación:* una explicación a la filosofía de la ciencia. México: Fondo de Cultura Económica, 1994.

BALEEIRO, Aliomar. *Uma introdução à ciência das finanças e a política fiscal*. 3. ed. Rio de Janeiro: Forense, 1964.

BALKIN, Jack M. Digital speech and democratic culture: a theory of freedom of expression for the information society. *New York University Law Review*, v. 79, n. 1, p. 1-55, 2004.

BALLESTEROS, Jesús (Ed.). *Derechos humanos*. Madrid: Tecnos, 1992.

BANDEIRA GALINDO, George Rodrigo. *Tratados internacionais de direitos humanos e*

Constituição brasileira. Belo Horizonte: Del Rey, 2002.

BARBALHO, João. *Constituição Federal brasileira*. Comentários à Constituição de 1891. Ed. fac. similar. Brasília: Senado Federal, 1992.

BARBI, Celso Agrícola. Evolução do controle da constitucionalidade das leis no Brasil. *RDP*, 1(4).

BARBOSA, Rui. Os atos inconstitucionais do Congresso e do Executivo. In: *Trabalhos jurídicos*. Rio de Janeiro: Casa de Rui Barbosa, 1962.

______. *Commentarios à Constituição Federal brasileira*. São Paulo: Saraiva, 1932.

______. *O direito do Amazonas ao Acre Septentrional*. Rio de Janeiro: Jornal do Commercio, 1910. v. 1.

______. *Os atos inconstitucionais do Congresso e do Executivo*. Rio de Janeiro, 1962. (reimpr.).

BARRETO, Plínio. *A cultura jurídica no Brasil*. São Paulo: Biblioteca do Estado de São Paulo, 1922.

BARRETO, Vicente; PAIM, Antonio. *Evolução do pensamento político brasileiro*. Belo Horizonte: Itatiaia, 1989.

BARROS, Alberto Rocha. *Origens e evolução da legislação trabalhista*. Rio de Janeiro: Laemmert, 1969.

BARROS, Suzana de Toledo. *O princípio da proporcionalidade e o controle de constitucionalidade das leis restritivas de direitos fundamentais*. Brasília: Brasília Jurídica, 1996.

BARROSO, Luís Roberto. *O controle de constitucionalidade no direito brasileiro*: exposição sistemática da doutrina e análise crítica da jurisprudência. São Paulo: Saraiva, 2004.

______. *O direito constitucional e a efetividade de suas normas:* limites e possibilidades da Constituição brasileira. Rio de Janeiro: Renovar, 1990.

BARTHES, Roland. *Elementos de semiologia*. 16. ed. São Paulo: Cultrix, 2006.

BASBAUM, Leôncio. *História sincera da República*. São Paulo: Alfa-Omega, 1986.

BASTOS, Celso Ribeiro. *Comentários à Constituição do Brasil*. São Paulo: Saraiva, 1989.

______. *Curso de direito constitucional*. 22. ed. atual. São Paulo: Saraiva, 2001.

______. *Curso de direito constitucional*. São Paulo: Celso Bastos, Editor, 2002.

______. *Hermenêutica e interpretação constitucional*. São Paulo: Celso Bastos, Editor, 1997.

BASTOS, Celso; BRITTO, Carlos Ayres. *Interpretação e aplicabilidade das normas constitucionais*. São Paulo: Saraiva, 1982.

BASTOS, Celso Ribeiro; MARTINS, Ives Gandra. *Comentários à Constituição do Brasil*. São Paulo: Saraiva, 1989. v. 2.

______. *Comentários à Constituição do Brasil*. São Paulo: Saraiva, 2004. v. 2.

______. *Comentários à Constituição do Brasil*. São Paulo: Saraiva, 1988.

BATIFOL, Henri et al. *L'interprétation dans le droit*. Paris: Archives de Philosophie du Droit, 1972. t. 17.

BATTIS, Ulrich. *Einfuhrung in das Öffentliche Recht*. Fernuniversität Hagen, 1981, un. 2.

BATTIS, Ulrich; GUSY, Christoph. *Einfuhrung in das Staatsrecht*. 4. ed. Heidelberg: C. F. Muller, 1999.

______. *Einfuhrung in das Staatsrecht*. 3. ed. Heidelberg: [s. n.], 1991.

BAZARIAN, Jacob. *O problema da verdade:* teoria do conhecimento. São Paulo: Alfa-Omega, 1985.

BELAID, Sadok. *Essai sur le pouvoir créateur et normatif du juge*. Paris: LGDJ, 1974.

BENDA, Ernesto et al. *Manual de derecho constitucional*. Madrid: Marcial Pons, 1996.

BENETI, Sidnei. Ombudsman de bancos e desjudicialização. *Justiça e Cidadania*, Rio de Janeiro, n. 158, p. 9-11, out. 2013.

BERNAL PULIDO, Carlos. *El principio de proporcionalidad y los derechos fundamentales*. Madrid: Centro de Estudios Políticos y Constitucionales, 2003.

BETTI, Emilio. *Interpretación de la ley y de los actos jurídicos*. Madrid: Revista de Derecho Privado, 1975.

______. *Teoria generale della interpretazione*. Milano: Giuffrè, 1990.

BEULKE, Werner. *Strafprozessrecht*. 8. ed. Heidelberg: [s. n.], 2005.

BICKEL, Alexander M. *The least dangerous branch:* the Supreme Court at the bar of politics. 2. ed. New Haven: Yale University Press, 1986.

BIDART CAMPOS, Gérman J. *Teoría general de los derechos humanos*. Buenos Aires: Astrea, 1991.

BITAR, Orlando. A lei e a Constituição. In: *Obras completas de Orlando Bitar.* Rio de Janeiro: Renovar, 1996. v. 1.

______. A lei e a Constituição. In: *Obras completas de Orlando Bitar.* Brasília: Conselho Federal de Cultura, 1978. v. 2.

______. Fontes e essência da Constituição Britânica. In: *Obras completas de Orlando Bitar.* Rio de Janeiro: Conselho Federal de Cultura e Departamento de Assuntos Culturais do MEC. 1978. v. 2.

______. *Obras completas.* Rio de Janeiro: Conselho Federal de Cultura e Departamento de Assuntos Culturais do MEC, 1978.

______. Origem e evolução do sistema parlamentar de governo, na Inglaterra e no continente europeu. In: *Obras completas de Orlando Bitar.* Rio de Janeiro: Conselho Federal de Cultura e Departamento de Assuntos Culturais do MEC, 1978. v. 2.

BITTENCOURT, C. A. Lúcio. A interpretação como parte integrante do processo legislativo. *Revista do Serviço Público,* ano 5, v. 4, n. 3, dez. 1942.

______. *O controle jurisdicional da constitucionalidade das leis.* Rio de Janeiro: Forense, 1949; 2. ed., 1968.

______. *O controle jurisdicional da constitucionalidade das leis.* 2. ed. Rio de Janeiro: Forense, 1968.

BLANCO DE MORAIS, Carlos. *As sentenças intermédias da justiça constitucional.* Lisboa: AAFDL, 2009.

Bleckmann. *Die Grundrechte.* [s. l.]: [s. n.], [s. d.].

BLOCH, Ernest. *Naturrecht und menschliche Wurde.* 2. Aufl., Frankfurt am Main: Suhrkamp, 1980.

BOBBIO, Norberto. *A era dos direitos.* Rio de Janeiro: Campus, 1992.

______. *As ideologias e o poder em crise.* Brasília: Ed. da UnB, 1988.

______. MATTEUCCI, Nicolla; PASQUINO, Gianfranco. *Dicionário de política.* Brasília: Ed. da UnB, 1983.

______. *Qual socialismo?* 2. ed. Rio de Janeiro: Paz e Terra, 1983.

______. *Teoria do ordenamento jurídico.* Brasília: Polis / Ed. da UnB, 1989.

______. *Teoría general del derecho.* Bogotá: Temis, 1987.

BÖCKENFÖRDE, Ernst-Wolfgang. *Escritos sobre derechos fundamentales.* Baden-Baden: Nomos Verlagsgesellschaft, 1993.

______. *Estudios sobre el Estado de Derecho y la democracia.* Madrid: Trotta, 2000.

BONAVIDES, Paulo. *Curso de direito constitucional.* 17. ed. São Paulo: Malheiros, 2005.

______. *Direito constitucional.* 2. ed. Rio de Janeiro: Forense, 1986.

BONIFÁCIO, Artur Cortez. *Direito de petição:* garantia constitucional. São Paulo: Método, 2004.

BONNECASE, Julien. *L'école de l'exegese en droit civil.* Paris: E. de Boccard, 1924.

BOROWSKI, Martin. *Grundrechte als Prinzipien,* 2. Auf., Baden-Baden: Nomos, 2007.

BOUCAULT, Carlos E. de Abreu; RODRIGUEZ, José Rodrigo (Orgs.). *Hermenêutica plural.* São Paulo: Martins Fontes, 2002.

BRAGE CAMAZANO, Joaquín. *La acción abstracta de inconstitucionalidad.* México: Universidad Nacional Autónoma de México, 2005.

BRANCO, Paulo G. Gonet. Convalidação da lei editada com vício de iniciativa – em torno da Súmula n. 5 do Supremo Tribunal Federal. *Revista do Tribunal Regional Federal da 1ª Região,* Brasília, v. 8, n. 1, jan. / mar. 1996.

______. Aspectos da teoria geral dos direitos fundamentais. In: COELHO, Inocêncio Mártires; MENDES, Gilmar Ferreira; BRANCO, Paulo Gustavo Gonet. *Hermenêutica constitucional e direitos fundamentais.* Brasília: Brasília Jurídica, 2000.

BRASIL. Assembleia Constituinte (1891). *Annaes do Congresso Constituinte da República.* 2. ed. Rio de Janeiro: Imprensa Nacional, 1924. v. 1.

BRÉAL, Michel. *Essais de sémantique:* science des significations. Paris: Hachette, 1913.

BRITTO, Carlos Ayres. O ato das disposições transitórias na Constituição brasileira de 1988. Breves notas. *Revista do Instituto dos Advogados Brasileiros,* n. 96, a. XXXV, 2. sem. / 2007. Rio de Janeiro: Lumen Juris, 2008.

______. O regime constitucional dos Tribunais de Contas. *Revista Diálogo Jurídico,* Salvador: CAJ

– Centro de Atualização Jurídica, v. I, n. 9, dezembro, 2001.

BROSSARD, Paulo. A Constituição e as leis anteriores. In: *Arquivos do Ministério da Justiça*, n. 180 (1992).

______. *O Impeachment: aspectos da responsabilidade política do Presidente da República*. São Paulo: Saraiva, 1992.

______. O Senado e as leis inconstitucionais. *Revista de Informação Legislativa*, n. 13 [s. d.].

BROX, Hans. Zur Zulässigkeit der erneuten Uberprufung einer Norm durch das Bundesverfassungsgericht. In: *Festschrift fur Willi Geiger*. Tübingen: [s. n.], 1974.

BRUTAU, José Puig. *La jurisprudencia como fuente del derecho*. Barcelona: Bosch, [s. d.].

BRYDE, Brun-Otto. *Verfassungsengsentwicklung, Stabilität und Dynamik im Verfassungsrecht der Bundesrepublik Deutschland*. Baden-Baden: [s. n.], 1982.

______. Tatsachenfesstellungen und soziale Wirklichkeit in der Rechtsprechung des BVerfG. In: *Badura/Dreier*, SF 50 Jahre BverfG, Baden -Baden, 2001.

BUENO, Cassio Scarpinella. *Mandado de segurança:* comentários às Leis n. 1.533/51, 4.348/64 e 5.021/66. 2. ed. rev. e atual. São Paulo: Saraiva, 2006.

BUENO, José Antonio Pimenta. *Direito público brasileiro e análise da Constituição do Império*. Brasília: Senado Federal, 1978.

BULGARELLI, Waldirio. *Contratos mercantis*. 12. ed. São Paulo: Atlas, 2000.

BULOS, Uadi Lammêgo. *Constituição Federal anotada*. São Paulo: Saraiva, 2003.

______. *Mutação constitucional*. São Paulo: Saraiva, 1997.

BUNGE, Mario. *Epistemologia*. São Paulo: T. A. Queiroz, 1987.

BUONICORE, Bruno Tadeu. *Freiheit und Schuld als Anerkennung*. Frankfurt: Vittorio Klostermann Verlag, 2020.

______. Formaler vs. konkreter Staatsbürger: Die Problematik des sub-citizen und der Legitimation der Staatsgewalt im Rahmen der sogenannten Latin American peripheral modernity. In: *Die Krise des demokratischen Rechtsstaats im 21. Jahrhundert*. 164ed. Stuttgart: Franz Steiner Verlag, 2020. p. 211-221.

BURDEAU, Georges. *Traité de science politique*. Paris: LGDJ, 1980.

______. *El Estado*. Madrid: Seminarios y Ediciones, 1975.

BUZAID, Alfredo. "Juicio de amparo" e mandado de segurança. *Revista de Direito Processual Civil*. São Paulo, v. 5, jan./jun. 1962.

______. *Da ação direta da declaração de inconstitucionalidade no direito brasileiro*. São Paulo: Saraiva, 1958.

CABRAL DE MONCADA, Luis. *Filosofia do direito e do Estado*. Coimbra: Arménio Amado Ed., 1955.

CACHAPUZ DE MEDEIROS, Antônio Paulo de. *O poder de celebrar tratados*. Porto Alegre: Sérgio A. Fabris, Editor, 1995.

CALAMANDREI, Piero. La illegittimità costituzionale delle leggi nel processo civile. In: *Opere giuridiche*. Napoli: Morano, 1968. v. 3.

CALMON, Pedro. *Intervenção federal:* o art. 12 da Constituição de 1934. Rio de Janeiro: Freitas Bastos, 1936.

CALSAMIGLIA, Albert. *Racionalidad y eficiencia del derecho*. 2. ed. Madrid: Fontanara, 1997.

CAMARGO, Margarida Maria Lacombe. *Hermenêutica e argumentação*. Rio de Janeiro: Renovar, 1999.

CAMAZANO, Joaquín Brage. *Interpretación constitucional, declaraciones de inconstitucionalidad y arsenal sentenciador* (un sucinto inventario de algunas sentencias "atípicas"). Disponível em: <www.geocities.com/derechoconstitucional/publicaciones.htm>.

______. Diretrizes constitucionais do novo Estado brasileiro. *RF*, v. 73.

CAMPOS, Francisco. *Direito constitucional*. Rio de Janeiro: Forense, 1942.

______. Parecer (de 19-5-1947). *RF*, 116/396.

______. Parecer. *RDA*, 72/403.

CAMPOS, Francisco Luiz da Silva. *Direito constitucional*. Rio de Janeiro: Freitas Bastos. 1956. v. 1.

CAMPOS, Maria da Conceição Oliveira. *O princípio das nacionalidades nas relações internacionais*. Belo Horizonte: Del Rey, 2003.

CANARIS, Claus-Wilhelm. Grundrechtswirkungen und Verhältnismässigkeitsprinzip in der richterlichen Anwendung und Fortbildung des Privatsrechts, *JuS*, 1989.

_______. *Die Feststellung von Lucken im Gesetz*. Berlin: [s. n.], 1964.

_______. *Direitos fundamentais e direito privado*. Coimbra: Almedina, 2003.

_______. *Pensamento sistemático e conceito de sistema na ciência do direito*. Lisboa: Fundação Calouste Gulbenkian, 1989.

CANOTILHO, J. J. Gomes. *Constituição dirigente e vinculação do legislador*. Coimbra: Coimbra Ed., 1982.

_______. *Direito constitucional e teoria da Constituição*. Coimbra: Almedina, 1998.

_______. *Direito constitucional e teoria da Constituição*. 5. ed. Coimbra: Almedina.

_______. *Direito constitucional e teoria da Constituição*. 7. ed. Coimbra: Almedina, 2003.

_______. *Direito constitucional*. 4. ed. Coimbra: Almedina, 1986.

_______. El principio democrático. Entre el derecho constitucional y el derecho administrativo. *Revista de Derecho Constitucional Europeo*. Universidade de Granada, ano 6, n. 11, jan./jun. 2009.

_______. Em defesa do Partido dos "Brancosos". In: *"Brancosos" e interconstitucionalidade*: itinerário dos discursos sobre a historicidade constitucional. Coimbra: Almedina, 2006.

_______. *Estudos sobre direitos fundamentais*. Coimbra: Coimbra Ed., 2004.

_______. *Tópicos sobre um curso de mestrado sobre efeitos fundamentais*: procedimento, processo e organização. Coimbra: Almedina, 1990.

CANOTILHO, J. J. Gomes; MOREIRA, Vital. *Constituição da República Portuguesa anotada*. Coimbra: Coimbra Editora, 1984; 3. ed. 1993.

_______. *Os poderes do presidente da república*. Coimbra: Coimbra Ed., 1991.

CAPELLA, Juan Ramón. *El derecho como lenguaje*. Barcelona: Ariel, 1968.

_______. *Elementos de análisis jurídico*. Madrid: Trotta, 1999.

_______. *En el límite de los derechos*. Barcelona: EUB, 1996.

_______. *Fruta prohibida:* una aproximación histórico-teorética al estudio del derecho y del Estado. Madrid: Trotta, 1997.

CAPPELLETTI, Mauro. *O controle judicial de constitucionalidade das leis no direito comparado*. Porto Alegre: Sérgio A. Fabris, Editor, 1984.

_______. *Juizes legisladores?* Porto Alegre: Sérgio A. Fabris, Editor, 1993.

_______. *La pregiudizialità costituzionale nel processo civile*. 2. ed. Milano: Giuffrè, 1972.

_______. O controle de constitucionalidade das leis no sistema das funções estatais. *Revista de Direito Processual Civil*, São Paulo: Saraiva, v. 3, 1961.

_______. *O controle judicial de constitucionalidade das leis no direito comparado*. Tradução de Aroldo Plínio Gonçalves. Porto Alegre: Sérgio A. Fabris, Editor, 1984.

_______. *Proceso, ideologías, sociedad*. Buenos Aires: EJEA, 1974.

CARA, Juan Gavara de. *El sistema de organización del derecho de reunión y manifestación*. Madrid: McGraw-Hill, 1997.

CARBONELL, Miguel (Org.). *Neoconstitucionalismo(s)*. Madrid: Trotta, 2005.

CÁRCOVA, Carlos María. *A opacidade do direito*. São Paulo: LTr, 1998.

_______. *La opacidad del derecho*, Madrid: Trotta, 1998.

CARDOSO DE OLIVEIRA, Moacyr Velloso. *A previdência social brasileira e a sua nova organização*. Rio de Janeiro: Record, 1960.

CARRAZZA, Roque Antonio. *Curso de direito constitucional tributário*. 19. ed. São Paulo: Malheiros, 2003.

_______. *O regulamento no direito tributário brasileiro*. São Paulo: Revista dos Tribunais, 1981.

CARRIÓ, Genaro R. *Notas sobre derecho y lenguaje*. 4. ed. Buenos Aires: Abeledo-Perrot, 1994.

CARVALHAL, Ana Paula Zavarize. *Constitucionalismo em tempos de globalização*: a soberania nacional em risco?. São Paulo: Quartier Latin, 2020.

CARVALHO, A. Dardeau de. *Nacionalidade e cidadania*. Rio de Janeiro: Freitas Bastos, 1956.

CARVALHO, Paulo de Barros. *Curso de direito tributário*. 7. ed. São Paulo: Saraiva, 1995; 22. ed. 2010.

CARVALHO FILHO, José S. Os efeitos da decisão de inconstitucionalidade do STF em julgamentos de *habeas corpus*. In: PEDRINA, Gustavo; NUNES, Mariana; SOUZA, Rafael Ferreira de; VASCONCELLOS, Vinicius Gomes de (org.). *"Habeas corpus" no Supremo Tribunal Federal*. São Paulo: RT, 2019. p. 45-60.

CASTRO, Aldemário Araújo. *A nova Constituição brasileira*. Rio de Janeiro: Freitas Bastos, 1935.

CASTRO, Araújo. *A Constituição de 1937*. Edição fac-similar. Brasília: Senado Federal, 2003.

______. *A nova Constituição brasileira*. Rio de Janeiro: Freitas Bastos, 1935.

CASTRO, Carlos Roberto de Siqueira. *O Congresso e as delegações legislativas*. Rio de Janeiro: Forense, 1986.

______. Da declaração de inconstitucionalidade e seus efeitos em face das Leis n. 9.868 e 9.882/99. In: SARMENTO, Daniel (Org.). *O controle de constitucionalidade e a Lei 9.868/99*. Rio de Janeiro: [s. n.], 2001.

______. *O devido processo legal e a razoabilidade das leis na nova Constituição do Brasil*. 2. ed. Rio de Janeiro: Forense, 1989.

CAVALCANTI, João Barbalho Uchoa. *Constituição Federal brasileira (1891)*. Brasília: Senado Federal, 2002.

______. *Constituição Federal brasileira:* comentários. Rio de Janeiro: Litho-Typographia, 1902.

CAVALCANTI, Themístocles Brandão. *Do controle da constitucionalidade*. Rio de Janeiro: Forense, 1966.

CERNICCHIARO, Luiz Vicente; COSTA JÚNIOR, Paulo José da. *Direito penal na Constituição*. 3. ed. São Paulo: Revista dos Tribunais, 1995.

CHIOVENDA, Giuseppe. *Instituições de direito processual civil*. Campinas: Bookseller, 1998.

CHOUKR, Fauzi Hassan. *Júri*. Rio de Janeiro: Lumen Juris, 2009.

CIARLINI, Alvaro de A.S. *Direito à saúde*: paradigmas procedimentais e substanciais da Constituição. São Paulo: Saraiva (série IDP: linha pesquisa acadêmica), 2013.

CID, Benito de Castro. *El reconocimiento de los derechos humanos*. Madrid: Tecnos, 1982.

CLÈVE, Clèmerson Merlin. *Atividade legislativa do Poder Executivo*. 2. ed. rev. atual. e ampl. São Paulo: Revista dos Tribunais, 2000.

______. *Medidas provisórias*. 2. ed. São Paulo: Max Limonad, 1999.

CLUNY, Antonio. *Responsabilidade Financeira e Tribunal de Contas – contributos para uma reflexão necessária*. Coimbra: Coimbra Editora, 2011.

CODERCH, Pablo Salvador; MUNCH, Ingo von; JOSEP, Ferrer i Riba. *Asociaciones, derechos fundamentales y autonomía privada*. Madrid: Civitas, 1997.

COELHO, Inocêncio M. As ideias de Peter Häberle e a abertura da interpretação constitucional no direito brasileiro, *Revista de Informação Legislativa*, Brasília, ano 35, n. 137, jan./mar. 1998.

______. *Interpretação constitucional*. Porto Alegre: Sérgio A. Fabris, Editor, 1997.

______. Konrad Hesse/Peter Häberle: um retorno aos fatores reais de poder. *Revista de Informação Legislativa*, Brasília, ano 35, n. 138, abr./jun. 1998.

______. Parecer. *RDA*, v. 125, jul./set. 1976.

COIMBRA, J. R. Feijó. Direito previdenciário brasileiro. 7. ed. Rio de Janeiro: Edições Trabalhistas, 1997.

COLLINGWOOD, R. G. *Idea de la historia*. México: FCE, 1965.

______. *Idea de la naturaleza*. México: FCE, 1950.

CONTI, José Maurício. *Direito Financeiro na Constituição de 1988*, São Paulo: Oliveira Mendes, 1998.

______. *Federalismo fiscal e fundos de participação*. São Paulo: Oliveira Mendes, 2001.

______. *Regime Jurídico dos Tribunais de Contas*, São Paulo: RT, 1992.

COOLEY, Thomas M. *A treatise on the constitutional limitations:* which rest upon the legislative power of the States of the American Union. 7. ed. Boston: Little, Brown, 1903.

COOPER, Philip J. *Battles on the Bench:* conflict inside the Supreme Court. Lawrence: University Press of Kansas, 1995.

CORDEIRO, Karine da Silva. *Direitos fundamentais sociais*: dignidade da pessoa humana e mínimo existencial, o papel do Poder Judiciário. Porto Alegre: Livraria do Advogado, 2013.

CORETH, Emerich. *Questões fundamentais de hermenêutica*. São Paulo: EDUSP, 1973.

CORRALO, G. Há um direito fundamental à boa governança? Disponível em: <https://www.researchgate.net/publication/316564907_Ha_

um_direito_fundamental_a_boa_governanca>. Acesso em: 21 set. 2020.

CORRÊA, Oscar Dias. *A defesa do Estado de Direito e a emergência constitucional*. Rio de Janeiro: Presença, 1980.

______. O 160º aniversário do STF e o novo texto constitucional. In: *Arquivos do Ministério da Justiça* n. 173, 1988.

______. *O Supremo Tribunal Federal:* Corte Constitucional do Brasil. Rio de Janeiro: Forense, 1987.

CORREAS, Óscar. *Sociología del derecho y crítica jurídica*. México: Fontanara, 2002.

CORREIA, Érica Paula Barcha; CORREIA, Marcus Orione Gonçalves. *Comentários à Constituição do Brasil* (art. 201). CANOTILHO, J. J. Gomes; MENDES, Gilmar Ferreira; SARLET, Ingo Wolfgang; STRECK, Lenio Luiz e LEONCY, Léo Ferreira (coord.). São Paulo: Saraiva/Almedina, 2013.

CORREIA NETO, Celso de Barros. Orçamento público: uma visão analítica. *Revista de Direito Tributário*. São Paulo, v. 109.

______; AFONSO, José Roberto Rodrigues; FUCK, Luciano Felício. A tributação na Era Digital e os desafios do sistema tributário no Brasil. *Revista Brasileira de Direito*, Passo Fundo, v. 15, n. 1, p. 145-167, set. 2019. Disponível em: <https://seer.imed.edu.br/index.php/revistadedireito/article/view/3356>. Acesso em: 1º out. 2019, doi: <https://doi.org/10.18256/2238-0604.2019.v15i1.3356>.

CORWIN, Edward S. The "Higher Law" background of American constitutional law. *Harvard Law Review*, 42(2)/1928-29.

______. *A Constituição norte-americana*. Rio de Janeiro: Za, 1986. p. 336.

COSSIO, Carlos. *El derecho en el derecho judicial:* las lagunas del derecho; la valoración jurídica. Buenos Aires: El Foro, 2002.

______. El substrato filosófico de los métodos interpretativos. *Revista Universidad,* Santa Fé, Argentina: Universidad Nacional del Litoral, n. 6, 1940.

______. *La teoría egológica del derecho y el concepto jurídico de libertad*. Buenos Aires: Abeledo-Perrot, 1964.

COSTA, Edgard. *Os grandes julgamentos do Supremo Tribunal Federal*. Rio de Janeiro: Civilização Brasileira, 1964.

COSTA, Emília Viotti da. *Da monarquia à república:* momentos decisivos. 7. ed. São Paulo: Unesp, 1999.

______. *O Supremo Tribunal Federal e a construção da cidadania*. São Paulo: IEJE, 2001.

COSTA, Moacyr Lôbo da. Origem, natureza e atribuições das Comissões Parlamentares de Inquérito. *RDP*, v. 9.

COUTINHO, Jacinto de Miranda. O papel do novo juiz no processo penal. In: *Crítica à teoria geral do direito processual penal*. Rio de Janeiro: Renovar, 2001.

COUTO, Ronaldo Costa. *História indiscreta da ditadura e da abertura – Brasil: 1964-1985*. Rio de Janeiro: Record, 1999.

COX, Archibald. *The Court and the Constitution*. Boston: Houghton Mifflin Co., 1987.

CRESPI, Franco; FORNARI, Fabrizio. *Introdução à sociologia do conhecimento*. Bauru: EDUSC, 2000.

CRETELLA JÚNIOR, José. *Comentários à Constituição de 1988*. Rio de Janeiro: Forense Universitária, 1992. v. 5.

CRONE, Tom G. *Law and the media*. Oxford: Heinemann Professional Publishing, 1989.

CRUZ, Rogério Schietti Machado. *Prisão cautelar*: dramas, princípios e alternativas. Rio de Janeiro: Lumen Juris, 2006.

DANCY, Jonathan. *Epistemologia contemporânea*. Lisboa: Edições 70, 1990.

DANTAS, Eduardo Sousa. *Ações estruturais, direitos fundamentais e o estado de coisas inconstitucional*. Dissertação (mestrado). Universidade do Estado do Rio de Janeiro, 2017 (no prelo).

DANTAS, Marcelo Navarro Ribeiro. *Reclamação constitucional no direito brasileiro*. Porto Alegre: Sérgio A. Fabris, Editor, 2000.

DAU-LIN, Hsu. *Mutación de la Constitución*. Bilbao: Instituto Vasco de Administración Pública, 1998.

DE BEM, Leonardo; MARTINELLI, João Paulo. O limite temporal da retroatividade do acordo de não persecução penal. In: DE BEM, Leonardo; MARTINELLI, João Paulo (org.) *Acordo de não persecução penal*. Belo Horizonte: D'Plácido, 2020.

DEBES, Célio. *Campos Salles*: perfil de um estadista. Rio de Janeiro: Francisco Alves, 1978.

DE PAGE, Henri. *De l'interprétation des lois*. Bruxelas: Payot, 1925.

DEGENHART, Christoph, *Staatsrecht I*. 21. ed. Heidelberg: [s. n.], 2005; 14. ed., 1998.

______. *Staatsrecht I*. 3. ed. Heidelberg: C. F. Muller, 1987.

DELMANTO JÚNIOR, Roberto. *As modalidades de prisão provisória e seu prazo de duração*. 2. ed. Rio de Janeiro: Renovar, 2001.

DEL VECCHIO, Giorgio. *Lições de filosofia do direito*. Coimbra: Arménio Amado Ed., 1959.

______. *Principios generales del derecho*. 2. ed. Barcelona: Bosch, 1948.

DENNINGER, Erhard. *Staatsrecht*. Hamburg: [s. n.], 1973.

DESS, Gregory, EMERSON; Jed, ECONOMY, Peter. *Enterprising nonprofits: a toolkit for social entrepreneurs*. New York: John Willey and Sons, 2001.

DI PIETRO, Maria Sylvia Zanella. *Direito administrativo*. 19. ed. São Paulo: Atlas, 2006.

DIAS, Jorge de Figueiredo. *Direito processual penal*. Coimbra: Coimbra Ed., 1974. v. 1.

______. *Direito penal*: parte geral. Coimbra: [s. n.], 2004. t. 1.

DIAS NETO, Theodomiro. O direito ao silêncio: tratamento nos direitos alemão e norte-americano. *Revista Brasileira de Ciências Criminais*, n. 19.

DÍAZ REVORIO, Francisco Javier. *Las sentencias interpretativas del Tribunal Constitucional*. Valladolid: Lex Nova, 2001.

DÍAZ, Elías. *Curso de filosofía del derecho*. Madrid: Marcial Pons, 1998.

______. *Estado de derecho y sociedad democrática*. Madrid: Taurus, 1983.

______. *Legalidad – legitimidad en el socialismo democrático*. Madrid: Civitas, 1977.

______. *Sociología y filosofía del derecho*. Madrid: Taurus, 1982.

DÍAZ-OTERO, Eduardo; OLIVAS, Enrique. *Metafísica e historicidad en los derechos subjetivos*. Madrid: Dykinson, 1997.

DICEY, Albert Venn. *Lectures introductory to the study of the law of the Constitution*. London, 1885 (apud BARBOSA, Rui. Os atos inconstitucionais do Congresso e do Executivo. In: *Trabalhos jurídicos*. Rio de Janeiro: Casa de Rui Barbosa, 1962).

DIDIER JR., Fredie; BOMFIM, Daniela. Colaboração premiada (Lei n. 12.850/2013): natureza jurídica e controle da validade por demanda autônoma – um diálogo com o Direito Processual Civil. *Civil Procedure Review*, v. 7, n. 2, p. 135-189, mai./ago. 2016.

DIETLEIN, Johannes. *Die Lehre von den grundrechtlichen Schutzpplichten*. Berlin: Duncker & Humblot, 1998.

DILTHEY, Wilhelm. *Introducción a las ciencias del espíritu*. Madrid: Revista de Occidente, 1956.

DIMOULIS, Dimitri; MARTINS, Leonardo. *Teoria geral dos direitos fundamentais*. São Paulo: Revista dos Tribunais, 2006.

DINAMARCO, Cândido Rangel. A reclamação no processo civil brasileiro. In: NERY JUNIOR, Nelson; WAMBIER, Teresa Arruda Alvim. *Aspectos polêmicos e atuais dos recursos cíveis e de outros meios de impugnação às decisões judiciais*. São Paulo: Revista dos Tribunais, 2002.

DINIZ, Márcio Augusto Vasconcelos. *Constituição e hermenêutica constitucional*. Belo Horizonte: Mandamentos, 1998.

DINIZ, Maria Helena. *Norma constitucional e seus efeitos*. São Paulo: Saraiva, 1989.

DIXON, Martin. *Textbook on international law*. London: Blackstone, 2000.

DJORDEVIC, J. et al. *O papel do Executivo no Estado Moderno*. Belo Horizonte: Revista Brasileira de Estudos Políticos, 1961.

DOSSE, François. *A religação dos saberes*. Rio de Janeiro: Bertrand Brasil, 2005.

DUBOIS, Juan et al. *Dicionário de linguística*. 3. ed. São Paulo: Cultrix, 1988.

DUFOUR, Alfred. *Droits de l'homme, droit naturel et histoire*. Paris: PUF, 1991.

DUPIN, André. *Reflexões sobre o ensino e o estudo do direito*. Tradução de J. J. de Campos da Costa de Medeiros e Albuquerque. Recife: Typographia Universal, 1868.

DÜRIG, Günter. Der Grundrechtssatz von der Menschenwurde. *AöR*, 81, 1956.

DÜRIG/ASSMANN. In: MAUNZ-DÜRIG. *Grundgesetz-Kommentar*, art. 103. v. 4.

DUTRA, Pedro. *Literatura jurídica no Império*. Rio de Janeiro: Topbooks, 1992.

DUVERGER, Maurice. *Os partidos políticos*. Rio de Janeiro: Zahar Ed., 1970.

______. *Los partidos políticos*. Trad. de Julieta Campos e Enrique González Pedrero. México: Fondo de Cultura Económica, 1957.

DWORKIN, Ronald. *O império do direito*. São Paulo: Martins Fontes, 1999.

______. *Conferencias de Ronald Dworkin en Chile*. Santiago: Corporación Nacional de Reparación y Reconciliación, 1994.

______. *Los derechos en serio*. Barcelona: Ariel, 1995.

ECO, Umberto. *Interpretação e superinterpretação*. São Paulo: Martins Fontes, 1993.

______. *Obra aberta*. São Paulo: Perspectiva, 1991.

______. *Os limites da interpretação*. São Paulo: Perspectiva, 1995.

EHMKE, Horst. Prinzipien der Verfassungsinterpretation. In: DREIER, Ralf; SCHWEGMANN, Friedrich. *Probleme der Verfassungsinterpretation:* Dokumentation einer Kontroverse. 1. Aufl. Baden-Baden: Nomos Verlagsgesellschaft, 1976.

EHRLICH, Eugen. *Fundamentos da sociologia do direito*. Brasília: Ed. da UnB, 1986.

ENGELS, Friedrich; MARX, Karl. *Cartas filosóficas e o Manifesto Comunista de 1848*. São Paulo: Moraes, 1987.

ENGISCH, Karl. *La idea de concreción en el derecho y en la ciencia jurídica actuales*. Pamplona: Universidad de Navarra, 1968.

______. *Introdução ao pensamento jurídico*. Lisboa: Fundação Calouste Gulbenkian, 1996.

ENTERRÍA, Eduardo García de. *Justicia constitucional*, la doctrina prospectiva en la declaración de ineficácia de las leyes inconstitucionales. *RDP*, v. 22, n. 92, out./dez.

______. *La Constitución como norma y el Tribunal Constitucional*. Madrid: Civitas, 1985.

ERICHSEN, Hans-Uwe. *Staatsrecht und Verfassungsgerichtsbarkeit*. 2. ed. München: [s. n.], 1979, v. 2.

______. *Zu den Grenzen von Verfassungsänderungen nach dem Grundgesetz*, Verwaltungsarchiv, 62:293, 1971.

______; MARTENS, Wolfgang (Orgs.). *Allgemeines Verwaltungsrecht*. 9. ed. Berlin-New York, 1992.

______; ______. (Orgs.). Zur Verfassungswidrigkeit der lebenslangen Freiheitsstrafe. *NJW*, 1976.

ESPÍNOLA FILHO, Eduardo. *Código de Processo Penal brasileiro anotado*. Campinas: Bookseller, 2000, v. III.

______. *Código de Processo Penal brasileiro anotado*. v. III. 5. ed. Rio de Janeiro: Borsoi, 1960.

ESSER, Josef. *Principio y norma en la elaboración jurisprudencial del derecho privado*. Barcelona: Bosch, 1961.

ESTEBAN, María Luisa Fernández. *Nuevas tecnologías, internet y derechos humanos*. Madrid: McGraw-Hill, 1998.

ETXEBERRIA, Xabier. *Derechos humanos y cristianismo. Aproximación hermenéutica*. Bilbao: Universidad de Deusto / Instituto de Derechos Humanos, 1999.

FAGUNDES, Miguel Seabra. O princípio constitucional de igualdade perante a lei e o Poder Legislativo. *RF*, 161/78.

FALCÓN Y TELLA, Maria José. *Conceito e fundamento da validade do direito*. Torres: Instituto Brasileiro de Informática e Direito, 1998.

FARIA, Luiz Alberto Gurgel de. *Controle da constitucionalidade na omissão legislativa:* instrumentos de proteção judicial e seus efeitos. 2. tir. Curitiba: Juruá, 2002.

FARIAS, Edilson Pereira de. *Colisão de direitos*: a honra, a intimidade, a vida privada e a imagem *versus* a liberdade de expressão e informação. Porto Alegre: Sérgio A. Fabris, Editor, 1996.

FAVOREU, Louis. *Tribunales constitucionales europeos y derechos fundamentales*. Madrid: Centro de Estudios Constitucionales, 1984.

______. *Los tribunales constitucionales*. Barcelona: Ariel, 1994.

FELDENS, Luciano. *A constituição penal*. Porto Alegre: Livr. do Advogado Ed., 2005.

FERNANDES, Antonio Scarance. *Processo penal constitucional*. 4. ed. São Paulo: Revista dos Tribunais, 2005.

FERNÁNDEZ-LARGO, António Osuna. *El debate filosófico sobre hermenéutica jurídica*. Valladolid: Universidad de Valladolid, Secretariado de Publicaciones, 1995.

______. *La hermenéutica jurídica de Hans-Georg Gadamer*. Valladolid: Universidad de Valladolid, 1992.

FERRAJOLI, Luigi. *A soberania no mundo moderno:* nascimento e crise do Estado nacional. São Paulo: Martins Fontes, 2002.

______. *Derecho y razón*. Madrid: [s. n.], 1998.

______. *Derechos y garantías:* la ley del más débil. Madrid: Trotta, 2001.

______. *Direito e razão:* teoria do garantismo penal. São Paulo: Revista dos Tribunais, 2002.

______. *Epistemología jurídica y garantismo*. México: Fontanara, 2004.

______. *Los fundamentos de los derechos fundamentales*. Madrid: Trotta, 2001.

______. *El garantismo y la filosofía del derecho*. Bogotá: Universidad Externado de Colombia, 2001.

______. STRECK, Lenio; TRINDADE, André Karam (Org.). *Garantismo, hermenêutica e (neo) constitucionalismo – um debate com Luigi Ferrajoli*. Porto Alegre: Livraria do Advogado, 2012.

FERRAZ, Anna Cândida da Cunha. *Conflito entre poderes*. São Paulo: Revista dos Tribunais, 1994.

______. *Poder constituinte do Estado-membro*. São Paulo: Revista dos Tribunais, 1979.

______. *Processos informais de mudança da Constituição*. São Paulo: Max Limonad, 1986.

FERRAZ JÚNIOR, Tércio Sampaio. Sigilo de dados: o direito à privacidade e os limites à função fiscalizadora do Estado. *Cadernos de Direito Constitucional e Ciência Política*, n. 1, São Paulo: Revista dos Tribunais, 1992; e *Revista da Faculdade de Direito da Universidade de São Paulo*, v. 88, 1993.

FERREIRA DA SILVA, Maria Luísa Portocarrero. *O preconceito em H. G. Gadamer*: sentido de uma reabilitação. Coimbra: Fundação Calouste Gulbenkian/Junta Nacional de Investigação Científica e Tecnológica, 1995.

FERREIRA FILHO, Manoel Gonçalves. *Aspectos do direito constitucional contemporâneo*. São Paulo: Saraiva, 2003.

______. *Comentários à Constituição de 1988*. São Paulo: Saraiva, 1992. v. 2.

______. *Curso de direito constitucional*. 32. ed. São Paulo: Saraiva, 2006.

______. *Direito constitucional econômico*. São Paulo: Saraiva, 1990.

______. *Processo legislativo*. São Paulo: Saraiva, 1995.

______. *Comentários à Constituição brasileira*. [s. l.]: [s. n.], 1974. v. 2.

FERREIRA, Manoel Rodrigues. *A evolução do sistema eleitoral brasileiro*. Brasília: Conselho Editorial do Senado Federal, 2001.

FERREIRA, Odim Brandão. *Fato consumado:* história e crítica de uma orientação da jurisprudência federal. Porto Alegre: Sérgio A. Fabris, Editor, 2002.

______. *Laiaali:* a universalidade do problema hermenêutico. Porto Alegre: Sérgio A. Fabris, Editor, 2001.

FIGUEIREDO, Lúcia Valle. *Curso de direito administrativo*. 7. ed. São Paulo: Malheiros, 2004.

FIORAVANTI, Maurizio. *Constitución: de la antiguedad a nuestros días*. Madrid: Trotta, 2001.

FISS, Owen. Foreword: The Forms of Justice. *Harvard Law Review*, v. 93, n. 1, nov. 1979.

FIX-ZAMUDIO, Héctor. Das Problem der Verfassungskontrolle. *JöR*, 25, 1976.

______. Die Verfassungskontrolle im Lateinamerika. In: HORN, Hans-Rudolf; WEBER, Albrecht. *Richterliche Verfassungskontrolle im Lateinamerika, Spanien und Portugal*.

FLÓREZ-VALDÉS, Joaquín Arce y. *Los principios generales del derecho y su formulación constitucional*. Madrid: Civitas, 1990.

FONSECA, Anníbal Freire da. *O Poder Executivo na República brasileira*. Brasília: Ed. da UnB, 1981.

FONTES, Bonifácio. Delegação legislativa. *RDA*, v. 62.

FORSTHOFF, Ernst. *Die politischen Parteien im Verfassungsrecht*. Tübingen: [s. n.], 1950.

______; ABENDROTH, Wolfgang. Problemas constitucionales del Estado social. In: *El Estado social*. Madrid: Centro de Estudios Constitucionales, 1986.

FOUCAULT, Michel. *As palavras e as coisas:* uma arqueologia das ciências humanas. 4. ed. São Paulo: Martins Fontes, 1987.

FRAGA, Mirtô. *O novo Estatuto do Estrangeiro comentado*. Rio de Janeiro: Forense, 1985.

FRANÇA, Rubens Limongi. *A irretroatividade da lei e o direito adquirido*. 3. ed. São Paulo: Saraiva, 2000.

FRANCO, Afonso Arinos de Melo. *Direito constitucional*. Rio de Janeiro: Forense, 1986.
FRANCO, Alberto Silva; STOCO, Rui (Coords.). *Código de Processo Penal e sua interpretação jurisprudencial*. 2. ed. rev. atual. e ampl. São Paulo: Revista dos Tribunais, 2004. v. 1.
FRANK, Jerome. *Derecho y incertidumbre*. México: Fontanara, 2001.
FREIRE, Homero. Parecer. *RDA*, v. 96, abr./jun. 1969.
FREITAS, Dinamene de. *O acto administrativo inconstitucional*: delimitação do conceito e subsídio para um contencioso constitucional dos actos administrativos. Coimbra Ed.; Wolters Kluwer, 2010.
FREITAS, Herculano. Intervenção federal nos Estados. *RT*, v. 47.
FRIESENHAHN, Ernst. *Die Verfassungsgerichtsbarkeit in der Bundesrepublik Deutschland*. Köln-Berlin-Bonn-München: [s. n.], 1963.
______. Zur Zuständigkeitsabgrenzung zwischen Bundesverfassungsgerichtsbarkeit und Landesverfassungsgerichtsbarkeit. In: STARCK, Christian. *Bundesverfassungsgericht und Grundgesetz*. Tübingen: [s. n.], 1976. v. 1.
FROMM, Erich et al. *Humanismo socialista*. Lisboa: Edições 70, 1976.
FRONTINI, Paulo Salvador. Ministério Público, Estado e Constituição. *Justitia*, São Paulo, v. 90.
FUCK, Luciano Felício. O Supremo Tribunal Federal e a repercussão geral. In: Revista de Processo, ano 35, n. 181, mar./2010.
FULLER, Lon L.; WINSTON, Kenneth I. The forms and limits of adjucation. *Harvard Law Review*, v. 92, n. 2, 1978.
GABBA, Carlo Francesco. *Teoria della retroattività delle leggi*. Torino: [s. n.], 1897. v. 3.
GADAMER, Hans-Georg. *A razão na época da ciência*. Tradução de Ângela Dias. Rio de Janeiro: Tempo Brasileiro, 1983.
______. *Le problème de la conscience historique*. Paris: Seuil, 1996.
______. *O problema da consciência histórica*. Rio de Janeiro: FGV, 1998.
______. *Verdade e método*. Petrópolis: Vozes, 1997.
GALVÃO, Danyelle da S. *Precedentes judiciais no processo penal*. Tese (Doutorado em Direito) – Universidade de São Paulo, São Paulo, 2019.
GARAUDY, Roger. *Para conhecer o pensamento de Hegel*. Porto Alegre: L&PM, 1983.
GARCÍA, Enrique Alonso. *La interpretación de la Constitución*. Madrid: Centro de Estudios Constitucionales, 1984.
GARCÍA, Manuel Calvo. *Los fundamentos del método jurídico*: una revisión crítica. Madrid: Tecnos, 1994.
GARCÍA-PELAYO, Manuel. *Las transformaciones del Estado contemporáneo*. Madrid: Alianza, 1977.
GARCÍA ROCA, Javier. Los derechos de los representantes: una regla individualista de la democracia. In: *La democracia constitucional*: estudios en homenaje al Profesor Francisco Rubio Llorente. Madrid: Congreso de los Diputados, Tribunal Constitucional, Universidad Complutense de Madrid, Fundación Ortega y Gasset, Centro de Estudios Políticos y Constitucionales, 2002.
GARVEY, John H. *What are Freedoms for?* Cambridge, Mass: Harvard University Press, 1996.
______; SCHAUER, Frederick. *The first amendment*: a reader. St. Paul: West Publishing Co., 1996.
GASPARI, Elio. *A ditadura derrotada*. São Paulo: Companhia das Letras, 2003.
GASPARINI, Diógenes. *Direito administrativo*. 10. ed. rev. e ampl. São Paulo: Saraiva, 2005.
______. *Poder regulamentar*. 2. ed. São Paulo: Revista dos Tribunais, 1982.
GAVARA DE CARA, Juan Carlos. *Derechos fundamentales y desarrollo legislativo*. Madrid: Centro de Estudios Políticos y Constitucionales, 1994.
GÉNY, François. *Méthodes d'interprétation et sources en droit privé positif*. Paris: LGDJ, 1954.
______. *Science et technique en droit privé positif*. Paris: Sirey, 1930.
GENZMER, Felix. *Die Verwaltungsgerichtsbarkeit, Handbuch des Deutschen Staatsrechts*. [s. l.]: [s. n.], 1932. t. 2.
GERONTAS, Apostolo. Die Appellentscheidungen, Sondervotumsappelle und die bloße unvereinbarkeitsfeststellung als Ausdruck der funktionellen Grenzen der Verfassungsgerichtsbarkeit. *DVBl*., 1982.
GIACOMONI, James. *Orçamento público*. São Paulo: Atlas, 2005.
GILMAR MENDES sugere agência no Legislativo para supervisionar *fake news*. Disponível em:

<https://www.jota.info/stf/do-supremo/gilmar-mendes-sugere-agencia-no-legislativo-para-supervisionar-fake-news-15062020>. Acesso em: 19 set. 2020.

GLOECKNER, Ricardo J. Prisões cautelares, *confirmation bias* e o direito fundamental à devida cognição no processo penal. *Revista Brasileira de Ciências Criminais*, n. 117, p. 263-286, 2015.

GOESSI, Manfred. *Organstreitigkeiten innerhalb des Bundes*. Berlin: [s. n.], 1961.

GOLDSCHMIDT, James. *Zivilprozessrecht*. 2. ed. Berlin: [s. n.], 1932.

GOMES, Emerson Cesar da Silva. *Responsabilidade financeira:* uma teoria sobre a responsabilidade no âmbito dos tribunais de contas. Porto Alegre: Núria Fábris, 2012.

GOMES, Joaquim B. Barbosa. Evolução do controle de constitucionalidade de tipo francês. *Revista de Informação Legislativa*, a. 40, n. 158, abr./jun. 2003.

GOMES, Luiz Flávio; CERVINI, Raúl. *Interceptação telefônica*: Lei 9.296, de 24.7.96. São Paulo: Revista dos Tribunais, 1997.

GOMES, Luiz Flávio e MARQUES, Ivan Luís (Org.). *Prisão e medidas cautelares*: comentários à Lei 12.403, de 4 de maio de 2011. São Paulo: Revista dos Tribunais, 2012.

GOMES, Orlando. *Alienação fiduciária em garantia*. 4. ed. São Paulo: Revista dos Tribunais, 1975.

______. *Contratos*. 21. ed. Rio de Janeiro: Forense, 2000.

GONÇALVES, João Felipe. *Rui Barbosa*: pondo as ideias no lugar. São Paulo: FGV, 2000.

GONZÁLEZ BEILFUSS, Markus. *Tribunal constitucional y reparación de la discriminación normativa*. Madrid: Centro de Estudios Políticos y Constitucionales, 2000.

GOUVEIA, Jorge Bacelar. *O Estado de excepção no direito constitucional*. Coimbra: Almedina, 1998.

GRASSI, Ernesto; UEXKULL, Thure von. *Las ciencias de la naturaleza y del espíritu*. Barcelona: Luis Miracle, 1952.

GRAU, Eros Roberto. *A ordem econômica na Constituição de 1988*. São Paulo: Revista dos Tribunais, 1990.

______. *Ensaio e discurso sobre a interpretação/aplicação do direito*. São Paulo: Malheiros, 2002.

GRIMM, Dieter. *Politische Parteien*. In: BENDA, Ernst; MAIHOFER, Werner; VOGEL, Hans-Jochen (Hrsg.). *Handbuch des Verfassungsrechts*. Berlin/New York: [s. n.], 1995. Band 1.

______. Zum Verhältnis von Interpretationslehre Verfassungsgerichtsbarkeit um Demokratieprinzip bei Kelsen. In: *Ideologiekritik und Demokratietheorie bei Hans Kelsen, Rechtstheorie Beiheft 4*, 1982.

______; KIRCHHOF, Paul. *Entscheidungen des Bundesverfassungsgerichts:* Studienauswahl. 2. ed. Tübingen: J. C. B. Mohr, 1997.

GRECO, Rogério Greco. *Curso de direito penal*. Parte Geral. Rio de Janeiro: Impetus, 2007.

GRINDLE, Merille S. *Jobs for the boys*: patronage and the State in Comparative Perspective. Cambridge. Harvard University, 2012.

GRINOVER, Ada Pellegrini; FERNANDES, Antonio Scarance; GOMES FILHO, Antonio Magalhães. *As nulidades no processo penal*. 8. ed. São Paulo: Revista dos Tribunais, 2004.

______. *Recursos no processo penal*. 4. ed. São Paulo: Revista dos Tribunais, 2004.

______. O projeto de lei brasileira sobre processos coletivos. In: *A ação civil pública*. MILARÉ, Édis (Coord.). São Paulo: Revista dos Tribunais, 2010.

GRONDIN, Jean. *Introdução à hermenêutica filosófica*. São Leopoldo-RS: Unisinos, 1999.

GROTTI, Dinorá Musetti. *Inviolabilidade do domicílio na Constituição*. São Paulo: Malheiros, 1993.

GUANABARA, Alcindo. *A presidência Campos Sales*. Brasília: Ed. da UnB, 1983.

GUASTINI, Riccardo. *Estudios sobre la interpretación jurídica*. México: Porrúa, 2000.

______. *Lezioni di teoria costituzionale*. Torino: G. Giappichelli, 2001.

GUIMARÃES, Francisco Xavier da Silva. *Nacionalidade:* aquisição, perda e reaquisição. 2. ed. Rio de Janeiro: Forense, 2002.

GURFINKEL DE WENDY, Lilian N. *Depreciación monetaria*. 2. ed. Buenos Aires: Depalma, 1977.

GURVITCH, Georges; MOORE, Wilbert E. *Sociologia del Siglo XX*. 2. ed. Barcelona: El Ateneo, 1965.

GUSY, Christoph. *Parlamentarischer Gesetzgeber und Bundesverfassungsgericht*. Berlin: [s. n.], 1985.

GUTMANN, Amy (Ed.). *Freedom of association*. New Jersey: Princeton University Press, 1998.

HÄBERLE, Peter. Das Bundesverfassungsgericht als Muster einer selbständigen Verfassungsgerichtsbarkeit. In: BADURA, Peter; DREIER, Horst. *Festschrift 50 Jahre Bundesverfassungsgericht*. Tübingen: Mohr-Siebeck, 2001.

______. Demokratische Verfassungstheorie im Lichte des Möglichkeitsdenken. In: *Die Verfassung des Pluralismus*. Königstein / TS, 1980.

______. *Die Wesensgehaltsgarantie*, Heidelberg: C. F. Muller, 1983.

______. *El estado constitucional*. México: UNAM, 2001.

______. *El estado constitucional*. Tradução de Héctor Fix-Fierro. México: UNAM, 2003.

______. *Hermenêutica constitucional*. Porto Alegre: Sérgio Antonio Fabris, Editor, 1997.

______. *Hermenêutica constitucional:* a sociedade aberta dos intérpretes da Constituição. Porto Alegre: Sérgio A. Fabris, Editor, 1998.

______. *La libertad fundamental en el Estado constitucional*. Lima: Pontifícia Universidad Católica de Peru, 1997.

______. O recurso de amparo no sistema germânico. *Sub Judice*, 20/21, 2001.

______. *Pluralismo e Constituição*: estudos de teoria constitucional da sociedade aberta. São Paulo: IDP / Saraiva, no prelo.

______. *Retos actuales del Estado constitucional*. Oñati: IVAP, 1996.

______. *Teoría de la Constitución como ciencia de la cultura*. Madrid: Tecnos, 2000.

HÄBERLE, Peter; KOTZUR, Markus, *De la soberanía al derecho constitucional común*: palabras clave para un diálogo europeo-latinoamericano, México: Instituto de Investigaciones Jurídicas, n. 12, 2003.

HÄBERMAS, Jurgen. *Dialética e hermenêutica*. Porto Alegre: L&PM, 1987.

______. *Escritos sobre moralidad y eticidad*. Barcelona: Paidós, 1991.

______. *La inclusión del otro*. Barcelona: Paidós, 1999.

______. *Más allá del Estado nacional*. Madrid: Trotta, 1997.

______. *Teoría de la acción comunicativa*. Madrid: Taurus, 1988.

HALL, Kermit L. *The Oxford guide to United States Supreme Court decisions*. New York: Oxford University Press, 1999.

HALLER, Walter. *Supreme Court und Politik in den USA*. Berna: [s. n.], 1972.

______. Supreme Court und Politik in den USA. *The American Political Science Review*, v. 70, n. 2, june 1976.

HAMBLOCH, Ernest. *Sua majestade o presidente do Brasil:* um Estudo do Brasil Constitucional (1889-1934). Tradução de Leda Boechat Rodrigues. Brasília: Ed. da UnB, 1981.

HART, Herbert. *Derecho y moral*. Buenos Aires: Depalma, 1962.

______. *El concepto de derecho*. Buenos Aires: Abeledo-Perrot, 1992.

HECK, Luís Afonso. *O Tribunal Constitucional Federal e o desenvolvimento dos princípios fundamentais:* Contributo para uma compreensão da jurisdição constitucional federal alemã. Porto Alegre: Sérgio A. Fabris, Editor, 1995.

HECK, Philipp. *El problema de la creación del derecho*. México: Colofón, 1994.

______. *Interpretação da lei e jurisprudência dos interesses*. São Paulo: Acadêmica, 1948.

HEIDEGGER, Martin. *Ser e tempo*. Petrópolis: Vozes, 1988.

HEIN, Peter. *Die Unvereinbarerklärung verfassungswidrige Gesetze durch das Bundesverfassungsgericht*. Baden-Baden: [s. n.], 1988.

HEKMAN, Susan J. *Hermenêutica e sociologia do conhecimento*. Lisboa: Edições 70, 1990.

HELLER, Hermann. *La soberania*. México: UNAM, 1965.

______. *Teoria do Estado*. São Paulo: Mestre Jou, 1968.

HENKEL, Heinrich. *Introducción a la filosofía del derecho*. Madrid: Taurus, 1968.

HERBERT, Georg. Der Wesensgehalt der Grundrechte. *EuGRZ*, 1985.

HERRERA, Miguel Garcia. *La objeción de conciencia en materia de aborto*. Vitoria-Gasteiz – Serviço de Publicaciones del Goberno Vasco, 1991.

HERVADA, Javier. *Lições propedêuticas de filosofia do direito*. São Paulo: Martins Fontes, 2008.

HERZOG. In: MAUNZ-DURIG et al. *Grundgesetz*: Kommentar zu art. 19, I, n. 36.

HESSE, Konrad. *A força normativa da Constituição*. Porto Alegre: Sérgio A. Fabris, Editor, 1991.

______. Bedeutung der Grundrechte. In: BENDA, Ernest; MAIHOFER, Werner; VOGEL, Hans-Jochen. *Handbuch des Verfassungsrechts*. Berlin: [s. n.], 1995.

______. *Elementos de direito constitucional da República Federal da Alemanha*. 20. ed. Tradução alemã por Luís Afonso Heck. Porto Alegre: Sérgio A. Fabris, Editor, 1998.

______. *Escritos de derecho constitucional*. Madrid: Centro de Estudios Constitucionales, 1983.

______.*Grundzuge des Verfassungsrechts*. Heidelberg, 1988.

______. *Grundzuge des Verfassungsrechts der Bundesrepublik Deutschland*. 20. ed. Heidelberg: [s. n.], 1995.

HESSEN, Johannes. *Filosofia dos valores*. Coimbra: Arménio Amado Ed., 1957.

______. *Teoria do conhecimento*. 7. ed. Coimbra: Arménio Amado Ed., 1976.

HEUßNER, Hermann. *Folgen der Verfassungswidrigkeit eines Gesetzes ohne Nichtigerklärung*. *NJW*, 1982.

HIRSCHBERG, Eliyahu. *El principio nominalista*. Buenos Aires: Depalma, 1976.

HOBBES, Thomas. *Léviathan*. Paris: Sirey, 1971.

HOERSTER, Norbert. *En defensa del positivismo jurídico*. Barcelona: Gedisa, 1992.

HOFFMANN-RIEM, Wolfgang. Die Beseitigung verfassungswidriger Rechtslagen im Zweiaktenverfahren, *DVBl.*, 1971.

HORBACH, Beatriz Bastide. Benefícios sociais e a garantia do mínimo existencial: o caso Hartz IV. In: *Observatório da Jurisdição Constitucional*. Brasília: IDP, ano 4, 2010/2011. Disponível em: <http://www.portaldeperio dicos.idp.edu.br/index.php/observatorio/article/view/446/287>. Acesso em: 9 dez. 2010.

HORBACH, Carlos Bastide. O controle de Constitucionalidade na Constituição de Timor-Leste. *Revista da Faculdade de Direito da Universidade de Lisboa*, v. XLVI, n. 2. Coimbra: Coimbra Editora, 2005.

HUNGRIA, Nélson. *Comentários ao Código Penal*. 6. ed. Rio de Janeiro: Forense, 1998. v. 1, t. 1.

ILLUMINATI, Giulio. *La presunzione d'innocenza dell'imputato*. Bologna: Zanichelli, 1979.

IPSEN, Jörn. *Rechtsfolgen der Verfassungswidrigkeit von Norm und Einzelakt*. 1. Aufl., Baden-Baden: Nomos Verlagsgesellschaft, 1980.

______. *Staatsrecht II – Grundrechte*. München: [s. n.], 2004.

ITURRAL DE SESMA, Victoria. *El precedente en el common law*. Madrid: Civitas, 1995.

JAFFIN, George H. Evolução do controle jurisdicional de constitucionalidade das leis nos Estados Unidos. *RF*, Rio de Janeiro, ano 38, v. 86, abr. 1941.

JAKOBS, Michael. *Der Grundsatz der Verhältnismässigkeit*. Köln: Carl Heymannas, 1985.

JANIS, Mark. *An introduction to international law*. New York: Aspen, 1999.

JAPIASSU, Hilton Ferreira. *Introdução ao pensamento epistemológico*. Rio de Janeiro: Francisco Alves, 1975.

______. *O mito da neutralidade científica*. Rio de Janeiro: Imago, 1975.

JARASS, Hans; PIEROTH, Bodo. *Grundgesetz fur die Budesrepublik Deutschland:* Kommentar. München: [s. n.], 2004 (art. 104).

JASPERS, Karl. *Iniciação filosófica*. Lisboa: Guimarães Ed., 1987.

JELLINEK, Georg. *Reforma y mutación de la Constitución*. Madrid: Centro de Estudios Constitucionales, 1991.

______. *System der subjektiven öffentlichen Rechte*. 2. Aufl. Tübingen: [s. n.], 1905.

______. *Sistema dei diritti pubblici subiettivi*. Tradução italiana. Milano: Giuffrè, 1982.

______. *Teoria general del Estado*. México: Continental, 1956.

JENNINGS, W. Ivor. *Governo de Gabinete*. Brasília: Senado Federal, 1979.

JONAS, Hans. *Ética, medicina e técnica*. Lisboa: Veja – Passagens, 1994.

JÜLICHER, Friedrich. *Die Verfassungsbeschwerde gegen Urteile bei gesetzgeberischem Unterlassen*. Berlin: [s. n.], 1972.

JUST, Gustavo. *Interpréter les théories de l'interprétation*. Paris: L'Harmattan. 2005.

JUSTEN FILHO, Marçal. *Curso de direito administrativo*. Belo Horizonte: Fórum, 2012.

KANTOROWICZ, Hermann. A luta pela ciência do direito. In: *La ciencia del derecho*. Buenos Aires: Losada, 1949.

KARAM, Maria Lúcia. *Competência no processo penal.* 4. ed. São Paulo: Revista dos Tribunais, 2005.

KARPEN, Ulrich. *"Federalism". The Constitution of the Federal Republic of Germany.* Baden-Baden: Nomos Verlagsgesellschaft, 1988.

KAUFMANN, Arthur (Org.). *El pensamiento jurídico contemporáneo.* Madrid: Debate, 1992.

_______. *Filosofía del derecho.* Bogotá: Universidad Externado de Colombia, 1999.

KAYSER, Pierre. *La protectión de la vie privée.* Paris: Economica, 1984.

KELSEN, Hans. A garantia jurisdicional da Constituição. In: *Jurisdição constitucional.* Tradução do alemão por Alexandre Krug, do italiano por Eduardo Brandão e do francês por Maria Ermantina Galvão. São Paulo: Martins Fontes, 2003.

_______. *Hauptprobleme de Staatsrechtslehre.* Tübingen: JCB Mohr, 1911.

_______. *Jurisdição constitucional.* São Paulo: Martins Fontes, 2003.

_______. L'esecuzione federale. In: *La giustizia costituzionale.* Milano: Giuffrè, 1981.

_______. La garanzia giurisdizionale della costituzione. In: *La giustizia costituzionale.* Milano: Giuffrè, 1981.

_______. *¿Quién debe ser el defensor de la Constitución?* Madrid: Tecnos, 1995.

_______. *Teoría general del Estado.* Tradução de Luis Legaz Lacambra. Barcelona: Labor, 1934.

_______. *Teoria geral do direito e do Estado.* São Paulo: Martins Fontes / Ed. da UnB, 1990.

_______. *Teoria geral das normas.* Porto Alegre: Sérgio A. Fabris, Editor, 1986.

_______. Teoría pura del derecho y teoría egológica. México: *Revista de la Faculdad de Derecho de México,* t. 3, n. 10, abr. / jun. 1953.

_______. *Teoria pura do direito.* 2. ed. Coimbra: Arménio Amado Ed., 1962. v. 2.

_______. Wesen und Entwicklung der Staatsgerichtsbarkeit. *VVDStRL,* Caderno 5, 1929.

KIRCHER, Luís Felipe S. *Uma teoria dos precedentes vinculantes no processo penal.* Salvador: JusPodivm, 2018.

KLEIN, Friedrich. In: MANGOLDT / KLEIN. *Das Bonner Grundgesetz.* v. I, Vorbemerkung B, XV 1 b.

KOCH, Harald. *Prozessführung im öffentlichen Interesse.* Frankfurt am Main: [s. n.], 1983.

KOSIK, Karel. *Dialética do concreto.* Rio de Janeiro: Paz e Terra, 1976.

KRAUSE-PALFNER, Thilo. *Das Verfassungswidrigwerden von Gesetzen.* Frankfurt am Main, Diss., 1973.

KRAUSE, S.; SCHMITT, R. (Orgs.). *Partidos e coligações eleitorais no Brasil.* Rio de Janeiro: Fundação Konrad Adenauer; São Paulo: Fundação Editora da UNESP, 2005.

KREBS, Walter. In: VON MUNCH / KUNIG. *Grundgesetz-Kommentar.* München: C. H. Beck: [s. d.], v. 1, art. 19, II, n. 23.

_______. *Freiheitsschutz durch Grundrechte,* in: JURA, 1988.

KRIELE, Martín. *Introducción a la teoría del Estado.* Tradução de Eugenio Bulygin. Buenos Aires: Depalma, 1980.

_______. *Theorie der Rechtsgewinnung.* 2. ed. Berlin: [s. n.], 1976.

LACERDA, Galeno. *O novo direito processual civil e os seus feitos pendentes.* Rio de Janeiro: Forense, 1974.

LACOMBE, Américo Jacobina. *Afonso Pena e sua época.* Rio de Janeiro: José Olympio, 1986.

LADUSÃNS, Stanislav (Coord.). *Questões atuais de bioética.* São Paulo: Loyola, 1990.

LAKS, André; NESCHKE. *La naissance du paradigme herméneutique.* Lille: PUL, 1990.

LAMEGO, José. *Hermenêutica e jurisprudência.* Lisboa: Fragmentos,1990.

LANGE, Klaus. Rechtskraft, Bindungswirkung und Gesetzeskraft der Entscheidung des Bundesverfassungsgerichts. *JuS,* 1978.

LARENZ, Karl. *Derecho justo:* fundamentos de ética jurídica. Madrid: Civitas, 1993.

_______. Methodenlehre der Rechtswissenschaft. 5. ed. Berlin-Heidelberg-New York: [s. n.], 1983.

_______. *Metodologia da ciência do direito.* 3. ed. Lisboa: [s. n.], 1997.

_______. *Metodologia da ciência do direito.* 4. ed., Lisboa: Gulbenkian, 2005.

_______. *Richtiges Recht.* München: C. H. Beck, 1979.

LASSALLE, Fernando. *A essência da Constituição.* Tradução de Walter Stönner. Rio de Janeiro: Liber Juris, 1988.

LA VEGA, Augusto Martín de. *La sentencia constitucional en Italia*. Madrid: [s. n.], 2003.

LEAL, Victor Nunes. *Coronelismo, enxada e voto*. São Paulo: Alfa-Omega, 1975.

______. Delegações legislativas. In: *Arquivos do Ministério da Justiça*, n. 20.

______. Leis complementares da Constituição. *RDA*, v. 7.

______. Passado e futuro da Súmula do STF. In: *Problemas de direito público e outros problemas*. Brasília: Ministério da Justiça, 1997. v. 2.

______. Problemas de direito público e outros problemas. In: *Arquivos do Ministério da Justiça*, Brasília, v. 2, 1997.

______. Representação de inconstitucionalidade perante o Supremo Tribunal Federal: um aspecto inexplorado. *RDP*, v. 53-54.

LECHNER, Hans. Zur Zulässigkeit der Verfassungsbeschwerde gegen Unterlassungen des Gesetzgebers. *NJW*, 1955.

LEFEBVRE, Henri. *Lógica formal, lógica dialética*. Madrid: Siglo XXI, 1970.

LEGAZ Y LACAMBRA, Luis. *El Estado de Derecho en la actualidad*. Madrid: Reus, 1934.

LEIBHOLZ, Gerhard. Verfassungsrechtliche Stellung und innere Ordnung der Parteien. *DJT*, p. C. 2.

______. *Verfassungstaat-Verfassungsrecht*. Stuttgart: [s. n.], 1973.

LEME, Ernesto. *A intervenção federal nos Estados*. 2. ed. São Paulo: [s. n.], 1930.

LEMOS, Renato (Org.). *Justiça fardada:* o general Peri Bevilaqua no Superior Tribunal Militar (1965-1969). Rio de Janeiro: Bom Texto, 2004.

LEONCY, Léo Ferreira. *Controle de constitucionalidade estadual:* as normas de observância obrigatória e a defesa abstrata da Constituição do Estado-membro. São Paulo: Saraiva, 2007.

LERCHE, Peter. Das Bundesverfassungsgericht und die Verfassungsdirektiven. Zu den "nicht erfullten Gesetzgebungsauftragen. *AöR*, 90 (1965).

______. Grundrechtlicher Schutzbereich, Grundrechtsprägung und Grundrechtseingriff. In: ISENSEE / KIRCHHOFF. *Handbuch des Staatsrechts*. Berlin: [s. n.], v. 5.

______. *Ubermass und Verfassungsrecht*. Berlin: [s. n.], 1961.

LEROY, Paul. *L'organisation constitutionelle et les crises*. Paris: LGDJ, 1966.

LEVI, Edwar H. *Introducción al razonamiento jurídico*. 2. ed., Buenos Aires: Ed. Universitaria, 1971.

LEWANDOWSKI, Enrique Ricardo. *Pressupostos materiais e formais da intervenção federal no Brasil*. São Paulo: Revista dos Tribunais, 1994.

LIEBMAN, Enrico Tullio. *Eficácia e autoridade da sentença e outros escritos sobre a coisa julgada*. Rio de Janeiro: Forense, 1984.

LIMA, Alcides de Mendonça. Competência para declarar a inconstitucionalidade das leis. *RF*, v. 123.

______. *O Poder Judiciário e a nova Constituição*. Rio de Janeiro: Aide, 1989.

LIMA, Euzébio de Queiroz. *Teoria do Estado*. Rio de Janeiro: A Casa do Livro, 1951.

LIMA, Frederico Henrique Viegas de. O direito de laje: uma visão da catedral. *Revista de Direito Imobiliário*, ano 40, v. 82, jan./jun. 2017.

LIMA, Maria Rosynete de Oliveira. *Devido processo legal*. Porto Alegre: Sérgio A. Fabris, Editor, 1999.

LIMA, Mário Franzen. *Da interpretação jurídica*. 2. ed. Rio de Janeiro: Forense, 1955.

LINARES QUINTANA, Segundo V. *Tratado de la ciencia del derecho constitucional argentino y comparado*. Buenos Aires: Ed. Alta, 1953. v. 2.

LINDE, Enrique; ORTEGA, Luis Ignacio; MORON, Miguel Sanchez. *El sistema europeo de protección de los derechos humanos*. 2. ed. Madrid: Civitas, 1983.

LIPPHARDT, Hans Rudolf. *Die Gleicheit der politischen Parteien von der öffentlichen Gewalt*. Berlin: [s. n.], 1975.

LIPPMANN, Ernesto. *Os direitos fundamentais da Constituição de 1988*. São Paulo: LTr, 1999.

LLOBET, Jaume Vernet et al. *Derechos de las minorías en una sociedad multicultural*. Madrid: Consejo General del Poder Judicial, 1999.

LLORENTE, Francisco Rubio et al. *Derechos fundamentales y principios constitucionales*. Barcelona: Ariel, 1995.

LOEWENSTEIN, Karl. *Teoría de la Constitución*. Barcelona: Ariel, 1979.

______. *Teoría de la Constitución*. Trad. y estudio sobre la obra por Alfredo Gallego Anabitarte. 2. ed. Barcelona: Ariel, 1976.

LOGROSCINO, Pierdomenico. A questão estrutural da desigualdade entre territórios e a intervenção do Poder Público para o reequilíbrio do Brasil. *Revista Brasileira de Estudos Constitucionais*, São Paulo, n. 5, jan./mar. 2005.

LOPES JR., Aury; GLOECKNER, Ricardo J. *Investigação preliminar no processo penal*. São Paulo: Saraiva, 2014.

LÓPEZ BOFILL, Héctor. *Decisiones interpretativas en el control de constitucionalidad de la ley*. Valencia: Tirant lo Blanch, 2004.

LÓPEZ GUERRA, Luis. *Las sentencias básicas del Tribunal Constitucional*. Madrid: Centro de Estudios Políticos y Constitucionales, 2000.

LOPEZ RUIZ, Francisco. *Fuentes del derecho y ordenamientos jurídicos*. Valencia: Tirant lo Blanch, 1997.

LUHMANN, Niklas. *Sistema jurídico y dogmática jurídica*. Madrid: Centro de Estudios Constitucionales, 1983.

LUÑO, Antonio-Enrique Pérez (Coord.). *Derechos humanos y constitucionalismo ante el tercer milenio*. Madrid: Marcial Pons, 1996.

______. *Derechos humanos, Estado de Derecho y Constitución*. Madrid: Tecnos, 1990.

LYRA FILHO, Roberto. *Desordem e processo*. Porto Alegre: Sérgio A. Fabris, Editor, 1986.

______. *O que é direito*. São Paulo: Brasiliense, 1982.

MACCORMICK, Neil. *Argumentação jurídica e teoria do direito*. São Paulo: Martins Fontes, 2006.

MAC-GREGOR, Eduardo Ferrer. *La interpretación constitucional*. México: Porrúa, 2005 (no prelo).

MACHADO JR., J. Teixeira; REIS, Heraldo da Costa. *A Lei 4.320 comentada*. 26. ed. Rio de Janeiro: IBAM, 1995.

MACHADO, Carlos Augusto Alcântara. *Mandado de injunção, um instrumento de efetividade da Constituição*. 2. ed. São Paulo: Atlas, 2004.

MACHADO, Hugo de Brito. *Curso de direito tributário*. 27. ed. São Paulo: Malheiros, 2006.

MACHADO, João Baptista. *Introdução ao direito e ao discurso legitimador*. 12. reimpr. Coimbra: [s. n.], 2000.

MACHADO, Maria Cristina Gomes. *Rui Barbosa:* pensamento e ação. Rio de Janeiro: Casa de Rui Barbosa, 2002.

MACHADO NETO, A. L. *Problemas filosóficos das ciências humanas*. Brasília: Ed. da UnB, 1966.

______. *Teoria geral do direito*. Rio de Janeiro: Tempo Brasileiro, 1966.

MACHADO NETO, A. L.; MACHADO NETO, Zahidé (Orgs.). *O direito e a vida social*. São Paulo: Ed. Nacional/EDUSP, 1966.

MAGALHÃES GOMES, Mariângela G. *Direito penal e interpretação jurisprudencial*. São Paulo: Atlas, 2008.

MAINWARING, Scott. Políticos, partidos e sistemas eleitorais. *Estudos Eleitorais*, TSE n. 2, p. 335 (343), maio/ago. 1997.

MALBERG, Carré de. *Teoría general del Estado*. 2. ed. 2. reimpr. México: Fondo de Cultura Económica, 2001.

MALUF, Carlos Alberto Dabus. *Limitações ao direito de propriedade*. 2. ed. São Paulo: Revista dos Tribunais, 2005.

MANERO, Juan Ruiz. *Jurisdicción y normas*. Madrid: Centro de Estudios Constitucionales, 1990.

MANGABEIRA, João. *Em torno da Constituição*. São Paulo: Ed. Nacional, 1934.

MANNHEIM, Karl. *Ideologia e utopia*. Rio de Janeiro: Zahar, 1968.

MANNHEIM, Karl; MILLS, Wright; MERTON, Robert. *Sociologia do conhecimento*. Rio de Janeiro: Zahar, 1967.

MARENHOLZ, Ernst Gottfried. Europäische Verfassungsgerichte. *JöR (Jahrbuch des öffentlichen Rechts der Gegenwart)*, 49 (2001), S. 15-30 (20 ff.).

______. Verfassungsinterpretation aus praktischer Sicht. In: *Verfassungsrecht zwischen Wissenschaft und Richterkunst*. Homenagem aos 70 anos de Konrad Hesse. Heidelberg: [s. n.], 1990.

MARÍN, Rafael Hernández. *Interpretación, subsunción y aplicación del derecho*. Madrid: Marcial Pons, 1999.

MARINHO, Josaphat. Inconstitucionalidade de lei – representação ao STF. *RDP*, v. 12.

______. O art. 64 da Constituição e o papel do Senado. *Revista de Informação Legislativa*, v. 1.

MARITAIN, Jacques. *Los derechos del hombre*. México: FCE, 1949.

______. *Los grados del saber*. Buenos Aires: Ed. Desclée, de Brouwer, 1947.

______. *Os direitos do homem*. Rio de Janeiro: José Olympio, [s. d.].

MARQUES, Cláudia Lima. *Contratos no Código de Defesa do Consumidor:* o novo regime das relações contratuais. 4. ed. São Paulo: Revista dos Tribunais, 2002.

MARQUES, José Frederico. *A instituição do júri*. São Paulo: Bookseller, 1997.

______. *Elementos de direito processual penal*. 2. ed. Campinas: Millennium, 2003. v. 3.

______. *Elementos de direito processual penal*. Rio de Janeiro: Forense, 1961. v. 1.

______. *Elementos de direito processual penal*. 2. ed. Campinas: Millennium, 2003. v. 4.

MARREY, Adriano; FRANCO, Alberto Silva; STOCO, Rui. *Teoria e prática do júri*. 4. ed. São Paulo: [s. n.], 1991.

MARROU, H. I. *Do conhecimento histórico*. Lisboa: Aster, [s. d.].

MARTÍ, Francesca Puigpelat. *Funciones y justificación de la opinión dominante en el discurso jurídico*. Madrid: Bosch, 1994.

MARTÍN DE LA VEGA, Augusto. *La sentencia constitucional en Italia*. Madrid: Centro de Estudios Políticos y Constitucionales, 2003.

MARTINEZ, Gregorio Peces-Barba. *Derecho y derechos fundamentales*. Madrid: Centro de Estudios Constitucionales, 1993.

______. *Ética, poder y derecho*. Madrid: Centro de Estudios Constitucionales, 1995.

______. *Los valores superiores*. Madrid: Tecnos, 1986.

MARTÍNEZ-PUJALTE, Antonio-Luis. *La garantia del contenido esencial de los derechos fundamentales*. Madrid: Centro de Estudios Constitucionales, 1997.

MARTINS FILHO, Ives Gandra da Silva. *O sistema legal e judiciário brasileiro*. São Paulo: LTr, 2000.

MARTINS, Ives Gandra (Coord.). *A Constituição brasileira de 1988:* interpretações. 2. ed. Rio de Janeiro: Forense Universitária, 1990.

MARTINS, Ives Gandra da Silva; MENDES, Gilmar Ferreira. Contribuição dos inativos. *Revista CONSULEX*, ano III, n. 36, dez. 1999.

MARTINS, Ives Gandra da Silva; NASCIMENTO, Carlos Valder do. *Comentários à Lei de Responsabilidade Fiscal*, 5. ed. São Paulo: Saraiva, 2011

MARTINS JÚNIOR, Isidoro. *História do direito nacional*. Brasília: Ministério da Justiça, 1979.

MARTINS, Sergio Pinto. *Fundamentos de direito da seguridade social*. 6. ed. São Paulo: Atlas, 2005.

MARX, Karl; ENGELS, Friedrich. *A ideologia alemã*. 6. ed. São Paulo: Hucitec, 1987. ______. La ideología alemana. In: *Obras escogidas*. Moscou: Progreso, 1974. t. 1.

MAUNZ, Theodor et al. *Bundesverfassungsgerichtsgesetz:* Komentar. München: C. H. Beck, 1985.

______.In: MAUNZ-DURIG-HERZOG-SCHOLZ. *Grundgesetz*. Kommentar zum Grundgesetz, art. 19, II, n. 16.

______; ZIPPELLIUS, Reinhold. *Deutsches Staatsrecht*. 26. ed. rev. München: C. H. Beck, 1985.

MAUNZ-DURIG. *Grundgesetz Kommentar*. München: Verlag C. H. Beck, 1990. Band I. 1I, 18.

MAURER, Hartmut. Zur Verfassungswidrigerklärung von Gesetzen. In: *Festschrift fur Werner Weber*. Berlin: [s. n.], 1974.

MAUROIS, André. *Histoire d'Angleterre*. Paris: Arthème Fayard, 1937.

______. *História da Inglaterra*. Rio de Janeiro: Pongetti Ed., 1959.

MAXIMILIANO, Carlos. *Comentários à Constituição brasileira*. 5. ed. Rio de Janeiro: Freitas Bastos, 1954. v. 1.

______. *Direito intertemporal ou teoria da retroatividade das leis*. 2. ed. Rio de Janeiro: Freitas Bastos, 1955.

______. *Hermenêutica e aplicação do direito*. Rio de Janeiro: Forense, 1988.

MAYA, André M. O juizado de garantias como fator determinante à estruturação democrática da jurisdição criminal: o contributo das reformas processuais penais latino- americanas à reforma processual penal brasileira. *Novos Estudos Jurídicos*, v. 23, p. 71-88, 2018.

MAYEN, Thomas. Das Grundrecht auf Gewährleistung eines menschenwürdigen Existenzminimums, In: *Der Grundrechtsgeprägte Verfassungsstaat: Festschrift für Klaus Stern zum 80. Geburtstag*, Berlin: Duncker & Humblot, 2012, p. 1453 e s.

MAZZILLI, Hugo Nigro. *Regime jurídico do Ministério Público*. São Paulo: Saraiva, 1993.

MAZZUOLI, Valério de Oliveira. *Tratados internacionais*. São Paulo: Ed. Juarez de Oliveira, 2004.

______. *O controle jurisdicional da convencionalidade das leis*. 2. ed. São Paulo: Revista dos Tribunais, 2011.

MEDEIROS, Antônio Paulo Cachapuz de. *O poder de celebrar tratados*. Porto Alegre: Sérgio A. Fabris, Editor, 1995.

MEDEIROS, Rui. *A decisão de inconstitucionalidade. Os autores, o conteúdo e os efeitos da decisão de inconstitucionalidade da lei*. Lisboa: Universidade Católica, 1999.

MEIRELLES, Hely Lopes. *Direito administrativo brasileiro*. 32. ed. São Paulo: Malheiros, 2006.

______. *Mandado de segurança*. 28. ed. São Paulo: Malheiros, 2005.

MEIRELLES TEIXEIRA, J. H. *Curso de direito constitucional*. Rio de Janeiro: Forense Universitária, 1991.

MELLO, Celso Antônio Bandeira de. *Ato administrativo e direito dos administrados*. São Paulo: Revista dos Tribunais, 1981.

______. *Curso de direito administrativo*. 14. ed. São Paulo: Malheiros, 2002.

MELLO, Celso de. *Algumas notas informativas (e curiosas) sobre o Supremo Tribunal (Império e República)*. Disponível em: <www.stf.gov.br>.

______. Investigação parlamentar estadual: as comissões especiais de inquérito. *Justitia*, ano 45, v. 121, abr./jun. 1983.

MELLO, Celso Duvivier de Albuquerque. O § 2º do art. 5º da Constituição Federal. In: TORRES, Ricardo Lobo (Org.). *Teoria dos direitos fundamentais*. Rio de Janeiro: Renovar, 1999.

______. *Curso de direito internacional público*. 15. ed. Rio de Janeiro: Renovar, 2004. v. 2.

MELLO, Cleyson de Moraes; FRAGA, Thelma Araújo Esteves. *Direitos humanos:* coletânea de legislação. Rio de Janeiro: Freitas Bastos, 2003.

MELLO FILHO, José Celso de. *O direito constitucional de reunião*. São Paulo: Justitia, 1997.

MELLO, José Luiz de Anhaia. *Os princípios constitucionais e sua proteção*. São Paulo: [s. n.], 1966.

MELLO, Oswaldo Aranha Bandeira de. *Princípios gerais de direito administrativo*. 2. ed. Rio de Janeiro: Forense, 1979. v. 1.

______. *Teoria das Constituições rígidas*. 2. ed. São Paulo: Bushatsky, 1980.

MELNICK, R. Shep. Regulation. In: HALL, Kermit L. *The Oxford Companion to American Law.* New York: Oxford University Press, 2002.

MENDES, Gilmar Ferreira. A ação declaratória de constitucionalidade: a inovação da Emenda Constitucional n. 3, de 1993, In: MARTINS, Ives Gandra da Silva; MENDES, Gilmar Ferreira (Orgs.). *Ação declaratória de constitucionalidade*. São Paulo: Saraiva, 1994.

______. A eficácia dos direitos fundamentais nas relações privadas: exclusão de sócio da União Brasileira de Compositores. *Ajuris*, n. 100, dez. 2005.

______. A supralegalidade dos tratados internacionais de direitos humanos e a prisão civil do depositário infiel no Brasil, in Systemas: *Revista de Ciências Jurídicas e Econômicas*, v. 2, n. 1 (2010), p. 64100.

______. *Controle de constitucionalidade:* aspectos jurídicos e políticos. São Paulo: Saraiva, 1990.

______. Controle de constitucionalidade: hermenêutica constitucional e revisão de fatos e prognoses legislativos pelo órgão judicial. In: *Direitos fundamentais e controle de constitucionalidade*. 3. ed. São Paulo: Saraiva, 2004.

______. *Die abstrakte Normenkontrolle von dem Bundesverfassungsgerichts und von dem brasilianischen Supremo Tribunal Federal*. Berlin: [s. n.], 1991.

______. *Direitos fundamentais e controle de constitucionalidade*. São Paulo: Saraiva, 1998.

______. *Direitos fundamentais e controle de constitucionalidade*. São Paulo: Celso Bastos, Editor, 1998.

______. Direitos fundamentais: eficácia das garantias constitucionais nas relações privadas; análise da jurisprudência da Corte Constitucional alemã. In: *Direitos fundamentais e controle de constitucionalidade:* estudos de direito constitucional. 3. ed. ver. e ampl. São Paulo: Saraiva, [s. d.].

______. *Jurisdição constitucional*. 5. ed. São Paulo: Saraiva, 2005.

______. *Moreira Alves e o controle de constitucionalidade no Brasil*. São Paulo: Celso Bastos, Editor, 2000.

______. O papel do Senado Federal no controle de constitucionalidade: um caso clássico de mutação constitucional (Estudos em homenagem a Anna Maria Villela). *Revista de Informação Legislativa*, ano 41, n. 162, abr./jun. 2004.

______. Os direitos individuais e suas limitações: breves reflexões. In: *Direitos fundamentais e controle de constitucionalidade*. São Paulo: Saraiva, 2005.

MENDES, Gilmar Ferreira; BANDEIRA GALINDO, George. Direitos humanos e integração regional: algumas considerações sobre o aporte dos tribunais constitucionais. Disponível em: <http://www.stf.jus.br/arquivo/cms/sextoEncontroConteudoextual/anexo/Brasil.pdf>.

______; COELHO, Inocêncio Mártires; BRANCO, Paulo Gustavo Gonet. *Hermenêutica constitucional e direitos fundamentais*. Brasília: Brasília Jurídica, 2000.

______; FERNANDES, Victor Oliveira. Constitucionalismo digital e jurisdição constitucional: uma agenda de pesquisa para o caso brasileiro. *Revista Brasileira de Direito, Passo Fundo*, v. 16, n. 1, p. 1-33, out. 2020.

______; MARTINS, Ives Gandra da Silva. *Controle concentrado de constitucionalidade*. 2. ed. São Paulo: Saraiva, 2005.

MENDES, Laura Schertel. *Privacidade, proteção de dados e defesa do consumidor*. São Paulo: Saraiva, 2014.

MENDES, Maria de Fátima Abrantes; MIGUÉIS, Jorge. *Lei Eleitoral da Assembleia da República*. Actualizada, anotada e comentada e com os resultados eleitorais de 1976 a 2002.

MICHAEL, Lothar; MORLOK, Martin. *Grundrechte*. Baden-Baden: Nomos Lehrbuch, 2012.

MILESI, Rosita. *Refugiados, realidade e perspectivas*. Brasília: Loyola, 2003.

MILESKI, Hélio Saul. *O controle da gestão pública*. São Paulo: RT, 2003.

MILLER, Charles A. *The Supreme Court and the uses of history*. Cambridge: Harvard University Press, 1969.

MIRABETE, Júlio Fabbrini. *Código de Processo Penal interpretado*. 11. ed. São Paulo: Atlas, 2003.

______. *Processo penal*. São Paulo: Atlas, 1991.

MIRANDA, Jorge. *Manual de direito constitucional*. Coimbra: Coimbra Editora, 1983.

______. *Manual de direito constitucional*. Coimbra: Coimbra Editora, 1983. t. 2.

______. *Manual de direito constitucional*. Coimbra: Coimbra Editora, 2001. t. 6.

______. *Teoria do Estado e da Constituição*. Rio de Janeiro: Forense, 2002.

MIRANDA, Pontes de. *Comentários à Constituição dos Estados Unidos do Brasil*. Rio de Janeiro: Guanabara, 1934, t. I.

MIRANDA, Rosângelo de. *A proteção constitucional da vida privada*. São Paulo: Ed. de Direito, 1996.

MIRANDA, Vicente Chermont de. Inconstitucionalidade e incompetência do juiz singular, *RF*, v. 92.

MIRKINE-GUETZÉVITCH, Boris. *As novas tendências do direito constitucional*. São Paulo: Ed. Nacional, 1933.

______. *Evolução constitucional europeia*. Rio de Janeiro: Konfino, 1957.

______. *Les constitutions européennes*. Paris: PUF, 1951.

MITTERMAYER, C. J. A. *Tratado da prova em matéria criminal*. t. II. Rio de Janeiro: A. A. da Cruz Coutinho, 1871.

MONDIM, Battista. *Definição filosófica da pessoa humana*. Bauru: EDUSC, 1998.

MONDOLFO, Rodolfo. *Problemas e métodos de investigação na história da filosofia*. São Paulo: Mestre Jou, 1969.

MONTESQUIEU, Barão de. De l'esprit des lois. In: *Oeuvres Complètes de Montesquieu*. Paris: Chez Lefrèvre, 1859.

MONTORO, Ángel J. Gómez. *Associación, Constitución, ley*. Madrid: Centro de Estudios Políticos y Constitucionales, 2004.

MORA, José Ferrater. *Diccionario de filosofía*. Barcelona: Alianza, 1986.

MORAES, Alexandre de. *Constituição do Brasil interpretada e legislação constitucional*. 5. ed. São Paulo: Atlas, 2005.

______. *Direito constitucional*. São Paulo: Atlas, 2005.

______. *Direitos humanos fundamentais*. São Paulo: Atlas, 1998.

______. *Jurisdição constitucional e tribunais constitucionais*. São Paulo: Atlas, 2000.

MORAES, Evaristo de. *Apontamentos de direito operário*. 3. ed. Rio de Janeiro: LTr, 1986.

MORAES, Maurício Zanoide de. *Presunção de inocência no processo penal brasileiro*: análise de sua estrutura normativa para a elaboração legislativa e para a decisão judicial. Rio de Janeiro: Lumen Juris, 2010.

MORAIS, Carlos Blanco de. *Justiça constitucional*. Coimbra: Coimbra Editora, 2005. t. 2.

_______. As mutações constitucionais implícitas e os seus limites jurídicos. In: FELLET, André; NOVELINO, Marcelo (Org.). *Constitucionalismo e democracia*. Salvador: JusPodivm, 2013.

_______. *Curso de direito constitucional: teoria da Constituição em tempos de crise do Estado Social*. Coimbra: Coimbra Editora, t. II, 2º v.

_______. De novo a querela da "unidade dogmática" entre direitos de liberdade e direitos sociais em tempos de "exceção financeira". *e-Pública, Revista Eletrônica de Direito Público*, n. 3, dez, 2014.

MORCHÓN, Gregorio Robles. *El derecho como texto*. Madrid: Thomson-Civitas, 2006.

_______. *Sociología del derecho*. 2. ed. Madrid: Civitas, 1997.

_______. *Pluralismo jurídico y relaciones intersistémicas* – ensayo de teoría comunicacional del derecho. Madrid: Thomson-Civitas, 2007.

MOREIRA, José Carlos Barbosa. As partes na ação declaratória de inconstitucionalidade. *Revista de Direito da Procuradoria-Geral do Estado da Guanabara*, n. 13, 1964.

_______. *Comentários ao Código de Processo Civil*. Rio de Janeiro: Forense, 1973. v. 5.

MOREIRA, Vital. *Constituição e revisão constitucional*. Coimbra: Caminho, 1980.

MORENO, Ángeles López et al. *Teoría y práctica en la aplicación e interpretación del Derecho*. Madrid: Colex, 1999.

MORENTE, Manuel García. *Lecciones preliminares de filosofía*. 6. ed. Buenos Aires: Losada, 1957.

MORESO, José Juan. *La indeterminación del derecho y la interpretación constitucional*. Madrid: Centro de Estudios Políticos y Constitucionales, 1997.

MORIN, Gaston. *La révolte du droit contre le Code*. Paris: Sirey, 1945.

MORO, Sérgio Fernando. *Comentários à Constituição do Brasil* (arts. 203-204). CANOTILHO, J. J. Gomes; MENDES, Gilmar Ferreira; SARLET, Ingo Wolfgang; STRECK, Lenio Luiz e LEONCY, Léo Ferreira (Coord.). São Paulo: Saraiva / Almedina, 2013.

MOTTA FILHO, Cândido. A evolução do controle da constitucionalidade das leis no Brasil. *RF*, v. 86.

MOURA, Genésio de Almeida. Inconstitucionalidade das leis. *Revista da Faculdade de Direito da Universidade de São Paulo*, n. 37, p. 161.

MULLER, Friedrich. *Métodos de trabalho do direito constitucional*. Porto Alegre: Síntese, 1999.

MUÑOZ, Juan Andrés. *Los límites de los derechos fundamentales en el derecho constitucional español*. Pamplona: Aranzadi, 1998.

NABAIS, José Casalta. *Os direitos fundamentais na jurisprudência do Tribunal Constitucional*. Coimbra: Faculdade de Direito da Universidade de Coimbra, 1990.

NASSUNO, Marianne. O controle social nas organizações sociais no Brasil. In: PEREIRA, L. C. B.; GRAU, N. C. (Orgs.). *O Público não estatal na reforma do Estado*. Rio de Janeiro: Fundação Getúlio Vargas, 1999.

NASSIF, Aramis. *Júri, instrumento de soberania popular*. Porto Alegre: Livr. do Advogado Ed., 1996.

NAVARRO-VALLS, Rafael; MARTÍNEZ-TORRÓN, Javier. *Las objeciones de consciencia en el derecho español y comparado*. Madrid: McGraw-Hill, 1997.

NEGÓCIO, Ramon. *Vom Fremddruck zur Selbstbeschränkung*. Baden-Baden: Nomos, 2019.

NICOLAU, Jairo. *Banco de indicadores eleitorais*. Rio de Janeiro: IUPERJ, 1998.

NIEVA FENOLL, Jordi. *La valoración de la prueba*. Madri: Marcial Pons, 2010.

NIKKEN, Pedro. *La protección internacional de los derechos humanos*. Madrid: Civitas, 1987.

NINO, Carlos Santiago. *Ética y derechos humanos*. Buenos Aires: Astrea, 1989.

_______. *Consideraciones sobre la dogmática jurídica*. [s. l.]: [s. n.], [s. d.].

_______. *Notas de introducción al derecho*. Buenos Aires: Astrea, 1975. v. 4.

_______. *Fundamentos de derecho constitucional*. Buenos Aires: Astrea, 1992.

NÓBREGA, Francisco A. *Deus e Constituição*. Petrópolis: Vozes, 1998.

NOLETO, Mauro Almeida. *Subjetividade jurídica:* a titularidade de direitos em perspectiva emancipatória. Porto Alegre: Sérgio A. Fabris, Editor, 1998.

NONATO, Orozimbo. In: MELLO, Cordeiro de. *O processo no Supremo Tribunal Federal*. [s. l.]: [s. n.], [s. d.]. v. 1.

NOVAIS, Jorge Reis. *Contributo para uma teoria do Estado de Direito*: do Estado de Direito liberal ao Estado social e democrático de Direito. Coimbra: Faculdade de Direito da Universidade de Coimbra, 1987.

______. *Direitos Sociais: Teoria Jurídica dos Direitos Sociais enquanto Direitos Fundamentais*, Coimbra: Coimbra Editora, 2010, p. 210-22.

NUCCI, Guilherme de Souza. *Código Penal Comentado – Parte Geral*, Título VIII. São Paulo: Revista dos Tribunais, 2012.

______. *Manual de processo penal e execução penal*. 2. ed. São Paulo: Revista dos Tribunais, 2006.

______. *Habeas corpus*. Rio de Janeiro: Forense, 2014.

______. *Tribunal do Júri*. 5. ed. Rio de Janeiro: Forense, 2014.

NUNES, José de Castro. *Teoria e prática do Poder Judiciário*. Rio de Janeiro: Forense, 1943.

O'BRIEN, David. *The Supreme Court in American Politics*. New York: Norton, 1986.

OCTAVIO, Rodrigo. *Minhas memórias dos outros*. 1a série. Rio de Janeiro: José Olympio, 1934.

OECD (2015). *Addressing the Tax Challenges of the Digital Economy, Action 1 – 2015 Final Report*. OECD/G20 Base Erosion and Profit Shifting Project. Paris: OECD Publishing, <https://doi.org/10.1787/9789264241046-en>.

OLIVEIRA, Edson Marques. Empreendedorismo social no Brasil: atual configuração, perspectivas e desafios. *Revista FAE*, Curitiba, v. 7, n. 2, 2004.

OLIVEIRA, Eugênio Pacelli de. *Curso de processo penal*. 6. ed. Belo Horizonte: Del Rey, 2006.

OLIVEIRA, Francisco Antonio de. *Mandado de injunção, da inconstitucionalidade por omissão, enfoques trabalhistas, jurisprudência*. 2. ed. São Paulo: Revista dos Tribunais, 2004.

OLIVEIRA, Herzeleide Maria Fernandes de. *O mandado de injunção*, Revista de Informação Legislativa, ano 25, n. 100, out./dez. 1988.

OLIVEIRA, Luiz Duarte de. Da prescrição das ações em face da Fazenda Pública e o novo Código Civil. In: CIANCI, Mirna (Org.). *Prescrição no novo Código Civil*. São Paulo: Saraiva, 2005. p. 56 e s.

OLIVEIRA, Manfredo Araújo de. *Sobre fundamentação*. 2. ed. Porto Alegre: EDIPUCRS, 1997.

OLIVEIRA, Marcelo Andrade Cattoni de. A *injunction* anglo-americana e as origens do mandado de injunção. *Revista de Direito Comparado*, n. 3, p. 203-225, maio 1999.

OLIVEIRA, Martins de. Inconstitucionalidade das leis – competência privativa dos tribunais colegiados para pronunciá-la – posição do juiz singular em face da alegação de inconstitucionalidade – regímen antigo. Juízo de Direito da Comarca de Patrocínio/MG. *RF*, v. 65.

ORTEGA, Manuel Segura. *La racionalidad jurídica*. Madrid: Tecnos, 1998.

ORTEGA Y GASSET, José. *Obras completas*. Madrid: Revista de Occidente, 1964.

ORTIZ-OSÉS, Andrés. *Antropologia hermenêutica*. Lisboa: Escher, 1989.

OSSENBÜHL, Fritz. Kontrolle von Tatsachenfeststellungen und Prognosenentscheidungen durch das Bundesverfassungsgericht. In: Christian Starck (Org.). *Bundesverfassungsgericht und Grundgesetz*. Tübingen: Mohr, v. I. 1976.

PACELLI, Eugênio; FISCHER, Douglas. *Comentários ao Código de Processo Penal e sua Jurisprudência*. 7. ed. São Paulo: Atlas, 2014.

PACHECO, Cláudio. *Tratado das Constituições brasileiras*. [s. l.]: [s. n.], 1965. v. 13.

______. *Tratado das Constituições brasileiras*. Rio de Janeiro: Freitas Bastos, 1965. v. 3.

PACHECO, José da Silva. *O mandado de segurança e outras ações constitucionais típicas*. 4. ed. São Paulo: Revista dos Tribunais, 2002.

PAINE, Thomas. *Los derechos del hombre*. 3. ed. Madrid: Aguilar, 1962.

PALMER, Richard. *Hermenêutica*. Lisboa: Edições 70, 1986.

PALU, Oswaldo Luiz. *Controle de constitucionalidade*. 2. ed. São Paulo: Revista dos Tribunais, 2001.

PANIKKAR, Raimundo. "É a noção dos direitos do homem um conceito ocidental?". *Diógenes* (antologia), Brasília: Ed. da UnB, v. 5, jul./dez. 1983.

PAPIER, Hans-Jurgen. Eigentumsgarantie und Geldentwertung. In: *Archiv des öffentlichen Rechts*, n. 98, 1973.

______. In: MAUNZ-DURIG. *Kommentar zum Grundgesetz*. München: C. H. Beck, 1990. v. 2, art. 14, n. 253-254.

______. "Spezifisches Verfassungsrecht" und "Einfaches Recht" als Argumentationsformel des Bundesverfassungsgerichts. In: *Bundesverfassungsgericht und Gundgesetz*. Tübingen, 1976. v. 1.

PASSOS, José Joaquim Calmon de. *Mandado de segurança coletivo, mandado de injunção, habeas data, Constituição e processo*. Rio de Janeiro: Forense, 1989.

PEIXOTO, Mattos. Limite temporal da Lei. *Revista Jurídica da antiga Faculdade Nacional de Direito da Universidade do Brasil*, v. 9.

PEKELIS, Alexander. *La tecla para una ciencia jurídica estimativa*: el actual pensamiento jurídico norteamericano. Buenos Aires, Ed. Losada, 1951.

PEREIRA, Caio Mário da Silva. *Instituições de direito civil*. 10. ed. Rio de Janeiro: Forense, 2000. v. 3.

PEREIRA, Frederico Valdez. *Delação premiada*. Legitimidade e procedimento. 3. ed. Curitiba: Juruá, 2016.

PERELMAN, Chaïm. *Ética e direito*. São Paulo: Martins Fontes, 1996.

______. *La lógica jurídica y la nueva retórica*. Madrid: Civitas, 1988.

PERELMAN, Chaïm; OLBRECHTS-TYTECA, Lucie. *Tratado da argumentação*. São Paulo: Martins Fontes, 1996.

______. *Tratado da argumentação:* a nova retórica. São Paulo: Martins Fontes, 2002.

PESTALOZZA, Christian. "Noch verfassungsmässige" und "bloss verfassungswidrige" Rechtslagen. In: *Bundesverfassungsgericht und Grundgesetz*. Tübingen, 1976. v. 1, p. 526.

______. "Noch verfassungsmässige" und "bloss verfassungswidrige" Rechtslagen. In: STARCK, Christian (Org.), *Bundesverfassungsgericht und Grundgesetz*. 1. Aufl., Tübingen: Mohr, 1976. v. 1.

______. *Verfassungsprozessrecht*. 3. ed. Berlin: [s. n.], 1991.

______. *Verfassungsprozessßrecht:* die Verfassungsgerichtsbarkeit des Bundes und der Länder. 3. ed. München: C. H. Beck, 1991.

PHILIPPE, Xavier. *Le contrôle de proportionnalité dans les jurisprudences constitutionnelle et administrative françaises*. Paris: Economica Presses Universitaires D'Aix-Marseille, 1990.

PHILIPPI, Klaus Jürgen. *Tatsachenfeststellungen des Bundesverfassungsgerichts*: ein Beitrag zur rational-empirischen Fundierung verfassungsgerichtlicher Entscheidungen. Colônia: Annales Universitatis Saraviensis / Rechts-und Wirtschaftswiss, 1971.

PIÇARRA, Nuno. *A separação dos poderes como doutrina e princípio constitucional:* um contributo para o estudo das suas origens e evolução. Coimbra: Coimbra Ed., 1989.

PICAZO, Luis Diez. *Experiencias jurídicas y teoría del derecho*. Barcelona: Ariel, 1973.

PIERANDREI, Franco. Corte Costituzionale. In: *Enciclopedia del Diritto*, Varese: Giuffrè, 1962, v. 10.

PIEROTH, Bodo; SCHLINK, Bernhard. *Grundrechte – Staatsrecht* II. 21. ed. Heidelberg: [s. n.], 2005.

______. *Grundrechte – Staatsrecht*. 4. ed. Heidelberg, 1988.

______. *Direitos fundamentais*. São Paulo: Saraiva, 2012.

PIMENTA BUENO, José Antonio. *Direito publico brazileiro e analyse da Constituição do Império*. Rio de Janeiro: Typographia Imp. e Const. de J. Villeneuve, 1857.

PINA, Antonio López (Coord.). *División de poderes e interpretación:* hacia una teoría de la praxis constitucional. Madrid: Tecnos, 1987.

PINA, Rolando E. *Cláusulas constitucionales operativas y programáticas*. Buenos Aires: Astrea, 1973.

PINHEIRO, Alexandre Sousa. A jurisprudência da crise: Tribunal Constitucional português (2011-2013). *Observatório da Jurisdição Constitucional*, Brasília: IDP, ano 7, v. 1, jan. / jun. 2014.

PINILLA, Ignacio Ara. *Las transformaciones de los derechos humanos*. Madrid: Tecnos, 1990.

PINTO, Bilac. Parecer: inconstitucionalidade do Decreto-lei n. 8.946, de 1946. *RF*, Rio de Janeiro, 120 / 40.

PINTO FERREIRA, Luiz. *Curso de direito constitucional*. Rio de Janeiro: Freitas Bastos, 1964.

PINTO, Luiz de Aguiar Costa. *Lutas de família no Brasil*. São Paulo: Ed. Nacional, 1980.

PINTO, Tácito Lívio Maranhão. *O mandado de injunção:* trajetória de um instituto. São Paulo: LTr, 2002.

PIOVESAN, Flávia. A Constituição brasileira de 1988 e os tratados internacionais de proteção dos direitos humanos. In: *Temas de direitos humanos*. 2. ed. São Paulo: Max Limonad, 2003.

______. *Direitos humanos e o direito constitucional internacional*. 5. ed. São Paulo: Max Limonad, 2002.

PIOVESAN, Flávia; CONTI, Irio Luiz (Coord.). *Direito humano à alimentação adequada*. Rio de Janeiro: Lumen Juris, 2007.

PONTES DE MIRANDA. *Comentários à Constituição de 1967, com a Emenda n. 1, de 1969*. 3. ed. Rio de Janeiro: Forense, 1987. t. 5.

______. *Comentários à Constituição de 1967, com a Emenda n. 1, de 1969*. Rio de Janeiro: [s. n.], 1987. t. 4.

______. *Comentários à Constituição de 1967*. São Paulo: Revista dos Tribunais, 1967. t. 2.

______. *Comentários à Constituição de 1967, com a Emenda n. 1, de 1969*. 3. ed., Rio de Janeiro, 1987. t. 5.

______. *Comentários ao Código de Processo Civil*. Rio de Janeiro: Forense, 1975. t. 6.

______. *Comentário à Constituição de 1967, com a Emenda n. 1, de 1969*. São Paulo: Revista dos Tribunais, 1973. t. 3.

______. *Comentários à Constituição de 1967, com a Emenda n. 1, de 1969*. 2. ed. rev. São Paulo: Revista dos Tribunais, 1970. t. 2.

______. *Comentários à Constituição da República dos Estados Unidos do Brasil*. Rio de Janeiro: Ed. Guanabara, 1938. v. 1.

______. *Comentários à Constituição de 1967*. São Paulo: Revista dos Tribunais, 1967. t. 3.

______. *Comentários à Constituição Federal de 10 de novembro de 1937*. Rio de Janeiro: Irmãos Pongetti, 1938. t. 3.

______. *Comentários ao Código de Processo Civil*. São Paulo: Forense, [s. d.]. t. 5.

POLASTRI, Marcellus. *Da prisão e da liberdade provisória (e demais medidas cautelares substitutivas da prisão) na Reforma de 2011 do Código de Processo Penal*. Rio de Janeiro: Lumen Juris, 2011.

POLLETTI, Ronaldo Rebello de Britto. *Controle da constitucionalidade das leis*. Rio de Janeiro: Forense, 1985.

POPPER, Karl. *Conjecturas e refutações*. Brasília: Ed. da UnB, 1972.

PORCHAT, Reynaldo. *Curso elementar de direito romano*. 2. ed. São Paulo: Melhoramentos, 1937. v. 1.

PORTO, Walter Costa. *A mentirosa urna*. São Paulo: Martins Fontes, 2004.

______. *Dicionário do voto*. Brasília: Ed. da UnB, 2000.

______. *Pinheiro Machado e seu tempo*. Brasília: INL, 1995.

______. *Sistema eleitoral brasileiro*. Palestra proferida no IX Congresso Brasiliense de Direito Constitucional. Brasília, 10-11-2006.

POULANTZAS, Nicos. *Nature des choses et droit*. Paris: LGDJ, 1965.

PROCURADORIA-GERAL DA REPÚBLICA. Pareceres 08100.00/2813/86 e 08100.00/2881/86, *DJ* de 10-3-1987, *RDP*, 82/100-110.

PULLIAS, Earl V.; YOUNG, James Douglas. *A arte do magistério*. Rio de Janeiro: Zahar, 1970.

QUECEDO, Manuel Pulido. *Constitución española*. Navarra: Thomson/Aranzadi, 2005.

QUEIROZ, Cristina. *Direitos fundamentais (teoria geral)*. Coimbra: Coimbra Ed., 2002.

______. *Interpretação constitucional e poder judicial*. Coimbra: Coimbra Ed., 2000.

______. *Os actos políticos no Estado de Direito*. Coimbra: Almedina, 1990.

QUINTANA, Segundo V. Linares. *Tratado de interpretación constitucional*. Buenos Aires: Abeledo-Perrot, 1998.

RADBRUCH, Gustavo. *Filosofia do direito*. Coimbra: Arménio Amado Ed., 1961.

RAMOS, Saulo. *Pareceres da Consultoria Geral da República*. v. 99, p. 257-258.

RANGEL, Paulo. *Direito processual penal*. 2. ed. Rio de Janeiro: Lumen Juris, 2000.

RÁO, Vicente. *O direito e a vida dos direitos*. 6. ed. anotada e atualizada. [s.l.: s.n.], 2005.

REALE, Giovanni; ANTISERI, Dario. *História da filosofia*. São Paulo: Edições Paulinas, 1991.

REALE, Miguel. *Estudos de filosofia e ciência do direito*. São Paulo: Saraiva, 1978.

______. *100 anos de ciência do direito no Brasil*. São Paulo: Saraiva, 1993.

______. *Filosofia do direito*. 9. ed. São Paulo: Saraiva, 1982.

______. *Fontes e modelos do direito:* para um novo paradigma hermenêutico. São Paulo: Saraiva, 1994.

______. *Lições preliminares de direito*. São Paulo: Saraiva, 1986.

______. *Lições preliminares de direito*. 27. ed. São Paulo: Saraiva, 2006.

______. *O direito como experiência*. São Paulo: Saraiva, 1968.

______. *O Projeto de Código Civil:* situação atual e seus problemas fundamentais. São Paulo: Saraiva, 1986.

______. *Pluralismo e liberdade*. São Paulo: Saraiva, 1963.

______. *Revogação e anulamento do ato administrativo*. 2. ed. Rio de Janeiro: Forense, 1980.

______. *Teoria tridimensional do direito:* situação atual. São Paulo: Saraiva, 1986.

RECASÉNS SICHES, Luis. *Experiencia jurídica, naturaleza de la cosa y lógica "razonable"*. México: FCE/UNAM, 1971.

______. *Nueva filosofía de la interpretación del derecho*. México: Porrúa, 1973.

______. *Panorama del pensamiento jurídico en el siglo XX*. México: Porrúa, 1963.

______. *Tratado de sociología*. Rio de Janeiro: Globo, 1965.

______. *Tratado general de filosofía del derecho*. México: Porrúa, 1965.

REHNQUIST, William H. *The Supreme Court*. New York: Vintage Books, 2001.

RENAN, Ernest. *Discours et conférences*. Paris: Calmann-Lévy, [s./d].

REVORIO, Francisco Javier Díaz. *La Constitución como orden abierto*. Madrid: McGraw-Hill, 1997.

______. *Valores superiores e interpretación constitucional*. Madrid: Centro de Estudios Políticos y Constitucionales, 1997.

REZEK, José Francisco. *Direito dos tratados*. Rio de Janeiro: Forense, 1984.

______. *Direito internacional público*. 10. ed. São Paulo: Saraiva, 2005.

______. Organização política do Brasil: estudos de problemas brasileiros (texto de aula). Brasília: Ed. da UnB, 1981.

______. Princípio da complementaridade e soberania. *Revista CEJ*, v. 4, n. 11, maio/ago. 2000.

RIBEIRO, Fávila. *A intervenção federal*. Fortaleza: Jurídica, 1960.

RIBEIRO, José Augusto. *A era Vargas*. Rio de Janeiro: Casa Jorge Editorial, 2002. v. 1.

RIBEIRO, Ney Rodrigo Lima. *Direito fundamental social à alimentação*. Rio de Janeiro: Lumen Juris, 2013.

RIBEIRO, Ricardo Silveira. *Omissões normativas*. Rio de Janeiro: Impetus, 2003.

RICHTER, Ingo; SCHUPPERT, Gunnar Falke. *Casebook Verfassungsrecht*. 3. ed. München: C. H. Beck, 1996.

RICKERT, H. *Ciencia cultural y ciencia natural*. 3. ed. México: Espasa-Calpe Argentina, 1952.

______. *Introducción a los problemas de la filosofía de la historia*. Buenos Aires: Ed. Nova, 1971.

______. *Do texto à acção*. Porto: Rés, [s/d].

______. *Ensaios de interpretação bíblica*. São Paulo: Novo Século, 2004.

RICOEUR, Paul. *Interpretação e ideologias*. Rio de Janeiro: Francisco Alves, 1988.

______. *O conflito das interpretações:* ensaios de hermenêutica. Rio de Janeiro: Imago, 1969.

______. *Teoria da interpretação*. Lisboa: Edições 70, 1987.

RIDRUEJO, José Antonio et al. *Consolidación de derechos y garantías*: los grandes retos de los derechos humanos en el siglo XXI. Madrid: Consejo General del Poder Judicial, 1999.

RIGAUX, François. *A lei dos juízes*. São Paulo: Martins Fontes, 2000.

RINCK, Hans-Justus. Initiative fur die Verfassungsmässige Prufung von Rechtsnormen. *EuGRZ*, 1974.

RITTERSPACH, Theo. *Legge sul Tribunale Costituzionale della Repubblica Federale di Germania*, Firenze: CEDEUR, 1982.

ROCHA, Carmen Lúcia Antunes. *Princípios constitucionais da administração pública*. Belo Horizonte: Del Rey, 1994.

RODRIGUES, Leda Boechat. *História do Supremo Tribunal Federal*. Rio de Janeiro: Civilização Brasileira, 2002. t. 4, v. 1.

______. *A Corte Suprema e o direito constitucional americano*. Rio de Janeiro: Forense, 1958.

______. *História do Supremo Tribunal Federal*. Rio de Janeiro: Civilização Brasileira, 1991. v. 3.

______. *História do Supremo Tribunal Federal:* defesa das liberdades civis. 2. ed. Rio de Janeiro: Civilização Brasileira, 1991. t. 1 (p. 1891-1898).

RODRIGUEZ, Antonio Perpiña. *Métodos y criterios de la sociología contemporánea*. Madrid: Instituto Balmes de Sociología, 1958.

RODRÍGUEZ-ARMAS, Magdalena Lorenzo. *Análisis del contenido esencial de los derechos fundamentales*. Granada: Comares, 1996.

ROGEIRO, Nuno. *A Lei Fundamental da República Federal da Alemanha*. Coimbra: Coimbra Ed., 1996.

ROIG, Rafael de Assis. *Jueces y normas:* la decisión judicial desde el ordenamiento. Madrid: Marcial Pons, 1995.

______. *Las paradojas de los derechos fundamentales como límites al poder*. Madrid: Debate, 1992.

ROMBOLI, Roberto; MALFATTI, Elena; PANIZZA, Saulle. *Giustizia costituzionale*. 2. ed., Torino: G. Giappichelli, 2007.

RÓNAI, Paulo. *Não perca o seu latim*. Rio de Janeiro: Nova Fronteira, 1984.

ROSS, Alf. *Sobre el derecho y la justicia*. Buenos Aires: Ed. Universitaria de Buenos Aires, 1963.

ROUBIER, Paul. *Le droit transitoire*. 2. ed. Paris: Dalloz / Sirey, 1960.

ROULEAU, Paul S.; SHERMAN, Linsey. Doucet -Boudreau, dialogue and judicial activism: tempest in a teapot? *Ottawa Law Review*, v. 41.2, 2010.

ROUSSEAU, Dominique. Do Conselho Constitucional ao Tribunal Constitucional? *Direito público*, Brasília: IDP / Síntese, ano 1, n. 3, jan./ mar. 2004.

RUFFIA, Biscaretti di. *Derecho constitucional*. 2. ed. Madrid: Technos, 1984.

RÜFNER, Wolfgang. Grundrechteskonflikte. In: *Bundesverfassungsgericht und Grundgesetz*. Tübingen: J. C. B. Möhr, 1976. v. 2, p. 452 (455-456).

SAAVEDRA, Modesto. *Interpretación del derecho y crítica jurídica*. México: Fontanara, 1994.

SAGUÉS, Néstor Pedro. *La interpretación judicial de la Constitución*. Buenos Aires: Depalma, 1998.

SALANSKIS, Jean-Michel; RASTIER, François; SCHEPS, Ruth. *Herméneutique:* textes, sciences. Paris: PUF, 1997.

SALAVERRIA, Juan Igartua. *Márgenes y límites en la aplicación del derecho*. Donostia: Libr. Carmelo, 1992.

SALDANHA, Nelson. *Ordem e hermenêutica*. Rio de Janeiro: Renovar, 1992.

SAMPAIO, José Adércio Leite. *Direitos fundamentais*. Belo Horizonte: Del Rey, 2004.

______. *A Constituição reinventada pela jurisdição constitucional*. Belo Horizonte: Del Rey, 2002.

SAMPAIO, Nelson de Sousa. Eleições e sistemas eleitorais. *Revista de Jurisprudência – Arquivos do Tribunal de Alçada do Rio de Janeiro*, n. 26, p. 61 (68), 1981.

______. O Supremo Tribunal Federal e a nova fisionomia do Judiciário. *RDP*, v. 75.

SANCHÍS, Luis Prieto. *Apuntes de teoría del derecho*. Madrid: Trotta, 2005.

______. *Constitucionalismo y positivismo*. México: Fontanara, 1999.

______. *Estudios sobre derechos fundamentales*. Madrid: Debate, 1994.

______. *Ideología e interpretación jurídica*. Madrid: Tecnos, 1993.

______. *Justicia constitucional y derechos fundamentales*. Madrid: Trotta, 2003.

______. *Ley, principios, derechos*. Madrid: Dykinson, 1998.

______. *Sobre princípios y normas*. Madrid: Centro de Estudios Constitucionales, 1992.

SANTIAGO DANTAS, F. C. *Problemas de direito positivo*. Rio de Janeiro: Forense, 1953.

SANTOS, Fabiano. *O Poder Legislativo no presidencialismo de coalizão*. Belo Horizonte: Editora UFMG; Rio de Janeiro: IUPERJ, 2003.

SANTOS, Moacyr Amaral. *RTJ*, v. 56.

SANTOS, Wanderley Guilherme dos. *Crise e castigo*: partidos e generais na política brasileira. São Paulo: Vértice / Rio de Janeiro: Iuperj; 1987.

SANTOS, Weliton Militão dos. *Desapropriação, reforma agrária e meio ambiente*. Belo Horizonte: Mandamentos, 2001.

SARLET, Ingo (Org.). *A Constituição concretizada*. Porto Alegre. Livr. do Advogado Ed., 2000.

______. *A eficácia dos direitos fundamentais*. Porto Alegre: Livr. do Advogado Ed., 1998.

______. *Comentários à Constituição do Brasil* (art. 6º). CANOTILHO, J. J. Gomes; MENDES, Gilmar Ferreira; SARLET, Ingo Wolfgang; STRECK, Lenio Luiz e LEONCY, Léo Ferreira (Coord.). São Paulo: Saraiva / Almedina, 2013.

______. *Dignidade da pessoa humana e direitos fundamentais na Constituição Federal de 1988*. Porto Alegre: Livr. do Advogado Ed., 2004.

______; MARINONI, Luiz Guilherme; MITIDIERO, Daniel. *Curso de direito constitucional*. São Paulo: Revista dos Tribunais, 2012.

______; WEINGARTNER NETO, J. Direitos fundamentais em tempos de pandemia III: o fechamento de igrejas. Disponível em: <https: / / www.conjur.com.br / 2020-abr-20 / direitos-fundamentais-tempos-pandemia-iii>. Acesso em: 19 set. 2020.

SARTOR, Giovanni. Human rights and information technologies. In: *The Oxford handbook of law, regulation and technology*. Oxford: Oxford University Press, 2017.

SAUSSURE, Ferdinand. *Curso de linguística geral*. 11. ed. São Paulo: Cultrix, 1972.

______. *Cours de linguistique générale*. Paris: Payot, 1972.

SAUWEN FILHO, João Francisco. *Da responsabilidade civil do Estado*. Rio de Janeiro: Lumen Juris, 2001.

SAVIGNY, M. F. C. *Sistema del derecho romano actual*. Madrid: Góngora, [s. d.].

______. *Traité de droit romain*. Paris: [s. n.], 1860. v. 8.

SCARSELLI, Giuliano. Il decreto ingiuntivo e la Comunità Europea. *Rivista di Diritto Civile*, Padova, v. 44, n. 6, p. 725, pt. 1, nov./dic. 1998.

SCHÄFER, Jairo Gilberto. *Classificação dos direitos fundamentais*. Do sistema geracional ao sistema unitário – uma proposta de compreensão. 2. ed. Porto Alegre: Livraria do Advogado, 2005.

______. *Direitos Fundamentais*. Proteção e restrições. Porto Alegre: Livraria do Advogado, 2001.

SCHÄFER, Jairo Gilberto; CORDEIRO, Karine da Silva. Restrições a direitos fundamentais: considerações teóricas acerca de uma decisão do STF (ADPF 130). In: *As novas faces do ativismo judicial*. Salvador: Jus Podivm, 2011, p. 625-642.

SCHAFF, Adam. *História e verdade*. Rio de Janeiro: Martins Fontes, 1987.

SCHEFFLER, Israel. *Bases y condiciones del conocimiento*. Buenos Aires: Paidós, 1970.

SCHENKE, Wolf-Rudiger. *Rechtsschutz bei normativem Unrecht*. Berlin: [s. n.], 1979.

SCHLAICH, Klaus. *Das Bundesverfassungsgericht*. 4. ed. München: [s. n.], 1997.

______. *Das Bundesverfassungsgericht; Stellung Verfahren, Entscheidungen*. 3. ed. München: C. H. Beck, 1994.

SCHLEIERMACHER, Friedrich Daniel Ernst. *Herméneutique*. Alençon: CERF/PUL, 1989.

SCHLÜTER, Wilfried. *Das obiter dictum*. München: [s. n.], 1973.

SCHMIDT-BLEIBTREU. In: Maunz el al. *BverfGG*, § 90, *RdNr.* 121.

SCHMIDT, Walter. Der Verfassungsvorbehalt der Grundrechte. *AöR*, 106, 1981.

SCHMITT, Carl. *Dottrina della costituzione*. Milano: Giuffrè, 1984.

______. Freiheitsrechte und institutionelle Garantien der Reichsverfassung (1931). In: *Verfassungsrechtliche Aufsätze aus den Jahren 1924/1954*. Materialien zu einer Verfassungslehre, 1958.

______. *La defensa de la Constitución*. Madrid: Tecnos, 1983.

______. *Legalidad y legitimidad*. Tradução espanhola Madrid: Aguilar, 1971.

______. *Teoría de la Constitución*. México: Ed. Nacional, 1966.

______. *Verfassungslehre*. Berlin: Duncker & Humblot, 1954.

SCHNEIDER, Bernd Jurgen. *Die Funktion der Normenkontrolle und des richterlichen Prufungsrechts im Rahmen der Rechtsfolgenbestimmung verfassungswidriger Gesetze*. Frankfurt am Main: [s. n.], 1988.

SCHNEIDER, Ludwig. *Der Schutz des Wesensgehalts von Grundrechten nach art. 19, II, GG*. Berlin: Duncker & Humblot, 1983.

SCHÖNKE, Adolf. *Derecho procesal civil*. Tradução da 5. ed. alemã. Barcelona: [s. n.], 1950.

SCHÜNEMANN, Bernd. O juiz como um terceiro manipulado no processo penal? Uma confirmação empírica dos efeitos perseverança e correspondência comportamental. *Revista Liberdades*, n. 11, p. 30-50, 2012.

SCHWABE, Jurgen. *Probleme der Grundrechtsdogmatik*. Darmstadt: [s. n.], 1977.

SCHWARTZ, Bernard. *Direito constitucional americano*. Tradução de Carlos Nayfeld. Rio de Janeiro: Forense, 1966.

SCHWARTZ, Stuart B. *Burocracia e sociedade no Brasil colonial*. São Paulo: Perspectiva, 1979.

SCHWARZE, Jurgen. In: BADURA, Peter; DREIER, Horst. *Festschrift 50 Jahre Bundesverfassungsgericht*. Tübingen: Mohr-Siebeck, 2001. v. 1, p. 224 (229).

SCIACCA, Enzo. *Interpretación de la democracia*. Madrid: Ed. de Derecho Reunidas/Ed. de la Universidad Complutense, 1994.

SEGADO, Francisco Fernández. *La justicia constitucional: una visión de derecho comparado*. Madrid: Dykinson, 2009. t. I.

______. La obsolescencia de la bipolaridad tradicional (modelo americano – modelo europeo-kelsiano) de los sistemas de justicia constitucional. In. *Direito Público*, Brasília: IDP/Síntese, ano 1, n. 2, out./dez. 2003.

SEHN, Solon. O mandado de injunção e controle das omissões legislativas. *Revista de Direito Constitucional e Internacional*, v. 9, n. 36, p. 236-256, jul./set. 2001.

SEIBERT, Helga. Der Supreme Court und sein Verhältnis zu den anderen Staatsgewalten, Bericht uber Vortrags- und Diskussionsabend der Deutsch-amerikanischen Juristenvereinigung. In: *Europäische Grundrechtszeitschrift*, 1978.

SEIFERT, Karl-Heinz; HÖMIG, Dieter (Orgs.). *Grundgesetz fur die Bundesrepublik Deutschland*. 2. Aufl. Baden-Baden: Nomos Verlagsgesellschaft, 1985.

SERRA, José; AFONSO, José Roberto R. Tributação, seguridade e coesão social no Brasil. In: CEPAL, *Serie Políticas Sociales* n. 133, Santiago: Nações Unidas, 2007.

SICHES, Luis Recaséns. *Tratado general de filosofía del derecho*. México: Porrúa, 1995.

SIDOU, J. M. Othon. *"Habeas corpus", mandado de segurança, mandado de injunção, "habeas data", ação popular:* as garantias ativas dos direitos coletivos. 6. ed. Rio de Janeiro: Forense, 2002.

SIEYÈS, Emmanuel. *Qu'est-ce que le tiers état?* Genève: Doz, 1970.

SIFUENTES, Mônica. *Direito fundamental à educação. A aplicabilidade dos dispositivos constitucionais*. Porto Alegre: Núria Fabris, 2009.

SILVA, Almiro do Couto e. Os princípios da legalidade da administração pública e da segurança jurídica no Estado de Direito contemporâneo. *Revista da Procuradoria-Geral do Estado do Rio Grande do Sul*. Porto Alegre: Instituto de Informática Jurídica do Estado do Rio Grande do Sul. v. 18, n. 46, p. 11-29, 1988.

SILVA, Carlos Medeiros. Parecer. *RDA*, v. 34, out./dez. 1953.

SILVA, Daniela Romanelli da. *Democracia e direitos políticos*. São Paulo: Instituto de Direitos Políticos, 2005.

SILVA, Hélio. *1889 – a república não esperou o amanhecer*. Porto Alegre: LPM, 2005.

SILVA, José Afonso da. *Ação popular constitucional:* doutrina e processo. São Paulo: Revista dos Tribunais, 1968.

______. Aplicabilidade das normas constitucionais. 6. ed. 2. tir. São Paulo: Malheiros, 2003.

______. *Comentário contextual à Constituição*. 2. ed. São Paulo: Malheiros, 2006.

______. *Curso de direito constitucional positivo*. 27. ed. São Paulo: Malheiros, 2006.

______. *Curso de direito constitucional positivo*. 33. ed. São Paulo: Malheiros, 2010.

______. Partidos políticos e sistemas eleitorais: o caso brasileiro. *Revista da Procuradoria-Geral do Estado de São Paulo*, n. 17, p. 287.

SILVA, José Luiz Werneck da. *A deformação da história*: ou para não esquecer. Rio de Janeiro: Zahar, 1985.

SILVA, Octacílio Paula. *Ministério Público*. São Paulo: Sugestões Literárias, 1981.

SILVA NETO, Manoel Jorge. *Curso de direito constitucional do trabalho*. São Paulo: Malheiros, 1998.

SIMONCINI, Andrea. The constitutional dimension of the internet: some research paths. *EUI Working Paper LAW*, 2016/16, 2016.

SINGER, Joseph William. *Entitlement*: the paradoxes of property. New Haven: Yale University Press, 2000.

SIRKIS, Alfredo. *Os carbonários:* memórias da guerrilha perdida. Rio de Janeiro: Global, 1988.

SIQUEIRA, Galdino. *Tratado de direito penal*. Rio de Janeiro: José Konfino, 1950, t. III.

SOARES, Guido Fernando Silva. *Curso de direito internacional público*. São Paulo: Atlas, 2002. v. 1.

SOARES, Gláucio Ary. Alianças e coligações eleitorais: notas para uma teoria, *Revista Brasileira de Estudos Políticos*, n. 17, p. 95-124, 1964.

SODRÉ, Nelson Werneck. *Panorama do segundo Império*. 2. ed. Rio de Janeiro: Graphia, 1998.

SÖHN, Hartmut. Die abstrakte Normenkontrolle. In: STARCK, Christian (Org.). *Bundesverfassungsgericht und Grundgesetz*. 1. Aufl. Tübingen: Mohr, 1970. v. 1.

SOKAL, Alan; BRICMONT, Jean. *Impostures intellectuelles*. Paris: Odile Jacob, 1997.

SOLER, Sebastián. *La interpretación de la ley*. Barcelona: Ariel, 1962.

SOUSA E BRITO, J. et al. *Legitimidade e legitimação da justiça constitucional*. Coimbra: Coimbra Ed., 1995.

SOUZA, Daniel Coelho. *Interpretação e democracia*. 2. ed. São Paulo: LTr, 1979.

SOUZA JUNIOR, Cezar Saldanha. *Constituições do Brasil*. Porto Alegre: Sagra Luzzatto, 2002.

SOUZA, Luciane Moessa de. *Normas constitucionais não regulamentadas:* instrumentos processuais. São Paulo: Revista dos Tribunais, 2004.

SPINOZA, Baruch. *Ética/Tratado teológico-político*. México: Porrúa, 1997.

STATI, Marcel. *Le standard juridique*. Paris: Librairie de Jurisprudence Ancienne et Moderne, 1927.

STEIN, Erwin. Zur Wandlung des Eigentumsbegriffes. In: *Festschrift fur Gebhard Muller*. Tübingen: [s. n.], 1970.

STEINMETZ, Wilson Antônio. *Colisão de direitos fundamentais e princípio da proporcionalidade*. Porto Alegre: Livraria do Advogado Editora, 2001.

STERN, Klaus. *Kommentar zum Grundgesetz (Zweitbearbeitung)*. Art. 100.

______. *Bonner Kommentar.* 2. tir. Art. 100, n. 49.

STRECK, Lenio Luiz. *Hermenêutica jurídica e(m) crise:* uma exploração hermenêutica da construção do direito. Porto Alegre: Livr. do Advogado Ed., 1999.

______. *Jurisdição constitucional e hermenêutica:* uma nova crítica do direito. Porto Alegre: Livr. do Advogado Ed., 2002.

______. *Súmulas no direito brasileiro:* eficácia, poder e função. 2. ed. Porto Alegre: Livr. do Advogado Ed., 1998.

SUSTEIN, Cass; HOMES, Stephen. *The Cost of Rights:* Why Liberty Depends on Taxes. W. W. Norton & Company: New York, 1999.

SWISHER, Carl Brent. *The growth of constitucional power in the United States.* Chicago: The University of Chicago Press, 1945.

TÁCITO, Caio. Medidas provisórias na Constituição de 1988. *RDP*, v. 90, abr./jun. 1989.

TAMER, Sérgio Victor. *Fundamentos do Estado democrático e a hipertrofia do Executivo no Brasil.* Porto Alegre: Sérgio A. Fabris, Editor, 2002.

TATE, C. Neal; VALLINDER, Torjörn (Ed.). *The global expansion of judicial power*. New York: New York University Press, 1995.

TAVARES, Giusti José Antonio. *Sistemas eleitorais nas democracias contemporâneas.* Rio de Janeiro: Relume-Dumará, 1994.

TEIXEIRA DE FREITAS, Augusto. *Vocabulário jurídico*. Rio de Janeiro: B. L. Garnier, 1883.

TEIXEIRA FILHO, Manoel Antonio. Mandado de injunção e direitos sociais. *LTr*, n. 53, 1989.

TEIXEIRA, J. H. Meirelles. *Curso de direito constitucional*. São Paulo: Forense Universitária, 1991.

TEIXEIRA, José Elaeres Marques. *A doutrina das questões políticas no Supremo Tribunal Federal.* Porto Alegre: Sérgio A. Fabris, Editor, 2005.

______. Democracia nos partidos. *Boletim Científico – Escola Superior do Ministério Público da União*, n. 8, p. 83 (96), jul./set. 2003.

TEJADA, Javier Tajadura. *El preámbulo constitucional.* Granada: Comares, 1997.

TEMER, Michel. *Elementos de direito constitucional.* 20. ed. rev. e atual. São Paulo: Malheiros, 2006.

______. *Território Federal nas Constituições brasileiras*. São Paulo: Revista dos Tribunais, 1975.

THOMAS, Richard. Grundrechte und Polizeigewalt. In: TRIEPEL, Heinrich (Org.). *Festgabe zur Feier des funfzigsjährigen Bestehens des Preussischen Oberverwaltungsgerichts*. [s. l.]: [s. n.], 1925.

______. *Handbuch des Deutschen Staatsrechts.* [s. l.]: [s. n.], 1932, t. 2.

TOBEÑAS, Jose Castán. *Los derechos del hombre.* 4. ed. Madrid: Reus, 1992.

TOCQUEVILLE, Alexis de. *Da democracia na América*. Porto: Rés, [s. d.].

TOLEDO, Francisco de Assis. *Princípios básicos de direito penal*. 5. ed. São Paulo: Saraiva, 2002.

TOLEDO, Gastão Alves de. *O direito constitucional econômico e sua eficácia*. São Paulo: Renovar, 2004.

TOLEDO, Suzana. *O princípio da proporcionalidade e o controle de constitucionalidade das leis restritivas de direitos fundamentais*. Brasília: Brasília Jurídica, 1996.

TOMUSCHAT, Christian. Das Bundesverfassungsgericht im Kreise anderer nationaler Verfassungsgerichte. In: BADURA, Peter; DREIER, Horst (Orgs.). *Festschrift 50 Jahre Bundesverfassungsgericht*. Tübingen: Mohr-Siebeck, 2001. v. 1.

TORRES, Ricardo Lobo. *Curso de direito financeiro e tributário*. 17. ed. Rio de Janeiro: Renovar, 2010.

TOURINHO FILHO, Fernando da Costa. *Código de Processo Penal comentado*. São Paulo: Saraiva, 1996. v. 2.

______. *Código de Processo Penal comentado*. 5. ed. São Paulo: Saraiva, 1999, v. 1.

TREMPS, Pablo Pérez. *Tribunal Constitucional y poder judicial*. Madrid: Centro de Estudios Constitucionales, 1985.

TRIBE, Laurence H. *American Constitutional Law.* Mineola-New York: The Foundation Press, 1988.

TRIEPEL, Karl Heinrich. *As relações entre o direito interno e o direito internacional*. Tradução de Amílcar de Castro. Belo Horizonte: [s. n.], 1964.

TRINDADE, Antonio Augusto Cançado. A interação entre o direito internacional e o direito interno na proteção dos direitos humanos. In: *Arquivos do Ministério da Justiça*, ano 46, n. 12, jul./dez. 1993.

______. *A proteção internacional dos direitos humanos*. São Paulo: Saraiva, 1991.

______. *A proteção internacional dos direitos humanos e o Brasil*. Brasília: Ed. da UnB, 1998.

______. Memorial em prol de uma nova mentalidade quanto à proteção dos direitos humanos nos planos internacional e nacional. In: *Arquivos de Direitos Humanos* 1. Rio de Janeiro: Renovar, 1999.

______. *Tratado de direito internacional dos direitos humanos*. Porto Alegre: Sérgio A. Fabris, Editor, 2003.

TROIS NETO, Paulo Mário Canabarro. *Direito à não autoincriminação e direito ao silêncio*. Editora Livraria do Advogado: Porto Alegre, 2011.

TROPER, Michel. *Ensayos de teoría constitucional*. México: Fontanara, 2004.

TSATSOS, Dimitris Th.; MORLOK, Martin. *Die Parteien in der politischen Ordnung*. Fernuniversität Hagen, un. 3.

TUBENCHLAK, James. *Tribunal do júri:* contradições e soluções. Rio de Janeiro: Forense, 1990.

TUCCI, Rogério Lauria. *Direitos e garantias individuais no processo penal brasileiro*. 2. ed. São Paulo: Revista dos Tribunais, 2004.

UBILLOS, Juan María Bilbao. *La eficacia de los derechos fundamentales frente a particulares*. Madrid: Centro de Estudios Políticos y Constitucionales, 1997.

______. *Libertad de asociación y derechos de los socios*. Valladolid: Secretariado de Publicaciones e Intercambio Científico, Universidad de Valladolid, 1997.

ULSAMER, Gerhard. In: MAUNZ et al. *BVerfGG*, § 78, *RdNr*. 22, Fn. 3.

UNIVERSIDADE ESTÁCIO DE SÁ. KOIFMAN, Fábio (Org.). *Presidentes do Brasil*. Rio de Janeiro: Cultura, 2002.

USERA, Raul Canosa. *Interpretación constitucional y fórmula política*. Madrid: Centro de Estudios Constitucionales, 1988.

VALADÉS, Diego (Org.). *Conversas acadêmicas com Peter Häberle*. Tradução de Carlos dos Santos Almeida. São Paulo: Saraiva/IDP, 2009.

VALE, André Rufino do. *Drittwirkung* de direitos fundamentais e associações privadas. *Revista de Direito Público*. Brasília: Instituto Brasiliense de Direito Público, n. 9, p. 68, jul./set. 2005.

VALLADÃO, Haroldo. *História do direito, especialmente do direito brasileiro*. Rio de Janeiro: Freitas Bastos, 1993.

VALLE, Vanice Regina Lírio do. *A construção de uma garantia constitucional:* compreensão da Suprema Corte quanto ao mandado de injunção. Rio de Janeiro: Lumen Juris, 2005.

VAN DOREN, Carl. *O grande ensaio. História da Constituição dos Estados Unidos da América*. Rio de Janeiro: Pongetti, 1952.

VASCONCELLOS, Vinicius G. *Barganha e Justiça Criminal Negocial*. 2. ed. Belo Horizonte: D'Plácido, 2018.

VÁSQUEZ, Rodolfo. *Interpretación jurídica y decisión judicial*. México: Fontanara, 2003.

VELLOSO, Carlos Mário da Silva. Do mandado de segurança. *RDP*, v. 55-56, p. 333 e s.

______. Do poder regulamentar. *RDP*, v. 65.

______. O Supremo Tribunal Federal, Corte Constitucional. In: *Boletim de Direito Administrativo*, ano 10, n. 4, abr. 1994.

VENTURA, Zuenir. *1968, o ano que não terminou*. Rio de Janeiro: Nova Fronteira, 1988.

VERDÚ, Pablo Lucas. *La lucha por el Estado de Derecho*. Bologna: Real Colegio de España, 1975.

______. *El sentimiento constitucional*. Madrid: Reus, 1985.

VERNENGO, Roberto J. *La interpretación literal de la ley y sus problemas*. Buenos Aires: Abeledo-Perrot, 1971.

VIANA FILHO, Luiz. *A vida de Rui Barbosa*. São Paulo: Livr. Martins, [s. d.].

VIDAL, Isabel Lifante. *La interpretación jurídica en la teoria del derecho contemporánea*. Madrid: Centro de Estudios Constitucionales, 1999.

VIEHWEG, Theodor. *Tópica y filosofía del derecho*. Barcelona: Gedisa, 1991.

______. *Tópica y filosofía del derecho*. 2. ed. Tradução de Jorge M. Seña. Barcelona: Gedisa, 1997.

______. *Tópica y jurisprudencia*. Madrid: Taurus, 1964.

VIGO, Rodolfo Luis. *Interpretación constitucional*. Buenos Aires: Abeledo-Perrot, 1993.

VILANOVA, José M. *Filosofía del derecho y fenomenología existencial*. Buenos Aires: Cooperadora de Derecho y Ciencias Sociales, 1973.

VILLALÓN, Pedro Cruz. *La formación del sistema europeo de control de constitucionalidad*. Madrid: Centro de Estudios Constitucionales, 1987.

VILLEY, Michel. *Le droit et les droits de l'homme*. 2. ed. Paris: PUF, 1990.

VILLORO, Luís. *El concepto de ideología y otros ensayos*. México: FCE, 1985.

VIÑAS, Antoni Rovira. *El abuso de los derechos fundamentales*. Barcelona: Península, 1983.

VIVEIROS, Mauro. *Tribunal do júri:* na ordem constitucional brasileira – um órgão da cidadania. São Paulo: Ed. Juarez de Oliveira, 2003.

VOGEL, Hans-Jochen. *Grundzuge des Verfassungsrechts der Bundesrepublik Deutschland*. Heidelberg: C. F. Müller, 1995.

VOGEL, Klaus. Rechtskraft und Gesetzeskraft der Entscheidungen des Bundesverfassungsgerichts. In: STARCK, Christian (Org.). *Bundesverfassungsgericht und Grundgesetz*. Tübingen: Mohr, 1976. v. 1.

VOISSET, Michele. *L'article 16 de la Constitution du 4 octobre 1958*. Paris: LGDJ, 1969.

VON MANGOLDT, Hermann. *Das Bonner Grundgesetz*: considerações sobre os direitos fundamentais. Berlin: F. Vahlen, 1953, p. 37, art. 19, nota 1.

_______; KLEIN, Friedrich. *Das Bonner Grundgesetz*. 2. ed., 1957, art. 19, nota V 4.

VON Münch, Ingo. *Grundgesetz-Kommentar*: Kommentar zu Vorbemerkung art. 1-19, n. 46.

WACKS, Raymond. *The protection of privacy*. London: Sweet & Maxwell, 1980.

WARAT, Luiz Alberto. *Introdução geral ao direito*. Porto Alegre: Sérgio A. Fabris, Editor, 1994.

WEBER, Max. *O político e o cientista*. Lisboa: Presença, [s. d.].

WEHLING, Arno; WEHLING, Maria José. *Direito e justiça no Brasil colonial:* o Tribunal da Relação do Rio de Janeiro – 1751/1808. Rio de Janeiro-São Paulo-Recife: Renovar, 2004.

WEILER, Joseph H. H. *The constitution of Europe*: "Do the new clothes have an emperor?" and other essays on European integration. Cambridge: Cambridge University Press, 1999.

WENTSCHER, Max. *Teoría del conocimiento*. Barcelona: Labor, 1927.

WILLOUGHBY, Westel Woodbury. *The constitutional law of the United State*. New York: [s. n.], 1910. v. 1.

WISCHERMANN, Norbert. *Rechtskraft und Bindungswirkung*. Berlin: [s. n.], 1979.

WITTGENSTEIN, Ludwig. *Dicionário Wittgenstein*. Rio de Janeiro: Zahar, 1998.

_______. *Investigações filosóficas*. Lisboa: Calouste Gulbenkian, 1995.

_______. *Tratado lógico-filosófico* e *investigações filosóficas*. Lisboa: Fundação Calouste Gulbenkian, 1995.

WOLFE, Christopher. *La transformación de la interpretación constitucional*. Madrid: Civitas, 1991.

WOLFF, Martin. Reichsverfassung und Eigentum. In: *Festgabe der Berliner Juristischen Fakultät fur Wilhelm Kahl zum Doktorjubiläum am 19 April 1923*.

WRÓBLEWSKI, Jerzy. *Constitución y teoría general de la interpretación jurídica*. Madrid: Civitas, 1985.

XYNOPOULOS, Georges. *Le contrôle de proportionnalité dans le contentieux de la constitutionnalité et de la legalité en France, Allemagne et Angleterre*. Paris: LGDJ, 1995.

ZACCARIA, Giuseppe. *Razón jurídica e interpretación*. Madrid: Civitas, 2004.

ZAFARONI, Eugenio Raúl. *Estructuras judiciales*. Buenos Aires: Ediar, 1994.

_______. *Poder Judiciário:* crise, acertos e desacertos. Tradução de Juarez Tavares. São Paulo: Revista dos Tribunais, 1995.

ZAGREBELSKY, Gustavo. *El derecho dúctil:* ley, derechos, justicia. Madrid: Trotta, 1999.

_______. *La giustizia costituzionale*. Bologna: Mulino, 1979.

ZANNONI, Eduardo A. *Crisis de la razón jurídica*. Buenos Aires: Astrea, 1980.

ZAVASCKI, Teori Albino. *Processo coletivo:* tutela de direitos coletivos e tutela coletiva de direitos. São Paulo: Revista dos Tribunais, 2006.

ZEIDLER, Wolfgang. Die Verfassungsrechtsprechung im Rahmen der staatlichen Funktionen. *Europäische Grundrechte Zeitschrift*, Heft 8/9, 6 maio 1988.

ZYMLER, Benjamin. *Direito administrativo e controle*. Belo Horizonte: Fórum, 2009.

ZUCK, Rudiger. *Das Recht der Verfassungsbeschwerde*. 2. ed. München: [s. n.], 1988.

ÍNDICE ALFABÉTICO REMISSIVO

AÇÃO DECLARATÓRIA DE CONSTITUCIONALIDADE, cap. 10, V
– admissibilidade da ação, cap. 10, V, 5.2
– *amicus curiae*, cap. 10, V, 5.3
– controvérsia judicial, cap. 10, V, 2.2
– criação e desenvolvimento, cap. 10, II, 8.2; cap. 10, V, 1
– decisão, cap. 10, V, 7
– intervenção de terceiros, cap. 10, V, 5.3
– instrumento de proteção judicial efetiva, cap. 4, V, 2.9
– legitimidade, cap. 10, V, 2
– medida cautelar, cap. 10, V, 6
– objeto, cap. 10, V, 3
– parâmetro de controle, cap. 10, V, 4
– petição inicial, cap. 10, V, 5.2
– procedimento, cap. 10, V, 5
– questões fáticas, cap. 10, V, 5.4

AÇÃO DIRETA DE INCONSTITUCIONALIDADE, cap. 10, IV
– admissibilidade, cap. 10, IV, 2.4.1
– *amicus curiae*, cap. 10, IV, 2.4.2
– Assembleia Legislativa, cap. 10, IV, 2.1.3
– capacidade postulatória, cap. 10, IV, 2.1
– confederação sindical, cap. 10, IV, 2.1.1
– decisão, cap. 10, IV, 3
– entidade de classe de âmbito nacional, cap. 10, IV, 2.1.1
– governador de Estado, cap. 10, IV, 2.1.3
– informações das autoridades das quais emanou o ato normativo, cap. 10, IV, 2.4.3
– instrumento de proteção judicial, cap. 4, V, 2.9
– intervenção de terceiros, cap. 10, IV, 2.4.2
– legitimação para agir, cap. 10, IV, 2.1
– manifestações do AGU e do PGR, cap. 10, IV, 2.4.3
– medida cautelar, cap. 10, IV, 2.4.5
– objeto, cap. 10, IV, 2.2
  – ato normativo revogado, cap. 10, IV, 2.2.7
  – atos legislativos de efeito concreto, cap. 10, IV, 2.2.4
  – direito pré-constitucional, cap. 10, IV, 2.2.5
  – lei não promulgada, cap. 10, IV, 2.2.6
  – leis e atos normativos distritais, cap. 10, IV, 2.2.3
  – leis e atos normativos estaduais, cap. 10, IV, 2.2.2
  – leis e atos normativos federais, cap. 10, IV, 2.2.1
  – projeto de lei, cap. 10, IV, 2.2.6
  – tratados, cap. 10, IV, 2.2.8
– parâmetro de controle, cap. 10, IV, 2.3
– partido político, cap. 10, IV, 2.1.4
– pertinência temática, cap. 10, IV, 2.1.2
– petição inicial, cap. 10, IV, 2.4.1
– pressupostos de admissibilidade, cap. 10, IV, 2
– procedimento, cap. 10, IV, 2.4
– questões fáticas, cap. 10, IV, 2.4.4

AÇÃO DIRETA DE INCONSTITUCIONALIDADE POR OMISSÃO, cap. 10, VI
– admissibilidade, cap. 10, VI, 2
– aplicação da norma parcialmente omissa, cap. 10, VI, 5.1
– cautelar, cap. 10, VI, 4.2
– decisão, cap. 10, VI, 5
  – veja DECISÕES NO CONTROLE DE CONSTITUCIONALIDADE

– exercício de poder regulamentar, cap. 10, VI, 3.3.1
– instrumento de proteção judicial efetiva, cap. 4, V, 2.9
– legitimação para agir, cap. 10, VI, 2.2
– objeto, cap. 10, VI, 3
– omissão de medidas ou atos administrativos, cap. 10, VI, 3.3.2
– omissão de providência de índole administrativa, cap. 10, VI, 3.3
– omissão legislativa, cap. 10, VI, 3.2
– omissão legislativa na jurisprudência do STF, cap. 10, VI, 3.2.3
– omissão parcial, cap. 10, VI, 3.2.2
– procedimento, cap. 10, VI, 4
– suspensão de aplicação da norma parcialmente omissa, cap. 10, VI, 5.1
– suspensão dos processos, cap. 10, VI, 5.3

ADMINISTRAÇÃO PÚBLICA, cap. 8, II
– Administração Pública, organizações sociais e OSCIPs, cap. 8, II, 10
– princípio da eficiência, cap. 8, II, 8
– princípio da impessoalidade, cap. 8, II, 5
– princípio da legalidade, cap. 8, II, 2
– princípio da moralidade, cap. 8, II, 4
– princípio da publicidade, cap. 8, II, 7
– princípio da segurança jurídica, cap. 8, II, 4
– responsabilidade civil do Estado, cap. 8, II, 9

AMPLA DEFESA E CONTRADITÓRIO, cap. 4, V, 3
– âmbito de proteção, cap. 4, V, 3.1
– aposentadoria, exame pelo TCU, cap. 4, V, 3.1.2.2
– condenação com base exclusiva no inquérito policial, cap. 4, V, 3.1.1.6
– conformação, cap. 4, V, 3.2
– contas de prefeitos, julgamento, cap. 4, V, 3.1.2.3
– denúncia genérica, cap. 4, V, 3.1.1.3
– *emendatio libelli*, cap. 4, V, 3.2.2.6
– falta de apresentação de alegações finais por parte da defesa, cap. 4, V, 3.1.1.4
– inquérito policial, cap. 4, V, 3.1.1.6
– *impeachment*, cap. 4, V, 3.1.2.6
– limitação, cap. 4, V, 3.2
– *mutatio libelli*, cap. 4, V, 3.1.1.4
– pensões; exame pelo TCU, cap. 4, V, 3.2.3.2
– processo administrativo, cap. 4, V, 3.1.2.4
– processo administrativo disciplinar, cap. 4, V, 3.1.2.2
– processo disciplinar contra parlamentar, cap. 4, V, 3.1.2.5
– processo penal, cap. 4, V, 3.1.1
– pronúncia, excesso de linguagem, cap. 4, V, 3.1.1.7
– questões de fato e de direito, cap. 4, V, 3.1.2.1

ARGUIÇÃO DE DESCUMPRIMENTO DE PRECEITO FUNDAMENTAL
– admissibilidade, cap. 10, IX, 5.1
– advogado-geral da União, cap. 10, IX, 5.2
– alteração de regra constitucional de competência legislativa, cap. 10, IX, 3.3
– *amicus curiae*, cap. 10, IX, 5.3
– ato regulamentar, cap. 10, IX, 3.9
– capacidade postulatória, cap. 10, IX, 2.1.1
– caráter principal ou incidental, cap. 10, IX, 1.4
– constitucionalidade da Lei n. 9.882/99, cap. 10, IX, 1.2
– controvérsia judicial ou jurídica nas ações de caráter incidental, cap. 10, IX, 2.3
– decisão judicial sem base legal (ou fundada em falsa base legal), cap. 10, IX, 3.7
– decisões, cap. 10, IX, 7
– declaração de constitucionalidade do direito estadual e municipal, cap. 10, IX, 3.5
– desenvolvimento, cap. 10, II, 8.3
– direito municipal em face da Constituição Federal, cap. 10, IX, 3.4
– direito pré-constitucional, cap. 10, IX, 3.2
– incidente de inconstitucionalidade, cap. 10, IX, 1.3
– inexistência de outro meio eficaz, cap. 10, IX, 2.4
– fungibilidade, cap. 10, II, 8.1
– informações, cap. 10, IX, 5.2
– instrumento de proteção judicial efetiva, cap. 4, V, 2
– intervenção de terceiros, cap. 10, IX, 5.3
– jurisprudência do STF, cap. 10, IX, 1.5
– legitimação ativa, cap. 10, IX, 2.2
– legitimidade, cap. 10, IX, 2
– lei pré-constitucional, cap. 10, IX, 3.3

– medida cautelar, cap. 10, IX, 6
– objeto, cap. 10, IX, 3
– omissão legislativa, cap. 10, IX, 3.8
– origens da lei sobre a ADPF, cap. 10, IX, 1.1
– parâmetro de controle, cap. 10, IX, 4
– petição inicial, cap. 10, IX, 5.1
– preceito decorrente de mera interpretação judicial, cap. 10, IX, 3.6
– preceito fundamental, cap. 10, IX, 4.2
  – princípio da legalidade, cap. 10, IX, 4.2
  – lesão decorrente de ato regulamentar, cap. 10, IX, 4.2
– princípio da subsidiariedade, cap. 10, IX, 2.4
– procedimento, cap. 10, IX, 5
– procurador-geral da República, cap. 10, IX, 5.2
– questões fáticas, cap. 10, IX, 5.4

ASSISTÊNCIA SOCIAL NA CONSTITUIÇÃO, cap. 5, 3.5.3
– proteção da família, da criança, do adolescente, do jovem e do idoso, cap. 5, 3.6

CLÁUSULA PÉTREA
– alcance da proteção, cap. 2, II, 4.4
– controle de constitucionalidade, cap. 10, I, 3.3.5.1
– criação de novos direitos fundamentais, cap. 2, II, 4.6.6
– direito adquirido, cap. 2, II, 4.6.8; cap. 4, IV
– direitos e garantias individuais, cap. 2, II, 4.6.4
– direitos previstos em tratados, cap. 2, II, 4.6.7
– direitos sociais, cap. 2, II, 4.6.5
– espécie, cap. 2, II, 4.6.7
– finalidade, cap. 2, II, 4.3
– forma federativa do Estado, cap. 2, II, 4.6.1
– implícita, cap. 2, II, 4.7
– natureza, cap. 2, II, 4.2
– separação de Poderes, cap. 2, II, 4.6.2
– voto, cap. 2, II, 4.6.3

COMISSÃO PARLAMENTAR DE INQUÉRITO, cap. 9, I, 3.1
– atos, cap. 9, I, 3.1.2
– atuação do advogado do depoente, cap. 9, I, 3.1.11
– controle judicial, cap. 9, I, 3.1.2
– diligências, cap. 9, I, 3.1.10
– direito das minorias parlamentares, cap. 9, I, 3.1.5
– indiciados, cap. 9, I, 3.1.7
– limitação cronológica, cap. 9, I, 3.1.4
– na Constituição, cap. 9, I, 3.1.1
– objeto, cap. 9, I, 3.1.3
– poderes, cap. 9, I, 3.1.6
– poderes cautelares, cap. 9, I, 3.1.9
– requisição de documentos, cap. 9, I, 3.1.10
– separação de poderes, cap. 9, I, 3.1.8
– testemunhas, cap. 9, I, 3.1.7; 3.1.8

CONSTITUIÇÃO
– Carta Política de 1937, cap. 1, VIII
– Carta Política do Império do Brasil de 1824, cap. 1, VIII
– classificação, cap. 1, IV
– conceito, cap. 1, II
– Constituição de 1891, cap. 1, VIII
– Constituição de 1934, cap. 1, VIII
– Constituição de 1946, cap. 1, VIII
– Constituição de 1967, cap. 1, VIII
– Constituição de 1988, cap. 1, VIII
– história, cap. 1, I
– na Europa, cap. 1, I, 1
– neoconstitucionalismo, cap. 1, I, 3
– nos Estados Unidos, cap. 1, I, 2
– supremacia do parlamento e controle de constitucionalidade, cap. 1, I, 1.1
– supremacia da Constituição, cap. 2, I, 4.1

CONTROLE ABSTRATO
– do direito estadual e municipal
– ação declaratória de constitucionalidade, cap. 10, XII, 5
  – ação direta no âmbito do Distrito Federal, cap. 10, XII, 8.2
  – concorrência de parâmetros de controle, cap. 10, XII, 3
  – controle de atos municipais, cap. 10, XII, 6
  – controle do direito estadual e municipal, cap. 10, XII, 2
  – jurisdições constitucionais estaduais e federal, cap. 10, XII, 2
  – no âmbito do Distrito Federal, cap. 10, XII, 8
  – omissão legislativa, cap. 10, XII, 7
  – parâmetro de controle estadual, cap. 10, XII, 4

– recurso extraordinário e norma de reprodução obrigatória, cap. 10, XII, 4.2
– efeito vinculante, cap. 10, XI, 7
– da cautelar em ADC, cap. 10, XI, 7.3
– da decisão concessiva de cautelar em ADI, cap. 10, XI, 7.4
– de decisão indeferitória de cautelar em ADI, cap. 10, XI, 7.5
– de decisão proferida em ADI, cap. 10, XI, 7.6
– limites objetivos, cap. 10, XI, 7.1
– limites subjetivos, cap. 10, XI, 7.2
– reclamação, cap. 10, XI, 8
– eficácia *erga omnes*, cap. 10, XI, 2
– atos singulares praticados com base no ato normativo declarado inconstitucional, cap. 10, XI, 5
– da declaração de inconstitucionalidade e a superveniência de lei de teor idêntico, cap. 10, XI, 6
– da declaração de nulidade, cap. 10, XI, 5
– das decisões proferidas no âmbito estadual, cap. 10, XII, 9
– declaração de constitucionalidade da norma e reapreciação da questão pelo STF, cap. 10, XI, 3
– limites objetivos, cap. 10, XI, 3
– na declaração de inconstitucionalidade proferida em ADC ou em ADI, cap. 10, XI, 4
– Emenda n. 16, de 1965, cap. 10, II, 6.2
– Procurador-geral da República e a CF de 1967/69, cap. 10, II, 7.1

CONTROLE DE CONSTITUCIONALIDADE, cap. 10

– caráter dúplice ou ambivalente da representação de inconstitucionalidade, cap. 10, II, 7.2
– constitucionalidade e inconstitucionalidade, cap. 10, I, 2
– decisões
– veja DECISÕES NO CONTROLE DE CONSTITUCIONALIDADE
– defesa e proteção da Constituição, cap. 10, I, 3
– evolução, cap. 10, II
– exercido pelo TCU e pelo CNJ, cap. 10, I, 4.3
– inconstitucionalidade de normas constitucionais, cap. 10, I, 3.3.5
– inconstitucionalidade formal, cap. 10, I, 3.3.2.1
– inconstitucionalidade material, cap. 10, I, 3.3.2.2
– inconstitucionalidade originária, cap. 10, I, 3.3.3
– inconstitucionalidade por ação, cap. 10, I, 3.3.4
– inconstitucionalidade por omissão, cap. 10, I, 3.3.4
– inconstitucionalidade superveniente, cap. 10, I, 3.3.3
– limites do poder constituinte, cap. 10, I, 3.3.5.2
– modelos jurisdicionais, cap. 10, I, 3.2
– mudança nas relações fáticas, cap. 10, I, 3.3.3.3
– mudanças nas relações jurídicas, cap. 10, I, 3.3.3.3
– na Constituição de 1891, cap. 10, II, 3
– na Constituição de 1934, cap. 10, II, 4
– na Constituição de 1937, cap. 10, II, 5
– na Constituição de 1946, cap. 10, II, 6
– na Constituição de 1967/69, cap. 10, II, 7
– na Constituição de 1988, cap. 10, II, 8
– papel dos Poderes Legislativo e Executivo, cap. 10, I, 4.2
– controle de constitucionalidade direto e a inexecução da lei pelo Executivo, cap. 10, I, 4.2.5
– correção de decisões judiciais pelo Poder Legislativo, cap. 10, I, 4.2.4
– poder de veto sob o argumento da inconstitucionalidade do projeto de lei, cap. 10, I, 4.2.2
– possibilidade de anulação da lei inconstitucional pelo Poder Legislativo, cap. 10, I, 4.2.6
– reforma constitucional, cap. 10, I, 3.3.5.1
– tipos de inconstitucionalidade, cap. 10, I, 3.3
– tópicos especiais, cap. 10, I, 4
– fatos e prognoses legislativos, cap. 10, I, 4.1.3
– fatos legislativos em matéria penal, cap. 10, I, 4.1.2
– vício formal, cap. 10, I, 3.3.3.2

CONTROLE INCIDENTAL OU CONCRETO, cap. 10, III

– ação civil pública, cap. 10, III, 4.2

– *amicus curiae*, cap. 10, III, 2.3
– art. 27 da Lei n. 9.868/99, cap. 10, III, 4.3
– decisões
  – veja DECISÕES NO CONTROLE DE CONSTITUCIONALIDADE
– declaração de inconstitucionalidade pelo STF, cap. 10
  – repercussão sobre decisões de outros tribunais, cap. 10, III, 3, 3.5.2
– exercido por órgãos não jurisdicionais, cap. 10, III, 4.4
– interessados, cap. 10, III, 2.3
– Ministério Público, cap. 10, III, 2.3
– na Constituição de 1988, cap. 10, III, 4
– no Supremo Tribunal Federal, cap. 10, III, 3
– parâmetro de controle, cap. 10, III, 2.4
– pressupostos de admissibilidade, cap. 10, III, 2
– repercussão geral, cap. 9, III, 3.1.3.3
– requisitos objetivos, cap. 10, III, 2.2
– requisitos subjetivos, cap. 10, III, 2.1
– Senado Federal, cap. 10, III, 3.5
– suspensão da execução de lei, cap. 10, III, 3.5.1 e 3.5.3

CRIME, cap. 4, V, 6
– analogia, cap. 4, V, 6.2.2.2
– irretroatividade da lei penal, cap. 4, V, 6.2.2.3
– mandados constitucionais de criminalização, cap. 4, V, 6.1
– princípio da legalidade e da anterioridade penal, cap. 4, V, 6.2
– responsabilidade patrimonial do agente e dos sucessores, cap. 4, V, 6.3
– responsabilidade pessoal, cap. 4, V, 6.3
– tipo penal, determinabilidade, cap. 4, V, 6.2.2.2

DECISÕES NO CONTROLE DE CONSTITUCIONALIDADE, cap. 10, X
– aplicação da lei inconstitucional, cap. 10, X, 8.4
– decisão em repercussão geral e reclamação, cap. 10, XI, 8.4
– decisões na ADI por omissão, cap. 10, X, 8.2
  – caráter obrigatório ou mandamental, cap. 10, X, 8.2.1
– decisões no mandado de injunção, cap. 10, X, 8.2
  – caráter obrigatório ou mandamental, cap. 10, X, 8.2.1
– declaração de inconstitucionalidade, cap. 10, X, 8
  – de caráter restritivo ou limitativo, cap. 10, X, 8.5
  – sem a pronúncia da nulidade, cap. 10, X, 8
– declaração de nulidade da lei, cap. 10, X, 2
– declaração de nulidade parcial, cap. 10, X, 3
  – sem redução de texto, cap. 10, X, 4
– declaração de nulidade total, cap. 10, X, 2.2
– interpretação conforme a Constituição, cap. 10, X, 5
  – admissibilidade e limites, cap. 10, X, 5.3
  – decisão manipulativa de efeitos aditivos, cap. 10, X, 6
  – qualificação, cap. 10, X, 5.2
– "lei ainda constitucional", cap. 10, X, 7
– limitação de efeitos no sistema difuso, cap. 10, X, 8.5.2

DEVIDO PROCESSO LEGAL, cap. 4, V, 9
– ação controlada, cap. 4, V, 9.2.2.2.6
– captações ambientais e monitoramento de espaços privados, cap. 4, V, 9.2.2.2.3
– colaboração premiada, cap. 4, V, 9.2.2.2.5
– infiltração de agentes policiais, cap. 4, V, 9.2.2.2.7
– interceptações telefônicas e telemáticas, cap. 4, V, 9.2.2.2.1
– inviolabilidade de domicílio e busca e apreensão, cap. 4, V, 9.2.2.3
– novas tecnologias e a Constituição, cap. 4, V, 9.2.2.2.4
– privacidade e sigilo de dados, cap. 4, V, 9.2.2.2.2
– prova ilícita, cap. 4, V, 9.2
– técnicas especiais de investigação, cap. 4, V, 9.2.2.2

DIREITO À EDUCAÇÃO, cap. 5, 3.2

DIREITO À SAÚDE, cap. 5, 3.5.1
– âmbito de proteção, cap. 5, 3.5.1.1
– audiência pública da saúde, cap. 5, 1.3.2.5
– direito à saúde na jurisprudência do STF, cap. 5, 3.5.1.4
– judicialização do direito de proteção à saúde, cap. 5, 3.5.1.3
– Sistema único de saúde, cap. 5, 3.5.1.2

DIREITO ADQUIRIDO, cap. 4, IV
– ato jurídico perfeito, cap. 4, IV, 2
– coisa julgada, cap. 4, IV, 2
– direito de propriedade, cap. 4, IV, 5
– direitos reais, cap. 4, IV, 5

- estatuto ou instituto jurídico, cap. 4, IV, 4
- garantia constitucional/infraconstitucional, cap. 4, IV, 3
- jurisprudência do STF, cap. 4, IV, 8
- recurso judicial, cap. 4, IV, 7
- retroatividade, cap. 4, IV, 6
- segurança jurídica, cap. 4, IV, 9

DIREITO DE PETIÇÃO, cap. 4, V, 4
- admissibilidade, cap. 4, V, 4.2.3
- âmbito de proteção, cap. 4, V, 4.2
- conceito de petição, cap. 4, V, 4.2.1
- conformação e limitação, cap. 4, V, 4.4
- destinatários da petição, cap. 4, V, 4.2.2
- pretensão de ser informado, cap. 4, V, 4.2.4
- titularidade, cap. 4, V, 4.3

DIREITO DE PROPRIEDADE, cap. 4, III
- alteração de padrão monetário, cap. 4, III, 2.8
- âmbito de proteção, cap. 4, III, 2
- bem de família, cap. 4, III, 4.6
- conceito de propriedade, cap. 4, III, 2.1
- definição e limitação do conteúdo, cap. 4, III, 4.1
- desapropriação, cap. 4, III, 4.3
  - de imóveis destinados a trabalho escravo e cultura de plantas psicotrópicas, cap. 4, III, 4.8
  - de imóvel rural, cap. 4, III, 4.3.3
  - de imóvel urbano, cap. 4, III, 4.3.4
  - indireta, cap. 4, III, 4.3.2
- direito autoral e sua proteção, cap. 4, III, 2.4
- direito de herança, cap. 4, III, 2.7
- direitos subjetivos públicos de caráter patrimonial, cap. 4, III, 2.3
- garantia institucional, cap. 4, III, 4
- inventos, patentes e marcas, cap. 4, III, 2.5
- propriedade e patrimônio, cap. 4, III, 2.2
- princípio da proporcionalidade, cap. 4, III, 4.2
- propriedade pública, cap. 4, III, 2.6
- regularização fundiária e os instrumentos da Lei 13.465/2017, cap. 4, III, 4.8
- restrição, cap. 4, III, 4.2
- terras destinadas à cultura de plantas psicotrópicas, cap. 4, III, 4.8
- usucapião de imóvel urbano, cap. 4, III, 4.7

DIREITO MUNICIPAL
- veja ARGUIÇÃO DE DESCUMPRIMENTO DE PRECEITO FUNDAMENTAL, cap. 10, IX

DIREITO PRÉ-CONSTITUCIONAL
- veja AÇÃO DIRETA DE INCONSTITUCIONALIDADE
- veja ARGUIÇÃO DE DESCUMPRIMENTO DE PRECEITO FUNDAMENTAL

DIREITOS FUNDAMENTAIS, cap. 3
- a prestação, cap. 3, I, 7.2.2
- a prestação jurídica, cap. 3, I, 7.2.3
- a prestações materiais, cap. 3, I, 7.2.4
- âmbito de proteção, cap. 3, II, 1.2
- âmbito de proteção estritamente normativo, cap. 3, II, 1.3.2
- aplicabilidade imediata, cap. 3, I, 5.6
- atividade financeira e estado fiscal, cap. 11, 1.1
- capacidade de fato, cap. 3, I, 12.3
- colisão, cap. 3, I, 13; cap. 3, II, 3.5
- concepções filosóficas, cap. 3, I, 3
- concorrência, cap. 3, II, 3.6
- conformação e restrição, cap. 3, II, 1.3
- constitucionalização, cap. 3, I, 5.4
- de defesa, cap. 3, I, 7.2.1
- de participação, cap. 3, I, 7.2.5
- dever de prestação e proibição de proteção insuficiente, cap. 5, 2.5
- dimensões subjetiva e objetiva, cap. 3, I, 8
- direito ao silêncio nas CPIs, cap. 4, V, 9.3.3.3.3
- direito ao silêncio nos processos disciplinares, cap. 4, V, 9.3.3.3.3
- direitos e garantias, cap. 3, I, 9
- enquanto direitos às prestações positivas, cap. 5, 2.4.1
- enquanto direito à organização e ao procedimento, cap. 5, 2.4.2
- enquanto direitos de defesa, cap. 5, 2.2
- enquanto garantias positivas do exercício das liberdades, cap. 5, 2.4
- enquanto normas de proteção de institutos jurídicos, cap. 5, 2.3
- espécies, cap. 4
  - de caráter judicial, cap. 4, V
  - direito à intimidade e à vida privada, cap. 4, II, 2
  - direito adquirido e segurança jurídica, cap. 4, IV
  - direito de propriedade, cap. 4, III
  - liberdade de consciência e de religião, cap. 4, II, 4
  - liberdade de expressão, cap. 4, II, 1

– liberdade de reunião e de associação, cap. 4, II, 3
– estrangeiros, cap. 3, I, 12.2
– funções, cap. 3, I, 7
– garantias constitucionais no processo, cap. 4, V
– garantias constitucionais quanto à definição de crime, cap. 4, V, 6
  – veja CRIME
– garantias constitucionais quanto à fixação de pena e sua execução, cap. 4, V, 6
  – veja PENA
– garantias constitucionais quanto à prisão, cap. 4, V, 6 e 9.3
  – veja PRISÃO
– garantias institucionais, cap. 3, I, 10
– gerações, cap. 3, I, 2.1
– histórico, cap. 3, I, 2
– implicações nos direitos sociais, cap. 5, 1.2
– inalienabilidade/indisponibilidade, cap. 3, I, 5.3
– limitações, cap. 3, II
– limites dos limites, cap. 3, II, 3
– noção material, cap. 3, I, 4
– pessoa jurídica, cap. 3, I, 12.1
– princípio da proporcionalidade, cap. 3, II, 3.3
– proibição de restrições casuísticas, cap. 3, II, 3.4
– proteção do núcleo essencial, cap. 3, II, 3.2
– reserva legal qualificada, cap. 3, II, 2.2.2
– reserva legal simples, cap. 3, II, 2.2.1
– restrições a direitos fundamentais, cap. 3, II, 2
– restrições a direitos individuais, cap. 3, II, 2.2
– sem expressa previsão de reserva legal, cap. 3, II, 2.3
– tendências, cap. 3, I, 6
– teoria dos quatro *status*, cap. 3, I, 7.1
– titularidade, cap. 3, I, 12
– vinculação do Poder Executivo, cap. 3, I, 5.5.2
– vinculação do Poder Judiciário, cap. 3, I, 5.5.3
– vinculação do Poder Legislativo, cap. 3, I, 5.5.1
– vinculação dos Poderes Públicos, cap. 3, I, 5.5

DIREITOS POLÍTICOS, cap. 7
– âmbito de proteção, cap. 7, 2
– devido processo legal eleitoral, cap. 7, 4.6
– elegibilidade, cap. 7, 2.5
– igualdade, cap. 7, 2.3
– inelegibilidades, cap. 7, 2.5
– iniciativa popular, cap. 7, 2.4
– partidos políticos, cap. 7, 4
  – acesso ao rádio e à TV, cap. 7, 4.5
  – autonomia, cap. 7, 4.2
  – democracia interna, cap. 7, 4.2
  – igualdade de "chances", cap. 7, 4.3
– liberdade partidária, cap. 7, 4.2
– o problema das coligações partidárias no sistema proporcional, cap. 7, 4.6
– perda, cap. 7, 3.1
– plebiscito, cap. 7, 2.4
– princípio da anualidade da lei eleitoral, cap. 7, 4.6
– referendo, cap. 7, 2.4
– sistema proporcional, cap. 7, 2.3.2
– suspensão, cap. 7, 3.2
– voto, cap. 7, 2.2

DIREITOS SOCIAIS, cap. 5
– assistência social, cap. 5, 3.5.3
– direito à alimentação, cap. 5, 3.3
– direito à educação, cap. 5, 3.2
– direito à moradia, cap. 5, 3.4
– direito à saúde, cap. 5, 3.5.1
– direitos do trabalhador, cap. 5, 3.1
– previdência social, cap. 5, 3.5.2

DISTRITO FEDERAL
– veja ESTADO FEDERAL

EMENDA CONSTITUCIONAL

ESTADO
– forma federativa, cap. 2, II, 4.6.1
– veja ESTADO DE DIREITO
– veja ESTADO FEDERAL

ESTADO FEDERAL, cap. 8, I
– características básicas, cap. 8, I, 2
– conceito, cap. 8, I, 3
– conflitos, cap. 8, I, 2.6
– conflitos jurídicos, cap. 8, I, 13
– direito de secessão, cap. 8, I, 2.5
– Distrito Federal, cap. 8, I, 8
– Estados-membros, cap. 8, I, 6
  – auto-organização, cap. 8, I, 6.2
  – competência legislativa, cap. 8, I, 6.4
  – poder constituinte, cap. 8, I, 6.1
  – princípio da simetria, cap. 8, I, 6.3
  – separação de poderes, cap. 8, I, 6.3
– Estados-membros, participação, cap. 8, I, 2.4
– existência de uma Constituição Federal, cap. 8, I, 2.2

– história, cap. 8, I, 1
– intervenção federal, cap. 8, I, 2.6; cap. 8, I, 5.1.1
– Municípios, cap. 8, I, 7
– repartição de competências, cap. 8, I, 2.3; cap. 8, I, 10
– soberania e autonomia, cap. 8, I, 2.1
– Territórios, cap. 8, I, 9
– União, cap. 8, I, 5.1

ESTADO-MEMBRO
– veja ESTADO FEDERAL

EXTRADIÇÃO, cap. 4, V, 7
– conformação/limitação, cap. 4, V, 7.4
– crime político ou de opinião, cap. 4, V, 7
– extradição, asilo e refúgio, cap. 4, V, 7.2.1
– titularidade, cap. 4, V, 7.3
– não extraditabilidade do brasileiro, cap. 4, V, 7.2.1
– não extraditabilidade do estrangeiro, cap. 4, V, 7.2.2
– o caso Cesare Battisti, cap. 6, 4.5

ESTRANGEIRO
– veja NACIONALIDADE

FONTES DO DIREITO CONSTITUCIONAL, cap. 1, III

***HABEAS CORPUS*, cap. 4, V, 2.5**
– âmbito de proteção, cap. 4, V, 2.5.2
– cabimento contra decisão denegatória de liminar em *habeas corpus*, cap. 4, V, 2.5.2.4
– conformação, cap. 4, V, 2.5.4
– fungibilidade, cap. 4, V, 2.5.2.2
– ilegalidade que não afeta o direito de locomoção, cap. 4, V, 2.5.2.3
– limitação, cap. 4, V, 2.5.4
– punições disciplinares militares, cap. 4, V, 2.5.2.3
– titularidade, cap. 4, V, 2.5.3

***HABEAS DATA*, cap. 4, V, 2.8**
– âmbito de proteção, cap. 4, V, 2.8.2
– conformação, cap. 4, V, 2.8.3
– limitação, cap. 4, V, 2.8.3

INTERPRETAÇÃO CONSTITUCIONAL, cap. 1, VII

LEI
– veja AÇÃO DIRETA DE INCONSTITUCIONALIDADE; objeto, cap. 10, IV, 2.2
– ato regulamentar, cap. 10, IX, 3.9
– lei complementar, cap. 9, I, 5.2
– lei delegada, cap. 9, I, 5.1
  – controle da delegação, cap. 9, I, 5.1.1
– lei ordinária, cap. 9, I, 5.2
– lei pré-constitucional, cap. 10, IX, 3.3
– suspensão pelo Senado, cap. 10, III, 3.5.1

LIBERDADES, cap. 4, II
– de associação, cap. 4, II, 3.2
  – base constitutiva, cap. 4, II, 3.2.4
  – conteúdo, cap. 4, II, 3.2.3
  – dimensões subjetiva e objetiva, cap. 4, II, 3.2.6
  – entidades associativas, cap. 4, II, 3.2.7
  – finalidade, cap. 4, II, 3.2.5
  – história, cap. 4, II, 3.2.1
  – na CF/88, cap. 4, II, 3.2.2
– de consciência, cap. 4, II, 4.1
– de expressão, cap. 4, II, 1
  – a verdade como limite, cap. 4, II, 1.4.1
  – conteúdo, cap. 4, II, 1.1
  – expressão, honra e sensibilidade, cap. 4, II, 1.4.2
  – família e dignidade, cap. 4, II, 1.4.3
  – limitações, cap. 4, II, 1.4
  – manifestações em casos concretos, cap. 4, II, 1.5
  – modos de expressão, cap. 4, II, 1.3
– de reunião, cap. 4, II, 3
  – concorrência de direitos, cap. 4, II, 3.1.3
  – direito à prestação, cap. 4, II, 3.1.4
  – direito de abstenção, cap. 4, II, 3.1.4
  – limites, cap. 4, II, 3.1.2
– direito à intimidade e à vida privada, cap. 4, II, 2
  – inviolabilidade do domicílio, cap. 4, II, 2.4
  – limites, cap. 4, II, 2.2
  – objeto, cap. 4, II, 2.4.1
  – restrição à privacidade, cap. 4, II, 2.2.1
  – sigilo bancário/fiscal, cap. 4, II, 2.3
  – sigilo das comunicações, cap. 4, II, 2.5
  – significado, cap. 4, II, 2.1
  – sujeitos do direito, cap. 4, II, 2.4.2
– religiosa, cap. 4, II, 4.2

MANDADO DE INJUNÇÃO, cap. 10, VII
– decisão, cap. 10, 4

– veja DECISÕES NO CONTROLE DE CONSTITUCIONALIDADE, cap. 10, X
– direito de greve do servidor, cap. 10, VII, 4
– e reclamação constitucional, cap. 10, XI, 8.2.4
– jurisprudência do STF, cap. 10, VII, 3

MANDADO DE SEGURANÇA, cap. 4, V, 2.6
– âmbito de proteção, cap. 4, V, 2.6.2
– coletivo, cap. 4, V, 2.6.2.2
– conformação, cap. 4, V, 2.6.4
– impetração por órgãos públicos, cap. 4, V, 2.6.2.3
– lei em tese, cap. 4, V, 2.6.2.5
– limitação, cap. 4, V, 2.6.4
– titularidade, cap. 4, V, 2.6.3
– tramitação de proposta de emenda constitucional, cap. 4, V, 2.6.2.4

MEDIDA PROVISÓRIA, cap. 9, I, 5.3
– aprovação com emendas, cap. 9, I, 6.3
– aprovação total, cap. 9, I, 6.2
– conceito, cap. 9, I, 5.3.4
– conteúdo possível, cap. 9, I, 5.3.7
– conversão em lei, cap. 9, I, 6
– edição, cap. 9, II, 6.2.2
– edição pelos Estados e Distrito Federal, cap. 9, I, 7.4
– editadas e em vigor antes da EC n. 32/2001, cap. 9, I, 7.2
– efeitos, cap. 9, I, 5.3.3
– eficácia da MP reeditada no regime anterior à EC n. 32/2001, cap. 9, I, 7.3
– história, cap. 9, I, 5.3.1; 5.3.7
– limitações de conteúdo, cap. 9, I, 5.3.8
– na CF/1988, cap. 9, I, 5.3.2
– não conversão em lei, cap. 9, I, 6.4
– natureza jurídica, cap. 9, I, 5.3.2
– prazo para apreciação, cap. 9, I, 6.1
– pressupostos, cap. 9, I, 5.3.5
– que declara a inconstitucionalidade de outra MP, cap. 9, I, 7.1
– rejeição, cap. 9, I, 6
– urgência e relevância, cap. 9, I, 5.3.6

MUTAÇÃO CONSTITUCIONAL, cap. 2, III
– suspensão de execução de lei, cap. 10, III, 3.4.3

NACIONALIDADE, cap. 6
– asilo político, cap. 6, 4.3
– brasileira, cap. 6, 2
– brasileiro nato, cap. 6, 2.2
– brasileiro nato e naturalizado, distinção, cap. 6, 2.4
– brasileiro naturalizado, cap. 6, 2.3
– brasileiros e portugueses, cap. 6, 3
– exclusão do estrangeiro, cap. 6, 4.2
– perda, cap. 6, 2.5
– refugiado, cap. 6, 4.4
– regime jurídico do estrangeiro, cap. 6, 4

NORMA CONSTITUCIONAL, cap. 1, V

PARLAMENTAR
– deputados estaduais e distritais, cap. 9, I, 8.3
– perda do mandato, cap. 9, I, 8.2
– prerrogativa de foro, cap. 9, I, 8.1
– vereadores, cap. 9, I, 8.4

PARTIDO POLÍTICO
– veja DIREITOS POLÍTICOS
– propositura de ADI, cap. 10, IX, 2.1.4

PENA, cap. 4, V, 6
– individualização, cap. 4, V, 6.5 e 6.5.2.2
– progressão do regime penal, cap. 4, V, 6.5
– tipos, cap. 4, V, 6.4

PODER CONSTITUINTE, cap. 2, II
– controle de constitucionalidade, cap. 10, I, 3.3.5.1
– de reforma, cap. 2, II
  – limites, cap. 2, II, 3 e 4
  – espécies, cap. 2, II, 3
– e direitos adquiridos, cap. 2, I, 4.8
– originário, cap. 2, I

PODER EXECUTIVO, cap. 9, II
– Conselho da República, cap. 9, II, 8
– Conselho de Defesa, cap. 9, II, 9
– ministro de Estado, cap. 9, II, 5
– Presidente da República, cap. 9, II, 1
  – veja PRESIDENTE DA REPÚBLICA

PODER JUDICIÁRIO, cap. 9, III
– aspectos institucionais, cap. 9, III, 2.1
– autonomia administrativa e financeira, cap. 9, III, 2.4.1
– competência da Justiça do Trabalho, cap. 9, III, 3.3.3

– Conselho Nacional de Justiça, cap. 9, III, 3.9
  – Estrutura, cap. 9, III, 2.1
– Juizados Especiais e Turmas Recursais, cap. 9, III, 3.8
– juízes do trabalho, cap. 9, III, 3.3.2
– juízes estaduais, cap. 9, III, 3.7
– juízes federais, cap. 9, III, 3.6
– Justiça Eleitoral, cap. 9, III, 3.4
– Justiça Militar, cap. 9, III, 3.5
– Justiça Militar estadual, cap. 9, III, 3.7
– organização, cap. 9, III, 2
– órgãos, composição e competência, cap. 9, III, 3
– Quinto Constitucional, cap. 9, III, 2.2
– Regime Jurídico da Magistratura, cap. 9, III
– Superior Tribunal de Justiça, cap. 9, III, 3.2
  – competência, cap. 9, III, 3.2.2 e 3.2.3
– Superior Tribunal Militar, cap. 9, III, 3.5
– Supremo Tribunal Federal, cap. 9, III, 3.1
  – competência, cap. 9, III, 3.1.2
  – recurso extraordinário, cap. 9, III, 3.1.3.2
  – repercussão geral, cap. 9, III, 3.1.3.3
  – súmula vinculante, cap. 9, III, 3.1.4
  – súmula vinculante e reclamação constitucional, cap. 9, III, 3.1.4.4
– Tribunais de Justiça estaduais, cap. 9, III, 3.7
– Tribunais Regionais do Trabalho, cap. 9, III, 3.3.2
– Tribunais Regionais Federais, cap. 9, III, 3.6
– Tribunal Superior do Trabalho, cap. 9, III, 3.4
– Tribunal Superior Eleitoral, cap. 9, III, 3.3

PODER LEGISLATIVO, cap. 9, I
– discussão, cap. 9, I, 4.2
– espécies legislativas, cap. 9, I, 5
  – veja LEIS
  – veja MEDIDA PROVISÓRIA
– estrutura e funcionamento, cap. 9, I, 2
– função de fiscalização, cap. 9, I, 3
  – veja COMISSÃO PARLAMENTAR DE INQUÉRITO
– função legislativa, cap. 9, I, 4
– membros
  – veja PARLAMENTAR
– processo legislativo, cap. 9, I, 4.1
– promulgação e publicação, cap. 9, I, 4.5
– sanção ou veto, cap. 9, I, 4.4
– votação, cap. 9, I, 4.3

PREÂMBULO DA CONSTITUIÇÃO, cap. 1, VI

PRESIDENTE DA REPÚBLICA, cap. 9, II
– atribuições, cap. 9, II, 6
  – harmonia das relações federativas, cap. 9, II, 6.3
  – preservação da ordem institucional, cap. 9, II, 6.3
  – relações internacionais, cap. 9, II, 6.2.5
  – segurança interna, cap. 9, II, 6.3
– atuação no processo legislativo, cap. 9, II, 6.2
– convocação extraordinária do Congresso Nacional, cap. 9, II, 6.2.4
– crime de responsabilidade, cap. 9, II, 7.2
  – conceito, cap. 9, II, 7.2
  – procedimento, cap. 9, II, 7.3
  – renúncia ao mandato, cap. 9, II, 7.4
– decreto autônomo, cap. 9, II, 6.1.3
– direção da administração federal, cap. 9, II, 6.1
– edição de medidas provisórias, cap. 9, II, 6.2.2
– eleição, cap. 9, II, 1
– expedição de regulamento, cap. 9, II, 6.1.1
– imunidades e prerrogativas, cap. 9, II, 7
– mandato, cap. 9, II, 1
– ministro de Estado, cap. 9, II, 5
– nomeação de juízes dos tribunais superiores, cap. 9, II, 6.4
– processo por crime comum, cap. 9, II, 7.5
– reeleição, cap. 9, II, 2
– regulamento "autorizado", cap. 9, II, 6.1.2
– relação com o Congresso Nacional, cap. 9, II, 6.2
– responsabilidades, cap. 9, II, 7
– sanção, veto, promulgação e publicação, cap. 9, II, 6.2.2
– sucessão e vacância, cap. 9, II, 4
– vice-presidente da República, cap. 9, II, 3 e 4

PRESUNÇÃO DE NÃO CULPABILIDADE, cap. 4, V, 8
– âmbito de proteção, cap. 4, V, 8.2
– conformação / limitação, cap. 4, V, 8.3
– de liberdade provisória, cap. 4, V, 8.2.2
– recolhimento à prisão para apelar, cap. 4, IV, 8.2.2

PREVIDÊNCIA SOCIAL, cap. 5, 3.5.2

PRINCÍPIO DA PROPORCIONALIDADE, cap. 3, II, 3.3

- controle de proporcionalidade *in concreto*, cap. 2, II, 3.3.6
- elementos, cap. 2, II, 3.3.3
- fundamentos, cap. 2, II, 3.3.2
- na jurisprudência do STF, cap. 2, II, 3.3.5
- no direito de propriedade, cap. 4, III, 4.2
- proibição de proteção insuficiente, cap. 3, II, 3.3.4
- proibição do excesso, cap. 3, II, 3.3.4

PRINCÍPIOS CONSTITUCIONAIS
- da ampla defesa e do contraditório
  - veja AMPLA DEFESA E CONTRADITÓRIO
- da anualidade da lei eleitoral, cap. 7, 4.6
- da eficiência, cap. 8, II, 8
- da impessoalidade, cap. 8, II, 5
- da livre concorrência aos cargos públicos (concurso público), cap. 8, II, 3.2
- da moralidade, cap. 8, II, 6
- da publicidade, cap. 8, II, 7
- da responsabilidade patrimonial do agente e dos sucessores, cap. 4, V, 6.3
- da responsabilidade pessoal, cap. 4, V, 6.3
- da segurança jurídica, cap. 4, IV, 9
- da simetria, cap. 8, I, 6.3
- da subsidiariedade, cap. 10, VI, 2.4

PRISÃO, cap. 4, V, 9.3
- assistência da família e do advogado, cap. 4, V, 9.3.3.2.2
- civil por dívida, cap. 4, V, 9.4
- comunicação da prisão, cap. 4, V, 9.3.3.2
- comunicação do local onde se encontra o preso, cap. 4, V, 9.3.3.2
- direito ao silêncio, cap. 4, V, 9.3.3.3
  - nas comissões parlamentares de inquérito, cap. 4, V, 9.3.3.3.3
  - nos processos disciplinares, cap. 4, V, 9.3.3.3.3
- direito de permanecer calado, cap. 4, V, 9.3.3.3
- identificação dos responsáveis, cap. 4, V, 9.3.4
  - pela prisão, cap. 4, V, 9.3.4
  - pelo interrogatório policial, cap. 4, V, 9.3.4
- liberdade provisória, cap. 4, V, 9.3.2.4
- prisão civil do alimentante, cap. 4, V, 9.4.3.1
- prisão civil do depositário infiel, cap. 4, V, 9.4.3.2
- prisão em flagrante, cap. 4, V, 9.3.2.1
- prisão ilegal, relaxamento, cap. 4, V, 9.3.2.4
- prisão preventiva, cap. 4, V, 9.3.2.2
- prisão temporária, cap. 4, V, 9.3.2.3
- regime da prisão sob estado de defesa, cap. 4, V, 9.3.5
- restituição da liberdade, cap. 4, V, 9.3.2.4
- tratados internacionais de direitos humanos, cap. 4, V, 9.4.4

PROCESSO
- duração razoável do processo, cap. 4, V, 2.2.4
- garantias constitucionais, cap. 4, V
- publicidade do processo, cap. 4, V, 2.2.5

PROCESSO ADMINISTRATIVO
- veja AMPLA DEFESA E CONTRADITÓRIO

PROTEÇÃO JUDICIAL EFETIVA, cap. 4, V, 2
- ação civil pública, cap. 4, V, 2.9
- ação popular, cap. 4, V, 2.9
- ADI, ADC e ADI por omissão, cap. 4, V, 2.9
- ADPF, cap. 4, V, 2.9
- âmbito, cap. 4, V, 2.2
- arbitragem, cap. 4, V, 2.2.5
- caução, exigência, cap. 4, V, 2.4.1
- conformação, cap. 4, V, 2.4
- duplo grau de jurisdição, cap. 4, V, 2.2.1
- duração razoável do processo, cap. 4, V, 2.2.2
- formalidades, cap. 4, V, 2.4.3
- *habeas corpus*, cap. 4, V, 2.5
  - veja *HABEAS CORPUS*
- *habeas data*, cap. 4, V, 2.8.1
  - veja *HABEAS DATA*
- juízo arbitral, cap. 4, V, 2.2.5
- justiça desportiva, cap. 4, V, 2.4.5
- liminares, proibição, cap. 4, V, 2.4.1
- limitação, cap. 4, V, 2.4
- mandado de injunção, cap. 4, V, 2.7
  - veja MANDADO DE INJUNÇÃO
- mandado de segurança, cap. 4, V, 2.6
  - veja MANDADO DE SEGURANÇA
- motivação das decisões judiciais, cap. 4, V, 2.4.2
- preclusão, cap. 4, V, 2.4.4
- publicidade do processo, cap. 4, V, 2.2.3
- questões políticas, cap. 4, V, 2.2.4
- substituição processual, cap. 4, V, 2.4.3
- titularidade, cap. 4, V, 2.3

RECLAMAÇÃO
- cumprimento das decisões do STF, cap. 10, XI, 8.2.1
- cumprimento de decisão de mérito em ADI e ADC, cap. 10, XI, 8.2.2
- decisão em ADPF, cap. 10, XI, 8.3
- efeito vinculante, cap. 10, XI, 8
- eficácia *erga omnes*, cap. 10, XI, 8
- objeto, cap. 10, XI, 8.2
- preservação de autoridade de decisão do STF em cautelar concedida em ADI e ADC, cap. 10, XI, 8.2.3
- procedimento, cap. 10, XI, 9

RECURSO EXTRAORDINÁRIO
- processo de objetivização, cap. 9, III, 3.1.3.2

REPRESENTAÇÃO INTERVENTIVA, cap. 10, VIII
- admissibilidade, cap. 10, VIII, 2
- atos concretos, cap. 10, VIII, 2.3.2
- cautelar, cap. 10, VIII, 3.3
- decisão, cap. 10, VIII, 4
- legitimação ativa, cap. 10, VIII, 2.2
- na Constituição de 1946, cap. 10, II, 6.1
- objeto de controvérsia, cap. 10, VIII, 2.3
- parâmetro de controle, cap. 10, VIII, 2.4
- procedimento, cap. 10, VIII, 3, 3.2 e 3.4
- recusa à execução de lei federal, cap. 10, VIII, 2.3.3

SEGURANÇA JURÍDICA, cap. 4, IV
- veja DIREITO ADQUIRIDO
- veja PRINCÍPIOS

SÚMULA VINCULANTE, cap. 9, III, 3.1.4; cap. 9, III, 3.1.4.4

SUPREMO TRIBUNAL FEDERAL
- veja PODER JUDICIÁRIO

SUPERIOR TRIBUNAL DE JUSTIÇA
- veja PODER JUDICIÁRIO

TERRITÓRIOS
- veja ESTADO FEDERAL

TRATADO
- veja AÇÃO DIRETA DE INCONSTITUCIONALIDADE, cap. 10, IV, 2.2.8

TRIBUNAL DE EXCEÇÃO, cap. 4, V, 5

TRIBUTAÇÃO, FINANÇAS PÚBLICAS E CONTROLE DA ATIVIDADE FINANCEIRA, cap. 11
- competência tributária, cap. 11, 7.2
- contribuições sociais e inversão do quadro constitucional de partilha de receitas, cap. 11, 8
- controle das despesas de pessoal, cap. 11, 18
- controvérsias jurídicas do "novo" tributo, cap. 11, 9
- estatuto do contribuinte, cap. 11, 5
- finanças públicas e atividade financeira na Constituição de 1988, cap. 11, 11
- imunidades, cap. 11, 4
- leis orçamentárias e controle de constitucionalidade, cap. 11, 13
- orçamento público, cap. 11, 12
  - "novo regime fiscal", cap. 11, 12.2
- o STF e o Fundo de Participação dos Estados, cap. 11, 7.1
- partilha de receitas na Assembleia Constituinte, cap. 11, 7
- poder de tributar e seus limites, cap. 11, 3
- publicidade e transparência fiscal, cap. 11, 15
- transparência fiscal e o papel do CNJ, cap. 11, 16
- Tribunais de Contas, cap. 11, 17.1, 17.2
- tributação e sigilo bancário, cap. 11, 6

UNIÃO
- veja ESTADO FEDERAL